Matthias Lexer
Mittelhochdeutsches Handwörterbuch
I

Matthias Lexer

Mittelhochdeutsches Handwörterbuch

Nachdruck der Ausgabe Leipzig 1872–1878
mit einer Einleitung von
Kurt Gärtner

Erster Band

S. HIRZEL
Wissenschaftliche Verlagsgesellschaft Stuttgart 1992

Matthias Lexer

Mittelhochdeutsches Handwörterbuch

Erster Band

A–M

Mit einer Einleitung von
Kurt Gärtner

S. HIRZEL
Wissenschaftliche Verlagsgesellschaft Stuttgart 1992

Die Deutsche Bibliothek – CIP-Einheitsaufnahme

Lexer, Matthias:
Mittelhochdeutsches Handwörterbuch / Matthias Lexer. –
Nachdr. der Ausg. Leipzig, 1872–1878. – Stuttgart : Hirzel.
  ISBN 3-7776-0488-7 kart.
  ISBN 3-7776-0487-9 Gb.
NE: HST
Nachdr. der Ausg. Leipzig, 1872–1878
Bd. 1. A–M / mit einer Einl. von Kurt Gärtner. – 1992

Jede Verwertung des Werkes außerhalb der Grenzen des Urheberrechtsgesetzes ist unzulässig und strafbar. Dies gilt insbesondere für Übersetzung, Nachdruck, Mikroverfilmung oder vergleichbare Verfahren sowie für die Speicherung in Datenverarbeitungsanlagen.
© 1992 by S. Hirzel Verlag, Birkenwaldstraße 44, 7000 Stuttgart 1.
Printed in the Fed. Rep. of Germany

Inhaltsverzeichnis

Einleitung zum Nachdruck . . . . 6★
   I. Das Mittelhochdeutsche Handwörterbuch
      von Matthias Lexer . . . . 6★
   II. Zur gegenwärtigen Situation der
      mittelhochdeutschen Lexikographie . . . . 12★

Berichtigungen zu Band I – III und den Nachträgen . . . . 15★

Mittelhochdeutsches Handwörterbuch Band I I

Vorwort V

Quellen und hilfsmittel XIII

Andere abkürzungen XXVII

Tabelle für die starken verba (vgl. S. 10★) XXIX

Register der Quellensiglen der Quellenverzeichnisse zu Band II und III   XXX

Einleitung zum Nachdruck

Die vorliegende Studienausgabe des Mittelhochdeutschen Handwörterbuchs ist ein unveränderter Nachdruck des lexikographischen Hauptwerks von Matthias Lexer. Zusammen mit dem bereits erschienenen Nachdruck des Mittelhochdeutschen Wörterbuchs von Benecke/Müller/Zarncke (=BMZ)[1] hat der Verlag nunmehr diejenigen beiden mittelhochdeutschen Wörterbücher wieder allgemein leichter verfügbar gemacht, die für die genaue Lektüre und das sorgfältige Studium der mittelhochdeutschen Texte und für die Erschließung neuer Quellen durch Editionen und Handschriftenuntersuchungen unentbehrlich sind und dies auch noch lange Zeit bleiben werden.

Die in den beiden Wörterbüchern als Quellen benutzten lexikographischen Sammlungen und Textausgaben sind wohl zum Teil veraltet, unzugänglich oder nur mit großer Mühe identifizierbar, trotzdem beschränken diese Umstände die Brauchbarkeit der beiden Wörterbücher nur in begrenztem Maße. Weit bedauerlicher ist, daß viele nach Lexer neu oder erstmals umfassend lexikographisch erschlossene Texte in den beiden über 100 Jahre alten Wörterbüchern nicht oder nur unzureichend repräsentiert sind; darunter befinden sich z. B. auch die Werke der deutschsprachigen Mystiker und Übersetzer der populären Scholastik, die mit ihren Innovationen in der Wortbildung den Wortschatz des Mittelhochdeutschen erheblich bereichert haben.

Nicht die beiden ausgezeichneten mittelhochdeutschen Wörterbücher, sondern ihre aus heutiger Sicht zu schmale Quellenbasis machen die Situation auf dem Gebiet der mittelhochdeutschen Lexikographie beklagenswert. Nach einer kurzen Einführung in Lexers Handwörterbuch (I) werde ich daher auch auf die vorhandenen oder in absehbarer Zeit fertiggestellten Hilfsmittel eingehen (II), die geeignet sind, die beklagenswerte Situation etwas zu verbessern.

I. Das Mittelhochdeutsche Handwörterbuch von Matthias Lexer

1. *Zur Biographie Lexers und zur Entstehungsgeschichte seines Handwörterbuchs.* Matthias Lexer[2] wurde 1830 als Sohn eines Müllers in Kärnten geboren. Sein Studium begann er 1851 in Graz bei Karl Weinhold (1823–1901). Auf dessen Anregung hin legte er erste lexikographische Sammlungen an, die später zur Veröffentlichung

---

1 Mittelhochdeutsches Wörterbuch. Mit Benutzung des Nachlasses von Georg Friedrich Benecke ausgearb. von Wilhelm Müller u. Friedrich Zarncke. Nachdruck der Ausgabe Leipzig 1854–1866 mit einem Vorwort u. einem zusammengefaßten Quellenverzeichnis von Eberhard Nellmann sowie einem alphabetischen Index von Erwin Koller, Werner Wegstein u. Norbert Richard Wolf, Stuttgart: Hirzel 1990.

2 Vgl. den Nachruf von Karl Weinhold, Matthias v. Lexer, in: Zeitschrift für deutsche Philologie 25 (1893), S. 253–255; ferner Herbert Kolb, in: Neue Deutsche Biographie, Bd. 14, Berlin 1985, S. 419–421; Klaus Matzel, Matthias Lexer: Leben, Werk, Bedeutung, in: Carinthia 181 (1991), S. 127–146.

seines Kärntischen Wörterbuchs führten.[3] Nach dem Examen in Wien (1855) war er zwei Jahre Hilfslehrer in Krakau. 1857 ging er zur weiteren wissenschaftlichen Ausbildung an die Berliner Universität, wo er u. a. bei Moriz Haupt (1808–1874) und Franz Bopp (1791–1867) studierte und auch mit den Grimms verkehrte. 1862 bis 1866 war er an der Edition der deutschen Städtechroniken beteiligt, zu deren ersten fünf Bänden er auch die Glossare ausarbeitete.[4] Seit 1863 lehrte Lexer als Professor zunächst in Freiburg, von 1868 bis 1891 in Würzburg und danach für kurze Zeit bis zu seinem Tode 1892 in München. In Würzburg war Lexer 23 Jahre lang tätig,[5] und hier hat er seine beste Kraft fast ausschließlich der Lexikographie gewidmet.

Die Anregung zum Mittelhochdeutschen Handwörterbuch ging von Salomon Hirzel (1804–1877) aus, dem Verleger des Kärntischen Wörterbuchs. Dieser bot ihm noch in Freiburg 1867 die Ausarbeitung des Mittelhochdeutschen Handwörterbuchs an.[6] Lexer sagte zu und begann am 1. Januar 1869 seine Arbeit; das Wörterbuch samt den Nachträgen war nach zehn Jahren am 10. November 1878 abgeschlossen.[7] Auf der Grundlage des Handwörterbuchs erstellte Lexer das Mittelhochdeutsche Taschenwörterbuch, das er ebenfalls noch 1878 herausbrachte und dann bis zur 4. Auflage (1891) selber betreute. Das Taschenwörterbuch enthielt den hauptsächlichsten Wortbestand des Mittelhochdeutschen mit Angabe der Bedeutung und wichtigeren syntaktischen Konstruktionen; nicht aufgenommen waren z. B. Wörter, die nur in lateinisch-deutschen Glossaren oder in Denkmälern des 15. Jahrhunderts belegt waren. Die 3. Auflage von 1885[8] wurde von Lexer gründlich überarbeitet, vervollständigt aus dem Handwörterbuch und ergänzt aus den inzwischen neu erschlossenen Quellen, so daß Lexer das Taschenwörterbuch in der neuen Gestalt »als ein supplement und korrektiv des HWB.« bezeichnen konnte.[9] In dem Jahrzehnt nach 1878 arbeitete Lexer, wieder auf Vorschlag Hirzels, den 7. Band und den Anfangsteil des 11. Bandes des Grimmschen Wörterbuchs aus.[10] Es ist jedoch die Lexikographie des Mittelhochdeutschen, mit der Lexers Name untrennbar verbunden bleibt, mit seinem Mittel-

---

3 Kärntisches Wörterbuch. Mit einem Anhange: Weihnacht-Spiele und Lieder aus Kärnten, Leipzig 1862.
4 Chroniken der deutschen Städte vom 14. bis in's 16. Jh. Bd. 1–5: Bd. 1–3 Nürnberger Chroniken, Bd. 4–5 Augsburger Chroniken, Leipzig 1862–1866.
5 Vgl. Gabriele Polster, Matthias von Lexer und die Errichtung des Seminars für deutsche Philologie an der Universität Würzburg. M.A.-Arbeit an der Philos. Fakultät II der Universität Würzburg 1987, bes. S. 52–55.
6 Vgl. Lexers Vorwort zum Mittelhochdeutschen Handwörterbuch, Bd. I, S. V.
7 Die Daten sind festgehalten in Bd. III, Sp. 1225/6, und den Nachträgen, Sp. 405/6.
8 Matthias Lexer, Mittelhochdeutsches Taschenwörterbuch in der Ausgabe letzter Hand. Nachdruck der 3. Auflage von 1885 mit einem Vorwort von Erwin Koller, Werner Wegstein u. Norbert Richard Wolf. Stuttgart: Hirzel 1989.
9 ebda. S. XV.
10 Deutsches Wörterbuch, Bd. 7: N. O. P. Q. Bearb. von Matthias Lexer, Leipzig 1889; Bd. 11,I,1: T – treftig. Bearb. von Matthias Lexer, Dietrich Kralik u. der Arbeitsstelle des DWb., Leipzig 1935, Sp. 1–676 von T bis zum Ende der Gruppe *tölp-* stammen von Lexer.

hochdeutschen Handwörterbuch, dem 'Großen Lexer', und seinem Mittelhochdeutschen Taschenwörterbuch, dem 'Kleinen Lexer'.

2. *Die drei Aufgaben des Mittelhochdeutschen Handwörterbuchs.* Nach Hirzels Plan sollte das Mittelhochdeutsche Handwörterbuch eine dreifache Aufgabe haben: es sollte 1. Handwörterbuch, 2. alphabetischer Index zum BMZ und 3. Supplement zum BMZ sein. Hauptaufgabe aber war die eines H a n d w ö r t e r b u c h s[11] auf der Grundlage des BMZ, erst in zweiter Linie war die Index- und Supplementfunktion maßgebend. Doch gerade wegen der I n d e x funktion mußte Lexer a l l e Lemmata des BMZ aufnehmen und konnte sie nicht reduzieren auf einen handlichen Umfang; ebenso mußte er wegen der S u p p l e m e n t funktion sich um V o l l s t ä n d i g k e i t bemühen, indem er erstens alle Quellentexte, und zwar auch die im BMZ vernachlässigten nichtliterarischen, einschließlich ihrer Überlieferungsvarianten[12] berücksichtigte und zweitens die zeitliche Grenze des BMZ erweiterte durch Einbeziehung der Sprache des 15. Jahrhunderts. Dadurch ist der 'Große Lexer' zu weit mehr als einem 'Handwörterbuch' geworden.

Um die drei Aufgaben miteinander vereinbaren zu können, mußte also Lexer Hirzels ursprünglichen Plan erweitern. Als Ziel des Wörterbuchs schwebte ihm vor, »die mittelhochdeutsche sprache in ihrer ganzen entfaltung zur anschauung zu bringen und eine, soweit diess überhaupt möglich ist, absolute vollständigkeit des sprachschatzes zu erstreben«.[13] In den 70er Jahren des 19. Jahrhunderts war dies für ihn allerdings noch nicht möglich gewesen, »denn eine absolute vollständigkeit des mhd. wortschatzes wird überhaupt nie erreicht werden können, so lange frische quellen zuströmen und auch die alten bei jeder neuen durchsicht noch ausbeute gewähren.«[14]

Lexer setzt den im BMZ lexikographisch bearbeiteten Teil des mittelhochdeutschen Wortschatzes voraus, aber bei jedem Wort, das nicht zum Allgemeinwortschatz des Mittelhochdeutschen gehört, zitiert er die Quellentexte des BMZ mit ihren bloßen Siglen (z. B. Nib. Iw. Parz. Trist. Krone Rennew. usw.) und schließt an diese seine Ergänzungen an. – Die E i g e n n a m e n des BMZ übernimmt er nicht; er beschränkt sich auf den Appellativwortschatz.

Im folgenden beschreibe ich kurz die Hauptteile seiner Wortartikel, die im Unterschied zu denen des BMZ weniger gegliedert erscheinen, weil Lexer im Bedeutungsteil in der Regel auf eine hierarchisch durch Zahlen und Buchstaben überschaubar gegliederte Anordnung verzichtet und ohne deutlichere äußere Markierung, lediglich durch Semikolon (gelegentlich noch zusätzlich durch einen folgenden Bindestrich) getrennt die unterscheidbaren Inhaltsgruppen und syntaktischen Konstruktionstypen aneinanderreiht.

---

11 Ein *Handwörterbuch* wird im Deutschen Wörterbuch, Bd.4,2: H. I. J. Bearb. von Moriz Heyne, Leipzig 1877, Sp. 430 definiert als 'kleineres, bequem zu brauchendes wörterbuch'.
12 Im Hinblick auf diese spricht er Bd. I, S. VI, von einem »fast gar nicht untersuchten schacht« der Quellenwerke.
13 Bd. I, S. V f.
14 Bd. III, S. III.

3. *Zum Lemmaansatz.* Jeder Wortartikel beginnt mit dem normalisierten L e m ‑ m a /Stichwort und dessen allgemein verbreiteten Varianten in größerem Schriftgrad. Vom Normalmittelhochdeutschen abweichende Schreibungen und Formen, die z. B. einen jüngeren Gebrauch oder eine bestimmte Sprachlandschaft wie das Mitteldeutsche oder Niederdeutsche vertreten, sind durch V e r w e i s e (z. B. **schw-** *s.* **sw-**) oder V e r w e i s l e m m a t a (z. B. **lîf** *s.* **lîp**) berücksichtigt, die an die richtige Stelle im Wörterbuch bzw. zum Hauptlemma führen. Die Lemmata von Zusammensetzungen, Ableitungen und Präfixbildungen hat Lexer durch W o r t b i l d u n g s s t r i c h e gekennzeichnet, um die Bedeutungsbeschreibungen reduzieren zu können. Wenn sich nämlich die Bedeutung einer Wortbildung aus der Summe der gekennzeichneten Bestandteile ergibt, hat Lexer in vielen Fällen keine Bedeutungserklärung mehr hinzugefügt. Die W o r t b i l ‑ d u n g s z u s a m m e n h ä n g e sind auch noch kenntlich gemacht dadurch, daß die Wortartikel zu Grundwörtern von den unmittelbar anschließenden Wortartikeln ihrer Ableitungen oder Wortbildungsvarianten am Artikelende nur durch Semikolon statt Punkt getrennt sind.

T r e n n b a r e P r ä f i x v e r b e n bzw. mit Präpositionaladverbien trennbar zusammengesetzte Verben werden in R e i h e n zusammengestellt unter dem Präpositionaladverb als Hauptlemma, dem die mit einem Wortbildungsstrich beginnenden gesperrt gedruckten Grundwörter als S u b l e m m a t a zugeordnet sind. Als Sublemmata werden z. B. auch usuelle/lexikalisierte adverbiale Ausdrücke behandelt, die in der Regel aber zusätzlich als Verweislemmata erscheinen: z. B. ist unter dem Hauptlemma **morgen** *stf.* als Sublemma **morgenes** *adv.* gebucht; **morgenes** und die zahlreichen anderen Varianten des Adverbs erscheinen aber auch als Verweislemmata. Mit Hilfe der vielen Verweise kann der etwas geübte Benutzer rasch die gesuchten Wortartikel und die in diesen durch Sperrdruck gekennzeichneten Sublemmata finden, auch wenn er es mit ungewöhnlichen Wortformen zu tun hat.

4. *Alphabetisierung.* Die Hauptlemmata sind in der Regel streng alphabetisch geordnet. Im Alphabet folgen den fünf Vokalbuchstaben mehrere Unterbuchstaben in einer bestimmten Reihe:

a mit *ä, â, æ*
ë mit *e, ê* (so überwiegend)
i mit *î*
usw.

Bei den Konsonantenbuchstaben folgt auf *z* (Affrikata) als Unterbuchstabe **ʒ** (Spirans). Wörter, die mit *c* und *f* (nur in Lehnwörtern) beginnen, sind unter *k* bzw. *v* eingeordnet, nach der Fuge in Zusammensetzungen folgt *f* aber auf *e*. Für verschobenes *p* steht im Anlaut fast immer *ph*, im Auslaut *pf*.

Bei gleichlautenden Lemmata, die verschiedenen Wortarten oder Flexionsklassen angehören, steht das ursprüngliche Grundwort immer an erster Stelle wie im BMZ (z. B. **stille** *adj.* – **stille** *adv.* – **stille** *stf.*), bei gleichlautenden schwachen Verba steht in der Regel das der I. Klasse zuerst (z. B. **stillen** *swv.* 'stille machen' – **stillen** *swv.* 'stille werden') usw.

5. *Grammatische Angaben* über Wortart und Flexionsklasse folgen dem Lemma. Bei den starken Verben werden außerdem die Ablautreihen angegeben, allerdings nach einer älteren Einteilung,[15] die von der heute in der Paulschen Grammatik gebotenen[16] abweicht. Es entsprechen einander:

Ablautreihen										
						redupl. Verba				
Lexer	I,1	I,2	I,3	I,4	II	III	I,1	I,2	I,3	II	III
Paul	V	IV	III	VI	I	II	VII				

6. *Zur Indexfunktion.* Um der Funktion eines alphabetischen Index zum BMZ zu genügen, wird hinter den aus dem BMZ übernommenen Lemmata und grammatischen Angaben in runden Klammern ein Hinweis auf die Stelle eingefügt, wo im BMZ das von Lexer übernommene Lemma zu finden ist. Es entsprechen einander:

    I.   = Bd. I A-L   (1854), bearb. von Wilhelm Müller
    II. = Bd. II. 1 M-R (1863), bearb. von Friedrich Zarncke
    II.[2] = Bd. II. 2 S   (1866), bearb. von Wilhelm Müller
    III. = Bd. III T-Z (1861), bearb. von Wilhelm Müller.

In Lexers Wortartikel

    rise *swm.* (II.728[b])

bedeutet die Angabe in runden Klammern also, daß im BMZ, Bd. II.1, S. 728, Sp. b, der Wortartikel **rise** *swm.* zu finden ist.

7. *Zum Bedeutungsteil und den übrigen Artikelteilen.* An die BMZ-Referenz können zusätzliche von Lexer aufgrund seiner neuen Belege ergänzte Angaben zur Flexionsklasse treten und an diese noch ein kurzer Formteil mit morphologischen Varianten einschließlich ihrer Belegstellen. Darauf folgt nach einem Doppelpunkt, vor dem bei längeren Artikeln noch ein Bindestrich stehen kann, der Bedeutungsteil. In Artikeln ohne Formteil beginnt unmittelbar nach der BMZ-Referenz der Bedeutungsteil mit den semantischen und syntaktischen Beschreibungen (in Kursive), den gegenüber dem BMZ berichtigten, ergänzten und vervollständigten Angaben und den neuen Kontextbelegen. Bei den Bedeutungserklärungen werden auch die belegten lateinischen Äquivalente aus Diefenbachs Glossaren angeführt. Die Belege zu den einzelnen Bedeutungen und Konstruk-

---

15 Vgl. die Tabelle für die starken Verba Bd.I, S. XXIX.
16 Vgl. Hermann Paul, Mittelhochdeutsche Grammatik. 23. Aufl. neu bearb. von Peter Wiehl u. Siegfried Grosse, Tübingen: Niemeyer 1989, §§ 244 ff., in den vorhergehenden Aufl. §§ 157 ff.

tionen versucht Lexer in eine chronologische Reihenfolge zu bringen, auch die Serien der Quellensiglen aus dem BMZ versucht er abweichend von der Belegreihenfolge im BMZ chronologisch zu ordnen. – Am Ende des Bedeutungsteils folgen in den Artikeln zu den Grundwörtern nach einem Gedankenstrich, den er auch zur Markierung der Hauptteile in reichhaltigen Artikeln verwendet, Hinweise auf die Etymologie und Wortfamilie, bei den Verben zusätzlich auch auf die belegten Präfixbildungen.

8. *Zuwachs an neuem Wortschatz, die Nachträge.* Was Lexer an Neuem gegenüber dem BMZ bringt, bilanziert er im Vorwort zum letzten Band:[17] zu den ca. 250 im BMZ benutzten Quellen hat er noch ungefähr 470 weitere ausgewertet; mit Einschluß der Nachträge umfaßt das Wörterbuch circa 34.000 neue Artikel.[18] Im Laufe der zehnjährigen Arbeit am Handwörterbuch wurden rund 200 der neuen 470 Quellen erstmals herangezogen. Den Zuwachs für die bereits abgeschlossenen Teile des Handwörterbuchs brachte Lexer in den 1878 ausgearbeiteten Nachträgen unter. Die in den Nachträgen im Anhang zu Bd. III zusammengestellten neuen Artikel und die Ergänzungen zu den bereits vorhandenen betreffen die drei Bände in unterschiedlichem Maße:

Bd. I   A – M   Nachträge Sp.5–325/6
Bd. II   N – U   Nachträge Sp.325/6–389/90
Bd. III V/F – Z Nachträge Sp. 389/90–405/6.

Die Nachträge sind also vor allem bei der Benutzung von Bd. I immer heranzuziehen.

Der Zuwachs ist sehr unterschiedlich auf die Wortarten verteilt. Da Lexer den BMZ voraussetzt, bietet sein Supplement aus sachlichen Gründen für die autosemantischen Wortarten den größten Zuwachs, denn diese machen den umfangreichsten und wandelbarsten Teil des Wortschatzes aus. Für die weniger zahlreichen, aber hochfrequenten Synsemantica, wie Pronomina, Funktionswörter und Partikel, deren Bestand über lange Perioden relativ stabil bleibt, gibt Lexer in der Regel bloß kurze Zusammenfassungen der ausführlichen Gebrauchsbeschreibungen des BMZ. So umfaßt z. B. der Wortartikel **dër** bei Lexer (Bd. I, 419) nur eine dreiviertel Spalte, im BMZ (I, 312^a–321^b) dagegen 19 Spalten. Wer sich über den syntaktischen Gebrauch der Pronomina, Adverbialpronomina, Konjunktionen, Präpositionen u. dgl. informieren will, sollte am besten gleich die ausgezeichneten und reichhaltigen Wortartikel des BMZ nachschlagen.

---

17   Bd. III, S. III.
18   Das ist etwas mehr als der überlieferte Wortschatz des Althochdeutschen, der auf 32.000 Wörter geschätzt wird; vgl. Jochen Splett, Lexikologie des Althochdeutschen, in: Sprachgeschichte. Ein Handbuch zur Geschichte der deutschen Sprache und ihrer Erforschung, hrsg. von Werner Besch, Oskar Reichmann, Stefan Sonderegger, 2.Halbband, Berlin/New York 1985, S. 1029–1038.

II. Zur gegenwärtigen Situation der mittelhochdeutschen Lexikographie

Die lexikographische Erschließung des Mittelhochdeutschen ist wohl nach Lexer weitergegangen, sie betraf sowohl den Wortschatz **einzelner** Texte oder Autoren als auch umfangreiche homogene Textsammlungen sowie Quellencorpora einer bestimmten Region und ihres Zentrums.[19] Initiativen zur Erstellung eines umfassenden neuen großen mittelhochdeutschen Wörterbuchs sind allerdings bislang nicht erfolgreich gewesen.[20] Daher werden wir noch lange Zeit mit den beiden vorhandenen mittelhochdeutschen Wörterbüchern auskommen müssen. Um diese jedoch besser benutzbar zu machen und um auch die Einzelglossare und Wortverzeichnisse der seit Lexer neu oder erstmals erschlossenen Texte zusätzlich zu den beiden Wörterbüchern besser benutzen zu können, sind in letzter Zeit einige weitere lexikographische Hilfsmittel zum Mittelhochdeutschen erarbeitet oder in Angriff genommen worden.

1. *Rückläufiges Wörterbuch zur Mittelhochdeutschen Sprache*. Auf Grundlage von Matthias Lexers Mittelhochdeutschem Handwörterbuch und Taschenwörterbuch bearb. von Wolfgang Bachofer, Walther v. Hahn, Dieter Möhn, Stuttgart: Hirzel 1984. Dies ist ein rückläufig alphabetisierter Index zu den über 88.000 Lemmata

---

19 Zu den neueren und bedeutenderen Wörterbüchern gehören: Vollständiges Wörterbuch zu Neidharts Liedern, hrsg. von Edmund Wiessner, Leipzig: Hirzel 1954; Henric van Veldeken, Eneide. III: Wörterbuch, von Gabriele Schieb mit Günter Kramer und Elisabeth Mager, Berlin 1970 (Deutsche Texte des Mittelalters Bd. 62); Wörterbuch zur Göttinger Frauenlobausgabe, unter Mitarbeit von Jens Haustein redigiert von Karl Stackmann, Göttingen: Vandenhoeck u. Ruprecht 1990 (Abh. d. Ak. d. Wiss. in Göttingen, Phil.-Hist. Kl., Folge 3, Nr.186); Wörterbuch der mittelhochdeutschen Urkundensprache (WMU) auf der Grundlage des Corpus der altdeutschen Originalurkunden bis zum Jahr 1300. Unter Leitung von Bettina Kirschstein u. Ursula Schulze erarbeitet von Sibylle Ohly u. Peter Schmitt. Bd. 1, Lfg. 1 ff., Berlin: Erich Schmidt 1986 ff.; Klaus Matzel/Jörg Riecke/Gerhard Zipp, Spätmittelalterlicher deutscher Wortschatz aus Regensburger und mittelbairischen Quellen, Heidelberg: Winter 1989 (Germanische Bibliothek, Reihe 2, Wörterbuch).

20 Über diese Initiativen und den gegenwärtigen Stand der Diskussion wird berichtet in dem von Wolfgang Bachofer hrsg. Sammelband: Mittelhochdeutsches Wörterbuch in der Diskussion. Symposion zur mittelhochdeutschen Lexikographie. Hamburg, Oktober 1985, Tübingen: Niemeyer 1988 (Reihe Germanistische Linguistik 84). Vgl. ferner die Beiträge von Klaus Grubmüller, Elf Sätze zur Konzeption eines mittelhochdeutschen Wörterbuchs, in: Akten des VIII. Internationalen Germanistenkongresses Tokyo 1990. Hrsg. von Eijirō Iwasaki. Bd.4: Kontrastive Syntax; Kontrastive Semantik, Lexikologie, Lexikographie; Kontrastive Pragmatik. Hrsg. von Yoshinori Shichiji, München 1991, S. 247–253; Eberhard Nellmann, Die mittelhochdeutschen Wörterbücher. Ihre Qualitäten, ihre Grenzen, ihre mögliche Erneuerung, ebd., S. 254–263; Oskar Reichmann, Sollte ein neues mittelhochdeutsches Wörterbuch ein Werk der Sprachlexikographie oder ein Werk der Textlexikographie sein? ebd., S. 264–271; Kurt Gärtner, Ausgabenglossare und Wortverzeichnisse als Quellen eines neuen mittelhochdeutschen Wörterbuchs, ebd., S. 272–276; Paul Sappler, Strukturierungs- und Auswahlhilfen bei Autorenwörterbuch und Sprachwörterbuch, ebd., S. 273–281; Minoru Shigetoh, Funktionsverbgefüge und Aktionsartendifferenzierung im Mittelhochdeutschen, ebd., S. 282–288.

und Lemmavarianten des Handwörterbuches und des Taschenwörterbuches mit Nachträgen in der 29. Auflage. Für Untersuchungen zur Wortbildung, zur Normalisierung u. a. ist dieser Index unentbehrlich.

2. *Neuhochdeutscher Index zum mittelhochdeutschen Wortschatz.* Von Erwin Koller, Werner Wegstein u. Norbert Richard Wolf, Stuttgart: Hirzel 1990. Dieser in der deutschen Lexikographie neuartige Werk bringt in alphabetischer Anordnung rund 25.000 Stichwörter, die in den neuhochdeutschen Bedeutungsbeschreibungen des Taschenwörterbuchs verwendet werden, und ordnet sie ihren mittelhochdeutschen Äquivalenten zu.[21] Grundlage für den Index ist die 37. Auflage des Taschenwörterbuchs einschließlich der Nachträge von Ulrich Pretzel, deren Material jedoch durch Kursivierung kenntlich gemacht ist. Für Untersuchungen zur Synonymie im Mittelhochdeutschen dürfte sich dieser Index besonders eignen.

3. *Trierer Findebuch.* Als Supplement zu Lexers Handwörterbuch dient das von Kurt Gärtner, Christoph Gerhardt, Jürgen Jaehrling, Ralf Plate, Walter Röll, Erika Timm und Gerhard Hanrieder (Datenverarbeitung) ausgearbeitete 'Findebuch zum mittelhochdeutschen Wortschatz', Stuttgart: Hirzel 1992, das den Wortschatz erfaßt, der in Glossaren, Wortverzeichnissen und Registern der nach Matthias Lexers Mittelhochdeutschem Handwörterbuch (1872–1878) erschienenen Ausgaben und lexikographischen Untersuchungen mittelhochdeutscher Texte gebucht ist. Das 'Findebuch' ist ein Gemeinschaftsprojekt der Trierer Altgermanisten und wurde mit Unterstützung der Deutschen Forschungsgemeinschaft und des Landes Rheinland-Pfalz an der Universität Trier ausgearbeitet.[22] In den lexikographischen Anhängen der Ausgaben, die z. B. in den großen Reihen wie den Deutschen Texten des Mittelalters (DTM), den Deutschen Chroniken der Monumenta Germaniae historica (MGH) u. a. erschienen sind, haben die Herausgeber die mittelhochdeutschen Wortschatzbelege in der Regel systematisch im Hinblick auf Lexers Handwörterbuch nachgesammelt und sie oft auch schon für das Eintragen in die »zellen«, die nach Lexers Ansicht »durch die beiden mhd. wörterbücher gebaut« sind,[23] präpariert.

Das Findebuch soll dem Benutzer der beiden mittelhochdeutschen Wörterbücher die zusätzliche Heranziehung der zahlreichen Nachsammlungen erleichtern, indem es ihm ein gezieltes Nachschlagen ermöglicht. Es erfaßt nicht wie etwa Lexers Nachträge auch die einzelnen Belege der Nachsammlungen, sondern nur deren Lemmata mit ihren grammatischen Angaben. Die ca. 8000

---

21   Vgl. Ralf Plate, Onomasiologische Umkehrlexikographie auf dem Prüfstand. Anläßlich des Erscheinens von: Erwin Koller, Werner Wegstein, Norbert Richard Wolf, 'Neuhochdeutscher Index zum mittelhochdeutschen Wortschatz', in: Zeitschrift für Dialektologie und Linguistik 59 (1992).

22   Vgl. Kurt Gärtner, Trierer Vorschläge zur provisorischen Erschließung des mittelhochdeutschen Wortschatzes bis zum Erscheinen eines neuen großen mittelhochdeutschen Wörterbuchs, in: Bachofer (s. Anm. 20), S. 71–80.

23   Bd. III, S. III; vgl. Jacob Grimms Vorrede zum 'Deutschen Wörterbuch', Bd. 1, Leipzig 1854, S. LXVIII: »Wenn die fächer und zellen errichtet sind, kann eingetragen werden und unmöglich ist, dasz sie alle schon erfüllet wären.«

gegenüber Lexers Handwörterbuch neuen Lemmata werden durch Asterisk gekennzeichnet und – sofern es sich nicht um ohne weiteres durchsichtige Wortbildungen handelt – auch mit knappen Bedeutungsangaben versehen. Ein rückläufiger Index ist als Anhang beigegeben. Der Zeitraum, aus dem die im Findebuch berücksichtigten Texte stammen, reicht von ca. 1050 bis um 1350. Das von Lexer berücksichtige 15. Jahrhundert ist nicht mehr einbezogen, weil dieses schon vollständig in die Periode gehört, die z. Zt. lexikographisch erschlossen wird durch das neue Frühneuhochdeutsche Wörterbuch.[24] Obwohl der Quellenzeitraum dieses neuen Wörterbuchs um 1350 beginnt, werden für das Findebuch auch noch Quellen aus der zweiten Hälfte des 14. Jahrhunderts herangezogen, wenn es sich z. B. um Ausläufer der geistlichen Versepik handelt. Das Findebuch ist ganz auf Lexers Handwörterbuch bezogen und setzt einen Benutzer voraus, der diese Studienausgabe oder eine frühere Ausgabe zur Verfügung hat.

4. Ein *Kommentiertes Quellenverzeichnis* zu den beiden mittelhochdeutschen Wörterbüchern, das Eberhard Nellmann vorbereitet,[25] soll die genaue Identifizierung der in den beiden mittelhochdeutschen Wörterbüchern ausgewerteten Quellen ermöglichen. Da in dem Verzeichnis auch alle neueren Ausgaben angeführt werden, kann der Benutzer die in den Wortartikeln verzeichneten Belege in den ihm zugänglichen Ausgaben – eventuell mit Hilfe des Findebuchs – nachschlagen und überprüfen.

Die vorliegende Studienausgabe von Lexers Handwörterbuch und die ihr vorausgegangene des BMZ werden also durch das Trierer Findebuch und Nellmanns kommentiertes Quellenverzeichnis sinnvoll ergänzt und optimal benutzbar gemacht.

Trier, im März 1992   Kurt Gärtner

---

24   Frühneuhochdeutsches Wörterbuch. Hrsg. von Robert R. Anderson/Ulrich Goebel/Oskar Reichmann. Bd. 1: Einführung, a – äpfelkern, bearb. von Oskar Reichmann. Berlin/New York: de Gruyter 1989; Bd. 2, Lfg. 1 ff., 1990 ff.

25   Eberhard Nellmann, Ein kommentiertes Quellenverzeichnis zur den mittelhochdeutschen Wörterbüchern (BMZ und Lexer), in: Bachofer (s. Anm. 20), S. 31–34; vgl. auch das zusammengefaßte Quellenverzeichnis von Nellmann zur Studienausgabe des BMZ, s. Anm. 1.

Berichtigungen
zu Band I – III und den Nachträgen

Die Berichtigungen waren dem Nachdruck von 1979 als Broschüre lose beigefügt. Sie umfassen sowohl die am Schluß der Bände I und II und am Schluß von Band III vor den Nachträgen zusammengestellten als auch eine größere Anzahl weiterer Berichtigungen. Ein Verzeichnis zusätzlicher Errata in Lexers Handwörterbuch wird dem 'Findebuch zum mittelhochdeutschen Wortschatz' (vgl. S. 13★) beigegeben werden.

Berichtigungen zu Band I–III und den Nachträgen

Band I

Sp. 2, 9 *v. u. lies* abdrohen.
Sp. 2, 19 *nach* ackerpfert *lies* stn.
Sp. 3, 13 *lies* 12094 *statt* 12095.
Sp. 3, 43 *lies* 903ª *statt* 903ᵇ.
Sp. 9, 4 abelâz *auch stn.*
Sp. 10, 14 *lies* 97, 45 *statt* 97, 4.
Sp. 10, 22 *der artikel* âbentdis *zu tilgen, ebenso*
Sp. 10, 33 âbentdis 2923; *es ist* âbenttisch, *s. in d. nachtr.*
Sp. 23, 10 *lies* 7742.
Sp. 25, 14 *v. u. lies* 13ᵇ *statt* 113ᵇ.
Sp. 25, 36 *lies* 1056 *statt* 1054.
Sp. 27, 3 *v. u. lies* frig *statt* feig.
Sp. 28, 10 *lies* stn. (*s.* getroc).
Sp. 28, 22 *v. u. lies* (I. 594ᵇ) *statt* (I. 574ᵇ).
Sp. 29, 9 *lies* 30026 *statt* 30056.
Sp. 29, 9 *lies* geswistrîde.
Sp. 29, 22 *lies* Liehт. 187, 15.
Sp. 33, 22 *aus lat.* alius *zu tilgen.*
Sp. 40, 29 *lies* almender.
Sp. 41, 9 *lies* mit *statt* nit (*die stelle findet sich* Gа. 1. 353, 584).
Sp. 42, 17 L. Alex. 3848 *gehört unter* alsam.
Sp. 43, 23 *lies* vergnügt *statt* verjüngt.
Sp. 44, 21 altern swv. *ist zu tilgen.*
Sp. 47, 9 *v. u.* amaric *ist zu tilgen.*
Sp. 47, 16 *lies* 259, 18 *statt* 269, 18.
Sp. 48, 15 *lies* 110, 24 *statt* 110, 4.
Sp. 53, 21 *lies* Ludw. v. Th. 2079. 7100.
Sp. 53, 9 *v. u. nach* an-bëten swv. *einzuschalten.*
Sp. 57, 25 *lies* andromanda.
Sp. 66, 33 *das cit. aus* Karlm. *zu tilgen, s.* einec.
Sp. 68,5 anemuotec *heißt* „genehm".
Sp. 76, 14 *v. u. der Beleg gehört zu einem Adj.* anschîn, *s.* Nachtrag S. 21.
Sp. 77, 11 *lies* Lanz 923. 37, 14. 74, 54 *statt* 3708.
Sp. 77, 18 *der artikel* ansezechman *zu tilgen, es ist* = ansæzec man.
Sp. 78, 8 *lies* Germ.
Sp. 79, 10 *v. u. lies* zeichen *statt* zinsen.
Sp. 81 *Mitte* antraten *zu tilgen.*
Sp. 96, 12 *lies* 512 *statt* 521.
Sp. 100 *unten* aschman *bedeutet* „Bootsknecht".
Sp. 101, 10 *v. u. lies* schlangenart *statt* pflanzenart
Sp. 103, 3 *lies* 3 *statt* 8.

Sp. 105, 5*ff.* atzunge *bedeutet hier zwietracht s.* Oberl. 63 *u. nachtr.*
Sp. 106, 32 *lies* 1046 *statt* 1016.
Sp. 107, 16 *v. u. lies* (I. 75ª) *statt ib.*
Sp. 111, 21 *v. u.* badelat „einladung zum bade", *statt* badelât.
Sp. 111, 26 *lies* stn. *statt* stm.
Sp. 111, 33 *lies* bade-lat (*zu* laden) *statt* badelât.
Sp. 113, 19 *lies* 7181 *statt* 17181.
Sp. 118 *Mitte lies* baltspreache. *Adj. statt* baltspreche.
Sp. 125 *Mitte* bappel, *auch stf.*
Sp. 125, 25 *lies* 492ᵇ *statt* 497ᵇ.
Sp. 126 bâr *stf. zu tilgen. s.* par.
Sp. 129, 3 *v. u. lies* 363, 3 *statt* 360, 3 (*hs.-abdruck s.* 42).
Sp. 129, 13 *auch* barne, *swm.*
Sp. 133, 16 *v. u. lies* 173 *statt* 376.
Sp. 135, 12 *v. u. lies* 591ª *statt* 591ᵇ.
Sp. 144, 19 *lies* stv. *statt* adv.
Sp. 144, 27 *lies* 355, 96 *statt* 354, 96.
Sp. 154, 17 *lies* dinc *statt* dinge.
Sp. 163, 7 *lies* Kreuzf. 45, 14 *statt* Ludwig 45, 04.
Sp. 164, 19 *v. u. lies* verwandeln *statt* verwendbar.
Sp. 165, 11 *lies* En. 263, 5 *statt* Er.
Sp. 165, 29 *die richtige erklärung von* bekkloz *s. unter* lôse *sp.* 1757.
Sp. 174, 11 *v. u. lies* bellîz *statt* belliz.
Sp. 180, 1 *lies* Ab. 2, 190.
Sp. 185, 23 *f. lies* hergân *statt* bergan, *also beleg streichen.*
Sp. 187 *Mitte* bêre *ist auch stn.*
Sp. 191, 9 *v. u. ff. sind die citate aus* Mf. *u.* Krone *zu tilgen, s.* berëchen.
Sp. 193, 2 *v. u. lies* ber-îsen, *vgl.* berswert.
Sp. 193, 3 *v. u. lies* ber-iesen *statt* be-riesen, *stn.*
Sp. 194, 6 *lies* Mor.
Sp. 197, 12 *v. u. lies* berswert *statt* bêrswert.
Sp. 200 *nach* besachen *einzuschalten* (II². 6ᵇ).
Sp. 202, 6 *lies* II². 343ª *statt* 98ª.
Sp. 202, 7 *lies* Karl, 1805.
Sp. 207 *nach* beschihten *lies* swv.
Sp. 210, 6 *v. u. lies* 4624 *statt* 12615.
Sp. 210, 11 *v. u. lies* beschirn *statt* beschrin.
Sp. 212, 13 *lies* Livl.

Sp. 216, 4 besigen.
Sp. 235, 28 lies 2319 statt 23019.
Sp. 240, 15 v. u. lies 174 statt 173.
Sp. 240, 17 v. u. lies in statt im.
Sp. 246, 3 v. u. lies swf. statt swv.
Sp. 259, 21 v. u. lies bezien.
Sp. 264, 14 v. u. lies halp statt helbe.
Sp. 272, 4 statt 309, 22 lies 299, 22.
Sp. 272, 6 v. u. statt 9871 und 12757 lies 9978 und 12562.
Sp. 272, 18 lies 386, 33 statt 286, 33.
Sp. 286, 15 v. u. lies Zingerle statt Bech.
Sp. 286, 16 lies 168^b statt 166^b.
Sp. 287, 12 v. u. ist unter bitter zu tilgen und z. 5 vor WINSB. einzufügen.
Sp. 287, 18 v. u. lies 16 statt 1.
Sp. 290, 18 lies stm. statt stn.
Sp. 291, 5 v. u. lies bivilden.
Sp. 292, 6 v. u. lies 777 statt 757.
Sp. 295, 13 lies segel statt slegel.
Sp. 299, 11, v. u. lies 360, 10.
Sp. 317, 21 in zu tilgen.
Sp. 319, 15 v. u. lies oberhalb.
Sp. 320, 2 v. u. lies 5, 356 statt 356.
Sp. 320, 12 v. u. nach stn. einzusch. (I. 220^a).
Sp. 325, 1 lies 167, 14.
Sp. 325, 14 v. u. lies bôn stm. s. boum.
Sp. 328, 1 v. u. lies KARL 9530.
Sp. 332, 27 lies CHR. 3. 346, 24.
Sp. 333, 10 v. u. lies übeln st. scheln.
Sp. 334, 18 v. u. lies bhûman.
Sp. 338, 6 v. u. lies brâchvrichte, s. vricht
Sp. 338, 6 v. u. lies brâchvrichte, s. vrichte.
Sp. 340, 11 v. u. lies 5528 statt 5578.
Sp. 346, 15 lies 115, 74.
Sp. 350, 22 lies brâsten.
Sp. 351, 6 v. u. nach brîe swm. einzuschalten.
Sp. 351, 18 v. u. lies stv. statt stan.
Sp. 352, 21 lies I. 247^a.
Sp. 354, 19 lies glühen statt blühen.
Sp. 367, 11 ist TRIST. zu streichen.
Sp. 368, 24 lies 773 statt 713.
Sp. 371 brusch stf. zu tilgen/ es ist der fluss Brüsch s. CHR. 8. 68, 17. 466, 2; 9. 866, 17. ZÜRCH. jb. 63, 13.
Sp. 371, 6 brüsche^1 zu tilgen.
Sp. 387, 5 v. u. lies AB. statt Aw.
Sp. 394 Mitte bürde auch swf.
Sp. 394, 3 lies burcwec.
Sp. 418, 16 lies 5953 statt 9553.
Sp. 420, 2 v. u. lies 216 statt 213.
Sp. 435, 25 lies dincnus (ohne bindestrich).

Sp. 436, 3 lies dincsal (ohne bindestrich) u. vgl. CHR. 6, 486^b.
Sp. 442. 6 lies BEH. 17, 13 statt 17, 23.
Sp. 448 Mitte donerbusch gehört zu donerbühse.
Sp. 456 Mitte draben 2. 5 lies KRONE statt KONR.
Sp. 459 Mitte drappenîe zu streichen.
Sp. 461, 17 lies gedroschen statt gedoschen.
Sp. 465, 20 lies decerpere.
Sp. 466, 9 v. u. lies driunissede.
Sp. 468, 19 v. u. lies 6074 statt 6064 und 6248 statt 6238.
Sp. 471, 20 v. u. lies drûch statt druch.
Sp. 471, 28 lies glandula.
Sp. 473, 7 lies 123^a.
Sp. 491, 1 v. u. lies LOBGES. 65, 14 statt TRIST.
Sp. 491, 12 lies zerbrochen statt zerbrechen.
Sp. 493, 2 lies 1551 statt 1351.
Sp. 506, 10 lies diu statt die.
Sp. 537, 13 lies aducht statt adocht.
Sp. 550, 15 lies unteckent.
Sp. 551, 11 lies 12285.
Sp. 554, 10 v. u. engegenvart zu streichen.
Sp. 558, 20 lies 7546.
Sp. 561, 8 enkrêzen ist entriesen zu bessern.
Sp. 564, 26 lies 84 statt 82.
Sp. 576, 15 das cit. aus KRONR zu tilgen.
Sp. 576, 10 v. u. lies 112, 10 statt 112, 20.
Sp. 593 Mitte entwadelen zu tilgen.
Sp. 594, 3 lies wir statt mir.
Sp. 601, 16 entzeln zu streichen.
Sp. 613, 20 v. u. erbërn auch intr. 'geboren werden'.
Sp. 616, 6 lies 68^d statt 68^c.
Sp. 618 Mitte lies NIB. 2304, 2 C statt 2034, 2 C.
Sp. 619, 1 u. 2 v. u. lies einem statt einen.
Sp. 620, 2 lies 44454 statt 4445.
Sp. 626, 3 v. u. lies êrste statt êrte.
Sp. 630, 4/5 beleg hier streichen.
Sp. 634, 8 lies 13003 statt 1303, 34.
Sp. 636, 22 der artikel erhenken zu tilgen, s. sp. 1248, 4 v. u.
Sp. 638, 2 v. u. lies intrans.
Sp. 645, 9 lies aufschreien machen, gewaltig schmerzen statt aufkreischen.
Sp. 653, 3 füge hinzu (I. 1030^b).
Sp. 657, 17 lies ermuote (ohne bindestrich).
Sp. 662, 18 lies GLAUB. 2398.

Sp. 665 *Mitte lies* rot werden *statt* rot machen.
Sp. 667, 10 *lies* MSH. 3, 173ᵇ *statt* MISC. 1, 137.
Sp. 683, 6 v. u. *lies* ërt-kîmelinc.
Sp. 690, 28 *lies* ervislung.
Sp. 694, 9 v. u. *lies* ervurbte *statt* ervurhte.
Sp. 705, 18 v. u. *lies* erzien.
Sp. 727, 8 galbîne *zu streichen*.
Sp. 728, 12 *lies* sprosse *statt* strasse.
Sp. 732, 12 v. u. *der artikel* gampelman *zu streichen* (*s. u.* gumpelman).
Sp. 736, 12 *lies* PARZ. *statt* WH.
Sp. 745, 8 gazze *auch stf*.
Sp. 751, 2 *lies* 465 *statt* 645.
Sp. 761, 12 *lies* gebrëchen *statt* gebrësten.
Sp. 792, 13 *lies* ENGELH. *statt* SILV.
Sp. 793, 2 *lies* hosche.
Sp. 795, 23 v. u. *der artikel* geihten *zu tilgen, s.* ihten.
Sp. 797, 16 *lies* gînen *statt* gînen.
Sp. 807, 4 v. u. *lies* GEO.
Sp. 809, 23 *lies* führer *statt* führen.
Sp. 812, 6 *lies* gwelph.
Sp. 812, 19 *lies* stm.
Sp. 813, 23 *lies* 973ᵃ *statt* 793ᵃ.
Sp. 820, 18 v. u. *lies* stn. *statt* stm.
Sp. 821, 28 *lies* swv. *statt* swm.
Sp. 830, 29 *lies* glumer *statt* glomer. muoten.
Sp. 837, 11 gemazze *auch stm*.
Sp. 844, 15 v. u. *das zitat aus* PASS. streichen.
Sp. 845, 13/12 v. u. *das zitat aus* ERNST *gehört zu* grenze, gemarkung.
Sp. 848, 6/7 *das ndrh.* gemôt *gehört nicht hierher*.
Sp. 849, 10/11 *das ndrh.* gemôten *gehört nicht hierher*.
Sp. 854, 2 v. u. *lies* 248, 12 *statt* 248, 22.
Sp. 861, 10 *lies* II. 416ᵃ *statt* II. 414ᵃ.
Sp. 867 *unter* georset *lies* KREUZF. *statt* LUDW.
Sp. 868, 12 *lies* swm. *statt* swv.
Sp. 872, 4 v. u. *lies* adv. *statt* adj.
Sp. 872, 15 v. u. gerëch *ist auch stm*.
Sp. 873, 10 v. u. *lies* swv. *statt* swm.
Sp. 885, 8 *lies* (3679).
Sp. 885, 13 *lies* III, 532ᵇ *statt* II, 532ᵇ.
Sp. 895, 1 v. u. *lies* gen. *statt* pl.
Sp. 895, 29 *lies* geschâchen.
Sp. 899, 1 v. u. *lies* REINFR. (*B*. 15671).
Sp. 911, 27 *lies* 23. 24 *statt* 2524.
Sp. 917, 32 *nach* GEIS. 434 *einzuschalten*.
Sp. 936, 6 v. u. *das zitat aus* BIT. *streichen*.
Sp. 945, 14 *lies* getoldelt *statt* getoldet.

Sp. 947 *Mitte* getrehte[1] *hat die bedeutung* frucht *statt* besitztum.
getrehte[2] Z. 3 *das zitat aus* TUND. *gehört zu* getrehte[1].
Sp. 951, 10 *lies* 108. 2807 u. *füge hinzu* 4361.
Sp. 974, 2/3 *bei den zitaten aus* MSH. *und* WG. *ist der dativ anzunehmen*.
Sp. 979, 15 *in* horgewant *zu tilgen* (*s.* horwec) *und hinzuzufügen* GERM. 11. 70, 17.
Sp. 991, 20/22 gewillîchen *zu streichen*.
Sp. 998, 4 *lies* 18 *statt* 7, 10.
Sp. 1008, 6 *lies* 6, 20 (= *A*. 513).
Sp. 1010, 1 v. u. *lies* toren *statt* oren.
Sp. 1021, 11 *lies* ERINN. 817. 824. 841 *statt* 817 u. 848.
Sp. 1054, 12 v. u. *das zitat aus* WOLFD. *zu streichen*.
Sp. 1058, 13 v. u. *der beleg aus* VOC. 1482 *hat* gauff *statt* gausz.
Sp. 1061 *bei* goukelwise *sind die belege ausgefallen s. nachtr*.
Sp. 1062 *der artikel* goume *zu tilgen s.* gome.
Sp. 1067, 31 *lies* 1993 *statt* 1393.
Sp. 1072, 2 *lies* 64 *statt* 44.
Sp. 1089, 1 v. u. *lies* (I. 577ᵇ) *statt* (*ib.*).
Sp. 1089, 27 *lies* 549 *statt* 343.
Sp. 1093, 1 grope *auch swf*.
Sp. 1115, 16 *lies* kircher *statt* kirchherre.
Sp. 1123, 15 v. u. *der Parz.-beleg ist zu streichen*.
Sp. 1128 *der artikel* gussel *unter* jusselîn *zu stellen*.
Sp. 1133, 20 v. u. *lies* wir *statt* mir, *in der nächsten zeile* 369, 14 *statt* 369, 15.
Sp. 1140, 102 SPEC. 67 *bedeutet das wort* haft: *fessel*.
Sp. 1141, 17 *lies* TRIST. 47 *statt* TRIST. *H*.
Sp. 1144 hâhe *stf. zu tilgen, s.* hôhe *adv*.
Sp. 1147, 21 v. u. *lies* 702 *statt* 502.
Sp. 1171, 11 *lies* 1639 *statt* 6039.
Sp. 1183, 16 *das komma nach* kleider *zu tilgen*.
Sp. 1196, 21 *lies* OTTE *statt* OT.
Sp. 1214 *bei* heilsam *und den dazugehörigen ww. ist der bindestrich* (heilsam) *ausgefallen*.
Sp. 1222 heinnære *zu tilgen* = minnære.
Sp. 1229 *nach* hëlfe, hilfe *einzusch. stf*.
Sp. 1279, 17 *nach* HADAM. *füge hinzu* 14.
Sp. 1280, 3 *lies* stm. hübel.
Sp. 1281, 11/7 v. u.: *wort und beleg streichen*; *s. beitr*. 64, 204*f*.
Sp. 1285, 12 *lies* MSH. 2, 177ᵃ *statt* 117ᵃ.

Sp. 1310, 2 *v. u. lies* MONE 3, 22 *statt* ANZ. 3, 22.
Sp. 1310, 28 *lies* 5047 *statt* 5074.
Sp. 1312, 23 kobel *zu tilgen.*
Sp. 1322, 20 *lies* 469, 30 *statt* 1169, 30.
Sp. 1328, 15 *lies* gt. *statt* vgl.
Sp. 1337, 19 *lies* XLI, 16 *statt* 41, 16.
Sp. 1341 hornec *in* herinc *zu bessern s.* HPT. 16, 324.
Sp. 1364, 1 *v. u. lies* gegen.
Sp. 1364, 7 *lies* 1311 *statt* 134.
Sp. 1404, 28 *lies stn. statt stv.* red. *I, 1.*
Sp. 1407, 13 *v. u. lies* hûswermunge *statt* hûswerunge.
Sp. 1410, 11 *lies* linsen *statt* binsen.
Sp. 1418 *unter* iseren *ist das cit. aus* VINTL. *nach Zingerle's ausg. vers* 3658.
Sp. 1420 *unterste zeile lies* 414 *statt* 114.
Sp. 1440, 5 *lies* geinnet *statt* gezinnet.
Sp. 1441, 19 *v. u. lies* swv. *statt* adv.
Sp. 1456, 28 *lies* îsenherte *statt* îsenhert.
Sp. 1459, 2 *v. u.* ips *zu streichen.*
Sp. 1473, 6 *lies* jârâbent.
Sp. 1525, 12 *v. u. lies* karzoum 'wertloser gegenstand' *statt* karzom.
Sp. 1553, 24 *der beleg* CHR. 8. 75, 18 *ist transitiv.*
Sp. 1587 *Mitte* kirchwîhe *ist* st. *und* swf.
Sp. 1594, 8 *v. u. lies* 239 *statt* 259.
Sp. 1597, 15 *v. u. lies* ER² 83. 5477.
Sp. 1598, 6/7 klaft *zu streichen.*
Sp. 1609, 8 klê *auch stn.*
Sp. 1622, 18 *lies* festsitzen, anhängen *statt* festsetzen, anfangen.
Sp. 1639, 14 *v. u. lies* rîden.
Sp. 1718 *bei* kreischen *lies* erkreischen *statt* erkrîschen.
Sp. 1735, 2 *lies* MSH. 2, 177ª *statt* 117ª.
Sp. 1739, 12 *lies* 26 *statt* 20.
Sp. 1760, 21/22 *v. u.: wort und beleg streichen (zfda.* 56, 247).
Sp. 1771, 23 *lies* 111 *statt* 311.
Sp. 1782 kunstliephaber *zu tilgen.*
Sp. 1783, 10 *v. u. lies* KL. 2152 *statt* 2339.
Sp. 1785, 16 *v. u. lies* 85 *statt* 88.
Sp. 1792 *Mitte* kurc *adv. zu streichen.*

Sp. 1798, 25/26 *der beleg aus dem* TROJ. *hat das adjektivum.*
Sp. 1823, 6 *v. u.* lautgenôz *gleich* lautbarûn.
Sp. 1837, 9 *v. u. lies* 3 *statt* 2.
Sp. 1851, 4 *v. u. lies* lesepult.
Sp. 1869, 5 *lies* si *statt* sich. *der beleg ist in der* 4. *zeile des artikels nach* MGB. *einzufügen.*
Sp. 1870, 18 *v. u.* leist *auch* neutr.
Sp. 1873, 26 *der beleg aus dem* jTIT. *hat nicht den absoluten gebrauch des verbs.*
Sp. 1874, 21 *nach* glaitterter *ist* bart *ausgefallen.*
Sp. 1926, 13 *v. u. lies* leinreiter.
Sp. 1929 *Mitte ist* lîn – *zeichen abzuteilen.*
Sp. 1941, 10 *lies* trabale.
Sp. 1945, 21 *lies* 762 *statt* 752.
Sp. 1947 *Mitte ist* lobemunt *aus* liumunt verderbt.
Sp. 1965, 10 *v. u. lies* 1428.
Sp. 1976, 15 (ludem¹) *lies* NIB. 879, 1 *statt* 875, 1.
Sp. 1994, 13 *ist* 126 *zu tilgen.*
Sp. 2030, 22 *ist* MSH. 3, 19ª *zu tilgen, s.* mangen *in den nachträgen.*
Sp. 2046, 12 *v. u. lies* 226, 15.
Sp. 2086, 4 *v. u. der* oberste Knappe *statt* Obermeister.
Sp. 2098, 20 *lies* II, 52ª *statt* III, 52ª.
Sp. 2104, 17 *lies* 63, 280 *statt* 63, 279.
Sp. 2131, 10 *lies* 163 *statt* 63.
Sp. 2154, 6 *v. u. lies* III, 304ᵇ *statt* II, 304ᵇ.
Sp. 2155, 20 *v. u. lies* rehtspruch.
Sp. 2206 *letzte zeile lies* MAI 151, 16 *statt* MAR. 151, 17.
Sp. 2223, 11 *lies* „Platz, wo eine Mühle steht" *statt* „Mühlenbau".
Sp. 2223 *Mitte lies* mûlguot *statt* mülguot.
Sp. 2226 *Mitte* multer¹ *auch* mask.
Sp. 2231 *nach* munkel *stmn. einzuschalten (ib.).*
Sp. 2254 *nach* mursnitze *einzuschalten* (II². 444ᵇ).
Sp. Vᵇ, 15 *lies nun statt neu.*
Sp. VIIᵇ, 2 *v. u. lies* 1449.

Band II

Sp. 43, 19 *lies* TRIST. *H.* 231.
Sp. 50, 13 *v. u. lies* ENGELH. *statt* ERNST.
Sp. 69, 4 *lies sinken statt senken.*
Sp. 77, 6 *v. u. lies* I, 746ᵇ *statt* I, 736ᵇ.
Sp. 89, 1 u. 2 *v. u. die aus dem* NIB. *zitierten Stellen gehören zu* niwan.
Sp. 97, 10 *v. u. lies* 430 *statt* 460.
Sp. 107, 5 *v. u. lies* KOPP *gesch.* 4ᵇ, 46 (*a.* 1321).
Sp. 126, 7 *v. u. lies* 12569.
Sp. 127, 18 *lies* uuzsuht?
Sp. 134, 3 *v. u. lies* übernthant.
Sp. 149, 12 *lies* zwên *statt* swên.
Sp. 207, 20 *v. u. das zitat aus* APOLL. *zu streichen.*
Sp. 210, 24 *lies* 6390.
Sp. 243, 24 *lies swv. statt swv.*
Sp. 249, 25 *lies* placke *statt* vlëc.
Sp. 250 *der artikel* phlast *ist zu tilgen.*
Sp. 250, 29 *lies* stn.*; doch kommt* phlaster *auch als stm. vor. s. die nachträge.*
Sp. 274, 10 *v. u. s. nachträge sp.* 340.
Sp. 277, 14 plânîe, plânje *auch swf.*
Sp. 291, 15 *v. u.* prellen¹ *zu streichen.*
Sp. 299, 17 *v. u.* KOLM 76, 12 *steht das kompositum* ûz-plânieren.
Sp. 299, 21 *v. u. lies* 22, 104 *statt* 32, 104.
Sp. 309, 8 *v. u. lies* vol worden.
Sp. 319, 27 *lies* 18, 267.
Sp. 337, 7 *v. u. lies* II, 549ᵇ *statt* I, 549ᵇ.
Sp. 348, 15 *v. u. lies* rat-einber *statt* rât-einber.
Sp. 359, 22 vrechen *zu tilgen* (*der* VOC. 1482 *hat* vrrechen = urrechen = errëchen).
Sp. 386, 8 *lies* reidet *statt* reitet.
Sp. 398, 2 *lies* witreite *statt* vritreite.
Sp. 415, 4 *lies* schminken *statt* schmücken.
Sp. 445, 25 *v. u. lies* GERM. H. 8, 301.
Sp. 447 *s. v.* ringeln *lies* MH. *statt* MSH.
Sp. 546, 10 *lies* sî *statt* sî.
Sp. 547 *mitte lies* II, 803ᵇ *statt* II, 803ᵃ.
Sp. 567 *bei* sackervalke *ist das cit. aus* WOLK. *zu tilgen.*
Sp. 590, 10 *v. u.* salzehende *gehört auf sp.* 588 *hinter* salzecheit.
Sp. 606, 13 *lies* 4915 *statt* 41915.
Sp. 626, 31 *vor* 272 *ist* ALPH. *einzusch.*
Sp. 642, 18 *v. u. lies* schalctuom.
Sp. 720 *ist nach z.* 18 *einzufügen:* ‚daz ENGELH. 1902. ganc zuo dem trachen und schicke.

Sp. 810, 12 *v. u.* 16, 19 *statt* 96, 8.
Sp. 935, 24 *v. u.* sintvluz *im* BREV. *ist fem.*
Sp. 947, 9/10 (WH. 272, 22. . . ib. 172, 9) *die beiden stellenangaben müssen in umgekehrter reihenfolge stehen.*
Sp. 983, 8 *v. u. lies* sloune *statt* sloume.
Sp. 1015 *mitte lies* 96, 348 *statt* 96, 358.
Sp. 1040, 21 *v. u. lies* ningerc.
Sp. 1075 *letzte zeile zu streichen.*
Sp. 1086, 9 *lies* spîcher *statt* spicher.
Sp. 1096, 11 *v. u. lies* 17038 *statt* 7038.
Sp. 1116 *mitte lies* sprête *f. statt* sprete (*s. beitr.* 44, 492).
Sp. 1174, 18 stemen *ist swv.* (*zsfvglspr.* 62, 141*f.*).
Sp. 1200, 17 *v. u. lies* stîper *statt* stiper.
Sp. 1261, 2 *v. u. lies* dumus.
Sp. 1278 *unter* stürmen *stn. lies* WH. 99, 13.
Sp. 1308, 10 *lies* 461,10 *statt* 401,10
Sp. 1356, 15 *lies* wëlc *statt* mele.
Sp. 1389, 4 *v. u. lies stn. statt stf.*
Sp. 1412, 30 *lies* tëchant.
Sp. 1431, 27 *lies* therebint.
Sp. 1464, 5 *lies* torange *statt* tôrange.
Sp. 1466, 7. 8 *lies* dorglocke.
Sp. 1474, 11 *lies* III. 52ᵇ, 25.
Sp. 1481, 7 *lies* III. 58ᵃ *statt* II. 58ᵃ.
Sp. 1518, 12 trûbel *ist swf.*
Sp. 1520, 2 *v. u.: der beleg aus* LESEB. *ist unecht; doch vgl.* ROETHES *Anm. zu* Reinmar v. Zw. 244, 8.
Sp. 1523, 12 *die* HERBORT-*belege haben* TROYRE.
Sp. 1531, 7 troufe *ist auch swm.*
Sp. 1551, 8/9 trûte *gehört zum adj.*
Sp. 1557, 12 *v. u. lies* 125, 37 *statt* 125, 39.
Sp. 1565, 11 *v. u. lies* DENKM. ²IV *statt* XVIII, 19.
Sp. 1575, 4 *v. u. lies* 419 *statt* 149.
Sp. 1593, 6 *lies* I, 4 *statt* I, III.
Sp. 1595, 3 *v. u. lies:* unz er von alderazwange nâch der werlte wise starp.
Sp. 1621, 11 *lies* ER.² 10133 *statt* 11133.
Sp. 1695, 8 *v. u. lies* 362, 7 *statt* 362, 1.
Sp. 1730, 16 *v. u. lies* einhegung *statt* einfugung.
Sp. 1751, 11 *v. u. lies* XXXII *statt* XXII.
Sp. 1774 undân *stm. zu tilgen* = *der* undan, *da unten, wie noch öfter in derselben predigt.*

Sp. 1775 *bei* un dære *am schlusse lies* GR. 1, 340 *statt* 640.
Sp. 1775, 22 *v. u. lies* 1, 340 *statt* 1, 640.
Sp. 1807, 4 *v. u. lies* TROJ. 10242 *statt* 10238.
Sp. 1810, 20 *das wort bedeutet auch widerlegen.*
Sp. 1831, 15 *v. u. lies* XXXIX *statt* XXIX.
Sp. 1914 *mitte: in dem* LAMPR.*-beleg handelt es sich um das adj.*
Sp. 1934, 13 *lies: nicht zu entschuldigen statt unschuldig (Judas).*

Sp. 1959, 12 *lies* UG. *statt* WG.
Sp. 1959, 13 *v. u. lies* 275, 1.
Sp. 1967 *mitte* NIB. 2040, 3 *bedeutet das wort unsühnbar.*
Sp. 1981 *bei* unvuore *z.* 4 *lies aufführung statt auffassung.*
Sp. 1992, 12 *v. u.: der* HADAM.*-beleg gehört zur präposition.*
Sp. 1998, 6 *lies festlich statt üblich (zfda.* 82, 142).
Sp. 2010, 5 *v. u. lies* 3, 430 *statt* 3, 450.
Sp. 2050, 20 *im ersten* MYST.*-beleg steht* mit-wirken, *nicht* ûz-wirken.

Band III

Sp. 25, 3 *lies ochsenziemer.*
Sp. 25, 15 *v. u. lies* 3, 67, 20 *statt* 3, 67, 28.
Sp. 54, 9 *v. u. lies* 225[b].
Sp. 62, 2 *v. u. lies* vëmen.
Sp. 69, 4 *lies* sinken *statt* senken.
Sp. 77, 6 *v. u. lies* I 746[b] *statt* 736[b].
Sp. 79, 5 *v. u. lies* verzwicket.
Sp. 84, 6 *lies* verpraut.
Sp. 85, 1 *v. u. lies* 8, 613 *statt* 6, 613.
Sp. 121, 11 *lies* KELL. erz. *statt* ALTSW.
Sp. 167, 7 *lies* TRIST. 5624 *statt* 4625.
Sp. 210, 16 *v. u. lies* versarken, -serken *statt* versacken, -secken.
Sp. 228, 6 *lies* fest verschließen *statt tr.* verschließen.
Sp. 229, 17 *lies* versikel.
Sp. 243, 10 *v. u.* verspenen *zu streichen.*
Sp. 247, 3 *v. u. ist am anfang der zeile tr. einzufügen.*
Sp. 277, 14 *lies* stswf.
Sp. 292 *bei* verwahsen *lies stv.*
Sp. 299, 17 *v. u.* KOLM 76, 12 *hat das Kompositum* ûzprobieren.
Sp. 314 verwüeten *wird auch trans. gebraucht.*
Sp. 337, 7 *v. u. lies* II 549[b] *statt* I, 749[b].
Sp. 348, 15 *v. u. lies* rat-einber *statt* 803[a].
Sp. 353 *mitte* LOH. 3241 *lies* sîn *statt* vîn *(zfda.* 34, 283 *anm.); der beleg ist also zu streichen.*

Sp. 419, 23 *lies fluchtbringend.*
Sp. 433, 13 *v. u. lies vollendung statt erfüllung.*
Sp. 498, 13 *v. u. lies* III. 399[a] *statt* III. 399[b].
Sp. 503 *bei* vrevel *lies adj. statt adv.*
Sp. 503, 19 *lies adj. statt adv.*
Sp. 513, 10 *v. u. lies* an *statt* ân.
Sp. 525 *mitte lies* PARZ. 202, 4 *statt* 202, 2
Sp. 561, 17 *lies* vülhin.
Sp. 585, 16 *v. u. lies* 180, 180 *statt* 178, 180.
Sp. 589, 16 *lies vorüber sein statt werden.*
Sp. 606, 13 *lies* 4915 *statt* 41915.
Sp. 620, 16 *lies* πυγμη.
Sp. 654 *mitte lies* III. 470[a] *statt* III. 467[a].
Sp. 805, 3 *v. u. liegt das stv. vor.*
Sp. 826, 21 *v. u.* PARZ. 544, 25 *liegt kein kompositum vor.*
Sp. 827, 20 *lies* 51, 29 *statt* 57, 29.
Sp. 838, 4 *lies sich umändern statt sich wieder machen.*
Sp. 860, 6 *lies* 216, 9 *statt* 226, 9.
Sp. 906, 12 *v. u. lies* blîbt *statt* blîht.
Sp. 1185, 7 *lies* 447, 5 *statt* 447, 28.
Sp. 1188 *mitte: der* GEN.*-beleg ist kein Kompositum, sondern es liegt postposition vor:* 'an ihm bestrafte'.
Sp. 1188, 21 *v. u. lies* 313, 12 *statt* 313, 13.

Nachträge

Sp. 5, 15 *v. u. lies* 8. 379, 23 *statt* 8. 372, 23.
Sp. 5, 27 *v. u. lies* 130, 28 *statt* 130, 18.
Sp. 6, 8 *v. u. lies* 336, 8 *statt* 236, 8.
Sp. 7, 4 *lies* 170, 29 *statt* 179, 29.
Sp. 22, 26 *lies* 946ᵇ, 38 *statt* 956ᵇ, 38.
Sp. 23, 14 *lies* anlächeln *statt* dass.

Sp. 79, 14 *v. u. lies befreiung.*
Sp. 295 *Mitte lies* mitleid haben.
Sp. 381 *mitte lies* LIT. *statt* PILAT.
Sp. 381, 26 *lies* enthaben *statt* enthalten.
Sp. 395, 24 *v. u. lies* 7406 *statt* 7600.
   23 *v. u. lies* 7409 *statt* 7604.
Sp. 402 *Mitte lies* der mânde ein wederlouflîchkeit.

MITTELHOCHDEUTSCHES
HANDWÖRTERBUCH

VON

Dr. MATTHIAS LEXER
O. Ö. PROFESSOR DER DEUTSCHEN PHILOLOGIE IN WÜRZBURG.

ZUGLEICH ALS SUPPLEMENT UND ALPHABETISCHER INDEX

ZUM

MITTELHOCHDEUTSCHEN WÖRTERBUCHE

VON BENECKE-MÜLLER-ZARNCKE.

ERSTER BAND.

A — M.

(1869—1872).

LEIPZIG
VERLAG VON S. HIRZEL.
1872.

WILHELM GRIMM

UND

WILHELM WACKERNAGEL

ZUM GEDÆCHTNIS.

VORWORT.

Obwol meine aufgabe erst zur hälfte vollendet ist, will ich doch schon jetzt versuchen, eine kurze rechenschaft über das ganze unternehmen abzulegen. Wie man schon aus dem der ersten lieferung beigegebenen prospecte ersehen haben wird, gieng die idee zu vorliegendem werke von dem herrn verleger desselben aus, der mich im sommer 1867 in Freiburg aufsuchte und mir die ausarbeitung eines mittelhochdeutschen handwörterbuchs anbot, das zugleich ein alphabetischer index und ein supplement zum grossen mittelhochdeutschen wörterbuche von Benecke-Müller-Zarncke sein sollte. Obschon ich selbst nicht unerhebliche bedenken gegen diese dreifache in einem und demselben werke zu lösende aufgabe hatte, bedenken, die auch von W. Wackernagel geteilt wurden (die er aber nach dem erscheinen der 1. lieferung in liebenswürdigster weise zurückzog), so entschloss ich mich doch, auf den wunsch des herrn verlegers einzugehen, vornehmlich aus dem grunde, weil ich mir sagen musste, dass die gelegenheit zur notwendigen herstellung eines index und supplements zum mittelhochdeutschen wörterbuche nicht so bald, vielleicht niemals wiederkehren dürfte.

Die nächste und unerquicklichste aufgabe war, den im mittelhochdeutschen wörterbuche enthaltenen wortschatz alphabetisch zu ordnen: sie hat meine freie zeit von anderthalb jahren in anspruch genommen, woneben freilich gewissermassen zur erholung viele quellenwerke gelesen wurden, um meine seit dem jahre 1859 gesammelten nachträge zum mittelhochd. wörterbuche zu vermehren. Die sammlung dieser nachträge würde von vorne herein systematischer ausgefallen und für ein wörterbuch, nicht für ein blosses glossarium berechnet gewesen sein, wenn ich eine ahnung davon gehabt hätte, dass es mir selbst sollte beschieden sein, sie in einem mittelhochdeutschen wörterbuche zu verwerten. Allerdings habe ich mir nach übernahme der arbeit die ideale aufgabe gestellt, die mittelhochdeutsche sprache in ihrer ganzen entfaltung zur anschauung zu bringen und eine, soweit diess überhaupt möglich ist, absolute vollständigkeit des sprachschatzes zu erstreben: aber ich selbst bin mir am besten bewusst, wie weit das gelingen hinter der aufgabe zurückgeblieben ist, selbst wenn ich die am schlusse des werkes zu liefernden „nachträge", auf die im vorliegenden bande schon öfters verwiesen ist, in anschlag bringe. Für ein vollständiges mittelhochd. wörterbuch müssten, das ist meine feste während der arbeit gewonnene überzeugung, alle quellen noch einmal gelesen werden, eine aufgabe, welcher ein einzelner nicht gewachsen ist, auch wenn er seine ganze zeit ihr widmen könnte.

„Seines fleisses darf sich jeder rühmen", und so darf ich wol auch von mir sagen, dass ich in der verhältnismässig kurzen zeit, welche seit dem beginne dieses werkes verflossen ist, alle meine kräfte angestrengt habe, um dasselbe auf die ihm gebührende höhe der germanistischen philologie zu bringen. Vor allem habe ich die im mittelhochd. wörterbuche gesteckten gränzen erweitert, indem ich auch die sprache des 15. jahrhunderts noch in den bereich meiner forschung zog, wozu ich schon durch meine langjährige beschäftigung mit den „deutschen städtechroniken" hingeleitet wurde, und mein augenmerk auch auf die ungenügend durchforschte sprache der deutschen rechtsdenkmäler und urkunden richtete, sowie auf die vocabularien und glossen, wie sie namentlich in Diefenbach's musterhafter fast unerschöpflicher sammlung vorliegen. Sodann war ich bestrebt, die hauptquellen und die im mittelhochd. wörterbuche nur teilweise oder gar nicht benutzten oder während meiner arbeit neu oder in neuer auflage erschienenen quellenwerke für meinen zweck zu lesen und auch aus den varianten, diesem fast gar nicht untersuchten schachte, einiges wichtige beizubringen. Aber trotzdem würde es unmöglich gewesen sein, dem mühsamen werke einigermassen den stempel der vollendung aufzudrücken, wenn nicht erwünschte beihilfe von anderer seite gekommen wäre.

Ich will zunächst nur von dem gewinne sprechen, den meine arbeit aus dem nachlasse jener zwei männer gezogen hat, die mein öffentlicher dank nicht mehr erreichen kann, denen aber dieses buch zum gedächtnis gewidmet sein soll. Durch die güte meines verehrten freundes dr. Herman Grimm, dem gleich hier mein herzlichster dank ausgesprochen werden soll, sind mir aus dem nachlasse seines vaters Wilhelm Grimm zur benutzung überlassen worden drei exemplare des Ziemannschen und der erste band des mittelhochd. wörterbuchs mit zalreichen nachträgen, aus denen, wie unten das quellenverzeichnis nachweist, eine grosse menge von belegen gezogen werden konnte. Fast nicht minder ergiebig waren die von W. Grimm noch in Göttingen angelegten, jetzt der k. bibliothek in Berlin gehörigen lexikalischen collectaneen, die vorzugsweise material aus noch nicht veröffentlichten quellen zuführten. Da sich W. Grimm doch oft im citieren irrt, so war ich bemüht, alle aus seiner sammlung genommenen stellen, wenn mir die betreffenden werke (von den handschriften natürlich ganz abgesehen) zugänglich waren, nochmals nachzuschlagen; aber für die richtigkeit aller citate kann ich nicht einstehen, da eben nicht alle revidiert werden konnten. — Wilhelm Wackernagel hat dem vorliegenden buche seine grösste aufmerksamkeit zugewendet und viele mängel desselben würden beseitigt worden sein, wenn sein scharfblickendes auge noch länger auf meiner arbeit hätte ruhen können und sein freundlicher, gerne erteilter rat nicht plötzlich verstummt wäre. Schon früher hatte er mir die aushängebogen seiner „altdeutschen predigten und gebete" auf einige zeit überlassen, aber seine lexikalischen sammlungen wollte er nicht aus der hand geben, und so ward zwischen uns verabredet, dass ich nach der alphabetisierung des mittelhochd. wörterbuchs auf einige zeit zu ihm nach Basel kommen und sie für meine zwecke ausnützen sollte. Meine übersiedelung nach Würzburg hat diesen plan vereitelt. Im october 1869 verlebte ich mit Wackernagel einige frohe tage in München: nie, seitdem ich ihn zu kennen das glück hatte, war er mir so lebensfrisch erschienen, so dass ich ihm beim abschiede getrost „auf wiedersehen im nächsten jahre" zurufen konnte, nicht ahnend, dass sein warmer händedruck für mich der letzte gewesen. Am 25. november schickte er mir die 2. ausgabe der „voces variae animantium" mit der nachricht, dass er krank darniederliege. Ich bat ihn nun, mir bis zur baldigst gewünschten und gehofften wiederherstellung seiner gesundheit die lexikalischen collectaneen zu überlassen: sie wurden mir am 6. december zugeschickt, begleitet von einem mit bleistift geschriebenen, „aus dem krankenbette" datierten briefchen, worin er bedauert, „dass er die gedichtausgaben mit den zalreichen nachträgen zu glossarien und commentaren nicht gleichfalls schicken könne." Schon am 21. december meldete mir ein telegramm den unerwarteten tod des väterlichen freundes. Wackernagels von mir benutzte sammlung besteht aus drei durchschossenen quartbänden (mit 43, 87 und 154 ganz oder teilweise beschriebenen blättern) und stammt aus den jahren 1830 und 31. Das grösste augenmerk ist darin auf die hauptquellen (Hartmann v. A., Wolfram v. E., Nibelungen etc.) gerichtet sowie auf die althochdeutschen sprachdenkmäler, so dass für mich die ausbeute verhältnismässig gering ausgefallen ist und die oben erwähnten „gedichtausgaben" mir wahrscheinlich mehr neues würden geliefert haben. Aber immerhin ist das aus Wackernagels nachlass geschöpfte material bedeutend zu nennen, da es nicht nur aus bekannten quellen manche belege bietet, die von mir und andern übersehen worden waren, sondern auch aus etlichen rechtsdenkmälern sowie aus Justingers chronik den wortschatz bereichert hat, und da auch der gewinn aus seinen noch immer nicht veröffentlichten „altdeutschen predigten und gebeten" hierher gezält werden muss. Das nähere wird man aus dem quellenverzeichnisse ersehen, in welchem auch sowie am schlusse dieses vorwortes die namen derjenigen aufgeführt sind, denen ich sonst beiträge verdanke. Die meisten haben mich unaufgefordert unterstützt. Eine fehlbitte habe ich nur in zwei fällen getan, von denen ich den einen hier anführen muss, um dem möglichen vorwurfe zu begegnen, als hätte ich eine öffentlich angebotene mithilfe nicht zu erwerben gesucht. In der Germania 7, 331 schrieb Franz Pfeiffer: „da ich zu einer abschrift der ganzen handschrift (predigten aus dem 13. jh.) damals keine zeit finden konnte, aber doch dasjenige, was sie in bezug auf die sprache bemerkenswertes bietet, gerne vor möglichen wechselfällen sicher stellen wollte, so habe ich sie ganz durchgelesen und die wörter und sprachformen, die mir neu oder doch selten oder eigentümlich schienen, aufgezeichnet und sie in ein kleines glossar zusammengestellt. Da mir zu dessen mitteilung hier nicht der rechte ort scheint, lege ich es zurück, **bereit, es nebst andern derartigen beiträgen dem in aussicht stehenden supplementbande zum mittelhochd. wörterbuche zu gute kommen zu lassen**". Unter hinweisung auf diese stelle habe ich im october 1867 an herrn Pfeiffer geschrieben und ihn ersucht, mir das „kleine glossar" mit den andern beiträgen für das „handwörterbuch", das ja auch den „supplementband" bilden sollte, zu überlassen. Mein brief wurde nicht beantwortet (dass er ihn empfangen und seinen inhalt mit freunden besprochen hat, weiss ich aus bester quelle), und ich kann nur wünschen, dass mir mit dem „kleinen glossar", über dessen weiteres schicksal ich keine auskunft erhalten konnte, nicht viel wesentliches entgangen ist. — Eine grosse bereicherung namentlich aus mitteldeutschen quellen würde der wortschatz meines buches erfahren haben, wenn F. Bechs sammlungen, von denen in Pfeiffers Germania so viele proben niedergelegt sind, mir zugänglich gewesen wären. Da Bech selbst mit dem gedanken umgeht, ein mittelhochdeutsches handwörterbuch auszuarbeiten, war natürlich an eine mir zu gestattende benutzung seines materials nicht zu denken, und es verdient um so grössere anerkennung, dass er gleich auf meine erste anfrage hin (im august 1869) sich erbot, „mir aus seiner sammlung mitteilungen zukommen zu lassen, soweit er es veranworten könne vor denen, welche in den letzten jahren ihm dazu beigesteuert hätten". Ich bin oft in der lage gewesen, bei schwierigen oder selten belegten wörtern seine freundliche beihilfe in anspruch zu nehmen, die nur in wichtigeren fällen durch beisetzung seines namens kenntlich gemacht worden ist.

Soviel über das von mir gesammelte oder von andern beigesteuerte material und nun nur noch einige bemerkungen über die bei meiner arbeit befolgten grundsätze.

Selbstverständlich musste das „mittelhochd. wörterbuch" die grundlage bilden, auf welcher mein bau aufzuführen war. Beide werke stehn in dem engsten zusammenhange, jedoch so, dass das meine in erster linie als ein h a n d w ö r t e r b u c h und erst in zweiter als ein i n d e x und s u p p l e m e n t zum mittelhochd. wb. zu betrachten ist. Die zwei nebenaufgaben, die das handwörterbuch zu erfüllen hat, haben es mit sich gebracht, dass in dasselbe weit mehr aufgenommen werden musste, als man sonst in einem handwörterbuche zu suchen und zu finden pflegt. Einmal musste, um den „alphabetischen index" herzustellen, jedes im mittelhochd. wb. verzeichnete wort auch im handwörterbuche eine aufnahme finden (ausgenommen sind nur bis auf wenige fälle die eigennamen), sodann durften dem „supplement", soweit es den wortschatz betrifft, keine schranken gesetzt, sondern alle nur erreichbaren neuen wörter und wortformen mussten aufgenommen werden. Es hat sich deshalb auch bald gezeigt, dass der ursprünglich berechnete umfang von circa 100 bogen bei weitem nicht ausreichen werde, um den gewaltigen stoff unterzubringen. Ich habe mir bei jedem correcturbogen die summe der n e u hinzugekommenen artikel notiert, und es hat sich ergeben, dass der vorliegende erste band gegen 13,000 artikel enthält, die dem mittelhochd. wb. fehlen. Ausser diesen artikeln liegt die bereicherung in den neuen belegen, sowie in den neu aufgeschlossenen bedeutungen und syntaktischen constructionen. Das im mittelhochd. wb. gesammelte material wird also im handwörterbuche vorausgesetzt: damit man aber bei jedem worte, sofern es nicht a l l g e m e i n vorkommt, überblicken kann, wie weit sich nach der bisherigen quellenuntersuchung sein geographisches und chronologisches verbreitungsgebiet erstreckt, habe ich die betreffenden quellen des mittelhochd. wb. kurz citiert (Nib. Kl. Iw. Parz. Rud. u. s. w.) und daran erst meine ergänzungen (respect. berichtigungen) gereiht. Diese hätten oft viel reichhaltiger ausfallen können, wenn ich nicht gefürchtet hätte, die gränzen eines handwörterbuches nach zweck und mass zu überschreiten. Allerdings wird man von der dritten lieferung ab eine zunahme solcher ergänzungen bemerkt haben: sie hat ihren grund in dem fortwährend neu zuströmenden stoffe und auch darin, dass ich wirklich anfieng, selbst für altbekannte bedeutungen etwas tiefer in den mir zu gebote stehenden vorrat von belegen zu greifen, mir immer die mahnung eines verehrten fachgenossen ins gedächtnis rufend: „lieber zehn bogen zu viel als einen zu wenig!". Aber auch die einem handwörterbuche so notwendige kürze und knappheit durfte ich nicht aus den augen verlieren, weshalb der vollständige auszug der belegstellen statt blosser citate nur dort gegeben ist, wo er mir für den zweck des handwörterbuches an sich oder in seinem verhältnis zum mittelhochd. wb. geboten schien. Nicht überall wird in dieser beziehung das richtige mass getroffen sein, da die mit dem drucke gleichen schritt haltende ausarbeitung ein langes bedenken und erwägen überhaupt nicht gestattet hat. Durch das streben nach kürze wurde ich auch veranlasst, die composition der wörter durch bindestriche anzuzeigen, ein verfahren, das im litterar. centralblatte (1869 s. 1273) hart getadelt worden ist, wie ich glaube mit unrecht: denn in vielen fällen, wo die composition durch worte hätte erklärt werden müssen, bringt sie jetzt der einfache bindestrich zur anschauung. Ich gebe gerne zu, dass bei mehrfacher composition nicht alle glieder derselben eine trennung bedurft hätten, wie ich denn auch gegen ende des bandes angefangen habe, in solchen fällen nur die zwei hauptglieder durch bindestrich zu trennen. Im übrigen sind mir nur zustimmende urteile bekannt geworden, und namentlich war W. Wackernagel von der zweckmässigkeit der bindestriche so überzeugt, dass er sie in einer neuen auflage seines altdeutschen wörterbuches anwenden wollte. — Was die feststellung und entwickelung der bedeutungen betrifft, so habe ich mich auch dabei der möglichsten kürze befleissigt sowol in den fällen, wo ich mich meinen verschiedenen vorgängern oder den in den commentaren niedergelegten erklärungen der hauptsache nach anschliessen konnte, als wo ich einen neuen weg betreten musste. Manchmal ist gar keine bedeutung beigefügt, wenn sie sich aus den folgenden belegen von selbst ergiebt; manchmal konnte aber auch keine bedeutung festgestellt werden, und ich musste mich begnügen, das wort sammt der belegstelle einfach zu registrieren. Ueber viele unerledigte punkte werden aber schon die „nachträge" aufklärung bringen. Bei den zeitwörtern schien es mir lehrreich beizufügen (ich habe es mit zustimmung W. Wackernagels getan), mit welchen trennbaren und untrennbaren präpositionen und partikeln eine composition derselben stattfindet: vollständigkeit konnte darin bei dem immer neu zufliessenden materiale freilich nicht erreicht werden, aber es war durch dieses verfahren auch möglich, beim simplex für das eine oder andere compositum weitere belege zu liefern. Am schlusse jedes stammwortes habe ich der etymologie desselben einige worte gewidmet oder wenigstens die hauptlitteratur für sie zusammengestellt.

Somit glaube ich nach meinem besten wissen und können den anforderungen entsprochen zu haben, die man billiger weise an ein noch zwei nebenaufgaben erfüllendes handwörterbuch zu stellen vermag, und ich kann nur den im prospect ausgesprochenen wunsch des herrn verlegers wiederholen, dass mein buch nicht nur dem engeren kreise der fachgelehrten, sondern allen, die sich mit unserer alten sprache beschäftigen wollen oder müssen, namentlich auch archivaren, historikern und juristen willkommen sein möge, denn ich habe nur zu oft gelegenheit gehabt, vielen archivaren, historikern und juristen eine bessere kenntniss unserer alten sprache zu wünschen.

Es bleibt mir nur noch die angenehme pflicht übrig, allen jenen meinen wärmsten dank auszusprechen, die mir bei meiner arbeit eine unterstützung haben zu teil werden lassen, über deren mass das quellenverzeichnis näheren aufschluss giebt.

Was ich dem nachlasse W. Grimms und W. Wackernagels sowie den mitteilungen F. Bechs verdanke, wurde schon oben angeführt. Ausserdem haben mir beiträge geliefert aus gedruckten quellen die herren: dr. K. Hildebrand in Leipzig, dr. O. Jänicke in Berlin, dr. E. Steinmeyer in Berlin, prof. Weigand in Giessen, prof. Weinhold in Kiel, prof. Zingerle in Innsbruck; — aus handschriftlichen quellen die herren: dr. A. Birlinger in Bonn, archivrat dr. A. Kaufmann in Wertheim, archivdirector dr. v. Kausler in Stuttgart, prof. und bibliothekar dr. Kriegk in Frankfurt a. M., archivdirector dr. Roth v. Schreckenstein in Karlsruhe (früher in Donaueschingen), archivar dr. Schäffler in Würzburg (aus dem Miltenberger stadtbuche, das ich später auch selbst excerpierte), prof. Strobl in Mödling bei Wien. Nebst diesen gebührt mein dank auch den geehrten bibliotheksvorständen in Berlin, Donaueschingen, Freiburg, Heidelberg und Würzburg sowie den wolwollenden und nachsichtigen beurteilern der zwei ersten lieferungen dieses buches[*]. Herrn prof. Zacher bin ich für einige ratschläge zu dank verpflichtet; auch sind mir durch dessen anregung und vermittelung manche wertvolle beiträge zugekommen. Für die sorgfältige lesung der ersten correctur habe ich dem herrn dr. Karl Hildebrand zu danken, und wenn trotz der von ihm und mir angewendeten mühe noch manche fehler übersehen wurden, deren vorläufiges register am schlusse des bandes steht, so wird man diess durch die schwierigkeit des satzes und der correctur, die auch gute augen bald ermüdet, gerne entschuldigen. Den letzten aber nicht geringsten dank habe ich endlich dem herrn verleger, meinem lieben und verehrten freunde dr. S. Hirzel abzutragen nicht nur für die saubere ausstattung des buches sondern hauptsächlich für seine anregung und förderung, welcher auch dieses werk zunächst das dasein ver-

---

[*] Im litterar. centralblatte 1869 s. 1271—73 (prof. Zarncke). — In der neuen Züricher zeitung 1869 nr. 307 (prof. Schweizer-Sidler). — In der zeitschrift für österreich. gymnasien 1869 s. 831—38 (prof. Scherer). — In Zachers und Höpfners zeitschrift für deutsche philologie 2, 367—371 (dr. Steinmeyer). — In der Augsburger allgem. zeitung 1870 beil. nr. 118 (dr. Kaufmann). — In der rheinischen allgem. zeitung 1870 nr. 120 (dr. Birlinger). — In den jahrbüchern von Fleckeisen und Masius 1870, 2. abteil. s. 448—452 (prof. Schweizer-Sidler).

dankt. Hirzels name ist mit der deutschen lexikographie unzertrennlich verknüpft und sein grosses verdienst um dieselbe bedarf nicht meiner anerkennung, aber aufrichtig wünsche ich, dass auch mein beitrag zur erforschung der deutschen sprache und mit ihr des reichen deutschen lebens und wesens zwar in bescheidener aber nicht unwürdiger weise an die zwei grossen lexikalischen werke seines verlags sich anreihen möge.

Drei jahre sind verflossen, seitdem ich mit der ausarbeitung des handwörterbuches begonnen habe; nach abermals drei jahren wird es, so mir gott gesundheit und kraft erhält, hoffentlich vollendet vorliegen, und erst dann wird sich zeigen, ob es der deutschen philologie jenen dienst zu leisten vermag, den ich vor allem beabsichtigte, und der allein im stande sein wird, mich für die mühevolle arbeit zu entschädigen und zu belohnen.

Würzburg, 1. märz 1872.

M. Lexer.

Quellen und hilfsmittel.

Vorbemerkung. In parenthese sind die namen derer beigefügt, von denen aus der bezeichneten quelle beiträge mit aufgenommen sind; ein * zeigt an, dass die belegstellen und citate ausnahmslos von den genannten herrühren.

AB.: Altdeutsche blätter von M. Haupt u. H. Hoffmann. Leipzig 1836—40. 2 bände (*W. Grimm. K. Hildebrand*).

AD.: Alsatia diplomatica Schöpflini. Mannheim 1772—75. *Citiert nach nrr.*

ADRIAN: Mittheilungen aus handschriften u. seltenen druckwerken v. J. V. Adrian. Frankf. 1846 (*Weigand*).

ALBERT *od.* ULR.: St. Ulrichs leben von Albertus, herausg. v. Schmeller. München 1844 (*W. Grimm*).

ALBR.: Albrecht von Halberstadt, herausg. v. K. Bartsch. Quedlinburg 1861 (*grösstenteils nach dem leider sehr druckfehlerreichen wortregister*).

ALEM.: Alemannia. Zeitschrift für sprache, litteratur u. volkskunde des Elsasses u. seiner nächst angrenzenden gebiete von A. Birlinger. I. Bonn 1871 (*s. 63—87 elsässische predigten aus dem 14. jh.*).

ALEX. *S.*: Seifrids Alexandreis, Wiener hs. 2954 (*Strobl*).

ALEXIUS: Sanct Alexius leben, herausg. v. Massmann. Quedlinburg 1843. *Das gedicht C auch in Merzdorfs mönch v. Heilsbronn (1870) s. 145 ff., s.* S.AL. (*W. Grimm*).

ALPH.: Alpharts tod, herausg. v. Martin im 2. bande des heldenbuches. Berlin 1866.

ALTSW.: Meister Altswert, herausg. v. Holland u. Keller. Stuttgart 1850.

AMG.: Alt meistergesangbuch bei Müller.

AMIS: Strickers pfaffe Amis, herausg. im Kolocz. codex u. in Beneckes beiträgen (*W. Grimm*). — AMIS *L.*: Ausgabe von Lambel im 12. bande von Pfeiffers deutschen classikern des mittelalters. Leipzig 1872.

AMMENH.: Schachzabelbuch von K. v. Ammenhausen (*Steinmeyer*).

ANEG.: Das anegenge, herausg. in Hahns gedichten des 12. u. 13. jh. (*W. Grimm*).

ANNO: Das Annolied (*W. Grimm. *Wackernagel*).

ANTICHR.: Antichrist, in den fundgruben 1. (*W. Grimm*).

ANZ.: Anzeiger für die kunde der deutschen vorzeit. Organ des german. museums. Nürnberg 1853 ff.

APOLL.: Apollonius von Tyrland, ged. von Heinrich von Neuenstadt. Gothaer handschrift. (*W. Grimm*).

ARN.: Beiträge zu den deutschen glossarien von J. Arnoldi. Marburg 1798.

ATH.: Athis und Prophilias, herausg. v. W. Grimm. Berlin 1846. (*W. Grimm*).

AUGSB. *r.*: Augsburger stadtrecht. *Ein beigesetztes W. bezeichnet den abdruck in Walchs beiträgen, Jena 1774. Cit. nach capiteln.*

AUSW.: Auswahl aus den hochd. dichtern des 13. jh. von K. Lachmann.

Aw.: Altdeutsche wälder, herausg. durch die brüder Grimm. Cassel u. Frankf. 1813—16. 3 bände (*W. Grimm. Wackernagel*).

BALD.: Von dem rœmischen rîche, ged. von Otte Baldemann (a. 1341), herausg. v. J. M. Peter. Würzburg 1842.

BARL.: Barlaam u. Josophat, herausg. von Pfeiffer. Leipzig 1844 (*W. Grimm*).

BASL. *hss.*: Die altdeutschen handschriften der Basler universitätsbibliothek, v.W. Wackernagel (*W. Grimm*). — BASL. *r.*: Das bischofs u. dienstmannenrecht von Basel, herausg. v. W. Wackernagel. Basel 1852 (*W. Grimm*). — BASL. *rechtsqu.*: Rechtsquellen von Basel stadt u. land. Basel 1856 (*Weinhold*).

BECH *beitr.*: Beiträge zu Vilmars kurhess. idiot. von F. Bech. Zeitz 1868.

BEH.: M. Beheims buch von den Wienern, herausg. v. Karajan. Wien 1843. — BEH. *ged.*: Zehn gedichte M. Beheims zur geschichte Österreichs u. Ungarns, herausg. v. Karajan. Wien 1848 (*Steinmeyer*).

BEISP.: Das buch der beispiele der alten weisen (*15. jh.*), herausg. v. Holland. Stuttgart 1860. *vgl.* GERM. 9, 226 *ff*.

BEITR.: Beneckes beiträge. Göttingen 1810—32.

BELIAND: Beliand, Gothaer handschrift. — *Eine überarbeitung Wittichs vom Jordan; auch im deutschen wb. als Beliand cit., z. b. unter erscheuen* (*W. Grimm*).

BERTH.: Berthold von Regensburg, herausg. v. F. Pfeiffer. 1. band, Wien 1862 (*ein beigesetztes Kl. bezeichnet Klings ausg., die belege daraus sind von W. Grimm*).

BIHTEB.: Bihtebuoch, herausg. v. Oberlin. Strassburg 1784 (*Wackernagel*).

BIRK. *od.* BIRKENST.: Birkenstock, handschrift (*W. Grimm*). — *Erst beim ausarbeiten der 6. lieferung dieses bandes bin ich durch zufall auf die erklärung dieser bezeichnung gekommen, nachdem mir auch W. Wackernagel, Zarncke u. Scherer auf meine anfragen keine auskunft geben konnten. Gemeint ist „cod. Birkenstock, abschrift der Mölker sammlung kleiner gedichte Strickers, im besitze von J. Grimm" s. Hahns kleinere gedichte von dem Stricker s. XVIII (aus dieser hs. ist der Cato abgedruckt in den altd. blättern 2, 18—32).*

BIRL.: Schwäbisch-Augsburgisches wörterbuch von A. Birlinger. München 1864. — BIRL. *al.*: Alemannische sprache von A. Birlinger. I. Berlin 1866.

BIT.: Biterolf und Dietleib, herausg. v. O. Jänicke im 1. bande des deutsch. heldenbuches. Berlin 1866 (*Jänicke*).

BLIK.: Bliker von Steinach in F. Pfeiffers „freie forschung". Wien 1867.

BLOCH: Daz bloch von dem Stricker (v. d. Hagens gesammtabent. nr. XXXII), neu herausg. v. Lambel im 12. bande von Pfeiffers deutsch. classikern des mittelalters. Leipzig 1872.

BÖHM.: Codex diplomaticus Mœnofrancofurtanus, herausg. v. J. F. Böhmer. I. Frankf. 1836.

BON.: Boners edelstein, herausg. von F. Pfeiffer. Leipzig 1844 (*W. Grimm*).

BONUS: Legende vom bischof Bonus, herausg. v. Haupt in seiner zeitschrift 2, 208 ff. (*14. jh.*).

BOPP *gl.*: Bopps glossarium sanscriticum. 3. ausg. Berlin 1867. — BOPP *gr.*: Bopps vergleichende grammatik. 2. ausg. Berlin 1857—61.

BPH.: Bruder Philipps Marienleben, herausg. v. H. Rückert. Quedlinburg 1853 (*W. Grimm*). — BPH. *H.*: B. Ph. Marienleben, eine abhandl. von J. Haupt. Wien 1871.

BR.: Drei alte deutsche übersetzungen der Benedictiner-regel, besprochen u. in proben mitgeteilt von V. Käferbäck. Graz 1868 (*hs. A aus dem 13., B. aus dem 14. jh.*).

BRÜNN. *r.*: Die stadtrechte von Brünn aus dem 13. u. 14. jh., herausg. v. Rössler. Prag 1852.

BUCH *d. r.*: Buch der rügen, herausg. v. Karajan in Haupts zeitschr. II. — BUCH *v. g. sp.*: Ein buch von guter speise. Stuttgart 1844. *Cit. nach absätzen* (*W. Grimm*).

BÜCHL.: Die zwei büchlein Hartmanns v. Aue. Ausg. von Haupt u. Bech.

CATO: Der deutsche Cato, herausg. von Zarncke. Leipzig 1852.

CDG.: Codex diplomaticus zur geschichte von Graubünden, herausg. v. Mohr. Chur 1848—61. *Cit. nach seiten.*

CDS.: Codex diplomaticus Silesiae, herausg. v. Wattenbach. Breslau 1857—60. *Cit. nach seiten.*

CGM.: Codex germanicus Monacensis (*Birlinger*).

CHR.: Die chroniken der deutschen städte (*14. u. 15. jh.*). Leipzig 1862 ff. — *Band 1—3 Nürnberger chroniken, 4—5 Augsburger chr., 8—9 Strassburger chr. von Closener u. Königshofen; vergleichsweise wurden auch die nd. chron. des bandes 6 u. 7 citiert.* — CHR. *Const.*: Eine Constanzer weltchronik aus dem 14. jh. teilweise abgedruckt in der zeitschrift des Freiburger geschichtsvereins I. 1868. — CHR. *Const.* (*Mone*): Constanzer chronik in Mones quellensammlung I. (*15. jh.* — *Weinhold*).

CHRISTOPH: Der heil. Christoph, St. Florianer handschrift (*W. Grimm*).

CLOS.: Closeners Strassburg. chronik, herausg. v. A. Schott. Stuttg. 1842. — *Neue ausg. im 8. bande der deutschen städtechroniken.*

COD. *Dresd.*: Die Dresdener sammlung kleinerer gedichte (*v. d. Hagens grundriss 325 ff.*) nach einer abschrift Büschings auf der k. bibliothek in Berlin ms. g. 375 (**Wackernagel*). — COD. *Mind.* (*W. Grimm*). — COD. *palat.*: Codex palatinalis (**W. Grimm*. — 341 **Wackernagel*, *nach einer abschrift auf der Berliner biblioth. ms. g. 455. 456*). — COD. *Regiom:* Codex Regiomontanus (**W. Grimm*).

CP.: Copeybuch der gemainen statt Wienn (1454—64), herausg. v. Zeibig. Wien 1854 (*fontes* II. 7).

CRANE: Crane Bertholds von Holle, herausg. v. K. Bartsch. Nürnberg 1858 (*W. Grimm*).

CRAON: Moriz von Craon, herausg. v. M. Haupt. Berlin 1871. *s.* MAUR.

CURT.: Grundzüge der griech. etymologie von G. Curtius. 2. aufl. Leipzig 1866 (*nach den seiten der ersten cit.*), 3. aufl. *ib.* 1869.

DA.: Dietrichs erste ausfahrt (*15. jh.*), herausg. v. F. Stark. Stuttgart 1860.

DAL.: Dalimils chronik von Böhmen (*hs. vom j. 1389*), herausg. v. Hanka. Stuttgart 1859.

DAN.: Strickers Daniel v. Blumental. Münchener handschrift (**W. Grimm*).

DANKROTSH.: Namenbuch Conrads von Dankrotsheim, in Strobels beiträgen 107—129 (**Steinmeyer*).

DAV. *v. A.*: David von Augsburg (*Pfeiffers mystiker I u. Haupts zeitschrift 9*).

DENKM.: Denkmäler deutscher poesie u. prosa aus dem 8.—12. jh., herausg. v. Müllenhoff u. Scherer. Berlin 1864.

DFG.: Diefenbachs glossarium latino-germanicum. Frankf. 1857.

DH.: Diplomatarium habsburgicum seculi XV. herausg. v. Chmel. Wien 1850 (*fontes* II. 2). *Cit. nach seiten.*

DIEF.: Diefenbachs vergleichendes wörterbuch der gothischen sprache. Frankf. 1851. — DIEF. *1470*: Diefenbachs mittellateinisch-hochdeutsch-böhmisches wörterbuch v. j. 1470 (*W. Grimm*). — DIEF. *n. gl.*: Diefenbachs novum glossarium latino-germanicum. Frankf. 1867.

DIEM.: Deutsche gedichte des 11. u. 12. jh., herausg. v. J. Diemer. Wien 1849 (*W. Grimm*). — DIEM. *arzb.*: Arzneibuch des 12. jh. nach einer abschrift Diemers.

DIETR.: Dietrichs flucht, herausg. v. Martin im 2. bande des heldenbuches. Berlin 1866.

DIEZ: Etymol. wörterbuch der romanischen sprachen von F. Diez. Bonn 1853. Zweite ausg. in zwei bänden *ib.* 1861.

DINKELSB. *st.*: Statuten von Dinkelsbühl (*14. jh.*) in Haupts zeitschr. VII. *Cit. nach absätzen.*

DIOCL.: Dyocletians leben von Hans von Bühl, herausg. v. Keller. Quedlinburg 1841.

DIUT.: Diutiska von Graff. Stuttg. 1826 ff. 3 bände (*W. Grimm. Wackernagel*).

DM.: Diplomatarium miscellaneum seculi XIII. herausg. v. Chmel. Wien 1849 (*fontes* II. 1). *Cit. nach nrr.*

DOC. *misc., od.* MISC.: Miscellaneen zur gesch. der deutsch. litteratur, herausg. v. Docen. München 1807. 2 bände (*W. Grimm. Wackernagel*).

DON. *mit beigesetzter jahrzal*: Mitteilungen aus dem fürstl. Fürstenberg. archive in Donaueschingen (**Roth v. Schreckenstein*).

DRACH.: Drachenkämpfe Dietrichs u. seiner gesellen in v. d. Hagens heldenb. II. *s.* VIRG.

DSP.: Der spiegel deutscher leute, herausg. v. J. Ficker. Innsbruck 1859.

DÜR. *chr.*: Düringische chronik des Johann Rothe, herausg. v. Liliencron. Jena 1859.

DWB.: Deutsches wörterbuch der brüder Grimm, fortges. von Hildebrand u. Weigand.

EA.: Die eidgenössischen abschiede aus den jahren 1421—77, herausg. v. Segesser. Lucern 1863. *Cit. nach seiten.*

ECKE L., *Sch., Z.*: Eckenliet, herausg. von Lassberg (*1832*), Schade (*ausg. des alten Strassburger druckes, 1853*), Zupitza (*im 5. bande des deutsch. heldenb. 1870*). ECKE *C. od. Casp.*: Eckenliet im heldenbuche Caspars v. d. Rön (*aus L., Sch. u. C.* — *W. Grimm*).

EHING.: Georgs von Ehingen reisen (*15. jh.*), herausg. v. F. Pfeiffer. Stuttgart 1843.

EILH.: Eilharts Tristrant (**W. Grimm ohne nähere angabe der handschrift; wahrscheinl. ist die überarbeitung in der Heidelberger hs. nr. 346 gemeint*).

ELIS.: Das leben der heil. Elisabeth vom verfasser der erlösung, herausg. v. M. Rieger. Stuttgart 1868 (*grösstenteils nach dem beigefügten, sorgfältigen glossar*).

ELMEND.: Wernher von Elmendorf, herausg. v. Hoffmann v. F. in Haupts zeitschrift 4, 284 ff.

EN.: Die Eneide Heinrichs v. Veldegge, herausg. v. L. Ettmüller. Leipzig 1852 (*W. Grimm nach Müllers abdr.*).

Enenk.: Enenkel in Rauchs script. I. (*W. Grimm*).
Engelh.: Engelhard von Konrad v. Würzburg, herausg. v. M. Haupt. Leipzig 1844.
Er.: Erec Hartmanns v. Aue, ausgaben von Haupt u. Bech. (Er.² = *die zweite ausg. von Haupt, Leipzig 1871*).
Eracl.: Eraclius, herausg. v. Massmann. Quedlinburg 1842. (*W. Grimm*).
Erf. str.: Erfurter stadtrecht bei Walch II. (*Wackernagel*).
Erinn.: Erinnerung (tôdes gehügede) von Heinrich von Melk, herausg. v. R. Heinzel. Berlin 1867.
Erlœs.: Die erlösung, herausg. v. Bartsch. Quedlinb. 1858.
Ernst: Herzog Ernst, in den deutsch. ged. des mittelalters von v. d. Hagen u. Büsching I. (*W. Grimm*.) — Ernst *B*.: Herzog Ernst, herausg. v. Bartsch. Wien 1869 (*vgl. Haupts z. 15, 163*).
Ettm. *brf*.: Sechs briefe u. ein leich, herausg. v. Ettmüller. Zürich 1843 (**W. Grimm*).
Evang.: Des M. v. Beheim evangelienbuch in md. sprache a. 1343, herausg. v. R. Bechstein. Leipzig 1867. (*beigesetztes M. = Matthäus, L. = Lucas, J. = Johannes, pass. = passion, v. = vorrede; wo mehr belege waren ist der kürze halber nur auf Bechsteins glossar verwiesen*).
Exod.: Exodus in den fundgruben II. — *D*. ausg. v. Diemer *s*. Gen.
Eyb: Des ritters Ludwig von Eyb des ältern aufzeichnung über das kais. landgericht des burggrafentums Nürnberg (*a*. 1482), herausg. v. W. Vogel. Erlangen 1867. *Cit. nach* §§.
F. *v. Schw*.: Friedrich v. Schwaben. Berliner handschrift (**W. Grimm*).
Fasn.: Fastnachtspiele aus dem 15. jh., herausg. v. Keller. Stuttgart 1853. 3 bde. Nachlese zu den fastn. ib. 1858.
Fdgr.: Fundgruben, herausg. von H. Hoffmann, 2 bände. Breslau 1830—37.
Feldb.: Das märe vom feldbauer (*14. jh.*), herausg. v. Fr. Pfeiffer in Germ. 1, 346 ff.
Feldk. *r*.: Stadtrecht v. Feldkirch (*a*. 1399) in Mones zeitschrift 21, 129 ff.
Feuerb.: Feuerwerkbuch vom j. 1432, handschrift in der Freiburger universitätsbibl. (*sammelband nr*. 362 *f*. 73ᵃ—89ᵃ).
Fichard: Fichards archiv für ältere deutsche litteratur u. geschichte. 3 teile. Frankf. 1815 (**W. Grimm. *Wackernagel. *Weinhold*).

Fick: Wörterbuch der indogerman. grundsprache von F. C. A. Fick. Göttingen 1868. 2. ausg. u. d. t. vergleichendes wörterbuch der indogerm. sprachen ib. 1870—71.
Flore: Flore und Blanscheflor von Konr. Fleck, herausg. v. Sommer. Quedlinb. 1846 (*W. Grimm*).
Fragm.: Fragmente bei Müller III. (** W. Grimm. *Wackernagel*).
Frankf. (*mit näherer bezeichnung der archivalien: brgmstb. = bürgermeisterbuch, baumstb. = baumeisterbuch*): Mitteilungen aus dem Frankfurter archive (**Kriegk*).
Frauenehre: Frauenehre von dem Stricker, herausg. v. Pfeiffer in Haupts zeitschft. 7, 478 ff. (*W. Grimm*).
Frauentr.: Frauentrost von Siegfried dem Dorfer, herausg. v. Pfeiffer in Haupts zeitschr. 7, 109 ff. (*W. Grimm*).
Freib. *r*.: Freiburger stadtrecht v. j. 1275 in Schreibers urkundenb. I. 74—87; erneuerung u. erweiterung desselben v. j. 1293 ib. 123—139.
Freiberg: Recht der stadt Freiberg, bei Schott stadt- u. landrechte III.
Freid., *in den ersten bogen auch einige male* Vreid.: Freidanks bescheidenheit, herausg. v. W. Grimm. Göttingen 1834. 2. ausg. 1860 (*W. Grimm*).
Frisch: Teutsch-lateinisches wörterbuch von L. Frisch. Berlin 1741.
Frl.: Heinrichs von Meissen, des Frauenlobs leiche, sprüche, streitgedichte u. lieder, herausg. v. L. Ettmüller. Quedlinb. 1843.
Frlg. *od*. Frühlg.: Frühlingsgabe von Karajan. Wien 1839 (**W. Grimm*).
Fromm.: Die deutschen mundarten, herausg. v. Frommann, band 2—6. Nürnberg, Nördlingen 1855—59.
Fronl.: Von den sechs namen des fronleichnams, in Merzdorfs Heinrich von Heilsbronn (1870) s. 1—68.
Ga.: Gesammtabenteuer, herausg. v. F. H. v. d. Hagen. 3 bände. Berlin 1850 (*W. Grimm*).
Gauh.: Das märe von den gauhühnern von dem Stricker, herausg. v. Pfeiffer in Germ. 6, 457 ff.
Gaupp: Deutsche stadtrechte des mittelalters, herausg. v. E. Th. Gaupp. 2 bde. Breslau 1851. (*1.: die deutschen stadtrechte von Strassburg, Colmar [aus Ad. 2] und Winterthur*).
Gds.: Geschichte der deutschen sprache von J. Grimm. 3. ausg. Leipzig 1868 (*cit. nach den seiten der ersten*).

GEIS.: Pfründenordnung des klosters Geisenfeld aus dem 13. jh., herausg. von Wittmann. München 1856 (*quellen u. erörterungen I*).

GEN.: Genesis in den fundgruben II. — *D.* Genesis u. exodus nach der Millstäter handschrift herausg. v. J. Diemer. Wien 1862 (*mit glossar*).

GENGL.: Deutsche stadtrechte des mittelalters, theils verzeichnet, theils vollständig oder in probeauszügen mitgetheilt von H. G. Ph. Gengler. Erlangen 1852.

GEO. *od.* REINB.: Der hl. Georg von Reinbot von Durne, herausg. in den deutschen ged. des mittelalters von v. d. Hagen u. Büsching I. (*W. Grimm*).

GERH.: Der gute Gerhard von Rudolf von Ems, herausg. v. M. Haupt. Leipzig 1840 (*W. Grimm*).

GERM.: Germania, vierteljahrschrift für deutsche altertumskunde, herausg. v. F. Pfeiffer. 1.—3. band Stuttgart 1856—58; 4.—16. band Wien 1859—71 (*vom 14. bande an herausg. von Bartsch*). — GERM. H. *od.* Hag.: Germania, neues jahrbuch der Berlinischen gesellschaft für deutsche sprache u. altertumskunde, herausg. v. F. H. v. d. Hagen. 9 bände. Berlin 1836 ff. (**W. Grimm 6—9*).

GEST. *R.*: Gesta Romanorum, herausg. von Keller. Quedlinb. 1841.

GFF. *od.* GRFF.: Althochdeutscher sprachsatz von E. G. Graff. 6 bände. Berlin 1834—42.

GFR.: Die gute frau, gedicht des 13. jh., herausg. v. E. Sommer in Haupts zeitschr. 2, 385—481 (*W. Grimm*).

GL.: Aus glossen, glossarien.

GL. *Virg.*: Die deutschen Virgilglossen, herausg. v. Steinmeyer in Haupts zeitschrift 15, 1—119.

GLAR.: Urkundensammlung zur geschichte des canton Glarus in dem jahrbuche des histor. vereins des cant. Gl. I. (1865—68). *Nach den nrr. der urkunden citiert; einige davon sind aus dem 13., die andern aus dem 14. jh.*

GLAUB.: Vom glouben, herausg. in Massmanns ged. des 12. jh. Quedlinb. 1837. *Vgl. Karl Reissenberger: über Hartmanns rede vom glauben. Hermannstadt 1871.*

GOLD.: Goldemar von Albrecht v. Kemenaten, herausg. v. Haupt in seiner zeitschr. 6, 520 ff. — *Z.* Ausg. von Zupitza im 5. bande des deutschen heldenbuches. Berlin 1870.

GÖRL. *r.*: Görlitzer rechtsbuch bei Gaupp.

GOTFR.: Gottfried von Strassburg.

GÖTTW.: Göttweiher handschrift vom j. 1373 (**Strobl in der zeitschrift für österr. gymnas. 1869 s. 836 ff.*).

GR.: J. Grimms deutsche grammatik (*neue ausg. von W. Scherer, Berlin 1869 ff.*). — GR. *kl. schrft.*: Jacob Grimms kleinere schriften, herausg. v. Müllenhoff. 5 bände. Berlin 1864—71. — GR.w.: Weisthümer, gesammelt von J. Grimm. 6 bände (*band 5 u. 6 herausg. v. R. Schröder*). Göttingen 1840—69.

GREG.: Gregorius von Hartmann von Aue. Ausgaben von Lachmann u. Bech.

GRFF. *s.* GFF.

GRIESH.: Deutsche predigten des 13. jh., herausg. v. F. K. Grieshaber. 2 bände. Stuttgart 1844—46. — GRIESH. *chr.*: Oberrheinische chronik (*a.* 1334—49), herausg. v. Grieshaber. Rastatt 1850. — GRIESH. *denkm.*: Deutsche sprachdenkmale religiösen inhalts, herausg. v. Grieshaber. Rastatt 1842.

GR. RUD.: Graf Rudolf, herausg. v. Wilhelm Grimm. 2. ausg. Göttingen 1844 (*W. Grimm*).

GSM.: Konrads von Würzburg goldene schmiede, herausg. v. W. Grimm. Berlin 1840 (*W. Grimm*).

GSP.: Die gothische sprache von Leo Meyer. Berlin 1869. *Cit. nach §§.*

GUDR.: Gudrun. Ausg. von Vollmer Leipzig 1845, v. Bartsch ib. 1865, v. Martin Halle 1872.

H. *v. N.*: Briefe Heinrichs von Nördlingen an Margarethe Ebner (*14. jh.*), in Heumanni opusculis. Nürnberg 1747.

HADAM.: Die jagd Hadamars von Laber, herausg. v. Schmeller. Stuttgart 1850 (*W. Grimm*).

HADL.: Joh. Hadloubes gedichte, herausg. v. Ettmüller. Zürich 1840 (*W. Grimm*).

HAHN *ged.*: Gedichte des 12. u. 13. jh., herausg. v. K. A. Hahn. Quedlinb. 1840. *s.* ANEG. JÜDEL. KINDH. TUND. URST.

HALT.: Glossarium germanicum medii aevi von Ch. G. Haltaus. Leipzig 1758.

HANS: Bruder Hansens Marienlieder aus dem 14. jh., herausg. v. R. Minzloff. Hannover 1863.

HARTM.: Hartmann v. Aue.

HASL. *od.* JÜNGL.: Der jüngling Konrads v. Haslau, herausg. v. Haupt in seiner zeitschr. 8, 550—86.

HÄTZL.: Liederbuch der Clara Hätzlerin, herausg. v. C. Haltaus. Quedlinb. 1840.

HB.: Altdeutsche historienbibel aus dem anf. des 15. jh., handschrift im besitze des prof. Ed. Reuss in Strassburg, proben daraus in dem „beiträge zu den theol. wissenschaften, herausg. v.

Reuss u. Cunitz" 6. band. Jena 1855. *s*. 1—136. *s*. 133—136 *ein wortverzeichnis (elsässisch)*. *s. das folgd. werk s*. 42 *ff*. — Hʙ. *M*.: Die deutschen historienbibeln des mittelalters, herausg. v. Merzdorf. Stuttgart 1870.

Hᴇɪᴅɪɴ *s*. Wɪᴛᴛɪᴄʜ.

Hᴇɪᴍʙ. *hf*.: Heimburger handfeste bei Senkenberg: visiones diversae p. 268 ff. Leipzig 1775. (*Wackernagel).

Hᴇɪɴʀ.: Heinrich u. Kunigunde v. Ebernand von Erfurt, herausg. von R. Bechstein. Quedlinburg 1860 (*mit glossar*).

ᴀ.Hᴇɪɴʀ.: Der arme Heinrich Hartmanns v. Aue. Ausgaben von Haupt, Wackernagel, Bech.

Hᴇɪɴᴢ.: Heinzelein von Constanz, herausg. von F. Pfeiffer. Leipzig 1852.

Hᴇʟʙʟ.: Seifried Helbling, herausg. v. Karajan in Haupts zeitschr. 4, 1—284.

Hᴇʟᴅʙ. *H*.: v. d. Hagens heldenbuch. 2 bde. Leipzig 1855. — Hᴇʟᴅʙ. *K*.: Das deutsche heldenbuch. Nach dem mutmasslich ältesten drucke neu herausg. v. Keller. Stuttg. 1867. (*15. jh*.)

Hᴇʟᴍʙʀ.: Meier Helmbrecht, herausg. von Karajan in Haupts zeitschr. 4, 318—85, von Keinz, München|1865, von Lambel, Leipzig 1872 (*im 12. bande von Pfeiffers deutschen classikern des mittelalters*).

Hᴇʟᴍsᴅ.: Konrad von Helmsdorf (*14. jh*.), bruchstücke in Scherers St. Gallischen handschriften s. 18 ff.

Hᴇʀʙ.: Herborts v. Fritslâr liet von Troye, herausg. von G. K. Frommann. Quedlinb. 1837. (*W. Grimm*.)

Hᴇʀᴢᴍ.: Die mähre von der minne oder die herzmähre von Konrad v. Würzburg, herausg. von F. Roth. Frankf. 1846 u. von Lambel im 12. bande von Pfeiffers deutsch. classikern des mittelalters. Leipzig 1872.

Hᴇsᴛ.: Hester herausg. von K. Schröder in den germanist. studien I. 247 *ff*. (1872).

Hᴇᴜᴍ.: Heumanni opuscula. Nürnberg 1747.

Hɪᴍʟғ.: Marien himmelfahrt, herausg. von Weigand in Haupts zeitschr. 5, 515—64. — Mariä himmelfahrt von Konrad v. Heimesfurt herausg. von F. Pfeiffer in Haupts zeitschr. 8, 156—200.

Hɪᴍʟʀ.: Daz himilrîche, herausg. v. Schmeller in Haupts zeitschr. 8, 145—55.

Höғ. *z*.: Zeitschrift für archivkunde, diplomatik u. geschichte von L. F. Höfer. 2 bände. Hamburg 1834—36.

Höғᴇʀ: L. F. Höfers auswahl der ältesten urkunden deutscher sprache im archiv zu Berlin. Hamburg 1835. (*Weigand*).

Hᴘᴛ.: Zeitschrift für deutsches altertum, herausg. von M. Haupt. 15 bände. Leipzig u. Berlin 1841—71. — Hᴘᴛ. *beitr*.: Beiträge zur kunde deutscher sprachdenkm. in handschriften von Jos. Haupt. Wien 1860 (*sitzungsber. band 34 s*. 297—316). — Hᴘᴛ. *h. lied*: Das hohe lied, übersetzt von Willeram, erklärt von Rilindis und Herrat, äbtissinnen zu Hohenburg im Elsass (1147—96), herausg. von Jos. Haupt. Wien 1864.

Hᴜɢᴅ.: Haugdietrich in Haupts zeitschr. 4, 401 *ff*. *s*. Wᴏʟғᴅ. *B*.

Hᴜɢᴏ *v. M*.: Über den dichter graf Hugo VIII. v. Montfort von K. Weinhold. Gräz 1857 (*weitere beiträge aus der handschrift von Weinhold*).

Hᴜᴠᴏʀ: Knecht Huvôr, herausg. von Keller. Tübingen 1861.

Iw.: Iwein Hartmanns von Aue. Ausgaben von Benecke-Lachmann u. Bech.

J.: *mit beigefügter jahrzal:* Jahresregister (*stadtrechnungen*) des 14. u. 15. jh. im Nürnberger k. archive.

Jᴀɴ.: Übersetzung v. psalmen etc. aus dem 14. jh. (*niederrhein*.), herausg. von E. Janota. Wien 1855.

Jᴇʀ.: Di krônike v. Prûzinlant des Nicolaus von Jeroschin. — *Die citate nach seiten beziehen sich auf Pfeiffers (Stuttgart 1854), die nach versen auf E. Strehlkes (vollständige) ausgabe (Leipzig 1861)*.

Jos.: Geschichte Josephs von Ägypten, herausg. von J. Diemer. Wien 1865.

Jüᴅᴇʟ: Jüdel, in Hahns ged. des 12. u. 13. jh. s. 129 *ff*.

Jüɴɢʟ. *s*. Hᴀsʟ.

Jᴜsᴛ.: Justingers Berner chronik vom anfange der stadt Bern bis in das j. 1421, herausg. v. Stierlin u. Wyss. Bern 1819. (* *Wackernagel*).

Kᴀʟᴛʙ.: Die pan- u. bergtaidingbücher in Österreich unter der Enns, herausg. von J. P. Kaltenbäck. I. Wien 1846. (*14. u. 15. jh., viele gehören der aufzeichnung oder abschrift nach zwar dem 16. u. 17. jh. an, sie sind aber der sprache nach viel älter*).

Kᴀʀᴀᴊ.: Karajans sprachdenkm. des 12. jh. Wien 1846. — Kᴀʀᴀᴊ. *bruchst*.: Zwei bruchstücke eines gedichtes aus dem 12. jh., herausg. v. Karajan. (*W. Grimm*).

KARL: Karl der grosse von dem Stricker, herausg. v. Bartsch. Quedlinb. 1857. (*In den 3 ersten lfgg. meistens mit W. Grimm nach Schilters ausg. citiert*).

KARLM.: Karlmeinet, herausg. von Keller. Stuttgart 1858. *Ein beigefügtes B. weist auf*: Über Karlmeinet von Bartsch, Nürnberg 1861. (*W. Grimm*).

KATH.*mart*.: Katharinen marter, herausg. v. J. Lambel in Pfeiffers Germania 8, 129—86.

KCHR.: Kaiserchronik, ged. d. 12. jh. herausg. von Massmann. 3 bände. Quedlinb. 1849—54. (*W. Grimm*). — KCHR. *D.*: Die kaiserchronik nach der ältesten handschrift des stiftes Vorau, herausg. von Diemer. I. Wien 1849. — KCHR.*W.*: Schottkys abschrift der kaiserchronik. Wiener handschrift nr. 570, die eine überarbeitung enthält. (** W. Grimm*).

KEINZ *denkm.*: Altdeutsche denkmäler, herausg. von Keinz. Sitzungsber. der Münchener akad. 1869. phil.-hist. classe s. 290—321.

KELL.: Altdeutsche gedichte, herausg. von Keller. Tübingen 1846. (*K. Hildebrand*). — KELL. *erz.*: Erzählungen aus altdeutschen handschriften, herausg. von Keller. Stuttgart 1855.

KINDH.: Kindheit Jesu in Hahns ged. des 12. u. 13. jh. — *Feif.*, ausgabe von Feifalik.

KIRCHB.: Kirchbergs chronik (*nach Bartschs wortregister zu Albr. v. Halberstadt*).

KL. *od.* KLG.: Die klage, nach Lachmanns ausgabe.

KOCHB.: Altdeutsches kochbuch, herausg. v. W. Wackernagel in Haupts zeitschr. 5, 11 ff. (*W. Grimm*).

KOL.: Koloczaer codex altd. gedichte, herausg. von Mailath u. Köffinger. Pesth 1817. (*W. Grimm*).

KOLM.: Meisterlieder der Kolmarer handschrift, herausg. v. Bartsch. Stuttgart 1862.

KÖN.: Elsassische chronik v. Jacob Twinger v. Königshofen, herausg. von Schilter. Strassburg 1698. (*Neue ausg. im 8. u. 9. bande der deutschen städtechroniken*).

KONR.: Konrad v. Würzburg. — KONR. *Al.*: Alexius von Konr. v. W. herausg. von Haupt in seiner zeitschr. 3, 534 ff. — KONR. *lied.*: Lieder u. sprüche Konrads v. W. herausg. von Bartsch. Wien 1871.

KREUZF. *s.* LUDW. *v. Th.*

KROL. *od.* VAT.: Heinrichs von Krolewitz vaterunser, herausg. v. Lisch. Quedlinb. 1839.

KRONE: Diu crône von Heinrich von dem Türlin, herausg. von Scholl. Stuttgart 1852. (*Bei W. Grimm oft citate nach den seiten der Berliner abschrift, in solchen fällen ist* W.GR. *beigesetzt*).

KSR.: Das keyserrecht nach der handschrift von 1372 herausg. v. Endemann. Cassel 1846. Cit. nach capiteln (*nach der zälung in margine*).

KUCHM.: Christian Kuchemeisters chronik von St. Gallen, herausg. von J. Hardegger in den mitteilungen zur vaterländ. geschichte des histor. vereins von St. Gallen. I. s. 1—60. 1862. (*14. jh. bis 1328*).

KUHN: Zeitschr. für vergleichende sprachforschung, herausg. von Adalb. Kuhn. 20 bde. Berlin 1852—72.

KULM. *r.*: Kulmer recht, herausg. v. Leman. Berlin 1838. — KULM. *hf.*: Kulmer handfeste in Schottkys vorzeit u. gegenwart 1823. (*Wackernagel*).

KWB.: Kärntisches wörterbuch von M. Lexer. Leipzig 1862.

LAC.: Lacomblets archiv für die geschichte des Niederrheins 1831 ff. (** Wackernagel. *Weinhold*).

L.ALEX.: Lamprechts Alexander, herausg. in Massmanns gedichten des 12. jh. s. 64 ff. — *Ein beigesetztes W.* = Weismanns ausgabe Frankf. 1850. 2 bände.

LAMPR.: Pfaffe Lamprecht.

LANZ.: Lanzelet von Ulrich v. Zatzikhoven, herausg. von K. A. Hahn. Frankf. 1845. — (*W. Grimm. — J. Bächtold über den Lanzelet des U. v. Z. Frauenfeld 1870.*)

LAUR.: Laurin herausg. v. Müllenhoff im 1. bande des heldenbuchs. Berlin 1866. — *Beigesetztes N. od. Nyer., Sch., C. od. Casp. bezeichnet die ausgaben von Nyerup* (*in den symbolae ad litteraturam teutonicum. Hauniae 1787*), *Schade* (*Leipzig 1854*) *u. im heldenbuch Caspars v. d. Rön.*

LAURENT: Aachener stadtrechnungen aus dem 14. jh., herausg. von J. Laurent. Aachen 1866.

LCR.: Liliencrons ausgabe der histor. volkslieder der Deutschen vom 13.—16. jh. 4 bände (*wovon hier nur die zwei ersten in betracht kamen*). Leipzig 1865—69.

LEITB.: Leitbuch des neuen spitals zu Nürnberg. Cod. membr. fol. sec. XIV. 170 bll. im städtischen archive zu Nürnberg.

LESEB.: W. Wackernagels altdeutsch. lesebuch. 2. aufl. Basel 1839. 4. aufl. 1859.

Leys.: Deutsche predigten des 13. u. 14. jh. herausg. von Herm. Leyser. Quedlinb. 1838.

Licht.: Ulrich v. Lichtenstein herausg. von Lachmann (*mit anmerkungen von Karajan*). Berlin 1841. (*W. Grimm*).

Lit.: Litanei in Massmanns ged. des 12. jh. 43 ff. u. in den fundgr. 2, 215 ff. (*W. Grimm*).

Livl. chr.: Livländische reimchronik, herausg. von Pfeiffer. Stuttgart 1844.

Lobges.: Lobgesang auf die hl. jungfrau (*früher Gottfried v. Strassb. zugeschrieben*), herausg. v. Haupt in seiner zeitschr. 4, 513—55.

Loh.: Lohengrin, herausg. von H. Rückert. Quedlinb. 1858. (*W. Grimm*).

Lor.: Lorengel, herausg. von Steinmeyer in Haupts zeitschr. 15, 181 ff.

Ls.: Liedersaal, herausg. vom freih. v. Lassberg. 3 bände. St. Gallen u. Konstanz 1846. (*W. Grimm*).

Ludw.: Das leben des hl. Ludwig, herausg. von H. Rückert. Leipzig 1851.

Ludw. v. Th. od. Kreuzf.: Des landgrafen Ludwig des frommen von Thüringen kreuzfahrt, herausg. von v. d. Hagen. Leipzig 1854. (*W. Grimm nach der hs. Seine zälung weicht von der v. d. Hagens in so fern ab, als er die 10 fehlenden verse nicht mitzält; nur in den zwei ersten lfgg. sind einige Grimmsche nicht auf die Hagensche zälung reducierte citate stehen geblieben. Auch ist in der 1. lfg. manchmal irrtümlich nur* Ludw. *statt* Ludw. v. Th. *citiert*).

Mag. cr.: Der maget crône, herausg. v. Zingerle. Wien 1864.

Mai: Mai und Beaflor, herausg. v. Pfeiffer. Leipzig 1848. (*W. Grimm nach der Fuldaer handschr. — Die meisten W. Grimm entnommenen citate konnten aber auf die Pfeiffersche ausg. reduciert werden*).

Mainz. fgb.: Mainzer friedgebot v. j. 1300. *Rodel von 221 zeilen im k. Würzburger archive.*

Malag.: Malagis, Pfälzer handschrift. (**W. Grimm*).

Mar.: Wernhers Maria, herausg. in den fundgruben 2, 145—212. (*W. Grimm*).

Marg.: Die marter der hl. Margareta in Haupts zeitschr. 1, 151—93.

Marg. W.: Wetzels hl. Margarete, herausg. von Bartsch in den germanist. studien I. 1—30 (1872).

Mariengr.: Mariengrüsse, herausg. v. Pfeiffer in Haupts zeitschr. 8, 274—98.

Marld. han.: Marienlieder, hannöv. hs., herausg. von W. Grimm in Haupts zeitschr. 10, 1—142. (*W. Grimm*).

Marlg. od. Mleg.: Marienlegenden, herausg. von F. Pfeiffer. 2. ausg. Wien 1863.

Mart.: Martina von Hugo von Langenstein, herausg. v. Keller. Stuttgart 1856. (*W. Grimm nach der handschrift*).

Massm. denkm.: Denkmäler deutscher sprache u. literatur, herausg. von Massmann. I. München 1827. — Massm. ged.: Deutsche gedichte des 12. jh., herausg. v. Massmann. Quedlinb. 1837. — Massm. schachsp.: Geschichte des deutschen schachspiels von Massmann. Quedlinb. 1839.

Maur.: Mauritius u. Beamunt (= Craon) in v. d. Hagens Germania 9. (*W. Grimm*).

Mb.: Monumenta boica.

Md. ged.: Mitteldeutsche gedichte, herausg. von Bartsch. Stuttgart 1860.

Meibom: Das deutsche pfandrecht von V. v. Meibom. Marburg 1867.

Mein.: Meinauer naturlehre, herausg. v. W. Wackernagel. Stuttgart 1851.

Mel.: Meleranz von dem Pleier, herausg. v. Bartsch. Stuttgart 1861.

Meran.: Meraner stadtrecht, herausg. von Pfeiffer in Haupts zeitschr. 6, 413—30. *Cit. nach §§.*

Mersw.: Das buch von den neun felsen von dem Strassburger bürger Rulman Merswin (*a.* 1352), herausg. von K. Schmidt. Leipzig 1859.

Merv.: Der Wiener mervart (v. d. Hagens gesammtabent. nr. LI), neu herausg. v. Lambel in Pfeiffers deutschen classikern des mittelalters, 12. band. Leipzig 1872.

Mf.: Der minne-falkner (*als anhang zu* Hadam.).

Mgb.: Buch der natur von Konr. v. Megenberg, herausg. von Pfeiffer. Stuttgart 1861.

Mh.: Monumenta habsburgica, herausg. von Chmel. I. abt., band 1—3. Wien 1854—58. (*Die urkk. sind aus den 70ger jahren des 15. jh.*). *Cit. nach seiten.*

Mich.: Urkundlicher beitrag zur geschichte der landfrieden in Deutschland von A. L. J. Michelsen. Nürnberg 1863. (*md. urkk. von 1325—49*). *Cit. nach seiten.* — Mich. M. hof: Der Mainzer hof in Erfurt am ausgange des mittelalt. herausg. v. A. L. J. Michelsen. (**K. Hildebrand*).

Miltenb. stb.: Miltenberger stadtbuch, 15. jh. (*hs. im Würzburger k. archive*).

Misc. s. Doc. misc.

MLEG. *s.* MARLG.
MÖNCHL.: Das zwölfjährige mönchlein, herausg. von Kirchhofer. Schaffhausen 1866.
MONE: Anzeiger für die kunde der deutschen vorzeit von F. J. Mone. 8 bände. Karlsruhe 1832—39. — MONE *schausp.*: Altdeutsche schauspiele, herausg. von Mone. Quedlinb. 1841; Schauspiele des mittelalters, herausg. v. Mone. 2 bände. Karlsruhe 1846. — MONE *z.*: Zeitschr. für die geschichte des Oberrheins, herausg. von Mone. 21 bände.
MOR.: Salman und Morolt in den deutschen gdd. des mittelalters von v. d. Hagen u. Büsching. (*W. Grimm*).
MŒBIN: Die mœrin von Herm. v. Sachsenheim, 15. jh. (**W. Grimm*).
MR.: Der minne regel von Eberh. Cersne, herausg. von Wöber. Wien 1861 (*s.* GERM. 7, 481 ff.).
Ms.: Minnesinger.
MSF.: Des minnesangs frühling, herausg. v. Lachmann u. Haupt. Berlin 1857.
MSH.: Minnesinger, herausg. von F. H. v. d. Hagen. 4 bände. Leipzig 1838. (*W. Grimm*).
MÜGL.: Heinrich v. Müglin, herausg. v. W. Müller. Göttingen 1847. — MÜGL. *Schr.*: Die dichtungen H. v. M. nach handschriften besprochen v. Schröer. Wien 1867. (*Sitzungsber. 55. s. 451—520*).
MÜHLH. *r.*: Rechtsbuch der stadt Mühlhausen in Thüringen v. j. 1256. *Ein beigesetztes L. weist auf den neuen abdruck in:* MÜHLH. *rgs.*: Die rathgesetzgebung der freien reichsstadt Mühlhausen in Thüringen im 14. jh., herausg. von E. Lambert. Halle 1870.
MÜLLER (MYLLER): Sammlung deutscher gedichte aus dem 12.—14. jh., herausg. von Ch. H. Myller. 3 bde. Berlin 1782—85. *vgl.* FRAGM.
MÜNCH. *r.*: Das stadtrecht von München, herausg. von Auer. München 1840.
MUS.: Museum für altd. litteratur u. kunst, herausg. von v. d. Hagen u. Büsching. 2 bde. Berlin 1809—11.
Mw.: Monumenta Wittelsbacensia, herausg. von Wittmann. München 1857—61. (*5. u. 6. band der quellen u. erörterungen*). *Cit. nach nrr., bei längeren urkunden auch die seiten od. absätze derselben.*
MYNS.: Heinrich Mynsinger von den falken, pferden u. hunden (*verfasst vor 1450, hs. von der Clara Hätzlerin geschrieben a. 1473*), herausg. von Hassler. Stuttgart 1863.

MYST.: Deutsche mystiker des 14. jh., herausg. von F. Pfeiffer. 2 bde. Leipzig 1846—57.
MYTH.: Deutsche mythologie von J. Grimm. 2. ausg. Göttingen 1844.
Mz.: Monumenta Zollerana. Band 1—4. I. Berlin 1852 (*urkunden der schwäb. linie, die erste deutsche urk. vom j.* 1286). II. ib. 1856 (*a.* 1235—1332, *die erste deutsche urk. vom j.* 1289). III. ib. 1857 (*a.* 1332—63). IV. ib. 1858 (*a.* 1363—78). *II—IV. enthalten urkunden der fränkischen linie. Bd. V. u. VI. konnten nicht mehr gelesen werden.*
N. *v. B.*: Nicolaus v. Basel (*mitte des 14. jh.*), herausg. von K. Schmidt. Wien 1866.
N. *v. E.*: Der Nonne von Engelthal büchlein von der genâden uberlast (*14. jh.*), herausg. v. K. Schröder. Stuttgart 1871.
NARR.: Narrenschiff von Seb. Brant, herausg. von Zarncke. Leipzig 1854.
NEIDH.: Neidhart von Reuenthal, herausg. v. M. Haupt. Leipzig 1858.
NEIF.: Die lieder Gottfrieds von Neifen, herausg. von M. Haupt. Leipzig 1851.
NEMN.: Allgem. polyglottenlexicon der naturgeschichte v. Nemnich. 4 bde. Hamburg 1793—98.
NETZ: Des teufels netz, herausg. v. Barack. Stuttg. 1863.
NIB.: Der Nibelunge noth, herausg. v. Lachmann. 3. ausg. Berlin 1851. (*Benutzt wurde auch die 2. ausg. des wörterbuchs v. A. Lübben. Oldenburg 1865*).
NP.: Nürnberger polizeiordnungen (*13.—15. jh.*), herausg. von Baader. Stuttg. 1861.
OBERL.: Scherzii glossarium german. medii aevi, ed. J. J. Oberlinus. Argentor. 1781—84.
ÖH.: Öheims chronik von Reichenau (*15. jh.*), herausg. von Barack. Stuttg. 1866.
OREND.: Orendel, herausg. von v. d. Hagen. Berlin 1844. (*W. Grimm*).
ORL.: Wilhelm v. Orliens v. Rudolf v. Ems. Casseler hs. u. Prager bruchstück. (**W. Grimm*).
O. RUL.: Ott Rulands handlungsbuch, herausg. von Hassler. Stuttg. 1843.
Osw.: S. Oswalds leben, herausg. von Ettmüller. Zürich 1835. — Aus der Wiener hs. vom j. 1472 herausg. v. Pfeiffer in Haupts zeitschr. 2, 92—130.
OT.: Otachers reimchronik, herausg. v. Pez in script. III. (*W. Grimm, doch nur bis s. 33. Wackernagel*).
OTN.: Otnit, herausg. v. Mone. Berlin 1821.
— OTN. *Ettm.*: Künec Ortnides mervart und

tit, herausg. von Ettmüller. Zürich 1838. —
OTN. *A.*: Ortnit, herausg. von A. Amelung im 3. bande des deutschen heldenb. Berlin 1871. (*W. Grimm nach Mones u. Ettmüllers ausg.*).

OTTE: Otte mit dem barte von Konrad von Würzburg, herausg. v. Hahn. Quedlinb. 1838. (*W. Grimm*). — Neu herausg. von Lambel im 12. bande von Pfeiffers deutsch. class. des mittelalters. Leipzig 1872.

PANT. od. PANTAL.: Pantaleon von Konr. v. Würzburg, herausg. v. Haupt in seiner zeitschr. 6, 193—253.

PART. od. PARTEN.: Partenopäus u. Melior, herausg. von Massmann. Berlin 1847. (**W. Grimm*). — PART. *B.* Konrads von Würzburg Partonopier u. Meliur, herausg. von Bartsch. Wien 1871.

PARZ.: Parzival von Wolfram von Eschenbach, herausg. von Lachmann. Berlin 1854. (*W. Grimm*).

PASS.: Das alte passional, herausg. v. Hahn. Frankf. 1845 (*W. Grimm*). — PASS. *K.*: Das passional, herausg. v. Fr. K. Köpke. Quedlinb. 1852. (*Grösstenteils nach dem beigegebenen glossar*).

PASSAU. *r.*: Passauer recht vom j. 1299 bei Lenz: histor.-topogr. beschreibung von Passau I. (*Steinmeyer).

PF. *arzb.*: Zwei deutsche arzneibücher aus dem 12. u. 13. jh., herausg. von F. Pfeiffer. Wien 1863. — PF. *forsch.*: Forschung u. kritik v. F. Pfeiffer. — PF. *üb.*: Altdeutsches übungsbuch von F. Pfeiffer. Wien 1866. (*K. Hildebrand*).

PHYS.: Physiologus in den fundgruben 1, diut. 3 u. in Massmanns ged. des 12. jh.

PILAT.: Pilatus, in Massmanns ged. des 12. jh.

PRED.: Predigten.

PRIESTERL. od. PRL.: Priesterleben v. Heinrich von Melk, herausg. von R. Heinzel. Berlin 1867.

PYRAM.: Pyramus u. Thisbe, herausg. von Haupt in seiner zeitschr. 6, 504—17.

RA.: Deutsche rechtsaltertümer v. J. Grimm. Göttingen 1828.

RAB.: Die Rabenschlacht, herausg. von Martin im 2. bande des deutschen heldenb. Berlin 1866.

RAUCH: Rauch, scriptores rer. austr. Vind. 1790—94. 3 vol. (*W. Grimm*).

RB. Sanskritwörterbuch von Roth u. Böhtlingk. St. Petersburg 1855 ff.

RCSP.: Frankfurts reichscorrespondenz, herausg. von J. Janssen I. (*a.* 1376—1439). Freiburg 1863. *Cit. nach seiten.*

REINB. *s.* GEO.

REINFR.: Reinfried v. Braunschweig, Hann. handschrift, eine abschrift der Gothaer (**W. Grimm*). Auszug von Gödeke im archive des hist. ver. für Niedersachsen 1849. — REINFR. *B.*: Ausgabe v. Bartsch, Tübingen 1871.

REINH.: Reinhart Fuchs, herausg. von J. Grimm. Berlin 1834. — REINH. *sendschr.*: J. Grimms sendschreiben über Reinh. Fuchs an Lachmann. Leipzig 1840. (*W. Grimm*).

RENN.: Der renner Hugos v. Trimberg. Bamberg 1833 (*W. Grimm, manchmal nach dem alten Frankf. drucke*).

RENNEW.: Rennewart Ulrichs von Türheim, Nabburger bruchstücke, herausg. v. K. Roth. Regensburg 1856.

RING: Der ring v. Heinrich v. Wittenweiler (*15. jh.*), herausg. von L. Bechstein. Stuttgart 1851.

ROSENG.: Der rosengarte, herausg. von W. Grimm. Göttingen 1836. — ROSENG. *H.*: in den deutsch. ged. des mittelalters von v. d. Hagen u. Büsching. (*W. Grimm*). — ROSENG. *C. od. Casp.*: im heldenbuche Caspars von der Rön (*W. Grimm*). — ROSENG. *B. od. Bartsch*: eine bearbeit. des 14. jh., herausg. von Bartsch in Germ. 4, 1-33 (*W. Grimm*). — ROSENG. *Meuseb.*: Meusebachsche bruchstücke, herausg. von W. Grimm in zeitschr. 11, 536—61 (*W. Grimm*).

ROSZM. *s.* ROZM.

ROTENB. *r.*: Rotenburger stadtrecht (*14. jh.*) in „histor. untersuchungen über die ehemalige reichsstadt Rotenburg von H. W. Bensen". Nürnberg 1837. *s.* 487—512. (*vgl. Gengler, s.* 382 *ff.*). *Cit. nach* §§.

ROTH.: König Rother, in den deutsch. ged. des mittelalters von v. d. Hagen u. Büsching u. in Massmanns ged. des 12. jh. (*W. Grimm*). — ROTH. *R.*: Ausg. v. H. Rückert. Leipzig 1872.

ROTH *beitr.*: Kleine beiträge von K. Roth. München 1850 ff. — ROTH *denkm.* Denkmäler der deutschen sprache, herausg. von K. Roth. München 1840 (*W. Grimm*). — ROTH *dicht.*: Dichtungen des deutsch. mittelalters, herausg. von K. Roth. Stadtamhof 1845 (*W. Grimm*). — ROTH *pr.*: Deutsche predigten, herausg. von K. Roth. Quedlinb. 1839 (*W. Grimm*). — ROTH *urk.*: Urkunden der stadt Obermoschel in der vormal. grafschaft Veldenz (*15. jh.*), herausg. von K. Roth. München 1848. *Cit. nach nrr.*

Rotw. 1: Die sprache des Rotweiler stadtrechts, v. Birlinger. München 1865. — Rotw. 2: Zum Rotweiler stadtrecht, von Birlinger in Herrigs archiv 38 *s.* 318—60.
Rozm. *od.* Roszm.: Leos von Rozmital reise, herausg. von Schmeller. Stuttg. 1844.
Rsp.: Der ritterspiegel, herausg. von Bartsch in den mitteld. gedichten.
Rta.: Deutsche reichstagsakten, herausg. v. Weizsäcker. I. (*a.* 1376-87). München 1867.
Rubin: Rubins gedichte, herausg. v. Zupitza. Oppeln 1867.
Rud.: Rudolf von Ems.
Rul.: Ruolandes liet, herausg. v. W. Grimm. Göttingen 1838. (*W. Grimm*).
Sabb.: Johannes Kesselers Sabbata, chronik der jahre 1523—39, herausg. v. Götzinger. St. Gallen 1866—68. (*Manchmal vergleichsweise beigezogen*).
S.Al.: von sant Alexius in Merzdorfs mönch v. Heilsbronn s. 147 ff. (= *C bei Massmann*).
Salf. *st.*: Salfelder statuten nach einer hs. des 14. jh. in Walchs beitr. I. *Cit. nach* §§. (*Wackernagel*).
Schade: Altdeutsches wörterbuch. von O. Schade. Halle 1866.
Schemn. *r.*: Schemnitzer stadt- u. bergrecht, herausg. von Wenzel.
Scher. *gesch.*: Zur geschichte der deutschen sprache von W. Scherer. Berlin 1868.
Schiltb.: Schiltbergers reisen von 1394—1427, herausg. von Neumann. München 1859 (*nach Köhlers auszügen in* Germ. 7, 371 *ff.*).
Schm.: Schmellers bayer. wörterbuch. — *Beigesetztes Fr. bedeutet die zweite v. Frommann besorgte ausgabe, München* 1869 *ff.*
Schmid: Schmids schwäb. wörterbuch. Stuttgart 1831, 2. ausg. 1844.
Schöpf.: Schöpfs tirol. idiotikon. Innsbruck 1866.
Schreib.: Urkundenbuch der stadt Freiburg i. B., herausg. von H. Schreiber. 2 bde. Freiburg 1828 *f.* (*Weinhold*).
Schret.: Schretel u. wasserbär, herausg. v. W. Wackernagel in Haupts zeitschr. 6, 174-86.
Schw. *schl.*: Schweizerische schlachtlieder des 14. jh., gedruckt in Follens harfengrüssen Zürich 1823 (*Wackernagel).
Serv.: Servatius, herausg. von Haupt in seiner zeitschr. 5, 75—192. (*W. Grimm*).
Seven: Leutolt v. Seven, herausg. in Wackernagels u. Riegers Walther v. d. Vogelweide s. 259-70.

S.Gall. *chr.*: Kurze chronik desgotshaus St. Gallen (1360—1490), herausg. von Hardegger in den mitteilungen des St. Gall. hist. vereins 2. heft. — S.Gall. *ord.*: Zwei ordnungen aus den zeiten abt Ulrichs VIII. von St. Gallen (*15. jh.*), herausg. v. Conzenbach a. a. o. 3. heft. — S.Gall. *stb.*: Das älteste stadtbuch von St. Gallen (*14. u. 15. jh.*), proben daraus a. a. o. im 2. 4. u. 11. hefte (*citiert nach heften u. absätzen*) sowie in Scherers St. Gallischen handschriften *s.* 40—46.
Sgr.: Von den sieben graden in Merzdorfs mönch von Heilsbronn (1870) *s.* 69-127.
Sigen.: Sigenot (*die beigefügten abkürzungen wie bei* Ecke).
Silv.: Silvester von Konrad von Würzburg, herausg. von W. Grimm. Göttingen 1841. (*W. Grimm*).
Singenb.: Ulrich von Singenberg in Wackernagels u. Riegers Walther v. d. Vogelweide. *s.* 209-56.
S.Mart.: Von St. Martin. alam.-elsäss. sprachproben des 14. jh., herausg. von Birlinger. Freiburg 1862.
S.Nic.: Sant Nicolaus von Konrad von Würzburg (*bruchstücke*), herausg. v. Bartsch. Wien 1872 (Partenop. *s.* 335—42).
Spec.: Speculum ecclesiae, herausg. v. Kelle. München 1858 (*nach dem beigefügten glossar*).
Sperw.: Daz mære von dem sperwære, herausg. von Lambel im 12. bande von Pfeiffers deutschen class. des mittelalters. Leipzig 1872.
Ssl.: Von den siben slâfæren, ged. des 13. jh. herausg. von Karajan. Heidelberg 1839: (*W. Grimm*).
Ssp.: Der Sachsenspiegel, herausg. v. Weiske. 3. aufl. Leipzig 1863 (*nach R. Hildebrands glossar*).
St.: *mit beigefügter jahrzal*: Mitteilungen aus dem k. Stuttgarter archive (*v. Kausler*).
Stald.: Stalders schweiz. idiotikon. 2 bde. Aarau 1806—12.
Stat. *d. ord.*: Statuten des deutsch. ordens, herausg. von Hennig. Königsberg 1806. (*ausg. von Schönhuth* 1847).
Stauf.: Der ritter von Staufenberg, herausg. von O. Jänicke in den altd. studien. Berlin 1871.
Stb.: Stiftungsbuch des klosters St. Bernhard (*a.* 1350), herausg. v. Zeibig. Wien 1853 (*fontes* 2, 6). *Cit. nach seiten*.
Strassb. *r.*: Strassburger stadtrecht *s.* Gaupp.

STRICK.: Kleinere ged. von ^dem Stricker, herausg. v. Hahn. Quedlinb. 1839. — STRICK. *beisp.*: Strickers beispiele in den altd. wäldern 3 (*W. Grimm*).

STZ.: Stiftungsbuch des Cisterzienserklosters Zwetel (*14. jh.*), herausg. v. Frast. Wien 1851 (*fontes 2, 3*). *Cit. nach seiten.*

SUCH.: Peter Suchenwirts werke, herausg. v. Primisser. Wien 1827.

SUM.: Sumerlaten, mhd. glossen, herausg. v. Hoffmann v. F. Wien 1834.

SWANR.: Schwanritter von Konrad v. Würzburg, herausg. v. W. Grimm in den altd. wäldern 3 (**W. Grimm*).

SWSP.: Der Schwabenspiegel, herausg. von W. Wackernagel. I. Zürich 1840. — SWSP. *L.*: Ausg. von Lassberg. Tübingen 1840.

SYON: von der tochter Syon, in Merzdorfs mönch von Heilsbronn s. 129 ff.

j.TAG: Die zeichen des jüngsten tages (*hs. vom j.* 1347), herausg. v. Pfeiffer in Haupts zeitschr. 1, 117—26.

TANH. *hof.*: Des Tanhausers hofzucht (*hs. vom j.* 1393), herausg. v. Haupt in seiner zeitschrift 6, 488—96.

TEICHN.: Ueber Heinrich den Teichner von Karajan. Wien 1855. *Cit. nach Karajans anmerkungen.* — TEICHN. *A. B. od. C.* mit pag. der hs. (**Strobl*).

THEOL.: Theologia, nach der einzigen bis jetzt bekannten hs. herausg. v. F. Pfeiffer. 2. ausg. Stuttg. 1855. — THEOL. *hs.*: „Theolog. handschrift. bruchstücke liegen in Roths predigten" (**W. Grimm*).

TIT.: Titurel von Wolfram v. Eschenbach, herausg.v.Lachmann.—TIT.B.: Ausg.v.Bartsch.

j.TIT.: Der jüngere Titurel, herausg. v. Hahn. Quedlinb. 1842 (*W. Grimm*).

TRIST.: Tristan von Gottfried v. Strassburg. Ausgaben von v. d. Hagen (1823), Massmann (1843; *cit. nach seiten u. zeilen*), R. Bechstein (1869).

TROJ.: Trojanischer krieg von Konrad von Würzburg. Nach den vorarbeiten K. Frommanns u. F. Roths herausg. v. Keller. Stuttg. 1858 (*W. Grimm nach Müller*).

TUCH.: Baumeisterbuch der stadt Nürnberg von Endres Tucher (1464—75) mit anmerkungen von F. v. Weech, herausg. v. Lexer. Stuttg. 1862.

TUND.: Tundalus in Hahns ged. (*W. Grimm*).

TÜRH. *Wh. od.* ULR. *Wh.*: Willehalm von Ulrich von Türheim (**W. Grimm nach Lachmanns abschrift der Pfälzer handschrift*).

TÜRL. *Wh.*: Willehalm von Ulrich von dem Türlin. Casseler hs. (**W. Grimm*).

TURN.: Das turnier zu Nantes von Konr. v. Würzburg, herausg. v. Massmann in seinen denkmälern 138—48. — TURN. *B.*: Ausgabe von Bartsch. Wien 1871 (*im* PARTENOP. 315 —32).

UGB.: Urkundl. beiträge zur geschichte Böhmens u. seiner nachbarländer im zeitalter Georgs v. Podiebrad (1450—71), herausg. von Palacky. Wien 1860 (*fontes 2, 20*). *Cit. nach nrr.*

UH.: Urkundenbuch des Cisterzienserstiftes zu Hohenfurt in Böhmen, herausg. v. Pangerl. Wien 1865 (*fontes 2, 23*). *Urkunden aus den jahren 1300—1500: südl. Böhmen, das oberösterr. Mühlviertel u. teile des landes u. d. Enns. Cit. nach seiten.*

UHK.: Urkunden des Cisterzienserstiftes Heiligenkreuz im Wiener-walde, herausg. v. Weis. Wien 1856—59 (*fontes 2, 11. 16*). *Der „anhang" des 2. bandes bringt 22 urkk. des Cisterst. Nonnenstiftes St. Nicolaus in Wien.*

UHL.: Uhlands volkslieder. Stuttgart 1844.

UKN.: Urkundenbuch des stiftes Klosterneuburg bis zum ende des 14. jh., herausg. von Zeibig. Wien 1857 (*fontes 2, 10*). *Cit. nach nrr.* — *In der einl. hat Zeibig manches aus den rechnungsbüchern (14. jh.) des klosters beigebracht, wofür bei uns die seite der einl. mit röm. ziffern citiert ist.*

ULA.: Urkunden der Benedictinerabtei zum hl. Lambert in Altenburg, Niederösterreich, vom j. 1144—1522, herausg. von Burger. Wien 1865 (*fontes 2, 21*). *Cit. nach seiten.*

ULR. *s.* ALBERT.

ULR. *Wh. s.* TÜRH. *Wh.*

UOE.: Urkundenbuch des landes ob der Enns. 5 bde. Wien 1852—69. *Cit. nach seiten.*

URB.: Habsburgisches urbarbuch (*14. jh.*), herausg. v. F. Pfeiffer. Stuttg. 1850. — URB. *B. 1.*: Urbarium ducatus Baiuwariae antiquissimum ex anno 1240. Monumenta boica 36ᵃ s. 1—128. — URB. *B. 2.*: Urbarium Baiuwariae inferioris ex anno 1280. a. a. o. 429—535. — URB. *Bing.*: Urbar von Bingen-Hornstein a. 1494, im archiv zu Sigmaringen (**Birlinger*). — URB. *Pf.*: Urbarium vicedominatus Pfarrkirchen s. XIV. ineunte. Mon. b. 36ᵇ, 1—212. — URB. *Seck.*: Seckingisches urbar v. j. 1320, im jahrb. des histor. vereins des canton Glarus I (1865) s. 92—112. — URB. *Son.*: Das urbarbuch des klosters zu Sonnenburg (*erste hälfte*

des 14. jh.), herausg. v. Zingerle. Wien 1868.
— URB. *Str.*: Urbarium vicedominatus Strûbing s. XIV ineunte. Monum. boica 36ᵇ, 217 ff.
USCH.: Urkunden der Benedictinerabtei unserer l. frau zu den Schotten in Wien (1158—1418), herausg. von Hauswirth. Wien 1859 (*fontes* 2, 18). *Cit. nach nrr.*
USCHB.: Urkunden zur geschichte des schwäb. bundes, herausg. v. Klüpfel. 1. teil (*15. jh.*). Stuttg. 1846. *Cit. nach seiten.*
UW.: Von dem übelen weibe, in den Wiener jahrbb. 1841 (*W. Grimm*). — Üw. *H.*: Ausgabe von Haupt. Leipzig 1871.
VAT. *s.* KROL.
VELD.: Heinrich von Veldegge.
VET. *b.*: Der veter buoch (*ende des 14. od. anf. des 15. jh.*), herausg. v. Palm. Stuttg. 1863. — VET. *b. L.*: Der väter buch (*vom dichter des passionals*), Leipziger hs., *s. german. studien* 1, 296 *ff.* vgl. ZINGL. *findl.* 2.
VILM.: Vilmars kurhess. idiotikon. Marburg 1868. — VILM. *weltchr.*: Die zwei recensionen u. die handschriftenfamilien der weltchronik Rudolfs von Ems, mit auszügen von Vilmar. Marburg 1839. *vgl.* WELTCHR.
VINTL.: Hans Vintlers blume der tugend (*manche citate aus Schöpfs tirol. idiotikon; die meisten mitget. von Zingerle*). — VINTL. *Z.*: Hans Vintler in Zingerles beiträgen zur ältern tirol. literatur. II. Wien 1871.
VIRG.: Virginal (= DRACH.), herausg. v. Zupitza im 5. bande des heldenb. Berlin 1870.
Voc.: Aus vocabularien. — Voc. 1437: Vocabularius v. j. 1437 in der k. k. biblioth. zu Klagenfurt (*s. kärnt. wb. XVIII*ᵃ). — Voc. 1482. Vocabularius theutonicus. Nürnberg 1482: (*nach meinen excerptens. städtechron.* 2, 535). — Voc. *o.*: Vocabularius optimus, herausg. v. W. Wackernagel. Basel 1847. — Voc. *S.*: Glossarium des 14. od. 15. jh., herausg. v. Sachse. 1. teil Berlin 1870, 2. ib. 1871 (*neu abgedruckt in Herrigs archiv b.* 47, 401—48).
— Voc. *Schr.*: Vocabularius vom j. 1420, herausg. v. Schröer. Pressburg 1859.
VREID. *s.* FREID.
VZ.: vrouwenzuht von Sibote (*v. d. Hagens gesammtabent. nr. III*), neu herausg. v. Lambel im 12. bande von Pfeiffers deutschen classikern des mittelalters. Leipzig 1872.
W.: Sechzig urkunden kaiser Ludwig des Bayern, herausg. von F. v. Weech. München 1863. *vgl.* WL.

W. *v. N. s.* WERNH. *v. N.*
W. *v. Rh.*: Walthers von Rheinau Marienleben, herausg. von Keller. Tübingen 1849—55.
WACK.: Wackernagels altd. handwörterbuch. Basel 1861 (*manchmal zeigt* WACK. *nur einen von W. herrührenden beleg an*). — WACK. *Burg.*: Sprache u. sprachdenkmäler der Burgunder von W. Wackernagel 1868 (*anhang zu Bindings Burg. I.*). — WACK. *Nib.*: Sechs bruchstücke einer Nibelungen handschrift, herausg. v. W. W. Basel 1866. — WACK. *pr.*: Altdeutsche predigten u. gebete, herausg. v. W. W. (*in aushängebogen benutzt*). — WACK. *umd.*: Die umdeutschung fremder wörter von W. W. 2. ausg. Basel 1862. — WACK. *voces*: Voces variae animantium von W. W. Basel 1867. *voces* 2 = 2. aufl. ib. 1869.
WAHTELM.: Wahtelmære, herausg. in Massmanns denkm. u. in Wackernagels altd. leseb. (*4. ausg. 1859*).
WALB.: Walberan, herausg. von Müllenhoff im 1. bande des deutsch. heldenbuches. Berlin 1866.
WALTH.: Walther von der vogelweide, herausg. v. Lachmann. 3. ausg. Berlin 1853. *Beigesetztes Pf., W., WR. = ausg. von Pfeiffer, Wilmanns, Wackernagel-Rieger.*
WARN.: Die warnung (*13. jh.*), herausg. von Haupt in seiner zeitschr. 1, 438—537 (*W. Grimm*).
WARTB.: Der wartburgkrieg, herausg. von Simrock. Stuttg. 1858 (*W. Grimm*). *Cit. nach nrr.*
WB.: Mittelhochd. wörterbuch von Benecke-Müller-Zarncke.
WEIG.: Weigands deutsches wörterbuch. Giessen 1853—71.
WEIM. *hs.*: Weimarer handschft. (**W. Grimm nach pag. seiner abschrift*).
WEINH. *al. gr.*: Weinholds alemann. grammatik, Berlin 1863. — WEINH. *b. gr.*: dessen baierische gramm. ib. 1867. — WEINH. *d. fr.*: dessen deutsche frauen im mittelalter. Wien 1851. — WEINH. *leseb.*: dessen mittelhochd. lesebuch, 2. aufl. ib. 1862. — WEINH. *mon.*: dessen deutsche monatsnamen. Halle 1869. — WEINH. *schles. wb.*: dessen schlesisches wörterbuch. Wien 1855.
WEINSB.: Conrads v. Weinsberg einnahmen-u. ausgabenregister von 1437—38, herausg. v. Albrecht. Stuttg. 1850.
WEIST.: Weistümer.

WELTCHR.: Weltchronik von Rudolf v. Ems (*W. Grimm), vgl. VILM. weltchr.

WENZL.: Dietrich u. Wenzlan, herausg. von Zupitza im 5. bande des deutsch. heldenb. Berlin 1870.

WERNH. v. N. od. W. v. N.: Wernher vom Niederrhein, herausg. v. W. Grimm. Göttingen 1839. (W. Grimm).

WERTH.: Mitteilungen aus dem fürstl. Löwenst. archive zu Wertheim. (*Kaufmann).

WEST. gl.: Westenrieders glossarium. München 1816.

WG.: Der wälsche gast des Thomasin von Zirclaria, herausg. v. H. Rückert. Quedlinb. 1852 (W. Grimm. Wackernagel).

W.GR.: Aus Wilhelm Grimms aufzeichnungen.

WH. v. Öst.: Willehalm von Österreich von Joh. v. Würzburg (a. 1314, vgl. Haupts zeitschrift 1, 214 ff). Liegnitzer perg. handschrift (*W. Grimm).

WIEN. hf.: Wiener handfeste vom j. 1296 in Senkenbergs vis. divers. (*Wackernagel).

WIG. od. WIGAL.: Wigalois von Wirnt von Gravenberg, herausg. v. Benecke. Berlin 1819 (W. Grimm), cit. nach versen; ausg. von Pfeiffer, Leipzig 1847, cit. nach seiten u. zeilen.

WIGAM.: Wigamur, in den deutsch. ged. des mittelalters von v. d. Hagen u. Büsching (*W. Grimm).

WIGG.: Scherflein zur förderung der kenntnis der deutschen mundarten u. schriften von F. Wiggers. Magdeb. 1832. *S. 3—17 bruchstücke einer nd. gefärbten interlinearversion der psalmen aus dem 12. jh.* (*Wackernagel).

WILDON.: Vier erzälungen von Herrand von Wildonie, herausg. v. J. Bergmann. Wien 1841 (*W. Grimm). — *Die erzälung „der verkêrte wirt" neu herausg. von Lambel im 12. bande von Pfeiffers deutsch. classikern des mittelalters. Leipzig 1872.*

WILL.: Williams hohes lied. Ausg. v. Hoffmann v. F. Breslau 1827, von v. d. Hagen in seiner German. 4.

WINDB. ps.: Die Windberger psalmen, herausg. v. Graff. Quedlinb. 1839.

WINSB. u. WINSBEKIN: Der Winsbeke u. die Winsbekin, herausg. v. Haupt. Leipzig 1845. (W. Grimm).

WIRTEMB.: Des von Wirtemberk puech, herausg. v. Keller. Tübingen 1845.

WITTICH od. HEIDIN: Wittich vom Jordan od. die heidin. Gesammtabent. nr. 18. Bartsch, mitteld. ged. nr. 2; s. auch BELIAND.

WL.: Kaiser Ludwig der Baier, mit urkundl. beilagen von F. v. Weech. München 1860. Cit. nach den seiten der beilagen. Vgl. W.

WLN.: Der werlte lôn von Konr. von Würzburg, herausg. v. F. Roth. Frankf. 1843.

WOLFD.: Der grosse Wolfdietrich, herausg. v. Holtzmann. Heidelberg 1865 (grösstenteils nach dem glossar). — WOLFD. A. (s. WOLFD. H.): herausg. v. A. Amelung im 3. bande des deutsch. heldenb. Berlin 1871. — WOLFD. B. (s. HUGD.): herausg. von Jänicke a. a. o. — WOLFD. H. od. Hag. od. Sab.: in v. d. Hagens heldenbuch. — WOLFD. C. od. Casp.: im heldenb. Caspars von der Rön.

WOLFR.: Wolfram von Eschenbach. — WOLFR. lied.: dessen lieder in Lachmanns ausg.

WOLK.: Oswald von Wolkenstein, herausg. v. Beda Weber. Innsbruck 1847.

WP.: Polizeigesetzbuch bischofs Otto von Wolfskeel (a. 1343); aus der „Würzburger handschrift" herausg. v. Ruland. Würzburg 1851. Cit. nach §§.

WSP.: Ein weihnachtspiel (mitteld.) aus einer hs. des 15. jh., herausg. v. Piderit. Parchim 1869.

W.WEICHB.: Das Wiener Weichbildsrecht v. F. Stark. Wien 1861 (sitzungsber. 36, 86—111).

W.WH.: Willehalm Wolframs von Eschenbach, herausg. v. Lachmann. Berlin 1854 (W. Grimm).

Z.: Zeitschrift für deutsche philologie, herausg. v. Höpfner u. Zacher. Halle 1868 ff.

ZEITZ. s.: Die bischöfl. satzungen über das eidgeschoss in Zeitz aus dem 14. 15. jh., herausg. v. F. Bech. Zeitz 1870.

ZIEM.: Ziemanns mittelhochd. wörterbuch. Quedlinb. 1838.

ZIMR. chr.: Zimmerische chronik, herausg. v. Barack. 4 bde. Stuttg. 1868 f. (Anf. des 16. jh., nur vergleichsweise od. für seltene wörter beigezogen. Nach dem wortverzeichnisse.)

ZINGL. findl.: Findlinge von Zingerle. II. (leben der väter, mitteld., vgl. VET. b. L.). Wien 1870. — ZING. geo.: Eine geographie aus dem 13. jh., herausg. v. Zingerle. Wien 1865. — ZING. neg.: Ueber die bildl. verstärkung der negation bei mhd. dichtern von Zingerle. Wien 1862 (sitzungsber. 39, 414—77). — ZING. Pl.: Die bruchstücke der Meraner handschrift von Pleiers Garel, herausg. von Zingerle. Wien 1865.

ZIPS.: ain guet lêr von der mess durch Nicolaum Zipser anno d. 1470, herausg. v. F. X.

Wöber. Przemysl 1856. *Cit. nach seiten der handschrift.*
Zög.: Zeitschrift für österreich. gymnasien.
Zürch. *jb.*: Die beiden ältesten deutschen jahrbücher der stadt Zürich, herausg. v. Ettmüller. Zürich 1844. — Zürch. *rbf.*: Der rihtebrief der bürger von Zürich. in: helvet. biblioth. Zürich 1735. 2, 1—128 (*Wackernagel*).

Andere abkürzungen.

a. anno.
abgek. abgekürzt.
abl. ablativ, ablaut.
ableit. ableitung.
abs. od. *absol.* absolut.
abst. abstammung.
abstr. abstract.
acc. accusativ (*d. p.*, *d. s.* = der person, der sache).
act. activum, activisch.
adj. adjectiv, adjectivisch.
adv. adverb, adverbial.
ags. angelsächsich.
alem. alemannisch.
allg., *allgem.* allgemein.
altfz. altfranzösisch.
altlat. altlateinisch.
altn. altnordisch.
alts. altsächsisch.
altslav. altslavisch.
amd. altmitteldeutsch.
an. od. *anom.* anomal.
and. altniederdeutsch.
angegl. angeglichen.
anl. anlaut, anlautend.
anm. anmerkung.
anom. anomal.
aphaer. aphaeresis.
apok. apokopiert.
arab. arabisch.
art. artikel.
assim. assimiliert.
asp. aspiriert.
ausdr. ausdruck.
ausg. ausgabe.
ausl. auslaut, auslautend.
bair. baierisch.
bedeut. bedeutung.
beisp. beispiel.
bes. besonders.
best. bestimmt.
bildl. bildlich.
böhm. böhmisch.
card. cardinale

cas. casus.
caus. causal.
causat. causativum, causativisch.
churw. churwälsch.
cit. citiert, citat.
coll. collectiv.
comp. comparativ, componiert.
compos., *composs.* compositum, composita.
concess. concessiv.
concr. concret.
conj. conjunctiv, conjunction.
contr. contrahiert.
dass. dasselbe.
dat. dativ (*d. p.*, *d. s.* = der person, der sache).
dem. deminutiv.
denkm. denkmal, denkmäler.
dgl. dergleichen.
d. h. das heisst.
d. i. das ist.
dir. direct.
dopp. doppelt.
dr. druck.
eig. eigentlich.
enclit. enclitisch.
engl. englisch.
entst. entstellt.
epith. epitheton.
etw. etwas.
etym. etymologie, etymologisch.
euphem. euphemistisch.
f. feminium, für, folio, folgend.
fact. od. *factit.* factitivum.
fem. femininum.
ff. folgende.
fig. od. *figürl.* figürlich.
fing. fingiert.
finn. finnisch.
flect. flectiert.
frequent. frequentativum.
fz. französisch.
gäl. gälisch.
gedr. gedruckt.
gegens. gegensatz.

gen. genetiv (*d. p.*, *d. s.* = der person, der sache).
gr. griechisch.
gt. gothisch.
hd. hochdeutsch.
herleit. herleitung.
hrsg. herausgegeben.
hs. hss. handschrift, handschriften.
ib. ibidem.
imp. imperativ.
impers. impersonale.
inclin. incliniert.
indecl. indeclinabel.
indir. indirect.
inf. infinitiv.
inl. inlaut, inlautend.
instr. instrumental.
intens. intensivum.
interj. interjection.
intr. intransitiv.
ir. irisch.
iron. ironisch.
it., ital. italiänisch.
iterat. iterativum.
jh. jahrhundert.
kärnt. kärntisch.
kelt. keltisch.
kurh. hurhessisch.
kymr. kymrisch.
langob. langobardisch.
lat. lateinisch.
lett. lettisch.
lit. litauisch.
m. masculinum.
md. mitteldeutsch.
med. medial.
meisterl. meisterlied.
mfz. mittelfranzösisch.
mhd. mittelhochdeutsch.
mlat. mittellateinisch.
mndl. mittelniederländisch.
mov. moviert.
mrh. mittelrheinisch.
n. neutrum.
nachs. nachsatz.
näml. nämlich.
nas., nasal. nasal, nasaliert.
nbf., nbff. nebenform, -formen.
nd. niederdeutsch.
ndrh. niederrheinisch.
neg. negation, negativ.
nfz. neufranzösisch.
nhd. neuhochdeutsch.

nld. niederländisch.
nnld. neuniederländisch.
nom. nomen, nominativ.
nom. ag. nomen agentis.
n. pr. nomen proprium.
num. numerale.
obd. oberdeutsch.
obj. object, objectiv.
obsc. obscön.
od. oder.
opt. optativ.
org., organ. organisch.
osk. oskisch.
p. pagina, post, person.
part. particip, partitiv.
pass. passivum, passivisch.
patron. patronimicum, patronimisch.
pers. persisch, personale, persönlich.
personif. personificiert.
pl. plural.
plattd. plattdeutsch.
poln. polnisch.
port. portugisisch.
poss. possessiv.
präd. prädicat, prädicativ.
präf. präfix, präfigiert.
prägn. prägnant.
präp. präposition.
prät. präteritum.
pron. pronomen, pronominal.
prov. provençalisch.
red. reduplication, reduplicierend.
refl. reflexivum, reflexiv.
rel. relativum, relativ.
rom. romanisch.
rückuml. rückumlaut, -umlautend.
s. sache, seite, siehe.
sachl. sachlich.
schw. schwedisch.
schwäb. schwäbisch.
schwz. schweizerisch.
scil. scilicet.
semit. semitisch.
serb. serbisch.
sing. singular.
skr. sanskrit, sanskritisch.
slav. slavisch.
slov. slovenisch.
sp. spalte.
span. spanisch.
spec. speciell.
spir. spirans, spiritus.
st. stark, statt.

stf., *stm.*, *stn.*, *stv.* starkes femin., masc., neutr., starkes verb.
subj. subject, subjectiv.
subst. substantiv, substantivisch.
suff. suffix, suffigiert.
sup. superlativ.
s. v. a. so viel als.
sw. schwach. *swf.*, *swm.*, *swn.*, *swv.* schwaches femin., masc., neutr., schwaches verb.
sync. syncopiert.
synon. synonym.
techn. technisch.
tirol. tirolisch.
tr. transitiv.
trop. tropisch.
u. und, unter.
übertr. übertragen.
umbr. umbrisch.
umged. umgedeutet, umgedeutscht.
umgel. umgelautet.
unflect. unflectiert.
unorg. unorganisch.

unpers. unpersönlich.
u. o., *u. ö.* und oft, und öfter.
urk., *urkk.* urkunde, urkunden.
var., *varr.* variante, varianten.
v. von.
v., *vb.*, *vbb.* verbum, verba.
verst. verstärkt.
vgl. vergleiche.
v. j. vom jahre.
voc. vocativ, vocal, vocalisch.
w. wurzel.
z. zu, zum, zur.
zalw. zalwort.
z. b. zum beispiel.
zend. zend, zendisch.
zieml. ziemlich.
zus. zusammen.
zuw. zuweilen.
zw. zeitwort.
: reimend auf.
* theoretisches, meist von J. Grimm aufgestelltes starkes verbum.

Tabelle für die starken verba.

a) ablautende verba.

	präs.	*prät.*	*prät. pl.*	*partic.*
I, 1 =	i	a	â	ë
I, 2 =	i	a	â	o (u)
I, 3 =	i	a	u	o (u)
I, 4 =	a (e)	uo	uo	a (o)
II =	î	ei	i	i
III =	iu (û)	ou (ô)	u	o (u)

b) redupl. verba.

	präs.	*prät.*	*prät. pl.*	*partic.*
I, 1 =	a	ie	ie	a
I, 2 =	â	ie	ie	â
I, 3 =	uo	ie	ie	uo
II =	ei	ie	ie	ei
III =	ou (ô)	ie	ie	ou (ô)

Register der Quellensiglen
der Quellenverzeichnisse zu Bd. II und III

Aarg. w.	III	Fw.	II	Pred. Cass.	II
Ack.	III	Goth. arzb.	II	PuS.	II
Adelh.	III	Göttw.	II	Rchr.	II
Alsf. G.	II	Gris.	II	Rcsp.	II
Ammenh. V.	III	Gz.	II	Rennau	II
Antel.	II			Rm.	II
Apoll.	II	Haig. r.	II	Rock.	II
Apoll. S.	II	Hpt. arzb.	II	Rudolst. r.	II
Arch. dsp.	II	Hrd.	II		
Arch. W.	II	Inv. 1504.	II	Schaab	II
Arist.	III			Schb.	II
Arnst. r.	II	Jeitt. pr.	III	Schoneb.	III
Augsb. r. M.	II	Jen. st.	II	Schwbg.	II
				Secund.	III
Bächth. hss.	II	Kön. gl.	II	Ssp. prol.	II
Basl. chr.	II	Konr. pr.	III	Standb. W.	II
Beitr. gds.	II	Kopp.	II	Steinb.	III
Berth.2.	III	Kopp gesch.	II	Stretl. chr.	III
Bezzenb. beitr.III		Kpn.			
Br. H.	II	Kzm. A.Alb.sp.	III	Teichn.	II
Br. O.	II			Thür. rd.	II
Br. St.	II	Lampr. Fr.	III	zu Troj.	III
Brand.	III	Lampr. Sy.	III	Tyr. W.	II
Brev.	III	Landr.	II		
Bu.	II	Leo	II	Ug.	II
Bw.	II	Leutb. r.	II	Urb. L.	II
		Livl. M.	II		
Cäc.	II	LuM.	II	Vintl.	II
Christ. S.	II			Voc. G.	II
Cling. st.	II	Mägdeb.	II		
		Mainz. lgb.	II	Wack. kl.schft.	II
Dankr. P.	III	Martyr.	II	Wack. pr.	III
Dem.	II	Mbrg.	II	Wallr.	II
Dom.	II	Mlb.	II	Wattb.	II
DW.	II	Muff.	III	Weim. stb.	II
		Mur.	II	Weinh. mhd.gr.	III
Eilh. L.	III			Wh. v.W.	III
Elis. R.	III	Nesselm.	III	Wk. H.	III
Erf. fzo.	II	Nic. v.Land.	III	Wolfd. C.D.	II
Erf. ger.	II	Nzb.	II	Wos.	II
Erf. rvg.	II			Wp. G.	II
Erf. w.	II	Osp.	II	Wst.	II
Erf. wass.	II	Oest. w.	II		
		Orlam.	II	Zarncke gralt.	III
Fichard	II	Pract.	II	Zeitz. cop.	III
Frankh. st.	II	Prag. r.	II		

A.

a *laut und buchstabe* a (I. 1ª) *vgl.* MART. 120, 109. REINH. 336,1219; *umgelautet* e, ä; *mundartl. steht es auch für* ë, o *s.* WEINH. *bair. gr.* § 4 ff.

a *die franz. präp.* à (I. 2ᵇ, 12). TRIST.

â *länge des* a, *umgelautet* æ (I. 1ª). *bei* WOLFR. *steht* æ *auch unorgan. für* â *z. b.* tæten PARZ. 17, 3. næmen 18, 2. wært 166, 7. 326, 20.

â *interj., angehängt an imperat. subst. u. partik.* (I. 1ª, 36) *s.* GERM. 7, 257—267; *allein stehend aus franz.* ah (I. 2ᵇ).

â- *präfix* (I. 2ª, 29) *zur bezeichnung des gegensatzes der trennung; wie das gr.* ἀ *aus* an (WACK.).

â *aus* ahe *als zweiter theil von flussnamen.* WEIG. 1, 1.

ab *praep. u. adv. s.* abe, aber.

ab *conj.* = obe, ob (II. 425ᵇ, 43) S. MART. 6, 29.

âbant *stm. s.* âbent.

âbars, âbasel *stm. s.* âwasel.

abbet *stm. pl.* ebbete (I. 2ᵇ) *abt.; nebf.* abbât, abet, abt, appet *pl.* eppete (ELIS. 9828. ULR. Wh. 165ª). apt, epte (OTTE 29. 425. 468). *aus lat.* abbas;

abbeteie, aptei *stf.* (ib.) *abtei;* abbâtei RENN 832. 9011; eppetige GERM. 3.426, 6; *md.* ebedîe. *aus mlat.* abbatia.

abdig *f. s.* apotêke.

abe *adv. u. conj. s.* aber.

abe, ab, ave *präp. mit dat.* (I. 3ª, 43) *herab von, vonweg; causat. wegen, ob.* — *zu gr.* ἀπό *lat.* ab.

abe, ab, ap *adv.* (I. 3ª, 4) *md.* ave *herab, hinweg, von. uneigentlich, trennbar zusammengesetzt mit verben:* -bediuten *deutend abfordern* NETZ 6363; -beheben, daz in der guot deheins mit dem rehten wurden ab behept Mz. 1, 510; -beieln *visieren s.* beieln; -bëllen (I. 125ᵇ, 29) *anbellen* WIG. MARLG. 74, 75; -bërn *intr. abnehmen* OT. 355ᵇ; -bern *sw. abhauen* WOLFD. 419, 2; -bestrîchen LS. 2. 449, 36; -binden, den helm WALB. 1158. LIEHT. 460, 17; -biten *derogare* DFG. 175ᶜ; -bîʒen (I. 192ᵇ, 9) *abbeissen* MGB. 227, 15; -brëchen (I. 242ª, 2) *tr. abbrechen, niederreissen* MH. 1, 10. *abbruch thun, verkürzen, rauben* JER. 56ᵇ, *intr. sich los machen* JER. 181ᵇ; -brësten *ab brechen* RAB. 653; -brevieren *im auszug abschreiben* CHR. 4. 343, 15; -buosemen *egremio tollere* GR. w. 1,630; -däwen *verdauen* MYNS. 25; -dingen *rechtlich übereinkommen:* so sol er abdingen umb pfenning mit dem herren nach des weins wert USCH. 120; *ausbedingen* JER. 47ª. 121ᶜ; *durch versprechung eines grössern lohnes abwendig machen:* verdingt eehalten soll niemand abdingen NP. 28, *vgl.* HALT. 1; -dringen *rejicere* VOC. 1482; -abnöthigen CHR. 2. 271, 16. 5. 239, 5; -drücken *abstergere* DFG. 5ᵇ; -eichen *abeichen* alle masz oder metzen abeichen NP. 184; -eischen *herunterfordern* SSP. 2. 72, 1; -erdræjen *durch drehen abgewinnen* KELL. *erz.* 189, 30; -erdröuwen *abdrehen* BERTH. 169, 3; -erîlen *einem etw., abjagen* CHR. 5. 254, 19. 275, 18; -ern, -erren *abpflügen* SSP. 3. 86, 1. GR. w. 4, 5 f.; -erkennen *abschaffen:* das ungelt wart ab erkant mit gewalt CHR. 4. 331, 19; -erlecken *fig. durch betteln abgewinnen* NETZ 6430; -erliegen (I. 1026ª, 13) *durch lügen abgewinnen* BERTH. 285, 10; -erstërben *absterben* GR. w. 4, 1; -erstrîten (II². 692ª, 23) *einem etw., durch kampf abgewinnen;* -ertriegen (III. 104ᵇ, 45) *durch trug abgewinnen* BERTH. 285, 10; -ëʒʒen *refl. fig. seinen unwillen aufzehren, sich besänftigen* CHR. 5. 203, 10; -gân (I. 466ᵇ, 18) *abgehen* ich abgang abcedo DFG. 1; *von der unzeitigen geburt* MGB. 42, 8. 445, 19 *rückgängig werden* (gieng aber der heirat ab Mw. 246 daʒ diser chouff abgê Mz. 2, 466. s. 293.), *aufhören, verschwinden; einem eines dinges, es ihm verweigern, nicht halten* (der schiedung abe gân UKN. 268); -gebaden *abwaschen* KRONE 12095; -gebinden (I. 136ᵇ, 4) NIB.; -gebrëchen (I. 245ᵇ, 39) *wie abe brëchen;* -geliden *ablösen:* den stift zu Collen von dem heiligen reiche abgliden MH. 1, 301; -gelten *abzahlen, bezahlen* Mz. 4, 164, drey büchsen, die man im abgolten het J. v. *jahre* 1425; -gereden (II. 605ᵇ, 7) *absprechen* TRIST.; -gerihten (II. 644ᵇ, 46) *abtragen, gutmachen;* -gesitzen (II². 336ᵃ, 8) *vom rosse steigen;* -gestân (II². 584ᵇ, 47) *eines dings, davon ablassen* BIT. 7517; *mit dat. von einem ablassen, ihn im stiche lassen* BIT. 11502; *einem eines dings, es ihm nicht leisten* Mz. 3, 243; -getrëten (III. 98ᵇ, 13) *mit dat. von einem abfallen;* -gewinnen (III. 711ᵇ, 49) *einem etw., es von ihm erlangen;* -gewischen (III. 764ᵇ, 37) *abwischen;* -geziehen (III. 929ᵃ, 10) *abziehen* PARZ.; -geziugen *durch zeugniss abgewinnen* SSP. 2. 24, 2; -güeten *wegen eines anspruchs auf ein gut abfinden* ARN. 3; -gürten discingere DFG. 184ᵇ; -hacken (I. 607ᵇ, 8) JER. 180ᶜ; -heben (I. 644ᵃ, 39) *herunter heben* MAI; -hëlfen (I. 681ᵇ, 50) *einem eines d., ihm dabei behülflich sein* WINSB.; -hîrâten *den eltern die kinder* abe h. NP. 27; -houwen (I. 721ᵃ, 28) *abhauen* JER. 131ᵃ; -îlen *durch eile, überrumpelung wegnehmen* CHR. 2. 536ᵃ; -kennen, man sol nieman daʒ sîn abkennen uf hœrsagen GR. w. 5, 152; -klûben (I. 846ᵃ, 22) *abpflücken;* -komen (I. 903ᵇ, 39) *mit gen. von etwas los kommen, es veräussern* Mz. 1, 429; *mit dat. entkommen;* -lâʒen, -lân (I. 949ᵃ, 33) *ablassen, nachlassen* CHR. 5. 441ᵇ. den rât setzen und ablâzen *absetzen* W. 19 s. 29; die burg uff und abe laʒen *öffnen u. zum gebrauch überlassen* AD. 917; den holden ab und an lâʒen ULA. 408; *refl. abtrünnig werden* UGB. 481 s. 573; -lëdigen *ablösen* UHK. 2, 49. UKN. 355. USCH. 199; -legen (I. 991ᵇ, 3) *ablegen, abstellen; er-*

statten, vergüten (Mz. 1, 245. MH. 2, 195. ULA. 87); *niederlegen im sinne von: einem das handwerk legen* JER. 33ᶜ, er wolt eim fresser legen ab RING 36ᵈ, 3; -leiten (I. 975ᵇ, 29) *abführen, ablenken* PARZ. RENN. 15073; *abwendig machen* CHR. 2. 125, 9; den cleger ableiten, *machen dass er von der klage absteht* OBERL. 7; -leschen *auslöschen* SCHILTB. 58; -lësen *abpflücken* den ölpaum abl. MGB. 335, 19, wein und frucht abl. MH. 2, 713; -liegen *durch lügen wovon abhalten* PASS. K. 589, 30; -liften *s.* liften; -lœsen, einen turn, *abbrechen* CHR. 5. 318, 7; -loufen (I. 1045ᵇ, 3) *trans. über etwas hinab laufen;* -meizen (II. 132ᵇ) *abschlagen;* -nagen (II. 296ᵇ, 2) MGB. 399, 28; -nëmen (II. 365ᵇ, 52) *intrans. abnehmen, geringer werden; trans. abschaffen, einem etw. es ihm entgelten lassen, ihn dafür züchtigen, s. dafür die belege* GERM. 5, 236. 9, 174. VILM. 2; den schaden ab n. *vergüten* GERM. 5, 236; daz vihe ab n. *abschlachten* BERTH. 86, 27. NP. 305; -phanden: dem andern sînen tail abkouffen oder abphanden Mz. 1, 474; -reden (II. 602ᵇ, 47. 603ᵃ, 7) *verabreden* CHR. 5. 409, 23; uf u. abe red. *hin u. her reden;* sich abe r. *sich heraus reden;* sich eines ding. abe r. *es abschlagen* UGB. 317; -rechen *abrechnen* CHR. 4. 87, 24; -reiten (II. 667ᵇ, 24) *abrechnen, bezahlen* CHR. 5, 158. anm. 1; -rihten (II. 632ᵃ, 2. 636ᵇ, 22) *ablegen, gut machen* Mz. 1, 226. 3, 10. Mw. 167, 8; *abschaffen* (II. 634ᵇ, 34) abjudicare DFG. 3ᵇ; -rîsen (II. 726ᵃ, 10) *abfallen* BARL.; -rîten (II. 732ᵃ, 22) *intr. fortreiten, trans. durch reiten verderben* GR. w. 5, 400, CHR. 4. 153, 27; -riuten (II. 748ᵃ, 34) *unkraut, gestrüppe ausreissen* HERB.; -rîʒen (II. 756ᵇ, 17) *herabreissen, entreissen, rauben* MGB. 234, 28; -rouben (II. 778ᵃ, 29) *einem etw., rauben* SSP. 2. 36, 4. 5, 91. 3. 5, 3; -routen *s. v. a.* riuten GEN. *D.* 23, 11. 13; -rücken (II. 781ᵃ, 22) *trans. wegziehen, entfernen;* -rüefen *abrufen, absetzen* UGB. 476; -rûmen *abräumen, speciell den aberûm eines steinbruches wegnehmen* TUCH. 81, 14. 82, 8; -sagen (II². 18ᵃ, 34) *mit worten zurückweisen, aufkündigen* CHR. 4. 153, 17. Mz. 1, 427, *fehde ankündigen* CHR. 2. 237, 17. 19, 21; -sateln *absatteln* VOC. *Schr.* 713. -schaben *intr. sich fortbegeben* CHR. 3. 130, 10; *vgl.* schabab; -schatzen *taxieren* FASN. 228, 25. 275, 2; *geld, beute gewinnen* ob die selben ichts abschatzten, da sullen wir auch

tail und gemain haben Mw. 361; -scheiden
(II². 98ª, 3. 99ª, 15) *intr.* discedere, *trans. los-
trennen, entfernen, entlassen, verabschieden*
Cp. 192; -scheln (II². 121ᵇ, 12) *abschälen;*
-schepfen er mag in die müli gân und ab-
schepfen was uf der müli ist Gr. w. 5, 196;
-schërn (II². 149ᵇ, 29) *abschern in eigentl.
u. übertrag. bedeutung;* -scherpfen Myns.
59 *s. scherpfen;* -schieben *entfernen* Ls. 2,
630; -schieʒen *intr. abfallen, schadhaft
werden* Gr. w. 4, 509; *trans. abschlagen daʒ
houbet man im abe schôʒ* Wolfd. 1071, 2;
-schimpfen (II. 139ª, 40) *scherzhaft ablo-
cken?* -schrecken *einem etw., durch droh-
ung u. eingeflösste furcht abnehmen* Chr.
5. 17, 9. 140, 2; -schrîben (II². 206ª, 39)
abschreiben, copieren; -schrôten (II².219ᵇ,
9) *abschneiden, übertrag. verkleinern, die
ehre abschneiden;* -schüten (II². 229ᵇ, 20.
36) *abschütteln, sich entschlagen; abschütten,
abziehen;* -segen deserare Dfg. 176ª; -sen-
gen (II². 299ª, 44) *versengen* Trist.; -setzen
(II². 350ᵇ, 52) *vom pferde setzen, die pferde
ausspannen* (Tuch. 126, 18); *von einem amt
absetzen; einen* brief abs. *für ungültig er-
klären* Mz. 1, 392; die münze abs. *an gehalt
verringern* Mw. 378 vgl. absaz; -sîn (II.
294ª, 19) *abtreten; abgethan, aufgehoben sein*
Chr. 1. 40, 19. 116, 39; -sinnen *von sinnen
sein* Priesterl. 575; -slahen (II². 371ª, 10)
*trans. abschlagen, abhauen; durch einen
schlag tödten, abschlachten* (Ugb. 411); *ab-
nehmen, in abzug bringen* (Chr. 1. 183, 13.
184, 24) *worte ab* sl. *die rede kürzen* Altsw.
235, 25; *ersetzen, vergüten; nachlassen* (als
gläubiger) Mz. 4, 391 s. 432 *den wein* abe
sl. *ihn billiger geben* Np. 206; *schlagend von
etw. bewegen* (die ros abe sl. *auf die weide
treiben* Laur. 136), *zurückschlagen, zurück-
halten; zurückweisen, verweigern; vertrei-
ben, verbannen;* — *intrans. im preise fallen*
Chr. 1. 403, 5; -sleichen *s.* sleichen; -slei-
ʒen *abreissen, zerreissen* Netz 12679; -slî-
fen (II². 399ᵇ, 49) mir sl. abe *mir entgeht,
ich verliere etwas;* -sloufen (II². 407ᵇ, 6)
abziehen; -sneiten *abhauen* este ab sn. Np.
314; -snîden (II². 438ᵇ, 44) *abschneiden;*
-spannen (II². 481ᵇ, 34) detendere; -sprë-
chen (II². 526ª, 30) *absprechen, ableugnen;*
-spürn (II². 517ᵇ, 17) *tr. die spuren eines
weggehenden wahrnehmen* Trist.; -stân
(II². 575ª, 33) *intrans. absteigen (vom pferd)*
Chr. 1. 31, 8. 58, 24; *abtreten von einem*
amte Mh. 3, 217; *im rückstand bleiben, feh-
len* Chr. 2. 128, 10; mit dem tôde abst. *ster-
ben* Uh. 402; *einem* abe st. *von ihm abfallen*
Chr. 2. 76, 3; *mit genet. etwas hingeben, dar-
auf verzichten, es nicht leisten; trans. ent-
fernen, die grosz besweerung absteen* Cp.
256; -stëchen, *sich den vuoz, beim stechen
(turnier) den fusz verlieren* Chr. 4. 324, 21;
-stellen *absetzen, entfernen,* Mone 7, 310
ein gebäude abst. *abbrechen* Np. 293; -stër-
ben (II². 642ᵇ, 44); -stîgen (II². 631ª, 6)
herab, hinabsteigen; -stiuren *aussteuern
zwô töhteren zuo der ee abstüren* Gr. w. 5,
99; -stôʒen (II².664ª,42) *herabstossen, ent-
fernen* (den hunt von der milch abst. *ihm die
mutterbrust entziehen* Myns. 91), *abladen*
(Chr. 5. 236, 17); *brechen* (den hals, daʒ herz
Chr. 4. 38, 2. 5. 10, 5), *abbrechen* (die burc;
absegeln (nämlich daʒ schif ab st.); *intrans.
von der rechten fährte abweichen* (von jagd-
hunden); -straelen (II².673ª, 7) *abkämmen*
Narr.; -streifen (II². 689ᵇ 37) *einem oder
einem daʒ gelt ab* str. *es ihm abnehmen;* -strî-
chen (II². 684ᵇ, 48) *abstreichen, abstreifen,
nehmen, rauben;* -stricken *abwenden, weg-
nehmen* Chr.4. 220 anm. 8. 354,19; -strîten
(II². 691ᵇ, 1) *durch streit abgewinnen* Jer.;
-sundern (II². 743ª, 17) avellere; -swern
(II².771ᵇ,52) abjurare; -swichen *untreu wer-
den, im stiche lassen* Ssp. 2. 42, 2; -swingen
(II².802ª, 31. 803ᵇ, 10) *intr. herabfliegen, trans.
herabschütteln, schlagen, einem daʒ haubt*
abe sw. Heldb. *K.* 347, 40; -teichen *s.* tei-
chen; -teilen (III. 26ᵇ, 26) *abtheilen, tren-
nen* Jer.; -tîligen, tilgen (III. 37ª, 27)
tilgen, austilgen Gerh. 6637; -traben *weg-
reiten* Chr. 2, 215 anm. 2; -tragen (III. 71ᵇ,
13) *abtragen, wegnehmen* (den schaden Usch.
337), *ausgleichen* Chr. 1. 435, 6, *bezahlen*
Gr. w. 5, 79; -trennen (III. 95ª, 48) *abtren-
nen, an sich reissen* Jer.; -trëten (III. 97ª,
24) *trans. betreten; intrans. ab-, zurückwei-
chen, enden, einem* abe tr. *von ihm abfallen,
eines ding.* abe tr. *es versagen, davon ab-
weichen, es abtreten,* des hauses abtr. Mz. 3,
261; -trîben (87ª, 49) *ab-, wegtreiben* den
eit abe tr. *machen, dass er nicht gehalten
wird* Ad. 606. 639. 780; -trossen *abladen*
Jer. 166ᵈ (*vgl.* Germ. 7, 94, *wo auf* „trossie-
ren Hätzl. 306, 22" *hingewiesen ist, es heisst
aber* troffieren = truffieren); -troufen *ab-
träufeln* Mgb. 293, 6; -trucken *s.* abtrucken;
-tuon (III. 140ᵇ, 50) *wegschaffen; sich eines*

ding., es aufgeben, entsagen; -ţwahen (III. 157ᵇ, 12) *abwaschen* A. Heinr.; -vâhen (III. 203ᵇ, 1) *ab-, wegfangen*; die hunde abe v. *von der koppel loslassen*; -vallen (III. 218ª, 12) *abfallen; vom pferde steigen* Chr. 2. 217, 3; -varn (III. 245ᵇ, 13) *abfahren, speciell von seinem besitzthum abfahren, es verkaufen* Uhk. 2, 82. Ukn. 392; *mit dat. abfallen* Jer.; -vellen (III. 226ª, 34) *herabfallen machen* Winsb.; -verbrennen Chr. 5. 27, 20. 28, 2. 3; -vergëlten *refl.* unz si sich fumf phunt ab vergelten *sie bezahlen* Uhk. 1, 318; -vretzen *abweiden* Mgb. 218, 17; -vüeren (III. 261ª, 32) *abführen, wegnehmen*; -wæjen (III. 464ª, 24) *abwehen* Walth.; -waschen (III. 533ª, 45) *abwaschen* Wack. *pr.* 32, 71; -wëhseln *umtauschen* Np. 144; -weigen (III. 556ª, 21) *abwehren*; -welzen devolvere Dfg. 178ª; -wërben (III. 724ᵇ, 41) *abwendig machen*; -wërfen (III. 735ᵇ, 13) *abbrechen (eine brücke)* Chr. 5, 221 *anm.* 2; *refl. vom pferde steigen*; -wësen (III. 766ᵇ, 35) *fehlen, mangeln mit dat.* Jer.; möht ichs mit ēren abe wesen Bit. 7854; -winden (III. 678ª, 48) *herabwinden* Parz.; -wîsen (III. 759ᵇ, 42) *abweisen; durch beweis entfernen* Ssp. 3. 15, 1; *aussteuern*; -würgen, den hals abe w. Wack. *pr.* 68, 144. 69, 180; -zeisen *abzupfen* Netz 8165. 12372; -zeln, zellen (III. 846ª, 44) *verurtheilen, aburtheilen, vgl.* Dwb. 1, 156; -zerbrëchen *abbrechen* Chr. 5. 27, 22; -zerren (III. 904ᵇ, 14) *abreissen* Netz 12871. 13434; -ziehen *intrans.* (III. 922ª, 48) *ans land ziehen, landen* Wolfd. 1920, 4; *mit dat. von einem wegziehen; trans.* (III. 924ᵇ, 14) *ab-zurückziehen, verweigern* (einen gütlichen tag ab z. Mh. 1, 64), *die kleider ausziehen* Mgb. 158, 28, *die haut abziehen, schinden* ib. 200, 5. 265, 28 *u. öfter*; die vëdern ab z. *sich mausern* ib. 204, 21. 33; *refl.* (III. 956ª) *sich entkleiden, entwaffnen* Mh. 1, 160, *sich losmachen, mit gen. auf etwas verzichten*; -ziln *abzielen* Sigen. 138; -zücken (III. 932ᵇ, 24) *rasch wegnehmen* Bon.

âbe *f. n.?* (I. 3ᵇ) *abschüssige gränze* Lampr. *s.* âben.
abe-beweglich declinabilis Dfg. 294ª.
abe-brëche *swf.* (I. 242ᵇ) *lichtscheere;* âbrëch, abbreche Dfg. 201ᶜ. 371ᵇ; lieht âbrechen ablimare Voc. 1482.
abe-brëchen *stn. abbruch, mangel* Myst. 2. 360, 28;
abe-brëcher *stm.* (I. 243ª) *der abbruch thut, den armen das gebührende vorenthält* Renn.

9019. 10449. 14248. 23054. Berth. 58, 14. 15. 25. Mag. *cr.* 134ª, aprëcher Berth. 35, 22;
abe-brëchunge *stf.* abstinentia, inedia Dfg. 5ᶜ. 295ᶜ; der spîsen ab. parcimonia ib. 412ᶜ.
abe-bû *stm. herabkommen, liegenlassen des baues* die heuser in abpau komen Cp. 172, *die weingärten sind* in abpau komen 227.
abe-burt *stf.* abortus Mgb. 421, 33.
âbec *adj.* der âbege âbent Hpt. *h. lied* 87, 15. *zu* âben.
â-bê-cê *stn.* (I. 3ᵇ) *das abc* Reinh. (337, 1251. 1255), kan noch niht daz âbêcê Renn. 17863. maneger treit des a b c an im einen buochstaben Ls. 1. 579, 70. Ga. 1. 23, 71.
abe-ganc *stm.* (I. 475ª) *das hinabgehen, ein hinabführender weg* Elis. 3505; *abgang, mangel* Myst. 2. 586, 39. Cp. 92; *ablassen, beendigung* sunder abeg. Msh. 3, 60ᵇ. abeg. haben Ls. 2. 537, 77. 3. 579, 14. daz an uns der a. nicht sein soll Ugb. 482; *gebrechen* vor abg. und schaden verhüeten Mh. 3, 34; *abfall vom holz* Tuch. 116, 5.
abe-geborn *part. adj.* sît diu ēre ist abgeborn und daz diu schande vür sich gêt. Dietr. 240.
abe-genge *stn. ende* Hpt. *h. lied* 68, 24. Spec. 124.
abe-gescheiden *part. adj.* (II². 99ᵇ) *abgeschieden, losgetrennt (mit gen.)* Myst.;
abe-gescheidenheit *stf.* (ib.) *der zustand, in welchem man von allem äusserlichen losgetrennt ist.* Myst. Wack. *pr.* 66, 103;
abe-gescheidenlîche, -en *adv.* (II². 100ª) *vom äusserlichen losgetrennt.* Myst.
abe-geschrift *stf.* (II². 209ᵇ) *abschrift.*
abe-günste, ab-günste *stf.* (I. 34ª) *neid, misgunst, md.* abegunst Jer. 103ᶜ. 119ᶜ. 133ª. abgunst Msh. 2, 76ᵇ. *vgl.* â-gunst.
abe-hære *adj.* (I. 634ᵇ) *kahl, abgeschabt* Er. Ls. 2. 551, 4.
abe-heldec *adj. abhängig, abschüssig* Pass. *K.* 239, 34.
abe-hëllec *adj.* absonus Dfg. 5ᵇ.
abe-kêr *stm.* (I. 799ᵇ) *abkehrung, ableitung.* Flore.
abe-kêre *stf.* (ib.) *abwendung* daz er mit abek. dem man sînen vuoz zerstiez Weltchr. 76ª; *apostasie* Jer. 93ᶜ;
abe-kêrec *adj. abtrünnig* Dür. *chr.* 201ᶜ.
abe-kêren *stn. abwendung* Myst. 2. 172, 29. 218, 12. 560, 9;
abe-kêrunge *stf.* diversio Dfg. 188ª; afkërunge recidivatio ib. 486ᶜ.
abe-kündunge *stf. abkündigung* Gr. w. 5, 383. Mh. 2, 98.

abe-kust *stf. s.* â-kust.
abe-ladunge *stf. abladung, ort wo abgeladen wird* MONE 5, 250.
abe-lâʒ *stm.* (I. 952ᵇ) *ablass*, aplâʒ BERTH. 269, 17;
abe-læʒe *adj.* (ib.) *ablassend* LOH.;
abe-læʒec *adj.* (I. 954ᵇ) *nachlassbar, verzeihlich* aplæʒec BERTH. 283, 31; *nachlässig* wâ die prediger an gotzdienst abl. sîn AD. 1344;
abe-lâʒen *swv. tr. ablass ertheilen, nachlassen* j. TIT. 6078. KELL. *erz.* 244, 18.
abe-lâʒ-kaste *swm. in welchem sich das wasser klärt, bevor es in den samenkasten fliesst* TUCH. 164, 4 ff.
abe-lâʒunge *stf. nachlassung* NARR. 106.
abe-leger *stm. auf- u. ablader* TUCH. 328, 4;
abe-legunge *stf.* si wirt gelernet in der schuole der abelegunge und abegescheidenheit aller crêatûre. MYST. 2. 616, 10; *vergütung* zehen pfund zu ablegung und besserung geben NP. 45.
abe-leibe *stf. s.* âleibe.
abe-leite *stf.* (I. 976ᵇ) *das leiten auf eine falsche spur, verstellung* RUD. *weltchr.* 126ᵇ; *das abtreten von einem lehengute, die dabei zu bezahlenden abschreibegebühren* STB. 279. 305. STZ. 510. UH. 393. 399. UKN. 126 *u. oft in den urkunden; vgl.* anleite *u.* SCHM. 2. 512;
abe-leiter *stm.* (ib.) *ableiter, verführer* ER.
abe-lîbe *adj.* (I. 1005ᵃ) *tot.* ERACL.;
abe-lîbe *stf.* (ib.) *tod* ERNST 3254;
abe-lîbunge *stf. tod*, ableibung CP. 89. 90. ÖH. 42, 30.
abe-lœsec *adj.* redemptorius DFG. 488ᶜ.
abe-louf *stm.* (I. 1046ᵃ) *ablauf* j. TIT. 4746. gegen dem ablouf des graben MONE 6, 252; *ort, wo das wild beim treiben hervorlaufen muss.* NIB.
abe-lougenunge *stf.* (I. 1027ᵇ) *verleugnung.* MYST.
abe-lûtec *adj.* absonus DFG. 5ᵇ.
abeme = abe deme (I. 312ᵃ, 20).
abe-meiʒunge *stf.* (II. 132ᵇ) *abholzung.*
ab-emphâhunge *stf.* anvelle und abemph. *von lehen* GLAR. 115.
aben = abe den (I. 313ᵃ, 21).
âben *swv. abnehmen, niedergehen* diu sunne dô begunde senken und âben HEINZ. 101, 5 *u. anm.* DWB. 1, 1, 23.
abe-nâme *stf.* (II. 370ᵃ) *abnahme* NARR.
âbenden *swv.* (I. 4ᵇ) *abend werden* TRIST. GUDR. ALEXIUS 124, 496.
abe-nëmen *stn. das abnehmen*, decrescentia MGB. 65, 28. 393, 23. MYNS. 53;

abe-nëmer *stm. berauber armer liute abnemer.* RENN. 2193;
abe-nëmunge *stf.* (II. 369ᵇ) *abnehmung, verminderung* LUDW.; tabescentia DFG. 571ᵇ. detrimentum EVANG. M. 16, 26.
abe-nieʒen *stn.* âne alleʒ abslahen und âne abniessen Mz. 1. 389. 398. 400.
âbent, -des *stm.* (I. 4ᵃ) *nbf.* âbant, abunt (: wunt BIT. 3610. 9241), âvent ERNST 230, 16 KARLM. 99, 37, *apok.* âben (: gâben) HELDB. K. 173, 15: *abend, allgem.* (zâbende = ze âbende LAUR. 938), wider âbendes *gegen abend* GUDR. 47, 4 (*bei* BARTSCH âbunde) WACK. *Basl. hss.* 22ᵃ; den âbent und den morgen EXOD. 97, 4. TROJ. 6609. 7988. *bildl.* er ist gein âbent sîner tage HELBL. 1, 120. sîn lop gie an den âbent MART. 224ᵈ; *als gruss* GUDR. 1220; *besonders vorabend eines festes, vigilie.—partic. subst.* zu âben, *eigentlich der* âbende tac, *s.* PFEIFF. *zu* HEINZ. 101, 5.
âbent-brôt *stn.* GR. W. 4, 25. 5, 600.
âbentdis *stn. s.* âbent-imbîʒ.
âbent-ëʒʒen *stn.* (I. 759ᵇ) *abendessen* PASS. 58, 36. MYST. 2. 354, 33. 355, 9. JER. 174ᵇ. KIRCHB. 810, 11. EVANG. M. 23, 6. ib. Mr. 6, 21. ib. L. 14, 12.
âbent-gâbe *stf.* (I. 509ᵃ) *der wittwe, gegenüber der morgengâbe der jungen frau* DWB. 1, 24.
âbent-ganc *stm. gang am abend* KELL. *erz.* 126, 13; *abend* PASS. K. 568, 69.
âbent-han *swm.* (I. 626ᵃ) *hahn, welcher am abend kräht.* FRL.
âbent-imbîʒ *stn.* (I. 195ᵃ) *abendessen* GERM. 3. 472, 98; âbentimmeʒ ELIS. 239, âbentdis 2923.
âbentiur *stf. s.* âventiure.
âbent-lanc *adv.* (I. 931ᵇ) *im laufe dieses abends.*
âbent-lich *adj.* (I. 4ᵇ) *abendlich* LANZ.
âbent-lieht *stn.* (I. 1029ᵇ) *abendlicht* MYST. 2. 111, 3 ff.
âbend-mærlîn *stn.* (II. 78ᵇ) *abenderzählung.*
âbent-rôt *stm.* (II. 770ᵃ) *abendröthe, eigentlich* âbent *mit dem adj.* rôt; *auch stn.* MSH. 2, 262ᵃ; *ebenso*
âbent-rœte *stf.* (II. 770ᵃ) ULR.
ab-entrunnen *part. adj.* (II. 717ᵃ) apostata. Voc.
âbent-schîn *stm.* (II². 146ᵃ) *abendschein* KARL 39ᵇ.
âbent-schouwen *stn.* (II². 198ᵇ) *das schauen am abend.* MYST.
âbent-sëgen *stm.* (II². 239ᵃ) *abendsegen, abendgebet* MS. MART. 226, 24.
âbent-sende *part. adj. nach dem abend sich sehnend* o wê vil maneger âbentsender klage MSH. 1, 28ᵃ.

âbent-solt *stm.* (II². 468ª) *sold, der am abend gegeben wird.* Ms.
âbent-spil *stn. spiel am abend* MSH. 2, 198ª. APOLL. 9656.
âbent-spîse *stf.* (II². 511ᵇ) *abendessen.* MYST.
âbent-stërne *m.* (II². 620ª) *abendstern* MSH. 1, 125ᶜ. Aw. 1, 41.
âbent-stunde *stswf.* (II². 712ᵇ) MLEG. PILAT. 201. KARLM. 94, 28. 99, 24. CRANE 2007. 3008.
âbent-sunnen-schîn *stm.* (II². 146ᵇ) *sonnenschein am abend* MSH. 2, 209ᵇ.
âbent-tanz *stm.* (III. 14ª) *abendtanz* KOL. 233, 1645; *aber* Ls. 2, 387 *ist* abtanz *nicht in* âbenttanz *zu bessern*; *s.* abetanz.
âbent-tranc *stm.* (III. 93ª) *abendtrank.* JER.
âbent-tückelîn *stn.* (III. 126ᵇ) *streich wie er am abend vorfällt* MSH. 1, 198ª.
âbent-tunkele *swf. abenddämmerung* WACK. *pr.* 4, 46.
âbent-vröude *stf.* (III. 418ᵇ) *abendunterhaltung.*
âbent-wint *stm.* (III. 715ᵇ) *abendwind.* GUDR.
âbent-wirtschaft *stf.* (III. 750ᵇ) *gelage am abend* MSH. 3, 50ᵇ. 51ª. 51ᵇ. MYST.
âbent-zît *stf. abendzeit* MSH. 2, 209ᵇ. CRANE 4445.
abe-phendec *adj.* (II. 482ª) *aus dem besitz kommend, abhändig*: wer dem keyser sîn gut abephendig wel machin OBERL. 4.
aber, aver, afer *adv. u. conj.* (I, 72ᵇ) *gekürzt* abe ab (MSF. 185, 27. 190, 23), ave av *wieder, abermals; hinwiederum, dagegen, aber; oft nur um den fortschritt der rede zu bezeichnen; wiederholt*: aber unde aber PASS. (374, 43) TRIST. 3829. 13548 (*im frauendienst steht ot* aber *wenigstens an den citierten stellen nicht*). — *zu* abe got. af DWB. 1, 29.
âber *adj.* (I. 4ᵇ) *trocken u. warm nach der nässe u. kälte* MEIN. *nach* WACK. *u.* DWB. 1, 31 GDS. 1023 *zu* apricus. PETTERS *hat es wiederholt (beitrag zur dial. forsch. in Nordböhmen* 1, 8. *andeut. zur stoffsamml. in den deutsch. mundart. Böhmens* 19. *zeitsch. f. öster. gymn.* 1867. *s.* 119) *zum vb.* âben *gestellt. vgl.* KWB. 8. SCHM. *Fr.* 1, 13.
æber *stn.* (ib.) *ort, wo die sonne den schnee weggeschmolzen hat.* PARZ. *s.* æberi.
aber-âhte *stf.* (I. 18ᵇ) *verderbt aus* oberâhte (diu übere âhte SSP. 3. 34, 3) *proscriptio superior, also nicht „wiederholte acht".* Mz. 1, 568. 569. HELBL.;
aber-æhter *stm.* (I. 17ᵇ) *der mit der* aberâhte *belegt ist.* Mz. 1, 574. CHR. 5, 313 *anm.* 5.

aber-ane *swm.* (I. 38ª) *urgrossvater.*
aber-ban *stm.* (I. 86ᵇ) *gleichbed. mit* aberâhte. DWB. 1, 32.
abe-rede *stf.* (II. 569ᵇ) *ausrede* RENN. 2011, *leugnung* CHR. 5, 322 *anm.* 3;
abe-redec *adj.* (ib.) *in abrede nehmend.* OBERL.;
abe-redunge *stf. verabredung* CHR. 5. 405, 8.
aberëlle *swm.* (I, 4ᵇ) *auch* abrille, aprille, aberelle (j. TIT. 4116) *april.* FLORE 157. LANZ. 8787, abrillen weter LIEHT. 417, 27. RENN. 12474; des blüenden aberellen wât HEINZ. 28, 678 als des süezen meien weter den aberellen hin leget REINB. 1922. *vgl.* GA. 1. 466, 424. dô der winter ende nam und der aberelle kam ORL. 10462. *vgl.* do nante Romulus den andern mânden aprilem. den namen gab er im von dem worte aperire, wan in der zît so tuont sich ûf des ertrîches unde der boume pori. MEIN. 15.
aber-gloube *swm.* superstitio HPT. *h. lied zu* 95, 13. — *aus* obergloube *wie* aberâhte *aus* oberâhte;
aber-gloubec *adj.* superstitiosus DFG. 567ᶜ.
aber-hâke *swm. widerhaken* NEIDH. 93, 32 *u. anm.* averhâke aculeus SCHM. *Fr.* 1, 11.
âberhæmisch *adj. s.* âbrahæmisch.
æberi *stf. s. v. a.* æber; ebri GR. w. 5, 212 *s.* STALD. 1, 85 KWB. 8.
abe-rihtunge *stf.* (II. 639ª) *entrichtung, bezahlung. vgl.* HALT. 7.
abe-rinnec *adj.* (II. 718ª) *flüchtig.* SSP. 2. 40, 4. PASS. K. 228, 3.
abe-rîsel *stm. das herabtröpfeln, fallen* hôher sælden aberîsel j. TIT. 4857.
abe-rîzer *stm. abreisser* MGB. 232, 17.
ab-erkennunge *stf. nichtigkeitserklärung* DH. 241.
aber-list *stm.* (I. 1011ª) *wiederholter* list MART. 46, 105, *unklugheit.* Ls.
æbern *swv. aufthauen in* er-æbern. *zu* âber.
aber-schanze *stf.* wer spilt der abersch. der muz verliesen dick. ALTSW. 248, 6; *s.* schanze.
abe-rûm *stm.* (II. 789ᵇ) *was wegzuräumen ist* TUCH. 80, 18. 32 ff.; *gang in die verbannung s.* DWB. 1, 86.
abe-ruof *stm. widerruf* Mz. 1, 369.
aber-wandel *stm.* (II. 698ᵇ) *schlechter lebenswandel; rückgang.* WEIST.
ab-erwenken *stn.* (III. 707ᵇ) *abweichen, unbeständigkeit.* HÄTZL.
aber-wette *stn. f.* (III. 775ᵇ) *pfand für die erfüllung eingegangener verpflichtungen.* MB.

aber-witze *stf.* (III. 794ᵇ) *wahnwitz* Dief. 1470 s. 91.
aber-zil *stn.* (III. 884ᵇ) *abgestecktes ziel. erst bei* Keisersb.
abe-sage *stf.*(II².15ª) *aufkündigung d. freundschaft, fehdebrief.* Chr. 2. 129, 30.
abe-schar *stf.* (II².152ᵇ) messis et foenisecium. Voc.
abe-scheiden *stn. beendigung, weggang* Chr. 2. 129, 23. 5. 381, 2;
abe-scheidenlîche *adv. abgeschieden, abseits* Öh. 12, 12.
abe-scheidunge *stf.* (II². 105ª) *das weggehen; die scheidung.*
abe-scheit *stm. unterschied.* Mr. 1037; *tod* Cp. 149.
abe-schiht *stf.* (II². 115ᵇ) *mangel.* Frl.
abe-schrift *stf.* (II². 209ª) *abschrift.* Voc.
abe-schrôt *stm. s.* â-schrôt.
abe-setzer *stm.* depositor; absetzer der spisz von dem bret, depositarius Dfg. 175ª.
abe-slac *stm.* (II².381ᵇ) *abschlag, erniedrigung der forderung* Mz. 1,369; *dürres holz* fomes Dfg. 241ᶜ. Np. 206. Cp. 174;
abe-slage *stf.* (II². 386ª) *abzug.* Ad.
abesle *stm. s.* âwasel.
abe-slîʒec *adj. abgenutzt, zerstört:* der brunne hât die tugende, daʒ er furbaʒ niht wirt abeslîʒec j.Tit. 6054.
abe-sneitach *stn.* (II². 443ª) vibex. Voc.
abe-sneite *stf.* (II². 443ª) *abfall beim schneiden.* Voc.
abe-snîdunge precisio, sustinentia Dfg. 452ᵇ. 570ª.
abe-snit *stm.* (II². 443ᵇ) *abschnitt, das abschneiden.* Pass. abesnitte abstula Dfg. 57ª; *s. v. a.* abesneite, quisquile Voc. 1482.
abe-steic *stm. das fallen der töne.* Kolm.33, 70.
abe-stendec *adj.*(II².591ᵇ) *abständig; zurücktretend.* Basel *r.*
abe-stîc *stm.* discessus Mr. 10, 10.
abe-stich *stm. die obersten schlechten steine eines steinbruches* Mone 6, 254.
abestô, abestôn *stm.* (I.5ª) *ein edelstein* Mügl. Schr. 465 Mgb.434,15. *vgl.* Dfg. 2ᶜ; *n. gl.* 2ª *wird* abeston *durch* fûrstein *übersetzt.*
abe-strich *stm.* abstrich j.Tit. 5958.
abe-strîchen *stn.* (II².685ª,9) *das abstreichen; spec. das verbotene wegziehen der finger vom kreuze bei der eidesleistung.* Brünn. *r.*
abe-swinc *stm. s.* âswinc.
abet *stm. s.* abbet.
abe-tanz *stm. das hinabtanzen,* ain abtanz in die êwigen marter Mgb.484,10; *schlusstanz, kehraus* Ls. 2. 387, 89.
abetiêre *stm. s.* abjetêre.
abe-tilgunge *stf.* abolitio Dfg. 4ª.
abe-trac *stm.* (III. 76ᵇ) *wegnahme, defraudation* Chr. 4. 328, 9; *busse, entschädigung* Chr. 5. 379, 21. Np. 329.
abe-trëter *stm. abtrünniger* Chr.3.279,26. abtretter von guten dingen, apostata. Voc.1482.
abe-trinne *stf. s.* abe-trunne; abe-trinner *stm.* apostata Voc. *Schr.* 141.
abe-trülle *adj.* (III. 122ª) *abtrünnig, abspenstig.* Antichr.;
abe-trüllec *adj.* apostata Dief. *n. gl.* 28ᵇ.
abe-trunne, abe-trinne *stf.* (III. 95ᵇ) *abfall, apostasie.* Jer.;
abe-trünne *adj.*(III.95ᵇ) *abtrünnig* Priesterl. 140. Spec. 174. Myst. 1. 385, 35. Helbl. 2. 1006. Geo. 3038. Voc. *Schr.* 102. 141. 150;
abe-trünne *swm.* (ib.) *ein abtrünniger* Ulr. *Wh.* 179ᵇ. 207ᵇ. 264ᵇ. Helbl. Geo.;
abe-trünnec *adj.* (III. 96ª) *abtrünnig* Berth. 99, 29. Ls. 2. 630, 108. Jer. Pass.
abe-twingunge *stf.* extorsio. Dfg. 220ᵇ.
abe-val *stm. abfall,* eine abeval mîner nâtûre Myst. 2. 117, 27;
abe-vallen *stn. abfall* Myst. 2. 264, 9;
abe-vallunge *stf.* devolutio Dfg. 178ª.
abe-vart *stf.* (III. 254ª) *abfahrt* Jer. Ludw.; *bei der abfahrt aus dem gebiete einer herrschaft zu entrichtendes geld* Mh. 2, 435. West. *gl.* 1. *vgl.* ûfvart.
abe-vellec *adj. abtrünnig, treulos* Chr. 3. 277, 9.
abe-vûlen *swv. trans. durch faulen abtrennen* Vet. *b.* 21, 10.
abe-vuoter *stn.* und sol alleʒ abfuoter und stro dem meiger uff dem hofe beliben Mz. 1. 406.
abe-wanc *stm.* (III. 706ª) *das ab- zurückweichen* En. 9501. Wolfd. 1663, 2.
abe-wëc *stm.* avia Dfg. 61ᵃ.
abe-welzunge *stf.* devolutio Dfg. 178ª.
abe-wenke *adj.* (III.706ª) *ab-zurückweichend* Tit.
abe-wësec *adj.* (III. 770ᵇ) *abwesend;*
abe-wësekeit *stf.* (III.770ᵇ) *abwesenheit* Pass.
abe-wîsære *stm. abweiser,* armer liute abew. Renn. 646;
abe-wîsen *stn.* (III.760ª) *das abweisen.* Ludw.
abe-witze *stf. unverstand, wahnsinn,* des sinnes abwitze Lit. 233, 24.
abe-wort *stn. gegenrede,* ân abewort Albr. 30, 186;

abe-wörtec *adj. wortlos* ain abw. stimm sam die vogel MGB. 240, 21.
abe-zerren *stn.* (III.904ᵇ) *das abreissen, rauben;*
abe-zerrer *stm.* (III. 905ᵃ) *detractor.* DFG. 177ᶜ.
abe-ziech-stube *f.* apodyterium. Voc. 1482.
abe-ziehunge *stf.* (III. 930ᵇ) abez. leiplicher luste asoma Voc. 1482; abstractio, rapacitas DFG. 5ᶜ. 484ᵃ.
abe-ziht *stf.* (III. 880ᵇ) *verzichtleistung.*
abe-zuc *stm.* (III. 931ᵃ) *abzug, schaden.* JER.
abe-zuht *stf.* (III. 939ᵇ) *das ab- wegziehen* JER.; *s. v. a.* abeziht.
ab-gesagt *part. adj. der absage geleistet hat,* abgesagter veint DH. 208.
ab-geschaben *part. adj.* ich bin alt unde kranc und bin nû gar abgeschaben KOL. 164.
ab-geschrift *stf.* transscriptum DFG. 593ᵇ.
ab-gesetze *stn. absatz, strophe* KOLM. 24, 45.
ab-gezogen *part. adj. mit* abg. red, oratione abstracta MGB. 482, 14.
ab-geʒʒec *adj.* (I. 545ᵃ) *vergesslich.* Voc.
ab-got, ap-got *stn. m.* (I. 557ᵇ) *auch* abtgot (RENN. 720) aptgot (ALTSW. 227, 29) *pl.* abgot, abgote (PASS. 309, 17), abgoter *abgott, götzenbild.* daʒ abg. KCHR. *D.* 330, 17. GA. 2. 502, 338. 362. ROTH *pr.* 5.
ab-got-hûs *stn.* (I. 737ᵇ) *heidnischer tempel.* RUL. Voc. *Schr.* 1192.
ab-götisch *adj.* KIRCHB. 728, 61.
ab-gottenîe *stf. abgötterei* ALTSW. 227, 23.
ab-gottinne *stf. abgöttin* BELIAND 3886. Voc. *Schr.* 1769; abg. der keuscheit Diana Voc. 1482 abgottîn RENN. 11871. abgötti apgötti CHR. 4. 281, 8. 18. 282, 1.
ab-gründe *stn.* (I.581ᵇ) *abgrund, bes. der hölle* MYST. 2. 515, 32. LOH. 91, 363. *auch* apgründe KARAJ. 7, 25. 23, 15. 50, 2; *md.* afgrunde; epgrunde EVANG. *L.* 8, 31;
ab-gründec *adj.* MYST. 2. 6, 9. HANS 4082;
ab-gründekeit *stf.* MYST. 2. 234, 1.
ab-grunt *stm.* (I.581ᵇ) *abgrund* ALTSW. 218, 18;
ab-grüntlich *adj.* MYST. 2. 500, 17;
ab-grüntlicheit *stf.* MYST. 2. 516, 30.
ab-günste *stf. s.* abe-günste.
ab-hër *adv.* (I. 688ᵇ) *von-her* HELBL. WOLK.
ab-hin *adv.* (I. 690ᵃ) *hinab* ER. SCHILTB. 77.
ab-holt *adj.* (I. 704ᵇ) *nicht gewogen, abhold* FASN. 236, 17. 269, 27.
ab-holz *stn.* (I. 706ᵇ) *abfallholz* GR. w. 4, 487. SCHREIB. 2, 175.
abis *stm. s.* abyss.
abît *stm.* (I. 5ᵃ) *ordenskleid.* MYST. JER. 4ᶜ. 8ᵃ. 39ᵃ *u. öfter. aus lat.* habitus.

abjetêre *stm.* delator, infidelis HEINR. 3731 (*vom herausg.* abetiêre *gesetzt*). *nach* BECH *Germ.* 5, 501 *aus* Abjâthâr, *der aus der legende des hl. Silvester als einer der zwölf ungläubigen und das christenthum gehässig bekrittelnden jüdischen gelehrten bekannt ist.*
ab-lage *adj.* matt, entkräftet GEN. *D.* 91, 19. JOS. 486. *schwäb.* ableg *müde, verdrossen* SCHMID 340;
ab-legec *adj.* ignavus Voc. *Schr.* 1197;
ab-legikeit *stf.* desidia DFG. 176ᵃ.
ab-lenges *adv. abwärts* TUCH. 168, 2.
ab-loc *stm.* man vindet ablockes hie vil mangen schalken. HADAM. 184, 64.
ablûcie *swf.* dû wart vergeben keisir Hinrich in der ablûcien als her nam godis lichamen KIRCHB. 803, 17.
ab-neigen *swv. abwenden,* der smaragdus abnaigt daʒ ungewiter MGB. 459, 24.
abors *stm. s.* âwasel.
âbrahæmish, âberhæmisch *adj.* (I. 5ᵃ) *hebräisch* OREND. 1540. MYST. 1. 127, 39. *von* Abrahâm; *s.* ebrêisch.
â-brëch *s.* abebrëche.
â-brich *stm.* (I. 242ᵇ) *abfall beim dreschen; vollgesponnene spindel,* approch NETZ 10544; approch vertebrum Voc. 1482. *vgl.* SCHM. *Fr.* 1, 118.
abrille *swm. s.* aberëlle.
ab-sage-brief *stm. fehdebrief* CHR. 2. 103, 17. 23. *s.* abe-sage.
ab-sagen *stn. s. v. a.* abe-sage CHR. 4. 171, 23;
ab-sager *stm.* abdicator DFG. 2ᵃ.
ab-schabe *swf. was beim schaben abfällt,* die abschaben von helfenpain MYNS. 31.
ab-schâch (II². 61ᵃ, 50) *ruf beim schachbieten.* TRIST.
ab-schinder *stm. abhäuter, bildl.* ein absch. der schatzkamer CHR. 3. 132, 28.
ab-schit-brief *stm.* libellus repudii CHR. 3. 36, 8.
ab-schüten *stn.* (II². 229ᵇ, 24) *das abtreiben des käufers von erbgütern.* BRÜNN. *r.*
ab-schûm *stm.* (II². 223ᵃ) *abschaum, auswurf* NARR.
absent, absentz *stf.* die pharrer, die nicht auf iren pharren selbs sitzen, sullen geben den drittail von irer absent MH. 2, 552. absentz CP. 376. *aus* absentia.
absist (I. 5ᵃ) *ein edelstein* PARZ.
ab-sîte *f.* (II². 328ᵃ) *seite die von etw. abliegt; abgelegene gegend* PASS. MGB.
absîte, apsîte *stswf.* (I. 5ᵃ) *überwölbter neben-*

raum in einer kirche CHR. 4. 234, 2, *dann überhaupt nebengebäude* NP. 292. TUCH. 183, 35. 262, 18. 268, 27. 282, 20. — *aus mlat.* absida *u. dieses aus gr.* ἀψὶς *s.* WACK. *umd.* 56. DIEF. 1, 105. (PASS. 292, 20 *gehört zum vorigen* ab-sîte.)

ab-sîten *dat. adv. abseits* ÖH. 90, 1. 156, 16.

absoluzîe *stf.* (ib.) *absolution.* MYST. ÖH. 122, 18.

absolvierunge *stf.* ALTSW. 233, 2.

ab-stërne *swm.* ATHIS C. 79. 97. 113. 119.

ab-sunderic *adj.* abstractus DFG. 4ᵇ.

abt *stm. s.* abbet; abtassinne *f. s.* eppetisse.

ab-teilec *adj. md.* afteilec *von der theilname ausgeschlossen* PFEIFF. *üb.* 19, 1196 *u. var*;

ab-teiler *stm.* scismaticus. VOC. *Schr.* 2568;

ab-teilunge *stf.* scisma DFG. 519ᵃ.

ab-trücken *swv. gleichbed. mit* iterücken *u. wol aus diesem verderbt* MYNS. 25.

ab-turne *adj.* = abe-trünne III. 95ᵇ, 45.

â-bulge *swf.* (I. 125ᵃ) *zorn,* in der gotis âbulgin KARAJ. 20, 25; *s.* bulge, bëlgen.

â-bunst *stf.* (I. 31ᵇ) *misgunst* LEYS.

â-bunstikeit *stf. ndrh.* avunsticheit *s. v. a.* âbunst GERM. 6, 158.

âbunt *stm. s.* âbent.

ab-wëhsel *stm. tausch* abw. des erbburgguotes Mz. 4, 170. *ein anderes* abwëhsel *s. unter* âwasel.

ab-wende *stf.* (III. 687ᵇ) *anstalt zum abwenden* WEIST.

ab-wërfunge *stf.* (III. 736ᵇ) *das abwerfen.* GL.

ab-wërken *stn.* die schephstetten (*im salzbergwerk*) mues man mit abwerken und rüsten auswarten MH. 2, 639.

ab-wertec *adj. abwesend* MGB. 281, 10.

ab-weschunge *stf. abwaschung,* abw. der schulde WACK. *pr* 68, 52.

abyss, abysse *stswm.* (I. 5ᵃ) *abgrund,* den abis ROTH *dicht.* 11, 304. in dem abis ib. 10, 301 tiefe der abysse ROTH *denkm.* 57, 44; *sw.* PASS. *K.* 420, 72. 524, 19. *aus* ἄβυσσος.

-ach *auch swh.,* ech (I. 5ᵃ) *ableitungssilbe zur bildung von collectiven.*

ach *interj.* (I. 5ᵇ) *ach, mit nom. gen.* (*als verwünschung*); *mit dat.* (ach mir armen TROJ. 22347); *verdoppelt* ach ach, achach HPT. 6. 385, 389. JOS. 249 *u. anm., wo noch folgende stellen nachgewiesen sind:* FDGR. 2. 4, 34. REINH. *sendschr.* 648. TRIST. U. 533, 20. MART. 136, 57. 163, 39; — ach und aber ach MART. 162ᵃ. MSH. 1, 164ᵃ. ach und wê WWH. 392, 10. *vgl.* och;

ach, ache *stn.* (I. 5ᵇ, 39) *das weh; allgem. vgl.* noch MSH. 1, 109ᵃ. 215ᵇ. RUL. 49, 24. LOH. 3829. 5729. j.TIT. 1879.

achates *stm.* (I. 6ᵃ) *ein edelstein* PARZ. SERVAT. 561; achât APOLL. 13418; agathes ERLÖS. 402.

achen *swv.* (ib.) ach *sagen* HÄTZL. *refl.* ach und ach mit ache sich nû achet HADAM. 494, 5.

achlâch *interj. s.* ahlês.

achmardî *stn.* (I. 6ᵃ) *grünes seidenzeug aus Arabien* PARZ. achmardîn (: sîn) LOH. 2488; *mit* einem acmardîne j.TIT. 1504. 3326.

achnen *swv.* des sollent all gaistlich nemen wâr und gotz huld achnen offenbar NETZ 306. *ahnen?*

achper *adj. s.* ahtbære.

acht *adv. u. conj. s.* eht.

achter *praep. u. adv. s.* after.

achter-rîten *stv.* II. *ndrh. durch reiten einholen* KARLM. 378, 14.

Ach-vart *sf. wallfahrt nach Achen* j.TIT. 6165. CHR. 4. 181, 38.

achwent: sît ich muoz in den tagen mîn ein achwent allen liuten sîn TROJ. 41182 (*part. zu einem swv.* achwen *ach rufen, jammern?*)

achzen *swv. intens. zu* achen, *ächzen* mit achzendem herzen WACK. *pr.* 98, 14; echzen AB. 1. 30, 9.

achzên *num. s.* ahzëhen.

acker *stm. n.* (I. 6ᵃ) *ackerfeld* guoten acker machen PASS. 184, 27; zacker gân HELBL. 1, 645; zackere varn KARAJ. 13, 12. STRICK. 4, 13. GA. 2. 178, 213. 216. krieges acker TROJ. 24719; al vallende er den acker (*kampfplatz*) maz PARZ. 174, 30; *bildl.* dînes herzen a. MONE 6. 419, 81; — *ein längenmass* Iw. vier acker lanc EN. 240, 31 *und in dieser bedeut. auch n.* daz acker reben AD. 808; *eine art festungswerk* COD. SCHM. *Fr.* 1, 32 (*wol aus* arker, erker). — *zu* ager, ἀγρός *skr.* ajra GDS. 408. CURT. 1, 140. KUHN 6, 452.

ackeran *stm. n. frucht der eiche u. buche; gewöhnlich pl.* eckern. *s. belege aus den weist. im* DWB. 1, 173 (*wo auch über die etym.*) *u. dazunoch* acker am URB. *Pf.* 100. daz ecker NP. 302, GR. W. 5, 518 *ebendort auch fem. u.* DÜR. *chr.* 22; daz eckern MONE 5, 301. *vgl.* DFG. 264ᵇ. VILM. 88. STALD. 1, 87. SCHM. *Fr.* 1, 32. KUHN 2, 444.

acker-bolz *stm.* tribula, trischel VOC. 1482.

acker-breites *adv.* (I. 237ᵃ.) LIEHT.

ackerer *stm.* arator, fundanus DFG. 44ᶜ. 252ᵃ.

acker-ganc *stm.* (I. 475ᵃ) *ackerbau* BERTH. 269, 31; VILM. 7.

acker-grille *swm.* cicada MGB. 179, 5.

acker-guot *stn.* allodium DFG. 24ᵇ.
acker-gurlach *stn. ackergaul* CHR. 5. 282,14; *ebenso*
acker-gurre *swf.* (I. 593ᵃ) Ms.
acker-knëht *stm.* KRONE 19603. HPT. 7. 338, 19.
acker-krût *stn.* (I. 890ᵇ) agrimonia. Voc.
acker-lenge *stf.* (I. 932ᵇ) *länge eines ackers; bezeichnung einer wegstrecke* CHR. 2. 271, 5. 273, 8; 5. 107, 4. 172, 1. W.GR. citiert: SIGENOT *alt. dr.* 38. 151. *Casp.* 154.
acker-liute *pl. von* ackerman ALBR. 19, 192. 23, 59. KARLM. 1, 38. agricolae EVANG. *M.* 21, 33; coloni ib. *L.* 20, 9. *feldarbeiter* GR.W. 4, 150.
acker-lôn *stmn.* agrarium DFG. 13ᵃ.
acker-man *stm.* (II. 34ᵃ) *ackerbauer* GEN. MYST. FRL. MSH. 3, 297ᵇ. MÜGL. 3, 6. EVANG. *J.* 15, 1.
acker-mâʒe *stf. ansehen, das der boden durch die pflügung erhält, spuren der pflügung* SCHM. *Fr.* 1, 31.
ackern *swv.* arare, *in urk. des* 14. *jh.;* äckern CHR. 5. 181, 16. *mit* ûʒ.
acker-pfërt *stm.* epicarius Voc. 1482.
acker-rûte *swf. ackerraute* MGB. 152, 17.
acker-sâme *swm.* (II². 26ᵃ) MGB.
acker-schülle *swm. ackerscholle; grober bauer* NETZ 9948. 10051 (*var.* schülle). *vgl.* acker-zülle.
acker-trappe *swm.* (III. 84ᵃ) *schimpfwort für bauern* RENN. 1606. Ms. *ebenso:*
acker-tropfe *swm.* aucones DFG. 59ᶜ.
acker-wërc *stn.* agricultura, rusticatio DFG. 19ᵇ. 504ᶜ.
acker-wurm *stm.* tirus DFG. 585ᶜ, *vgl.* driakel-wurm.
acker-wurz *stf.* origanum MGB. 164, 32.
acker-zülle *swm. schimpfwort für bauern* NETZ 1273. *vgl.* ackerschülle.
ackes *stf.* (I. 6ᵇ) *axt* WOLFR. GEO. TROJ. 119. MERAN. 11. mit ackesen an den boum slahen SSP. 301, 4; agkes AD. 980 *syncop.* aks LOH. 5473. REINH. 370. MSH. 2, 196ᵃ *später ax pl. exe mit unorg. t* axt BERTH. 129, 17. 135, 24. *pl.* exte 129, 24; agst CHR. 5. 184, 24. aigst CHR. 4. 221, 9. — *gt.* aqvizi *ahd.* acus, ahus *aus lat.* ascia.
ackes-hosel *stm. swf.* (I. 718ᵇ) *axtstiel?* mit ein axhosel GR.W. 1, 525. DWB. 1, 1046.
ackes-stil *stm.* (II². 636ᵃ) *axtstiel.*
acolite *swm.* accolitus NETZ 4590 *var;* akolitus PASS. *K.* 595, 14.
acuteiʒ (I. 6ᵇ) *fz.* écoutez *höret.* TRIST.
adamant *stm. s.* adamas.

adamanten-stückel *stn.* fragmentum adamantis MGB. 449, 26.
adamantîn *adj.* diamanten. RENN. 13757.
adamas, adamast, adamant *stm.* (I. 7ᵃ) *ein edelstein, besond. d. diamant, aber auch d. magnet; allgem. vgl. noch* Kyburc mîn base diu glichet sich dem adamase TÜRH. *Wh.* 201ᵈ; adamas den nieman brichet âne bluot TÜRL. *Wh.* 107ᵇ. der helm was gemacht von einem adamande j. TIT. 914; *vgl.* 1066. 1071. adamast (: glast) REINFR. 132ᵇ. ALTSW. 36, 12. 43, 27; ademant GEO. 365. HANS 4962.
adar, in dem mônât adar, daʒ ist aprillis MGB. 187, 2.
adê (I. 7ᵇ) *aus fz.* à dieu. TRIST. *s.* aldê.
adel *stn. m.* (I. 7ᵇ) *bei* MGB. *beide genera s.* PFEIFF. s. 555. *geschlecht (auch die stammart im thier- u. pflanzenreiche* MISC. 2, 229), *edles geschlecht, edler stand; bildl. vollkommenheit. allgem. vgl. noch* swie gar er nû von adel frî und von geburte schîne TROJ. 21602. da ist ûʒ adele unart worden MSH. 3, 87ᵇ. guldînen adel ûʒ kupferînem willen scheiden MSH. 2, 333ᵃ. keisers adel (*Maria*) ib. 3, 430ᵇ. — von einem stv. adan, *wovon alts. part.* ôdan *geboren u. ahd.* uodal *vaterland.* DWB. 1, 177. WEIG. 1, 15.
adel-ar *swm.* (I. 49ᵃ) *syncop.* adlar, adler (*auch stm.*) *edler ar, adler* WWH. 189, 12. ENGELH. 2742. j. TIT. 1825 ff. RENN. 12204. 19357. 19444; ULR. *Wh.* 170ᵇ. MSH. 1, 13ᵇ. 345ᵃ. 2, 15ᵃ. der a. ist gezwieet an siten von natûre j. TIT. 1825. Artus füert den a. an sînem schilte ib. 1826. a. mit keiserlîcher krône ib. 4644. *vgl. noch* EN. 12416. PASS. 227, 50. 325, 4. APOLL. 19002. *sprichw.* chain adler vâhet fliegen RING 30, 26. *s.* ar. *über den adler als wappen vgl.* MSH. 4, 4 *anm.*
adel-arn *stm.* (I. 49ᵇ) *adler* FRL. HPT. 1, 13. MD. *ged.* 3, 337. *s.* arn.
adel-bære *adj.* (I. 8ᵃ) *adelmässig* TROJ. 55. Ls. 2. 429, 358.
adel-bruoder *stm.* (I. 271ᵃ) *leiblicher bruder* LÜN. *chr.*
adelen *swv. s.* edelen.
adel-erbe *stn.* (I. 439ᵃ) *erbgut eines geschlechtes;*
adel-erbe *swm.* (I. 439ᵇ) *rechtmässiger erbe.* OBERL.
adel-haft *adj.* (I. 8ᵃ) *adelmässig* KONR. FRL.; *ebenso*
adel-haftec *adj.* (ib.) FRL.
adel-heit *stf. adel, würde:* si glorificeert die adelheit HANS 2115. *vgl.* DWB. 1, 177.

adel-hêrre *swm.* (I. 666ᵇ) *adelicher herr.* RUL.
adel-kint *stn.* (I.818ᵃ) *freigebornes kind* LEYS. *s.* DENKM. s. 369.
adel-kleit *stn.* (I. 839ᵇ) *dem adel geziemendes kleid.* MS.
adel-lich *adj.* (I.8ᵇ) *edel geartet, adelich; ausgezeichnet, herrlich* MS. TEICHN. 239. *er was* adellicher geschephede HPT. 4, 574; *davon:*
adel-lîche, -en *adv.* (ib.) MS. FRL. ALEXIUS 235. TEICHN. 263; *s.* adenlich.
adel-rîche *stn.* (II.693ᵇ) *adel* FRL.; *doch wahrscheinlicher mit* WB. adel rîche *zu lesen.*
adel-sarc *stm.* (II². 56ᵇ) *edler schrein.* FRL.
adel-schaft *stf.* proceritas DFG. 461ᵇ.
adel-spar *swm.* (II². 483ᵃ) *edler sperling od. vogel.* ERLŒS.
adel-sun *stm.* (II². 733ᵃ) *freigeborner sohn* DIEM. HERB. 11589. *vgl.* DENKM. s. 369.
adelungen *swv. s.* andelangen.
adel-vater *stm. rechtmässiger vater* KARLM. 125, 49.
adel-vrî *adj.* (III. 402ᵇ) *adelich frei.* NIB.
adel-vrouwe *swf.* (III. 424ᵃ) *freigeborne frau* SCHÖPF. *vgl.* DENKM. s. 369.
adel-wîp *stn.* (III. 719ᵃ) *freigeborne ehefrau* LEYS. *s.* DENKM. *a. a. o.*
ädem *stm. ernte, in österr. weist., wol zur gleichen wurzel wie* adel *s.* DWB. 1, 178.
âdem *stm. s.* âtem.
ademant *stm. s.* adamas.
aden-lich *adj.* (I. 8ᵇ) *s. v. a.* adellich TROJ.;
aden-lîche *adv. einem a. nâch volgen* WACK. *pr.* 68, 331.
ader *conj.* (II. 430ᵃ, 46) *oder* (adir MZ. 1,513); *aber: öfter* UGB. *in oberlaus. urk. z.b.* s.552. *vgl.* SCHM. *Fr.* 1, 35 *u. s. auch unter* alde.
âder *stwf.* (I.9ᵇ) *ader (eigentl. u. bildl.)* KRONE 13344. der âdern ganc PASS. 273,59; die âdern die ê wâren slanc ib. 273, 17. 274, 20 *bes. die pulsader* ze âdern lân WH. *v. östr.* 92ᵇ âder lâzen RENN. 20357; er liez im ein âdern slân PASS. 194, 18. HERB. 1984; der arzât greif ein âder REINH. 2018; — *sehne, nerv* diu wîle ich ein âder mac geregen DANIEL 1117. swer siben seil ûz âderen machte GRIESH. 1, 125. ze grimmen slegen wart verdenet ir zweiger herzen âder TROJ. 12771. *pl. eingeweide, übertragen* zêhe âdern *harter sinn* PASS. K. 281, 75; der erde âdern MGB. 110, 17. 427, 13. 16; *bogensehne* CHR. 2. 335, 2. SCHM. *Fr.* 1,35; *saite* NETZ 11271. 11299. — *skr.* antra *u.* ântra *eingeweide, eigentl. das innere: zum ersten stellt sich altn.* idhrar *pl.*

f. eingeweide der thiere, gt. idreiga *reue (geistigesinnere) zuletzterem gr.* ἦτρον *bauch unterleib* ἦτος *herz, inneres, altn.* ædhr ags. ædre = *mhd.* âder. *s.* FICK 7. 17.
âdereht, âderic *adj.* nervosus DFG. 379ᵃ.
âder-lâzer *stm. aderlässer* USCH. 101. DFG. 239ᵃ. 362ᶜ;
âder-lâzunge *stf.* flebotomia DFG. 239ᵃ.
æderlîn, æderl *stn. dem. zu* âder APOLL. 10204. MGB. 400, 11. 432, 21; æd. *an den früchten* 41,18 *an den steinen* 435,13; nit ein ederlein rüeren *sich ganz still verhalten* KELL. *erz.* 266, 34.
ædern *swv. mit adern versehen,* den satel ædern auspolstern NETZ 11187. *mit* ûz.
âder-slac *stm.* (II². 382ᵃ) *pulsschlag* BARL.; *ebenso*
âder-slahen *stn.* (II². 373ᵇ) MGB.; âderslân ERACL. 3034.
âder-stôz *stm.* (II. 668ᵃ. 18. 52) PARZ. 825, 9 *var.* ander-, understôz *u. wol mit* BECH ân understôz *zu lesen.*
âder-suht *stf.* (II². 359ᵃ) arthritis. MGB.
âder-wurz *stf.* coriandrum SCHM. *Fr.* 1, 36. *vgl.* DFG. 151ᵇ: ederwurz hederwurz.
âder-zoc *stm.* ein sper alsam ein hornboge — halp horn und mit âderzoge durchpigelt j. TIT. 1230.
advente *swm. s.* advente.
adich lacuna, fovea in qua remanet aqua Voc. 1429 *bei* SCHM. *Fr.* 1, 35 *wo es zu bair.* adel mistjauche gestellt wird. *nach* DFG. 315ᶜ *ist es aber entstanden aus lat.* aquaeductus; *vgl.* aducht.
adlar, -er *stm. s.* adelar.
adler-vest *adj.* künig, kaiser adlerfest MONE 5. 198, 10.
admirât *stm.* (I. 10ᵃ) *der titel des chalifen* WWH. *u.* TIT. (*var.* atmerât *u. so auch im* j. TIT. RUL. 251, 25. LOH. 4521. 4824. 5608 *u. oft.* RENNEW.12, 31. ULR. *Wh.* 161ᵈ. 163ᵇ. 164ᵉ.) — *entstellt aus* amiral *nach der mlat. umdeutung* admiratus. *vgl.* DIEZ *leben der troub.* 114 f.;
admirâtinne, atmerâtinne *stf.* (ib.) *gemahlin des chalifen.* TIT.
aducht m. meatus DFG. 352ᵇ. *aus* aquaeductus, *vgl.* adich.
advent, advente *stswm.* advent MÖNCHL. 50. KOLM. 85, 58; adevente MERSW. 2. *aus lat.* adventus.
afel *stm. die eiternde materie in den geschwüren; entzündete stelle überhaupt: so nimpt

maniger gerstbrei für den afel Vintler 7862. *ein in obd. mundarten noch fortlebendes aber nicht hinlänglich erklärtes wort. vgl.* Dwb. 1, 181. Dief. 1, 1. Kwb. 3. Schm. *Fr.* 1, 40.

afer *adv. u. conj. s.* aber.

äfern *swv. s.* avern.

affalter *s.* aphalter.

affalter-boum *stm.* (I. 227^b) *apfelbaum* Will. Voc. 1482.

affære *stm. äffer, nachahmer* Ludw. 7744. *die geisler werden* effer *genannt* Mgb. 217, 33. 32. 318, 3 ff.

affe *swm.* (I. 10^a) *affe u. übertragen thor; allgem. vgl. noch* j.Tit. 2906. Msh. 1, 202^a. Ls. 1. 529, 378. 2. 699, 167. Ga. 2. 151, 97; 3. 619, 233. Renn. 24118. Daniel 6462. Eilh. 7126. 7158. 7234. Karlm. 150, 55. 170, 49; *der* aff *von Heidelberg* Narr. 60, 24 *u. anm. — mit abgeworf. anlaut zu skr.* kapi *gr.* κῆπος, κεῖπος *(vgl. wegen des anlautes skr.* kam *u. lat.* amo*)* Bopp *gl.* 71^b. Dwb. 1, 182.

affec-lich *adj.* (I. 10^b) *thöricht* Mart. 22, 72.

affeht *adj. thöricht* Myst. 2. 535, 14;

affehte *adv.* (I. 10^b) *auf thörichte weise* Herb.

affen *sw.* (I. 11^a) *zum narren werden* (in er-affen); = effen *zum narren machen* Netz 9357; *ich lâze mich niht affen* Cod. *Regiomont.* 2^a. *mit* er-, ge-, ver-.

affen-banc *stf. narren-, spötterbank* Kolm. 96, 49.

affen-bërc *stm.* so volg ich den von affenbërc, der wort sint wîse tumpir wërc Misc. 2, 187. *vgl.* Altsw. 201, 11.

affen-heit *stf.* (I. 10^b) *thorheit, albernheit* Renn. 1069. Reinh. 535. Ls. 2. 330, 38. Ga. 3. 579, 99. Elis. 3408. Mart. 88, 110. Myst. 2. 606, 22. Pass. *K.* 88, 32. 253, 9. 312, 57; *gaukelspiel* ib. 395, 81. 536, 72.

affen-hôch-zît *stf.* Andres Krüppel dedit zu puoʒ 10 ₰ hl. darumb daʒ er ein affenhochzeit gehabt het J. 1383.

affen-hût *stf. thorenhaut* Kolm. 119, 28.

affen-kleit *stn. narrenkleid* Altsw. 94, 28; der affen kleit ib. 5, 29.

affen-lich, effen-lich *adj.* (I. 10^b) *thöricht* Roseng. Renn.; *adv.* Renn. 2663. Heinr. 4472.

affen-rât *stm. rath der thoren* Amg. 13^a. *vgl.* Renn. 2143.

affen-salbe *stf. affenschmalz* Netz 10952; *einem mit* a. smirwen, *ihm mit falschem lobe schmeicheln* Renn. 1173. Schm. *Fr.* 1, 41.

affen-seil *stn. narrenseil* Altsw. 181, 11; Kell. *erz.* 250, 19.

affen-smalz *stm.* in irem munde lit a. Renn. 886; swer mir strîchet in den mund ein a. 13230. *vgl.* affensalbe.

affen-spil *stn.* (II^2. 501^a) *possen, gaukelspiel* Pass. Renn. 13357. Kolm. 14, 11.

affen-spîse *stf. narrenspeise* Renn. 19181.

affen-swanz *stm.* hër affenswanz! Malag. 26^b. *ebenso* Fasn. 211, 26.

affen-tal *stn.* (I. 10^b, 17; III. 11^a, 14) Winsb. Hadam. 444. *vgl.* Germ. 5, 314;

affen-taler *stm.* mit bœsen hofferten hebt sich der affentaler reise Renn. 16469.

affen-tanz *stm.* daʒ dirre werlde glanz sî dürkel und ein affentanz Renn. 10287.

affen-tier *stn.* (III. 35^a) *affe.* Wolk.

affen-vleisch *stn.* Mgb. 144, 22.

affen-vuore *stf. albernheit, thorheit* Pass. *K.* 670, 61.

affen-wort *stn. narrenwort* Altsw. 93, 18.

affen-zagel *stm.* affen-, thorenschwanz Renn. 14909. 20940. Msh. 2, 251^a. hër affenz. ib. 384^b.

affen-zît *stf. narrenzeit* Fragm. 14, 1.

affinne, effinne, effin *stf.* (I. 10^b) *äffin* Strick. Mgb. 159, 10; effîn Freid. 126, 25. Msh. 3, 176.

af-gründe *stn. s.* ab-gründe.

af-heldec *adj.* proclivis;

af-heldecheit *stf.* proclivitas Dfg. 461^a.

af-teilec *adj. s.* ab-teilec.

aften *swv.* = ahten (I. 17^a) Glaub. 24.

aften *adv. u. praep.* aften des *hernach* Uh. 86. *ahd.* aftan Schm. *Fr.* 1, 46. *s. das folgende.*

after *adj. hinter, nachfolgend* an dem aftern tail Mgb. 186, 21. 187, 32; diu aftern pain *die hinterbeine* 277, 4; wo iemand seiner aftern und mitlern bier ichtzit uberbliben were Np. 266. *zu* ab, af;

after *swm.* podex Roth *denkm.* 92, 19. Ga. 2. 521, 400. Mgb. 34, 12. 168, 19. 202, 4 *u. öfter; pl.* aftern 52, 24;

after *adv. u. praep.* (I. 11^b) *mit dat. od. gen. hinten, hinter, durch—hin; allgem. vgl. noch* after lande Renn. 5668; Diem. 177, 23 überal after hie u. dort Beh. 401, 23; ufter Kindh. 80, 47. 81, 76 *u. öfter. mit dat. nach, gemäss; mit accus. nach, hinter; mit instrum.:* after diu *nachher. adv.* dar after *hierauf* Krone 14813. 25377. Gen. (24, 31. 58, 16) *md.* achter Eilh. 928. 1942. 2425.

after-âder *swf.* die afterâdern, die ze latein emoroides haiʒent Mgb. 338, 34. 391, 25 *u. oft.*

after-belle *stf. backen am gesäss* MGB. 49, 5. 7. 117, 36. 118, 1. *vgl.* arsbelle.
after-bier *stn. nachbier, halbbier* KOL. 168, 416. NP. 267.
after-darm *stm.* podex vel extalis SCHM.*Fr.* 1, 46; colus DFG. 134ᵇ.
after-dëheme *m.* in dem a. gibt kein schwein nichts *Rothenfelser weist.*(WERTH.)*s.* dëheme.
after-dinc *stn.* (I. 334ᵃ) *nachgericht* GR.W. 1, 381.
after-erbe *swm.* (I. 439ᵇ) proheres.
after-ërtac *stm. mittwoch* SCHM. *Fr.* 1, 128.
after-gir *stf.* (I. 531ᵃ) *hinterlistiges verlangen.* FRL.
after-gloube *swm.* perfidia. SCHM. *Fr.* 1, 46.
after-hâke *swm. widerhaken* HPT. 14, 169.
after-hêrre *swm. der gericht u. herrschaft zu lehen hat* GR.W. 5, 674.
after-houbet *stn.* occiput DFG. 392ᵃ.
after-huote *stf.* (I. 770ᵇ) *nachhut des heeres* FRL. JER. 31ᵈ.
after-kapf *stm. einer der das nachsehen hat,* achterkaf KARLM. 186, 57.
after-kint *stn. kindeskind* MGB. 19, 504.
after-klage *stf. nachklage,* achterkl. CRANE 3771.
after-kome *swm. nachkomme* SPEC. 190.
after-kœse *stn.* (I. 864ᵇ) *nachrede* DFG. 526ᵇ;
after-kôsen *swv.* (I. 863ᵇ) *trans. hinterreden, verleumden* RSP. 2683; — *stn.* (I. 864ᵇ);
after-kôser *stm. verleumder,* manthe, philiodrus VOC. 1482;
after-kôsunge *stf.* senecia, obtrectatio DFG. 526ᵇ. 391ᵃ.
after-kumelinc *stm. nachkömmling* GLAUB. 422. 1054.
after-künde *stn. s. v. a.* afterkünne LOH. 2676 *u. anm.*
after-kunft, -kumft *stf.* (I. 907ᵇ) *nachkommenschaft* IOS. 808. MSH. 3, 113ᵇ. HAHN *ged.* 103, 59. HPT. 5. 29, 431. MW. 196. STZ. 394. 395. 474. *md.* afterkunst.
after-künne *stn.* (I. 912ᵇ) *nachkommenschaft* GEST. *Rom.*
after-mâl = after mâle (II. 22ᵃ, 37) *nachher* GEN. *D.* 114, 12; after mâles (II. 22ᵃ, 28), aftermâlen HPT. 6, 414.
after-mân-tac *stm.* (III. 6ᵃ) *dienstag, schwäb.* Mz. 2. 493. USCH. 32. 36. *u. oft.* CHR. 4. 24, 2. 39, 15. 40, 14; 5, 442ᵃ. HÄTZL. LXVIII, 5.
after-muoder *stn. bedeckung des hintern* GA. 2. 523, 387.
aftern *swv.* in veraftern.

after-reide *stf.* a. oder hinderpug postela, subtela VOC. 1482.
after-reif *stm.* (II. 656ᵇ) *hinten befindlicher ring: am pferdegeschirre; am kleide, an der schwertkoppel?* NEIDH.
after-riuwe *stf.* (II. 753ᵃ) *nachreue, nachweh, betrübniss (auch im pl.);* — *vgl. noch* MSF. 21, 19. HELBL. 2, 598. 8, 138. LS. 1. 384, 331. HADAM. 623. MÜGL. 28. LIEHT. 626, 15. 627, 8. MSH. 3, 33ᵃ. JÜNGL. 328.
after-sil *swm.* (II². 289ᵇ) *das hintere riemenzeug* HÄTZL.
after-slac *stm.* (II². 382ᵃ) *schlag von hinten, der hinterdrein kommt* FRL. du bist Judases afterslac MSH. 3, 91ᵃ; *abfallholz von einem gehauenen baume* TUCH. 74, 1. 75, 26. 76,31; *ebenso:*
after-slage *stf.*(II². 386ᵃ) WEIST. AD. 980. HALT. 17.
after-snit *stm.* (II². 443ᵇ) *schnitt von hinten; verleumdung* FRL.; *vgl.* hindersnîden.
after-sprâche *stf.* (II². 536ᵃ) *nachrede, afterrede* PASS. ELIS. 1024. blasphemia EVANG.*M.* 15, 19. *ib. Mr.* 7, 22;
after-sprâchen *swv.* (II². 538ᵇ) *afterreden* PASS.
after-sprëchen *stn.* (II². 528ᵃ) *das afterreden, verleumden.* PASS.
afters-tac *stm. s.* ûffart-tac.
after-stellec *adj. s. v. a.* hinderstellec TUCH. 32, 3.
after-stranc *stm. strang von geringerer sorte* TUCH. 109, 34.
after-tage-zît *stf.* post meridiem OBERL. 21.
after-teil *stn.* (III. 22ᵃ) *hintertheil* HPT. 1. 399, 65. 69; *md.* achterteil *nachtheil, schaden* ARN. 4.
after-trühel *stn.* ir (der vippern) aftertrühel (meatus digestibilis) ist sô eng als ein nadelœr MGB. 285, 32; *s.* truhe.
after-vënster *stn.* anus MGB. 138, 13.
after-voget *stm.* (III. 359ᵇ) *untervogt.* FREIBERG. GR.W. 1, 376. HALT. 18.
after-wân *stm. verkehrte meinung* SCHM. *Fr.* 1, 46.
after-wedel *stm. der buschichte schwanz eines thieres* MGB. 135, 32.
after-wert *adv. hinterwärts* ELIS. 1017.
after-wette *stn. f.* (III. 775ᵇ) *s.v.a.* aberwette: darumb setzen wir in tousent phunt haller ze afterwette Mz. 2, 466 s. 293; *nach ausgang eines wettstreites ertheilter preis* WAHTELM.

after-wort *stn.* (III.808ᵇ) *hinterrede, verleumdung* Frl. Pass.

after-zühtec *adj.* depostfetans Mone 5, 464. *vgl.* Dfg. 175ᵃ.

ag perca *ein fisch.* Dfg. 424ᶜ *vgl.* Gff. 1, 105 *u. s.* egle, eglinc, agapuz.

aga-puz *m. ein fisch* Ruodl. s. 183; akpouz *bei* Schm. Fr. 1, 118. *bair.* appeis *der barsch; s.* ag.

agat-stein *s.* agestein.

ag-bære *adj. s.* ege-bære.

ageleie, aglei *f.* (I. 12ᵇ) *aglei, eine pflanze* Dfg. 44ᵃ. 406ᶜ. 483ᶜ. Dwb. 1, 190. *aus lat.* aquilegia.

agelaster *swf. s.* agelster.

ageleie *f.* (I. 12ᵇ) *elster.* Denkm. XLVIII. 12, 2 *var.; s.* agelster.

ageleister *swf. s.* agelster.

ageleister-var *adj.* (III. 237ᵃ) *bunt wie eine elster* Krone 24754. 27995.

ageleiz, ageleize *adj. adv.* (I. 12ᵇ) *emsig, eifrig, schnell* mîn lôn würd ageleiz (: weiz) Krone 25252, ageleize En. 213, 33. Karaj. 83, 16. Albr. 1. 1392, Mone 8. 49, 90. *vgl.* Schm. Fr. 1, 69. — *gt.* aglus *schwierig, zu gr.* ἀχλύς? (Wack.). *anders* Fick 5, *wornach das wort zur selben wurzel gehören würde wie* enge. *vgl. auch* Dief. 1, 5;

ageleize *stf.* (I. 12ᵇ) *eifer, schnelligkeit* Gr. Rud. Herb.; *mühe, noth* dorn u. agleiz wachsen deinem (*Adams*) leib Kell. *erz.* 1, 19.

agelster *swf.* (I. 12ᵇ, 2) *elster,* du solt niht geloben an der agelstrun schrîen Wack. *pr.* 42, 6; ageleister Krone 15641; aglaster Renn. 3688. 5797; agelaster Heldb. *Hag.* 1. 244, 660. — Wack. *schreibt* âgelster (*aus* â *u.* galster) *vgl. dagegen* Denkm. s. 432. *ags.* agu *bedeutet* pica *u. mit diesem u.* elster, alster *scheint unser wort compon.* Dwb. 1, 189. *vgl.* atzel.

agelster-nest *stn.* Ls. 3. 122, 51.

agelster-ouge *swn.* hühnerauge Schm. Fr. 1, 48.

agene *stf.* agen *stm.* (I. 13ᵇ) *spreu* Gen. daz si uns ein agen in die füeze stecken Berth. *Kl.* 106; Gr. w. 1, 189; ein egen Griesh. 1, 56; den meiden die agen ab schütten Fasn. 270, 9; *contrah.* âne, aine Dfg. 232ᵃ, aine Evang. M. 7, 3 ff. *belege für stm.' s.* Schm. Fr. 1, 47. — *gt.* ahana *zu lat.* acus Kuhn 7, 179.

agen-guot *stn.* sind es aber agengüter, die nit feig lehengüter sind (= eigengüeter?) Gr. w. 5, 177.

agen-huof *adj. mit dem hufspalt behaftet?* an sînen vüezen allen was ez (*das pferd*) harte agenhuof Krone 19852.

age-stein, aget-stein *stm.* (II². 613ᵇ) *bernstein u.* magnetstein (swerzer danne agestein Albr. 22ᵃ); agatstein, eitstein agates Dfg. 17ᵇ. *aus* ἀχάτης *mit dem der bern-u. magnetstein vermengt u. darnach benannt wurde;*

age-steinîn *adj.* agesteiniu paternoster Wack. *pr.* 70, 237.

â-getroc *stm.* (III. 106ᵃ) *teuflisches blendwerk* Geo. 3189. 3194.

â-gëz *stf.* (I. 544ᵇ) *vergessenheit.* Litan. Hpt. 3, 444. *als eigenname* Msh. 2, 208ᵇ. *vgl.* Hpt. 13, 182 ff. *zu* gëzzen;

â-gëzzel *adj.* (I. 545ᵃ) *vergesslich* Hpt. 8. 154, 326; âgezzeler vîntschaft vergib, daz ist tugenthaft Cod. *pal.* 341 *bl.* 76, 2ᵃ;

â-gëzzele *stf.* (ib.) *vergesslichkeit* Lit. 235, 26;

â-gëzzele *swm. der vergessliche, als übersetzung von* Manasse Windb. *ps.* 107, 9;

â-gëzzelec *adj.* (I. 545ᵃ) *vergesslich* Bihteb.

aglaster *swf. s.* agelster.

agleie *f. s.* ageleie.

agraz *stm.* (I. 13ᵃ) *art saurer brühe* Parz. Hpt. 5, 13. *aus prov.* agras *mlat.* agresta *lat.* acer Diez 1, 11. *vgl.* Kwb. 4.

â-greifen *swv.* (I. 572ᵃ) *fehlgreifen, nicht treffen* Ms.

agst *stf. s.* ackes.

â-gunst *stf. s. v. a.* abegunst Heinr. 2200

-ah *ableitungssilbe* (I. 13ᵇ).

ahâ *interj.* (I. 574ᵇ).

aharen *stm. s.* ahorn.

ahe *stf.* (I. 13ᵇ) *fluss, wasser* Lanz.; *auch sw.* sie vielen in des meres ahen Ulr. Wh. 138ᵃ; des bluotes ahen 6ᵇ. — *gt.* ahva *zu skr.* ap *lat.* aqua Bopp *gl.* 14ᵃ.

ahe *swf.* axt? und begunde vaste ûf si slahen mit der stehelînen ahen manigen ungevüegen slac Ulr. Wh. 389ᵇ.

ähe *stf. ein ackermass,* 120 *fuss lang u. ebenso breit* Urb. *Son.* 88, 24. 30. 89, 20. 22. *vgl.* Schm. 1, 17. Schöpf 3.

æhe *s.* ach.

â-hei *interj.* (I. 647ᵇ).

äher *stn. s.* eher; ahern *swv. s.* eheren.

ahe-runst *stf.* (II. 721ᵇ) *flussbette* Serv. Herrad 190 (W. Gr.).

ah-ganc *stm.* (I. 475ᵃ) *wasserlauf, flussbett* Wwh. Ssp. 2. 56, 2. 3.

ahî *interj.* (I. 674ᵇ) *contrah.* ai — *des schmerzes, des verlangens, der verwunderung* Walth. Ms.

ahlês *interj.* (I. 6ª) = ach lês *entstellt* achlach Ls.; *s.* lê, lêwes.

ahorn *stm.* (I. 14ª) *ahorn* Gl. Kolm. 6, 336; aharen platanus Voc. 1437. *zu lat.* acer, acernus Dwb. 1, 198.

ahorn-boum *stm.* Mgb. 338, 8. Wiesb. *gl. nr.* 187.

ahörnîn *adj.* (I. 14ª) *von ahorn* ah. ruota Griesh.

ahse *stf.* (ib.) *achse* Albr. 2, 4. Troj. 30056; *auch* ehse, ehs Dfg. 63ᶜ; *n. gl.* 45ª. Chr. 2. 295, 5. *– zu lat.* axis *gr.* ἄξων, *skr.* axa Curt. 1, 344.

ahsel *stswf.* (ib.) *achsel, schulter* die ahseln wenden Renn. 21000, über die ahseln sehen 12234, gein der ahseln Loh. 5759; über die ahsel er in swanc Sigen. *Casp.* 158. von der ahsel biz an den satel Roth. 4267. — Iw. Trist. Nib. — *in der bildl. darstellung der verwantschaftsgrade die geschwister:* an ietweder ahsel ein geschwistrîde Berth. 312, 20. *zu* ahse; *vgl. lat.* axilla.

ahsel-bein *stn.* (I. 100ᵇ) *schulterknochen, schulter* Er. Trist. (Trist. *H.* 1230) Lieht. Helmbr. 409. Albr. 29, 68. Diut. 2, 90. Msh. 3, 200ᵇ. Rab. 664.

ahsel-blic *stn. als eigenname* Msh. 3, 220ᵇ.

ahsel-breit *adj. mit breiten schultern* als die wannen sind die ahselbreit Msh. 3, 191ª.

ahsel-hart *stm.* (I. 637ᵇ) Helbl.

ahseln *swv. geringschätzig über die achsel ansehen:* daz uns die andern ahseln niht Helbl. 8, 656. Schm. *Fr.* 1, 25.

ahsel-note *stf.* wol sing ich des reien wîse nâch der ahselnote lîse Neidh. XVIII, 19; jârâjâ die ahselnote kan er wol ze prîse XXII, 14.

ahsel-rote *swm. so liest eine hs. statt* ahselnote (Msh. 2, 79ª. 80ª). *vgl.* Wb. II. 773ª, 39.

ahsel-wît *adj.* (III. 772ᵇ) *breit in den schultern* Neidh. 90, 39.

ahsen-drum *stn.* do ragte dir ûz dem rocke einez als ein ahsendrum Helmbr. 597.

ahste *num. ord. s.* ahteste.

aht *stf. swm. s.* ahte.

aht *num. card.* (I. 14ᵇ) *acht auch* eht Mz. 2, 414. Uh. 138 *flect.* ahte, ähte, ehte, ahtowe, ehtewe Gr.w. 1, 683 (*ahd.* ahtowi). *zu* octo.

aht-bære, ahte-bære *adj.* (I. 16ª) *achtungswerth* Parz. Er. Herb. Helbl. Renn. 1096, Ernst 1457. Serv. 2492. Pass. 34, 39. Apoll. 13328; *angesehen* Elis. 7053. Jer. 147ᶜ (achper), der achper kurfürste des röm. reichs Mw. 236;

aht-bæren *swv.* (ib.) ahtbære *machen* Trist.

aht-bærkeit *stf. ansehen*, a. des lîbes Berth.

320, 27 achperkeit Jer. 28ª. 127ᶜ. Evang. v. L. *bl.* 134.

aht-bær-lîche *adv.* honorabile, achperlîche Jer. 5ᵈ.

ahte, aht *swm.* (I. 14ᵇ, 36 *nicht fem.*) *nämlich* tac *zu ergänzen, die octave eins kirchl. festes; s.* Frisch 1, 7ᶜ *u. vgl.* ahter.

ahte, aht *stf.* (I. 15ª) *gen. u. dat. auch* ehte Athis C* 57. Ulr. *Wh.* (: vehte) 136ª. *in activem sinne: meinung, gesinnung, aufmerken, beachtung* (ahte nemen, hân *mit gen. beachten*), *berechnung* (ûz der ahte *über die berechnung hinaus, zahllos* Loh. 3542. Krone 16032 der wunden nieman ahte weiz Ulr. *Wh.* 146ᵇ); *pass. art u. weise, verhältnis, geschlecht, stand* (nâch ahte *in verhältnis zu; nach art u. lage* Bit. 7477. ûz der ahte *ohne standeswert, ohne ansehen* Er. 6477). *das allgem. vorkommende wort gehört zu gt.* ahjan, *meinen* Dief. 1, 7.

ahte *num. ord. s.* ahtode.

âhte, æhte *stf.* (I. 18ª) *verfolgung, öffentl. gebotene verf. acht* (übere âhte *s. v. a.* aberâhte Ssp. 3. 34, 4); in die âhte *od.* ze âhte tuon (Swsp. 1, 84. Apoll. 970. 973), in die â. bringen Swsp. 234, 3; in *od.* ze æhte bieten. *allgem. vgl. noch* des rîches âhte Kl. 190. des leiden vîndes â. Msh. 3, 337ª. *md.* êchte. — *hieher gehört nach* Wack. *das in trier. weist. oft vorkommende* ahte, *ein ausgesondertes u. unter besondern rechtsschutz genommenes ackerland eines herrn* (Dwb. 1, 165), *frohndienst auf solchen* Arn. 5. *vgl.* âhtwort. -- *zu* gâch, gæhe? Wack. *stellt es zu* jagen.

âhte-brief *stm. achtbrief* Usch. 442.

âhte-brôt *stn.* panis qui hora octava datur ad manducandum Ad. 275.

âhte-buoch *stn. buch, in welches die geächteten eingetragen werden* Gr.w. 5, 214; ûz den âhtbüechern schrîben *urk. v.* 1364 (Don.).

ahtec, ehtic *adj.* (I. 16ᶜ) *von hohem ansehen* Mar. ehtic Kirchb. 623, 5. 639, 55.

aht-ecke *adj.* (I. 410ᶜ) *achtschneidig* Rul. Apoll. 11217.

âhtec-lich *adj.* (I. 18ᵇ) *die* âhte *betreffend od. damit verbunden* Barl. Mart.

ahtede *s.* ahtode.

ahten *swv.* (I. 16ª) *praet.* ahte *part.* geahtet, gahtet *beachten, erwägen, sorgen* (*mit gen. acc.; mit* ûf, umbe); *nachrechnen, schätzen, anschlagen; allgem.;* — einem *etw.* ahten *es ihm vermachen, namentlich durch testament* Mz. 3, 10. 75. 488; ez ahtet mich (hôhe, ringe) *gilt mir, kümmert mich. — zu* ahte; *mit* ûz, be-, er-, ge-, vol-.

ahten *stn.* (I. 17ᵃ, 25) *das beachten, erwägen* Lanz. 2001. Helbl. 4, 131.

âhten, æhten *swv.* (I. 17ᵇ) *verfolgen, ächten, mit gen.* Spec. 74. Leys. Ms. Serv.; *später mit accus.* Loh. 2870. Ga. 2. 128, 59. 129, 76 ff. *zu* âhte; *mit* durch-, ver-.

ahtende *s.* ahtode.

ahter *nämlich* ahter tac, *octave eines kirchl. festes:* Iohans achter Tuch. 20, 4, *der kindlein* achter 20, 5, Lorenz achter 27, 19.

æhter, êhter *stm.* (I. 17ᵇ) *verfolger, feind* Rul. Walth. Parz. Krone 17967. Hpt. 8. 151, 8. S. slaf. 7, êhter Myst. 365, 6; *die acht vollziehende söldner,* bannitores Schm. *Fr.* 1, 28; *der geächtete* Swsp. 116, 8. 10. 233, 1. 3. Apoll. 19708. Berth. 121, 28. Ad. 1197. Mz. 1, 522. 3, 113. Dh. 367. Usch. 442. — *zu* âhte.

ahterin, ehterin *stf. der achte theil eines masses* ain achterin wein Cp. 202, echterin 219; ain echterin wein, die tailt mit in die kaiserin Beh. 132, 27. 133, 13. *andere belege bei* Schm. *Fr.* 1, 26. *vgl. auch* Dwb. 1, 170.

æhterinne *stf.* (I. 18ᵃ) *verfolgerin, feindin.* Trist.

âhtesal, æhtesal *stn.* (I. 18ᵇ) *verfolgung, strafe.* Kchr. Serv. Spec. 80, Denkm. XLIII. 15, 8. Karaj. 70, 14.

æhte-schaz *stm.* (II². 90ᵃ) *geld das für die aufhebung der acht bezahlt wird* Swsp. 87, 2. 89, 14. 353, 5.

ahteste *num. ord. der achte* Iw. 2940c nach dem achtisten tag Ula. 346, ahste Mersw. 104 ff. *eine unechte bildung s.* Weinh. *alem. gr. s.* 309, *bair. gr.* § 259, Schm. *Fr.* 1, 26.

âhte-tac *stm.* (III. 5ᵃ) *frohntag* Gr. w.

æhtigen *swv. s. v. a.* âhten Ulr. *Wh.* 111ᵃ.

aht-jærec *adj.* octennis Dfg. 392ᶜ.

ahtode, ahtede, ahte *num. ord.* (I. 14ᵇ) *der achte* ahtode Diem. 40, 6. Wack. *pr.* 4, 1. 4. Mart. 98, 17. Lieht. 397, 1; ahtote Schreiber 1, 78. Fasn. 111, 26 ahtede (*oft in urk.*); *mit eingeschobenem* n: ahtundej. Tag 171. ahtonde Wack. *pr.* 68, 233. ahtende Wolfd. 850, 5. Schiltb. 172. Chr. 4, 359ᵃ *u. weitere belege in* Weinh. *al. gr. s.* 309. *abgek.* ahte Wolfr. — *gt.* ahtuda.

aht-sam *adj.* in unahtsam.

âht-sniter *stm.* (II². 444ᵇ) *der das korn auf der* âhte (praedium) *des herrn schneidet, frohnschnitter* Gr. w. Basl. r.

ahtunde *s.* ahtode.

ahtunge *stf.* estimatio, reputatio Dfg. 211ᵃ. 493ᶜ.

âhtunge, æhtunge *stf.* (I. 18ᵉ) *feindliche verfolgung, ächtung* Gest. Rom.; *frohndienst* Weist.

aht-valt *adj. achtfältig* Dfg. 269ᶜ. Herb. 5751. 5803. *ebenso:*

aht-valtec *adj.* (III. 233ᵃ) Dfg. 393ᵃ.

âht-wort *f. weiderecht; belege aus weist. s.* Dwb. 1, 172. Vilm. 3. *aus* âhte (praedium) *u. nd.* wurt *grasland.*

ahû *interj.* (I. 723ᵇ) Wolk. *vgl.* hû.

âhui *interj.* Jer. 128ᵈ.

ah-zec, aht-zec *num. card.* (III. 857ᵇ) *achtzig* Er. Nib. Gudr. 194, 4. 207, 3. Büchl. 2, 405. *einmal auch* zachzich = *nl.* tachtig. *vgl.* Kwb. 3.

ah-zëhen *num. card.* (III. 86ᵇ) *achtzehn* Parz. Trist. Lieht. 194, 1; *md. verkürzt* achzên.

ah-zëhende *num. ord.* (III. 862ᵃ) Er. Nib.; *der achtzehende tag nach weihnachten* Gr. w. 5, 315.

ah-zëhen-jærec *adj. achtzehnjährig* Germ. 3. 415, 25.

ai *interj. s.* ahî.

ai = ei *bair. österr. z. b. durchaus bei* Mgb.

aigst *stf. s.* ackes.

aindorn *m. n. s.* andorn.

aine *stf. s.* agene.

ait-stein *stm.* = agestein (II². 613ᵇ, 21).

â-kambe *stn.* (I. 784ᵃ) *abfall beim flachsschwingen, weben, wollkämmen* Helbl. Mariengr. 64. *zu* kamp;

â-kambîn *adj.* statuimus, quod textores faciant tres ulnas rupfein pro uno denario et achambin similiter. Mw. 62, 22 (a. 1256).

akolitus *s.* acolite.

â-kôsen *swv. sinnlos reden, schwatzen* Pass. 165, 94. Pass. *K.* 279, 5. 462, 82. Troj. 27326; **â-kôsen** *stn.* (I. 864ᵃ) Barl.

ak-pouz *stm. s.* agapuz.

â-kraft *stf. kraftlosigkeit, ohnmacht* Mgb. 345, 10. 18;

â-kreftic *adj. kraftlos* Mgb. 178, 28.

aks *stf. s.* ackes.

â-kust *stf.* (I. 827ᵃ) *auch m., gen.* âkustes Fragm. 41, 311 *schlechtigkeit, tücke.* Lanz. Wwh. Trist. Flore, Krone 1743. 19439. 24725. Troj. 21819. Silv. 2213. *md. entstellt* abekust Jer. 12ᵃ. 64ᶜ. 254ᵇ. *u. öfter. s.* kust;

â-kust *adj. tückisch* von sînem âkusten muot Krone 24302.

â-küstec *adj.* (I. 828ᵃ) *arglistig, tückisch* Ms.;
â-küstec-lîchen *adv.* (ib.) MONE *schausp.*
al *adj.* (I. 18ᵇ) *flect.* aller, alliu, allez *für* alliu *auch* elliu, elle, alle *all ganz, jeder. über* allez daz *ohne folgenden relativsatz u. ohne beziehung auf etwas vorhergehendes s. zu* DIETR. 61. — *mit gr.* ὅλος *altlat.* sollus *zu skr.* sarva *all.* DWB. 1, 206.
al *adv.* (I. 20ᵃ) *eigentl. des neutr. des adj. ganz u. gar; dient besonders vor adj. adv. u. part. präs.* (*mit oder ohne zusammensetzung*) *zur verstärkung des begriffs.*
al *conj.* (I. 20ᵃ) *wie wol, wie sehr, obgleich. weitere belege* (*mit infin. u. conj.*) *sind mitgetheilt von* BECH *Germ.* 5, 502 f.
al *adj.* (I. 21ᵃ) *ander, nur erhalten in* alswâ (=alleswâ *anderswo*) alde, alevanz *u.* ellende. *gt.* alis *zu lat.* alius CURT. 1, 323.
âl *stm.* (ib.) *der aal* REINH. WALTH. PRIESTERL. 167. KRONE 19687. APOLL. 10122. 10125. 18150. MSH. 1, 267ᵃ; *pl.* æle KELL. *erz.* 591, 36. 592, 7. — *aus lat.* alius.
alabandâ (ib.) *ein edelstein* PARZ. alabandra, alabander MGB. 435, 17; *als n. pr. in dem lande* Alabandra 435, 25.
alabaster *stm.* (ib.) *alabaster* MGB. 453, 12; *gefäss daraus, salbgefäss* 396, 7; *salbe, balsam* RUL. — *aus lat.* alabastrum.
alabaster-stein *stm.* (II². 614ᵃ) *alabaster* MGB.
ala-fanz *stm. s.* ale-vanz.
alamanden *pl. ein edelstein* ERLŒS. 405.
alanc, alenc, alinc *adj.* (I. 21ᵃ, 28) *ganz, unversehrt; als adv. ganz u. gar.* alanc HPT. 8. 147, 63. 97. 150, 193. 152, 258; SPEC. 175. DENKM. XXXVIII. 19, 22. HANS 1025. SCHM. *Fr.* 1, 55. — *ahd.* along *mit ags.* eallunga *u. ahd.* alluka *ganz u. gar zu gt.* alakjo *insgesamt, von* al. DIEF. 1, 41.
al-anders *adv. ganz anders:* dem wirt alanders mit gepilt. BIRKENST. 112.
alant *stm.* (I. 21ᵇ) *ein fisch* capito DFG. *n. gl.* 75ᵃ; *eine pflanze* elna, enula *helmenkraut auch* olant DFG. 203ᵇ. *n. gl.* 151ᵃ. *vgl.* alêne.
alant-wîn *stm. mit alant gewürzter wein* CHR. 1. 472, 22; vinum elvatum DFG. *n. gl.* 382ᵇ.
alant-wurz *stf.* (III. 828ᵇ) campana, enula DFG. 203ᵇ; *s.* lantwurz.
alære, ælære *stm.* sambucus nigra PF. *arzb.* 2, 5ᵈ. 6ᵈ. 15ᶜ. *ags.* ellær, *bei* DFG. 509ᶜ alhorn, elhorn.
â-laster *stn.* (I. 940ᵇ) *schmähung, schimpf; gebrechen, fehler* TRIST. MONE 8. 58, 5.
âlat-spiez *stm. glatter spiess ohne beil; belege*

aus dem 15. *jh. bei* SCHM. *Fr.* 1, 56. *in einer auf dem Nürnbg. archive befindl. beschreibung des bair. kriegs von* 1502 *immer die wol richtigere form* alspiess. *zu* âle?
alb *stm. s.* alp.
al-balde *adv.* (I. 81ᵇ, 24) *verstärktes* balde PARZ. KARAJ. 86, 13. HERB. 2132. HADAM. 44.
al-bar *adj. ganz bloss* LANZ. 282. HERB. 5332. 5812.
al-bære *adj. s.* al-wære.
albe *swstf.* (I. 21ᵇ) *md.* alve *alpe* PARZ. BARL. RENN. MSF. 314, 11; albe teusch perge zwischen Walhen und Teutschen VOC. 1482; als er (der snê) von den alben gât DIETR. 9415; auf einer hôhen alben in Kärnden MGB. 113, 2; *weideplatz auf einem berge* albe und gesuech GR. W. 3, 678. 725. 727; *st.* alp alpa GLAR. 55. 61. — *vgl.* alp, elbe *u.* DWB. 1, 201; CURT. 1, 258.
albe *stf.* (I. 22ᵃ) *das weisse chorhemd der geistlichen* SERV. MYST. BERTH. *Kl.* 1704. WACK. *pr.* 41, 46. PASS. *K.* 609, 61. HEINR. 677. DFG. 20ᵇ. — *aus lat.* alba.
al-bedûte *adv. deutlich ausgedrückt* PASS. *K.* 219, 5.
albeg *s.* alle-wëc.
al-begarwe *adv.* (I. 481ᵃ, 7) *ganz u. gar* TRIST. BIT. 8132. j. TIT. 31.
al-behende *adv.* j. TIT. 5968.
albel *stm.* (I. 22ᵃ) *ein kleiner fisch* FREID. URB. 95, 1. 4. 118, 13. 120, 13. 16. 19; GR. W. 1, 444. *aus lat.* albula.
alber *stm. s. v. a.* alp: welche fraw der alber wetrieg COD. SCHM. *Fr.* 1, 64; *vgl. den namen* Alber TUND. 66, 45.
alber *adj. s.* al-wære.
alber *stf.?* (I. 22ᵃ) *pappelbaum* GL. — *ahd.* albari, alpari *aus ital.* albaro, albero *eigentl. weisspappel vom lat.* albus. DIEZ 2, 4. SCHM. *Fr.* 1, 66.
alber-boum *stm. pappelbaum* MGB. 339, 26.
al-bereite *adj. u. adv. ganz bereit* GLAUB. 1163. NIB. 1373, 1.
alberîn *adj.* (I. 22ᵃ) *von pappeln* GEN., albrein prost SCHM. *Fr.* 1, 66.
albernach *stn.* (ib.) *pappelgehölze* WWH.
al-besunder *adv.* (II². 740ᵃ) *verstärktes* besunder. REINH. 301, 293. REINH. *sendschr.* 1837. PASS. 94, 51. 96, 40. 172, 12 *u. oft;*
al-besundern *adv.* (II². 740ᵇ) *ganz besonders* REINH. 1837. PASS. 293, 77.
al-betalle (I. 20ᵃ, 8) *verstärktes* betalle, *vollständig zusammen.* GFR. 1285. 1349. MSH. 3,

85ᵇ. Pass. 201, 39. 221, 14. 253, 18. Hpt. 5. 557, 1575. Freiberg. 235.
al-bîhanden *adv. sogleich* Anno 875.
alb-kæse *stm. alpkäse* Urb. Son. 55, 12.
albiz *stm. s.* elbiz.
al-blîbende *part. adj. unveränderlich* Myst. 2. 516, 28.
al-blôz *adj. ganz nackt* Barl. 129, 27. Himlf. 1157. Krone 15128.
albus *stm.* (I. 22ª) *weisspfennig,* nummus albus. Weist.
al-bûwes *adv. mit sack u. pack* Jer. 38ᶜ.
älch *stm. s.* ëlch.
alchamîe *stf. alchymie* Beh. 2, 27; alchemîe Kolm. 83, 49. Narr. 102, 50;
alchamiste *swm.* (I. 22ª) *alchymist,* alchimiste Renn. 16532.
alda *conj. s.* alde.
al-dâ *adv.* (I. 306ᵇ) *verstärktes* dâ *demonstr. u. relat.* Nib. Trist. Parz. Walth. Rubin 1, 18. Pass. 44, 19. 59, 12. 362, 78.
al-dar *adv.* (I. 307ᵇ) *eben dahin* Nib. Parz. Helmbr. 19. Pass. K. 23, 86.
alde *swf. s.* halde.
alde, ald, alder *conj.* (I, 22ª. II, 437ᵇ) *oder, sonst* Walth. Lanz. Ms.; *vgl. noch* Msf. 124, 30. 140, 12. Krone 2114. 1775. 2088. 3293. 3916 *(die hs. V. hat* ald, alda, alle, alder, aldest, *P. immer* ader *wie noch jetzt bair.* Schm. Fr. 1, 35). *in* Mz. 1 ald alde *u.* alder *daneben auch* old (Troj. 16099. 16104. 16671. 17857 *u. oft,* Glar. 59) olde (Litan. 236, 31) *u.* older. — *zu gt.* alis, *s.* al *ander.*
aldê (I. 22ᵇ) *adieu* Ls. Schm. Fr. 1, 67.
aldei, oldei, uldei (ib.) *in* guggaldei, hoppaldei, kotzoldei, fakuldei, wänaldei. *nach* Weinh. *bair. gr.* § 207 *sind sie auf das aus* walt *entstandene uneigentl. suffix* olt *zurückzuführen. die vom* Wb. *verglichenen schwz.* ada anda *sind nach* Wack. *voces anim.* 41 *erst später aus* altag allentag *hervorgegangen.*
alder *conj. s.* alde.
alder-eltern *pl. voreltern* Theol. 64.
alder-man *stm.* Kirchb. 800, 38; *s.* Dwb. 1, 203.
aldern *pl. s.* altern.
alder-vater *stm. s.* elter-vater.
aldest *conj. s.* alde.
al-dort *adv. verstärktes* dort Engelh. 447. Pass. 103, 18. 129, 77. 234, 41. 284, 87. 328, 42. Alex. M. 113, 671. Jer. 7ᶜ. 132ᶜ. 133ª.
al-durch *adv. u. praep.* (I. 404ª, 14) *ganz durch* Msf. 138, 29. 141, 38. Nib.
âle *swf.* (I. 22ᵇ) *ahle* Troj. Dfg. 562ᶜ.

ale-bar *s.* barre.
al-ëbenst *adv.* (I. 408ᵇ) *ganz gleichmässig* Kindh.
ale-fanz *stm. s.* ale-vanz.
â-leibe *stf.* (I. 969ᵇ) *überbleibsel* Litan. Roth *pr.* Mgb. *var.* 76, 7. 143, 32. *die visierer sollen* uff *die ableiben in den kellern warten* Frankf. *eidbuch f.* 136ᵇ.
al-ein *auch uncompon.* al ein (I. 420ª, 11) *verstärktes* ein: aleine *(frei)* von der sunde Pass. 348, 68. der fröude aleine *(beraubt)* sîn Ulr. Wh. 182ᵇ. Flore 692. 6213; *einerlei, gleich* Vet. b. 32, 18;
al-eine, al-ein *adv. u. conj.* (I. 421ª, 6) *allein; obgleich, obschon mit folg. conj. od. indic.* Renn. 12623. 13066. 14999. 15729 *u. oft;* Evang. M. 21. 35.
al-ein-genôte *adv.* (II. 415ª, 52) *ganz u. gar allein* Antichr.
aleiz (I. 23ª) *das fz.* allez Freid.
Alemân *m. s.* Alman.
alenc *adj. adv. s.* alanc.
alêne *m.?* enula, *helmenkraut* spinât, gaffer und alêne ist gegen dîner süeze ein krêne Mariengr. 195. *vgl.* alant.
ale-vanz *stm.* (I. 21ª, III. 236ᵇ) *auch* ale-, alafanz *eigentl. aus der fremde gekommener, hergelaufener schalk (s. al ander u. vanz); persönlich:* denselben keysern wonent vil diener bî die alefentz sind genant Altsw. 143, 24; *dann sachlich possen, schalkheit, betrug* Netz 8615. 8814. 9324 *u. öfter;* den a. slahen, trîben *possen reissen* Ls. Hadam. (Voc. 1482 *gibt* alfantzslahen *durch* legere wieder); *geschenk, schmieralie* Chr. 5. 3, 30; *gewinn* ib. 222, 19. *vgl.* Dwb. 1, 203. Schm. Fr. 1, 55.
ale-venzlîn *stn. dem. zum vorigen* Msh. 3, 308ª *(anrede an eine liederliche dirne).*
ale-wære *adj. s.* al-wære.
alf *stm. s.* alp.
alf *adj.* (I. 24ᵇ) Pass. *es ist kein adj. sondern stm. narr, thor, s.* alp.
alfabête *stn. alphabet* Pass. 55, 46.
alfurt *ein thier* Germ. Hag. 9, 124, 1144.
al-ganz *adj. verstärktes* ganz Jer. 68ᵇ. Narr. 62, 2.
al-gar *adj.* (I. 480ª) *ganz bereit* Karaj. (27, 9) Ernst 4343; allegar *adv.* Elis. 329. 5104.
al-gater *adv.* (I. 489ª) *insgesamt* Kchr. Karlm. B. s. 285. Albr. 1, 769. 25, 140, 32, 34; allegader Elis. 4134.
al-gemechlîche *adv. allgemach, nach u. nach* Myst. 2. 197, 4.

al-gemeine *adv.* (II. 100ᵇ) *auf ganz gemeinsame weise, insgesamt.* FREID. TRIST. SILV. 1481. ALEXIUS 845. ENGELH. 2575. GUDR. 127,1.

al-gemeine *stf.* = almeinde (II. 104ᵇ, 3).

al-gemeinlich *adj. verstärktes* gemeinlich PASS. 168, 4. GERM. *Hag.* 7, 271;

al-gemeinlîche, -en *adv.* (II. 102ᵇ) *insgesamt* PASS. OTTE 301.

al-genuht *stf.* (II. 355ᵇ) *volle genüge* MART. 23, 38.

al-gerihte *stn.* (II. 649ᵃ) *das weltgericht* Ms.

al-gerihte *adv.* (II. 646ᵃ, 12) *geradeswegs, alsbald, sogleich* WOLFD. 733, 4. PASS. *K.* 237, 52. 354, 20. WALB. 238; *od. überhaupt bloss verstärkend.*

al-gërnde *part. adj.* (I. 534ᵃ) *voll verlangen* TIT. Ms.

al-gërne *adv. ganz gerne* OTN. *s.* 59.

al-gewaltec *adj. allgewaltig* MYST. 2. 538, 21.

algorismus *stm.* ein kunst heizet algorismus, daz saget von der reitunge wie man die zal leget an den vingern BERTH. 331, 14. *als eigenname* (I. 23ᵃ).

al-heit *stf.* totalitas DFG. 590ᵇ.

al-hër *adv.* (I. 688ᵇ) *ganz her* PARZ. BIT. 12239. GERH. 4241. SILV. 2618. ELIS. 9499. 10319.

al-hie *adv.* (I. 689ᵃ) *allhier* PARZ. SILV. 1379. ELIS. 4245. 4248 *u. öfter.* PASS. 373, 24.

alhorn *s.* alære.

alinc *adj. s.* alanc.

Alischanz (I. 23ᵇ) *name des schlachtfelds Wilhelm des heilig. u. der Sarazenen.* WOLFR. *aus* Aliscamp *das alte gräberfeld bei Arles, lat.* Elysii campi (WACK.).

alk-ar *swm.* (I. 49ᵃ) *die dohle?* RENN. *vgl.* SCHM. *Fr.* 1, 67 *u.* NEMN. *unter* alca 1, 152 ff.

alle (I. 19ᵇ, 35) *alter instrum. von* al (*aus* alliu, allû) *mit* bet, bit *od.* mit betalle, bitalle, mitalle (*gänzlich, ganz u. gar*), *die aber nicht als composita aufzufassen sind;* mitalle *oft in der* KRONE *z. b.* 18872. 19264. 19755. 20540. 22598 *etc.; in den Nabburger bruchstücken des* RENNEW. *consequent mit* betalle (6, 20. 8, 64. 20, 27. 22, 90. 25, 13): betalle *wurde also vom schreiber (ende des 13. jh.) nicht mehr verstanden u. entschieden als composit. genommen.*

alle *conj. s.* alde.

allec *adj. zu folgern aus*:

allec-heit, ellecheit *stf.* (I. 21ᵃ) *allgemeinheit, gesamtheit* WACK. *pr.* 69, 83;

allec-lîche, -en *adv. insgesamt, vollständig* SPEC. 48. HEINZ. 1, 29. GLAR. 31 elliciche GRIESH. *denkm.* 21. AD. 743; *nasaliert* allenclîche GLAR. 90, 11. URB. *Seck.* 103 ellinclîche (I. 21ᵃ, *wo es fälschlich unter* alanc *gestellt ist*) elinclîche HPT. 10. 25, 29. *vgl.* WEINH. *bair. gr.* § 168.

allectorie *m.* allectorius KRONE 15700. allecker hahnen-, capaunenstein FRAGM. 45, 401. OBERL. 27. *vgl.* MGB. 197, 30. 434, 33 ff.

allegieren *swv. beweise beibringen* CHR. 3. 39. 7. *aus* allegare.

alle-guot *adv. ganz gut* ELIS. 7635.

alle-mitten *adv. ganz mitten* PASS. 362, 24. allenmitten 362, 43; *s.* almitten.

allent-halben *adv.* (I. 615ᵃ) *auf allen seiten* HARTM. NIB. TRIST. allenthelben (: gewelben) BEH. 119, 1. *vgl.* BEN. *zum* Iw. 648.

allent-sam *adv.* (II². 45ᵇ) *alle zusammen* JER. EN. 11570; *ebenso*:

allent-samen *dat. adv.* (II². 46ᵃ) KROL. ROTH *dicht.* 10, 286. VET. *b.* 6, 13. 49, 7;

allent-sament *adv.* (II². 47ᵇ) PASS. *K.* allentsamt PASS. 110, 7. 131, 61.

aller *gen. pl. von* al *vor superlat., adj. u. adv. zur verstärkung* (I. 19ᵇ, 5): aller-beldest MSH. 2, 103ᵇ; -baldist NEIDH. 12, 16; -best *adj.* MGB. 194, 10. 243, 17; TROJ. 13437. allerbast *adv.* CHR. 1. 435, 36; -boest *adj.* MGB. 323, 23; -dinge *adv. gänzlich* CHR. 5. 394, 7; -dings *adv. vollständig* AD. 965; -edelst MGB. 222, 15. 314, 12; -êrst *adv.* MGB. 304, 22. 377, 4 alrêrst (I. 438ᵃ, 35). LIEHT. 45, 28. 63, 13. ENGELH. 1702. 3183. alrêst ALBR. *zu* 29, 104; *des* allerêrsten 6, 11. 205, 11 *u. öfter;* -gërnest *adv. sehr gerne* ENGELH. 2794. PASS. *K.* 453, 15. 541, 41. TROJ. 5042; -grüenest A. HEINR. 111; -heizest MGB. 26, 16; -hertest HERB. 9032; -hërzenlich *adj.* NEIDH. 79, 27; -innerste MYST. 2. 250, 10. 11; -jærgelich (I. 972ᵇ, 19) *alle jahre* BARL.; -langest ENGELH. 1944; -leideclich (I. 982ᵃ) *jedes leid* NEIDH.; -lengest *adv.* MGB. 222, 4; -liebest ERNST 5383. MGB. 67, 35; -lîhtest MGB. 105, 20; -lüftigest *sehr locker* MGB. 314, 13; -mannelich (II. 33ᵇ, 23) *jedermann* ERNST; -meist *adj. u.* -meiste *adv.* (II. 112ᵇ) MGB. 112, 32. 33 *u. öfter;* -melch *s.* manneelich; -minst *allermindest* MGB. 384, 24; -nehteclîche *adv. jeden abend* ELIS. 7963; -niderst MGB. 106, 7; -schedist *allerschädlichst* MGB. 105, 20; -schimpflichest (II². 139ᵃ, 2) *kurzweiligst;* -schœnest MGB. 67, 34. 313, 1. 9; -slahtære *stm.* (II². 390ᵃ) *der von jeder art (z. b. von kleidern) etwas an sich hat* Helbl.; -smalsihtigest *wenn der môn allersm.* ist und sô er ze latein monoides haizt Mgb. 442,32; -sterkest (II², 596ᵇ, 1) Teichn. Dietr. 7531; -tegelich Reinh. 706. 897. a. Heinr. 669. Engelh. 1256. 5832; Zing. *Pl.* 3, 155; -trûwelîches *adv.* (III. 107ª, 2) *ganz treulich* Roth.; -vërrest Lieht. 28, 21; -wëgen (III. 637ᵇ, 2) *überall* Jer. Karlm. *B. s.* 254; -wizest Mgb. 314, 13; -zierlichest Mgb. 10, 27.

alles *adv.* (I. 20ᵇ) *gen. v.* al *ganz u. gar, tempor. immer fort* Wig. Trist. Freid. 18, 17. Wolfd. 467, 4. 1020, 3. 1852,3. 2135,4; *verneinend* nalles.

alles *adv. syncop.* als *gen. vom adj.* al (*gt.* alis) *anders, in* alswâ = alleswâ.

alles-wâ *adv. s.* als-wâ.

alle-wëc, alwëc (I. 19ᵇ, 1. III. 637ª, 20) *auch* allewëge, alwëge *in den* Fasn. albege (Dwb. 1, 241), allewegen, alwegen, alwegent, allewent: *überall, auf allen wegen, immer.*

allez *adv.* (I. 20ᵇ) *neutr. acc. von* al, *später auch* als *geschrieben, mit ausgestossenem* l ass Wack. *pr.* 70, 20. 103. 141. 157. az Chr. 4, 361ª: *immer, freilich, schon.* Dwb. 1, 229.

allez-ane *adv. s.* alzane.

allez-sam *adv.* (II². 45ᵇ) *alles zusammen* Jer.

al-lich, el-lich *adj.* (I. 21ª) *allgemein* Trist. Gerh. Serv. Swsp. 1, 38. Bihteb. '43. ein ellich mære Lanz. 3342; in der allichen urstende Mone 8, 431; allick Spec. 3;

al-lîche, el-lîche, -en *adv.* (I. 21ª) *durchgängig, insgesammt, immer.* Trist. Leys. Engelh. 155. Hpt. 8. 148, 126. Troj.

allieren *swv.* (I. 23ᵇ) *gleichstellen,* Amg. Msh. 3, 65ª. *aus fz.* allier, *prov.* aliar.

al-lûter *adj. ganz klar* allûtern wîn scenchen Gen. 35, 7.

alm *stm. s.* alûn.

alme *stf. s.* almeinde.

Alman, Alemân *m.* (I. 23ª) *deutscher, aus ital.* Alemanno *u. dieses aus* Alaman. Walth. Wolf. Roth. 5126. Loh. 4187. 4193; ich bin ein sündic Almân Mariengr. 36. Dwb. 1, 218. *davon*:

Almanje, Alemânje (I. 23ª) *Deutschland.* Trist.

almarisch *adj.* (I. 23ᵇ) *von* Almarîn (Tit. j. Tit. 1211) *einem durch seine seidenstoffe berühmten ort.* Rul. Karl.

al-mechlich *adj.* (II. 15ª) *allmählich, langsam; md.* almeclich Jer. *s.* gemach.

al-mehtec *adj.* (II. 9ᵇ) *allmächtig* Diem. Pantal. 633. 900. j. Tit. 6179. Troj. 23070; almahtigot *d. allm. gott* Lachm. *zu* Walth. 78, 3;

al-mehtec-heit *stf.* (II. 10ª) *allmacht* Myst. Helbl. 8, 685. Msh. 2. 329ᵇ. 330ᵇ. 3. 70ª. Ludw. 5516. 5838. 5924 *u. öfter*, Elis. 9243;

al-mehteclich *adj.* (ib.) *allmächtig* Elis. 671. 5447.

al-meinde, almende *stf.* (II. 103ᵇ) *verderbt* almunde almut *gemeindetrift* Ad. 698; almende Ad. 817. *bei* Beh. *auch* alme *s.* Schm. *Fr.* 1, 67. *zuerst ist mir das wort begegnet in ein. urk. v.* 1125: in silva publica, quod vulgo almeide (*sic*) dicitur Ad. 252. *da auch* almeine *u.* algemeine *vorkommt* (II. 104ᵇ, 3. 15) *scheint mir die herleitung von* gemeine *nicht zweifelhaft zu sein. anders im* Dwb. 1, 237.

al-meist *adv.* (II. 112ᵇ) *meistens, der mehrzal nach; hauptsächlich, besonders* Wolfr.;

al-meistec *adj.* (II. 113ᵇ) *allermeist, zum grössten theil, besonders* Wolfr. Trist. Pass. L. Alex. 4082. 4100. Msh. 3, 39ᵇ. Heinr. 84.

al-mende *stf. s.* almeinde.

almende *name eines tones* Kolm. 138. 151.

al-menden *swv.* (II. 105ª) *zur allmende machen;*

alemender *stm.* (ib.) *der eine allmende zu lehen hat;* pecorarius Dfg. 418ᶜ.

almerîe *stf.* almerey oder sacristei armarium Voc. 1482.

almerlîn, almerl *stn. schränkchen, kästchen* das almerlein ob der stiegen Usch. 436. ain beschlagens almerl Mh. 2, 639. — *aus mlat.* almaria *lat.* armarium Dwb. 1, 244. Schm. *Fr.* 1, 67.

almetîn *stm.* (I. 23ᵇ) *ein edelstein* Herb. Germ. *Hag.* 8, 279; *vgl.* alamanden.

al-minneclich *adj.* alm. armvol Wh. v. Oest. 17ª.

al-minnende *part. adj.* der heilig geist ist alminnende in der sêle Myst. 2. 511, 3.

al-mit-alle (I. 20ª, 10. 16) *verstärkt.* mitalle Hpt. 7. 125, 565.

al-mitten *adv. ganz in d. mitte* Msh. 1, 336ᵇ. Zing. *Pl.* 1, 88; *s.* allemitten *u.* enalmitten.

al-munde *stf.* = almeinde (II. 105ª, 1.)

almuosen *stn.* (I. 24ª) *almosen* Gerh. Barl. Troj. Berth. Gfr. 2593. Freid. 39, 7; daz a. bitet für mich an dem jungesten tage Griesh. 1, 61. armuosen Schiltb. 82. Öh. 103,9; *md.* almûse *st. u. sw.* Elis. 3517. 5988.

2292 u. öfter; almûsen 2644. 3893. aus gr.-lat. eleemosyna;
almuosenære, almüesener *stm.* (I. 24ª) *der almosen gibt* GFR. 368. PASS. K. 238, 30; *der von almosen lebt* WALTH. BERTH.
almuosen-bû-meister *stm. s. unter* bûmeister.
almuosen-phrüende *stf.* (II. 515ᵇ) *eine als* alm. *ertheilte* phrüende URB.
al-muoters-ein *adj.* und sy nit mir almuotersein COD. *Mind.* 108ᵇ.
almus *stn.* (I. 24ª, 34) = almuosen *s.* DWB. 1, 245.
almut *stf.* = almeinde (II. 105ª, 1) almuot GR.W. 4, 286. 5, 692.
almuz *stn. chorkappe d. geistlichen* HPT. 7. 375, 22. GERM. *Hag.* 8, 314. *aus mlat.* almutium *s.* armuz.
al-nâch *adv. ganz nahe* MSF. 242, 15.
al-niuwe *adj. ganz neu* HELBL. 2, 214.
âlôe *stn.* (I. 24ª) *aloe* PARZ. BARL. 47, 23; *gen.* âlôes (: des) URST. 112, 67. j.TIT. 5094. 6009; lignum âlôe Ms. 2, 13ᵇ. 219. saf von lignum âlôe WARTB. 159, 9. âl. daz diu hirn creftet MART. 64ª. *salbe daraus* daz âlôe MGB. 354, 20; âlôes ist ain holz und ain paum MGB. 355, 20.
alp, alb *stm. n.* (I. 24ª) *pl.* elber HERB. (*vgl.* VILM. 8) *md.* alf: *gespenstisches wesen,* alp GA. 3. 61, 676. 81, 1420. swen der alp triuget PF. *arzb.* 2, 14ᵇ, *das* alpdrücken; dô kom si rehte als ein alp ûf mich geslichen GERM. *Hag.* 9. 129. 1415; alf *thor, narr* PASS. K. 302, 90. 389, 19. 482, 12. PASS. 277, 69. 367, 6. — *mit* albe, elbe, elbiz *zu lat.* albus *gr.* ἀλφός. *vgl.* CURT. 1, 257. Z. 1, 14.
alp, alpa *f. s.* albe.
alp-boc *stm.* alpbock URB. *Seck.* 99.
alp-leich *stm.* (I. 960ᵃ) *spiel der elbe* GA. *vgl.* WACK. *altfz. lied.* 236.
alp-riutine *f. ausgereutete albe* GLAR. 61.
al-rëhte *adv. ganz recht* MSF. 43, 38.
al-reite *adv.* (II. 670ª) *alsbald, bereits, schon* JER.
alrêrst, alrêst *s.* aller-êrst.
al-rôt *adj.* (II. 769ᵇ) *durchaus rot* NIB. GEN. 34, 18. RUL. 172, 9. NEIDH. 91, 23. MSF. 9, 10.
al-rûne *stswf.* (I. 25ª) *die alraune,* mandragora FRL. MGB. 406, 24. 376, 17. MONE 7, 423. *vgl.* DFG. 376ᵇ. DWB. 1, 246.
al-rûn-öl *stn.* MGB. 376, 6. 407, 12. 15.
al-rûn-pulver *stn. pulverisierte alraune* MGB. 407, 7.

al-rûn-rinde *f.* (II. 710ª) cortex mandragorae VOC.
als *adv. s.* alles, allez, alsô.
al-sâ *adv.* (II². 2ª) *sogleich* GUDR.; alsô ELIS. 7026; alsân GR. RUD. *ð*, 11; ERACL. 3014. ATHIS. A, 136.
al-same, -sam *adv. u. conj.* (II². 45ª) *das verstärkte* sam: *ebenso, ebenso wie; wie wenn, als ob (mit conjunct.). allgem.* — alsan (: dan) BIT. 1638.
al-samelich *adj.* (II². 46ª) *ganz ebenso beschaffen* ER. GLAUB. 1026. LITAN. 228, 33. HPT. 11, 576;
al-samelîchen *adv. alle zusammen* ALBR. GERM. 10. 239, 66.
al-samen *adj. u. adv.* (II². 46ª, 38) *alle zusammen* LANZ. L. ALEX. 3848. LACHM. *zum* IWEIN s. 522.
al-san *adv. s.* alsame.
al-sân *adv. s.* alsâ.
al-sanfte *adv.* (II². 52ª) *ganz gemächlich* JER.
al-schapf *stn.* (II². 65ᵇ) galeola. VOC.
al-schône *adv.* (II². 103ª) *sehr umsichtig, aufmerksam.* PASS.
al-sô *adv. s.* alsâ.
al-sô, al-se, als *adv.* (II². 461ª—465ᵇ) *mit ausgestossenem* l asso WACK. *pr.* 70, 157. s. 272, 3; ass 70, 19; asse, ase ELIS. 2576. 5193 (*vgl.* WEINH. *alem. gr.* § 194; *bair. gr.* § 159) *durch* al *verstärktes* sô. I. *demonstr.* 1. *messend:* so, ebenso (als vil, *alsô* balde, *oft nur zur verstärkung d. adj. dienend*); 2. *vergleichend:* so; 3. *auf vorhergehendes od. folgendes hindeutend:* so, ebenso; 4. *erklärend: das heisst, nämlich.* II. *relativ.* 1. *messend:* als, so — als, als ob (als vil — als vil *so sehr* — als; a. balde, a. schiere *so bald als*); 2. *vergleichend:* wie, als; *betheuernd:* so wahr als, als ob; *vergleichend u. bedingend (mit conj.):* als, als ob; 3. *zeitliche beziehungen ausdrückend:* wann, so oft als, als; 4. *causal:* weil. — *allgemein.*
al-solich, -solch *pron. adj.* (II². 465ᵇ) *umgelautet* alsölch, alselch PARZ. 447, 15. (MSF. 45, 23. LUDW. 7234), *durch* al *verstärktes* solich WOLFR. HARTM. WALTH. WACK. *pr.* 2, 69. KRONE 15523. 26270 *u. oft;* alsulch PASS. 180, 74. 212, 48. MSF. 59, 5.
al-stërbende *part. adj.* dâ stirbet der geist alstërbende in dem wunder der gotheit MYST. 2. 517, 1.
alster-vêch *adj.* (III. 285ᵇ) *bunt wie eine elster* HELBL. 8, 386.

al-sus *adv.* (II². 758ᵇ) *verstärktes* sus *in solchem grade, auf solche weise* WOLFR. GOTFR. HARTM. WALTH., die eine willen alsus, die ander also KARLM. 1, 45; *mit unorg.* t alsust WALTH. TRIST. SERV. 1228. MSH. 1, 141ᵇ, *nasaliert* alsunst HADAM.;
al-suslich *adj.* (II².758ᵇ) *alsolch*MONE *schausp.;* alsusliche *adv. auf solche weise* MYST.
als-wâ *adv.* (III. 517ᵇ) *aus alles wâ (wie auch noch vorkommt* GEN. HPT. 2. 61, 550) *anderswo; gen. von* al *ander.*
al-swarz *adj.* (II². 764ᵇ) *ganz schwarz* EXOD.
al-swîgende *part. adj. ganz schweigend* MSF. 136, 13.
alt *adj.* (I. 25ᵃ) *statt* altiu *auch* eltiu, *comp.* alter, elter, elder (ie elter ie erger RENN. 10656) *sup.* altest, eltest: *alt, im gegensatz von jung* (an dem herzen alt, junc des libes PASS. 331, 96; die alten erben FREID. 73, 7 *u. anm.* der junge mensch der alte got Christus MART. 7ᵈ *mit gen.* drîer jâre etc. alt) *u. von neu. allgem.; übertragen:* stark, gewaltig HELDB. K. 721, 2; *traurig:* nû bin ich junc *(verjüngt)* ê was ich alt *(traurig)* COD. Regiom. *f.* 10. *zu gt.* aljan *nähren wie lat.* altus *zu* alere CURT. 1, 323.
al-tac *acc. adv.* (III. 4ᵃ, 26) *alle tage, immer* LS.
alt-amman *stm. der gewesene ammann* EA. 87.
altân *stf. altane* BEH. 92, 14. 192, 6. 12. *aus ital.* altana.
altære, altâre, álter *stm.* (I. 26ᵇ) *altar,* SERV. 1168. SILV. 629. TROJ. 19551. RENN. 5033. SWSP. 140, 17. ALBR. 21, 531. 22, 66. ELIS. 5148. 6577. 8590 *u. öfter. aus lat.* altare;
altâriste *swm. altardiener* MH. 2, 553. UGB. 188. CHR. 3. 74, 1; altarista, einer der von dem altar lebet DFG. 26ᵃ.
altâr-kentlîn *stm.* ampulla DFG 31ᶜ.
alt-büezer *stm.* (I. 284ᵇ) *schuhflicker.* SCHREIB. PASS.
alte *swm.* (I. 25ᵇ) *der alte:* gott, vater, der alte vom berge *(fürst der berge,* WIGAL.), *der läufer auf dem schachbrett* RENN. DFG. 21ᶜ;
altec *adj. alt* DFG. 526ᶜ;
altec-heit *stf. alter* WINDB. *ps.* 70, 20; altikeit decrepitudo DFG. 168ᶜ, vetustas *ib.* 616ᶜ.
alteclêre *swm.* (I. 27ᵃ) *name des schlachtschwertes Oliviers.* RUL.
altec-lich *adj.* (I. 26ᵃ) *alt.* OTN.
alten *swv.* (I. 26ᵇ) *intr. alt werden, ahd.* altên HARTM. GOTFR. WALTH. ERNST 170. MSH. 1, 176ᵇ. KCHR. 6797. MGB. 116, 2. 229, 31. 491, 2 *mit* er-, ver-.

alten *swv. trans. s.* elten.
altenen *swv. in* eraltenen.
alter *stm. s.* altære.
alter *stn.* (I. 26ᵃ) *menschengeschlecht, welt, zeitalter (s.* alterseine); *alte zeit* PARZ. LOH. 2616. 4130; *lebensstufe* (nâch den tagen sînes alders MYST. 1. 99, 13), *höheres lebensalter* (swer alter oder jugent hete TROJ. 23538). *allgem.*
alter-ane *swm.* (I. 38ᵃ) atavus GL.; alterene LOH. 7525.
alt-erbe *stn.* (I. 439ᵃ) *altes erbgut* RUL.
alt-erbe-lant *stn. altes erbland* DIEM. 328, 10.
alter-borte *swm.* (I. 38ᵃ) *altarborte.* LS.
alter-hërre *swm.* (I. 666ᵇ) altarista. VOC.
alter-hûs *stn.* (I. 737ᵇ) *chor einer kirche, presbyterium.* GL.
alter-kleit *stn. messgewand* KELL. erz. 267, 23.
alter-lachen *stn. altardecke* HEINR. 3265.
altern *swv.* KIRCHB. (BARTSCH *citiert* 618, 36, *aber das stimmt nicht.*)
altern *sw. pl.* (I. 26ᵃ) *eltern* FREID. MSH. 3, 45ᵇ; *auch* aldern (DIETR. 3320) eldern MYST.
alter-palle *swm.? altartuch* (pallium) JER. 96ᵈ.
alters-eine *adj.* (I. 420ᵃ, 30) *ganz allein, auf der welt* (alter) *allein. allgem. (oft auch ohne compos.* alters eine) NEIDH 4, 12. ALPH. 92, 4. 97, 2. DIETR. 7856. KRONE 11369. RENN. 4619. 18375. FLORE 5650. 5884. 5975. HELBL. 15, 688; altereine HUVÔR 10, 9.
alter-stein *stm.* (II². 614ᵃ) *altarstein, altar* SERV. PARZ.
alter-tuoch *stn.* (III. 132ᵃ) *altartuch* BERTH. Kl. 532. 744. AMIS 996; *dem.* altertüechlîn Mz. 4, 380.
alter-vaz *stn.* (III. 281ᵃ) *altargefäss.* PASS.;
alter-vezzelîn *st. n.* (III. 283ᵃ) *kleines altargefäss.* VOC.
alter-wîhe *stf.* (III. 613ᵃ) *einweihung des altars* HELBL.
alt-geschriben *part.* in altgeschr. buochen Aw. 3, 159.
alt-grîs *adj.* (I. 577ᵃ) *vor alter grau* SERV. NIB. GEN. *D.* 101, 34. 105, 32. MOR. 1071.
alt-heit *stf.* senecta, vetustas DFG. 526ᵃ. 616ᶜ.
alt-hêrre, -hërre *swm.* (I. 666ᵇ) *alter herr (auch als präd. gottes)* SERV. 2672. MARIENGR. 486. TUNDAL. 64, 21. MLEG. 223, 345. 233, 610. KRONE 21010. 24722. 29606 *u. öfter; patriarch* MONE 8, 449; *ahnherr* HARTM.; *senator* WALTH. DÜR. *chr.* 46; *senior einer geistl. körperschaft* UHK. 2, 101. SCHM. *Fr.* 1, 71.
alt-hiunisch *adj.* (I. 692ᵇ) *altfränkisch* HELBL.

altiche *swm. der greis* Jos. 854. GEN. *D.* 102, 29 (*in fdgr.* 2. 73, 8 altiskche). DFG. 526ᵉ; *ahd.* alticho, alticha GFF. 1, 197.

altisc, eltisch *adj.* (I. 26ᵃ) *alt* GEN. *fdgr.* (*s.* altiche) *der junge hât eltischen muot* JÜNGL. 669.

altissimus (I. 27ᵃ) *präd. gottes* WOLFR. GEO. WARTB. 32, 7. 70, 2. 81, 7. j.TIT. 5049. 5911. (*aus Lucas* 1, 32.)

altiste *swm.* altisonus DFG. *n. gl.* 18ᵃ.

alt-lich *adj.* senilis DFG. 526ᵉ; altlîchergrâwer schîn TROJ. 5927.

alt-man *stm.* (II. 34ᵇ) *alter, erfahrner mann* ER. PARZ. RUL. 273,8. STRICK. 10,53. KARLM. 6, 49.

alt-muoter *stf.* altava, proava DFG. 58ᵇ. 460ᵇ.

altois *s.* alzoges.

al-toup *adj.* (III. 61ᵃ) *ganz toup* PASS.

alt-riuze *swm. schuhflicker* KOLM. 96, 31; pictaciarius DFG. 433ᵇ; *s.* riuze.

al-trûrec *adj. ganz traurig* LIEHT. 37, 26.

alt-sëzze *swm.* (II². 338ᵇ) *der seit langer zeit angesessene einwohner.* WEIST.;

alt-sëzzen *part. adj.* (II².331ᵇ) *seit langer zeit angesessen.* altsëzzen leut URB. *Son.* 105, 1.

alt-sprochen *part. adj.* (II².527ᵇ. III.807ᵃ, 46) *seit alter zeit gesprochen, ein altspr. wort sprichwort* RUL. BARL. TEICHN. BERTH. *Kl.* 216.

altunge *stf.* senilitas DFG. 526ᵉ.

alt-vater *m.* (III. 279ᵃ) *altvater, greis, patriarch* WACK. *pr.* 5, 9. BERTH. 299, 14. MART. 195, 89. PASS. 97, 75. 332, 68. BIHTEB. 78. VET. *b.* 51, 8. MGB 211, 4; die XII altvater in Frankreich *sollen sich so gen seiner kais. maj.* verschreiben, inmassen sich die kurfürsten gen seiner kön. maj. verschreiben MH. 1, 302.

alt-vërzer *stm.* (III. 328ᵃ) *farzender alter,* avus. Voc.

alt-vil (III. 314ᵃ) *wahrscheinlich zwitter, der ein glied zu viel hat* SSP. *vgl.* SCHM. *Fr.* 1, 72.

alt-vorder *swm. vorfahr von Adame unsirm altvordern* WACK. *pr.* 12,26; *im pl. voreltern* (III. 380ᵇ) ELIS. 6583. KRONE 30024.

alt-vrenkisch *adj.* (III. 395ᵃ) *altfränkisch, veraltet* Ls. *vgl.* RENN. 22267.

alt-vrouwe *swf.* (III. 424ᵃ) *matrone, bes. mutter des regierenden fürsten* WIG. MAI.

alt-wëc *stm. alter, in abgang gekommener weg.* SCHM. *Fr.* 1, 71.

alt-wërkære *stm.* (III. 591ᵃ) *der alte sachen ausbessert* Voc.

alt-wîse *adj.* (III. 753ᵃ) *altweise, durch das alter erfahren.* PARZ.

alûm *stn. s.* alûn.

al-ümbe, -umme *adv.* (III. 182ᵃ) *verstärktes* umbe, *ringsumher* WIGAL. 6790. HERB. 12731. REINH. *sendschr.* 1757; *präp. mit acc. rings um* TUNDAL. 55, 23; alumbevâhen *umarmen* MSF. 144, 7.

alûn *stm.* (I. 27ᵃ) *alaun; auch* alûm (*voc. opt.*) alm DFG. 27ᶜ. *aus lat.* alumen.

al-under *präp. verstärktes* under, alunder in GERH. 5327.

alûnen *swv.* (I. 27ᵃ) *mit alaun gerben, bildl. durchgerben, prügeln* PARZ. er wart mit stichen und mit slegen galûnt an allen siten WWH. 57, 13.

al-unverdrossen *part. adj. ganz unverdrossen* PASS. 383, 68.

alve *f. s.* albe.

al-vermëzzenlîche *adv. ganz kühn* OTN. *Ettm. s.* 49.

al-vermügend *part. adj.* alvermügendiu kraft MYST. 2. 631, 24;

al-vermügentheit *stf. allmacht* MYST. 2. 503, 35. 631, 26. 667, 33.

al-veste *adv.* alv. an *ganz nahe od. dicht an s.* BECH *zum* Iw. 6986.

al-vol *adj. ganz voll* PASS. 117, 36. 359, 38.

al-vollec *adj.* (III. 363ᵃ) *vollends* PASS.

al-vollen *adv.* (III. 363ᵇ) *ganz u. gar, vollends* PASS. 180, 193. 311, 31. MLEG. 22, 38. 180, 193.

al-vûr-wâr *adj. völlig wahr* PASS. 33, 49. 34, 21. 94, 12. 167, 29 *u. öfter.*

al-walte *swm.* (III. 476ᵃ) *allwalter* PASS.

al-waltec, -eltec *adj.* (III. 476ᵇ) *allwaltend, allmächtig* DIEM 33, 22. 94, 2. GLAUB. 3643. PASS. 2, 31. 116, 4. 134, 85. 168, 55. MLEG. 128, 18. HANS 1372. HELBL. 7, 908;

al-waltec-heit *stf. allmacht* MYST. 2. 498, 9.

al-waltende *part. adj.* (III. 473ᵇ) *allwaltend* RUL. 212, 8. MONE 8. 48, 11. HPT. 2. 278, 108.

al-wâr *adj.* (III. 519ᵇ) *völlig wahr* NIB. PARZ. (al wâr 163, 15) REINH. 331, 1092; allewâr ELIS. 9928.

al-wære, ale-wære *adj.* (I. 27ᵃ. III. 521ᵇ) *einfältig, albern; zieml. allgem. doch nicht bei* WOLFR. WALTH. KONR.; albære Aw. 3, 162; alber UGB. 476. — *ahd.* alawâri *freundlich zugeneigt, zu gt.* vêrjan (*in* unvêrjan *unfreundlich werden*) DIEF. 1, 207. WEIG. 1, 25;

al-wære *stf. albernheit* GEN. *D.* 16, 15. 32, 15;

al-wærekeit *stf. einfalt, albernheit* MD. *ged.* 1, 694.

al-wëc, -wëge, -wëgent *adv. s.* allewëc.
al-weltec *adj. s.* alwaltec.
alwen-zuo *adv.* (= al-wëgen-zuo) *immer* GLAR. 68. *B.*
alz *swm. der eisvogel* MGB. 171, 29. 172, 12. *aus lat.* alcio, alcyon, alcedo.
alz-ane, -an *adv.* (I. 38ᵃ, 38) = allez ane *immer fort, immer noch, so eben* allezane WACK. *pr.* 8, 8. 11, 12; FLORE 713 alzane GEN. *D.* 155, 13. 163, 10; alzen GERM. 8, 302.
al-ze *adv.* (III. 856ᵇ) *allzu.* Iw. ENGELH. 5594. ATHIS *A.* 117; *md.* alzû LUDW. EVANG. *M.* 8, 28.
al-ze-gater *adv.* (I. 489ᵃ) *s. v. a.* algater.
al-ze-hant *adv.* (I. 631ᵇ, 5) *allsogleich* PARZ. TRIST. ENGELH. 2406. 2717. 3647. FLORE 6663. BERTH. 269, 18; alzuhant EVANG. *Mr.* 1, 28. 2, 8.
al-ze-mâl *adv. allzumal* ERNST 1926. PASS. 135, 75. EVANG. *M.* 5, 34. (*vgl.* II. 22ᵇ, 42.)
alzen *adv. s.* alzane.
al-ze-stunt *adv. verstärktes* zestunt SILV. 3863. LIEHT. 24, 3.
al-zît = alle zît *immer* HELBL. 9, 83. MGB. 94, 2. 163, 7. 178, 22 *u. öfter.*
al-zoges *adv. gen.* (III. 933ᵇ) *in einem fort, durchaus* RUL. DIEM. WACK. *pr.* 11, 66. MSF. 66, 27; *contrah.* alzois (KCHR.) altois KARLM. 86, 23. *ebenso*:
al-zuges *adv.* (III. 931ᵃ, 26) HEINZ. 39, 978. GERM. *H.* 9. 117, 742.
alzurn *ein getränke*: wâ moht daz clâret sîn, sprach Keiî, daz man sô verzert alzurn und kipper wert? KRONE 1982.
am *swm. s.* ome.
â-maht *stf.* (II. 9ᵃ) *mangel an kraft, ohnmacht* ENGELH. FLORE 1230. 1824. APOLL. 1947. 2701. BIRKENST. *s.* 320. HPT. 10. 31, 16; zwô âmehte GFR. 1650; *oft bei* MGB. (*auch* ômaht) 559.
â-maht (I. 27ᵇ, 7) *eine pflanze*, crenium; amache Voc. 1482. *vgl.* amachtsblohm paeonia offic. NEMN. 2, 833.
amandin, amandinus, *ist* ain stain MGB. 435, 28.
âmant = *fz.* aimant (I. 27ᵇ) TRIST.
amant, amantes, *ist* ain edel stain MGB. 434, 24.
amaric *adj. schmerzlich* JOS. 989. *aus lat.* amarus.
amâritân *m.* ein edelstein geheizen ist amâritân MÜGL. *Schr.* 465.
âmase *swmf. s.* amîs.
â-mât *stn.* (II. 21ᵃ) *das zweite mähen, das ohmet auch* embde (URB. *Seck.* 100), ämbd, embt, empt WEIST. *nach* WEIG. II. 306 *aus* armât *die ausmahd entstanden. vgl.* üemet.

â-mât-höuwe *stn. beim zweiten mähen gewonnenes heu* GR.W. 4, 125.
amatist *swm. s.* ametiste.
amazône *stf.* (I. 27ᵇ) *amazone* MGB. 22, 12. 492, 12; *pl.* amazones HERB. LAMP. TROJ. 15199. TÜRL. *Wh.* 250ᶜ.
amazzûr, amazsûr *stm.* (I. 27ᵇ) *orientalischer fürst* WWH. (359, 18) TÜRL. *Wh.* 28ᵇ. 43ᵇ. j. TIT. 3466. LOH. 4444. 4687. 5708. APOLL. 18036. 18804. ALTSW. 229, 1. *aus arab.* almansûr *sieger*.
ambahte *stn.* (I. 27ᵇ) *nbf.*: ambehte, ambet, ambit (GEN. *D.* 6, 2. 81, 8), ammet, amment (GERM. 3, 360), amint (ULR. 1178), ammicht (DIEM. 110, 4), ammit WACK. *pr.* 1, 71. 78). *bei* JER. ammecht, ammet (PFEIFF. 118) *bei* ROTHE ammecht (*Dür. chr.* 690ᵃ), *endlich* ambt, ampt, amt: *dienst, amt, beruf* (*etw.* ze amte hân *zu thun haben* BERTH. 268, 34); *gottesdienst, messe* (daz rehte ampt *hochamt* UKN. 334), schildes ambet *ritterdienst, ritterstand; der einem amtmann untergebene bezirk* (*oft in den urbarbüchern*); *lehen*: von deme ambete einer wisen (de officio prati, *sowie später* de officio silve = von des waldis lehen) gît man ahzehn huonre URB. *B.* 1, 33. — *gt.* andbahti, *das nach* DWB. 1, 280 *ins lat.* ambactus *übergegangen ist, während* WACK. (*umd.* 56) *es für eine umdeutung von* ambactus *hält;*
ambahten, -ehten *swv.* (I. 28ᵇ) *dienen; trans.* so sol man im ze tische ambehten ein halb viertel wîns GR.W. 4, 93; *part.* geampt *mit einem amte versehen* MGB. 36, 21. *vgl.* SCHM. *Fr.* 1, 79.
am-bære *stf. s.* antbære.
ämbd *stn. s.* âmât.
ambehte *stn. s.* ambahte.
ambeize *s.* âmeize.
amber *stm.?* (I. 28ᵃ) *ambra* WOLFR. FRAGM. 43, 132. — *pers.* ambar *skr.* amra; *s.* âmer.
ambet *stn. s.* ambahte.
ambet-hërre *swm. ritterlicher mit einem amt betrauter dienstmann* ELIS. 1111; canonici officiis admoti OBERL. 39. *vgl.* ÖH. 196ᵇ.
ambet-hof *stm.* allodium DFG. 24ᵇ. swer amptman ist, der hat von dem ampthof ein mutt habern URB. *Pf.* 84. *vgl.* SCHM. 1, 57.
ambet-hûs *stn.* (I. 737ᵇ) officina DFG. 394ᵃ. *wohnung des gerichtsdieners, gefängnis;* in deme ammenthûse der minne COD. SCHM. *Fr.* 1, 79.
ambet-koch *stm. hofkoch* BEH. 70, 21.

ambet-lachen *stn.* (I. 923ᵇ) gausape DFG. 258ᵇ. *n. gl.* 189ᵇ.

ambet-lêhen *stn.* URB. *Son.* 104, 40.

ambet-lich *adj.* officiosus DFG. 394ᵇ, *dem amte gemäss, rechtmässig* GRIESH. 2, 17.

ambet-liute *pl.* (I. 1038ᵃ. II. 34ᵇ, 32) *dienstleute, beamte* ambahtliute WOLFD. 1355, 2. NIB. WOLFR. HELMBR. 1537; *md.* ammetlûde ELIS. 442. 1011. 1200.

ambet-man, amt-man *stm.* (II. 34ᵇ) *der ein amt zu verwalten hat, diener,* officialis (*bei ritterbürtigen* = dienestman) ambetman LANZ. 1254. ammetman ELIS. 1790. amptman LOH. 3423. KL. 1657. amtman ERNST 2712. Ls. 3. 410, 203. *s.* amman.

ambet-man-lêhen *stn.* (II. 35ᵃ) *amtslehen.* SWSP.

ambet-verlieser *stm.* officiperdius Voc. 1482.

ämbeʒ *s.* âmeiʒe.

ambit *stn. s.* ambahte.

am-blic *stm. s.* anblic.

am-bôʒ *stm. s.* ane-bôʒ.

ambrelle *s.* amerelle.

ambt *stn. s.* ambahte.

ame = an deme (I. 313ᵃ, 25).

âme, ôme *stf. swm. n.* (I. 28ᵇ) *ohm; mass überhaupt; due* situle, quod nos teutonice ama vocamus AD. 245 (*a.* 1119), clâretes einen âmen (*var.* eine âme) KRONE 1250. NEIDH. 9, 29. WOLF *lais* 394, 655 (amme weis *l.* âme wîns); ôme DFG. 27ᵇ. — *mlat.* ama *gefäss aus gr.* ἄμη.

æme *f. visierung;*

æmen, âmen *swv.* (I. 29ᵃ) *visieren* AUGSB. *str. u. bildl. bei* FRL. *vgl.* SCHM. *Fr.* 1, 74. *zu* âme.

amedunc, amelunc, amidum, amigdalum DFG. 30ᶜ.

â-mehtec *adj.* (II. 9ᵇ) *schwach, ohnmächtig* TRIST. ALBR. 16, 374. 17, 126. PANTAL. 1024. TROJ. 22912. RENN. 7649. ELIS. 5209. MGB. 391, 12;

â-mehtec-heit *stf.* (II. 10ᵃ) wie unsers hêrren almehtikeit in einer sô swachen âmehtikeit einer jungen meide sich lieʒ besliezʒen RENN. 10941;

â-mehtec-lîchen *adv. ohnmächtig* âm. seic er nider TROJ. 27246.

âmeiren *swv.* (I. 29ᵃ) *lieben.* TRIST. *aus fz.* aimer.

âmeis *s.* âmîs.

âmeiʒe *swfm.* (I. 29ᵃ) *ameise* PARZ. WIG. WALTH. KARAJ. 96, 23. j. TIT. 4117. Ls. 3. 336, 128. BERTH. 560, 21 *ff.* (*m.*) 562, 26 (*f.*) *pl.* âmeiʒen RENN. 11031. 19317. *nbf.*: ambeiʒe, ämbeʒ (RING 31ᵇ, 41. 43), onmeiz, ommaiz, eimesse, emeize, aimsche *etc. s.* DFG. 243ᵇ *n. gl.* 179ᵇ. — *quantit. des ersten vocals sowie die ableit. ist noch unsicher: doch sprechen die nbf. für die länge des* a *u. man wird es wol mit* WACK. in â-meize *trennen u. zu* meiʒen *stellen dürfen. vgl. auch* KWB. 5 f.;

âmeiʒen *swv.* (ib.) *jucken.* FDGR.

âmeiʒ-hûfe *swm. ameishaufe* REINH. 1251. MGB. 301, 27. DIEF. *n. gl.* 179ᵇ. FASN. 300, 3. 711, 2.

âmeiʒ-künec *stm.* (I. 913ᵃ) Voc. DIEF. *n. gl.* 179ᵇ.

âmeiʒ-lewe *swm. ameislöwe* MGB. 302, 11.

âmeiʒ-stoc *stm.* (II². 654ᵇ) *ameishaufe* HELMBR.

amel *stm. s.* amer.

amel-ber *stn. f. amarelle, die süsse frühweichsel* CHR. 5. 236, 20. SCHM. *Fr.* 1, 73; *auch* amerber DFG. 27ᶜ. *umgedeutet aus mlat.* amarilla; *s.* amerelle.

amel-ber-boum *stm.* SCHM. *a. a. o.*

amelunc *s.* amedunc.

amen *stm. s.* amman.

amen *stm. ndrh. die bauchseite des wilden schweines* VILM. 9; *vgl.* hamme.

âmen (I. 29ᵃ) *amen, der gebetsschluss* ERNST TRIST. WALTH. GEN. 80, 29. ROTH. 3819. j. TIT. 5899. NEIDH. 24, 11. MSH. 2, 249ᵃ.

âmen, æmen *swv.* (ib.) *visieren; bei* FRL. *bildlich. zu* âme;

âmer, æmer *stm. visierer.* SCHM. *Fr.* 1, 74.

amer, amel *stm.* (I. 29ᵇ) *sommerdinkel, mehl davon;* amer halita Voc. 1482. emer Voc. *opt. ahd.* amar. *vgl.* SCHM. *Fr.* 1, 73. WEIG. 1, 35.

amer *stm.* von dem amer. amraam ist ain vogel in den landen gegen der sunnen aufganch, der nist auf hôch perg *etc.* MGB. 170, 25 *ff.*

amer *stm. ammer, ohreule* strix DFG. 28ᵃ; der vogel haizt auch ama oder ze däutsch ain amer oder ain ämerinch MGB. 224, 7. *ahd.* amero *vgl.* KUHN 3, 54.

âmer *stm.* (I. 29ᵃ) *ambra.* WWH. *s.* amber.

âmer *stmn. s.* jâmer.

ameral *stm. s.* amiral.

ameralinne *stf. fürstin* TÜRL. *Wh.* 28ᵇ. 43ᵇ.

amer-ber *s.* amelber.

amer-boum *stm.* amarellus DIEF. *n. gl.* 19ᵃ.

amerelle *f. amarelle* CHR. 5. 326, 18. 20; ambrelle Voc. 1482. *aus mlat.* amarilla *u. dieses von* armeniacum (cerasum). DWB. 1, 276; *s.* amelber.

amerinc *stm.* (I. 29ᵇ) *ammer; s.* amer.

æmerlich *adj.* âmern *swv. s.* jæmerlich, jâmern.

amerlinc *stm. s. v. a.* amerinc CHR. 5. 183, 29.
amesiere *stf.* (I. 29ᵇ) *verletzung, quetschung* PARZ. — *aus mlat.* amassare *mit der keule* (massa) *schlagen, s.* GR. *kl. schrft.* 1, 354. *davon*:
amesieren *swv.* (ib.) *quetschen* PARZ.
ametiste, amatist *swm.* (ib.) *amethyst* RUL. WIG. PARZ. ERACL. 867. WIGAM. 4489. ERNST 2007. ENGELH. 3028. MGB. 431, 31. ERLŒS. 412. DFG. 30ᵃ; ammetiste ALTSW. 38, 32. MGB. 431, 31; ein ammetystôn LANZ. 4785.
amîe *swf.* (I. 29ᵇ) *die geliebte, buhle* WIG. PARZ. TRIST. FLORE 3500. 4046. 5051. DIETR. 911. WOLFD. 874, 2. MSH. 3, 279ᵃ. ALBR. 22, 44. 56, 806 *u. öfter*, REINB. 1238. REINH. 1162. CRANE 2740; waz unêlicher kinder sint und amîen, die inhaben chein erbeteil FREIBERG. *r.* 156; ein ieglich man mac an sîner amîen die nôtnumft begên SWSP. 240, 9; — âmîâ APOLL. 15140. 15247. 15608 *u. öfter. in d.* DÜR. *chr. öfter* amme, *wofür der Dresd. cod. besser* amye *hat, s.* GERM. 5, 235. *das wort ist altfz. aus lat.* amica; *s.* amîs.
amint *stn. s.* ambahte.
amiral *stm.* (I. 30ᵃ) *kalif, fürst* PARZ. TÜRL. *Wh.* 28ᵇ. 53ᵇ. FLORE 3385. 3692 ameral ib. 4436. 5733. 6372; *daneben* amiralt, ammiralt *stm.* (*oft im* TROJ.) *u.* amiralde *swm.*: vier mechtige grosse amiralden das sint landis fursten DÜR. *chr.* 307; emeral TÜRL. *Wh.* 138ᵃ. 144ᵇ. 145ᵃ. — *fz.* amiral *aus arab.* amîr *fürst, befehlshaber* DIEZ 1, 16. *s.* admirât;
amiralîn *stf.* emeralîn TÜRL. *Wh.* 134ᵃ. 140ᵃ. 152ᵇ.
amîs *stm. n.* (ib.) *der, als neutr. auch die geliebte* HARTM. WOLFR. GOTFR. ERACL. 1914. 1926. FLORE 788. GFR. 1344. KRONE 23142. j.TIT. 1974. REINH. 1841. MSF. 62, 16. CRANE 3243. HPT. 6, 512; amîse (*dat.*) WWH. 19, 27. 99, 17; amîz (: flîz) ALTSW. 1, 18; ameis RENN. 12821. KOLM. 190, 59; amase (*sw.*) NETZ 5033.— *altfz. aus lat.* amicus, *s.* amîe;
amîsen *swv.* als amîs *behandeln, lieben* von der ich wolte für dich sein gamîset HADAM. 693; ir sult daz amîsen TÜRL. *Wh.* 193ᶜ. vil dicke hôch geamîset ein kûnec bî dem vanen was. ib. 211ᵈ.
amît *stn. s.* hamît.
am-man *stm.* (II. 34ᵇ, 16) *verkürzt aus* ambetman; amen GR.w. 5, 186: *diener, beamter, verwalter* (anman über sîn guot GRIESH. 1, 132), *bes. urtheilsprechende gerichtsperson* der rihter oder amman Mz. 1, 399; *vorsteher einer gemeinde, höchste obrigkeitliche person derselben, oft in den urk. z. b.* Mz. 1, 247. 365. 3, 82. Mw. 185. UKN. 61. DM. 1, 44; *verwalter eines* ambethoves (SCHM.).
amman-meister, ammeister *stm.* (II. 121ᵇ) *der bürgermeister* (*v. Strassburg*) amanmeister, rât und burger AD. 1251; amameister ib. 1198; ammeister 1269. 1273. 1410; der alt ammaister zu Strâzpurg DH. 98. *die form* ammeister *ist aus* ambahtmeister *gekürzt.*
amme *swf. s.* amîe.
amme *swf.* (I. 30ᵇ) *mutter, insofern das kind von ihr genährt wird, amme* HARTM. GOTFR. WOLFR. WALTH. PARZ. 104, 11. SILV. 1170. GSM. 293. ULR. *Wh.* 149ᵇ. j.TIT. 1080. TROJ. 523. 20808. ENGELH. 6370. 6380. ROTH. 4779. RENN. 1353. 16636. 18461. HELBL. 8, 401. ALBR. 21, 432. 22, 250; *pflegemutter, hebamme. ahd.* ammâ *mutter, amme, altn.* amma *grossmutter, vielleicht zu skr.* ambhâ *mutter.*
ammecht *stn. s.* ambahte.
ammeister *stm. s.* ammanmeister.
ammen *swv.* (I. 30ᵇ) *ein kind warten; pflegen überhaupt* WOLFR. *mit* be-; *zu* amme.
amment *stn. s.* ambahte.
ammer *f. s.* eimere.
ammet *stn. s.* ambahte.
ammetiste *swm. s.* ametiste.
ammicht *stn. s.* ambahte.
ammiralt *stm. s.* amiral.
ammit *stn. s.* ambahte.
amm-olf *stm.* . (I. 30ᵇ) *erzieher, pflegevater* GEST. R. *vgl.* SCHM. *Fr.* 1, 75.
amô, amô daz süeze wort TROJ. 20776. 21680;
amor, amûr *stm.* (I. 30ᵇ. 31ᵃ) *liebe, gott der liebe* WOLFR. GOTFR. j.TIT. 639. 1730. 3980. MSH. 1, 24ᵃ. 78ᵇ. 2, 88ᵇ. 365ᵃ; amuor (: snuor) HPT. 2, 133.
ampære *stf. s.* antbære.
ampel *swf.* (I. 31ᵃ) *lampe* MGB. 72, 20. 173, 8. ÖH. 62, 2. 63, 23. 84, 30; *gefäss* BERTH. 39, 21. — *aus lat.* ampulla *s.* ampulle.
ampel-giezer *stm. lampenmacher* CHR. 4. 252, 10.
amper, amperkeit *stf. s.* ambære.
ampfer *stm.* (I. 31ᵃ) *ampfer* acetosa DFG. 9ᵇ; sigillum Salomonis VOC. 1482. *ahd.* amphero.
ampt *stn. s.* ambahte.
ampulle *swf.* (I. 31ᵃ) *lampe* JER. 12ᵃ; *gefäss* ampol BERTH. 511, 25. 31; ampolle RENN. 8928. *aus* ampulla, *s.* ampel.
amraam *stm. s.* amer.

amsal *stn. futter* des füerent sie ouch spâte und vruo vil grôz amsal irn jungen zuo RENN. 285ᵃ (W.GR.); *zu* am, ome.

[amse] (I. 31ᵃ) RAB. 959, 1: linse unde lindez heu (*var.* aimse, imse *u. so bei* HAG., amse *hat keine hs.*).

amsel *stf.* (I. 31ᵃ) *amsel* Ms. 2, 321ᵃ. HEINZEL. 26, 625; hamsel DFG. 358ᶜ. *pl. sw.* amselen APOLL. 13278. *zu lat.* merula *statt* misula KUHN 3, 54.

amt *stn. s.* ambahte.

amt *stm.?* (I. 28ᵇ, 35) *diener, verwalter* FRL.; *die stelle ist zweifelhaft u. es könnte auch das neutr. sein. vgl.* DWB. 1, 280.

ämtec *adj.* = ambehtec *in* meierämtec.

â-munt *adj.* (II. 236ᵇ) *nicht unter tutel, völlig frei.* OBERL.

amûr *stm. s.* amor;

amûren *swv.* (I. 29ᵃ, 17) *lieben.* TRIST;

amûr-schaft *stf.* (I. 31ᵃ) *liebesverkehr.* PARZ. LUDW. 2080. 7090.

an *swm., adv. u. praep. s.* ane.

an *praes. s.* unnen.

ân *adv. u. praep. s.* âne.

â-name *swm.* (II. 307ᵇ) *spitznamen* TRIST. ULR. *Wh.* 245ᵈ.

an-ander *statt* einander (I. 37ᵇ, 31) DSP. 1, 84. CHR. 4. 251, 9. 258, 37; 5. 358, 9. 364, 12; *statt* an einander (I. 37ᵇ, 28) BIT. 11220; *eine übergangsform dazu ist* anenander ERINN. 393.

an-be-gin *stm. anfang* PF. *üb.* 127, 86. ERNST 3935; anbeginne *stn.* (I. 529ᵇ) WALTH. ERLŒS. 777. 1001. 1047. 2934. PASS. 253, 15. 288, 57. MSH. 1, 9ᵃ; anebeginne PASS. 114, 75;

an-be-ginlich *adj.* primordialis DFG. 459ᵉ;

an-be-ginnen *stn. beginn* JER. 177ᶜ.

an-be-grift *stf. anfang* JER. 128ᵃ.

[an-be-gunst *stf.*] (I. 529ᵇ) *anfang — ist von* Frisch *missverstanden, s.* JER. *s.* 124: wol bescheiden an begunst (*im anfange*) ist des bûchis halbe kunst.

an-bëtære *stm. anbeter* MYST. 2. 58, 14. 121, 40. 186, 36. 40; anebetêre EVANG. *J.* 4, 23; *s.* anebët;

an-bëten (I. 172ᵃ) *anbeten* RUL. HERB. TROJ. 21479. MYST. 2. 57, 30. 58, 14. HPT. 1, 499. EVANG. 237ᵇ.

an-bieten *stv.* III *vor gericht laden*: nun hiet er die geistlichen frouwen anpoten mit meinem vronpoten. USCH. 278.

an-binde *stf. anknüpfung* PASS. *K.* 425, 37.

an-biz *stm.* (I. 193ᵇ) *frühstück* gentaculum DFG. 260ᵇ.

an-bîzen *stv. s.* enbîzen;

an-bîzer *stm.* gentator. VOC. 1482.

an-blâsen *stn.* afflatus MGB. 72, 17. 269, 20.

an-blic *stm.* (I. 207ᵃ) *anblick (act. u. pass.)* IW. RUD.; dîn a. sî ein meienzît WINSB. 1, 8. amblic LIEHT. 295, 8. HPT. 1, 442;

an-blicken *stn. anblick* MYST. 2. 401, 34.

an-bôz, -bûz *stm. s.* anebôz.

an-bringen *stn. das anbringen, weggeben* MYST. 2. 369, 8;

an-bringunge *stf. proclamation* CHR. 2. 133, 19.

anchzen *swv.* crisari, suspirare VOC. 1482; mit anchzen, schrigen und schaben NETZ 6388. *zu* ange.

anc-lich *adj. angst erweckend* daz ik sin anklik urtêlde entflihe WACK. *pr.* 74, 62;

anc-lîche, -en *adv.* (I. 42ᵇ) *s. v. a.* ange. TRIST.

anc-weiz (I. 34ᵇ) *blatter* pustula auch (anch?) weiz DIEF. *n. gl.* 310ᵃ. — *ahd.* ancweizo *m.* anc-weiza *f.* GFF. 1, 351; *ags.* angseta. *vgl.* anger, engerlinc.

andach *stm. s.* antac.

an-dâht *stf. gen.* andæhte *u.* andâht *manchmal auch* stm. (I. 350ᵃ) *die worauf gerichteten gedanken, aufmerksamkeit* (TROJ. 23134), *absicht* (MONE 8, 314. KRONE 25887), *erinnerung* (GEN. *D.* 83, 17. KRONE 22023), *besonders das denken an gott, andacht* (*and.* gein got LOH. 743) PASS. 145, 36. 331, 78. GERH. 1009. SILV. 1744. 4435. ELIS. 599. 684; *busse, strafe* ELIS. 8328; *als titel geistl. fürsten*: wir begern an dein andacht MH. 2, 338. 342;

an-dæhte *stf.* (I. 350ᵇ) *anhaltendes sinnen, trachten* ANEG.;

an-dæhtec *adj.* (ib.) *an etwas denkend, eingedenk (mit gen.)* ELIS. 6368. 7972 *od. mit* zuo: zû gode and. ELIS. 2167. 3284; *andächtig* ROTH *pr.* 76. GRIESH. 1, 167. and. hërze LOH. 775. muot ALEXIUS. 126, 632. riuwe PASS. 117, 73. dêmuot ib. 186, 339. 188, 402. *in der anrede*: ersamer, lieber, andechtiger! MH. 1, 147 (*schreiben k. Friedr.* IV. *an den grafen zu Büdingen*);

an-dæhticheit *stf.* (ib.) *andächtiges wesen* ELIS. 2258. PASS. *K.* 18, 94. 32, 60;

an-dæhtclîche, -en *adv. andächtig* MYST. 2. 449, 19. GRIESH. 1, 15. ROTH *denkm.* 44, 326. LUDW. 7482. PASS. 383, 73. LOH. 1254. j.TIT. 1009. GA. 2. 610, 588. ELIS. 5626. 9325 *und* endêhteclîch 9461.

an-dæhtlich *adj.* (I. 350ᵇ) *andächtig* HPT. 2, 272. JER. 107ᵃ;

an-dæhtlîche, -dâhtlîche *adv.* (ib.) BARL.
ande *swm.* (I. 35ª) *feind* TRIST.;
ande *swm.* **ant** *stm.* (ib.) *kränkung, die einem widerfährt, das dadurch verursachte schmerzliche gefühl* RUL. KL. GUDR. WALTH. KCHR. *D.* 227, 10. 237, 24. 339, 16. BIT. 9152. 9280. 9472. DIETR. 6646. RAB. 519, 3. L. ALEX. 2871. 6288. 6981. GFR. 1452 PASS. 107, 6. 212, 2. LOH. 2590. APOLL. 19295. MSH. 3, 53ª. *bei* OT. *st.*: des andes (: landes) 35ª. 68ᵇ. den ant 175ª. *ebenso*:
ande, ant *stf.* (ib.) *oft bei* JER. *s.* 119. — *ahd.* anado *eifer, zorn, verdruss zu gt.* anan *hauchen.*
ande, ant *adj. u. adv.* (I. 34ᵇ) *schmerzlich, unleidlich; übel zu mute, besonders in den redensarten* mir ist ande (*ein ding od. eines dinges*), mir tuot ande (*nâch etw.*); einem ande tuon *ihn in not bringen. allg. — es ist nach* DWB. 1, 192 *nur das in gewissen redensarten adj. aufgefasste* der, diu ande.
andelange, andelage *f.* (I. 35ᵇ) *gewisse art der übergabe, zahlung.* GR. W. 3, 884. OBERL. 41. *davon*:
andelangen, -lagen *swv.* (ib.) *überantworten, überreichen; auch* handelagen (VILM. 11) handelogen ministrare DFG. 362ª), adelungen (ARN. 6) *md.* andelogen DÜR. *chr.* 463. GERM. 6, 62. *oft in urk. u. weist. wofür zahlreiche belege im* DWB. 1, 304. *mit* ver-.
andeln *swv. darreichen, liefern* OBERL. 41. DWB. 1, 304; *vgl. das vorhergehende.*
andelogen *swv. s.* andelangen.
anden *swv.* (I. 35ᵇ) *seinen zorn über etwas bethätigen, ahnden, rügen, rächen* NIB. WALTH. ER. 9231. RENN. 15245. KRONE 22812. j. TIT. 5796. TÜRH. *Wh.* 254ᵉ. TROJ. 39384. DIETR. 7343. HERB. 16705. KARLM. 223, 1. KIRCHB. 601, 2. JER. 15ª. 56ᵇ. 43ᵉ *u. oft;* anten CHR. 2. 269, 28. 530, 33. TUCH. (*rügen*) 228, 21. 256, 26; *unpers.* mich andet *mich kränkt, schmerzt* MYST. *mit* ge-;
anden *stn. bestrafung, vergeltung, rache* JER. 42ᵈ; *zu* ande.
an-denke *adj.* (I. 350ª) *an etw.* (*gen.*) *denkend* TIT.;
an-denken *stn. erinnerung, wissen* ein and. eines ieglîchen buochstaben MYST. 2. 549, 27.
ander *adj.* (I. 35ᵇ) *für* andriu *auch* endriu (PARZ.) *wie denn* WOLFR. *auch sonst den umlaut des w. gebraucht* (änderen tages PARZ. 381, 4): *der zweite* (*vergleichend* als ein ander — *wie ein ebenbild der genannten person oder sache;* s. BECH *zum* Iw. 4817); *einer von zweien; der folgende, übrige; der andere mit dem begriff der verschiedenheit. allgem. — zu skr.* antara*innerlich, verschieden; vgl.* CURT. 1, 274. Z. 1, 140;

anderest, andrest *adv.* (I. 37ª) *zweimal, zum zweiten male* SWSP. ir sônt einest wërchen daz ir ôch andrest mugent wërchen WACK. *pr.* 43, 129.

ander-halbe *adv.* (I. 615ᵇ) *auf der andern seite* WIGAL. KARL. 42ª. WG. 3956. *ebenso*:

ander-halben, andert-halben (I. 615ª) PARZ. TRIST. TUND. 48, 40. LIEHT. 241, 7. GFR. 264. HPT. 8. 585, 1283. *über das eingeschobene* t *vgl.* BEN. *zum* Iw. 453.

ander-halp *adj.* (I. 614ᵇ) *anderthalb* TRIST. anderhalbe spanne ER. 2097. anderhalp hundert LIEHT. 94, 29;

ander-halp, andert-halp *adv.* (I. 615ᵇ) *auf der andern seite* RUL. EN. PARZ. MSF. 155, 22. GERH. 1279. ROSENG. *Hag.* 518. *mit* gen. anderh. sîn ER. 1747; *anderwärts* CHR. 2. 183, 14.

ander-heit *stf. anderheit, gegensatz zum* ich MYST. 2. 162, 36. 662, 34.

ander-krist *stm. s.* entekrist.

anderlinge *adv.* altrinsecus DIEF. *n. gl.* 18ª.

andern *swv. ändern* KARAJ. 43, 25. der künec anderte sîn leben KCHR. *W.* 17054. daz urteilde andern GRIESH. 2, 97; *s.* endern. *mit* ver-.

anders *adv. gen.* (I. 36ᵇ) *anders, sonst, übrigens* NIB. HARTM. WOLFR. GOTF. NEIDH. 94, 20. KRONE 22150. HERB. 7854 *u. anm.; noch einmal, zum zweiten male* ELIS. 835. *im* 15. *jh. u. später meist* anderst *s.* DWB. 1, 313.

ander-sît *adv.* (II². 327ª) *anderseits, auf, von der andern seite* ER. PASS. ALBR. HERB. 3677. 4210. 4855 einsît und andersît 5453.

ander-stunt *s.* stunde.

anders-wâ *adv.* (III. 517ᵇ) *anderswo* NIB. Iw. TRIST. PARZ. WALTH. FREID. ER. 1314. SILV. 2913. 3014.

anders-war *adv.* (III. 516ª) *anders wohin* HARTM. PARZ. ALEXIUS 549. GLAUB. 2292. ERNST 8322. ATHIS *C* 90.

anders-wie *adv.* (III. 573ᵇ) *auf andere weise* PASS.

anders-wô *adv.* aliunde EVANG. *J.* 10, 1.

andert *adv.* (I. 37ª) *auf der andern seite* Ms. USCH. 313. *vgl.* WEINH. *bair. gr.* § 143.

anderunge, enderunge *stf.* (ib.) *wechsel, wankelmut* TRIST. ORL. 60. Ls. 2. 157, 3; des mônen ender. *mondwechsel* MGB. 157, 15. 271, 30. 370, 23.

ander-weide, -weit adv. (III. 552ª) *zum zweiten mal; sehr oft* LOH. (z. b. 975. 1329. 2195. 6837) *u.* PASS. (z. b. 88, 43. 200, 21. 306, 29 *etc.*). j.TIT. 439, 1. MLEG. 130, 52. 203, 249. ULR. *Wh.* 131ª. 144ᵇ. 247ᵈ. WARTB. 85, 6. 87, 2. ALBR. 17, 154. 22, 153. ELIS. 5314. 2950. MGB.13,30. 124,15 *u. öfter; auf eine andere art* ELIS. 6526; *anderwärts* ib. 3774; **ander-weiden** *swv.* (ib.) *wiederholen* JER. ALBR. 28, 17. FREIBERG. *r.* 180. EVANG. 237ᵇ;
ander-weider *stm.* retractator DFG. 496ᵇ.
ander-werbe, -warbe *s.* warbe;
ander-werbunge *stf.* retractio DFG. 496ᵇ.
andi = an die RUL. 241,17 (I.37ᵇ,37. 141ª,39).
andm = an deme (I. 313ª, 24).
andorn, antorn *m. n.* (I. 37ᵇ) *die pflanze* marrubium PF. *arzb.* 1, 33; *mit ableit.* orn *wie in* ahorn DWB. 1, 316. WEIG. 1, 40. *andere formen sind*: aindorn, andren, andron, antron, andor, doren *s.* DFG.350ª (*wo sich auch das doppelte geschlecht ergibt*) *n. gl.* 247ª.
and-ouge *adv. gegenwärtig, mit gen.* die godes andouge stênt DENKM. XXXVIII, 92. *vgl. ahd.* anougi in præsentia GFF. 1, 123.
andromant *stm.* andnomanda oder androdragma, ain stain MGB. 436, 2.
an-dûht, ane-tûht *stf.?* (I. 360ª) *andrang; s. zu* JOS. 507 *u.* GERM. 3, 335. *zu* diuhen.
andunge *stf. gemütsbewegung, eifer* mit andunge und ouch mit unruowe MYST. 2.432,7. *zu* ande.
ane, an *adv. u. præp.* (I. 38ª—40ª) 1. *adv.* nach alleʒ, iemer: alleʒ ane, iemer ane *immerfort; nach demonstr. u. relat. adv.* (dâ dar, wâ war); *bei verb.*: an, zu, hin, auf *entwed. ohne casusrection (an sagen anfangen zu sagen) od. mit einem vom verb. regierten accus. od. mit doppelt. accus.* (*der eine vom verb. der andere von* an) *oder mit einem durch* an *bedingten dat. oder accusat.* 2. *präp.* a, *räumlich:* an, auf, in, gegen (*mit dat. od. accus.*) b, *zeitlich: in, an* (*mit dat.*), *bis an (mit accus.), auch bei zeitl. adv.* an heute *heute* (DH. 337. CP. 277) an gestern *gestern* (UGB. 521. CP. 264) c, *abstracte verhältnisse ausdrückend* (*mit dat. od. acc.*): *an, in, von, mit. zu gr.* ἀνά CURT. 1, 271. — *als adv. trennbar mit verben componiert:* -ætemen flare. DFG. 238ᶜ; -bâgen (I. 78ª, 44) *scheltend anfahren* GUDR.; -begân (I. 471ª, 22) *thun, anstellen;* -behaben *einem etw. über ihn behaupten, ihm abgewinnen* dem hât er den sic habet an ERINN. 304,

-beschrîen *anrufen* (II².215ª,10); -bëten (I.172ª,16); -bieten (I. 182ᵇ, 23) *anbieten mit dat. u. acc. od. mit doppelt. accus.* (*s. auch* an-bieten); -bilden (I. 122ª, 14) *mit acc. nachahmen;* -binden (I. 130ᵇ, 11) *anbinden bes. vom anbinden der fahne* NIB. BIT. 1559; den zettel anbinden *anzetteln* CHR. 3. 133, 13 (*vgl. die nhd. redensart „mit einem anbinden"*); -biten (I. 170ᵇ, 50) *anbeten* ANEG. DSP. *s.* 2; -biuʒen *s.* biuʒen *swv.;* -bîʒen (I. 192ᵇ, 10) *anbeissen;* -blâsen *anblasen* MGB. 163, 3: *durch blasen ankündigen* naht und tag anbl. MGB. 290, 18. CHR. 3. 134, 12 (*vgl.* TUCH. 258, 27 *ff.*); -blecken *angrinsen* NETZ 11267 *var.;* -blicken (I. 206ª, 43) *anblicken* IW. FLORE. ELIS. 1903; -böcken *einen* an b. *wie ein bock an ihn heranspringen, auf ihn stossen* BERTH. 323, 13; *ebenso:* -böckezen (I. 220ᵇ, 8) BERTH. 270, 25. *das* WB. *nimmt dafür fälschlich die bedeutg. an: stinken wie ein bock;* -bôʒen *stv.* (I. 191ª, 15) *anstossen* RAB. 126; -brennen *vom anbrennen der speisen, sie durch geröstetes mehl schmackhaft machen* anprents semelmuos GERM. 9,199; -bringen (I. 250ᵇ, 21) *mit doppelt. acc. einem etw. beibringen, ihm etw. vererben;* einen anbr. *ihn anstiften, verleiten* DÜR. *chr.*659.681; *denuncieren* einen fürkauf anbringen CP. 354; -brinnen *stv. vom anbrennen, brenzlichwerden der speisen* BERTH. 432, 11. 433, 11; -dingen (I. 337ª, 22. 338ª, 15) *einen, eine forderung an ihn stellen, von ihm erwarten, bes. einen gerichtlich ansprechen, ihn vor gericht berufen* MW. 303, 13. angedingt in reht AD. 1417 *s.* 429. MH. 2, 145. 182 *f.* sich zu reht andingen *sich ans gericht wenden* MH. 1, 396. *vgl.* OBERL. 43; -dræhen (I. 386ᵇ, 33) *anhauchen* LS.; -erben, mich erbt ein guot an *ich erbe es* DM. 70. STZ. 429; -erheben *anheben* PASS. K. 491, 69; -erlachen: diu gotheit ungeswachte die menniskeit an erlachte MAR. 2518; -erliegen (I. 1026ª, 15) *einem etw. es ihm heimlich, durch einen kniff beibringen* TRIST.; -ersëhen (II². 277ᵇ, 1) *erblicken, wahrnehmen* GREG.; -erstërben (II².643ᵇ,23) *einen, durch erbschaft (tod des erblassers) an ihn kommen* CHR. 1. 209, 8. MZ. 2, 287. STZ. 189 *mit dat.* MZ. 1, 553; *trans.* ob si icht land anersturben CP. 69; anerstorbenes eigen DM. 121; -erstrîten (II². 692ª, 4) *einem etw., durch kampf abgewinnen;* -ertriegen (III. 104ᵇ, 48) *einem etw., ablisten* TRIST.; -er-twingen (III. 163ᵇ, 39) *durch zwingen abnötigen* WARN.; -gân (I. 467ª, 14) *intr. anfangen (vom feuer, ausbrechen* CHR. 2, 221 anm. 1), *trans. an etwas gehen, es anfangen, sich an einen machen, angreifen* PASS. K. 18, 34. 28, 55; *mich gât ein dinc ane wandelt mich an, trifft mich; refl. anfangen;* -gëben (I. 507ᵇ, 40) *melden, verraten* FASN. 882, 26; *einem ein kleid, es ihm anlegen* Iw. PARZ.; -gebërn (I. 157ª, 6) *angeborn sîn* Iw. TRIST. PARZ. MGB. 432, 22; -gebëten *anbeten* PASS. K. 96, 5. 174, 65. 189, 21; -gebieten (I. 187ᵇ, 12) *anbieten* Iw.; -gebinden *wie* anbinden (einen vanen) DIETR. 6409; -gebürn (I. 153ᵇ, 30) *mit. dat. gebühren, eigentümlich angehören* PASS. K. 427, 47; -gedenken *an etw. denken ob got die sælde mîn angedenket unde mîniu leit* DIETR. 8723; -gehœren (I. 713ᵇ, 25) *mit dat. od. acc. zukommen, ziemen;* -gelegen (I. 993ª, 20) *ein kleidungsstück anziehen* Iw.; -genëmen (II. 374ᵇ, 45) *refl. mit gen. s. v. a.* an nëmen; -gereichen (II. 654ª, 37) *trans. anrühren* LIEHT.; -gerîten *s. v. a.* an rîten: *wâ man den dëgen guot ûf sînen strâȥen an gereit* BIT. 535; -geruofen, -rüefen (II. 806ª, 23. 25) *anrufen;* -gesëhen (II². 278ª, 33) *anschauen, ansichtig werden;* -gesigen (II². 265, 32) *mit dat. einen besiegen, ihm durch den sieg etwas (gen. od. acc.) abgewinnen;* -gesprëchen (II². 530ª, 22) *ansprechen, in anspruch nehmen;* -gestrîchen (II². 687ᵇ, 4) *ein kleit, anziehen* MAI; -gestrîten (II². 692ª, 32) *mit dat. einem kämpfend gegenüber treten, ihn überwältigen* HARTM. WOLFR.; -getuon (III. 144ᵇ, 14) *s. v. a.* an tuon; -gevâhen (III. 207ª, 4) *anfangen, sich etw. beikommen lassen;* -gevallen (III. 220ª, 15) *mit acc. zukommen, zu theil werden bes. durch erbschaft od. lehenrecht;* -gewinnen (III. 712ª, 6) *mit dat. besiegen, durch sieg etw. (acc.) abgewinnen* NIB. PARZ. Mz. 1, 412; -geziehen (III. 928ᵇ, 23) *mit acc. passen, gebühren* WIG. PARZ.; -gieȥen (I. 541ª, 12) *den inhalt eines fasses durch eingiessen messen: die angieȥer suln ir mâȥe mit in tragen in ainem sacke und sie suln angieȥen vor dem kelr oder in den strâȥen, swâ in daȥ trinken begegent* NP. 205; -ginen (I. 527ª, 37) *angähnen* DIEM.; -grîfen (I. 570ᵇ, 7. 29) *hand anlegen, angreifen, refl. etw. in angriff nehmen, sich zu etw. anschicken* CHR. 1. 159, 19. 160, 11. *an sein geld greifen, geld ausgeben* CP. 204.

CHR. 2. 49, 23. 330, 8. *vgl.* DWB. 1, 356; -grînen *anfletschen* NETZ 1797; -haben (I. 599ª, 7) *trans. an etw. halten, es angreifen;* -haften *ankleben, anhaften* MART. 178, 37. anehaftende liute BERTH. *Kl.* 456; -harn *s.* anharn; -heben (I. 644ª, 41) *intr. u. trans. anfangen;* -heften: *daȥ liet ich an hefte ûf dîne gnâde* MAR. 148, 5; -hœren (I. 712ᵇ, 36) *mit acc. angehören;* dienstman, die daȥ rîche hôrten an OTTE 35; -houwen *angreifen,* ein huis mit sturme an h. JER. 142ª; -hûchen *anhauchen* MGB. 234, 23. 26 (*da* MGB. anhuchen *nicht* anhauchen *schreibt, so ist bei ihm kurzes* u *anzunehmen*); -kërben *aufs kerbholz zeichnen* OBERL. 47; -këren (I. 797ᵇ, 5) *trans. angreifen* TRIST., *einen umb hilf an këren angehen* MH. 1, 206; -kippen *s.* kippen; -kivern *s.* kibeln; -klagen *intr. anfangen zu klagen* WOLFD. 1865, 3; *trans.* accusare DFG. 8ᵉ; -klîben *mit dat. anhaften* JER. 65ª; -klopfen (I. 847ᵇ, 15) *anklopfen* tuo ûf, ich klopf an mit worten LIEHT. 515, 24; ich sprach: klopf an, klopf an! ain gut jâr gê uns an KELL. *erz.* 195, 32. 196, 5. *s.* SCHADE *im weim. jahrb.* 2, 75 *ff.*; -komen (I. 903ª, 48) *mit acc. an, zu od. über einen kommen; ankommen, zu stehen kommen;* -lachen (I. 922ᵇ, 8) *anlachen;* -langen, uns ist, uns hat angelangt *wir haben gehört, es ist an uns gelangt* CP. 259. 262; -lâȥen (I. 949ª, 45) *erfinden, angeben* PASS. K. 190, 66; *loslassen, in bewegung setzen (ein pferd, einen hund von der koppel loslassen u. an ein wild hetzen), etw. mit sturme an l. bestürmen* CHR. 2. 67, 15; den holden ab u. an lâȥen ULA. 408; -legen (I. 991ᵇ, 10) *anlegen, ankleiden* MGB. 158, 27. NP. 153. CHR. 2. 300, 3; angelegt *gepanzert, gerüstet* CHR. 5. 42, 14. 18. 19. *auch fig.* drô anl. MGB. 475, 9; muotwillen CHR. 5. 184, 35. ungnâd und pên anl. CP. 22; anzetteln, vorbereiten JER. 42ᶜ. 94ª. *veranschlagen* CHR. 5. 195, 19. 21; viur anlegen JER. 113ᶜ; schatzung anl. (*auferlegen*) CHR. 2. 306, 23; gelt anl. *auf zinsen anlegen* Mz. 1, 377. 397. 483. 527. 2, 473. 3, 244. Mw. 238, 17. 344, 5. 348, 6; CP. 37; sich gewalt anl. *zueignen* CHR. 2. 328, 17; einem *od.* mit einem gewalt anl. *ihm gewalt anthun* ib. 327, 8. 328, 16; -leiten *tr. die* anleite, *immission ertheilen* Mz. 1, 572. 573; -lieben (I. 1017ª, 13) *unpers. mit dat. gefallen* TRIST.; -liegen (I. 1025ᵇ, 15) *trans. auf einen lügen, über ihn lügenhaftes aussagen* FREID. CHR.

5. 306, 16. 307, 1. 27. 28; -ligen (I. 987ᵃ, 37) *mit dat., auf einem lasten, angelegentlich bitten* WIG. TRIST. PASS. *K.* 47, 79. 103, 56; mir l. ein dinc an *steht mir bevor, ist mir bestimmt* ib. 218, 86; -liuhten (I. 1030ᵃ, 49) *anleuchten* WALTH.; -loufen (I. 1045ᵇ, 5) *trans. auf einen zulaufen* GEN. *D.* 66, 9. 77, 16; *anlaufen, angreifen* NIB. IW. *überfallen* CHR. 4. 68, 2; -luogen (I. 1052ᵇ, 25) *anschauen* TROJ.; -machen (II. 16ᵇ, 4) *refl. zurecht machen, putzen* LIEHT.; -mâzen *refl. sich anmassen* HEINR. 4496; -menen HADAM. *s* menen; -merken (II. 65ᵃ) *angränzen;* -muoten (II. 255ᵇ, 13) *einem eines dinges, es ihm zumuten, so noch in den* CHR.; *später mit dat. pers. u. acc. d. sache;* -muotwillen er sol swern, daz er in nicht an muotwille Mw. 140, 62; -neigen: mit angenaigter red oratione applicata MGB. 482, 16; -nëmen (II. 366ᵃ, 39) *trans. festnehmen, arretieren* USCHB. 19. 26; *refl. mit acc. (auch gen. oder ze u. infin.) über sich nehmen, sich aneignen, sich anmassen* (MGB. 107, 19. 217, 11. 227, 25), *ansprechen;* -nîden *anneiden* daz ir die vrouwen nît an nîdet KCHR. 71ᵇ. NETZ 13217; -nœten *trans. nötigend an einen herangehen, ihn zu etwas (zu einer gabe) nötigen:* daz niemant den andern annotten sol weder des tages noch des nahtes âne ze hochzeiten NP. 62; *aufnötigen:* die juden sollen ir geltbrief ieden gelter annotten MH. 2, 836; -phîfen *swv.* an gephîfet von einem welschen âtem HÄTZL. 245ᵇ, 170; -reden (II. 602ᵇ, 49) *intr. anfangen zu reden; tr. anreden, ansprechen;* -regen (II. 609ᵇ, 15) *anrühren* NARR. her habe einen schatz, den manich babist nach ny angereget hat UGB. 354 *s.* 401 (*oberlaus.*); -reinen *angränzen* anrainende güeter ST.; -rennen (II. 719ᵃ, 11) *zu rosse angreifen, überhaupt feindlich angreifen* CHR. 4. 90, 27. 106, 7; -rihten (II. 632ᵃ, 4) *die speisen ordnen um sie auf den tisch zu setzen* BUCH *v. g. sp.* 25 (*vgl.* DWB. 1, 427) CHR. 2. 316, 8; den ofen anr. *zum backen* ib. 305 anm. 2; das floss zur were anr. UGB. 449; -rinnen (II. 716ᵃ, 32) *an etw. (acc.) rinnen;* -rîten (II. 732ᵃ, 40) *tr. zu rosse angreifen* WIG. PASS. JER.; -rüeren (II. 814ᵃ, 51) *in bewegung setzen (das ross), anrühren; von der hochspur des wildes im laubwerk;* -ruofen, -rüefen (II. 804ᵇ, 34) *anrufen;* -sagen (II². 18ᵃ, 46) *ansagen, eingestehen; zusagen, versprechen; anklagen;* einen an s.

ihm zu wissen thun: es sol ain ieder, wann man in ansagt, mit seiner weer berait sein CP. 356; -schicken *schaffen, anordnen* TUCH. 32, 24 *s.* anschicker; -schiezen (II². 171ᵇ, 26) *tr. anschiessen, mit einem schusse treffen, bildl. von den augen* FRL.; -schilhen *anschielen* MGB. 65, 7; -schimpfen (II². 139ᵃ, 42) *verspotten* ERLŒS.; -schînen (II². 142ᵃ, 37. 142ᵇ, 45) *trans. anscheinen, beleuchten; intr. an einem sichtbar werden;* -schouwen (II². 198ᵇ, 18) *anschauen;* -schrîben (II². 206ᵃ, 43) *an- aufschreiben* der ditze mære an schreip BIT. 2006, *verzeichnen* CHR. 2. 19, 7. 20, 9; -schricken (II². 210ᵃ, 7) *mit acc. hinanspringen, hinaufhüpfen* JOS. 315; -schrîen (II². 214ᵇ, 1) *anrufen;* -schuochen (II². 225ᵇ, 46) *anlegen* (hosen, wâfen) LANZ. WIG. KRONE; -schüten (II². 229ᵇ, 38) *anziehen, anlegen* (harnasch) WIG. si schutten an ir ringe HELDB. *K.* 91, 25; -sëhen (II². 274ᵃ, 48) *tr. ansehen, ansichtig werden; berücksichtigen* CHR. 2. 75, 20; einen an s. *mit ihm nachsicht haben* ib.; -sëgenen? (II². 240ᵇ, 10); -seichen *beseichen* NETZ 1329; -senden (II². 297ᵇ, 25) *mit dat. an einen senden;* -setzen (II². 351ᵇ, 9) *an- hinzusetzen; angreifen, umringen* CHR. 2. 492, 8; pferde ans. *anspannen* ib. 290, 19; *anstellen, einsetzen:* einen auf das erlangt recht der hab und güter ansetzen MH. 2, 336 (*vgl.* ansaz); -sîn (II². 294ᵃ, 22) *einem, anhaften, gehören;* -singen (II². 301ᵇ, 36) *intr. anfangen zu singen; tr. mit gesang feiern;* -slahen (II². 371ᵇ, 20) *an etw. schlagen, mit schlägen angreifen (mit d. glocke anschlagen* CHR. 2. 280, 19. 20; als man die sichel anslecht *zur zeit des schnittes* ULA. 121); *durch schlagen an etw. befestigen* (WALB. 524); *vermischen (in der küchensprache);* ein dinc sleht mich an *kommt mir zu, überkommt mich, ist mir angestammt; aussinnen, anstiften, in anschlag bringen* (CHR. 2. 323, 11; volk ansl. zu ainem aufsein CP. 10; gelt ansl. *berechnen, überschlag machen* ib. 260, 26; eine steuer ansl. MH. 2, 572; einem ansl. *ihm eine steuer auferlegen* CP. 297); einen roup ansl. *ihn ausführen, über etw. räuberisch herfallen* CHR. 2. 177, 4. 199, 26; vihe ansl. *darüber herfallen, sich seiner bemächtigen* ib. 172, 17. 176, 23. 220, 18. 20, so auch in DÜR. *chr. s.* GERM. 5, 236; -slichen *intr. nahen* diu naht begunde slîchen an DIETR. 6082; -sloufen (II². 407ᵇ, 8) *anlegen,* die ringe an sl. OTN.

205; -smieren (II². 429ª, 11) *anlächeln;*
-snîden (II². 439ª, 6) *einem ein kleit an sn.
auf den leib schneiden, anmessen, zurecht
machen* Pf. *forsch.* 1, 61; *ebenso:* sich kleider an sn. lâzen *sich bekleiden lassen;* -snöuwen (II². 450ᵇ, 46) *anschnauben, schelten*
Frl.; -spannen (II². 481ᵇ, 36) *mit dat., anschliessend an einem befestigen, anspannen
daz ir mit sô altem manne welt sô jungez
kint an spannen* Doc. *misc.* 2, 77; -spëhen
(II². 497ª, 43) *anschauen;* -spengeln affibulare Dfg. 15ᵉ; -spîwen (II². 513ᵇ, 8) *anspeien* Barl. Pass.; -sprëchen (II. 526ª, 34)
*intr. anfangen zu sprechen; trans. mit acc.
der sache: etw. als eigentum in anspruch
nehmen; mit acc. der person: einen mit worten angehen (zurufend, bittend, fordernd
od. herausfordernd, zur rechenschaft ziehend, beschuldigend od. anklagend), die sache
im gen. od. mit präpos.;* -sprengen (II²
545ª, 25) *trans. an einen heransprengen, ihn
reitend angreifen* En. Jer. Bit. 10221;
-springen (II². 541ª, 5) *angreifen* Gen.;
-spüren (II². 517ᵇ, 17) *trans. die spuren
eines ankommenden wahrnehmen* Trist.;
stân (II². 575ª, 46) *bevorstehen* (Wack. *pr*
7, 10); *geziemen, passen; zu stehen kommen,
kosten;* -starn (II². 596ª, 22) *anstarren*
(Hpt. 10, 114), *ebenso:* -starren (II². 645ª,
6); -stëchen (II².623ᵇ,2) win anst. *wie nhd.
ein fass anstechen:* den wein anstechen durch
die geschworen anstecher Np. 243; viur anst.
feuer anlegen Herb. Dwb. 1,479; -stecken
(II². 626ᵇ, 9) *anzünden* Myst. (*vgl. das vorige*); -stellen *einstellen, aufschieben* die
sach (Cp. 293), irrung (Mgr. 190), schatzung
(Mh. 3,296), den process (Mh. 2,661) anstellen; -stengen *s.* stengen; -stërben (II².
642ᵇ, 48) *durch todesfall an jem. kommen
ez stirbt mich etw. an* Stb. 209, Mz. 3, 43;
angestorben voget *auf den die pflicht der
vormundschaft als erbe gefallen ist;* -stinken (II². 641ª, 49. 641ᵇ, 19) *trans. anduften
(mit gutem od. übeln geruch)* Berth. *Kl.* 58.
Dal. 161, 36; -stôzen (II². 664ᵇ, 2) *in see
stossen (mit od. ohne den acc.* schif); viur
anst. *anzünden (od. bloss* ein stat *etc.* an st.
Mh.3,74), mich st. etw. an *befällt mich (eine
krankheit* Netz 9950. krieg Mz. 3, 319. tod
Öh. 83, 31); den frid anst. *bis auf sand* Veits
tag *festsetzen* Mh. 3, 327. *vgl.* Halt. 45;
-strengen: alsdann der konig angestrengt
und gebeten Ugb. 317; nachdem sie die kuntschaft einzulegen nit begert oder darumb
angestrengt haben Dh. 340; -strîchen (II².
685ª, 11) *anstreichen, salben; ein kleid anziehen, refl. sich putzen* Lieht. Neidh.; -strîten (II². 691ᵇ, 2) *trans. anfechten, beunruhigen; einem etw. an str. streitig machen; mit
acc. pers. u. gen. der sache: mit einem über
etw. streiten (vgl.* an einen strîten 690ᵇ, 31);
-stürmen (II². 717ᵇ, 13) *anstürmen, berennen;* insultare; -suochen (II². 10ª, 4) *absol.
sich anschmiegen* Trist., *mit dopp. acc. bei
jem. etw. suchen, ihn darum bitten* (Misc. 2,
286); *feindlich angreifen* nachdem sie von
den veinten vast angesucht werden Cp. 306
(*vgl.* suochen *u.* heimsuochen); -sweifen
(II². 785ª, 34) *anwerfen (ein gewand)* Lanz.;
-tasten (III. 17ᵇ, 36) *antasten, angreifen,*
einen mit dem krieg an t. Mh. 3, 271; *die
feinde* an t. u. niderwerfen Mh. 1, 427; -tragen (III. 71ᵇ, 16) *trans. an od. zu einem tragen* (Bit. 5871), *auch mit dopp. acc.; an sich
tragen, führen; anstellen, anstiften;* -trëten
(III. 97ª, 40) *trans. etw. unternehmen* (Jer.),
es betreten; mit etw. an tr. *damit anfangen*
Tuch. 362ª; mich tr. *etw. an betrifft, berührt
mich* Mz. 4, 2. *s.* 5. 391 *s.* 431 *f.*; -trîben
(III. 87ª, 50) *thun, anstiften, ausüben, fortsetzen* (Fasn. 735, 17. 772, 17); -trinken
zuerst trinken Gr.w. 1, 580. Fasn. 275, 32;
-tuon (III. 140ᵇ, 14) *anlegen, refl. sich ankleiden;* -vâhen (III. 203ᵇ, 13) *anfangen,
beginnen (mit acc., infin. mit od. ohne* ze);
*unternehmen; betreiben; im rechtl. sinne:
etw. durch ergreifung als eigentum ansprechen;* -vallen (III. 218ª, 17) *intr. einfallen,
von der witterung (schnee, nebel, kälte etc.)
gebraucht* Dh. 189. Chr. 5. 27, 9. 34, 17. 255,
23 (Dwb. 1, 323); *trans. zufallen, besonders
durch erbschaft* (Uhk. 2, 53. Stz. 187); *überfallen, angreifen* (Cp 13); -varn (III. 245ᵇ,
18) ein guot an v. *in besitz nehmen* Ad. 942;
-vëhten (III. 310ᵇ, 19) *anfechten, beunruhigen* (Wack. *pr.* 48, 13 *ff.*), *einem etw., ihm
abgewinnen* (Spec. 171); -veilen *zum kaufe
anbieten* Uh. 402. Usch. 311; -vengen *sw.
anfangen* j. Tit. 5901. 5910. Chr. 2. 266, 26.
306, 26. 307, 3. Ugb. 445. Uschb. 4. Cp. 89.
219 (Dwb. 1, 326) *s. auch* anvangen (*unten*);
-verlâzen (I.952ª, 19) *daran lassen;* -verstërben (II². 643ᵇ, 41) an verstorb. güeter
*durch den tod des besitzers frei gewordene,
an einen andern gekommene güter* Freiberg.
r.; -vrâgen (III. 392ª, 13) *trans. befragen*

JER.; -vüeren (III. 261ᵃ, 36) *trans. als kleid tragen* WIG. PARZ. LIEHT.; *an etw. (acc.) führen* eine kirche an v. *zum angriffe derselben führen* CHR. 2. 244 *anm.* 4; -wæjen (III. 464ᵃ, 25) *an wehen* GERM. 3. 235ᵇ, 15; -warten (III. 531ᵃ, 29) *trans. beobachtend auf einen schauen; ihn erwarten;* -wæten (III. 778ᵇ, 44) *ankleiden* GEN.; -weigen (III. 556ᵃ, 23) *anfechten, verfolgen* BEH. 24, 20. die stât mit gewalt an w. Mw. 158; *betreffen, berühren:* allez, daʒ das hous angêt oder anweiget UHK. 2, 47; -weinen (III. 557ᵇ, 28) *anweinen, weinend anrufen* FDGR. 1. 87, 29; -wenden (III. 691ᵃ, 47) angewant *geordnet* PASS.; -wërfen (III. 735ᵇ, 17) *mit dopp. acc. an einen etw. werfen, ihn damit überziehen;* -winden (III. 677ᵇ, 31) *einen* (= an einen w.) *zu ihm gehören, ihn angehen;* alle die in anwindent (*seine genossen*) Mw. 197, 25. 244, 24; *vgl. zu* JOS. 905; -wîsen (III. 760ᵃ, 6) instruere, inbuere (*anweisen, unterrichten*) VOC. *Schr.* 1216; *anspruch machen (mit* ûf); -wiʒen buere DFG. 83ᶜ; -wüefen (III. 825ᵃ, 24) *anrufen* LOH.; -wünschen (III. 822ᵇ, 20) angew. kinder liberi adoptati OBERL.; -zannen (III. 849ᵇ, 30) *anfletschen* MYST.; -zapfen, wein anz. *wie nhd.* MH. 2, 796; -zëmen (III. 887ᵇ, 20) *mit dat. anstehen, geziemen* RENN. 18215; -ziehen (III. 926ᵃ, 16) *an etw. ziehen* alle glocken anz. UGB. 139. früemesse anz. *zur frühmesse läuten* KELL. *erz.* 118, 20. 28, *an sich ziehen, in sich aufnehmen* MGB. 403, 9. 10; *anklagen, beschuldigen (mit gen. d. sache)* MH. 1, 41. 124; 2, 102; 3, 4 *auch refl.* desselben knechts er sich an zogen hab (*seinetwegen klage geführt*) MH. 2, 795; *sich eine person od. sache* an z. *anspruch darauf machen* (NIB. 785, 2. IW. 7574. USCH. 129); -zocken (III. 937ᵇ, 26) *sich etw., anmassen* WWH.; -zücken (III. 932ᵇ, 27) *an sich reissen;* -zünden (III. 896ᵃ, 36) *anzünden* NIB. NEIDH.; -zwicken (III. 957ᵇ, 39) *mit zwecken anheften;* -zwieren (III. 959ᵃ, 18) *verstohlen anblicken* NETZ 1685 *var.* 13507; -zwingen *gleichbed. mit dem vorig.* NETZ 1685; *vgl. nhd. zwinkern u.* SCHM. 4, 307.

ane, an, ene *swm.* (I. 37ᵇ) *grossvater* GEN. TROJ. HELBL. BIT. 4236. RENNEW. 25, 20. ULR. *Wh.* 114ᵃ. 160ᵃ; ene LOH. 2789. HELMBR. 914. LS. 1. 587, 96. GLAR. 33. DM. 65. UKN. 410. USCH. 400. 424. MH. 2, 158. 747. *ahd.* ano *s.* DWB. 1, 192;

Lexer, WB.

ane *swf.* (I. 38ᵃ) *grossmutter* GUDR. WOLFR. KRONE 21720. 22285. MSH. 2, 206ᵃ. DM. 65. UHK. 2, 27. CHMEL *font.* 1, 239. GR.W. 1, 277. *ahd.* anâ.

âne *stf. s.* agene.

âne, ân *präp.* (I. 40ᵇ) *ohne, ausser mit acc.* (*infin.* ohne ze), *auch mit gen.* NIB. 2308, 3 *B. u. anm.;* âne *als conj. ausser* (40ᵇ, 18) *in der regel nur nach negativen (fragenden) u. vor verkürzten sätzen* (WACK.). —*mit un-* zu *gr.* ἄνευ *skr.* ana CURT. 1, 270;

âne, ân *adv.* (I. 40ᵇ) *ledig, frei beraubt bei verb.* (âne werden, wesen, bliben) *mit vor od. nachgesetztem gen.* (*auch acc.?* daz hâst du boislich worden ân MAG. *cr.* 134ᵃ). *allgem.*

ane-bëte *stn.* (I. 172ᵃ) *das angebetete* MSF. 77, 30; anebëten *swv. u.* anebeter *stm.* (MYST. 2. 57, 30) *s.* anb.;

ane-bëtunge *stf.* dulia DFG. 192ᵇ.

ane-bôʒ, an-bôʒ *stm.* (I. 191ᵃ) *das worauf geschlagen* (*s.* bôʒen) *wird, amboss* WWH. ENGELH. BIT. 12155. TURN. 133, 4. APOLL. 5280. 7410. DANIEL 4815. TROJ. 12804. j.TIT. 3897. 4272. RENN. 11558; anebüʒ CLOS. 126. *bei* DFG. 293ᵇ *auch* anbaz, onbeisz, anbusz; *n. gl.* 213ᵇ: ambosz (ampôʒ LOH. 4582), ambas *u. umgedeutet* âne fuos.

ane-boʒ-meister *stm.* CHR. 1. 273. 15.

ænec *adj.* (I. 41ᵃ) *los, ledig mit gen.* MS. TROJ. j.TIT. 443. 5317. 5985. FRAGM. 45, 410. ALEX. *M.* 72, 274. 128, 784. REINB. 983. HEINZEL. 1853; *md.* ânic SSP. 2. 24, 2. ênic JER. 7ᵈ. 149ᶜ; einic KARLM. 83, 25. 175, 25. 472, 13. *zu* âne.

ane-dunst *stmf. anhauch, anwehen* DIEM. 273, 20. FDGR. 1. 188, 2.

ane-ganc *stm.* (I. 475ᵃ) *anfang* PASS. *K.* 442, 18 (*vgl.* an-gên *stn.*); *vorzeichen, das bei antritt des weges od. geschäftes entgegenkommt* BERTH. 264, 22 *ff.* MONE 7, 424;

ane-genge, an-genge *stn.* (I. 477ᵇ) *anfang* GUDR. TRIST. WALTH. GLAUB. 195, 2808. RUL. 271, 30. 285, 12. ALEX. *M.* 51, 667. RUD. *weltchr.* 63, 189—93. MSH. 2, 332ᵃ, 2, 63ᵇ. 179ᵃ. 383ᵇ. j.TIT. 5067. 5900 *f.* WACK. *pr.* 48, 46. 47. SPEC. 3. HPT. 8, 543; *element s.* DENKM. *s.* 400; *ursprung eines wortes, etymologie;*

ane-gengen *swv.* (I. 475ᵇ. 477ᵇ) *intrans. anfangen* SPEC. 8. 23. MYST. 2. 95, 21; *als vorzeichen* (aneganc) *entgegenkommen* WALTH.; *refl. anfangen* diu gnâde anegenget sich elliu an disem tage FDGR. 1. 85, 18. 91, 2; *trans.*

anfangen, anfangen machen (das leben geben
MSH. 2, 176ᵃ), *der tach newart nie mit morgenne geangengot* WACK. *pr.* 4, 44.
ane-gin *stm.* ane-ginne *stn.* (I. 529ᵃ) *anfang* von anginne zem orte HIMLF. 771. ie u. ie ân aneginne BPH. 5108. *auch fem.?* von der anginne anfanc ERLŒS. 1507. *vgl.* GERM. 3, 331 (BECH *hält es für gen. pl.*) 7, 15.
ane-grif, an-grif *stm.* (I. 572ᵃ) *angreifen, betastung* als senft was ouch diu künegin reht als ein jungez genselin an dem angriffe milde WWH. 100, 13; *empfang, umarmung* PASS. *K.* 649, 68.
ane-haft *stm.* (I. 603ᵇ) *anheftung* PARZ. nebel, rîf, snê ist sîn aneh. ALTSW. 71; *anhänglichkeit* PASS. *K.* 668, 24. PASS. 146, 51;
ane-haften *stn. das anhaften* MYST. 2. 308, 8; daz erst anhaften der vernunft, apprehensio MONE 5, 464;
ane-haftunge *stf.* (I. 604ᵃ) *anhaftung* MYST. 2. 77, 24. 302, 28.
ane-hanc, anhanc *stm.* (I. 611ᵇ) *feuchtigkeit, die sich nachts an die pflanzen hängt* MS. WOLFR. NEIDH. 76, 8; *begleitung, begleiter eines herrn* PARZ. MYST. 2. 359, 34; *in übelm sinne: hure* du anhank, du schelmigs asz FASN. 255, 13; *angefügte bedingung mit anhang der pên* CHR. 2. 166, 34;
ane-hangunge *stf.* (I. 610ᵇ) *ansteckung* VOC.
ane-hap, an-hap (-bes) *stm.* (I. 646ᵇ) *anfang, ursprung* HIMLF. KIRCHB. 778, 6. 678, 61. KELL. *erz.* 235, 55. *zu* heben.
ane-hou *stm.* (I. 722ᵇ) *amboss* PILAT. FASN. 1219.
ane-hurt *stf. das anrennen.* JER. 25ᵈ.
ane-lachen *stn.* vil weinendez anelachen was dâ under dem gesinde TÜRH. *Wh.* 24ᵃ (*„scheint hier bloss anschauen zu bedeuten, freude war nicht da"* W. GR.).
ane-lâz, an-lâz *stm.* (I. 952ᵇ) *compromiss* MZ. 1, *s.* 433. 518. UGB. 437. MH. 1, 42. CP. 159; *punkt, von dem das rennen ausgeht: die das rennen mit* loffenden rossen *mitmachen wollen, sollen* umb die achtend stund vor mittag uff dem anlasz sein ST.
ane-lich *adj.* (I. 971ᵇ) *ähnlich, gleich* DIEM. GUDR. *contrah.* ellich DÜR. *chr.* 87. *vgl.* SCHM. *Fr.* 1, 82 *f.;*
ane-lîche *adv.* (*ib.*) *ähnlich* ENGELH.;
ane-lîchen *swv.* (I. 972ᵃ) *ähnlich sein, gleichen* ELIS. 3148.
ane-mâl *stn.* (II. 23ᵃ) *flecken, muttermal,* nevus DFG. 379ᵇ.
ane-minne *adj. lieblich, angenehm* ir half

Enêas, daz ir vil aneminne was EN. 48, 34 (*vgl.* II. 185ᵃ, 3).
ane-muot *stm.* (II. 258ᵇ) *lust, begier zu etwas* WEIST.;
ane-muotec *adj. bereit, willens* wêre üch denne nit anmuotig gen Friburg ze komen DON. (1417);
ane-muotunge *stf. anmutung, zumutung:* daz wir im söllicher anmuotung und vordrung nit günstig sein wölten CHR. 5. 340, 25 *v. j.* 1414 (*vgl.* II. 258ᵇ).
anen *swv.* (I. 31ᵇ) *ahnen, voraussehen* diu pein ant vorhin an ir natûr, ob der tag sanft well sein MGB. 289, 17; *gewönlich mit dat. od. acc.* (mir *od.* mich anet) HERB. TRIST. — *nach* WACK. *von* an; WEIG. 1, 22 *stellt es zu gt.* anan *hauchen. vgl. auch* DWB. 1, 195.
ânen *swv.* (I. 41ᵇ) *intrans.* âne sîn *ledig, beraubt sein mit gen.; trans. u. refl.* âne tuon *entblössen, berauben; entäussern, verzichten; mit gen.* PARZ. (346, 1). NEIDH. REINH. TIT. 108, 4. j. TIT. 443. 3974. 5317. 5498. 5985. GLAUB. 1916. REINFR. 41ᵃ. 87ᵃ. DIETR. 9937. RAB. 423, 4. 470, 6. BPH. 7683. PASS. 40, 35. ALBR. 59ᵈ. HELBL. 9, 124. HPT. 1, 448. *mit* ge-, ent-.
an-enander *s.* anander.
ân-endec-heit *stf. unendlichkeit* MYST. 2. 616, 5.
ân-endelich *adj. erbärmlich* DÜR. *chr.* 751. *vgl.* unendelich.
an-erbe *stn.* (I. 439ᵃ) *angeerbtes gut* WEIST. DWB. 1, 319;
an-erbe *swm.* (I. 439ᵇ) *nächster erbe.* DWB. *a. a. o.*
ane-sidelinc *stm.* (II². 237ᵇ) *bewohner* CAPELLA.
ane-siht *stf.* (II². 282ᵇ) *anblick* LEYS. L. ALEX. 2607. 6154. WACK. *pr.* 1, 68. 4, 12. HPT. 3, 444;
ane-sihte *stn.* (*ib.*) *anblick* LAMPR.; *angesicht* HERB.
ane-sûne *stn. s.* an-siune.
anet-blat *stn. dillblatt* MGB. 396, 15.
anet-krût *stn. dillkraut* MGB. 381, 27. 382, 10.
ane-trët *stm.* (III. 101ᵃ) *tritt, stufe* ALEXIUS.
ane-trit *stm.* (III. 100ᵇ) *antritt, angriff* PASS.; *s. v. a.* anetrët. EHING.
ane-tûht *stf. s.* andûht.
ane-var *stn.* (III. 250ᵇ) *landeplatz* ZIEM.
ane-vart *stf. versuchung* wider des tiefils anev. SPEC. 56. 126; *anfall, angriff* dâ mite (*mit dem gürtel*) si in wolte vristen vor aller vreise anvart KRONE 23244.

ane-vëhtære *stm.* (III. 312ª) *anfechter* MYST.;
ane-vëhte *stf. anfechtung* KOLM. 146, 71;
ane-vëhten *stn.* (III.311ª) *das anfechten* JER.;
ane-vëhtunge *stf.* (III. 312ª) *anfechtung* FRL. JER. MYST. 2. 356, 40. BERTH. 30, 11. GRIESH. 2, 53. 88. THEOL. 44. 46. MGB. 64, 6. 269, 33. EVANG. *L.* 22, 28.
ane-vengic *adj. anfängig* RUD. *weltchr.* 63, 225.
ane-vluz *stm. ausfluss, ursprung* MYST. 2, 521. 3. 17.
ane-wanten, anewanter *s.* anwanden, anwender.
ane-wentel *stn. kleiner ackerrain* URB. SON. 88, 33; *s.* anwende.
ane-wette *stn.* si ad propria redire voluerint, licebit eis sine poena a civibus statuta, quæ anewette vocatur AD. 432 (*a.* 1223). *vgl.* angewette.
an-gâbe *stf.* (I. 509ª) *angeld* OBERL.
ange *adv.* (I. 42ª) *enge, dicht anschliessend* TRIST.(14488); *mit ängstlicher sorgfalt* TRIST. (1982. 9047) WALTH. RENN. 24207. j.TIT. 1239. GA. 3. 71, 1050. KRONE 28778. *comp.* anger LS. 3. 247, 221; ange tuon *mit dat. weh thun* TROJ. ENGELH. *zu* enge, *vgl.* bange;
ange *stf. bedrängnis,* der sorgen ange DRACH. 91ª (W. GR.).
ange *swmf.* (I. 43ª. 45ª) *fischangel* (KARAJ. 41, 8; *auch fem.* er quam mit einer angen ALBR. 34, 68, *bildl.* gevangen mit des leiden kusses angen MARIENGR. 705), *thürangel* IW. ENGELH. diu tür stêt in dem angen steht weit offen WOLFD. 103, 2; zwischen die türe und angen MALAG. 73ᵇ; *schooss* MS.— *zu lat.* uncus, *gr.* ὄγκος *skr.* anka *schooss, haken von wurzel ac biegen* CURT. 1, 101. *vgl.* anke (*gelenk*) *u.* angel.
an-geber *stm. anfänger, anstifter* euer herr mir meine schlösser hat berennet und ein angeber wart des krieges UGB. 481 *s.* 574 (*oberlaus.*).
an-geborn *part. adj.* (I. 157ª, 6) *angeborn* PARZ. IW. VREID. ERNST 501. LOH. 3785. MSH. 2, 328ª. ERACL. 3195. MGB. 432, 22.
an-gebrunnen *part. adj.* eine angebr. spîse BERTH. 432, 22.
an-gedenken *stn. s. v. a.* andenken MYST. 2. 549, 33. 37.
an-gedenklich *adj. eingedenk* ELIS. 8568.
an-gedinge, -gedingede *stn.* pacta DFG. 405ª.
an-gehœrde *stf.* (I. 714ᵇ) *das anhören* MYST.; *das angehören* RUD. *weltchr.* (ZIEM. *u.* GR. 2, 246).

angel *adv.* (I. 42ᵇ) *s. v. a.* ange SERV. *vgl.* SCHM. *Fr.* 1, 105.
angel *stm. s.* anger.
angel *stmf.* (I. 35ª) *stachel, eigentl. u. bildl.* WOLFR. VREID. TRIST. DIEM. 325, 28. daz hone, dar nâch der angel REINB. 718. nâch honige scharfen angel bieten j.TIT. 2399 (*vgl.* LACHM. *eing. zum Parz. s.* 28). jâmers angel *ib.* 1025. 5459. leides a. REINFR. 18ᵇ; *fischangel* SERV. ENGELH. MART. WH. *v. Östr.* 107ᵇ. j.TIT. 254. 5352. KARAJ. 38, 11. ALBR. 19, 43. 20, 246. 32, 447; *oft in* MERSW. *z. b.* 99; HADAM. 187. GA. 2. 323, 321; *bildl.* schanden angel RENN. 10605. daz hât einen angel in herzen grunde *ib.* 15119 (*in der bedeut. fischangel auch fem.* diu angel ROTH *bruchst. s.* 10. HPT. 14, 171. 179); *thürangel* WOLFD. 1080, 4. OTN. 206, 1. NARR. 7, 24; *pl.* engel TUCH. 248, 21; *stift im messerhefte:* die messerer *sollen die messer so machen,* daz die engel durch und durch die hefte gên NP. 159;
angeln *swv. mit der angel fischen* Tristant der êrste man der doz angelen began EILH. 3846. KRONE 85ᵈ (W. GR.). Voc. *Schr.* 1131. *vgl.* GFF. 1, 346.
angel-ort *stn. rechtwinkel* orthogonus DFG. 401ᶜ.
angel-ruote *f.* antemna DIEF. *n. gl.* 25ᵇ.
angel-snuor *stf.* (II². 454ᵇ) *angelschnur* KRONE 1737.
angel-snuor-stap *stm.* (II². 593ᵇ) *angelrute* Voc.
angel-visch *stm.* (III. 328ª) hamio Voc.; hamus Voc. 1482;
angel-vischen *stn. das fischen mit der angel* HPT. 14, 167.
angel-weide *stf.* (III. 552ᵇ) *angelköder* TEICHN.
angel-winde *swf.* (III. 682ᵇ) cardines GL.
angen *adv.* (I. 42ᵇ) *s. v. a.* ange ATHIS;
angen *swv.* (I. 43ª) *einengen, eigentl. u. bildl.* TRIST. *ahd.* angên.
an-gên *stn. anfang* minne ist aller sêlikeit ein angên und ein ursprinc ERLŒS. 781. *vgl.* aneganc.
an-genæme *adj. ein Magdeb. Freidank des 15. jh.* hat für genæme *des textes* (48, 3) angeneme DWB. 1, 347.
an-genomenheit *stf.* alliu diu ang., die Kristus an sich genomen hâte MYST. 2. 472, 32.
anger *stm.* (I. 45ª) *auch fem.* HPT. 11. 497, 158 *grasland, ackerland* (Voc. 1482 übersetzt es: mediampnis oder werde) *eigentl. u. bildl.* RUL. PARZ. MS. DANIEL 656. 5951. ROSENG.

Hag. 651. WOLFD. 997. 4. 1022, 1. 1037, 2. GRIESH. 1, 137. LIEHT. 186, 21. 436, 24. 455. 15. LOH. 1270. 4790. Artus der êren ang. j.TIT. 5874. der vröuden anger APOLL. 4055. PARTEN. 122. CRANE 2919. *person.* her Anger MSH. 1, 112ᵇ. *die form* angel (: krangel) ALTSW. 204, 28. — WACK. *stellt es zu* enge: *eingegränztes landstück. vgl. auch* DIEF. 1, 127.

anger, enger *stm.* (I. 45ᵇ) *kornmade* VOC. enger oder sprinkel, macula in facie VOC. 1482. *vgl.* ancweiz. „*das wort könnte wol zu* angi, engi *gehören, insofern der wurm sticht u. drückt, fest sitzt*". DWB. 3, 480.

anger, enger *stf.* angaria, *frohne* GR.W. 1, 348. 711. 714. 749. 2, 519 *u. öfter. nach* FRISCH 1, 227 *ist* enger *auch der beladene bauernwagen. vgl.* WEST. *gl.* 14.

angerlîn, angerl *stn. kleiner anger s.* engerlîn.

anger-vart *stf. frohnfuhre* GR.W. 2, 525. 534.

anger-wagen *stn. frohnwagen* GR.W. 2,525.535.

anger-wîse *swm. der sich auf dem anger auskennt, ein feldweiser, spöttisch*: hôher sprünge ist er ein angerwîse NEIDH. XXII, 18.

an-geschaft *part. adj. geschaffen, gebildet*: ir libes bilde ist angeschaft MSH. 2, 326ᵃ.

an-geschouwe *stf. das anschauen, aussehen* MAR. 4654.

an-gesëhen *adv. in erwägung, im hinblick auf etwas* CHR. 2. 72, 14. 128, 4. 131, 10. 515, 19. DWB. 1, 349;

an-gesiht *stf.* (II². 283ᵇ) *das ansehen, anschauen, zieml. allgem. vgl. noch* PASS. 290, 4. BIT. 8870. LOH. 1659. TROJ. 3240; *angesicht, aussehen* MS. der bletere ang. PASS. 122, 66. HPT. 4, 575. MYNS. 4;

an-gesihte *stn.* (II². 284ᵃ) *das anschauen* ENGELH. SILV. REINH.; *aussehen, antlitz* HERB. LUDW.; ze angesihte *coram* KARLM. 13, 10. 21, 9;

an-gesihteclîche *adv.* (II. 286ᵃ) *sichtbar, deutlich* MSH. 2, 203ᵇ.

anges-lich *adj. s.* angestlich.

angest *stf. stm.* (I. 43ᵃ) *pl.* angeste TRIST. *u.* engeste TÜRL. *Wh.* 160ᵃ. PASS. 377, 51: *bedrängnis; angst, furcht, besorgnis* (eines d. ang. hân; mich nimt eines d. a.) HARTM. GOTF. WOLFR. NIB. REINH. *sendschr.* 792. 1580. — *zu* enge, *vgl.* DWB. 1, 358.

an-gestalt *part. adj. von* anstellen HPT. 1. 163, 196.

angest-bære *adj.* (I. 44ᵇ) *gefahrvoll, angst erregend* TRIST. PANTAL. 284. 1153. 1271. 1860.

PARTEN. 110 *oft im* TROJ. *z. b.* 4267. 14150; *voll besorgnis* ENGELH.

angesten *swv.* (I. 44ᵇ) *intr. in sorgen sein* NIB. DFG. 35ᵃ; *trans. refl.* ängstigen (*s.* geangsten) sich angest. GRIESH. 1, 40;

angesten *stn.* (I. 45ᵃ) TRIST.

angest-haft *adj.* (I. 44ᵃ) *in gefahr, voll besorgnis* IW. TRIST. ENGELH. FLORE 3725. TROJ. 24432; *besorg. erweckend* der ang. tôt WACK. *pr.* 99, 15. 51;

angest-hafteclîche *adv. ängstlich, besorgt* WACK. *pr.* 99, 99.

angest-lich, engest-lich *adj.* (I. 44ᵇ) *daneben auch* anges-, enges-lich *angst, bedrängnis erregend od. habend: gefährlich, schrecklich, ängstlich* NIB. IW. TRIST. PARZ. WALTH. NEIDH. 234, 11. TROJ. 24762. SILV. 396. 712. 3667 *u. öft.* REINH. 1583;

angest-lîche, engest-lîche, -en *adv.* (*ib.*) *in gefahr bringender, angst erregender weise* NIB. TRIST. PARZ. BIT. GUDR. 728, 3. 901, 2. 1187, 4. 1483, 1; sîn herze wiel von hitze sam ein blî, daz eime fiure ist nâhe bî und angestlîchen siudet TROJ. 20325; *mit ängstlicher sorgfalt* BARL. ALBR. 1, 308.

angest-sam *adj.* angustus EVANG. *M.* 7, 14.

angest-sweiz *stm.* (II². 768ᵇ) *angstschweiss* LS. HELDB. *Hag.* 1. 146, 564. WILDON. 27, 324.

angest-varwe *stf. durch angst hervorgebrachte farbe* WACK. *pr.* 99, 76.

an-gevelle *stn.* (III. 224ᵇ) *alles was an einen fällt* (*durch todesfall* SSP. 2. 58, 3), *einkünfte.*

an-gevoget *part. adj. unter einem vogte, vormunde stehend* angevogte knecht CP. 396.

an-gewette *stn.* (III. 776ᵃ) *s. v. a.* anewette.

an-giezer *stm. öffentl. messer der flüssigkeitsmasse:* swer schenket dem suln die ang. alle tage angiezen ze dem minsten eines mals NP. 205; swer die pütel und ang. übel handelt der muoz geben fünf pfunt haller *ib.* 12 (*vom herausg. falsch mit* „angeber" *erklärt*). *über die* ang. *in Würzburg handelt* WP. 8.

angster *stm.* (I. 46ᵃ) *gefäss mit engem halse* HELBL. vier sehsteil weins daz sint vier gar grôz angstær MGB. 252, 10. — *aus mlat.* angustrum DWB. 1. 360.

angster *stm.* (I. 46ᵃ, 24) *eine schweiz. scheidemünze* GR.W. 5, 105; item wird geschroten 39 angster uff ein lôt EA. 9. — *aus* angustus (nummus) *holmünze von blech?* WEIG. 1, 42. DWB. 1, 361.

ängstigen *swv.* (I. 45ᵃ) *in angest versetzen* GEST. *Rom.; refl. in sorgen sein* SPEC. 71;

ängstiger *stm. (ib.) ängstiger* GEST. *Rom.*
an-gülte *swm. mitschuldner* MZ. 1, 490. MH. 2, 189. 190; darumb ich mit im angült bin gesîn DON. (1380);
an-gültec *adj.* ad praestandum censum obligatus HALT. 30.
an-guz *stm. trichter, in welchen die salzsohle gegossen wird* URB. *B.* 1, 5. URB. *Pf.* 128. 129; *s.* SCHM. 2, 75.
an-habe *stf. anfang, beginn* PASS. *K.* 68, 9; *angriff* 641, 36; *vgl.* anehap.
an-halt *stm. anhaltspunkt, ursache* PASS. 147, 69. PASS. *K.* 475, 65.
an-hangende *swm. anhänger* ÖH. 10, 30.
an-harn *swv.* (I. 633[b]) *anrufen (nur scheinb. compos.,* Joseben er anharte *wird d. acc.* Joseben *von* an *regiert, ahd.* ana harên).
an-hebec *adj.* (I. 646[b]) inchoativus. Voc.
an-hebel *stm. anfang, neuerung* solcher anh. ist geschehen von unserm herrn graf Johansen MH. 3, 219.
an-hebener *stm. anstifter* BEH. 5, 12.
an-heber *stm. anheber, anstifter* MYST. 2. 361, 6. KIRCHB. 646, 15. 800, 25; *gründer* ein anh. der vesten stat SCHILTB. 109;
an-heberin *stf. anstifterin* MERSW. 45.
an-hebunge *stf.* exordium DFG. 217[b]. inceptio 291[b]. initium 299[b].
an-heim *adv.* domi *zu hause* CHR. 1. 75, 8; 3. 278, 8;
an-heimes *adv. zu hause* anheimsch MH. 1, 453. 3, 209. ÖH. 92, 1.
an-hellec *adj. zustimmend, mit gen.* seid ir solcher bezalung anhellig seit DH. 255.
an-hërre *swm.* (I. 666[b]) *ahnherr* Voc. KARLM. 1, 39; *grossvater* NP. 77.
an-hin *adv.* er ging den weg anhin *so für sich fort* GERM. 3. 425, 22 *u. anm.*
ænigen *swv. mit gen.* wiltû sîn niht ænigen = âne werden, sîn BERTH. 154, 20.
anische *s. unter* enlîn.
aniz = an daz (I. 313[a], 90).
anîz, anîs *stm.* (I. 46[b]) *anis* daz aneis MGB. 384, 28 *ff.; auch* enis DFG. 36[a]. *aus lat.* anisum. *vgl.* SCHM. *Fr.* 1, 86.
anîz-krût *stn.* MGB. 382, 10.
anke *swm.* (I. 46[a]) *butter, bes. frische butter* URB. 136, 11. 139, 24. 25. 192, 23. FASN. 830, 23. — *zu skr.* anj *schmieren lat.* unguen unguentum. *vgl.* FICK 5. Z. 1, 149. KWB. 7. KUHN 18, 42.
anke od. mohelîn est panis in vapore prodii madidatus Voc. 1482.

anke *swm.* (I. 46[a]) *gelenk am fuss; genick* HÄTZL. ELIS. 3536. LAUR. *Casp.* 265. — *gt.* agga *in* halsagga *mit* ange, angel *zu lat.* uncus *gr.* ὄγκος. CURT. 1, 101. *vgl.* enkel.
anke *swm. ein fisch in* rînanke.
ankel *stm. s.* anker.
ankel *stm.* man sol ain ankel von ainem daig oder von lätten legen in die fygwartzen zwischen ir und der gesunden haut ... und über ein claine weil sol man den ankel hinweg tuon MYNS. 67.
anken-napf *stm. butternapf* URB. *Seck.* 99.
anken-stücke *stn.* (II[2]. 656[a]) *stück butter* WEIST.
anken-zol *stm. cylinderförm. butterstück* RING 2[b], 34; *s.* zol.
anker, enker *stm.* (I. 46[b]) *anker, eigentl. u. bildl.* Osw. TRIST. PARZ. TÜRH. *Wh.* 193[a]. 225[d]. j. TIT. 1872. REINB. 610. enker ALBR. 35, 309. ERLŒS. 896. *pl.* enker HELDB. *K.* 59, 32; a. werfen ULR. *Wh.* 161[d]. APOLL. 5350. 13909; den ankel werfen HUGO *v. M.* (*leseb.* 953, 20) a. ûz werfen L. ALEX. 6833; a. ûz ziehen ERNST 3158; a. ûz schiezen OREND. 2987. DIETR. 1114; vor schiezen j. TIT. 4375; anker in den sant behaft GERH. 2650. ankers ort LOH. 3051; ankers hefte j. TIT. 1896. *anker als wappenschild* PARZ. — *aus lat.* anchora.
anker-blî *stn.* cataporatis DFG. 106[a].
anker-haft *stm.* (I. 603[b]) *das festhalten des schiffes durch den anker* Ms. WH. *v. Östr.* 75[a];
anker-haft *adv.* (I. 46[b]) *durch anker festgehalten* FRAGM. enkerhaft REINFR. 5[a];
anker-heftec *adj. (ib.)* SUCHENW.
anker-lîne *swf. ankertau* JER. 165[b].
ankern, enkern *swv. (ib.) part.* gankert, genkert *ankern* WOLFR. (WH. 453, 21.) GOTFR. HERB. 1256. 2422. 3636. MART. 151[c]. MAI 276. ULR. *Wh.* 151[b]. DIETR. 1539. j. TIT. 5348. 5537. APOLL. 14931; enkern TROJ. 48130.
anker-seil *stn.* (II[2]. 288[a]) *ankertau* GUDR. j. TIT. EN. 7611.
an-kêrunge *stf. mühe, fleiss* CHR. 3. 32, 3.
an-klager *stm.* (I. 834[a]) *ankläger* SCHEMN. *r.*
ankrätel *stn.* onocratulus MGB. 209, 12.
an-kretzec *adj.* (I. 877[b]) *räudig* FRAGM.
ank-smër *stn.* (II[2]. 425[b]) *butter* HPT. PF. *arzb.* 2, 7[d].
an-küntunge *stf.* incendium DFG. 291[b].
an-lâge *stf. anliegen, bitte* PASS. *K.* 463, 19: — theloneum ferri: de centum schine 8 den., de centum anlage (*eisenblech?*) 6 den. MB. 36[a], 366.

an-lâʒ *stm. s.* anelâʒ.
an-lâʒ-brief *stm.* (I. 247ᵇ) *urkunde über ein schiedsurtheil* Ad. 935. Mz. 1, 579. 586. Mw. 368. Chr. 2, 230 *anm.* 1.
an-lâʒ-liute *pl.* arbitri Oberl. 48.
an-lege *stf.* (I. 993ᵇ) *was zur bekleidung dient* Exod.;
an-legen *stn.* mit grossem anl. *mit grossem aufwande an geld u. menschen* Cp. 348;
an-leger *stm. der etw. bestimmt, festsetzt* Chr. 5. 180 *anm.* 1; *anstifter* Kirchb. 811, 31. Glar. 111 *A;*
an-legunge *stf.* additio Dfg. 12ᵇ; *anschlag, plan* Glar. 107 *A; festsetzung* Chr. 3. 34, 7; *repartition ib.* 152, 6; *geldanlegung, darlehen ib.* 24 *a.* 3; 258, 5; *steuer* (I. 993ᵇ) Rosm.
an-lêhen *stn.* (I. 996ᵃ) *dargabe von geld gegen zinsen* Voc.; *gewaltig anl. zwangsanlehen* Cp. 375. 381.
an-leite *stf.* (I. 976ᵇ) *anleitung* Mart.; *immission, einsetzung eines um schadenersatz klagenden in des beklagten güter* Augsb. *r. W.* 68. Ad. 1217. 1360. Mz. 1, 568. 569. 573. 4, 387. Mh. 2, 691. 3, 119. 479. Mw. 217, 98. Chr. 4, 170, 19; *anschreibgebühren (bei kauf, verkauf etc.)* Stb. 279. 305. Stz. 510. Uh. 393. 399. Ukn. 126. Ula. 157. *vgl.* abeleite;
an-leiter *stm. vollzieher einer immission* Mz. 1, 572. 573. Chr. 4. 170, 21. Halt. 36.
an-leits-brief *stm.* citatio Oberl. 49.
an-leitunge *stf. s. v. a.* anleite *immission* Mz. 1, 522 *s.* 431.
an-liger *stm. der sich etwas angelegen sein lässt, nach etw. strebt* Renn. 16781.
an-louf *stm.* (I. 1046ᵇ) *anlauf* Gl. insultatio Dfg. 302ᵇ. anl. *mit gewâfneter hant* S. Gall. *stb.* 43ᵃ.
anman *stm. s.* amman.
an-manunge *stf.* exhortatio Dfg. 216ᶜ.
anme = an deme (I. 313ᵃ, 23).
ann = an den (I. 313ᵃ, 27).
an-næme *adj.* (II. 370ᵃ) *angenehm* Glaub. Myst. Jer. Herb. 15750 *u. anm.* Chr. 3. 278, 16; *zu sunder annemer freuntschaft* Mh. 2, 473;
an-næmen *swv. annahme thun* Ssp. 2. 19, 1. 11, 3. den vride si annâmten Ad. 974.
annât *pl. die im ersten jahre an die päbstliche schatzkammer fallende hälfte des zinses von einer geistl. pfründe:* nachdem wir die annat von seinen (*des bisch. v. Constanz*) wegen bezalt haben Mh. 2, 164.
annehein = nehein, nie annehein Wack. *pr.* 8, 42.

an-nëmen *stn. das annehmen* Theol. 8;
an-nëmer *stm.* ein falscher an. dissimilator Dfg. 186ᶜ.
an-nîder *stm. der an* nîdet *anneider* Chr. 3. 33, 23. 42, 16.
anphanc *stm. s.* antvanc.
anphanclich *adj. s.* enphenclich.
an-phlîht *stf.* (I. 509ᵃ) *zuneigung* Pass.
an-rætec *adj.* (II. 578ᵃ) anr. werden *verraten werden* (Wwh. 308, 8) *s.* J. Grimm *bei* Hpt. 1, 207.
an-rihte *stf.* (II. 630ᵃ) *der tisch, auf welchem die speisen angerichtet werden* Bit. 12016. *vgl.* Dwb. 1, 426.
an-rîs *stn. das einem über den zaun auf seinen grund fallende (s.* rîsen) *obst* Gr. w. 1, 223. 5, 163. Dwb. 1, 429. *vgl.* anval.
an-riuch *stm. durch reibung an etw. rauhem verletzte stelle, wunde die durch* erriuchen *entstanden ist* Myns. 85. *zu* rûch.
[anriʒ, *stm.* (?)] II. 756ᵇ, *nach form u. bedeut. falsch angegeben; s.* anrîs.
an-rüchtic *adj.* infamis Dfg. 296ᵃ; *s.* Dwb. 1, 430.
an-rûschunge *stf.* (II. 822ᵇ) *das hinanspringen* (rûschen), *der angriff.*
ans = an dës (I. 313ᵃ, 22).
an-sage *swm.* (II². 15ᵃ) *der etw. zuerst gesagt hat, gewährsmann* Schm.;
an-sager *stm.* denunciator Oberl. 80.
an-saz *stm.* (II². 343ᵇ) *einsetzung*, immissio judicialis in bona Gr. w. 4, 181. 184. Ad. 980.
an-saz-brief *stm. urkunde über eine einsetzung* Mh. 2, 636.
an-sæze *swm. ansitzender, nachbar* Cp. 255.
ans-boum, ens-boum *stm.* (I. 227ᵇ) *brückenbalken* Weist. Urb. *Pf.* 196. *vgl.* Kwb. 7.
an-schicker *stm. anordner, schaffner* Np. 294. Tuch. 32. 59.
an-schîn *stm.* (II². 146ᵃ) *deutlichkeit, verständnis;* ansch. werden *deutlich werden* Diem.; sich ûʒ den stricken des lieplichen anschînes winden Wack. *pr.* 62, 54; dô vant er eines markes anschîn Kchr. *D.* 391, 14.
an-schouwære *stm.* (II². 200ᵃ) *anschauer* Myst. 2, 476, 30;
an-schouwe *stf.* (II². 200ᵇ) *das anschauen* Pass. 97, 15. 151, 72; *anblick* Pass. 122, 92. 211, 78. 249, 46. 294, 13 *u. öfter.* Geo. 4385. Ot. 175ᵇ; *das aussehen* Pass. Geo. 4027;
an-schouwede *stf. anschauung* in der ansch. des almahtigen gotes Wack. *pr.* 11, 38;
an-schouwen *stn.* (II². 198ᵇ) *das ansehen* Teichn., *der anblick* Pass.;

an-schouwunge *stf.* (II². 199ᵇ) *anschauung* MYST.

an-schüte *stf. angeschwemmtes erdreich. belege aus dem* 14. *u.* 15. *jh. im* DWB. 1, 441.

an-sĕdel *s.* ansidel.

an-sëhen *stn.* (II². 275ª, 42) *ansehen, anblick; angesicht* KLG. MYST. LUDW.;

an-sëhende *part. adj. anschauend mit* ansëhenden *augen* MSH. 2, 177ª; *passivisch angeschaut* daz ansëhende leit REINH. 1199. LANZ. 3708. daz ans. hërzesêr *ib.* 7421. (W. GR.); *vgl.* GR. 4, 65.

an-seige *adj.* (II². 267ᵇ) *mit dat. zudringlich, feindlich* LANZ.

anser *stm.* (I. 47ª) *schleife* PONTUS; *aus fz.* anse, ansette.

anser *stm. s.* êser.

anse-zech-man *stm.* qui homo certam habuerit mansionem, quod vulgariter ein ansezechman dicitur Mw. 104 (*a.* 1272).

ansibên ansibena *oder* amphilibena, ain slang MGB. 263, 6.

an-sidel *stmn.* (II².236ᵇ) *sitz, wohnsitz* daz ansidel SWSP. *Lassb.* 148, *bei* WACK. 128, 7. 8. 12 der ansëdel. DWB. 1, 462.

an-sihtec *adj.* (II². 285ª) *ansichtig* Ls. BERTH.; *ansehnlich*: die grosze stube uff dem rathus ist voll redlichs, usz gelesens, ansichtigs volks gewest UGB. 137;

an-sihteclîche, -en *adv. sichtlich, angesichts* RENN. 561. MSH. 2, 19ᵇ. 3, 73ᵇ. WARTB. 49, 6.

ân-sin *stm.* (II². 316ª) *s. v. a.* unsin MGB.

an-singer *stm.* (II². 302ᵇ) *der einem zu ehren od. um geld etw. vorsingt* SCHM.

an-sing-gelt *stn.* man sol zu keiner hochzeit ansinggelt nit geben ausgenommen den eehalten im haus der hochzeit NP. 78. *vgl.* CHR. 2, 5 *anm.* 3.

an-sinnunge *stf. bildlich* ans. idea DFG. 284ª.

an-sitzer *stm. beiwohner, aufseher* CHR. 5, 159 *anm.* 2.

an-siune, an-sûne *stn.* (II². 282ª) *österr. auch* ansoune (KARAJ.) *angesicht* FDGR.

an-slac *stm.* (II². 382ª) *anschlag an ein brett, bekanntmachung* FASN.; *vorbereitung des schützen zum abschiessen* NARR. *absicht, vorhaben; plan, entwurf, voranschlag (oft in den* CHR. *s. die glossare); angebot* ainen zimlichen ansl. auf den waiz tun MH. 2, 818; *steuer* CP. 171. 274. 297;

an-slaher *stm.* anslaher und innemer der steur MH. 2, 751.

an-soune *stn. s.* ansiune.

an-spin, en-spin *stm.* (II². 509ᵇ) *spinnwirtel, ring od. knopf, der die spindel beim umdrehen im gleichgewicht hält, so lange sie nicht mit fäden so umsponnen ist, dass sie selbst die notwendige schwere hat* GL. WAHTELM. FASN. NETZ (anspi) 12616 *var.* anspin *u.* enspin sirtis VOC. 1482 einspin DFG. 263ᶜ; *getriebe der uhr* GLEM. 8, 303.

an-sprâch-brief *stm.* libellus VOC. opt. (DFG. 326ᵇ.)

an-sprâche *stf.* (II². 536ᵇ) *ansprache* MYST.; *anspruch, ansprechung, einspruch (so noch in der schweiz. gerichtssprache)* LOH. KRONE. TRIST. *u. in den rechtsdenkmälern* MZ. 1, 236. 267. 364. DM. 21 UKN. 88. kampflich anspr. SWSP. 340; *anklage* TRIST. *u. rechtsdenkm.* MZ. 3, 43; *darstellung einer gerichtlich zu verhandelnden sache* WOLK.;

an-spræche *adj.* (II². 537ᵇ) *angesprochen, angefochten; angeklagt; rechtsdenkm.* MZ. 1, 293. 305; *mit gen.* ZÜRCH. *r.;*

an-spræche *stf.* (II². 538ª) *anfechtung, anklage* ZÜRCH. *r.;*

an-spræchec *adj. s. v. a.* anspræche, ansp. güeter MZ. 1, 259, 290. 2, 465; die güeter anspr. haben *eine forderung an dieselben haben* GLAR. 82; der ansp. tail *die beklagte partei* DH. 406.

an-sprëchen *stn.* incantare MGB. 262, 24.

an-sprëchenlich *adj.* anspruchig CHR. 5. 328. 13.

an-sprëcher *stm.* (II². 634ª) *ankläger* DH. 406; incantator MGB. 262, 24;

an-sprecherinne *stf.* hâstu iht gesundet, daz dû geloubet hâst an wârsagerin, an ansprecherin, zouberin? MONE 7, 424.

an-spruch *stm.* (II². 540ª) *anklage* HALT.;

an-sprüch *adj. s. v. a.* anspræche: ich schol meinen herren der guote weren, do si im anspruch würden MZ. 4, 158.

an-spruch-brief *stm. forderungsbrief* Mw. 370.

an-spruch-liute *pl.* die anspruchleute an uns als einen obman gegangen sind Mw. 370.

an-sprunc *stm.* (II². 547ª) *das ansprengen, der angriff* JER. insultatio DFG. 302ᵇ.

anst *stf. gen.* enste (I, 31ᵇ) *wolwollen* GLAUB. 17. 570. 681, zuo der gotis ensten 2937 (*also ein swf.* enste? *auch* HPT. *h. lied* 131, 18 *ein nom.* diu enste). — *gt.* ansts *zu* unnen. DIEF. 1, 72.

an-stal *stm. anstellung* CHR. 5. 132, 21; *waffenstillstand ib.* 342 *anm.* 1. DH. 444. DWB. 1, 472;

an-stallunge *stf. waffenstillstand* UGB. 95. CP. 320.

an-stalt *stf.* (II². 563ᵇ) *begründung* anst. ze einem d. haben SION.

an-stant *stm.* (II². 590ᵇ) *anstellung, amt.* EHING. *waffenstillstand, friede.* MH. 1, 302. 2, 939. DH. 441. UGB. 13. CP. 179. 318. 321.

an-starre *stf.* (II². 644ᵇ) *das anstarren* MYST.

an-stëcher *stm.* den wein anstechen durch die geschworen anstecher NP. 243.

an-stërbende *part. adj. durch todesfall geerbt* ansterbende gütter UGB. 529 s. ane-sterben.

an-stôz *stm.* (II². 668ᵃ) *angriff, anfechtung* JER. MYST.; *gränze* MH. 1, 222. GR.W. 5, 152; *das zu einem gute gehörige* die hube mit allen iren anstoszen MH. 2, 826; sie brannten im ouch... was er da hett mit anstœssen MZ. 1, 522 s. 431;

an-stœzer *stm.* (II². 667ᵃ) *angränzer* GR. w. 5, 162. MH. 1, 205. ÖH. 152, 27.

an-strich *stm.* (II². 689ᵃ) *strich auf der geige* NIB.

an-strîten *stn.* (II². 691ᵇ) *das angreifen* JER.

an-stürmen *stn.* (II². 717ᵇ) impugnatio JER.

an-suochunge *stf.* (II². 12ᵇ) *versuchung* MYST.; *feindlicher angriff* CP. 315.

ánt- (I. 47ᵃ) *betonte vorsilbe, unbetont* ent, int *md. auch* unt *z. b.* PF. *üb. öfter auf s.* 5. — *gt. and längs gegen, zu lat.* ante *gr.* ἀντί CURT. 1, 173. DWB. 1, 495. WEINH. *alem. gr.* § 296, *bair. gr.* § 234.

ant *stm. adj. s.* ande.

ant *stmf.* (I. 47ᵇ) *enterich, ente* TRIST. *H.* BON. j. TIT. 531. RENN. 19425. *pl.* ente RENN. 8227. *sw.* enten ALTSW. 187, 11. 188, 9. — *ahd.* anut *zu lat.* anas *gr.* νῆσσα CURT. 1, 280.

an-tac *stm. die octave eines festes* off antag sente Peters und Pauls. ARN. 8 (*a.* 1335). andach JAN. 1 *ff. andere belege im* DWB. 1, 495 *f.*

antbære *stf.* (I. 147ᵇ) *gewönlich angeglichen* ambære, ampære, -âre *was entgegen getragen, dem anblick dargeboten wird: gebärde, aussehen, zinsen* antbâre ELIS. 3946 (*sonst* ampâre 883. 3866. 5160. 5246. *u. öfter;* der heiligen amp. gesta 8571) TRIST.; amper, amperkeit *bei* SCHM. *Fr.* 1, 79. — *ahd.* antpâra *zu* bërn.

ante *prät. von* enden.

an-teil *stn. antheil; belegt aus dem Strassb. stat. bei* OBERL. 53;

an-teilec *adj.* (III. 24ᵃ) *antheil habend,* einen eines d. ant. tuon *es ihm mittheilen; vgl.* DWB. 1, 498.

anten *swv. s.* anden.

anterære *stm.* (I. 47ᵇ) *nachahmer* VOC. antrer der leute scenicus VOC. 1482. — *zu* antern.

anterkrist *stm. s.* entekrist.

antern, entern *swv.* (I. 47ᵇ) *nachahmen* er äntert all ander vogel mit der stimm MGB. 199, 12. — *ahd.* antarôn *das* J. GRIMM *im* DWB. 1, 311 *unmittelbar zu nhd.* ahmen *stellen möchte für* amatarôn, amtarôn.

ant-haft *part. adj. losgebunden, wild* diu anth. mære PASS. 45, 12.

antheiz, entheiz *stm.* (I. 659ᵇ) *gelübde, versprechen* JUD. ERINN. (*s. anm. zu* 188) TUND. TROJ. KRONE 21234. 24280. RUD. *weltchr.* 64ᵃ. 89ᵇ. ALBERTUS 183. ROTH *dicht.* 101, 100. MSF. 207, 15. HPT. 8. 149, 138; entheiz BASEL. *r. s.* 40. JER. 65ᵇ. 163ᵈ;

ant-heize *adj. durch ein versprechen gebunden, zu etw. verpflichtet:* daz ir den burchgrafen derselben tausent pfunde antheizze werdet MZ. 3, 180; *ebenso:*

ant-heizec *adj.* (I. 660ᵃ) LS.; *daraus scheint nhd.* anheischig *entstanden zu sein* DWB. 1, 373.

antiffen *stf.* antiphona CHR. 4. 291, 22.

anti-krist *stm. s.* entekrist.

antiste *swm.* (I. 47ᵇ) *prälat* TRIST. WH. *v. Östr.* 94ᵃ. 99ᵃ.

antlanc *m. ein theil des zaunes auf der feldflur, in österr.* WEIST. *s.* DWB. 1, 500 *u. vgl.* andelange.

ant-lâz *stm.* (I. 952ᵇ) *sündenerlass, ablass* DIEM. SERV. BERTH. KCHR. *D.* 452, 8. RUL. 139, 32. 140, 10. ANEG. 20, 54. LITAN. 235, 31. MARLG. 175, 43. 176, 74. AMIS 1011; diu antl.? (*s. gloss. zum* 1. *u.* 2. *bande d.* CHR., es könnte dort auch als plur. gefasst werden);

ant-laezec *adj.* (I. 954ᵃ) *wofür ablass gegeben werden kann* BERTH. 285, 26. BIRKENST. *s.* 20, 24;

ant-lâzen *swv.* (I. 953ᵃ) *loslassen* PILAT.; *ablass ertheilen, vergeben* RUL. SERV. SPEC. 60. *mit* ge-.

ant-læzlich *adj. erlässlich* âne sunte antlâzliche SPEC. 60.

ant-lâz-tac *stm.* (III. 5ᵃ) *ablasstag, bes. der grüne donnerstag, weil ehemals an diesem tage die lossprechung oder entlassung öffentl. büsser von ihren vergehungen u. kirchenstrafen stattfand.* HELBL. BERTH. MYST. 2, 245, 23. CHR. 1. 89, 9. DM. 97. GEIS. 420. W. 16 *s.* 21. MZ. 2, 397. STB. 180. USCH. 241.

ant-lâz-vart *stf. fahrt zur erhaltung von ablass* FASN. 541, 37.

ant-litzen *swv. s.* geantlitzet.
ant-lütte,-lütze,-litze *stn.* (I. 1060ª) *antlitz;* antlütte *erscheint am seltensten* (WACK. *pr.* 68, 340. 343) *auch als* antlutte, antlüte, antlüt, antliute, antluite (VET. *b.* 60, 15), antlûhte. *ausserdem kommen neben* antlütze antlitze *noch vor die formen* antlit (S. MART. 8, 18. GERM, 3, 444) antlët, antlitte CLOS. 83 (*im abdrucke falsch* antlute) antlihte. — *die formen mit* ü, u *führen zurück auf gt.* ludja *angesicht, jene mit* i, ë *auf gt.* vlits *gesicht von einem verlornen vb.* vleitan *blicken.* DWB. 1, 500. WEIG. 1, 48.
antorn *s.* andorn.
ant-phanc *stm. s.* antvanc.
ant-rach *swv. s.* antreche.
an-trager *stm. kuppler* NP. 21. 28; dapifer DFG. 166ª;
an-tragerinne *stf. kupplerin* BERTH. 335, 32.
an-traht *stf.* (III. 78ᵇ) *das anfangen, anstellen; der angriff* PASS. — *zu* tragen.
antraten? *der ain fauls pain hat* — fistulam und antraten COD. SCHM. *Fr.* 1, 115.
antrax *m.* (I. 47ᵇ) *ein edelstein* WOLFR. *vgl.* DFG. 37ª *s. v.* anteax.
antreche *swm.* (I. 47ᵇ) *entrich* RENN. ALBR. 27, 15; antreich MGB. 169, 18, antrach, entrech, entrich, entreich DFG. 34ᵇ. *vgl.* DWB. 1, 502. *zu* ant.
ant-reitære *stm. ordner* got antreitære dere dinge HPT. 8. 149, 151;
ant-reite *stf. n.* (II. 673ª) *reihenfolge, ordnung (die verschiedenen stufen der vollkommenheit u. seligkeit* ERINN. 966 *u. anm.*) SPEC. WWH. GEO. KCHR. W. 3170. 7605. *zu* reiten;
ant-reiten *swv. (ib.) ordnen, zurecht machen,* in antreite *bringen* RUL. SPEC. KCHR. HPT. 8. 146, 39;
ant-reitunge *stf. anordnung* diu antr. des almechtigen gotis MONE 8, 525.
antrodrâgmâ (I. 47ᵇ) *ein edelstein* PARZ.
antron *s.* andorn.
ant-sage *stf.* (II². 15ª) *lossagung, abschläg.* antwort DIEM. GEN.
ant-sæʒe *adj.* (II². 342ᵇ) *mutig* LS. 2, 609, 11 (MSF. 240 *wol durch druckfehler* antlaeʒe). *vgl.* entsitzen.
ant-segede *stf. s. v. a.* antsage: do di poten gesageten, welihe ants. si habeten JOS. 1201. *vgl.* entsagen.
ant-siht *stf.* (II². 282ᵇ) *anblick* LESEB.
ant-swëder . eintswëder.

ant-vahs *adj.* (III. 212ᵇ) *mit langen haaren versehen, md.* antvas EN. *s.* vahs.
ant-vanc, anphanc *stm.* (III. 210ª) *empfang* antvanc DIEM. IW. NIB. BIT. 1287. 1732. LOH. 3013. 3056. KRONE 22307. 27218. 28424. FDGR. 1. 165, 40. 185, 26. HELMBR. 1716. ALBR. 16, 32; antphanc NIB. IW. WWH. 250, 27. LIEHT. 192. 16. 211, 3. 252, 9 *u. öfter;* anpfanc TRIST.; enpfanc GUDR. — *zu* enpfâhen.
ant-vogel *stm.* (III. 358ª) *ente u. zwar nicht nur die zahme wie* DWB. 1, 507 *behauptet wird* (so mag auch ietweder paissen mit vederspil antvogel, enten und ander wassergeflügel NP. 310) WWH. ER. 2042. ERLŒS. XLV, 91. GA. 1. 360, 861. 869; 2. 149, 21. NP. 190.
ant-vrist *m.* (III. 409ᵇ) *ausdeuter, übersetzer* SERV. — WACK. *vermutet darin eine umdeutschung des lat.* interpres;
ant-vristen *swv. (ib.) deuten, übersetzen* FDGR. 1. 96, 18. SPEC. 63. BASL. *hs.* 19.
ant-vuoʒ *stm.* (III. 445ᵇ) *entenfuss, mensch mit schleppendem gange* Voc.
ant-wart,-wurt *stf.* (III. 598ᵇ) *gegenwart* GEN. RUL. (antwirt 284, 13) TUND. PARZ. DIETR. 4379. MH. 2, 212. ULA. 65. STZ. 36. — *gt.* andvairths *gegenwärtig; zu* wërden.
ant-warten *swv. s.* antwerten.
ant-wëder *s.* eintwëder.
ant-wërc *stn.* (III. 588ª) *maschine zum zerstören* (entwürken) *bes. bei belagerungen, maschine überhaupt* NIB. GUDR. WOLF. TRIST. KCHR. W. 5436. APOLL. 10632. GFR. 633. BIRKENST. 139. 199. 201. BASL. *r.* 42. KRONE 11738. 26226. 27640. ENENK. (HPT. 5) 756. 761 *ff.*; *umdeutend entstellt* hantwërc (589ª, 28) RUL. LUDW. JER. HERB. 3672. MICH. 3 *s.* 25. CHR. 4. 85, 1; 5. 5, 18. 38, 13. *aus der bedeutung „maschine, werkzeug" entwickelt sich für* antwërc *jene von berufsmässigem arbeiten mit werkzeugen ohne dass man da, wie im* WB. *u. im* DWB. *geschieht, eine verwechslung mit* hantwërc *anzunehmen braucht* BARL. GRIESH. BERTH. CLOS. AD. 951, *und endlich: das durch solches arbeiten hervorgebrachte, das geschöpf überhaupt* MS.
ant-wërc-liute *pl.* (I. 1039ᵇ) *die bei einem* antwërc (*belagerungsmaschine*) *beschäftigten, umgedeutet* hantwercliute CHR. 5. 38, 17; *handwerker* CLOS. AD. 952. BERTH. *Kl.* 91.
ant-wërc-man *stm. handwerker* AD. 952. CHR. 4. 149, 15. NETZ 12954.
ant-wërc-meister *stm. zeugmeister* CHR. 4.

178. *anm.* 3; *umgedeut.* hantwercmeister, *meister eines handwerkes* (II. 124ᵃ).
ant-wërc-nagel *stm. nagel in einem* antw. WAHTELM. 170.
ant-wërken *swv.* (III. 588ᵇ) *ein* antwërc *errichten, belagern* Ms.; hantwerken und vürschieszen KIRCHB. 716, 20.
ant-werte,-wert *s.* antwürte.
ant-werten,-würten *swv.* (III. 599ᵃ) *übergeben, überantworten; die form* antwerten *ist selten* (MYST. 2. 185, 34 UGB. 96 antwarten *ib.* 17) antwirten Mz. 1, 263. BEH. 213. 112; *aus* antwürten *wird später* antworten (*s. die gloss. zum* 2. *u.* 3. *bande der* CHR. TUCH. 33, 2. 88, 16. 269, 31; den pach antw. *leiten* 227, 16) *u. bei allen formen kann das betonte* ant *zu tonlosem* ent *werden. allg., mit* ûf, wider; ge-. — *zu* antwart.
ant-wîch *stm.* (III. 616ᵇ) *neigung, biegung* SERV. — *zu* wîchen.
ant-wirt *s.* antwart *u.* antwürte.
ant-wirten *swv. s.* antwerten *u.* antwürten.
ant-worten *swv. s.* antwerten *u.* antwürten.
ant-würkære *stm.* (III. 594ᵇ) *handwerker, zu entnehmen aus* antwürkerkneht.
ant-würke *swm.* (III. 595ᵃ) *handwerker* MERAN.
ant-würker-kneht *stm.* (III. 594ᵇ, 29) *handwerksknecht* MERAN.
ant-wurt *stf. s.* antwart.
ant-wurt-büeʒen *stn.* (I. 284ᵇ) büeʒendez, *gutmachendes antworten* FRL.
ant-würte,-wurt *stnf.* (III. 810ᵇ) *antwort. nbff.* antwerte, antwert, antwirt, éntwurte, (MERSW. 3 *ff.*) entwürt *u. später* antwort. *das genus ist oft zweifelhaft, doch hat man* antwürte *als n. und* antwurt *als f. zunehmen* DWB. 1, 508. *im rechtlichen sinne die antw. vertheidigung des beklagten* (nach clag und antwurt, red und widerred Mz. 1, 550) *und rechenschaft s.* HALT. 47. *allg.* — *zu* wort.
ant-würten *swv. s.* antwerten.
ant-würten *swv.* (III. 811ᵃ) *prät.* antwurte. *nbff.* antworten, antwerten (*prät.* antwarte,), antwirten, éntwurten, éntwerten: *antworten; verantwortlich sein, rechenschaft geben; sich gegen eine gerichtliche klage vertheidigen. allg. mit* ge-, ver-.
ant-würter *stm. überbringer* CHR. 5. 346, 30. *zu* antwerten.
ant-würter *stm.* (III. 811ᵇ) *nbf.* antworter, *antworter; der beklagte* clager, rihter antworter Ls. 2. 427, 13. *der* cleger *und der* antw. MH. 1, 177. 480. CHR. 5. 296 *anm.* 5.
anumberdumbundname pape, heu, *interj.* ammirantis Voc. 1482.
an-vâhen *stn.* (III. 204ᵃ) *ergreifung* BRÜNN. *r.*
an-val, ane-val *stm.* (III. 222ᵇ) *anfall, zutritt* KRONE. MYST.; *feindlicher überfall* Mw. 364. 376 (2, 566); *was anfällt, hinzukommt* MYST.; *s. v. a.* anrîs WEIST.; *die durch windbruch herabfallenden äste etc.* NP. 314; *von der witterung* anv. *des schnees* CHR. 5. 34, 21; *anfall eines gutes durch erbschaft; lehensanfall* (CP. 214); *erbschaft überhaupt; abgabe des erben für eine verleihung des hofes* WEIST.;
an-valler *stm. angreifer* so süllen wir denselben anvaller pitten, daz er von sölichen anvellen und angriffen lazze Mw. 376.
an-vanc, ane-vanc *stm.* (III. 210ᵃ) *anfang* VREID. BARL. TROJ. 9616; anvang der sunnen, oriens DFG. 400ᵇ. *pl.* anevänge HEINZEL. 133. 83, 4; *ursache* CHR. 5. 9, 31; *vindication eines gestohlenen gutes* FREIBERG.; *gestohlenes gut, beute* die anfeng, so die veint gelassen haben, sullen wir dem kaiser antwurten MH. 2, 58; *laudemium* SCHM. 1, 540;
an-vangen, vengen *swv.* (III. 210ᵃ) *angreifen* so enturren si vor den slangen den pfaffen anvangen AB. 1, 313; *bes. in der gerichtssprache: ein gestohlenes gut in beschlag nehmen; das laudemium entrichten* WEIST. *s.* SCHM. 1, 539, *auch* vengen *unter* ane *u.* anvanc.
an-vanz *stm.* (III. 236ᵃ) *betrug* OBERL.; *s.* vanz *u.* alevanz.
an-vellec *adj.* (III. 225ᵃ) *anfallend, angreifend* SWSP.; *ansteckend, krank* anvellige gebrësten MYST. 2. 94, 18. allez daz anvellic ist, daz sol ich gesunt machen *ib.* 226, 16; *anfallend, zufallend ib.* 2. 327, 27.
an-vengec *adj. anfängig* RUD. *weltchr.* 63, 225.
an-vengen *swv. s.* anvangen;
an-vengunge *stf.* (III. 210ᵃ) *arrestation* BRÜNN. *r.*
ân-ver-laeʒec *adj. was nicht erlassen werden kann* GR. w. 5, 625.
an-vertigen *swv. anfallen, angreifen* VILM. 12. an der êre anv. Mw. 217, 75. mit pösen worten anv. NP. 8; *vor gericht belangen* Mz. 3, 53. 197 (*s.* 174). 198 (*s.* 177); 4, 105. 174. W. 31. 48;
an-vertigunge *stf. gerichtliche klage* W. 49.
an-vorderunge *stf. rechtmässiger anspruch* TUCH. 35, 28. 36, 3.

an-vrouwe, -vrou *stf. ahnfrau* wizt ir daz iuwers vater bas dem jungen von dem Berge rehtiu anvrou was LOH. 1382; *grossmutter* NP. 71. 77.

an-walte *swm.* (III.476ª) *anwalt* KULM. *r.* des herzogen anwalt in der münz ze Wien USCH. 343. der brobst oder sein anwalt UKN. 179. 223; *anstifter* JER.;

an-waltende *part. adj. der zugehörige* ir ind ûr anw. KARLM. 105, 41;

an-waltunge *stf.* procuratio MH. 3, 70.

an-wande, -want *stf.* (III.686ª) *gen.* anwende *pl.* anwande *u.* anwende (AD. 812) *gränze, gränzstreifen (die stelle wo der pflug wendet)* NEIDH. (53, 8). TÜRL. *Wh.* WEIST.; *acker ackerbeet* WEIST. *(statt der zweiten im WB. angegebenen bedeutung). s.* anwende;

an-wanden *swv.* (III. 686ᵇ) *angränzen* WEIST. Mz. 1, 478; anewanten URB. *Son.* 104, 22.

an-wasel *s.* âwasel.

an-weide *stf.* (III.552ª) *anrecht auf die weide* WEIST.;

an-weidec *adj.* (III. 554ᵇ) *weideberechtigt* WEIST.

an-weigunge *stf.* (III. 556ª) *anfechtung, versuchung* GEST. *Rom.* MYST. 2. 356, 38.

an-wende *stf.* (III. 687ᵇ) *s. v. a.* anwande WEIST.;

an-wender *stm. angrenzender acker* GR.W. 4, 24. VILM. 15; anewanter URB. *Son.* 104, 15;

an-wendunge *stf. s. v. a.* anwande ARN. 8 (*a.* 1463).

an-wîser *stm.* (III. 762ᵇ) *anleiter* CP. 9; *beiständer* MÜNCH. *r.* WEST. *gl.* 18;

an-wîselich *adj. einem in etw.* anw. sîn *es ihm zeigen, ihn anweisen* CHR. 3. 276, 16;

an-wîsunge *stf.* (III. 762ª) *anweisung, leitung* ALEXIUS, LUDW. HPT. 7, 101. MGB. 67, 21. 72, 27.

anz = an daz (I. 313ª, 28).

an-zal *stf.* (III. 842ᵇ) *der in bezug auf eine gewisse menge dem einzelnen zufallende antheil, das verhältnis* AD. 230. CHR. 116, 21. 146, 22 nâch anz. *nach verhältnis ib.* 184. 11. 185, 2, 187, 21 (*alle diese belege aus dem 14. jh.*); *häufiger erscheint das wort im 15. jh., s. die glossare zu den* CHR. TUCH. 202, 6. 269, 14. 270, 22. Mz. 1, 462. 527. *belege aus md. quellen s.* GERM. 6, 59.

an-zuc *stm.* (III. 931ª) *stellung von zeugen* OBERL.; *vorwurf, beschuldigung* welcher anzug uns nit klain von im befrembdet MH. 2, 100. er tett das mit sollihem anz. mînen glimpf swerlich berürende DON. (*a.* 1475); *zugang fremder kaufleute um einzukaufen* MH. 2, 227. CP. 174.

an-zuht *stf.* (III. 939ᵇ) *berufung* KULM. *r.*

an-zünder *stm.* incensor DFG. 291ᵇ; *anstifter* sie sint wol anzünder boeser dinge MYST. 2. 357, 17; aller ding haubtleut und anzünder CHR. 3, 136, 7;

an-zündunge *stf.* incendium DFG. 291ᵇ.

ap *adv. s.* abe.

apentêke *f. s.* apotêke.

apfal-ter, affal-ter *stswf.* (III. 31ª) *apfelbaum* GL. KONR.; affalter GERM. 8, 47; *weitere belege bei* SCHM. *Fr.* 1, 41. *s.* têr.

apfel *stm.* (I. 47ᵇ) *apfel im pl.* epfel (*später auch im sing.* epfel *bei* MGB. öpfel 16, 3. 365, 21) PARZ. EN. (*lies* 3487) BON. ENGELH. 354. 358; fûler a. MSH. 3. 15ª. 42ª ein kint den a. minnet FRAGM. 21, 54 (*vgl.* MSH. 3, 170ᵇ). TROJ. 632. ein guldîn apf. 23520. a. des Paris 126ᵇ. (*vgl.* TROJ. 18795). spitzlinge epfel WEINSB. 95. *redensarten:* der a. wil nâch dem stam gerâten WEIM. *hs.* 74. minnet einer niht, man giht, daz er nit epfel ezzen müge Ls. 3. 329, 77. — apfel von einer palme PASS. 247, 83; am puhsbaum MGB. 316, 33; apf. *am schwert* GERM. *Hag.* 8, 284; *reichsapfel* OT. 17ᵇ. *augapfel;* zwên epfel (*brüste*) TROJ. 20218. j. TIT. 1247. APOLL. 13365. *über etymol. s.* KUHN 6, 216. DWB. 1, 532.

apfel-biz *stm. biss in den apfel* BERTH. 291, 28. KOLM. 105, 48. HANS 1698; *ebenso:*

apfel-bîz *stm.* (I. 193ᵇ, 24) Ms.

apfel-bluome *swmf.* (I. 216ᵇ) rubiola DFG. 502ª. *n. gl.* 321ª.

apfel-bluot *stf. apfelblüte* ALTSW. 24, 27.

apfel-boum *stm.* (I. 227ᵇ) DFG. 446ª;

apfel-böumîn *adj. aus apfelbaumholz* GR.W. 4, 518; pomineus DFG. 446ᵇ.

apfel-gaden *stn.* pomarium VOC. 1482.

apfel-grâ *adj.* (I. 560ª) *apfelgrau, von pferden gebraucht* EN. ROTH. OREND. 3061. KRONE 12865; *ebenso:*

apfel-grîs *adj.* sîn ros geverwet apfelgrîs TROJ. (*a. druck*) 203ª. DA. 99.

apfel-guldîn *stm.:* einem erbern rat sein etlich apfelgulden fürgetragen, die an der einen seiten einer besundern uberschrift, aber an der andern und darzu an irem geprech den gemeinen gankhaftigen réinîschen apfelgulden gleich sein NP. 145.

apfel-muos *stn.* (II. 240ᵇ) *äpfelmus* FRL. GERM. 9, 201. 205 DFG. 446ª.

apfel-rôt *adj.* rot wie ein apfel MGB. 98, 27.

apfel-saf *stn.* (II². 13ᵇ) *apfelsaft* MGB.
apfel-schal *f.* (IIᵃ. 121ᵃ) *apfelschale* Voc.
apfel-tranc *stmn.* (III. 93ᵇ) *apfelwein* ENGELH.; epfeltranc NEIDH. RING 35ᵇ, 30.
apfel-var *adj.* (III. 237ᵃ *ohne beleg*) *apfelfarbig.*
ap-got, apt-got *stnm. s.* abgot.
âpis *m.* (I.48ᵃ) *der heil. stier der Aegypter* BERTH.
ap-lâʒ *stm. s.* abelâʒ.
apostel *stm.* (I. 48ᵇ) *apostel* SILV. PASS.; **apostole** *swm.* EVANG. 238ᵇ; *gewönlich zwelfbote;*
apostolisch *adj.* der ap. stuol PASS. 318, 62.
apostützer *stm. heuchler* NARR. 105, 21 *u. anm. aus ital.* aposticcio spurius. *mlat.* apostizus. DWB. 1, 536.
apotêke *swf.* (I. 48ᵇ) *apotheke, auch specereiladen* KONR. MYST. MGB. 90, 3. 91, 8; ap., stette do man kaufmanschatz verkauft Voc. 1482; apentek BEH. 36, 10; abdig DFG.408ᶜ;
apotêker *stm. apotheker* MGB. 276, 23; apenteker BEH. 8, 7; appenteker CHR. 5. 385, 29; *so auch* DFG. 434ᵃ (pigmentarius).
apotêker-garte *swm.* recht sam eyn apteykergart der wurtzen sint sîn wengel HANS 2050.
apotêkerinne *stf.* pigmentaria Voc. 1482.
apotêker-wurz *stf.* du biz vrou eyn abtekerwurz HANS 4042.
appellaz *f.* appellatio DON. (*a.* 1435).
appellieren *swv.* appellare PASS. 43, 31. 263, 42. GR.W. 4, 200. 5. 149.
appentêker *stm. s.* apotêker.
appenzeller *stm.* (I. 48ᵇ) *tanzname* Ls.
appet *stm. s.* abbet.
applatys (I. 48ᵇ) = oblatîsen. Ms.
approch *s.* âbrich.
aprëcher *stm. s.* abebrëcher.
aprille *swm. s.* aberëlle.
apt *stm. s.* abbet; **aptei** *f. s.* abbeteie.
aquilôn *m.* (I. 48ᵇ) *nordwind* Ms. gein aquilône j. TIT. 366, 4.
ar- *präfix* (I. 46ᵇ *mit verweisung auf* ardrüʒe *u.* arkust *die aber im* WB. *nicht vorkommen*).
-ar *suffix s.* ære.
ar *stn. s.* eher.
ar *swm.* (I. 48ᵇ) *adler* NIB. WOLFR. GOTFR. WALTH. HELMBR. 549. des arn milte j. TIT. 1861; MSH. 2, 78ᵇ. 3, 412ᵃ. MSF. 66, 1. da wirt manger an geschrîet als die arn, sô man die gense wil bewarn JÜNGL. 1237. ein grifec ar LUDW. 7669. nâchgrîfec als ein ar RENN. 8615; 19096—99. 19430. 19933. PASS. 324, 56. 67. 325, 15. KARL 106ᵃ; ein hermîn ar (*wappen*) WIGAL. 10702; ein halber ar (*im schilde*) WG. 10480. 12354. TURN. 68, 4. rubîn verworht in zwein guldin arn MAI *s.* 61. — *zu gr.* ὄρνις CURT. 1, 313; *s.* arn.

âr *conj.* = ader, oder PF. *üb.* 112, 267 (*ndrh.*)
árabèsch, arâbisch *adj.* (I. 52ᵃ, 20. 52ᵇ, 27) *arabisch* WOLFR. arâbisk RUL. 236, 20. 299, 7. arâbisch NIB. 1763, 3; *umgel.* aræbesch NIB. WOLFR. *nasal.* árabènsch WOLFR.
arans der paum arans (*var.* arantz) ze latein orangus MGB. 318, 16;
aranser *pl.* orangen, die öpfel die dâ haiʒent aranser von dem paum arans MGB. *a. a. o.*
ârant *stm.* (I. 52ᵇ) *auftrag, botschaft, geschäft* GEN.; *ahd.* ârant *m. u. daneben* ârandi ârunti *stn. mhd. u. md. verkürzt u. umgel.* érende érinde, ernde ernt GLAUB. HERB. LANZ. *s.* GR. 2, 56. 88. 344.
arbe *f. zirbelkiefer* GR.W. 5, 212; DWB. 1, 538. NEMN. 2, 978.
arbeit, arebeit *stfn. gen.-e.* (I. 53ᵃ) *daneben* diu arbeite GUDR. 666, 3. 1297, 3; *umgel.* erebeite, erbeit (*oft im* RENN. *neben* arbeit) ELIS. 2353 (*als neutr.* 1713): *arbeit* (*geistliche arb. gebet* UHK. 2, 25); *das dadurch zu stande gebrachte, erworbene* WALTH. ich iʒʒe mîn arbeit WARN. 703; *mühe, mühsal, not die man leidet od. freiwillig übernimmt* (*mit gen. dessen, wovon die not hervorgebracht wird*). *allg.— strafe* VET. *b.* 51, 20. *kindesnöte* DSP. 1, 38. SSP. 1, 33; vrowen di in erbeiten gên der kinder MYST. 1. 89, 4. — *nach* WACK. *wol ursprünglich von der führung des pfluges* (*vgl.* ern *u.* beiten) *nach* DWB. 1, 539 GDS. 54 *von einer wurzel* arb, *wovon auch* erbe, *also* arbeit *ursprünglich: wirken auf seinem grundeigentum, feldbestellung* WEIG. 1, 52;
arbeiten, arebeiten *swv.* (I.54ᵃ) *umgel.* erbeiten BERTH. Mz. 4, 253: *ohne obj. arbeiten, mit anstrengung streben* BIT. BERTH. nâch dem guoten lande arb. GRIESH. 2, 58. über sich arb. *aufwärts streben* MGB. 275, 21. diu henn arbait vast im airsetzen MGB. 194, 11. mit koufmanschaft gên Wien arb. *dorthin handel treiben* MH. 2, 614; mit dem gezeuge arbeiten *mit büchsen schiessen* UGB. *s.* 549, 550.— *trans.* in arbeit *bringen, bedrängen, plagen* PARZ. BERTH. BARL. wir süln uns arb. REINB. 323. du hast si gearbeit mit geschoʒ, feur, sturmen MH. 1, 124. die stat arbeit er vast und hat wol auf zwaihundert klafter der maur abgeschossen *ib.* 3, 208; *vgl.* CHR. 2, 537ᵇ; daʒ pfert arb. *gebrauchen* SWSP. 212, 13. 14. *bearbeiten* ein hantwërc arb. *treiben* BERTH. 562, 24; das schwein abstechen und arb. NP. 232; es sol

ieder bierpreu seine bier durch die geswornen schroter arbeiten und füren lassen *ib.* 269; auch schullen sie (*die münzmeister*) unser münze getruwelichen fordern und erbeiten Mz. 4, 253; den teic arb. *durchkneten* Chr. 2. 305, 16. — *refl. sich mühen, anstrengen* Wolfr. Bit. Herb. Silv. 1592. Pass. 303, 17. Krone 25872. Berth. 286, 12. sich dar under arb. *sich anstrengen die feindlichen parteien auszusöhnen* Mz. 1, 586. Ea. 87. Chr. 1. 57, 30. *mit* be-, er-, ge-, über-, ver-;

arbeiten *stn.* (I. 54^b) *anstrengung* Nib.; *umgel.* welche uns mit unserm erbeiten und beten darzu (*zum frieden*) nicht bringen möchten. Mz. 4, 358;

arbeiter *stm. arbeiter, handwerker* Renn. 3703. 18068. Berth. 271, 17. Griesh. 2, 142. *md.* arbeitêre Pass. K. 386, 21. 33. Evang. L. 10, 2. 13, 27.

arbeit-lich *adj.* (I. 53^b) *mühsal machend* Parz.; *mühselig, qualvoll* Parz. Barl. Alexius 109. 338. Pass. 266, 34. 299, 47. 385, 77. Pass. K. 5, 75. 416, 88. 601, 66; offensiosus Dfg. 394^a;

arbeit-lîche *adv. mit anstrengung* manic hundert mîle vërre sie dar gevlozzen wâren arbeitlîche j. Tit. 5689.

arbeit-man *stm. arbeiter* Ludw. 7578.

arbeit-sælec *adj.* (I. 54^a. II^2. 39^a) *durch od. bei mühsal beglückt* Trist. er sol in sîner jugent sîn ein arb. man Wolfd. 1152, 3; *in stäter not lebend* Ms. bettler und arbeitselig lüt Netz 11636; arb. wîp Öh. 84. 8; negotiosus Dfg. 378^a; erbesaelec Heldb. K. 357, 19.

arbeit-sam *adj.* (I. 54^a) *beschwerlich, mühselig* a. Heinr. Trist. Vilm. *weltchr. s.* 26. Berth. 14, 17.

arbeiz *stf. s.* areweiz.

arbrost *stn. s.* armbrust.

arc *stm.* (I. 58^a) *schatzkammer* Fragm. vgl. arke.

arc *stf. s.* arke.

arc *adj.* (I. 54^b) *flect.* arger *gest.* erger, ergest (*aber auch ohne umlaut*) *arg, nichtswürdig, böse* (arger danne arc Pass. 358, 211); der arge tôt Ernst 1954. arger munt Pantal. 1526. do viel ez an die ergern hant Msh. 3, 28^a. kint diu gehœrent nâch der ergern hant Swsp. 55, 30. daz ergeste râten Herb. 16885. daz ergeste zuo einem denken Karlm. 250, 51); *karg, geizig. allg.* (Licht. 470, 24. 471, 4. si lobent zuo einen ergern Msh. 2, 229^a. *mit gen.* mines guotes sît niht arc Ga. 1. 468, 480). *vgl.* Dwb. 1, 545.— *die ursprüngl. bedeutung* scheint *bebend gewesen zu sein von wurzel* argh Kuhn 6, 452. Z. 1, 5;

arc (-ges) *stn. nicht m.* (I. 55^a) *böses, übel* Er. (5141 *nach* Dwb. 1, 547 allez arc; Bech *liest* allez arge) Gudr. Nib. Trist. mit arge Engelh. 3849. ir arc (*bosheit*) Pass. K. 32, 38. 179, 21. durch arc Pass. 323, 80. ûf sîn arc Marlg. 161, 258. ân allez arc Loh. 3022; si tæten wol, sie tæten arc Msh. 1, 85^a.

[arch *stm.* I. 56^a] *ist zu streichen s.* arke.

archant *stm. ndrh.* al don si (*die trompeter u. posauner*) den archant unt daz lant biben uberal Roth *denkm.* 85, 46; und der archant bibet uberal 89, 86; of den archant det er von bloete grossen vloess 90, 102.

arche *f. s.* arke.

arc-heit *stf.* (I. 55^b) *böses* Trist. Ms. Glaub. 661. Troj. 12724.

arc-lich, erc-lich *adj.* (*ib.*) *boshaft, böse:* a. sturm Pass. 184, 91. Pass. K. 696^b. Jer. 58^d;

arc-lîche, erc-lîche, -en *adv.* (*ib.*) *auf böse, boshafte weise* Nib. Jer. 6^b. 8^c. 81^d.

arc-list *stf. arglist, bosheit* mit der gift der arclist sîn zunge undergozzen ist Albr. 6, 155; argelist Pilat. 370. Herb. 16155. (*nicht comp.* arger list Fasn. 509, 6);

arc-listec *adj.* (I. 1011^b) *arglistig* Myst. Pass. (*auch* 43, 6);

arc-listekeit *stf.* (I. 1012^a) *arglist* Voc.

arc-man *stm. böser, geiziger mann* Karaj. 10, 8.

arc-sprêche *swm.* (II^2. 534^b) *übelsprecher, lästerer* Lanz., *ebenso:*

arc-sprêchende *part. adj.* (II^2. 527^b) Lanz.

arctête *f.* (I. 56^a) *annäherung zum* polus arcticus? Frl.

arc-wân *stm.* (III. 494^b) *verdacht, argwohn* Erinn. Kindh. Trist. Mai, Renn. 7915. Troj. 15802. Albr. 1, 1204;

arc-wænec *adj.* (III. 495^b) *argwohn erregend, verdächtig* Swsp. Bihteb. Troj. 22247; *ein* arcw. urkunde Mz. 1, 421 *s.* 302;

arc-wænen *swv.* (III. 498^b) *argwöhnen* Trist. Mai;

arc-wænisch *adj.* diffaticus Voc. 1482;

arc-wânlich *adj. verdächtig* Oberl. 59;

arc-wænunge *stf.* (III. 498^b) *argwohn* Gest. Rom.

arc-willec *adj.* (III. 663^b) malignus. Gl.

-ære, -êre, -ar, -er (I. 56^a) *ableitungssilbe; s.* Weinh. *bair. gr.* § 212 *u.* § 8 *wornach* ar *im* 13. *jh. nicht mehr echter sondern durch* r *begünstigter laut* (*statt* er) *sein soll, vgl. dagegen meine bemerkung bei* Kuhn 17, 378.

arebeit *stf.* **arebeiten** *swv. s.* arbeit, arbeiten.
aremuʒ *stn. s.* armuʒ.
aren *stm. s.* arn.
ären *stf.* sarpa, rastrum Voc. 1437. Kwb. 9.
ares *stm. s.* arraʒ.
areweiʒ, arwîʒ, arwîs *stf.* (I. 56ª) *umgel.* erweiʒ erweis, *auch* arbeiʒ erbîʒ (Chr. 2.304, 7. 318, 13; 82, 27. 334, 17) *erbse* Vreid. Mart. *u. oft in den urbarbüchern. — zu lat.* ervum *gr.* ὄροβος Curt. 1, 309.
areweiʒ-brüe *f.* Germ. 9, 207.
areweiʒ-muos *stn. erbsenmus* Germ. 9, 201.
areweiʒ-suppe *swf.* Germ. 9, 199, 202.
areweiʒ-wisch *stm.* (III. 763ᵇ) *wisch von erbsenstroh* Helbl.
are-wurz *stf.* (III.828ᵇ) circircla Gl. (= cicercula? Dfg. 117ᵇ).
argel *swf. s.* orgel.
arge-lôs *adj.* (I. 55ᵇ) swâ kluokheit ist mit valscher ger diunzimet niht wol wan den argelôsen Ms. 2, 130ᵇ; *vgl. zu* Msf. 212, 35.
argen *swv.* (I. 55ᵇ) arc *sein:* daʒ man bî den argen arget und bî den in kargen karget Reinfr. 81ª; *unpers. mit dat. od. acc.* es ist mir bedenklich, macht mich besorgt Trist. H. Pass. Myst. *dess arget uns, das des koniges brief behemisch ist* Ugb. 476.
argenwân *umdeutsch. von* agrimonia, herba, quae vocatur in vulg. argenwaun Schm. *Fr.* 1, 142.
argern *swv. s.* ergern; **argerunge** *stf. s.* ergerunge.
arguieren *swv. von etw. reden, beweise beibringen* man sol nit arg. so vil von reinen wîben Altsw. 173, 30. *aus lat.* arguere.
argument *stn.* beweis Renn. 17526. *aus lat.* argumentum;
argumentelîn *stn. dem. vom vorigen* Renn. 16561;
argumentiste *swm.* man vant bî armen auctoristen vor tûsent jarên beʒʒer kristen denn bî sûren argumentisten Renn. 8745.
arke, arc; arche, arch *stswf.* (I. 56ᵇ) *arche Noahs* Gen. Ms.; *fahrzeug überhaupt* Parz. arc (: parc) Loh.5475 (:starc) Albertus 951; *kiste, besonders geldkiste (opferstock* Griesh. 1, 71) *eigentl. u. bildl.* Parz. Trist. Walth. Gerh. (*auch* 2025) sint vol iuwer arken? Buch. *d. r.* 314. gotes, des himels arke Pass. 135, 15. 95. des himelbrôtes arke *ib.* 228, 23. von herzen grundes arke Loh. 3022 sînes herzen a. Aw. 1, 47. Troj. 1280. ein guldîn arc (: marc) *ib.* 6514, 7641. tôdes arke j.Tit.

4524. volliu arke der tugent Wh. *v. Östr.* 106ª. reiniu arke (*Maria*) Msh. 2, 243ª *ebenso* gotes arke Msh. 3, 406ª. 450ᵇ. Mariengr. 224. des heilegen geistes arche Erlœs. 1240. in sîner muoter arc, in utero Ls. 1, 59; *sarg* j.Tit. 1359. 3573. 4521. Pass. *K.* 664, 77. — *bair. u. tirol. weist. nennen verschiedene zum fischfang eingerichtete* archen (Gr.w. 3, 677, 734. 735) Dwb. 1, 545. *in hess. urkunden bedeutet* arke „*ein grosser haufe, zumal holz, auch stroh.*" Vilm. 16. — *aus lat.* arca.
ärkêr, ärkèr; erkærc, erker *stm.* (I. 56ᵇ) *erker, bes. an der burg- od. stadtmauer* Wig. Parz. Herb. Renn. j. Tit. 1563. Troj. 25128. Wildon. 13, 31. 49. Ga. 2, 338. 31; ergger Chr. 5. 153, 26. 386, 21. — *eigentl. bogenbau aus mlat.* arcóra *vom lat.* arcus *s.* Dwb. 3, 871.
ärker-schütze? *swm.* (II². 177ª, 35) *so vermutet von* Bech *für* arger schütze (Parz. 183, 9) *s.* atgêrschütze.
arl *stf.* (I. 50ª) *kleiner pflug, pflugmesser* Ot. (Pez *gloss.*) Buch *d. r.* 1502. — *kärnt. ist* arl *ein kleiner pflug ohne räder, der auf steilen abhängen statt des gewöhnlichen pfluges gebraucht wird* Kwb. 8 *f.* (*wo auch für* arl *u.* ärlinc *belege aus dem* 17. *jh.*). — *zu* eren *oder nur dem slav.* aralo *pflug nachgebildet?*
arlaʒ *stm. ein zu Arles in Burgund gewebtes zeug* Schm. 1, 106. Dwb. 1. 551.
ärlîn *stn.* (I. 39ᵇ) *dem. zu* ar *adler* Mart. (*lies* 107, 25).
arlinc *stm.* wanne ich sengs und arlinc kouf Teichn. 16 *s.* arl.
arliz-boum *stm.* (I.227ᵇ) acernus Gl. Germ. 8,48.
arm *adj.* (I. 57ᵇ) *gest.* armer, ermer; armiste, ermiste; *statt* arm *auch zuweilen* arn (Wack. *pr.* 55, 40. 48. 54. 56, 40, 43. 69, 47. Heinz. 2429): *dem* rîch *entgegengesetzt* arm an alters jâren u. rîch an guoten witzen j. Tit. 2490. arm ûf erd ze himel rîch Helbl. 7, 899. ermer denne arm Marlg. 231, 545; *besitzlos, dürftig mit gen.* (schanden arm Wh. *v. Östr.* 54ª. guotes arm Msh. 3, 18ª. ungelückes arm Troj. 20017; gotes arm *von gott verlassen, sehr* arm Krone 19033. Birkenst. 87. die gotes armen Mone 8. 44, 220 *s.* Wb. I. 557ª, 29) ein armeʒ *ein armer mensch* Berth. 26, 28; die willigen (*freiwilligen*) a.: ein *eigen* willig arm sol in ainem jâre nit über ein tag hie in der stat betteln Np. 318; *ärmlich, armselig, elend; von geringem stande, leibeigen* (*s.* armman) Karlm. 28, 26. - - *allg., im* Dwb. 1, 553 *wird es zu* arm (brachium) *gestellt,* „*den*

man liebreich aufnimmt, in die arme schliesst", doch vgl. skr. armaka *schmal, dünn* gr. ἐρῆμος *öde, einsam (dazu auch von* WACK.) FICK 12.

arm *stm.* (I.57ᶜ) *auch* arn *besond. in aleman.-schwäb. denkm.* MÖNCHL. 156 *u. anm.* ALTSW. 206, 21. 221, 1: *arm, vom menschen, allgem. vgl. noch* starc in armen und in handen RAB. 628. zwischen die arme nëmen *umarmen* DANIEL 6610. mit armen umbevâhen 539, 16. MSH. 3, 181ᵃ. der saz im under armen j. TIT. 924. er nam die vruht under sînen arm TROJ. 22972. under sînen armen diu guote nider sleif *ib.* 22785. schaft under arm slahen HERB. 1411. lâ dînen arm fliegen mit slegen WH. *v. Östr.* 71ᵇ. dô wart benæt manic arm ERACL. 1819. ringe armes grôz LAUR. *Sch.* 2009. knütel armes grôz GA. 1. 179, 373 (*vgl.* arm-grôz); — *von thieren:* die egdechs hât ärm MGB. 274, 28. der reht arm (*scheere*) *des krebsen ib.* 249, 1; des pern arm *ib.* 162, 18; — *von pflanzen:* ranken, zweige MGB. 404, 15; — *vom wasser:* eins wazzers arm stuont stæte MSH. 3, 102ᵃ. von dem mer fleuzt manig arm MGB. 101, 7; *meerbusen* DÜR. *chr. s.* 218; *meerenge* KCHR. 17707, 18043. eines wazzers arm MSH. 3, 102; *s.* GERM. 5, 236 *u. vgl. auch* GFF. 1, 425. — *zu skr.* îrma, *lat.* armus, *slav.* ramo *s.* CURT. 1, 304.

arman *stm. s.* armman.

arm-bendec *adj. der am arm gefesselte* LITAN. 915 (*die hs. hat* carmbendigen WB. I, 134ᵇ; *vgl.* DIEM. *gloss. zu* GEN. 81ᵃ).

arm-blôz *adj. mit nackten armen* AW. 2, 142, 223.

arm-bouc *stm.* (I. 178ᵃ) *armring* GEN. ROTH. 1815. KRONE 11541. *vgl.* RUODL. XIV, 95; *ebenso:*

arm-bouge *swf. (ib.)* NIB. *zu* biegen.

armbrust *stn.* (I.61ᵃ) *nbf.* armbrost CHR. 5. 36, 11. 38, 23. armbrast AD. 1241. arnbrust LANZ. 8725. arbrost BON. armbst CP. 160. 170. 187; armst HELBL. MW. 140, 26; *md.* armburst MICH. 3 *s.* 25 *und* armborst RSP. 5, 2706. L. ALEX. 2262: *armbrust* PARZ. TRIST. TROJ. DANIEL 7618. APOLL. 15528. ULR. WH. 54ᵈ. KRONE 20710. 20956. RENN. 7321. VREID. 170, 27 (*fem.?*). RING 40ᶜ, 26. SWSP. 354, 22; *pl.* armbrüste DIETR. 1590. armbrust LIEHT. 246, 27. — *umdeutschung aus fz.* arbaleste *lat.* arcubalista WACK. *umd.* 56;

armbruster *stm. (ib.)* ballistarius DFG. 67ᵃ.

armbrust-nuz *stf.* vertibulum VOC. 1482.

armbrust-rein *stm. s. v. a.* schützrein (II. 658ᵇ *aber ohne beleg*). ZARNCKE *verweist auf seine anm. zum* NARR. 75, 3, *wo aber auch kein beleg steht. vor* FISCHART *ist das w. nicht nachweisbar* DWB. 1, 557. *vgl.* FRISCH 2, 83ᵇ *wo aus* Golii onomast. *angeführt wird:* agger eine zielstatt oder rain dagegen man schiesst.

armbrust-schütze *swm.* DIETR. 2998; *vgl.* LIEHT. 246, 25.

armbrust-schuz *stm. zur bezeichnung einer entfernung, wie nhd. „einen büchsenschuss weit"* BEH. 164, 30. 165, 3. GR.W. 4, 164. *vgl.* armschuz.

armbrust-winde *f.* stroba VOC. 1482.

armbst *stn. s.* armbrust.

armec-heit *stf.* (I. 58ᵇ) *elend* TRIST. GERH. BARL. LITAN. 773. 904. ERINN. 503. PASS. 234, 11. 285, 78. 308, 96; ermecheit ALEXIUS 107, 214.

armec-lich, ärmeclich *adj. (ib.) ärmlich* PARZ. TRIST. SPEC. 91. ANEG. 31, 44. PRIESTERL. 347. WWH. 288, 20. MAR. 194, 41. MEL. 6786;

armec-lîche, -en *adv. (ib.)* IW. BARL. MAR. 210, 22. WG. 8233. S. MARTIN 16, 14.

armejecken *pl.* CHR. 2. 400, 13 *eine entstellung aus* armagnacs, *woraus zuerst* armenjacken (armenjäcken CHR. 4. 244, 19), *sodann* armjacken, arme jecken, *auch bloss* jecken, gecken *gemacht wurde* GERM. 5, 345.

arme-lîche, ermelîche, -en *adv.* (I. 58ᵃ) *auf armselige weise* GR. RUD. PASS. 252, 7.

armen *swv.* (I. 59ᵃ) *arm sein od. werden* TRIST. VREID. MARLG. SERV. (*auch* 418) KARL 17ᵇ. AW. 2, 140. LS. 1. 389, 19; der armet an der sêle MSH. 3, 468ᵈᵈ.

armen *swv. (ib.)* miserere. *zu folgern aus* barmen (= bearmen)?

armet *s.* armuot.

arm-gestelle *stn.* (II². 559ᵃ) *gestell an den schilden für die arme* LANZ.

arm-golt *stn.* (I. 553ᵃ) *armgeschmeide* SWSP. 26, 15. SSP. 1. 24, 3.

arm-grôz *adj.* (I. 579ᵇ) *armdick* BIT. 12019. ROSENG. 1126. GA. 1. 119, 553. 179, 273.

arm-îsen *stn.* (I. 756ᵃ) *armeisen, als fessel* WWH. ZING. *Pl.* 12, 232; *als theil der rüstung* HERB.

arm-knëht *stm. leibeigener* MZ. 1, 527 *s.* 444. 445; *vgl.* armman.

arm-lëder *stn.* (I. 958ᵇ) *armleder* HELBL.

arm-liute *pl. vom folgenden* CHR. 1. 194, 29. 2, 538ᵃ.

arm-man, arman *stm.* (II. 35ᵃ) *armer mann,*

bes. der nicht freie bauer, der leibeigene, holde Chr. 1. 118, 17. Mw. 193, 15. Mh. 2, 738. Mz. 4, 233. Helbl. 2, 105. Aw. 1, 65. 2, 140. Ga. 3. 387, 926; *vgl.* Schm. *Fr.* 1, 43; *überh. armer, unglückl. mensch, bettler* Parz. Greg. Laur. 773. Herb. 18069. Roth. 2430. Pass. 69, 46. Glaub. 2700. Np. 318.

arm-mensche *swm.* (II. 49ᵇ) *unglückl. mensch* Leseb.

armonîe *f.* (I. 61ᵃ) *harmonie* Frl. Elis. 950. 9187.

armôte, armôt *stn. s.* armuot.

arm-rinc *stm.* (II. 708ᵃ) *armring* Voc.

armsal *stn.* (I. 58ᵇ) *armut, elend* Ms.

arm-schin *stf.* lacertus Dfg. 315ᵃ.

arm-schuʒ *stm. s.v.a.* armbrustschuʒ: *allenthalben ainen armsch. weit umb das dorf* Mh. 2, 860.

arm-sêl-geræte *stn. was den armen seelen zu statten kommt* Priesterl. 704 *u. anm.; s.* sêlgeræte.

armst *stn. s.* armbrust.

arm-starc *adj.* (II². 596ᵇ) *stark in den armen* Krone 1292; lacertosus Voc.

arm-strenge *adj.* (II². 675ᵃ) manu fortis. Willir.

armüede, armüete *stn. s.* armuot.

armunge *stf. freiwill. armut* Jer. 10ᵈ.

armuosen *stn. s.* almuosen.

armuot *stf.* armuote *stn.* (I. 58ᵇ) *auch der* armuot Diut. 1. 419, *als fem. im gen.* armüete *u.* armuot (*mit* armüete Parz. 260, 9); *nbff. des neutr. sind:* armuot Schretel 151. armüete Myst. 2. 575, 19. 21. 35. ermuote Myst. Wack. *pr.* 71, 31 *verkürzt* armet, ermet; *md.* daʒ armüede, ermûte (Myst. 1. 81, 9 160, 19), armût Jer. 19ᵈ *u. öft.*, armôte, armôt. — *bedeutung: armut* Wolfr. Wig. Walth. arn. hœnet den degen Msf. 31, 2. mit gâbe von armuot bringen Loh. 3067; Flore 4864, *ärmliches besitztum* Berth. mîn einvaltigeʒ armuot Schretel 151; *persönlich die willigen* armuot pauperes voluntarii Chr. 4. 328, 4. 331, 24. Schm. *Fr.* 1, 144; *vgl. oben der* armuot; *personif.* Er. *vgl.* Eracl. 494. — *vgl.* ermde.

armuot-siuche *stf. die armut als krankheit* daʒ er sie wol von armuotsiuche erlôste Msh. 3, 55ᵇ.

armuʒ, aremuʒ (I. 61ᵃ. II. 280ᵇ, 46) *eine kopfbedeckung* Ms. Voc. *aus mlat.* almucium, armucia *u. diese vom deutsch.* mutzen? *vgl.* Dfg. 25ᵃ. Diez 1, 17. *s.* almuʒ.

arm-vol *stm. das umarmte* alminneclîcher armvol sol ich dich niht mê umbevân Wh. *v. Östr.* 17ᵃ. ein getrûwer armvol des nahtes an dem bette Ls. 2, 165. ich habe den süezesten armvol den ie keine vrouwe umbe vie Flore 5883;

arm-völlec *adj.* ein armvolligeʒ chint Schm. *Fr.* 1, 144. er furt ein armv. sper Da. 97.

arm-wâpen *stn.* (III. 456ᵇ) armilla, dextrale Dief. *n. gl.* 133ᵃ.

arm-wîp *stn. armes weib* Iw. 6267 (Lachm. *s.* 521). 7317.

arm-zierunge *stf.* dextrochilium Dfg. 178ᵉ.

arm-ziuc *stm.* armatura brachii Gr.w. 4, 363.

arn *adj. u. stm. s.* arm.

arn *stm.* (I. 49ᵇ) *adler* Diut. Athis *B*, 27. *E*, 130; *pl.* arne Herb. 4442. 4893. *ahd.* aran *ältere form von* aro *s.* ar.

arn *stv. red.* I, 1 *s. unter* ern *swv.*

arn *stm. ernte* sô si in dem arne an den ahchar gât Fdgr. 1. 32, 31; der arin, aren Diut. 3, 120. Karaj. 96, 20. — *gt.* asans *sommer, ernte s.* ern, erne *u. vgl.* Dief. 1, 73;

arnære, -er *stm. schnitter* Dfg. 359ᵃ; *taglöhner überhaupt s.* Schm. *Fr.* 1, 147; *zu* arnen.

arnbrust *stn. s.* armbrust.

arne-bote *swm.* (I. 183ᵇ) *bote* Leseb. *vgl. gt.* asneis *mietling, aber auch oben* ârant.

arnen *swv.* (I. 61ᵇ) *ernten, einernten, verdienen* En. Hartm. Parz. Nib. Aneg. 13, 73. Denkm. XLVI, 62. Karaj. 7, 5. Otte 240; den solt a. Dietr. 3362; den tôt a. Priesterl. 4294. des zornes slac a. Hpt. 8, 119. lôn a. Berth. 90, 8. ein gearnte wunne Ga. 3. 69, 990; *entgelten, büssen für etw.* (*acc.*) Rab. 387, 5. 390, 4. die mortsünde arn. Helbl. 2, 285 *u. mit dieser bedeut. oft* Karlm. *s.* Bartsch *s.* 265; einen arnen *es ihn entgelten lassen, ihn strafen* Beliand 3038; *refl.* nâch dîner liebe arnet mich *ib.* 3038. — *mit* ge-, er-. *vgl.* arn, ern *u.* Dief. 1, 73.

arn-mânôt *stm.* (II. 57ᵃ) *erntemonat, august.* West. *gl.*

Arnolder (I. 62ᵃ) *anhänger des Arnold v. Brescia* Berth.

arômât, arômâtâ (I. 62ᵃ) Wolfr. swaʒ arômâtes namen ie gewan Urst. 126, 14. wîrouches ruch ûʒ arômâte Mariengr. 194. den arômâten ist eʒ obe Msh. 3, 169ᵇ. balsam unde arômâtâ En. 8196. Erlœs. 4939. Elis. 474;

arômâten *swv.* (*ib.*) *balsamieren* Wolfr.

arômât-wurz *stf.* (III. 828ᵇ) *wolriechende pflanze* Konr.

arone *stn.* arum *Aaronswurzel* DIEF. *n.gl.* 34^b.
arn-vëderich *stn. adlergefieder* ANNO 205.
arp *swm.* arpia, daz ist ain vogel MGB. 167, 28.
arpant *eine pflanze* DIEF. 1470 *s.* 38.
arraz *stm.* (I. 62^b) *leichtes wollengewebe, rasch,* arras, arreis, ares (*in* dopelares) DFG. 50^b, *n. gl.* 35^a. wullein gewant oder arras NP. 131. *von der stadt Arraz=lat.* Atrebrates *in den Niederlanden. vgl.* KWB. 204;
arrazîn *adj. von* arraz MONE 6, 248.
arre *stf. darangeld* SWSP. 190, 2. SCHM. *Fr.* 1, 121.
arreis *stm. s.* arraz.
arren *swv. in* bearren.
arrende *stf. pacht* OBERL. 58. FRISCH 1, 36^a. *vgl.* ârant.
ars *stm.* (I. 62^b) *pl.* erse, ers *arsch* WALTH. MS. LS. wol hin dem tiuvel in den a. MSH. 3, 7^a. vür den a. slahen ALTSW. 54, 20. in den a. stôzen LS. 1. 542, 185. GA. 1. 184,185. den a. mit strô ervegen LS. 493, 35. ir a. ist sinewel als ein stoc (*d. h. dürr*) APOLL. 4369. ein a. als ein bret NETZ 12084. frow Venus mit dem ströwen ars NARR. 13, 1 *u. anm.; redensarten:* die köpfe zuo den ersen kêren MOR. 1, 3107. nû videl uns in dem ars ROSENG. *Casp.* 251. daz dir dîn a. erkalte MSH. 3, 301^b. eim daz hâr im a. schêrn NETZ 9250. den liuten in die ers blâsen *ib.* 10249. — *zu gr.* ὄρρος *bürzel für* ὄρσος *von wurzel* ars, arsh *fliessen* CURT. 1, 314. FICK 14.
ars-backe *swm.* clunis VOC. 1482. GERM. 8. 110, 1577. ÖH. 35, 32.
ars-balle *swm.* culus, piga DFG. 162^a. 433^c.
ars-belle *stf. nicht m.* (I. 118^a) *s. v. a.* afterbelle VOC. er sluoc im abe ein arspel ROSENG. *Bartsch* 449; *als flurname in der* arsbell GR.W. 1, 81. *zu* bal.
ars-darm *stm.* (I. 308^b) extalis VOC.; longio DFG. 336^a.
ars-grîfer *stm.* BEH. 285, 9.
ars-kërbe *swf.* tirsa, podicus VOC. 1482. GERM. 3, 374.
ars-kratzer *stm.* BEH. 312, 2; arskretzer 18, 22.
ars-krinne *swf.* (I. 882^a) tirsa VOC.
ars-kruzel-boum *stm.* arbustus DFG. 45^a;
ars-kutzel cornu VOC. 1482; *bair.* arschkitzel SCHM. 1, 110.
ars-loch *stn.* (I. 1024^a) anus VOC. MOR. 2, 1466. 1526. MYNS. 90.
ars-nöppen *swv.* sich hueb ein arsnöppender streit KELL. *erz.* 131, 15; *s.* noppen.
ars-stücke *stn.* a. von den schweinen NP. 234.

arsüle *m.* (I. 63^a) *name eines der zwölf winde* MS.
ars-wisch *stm.* (III. 763^b) anitergium, podiscus VOC.; nipus VOC. 1482.
art *stmf. bei* FRL. einmal *n.* (I. 50^a) *ackerbau sowie dessen erträgnis, land* (*in letzter bedeutung* DH. 90. MH. 3, 217) SCHM. *Fr.* 1, 129; *herkunft, abkunft* EN. WOLFR. mîn vater ist von arde vrî ULR. *Wh.* 112^b; *angeborne eigentümlichkeit, natur; beschaffenheit, art. allg.* — *zu* ern.
art *stm.* 1 fl. von hemeren zu spitzen und von eim art zu binden FRANKF. *baumeisterbuch v.* 1415 *f.* 8^b; = narte.
ar-tac *stm. erntetag, tagwerk zur erntezeit* GR.W. 5, 316.
art-acker *stm. bebaubarer acker* MZ. 136. OBERL. 61.
artanticus pôlus (I. 63^a) *nordpol* PARZ.
arten *swv.* (I. 51^b) *ahd.* artôn *das land bebauen, wohnen* FRL.; *ahd.* artên *abstammen, eine angestammte beschaffenheit haben* FRL. TRIST. HERB. TROJ. 8516. 10595. 13717. KELL. *erz.* 372, 17; *art annehmen, zunehmen, gedeihen* arten deyhen, maturare VOC. 1482. *vgl.* SCHM. *Fr.* 1, 150. *zu* art, *mit* ge-, un-;
arten *stn.* (I. 52^a) *das besitzen einer angestammten beschaffenheit* FRL.
art-haftec *adj.* arth. lant *pfluglant* DÜR. *chr.* 335.
art-houwe *swf. feldhaue* MW. 238, 1.
artikel *stm. abschnitt eines schriftstücks* KOLM. 2, 121; *aus* articulus.
artiste *swm. der eine freie kunst lernt oder ausübt* CHR. 4. 60, 12; *vgl.* vrîkunstec.
art-lant *stn. bauland, ackerland* OBERL. 61.
ar-warte *stf. feldhut* OBERL. 62. WEST. *gl.* 24.
ar-wart-amt *stn. flurschützenamt* ST.
arweiz, arwîz *stf. s.* areweiz.
arzât, arzet *stm.* (I. 63^b) *arzt* arzâte (: drâte) DANIEL 5464. arzit ATHIS *F* 165; HARTM. WOLFR. GOTFR. GUDR. FREID. RUL. 192, 5. BIT. 8145. j. TIT. 5950. REINH. 1821; *pl.* erzte LOH. 5893. 6150. MGB. 276, 23. — *nicht aus lat.* artista *sondern aus gr. lat.* archiater *s.* DWB. 1, 577. WACK. *umd.* 38.
arzât-hëlfære *stm.* (I. 682^a) *helfender arzt* PANTAL.
arzâtîe, arzâdîe *stf.* (I. 63^b) *arznei* EN. HARTM. GOTFR. arzetîe PASS. 381, 40. HERB. 8613; arzedîe PASS. 49, 45. PASS. *K.* 66, 89. 219, 70 *u. öfter.* JER. 20^a. KIRCHB. 690, 18; *heilkunst* PASS. *K.* 137, 3. 499, 10;

arzâtîen, arzetîen *swv.* (I. 64ᵃ) *arznei geben* arzâtîen Kirchb. 693, 11. arzedîen Pass. K. 65, 54. 119, 49. Rsp. 220, 1.

arzâtinne, arzâtîn *stf.* (I. 63ᵇ) *ärztin* Trist. Mgb. 126, 7. Netz 10294.

arzât-lich *adj.* (I. 64ᵃ) *ärztlich* Trist.

arzât-liute *pl.* ärzte Heldb. H. 1. 545, 556.

arzeinte, erzente *stf. arzenei* Pf. *arzb.* 1, 31.

arzen *swv. s.* erzen.

arzenîe, erzenîe *stf.* (I. 64ᵃ) *heilkunst* Nib. Walth.; *heilmittel* Barl. Winsb. Troj. 13608. 13639. j.Tit. 4098. Eracl. 2992. Amis 249. Lieht. 584, 6. ein buoch von arz. Pantal. 129. Jer. 20ᵃ. erznei Mgb. 305, 8. 386, 24; wînes arz. *verfälschung des weines* Narr. 101, 35. arsenie Vet. *b.* 46, 8. — *geht (nach* Wack. *umd.* 38 *anm.* 3) *mit* arzentuom *u. dem vb.* erzen *auf den appellativ gewordenen eigennamen* Archigenes *zurück.*

arzentuom *stn.* (I. 64ᵃ) *heilkunde* Silv. Diut. 3, 33. erzentuom Krone 58ᵈ (W. Gr.).

arzet, arzt *stm. s.* arzât.

arzetære *stm. arzt* Hpt. 10. 28, 12. arceder Jan. 30.

arzet-buoch *stn.* (I. 279ᵇ) *arzneibuch* Parz.

arzetîen *swv. s.* arzâtîen.

arzet-list *stm.* (I. 1011ᵃ) *kunst des arztes* Trist.

arzet-lôn *stn. lohn des a.* Chr. 2. 304, 1.

arzin-buoch *stn. s.* erzenbuoch.

arznen *swv. s.* erzen.

âs *stn.* (I. 64ᵃ. 761ᵇ) *fleisch eines todten körpers* Wolfr. Freid. der tôten âs Troj. 12901. vil gebeines sunder âs Ernst 3330. daz âs wart abe dem gebeine gesoten Loh. 6062; Pass. K. 125, 89. 161, 44. Mgb. 77, 18. 118, 18 *u.* *oft; fleisch zur fütterung der hunde, falken etc.* Marlg. 197, 63. Karlm. 186, 22; den wurmen ein âs werden Heinr. 3466; krankez âs *schwacher körper* Pass. K. 641, 17; *als schimpfwort* Herb. Rul. 138, 26. Ga. 3. 60, 647. 78, 1309. Hpt. 1, 180. — *vermutlich contraction aus* âwas (*s.* âwasel). *vgl.* Gff. 1, 522. Dwb. 1, 1046. Gds. 1010.

â-sanc *stm.* (II². 299ᵃ) *das anbrennen, versengung* Tit. in het ir âsanc besenget j.Tit. 735, 2; ausang Mz. 1, 522 *s.* 431. 432; ôsanc: es sol niemand keinen osangk (*verdorrten holzstamm?*) hawen noch sust kein geschunden holz Np. 306. Osang *als ortsname* Dm. 55; *als flurname:* ain jauchart am Asang St. — *zu* sengen.

[â-sæze *adj.*](II². 342ᵇ) *s.* âsetze *u.* Dwb. 1, 586 *f.*

asch *stm.* (I. 64ᵇ. 65ᵃ) *die esche; meton. speer,* *kleines schiff* (West. *gl.* 25), *schüssel* (Pass. Evang. 238ᵇ). *vgl.* assach *u.* Dwb. 1, 578. Schm. *Fr.* 1, 165.

â-schaffen *part. adj. misgestaltet* âsch. bilde Msh. 3, 59ᵃ.

asch-boum *stm. esche* Germ. 8, 48.

asche *swm.* (I. 65ᵃ) *die äsche, ein flussfisch* Wolfr. Hpt. 14, 168.

asche, esche *swfm.* (*ib.*) *asche (auch st.* mit esche Gr.w. 4, 125); asche *allg.* (*vgl. noch:* in der aschen baden Renn. 17243. als ein asche bleich Flore 2186. gevâr nâch der aschen Gfr. 2797. ich bin ein man der alt ist u. wirde schiere asche unde mist Kol. 173, 608. asche des tôdes *tod* Pass. K. 579, 22. do sât der tiuvel aschen drein Ring 35ᵃ, 3; *bei* Mgb. *fast immer m. s.* Pfeiff. *s.* 566); *seltener* esche Gen. Mart. (118, 74. 96) Wack. *pr.* 56, 58. 61. Troj. 38621. 38635. 38709 *u. öfter.* – *über etymol. vgl.* Dwb. 1, 578 *f.*

aschen-brodele *stm. küchenjunge* Osw. 323 *s.* Dwb. 1, 581; ascherprudel focarius Voc. 1482.

aschen-brot *stn. in heisser asche gebackenes brot* Frisch 1, 38ᵇ.

aschen-hûfelîn *stn.* (I. 725ᵃ) *kleiner aschenhaufen* Myst.

aschen-var *adj. s.* aschervar.

aschen-vĕdere *swf.:* der dritt angel sol gefasst sein mit einer aschenvederen (*früher:* mit der vederen ainer aschenvarb gefider) Hpt. 14, 163.

aschen-wazzer *stn. lauge* Mgb. 443, 18.

asche-pütsche *swf.* swer ein aschepütschen füeret, der geit über di pruk 3 schill. Urb. Pf. 195. 197.

ascheric *adj.* cinericius *s.* Schm. *Fr.* 1, 166.

ascher-kuoche *swm.* (I. 856ᵇ) *in der asche gebackener kuchen* Voc.;

ascher-kuochelîn *stn.* Hpt. 8, 225.

ascher-var, esche-var *adj.* (III. 237ᵃ) *aschenfarb* Diem. Bon. aschenvar Mgb. 172, 29. 175, 7 *u. öfter.*

ascher-zelte *swm.* ein ascherzelten prach er im do Cristoph. 732. der ascherzelt het schier ein end 738. ein a. und ein wazzerkruog 1144. *vgl.* ascherkuoche.

â-schildes *adv.* (II². 130ᵃ) *neben dem schilde?* Athis.

aschlouch *stm.* (I. 1044ᵇ) *aschlauch* Voc. Mgb. 8, 25, *auch* eschlouch Dfg. 10ᶜ. 21ᵇ. aschlach Fasn. 3, 1217. — *umged. aus* ascolonium.

asch-man *stm.* (II. 35ᵇ) *der niedrigste küchen-*

knecht, s. v. a. aschenbrodele. GREG. DWB. 1, 586. HPT. 6, 140 *anm.*

â-schric *stm.* (II². 211ᵃ) *seitensprung, versündigung* LIT.

â-schrôt *stm.* (II². 221ᵃ) *abgeschnittenes stück* RENN. FREIBERG.; *pl. sw.* abeschrôten FASN. 618, 13. URB. *Pf.* 198;

â-schrœtelîn *stn.* (*ib.*) *dem. vom vorigen* RENN.

asch-tac *stm.* (III. 5ᵃ) *aschermittwoch* JER. UKN. 63. 64. UHK. 169.

asch-vrosch *stm.* HPT. 14, 166.

ase *adv. s.* alsô.

âse *swf.* (I. 64ᵇ) *holzgestell oben an der wand in dem oven und ûf der âsen* JÜNGL. 414. ein âsen (*accus.*) *mit schîtern wol geladen* KOLM. 94, 49. — *zu gt.* ans *balken* KWB. 10; *anders* DIEF. *bei* KUHN 8, 388;

âsel *swf. s.v.a.* âse: ûf die âseln uber den hert KELL. *erz.* 355, 26. DWB. 1, 587.

asel-wurm *stm. kelleresel,* asellus HPT. 14, 177.

âsen *swv.* (I. 64ᵇ) *trans. als* âs *wittern, verzehren* GEN.

æsen *swv. s.* aezen.

âser *stm. s.* êser.

â-setze *adj.* (II². 346ᵃ) *keinen sitz habend* WEIST.; *nicht besetzt, leer* WEIST. (4, 127) AD. (*auch* 1298). *nur in elsäss. quellen; vgl. auch* WEINH. *al. gr.* § 296; *ebenso:*

â-setzec *adj.* ein ôseczig guot GR.W. 5, 540.

asisch *adj. asiatisch* COD. SCHM. *Fr.* 1, 155.

â-sleifec *adj. abgenützt* GR.W. 3, 735; *s.* DWB. 1, 587.

â-smac *stm.* (II². 417ᵃ) *schlechter geruch od. geschmack* FRL.;

â-smec *adj.* (II². 418ᵃ) *was den geschmack verloren hat* Ms. THEOL. 20.

asp *swf.* aspis, *schlange* MGB. 262, 11; *s.* aspis.

aspe *f.* (I. 65ᵇ) *espe* BERTH. 158, 37.

aspen-blat *stn.* (I. 202ᵃ) *espenblatt.*

aspindê, aspindei (I. 65ᵇ) *ein holz, das weder fault noch brennt* PARZ. LAMPR. j.TIT. 285. 2966. 3491.

aspis *f.* (*ib.*) *name einer pflanzenart* PARZ. (FDGR. 1. 202, 43. HERB. 9255. *vgl. zu* FREID. 67, 1. MGB. 152, 23. ÖH. 8, 12) *u. einer von* KONR.*v.W. erfundenen strophenform* (KOLM. 106); *s.* asp.

â-sprâche *stf. wahnwitzige rede, unterredung mit einem unsichtbaren* OTN. Ettm. 234;

â-sprâchen *swv.* (II². 538ᵇ) *thöricht, wahnwitzig sprechen* TROJ. 5207;

â-sprâchen *stn.* (*ib.*) REINH.

ass *s.* allez, alsô.

assach *stn. geschirr, gefäss* SCHM. *Fr.* 1, 156. UHK. 2, 151. — *nach* DWB. 1, 587 *für* aschach *s. oben* asch *vgl.* KWB. 10.

asse *adv. s.* alsô.

assel? *stm.* salb fur die rot und für den assel COD. SCHM. *Fr.* 1, 157.

assenieren *swv.* ûp einem ros geassinêret KARLM. 150, 27. von orde zo ende geassinêret 160, 21. 162, 2. — *aus altfz.* assinier, assener *vom lat.* assignare.

assô *adv. s.* alsô.

ast *stm.* (I. 66ᵃ) *pl.* este *ast* WOLFR. GOTFR. KONR. *bildl.* er was der rehten triuwe ein ast DIETR. 2338. in mir wont der riuwe ein ast WINSB. 76, 7; este der âdern MGB. 36, 31. hörner mit esten *ib.* 160, 4; *querbalken des kreuzes* BARL. PASS. 68, 75. 72, 15. MSH. 3, 161ᵃ. BPH. 7186. 7510; *des galgens:* einen ast bûwen MSH. 1, 108ᵃ. MOR. 1, 1427. 2218. — *zu gr.* ὄζος CURT. 2, 168. DIEF. 1, 76;

astec, estic *adj.* ramosus DFG. 483ᶜ;

astellîn *stn. ästlein* TUCH. 73, 23. ästlein MGB. 225, 26. 375, 12. ästel 179, 7; an ein ästli (*an den galgen*) henken LS. 2. 531, 976.

astel-zûn *stm.:* auch sol niemand dheinen astelzaun machen lassen weder von viehtein, tennein noch vorhein gerten NP. 306.

asten *swv.* äste gewinnen, sich fortpflanzen so er (*der adler*) astet und junge hat MYNS. 34.

asten *swv.* colere *in wetterauisch. weist.* das guot asten u. bûwen GR.W. 3, 372. 393. 413 (*var.* essen) 494 *u. öfter; s.* DWB. 1, 589. VILM. 17.

â-stiure *adj.* (II².652ᵃ) *ohne leitung, unbesetzt, wie* âsetze *nur in elsäss. quellen* CLOS. MERSW. 34 *u. öfter bei* KÖNIGSH. *s.* stiure *n.*;

â-stiuren *swv.* (*ib.*) *der leitung berauben* FRL.

âstrîza *f.* (I. 66ᵃ) *kaiserwurz* GEN. (*D.* 9, 16: astrizza).

astrologî *pl.* (*ib.*) *sternkundige* TRIST. *H.*

astronomîe *stswf.* (*ib.*) *sterndeutung* PILAT. PARZ. ELIS. 206. WARTB. 135, 3. 195, 9. 199, 7. 201, 1.

astronomierre *swm.* (*ib.*) *sternkundiger, astrologe* PARZ.

â-sunder *adj.* (II². 737ᵃ) *abgesondert lebend* OBERL.

â-swîch *stm.* (II². 784ᵃ) *betrug, falschheit* TRIST. DSP. 2, 255;

â-swich *stm.* (II². 784ᵇ) scandalum; *zu* swîchen.

â-swinc *stm.* (II. 804ᵇ) *was vom flachse abgeschwungen wird* VOC. DFG. 375ᵃ (*auch* abe-swinc) *bildl. eitle, wertlose sache* J. Hpt. *beitr.* 297.

æte *stm.* ich klagez dînem æte (: tæte) Msh. 8, 217[b]; *s.* atte.

atech *m. s.* atich.

â-teilec *adj.* (III. 24[a]) *von der theilname ausgeschlossen* Will. Krol.

âtem, âten *stm.* (I. 66[b]) *atem* Parz. Walth. âten ziehen Troj. 14821, nëmen Gen. 14, 32, halten Mgb. 42, 11, gewinnen Hpt. 5. 271, 124. mit âteme trîben *blasen* Msh. 2, 386[a]. in einem âtem viere henken Msh. 2, 140[b]. der (*der aussätzigen*) âtem als ein hunt dâ stanc Lieht. 336, 11. faul âtem Mgb. 292, 30. süezer âtem 247, 28; *lebenskraft* Ms. Reinh. Karaj. 44, 7. geist ze dem heiligen âteme Karaj. 53, 19. Diem. 329, 18. der godes â. Mar. 123. der übel â. *der böse geist* Gen. 18, 17. *md.* âdem (= *ahd.* âdum) Jer. 2[b]. Cresc. 75[a]. — *zu gr.* ἀϋτμή *hauch,* ἀτμός *dunst, skr.* âtman *hauch, seele* Curt. 1, 355.

âtem-âder *f.* trachea Voc. 1482.

âtem-drozze *swm.* (I. 398[b]) gurgulio Voc.

âtemen, ætemen *swv.* (I. 66[b]) *atmen* Kchr. Mgb. 291, 18. 33, 33; *md.* êdemen Cresc. 72[a]. *mit* an, ûz;

âtemen *stn.* (*ib.*) *das atemholen* Kchr. Ms.

âtem-lôs *adj.* (*ib.*) *kaum zu atmen im stande.*

âtem-rôr *stn.* vocalis Dief. *n. gl.* 385[a].

âtem-schal *stm. atemzug* Berth. *Kl.* 103.

âtem-stanc *stm. stinkender atem* Lieht. 339, 10.

âtemunge *stf. in* ûzâtemunge.

âtem-zuc *stm.* (III. 931[a]) *atemzug* Pf. *arzb.* 1, 29; *ebenso:*

âtem-zuht *stf.* (III. 939[b]) Voc. Hpt. 8. 149, 146.

âten *stm. s.* âtem.

aterment *s.* atriment.

atgêr-schütze *swm.* (II[2]. 177[a], 33) *so von* Lachmann vermutet für arger schützen Parz. 183, 9; *s.* azigêr *u. oben* ärkerschütze.

atich, atech *stm.* (I. 66[b]) *attich, die pflanze* Pf. *arzb.* 1, 24. Myns. 46. Dfg. 193[b]. Dwb. 1, 595.

atich-blat *stn.* Myns. 73.

atich-saft *stn.* Myns. 69.

atich-wurze *swf.* Pf. *arzb.* 1, 28.

atich-wurzel *f.* Myns. 67.

atigêr *stm. s.* azigêr.

atmerât *stm. s.* admirât.

âtmezen *swv.* spirare, *intens. zu* âtemen Schm. *Fr.* 1, 35; admizen Voc. 1429. Dal.

151, 38; atmenazen Dfg. 35[b]; *s.* Dwb. 1, 594.

atriment *stn.* (I. 66[b]) atramentum; aterment Dfg. 57[c].

atte *swm.* (I. 67[a]) *vater,* ätte Neidh. *s.* 167; *grossvater* Clos. Pf. *üb.* 191, 18. Germ. 3. 426, 6; *der alte überhaupt* Reinfr. 100[a]. — *zu skr.* attâ *mutter, gr. lat.* atta *väterchen* Curt. 1, 175. Gds. 271; *s.* æte.

attentât *stn. gewaltsame rechtskränkung des andern;* attemptat Dh. 345. — *aus fz.* attentat *vom lat.* attentatum.

â-tüeme *adj.* (III. 133[b]) *ungewönlich, unziemlich; schwach* Griesh. — *zu* tuom.

atz, atze *stm.* (I. 760[a], 47) *speise, beköstigung*: sie sollen geben ein schilling oder den atze, der da vorgeschrieben stât (= ein wegge, ein viertel eines keses und ein trinken wîns) Ad. 980; *futter, gras:* ein eptissin hat ouch do einen atz und sol man den schniden durch das oberfeld — — und ist der atz des schultheiszen und darumb sol er han ein pferd do stend, das den atz ese Gr.w. 5, 400 *u. anm.;* das recht des lehensherrn sich vom lehensträger mit leuten u. pferden bewirten zu lassen: mîn herre hat drî atze mit zweilf rossen und mit einem muole Gr.w. 4, 209. wenne der abbas seinen atze wil nemen Ad. 980. — *zu* ëzzen.

atzel *swf.* (I. 67[a]) *elster* Diocl. Msh. 3, 452[a]. Mgb. 219, 16 *var.* — *dem. zu ahd.* âgazâ *u. dieses eine abkürzung aus* âgalstrâ (Wack.).

atze-man *stm. nachdem* Berth. *eingeprägt, dass man nur* lebendigez kint *aber nicht* tôtez mensche noch tôtez gebeine noch silber noch golt noch wahs *taufen soll,* ruft er aus: pfî, zouberærinne, dînes atzemannes! 298, 25. *bei den ausgaben für eine uhr:* 12 β vur zweie aczmennerchern forn am rade; it. 2½ fl. von dem rade da die aczmennerchen steen zu machen Frankf. *baumeisterb. v. j.* 1470 *f.* 1[b].

atzen, etzen *swv.* (I. 760[a]) *speisen, beköstigen* Gen. Serv. Mgb. *s.* 566; *abweiden* Weist. wer dem andern zu nahent etzet, so man daz viech begreift, daz ist verfallen Mh. 2, 808. — *zu* ëzzen, *vgl.* æzen.

atzen, etzen *stn.* de dampnis, que dicuntur etzen, trettin, ubersnîden *etc.* Mw. 36, 71; wer den andern anspricht umb etzen, tretten, ubersnîden *etc. ib.* 59, 52.

atz-gelt *stn. kostgeld* Chr. 2. 179 *anm.* 1.

atzunge *stf.* (I. 760[a]) *kost, speisung* Ls. Chr.

2. 235, 13. 499, 21 (*für pferde*). CHR. 1. 171, 38; *das dafür zu entrichtende geld ib.* 2. 264, 18. 21. NP. 47; *pferdefutter; s. v. a.* atz *in der letzten bedeutung* AD. 770. 1259. MZ. 3, 14. 65. 4, 233. *was bedeutet es in folgenden stellen?* wirt ein atzunge under unsern burgern — — *so sollen schiedsmänner entscheiden* AD. 747. ich sol och mînem vettern unbeholfen sîn wider die burger von Strazburg in der atzungen und klage, die sie wider in hant umbe den tôtslag *etc. ib.* 874.

au = â *s.* WEINH. *al. gr.* §§ 52. 96.

auctoriste *swm. s. unter* argumentiste.

augustô in dem augustô (*monat*) GEO. 5856; *s.* ougeste.

aunser *stm. s.* êser.

aurêâ porta aurêâ (I. 67ª) MAR.

aureolâ *f.* (*ib.*) *benennung der* megetlîchen krône MART.

aurôre *f.* (*ib.*) *als anrede an Maria* MS.

ausang *stm. s.* âsanc.

auster *m.* (I. 67ª) *südwind* MS. MGB. 169, 5. 226, 4; austerwint EVANG. L. 12, 55.

av *s.* aber.

avant (I. 67ª) *fz. vorwärts* TRIST.

ave *s.* abe, aber.

avê (*ib.*) *das lat.* ave WALTH. GEO. FREID. j. TIT. 275, 1. MARLG. 48, 11. 54, 8. 69, 1.

avenanz *fz.* avenant (I. 67ᵇ) *lieblich* TRIST. U.

âvent *stm. s.* âbent.

âventiurære *stm.* (I. 72ᵇ) *der auf ritterliche wagnisse auszieht* TRIST.; *umziehender kaufmann, juwelenhändler, später* âbenteurer, âbenteirer;

âventiure, âventiur *stf.* (I. 67ª—72ª) *spätere formen* âben-, ebentür (*so im* HELDB. *K.*), ôbentür, ofentür (DFG. 227ᶜ. NARR. 110ª, 167): *begebenheit, bes. eine wunderbare; wagnis, zufälliges, bes. glückliches (aber auch unglückliches) ereignis, schicksal; ein gedicht davon, abschnitt eines solchen gedichtes* (NIB. *in den überschriften); die quelle der höfischen dichter, personificiert die muse. allg. bei den höfischen dichtern.—aus fz.* aventure *lat.* adventura;

âventiurec *adj.* der ist ein ritter gewesen und abenteurig MSH. 3, 313ª;

âventiuren *swv.* (I. 72ª) *durch gefahrvolle unternehmungen aufs spiel setzen, wagen* TRIST. H. FRL. j. TIT. 4648. ALTSW. 165, 17. wagen oder abentheuern eventuare VOC. 1482; ôbenteuern KELL. *erz.* 237, 27. konde er (*der goldschmid*) die zwu metall abenteuern (*ris-*

kieren), das si bestunden in allen feuern GERM. 3, 373; *ritterliches wesen treiben, refl. sich zu wunderbaren ereignissen gestalten* PARZ. j. TIT. 2400. ALTSW. 151, 9; *md.* âventûren wagen KARLM. 392, 16. — *aus fz.* aventurer.

âventiur-lîch *adj. voll ungewönlicher dinge*, êbentûrlîch RSP. 508. 960. 1168.

aver *s.* aber.

aver-hâke *swm. s.* aberhâke.

avern, ävern, äfern *swv.* (I. 73ᵇ) *wiederholen* GEST. *Rom.* LEYS. DIEM. 49, 27. GRIESH. 2, 123. KCHR. 7453. SPEC. 41. BIT. 12777. KRONE 22245; *eine sache gehässig wieder vorbringen, sie tadeln, rächen: die beschuldigung sol nit mer fürgezogen oder geefert werden* MZ. 1, 588 *s.* 533; *etw.* äfern und rechen MH. 1, 228. 2, 251. UGB. 18. CP. 48. effern SCHM. *Fr.* 1, 40. *vgl.* DWB. 1, 181;

äverunge *stf.* (*ib.*) *wiederholung* LOH. SPEC. 41.

âv' estroit mâvoie (I. 67ª) = *fz.* aive estroite mauvoiée PARZ.

âvoy *interj.* (I. 74ª) HARTM. WOLFR. *aus* ah voi ha sieh!

âwasel, âwêsel *stm.* (*ib.*) *todtes vieh, aas; nbff.* âwëhsel (BERTH. 256, 35. 257, 3. 8. 287, 4. 7. 23), abwëhsel, abasel (SWSP. 172, 31. 33), abesle (j. TIT. 5473, 1), anwasel, awisen; âwürse, âwürhse (BERTH. 134, 33. 35. 135, 17), awürsel, abars, abors (SCHM. *Fr.* 1, 12. BIRL. 38) *formen, die zum* auursum, auuorsum *der lex Baj.* 13, 4 *stimmen. vgl.* DWB. 1, 1016. DIEF. 1, 244 *u. oben* âs. *nach* WACK. *zu* wasan pollere.

awe *stf. s.* owe.

âwê *interj.* (I. 6ª) = ôwê GUDR. awê owê! MGB. 393, 25.

â-wëgec *adj.* (III. 639ᵇ) *vom wege abgekommen, verirrt* PILAT.

âwëhsel *stm. s.* âwasel.

â-wërc *stn.* stuppa VOC. 1482. *s.* âwirch.

â-wërf *stn.* (III. 740ª) abjectio; *fürs mhd. nicht zu belegen.*

âwësel *stm. s.* âwasel.

â-wîchen *stv. II.* (III. 615ª) *abweichen* SPEC. 10.

â-wicke *stn.* (III. 639ᵇ) *umweg* GL. *zu* wëc.

â-wirch *stn.* (I. 74ᵇ) *werg* GL. *s.* âwërc, âwürke.

â-wîse, â-wîs *stf.* (III. 756ª) *unart* VOC. aweise mania, dyscolia VOC. 1482. *vgl.* MD. *ged.* 3, 8 *u. anm.*

â-wîsec *adj.* ein âw. tummer edil man RSP. 1465.

âwisen *stm. s.* âwasel.
â-witze *stf.* (III. 794ᵇ) *unverstand, wahnsinn* DFG. 346ᶜ (*s.* abewitze);
â-witzec *adj.* (III. 795ᵃ) *unverständig, närrisch* MYST. owissigk DÜR. *chr.* 330;
â-witzecheit *stf.* (*ib.*) Voc.;
â-wîtzen *swv.* (III. 794ᵇ) *von sinnen sein* PF. *üb.* 58, 116. daʒ awitzen vel unsinnen amentia DFG. 29ᵉ.
â-würke *stn.* (III. 596ᵃ) stuppa Voc.; *zu* wërc, *s.* âwirch.
âwürhse, âwürse, âwürsel *stm. s.* âwasel.
ax, axt *stf. s.* ackes.
ax-houwer *stm. der mit der axt arbeitet, holzarbeiter, zimmermann* FRANKF. *baumeisterb. v j.* 1396 *f.* 13. 39.
axlîn *stn. kleine axt* WEINSB. 28; extlîn 21.
ay *interj.* (I. 74ᵇ) *contrah. aus* ahî.
aʒ *s.* alleʒ.
âʒ *stn.* (I. 760ᵇ) *speise für menschen u. thiere*

NIB. LANZ. FRL. HERB. 7840. PASS. *K.* 542, 18. JER. 67ᶜ. MGB. 170, 12. VILM. 17. *zu* ëʒʒen.
æʒe *adj.* in wurmæʒe, *s.* DWB. 1, 590.
aeʒec *adj.* (I. 761ᵃ) *zum essen gut* BASL. *r. s.* 33; æszige ding EA. 78. *vgl.* SCHM. *Fr.* 1, 157.
æʒen *swv.* (*ib.*) *ätzen speisen* GLAUB. ROTH *pr.* SWSP. 315, 7; *auch* êʒen, eʒʒen (BERTH.), êsen (GRIESH.), æsen (LOH. 3420 *u. anm.* MH. 3, 210).
aeʒe-swîn *stn.* porcus pascualis URB. *B.* 1, 31.
âʒ-geil *adj.* (I. 494ᵇ) *der seine freude am essen hat* MART.
aʒi-gêr, ati-gêr *stm.* (I. 498ᵇ) *eine art wurfspiess* RUL. WIG. — *ags.* ätgâr, *altn.* atgeirr. *vgl. auch* DIEZ 2, 196.
âʒ-rëht *stn. weiderecht* MH. 2, 891.
âʒ-vleisch *stn. fleisch zum füttern der falken* MYNS. 37.
Aʒʒabê (I. 74ᵇ) BIT. 1161 *ist in* Alzabe zu ändern, *vgl.* JÄNICKES *anm. zu der stelle.*

B.

(*vgl. auch* P.)

b, *der weiche lippenlaut* (I. 74ᵇ) *wird auslautend zu* p; *verhärtet aus* v, f, *besond. aus* w (*bair.*); *doppelung nicht häufig, am öftesten in elsäss. denkm.* (abber, habben, gebben, lebben MERSW. 4. 5. 7 etc.). *vgl.* WEINH. *bair. gr.* §§ 124 *ff. alem. gr.* 153 *ff.*
bâbe, bôbe *f.* (I. 75ᵃ) *altes weib* MART. REINH. TROJ. PASS. *K.* 395, 86. GA. 3. 74, 1145. *aus dem slav.* baba *s.* DWB. 1, 1057. KWB. 247.
bâben-stîger *stm.* (II². 631ᵇ) *der alten weibern nachsteigt, schelte für männer* LS.
bâbes, bâbest, bâbst *stm.* (*ib.*) *pabst* WALTH. FREID. der bâbest, nâch got der kristenheit houbet WG. 11096. LOH. 6305. der bâbes ein houbet der werlt MGB. 43ᵃ. den bâbest si kusten ûf den vuoʒ TÜRL. *Wh.* 125ᶜ. dem pâbest ist gesetzet ze rîten ûf einem blanken pferde unde der keiser sol dem pâbest den stegereif halten SWSP. 1, 79 *f.*; bâbes HPT. 6, 409; der heiden bâbest *chalif* TROJ. 24821. APOLL. 18268. ALTSW. 167, 2. — *aus lat.* papas, *rom.* papes.
bâbest-heit *stf.* papatus DFG. 410ᶜ. GA. 2. 554, 22.
bâbestîe *stf.* (I. 75ᵇ) papatus Voc. SCHM. *Fr.* 1, 378.
bæbest-lich *adj.* (*ib.*) *päbstlich* MYST

bâbest-rëht *stn.* (II. 623ᵇ) *päbstliches recht u. gericht* PARZ.
bâbes-tuom *stn.* papatus DFG. 410ᶜ.
bac *stm. s.* bake.
bac *stm. was auf einmal gebacken wird*: swelch pfister einn unredlichen back tut WP. 75 (*s.* 101). 78. — *zu* bachen.
bâc, -ges *stm.* (I. 78ᵇ) *lautes schreien* PARZ. hundes bâc MSH. 3, 176ᵃ; *zank, streit* PARZ. PASS. 95, 88. 323, 50. MSH. 3, 163ᵃ. 176ᵇ. TROJ. 37906. ALBR. 1, 16 (enbâge *im streite*) 30, 223. ERNST 1144. GFR. 1872. mîn lip mit im erhebet den bâc TÜRH. *Wh.* 220ᶜ. — *zu* bâgen.
bacel *m.* baculus ÖH. 116, 30.
bach *stn. s.* bëch.
bach *stmf.* (I. 75ᵇ) *pl.* beche (ANNO 857) *bach* WOLFR. PASS. MS.; ein lûterlîcher b. TROJ. 9994. sîn swert durch den stahel brach rëht als erz fuorte durch ein bach DAN. *s.* 114 *Berlin* (W. GR.); *bildl.* ein bach ir ougen rêrte MSH. 3, 2476. der augen bach MARLG. 166, 401. ein b. ir ûʒ den augen vlôʒ APOLL. 15734. grundelôser grundes bach (*gott*) MGB. 40ᵃ. *das fem. besonders md.* LIVL. *chr.* 4985. 5065. 7146. ELIS. 5110. PASS. *K.* 3, 67. 172, 97. daʒ ist als in die bach ein slac ERLŒS. 11;

aber auch aleman. s. WEINH. *al. gr.* § 275. — *zu gr.* πηγή, *vgl.* DWB. 1, 1057.
bach-abe *adv. bachabwärts* ich gienc lang b. und sweig WEIM. *hs. p.* 69.
bachad *stm.* bachadis haiżt ain bachad und haiżt etwâ ain wek, daż ist ain vogel, der wehst von holz *etc.* MGB. 172, 22 *ff.*
bachant *swm. angehender student*: da waren grosz bachanten, die luffen all in die stat nach prot CHR. 5. 125, 32. — *von* bachari DWB. 1, 1060.
bachart *m. s.* bêgehart.
bach-blat *stn.* pachbletter mit honig *als speise* UKN. *einleit.* XLIV *anm.* 8.
bach-brunne *swm.* bachbrunnen unde wazzer trunken si für schavernac WAHTELM. 155.
bach-bunge *swf.* berula DFG. 72ª.
bache *swm.* (I. 76ª) *schinken, geräucherte speckseite* REINH. (465. 472 *ff.*). HELBL. MART. ERACL. 3242. ULR. *Wh.* 116ᵈ (min vater truoc nie bachen, dâ man in den kezzel sneit) RENN. 10503. 13528. 14157. BERTH. 326, 17. 19. NETZ 1745. 1753 *etc.* daz mære vom bachen HPT. 7, 102 *ff.* RING 6ᵇ, 35. URB. 211, 20. NP. 235 *u. oft in urk. z. b.* MZ. 1, 527 *s.* 443. DH. 271 (*redensart*: die wurst an den bachen werfen) GEIS. 416 (zu dem wälischen ezzen gehorent zwen pachen, der ist einer ein niwsaltz und daz ander ein pache als man einer vrowen gît) STZ. 308. 434. DFG. 428ª. *auch vom schafe s.* schâfbache. — *nach* WACK. *identisch mit* backe *zu gr.* φαγεῖν, *vgl.* DWB. 1, 1061.
Bâche *Bachus* TROJ. 986 (: sprâche). 16272 (: râche); *s.* bakun.
bachelêre *s.* betschelier.
bachen *stv. 1*, 4 (I. 76ª) *backen* GEN. FRL. STRICK. GRIESH. 2, 113; er pechet GEIS. 436. daz wir buochen in der pfanne HADAM. 509. ir redet als der gebachen hât MSH. 3, 233ᵇ; bachens *gebackenes* ÖH. 98, 20; gebachen steine *backsteine* CHR. 3. 38, 7. backen BERTH. 151, 6. FREIBERG. 273 *ff. mit ver.* — *zu gr.* φώγω *brate, skr.* bhakta *gekocht* CURT. 1, 158.
bachen-vleisch *stn.* schweinîn pachenfleisch NP. 235; bechenfleisch CHR. 2. 314, 18. 19. 23. 334, 18. *vgl.* bechenschwein GR.w. 2, 208. — *zu* bache.
bachern *swv.* fovere, *ein neugebornes kind* baden und bachern GR.w. 4, 334; *s.* backern *bei* OBERL. 84 *u. vgl.* becheln. — *zu* bæhen.
bach-hûs *stn. bäckerei* SCHRETEL 167. UKN. 191; bachûs MYST. (I. 737ᵇ).

bach-lêhen *stn.* die vogteien, genant pachlêhen, in dem dorfe Wenigenperchofen MB. 36ᵇ, 507.
bach-marder *stm.* (II. 68ª) squirus GL.; bachmard DIEF. *n. gl.* 347ª.
bach-minze *swf.* (II. 186ᵇ) menta aquatica VOC. *vgl.* NEMN. 2, 550.
bach-oven *stm.* (II. 455ᵇ) *backofen* MARLG. JÜDEL. SCHRETEL 264. DAL. 105, 1; bakoven EVANG. 239ª. MYST. 2, 490, 5; *s.* DFG. 253ᵇ.
bachsnëcke *swm.* (II². 436ᵇ) *wasserschnecke* MGB.
bach-stade *swm. weg am bachufer* der b. sol hân drittenhalb fusz in der breide GR.w. 5, 601.
bach-stelze *swf.* (II². 619ᵇ) *bachstelze* VOC. (*Schr.* 1577).
bac-hûs *stn. s.* bachhûs.
bach-troc *stm.* alveolus DFG. 27ᶜ.
back-apfel *stm.* die backen vel backapfel, gena DFG. 259ᵇ.
backe *swm.* (I. 76ᵇ) *auch st.* durch den bac MSH. 3, 266ª. 292ª: *backe, kinnlade* PASS. MS. LOH. 19. den backen und daz ôre valt er im nider ûf den melm TROJ. 33706. daz sie (*die drachen*) daz wilde viure werfent ûz den backen KRONE 13406. vor hunger müesten dorren im die backen MSH. 3, 293ª. veizte backen LS. 1. 181, 247. durch die backen gebrant (*als strafe*) RENN. 18235. — *vgl.* bache.
backe *swm.? bei einem erdbeben ist die erschütterung so gross, das die gefesse den leuten an den backen erklungen* DÜR. *chr.* 710. LILIENCRON *vermutet unter hinweisung auf* SCHM. 1, 149: *brett zum aufstellen von gefässen, mitnd.* bak *rücken zusammenhängend.*
backen *stv. s.* bachen.
backen-boz *stm. backenstreich* ULR. *Wh.* 110ᵇ. 113ᵇ. *Lachm. zu* NIB. *s.* 229.
backen-knus *stm.* (I. 855ª) *das zusammenstossen mit den backen* NEIDH. XX, 22; *s.* knüsen.
backen-slac *stm.* (II². 382ª) *backenschlag* PASS. MYST. MS. MART. 33ᵇ. EVANG. *Mr.* 14, 65. *ib. J.* 18, 22.
backen-stôz *stm. als fingierter name* LS. 3. 401, 89.
bacolôn? KARLM. 357, 2. *nach* BARTSCH *s.* 266 *scheint es "schlachtordnung" zu bedeuten.*
bactet *part. s.* beahten.
bac-wërc *stn.* (III. 588ᵇ) *backwerk* FREIBERG.
bac-zan *stm.* (III. 848ᵇ) backenzahn VOC. mandibula DFG. 346ᵇ.
badære, -er *stm.* (I. 77ª) *der die im badhaus*

badenden besorgt LIEHT. (230, 1) HELBL. er
izzet als ein mâder und trinket als ein bader
COD. *pal.* 341 *f.* 127ª. sô izze ich als ein bader
Aw. 2, 57; beder KOLM. 77, 18. 96, 24. *bei
feuersbrünsten mussten die* bader *mit ihren
knechten löschen helfen* TUCH. 149. 328. CP. 6.
badærinne *stf.* MSH. 3, 310ª.
bade *f. s.* bate.
bade-becher *stm.* dolium ad balneandum DÜR.
chr. 422.
bade-gelt *stn. geld welches die handwerker
am ende der woche erhielten, um ins bad zu
gehen* TUCH. 35, 16 *ff. vgl.* SCHM. 1, 153.
bade-gesinde *stn.* BIRKENST. 249.
bade-gewant *stn.* (III. 684ª) *badekleid* GEN.
JOS. 764. LIEHT. HPT. 3, 381. 5, 9. WILDON.
23, 184; *s.* badewant.
bade-hemde *stn.* (I. 624ᵇ) *badehemd* HELBL.
MEL. 639, 811; toga DFG. 586ᵇ.
bade-huot *stn. badegewand, badehose,* doliteca
DIEF. *n. gl.* 140ª; deinem weib ein alten bad-
hut FAS. 573, 30; 3, 1218. *vgl.* reich mir ein
kost einen hôt GERM. 5, 216 *und* SCHM. *Fr.* 1, 208.
bade-hûs *stn.* (I. 737ᵇ) *badehaus* HELBL. AUGSB.
r. W. 77. ÖH. 41, 15. 69, 17 *ff.*
bade-kleit *stm.* WILDON. 23, 175. 24, 281.
bade-kneht *stm. badediener* WILDON. 23, 190.
MGB. 106, 3. BEH. 6, 28. TUCH. 149 *anm.*
bade-lachen *stn.* (I. 923ᵇ) *tuch das man nach
dem bade umnimmt* PARZ. (*vgl.* HPT. 11, 52)
BIT. 12433. MEL. 636. KOL. 150, 220. GA. 3.
583, 35. HPT. 8. 153, 281. DSP. 1, 27. *vgl.* RA. 582.
badelât *stf. bad:* ez sol keine frauwe zu keiner
padlat gên danne selb vierde NP. 275. ez ensol
auch niemant mit dheiner preute (*neuver-
mählten*) ze pade weder gên noch rayen —
danne vier frauwen — und sol auch zu der-
selben padelat weder man noch frauwe da
heime weder peiten noch ezzen noch trinken
noch tantzen von derselben padlat wegen *ib.* 62.
bade-liute *pl. badgäste* HELBL. 3, 59. 274.
bade-meit *stf.* balneatrix MGB. 106, 3.
bade-muolter *f. badewanne* FASN. 3, 1220.
bade-muoter *stf.* obstetrix SCHM. *Fr.* 1, 208.
baden *swv.* (I. 76ᵇ) *prät.* badete bâte bât (OTTE
533. 597) batte (DIEM. 161, 6. 168, 13) *part.*
gebadet, gebât (gebât in sweize ULR. *Wh.* 110ª),
gebat: *baden trans. refl. u. intrans. allgem. —
zu den bildlichen ausdrücken noch:* in sorgen
baden Aw. 1, 44. daz herze in jâmer b. GA.
1. 299, 676. in des leides bade baden TÜRH.
Wh. 225ᵈ. man sach si dîne süeze baden
mit zähern für den sünden schaden WINSB.

73, 4. daz gemüete mit tugenden u. mit güete
baden WG. 6766. swert in den heiden baden
LOH. 4389. mîn swert muoz in ir lîbe b. ULR.
Wh. cod. Cass. p. 208. *zu* bat.
baden-vart *stf. fahrt in ein bad;* an unser
vrawen abend ze der padenvart UHK. 2, 298.
welcher frauentag ist gemeint?
bade-oven *stm. badofen* SCHM. *Fr.* 1. 208.
bade-pheit *stn.* (I. 487ª) *badehemd.*
bade-phenninc *stm.* wir wellen und setzen, in
swelhes viztum ampt mir chœmen, daz der-
selbe viztuom uns opferpfenning und auch pad-
pfenning verrrichten sül Mw. 198.
bader-buobe *swm.* ein baderbuob und boeser
knab BEH. 18, 27.
bade-scheffelîn *stn. kleines badeschaff* SCHM.
Fr. 1, 208.
bade-sac *stm.* FASN. 3, 1218.
bade-schilt *stm.* (II². 130ª) *badewanne* WEIST.
s. v. a. badehuot DFG. 189ᵇ.
bade-stein *stm.* badesteine thermae COD. SCHM.
Fr. 1, 208.
bade-, bat-stube *swf.* (II². 705ᵇ) *badstube,
badehaus* MSH. 2. 333ᵇ. 3, 211ᵇ. WILDON. 23,
91. 25, 250. KOLM. 116, 51. NP. 275. TUCH.
139, 18 *ff.* UKN. 48. CP. 6.
bade-stunze *stm. badezuber* VILM. 406.
bade-swamp *stm.* (II². 760ᵇ) *badeschwamm*
MGB. WEIM. *hs. p.* 41. 70. 71. EVANG. *M.* 27,
48. *ib. J.* 19, 29.
bade-vaz *stn.* (III. 281ª) *badewanne* PASS. VOC.
Schr. 1555.
bade-vënster *stn.* birretum, riscus VOC. 1482.
bade-vlëc *stm. badelappen* FASN. 3, 1218.
bade-volc *stm.* (III. 365ᵇ) *badediener* HELBL.
bade-want *stn.* (III. 683ª) vestis mutatoria
GL.; *s.* badegewant.
bade-wadel *stm.* (III. 455ª) perizoma VOC. *vgl.*
HPT. 11, 52; *vgl.* batkoste.
bade-wîbel *stn.* (III. 720ᵇ) *badefrau* HELBL.
badmen *swv. s. unter* baten.
baffen *swv.* (I. 78ª) *schelten, zanken, bellen:*
ir tund gelich dem hund der vil baft und
doch niemants gebissen kan MALAG. 199ᵇ.
DWB. 1, 1075.
bafter *adv.* (I. 12ª) *ausser, ausgenommen* WEIST.
aus bî after.
bâgen *stv. red. I,* 2 (I. 78ª) *laut schreien, strei-
ten* sie biegen MYST. NEIDH. 8, 5. ULR. *Wh.*
127ª. *vgl.* SCHM. 1, 157. *ebenso:*
bâgen *swv.* (*ib.*) HARTM. PARZ. ERNST 4150
HPT. 5, 9. WG. 12758. APOLL. 5096. 5361.
7856. 19729 KOLM. 147, 1. 148, 16; *mit gen.*

sich eines dinges rühmen GERM. 6, 151. MSH. 2, 369ᵇ. mit an; ge-, under-, wider-, ze-;
bâgen stn. (ib.) das zanken, streiten Iw. PARZ. NIB. daz reîne b. sanfter vorwurf MARIENGR. 690. lât iwer b. LS. 1. 146, 707. âne bâgen in ruhe u. frieden (HELBL. 1, 362. ERNST 4046). mit bâgen und mit schelten HPT. 2, 70.
bagîne, baggîne f. s. begîne.
bâg-stein stm. (II². 614ᵃ) zankstein, den scheltende weiber um den hals tragen mussten WEIST. vgl. RA. 720.
bæhen, bæn swv. (I. 78ᵇ) prät. bæte (unverkürzte formen bæhen, bæhete sind nicht zu belegen) bähen, durch überschläge erwärmen PARZ. brôt bæn HPT. 8. 152, 268. daz houbet bæen PF. arzb. 2, 11ᶜ. den bouch b. ib. 2, 12ᵇ; bæie (= baeje) dich vaste ib. 2, 15ᵈ; gebaet ib. 2, 16ᵈ. wer wol badet und wol baet MONE 4. 59, 761. md. bên, bête HERB. 17181. 12780. vgl. KUHN 8, 262 u. bachern, becheln.
bahsen swv. das haar machen, schmücken WINDB. ps. bei SCHM. Fr. 1, 198; s. vahs.
bâht stn. (I. 78ᵇ) unrat, kehricht, kot (auch bôht, bêht SCHM. Fr. 1. 201) ANEG. LANZ. PARZ. FREID. — kaum mit WACK. u. WB. zu baehen; vgl. gt. usbaugjan auskehren u. DIEF. 1, 278. 2, 750. DWB. 2, 201. VILM. 46.
bæjen swv. s. bæhen.
bak-oven stm. s. bach-oven.
Bakun (I. 79ᵃ) Bachus, in frz. acc. form, ein gott der Sarazenen TÜRL. Wh.; s. Bâche.
bal adj. (I. 79ᵃ) in balmunt etc. s. bale.
bal prät. von bëllen.
bal stm. (I. 126ᵃ) gebelle, laut HÄTZL. DWB. 1, 1091. zu bëllen.
bal, -lles stm. (1. 117ᵇ) ball, kugel WOLFR. GOTFR. WALTH. GUDR. bal slahen KRONE 692; boese nâchrede tribet man sam einen bal ib. 81ᵈ (W. GR.); bal werfen NEIDH. XLI, 1. 13. er mahte ir daz hâr ze einem balle ib. XLVII, 4. unde in als einen bal mit bœsen worten umbe slânt MSF. 131, 23 u. anm. der wërlt bal weltkugel HANS 4071; ballen in dem balle des fuszes MYNS. 29; s. balle. — mit bolle zu lat. folis DWB. 1, 1091. DIEZ 1, 227.
balas, balax stm. (I. 79ᵃ) eine art blasser od. auch ganz weisser rubine PARZ. BIT. 7483. u. anm. GFR. 2502. APOLL. 11784. 11876. 13196; baleis GERM. 8, 279; ballas GFR. 2507. pollascht MONE quellens. 1, 510 (a. 1471.) — fz. balais, genannt von Balasam, einem lande in Ostindien, wo er zuerst gefunden wurde SCHM. Fr. 1, 227.

balc, -ges stm. (I. 124ᵃ) pl. belge, manchmal balge (KRONE 17697. RENN. 18795) balg, haut PARZ. FREID. REINH. 353, 1699. RENN. 12045. 18738; væher balc pelz BERTH. 17, 33; verächtlich leib (der unsaelic balc mîn, ich APOLL. 16297. vil maneges juden balges âtem an spite sînen lîp MSH. 1, 268ᵃ. wan ich dînen balc [dich] hie ze tôde snîde ib. 2, 329ᵃ. zesluogen si im den balc GA. 2. 119, 387. wer gesach ie galgen mit wirsern balgen? LS. 2. 531, 980); als schelte: swîc, vervluohter balc HELBL. 9, 122; schwertscheide PARZ. j. TIT. 5757, 1. AUGSB. r. W. 185. — zu bëlgen, vgl. GDS. 398. CURT. 2, 81; verwandtschaft mit bërgen wird angenommen Z. 1, 12.
balche swm.? salmo muræna URB. 91, 25. 193, 10. 194, 9; s. PFEIFF. s. 347 u. DWB. 1, 1439.
balde adv. (I. 81ᵃ) mutig, kühn, dreist; schnell, sogleich. allgem. vgl. GUDR. 82, 1. 127, 2 (mutig). 386, 1. ie baldo und ie baldo GRIESH. 1, 68. do quam balde gerant GR. RUD. ♂, 13; assimil. balle (: schalle) HELDB. K. 242, 21. 617, 29; comp. balder (STRICK. 4, 136. DANIEL 3761) belder (MYST. 2. 558, 23), sup. baldest (GERH. 4156. REINH. 384, 897. DANIEL 2373) und beldest GUDR. — zu balt;
balde stf. an der balde, brevi COD. Mind. 96; s. belde.
baldec adj. praeceps VOC. Schr. 2159;
baldec-heit stf. kühnheit j. TIT. 1206, 2.
baldec-lîche adv. mutig, eifrig BIT. 1482; beldeclîche ELIS. 2365.
baldekîn stm. (I. 79ᵃ) kostbarer aus seide u. goldfäden moiréartig gewobener stoff aus Baldac (Bagdad), dann auch seidenstoff geringerer art (GUDR. 301, 3. lîhter b. EN.; rûcher b. ALTSW. 24. 26) zu kleidern u. decken TIT. GEO. PASS. MLEG. (188, 392). GERH. 2932. 4475. ERNST 1677. DIETR. 656. RENN 22607. 22649. 23363. KARLM. 58, 24. 161, 56; swarzer b. ALTSW. 43, 25; grüener ib. 45, 1. mantel von b. MSH. 3, 260. sîn schirmetuoch was b. ib. 3, 171ᵃ. kleider von b. LIEHT. 347, 19. TURN. 20, 5. PARTEN. 46. j.TIT. 1418. 1504. WARTB. 54, 4. GA. 2. 346, 350. BPH. 582; baldeken BERTH. 457, 15. — aus mlat. baldakinus.
balde-lîche adv. s. baltlîche.
balden swv. (I. 82ᵃ, 27) intr. balt werden, eilen KROL. nâch dîner muoter balde WWH. 160. 2. si gerîden balden an frouden und an worte ELIS. 462. mit er-, ge-, ver-. zu balt; s. belden.

balderich *stm.* (I. 79ᵇ) *gürtel* GL. VILM. *weltchr.*
26; belderich DIEF. *n. gl.* 47ᵇ. — *mit ahd.*
palz, balz *aus lat.* balteus GR. 3. 448.

balderîchen, belderîchen *adv.* (I. 82ᵃ, 15. II.
688ᵃ) *schnell, mutig?* TRIST. 8966. *vgl.* Bechsteins *anm. zu der stelle.*

baldes *adv. schnell* ELIS. 467; aller baldes SWSP. 63, 6.

baldriân *stm.* (I. 79ᵇ) baldrian VOC. — *aus* valeriana WACK. *umd.* 59; *s.* waldriân.

bale *stm. böses, unrecht* KARLM. 17, 50. 137, 32. 165, 33. — *gt.* balvs *böse* (*in* balavêsei, balveins, balvjan); *vgl.* KUHN 5, 351 *u. besonders* Z. 1, 12.

baleis *stm. s.* balas.

balîe *stf. ballei, ordensbezirk der deutschen ritter* MH. 2, 156. 157. ÖH. 141, 25. SCHM. *Fr.* 1, 227. — *aus mlat.* ballia *von* balius *vorsteher* WEIG. 1, 99.

balieren *swv. s.* palieren.

balieren *stn.* kein zageheit ich wên dich indert rûre fluhticlîch gein grôzem balieren j. TIT. 3232. *vgl.* ballieren.

balke *swm.* (I. 79ᵇ) *balke* L. ALEX. sô blîbe er stân ûf mînes herzen balken MÜGL. *s.* 28; ALBR. 9, 32. GA. 1. 359, 824. DAL. 122, 24. KIRCHB. 791, 35. EVANG. *M.* 7, 3 *ff. vgl.* DWB. 1, 1089.

ballas *stm. s.* balas.
balle *adv. s.* balde.

balle *swm.* (I. 118ᵃ) *ball* LANZ. (*lies* 210) in ballen wîs umbe trîben TRIST. 1028. ors unde liute was entsamt gedrungen zeime ballen j. TIT. 4051 (*auch fem?* j. TIT. 6, 2); — *ballen an füssen, händen, fingern* REINH. ENGELH. da eneben und ze ballen was ime gar durchvallen daz geschuoche an den vüeẓen KRONE 19766. ez (*das pferd*) gie ûf den ballen *ib.* 19850. ECKE 226; *waarenballen* HPT. 1, 146. CHR. 4. 83, 19. 227, 13. 317, 23; 5. 37, 30. 33. *u. öfter. vgl.* bal.

ballen *swv.* (*ib.*) *zu einem bal machen* MART. (*lies* 133, 54); der reif læt sich nicht schôn b. sam der snê MGB. 85, 21. er wart die künege b. nider gên der grüene WH. *v. Östr.* 71ᵇ. tuost du mit guoten sachen ballen, sô wird dir niht HUGO *v. M.* 33. einen ballen *ball mit ihm spielen* HELDB. *Hag.* 1. 250, 709. *mit* ver-, umbe. — *vgl.* bellen.

ballen-binder *stm. ballenbinder* BEH. 17, 24. *der gast soll beim verkaufe seiner* phenwerten haben den gesworen underkäuft. den palnpinter und den pschawer CP. 355.

ballen-vüerer *stm. der waarenballen führt* CHR. 5. 216, 12.

baller *stm. ballspieler* palliludus VOC. 1482.
balle-spil *stn. ballspiel* GERM. 10. 326, 342.
ballieren *swv.* (I. 118ᵃ) *tanzen* MS.; *zunächst aus ital.* ballare. *vgl.* DIEZ 1, 48.
ballinc *stm. s.* banlinc.
balmât *s.* palmât.
balme *stf. fels, felsenhöle* Rudolfus dictus ze der balme (*a.* 1290). SCHM. *Fr.* 1, 236. *aus mlat.* balma *u. dieses wol aus dem keltischen. vgl.* KWB. 15.
balme *f. s.* palme.
bälmlîn *stn.* die kunnend ir bälmlî wol schiessen NETZ 12046; *s.* palme.
Balmunc *sm.* (I. 79ᵇ) *name des schwertes, das erst im besitze der Nibelungen u. dann Siegfrieds ist. ohne zweifel patron. bildung von* balme: *aus der felsenhöle stammend.*
bal-munden *swv.* (II. 236ᵇ) *für einen* balmunt *erklären* SSP. SWSP. *vgl.* KWB. 14. *mit* ver-;
bal-munt *stm.* (*ib.*) *ungetreuer vormund* SCHWÄB. VERLÖB. (DENKM. XCIX, 28); *später hat das wort seine ursprüngliche bedeut. verloren u. bei* ÖH. (46, 16. 49, 20. 72, 28) *werden unter* balmunt, bolmunt *die einem vogte zustehenden rechte verstanden. s.* bale.
bal-rât *stm.* (II. 575ᵇ) *falscher rat, böser anschlag* LEYS. BERTH. 213, 18; **walrât** NICOD.
bals *m. s.* balsame.
balsam-bluot *stf. balsamblüte* BELIAND 759.
balsam-boum *stm.* FLORE 2067. MGB. 358, 18. 19.
balsame, balseme *sw.* (*st.*) *mf.* (I. 80ᵃ) *sync.* balsme, *apok.* balsem (RENN. 20116 *f.* LOH. 305. 367. 607. TROJ. 10597), *auch* bals (Ms. *s. unten* balsen) *balsam* PARZ. TRIST. WALTH. WWH. 451, 19. 25. j. TIT. 6110 *f.* LOH. 3046. 3684. 6054. von balsem lieht dâ brunnen j. TIT. 6113; *vgl.* 962. des balsems MGB. 358. 32; *md. f.* ELIS. 9441 *pl.* balsamen *ib.* 9428; balsamâ (arômatâ) GERM. 8. 288, 85. — *aus gr. lat.* balsamum.
balsamen *swv. s.* balsemen.
balsamen-gesmac *stm. s. v. a.* balsamsmac BERTH. 187, 37.
balsam-holz *stn.* (I. 706ᵇ) VOC.
balsamîe *stf.* (I. 80ᵃ) FRL. *s. v. a.* balsamîte.
balsamieren *swv.* (I. 80ᵇ) *balsamieren* ALEXIUS.
balsamîte *stf.* (I. 80ᵃ) *balsumpflanze* WALTH. FRL. (*als anrede an die hl. jungfrau*) nardus und balsamîta GEN. 16, 33. MONE *quellen* 292.

balsam-krût *stn.* (I. 890ᵇ) balsamita Voc.
balsam-lich *adj.* (I. 80ᵃ) *balsamreich* FRL. WWH. 451, 30.
balsam-mæȝec *adj.* (II. 209ᵃ) *wie balsam* PARZ. GEO. 5858.
balsam-rebe *swf.* (II. 586ᵇ) *balsamrebe* MSH. 2, 356ᵇ.
balsam-rinde *f.* (II. 710ᵃ) Voc.
balsam-saf *stn.* (II². 13ᵇ) *balsamsaft* MYST. MGB.; balsems saf LOH. 305.
balsam-schrîn *stm.* (II². 217ᵇ) *balsamschrein, prädicat Marias* FRL. KOLM. 6, 524.
balsam-smac *stm.* (II². 417ᵃ) *balsamgeruch* ERLŒS. HPT. 6, 515. MSH. 2, 26ᵇ. 360ᵃ. 366ᵇ.; b. der tugende j.TIT. 1763.
balsam-tranc *stn.* daȝ waȝȝer smackte als balsamtranc ALTSW. 20, 1.
balsam-tropfe *swm.* (III. 103ᵃ) MARIENGR. MGB. 359, 36.
balsam-trôr *stmn.* (III. 114ᵇ) *balsamduft* FRL. FRAGM. 45, 319; balsems trôr LOH. 607.
balsam-tugent *stf.* (III. 56ᵃ) *balsamische kraft* MS.
balsam-var *adj.* (III. 237ᵃ) *ein aussehen nach b. habend* PARZ.
balsam-vaȝ *stn.* (III. 281ᵃ) *balsamgefäss* PARZ. WWH. 465, 11; balsamenvaȝ BERTH. 187, 35.
balsam-vruht *stf.* Ls. 2. 713, 96.
balsam-zaher *stm.* wenn man den edeln b. ab dem paum nemen wil, sô muoȝ man in besneiden mit painein meȝȝern MGB. 359, 7.
balse *f.* BIT. Hag. 7059; *ist* halse *zu lesen.*
balseme *mf. s.* balsame;
balsemen, balsmen *swv.* (I. 80ᵇ) *balsam geben* TRIST.; *balsamieren* TIT. MS. die hût balsamen MOROLT 1, 843; gebalsemt vleisch WWH. 451, 27. j.TIT. 4289. 4828; balsen DIUT. 1, 321 (*s. oben* bals *für* balsame); *durch b. den geruch oder geschmack einer speise erhöhen* MS. *bildl.* diu gebalsamte minne TRIST. 16835. dîn schœne balsemt mir den muot MAI 176, 10. sô balsemet auch ir leben ir lip MSH. 3, 421ᵇ.
bal-spiler *stm.* palliludus Voc. 1482.
balster *stm.* beule dîn hant mir solche balster sluoc, die mîn rücke klagen mac ULR. Wh. 193ᵃ; *s.* bolster, palster.
balt *adj.* (I. 80ᵇ) *flect.* balder *kühn, mutvoll; schnell (mit gen. oder präpos. kühn in, eifrig zu, schnell mit). allgem. vgl. noch* ie balder und ie balder ORL. 923ᵃ. baldeȝ ellen LANZ. 3376. DANIEL 120ᵃ. manlîcher ellen balt LOH. 192. minnen balt MSH. 2. 302ᵇ. an vreuden balt *ib.* 2, 394ᵃ. ûf ûwern schaden b. CRANE 824. den blîden und den balden RAB. 867, 6. du bist blôder du bist balt KARAJ. 48, 10. den tumben und den balden DIETR. 3080; *dem* einvalt *entgegengesetzt* PF. *üb.* 48, 612; balder denne ein bolz DRACH. 992. belder ERLOES. 1746; der baldeste MSH. 2, 31ᵇ. — *gt.* balthaba *kühn,* balthei *kühnheit; zu skr.* bal, val *stark sein? vgl.* DIEF. 1, 271. DWB. 1, 1081.
balteniere *stm. s.* paltenære.
baltergîn *stm.* (I. 82ᵇ) *landstreicher* ROSENG. *vgl.* paltenære.
balt-heit *stf.* (I. 82ᵃ) *kühnheit* L. ALEX. ERACL. (4913) ALBR. 24, 172.
balt-lich *adj.* (I. 81ᵇ) *kühn, mutig, dreist* MS. OTTE. LIEHT. 404, 11;
balt-, belt-lîche *adv.* (*ib.*) KL. LANZ. TRIST. HAHN *ged.* 131, 25. KARL 24ᵇ. BIT. 3664. 13004. RAB. 1098, 4. LIEHT. 34, 17. MAI 212, 29. MSH. 2, 386ᵇ; baldelîche ERACL. 3030; beltlîche RENN. 16349. KIRCHB. 747, 44.
balt-sprëche *swmf.* (II². 534ᵇ) *mutig, dreist sprechend* KCHR. (ain paltsprahiu was da D. 140, 26).
balûren? *swv.* daȝ sie wart mit dem balsam gebalûret (: unerfület) j.TIT. 4289.
bal-wahs *adj.* (III. 532ᵇ) *auf üble (bal) weise scharf (wahs), stumpf* DENKM. XLVII. 3, 19.
balzer *stm.* (I. 82ᵇ) *schopf, zopf* coma DFG. 134ᵇ. *vgl.* GFF. 3, 114;
balzieren *swv.* (*ib.*) *das haar in einen schopf zusammenwickeln, in locken legen, kämmen* EN. *vom ahd.* balz coma, cirrus *s.* GFF. 3, 114.
bâm *stm. s.* boum.
bammais *stn. s.* wambeis.
ban, -nnes *stm.* (I. 86ᵃ) *gebot unter strafandrohung* KCHR.; *einberufung zum gericht, verbot bei strafe (verbot die felder zu betreten* GR.W. 4, 277. 480, *verbot wein zu schenken* AD. 980. *die weinberge wurden in* benne, *bezirke eingetheilt, die bei der weinlese nacheinander* ûf getân *wurden* MONE 4, 24), *die strafe selbst (besond. kirchl.* bann) KCHR. BERTH. FREID. HEINR. 2021 einen ze banne tuon HPT. 5. 285, 627. DANIEL 6695. den ban entslahen PASS. 132, 83 (*vgl.* WOLFD. 349ᵃ). bî dem banne gebieten HELBL. 6, 51. ze banne komen GLAUB. 1811. bei dem groszen jüdischen ban *die juden zur zahlung der schulden anhalten* MH. 2, 733; —*gerichtsbarkeit u. deren gebiet, oft in urk. z. b.* AD. 717. 741. MZ. 1, 248. 249. 361. 3, 279. Mw.

255, 14. Urb. 18, 24; — *pl.* benne *gesetzliche gerichtssporteln* Meran. 7. *zu* bannen.

ban, bane *stfm.* (I. 83ª) bane Wwh. Elis. 3842. 9068. Herb. 87: *freier, zum gehen, fahren geebneter raum, bahn, weg* Wolfr. Gotfr. Walth. ein eben ban Er. 8707. ein getriben ban Ecke 41, 2. Ls. 1. 244, 324. mînen alten ban den muoʒ ich aber niuwen Msh. 1, 115ᵇ. leiten in gelückes ban Krone 71ª (W. Gr.). zû bane bringen *aufrichten, stärken* Elis. 4208; Heldb. *K.* 274, 39. Chr. 4. 237, 16; 5. 179, 13. 180, 13 (*m.* 98, 15. 293, 31); *turnierplatz* Ernst Casp. 44, 6. Loh. 244. Chr. 4. 319, 34. — *nach* Dwb. 1, 1076 *u.* Weig. 1, 94 *aus derselben wurzel wie das folgende* (= *die geschlagene*).

ban, bane *stswm.* (I. 82ᵇ) *untergang, verderben, tod* Rul. En. Lanz. (er würket vreislichen ban 3037). Kchr. W. 6725. ze freuden banne j. Tit. 5425. swer der frouwen hüetet, dem künd ich den ban Msf. 136, 38. — *zu gr.* φόνος, φονή (Curt. 1, 264) *dessen wurzel wol nicht mit* Z. 1, 12 *in skr.* han *tödten, sondern mit* Fick 125 *in einem vorauszusetzenden* bhan *verwunden, tödten zu suchen ist. vgl.* bangen.

bæn *swv. s.* bæhen.

ban-bac-hûs *stn.* das die herschaft ein banbackhus hie han soll, da sien wir in gedrungen zu backen Gr.w. 5, 618. *vgl.* banoven.

ban-bëte *stf.* (I. 171ᵇ) *im banne zu zahlende abgabe* Oberl.

ban-brief *stm. achtbrief* Glar. 105; *bannbulle* Ugb. 437. Chr. 5. 360, 27.

banc *stmf.* (I. 83ª) *als f. im gen. dat. sing. auch umlautend* benk (Fasn. 250, 32. Tuch. 300, 13). *pl.* benke *auch* banke (die dâ sâʒen an den banken Glaub. 2163): *bank, tisch* Rul. Parz. Nib. stüele u. benke Pass. 185, 19. der marter banc Kolocz. 283, 235. ûf eine banc stân Helbl. 15, 91. Karl 19ᵇ. Wg. 413. er slouf under die banc Helmbr. 1617. under einer b. warten Msh. 2, 148ᵇ. ûf der b. sitzen Neidh. 79, 35 *u. anm.* an eine b. sitzen Eilh. 1699. 1729. den lip ûf die b. werfen Helbl. 1, 1206; *die kupplerinnen wurden zur strafe dreu monet an ein pank versperret* Np. 28; durch den banc *ohne unterschied* (*der auf der b. sitzenden*) Gr.w. 2, 278. 4, 435. Netz 7465; *redensart:* dâ die schemel über die penk hupfent Mgb. 573 (*zur bezeichnung von etw. unnatürlichem, s.* Simrock *sprichw. nr.* 8950); — *gerichtsbank* Ssp. 2. 12, 13. 3; 69, 3. Karlm. 228, 44. vil in die benke treten *oft vor gericht erscheinen* Freiberg. 177; — *fleischbank* Chr. 5, 72. *anm.* 2; — *brustwehr* Beh. 91, 24; *s.* leinbanc. *vermutungen über die etym. im* Dwb. 1, 1105.

banc-genôʒe *swm.* (II. 398ª) *der mit auf der bank* (*schöffenbank*) *sitzt* Kulm. *r.* Gr.w. 3, 337.

banc-hart *stm. bastard* Gest. *Rom.* 52. Wolfd. Casp. 96. Germ. 9, 174. Fasn. 28, 21. Chr. 2. 80, 3. — *nicht im ehebett, sondern auf der bank erzeugtes kind* (*vgl.* mein vater macht mich auf einer penk Fasn. 250, 32) Weig. 1, 102. Dwb. 1, 1111;

banc-härtel *stm. dem. vom vorigen* Mgb. 263, 2.

banchen *swv. s.* baneken.

banc-kleit *stn. decke über eine bank* Dief. 1470 *s.* 245; *ebenso:*

banc-lachen *stn.* (I. 923ᵇ) Gl. Ga. 3, 48, 191. Np. 80.

banc-pfulwe *swm. bankpolster pulvinus* Dfg. 472ᵇ. *n. gl.* 309ª.

banc-schabe *f.* asperula, asperona, traba, traha Voc. 1482; *werkzeug zum abschaben, reinigen der fleischbänke* Fasn. 3, 1216.

banc-schillinc *stm.* (II². 128ª) *abgabe von den brot- u. fleischbänken* Urb.

banc-stichel *stm.* (II. 625ª) procubus *der alp* Voc. Dfg. 462ª.

banc-tuoch *stn.* dorsale Dfg. 190ᶜ.

banc-zins *stm.* (III. 899ª) *zins für brot- u. fleischbänke* Münch. *r.*

bande *swf. binde, streifen* (*zum binden der reben*) ein hantvol banden Gr.w. 4, 118. *vgl.* Dwb. 1, 1099.

bandeln *swv.* ein wâpenkleit wart als ein gippentuoch gebandelt Reinfr. 55ᵇ.

banden *swv. in bande legen* Ot. 89ᵇ; daʒ vihe banden *pfänden* Dsp. 1, 159. 160. *mit* ge-. *s.* benden.

bander *stn. s.* baniere.

bane *mf. s.* ban.

ban-einunge *stf.* conventiones et statuta communitatis Halt. 95.

baneken *swv.* (I. 84ª) *tr. umher tummeln,* die ros (Gudr.) den lip b. (Iw. Parz. Ga. 1. 456, 23). den sin banichen Herb. 88. banchen Orl. 758. 770; *refl. sich durch bewegung erlustigen* En. Trist. sich banken Wh. v. Östr. 72ª; *intr. spazieren* baneken gân, rîten (Er. Wolfr. Lanz. 7179. Dietr. 7463. Türh. *Wh.* 246ᵇ. — *aus roman.* banicare *hin u. her schwanken* (*wie eine fahne, von gt.* bandva), *intr. sich bewegen, altfz.* banoier Diez 1, 50;

baneken *stn.* (I. 84ᵇ) *erholung durch leibes-*

übung, erlustigung PARZ. (30, 1. 678, 3). TROJ. *ebenso*:
banekîe *stf.* (I. 84ᵇ) TRIST. TROJ. KRONE 13724. 20363. 25876 (*var.* bankenîe) 26263. 29163. GA. 3. 71, 1044.
banël *mn. s.* panël.
banen (I. 83ᵃ) *bahnen, zu einer bahn machen* PARZ. Ms.; sîn lop hât durch die welt gebant vil strâzen MSH. 3, 66ᵃ. strâze wol gebant LOH. 2341. WIGAL. 6251. der minnen pfede an einem bette banen WH. v. *Östr.* 103ᵃ. so ist mîn wec hin zir gebant MSH. 1, 50ᵃ.
baner *s.* baniere.
baner-hërre *swm. der ein eigenes banner erheben kann, oder mit fremdem banner belehnt ist* MOR. 1, 3032. GR.w. 4, 162. UGB. 237. CHR. 1. 392, 10. 454, 12; 4. 59, 14.
baner-meister *stm. bannerführer* RING 49ᵈ, 39. CHR. 3. 130, 16; *ebenso*:
baner-vüerer *stm.* (III. 263ᵃ) GL.; panerfurer od. rennfenleinfurer principolus VOC. 1482.
ban-garte *swm.* (I. 483ᵇ) *im ban, bezirk liegender garten* OBERL.
bangbart *s.* banwart.
bange *adv.* (I. 84ᵇ) *nd. form für mhd.* ange KARLM. 146, 15. JER. 36ᵈ. 56ᵃ. 57ᵃ *u. öfter*; Osw. 360. 667. 962. PASS. *K.* 20, 19. — *wol aus* beange *zu erklären; vgl.* DWB. 1. 1101. 1471 (*unter* bengel);
bange *swm. angst, sorge* JER. 119ᵇ. 157ᵇ. *vgl.* benge.
ban-gelt *stn. bannzins für ertheilte gerechtsame* ÖH. 11, 14. MONE 4, 24.
bangen *swv.* (I. 84ᵇ) *intr.* bange *werden, in* begonde bangin JER. 84ᵇ. 91ᵃ. 141ᵇ; *tr. beängstigen, in die enge treiben* den mugen si wol darzu nötten u. bangen MB. 14, 282. SCHM. *Fr.* 1, 250. — *zu* bange.
***bangen** *swv.* (I. 84ᵇ) *schlagen, ist vorauszusetzen wegen* bengel; *erhalten ist es im schwz.* bangen *stossen* STALD. 1, 130. *zu gt.* banja *schlag, wunde; s.* ban *swm.,* bingen *u.* pinken.
banger *stm. s.* baniere.
ban-gewërf *stn.* (III. 740ᵃ) *abgabe an den banherren* WEIST.
bang-lîche *adv. bange* HANS 917.
ban-haber *swm. haber, welcher einem schirmherrn zur anerkennung seines vogteirechtes jährlich entrichtet wird* URB.9, 7. SCHM.1,176.
ban-haft *adj. mit dem* banne, *der gerichtsbarkeit behaftet.* swer niht panhaftes guot hat, der geit ie 6 phenn. in dem jar dreistunt dem rihter URB. *Pf.* 125.

ban-hërre *swm. herr des banns, der gerichtsbarkeit* GR.w. 4, 162. die banherren hœret an zwing und ban AD. 880.
ban-holz *stn.* (I. 706ᵇ) *bannforst.* swer holz in den vörsten und in den banholzen nimt Mw. 140, 25.
banichen *swv. s.* baneken.
banier *stf.* (I. 85ᵃ) *korb* PARZ. *fz.* le panier *von lat.* panarium *brotkorb* DIEZ 1, 303.
baniere, banier *stfn.* (*ib.*) *daneben* bannier, panier (OTN. 298) baner (eine rôte baner WOLFD. 998, 4), banner (WOLFD. 1924, 3), panner, bander (: einander) MONE 6, 321, banger (AD. 1037): *banner, fahne als führendes zeichen einer schaar eigentl. u. bildl.* WIGAL. PARZ. TRIST. ENGELH. 2661. des keisers banier KARL 165ᵃ. von den stangen abgezart die banier LOH. 462. ungedult daz banier vüeret RENN. 14047. vogel pellikân was des landes b. APOLL. 12428. diu b. wart verkêret (*beim leichenzug*) LS. 2. 325, 166. von liehten banieren huop sich ein michel rûschen dâ GERH. 3659; — *fähnlein am speer* RUL. WIG. WOLFR. LIEHT. ER. 2321. 2557. 2564. LOH. 398. LANZ. 8346. MOR. 1, 2986. 4087. HERB. 1310. 4541. 5667. KRONE 11095. 12464; — *ein stück des weibl. kopfputzes*: nû banier ûf nû glunzeler RENN.12561.— *aus fz.* banniere *mlat.* baneria, banderia *vom longob.* band, *gt.* bandva *zeichen, fahne* DIEZ. 1, 50;
banieren *swv. mit b. versehen.* alle schiff nâch gewonheit gebanieret KIRCHB. 797, 14.
banken *swv.,* **bankenîe** *stf. s.* baneken, banekîe.
ban-korn *stn.* in eandem curiam dantur — tercium dimidium sextarium hordei, quod dicitur bankorn AD. 577; *vgl.* banhaber.
ban-lêhen *stn. vom banherren ertheiltes lehen* URB. 293, 5. Mz. 1, 401.
ban-lich *adj. verderblich, schrecklich.* daz si panleichen dol liten PF. *üb.* 131, 481. *zu* ban *verderben.*
banlinc *stm. assim.* ballinc (I. 87ᵃ) *der verbannte.*
ban-liute *pl. die in einem* banne, *bezirk wohnenden* GR.w. 4, 187. OBERL. 91.
ban-miete *stf. einkünfte aus vermietung des bannes* URB. 268 *anm.* 269, 7.
ban-mîle *stf.* (II. 170ᵇ) *bannmeile: bezirk, innerhalb dessen kein fremder handel u. gewerbe treiben darf; das weichbild als gerichtsbezirk; der bereich des marktschutzes* BASL. *r.*

ban-müle *swf. müle mit malzwang* Gr.w. 5, 697.
bannen *stv. red. I*, 1 (I. 85ᵇ) *unter strafandrohung gebieten od. verbieten* Troj. Myst. daʒ bannet man bî den vrouwen Msh. 2, 90ᵇ. alle die kunige sint in des gebannen, daʒ sie in her mit kreften füeren j. Tit. 6077. vride bannen Rab. 228, 1. 469, 5. Dietr. 3933, j.Tit. 865, 4. 910, 1. gebannen tage *gerichtstage* Swsp.; — *in den bann thun* Walth. Helbl. 8, 1104. Pass. *K.* 55, 74. 209, 23. bannen in priesters wîs Msh, 2, 7ᵇ. swâ ein orden den andern bennet Renn. 17083; *mit gen.* ich wil in aller vröuden bannen Orend. 2701. — *nach* Dief. 1, 298, Dwb. 1, 1115, Weig. 1, 103 *zu gt.* bandva (*s.* baniere) *also bannen eigentlich: das gericht bezeichnen, durch ladung verbindlich machen. vgl.* bennen.
banner *s.* baniere.
banner-rëht *stn.* (II. 623ᵇ) *bannrecht* Weist.
bannier *s.* baniere.
bannunge *stf.* excommunicatio Dfg. 215ᵇ.
ban-oven *stm.* zu den selben banofen sollen alle, die in der freiheit sitzen, verbunden sein zu backen Gr.w. 5, 687.
ban-phennine *stm.* (II. 497ᵇ) *bannpfennig: geldbussen in frevel- und malefizsachen; abgabe der gewerbe an den richter* Halt. 87. 2195. Oberl. 92. *vgl.* banschillinc.
ban-rëht *stn.* jus banni Oberl. 92.
ban-reitel *stm. hegreis, junger gehegter baumstamm.* von banraiteln St. (*Warthausisches vogtbuch v. j.* 1446). Schm. 3, 50.
ban-rihter *stm.* judex criminalis, banno investitus Halt. 96.
ban-rizʒer? „banrizʒer Türh. *Wh.* 106." W.Gr.
ban-schaz *stm.* (II². 90ᵃ) *lohn der* banwarten; *geldbusse für baumfrevel* Weist. (4, 277).
ban-scheide *stf. gränze eines bannes* Gr.w. 5, 502. 511. Halt. 97.
ban-schillinc *stm.* (II². 128ᵃ) *bestimmte abgabe für ein gewerbe* Oberl. *vgl.* banphenninc.
ban-stat *stf. stadt mit einem magistrate u. eigener jurisdiction innerhalb des burgfriedens* Mw. 193, 18. 217, 20. 238, 10. Schm.*Fr.* 1, 243. Halt. 97.
ban-stetec *adj. widerspenstig, von pferden* Schm. 3, 672.
ban-stuol *stm.* sedes judicii criminalis Halt. 97.
bant *stn.* (I. 131ᵇ) *pl.* bant (*md. auch* bende Herb. 302. in îseren benden Jan. 15) *u.* bender (Weinsb. 16) *auch* bander (: einander) Heinz. 105, 126: *band* sînes swertes bant Wh. *v. Öst.* 22ᵇ. 25ᵇ. ich trage an einem bande êre unde schande Büchl. 2, 347; *band zum schmucke* Nib.; — *fessel eigentl. u. bildl. allgem. vgl. noch* in strenger sorgen bande Engelh. 6730. des zwîvels b. Pass. 103, 92. grabes bande Pass. *K.* 31, 75. des tôdes b. Wh. *v. Öst.* 105ᵇ. sie hât mich gebunden in ir bant Msh. 1, 91ᵃ. der rid ûz den banden sich Lieht. 420, 5; — *verband einer wunde* Parz. der wunden bant Ernst 3151; — *band, reif um ein fass* zwei pfunt salz des groʒen bandes Uhk. 2, 248. 275, des kleinen bandes *ib.* 2, 274. Mh. 2, 603. dreu pfunt salz weites bandes Uhk. 2 *anh.* 18. wein von mererm und minnerm bant Mh. 2, 551 (*s.* Schm. *Fr.* 1, 246); *querbalke* lange pante Tuch. 75, 11 (*vgl.* verbanden); — *band der verwandtschaft* Schm. *Fr.* 1, 246. — *zu* binden.
ban-tac *stm.* (III. 5ᵃ) *frohntag* Weist.
bant-âder *f.* nervus Mgb. 35, 32. 37, 20. Dfg. 379ᵃ.
bant-bereiter *stm. der verfertiger von eisernen bändern, schienen* Chr. 2. 507, 22.
bant-diube *stf.* (I. 325ᵃ) *diebstahl durch einbruch* Augsb. r.
ban-teidinc *stn.* (I. 335ᵇ) *das für einen* ban, *bezirk an einem herkömmlichen tage abgehaltene gericht* Kell. erz. 32, 7. Mh. 2, 806. 3, 417. Ukn. 108. Stb. 284. Urb. *Son.* 17ᵃ. 26ᵇ; *inbegriff der rechte u. gewonheiten, nach welchen auf einem solchen gericht entschieden wurde* Schm. *Fr.* 1, 243. Halt. 97.
bant-houwen *stn. beim weinbaue wurde das* b. (tertia rastratura) *im juli vorgenommen* Ukn. *einleit.* XVII *ff*.
bant-nagel *stm. starker nagel aus eichenholz zur befestigung der balken* (*s.* bant) Tuch. 115, 34. 116, 1. 126, 31.
bant-reinen *swv. den weinstock losbinden u. beschneiden* Gr.w. 4, 118.
bant-seil *stn.* (II². 288ᵃ) *seil zum binden* Voc. *vgl.* bintseil.
ban-vaste *f. gebotener fasttag* Geis. 418. Tuch. 22, 26. 25, 25. 27, 25 *etc.* (so wol auch Ga. 3. 77, 1291 *statt* banbast); *ebenso:*
ban-vast-tac *stm.* Np. 168.
ban-vîer-tac *stm gebotener feiertag* Spec. 157. Fasn. 1100. *ebenso:*
ban-vîre *stf.* sit wart uns diu vaste geboten und diu banvîre Mar. 162, 9.
ban-visch *stm.* (III. 238ᵃ) *fisch der dem herrn abgeliefert werden muss* Weist.

ban-voget *stm.* custos banni HALT. 97.
ban-vorst *stm. bannforst* SWSP. 197, 6. S. 13. DSP. 1, 177.
ban-walt *stm. bannforst* GR.W. 5, 211.
ban-wart, -e *stswm.* (III. 527ª) *aufseher über die rechte u. gränzen der gemeinde, wald-, flurschütz.* custos frumenti, qui dicitur banwart AD. 275 (*a.* 1144). die banwarten, die das velt bannent URB. 270, 8; *weinbergschütze* MONE 4, 24; *entstellt* bangbart GR.W. 5, 425. — HALT. 98.
ban-wart-ambet *stn. das amt des bannwarten* GR.W. 4, 378. *ebenso:*
ban-wart-tuom *stm.* (III. 527ª) banwartom custodia banni AD. 176 (*a.* 999). URB. 2, 5. 7, 21 *u. öfter.* GR.W. 4, 23; banwartentuom *ib.* 4, 157.
ban-waẓẓer *stn.* (III. 539ᵇ) *wasser in welchem zu fischen andern verboten ist* GR.W. 4, 104. des abbetes b. AD. 980. HALT. 98.
ban-wîn *stm.* (III. 676ᵇ) *wein den zu kaufen ausschliesslich erlaubt ist* (MONE 4, 24); *das recht mit ausschluss anderer wein auszuschenken* GR.W. 3, 364. 4, 207. 6, 19. 46. 49 *etc.* MONE 5, 302. MW. 83. BASL. *r.* 15. ARN. 12.
ban-zûn *stm.* (III. 949ᵇ) *den* ban, *bezirk begränzender zaun* WEIST. (3, 510. 4, 495).
bapel *f. s.* papele.
bapel, bappel *swf.* (I. 87ª) *geringe, ungefähr 4 groschen geltende münze* KONR. *vgl.* ZING. *negat.* 459.
baptiste *swm.* baptista, *der täufer* PASS. 363, 14. 364, 74. 366, 38. MSH. 3, 338ᵇ.
bar *prät. von* bërn.
bar *adj.* (I. 140ᵇ) *md. flect.* barwer *nackt, bloss* WIG. TRIST. HERB. ER. 158. do was Adâm und Eva bar FREID. 7, 11. bareẓ swert DIEM. 75, 1. 7. KRONE 11269. KARLM. 71, 22. 128, 49. bare vüeẓe GUDR. 1704, 3. EN. 11335. SERV. 3364. b. knie *ib.* 2239. KCHR. *D.* 81, 13. b. hût *ib.* 387, 4. b. houbet MONE 4. 325, 84. b. ros (*ungesattelt*) GA. 1. 50, 335. b. nôt HPT. 1, 463. b. êre *ib.* 464. b. rëht HELMBR. 781; — *leer, ledig, inhaltslos* (*mit gen.*) IW. BARL. WWH. WALTH. ER. 859. 2988. 6481; wunnen bar MSH. 2, 292ª. saffes bar HADAM. 375. lebens unde libes b. ENGELH. 6319. des lebens bar machen LOH. 527. WH. *v. Östr.* 94ª. helfe bar TÜRL. *Wh.* 69ᵇ. daẓ velt der ritter bar LIEHT. 76, 9. die gestüele der vrouwen bar LOH. 251. er sagt in sünden bar (*absolviert ihn*) LOH. 656. statt des gen. auch mit von FREID. — *sowol das im md. auftretende* w (barwer) *als das* s *im urverwandten lith.* basas *slav.* bôs, bosy *verbieten eine herleitung von* bërn (WB. *u.* WACK.); *es muss ein gt.* basis *od.* basus, basvus *vorausgesetzt werden. vgl.* DIEF. 1, 261. DWB. 1, 1055;
bar *adv.* (I. 124ª) *bloss,* sô beltliche und sô bar *so frech und unverhüllt* ELIS. 6128;
bar *stf.* (*ib.*) *die blösse* RUL.
bar *stm.* (I. 88ª. 142ᵇ) *sohn* JER. 66ᵇ; *mann, freier mann* (*in* bardiu, barlinc, barman *etc.*). *davon mlat.* barus, baro (*vgl.* barûn) *s.* DIEZ 1, 54 *ff.* — *zu* bërn.
bar *stm.* (I. 142ª) *griff, was man anfasst um zu tragen. ein solches wort, aus dem sich durch ableit. i* berî *bildet, setzen* cimber *u.* zúber *voraus* (*ahd.* einbar, eimberî *mit einem griffe*). — *zu* bërn.
bar *stn.* (I 88ª) *meistersängerisches lied. der singens pflege, den biten wir ouch umb ein bar* KOLM. 57, 12. das gesilbent par FASN. 1271. *vgl.* DWB. 1, 1121.
bar, bâr *stf.* (I. 87ᵇ) *balke, schranke bes. querbalke im wappen* LIEHT.; sunder bar, bâr *ohne beschränkung, unaufhörlich, unverzüglich* MS. ELIS. 3041. 6301. 7557 *u. öfter;* sunder bâr *findet sich besonders in österr. gedichten, s. die nachweise z.* BIT. 3229. — *mit fz.* barre *aus kelt.* bar *ast etc. s.* DIEZ 1, 56.
bâr *stm. in* gebâr;
bâr *stf.* (I. 145ᵇ) *art u. weise, wie sich etw. zeigt* Ms. (*das citat aus* TROJ. *ist zu streichen*); *vgl.* bære. — *zu* bërn.
barant *stm. s. v. a.* bar *n.* KOLM. 42, 4. 70, 17.
barant-wîse *stf.* KOLM. 66, 8.
bârât *stf. s.* pârât.
barbe *f.* (I. 88ª) *die barbe, fisch* GL.; *ahd.* barbo *m.* GFF. 3, 207.
bar-bein *adj. mit nackten beinen.* daẓ er parpein und barfuẓ gienge GERM. 1, 445ᵇ.
barbel *stm.* (I. 88ᵇ, 19) *s. v. a.* barbier LANZ. Ms.
barbier, barbiere *stfn.* (I. 88ª) *theil des helms vorm gesicht oder bedeckung des gesichts unterm helm, worin zwei löcher für die augen ausgeschnitten waren, visier* ATH. WOLFR. LANZ. ORL. 1248. KRONE 36ᵇ. 50ᵇ (W. GR.). j. TIT. 4492, 4. TROJ. 32427. 35591. — *eigentlich bartstück, bartbedeckung, vom fz.* barbe *lat.* barba (SCHADE);
barbieren *swv.* (I. 88ᵇ) *mit einer* barbiere *versehen* ATH. j. TIT.
barbierer *stm. bartscherer* BEH 70, 26 *ff.*
barbigân *stf.* (I. 88ᵇ) *theil der äussern befestigungswerke, aus welchen ausfälle gemacht*

wurden Parz. (664, 11). — *vom altfz.* barbacane *brustwehr mit schiessscharten* Diez 1, 52. *vgl. auch* Mone 6, 98 *f.*

bâr-brët *stn.* (I. 238ᵇ) *bahre* Servat.

barc *stm.?* cumulus? *als getreidemass* Ssp. 3. 45, 8 (*vgl.* Ra. 675*f.*); *bildl. last, masse* Jer. 1ᵈ. *nd.* barch, barg *gerüstartige scheune. vgl.* Oberl. 96.

barc, -ges *stm.* (I.88ᵇ) *männliches verschnittenes schwein* Weist. Diem. 51, 6; barg Dfg. 448ᵃ. *n. gl.* 298ᵇ; park Voc. 1482. — *mit* varch *zu lat.* porcus.

barchant, barchât, barchet *stm. barchent* barchent Meran. 17. parchant *als preis beim wettschiessen* Chr. 1. 388 *anm.* 6, *beim wettlaufen* Cp. 13. *mehr belege s. bei* Schm. *Fr.* 1, 268 *f. s.* barkân, barragân;

barchanter *stm. barchentweber* Cp. 11.

barchant-tuoch *stn. barchent* Chr. 4. 315,18. 5. 113, 21. 23. 114, 18; barchâttuech *ib.* 274, 7. 285, 19.

barchant-zieche *swf. bettüberzug aus b.* Schm. *Fr.* 1, 268.

barchâtîn *adj. aus barchent,* joppe barchâtîn Msh. 3, 309ᵃ.

bærde *stf.* (I. 149ᵃ) *aussehen, benehmen, wesen* Lanz. Parz. Alph. 97, 3; bërde Heldb. *K.* 215, 5. — *zu* bâr, bërn;

bærdec *adj. zu folgern aus:*

bærdec-heit *stf.* dô Ninus mit bærdecheit gewaltes vil erstreit Rud. *weltchr.* 41.

bar-diu *stf.* (I. 368ᵃ) *eine zinsgebende, der eigendiu entgegengesetzt* Schm. *Fr.* 1, 254.

bâre *stswf.* (I.144ᵇ) *sänfte, bahre, todtenbahre* En. Wig. Iw. Nib. Silv. 251. 426. L. Alex. 3874. 3882. Loh. 2871. 7605. Reinh. 1460. 1464. Pass. 125, 23. 130, 47. 53. 131, 16. 19 *u. oft.* Karlm. 188, 32; *katafalk* Chr. 4. 181, 43. — *zu* bërn.

bære *adj.* (I. 146ᵇ) *verkürzt* ber, *md.* bâre: *eine gewisse richtung habend, als einzelnes wort nur* Parz. 209, 20 (kampfes bære *s. v. a.* kampfbære *kampfmässig*) *sonst als angefügtes wort* adelbære, hëlfebære *etc.; verkürzt* ber *z. b.* dankber Bon. 22, 43. 47, 125. — *zu* bâr, bërn *s.* Dwb. 1, 1120.

bære *stf.* (I.147ᵇ) *die art u. weise wie etw. sich zeigt* (birt) Such. ein got in menschlicher pær Hpt. 5. 29, 450. Germ. 7, 293.

bære *stswf.* (I. 145ᵃ) *verkürzt* ber *das traggestell, gestell auf einem karren.* sol sitzen ûf den wagen, der einer bæren gelîch ist Altsw. 55, 15. zwei bern mit zwein redern sant da-myde zu furen Frankf. *baumeisterb. v.* 1400 *f.* 52ᵇ. — *warscheinlich eine nd. form für* bâre. *s.* holber, mistb., radeber, schaltber *u. vgl.* Schm. *Fr.* 1, 261. Dfg. 261ᵇ.

bærec *adj.* (I. 149ᵃ) *fruchtbar* Gen. *D.* 110, 29. Litan. 222, 26. *zu* bâr, bërn.

bâre-kleit *stn. s.* bârkleit.

barël, parël *stn.* (I. 89ᵃ) *pokal, becher* Parz.; *fässchen, flasche* an dem satel hangend vol weines zwai parel Wolfd. *Sab.* 442, 2. — *aus fz.* bareil, *mlat.* barillus. *vgl.* Diez 1; 56.

bære-lich *adj. angemessen, zu folgern aus dem adv.* unbæreliche.

barëllîn *stn.* (I. 89ᵃ) *dem. zu* barël Mor. 1, 1485. 1633. Germ. 3. 416, 34.

baren *stm. s.* barn.

bâren *swv.* (I. 145ᵃ) *auf die bahre legen* Rul. En. Iw. Nib. Bit. 9414. Krone 11505. Alexius 116, 903. Troj. 38921. 43288. j.Tit. 5837. *mit* ûf. *vgl.* bæren.

bâren *swv.* (I. 146ᵃ) *ein äusseres erscheinen, darbieten* Such. Heldb. *K.* 218, 35; *zu* bâr.

bæren *swv. md.* bêren (I. 145ᵇ) *auf die bahre legen* Herb. Nib. (*Jh.*)

bærerinne *stf.* (I. 140ᵃ, 34) *mutter* Frl.

barete *stn.* biretum Dfg. 74ᶜ. *vgl.* Schm. *Fr.* 1, 257.

barg *stm. s.* barc.

bâr-hiuselîn *stn. leichenhaus* Chr. 5. 294, 1.

bâr-hobel *stm.* (I. 695ᵇ) *bahrdeckel* Serv.

bar-houbet *adj. mit entblösstem' haupte* Jer. 63ᵈ. Mgb. 298, 34. Hätzl. 306ᵇ, 57.

barille *swm. s.* berille.

barkân *stm.* (I. 89ᵃ) *barchent* Neidh. 36, 7. *aus mlat.* barracanus, barchanus, *s.* barchant, barragân.

barke *stswf.* (*ib.*) *barke* Rul. Nib. Gudr. Wwh. Gerh. 4008. Krone 12843. 26387. 26488. Pass. 382, 25. Loh. 687. j.Tit. 476. 3444. 5249. Ulr. *Wh.* 110ᵈ. Hpt. 5. 287, 683. Chr. 5. 32, 10. — *aus mlat.* barca *fz.* barque *u. diese aus altn.* barkr *von* börkr *rinde? oder aus gr.* βάρις *kahn? vgl.* Wack. *bei* Hpt. 9, 573 *u.* Diez 1, 52;

barkenære *stm.* (*ib.*) *führer einer barke* Otn. (250. 252).

bâr-kleit *stn.* (I. 839ᵇ) *bahr-, todtenkleid* Pass. bârekleit *ib.* 127, 66.

barle-sühtec *adj.* paralyticus Oberl. 96.

bär-, ber-lich *adj.* (I. 141ᵇ) *offenbar* Warn. ein berlich ungefuoc Troj. 47343. und tetten bärlichen übergrif Öh. 20, 32. *zu* bar;

bär-, ber-lîche, -en *adv.* (*ib.*) *offenbar* Bon.

MART. 289, 47. LS. 3, 210. ALTSW. 217, 37.
CHR. 5. 34, 1. 50, 30; — *einzig u. allein, nur*
WIG. WWH. (78, 15. 209, 27).
barlîn *stn.* (I. 88ᵃ) *dem. von* bar *n.* Ms.
barlinc *stm.* (I. 88ᵃ. II. 35ᵇ, 27) *eine art halbfreier, abkömmling von* barliuten? SCHM. *Fr.* 1, 253.
bar-liute *pl.* (I. 1038ᵃ) *eine art halbfreier, zinspflichtiger leute* SCHM. *a. a. o.* OBERL. 96; *s.* barman.
barm *stmn. s.* barn.
barm *stf. s.* bärme.
barm, barn *stm.* (I. 142ᵇ) *schooss, eigentl. u. bildl.* RUL. GEN. ERINN. des meris parm MERIG. 4, 33; KARAJ. 22, 11. 78, 14. der sâligen heimuote barm HPT. 8. 151, 217 (*wie* JÄNICKE *bei* HPT. 14, 588 *treffend bemerkt muss auch* HELMBR. 1388 *gelesen werden:* in dem barme *statt* an dem arme; *vgl.* 1374 *ff*.). — *zu* bërn.
bar-man *stm.* (II. 35ᵇ) *sing. von* barliute. *vgi. auch* WEST *gl.* 39.
barmære *stm. erbarmer* MSH. 3, 50ᵇ.
barmde *stf. barmherzigkeit* ROTH *pr.* 74. NETZ 959; barmede AB. 2, 38. FDGR. 1. 121, 19. *s.* bermde, bärme. *wegen etymol. s.* barmen.
barmde-müetec *adj.* (II. 258ᵇ) *mitleidsvoll* FRL.
bärme, barme *stf.* (I. 59ᵇ) *barmherzigkeit* WWH. (454, 15). MSH. 3, 75ᵃ. WARTB. 145, 5. MAR. 525. AMG. 24ᵃ; âne barme ALBR. 16, 393. sunder barm KIRCHB. 675, 20; *s.* bermde.
barmec *adj. erbarmend, mitleidig* PASS. *K.* 439, 30. barmec sîn MSH. 3, 162ᵇ. dîn barmic riu *ib.* 3, 427ᵇ.
barmec-heit, barmekeit *stf.* (I. 59ᵇ) *barmherzigkeit* WIG. WINSB. ANEG. 11, 61. PRIESTERL. 299. WARN. 57. MSH. 3, 48ᵇ. 49ᵇ. 60ᵇ. TEICHN. 57. GA. 2. 584, 203. CRANE 3; *was mitleiden erregt* KRONE 11229.
barmec-lich *adj.* (*ib.*) *erbarmen erregend* ER. ELIS. 2598.
barmec-, bermec-lîche, -en *adv.* (*ib.*) GEN. ANEG. 9, 61. OTN. *p.* 95. 98. HELDB. *H.* 1. 134, 476; bermecliche SCHWANR 678. 1244. ALBR. 19, 534.
barmede *stf. s.* barmde.
barmen *swv.* (I. 59ᵃ) *mit acc. sich erbarmen* (er barmet sich über sie MYST. 2. 75, 2. daz er sich barme über die getât GA. 2. 561, 313); *mit dat. mitleid erregen, erbarmen* (NIB. 866, 3. *B*). — *gewönlich aus* bearmen (*zu* arm) *gedeutet, wogegen im* DWB. 1134 *begründeter*

zweifel erhoben u. das wort von barm *schooss* (*so auch* WEIG. 1, 299) *abgeleitet wird;*
barmenære *stm.* (I. 59ᵇ) *erbarmer* WALTH.; *s.* barmære.
barm-hërze *adj.* (I. 674ᵃ) *barmherzig* FDGR. 1. 125, 35. 39. DIUT. 1, 288. MONE 8. 42, 124. PF. *üb.* 64, 355. DIETR. 4857;
barm-hërze *stf.* (*ib.*) *barmherzigkeit* TUND. GEN. *D.* 133, 18. AB. 2, 39.
barm-hërzec *adj.* (I. 674ᵇ) *barmherzig* WALTH. ER. 5781. LOH. 767. RENN. 21672. EVANG. *M.* 5, 7. *ib. L.* 6, 36.
barm-herzec-lîche *adv.* b. si sprach HPT. 5. 278, 378.
barm-hërzekeit *stf.* (*ib.*) *barmherzigkeit* PILAT. PASS. 310, 56. PASS. *K.* 4, 11. MARLG. 166, 406. 167, 423. EVANG. 239ᵃ. MGB. 205, 1.
barmunge *stf.* (I. 59ᵇ) *erbarmung, mitleiden* WIG. WALTH. MAR. SPEC. 23. ER. 5779 (*bei* BECH bärmde). DIETR. 4505. 8838. 9021. RAB. 750, 1. 839, 4. 1136, 6. WG. 12427. 12497. j. TIT. 23, 4. LOH. 389. HELDB. *Hag.* 1. 276, 931. PASS. *K.* 147, 89. 639, 34. MARLG. 86, 73. 230, 520. HUGO *v. M.* 6, 30. 38. 47. MSH. 3, 35ᵃ; *eine strophe auf die* barmunge *ib.* 2, 233ᵇ.
barn *stm. s.* barm.
barn *stn.* (I. 142ᵇ) *kind, vom sohne auch masc.* (*einmal* barm). — *allg., vgl. noch* ENGELH. 1617. 2436. gotes barn PASS. 30, 24. des tiuvels barn KRONE 27322. sînes libes b. WH. *v. Östr.* 99ᵃ. gebiurischez b. HELBL. 8, 233; *mensch überhaupt* (EN. 7887), *held* WOLFR. 1308, 3. 1704, 4 *u. oft.* — *zu* bërn.
barn *stm.* (I. 89ᵃ) *auch* baren ANEG. barm (SCHM. *Fr.* 1, 278) *krippe, raufe* PARZ. (*zu* 165, 27 *vgl.* GERM. 7, 293). MYST. er vant sîn ors bî dem barn KRONE 14858. die rede wirf ich wider in den parn RENN. 6785 (*oder* = barm *schooss?*). *ahd.* parno *swm.* (HPT. 3, 462), *dazu stimmt* barnen PARZ. 289, 4 *var.* — *zu* bar *balke?* (WACK.) *nach* DWB. 1, 1138 *u.* WEIG. 1, 107 *zu gt.* baris, *ags.* bere *gerste, dem ursprünglichen futter der pferde*.
barn *swv.* (I. 141ᵇ) *intr.* bar, *bloss sein* AMG.; *tr. bloss, kund thun in* en-, er-barn.
barnen *swv.* (I. 89ᵇ) *eine krippe machen* KINDH.; *zur krippe gehen* Ms. WH. *v. Östr.* 75ᵇ.
barn-leiter *f.* (I. 963ᵇ) *clathrus* DFG. 126ᵃ. Voc. 1437.
barn-stëcke *swm.* (II². 625ᵇ) *stecken für die raufe* WWH.
barpel, berpel variola DFG. 607ᵃ; DWB. 1, 1527.

barragân *stm.* (I. 89ᵇ) *barchent* Lanz.; *s.* barkân, barchant.

barre *stf.* (I. 88ᵃ) *riegel, schranke* Reinh. er fuorte manigen ritter hein fur sîner letze barre Turn. 177, 3. die grendel u. barren Troj. 30302; die barre loufen *ein spiel* WwH. (sô schlugen dise den pal, die lieffen die parre hie mit gâhe dort mit harre Ab. 2, 244. *vgl.* Altsw. 89, 28 *und* Lanz. 282: ouch muost er loufen alebar), *vgl.* Dwb. 1, 1134. 1140. — *zu* bar *stf.*

barricher *stm.* die huober, meiger und die barricher Gr.w. 4, 21. 22. *s. v. a.* barlinc, barliute?

barrieren *swv. s.* parrieren.

bar-russe *adv. auf ungesatteltem pferde.* b. rîten Ls. 2. 517, 509. Cod. *Regiom. f.* 3ᵇ;

bar-russec *adj. adv.* er sol âne sûme ûf sitzen barrussig, ob das pfert nut gesattelt ist Ad. 966 (Oberl. 97 *bessert falsch in* barfussig).

bars *stm.* (I. 89ᵇ) *barsch*, perca *auch* berse, bers, birse, birs Dfg. 424ᶜ. *ags.* bears *vgl.* Kuhn 3, 49; *s* bersich.

bar-schalc *stm.* (II. 47ᵇ, 2. II². 76ᵇ) *eine art zinsgebender leute s.* Schm. *Fr.* 1, 254. West. *gl.* 39.

bar-schenkel *adj.* (II². 148ᵇ) *mit blossen schenkeln* Iw.; *ebenso:*

bar-schinke *adj.* (*ib.*) Wg.

bart *stm.* (I. 89ᵇ) *pl.* berte *bart. allg. vgl.* noch den b. roufen Marlg. 248, 264. einem an den b. grîfen Narr. 86, 17. den b. schërn (*vor leid*) Apoll. 813. er nam niht abe von sîner klage biz ime der bart was gewahsen über die brust Mai 197, 2. den b. besengen Wg. 19ᵇ. bart âne mezzer schërn Kol. 226, 1376. bî dem barte swërn Otte 253. Eracl. 4922. j.Tit. 5873. bart biz über die gürteln Mor. 1, 827. Beliand 1668. ellenbreiter bart Gudr. 1510, 3. sorge machet langen b. Renn. 17968. hôchvart machet grâwen bart *ib.* 512. 21178 (*vgl.* 757). dem machet der tiuvel sînen bart *ib.* 3652.—*über die etym. vgl.* Dwb. 1, 1141. Z. 1, 9.

bart-bruoder *stm.* conversus Schm. *Fr.* 1, 283; *vgl.* bertinc.

barte *swf.* (I. 90ᵇ) *beil, streitaxt* Wolfr. Mart. Loh. (aks, parte, houwe und riute 548) Daniel 3476. Tund. 43, 77. Jüngl. 537. Krone 13109. 13125. Wolfd. 1674, 2. Renn. 660. 8577. 22231. 22903. Albr. 13, 131. 19, 375. Myst. 2. 206, 14. Kolm. 185, 22. Chr. 2. 316, 6; *bildl.* dîn ellens barte Ulr. *Wh.* 163ᵃ. — *zu* bart (*weil das eisen vom stiele wie ein bart herabhängt*), *s.* Dwb. 1, 1143;

barten *swv.* (I. 91ᵃ) *mit einer* barte *hauen, behauen* Mart. 205, 33; *mit be-*.

barten *swv. mit einem barte versehen; s.* gebartet.

Barten-birge *stn. die Apenninen s.* Schm. *Fr.* 1, 283 *f.*

barten-slac *stm.* (II². 382ᵃ) *beilschlag* Leys.

bart-hâr *stn.* bart, wâ ist daz chinne mit dem niwen barthâre? Erinn. 617. diu wiget alsô ringe als ein krankis barthâr Mart. 67, 21.

bart-hengest *m.* conversus Schm. *Fr.* 1, 283.

bart-holz *stn. mit einer* barte *versehener stock.* dem vich sol ein knecht nachgan, der sol tragen ein partholz und sol das îsen zu berge keren an sîn kinne, ob er schlieffe, das es in steche Gr.w. 4, 164.

bartinc *stm. s.* bertinc.

bart-lôs *adj.* (I. 90ᵇ) *ohne bart* Ms. (= bartlôser muot Seven 261, 11), glabellus, glabrio Dfg. 264ᵃ.

bart-nagel? *stm. im* Frankf. *baumeisterb. v. j.* 1437 *f.* 50ᵇ sind verrechnet 1 ℔ 14 β 6 h. *für* 6500 bartnegel (bartneil).

bartoht *adj.* (I. 90ᵇ) *bärtig* Parz. Mai 296. 297. Renn. 334. Germ. 3, 374.

bâr-truhe *swf.* (III. 121ᵇ) *todtentruhe, sarg* Schm.

bart-schërer *stm.* (II². 150ᵇ) *bartscherer* Voc.

bâruc, -ckes *stm.* (I. 91ᵃ) *titel des chalifen* (= *der gebenedeite*) Wolfr. Loh. 423. 424. 586. Wh. v. Östr. 83ᵃ. j.Tit. 786. 788. 1013—1015.

bâruc-ambet *stn.* (I. 28ᵇ. 91ᵇ) *das amt des* bâruc Wolfr. Türh. *Wh.* 290ᵈ.

bâruc-stuol *stm.* j.Tit. 872, 3.

barûn *stm.* (I. 91ᵇ) *baron, grosser des reiches, geistl. od. weltl. herr* Wolfr. Gotfr. j.Tit. 4562, 4606. Apoll. 13336; mîn vater ist ein hôch barûn Troj. 35448. *pl. sw.* barûnen Ulr. *Wh.* 117ᶜ; de barône von dem rîche Karlm. 134, 6. *vgl.* bar *stm.*

bærunge *stf. in* ûfbærunge.

barûnîe *stf.* (I. 92ᵃ) *die gesamten* barûne Trist.

bar-vuoz, -vüeze *adj.* (III. 446ᵃ) *barfuss* Iw. Parz. Gudr. (1197, 4. *vgl.* 1204, 3) Kchr. *D.* 347, 15. Greg. 3599. Engelh. 4285. Pass. 257, 90. Pass. *K.* 108, 18. Loh. 7540. Helbl. 3, 10 (barfüeze). Myst. 2. 560, 6. Hpt. 8. 571, 718. Karlm. 128, 47. 195, 20;

bar-vuoze, -vüeze *swm.* (I. 446ᵇ) *barfüsser-*

mönch GRIESH. *chr.* LIVL. *chr.* (4242) ELIS. 4916. GA. 1. 288, 80; *ebenso*:
bar-vuoȥen-bruoder *stm.* BERTH. 306, 10.
barwen, berwen *swv.* bar *machen, entblössen, zeigen s.* erbarwen.
bar-wîp *stn.* (III. 719ᵃ) *eine halbfreie* MB.; *vgl.* bardiu.
barzafar *m. s.* parzivant.
barzen *swv.* (I. 92ᵃ) *strotzen, hervordrängen* ECKE. — *intens. zu ahd.* parran rigere, *vgl.* SCHM. *Fr.* 1, 284. KWB. 337. KUHN 17, 21.
base *swf.* (*ib.*) *base, schwester des vaters* GEN. GREG. PARZ. NEIDH. ENGELH. 2351. RENN. 7511. 11429. ULR. *Wh.* 182ᵈ. TROJ. 18343. 20463. LOH. 554 (bas: was 139). SWSP. 55, 16; *md.* wase (*so schreibt auch Luther*) HERB. 3711. 13955. *später* (VOC. 1482) *bedeutet das wort auch mutterschwester.* — *vermutungen über die etym. s. im* DWB. 1, 1147.
baseler *s.* bezeler.
base-man *stm. s.* paȥmann.
basen-kint *stn.* jene geiȥ und dirre boc wæren basenkint RENN. 7515.
basîlie, basilig *fm.* (I. 92ᵃ) *eine pflanze* HÄTZL.; von dem basiligen MGB. 387, 2. der basiligen pleter *ib.* 391, 21. — *die erste form ist aus mlat.* basilia, *die zweite aus* basilicum *entstanden s.* DFG. 69ᵇ. *n. gl.* 49ᵃ.
basiliske *swm. basilisk* RENN. 14318. 14334; baselischge ÖH. 8, 12, basiliscus GEO. 4944. APOLL. 1288. MSH. 2, 385. j.TIT. 3930 *ff.* MGB. 152, 20. 192, 32.
basîne *swf. s.* busîne.
basis: zwô sûl die sint sie ob dem spiegel habende, dar ûf ein basis mit sûln zwô und driȥȥic j.TIT. 6123. *vgl.* 6125.
bast *stmn.* (I. 92ᵃ) *pl.* beste *rinde, bast* (daȥ bast ER. OTN. 206. ENENK. *s.* 376. NP. 166) HARTM. GOTF. WOLFR. ein fûler bast KRONE 16380. lindîner b. APOLL. 6727. mit guotem baste verzeunet WAHTELM. 22. der sunden bast MART. 221, 42; *bildlich das geringste* EN. IW. TIT. FREID. ich hân ein bast *gar nichts* HUVÔR 5, 2. niht ein bast L. ALEX. 6994. LIVL. *chr.* 1542. KARLM. 177, 42. 406, 2. er ist niht bastes wert MSH. 3, 468ᵇ. *vgl.* ZING. *neg.* 429 *f.*; *der* (*mit band benähte*) *saum eines kleides* FRAGM.; *enthäutung u. zerlegung des wildes* TRIST. Ls. 2, 298. — *für* banst *von* binden? DWB. 1, 1148. *vgl. auch* WEIG. 1, 109 *u.* bësen.
bast *sup. s.* beȥȥist.
bastart *stm.* (I. 93ᵃ) *auch* basthart HERB. (HPT.

9, 92. ULR. *Wh.* 166ᵈ. j.TIT. 4639. AD. 1410. MGB. 263, 2 *var.*) paschart MYNS. 14: *unechtes kind u. übertragen unechtes zeug* PARZ.; pasthart, ëiner von einer edeln muter u. unedelen vater geporn, oder ein tier von einem wilden parck und zamen sweinsmuter geporn, hibrida VOC. 1482. — *aus mfz.* bastard *d. h.* fils de bast *kind des saumsattels s.* DIEZ 1, 57. *eine andere erklärung wird versucht im* DWB. 1, 1150. *vgl.* banchart.
bastël *s.* gastël *u.* wastël.
bastël-kopf *stm. kopf, aufsatz von kuchen* HPT. 5, 16. BUCH *v. g. sp.* 28. 29.
basten *swv. die bäume schälen.* wer (*im reichswalde*) pastet — der gibt zehen pfunt haller oder ein hant NP. 307.
basthart *stm. s.* bastart.
bastîe *f. bastei* RING 57ᵉ, 5. BEH. 172, 30. UGB. 354 *s.* 398. 454. CP. 350. SCHM. *Fr.* 1, 299. — *aus ital.* bastía, *vgl.* DIEZ 1, 58.
bästîn, bestîn *adj.* (I. 92ᵇ) *von* bast PARZ. DAL. 29, 4. NP. 166. TUCH. 110, 30. 31. 36. 302, 12.
bast-list *stm.* (I. 1011ᵇ) *die kunst ein wild weidmännisch zu zerwürken* TRIST.; *s.* bast.
bast-nagel *stm.* oder zwecknagel phinna, instrumentum sutoris VOC. 1482.
bast-site *stm.* (II². 325ᵃ) *die weise, den hirsch zu* enbesten TRIST.
bast-wagen *stm. ein mit* bast *beladener wagen* WIEN. *weichb.* 110.
basûne *swf. s.* busîne.
bat, -des *stn.* (I. 77ᵃ) *pl.* beder *bad. allgem. vgl. noch* SILV. 953. WILDON. 23, 154. heiȥeȥ b. WG. 6680. 6767. des tiuvels bat *ib.* 6762; *bildl.* sie macht ir augen manec bat RENN. 12125. der schanden beder MART. 46, 82. jâmers b. MSH. 3, 14ᵇ. ich wil dir ûf dîne vart schiere schenken ein kaltes bat ALTSW. 164, 1; das pad ausgieszen müszen *etw. allein büssen müssen* CHR. 5. 207, 15. — *warscheinlich zu* bæhen (WACK.), *anders* DWB. 1, 1069 *u.* WEIG. 1, 93.
bataljé, batellé *stf.* (II. 469ᵇ) = *fz.* bataille *kampf* KARLM. 370, 33. 60; bateile (: meile) KRONE 18389; patelle TROJ. 11961. 31976. 33412. REINFR. 124ᵇ.
bataljen, batellen *swv. u. stn.* (I. 93ᵇ. II. 469ᵇ) *kämpfen* TROJ. TRIST.
bate, pate *swm.* (I. 93ᵃ) *pathe* GR. RUD. REINH. (bat 548) OT. 19ᵇ. MSH. 2, 207ᵇ. CRANE 1053. *pathin* KIRCHB. 801, 66. — *durch apokope aus mlat.* pater *s.* WEIG. 2, 347. WACK. *umd.* 38.

bate, bade *f.* (I. 93ᵃ) *förderung, nutzen, gehörige menge* HERB. PASS. *K.* 697ᵇ; *s.* baten.
bâte *prät. s.* baden.
bâte *stf. bitte* HEINR. 859 *u. anm.* 2007. 2035. 2673. 2925.
bateile *stf. s.* batalje.
batêle *swm.?* (I. 93ᵇ) *kleines boot* TRIST. — *aus fz.* batel, *mlat.* batus *u. dieses vom ags.* bât, *altn.* bâtr DIEZ 1, 59.
bate-lôs *adj.* (*ib.*) *hilflos* TUND.
baten *swv.* (*ib.*) *prät.* batte *nützen, helfen* ALBR. 3, 32. 15, 174. 19, 210 *u. öfter. wie* GRIMM *schon* GR. 1, 494 *u.* DWB. 1, 1158 *gezeigt, ist dieses nd. md. wort entstellt aus hd.* baden *von ahd.* pata *hilfe,* unpata *unbehilflich,* langsam (GFF. 3, 327. 449) *wovon auch das schon im* VOC. 1482 (badmen, zulegen, grassere) *u. im* 16. *jh. öfters vorkommende* badmen juvari (DWB. 1, 1075). *hat also nichts gemein mit* baz.
baten *swv. dulden, leiden führt* SCHÖPF 32 *an aus einem brev. v.* 1440: her ich bat gewalt (vim patior).
batenie *stf. s.* batônje.
bat-koste, -queste *mf.* perizoma DFG. 427ᶜ.
bat-liedlî *stn.* (I. 984ᵇ) *liedchen für eine badereise* LESEB.
batônje *stf.* (I. 93ᵇ) *betonie, schlüsselblume. auch* batenje MART. betanie, ba-, patenie (DFG. 72ᵇ) patonig MGB. 386, 21. 430, 4. betœne (: schœne) HÄTZL. 163, 86. *als zauberkraut*: du solt niht geloben an die battænien WACK. *pr.* 42, 7. sô gênt etelîche mit bœsen batônjen umbe unde mit bœsem zouberlehe BERTH. 264, 29. *vgl.* NEIDH. 187, 4 *u. anm. — aus* betonia, betonica *u. diese nach* Plin. hist. nat. 25, 46 *vom gall.* vettonica *s.* WEIG. 1, 142.
batônje-krût *stn.* MGB. 380, 20.
bat-queste *s.* batkoste.
bätschelier *stm. s.* betschelier.
bat-stande *swf.* (II². 591ᵇ) *badekufe* PARZ.
bat-stube *f. s.* badestube.
bat-stuben-trunc *stm.* MONE 4, 24.
battænie *f. s.* batônje.
batte *prät. s.* baden, baten.
batunge *stf.* (I. 93ᵇ) *nutzen, vortheil* VOC. *zu* baten.
bat-wât *stf.* (III. 777ᵇ) *kopfbedeckung unter dem helme* LANZ. RAB. DIETR. (6764. 9064). SIGEN. 42, 11. *eigentlich die stirnhaut, glückshaube; „vermutlich weil man diese haut auch im bade nicht ablegt"* (HPT. 1, 137).

batzan: batzan ist leder, daz gemachet ist ûz schaffes vellen SCHM. *Fr.* 1, 313.
batze *swm. kleine münze der stadt Bern mit deren wappen* (betz *bär*) GR.W. 5, 692; *s.* DWB. 1, 1159.
batzelêre *s.* betschelier.
bax *interj.* bax grind! NETZ 8707. *wie potz ein verkapptes* gotes.
baz *adj.* (I. 93ᵇ) *den comp. von* wol *ersetzend* WIG. alles siechtuoms wart im baz BPH. 5823. diu ist mir baz danne liep MSH. 2, 165ᵃ; *adv. besser, mehr; allgem. vgl. noch* baz danne wol ULR. *Wh.* 128ᵈ. 132ᶜ. sanfter denne baz PARZ. 12, 26. BÜCHL. 1, 1855; *zu wiederholtem* baz: baz und aber baz LIEHT. 400, 11. baz unde baz WWH. 187, 8. TRIST. 13281. ORL. 10928. BIT. 1963. ie baz und ie baz MSH. 1, 14ᵇ. MSF. 13, 4. MAI 132. 167. GRIESH. 1, 7. — *zu skr.* bhadra *erfreulich, gut, s.* DWB. 1, 1153. BOPP *gl.* 269ᵇ. Z. 1, 12.
bazlære *stm. s.* bezeler.
bazze *stf.* (I. 94ᵇ) *gewinn, nutzen* FRL.; *zu* baz.
bazzer *s.* bezzer.
bdellius *m.* (I. 96ᵃ) *ein edelstein* LAMPR.; *vgl.* bedellum RUD. *weltchr.* 29ᵇ, berdellum 64ᵃ; bdellius bedellige ein kraut VOC. 1482.
be- *präf. s.* bî.
bêâ, bêâs *adj.* (*ib.*) *aus dem rom.* beals *fz.* beau, belle *lat.* bellus *schön* WOLFR. GOTFR.; *vgl.* bêl.
be-ahten *swv. zählen, rechnen* hilf mir herre, daz ich under dinen kinden bactet (= beahtet, bîahtet) muoze werden fur der salikkeit WACK. *pr.* 73, 8; *zurechnen, zutheilen* ich wæne mir ist nit beaht, daz mir sælde widerfare FLORE 1183. daz gelt daz den priestern beahtet (*zugedacht, vermacht*) ist Mz. 1, 377. das gelt in eine stat hin beahten *verschreiben ib.* 2, 493.
be-ammen *swv. s. v. a.* ammen: si sol ir kint selber beammen SCHM. *Fr.* 1, 74.
be-arbeiten *swv. refl. sich bemühen* CHR. 1. 468, 12.
be-arren *swv. besorgen, verwalten mit gen.* des silbers bearren AD. 717. *vgl.* ârant, arrende.
be-barten *swv. mit der* barte *behauen,* asciare DFG. 53ᵃ.
beben *m.* = pfedeme, bebo MGB. 391, 7 *var. vgl.* DWB. 1, 1210.
bebenelle *f. s.* bibenelle.
be-birsen *swv.* (I. 167ᵇ) *durch* birsen *gewinnen* ERINN.

be-blüejen *swv.* bebluot sîn *mit blüten bedeckt sein* FLORE 4451.
be-borgen *swv.* (I. 164ª) cavere, *fürs mhd. nicht zu belegen.*
be-breiten *swv.* (I. 237ᵇ) *breit bedecken* GR. RUD. GLAUB. GERM. 9, 174.
be-brunzen *swv.* bepissen MGB. 447, 29.
be-buosemen *swv. als verwandten, als seinesgleichen anerkennen* GR.w. 6, 402. *vgl.* DWB. 1, 1212.
bec *stn. s.* becke.
bëch, pëch *stn.* (I. 96ᵇ) *pech* BARL. ENGELH. ALBR. 26, 60. APOLL. 11912. TROJ. 8150. sie klebten als ein bech in der vinde scharn WH. *v. Öst.* 8ᵇ. daʒ sô vinster wart kein bech TURN. 75, 3; RENN. 9456. 21050; bach VOC. ex quo 1440; bech unde swebel *in der hölle* SERV. 3475. KCHR. *D.* 291, 23. 340, 18 *u. geradezu für höllenfeuer* WARN. CLOS. — *zu lat.* pix; *s.* pfich.
bechart *m. s.* bêgehart.
bëch-boum *stm.* picea DFG. 433ª.
bëch-brenner *stm. s. unter* bëcher.
beche *stn. s.* becke.
bechelîn, bechel *stn.* (I. 75ᵇ) *kleiner bach* TRIST. FRL. MGB. 102, 33. CHR. 5. 183, 30.
becheln *swv. refl. sich erwärmen, sonnen* RENN. 19972. 19981. ein kint becheln KOLM. 18, 95; *s.* bæhen *u.* bachern.
bëchen *swv. pech sammeln.* wer *im reichswalde* scharret oder pechet, der gibt zehen pfunt haller oder ein hant NP. 307.
bëchenîn *adj. aus pech* CHR. 2. 334, 2.
bechen-vleisch *stn. s.* bachenvleisch.
becher *stm.* (I. 96ᵇ) *becher* GEN. IW. PARZ. HELMBR. 1166. becher zücken ULR. *Wh.* 129ª. vil manegen becher wîʒen man dâ vollen wînes truoc *ib.* 132ᶜ. trinket alsô swinde daʒ sich der b. biuget DIUT. 1, 316. er hât zwir in den b. gesehen Aw. 2, 192. trinc vaste, daʒ der b. niht geroste KOL. 173, 602. *als mass:* sechs becher schmalz, zwelf b. anken GR.w. 1, 152. 159. *becher wurden besonders als fürstliche geschenke verwendet, s.* MONE 7, 181 *ff.* — *aus mlat.* baccar, baccharium.
bëcher, bëcherer *stm. pechsammler, pechbrenner.* wer eʒ, daʒ daʒ reich in den selben walt legete koler, becherer odir becher Mz. 3, 508 (koler, pechbrenner *ib.* 507 *s.* 454).
becherer *stm.* craterarius DFG. 155ᵇ.
becher-lêhen *stn.* becherlêhen u. schüzzellêhen, *wofür trink- u. andere geschirre als abgabe geleistet werden mussten* URB. *B.* 2, 530.

bechersem? *stm.* eʒ sol auch kein winmezzer uber den winruffer und bechersem niemêr denne zwêne knehte haben WP. 6. *vgl. nachtr.*
becher-weide *stf.* (III. 552ᵇ) *zechgelage* HPT.
bechîn *adj.* den juncvrouwen git man nit pæchins vleisch (non carnes bernine) GEIS. 424; *zu* bache.
bëch-macher *stm.* pinnoda VOC. 1482.
bëch-stein *stn.* (II². 614ª) *pechstein* WIGAL.
bëch-swarz *adj.* (II². 765ª) *pechschwarz* FLORE (2723).
bëch-valle *stf. hölle.* das sint die fürsten alle ausz der bechvalle KELL. *erz.* 20, 25; *vgl.* bêchwalle.
bëch-var *adj.* (III. 237ª) *schwarz wie pech* HELBL. (*vgl.* 7, 543: ir vane ist swarz nâch peche gar).
bëch-walle *stn.* ze hant da vielen sie alle in daʒ ewig bechwalle WACK. *pr. s.* 261, 50. — *zu* wallen *oder mit* a *für* ë (*s.* WEINH. *al. gr.* § 11) = bëchwëlle, *womit freilich das genus nicht stimmt. vgl.* gruntwelle *u.* gruntwalle.
bëch-wëlle *f.* (III. 674ᵇ) *pechwelle, hölle* ANEG. DIEM. ERINN. 728 *u. anm. vgl. das vorige u.* bechvalle;
bëch-wëllec *adj.* (*ib.*) *von pech wallend* ERINN.
becke *swm.* (I. 76ª) *bäcker* ENENK. 302. Mw. 244, 34. CHR. 4. 109, 26. 159, 19. 5. 168, 8. 179, 26. (NEIDH. 52, 10 er was ein vrecher becke ist mit HAUPT *zu lesen:* er was ein wæher borte, *hss.* waicher port, vrecher bette). — *zu* bachen;
becke *stf. bäckerei, das recht zu backen* URB. 293, 7.
becke, becken *stn.* (I. 97ª) *becken* Iw. silberîn b. schale RENN. 22351 (*gedruckt* petten); waschbecken zwei becke von golde KRONE 28791. 29279; RING 34ᵈ, 15. 16. SSP. 1. 22, 4. 24, 3. SWSP. 26, 14; beche SPEC. 56; bec SWSP. 25, 22; *wagschale* MARLG. 134, 73. SCHM. *Fr.* 1, 201; *ein instrument der spielleute* Ls. FRAGM. 38, 43. — *aus lat.* bacinum.
beckel-, becken-hübe *swf. s.* bickelhübe.
beckelîn *stn.* (I. 97ª) *kleines becken* ENGELH.
beckelinc *stm.* (I. 76ᵇ) *backensreich* STRASSB. *r.* GERM. 3. 438, 14. *zu* backe.
bëcken *swv. s.* bicken.
becken *stn. s.* becke.
becken-karre *swm. karren für die bei der visitation ungeeicht befundenen masse u. gewichte* NP. 175.
becker *stm.* (I. 76ᵇ) *bäcker* ELIS. 3490. FREIBERG. 273 *ff.*;

beckerinne *stf.* panicida, pistrix DFG. 409ª. 438ᶜ.
becker-schoʒ *stn.* ungeltum pistorium, quod dicitur beckerschoʒ. *urk. v.* 1362 *bei* VILM. 367.
becke-, becken-slaher *stm. beckenschläger, kupferschmied* CHR. 2. 285, 11. TUCH. 286, 3 *noch heute gibts in Nürnberg eine* „*beckschlagergasse*".
be-condewieren *swv.* (I. 859ᵇ) *begleiten* j. TIT.
be-dachen *swv.* (I. 294ᵇ) *mit einem dache versehen* TRIST. *H.*
be-daht *part. s.* bedecken.
be-dâht *part. adj.* (I. 345ᵇ, 29) *bedacht, besonnen.* diu wol bedâhte MÖNCHL. 21. TROJ. 10736. bedâhtiu rede Ls. 1. 559, 17. bed. sîn *bedenkend sein (mit gen.)* PARZ. TRIST. mit gedanken bedâht sîn KRONE 14834. sînes muotes was er wol bed. L. ALEX. 170;
be-dâht *stm. erwägung, bedenkzeit* CHR. 5. 304, 28;
be-dâht *stf. in* vorbedâht.
be-dæhtic *adj. bedächtig* EN. 12413. HELBL. 1, 523;
be-dæhtikeit *stf.* (I. 350ᵇ) *bedachtsamkeit* KINDH. (96, 3). ERACL. XIII. MAI 238. md. bedêhtekeit *eines dinges, das eingedenksein* ELIS. 2138.
be-dæhtnüsse, -dæhtnus *stf. erwägung, zeit dazu* wer reht reden sol der bedarf bedæhtnust wol Ls. 1. 560, 44. mit guter b. Mw. 297 (= mit guter vorbetrachtung 298). sich ein b. unz auf morgen nemen DH. 309. CP. 99. da traten iede partei in ein bed. CP. 243; *das eingedenksein, gedächtnis* deu bedachtnusse aller gelaubhæftigen selen UKN. 378. sie schullen alle jar begên ain jartag mit einer ewigen bed. meines vaters sel UH. 97.
be-danc *stm. gedanke* KARLM. 328, 33.
be-daʒ = bî daʒ *gegen die zeit, als, während, öfter* GEN. z. b. 44, 18. 23; bedaʒ der videlære die rede dô volsprach NIB. 2111, 1; *ähnlich* MAR. 154, 25. 195, 9.
bêde *s.* beide.
be-decken *swv.* (I. 295ᵇ) *prät.* bedacte, bedahte *part.* bedecket (GUDR. 10, 4. 11, 1), bedaht: *bedecken, zu-, verdecken (bei kleidern: unterfüttern). allg. vgl. noch zum part.* bedaht: mit slâfe bed. sîn GREG. 184. ir herze was bedaht von ungemache PASS. 98, 81. ungeschuocht und wol bedaht RING 27ᶜ, 35. ouch truoc si im bedaht (*verhohlen*) einen willen ER. 1850. sus wart dâ trûren bedaht (*zugedeckt, vergessen*) *ib.* 2144.

be-deckunge *stf. bedeckung* BERTH. 134, 29; obnubilamen, tectura DFG. 388ᵇ. 574ᵇ.
bedéll, pedéll *swm. gerichtsbote.* die ladung durch einen gesworen pedellen *anschlagen lassen* MH. 1, 165; *pedell* die diener und bedellen *der Wiener universität* CP. 19. — *aus mlat.* bedellus, bidellus *vom deutschen* bitel; *s.* WEIG. 2, 352.
be-dëlhen *stv. I*, 3 (I. 331ᵇ) *verbergen, verstecken* LOH. in der molten bedolhen j. TIT. 835. an dem grunde bedolhen sîn *ib.* 4040.
bedellige, bedellum *s.* bdellius.
be-demerunge *stf.* vesperum DFG. 616ª.
be-dempfen *swv. dämpfen, ersticken* PASS. K. 83, 97. JER. 99ᶜ. ALBR. 39ᵇ; betempfen MART. 148, 111.
be-denken *swv.* (I. 344ᵇ) *prät.* bedâhte, *die gedanken auf etwas richten* (reiniu wîp bed. TROJ. 4169), *etw. bedenken, ausdenken; wofür sorgen, besorgen* (die vriunt bed. MARLG. 92, 85; *beschenken* PASS. *K.* 458, 36; *mit speisen versorgen ib.* 455, 27. 483, 95); *einen in verdacht haben (mit gen. d. s. oder untergeordnet. satze)* LANZ; — *refl. sich besinnen, nachdenken, mit gen. sich wozu entschliessen; bei etw. (gen.) verdacht schöpfen* WIG. das *part.* bedâht *s. oben;*
be-denken *stn.* ein bed. nemen *bedenkzeit nehmen* GR. W. 5, 206. UGB. 322. *s.* 339;
be-denkunge *stf.* cogitatio DFG. 130ᵇ.
bêdent-halbære *stm.* (I. 615ª) qui favit utrisque metecus bedinthalbere AB. 1, 352.
beder *stm. s.* badære.
be-derbe *adv.* be-derben *swv. s.* bid.;
bederbenen *swv.* (I. 362ᵇ) *einem etw., es ihm zum niessbrauche übergeben* FREIB. *r.*
bederich *stm. s.* pheterære.
be-despen *swv. verbergen, begraben?* der unz an den selben dac bedespet in der erden lac ELIS. 9966. *vgl.* verdespen.
be-diet *part. s.* bediuwen.
be-dimpfen *stv. s.* bedumpfen.
be-dingede *stf. bedingung* Mz. 1, 531.
be-dingen *swv.* (I. 339ª) *dingen, werben.* strîtêre bed. JER. 186ᶜ; *durch verhandlung gewinnen* (den kunig mit worten bedingen MH. 3, 146) *versprochen erhalten* SSP. 1. 9, 2; *einem (acc.) bedingungen vorschreiben* TRIST. U.; *protestieren, appellieren* HALT. — *mit ûʒ.*
be-dirmen *swv. s.* betërmen.
bediu (I. 316ª, 30) = bî diu *deshalb.*
be-diupsen *swv. dieb heissen* HPT. 7, 96.

be-diutære *stm. ausleger, dolmetscher* WACK. *pr. s.* 256, 8. MGB. 435, 32;
be-diute *adv.* (I. 327ª) = bî diute *deutlich* RAB. (264, 1);
be-diute *stf.* (*ib.*) *auslegung, bedeutung, zeichen* MART. PASS. *K.* 532, 36. RENN. 2774. WH. *v. Östr.* 16ᵇ. HPT. 10. 113, 16.
be-diutec-heit *stf. bedeutung, verständigkeit* VRONE *botsch.* 647.
be-diutec-lîchen *adv.* der predigær sol rinclîchen sprechen bediuteclîhen WG. 11208.
be-diuten, -tiuten *swv.* (l. 327ᵇ) *prät.* bedûte (ER. 8800); bedouten GEN. *D.* 83, 5. 114, 36; *md.* bedûten : *andeuten, verständlich machen, auslegen* LANZ. WOLFR. WALTH. SILV. (96. 2715. 3118). ER. 1881. 8800. TROJ. 17892. 19260. 23622. 23762. KARLM. 32, 19; *anzeigen, mittheilen* PASS.*K.* 11, 45. 13, 69. sich bedûten geben, *sich zu erkennen geben ib.* 565, 8. einen tac bed. *einen gerichtstag ansagen* WILDON. 22, 110; *urtheilen* PASS. *K.* 313, 43. 381, 27; *zur besinnung oder vernunft bringen, beruhigen* GERM. 7, 366, *vgl.* HEINR. 2928; *refl. bedeuten, zu verstehen sein* A.HEINR. 94 KINDH. 78, 48. MART. 97, 74. S. MART. 14, 24. PASS. *K.* 430, 24. MYST. 2. 216, 4. — *mit* abe.
be-diutnisse *stf. bedeutung* HPT. 10. 15, 1. LS. 1. 579, 72.
be-diutunge *stf.* (I. 328ᵇ) *auslegung* PASS.
be-diuwen, -diewen *swv.* (I. 368ª) *prät.* bediuwete, bediete *part.* bediwet (BIT. 6377) bediet (KL. 485): *zum knechte machen, unterjochen.* — *zu* diu.
be-donen *swv. streben, leben führen.* dâ wonen und vridelich bedonen JER. 119ᵇ. mit der bôsheit bed. HPT. 7. 112, 96; *s.* donen.
be-dœnen *swv.* (I. 382ᵇ) *mit gesang erfüllen* Ms. TROJ. (34251. 34569); *besingen* LOH. j. TIT. 5909; *einen meistersingerton erfinden, singen* KOLM. 46, 65. 67.
be-douten *swv. s.* bediuten.
be-döuwen *swv. verdauen* GR.W. 6, 16. 17.
be-draben, -dreben *swv.* (I. 388ª) *über einen trabend kommen* Ms. HERB. *vgl.* PASS. *K.* 688, 32.
be-dræhen *swv. anhauchen, beduften.* in den landen, die der luft bedræhet j. TIT. 6052.
be-dræjen *swv. zusammendrehen, drehend umwinden* mit sîden bedræt MSH. 1. 8ª. *hierher wol auch* bedrât ELIS. 1039. 1643. 6674. *s.* RIEGER *s.* 363ᵇ.
be-dranc *stm. das drängen, bedrängen* UGB. 137. GERM. 6, 276. 9, 175;

be-drangen, -drengen *swv. bedrängen* GERM. *a. a. o.*
be-drât *part. s.* bedræjen.
be-dreben *swv. s.* bedraben.
be-driezen *stv.III.* (I. 396ᵇ) *unpers. mit gen. zu viel, lästig dünken* HARTM. WIG. STRICK. ER. 6455. BÜCHL. 1, 1896. REINH. 1950. LIEHT. 544, 30. GRIESH. 2, 123. SPEC. 181. HPT. 7. 502, 883. TROJ. 8047. (37518 *ist wol* beriezen *zu lesen*). BIRKENST. 35. 49. 130.
be-dringen *stv. I.* 3 (I. 394ᵇ) *drängen, bedrängen* BIT. (vil helde stuont bedrungen dâ *in dichtem gedränge* 3299) L. ALEX. 3641. er gie vil nâhen an ir sîte gar bedrungen NEIDH. 62, 20; *mit gewobenem zierrat bedecken* WIG.
be-dröuwen *swv.* (I. 399ᵇ) *durch drohungen schrecken* MYST. LIVL. *chr.*
be-drozzen *part. adj. von* bedriezen : swelch meizoge ist sô bedrozzen daz er sîn selbes zorn richet — der hât sîn zuht verlorn JÜNGL. 1188;
be-drozzene *stf.* (I. 396ᵇ) *überdruss* GL.
be-drûb- *s.* betrüeb-.
be-drücken *swv.* (I. 400ᵇ) *part.* bedruht, *niederdrücken, überwältigen* GLAUB. HIMLF. HPT. 10. 131, 38. JAN. 52. EVANG. *L.* 11, 53.
be-dumpfen *part. adj. von* bedimpfen *rauchen, dampfen, mit dampf erfüllt sein.* wäre der habich herzschlächtig und bedumpfen an dem autem MYNS. 44. wann dem habich das hirn bedumpfen und verstopft wäre von staub oder von rauch *ib.* 49.
be-dunken *swv. an.* (I. 360ª) bedûhte, bedûht: *unpers. mit acc. u. gen.* (*oder nachsatz*) *bedünken, dünken* HARTM. GOTFR. TRIST. GR.RUD. 24, 25. L. ALEX. 1151. PASS. 187, 16; **be-dunken** *stn.* âne bed. PASS. 287, 88. bî bed. *ib.* 113. 23. 31; *phantasie, einbildung* MGB. 192, 20;
be-dunkunge *stf.* (I. 360ª) *meinung* NICL. *v. Weyl,* DFG. 42ª; *gemütsverzückung* HB. 133.
be-durfen, -dürfen *an. v.* (I. 363ᵇ) *inf.* bedurfen (FREID. 95, 23) bedürfen NIB. 1232, 2. *präs.* bedarf *prät.* bedorfte (*ndrh.* bedorte KARLM. 220, 48. 250, 53. bedorten HPT. 10. 75, 34): *bedürfen, nötig haben mit gen.* HARTM. GOTFR. WOLFR. NIB. WALTH. FREID. 95, 23 *u. anm.* TROJ. 22748. FLORE 4788. LOH. 121.
be-dürnen *swv.* (I. 385ª) *tr. mit dornen umstecken* PASS. WACK. *pr.* 43, 82. — *zu* dorn.
be-dûsen *swv. s.* betûzen.
be-dûten *swv. s.* bediuten.
be-dw- *s.* betw-.

be-eigenen *swv. einem ein gut gerichtlich als freies eigentum übergeben.* was ich gut hab schol alles peaygent werden zu kreftung des gotsdinst ULA. 423;

be-eigenunge *stf. zueigenmachung; gerichtliche immission* ARN. 14 (*a.* 1369).

be-erben *swv. beerben* DSP. 2, 243.

beffen *swv. stn.* (I. 78ª) *schelten, zanken.* er acht nit auf sein beffen HELDB. *K.* 90, 24. *vgl.* SCHMID 37.

be-figurieren *swv. vor-, darstellen* ÖH. 104,21.

be-firmen *swv.* (I. 327ª) *befestigen* JER.

be-gâben *swv.* (I. 509ª) *beschenken* MYST. LUDW. 5422; *zur hochzeit ausstatten* MYST. mit hundert marken ich sie begâbe KOL. 7, 386;

be-gâbunge *stf. beschenkung* WACK. *pr.* 97, 38; participatio, remuneratio DFG. 414ᵇ. 492ª.

be-gaden *swv. s.* begaten.

be-gagenen *swv. s.* begegenen.

be-gâhen *adv.* (I. 454ᵇ)= bî gâhen (*dat. pl. v.* gâch) *in eile, schnell* GUDR.

be-gallen *swv. mit galle versehen.* begallit bî dem herzen *mit galle im herzen* MR. 1716.

be-gan *präs. s.* begunnen.

be-gân, -gên *stv. red. an.* (I. 468ᵇ — 471ª) begienc, begie; begangen, begân (ER. 2705) *begehen. allg. u. zwar* 1. *trans. zu etw. hingehen, es erreichen, treffen* (wâ man in begienge RUL. 276, 17. STRICK. 4, 198. den wolf begie ein übel vart REINH. 355, 1741); *für etw. sorgen* (ATH. *F* 77. er begie sînen mûl wol KRONE 12823); *um etw. sorgen, es erwerben; etw. ins werk setzen, thun* (*vgl. noch* die vasten beg. LIT. 235, 3. zeichen b. PASS. 377, 94. zuht b. *ib.* 347, 37. tugent b. FLORE 3901. LIEHT. 1, 4. daz reht b. KARAJ. 3, 5. bitte b. DANIEL 1228. wandel und mein beg. TROJ. 1258); *festlich begehen, feiern* (einen tac beg. TROJ. 16186. 16773. PASS. *K.* 559, 51); *zu grabe geleiten, todtenfeier halten* (KARLM. 183, 33, HERB. 11091. 12055. ELIS. 4753. 5638. 9488. *s. im gloss. zu* CHR. 1.4.5); — begangen sîn *betroffen, erschrocken, in verlegenheit sein, wofür belege* GERM. 7, 94. — 2. *refl. mit gen. od. mit* von, mit: *das leben führen, sich ernähren* (*vgl. zu* FLORE 3146. BIT. 858. BERTH. 18, 15. NARR. 19, 43. sich begên und generen MZ. 4, 276). — *mit an;*

be-ganc *stm. cultus eines heiligen an seinem feste* ELIS. 9874;

be-gancnisse *stn.* peractio DFG. 424ᵇ; *leichenbegängnis* ELIS. 5662. 6059. begenknus CHR. 3. 109, 19.

be-gangen-schaft *stf. art u. weise des erwerbes* NARR. 63, 53. DWB. 1. 1277.

be-garwe *adv.* (I. 480ᵇ) *ganz u. gar, völlig* HARTM. TRIST. ENGELH. DIEM. 156, 20. 179, 26. GREG. 1777. 3679. j.TIT. 1655. 4772. 6183. HADAM. 670. GFR. 2512. HELBL. 3, 206. MSH. 3, 432ᵇ; *oft bei* ALBR. 449ª. begerwe GLAUB. — *aus* bî garwe (*fn.*) *zu* gar.

be-gaten *swv.* (I. 488ᵇ) *md.* begaden *erreichen, treffen* HERB. wîrouch beg. ELIS. 5618; *übereinkommen* MYST. CLOS.; *ins werk setzen, besorgen* ERNST, ERLŒS. 769. *u. anm.* 3437. 4536. ELIS. 112. 3399. 8216 *u. oft; einrichten, fügen* KARLM. 469, 39. 475, 32; *zu* grabe beg. *begraben* ELIS. 4527. 9487; *einem etw.* beg. *gewähren, verschaffen ib.* 2652. 3710 *u. öfter s.* RIEGER 363ᵇ *f. vgl.* ARN. 15.

be-gatern *swv.* (I. 489ᵇ) *beklatschen* HÄTZL.

be-gëben *adv. I,* 1 (I. 503ª) *trans. auf-, hingeben, von etw. ablassen, unterlassen; allgem.* (*vgl. noch* KRONE 14097. 21541. HADAM. 167. 201, 151. GA. 1. 308, 989. 3. 198, 49. ELIS. 1314. 8509. JER. 83ᵈ. 145ᵇ. *u.* GERM. 11, 148); *einem eines d.* beg. *frei lassen, erlassen* (MH. 2, 231. 234. UKN. 85. CP. 51. begeben *frei* sîn von *etw.* MSF. 44, 7); — *refl. in ein kloster gehen* (PASS. 354, 96. 391, 19. 56. MSH. 2, 263ª. KARLM. 238, 41. *partic.* begeben *mönch od. nonne:* die begebenen man LUDW. 400. begebene ritter *ib.* 2074. 4830. begebene swester LIVL. *chr.* 8719. beg. vrouwen RENN. 12728); *mit gen. etw. aufgeben, entäussern* (BIT. 344. GA. 1. 303, 808. SWSP. 406, 1. MZ. 1, 533).

be-gedemen *swv.* (I. 456ᵇ) *in ein gadem bringen* KONR.

be-gegene, -gegen *adv.* (I. 493ª) *aus* bî gegene *entgegen* NIB. BIT. (3714. 4282). WALTH. u. HILDG. 15, 2; begagene LAMPR.;

be-gegenen, -gagenen *swv.* (I. 493ᵇ) *entgegenkommen, begegnen* GEN. LAMPR. SPEC. 133. HAHN *ged.* 65, 78. j.TIT. 5194. LOH. 741. PASS. 94, 73. begëgen MYST. (*md. auch* contrah. begeinen HERB. PASS. *K.* 13, 7. 18, 1. 22, 1 *u. oft;* bekeinen HEINR. 4055. 4120. 4227; begênen PASS.); *einem feindlich entgegentreten, widerstand leisten* MGB. 228, 32;

be-gegenunge, -geinunge *stf. begegnung* Voc. *Schr.* 1363.

bêgehart, bêghart *stswm.* begarde, *laienbruder* MERSW. 33. CHR. 4. 68, 16. 313, 18. *auch* bech-, bich-, bach-, bekart DFG. 70ᵉ. SCHM. *Fr.* 2, 115. — *aus mfz.* begard *mnl.*

beghaert, *s.* WACK. *in Germ.* 5, 305 *u. vgl.* begîne, biegger.
be-gëhen *stv. s.* bejëhen.
be-geinen, -gênen *swv. s.* begegenen.
be-gënen *swv. s.* beginen.
be-ge-nüegen *swv.* (II. 360ª) *s. v. a.* benüegen *bei* BON.
be-gër *stf. begehren, bitte* PASS. (304, 32. 329, 52). PASS. *K.* 103, 13. 398, 13. ELIS. 2430. 7294. 8673; *vgl.* begir.
be-gërde *stf. s.* begirde.
be-gër-lich *adj. s.* begirlich.
be-gërn *swv.* (I. 534ª) *begehren mit gen.,* zuo *mit infin.* LESEB.; an einen eines d. SUCH. *später auch mit acc.* die er an sie begert hat CHR. 2. 138, 1; *vgl.* begirn;
be-gërunge *stf.* (*ib.*) *begehren, verlangen, wunsch* MYST. PASS. (242, 43). PASS. *K.* 82, 7. 355, 74. EVANG. 239ᵇ. RENN. 18049. 24129. BELIAND 4446. ROTH *denkm.* 54, 253. 275. HPT. 10. 125, 1.
be-gerwe *adv. s.* begarwe.
be-gerwen *swv. mit der* gerwe, *dem priester- od. messgewande bekleiden* GERM. 9, 336.
be-gesten *swv.* (I. 487ª) *schmücken* KONR. Ms. WH. *v. Östr. öfter* 70ª.
beggel-hûbe *swv. s.* bickelhûbe.
be-giezen *stv. III.* (I.541ª) *begiessen, benetzen* HARTM. GOTF. PARZ. NIB. diet, die werder touf begiezet j.TIT. 4073. HELBL. 3, 28, 267. TROJ. 23284. die rede beg. *eines dazu trinken* KINDH. 95, 18 (*bildl.* mit genâden beg. PASS. 299, 261. mit rehter lêre beg. PASS. *K.* 161, 5. *vgl.* ELIS. 2588. 5188. mit liebes fluot beg. GA. 1. 281, 4); *das malz angiessen:* ez schol nieman begiezen vor sent Gilien tac und nieman breuwen vor sent Michels tac NP. 210. 268; daz brôt beg. *mit fett beträufeln* MSH. 2. 299ᵇ (HADL.), begozzen brôt HPT. 4, 578. MONE 4. 58, 247. offa VOC. *opt.* 143;
be-giezunge *stf.* temelentia VOC. 1482.
be-giften *swv.* (I. 510ᵇ) *begaben* HALT.
be-giht *stf. s.* bîgiht.
be-giht-haft *adj. zur beichte bereit* GLAUB. 2329.
be-gin, *stmn.*, -ginne *stn.* (I. 529ª) *anfang* GREG. PARZ. TRIST. PASS. (94, 19. 185, 332). ANEG. 3, 72. LOH. 3580. 4556. HERB. 8752. ELIS. 778. ALBR. *prol.* 62. EVANG. 239ᵇ. begin âne begin (*gott*) MSH. 3, 102ª. *pl.* beginne FLORE 3775. HEINZ. 2278.
begîne *swf. begine, laienschwester* MSH. 1, 17ª. MERSW. 32. CHR. 1. 174, 29; bagina NETZ 5939 *ff.* baggîne KIRCHB. 788,45; *s.* bêgehart *u.* DWB. 1, 1295. SCHM. *Fr.* 1, 215.
be-ginen, -gënen *swv.* (I. 527ª) *angähnen, gähnend verschlingen* LAMPR. ULR.
be-ginnærinne *stf. anfängerin* BPH. 9087;
be-ginnen *stv. I,* 3 (I. 528ª) *im prät. neben* began *sehr oft nach analogie von* gunnen: begunde beguonde begonde; *part.* begunnen *u. md. auch sw.* begunst (ROTH *denkm.* 77, 11), begonst (*vgl.* GERM. 5, 236): *anfangen, beginnen* WALTH. *mit gen. oder infin.* (*oft bloss umschreibend*). *allg.; mit gen. u. dat. aufschneiden, eröffnen* DIEM. (*vgl.* BECH *zu* ER. 259); *refl. anfangen* KRONE 378;
be-ginnunge *stf.* (I. 529ª) *anfang* Ms. EVANG. 239ᵇ;
be-ginst *stf. anfang* KOLM. 7, 169. 301; *s.* begunst.
be-gir *stfn. verlangen, wunsch* ELIS. 1334. 7459; 1290. 5784. *s.* RIEGER *s.* 364ª; *vgl.* begër.
be-girde, -gërde *stf.*(I.532ª) *begierde.* begirde FRL. GRIESH. LOH. 688. KRONE 25911; begërde j.TIT. 80. 1252. 6061. RENNEW. 34, 166. WH. *v. Östr.* 34ᵇ. HELDB. *K.* 101, 9. 148, 1;
be-girdec *adv. begierig* WH. *v. Östr.* 33ª. 76ᵇ.
be-gir-lich *adj. begehrlich* WACK. *pr.* 69,221. 223; beg. wesen *gesundheit* MH. 3, 6. begërlich PASS. *K.* 25, 18. 271, 85;
be-gir-lîche *adv.* (I.531ᵇ) *mit begierde, lüstern* BON. WACK. *pr.* 69, 225.
be-girn *swv.* (I. 532ᵇ) *begehren* FRL.; *s.* begërn.
be-glîmen *stv. II.* (I. 548ª) *beleuchten* GLAUB.
be-glûmen *swv. trübe machen, hinters licht führen* JER. 50ᶜ. 68ᶜ. 86ª. 139ᵇ; *nd. wort, engl.* to gloom, *ags.* glôm *finsternis s.* DIEF. 2, 412.
be-gnâden *swv.* (II. 343ᵇ) *trans. mit gnade beschenken* ENGELH. TROJ. 2425. ULR. *Wh.* 216ᵇ. 235ᵈ. MSH. 1, 83ᵇ. 85ᵇ. FRAGM. 35, 115. 45, 336. ELIS. 1835; *begnadigen* CHR. 4. 97, 19. 103, 5; *ein privilegium ertheilen ib.* 1. 119, 43; *almosen geben* DIOCL.
be-gnagen *stv. I,* 4 = begenagen *benagen, verleumden* PASS. *K.* 430, 27.
be-gougeln, -goukeln *swv.* (I. 540ª) *durch* gougel *teuschen, betrügen* MYST. KROL. WG. 4035. KOLM. 69, 46; *bezaubern* PASS. *K.* 686, 37; begeukeln fascinare DFG. 226ᶜ.
be-graben *stv. I,* 4 (I. 561ª) *begraben eigentl. u. bildl.* HARTM. PARZ. NIB. KL. 2122. RUL. 297, 18. SILV. 4684. halp begraben sîn RENN. 11110. wir sîn lebent begr. LS. 2. 287, 63.

ich wolde lebende sîn begr. Trist. U. 542, 30. (*als strafe*: so kost die fraw, die man lebendig begrub, die den juden ermort wolt haben und in wundet 4 ℔ 5 β und 9 hl. J. 1389, *s.* Ra. 694); in sorgen begr. Troj. 24760. Pass. 378, 29. Lieht. 117, 28. in jâmer begr. Alex. 294; *ciselieren* begr. schilt Teichn. 16;
be-graben *swv.* (I. 562ª) *mit einem graben umgeben* En. j.Tit. 4919. Gr.w. 5, 238;
be-grabunge *stf. begräbnis* Germ. 7. 334, 2.
be-graft *stf. s.* bigraft.
be-grasen *swv. refl. sich mit gras, rasen bedecken* Mart. 151, 104. Dal. 129, 29.
be-grebede, -grebde *stf.* (I. 562ᵇ) *begräbnis* Silv. (4500). Rud. Elis. 6058. Mariengr. 755. Ls. 2. 281, 409. Mone 4, 487. Vet. *b.* 10, 7. Öh. 133, 29. Ad. 980. Mz. 2, 428.
be-grebnisse *stfn.* (*ib.*) begrebnis Orl. 1708. Karl. 88ª; begrebtnus Schiltb. 126.
be-greifen *swv.* (I. 572ª) *ergreifen* Kolocz. Mar. 148, 26.
be-grif, -ffes *stm.* (*ib.*) *umfang, bezirk.* des gewalt und des begrif gêt nâch irê durch heidenschaft Wh. *v. Östr.* 7ª. Ad. 917. 1232. Mh. 1, 178. Mz. 1, 465. 481. 561; den beg. nemen (*vom schiffe*) *landen* Mart. (89, 58); *umfang u. inhalt einer vorstellung, begriff* Myst. 2. 671, 21 *ff.*;
be-grîfære *stm.* si (*die seele nach dem tode des menschen*) wirt unbegrîfenlich allen begrîfêren Myst. 2. 536, 40;
be-grîfec *adj. leicht fassend* Pass. *K.* 7, 56. 400, 57; *vgl.* begriffec;
be-grîfen *stv. II.* (I. 590ᵇ) *befassen, betasten* Parz. eine bî dem kinne begr. Loh. 7226; *zusammenfassen, in worte fassen* die geschehen ding mit geschrift begrîfen und ewigen Ula. 417. *vgl.* Chr. 3. 108, 15. 130, 2. 164, 21. 277, 20. 294, 21. 29; begriffen sîn *enthalten sein* Chr. 1. 193, 35; *umfassen, umschliessen* Parz. Konr. Silv. 872. mit siechtagen begriffen Engelh. 5367. der boum mit vogellînen begriffen Troj. 10025. Johannes in begreif und gab im lieblîchen kus Pass. 364, 69. daʒ kint, mit dem der diu küneginne wart begriffen (*schwanger*) Troj. 5779. die stat begriffen hete ein wîter umbevanc *ib.* 17346. als wît die veste begriffen ist *so weit ihr bezirk reicht* Mz. 1, 527; *bildl. durch einen eid binden, eidlich versprechen* Er. Loh.; *erreichen, erfassen, ergreifen; allgem. vgl. noch* Rul. 245, 6. 292, 32. Serv. 2519. Silv. 3143. Pass. 28, 80. 261, 12. 279,

10. 316, 48. den stuol begr. Anno 731. den berc begr. *einnehmen* Herb. 17032, *vgl. auch* 6824. 7796. 18225. begrîfet er dich vor gerihte Msh. 2, 221ᵇ; *fassen, begreifen* Myst. (*vgl.* 2, 671); sich *mit einem, mit etw.* begr. *damit befassen, mit einem handgemein werden* Herb.;
be-grîfen *stn. das erfassen, begreifen* Myst. 2. 512, 17. 20;
be-griffec *adj.* capax Dfg. 96ᶜ.
be-griffen-lich *adj. leicht fassend* des was eʒ gar begr. und lernde mê Alexius 120, 47; *vgl.* begrîflich;
be-griffen-licheit *stf. das begreifen, die einsicht* Myst. 2. 518, 35.
be-grîf-lich *adj.* (I. 571ᵇ) *fassbar* Frl. Pass. *K.* 109, 75. 137, 25. 418, 25; *leicht fassend, begreifend* Mgb. 212, 17.
be-grift *stf.* (I. 572ᵇ) *umfang* Parz.; *anfang* Jer. 9ª.
be-grîfunge *stf.* (I. 571ª) tactus Voc.; *umfang.* die stat Hechingen mit allen iren begriffungen Mz. 1, 465. die begreifung der herschaft und landgerichts Mh. 2, 431; *inhalt nach* begr. der noteln *ib.* 2, 484; — *verständnis* Myst. 2. 476, 2 *ff.*
be-grimmen *stv. I, 3 sich auf etw.* begr. *es mit krallen ergreifen, rauben.* was sich ûf fremde luoder will begrimmen Hadam. 184, 64; *vgl.* bekrimmen.
be-gripfen *swv.* (I. 573ª) *rasch u. wiederholt ergreifen* Reinh.
be-grüenen *swv.* (I. 581ᵇ) *grün machen* Parz. bî dem, der busch u. heide begrüenet Malag. 64ª.
be-grüeʒen *swv.* (I. 584ª) *begrüssen* Trist. Frl. j.Tit. 224. Msh. 3, 90ª; *mit gen. der s.* daʒ mich hövelîcher dinge begrüeʒe ieman Ot. 15ª; *im zweikampfe* begr. *herausfordern* Freiberg. 228; *gerichtlich ansprechen* Gr.w. 4, 7.
be-gründen *swv. begründen, befestigen* Myst. 2. 569, 19.
be-gruonen *swv. grün werden.* mir begruonet vröude nimmer mêr Wwh. 122, 6. daʒ ir begruonet nimmer wunne j.Tit. 1192.
be-gucken *swv.* (I. 559ª) *beschreien* Fragm. — *zu* gouch.
be-güeten *swv. gutmachen, begütigen.* got wolt sîne gotheit baʒ beg., umb daʒ der cristenheit iht würde ze streng dîn (*l.* sîn) zorn Kolm. 61, 230; *part.* beguotet *begütert* Gr.w. 2, 165 *f.*
be-gunde *swf. s.* begutte.

be-gunnen *v. an. aus* be-ge-unnen *präs.* began, *einem etw. od. eines ding.* beg. *es ihm gewähren* TUCH. 38, 3. 244, 6; *refl. sich ernähren* LAUR. 639. WOLFD. 1565, 4. *vgl.* GERM. 5, 236.
be-gunst *stf.* (I. 529ᵇ) *anfang, beginn* BARL. MART. HIMLF. (HPT. 8) 12. PASS. 56, 25. 286, 69. PASS. *K.* 5, 77. 112, 8. 409, 31. JER. 2ᶜ. 87ᵈ. 184ᵈ. 188ᵇ. GERM. *Hag.* 7, 288. — *zu beginnen.*
be-gunst *prät. s.* beginnen.
be-gürten *swv.* (I. 593ᵃ) *prät.* begurte, *part.* begürtet, begurt *gürten, umgürten* NIB. OREND. mit dem gürtel beg. HIMLF. (HPT. 8) 1068. sô wart nie ritter baz begurt (*mit dem schwert*) TÜRL. *Wh.* 42ᵃ; ATH. *F* 145. JER. 44ᵈ. 105ᵇ. MART. 22, 41. WACK. *pr.* 45, 81. 85; *bildl.* dû bist mit grôzer nôt begurt MSH. 3, 239ᵃ. die (schar) menlich ellen und hôchgemüete begurte LOH. 4266; — *in den geldgurt thun* MART.
be-gutte *swf., var.* begunde *begine* CHR. 3, 420ᵃ; *aus mlat.* begutta.
be-hab-brief *stm. urkunde über einen gewonnenen rechtsstreit.* daz er daz gelt mit recht anbehabt hab, des gib ich (*der richter*) im disen behabbrief UKN. 353. den selben weingarten hat er vor mir behabt mit vrag und mit urtail als der behabbr. saget *ib.* 417.
be-habe *stf.* (I. 602ᵃ) beh. tuon = behaben OBERL.;
be-haben *swv.* (I. 599ᵃ) behabete, behapte (Iw. 4427), *part.* behabet, behebet (BON.); *unregelm. contrah.* behân (BON. 97, 90), *part.* behât (HERB. 16557): *erhalten, erwerben* PARZ.; *in bestand erhalten, erretten* die êre beh. KCHR. *D.* 395, 5. den lîp b. ERACL. PASS. 219, 11. REINH. 333, 1131. MSH. 1. 139ᵇ; *vorbehalten* sie hant usgenommen und in selber behebt AD. 777; *zurückhalten* vor zorne wolt er dane gân, dô behabet in sante Peter KCHR. *D.* 115, 22. Julianus behabet ir scaz *ib.* 327, 24; *festhalten, behalten, behaupten. allgem.; vgl. noch* RUL. 248, 17. LIT. 12318. KCHR. *D.* 456, 8. 479, 22. ER. 506. ENGELH. 2554. GFR. 644. TROJ. 3635. LOH. 3665. 7076. 7205. MSF. 46, 11. (*gerichtl. klage oder forderung gewinnen* MH. 2, 62. 510. 512. 636. Mw. 236, 10. 240. sie behabten die von Halsprunne vor mir in geriht mit urteil Mz. 3, 61; *beweisen, beschwören* daz wil ich behaben und bewæren KCHR. *D.* 103, 1. ich behabe hie mîn wârheit *ib.* 321, 24. mit dem eide beh. AD. 785. Mz. 1, 522 *s.* 434. SWSP. 240, 2. 262, 7); *abstr. halten, erachten mit* vür; *refl. sich behaupten* BARL. TROJ.—*mit* an. *vgl.* beheben;
behaben *stn. im gerichtl. sinne:* ich sprich auch, daz alle klag und alles behaben, so sie (*die kläger*) getan habent, sol genzlichen ab sein USCH. 370;
be-habnus *stfn. gewinnung eines rechtsstreites, urkunde darüber.* welcher ain behabnus tatt, daz der sich under jarsfrist derselben guet mit gericht ansetzen lass MH. 3, 387. er sol übergeben alle gerichtsbrieve und behabnus *ib.* 2, 486; *s.* HALT. 120;
be-habunge *stf.* (I. 601ᵃ) *beweisung* OBERL.
be-hacken *swv.* pastinare DFG. 416ᵃ.
be-haft *part. s.* beheften.
be-haft *stm. das verbleiben, verharren* PASS. *K.* 418, 64. *vgl.* behefte;
be-haftec *adj. vom teufel besessen* KINDH. 90, 79; *s.* behaft *unter* beheften.
[be-haften *swv.*] *bei* DIEM. *gen.* 2, 85ᵇ *u.* JER. *s.* 124; *es ist* beheften *anzusetzen.*
be-hage *stf.* (I. 608ᵃ) *gefallen* OT. 21ᵇ. KIRCHB. 812, 65. *s.* behege;
be-hagel *adj.* (I. 608ᵇ) *wolgefällig, angenehm* ELIS. 9354. HANS 2156; *freudig, kühn* HERB. KARLM. 115, 45. 261, 5. 471, 23.
be-hage-lich *adj. s.* behegelich.
be-hagen *adj.* (I. 608ᵃ) *eigentl. part. s.* hagen: *frisch, freudig, in behagen befindlich* GEO.;
be-hagen *swv.* (*ib.*), *für* behaget, behagete *auch contrah.* behât, beheit, beheite *behagen, gefallen* (*eigentl. anstacheln. s.* hagen) *mit dat. allg., vgl. noch* LICHT. 600, 10. 619, 32. HELBL. 2, 980. REINH. 344, 1446. LOH. 6405. ROTH *denkm.* 86, 87. 110. ERLŒS. 1667. EVANG. 240ᵃ. HERB. 7227. PASS. 284, 67. 76. 336, 96. 377, 65 *u. öfter.*; — *md. auch mit acc.* diz ist der sun der mich behaget PF. *üb.* 10, 573; *gerund.* durch behagende j. TIT. 6068.
be-hagen-lich *adj. was behagt.* zwei behagenlichiu cleit LS. 2, 298. 645. *s.* behegelich;
be-hagen-lîche, -en *adv.* (I. 608ᵃ) *auf wolgefällige weise* PARZ. SERV. ERINN. 613. BIT. 5918. RAB. 737, 6.
be-haget *part. eingeschlossen, eingenommen* PASS. *K.* 698ᵇ; *zu* hac.
be-hagunge *stf. das behagen* MYST. 2. 218, 15.
be-hâhen *stv. red. I*, 1 (I. 609ᵇ) *prät.* behienc, behie *intr. hangen, hängen bleiben* PASS. HEINR. 3765. RENN. 15748. behangen MGB. 89, 5. 125, 18. 306, 27. daz herz behengt im an dem herzen HELDB. *Hag.* 1. 205, 318; — *trans.* behängen GEN. PARZ. unze sie behangen

mit rîchen borten giengen Gudr. 157, 3;
Ernst 3977. Albr. 22, 51. 361.
be-halben *adv.* (I. 615ª) *zur seite* Lampr.
(3957). Anno 737.
be-halt *stmn.* (I. 623ª) *sicherer platz, aufenthalt* Lampr. Herb. *sicherheit* Karlm. 171, 56;
be-haltære, -er *stm.* (I. 623ᵇ) *halter, beobachter*
Pass. *K.* 434, 74. Jer. 42ᶜ; *bewahrer, erlöser*
Barl. Mart. 108ᵇ. Wg. 12579. Myst. 2. 479,
19. Wack. *pr.* 47, 2. Vet. *b.* 33, 1. Chr. 3.
166, 24. des lands behalter Mh 3, 237; *vormund* Swsp. 52, 6. Dsp. 1, 55;
behaltærinne *stf.* diu sic behalt. Trist. *H.*
2748;
be-halten, -halden *stv. red. I*, 1 (I. 620ª) *etw.
für sich behalten* Nib. Iw. die rede beh.
schweigen Kchr. 3897 (*bei* Diem. 119, 5 gehalden); *in obhut haben, bewahren, rein erhalten, allgem. vgl. noch* die ê beh. Priesterl.
567 *u. anm.* Krone 27635. sîne arbeit beh.
erfolg davon haben, nicht verlieren Elis.
461. die behaltenen *die gerechten, seligen*
Griesh. 1, 41. 42. 49; *im hause behalten, beherbergen, bewirten* Nib. Parz.; *einhalten,
beobachten, oft in urk. z. b.* Mz. 1, 245. Uhk.
2, 21; *behaupten,* den strît beh. Neidh. 14,
26. mit dem eide beh. (*wie* behaben) Mz. 1,
522 *s.* 431; *vor gericht durch zeugen oder
eid erhärten* Dür. *chr.* 344; *absol. vor gericht
gewinnen* Ssp. 2. 42, 1. 4; 3. 83, 3. Halt. 120.
(*intrans.* beh. *wie im* Wb. *angenommen
wird, gibt es nicht, s.* vor-beh.). — *mit* vor.
be-haltnisse *stf.* (I. 623ᵇ) *das halten* Myst.
Wack. *pr.* 26, 3; *erhaltung* Myst. (2. 460, 24).
behaltnussede Hpt. *h. lied* 68, 3. Walth.
v. Rheinau 44, 38. behaltnust Wack. *pr.*
51, 5 (*s.* Weinh. *al. gr. s.* 216); *vorbehalt*
Ad. 1128. 1301. Halt. 121; *behauptung durch
eidschwur* Mz. 1, 522 *s.* 431 (*s.* behalten);
beheltnisse *gewahrsam* Dür. *chr. s.* 581.
Kirchb. 726, 57. 754, 52. Germ. 5, 237; *sicherheit* Pass *K.* 427, 73; *gedächtnis* Frl. Pass.
K. 7, 59.
be-haltsam *adj. heilsam* Hb. 133.
be-haltunge *stf.* (*ib.*) *erhaltung* Myst. (2. 476,
23); *behauptung.* zu beh. und rettung der stat
Mh. 1, 446; *verschlossener ort, behälter*
Halt.; *schutz gewährender ort.* unser stat
Wien, die ein beh. aller unserer lande ist Mh.
3, 281; *schutz, bewachung* Chr. 2. 307, 23 *var.*
be-hameln *swv. verstümmeln* Wildon. 199;
aufhalten, gefangen nehmen Chr. 5. 310. 11;
vgl. Dwb. 1, 1325 *u.* behemmen.

be-hân *swv. s.* behaben.
be-hande, -en *adv.* (I. 631ª) *sogleich* Bit.
(13095) Trist. Flore. Albr. 14, 201. 30, 183.
be-hangen *stv. s.* behâhen.
be-hâren *swv.* (I. 635ª) *trans. einem die haare
ausraufen* Mai. Neidh. (32, 26).
be-harn *swv.* (I. 633ᵇ) *anrufen* Litan.
be-harrec *adj.* perseverans Dfg. 429ᵇ;
be-harren *swv. verbleiben, warten* Ls. 3. 53,
31. Ga. 3. 79, 1343. Narr. *im* Dwb. 1, 1328.
be-hart *part. s.* beherten.
be-harten *swv. widerstand leisten.* sie kunden
lengir niht beharten (: Lamparten) vor vorhte
sînre tugint Kirchb. 747, 12; *s.* beherten.
be-hâẓen *swv. bekleiden* Pf. *forsch.* 1, 80; *s.*
hâẓ.
be-heb *adj.* continens Dfg. 147ª. *vgl.* Dwb. 1,
1331;
be-hebekeit *stf.* continentia Dfg. 1, 147ª.
be-heben *stv. I*, 4 *mit sw. präs.* (I. 644ᵇ) *über
etw. hinwegheben* Karaj. (behefen), *wegnehmen.* vergift beheben j. Tit. 6107; *erhalten,
erwerben* Ls. (1. 468, 26); *behalten, behaupten*
Wolfr. Diocl. Heinz. *absol.* Chr. 1. 203, 20.
die stete behuop der helt snel Gfr. 65, 2.
wer behuop ir hulde? Fragm. 23, 266. daz
er die behüebe reinem wîbe *ib.* 24, 490. dô er
die tiuvel abe schüebe und die engel im behüebe Ls. 2. 630, 114; *auch im rechtl. sinne
wie* behaben: und behuoben darauf iederman
mit seinem rechten Mz. 3, 517. mit eid *etw.*
beheben *ib.* 1, 522 *s.* 428. — *im* Urb. *einmal*
(219, 9) *die form* behouben *vorbehalten, in
anspruch nehmen* (219, 14 *aber* beheben),
*demnach wäre eine vermittelung des wortes
mit unserm „behaupten"* doch möglich. *vgl.*
Dwb. 1, 1330. — *mit* ûẓ.
be-hebnisse *stf. gewahrsam, haft.* die teter in
behepnisse nemen Mh. 1, 176; *vgl.* behabnus.
be-hefen *stv. s.* beheben.
be-hefte *stf. verbleiben, verharren.* er muost
sich gesellen zuo der mued ein teil in die behefte j. Tit. 1495; *vgl.* behaft.
be-heften *swv.* (I. 604ᵇ) *prät.* behafte, *part.*
beheftet, behaft *trans. zusammenheften, umstricken* Barl. Lanz. ein hûs beh. *einschliessen,
belagern* Jer. 104ᶜ. mit ketenen behaft Pass.
163, 7. mit dem tiuvel behaft Germ. *Hag.* 8,
298 *oder bloss* beheftet, behaft *von einem
bösen geist besessen* Diem. Renn. Pass. 281,
35. 375, 8. Msh. 2, 7ᵇ. Fdgr. 1. 160, 138. Ga.
2. 238, 708; *womit anbinden, begaben* Lanz.
Konr. mit seneder swære behaft Troj. 17231.

mit liebe, leide *etc.* beh. ELIS. 4274. 6175. 6813 *u. oft; zu etw. anhalten, verpflichten, verbinden* in des gelouben êre beh. PASS. 202, 51. 256, 28. zu drûwen, frûntschaft behaft ELIS. 2364. 6172. darumbe sullen die zewo bürge niht phant oder behaft sîn MZ. 1, 226. so solten sie behaft sîn fur in ze antworten CHR. 4. 103, 10; *zurückhalten* MGB. 277, 28; *in rechtl. sinne arrestieren.* da er ietzund behaft oder verkümert ist Mw. 367 (HALT. 120); *refl. sich einlassen, beschäftigen* (mit) RUL. Iw. daz er sich mit Jacob iht behafte GEN. D. 61, 16. sich mit kampfe beh. TROJ. 23550; *mit gen. sich verbindlich machen* MS. ECKE *Sch.* 29. LOH. 187; *intrans. sich festsetzen* MYST. HERB. 6399. 6796.

be-hege *stf. gefallen.* guot beh. haben FICHARD *archiv* 1, 137 *s.* behage;

be-hegede *stf.* (I. 608ᵇ) *wolgefallen.*

be-hege-lich *adj.* (*ib.*) *was behagt, wolgefällig, mit dat.* PASS. MYST. PASS. *K.* 28, 16. 76, 17. 174, 69. ERLœS. 1663. ELIS. 3268 (behagelich). JER. 29ᶜ. KIRCHB. 653, 34. JAN. 8. EVANG. 240ᵃ. AD. 1274;

be-hege-licheit *stf.* (*ib.*) *wolgefallen* ERLœS. 3958. KIRCHB. 644, 60; *libitum* DFG. 327ᵃ.

be-hegen *swv. hegen.* daz geriht b. Gr. w. 2, 190. 665. 3, 508. 5, 619; *statt* beheget beheit MSH. 3, 468ᵇ;

be-hegnis *stn. behagen, wolgefallen* JER. 19ᵈ.

be-heien *swv.* (I. 647ᵇ) einem beheit sîn *ihm zürnen* DIEM. — *zu* hei *adj.*

be-heiligen *swv. heiligen* HÄTZL. 1. 132, 69.

be-heimen *sws. ins haus aufnehmen, versorgen.* wie wol der wirt beheinet der dich mit triuwen meinet ULR. *Wh.* 1374.

be-heim-stiuren *swv.* (II². 651ᵇ) *aussteuern* SWSP.

be-heinen *swv. s.* beheimen.

be-heit *s.* behagen, behegen.

be-heizen *stv. red. II.* (I. 659ᵃ) *mit dat. befehlen, verheissen* URST. DIEM.

be-hëlf *stm. ausflucht, vorwand* DH. 413. HALT. 122; *fester ort, zuflucht* ARN. 17;

be-hëlfe *swm. gehülfe* KRONE 25461;

be-hëlfen *stv. I,* 3 (I. 682ᵃ) *part.* beholfen, behulfen *behülflich* (einem eines dinges) LS. CLOS. HIMLF. 130. KARLM. 250, 24. KIRCHB. 677, 1. 684, 59; *refl. als hülfe brauchen.* diu behelfent sich mit dem idrucken MGB. 117, 24;

be-hëlfunge *stf. behelf, hülfe* THEOL. 82. die behelfunge sol ieglicher dem andern uf sein selbes kost u. schaden tuon MZ. 3, 381.

be-hëllen *stv. I,* 3 (I. 683ᵇ) *tr. über etw. hinaus tönen* SERV.

be-hëlmet *part. adj. mit einem helme versehen* ALTSW. 134, 23.

be-helsunge *stf. umhalsung, umschliessung* MYST. 2. 391, 35. 37.

be-heltnisse *stf. s.* behaltnisse.

be-hemmen *swv.* (I. 625ᵃ) *fangen, aufhalten* VOC. das holz aufraumen oder behemmen TUCH. 253, 7; *vgl.* behameln *u.* DWB. 1, 1335.

be-hende *adv.* (I. 631ᵃ) *aus* bî hende *bei der hand* GEN.; *mit geschick, schnell* j. TIT. 4918. LESEB. 925, 23. 928, 18. LS. 2. 451, 76.

be-hende *adj.* (I. 632ᵃ) *mit geschick zu brauchen, passend* ER.; *geschickt, schnell von leibl. gefügigkeit u. geistigen eigenschaften* HARTM. MAI. behendiu dinge *fertigkeiten, künste* ER. 9284; MART. 201ᶜ. 208ᵇ. KRONE 21801. LANZ. 293. PASS. 272, 22. 316, 75. MYST. 337, 20, 535, 39. *oft bei* MGB. *s.* PFEIFF. *s.* 575 *u.* KARLM. *s.* BARTSCH *s.* 267.

be-hendec *adj.* (*ib.*) *fertig, geschickt* HELBL.;

be-hendec-heit *stf.* (I. 632ᵇ) *contrah* pentekeit WG. 8173, 8180: *schnelligkeit* WG. 8507. KRONE 13356; *fertigkeit, geschicklichkeit* HARTM. GOTFR. RENN. 7127. DANIEL 7611. TROJ. 5977. 13743. GA. 3. 119, 317. KOLOCZ. 191, 23. PASS. 310, 29. PASS. *K.* 138, 95. 469, 70. KIRCHB. 821, 54. MGB. 28, 28. 49, 20; *schlauheit, list* ELIS. 8019. KARLM. *s.* 270; *ausflucht, einrede* ARN. 17. HALT. 124.

be-hendec-lich *adj.* (I. 632ᵃ) *fertig, geschickt* TRIST. TROJ. MGB. 29, 14; *schnell ib.* 370, 19;

be-hendec-lîche, -en *adv.* (*ib.*) *mit geschick* ER. TRIST. WALTH. WINSBEKIN 41, 7. HPT. 6, 500. GA. 1. 93, 46; *schnell, sogleich* WACK. *pr.* 70, 62 KIRCHB. 625. 41.

be-henden *swv.* (*ib.*) *mit den händen berühren, betasten* JER. 160ᵈ; *einrichten, fügen* KARLM. 68, 22; *einhändigen* WH. v. Östr. 13ᵇ. 61ᵇ; eines d. beh. werden *in dasselbe aufgenommen werden* FRL.;

be-hendigære *stm.* (*ib.*) *geschickter mann* KOLOCZ.;

be-hendigen *swv. einhändigen* GR. W. 5, 318. USCHB. 73.

be-henken *swv.* (I. 610ᵇ) *behängen, part.* behenket WWH. FLORE 203. j. TIT. 3754. 5161. 5724. MSH. 3, 336ᵇ.

be-her-bërgen *swv.* (I. 161ᵇ) *mit gästen, fremden versehen* ER. PARZ.; *beherbergen* KINDH.

be-hêren *swv.* (I. 670ᵃ) hêr *machen* MS. gotes hulde kan alliu dinc behêren j. TIT. 3816;

refl. mit gen. sich stolz über etw. erheben Walth. du solt dich keins werkes beh. Germ. 3.329ᵃ,12. welt irs iuch niht beh. Lanz. 3160; *auch mit untergeord. satze* er behêrete sich, daʒ er ime undirtân wâre Wack. *pr.* 1, 30.

be-hern *swv.* (I. 662ᵇ) *mit heeresmacht überziehen, verwüsten* Urst. Ms. (= Msf. 130, 14), Krone 26873. Daniel 3618. unfuoge hât uns die werlt behert Germ. *Hag.* 8, 314. ir winkel er in beherte (*gedruckt ist* bekerte) Himlf. (Hpt. 8. 966). ein lant b. Albr. 33, 266. daʒ vûr daʒ waʒʒer behert *ib.* 35, 184; *mit gen. berauben* Hartm. Nib. Lieht. Roth. 2957. Hahn *ged.* 125, 1. Krone 19330. 19821. 22594. 22781. Freid. 138, 24. Neidh. 64, 4. Ulr. *Wh.* 118ᵃ. 134ᵇ. 170ᵃ. 174ᵇ *u. öfter; refl.* sich des lebens, des tôdes beh. *ib.* 4ᵇ. 31ᵇ.

be-hêrren, -hërren *swv. als herr überwältigen,* behêrret sîn *unter einem h. sein.* si klaget, daʒ diu guoten lant niht wol behêrret sint Kolm. 201, 20. Msh. 3, 10ᵇ; *refl. sich einem herrn verpflichten, ihm den eid leisten* Ugb. 120.

be-herten *swv.* (I. 639ᵃ) *prät.* beherte, beharte *part.* behart: herte *machen, sichern, erhalten, behaupten* Lanz. Parz. Herb. 16710. Wg. 106ᵇ. 115ᵇ. 143ᵃ. 186ᵃ. Msh. 3, 12ᵇ; *erhärten, bewähren, kräftigen* Mar. Er. Heinr. 992. *mit gen.* der minne beh. Hpt. 11. 498, 197; *durch herte* (*kampf, anstrengung*) *erzwingen* Er. Trist. Loh. Kchr. *D.* 132, 25. Herb. Dietr. 428. 2587. 3321. Ls. 1. 381, 217; *intr. aushalten, ausdauern* der dâ beherten wil dermite ûʒ unz an daʒ zil Büchl. 1, 1543;

be-hertunge *stf. kräftigung* Halt. 122.

be-hërzen *swv. standhaft, treu sein?* swelch hêrre nâch geheiʒ verseit, der wil niht beherzen Wg. 2102; *zu herzen gehen, dauern?* sî eʒ dir sô beherzent Msh. 2, 169ᵇ.

be-hinden *adv. hinten* Pass. *K.* 654, 39; hintennach *ib.* 422, 32. 442, 21.

be-hinder *adj. hinter, darauf folgend* Pass. *K.* 200, 10. 593, 58; *adv.* sie liefen ime behinder Pass. 175, 92.

be-hîraten *swv. verheiraten.* ist aber, daʒ der herre den dienær beheirat Mw. 193, 17. 217, 19.

be-hirmen *swv. sich fügen, gehorchen* Ot. (Pez *im gloss.*).

be-hirten *swv. hüten, bewachen.* daʒ vihe beh. Gr.w. 5, 114. 162. 183. die (plümlein) hab ich behalten und behirtet (: gewirtet) Hätzl. 250ᵃ, 165.

be-hitzen *swv. erhitzen* Hätzl. 280ᵃ, 83.

be-hiuren *swv. beglücken, s.* unbehiurt.

be-hiuten *swv.* (I. 742ᵃ) *trans. einem an die haut gehen* Neidh. (32, 26).

be-hobeln *swv. s.* behoveln.

be-hôf *stm. s.* behuof.

be-holf *adj.* ich wolte, daʒ sich diu kunst mit unkunst solte bîʒen als der wolf und ir daʒ rehte danne beholf (*hs.* beholfen) wære Kolm. 119, 39; *s.* behëlfen.

be-holn *swv.* (I. 703ᵃ) *erwerben* Flore, Pf. *forsch.* 1, 79; *behaupten, bewahren* Mart. (*lies* 233, 12).

be-holzen *swv. s.* behülzen;

be-holzunge *stf. beholzung* Gr.w. 3, 331.

be-hœnigen *swv. verächtlich machen, entehren* Kirchb. 598, 55.

be-horden *swv. einen schatz sammeln* Mone 8, 499. *zu* hort.

be-horen *swv. s.* behorgen.

be-hœren *swv.* (I. 713ᵃ) zuo beh. *zugehören, zukommen* Myst. 2. 11, 22. 67, 3.

be-horgen *swv.* (I. 711ᵃ) *beschmutzen* Spec. 145, 28; behoren Litan. 464. *zu* hor.

be-hœr-lich *adj. wie es sich gehört, schicklich* Hans 650. 1973.

he-houben *s.* beheben.

be-houbeten *swv.* (I. 720ᵇ) *enthaupten* Griesh.

be-houfen *swv. refl. sich versammeln* Jer. 125ᵇ.

be-houwen *stv. red. III.* (I. 721ᵇ) *behauen* Eracl. Pass. 234, 642. Herb. 6416. die âventiure beh. Krone 17592; *refl. sich verschanzen* Jer. 87ᵃ.

be-hoveln *swv.* (I. 723ᵃ) *behobeln* Dfg. 189ᵇ (*auch* behobeln, behubeln).

be-hoven *swv. in den hof nehmen, beherbergen* Chr. 3. 330, 1.

bêht *stn. s.* bâht.

bëhten *swv. den jahreswechsel feiern* Dwb. 1, 1214; *s.* Bërhte.

behten *swv.* = behehten, beheften (I. 97ᵃ) Rul.; were ouch, das der herre gebecht wer oder urlüge hette Gr.w. 4, 198.

be-hubeln *swv. s.* behoveln.

be-hüeten *swv.* (I. 731ᵇ) behuote, behuot, *md.* behûten *tr. u. refl. behüten, bewahren vor, sich wovor hüten* (*gen. od. mit präp.* von, vor, an, wider) *allg.; part.* behuot (*mit gen.*) *sich hütend, vorsichtig; beschützt, bewahrt* Pass. *K.* 7, 81. 25, 2. 45, 64. mit behuoter kraft Dietr. 8288. die ê behuote hân *halten* Fdgr. 1. 166, 44; *verdeckt* Pass. *K.* 157, 40. behuot an etw. *damit versehen ib.* 259, 10; *verhüten, verhindern* Iw. Nib. Kl. Pass. *K.* 175, 87; *part.* behuot *verhindert ib.* 28, 42. — *mit* vor;

be-hüetnisse *stf.* custodia DFG. 164ᶜ.
be-hügede *stf.* (I. 726ᵇ) *andenken, erinnerung* Ms. WACK. *pr.* 50, 1; mit aller behugd, wort und werk Mz. 1, 402. *zu*
be-hügen *swv.* (I. 725ᵇ) *an etw. denken, bedenken* Ms.
be-hüllen *swv.* (I. 680ª) *bedecken* MAR. LOH. j.TIT. 1390. 2990. 4827. 5215. 6133. MART. 233, 12. PASS. *K.* 689, 84. BERTH. 99, 11. PF. *arzb.* 2, 3ᵇ. ALTSW. 139, 13.
be-hülzen *swv. mit holz, brennholz versehen* CHR. 2. 327, 12. 14; sich im wald beh. MH. 2, 899. beholzen GR.W. 1, 78. 656. 3, 331.
be-hundet *part. adj.* (I. 729ª) *mit hunden versehen* LS.
be-huof *stm.* (I. 645ª) *md.* behûf *geschäft, gewerbe* PASS. (*K.* 648, 77); *zweck, absicht ib.* 527, 5; *vortheil ib.* 119, 31; *das was man bedarf, was nützlich, förderlich ist* PASS. *K.* 202, 41. KIRCHB. 609, 56. 734, 58. JER. 7ᵇ 25ᵇ. 55ᵇ. 60ᶜ; behôf KARLM. 539, 24. — *zu* heben;
be-huofec *adj. bedürftig, arm* MR. 1827 (behôbich) *s.* GERM. 7, 492.
be-huoren *swv.* (I. 730ª) *ausserehlich beschlafen* KCHR. ERINN. 356. sich beh. lân MSH. 2, 190ᵇ; SWSP. 283, 1. SSP. 1, 37. DSP. 1, 41.
be-huot *part. s.* behüeten;
be-huot *stm.?* (I. 732) *schutz* FRL.;
be-huotunge *stf.* (*ib.*) *bewahrung* DIOCL.; *bewachung* CHR. 2. 307, 23.
be-hurden *swv. mit einer hurt umgeben.* bezûnet und behurdet HANS 1190.
bê-hurdieren *swv. s.* bûhurdieren.
be-hûren *swv. s.* behuoren.
be-hûren *swv. knicken, zertreten.* dô was erde und gras von in behûret WH. *v. Öst.* 90ᵇ; *belästigen, überwältigen.* der heiden maht mit craft behûren LOH. 3653. 4606. darauf sein fürstlich gnad mein leut für und für behauret DH. 210. in der purk belegert und behaurt sein CP. 367. er ist swer betrauret u. angestlich behauret BEH. 147, 22. — *zu* hûren *kauern.*
be-hûren *swv.* (I. 734ª) *durch kauf od. miethe erwerben, überh. gewinnen* FRL. KOLM. 6. 486. 758. 887. — *zu* hûr *miethe.*
bê-hurt *stm. s.* bûhurt.
bê-hurten *swv.* (I. 736ᵇ) *s. v. a.* bûhurdieren FRL.
be-hûsen *swv.* (I. 740ᵇ) *tr. mit einem hause versehen, häuslich festsetzen* GSM. ENGELH. 6082. NEIDH. 73, 12. 75, 6. daz sie got behûset hât aldâ daz paradîse stât ULR. *Wh.* 255ᶜ. in het ungetüeme dâ behûset MSH. 3, 224ª; behûset sîn *wohnen* FRL. nît u. haz ist beh. darinne AW. 3, 214. dâ untriuwe in beh. ist MSH. 3, 23ª, *ein hûs, schloss haben* MH. 3, 360; — *mit einwohnern versehen.* die erde behûsen LS. 1. 480, 182. OBERL. 110; *einsetzen, belehnen.* einen andern purcgraven dahin (*in die* veste) beh. Mz. 3, 401. einen beh. und enthûsen MW. 270, 8. Mz. 2, 503. behûste holden UKN. 130. 143. 308. 329. Mz. 4, 44. behûste güeter MH. 3, 419. 421. UHK. 2, 242; *ins haus aufnehmen, beherbergen* HÄTZL. NP. 216. CP. 5. 274. CHR. 3. 330, 1; — *intr. wohnen* MYST. SIGEN. 44. UGB. 313.
be-hûs-lich *adj.* (I. 741ª) domesticus OBERL.
be-hûsunge *stf. herberge* Mz. 1, 532; *wohnung, schloss.* mein beh. Tann *ib.* 4, 338.
beide, bêde *im neutr.* beidiu, beide (I. 97ª) *beide als zahlwort. eigentl. nur plur. doch ist schon im mhd. d. sing.* beidez *nachzuweisen: zu dem einzigen belege im* WB. *kommt noch* vröude unde trûren wont in beidez bî MSH. 1, 112ª (*Kristan v. Hamle*). *über die scheinbare verwendung des wortes für die dreizahl* (I. 98ᵇ, 10) *s.* GERM. 6, 224. *n. f.* 2, 83 (beidiu lip, êr unde guot BARL. 9, 5. beidiu sin, herz unde muot *ib.* 21, 11. 168, 40. beidiu zît, stund unde jâr *ib.* 26, 20 *u. a.*) *und* GERM. 9, 456: *eigentlich sind in* beidiu *nur die zwei zunächstfolgenden wörter gezählt, zu denen noch ein drittes mit* und (= *dazu, ferner, noch*) *verbundenes kommt. das neutr.* beidiu, beide *wird ferner im sinne eines bindewortes gebraucht, ein nachfolgendes* doppelte (*mit* unde, joh, *oder* verbunden) *ankündigend:* sowol als auch, beides (*z. b.* beidiu liut unde lant NIB. beide schade unde laster KL.). — *zu skr.* ubhâu, *beide aus einem vorauszusetzenden* ambhâu *gr.* ἄμφω, *lat.* ambo CURT. 1, 259. SCHERER *gesch.* 281 *f.;*
beiden *swv. verdoppeln s.* gebeidet.
beident-, bêdent-halben *dat. adv.* (I. 615ª) *auf beiden seiten* NIB. PARZ. WALTH.; *ebenso:*
beident-, bêdent-halp *adv.* (I. 615ᵇ) *allg.*
beident-samen *adv.* (II². 46ª) *beide zusammen* KROL.
beident-sît *adv. beiderseits* PASS. *K.* 128, 28; *ebenso:*
beider-, bêder-sit *adv.* (II². 327ᵇ) TRIST. ALBR.
beider-went-lîche *adv.* (III. 694ᵇ) æquivoce VOC. *zu* wenden, *vgl.* wantberlîche.
beide-sam *adv.* (II². 45ᵇ) utrumque VOC.;

beide-samt *adv.* Pass. *K.* 105, 82. 412, 25.
beide-wîse *adv.* utrumque Reinh. 391, 10 *u. anm.*
beie *fm. s.* boije.
beie *swf.* (I. 99ᵇ) *fenster* Ls. *aus fz.* baie.
beiel *stm. untersuchen, visieren der fässer: die visierer sollen* uff die beiele in den kellern warten Frankf. *eidbuch f.* 136ᵇ. mit den winschenken gütlichen redden, den beiel wulle man abstellen Frankf. *bürgermeisterb. v. j.* 1488 *f.* 62. *vgl.* Dwb. 1, 1379. *davon:*
beieln *swv.* abe beieln Frankf. *bürgermeisterbuch v. j.* 1451 *f.* 49ᵇ; das beieln abestellen *ib. v. j.* 1488 *f.* 62. *s.* beigeln *in den nachtr.*
Beier *stm.* (I. 99ᵇ) *Baier. die ältesten formen stellt* Weinh. *zusammen* bair. *gr.* § 1 *anm.* 2. *über die spöttische bezeichnung* „tœrscher Beier" *s.* Neidh. 124, 4 *u. anm. vgl.* bî den fünf esels füezen die die Beier brâhten über mer Ga. 3. 78, 1327;
beierisch *adj.* (I. 100ᵃ) *bairisch* Anno, Karl. beirisch wîn Renn. 22570. ein beierischer schillinc Germ. *Hag.* 9. 113, 491.
Beier-sahs *stn.* (II². 24ᵃ) *bairisches schwert* Tanh. *hofz.*
beige *fm. s.* boije.
beihel *stn. s.* bîl.
beiln-bëch? *stn.* ein vierdung peylnpech Cod. Schm. *Fr.* 1, 379. *vgl.* beiel, beieln.
bein *stn.* (100ᵃ) *pl.* bein *u. vereinzelt nach nd. art auch* beine (Reinh. 480. Neidh. 84, 26) *knochen; bein (elfenbein* Mgb. 134, 17. 135, 24), *schenkel. allg., vgl. noch* von vleisch noch von beine nie schœner bilde wart bekant Troj. 12963. der siechtuom mir bein und marc zerret Apoll. 15274. ûz rûhem swarzem beine (*knochen*) wart nie guot würfelspil Msh. 2, 338ᵃ. daz viur brennen sol stein und bein (*todtes u. lebendiges*) Basl. *hs.* 23; von kindes beine *von jugend auf* Msh. 1, 48ᵃ. 346ᵇ. Troj. 14723. 14941. Pass. *K.* 5, 55; ze beine gên *tiefen eindruck machen, zu herzen gehn* Karlm. 225, 50. si dringent mir ze beine und zuo der sêle grunde Troj. 21356. ze herzen und ze beine wart im geleit ir kiuscher lîp *ib.* 14764; — wiziu bein Msh. 2. 300ᵃ. bein und arme Loh. 2429. knie und bein En. 3760. die bein rüeren Msh. 2, 250ᵃ, vüeren Wg. 60ᵇ. ze snel daz machet müediu bein Amg. 48ᵇ. ruom hât vil krankiu bein, er muoz hinden blîben Wg. 59ᵃ. bein über bein sitzen *ib.* 49ᵃ. 67ᵇ. zwei spilten bein über bein Altsw. 89, 30; ze beine binden *für unbedeutend halten*

Walth. den schaden zuo dem beine binden Aw. 3, 177 (Ls. 2. 630, 104 *ist* stein *nicht in* bein *zu bessern s.* Haupt *zu* Neidh. 44, 35). *vermutungen über die etym. s. im* Dwb. 1, 1381.
beinander = bî einander, lâz uns dort beinander sîn Hpt. 6. 415, 412.
bein-bërge *stf.* (I. 159ᵇ) *beinschiene* Gl. Ernst 4667.
bein-brüchec *adj. beinbrüchig* Gr.w. 1, 334.
beinec *adj. in* drî-, lanc-beinec.
beinelîn *stn. knöchelchen* Pass. *K.* 689, 20. Mgb. 7, 9; beinel *schenkel* Msh. 2, 87ᵃ. 93ᵃ.
beinen *swv. in* erbeinen.
bein-geswelle *stn.* crustumulus Dfg. 160ᵇ.
bein-geswulst *stf.* crusmulus Voc. 1482.
bein-gewant *stn.* (III. 684ᵃ) *beinbekleidung* Trist. 2636. Laur. 181. Msh. 3, 346ᵃ. Chr. 4. 53, 18. painwappen oder paingewande, crurale Voc. 1482; *vgl.* beinwât.
bein-hose *swf. beinbekleidung* Griesh. 1, 168.
bein-hûs *stn.* (I. 737ᵇ) Myst. Alexius. an sant Michels alter, der gestift ist ûf dem bainhûs ze Balgingen Mz. 1, 323.
beinichîn *stn.* (I. 101ᵇ) *beinchen* Myst.
beinîn *adj.* (*ib.*) *von knochen* Gen. Reinh. Myst. 2. 578, 5. Mgb. 359, 8. dîn lip sî dir beinîn Fdgr. 1. 261, 31. beinîn drivaltekeit (*würfel*) Renn. 11278.
beinlinc *stm.* tibiale Dfg. 582ᶜ.
bein-schrôt *stm.* (II². 221ᵃ) *knochenverletzung* Münch. *r.;*
bein-schrœte *adj.* (*ib.*) *mit verletztem knochen* Weist.; *ebenso:*
bein-schrœtec *adj.* (II². 221ᵇ) Gr.w. 5, 342.
bein-wahs *stm.?* (III. 463ᵃ) *geschwulstiger auswuchs an den beinen der pferde* Krone, Helbl.
bein-wât *stf.* (III. 777ᵇ) *beinbekleidung, ähnlich unsern strümpfen oder gamaschen* Greg. Lanz. 8872. *vgl.* beingewant.
bein-wëlle *f.* (III. 674ᵇ) consolida, *eine pflanze s.* Dfg. 144ᵇ.
bein-wite *stm.* Mgb. 324, 18 „entweder ligu-ster *oder* lonicera (*die heckenkirsche*), *welche beide wegen ihres harten holzes auch den namen beinholz* (*s.* Nemn. 3, 52) *führen". ib.* 572; *vgl. auch* pämbit Schm. 4, 200.
bein-wurz *stf.* (III. 828ᵇ) senecion Gl.
beinzigen *adv. s.* einzigen.
beischerl *stn.* (I. 102ᵃ) *das obere eingeweide eines geschlachteten thieres* Helbl. peischl Ukn. 28 (*a.* 1278). *s.* bäuschel *im* Dwb. 1, 1199.

beitære *stm.* (I. 174ᵇ) *gläubiger* HALT.
beite, beit *stf. das zögern, hinhalten* ALBR. 16, 19. 17, 103. 18, 85. KARLM. 391, 19. sunder beit (: wârheit) MALAG. 76ᵇ. *vgl.* bîte.
beite-lich *adj.* longanimis Voc. *Schr.* 1533.
beiten *swv.* (I. 174ᵃ) *ahd.* beitôn *zögern, warten, harren (mit gen.)* NIB. IW. TRIST. WALTH. sie sprâchen ‚beit ein wil‘ LOH. 1174. ein wort hât mir geschadet vil ‚beite unz morne‘ AMG. 41ᵇ. SILV. 2339. DANIEL 2901. PASS. 276, 82. 87. der beitet eines niuwen man ER. 9578. mit beitendem muote GREG. *B.* 3774; — einem beiten *ihm frist geben, zeit gönnen* ER. Ms. wan im sein gelter niht lenger beiten wolt UKN. 125. — *zu* bîten. *mit* en-, er-, ge-, über-;
beiten *stn.* (I. 174ᵇ) *das warten* Ms. so ist unser sumelîcher beiten alze lanc HARTM. (MSF. 212, 24).
beiten *swv.* (I. 102ᵃ) *gt.* beidjan, *ahd.* peitten = peitjan *zwingen, drängen, gewalt anthun* ULR. *Wh.* Ms.; *refl. sich quälen* DIETR. (3810); *wegen* WALTH. 32, 2 *s.* seiten. — *zu* bîten; *s.* DWB. 1, 291. *mit* er-.
beitunge *stf.* (I. 174ᵇ) *verzug, aufenthalt* DFG. 218ᵃ. JER. 183ᵃ. EVANG. *L.* 21, 26.
beiz *stn.* (I. 193ᵃ) *falkenjagd* WIRTEMB. er (*der falke*) stiez ûf des rehten beizes spor REINFR. 108ᵃ. *zu* bîzen;
beizære, -er *stm.* (*ib.*) *der falke* MYNS. 35; *der mit falken jagt* LANZ. STRICK. (GERM. *Hag.* 2. 86, 20. 90, 49);
beize *stf.* (*ib.*) *falkenjagd* ER. (2057). BIT. (7002). LOH. 3388. GA. 1. 470, 585. HPT. 7. 342, 50. MÜGL. 28; — *das bereiten in einer scharfen, beissenden flüssigkeit, beize* (*ahd.* peiza confectio, alumen GFF. 3, 231) mit bisem und mit balsems trôr wart ez vor gebeizet — ich næm die kost der beize vür eteliches herren guot LOH. 6067; *flüssigkeit in welcher, pulver durch welches* gebeizt *wird:* diu beize ist vor aller koste hêre ein pulver ûz karfunkel. — swer dise beize alsô zuo samen tribet ûz muscâtbluat wazzer sam ûz rosen j. TIT. 1652 *f.* kürsner, goltslaher, permeter etc. die mit paisse und unsaubrikeit umbgeen, sollen ire paiss bei nacht austragen lassen NP. 278. ein preiss, dorinnen sein sêle wirt gepleicht FASN. 1153.
beizel *stm. griffel, stichel. mit* eim blîen beissel *eingraben* JAN. 61. cuneus DFG. 162ᶜ.
beizen *swv.* (I. 192ᵇ) *beizen* LAMPR. mit balsems trôr gebeizet LOH. 6065. gebeizet (diu hût) in eines wurmes bluote DANIEL 3808. *vgl.* 4067 *ff.; bildl. mürbe machen* LEYS. peinigen PASS. *K.* 322, 58. 396, 80; — *vögel mit falken jagen. allg. vgl. noch* LOH. 1767. 3366. beizen rîten HPT. 7. 342, 33. mit vederspil peissen NP. 309. 310; *mit hunden jagen* beizen mit den hunden WOLFD. 617, 3; *bildl.* ez ist ûf mich gebeizet MSH. 3, 14ᵃ; — *s. v. a.* erbeizen *vom pferde steigen* dô beizt der Berner in daz gras ECKE *Sch.* 75 (RAB. 870, 2 *ist mit* MARTIN *zu lesen:* als in der vogt von Berne erbeizen nider sach). *zu* bîzen. *mit* er-.
beiz-hunt *stm.* (I. 728ᵃ) *vogelhund, der für den falken etw. aufjagt* MYNS. 7, 89 (*im* WB. *ohne beleg*).
beiz-kol *stm.* (I. 858ᵃ) blicus, blitus GL.
beiz-man *stm. falkner* MYNS. 37.
beiz-stein *stm.* (II². 614ᵃ) *alaun* GL.
beiz-visch *stm.* HPT. 14, 166.
beiz-wazzer *stm. beizwasser, lauge* NP. 278.
beiz-wint *stm.* (III. 716ᵇ) *s. v. a.* beizhunt BIT. (7415).
be-jac, -ges *stm.* (I. 766ᵇ) *beute des jägers* (IW. BARL.), *des fischers* (GREG.); *erwerb, errungenschaft* WIG. PARZ. TRIST. PASS. *K.* 1, 61. 8, 30. HEINR. 596. ZING. *ance.* 468; helferîcher b. *beistand* PASS. *K.* 20, 70. 303, 72. nutzlîcher b. *vortheil, nutzen ib.* 327, 58. 549, 81. ûzerer b. *äussere geschäfte ib.* 307, 20. des gelouben b. *voller glaube ib.* 24, 86. 65, 13. — *zu:*
be-jagen *swv.* (I. 765ᵃ) *erjagen; erringen, erwerben, allgem.; refl. sich beschäftigen, sein leben führen, erhalten* PARZ. LANZ. *mit gen.* oder *mit* (daz er sich hêrlîche mit in bejagen mohte ER. 1835);
be-jagen *stn.* (I. 766ᵃ) *das erwerben* LESEB;
be-jaget *stn.* (I. 767ᵇ) *erwerb* ER.
be-jâren *swv.* (I. 771ᵃ) *die jahre hinbringen* Ms.; wie iz bejaret oder wie der wein geret (*wie der jahrgang des weins beschaffen ist nach qualität und quantität?*) so suln wir in immer 32 emmer fur 5 march silbers geben UKN. 224; *part.* bejâret *zu jahren gekommen* WWH.
be-jâzen *swv.* (I. 764ᵇ) *zu etw. ja sagen* OBERL.
be-jëhen *stv. I,* 1 (I. 515ᵃ) *auch* begëhen (SPEC. 11) *bekennen, beichten, mit gen.* (*u. dat.*) LITAN. ER. LAMPR. IW. 6114. SPEC. 4. 48. 185. PASS. *K.* 17, 43. 121, 35. dâ sî der frôde alsô bejach (*sie kund gab*) ELIS. 3789. wir bejehen mit disem brieve DM. 25; *zugestehen, nachfolgen des* wir im bejehen PASS. *K.* 74, 25. des man in bejach *ib.* 89, 72.

be-kallen *swv.* (I. 781ª) *besprechen, beklagen* Frl. Kolm. 29, 24. 31, 29;

be-kallunge *stf.* (*ib.*) *besprechung* Halt.

be-kant-heit *stf. erkenntnis.* ê er wârheit oder bek. an sich vâhet Myst. 2. 99, 14.

be-kant-lich, -kentlich *adj.* (I. 808ª) *erkennbar* Tit. Loh. Ludw. 4504; bekantlicheu ding Mgb. 4, 26. 34. eines ding. bek. sîn *es eingestehen* Chr. 5. 274 *anm.* 2.

be-kantnisse, -kentnisse *stfn.* (*ib.*) *erkennung* Parz.; *kenntnis, erkenntnis* Wack. *pr.* 59, 14. Myst. (*immer neutr.*) 2. 502, 32. 39. 523, 3. Berth. 537, 23. Theol. 14. 16. Pass. *K.* 1, 34. 265, 7. Pass. 286, 1. 302, 64. Rsp. 2775. Mgb. 4, 32. 115, 14; *forschung* Pass. *K.* 402, 15. 427, 3; *geständnis* Chr. 5, 305 *anm.* 2; *zeugnis* des zu warem orkunde u. bekentnisse haben wir — die insigel an disen brif laʒʒen hangen Mz. 4, 256.

be-kantunge *stf. erkennungszeichen.* wan man kûme an ir spehen mohte gewonlîch bekantunge von solher wandelunge Krone 25052.

be-karken *swv. s.* bekerken.

be-kart *part. s.* bekêren.

bekart *m. s.* bêgehart.

be-karunge *stf. s.* bekorunge.

be-kebesen *swv.* (I. 793ᵇ) *durch unzucht schänden* Kchr.

be-keinen *swv. s.* begegenen.

be-kelen *swv.* bek. od. besmiren illurire Voc. 1482.

be-kelken *swv.* (I. 780ᵇ) *mit kalk auswerfen* Diem.

be-kennec *adj.* (I. 808ª) *bekannt* Lanz.

be-kennec-lîche *adv. auf eine art, dass man es erkennt, weiss.* nimstu bekennecliche war, wie mîn dîn muoter hât gepflegn? Wwh. 158, 6.

be-kenne-lich *adj. erkennbar, bekannt,* der was genuoc bek. Eracl. 4700. den (namen) soltû machen bek. Dietr. 3239;

be-kenne-licheit *stf. offenbarung.* daʒ ist ein bek. sînes vermügens Myst. 2. 582, 18.

be-kennen *swv.* (I. 807ᵇ) *merkwürdig lautet einmal die* 3. *p.* bekint: ob ein wîp mint ein man und sie bekint, daʒ er ir wær fêl Malag. 31ᵇ (*sollte das überrest eines stv.* bekinnen *sein?*); *part.* bekant *u.* bekennet (j. Tit. 5707. 5718. Loh. *oft*), *wechselt oft mit* erkennen (*nachweisungen aus* Holle *zu* Crane 1247): *kennen, erkennen, allg.; vgl. noch* bekenne dich selber Renn. 10340 *ff.* die (*quos*) er ze friunt bekante Fragm. 23, 335. daʒ geschach daʒ er sterben bekande Kol. 186, 1089; einem ein dinc od. eines dinges bek. *es ihm bekennen, bekannt machen; zu erkennen, zu eigen geben* Glaub. Gr. Rud. ob got uns hât die widervart bekennet Loh. 3780. ûf einen bek. *mit gen. wider ihn zeugen, ihn für schuldig erklären* Jer. 175ª; — *refl. bescheid wissen, zur erkenntnis kommen* Leys. Orend. 3883. Karlm. 103, 56. sich ûf den aide bek., daʒ — schwören Mz. 1, 437; — *part.* bekant, bekennet *bekannt,* bek. tuon *erzählen,* bek. werden *geschehen;* sints, vater, dir bekennet, sô tuo sie uns mit sage kunt Loh. 6307;

be-kennen *stn. das erkennen* Myst. 2. 416, 7;

be-kenner *stm.* disiu übervart ist manigen bekennern verborgen Myst. 2. 537, 24;

be-kennunge *stf. erkennung, erkenntnis* Wack. *pr.* 2, 35.

be-kent-lich *adj. s.* bekantlich;

be-kent-licheit *stf. erkennbarkeit* Kirchb. 701, 4. Dief. 1470 *p.* 189.

be-kent-lôs *adj. erkennlos* Theol. 14.

be-kentnisse *s.* bekantnisse.

be-kêrde *stf.* (I. 800ª) *umkehr,. krisis einer krankheit* Voc.; *geistl. umkehr, bekehrung* Fdgr. 1. 196, 22. Ulr. *Wh.* 222ᶜ. Ulr. 707. Roth *pr.* 77. Wack. *pr.* 41, 295. 46, 57. Griesh. 1, 162. 163; 2, 74. Spec. 71. Germ. 5, 91;

be-kêre *stf.* (I. 799ᵇ) *bekehrung* Serv. (1291). Pass. *K.* 421, 57;

be-kêre *adj.* (I. 800ª) *sich hinwendend* Pilat.;

be-kêrec *adj.* (*ib.*) *leicht zu wenden, lenksam* Parz. j. Tit. 497, 3. Büchl. *B.* 2, 687;

be-kêren *swv.* (I. 797ᵇ) *tr. zu etw. hinwenden, umwenden, verwendbar* Diem. Iw. Barl. den muot ze gote bek. Msf. 215, 20. eine hant bek. Reinfr. 6ª. dû hâst im bekêret beidiu sin unde leben Msh. 1, 219ª. sîn lêre an sich bekêrte (*brachte an sich*) vil liute Barl. 70, 8. diu erde bekêret (*verwandelt*) in asken Hpt. 8. 150, 176. ir winkel er in bekêrte Himlf. (Hpt. 8) 966. etw. bekêren *gut machen, dafür entschädigen.* den schaden bek. Mz. 1, 521 *s.* 433. die sache richten und nach billichen dingen bekeren Dh. 249; *zum rechten glauben bringen, bekehren* Nib. *C.* 1201, 6. 1270, 2. des vulkes wart dâ vil bekart Roth *denkm.* 40, 94. 41, 161. do Maria was bekart Pass. *K.* 333, 21. an die wârheit bekart Pass. 95, 8. 180, 80. 260, 59; *abwenden mit* von Ms. die angriff bekeren und wandeln Uschb. 5; *anwenden, verwenden* a. Heinr. *oft in urk.* daʒ gelt in unsern nutz bewenden und bekêren AD. 929. MZ. 1, 248. 291. 349 *etc.; — refl. sich umwenden, verwandeln, bekehren* WALTH. FREID. sie mohten niergen sich bek. *hinwenden* HERB. 7946. daz wazzir ze bluote sich bechêre EXOD. *D.* 136, 20. der wint bekêrte sich ze guote FLORE 3230. sich von den sunden bek. WACK. *pr.* 6, 61. swer sich niht bek. wil, den sol man scheiden von den liuten WG. 12505; *mit dem wagen umwenden* GR.W. 1, 256. 271; — *intr. wieder in den frühern zustand kommen, genesen* ER. (*das citat stimmt nicht*) MYST.

be-kerkeln *swv. einkerkern* WALTH. 68, 4 (*bei* PFEIFF. 76, 21: bekärket); *ebenso*

be-kerken *swv.* (I. 790ª) bekarken OBERL.

be-kêrunge *stf.* (I. 799ª) *krisis einer krankheit* SCHM. 2, 324; *bekehrung* dâ mite er sich genâhet gote durch bekêrunge KRONE 19615; *anwendung, lehre* nû schreibe wirz den alten mit den jungen ze einer bek. TUND. 41, 65; *vergütung* MH. 2, 391.

be-kerzet *part. adj.* (I. 802ª) *mit kerzen versehen* PARZ.

be-ketenen *swv. mit ketten fesseln* KIRCHB. 612, 54.

be-kinden *swv. refl. kinder zeugen* DÜR. *chr.* 342. GERM. 6, 62.

be-kînen *stv. II.* (I. 805ª) *keimen* KARL.

bek-kloz *stm.* (I. 847ª) *benennung eines mastschweines* HELBL. (*hs.* pekhkloz, *vielleicht*= spëc-kloz?).

be-klagen *swv.* (I. 833ᵇ) *über od. gegen klagen mit acc. u. gen.* IW. PARZ. TRIST. WALTH. PASS. *K.* 370, 3. sich beklagen sîner sünden HPT. 1, 282. kœme der keiser in daz lant, sô wolt ich mînen sun bekl. *ib.* 6. 498, 51. ez soll auch ain burger den andern ze hofe niht beklagen NP. 20. einen mit reht bekl. *ihn gerichtl. belangen* CHR. 5. 70, 11. MZ. 4, 263. 287. 288 *etc. vgl.* SWSP. 173, 1. 176, 6.

be-klamben *swv. zusammenpressen.* diu in schanden beklamptiu MART. 106, 26; *vgl.* beklemmen.

be-klapperer *stm.* obtrectator DFG. 391ª.

be-klæren *swv.* (I. 836ᵇ) *hell, rein machen* MÖNCHL. mit wazzer wirt beklâret der mensch j. TIT. 44.

be-klâri-vunkeln *swv. glänzend machen.* der helme lieht zimiere mit nebel was vertunkelt, daz wart — mit swertes ecken schôn beklârifunkelt j. TIT. 4099.

be-klæwen *swv.* (I. 831ᵇ) *mit klauen ergreifen* MART. (*lies* 159, 53) minne kan bekl. (: græ-

wen) daz arme und daz rîche REINFR. 83ᵇ. *zu* klâ.

be-klëben *swv.* (I. 841ᵇ) *haften bleiben, verbleiben* FRL. PASS. *K.* 623, 32. daz im dikein werdekeit mit der wîhe was beklebet *verliehen ib.* 595, 21; *s.* beklîben.

be-klecken *swv. abbrechen, abreissen* WACK.; *beflecken* PASS. *K.* 357, 8; *st. part.* beklocken RUL. 160, 1 *var. — zu* klac, *vgl.* DWB. 1, 1419. 5, 890 *u.* beklicken.

be-kleger *stm.* (I. 834ª) actor VOC.

be-kleiben *swv. beschmieren, bestreichen.* mit teige bekl. BUCH *v. g. sp.* 5; *bildl. begaben* daz dû mich giruochis ze bechleiben mit dînis tiskis âleibe LIT. 237, 5.

be-kleiden *swv.* (I. 840ᵇ) *part.* beklet, bekleiden eigentl. *u. bildl.* NEIF. OSW. FLORE 3466. j. TIT. 4079. TROJ. 1200. PASS. 112, 50. 361, 17. PASS. *K.* 111, 52. 127, 62. 183, 93. MSH. 2. 69ª. 72ª. 154ᵇ. 359ª. HPT. 5. 18, 5;

be-kleidunge *stf.* velamentum, obtentus HALT. 127.

be-klemmen *swv. zusammenpressen.* die in des tôdes vallen sint beklemmet MART. 11, 49. der minne klobe, mit dem si beklemmet was *ib.* 221, 91; mit kraft beklempt HADAM. 186, 75. *zu* klam.

be-klenen *swv. beschmieren* FASN. 1204. SCHM. 2, 357. GFF. 4, 558.

be-klepfen *swv.* (I. 835ᵇ) *tr. einen klapf, schlag beibringen.* daz sia in dero naht finsteri bechlepfet ne wurte (opprimeretur) CAPELLA *p.* 13; Ms. ob mîn tumpheit iht beklepfe LOH. 46; WH. v. ÖST. 68ᵇ.

be-kletzen *swv.* (I. 837ª) *beschmutzen* REINH. LS. ALTSW. 217, 37. — *zu* klaz *vgl.* DWB. 5, 1016 *u.* beklitzen.

be-klîben *stv. II.* (I. 841ª) *haften bleiben, verbleiben.* daz mir der lôn beklîbe GERH. 2365. dâ von ime der fluoch bekleip HIMLF. 60. ein schade û beklîbet FRAUENTR. 306. in armen blanc beklîben MSH. 3, 187ª. KRONE 26802. PASS. *K.* 38, 32. 199, 11. 217, 19 *u. öfter.* ERLŒS. 76. HERB. 17471. HEINR. 1601; *wurzel fassen, gedeihen* WOLFR. WALTH. PASS. WINSB. 76, 8. RENN. 1053. HEINR. 742. KARLM. 216, 38; *stecken bleiben, verkommen* GEN. MAI. der minnen spil bin ich beklëben (:lëben) MALAG. 7ᵇ;

be-klîbunge *stf. empfängnis* DWB. 1, 1421; *vgl.* klîbetac.

be-klicken *swv. beflecken* ELIS. 7448. *vgl.* beklecken *u.* DWB. 1, 1423.

be-klieben *stv. III.* (I. 845ᵇ) *intr. spalten* Troj. (= vil herter vlinse dô zercloup 10541); *s.* unbekloben.

be-kliefen *stv. III.* (I. 846ᵇ) *refl. mit gen.* Casp. R. „*für* bekriefen *s. v. a.* an nëmen?" Wack.

be-klimmen *stv. I,3 umklammern.* zwêne hunde hât her beklummen, dy mit im ûz dâ swummen Kirchb. 781, 42. ir beklummen (*beklommenes*) herze Elis. 4204.

be-klîp, -bes *stm. haftung, dauer.* daz gyd der sêle und auch dem lieb gesuntheit und heil beklieb Kirchb. 723, 43; — *zu* klîben.

be-klipfen *swv. md.* beklippen *gewaltsam eindringen u. fortnehmen?* Jer. 146ᵃ *u. s.* 125. *vgl.* Germ. 7, 94.

be-klitzen *swv.* (I. 837ᵇ, 7) *beflecken* Oberl.; *s.* bekletzen *u.* Dwb. 5, 1016 *unten.*

be-klüegen *swv. fein, schmuck machen.* daz ich gange hin zem reigen harte wol beklüeget Neidh. XVIII, 15.

be-klummen *part. s.* beklimmen.

be-klûsen *swv.* (I. 849ᵇ) *mit einer* klûse *versehen, in eine* kl. *einschliessen* Such. Pass. K. 543, 93.

be-knappen *swv. refl. sich mit* knappen *versehen* Wh. v. Öst. 85ᵇ.

be-knëhten *swv.* (I. 853ᵃ) *mit einem knechte versehen* Ms.

be-knüpfen *swv.* (I. 854ᵃ) *anknüpfen* Gl.

be-koberen *swv.* (I. 855ᵇ) *refl. sich zusammenfassen, erholen* Herb. 8869.

be-kôme *adv.* (I. 905ᵃ) *leicht, bequemlich* Gen.; *vgl.* bequâme.

be-komen *stv. I, 2* (I. 904ᵃ) *prät.* bekom, bekam, bequam *part.* bekomen, bekumen: *intr. kommen, beikommen, gelangen* Nib. Trist. Lieht. Wg. 6466. Elis. 10045. 2562. Pass. K. 11, 23. 38, 37. von in zwein was bekomen ein sun Hpt. 6, 497. dô was Alphart ûf sîn ros bekomen Alph. 117, 1; *hervorkommen, wachsen, gedeihen* Exod. Myst. Pass. K. 12, 48. 185, 25. 301, 14; *sich zutragen, ereignen* Elis. 2427; *zu sich kommen, sich erholen* Lanz. Wig. Heinz. 8, 131; — *mit dat. d. person begegnen* Iw. Barl. Krone 12175. Karlm. 43, 20; *zukommen, zu theil werden, widerfahren* Diem. Ms. Pass. K. 7, 10. 154, 61. was der universitet an gütern bekumbt und zustet Cp. 17; *zu hülfe kommen* Elis. 2258; *geziemen ib.* 9990; — ûf *od.* hinder einen bekomen *ihn zum schiedsrichter wählen* Mz. 1. 545. 562; — *mit gen. der sache erhalten, gewinnen, bekommen* Er. Greg. des schadens bek. *hinter den schaden kommen, vergütung erhalten* Stb. 199. 209. 249. 251 *u. oft; mit präp.* hinder ein d. bek. *es erhalten* Tuch. 78, 1. 6; *die constr. mit dem gen. bildet den übergang zu trans.* bekomen, *das mhd. sehr selten ist:* einen bek. *ihn einholen* Trist. den schaden bekomen (*verhüten*) und understân Mz. 1, 510; — *refl. mit gen. zu etw. kommen, es erhalten* da bekême sich got alles des sînen Theol. 106;

be-komen *part. mit schult bek. beladen* sîn Pass. K. 402, 45;

be-komen-lich *adj. angemessen, passend* Öh. 8, 29. 38, 13. 49, 18; bekomenlîche *adv.* Gr. W. 1, 142. Cp. 336; *ebenso*

be-kom-lich *adj.* (I. 907ᵃ) Kell.;

be-kom-lîchen *adv.* daz si sich bekomlîchen begên und generen mügen Mz. 4, 276.

be-kor *stf.* (I. 830ᵃ) *prüfung, kenntnis* des tôdes bek. Heinr. 2234; *versuchung* Ms.;

be-korære *stm.* tentator Evang. M. 4, 3;

be-korn *swv.* (*ib.*) *schmecken, kosten, kennen lernen mit gen., acc. od. untergeord. satze* Rul. Flore, Wolfr. Er. 3247. Krone 6603. 23082. strîtes bek. Troj. 19134; Pass. 338, 25. Pass. K. 163, 63. Mariengr. 426. Albr. 32, 26. j. Tit. 1070. 3789. 4950. der beste wîn den ie kein munt bekort Kol. 162, 200; *prüfen, versuchen mit acc.* (*infin.*) Pass. Flore, Barl. Diem. 87, 14. Kchr. D. 439, 24. Albr. 13, 284. 19, 496. vom tiuvel versuochet und bekoret Griesh. 2, 82. besezzen unde bekort Pass. K. 406, 77. nâch einem bekort sîn *ib.* 669, 77. sich bek. *sich prüfen ib.* 531, 55. sich bek. nâch etw. *sich darum bemühen, darnach streben ib.* 517, 80; *erwählen, vorziehen etw. zu thun* Elis. 5349;

be-korunge *stf.* (I. 830ᵇ) *md. auch* bekarunge Leseb. 983, 10: *das kosten*, gustus Voc.; *prüfung, versuchung* Diem. Pred. Litan. 234, 40. Roth *denkm.* 108, 84. Roth *dicht.* 15, 84. Wack. *pr.* 45, 29. 48, 124. Pass. K. 369, 67. Mart. 284ᵇ. 288ᵇ. Marld. *han.* 7, 9.

be-kosten *swv. die kosten bestreiten für.* die wîsen milten hêrren — bekosten manegen stolzen vehter under schilte Msh. 3, 58ᵃ; *beköstigen.* Dsp. 1, 106. 2, I71. 221. Gr. W. 5, 170; *ebenso:*

be-kostigen *swv.* Ssp. 1. 9, 3; 2. 58, 3; — 2. 12, 4.

be-kotzen *swv. refl.* vomere Dief. *n. gl.* 385ᵇ.

be-koufec *adj.* bekauffiger, capeditivus Voc. 1482;

be-koufen *swv.* (I. 868ᵃ) GLAUB. (*statt* verkoufen).

be-kræjen *swv.* (I. 869ᵇ) *krähen, bekrähen.* swenne ez von hanen wirt bekræt MSH. 2, 205ᵇ. manec garzûn kluoc mit schrîen dâ bekræte LOH. 2466.

be-kranket *part. s.* bekrenken.

be-kratzen *swv.* (I. 877ᵇ) *bekratzen* GSM.

be-kreften *swv. kräftigen, stärken* KIRCHB. 727, 39.

be-krëhten *swv. aufzählen, vorbringen?* ich mac ez niht mit namen halb bekrehten (: slehten) j.TIT. 5696.

be-krellen *swv.* (I. 873ᵃ) *mit krallen packen* JOS. 1149.

be-krenken *swv.*(I. 875ᵇ) kranc *machen, schwächen, verletzen* PARZ. NEIDH. HELBL. j.TIT. 1262. 3738. 3774. 4491. 5442. KRONE 11350. 25993. HADAM. 148. 154. ULR. *Wh.*208ᵇ.215ᵇ. LS. 2. 661, 7. GA. 1, 309. 2, 385. WACK. *pr.* 43, 77. GLAR. 48. CHR. 4. 138,16; *oft in urk. neben dem gleichbedeut.* verswechen*, einen an dem rehte, an dem guote etc.* bekr. MZ. 1, 259. 319, 322. 351. MH. 3, 14. MICH. 5 *s.* 31. W. 37. b ekr anket an freuden j.TIT.2744, *sonst im part.* bekrenket.

be-krîen *swv.* (I. 879ᵇ) *beschreien* TRIST. *H.*

be-krimmen *stv.I,*3 *zusammendrängen, part.* bekrummen *enge, schmal* ein bekrummen fluz LS. 2. 283, 475.

be-kristen *swv.* (I.884ᵃ) *mit Christus versehen* FRL. (*nicht „zum Christen machen"; vgl. zu* KARL 1803).

be-kroijieren *swv.* (I. 886ᵇ) *durch ausruf kund thun* TRIST.

be-krœnen *swv.* (I. 877ᵇ) *krönen* GRIESH. (1, 53. 154). j.TIT. 86. 5352. 5432. AB. 2, 123. MSH. 1, 342ᵇ. 2, 128ᵇ. 245ᵇ. KOLM. 2, 4. LS. 1. 380, 199. ALTSW. 202, 1.

be-kroten *swv. belästigen, beschweren, behindern* JER. 57ᵇ; *weitere md. belege* GERM. 7, 95.

be-kücken *swv. s.* bequicken.

be-kudde *stn. s.* bequide.

be-küelen *swv.* (I. 780ᵃ) *kühl machen* MYST.

be-kumbern, -kümbern *swv.* (I. 910ᵃ) *md.* bekummern *in not bringen, belästigen* GUDR. TRIST. GREG. TROJ. 15583. 21806. WG. 12606; *part.* bekumbert *bedrängt, arm* LS. HEINR. 4367. einen mit geriht bek. MZ. 1, 435. AD. 785. mit fanknus bek. *in arrest setzen* CHR.

5, 99 *anm.* 3; *eine sache mit arrest belegen* phenten und bekumbern MW. 189. MZ. 3, 257. HALT. 128 *f.;* — *beschäftigen* MYST. MARLG. DÜR. *chr.* 430. GERM. 7, 375. werkliute manger hande bekümbert wurden bî der frist TROJ. 23559; *sich mit etw.* (*acc.*) *beschäftigen, es pflegen* GEST. *Rom.* DÜR. *chr.* 333;

be-kumbernisse *stf. kummer, gram* DFG. 353ᵇ. PASS. *K.* 403, 27;

be-kumberunge *stf.* (I. 910ᵇ) occupatio VOC.; pfandung und bekümerung MZ. 3, 257.

be-künegen *swv. mit einem könig versehen.* wir sîn beküneget mit pfaffen künegen MSH. 3, 24ᵇ.

be-kürn *swv. zur* kür, *prüfung herbeiziehen.* Singuf vier meister hat bekürt MSH. 3, 49ᵇ.

be-kürzen *swv.* (I.917ᵇ) *kurz machen, verkürzen* SILV. VAT. mein leit mir wart bekürzet FRAGM. 27, 55

bël *stm.* (I. 125ᵇ) *das lauten der hunde* TIT. LS. *zu* bëllen.

bêl, bêle, bël *adj.* (I. 102ᵇ) *schön, aus fz.* belle TRIST. MART. (22ᵈ, 76ᶜ *auf* hël *u.* snël *reimend*). OBERL. 116.

be-lachen *swv.belachen, verlachen* HANS 1711. EVANG. 240ᵇ. LS. 2, 601.

be-laden *stv. I,* 4 (I. 926ᵃ) *beladen* NIB. *B.* TRIST. ERNST 3842. die scheffen (*mit dem urtheil*) beladen WEIST. (*s.* DWB. 1, 1434). sich bel. *etw. auf sich nehmen* KARLM. 241, 62. sich eines d. bel. MH. 1, 226. USCHB. 3.

be-lanc *stm. das verlangen.* belanc ich nâch dir hân MSH. 2, 131ᵃ, *vgl.* planc;

be-lange, blange *stf. swm.* (I. 933ᵇ) *das verlangen* BEITR. (= MSH. 1, 134ᵇ. 144ᵃ). nâch der heimverte was ir belange herte ALBR. 31, 4. si wâren in dem belangen KCHR. *W.* 12686.

be-lange *adv. aus* bî lange *lange, endlich* PF. *forsch.* 1, 82;

be-langen *adv.* (I.931ᵇ) *aus* bî langen *endlich* ER. KINDH. 86, 76. ELIS. 4800.

be-langen, blangen *swv.* (I. 933ᵇ) *unpers. lang dünken, langweilig sein mit gen. od. untergeord. satze* HARTM. BIT. (4436). LAUR. 1528. FLORE 4742. 4915. 6268. 6524. ERACL. 3232; *verlangen, gelüsten mit gen. od. präp.* (nâch, in) *od.untergeord.satze* BARL. TRIST. WALTH. TROJ. 18796 (*mit* nâch). KRONE 17716. REINH. 1554. LOH. 4316. 2916 (nâch). DANIEL 6768. 6771. jâ muoz immer mich bel. in daz reine himelrîch LIEHT. 576, 23. daz povel muos belangen, daz ez die gezierde schoute SERV.

480. mir belanget *mich verlangt, ich sehne mich* SILV. MS.; — *trans. erlangen, erreichen* swaz er belangete HERB. 7470; *intr. ausreichen, sich erstrecken* und suln wir si beschermen als verre unser gewalt belangen mach Mw. 183 (*a.* 1292);

be-langen, blangen *stn. das verlangen.* ir belangen und ir herzeleit DIUT. 3, 15. al mîn blangen nie vervie MSH. 1, 170ᵇ; GA. 3. 216, 38.

be-langen-lich *adj. lange dauernd, langweilig.* bel. siechtage DIUT. 3, 15.

be-lannen *swv. mit ketten* (lanne) *versehen, fesseln* MR. *lied.* 2, 22; *s.* GERM. 7, 492.

be-lappern *swv. beschmutzen.* wy ich mit sunde bin belabbert HANS 1081. *zu* lap *spülicht.*

be-lâzen *stv. red. I, 2, contr.* belân *unterlassen.* belâzent iuwer wer GERM. 8. 286, 13; *erlassen, nachlassen* AD. 966; *überlassen, dotare* JER. 58ᶜ. 122ᶜ. 163ᵇ.

bëlche *swf.* (I. 102ᵇ) *wasserhuhn, blässhuhn* LS.; Bëlche *heisst auch Dietleibs ross* (BIT. 2275. 2687. 11972) *vgl.* WACKERNAGEL *in* GERM. 4, 142. *zu lat.* fulica DWB. 1, 1439.

belde *stf.* (I. 82ᵃ) *dreistigkeit* TRIST. *zu* balt.

beldec-lîche *adv. s.* baldecl.

belden *swv.* (I. 82ᵃ, 26) balt *machen* LANZ.; *part.* gebalt j. TIT. 1317. *vgl.* balden.

belden-zapfe *swm. fruchtzapfen der belle,* populus alba SCHM. *Fr.* 1, 228.

belderîchen, belderich *s.* balder-.

be-lëchen *swv. mit st. part.* belochen. *hieher möchte ich* (*u. nicht zu* belûchen) *ziehen:* die wort sint belochen (*die worte lauten*) HPT. 2. 194; *s.* lëchen.

be-legen *swv.* (I. 992ᵇ) *für* beleget *auch die contr. form* beleit: *belegen, besetzen* HERB. 6133; *einem etw.* bel. *es ihm als hypothek anweisen* OBERL. 117; *einschliessen, einhüllen* SPEC. 150, 252 *u. dazu* GERM. 4, 498, *besonders mit einem heere einschliessen, belagern* WIGAL. MOR. 1, 4034. PASS. *K.* 436, 37. Mz. 1, 527 *s.* 444. DH. 123. CP. 234. CHR. 1. 57, 10. 2. 174, 18. 5. 173, 20; *etw. mit dem* eide belegen (*part.* belaht) *beschwören* GR.W. 2, 429; sich belegen: daz er von vergezzenkeit sich zeimal hete alsô beleit und conplête niht ensprach PASS. *K.* 433, 24.

be-lëgen *part. s.* beligen.

be-lëgen-heit *stf.* situs HALT. 130.

be-lëger *stn. einschliessung, belagerung* CP. 326.

be-lëgern *swv. belagern* CHR. 1. 144, 33; 2. 66, 23.

be-lêhenen *swv.* (I. 997ᵃ) *belehnen* ERACL. MS. FLORE 4358.

be-leidegen *swv. verletzen.* diu vlieg belaidigt des hund ôrn MGB. 298, 11. ain iegleich crêatûr ist belaidigt mit der sünd des êrsten menschen *ib.* 472, 20; beleidigunge *stf.* GR.W. 3. 351.

be-leinen *swv. anlehnen, anheften, mit etw. schmücken.* die helme beleinet (: gereinet) mit rîlichen zimieren KRONE 22120.

be-leit *s.* belegen *u.* beleiten.

be-leit *stn. geleite,* conductus VOC. 1419. SCHM. 2, 514;

be-leiten *swv.* (I. 976ᵃ) *prät.* beleite, *part.* beleitet *u.* beleit *leiten, führen* ANEG. RUL. daz her beleiten WG. 7472. wirt si niht mit dem sinne beleit *ib.* 872. als in beste sîn sin den wec beleiten kunde KRONE 19011; *geleiten, begleiten* IW. TRIST. NIB. GUDR. GEN 49, 7. DIEM. 134, 7. ERNST 1749. 1830. 1861. j. TIT. 1015. KRONE 23006. BIT. 1091. SPEC. 183; *das sicherheitsgeleite geben* und schullen sie (*die Juden*) beleiten sechs meils von unser stat MZ. 4, 250;

be-leitunge *stf.* conductus DFG. 141ᵃ.

be-lemen *swv. mit bleibender lähmung verletzen* SWSP. 416, 12. SSP. 2. 54, 5. 65; 3. 48.

bëler *stm. s.* bilern.

be-lësen *stv. I,* 1 (I. 1009ᵃ) den altâr bel. *darauf messe lesen.*

be-lesten *swv. belästigen.* daz ez mich niht belestet ULR. WH. 159ᵇ.

be-letzen *swv. verletzen, schädigen.* den gebot man, weder die frawen noch ir guet zu beletzen MH. 3, 74.

belgelîn, belgel *stn.* (I. 124ᵇ) *dem. zu* balc *kleiner schlauch, sack* MGB. 209, 27; *haut, die die blumenknospe umschliesst* PARZ. TRIST.; *ohrtrommel* MGB. 11, 15. 23; *herzbeutel ib.* 27, 27; *nachgeburt ib.* 360, 30. 417, 26;

bëlgen *stv. I,* 3 (I. 124ᵃ) *aufschwellen, refl. mit gen.* zürnen GEN. JOS. 167. *vgl.* balc *u.* KUHN 17, 29;

belgen *swv.* (I. 125ᵃ) bëlgen *machen, erzürnen* GEN. (*bei* DIEMER erbelget).

bël-hunt *stm.* (I. 728ᵃ) *bellender hund?* (ein belhunt up lasûre nâ der minnen âventûre HPT. 3. 11, 166. *vielleicht* bêl hunt *schöner hund*).

be-lîben, blîben *stv. II.* (I. 968ᵃ) *md.* belîven *im gleichen zustand bleiben, verharren mit dat. od. präpos.; unterlassen werden, unterbleiben,* bel. lâzen *unterlassen, wovon ab-*

stehen (*wofür bei* Lieht. *einmal das einfache* beliben); *todt bleiben* Er. Iw. *allgem., mit* bî, über, ûze;

be-lîben *stn. das verbleiben, verharren* Myst. 2. 8, 19; *aufenthalt* Chr. 2. 336, 19.

be-licken *swv. verlocken, bestricken.* hæte mich ir minne belicket Ulr. Wh. 160ᵈ.

be-liegen *stv. III.* (I. 1025ᵇ) *von einem unwahre dinge sagen, ihn verleumden* Gen. Lampr. Trist. getriwen vriunt bel. Msh. 3, 66ᵃ. ich sî wider iuch belogen Kchr. *D.* 473, 21. ir sît gein im belogen Ga. 2. 151, 73. jâ wart diu rede nie belogen *nie der unwahrheit überführt* Krone 17199.

be-liewen *swv.* (I. 983ᵇ) *mit einer laube* (liewe) *versehen* Wig.

be-ligen *stv. I*, 1 (I. 987ᵇ) *statt* beliget *auch* belît; *intr. liegen bleiben, ruhen* Iw. Wig. Wwh. Trist. Pass. 278, 8. Pass. K. 321, 81. Berth. 518, 27. Jer. 77ᶜ. unmehtec si belac Loh. 3869. mit den wîben beligen Herb. 14926; an etw. bel. *fest dabei bleiben, haften* Pass. K. 250, 86. 320, 38; *todt bleiben* Wwh. Trist. Rul. 146, 20. 294, 30; — *trans. beschlafen* Ssp. 3. 46, 1. eine dirne bel. Jer. 177ᵇ. ich belige den knaben (*spricht das mädchen*) Msh. 2, 118ᵃ; *belagernd einschliessen, belagern* Parz. Clos. Jer. 47ᵃ. 69ᵈ. 101ᵇ. Mz. 1, 370. Ugb. 307. 354; *part.* belëgen *belagert* Ernst 820. 825. Türl. Wh. 80ᵃ. 117ᵇ; *bildl.* mit voller kraft belegen Pass. 278, 8.

be-lîp, -bes *stmn.?* (I. 969ᵇ) *das verbleiben, die ruhe* Heinz. dâ billich dîn vrô belip gewesen wære Msh. 2, 256ᵃ. binden wolt er den geist in sînen lîp, sô daz er stæteclîch belip bî im haben müeze Reinfr. 169ᵈ.

be-listen *swv. durch* list *zu stande bringen.* het ich her Salomônes sin, ich künde ez niht belisten Kolm. 116, 12.

be-liuhten *swv.* (I. 1030ᵇ) *prät.* belûhte *beleuchten, erhellen* Engelh. j.Tit. 5736. Msh. 2, 396ᵃ. Pass. (112, 91. 187, 15). Pass. K. 80, 67. 384, 69. 406, 14. Ls. 2. 712, 47. unz in der tac belûhte Birkenst. 81. Ga. 3. 6, 15. die chapel belüchten mit einem glaslieht Stz. 289; *bildl. erklären, offenbaren.* er hete im sîn gemûte sô ûf der erden belûht Pass. K. 437, 75. daz guet daz vor beleuchtet ist Stz. 261. die gezeugen, die da bî sint gewesen, die auch hie belöucht und benant sint Uhk. 317 (*a.* 1296).

be-liunden, -liumen *swv.* (I. 1032ᵃ) *einen in den ruf von etw. bringen* Augsb. r. Weist.

beliundet liut Gr. w. 5, 155. ist er ê beliumet umbe sô getâniu dinc Swsp. 186, 9. 187, 4; *s.* liumunt *u.* Halt. 130.

be-liuten *swv.* (I. 1058ᵇ) *mit geläut bezeichnen* Erinn. Clos. daz capitel mit beleuter glocken besamnen Dh. 174; *bekannt geben* Heinr. 2682; *erläutern* diu (matêrje) iu baz wirt beliutet Türl. Wh. (Wackern. *litter. gesch.* 199 *anm.* 7). als vor beleutet (*auseinandergesetzt*) ist Dm. 105. Stz. 658. *vgl.* Halt. 129.

be-liutern *swv.* (I. 1059ᵇ) clucidare Gl.

belle *f. in* after-, arsbelle. *zu* bal.

bëlle, bille *swmf.* (I. 125ᵇ) *hund, hündin mit verächtl. nebenbegriffe* (in hove-, kamer-, mist-belle). *zu* bëllen.

belle *stf.* darüber kreuczlingen in pell ainen vaimloffel Beh. 206, 30. *nach* Schm. *Fr.* 1, 229 „*eine heraldische farbe". vgl. auch* belle Dwb. 1450 *u. unten* bellunge.

bëllen *stv. I*, 3 (I. 125ᵇ) *bellen* Trist. Serv. Krone 1499. 1501. Wig. 237. Wh. *v.* Öst. 69ᵇ. 87ᵃ. 88ᵇ. billet als des gebûren hunt Aw. 2, 96. sie (*die hunde*) bellent mit schalle Reinh. 325, 929. 938. der eines tôten hundes hût twinget, daz sie bellen muoz Renn. 12412. nâch brôte bellen Warn. 462. ein lewe der an trachen billet Msh. 3, 173ᵃ. daz wazzer biginnet pellen Diem. 233, 17. der tievel ûz dir belle Neidh. 9, 6. tûsent tiuvel ûz dir bellent Msh. 3, 259ᵇ; *bildl.* der mage vor hunger billet Renn. 9492; *keifen, zanken* si bal hin wider unde schalt Ga. 1. 486, 46. — *vgl.* bîl *u.* Dwb. 1, 1451. Kuhn 8, 257. — *mit* an-, ge-, wider-;

bëllen *stn. das bellen* j.Tit. 1003. 4801. Renn. 12413.

bellen *swv. in* er-, verbellen. *zu* bal.

bëller *stm. beller, hund.* er kaller, er beller Jüngl. 921.

bellîn *stn. dem. von* balle *waarenballen* Chr. 1. 101, 16. 17. 18; — ich slîz dirz bellîn under diu gewant Msh. 3, 307ᵃ (*dem. von* belle?).

bellîz, bellez *stm.* (I. 102ᵇ) *verkürzt* belz, pelz (Er. 2013. Helmbr. 143. Elis. 8296. Np. 97): *pelz* Kchr. En. Parz. Wig. kursenne unde bellize Hpt. 8. 152, 262. ein rîlich bellîz vêhe unde bunt Troj. 9070. ein b. fühsîn Ga. 3. 736, 334. — *aus fz.* pellisse *mlat.* pellicia Dfg. 421ᶜ.

bëllunge *stf.* latratus Dfg. 320ᶜ.

bellunge *stf.* ain menschen arm in pellung zwischen disem galgen unrain mit abgehakten vingern zwain Beh. 206, 24; *s. oben* belle *stf.*

[bëln *stv. I,* 2] *im* WB. I. 117ᵃ *wegen bal m. angesetzt „ein unerweisliches u. unnötiges wurzelverb"* DWB. 1, 1090.

be-loben *swv.* (I. 1022ᵃ) *beloben.*

be-lochen *part. s.* belëchen *und* belûchen.

be-lônen *swv.*(I.1042ᵇ) *belohnen* MYST. EVANG. *M.* 27, 9.

be-lœsen *swv.* (I. 1036ᵃ) belôste, belôst *losmachen in gutem sowol als bösem sinne.* daz man mit luge vil belœse daz ist ein laster bœse AB. 1, 318; *mit gen.* ER. Iw. jâ bin ich alles des belôst, daz ich zer werlde ie gewan KL. 515 (*hs. C.*). er hât mich vuoters belôst ERACL. 2013. wie dîn bistuom ist belôst êren unde guotes HEINR. 486; *mit präp. von* MAR.

be-louben *swv.* (I. 1048ᵇ) *belauben* OREND. (1662. 1992. 2074. 2726. 3874).

be-louchen *swv.*(I.1023ᵇ)*schliessen, verschliessen* ERACL. (3138). *das beispiel aus* TUND. belouche: bouche = belûche: bûche *gehört zu* belûchen.

be-loufen *stv. red. III.* (I. 1045ᵇ) *belaufen, durch-, überlaufen* PASS. HELBL. daz er die werlt predigende beliefe PASS. *K.* 358, 39. daz bluot den esterich belief *ib.* 447, 65.

be-lougen *swv. läugnen.* des moht sie niht belougen LS. 1. 615, 20.

belt-lîche *adv. s.* baltlîche.

be-lûchen *stv. III.* (I.1023ᵃ) *intr. sich schliessen.* sô mîn ougenbrô belûchent HELBL. 12, 37; *tr. zuschliessen, einschliessen.* wan siz niht mohte belûchen in der hant noch besliezen KRONE 12074; *sonst nur im part.* belochen *nachweisbar* SERV. GEO. ROTH. 381. Doc. *misc.* 2, 82. die dâ inne sint belochen BPH. 1595. 2039 *u. sehr oft in der* KRONE: von, mit *etw. oder* in *etw.* belochen sîn, *z. b.* die rigel, dâ mite sie was belochen 19462. belochen von breiten ziterochen 19706. er was vierzechen wochen dar inne (in der kelle) belochen 19462, *vgl. noch* 22053. 27641. *s. auch oben unter* belouchen.

be-lucken *swv. verdecken.* schôn mit der neuen hant beluckt WOLK. 69, 13.

be-lûht *part. s.* beliuhten *u. vgl. noch* PASS. *K.* 372. 53. 530, 35. 549, 47.

be-luogen *swv.* (I. 1052ᵇ) *beschauen, wahrnehmen* KONR.

be-lût-bæren *swv.* die wunden vor gerîhte offenbaren und belutbaren FREIBERG. 224.

be-lûten *swv. laut werden* CHR. 2, 385 *anm.* 5.

belz *stm. s.* belliz.

belz-bletzer *stm. pelzflicker, spottname für kürschner* BEH. 9, 6.

Belzebub PF. *üb.* 14, 845; Belzebup der übele KARAJ. 52, 3 ; *entstellt u. umgedeutet* Belzebock KELL. *erz.* 20, 19. Belzenpuck BEH. 24, 14.

belzelîn *stn. kleiner pelz* WWH. 84, 23. 25.

belzen, pelzen *swv.* (I. 103ᵃ) *pelzen, pfropfen* FREID. TRIST. *H.* FRL. ALBR. 34, 20. SWSP. 302, 6. diu gertl in die erden p. PF. *üb.* 132, 523. 540. die vinger sint in die hend gepelzet MGB. 21, 5. auf einen fremden stam p. *ib.* 333, 15. 334, 31. zuo enander p. *ib.* 337, 10. dann das man sie als kebsweib hilt, do man nur pankhart pelzet drein FASN. 28, 21. — *aus lat.* impellitare, *prov.* empelter DIEZ 2, 274. WACK. *umd.* 24;

belzer, pelzer *stm.* (*ib.*) *der, welcher* pelzt, insitor HPT. *h. lied* 58, 32. MGB. 337, 6; *pfropfreis* GEST. *R.* swer dem andern sein peltzer stilt, der gibt ie von dem paum ain pfunt NP. 23.

belzer *stm.* (*ib.*) *kürschner* MOR. pellifex DFG. 421ᶜ. BERTH. 17, 33. *zu* belliz.

belze-rîs *stn. pfropfreis* j.TIT. 2514.

belz-gebûre *swm. s. n. a.* vilzgebûre j.TIT. 4821. GERM. *Hag.* 8, 272; bilzgebûre MR. 5, 20.

belzîn *adj. von pelz.* belzîn gewant BERTH. *Kl.* 39. 402.

belz-vêch *adj.* (III.285ᵇ) *bunt von pelz* LIEHT.

belz-wërc *stn.* (III. 588ᵇ) *pelzwerk* NARR.

be-machen *swv. festmachen, beschützen.* daz lop vor valschen vâren bem. Ls. 2. 713, 84.

be-mannen *swv. mit mannschaft besetzen.* die schiffe bem. KIRCHB. 791, 10. die stat bem. *mit kriegern zum schutze versehen* GR.W. 5, 238; daz lêhen bem. servitia feudalia præstare HALT. 130.

be-mæren *swv.* (II. 71ᵃ) *mit* mære *versehen.* swer sender mære ger, — ich wil in wol bemæren TRIST. 125. ein swære mich in dem dem herzen swirt, diu noch daz lant bemæret TRIST. U. (*Massm.*) 550, 15; *rühmen* TRIST. 17231.

be-marken *swv. begränzen.* die wis ist bemarkt mit einem espenbaum UH. 346. (*a.* 1481).

be-mâsen *swv.* (II. 85ᵇ) *beflecken* NARR. nuo ist die selbe stat mit grôzen untriuwen sô sêre bemâset und sô gar unflætig worden S. MART. 10, 12.

be-meieren *swv. mit einem* meier *versehen.* den hof bemaieren Mz. 1, 259.

be-meilegen *swv.* (II. 96ᵇ) *beflecken, entehren* JER.; *ebenso*
be-meilen *swv.* (II. 95ᵇ) JER. — *zu* meil.
be-meinen *swv.* (II. 110ᵇ) *meinen* WINDB. *ps.*
be-meinen *swv.* (II. 102ᵃ) *gemeine machen: mittheilen, zusprechen* RUL. ULR. *Wh.*;
be-meinunge *stf.* (*ib.*) *der zugegebene vordersatz eines syllogismus* (WACK.) LESEB.
be-meistern *swv. meisterlich gestalten.* der was betihtet, bemeistert und berihtet ze ritteres figûre TRIST. 6650.
be-menigen *swv.* (II. 60ᵃ) *mit einer menge bewältigen* JER.
be-merken *swv.* (II. 66ᵇ) *prät.* bemarkte *beobachten.* sament und sunder bemarkten siʒ starke TRIST. 13149; prüfen daʒ gereite sî begunden bemerken und betrahten *ib.* 9337.
be-metzen *swv. einschneiden, bildl. angreifen.* daʒ man mich in ein zorn deed setzen und wast (vaste) bemœten (bemuoten) und bemetzen HANS 5068.
be-minnen *swv.* eine beslâfen u. beminnen TROJ. (MYLL.) 10194; *bei* KELLER 10201 geminnet.
be-missen *swv. entbehren, aufgeben* KIRCHB. 710, 16.
be-morgen-gâben *swv.* darzu sol er sie (*der bräutigam die braut*) nach seinen êren bemorgengaben WL. 116.
bemstîn *stf. die einen dickbauch hat.* lâʒheit diu fûle bemstîn RENN. 4415. 15922. 15936 (*immer gedruckt* beinstein, peinstin). *vgl.* SCHM. 1, 285.
be-munden *swv.* (II. 238ᵃ) *beschützen* GEN. GR.W. 4, 158.
be-muoten *swv. tr. von einem fordern; s. oben unter* bemetzen.
be-mûren *swv.* (II. 275ᵇ) *mit einer mauer umgeben* EN. sî bemûrten ir stete DIEM. 141, 4.
be-murmeln *swv. über etw. murren.* daʒ bemurmelt Judas FDGR. 1. 165, 13.
be-müseln *swv.* (II.2796ᵇ) *beflecken, beschmieren* GA. OBERL. 118. — *zu* masel, mâse, *vgl.* bemâsen.
bên *swm. s.* bæhen
be-nâden *swv. begnadigen* KARLM. 305, 27. 326, 45.
be-nagen *stv. I*, 4 (II. 296ᵇ) *benagen, abnagen* GEN. ERINN. sîne spîse er ofte benuoc HPT. 7. 356, 10. daʒ im die biʒʒe wurden dô, die vor benagen wâren sô ALEXIUS 132, 1078. (daʒ gebeine) was vil kleine benagen KRONE 15151.

be-næhern *swv.* (II. 295ᵃ) *sich einem, nähern* SCHM. 2, 689.
be-nahten *swv.* (II. 303ᵃ) *intr. eine nacht über bleiben, übernachten* HARTM. GOTFR. WALTH. ERINN. 498. BERTH. 356, 15. MSH. 2, 163ᵇ. 3, 411ᵇ. ÖH. 83, 27. CHR. 3. 60, 15. 71, 9; *mit dat., nächtlicher weile geschehen* TRIST. *H.*; *trans. die nacht über behalten, beherbergen.* sie kan uns betagen noch benahten j.TIT. 5449; *mit nacht überziehen.* vil lande dâ stênt betaget, benahtet und besunnet *ib.* 3344; einen ben. *im rechtl. sinne ihm eine nach nächten gezählte frist setzen* HALT. (*doch erst aus dem* 16. *jh.*);
be-nahtunge *stf.* (II. 303ᵇ) *die nach nächten (gewönlich 14) gezählte frist* HALT. (*auch erst aus dem* 16. *jh.*).
be-næjen *swv.* (II 304ᵃ) benâte, benât *benähen, einnähen* PASS. (*nicht K.*); *einschnüren* ERACL.
be-namen *adv. s.* bînamen.
be-namen *swv.* (II. 310ᵇ) *benennen* LIVL. JER.
be-nant *part. adj.* (II. 313ᵃ) *genannt, berühmt* PASS.
be-naschen *swv.* (II. 317ᵃ) *belecken, benaschen* HELBL. STRICK.
bende *stn. s. v. a.* gebende SCHM. *Fr.* 1, 247 *f.*;
bendec *adj.* (I. 134ᵇ) *festgebunden (vom hunde an der koppel)* TIT. MS. er was zam unde bendec an der minne seile PASS. *K.* 424, 66; subjugalis Voc. *Schr.* 2781;
bendel *stm.* (I. 134ᵇ) *ahd.* pentil *band, binde* GL. DIEM. 63, 23. frœwt dich ein rœti snuor oder ein gruener bendel iutzit bas an dinem paternoster, denn ein riem oder ein swartzer bendel? WACK.*pr.*70,241. *bei den folgenden ist das geschlecht nicht ersichtlich u. sie könnten auch unter* bendelîn *gehören:* ûʒ golde ein bendel wol gedrât TROJ. 3820. gürtlan und sîdîn bendel NETZ 10425. weliche junkfrow harbant, pentel und gefrens tragen wolte NP. 101;
bendel *stf. s. v. a.* hengel *n.* GR.W. 1, 665;
bendelîn, bendel *stn. bändchen, binde dem. zu* bant. an des briefes orten hiengen zwei sîdîn bendelîn WH. *v. Östr.* 16ᵃ; dem frîwîbe ein houbettuoch brâht er unde ein bendel rôt HELMBR. 1089. *vgl.* bendel *m.*;
benden *swv.* (I. 134ᵇ) *in bande legen* MART. *vgl.* banden.
bênder *stm. s.* binder.
bêne *stf. s.* bin.
be-nëben *adv. u. präp.* (I. 408ᵃ) *aus* bî *in* ëben, bî nëben *seitwärts, zur seite,* nebenzu WWH.

391, 4. Bit. 1478. Pass. (153, 76. 177, 40.
184, 74. 187, 6 *u. oft*); beneben werden *besiegt werden* Pass. K. 78, 72; sich ben. sehen *sich in verlegenheit sehen ib.* 19, 59. ben. kumen *verschwinden ib.* 118, 6. einem ben. (*zur seite*) sîn Msh. 2, 379ᵇ. 3, 36ᵇ. 163ᵃ. — *als präp. wie* enëben, nëben *constr.*; *doch liegen keine sichern beispiele vor.*

be-necken *swv.* (II. 327ᵇ) *herausfordern, reizen* Jer.

be-neden *adv. s.* beniden.

bênedencier, bênedicier *stm. s.* pênitenzier.

benedicte (I. 103ᵃ) herba benedicta, *benedicten* (Nemn. 2, 43) Ms. bundicte Dfg. 71ᵇ.

benedicten-krût *stn.* Myns. 77 *f.*

benedicten-wurz *stf.* gariofilus Voc. 1482.

benedictîe, benedixîe *f.* benedictio Jan. 8. Hans 487, *s.* benediz.

benedîe *stf. segen* Kirchb. 644, 57;

benedîen, benedîgen *swv.* (I. 103ᵃ) *segnen* Trist. Geo. Frl. Ulr. Wh. 158ᵇ. Orl. 6517. Pass. 94, 64. 105, 79. 121, 37. 79. 129, 15, 31 *u. oft* Elis. 2845. 4152. Marld. *han.* 4, 1. 3. Hans 445;

benedîunge *stf.* (I. 103ᵇ) *segnung* Myst. (2. 278, 26). Evang. 240ᵇ. — *aus* benedicere.

benediz *stm. nicht* benediz (I. 103ᵇ) *schlusssegen bei der messe* Parz. (benditz 705, 9). Loh. (1258; *im citate des* Wb. *lies* mit kriuzen). — *aus* benedictio; *s.* benedictîe.

be-nehtigen *swv. tr.* eine ben. *mit ihr die nacht zubringen. der kaiser ward beredt, die küngin zu ben. u. beschlaffen* Öh. 157, 24.

be-n-eichen *swv. weihen, widmen, aus* be-in-eichen Gen. D. 30, 6 *u. anm.*; *ebenso*

be-n-eichenen *swv.* Gen. D. 42, 13.

be-neimen *swv. bestimmen, festsetzen, verheissen* Leseb. Mart. 16, 74; (*im* Wb. II. 311ᵃ, 41 *als verderbung von* benemen *angesehen; es ist aber wol mit* Wack. *u.* Diefenb. *auf einen eigenen stamm* neimjan *zurückzuführen*; *s.* neimen *u. auch* Gr. I³. 182). *vgl.* benuomen.

be-nemde *stf.* (II. 311ᵇ) *name, person der gottheit* Barl. Mart. Wack. *pr.* 86, 2; von den drin benenden gotes Kchr. 3. 126, 557; *bestimmte angabe* Clos. — *zu* name.

be-nëmen *stv. I,* 2 (II. 373ᵇ) *zusammenfassen* Myst.; *wegnehmen, entziehen mit acc. u. dat. allgem.* (*sehr oft bei* Mgb. *auch in der bedeut. einnehmen, an die stelle treten. der man benimt der frawen ir stat* 140, 1. sich einem ben. *sich vor ihm retten.* swer sich dem esel alsô benam Ab. 3, 190. ich bin von hove kumen, deme ich durch got mich hân benumen Roth *denkm.* 51, 86; *statt des dat. auch mit präp.* den ban von den ketzern benemen Ugb. 482. *s.* 580). *mit acc. der pers. u. gen. der sache berauben, entledigen, u. ebenso refl. mit gen.* nâch dem und er sich seins prunnen hât benomen *das wasser abgeschlagen* Mgb. 108, 18; sich eines d. vor geriht, *od. mit dem rehten ben. sich reinigen, den verdacht von sich abwälzen* Np. 43. Mw. 197. 25 (*a.* 1294).

be-nemen *swv.* (II. 311ᵃ) *nennen, aus* benemnen Barl. (Mart. *steht* beneimen); *s.* benennen.

be-nëmunge *stf.* ben. juncvrauliher êre, defloratio Dfg. 170ᶜ.

be-nende *stf. s.* benemde.

be-nennen *swv.* (II. 312ᵇ) benente benennet (Wwh. 161, 20), *gewönl. aber mit rückuml.* benante benant *nennen* Pass. (163, 35. 336, 31. 375, 25 *u. öfter*) *namentlich bestimmen, anberaumen; verheissen, zueignen mit dat. u. präp.* (*beim objectsprädicate*); *allgem. vgl. noch* j.Tit. 4564. 4585. swer hiute dem sige wirt benant Ulr. Wh. 170ᵇ, dem münster er benante rîcher gülde gnuoc Pass. 385, 85. ze sælde benant Engelh. 619. zer sunnen benant Msh. 2, 8ᵇ. in ist ein künic ze weln benant *ib.* 2, 4ᵇ. manec starker sarjant ûf die reise wart benant Parz. 721, 14. dâ engegen benant was ie sin houbet Msh. 2, 17ᵃ.

be-nent-lîchen *adv. mit namen genannt, ausdrücklich* Mh. 2, 166.

be-netzen *swv.* (II. 320ᵃ) *nass machen, refl.* = sich bebrunzen Mgb. 447, 29 *var.*; *in demselben sinne auch bei* Kaisersberg *s.* Dwb. 1, 1471.

benge *stf. angst, sorge.* mit groszir benge Kirchb. 618. — *zu* bange.

bengel *stm.* (I. 85ᵃ) *prügel* Engelh. Ls. swert, spiez und bengel Renn. 7085. mit bengele und mit steine Cod. Mind. 108. 115ᵇ. mir würde von bengeln herter gruoz Kolm. 54, 30; Altsw. 48, 28. Kell. *erz.* 360, 3. Beh. 313, 27. Gr.w. 1, 214. 5, 54. — *zu* bangen *schlagen*;

bengeln *swv. prügeln* Ring 8ᵃ, 10; *intr. hin-u. herschweifen.* die mit mir in ellend wandeln und bengeln Hpt. *beitr.* 296;

bengeln *stn.* (I. 85ᵃ) *so aufgefasst* Fragm. 36, 82: mit bengeln het er die gelide sô erweicht; *das könnte auch der dat. pl. von* bengel *sein.*

be-nîchen *stv. II. sich neigen, sinken.* die in sâhen unsamfte benîchen (: verblichen) Himlr. 91.

be-niden *adv.* (II. 333ᵇ, 45) *unterhalb, aus* bî niden JER. benidene EVANG. *M.* 2, 14.; beneden KARLM. 258, 44. 259, 26. SSP. 3. 51, 1. 80, 1; 2. 48, 12.

be-nîden *stv. II.* (II. 345ᵃ) *beneiden mit gen. der sache* TRIST.

be-nider *adv.* (II. 336ᵇ) *unterhalb, aus* bî nider HERB.; *weiter nach unten* DÜR. *chr.* 308.

be-nihte *aus* bî nihte, *auf keine weise* ALTSW. 5, 12; beniuti WACK. *pr.* 35, 11.

benît *stn.* (I. 103ᵇ) *zu stangen eingedickter honig.* gehoneget sûezer wan benît MSH. 3, 169ᵇ. — *aus fz.* penide, *lat.* pænidium.

be-niute *s.* benihte.

benken *swv.* (I. 84ᵃ) benke, *sitze bereiten, mit* benken *besetzen eigentl. u. bildl.* GUDR. PASS. FRL. deme hêrren Dieteriche benket er vlizeclîche ROTH. 1604. mit lobe wil ich benken iuwer wirde WH. *v. Östr.* 13ᵃ. wirt minnen viwer gebenket dar in mit rehtem glouben j.TIT. 31. *mit* ge-.

bennec *adj.*(I. 87ᵃ) *im* banne *befindlich* LOBGES. BERTH. PASS. *K.* 410, 63. Mw. 59, 26 (*a.* 1255). CHR. 5. 102, 8. 9. 12; ein waȥȥer b. machen, es in ban *legen, andern verbieten* SCHM. *Fr.* 1, 243;

bennen *swv.* (*ib.*) *prät.* bante, *vor gericht laden, bringen* ANEG. SCHM. *Fr.* 1, 243; *bei strafe gebieten.* gebante feirtage NP. 172. 264. *vgl.* bannen;

bennige *f.* (*ib.*) *die angetraute, dem manne untergebene frau* CRESC. (KOL.).

be-nôtegen *swv.* (II. 416ᵃ) *zwingen, bedrängen* PASS. SWSP. 39, 4. ein slôȥ ben. MONE 6, 143. UGB. 18, 1;

be-nôten *swv.* (*ib.* 417ᵃ) *intr. in not sein* HERB;

be-nœten *swv.* (*ib.*) *part.* benôtet, benôt *zwingen, in not bringen* ENGELH. KREUZF. ULR. *Wh.* 155ᵃ. 287ᵃ. j.TIT 3745; *mit gen.* einer sünde benôtet (*dazu gezwungen*) werden BERTH. 426, 7. GRIESH. 2, 67. 72. er sol sie niht ben. deheins gescheftes CHR. 2. 205, 26; einen mit gerihte ben. *vor gericht laden* Mz. 1, 332. W. 14.

bënsel *stm. s.* pënsel.

be-nüegec *adj.* (II. 360ᵃ) *genügsam, zufrieden mit gen.* ÖH. 17, 33. 89, 3. 94, 7; einen umbe etw. benüeg. u. unklaghaft machen MH. 2, 622;

be-nüegen *swv.* (*ib.*) *unp. an etw.* (*gen. oder mit*) *genug haben* FLORE 1510. 5998. SILV. 3314. 5973. RENN. 8244. 13912. HADAM. 563. MF. 206, 175. NEIDH. XVIII, 12. MSH. 3, 407ᵃ. GA. 2. 289, 66; *md.* benûgen *mit dat. der person* ELIS. 3314;

be-nüegen *stn.* (*ib.*) *genügen, befriedigung* MYST. CHR. 2. 408 *anm.* 3;

be-nüegunge *stf.* abundantia HB. 133.

be-nunft, -nuft *stm.* deprehensio in facinore *s.* HALT. 132 *f. u. vgl. auch* benunften *bei* OBERL. 120. — *zu* benëmen.

be-nuomen *swv.* (II. 311ᵃ, 42) *md.* benûmen *namhaft machen* KULM. *r.* oft *im* SSP. *s. p.* 128. MARLD. *han.* 82, 2; *urkundlich verheissen.* die heimstewer, die er seiner tochter und unserm sone beweiset und benûmet (=benuomet) hat Mz. 4, 129 *s.* 141. — *ablautsform zu* name; *vgl.* beneimen.

be-nützen *swv.* (II. 402ᵇ) *benützen* MARLG. JER. ELIS. 8116.

be-phlihten *swv. verpflichten.* solch erbieten an zu nemen und sich mit uns dar in zu bephlichten DH. 385.

be-prüeven *swv.* visitare JAN. 7.

be-quâme *adv. schnell, bald* ELIS. 5617. 8227. *vgl.* bekôme. *zu*

be-quæme *adj.* (I. 905ᵃ) *passend, tauglich* GLAUB. (162). JER. 11ᵃ. 178ᵈ. das ir dorzu bequême, tüchtige personen nemen sullet UGB. 372. der weinfälschung mit bequêmen mitteln begegnen NP. 258;

be-quæme-lich *adj.* (I. 907ᵃ, 45) *passend* GL. EVANG. 240ᵇ. sulche dinge, die seinen êren gut und bequêmlich sein Mw. 345 (*a.* 1362). *vgl.* bekomlich;

be-quæme-lîche *adv.* JER. 34ᵈ. 35ᵇ;

be-quæme-licheit *stf.* commoditas, opportunitas DFG. 136ᵃ. 398ᵃ. EVANG. *M.* 26, 16. *ib. L.* 22, 6.

be-queln *swv. quälen* BELIAND 2864.

be-quëmen *stv. 1, 2 s. v. a.* bekomen, *oft noch im prät.* bequam *s.* PASS. 700ᵃ.

be-quicken, -kucken *swv. wieder lebendig machen.* kranken muot bequicken HADAM. 138; bekucken MAR. 155, 27. 191, 5. SPEC. 68. (*s.* GERM. 4, 498).

be-quide *stn. überredung? md.* bekudde JER. 154ᵉ.

be-quingen *stv. s.* betwingen.

bër *swm.* (I. 103ᵇ) *bär. allgem.* (*bei* HARTM. *nicht*) *doch vgl. noch folgende stellen:* uns schrîbent die meister, daz der ber zeimal in rôheȥ vleisch geber, daȥ lecket er mit sîner zungen, biȥ daȥ er vor im siht die jungen RENN. 19303 (*vgl. dazu* MGB. 162, 21 *ff.*); wilder

ber Engelh. 2853. Apoll. 5499. Msh. 2, 382ᵃ.
3, 293ᵃ. sô möhte man einen wilden bern noch
sanfter harfen lêren Msf. 25, 3. der ber wirt
nimmer ein guoter singer Wg. 6ᵇ (*vgl.* Hpt.
6, 185). swer mit eim bern strîten solde, ich wæn
niht daʒ er wolde pfenninge zeln zuo der zît
ib. 120ᵇ. ich hæte senfter einen bern ze dirre
naht gebunden Ga. 3. 77, 1276. sô wirt er
dich schinden und schern, als einen unge-
vüegen bern *ib.* 1, 488. swâ den bern ein
eichorn jaget Msh. 2. 251ᵃ. swer beren mit
den hasen jaget, der mac sich gelückes wol
verkunnen j.Tit. 797. swenne der ber ist niht
gesunt, schirret er âmeisen in den munt,
swenner die giʒʒet, wirt im baʒ Renn. 19316
(*vgl. dazu* Gr. *kl. schft.* 2, 109 *u.* Mgb. 162,
32: die pern eʒʒent âmeizen und krebʒ durch
erznei willen). — *vermut. über die etym. im*
Dwb. 1, 1122.
bër *stf. was hervorgebracht wird, als frucht
oder blüte wächst* Lobges. 61, 12. *zu* bërn.
ber *adj. u. f. s.* bære.
ber *stm.* berus *eine schlange* Mgb. 266, 2 *ff.*
ber *stf.* (I. 144ᵇ) *schlag, streich* Msh. 1, 297ᵇ.
plur. berje (: scherje) Mart. 71, 111. — *zu*
bern. (*das beispiel aus dem* Lobges. *gehört
nicht hierher, s. oben* bër *f.*).
ber *stnf.* (I. 104ᵃ) *fem.* Helbl. 4, 421. j.Tit.
478 (*alt. dr.*): *die beere* Gen. Parz. Trist.
niht ein ber *nicht das geringste* (Aw. 3, 207.
Türh. *Wh.* 219ᶜ. *vgl.* Zing. *neg.* 415 *f.*) iuwer
wer hilft iu gein mir ein ber Ga. 1. 125, 754.
sus kliubet mans ûf als die ber Jüngl. 424. —
gt. basi (*noch im altndrh. teuthonista* bere
und bese); *vermut. über die etym. im* Dwb.
1, 1243.
bêr *stm.* (I. 104ᵇ) *eber, zuchteber, aper* Voc. 1482.
Mgb. 121, 7 *var.* Ssp. 2. 40, 1. 47, 3. 62, 2; 3.
51, 1. jô enwas ich niht ein bêr wilde Msf. 8,
15 *u. dazu* Hpt. 11, 574. *vgl.* Gds. 695.
bêr *stswm.* s. bêre.
be-räft *part. s.* beröufen.
be-râmen *swv. als ziel* (râm) *festsetzen, anbe-
raumen* Kirchb. 825, 10. Gr.w. 5, 317.
be-ræmen *swv.* (II. 549ᵃ) *mit russ* (râm) *oder
sonst beschmutzen* Rsp. Narr. *vgl.* Weinhold
schles. wb. 75.
be-rat *part. s.* beretten.
be-rât *stm. rat, bedacht.* sunder ber. Malag.
66ᵃ. 216ᵃ. ûf gotes ber. Ls. 2. 293, 4. mit
gutem b. unser fürsten Chr. 1. 240, 23. wer
ouch, daʒ iemant beschuldigt wurd und (*l.*
umb) berat oder furderung, die er zu der
rauberei solt getân haben Mz. 4. 391 *s.* 429;
sich über etw. berât nemen Gr.w. 2, 207. Cp.
98. Fasn. 1130, 4. Halt. 133.
be-râten *stv. red. I*, 2 (II. 579ᵃ) *beraten u.
zwar* 1. *von* rât = *rat: überlegen, anordnen*
En. Nib. (dô wart er sân berâten Reinh. 688
*gehört nicht hierher: „da hatte er gleich
sein theil"* J. Grimm); *part.* einem berâten
sîn *ihm mit rat beistehen* Chr. 5. 355, 10;
*refl. mit sich zu rate gehen, sich bedenken
mit gen. der sache od. untergeordn. satze*
a. Heinr. Wig. Trist. Lanz. ir wîpheit sich
mit ir selben des beriet Loh. 3842. hâst dû
dich noch berâten des Troj. 14856. dirre dinge
sich beriet der Kriechen diet *ib.* 24411; —
2. *von* rât = *vorrat, unterhalt:* einen
ber. *ausrüsten, unterhalten; für ihn sorgen*
(*die sache im gen. oder mit präp.* an, mit);
allgem., vgl. noch swer einen spilman haben
wil, der sol in auch berâten, *unterhalten* Mw.
217, 77 (*a.* 1300). ob uns got einer tochter,
eines sones beriete, *unsere ehe mit kindern
segnen würde* Mz. 4. *s.* 144. 151. unt berætet
si tagelîche alles Aw. 3. 234, 40. mit liebe b.
Greg. 2082. mit spîse Crane 792. daʒ jagehus
mit hunden b. Er. 7156. er wart von ir be-
râten mit rîcher handelunge Troj. 20910. mit
einer gotsgab ber. Mw. 214 (*a.* 1300); — *part.*
wol berâten, *wol versorgt* Gr. Rud. 2, 1. Greg.
3091. Troj. 19412. Msh. 2, 283ᵃ. Wack. *pr.*
48, 113; — ein kin tberâten, *es aussteuern,
verheiraten* Mw. 366, 4. 372, 11. Ukn. 279.
Mz. 1, 451;
be-râten *stn. überlegung.* sunder b. Karlm.
112, 65.
be-râten-lich *adj.* einem b. sîn *ihm raten* Chr.
3. 374, 20;
be-râten-lîche, -en *adv.* (II. 580ᵇ) *mit vorbe-
dacht, überlegung* Chr. 5, 120 *anm.* 2. 389,
26. beretenlich sitzen Chr. 3. 371, 4; *mit
vorrat ausgerüstet* Mai.
be-ræt-lîche *adv. mit vorbedacht. so ist* beredt-
lich *bei* Oberl. 123 *zu fassen u. nicht als*
beredelîche (Wb. II. 608ᵃ).
bër-bluot *stn.* menstruum Dief. *n. gl.* 250ᵇ; *vgl.*
bërunge.
ber-brôt *stn. s.* bërn-brôt.
bërc, -ges *stm.* (I. 104ᵇ) *berg eigentl. u. bildl.
allgem.; nebſt. der* birg Schiltb. 66. *vgl.
noch:* wært ir grœzer danne ein berc Lanz.
2454. Ls. 2. 522, 666. guldîn berge j.Tit.
5265. starke guldîne berge in Indîâ Berth.
Kl. 68. 71 (*vgl.* goltbërc). solt manʒ als berge

houfen LOH. 5720. daz sich möhten berge erwegen *ib.* 5552. ob er berge spielte j.TIT. 5740; *trop.* steic ûf der tugende berc PASS. 374, 18. unz ûf den berc der sêlikeit JER. 129[b]. hie gên ich êrst an den berc *an das schwierige* HERB. 1644. *vgl.* 1654. *sprichw.* die ohsen am berge stehen UGB. 527 (*Schlesien*); — über berge: der wil über hôhe berge springen RENN. 17803; *speciell über die Alpen, nach Italien* durch Franken, Swâben, Beierlant unde uber berge ELIS. 4548. sît daz ich über die berge kam MSF. 45, 18; ze, wider, gegen b. *empor, aufwärts; vgl. noch* ze berge j.TIT. 400. TROJ. 17391. 17458. PASS. 95, 27. 156, 93. 165, 29. 190, 91. PASS. *K.* 11, 56. 39, 94. 270, 44. ELIS. 1080. sò las er ime ze berge sâ diu wâpencleider, *streifte sie hinauf ib.* 4256; wider berc KELL. *erz.* 208, 18. 21. 23. wider bergen wallen j.TIT. 5907. gegen berge gie im daz hâr GA. 2. 560, 364. den stertz gegen perg recken als ein segel MGB. 158, 7; die liefen wege berg ûf nâch der strâzen MSH. 3, 260[b]. dô sach Petrus berg an (*oberhalb*) einen man PASS. *K.* 614, 14; berges wart *oberhalb ib.* 601, 27. — *zu* bergen, *vgl.* DWB. 1, 1052. 1503. Z. 1, 5.

bërc, -ges *stmn.* (I. 159[a]) *mittel zum bergen: umschliessung, verbergung, verheimlichung* KINDH. LANZ. LIEHT. offenbâr und âne berc ELIS. 8430. *vgl.* gebërc.

bërc-boum *stm.* die bërcboume sint bekomen her abe zem mos WG. 6466.

bërc-êrîn *adj.* b. silber, *silber wie es aus dem bergwerk kommt* FREIBERG. 181.

bërc-genôze *swm.* die bercgenozzen *die weinbergbesitzer* UKN. 142. 2. 65 (*a.* 1311. 1319). W. WEICHB. 100.

bërc-gesworne *swm.* (II[2]. 772[a]) *der im bergwerk beeidigte* FREIBERG.

bërc-haft *adj. bergicht, in* unberchaft.

bërc-hërre *swm. besitzer, lehensherr eines weinberges* W. WEICHB. 100. STZ. 435.

bërc-hiuselîn *stn. kleines bergschloss* CHR. 2. 78, 22.

bërc-huon *stn.* DIEF. 1470 *p.* 148.

bërc-îsen *stn. werkzeug beim steinbrechen* TUCH. 100, 7. 292, 10.

bërc-kicher *stm. eine pflanze.* staphysagria MGB. 420, 16; berkicher DFG. 550[c].

bërc-klinge *swf.* (I. 844[a]) *bergschlucht* LITAN.

bërc-knappe *swm. bergknappe* MGB. 109, 7.

bërc-koste *stf. kosten des bergbaues* FREIBERG. 181.

bërc-lant *stn. gebirgsland* URB. *Pf.* 126.

bërc-lêhen *stn. lehen eines weinberges* USCH. 448 (*a.* 1417).

bërc-liute *pl. bergknappen* KIRCHB. 750, 17. 20.

bërc-mæze *adj. einem berge ähnlich.* ein bercmæzer knolle j.TIT. 251; *ebenso*

bërc-mæzec *adj.* (II. 209[a]) dîn burde wirt b. BIRKENST. *p.* 24.

bërc-meister *stm.* (II. 119[a]) *der vorgesetzte eines bergwerkes* FREIBERG.; *eines weinberges* WIEN. *handf.* URB. *B.* 2, 520. UKN. 61 (*a.* 1297). 94. 98. (*a.* 1304). STB. 257. STZ. 433. UH. 73 (*a.* 1327).

bërc-minne *swf. bergfee.* dô sande sie hinnen eine bercminnen ALBR. 20, 116.

bërc-rëht *stn.* jus montium in vineis, quod vulgo perchrecht dicunt UHK. 1, 9 (*a.* 1182). jus montanum tam de vineis quam de agris UKN. 22. drei weingarten und aht perchreht DM. 21. *vgl.* W. WEICHB. 99 *ff.*; *eine vom weinberg zu entrichtende abgabe* UKN. 85 (*a.* 1302). UH. 76. DM. 36. STZ. 377. MZ. 2, 345. 397. MH. 2, 834. 3, 299. 376. 420.

bërc-rihter *stm.* (II. 637[b]) *der richter über bergleute* FREIBERG.

bërc-rint *stn. Dieterich schilt die riesen bercrinder, zu* LAUR. 1514. MYTH. 500.

bërc-scheffe *swm. bergschöppe* GR.W. 1, 494 *ff.*

bërc-slange *swf.* man sol nemen ein pergslangen, die da kurtz und oben plawschwartz und an dem pauch weisz ist MYNS. 24.

bërc-stat *stf.* (II[2]. 601[a]) *bergstadt* SCHEMN. *r.*

bërc-swære *adj.* (II[2]. 811[b]) *schwer drückend wie ein berg* BÜCHL. TRIST.

bërc-teidinc *stn. weinberggericht.* do ich saz an offem gerihte in einem rechten perchtaidinge kom fur mich Gerunch der Chol und jach, daz er als lange gehlacht (*geklagt*) hiet in rechtem perchtaidinge hintz den weingarten umb daz perchrecht UKN. 362 (*a.* 1354).

bërc-valke *swm.* die dritten edeln valken haissent montaner, das sind pergfalken MYNS. 9.

bërc-vluo *stf.* (III. 355[a]) *bergfels* VOC. *o.* bergfluoch DIEF. *n. gl.* 322[b].

bërc-vluo-stein *stm.* bergfluochstein DIEF. *a. a. o.*

bërc-vrit, bër-vrit *stm.* bër-vride *swm.* (I. 107[b]) *die hölzerne verschanzung auf einem berge, woraus sich die begriffe: thurm (auch auf elephanten), bollwerk, befestigtes haus* entwickelten LAMPR. WIG. PARZ. RENN.

8913. 22923. Apoll. 18789. Herb. 3668. 6194. ez kost daz perfrid, daz man hat gemacht uff dem Treitberg, mit seinem holtz etc. J. 1377. vgl. Chr. 1. 90, 23. 270, 12. 273, 41. *der bercvrit als ein zur burg in Nürnberg gehöriges haus* Tuch. 134, 10. 25; *saal, tanzsaal* Neidh. 60, 9 *u. anm.*; *md.* bergfrede, bergfert Dür. chr. 53. *die form* bervrit (*in* Voc. *auch* perfert, berpferd) *geht zurück auf das aus dem deutschen worte stammende mlat.* perfridus. — *aus* bërgen *u.* vride *schutz.*

bërc-vrouwe *swf. frau, lehensherrin eines weinbergs* Uhk. 2, 79 (*a.* 1322). 188; *vgl.* bërchërre.

bërc-wërc *stn.* (III. 588ᵇ) *bergwerk* Freiberg. Albr. 1, 260. Fasn. 1244.

bërde *stf. s.* bærde.

berdellum *s.* bdellius.

bêre, bêr *stswm.* (1. 105ᵇ) *sackförmiges fischernetz* Geo. Helbl. Ms. perre (: vërre) Kchr. D. 367, 22. fischen âne berren (: wërren) Hadam. 239. vischen vor dem bern (: wern) Mf. 176. — *aus gr. lat.* pera; *vgl.* Schm. *Fr.* 1, 261. Kwb. 22 *u. unten* brêse.

bërec *adj. s.* birec.

be-rëchen *stv. I*, 2 (II. 589ᵃ) *bescharren. belege gibt* Bech *in der* Germ. 8. 478: Antichr. 129, 10. Krone 14351. Mf. 108. Kell. erz. 48, 36.

be-rechenen, -rechen *swv.* (II. 590ᵃ) *berechnen, rechnung ablegen* Pass. Kulm. r. Ssp. 1. 23, 2.

be-red-bote *swm.* (I. 183ᵇ) *anwalt, vertheidiger* Weist. West. *gl.* 45.

[be-rede-lîche *adv. mit vorbedacht* II. 608ᵃ]; *s.* berætlîche.

be-reden *swv.* (II. 603ᵃ) *statt* beredet, beredete *auch* bereit, bereite (sie bereiten Dietr. 2186): *wovon reden, etw. bereden, mündlich festsetzen* (einen ber. *verleumden* Chr. 2. 494, 30; *vgl.* beredunge); *durch mündliche rede gütlich beilegen* (Halt.), *wohin bringen* Lanz.; *besonders häufig in der rechtssprache:* beweisen, darthun (*durch eid od. kampf), überführen mit acc. der pers. u. gen. der sache oder untergeord. satz* (*z. b.* swelch vorster einen herein bringet und den mit dem rehten beredt, daz er Np. 300). *vgl.* Ssp. *s.* 128; *vor gericht vertheidigen, reinigen mit gen. der sache*;

be-redenunge *stf. besprechung* Gen. *D.* 96, 12; *entschuldigung, beweislieferung* Wg. 11532. 11550;

be-redet *part.* (II. 603ᵇ, 19) ber. sîn *mit rede begabt sein, zu sagen wissen* Trist. *H.*;

be-rednüsse *stfn.* (II. 607ᵇ) *verabredung, vertrag* Uh. 281 (*a.* 1454). Cp. 161; *reinigung, entschuldigung* Halt.;

be-redunge *stf.* (*ib.*) *verabredung, gütliche beilegung* Oberl. Chr. 2. 89, 11; *verleumdung* Kulm. r. (*vgl. oben* einen bereden); *beweisführung, vertheidigung* Ernst *u. bes. in der rechtssprache* Swsp. 208, 16. (*der friedbrecher soll* rehtlôs und êlôs sîn also, das weder sîn urtail noch sîn beredung furbaz nieman vernem Mw. 59, 1. *a.* 1255).

be-reffen *swv.* (II. 608ᵇ) *tadeln, strafen* Lit. Freid. swer mich dar umb berefte (: krefte) j. Tit. 4096; *ebenso u. häufiger:*

be-refsen *swv.* (II. 609ᵃ) Leys. Pass. Kchr. 1300. Wack. *pr.* 56, 121. 124. *prät.* berafste *ib.* 121, 126; berefzen Mart. 7, 83; *vgl.* berespen.

be-regen *swv.* (II. 609ᵇ) *bewegen* Myst.

be-regenen *swv.* (II. 611ᵃ) *beregnen* Pass. von im daz tuom mit wîhe wart beregenet Loh. 7596. bereinet conplutus Voc. *Schr.* 522.

be-regunge *stf.* censatio Dfg. 112ᵃ.

be-rëhtegen, -rëhtigen *swv. vor gericht ansprechen* Gr.w. 4, 45. 116; *rechtlich entscheiden, beilegen* Uschb. 2. Dh. 219;

be-rëhten *swv.* (II. 616ᵃ) *vor gericht ansprechen* Weist.; *zum rechtlichen austrag bringen* Chr. 2. 234, 26. 237. 12. Mz. 1, 312; *richten, verurtheilen* Chr. 4. 327, 1. 20; 5. 202, 31. 203, 11. 232, 4; *hinrichten* Chr. 4. 50, 14; 5. 306, 6. 317, 14.

be-reichen *swv.* (II. 653ᵇ) *bis wohin* (*accus.*) *reichen* Such. das gepirg beraichen Cp. 309; *auf sich ziehen, erlangen* Tund.; *erreichen, festhalten* Gr.w. 1, 147.

be-reinen *swv. abgränzen.* berainen und vermarken Chr. 1. 30. 28.

be-reinet *part. s.* beregenen.

be-reit *stn. s. v. a. bereitschaft:* sunder bereit Karlm. 21, 3.

be-reite, reit *s.* bereden *u.* bereiten.

be-reite, -reit *adj.* (II. 670ᵃ) *act. bereitwillig, dienstfertig mit dat. pers. u. gen. d. sache* Nib. Wig. Parz. Walth.; *pass. bereit gemacht, fertig, zur hand mit dat.* Nib. Iw. Walth. Engelh. 2820. Gerh. 2414. bereite wesen, stân Msh. 2, 8ᵇ. 3, 179ᵃ. auch schul er uns berait sein mit pettegewant Ukn. 158 (*a.* 1314); *ausgerüstet mit gen. od. mit* Wig. alles dinges wol bereit Krone 26190; *vom gelde*: *baar* WWH. *u. rechtsbücher* bereite habe LOH. 1208. an beraiter hab dreu hundert pfunt haller Mz. 4, 295. bereitez gelt *ib.* 3, 246. 296. 425. DM. 105. UKN. 404. CP. 39 *u. oft. — zu* rîten;

be-reite, -reit *adv.* (II. 671ᵃ) *bereitwillig* GLAUB. PRIESTERL. 495; *schon, bereits* CRESC. NIB. EVANG. 240ᵇ; *schnell, geschickt* griff ich ez bältlicher an und bereiter danne ein ander man TRIST. 8554; bereit, *baar* bezaln NP. 134;

be-reitec-lîche *adv.* (II. 671ᵇ) *leichtlich* TROJ. (6108);

be-reiten *swv.* (II. 667ᵇ) *prät.* bereitte, bereite; *part.* bereitet *u.* bereit: bereite *machen, rüsten, bilden, ausrüsten mit gen. der sache, allgem.;* einen in diu kleit ber. *ankleiden* WALB. 289. ALPH. 123, 1; sich dan ber. *sich aufmachen* NIB.; *bezahlen, person od. geld* A. HEINR. EN. und hiez bereiten drâte swaz er verzert hâte FLORE 3251. wir bereiten den wirt MSF. 121, 7; einen eines d., *ihn davon benachrichtigen, kennen lehren* EN. PARZ.; *herzählen, berechnen* IW. BARL. mit zal bereiten WWH. 16, 15. mit wol bereitem sinn und mut Mz. 1, 309; *rechenschaft ablegen mit acc. d. pers. u. gen. d. sache* SSP. 1. 23, 1. — *mit* ûf, ûz, zuo.

be-reiter *stm. bereiter, pferdeknecht* CHR. 3. 149.

be-reit-schaft *stf.* (II. 671ᵇ) *zubereitung, ausrüstung, gerätschaft* TRIST. GERH. ORL. 5318. 5325. LOH. 3423. DIETR. 4796. RENN. 21138. WG. 5707. 5775. 5935; *baares geld* PASS. RENN. 7706. HPT. 7, 98. NP. 17. Mz. 1, 298. 2, 428. 3, 102 *etc.*

be-reitunge *stf. bereitung* MYST. 2. 571, 11. 593, 6. 7. MART. 40, 21.

be-rennen *swv.* (II. 719ᵇ) berante, berant *überrinnen machen, begiessen* RUL. ROSENG. helm mit golde berant KARLM. 62, 50. *vgl.* 103, 55: Davit der wol berante; *laufen lassen, tummeln* KREUZF. manig ros man berante ERNST 790. GA. 1. 118, 498; *mit heeresmacht angreifen, bestürmen* (*im* WB. *ist „intrans." zu streichen*) PASS. JER. eine stat, veste ber. ERNST 1045. CHR. 4. 219, 15. 16; 5. 115, 5. UGB. 362. ein lant ber. HERB. 3904. *die feinde* berennen *angreifen ib.* 14566. 17775.

bërer *stm. in* gebërer;

bërerinne *stf.* (I. 140ᵃ) *mutter* HÄTZL.; *vgl.* bærerinne.

be-rêren *swv.* (II. 677ᵃ) *benetzen* BEITR. (= MSH. 1, 153ᵇ) SUCH. KIRCHB. 644, 53. 747, 48.

be-respen *swv.* (II. 677ᵇ) *s. v. a.* berefsen *tadeln* SILV. BERTH. GRIESH. *denkm.* 24. PANTAL. 389. MART. 17, 111. ELIS. 2328. 3050. VET. *b.* 6, 8. 17, 28. 24, 19; *vgl.* berispeln;

be-respunge *stf. tadel* VET. *b.* 24, 18, HB. 133.

be-retten *swv.* (II. 678ᵃ) beratte, berat *befreien, schirmen* ATH. HERB. (9968. 14727. 14771); die strasse beschirmen *u.* beretten CP. 180.

be-reuben *swv. s.* berouben.

berewinke, berwinke *f.* (I. 106ᵇ) verminalis GL. pervinca DFG. 431ᵃ; per winkel ain kraut, ist sumer und winter grun: potentilla, accundula VOC. 1482.

bërge *stf. bergung in* bein-, diet-, hals-, her-, wint-bërge.

bërgeht *adj.* (I. 105ᵇ) *bergicht* LEYS.; pergot MGB. 400, 13.

bërgelîn *stn. kleiner berg* BERTH. 349, 1. KRONE 15338.

bërgelîn *stn.* (I. 88ᵇ) *dem. zu* barc *schwein* MONE *schausp.*

bergem-smër *stm.* smër *vom* barc NARR. 72, 59 (*doch wol besser mit* WB. II². 425ᵇ, 13: bergein, bergîn smer); *bei* FRISCH 1, 65ᵃ bargelschmeer *schweinefett.*

bërgen *stv. I,* 3 (I. 158ᵇ) *bergen, in sicherheit bringen. allgem., mit* vor, ge-, ver-. — *zu gr.* φραγ *in* φράσσω, *skr.* barh CURT. 1, 267. Z. 1, 5;

bërgen *stn.* daz tet er niht durch bërgen, *verbergen* LANZ. 3226.

bërge-wert *adv. aufwärts* HERB. 573.

bërg-fert *s.* bërcvrit.

bergîn *adj.* (I. 88ᵇ) *von einem* barc, *schweine herrührend* BERTH. (16, 13. 17, 31. 86, 20. 285, 18) SCHM. *Fr.* 1, 273.

bër-haft *adj.* (I. 140ᵃ) *fruchttragend, fruchtbar* WOLFR. BARL. HEINR. 4621. berhaftes lebennes stap GERH. 4382. berhaft an der ê und der koneschaft OT. 31ᵃ. berh. und fruhtber sîn an guoten werken GRIESH. 1, 23; *schwanger* Ms. ELIS. 10416. LS. 2. 553, 104. SSP. 1, 33; *mit gen.* eines kindes b. sîn GEN. *D.* 36, 3. 60, 3. ELIS. 2176;

bër-haftec *adj. fruchtbar.* berheftec ELIS. 2180; *ebenso*

bër-haftic-lich *adj.* MYST. 2. 499, 31;

bër-haftikeit *stf.* (I. 140ᵇ) *fruchtbarkeit* MYST. (2. 37, 34. 79, 17).

bërht *adj.* (I. 106ᵃ) *glänzend* DIEM. 341, 25. — *gt.* bairhts *zu skr.* bharga *glanz* (*von wurz.* bhrâj) *gr.* φλέγω, *lat.* fulgeo CURT. 1, 157. *vgl.* blic, blîchen *u.* birke.

bërht-âbent *stm. vorabend des festes epiphaniä* ULA. 80 (*a.* 1299). UHK. 2, 239 (*a.* 1361); *eigentl.* der bërhte âbent, *s. das folgd.*

bërh-tac *stm.* (III. 5ᵃ) *das fest epiphaniä, eigentl.* der bërhte tac *das grosse neujahr, fest des neuen lichtes* (WACK.); *nach* J.GRIMM *tag der göttin Berhta* (*s.* Bërhte); perchtag UKN. 244 (*a.* 1331), perichtag *ib.* 102. UHK. 2, 114 (*a.* 1328); perhttag *ib.* 2, 15. Mw. 234 (*a.* 1314); perhtentag *ib.* 220; — prehemtag UH. 114. UKN. 445. STZ. 660. prechentag UKN. 433. prehent tac Mw. 319. 320; *vgl.* brëhen *glänzen.*

Bërhte *f.* (I. 106ᵃ) *name eines weibl. spukes, der beim jahreswechsel thätig ist* AB. = GA. 3, 33 *f. nach* J.GRIMM *name u. wesen einer alten göttin* (Përahta *die glänzende*). *nach* WACK. *durch misdeutung von* bërhtac *u.* bërhtnaht *entstanden; vgl.* bëhten *u.* KUHN. 16, 127.

bërhtec *adj. glanzvoll,* pertic ANNO 114;

bërhtel *adj.* (*ib.*) *glänzend* MAR. GEN. *D.* 3, 12. 158, 15. SPEC. 66. 108. nû wehselte der tac mit der naht sîn berhtel lieht KRONE 9556. ein b. glas *ib.* 12948; *comp.* berhteler HPT. 1, 292; *s.* bërht;

bërhtel *stf.* (I. 106ᵇ) *klarheit, reinheit* MAR. SPEC. 106. HPT. 1, 290.

bërht-naht *stf. das fest epiphaniä,* diu bërhte naht: perchtnaht UHK. 2, 80 (*a.* 1322). nach perhtnahten, post epiphaniam GEIS. 418; perchnaht STZ. 471. perichtnacht STB. 211; *s.* bërhtâbent, bërhtac.

bërhtram *stm.?* (I. 106ᵇ) *pflanzenname* GL. hânt ir veile berhtram Ls. 2. 526, 809; bertram MYNS. 48. — *aus gr. lat.* pyrethrum WACK. *umd.* 58.

be-rîben *stv. II.* (II. 680ᵇ) *abreiben* URST. PASS.

be-rîchen *stv. II. walten, schalten.* daz ir lîp der minneclîchen stæte lât berîchen inrenthalp der huote MSH. 2, 29ᵃ. — *ahd.* rîchan regnare, prævalere. *zu lat.* regere.

be-rîchesen, -rîchsenen *swv.* (II. 696ᵃ) *beherrschen.*

be-riechen *stv. III. rauchen,* fumigare DFG. 251ᶜ. sô dem fewer ist berochen MF. 108; *tr.* anduften dô in gie der geruch an von der heide — sîn unkraft wart berochen an der stat KRONE 14351.

be-riezen *stv. III.* (II. 755ᵃ) *noch mit ursprüngl. bedeut. über etw. hinfliessen, es begiessen.* ir liehten wangen mit trehen berozzen REINFR. 52ᵃ. dâ von (bluote) was ez berozzen KRONE 14251; *beweinen* GUDR. WWH. TÜRH. *Wh.* 64ᵃ. TÜRL. *Wh.* 82ᵇ. j.TIT. 330. 4284. WOLFD. 2141, 1. ROTH *pr.* 58.

be-rîfen *swv.* (II. 701ᵃ) *mit reif überziehen* TIT. MÜGL. *p.* 29. HPT. 7. 327, 10. ALTSW. 144, 31.

be-rigelen *swv.* (II. 702ᵇ) *verriegeln, versperren* PASS. (95, 91. 120, 38. 201, 38). ELIS. 9766. GA. 3. 54, 419. — *mit* vür.

be-riht *part. s.* berihten.

be-riht *stmf.* (II. 643ᵃ) *bericht, belehrung* PASS.; ber. eines guotes instructio prædii, *die einrichtung eines hofes an gerätschaften etc.* OBERL. 125. SCHM. 3, 36; *vertrag* MH. 1, 59. 60 (*m. u. f.*); *gütliche beilegung, versöhnung* HALT. 136. *gewönlich fem.:* DH. 156. 205 *u. oft,* CP. 159. CHR. 2. 234, 12. 235, 18. 22. 236, 5;

be-rihtære *stm.* (*ib.*) *ordner, zurechtweiser* STAT. *d. ord.; friedensstifter* HALT. 136.

be-riht-brief *stm. vertrags-, vergleichsbrief* DH. 127.

be-rihtec-lich *adj. in* unberihteclich.

be-rihten *swv.* (II. 639ᵇ — 642ᵇ) *prät.* berihte, *part.* berihtet *u.* beriht: rëht *machen, in richte bringen eigentl. u. bildl.,* ein dinc berihten *ordnen, einrichten, bilden* (*dichterisch gestalten, vgl.* WACKERN. *litt. gesch. p.* 136 *anm.* 36) *bestellen etc. je nach dem objecte. allgem., vgl. noch wie wær ein bistuom mit im* beriht SERV. 1084. den bogen b. TÜRH. *Wh.* 4ᵃ. bürge und lant b. PASS. 224, 389. lant u. liute MSH. 3, 452ᵃ. den kriec b. *schlichten* CHR. 1. 27, 12. die sach (*streit*) ber. *ib.* 5. 205, 4. die vart b. LOH. 1432; — einen berihten *unterweisen, belehren* PARZ. WALTH.; *ausrüsten, versehen* (*mit den sterbsacramenten versehen* KELL. *erz.* 111, 6. CHR. 1. 151, 1). *mit gen. der sache od. mit präpos.; allgem.* (ich berihte eines galgen dich Ls. 1. 538, 53); *bezahlen mit gen. der sache oder doppeltem acc.* Mw. 257, 10. WL. 114. sehzig pfunt, die sie mich und mein erben berihten sullen Mz. 3, 127; *bringen, befördern* einen ze grabe b. LUDW. 7001. ze hant er dich berihtet mit slegen in den grimmen tôt ECKE *L.* 62; *ausrichten, verleumden* NETZ 8030. einen mit einem b. *sie versöhnen* W. 31; — *refl. sich in die rechte lage, in den gehörigen stand bringen* (LIEHT. 185, 7), *sich versehen, ausrüsten, vorbereiten, mit. gen. od. präp.; — sich vertragen, friedlich vergleichen* (Mz. 3, 243. 4, 265. CHR. 4. 172, 10); *sich abwenden, losmachen von, mit gen.* RUL. 224, 15. — *mit* ûz.

be-rihtigunge *stf. vertrag, vergleich* Mz. 3, 117. Chr. 4. 181, 24. 31.
be-rihtikeit *stf. schlichtung.* nach des edelen mannes ber., der ain gemainer uberman ist gewesen Dm. 21.
be-rihtnusse *stf. gütl. vergleich* Chr. 4. 121, 16. 314, 17. 19.
be-rihtung-brief *stm. friedensinstrument* Dh. 240. Mh. 2, 391.
be-rihtunge *stf.* (II. 643ª) *verrichtung* Rul.; *auslegung, erklärung* Wack. *pr.* 62, 78; *austrag, schlichtung einer angelegenheit* Kreuzf. *u. oft in urkunden* Halt. 137; gubernatio Oberl. 126.
berille, barille *swm.* (I. 106ᵇ) berillus, *name eines edelsteines* Wolfr. Lanz. Wig. Eracl. 863. j. Tit. 1400. Altsw. 151, 4. Mgb. 436, 9. (*vgl.* ein sîn sun Berille hiez er nâch dem steine j. Tit. 90); *brille* durch den bril sehen Hans 5129. *sw f.* (*od. plur.?*) bring mir her die parillen mein Fasn. 63, 14. 21. *vgl.* Dwb. 2, 382.
be-rîmeln *swv. mit reif überzogen werden.* alsô bereimelt ainem menschen auch sein part oder hâr Mgb. 85, 28; *s.* rîm.
be-rimpfen, -rinpfen *stv. I,* 3 (II. 705ª) *trans. zu etw. die stirne runzeln* Ms.; — mich berimpfet ein dinc (Mart. 164, 7) *oder* ich berimpfe mich eines d. Mart. 8, 92. 161, 42. 173, 14.
bërin *stf. s.* birin.
be-rînen *stv. II.* (II. 710ᵇ) *berühren* Herb. Albr. 6, 219. 23, 202. 31, 83. 32, 312 *u. öfter.*
be-ringe *adj. leicht, leichtes sinnes.* mach mich ernsthafte aune beswêrde, beringe âne lîchvertikeit Wack. *pr.* 97, 22. *vgl.* Germ. *Hag.* 8. 242, 104.
be-ringeln *swv. umringen* Kirchb. 725, 16.
be-ringen *stv. I,* 3 (II. 714ª) *überwinden* Lampr. Ms.
be-ringen *swv.* (II. 709ᵇ) *umringen* Herb. (11028. 13263). Rsp.; *erreichen* Karlm. 422, 32. — *zu* rinc.
be-rinnen *stv. I,* 3 (II. 716ᵇ) *tr. überrinnen.* mit bluote berunnen Rul. Nib. Er.; *intr. überronnen werden* Gudr. Marlg. daz wal und der breite plân mit bluote über al beran Dietr. 3544.
be-rinpfen *stv. s.* berimpfen.
be-rîsen *stv. II. befallen, überdecken* Marld. han. 38, 32;
be-rîsen *stn.* den mag ein scharpfez berîsen wol verhouwen Hadam. 459.

be-rispeln *swv.* berispel mich niet: ne arguas, ne corripias me Jan. 39. 50; *vgl.* berespen.
be-rîten *stv. II.* (II. 735ª) *tr. reiten auf* (*weg, pferd*) Wwh. Kreuzf. sie beriten die ros Ls. 2, 276. uns ist die furte gar zu tief, wir mügen daz mere nit berîten Mar. 1, 2610; *reiten gegen, angreifen* Pass. Jer.; *reitend einholen, erjagen* Rul. Trist. Herb. Diem. 131, 18;
be-rîten *part. adj.* (*ib.*) beritten, *zu pferde* Monr 6, 402. knappe wol berîten Beliand 3624;
be-rîter *stm. in Frankf. urk. des 14. jh.* „*in Frankfurt hiess noch bis ins* 18. *jh. hinein der beamte, welcher die gefälle auf den dörfern zu erheben hatte, der bereiter.*" (Kriegk).
be-riusen *swv. s.* beriuwesen.
be-riuten *swv. ausreuten.* bereute böm Mh. 3, 218.
be-riuwen *stv. III.* (II. 750ᵇ) *md.* berûwen, mich beriuwet ein d. bin darüber betrübt, bereue es Greg. Flore, Pass. (381, 65). Otte 132. Ernst 2510. Livl. chr. 3816. Msh. 3, 40ª; *auch mit dat.* Pass. und ist mir noch vil selden berouwen Msh. 3, 48ª; sich eines d. ber.: er en berûwe sich der tât Roth *dicht.* 6, 152. *vgl.* beruowen;
be-riuwenisse *stf.* (II. 820ᵇ, 45) *zerknirschung* compunctio Dfg. 138ᵇ. Voc. *Schr.* 650. ze berûenisse er quam Pass. 196, 38;
be-riuwesen, -riusen *swv.* (II. 754ᵇ) *beklagen bereuen* Erinn.;
be-riuwunge *stf.* compunctio Voc. 1482.
be-riz, -rîz *stm. umkreis, gebiet.* in dem bann und berisz Gr.w. 5, 686. 694. bereis *ib.* 1, 93;
be-rîzen *stv. II.* den ban bereiszen *die gränzen stecken* Gr.w. 5, 686. 694. *vgl. auch Holzmann zu* Wolfd. 349ᵇ.
berje *s.* ber *stf.*; **berjen** *swv. s.* bern.
berkel *stn. dem. zu* barke Turn. 718, 32.
ber-kicher *stm. s.* bërckicher.
ber-kolbe *swm. schlagkolben, zum einstossen des ausgesottenen salzes in die kufen* Schm. *Fr.* 1, 258.
bërle, perle *stf.* (I. 106ᵇ) *perle* Wig. Bit. 7840. Crane 4295. Mgb. 248, 32. 249, 20. 255, 17. 18. Dfg. 349ᵇ. — *aus mlat.* perula, *rom.* perla *s.* Diez 1, 313. Hpt. 9, 564 *anm.* 198. Gds. 233;
bërlen, përlen *swv.* (I. 107ª) *tropfenweis giessen* Frl.; *mit perlen schmücken, überhaupt zieren eigentl. u. bildl.* Loh. schilt wol geberlt Geo. 1674. *vgl.* 1681. von golde ein krône wol

geberlt Msh. 3, 41ᵃ. mit tugenden geberlt Renn. 5001. 20851.21234. 22701. Msh.2, 381ᵃ. die sìn lop flôrierten und perlten j.Tit. 2714.

ber-lich *adj. s.* bärlich.

bër-lich *adj.* (I. 140ᵃ) *zu gebären seiend* Frl.;

bër-licheit *stf. befähigung hervorzubringen, zu gebären* Myst. 2. 104, 16.

bërlîn *stn.* (I.107ᵃ) *dem. zu* bërle Trist. Dietr. 660. Roseng. *Hag.* 569. Altsw. 151, 4. von oriente ein berlîn Albr. 101ᵈ. des was niht berlîn grôʒ an dir vergeʒʒen j.Tit. 5173.

berlin-mantel *stm. s. v. a.* berwermantel Gr.w. 1, 254.

bërlîn-muoter *stf.* unser frauwen bilde hat ein kindel am arme von perlinmutter Mone 7, 313.

bërlîn-wîʒ *adj. weiss wie perlen* Altsw. 30, 4.

bermde, bermede *stf. barmherzigkeit* Aneg. 29, 7. 36. Fdgr. 1. 192, 15. Er. 5806. 5779 (*B*.). Wwh. 101, 2. Mag. *cr.* 159ᵃ. Albert. 1597. Karlm. 89, 27. 124, 59; *s.* bärme, barmde.

bermec-lîche *adv. s.* barmeclîche.

bër-meise *swf.* (II.111ᵇ) *eine art meise* Weist. (*statt* bërcmeise? *vgl.* Nemn. 2, 868).

berme-lich *adj.* (I. 59ᵇ, 26) *erbarmen erregend* Gest. *R.* Erlœs. 862;

berme-lîche *adv.* Roth. 2418. b. klagen Enenk. *p.* 332.

bermît *stn. s.* permint.

ber-muoter *stf.* (II. 269ᵃ) *gebärmutter* matrix Dfg. 351ᶜ. *nov. gl.* 248ᵃ; colica Mgb. 147, 21. 320, 28. Dfg. 131ᵇ. *vgl.* Schm. *Fr.* 1, 261.

bërn *stv. I*, 2 (I.137ᵇ) *tr. hervorbringen, frucht oder blüte tragen* (bërnde boume Ssp. 2. 28, 2), *gebären, allgem.* (trôst bern Troj. 9262. daʒ er ir triuwe bære Hpt. S. 166, 133); *in urkunden sehr häufig die formel keinen schaden bringen noch bern z. b.* Mh. 1, 150. Mz. 1, 402. 412. 447. 464. 484. 493. 510 *etc.; intr. zum vorschein kommen, wachsen: so nimmt das* Wb. *an, aber in den gegebenen beispielen ist* bërn *durchaus trans. zu fassen im sinne von „frucht bringen, wachsen lassen"; intr.* bërn *ist also unerweislich. — mit* en-, er-, ge-, ver-. *zu skr.* bhar, *gr. lat.* fero Curt. 1, 265. Z. 1, 13.

bern *swv.* (I. 143ᵇ) *schlagen, klopfen allgem.* (*doch nicht* Nib. *u.* Kl.). *vgl. noch* Er. 9243. Turn. 139, 6. Bit. 9002. 9013. 10090. 12154. Gudr. 794, 2. Serv. 2519. Ls. 3. 224, 266; *kneten, knetend formen* Ms. Bit. (9271). gebertez wahs Daniel 98ᵃ. mit sîner hant er berte zesamen den weichen leim und ouch die erde Bph. 4118. daʒ ertrîche, dar ûʒ her Adâm wart gebert Silv. 3451. ziegel bern Weltchr. Np. 287; *treten, betreten* (den pfat, die strâʒe) Wolfr. Freid. Er. 7816 (*Bech mit der hs.* gebûwen). Mart. 46, 80. Tund. 59, 29 (*s.* erbern). *nebenform* berjen (Exod.), berren (Mart. 46, 80) = *ahd.* berjan. *mit* abe-, durch-, er-, ge-, zer-. — *zu lat.* ferio, *vgl.* Dwb. 1, 1501. Dief. 1, 261;

bern *stn.* (I. 144ᵇ) *das schlagen* Ms.

bërn *stf. abgabe, steuer.* die vor geschriben gab oder bern sol geruft werden in steten Ugb.175 (*Mähren*). das sie aller konigliglichen bern und steur unangefodert bleiben sullen *ib.* 237 (*Böhmen*). *zu* bërn *stv.*

bërn-brôt *stn.* (I. 264ᵃ) *eine abgabe in brot* Stassb. *r.* (*bei* Oberl. 121 berbrot, *gedeutet als gerstenbrot v. gt.* baris gerste, *vgl.* barn).

bërn-bunge *swm.* (I. 278ᵃ) berula Dfg. 72ᵃ.

bërnde *part. adj.* (I.138ᵇ) *absol. oder mit gen.* (Parz. Winsb.), *accus. fruchtbar, fruchttragend, schwanger* Barl. Ms. bernde vreude, jugent Msh. 1, 337ᵃ. mit bernder vruht *ib.* 1, 346ᵃ. in bernden wîbes güete *ib.* 1, 344ᵇ; *auffallend oft* (*sowol einfach als compon.*) *im* Lobges.; *s.* Germ. 3, 74 *f.;*

bërndec *adj.* (I. 140ᵇ) *schwanger* Frl.

bernen *swv. s.* brennen.

bërner *stm.* (I. 107ᵃ) *näml.* bërner pfenninc, denarius Veronensis. ich ensuoch, daʒ berner kopfer sîn Msh. 3. 64ᵇ. *sehr oft in chron. u. urkunden;*

bërnerlîn *stn. dem. zum vorig.* ouch hânt diu clein bernerlîn ein ringel umbe ir criuzelîn Renn. 18520.

berne-wîn *stm.* vinum adustum, crematum Dfg. 620ᵇ *f.*

bërn-hût *stf. bärenfell* Da. 462. Chr. 5, 208 *anm.* 2; *kleider von* b. Wolfd. 900, 4.

bërnisch *adj.*(I.107ᵇ) *von* Bërne, Verona Athis.

bërn-klâ *f.* (I. 831ᵃ) *bärenbranke* Gl. reht als ein bernklouwe stuonden in ir hende Frühlgb. 140, 492.

bërn-klê *m.* baldemnia, berula Voc. 1482.

bërn-smalz *stn.* (II². 429ᵇ) *bärenfett* Voc. Myns. 40. Hpt. 14, 174; *ebenso*

bërn-smër *stn.* Pf. *arzb.* 2, 3ᵈ. 9ᶜ.

bërn-tanz *stm.* Narr. 70.

bërn-tatze *f.* berula Voc. 1482.

bërnt-haft *adj.* (I. 140ᵃ) *trächtig* Gen.

bërn-vuoʒ *stm. bärenfuss* Fdgr. 2. 116, 2. 117, 11. j.Tit. 1863.

bërn-zagel *stm. bärenschwanz.* swarz als ein b. APOLL. 11902.
bërn-zunge *swf.* (III. 951ª) berula GL.
be-rochen *part. s.* beriechen.
be-rœsten *swv. rösten, braten bildl.* noch wirt sîn heilger nam mit swern dick berœst (: trœst) WOLK. 115. 4, 7. *im gloss. irrtüml. „mit rost überziehen".*
be-rouben *swv.* (II. 778ª) bereuben GERM. 7, 335. *berauben einen eines d. (od. ohne gen.)* ER. TRIST. JER. TROJ. 23577. GRIESH. 2, 121. 143; einem ein d. Ms. TROJ. 20626;
be-roubunge *stf.* orbatio DFG. 399ª; bei beraubung seiner kirchen *unter androhung, ihn seines kirchenamtes zu entsetzen* CHR. 5. 84, 15. bei b. aller freihait *ib.* 247, 1.
be-rouchen *swv.* (II. 747ª) *beräuchern* SILV. JER.
be-röufen *swv. berupfen.* die tauben sol an einem flügel beräuft sein MYNS. 36; beräft 16.
be-roupnisse *f.* orbamen DFG. 399ª.
berpel *s.* barpel.
berpfert *s.* bërcvrit.
berre *swm. s.* bêre.
berren *swv. s.* bern.
bers, berse *m. s.* bars.
bersche *stf.* ein bersche fleisches GR.w. 4, 128; *auf der folg. seite* ein bertze; *aus* portio?
bër-schillinc *stm.* solvunt xv denarios, quod ipsi (*die von Maursmünster*) dicunt berschilling AD. 249 (*a.* 1120). *vgl.* bërn, bërnbrôt.
ber-schît *stn.* (II². 165ᵇ) cylindrus DFG. 118ᶜ.
bersich *stm.* (I. 89ᵇ) *s. v. a.* bars Voc. BUCH *v. g. sp.;* bersing DIEF. *n. gl.* 257ª.
bersilieren *swv.* MOR. 1731.
ber-strâze? *stf.* her begunde vaste îlen, her vant in bî zwein mîlen, daz lag wol in der mâze alse di in der berstrâze TÜRH. *Wh.*178ª.
ber-swert *stn.* schirmswert, fechtswert, dimiculus Voc. 1482.
bêr-swert *stn.* (II². 775ᵇ) *eberschwert* HÄTZL.
bêr-swîn *stn.* (II². 795ᵇ) *zuchteber* SWSP.
bertenære *stm. s. v. a.* bertinc KELL. *erz.* 423, 20.
bertet *adj. s.* bartoht.
bertinc *stm.* (I. 90ᵇ) *klosterbruder* REINH. (bartinc *sendschr.* 970) LS. GFR. 2644. TÜRH. *Wh.* 259ª. 259ᵈ. BPH. 3318. *zu* bart; *ebenso* bertinger *stm.* KELL. *erz.* 422, 8.
bertlîn *stn. kleiner bart* CHR. 2. 83, 1.
bërtram *s.* bërhtram.
bertze *f. s.* bersche.

be-rûbt *part. s.* beruowen (2).
be-rüchtigen *swv. in übeln ruf bringen.* der Girzick ist vorbannet u. sust beruchtiget und verstossen worden UGB. 405 (*B*); *vgl.* WEIG. 1, 136. 2, 420.
be-rücke *adv. aus* bî rücke *rückwärts, hinten.* und giengen sô berücke in nâch KRONE 27241.
be-rüefen *swv. s.* beruofen.
be-rüef-gelt *stn. kosten des öffentl. ausrufens* CHR. 4, 106 *anm.* 1.
be-rüegen *sw.* (II. 787ᵇ) *md.* berûgen *angeben, beichten* GEN. LUDW. KIRCHB. 772, 1; *anklagen* FREIB. *r.* WELTCHR. 123ᵇ. EVANG. 241ª;
be-rüeger *stm.* delator DFG. 171ᵇ;
be-rüegunge *stf. md.* berûgunge accusatio EVANG. *J.* 18, 29.
be-rüemen, -ruomen *swv.* (II. 809ᵇ) *md.* berûmen *rühmen, prahlen* JER.; *refl. mit gen. oder untergeord. satze* PASS. ECKE *Sch.* 128. HANS 2921;
be-rüemet *part. adj.* (*ib.*) *berühmt* MGB. (= 291, 5 *var f.* verrüemt).
be-rüerde, -ruorde *stf.* (II. 817ª) *md.* berûrde *die berührung, der tastsinn* DIEM. MYST. MAG. *cr.* 124ᵇ. WACK. *pr.* 68, 306 *u. s.* 276, 11;
be-rüeren, -ruoren *swv.* (II. 814ᵇ) *md.* berûren *part.* beruort *u.* berüeret (TROJ. 21547) *tr. u. refl. rühren, berühren* IW. ENGELH. PASS. j. TIT. 476. TROJ. 21116. MSH. 1, 203ᵇ. WACK. *pr.* 53, 51 *ff.*
be-rüer-licheit *stf.* sunderb. von allen dingen MYST. 2. 388, 20.
be-rüerunge *stf. berührung* GRIESH. 1, 92. 93; 2, 22; pertingentia DFG. 430ᶜ (MYST. 2. 308, 11 *ist wol* begerunge *zu lesen*).
be-runen *swv.* (II. 761ª *u. vorrede* VI) *überschütten* RUL. der steine manic vûdir des pâbstis pfert beruntin (equus lapidibus obrutus est) JER. 172ᶜ; *s.* runen.
bërunge *stf. menstruation* COD. SCHM. *Fr.* 1, 260; *vgl.* bërbluot.
be-ruoch *stm.* (II. 799ᵇ) *md.* berûch *sorge, rücksicht* PASS. ROTH *dicht.* 11, 326, 12, 337;
be-ruochen *swv.* (II. 800ᵇ) *md.* berûchen *mit acc. sorgen für, sich einer person od. sache annehmen* HARTM. NIB. WIG. PASS. (19, 55. 130, 14). GEN. *D.* 33, 20. 77, 10. NEIDH. 44, 14 *u. anm.* HELBL. 2, 791. die nôt b. RUL. 294, 1. dû solt dîn hûs b. BIRKENST. 302. den siechen b. (*pflegen*) SPEC. 119; *sehr oft kommt* beruochen *in d.* KRONE *vor z. b.* 11927. 12346. 18427. 21797. 23238. 28910 *etc.; mit acc. u. gen. od. mit* Iw. FRL. der genâde si got be-

ruochte ULR. *Wh.* 27ᵃ. 116ᵉ. einen mit helfe b. j.TIT. 879. mit triuwen *ib.* 4564. die porten wâren gehêret und mit sunderkost beruochet *ib.* 370; *den kranken* mit aller heilikeit (*sterbsakramenten*) beruochen USCH. 376 (*a.*1398); — an, umbe etw. b. *dafür sorgen* PASS. HEINR.; — *refl.* JER. KRONE 14827. 27303;

be-ruochunge *stf.* (II. 801ᵃ) *sorge, besorgung, fürsorge, pflege* PASS. diu werlt hât ein orthaben —, in des beruochunge sî stât KCHR. *D.* 101, 23.

beruofen *stv. red. I,* 3; berüefen *swv. prät.* beruofte (II. 805ᵃ) *md.* berûfen *berufen, zusammenrufen* THEOPH. PASS. CHR. 2. 34, 1. 39, 26. ein concil b. *ib.* 4, 106 *anm.* 1; *ausrufen* TIT. PASS. sus wart ir prîs beruofet j.TIT. 1163; *öffentl. ausrufen, proclamieren oft in den* CHR. (*s. die gloss.*). alsus wart er beschrîet und beruoft mit gemeiner wal LOH. 3158; *schelten, tadeln mit gen. d. sache oder* von, umbe HARTM. LAMPR. PASS. ELIS. 1646. sie beruftin uns solchs leihomuts (*laienhochmuts*) UGB. 505 *s.* 612; *beschreien, anklagen* CHR. 5. 274, 16. 275, 1. 296, 13; *überschreien* die (*nachtigall*) beruoften sie (*die frösche*) mit schar HPT. 7. 363, 12; —*an einen* b. *ihn anrufen* ich muoz an dich beruofen MSH. 2, 8ᵇ; *refl. sich zusammenrufen, versammeln* JER.; *mit* an, in *sich berufen auf, appellieren* LUDW. MYST. der an den keiser sich berief PASS. 263, 40. in ir genâde er sich berief ERNST 184;

be-ruofen *stn. das ausrufen, proclamation* CHR. 4, 362ᵇ;

be-ruofen *part. adj.* (II. 805ᵇ) *berühmt, bekannt* PASS.;

be-ruofer *stm.* (II. 806ᵃ) *der appellant* WEIST.

be-ruofunge *stf.* (*ib.*) *ausrufung, verkündigung* CHR. 1, 391 *anm.* 1. 398 *anm.* 4; *appellation* LUDW.

be-ruomen *swv. s.* berüemen.

be-ruomunge *stf.* jactamen VOC. 1482.

be-ruoren *swv. s.* berüeren.

be-ruote, be-ruot *s. die zwei* beruowen.

be-ruowe-lîche *adv. auf ruhige, ungestörte weise,* berublich CP. 66.

be-ruowen *swv. s. v. a.* beriuwen. wand er geschuof die klâren sô wandels vrî, daz si nie meil beruote (: muote) MSH. 1, 344ᵃ. *zu* riuwen.

be-ruowen *swv.* (II. 820ᵇ) *ruhen, nur part.* beruowet *in ruhe, ohne störung* OBERL. beruot sitzen CHR. 2. 133, 9. in berûbter nutz u. gewer MH. 2, 747.

be-ruoȝen *swv.* (II. 821ᵇ) *mit russ schwärzen, besudeln.* mit schanden beruszen FASN. 1147; *im* NARR. beruzen *vgl.* WEINH. *bair. gr.* §151.

be-rüsten *swv.* (II. 823ᵃ) *ausrüsten* WIG. MYST. sie hâte vor bedecket sich mit zwein solhen brüsten, dâ mit man wol berüsten zwên blâspelge möhte KRONE 9386. die hab (*hafen*) berusten j.TIT. 4337. diu burc wol berustet stât mit spîse und mit guoter wer WEINH. *leseb.* 183ᵃ, 109. die zu der wer geschickt und wol berüst sein CP. 297.

be-rutzen *swv. s.* beruoȝen.

bër-vrit *s.* bërcvrit.

bër-welf *stmn.* (III. 563ᵃ) *junger bär* ROTH.

berwen *swv. s.* barwen.

berwerîn *adj.* ein berwerîn mantel GR. W. 5, 180; *s. das folgd. u.* berlinmantel.

berwer-mantel *stm.* (II. 62ᵃ) WEIST. *s.* DWB. 1, 1539. *aus mlat.* berbicinus *schaffell?*

ber-winke *f. s.* berewinke.

bër-wurz *stf.* (III. 282ᵇ) *bärenklau* VOC.

be-sachen *swv. einrichten, ins werk setzen* FLORE, FRL. einen tempel mit rîcheit bes. j.TIT. 447 (*alt. druck*). mit spot bes. KARLM. 223, 67; *unterhalten, pflegen, versorgen tr. u. refl. mit gen. der sache od. mit* HELBL. WOLFD. 507, 1. 517, 1. ALTSW. 192, 5. MF. 89. HADAM. 195. WP. 70. FASN. 575, 24. 618, 9; *mit untergeord. satze* daz sie wachen und besachen, wie sie beide sich vor leide hüeten MSH. 3, 426ᵇ.

be-saft *part. v.* beseffen (II². 13ᵇ) bes. tuon *saftig machen* JER.

be-sage *stf. laut inhalt. nach* b. *des briefs* AD. 1301. MH. 1, 63. BIRL. *Rothw.* 1, 42ᵃ;

be-sagen *swv.* (II². 19ᵃ) *statt* besaget *auch* beseit, *verstärktes* sagen. sus hât er in der schrift besaget ELIS. 3904; *von od. über etw.* (*accus. od.* von) *sagen* TRIST. LOBGES.; *mit untergeord. s.* er hat besagt wider die von Osterreich, daz UGB. 355; *ein richterl. gutachten über etw. abgeben* FREIBERG. wenne der bruch besaget wirt, waz sie (*die schiedsrichter*) uns besagent hant, daz geloben wir den hertzogen ûf ze rihten Mz. 3. *s.* 62. welche vesten di di zwelfe beseyn, daz iz sie ein roubhûs, di sal man brechen MICH. 3. *s.* 26 (*a.* 1338 *Thüringen*); *bezeugen, bestätigen mit acc. u. gen.* das der sin ingesigel daran gehenket hat, uns und das closter aller vor geschriben dinge zu besagende AD. 1377.

1290; *mit dat. u. acc. zusprechen, bestätigen* CHR. 3. 401, 5; — *einen bes. gegen ihn aussagen, ihn anklagen* ERNST, LUDW. *die menscheit mit sünden besagen* WARTB. 139, 7; *verleumden einen mit lügen* b. MSH. 3, 98ᵇ. *gegen einem (bei ihm) besagt werden* Mz. 3, 350. 4, 107. *diffamare* EVANG. *L.* 16, 1;
be-sagen *stn. (ib.) das anklagen* GEST. *R.*
be-sâgen = besâhen *prät. pl. von* besëhen (II². 275ᵇ, 44) KARLM.
be-sager *stm.* delator DFG. 171ᵇ;
be-sagnüsse *stf.* (II². 19ª) *verklagung* GEST. *R.*;
be-sagunge *stf.* (II². 23ᵇ) calumnia, delatio DFG. 91ᶜ. 171ᵉ; *aussage* GR.W. 3, 339; *richterlicher ausspruch* die besagunge ûf rihten und stête haben Mz. 3 *s.* 62; attestatio HALT. 138.
be-sæjen *swv.* (II². 25ª) *besäen, bestreuen, part.* besât TRIST. TROJ. DIEM. 160, 25. GEN. *D.* 86, 5; *md.* besêgen, besêwen SSP. 2. 46, 4.
be-salben *swv.* illurire VOC. 1482.
be-sal-mannen *swv. älternlose kinder* bevogten und besalmannen *bevormunden urk. v.* 1385 *bei* HPT. 13, 178.
be-samelen *swv.* (II². 49ᵇ) *s. v. a.* besamenen ZÜRCH. *jahrb.* CHR. 3. 149, 18.
be-samen *adv.* (II². 46ª) *zusammen* BEITR. (= MSH. 1, 52ᵇ).
be-sæmen *swv. besäen* GR.W. 1, 456.
be-samenen *swv.* (II². 49ª) *auch* besammen, besamen *vereinigen, sammeln* TRIST. KRONE; *sich bes.* RENN. 1790. MOR. 1, 4032. BELIAND 3224. LIVL. *chr.* 11102; *besonders durch versammlung der krieger sich zum kriege rüsten* JUD. JER. PASS. er besampte sich mit sîner schar ERNST 4049. mit rittern er sich besamnete ALBERT. 807; sich mit einem bes. *mit ihm einübereinkommentreffen, einbündnis schliessen* Mz. 3, 252. 4, 19, 56; *zu den zeiten da si sich mit im besammet in elichen sachen sich mit ihm vermählt hat ib.* 4, 190; *part.* besament *zusammen, versammelt, alle* besament varen *in gesellschaft reisen* WACK. *pr.* 53, 106. 140. 142; besammet CHR. 3. 379, 10. besampt CHR. 1. 126, 13; 4. 170, 13;
be-samenunge *stf. vereinigung* êliche bes. Mz. 3, 380 (*a.* 1357).
be-samenungs-tac *stm. versammlungstag (des schwäb. bundes)* USCHB. 140. 144 *etc.*
be-sanct *part. s.* besengen.
be-sandunge *stf. s.* besendunge.
be-sarken *swv. s.* beserken.
besârt *adj.* (I. 108ª) *sehr bunt?* EN. (*bei* ETTMÜLL. 148, 35 *nach der hs* H *rehte als ein lêbart*).

be-sât *part. s.* besæjen.
be-satzunge *stf. befestigung.* die tæber und besatzung MH. 2, 32. 39. 46. 47. 268. 274 *etc.* besetzung *ib.* 2, 75. *die vestigung oder besetzung belegern ib.* 2, 94.
be-sâʒen *swv.* (II². 98ª) *festhalten, in seine gewalt bringen* KARL. ALTSW. 98, 3.
be-schaben *stv. I,* 4 (II². 60ª) *abschaben, abkratzen eigentl. u. bildl.* LANZ. TRIST. PASS. zwêne würfel wol beschaben DIUT. 1, 316. des kleider sint beschaben RENN. 15198. ich wolte ê iemer alsô beschaben ze holze und ze velde draben *ib.* 7432. ein mensch muoʒ ein herze haben, eʒ hab saf oder sî beschab COD. Vind. 428 nr. 210 (W. GR.). daʒ ir êre iht sî beschaben KOLM. 60, 3; beschaben *part. mit gen. von etw. rein gerieben, befreit* ER. TEICHN.
be-schaffede *stf. schöpfung* WELTCHR. 14ᵇ; *vgl.* beschepfede;
be-schaffen *stv. I,* 4 (II². 69ª) *schaffen, erschaffen* ANEG. RAB. MYST. LOH. 148. BELIAND 1515. 3664. APOLL. 4650; *part.* beschaffen *vorhanden, befindlich* LESEB.; *durch das schicksal bestimmt* WIG. HADAM. HELMB. beschaffeniu tât MSH. 2, 209ª. diu êwige helle ist im dâ von beschaffen HELBL. 8, 55. KELL. *erz.* 107, 19;
be-schaffen-heit *stf.* (II². 69ᵇ) *schöpfung* MYST.
be-schaffer *stm.* (II². 73ª) *schöpfer* MB.;
be-schaffet *part. s.* beschepfen.
be-schalken *swv. s.* beschelken.
be-schalkunge *stf.* (II². 78ᵇ) increpatio WEIST. (5, 178).
be-schalten *stv. red. I,* 1 (II². 79ª) *fortstossen* FRL. KARLM. 128, 13.
be-schamen *swv.* (II². 136ª) *refl. mit gen. od. infin. sich schämen* Ms. GRIESH. kirchen unde pfründen die sint worden veile, sît man sich wirde niht beschamt MSH. 3, 330ª.
be-schanze *stf. ein kartenspiel* GR.W. 5, 356; *s.* schanze.
be-scharn *stv. I,* 4 (II². 151ª) *bescheren* PASS.; *zu* schêrn.
be-scharn *swv.* (II². 154ᵇ) *zutheilen, bestimmen* FLORE; *refl. sich versammeln, eine schaar bilden.* die kriechen sich beschuorten und zugen ûf daʒ velt WOLFD. 2180, 1; *vgl.* beschern.
be-schatewen, -schetewen *swv.* (II². 89ª) *beschatten* DIEM. BARL. MAR. er beschatewet dîn wamben ANTICHR. 103, 3. 141, 7. BERTH. 256, 7. WACK. *pr.* 8, 80. EVANG. *M.* 17, 5; — beschaten: hie beschatet diu menscheit

sîn vil hêriu gotheit Kchr. *W.* 8671. Dfg. 15ᵃ. 307ᵇ. 391ᵇ;

be-schatunge, -schetunge *stf. obumbratio* Dfg. 391ᵃ.

be-schatzen *swv.* (II². 91ᵇ) *mit schwerer steuer, contribution, lösegeld belegen* Wig. Helbl. Teichn. Dietr. 7037. Msh. 2, 210ᵇ. 3, 104ᵃ. Helmbr. 413. Apoll. 10636. Renn. 18812. Ls. 1. 502, 56. libes und guotes b. Jüngl. 938. beschatzen *u.* beschetzen Chr. 4, 363ᵇ. 5, 447ᵃ; — *nach zahl u. wert anschlagen* Fasn.;

be-schatzunge *stf.* (II². 92ᵃ) *contribution* Mw. 197, 13 (*a.* 1294). Chr. 5. 7, 33. 8, 1; *lösegeld* Jer.

be-schedegen *swv.* (II². 65ᵃ) *beschädigen* Ludw. Dür. *chr.;* ûf einen besch. *zu dessen beschädigung ausziehen* Chr. 4, 26 anm. 2.

be-scheffec *adj.* (II². 72ᵃ) *thätig* Trist. (*bei* Bechst. 7928 geschäffec).

be-scheffen *swv. s.* beschepfen.

be-scheftekeit *stf.* expeditio Dfg. 218ᵃ.

be-scheften *swv.* (II².74ᵇ) *beschäftigen* Heinr.

be-schëhen *stv. I,* 1 (II². 112ᵃ) *geschehen, durch höhere schickung sich ereignen. allgem. und mit* geschëhen *wechselnd, vgl. noch* Heinz. 2408. 2436. 2477. Neidh. XVI, 13. Msh. 1, 24ʳ. 65ᵇ *etc. u. die gloss. zu den* Chr.; *mit dat. zu theil werden, widerfahren, begegnen; vgl. noch* Lanz. 9361. Msh. 1, 12ᵇ. 13ᵃ. 48ᵃ. 76ᵃ. 94ᵇ *etc.* Ga. 1. 349, 440. Griesh. 1, 18. 78.

be-scheide *stf. auseinandersetzung* Karlm. 101, 49; *bedingung* mit der beschaid Mz. 1, 415 (*a.* 1389) *auch sw.* mit der bescheiden Mw. 294 (*a.* 1335). Mz. 3, 290. 4, 219. *vgl.* Schm. 3, 322.

be-scheide-lîche *adv. s.* bescheidenlîche.

be-scheiden *stv. red. II.* (II². 100ᵃ) *scheiden, trennen* Diem. Trist. wie er von dem unrehten beschiede daz rehte L. Alex. 248; *entscheiden, schlichten bes. als richter* Serv. Wig. Trist. den strît b. Lieht. 652, 31. nû muoz ez got b. nâch dem rehten Ulr. *Wh.* 156ᵈ, *oft in urk. z. b.* Mz. 3, 97. Ukn. 124. eine schidung bescheiden *einen schiedsspruch thun* Dm. 86. Ukn. 250 (*a.* 1332), *s.* Ssp. 2. 12, 12; 3. 21, 2; — *einrichten, bestimmen* Parz. Trist. Greg. Ssp. 3. 40, 3. 4. *refl. sich einrichten* Trist. sich entscheiden Karlm. 52, 38; *sich auseinandersetzend einigen* Ssp. 3. 15, 3; — *an seinen platz stellen* Trist. Ludw.; — *zu oder anweisen* Iw. Parz. Trist. sît dir got die helle beschiet Msh. 3, 90ᵇ, *besond. als eigentum (durch testament) zuweisen* Nib.

Walth. Mz. 1, 377. Ula 84. Uhk. 1, 1299 (*a.* 1290); *deutlich berichten, erzählen, benachrichtigen* einem etw. *od.* einen eines d. *od.* von etw. *allg.* — mit ûz, vür, zuo;

be-scheiden *part. adj.* (II². 101ᵇ) *bestimmt, festgesetzt* Pass. Livl. *chr.; klar, deutlich, bestimmt* Mor. Griesh. mit bescheidener red Uhk. 1, 306 (*a.* 1294). Ukn. 90 (*a.* 1303). Ula 249 (*a.* 1357); zuo sînen bescheiden jâren komen *mündig werden* (Dwb. 1, 1556) Heimb. handf. Usch. 290. 332. 339 (14. *jh.*); *nach gebühr u. umständen handelnd, verständig, klug; allg.* — ein bescheiden haz *ein leidenschaftsloser wettstreit* Er. 2059. wol bescheiden ist sîn lip Msh. 3, 107ᵃ. vier der eltesten und bescheidensten *sollen zu* schepfen *genommen werden* Mw. 59, 70 (*a.* 1255) *u. oft in urk. als epith. ornans neben* erbære: der bescheiden man, meister *etc. z. b.* Mz. 3, 4. W. 19 *s.* 30;

be-scheiden *swv.* (II². 107ᵇ) einem etw. *als bescheid geben* Karaj. Herb. 938;

be-scheiden *stn. bedingung* Chr. 4. 153, 14.

be-scheiden-heit *stf.* (II².102ᵃ) *verstand* Myst. Mgb.; *gebührliches u. kluges handeln, verständigkeit* Ms. Trist. Barl. Teichn. Hartm. *lied.* 11, 5 (*B.*). Troj. 15167. Heldb. *H.* 1. 171, 17. wan daz reht daz lêret u. diu bescheidenheit daz râtet Don. (*a.* 1303). bescheidenheit tuon *seiner verpflichtung nachhommen* Arn. 20 (*a.* 1369). nâch b. *nach richtigem ermessen* W. 16. 57. Mw. 59, 25 (*a.* 1255). 167, 5; *auch personif.* Myst. Wack. *pr.* 43, 124; *richterliche entscheidung, zuerkennung.* daz si für uns chomen und uns der selben reht beweisen, so wellen wir in bescheidenheit gern dar umb widervarn lazzen W. 43 (*a.* 1342); *bestimmung, bedingung* Mz. 1, 294. 389; 2, 373 *etc.* Chr. 4. 130, 3. 163, 26; *was für das bedürfnis ausreicht, gleichbedeut. mit* nôtdurft Chr. 2. 350, 18; 5. 182, 2.

be-scheiden-lich *adj.* (II. 102ᵇ) *verständig, gebührlich, den umständen angemessen* Trist. Walth. Troj. besch. güete Msh. 1, 294ᵇ. nâch bescheidenlîcher lêre *ib.* 1, 206ᵇ. mit b. klage Msf. 162, 38; *deutlich* mit b. buochstaben Glaub. 2322; *festgesetzt* Swsp.;

be-scheiden-lîche, -en *adv.* (II². 103ᵃ) *nach gebühr, mit verstand* Nib. Trist. Parz. Walth. Er. 5071. Iw. 2718. Chr. 1. 112, 26; *bestimmt, deutlich* Nib. Wolfr. Trist. Gudr. 43, 4. 1553, 3. bescheidelîche Evang. 241ᵃ; *auf festgesetzte weise, unter der be-*

dingung Parz. Hpt. 11. 495, 118. Mz. 3, 300. Chr. 1. 153, 24. 159, 31. 197, 10; 4. 150, 16.

be-scheidenunge *stf. verstand, einsicht* Wg. 8584. 8588.

be-scheidunge *stf. unterscheidende bezeichnung* Ssp. 2. 26, 2.

be-scheinen *swv.* (II². 147ᵇ) *sichtbar werden lassen, zeigen, zu erkennen geben. allgem. mit acc.* (Kchr. D. 230, 9. 468, 9. Urst. 122, 18. Iw. 1760. die ehafte nôt bescheinen Mz. 3, 58), *mit untergeord. satze* (Mel. 6910); *refl.* Albr. Orl. 9883; *mit dat.* Iw. Wig. En. 284, 25; *mit dat. u. acc.* (Kchr. D. 363, 22. Mar. 160, 11. Krone 11757. Msf. 49, 25. Msh. 3, 70ᵇ. Helbl. 4, 666. Karlm. 226, 52), *mit dat. u. untergeord. s.* Iw. Lieht. Albr. Er. 4901; einen eines d. *es ihm erklären* Kol.

be-scheit *stmn.* (II². 105ᵇ) *bescheid* Myst. Karlm. (144, 38). Pilat. 355; *bestimmung, bedingung* Oberl.; *vgl.* bescheide.

be-schëler *stm. zuchthengst* ladon, qui producit equos Voc. 1482; *s.* schële.

beschelier *stm. s.* betschelier.

be-scheln *swv.* (II². 121ᵇ) *beschälen, beschneiden* Trist. die linde besch. Ab. 1, 110; *entblössen eigentl. u. bildl.* Gsm. Frl. geliutert und beschelt vor allem meine Troj. 5630. ein man vil tumplîchen tuot, der sich selben alsô beschelt *beraubt* Ga. 3. 731, 95.

be-schelken, -schalken *swv.* (II². 78ᵃ) *zum knechte* (schalc) *machen* Wh. v. Öst. 43ᵇ. Berth. (100, 3 *lies mit* Pfeiff. ze vrône veste statt frônerehte); den vride b. *brechen* St. Gall. stb. 41ᵃ; *pfänden* gienge er (der zuchtstier) och ze schaden, so solt in nieman beschalken Gr.w. 4, 401; *betrügen* Hadam.; *schelten* Mf. (81. 102). Moerin 18. Gr.w. 5, 113.

be-schellen *swv. betäuben. der* munch ist beschelt *vor liebe verrückt* Ls. 2. 396, 114.

be-schëlten *stv. I,* 3 (II². 132ᵇ) *durch tadel oder schmähung herabsetzen, verkleinern* Lanz. Walth. Wolfr. Nib. Dietr. 2986. L. Alex. 2702. j.Tit. 4402. 4588. 5213. Silv. 1884. Gudr. 298, 4. Msh. 2, 353ᵇ. 3, 15ᵃ. 262ᵇ. Jüngl. 1236. ein urteil b. *es anfechten, für ungültig, schlecht erklären* Albr. Parz. Swsp. 97, 18. Ssp. 2. 12, 10. 11. Halt. 142.

be-schemec *adj.* (II². 135ᵇ) infamis Voc.;

be-schëmen *swv.* (II². 133ᵇ) *beschämen, in scham oder schmach bringen* Ludw. Rsp.; verleumen infamare Voc. 1482;

be-schëmenisse *stf.* (*ib.*) *beschämung, ehrenkränkung* Kulm. *r.;*

be-schëmunge *stf.* (II². 134ᵃ) *beschämung, schmach* Ludw.

be-schepfede *stf.* (II². 72ᵃ) *gestalt* Oberl.

be-schepfen *an. vb.* (II². 66ᵃ) *prät.* beschuof *benetzen* Krone. — *zu* schaf.

be-schepfen, -scheffen *swv.* (IIᵃ. 71ᵃ) *schaffen* Myst. als ez beschaffet het der mai Ls. 1. 376, 37;

be-schepfunge *stf. schöpfung, geschöpf.* der ein schepher ist himel und erden und aller beschepfunge Denkm. *s.* 532, 36.

be-scherde *stf.* (II. 156ᵃ) *verhängnis, vgl.* Oberl. 131;

be-scherer *stm. zutheiler.* in der tenkenen hant sal er (künec) haben ein guldînen apfel, daz bediutet, daz er sî ein bescherer und ein teiler aller sîner undertân Maszm. *schachsp.* 120.

be-schërmen *swv. s.* beschirmen.

be-schërn *stv. I,* 2 (II². 149ᵇ) *die haare wegschneiden, kahl scheren* Kchr. Wwh. Krone, Frl. Mor. 1, 1577. Amis 2450. Griesh. 1, 126. ich wart bevilt und beschorn Roth. 4307. sîn houpt want im nie beschorn Pass. 261, 64. sîn houbet si im beschuoren (: vuoren) *ib.* 167, 23. 229, 46. sich b. (*als mönch*) Swsp. 406, 2. hôch beschorn sîn *ein vornehmer geistlicher sein* Er.; *vgl.* hôchbeschorn; kurz beschorn *mit kurzen haaren* Chr. 2. 81, 9,

be-schern *swv. verachten, verschmähen* Erinn. 27 *u. anm.*; Diemer *im gloss. zu* Gen. 89ᵃ *vergleicht ital.* scernere.

be-schern *swv.* (II². 155ᵃ) *zutheilen, verhängen bes. von der vorsehung* (subj. got) *und dem schicksal gebraucht* (beschern oder gelucken fatari fortunare Voc. 1482). *allgem. s. noch* bruoder Volmar, ein barfuoze, seite an einer sîner bredigen alsô, daz nieman gelouben sol an daz wort: „ez ist ime beschert". Germ. 3, 233ᵃ. dem ist der tôt beschert Lanz. 1758. mir ist ze sterben beschert Hpt. 5. 532, 621. im ein sterben wirt beschert Ulr. Wh. 229ᵈ. dem ir genâde wirt beschert Winsb. 16, 6. wie grôze êre im sint beschert Pass. 347, 52. der tievel hât si dir beschert Hpt. 6. 502, 197. jâmer, den in daz weter ûf dem wege bescherte j.Tit. 3780. — *zu* schar, *vgl.* bescharn.

be-schërren *stv. I,* 3 (II². 163ᵇ) *beschaben, beschneiden* Frl.; *zuscharren, verscharren* Frl. Myst. mîn viur ist gar beschorren Altsw. 125, 28.

be-scherunge *stf.* (II². 156ᵃ) *zutheilung, bestimmung, verhängnis* Pass. Kchr. D. 112, 26.

be-schetewen *swv. s.* beschatewen.
be-schetigen *swv.* adumbrare, inumbrare, obumbrare DFG. 15ᵃ. 307ᵇ. 391ᵇ;
be-schetigunge *stf.* (II². 89ᵃ) adumbratio DFG. 15ᵃ; *schattierung* MGB.
be-schetzen *swv. s.* beschatzen;
be-schetzer *stm. der mit abgabe, contribution belegt* BERTH. 214, 16. ÖH. 46, 7. 72, 17 *ff.;*
be-schetzerinne *stf. haushälterin?* swâ ein man eins biderben mannes wibe — oder sîner beschetzerin ein hure heizzet AUGSB. *str. bei* BIRL. 55.
be-scheude *stf. s.* beschouwede.
be-scheu-lich *adj. s.* beschouwelich.
be-schîbe *adj.* (II². 95ᵇ) *leicht rollend, beweglich, klug* WOLFD. HELDB. *K.* 127, 20. 205, 18. NETZ 3558;
be-schîben *stv. II.* (II². 95ᵇ) *trans. sich auf etw. wälzen.* daz neste beschîben HPT. 7. 363, 2; *einem etw. zuwenden, zutheilen* HERB. Ms.
be-schicken *swv.* (II². 120ᵃ) *nach einem schicken, ihn rufen lassen* KRONE 23380; *stiften, vermachen (durch testament).* eine mess beschicken MH. 3, 95. wer auch, das er utzit beschicket hette sîm bîchter AD. 1298 (*a.* 1428);
be-schicker *stm.* ordinarius DFG. 399ᶜ.
be-schîde *adj.* (II². 97ᵃ) *gescheid, schlau* VOC. WOLK. — *zu* schîden;
be-schîdekeit *stf.* (*ib.*) *schlauheit* NARR..
be-schiet *stm. s.* beschit.
be-schiezen *stv. III.* (II². 172ᵇ) *beschiessen, durch schiessen erproben.* den krebs (*brustpanzer*) besch. WEINSB. 18; *zusammenschiessen, vereinigen* fümf wort, mit den diu heilige schrift alliu sament wirt begriffen und beschozzen GRIESH. 2, 108; *unpers.* ez beschiuzet mich *hilft mir* BON. ebenso *intr.* das nachmals dem oberland zu gut komen und beschieszen mocht USCHB. 72. *vgl.* erschiezen *u.* DWB. 1, 1567.
be-schihten *stv.* (II². 118ᵃ) *tr. u. refl. abfinden durch zutheilung des gebührenden vermögens* MÜHLH. *r.* HALT. 143. — *zu* schiht.
be-schiltet *part.* (II², 131ᵃ) *mit schilden versehen* TROJ. ALTSW. 134, 23.
be-schinden *stv. I*, 3 *u. sw.* (I. 140ᵇ) *part.* beschunden *u.* beschindet (REINH. 1933), beschînt *schälen, enthäuten* HERB. REINH. PASS. ein beschunden löuwelîn TROJ. 13692. 96. *mit acc. u. gen. berauben* WOLK.
be-schînen *stv. II.* (II². 143ᵃ) *bescheinen, beleuchten* KARAJ. WIG. PARZ. GUDR. 198, 2. LIEHT. 511, 1. 636, 10.
be-schirm, -schërm *stm.* (II². 161ᵇ) *beschirmung, schutz* JER. STOLLE;
be-schirmære, -er *stm.* (II². 163ᵃ) *beschützer* JER. OSW. 639. MARLD. han. 96, 22. JAN. 54. GR.w. 4, 395.
be-schirm-brief *stm. schutzbrief* ÖH. 128, 9.
be-schirme-lich *adj.* (II².162ᵃ) *schützend* JER.
be-schirmen, -schërmen *swv.* (II² 162ᵇ) *beschützen wie mit einem schilde* (schirm), *vertheidigen, mit gen.,* vor, von, wider. *allgem. bes. oft im* TROJ. *z. b.* 2037. 3678. 7757. 9843. 12801. 15255. 17157. 21824 *etc.* sine beschirmte des kein wer (*es half nichts, sie mussten*) AMIS 606; SWSP. 258, 4;
be-schirmen *stn. schutz* TROJ. 23684;
be-schirmenisse *stn.* (II². 163ᵃ) *schutz* MYST. GR.w. 2, 644;
be-schirmenunge *stf.* protectio JAN. 20. 27. 47;
be-schirmunge *stf.* (*ib.*) *schutz, vertheidigung,* gubernatio, observatio DFG. 270ᶜ. 389ᵇ. MGB. MYST. KCHR. 8411 *var.* GR.w.1, 6. OBERL. 131.
be-schit, -schiet, -des *stm.* (II². 107ᵇ) *bescheid* ALEXIUS. — *zu* schîden, scheiden.
be-schîten *stv. II. die quadersteine nach dem richtscheite behauen* TUCH. 40, 21.
be-schiude *stf. s.* beschouwede.
be-schiuren *swv.* (II². 228ᵇ) *mit einem schûr schauer überkommen* LOH. (auch 2976. 4603).
be-schiuren, schüren *swv.* (II². 229ᵃ) *beschützen, mit einem schûr einhegen* HADAM. das du ein kind sûch, blöde und krank hâst beschûrt von dem tode MALAG. 14ᵇ; ALSTW. 165, 22. 220, 38. GR.w. 5, 694. SSP. 2, 51. beschirmen und beschûren Mz. 3, 109. 262. Mw. 300 (*a.* 1338);
be-schiurer *stm. beschützer* GR.w. 5, 307.
be-schiz *stm.* (II². 177ᵇ) *betrug* HELDB. *K.* 105, 29. NETZ 10884. 12636. 12939. 13128. NARR.;
be-schîzen *stv. II.* (*ib.*) concacare, besudeln MOR. MONE schausp. RING 5ᶜ, 28. der selbig kunig (*Wenzel*) bescheisz sich in der tauf CHR. 1. 352, 13; *betrügen* RSP. LS. LAUR. *Casp.* 36. 158. REINH. 362, 1928. KELL. *erz.* 109, 29. GERM. 6. 104, 409. CHR. 4. 38, 4. 52, 34. 153, 17. SWSP. 21, 13;
be-schîzerîe *stf.* deceptio DFG. 167ᵇ.
be-schlöffen *swv. s.* besloufen.
be-schollen *swv. zu* schollen *anhäufen?* sô vil sie fundes tûsentvalt beschollet (: ervollet) an rîcheit, an der burt und an der tugende j.TIT. 2991.

be-schompert *part. adj.* (II². 134ᵇ, 43) stuprata Voc. bezompert DFG.558ᵇ. *wol nicht mit dem* WB. *zu* schambære *sondern zu* zumpf, zump.
be-schônen *swv.* (II².195ᵇ) *schonen, verschonen* JER. KIRCHB.;
be-schœnen *swv.* (II². 194ᵃ) *rein u. schön machen, verherrlichen* WALTH. KONR. LANZ. j.TIT. 539, 1394. MSH. 1, 61ᵇ. 342ᵇ. 3, 7ᵇ. 91ᵃ. (beschônet: lônet 3, 65ᵇ). beschônen oder verben, colorare Voc.1482; *beschönigen, entschuldigen, rechtfertigen* PARZ. KARLM. nieman mich beschœnen mac ULR. *Wh.* 113ᵈ. BERTH. 349, 30; *refl.* RENN. GRIESH. FASN. 649, 12. ein man âne tugend — wie kan sich der beschœnen mit den kinden? MSH.3, 422ᵃ; als sich beschönt *wie es sich zeigt* ÖH.53,15;
be-schœnunge *stf.* (II². 194ᵇ) color DFG.133ᵇ; *beschönigung* MYST. RENN.18218. auf beschönunge (*verstellter weise*) krank sein UGB.454.
be-schorn *part. s.* beschêrn.
be-schoude *stf. s.* beschouwede.
be-schouwe *stf.* wand wier gesatzet sein in der hœh und in der beschœwe des pæbstleichen stueles (in apostolice sedis specula constituti) STZ. 39;
be-schouwære, -er *stm.* (II². 200ᵃ) *der etwas beschaut, seher* GEN. *D.* 115, 1; *der auf obrigkeitl. geheiss etw. besichtigt* CP. 355. *vgl.* beschouwern;
be-schouwede, -schöuwede *stf. daneben* beschoude, beschöude (*ib.*) *anschauung, anblick.* beschouwede GEN. ANTICHR.132, 31, 133, 40. LITAN. 1144. KARAJ. 112, 10. WACK. *pr.* 54, 209 *ff.* BERTH.71,11. NETZ5782. beschoude MAR. LEYS. beschöude SERV. HELBL. ERLŒS. MARIENGR. 764. WH. *v. Östr.* 33ᵇ. 36ᵃ. 40ᵇ. 102ᵃ *etc.* beschiude ANEG. bescheude j.TIT. 5144. WEINH. *leseb.* 184ᵃ, 152. MARIENGR. 364; — *anblick den etw. gewährt* WARN.;
be-schouwe-lich *adj.* (II². 201ᵃ) *beschaulich* THEOL. 48, beschoulich DFG.146ᵃ; *ansehnlich* OBERL.;
be-schouwe-licheit *stf.* (*ib.*) *beschaulichkeit* LUDW.
be-schouwen *swv.* (II². 199ᵃ) *beschauen, betrachten* (DIETR. 3102. 4377) *bes. vom spähenden aufsuchen der feinde* (L. ALEX.); *schauen, sehen, wahrnehmen; allgem.* — *im prät. bei* CLOS.69.71 sie beschiewent, *also nach art der redupl. verba, vgl.* WEINH. *al. gr.* § 376;

be-schouwenisse *stf* (II². 199ᵇ) contemplatio, spectaculum DFG. 146ᵃ. 545ᵇ;
be-schouwern *swv. als öffentl.* beschouwer *besichtigen, abschätzen* USCH. 396. 429. 443;
be-schouwunge *stf.* (II². 199ᵇ) *beschauung* ERLŒS. THEOL. 50.
be-schoȝȝen *swv.* (II². 176ᵇ) schoȝ *nehmen, besteuern* DFG. 213ᶜ.
be-schreben *swv.* (II². 205ᵇ) *gefrieren* DÜR. *chr.;* = beschræwen? *vgl. hess.* schrêbchen *rauh u. hart werden;* schrâ, schrô, schrewe *rauh, hart beim anfühlen,* schrahen *rauh werden,* schrâ *f. die baumrinde* VILM. 368. 369. 370; *s. auch* schrâ, schrâch.
be-schremen *swv.* (II². 202ᵃ) *festsetzen* MONE *schausp.* sardonît beschremet die wisheit KOLM. 6, 788. — *zu* schramen.
be-schrenken *swv.* (II². 203ᵃ) *umfassen, umklammern.* diu ir amîs mit armen sol beschrenken j.TIT. 4178; *einschränken, versperren, verstopfen* KROL. er hât alle sîne liste sô beschrenket WACK. *pr.* 22, 2; *durch unterschlagen eines beines zu fall bringen, betrügen, überlisten* LANZ. WIG. REINH.
be-schrîben *stv. II.* (II². 207ᵃ) *schreiben, aufzeichnen* PASS. ERLŒS. LUDW. CHR.2,540ᵇ. 5, 447ᵃ; *beschreiben, schildern* TRIST. ER.; *schriftl. festsetzen* PASS.; *durch schriftl. urkunde überweisen* KIRCHB.; einen besch. *ihn schriftlich auffordern zu kommen* CHR.3, 381 *anm.* 3. also haben wir die aidgnossen gen Zürch beschriben DH. 383; *auf die proscriptionsliste setzen, verbannen* BRÜNN. *r.;*
be-schriben *part. schriftlich* CHR. 3. 356, 13. 371, 15. 372, 16; beschribens *adv. ib.* 2, 337 *anm.* 4;
be-schrîber *stm.* (II².208ᵇ) *beschreiber* MYST.;
be-schrîbunge *stf.* descriptio, inscriptio EVANG. 241ᵃ.
be-schricken? *ohne sichern beleg* (II². 210ᵃ).
be-schrîen *stv. II. u. sw.* (II². 214ᵇ) *prät.* beschrei, beschrê, beschrîte; *part.* beschrien, beschrin; beschriet, beschrît: *beschreien, ins gerede bringen* ALBR.; *beklagen, beweinen* KARLM. (183,25. 250,14); *ausrufen, verkündigen* ERNST, PASS. LOH. (3164. 3171. der herruofer eȝ beschrei 4055). dô wart beschrît hunde wart ein vart beschriet MSH. 3, 176ᵃ; *anrufen, anschreien* j.TIT. (lies ANEG. 38, 2); sint eȝ (*das Christuskind*) mîn sündec munt beschrît LOH. 7661. *bes. vom beschreien der übelthäter* PASS. den schalc b. WARTB. 128,

10. ward er dreimaln offenlich beruft und beschrien DH. 339. *mit an.*
be-schriffen *stv. I, 3 s. unter* schriffen.
be-schrinden *stv. I, 3 risse bekommen.* daz sîn lip an einer eichin hing, beschrundin uszin und innen weich RENN. 233ᵃ (W. GR.).
be-schrîten *stv. II.* (II². 218ᵃ) *beschreiten, besteigen.* ein pfert, march, ros b. ATH. DIEM. AB. 1, 255. GA. 1. 110, 209. 3. 214, 632. KARLM. 107, 18. 197, 23. 517, 63.
be-schrôten *stv. red. III.* (II². 219ᵇ) *behauen, beschneiden* TROJ. KRONE, KOLM. 20, 13.
be-schulde-lich *adj.* excusabilis DFG. 215ᵇ.
be-schulden *swv.* (II². 189ᵃ) *beschuldigen* MH. 2, 91; *verschulden* FLORE. einen frevel b. GR.W. 4, 241. etw. besch. und unrechts tuon MZ. 1, 510. *s.* 417; *verdienen umbe*, wider einen ALEXIUS, ENGELH.; *vergelten* REINH. *oft in urk.* etw. umbe, wider einen, gegen einem (MH. 1, 20) besch. UGB. 160. MH. 2, 32. EA. 86. CP. 337;
be-schuldigen *swv.* (II². 188ᵇ) *beschuldigen* VOC. SWSP. 179, 10.
be-schuochen *swv. beschuhen.* daz ich beschuohe ir vüeze MSH. 2, 159ᵇ. hette der voget einen fuos beschuochet, so sol er nit beiten, das er den andern beschuoche GR.W. 5, 28; in die hosen sich beschuochen ECKE *Sch.* 129;
be-schuochunge *stf.* calceamentum DFG. 89ᵇ.
be-schûren *swv. s.* beschiuren.
be-schürn *swv. zuschaufeln, verscharren.* in den sant b. MSH. 3, 49ᵇ.
be-schûrunge *stf. schutz* GR.W. 4, 535.
be-schut *stm. schutz* MONE 6, 241;
be-schüten, -schuten *swv.* (II². 230ᵃ) *prät.* beschutte *beschütten, begiessen, bedecken* NIB. MAI, KRONE; *bildl. überwältigen* WIG. KRONE; *beschützen* ATH. WOLFR. LOH. BIT. 8756. CHR. 1. 146, 20. MH. 1, 204; ein guot b. *entlasten, befreien;* mâze b. *eichen* WEIST.;
be-schutnisse *stn.* præsidium JAN. 37;
be-schütunge, -schutunge *stf. beschützung* MH. 2. 174 CP. 328. AD. 960 (*a.* 1335 *gedruckt* beschutuntze);
be-schutz *stm. schutz, beistand.* beschutz oder scherm DH. 392.
bese *s.* ber *stn.*
be-sebe-licheit *stf.* (II². 233ᵃ) *das innewerden, die einsicht* MYST.;
be-seben *stv. I, 4* (*ib.*) *mit den sinnen wahrnehmen, inne werden* KCHR. ELIS. HERB.; *gebrauchen, abnutzen?* sô daz wir müezen nû die alten kleider von uns tuon, die wir alsô lange haben in den sünden sô besaben, daz sie sint leider gar von untugenden missevar COD. *Schmidt. p.* 286 (W. GR.);
be-seben *stn.* (*ib.*) *das innewerden* MYST.
be-sêgen *swv. s.* besæjen.
be-sëgenen *swv.* (II². 240ᵇ) *segnen* MONE *schausp.;*
be-sëgenunge *stf.* besegunge exorcismus DFG. 217ᵇ.
be-sëhen *stv. I,* 1 (II².275ᵇ) *md.* besên *beschauen, erblicken* NIB. FRL. ERLŒS. alsô nâhen, daz si ir her besâhen SIVL. *chr.* 11897. sich b. LUDW. daz sie sich dar inne besehen als in einem spiegel oder baz DANIEL 545; — *besuchen* GRIESH. MEL. die heiligen stete b. PASS. 381, 28; — *worauf sehen, betrachten, bedenken, untersuchen, prüfen, allgem. s. noch:* sîn dinc er allez wol besach ENGELH. 5836. ich kan ein iegliche gesteine besehen, waz ez krefte hât GA. 2. 534, 41. der ouch mit rede an in besehe, ob si ze buoze wellent stân TROJ. 17906; — *besorgen, für etw. sorgen* GREG. LUDW. BERTH. 268, 21. sînen schaden b. PASS. 146, 47. mit vlîze besehen, daz — MARLG. 66, 78; — *mit etw. versorgen* einen eines d. ULR. er schol den convent alle jar des besehen, als vor geschriben ist UHK. 1, 306 (*a.* 1294) *od.* einem ein d. PASS. *oder* einen mit etw. PASS. 132, 70. — *mit* vor, vür;
be-sëhunge *stf.* (II². 281ᵇ) *beschauung* MYST.
be-seichen *swv.* (II². 242ᵃ) *bepissen* DIEM. *arzb.* LS. RING 18ᵉ, 16. PF. *arzb.* 2, 13ᶜ. FASN. 508, 21;
be-seicher *stm.* (*ib.*) FASN.;
be-seichunge *stf.* minctura DFG. 361ᶜ.
be-seit *s.* besagen *u.* beseiten.
be-seiten *swv.* (II. 244ᵃ) *mit saiten beziehen, part.* beseit FASN.
beselîn *stn. dem. zu* base ORL. 12399. 12656. 12702. 12873.
be-selwen *swv. beschmutzen.* daz duz (*das kleid*) iht beselwest KOLM. 185, 40. ich muoz in tiuvels listen beselwet werden als ein swîn *ib.* 25, 43. besulwet BIRKENST. 292. — zu sal *adj.*
bësem-ambet *stn. s.* BASL. r. 11.
bëseme, bësme *swm.* bësem *stm.* (I. 108ᵃ) *kehrbesen* FREID. zuchtrute als strafmittel GUDR. WALTH. FREID. RENN. 17364. besma SPEC. 37. der zühte besem JÜNGL. 101. swer den besemen entlibet, den sun er hazzet und nîdet KCHR. 1397. scharfe besmen PASS. 208, 18. gotes besem WG. 170ᵃ. die besme ich lîchter vertrüge, denne der mich mit chnuten sluoge

Priesterl. 179. dir sol der besme keine frist von dem rücke komen Krone 17816. ie lieber kneht, ie grœzer besem Helbl. 3, 94. dem b. entwahsen *ib.* 7, 1153. der besemen slac Loh. 19 (*vgl.* bësemslac). ich wil gerne under dînem besemen sîn Mai *p.* 27. ir (der schuolmeisterinne) b. ist diu minne Hadam. 251; — die ir reht mit diupheit hân verworht, den gît man ze buoze einen besem u. eine schære Swsp. 255, 19. zwêne beseme und ein schêre ist ir bûze, die ir recht mit dûbe oder mit roube oder mit andern dingen verwirken Ssp. 3. 45, 9. — *vermut. über etymol. s. im* Dwb. 1, 1614; *nach* Weig. 1, 109 *aus derselben wurzel wie* bast.

be-semelen *swv.* (II². 249ª) *mit semmeln vermischen* Diem. arzb.

bësemen, bësmen *swv.* (I. 108ᵇ) *mit besen auskehren* scopare Dfg. 519ᵇ; *mit ruten züchtigen* Krol. *vgl.* Ra. 703, *wo aber die stelle aus* Herb. *zu streichen ist.*

bësem-rîs *stn.* (II. 724ª) *besenreis, zuchtrute* Pass. (65, 32. 69, 68. 184, 25. 217, 8). Otn. 1368.

bësem-slac *stm.* (II². 382ª) *schlag mit der zuchtrute* Helbl. Teichn. Frl. besmenslac Wartb. 29, 9. besemenslac Loh. 9, 52.

bësem-stil *stm. besenstil als fing. name* Ls. 3. 401, 74; besmenstil Ring 34ᵇ, 37.

bësen *swv. s.* bisen.

be-sên *stv. s.* besëhen.

be-senden *swv.* (II². 298ª) *prät.* besante, besande *part.* besant *u.* besendet *beschicken, holen lassen, allgem. vgl. noch* j. Tit. 161. Flore 1458. Krone 23024. 25658. 25670. Lanz. 6988. ich hân iuch her besant ûf mînen sal Troj. 17821 *u. oft.* het man die vor dâ hin besendet Loh, 1702. darnâch in got mit tode besande und nam in heim *ib.* 7343; — sich besenden *sich zum kriege rüsten, ein heer aufbieten* Nib. Wig. Lanz. Rul. 9, 25. Antichr. 164, 27. Pass. 328, 81. 359, 44. Orend. 2409. Orl. 7076. 10691. Türl. Wh. 96ᵇ;

be-sendunge *stf. citation.* welher aber auf solche besandunge ungehorsam ist und nicht kumbt Cp. 317.

be-sengen *swv.* (II². 299ª) *prät.* besengete, besancte, *part.* besenget, besanct *anbrennen, versengen* (ustulare Voc. 1482) Walth. Trist. Wwh. (289, 13. 290, 15. 423, 16). Herb. 17091. Renn. 19447. Apoll. 2518. Troj. 9671. Pf. arz. 2, 6ª. Zing. geo. 207; sich bes. Loh. Marlg.

be-senken *swv.* (II². 307ª) *hinabsenken* Diem. Troj. Oberl. 134.

be-sêren *swv.* (II. 255ᵇ) *verwunden, verletzen* Eracl. (5284). Bit. 5282.

be-serken, -sarken *swv.* (II². 56ᵇ) *in den sarg legen* Nib. Serv. j. Tit. 4829. 5789; besarken *ib.* 1702. 3673. 4318. 5078. 5390. 6185; *bildl.* daz trûren b. *ib.* 2871. kraft u. manheit b. *ib.* 3697. daz golt in huot bes. *ib.* 4666. es (*das gute werk*) dut die sel beserken hoch in den himelrich Altsw. 242, 12.

be-setelen *swv.* (II². 59ᵇ) *mit einem sattel versehen* Troj.

be-setzen *swv.* (II. 352ª) *prät.* besatzte, besatte *part.* besetzet, besatzt, besat *besetzen, namentlich mit menschen* (eine stat besetzen *gründen, bevölkern* Wig. Pass. ez wart nie stat besetzet mit frumen liuten also wol Troj. 17690. 17842. ein lant b. *sich da niederlassen* Kl. Loh. 6084. Ssp. 3. 42, 3. eine huobe, ein guot besetzen *pächter, lehensleute darauf setzen* Swsp. 120, 1. 2 *u. oft in urk. z. b.* Mz. 4, 162. 262. 312. eine hêrschaft bes. *mit beamten* Elis. 2089. 4031. ein reht bes. *ein gericht zusammensetzen, gericht halten* Chr. 5. 80, 25. 27. 276, 6. das lantreht mit herren, rittern und knechten besetzen Cp. 214. den rât bes. Chr. 4. 135, 31. die zunft b. *ib.* 134, 24); *umstellen, umlagern, besetzen, festhalten, allgem.; s. noch* diu tor bes. Troj. 11791. besetzet Meilân Dietr. 7030. Rômære wellent mit netzen mînen lîp besetzen Kchr. W. 6563. nû habt ir für mich iuwern lîp besetzet Ga. 2. 341, 133. mantel, besetzet mit ûzerwelten steinen Karl 31ª. *eine sache* mit gelt b. *geld darauf verwenden* Chr. 3. 166, 14. besatztes geld *angelegtes geld* Mz. 1, 510; ein guot mit dem gerihte bes. *rechtlich als eigentum ansprechen* Kulm. r. einen mit einem dinge b. *ihn verpflichten. etw. zu leisten* Weist.; — *festsetzen, bestimmen* Trist., *mit dat. einem etwas vermachen* Trist. Frl. daz gut, daz uns besetzet oder gegeben wirt Ad. 737 (*a.* 1283); den verlies bes. *erstattung des verlustes zusagen* Ssp. 3. 6, 2; — *refl.* sich an einen b. *sich an ihn als herrn halten* Lampr. sich ze wer bes. *sich wehren* Trist. — *vgl.* besitzen;

be-setzunge *stf. testamentum, legatum* Halt. 146; *s.* besatzunge.

be-sêwen *swv. s.* besæjen.

be-sëz *stnm.* (II². 338ª) *besitz* Chr. 3. 303, 14. Halt. 144; *belagerung* Mz. 1, 527. Ad. 1062.

1230. Mw. 359, 10. Mh. 3, 249 *u. oft in urk.*;
miswachs (vgl. besitzen) *u. zwar immer in
der form* bísëʒ *od.* bísëʒʒe (Berth.) Kchr.
von schûre oder von bisezʒe Mz. 2, 414. wær
aber, daʒ ain pisezʒ chæm Ukn. 484 (*a.* 1377).
Usch. 298 (*a.* 1372). *bei* Schm. *auch* bisaz, bisat.
be-sëʒ-lich *adj. u. adv. in der weise eines
rechtmässigen besitzes* Halt. 145; besezlîch
inn haben *besitzen* Oberl. 135. *vgl.* besitzlich.
be-sëʒʒen *part. adj.* (II². 334ª) *besessen (vom
teufel)* Erlœs. Mgb.; mit der ê besezʒen *verheiratet* Troj. 21807; *belagert* die besezʒen
Ulr. Wh. 167ª; *angesessen, begütert* Kulm.
Freiberg. ze Colmar, do er beseszen was Ad.
950 u. was bes. zu Memingen Chr. 5. 122, 10;
s. besitzen.
be-sëʒʒen-heit *stf.* (*ib.*) *wohnsitz* Crane,
Freiberg. 175.
be-sibenen *swv.* (II². 258ª) *mit sieben zeugen
überführen* Oberl. doch keine alten belege
(*früher:* mit siben übersagt, übervaren werden Ra. 859); *auch* besibenung *f. weist*
Halt. 146 *erst aus dem 18. jh. nach u. ich
kenne ebenfalls nur belege aus dem 17. jh.*
(dasz peinlich gefragter bei der besibnung
sein gethane confession widerhole St. *a.* 1621.
ehe die besibnung fürgenommen und verrichtet wirt *ib. a.* 1628).
be-sichern *swv.* (II². 261ᵇ) *sicher, fest machen*
Myst.; die heimstiure ûf ein guot bes. *hypothekarisch sicher stellen* Mz. 1, 361 (*a.* 1372);
von einem besichert werden, *von ihm sicherheit erlangen* Chr. 4. 178 anm. 3.
be-sidelen *swv.* (II². 237ᵇ) einen ûf ein guot b.
ihn als pächter darauf setzen Mb.
be-siechen *swv.* (II². 358ª) *krank werden* Schm.
(*aber erst v. j.* 1591).
be-siffeln *swv.* (II². 264ª) *tr. über etw. hingleiten* Wildon. er wolte besehen, waʒ im den
lip besiffelt Ga. 2. 339, 67.
be-sigelen *swv.* (II². 270ᵇ) *besiegeln, durch
siegel bekräftigen.* briefe bes. Eracl. Zürch.
r.; *versiegeln, einschliessen* Wigal. Pass.
besig. mit einem stein *am ringe* Orl. 6347.
brief mit einem insigel guldîn rîliche besigelt
ib. 10516. er wart in sînes herzen schrîn alsô
besigelt und vergraben Troj. 3249. mit im
(dem kriuze) ist grôʒ heilictuom besigelt
Rul. 257, 8. besigeltez gelt, *vollwichtiges
geld, dessen rollen durch öffentl. siegel verschlossen sind, öfter in urk.*; — als siegel
eingraben daʒ kriuze besigelet (*var.* ergraben)
an dem swerte Kchr. 8129.

be-sîgen *stv. II.* (II². 267ᵇ) beseic, besigen *md.
auch* besêgen *tr. betropfen, benetzen* Ath.
Albr. mit dem bluote gar besegen Pf. *üb.* 1, 14.
be-sîhen *stv. II.* (II². 286ᵇ) besêch, besigen
ausfliessen, versiegen Mone. ein brunne vil
oft besîhen muoʒ, ob man im den fluʒ iht
anders twinget j. Tit. 2817; *auch mit sw. part.
s.* unbesîhet.
be-siht *stf.* (II². 282ᵇ) *umsicht, sorgfalt* Gen.
Hätzl.;
be-sihtec *adj. in* vor-, vürbesihtec;
be-sihtec-heit *stf.* (II². 285ª) *fürsorge* Griesh.
(1, 121);
be-sihtec-lîche *adv. auf fürsorgende, vorsichtige weise* Hpt. *h. lied* 106, 33. 145, 15;
be-sihten *swv. besichtigen* Chr. 3. 356, 13.
Chmel *Maxim.* 200 (*a.* 1498). *ebenso*
besihtigen *swv.*; besihtigunge *stf.* Gr.w. 1,
479. 3, 351.
be-singen *swv.* (II². 301ᵇ) *von etw. singen*
Trist.; *ansingen* ein besungen bilde Herb.
1016; *mit gesang erfüllen* Neidh. (101, 21).
Mor. einen altâr bes. *messe darauf halten*
Mb. daʒ man unsern jârtag do von (*mit dem
gestifteten gelde*) begê und di kapellen
do von besinge und beleucht Usch. 111
(*a.* 1310). die pfrund besingen *die gestiftete
messe halten* Mz. 1. 367 (*a.* 1374). der abt von
Kreutzlingen sol das recht haben, die kirche
(*zu* Hausen vor Wald) zu besingen u. zu besetzen Don. (*a.* 1324);— einen (tôten) besingen,
für ihn die exequien, eine todtenmesse singen
Trist. U. Chr. 4. 62, 11. 313, 12; 5. 22, 13.
15. 16;
be-singnüsse *stf.* exequiæ Birl. 57ª.
be-sinken *stv. I,* 3 (II². 306ª) *hinab sinken*
Mart.
be-sinnec *adj.* (II². 317ª) *besonnen* Ernst;
be-sinne-lich *adj. bei besinnung, bei verstand*
Chr. 5. 166, 9.
be-sinnen *stv. I,* 3 *u. sw.* (II². 308ᵇ) *tr. worüber
nachdenken, etw. ausdenken* Bon. Ms. Teichn.
Jer. ich hân solhen trôst besunnen Msh. 2,
26ᵇ. sô lâ mich den dînen rât besinnen Neidh.
XXV, 11; *zur besinnung, zur erkenntnis
bringen, mit überlegung begaben* Ludw. Frl.
alsô hân ich des dir besint Wh. v. Östr. 60ᵇ.
68ᵇ; *refl. mit od. ohne gen. sich bewusst
werden, etw. überlegen* Bon. Ludw. Karlm.
80, 48. — *im* Wb. *wird auch intr.* besinnen
angenommen nach Ms. 2, 23ª (= Msh. 2, 26ᵇ),
doch da ist wol zu lesen: liep im sînen muot
besinnet. — *vgl. das folgd. u.* besunnen;

be-sinnet, -sint *part. adj.* (II². 309ᵃ) *mit klugheit, überlegung begabt, besonnen* TROJ. DAN. HELBL. REINFR. 91ᵇ. j.TIT. 182. 5870. *besinter man* WH. *v. Öst.* 69ᵃ; *mit überlegung ausgedacht, auf verständige weise gemacht.* sîn wâfenroc besinnet ist von solhen sachen *ib.* 63ᵇ.

be-sinnigen *swv.* (II². 317ᵇ) *zur vernunft bringen, beruhigen* DÜR. *chr.*

be-sint-lîche *adv.* (II². 309ᵃ) *mit überlegung* BON.

be-sippe *adj.* (II². 318ᵇ) *verwandt* JER. SSP. 1. 27, 1. dem tiuvel bes. MSH. 3, 101ᵇ. sîn rîcheit uns nâ besippe stât *ib.* 67ᵇ.

be-sît *adv.* (II². 327ᵇ) *aus* bî sît *beiseits, zur seite* LUDW. PASS. (91, 20. 92, 20. 108, 34. 171, 84. 174, 6. 193, 80. 280, 21 *u. sehr oft*). ERNST 2358. 2427. ALEXIUS 114, 787; *ebenso*

be-sîte *adv.* (II². 327ᵇ) *aus* bî sîte KINDH. ERNST 2374. LIVL. 5312. PASS. 229, 42; *ebenso*

be-sîten *adv.* (*ib.*) *aus* bî sîten HARTM. PASS. (175, 14. 224, 89. 344, 14). ERNST (*streiche* 2374). j.TIT. 5565. JER.; *ebenso*

be-sîtes *adv.* (II². 327ᵇ, 8) MGB. CHR. 1. 176, 16.

be-sitzære *stm.* (II². 334ᵃ) *besitzer* JER.;

be-sitzærinne *stf.* ein b. aller der fröuden MYST. 2. 413, 20;

be-sitzen *swv.* (II². 332ᵇ) 1. *trans.* (*allgem.*) *wozu* (bî) *hinsitzen* (daz reht bes. *gericht halten* DH. 337. daz lantgeriht bes. *abhalten, landrichter sein* AD. 836. MZ. 302. CHR. 4. 101, 19. daz lantreht bes. MH. 2, 687. CP. 160. daz camergeriht bes. DH. 363. kindes spil bes. *sich damit beschäftigen* ELIS. 748. 874); *umstellen, belagern eigentl.* (BIT. 7324. DIETR. 5987. 6815. MW. 193, 5. 7. MZ. 3, 67. 290) *u. bildl. bedrängen, in not, verlegenheit bringen* WALTH. PASS. mit vrâge der keiser den Lutringer besaz LOH. 3449; — *worauf hinsitzen, in besitz nehmen mit sachl. od. persönl. obj. vgl. noch* den trôn bes. MSH. 1, 9ᵇ. ein lant bes. *einnehmen* CHR. 5. 167, 14. si habent daz himelrîche besezzen RUL. 295, 27. eier, die ein strûz besaz *bebrütete* WARTB. 168, 14. jâ sint im sîniu lit mit tugenden wol besezzen MSH. 2, 356ᵇ. ir sult in besitzen *fest nehmen* REINH. 1428. diu minne gotes het in besezzen SERV. 681. in besaz ein ungunst gegen sînes meisters leben PASS. 193, 48. sus hât der slac mit kreften in besezzen LOH. 5790. der tiuvel der hât dich besezzen MAI *p.* 231 (*vgl.* besëzzen). armuot hât mich besezzen MSH. 3, 346ᵇ. mîn herze ist besezzen mit leide GA. 1. 345, 310. ein mannes herze ein wîp besaz LIEHT. 20, 15. diu mîn herze hât besezzen MSH. 1, 301ᵃ; — 2. *intr. sitzen, sitzen bleiben* PARZ. HERB. LUDW.; *an einem orte bleiben, wohnen* JER. PASS. (*vgl.* besëzzen); *unthätig sitzen, unfruchtbar sein* GEN. KCHR. (*vgl.* besëz).

be-sitz-lich *adj. im besitze befindlich. besitzlich guot* DON. (*a.* 1475); *vgl.* besëzlich.

be-sitzunge *stf.* (II². 334ᵃ) *besitznahme, besitz* MYST. EVANG. *Mr.* 10, 22; *belagerung, obsidio* DFG. 389ᶜ.

be-siuften *swv.* (II². 722ᵇ) *beseufzen* PRIESTERL. (*lies* bisiuften) WOLK. DIETR. 3806; *ebenso*

be-siufzen *swv.* (II². 723ᵃ) MYST.

be-siuren *swv.* (II². 756ᵃ) *md.* besûren *sauer machen* KIRCHB. MALAG. 55ᵇ.

be-siuwen *swv.* (II². 363ᵃ) *prät.* besûte *ein-, zunähen* KARL.

be-slac *stm. beschlag, pl.* beslege DIEF. 1470 *p.* 235.

be-slâfen *stv. red. I*, 2 (II². 364ᵇ) *beschlafen, schwängern* KCHR. j.TIT. (2477). TROJ. PASS. MOR. 1, 803. RENN. 5716. KRONE 16431. beschlaffens weib, versnitten tuoch — so wolfeil sind RING 31ᶜ, 36.

be-slagen *swv. beschlagen, umschlagen.* die warent beschlayt von stro und häw RING 8ᵇ, 25. — *im* 15. *jh. auch* beslagen *stv. für* beslahen *s.* WEIG. 1, 138;

be-slahen *stv. I*, 4 (II². 374ᵃ) *auf etw. schlagen* PARZ. KRONE. mit dem kolben umbe die want b. LS. 1. 315, 234. das holz bes. *als zimmerholz behauen* TUCH. 72, 17; *schlagend bedecken, beschütten, beschmutzen* ALBR. KRONE; *schlagend auf, an etw. befestigen allgem.* (daz pfert bes. MSH. 2, 368ᵃ. die ros man besleit EILH. 1465. mit golte wol beslagen WOLFD. 62. 238. 2077. sich in etw. bes. *sich darin festsetzen* MGB.); *umschlagen, umfangen, umschliessen* IW. PARZ. KL. den besluoc sîn tjost mit tôdes vache j.TIT. 2014. den korper si in wîze tuoch besluogen ELIS. 4747. sich in einen mantel bes. KARLM. 239, 4. 256, 55.; *durch die auf einem vogelherde gemachte vorrichtung fangen* EN. PARZ. WARTB. 174, 16; ein guot bes. *mit beschlag belegen* HALT. 143.

be-slah-hamer *stm.* malleus MB. 36ᵃ, 577.

be-slahten *swv.* (II². 387ᵇ) *einem etw. zudenken, zuertheilen* ERACL. MYTH. 817. 821.

be-slemmen *swv.* (II². 391ᵇ) *mit schlamm bedecken* KARLM. NARR.

be-slîchen *stv. II.* (II². 398ᵇ) *beschleichen, heimlich überfallen* ALBR. der tievel in beslîchet ANTICHR. 193, 30. von dem tôde beslichen TUND. 66, 35. mit bœsen listen beslichen AB. 1. 86, 286. daʒ in diu schande niht beslîche MSH. 3, 62ᵇ. ir müget beslichen werden ûf der heide *ib.* 68ᵇ; *umschleichen, ausspionieren* CHR. 2. 277, 12. 331, 11.

be-slieʒen *stv. III.* (II². 409ᵃ) *umschliessen, umspannen* ER. NIB. WALTH.; *anschliessen, festhalten, in haft od. in besitz nehmen* WOLFR. NIB. SERV.; *einschliessen, allgem.* (die tugende dîn lîp moht beslieʒen j.TIT. 5162. den grâl mit al den helden eʒ besliuʒet LOH. 7143. eine juncvrouwe besl. *ins kloster thun* ARN 21); *ausschliessen* FRL. STRICK.; *zuschliessen, allgem.* (berigeln und besl. GA. 3. 54, 419. mit besloʒʒener tür PASS. 94, 93. die hant besl. ER. 1412; vor besl. *mit dat. zuschliessen vor* A. HEINR. PARZ. BERTH.); *beschliessen, enden* GOTFR. SILV. LUDW. den tac besl. RENN. 15213. der meie die viʒ kalten zît besliuʒet MSH. 1, 40ᵇ; *festsetzen, beschliessen* MGB. — *mit ûʒ*;

be-slieʒerîn *stf.* gehôrsam was besl. der clôster hie vor und lieʒ dar în nieman durch senft leben komen RENN. 3010;

be-slieʒunge *stf.* (II². 412ᵃ) *zu-, einschliessung* MYST. obseratio DFG. 389ᵇ.

be-slîfen *stv. II.* (II². 400ᵃ) *intr. ausgleiten* GLAUB. HERB. HEINR. beslîfet im der vuoʒ FDGR. 1. 92, 15; *plötzlich wohineingeraten* HERB.; *entwischen, entgehen* MAR. RAB. DIETR. (327). der geloube ist dir besliffen KCHR. W. 3427. GRIESH. 2, 80; *trans. gleitend, schleichend berühren* den abis ob er besliffe, den himel ob er bestuonde ROTH *dicht.* 11, 304. wer sî mit herzen liebe besliffen HPT. 6. 514, 372. sie lâʒent eʒ beslîfen, swaʒ sie mit irer swachen kunst gestrîchen oder pfîfen KOLM. 120, 5. — *vgl.* beslipfen.

be-slihten *swv.* (II². 396ᵃ) *slëht, gerad machen, ausgleichen* TRIST. LOH. daʒ liut er wol beslihte KCHR. W. 3477.

be-slîmunge *stf. verschlammung eines wassers* GR.W. 1, 479. 494.

be-slipfen *swv.* (II². 402ᵃ) *ausgleiten* GRIESH. stelle ein zeichen über die helle, daʒ wir niht mugen besliphen PF. *üb.* 19, 1159.

be-sloufen *swv.* (II². 407ᵇ) *bekleiden.* nâch christen ê besloufet in die engelischen wât WH. *v. Öst.* 101ᵃ; *bedecken* mit bluot besloufet *ib.* 94ᵇ; *beschlöffen, beschleffen* CHR.

5. 139, 9; *vgl.* beschleufen ZIMR. *chr.* 2. 355, 32.

be-sloʒʒen *part. adj.* (II². 409ᵇ, 19) *fest, auflöslich* TIT.; *umschlossen, verschlossen, eingeschlossen* (*s.* besliezen). ein b. nunne SSP. 1, 26. besl. hûs *ib.* 3. 7, 4. besl. stat *ummauerte, befestigte stadt* BERTH. 290, 7.

be-sloʒʒen-heit *stf.* (II². 410ᵇ) *umschliessung* MYST.

be-sloʒʒen-lîche *adv.* (*ib.*) *verschlossen* MYST.

be-sloʒʒet *part. adj.* (II². 413ᵃ) *schlösser, burgen besitzend, burgsässig* LUDW. CHR. 2. 75, 28. 81, 12.

be-slützec *adj. verschlossen.* ein beslutziger stal GR.W. 4, 199; *s.* beslüʒʒec;

be-slützen *swv.* (II². 410ᵇ) *einschliessen* MS.; swelcher dem andern sein beschlützet gemacht auf stoʒet NP. 37. — *zu* sliezen;

be-slüʒʒec *adj. verschliessbar, verschlossen.* ein b. stal GR.W. 1, 738. ein beschlussig gaden *ib.* 4, 203. den hof beschlüssig halten *ib.* 201. beschlütz *ib.* 1, 365.

be-smæhen *swv. verspotten, beschimpfen, hieher wol mit* W. GR.: den bisment alle ANEG. 38, 26. *vgl.* WB. II². 426ᵃ, 7.

be-smalzen *swv. fett machen.* ê daʒ ir trinkt sô wischet den munt, daʒ du besmalzest niht den tranc TANH. *hofz.* 94.

bësme *swm. s.* bëseme.

be-smeiʒen *swv.* (II². 433ᵃ) *beschmeissen* SCHM. (*fürs mhd. nicht belegt*).

be-smërn *swv. s.* besmirwen.

be-smiden *swv.* (II². 428ᵃ) *md. auch* besmeden *festschmieden, einschmieden* LIEHT. KIRCHB. PASS. (158, 19. 160, 90. 201, 2. 255, 60).

be-smiegen *stv. III.* der lewe lit besmogen durch vorhte vor den katzen KRONE 30ᵃ (W.GR., *bei* SCHOLL 3820 gesmogen).

be-smirwen *swv.* (II². 426ᵃ) *beschmieren.* illinere besmirn, besmirn DFG. 286ᵇ; *md.* besmern RSP. (*wegen* ANEG. 38, 26 *s. oben* besmæhen).

be-smitzen *swv.* (II². 433ᵇ) *beschmitzen, beschmeissen.* besmitzet und gesteinet WH. *v. Öst.* 75ᵇ. mit worten besm. werden KARLM. 212, 47. — *zu* smitze.

be-smîʒen *stv. II.* (II². 433ᵃ) *beschmeissen, besudeln; fürs mhd. nicht belegt.*

be-snaben, -sneben *swv.* (II². 435ᵃ) *straucheln, stolpernd fallen eigentl. u. bildl.* TRIST. EN. HERB. PASS. (350, 60. 376, 90). swer daʒ bestrûchet, der mac wol besnaben MSF. 87, 25. hiutet, daʒ ir iht besnabet KOL. 217, 1016.

be-snîden *stv. II.* (II². 439ª) *beschneiden.* daz hâr b. Msh. 1, 119ª. nagel unde hâr b. Birkenst. *p.* 14. dô man sî (die brieve) vielt unt besneit Eracl. 1682. *bildl.* besnîde ouch dîne ôren, daz sie iht gerne hôren Hpt. 5. 25, 287. dû solt den munt besnîden an rede und an spîse *ib.* 299. wil dû gotes volgær sîn, sô besnîde alsô die sinne dîn, sint sie aber verwahsen dir — so nim dén aller wehsten stein und besnîd sie dâ mit alein *ib.* 26, 342. des muot besniten wære mit der barten Hadam. 397. hie mite wil ich die rede besn. *aufhören zu erzählen* Kell. *erz.* 250, 29; epfel, birn (Fragm. 39, 94) besn. *schälen* Myst.; — *die vorhaut beschneiden* Gen. Pass. Erlœs. besn. nâch der alten ê Germ. *Hag.* 9. 175, 254. als die Juden sint sî besniten Eracl. 5103; — entmannen nieman bedarf besnîden sich durch sînes wîbes leide Msh. 3. 468ʳ, 13 *(hieher auch* Lieht. 109, 20?); *zurechtschneiden bes. vom gewande u. dann bildl.* Trist. Winsb. (diu wort sinneclîch besnîden Winsbekin 44, 8. eine rede b. *abmessen* Elis. 3247). einen, sich besn. *bekleiden* Hätzl. von fus auf new er sich peschneit Kell. *erz.* 246, 35. da worden 600 person in ganz swarz besniten Cp. 127;

be-snîden *stn.* (II². 439ᵇ) *das beschneiden der vorhaut* Pass.

be-snîd-mezzer *stn.* ein b., dâ mite man die wînreben besnîdet Massm. *schachsp.* 115.

be-snîdunge *stf.* (II². 439ᵇ) *beschneidung der vorhaut* Exod. Kchr. *D.* 289, 5. 10. 18. 24. 29. Evang. 141ᵇ. Wack. *pr.* 50, 7.

be-snitzen *swv.* (II².445ª) *beschnitzen* Engelh.

be-snîwen, -snîen *swv.* (II². 451ᵇ) *beschneien* Bon. Ms. der (pfat) was des nahtes besnît Trist. 13501.

be-snoppern *swv.* (II². 453ª) *beschnobern* Voc. — *nd. für hd.* besnopfern, *zu* snûfen.

be-snoten *part.* (II². 450ᵇ, 3) beschnotten limitatum *soll nach* Schm. *der* Voc. 1429 haben; vielleicht beschrotten? *vgl.* Dfg. 330ᵇ.

be-snüeren *swv.* (II². 455ᵇ) *um-, einschnüren* Lanz. Mart.

be-soffen *part. s.* besûfen.

be-solgen *swv.* (II². 466ᵇ) *besudeln, beschmutzen* Loh. Krone; besulgen Leys. — *zu sol pfütze; ebenso*

be-soln *swv.* maculare, polluere Voc. 1482.

be-sorc, -ges *stm.* (II². 472ᵇ) *besorgung* Jer.; *vgl.* bisorge;

be-sorgen *swv.* (II². 471ᵇ) *mit sorge bedenken, sorgen für (die sache, mit der man versorgt im genet. od.* mit *od. mit untergeord. satz) allgem.; irrsal bes. auf abwendung desselben bedacht sein* Chr. 1. 240, 14. eine tohter bes. *aussteuern* Mz. 3, 474 *s.* 415 (a. 1361); *befürchten, fürchten mit acc. od. gen.* (Osw.) Freid. Lieht. Hadam.; *refl. sich in acht nehmen, sich versorgen; sich fürchten (mit gen. od.* vor); besorget sîn *besorgt, bedacht sein* (Elis. 3530); *in sorgen, angst sein* (Ludw.);

be-sorgen *stn.* (II². 472ᵇ) *das besorgen, versorgen* Griesh.;

be-sorger *stm.* (II². 473ª) Griesh. S. Gall. *stb.* 41ᵇ *f.*

be-sorg-likeit *stf. befürchtung* Chr. 3. 47, 3.

be-sorgunge *stf.* (II².472ᵇ) *besorgung* Griesh.

be-soufen *swv.* (II². 720ᵇ) *fact. zu* besûfen *eintauchen, ertränken* Kchr. Rul. Parz. Pass. (daz leben bes. 84, 33).

be-spæhen *swv. klug machen, unterrichten;* hieher wol Ernst 590: einen man er bespochet hat.

be-spannen *stv. red. I,* 1 *bespannen* Litan. 954.

be-spëhen *swv.* (II². 497ᵇ) *prüfend beschauen* Flore. sî bespeht ouch oben in ze tal Trist. 10004.

be-spengen *swv. mit spangen versehen, schmücken s.* unbespenget; ein bespengter *(eitler?)* jäger Aw. 3, 123 (16. *jh.*).

be-spennen *swv.* (II². 483ª) *mit der spanne ausmessen* Frl.

be-sperren *swv.* (II².487ᵇ) besperrete, besparte; besperret, bespart *zusperren; sperrend einschliessen, allgem. s.* noch mîn wambe ist besperret, die scolt dû herre entsliezen Germ. 7. 322, 256. in ringe wol bespart Otn. 1840. dem werde daz paradîse bespart Ulr. *Wh.* 155ᵇ. 244ᵈ. der in irme lîbe was bespart *ib.* 5ª. dô ime der lip was bespart under der reinen megede brust *ib.* 170. — *mit* vor.

be-spiln *swv. bespotten, belachen* cachinare Voc. 1482.

be-spinnen *stv. I,* 3 (II².509ᵇ) *umspinnen, umfassen* Pass. Frl.; mit miete b. *bestechen* Ms.

be-spiutzen *swv.* (II².514ª) *bespritzen* Karlm.; *zu* spîwen.

be-spîwen *an. vb.* (II². 513ᵇ) *bespeien* Bph. 7406. *part.* bespirn Aneg. bespûwen Jan. 18; *s.* spîwen.

be-spotten *swv.* (II². 520ᵇ) *verspotten* Diem. Krone, Aneg. 38, 21. Erinn. 394. Evang. *Mr.* 15, 20. *L.* 14, 29;

be-spottunge *stf.* illusio, obrisus, opilatio Dfg. 286ᶜ. 388ᵉ. 397ᵇ.

be-sprâchen *swv.* (II². 538ᵇ) *ansprechen.* er besprachet in also CHR. 3. 97, 10;
be-sprâchunge *stf. unterredung* CHR. 3. 378, 23.
be-spræjen, -spræwen *swv.* (II². 521ᵃ. 551ᵇ, 18) *bespritzen, md.* besprêwen HERB. DFG. 54ᵇ. das ine der regen nit besprêwe GR.w. 5, 626, *vgl.* 3, 582.
be-sprĕchen *stv. I,* 2 (II². 528ᵃ) *mit acc. der sache: verabreden, anberahmen* TRIST. KRONE, *mit dat. der person* einem den tôt b. ULR. *Wh.* 56ᵃ (TRIST. 1956 *bei Massmann u. Bechst.* gesprochen); — *mit acc. der person: anreden, mit einem sprechen* FLORE (3592. 3825 *bei Sommer* gesprechen), DIOCL. KRONE. den wirt besprach ouch dô der degen ERNST 4572; *von einem etw.* (an, umbe etw.) *bitten, verlangen* KRONE, RSP.; *beschuldigen, anklagen* TRIST. WIG. swelch man mit missetât besprochen ist APOLL. 12170 (*vgl. Sommer zu* FLORE *p.* 296); — *refl. sich worüber* (*gen. od. untergeordn. s.*) *beraten* GEN. PARZ. SERV. GERH. si giengen sich besprechen TROJ. 11600. mit der besprach sich der wîse künec *ib.* 24524. ich enwil mich es niemer verror besprechen KCHR. *D.* 385, 3.
be-spreiten *swv.* (II².550ᵇ) *über etw. ausspreiten* TROJ. Ms. (*Hag.* 1, 92ᵇ. 142ᵇ). daz gevilde iẓ (volc) bespreitet ANTICHR. 110, 33. die wege mit schilden wurden wol bespreit LIVL. *chr.* 1597; *bespritzen* wichwasser was aldâ gereit, dâ mide ward si sâ bespreit ELIS. 1944.
be-sprengen *swv.* (II². 545ᵇ) besprengete, besprancte; besprenget, bespranct *besprengen, bespritzen* EXOD. GRIESH. WG. HERB. PASS. 371, 22. ROTH *denkm.* 87, 129. BUCH *v. g. sp.* 10. 11. MARLD. *han.* 6, 11. GR.w. 1, 715;
be-sprengunge *stf.* respersio DFG. 494ᶜ.
be-spreng-wadel *stm.* aspersorium DFG. 54ᶜ.
be-sprenzen *swv.* (II². 549ᵇ) *intens. zu* besprengen: aspergere DFG. 54ᵇ. der anger steit besprenzet mit bluemlîn HANS 2989. 4602.
be-sprêwen *swv. s.* bespræjen.
be-springen *stv. I,* 3 (II². 542ᵃ) besprungen sîn *benetzt sein* GUDR. BIT.
best *s.* bezzist.
be-stabunge *stf.* (II².595ᵇ) *eidesleistung* (*nicht zu belegen*).
be-staht *part. s.* bestecken.
be-stallunge *stf. bestellung, werbung.* das sollich bestallung der fuszknecht in Niderland zu beschehen sei USCHB. 72; *anstellung, besoldung* CHR. 2, 541ᵃ; *vgl.* bestellunge.

be-stân, -stên *stv. I,* 4 (II². 576ᵇ—580ᵃ) *part.* bestanden *u. bisweilen* bestân, bestên *bestehen. allgem. u. zwar* 1. *intrans. stehen bleiben, zurückbleiben, bleiben, stand halten mit dat. der person* (diser eine mir bestuont GEN. 64, 42. weme der ohse bestât WG. 8730), *mit adj. od. part. als prädicat* (eines d. bęst. *davon abkommen* TUND.; *es zugestehen* FASN.), *ausbleiben zeitl.* NIB.; — 2. *trans. umstehen* TROJ.; *auf etw. stehen, es stehend besetzen* NIB. KL. *das lebermeer* was alsam ein walt von kieln gar gestecket und bestanden j.TIT. 6005. bestanden sîn *vom flusse, zugefroren sein* DÜR. *chr.; entgegentreten: feindlich angreifen, überfallen* (*md. auch mit dat.*) mich bestât *befällt, besond. von krankheiten, unglück, leidenschaften; an einen herangehen, ihn behandeln; etw. auf sich nehmen, unternehmen, wagen* (*mit infin. anfangen*); *miẹthen, in bestand nehmen* (TUCH. 121, 25. 269, 26. 316, 23 *u. oft in urk. z. b.* ULA 206. UGB. 526. UHK. 2, 208. Mz. 4, 314. bestandene keller NP. 253); mich bestât *mich geht an, kommt mir zu* (*auch mit dat.* SSP. 3. 73, 2); eines dinges best. *es erwerben* Ms.; bestanden sîn *zu etw.* (*gen. od. acc.*) *verpflichtet sein, bes. zu einer zahlung oder busse* RECHTSDENKM. er ist mir 30 pfunt phenn. bestanden ULA 206 (*a.* 1341);
be-standen *part. adj.* (II². 580ᵃ) *erwachsen, von gesetzten jahren* RENN. bestandener, adultus DIEF. *n. gl.* 10ᵃ. *vgl.* gestanden *u.* bestendec.
be-stander *stm.* (II². 590ᵃ) *bürge* WEIST.;
be-stant *stm.* (II². 590ᵇ) *bestand, dauer.* in bestand diser ainung USCHB. 6. *waffenstillstand* CHR. 2. 164, 2. 28. EA. 125. MH. 1, 203. *pacht, miethe* MH. 2, 256. 618. es sol kain waidman dem andern in seinen bestand und jaid geen *ib.* 808; *sicherstellung, caution* HALT.
be-stant-brief *stm. pachtbrief* DH. 34. W. WEICHB. 110.
be-stant-gelt *stm. pachtschilling* MH. 2, 254. 274.
be-stantnisse *stnf.* (II². 590ᵃ) *abgabe von einem ererbten gute, pacht* WEIST.
be-stant-reitunge *stf. rechnung über bezahlte pachtgelder* MH. 2, 793.
be-stat *part. s.* bestaten.
be-stætec *adj.* (II². 611ᵃ) *beständig* animae quus VOC. *zu* stæte;
be-stætec-heit *stf.* (II². 611ᵇ) *beständigkeit* (*vgl.* unbest.); *bestätigung* MYST. CHR. 4. 131, 15. 180, 8. Mz. 3, 267.

be-stategen swv. (II². 604ᵃ) *begraben* MD. *ged.;
hieher u. nicht mit* WB. *zu* bestætigen *gehört
wol auch* RUL. 140, 9: bestatige sî (*weise
ihnen zum wohnsitze an*) in den Abrahâmes
barm. *mit dem folgd. zu* stat.

be-staten swv. (II². 603ᵇ) *prät.* bestatte, *part.*
bestatet, bestat: *an eine* stat, *stelle bringen*
ERNST (3139). JER. EVANG. 241ᵇ; *gestatten,
zulassen* CHR. 1. 143, 27; *als aufenthalt einem
eine stelle anweisen, ihn einsetzen* KARL, TROJ.
GERM. 10, 465; *etw. an die rechte stelle bringen, anwenden, verwenden* ER. ERACL. BIT.
(11932). MSF. 33, 25; *pachtweise überlassen,
vermiethen* SSP. 1. 54, 3. 3. 44, 3; *ausstatten,
versorgen, verheiraten* PARZ. TRIST. RENN.
LIEHT. GA. 1, 500. CHR. 1. 62, 6. 207, 5. MZ.
3, 51. 4, 276; *euphemist. begraben* LANZ. PARZ.
KL. MAI, SILV. 259. HERB. 8431 u. 36. STZ.
229. UHK. 1, 306 (a. 1294). UKN. 91.

be-stæten swv. (II². 610ᵃ) md. bestêten, *prät.*
bestatte, *part.* bestætet *u.* bestæt: stæte, *fest
u. beständig machen, bestätigen, bekräftigen*
HARTM. LUDW. KRONE (als nû diu rede bestætet wart 22450. wie iuwer vriundinne iu
bestætet ir minne 24215) TROJ. (daz der lîm
sich dâ bestætet *fest wird* 9271). der kampf
alsus bestæt dô wart *festgesetzt* REINFR. 135ᵃ.
die zal ich nû bestâtte der âventiur ze prîse
j. TIT. 3277; einen best. *verheiraten* MÜNCH. r.
(*vgl.* bestaten); *etw.* best. *sicherheit dafür
leisten ib.; mit beschlag belegen* HALT. 149;
ein wilt best. *aufspüren* ZIMR. chr. 2. 89, 17.
s. das folgd.

be-stætigen swv. (II². 611ᵇ) md. bestêtigen,
contrah. bestêgen (MONE 4, 231ᵃ); *s. v. a.* bestæten GEN. RUL. (255, 7). PASS. (230, 46. 302,
31). LUDW. EVANG. 241ᵇ u. *rechtsdenkm.;
festnehmen* SSP. *s.* 130; den hirz best. *in seinem lager aufspüren* ZIMR. chr. (4. 238, 21);
einen mit strît best. *bestehen, bekämpfen*
UGB. 526;

be-stætigunge stf. (II². 612ᵃ) *bestätigung*
LUDW. contrah. bestêgunge MONE 4, 231ᵃ;
ebenso

be-stætnüsse stf. zu einer ewigen bestâtnus
sollicher bericht DH. 424.

be-statunge stf. (II². 604ᵃ) *begräbnis* LUDW.

be-stætunge stf. (II². 611ᵃ) *bestätigung* CLOS.

be-stæt-zins stm. (III. 899ᵃ) municipalia VOC.

beste adv. (I. 95ᵇ) *statt* bezzeste *am besten* IW.
PARZ. WALTH. als ich beste kan LIEHT. 2, 30.
3, 31. 194, 16. TROJ. 19699. BÜCHL. 1, 27. 136.
er sach als ieman beste LOH. 3883. sô sis
beste vinden megen WARTB. 1, 12. AMIS 968.
998. SSL. 629; *s.* baz.

bêste swv. *thier, vieh.* die beesten HANS 231.
318. 2655. — *aus lat.* bestia.

be-stëchen stv. *I*, 2 (II². 623ᵇ) einen ganc b.
einen erzgang zu bearbeiten anfangen
FELDBAUER.

be-stecken swv. (II². 627ᵇ) *prät.* bestacte,
part. bestecket, bestact, bestaht, *trans. bestecken* ER. LUDW. KRONE. mit loube sich b.
EILH. 3550. mit loube bestaht KINDH. 88, 62.
mit liehten bestact ECKE Sch. 58. mit schilt
bestaht TÜRL. Wh. 52ᵃ. sîn hant solt werden
nimmer mêr bestecket an mannen und an
vrouwen j. TIT. 5495. sîn ros was als ein bechstein erstarret und bestecket WIG. 174, 12;
aufstecken WWH. KRONE; *festsetzen, anberahmen* RSP. DÜR. chr.; — *intrans.* stecken
bleiben KRONE. daz wol ein schaft darinne
bestaket wære WIG. 177, 9. einem wolve ein
bein bestecket was in sîner keln RENN. 1976.
ob ein wagen in dem feld wer umb gefallen
oder besteckt CHR. 2. 258, 34.

be-stêgen swv. *s.* bestætigen.

be-steinen swv. *mit gränzsteinen versehen.* als
wîd die grafschaft bestockt und besteint ist.
Ostheim. weist. (WERTH.).

bestelîn stn. *dem. zu* bast: er koufe ir ein bestlî
(*strick um den hals*) LS. 2. 531, 975.

be-stellære stm. (II². 564ᵇ) *besteller, besorger*
FREIBERG;

be-stellen swv. (II². 563ᵇ) bestellete, bestalte;
bestellet, bestalt *umstellen, besetzen bes. mit
mit bewaffneten* WALTH. LUDW. KRONE, BIT.
12952. einen mit vrâge b. *zudringlich fragen* DIUT. 2, 100; *von kleidern: besetzen, einsäumen* GEN. HERB. TROJ. ELIS. 1889; *zum
stehen bringen* MGB. *die feindseligkeiten einstellen* W. 26 *s.* 37; *bestimmen, anordnen*
LUDW. er solt mit dem wirte bestellen, daz
GA. 3. 211, 521. 221, 907; *mit dat. einem etw.
als eigentum oder zum niessbrauch zuweisen*
LUDW. DÜR. chr.; *zur stelle bringen, besorgen, gewinnen* LUDW. GA. 3. 201, 147. 203,
220. CHR. 1. 25, 26; 2. 330, 12; *in stand setzen, ordnen, einrichten* LUDW. DIOCL. sich
best. *sich richten, rüsten* DH. 146. CHR. 2.
128, 28.

be-stelle-tac stm. *festgesetzter tag* GR. W. 5,
321.

be-stellunge stf. (II². 564ᵇ) *anordnung, leitung*
STOLLE chr. CHR. 2. 244 *anm.* 1.

be-steltnisse stf. (*ib.*) *anordnung, besorgung*

Stat. *d. o.* besteltnus oder gestalt, dispositio Voc. 1482.
besten *swv.* (I. 92ᵇ) *binden, schnüren* Theoph. Pass. Troj. Neidh. 8, 34. hâten an ir lîp gebestet tiure wât Parten. *p.* 46. wâfenroc, dar ûf sîn schilt gebestet rilîch und wol gevestet Orl. 1034. si bestet sîne sinne an die hœhsten wîbes minne *ib.* 4015. — *zu* bast; *mit* en-, ver-, *vgl. auch* gebesten.
be-stendec *adj.* (II². 591ᵇ) *beständig, dauerhaft* Ludw. Rsp.; *erwachsen* adultus Dfg. 15ᵃ. *n. gl.* 10ᵃ (*vgl.* bestanden); *s. v. a.* bîstendec: einem beholfen und bestendig sîn Wl. 124. Mw. 297 (*a.* 1338);
be-stendeler *stm. pächter* Cp. 273. 376; **be-stender** Gr.w. 2, 62. *s.* bestant;
be-stendigen *swv. befestigen, dauerhaft machen.* den frid best. und verewigen Dh. 406;
be-stent-lîchen *adv. auf sichere, wahre weise.* die antwurt best. geben Gr.w. 1, 410;
be-stentnisse *stf. befestigung, bekräftigung* Glar. 62. Öh. 63, 29.
bestêôn, bestîôn *stm.* (I. 108ᵇ) *ein edelstein* Parz. En.
be-stepfen *swv. anordnen, einrichten.* got hat die natur bestäpft, daz alle irdnische geschäpft des nahtes solten rasten Beh. 88, 27. — *zu* staben.
be-steppe *stn. s.* bestüppe.
be-stërben *stv. I,* 3 (II². 643ᵃ) *sterben, von erbe u. erblasser* Ssp. 1. 5, 3. 20, 5; *den tod eines andern als dessen erbe erleben* Kulm. *r.*
besterinne *stf. die flickt, ausbessert.* besterin und die tücher waschend Netz 12026. — *zu ahd.* bestan *nähen, flicken* Gff. 3, 219. Hpt. 3, 477ᵇ.
bester-rëht *stn. das recht, ein besthoubet zu erheben* Mb. 5, 561 (*a.* 1440).
be-stërzen *stv. I,* 3 (II². 645ᵇ) *rasch mit etw. bedecken* Schm.; *vgl.* bestürzen.
be-steten *swv. s. v. a.* bestaten *verheiraten* Kell. erz. 140, 14; *begraben* Herb. 10661; *vgl.* bestetenen.
be-stêten *swv. s.* bestæten.
be-stetenen *swv.* (II². 604ᵇ) *an einen* stat *bringen* Diem.
be-stêtigen *swv. s.* bestætigen.
best-houbet *stn.* daz beste houbet (I. 719ᵇ, 20) *das beste stück (vieh, dann auch gewand), welches ein gutseigentümer aus der verlassenschaft seines eigenmannes auswählen u. nehmen konnte* Gr.w. 4, 580. 5, 297. 734. Mb. 16, 389 (*a.* 1343). Oberl. 140.

bestiâ *f.* (I. 108ᵇ) *das lat.* bestia Tit.
be-stieben *stv. III.* (II². 648ᵇ) *mit staub bedecken* Serv. Bon. Pass. daz niht bestieben lâze ir rôten munt Msh. 1, 41ᵇ. mit freuden bestoben Kell. erz. 13, 18.
be-stiften *swv.* (II².630ᵃ) *gründen, einrichten, ausstatten* Gen. Kchr. (*D.* 449, 28). Nib. ez (*das kloster*) ist bestift mit guotem rât Ls. 2, 214. ir lant wart bestiftet wider *mit regierung versehen* Apoll. 14132. den zuomülnær sol der mülnær selbe bestiften Augsb. *stadtb.* 37; ein guot, ein lêhen best. *es in nutzbesitz, in pacht geben* Schm. 3, 621. Ukn. 48 (*a.* 1292). 179 (*a.* 1319). Usch. 170 (*a.* 1331). Ula 293; bestiftete und unbestiftete hofstätten (curtes cum agris et sine agris) Ukn. *einl.* XXXI.
be-stillen *swv.* (II². 638ᵇ) *ablassen* von *etw., aufhören* Windb. ps.
be-stimmen *swv.* (II².640ᵃ) *benennen, bestimmen* Zürch. richtebr. ob bestimpt *vorher genannt* Wack. mit dem bestimpten (*genannten*) heiltumb Chr. 3. 92, 21. (W. Gr. *liest* Aneg. 195ᵃ bestimt, *bei* Hahn 16, 28 bestunt).
bestîn *adj. s.* bâstîn.
be-stinken *stv. I,* 3 (II². 641ᵇ) *beriechen* En.
bestîôn *stm. s.* bestêôn.
be-stiuren *swv. besteuern.* die guot besetzen, entsetzen und besteuren Mz. 4, 166.
be-stoben *part. s.* bestieben.
be-stocken *swv. mit gränzpfählen versehen, s.* besteinen.
be-stœren *swv.* (II². 660ᵇ) *zerstören* Eracl.
be-storzen *swv. s.* bestürzen.
be-stouben *swv.* (II². 649ᵃ) *bestäuben.* iu sî der tanz erloubet, sô daz ir mîne vrouwen niht bestoubet Msh. 2, 93ᵃ; *vgl.* besteubet *berauscht* Zimr. chr. 2. 529, 8.
be-stöuwen *swv.* (II². 662ᵇ) *besetzen* Trist. H.
be-stôʒen *stv. III.* (II². 665ᵇ) *an etw. stossen, es bearbeiten, glätten.* daz ir künste vile bestôze unde vile diz rûche gedihte Mone 5, 329ᵃ; *vollstossen, vollstopfen* Krone; einen b. *oder mit worten best. anfahren, schelten* Pass.; *verstossen* Exod. *D.* 92, 34 *mit gen.* (*wovon*) Gen. Litan.
be-strâfede *stf.* (II². 671ᵇ) *s. v. a.* bestrâfunge Myst.
be-strâfen *swv.* (*ib.*) *zurechtweisen, tadeln* Bon. Myst. Troj. 21237. Marlg. 18, 171. Heinz. 2043. Evang. 241ᵇ.
be-strâfunge *stf.* (*ib.*) *zurechtweisung, tadel* Myst. Evang. 241ᵇ. Hpt. 4, 575.

be-stræjen *swv. bespritzen, bedecken.* spriƷen kleine, dâ mit die helde wît daƷ velt bestræten (: wæten) j.Tit. 880.

be-strecken *swv. part.* bestraht *ausspreitend bedecken.* heid und anger wart bestraht mit golt Reinfr. 132ᵇ. der heiden übermaht velt und anger hat bestraht *ib.* 125ᵃ.

be-strîchen *stv. II.* (II². 686ᵇ) *bestreichen, anstreichen* Hartm. Engelh. Barl. Kchr. *D.* 26, 19. Troj. 9239. 9895. Herb. 9210; *eben u. gleich streichen* Gr.w. 1, 567; *streichend berühren* Parz. Pass. Neidh. 62, 11; *erreichen, einholen, auf etw. stossen* Lanz. Karl, Herb.

be-stricken *swv.* (II². 682ᵇ) *mit einem stric fesseln oder fangen, zusammenfassen, umstricken eigentl. u. bildl.* Lanz. Barl. Pass. (bestricket als ein knote 254, 52). bestricket in der minne snuor Hpt. 2, 133. kumt diu sælde ûƷ dînen blicken, kein dîn list mac sie bestricken Msh. 3, 168ᵃ. *den feind* im felde bestr. *umzingeln* Ugb. 455. Hildemâr und Irenber wellent in bestricken Neidh. 217, 8. den muot b. Winsb. 15, 8. ich wil uns einen rât geben, dâ mit wir si bestricken Dietr. 8511. diƷ mære ich hie bestricke *endige* Türh. *Wh.* 238ᵇ. mit kurzen worten bestr. *zusammenfassen* Elis. 8807; *refl. sich verbinden, verpflichten* Elis. 4038. 8364.

be-strîten *stv. II.*(II².691ᵇ) *bekämpfen* Ludw. Livl. Dür. *chr.* Eilh. 4881. Hpt. 11. 498, 232. Chr. 2. 227, 21. 484, 13. 486, 28.

[**be-strîtunge** *stf.* II².693ᵇ.] *in* Dief.*gl.v.*1470 betritunge gesticulum *u. das wol fehler für betrigunge s.* Dfg. 261ᶜ. *n. gl.* 192ᵃ.

be-striuwen *swv. s.* beströuwen.

be-strouben *swv.* (II². 702ᵃ) *struppig machen* Helmbr.; *zerpflücken.* ouch wart im nie bestroubet der êren bluome j.Tit. 5693; *s.* bestrûben.

be-strouchen *swv. s.* bestrûchen.

be-stroufen *swv.* (II². 697ᵇ) *bei* Ot. 310ᵃ *st. part.* bestraufen (: gelaufen) *also reduplicierend? — bestreifen, streifend verletzen* Lieht. j.Tit.6050; *berupfen, enthäuten, ausziehen* Gen. Bon. Frl. ; *bildl. verkürzen, berauben mit gen. od. präp.* Gen. Rul. Wwh. beheren und bestr. Ot. 576ᵃ. wüesten und b. j.Tit. 104. lebennes bestr. *ib.* 4180. an êren die bestrouften *ib.* 3843. der sünden bestrouft (*befreit*) werden Ot. 177ᵃ.451ᵇ. von sorgen b. Altsw. 204, 4.

be-ströuwen *swv.* (II². 701ᵃ) *nebf.* bestriuwen (Aneg. Wg.) *part.* beströuwet, bestrouwet, beströut; bestriuwet, bestriut, bestreut: *bestreuen, bedecken* Wig. Iw. Troj. Dietr. 8899 *var.* die strâƷen mit scharlach bestreut Loh. 6453; *aus-, umherstreuen* Wg.

be-strûben *swv.* (II². 702ᵃ) *struppig machen* Herb.; *s.* bestrouben.

be-strûchen *swv.* (II². 703ᵇ) *straucheln, zu falle kommen, intr. u. refl.* Serv. Ms. Berth. Neidh. 90, 6. obe der bestrauchet under wegen und stirbet âne riuwe Birkenst.*p.*54; bestrouchen j.Tit. 531. 1679. 4519. 5158. 5662.

be-strûten *swv.*(II².704ᵇ) *räuberisch überfallen* Dür. *chr.*

be-studelen *swv. añhalten, ertappen.* einen diep oder morder b. Gr.w. 3, 325 (*im* Wb. II². 707ᵃ *ungenau* bestüden).

be-stümbeln *swv.* (II². 709ᵇ) *verstümmeln* Kchr. Krone, Msh.2, 202ᵇ. 249ᵇ. bestummeln mutilare, obtruncare Dfg. 374ᵃ. 391ᵃ.

be-stummen *swv.* (II². 709ᵃ) *stumm werden* Mgb.

be-stumpfen *swv.* (II². 710ᵃ) *abstutzen* Heinr.

be-stüppe *stn. s. v. a.* gestüppe; *so ist wol* besteppe Mor. 2, 223 *zu fassen.*

be-stürzen *swv.* (II².647ᵃ) *md. auch* bestorzen *umstürzen, umwenden, umwendend bedecken* Kchr. (ob man den schîn bestürzet, *bedeckt* siht Kchr. *W.* 2969) Troj. die kleider bestürzen Malag. 33ᵃ. 34ᵃ. mit einem vingerhuot best. Altsw. 150, 18; *bestreuen* und begunde sîn zelle besturzen Mönchl. 93 *u. anm.*; *bildl. ausser fassung bringen, bestürzen* Renn. Ludw.

be-sudelen *swv.* defœdare Dief. *n. gl.* 128ᵇ; *vgl.* Dwb. 1690.

be-süenen *swv.* (II². 750ᵇ) besuonte, besuonet *sühnen, versöhnen* Kchr. Spec. Anno 695.

be-süen-lîchen *adv. in friedfertiger weise.* einmütigclichen und besünlichen Mz. 4, 340.

be-sûfen *stv. III.* (II².720ᵃ. 720ᵇ, 7) *einsinken, versinken, ertrinken* Ath. Mart. Herb. Elis. (10519). Vet. *b.* 67, 6; besoffen werden *durchnässt werden* Gr.w. 4, 373.

be-sûgen *stv. III. besaugen, in* unbesogen.

be-sulgen *swv. s.* besolgen.

be-süln *swv.* (II². 466ᵇ) *md.* besuln *besudeln* Leys. Pass. ;

be-sulunge *stf.* (II². 467ᵃ) *besudelung* Voc. ;

be-sülwen, -sulwen *swv.* (*ib.*) *besudeln* Pass. Jer. Birkenst. 292; *ebenso*

be-sulwern *swv.* (*ib.*) Voc. besulvern Voc. 1482.

be-sumeren *swv. den sommer über verbleiben* GR.W. 2, 666.

be-sünden *swv.* (II². 736ᵇ) *trans. für einen sünder erklären* Ms. (*bei* Hag. 2, 160ᵇ got sünde si niht *ohne var.*).

be-sunder *adj.* (II². 737ª) *aus* bî sunder besonder MGB. RSP. ein bes. sicherheit BELIAND 4457. ELIS. 1610. 4870. *vornehm* GEST. *R.* unsern lieben, besundern Stepfan — purger zu Amberg Mz. 3, 275;

be-sunder *adv.* (II². 709ª) *abgesondert, einzeln; besonders, vorzüglich. allgem.*;

be-sunder *stf. abgesonderte wohnung.* er hat den hof desselben lehens zu seiner besunder gekauft UKN. 220 (*a.* 1325).

be-sunder-bar *adv. besonders* Mw. 183 (*a.* 1292). CHR. 5. 349, 11; *s.* sunderbar.

be-sunder-lîche *adv.* (II². 742ª) *abgesondert, besonders* MEL. ERLŒS. j.TIT. 1085; *insbesondere, vorzüglich* TEICHN. LS. 2. 559, 14.

be-sundern *adj.* (II². 741ª) *md. besonder* DÜR. *chr.*;

be-sundern *adv.* (II². 740ᵇ) *s. v. a.* besunder ATH. PASS. JER. LUDW. ERLŒS XVIII, 381. EILH. 2247. SWSP. 34, 26;

be-sundern *swv.* (II². 743ª) *absondern, trennen* TUND. KL. DAN. sich bes. von ROTH. 4268. von der welte besundert MSF. 79, 8. mit einem klôster besundert j.TIT. 5870. sîn leben und daz unser ist in mange wîs besundert TROJ. 19155. besundert *part. besonder* BIT. 3431. 4718. 4937. 5377. OT. 44ᵇ. — *mit ûz.*

be-sûnen *swv. s.* busînen.

be-sungen *swv. intr. u. tr. ansengen, anbrennen.* wart er oft erzundet mit dem viure, dâ von zimier und wâpenroc besuncten j.TIT. 3656; von minne viure besunget MART. 88, 66. — *zu* sengen.

be-sünnen *swv. der sonne aussetzen* benahtet und besunnet j.TIT. 3343. swenne diu dach besunnet wâren *ib.* 4413. — *zu* sunne.

be-sunnen *part. adj.* (II². 309ª) *besonnen, klug* GFR.;

be-sunnen-heit *stf. besonnenheit.* in bes. sîn aufmerken CHR. 2. 284, 20.

be-suoch *stm.* (II². 7ᵇ) *zinsen von ausgeliehenem gelde* OBERL. 141 (*aus Eckharts pred.*); *das recht einen ort als weideplatz zu benutzen* MB.; *s.* suoch, gesuoch;

be-suochen *swv.* (II².10ᵇ) *md.* besûchen, *suchen, nachsuchen* DIEM. SPEC. WALTH.; *aufsuchen, besuchen* DIEM. ENGELH. LUDW. (mit valle besuochte er den grüenen clê 3502) EVANG. *M.* 25, 36 *ff.* CRANE 1071. *part.* besuocht *bewohnt, benutzt* besuocht u. unbesuocht CHR. 1. 209, 9; 4. 137, 19. 170, 15. 18. TUCH. 308, 30 *u. oft in urk.*; — *feindlich anfallen* KREUZF.; *durchsuchen, untersuchen* PASS. MYST. unz er volle hati biesuochit, waz got wâre WACK. *pr.* 1, 26; CHR. 2. 283, 4; 5. 267, 19; — *versuchen, erproben* GEN. LANZ. TRIST.;

be-suochnisse *stf.* (II². 10ᵇ) *versuchung* LEYS.;

be-suochunge *stf.* (II².12ᵇ) *besuchung* EVANG. *L.* 19, 44.

be-swachen *swv.* (II². 781ᵇ) *intr. schwach, kraftlos werden.* mir enwolle dan beswachen dyt swert KARLM. 48, 25. mir enwelle dan Durendart besw. *ib.* 203, 53; *tr. schwach, kraftlos machen.* die êre besw. TROJ. *M.* 21396 (*bei* KELLER 21521 geswachet). einen b. mit tôdes arbeit ECKE *Casp.* 272; sich b. herabsetzen HADAM.

be-swærde *stf.* (II².814ª) *bedrückung, kummer, betrübnis* HARTM. FLORE, BARL. TROJ. (13720. 15702. 15740. 16050. 18361. 21011). ENGELH. 2160. DAN. 5566. SWANR. 1240. PASS. 122, 17. 201, 87; *ebenso*

be-swære *stf.* (II². 813ª) MAI, FLORE 6869. KARLM. 225, 37. 238, 27. HELDB. *K.* 118, 27;

be-swæren *swv.* (II².813ᵇ) beswârte; beswæret; beswârt *drücken, belästigen, betrüben. allgem. vgl. noch* LANZ. 5504. ER. 8398. KL. 270. SILV. 441. FLORE 3438. 3879. 3893. 7925. PRIESTERL. 519. NEIDH. 96, 12. 64, 39. MARLG. 219, 225. 225, 397. KRONE 11564. TROJ. 7588. KARLM. 238, 46. 242, 23. wer hât an im beswæret mich OTTE 171; *schwerer machen, verstärken* MGB.;

be-swærnisse *stf.* (II². 814ª) *bedrückung, beschwerde* HERB. 555. CHR. 5. 73, 28;

be-swærunge *stf. ib.* exaggeratio beswêrunge, beswêrnisse DFG. 214ª.

be-swëben *swv.* (II². 778ᵇ) *befliessen, beströmen* KCHR. (*W.* 16163 die lufte sich beswebeten).

be-sweifen *stv. red. II.* (II². 785ª) *umfassen* RUL. ATH. SERV.

be-sweizen *swv.* (II². 768ᵇ) *mit schweiss bedecken* WWH.

be-swellen *swv. aufhalten.* daz experment besw. (: gesellen) MALAG. 88ª.

be-swemmen *swv. schmelzen, schmelzend vermischen* NETZ 10900.

be-swenken *swv.* (II². 807ᵇ) *berücken, überlisten* REINM. GERH. — *zu* swanc.

be-swerære *stm.* (II². 773ª) *beschwörer* VOC. *o.*;

be-swern *stv. I,* 4 *mit sw. präs.* (II². 772ª)

unter betheuerungen bitten, beschwören GEN. KCHR. HARTM. BERTH. PASS. 97, 64. 359, 90. PANTAL. 1059. TROJ. 10531. 10582. 14027 *u. öfter.* GA. 3. 53, 362; *mit zaubersprüchen bewältigen* LUDW. PASS. MGB.;

be-swernüsse *stf.* (II². 772ᵇ) *beschwörung* GEST. *R.*; *ebenso*

be-swerunge *stf.* (*ib.*) swaz man beswerung ie gelas, der kunde si den überhort TROJ. 7428. *vgl.* ZIMR. *chr.* 4. 181, 12 — 182, 22.

be-swîch *stm.* (II². 784ᵃ) *abgang, schaden* LANZ.; *betrug* HEINR. *zu*

be-swîchen *stv. II* (II². 783ᵃ) *tr. hintergehen, betrügen* GEN. LANZ. TRIST. HARTM. (ER. 19089. BÜCHL. 1. 1144 *bei Bech* geswichen). EN. 9429. KARAJ. 57, 17. 102, 11. 112, 3. GA. 1. 465, 896. LS. 1. 231, 297; *intr. mit dat. nachlassen, ermatten* KARLM. beswichen im diu kraft began RAB. 463 *nach hs. A.*

be-swiften *swv.* (II². 787ᵃ) *beschwichtigen, niederschlagen, dämpfen* LS. 2. 228, 653 (*gedruckt part.* beswifften, *das könnte aber auch fehler für* beswiffen *sein, also von einem stv.* beswîfen, *wie auch* W. GR. *annimmt*).

be-swîmeln *swv.* extasire DFG. 219ᶜ;
be-swîmelunge *stf.* extasis *ib.*;
be-swîmen *stv. II.* (II². 793ᵇ) *von schwindel befallen werden* DWB. 1, 1602.

be-swindeln *swv.* extasire DFG. 219ᶜ.
be-swingen *stv. I*, 3 (II². 804ᵃ) *peitschen* MS. (*im citat lies* beswunge). mit beseme beswingen MART. 291, 69.

bët *präp. s.* bit.
bët *stn. bitte, gebet* LOH. 1221. 1253. CHR. 4. 323, 26; *stf. s.* bëte.
bet *stn. s.* bette.
be-taben *part. s.* beteben.
be-tage *adj.* (III. 8ᵇ) *erfahren* LS.;
be-tagen *swv.* (III. 9ᵇ) *im part. auch* beteit RENN. 13055. MSH. 2, 247ᵇ: *intr. eʒ* betaget *wird tag* GUDR. WALB. 1240; *tagen, ans licht kommen, erscheinen* WWH. MAI. KONR. BIT. 3327. 9389. wê daʒ der tac ie betaget GEO. 1763. 4200. dâ der morgen was betaget ORL. 6676. nû betagete im ein vil lieber tac TÜRL. *Wh.* 49ᵃ. ir tugent betaget alsô, daʒ ULR. *Wh.* 112ᵃ. ei waʒ ëren im betaget APOLL. 1612. wie dir mîn lip zuo hazze ist betaget WOLFD. 644. hôher trôst, der uns ist betaget MSH. 3, 40ᵇ; *den tag über bleiben, die zeit hinbringen* WALTH. BARL. HELMBR. LIEHT. 510, 18. 26. TROJ. 14858. 17181. swâ liep betaget bî trûte

MSH. 2, 141ᵇ. wer niet da benachtet, sall auch niet da bedagen GR.W. 2, 666; — *trans. als tag od. wie der tag worauf scheinen* MS. FRL. niemer tac mich betaget MSH. 2, 131ᵇ. iuch hât der sælden tac betaget GA. 2. 178, 109. KARL 38ᵃ. der aller schœnsten maget, die hie hât der tac betaget WH. *v. Öst.* 12ᵇ. vil lande dâ stênt betaget, benahtet und besunnet j. TIT. 3343. kein hûs was betaget TROJ. 17428. unz eʒ (daʒ bette) hôhe wart betaget HELMBR. 1047. betaget sîn MS. KRONE, GA. 3. 54, 421; *zu tage bringen, gebären* WIG. WALTH. RENN. ECKE *Sch.* 136. von dîner geburt ist uns betaget vil freuden ULR. *Wh.* 108ᵃ; *den tag über behalten* j. TIT. 5449; *den tag zubringen* daʒ ich ûf wâge nie halben tac betagte *ib.* 5559; *erleben* MS. (= MSF. 143, 31); *mit dat. geschehen, widerfahren* TRIST. *H.*; einen bet. *ihn auf einen bestimmten tag einladen* (KL.), *vorladen* UGB. 15. CHR. 2. 166, 2; 4. 191, 29. 35; 5. 310, 21. *s.* betegen; etw. bet. *auf einem tage, vertragsmässig festsetzen* ALTD. *beisp.*; sich bet. *alt werden* MS. — *part.* betaget *ein gewisses alter habend* PASS. ein juncvrou wol betagt ALTSW. 218, 35. als ich betagt (*alt*) gewest bin CHR. 5. 301 *anm.* 1. — *mit* ûf;

be-tagunge *stf. vorladung auf einen bestimmten tag* CHR. 2. 525, 10. HALT. 155.
bet-alle *s.* alle *instr.*
betanie *stf. s.* batônje.
bëtære *stm.* eʒ koment noch wâre betëre, die betent mînen vater ane im geiste und in der wârheit MYST. 2. 122, 25;
bëtærinne *stf.* interventrix DFG. 305ᵇ.
be-tasten *swv.* (III. 18ᵃ) *betasten, befühlen* JER. BERTH. 205, 31. HADAM. 148. ALTSW. 55, 6. mit swertes slac bet. HELDB. *K.* 82, 3.
be-tætec *adj. verschlossen.* der hof sol als betetig und also beslossen sîn AD. 980 (*a.* 2339);
s. betuon.
bët-brief *stm. bittbrief, empfehlungsschreiben* CHR. 2. 44, 9. *anm.* 5.
bët-buoch *stn. gebetbuch* KELL. *erz.* 77, 20.
bëte *stn. bitte, gebet.* das fünfte bette (*im vaterunser*) WACK. *pr.* 67, 68. swer gerne in mînem bete sî GA. 3. 6, 32. *s.* bët;
bëte, bët *stf.* (I. 171ᵃ) *bitte, gebet u. mit stärkerer bedeut. befehl, gebot. allgem., vgl. noch* WACK. *pr.* 67, 26. 39. 49. sunder bete *von selbst* KOL. 255, 361. sint mîn bete vervâhen sol *ib.* 149, 164. lât iuwer hôhe bete stân TROJ. 21844. jâ möhte ich baʒ einen boum mit mîner bete

nider geneigen Msh. 1, 122ᵇ; *abgabe (ursprüngl. von dem herrn als unterstützung erbeten).* A. Heinr. Chr. 3. 125, 13 *u. oft in urk. z. b.* Mw. 221. Mz. 3, 24. 128. W. 55 *etc.* — *zu* biten.

be-teben *stv. I,* 4 *über etw. fahren, drücken.* dô der vrosch wart betaben (: haben) mit der eiden ûf dem velt Teichn. 37;

be-teben *swv.* (III. 19ᵇ) sopire, opprimere Wittich; *vgl. zu* Loh. 5727.

bëte-biutel *stm. bettelsack* Ls. 3. 541, 104.

bëte-buoch *stn. steuerbuch* Gr.w. 6, 15.

bëtec *adj.* (I. 171ᵇ) *der* bëte, *steuer unterworfen* Oberl.

be-têdingen *swv. s* beteidingen.

be-tegen *swv. s. v. a.* betagen *auf einen bestimmten tag vorladen* Cp. 169. 286. 298.

bëte-habere *swm.* (I. 605ᵇ) *hafer als abgabe* Weist.

bëte-haftec *adj. s. v. a.* bëtec Gr.w. 5, 309. Halt. 157.

bëte-bûr *stm.* (I. 290ᵃ) sacellum Gl.

bëte-hûs *stn.* (I. 737ᵇ) *bethaus, jüdischer od. heidnischer tempel* Wig. Barl. En. Troj. 14554. 19907. 24632. Heldb. *K*. 93, 24. Jüngl. 955. Pass. 302, 40. Albr. 1, 548. 21, 530. Kirchb. 595, 17. Berth. 449, 24. Bph. 2308. 23019. 2331. 2350. 3286. 3288.

be-teidingen *swv.* (I. 335ᵇ) *aus* betagedingen *verabreden, unterhandeln, vertragsmässig feststellen* Marlg. 198, 103. Chr. 1. 116, 34. 439, 21; 2. 39, 3. 232, 23. 236, 13. 15. Mz. 1, 556 *u. oft in urk.* betêdingen Mz. 1, 499. Chr. 2. 139, 19; *in einen vertrag einschliessen* Trist. *H.*; *vor gericht bringen, gerichtlich anklagen* Halt.;

be-teidigunge *stf. verabredung.* die abrede und bet. Cp. 269. bet. des kaufs *abschliessung eines kaufes* Np. 135.

be-teilen *swv.* (III. 26ᵇ) *tr. einen theil, einen antheil geben* Mühlh. *r.*; *mit gen. berauben* (*ahd.*).

be-teit *part. s.* betagen.

bëte-korn *stn.* (I. 862ᵃ) *abgabekorn* Weist.

bëtel *stm. das betteln* Narr. 63, 1. 6. 78; *vgl.* Dwb. 1, 1726;

bëtelære, -er *stm.* (I. 172ᵇ) *bettler* Alexius, Barl. Diem. 247, 18. 23. 248, 3. Renn. 7944. Wg. 1511. Mai *p.* 319. Apoll. 1378. Wolfd. *Hag.* 255. Elis. 2682. Pass. 224, 367. Marlg. 224, 367. Karlm. 136, 1. 139, 55. Evang. *L.* 16, 20. *J.* 9, 8;

bëtelærinne *stf. bettlerin* Marld. han. 42, 3;

md. betelêren Herb. (*im* Wb. I. 172ᵇ betelære *angesetzt*) bedelêren Elis. 6155.

be-tëlben *stv. I,* 3 *begraben.* in die erden betelben Reinfr. 45ᵃ. er het in ermordet und betolben in dem tan Wolfd. 1819. wart von mir eine gruobe gegraben und betolben Troj. 38715. jâ wæren sie halp betolben Altsw. 241, 6; *s.* tëlben.

bëtel-brôt *stn.* (I. 264ᵃ) *bettelbrot* Alexius.

bëtelen *swv.* (I. 172ᵇ) iterat. *zu* biten betteln Trist. Marlg. Pass. 174, 28. 234, 95. Griesh. 2, 59. Amis 1293. Gfr. 1681. Msh. 3, 175ᵉ.

bëtel-huot *stm. hut eines bettlers* Karlm. 259, 45.

bëte-lich *adj.* (I. 171ᵇ) *um was zu bitten ziemt, bittend* Lanz. Iw. Barl. Neidh. 101, 7. Albr. 21, 267. Kirchb. 651, 17. 670, 32. betelichiu bete Flore 1763. 5746. 7131. 7966. Apoll. 20401;

bëte-lîche, -en *adv.* (I. 172ᵃ) *wie zu bitten ziemt* Iw. Krone, Loh. 4692. 7025. Türh. *Wh.* 190ᵃ. j. Tit. 4571. Liekt. 641, 18. Reinh. 333, 1135. Ga. 1. 178, 327. 331.

bëte-liute *pl.* (I. 1038ᵃ) *beter, geistliche* Gudr.; *leute die zu abgabe* (bëte) *verpflichtet sind* Weist.; *s.* beteman.

bëtel-man *stm. bettler* Mai 321. Mor. 1, 1931. Elis. 2297. 2641.

bëtel-meister *stm.* die stertzel oder betelmeister Np. 320.

bëtel-mûs *stf. bettelmaus.* heimlîch ist ein betelmûs Renn. 20657.

bëtel-orden *stm.* (II. 440ᵃ, 6) *bettelorden* Wack. *pr.* 91, 63.

bëtel-ruof *stm.* (II². 807ᵃ) *gebetlied der bettler* Alexius.

bëtel-sac *stm. bettelsack* Renn. 495.

bëtel-stap *stm. bettelstab* Ls. 2. 662, 36. Elis. 6508. Karlm. 136, 30; *vgl.* beteln mit dem stabe Teichn. 234 *u. s.* betestap.

bëtel-stat *stf.* die b. vor den kirchen, *wo die bettler sitzen* Np. 317.

bëtel-stücke *stn.* (II². 656ᵃ) *almosen* Alexius, Renn. 16901.

bëtel-wërc *stn. das betteln* Apoll. 1379.

bëtel-wîp *stn.* (III. 719ᵇ) *bettlerin* Mai, Elis. 5067; *s.* bëtewîp.

be-telzen *swv.* (III. 29ᵃ) *anstreichen, besudeln* Mart. (113, 24).

bëte-man *stm.* (II. 35ᵇ) *beter, betgehülfe.* betman Büchl.; *ein zu abgabe* (bëte) *verpflichteter, s.* beteliute.

bëte-mësse *stf.* (II. 160ᵃ) *bittmesse* Kol.

be-tempfen *swv. s.* bedempfen *u. dazu noch* dô er den wüeterich betampfte SERV. 2935.

bëten *stv. s.* biten.

bëten *swv.* (I. 172ª) *md.* bëden *prät.* betete (GRIESH. *denkm.* 13) *gewönlich* bette: *bitten, almosen bitten* LIEHT.; *beten* GEN. BARL. swer niht beten kunne, der hebe sich ûf den wilden sê, er lernt in einer wochen mê danne er hie ûzen zwâre in dem sehzehenden jâre APOLL. 16275—79; einen got beten *anbeten* GRIESH. *denkm.* 13, *in dieser bedeut. gewönlich* an, ane beten, *wobei* an *präp. od. adv. sein kann*: einen an beten *od.* an einen beten (*s. auch* anbeten). KCHR. PARZ. BARL. (*vgl. Pfeiff. zu* 269, 10). WARTB. 195, 6. — *mit* an-, ge-

bëten-brôt *stn. s. v. a.* botenbrôt HPT. 4. 427, 226. WINDB. *ps.* 165ª. WOLK. 114. 2, 12. RING 32ᶜ, 40. CHR. 4. 258, 16. SCHM. *Fr.* 1, 308.

be-tërmen, -tirmen *swv.* (III. 31ᵇ) *bestimmen* HALT. 158. *md.* bedirmen ELIS. 1407. 6468. 7524. 10026. — *aus lat.* terminare.

bëte-sal *stm.* betsaal BONUS (*Hpt.* 2) 94.

bëte-setzer *stm. der die steuer festsetzt* GR.W. 3, 420.

bëte-stap *stm. s. v. a.* betelstap KARLM. 140, 4. 149, 43. 150, 42. 49. 151, 2.

bëte-stiure *stf. steuer.* die bettstiur, die herzog Stephan geleit haut uf Höchsteten die stat Mw. 381 (*a.* 1397 *Augsburg*) HALT. 157.

bëte-vart *stf.* (III. 252ᵇ) *bittgang, wallfahrt* KCHR. TRIST. FREID. REINH. *s.* 391. LS. 1. 265, 11; 2. 83, 2. BERTH. 483, 29. PASS. (244, 14). bedevart KARLM. 7, 58. 8, 11. 20. 134, 33; bitevart TROJ. 19666. PASS.

bëte-vrî *adj.* (III. 402ᵇ) *frei von abgaben* WEIST. daz hovegesinde sol betefri sîn WERTH. *urk. v.* 1369. betenvrî MONE 5, 304.

bëte-wahs *stn. wachs als abgabe* HALT. 157.

bëte-wîn *stn.* precaria vini HALT. 157.

bëte-wîp *stn.* (III. 719ª) *s. v. a.* betelwip TRIST.

be-tihten *swv.* (III. 36ª) *prät.* betihte, *part.* betihtet, betiht *schreiben, dichten* JER. LS. daz mære bet. HEINZ. 117. 9, 2. RUD. *weltchr.* 160ᵇ. wort bet. VOC. *opt.* 32, 25; *erdichten, ersinnen* BEH. 6, 22; *in einem gedichte melden ib.* 76, 21; *mit vorbedacht zurichten* TRIST.

be-timbern *swv.* (III. 37ᵇ) *verdunkeln* Ms. kein wolken si betimbert MART. 275, 52.

be-tirmen *swv. s.* betërmen.

be-tiuren *swv.* (III. 41ª) *im werte anschlagen, schätzen* SCHM.; *unpers.* mich betiuret eines d. *zu kostbar dünken, dauern.* Wâlweinen niht betiurte LANZ. 2400 (*später auch nom.*) statt *gen.* so in syn schenck so fast bedürt NARR. 96, 6). *in diesem sinne gewönlich* betûren (III. 41ᵇ) GEN. PARZ. j.TIT. 4472. es het in liht betouret *gedauert ib.* 4817 das betaurte sêre den gast WOLFD. *Hag.* 602. — *zu* tiure, *unser nhd.* bedauern *s.* DWB. 1, 1220. GR.W. 4, 232.

be-tiuten *swv. s.* bediuten.

be-tochen *part. s.* betûchen.

be-tœne *stf. s.* batônje.

be-tœnen *swv. s.* bedœnen.

be-tœren *swv.* (III. 51ᵇ) *zum* tôren *machen, äffen, betrügen* PARZ. WALTH. PASS. (338, 26). LAUR. 476. LOH. 5463. GA. 3. 80, 1397. ALTSW. 215, 18; *betäuben* ich lige betœret âne sin LS. 3. 99, 30.

be-touben *swv.* (III. 61ᵇ) *taub machen* URST. PARZ. LOH. 307. *mit gen.* KRONE; *betäuben, besinnungslos machen* PARZ. TRIST. *H. U.* PASS. (*sehr oft*). LAUR. 474. ERACL. 1199. j.TIT. 1535; *entkräften, vernichten* GUDR. WIG. PASS. arm und rucke mit kiulen und kolben betouben ALTSW. 241, 4; *bethören* RENN. BARL. BEH. 4, 4. 103, 20; *erzürnen* REINH. — *zu* toup.

be-touben *swv.* (III. 53ᵇ) *erzwingen, zu stande bringen* HIMLF. — *ahd.* doubôn *zähmen, zwingen, eigentl. der sitte, ordnung, dem gesetze* (*ags.* theáv *ahd.* dou *in* daulich *moralis*) *unterwerfen* SCHADE 64ᵇ.

be-touchen *swv. s.* betûchen.

be-touren *swv. s.* betiuren.

be-touwen *swv.* (III. 53ᵇ, 23. 39) *intr. sich mit thau bedecken* WWH. MS. *mit dat.* dem mac unheil betouwen KOLM. 150, 6 *u. anm.*; *trans. bethauen eigentl. u. bildl.* BARL. TRIST. MARLD. *han.* 1, 3. vruht ûf al der erde ist betouwet NEIDH. 33, 37. der luft ist gesuozet, von paradîs betouwet j.TIT. 6052. sô het uns got mit sælden wol betouwet LOH. 7236. in sælden ist betouwet dîn nam TROJ. 6642.

be-trac, -ges *stm. vertrag, vergleich.* nach laut eins besigelten betrags MH. 3, 75. CHMEL *Maxim.* 90; *stf.* wie man in ein gütige betrag käm DH. 396; *sorge* Constantîn was in grôzem bedrage (: sage) KARLM. 328, 30.

be-traft *part.* (III. 85ª, 45) *fleckig* WEIST.; *s.* betreben.

be-tragen *stv.* 1, 4 (III. 72ᵇ) *tragen, bringen* ERACL.; *belegen mit* (*metallschmuck*) GLAUB.; *ertragen* LS.; *vollbringen* FRL.; *aussöhnen, beilegen mit persönl. od. sachl. object oft in österreich. urk. z. b.* MH. 1, 55. 57. 2, 165. 3,

75. Cp. 153. 154. 166. 184. 215 *etc.*; *refl. se gerere* Halt. 158;
be-tragen *swv. aber auch st. mit dem vorhergehenden vermengt* (III. 77ª) *refl. sich nähren, seinen unterhalt haben. ohne casus, mit gen. od. präp.* ab, an, mit, von Trist. Konr. Renn. Flore, Pass. Dietr. 425, 2. Netz 12773. Gr.w. 5, 508; *sich mit etw. behelfen, begnügen* Schm. 1. 484; *sich mit jem. befassen, abgeben* ich kan mich mit dir nicht betragen Wsp. 116.
be-trâgen *swv.* (III. 80ᵇ) *unpers. langweilen, verdriessen, nicht gelüsten. die sache im gen. od. mit* umbe (Parz.) *od. mit untergeord. satze; allgem. vgl.* noch Krone 12145. Troj. 21648. Msf. 208, 39. Berth. 102, 7 *ff.* — *zu* træge;
be-trâgen *stn.* âne betr. Ernst 3202.
be-tragnüsse *stf.* (II². 77ᵇ) *verköstigung* Augsb. *stdtb.*; *s.* betragen *refl.*
be-trags-brief *stm.* (I. 248ª) *vertragsurkunde* Weist.
be-traht *stn. s.* betrehte.
be-trahte, -traht *stf.* (III. 83ª) *erwägung, überlegung* Gen. von schedelicher bitracht Pass. K. 469, 73. daz durch dûplich betracht (*in diebischer absicht*) ein dieb in den garten quam Roth *dicht.* 40, 37; betraht hân *erwägen* Ga. 1. 344, 248;
be-trahtegen *swv. intr. nach etw. trachten.* daz wier alsô betrahtegen nâch dem himelrîche Griesh. 2, 58; *refl. überlegen* daz sie sich betrahtege, wie sie dem libe widerstande *ib.* 60;
be-trahten *swv.* (III. 82ª) *betrachten* Trist. Wolk. Troj. 24203. 24762. Msh. 3, 281ª; *bedenken, erwägen tr. u. refl.* Kchr. Wig. Trist. Pass. 151, 67. Msh. 3, 282ª. Er. 6178; *ausdenken, durch überlegung finden* Wig. Wwh. Er. (6127); *auf etw. denken, darnach streben* Helbl.;
be-trahten *stn.* (III. 82ᵇ) *das überlegen* Helbl. Myst. 2. 368, 40. Mgb. 29, 15;
be-trahtnüsse *stf.* (*ib.*) meditatio Voc. betrehtnus Beh. 168, 19;
be-trahtunge *stf.* (III. 83ª) *das trachten nach etw.* Griesh. (2, 65). Ga. 2. 500, 275; *innere anschauung* Myst. Wack. *pr.* 54, 189. 57, 41. Griesh. 2, 57. Berth. *Kl.* 104.
be-trant *part. s.* betrennen.
be-treben *swv.* (III. 85ª) *beflecken* Wickrams Ovid; *s.* betraft *u.* Dwb. 1, 1712.
be-trëchen *stv. I*, 2 (III. 90ª) *scharrend bedecken* (viur, gluot), *verbergen* Trist. Ms.

Ls. sîn froude wirt gar betrochin Mart. 126, 46. diu rede wart betrochen Ga. 1. 458, 125. mit falsch betrochen Hugo *v. M.* 37. *vgl.* Hpt. 5, 239.
be-trehenen *swv. beweinen.* daz nû besiuften und biträhenen solden alle die, die christen sint Priesterl. 10.
be-trehte, -traht *stn.* (III. 79ᵇ) *art u. weise zu leben* Pass. *vgl.* betrahte;
be-trehtec *adj.* (III. 83ᵇ) *überlegend, verständig* Trist. Kirchb. 593, 2. Germ. 12. 17, 220. ich wil dar ûf betrehtic in herzen unde in muote sîn Troj. 34870;
be-trehtec-lîche *adv.* (*ib.*) *mit überlegung* Gest. *R.* betr. dar an bliben Diut. 3, 6.
be-trehtnüsse *stf. s.* betrahnüsse.
be-trennen *swv. trennen, ablösen.* betrennet Apoll. 2519. dienstes betrant Rud. *weltchr.* 42ª.
be-trëten *stv.* (III. 98ª) *kommen zu, treffen, überraschen* Wolk. Jer. Pass. (mit valsche betreten sîn 258, 93); *ergreifen, gefangen nehmen* Chr. 2. 73, 34. 79, 6. 86, 22. 266, 17. *vgl.* Halt. 159.
be-triegen *stv. III.* (III. 103ᵇ) *verlocken.* daz er in zuo den sünden betrouc Aneg. 38, 74; *betrügen* (*die sache im gen. od. mit präp.* an, gegen, mit). an einem betrogen sîn *sich über ihn täuschen* Iw. 4559; *bethören, verblenden. allgem.* — *s.* betrogen;
be-trieger *stm.* (III. 105ª) *betrüger, verleiter* Voc.;
be-triegunge *stf.* (*ib.*) *betrügung* Voc. Evang. M. 13, 22. Theol. 76.
be-trinken *stv. I*, 3 (III. 92ª) *aus etw.* (*accus.*) *trinken* Jer.
be-triuwen *swv.* (III. 109ᵇ) *im treue erhalten, schützen* Loh. 3233.
be-troc, -ges *stm.* betrug Spec. 173. *zu* triegen;
be-troge-lich *adj. s.* betrügelich;
be-trogen *part. adj.* (III. 104ª) *verblendet, eingebildet* Karaj. Griesh. Hartm. (Büchl. 1, 75. Greg. 1135); *falsch, betrügerisch* Ms. Strick. ein betr. êre Büchl. 1, 246. 774. betr. freude Birkenst. 81. er ist valsch und betrogen Apoll. 20032. von gezierde daz bette niht was betrogen Ernst 2398;
be-trogen-heit *stf.* (III. 104ᵇ) *verblendung, thorheit* Ms. (= Msf. 182, 2) Myst. Berth. (398, 4). Livl.;
be-trogen-lich *adj.* (*ib.*) *thöricht* Ms.
be-trônen *swv.* (III. 114ª) *mit einem throne versehen* Gsm.

be-trôren *swv.* (III. 114ᵇ) *beträufeln, beschütten* GEN. (72,12. 83,31. 84,16). Jos.812.1292. 1320. KCHR. RUL. — *zu* trôr.

be-trœsten *swv. refl. mit gen. seine hoffnung auf etw. setzen.* diu sich mînes lebens hât betrôst COD. *Mind.* 147ᵇ.

be-troufen *swv.* (III. 102ᵇ) *beträufeln* ALTD. *beisp.* waʒʒer, daʒ diu wangen betroufetMSH. 2, 175ᵃ. sîn kleit mit bluot betroufet TROJ. 13687. betroufe in mit buteren BUCH *v. g. sp.* 8. beträufte wecke FRAGM. 30, 142. *vgl.* begieʒen *u.* HPT. 6, 269. — *zu* triefen.

be-trüebære, -er *stm.* (III. 121ᵃ) *betrüber, störer* WIEN. *handf.* ein betrüeber des landes RAUCH. *scr.* 1, 13. ein betr. aller frid und und ruwe MH. 1, 218. darumbe werdent die gerehten an dem jungesten tage gegen irn betrüebern stên MYST. 2. 368, 29;

be-trüebec-heit *stf.* (III. 120ᵇ) *betrübtheit, trübsal* MONE *schausp. md.* bedrûbekeitELIS. 1106. 1262. 1373. 2996 *etc.* ERLŒS. 1571 (*Prag. hs.* betrûbnisse *s.* GERM. 3, 469).

be-trüebec-lich *adj. betrübt, traurig.* betrûbecliches herzen ELIS. 4398;

be-trüebec-lîche, -en *adv.* (III. 120ᵇ) *mit betrübnis* MYST. ELIS. 1176. KIRCHB. 691, 19.

be-trüebede *stf.* (III. 120ᵃ) *md.* betrûbede *betrübtheit, trübsal* BON. PASS. JER. MYST. 2. 329, 30. 423, 27. 633, 16. WACK. *pr.* 43, 25. 58, 11. 25.

be-trüebe-lich *adj.* (III.120ᵇ) *md.* betrûblich *betrübt, betrübend* PASS.

be-trüeben *swv.* (III.121ᵃ) *md.* betrûben *prät.* betruobte, *part.* betrüebet, betruobt, betruopt: *trübe machen, verdunkeln* SILV. SIG. *Sch.* 87. TROJ. (sô muoʒ sich iuwer clârheit betrüeben 21345. daʒ unser liuterlîchen ê wil ein gast betrüeben 21515). daʒ gesiht betr. *schwärzen* RSP. 92 (*das citat aus* LOH. *zu streichen, es heist* betoubet); *betrüben* EN. NIB. WALTH. TRIST. PASS. 96, 54. ERNST 1945. 3281. ERACL. 2848. KARLM.225, 62; *mit gen.* ANEG. JER. der rede doch betrüebet wart ein herre TROJ. 19226;

be-trüebenisse *stfn.* (III. 120ᵃ) *betrübnis* ROTH *dicht.* 64, 132. betrüeptnüs (*n.*) WACK. *pr. s.* 277, 4. 9. betrüepnisse (*n.*) MYST. 2. 419, 7; *md.* betrûpenisse PASS. (38, 69. 250, 87. 275, 3. 379, 80). MARLG. 185, 317. 248, 236. EVANG. 242ᵃ. bedrûbnisse ELIS. 944. 1909. 4924. 6374. ERLŒS. 982;

be-trüebesal *stn.* scandalum HB. 133;

be-trüebunge *stf.* (III. 121ᵃ) angor, offensio, perturbatio DFG. 35ᵃ. 394ᵃ. 430ᵇ. PASS.

be-trüge-lich *adj.* (III. 105ᵇ) *betrüglich*GIESS. *hs.* betrogelich EVANG. 242ᵃ; *adv.* HANS 507.

be-trügnisse *stf. falschheit* NARR. 32, 18 *u. anm.*

be-trüllen *swv.* (III. 113ᵇ) *betrügen, zum narren haben* HELMBR. betœret und betrüllet j.TIT. 2961. sîn liehter glanz manec ouge nâch betrüllet *ib.* 5215. daʒ er was betrüllet GA. 2, 385, 82. — *zu* trolle.

be-truop, -bes *stm. kummer, betrübnis, md.* betrûb KIRCHB. 667, 34. 724, 13. 730, 36. 737, 61.

be-trûren *swv.* (III. 123ᵇ) *betrauern* TRIST. TROJ. 37518.

be-trûwen *swv.* (III. 109ᵇ) *s.* betriuwen;

be-trûwunge *stf.* desponsatio DFG. 176ᶜ.

betschelier, bätschelier *stm.* (I. 109ᵃ) *knappe, junger ritter* LANZ. WWH. TRIST. U. TROJ. (beschelier 9565). HELBL. APOLL. 429. 1506. 3084. 4003. 5731. 7259. 18377. von Portugal ein beschelier MSH. 2, 62ᵃ. ein watschilier jagt durch beid schar RAUCH *scr.* 2, 307. 308. welr man gern züchtig wer, sie sprechen, er sei ein betzeler ALTSW. 55, 18. batzelêre KARLM. 131, 35. bachelêre *ib.* 249, 34. 264, 29. — *aus dem dunkeln altfr.* bachelier, *ital.* baccalare (*woraus durch umdeutung auch* baccalaureus *entstand*) *worüber man s.* DIEZ 1, 41.

bët-schënke *swm. abgabeschinken.* pätschenke URB. *Son.* 91, 40. ZINGERLE *fasst es als „wadschinke"; vgl.* bëtvake.

bët-swëster *stf. nonne* MB. 19, 195. 21. 320. SCHM. 1, 217. WEST. *gl.* 48.

bette *stn.* (I, 109ᵃ) *verkürzt* bett, bet *hett, ruhebett, allgem.; s. noch* ein bette von rôsen TÜRL. *Wh.* 82ᵃ. ein bette, dar ûf ein purper was gespreit TROJ. 22648. ir bette was vil wol behangen al umbe vür den stoup GA. 2. 184, 364. *vgl.* FLORE 5959. ich wil mîn bett nâch mîner lenge WG. 9977. daʒ er nackent ûʒ dem slafe spranc vür daʒ bette KRONE 20842. ze bette und ze tische TRIST. 15394. ENGELH. 1947. KRONE 20327. MART. 141ᵃ. daʒ bette ime den tisch nam PILAT. 147, 32. sîn bette brechen LS. 3. 130, 120. siu tritet in sîn reht, swenn siu an sîn bette gât SWSP. 400, 2. ein geschunden bette GR.W. 1, 743. under ein müglich bett, nent man ein geschunden bett *ib.* 759; *feld-, gartenbeet* GL. drei bett ackers Mz. 4, 306. — *zu* biten (*mit der ursprüngl. bedeut. liegen*) *s.* DWB. 1,

1722 *u. über die einrichtung der betten* WEINH. *deutsche frauen* 334 *ff.*;
bette *swf.* (I. 111ᵇ) *bettgenossin* GEN., *wol in gebette zu bessern; bei* DIEMER 43, 4 troutgebette.
bette-bodem *stm.* (I. 220ᵇ) pluteus Voc.
bette-brët *stn.* (I. 238ᵇ) pluteus, sponda DFG. 443ª. 548ª. *bettstelle* KARAJ. KOL. (92, 65). Ls. 3. 409, 380. KELL. *erz.* 283, 9. ELIS. 1633. 8895. 8967.
bettec *adj. bettartig.* der gantz leib sol bettig sein und erhöcht MYNS. 59.
bette-dach *stn.* (I. 294ª) *bettdecke* NIB.
bette-gëlt *stn.* (I. 523ª) *bezahlung, die im bette geleistet wird* TRIST.
bette-genôʒ *stm.* (II. 398ª) *bettgenosse* TRIST. H.; *sw.* zô eime êligen wîve ind zô eine bedgenôssen HPT. 2, 553;
bette-genôʒinne *stf.* (*ib.*) LUDW.
bette-geræte *stn.* stramentum VET. *b.* 70, 7.
bette-geselle *swm.* (II². 30ª) *bettgenosse, pl.* mann u. frau TRIST. H.
bette-gewant *stn.* (III. 684ª) *bettzeug, betttücher* JER. LUDW. her füre was ir bettegewant geleit an den estrich zuo der gluot ERACL. 3740. schœn und röschez b. hieʒ man dar bereiten GA. 2. 79, 144. daʒ b. durchfüeren RING 43ᶜ, 2. *ebenso*
bette-gewæte *stn.* (III. 778ᵇ) GL. schœnez bettegewæte KOL. 251, 231 (*gedruckt* bette, gewete). betgewæt Mz. 1, 532 (*a.* 1411); *s.* bettewât.
bette-gezierde *stf.* fulamen Voc. 1482; *s.* bettezierunge.
bette-glocke *swf.* nahtes nâch der betteglocken GR. w. 4, 470; *vgl.* slâfglocke.
bette-kameræere *stm.* cubicularius DFG. 160ᵇ; *vgl.* bettekneht;
bette-kamere *stf.* (I. 782ᵇ) *schlafkammer*, cubiculum DFG. 160ᶜ. in die bettekamere des sûzen brûdegûmen GERM. 6, 146; *vgl.* camera lecti ECBASIS 689.
bette-knëht *stm.* cubicularius Voc. *Schr.* 618; *vgl.* bettekameræere.
bette-küssen *stn.* bettküssen WSP. 576.
bette-lachen *stn.* (I. 923ᵇ) *bettuch* TRIST. TÜRL. Wh. 31ª.
bette-lëger *stn.* bettelegers phlegen *krank zu bette liegen* KIRCHB. 729, 16;
bette-liger *stm. der im bette liegt, kranker.* was ouch umb die jar ein bettliger gewesen ÖH. 85, 11.
bettelîn *stn. kleines bette* ULR. 1429. SILV. 1474.

WACK. *pr.* 56, 42. MYST. 2. 81, 24. KOL. 146, 51. CHR. 5. 128, 14.
bette-mære *stn.* (II. 78ᵇ) *bettgespräch* TRIST.
betten *swv.* (I. 111ᵇ) *das* bette *machen mit dat. d. person* GEN. WIG. PASS. IW. ER. 3949. 7082. ERNST 2878. GERH. 5027. 29. FLORE 3473. 7615 GA. 2. 604, 346; 3. 50, 257. PASS. 33, 6. ein bet, daʒ wol gebettet was KRONE 13088. daʒ velt mit tôten betten DIETR. 6002. WOLFD. 2165. — *mit* ge-.
bette-reste *stf.* (II. 557ª) *ruhe auf dem bette* KL.
bette-ris *adj. bettlägerig, krank.* die kranken leut, die siech und pettris ligent USCH. 376 (*a.* 1398). den siechen und den petterisen UHK. 2, 110 (*a.* 1326). — *zu* rîsen *fallen*;
bette-rise *swm.* (II. 727ª) *der kranke* PARZ. SERV. RENN. PANTAL. 226. 994. 1057. 1105. j. TIT. 561. KRONE 14846. GA. 2. 120, 438. BERTH. 425, 28;
bette-risec *adj.* (*ib.*) *bettlägerig* BERTH. (433, 20).
bette-sac *stm.* (II². 3ª) *bettsack* WARN.
bette-schôʒ grabatum Voc. *Schr.* 1092.
bette-spil *stn.* (II². 501ª) *s. v. a.* minnespil TRIST. HELBL. GA. 2. 234, 191; 581, 67. HPT. 8. 100, 150.
bette-stal *stn.* (II². 557ᵇ) *bettstelle* GUDR.
bette-stat *stf.* (II². 601ª) *schlafstätte, bett* WALTH. A. HEINR. KRONE, TROJ. 8899. 9089. 13980. ENGELH. 6249. ULR. 668. HIMLF. 1109. KOLM. 134, 24. GA. 2. 277, 18. 280, 105; 3. 376, 74. RING 43ª, 27. CHR. 5. 387, 9; êwige b. *freiplatz, freikammer in einer pfründe* BIRL. 58ª.
bette-stolle *swm.* fulcrum DFG. 250ᵇ. er gab ir einen slag, daʒ die junkfrowe uf dem bettstollen gelag WOLFD. 1164. — *im* 16. *jh.* kommt bettstolle *als umdeutschung von „pistole" vor im invent. der zeughäuser von Nürnberg v. j.* 1560 (hs. *im germ. museum nr.* 4450ª *f.* 36ª. 39ª).
bette-strô *stn.* (II². 699ᵇ) *bettstroh* WARN. PASS.
bette-swanc *stm. schwingende bewegung auf ein bett.* ich tuon dir einen betteswanc ULR. Wh. 250ª.
bette-wât *stf.* (III. 777ᵇ) *bettzeug, bettdecke, bettücher* KINDH. HARTM. (ER. 7200. 8593). TRIST. NIB. MASSM. *denkm.* 80, 14. TROJ. 8918. 17003.
bette-zieche *swf.* (III. 874ª) *bettzieche* MAR. HELBL.; betziehe ZIMR. *chr.* 3. 155, 16. 279, 35.

bette-zierunge *stf.* fulcrum DFG. 250ᵇ; *s.* bettegezierde.

bettunge *stf.* lectisternium DFG. 322ᵇ.

bet-tuoch *stn.* emplastrum ein pettuch oder ein tuch mit salben bestrichen DIEF. *n. gl.* 149ᵇ.

be-tûchen *stv. III. u. sw.* (III. 126ᵇ, 127ᵃ) *intr. u. refl. mit wasser bedeckt werden, versinken, untergehen, in vergessenheit geraten; vom stv. nur des part.* betochen *zu belegen.* RUL. SERV.; *sw.* BUCH *v. g. sp.* PASS. (*auch* betouchen); *s.* DWB. 1, 1740.

be-tuffelt *part. betäubt, berauscht* MONE 4. 182, 65.

be-tuften *swv. mit reif* (tuft) *überziehen* MGB. 85, 27 *var.*

be-tüllen *swv. mit einem* tülle *versehen* WH. *v.* Öst. 11ᵇ.

be-tumbelen *swv.* (III. 130ᵃ) *sinnlos machen* Ms. (= HEINZ. 124, 42; *im citate lies* nunne *statt* minne). *zu* tump.

bëtunge *stf.* betunge oder flehung, preces HB. 133. oratio, obsecratio JAN. 38. 63.

be-tungen *swv.* düngen. daz im sîn antlütze wart verspît, als ez betunget wære BERTH. 254, 10. — *zu* tunc.

be-tunkelen *swv.* (III. 131ᵇ) *dunkel machen* KARAJ. (90, 9). DIUT. 3, 31. 35.

be-tuon *an. vb.* (III. 144ᵃ) *beschliessen, einschliessen* DIEM. KROL. die ros in einen marstal betuon L. ALEX. 302. ein vaz betuon PF. *arzb.* 1, 31; *euphem.* concacare ALTD. *beisp.*; *vgl.* sich betuon ZIMR. *chr.* 2. 439, 16 *u.* DWB. 1, 1704.

be-tûr *stf. wert.* an êren heten sy kain petaur legten keinen wert darauf BEH. 59, 32;

be-tûren *swv. s.* betiuren.

be-tützen *swv.* (III. 155ᵇ) *heimlich hintergehen* ULR. FRAGM. — *zu* tûzen;

be-tûzen *swv.* (*ib.*) *md.* bedûsen *betäubt, schwindlich sein* JER.

bët-vake *m.* abgabeschwein URB. *Son.* 103, 27. *vgl.* SCHM. *Fr.* 1, 689 *u.* bëtschënke.

bët-wagen *stm. frohnwagen.* man sol auch die petwegen abnemen, die des obersten amptmans und des vorstmeisters knecht zu hulzen gewinnen on allein, die dem reiche und der stat dienen NP. 305.

be-twanc, -zwanc, -ges *stm.* (III. 164ᵇ) *zwang, bedrängnis* TRIST. PASS. JER. WOLFD. 1017. TÜRH. *Wh.* 81ᵃ. MSH. 2, 121ᵇ. KARLM. 125, 53. 133, 32; bezwanc MALAG. 24ᵇ. 58ᵃ. KELL. *erz.* 240, 1;

be-twancsal *stn.* zwang, bedrückung. steur, wache und ander bedwancksal MB. 3, 199 (*a.* 1315); *eine theilung wird deshalb beanstandet, weil sie aus* furcht und bezwangsale *erfolgt sei* DON. (*a.* 1400);

be-twenge *stn.* (III. 164ᵇ) *bedrängnis, ungemach* Ms.;

be-twengen *swv. in bedrängnis bringen.* die got hatte betwenget KROL. 4564. und habt mîn herz betwenget HEIDIN 1295 (GERM. 9, 51) BELIAND 2360.

bet-wërc *stn. bau in einem flussbette, gerinne.* ein kleines werlein und petwerk von holz gemacht, darüber das selb Lankwasser felt TUCH. 219, 13.

be-twinc-lich *adj. bezwingend* KIRCHB.708,54.

be-twingen *stv. I, 3* (III. 162ᵃ) bezwingen GERM. 6, 269. *bedrängen, beengen* WALTH. Iw. swarzmâle scuohe bedwingent in die fuoze HPT. 8. 152, 265; *part.* betwungen *bedrängt, in not u. kummer* MSF. 16, 4 *u. anm.* 19, 11. 32, 2. 40, 15; *bezwingen, bändigen, allg.* diu heide betwungen lît MSF. 22, 33. walt u. bluomen die sint gar betwungen *ib.* 83, 26. bezwungen *der freiheit beraubt, eingeschlossen* CHR. 5. 103, 10; *erzwingen, zu etw.* (*gen. od.* an, ûf, zuo, *infin. od. untergeord. s.*), *allgem.* ich lêrt, daz man mit guoten dingen solt sîn vrouwe des betwingen, daz si an im stæte wære WG. 1202. bezoubert und betwungen minne und gekouft sint unminne *ib.* 1214. sîn werder lîp dekeines dinges mich betwanc TROJ. 21549. ein dinc betwungen nemen, *mit gewalt* RENN. 11992. betwungen dienest PASS. 235, 3. 310, 59.

be-twirkelen *swv. umkreisen, einengen.* melancoli betwirkelt mich HANS 1602; *vgl.* zwirkel.

be-twungen-heit *stf. bezwingung* MASSM. *denkm.* 76 = HOLLE *Dem.* 24;

be-twungen-lich *adj.* (III. 163ᵃ) *erzwungen* PARZ. FREID. SILV. 2315; *mit bedrängnis, kummer behaftet.* betw. sorgen TRIST. betw. nôt TROJ. 14339;

be-twungen-lîche, -en *adv.* (III. 163ᵇ) *gezwungen, unfreiwillig* PARZ. OTTE, TÜRL. *Wh.* 57ᵇ. DIETR. (7358); *in not, kummer* sus muoz ich von dir leben betwungenlîche MSF. 53, 30 *u. zu* 16, 14;

be-twungnisse *stf.* (*ib.*) *bezwingung* BON.

betz *stn. s.* pâcem.

betzel *swv. s.* bezel.

betzeler *stm. s.* betscheliere.

be-übern *swv.* (III. 173ᵃ) *übrig sein* OBERL.

beuchen *swv. s.* biuchen.
beuderlinc *stm. s.* bûderlinc.
beune *f. s.* biunte.
be-un-sûberen *swv.* (II². 719ᵇ) *beschmutzen* Spec. Helbl.
beunte *f. s.* biunte.
be-ur-born *swv.* (I. 152ᵇ) *zu einer* urbor *machen, part.* beurbort *zinspflichtig* Schm. (*aus* Mb. 17, 92).
be-vâhen *stv. red. I*, 2 (III. 204ª) *contr.* bevân, *prät.* bevienc, bevie, *part.* bevangen, bevân: *umfassen, umfangen* Diem. Iw. Nib. Pass. Wack. *pr.* 48, 154. Er. 2310. 7347. 7653. mit mûre bevâhen *einfriedigen ib.* 7124. mit armen bev. Eilh. 2700. wie viur alle die welt bevienge Karl 91ᵇ. mit worten b. Pass. 98, 17. mit gedaŋken b. L. Alex. 6835; *in sich begreifen* Heinr. 714. 2807. 4375; *mit furchen einfassen, befurchen* Neidh. (*vgl.* bívanc); *erfassen, einnehmen* Diem. Rul. Troj. Pass. er bevie sie mit der hant Rul. 297, 15. die tür b. Ernst 2914. der tievel hât dich bevangen Karl 131ª. den wec b. Türh. Wh. 14ª. daz sie der slâf bevienge Elis. 1604. ein wunder sie bevienc *ib.* 2540. ein gesprêch b. *anfangen ib.* 4583; *nötigen, zwingen* die liut, die nit verburgot hettin, die süllen wir bifangen und halten, daz siu verburgin Mz. 1, 483; — *part.* bevangen, bevân *ergriffen, umfasst, begabt, vgl. noch* bevangen mit kinde, impregnata Dfg. 290ª. mit stâle b. *bekleidet* Rul. 107, 29. sîne hût mit swînes bursten b. L. Alex. 5368. mit zarter varwe b. Flore 1836. mit rœte b. Greg. 3260. der roc was bevangen mit einem mantel Er. 1565. mit rîcheite b. Ernst 2608. mit swære bevân *ib.* 2666. mit bôsheit b. Wg. 4374. mit witzen b. *verständig* Elis. 9813. mit klage b. Krone 11513. mit vreuden b. Dan. 6349. — *mit* umbe; ge-.
be-vallen *stv. red. I*, 1 (III. 218ᵇ) *intr. fallen, hinfallen* Bihteb. Wack. *pr.* 1, 24. 25 27; *mit dat. gefallen* L. Alex. Marld. *han.* 46, 36. 77, 17. 97, 30. 110, 36. dînen knehten bevielen (placuerunt) sîn steine Jan. 42; *tr. überfallen* Livl.; *fallend bedecken, ausbreiten über* Rul. Elis. (8650). Altd. *beisp.* daz (*gesinde*) het bevallen gar ein snê Kl. 1443. mit armuote bevallen sîn Ab. 1, 308. der lîp sî hie bevallen mit dekeiner swære Frauentr. 636.
be-valt *part. s.* bevellen.
be-valten *stv. red. I*, 1 (III. 230ᵇ) *zusammenfalten* Eracl. Marld. *han.* 20, 16. 70, 31; *umstricken* Jer. mit kreften er in sô bevîlt *ib.* 39ᵈ.
be-vangen *part. s.* bevâhen.
be-vâren *swv.* (III. 271ª) *befürchten* (*nicht zu belegen*).
be-vasten *swv.* büssen, *abbüssen* Eilh. 1605.
be-vazzen *swv.* (III. 284ª) *besetzen, befestigen* Jer.
be-vêheder *stm. befehder, feind.* beschediger und bevehder Dh. 415.
be-vëhten *stv. I*, 2 *bekämpfen.* den teufel befechten Folz (Hpt. 8, 534); *s.* unbevohten.
be-vëlch *stm.* (*f.*) *übergebung.* ein guot in bevelch haben Schm. 1, 529 (*doch ohne beleg*). in erblichen befehl haben Halt. 113 (*a.* 1460); *obsorge* die armen in bevel haben Halt. *a. a. o.; auch fem.* und bitten uns in gnediger bevelch zu haben Dh. 3, 20.
be-vëlen *swv. s.* bevëlhen.
be-velgen *swv.* (III. 295ᵇ) *prät.* bevalgte, bevalcte *sich oder einem andern etw. zueignen, übergeben* Gen. Karaj.; *s.* velgen.
be-vëlhen *stv. I*, 3 (III. 315ª) *md.* bevëlen, *prät.* bevalch, beval, *part.* bevoln, bevaln (Evang. 242ª, *bei* Jer. *auch ein prät.* bevul): *übergeben, überlassen, anempfehlen, anvertrauen bes. zum schutze, allgem. vgl.* noch swem du bevilhest die porten Ulr. Wh. 169ª. sie bevulhen got beide ir nôt *ib.* 279ª. daz gesinde daz bevalch ich gote Iw. 393. einem die tür bev. Eilh. 7565. mit dem mezzer bevalch (*versetzte*) erm einen stich Lanz. 1180; der erde bev. *oder bloss* bevelhen *begraben* Gen. er hiez sich bevelhen ze sînen vorderen *ib.* 82, 41. swâ man bivilhet daz vil arme gebaine Erinn. 584. der molte die lîch b. Serv. 1987. daz lîch b. Wartb. 119, 3. ê ich der erde bevolhen werde Er. 6416. den tôten man der erde b. Gr. w. 4, 390 (*s.* bívilde). — *anheimstellen* Berth. Iw. 7653; *als geschäft übertragen, anbefehlen* Rul. Parz. Wig. Trist. dem zwei amt sint bevoln Pass. 120, 61;
be-vëlher *stm.* (III. 316ª) commendator Myst.;
be-vëlhnüsse *stf.* (III. 316ᵇ) *auftrag, befehl* Chr. 2. 123, 12; 5. 300, 20; *obhut* Wolk.
be-vëlhnüsse-brief *stm.* künigliche, keiserl. bev. mandata Chr. 2. 163, 3. Don. (*a.* 1436).
be-vëlhunge *stf.* (III. 316ª) commendatio, mandatum Kulm. *r.* Schemn. *r.*
be-vellen *swv.* bevalte, bevalt *zu falle bringen.* der uns an deme kriuze bevalte Gen. 23, 14.

daz er uns bevelle hin zuo der helle GLAUB. 949.
be-vëlten? schrîen hôrt ich lûten schrei, zwei kriuz dô bevelten (: selten) MSH. 3, 292ᵃ.
be-vencnisse *stn. umkreis.* in deme bevencnisse des götlîchen liehtes MYST. 2. 386, 37;
be-vengen *swv. in einen bîvanc thun, einschliessen.* hertlich wirs mögen befengen KIRCHB. 626, 20.
bevernelle *f. s.* bibenelle.
be-vëspern *swv.* (III. 304ᵃ) *tr. einen vespergottesdienst halten für* GRIESH. *denkm.*
be-vesten *swv. befestigen.* diu sich in herzengrunde hât bevestet (: gestet) MSH. 2, 141ᵃ; *bestätigen* wir vernewen und bevesten auch *die freiheiten* UHK. 2 anhang 22 (*a.* 1396); *s. das folgd.*
be-vestenen, -vesten *swv.* (III. 277ᵃ) *befestigen, fest machen* PASS. 117, 26. 161, 5. 163, 82. reht als ein herre sîne burc bevestent BERTH. 307, 3. man bevestente in in kloben PASS. 163, 82. ir sun gevangen wart und bevestent vil hart in kerker unde in halsrinc MARLG. 41, 10 (= PASS. 143, 78); *festsetzen, bestätigen* JER. BRÜNN. *r.; verloben* KARAJ. ANEG. GUDR.;
be-vestigen *swv.* (I. 276ᵇ) *befestigen. das schloss* mûren und befestigen GR.W. 3, 333;
be-vestunge *stf.* (III. 276ᵇ) affirmatio, fulcimen VOC.
be-vílde, -vilhede *stf. s.* bívilde.
be-villen *swv.* (III. 295ᵃ) *geisseln, stäupen* ROTH. — *zu* vël.
be-viln *swv.* (III. 314ᵃ) *unpers.* mich bevilt ein dinc (LOH. 5026. MSH. 3, 343ᵇ) *od. gewönlich eines dinges, mir ist dessen viel oder zu viel, es verdriesst mich, allgem.* (*bei* HARTMAN *wol nur* ER. 2271). *vgl. noch* LANZ. 7739. FLORE 4598. 4670. GEO. 4167. ERNST 4857. BIT. 6918. DIETR. 2104. 4704. WOLFD. 179. 728. 1296. 1372. 1421. HELBL. 2, 1380. HEINZ. 123. 36, 5. PASS. 108, 27. 189, 44. 233, 23; *im* PARZ. *auch persönlich* ich bevil eines d. (174, 16 *im* WB. *unter den unpers. beisp.*) *ich halte dafür, dass dessen viel sei, halte es für gross, bedeutend;* ich bevil gegen einem (415, 28) *thue ihm zu viel, zu wehe.*
be-vinde-lich *adj. empfindlich.* bev. mitlidunge WACK. *pr.* 91, 37.
be-vinden *stv. I,* 3 (III. 319ᵇ) *finden* NIB. KL.; *erfahren, kennen lernen, vernehmen mit acc. od. untergeord. s., allg.* (ez bevinden *eine beliebte formel im* IW. *s. zu* 4243) TROJ. 17112. FLORE 2168. MSF. 118, 26. KARLM. 142, 51; *empfinden mit gen.* MS.;
be-vinden *stn.* des enhân ich kein bevinden *das merke, fühle ich nicht* MYST. 2. 461, 25;
be-vindunge *stf. empfindung, wahrnehmung* MYST. 2. 289, 16. 463, 4.
be-vinstern *swv. finster machen* MYST. 2. 160, 32.
be-vitzen *swv.* (III. 333ᵇ) *umwinden, umgeben* JER. — *zu* viz.
be-vlëcken *swv.* (III. 338ᵃ) *beflecken* MYST. EVANG. 240ᵃ. ELIS. 5104; bevlicken *ib.* 7747. 7769. 8718;
be-vlëcker *stm.* maculator DFG. 342ᵃ;
be-vlëckunge *stf.* maculatio DFG. 342ᵃ. selig ist der rîche man, der so wirt vunden âne bevleckunge WACK. *pr.* 72, 19.
be-vlëhten *stv. I,* 2 (III. 341ᵇ) *umflechten, bestricken* JER. daz (herze) sich in pin bevlihtet zuo einem vröuwelin HÄTZL. 1. 67, 7.
be-vlicken *swv. s.* bevlëcken.
be-vliegen *stv. III.* (III. 343ᵇ) *fliegend bedecken* KARAJ.
be-vliehen *stv. III. fliehen, flüchten.* den sol er niht behalten noch behausen, er chom danne beflohen zu im Mw. 193, 4 (*a.* 1293).
be-vliezen *stv. III.* (III. 348ᵇ) *intr. fliessen* PASS.; *tr. fliessend bedecken* LUDW. LAMPR. mit sweize bevlozzen HERB. 7151. mit sûzicheide b. MARLD. han. 54, 12. mit gallen b. ALBR. 6, 153. mit bluote b. RUL. 293, 12. KARL 112ᵃ. KARLM. 79, 22. *mit gen.* MS.; *umfliessen* LIVL. JER. KIRCHB. 665, 55. daz mer bevlôz den walt TROJ. M. (*bei* KELL. 23019 beslôz).
be-vogten *swv.* (III. 360ᵇ) *prät.* bevogte (LOH. 5427), *part.* bevogt *beschützen* WOLFR. j. TIT. 892. 4520. 5017. 5059. 5625. 6076. ULR. Wh. 285ᵇ. KCHR. D. 248, 22. SPEC. 88. GR.W. 4, 293. STZ. 229; ein kint bev. mit — *ihm einen vormund geben* GR.W. 1, 278; *unterwerfen, bewältigen* LOH.
be-volgec *adj. folgsam mit gen.* des suln wir bivolgeg sîn AD. 639.
be-volhen-schaft *stf.* commendatio bevollenschaft GR.W. 2, 246.
be-vollen *adv.* (III. 363ᵇ) *aus* bî vollen *völlig* NIB. GUDR. WALTH.
be-vor *adv.* (III. 374ᵇ) *aus* bî vor *räuml. vor, vorn, voraus* HERB. JER. enneben oder bevor GA. 2. 112, 19. bevor nemen, haben MH. 3, 269. *oft im eingange der urk.* unsern dienst etc. bevor *voraus, vorangestellt z. b.* CHR. 5. 351, 22. 357, 32. 359, 6; *vorzug bezeichnend*

PARZ.; — *zeitlich: vorher, vorhin* DIEM.
WALTH. PARZ., *s. das folgd. u.* bevür;
be-vorne, -vorn *adv.* (III. 379ᵇ) *s. v. a.* bevor,
bes. in md. denkm. vgl. noch KOLM. 6, 99.
PASS. 192, 76. 216, 3. 267, 46. ALBR. 1, 228.
10, 435 *u. öfter;* hie bivorn MSF. 134, 30.
bevorent KARLM. 202, 45.
be-vor-sëhen *stv. s.* unbevorsehen.
be-vrâgen *swv.* (III. 392ᵃ) *befragen* FREID. er
hat sich befraget, *erkundigt*, wie sie gesitet
sei UGB. 317;
be-vrâgunge *stf.* GR.W. 1, 551.
be-vriden *swv.* (III. 406ᵇ) *frieden u. schutz
verschaffen mit acc. u. gen. od. präp.* von,
vor EN. HARTM. WG. PASS. (88, 53. 156, 72.
181, 5. 185, 42. 255, 61. 300, 74 *etc.*). dich
welle got bevr. WINSBEKIN 23, 10. bevridet
vor allen scharpfen snîden TROJ. 9553. daz
lant b. ULR. *Wh.* 196ᵇ. MH. 2, 47. die mül beschirmen und bevr. Mz. 4, 262. den kriec bevr.
NP. 34. sich mit einem bevr. *frieden schliessen* CP. 291. sich vor schanden bevr. *schützen*
WINSB. 43, 8; — *umfriedigen, umzäunen*
WIG. MYST. der bevridete boumgarte WERNH.
v. N. 37, 4. daz obez bevr. GEIS. 438; einen
bevr. *sein eigentum von dem eines andern
durch einen zaun, eine mauer trennen* TUCH.
280, 13 *ff.*;
be-vridigen *swv. beschützen* GR.W. 5, 694.;
be-vridigunge *stf.* gemaine bevr. *allgemeiner
friede* UGB. 445;
be-vridunge *stf. einzäunung* TUCH. 265, 14.
be-vrîen (III. 404ᵃ) *befreien, frei machen* vor
NEIDH. 84, 2.
be-vriesen *stv. III. gefrieren* GERM. 12. 203,
62. der sê was befrorin KIRCHB. 659, 41.
be-vristen *swv. erhalten.* dâ von diu menscheit
bewachet wirt und och bevristet MART. 166,
27.
be-vrühtigen *swv. den acker besäen, oft in
urk. des* 14. *u.* 15. *jh. s.* VILM. 111.
be-vüegen *swv. md.* bevûgen *refl. eine befugnis ausüben* ELIS. 7945.
be-vul *prät. s.* bevëlhen.
be-vür *adv.* (III. 378ᵃ) *s. v. a.* bevor *räuml. u.
zeitl.* PASS. einem bev. sîn *ihn beschützen*
ELIS. 6229.
be-vürhten *swv.* (III. 386ᵇ) *prät.* bevorhte *befürchten* TRIST.
be-wachen *swv.* (III. 450ᵇ) *bewachen* GSM.
LUDW. JER. SILV. 2566. MSH. 2, 155ᵇ. TROJ.
17155. 19238. 21209.
be-wagen *swv. refl. sich bewegen* EILH. 1503.

be-wahten *swv.* (III. 452ᵃ) *bewachen.* so er
wol daz hûs bewahtet (: trahtet) ULR. *Wh.*
175ᵈ. biwahten DIEM. *vgl.* SCHM. *Fr.* 1, 189.
— *zu* wahte.
be-wæjen *swv. anwehen.* mich hânt oft winde
bewæjet KOLM. 6, 673. was der wint bewêt
GR.W. 1, 162. 5, 626 (*vgl.* 3, 582). sô schöne
kint bewêwete nie der wint HERB. 16475.
be-wal *prät. s.* bewëllen.
be-walgen *swv.* (III. 672ᵃ) *bewälzen* SCHM.
be-wallen *stv. red. I,* 1 (III. 470ᵇ) *intr. hervorwallen, sprossen* MARLG.
be-wanc *adj. beweglich.* Karl was sô lîchte
ind sô bewanc (: spranc) KARLM. 91, 55; *vgl.*
bewenke.
be-wanden *swv.* (III. 684ᵇ) *bekleiden* RUL.;
vgl. bewinden.
be-wænen *swv.* (III. 498ᵃ) *beargwöhnen, in
verdacht haben, mit acc. u. gen.* (der minne
bew. REINFR. 30ᵇ) *od. präp.* umbe, ze TRIST.
be-want *part. s.* bewenden.
be-war *stf.* (III. 507ᵃ) *schutz, bewahrung* HÄTZL.
die got in sîner bewar (: dar) behalten hât
ANTICHR. 130, 29. bîwar ELIS. 4666. 7933.
8616. 9938;
be-waræere *stm. beschützer* PF. *üb.* 70, 24. des
tors b. *thorhüter* KIRCHB. 803, 64;
be-wärde *stf. versehung mit dem abendmahl.*
sollent nemen von der kilchen zuoLagelheim
touf, bewerde und begrebede GR.W. 4, 146;
s. bewarn.
be-wærde *stf.* (III. 523ᵇ) *beweis, entscheidung*
TRIST. ich sal lesen Karles bewêre van
Vranckrîch KARLM. 67, 20. — *zu* wâr;
be-wære *adj.* (III. 521ᵇ) *bewährt, zuverlässig*
KCHR. (*bei D.* 280, 13 bewærte liute). Ms.;
be-wæren *swv.* (III. 523ᵃ) *prät.* bewârte, *part.*
bewæret, bewârt *als wahr darthun, wahr
machen, beweisen, allgem. vgl. noch* SILV.
742. 1675. 3038. TROJ. 12108. 17744. 21022.
ir rede sich bew. began *ib.* 23387. die wârheit b. j. TIT. 4782. die wir an disen worten
bewæren *durch das citat kenntlich machen*
ERINN. 377 *u. anm.; oft in der rechtssprache*
SWSP. 419, 39. SSP. 2. 4, 3. mit kuntschaft
bew. AD. 770. êlich nôt b. Mw. 59, 1 (*a.* 1255).
wir bewêren und bestêten disen kauf mit unserre stat insigel DM. 62; — *als wirklich darthun, erproben* GEN. IW. PARZ. TRIST. bewærte liute KCHR. *D.* 280, 13 (*s.* bewære). des
lîbes ein bewæret helt TROJ. 19121. 25224.
bewærter vriunt BASL. *hs.* 36ᵇ. bewêrter bösewiht *bekannt als schlechter mensch* (WACK.);

be-wær-lich *adj.* (III. 521ᵇ) *wahrhaft* BRÜNN. *r.*
be-war-lîche *adv. auf sorgsame weise* CP. 233. 237;
be-warn *swv.* (III. 507ᵇ) *sorgen für, besorgen, bewahren vor, gegen (mit gen.,* von, vor), *allgem.; spec. einem das abendmal reichen* STAT. *d. o.* WACK. *pr. s.* 257, 35. 258, 2 (daȥ volk bew.). CHR. 2. 256, 29. du solt bîhten und dich bewarn GERM. 3. 421, 32. mit dem sacrament bew. MH. 3, 206. CHR. 3. 410, 12; 5.51, 16; den prief mit dem insigel bew. *verschliessen* UGB. 364. ein slôȥ bew. *behaupten, vertheidigen* CHR. 2. 88, 37. die êre gegen einem bew. ihm vor beginn der feindseligkeiten einen fehdebrief senden CHR. 2. 71, 22. 143, 5. 514, 19 *od. bloss* sich gegen einem bew. CHR. 1. 154, 12 (*vgl.* unbewart). sich an einem bew. *seine pflichten gegen ihn erfüllen* PARZ. GREG. ELIS. 3186; *euphem.* einen bew. *begraben* WIG. LAMPR.; — *verhüten, abwenden, unterlassen, allgem.;* — *refl. mit gen. sich in acht nehmen vor* NIB. WIG. PARZ. FLORE.
be-warnen *swv.* (III. 526ᵇ) *sorgen für, bewahren.* wele frouwe ir êre bewarnen wil GERM. 12, 230. swîn und gense halten und bewarnen GR.W. 1, 230; *versehen mit* SCHM. *refl., sich vorsehen* KRONE;
be-warnunge *stf. vorsicht, hut* RAUCH 1, 14.
be-wærnüsse *stf.* (III. 523ᵇ) *beweis* GEST. *R.* — *zu* wâr.
be-warren *part. s.* bewërren.
be-warsam *adj.* (III. 507ᵇ) *cautelosus* VOC.
be-warten *swv.* (III. 531ᵃ) *im auge behalten, in acht haben.* den wec b. WALTH. diu kint b. SPEC. 147, 122. die rôsen b. MSH. 3, 108ᵇ.
be-warunge *stf.* (III. 509ᵇ) *sorgfalt, achtsamkeit* GEN. *D.* 3, 21; *das bewarn der êre durch zusendung eines fehdebriefes* CHR. 2. 71, 22. 143, 5. 515, 36. *preservantia, bewarung so hofleute tun, so sie veinde werden* VOC. 1482; *s.* bewarn.
be-wærunge *stf.* (III. 523ᵇ) *beweis* WIEN. *handf.* LS. 2. 467, 29; *bestätigung der wahrheit* AD. 632. GR.W. 1, 185; *auslegung* THEOL. 110.
be-waschen *stv. I,* 4 *refl. sich waschen* MGB. 384, 18.
be-wasen *swv. mit rasen* (wase) *bedecken* HANS 2194.
be-waten *stv. I,* 4 (III. 535ᵃ) *tr. auf, über etw.* waten *schreiten* FRL.
be-wæten *swv.* (III. 778ᵇ) *bekleiden* KCHR. den vrostigen bewæten KARAJ. 30, 4. — *zu* wât.

be-wëben *stv. I,* 1 (III. 611ᵇ) *beweben* MS.
be-wëgære *stm.* (III. 636ᵃ) *beweger* MYST.
be-wege *stf. bewegung.* mit grôzer bewege (: slege) MART. 159, 27; *ebenso*
be-wegede *stf.* (III. 643ᵃ) ANEG. MYST.
be-wëge-lich, -wëgenlich *adj.* (III. 636ᵃ) *beweglich* BARL. PASS. MYST. WACK. *pr.* 63, 59. der engele ist bewegilich, der meniske tôtlich KCHR. 2438. 3284 (*an der zweiten stelle bei* DIEMER 100, 27 ewegelih). er sach diu kint beweglich sîn als ein wint ROTH. *dicht.* 4, 104. daȥ sî von sînre burde bewegelich ouch wurde ELIS. 7572;
be-wëge-lîche, wëgen-lîche *adv.* (*ib.*) *beweglich* BERTH. 375, 20; *entschlossen, tapfer* DIETR. 9168.
be-wëgen *stv. I,* 1 (III. 631ᵃ) *md. prät.* bewûc *nach I,* 4 *bewegen* BIT.; *refl. mit gen. sich seitwärts bewegen, abwenden: sich entschlagen, meiden, verzichten; sich auf die glückswage legen, sich auf geratewol wozu entschliessen mit od. ohne gen.* — *allgem.;*
be-wëgen *part. adj.* (III. 631ᵇ, 50) *entschlossen, unverzagt* BIT. RAB. DIETR. (5384. 8602 *u. oft*) MAI 153. AB. 1, 339. 2, 149. OT. 198ᵃ. 380ᵇ. 503ᵇ. 507ᵃ. 539ᵇ *etc.*;
be-wegen *swv.* (III. 642ᵇ) *bewegen eigentl. u. bildl. im prät. u. part. auch contrah.* beweite (j. TIT. 5572). beweit *bes. in md. denkm. vgl.* ER. 4685. 9940. BÜCHL. 1, 1730. 2, 563. daȥ ez sî niht bewege, *beunruhige ib.* 1, 324. vrou minne muoȥ sî mir bewegen, *mir geneigt machen* IW. 1638. sîn herze sich beweite BIRKENST. 285. *part.* bewegt sîn wider einen, gegen einem, *aufgebracht, erbittert sein* CHR. 2, 137. 11, 18. 221 *anm.* 1; *refl. sich bewegen, auf den weg machen.* ze jungest bewegete sich der man KCHR. *D.* 86, 16; *sich entschliessen* MAI, ER. 3828.
be-wëgen-heit *stf. entschlossenheit* j. TIT. 226.
be-wëgen-lich *adj. s.* bewëgelich.
be-wëgunge *stf.* (III. 636ᵃ) *bewegung, reizung* MYST. (2. 214, 21). WACK. *pr.* 63, 57. EVANG. 342ᵃ; *rührigkeit* CHR. 1. 246, 12.
be-weichen *swv.* (III. 617ᵇ) *erweichen* HERB. MYST.
be-weine-lich *adj. zu beweinen* FRLG. 120, 607.
be-weinen *swv.* (III. 558ᵃ) *beweinen* NIB. PARZ. TRIST. die sünde b. LOH. 7667. vor liebe sie beweinten des kindes tugende MAR. 161, 14; *mit thränen benetzen* GEN,
be-weisen *swv.* (III. 561ᵇ) *s. v. a. verweisen, zum waisen machen* GREG. 104 *hs. E.*

be-weit *part. s.* bewegen.
be-welden *swv. bewältigen* Kirchb. 771, 32.
be-wëlgen *stv. I*, 3 (III. 671ᵇ) *umwälzen, einrollen* Jer.
be-wëllen *stv. I*, 3 (III. 672ᵇ) *in od. um etw. wälzen* Karaj. Rul. Wig. Jer. Pf. *arzb.* 2, 10ᵇ. 15ᵇ. ich bewille hiute mînen spieʒ in dînem herzen bluote Karl 55ᵃ; *rings umgeben, versehen* mit Kol. Neidh. (32, 20). Jer. mit eiter bewollen Fdgr. 2. 237, 37; *bildl. besudeln, beflecken* Gen. Wig. Serv. Antichr. 186, 38. Priesterl. 535. Bph. 2122. 2178. Vet. *b*. 32, 28;
be-wellen *swv.* (III. 675ᵃ) *factit. zum vorig., herum wälzen.* den bewelte er in dem bluote Cod. *Regiom.* 5ᵉ; *umzäunen* Weist. (*zu* wal?).
be-wenden *swv.* (III. 691ᵇ) *prät.* bewande, bewante *part.* bewendet, bewant *nach einer richtung hin wenden* Ms. Pass. nû hât er bewendet an Blanscheflûr sîn gemüete Flore 4516. daʒ ich den muot ie dar bewande Msf. 215, 17. daʒ ich mîne sinne dâ hin bewante Msh. 1, 210ᵃ; *umwenden* die stangen bewenden Ernst 4188. ist ouch, das einer messer zuckt und nit bewendet Gr.w. 1, 297; *verwandeln, gestalten* in übele, ze sorgen bewant werden Nib. eʒ wirt dir ze laster bewant L. Alex. 2849; *anwenden, verwenden, allgem. s. noch* sîne stunde baʒ bewenden Flore 7994. wâ mac ein wîp ir minne bewenden aller beste Heinz. 104, 91. den spigil bew und halden Rsp. 2163. die haller, guldîn *etc.* wir in unsern nutz bewendet haben Dh. 136 Mz. 1, 363; *refl. mit gen. sich von etw. entfernen* Vet. *b.* 63, 4; *part.* bewant *beschaffen,* sô bewant *solch* Parz.; bewant sîn *zu einer person od. sache s. v. a.* gewant, *verwant verbunden, betheiligt* Mz. 1, 499. Arn. 22.
be-wenke *adj. beweglich* Karlm. 85, 22. 137, 5. 152, 47; *vgl.* bewanc.
be-wërben *stv. I*, 3 (III. 725ᵃ) *nbf.* bewërven *erwerben* Gen.; *leute, krieger anwerben* Chr. 2. 143, 6; *ebenso* sich bewerben *ib.* 128, 6. 129, 16. 18; *vgl.* bewërfen.
be-wërde *stf. gewährung.* ob ich eʒ lîhte in sol bewern, und sie bewerde wellent gern Msh. 3, 468ᵇ. mit gotlîcher bewerde Mart. 179, 48;
be-wërden *stv. I,* 3 (III. 733ᵃ) einen bew. lâʒen *seinem freien willen überlassen* Leys. (*doch zweifelhaft*).
be-wërfen *stv. I,* 3 sich ûf etw. ziehen und bewerfen, *sich darauf beziehen, berufen* Gr. w. 5, 697; = bewerben? *vgl.* Dwb. 1, 1783.
be-wërken *swv. machen, bauen.* die burcmûre bewerken Eilh. 6633; *mit arbeit beschäftigen,* bewerket man in unz an den samstag ze naht Ad. 980 (2 *p.* 166) = Gr.w. 4, 188.
be-wërn *swv. gewähren.* ob ich eʒ lîhte in sol bewërn (: gërn) Msh. 3, 468ᵇ.
be-wern *swv.* (III. 514ᵇ) *verwehren, hindern* Livl. Wack. *pr.* 54, 99. 105. Marld. *han.* 6, 18. und uns diu schiffart ist bewert *abgeschnitten* Herb. 5058.
be-wërren *stv. I*, 3 (III. 744ᵇ) *part.* beworren *u.* bewarren (Neidh. 43, 30) *in verwickelung bringen* Krone, Pass. Jer. Hans 1638. beworren intricatus Dief. *n. gl.* 220ᵃ. beworren in einer note *mit einem liede beschäftigt* Hpt. 1, 30; *intr. in verwirrung sein.* daʒ du sô bewirrest und ze allen zîten irrest Ga. 3. 60, 641.
be-wërven *stf. s.* bewërben.
be-wëse-lich *adj.* (III. 770ᵃ) *wesen habend* Myst.
be-wêwen *swv. s.* bewæjen.
be-wickeln *swv.* (III. 618ᵇ) *einwickeln* Elis. (7549).
be-widemen *swv.* (III. 620ᵇ) *ausstatten, dotieren* Halt. der alter von uns gestift und bewidempt ist Mz. 1, 323 (*a.* 1352). als unser hûswirt vor zeiten uns bewidemet und bewîset hette 70 gulden *ib.* 513;
be-widemunge *stf.* dotatio Oberl. 149.
be-wigen *swv. refl. mit gen. sich wozu entschliessen.* swâ sich der ellens rîche des bewigte (: sigte) j.Tit. 3906; *s.* bewegen.
be-wîlen *swv.* (III. 671ᵃ) *verschleiern* Myst. *— zu* wile *m.*
be-wîlen *adv. s.* biwîlen.
be-willigunge *stf.* zusage u. bewilligung Gr.w. 1, 496.
be-wimpfen *swv. verhüllen.* die rede bewimpfen Hans 4194; *vgl.* bewimpeln *im* Dwb. 1, 1785.
be-windeln *swv.* (III. 683ᵃ) *einwindeln* Myst.
be-winden *stv. I.* 3 (III. 678ᵇ) *umwinden, umwickeln* Gen. Neidh. Troj. als daʒ würmlin (*der seidenwurm*) sich bewindet Msh. 3, 431ᵃ. wâ mite sol mîner vröuden trôst ir reideʒ hâr bewinden? *ib.* 2, 168ᵃ; Bph. 8801. Heinr. 3893. Evang. *J.* 19, 40. die kelch bewinden und behalten Np. 327. under sînen mandel er in bewant Karlm. 23, 36; *bekleiden* Gudr. Jer. Wack. *pr.* 56, 41. mit stâlinem gewande di helde sich bewanten Rul. 264, 25; *bildl.*

umstricken (TUND.), *verhüllen, verheimlichen* PASS. JER.

be-wînen *swv.* (III. 677ª) *mit wîn, wein versehen* BASL. r.; — *vgl.* sich beweinen, *mit wein betrinken* ZIMR. chr. 3. 183, 8 ff. BIRL. 61ª.

be-winnen *stv. I.* 3 (III. 707ª) *s. v. a.* gewinnen FREIBERG. EILH. 2074.

be-wintern *swv. intr. den winter über bleiben.* wer niet da bewintert GR.W. 2, 666. bewintert es (vihe) da AD. 980 (*a.* 1339); *tr. den winter über behalten* GR.W. 4, 187.

be-wirken *swv. s.* bewürken.

be-wirten *swv.* (III. 751ª) *bewirten* (daz vihe bew. *weiden*) JER.

be-wîs *stm. s. v. a.* wîstuom, *rechtsweisung* GR.W. 5, 698;

be-wîse-lich *adj.* monstrabilis DFG. 367ᵇ;

be-wîsen *swv.* (III. 760ª) *schon im 15. jh. beginnt nach nhd. art die st. form* das beweis er BEH. 191, 10. 194, 24: *anweisen auf, belehren mit gen.—allgem. s. noch* mîner vrâge mich bewîset ULR. Wh. 157ᵇ. bewîse mich einer vrâge HEINZ. 103, 87; *auch mit präp.* einen von etw. b. *ihn darüber belehren* PF. *forsch.* 1. 60, 6. einen zer wârheit bew. PASS. 389, 34. *oder mit untergeord. s.* GOTFR. wir verjehen, daz wir wol beweist sein, daz UKN. 290 (*a.* 1340); *zeigen, aufweisen, beweisen* PASS. JER. LUDW. *u.* rechtsdenkm. bewîse uns Jêsum JAN. 18. wie Cristus sich bewîsete PASS. 90, 21. das hantwerk bewîsen, *die meisterprobe ablegen* TUCH. 279, 6; *überweisen, übergeben, bezahlen* KULM. *r. u. sehr oft in urk.* einem gelt geben u. bewîsen Mz. 1, 385. 389. 3, 117. 118. 148. 284. 4, 107. USCHB. 153 *etc.* mit dem erbteil hindan beweist werden, *es ausbezahlt erhalten* CHR. 1, 207, 24; ein guot bew. *als lehen überweisen* OBERL. 148. einen des geltes ûf ein guot, eine veste *etc.* bewîsen *ihm das einkommen des gutes für die schuldforderung verpfänden.* der hundert guldîn ich si bewîse uff dise mîne güeter Mz. 1, 501 *u. ähnlich* 1, 369. 447. 481. 3, 235. OBERL. 148;

be-wîser *stm.* ostensor DFG. 403ª;

be-wîs-tuom *stn. s. v. a.* wîstuom *weistum* GR.W. 2, 725. 727;

be-wîsunge *stf.* (III. 762ª) *beweis* SWSP. 350, 10 *u. in andern* rechtsdenkm. nach der beweisunge und schidung der schidliute STZ. 283; *anweisung, verschreibung* bew. der morgengâbe Mz. 1. 296. 447; *offenbarung* MYST. von bew. des heiligen geistes ROTH *pr.* 75.

be-witzet *part. adj.* (III. 795ª) *mit verstand begabt* TEICHN.

be-wollen *part. s.* bewëllen;

be-wollunge *stf. pollutio.* von der bewollunge, die dâ geschit in deme slâfe FDGR. 1. 320, 35; *vgl.* bewulnisse.

be-wonen *swv.* (III. 805ª) *bewohnen* JER.

be-worren *part. s.* bewërren;

be-worren-heit *stf.* (III. 744ᵇ) *verwirrung* TRIST.;

be-worren-lîche *adv.* (*ib.*) *verwirrt* KROL.

be-worten *swv.* (III. 810ᵇ) *durch worte ausdrücken* MYST.

be-wüefen *swv.* (III. 825ª) *beklagen* SPEC.

be-wulnisse *stf.* (III. 673ª) *befleckung* BIHTEB.; *vgl.* bewollunge.

be-würken, -wirken *swv. an.* (III. 592ᵇ) beworhte, beworht *umfassen mit, einschliessen in, umhegen* DIEM. WIG. PASS. EILH. 6636. SSP. 2. 51, 3. 62, 3. — *zu* wërc.

be-zaln *swv.* (III.843ᵇ) *überzählen, berechnen* WINDB. *ps.*; *als eigen zuzählen, erkaufen, erwerben* GEO. LANZ. *u. bes. häufig bei* WOLFR. LUDW. *v. Th.* 4277. 5910. HERB. 7631. 11858. 14328. 14457; *bezahlen* daz man sie irs haubtguts wider bezalen sol CHR. 1. 116, 39. *vgl.* bezeln;

be-zalunge *stf.* (III. 844ᵇ) satisfactio, solutio DFG. 514ª. 541ᵉ. GR.W. 1, 305.

be-zeben *stv. s.* beseben.

be-zeic, -ges *stn. beweis* W. WEICHB. 98. 100; *zu* bezeigen.

be-zeichenen *swv.* (III. 865ª) *bildl. vorstellen, mit einem zeichen ausdrücken* GEN. PRED. BARL. WACK. *pr.* 41, 45 ff. MSF. 29, 29 *u. anm.* MARLD. han. 6, 25;

be-zeichen-heit *stf.*(III.865ᵇ) *vorzeichen, sinnbildl. bedeutung, symbol, bedeutung überhaupt* GSM. FREID. ULR. GEN. 78, 4. TROJ. 23676;

be-zeichenisse *stf. sinnbildl. bedeutung* MARLD. han. 10, 38; *verzeichnis, inventar* MONE 5, 247;

be-zeichen-lich *adj.* (III. 864ᵇ) *sinnbildlich bedeutsam, bildlich gezeigt* DIEM. BARL. GSM. MAR. 206, 11. RENN. 18527. TROJ. 422. 23641. 23668. 24234;

be-zeichenlîche *adv.* (III. 865ª) *auf sinnbildlich bedeutsame, figürliche weise* KINDH. BARL. PASS. WELTCHR. 69, 53; bîzeichenlîche PF. *üb.* 67, 675;

be-zeichenunge *stf.* (III. 865ᵇ) *s. v. a.* bezeichenheit DIEM. BARL. PRED. GEN. D. 108, 34. 37. ANEG. 5, 77. ROTH. 3674. SERV. 519.

Renn. 21979. Troj. 669. 4507. 21698. Wg.
10438. Pass. 295, 74. Herb. 15798. Evang.
242ᵇ. Ssp. 1, 1.
be-zeigen *swv.* (III.866ᵃ) *anzeigen, kund thun*
Nib. Kl. Jer. Elis. 1446. Pass. 181, 36. sich
bez. Msh. 3, 38ᵃ.
bezel *swf.* (I. 112ᵃ *nicht* bezel) *haube* Parz.
niuwe betzeln unde rîse Neidh. XVIII, 16;
vgl. Schm. *Fr.* 1, 315. Vilm. 35. Dwb.1,1741.
bezeler *stm.* accinates, est ensis Medorum Dief.
n. gl. 6ᵇ. acclunabulum *ib.* 97ᵇ. *im Teuthon.*
baseler Dfg. 9ᵉ. beszler pugio *ib.* 471ᵇ. basler-
messer oder stechmesser pugio Voc. 1482.
ein swert und ein baszler lang Ls. 2, 546
(= Teichn. 254 ein Basler lanc). *vgl.* Schm.
Fr. 1, 286. 383. Oberl. 98. 134.
be-zeln, -zellen *swv.* (III. 847ᵃ) *erzählen.* alsô
mir diʒ mære ist bezalt Ulr. *Wh.* 139ᵃ. 160ᵃ;
zu eigen geben, anheimstellen Hpt. *h. lied*
64, 4. 86, 8. Walth. *v. Rheinau* 17, 24; *er-
werben* der wolt des ersten prîs an im bezel-
len j.Tit. 1309; *s.* bezaln *u.* Germ. 10, 404.
be-zëmec-lîchen *adv. angemessen* Gr.w. 2,
242;
be-zëmen *stv.* I, 2 (III. 887ᵇ) einen b. lâʒen
einen thun lassen, was ihm ansteht Ath.
Herb.
be-zetten *swv. bestreuen, begiessen.* daʒ gras
mit bluot bezettet Rauch 2, 301.
be-zic, -ges *stm.* (III. 880ᵇ) *beschuldigung, be-
zichtigung* Mb. *sehr oft in der* Zimr. *chr. s.*
4, 514ᵃ. — *zu* bezîhen; *vgl.* biziht.
be-ziehen *stv. III.* (III. 927ᵃ) *md.* bezîen
kommen zu, erreichen, umstricken Flore,
Herb. Pass. ir (*der mauer*) hœhe wol bezôch
(*erreichte*) zwelf klâftern Krone 14276. leides
rûwe sî bezôch Elis. 5533; *überziehen* Diem.
mit der genâden touwe bezogen Germ. *Hag.*
7, 294. *bes. vom füttern, besetzen eines kleides*
Wig. Serv.; *einziehen, an sich nehmen* Mart.
daʒ guot mit dem rehten bez. Gr.w. 4, 385;
refl. sich mit dem gelde beziehen *ib.* 1, 225.
235;
be-ziehen *stn. feindlicher überfall* Uschb. 5.
be-zieren *swv.* (III.876ᵇ) *auszieren, schmücken*
Ms. den kranz bezieren Kolm. 92, 33; Rauch
1, 14. Germ. 5, 211.
be-zîhen *stv.* II. (III. 878ᵃ) bezêch, bezigen
beschuldigen Trist. Pass. *mit gen.* Roth.
4880. sus wart er maniges bezigen Lanz. 6657.
würde dirre bote des bezigen Krone 24380;
be-zîht *stf. s.* bî-ziht.
be-ziln *swv.* (III.885ᵇ) *intr. zum ziele kommen,*
enden Pass.; *tr. u. refl. beendigen, zu ende*
gehen, kommen, etw. als ziel erreichen Jer.
Pass. (204, 33. 361, 50). hôch bez. *hoch an-
rechnen, erhöhen* j.Tit. 4687. swer sich dâ
kan bezillen mit der hôhsten wirde *ib.* 5287.
er muoste sîner tjoste alrêrst bezillen (: willen)
ib. 5710. einen an etw. bez. *auf ihn wegen*
einer sache zielen, losgehen ib. 4964. — *mit*
durch-.
be-zimbern *swv.* (III. 893ᵃ) *bauen* Nib. *mit ge-*
bäuden besetzen Er. Gr.w. 5, 197.
be-zinnen *swv.* (III. 898ᵃ) *mit oder wie mit*
zinnen versehen Ms. Fragm. 48, 71.
be-zirc *stm. bezirk, umkreis* Gr.w. 2, 99;
be-zirkunge *stf. umzirkung* Gr.w. 2, 93.
be-zîte *adj.* (III. 915ᵇ) *md. frühzeitig* Jer.;
be-zîte *adv.* (*ib. u.* 912ᵇ, 49) *aus bî zîte bei*
zeiten, frükzeitig. allgem. bezîten Mönchl. 22.
be-ziugen *swv.* (III. 919ᵇ) *mit einem ziuc ver-*
sehen, ausrüsten Such. ein wol beziugter gast
Ls. 2, 249. beziugtes volk Glar. 68. *B.* Chr.
5. 18, 18. 40, 21. 94, 9 *etc.*; *durch zeugnis*
beweisen, bezeugen Pass. (110, 17. 134, 47).
Troj. (19138). Silv. (3173. 3294). Gsm. 911.
Reinh. 1191; *durch zeugnis überführen mit*
gen. der sache Wack. *pr.* 46, 162. Mw. 175,
3 (*a.* 1290);
be-ziugnüsse *stn.* (III. 921ᵃ) *zeugnis* Mone
schausp.;
be-ziugunge *stf.* (*ib.*) *zeugnis, beweis* Wien.
handf.
be-ziunen *swv.* (III. 949ᵇ) *umzäunen* Trist.
Leys. Reinh. 25. 64. Hans 2292. Gr.w. 1, 78.
213; *vgl.* bitze, bîzûn.
be-zoc, -ges *stm.* (III. 933ᵇ) *unterfutter* Nib.
Gudr. (1327). Bit. 1157. — *zu* beziehen.
be-zompert *s.* beschompert.
be-zoubern *swv.* (III. 948ᵃ) *bezaubern* Kchr.
Berth. Pass. 296, 35.
be-zougen, -zöugen *swv.* (III. 921ᶜ) *zeigen,*
bezeigen Erlœs. Wolfd. 1553. Heinr. 3994.
Elis. 131. 1129.
be-zouwen *swv.* (III. 942ᵃ) *bereiten* j.Tit.
be-zücken, -zucken *swv.* (III. 933ᵃ) *plötzlich*
über einen kommen, überlisten, bethören Rul.
Krol. Frl. daʒ er daʒ spil bezucket Ulr. *Wh.*
208ᵇ. worumbe wolt ir mich bezucken? Dür.
chr. 368. daʒ volk bez. *ib.* 773. *andere md.*
beisp. Germ. 6. 63; *schnell wegziehen,* die
wörter bezucken *rasch aussprechen* Renn.
22222;
be-zuckunge *stf.* deceptio Evang. *Mr.* 4, 19.
be-zünden *swv. tr. für einen ein licht anzünden.*

man bezünt eʒ (daʒ kint), sô man die toufcherzen ob im brennet WACK. *pr.* 31, 73.

be-zwanc *stm. s.* betwanc.

be-zwîdegen *swv. gewähren, bestätigen* HALT. 167.

be-zwicken *swv.* (III. 958ª) *zwicken, kneipen.* daʒ in daʒ mein bezwicke Ls. 2. 575, 6.

be-zwingen *stv. s.* betwingen.

be-zwîveln *swv.* (III. 962ᵇ) *bezweifeln* HADAM.; des morts bezwîvelt *verdächtig* GLAR. 111 *A*.

beʒʒer *adj.*(I. 94ᵇ) *comp. zu* guot *besser. allgem. s. noch* beʒʒer danne guot ULR. *Wh.* 121ᵇ. 125ª. LIEHT. 406, 17. TROJ. 17557. MARLG. 133, 147. daʒ mir beʒʒer wære begraben KL. 989. diu beʒʒer hant *die rechte* MSH. 3, 325ª. GDS. 987. sô diu beʒʒer geburt die niederen an sprichet SWSP. 303, 32; *ohne umlaut* baʒʒer j.TIT. 2368. 5688. WH. *v. Öst.* 49ª. — *zu* baʒ;

beʒʒer *adv.* (I. 95ª) Iw. FREID. 44, 23. 145, 13. *s.* GR. 3, 594. 4, 931;

beʒʒerære *stm. (ib.) besserer* BARL.

beʒʒer-heit *stf.* melioritas DFG. 354ᵇ.

beʒʒer-menige *f.* saducei VOC. *Schr.*2509; de bessermeinen PFEIFF. *köln. mundart* 68ª. 96ᵇ.

beʒʒern *swv.* (I. 95ª) *bessern, verbessern* RUL. ER. er muoʒ dich iemer mêre beʒʒern und fromen Ls. 3. 227, 365. die burc b. *ausbessern* LIVL. *chr.* 2678. die vesten beʒʒern NP. 302. daʒ des menschen missetât die martir mîn gebeʒʒert (*vergrössert*) hât ERLŒS. XIX, 419. dâ beʒʒert er (*beschleunigt*) die reise j.TIT. 1276; *refl. besser werden* TRIST. BARL. KARAJ. *bruchst.* 19, 155. PASS. 317, 81. 367, 20. BUCH *d. r.* 269; *rechtl. mit dat. vergüten, entschädigen* TRIST. (den schaden b. PASS. 391, 46. Mz. 1, 462.) SWSP. 180, 2. BASL. *r.* 38. BPH. 6888. MSH. 3, 104ᵇ. Ls. 1. 553, 11. APOLL. 3028. wirt uns diu sache nit gebeʒʒert Mz. 2, 328. der sol ime zehen schillinge beʒʒern Ls. 785 (*a.* 1293); *büssen, strafe wofür (acc.) leiden.* der solt eʒ mit dem lîb beʒʒern Mz. 1, 462. der sol beʒʒern 14 tage in dem turn AD. 1241 (*a.* 1399); *bestrafen* einen an lîb u. guot beʒʒern Mw. 267 (*a.* 1322). CP. 219. einen mit dem rehten b. Mz. 1, 483. 510. *mit* ge-, ver-.

beʒʒern-halp *adv.* der almehtige got was und ist ie beʒʒernhalp BERTH. 70, 12.

beʒʒerunge *stf.* (I. 95ª) *besserung, bes. entschädigung, busse* ER. TRIST. GERH. (6679. 6810). NEIDH. ERNST 5317. BÜCHL. 1, 1130. ENGELH. 5317. SILV. 1565. RENN.11520. 3438. TROJ. 17911. 18074. 18105. 24323. 24609. KRONE 23328. 23332. LIVL. 11811. HERB. 13181. MSH. 2, 127ᵇ. 3, 180ª. SWSP. 359, 16. AD. 785. Mz. 1, 226. 437 *u. oft in urkunden; düngung eines ackerfeldes* ARN. 22 (*a.* 1383);

beʒʒist *adj.superl.*(I.95ᵇ) *syncop.* best (KCHR. *D.* 496, 8. SPEC.13, 5. bast WOLFD. 67) *best; allgem., s. noch* zem besten lân FREID. 99, 8. zuo dem besten nemen HELDB. *H.* 1. 191, 202. der beste ouch nâch dem besten tuot GA. 3. 363, 219. *vgl.* ,,der beste, *ein bild aus dem kampfleben*" *von R. Hildebrand* GERM. 10, 133 *ff.*

bî *präp.* (I. 112ᵇ, 41) *mit dem dat. u. md. auch mit dem acc.* (ELIS. 1275.2726. 2786 *etc. zur* ERLŒS.1862) *räumlich : bei, um, an, auf, zu; vor zahlen an, nahe bei* (ein swert bî einem pfunde MSH. 3, 249ª) *md. mit acc. zu, neben; zeitlich : während, binnen, unter* (bî dirre naht LIEHT. 341, 78). *mit acc.* bî daʒ *während dass* (*s.* bedaʒ); *instrumental: durch, an; causal: wegen, aus, von, wobei man schwört u. beschwört* (bî mîner wârheit ich iu sage LIEHT. 319, 32); *concessiv: trotz* TIT.113. — *in zusammens. meist zu* be *verkürzt.* — *zu skr.* api *gr.* ἐπί. *vgl.* GSP. 60. SCHERER *gesch.* 282 *anm.;*

bî *adv.* (I. 112ª, 32) *md. auch* bîe (JER.56ᵇ. 63ª. 174ᵇ) *bei, dabei, in der nähe, neben, besond. neben einem verb* (gân, stân, sîn *etc. s. unten*) *u. dativ od. nach demonstr. abv.* dâr bî, dâ bî (*dabei, im vergleich mit etw. s. Bech zum* Iw. 7367). — *verba, neben welchen das adv.* bî *mit einem dat. auftritt:* belîben (I. 969ª, 9), — gân (I. 467ᵇ, 49) PARZ., — gehaben (I. 600ᵇ, 33) *intr. in der nähe halten* Iw., — geligen (I. 988ª, 40) LIEHT., — gestân (II². 585ᵇ, 7) *beistehen, beitreten, beistimmen,* — getrëten (III. 98ᵇ, 14) *bei-, hinzutreten* TRIST., — halten (I. 619ᵇ, 37) *intr. in der nähe halten* PARZ., -- komen (I. 993ᵇ, 15) *nahe kommen* Iw. PARZ. NIB. KARL 2356 *u. anm.,* — legen (I. 991ᵇ, 42) *refl. sich hinzulegen* NIB. — ligen (I.987ª,45) *dabei liegen* PARZ., — rîten (II. 732ª,50) *reitend begleiten* LUDW.v.*Th.*, — senden (II².297ᵇ, 28) *an die seite, in die nähe senden* HARTM., — sîn (I. 112ᵇ, 13 *ff.*) *dabei sein, bei-, innewohnen,* — slâfen (II².364ᵇ, 27) *beilager halten* LUDW., — slîchen (II². 397ᵇ, 36) *beischleichen* Ms., — stân (II². 575ᵇ, 12) *dabeistehen, beistand leisten, beitreten,* — tragen (III. 72ª, 4) *hinzutragen* PARZ., — trëten (III. 97ᵇ, 3) *bei seite treten, ausflüchte machen* Pass., — tuon (III. 140ᵇ, 22) *hinzuthun, verschaffen* Ms. Frl., — vallen (III. 218ᵃ, 33) *abfallen* Pass., — varn (III.245ᵇ,20) *mitfahren* Pass., — verstân (II². 588ᵃ, 16) *dabei verstehen, merken* Teichn., — volgen (III. 367ᵇ, 29) *einem mit etw. es ihm leisten, gewähren* Ms., — vüegen (III. 441ᵇ, 17) *intr. zusammenpassen* Ms., — wësen (III. 766ᵇ, 37) *s. v. a.* bî sîn, — wonen (III. 804ᵇ, 40) *beiwohnen, dabei sein, mit sein,* — zogen (III. 936ᵃ, 21) *in der nähe, mit ziehen* Ludw. *v. Th.* Pass.

bî-acker *stm. dazu (zu einer* huobe) *gehörender acker* Mb. (Schm. *Fr.* 1, 31).

bibe *stf. das beben* in ërtbibe, *ahd.* biba; *vgl.* Haupt *in den monatsberichten der Berliner akad.* 1856 *s.* 577.

bibel *swf. s.* biblie.

bî-be-lîben *stn. das dabeibleiben* Myst. 2. 8, 19.

biben *swv.* (I. 114ᵇ) *beben* Iw. Trist. Gudr. Pass. (153, 93. 189, 13. 193, 90. 207, 6. 377, 51). Tund. 54, 58 (daz bibende fiwer). Antichr. 131, 12. Roth. 4215. Karl 89ᵃ. Troj. 20574. Hpt. 2, 147. vor engesten biben Türh. *Wh.* 200ᵃ. — *zu skr.* bhî *erschrecken im causat.* bhâpaya, *gr.* φέβομαι Curt. 1, 263. Fick 128. — *mit* er-.

bibenelle *f.* (I. 115ᵇ) *eine pflanze, pipinella, pimpinella; auch* biber-, bever-, bebenelle; pimpe-, pippenelle *s.* Dfg. 436ᵇ; bippernelle *als bezeichnung eines furzenden weibes* Altsw. 201, 22.

bibenen *swv.* (I. 115ᵃ) *beben* A. Heinr. Barl. Eracl. 2845. pipenen Pf. *arzb.* 2, 2ᵈ; *vgl.* bidemen. — *mit* er-.

bibenunge *stf.* (*ib.*) *das beben* Voc.

biber *stm.* (I. 115ᵃ) *biber* Freid. Ms. Reinh. 1350. 1623. bibers zagel visch ist Renn. 13378. — *zu lat.* fiber Curt. 1, 268. Dwb. 1, 1806 *u. dazu* Kuhn 6, 447.

biber-geil *stn.* (I. 495ᵃ) *bibergeil* Renn. 9894. Mgb. 127, 11. 15. 16; *ebenso*

biber-hode *swm.* Hpt. 14, 174.

biberîn *adj.* (I. 115ᵃ) *castorinus* Dan. 6041. Weinsb. 20.

bibernelle *f. s.* bibenelle.

biber-vël *stn.* (III. 293ᵇ) *biberfell* Krone.

biber-wurz *stf.* (III. 828ᵇ) *castoreum* Voc.

bîbes *stm. s.* bîbôz.

biblie, bibel *swf.* (I. 115ᵇ) *buch.* wan mir diu bibel ist wol bekant, diu sô eigentlîchen nennet alliu lant Loh. 4271; *die bibel* Myst. Renn. (23442). — *aus lat.* biblia.

bî-bôz *stm.* (I. 115ᵇ) *artemisia, beifuss* Ls. Ga. 1. 55, 523. Mgb. 385, 8. hât ir iht guoter salbe dâ oder heizet ir meister Sěnecâ, sô kennet ir wol den bîbôz Cod. *Regiom.* 5ᵇ. bibes (*in einem heilmittelbuche von* 1400 *s.* Dwb. 1, 1371). bîvuoz Myns. 57. Mgb. 385, 12 *var. noch andere formen in* Dfg. 51ᵃ. — *zu* bôzen *schlagen*: *als gewürze an speise u. getränke zu schlagendes oder zu stossendes kraut* Weig. 1, 126.

bî-brief *stm.* paragraphus Dfg. 412ᵃ; *eine den beitritt zu einer verbindung oder einem andern geschäfte bewährende urkunde* Arn. 18 (*a.* 1474). Halt. 163.

bibunge *stf. das beben, tremor* Dfg. 594ᵇ. Evang. *Mr.* 16, 8. daz die stimme und die zunge mit der bibunge alsô sêre ûz dôz Herb. 10566. bievunge Leys. 60, 4. 10. — *zu* biben.

bic, pic, -ckes *stm.* (I. 115ᵇ) *stich, schnitt* Parz. Msh. sîn ouge was ein mordes bic *ib.* 2, 311ᵇ. nîdes pic Teichn. 234. wolt ir der alten picke pflegen Renn. 5804. die bicke heilen Myns. 71; *spitzhacke, meisel, celtes* Dfg. 111ᵇ. *vgl.* Diez 1, 318 *u.* Weig. 2, 381.

bichart *m. s.* bêgehart.

bichen *swv.* (I. 96ᵇ) *mit pech bestreichen, verpichen.* ein vaz bichen Renn. 13959 *bildl.* 14795. 17126; pichen Mgb. 320, 23. picken Geis. 432. — *zu* bëch.

bîcher *stm. s.* bîhtære.

bicke *swm. spitzhacke, meissel, celtes* Dfg. 111ᵇ. mit eime bicken in den stein *hauen, celte in silice sculpari* Jan. 61;

bickel *stm.* (I. 116ᵃ) *spitzhacke, picke* Wwh. Renn. ez stecket als ein bickel sich selbe in mîn herze Hadam. 497. dar zuo woltens pickel hân ze untergraben hie und dort Ring 57, 25; Chr. 1. 177, 15; 2. 256, 2; *knöchel, würfel* Voc. *s.* Dwb. 1, 1809. 5, 1454. — *zu* bicken.

bickel-helbe *s.* helbe.

bickel-houwe *swf.* (I. 722ᵇ) *spitzhacke* Ehing.

bickel-hûbe *swf.* (I. 724ᵃ) *pickelhaube. die form* bickelhûbe *ist fürs mhd. nicht zu belegen; das wort hätte sp.* 138 *als* beckenhûbe *angesetzt werden sollen*: beckenhûbe Troj. 35541. 40035. Mw. 193, 21. 217, 23; *gewönlich mit erweichung des* n *zu* l beckelhûbe Neidh. 198. j. Tit. 4492. 5826. beggelhûbe Ms. boggelhûbe Voc. 1482. — *zu* becke, becken = *beckenförmiger helm.*

bickel-meister *stm.* (II. 119ᵃ) *aufseher beim* bickelspil Neidh. (49, 18). — *vgl.* plazmeister *mit ähnlicher bedeutung.*

bickeln *swv.* (I. 116ᵃ) *hin u. herwerfen, würfeln; erst bei* KEISERSB.

bickel-spil *stm.* (II². 501ᵇ) *würfelspiel* Ms. NEIDH. (36, 26. XVI, 19). *vgl.* WEINH. *deutsche frauen* 85. HPT. 2, 60 *anm.*

bickel-stein *stm.* (II². 614ᵃ) *würfel, fangstein der kinder beim datschelspiel* (DWB. 2, 826. *kärnt.* steineln KWB. 240) ALBR. FRAGM. (= GA. 2. 7, 91). *vgl.* DWB. 1, 1809. VILM. 36.

bickel-wort *stn.* (III. 808ᵇ) *würfelwort, technischer ausdruck beim würfelspiel* TRIST. 4639 *u. Bechsteins anm.*

bicken *swv.* (I. 115ᵇ) *stechen, picken* Ms. Ls. (swâ ein swacher zwec lac, dar în si bicte 3. 237, 19. bicken in daz hor *ib.* 22). sô bickte ir snabel ouch her wider RENN. 5802. swie vil ieman in gebicket *ib.* 8186. er bickt, er ritzt JÜNGL. 544. daz ros begunde bicken BELIAND 1419. KARLM. 259, 39. 384, 46. bicken und schröpfen MYNS. 75 (bücken 71); bëcken RUL. — *zu* bic. *mit* ge-, ver-, zer-;

bicken *stn.* ze hant wellen sie sich rechen mit hôchvart und mit bicken ûf in RENN. 2952;

bicker *stm. beilartiges instrument, womit das heu u. stroh zu häcksel gehackt wurde* VILM. 37 (*aus einer rechn. v.* 1497); *vgl.* bickel.

bidell bidellia, daz ist ain paum MGB. 358, 3.

bidem *stn.* = bidemen *beben, erdbeben* MGB. 362, 28. 108, 13;

bidemen *swv.* (I. 115ᵃ) *beben, zittern* WARN. daz unreht strûchen vor dir bidemet MSH. 2, 381ᵇ. der bidemt vor girde sam ein loup HELMBR. 1850; BELIAND 3266. MGB. 107, 15. 21. 127, 14. bidmend ougen *ib.* 44, 2. pitemen PF. *arzb.* 2, 18ᵃ. — *mit lautwechsel aus* bibenen *wie* phedeme *aus* pheben. *mit* er-;

bidemunge *stf.* tremor, tremorosus vol bidmung DFG. 594ᵇ.

bí-derbe, -bi-dérbe *adj.* (I. 361ᵇ) *auch* béderbe, bedérbe (BERTH. 472, 29. 33), bídiber, bídeber ULA 117. 192. *verkürzt* bider (MGB. 226, 5) *entstellt* bidúrpt MZ. 1, 527: *tüchtig, brav, bieder, angesehen; vonsachen: brauchbar, nütze, allgem.* — *zu ahd.* bidërben *stv. nützlich sein, benützen; vgl.* WEIG. 1, 150; J. GRIMM *stellt es zu* bedürfen *bei* HPT. 7, 452 *u. im* DWB. 1, 1810;

bi-derbec-heit *stf.*(I. 362ᵃ)*tüchtigkeit, herrentugend* BON. ROSENG. Weigel 1348 (W. GR.);

bi-derbec-lîche *adv. auf biedere weise* KIRCHB. 840, 36;

bí-derben, be-dérben *swv.* (I. 362ᵃ) *intr. nützlich sein* BARL.; *tr. nützen, gebrauchen*

GLAUBE, PASS. (*K.* 528, 8, *mit gen.* 267, 58. 404, 85). HPT. 8. 153, 288. die bederbiten ir hende HERB. 5433. daz swert biderben WG. 7361. wahs biderben NP. 67. sweine biderben *für den hausbedarf schlachten ib.* 302; bederben *brauchen, bedürfen* ELIS. 7111; *tüchtig, dauerhaft machen* JER. 99ᵃ; einem etw. bed. *als nützlich empfehlen* MART.

bider-man *stm.* (II. 35ᵇ) *für* biderb man *unbescholtener mann, ehrenmann* LAUR. LIEHT. FRL. MOR. 1, 4026. APOLL. 1595. 8076. 9019 *etc.* ALPH. 330, 2. SWSP. 283, 4. bidermannes erbe lît in allen landen OT. 29ᵇ.

bider-wîp *stn. unbescholtenes weib* KOLM. 59, 53 *ff.* HÄTZL. 2. 45, 262. FASN. 676, 30. SCHM. *Fr.* 1, 210.

bí-durpt *s.* biderbe.

bíe *adv. s.* bî.

bîe *swv.* (I. 116ᵃ) *biene* WOLFR. Ms. diu bie ir süeze ûz den bluomen ziehen kan LIEHT. 534, 3. wie treit zesame ein bîe? HELBL. 6, 111. swaz die selben vrîen zesamen als die bien bringent *ib.* 8, 166. — *nach* CURT. 1, 230 *mit* bîn *u.* imbe *zu lat.* apis, *gr.* ἐμπίς (*mücke*) *von wurzel* pâ, pî *trinken; doch haben wir ein skr.* bha m. *biene* (RB. 5, 161), *das wol zu den deutschen ausdrücken zu stellen u. mit* FICK 124 *auf wurzel* bhan, bhâ *tönen, schallen zurückzuführen ist. im* DWB.1,1367 *wird versucht* bîe *mit* bûwen *in zusammenhang zu bringen, s. dagegen* KUHN 6, 447;

bîe *stn.* (*ib.*) *bienenschwarm* WWH. NEIDH. (43, 33); bîge WACK. *pr.* 3. 278 *anm.*

bîe-brôt *stn.* (I. 264ᵃ) *honigfladen* GLAUB. *vgl.* GFF. 3, 292. *ags.* beóbreád.

biec *prät. s.* bâgen.

biege *stf. beugung, neigung.* jâ ist alsô blint die werlt an kranker biege *lasterhafter neigung* PASS. *K.* 565, 47;

biegel *stm.* (I. 177ᵃ) *winkel, ecke* OREND. die klaider, die er in einem piegel oder winkel behalten hatte BIRL. 61ᵇ. ich wond, in idem bigel (: spiegel) wern hundert dusent sunnen ALTSW. 154, 23. OBERL. 155;

biege-lîch *adj. biegsam* MGB. 266, 25. 328, 24. — *zu*

biegen *stv. III.* (I. 176ᵇ) *md.* bîgen *biegen, beugen, krümmen, allgem. s. noch* biuc *imper.* PASS. 282, 69. die schefte biegen TROJ. 12230. die wâge biegen *die schale nach der einen seite hin neigen* PASS.*K.*389,5. 427, 66. der uns den boum ze schaden bouc MSH. 3, 101ᵇ. er bouc sî in sîn schœzelîn LS. 1. 248,

49. Ga. 2, 354, 49. über die stegereife sie die
vüeze bugen Loh. 2105. der muot geneiget
und gebogen wart Pantal. 108. daʒ lant
wart under in gebogen mit dienste Marlg.
223, 346 (*vgl.* underbiegen). sünde, die in he-
ten gebogen *ib.* 64, 9. sîn zorn was gebogen
Pass. 88, 9. sîn herze wart dar an gebogen
ib. 259, 26. sîn ôre wart dô bîgen der keiser
hin zu Petro *ib.* 173, 21; *refl.* si piugen sich
suoʒe ze dînen fuoʒen Gen. 39, 5. sich biuget
manic knie Troj. 5485. waʒ ist diʒ ungeverte,
daʒ mich alsus betriuget und sich ze scha-
den biuget mir und mîner angesiht *ib.* 14082.
diu stange sich vaste begunde biegen Ulr.
Wh. 186ᶜ. ûf und ze tal begunde sich vil ma-
nic schenkel biegen Turn. 125, 5. die ors
sich under und vor nœten muosten biegen Loh.
2747. hinter die schilde sie sich bugen Orend.
2785. die ûʒ erwelten beide sich unter schilde
bugen Alph. 128; biegen *technischer aus-
druck von der arbeit in getriebenem metall.*
sî hieʒ ouch balde bîgen von silber eine wî-
gen Elis. 505, *vgl.* bougen. — *mit* în, ûf, ûʒ;
er-, ge-, under-, wider-. *zu skr.* bhuj, *gr.*
φεύγω, *lat.* fugio Curt. 1, 157. Z. 1, 5. Gsp. 60.

bieger *stm. zänker, streiter.* bieger, zaner und
trieger Netz 13358. Schm. *Fr.* 1, 214. — *zu*
bâgen *stv.*

biegger *stm.* (I. 116ᵇ) *gleissner, umdeutschung
von* bêgehart Bon.;

bieggerîe *stf.* (*ib.*) *gleissnerei* Mart. (82, 11).

biel *stn. s.* bîhel.

bien *prät. s.* bannen.

bien *frz.* (I. 116ᵇ) *gut, wol* Parz.

bîen *swv. intr. nahe sein, sich nähern* Wh. v.
Öst. 15ᵇ. 29ᵇ. 37ᵃ. 57ᵇ. 74ᵇ. 80ᵇ *etc.* Jer. 3ᵃ. 9ᵃ.
107ᵃ. — *zu* bî.

biene, bienlîn *s.* bine, binlîn.

bienen *swv. s.* büenen.

bîen-stock *stm. bienenstock* Uh. 404 (*a.* 1411).

bîen-swarm *stm.* (II². 763ᵇ) *bienenschwarm*
Troj.

bienvenianz (I. 116ᵇ) *willkomm, vom fz.* bien-
veigner Trist.

bier *stn.* (I. 116ᵇ) *bier* Parz. Helbl. Engelh.
Ms. (= Msf. 243, 23). bier unde brôt Schretel
154. sô ist gebrouwen mir daʒ bier Helmbr.
1401. schûm von dem biere blâsen *ib.* 1167.
âne malz ein bier Msh. 2, 243ᵃ. bier trinken
ib. 2, 159ᵃ. *vgl.* 3, 46ᵃ. 167ᵇ. man sach dâ
nieman trinken bier, man tranc wîn Ulr.
Wh. 251ᵈ. er gît dem lîtgeben dicke viere ze
dem wîne oder ze dem biere Jüngl. 510. sû-
reʒ bier und roggin brôt Gerh. 946. man
gap im ein keʒʒelkrût und ein bier (*schlechte
bewirtung*) Kol. 165, 306. — *was die ety-
mol. betrifft, so führen ahd.* pior, *ags.* beor
auf ein gt. bius *zurück* (*wie ahd.* tior *auf gt.*
dius), *slav.* pivo *von wurzel* pîv, pîb = pâ
trinken, also eigentlich getränke s. Kuhn 5,
369. 7, 224. J. Grimm *will es im* Dwb. 1, 1822
aus dem lat. infin. bibere *erklären* (*so auch*
Wackernagel *bei* Hpt. 6, 261 *u.* umdeutsch.
24 *anm.* 2; *doch stellt er in der zweiten aufl.
des wörterb. diese ableitung in zweifel u.
denkt auch an gt.* baris *gerste, womit das
wort, wie schon* Weig. *bemerkt, gewiss nur
einen scheinbaren zusammenhang hat*), *ist
aber im* Dwb. 2, 322 *geneigt* bior *für* brior
zu nehmen u. auf briuwan *zurückzuführen,
welche etymol.* Petters *zu stützen sucht in
seinem beitrag zur deutschen wortforschung
(Leitmeriz* 1867) *s.* 1.

bier-briuwe *swm.* (I. 260ᵇ) *bierbrauer* Augsb.
r. Chr. 4. 253, 20. 256, 25; *ebenso*

bier-briuwer *stm.* Dfg. 81ᵃ.

bier-gëlte *swm.* (I. 524ᵇ) *eine gewisse art von
hörigen, denen bierabgaben aufgelegt waren?*
Ssp. 3, 45. 64. 73. 80; *s.* Ra. 313 *f.*

bier-glas *stn.* Fasn. 3, 1215.

bier-glocke *swf. das niemant nach der pir-
glokken bei der nacht ân ein offens liecht auf
der gassen geen sol* Cp. 187; *s.* Dwb. 1, 1824.

bier-glocken-zît *stf. nach bierglockenzeit sol
in den leutheusern nicht geschenkt noch ge-
spielt werden* Mh. 2, 238. *es sol auch ein ieder
des nachts nach pirglockenzeit nicht auf der
gassen geen* Cp. 349.

bier-hefe *swf. bierhefe* Myns. 69.

bier-hof *stm. bierbrauerei* Urb. 212, 17.

bier-loter-lop *stn. possenreisserlob beim biere
u. ums bier.* bierloterlop daʒ enist niht wîten
erkant Msh. 3, 46ᵃ; *vgl.* Hpt. 6, 264.

bier-mâʒ *stn.* metreta Voc. 1482.

bier-mëʒʒer *stm. bei einteilung und vermeng-
ung der bier sollen die geschworn biermesser
und preumeister gegenwertig sein* Np. 268.

bier-schenke *swm. bierschenke* Np. 267. Chr.
4. 321, 7; 5. 71, 12. 118, 2. 145, 5;

bier-schenkîn *stf.* Np. 267.

bier-schoʒ *stn.* ungeltum de cerevisia, quod
dicitur bierschoʒ *urk. v.* 1362 *bei* Vilm. 367.

bier-schrôter *stm.* (II². 220ᵇ) *bierlader* Mone
schausp.

bier-supper *stm. biertrinker* Narr. 16, 83 *u.
anm.; als spottname* Zimr. *chr.* 3. 244, 9.

bier-tavërne *stf. bierschenke* GR.W. 1, 263.
bier-vaz *stn.* (III. 281ª) *bierfass* GL.
bier-zapfe *swm. bierzapfe; das recht bier zu schenken* VILM. 36.
biese *swf. md.* (I.117ª) *binse.* sus næm ich eine biesin vür mîn leben DIUT. 1, 14. *zu* ATH. *A,* 44.
biese *stf. s.* bieze.
biese-mônat *s.* bismânôt.
bies-louch *stm.* (I. 1044ᵇ) *binsenlauch* GL.
biest *stm.* (I.117ª) *die erste milch der kuh nach dem kalben* VOC. *nasaliert* bienst VOC. *opt.* (DFG. 133ᵇ). *nach* WEIG. 1, 151 *aus* briost *entstanden (wie denn auch wirklich bei Pictorius u. noch in der Schweiz die formen* briesch, briest, briemst *vorkommen* DWB. 2, 3) *zu* alts. brustian *sprossen = die nach dem trockenstehen der kuh frisch sprossende, zuerst wieder hervorbrechende milch (vgl. auch* PETTERS *beitr. zu deutsch. wortforsch. Leitmeriz* 1867 *s.* 2 *f.*). J. GRIMM *hält es urverwandt mit gr.* πύος *lat.* pus.
biet *stm. verdeck des schiffes.* prora vorder biet, puppis hinder biet. VOC. *opt. p.* 31. — *gt.* biud, *ahd.* biet *tisch, zu* bieten;
biet *stm. das bieten, gebieten.* gruozes biet REINFR. 46ª. durch bët und biet LOH. 6495;
biet *stfn.* (I. 182ᵇ) *gebiet* SUCH. TUCH. 73, 27. 81, 23. in aller der piet und in dem geriht STZ. 214. die weingarten, die in seiner piet gelegen sint UKN. 111 (*a.* 1306). *stn.* j.TIT. 5364; *lager* wein, der auf die biet oder geleger — mit sedhlichen dingen bereit were NP. 262. *vgl. oben* biet *m.;*
bietære *stm. welcher bietet in* dienst-, vridbietære;
bietegen *swv. zu folgern aus* gebietegære;
bieten *stv. III.* (I. 181ª) *bisweilen im infin.* biuten *u. md.* bûten (PASS. 311, 5. 352, 67) *bieten, anbieten, darreichen, strecken tr. u. refl. allgem. s. noch* gruoz bieten SILV. 1381. guoten tac b. KARLM. 52, 44. der engel schar im dô bôt eine vrâge PASS. 105, 32. swâ er daz swert hin bôt KARL 57ª. hôhe bieten *im spiele einen hohen einsatz thun* FLORE 5069. die hende ze gote bieten KRONE 12147. sîn unschulde b. *unschuldig zu sein behaupten* (Iw. ENGELH. BON. OBERL. 155); sich bieten: sich engegen b. *sich widersetzen* PASS. *K.* 55, 13. sich ûf die knie bieten *niederknien ib.* 11, 55. ebenso sich ûf die erde b. *ib.* 342, 30. hie mite er sich zem slage bôt rüstete ENGELH. 4918. der tac sich ûz den wolken bôt TÜRL. *Wh.* 69ª. sich an den wec b. *auf den weg machen* PASS. *K.* 72, 29. sich zu lande b. *aufs land begeben ib.* 254, 28. als der sich nâhe biutet zuo der gluot MSF. 82, 13; ez wol bieten *mit dat. freundlichkeit erweisen etc.:* derz wol den liuten bieten kan WINSB. 49, 5. daz siez ir mannen bieten baz LS. 2. 530, 954; — *gebieten* in âhte bieten *durch gerichtl. gebot in acht thun* WACK. — mit an, ûf, ûz, vür, wider, zuo; en-, ge-, ver-, wider-. *zu skr.* budh (*ursprüngl.* bhudh) *wissen, causat. zu wissen thun, gr.* πυϑ *in* πυνϑάνομαι CUTR. 1, 227. Z. 1, 9. GSP. 61;
bietunge *stf. das anerbieten* DON. (*a.* 1475).
biever *stn.* (I. 117ª) *fieber* FREID. BERTH. 433, 22. NETZ 10361. 10435; biver FDGR. 1. 320, 37. PF. *arzb.* 1, 28 (der biber ZIMR. *chr.* 2. 363, 1). — *aus lat.* febris, *s.* fieber.
biever-wurz *stf.* (III. 828ª) aristolochia GL.
bievunge *stf. s.* bibunge.
bieze *f.* (I. 117ª) *weisse rübe, bete* BUCH *v. g. sp.* DFG. 72ᵇ. der gartnær sol mîner vrouwen garten bouwen mit chleinem chrout, mit piezzen, mit öle *etc.* GEIS. 430. piezzen und mangolt ist ain kraut MGB. 292, 29. auz piezen werdent frösch *ib.* 28. biese VOC. 1482. — *aus lat.* beta.
biezen *stv. s.* biuzen.
biezen-blat *stn. blatt der weissen rübe* MGB. 388, 2.
biezen-krût *stn.* MGB. 387, 30.
biezen-souc *stm.* (II². 724ª, 26) *saft der weissen rübe* DIEM. *arzb.*
biez-wurz *stf.* abrotanum DIEF. *n. gl.* 3ᵇ.
bî-ganc *stm.* (I. 475ᵇ) *seitengang, umschweif* PASS.
bîge *stn. s.* bîe.
bîge *f.* (I. 117ª) *aufgeschichteter haufe.* ein peyg mit holz RING 35ᵇ, 40; *als ortsname* von den Bîgen, gein den Bîgen LANZ. 1540. 2337; *s.* bîgen *u.* DWB. 1, 1371.
bî-ge-danke *swm.* (I. 356ᵇ) *nebengedanke* PASS.
bî-ge-loubec *adj. nicht rechtgläubig* PASS. *K.* 435, 59.
bîgen *stv. III. s.* biegen.
bîgen *stv. II. in haufen schichten. mhd. nicht nachweisbar, aber bei Pictorius u. Hans v. Rûte* (16. *jh.*) *u. noch heute in der Schweiz vorkommend, s.* bîge *u.* DWB. 1, 1372.
bî-ge-rihte *stn.* (II. 649ª) *nebenschüssel* MART. (*lies* 278, 3). HPT. *beitr.* 287;
bî-ge-rihtelîn *stn.* HPT. 5, 15.
bî-ge-sellec *adj.* (II². 31ª) *zugesellt* RENN.

bî-ge-stendec *adj.* (II². 591ᵇ) einem bîgest.
sîn *sich zu ihm halten, ihm beistehen* NEIDH.
BIT. 4588 einem bîgest. u. beholfen sîn Mz.
3, 266. 296 (*a.* 1353). CHR. 1. 127, 13; 4. 41,
16. 150, 18; 5. 341, 24. 355, 9. *vgl.* bîstendec.
bi-geten *swv. s.* bîhten;
bî-giht, -gihte *stf.* (I. 516ᵇ) *bekenntnis, bes.
das bekenntnis der sünden, die beichte. die
volle form* bígiht *ist fürs mhd. nicht mehr
nachzuweisen, sondern nur* begiht, begihte ANNO 840. BARL. PASS. *u. gewönlich
contrahiert* bîhte WOLFR. GREG. FRL. offeniu
bîhte BERTH. 436, 20. 22. RING 25ᵈ, 10. wie
lange ûf dirre heide sol ich ze bîhte stân
ALPH. 221. âne bîhte wil ich niht hinnen
scheiden MSH. 1, 343ᵇ. dû hâst mir dîne bîhte
âne nôt getân GUDR. 1436, 1. pfenninge von
der bîhte geben HELBL. 7, 84. *die einschränkung auf den jetzigen begriff „beicht" fängt
mit dem 12. jh. an, wo in dem* WINDB. *psalm.*
(94, 2) *die* bîhte *von der* urgiht *unterschieden wird* WACK. *pr. s.* 298 *anm.* 3. — *zu*
jëhen.
bí-graft, be-graft *stf.* (I. 562ᵇ) *begräbnis* ATH.
PASS. (*K.* 77, 19. 102, 52. 326, 32. 339, 34).
JER. 7ᵇ. KREUZF. 4680. DÜR. *chr.* 672. 734.
KIRCHB. 757, 35. EVANG. 243ᵃ. HEINR. 2143.
DAL. 5, 26. 3908. SSP. 1, 22. 33. *zu* begraben.
bî-gürtel *stm.* (I. 593ᵇ) *nebengürtel für das
geld, geldkatze* WG. (11329). APOLL. 10979.
KRONE 17705. DAL. 55, 35.
bîhel *stn. beil* RENN. 22903. GA. 2. 561, 293.
TUCH. 66, 32. 67, 2. CHR. 3. 142, 8; *contrah.*
bîel, biel (: viel) RING 55ᶜ, 41. DFG. 523ᶜ, bîl,
bîle (WB. I. 124ᵃ) LIVL. GA. 2. 650, 105. bîle
(: wîle) HELMBR. 1063. — *ahd.* pîhal, bîgil.
vgl. DWB. 1, 1374. WEIG. 1, 127.
bihonnie *adj.* (I. 709ᵃ) einem b. sîn *ihn lästern,
schimpfen* TRIST. U. — *aus altfz.* honnir *u.
dieses vom deutschen* hônjan *höhnen* DIEZ
242.
bîhtære, -er *stm.* (I. 516ᵃ) *bekenner* (*des christentums*) GEN. SERV. BARL. PASS. (*K.* 325, 44).
SPEC. 142. WACK. *pr.* 54, 250; *beichtvater*
GRIESH. (2, 66. 132). WACK. *pr.* 69, 126. 139.
MYST. 2. 448, 34. ELIS. 1728. 6836. 9633;
bîcher NETZ 4395.
bîhte *stf. s.* bígiht.
bîhte-buoch *stn.* (I. 279ᵇ) *lehrbuch des rechten
beichtens* BIHTEB.; (*Augustins*) *confessiones*
MYST.
bîhtec, bîhtic *adj.* (I. 517ᵃ) *beichtend, seine
sünden bekennend* PRED. RAB. BONUS 54.

TEICHN. 51. DSP. *s.* 51. BERTH. 436, 28. RING
49, 22. LS. 1. 488, 62;
bîhtegære, -igære *stm.* (*ib.*) *s. v. a.* bîhtære
bekenner TUND. SERV. BERTH. DENKM. XCVII,
43. EILH. 3993. 4089. 4092. MARIENGR. 515.
KRONE 23577. HEINR. 3048. 3832; *beichtvater*
RAB. BERTH. MSH. 3, 12ᵇ. KIRCHB. 783, 7.
14;
bîhtegen *swv. beichten.* daz dû dîn selbs sünde
bîhtegest GRIESH. 2, 66; *ebenso*
bîhten *swv.* (I. 516ᵇ) *contrah. aus* bígihten
(bigeten JAN. 11. 13.) FREID. REINH. MYST.
MARIENGR. 595. die rede bîhte ich wol mit
tûsent eiden MSH. 1, 344ᵇ; einen bîhten *ihm
die beichte abnehmen.* ob ich von dem einsidel wese gebîhtet KRONE 19611.
bîht-mære *stn. eine erzählung, die von der
beichte handelt* KELL. *erz.* 286, 33.
bîhtunge *stf.* (I. 516ᵇ) *das beichten* MYST.
bîht-vater *stm.* (III. 279ᵇ) *beichtvater* MYST.
(2. 463, 15). GR. w. 4, 358.
bîht-wîse *stf.* in bîhtwîse *wie in der beichte*
ALTSW. 248, 17.
bî-keller *stm. nebenkeller.* daz er daz fenster
auz dem beikeller solt vermachen mit eisen
NP. 291.
bil *stf. jus, æquitas. ein solches wort wird im*
DWB. 2, 26 *gefolgert aus* unbil *u.* billich (*„zu
pilan, findere"*). *vgl. auch* WEIG. 1, 153. WB.
I. 119ᵃ *u.* bilde.
bil *stm.* (I. 125ᵇ) *bellende stimme* TRIST. U. *vgl.*
ZIMR. *chr.* 2. 438, 18; 3. 506, 8. — *zu* bëllen.
bil, -lles *stn.* (I. 126ᵇ) *steinhaue* MS. SUCH. *vgl.
skr.* bhid, bhil *spalten,* DWB. 2, 26. SCHM.
Fr. 1, 231 *u.* bilde.
bîl *stm.* (I. 123ᵃ) *der augenblick wo das gejagte wild steht u. sich gegen die hunde zur
wehr setzt, umstellung durch die bellenden
hunde, eigentl. u. bildl.* TRIST. LS. HADAM.
18. 121. 265. 345. 354 *etc.* hilf mir von dem
bîle der grimmen helle hunde MART. 111, 28.
in dirre hunde bîle sol ir kurze wîle iemir
wesin *ib.* 62, 85. ich bin mit jâmers bîle bestanden *ib.* 161, 94. tôdes bîl TEICHN. 65;
gegenwehr (*ursprüngl. des wildes*), *kampf*
LAMPR. ENGELH. ze bîle gên PASS. 172, 41.
gegen einem bîle halten MALAG. 54ᵇ; TROJ.
(9871. 12557. 12907. 25138. 31533. 37246. 37487
etc.). OT. 204ᵇ *u. oft,* ALBR. 9, 118. 318. KARLM.
55, 51. 180, 6. 309, 22. — *vgl.* bëllen *u.* DWB.
1, 1376. 1451. WACK. *voces* 28.
bîl, bîle *stn. s.* bîhel.
bî-lant *stn.* (I. 935ᵇ) *nachbarland* TRIST. ROTH

dicht. 56,15. 67,41. TROJ. 19464. 42258. MONE 8, 483.

bilâr *stm. s.* bilern.

bilch *f.* (I. 123ᵇ) *haselmaus* FRL. DFG. 265ᵇ. *vgl.* DIEZ 1, 212.

bilche *adv. s.* billîche.

bilchîn *adj.* (I. 124ᵃ) *aus dem felle der haselmaus* GL.

bilch-mûs *stf.* (II. 277ᵇ) *haselmaus* AMG. = MSH. 3, 88ᵃ; *vgl.* polmûs.

bildære, -er *stm.* (I. 122ᵃ) *bildner.* dar hete sînen vlîȝ geleit der bildære und worhte zwei rôselîn dar în HEINZ. 641. ein bilder fürsteclicher werc MSH. 3, 169ᵇ. *der sich zum ebenbild von etwas macht, vorbild* TRIST. GSM. HELBL. der êren bilder AMG. 47ᵃ. bilder der tugende MART. 147, 55. *vgl.* bildenære;

bildærinne *stf.* diu unvernünftig pilderinne (virtus imaginaria), diu ze latein æstimativa haiȝt MGB. 134, 21. *vgl.* bildenærinne;

bilde *stn.* (I. 120ᵃ) *bild, allgem.: bild, werk der bildenden kunst* (ein hülzîn bilde ist niht ein man WG. 1127. gemâlteȝ bilde *ib.* 1097. vroun Even gewant lützel bilde hete RENN. 22719. manic bilde dar an [*am samît*] was mit starken lîsten gemacht LANZ. 4812. bilde gesniten und meisterlîch gehouwen MARLG. 42, 34. ein ergraben bilde *ib.* 177, 97. ze Rôme ein meister gôȝ ûȝ êre bilde MSH. 2, 361ᵇ. ein gegossen mössin bild ÖH. 35, 30. die glogge misriet und lief ausz durch das bild *durch die form, den glockenmantel* CHR. 5. 327, 15); *menschenbild, körperbildung, gestalt* (er hæte ein klâreȝ bilde und ein lûter angesiht ALEX. 147. sîn bilde ist gar getân als mîn sun ULR. *Wh.* 156ᵈ. von bilde zart ELIS. 2198. sîn bilde mohte an formen wol anlîchen unseme herren Criste *ib.* 3146. mannes bilde *mann* LOH. 7128. TROJ. 14736. MSH. 1, 208ᵇ. wîbes bilde *weib* KOL. 183, 989. WH. *v. Öst.* 5ᵇ. frowen bilde TROJ. 14427. einer megede bilde *ib.* 13952. ein menschen bilde PASS. 385, 75); *gestaltung, art* (er hete ein vremdeȝ bilde *sah seltsam aus* TROJ. 5846. âne weges bilde KRONE 26219. sîn nie kein bilde wart *ib.* 10774 *vgl. zu* WALTH. 47, 24); *vorbild, beispiel, gleichnis* (LOH. 5840. WINSB. 60, 3. TROJ. 3738. MYST. 2. 5, 9 *ff.* ein buoch daȝ heiȝet der werlde bilde RENN. 19633. und wellen wir in straffen also, daȝ ander da bî bild nemen müȝȝen Mz. 3, 511). — *ahd.* piladi; WACKERNAGEL trennt pi-ladi (*aus* bî *u.* laden) = *wodurch zu etwas angetrieben u. aufgefordert wird;*

richtiger wol mit DWB. 2, 8 *u.* WEIG. 1, 152 pil-adi *zu* pîlan *findere* (*vgl.* bil, billen), *also = das gehauene, gemeisselte, geschaffene;*

bildec *adj. bildlich.* bildec gesiht *phantasie, vision* PASS. K. 426, 39. wie si nâ einem wîbe bildec geformet wære REINFR. 102ᵇ;

bildec-heit *stf. bildlichkeit.* swenne diu sêle mit dirre kraft schouwet bildekeit MYST. 2. 318, 9;

bildec-lîche *adv.* (I. 121ᵇ) *bildlich* MYST. (2. 240, 22). HPT. 8. 149, 162.

bilde-hiuselîn *stn. kleine kapelle, bildstock.* die kind bî einem bildhüslîn begraben ÖH. 26, 4; *vgl.* bildstock ZIMR. *chr.* 1. 432, 15 *ff.*

bilde-lich *adj.* (I. 121ᵇ) *bildlich, in einem bilde darstellbar, gegensatz von* weselich WACK. *pr.* 62, 77. MYST. 2. 587, 13.

bildelîn *stn. dem. zu* bilde PASS. K. 289, 47. MERSW. 16.

bilde-lôs *adj. ohne bilde* MYST. 2. 588, 12.

bilde-macher *stm. bildhauer* WEINSB. 46; bildemecher *ib.* 63. 85.

bilde-mâler *stm. bildmaler* MSH. 3, 59ᵃ.

bilden *swv.* (I. 121ᵇ) *bilden, mit bildern verzieren.* manc wildeȝ wunder gebildet und gehouwen TROJ. 17460. gebildet hemede RENN. 22712. gebildet pfelle WIGAL. 10705. gebildet wâpenroc PARZ. 757, 1 (*s. Bech in* GERM. 7, 301 *f.*); *gestalten, nach-, abbilden, vorstellen, s. noch* dâ mite siu si bilten nâch dem bilder der tugende MART. 147, 54. der alliu dinc gebildet hât ENGELH. 5926. sist mir in dem muot gebildet MSH. 1, 205ᵇ. die sich ûf der erden vrœlîch bilden *ib.* 2, 370ᵃ. wol gebildet, *speciosus* EVANG. 243ᵃ; in einen etw. bilden *ein bild wovon in ihm entstehen u. sich festsetzen lassen* (*vgl.* în-bilden) Ls. die sich solcher kunst als künnend berümen und in die leut bilden NP. 151. dagegen wurde irem herren zu unbillicher smahe menigerlei gebraucht in den gemeinen man zu bilden MH. 1, 402. mer gelangt an uns, das man in ew pilde, wie wir einen anslag auf ew sullen für genommen haben CP. 263. die sach und handlung anders (*als der wahrheit gemäss*) in die leut bilden *ib.* 124.— *mit* an, în, über, ûȝ, vor; en-, er-, ge-, un-, wider-;

bildenære *stm. bildner, schöpfer* MYST. 2 324, 23; *vorbild, muster* drei *β.* umb einen bildener, darnach man die finster malen sal in die grossen radstoben FRANKF. *baumeisterb. v. j.* 1407 *f.* 7ᵇ. *vgl.* bildære;

bildenærinne *stf. bildnerin, vorstellungskraft.*

sol mîn ouge das bilde bekennen, das an ein wande gemâlet ist, sô muos es cleinlîchen in dem lufte gebiutelt werden, noch vil cleinlîcher muos es getragen werden in mîn bildenerin, in mînem bekentnus wirt es sîn WACK. *pr.* 65, 123; *vgl.* MYST. 2. 107, 12 *ff.*

bilden-geschrift *stf.* die götter und die gaist, die man an ruoft mit pildengeschrift, die karacteres haizent MGB. 377, 22.

bilde-rîche *adj. bilderreich, parabolisch* MYST. 2. 668, 20. 25. 30. MERSW. 106. 107.

bildern *stm. s.* bilern.

bilde-vrî *adj.* (III. 402ª) *ohne bild oder gestalt* MYST.

bildieren *swv.* Hector begunde si formieren und ûf den strît bildieren mit worten und mit handen TROJ. 30260.

bildnüsse, -nisse *stn. bild, gleichnis* MYST. 2. 395, 30. 396, 34.

bildunge *stf. bildnis, gestalt* WACK. *pr.* 54, 68. 133. MYST. 2. 25, 7; exemplar DFG. 215ᶜ; bôs bildunge geben, scandalizare *ib.* 516ᵇ.

bîle *stn. s.* bîhel.

bî-lëger *stn. beilager.* daz b. halten Mz. 4, 130. 266. 310.

bî-leger *stm. mithelfer, beiständer* CHR. 2. 515, 25. 32;

bî-legunge *stf. beilegung, schlichtung* GR.W. 5, 696.

bî-leite *stn. begräbnis.* daz si mir mein pilaitte schullen begên ULA 127 (*a.* 1318).

bîlen *swv.* (I. 123ᵇ) *bellen* peilen MGB. 234, 25. 493, 30. CHR. 2. 20, 8. SCHM. *Fr.* 1, 230; *durch bellen zum stehen bringen* SUCH. — *zu* bîl;

bîlen *stn. das bellen.* der hunt verleust sein peiln MGB. 306, 11.

bilern, biler *stm.* (I. 124ª) *zahnfleisch, gewönl. im pl.* die bilern, bildern (WACK. *pr.* 41, 243). *ahd.* pilarn *u. daneben* pilâre = *mhd.* b i l â r (swem die wurme die bilâre ezzent PF. *arzb.* 2, 7ᶜ. 12ᶜ). biler, bëler (sint im die belre vûl MONE *schausp.* 2, 358.) *s.* büller *u.* DWB. 1, 24 (*ursprüngl. zahn, zur wurz.* bhid, bhil). SCHM. *Fr.* 1, 230. BIRL. 63ª.

bilgerîm, -în, pilgerîn *stm.* (I. 125ᵇ) *pilger, kreuzfahrer* TRIST. BARL. FLORE. bilgerîn GUDR. 110, 4. RENN. 5405. 18221. 13603 *ff.* bilgrîn ÖH. 132, 10 *ff.*; *daneben* bilgrî MYST. bilgram ALTSW. 238, 5. bilger DFG. 425ᵇ; *wanderfalke* TRIST. bilgram MF. 11. 25. — *aus lat.* peregrinus.

bilgerîm-hûs *stn.* ein hospital oder bilgramhûs CHR. 3. 154, 8.

bilgerîmîe *stf. pilgerfahrt* KIRCHB. 788, 61.

bilgerîmisch, -înisch *adj.* (I. 125ᵇ) *nach art eines pilgers* PASS.

bilgerîm-schif *stn.* Venediger bilgerschif drug mich gen Zipern schier ALTSW. 224, 34.

bilgerîn-stap *stm.* (II². 593ᵇ) *pilgerstab* ALEX. WH. *v. Öst.* 126, 623. bilgerstap ALTSW. 231, 31. 36. 233, 20. 243, 28.

bilgerîn-valke *swm.* (III. 216ᵇ) *wanderfalke* LOH. MYNS. 10.

bilger-schaft *stf. pilgerfart* ÖH. 112, 4.

bilg-mel *stn. s.* billenmel.

bî-lich *adj. nahe, dabei seiend* SCHM. *Fr.* 1, 225; *vgl.* DWB. 1, 1380.

bî-ligen *stn. beischlaf* FLORE 6103. 6118. 6575. AW. 2. 143, 259.

bille *swmf. s.* bëlle.

bille *adj. in* widerbille.

billen *swv.* (I. 126ª) *mit dem bil schlagen, behauen, schärfen (mühlstein)* MAR. LOH. FRL. TROJ. (16421). der adler billet den snabel an einen herten stein WACK. *pr.* 69, 205. daz dû dîn herze wilt billen WH. *v. Öst.* 47ᵇ. ez houwet unde billet ûz herzen manicvaltic leit *ib.* 2ª. iedez nâch sîner art gebilt MSH. 3, 307ª. dîn gestalt tuost du in mich billen HUGO *v. M.* 34. — *mit* er-, ge-, über-, wider-.

billen-mel *stn.* wer klien, oblaz oder billenmel under ander gerehtez mel becket WP. 75 *s.* 101. als man die mül gebillet oder gehauet hat — sol man ein viertel korn nehmen und in den stain hinein schütten, so legt es sich widerumb in die zarg herum, das haisst alsdann das bilgmel SCHM. *Fr.* 1, 236.

billian *eine mit kupfer vermischte silbermünze* URB. 94, 6 *u.* 348. — *aus mlat.* billio *frz.* billon.

bil-lich *adj.* (I. 119ᵇ) *billig, gemäss, geziemend* IW. TRIST. BIT. WALTH. 36, 4. SILV. 1095. LIEHT. 361, 26. MGB. 269, 7. *dignus* EVANG. *L.* 12, 48. — *aus* bil *stf. u.* lîch (DWB. 1, 27); WACK. *hält es für zusammenziehung aus* bildelich;

bil-lîch *stm.* (I. 120ª) *gemässheit* TRIRT.; *ebenso*

bil-lîche *stswf.* daz sie uns in einer solichen billichi dienen süllend Mz. 1, 483. zu handeln nach einer billichen UGB. 478;

bil-lîche, -en *adv.* (I. 119ᵇ) *billig, gemäss* HARTM. WOLFR. KL. NIB. 450, 2. 666, 4. 870, 4 *etc.* FREID. 122, 13; *von rechts wegen* NIB. 2247, 4. 2276, 4. *comp.* billîcher *potius* EVANG. *M.* 10, 6. 28. 25, 9; *contrah.* bilch, bilcher ELIS. 454. 6355;

bil-lîcheit *stf. gemässheit* GR.W. 1, 42. 79. CHR. 2. 72, 24. pilligkeit *ib.* 338, 11;

bil-lîchen *swv.* (I. 120ᵃ) *angemessen finden* TRIST.

billunc *stm.* (I. 126ᵇ) *neider, neid* RENN.; *eigentl. nom. pr.* Billunc (*name eines helden* RUL. *eines zwerges* HELDB. *Hag.* 1. 262, 817. 265, 842. *eines räubers* WOLFD. 853) *auf das vb.* billen *bezogen s.* GERM. 5, 294.

billwîẓ *s.* bilwiẓ.

bilse *swf.* (I. 126ᵇ) *tollkraut, bilsenkraut* TRIST. MSH. 2, 358ᵃ; *s.* DWB. 2, 30.

bilsen-krût *stn.* MGB. 404, 27.

bilsen-öl *stn.* PF. *arzb.* 2, 7ᶜ. 8ᵈ.

bilsen-saf *stn.* (II². 13ᵇ) *bilsensaft* ALBR.

bilsen-sâme *swm.* (II². 26ᵃ) TRIST. MGB.

bîl-slac, -ges *stm.* (II². 382ᵃ) *schlag mit einem beile* PASS.

bilt-sam *adj.* (I. 122ᵃ) *bildsam* FRL.;

bilt-same *stf.* (*ib.*) *vorbild?* FRL.

bilwiht *s. das folgd.*

bilwiẓ, bilwîẓ *m. f. n.* (I. 127ᵃ) *kobold* WOLFR. ALTSW. 244, 14. *auch* pilbis (FASN. 1463) pilweis, püllewiẓ (GERM. 8. 285, 3). bulwehs MYTH. 441. pilbitz FASN. 255, 20. pilwit j. TIT. 2534, *umgedeutet* bilwiht *ib.* 4116. — *s.* MYTH. 441 *ff.* WEINH. *schles. vb.* 10ᵃ.

bilwiẓ-zote *swm.* sein part het manchen pilbiszoten CASP. *R.* 156ᵇ.

bî-marc *stn.* (II. 64ᵃ) *gränze, gränzzeichen* SCHM. die pymerk der grafschaft Tirol DH 149.

bîme = bî deme (I. 313ᵃ, 30).

bîmente *s.* bîminze *und* pigmente.

bîmer = bî mir HEINZ. 582.

bî-minze *swf.* (II. 186ᵇ) zimbrium VOC. biment DIEF. *n. gl.* 250ᵇ.

bimẓ *stm.* (I. 127ᵃ) *bimsstein* Ms.; *ahd.* pumiẓ: bumeẓ PF. *arzb.* 2, 12ᵃ. pumẓ URST. 103, 15. — *aus lat.* pumex.

bin *an. vb.* (I. 127ᵃ) *von diesem stamme des vb. subst.:* ich bin, dû bis (bist), wir birn (DIEM. 355, 29 *f.* ROTH *pr.* 34, bir wir SERV. 767), ir birt (bint, *auch* KARAJ. 53, 7) *u. der imperat.* bis (WALB. 453. 607. RENNEW. 23, 127 *u. oft in der* ZIMR. *chr. s.* 4, 529ᵃ); *weitere belege für alle formen s. in* WEINH. *al. gr.* § 353. *bair. gr.* § 298. — *zu skr.* bhû *sein, lat.* fu *in* fui, *gr.* φυ *in* φύω CURT. 1, 269. SCHERER *gesch.* 208.

bin *präp. mit dat., md. aus* bî, be *in innerhalb, während* JER. 15ᶜ. 37ᵈ, 57ᵃ *u. oft;* bin den firzên nachten MICH. 3 *s.* 23; *s.* binnen.

bin, bîn *stswf.* (I. 116ᵇ) *biene* PARZ. WIG. BARL. REINH. LOH. 7609. ULR. 253. WH. *v. Öst.* 15ᵇ. GRIESH. 1, 15. 92. 2, 122. 123. *die form* bin (*die* GDS. 1033 *allein gelten lassen will*) *ist durch den reim gesichert* RENN. 18569. 19602. 23012. KRONE 17807; *dass daneben auch* bîn *vorgekommen, lehrt die doppelform* pin *u.* pein *bei* MGB. (290, 36. 287, 26 *pl. sw.* peinen 87, 24); *md.* bene SSP. 2. 48, 11. *die heutige form* biene *sw. schon in den predigtmärlein* GERM. 3. 414, 16. *s.* bîe.

bîn = bî den (I. 313ᵃ, 33).

bî-name *swm.* (II. 307ᵇ) *beiname* JER.

bî-namen, be-namen *adv.* (II. 308ᵃ) *aus* bî namen *im vollen sinne des wortes, wirklich. allgem. u. bes. oft bei* HARTM.; *mit namen, namentlich* (*wie* bî namen *s.* name) GEN. LEYS. JER. beinamen wollen und meinen wir Mz. 3, 14. 243.

binde *adj. in* ûfbinde;

binde *swf.* (I. 131ᵇ) *binde, band* HELBL. *verband* ER. 4480. TÜRH. WH. 109ᵃ; eine kuo von siben binden HELMBR. 1830, *eine kuh, die siebenmal gekälbert hat* (*weil sich jedesmal eine* binde, *ein ring an den hörnern ansetzt*); binde *um den hut als trauerzeichen:* des jars (1507) starb Jörg Echen, da klagten in sein fraind mit binden umbgeschlagen umb ain huot, das was vor zu Augspurg nit gesehen worden *handschrift der Augsb. stadtbibl. gez.* HALDER 537 *f.* 240ᵃ;

bindelîn *stn. kleine binde* MYNS. 48;

binden *stv. I*, 3 (I. 129ᵃ) *binden, allgem.: binden, fesseln eigentl. u. bildl.* (mit gebunden henden GR. RUD. 18, 9. die füeze mit den henden binden *dem verbrecher* KARLM. 240, 59. der ist gevangen und gebunden MSH. 3, 47ᵃ. trûren in sîn herze er bant AW. 1, 62. gebunden mit siechtagen SILV. 1850. mit sorgen gebunden TROJ. 19327. gebunden mit minne *ib.* 11194. sî bant sî mit ir bede ELIS. 2036. ein ê binden *ib.* 618. in den gebunden tagen sol man dhainen ait swern DSP. 1, 105. *vgl.* 2, 12. 13. einem ze dienste gebunden, *verpflichtet,* sîn TROJ. 17792. GA. 1. 458, 123. ich bin ir gebunden gar für eigen MSH. 1, 164ᵃ. si muoẓ mir gebunden sîn LIEHT. 126, 6. er was in mit sippeschaft gebunden TROJ. 1605. diu liut mit buoẓe binden BPH. 6210. mit reden binden MYST. 1. 254, 36. ze vreuden sich binden ENGELH. 56); — *verbinden, bes. vom verb. der wunden, der verwundeten* (den sal man mit dem kalke bant HERB. 1825. die wunden binden KREUZF. 5311. ERNST 943,

4006. 4268. En. 296, 37. Rab. 662. Lieht. 111,
22. man bant den dort, man salbt den hie *ib.*
95, 27); — daz houbet binden, *es mit dem
gebende umwinden.* ir houbet si vil schône
bant Trist. *U.* 505, 12. ich wolte, daz si solden
gên gebunden alsam die vrouwen mit gebenden Msh. 2, 210ª; *mit dat. u. auslassung des
obj.* ich binde mir, man bindet mir (schône
begunde ir binden Elsemuot und ir gespil
Neidh. 187, 17. Walth. 106, 24 = Singenb.
214, 14). — *mit* abe, ane, în, ûf, umbe, zuo;
en-, er-, ge-, under-, ver-. — *zu skr.* bandh
gr. πενθ *in* πενθερός Curt. 1, 226. Gsp. 61;
binden *stn.* (I. 130ᵇ) Neidh. Altsw. 53, 19;
binder *stm.* (I. 131ᵇ) *fassbinder* Weist. Beh.
5, 3. Cp. 41. Wolfber der pinter *als zeuge*
Uhk. 1, 298 (*a.* 1290). Hainreich der pinter
Ukn. 82 (*a.* 1302). b ën d e r Weinsb. 16. binder,
bender doliator Dfg. 189ª;
bindunge *stf.* nexio Dfg. 379ᶜ.
bînen-bic *stm.* (I. 115ᵇ) *bienenstich* Ls.
bînen-kar *stn.* (I. 788ª) *bienenkorb* Gl. *vgl.*
alsam diu bîe zuo dem kar mit vröiden vallent
Wartb. 11, 11.
bînen-künec *stm.* costrus, favillus Voc. 1482.
bînen-snit *stm.* (II². 444ª) *bienenschnitt* Weist.
bînen-sumber *stmn.* alvearium Dfg. 26ᶜ.
bînen-wurm *stm.* (III. 826ª) *biene* Troj.
bîne-weide *stf. bienenweide.* nû hât Sumer sîn
gezelt ûf geslagen an die bîneweide Neidh.
XXIV, 20.
binez, binz *stm. swf.* (I. 137ª) *binse* Exod.
Parz. Geo. si bewant in in binz und in zeine
Diem. 32, 12. korbelîn von binzen Griesh. 2,
111. knoten suochen an slehten binzen Renn.
5164. pintz Voc. 1482; *pl. sw.* binzen Hpt. 5,
15. *swf.* von der pinzen Mgb. 390, 21. 29. ob
ein pawer ein knoden an ein binzen gemacht
hab Chr. 3. 33, 1. — *vgl.* Dwb. 2, 37. Ra. 361.
bîn-garte *swm. bienenweide* Gr.w. 3, 610.
binge *stf. vertiefung, graben.* das sü do dinne
(im gebanten holze) funden ein binge in die
erde Gr.w. 4, 157. *vgl.* Dwb. 2, 35.
* bingen *stv. I,* 3 (I. 137ª) *schlagen, klopfen;
s.* bangen *u.* pinken.
bi-niden *adv.* (II. 333ᵇ, 47) *unterhalb* Mühlh. r.
Jer. *s.* beniden.
bîn-korp *stm.* (I. 863ª) *bienenkorb* Mor. biene-,
binenkorp Germ. 3, 414.
bîn-kreiz *stm. s. v. a.* bîngarte Gr.w. 3, 611.
binlîn, bînlîn *stn. kleine biene* Wack. *pr.* 49,
30. pinli *ib.* 64, 73; bienlîn Narr. 111, 41.
bîlîn Fasn. 898, 2.

binnen *adv.* (I. 750ᵇ) *aus* be, bî innen *innerhalb*
Ath. Er. Trist. Myst. (2. 223, 30); *präp.
binnen, innerhalb mit dat.* Glaub. Ernst,
Marlg. 61, 65. Pass. (293, 30. 310, 32. 347,
48). *mit gen.* binnen des *unterdes, während*
Alexius 117, 1000. Livl. 3115. Ga. 3. 61, 667.
Marlg. 174, 25. Pass. (28, 22. 32, 40. 311, 96.
379, 17. *K.* 20. 23. 39, 94). *vgl.* bin *u.* enbinnen.
binnen-wendec *adj.* (III. 695ª) *inwendig*
Freiberg.; *präp. mit dat.* Gr.w. 2, 354.
binwent *ib.* 16.
bî-nôte *adv.* (II. 413ᵇ) *kümmerlich* Jer.; *genau*
Oberl.
bîn-stoc *stm.* (II². 654ᵇ) *bienenstock* Voc. peinstock Dief. *n. gl.* 18ª.
bîn-sûge *f.* (II². 724ª) *eine pflanze, bienensaug*
(Nemn. 3, 65) Voc.
bint = birnt, *s.* bin.
bint *stn.?* (I. 131ª) *band, verbindung* Frl.
bint-bære *adj.* bintb. wunden, *wunden die
einen verband nötig machen* Gr.w. 4, 526.
bint-rieme *swm.* (II. 699ᵇ) *riemen zum binden,
an der rüstung wie am pferdegeschirre* Gr.
Rud. Troj. der wirt dâ zwên bintriemen
nam vür einen borten kluogen j. Tit. 1569.
bint-seil *stn. halfter.* koufet ein man ein rint,
ist nit ouch daz bintseil oder die kauwe sîn
am rinde? Germ. 3. 412, 34. capistrum Dfg.
97ᵇ.
bint-tuoch *stn.* collirium Dfg. 132ᶜ.
bîn-vaz *stn.* (III. 281ª) *bienenkorb* Myst. peinvaz Mgb. 163, 8.
bin-wâz *stm.* bienen-, *honigduft.* ûz sînem
süezen binwâze Berth. *Kl.* 106.
bin-went *präp. s.* binnenwendec.
bin-wërf *stn?* (III. 740ª) *klinge* Renn. die
messer sollen so gemacht sein, daz die engel
durch und durch di hefte und pinwerf gên
als si durch reht suln Np. 159. una clava cum
argenteo pinwerf Schm. *Fr.* 1, 394.
bin-wis *adv.* (III. 751ᵇ) *eine gewisse art von
grundstücken* Urb. Gr.w. 4, 26.
binz *stm. s.* binez;
binzîn *adj. von binsen.* und lac in einem korbelîn gewindelt, daz was binzîn Renn. 18969;
ebenso
binzisch *adj.* scirpeus Voc. 1482.
bippernelle *stf. s.* bibenelle.
bir, bire *stswf.* (I. 137ª) *birne pl.* bir Albr. 35,
35; *gewönlich sw.* Parz. gerumpfen als ein
bir Ls. 1. 217, 37. als die birn von den boumen
rirn Teichn. 291ª. der birn val Renn. 24345.
teige piren Lieht. 93, 12. sehse biren briet

sî in dem viuwer NEIDH. 47, 23. sî suochen biren ûf den buochen MSF. 65, 12. dehein man suochen solde ûf eim kerspoum birn WG. 3800. pirn sieden, daz die stil nit nasz werden überklug sein CHR. 5. 73, 7. *die heutige form* birne (: stirne) *schon* WH. *v.Öst.* 50^b; *vgl.* DWB. 2, 40. — *aus* pira, *dem pl. des lat.* pirum.

bir-boum *stm.* (I. 227^b) *birnbaum* GL. MGB. 340, 16. NEIDH. *Ben. s.* 419;

bir-böumîn *adj.* GR.W. 4, 518.

birche *swf. s.* birke.

birden *swv. tragen, hervorbringen.* daz bernde ie nâch der art vil gerne birdet (: unwirdet) j. TIT. 3451. *vgl.* bürden. — *zu* bërn.

birec *adj.* (I. 140^a) *geneigt zu wachsen, fruchtbar* TRIST.; *eine form* bërec *ist aus* ein bërekeit *zu folgern.* — *zu* bërn; *vgl.* bærec.

bire *swf. s.* bir.

bî-rede *stf. nebenrede, umschweife.* niht vil der bîrede phlegen ULR. *Wh.* 62^a. lanc b. *ib.* 65^a.

bire-garte *swm.* (I. 483^b) *birngarten* GL.

bire-, birn-most *stm.* (II. 225^b) *birnmost* Ms. HELBL. PF. *arzb.* 2, 17^b.

birg *stmn. s.* bërc *u.* birge.

birge *stn.* (I. 105^b) *gebirge* NIB. GOLD. 4, 5. birg, bürg SCHILTB. 66. 68. 69. 73 *u. öfter.* bürg HELDB. *K.* 16, 20. — *zu* bërc;

birgesch *adj. bergicht.* pirgesch land SCHILTB. 87; *bäurisch* WOLK. 71, 1, 9.

birg-man *stm.* alpinas DIEF. *n. gl.* 17^b.

birholt *m.* psittacus DIEF. 1470 *p.* 213; *vgl.* piro *u.* DWB. 1, 1824.

bir-holz *stn.* (I. 706^b) *birnenholz* WEIST.

birin *stf.* (I. 104^b) *bärin* ALBR. 35, 419. përinne MGB. 116, 8. 162, 19. — *zu* bër;

birîn *adj.* (*ib.*) ursinus VOC.

birke, birche *swf.* (I. 167^a) *birke* HELBL. BERTH. 158, 37. dô verhiu er manige birken L. ALEX. *W.* 2796. — *zu skr.* bhurja *von* bharj *glänzen* Z. 1, 13. *vgl.* bërht.

birkel *stm.* der ist eyn groses creys geyn cleynes pirkel, d in steyt polus articus HANS 3083;

birkeln *swv.* als ich susz wart gepirkelt (*verwirrt*) in mînen sinnen toughen HANS 1609.

birken-holz *stn.* GR.W. 1, 454.

birken-ruote *f. birkenrute* DAN. 1314.

birk-han *swm. birkhahn* NP. 78;

birk-huon *stn.* (I. 612^b) VOC.

birkîn *adj. von der birke* GA. 1. 42, 53. birkîne rîser HPT. 8, 215. birkîn loup HÄTZL. 171^a.

birlinc *stm. s.* bürlinc.

birn 1. *pl. s.* bin.

birn-brâter *stm.* dasz ir konig was ein hutzler und ein pirnbrater hinter dem ofen, der all seine rete het mit den köchen CHR. 3. 169, 28.

birnen *stv. s.* brinnen.

birn-küten *f. quitte* MGB. 319, 31.

birn-muos *stn.* (II. 240^b) *birnmus* BUCH *v.g.sp.*

birn-souc *stm.* (II². 724^a, 25) *birnsaft* DIEM. *arzb.*

birn-stil *stm.* (II². 636^a) *birnstil* TEICHN.

birnt 2. *pl. s.* bin.

birn-tranc *stm.* piretrum VOC. 1482.

birolf *m. s.* piro.

birs, birse *m. s.* bars.

birsære, -er *stm.* (I. 167^b) *birscher, jäger* BARL. ûz riten die birsære LAUR. 89. ob ein birser mûset bî wilde in einer dicke HADAM. 546.

birs-boum *stm.* mirtus DFG. 363^a; *vgl.* birz *im* DWB. 2, 41.

birs-bracke *swm.* b. oder spürhunt VOC. 1482; *s.* birsehunt.

birse-armbrust *stn.* (I. 61^a) *armbrust zum jagen* TRIST.

birse-hunt *stm. jagdhund* WG. 14602.

birse-meister *stm.* (II. 119^b) *jägermeister* j. TIT. 4802.

birsen, pirsen *swv.* (I. 167^a) *mit spürhunden jagen, birschen* TRIST. LANZ. GREG. (2300). BARL. LAUR. 96. j. TIT. 4884. TROJ. 15180. HADAM. 510. OSW. 2595. *prät.* birste HELMBR. 963; *bildl.* ûf die wârheit birsen TRIST. 13807. — *mit* be-, ge-, ver-. *aus fz.* berser, bercer, *vgl.* DIEZ 1, 214;

birsen *stn.* (*ib.*) *jagd mit spürhunden* NIB. værlichez birsen HADAM. 46.

birsen-muome *swf. wilde frau, waldweib?* ein rott von schônen wiben sach ich gên mir her brangen, der anblick was verhangen mit grüenem laub und bluomen: es warn nit birschen muomen dort her von Zîselmûr, da mangem vilzgebûr her Nithart hat gesogen ALTSW. 166, 32; *vgl.* roggenmuome MYTH. 445.

birse-warte *stf.* warte *auf der jagd, anstand* EILH. 5365.

birse-weide *stf.* (III. 552^b) *jagd* KCHR.

birs-gewant *stn.* (III. 684^a) *jagdkleidung* NIB.; *ebenso*

birs-gewæte *stn.* (III. 778^c) NIB.

birst-haft *adj. s.* brësthaft.

birt 2. *pl. s.* bin.

bis *imperat. s.* bin.

bîsant, bysant *stm.* (I. 167ᵇ) *goldmünze (von Byzanz)* Rul. En. Herb. Wwh. (161,3). Flore, Turn. 98, 5. 6. Bit. 13096. Apoll. 16849. Pass. *K.* 142, 55; *ebenso*

bîsantînc *stm.* (*ib.*) Rul. man verchouft aines eseles houbet umbe drî bîsendinge Kchr. *D.* 510,31. — *gebildet wie das gleichbedeut. ahd.* cheisuring *im Hildebrandsliede* Hpt. 9, 558 *anm.* 157.

bisat, bisaz *s.* besez.

bî-sâze, -sæze *swm.* (II². 340ᵇ) *beisasse, einwohner der nicht bürger ist* Halt.

bî-schaft *stf.* (II². 73ᵃ) *belehrendes beispiel, bes. eine belehrende geschichte, fabel* Barl. Bon. Ms. *u. sehr häufig bei* Konr. (*vgl. noch* Silv. 4165. 4220). Ls. 2. 623, 67. Pass. 278, 91. 339, 85. 372, 42. 67; *ausdeutung eines solchen beispieles* Barl. Pass.; *vorzeichen, vorbedeutung* Troj. Pass. — *zu* beschaffen.

bischof, -ves *stm.* (I. 167ᵇ) *bischof, allgem.* (Karlm. buschof 196, 32. 34. 38. 197, 57. 60. 63 *etc. neben* bischof 196, 1. 15); *daneben die form* bischolf (Diem. 141, 8. 13. 177, 22. 178, 10. Bonus 166. 178. 183. Helbl. 2, 764. 3, 135. Roth *pr.* 57. Dsp. 1. 279. 285. Mgb. *kennt beide formen, ebenso* Bph. *und* Ot. *denn er reimt* bischof: wolf 86ᵇ, 91ᵇ. 111ᵇ: Rudolf 123ᵃ *etc.*) *die nach* Gr. 1, 444 *einem ahd.* biscouf *entspricht* (bischouf Dür. *chr.* 217), *so dass das* l *durch übergang von* u *zu erklären sei; doch mögen da wol zunächst die deutschen namen in* -olf *eingewirkt haben, vgl.* Weinh. *b. gr.* § 159. — *aus lat.* episcopus, *ital.* vescovo *durch dess. einwirkung des mhd. inlautende* v *entstanden ist* Denkm. *s.* 333;

bischoffin *stf. antissa* Dief. *n. gl.* 26ᵇ.

bischof-huot *stm. cidaris* Voc. *Schr.* 441.

bischof-krône *stf.* (I. 887ᵃ) *tiara* Voc.

bischof-lich *adj.* (I. 168ᵃ) *bischöflich* Litan. bischolflich Bonus 29. Ula 100 (*a.* 1305).

bischof-schuoch *stm.* (II². 224ᵃ) *sandalia* Voc. (1482).

bischof-stap *stm.* (II². 593ᵇ) *bischofsstab* Serv. cambuca Dfg. 92ᵇ.

bî-schrift *stf.* (II². 209ᵇ) *aufschrift* Jer.

bisch-tuom, bis-tuom *stn.* (I. 168ᵃ) *statt* bischoftuom, *ahd.* piscoftuom, piscetuom *bistum* Tund. Parz. Serv. Msh. 3, 330ᵃ. Pass. *K.* 9, 83. 405, 65. bischump Gr.w. 1, 592. buschtump *ib.* 630.

bîse *f. erbse* Ulr. Wh. 270ᵇ; *aus mlat.* pisa.

bîse *f.* (I. 168ᵃ) *nordwind, ostwind* Ms. eurus Mone 8, 406. Dwb. 1, 1398.

bisem *swstm.* (*ib.*) *bisam* Wig. Gotfr. Konr. Mart. (*lies* 64, 28). Loh. 6064. daz tier, daz den guoten bisem treit Apoll. 8580. 18094. — *aus mlat.* bisamum *u. dieses vom hebr.* besem *wolgeruch, salbe* Weig. 1, 155;

bisemen *swv.* (I. 168ᵇ) *mit bisam versehen* Ms.

bisem-tier *stn.* musquelibet haizt ze däutsch ain pisemtier Mgb. 151, 11.

bisem-vaz *stn. gefäss für bisam* Apoll. 13124.

bisen *swv.* (I. 168ᵃ) *intr. umherrennen wie von bremsen geplagtes vieh* Troj. Pass. dô sach er loufen und bisen lewen und pantier Apoll. 8205. da siht man rinder besen Amg. 144. man sach in mit den hunden birsen, besen und jagen Reinfr. 94ᵇ. ûf einen bisen *auf ihn losgehen, auf ihn zürnen* Pass. *K.* 507, 50. 685, 84; *auseinander schweifen, sich ausbreiten ib.* 242, 36. 553, 66; *in trans. bedeut.* und tet sie von einander bisen Pass. 115, 71. — *altn.* bisa *angestrengt thätig sein, vgl.* Dwb. 2, 3. 46. Kwb. 28.

bîsendînc *stm. s.* bîsantinc.

bise-wurm *stm.* (III. 826ᵃ) *eine art bremsen* Gl. Dief. *n. gl.* 270ᵃ.

bi-sëz, -sëzze *stmn. s.* besëz.

bî-sîn *stn. das beiwohnen* Hans 2103.

bisconte *swm. visconte* Wolk. 6, 162.

bî-slac *stm.* (II². 382ᵃ) *abfall beim schlagen, geringfügiges* Narr.; *schlechte, nachgeschlagene münze* Oberl.

bî-slâfe *stf.* (II². 366ᵃ) *beischläferin* Berth.;

bî-slâfer *stm. concubinarius* Dfg. 139ᵉ; bîslæferinne *concubina ib.*;

bî-slâfunge *stf. conjugium* Dfg. 143ᵃ.

bî-slëht *adj.* (II². 394ᵇ) *ganz gefüllt, so dass rand u. getränke in einer fläche liegen* Griesh. bisl. viertel *gestrichenes viertel* Urb. zwei bislinge fiertel haber Gr.w. 1, 50. *vgl.* beslihten.

bis-mânôt *stm.* (II. 57ᵃ) *monat, in dem das vieh auf die weide getrieben wird u. wie toll herum rennt* (*s.* bisen) Reinh. der hirt faren mit dem vihe uf die alt Dorkeimer bach in dem biesemonat Gr.w. 1, 785.

bi-smën *swv. s.* besmæhen.

bî-sorge *f.* (II². 470ᵃ) *besorgung, fürsorge* Jer. Kirchb. 723, 65; seelsorge Ssp. 3, 59; *vgl.* besorgen.

bî-spël *stn.* (II². 491ᵇ) *zur belehrung erdichtete geschichte, fabel, gleichnis, sprichwort* Glaube (2685). Parz. Walth. Freid. L. Alex. *W.* 1907. Karlm. 98, 21. 171, 11; bîspil

KELL. (: vil) GA. 2. 177, 4. VOC. 1482; *s.* spël *u. vgl.* bîwort.

bí-sprâche *stf.* (II². 536ᵇ) *üble nachrede, verleumdung* LIT. KRONE; præambulum VOC. 1482;

bí-spræche *stn.* (II².538ᵃ) *verleumdung* KARAJ. VILM. *weltchr.* 26; *ebenso*

bí-sprëch *stn.* (II². 534ᵃ) KRONE;

bí-sprëchære *stm.* (*ib.*) *verläumder.* daʒ felschent die bisprechære mit manigem bœsem mære PF. *üb.* 61, 125; *zu* besprëchen.

bí-spruch *stm.* (II². 540ᵃ) *sprichwort* STAT. *d. d. o.*

bisse *swm.* (I. 168ᵇ) *ein feines gewebe, byssus* RUL. MAR. 175, 33. DIEM. 56, 3. 59, 10. MSH. 2, 325ᵇ. — *aus gr.* βύσσος DFG. 75ᵇ.

bî-stal *stn.* (II². 557ᵇ) *die beiden thürpfosten* WWH. MGB. AUGSB. *r. W.* 184; bistel KOLM. 94, 41. *vgl.* bîstudel.

bî-stant *stm.* (II². 590ᵇ) *beistand, hülfe* FASN. CP. 229;

bî-stendec *adj.* (II². 591ᵇ) *beistehend, behülflich* MS. CHR. 3. 386, 9; 5. 12, 16. *vgl.* bestendec;

bî-stendel *stm.* (*ib.*) *ein meerthier, verdeutsch. v. astois* MGB.;

bî-stender *stm.* (II². 590ᵃ) *der dabei steht, augenzeuge.* als uns durch etlich biestendere gesagt wart UGB. 139; *der beisteht, helfer, genosse* DÜR. *chr.* des herzogen beistender und zuleger MH. 1, 147.

bîster *adj.* (I.168ᵇ) *darbend* JER. 144ᵃ. *ein nd. wort s.* DWB. 2, 3.

bî-stiur-lîche *adv. mit hülfe, unterstützt.* quême ich heim sô bîstûrlîch KIRCHB. 782, 59.

bî-strâʒe *f.* (II². 677ᵇ) *nebenstrasse* PASS.

bî-studel *stn.* (II². 707ᵃ) *s. v. a.* bîstal OBERL.

bis-tuom *stn. s.* bischtuom.

bit *stf. s.* bite.

bit *stn.* (I. 171ᵃ) *gebet* LOH., *vgl.* ZIMR. *chr.* 1. 341, 7; 2. 407, 8. — *zu* biten.

bit *präp. s.* biʒ.

bit, bët *präp. md.* (I. 168ᵇ) *statt* mit (*vgl. gr.* πέδα *für* μετά WACK.) bit golde ROTH.3622. bit zuhten *ib.* 4369. bit trûren *ib.* 4477. bit handen *ib.* 4725. bit worten *ib.* 4788 etc. PF. *üb.* 105, 208. 211. 223 etc. *oft in dem Marienliede bei* HPT. 2, 193 *ff.; mhd. besonders in* bëtalle.

bît *stn.* (I. 174ᵃ) *verzug* BON. MÖNCHL. 221 *u. anm.* — *zu* bîten; *s.* bîte.

bit-alle *s.* alle *instrum.*

bite, bit *stf.* (I. 175ᵃ) *das stillhalten, verweilen, zögern* TRIST. ULR. *Wh.* TROJ. (8511). TÜRL. *Wh.*63ᵇ.132ᵃ.141ᵇ. APOLL. 10133. — *zu* bîten; *ebenso*

bîte, bît *stf.* (I. 174ᵃ) WWH. BIT. j.TIT. 4269. 4336. LOH. 1510. 3107. TANH. *hofz.* 208.

bitel *stm.* (I. 171ᵃ) *der eine bitte vorbringt* LOH. 3235. 3249 *bes. der freier, freiwerber* MAR. HELBL. RENN. 10438. 12361. 12537. 12714. — *zu* biten;

bitelen *swv.* bitten, werben. umbe die minne biteln WEIM. *hs. p.* 73.

bîte-lôs *adj.* (I.174ᵃ) *nicht zum warten* (bîten) *geneigt, ungeduldig* ER. *vgl.* gebitelôs.

bîten *swv.* (I. 175ᵃ) *säumen, still halten* ULR. *Wh.* — *zu* bîten.

biten, bitten *stv. I,* 1 *mit sw. präs.* (I. 166ᵇ—171ᵃ) *md. auch* bëten *bitten, allgem.: mit acc. der person u. gen. der sache, die auch mit* umbe, nâch (BIT.), *infin. od. untergeord. satze mit* daʒ *ausgedrückt werden kann* (*der acc. der person kann auch verschwiegen werden*); einen biten *laden* GUDR. eʒ hât selten wîsiu mûs den vuhs gebeten hin ze hûs FREID. 141,12; *vor gericht laden* SSP. 2. 36, 2; einen biten *ihm eine bëte, steuer auferlegen.* daʒ wir die leut und gut mugen biten und steuren Mz. 4, 27; an einen biten *eine bitte an ihn richten, anbeten* SERV.; *mit dat. der person u. conj.* daʒ, *einem eine bitte, ladung vorbringen* CHR. 1. 51, 26; 2. 20, 6. 7, *für einen bitten* (*näml.* gott), *wünschen mit gen. der sache od. conj.* daʒ WIG. HARTM. PARZ. OTTE 761; umbe, vür einen b. *für ihn beten, bitten.* — *geht die bitte von einem höhern an einen niederen, so nimmt* biten *die bedeut. heissen,befehlen an* (NIB.WWH. WIG.) *gewönlich in verbindung mit* gebieten: biten und gebieten *od.* gebieten unde biten, *wofür* Bech GERM. 8, 381 *ff. reichliche belege gibt.* — *mit* abe, an; er-, ge-, über-. *als grundbedeutung nehmen* DWB. 2, 51 *u.* WACK. *sich neigen, niederstrecken an, verwandt mit* bette *zu skr.* pat *fallen, lat.* petere GSP. 62 (*doch* bette *möglicher weise zu gr.* πετανν ύ ναι, *lat.* pandere, *skr.* prath *ib.*63); *vgl.auch* CURT. 1, 227. Z. 1, 12.

bîten *stv. II.* (I. 173ᵃ) *verziehen, warten, allgem.; mit gen. od. nâch* (GUDR.) *warten auf; mit dat. u. gen.* einem frist, zeit zu etw. *lassen* HARTM. — *mit* en-, er-, ge-, ver-. *nach* WACK. *eigentlich „sich niederlegen", anders im* DWB.1,1403; GSP. 60 *stellt es zu lat.* fido, *gr.* πείθω;

bîten *stn.* (I. 174ª) *das warten, zögern* NIB. BARL. BIT. 434.
biter, bitter *stm.* (I. 171ª) *der bittet, bettler* RENN. bitter JER. 70ᶜ.
bite-vart *stf. s.* bëtevart.
bi-traht *f. s.* betrahte.
bî-trit *stm.* (III. 100ᵇ) *nebentritt: weggang, abweg, fehltritt* PASS.
bitschart *ein getreidemass* URB. 26, 18. 28, 7. 29, 21. 31 etc. *u. s.* 348 (*aus fz.* bichet). GR.W. 4, 26; bitschit OBERL. 161.
bittel *stm. s.* bütel.
bitten *stv.* **bitter** *stm. s.* biter, biten.
bitter *adj.* (I.176ª) *bitter, eigentl. u. bildl.* WIG. IW. TRIST. veigenboum bî bittern weiden RENN. 792. diu helle diust ein bitter hol MSH. 3, 468ᵉ. sô wirt iuwer fröude bitter *ib.* 1, 95ª. bitteriu riuwe GRIESH. 1, 165. in sleht ein bitter schûr WINSB. 40, 7. æhte ist ein bitter krût *ib.* 55, 1. bitter was daz mære HPT. 11. 500, 272. rôt von zorne bitter TROJ. 19016. kein löuwe noch kein serpant nie wurden alsô bitter (*wütend*) *ib.* 35251. bitter ungemach *ib.* 18642. iuwer zunge dûhte bitter gein wîben j. TIT. 5092. der bitter ernst LOH. 4256. an dem bittern tage dâ die übeln zittern MARIENGR. 783. von swerten bitter TURN. 135, 5. mit slegen bitter *ib.* 150, 3. ir slege wâren bitter RAB. 606. der bitteriste strît L. ALEX. 1128. liep ist bitter an dem ende FLORE 3772. an untugenden bitter PASS. 99, 94. daz wart im allez bitter MARLG. 130, 26. mit nageln bitter unde scharp ELIS. 1915. — *gt.* baitr *von* beitan *beissen* (GSP. 60), *das wort müsste also hd. mit lautverschiebung* bizzer *lauten. vgl. md.* bitzer PF. *üb.* 1, 982. GERM. *Hag.* 10. 165, 166 *u.* DWB. 2, 53. 58;
bitter, bittere *stf.* (*ib.*) *bitterkeit* ANEG. MAR. 160, 8. MSH. 2, 34ᵇ. HELDB. *K.* 626, 22. JER. 150ᵇ. 162ᶜ. PF. *üb.* 136, 71.
bitter-grimme *adj.* (I. 574ª) *sehr grimmig unter bitter* WARN.
bitter-keit *stf.* (I.176ª) *bitterkeit* MGB. 293, 18. 315, 34; *bildl. bitteres leid* GOTFR. BON. HERB. 7921. ELIS. 954. 4713. MARLG. 226, 429. PASS. 13, 13. 90, 56. 96, 57. 155, 60 *etc.* WACK. *pr.* 55, 181. BERTH. 189, 17 *ff.*
bitter-krût *stn.* amarascus DFG. 27ᶜ. *vgl. oben* WINSB. 55, 1.
bitter-lich *adj.*(*ib.*)*s.v.a.* bitter *bildl.* WALTH. HARTM. (ER. 6320. GREG. 40.) BIT. 8868. RAB. 413. 657. DIETR. 6537. SWANR. 549. SILV. 896. 976. 1960. TROJ. 18487. 21359. ELIS. 963. 975;

bitter-lîche, -en *adv.* (*ib.*) NIB. A. HEINR. SILV. 3209. ELIS. 1911. 2899.
bittern *swv. intr.* (I.176ª) *bitter sein* LIT. RENN. LS. 1. 390, 59. MART. 78, 65. gegen einem b. ihm böse sein, mit ihm zanken BERTH. HÄTZL.; *trans.* (I. 176ᵇ) *bitter machen* MART. 113, 99. — *mit* ûz; durch-.
bitterolf *stm.* (*ib.*) *der eigenname* Bitterolf *als schimpfname für einen wüterich* GEO. 4145. MSH. 3, 193ª; *vgl.* GERM. 5, 295.
bittunge *stf.* oramen DFG. 398ᶜ.
bitz, bitze *präp. s.* biz.
bitze *stf. baumgarten, in wetterauischen und hessisch. urkunden s.* VILM. 38. DWB. 2, 58. 281. 591. SCHM. *Fr.* 1, 315 *u. vgl.* biziune *u.* bütze *stm.*
bitzen *swv. in* durchbitzen, *vgl.* bizzen.
bitzer *adj. s.* bitter.
biuchelîn, biuchel *stn. kleiner lauch* APOLL. 2366. WOLK. 44. 3, 15. MGB. 165, 15. bûchelîn, venterculus DFG. 610ᶜ;
biuchelingen *adv.* (I. 275ª) *bäuchlings* WEIST. man sol in bûchelingen ûf ein pfert legen AD. 966 (*a.* 1336).
biuchen, bûchen *swv. mit lauge waschen, figürl. verweis geben, strafen.* da wil ich sie weschen âne laug, bûchen und kelten NETZ 2547. waschen pauchen u. laugen FASN. 1219. wenn ein korschuler seumig ist an der letzen on des schulmaisters urlaub, den sol der schulmaister ie als oft peuchen LEITB. 30ᵇ. wenn ein korschuler ein unzucht tet, ez wer zu pett oder zu tisch, so sol in der spitalmaister dorumb haizzen peuchen, wer aber die unzucht groz, so sol er im urlaub geben *ib.* 31ᵇ. — *nd.* büken *aus ital.* bucare, *fz.* buer *s.* WEIG. 1, 112. DWB. 1, 1166. 1742. SCHM. *Fr.* 1, 195. *wegen der figürl. bedeut. vgl. auch* louge.
biuden *stn. ein tambûr oder ein biuden* (: giuden), *etwâ heizet manz ein sumber* j.TIT. 3881 (*im alten dr.* 3929 tambûren und büden). bûden swegeln und schalmîen RENN. 5914 (I. 276ᵇ); *s.* bûden.
biuge *stf.* (I.177ª) *krümme, biegung* MAR. PARZ. die über sich nâch biuge an einander giengen j.TIT. 379, 3. — *zu* biegen;
biugen *swv. beugen in* erbiugen; *vielleicht gehört hieher* (*u. nicht zu* biegen) bûgen PASS. 66, 89. 83, 76. MARLG. 219, 233; *vgl.* bougen.
biuhsen *swv.* (I. 275ª) *refl. aufblähen?* FRL. zu bûch?
biule *stswf.* (I. 180ᵇ) *beule* WIG. WOLFR. NIB.

Bit. (12454). biule und wunden Krone 4579. Lieht. 84, 29. wunden und biulen j. Tit. 3887. 4521. kampfes biulen *ib.* 5309. *vgl.* 2703. swarzer biulen vil geslagen Orl. 6780. 7752. man warf grôze biulen mit ungevüegen steinen Apoll. 17259. dâ ist diu rede ein wint, ein slac ein biule Neidh. 49, 9. ein slac ein biule, ein wort ein wint Renn. 4579. swer dem andern an daz moul sleht, oder im einen peul sleht Mw. 140, 60 (*a.* 1281); *euterbeule* Mgb. 110, 20. 27. — *vermut. über die etym. s. im* Dwb. 1, 1745.

biu-lich, bû-lich *adj. adv.* bûlich holz *bauholz* Gr.w. 5, 275. den garten, die ecker peulich halten *gut anbauen* Uh. 402 (*a.* 1398). Mh. 2, 856. — *zu* bûwen.

biunte, biunde, biunt *stswf.* (I. 180ᵇ) *später* beunte, beune (*wetterau.* Gr.w. 2. 151. 210) *freies, besonderer anbau vorbehaltenes u. eingehegtes grundstück, gehege* Wwh. Ms. Frl. der dôn durch die biunde schal Neidh. XX, 20. swer kumt in mîne biunde Sion 449. ûz der helle biunde Mart. 88, 52. der geistlichen frawen zu sant Kathrein peunt Chr. 1. 207, 1. 209, 18. mit biunden, mit äckern Mz. 1, 363; *bes. oft in österr. urk. z. b.* Uhk. 1, 36. 2, 254. Uh. 395. Ukn. 391. Mh. 2, 681. *in Nürnberg hiess* (Np. 294 *ff.* Tuch. 364ᵃ) *u. heisst heute noch der stadtbauhof die* Peunt. *wegen der etym. vgl.* Dwb. 1, 1748.

biunt-wise *swf. eingefriedigte wiese.* zwuo peuntwisen Usch. 448 (*a.* 1417).

biunt-zûn *stm.* (III. 949ᵇ) *zaun um die* biunte Weist.

biurisch *adj.* (I. 290ᵃ) *bäuerisch* Greg. Öh. 56, 24;

biurischeit *stf.* ez ist niht biurischeit, dan niur sünde und unfuoc Teichn. 263.

biuschen, bûschen *swv.* (I. 285ᵇ) *schlagen, klopfen* Lanz. — *zu* bûsch; *vgl. auch* bûzen *u.* Dwb. 1, 1199.

biute *f.* (I. 189ᵇ) *der backtrog* Voc. Weist. 2, 160. 167; *in Hessen der bäckertisch, auf welchem das brot aus dem backtrog ausgewirkt wird* (Vilm. 34), *also noch der ursprüngl. bedeut. nahe kommend; bienenkorb* Weist., (3, 610) *nasaliert* beunte Chr. 1. 30, 20. — *zu gt.* biuds, *ahd.* biut *tisch, von* bieten. *vgl.* Dwb. 1, 1750.

biute *stf.* (I. 190ᵃ) *beute.* beute Chr. 2. 311, 14. 22. Mh. 1, 216 (das eroberte sol alles an gemeine butt gân); *md.* bûte, buite Dür. *chr.* 32; *compensatio mercium* Jer. 136ᵇ. Germ. 9, 175. *aus dem nd. eingedrungen s.* Dwb. 1, 1749.

biute-gëber *stm.* peutgeber, predator Voc. 1482.

biutel *stmn.* (*ib.*) *beutel, tasche* Wig. Parz. Engelh. Helbl. 8, 310. Mor. 1, 3497. 3811. Ga. 2. 186, 405; 3. 583, 239. Ls. 461, 13; *geldbeutel* Renn. 2718. 6281. Wg. 173ᵇ. 176ᵇ. 214ᵃ. einen in den peutel strafen *eine geldstrafe auferlegen* Mh. 2, 692. 696; *md.* bûtel Dür. *chr.* 687. bûdel Gr.w. 5, 618. — *zu* bieten? *vgl.* Dwb. 1, 1750;

biutelære, -er *stm. beutelmacher* Np. 220; *der* biutelt, *durchsiebt* Schm. Fr. 1, 305;

biutelchen *stn. md.* bûtelchen *beutelchen* Dür. *chr.* 93; *ebenso*

biutelîn *stn.* bûtellî Voc. *opt.* 18ᵃ. bûtelîn *loculus* Evang. J. 12, 6. 13, 29.

biutel-macher *stn.* (II. 27ᵃ) bursarius Voc.

biuteln *swv.* (I. 190ᵃ) *md.* bûteln *vermittelst eines beutels sieben, sichten eigentl. u. bildl.* tarantarisare Dfg. 573ᵉ. Wack. *pr.* 65, 122. Myst. 2. 70, 38. 107, 13. gebiutelt brôt *brot von gebeuteltem mehl* Gr.w. 4, 239. Mgb. 403, 11. einen gebütloten weggen *ib.* 1, 340. — sie weisten auch, das kein kint solte vatter oder mutter beuteln (*zur theilung zwingen?*) alle die weile es seinen witwenstule besitzet Gr.w. 6, 39. 64 (= bûteilen?).

biutel-snîder *stm.* (II². 442ᵇ) *beutelschneider* Ls.

biutel-tuoch *stn.* (III. 132ᵃ) *beuteltuch* Buch v. g. sp. 10. 16. Clos. 83 (*die hs. hat* büttelduch).

biutelunge *stf.* (I. 190ᵃ) *das beuteln, sieben* Voc.

biutel-vaz *stn. lederner sack, der oben zugezogen werden kann.* der ist der êren ein biutelvaz Rauch 1, 198. ein biutelvaz reit ûf den plân mit sînem helm verbunden Kolm. 77, 26.

biute-meister *stm. aufseher über die beute.* peutmaister Chr. 2. 266, 4. 7.

biuten *swv.* (I. 190ᵃ) *beuten, erbeuten* Chr. 2. 185, 9 *u. öfter; austheilen* die nâme beuten Mz. 4, 250; *md.* bûten *tauschen, handeln* (*oft in hessischen urk. s.* Vilm. 35) Pass. K. 27, 22. 32, 4; *beute machen, rauben* Jer. 61ᵇ. 114ᵃ. 162ᵈ. Pass. K. 42, 8. 386, 2 *u. öfter;*

biuten *stn.* (*ib.*) *md.* bûten *das handeln, tauschen, drängen, beraten, streiten, zanken, erbeuten s.* Pass. K. 708ᵇ.

biute-nëmer *stm.* peutnemer, predator Voc. 1482.

biute-rëht *stn. beuterecht* CHR. 2. 261, 9. 14. 17. 262, 18.

biuterlinc *stm.* (I. 190ᵃ) *s.* bûderlinc.

biute-zetel *f. zettel, schein über den antheil an der beute* CHR. 2. 262, 6. 22. 30.

biut-hâke *swm.* (I. 613ᵃ) *haken zum aufhängen eines bienenkorbes* WEIST.

biutunge *stf.* (I. 190ᵃ) *md.* bûtunge *erbeutung, beute* LIVL. NETZ 8254. JER. 114ᵃ; *tausch* VILM. 35. ARN. 25 (*a.* 1428).

biuwec *adj. in* witbiuwec.

biuwen *swv. s.* bûwen.

biuz, bûz *stm.* (I. 190ᵇ, 7. 20) *schlag, schmiss, stoss* TROJ. (= 15887. 15899). er sluoc der frouwen einen pûz FRAUENTR. 106; *zu*

biuzen, bûzen, biezen *stv. III.* (I. 190ᵃ) *stossen* RAB. 621. Ls. LACHM. *zu* NIB. 1823; *nach* DWB. 2, 268 (*s. auch* 594, 12) *wäre aber ein solches vb. neben* bôzen, biez *nicht aufzustellen. vgl.* bûzen *swv.*;

biuzen *swv.* (I. 191ᵇ) *hauen, behauen.* gebeuszte dammesteine FRANKF. *baumeisterb. v. j.* 1450 *f.* 54ᵇ. 55ᵇ; *anzünden* man bûste vür an LIVL. (*vgl. oben an* stôzen) *über das im* WB. *verglichene aber nicht hieher gehörige* beuten *s.* DWB. 1, 1754 *f.*

bí-vanc *stm.* (III. 210ᵃ) *umfang, das von den furchen eingefasste ackerbeet* WEIST. URB. *Seck.* 92 (*vgl.* KWB. 89); *bezirk, gemarkung.* der b. umme die stat ARN. 26 (*a.* 1343). GR.W. 2, 708 *f.*; *vorbehalt, rückhalt.* âne allen bivanc *ib.* 25 (*a.* 1350). — *zu* bevâhen.

bí-vanc-schâf *stn. s.* schâf.

bí-vangen *stv. s.* bevâhen.

bí-vengunge *stf. einnahme, feindliche wegnahme.* ob einicher angriff oder bifengunge beschee — so sollent ie die nechsten mit gemeinen sturm nach îlen, die teter und nome in behepnisse underston und nemmen MH. 1, 56.

biver *stn. s.* biever.

bí-velde, be-vílde *stf.* (III. 316ᵇ) *begräbnis, leichenbegängnis, todtenfeier, für* bevilhede (*so noch bei* BERTH. 332, 9) GEN. WIG. GREG. NIB. RUL. 260, 7. PRIESTERL. 362. ANTICHR. 178, 15. ROTH *dicht.* 34, 222. j.TIT. 435. 6185. LOH. 3211. BPH. 7807. 8037. 8393. 8983. 9293. 9479. HELBL. 7, 77 *u. oft in urk.* — *zu* bevelhen;

be-vilden *swv.* (*ib.*) *begraben* OT. (*im citate lies* hunt *st.* bund).

bî-vride *stm. waffenstillstand.* einen beifrid machen MH. 2, 97 (= fridlicher anstand 102). UGB. 414. den beifride absagen *ib.* 442. 482.

bî-vuoz *stm. s.* bîbôz.

bi-wahten *swv. s.* bewahten.

bî-wandel *stm.* (III. 698ᵇ) *umgang mit einem* MYST.

bî-war *stf. s.* bewar.

bî-wëc, -ges *stm. nebenweg.* swaz anderre mære wirt geseit hie bî, daz sint die biwege: disiu mære hânt in ir pflege der rehten mære anevanc VILM. *weltchr.* 67ᵃ. er was von der rehten strâzen verre in die biwege komen GA. 3. 600, 39;

bî-wëgec *adj.* (III. 639ᵇ) *die slang maht allzeit den rehten (geraden) weg, also daz si niht beiwegig ist* MGB. 267, 17.

bî-wësen *stn.* (III. 769ᵇ) *beisein, gesellschaft* MYST. WACK. *pr.* 56, 423. KREUZF. 5882. TÜRH. *Wh.* 86ᵇ. CP. 305.

bi-wîle *adv.* (III. 670ᵇ, 15) = bî wîle *jetzt* ELIS. 3140. 5230; *bisweilen* Ls.;

bi-wîlen, be-wîlen *adv.* (III. 670ᵇ, 37) = bî wîlen *bisweilen* EN. JER. PASS. (31, 27. 86, 66). 118, 79. 267, 69 *etc.*). ELIS. 1638. 2007. beweilen CHR. 2. 306, 6.

bî-wîp *stn.* (III. 719ᵇ) *concubina* DFG. 139ᶜ; *vgl.* zuowîp.

bî-wonunge *stf.* (III. 805ᵇ) *in der nähe befindliche wohnung. die schweinställe sollen entfernt sein 50 schrit weit von den beiwonungen der leute* NP. 283; *gesellschaft, zusammenleben* MYST. CHR. 5. 391, 26.

bî-wort *stn.* (III. 808ᵇ) *nebenwort, adverb* MYST. *gleichnisrede* Ls.; *sprichwort* PRIESTERL. 66.

bî-wurz *stf.* (III. 828ᵇ) balsamita GL.

biz *conj. u. präp.* (I. 171ᵇ) *bis, gleichbedeut. mit* unze *aber seltener* (*im* EVANG. *nur* biz, *nie* unze, ELIS. *häufiger als* unze); bitz GR.W. 1, 414, *md. auch* bit (MOR. 3976. 4134); bitze (GERM. 3. 433, 32), bizze *so immer in den han.* MARLD. — *aus* bi ze DWB. 2, 42; *nach* WACK. *ist* biz, bit *aus* bi az, bi at *u. nur* bitze, bizze *aus* bi ze *entstanden.*

biz *stn.* (I. 193ᵇ) *die gebissene wunde* WWH.; *gebiss des pferdes* MYNS. 64;

biz, bîz *stm.* (*ib.*) *biss* MART. Ls. deme slîcht der tiefel zuo, daz er einen biz tuo GEN. 80, 7; *bissen* TRIST. *U.*;

bîz *stm.* (*ib.*) *das beissen* GEN. MS. GLAUBE 757. nateren bîz PASS. 185, 24. strîchen ûf der sünden bîz (: itewîz) Ls. 1. 635, 159;

bîz *mf.* cuneus DFG. 162ᵃ. *n. gl.* 123ᵇ; *vgl.* bizze.

bîze *swm.* (*ib.*) apoxima DFG. 41ᵇ;

bîƺe *swm. zuchteber (beissiges thier).* auch sollen die hoveleute den hove halten mit ochsen, mit beissen etc. *urk. der abtei Neustadt a. Main v. j.* 1447 (WERTH.) *s.* DWB. 1, 1398;

bîƺec *adj.* (I. 193ᵇ) *beissig* Ms. mordax DFG. 368ᵃ;

bîƺec-heit *stf.* der hunde b. GA. 1, 170, 565;

bîƺec-lich *adj. beissig* DIEM. 77, 10. — *zu* bîƺen.

bí-zeichen *stn.* (III. 863ᵃ) *bedeutung* PRED. *symbol* TROJ.; *zur erklärung dienendes beispiel* SPEC. MEIN.;

bí-zeichenen *swv.* (III. 863ᵇ) *andeuten* SPEC.; *s.* bezeichenen.

bí-zeichen-lîche *adv. s.* bezeichenliche.

bîƺen *stv. II.* (I. 192ᵃ) *beissen, stechen* IW. BARL. TRIST. U. BON. si beiƺ vor zorne in die steine REINH. 1182. ich biƺƺe wol durch einen stein HELMBR. 408. der pfeffer in sêre beiƺ L. ALEX. 2123. den munt zesamen bîƺen RENN. 4550. sêre beiƺ sie mich in mînen munt MSF. 313, 10. suln mich die Kriechen bîƺen, sô muoƺen sie mir nâher komen HERB. 3790. 3827. kunde minne in bîƺen, daƺ ime der biƺ daƺ herze bant ULR. *Wh.* 160ᵈ. ein swert daƺ biƺet ECKE *L.* 64. ein swert daƺ snîde und biƺe alleƺ FDGR. 1, 344, 2. — *mit* abe, an; en-, er-, ge-, über-, under-, ver-. — *zu skr.* bhid *spalten, lat.* findere DWB.1,1399. Z.1,13. GSP.60.

bîƺen *swv.* conglobare DIEF. *n. gl.* 108ᵃ. — *zu* biƺ *mf.*

bîƺendrât *stm.* = bîƺ den drât *spottname für schuster* BEH. 14, 4.

bí-ziht *stf.* (III.880ᵇ) *beschuldigung* PARZ. beziht JER. CHR. 5. 308, 5. — *zu* bezîhen, *vgl.* bezic.

bí-ziune, -zûne *stn.* (III. 949ᵇ) clausula GL. *eingezauntes grundstück.* ein pizûne in dem prûle URB. *B.* 1, 4. URB. *Pf.* 126. ein pizûne bî sante Lienharte URB. *B.*1.5; SCHM. 4, 267. *vgl.* bitze.

biƺ-macher *stm.* lorifex VOC. 1482. CHR. 2. 542ᵃ.

bí-zunge *stf. doppelzunge, verleumderische zunge.* besprochen von argen bîzungen KRONE 24104.

biƺƺe *präp. adv. u. conj. s.* biƺ.

biƺƺe *swm.* (I. 193ᵇ) *bissen* GL.; *schliessen des mundes zum beissen* TRIST. *H.*; *der keil* DFG. 162ᶜ. pissen von aichin holz FEUERB. 70ᵃ. *vgl.* beizel *u.* bîƺ;

biƺƺel *stn.* (*ib.*) *dem. zu* biƺ *kleiner bissen* VOC.

biƺƺe-lange *adv. bislang, bisher.* bisselang MH. 3, 8; bissolange GR.W. 3, 367. 660. DWB. 2, 47.

biƺƺen *swv. in* verbiƺƺen; *vgl.* bitzen.

biƺƺer *stm. s. v. a.* biƺmacher CHR. 2, 542ᵃ.

blâ, -wes *adj.* (I. 195ᵇ) *blau* TRIST. WALTH. Ms. *comp.* blâwer TURN. 115, 5. der blâwe himel MSH. 2, 334ᵇ. blâwer vîol *ib.* 2, 314ᵇ. 316ᵃ. ein reineƺ herze ân valsche pfliht daƺ hât got liep, wære eƺ joch ûƺen blâ *ib.* 3, 330ᵇ. blâwer schîn ENGELH. 3102. sîn (*Christi*) ougen blâ BPH. 5020. vil bluomen blâ LOH. 5680. der arm mac im werden blâ HELBL. 8, 462. den heiden die köpfe blâ machen LIVL. 4273. — *in der farbensymbolik bedeutet es treue* (*s.* GERM. 8, 500). wære einer inwendic aller blâ von rehter stæte Ls. 1. 215, 143. ein zorn ist swarz, ein stæte blâ *ib.* 2. 183, 210; *auch die liebe:* blâ bezeigt die minne *ib.* 1. 147, 760. — *warscheinlich zu lat.* flavus *s.* DWB. 2, 81. Z. 1, 13.

blâ *swf. s.* blahe.

blæben *swv. s.* blæwen.

blâbisen? *swv.* geblâbiset mit eime grôƺen barde (*larvas barbatas habentes*) KARLM. 371, 2.

blach *adj.* (I. 195ᵇ) *s. v. a.* vlach BON. HELBL. sîn antlitz blach und missevar ALEXIUS 51, 321; *s.* DWB. 2, 58.

blâch *stmn.? das wehen, blähen.* des windes blâch ELIS. 1940. ERLŒS. 927. 3576. ALBR. 35, 174. — *zu* blæjen; *doch vgl. auch* vlâge *u.* GERM. 3, 335.

blach-mâl *stn.* (II. 23ᵃ) *nielloverzierung, opus plumarium* LAMPR. TÜRL. *Wh.* 38ᵇ. DIEM. 194, 25; blamâl TIT.;

blach-mâlen *swv.* (II. 23ᵃ, 40) *mit eingegrabener arbeit verzieren* WILL. SCHM. *Fr.* 1, 322.

blach-salz *stn. salz in säcken,* blahen. füeret er blachsalz, daƺ raitet der zolner nach seinen trewen ze scheiben URB. *Pf.* 197, 202; *vgl.* er sol auch nemen von einer blahen salzes vier pfenninge. AUGSB. *r. W.* 19; *s.* blahe.

blacke *swm. s.* placke.

blâdere *swf. s.* blâtere.

blaffen *swv.* mit laid und jâmer blaffen NETZ 2379 *var.* — *von der interj.* blaf *s.* DWB. 2, 60.

blægen *swv. s.* blæjen.

blahe *swf.* (I. 195ᵃ) *grobes leintuch* SUCH. HÄTZL. TEICHN. 14. 233. *das über einen wagen gespannte tuch* CHR. 4. 257, 11. 24. eine bl. salzes *s. oben* blachsalz; *contrah.* blâ: in einer blân dannen tragen NEIDH. 161, 13. — *warscheinlich aus lat.* plaga, plagula DWB. 2, 61.

blahen-vâch *stn.* (I. 196ᵃ) *bauernkittel?* HELBL.

vgl. blaherjoppen *einfacher kittel von grauem loden* Schm. *Fr.* 1, 326.

blahte *prät. s.* blecken.

blæjen *swv.* (I. 196ᵃ) *prät.* blæte, blâte, *part.* geblæt *u. st.* geblân (*s.* Gr. I², 935); *nebenff.* blæwen Berth. 395, 11. blægen Mart. 104, 93. Netz 382. 5417. 5434 *u. öfter.* blêgen Mart. 76, 7. *dritte pers.* bleit (: bitterkeit) Diut. 3, 6. *contrah.* blæn: *intr. blasen* Ms. mir ist ein lop erloschen, dem ich doch vil dicke zuo mit guoten sprüchen blæte Msh. 3, 16ᵇ; *tr. u. refl. blähen, aufblähen eigentl. u. bildl.* Erinn. (geblæt als ein slegel 631) Bon. Dietr. Helbl. dar under was diu hût geblæt Krone 19679. 19715. sich blæjen Renn. 12422. 14345. Mor. 1, 19679. 19715. Hpt. 7. 353, 4. die himele sich dô blæten sêr mit einem starken sturmwint Ls. 1. 344, 336; *im angeblasenen feuer schmelzen u. durch schmelzen bereiten* Schm. *Fr.* 1, 319. *figürl.* misselinge blæn Trist. 15064. — *mit* ûf; durch-, er-, ge-, under-, ver-, zer-. *zu lat.* flare Curt. 1, 265. Kuhn 8, 256. *vgl.* blâsen;

blæjen *stn.* (I. 196ᵇ) *das blähen, die blähung* Bon. Mgb. 404, 10. 411, 15; *pl.* diu plæen *ib.* 405, 13.

blæjen *swv.* (*ib.*) *blöken* Helbl. plêhen Schm. *Fr.* 1, 319. *contr.* blên Pass. *K.* 234, 21; *s.* blâzen, phlêgen, plecken *u.* Dwb. 2, 62. Kuhn 8, 257.

blæjunge *stf. blähung* Mgb. 382, 20.

blâ-lieht *adj. blauglänzend* Hpt. 14, 168.

bla-mâl *stn. s.* blachmâl.

blame *stf.?* er blîbet iemêr der herre dîn und iuwer meister sunder blame (: schame) Malag. 27ᵇ; *wol das fz.* blâme.

blâmensier, blâmentschier *stm.* (I. 196ᵇ) *eine art speise* Geo. Buch *v. g. sp.* (ein gestocketer blâmenser) *vgl.* j. Tit. *alt. dr.* 660, 3. *aus fz.* blanc manger (wîze spîse Ra. 869).

blæ-muot *stm.* (II. 258ᵇ) tumor mentis Voc.

blanc *adj.* (I. 196ᵇ) *blinkend, weiss, glänzend schön, zieml. allgem. s. noch* wîȝer denne blanc Bit. 1164. blanke arme Büchl. 1, 1127. Beliand 2698. Winsb. 16, 10. blanke hende Engelh. 2658. Troj. 1780. Otte 63. Apoll. 15206. blankiu kel Loh. 919. Msh. 1, 90ᵃ. blankeȝ pfert Troj. 1250. Swsp. 1, 79. blanke mûle Rul. 19, 13. ûf blanken ravîten Helbl. 7, 350. sô daȝ ors ie blenker ist Krone 2054. ein blankiu hinde Troj. 24648. ein blankiu lilje Pant. 2007. blankiu milch Troj. 6051. Msh. 2, 330ᵃ. dûht diu swerze von der liebe in herzen blanc Loh. 6655. diu wurz was bî dem blanken brûn Parz. 644, 1. brûn ist blanc Wartb. 131, 7. die vrouwen lûter unde blanc Troj. 15110. mir ist niht sô blanc daȝ hâr (*vor alter*) Ulr. Wh. 211ᵇ. — *zu* blinken;

blanc *stmn.?* bî der swerze kent man blanc, bî der küele kent man hitz Teichn. 131. so wolde ich der vogel sank prysen ind der plomen plank Karlm. 141, 30.

blanc-ge-var *adj.* (III. 241ᵃ) *weiss von farbe* Parz.

blanc-heit *stf. weisse farbe.* von blankeit ein spaldenier Ga. 1. 472, 648.

blanc-ros *stn.* (II. 763ᵇ) *weisses pferd* Gl.

blande *prät. s.* blenden.

blanden *stv. red. I*, 1 (I. 197ᵇ) *doch bei* Türh. *Wh. nach st. I*, 4 (gein freuden si sich bluonden: stuonden 252ᵃ) *trüben, mischen, getränk mischen, bildl. anstiften s.* enblanden. — *gt.* blandan *aus derselben wurzel wie* blint? *s.* Dief. 1, 304. Dwb. 2, 119. Hpt. 6, 10. 262. Gsp. 63. — *mit* en-;

blandine *stf. wankelmut* Denkm. XCI, 150 *u. anm.*

blânen *swv. s.* plânen.

blange, blangen *s.* bel-.

blanke *swf.,* **blanken** *swv. s.* planke, planken.

blanken *swv.* (I. 197ᵃ) blanc *sein, glänzen* Misc. 2, 122. blankende candidus Evang. *Mr.* 9, 2. 16, 5.

blansche *adj.* (I. 200ᵃ) *das fz.* blanche Trist.

blante *prät. s.* blenden.

blaphart *stm. eine art groschen.* 2 = 1 schilling, 21 = 1 rhein. guld. Ad. 1449. ûf 4 lot gând 26 plaph., ein alter plaph. für 16 haller Ea. 9; plaph. = behemischer grosch Chr. 5. 112, 4. 6. *vgl.* Schm. *Fr.* 1, 460. Mone *z.* 21, 45.

blappen *stv. in* erblappen.

blappen-blap *m.* du bist ein junger blappenblap Msh. 1, 297ᵃ; *s.* blippenblap.

blas *adj.* (I. 200ᵃ) *kahl.* ich lieȝ mich roufen, daȝ ich blas (: was) wurd an mînem houbet Ls. 1. 298, 64; *bildl. schwach, gering, nichtig* Neidh. 48, 18 *u. anm.; oft bei* Jer. *auch in heutiger bedeut.* blass, bleich *s.* Pfeiff. *s.* 132. — *der grundbegriff ist wol „scheinen, leuchten":* altn. blasa *erscheinen,* ags. blase *fackel. vgl.* Weig. 1, 158. Dwb. 1, 73;

blas *stn.* (I. 200ᵇ) *brennende kerze, fackel* Amg. (= dem brande ein blas in sîner hant Msh. 3, 57ᵇ. liehter denne ein blas *ib.* 63ᵃ) Frl.; *s. das vorhergehende u. vgl.* Msh. 4, 683ᵃ *anm.* Hpt. 6, 284.

blâs *stm.* (I. 201ᵃ) *hauch* FREID. RENN. AMG. (15ᵃ). — *zu* blâsen.

blâ-sametîn *adj. von blauem sammt* CHR. 1. 380, 5.

blâsære, -er *stm.* (I. 201ᵃ) *bläser, bes. der auf einem blasinstrumente bläst* RUL. KARL 57ᵃ; *bildl.* du neidischer blâser CHR. 3. 41, 8;

blâse *swf.* (*ib.*) *blase bes. harnblase* MS. (= NEIDH. 227, 4. 17). RENN. 9795. 9926. 10493. MGB. 34, 10. 104, 16. 165, 19. er gêt wol versigelt, rehte als im sî an gebunden ein blâse alsô man den wilden hunden tuot NEIDH. 200, 2. in einer blâsen drî erbeiz jagent einen hunt vil manegen kreiz RENN. 16510. blâse und ein rôr (*dudelsack*) *ib.* 12417;

blâse *swf. bläserin in* hornblâse.

blâse-, blâs-balc *stm.* (I. 124ᵃ) *blasebalg* TUND. (56, 41). LAMPR. RAB. MS. WH. *v.* Öst. 49ᵃ. OREND. 1253. j.TIT. 6092. WOLFD. 1117. WAHTELM. 215. des tiuvels blâsbelge BERTH. 319, 19. 335, 38.

blæselîn *stn. bläschen, gallenbläschen* MGB. 116, 21.

blâsen *stv. red. I*, 2 (I. 200ᵃ) *blasen, hauchen, schnauben* WIG. IW. BIT. die trummen bl. GR.RUD. 20, 6. die engel blâsen ze gerihte HELBL. 10, 33. sie blâsent ir gehürne APOLL. 7886. er blæst dâ in der seiten klanc MSH. 3, 44ᵃ. etlîcher blâset in den tranc TANH. *hofz.* 85. HPT. 7. 176, 69. er blies in einen becher den schûm von dem biere HELMBR. 1166. ob der trachen tûsent wæren und alle gein mir bliesen j.TIT. 5813. dem blæset er zorn in sînen muot BIRKENST. *p.* 24; den feind blâsen *allarm blasen* CHR. 2. 247, 23. 248, 5. 281, 1. — *mit* abe (den stoup abe blâsen ROSENG. *Meuseb.* 20), an, în, ûf, zuo; ent-, ver-, ze-. *zu lat.* flare, *vgl.* blæjen *u.* KUHN 12, 418;

blâsen *swv.* (*oder* blâsten?) ich hân auch dick geblâst mîn dag in kalten ofen ALTSW. 227, 36;

blâsende *part. adv.* (I. 200ᵇ) NIB.

blasenieren, blesenieren *swv.* (I. 201ᵇ) *ein wappen ausmalend schmücken, es auslegen* SUCH. HÄTZL. BEH. 206, 11. ich sach ein paner wol gezirt, dar inn drei wolf geplesnirt DA. 643. sîn schilt ich hie plesnieren sol MUS. 1, 613. plasmieren SCHM. *Fr.* 1, 461. mit worten bl. *auslegen* HANS 3299. daz hâr blasniert sich swarz und grâ (*unterscheidet sich*) WOLK. 112. 2, 3. — *aus frz.* blasonner *und dieses vom ags.* blase *mhd.* blas *fackel* (*s. oben*), *daher glanz sowol als auszeichnung im schilde wie auch prunk oder ruhm* DIEZ 1, 71.

blâse-rôr *stn. blaserohr; das wort selbst kann ich zwar nicht nachweisen aber der gegenstand ergibt sich aus:* durch einen holn stap mit âteme trîben sach ich vil kleiner kügellîn MSH. 3, 386ᵃ.

blâs-geselle *swm.* (II². 30ᵃ) *mitbläser* WALTH.

blasnieren *s.* blasenieren.

blas-ros *stn.* (II. 764ᵃ) *pferd mit weisser stirn* GL.

blasse *stf.* (I. 200ᵇ) *weisser fleck an der stirn der thiere, an der vorderseite von gebäuden oder anderen dingen* HELDB. — *zu* blas *adj. s.* DWB. 2, 71.

blâst *stm.* (I. 201ᵃ) *das blasen, schnauben* WIG. MART. BON. KCHR. W. 4069. ALBR. 35, 388; die blähung swelch frouwe einn bœsen blâst in irem bûch enpfint, mac diu dann farzen, sô vergêt er ir geswint KOLM. 72, 50; *herausplatzender laut* LS. — *zu* blâsen.

blaste *prät s.* blesten.

blâsten? *swv. s.* blâsen *swv.*

blaster *stn.* (I. 201ᵇ) *s. v. a.* phlaster RUL.

blâstern *swv.* (*ib.*) *schnauben* LEYS.;

blæstic *adj.* (I. 201ᵃ) *aufgeblasen* MYST. *zu* blâst;

blæstikeit *stf.* die plestikeit und ungestuemkeit des leibes SCHM. *Fr.* 1, 332 (*a.* 1399).

blâ-strichec *adj. mit blauen streifen versehen* CHR. 4. 61, 8; 5. 23, 14.

blâst-wint *stm.* flatus DFG. 238ᶜ.

blâsûne *swf.* lovet in in deme lûde der blâsûnen, laudate eum in sono tubæ JAN. 16. mit blâsûnen KARLM. 200, 45. — *zu* blâsen, *umdeutsch. v.* busûne, basûne.

blâsunge *stf.* flatus, flatio DFG. 238ᶜ. *n. gl.* 176ᵇ.

blâ-swarz *adj. bläulich schwarz* MYNS. 24.

blâs-wurz? *stf.* (III. 828ᵇ) costum DFG. 154ᵃ *auch* laszwurz = lâzwurz *u. n. gl.* 116ᵇ luswurz.

blat *adj. in* blatevuoz *aus nd.* platt *u. dieses aus mlat. dem gr.* πλατύς *entlehntem* platus. WEIG. 2, 391; *s.* blate *f.*

blat *stn.* (I. 201ᵇ) *pl.* blat, blate (PASS. *K.* 400, 91) *u.* bleter (PASS. 130, 56) *blatt, laub* TRIST. NIB. mandelboum mit esten und mit blaten TROJ. 10021. do si gesâhen die bluomen bî den blaten springen MSH. 1, 37ᵇ. *bildl.* sîn herze truoc der êren bleter TROJ. 6831. kein blat für den munt legen BELIAND 4057. tuo ûf den munt und lege kein blat dar für ALTSW. 217, 1; niht ein blat *gar nichts* EN. (6350).

WALTH. RENN. 9038, *s.* ZING. *neg.* 427; blates stimme *nachahmung des tones der rehgeiss mit einem blatte* PARZ.; *blatt im buche* URST. BERTH. *Kl,* 77. 136. RENN. 23403. WINSB. 76, 10. TROJ. 24946. AMIS 238. 263. ELMEND. 49; *halszäpfchen* MGB. 17, 2. 14. DFG. 633[b]. — *zu* blæjen? *vgl.* POTT *etym. forsch.* 1, 239. DWB. 2, 73.

blate, plate *swf.* (I. 202[b], 22. 48) *platte, eiserne brustbedeckung* PARZ. NEIDH. LIEHT. (262, 28). TROJ. 32266. 34906. 35904 *u. öfter.* j.TIT. 5826. DIETR. 6596. KRONE 18199. OT. 21[b]. APOLL. 3202. 6028. 10338. 12553; *mann in brustharnisch* darnach kamen 200 platen in dem selben zug MH. 1, 55; *geschorene glatze der geistlichen u. dann geradezu geistlicher, mönch* LEYS. MS. RENN. (3800. 3819. 10418). REINH. 1007. 1010. 1022. ein breitiu blate was dem geschorn LIEHT. 199, 17. MSH. 2, 249[b]. 3, 170[b]. WARTB. 175, 3. von got ze künege worden sint alle priester, wan sie die krône tragende sint alumbe die blaten mit dem hâre, diu blate heizt ein krône j.TIT. 608. ich bin gedigen zuo der kuten und zuo der blaten ULR. *Wh.* 158[a]. mit eime slac die blaten ich iu erschelle *ib.* 158[d]. — *aus mlat.* plata *vom gr.* πλατύς *s.* blat *adj.*

blateche, bletiche *f.* (*ib.*) *eine pflanze* VOC.

blate-muos *stn.* (II. 240[b]) lagana VOC. SCHM. *Fr.* 1, 332.

blaten *swv.* (I. 202[b]) *auf dem blatte pfeifen* TRIST. *U.* dô begunde ich ze blaten mit stimme Aw. 3. 194, 34. blatet pfîfer durch daz holz! WAHTELM. 144; *blattweise abpflücken, pflücken* HÄTZL. MONE 8, 488; daz holz blaten, *ein stück rinde bis auf den splint weghauen* GR.w. 4, 509. *vgl.* MONE *z.* 8, 150 *u.* bletzen. — *mit* ver-.

blatenære, blatner *stm.* (*ib.*) *plattner, verfertiger des* blatharnasches RENN. CHR. 2. 507, 23. CP. 11. TUCH. 152, 22; *der eine* blate *trägt, geistlicher, mönch* (I. 203[a]) RENN. LS. KELL. *erz.* 300, 10.

blaten-kopf *stm. kopf mit einer* blate HÄTZL. 2. 67, 23.

blâtere *swf.* (I. 203[a]) *blase, blatter* WACK. *pr. s.* 282, 31 *ff.* MGB. 92, 31. 270, 15. 480, 24. blâdere KARLM. 250, 10; *pocke, pustula* MART. STRICK. 11, 179 *ff.* RING 53, 6; *wasserblase* GL.; *harnblase* GEN. von dem halse unz ûf die blâtern APOLL. 9072. MGB. 34, 10. 283, 22 *etc.* PF. *arzb.* 2, 2[a]. 17[b]. — *zu* blæjen.

blateren *swv. in* erbl-.

blâter-hûs *stn. haus zur aufnahme von blatterkranken* BIRL. 64[b].

blæteric *adj. mit* blâtern *behaftet.* reudige oder pletrige schof NP. 231.

blâter-kopf *stm.* Conrad der platerkopf LS. 3. 399, 23.

blæterlîn *stn. dem. zu* blâtere MGB. 301, 11. 402, 8. 417, 35.

blâter-pfîfe *swf.* (II. 494[a]) *dudelsackpfeife* HELBL.; *vgl.* RENN. 12417 *ff.*

blâter-suht *stf.* (II[2]. 359[a]) *blatternkrankheit* EXOD.

blate-vuoz *stm.* (III. 446[a]) *plattfuss, sagenhafter, misgestalteter mensch* ROTH. ERNST; *s.* blat *adj.*

blat-harnasch *stm. brustharnisch* CHR. 2. 209, 8. TUCH. 305, 1.

blât-lîche *adv.* (I. 202[b]) *blattweise* HÄTZL.

blat-louf *stm.* sempervivа VOC. 1482.

blatner *stm. s.* blatenære; blatnerhantwërc *stn.* TUCH. 304, 35.

blat-stein *stm.* oder fels, petra VOC. 1482.

blatten-schâf *stn. s.* schâf,

blat-wërfen *stn.* (III. 736[b]) *das umschlagen der buchblätter* AMIS.

blatzen, platzen *swv.* (I. 203[b]) *sich hastig u. lärmend stürzen auf, geräuschvoll auffallen* BÜCHL. 1, 1554 *u. Bechs anm.* (*mit* an, nider *gewönlich mit* ûf) HADAM. 58. 345. 515. APOLL. 4927. MGB. 230, 10. KELL. *erz.* 208, 7. *oft bei* JER. *s.* PFEIFF. *s.* 205; *schlagen* ich wolde sie platzen mit der hant MSH. 3, 44[b]. — *zu* blaz; *vgl.* blesten.

blâ-val, -wes *adj.* (III. 213[b]) cianeus DIEF. *n. gl.* 88[a].

blâ-var, -wes *adj. blaufarbig* BIT. 9792. MGB. 394, 29. 424. 8.

blâ-vogellîn *stn.* (III. 358[b]) turdus, *vgl.* DFG. 602[b].

blâ-vuoz *stm.* (III. 446[a]) *blaufuss, eine falkenart* RENN. HADAM. HÄTZL. LXIX, 15. 1. 98, 14. MYNS. 4. 15. ARN. 37.

blæwen *swv. s.* blæjen.

blæwen *swv.* blâ *machen.* mit ciglât geblaewet j.TIT. 3723. 3725. mit saphier geblæbt LOH. 5322 *u. anm.*

blaz, plaz, -tzes *stm.* (I. 203[b]) *breit auffallender u. klatschender schlag* REINH. — *nach* WACK. *identisch mit* plaz *platz.*

blâzen *swv.* (*ib.*) *blöcken* GL. plâzen, *weinen noch in der Heanzen-mundart* FROMM. 6, 340; *s. auch* SCHM. *Fr.* 1 330. *vgl.* blæjen *u.* CURT. 1, 255.

blaz-regen *stm. platzregen* NP.279. TUCH.120, 3. DFG. 106ᵇ. *s.* blaz.
blâzunge *stf.* (I. 203ᵇ) *das blöcken* DIEF. *n. gl.* 47ᵇ. — *zu* blâzen.
blebzen *swv.* (*ib.*) *plappern* GL.
blĕch *stn.* (*ib.*) *blättchen, meist metallblättchen* WIG. ER. SERV. TROJ. (von golde manic blech geschroten ab der küneclichen wât 3990). blech von kupfer RENN. 18498. niuwe blech an alten phannen sint tumbe site an alten mannen *ib.* 23422. der hât ûz einem seche wol vier und zweinzec blech geslagen MSH. 3, 267ᵃ; *zierraten auf der weibl. kleidung, besonders am gürtel* HEINZ. 29, 710 *u. anm.; pl. plattenpanzer* WOLFD. 1052. 2014. daz er vil manigen nagel von den blechen schrĭet LOH. 2199. — *zu* blîchen;
blĕchelîn, blĕchel *stn.* (I. 204ᵃ) *dem. v. vorigen* MGB. 475, 3. ALTSW. 193, 15; *fig.* einem ein bl. slahen *ihn verlästern* WIG. *vgl.* WEINH. *schles.* WB. 10ᵇ.
blĕch-hant-schuoch *stm.* (II². 225ᵃ) *blechhandschuh* MS.;
blĕch-hant-schuocher *stm. verfertiger von blechhandschuhen* CHR. 2. 507, 24.
blecken *swv.* (I. 207ᵇ) *prät.* blacte, blahte (KRONE 26126) *intr. sichtbar werden, sich entblössen* RUL. WIG. WALTH. GEN. (44, 39). dâ ime niht wan daz houbet blact KRONE 14446. 24477. daz sîn vil wênic blacte DIETR. 718. dâ man die sünde blecken siht Aw. 2, 50. 3, 173. abgunst und untriuwe blecket sam daz kopfer durch daz golt MSH. 3, 76ᵇ. daz vletz man niender blecken sach LIEHT. 348, 23. valsch der blecket *ib.* 457, 23. sîn buosem ist offen, sîn hemde blecket JÜNGL. 95. mit pleckenden zenen PARZ. 572, 7; *trans.* blicken *machen, sehen lassen, zeigen* PARZ. MS. KARLM. 233, 62. geblecket rehte alsam ein voller mâne MSF. 136, 7. — *mit* an, ûz; en-, er-. blecken *setzt ein stv.* blicken *voraus* (*vgl. das ablautende* blickenblacken) *u. davon ein ahd.* placchjan *s.* DWB. 2, 86, 117.
blecken *swv. s.* plecken.
bleczen *swv.* (I. 208ᵃ) *intens. zu* blicken *blitzen* GRIESH. ob der doner zaller vrist slüege, swennez bleczend ist WG. 13244;
bleczen *stn. das blitzen* RUD. *weltchr.* 97ᵇ. ANTICHR. 188, 6.
blêgen *swv. s.* blæjen.
blehen-öuge *adj.* (II. 452ᵇ) lippus, *ahd. s.* HPT. 7, 458. 8, 384.
bleich *adj.* (I. 205ᵇ) *bleich, blass, weisslich* Iw. PARZ. TRIST. NIB. ein bleich pfert ROTH *dicht.* 15, 91. 100. bleich als ein wahs HERB. 13384. ein bleich antlütze j. TIT. 1793. PASS. 90, 75. 391, 22. dô wart diu varwe sîn getân bleich und rôt von zorne TROJ. 18347. bleich von leide *ib.* 4139. von vorhten bl. FLORE 6325. sie wart bleich und rôt APOLL. 15819. FRAGM. 24, 453. MSH. 1, 33ᵇ. EILH. 1963. er gefrumte manegen heiden bleich RUL. 180, 26. ir buhurt machte bleich den anger grüenen j. TIT. 1717. — *zu* blîchen: „*der ablaut* bleich *drückt nachlassenden, geschwächten glanz aus, minder leuchtend, matt*" DWB. 2, 96;
bleiche *stf.* (*ib.*) *blässe* LOH. (ein snellěclîchiu bleiche 6930). unkiusch tuot die bleiche gar ublervlozzen j. TIT. 215. ir rœselehten wangen mit bleiche sint bevangen ENGELH. 14. mit bleiche wart im underweben sîn rôsenblüendiu varwe *ib.* 2176; *das bleichen von leinwand etc.* an der bleiche hâte ez einen mittern glanz KRONE 6854; *bleichplatz* S. GALL. *stb.* 46ᵇ. CHR. 5. 252, 19. 293, 3. BIRL. 64ᵃ. ÖH. 150, 8; *gebleichte leinwand* CHR. 5. 114, 22;
bleichec *adj. zu folgern aus* bleichikeit;
bleicheit *stf.* pallor DFG. 407ᵃ;
bleichen *swv.* (I. 205ᵇ) *intr. bleich werden* TRIST. BARL. TROJ. daz si bleichen muoz KOL. 185, 1061. ir bleichet ouch ir varwe rôt MSH. 3, 28ᵃ. ULR. *Wh.* 128ᵈ. do begunden sie bleichen von vorhten KRONE 21733; PASS. 209, 75. 238, 32. 287, 63. 309, 41; *trans.* bleich *machen,* bleichen ANEG. PASS. ein wiz gebleichet tuoch KARLM. 162, 51; CHR. 5. 285, 14. 16;
bleichen *stn.* (*ib.*) *das erblassen* PASS. JER. 137ᵃ;
bleicher *stm.* candidarius DFG. 94ᶜ. CHR. 5. 71, 13. 330, 10. 386, 1;
bleicherinne *stf.* candidaria DFG. 94ᶜ.
bleich-gevar *adj.* (III. 241ᵃ) *bleich von farbe* PARZ.; *s.* bleichvar.
bleich-grüene *adj. blassgrün* PF. *arzb.* 2, 1ᵇ.
bleichikeit *stf.* (I. 205ᵇ) pallor DFG. 407ᵃ.
bleich-meister *stm.* (II. 119ᵇ) magister albifice DFG. 343ᵃ.
bleich-ros *stn.* (II. 764ᵃ) *pferd von weisslicher farbe* GL.; *wol kaum als compos. zu fassen, vgl. oben* ein bleich pfert.
bleich-sal, -wes *adj.* (II². 34ᵇ) *schmutzig blass* HERB.
bleich-var, -wes *adj.* (III. 237ᵃ) *bleich von farbe* RUL. MOR. 1, 3032. RENN. 20053. ALBR. 22, 275. MGB. 396, 16.

bleit 3. *p. s.* blæjen.
blên *swv.* blöken; *s.* blæjen.
blendel *stn.?* oder teler, discus Voc. 1482.
blenden *swv.* (I. 210ᵇ) *prät.* blante (Pass. 167, 90. Herb. 17616) blande, *part.* geblant (Pass. 39, 46. 112, 54. 183, 19. 364, 30) *und* geblendet (Aw. 1, 56): *blenden, verblenden, verdunkeln* Parz. Trist. Ms. den unrehten pâbest er hiez an beiden ougen blenden Loh. 7497. diu ougen blenden j. Tit. 5968. Karlm. 240, 60. si erlûchtet die, die wâren geblant Marld. *han.* 5, 16. mit den molten blenden (*staub, sand in die augen streuen*) Jüngl. 1235. diu minne blendet wîsen mannes muot Wg. 1197. diu minne sinne blenden kan Msh. 2, 148ᵇ. dû ensolt niht gâbe nemen, die doch wîsen man blendent Swsp. 172, 61. wiltu mich mit dînen listen blenden Ls. 1. 49, 17. daz muoste wesen geblant mit des tôdes volleiste Birkenst. 268; *mit gen.* der wârheite geblant Pass. 219, 26; *mit an:* an êren geblant Drach. 210ᵇ (W. Gr.); *refl.* die sich blendent (*verblendet, verstockt sind*) und êwiclîch ir sêle schendent Renn. 10670. — *mit er-, ge- ver-. — vom prät. eines vorauszusetz. stv.* blinden, blant; *vgl.* blint *u.* blanden;
blenden *stn.* (*ib.*) Helbl.;
blende-wîz *adj. blendend weiss* Wack.
blenke *stf.* (I. 197ᵃ) *weisse farbe, weisse schminke* En. Parz. ir ougen blenke Msh. 3, 437ᵃ. mîn blenke diu muoz brûnen Hadam. 234. dô in Sigûne ir blenke sehen liez an ir lîbe j. Tit. 1497 (*vgl.* 24. 2965. 6026). alz ez ir blenke ruorte Tit. 81, 3. ez ist guot, daz man bî der blenke die briune rüere Neidh. LIII, 16. swarz alsam ein kol daz stêt gên der blenke wol Bit. 2806; *vom tone* schalbær blenke ûz armonîen Kolm. 7, 158. — *zu* blanc;
blenkeln *swv.* (I. 197ᵇ) *iterat. zu* blenken *hin u. her bewegen, wiederholt erklingen machen* (*unser* plänkeln *wiederholt schiessen*) Ms.;
blenken *swv.* (I. 197ᵃ) *blanc machen* Ms. blenkend, nitidus Dief. *n. gl.* 264ᵇ; *hin u. her bewegen, schweben der engel blenken* (*stn.*) j. Tit. 4979 *alt. dr. — mit* en-, er-, under-, ver-;
blenkezen *swv. intens. zu* blenken, *blinken* Wack. *vgl.* Oberl. 164;
blenkieren *swv.* man sach vil mange wize hant ir vinger dâ blenkieren Troj. 28211.
blênt *adj. s.* blint.
blêren *swv.* (I. 204ᵃ) *blöken, schreien* Troj. Hätzl. er beginnet b l e r r e n (: versperren) als vor wolven tuot ein geiz Kolm. 119, 33. si plerret als ein ohse Wolfd. *Öhring.* 7189. also plerret der gaiszpart Chr. 3. 138, 21. der mecklet pock plerret dar wider *ib.* 140, 31; weder blêrentz noch rêrentz, *weder kleines noch grosses vieh* Gr.w. 4, 499. *— verwandt mit* blæjen *blöken, vgl.* Kuhn 8, 257.
blerre *stn. falsches oder doppeltes sehen* Schm. Fr. 1, 461. Dwb. 2, 107; *vgl.* Pass. K. 705ᵇ.
blerren *swv. s.* blêren.
blesenieren *swv. s.* blasenieren.
blesselîn *stn. dem. zu* blasse Chr. 2. 78, 31;
blesset *adj. mit einer* blasse, *einem weissen fleck versehen* Chr. 2. 78, 35.
blesten *swv.* (I. 204ᵃ) *platschen, klatschend auffallen* Parz. 604, 3 (*var.* bletschen, platschen); daz er ûf die erde blaste Türh. *Wh.* 242ᵇ. daz diu brücke nider blaste (: vaste) *ib.* 244ᵈ. *vgl.* blatzen.
bletelîn, bletel *stn. dem. zu* blat Myst. 2. 334, 19. Mgb. 316, 31. 319, 7 *etc.*
bleter-dünne *adj.* bleterdünnez loup Ath. B. 157.
bleteren *swv.* (I. 202ᵇ) *blättern* Lieht. *mit* über-.
bleteroht *adj. blätterig* Netz 10822. 10850.
bleter-spil *stn. coitus* Netz 1660. 5076. 11869. 12231; *vgl.* Zimr. chr. 3. 69, 19. *zunächst wol vom geflügel, weil der hahn mit den flügeln schlägt, plättert, vgl.* Schm. 1, 339. Weig. 2, 393.
bletiche *s.* blateche.
bletschen *swv. s.* blesten.
blette? strǣle, bletten und pfîle wol vünfhundert an der zal Krone 20713.
bletzelîn *stn. dem. zu* blez *flicken* Netz 11049; *fleck* ein bl. eins wîngartens Urb. 223, 25.
bletzen *swv.* balare Dfg. 66ᵃ. *n. gl.* 47ᵃ. *— zu* blaz, gebletze; *vgl.* Schm. Fr. 1, 334.
bletzen *swv.* (I. 204ᵇ) *einen blez, flicken aufsetzen* Clos. an dem dache bletzen, *es ausbessern* Netz 11167. pfannen pletzen *ib.* 10868; *pfropfen* swer linden bletzet ûf den dorn Freid. 118, 11 *var.* Wig. (*vgl.* Schm. *Fr.* 1, 465). einen boum bl. *anhauen, kennzeichnen* Tuch. 79, 6. (*vgl.* blaten). *— mit* ver-;
bletzer *stm. flicker in* belz-, mantelbletzer;
bletzer *stm. s. v. a.* blez Narr. 63, 31.
bletzer-banc *stm. abgabe von* vleisch-, brôt-, meil-, *und* pletzerbenken Gr.w. 4, 768.
bletz-kouf *stm. emtio, venditio dolosa, überstürzter kauf.* bletschkauf Narr. 48, 79. 93. 17; *s.* Oberl. 165. Dwb. 2, 109.

blewen *stv. s.* bliuwen.

blez, **-tzes** *stm.* (I. 204ᵃ) *lappen, flicken, fetzen* Renn. Ls. Ring 11ᵇ, 27. 35 (*vulva*). Gr.w. 4, 141. 5, 58. Netz 10516. 10616. 12040. *pl. auch sw.* die pletzen *ib.* 10874; *streifen landes, beet* Urb. 223, 25. Gr.w. 1, 665, = ½ manwerc Mone 4, 24. — *gt.* plats *zu gr.* πλατύς Dwb. 2, 109. Gsp. 55.

blî, **-wes** *stnm.* (I. 204ᵇ) *gen. auch* blîges Ms. Pf. *arzb.* 2, 12ᵉ (*Pfeiffer setzt einen nom.* plige *an!*) *bei* Mgb. *schon mit abgeworfener flexion mit* plei 481, 32: *blei* Tund. (*m.*) Engelh. swachez blî Krone 29916. der stahel brast als ein blî Karl 66ᵇ. der gît umbe blî golt Wg. 11587. swære alsam ein blî Msh. 3, 336ᵃ. 337ᵃ. kein blî sô vaste nie gesôt ûf einer heizen glüete Troj. 15612. wan im der muot reht als ein blî wiel unde sôt *ib.* 16710. 38533. und wiel von hitze sam ein blî *ib.* 20323. ir (*der frauen*) rücke ist blî Msh. 3, 71ᵇ. der wil vil lihte machen ûz zagen helde und stahel ûzer blîe j. Tit. *alt. dr.* 1986; *richtblei* mûrers meisters blî Loh. 7649. — *zu lat.* plumbum Curt. 1, 337. Dwb. 2, 88.

blîalt, **blîât** *stm.* (I. 205ᵃ) *golddurchwürkter seidenstoff bes. von purpurbrauner farbe* Rul. Wig. Parz. Turn. 57, 2. Herb. 10508. En. 1255. Ulr. *Wh.* 99ᵇ. ein edel blîât der was b lâ Apoll. 18278. *in der* Krone *immer die form* blialt, bliand; *edel seidengewand* byssus Voc. 1482. — *aus altfz.* bliaut *mlat.* bliaudus, blialdus *vgl.* Diez 1, 71. Weinh. *deutsche fr.* 423.

blîbe-lich *adj. bleibend* Narr. 6, 88. 43, 18. Halt. 171; *s.* blîbenlich.

blîben *stv. s.* belîben.

blîben-lich *adj. bleibend* Myst. 2. 417, 11.

blî-bërc *stm. bleibergwerk* W. 29 *s.* 41.

blî-buhse *swf. büchse, aus der bleikugeln geschossen werden* Dür. *chr.* 706. Chr. 2. 291, 26. 292, 4.

blic, **-ckes** *stm.* (I. 206ᵃ) *glanz, blitz, blick der augen. allgem. s. noch* der tac ûf brach und vil lieht erschein sîn blic Lieh. 220, 31. vil heizer sunnen blicke Msh. 3, 58ᵃ. der bluomen bl. Loh. 49676. viurer blicke *ib.* 5256. der helme blic Lieht. 83, 1. liehter schilde blic *ib.* 233, 20. Ulr. 926. wâfen blicke Neidh. XXVI *anm.* der starken swerte blicke Crane 2758; — doner und blicke Fdgr. 1. 198, 10. doners blic Bit. 11031. Wartb. 18, 16. wetters blic Altsw. 245, 8. der blic von himel blizte Hadam. 497. der blic in under die ougen schoz Herb. 17097. — lieplichen wurden blicke gesant Loh. 6651. wilde blicke Troj. 15010. twerhe blicke Neidh. 66, 21. 74, 5. ze blicke für den anblick Kol. 177, 766. ze blicke dienen Jüngl. 191. 201. ze blicke schînen Krone 23801. ze blicke an sich nemen Winsb. 26, 1. ze blicke war nemen Renn. 23256. purpur und samît hienc man ûz ze blicke Apoll. 17733. — *aus derselben wurzel wie* bërht *u.* blîchen *s.* Curt. 1, 157. Z. 1, 13.

blic-be-hegde *stf.* (I. 608ᵇ) *wolgefallen am glanz* Frl.

blîche *adj. bleich.* daz dîn lop niht werde blîche (: sicherlîche) Msh. 3, 468ᵏ; *adv.* Ls. (I. 205ᵇ), *s.* bleich;

blîchen *stv.* *II.* (I. 205ᵃ) *glänzen.* ir schilde schinen schône ir swert wol blîchen Herb. 5228. dâ blichen schilde unde swert *ib.* 7015. 8775. blichende kel *ib.* 2495. man sach dâ beide blîchen die kleider und die frouwen *ib.* 8462. gebleichet und geblichen (daz hemde) *ib.* 619. da er sach die gezelde blîchen En. 169, 7. den helm sach man blîchen *ib.* 185, 9. *oft* Karlm. *s. Bartsch s.* 273; *erröten* Trist. (14322 *gehört zu* bleichen). Helbl. *s.* Dwb. 2, 97 *f., wo die bedeut. „erblassen" nur fürs swv.* bleichen *zugegeben wird.* — *mit* ane (swâ in daz vûr ane blîche Herb. 1024), ûz; er-, ver-. *zu skr.* bhrâj *leuchten, glänzen gr.* φλέγω *lat.* fulgeo; *vgl.* bërht, blic *u.* blîehen.

blicke *swf. ein fisch, cyprinus* Hpt. 14, 176. Dwb. 2, 117.

blickelin *stn. dem. zu* blic Renn. 897. Mersw. 112. Fasn. 1286. Hätzl. 1. 82, 14.

blicken *swv.* (I. 206ᵃ) *prät.* blicte *u.* blihte, *einen* blic *thun, blicken* Nib. Wig. Trist.; *licht ausstrahlen, glänzen* Nib. Wolfr. (dô sach er blicken einen schilt Parz. 504, 9). ich sihe swert blicken Wolfd. 378. — *mit* ane, ûf; ent-, er-, ge-, über-, wider-.

blicken-blacken *stn.* (I. 208ᵇ) *lautmalend für geschwätz* Helbl. Gds. 863. Schm. *Fr.* 1, 324.

blickunge *stf.* (I. 207ᵇ) *blitz* Oberl.

blic-lich *adj.* (*ib.*) *glänzend, leuchtend* Wolfr.

blic-schôz, *stn.* (II². 175ᵇ) *blitzstrahl* Pass. Myst. Mart. (159, 30. 210, 99). Germ. 8. 296, 29. Wack. *pr.* 68, 294. Schm. *Fr.* 1, 324.

blicz *stm. blitz* Evang. 243ᵇ; *ebenso*

blicze *swm.* (I. 208ᵃ) Frl. Ms. Myst. Pass. *K.* 304, 69; *die vollere form* blikize *noch* Wack. *pr.* 12, 50; blëcze Fdgr. 1. 188, 6; *auch* blisme, blitzge (*umgestelltes* blicze Dwb. 2, 134) Dfg. 250ᶜ. *s.* blitze, zu

bliczen *swv.* (*ib.*) *blitzen, intens. v.* blicken
MYST. PASS. *K.* 705ᵇ; blitzgen (*umgestelltes*
bliczen) CHR. 4. 226, 28. blismen (*vgl. dazu*
DWB. 2, 133), blitzgen DFG. 250ᶜ; *s.* blitzen.
blîde *adj.* (I. 208ᵇ) *froh, heiter, freundlich*
PARZ. Ms. (*einmal mit gen. d. s.*). ENGELH.
LIEHT. (8, 31. 178, 21. 546, 8). sich freuten dâ
die blîden zuo den balden RAB. 110. bis niht
ze balde und bis ouch niht ze blîde HADAM.
72. MF. 59; *oft in* KARLM. *s. Bartsch s.* 273.
MARL. *han.* 39, 17. — *gt.* bleiths, *altn.* blidhr;
s. DIEF. 1, 306 *ff.* GSP. 60;
blîde *adv.* (I. 209ᵃ) *froh, heiter, freundlich*
NIB. (1691, 3). NEIDH. 80, 28;
blîde, blît *stf. freude.* dat mir gescheit is
sulche blît (: zît) KARLM. 166, 52.
blîde *stswf.* (I. 209ᵃ) *steinschleuder* ULR. *Wh.*
MART. LIVL. (8234. 8275. 77. 9467). HPT.
5. 25, 298. JER. 46ᵈ. 83ᶜ. 77ᵃ *etc.* RING 57, 22.
57ᵇ, 28. CHR. 1. 33, 6; 2. 18, 8. NP. 98. Mz. 3,
68. UGB. 463. MICH. 3 *s.* 24 *f.* pleide oder werfendes
werck, petraria VOC. 1482; *s.* DWB.
2, 99.
blîde *swf.* die frauen sollen keinen schleier
tragen, der mit sambt der pleiden und ander
zierde oder zugehörde über sechs guldîn cost,
u. auch kein steuchlein, das mit sambt den
pleiden über ainen guldîn cost NP. 98. *vgl.
das bei* SCHM. *Fr.* 1, 456 *aus H. Sachs angeführte*
pleiden. *ist es eine der* blîde (*schleuder*)
*ähnliche, über den rücken herabfallende
verlängerung des schleiers?*
blîdec *adj. froh, freundlich* SCHM. *Fr.* 1. 325;
blîdec-lich *adj. fröhlich, sittsam.* blîdeclîchez
kosen KRONE 24440;
blîdec-lîche *adv.* (I. 209ᵃ) Ms. PF. *üb.* 161, 3.
KOL. 169, 450;
blîden *swv.* (*ib.*) *refl. mit gen. sich freuen;
fürs mhd. nicht zu belegen.*
blîden-hûs *stn. bleidenhaus, geschützhaus* CHR.
1. 287, 7. Niclas Muffel, pfleger des pleidenhauses
und des harnasches der burger J. *a.*
1377.
blîden-kaste *swm.* KOLM. 23, 57.
blîden-stein *s.* blîdestein.
blîden-werfen *stn.* pleidenwerfen oder mit dem
werck werfen, petrare VOC. 1482.
blîde-schaft *stf.* (I. 209ᵃ) *freude, fröhlichkeit*
Ms. *contrah.* blîschaft MSF. 56, 21. 57, 17.
blîtschaf MARLD. *han.* 36, 2. 51, 21 *u. so
neben* blîschaf *auch öfter in* KARLM. *s. Bartsch
s.* 274. — *zu* blîde *adj.*
blîde-stein *stm.* (II². 614ᵃ) *stein der mit der*
blîde *geschleudert wird* MSH. (blîdenstein 2,
382ᵃ).
bliehen *stv. III.* (I. 211ᵃ) *leuchten, brennen
(nicht „erlöschen") nur in* verbliehen; *s.*
bluhen. *wol aus derselben wurzel wie* blic,
blîchen.
blîen *swv.* (I. 205ᵃ) *mit blei versehen, beschweren.*
sô wirt diu sêl nit gein val mit swære geblît
LOH. 7669; *bildl. betäuben* MART.
blîen *adj. s.* blîjîn.
blîenîn *adj.* (I. 205ᵃ) *bleiern* MYST.; *vgl.* DWB.
2, 88.
blî-ërz-bërc *stm.* (I. 105ᵇ) *bleierzberg* TRIST. *H.*
blîgin *adj. s.* blîjîn.
blîhte *prät. s.* blicken.
blîjîn *adj.* (I. 205ᵃ) *bleiern* TRIST. LS. RENN.
9127. APOLL. 33. ALBR. 1, 188. blîgîn LIT.
216, 21. blîgen EN. 272, 9. blîen (: zîen)
ib. 264, 36. (: Marîen) KARLM. 4, 7. plyein VOC.
1482.
blî-kiule *swf. md.* blîkûle *bleikeule* PASS. *K.*
383, 9. 639, 49; *vgl.* blîkolbe.
blikize *swm. s.* blicze.
blî-kolbe *swm.* (I. 858ᵃ) *bleikeule* EN. PASS. *K.*
164, 18; *vgl.* blîkiule.
blî-linde? *bleierz?* iẑ hât glas und blîlinden
FELDB. 472.
blî-masse *f.* (II. 86ᵇ) *bleiklumpen* LIT.
blinde *swm.* (I. 209ᵇ) *ein blinder, die sw. form
des adj.* blint (GR. 4, 256); *s. noch ein*
blinde DAN. 6896. GRIESH. 1, 163. gesehender
blinde MSH. 2, 355ᵃ. als man giht: „dâ schirment
zwêne blinden" *ib.* 3, 410ᵃ. der gêt wol
selbe, sô man sol die blinden wisen j. TIT.
2046 *alt. dr.*;
blinde *stf. blindheit* unz er liez von der êrsten
blinden PASS. *K.* 638, 82.
blindec-heit, blindekeit *stf.* (I. 210ᵃ, 43) *blindheit*
PASS. (*K.* 93, 55. 302, 77; *verfinsterung*
449, 9). MSH. 3, 352ᵃ. MYST. 2. 216, 28. 260, 8.
blindec-lich *adj. blind* PASS. 133, 31.
blindekîn *stn.* (I. 210ᵃ) *dem. zu* blinde HELMBR.
*blinden *stv. s.* blenden.
blinden *swv.* (I. 210ᵃ) *blind werden* BARL.; *s.
v. a.* blenden L. ALEX. W. 1236. 1272. *vgl.*
DWB. 2, 124;
blinden *stn.* (*ib.*) HIMLF.
blinde-slîche *swm. s.* blintslîche.
blindeslinge *adv. blindlings.* plintzling CHR.
3. 55, 6; *s.* DWB. 2, 129.
*blinken *stv. I,* 3 (I. 209ᵃ) *blinken, vorauszusetzen
wegen* blanc; *im nd. noch vorhanden,
aber fürs mhd. nicht zu belegen, denn die*

im WB. *angezogene stelle* mit ougen blinken lautet nach andrer lesart mit ougen pinken *s.* DWB. 2, 127.

blint, -des *adj.* (I. 209ᵇ) blënt MALAG. 137ᵇ: *blind eigentl. u. bildl. allgem. s. noch* waz vrumt der tac den blinden? HADAM. 625. MSH. 3, 434ᵃ. swâ blinder blinden leiten sol *ib.* 3, 452ᵃ. blint mit gesehenden ougen ULR. *Wh.* 146ᵇ. dû redest sam dû sîest blint HEINZ. 105, 149. kouf und urteil werdent blint RENN. 8354; *mit gen. des gelouben* bl. LOH. 2535. alles trôstes bl. PASS. 275, 27. der sinne bl. MARLG. 250, 314. rehter zuht bl. APOLL. 19513. die sehenes blinden FRL. *p.* 184. des lebens bl. *leblos* JER. 140ᵃ; *mit* an: an witzen bl. ULR. *Wh.* 181ᵇ. BARL. 240, 5. an künste bl. MSH. 2, 388ᵃ. an êren bl. ULR. *Wh.* 156ᵈ. GA. 1. 112, 264. an gotes vorhte bl. LS. 3. 240, 42; *dunkel, trübe* WIG. WALTH. daz aller schœnste kint, diu wîp sint von ir blint APOLL. 8997. wie vor den wenden erschîne in tôt gemælde blint TROJ. 19715; *versteckt, nicht zu sehen* plinter ort TUCH. 249, 30; *nichtig, ohne entsprechenden gehalt* WINSB. PASS. (blint gemüete 117, 1. ir êre ist blint 288, 91). an sîner blinden frecheit TRIST. 8669. nû wære diu hôchzît worden blint LOH. 3178. — *vgl.* blanden *u.* DWB. 2, 119. HPT. 6, 10. GSP. 63.

blint-haft *adj.* (I. 210ᵃ) *blind* PASS. (*K.* 662, 1).
blint-heit *stf.* (*ib.*) *blindheit* TRIST. MYST. 2. 260, 8. EVANG. *Mr.* 3, 5.
blint-lich *adj.* (*ib.*) *zur blindheit gehörig* PASS.;
blint-lîche, -en *adv.* (*ib.*) *unvorsichtig* TRIST. LOH. 3880. HEINZ. 18, 411. HANS 3531.
blint-slîche *swm.* (II². 398ᵇ) *blindschleiche* Voc. blindeslîche HPT. 5. 415, 83.
blint-vënster *stn. blindes fenster, blende.* das wir in die maur chain recht haben sullen mit plintfenstern UHK. 2, 322 (*a.* 1390).
blinzeln *swv. blinzeln* RENN. 13215, *iterat. vom gleichbedeutenden*
blinzen *swv.* (I. 211ᵃ) PARZ. REINH. (201) er sach die liute blinzend an TROJ. 27304. oculare vel ocillare DFG. 393ᵃ. — *kaum zu* blint (= blindezen) *wie das* WB. *u.* DWB. 2, 128 *annimmt, sondern aus* blinkezen *s.* SCHM. 1, 237.
blippen *stv.? s.* erblappen.
blippen-blap *stm.* dû bist ein junger blippen-blap SINGENB. 249, 11; *vgl.* erblappen.
blirren *swv. s.* brüelen.
blîschaft *stf. s.* blideschaft.
blismen *swv. s.* bliczen.

blî-snitzel *stn.* drei schilling von blisnitzel zu gieszen den steindeckern FRANKF. *baumeisterb. v.* 1450 *f.* 46ᵇ.
blî-stücke *stn.* (II². 656ᵃ) *bleistücke* PASS.
blît, blîtschaft *stf. s.* blide, blideschaft.
blitze *swm. blitz* CHR. 4. 75, 21; *bei* MGB. *mit vordringen des* n *in den nomin. der* blitzen 93, 8. 91, 13. — *aus* blicze;
blitzen *swv. leuchten, blitzen.* ein blitzendiu sunne MYST. 2. 567, 39. blitzen, donren MSH. 3, 381ᵃ. der blic von himel blitzte HADAM. 497. — *aus* bliczen, *s.* blëczen.
blitzen *swv.* (I. 208ᵃ) *unruhige bewegung machen, hüpfen* DIOCL. blitzen oder gumpen Voc. 1482; *vgl.* DWB. 2, 133.
blitzgen *swv. s.* bliczen.
blitznen *stn. das blitzen* CHR. 1. 395, 13.
bliuc *adj. s.* blûc.
bliuc-lich *adj.* (I. 214ᵇ) *s. v. a.* blûc HARTM. TROJ. HÄTZL. 1. 52, 6; bliuclîche *adv. s.* blûclîche.
bliugen *stv. s.* bliuwen.
bliugen *swv.* blûc *machen, mindern, schwächen.* diu rebe bliuget mit ir schatten der sunnen schîn WACK. *pr.* 49, 6; *s.* blûgen; *oder ist* bliugen *auch hier* = bliuwen?
bliukeit *stf. s.* blûkeit.
bliulen *swv. s.* bliuweln.
bliuwât *stf. md.* blûwât *schläge* HPT. *h. lied* 143, 13. GERM. 9, 365;
bliuwe *stf. hanfreibe* URB *s.* 349, *vgl.* harbliuwât;
bliuwel *stm.* (I. 211ᵃ) *holz zum klopfen.* blûel, pleuel oder poszel metellus Voc. 1482; plewel, pleuel MGB. 258, 13. 92, 1;
bliuweln *swv.* (*ib.*) *mit dem* bliuwel *schlagen, stampfen,* bliulen WEIST.;
bliuwen *stv. III.* (I. 211ᵃ) *nebff.* bliwen, blewen (MGB. 258, 13), bliugen (KARAJ.), blüegen (: füegen DRACH. 631), *md.* blûwen (JER. 133ᵈ), blûen: *bläuen, schlagen* WIG. WOLFR. HARTM. (disiu blou, disiu dahs IW. 6203). Ms. NEIDH. 25, 10. RUL. 241, 29. JÜNGL. 1200. GFR. 1848. MART. 15, 77; *prät. pl.* bluwen, *verkürzt* bluen: die meistere si bluwen EXOD. 97, 16 (*bei Diemer* 133, 12 blouwen), sie bluen WOLFD. 2016, 3. 2031, 3. — *mit* umbe; er-, ge-, zer-. *gt. nasal.* bliggvan *zu gr.* φλάω, ϑλάω *lat.* flagellum, fligere WACK. GSP. 60; *s. auch* DWB. 2, 111;
bliuwen, bliwen *stn.* (*ib.*) PARZ. do huop sich ein bliuwen mit swerten under in MSH. 3, 263ᵃ.
bliuwe-stat *stf. hanfreibe* URB. 45, 25.

blî-var, -wes *adj. bleifarbig* HPT. 14, 162. 163;
blî-varwe *stf.* (III. 242ᵃ) *bleifarbe* GL.
blî-weich *adj.* (III. 617ᵃ) *weich wie blei* RUL. KARL.
bliwen *stv. s.* bliuwen.
blî-wîʒ *stn.* (III. 781ᵃ) *bleiweiss* DFG. 115ᶜ. MYNS. 28.
bliʒ, -tzes *stm.* (I. 208ᵃ) *blitz* LS. 1. 344, 339 (nâch den blitzen; *könnte ebenso gut zu* blitze *gehören*).
blî-zeichen *stn.* (III. 863ᵇ) *bleisiegel* PASS.
bloch *stn.* (I. 211ᵇ. 1024ᵃ) *pl.* bloch *u.* blöcher; bloc (: stoc) LS. 2. 238, 989. bluc BEH. 141, 14: *block* WIG. FREID. MS. RENN. 12176. REINH. 1543. 1550. GA. 2. 180, 199. LS. 1. 519, 17. MART. 134, 34. PASS. 40, 38. 49, 6. sam der mit eime kîle zerklübe grôziu blöcher TROJ. 32961. daʒ bloch vonander klieben (*obscön*) WOLK. 60. 4, 6. in ein bloch slahen WOLFD. *Hag.* 331. in blöcher legen ÖH. 21, 4; *dickes brett, bohle* kiste von vier grôzen blochen KOL. 170, 507; *eine art falle* TRIST. H. ein bloch mit wolves îsen EILH. 4537. — *aus* biloch *zu* liechen *s.* DWB. 2, 135;
blöchel *stn.* (I. 212ᵃ) *etw. aus* blochen *gebautes, floss* WEIST.;
blochen *swv. aus einem* bloch *machen* WOLK. 106. 10, 12.
bloch-wërc *stn. blockhaus* CHR. 2. 78, 10.
blocken *swv.* ins bloch *setzen, legen* (hier kann das ck *schon im ahd.* plocchan *begründet sein* DWB. 2, 137) GR.W. 4, 414. CHR. 2. 72, 11. MH. 3, 220. ÖH. 97, 7. plocken oder stocken truncare Voc. 1482; blücken CHR. 4. 236 *anm.* 1.
blœde *adj.* (I. 212ᵃ) *zerbrechlich, gebrechlich, schwach; zaghaft* ER. PARZ. KL. LAMPR. ûʒ einem blœden leime ANEG. 14, 32. daʒ gezimber ist blœde und unstæte WG. 12026. daʒ reht wart blœde und weich *ib.* 12634. blœdes vleisches gir MAI *p.* 32. blœde unde kranc KRONE 27153. blœde und siech *ib.* 12531. ein blœdeʒ (*zartes*) blat *ib.* 13502. Even kint von gebürte blœde sint HPT.-8. 301, 93. nû sint elliu mîniu rîch leider gar ze blœde DIETR. 7525. an grôzer rîcheit blœde *ib.* 2524. daʒ alter kumt mit blœder wât LS. 3. 522, 122; — dî ê wâren kuone dî wurden alle blœde KCHR. D. 33, 28. der strît wirt blœde MOR. 1, 2614. er ist ein zage er heizet blœde FRAGM. 28, 60. verzaget durch eines blœden phaffen wort TROJ. 19133. — *vgl.* brœde *u.* DWB. 2, 138;

blœde *stf.* (*ib.*) *gebrechlichkeit, schwäche, zagheit* MS. sît daʒ menschlich blœde niht ist wernde j. TIT. 144, 4. des lîbes blôde MART. 94, 97. daʒ macht der vürsten blœde, daʒ ir hove stênt sô œde DIETR. 211; *ebenso*
blœdec-heit, blœdekeit *stf.* (*ib.*) LAMPR. FRL. diumuot ist vür die wârheit zwischen hôhverte und blœdekeit WG. 9996. man sol sich vor blœdekeit behüeten und vor trâkeit *ib.* 12571. daʒ diu scham mit blœdekeit sie vâhen kunt LOH. 3036. bl. des lîbes *krankheit* MH. 1, 409. 434. NP. 281. die blödigkeit (*gebrechlichkeit*) der ertrichen scherben CHR. 3, 58, 7;
blœdec-lîche, -en *adv. zaghaft* KINDH. 100, 11. LIEHT. 500, 8. TROJ. 23475; *ebenso*
blœde-lîchen *adv.* (I. 212ᵃ) ATH. MYST. *contrah.* blôlîche ROTH. 1393.
blôdern, plôdern *swv.* (I. 212ᵃ. II. 523ᵇ) *garrulare, rauschen* WEINSCHW. plôdrent sam daʒ mer RING 38, 27; sie meinen villeicht, wir solten auszher blodern *ausplaudern* UGB. 478; *vgl.* pludern ZIMR. *chr.* 3. 290, 16. — *nach* WACK. *zu* blæjen; DWB. 2, 141 *u.* WEIG. 2, 393 *setzen* blodern *an u. lassen es aus lat.* blaterare *stammen*.
blôme *s.* bluome.
blôt *stn. s.* bluot.
blotz-bruoder *stm. s. v. a.* bêgehart NARR. 102, 47 *u. anm.; s.* DWB. 2, 152.
blougen *swv. s.* blûgen.
blouwec *adj. s.* blûc.
blôʒ *adj.* (I. 212ᵇ) *bloss, allgem.: nackt, unverhüllt, entblösst* (blôʒ als sîn muoter in getruoc PASS. 175, 86. ze dir ich nacket wart geborn und scheide ouch blôʒ von dir MSH. 2, 233ᵇ. blôʒer vogel wænstû vliegen *ib.* 3, 436ᵃ. viel ûf siniu blôʒen knie MARLG. 156, 103. bl. swert PASS. 193, 87. 226, 26. blôʒiu wâfen SWSP. 257, 6); *nicht bewaffnet* (blôʒer zuo dem keiser wolt er wider komen LOH. 2505. der ritter, der blôʒe MARLG. 225, 404. gewâfent oder blôʒ GEO. 1688. RING 50, 25); *unvermischt, nichts als, bloss* MS. BARL. mit blôʒen worten ERLŒS. 103. ein blôʒer roc ist sîn kleit APOLL. 20256. einen blôʒen surkot ELIS. 3209. einen blôʒen halsberc KARL. 111ᵃ. — *mit gen. od. präp. entblösst von, rein von, s. noch* si machten sich der harnasche blôʒ Osw. 2163. sîn swert wart dâr scheiden blôʒ CRANE 3384. der êren bl. TÜRH. *Wh.* 233ᵈ. MSH. 2, 333ᵇ, 3, 58ᵃ. der vorhte blôʒ TROJ. 802. aller sorgen bl. KOL. 236, 1764. der kleider bl. *ib.* 1756. GA. 3. 121. 403. der vreuden bl.

j. TIT. 1257. der armuot bl. LOH. 7392. die toufes blôȝen j. TIT. 234; — an lebelicher kraft der blôȝe *ib.* 5040. an êren blôȝ ROSENG. *Pommersf.* 779. von silber blôȝ TURN. 77, 6. vor valsche bl. j. TIT. 957. — *ahd.* plôȝ *superbus, nach* WACK. *zu* blæjen, *vgl.* DWB. 2, 144; **blôȝe** *stn?* (I. 213ᵇ) ERNST *wol s. v. a.*

blœȝe *stf. (ib.) blösse, nacktheit* BELIAND 2300. blœȝe *(glätte)* des kinnes MSH. 3, 451ᵇ; *freier, offener platz im walde* Iw. PASS. 159, 35. NP. 283, 308. KRONE 25523 *(im burghof); in Nürnberg hiess früher die kleine insel Schütt die plosse* TUCH. 255, 32;

blôȝec-lîchen *adv. unverdeckt, offenbar* PASS. *K.* 353, 5. *s.* blœȝlîche;

blôȝen *swv.* (I. 213ᵇ) *bloss sein* GSM.;

blœȝen *swv. (ib.)* blôȝ *machen* ULR. PARZ. die vorburc si blôȝten *(säuberten sie von den feinden)* SERV. 1795; *entkleiden* WOLK. 106. 10, 15; *refl.* Ms. gein mir ûf minneclîchen gruoȝ nû blœȝent selten sich ir zene MSH. 1, 310ª; *s. v. a.* blôȝen Ms.;

blôȝ-heit *stf.* (I. 214ª) *unverhülltheit* MYST. (2. 65, 9. 89, 7). HPT. 8, 243;

blœȝ-lîche, -en *adv. (ib.) unverhüllt, offenbar* PASS. *K.* 73, 55. 314, 47. 516, 80. MYST. 2. 447, 31. 677, 3; *gänzlich* WOLK. 88. 3, 5.

bluc *stn. s.* bloch.

blûc, bliuc, -ges *adj.* (I. 214ª) *zaghaft, schüchtern, verlegen, unentschlossen* LANZ. ER. BARL. RENN. (dô meide wâren in bliugen siten 12597. swie rîch, arm, swie bliuge wir sîn 15380). MART. 292, 35. blûg WACK. *pr.* 70, 77. blüege WH. v. *Öst.* 54ᵇ. — *contrah. aus* blûwec *das sich noch* BIT. 4151 *findet, sowie* blouwec KRONE 13541. *zu* bliuwen DWB. 2, 113.

blücken *swv. s.* blocken.

blûc-heit *stf. s.* blûkeit;

blûc-lîche, bliuc-lîche, -en *adv.*(I. 210ᵇ) *auf verlegene, schüchterne, zaghafte art* KL. TROJ. RENN. ER. 1488. HPT. 7. 366, 33; *contrah. aus* blûweclîche PARZ.

blüege *adj. s.* blûc.

blüegen *s.* bliuwen *u.* blüejen.

blüejen *swv.* (I. 215ª) *nbff.* blüegen (WACK.*pr.* 49, 3. 53, 93. 96), blüewen (KRONE 269. MALAG. 54ᵇ. 55ª. BERTH. 418, 22), blüen; *md.* blûwen ELIS. 1464. 2469. blûen JER. 105ᶜ; *prät.* blüete, bluote, *part.* geblüet, gebluot: *intr. blühen allgem. s. zu* ENGELH. 57 *(mit* ûf, în); *trans. als blüte tragen* WOLFR. *blühen machen* wol gebluoteȝ meien rîs MSH. 1, 328ª. — *mit* be-, ent-, er-, ge-, über-. — *zur selben wurzel wie* blæjen *s.* CURT. 1, 265;

blüejen *stn.* (I. 215ᵇ) Ms.

blûel *stm. s.* bliuwel.

blüemekîn *stn.* (I. 217ª) *blümchen* LIEHT. ALTSW. 150, 36; *ebenso*

blüemelîn, blüemel *stn. (ib.)* Ms. WG. 1341. ALBR. 16, 70. 32, 238. blüemelî WACK.*pr.* 56, 150. blüemel MGB. 288, 27. 424, 8. bluemlî HUGO v. *M.* 5, 17. 21;

blüemeln *swv. s. v. a.* blüemen: gras daȝ schône geblüemelt was MAI *p.* 80. OBERL. 169;

blüemen *swv.* (I. 217ª) *mit blumen schmücken, überhaupt schmücken, verherrlichen* PARZ. WALTH. Ms. KONR. WACK.*pr.* 56, 527. 43, 78 *f.* DIETR. 346. 540. WOLFD. 942, 2. die bluomen blüemet velt MSH. 2, 69ᵇ. ein lop geblüemet vert in hôher werdekeite *ib.* 2, 334ª. sîn muot geblüemet an der milde *ib.* 107ª. dû bist mînes herzen bluomter ôstertac *ib.* 2, 99ᵇ. mit geblüemten worten j. TIT. 862. den brief mit grammaticâ het meisters kunst geblüemet LOH. 5777; *sehr oft in* TROJ. *z. b.* blüemen mit werdekeit 2304. mîn hof sol mit dir geblüemet werden 3418. kein palas mit megden baȝ geblüemet was 13940. ûf dem geblüemten rîse 16542 *etc.; refl.* swâ diu rebe sich blüemet, dâ tliuhet daȝ gewürme dan MSH. 2, 333ª. — *mit* ûz; durch-, en-, ge-, ver-. *zu* bluome;

blüemîn *adj. (ib.) von blumen, mit blumen geschmückt* WIG. PARZ.

bluemît *stn. s.* plûmit.

blüen *swv. s.* blüejen.

blûen *stv. s.* bliuwen; *swv. s.* blüejen.

blüetelîn *stn. dem. zu* bluot, *kleine blüte* MYST. 2. 638, 38.

blüeten *swv. s.* bluoten.

blüete-varwe *stf. blumenfarbe* BERTH. 223, 20.

blüewen *swv. s.* blüejen.

blûge *adv. zu* blûc (I. 214ᵇ) *schüchtern* PARZ.;

blûgen *swv.* (I. 215ª) *schüchtern werden, ermatten* PARZ. dâ von in kraft unde verch muost blûgen *(var.* blougen) unde swinden KRONE 2041. *vgl.* bliugen.

blüete-rîsel *stn.* (II. 725ª) *blühendes zweiglein* TRIST. *H.*

bluhen *swv. brennen, leuchten.* daȝ lieht daȝ dâ bluhet ûȝ der kerzen SPEC. 40; *ahd.* bluhan GFF. 3, 241. 247. — *zu* bliehen.

blûkeit, bliukeit *stf.* (I. 214ᵇ) *schüchternheit* WOLFR. TROJ. (9047. 21492). ORL. 9069. 13883. BERTH. 256, 6. — *aus* bliuwec-heit, blûc-heit *zu* blûc.

blump-vaz *stn. butterfass,* camella DFG. 92ᶜ.
blunder, plunder *stm.* (I. 218ᵇ, II. 524ᵃ) *hausgerät, kleider, wäsche, bettzeug* HÄTZL. Aw. GR.W. 1, 219. 235. 4, 415. RING 31ᵉ, 37. 56ᵉ, 20. durch gotz plunder *ib.* 3ᶜ, 32. plunder oder newe kleider, inducie Voc. 1482; *swm. gewönlich im pl.* CHR. 2. 151, 11. 153, 3. 169, 1 *etc.* — *zusammenhängend mit mnd.* plunde, *nd.* plume *kleidung* WEIG. 2, 396. DWB. 2, 167.
blunsen *swv. aufblähen, aufblasen.* durch des zornes flamme zuo wankelheit geplunst WOLK. 17. 5, 12. *mit* ver-;
blunst *stm. blähung, aufgeblasenheit.* schallen sunder plunst WOLK. 96. 2, 15. *vgl.* SCHM. *Fr.* 1, 459. SCHÖPF 512. KWB. 33.
blunt, -des *adj.* (I. 218ᵇ) *blond* TRIST. diu lûter und diu blunde TROJ. 7596. 19798. Helenâ diu blunde *ib.* 20680. 35216. diu reine, blunde TÜRH. *Wh.* 238ᵃ. — *aus fz.* blond.
bluom-be-suoch *stm.* (II ². 7ᵇ) *viehtrieb, weiderecht* Ms. *s.* besuoch *u.* RA. 522.
bluome *swmf.* (I. 216ᵃ) *bei* BPH. *immer f., md.* diu blûme ELIS. 2472. blôme KARLM. 93, 25: *blume, blüte u. bildl. das schönste, beste seiner art. allgem. s. noch* diu pluome GEN. 56, 9. die bluom MGB. 301, 23. 407, 34 *etc.* der bluomen kranz WG. 5601. bluomen brechen MSF. 196, 22. bluomen lesen LIEHT. 244, 20. der hôhen vürsten bluome ir vater was genennet j. TIT. 5710. der bluome aller vrouwen; der lande bluome (*Helena*) TROJ. 18948. 22570. ir kiuscheite bluome (= magetuom) wart nâch ir willen abe genomen TROJ. 9148. 17009. den bluomen (*jungfrauschaft*) verlieren RING. 43, 44. 43ᵇ, 3; *einer frau* den bluomen nemen OBERL. 169. *nutzen, ertrag eines landgutes* (*bes. an gras u. heu*) GR.W. 1, 197. 269. 4, 10. 5, 120. 149. 205. — *zu* blüejen;
bluomeht *adj.* (I. 217ᵃ) *blumig, bunt* OBERL.;
bluomen *swv. blumen treiben vgl.* FRAGM. 31, 115; *s.* gebluomt.
bluomen-huot *stm.* (I. 733ᵃ) *hut mit blumen* Ms. NEIDH. XLVII, 13. 81, 5.
bluomen-schîn *stm.* (II ². 146ᵃ) *blumenglanz* BARL. ORL. 1619. HUGO v. *M.* 5, 33.
bluomen-tocke *swf. blumenpuppe, kosewort* WH. v. Öst. 45ᵃ.
bluomen-var *adj. s.* bluomvar.
bluomen-zît *stf.* (III. 913ᵃ) *blumenzeit* PARZ.
bluome-vaz *stn.* (III. 281ᵃ) *blumengefäss* BARL.
bluom-ôster-âbent *stm. abend vor palmsonntag* UHK. 131. 232. 193. UKN. 370;

bluom-ôster-tac *stm.* (III. 6ᵇ) *palmsonntag* OBERL. UHK. 2, 97.
bluom-var, -wes *adj.* (III. 237ᵃ) *von blumen bunt* PARZ. ZING. *Pl.* 8, 233. unz ir diu velt seht bluomenvar BIT. 4666; *bunt wie blumen* LUDW. *v. Th.*
bluomen-vëlt *stn.* mir wâren geslagen — vier hütte ûf pluomenvelt LIEHT. 455, 18.
bluost *stf.* (I. 218ᵇ) *blüte* MSH. 1, 106ᵇ. blûst *ib.* 3, 430ᵇ. mit gelfer bluost geschœnet j. TIT. 9606. *s.* DWB. 2, 169;
bluot, -des *stm.* (I. 217ᵇ) *blüte* RUL. WIG. MS. LAUR. 905; *ebenso*
bluot *stf.* (*ib.*) *gen.* blüete *u.* bluot *pl.* blüete HARTM. TRIST. Ms. sô sint des wunsches blüete entsprungen in mîn herze FRAGM. 45, 380. in sîner jugende blüete LOH. 3570. — *zu* blüejen.
bluot, pluot *stn.* (I. 218ᵇ) *md.* blût, blôt (: tôt) GERM. 3. 235ᵇ, 37: *blut, allgem. s. noch* daz bluot mir ûz dem munde brach LIEHT. 307, 10. daz bluot daz Longinus liez ûz dîner sîten j. TIT. 935, 4. gerœtet mit bluotes touwe TROJ. 23333. slahen ûz tiefen wunden bluotes regen *ib.* 23491. ez ist drier hande bluot, daz ze himel ruofen tuot umb geriht TEICHN. 282. reinez bluot MGB. 183, 12 (*von Pfeiffer im gloss. fälschlich mit menstruation erklärt; vgl. die vorhergehenden zeilen des textes*). die wângen rôt und wiz alsô milch und bluot FLORE 6837. ez wâren ouch ir wangen als bluot in milch zergangen APOLL. 13342. 15182. bluot weinen GA. 1. 12, 279. dâ man umbe menschen bluot rihten sol SWSP. 98, 10. über das blut sitzen und ubeltättig leut richten AD. 1385. daz unser richter das pluot und den tod ze richten hab (*über leben und tod*) USCH. 306; *blutfluss* GRIESH.; *blutsverwandtschaft, stamm, geschlecht* bluet von Osterreich CHR. 3. 104, 3. 107, 20. bl. Caroli magni *ib.* 59, 20. 65, 22; *blutsverwandter* daz sie wære sîn bluot und sîn swester KRONE 11176; *lebendes wesen, mensch* daz unschuldige bluot ertœten MOR. 1, 2575. ich bin noch ein junges blut FASN. 1035, 4; *vgl.* das guet jung bluetle ZIMR. *chr.* 4. 406, 32. — *aus derselben wurzel wie* blæjen, blüejen *s.* CURT. 1, 265. Z. 1, 13.
bluot-arm *adj.* (I. 58ᵃ) *sehr arm, arm bis aufs blut* ROZM. *vgl.* ZIMR. *chr.* 1. 460, 28.
bluot-bach *stm. blutstrom* PASS. *K.* 329, 50.
bluot-ban *stm.* (I. 86ᵇ) *gerichtbarkeit über leben und tod* HALT.

bluot-brunne *swm.* Pass. 76, 88.
bluotec *adj.* (I. 219ᵇ) *md.* blûtec *blutig* Nib. Apoll. 11482. Karlm. 205, 31. Albr. 14, 224. Pass. 171, 79. 286, 89. der bluotige regen Bit. 11046. der sal bluotic Otte 165. mit bluotegem munde er sie gevie Hpt. 6, 510. sô diu gotes rache über ir bluotegeʒ leben gê Helbl. 4, 95. bluotigeʒ tier *teufel* Berth. 22, 39; bluotige hant *jurisdictio criminalis* Parz. Basl. r. 41; bluotiger phenning *busse für einen todschlag* Mh. 2, 900. Oberl. 169;
bluotec-var *adj.* (III. 237ᵇ) *von blut gefärbt* Frl. Pass. K. 172, 74; *s.* bluotvar.
bluote-kirl *stm.* (I. 220ᵃ) *opferpriester* Livl. *s.* bluoten 2.
bluoten *swv.* (I. 219ᵇ) *prät.* bluote *bluten* Hartm. Nib. Ms. *bei* Lieht. einmal blüeten (bluoten 307, 13). sich ze tôde bl. Beliand 1556. sin herze im bluoten mac Karl 85ᵃ. Herb. 8594. er sitzet als ime diu nase bluote Amg. 45ᵃ. — *mit* în; ge-, ver-.
bluoten *swv.* (*ib.*) *md.* opfern Livl. 4685. — *gt.* blôtan, *ahd.* plôʒan, pluoʒʒan *zu* blæjen *u.* blâsen *wie lat.* flamen *zu* flare Wack.
bluot-ganc *stm.* (I. 475ᵇ) *blutfluss.* emorroydes Voc. 1482, dissenteria Dfg. 185ᶜ.
bluot-ge-var *adj.* (I. 241ᵃ) *s. v. a.* bluotvar Jer.
bluot-handel *stm. das kloster Michelstetten in Krain erhält die gerichtsbarkeit über alle sachen so den tod nicht berüeren oder plut-*hendel Mh. 2, 888.
bluot-harst *stm.* knehte des blutharstes *söldner* Königsh. *s.* 352; *s.* hars.
bluot-hunt *stm. wüterich* Beh. 35, 26. 37, 21; *vgl.* Zimr. *chr.* 1. 504, 7.
bluot-krût *stn.* sanguinea Voc. 1482.
bluot-mâl *stn.* (II. 23ᵃ) *ein durch blut bezeichneter punkt; im* Wb. *ohne beleg, gemeint ist wol* bluotes mâl Parz. 287, 10.
bluot-naʒ *adj.* (II. 319ᵃ) *von blute nass* Bit. (*lies* 3672 *od. nach der neuen ausg.* 3669).
bluot-rähsen *stn. das blutspeien* Mgb. 316, 15. *s.* rahsenen;
bluot-rehsunge *stf.* emphoysa Voc. 1482.
bluot-rîch-ge-var *adj. blutreich gefärbt* Otn. Ettm. *p.* 52.
bluot-risec *adj. s. v. a.* bluotruns Gr.w. 5, 127. bluotrüsig S. Gall. *stb.* 43ᵃ. Gr.w. 1, 297. bluotrüstig *ib.* 472. 561. 2, 17. — *zu* risen *s.* Dwb. 2, 188.
bluot-rôt *adj. blutrot* Pass. 259, 81. Gr.w. 1, 440.

bluot-rüegec *adj. bei einem blutgerichte angeklagt* Dsp. 81.
bluot-rünne *adj. blutrünstig* Ssp. 1. 68, 2;
bluot-runs, -runst *stmf.* (II. 721ᵇ) *blutfluss, blutige wunde* Pass. Kol. *u. rechtsdenkm.* Swsp. 80, 4. 149, 4. 158, 1. 255, 20. Gr.w. 1, 39. bluotrunst Np. 37. 196. wer ein plutruns macht Mh. 2, 809. bluotrüste (*pl.*) Gr.w. 1, 489;
bluot-runs *adj.* (*ib.*) *blutig wund* Oberl. Gr.w. 1, 16. 4, 285. 383; *ebenso*
bluot-runsec *adj.* Swsp. 158, 2. 3. Mone 4, 154. Urb. 141, 3. Gr.w. 1, 39. 188. 4, 505; bluotrünstig Dsp. 1. 87. Np. 196.
bluot-rüsec *adj. s.* bluotrisec.
bluot-schrîber *stm.* ainer hiess Hans Ravenspurger, plutschreiber, der menschen wurger Beh. 8, 2.
bluot-slac *stm. schlag bei dem blut fliesst.* pluotschlag âne den tod Gr.w. 5, 344.
bluot-speichel *swf.* (II². 514ᵃ) *blutspeichel* Mgb.
bluot-spîunge *stf.* (II². 513ᵇ) *das blutspeien* Voc.
bluot-spützen *stn.* Mgb. 445, 2 *var. zu* bluotspeichel.
bluot-stant *stm.* (II². 590ᵇ) ematices (= ematites) Sum. *vgl. das folgd.*
bluot-stein *stm.* (II². 614ᵃ) ematites Dfg. 199ᶜ. emantices, bolusarmenus Voc. 1482; *der faserige rote eisenstein, mit dem man das blut zu stillen glaubte* Dwb. 2, 192.
bluot-strieme *swm.* (II². 690ᵃ) *blutstriemen* Pass.
bluot-sûger *stm.* ain plutsauger (*schröpfer*) in ainem pad Beh. 18, 20.
bluot-suht *stf.* (II².359ᵃ) *blutfluss* Pass. Voc.;
bluot-sühtec *adj.* (II².360ᵃ) *an dem blutflusse krank* Pass.
bluot-tragerin *stf.* vena Mgb. 6, 28. 7, 15.
bluot-trinker *stm. mörder* Berth. 92, 8. 277, 12.
bluot-tropfe *swm.* (III. 103ᵃ) *blutstropfen.*
bluot-var, -wes *adj.* (III. 237ᵇ) *von blut gefärbt, blutfarbig* Rul. Er. Wolfr. Nib. Gudr. Apoll. 269. Eracl. 4804. Bph. 7725. Dietr. 8951. Bit. 8845. 10504. 12227. 12242. Albr. 25, 89.
bluot-veim *stm. blutschaum* Pf. *arzb.* 2, 1ᶜ.
bluot-ver-gieʒer *stm.* Beh. 43, 24. konic Etzel der ertranc in sînem blûte, sint er ein blûtvergiʒer was Mügl. *Schr.* 464.
bluot-ver-sweiner *stm. blutvergiesser, Christus* Schm. 3, 537. — *zu* swînen.

bluot-vlieʒen *stm. das bluten* MGB. 121, 28. 423, 22;

bluot-vlôʒ *stm.* (III. 350ᵃ) *blutfluss, die krankheit* LUDW.;

bluot-vlüʒʒec *adj. s. v. a.* bluotruns. wer den andern frefelich sluge und blutflüssig macht GR.W. 1, 774;

bluot-vluʒʒede *stf.* (III. 351ᵃ) emorrois GL.

bluot-würger *stm. wüterich* BEH. 256, 26.

bluot-wurm *stm.* (III. 826ᵃ) emorreus, ein wurm wenn der einen menschen heckt oder sticht, so plutet er sich ze tode Voc. 1482.

bluot-wurz *stf.* maura milleforbia Voc. 1482.

bluot-zaher *stm. blutsthräne* ALTSW. 157, 19.

bluot-zëhende *swm. viehzehend.* bl. an gänsen und hüenern UKN. *einl.* XXXII. HALT. 176; *vgl.* borzehende.

blut *adj. bloss, nackt.* eins alten strûʒes junge kint die wîl si blut und dennoch blint in dem neste lagen REINFR. 165ᵇ; MGB. 213, 20 *var.* NARR. 99, 124. SCHM. *Fr.* 1, 333. — *ablaut zu* blôʒ *ohne hochd. lautverschiebung* (WACK.); *vgl.* DWB. 2, 194;

blut-nacket *adj.* (II. 295ᵇ) *völlig nackt* FRL.

blûwec *adj. s.* blûc; **blûweclîche** *adv. s.* blûclîche.

blûwen *s.* bliuwen *u.* blüejen.

bobe *adv. u. präp.* (II. 428ᵃ) *mit dat.* oben, oberhalb KCHR. MÜHL. *r.* — *aus* bî obe, *ebenso*

bobene, boben *adv. u. präp.* (II. 428ᵇ) *md. auch* boven (JAN. 14) *adv.* CRANE, EVANG. 244ᵃ, *präp. mit acc.* MYST. *mit dat.* FRL. MYST. ALEXIUS 107, 212. DÜR. *chr.* 1. — *aus* bî obene;

boben-heit *stf. übermacht, herrschaft* MYST. 1. 188, 15.

bober *präp. mit dat. über.* bober der erden GEO. 3879. — *aus* bî ober;

bober-halp *adv. oberhalp* KCHR. 7581 (*D.* 232, 1 oberhalp).

boc *stm.* (I. 220ᵃ) *tornister?* LIVL. im citate lies reit *st.* dreit.

boc, -ckes *stm.* (*ib.*) *bock* PARZ. TRIST. *H.* FRL. *pl.* bocke GEN. 47, 22. MSH. 3, 225ᵃ. böcke RENN. 6888. SILV. 4622. MGB. 128, 6. 14. MSH. 3, 240ᵃ. ungeschaffen als ein boc APOLL. 15390. kumt geloufen als ein boc KOL. 92, 31. ich gewinne — grâweʒ kinne als ein boc WALTH. XVIII, 21. ich wær aller sinne ein boc und wolde ich die niht prîsen TÜRL. *Wh.* 33ᵃ. die stinkent sam die böcke j. TIT. 236. bockes bluot *spaltet den* adamas RENN. 2892. 18746 (*vgl.* HPT. 9, 366). der ritter mit dem boc (*Gauriel von Muntavel*) KRONE 24737. 45 *ff.* PF. *üb.* 96, 467; *hölzernes gestell* TUCH. 127, 14. 297, 5 *etc.* CHR. 2. 292, 17; *vorrichtung um pfähle einzuschlagen.* Maczman dem schieffknecht 2 ℔ fur 14 tage, als er dem rade einen bock gebûwen hat im Meyne, als man die esel gesatzt hat FRANKB. *baumeister b. v.* 1443 *f.* 24ᵇ; *ein musical. instrument, dudelsack?* man hôrt dâ böck pfîfen vil LS. 2. 279, 354; — böcke *hiessen auch knechte, die in fehden dienten* CHR. 2. 64, 11. 81, 26. 267, 12. 16. 299, 16 *s.* FRISCH 1, 115ᵇ. SCHMID 83. — *zu* bochen, bûchen DWB. 2, 201.

boc-bühse *swf. auf einem boc, schragen liegende büchse* SCHLAGER *Wiener skizzen, neue folge* 3, 54.

boch *stm. prahlerei, trotz* BEH. 2, 199; *s.* DWB. 2, 199; *ebenso*

boche *swm.* nie boche von uns beiden was HEINZ. 128, 62. grossen bochen unde tratz er hat gelitten und gedolt PF. *forsch.* 1. 62, 87;

bochen *swv.* (I. 220ᵇ) *pochen, trotzen* MS.; puchen *plündern* (*mit* ûʒ) CHR. 2. 519, 32. 520, 3. 7. 10. 17. 20; *vgl.* FRISCH 2, 64ᵇ. DWB. 200. — *von einem verlornen* biukan, bauk *s.* bûchen *u.* DWB. 2, 199;

bochen *stn. das pochen, trotzen.* daʒ sie doch wolten lâʒen ie mit kriege von dem bochen HEINZ. 118, 16. swenne ein bœser gewinnt ein bochen zeinem guoten man LS. 1. 478, 135. gerochen mit sô mengem bochen MART. 66, 112.

bochenz *f. s.* vochenze.

bocher *stm.* (I. 220ᵇ) *prahler; erst bei* AGRICOLA.

boc-hirʒ *stm.* tragelaphus möht man ze däutsch heizen ein pockhirʒ MGB. 160, 12.

bochnitz *f. s.* vochenze.

bochseln *swv. dumpf tönen, knarren* RING 54ᶜ, 32; *s.* DWB. 2, 200.

böckelîn, böckel *stn. kleiner bock* GL. MGB. 128, 34.

bocken *swv.* (I. 178ᵃ) *intr. niedersinken* PILAT. *tr. u. refl. niederlegen* KELL. — *zu* biegen, *mit* under.

bocken, böcken *swv.* (I. 220ᵇ) *stossen wie ein boc* WEIST. (*mit* an); *stinken wie ein bock* ir stinket unde puçket HELBL. 2, 1142; *als kriegsknecht* (*s.* boc) *dienen* CHR. 2. 80, 23. 27. 81, 41; *spielen, mit karten spielen.* die so bocken oder listlichs spiln GR.W. 356 *s.* DWB. 2, 205.

bocken-antlit *stn.* b. anlegen, larvare SCHM. *Fr.* 1, 205.

bockezen, bückezen *swv.* (I. 220ᵇ) *intens. zu* bocken *wie ein bock springen u. stossen* FRL. BERTH. *mit* an.

bocks (I. 220ᵃ) *gen. v.* boc *euphemistisch für* gotes = *nhd.* potz (ja potz hinkender gans! BEH. 332, 1. 30. potz laus! CHR. 3. 122, 6 *u. oft in den* FASN.) LS. *s.* DWB. 2, 202.

boc-lungel *stf. bocklunge* HPT. 14, 178.

boc-schâf *stn.* (II². 66ᵇ) *bockschaf* MGB.

boc-stal *stm. hölzernes gestelle, bockgestelle* TUCH. 35, 23; *vgl.* SCHMID 84.

boc-vël *stn.* (III. 293ᵇ) *bocksfell* REINH. URB. *Son.* 7, 21. 8, 12. 27 etc. (*als abgabe*); *als schelte* LS. 2. 644. 646.

boc-vleisch *stn.* MYNS. 57.

boc-vuoter *stn.* WAHTELM. 107.

bode *stf. s.* bude.

bodeler *stm.* colon, *mastdarm* DFG. 133ᵇ.

bodem, boden *stm.* (I. 220ᵇ) *boden, grund* TROJ. Ms. eimber, dâ ist niht bodem inne BIRKENST. 216. dem schimpf dem ist der boden aus (*ist zu ende*) RING 9, 41. von iedem podem des fass zwei ℔ newer heller NP. 249. *dann ellipt.* ie von dem poden ein pfunt *ib.* 203. 211. WP. 2. 5; — der herre behaltet die sât und niht den bodem SWSP. 183, 8. *der wald* mit holz und mit bodem Mz. 4, 166 (*gewönlich* mit holz und mit grunt). der podem ze Wildenrod *als lehen* W. 8 (*a.* 1322); *kornboden,* die gemeinen böden *die städtischen kornhäuser* CHR. 1. 395, 7. 2. 26, 7. 299, 27 *etc.;* — *schiff, floss* W. WEICHB. 110. SCHM. *Fr.* 1, 211; — *fleisch vom hintern theile, bodenstück* CHR. 5. 169, 6 (*s.* bodemlîn *u. vgl.* bodeler, budeminc *u.* SCHM. *Fr.* 1, 211). — *zu skr.* budhna, *gr.* πυθμήν, *lat.* fundus CURT. 1, 227. Z. 1, 2.

bodem-grunt *stm.* dû bodengrunt der helle MSH. 2, 206ᵃ.

bodemlîn *stn. hinterviertel.* es sol kein fleischhacker vor ostern biss auf s. Jacobs tag einich podemlein, schultern oder arsstücke von den schweinen einsalzen NP. 234. ein pfund bodemlein *ib.* 235; *s.* bodem.

bodem-lôs *adj.* (I. 220ᵇ) *bodenlos* HELBL. BERTH. 184, 36. KOLM. 77, 13. 33. LS. 3. 27, 43. b. triuwe MONE 6. 313, 3. b. muot BIRKENST. 218. dîn bodemlôser lip FRAGM. 16ᶜ. ir schœne was sô bodenlôs TROJ. 19720.

bodem-schar *stf. bodenansatz* CHR 3. 144, 2. *vgl.* SCHMID 453. KWB. 227.

bodem-schilt *stm.* coopertorium dolü DIEF. 1470 *p.* 108.

Bodem-sê *stm.* (II². 232ᵇ) *Bodensee* WOLFR. GOTFR. LOH. 3336. MSH. 1, 357ᵇ. LS. 2. 704, 334. KCKR. *D.* 233, 14. Bodmersê ÖH. 35, 35; *s.* DWB. 2, 217 *u. Uhlands abhandlg. in* GERM. 4, 88 *ff.*

bodem-wîn *stm.* wer es, das einer wîn schankte ûff dem hoffguot, der sol dem probst den bodenwîn geben GR.W. 2, 12. 33. da von hat er die vischentze und bodenwîn 4, 39.

bodem-zarg *stm.* ring, einfassung am boden. ich trank — gar nâch bis an den bodenzarg KELL. *erz.* 177, 27.

bódem-zins *stm.* (III. 899ᵃ) *grundzins* WEIST. ÖH. 153, 21 *ff.*

boge *f. s.* boije.

boge *swm.* (I. 178ᵇ) *bogen, die waffe* PARZ. IW. TRIST. WIG. NIB. GEN. 76, 19. j. TIT. 6076. KRONE 11246. WG. 9958. TROJ. 15194. 25131. KARLM. 37, 58. MSH. 3, 248ᵇ. der minne b. SION 520. der êren bogen spannen WH. *v. Öst.* 60ᵃ. dô wart gespannen jâmers boge *ib.* 31ᵃ; *halbkreis* der sunne loufet den pogen DIEM. 343, 19; *regenbogen* j. TIT. 6364 *alt. dr.;* sattelbogen PARZ. — *zu biegen.*

bögelen *swv.* wann der bann anfachet, so sol der schultheisz mit dem weibel den würten ire vasz bögelen GR.W. 4, 185. *s.* beieln *u. in den nachtr.* beigeln.

bogelîn *stn. vorrichtung zum vogelfangen, schlinge* NP. 313.

bogen *swv.* (I. 179ᵇ. 220ᵇ) *intr. einen bogen bilden, in bogen sich bewegen.* sardinicus dâ swebende ist bogende ob den porten j. TIT. 6107. der boge was zornlîche gên erde bogende *ib.* (*alt. dr.*) 6364; *in bogen fliessen, springen von blut u. wunden* WEIST. bogende wunden Mw. 197, 23 (*a.* 1294), *vgl.* DWB. 2, 219. SCHM. *Fr.* 1, 216. BIRL. 69ᵇ *u. unten* bogwunde; wider einen bogen *ihm trotzen* COD. SCHM. *a. a. o.* (*vgl.* erbogen); *trans. zu einem bogen machen* funf zeilen wît al umbe geboget j. TIT. 370. — *mit* er-, ge-;

bogenære, -er *stm. bogenschütze* GRIESH. *denkm.* 31. MH. 1, 211. CP. 11; *bogenmacher* NETZ 11297. pogner oder armprostmacher Voc. 1482.

bogen-rucke *adj. mit gekrümmtem rücken, höckerig.* bûchstœzec und bogenrucke was ez KRONE 19845;

bogen-ruckec *adj.* bogenruckig alter, decrepita etas DFG. 168ᶜ; *s.* bogrucke.

bogen-schuz *stm.* (II². 176ᵇ) *bogenschuss; bogenschussweite* Troj. Drach. 125. Beh. 385, 4. zwêne bogenschüzze vor der stat Np. 276.
bogen-slôz *stm. vorlegeschloss* Tuch. 101, 9.
bogen-strange *swf.* (II².674ᵇ) *bogensehne* Rul.
bogen-zein *stm. pfeil.* lanze oder bogenzein muoz in vellen Loh. 5512.
boge-rist, -riste *stswm.* (II. 729ᵇ) *der gebogene rücken des fusses* Wigam. Such.
boge-snuor *stf.* (II². 454ᵇ) *bogensehne* Ot.
boge-stal *stn.* (II².558ᵃ) *bogenschussweite* Gen. Hadam.
boge-vuoter *stn.* (II². 444ᵃ) *bogenfutteral, köcher.* corytus Dfg. 151ᶜ.
boge-ziehære *stm.* (III. 930ᵇ) *bogenspanner, bogenschütze* Wwh.
boggel-hûbe *f. s.* bickelhûbe.
bog-rucke *adj.* sîn lip nie bogrucke noch nîgende wart Weltchr. 125ᵇ; *s.* bogenrucke.
bog-wunde *swf.* (III. 824ᵃ) *s. v. a.* bogende, *fliessende wunde* Münch. *str.* sleht aber ieman den andern mit kolben oder mit schîtern, daz ein bogwunde heizet Augsb. *r. W.* 171. ein bogw. ist, die man weizlen mac oder heften muoz und die man gewærlîch nit geheilen mac âne den arzt *ib.* 177. für ein wunden, diu ein bogwunde heizzet, gehœrent dem rihter fümf pfunt Mw. 244, 19 (*a.* 1312).
bôht *stn. s.* bâht.
boige *stf. krümmung, beugung* Jer. 122ᵃ;
böigec *adj. in* underb.;
böigen *swv.* (I.177ᵃ) *nebenf. zu* böugen Tauler.
boije, boye, boie *swfm.* (I.221ᵃ) *nebff.* beige Wolfd. 543.1968, beie Priesterl. 607. *md.* auch boge Pass. *K.* 16, 47: *fessel, zieml. allgem.* (*nicht bei* Hartm.); *vgl. noch* Zing. *Pl.* 2,88. Krone 10034. j.Tit. 88. 1765. 3495. 6205. — *aus lat.* boja, *altfz.* buie *kette, fessel* Diez 1, 72. Dwb. 2, 229.
bois = *fz.* bois (I.221ᵇ) *holz, wald* Er. *s.* poys.
bol (I. 221ᵇ) Ls. 2. 174, 116 = balde, bolde *wie* ol *für* alde, *vgl.* Weinh. *al. gr.* § 183, *bair. gr.* § 159.
bolch *stm.* bullich oder bolch ein groszer visch, polypus Voc. 1482. *s.* Dwb. 2, 229.
boldern *swv. s.* bollern.
bole *swf.* (I.221ᵇ) bole, pretpluteale Voc.1482; zwei spilten der bolen (: golen) Altsw. 89, 22 *hieher?* — *zu* boln *s.* Dwb. 2, 223. 230.
boler *stm. wurfmaschine, mörser, unser "böller"* Chr. 1. 42, 3. Schm. *Fr.* 1, 231.
bolle *stf. feines mel, art gebäck aus solchem.* die bolle Np. 196. von bollen ein brot umb einen pfenning, und daz bolle und semel niht zu ainander gemischet werden *ib.* 195. — *ahd.* bolla *aus lat.* pollis *s.* Schm. *Fr.* 1, 386. Kwb. 35.
bolle *swf.* (I. 119ᵃ) *knospe* Ms. Troj. (rôsenblat daz sîne bollen hât zertân 19957). Wh. *v. Öst.* 101ᵃ. trôstes bolle Mf. 28; *kugelförmiges gefäss* Fragm. — *zu* follis *s.* bal;
bollen *swv.* (*ib.*) *knospen treiben; erst bei* Keisersb. *s.* Dwb. 2, 232.
bollen *swv. poltern* Mone 7.167,634 (*a.*1462); *davon iterat.*
bollern *swv.* Wolk. 40. 2, 16. Dfg. 555ᵇ. boldern, poltern strepere Voc. 1482. buldern Voc. 1420 (Weig. 2, 400). — *wol aus derselben wurzel wie* boln Dwb. 2, 230. 233.
bollieren *swv. s.* polieren.
böllîn *adj.* böllein brôt Np. 195. böllîne wecken Gr.w. 1, 416. *s.* bolle *stf.*
bol-munt *stm. s.* balmunt.
boln *swv.* (I. 118ᵃ) *rollen, werfen, schleudern* Parz. Loh. j.Tit. (449. 5864). die (koln) sie muosten alle boln under die rôst Pass. *K.* 384, 84. mit steinen poln Wack. *pr.* 22, 19. dar ûf ein allectorie was vür berle gebolt Krone 15701. sie bolten und schuzzen Kchr. *W.* 16133. daz gesiht boln in diu ôren Wh. *v. Öst.* 39ᵇ. ûf daz wazzer hiez ich sie boln Ga. 2, 611, 596. ez ist genuog an daz zil gepolt Mgb. 197, 25. — *mit* umbe; durch-, er-, ge-, ver-, zer-. *zu gt.* bauljan? *vgl.* Dief. 1, 283. Dwb. 2, 230 *u. auch* bal, bolle;
boln *stn.* (*ib.*) *das schleudern, werfen* Lanz. Birkenst. 21.
bolster, polster *stm.* (I.119ᵃ) *polster* Trist. *H.* Licht. (178, 12). Ms. bolstære und chusse Hpt. 8. 153, 279. Swsp. 25, 21. 26, 13. Kol. 160, 114. Ga. 3. 736, 337. *vgl.* Weig. 2, 400. Dwb. 2, 234; *s.* palster.
bolster-schuoch *stm.* cothurnus Schm. *Fr.* 1, 388.
-bolt (I. 221ᵇ) *in eigennamen sowie in* hetze-, trunken-, witzbolt *ist das adj.* balt *s.* Dwb. 2, 229.
bol-wërc *stn.* (III. 588ᵇ) *s. v. a.* boler Chr. 1. 42, 3 *var.; bollwerk* Livl. Ugb. 463. 515. Öh. 123, 25. eichenez b. Kirchb. 797, 31.
bol-wërf *stn. bollwerk* Chr. 2. 20, 5.
bolz *stm.* (I. 221ᵇ) *brei, mehlbrei* Voc. pouls Dief. *n. gl.* 309ᵃ. — *aus lat.* puls, pultis.
bolz *stm.* (I. 118ᵇ) *bolzen* Parz. Freid. Troj. fuor ze holze mit bogen joch mit bolze Gen. 36, 32. er ist gevarn ze holze vil lihte nâch

eime bolze MART. 16714. lâ dich nâch eime bolze drîʒec jâr an widerkomen senden HADAM. 420. Vênus schiuʒet ir bolz MSH. 3, 446ᵇ. er schôʒ sînen bolz mit gevüegen worten (*bildl.*) HELMBR. 1497. einen b. gevideren MSH. 3, 284ᵃ. vliegen als ein b. RENN. 11745. REINH. 325, 944. sneller wan ein b. ALTSW. 283, 10. balder danne ein b. NEIDH. 65, 21. DRACH. 992. von des tiuvels bolzen PASS. 240, 44; *zur verstärkung der negat.* ich aht sin ein bolz ULR. *Wh.* 144ᵈ; — *lötkolben s. unten* bolzreicher. — *die glossen verdeutschen* catapulta *durch* bolz, bulz (DFG. 106) *u. aus* pulta *ist* bolz *durch umdeutschung entstanden. s.* WACK. *umd.* 37;

bolze *swm.* (I. 119ᵃ) *s. v. a.* bolz HERB. 4741. 8706. bulze j. TIT. 2474; *schlüsselrohr* KOL.;

bölzelîn, bölzel *stn.* (I. 118ᵇ) *dem. zu* bolz PARZ. NEIDH. RENN. 10385. LOH. 6641. DRACH. 1000;

bolzen, bulzen *swv.* (I. 119ᵃ) *wie ein* bolz *fahren* BERTH.

bolz-ge-videre *stn. gefiederter bolzen, pfeil.* er îlte ûf in noch balder denne ein bolzgevider TROJ. 35991. im wart von ir gesendet ir liehten ougen bolzgevider *ib.* 7765.

bolz-holz *stn. pfeiler, stützbalken* TUCH. 76, 16.

bolz-muos *stn. s. v. a.* bolz 1. DFG. 472ᵇ.

bolz-reicher *stm. die blechschmide* sollen ieder man drei knehte haben und darzu einen bolzreicher, *der den* bolz, *lötkolben, reicht.*

bôm *stm. s.* boum.

bombasîn *stm. baumwollenstoff.* wammasîn NP. 129. bomsen VILM. 48. — *aus mlat.* bombycinum, *fz.* bombasin.

bomeranz, baumeranz malum arantie, aurantium DFG. 345ᵇ.

bomsen *s.* bombasîn.

bon *adj.* (I. 222ᵃ) *das fz.* bon PARZ. TRIST. U.

bôn *stn. s.* bôm.

bôn-brî *m.* (I. 239ᵃ) *bohnenbrei* GL.

bône *stswf.* (I. 222ᵃ) *bohne* WALTH. ein kezʒel bônen vol MSH. 3, 255ᵇ. 336ᵇ. wer sol vür dich die herten bônen ezʒen *ib.* 279ᵃ. erweiʒ, bône, linse FREID. 122, 15; *bes. etw. wertloses, geringes* (ZING. *neg.* 417 *ff.*) WALTH. TRIST. NEIDH. (wol drîer bônen wert 239, 56). PRIESTERL. 661. BIT. 3919. ouch was ir stimme verwandelt nindert als ein bône j. TIT. 5081. der dunket sich mêr denne drîer bônen wert MSH. 3, 245ᵇ. ich wendeʒ niht mit dem, daʒ man schelt von einer halben bônen Aw. 1, 54. der wiget gein dem smacke des himels als eine bône tuot gein der goldes crône MART. 248ᵃ. sam ein berc gein einer bônen *ib.* 291ᵇ. — *gt. würde das wort* baunô (= *altn.* baun) *lauten aus* babunô *zu lat.* faba, *s.* GR. *kl. schft.* 3, 157. DWB. 2, 224.

bonen *swv.* (*ib.*) exercere GL. *vgl.* büenen.

bônen-mel *stn.* MYNS. 67.

bônen-strô *stn.* MYNS. 82.

boneure (I. 222ᵃ) = *fz.* bonne heure TRIST.

bonge *swf. s.* bunge.

bônît *stn.* (I. 222ᵃ) *mütze* PARZ. ROTH. 857. — *aus fz.* bonnet.

bon-nagel *stm. s.* bünnagel.

bôn-sât *stf.* (II². 27ᵃ) *mit bohnen bestelltes feld* HELBL.

bônwel *s.* boumwolle.

bonze *swm. s.* punze.

bopgerot *s.* pogrot.

bor *stm.* dâ jaite nâ der cristenin trucht manchir wegen durch den bor JER. 48ᵈ. *Pfeiffer u.* DWB. 2, 238 erklären bor *als „anhöhe", doch Strehlke erinnert, wie mir scheint mit recht an das poln.* bor *fichtenwald, das auch als* borra *im mlat. vorkommt, dann würde wol in garten und ûf bor* 175ᶜ *ebenso zu deuten sein.* JER. *gebraucht öfter poln. ausdrücke, s.* ozzek, büeste.

bor *stf.* (I. 150ᵃ) *oberer raum, höhe.* auf der por HPT. 8. 528, 139 (FOLZ) *s.* enbor = in bore *u.* DWB. 2, 238. — *zu* bërn;

bor *stf.* feretrum, *in* kæsebor;

bor *swm. halter, träger, in* muntbor;

bor-, bore- (I. 150ᵇ, 31) *zusammenges. mit adj. u. adv. steigernd: gar, sehr oder ironisch verneinend (wobei aber manchmal die negat.* ne *zu ergänzen sein wird) wie* enbor. — *ahd.* pora, *alts.* bar *zu* bërn;

bôr *stm.* (I. 152ᵇ) *trotz, empörung* WWH. *zu* bërn.

borc-, -ges *stm.* (I. 164ᵃ) *borg,* zu borge tuon *borgen s.* SSP. *s.* 131. weder auf pork noch umb berait gelt spiln NP. 63. 64; *das erborgte, entliehene* IW. TRIST. der borc mit guote giltet, der mac borgen deste baʒ TÜRH. *Wh.* 252ᵇ. — *mit* borgen *zu* bërgen.

bœre *stf. höhe, erhebung, erstreckung.* ir nabel was alsô geil, daʒ er wol einer elne lanc die bœre sich von dem libe swanc KRONE 9410. wan sie (*eam*) als vor ein starker wint huop die bœre von der erde *ib.* 25678 (*beide mal* böre *gedruckt*), *s.* bôr *u.* bor.

borêas *stm.* (I. 222ᵇ) *nordwind* LAMPR. MS.

bore-grôʒ *adj.* (I. 579ᵇ) *sehr gross, iron. klein* GEN.

bore-holt *adj.* (I. 704ª) *nicht sehr gewogen* Diem.

bœren *swv. erheben.* baz pœren (: gehœren) Ot. 99ᵇ. *mit* en-, er-, ge-. — *zu* bôr, bœre.

borer *stm.* (I. 222ᵇ) *bohrer* Dfg. 579ª; *zu* born.

boretsch *m.* (*ib.*) *borago, andere formen wie* buretz, burretsch *etc. s.* Dfg. 79ᵇ. *n. gl.* 57ᵇ; **boretsch-bluot** *stf.* Hätzl. 173ª.

borg *stf. s.* burc.

borge *swm. s.* bürge.

borge *stf.* (I. 164ᵇ) *aufschub* j.Tit. des leides borge Dietr. 4624. er hete sîn allez borge und schônte sîn mit den slegen Rab. 425;

borgen *swv.* (I. 162ª) *mit gen. worauf acht haben* j.Tit.; *mit einem* (*dat.*) *in bezug auf etw.* (*gen.*) *nachsicht haben, ihn* (*dat.*) *schonen, ihm zahlung erlassen* Ms. j.Tit. Such.; *einem auf sicherheit etw. anvertrauen, borgen* (er begann im lützel borgen von deheiner hande sache Krone 21324); *vertrauen, mit* ûf Ms. j.Tit. Pass. 318, 58; *borgen, entlehnen von einem* (von, ze). *vgl. noch die figürl. ausdr.* jâmer und leit ich borge Mai *p.* 235. swære borgen Ga. 2. 197, 13. ich muoz minne borgen Msh. 1, 54ª. si wâren beide milte ze borgen und ze gelten (*bildl. vom kampfe*) Krone 13375; *etw.* (*acc. gen.* Ulr. Wh. 35ª) *schuldig bleiben, unterlassen* Kl. j.Tit.; *er - mangeln, arm sein mit gen. od.* an Ms. Walth.; *bürgen, fristen* Walth. got wil niht mê borgen Msh. 3, 343ᵇ; *bürge sein für* (*acc.*), *verbürgen* Ssp. 1, 7. 65. 3. 9, 4; *sich eines d. b. sich dessen entschlagen* Rab. — *mit* ûz; be-, ge-, ver-. *zu* bërgen *s.* Dwb. 2, 241. Schm. Fr. 1, 275;

borgen *stn.* von senelîchen sorgen kein borgen ich hân Msh. 1, 345ª.

borg-man *s.* burcman.

borg-schaft *stf. s.* bürgeschaft.

borges *adv. gen. auf borg* Netz 9212. *s.* borc;

borgunge *stf.* mutuus Dfg. 374ᶜ.

bor-guot *adj. sehr gut, iron. wenig gut* Büchl. B. 1, 462.

bor-kirche *stf. die emporkirche.* zu hochzeiten sullen die schuler allweg vesper und tagmess auf der porkirchen singen Leitb. 73ᵇ. die borkilche, die gemacht ist in der capellen; edificium in capella, quod borkilche vulgariter nominatur *urk. aus Villingen a.* 1303 (Don.); *s.* bor *u.* Dwb. 2, 243. porkirche Schm. Fr. 1, 266.

bor-lade *swf.* (I. 926ᵇ) *valva portæ superior,* worauf hinrichtungen vorgenommen zu werden pflegten Weist. Dwb. 2, 243.

bor-lanc, -lange *adj. u. adv.* (I. 151ª, 30. 47. 151ᵇ, 7) *sehr lange* Albr. 16, 334. 21, 479; *nicht sehr lange, kurz* Gen. Ernst, Roth. Hpt. 7. 328, 9. Flore 5948. Elmend. 1161.

bor-mære *adj. u. adv.* (I. 150ᵇ, 48. II. 69ª) *höchst wichtig* Gen. *iron. gleichgültig* Msf. 83, 16.

born *stm. s.* burne.

born *swv. s.* bürn.

born *swv.* (I. 222ª) *bohren* Parz. Lieht. (187, 13. 287, 20. 493, 6). Ms. der mit blîe marmel bort Renn. 16167. in ros diu swert sie borten Loh. 4896. dâ borte man dannoch durch die büne ein loch Germ. Hag. 9. 116, 645. — *mit* în, vor, vür; durch-, ge-. ver-. *zu lat.* forare Curt. 1, 263.

born *part. in* ein-, niuwe-, unborn; *von* bërn.

borne-kamer *f. brenn-, schmelz-, münzkammer s.* Germ. 6, 62 *anm.*

borne-leim *stm. lehm zum ziegelbrennen* Rothe *s.* Germ. *a. a. o.*

borne-meister *stm. brennmeister einer ziegelbrennerei* Germ. *a. a. o.*

bornen *swv. s.* burnen.

bor-nôt *stf.* (II. 413ᵇ) *grosse not* Gen.

born-sprinc, -ges *stm.* (II². 543ᵇ) *brunnquell* Dür. *chr.*

born-stange *f.* (II². 640ᵇ) *brunnenschwengel* Voc.

born-, börn-stein *s.* brennstein.

born-sûle *stf. brunnensäule* Halt. 178.

borschât *stm. s.* bursât.

bor-schiere *adv.* (I. 150ᵇ, 38) *sehr schnell* Otn.

borse, borser (I. 222ᵇ) mirtus Gl. *s.* Dfg. 363ª *u.* Dwb. 2, 41 *s. v.* birz.

bor-senfte *adj.* (II². 51ª) *sehr schonend* Roth.

bor-sêre *adv.* (I. 151ª, 27) *gar sehr, iron. nicht eben sehr* Er.

borst *stnm.* **borste** *swf.* (I. 222ᵇ) *borste* Rul. Troj. Frl. *als m. im pl.* borster Loh. Renn. 13236. 24449; borst Albr. 19, 179. 360. slahen durch sîn borst Msh. 3, 288ᵇ. 292ª. habe hâr oder borste Reinh. 302, 201. als die borsten sint sîn brâ Apoll. 4454. — *zu* φρίσσω? *vgl.* Kuhn 10, 102. *zu* bart? Dwb. 2, 246; *s.* burst.

bor-stadel *stm.* einen howstadel und einen newen porstadel zimern Mb. Schm. Fr. 1, 266.

borsteller? (I. 223ª) Weist.

borsten *swv. mit borsten versehen.* geborstet sam diu swîn Karl 273, 29 (*so cit.* W. Gr.,

die zahl ist offenbar schreibfehler, auf RUL. *bezogen*);
borstoht *adj.* (I. 223ª) *borstig* GL.
bort *stmn.* (I. 223ª) *rand, bes. schiffsrand, bord* WWH. TRIST. *H.* MART. (der erde bort 2, 61. 89, 62). PASS. (331, 6. 379, 84. 380, 4. *K.* 444, 27. 470, 13. vollen bort *volles mass* 557, 43). unz an den b. *bis an den rand* OTN. 52. über b. werfen RENN. 17692. sweimen umbe bort HERB. 9541. ERNST 3434. 3486. über kieles bort WARTB. 165, 12; JER. (*mn.*) 44ᶜ. 52ᵈ. 54ᵈ; *brett* MONE *z.* 1, 175. — *durch ausfall des* r *aus ahd.* prort, *rand, vorderteil des schiffes s.* DWB 2, 238. WEIG. 1, 170 *u. unten* brort;
borte *swm.* (I. 223ª) *rand, einfassung, ufer.* ich sach des sêwes borten HEINZ. 9, 183 *u. anm.; band, borte aus seide u. goldfäden gewürkt* (arâbische borten ECKE *Casp.* 221. borte mit gimmen und mit golde gezieret TROJ. 14947), *als schildfessel* (NIB. PARZ.), *gürtel* EN. WIG. TRIST. NIB. von Lunders einen borten klâr den kunde si nû von ir gürten schône j. TIT. 1250. der lâ sich gürten mit der schanden borten MSH. 2, 382ᵇ. der borte, *gedicht von Dietrich v. Glaz* GA. 1, 455 *ff.; als darmgürtel u.* stîcleder ER. darmgürtel wâren borten *ib.* 1452; *s. v. a.* hârbant EN. NIB. MS. PRIESTERL. 697 *u. anm.* ELIS. 904. TROJ. 14947. NEIDH. XXIV, 6. setz ûf den borten stolz FRAGM. 23, 317; *als besatz von kleidungsstücken* EN. ER. 741. ELIS. 1890. ein borte ab ieglicher nât SERV. 492. niht wan einen borten guot fuorte er an dem helme sîn ENGELH. 2564. 2609.
borte *swf. s.* porte.
börtelîn *stn.* (I. 223ᵇ) *dem. zu* borte TRIST. BPH. 541. 583. 711.
börtelîn-wirker *stm.* limbularius DFG. 330ª.
borten *swv.* (I. 223ᵇ) *mit* borten *umgeben.*
borten-stein *stm.* bortenstein, kalc, ziegel MONE 5, 249.
borten-wirker *stm.* bortenweber BEH. 19, 14.
bor-tiure *adj.* (I. 151ª, 25) *sehr theuer, iron. gar nicht theuer* ER. A. HEINR. *B.* 1157.
bort-sîde *f.* (II². 262ᵇ) *seide, woraus* borten *verfertigt werden* LANZ. TIT. ECKE *L.* 31.
bor-vërre *adv.* (III. 300ᵇ) *sehr weit, iron. nicht sehr weit* MYST.
bor-vil *adj. u. adv.* (III. 314ª) *sehr viel* GEN. *iron. wenig, gar nichts* LANZ. (6393. 6801). FLORE, REINH. 355, 1730.
bor-wîs *adj.* (III. 753ª) *sehr kundig, iron. nicht erfahren* FLORE.

bor-wol *adv.* (III. 800ª) *sehr wol, iron. gar nicht wol* LANZ. ANTICHR. 114, 27. BERTH. 84, 21.
bor-zëhende *swm. s. v. a.* bluotzehende MB. SCHM. *Fr.* 1, 266.
börzel *m. s.* bürzel.
bôs *stm. bosheit* JER. 172ᵈ; *zu* bœse.
bosch, bosche *m. s.* busch; boschelîn *n. s.* büschelîn.
boschot *adj. buschicht; rundlich, voll.* b. mundelîn WOLK. 46. 1, 15.
bœse, bôse *adj.* (I. 224ᵇ) *böse, schlecht, allgem.: gering, wertlos* (bœsiu kleider als ein beteler ALEXIUS 107, 230. in bœsem gewande GA. 2. 231, 242. er het einen bœsen roc an *ib.* 230, 438); *böse, schlimm, übel, gemein etc.* (die frumen niht die bœsen LANZ. 7568. die bœsen hazzent ie die fromen *ib.* 7806; *dem* biderben *entgegengesetzt* LIEHT. 314, 7, *dem* rîchen BÜCHL. 1, 1357. bœser man *der nicht von adel ist* Iw. 38. — *vermut. über die etym. s. im* DWB. 2, 248;
bœse *swm.* (I. 225ª, 59) *die sw. form des adj. als subst. gebraucht;*
bœse *stf. malitia* KARLM. 9, 15.
bôsem *stm. s.* buosem.
bôsen, bœsen *swv.* (I. 226ª) *schlecht werden oder sein* MS. RENN. KRONE. frou Werlt ir altet, ir bœset MSH. 3, 438ª, *vgl.* FREID. 30, 24. ie lange lenger bœsent diu jâr WIG. 262, 2. lop und êre die bœsent REINFR. 57ᵇ; *böses thun* JER. 130ᶜ. 181ᵇ. Judas mit zwivelsünden bôste j. TIT. 6170; sich bœsen *ib.* 6170. TÜRL. *Wh.* 81ᵇ. 82ᵇ. — *mit* er-, über-, ver-;
bôsen *stn.* (*ib.*) *das schlechtsein* WALTH.
bœsern *swv.* (I. 226ᵇ) *intr. schlechter werden.* sie bœsern und nemen abe STRICK. 12, 345. *tr. schlechter machen* BARL. daz reht bœsern WG. 8424. der tiuvel bœsert daz im got gab *ib.* 7689. der ist der milte gar unnütze swer bœsert (*verfinstert*) sîn antlütze swenner git *ib.* 14310. er hât den hof gebœsert vil Ls. 2. 444, 53; ärgern GRIESH. (2, 69). VET. *b.* 75, 28; *refl. sich verschlechtern* BERTH. 134, 19. GERM. 3. 236ᵇ, 41. VET. *b.* 70, 15. umbe sô vil guotes hânt sich diu güeter gebœsert URB. 75, 22. — *mit* ge-;
bœsern *stn. das schlechterwerden* GERM. 3. 236ᵇ, 45;
bœserunge *stf.* (I. 226ª) *verschlechterung* BARL. *ärgernis.* nie mensche wort vernemen kunde, dâ von bœserunge iemen næme BPH. 660.
bœse-wiht *stm.* (III. 651ª) *verachteter u. ver-*

ächtlicher mensch LIEHT. MAI, TROJ. WG.
6994. 8026. HELBL. 2, 385. 7, 1050. RAB. 420.
ALBR. 16, 149. PASS. 186, 86.
bôs-heit *stf.* (I. 225ᵇ) *wertlosigkeit, nichtigkeit; schlechte eigenschaft, böses denken u. handeln, böses. allgem.*
bœs-lich *adj. s. v. a.* bœse SIGEN. *Sch.* 80;
bœs-lîche, -en *adv.* (I. 225ᵇ) *auf schlechte weise* NIB. FREID. bôslîche BIT. 6943. HERB. 8436; *iron. wenig, gar nicht* NIB. WARN.
bœs-listec *adj. fraudulentus* MGB. 46, 23. 149, 30.
bœs-man *stm. s. v. a.* bœser man. daz bœsman vor biderben man stât MSH. 2, 144ᵇ.
bossolt *stm.* (I. 226ᵇ) *s.* bôzolt.
bœs-wænec *adj.* (III. 495ᵃ) *suspiciosus* DFG. 569ᶜ.
bœs-witzec *adj.* (III. 795ᵃ) *astutus* DFG. 57ᵃ.
bot *stn.* (I. 182ᵇ) *gebot* GUDR. 1297, 3 (*bei Bartsch* gebot, *s.* DWB. 2, 271). dâ mit er dient des tiuvels bot WG. 11574. diu bot legen RAB. 842. mit bete noch mit bot OT. 226ᵃ. CHR. 1. 403, 6; 2. 14, 6. 9, 11. 17, 6; 4. 331, 7; *eine partie im spiel bes. im kartenspiel* NP. 88; *s.* SCHM. *Fr.* 1, 309. — *zu* bieten;
bötchen *stn. dem. zum vorig.* NARR. 48, 86.
bot-dinc *stn.* (I. 334ᵃ) *das gebotene gericht* HALT. WEIST.
bote *swm.* (I. 183ᵃ) *bote, allgem. s. noch* diu magt vor dem künege stuont, als die boten alle tuont KRONE 23059. der merfeine bote (*jungfrau der meerfei*) LANZ. 6127. 6181. ich sach boten des sumers, daz wâren bluomen MSH. 1, 220ᵇ. manec herze dar sînen blic ze boten sande LOH. 6777. mîner ougen tougenlîchez sehen, daz ich ze boten an si senden muoz MSH. 1, 124ᵇ. ich wil disiu liet ze boten senden *ib.* 2, 73ᵃ. sît ich des boten niht enhân, sô wil ich ir diu lieder senden MSF. 51, 27. die gotes boten *engel* PASS. 92, 86. SILV. 163. 216. vindet in der gotes bote, der tôt BIRKENST. *p.* 13. der heilige bote (*Paulus*) KARAJ. 110, 10. tievels bote WIG. 5080. GA. 1. 94, 176 (*als schelte*). der gemeine bote *der tod* PASS. *K.* 231, 56; mehtige boten *bevollmächtigte* AD. 1292, *ebenso* gewisse boten Mz. 1, 325. 378. 568. AD. STB. 263. — *zu* bieten.
botech *stm.* (I. 226ᵇ) *leib, rumpf* KCHR. RUL. HELBL. SPEC. 41, 42. der botich âne daz houbet DIEM. 176, 10. daz von dem botech dræt hin dan sîn houbet LOH. 3400. — *ags.*
bodig, *gal.* bodhaig *s.* DWB. 2, 278. SCHM. *Fr.* 1, 309.

botech, boteche *stm. swf.* (I. 227ᵃ) *bottich.* einen botich vollen KCHR. 5612. daz wazzer ûz den butchen viel ERNST 2460; *nebf.* botige KCHR. *D.* 171, 26. MEL. 468. 595. URB. *B.* 1, 66 (*als weinmass*). GEIS. 428. CP. 5; *nasaliert* boting, botinge: bluotes ein boting vol DAN. 95ᵃ. zu einem boting gieng er stân *ib.* 103ᵃ. uber den botingen er in huob *ib.* 103ᵇ. — *aus gr. lat.* apotheca WACK.
bote-lich *adj.* (I. 184ᵇ) apostolicus BARL. *var.* DWB. 2, 276.
botelîn *stn.* (*ib.*) *dem. zu* bote MONE *schausp.* RENN. 23687. 23707;
botelinc, -ges *stm. bote* KARLM. 337, 36;
boten *swv. bote sein, verkündigen* PASS. *K.* 439, 46.
böten *swv. in* erböten.
boten-brôt *stn.* (I. 264ᵃ) *geschenk für die überbringung einer nachricht* WIG. IW. NIB. GUDR. ER. 2886. PARZ. 21, 1. 577, 17. j. TIT. 2772. 3746. BIT. 13094. HELMBR. 708. ALTSW. 19, 17. ALBR. 21, 221. PASS. 221, 33. KARLM. 215, 27; *s. auch* bëtenbrôt.
boten-lêhen *stn. lehen, wofür botendienste zu leisten sind* MB. 36ᵃ, 224. URB. *Son.* 86, 9. 87, 21.
boten-lôn *stn. botenlon* CHR. 346, 24; *ebenso*
boten-miete *stf.* (II. 168ᵃ) NIB.
bote-, bot-schaft *stf.* (I. 184ᵇ) *botschaft, bestellung* WIG. NIB. WALTH. eine b. sagen TROJ. 24431, tuon MYST. 1, 116, 2. ite missa est! daz ist alse vil gesprochen: gêt, diu botschaft ist vollebraht BERTH. 504, 6; *brief* LOH. 7568. 7579; *bericht, gesandtschaftsbericht* UGB. 138; *vollmacht* TRIST. gewisse botschaft *s. v. a.* gewisse boten AD. 1251. Mz. 1, 399; *ausserordentliche (gebotene), dem ordentlichen (ungebotenen) gericht ergänzend nachfolgende gerichtssitzung* (WACK.) GR. W. 1, 692. 711. 714. 718. 730. 748. DWB. 2, 278; *ebenso*
bote-schaft-dinc *stn.* OBERL. 178.
bote-schaften, -scheften, bot-schaften *swv.* (I. 184ᵇ) *eine botschaft ausrichten, verkündigen* MYST. FDGR. 1. 91, 10. ADRIAN 432. 440. EVANG. 244ᵃ. JAN. 15; ein gewerb botscheften *s. v. a.* eine botschaft werben WACK. *pr.* 1, 83. — *mit* ver-;
bote-schaftunge *stf.* legatio EVANG. 244ᵃ.
bote-scheft-lîchen *adv. durch botschaft* OTN. 501; botschefteclîchen *ib. p.* 90.
bot-gëlt *stn. bezahlung für ein* bot, *eine vorladung* GR. W. 4, 2. 40.

botige, boting s. boteche.
botinne stf. (I. 184ᵇ) botin Pass.
bot-mæzec adj. (II. 209ᵃ) unterthan Schm. Fr. 1, 309;
bot-mæzekeit stf. (ib.) Halt.
bot-schaft stf. s. boteschaft.
bot-schuoch stm. (II². 224ᵃ) eine art grober schuhe Dür. chr. crepida, ocrea Dfg. 156ᶜ. 392ᶜ. Weist. 2, 229. 439. 3, 773 (als abgabe); butschû Elis. 3212 (vgl. Z. 1, 378). — mlat. bottus West. gl. 55. fz. botte; vgl. bôze u. bozschuoch.
bot-schuoch-ambet stn. zinse zu Rötenbach werden an das botschuchamt zu Alpirspach verkauft St. a. 1362.
bots-rëht stn. das recht etw. zu gebieten, eine busse aufzulegen Gr.w. 5, 132.
bottelîn stn. s. bütelîn
böttene swf. s. büte.
bottener stm. s. bütenære.
botwar sw. (I. 227ᵃ) schmähung. ler uns potwarn und straffunge tragen Schm. Fr. 1, 382;
botwarer stm. (ib.) schmäher Halt.;
botwarn swv. (ib. u. II. 526ᵃ) schmähen Fdgr. Freiberg. vgl. Schm. a. a. o.
bou stnm. s. bû.
bouc, -ges stm. (I. 177ᵃ) grösserer ring, spange, kette bes. hals- oder armring als schmuck für männer und frauen Rul. En. Nib. Dietr. 1353. Bit. 6694. Troj. 20058. glast von goldes bougen j. Tit. 4134. vingerlîn, ringe noh bouge Hpt. 8. 153, 286. si treiten an barer liche die bouge joch daz vingerlîn Karaj. 19, 11. zwêne rôte bouge wol gestainet und ergraben Priesterl. 693; spange, reif am helme Gudr.; fessel Gen. Türl. Wh. — zu biegen; vgl. Gr. kl. schft. 2, 196 ff.
bouch stn. s. buoch.
bouchen stn. (I. 227ᵃ) zeichen, vorbild, bedeutsames ereignis Mar. Antichr. zeichen und bouchen Griesh. 1, 136. 149. — alts. bôcan, ags. beacen.
bouch-wurz stf. (III. 828ᵇ) pipinella Gl.
boufen swv. zanken mit dem scheln weib pauffen (: rauffen) Kell. erz. 205, 1; vgl. baffen.
bouge adj. in gebouge;
bouge swf. (I. 178ᵃ) beugung, neigung Pass. K. 299, 92. 601, 15. der erbermde bouge Pass. 106, 84; s. v. a. bouc armring Ms. Gsm. Vilm. weltchr. 26;
böugec adj. in underböugekeit;
böugen swv. md. bougen (I. 177ᵃ) biegen, beugen Myst. Pass. (K. 162, 84. 166, 69. 237, 19. die hende b. falten 688, 2). Jer. 34ᶜ, 151ᵇ. Evang. 244ᵃ. Marld. han. 33, 7. 8. 38, 26. vgl. zu Albr. 30, 274; techn. ausdruck von der arbeit in getriebenem metalle Pilat. (s. biegen). — mit ge-, wider-.
bouke swf. (I. 227ᶜ) pauke j. Tit. Albr. 23, 45. vgl. zum Narr. 110ᵇ, 7 u. pûke.
boum stm. (ib.) öfter boun (Wack. pr. 56, 37. 68, 386 f.), bôm (Ls. 2, 449), bôn (Wack. pr. 56, 48. 528), bâm Mgb. 356, 23. 371, 12. 396, 9. pl. pæm ib. 338, 12: baum eigentl. u. bildl. Rul. En. Iw. Wolfr. ein boum niht wol gerætet, der in der wüeste alleine stât Troj. 18582. die sporn vüerent durch die boume daz ros Wg. 1187. jâ möhte ich sît baz einen boum mit mîner bete sunder wâfen nider geneigen Msf. 127, 32. wê werde dem, der uns den boum ze schaden bouc Msh. 3, 101ᵇ. got truoc selbe den boum, dâ Evâ an gebrach ib. 37ᵇ. wan sanc hât boum und wurzen dâ ib. 2, 280ᵇ. berender boum obstbaum Gr.w. 1, 230 u. oft. unreiner b. Apoll. 870. der schanden b. ib. 2289. der freuntschaft und erbschaft b. stammbaum Cp. 36, 43 f.; stock zum festlegen gefangener Geo.; schrankenstange Ms.; stange in der hand des griezwarten, den kampf zu scheiden Freiberg. 233 f. Ssp. 1. 63, 4. stôz under boum, griezwart Msh. 3, 351ᵇ; boum am sattel Ls. 2. 449, 19. 28; lichtstock, leuchter Vilm.; todtenbaum, sarg Mone z. 12, 147 (a. 1388), quell. 1, 339ᵃ. — gt. bagms. die ansichten über die etym. des w. gehen noch sehr auseinander: Grimm im Dwb. 1, 1188 hält es zu bûwen (gt. bagvan für bauan?) ebenso Fick 130 zur wurzel bhû u. skr. blûman wesen, gewächs, gr. φῦμα; Wack. zu φηγός lat. fagus u. Grassmann bei Kuhn 12, 121 will es als „der starke, der dicke" deuten, von wurzel banh, welcher ansicht auch Z. 1, 11 beigestimmt wird.
boum-ast stm. der brach ab die boumeste Antichr. 166, 2.
boum-blat stn. (I. 202ᵃ) Marlg. Mgb. 88, 25.
boum-bluot stf. (I. 218ᵇ) baumblüte Trist.
boum-busch stm. arbuscula Mgb. 344, 5.
boumelîn, böumel stn. (I. 230ᶜ) kleiner baum Barl. Mgb. 332, 1.
boumen swv. mit bäumen bepflanzen. geboumet j. Tit. 3753; refl. sich bäumen manec ors begunde sich boumen Loh. 5167. — mit er-.
boum-garte swm. (I. 483ᵇ) baumgarten Iw. Parz. Trist. Er. 8008. 8467. 8655. 7889. Krone 28962. Urst. 118, 75. j. Tit. 1939.

1988. Engelh. 2927. 2934. 3482. Flore 4391.
Bph. 6452. Pass. 316, 11. Helbl. 2, 23. Ls. 1.
227, 156. boungarte Geis. 438. Schreib. 1. 1,
69. bômgarte Netz 12543. bôngarte Mz. 1,
385. 389. 402. 444 etc. bûngarte Karlm. 261, 7;
boum-gartenære stm. poungartnær Geis. 438.
boum-gart-lêhen stn. Urb. Pf. 163.
boum-gertelîn stn. (I. 484[b]) kleiner baumgarten Trist. bôngartlî Mz. 1, 426.
boum-ge-tröufe stn. (III. 102[b]) resina, gummi Voc.
boum-ge-wehse stn. (III. 463[a]) arbustum Dfg. 45[a].
boum-heckel stm. (I. 607[b]) specht Erlœs. XLV. Mgb. 380, 11.
boum-heckel-krût stn. herba meropis Mgb. 380, 16. 430, 4.
boumîn, böumîn adj. (I. 230[a]) hölzern. daz boumîn hûs Schm. Fr. 1, 240. von boumen hûsern Dür. chr. 61.
boum-kërn m. (I. 800[b]) medulla arboris Voc.
boum-meise stf. (II. 111[b]) baum-, spechtmeise Weist. s. Nemn. 2, 1310.
boum-nuʒ stf. baumnüsse. bônnuss Birl. al. 100.
boum-öl stn. (II. 436[b]) baumöl Renn. 19898. 20274. Mgb. 335, 6. 336, 24. 356, 11. bômöl Schiltb. 112.
boum-rîch adj. reich an bäumen. der garte was boumrîch Apoll. 12654.
boum-rinde f. baumrinde Ring 2[d], 7.
boum-schabe swf. (II[2]. 60[b]) plana, messer zum ebnen des holzes Voc.
boum-scheler stm. baumschäler, baumschänder; man soll ihm den nabel ausschneiden u. ihn damit an den geschändeten baum nageln Gr.w. 5, 320; vgl. Ra. 519.
boum-trager stm. (III. 76[a]) der den boum (des griezwarten) trägt Freiberg.
boum-troufe f. (III. 102[b]) harz Voc.
boum-valke swm. falke, zwischen dem hovervalken u. smirlîn stehend Myns. 18.
boum-wërker stm. holzhacker MB. Schm. Fr. 1, 240.
boum-winde swf. (III. 682[b]) hedera Dfg. 194[c].
boum-wite stm. brennholz MB. Schm. Fr. 1, 240.
boum-wolle swf. (III. 802[b]) baumwolle Er. Otn. 498. Bph. 700. Altsw. 52, 15. Mgb. 392, 26; bounwolle, bônwolle Birl. al. 100. bômwol Schiltb. 100. bônwel Netz 10519. 12034. 12040.
boum-wollen-kërn m. (I. 800[b]) bombax Gl.

boum-wurm stm. cantarides haizent paumwürm, die zuo oberst auf den esten wachsent Mgb. 299, 28.
boum-wurʒ stf. (III. 828[b]) maurella Gl.
boum-zaher stm. baumharz Mgb. 372, 23. 396, 3. 454, 13 ff.
boun stm. s. boum.
bou-rëht stn. s. bûrëht.
bouwære stm. s. bûwære.
bouwen swv. s. bûwen.
bovel, povel stmn. (I. 230[a]) volk, leute Parz. Serv. Gsm; povel, pövel pöbel (n.) Chr. 3. 135, 22. 136, 11. 138, 27 etc. Cp. 34 (m.); pavel Beh. 20, 19. 45, 25. 54, 20. — aus altfz. poblus fz. peuple vom lat. populus.
bövel-volc stn. Chr. 3. 138, 7. 276, 4. 11.
boven adv. s. boben.
boye fm. s. boije.
bôʒ, boʒ stnm. (I. 191[a]) schlag, stoss Ls. Erlœs. 5440 (: dôʒ). 6208 (: stôʒ). eʒ quam ein snelleclich bôʒ (: dôʒ) Hpt. 2, 148. von glanzer schilte bôʒe (: dôʒe) wart dâ gehœret lûter klac Troj. 33434. — zu biuʒen, vgl. Lachmann zu Nib. 1823, 1. Dwb. 2, 267.
bôʒe, boʒ m. (I. 230[b]) kurzer stiefel. posz oder schuch, der hoch und oben weit ist, obstrigilis Voc. 1482; vgl. botschuoch, boʒschuoch u. Dwb. 2, 268.
bôʒe swm. (ib.) flachsbündel Gl. Vilm. 48; lächerlicher oder verächtlicher mensch, geringerer knecht, bube Ms. boszer oder zwerg manganus Voc. 1482. s. Dwb. 2, 267.
bozel s. hozel.
bœʒel stn. kleiner stiefel Schöpf 51.
bôʒel stm. (I. 191[b]) prügel Voc. zu bôʒen.
bôʒel-arbeit stf. in kleinigkeiten bestehende arbeit, arbeit für wenige tage. bosselarbeit Tuch. 277, 8. vgl. Dwb. 2, 264. Schm. Fr. 1, 410.
bœʒeler stm. der beim steinbrechen die bôʒelarbeit verrichtet Tuch. 85, 20.
bôʒeln swv. iterat. zu bôʒen, klopfen, schlagen Wahtelm. 145. Fasn. 616, 29.
bôʒel-werc stn. s. v. a. bôʒelarbeit Tuch. 108, 34. 278, 20.
bôʒen stv. red. III. u. sw. (I. 190[b]. 191[a]) schlagen, klopfen Nib. Gudr. Barl. Griesh. 1, 139. 2, 148. Turn. 178, 5. werdiu minne drinne bôʒet Licht. 442, 5. ze bôʒene er begunde Türh. Wh. 197[a]. er bôʒte an die porte ib. 155[d]. Vet. b. 77, 32. da bôʒte ich, man lie mich în Gerh. 5367. boʒʒen Wack. pr. 53, 20. 64, 14. Kchr. D. 137, 19; kegel spielen Renn. boszen

oder kugeln, globare Voc. 1482. — *mit an, ge-. zu* biuẓen, *vgl. dagegen* DWB. 2, 268;
bôẓen *stn.* (I. 191ᵃ) *das schlagen, klopfen* Ms. VET. *b.* 66, 6. BERTH. 418, 39. donres bôẓen GERM. *Hag.* 7, 186; *kegelspiel* NP. 63;
bôẓer *s.* bôẓe;
bôẓeht *adj.* die steine bosset hawen, *die steine nicht flach sondern nach art des opus rusticum bearbeiten, so dass an der aussenseite eine erhöhung (ein* bosse, *wie die steinmetzen in Nürnberg noch heute sagen) übrig bleibt* TUCH. 40, 21.
bôẓ-kloz *stm.* boszklotz oder kugel oder poszkugel, globus Voc. 1482.
bôẓ-kugel *swf. kugel die man stösst oder schiebt, kegelkugel* MGB. 27,25. BEH. 378,28. CHR. 2. 181, 20. SCHM. *Fr.* 1, 295.
bôẓolt *stm.* (I. 226ᵇ) *ein tanzname u. ludus amatorius.* den bôẓolt treten KOL. einer den b. tuon FASN. 1416. SCHM. *Fr.* 1, 410. DWB. 2, 271.
boẓ-schuoch *stm. s. v. a.* botschuoch, bôẓe, cothurnus DFG. 154ᶜ. SCHM. *Fr.* 1, 294. *vgl.* DIEZ 64.
bôẓ-wurz *stf.* (III. 828ᵇ) diagerdio (= diagrydium *aus δακρύδιον*) GL.
brâ *stswf.* (I. 230ᵇ) *pl.* brâ *u. sw.* brâwen, brân *wimper, braue. allgem. s. noch* diu ober und diu nider brâ KRONF 24501. kleine brâwen FLORE 6822. brâwen als ein benselstrich *ib.* 6889. brûne brâwen ENGELH. 2982. smale brûne brâwen TROJ. 3031. sîn brân die wâren smal BPH. 5016. rûchiu brâ TÜRH. *Wh.* 245ᵈ. brâ und wintbrâ wâren rûch KRONE 19658. vor wâren gerüht die brâ, nû wurden sie smal und sleht *ib.* 22062. riuhet iuwer slehte brâ *ib.* 24501. zwô brâwen gewelbet und gekrümbet TROJ. 19924. *so lange* biẓ ein brâ zur ander sich wol gâhes ûf und nider zucket j.TIT. 3080. unz daẓ man ein brâ nider zuo der andern lât BIRKENST.*p.*77. als schiere sô ein brâ ze der andern slahen mac ANTICHR. 199, 46. unz ein brâ zuo der andern sluoc DAN. 69ᵇ (*vgl.* brâslâc). er wolte von im niht gehört umb ein brâwe werden REINFR. 176ᵇ. — *zu skr.* bhrû, *gr.* ὀφρύς CURT. 1, 260.
brach *prät. s.* brëchen *u.* brëhen.
brach *stm. gekrach, lärm* JER.149ᶜ. *zu* brëchen.
brâch *stm. s. v. a.* brâche GR.W. 1, 356.
bræch, præch *stn. gepräge* GA. 2. 582, 111. 116. *vgl.* ZIMR. *chr.* 2. 577, 20 *u.* SCHM. *Fr.*1, 467. *s.* gebræche *u.* bræchen.
brâchat *stm. s.* brâchôt.

brâch-bí-vanc *stm. brach liegender* bívanc GR.W. 5, 103.
brâche *stf.* (I. 244ᵃ) *umbrechung des bodens nach der ernte, umgebrochen liegendes, unbesätes land*Ms. (= HEINZ.127.58,1). WEIST. (4,284. 5.153). an der prâch vischen *verlorne arbeit thun* GERM. 2, 147. ûf anger, wisen, velden oder brâchen j.TIT. 835. 3885. die brâche wâren übervrorn HEINZ. 103, 57. — *zu* brëchen GDS. 61.
bræche *adj. in* vridebræche;
bræche *stf. das brechen, abbrechen, absetzen, von der geläufigkeit der zunge* PASS. K.119, 35. 547, 25; *vgl.* die zunge brechen, *üben ib.* 61, 23.
brâche-krût *stn.* (I. 891ᵃ) agrimonia DIEF. *n. gl.* 13ᵃ. esula DFG. 211ᵃ. *n. gl.* 157ᵃ.
brâchen *swv.* (I. 244ᵃ) *in den zustand der* brâche *bringen* Voc. ze prâchen und zue der sât helfen UHK. 1, 167 (*a.* 1263). GR.W. 1, 356; bræchen, præchen *swv. prägen, md.* brëchen PASS. (WB. I. 242ᵃ, 44). — *ahd.* prâhhan = prâhjan *zu* brëchen. *vgl.* WEIG. 2, 409 *u. s.* bræch, gebræche.
brâchet *stm. s.* brâchôt.
brâchet-vroende *stf. frohndienst beim brachen* GR.W. 1, 843.
brâch-hacke *f.* (I. 607ᵇ) zuo br. *zur zeit der umbrechung des feldes* WEIST.
brâch-këver *swm.* bruchus DFG. 82ᵇ. HPT. 14, 177; brâchkëverlîn *stn. ib.* 175.
brâch-louch *stm.* (I. 1044ᵇ) emicedo, enula Voc.
brâch-mâne *swm. brachmonat, juni* MGB.88, 14. CHR. 1. 398, 1; *ebenso*
brâch-mânôt *stm.* (II. 57ᵃ) JER. WEIST. (*con trah.* bræmând) ELIS. 4355. TUCH. 270, 11. CHR. 3. 291, 8. 4, 50, 6.
brâch-mate *swf. brachwiese* GR.W. 4. 402.
brâchôt *stm. zeit der brache* (GR.W. 1, 843), *brachmonat.* uff den dritten tag des mânôds brâchôds MH. 1, 64. 103. brâchat MONE 3, 229. CHR. 4. 19, 27. brâchet GR.W.1, 843. brôchat *ib.* 4, 239. brauchet ÖH. 139, 10; *s.* GDS. 84 *f.*
brâch-vane *swm.* (III. 235ᵇ) agrimonia DFG. 19ᵇ.
brâch-vëlt *stn.* (III. 296ᵃ) *brachfeld* WEIST.
brâch-vogel *stm.* (III.358ᵃ) *brachvogel.* turda DFG. 602ᵇ. HADAM. (528).
brâch-vruht *stf.* GR.W. 3, 506. 510.
brâch-wëc *stm.* ein brachweg sol über des fruemessers guet gân, der 14 schuoch wyt sye, das man da durch mog wandlen und faren GR.W. 4, 289.
brâch-wurz *stf.*(III.828ᵇ) esula, titimallum GL.

bracke *swm.* (I. 231ᵇ) *spürhund* NIB. IW. WWH.
TRIST. EILH. 3709. 3712 *ff.* LANZ. 1547.
HELDB. *Hag.* 1, 230, 536. 541. ALTSW. 163,
22. CHR. 3. 120, 2; *spielhund* TIT. prack ein
spilhunt, frawenhuntlîn culpar VOC. 1482; *s.*
DWB. 2, 289.

bracke *swm. backe*, mala GL. *s.* DWB. 2, 290.
DIEF. 1, 317. 2, 754. DFG. 344ᵃ.

bracken *swv. als untauglich aussondern.* den
zûne bracken, *den zaun ausbessern* FRANKF.
baumeisterb. v. 1437 *f.* 48ᵇ; *wol nd. s.* WEIG.
1, 174.

brackel-wurz *stf.* br. oder wallende distel,
morhen, cringus VOC. 1482.

bracken-seil *stn.* (II². 288ᵇ) *seil, woran der
bracke geführt u. geleitet wird* PARZ. TIT.
165. j.TIT. 1234. 1263. 1441. 1475. 1767. 1818.
1902 etc.

bradem *stm.?* (I. 232ᵇ) *ein edelstein?* j.TIT. 405.

brâdem, bradem *stm.* (I. 232ᵃ) *dunst* LOH. PASS.
(275, 56). MYST. 2. 156, 2. 4. bradem (: gadem)
URST. 126, 17. bedecke den haven, daz der
bradem niht ûz müge BUCH *v. g. sp.* 5. 6.
des mennisken broden HPT. 8. 154, 313. —
im DWB. 2, 291 *wird es zu* bræhen *gestellt,
das* PARZ. 171, 23 *als var. v.* dræhen *vorkommt; vgl. auch* WEIG. 1, 183;

brâdemen *swv.* (I. 232ᵃ) *dunsten, dampfen.* vaporare pradmen, brodemen, bredemen DFG.
606ᶜ; *verkürzt* brâden MYST. 2. 158, 9; *vgl.*
vrâdemen.

bragen *swv. s.* brogen.

bræhen *swv. riechen* PARZ. 171, 23 *var.* ; *s.*
brâdem. *zu* fragrare?

brahsem, brasme, bresme *swm.* (I. 232ᵇ)
brasse. cyprinus brama VOC. *pl.* bräsmen
HPT. 14, 176. prähsen MGB. 243, 11. *mlat.*
brasmus DFG. 81ᵃ. 433ᶜ.

brâht *part. s.* bringen.

braht *stmf.* (I. 243ᵃ) *lärm, geschrei* WIG.
HARTM. BARL. daz er von deheinem brahte
erwachen mohte GEN. *D.* 12, 5. âne braht
TROJ. 8441 (= âne schal 10182). HEINZ. 2211.
daz schrîen und der braht RENN. 3591; 6642.
16279. busûnen braht WH. *v. Öst.* 7ᵃ. diu
vogellîn uobten gelphen braht MONE 4. 316,
84. (diu vögellîn) heten wunneclîchen braht
TROJ. 17601. unzühteclîcher br. FLORE 6547.
zühtelôser br. HPT. 7. 363, 4. brahtes galm
TÜRH. *Wh.* 208ᶜ; *oft bei* OT. 64ᵇ. 222ᵇ. 239ᵃ *etc.*;
stf. JER. 131ᵇ. 165ᵈ. — *zu* brëchen *wie* fragor
von frangere DWB. 2, 283;

brahten *swv.* (I. 243ᵇ) *laut sprechen, schreien.*

vil lûte er brahten began DIEM. 248, 1; *s.*
brechten.

brâlîn *stn. dem. zu* brâ HÄTZL. 1. 28, 73; brâwelîn HUGO *v. M.* 5, 37.

bræ-mând *s.* brâchmânôt.

brâm-ber *stn.* (I. 104ᵃ) *brombecre* MONE *schausp.*
EILH. 1717. swarz geverwet als ein zîtic brâmber TROJ. 32743; bromber HPT. 5, 14;

brâm-ber *stf. brombeerstrauch* MGB. 330, 25.

brâm-ber-strûch *stm.* (II². 702ᵇ) baccus GL.

brâm-ber-stûde *swf.* MGB. 404, 16.

brâm-ber-wurz *stf.* (III. 828ᵇ) baucia GL.

brâme *swm.* (I. 232ᵇ) *dornstrauch* WOLFR.
FREID. GSM. dorn und brâmen GEN. 24, 30.
der haftôte in den prâmen *ib.* 33, 19. in brâmen,
in dorn der werlde RENN. 3815; niht ein
brâme *gar nichts* TROJ. KRONE 17111. 24690.
— *vgl.* brimme *u.* DWB. 2, 293.

bræmen *swv. in* verbræmen.

bræmen *swv. s.* brëmen.

brâm-hurst *stf. brombeerstrauch* MONE *z.* 7,
374 (*a.* 1320).

brâm-loup *stn.* (I. 1048ᵃ) rumicedo *s.* DFG. 200ᵇ.

brâm-stoc *stm.* batus DFG. 70ᵇ; *ebenso*

brâm-strunc *stm. ib.*

branc, pranc, -ges *stm. das prangen, prunken,
prahlen oft bei* JER. *s. Pfeiffer s.* 206. LS. 3.
299, 24.

brandern *stn. das brennen und rauben* LIVL.
6243. — *altfz.* brander *vom deutschen* brant
DIEZ 67.

brangen, prangen *swv.* (I. 233ᵃ) *prangen,
prahlen, sich zieren* MS. HELBL. swie sêre
wir brangen und brogen RENN. 24014. ein
rott von schônen wîben sach ich gên mir her
brangen ALTSW. 166, 29. mit worten brangen
ib. 229, 30. 242, 33. diu ors begunden prangen
GERM. *Hag.* 2. 97, 115; CHR. 4, 364ᵇ. da wolt
der herzog den kaiser haim belaiten, aber der
kaiser wolt nit und prangten lang, also das
der herzog haim reit allein MH. 1, 55. — *mit*
über-, ver-. *vgl.* DWB. 2, 303;

brangen *stn.* j.TIT. 5578. MSH. 3, 307ᵃ. ALTSW.
190, 1. JER. 63ᵃ. 91ᵈ. 124ᵃ.

branger *stm. s.* pranger.

brangieren *swv. prunken, prahlen* FASN. 651,
4; *s.* brankieren. *ebenso*

brangnieren *swv.* (I. 233ᵃ) HALBSUTER.

brankeit *stf.* = branc-heit *das prangen, prunken* JER. 20ᵃ;

brankieren *swv. prunken* BERTH. 118, 15.
FASN. 690, 23. 786, 10; *s.* brangieren.

brant, -des *stm.* (I. 253ᵃ) *pl.* brende *u.* brande

(HELBL. 7, 268) *brand, allgem. u. zwar: feuerbrand* (nâch den branden gevarwiu wâpenkleit HELBL. *a. a. o.* in der hant ein brant *fackel* MSH. 2, 365ᵃ); *feuersbrunst, brennen* (*bildl.* ir quam diu minn ot aber mit ir brande HADAM. 6780. heres brant *verwüstung durch ein heer* BIT. 6444); *stelle wo im walde gebrannt und gereutet worden ist* SCHM. *Fr.* 1, 360; *angebrannter baum* GR.W. 4, 509; *die gebrannte wunde* MGB. 300, 9. 10; *brand, reinigung des silbers*, Venediger brant CHR. 1. 101, 21. 22. Costentzer brant Mz. 1, 361. Salzburger prant MH. 2, 203, *s.* DWB. 2, 296; *das flammende, blitzende schwert* HELBL. daz swert was ein hart guot brant MALAG. 147ᵃ. nam ich disen brant, den ich an iuwer sîten vant *ib.* 165ᵃ. daz ich mit einer hant vermeistern moht disen brant *ib.* 166ᵃ. dâ stack er zuohant in die scheide sînen brant *ib.* 29ᵃ. *vgl.* DIEZ 67. — *zu* brinnen.

brant-îsen *stn.* (I. 756ᵃ) andela, tedifera DFG. 34ᵃ. 575ᵃ.

brant-krût *stn.* (I. 891ᵃ) esula VOC.

brant-reite *stf.* (II. 673ᵇ) *s. v. a.* brantisen VOC. DWB. 2, 300.

brant-schatzen *swv.* (II². 91ᵇ) *brandschatzen, raub und brand erlassen und dafür contribution auferlegen* CLOS. *s.* CHR. 2, 543ᵃ. 5, 449ᵃ;

brant-schatzunge *stf.* brandschatzung W. 50 *s.* 66 (*a.* 1342); brantschetzung Mz. 3, 243 (*a.* 1350); *ebenso*

brant-schaz *stm.* HÄTZL. 286ᵇ. 106. CHR. 4. 329, 18.

brant-silber *stn. reines silber* CHR. 5. 427, 17.

brant-stat *stf. brandstätte* UHK. 247 (*a.* 1362). UKN. 330 (*a.* 1348); *ebenso*

brant-stutze *swm.* CHR. 2. 132, 5.

bras, -sses *stm. schmaus, mal* NARR. 16, 59. 48, 59. — *ein nd. wort s.* WEIG. 2, 413.

braschen *swv. s.* brasten.

bras-heit *stf. prasserei* MONE 7, 576.

brâ-slac, -ges *stm.* (II². 382ᵇ) *schlag mit den augenwimpern, augenblick* DIEM. BARL. brâwenslac MART. 256, 35.

brasme *swm. s.* brahsem.

brasseln *swv. s.* brasteln.

brast *prät. s.* brësten;

brast *stm.* (I. 256ᵇ) *geprassel* VOC.; brast, hochmut pompa, superbia VOC. 1482;

brastel *stm. geprassel* BEH. 85, 6. 143, 2;

brasteln, prasteln *swv.* (I. 256ᵇ. II. 530ᵃ) *prasseln* RENN. JER. mîn herze mit jâmer brastelt HADAM. 483. ez brastelte als ein grôzer walt, den der wint nider wæt APOLL. 6243; WH. *v. Öst.* 92ᵃ. 93ᵃ; tännein holz prastelt (*var.* brasselt) in ainem feur MGB. 93, 2;

brasteln *stn. das prasseln.* ein brasteln mit den epern als ein walt dô zerbrech ze tal DAN. 110ᵃ. daz brasteln in die wolken dôz APOLL. 7549; BEH. 78, 25. CHR. 5. 318, 14;

brasten *swv.* (I. 256ᵇ) *prasseln.* crepare VOC. 1482. reht als diu wilde schûr braschet durch die welde WH. *v. Öst.* 10ᵇ;

brasten *stn.* (*ib.*) *das prasseln* GRIESH. TROJ. (36922). — *zu* brësten:

brât *part. s.* bringen.

brât *stn.* (I. 233ᵃ) *fleisch, weichtheile am körper* IW. PARZ. verch und brât TROJ. 37522. br. unt vleisch *ib.* 38516. dur daz brât biz ûf daz bein *ib.* 38438. durch Diomedes sarewât in sîn vleisch und in sîn brât HERB. 9926;

brâtære, -er *stm.* (I. 234ᵃ) *bratenwender*, ardalio DFG. 46ᵇ. sô wirt dem brâter harte kleine MSH. 2, 138ᵃ; ENENK. *s.* 293. 294. OBERL. 181;

brâte *swm.* (I. 233ᵇ) *fleisch, weichtheile am körper* HELMBR. wie sint dîn bräten und dîn gebelle sô veizte RENN. 7407. si zarten im daz vleisch abe und zerteilten sine (*des riesen*) brâten KRONE 14140. bluot u. br. NETZ 10234; — *braten* WALTH. IW. TRIST. rinderîn brâte GERM. *Hag.* 8, 301. schæfin br. HPT. 5, 13. swinîn br. MSH. 2, 287ᵇ. veizte bräten *ib.* 2, 174ᵃ. 3, 292ᵇ. der brâte sûste SCHRETEL 221, nu wart ir sus gerâten, sie solt von sîme lîbe ezzen einen brâten j. TIT. 5941. *bildl.* den brâten schmecken *einen anschlag merken* CHR. 3. 135, 8. *vgl. über verschiedene* brâten UKN. XLIV *anm.* 8. — *zu* brâten;

brǣte *stn. s. v. a.* brât in wiltbrǣte.

braten *swv.* (I. 233ᵃ) *plaudern* NEIDH. MART. *nd.*

brâten *stv. red.* I, 2 (*ib.*) *braten* IW. PARZ. FREID. brâten und sieden HERB. 14584. j. TIT. 5857. man briet in unde sôt TROJ. 16310. sîn herze briet und sôt HERB. 11468. gab in gnuoch gebraten joch gesoten GEN. 47, 1. swaz ich versieden wil, daz wil si brâten HADAM. 127. der brâte ze helle als ein huon LS. 1. 589, 148. des viures rost, in dem mîn herze brætet *ib.* 1. 13, 91. lâ tumbe minner brâten MSH. 3, 185ᵃ. *mit* ge-, ver-. — *vgl.* DWB. 2, 310. KUHN 8, 273;

brâten *stn.* ein br. und ein sieden TROJ. 16212.

brât-lêhen *stn. lehen, wofür fleisch in die*

herrschaftl. küche geliefert werden musste OBERL. 181.
brât-phanne *swf.* arula DFG. 52ᵇ. FASN. 1216. MONE z. 3, 255.
bratsche *swf.* (I. 234ᵃ) *schmucknadel* ELIS. 905. 1886. pratsche KIRCHB. 824, 50. — *aus fz.* broche, *worüber* DIEZ 1, 87 *f.*
brätsche *swf.* (*ib.*) *s.* bretsche.
brât-spieʒ *stm. bratspiess* CHR. 2. 316, 17; *bohrschwert ib.* 252 *var.* 3.
brâtunge *stf.* assabulum, assatura DFG. 54ᵃ. 55ᵃ.
brât-vleisch *stn. bratfleisch, braten* ROSENG. *Hag.* 2400.
brât-wurst *pf.* (III. 827ᵇ) *bratwurst* VOC. *das ie vier pratwürst am gewicht ungeverlich ein pfund halten* NP. 235. braitwurst GR.W. 2, 35.
brâwelîn *stn. s.* brâlîn;
bræwen *swv.* (I. 231ᵇ) *mit einer brâ umgeben* MS. MART. (159, 54); *verbrämen* MONE z. 7, 59.
brâwen-slac *stm. s.* brâslac.
brâʒel *stfn.?* (I. 234ᵇ) *armschiene* HELBL. — *aus mfz.* brachelle, *lat.* brachialis.
brâʒeln *swv.* (I. 234ᵃ) *nicht zu belegen, denn* ANTICHR. 199, 46: als schier sô ein brâʒe, der andern slahen mac (*wofür Hoffmann vorgeschlagen hat*: als schiere ein brâʒelnder dunreslac) *ist mit* DIEMER *gloss. zu gen. s.* 95 *einfach zu lesen:* als schiere sô ein brâ ʒe der andern slahen mac (*s. oben* brâ) *u. darnach ist auch* WEIG. 2, 413 *zu berichtigen. s.* brasteln.
brëch *stn. glanz.* sô gêt ûf der sunnen brech (: beschech) ALTSW. 127, 9. — *zu* brëhen *vgl.* DWB. 2, 341; *s.* brëche.
brëch-bühse *swf. belagerungsgeschütz* UGB. 442.
brëche *adj. in* vridebrëche;
brëche *swm.* (I. 242ᵇ) *der bricht, nur in zusammenss.; gebrechen* HÄTZL. CHR. 2. 528, 7;
brëche *stf.* (*ib.*) *flachsbreche* GL. breche, do man den flachs mit bricht, fraxina VOC. 1482; *riss, kluft* SCHILTB. 151. *vgl.* GERM. 7, 375; *zu* brëchen.
brëche *stf. glanz.* durch der sunnen brëche PASS. K. 545, 40. *zu* brëhen, *s.* brëch.
brëche *stn. in* ge-, wintbrëche;
brëchel *stm. in* vridebrëchel;
brëchen *stv. I,* 1 (I. 239ᵃ—242ᵃ) *brechen, reissen, allgem. u. zwar* 1. *intr. entzwei brechen, zerbrechen, eigentl. u. bildl.* (in dem lîde innerlich er brach KREUZF. 7599. enzwei brechen *aufhören* PASS. K. 105, 41, *scheitern ib.* 13,

57); *gewaltsam oder plötzlich dringen* (der geloube wîte brach *verbreitete sich* PASS. K. 38, 10. daʒ sînen ganc an sie brach *das ihnen begegnete ib.* 14, 3. sîn herze an ungelouben brach *ergab sich dem unglauben ib.* 52, 15. der glast gein sînen ougen brach KRONE 15791. ein weinen von ir ougen brach *ib.* 11345. sîn herze nâch ir brach MARLGD. 123, 16. der mir sô tief hât in mîn herze gebrochen MF. 160. si brach alse tougen in mîns herzen grund MFR. 141, 21. ein troum der hôchgebornen brach mit jâmer zuo dem herzen REINFR. 107ᵇ. dô der tac durch die wolken brach LOH. 2011. si kan durch die herzen brechen sam diu sunne durch daʒ glas MFR. 144, 24. ob man dich ûʒ wîbes tugenden brechen siht WINSBEKIN 11, 10. ûʒ dem slâfe br. *aufwachen* ULR. Wh. 443ᵃ. vurbaʒ brechen *sich verbreiten* PASS. K. 289, 64. verre br. *weit vordringen ib.* 406, 30). mit în, nider, ûf, umbe, ûʒ, vür; — 2. *trans. brechen, reissen, pflücken, losbrechen, dringen auf etc. eigentl. u. bildl.* (ir habt mîns hoves êre und mînen prîs gebrochen OTTE 195. dan brechent ouch die glocken nieman sînen slâf MSF. 244, 75. der pilgrim ouch daʒ weinen brach, daʒ er die zeher rêret KOL. 169, 458. dû solt den armen dîn brôt brechen GRIESH. 1, 60. iwer gebrehte brichet mir daʒ houbet AW. 3, 206. die schar br. BIT. 9673. den willen br. GA. 2. 621, 100. den willen nâch etw. br. *darauf richten* PASS. K. 80, 64. daʒ zil br. *darüber hinaus dringen* WILDON. 20, 24. daʒ spil br. *ib.* 23, 190. rîme brechen, *die verse verderben oder die durch den reim verbundenen verse syntactisch trennen s.* WACKERN. *litterat. gesch. s.* 138. *anm.* 55. die zunge br. *üben* PASS. K. 61, 23. in die rede br. *einfallen ib.* 80, 64. sîn herze er dar ûf brach *richtete er darauf ib.* 64, 54. sîne raste brach er enzwei *alle seine zeit brachte er hin ib.* 601, 79. von in dîn stætez herze brich WINSB. 23, 7. er hete grimmen lewen ir welf gebrochen ab der brust TROJ. 14779; brechende bürgen, *die nicht* gîselschaft *leisten* MZ. 1, 398. 428, *ebenso* gebrochene bürgen *ib.* 464. die huoben brechen *zerstückeln* GR.W. 1, 292. brechen und büeʒen *alte formel von liegenden gütern gebraucht, die zertheilt oder wieder zusammengebracht werden durften s.* VILM. 52). *mit* abe, nider, ûf, ûʒ, vür, vürder; — 3. *refl. vgl. noch* sich brechen von, sich losmachen, abfallen HEINZ. 109, 255

Pass. 146, 219. K. 346, 93. Marlgd. 27, 80. 218, 202. Jer. 5ᵇ.46ᵈ. von der strâzen er sich brach Drach. 220. sich brechen ûz etw. Pass. 175, 8. K. 313, 41. sich an ein tugenthaftez leben brechen *sich darum bemühen* Pass. K. 563, 14. sich in daz leben br. Pass. 382, 83. sich ze gote brechen *wenden ib.* 332, 3. als er sich ze sprunge brach Aw. 3, 218; sich brechen *vomere* Mgb. 142, 27; — 4. *impers. fehlen, mangeln* an, es hat an den Slesiern ser gebrochen Ugb. 500 *s.* 607. — *mit* durch-, en-, er-, ge-, under-, ver-, zer. — *zu lat.* frangere *s.* Curt. 2, 119. Gsp. 60;

brëchen *stn.* (I. 242ᵃ) *das brechen* Nib.; *gebrechen, mangel s. die gloss. zu den* Chr.

brêchen *swv.* (I. 242ᵃ) *s.* bræchen.

brëchen-haft *adj. mit einem körperl. gebrechen behaftet* Fasn. 568, 22; ebenso brëchen-haftec *adj.* Chr. 2. 246, 11. Fasn. 696, 9.

brëchen-halp *adv. wegen mangels* Chr. 5. 26, 28.

brëcher *stm. der bricht.* ein brecher gotes wort Ls. 2. 554, 126.

brëch-îsen *stn. brecheisen* Germ. 9, 336.

brëchunge *stf.* fractio Evang. L. 24, 35.

brecke, brecke oder wüttrichkraut Myns. 81; *vgl.* Schm. Fr. 1, 346.

breckelîn *stn.* (I. 232ᵃ) *kleiner* bracke Wig. Parz. Otn. *p.* 98. präckel Mgb. 298, 11;

breckin *stf. (ib.) hündin* Bon. als schelte Fasn. 255, 20. Ring 5ᵇ, 9.

bredekîe *stf. predigt* Kirchb. 621, 18. 631, 40.

brëdel *m. s.* bridel; brëdelen *swv. s.* britelen.

brêdemen *swv. s.* brâdemen.

bredier *stm. s.* bredigære;

bredierîn *stf.* (I. 234ᵇ) *predigerin* Mart. 5, 107;

bredigære, -er, bredier *stm. (ib.) oder mit* p *anlautend:* prediger, predigermönch Gen. Barl. prediër Myst. (predierklöster 2. 625, 4). Msh. 3, 68ᵇ. Pass. 288, 67. 331, 87. 93. Renn. 4456. Wg. 6531. 8762. Helmbr. 564. Wartb. 122, 8;

bredigât, bredigâte *stswf.* (*ib.*) *oder* predigât, -e *predigt* Ulr. Leys. Ernst 5386. Myst. 1. 4, 16. Pass. 83, 57. 164, 59. Pass. K. 7, 57. 37, 21. 96, 75 *etc. „die bildungsart scheint mir undeutsch aus* prædicatio *oder noch lieber aus einem roman.* prædicata *entstanden.“* Wack. pr. *s.* 301 *anm.;*

bredige, predige *stswf.* (*ib.*) *predigt* Wig. Berth. j. Tit. 5201. Ulr. Wh. 113ᵇ. Helmbr. 561. Priesterl. 565. Antichr. 113, 3;

bredigen, predigen *swv.* (*ib.*) *predigen* Barl Anno 85. Diem. 118, 8. Erlœs. 540. Crane 17. in predigender wîsheit Pass. 220, 82; bredien Hpt. 5. 528, 486. — *aus lat.* prædicare;

bredigen *stn.* lâ gein mir dîn predigen *ermahne mich nicht weiter* Ulr. Wh. 217ᵈ.

brediger-orden *stm.* ordo prædicatorum Mgb. 196, 31. der predigære orden Pass. 331, 87.

brediger-stap *stm.* (II². 593ᵇ) *stab eines predigermönches; scherzweise das schwert des mönches Ilsan* Roseng.

bredige-stuol *stm.* (II². 714ᵃ) *kanzel* Myst. Ugb. 354 *s.* 401.

bredigunge *stf.* (I. 234ᵇ) *predigt* Silv. mit predigungen Pass. 114, 74.

brëgen *stn.* (I. 235ᵃ) *hirn* Dief. *n. gl.* 86ᵃ. — *ags.* bregen, *engl.* brain *s.* Dwb. 2, 353.

brëglen *swv.* (I. 235ᵃ) *braten, schmoren, pregeln* Myns. 83; *bildl. murren, schwatzen;*

brëglen *stn. das pregeln, schmoren* Jer. 20ᵃ. Strehlke fasst es als „prickeln" *u. verweist auf westpreuss.* prekkeln *stechen, doch das ist ein anderes wort u. lautet bei* Jer. priken *s.* pricken. — *zu lat.* fricare *vgl.* Dwb. 2, 291 353;

brëgler *stm.* (I. 235ᵃ) *schwätzer* Renn.

brëhem-, brëhen-tac *stm. s.* bërhtac.

brëhen *stv. I*, 1 *u. sw.* (*ib.*) *plötzlich u. stark leuchten, glänzen, funkeln* Wig. Geo. Ms. prehen *od.* scheinen rutilare Voc. 1482. daz brehende rat der sunnen Berth. 265, 25. brehendiu sunne Ecke L. 70; Bit. 2752. Eracl. 858. Pass. K. 583, 74. 692, 44. Loh. 1338. 6252. vil der pfelle mit glaste gein der sunne brët (: wæt) *ib.* 5475. der (sterne) lieht prehent in einander Mgb. 78, 22. der morgenstern durch diu wolken her prehet *ib.* 62, 11. das im sein augen scharpf werden prehen Fasn. 752, 12. ir antlütz brehent als die sunn Schöpf 55 (*a.* 1447). ez brach enkein varwe dâ mit glaste vur die andern Reinfr. 203ᵇ; — schallen von dem winde hôrt man lûte brehen beidiu banier unde decke Krone 10540 (*vgl.* Neidh. 100, 34 *u. anm.*); *vielleicht auch hieher:* ein wort durch sîn giel mit jæmerlîcher stimme brach *ib.* 7513, *wie denn überhaupt* brëhen *u.* brëchen *nicht immer genau zu scheiden sind.* — *mit* en-, er-. *gt.* braihvan? *s.* Dief. 1, 265. 316. Gsp. 63;

brëhen *stn.* (I. 235ᵇ) *glanz, schimmer* Parz. Lieht. Pass. Bit. 9882. Walb. 868. 955. 7486. Mart. 171, 62. 210, 29. Ls. 2. 712, 47. Elis.

2853; *oft nicht zu unterscheiden vom folgd. gleichbedeutenden*
brëhen *stm.* (I. 236ª) Nib. Gudr. Ms. Mart. Berth. 539, 28. Loh. 6252. Msf. 39, 30; *davon*
brëhenen *swv.* (*ib.*) *leuchten, glänzen* Wig.
brëhen-lîcheit *stf.* rutilitas Voc. 1482.
breht *adj. in* lûtbreht;
breht *stm.* (I. 243ᵇ) *wortwechsel* Bon.;
brehten *swv.* (*ib.*) *rufen, schreien, lärmen* Glaube, Ms. Diem. 248, 11. Neidh. 129, 2. Renn. 12820. 13919. 14006. 19566. Heinz. 103, 84. schallen unde brehten Reinfr. 131ᶜ. und sol nieman brehten noch sprechen Gr.w. 4, 125. *mit* durch-, ge-, über-, wider-;
brehten *stn.* (*ib.*) Reinh. Urst. 119, 17. Reinfr. 132ª. Troj. 16409. 19333.
brëhtic *adj. s. v. a.* brüchic. dass ein ussmerker brechtig würde Gr.w. 1, 576.
breidel *stm. s.* brîdel.
breit *prät. s.* brîden;
breit *adj.* (I. 236ª) *weit ausgedehnt, breit* (*mit gen. des masses*), *bildl. weit verbreitet, gross, berühmt, allgem., s. noch* diu rîche breit tuon Anno 193. hende breit Neidh. 86, 21. Mf. 45. ich hân sô breit der erden Wwh. 184, 18. in der breiten erde Türh. Wh. 224ᶜ. daz künecrîche breit Troj. 23554. wît und breit wart sîn gedanc *ib.* 17718. mîn gedanc ist nâch dir breit *mein sehnen nach dir ist gross* Büchl. 1, 1661. daz lop mit sange breit machen Msh. 3, 70ᵇ. sîn breite rîcheit Pass. 45, 26. daz mære breit Marlg. 253, 406. breit an sînem mære *berühmt durch das gerücht* Pass. *K.* 707ª. breite vrouwe (*Maria*) Netz 11028. breitez holz *fällbares?* Urb. 25, 10. — *zu* brîden, *skr.* prthu, *gr.* πλατύς Dwb. 2, 356. Bopp *gl.* 247ª. Gsp. 62.
breit-distel *stm.* (I. 367ᵇ) labrum Veneris Gl.
breite, breiten *adv.* (I. 237ª) *breit* Berth.;
breite, breiten *stf.* (*ib.*) *breite, breiter theil* Lanz. Parz. Gotfr. Walth. sîn gewalt het lenge vil und breite Loh. 4160. ûf des meres breiten Türl. Wh. 87ª. ûz wîter breite Pass. *K.* 505, 5. in eines schiffes breite *ib.* 643, 80; *bei* Mgb. breiten 15, 33. 101, 36. 243, 10; — *acker* (*s.* Schm. *Fr.* 1, 370). anderthalb juchart ackers stœsset an der frowen braity Mz. 1, 502. agri qui dicuntur breiten Mb. 36ª, 340. 638. meins eigen guetes ain praiten, di da leit ob des weges, und ain prait hinder dem zieglovenStb. 246. ain wis und ain praiten *ib.* 247. *s.* gebreite *u. vgl.* Mone *z.* 5, 261. 10, 17;

breiten *swv.* (*ib.*) *prät.* breite, *part.* gebreitet, gebreit (Herb. 5395. 10664) *breit machen, breit hinlegen, verbreiten, weithin bekannt machen* Wig. Parz. Trist. dû enges und breites Hpt. 8. 146, 39. sîn gewant daz breit er an die sunnen Dan. 2538. ich wil dîn geslehte breiten Renn. 20268. dû wirdest gebreitet ôsteret und westeret Gen. 41, 3. daz mære br. Orl. 2272. bœse rede br. Doc. 2. 806, 21. etw. an daz lieht br. Msf. 243, 39. sîn lieht breiten unde mêren Troj. 14613. auch hab ich ihn daruber erlaubt und gebreit (*die erlaubnis erweitert*), daz Uhk. 2, 124 (*a.* 1330); — *refl. sich ausdehnen, anwachsen* Iw. Parz. Walth. Berth. 456, 6. sich breiten unde mêren Troj. 7389. daz sich dîn flügel br. Msh. 3, 43ᵇ. dîn ungelimph breitet sich *ib.* 3, 10ª. — *mit* ûf, ûz, vür; be-, er-, über-, zer-;
breiten *adv. u. stf. s.* breite;
breitern *swv.* (I. 238ª) *breiter machen, mit* ge-;
breites *adv. in* ackerbreites.
breit-hant *stf.* (I. 631ª) plana Gl. *vgl.* hende breit *unter* breit.
breit-hûs *stn.* (I. 738ª) ædicula Voc. *o.*
breitinc *stm.* (I. 237ª) *eine art backwerk,* placenta Dfg. 439ᵇ; *stf. s. v. a.* breite *acker* Schm. *Fr.* 1, 370.
breit-leche (I. 237ª) bardana, *eine pflanze; aus* breitleteche *od.* breit louch? *vgl.* Dfg. 68ª.
breit-leteche *f.* (I. 941ᵇ) lappa inversa Gl.
breit-lîche *adv. sehr, viel* Wolk. 12. 1, 33.
brëm *stn. nicht m.* (I. 238ª) *verbrämung.* prem von samat oder ander seiden Np. 96; *rand, einfassung* prem pedes des schiltes Chr. 3. 93, 15.
brem *stn.?* *schabeisen*, scabra Voc. 1482; *vgl.* Dwb. 2, 364 *oben.*
brêm *m. s. v. a.* brâme (I. 232ᵇ, 36) Ls.
brëme, brëm *swm.* (I. 238ª) bremse, stechfliege Parz. (daz aht ir als ein kleine breme viele ûf einen grôzen ûr Wwh. 335, 8. Gr. 4, 483). Freid. Bon. Rul. 215, 24. Karl 77ª. Renn. 16286. Mart. 223ᶜ. Mgb. 299, 9. 15 (*auch* briem 292, 30. 32). bremen unslit Ls. 3. 122, 43; *auch schon fem.* ein cleiniu breme Wwh. 335, 8 *var.* — *zu* brëmen Dwb. 2, 362. Z. 1, 13.
brëme-krût *stn.* agrion Dief. *n. gl.* 13ª.
brëmen *stv.* I, 3. *brummen, brüllen* Pass. *K.* 109, 93. 180, 38. 260, 92. 341, 96. bremen als eine bere Roth. 1651. — *ahd.* brëman *zu lat.* fremere, *gr.* βρέμειν Kuhn 6, 152. *vgl.* brimmen.
brëmen *swv.* (I. 238ª) *verbrämen* Troj. ge-

bræmet (: vlæmet) NEIDH. 81, 40. bröumen
(: tröumen) KOLM. 8, 38. — *zu* brëm.
bremse *swf.* (I. 238ª) *klemme, maulkorb* MÖRIN.
ich bin behaft mit bremsen und mit zangen
MF. 178; *s.* premis, premezen *u.* DWB. 2, 363.
WEIG. 1, 180.
brender *stm. in* nahtbrender. *zu* brant.
brenge *stn. gepränge, ceremonie.* des prengs
wert als lang, das sie mit lichtern ein reiten
musten MH. 1, 55. — *zu* brangen.
brengen *stv. s.* bringen.
brennære, -er *stm.* (I. 254ª) *der etw. anzündet,
mit feuer verwüstet, incendiarius* LANZ.
HELBL. BERTH. 144, 38. HPT. 7, 155. NETZ
13346. Mw. 59, 67. 193, 15;
brenne *stf. feuer, flamme.* sie wöllen löschen
uns die brenn (*den brennenden durst*) MÖRIN
42ª; *s.* DWB. 2, 364;
brennen *swv.* (I. 253ᵇ) *prät.* brante, brande,
part. gebrennet, gebrant, *md.* bernen (*s. auch*
burnen, brunnen): brinnen *machen, anzünden, mit feuer verwüsten* ERINN. FREID. Ms.
du brennest mich âne gluot MSH. 3, 448ª. ein
bernender jâchant ROTH. 4606. in begunde
diu minne sô brennen, daȥ sich daȥ herze
erzunde ULR. *Wh.* 123ᵇ. den künec von Irlanden den brante er (*schädigte durch brand*)
und herte LANZ. 7101. er brante und herte
swâ er in widerreit KOL. 78, 52, vgl. CHR. 2.
16. 18, 31; *durch brennen abziehen, destillieren.* ûȥ rôsen brennet man ein waȥȥer MSH.
3, 330ᵇ. êren fluot — die man brennet ûȥ der
edelen herzen tugende blüete *ib.* bierhefen
brennen, *daraus branntwein bereiten* NP. 270;
durch brennen, schmelzen läutern MAR. sin
muot gebrant ist lœtic in der triuwen gluot
MSH. 3, 169ᵇ. si tuont mir gebrantiu leit *ib.*
311ᵇ. silber brennen MH. 3, 343. 344. AD. 750;
durch brennen härten irdîniu vaȥ, swenn er
siu hete gebrant BIRKENST. *p.* 8. — *mit* abe
(LOH. 4079), an, ûf, ûȥ; en-, ge-, ver-;
brennen *stn.* DIETR. 3210.
brenn-gadem *stn. schmelz-, brennhütte.* was
arzt gesmelzt wirdet, das sol in der von Salzburg prenngaden bracht werden MH. 2, 202.
brenn-holz *stn.* GR.W. 1, 107. 117. 4, 571.
brenn-îsen *stn.* (I. 756ª) *cauterium, ignimen*
DFG. 109ᵇ. 285ᵇ.
brenn-stein *stm.* (II². 614ª) *bernstein* MGB.
börnstein MÜGL. bornstein, gagates DFG. 255ᵇ.
brennunge *stf.* flagrantia, ustio DFG. 238ª. 631ª.
brente *swf.* (I. 238ª) *hölzernes gefäss, bottich*
FASN. 1159. saig das wasser in ain wîte brenten FEUERB. 76ª; *fischzuber* TUCH. 125, 1.
266, 5. CHR. 3. 159, 26. — *aus ital.* brenta, *s.*
DWB. 2, 371. KWB. 41.
brêse *swf. fischernetz* EVANG. *M.* 13, 47; *vgl.*
bêre.
bresen *swv. in* gebresen.
bresme *swm. s.* brahsem.
brëst *stm.* (I. 256ᵇ) *mangel* LANZ. FREID. 145,
21 *var. s.* brist;
brëşte *swm.* (*ib.*) *bruch* Ms.; *mangel, gebrechen*
ER. LANZ. MS. TROJ. 14277. 20927. nieman
ist âne bresten gar MSH. 2, 326ª; *abbruch,
schaden* breste und schaden TROJ. 2055. Mz.
1, 510. den bresten ûfrihten AD. 824 (*a.* 1302);
brëstec *adj.* (*ib.*) *gebrechlich* LITAN. *zu* brësten.
brestelinc *stm.* (I. 238ᵇ) *gartenerdbeere* BUCH
v. g. sp.; s. pröbstling *bei* SCHM. *Fr.* 1, 467.
brësten *stv. I*, 1 (I. 256ª) *intr. brechen, reissen,
bersten, allgem. s.* noch die sper man dô
bresten sach LIEHT. 203, 19. 206, 15. 277, 8.
als die riemen (*des schildes*) brasten *ib.* 209,
11. die riemen (*des helmes*) wâren gebrosten
ib. 226, 15. wer breste und wer ganz bestê
BIRKENST. *p.* 9. zesamen bresten HELBL.
1, 378; *gewaltsam oder plötzlich hervordringen* ûf die vînde bresten DIETR. 6316.
seht ir dort her bresten den herren Dietrîchen? *ib.* 6752; — *unpersön. mit dat. der
person u. gen. d. s. mangeln, gebrechen* GEN.
TRIST. BARL. al ir habe, der muoste in sîn
gebrosten j. TIT. 4409; *vom entgehen der
kraft u. besinnung* sô möhte mir vor angsten
gebresten LESEB. 881, 23. — *mit* abe (LIEHT.
39, 28), nider, ûf, ûȥ; durch-, en-, ge-, zer-.
zu lat. frio, frustum WACK. *vgl. auch* DWB.
1, 1527.
brësten-halp *adv. aus mangel* GR.W. 1, 388.
brëst-garn *stn.* (I. 482ª) *eine art netz* WEIST.
brëst-haft *adj.* (I. 256ᵇ) *mangelhaft* MONE
schausp. mit bresthafter gelegenheit GERM.
Hag. 8. 248, 334. ob dirr brieffe ienert an
birsthaft wæri Mz. 1, 510.
brëst-lich *adj. gebrechlich* PF. *forsch.* 1, 81.
brët *stn.* (I. 238ᵇ) *pl.* bret (HELBL. 13, 92. MYST.
2. 68, 3. 4) *u.* breter (*s.* bretervelt, breterwâge): *brett* IW.; *schildbrett, schild* ER. WIG.
WWH. EN. 5731. LANZ. 4423; *spielbrett* LANZ.
PARZ. TRIST. GUDR. ûf dem brete schachzabel spiln FLORE 4674. 5136. spiln ûf dem
brete KRONE 22754. LIEHT. 608, 2. TROJ. 15895.
GEO. 149. ein spil geteilet ûf brete ald an
hashart GFR. 1094. dô sach er dicke über

bret Reinh. 350, 1597. dâ vind ich helde umb diu bret Helbl. 13, 92. weder auf dem pret, noch im pret noch mit karten spiln Cp. 54; *zahlbrett* zellent drîzic unze ûf daz bret Flore 5073; *leichenbrett* Warn. 1364. 1406 (*im* Wb. *unter spielbrett*), *vgl.* bârbret; *strafbank* einen zum bret ziehen *gefügig, gehorsam machen* Chr. 3. 168, 28 *vgl.* Schm. 1, 270. — *zu* brîden, *s.* Dwb. 2, 374;

brëtelîn, brëtel *stn.* (I. 239ª) *kleines* bret Gl.; *tafel zum anschlagen öffentl. bekanntmachungen.* die phenning die man nemen sol, die sol man auf pretl slahen, und die man niht nemen wirt, die schol man auch auf pretl slahen Ugb. 221. *vgl.* britelîn;

brëten, brëtten *stm. grosser balken* Tuch. 75, 35 *ff.* 79, 30. 199, 20. 239, 27. *vgl.* Schm. *Fr.* 1, 372;

brëtern *swv. aus brettern machen* Tuch. 234, 14. 303, 26.

brëter-vëlt *stn.* bûwe ein bretervelt Msh. 3, 75ª.

brëter-wâge *stf.* die ander wag haist die preterwag, dar auf wigt man kupfer, zin, plei etc. und alle grobe phennwert Mh. 3, 346.

brët-lîher *stm. brettspielleiher* Netz 13323.

brët-man *stm. brettschneider* Gr.w. 3, 427. 431.

bretsche *swf.* (I. 234ª) *die äussere grüne schale der nüsse* Bon.; *ein längenmass s.* Schm. *Fr.* 1, 374.

brët-snîder *stm.* (II². 442ᵇ) Mone *schausp.*

brët-spil *stn.* (II². 501ᵇ) *spiel auf dem brett* Renn. Rsp. Kolm. 137;

brët-spiler *stm.* Jüngl. 373;

brët-spiln *stn.* Mone *z.* 7, 64;

brëtten *stn. I,* 3 (I. 259ᵇ) *ziehen, zücken* Netz 12612 *anm.; weben* Mart. — *zu* brîden, Dwb. 2, 378.

breuer *stm. s.* briuwer.

breve *stn. päbstliches breve.* also schicket seine heiligkeit uns ein breve Ugb. 363. — *aus mlat.* breve, *vgl.* brief;

breviere *stn. breviarium,* viaticus i. e. liber portabilis per viam Dfg. 81ᵇ. 617ª;

brevieren *swv. kürzen, mit* ab;

brevierer *stm. s. v. a.* breviere Dfg. 617ª.

brêzile *s.* prëzel.

brî, brîe (I. 239ª) *brei* Gen. Mor. Freid. Helbl. 1, 23. 8, 881. Helmbr. 454. Ls. 1. 446, 35. Netz 8551; *später auch st.* umb den brî gân Narr. 55, 32. das consilium (*zu Basel*) geyt mit eyren sachen umb als eine kacze umb einen heiszen brye Janssen *rc.* 1, 396 (*a.*

1433). — *zu* frio (Wack.), *vgl. auch* Dwb. 2, 353.

brich *stm. bruch.* der schanden brich (: dich) Kolm. 27, 17; *zu* brëchen.

brîdel, britel *stm.* (I. 259ª) *zügel.* brîdel Karlm. 55, 39. 49. 68, 2. 106, 60. in dem zaume ind breidel twink ire kinbacken Jan. 39; brëdel, brodel Dfg. 272ª; britel En. Er. Trist. 7045. Apoll. 19968. Bph. 1973. Ls. 2. 450, 40. 3. 299, 29. 300, 35. der sünden britel Mart. 226, 29. — *zu* brîden.

bridelen *swv. s.* britelen.

brîden *stv. II.* (I. 258ᵇ) breit, briten, gebriten (brîden *u. nicht* brîten *ist anzusetzen nach* Dwb. 2, 355) *flechten, weben, nur das part.* gebriten *nachweisbar* Er. Trist. Konr. (*bes. oft in* Troj. *z. b.* 1651. 17704. 25353), gebrëten Dür. *chr.* 172. — *mit* under-. *s.* breit.

brîe *swm. s.* brî.

brief, -ves *stm.* (I. 249ª) *brief, urkunde, überhaupt geschriebenes, allgem. s. noch* künden mit versigelten brieven Swsp. 117, 3. brief mit einem ingesigel guldîn Orl. 10515. 10612. mit boten und mit brieven j. Tit. 1613. ich bin ein brief und ein bote Ettm. *brf.* 1, 1. sô was wort âne brief getrûwet Ls. 2. 455, 20. er hât vür den zantswern mir geschriben einen brief Kol. 112, 600. ich kan kein brieffe lesin *habe mit liebesgeschichten nichts zu thun* Wsp. 667. sunder brieve *als reimausfüllendes flickwort oft* Karlm. *s.* Bartsch *s.* 274 *f.; bildl.* iuwer mundes brieve *eures mundes aussprüche* Malag. 47ª. *eine merkwürdig erweiterte form:* brivef, brivefes Chr. 4. 134, 32. 35. 36. 148, 8. 10. 152, 24. 154, 40 *etc.* — *aus mlat.* breve.

brief *cirtis ein fisch* Dfg. 123ᶜ.

brief-buoch *stn.* (I. 279ᵇ) *schreibebuch, geschriebenes buch* Tit.

brief-gëlt *stn. geld für eine urkunde* Gr.w. 5, 506.

brief-kost *kosten für einen brief, für übersendung desselben.* briefcost und bottenlon Mz. 1, 464.

brief-lëhen *stn. lehen, wofür der inhaber* briefe tragen sol Urb. *Pf.* 94.

brief-sage *stf. inhalt einer urkunde* Chr. 4. 64, 15.

brief-tihter *stm.* (III. 36ᵇ) *verfasser eines briefes* prosator Voc. *o.* acomentator Dfg. 10ª.

brief-trager *stm. briefträger* Massm. *schachsp.* 118. brieftreger Mone *z.* 7, 27 (*a.* 1343).

brief-vaz *stn.* (III. 281ᵃ) *brieftasche* ULR. *Wh.*
GEST. *R.* MASSM. *schachsp.* 118.
brief-wîse *stf. ein meistersingerton* KOLM. 57.
69. 70.
briegel *stm. s.* brüel.
brieke *swf.* (I. 248ᵇ) *ein flenngesicht* GL. *s.*
DWB. 2, 382. SCHÖPF 58.
brîen-muos *stn. brei.* preinmuos GERM. 9, 201.
brieschen *swv.* (I. 248ᵇ) *schreien, vom esel*
BON., *vom löwen* HANS 1155 (brîschen).
briet *stf.* (I. 234ᵃ) *braten?* WEIST.
brievære *stm.* (I. 248ᵃ) *notarius* GL.; briever
viaticus, *s.* breviere;
brievelîn, brievel *stn.* (*ib.*) *kleiner brief* TRIST.
H. LIEHT. APOLL. 2060. j.TIT. 5450. BPH.
9133. HEINZ. 1172. der minnen brievel KRONE
24161. brîfel *zettel* CHR. 1. 41, 3; *amulet* GL.
vgl. KWB. 40;
brieven *swv.* (*ib.*) *schreiben, aufschreiben* WIG.
KL. RENN. SPEC. 28. ANTICHR. 143, 37. 194,
36. KARLM. 134, 1. 37. — *mit* vor-, ge-, ver-.
brieven *swv. s.* prüeven.
briezen *stv. III.* (I. 260ᵇ) *anschwellen, knospen
treiben* FRAGM. RENN. *mit* ûf, ûz; ent-, er-,
ge-. *vgl.* DWB. 2, 399. 351. KUHN 14, 229.
brigelen *swv.* wenne der ban (*bannus vini*) an-
fahet, so sol der schultheis mit dem weibel
in den tavernen ire vasse brigelen AD. 980
(*a.* 1339). *wol fehler st.* beigelen.
brigende *swf.* (I 248ᵇ) *brustharnisch* EHING.
bril, brille *m. s.* berille (*s. noch:* das ir mir
ein par pryllen sendendet, do unser herre
durch lyest JANSSEN *rc.* 1, 401 *a.* 1434).
brî-mel *stn.* (II. 26ᵇ) *mel zu brei* FRAGM. WEIST.
VILM. 52. MONE *z.* 1, 225.
brimme *stf.* heide, ginster. die rôsen und die
brimme MAUR. 1680. — *ahd.* brimma, phrim-
ma, *vgl.* brâme *u. s.* DWB. 2, 293. DFG. 358ᵃ.
brimmen *stv. I*, 3 (I. 248ᵇ) *brummen* PARZ.
LAMPR. HERB. PASS.; *brüllen* JER. 58ᵇ. 89ᶜ.
— *mit* er-. *zu* fremo, βρέμω *s.* KUHN 6, 152.
DWB. 2, 293. 383 *u. oben* brëmen; *ebenso*
brimmen *swv.* brimmete EVANG. 244ᵇ.
brinc, -ges *stm. in* vollebrinc;
bringære, -er *stm. in* hin-, tôt-, vol-, vür-
bringære;
bringærinne *stf. in* slâfbr.;
bringât *stf. was gebracht wird, geschenk.* daz
man keine braut mit keiner bringat vor be-
sehen sol NP. 59;
bringen *an. vb.* (I. 248ᵇ—251ᵃ) *prät.* brâhte,
part. brâht (brât ULR.), *früher st.* branc,
brungen, *wovon noch überreste* branc DIEM.

219, 28, brungen GEN. KARAJ. DRACH. 329.
FASN. 629, 18 (*zu* Jos. 775), *nebf.* brengen
bes. md., eigentl. factit. zum st. bringen (ELIS.
5995. 10290. CHR. 2. 124, 26. 125, 14. 30.
TUCH. 63, 7. 70, 6. 120, 30 *etc.*): *bringen (von
einem orte zum andern, aus einem zustand
in den andern), vollbringen, machen* (DÜR.
chr. 401); inne, innen br. *mit gen. inne wer-
den lassen, kennen lehren;* bringen ze ver-
ändern in; ez umbe einen br. *sich um einen
verdient machen* (Iw. 2652). *s. noch* der
sun den sie bringet (*zur welt bringt*) MAR.
187, 3. dâ ich Indîam mir brâhte (*machte*)
undertân L. ALEX. 4931. ze schilde und ze
swerte bringen HERB. 12062. 12619. ir zîte
hin bringen BIT. 4839. nider bringen (*werfen*)
in daz bette DRACH. *Casp.* 125; — *beweisen*
mac der clager daz bringen mit zwain, die
daz gehœret haben NP. 20. daz mir mit er-
bæren leuten auf in pringen mugen ULA 105
s. 118; *vom zutrinken:* ez ist geboten, daz
niemant einem andern keinerlei getrank nicht
zutrinken oder einander pringen sollen NP.
115. — *mit* an, în, nâch, über, ûf, umbe, un-
der, ûz, vür, wider, zuo; er-, ge-, under-,
ver-, wider-. *vgl.* DWB. 2, 384. GSP. 60;
bringen *stn.* (I. 251ᵃ) *das bringen, vorbringen*
WWH.;
bringunge *stf. in* vol-, umbe-, zuobr.
brinnec *adj. brennend.* unsinnic, in tobesuhte
brinnic MART. 83, 38. DWB. 2, 392;
brinnen *stv. I*, 3 (I. 252ᵃ) *md.* brunnen, burnen
(*s. unten*), birnen (MARLD. *han.* 88, 21. 97, 11)
auch für trans. brennen: *intr. brennen, bildl.
leuchten, glänzen, blühen, allgem.* vil kerzen
brunnen TROJ. 19480. die (ougen) vaster
denne ein zunder ûz sîme kopfe brunnen *ib.*
5931. die nâch mir alle brunnen (*in liebe*) als
ein durrer spân *ib.* 21798. er bran nâch ir
minne HERZM. 123. swâ sie sint gebrunnen
in den sünden GRIESH. 1, 33. — *mit* an, în,
ûf; en-, er-, ver-. *vgl.* Z. 1, 13. GSP. 60;
brinnen *stn.* (I. 253ᵃ) BARL.;
brinnendec *adj.* (*ib.*) *brennend, glühend* PARZ.
brîs *stm. s. v. a.* brîsziegel TUCH. 95, 11. 254,
7. *vgl.* brîse.
brîsant *s.* prêsant.
brîschen *swv. s.* brieschen.
brîse *stf.*, **brîsem** *stm.?* (I. 255ᵇ) *einfassung,
einschnürung an kleidungsstücken* ALEXIUS,
prîse ELIS. 1990. erber frowen und junkfro-
wen mögen samattin preyss tragen NP. 96;
brîsem NEIDH. 88, 29. *zu*

brîsen *stv. II.* (I. 255ª) *schnüren, einschnüren, einfassen* Wigam. Neidh. Ms. sî beginnent sich vaste brîsen die hantvanen und die spiegel Priesterl. 708. der lîp in ringe lieht gebrîsen Reinfr. 192ᵇ. — *mit* an (zwô hosen hiez er ime an brîsen Germ. *Hag.* 9. 119, 834), în; en-, zer-. Dwb. 2, 355; *ebenso*
brîsen *swv.* (I. 255ᵇ) Wig. Wigam. Er. Loh. 2393. Albr. 19, 254. do was der junge in daz gewant gebrîset Wh. *v. Öst.* 6ª. valwe löcke gebrîset in ir swarten Fragm. 26ª, 10. gebrîset in ein hemede Türl. *Wh.* 148ª. Lanz. 873. swâ ein nât sich zesamene prîste *ib.* 4884. in harnasch gebrîset Helbl. 7, 346;
brîsen *stn.* Berth. 516, 3;
brîserîn *stf. in* ermelbr.
brîs-ringelîn *stn.* lix Voc. 1482.
brîs-schuoch *stm.* (II². 224ª) *schnürschuh* Wig. Renn. 22712. culpo Dfg. 162ª; **brîsschüechel** *stn.* (II². 225ᵇ) Mgb.
brîs-sûl *stf.* (II. 725ª) columna Dfg. 134ª („*ehrensäule*"?). *n. gl.* 102ª.
brist *stm.* (I. 256ᵇ) *s. v. a.* brëst Herb.
brîs-vadem *stm.* (III. 201ª) *schnürband* Jüngl. 93. Drach. 203.
brîs-ziegel *stm. ziegel, welcher den zusammenschluss von je zwei holziegeln überdeckt* Tuch. 292, 22; *s.* brîs.
brit *stn. s. v. a.* brët, *pl.* briter Gr.w. 6, 312. *vgl.* Zimr. *chr.* 4, 530ª.
britânisch *adj.* (I. 258ᵇ) *aus der Bretagne* Lanz.
britel *stm. s.* brîdel;
britelen *swv.* (I. 259ᵇ) *zügeln* Gest. *R.* Spec. 47. Ring 22ᶜ, 18. bredelen Malag. 112ª. brîdelen Vilm. 53. — *zu* brîden.
britelîn *stn.* (I. 259ª) Lieht. 41, 5 *scheint doch s. v. a.* brëtelîn *zu sein; vgl. oben* brit *und* Renn. 1098: der an ein drieckot britlîn heizet mâlen ein tierlîn oder ein vogellîn.
britel-rëht *stn. zaumgeld, halftergeld* Ls. 2. 450, 58. 451, 85. Dwb. 2, 392.
brîten *stv. s.* brîden.
brit-muos *stn. eine art mus* Mone *z.* 1, 148.
britter-gerihte *stn. s.* Halt. 187.
britûnisch *adj.* (I. 259ᵇ) *bretonisch* Trist.
britze *stf. pritsche (vgl.* britsche, *vulva* Zimr. *chr.* 3. 501, 25 *u.* brütsche), *dem.* britzel, *davon:*
britzel-meister *stm.* (II. 219ᵇ) *die pritsche führende, lustige person, um die ordnung beim spiele zu handhaben* Ms.;
britzel-slahen *stn.* (II². 373ᵇ) *schlag mit der pritsche* Ms. *vgl.* Weig. 2, 421 *u.* brütsche.

briu, brû *stf.* (I. 259ᵇ) *wirtin, weib, gemalin* Ms. (= Neidh. XXXVI, 11). windes brû *windsbraut* Lit. — *wol aus dem fz.* bru *u. dieses aus dem deutschen* brût, *s.* Diez 2, 233.
briu-ge-schirre *stn.* braugerät Gr.w. 6, 184.
briu-hûs *stn.* (I. 738ª) braxatorium Dfg. 81ᵇ.
briu-meister *stm.* (II. 119ᵇ) caupo, cauponarius Dfg. 108ᶜ.
briune *stf.* (I. 268ᵇ) *bräune, braune farbe* Lieht. in brûner briune purpervar der meie sich nû gestet Msh. 2, 69ᵇ. bî der blenke die briune rüeren Neidh. LIII, 18. 29. dô ich sach durch ir pfeit diu briune *(weibl. scham)* Mhs. 3, 308ᵇ. bis das ich ir die preun ermaus Wolk. 71. 1, 9. mîn briune mir ouch niht übel stât *sagt die* vut Ga. 3. 24, 120. *vgl.* brûne.
briunen *swv.* (*ib.*) *braun, glänzend machen, schmücken* Dietr. 7222. dâ wider die grîsen briune Msh. 3, 267ᵇ. swenn die tœrschen briune Neidh. XVI, 27. lât ir iu diu mære briunen *ib.* 102, 22 *u. anm.* sol ich dir daz mære briunen Ulr. *Wh.* 138ᵇ.
briunschen *swv. s.* brûsen.
briu-phanne *swf.* (II. 477ᵇ) *brauphanne,* sartago Dfg. 513ᵇ.
briu-stadel *stm.* brauhaus Urb. *B.* 2, 437. Urb. *Pf.* 209.
briustern *swv.* (I. 260ª) *refl. anschwellen* Helbl. *zu* brust? *vgl.* Dwb. 2, 448.
briut *stf. s.* brût;
briute *stf.* (I. 274ᵇ) *beilager, hochzeitsfeier* Troj. Hildegunde brûte Hpt. 2, 220; *s. v. a.* brût Albr. 21, 528.
briute-gëbe *swm.* (I. 507ª) *bräutigam* Gest. *R.* Schm. *Fr.* 1, 371. brûtgebe Ga. 1. 365. 1034. Chr. 4. 230, 13. 15.
briute-gewant *stn. brautkleid.* Gotelind vlôs ir briutegewant Helmbr. 1631; *s.* brûtgewant.
briute-gome, -gume, -goume *swm.* (I. 554ᵇ) *bräutigam* Diem. Walth. Barl. briutegom Bph. 964. 980. 990. 5716. 9639. briutegoum Troj. 3619. brûtegum Marlg. 54, 30. brûtegoum Exod. 95, 22. brûdegame Elis. 1259. 1386. brûdegam *ib.* 1523. brûdegoume *ib.* 1110. brûdegome Karlm. 119, 29; *entstellt* briutegunt Griesh. briutgung Mone *z.* 14, 492 *ff.*
briutel *stn. dem. v.* briute *in* briutel-bette, -huon, -stücke.
briute-labe *stf.* (I. 939ª) *frühstück der neuvermählten nach der brautnacht* Trist. *U.*
briutel-bette *stn.* (I. 111ª) *bett für das beilager (ohne beleg).*
briutel-huon *stn.* (I. 626ᵇ) *huhn das am mor-*

briutel-stücke *stn.* (II². 656ª) dotes Voc. *vgl.* MONE *z.* 16, 268.

briuten *swv.* (I. 274ª) *md.* brûten (HEINR. 884), *prät.* brûte (ERNST *B.* 485), *intr. sich vermählen, beiliegen* EN. ER. FREID. die des jâres wolten briuten HPT. 11. 494, 48. 496, 121; *mit dat.* KROL. *od.* mit TROJ.; *trans. ein weib zur brût machen, ihm beiliegen* GEST. *R.* FASN. 610, 3; *refl. sich bräutlich schmücken, überhaupt zieren* HELBL. wie hôch sie sich brûtten in hôchvart j. TIT. 794. ich wil mich gegen der süezen minne briuten NEIDH. 44, 26 *u. anm. — mit* ge-.

briute-schuoch *stm. brautschuh* MONE *z.* 14, 492.

briuwe *swm.* (I. 260ᵇ) *der brauer* MYST. 2. 540, 4. 5. NP. 212. GEIS. 430;

briuwe *stf.* (*ib.*) *das brauen* MART. PF. *forsch.* 1, 80; *was auf einmal gebraut wird* NP. 269. SCHM. *Fr.* 1, 336; *ebenso*

briuwe *stn.* daz brauwe NP. 211. 212. GR.w. 6, 185;

briuwel *stm. der braut.* briuwel aller sünden MARG. 397 *u. anm.;*

briuwen, brûwen *stv. III.* (I. 260ª) *auch* brouwen, *prät.* brou, *pl.* briuwen *u.* brouwen, *part.* gebriuwen *u.* gebrouwen: (*bier*) *brauen* PASS. nû briuwe hie und sûf dort in der helle MSH. 3, 91ª; (*gewürzwein*) *mischen* KRONE *s.* HPT. 6, 275 *anm.,* arzenîe br. TROJ. 10728; *bildl. machen, hervorbringen, anstiften, verursachen, allgem.; s. noch gerüste machen* und brûwen TROJ. 23597. geselleschaft br. REINFR. 94ᵇ. gewalt b. TÜRH. *Wh.* 260ᵇ. hôchvart b. TEICHN. 257. jâmer und nôt b. TROJ. 24447. kumber b. MART. 83, 68. TÜRH. *Wh.* 196ª. mort b. ROSENG. *H.* 2350. nît b. AMG. 42ª. rât b. DIETR. 2672. ein sünde briuwet ein ander sünde RENN. 7390. 7585. unbilde b. TROJ. 10853. ungemach b. OTTE 563. unreht b. LOH. 2066. den valsch b. MSH. 1, 62ª. wunder b. TROJ. 7777. 13420. — *mit* ûf, ge-. *zu skr.* bhrajj *rösten, gr.* φρύγω, *lat.* frigo DWB. 2, 322. Z. 1, 13;

briuwen *swv.* (I. 260ᵇ) *brauen* Ls.;

briuwer *stm.* (*ib.*) *brauer* RENN. 4449. brouwer, breuer DFG. 81ᵇ.

brizzel-meister, -slahen *s.* britzel-.

brobest *stm.* (I. 261ª) *vorgesetzter, aufseher* (*oft im* URB. *Son. s.* 111), *probst* SERV. AMIS. *s.* Michael als ein probst in dem paradîse WACK. *pr.* 261, 62. probest zuo dem tuome OTTE 756. brobest zu sente Gallen MARLG. 115, 30. er kæm dem klôster ze brobste wol Ls. 1. 232, 336. pr o st GR.w. 1, 308 *f. — aus lat.* præpositus;

brobestîe, brobestei *stf.* (*ib.*) *probstei* ERINN. 66. MGB. 118, 17. DFG. 455ᶜ.

brobs, brobsen *s.* broz, brozzen.

brôchât *stm. s.* brâchôt.

brocke *swm. brocken, fragmentum* EVANG. *M.* 14, 20. 15, 37. *Mr.* 6, 43;

bröckelîn *stn. bröcklein* GRIESH. 1, 60. Hans 4723;

brocken *swv.* (I. 245ª) *brocken* ENGELH. Ls. 3. 405, 227; *zerbröckeln* ob tûsent sunnen ze schirben wære gebrocket j. TIT. 831. — *mit* în. *zu* brëchen. *vgl.* brücken.

brod *stn. brühe, s.* SCHM. *Fr.* 1, 348. DWB. 2, 395.

brœde, brôde *adj.* (I. 261ª) *gebrechlich, schwach* HARTM. PARZ. BARL. ûz prôder erde hiez er daz fleisc werden GEN. 15, 23. KCHR. *D.* 341, 5. mînem brôdem lîbe EXOD. 92, 26. ir sît prôde oder balt DIEM. 65, 18. brœde liute EN. 128, 2. — *zu* blœde;

brœde, brôde *stf.* (I. 261ᵇ) *gebrechlichkeit, schwäche* ANEG. LANZ. BARL. KCHR. *D.* 269, 16. KRONE 11450. 24299; *schwachheit in moralisch. sinne* ELIS. 2781;

brœdec *adj. s. v. a.* brœde *zu folgern aus*

brœdec-heit, brœdekeit *stf.* (*ib.*) *schwachheit* BARL. GSM. SPEC. 65. 136. FREID. 23, 13. ALBR. 10, 267. brœkeit WACK. *pr.* 91, 165; *fleischliche schwäche, geschlechtl. lüsternheit* ELIS. 1502. 9576. *vgl.* blœdecheit;

brœdec-lich *adj.* (*ib.*) *gebrechlich, schwach* BARL. ELIS. 1499. 1585. 1706. *vgl.* brœdelich.

brodel *m. s.* brîdel.

brodelen *swv.* brodeln. daz siudet und wallet und prodlet WELTCHR. 37ª. und brodlot und walt in im wie ain siedender hafen ÖH. 40, 7. bullire DFG. 84ᵇ; brudeln FASN. 1219. SCHM. *Fr.* 1, 349. *s.* DWB. 2, 396.

brœde-lich *adj. s. v. a.* brœdeclich. der brœdelîche name RUL. 9, 1; *fleischlich u. geschlechtlich lüstern* ELIS. 1443.

brodel-meister *stm. meister im schwätzen* BEH. 209, 7.

brodemen, broden *s.* brâdemen, brâdem.

brôd-îs *stn. eisschollen* MONE *z.* 3, 174.

brôd-samkeit *stf. schwachheit* HALT. 188; *vgl.* brôsekeit.

brogen *swv.* (I. 261ᵇ) *sich erheben, in die höhe richten* LANZ. sin ors vil vaste brogte ENENK. *p.* 329; *sich übermütig erheben, gross thun, prunken, zieml. allgem.* (*nicht bei* HARTM. *u.*

Gotfr.). swie sêre wir brangen und brogen Renn. 24014. ich sihe noch manegen hôch brogen *ib.* 18791. ûf erden brogende varn j.Tit. 6157. wie der von Kaldeie brogte *ib.* 3387. waz iegelîche brogeten, daz sol von mir gesaget werden *ib.* 1712. mit keiner hôchvart bragende (: sagende) *ib.* 5971. die dâ zum grâle brogten *ib.* 6149. durch geuden ie einer vür den andern brogte Loh. 1955. j.Tit. 1573. gegen einem br. *ib.* 6077. Berth. 330, 31. Chr. 5. 213, 2. (*zur erklärung des* Wb. *von* Freid. 147, 7 *hat* W. Gr. *wol mit recht zwei fragezeichen gemacht, das eine auf „rechtshändel", das andere auf „richter" sich beziehend; s.* Grimms *anm.*: *„wenn ein reicher über den andern stolz sich erhebt, so zieht der herr vortheil davon"*); *trans. in die höhe, zum zorn bringen* der wil mich muotwilleclîch brogen Renn. 15317. — *mit* ûf, er-, ge-. *vgl.* Dief. 1, 266;

brogen *stn.* (I. 262ª) *das grossthun, prunken* Serv. Otn. j.Tit. 3409. Troj. 32243.

brohseln *swv. tosen, lärmen* Germ. 3. 419, 4 *u. anm.*

brolinc, -ges *stm.* (I. 262ᵇ) *eine münze im werte von fünf schillingen* Weist.

brom-ber *stm. s.* brâmber.

bronie *f. s.* brünne.

brort *stm. rand, bord* Schm. *Fr.* 1, 364 *s.* bort.

brosch *s.* brûsche.

brôsekeit *stf. s. v. a.* brœdekeit Marld. han. 56, 13 *u. anm. vgl.* brôdsamkeit.

brosem, broseme, brosme *stswf.* (I. 262ᵇ) *brosame, krume* Barl. Freid. Lieht. Helmbr. Alexius 94, 590. Evang. 245ª.— Wack. *stellt es zu* brësten, *eher ist wol mit* Dwb. 2, 398 *u.* Weig. 2, 184 *entstehung aus* brohsama *anzunehmen von* brëchen, *vgl. oben* brohseln *u. ahd.* prochosôn, prochisôn *frangere* Gff. 3, 269 *f.;*

brosemlîn *stn.* (I. 263ª) *brösamlein* Wack. *pr.* 70, 217; brosmelin Myst.

brosenære *stm. der die brosamen spart?* daz er hieze ein brosenære Hpt. 6. 498, 37.

brôt *stn.* (I. 263ª) *brot, allgem.* brôt bachen noch bæn Hpt. 8. 152, 268. alsam der mennische in vierzec tagen wirt gescaffen ze prôte und ze prunnen Diem. 348, 22. des brôtes prechen Gen. 46, 29. unser brôt sol er ezzen *ib.* 89, 46. der keiser wil des rîches brôt niht unverdienet ezzen Msh. 2, 202ᵇ. untriuwe izzet maneges mannes brôt Renn. 4484. mit brôte ezzen *brot in die brühe tauchend?* Tanh. *hofz.* 137. daz swert snîdet daz horn als ein brôt Apoll. 5234. brôt (*lebensunterhalt*) erjagen Marlg. 212, 34. begozzen brôt *mit fett beträufelt* Hpt. 4, 578. Msh. 2, 299ᵇ. Alph. 309, 1. gewinne ich eigen brôt Neidh. 52, 18. ich hân noch ze eigen brôt niht Berth. K. 80. halp brôt *das nur halb so schwer als gewönlich u. sonst auch schlecht ist* Greg. 2720. 2770 (Wack. *leseb.* 1861. 340, 8. 341, 19; *bei* Lachmann *u.* Bech haberbrôt), *die hälfte eines brotes* ein halbez brôt niht geben j.Tit. 300. lindez brôt Otte 64. schœnez brôt *weissbrot* Neidh. 43, 31 *u. anm.;* daz himelisch brôt Bph. 8745. 9569 (*Maria*) *vgl.* himelbrôt. er sich birget in ein brôt (*hostie*) Msh. 2, 380ᵇ. daz brôt daz wart von dem worte (= *Christus*) j.Tit. 935; einen im brôte (*dienste*) haben Chr. 2, 302. im brôte eines sîn *ib.* 360, 22. daz hovegesinde daz in unserm brôte ist Werth. *urk. v.* 1369 (*vgl.* brœten). solt ich im die wârheit sagen, ich würde von dem brôte geslagen Ls. 2. 540, 176; — niht ein brôt *nicht das geringste* (Msh. 3, 328ª), *s.* Zing. *neg.* 430. — *von* Wack. *u.* Weig. 1, 184 *zu* briuwen, *im* Dwb. 2, 399 *zu altn.* briota, *ahd.* priozan *frangere gestellt.*

brôt-bacherin *stf* panifica Dfg. 409ᵇ.

brôt-banc *stfm.* (I. 83ᵇ) *brotbank, brotladen* Ssl. Clos. Gr.w. 4, 768. W. Weichb. 99. Np. 196. Mone *z.* 13, 397. ûf den brôtbank Gr.w. 1, 657.

brôt-becke *swm.* (I. 76ª) *brotbäcker* Berth. Gr.w. 1, 286. 307. 3, 608;

brôt-becke *swf.* (I. 76ᵇ) panifica Gl. Gr.w. 5, 361;

brôt-becker *stm.* (*ib.*) Gl. Gr.w. 5. 361. Don. 1413;

brôt-beckerin *stf.* (*ib.*) panifica Dfg. 409ᵇ.

brôt-be-schouwære *stm.* (II². 200ª) *s. v. a.* brôtschouwære Meran. *str. ebenso*

brôt-be-sëhe *swm.* Mone *z.* 15, 144.

brœtec *adj. in* einbrœtec;

brœtelære *stm.* (I. 265ª) *bäcker* Weist.;

brœtelîn *stn. kleines brot* Germ. 3. 431, 17. Wack. *pr.* 48, 37 *var.* Wolk. 16. 4, 14;

brœten *swv.* (I. 264ᵇ) *prät.* brôte, *part.* gebrôt, *trans. einem brot verschaffen* Helbl., *einen im brote, dienste haben.* gebrôte diener Ad. 1253. gebrôtez gesinde Gr.w. 5, 298. Np. 188. Chr. 2, 551ᵇ. gebrôter kneht Werth. *a.* 1430.

brôtes-halben *adv.* (I. 615ᵇ) *auf seiten des brotes, des brotherrn* Strick.

brôt-ëzze *swm. diener, gesinde.* seine (*des*

juden) wirtein, alle ir kinder und brôtezzen Mz. 4, 234. 240. 250. Dwb. 2, 403. Halt. 187.
brôt-gëbe *swm. brotaustheiler* Chr. 2. 256,14.
brôt-ge-schouwe *swm.* Feldk. *r.* 50 *und*
brôt-hüeter *stn. s. v. a.* brôtschouwære. die prothueter suln swern, daz sie der burger gesetze rüegen Np. 195.
brôt-hûs *stn.* (I. 738ᵃ) *speisehaus* Myst.; *brotschranne* daz brôt in dem brôthûse veil haben Wp. 9. Np. 196; *zunfthaus der bäcker* Chr. 5. 72, 4. 6. 8. 74, 8. 9. Birl. 77ᵇ.
brôt-korp *stm. brotkorb* Netz 11475. 12417. Fasn. 1217. Gr.w. 1, 260.
brôt-kouf *stm. das zu verkaufende brot, preis dafür* Wp. 75 *s.* 100. Np. 196.
brôt-linc *stm. s. v. a.* brôtëzze Halt. 188.
brôt-loube *swf. brotschranne* Np. 289. Tuch. 193,7. Mone *z.* 8, 44. 13, 397.
brôt-muos *stn.* br. oder gesellenbrôt Germ. 9, 201.
brôt-oven *stm.* clibanus Dfg. 127ᵃ.
brôt-rëf *stn. brotsack,* reticulum Voc. 1482.
brôt-schetzer *stm. brottaxierer* Mone *z.* 15, 428.
brôt-schouwære *stm.* (II². 200ᵃ) *brotpolizei* Meran. Mone *z.* 13, 278. Feldk. *r.* 105.
brôt-snîder *stm.* panicida, paniseca Voc. 1482.
brôt-swamme *swm.* (II². 760ᵇ) *brötling* Gl. Dwb. 2, 404. 406.
brôt-wurz *stf.* (III. 828ᵇ) melantium Gl.
brôt-zucken *stn. heimliche wegnahme von brot.* daz nieman sol schlahen arme leute umbe brotzucken Np. 196.
brôuc, -ges *stm.* (I. 265ᵃ) *hügel* Gl. — *mit* brouchen *zu ahd.* preohan *krümmen;*
brouchen *swv.* (*ib.*) *biegen, formen, bilden* Gen. Mar. Myst. ich brouche mîniu chnie zuo gote Spec. 164. daz er dem tivel brouchte sîne chnie Priesterl. 161. *nebf.* brûchen Frl. *vgl. zu* Gen. *D.* 97ᵃ. *mit* ge-. *s.* brôuc.
brouc-hûs *stn.* (I. 738ᵃ) *festes haus* Clos.
brôumen *swv. s.* brëmen.
brout *stf. s.* brût.
brouten *swv. heftig verlangen.* do begunde er vaste brouten Gen. *D.* 39, 20. *vgl.* briuten *u.* brutten.
brouwen *stv.* brouwer *stm. s.* briuwen, briuwer.
brôuwen *swv.* (I. 265ᵃ) *biegen, drehen* Fdgr. *vgl.* brouchen.
broz *stn.* (I. 260ᵇ) *knospe, sprosse* Ms. in ir brüel zevuorte er daz broz Krone 11725; Altsw. 54, 15; *bei* Mgb. probs 339, 34. 348, 21. — *zu* briezen;
brozzen *swv.* (I. 261ᵃ) *knospen treiben, sprossen*

Gen. Ms. Kell. *erz.* 248, 5. probsen Mgb. 348, 23; wîp unde geiz müezen brozzen zuo ir rehten spîse Hpt. 7. 337, 32 (*sich hinstrecken? oder* brozzen, brotzen *zu schreiben? vgl.* Schm. *Fr.* 1, 376. Vilm. 57).
brû *stf. s.* briu.
bruch *stm. pl.* brüche (I. 244ᵃ) *bruch, riss.* drî rôsen in fünf brüchen brechen Msh. 3, 109ᵃ. al mîner brüche der ich hân gebrochen *ib.* 50ᵃ. daz des küneges hirnschal muoste eines bruches sich da wenen Troj. 12861. daz sich der walt ze wîten brüchen vil herter vlinse dô zercloup *ib.* 10540. stich unde slac, stôz unde bruch die viere sach man trîben *ib.* 34274. dîn kraft duldet bruch und spalt Msh. 2, 395ᵃ; *abgebrochenes stück* Will.; *bildl.* bruch, schade, mangel, vergehen Lanz. Engelh. Ms. Pass. (do wart im bruch der kunst, *die kunst versagte ihm* K. 129,80. sunder bruches val 110, 63. 117, 98. einen bruch legen, *eine hinterlist veranstalten* 459. 10). Even bruch Loh. 3700. sîn ungelücke hât den bruch Msh. 3, 65ᵇ. brüche machen, *hindernisse in den weg stellen* Chr. 4. 115, 9. einem gegen einem brüche machen *sie entzweien ib.* 46, 5. *mangel, gebrechen ib.* 2. 308, 8. 328, 9. 332, 5. Elis. 1044. 9418. 10014. Ssp. 1. 131. fröuden bruch Ga. 3. 368. 437; *wortbrüchigkeit, untreue* Jer. 65ᶜ. 141ᵇ; — *zu* brëchen;
brüche *adj. in* schifbrüche.
brûche *adj.* (I. 265ᵇ) *brauchbar s.* Schm. *Fr.* 1, 338.
brüchel *stm. in* kirchen-, zûnbrüchel;
bruche-lich *adj.* (I. 244ᵇ) *gebrechlich, zum schaden gereichend* Pass.
brûchen *swv. s.* brouchen.
brûchen *swv.* (I. 265ᵇ) *mit acc. od. gen. gebrauchen, geniessen* Gen. Bon. Konr. (Silv. 4719. Gsm. 1479). schilt und swert der zweier brûche ich Msh. 3, 165ᵇ. dâ mit wir unser beider menscheit brûchen *ib.* 3, 244ᵃ. künd ich mîn zungen brûchen Ls. 1. 384, 341; *einer person* br. *mit ihr umgehen, verkehren* Elis. 6932; sich eines d. br. *sich dessen bedienen* Chr. 3. 47, 8. 62, 11. Tuch. 245, 11. — *mit* ge-. *zu lat.* frui (frugo). *skr.* bhuj Z. 1, 150;
brûchen *stn. das brauchen, geniessen* Myst. 2. 247, 25. 354, 22. Kell. *erz.* 126, 9.
brûch-holz *stn. nutzholz* Gr.w. 1, 79. 101.
brüchic *adj.* (I. 244ᵇ) *brüchig, wort-, treubrüchig* Such. Tuch. 36, 26. Chr. 5. 183, 10. 171, 16. 272, 32 *etc.*; *gebrochen* Hugo v. M. Kirchb. 656, 56;

brüchlîn *stn. dem. von* bruch *s.* Dwb. 2, 413.
bruch-silber *stn.* (II².287ª) *zerbröckeltes silber, werksilber zum einschmelzen* O. Rul.
brûchunge *stf.* functio Dfg. 252ª.
bruch-vellec *adj. baufällig.* eine br., mangelhafte müle Gr.w. 2, 569.
brucke, brücke, brügge *stswf.* (I.266ª) *brücke, allgem. s.* noch brucke und stege Kl. 1374. Wartb. 130, 1. die brügge abe werfen Msf. 242, 7. eine brücke treten Pass. 339, 18. diu brücke, diu gegen einem werden man ûf gêt Msh. 3, 37ʰ. ir was enzwei diu brücke, diu ir wunne solte tragen Ulr. Wh. 116ª. ir houwet bluotige brücke (*bildl.*) Dietr. 3413. zwei spilten der fûlen brucken Altsw. 90, 19 (Dwb. 2. 415, 4); *zugbrücke* Parz.; *schiffbrücke* Trist. dar zuo hân ich in schif und brücke enpfüeret j.Tit. 19; *sturmbrücke* Chr. 1. 177, 30. 179, 6; *erhöhtes sitzgerüst, lagerstatt von brettern am ofen* Wig. sô muoz oven und brugge erwagen Msh. 2, 158ª. brüge Ring 8ª, 30. 9ª, 34, *s.* Dwb. 2, 422. — *zu* preohan, brouchen (Wack.), *vgl.* Dwb. 2, 414;
brückelîn *stn. kleine brücke* Gr.w. 1, 423;
brücken *swv.* (I. 266ᵇ) *eine brücke oder in art einer brücke machen, überbrücken* Wig. Frl. über aht wazzer er brückete dan Msh. 2, 356ᵇ. den vrouwen wart gebrücket j.Tit. 1811. *gegen etw.* brücken Altsw. 94, 12. die wege br. Jer. 70ᵇ. die vlût br. *ib.* 164ᶜ; *bildl.* den sanc brücken unde stegen Kolm. 76, 16. — *mit* ge-, über-.
brücken *swv.* (I. 245ª) *zerbröckeln* Parz. — *mit* zer-. *zu* brocke.
brucken-meister *stm. brückenmeister, der die br. zu beaufsichtigen u. auszubessern hat* Tuch. 59, 24 *ff.*
brucken-zol *stm. brückenzoll* Swsp. 166, 1. Öh. 102,24. Mone z.4,394. bruckezol Dsp.1,133.
brucker *stm.* (I. 266ᵇ) *einnehmer des brückengeldes* Bon.
bruck-heie *swm.* (I. 649ᵇ) *brückenhüter* Weist. Münch. *r.* 148.
bruck-lade *swm.* (I. 925ᵇ) *brückenbrett* Weist. Münch. *r.* 148. planca Dfg. 440ª.
bruck-lêhen *stn.* Urb. *B.* 2, 449.
bruck-macher *stm.* caduceator Voc. 1482; *s.* Dwb. 2, 416.
bruck-rëht *stn. brückengeld.* wie ir auf der prugken zu Gurkfeld daz prugkrecht von in nemet Mh. 2, 893.
bruck-slac *stm. das schlagen einer brücke* Urb. *Pf.* 193.

brûde-gome *swm. s.* briutegome.
brudeln *swv. s.* brodelen.
brüe *f. s.* brüeje.
brüechlære *stm.* **brüechlærinne** *stf. kleinhändler mit leinwand u. garn, vielleicht auch hosenmacher s.* Schm. *Fr.* 1, 343. Dwb. 2, 413. — *zu* bruoch.
brüeder-lich *adj. s.* bruoderlich.
brüederlîn *stn. brüderchen* Jer. 177ª.
brüege *f. s.* brüeje.
brüegel *stm. s.* brüel.
brüegel-höuwe *stn. heu aus dem* brüel Gr.w. 4, 161.
brüegen *swv. s.* brüejen.
brüehel *stm. s.* brüel.
brüe-îsen *stn.* (I. 756ª) ignimen Voc.
brüeje *f.* (I. 267ª) *heisse flüssigkeit, brühe* Bon., daneben brüege Mgb. 382, 2. 389, 28 *var.* Gr.w. 4, 135. brüewe *ib.* 5, 626. brüe Dfg. 82ª. *zu*
brüejen, brüen *swv.* (I. 266ª) bruote, gebrüget *brühen, sengen, brennen* En. Frl. daz in daz viur niht bruote Troj. 9858. ein wolgewahsen swîn, daz man gebrüejet hât Fragm. 29, 85. bruon Heinr. 1578. brüegen Mart. 101, 100. 203, 94. 211, 28. 217, 82. Netz 1749. — *mit* ûz-, ver-. *vgl.* Dwb. 2, 424. Kuhn 8, 272.
brüel *stm.* (I. 267ᵇ) *bewässerte, buschige wiese, aue, brühl* Ms. Troj. Mart. (schanden brüel 47, 96. der welte br. 73, 20. 145, 42. sô sint die grüenen bruole gevalwet 250, 18). er reit die brüel und die tiefen lachen j.Tit. 1257. in widervuoren ouch brüele mit ir lüften *ib.* 6008. in ir brüel zevuorte er daz broz (*obscön*) Krone 11726. ich brachte iuch zeinem brüele, dâ ist luft küele Hpt. 7. 351, 9; Urb. 60, 28. 260, 13. 288, 6. brügel Mz. 1, 485. brühel Gr.w. 5, 478. briegel *ib.* 455; *in* Gr.w. 4 *immer die formen* brüegel, brüehel *u.* brüengel. — *aus mlat.* brogilus, *ital.* broglio, *fz.* breuil *u. dieses v. deutsch.* brogen? Diez 1, 88.
brüelen *swv.* (*ib.*) *brüllen* Mart. (97, 32. 190, 82). Tboj. 27320 (: küelen). brüllen, blirren Dfg. 369ᶜ. prüllen Fasn. 88, 11. 1287.
brüen *swv. s.* brüejen.
[**brüende** *stf.* I. 267ª] *ist zu streichen, denn* Mart. 88, 52 *heisst es:* ûz der helle biunde.
brüengel *stm. s.* brüel.
brüeten *swv.* (I. 267ª) bruote, gebrüetet *belebend erwärmen, brüten* Karaj. Eracl. Ms. minn alle tugende brüetet sam sîniu kindelîn daz huon Troj. 2542. eier brüeten *ib.* 14260. Renn. 7671. — *mit* ûz; ge-, er-, ver-. *zu* bruot.

brüetesal *stn. s.* bruotesal.
brüeven, bruoven *swv. s.* prüeven.
brüewe *swf. s.* brüeje.
brüge *f. s.* brücke.
brügel *stm.* (I. 267ᵇ) *prügel, knüttel* ENGELH. NETZ 12080. FASN. 686, 26. *vgl.* DWB. 2, 423.
brugeln *stn. trotzender lärm.* mit gerodel und prugeln (: gugeln) BEH. 99, 2. — *zu* brogen.
brugge *f. s.* brücke.
brû-haven *stm. brauhafen* JER. 130ᵃ. 143ᵈ.
brühel *stm. s.* brüel.
bruht *stf.* (I. 244ᵇ) *widerstand* FRL. — *zu* brëchen *oder zu* brogen?
brühtic *adj. widersätzlich, abtrünnig* GR.W. 4, 25.
brüllen *swv. s.* brüelen.
brûloht *s.* brûtlouft.
brumme *swm.* (I. 248ᵇ) *herdochs, brummochs* WEIST. *s.* DWB. 2, 428;
brummen *swv.* (*ib.*) *brummen* MYST. trummen hiezen sie dâ brummen APOLL. 7294; *von einem horne* MGB. 289, 17; *von bienen und hornissen ib.* 290, 13. 300, 27. — *mit* ge-. *zu* brimmen;
brummen *stn. das brummen, summen* MGB. 290, 14.
brûn *adj.* (I. 267ᵇ) *braun, allgem.* nû zieret dich ein brûner vahs MSH. 2, 310ᵃ. ein brûn scharlachen CRANE 1325. ein br. samît *ib.* 1247. er ruorte etwaz brûnes an ir huf TIT. 81. j.TIT. 725; *dunkelfarbig* ob sie würde brûn oder klâre j.TIT. 441. brûn ist blanc (*als lüge*) MSH. 175ᵇ. brûn als ein bere EN. 36, 33. brûn als ein brâmber EILH. 1717; — *glänzend, funkelnd* RUL. LAMPR. LANZ. brûne ecken (*des schwertes*) ELMEND. 766. helm brûn KARLM. 181, 68; *in der farbensymbol. bedeutet* brûn *behutsamkeit, schweigen* HÄTZL. 2. 19, 15. *vgl.* UHLAND *schriften* 3, 431. 335. — *zu skr.* bhru (in babhru *rotbraun*) *gr.* φρῦνος *lat.* furvus CURT. 1, 268. *vgl. auch* DWB. 2, 323;
brûnât, brûnît *stm.* (I. 268ᵇ) *feiner, dunkelfarbiger kleiderstoff* ENGELH. HELMBR. ER. B. 1985. DAN. 6016. KARLM. 58, 26. 208, 38. *aus mlat.* bruneta, brunetum, *fz.* brunette *vom deutschen* brûn. *vgl.* WEINH. *deutsche fr.* 419;
brûne *stf.* (*ib.*) *bräune.* zwô brûne in ein wîze gênt MSH. 466ᵇ; *weibl. scham* j.TIT. (2503). *vgl.* briune.
brünege *f. s.* brünne.
brûnen *swv. braun, dunkel werden.* ir klârheit

muost vor jâmer brûnen j.TIT. 2414. mîn blenke diu muoz brûnen HADAM. 234.
[brûnesen *swv.* I. 268ᵇ] *s.* brunsen.
brûnet-schâf *stn. s.* schâf.
brunft *stf.* (I. 253ᵇ) *brand, brunst.* von wildem viure manec brunft ûz helmen hert von swerten stoup REINFR. 162ᵃ; *brunstzeit* TRIST. ein hirz in brunft WH. *v. Öst.* 37ᵃ. 94ᵃ; MGB. 124, 20. 128, 35. — *zu* brinnen; *vgl.* brunst.
brünge *f. s.* brünne.
brûn-heit *stf.* fulvedo DFG. 251ᵇ.
brûnieren *swv.* (I. 268ᵇ) *glänzend machen, polieren* TRIST.
brunige, brünje *f. s.* brünne.
brûnît *stm. s.* brûnât.
brûn-louft *s.* brûtlouf.
brûn-lûter *adj.* (I. 1059ᵃ) *glänzend hell* LANZ. TRIST. 3334 (*bei Bechst.* brûnreideloht).
brunn-âder *f. quellader.* lebendigiu brunnâder, ûz der diu runse vlôz aller gnâden LIT. 221, 4. brunnenâder HPT. 8. 200, 1122; burnâder (I. 10ᵃ) LIT.
brunne *swm.* (I. 268ᵇ) *md.* burne *quell, quellwasser, brunnen; allgem.* brunne und brôt MYST. 2. 461, 36. DIEM. 348, 24. swarzes brôt er merte in ein wazzer, swenne er tranc: dâ stuont ein brunne, der wol klanc ûz einem nazzen kruoge WWH. 176, 13. brunne *des tages kalt, in der nacht heiss* RENN. 20005. brunne *als probe der jungfrauschaft* FLORE 4463 *ff.* ab hôhen velsen sach ich die brunnen vallen ALTSW. 151, 2; *bildl. quell, ursprung* KL. BARL. PASS. MGB. 26, 1. 58, 20. 36. du louter brunne der êren j.TIT. 1840. der tugent ein übervlüzgec brunne AMG. 47ᵃᵇ. lûter brunne (*Maria*) MARIENGR. 141; — *harn* GA. 2. 504. 505. 648. MGB. 34, 16. 17. 38, 33. NETZ 9995. — *zu* brinnen *sowie sôt zu* sieden DWB. 2, 433; *anders in* GSP. 60.
brünne, brünje *stswf.* (I. 270ᵃ) *nebff.* brunige RUL. LEYS., brünege LAUR. 1465, brünge HELDB. K. 38, 41. 39, 4, bronie KARLM. 414, 42. 415, 44. 456, 2: *brustharnisch* WIG. ROTH. LANZ. NIB. 67, 3. 80, 3. 187, 2. 390, 2. 407, 4 *etc.* GUDR. 233, 2. — *der ableitung von* brinnen (*des erzglanzes wegen*) *steht schon entgegen, dass die ältesten* brünnen *gar nicht von metall gewesen sind; warscheinlich ist das wort slav. ursprunges, s.* WEINHOLD *altnord. leben* 209.
brunne-glas *stn. uringlas* SCHM. *Fr.* 1, 359.
brünne-, brunne-holz *stn. brennholz* W. 45 (*a.* 1342).

brunne-kar *swn. brunnenröhre.* um ainen prunn in rören zu dem geslos Glanegk (*Kärnten*) zu füeren *erlaubt k. Friedrich IV.* in seinen gehultzen auf dreu hundert lercher prunnkarn ze slahen MH. 2, 880.
brunne-krësse *swm.* (I. 879ª) *brunnkresse* Voc. burnenkresse TROJ. 31339.
brunne-lich *adj.* (I. 270ª) fontalis GL.
brünnelîn, brünnel *stn.* (I. 269ᵇ) *kleiner brunnen* TRIST. TROJ. 1151. MGB. 359, 2;
brunnen *swv.* (I. 270ª) *hervorquellen* TRIST.; mingere MGB. 34, 24.
brunnen *swv.* (I. 254ᵇ) *md. statt* brennen KROL.
brünnen WACK. *pr.* 68, 193 *ff.; schmelzen, giessen* LOBGES.
brunnen-âder *f. s.* brunnader.
brunnen-bort *stm. brunnenrand* Voc. *o.* 46, 51.
brunnen-ge-schelle *stn.* margo DFG. 349ᵇ.
brunnen-minze *swf.* (II. 186ᵇ) balsamita Voc.
brunnen-seil *stn.* (II². 288ᵇ) situla DFG. 539ª.
brunnen-swengel *stm.* (II². 805ª) situla DFG. *a. a. o.*
brunnen-val *stm. quelle, wasserfall.* dâ mench brunnenfal ûzer herten felsen tiuset ALTSW. 149, 3.
brunnen-vliez *stm.* (III. 349ᵇ) *quellstrom* PASS.
brünner *stm. der brustharnische macht* HELBL. 2, 1263. BEH. 15, 13. 30. CP. 11.
brunne-vaz *stn.* (III. 281ᵇ) *brunneneimer* DIEM. ANTICHR. 156, 26.
brunn-reich brumata, herba Voc. 1482.
brunn-schal, -schel *f.* margo DFG. 349ᵇ.
brunn-vart *stf. brunnenreise* ALTSW. 148, 38. 149, 22.
brunn-wazzer *stn. quellwasser* MGB. 5, 27. 335, 27.
brûn-reideloht *adj. braungelockt.* brûnreideloht was ime sîn hâr TRIST. *Bechst.* 3334. *s.* brûnlûter; *ebenso*
brûn-reit -des *adj.* (II. 697ᵇ) TRIST. LUDW. *vgl.* reitbrûn.
brûn-ros *stn.* (II. 764ª) *vgl.* brunellus esel, brunicium ros DIEF. *n. gl.* 60ª.
brûn-rôt *adj. rot in braun scheinend.* sardonix ist prûnirôt GERM. 8, 303. *vgl.* MGB. 460, 13 *ff.* DIEF. 1470 *p.* 254.
brünseln *swv. brenzeln, nach brand riechen* MGB. 111, 2. 480, 31; fucare DFG. 249ᶜ.— *zu* brinnen; *ebenso*
brunsen *swv.* HERB. 10386 *s.* MGB. *s.* 586;
brunst *stm.* (I. 253ᵇ) *brand* PASS. HELDB. *K.* 270, 28;

brunst *stf.* (*ib.*) *gen.* brünste, brunst, *pl.* brünste *brennen, brand.* viures brunst TROJ. 8162. ROTH *dicht.* 54, 17. der liehte brunst PANTAL. 1250. sich hebet ein rouch von einer brunst LOH. 2132. von kleinen funken siht man grôze brünste HADAM. 439. der helle brunst AMG. 41ᵇ. MSH. 1, 340ª. den brünsten RENN. 2041; MGB. 130, 23. 406, 12; *glut, hitze ib.* 72, 5. 350, 25. 369, 20 *etc.; glanz* ELIS. 263; *verwüstung durch feuer* LANZ. RENN. 14255, 58. MSH. 3. 28ᵇ; *brunstzeit* (*vgl.* brunft) hirz, der in der brunst erslagen was TROJ. 10699. in der brünste niht jagen GR. w. 3, 427; — *bildl.* brunst in andæhtiger riuwe PASS. 117, 73. 91. herzen brunst RENN. 17514. jâmers br. ALEXIUS 114, 774. zornes br. PASS. 258, 90. 273, 75. sorgen br. MSH. 2, 393ª. der vil heizen minne br. TROJ. 7758. 20757. ungemaches br. PASS. *K.* 123, 18. heilige br. *begeisterung ib.* 355, 6. goteliche br. *ib.* 437, 83. — *zu* brinnen;
brünstec *adj. entbrannt, brünstig.* ich sah ein weib fewer tragen, da was das vil prünstiger, das da trug, wan das getragen ward VINTLER 713. ein brünstec herze HADAM. 245. gein got br. werden KIRCHB. 617, 8; *ebenso*
brünstec-lich *adj.* LAUR. *Casp.* 211 *und*
brünst-lich *adj.* br. gir LS. 3. 513, 26.
brunst-viur *stn.* (III. 332ᵇ) rogus Voc.
brûn-var *adj.* (III. 237ᵇ) *braun* HERB. 3174.
brûn-wurz *stf.* (III. 828ᵇ) baldemonia DFG. 66ᶜ.
brunzen *swv.* (I. 270ª) *aus* brunnezen, *intens. zu* brunnen *pissen* LS. WOLFD. 1274; emorreus, einer der plut pruntzet Voc. 1482.
brunz-schërbe *swm. pisstopf* TUCH. 296, 36. FASN. 1217.
bruoch *stnm.* (I. 270ᵇ) *md.* brûch ERLŒS. 1234. *morboden, sumpf* RUL. LAMPR. (*W.* 4740). GREG. in walden und in bruochen TÜRH. *Wh.* 111ᶜ. 265ᶜ. 387ª; TURN. 124, 6. BIT. 7005. ERNST 3824. 3902. LIVL. 3013. 9136. 9491. 11245 *etc.; stm.* in einen bruoch TROJ. 36878. *vgl.* DWB. 2, 410.
bruoch *stf.* (*ib.*) *hose um hüfte u. oberschenkel* PARZ. MOR. HELMBR. hernia circa pudibunda DFG. 276ª. siben elne ze hemede untze bruoch KCHR. *D.* 453, 21. NEIDH. 209, 11. HPT. 8. 152, 261. trait dein weib die pruoch RING 31ᵈ, 22. maniger trait pruech und hosen und soll dannoch sein ain maid VINTLER 9326. dem man aus der pruech sein geschirre steln *ib.* 7872 (SCHÖPF 62). — *aus kelt. lat.* bracca *s.* DWB. 2, 410.
bruoch-beinlinc *stm.* tibiale SCHM. *Fr.* 1, 244.

bruochec *adj.* (*ib.*) *sumpfig*, palustris DFG. 408ᵇ; *ebenso*
bruocheht *adj.* KIRCHB. 815, 57. DFG. *a. a. o.*
bruoch-gürtel *stm.* (I. 593ᵇ) *hosengurt* PARZ. WOLFD. 802. ROTH *denkm.* 94, 102.
bruochich *stn.* (I. 270ᵇ) *coll. zu* bruoch, *sumpfige gegend* MYST. FASN. 901, 1.
bruoch-lant *stn. sumpfland* KIRCHB. 731, 6.
bruochlîn *stn. kleiner sumpf* MONE *z.* 2, 165.
bruoch-lôs *adj. ohne hosen, als fing. name* Ls. 3. 402, 112.
bruoch-meise *f. figürl. membrum virile* DWB. 2, 413; *ebenso*
bruoch-nagel *stm.* FASN. 641, 10. 707, 25.
bruoch-rüde *swm. im* bruoch *jagender hund, zweideutig mit bezug auf* bruoch *hose:* eʒ wart nie vrou sô hôch erborn, sie næm ein bruochrüden vür ein eichhorn Ls. 3. 19, 28.
bruoch-seckel *stm. saccus herniosus.* er gap im durch den bruochseckel einen sô krefteclîchen slac WOLFD. 802.
bruoch-spëht *stm.* (II². 490ᵇ) laoficus GL.
bruoch-vogel *stm.* coturnix DFG. 154ᵇ.
bruodel *stm. sprudel* MONE *z.* 12, 300. *s.* brodelen.
bruoder *stm. an.* (I. 271ᵃ) *md.* brûder; *im sing. ohne flex., im gen. auch* bruoders (*sw.* bruodern CHR. 5. 31, 21), *im pl.* bruoder *später* brüeder: *bruder, allg.; klostergeistlicher* LIVL. MYST. ROSENG. *Weigel* 675. 734. 741. 744 *etc.* MSH. 1, 168ᵇ. 2, 382ᵇ. 3, 174ᵇ; *wallfahrer* MYST.; die reisig rotte, die bruder genant, *die mährischen brüder* UGB. 320. 505. — *zu skr.* bhrâtar *gr.* φράτηρ *lat.* frater CURT. 1, 267. GSP. 60.
bruoder-brôt *stn. klosterbrot* GR.w. 2, 165.
bruoder-hof *stm.* (I. 699ᵇ) *hof, haus zu einer frommen stiftung für arme brüder in Christo* CLOS. GR.w. 1, 190. *vgl.* MONE *z.* 6, 255 *ff.*; *ebenso*
bruoder-hûs *stn.* (I. 738ᵃ) OBERL. GR.w. 1, 2.
bruoder-kint *stn.* (I. 818ᵃ) fratruelis GL. bruoder unde bruoterkint LIEHT. 148, 14.
bruoder-, brüeder-lich *adj.* (I. 271ᵇ) *brüderlich* PARZ. REINH. LITAN. 235, 38. ERNST 1734. PASS. 251, 28;
bruoder-, brüederlîche, -en *adv.* der welle im bruoderlich mite teilenʒ himelrîch BIRKENST. 84. brüederliche ENGELH. 685. brüederlichen RENN. 15701.
bruoder-mâʒ *stf.* modius fraternalis HALT. 190.
bruoder-mettene *stf.* mettene *der klosterbrüder* SCHM. *Fr.* 1, 349.

bruoder-minne *stf.* (II. 182ᵇ) *geistl. bruderliebe* MYST.
bruoder-mort *stn.* welch bruodermort er an mir rach MSH. 1, 105ᵇ.
bruoder-muos *stn. klosterspeise* GR.w. 2, 165.
bruodern *swv. refl.* mönch werden WOLFD. 2123. ECKE 22.
bruoder-phaffe *swm.* (II. 474ᵃ) *geistl. bruder* JER.
bruoder-schaft *stf.* (I. 271ᵇ) *bruderschaft* PARZ. ROSENG. *Meuseb.* 25. 46; brüederschaft BERTH. 137, 10; wir haben ewren bruderscheften (= euch brüdern *d. h. den fürsten*) ʒe wissen getan DH. 19.
bruoder-schuoch *stm.* (II². 224ᵇ) *schuh des klostergeistlichen* SCHM. *Fr.* 1, 349.
bruoder-spîse *stf. speise der klosterbrüder* GR.w. 5, 608.
bruoder-sun *stm. sohn des bruders* NEIDH. 66, 37.
bruoder-wîn *stm. klosterwein* GR.w. 2, 165.
bruoder-wîp *stn.* (III. 719ᵇ) glos DFG. 266ᵃ.
bruof? *schaar?* durch die porten kom liechter engel ein bruof (: schuof) SCHM. *Fr.* 1, 351. *vgl. ahd.* ruova *zahl* GFF. 3, 361.
bruon *swv. s.* brüejen.
bruot *stf.* (I. 267ᵃ) *gen.* brüete *u.* bruot *durch wärme belebtes, brut.* nû sîn wir al von einer bruot TEICHN. 262; MGB. 194, 3. 6. 10. 10. eier *ib.* 82, 19. 304, 9; *belebung durch wärme,* brüten *ib.* 195, 18. 31. 206, 11. nahtegal, diu ir eier sunder brüete mit gesange ûʒ rihtet j. TIT. 5150. elliu strouzen eier mohten sich der brüete hie wol mesten *ib.* 4011; *hitze* MART. (47ᵈ. 73ᵃ. 145ᵇ. 280ᵃ). — *zu* brüejen;
bruot *stn. trieb, anwuchs der pflanze* SCHM. *Fr.* 1, 374;
bruotec *adj.* (I. 267ᵇ) *heiss entbrannt* MART. (165, 34. 218, 78. brüetic 112, 76);
bruoter *stm. der brütet* FASN. 216, 35.
bruote-, brüetesal *stn.* (*ib.*) *bruteier* VOC.
bruot-gans *stf. gans in der brutzeit* GR.w. 3, 683. *md.* brûtgans SSP. 3, 51.
bruot-henne *f.* (I. 626ᵇ) bruthenne RENN. 7652. 12244. HÄTZL. LXX, 2. MGB. 215, 15; *md.* brûthenne SSP. 3, 51.
bruot-lache *stf. stehendes wasser, worin sich fischleich findet* MONE *z.* 4, 82.
bruot-watte *swf. eine art netz* MONE *z.* 4, 83.
brû-phanne *f.* sartago VOC. *Schr.* 2542.
brûs *stm. brausen, lärm* SUCH. 33, 55. WOLK. 107. 1, 16. JER. 85ᵈ. 94ᵈ. 113ᵉ *etc.* BEH. 112, 23. FASN. 1416. 5610; *s.* brûsen.

brüsch *stm. brüsch*, ruscus Voc. *o.* 41, 161. *s.* Dwb. 2, 443. 4, 327.

brüsch *stf. die feinde* lagen gegen ainandern uff der brüsch Öh. 146, 7. — *aus* bürsch, birse *zu* birsen.

brûsche *stf.* (I. 271ᵇ) *brausche, mit blut unterlaufene beule* Livl. — *s.* Dwb. 2, 328. *ags.* brysan *stossen.*

brûsche *stf. das brausen.* mit grôzem winde und gerûsch und mit maneger scharfen brûsch Malag. 41ᵃ; *wasserbrause,* ich sprach: frowe diu minne wil verbrennen mich. siu sprach: so loufe in die brûsche und küele dich Cod. Mind. 129ᵇ. — *zu* brûsen.

brûseln *swv.* (I. 271ᵇ) *knistern* Schm.;

brûsen *swv.* (*ib.*) *brausen* Ms. Engelh. er brûset in im selbe Msh. 3, 294ᵃ; *umgelautet u. nasaliert* b r i u n s c h e n (: riunschen = riusen) Ls. 3. 227, 385. — *altn.* brûsa, *s.* Dwb. 2, 328;

brûser *stm. brauser* Beh. 38, 17.

brust *stfm.* (I. 256ᵇ) *bruch, gebrechen* Sion, Schm. *Fr.* 1, 367. — *zu* brësten; *nach* Dwb. 2. 447, 7 *ist es die ursprüngl. bedeutung vom folgenden*

brust *stf.* (I. 272ᵃ) *gen.* bruste, brüste; *pl.* bruste, brüste, brust, *nd.* burst (Marld. *han.* 36, 27. Jan. 16) *brust; wenn es mamma, uber bedeutet, gewönlich im pl.* — *allgem. s.* noch im herzen under brust Loh. 3034. 5761. sînes vesten herzen br. Reinfr. 1ᵇ. Troj. 2726. mir ist komen ein gelust under mîne winstern brust Türh. *Wh.* 169ᵇ. der hêrren brust vinde ich bedecket mit sô manegem dache Msh. 3, 59ᵃ. er geruorte nie deweder brust Trist. *U.* 508, 2. vil wît ist er zer brüste Neidh. 234, 14. er bringet in die brust ungehôrsam Birkenst. *p.* 201. er truoc den willen in der brust Parten. *p.* 44. swâ kumt brust ze brüste Msh. 2, 365ᵇ. getwungen brust an brust Troj. 9160; — *pl.* künde ich durch ir brüste gesehen in ir herze Msh. 3, 59ᵃ. diz sint diu brüste, die dû sûgest *ib.* 2, 224ᵃ. der riter sich zen brüsten sluoc Ga. 3. 718, 220. den mantel, dâ frou Êre hât ir brüste mit bedecket Msh. 3, 67ᵃ. die milch ûz den brüsten sie dructe diu edel küneginne j. Tit. 1061. *die löwin* ir brüste Achille bôt Troj. 6045. got dem slangen ouch gebôt, daz er sliche ûf den brüsten sîn Vilm. *weltchr.* 65, 378; *die frauen schwören* ûf ir blôze zeswen brust und ûf ir zeswen zopfe Augsb. *r. W.* 287. Mone *z.* 8, 333. wölt man ir daz nit glouben, so mag si nemen die rechten brust in die linggen hant und iren zopf und mit der rechten hant sweren Gr.w. 1, 14; — *bekleidung der brust,* ein scharlachrock mit einer perlîn brust Mone 6, 248. — *gt.* brusts, *altn.* briost *von einem verlornen mit* brësten *verwandten* briustan, braust, brustum, *wovon auch ags.* brustian *sprossen, also brust wol s. v. a. „die schwellende, vorbrechende"* Weig. 1, 187. *vgl.* Dwb. 2, 443. Gr. *kl. schft.* 2, 371 *f.* Gsp. 60.

brust-bein *stn.* (I. 101ᵃ) *brustknochen, oberer theil der brust* Trist. Wh. *v. Öst.* 24ᵇ.

brust-bëlz *stm.* reno Dfg. 492ᵇ.

brust-binde *stf.* pectorale Dfg. 418ᶜ.

brust-blëch *stn.* (I. 204ᵃ) logium, pectuleum, rationale Dfg. 335ᶜ. 419ᵃ. 485ᵇ.

brust-brâte *swm.* (I. 234ᵃ) *ahd.* brustbrâte pectusculum Gff. 3, 285.

brüstec *adj. brüchig, in zusammenss.* — *zu* brësten.

brüstel-druc *stm.* si tet imz kunt vriuntlîch mit umbevange und ouch mit manegem brüsteldrucke dô Msh. 2, 295ᵃ.

brüstelîn, brüstel *stn.* (I. 272ᵇ) *dem. zu* brust Parz. Trist. *H.* Apoll. 15214. Loh. 3124. Troj. 20228. j. Tit. 1249. Msh. 2, 330ᵃ. Ga. 3. 114, 120. Ls. 1. 139, 262. Altsw. 219, 26. Albr. 22, 479. Mgb. 52, 2. 122, 12. 242, 18 *etc.; brustpanzer* Schm. *Fr.* 1, 368.

brüstel-werzel *stn.* brustwarze Ring 14ᵈ, 25.

brüsten *swv.* (I. 273ᵃ) *mit einer* brust *versehen.* gebrüstet Engelh. Zing. *geo.* 433. gebrüstet in die weiten Da. 105. wildiu rinder, diu vor und hinder gebrustet sint Weltchr. 51ᵃ; *refl. sich in die brust werfen,* ir hôher muot sich brüstet gên der angesiht Wh. *v. Öst.* 55ᵇ. 67ᵃ. manegen ritter brüsten sach man sich gên strît *ib.* 6ᵇ.

brustenier *stn. brustpanzer des pferdes* j. Tit. 4691.

brust-îsen *stn.* (I. 756ᵃ) *s. v. a.* brustblëch, logium Dfg. 335ᶜ.

brust-kîstrîe *stf.* tisis vel ulceratio aut tumor pulmonis Voc. 1482; *s.* keistern *im* Dwb. 5, 499.

brust-klopfen *stn. das schlagen an die brust* Renn. 13218.

brust-lappe *swf. brustfleck* Hpt. 3, 119.

brust-lëder *stn. die brust bekleidendes leder* Wh. *v. Öst.* 94ᵇ.

brust-leffel *stm.* (I. 928ᵇ) cartilago Gl. pectorale Dfg. 418ᶜ. er schôz im (*den schaft*) unden zu dem brustleffel în Albr. 19, 477. Hpt. 8, 416.

brust-lich *adj.* (I. 253ᵇ) *s. v. a.* brunstlich? FRL.
brust-lich *adj.* (I. 257ᵃ) *brechbar* FRL.
brust-plate *f.* pectorale DFG. 418ᶜ.
brust-rûmen *stn.* RENN. 13993.
brust-slac *stm.* (II². 382ᵇ) *schlag auf die brust* KL. KRONE, BIT. 2230.
brust-sloȥ *stn. schloss, spange an der brust* DIEM. 313, 18.
brust-snuor *stf.* (II². 454ᵇ) pectorale DFG. 418ᶜ.
brust-suht *stf.* (II². 359ᵃ) *brustkrankheit* DIEM. *arzb.*
brust-tuoch *stn.* (III. 132ᵃ) *brusttuch* STOLLE, pectorale, rationale DFG. 418ᶜ. 485ᵇ; *es ist den männern verboten* gefützte hembd und prusttücher zu tragen NP. 106.
brust-vël *stn.* (III. 294ᵃ) diaphragma Voc. 1482.
brust-vlëc *stm.* (III. 337ᵇ) rationale DFG. 485ᵇ.
brust-wer *stf.* (III. 511ᵇ) *brustwehr* DIEM. KARL 106ᵇ. L. ALEX. W. 5600. ERNST B. 1584. 2242. DSP. 1, 324;
brust-wer *stn.* sie liefen an daȥ brustwer Aw. 3, 190.
brust-wurz *stf.* angelica DFG. 34ᶜ.
brust-zitze *swf.* (III. 917ᵃ) mamilla Voc.
brût *stf.* (I. 273ᵃ) *nebff.* briut, brout, *gen.* briute *die verlobte oder kürzlich vermählte, braut, junge frau* NIB. TRIST. H. mînes bruoder brût GREG. 217. ein verschamtiu br. MSH. 3, 438ᵃ. würde ûȥ der meide niht ein brût *ib.* 418ᵃ. von im getriutet niemer wirt sîn brût *ib.* 2, 15ᵃ. dô wart si offenbâre brût und machete hôzît EN. 65, 2. eine brût vüeren RUL. 264, 33. STRICK. 8, 52. 12, 434. diu swangere brût APOLL. 2349. eȥ mohte einer briute niht versmâhen LOH. 5476. als ein brût gezieret PASS. 229, 88 (*vgl.* briuten). swenne in ûfhebent vier und tragen in enbor als ein brût RENN. 1006. die diutschen briute LIVL. 10081. — *bildl.* leides brût Ls. 2. 323, 90. gotes brût AMG. 40ᵇ. tiuvels br. NIB. HELDB. H. 1. 133, 470; windes brût *windsbraut* (LOH. 2130. MSH. 3, 330ᵇ. j. TIT. 2717. TROJ. 10543. 12527. 18935. 24716. HPT. 7. 381, 38); — *beischläferin* GUDR. LAMPR. daȥ ir mîn slafgeselle werdent und ich iuwer brût TROJ. 21819. — *zu skr.* praudha, *part. von* pra-vah *fortführen = die fort-, heimgeführte* DWB. 2, 331. WEIG. 1, 179; WACK. u. WEINH. *deutsche fr.* 6 *stellen es zu* briuwen, GSP. 60 *zu skr.* bhrûṇa *kind, schwangere frau. vgl.* briu.
brût-bette *stn.* (I. 111ᵃ) *brautbett* MAR. ALEXIUS, PASS. LITAN. 231, 15. RING 43, 11. thalamus DFG. 571ᶜ.

brût-dëgen *stm.* (I. 309ᵇ) *gemahl* MAR.
brûte *stf.* brûten *swv. s.* briute, briuten;
brûtec *adj.* die brûtegen lit *die geschlechtstheile* MONE 8. 494, 80.
brût-gâbe *stf.* (I. 509ᵃ) arra, dos, parafernalia, sponsalia DFG.
brût-gans *stf. s.* bruotgans.
brût-gëbe *swm. s.* briutegëbe.
brût-ge-bende *stn. kopfschmuck einer braut* APOLL. 18482.
brût-ge-want *stn.* (III. 684ᵃ) *brautkleid* DIEM. briutgewant HELMBR. 1631.
brût-gift *stf.* dos, sponsalia GERM. 9, 175 (ROTHE).
brût-henne *f. s.* bruothenne.
brût-hüeter *stm.* -hüeterinne *stf.* (I. 732ᵇ) paranymphus, -nympha Voc.
brût-hülle *stf.* (I. 680ᵇ) flammeum Voc.
brûtinne *stf. braut.* die gotes brûtinne stête in der kuchen was BUCH *der veter* 119, 90 (*Leipz. hs. s.* DIEM. *gl. zur gen.* 97ᵃ).
brût-kamere *f.* (I. 872ᵇ) *brautkammer, fürs mhd. nicht zu belegen.*
brût-lachen *stn.* (I. 923ᵇ) *eine art tuch, scharlach* WOLFR. brûtlach ER. 1985, *die hs.* praunen scharlach, *wofür Bech* brûnât *setzt; vgl.* GERM. 4, 204.
brût-leich *stm.* (I. 960ᵃ) leich, *der bei hochzeiten gesungen wird* SION. *vgl.* hîleich;
brût-leichen *swv.* (*ib.*) *sich vermählen* MONE. *vgl.* WACK. *litterg.* 65 *anm.* 14.
brût-leite *stf.* (I. 976ᵇ) *führung der braut, hochzeit* TRIST.
brût-lich *adj. bräutlich.* âne brûtlîche gewâte ROTH *pr.* 79.
brût-liet *stm.* (I. 984ᵇ) *lied bei hochzeiten* GEO.
brût-louf, -louft *stmfn.* (I. 1047ᵃ) *vermählungsfest, eigentlich brautlauf, weil im alterthum ein wettrennen um die braut gehalten wurde* (DWB. 2, 336); *am häufigsten das fem. u. die form* brûtlouft (ER. 1899. 2195. 6640. EN. 344, 13. ALBR. 12, 2. 21, 487. 518, 579. HEINR. 871. 883. 957. 969. BPH. 1513. HEINZ. 128. 47, 3. RENN. 3780. KRONE 22551; *pl.* brûtloufte *ib.* 13863. brûtlöufte BERTH. 269, 28). brûloft GA. 2. 203, 227. brûnloft OBERL. 182. MONE z. 16, 333. *ndrh.* brûtlaht MSH. 3, 96ᵃ. Voc. 1482 (*neben* prutlauf). brûlocht KARLM. 209, 34. 215, 43. brûloch 209, 42. brûlof 210, 52. *vgl.* HPT. 3, 66 *ff.* GERM. 4, 371. RA. 434;
brût-louft-lich *adj.* (*ib.*) *hochzeitlich* BARL.;
brût-louften *swv. hochzeit halten* EVANG. 245ᵃ.

brût-mantel *stm. brautmantel* WACK. *pr.* 48, 25.
brût-miete *stf.* (II. 168ᵃ) *mitgift* NIB.
brût-muos *stn.* (II. 240ᵇ) *brautspeise, brautsuppe* BUCH *v. g. sp.* daȥ man den tisch dannen næm, ê daȥ brûtmuos ûȥ kæm LS. 3. 405, 222.
brût-schaft *stf.* (I. 274ᵃ) *vermählung* MYST. APOLL. 5861.
brût-schaz *stm.* (II². 90ᵃ) *brautschatz* KIRCHB. WL. 114 (*a.* 1323).
brütsche *swf. pritsche.* die brütschen schlagen NARR. 59 *u. anm. s.* britze.
brût-segen *stm.* (II².239ᵃ) *einsegnung der neuvermählten* HEINR.
brût-, briute-stuol *stm.* (II². 714ᵃ) *brautstuhl* ATH. ER. GUDR. j.TIT. PF. *üb.* 199, 40. SPEC. 32.
brutten *swv.* (I. 274ᵇ) *ahd. tr. erschrecken, mhd. refl. verlangen* nâch ERINN. 336 *u. anm.*
— *zu* brëtten.
brûwen *stv. s.* briuwen;
brûwesal *stn. was auf einmal gebraut wird* VILM. 51.
bû, bou, -wes *stmn.* (I. 289ᵃ) *bestellung des feldes, weinberges* A. HEINR. WWH. TRIST. WOLK. 67. 2, 9. *ein gut, lehen* in bûwe hân, *es bebauen* STB. 305. ULA. 112. eȥ (*das gut*) sî enbûwe oder nit enbûwe MZ. 1, 301. die weingerten in rechtem paw haben USCH. 334. den weingarten mit allen pawen verrichten UHK. 2, 74. dem weingarten sînen rehten und zîtlichen pau tun USCH. 120; *gewönliches erträgnis eines bestellten gutes,* der wein, der über daȥ paw wirt in den weingerten STZ. 644. STB. 294; — *wohnung, gebäude* TRIST. TROJ. BIT. 7072. ALPH. 165. AD. 1296. MZ. 4, 60. 232. burkliche beuwe = *burgen ib.* 325. zu paw und narung komen MH. 3, 143; *bau eines hauses, gerüstes etc.* PARZ. NIB. SERV. LOH. 5002. das paw *eines schlosses* MH. 3, 302. — *zu* bûwen;
bû-bære *adj. urbar* MONE *z.* 6, 186.
bû-becke? *stm.* Heile. becker, sal bubecke tun als ein ander FRANKF. *bürgermeisterb. v. j.* 1456 *f.* 15ᵇ. Molhûsen der bubecke zu erlaszen 22ᵇ. daȥ man alle bûbecke off die wage liwer 55ᵇ. von der wagen wegen, den lûden ir bûbecke daruff zu antworten *ib. v. j.* 1440 *nr.* 3; *später v. j.* 1548 *f.* 158 pawbacken. *vgl.* BÖHMER *Frankf. urk. s.* 749 (*a.* 1377) wer bûwe becket und niht anders der sal kein swîne halden.
bubel timpana, bubeler timpanator DFG. 583ᶜ. *vgl.* bunge, bumbel.

buc *s.* puggel.
buc, -ckes *stm.* (I. 275ᵃ) *schlag, stoss* NEIDH. (47, 8). *vgl.* boc, bochen.
buc *stm.* (*ib.*) *artemisia, beifuss* DFG. 51ᵃ. bug SCHM. *Fr.* 1, 217; *s.* buckel.
buc *stm.* (I.178ᵃ) *sturz* ROSENG. daȥ er zuo der erd muost nemen einen buc HELDB. *K.* 638, 29. — *zu* biegen.
bûc *stm. s.* buoc.
buch, bûch *stm. schlegel, keule, in* rinds-, kelber-, kitz-, lemberbuch; ein rindrîn bauch AUGSB. *r. W.* 367. lammes-, geiszenbûch MONE *z.* 15, 287. *vgl.* SCHM. *Fr.* 1, 196.
bûch *stm.* (I. 275ᵃ) *pl.* biuche BUCH *d. r.* 607. MSH. 3, 302ᵇ: *bauch* FREID. BON. SERV. in sîner muoter bûche ANEG. 9, 53. dô er in dînen reinen bûch kam DIEM. 296, 6. 297, 4. 315, 4. ir bûch ist stâl MSH. 3, 71ᵇ; *magen* RENN. 9795. MSH. 3, 109ᵇ. MGB. 31, 13. 17. 115, 22; *wölbung an musikinstrumenten ib.* 314, 20. 27; *rumpf* LAMPR. FREID. von dem bûche daȥ houbet slân PASS. 188, 89. 191, 44. — *zu skr.* bhuj *geniessen? vgl.* Z. 1, 14. 150. DWB. 1, 1163;
bûcheht *adj.* ventricosus DFG. 611ᵇ.
buchel, puchel *stswf. fackel* BEH. 73, 19. 74, 6. 90, 20. 162, 15. 30. do brâht er eine pühel grôz diu bran GA. 2. 341, 59. *vgl.* SCHM. *Fr.* 1, 196. KWB. 45.
bûchel *stm. s.* büechelîn.
bûchelîn *stn. s.* biuchelîn.
bûchen *swv. s.* biuchen.
buchfel *stm. s.* büffel.
bûch-lôs *adj. ohne bauch.* der bûchlôse vâlant DAN. 2015. 2042.
bûch-slunt *stm.* (II. 403ᵇ) ventris ingluvies VOC.
bûch-stœzec *adj.* (II². 669ᵃ) *vom pferde, bauchschlächtig* KRONE; *ebenso*
bûchstrëbec *adj.* SCHM. 3, 677;
bûch-strëben *stn.* (II². 679ᵇ) GL.
bûch-swarbe *f.* altanus DIEF. *n. gl.* 17ᵇ.
bûch-wille *swm.* (III. 673ᵃ) gastrimargia GL.
bûch-wurm *stm.* (III. 826ᵃ) *eingeweidewurm.*
buckel *stf. artemisia, beifuss* DFG. 51ᵃ. SCHM. *Fr.* 1, 206. DWB. 2, 485.
buckel *stswf. stm.* (I. 275ᵇ) *halbrund erhabener metallbeschlag in der mitte des schildes, allgem. als stf.* ER. 2307. MEL. 3350; pückele oder schüpele *an kleidern* NP. 96. — *aus mlat.* buccula, *fz.* boucle. DWB. 2, 485;
buckelære, -er, buggeler *stm.* (*ib.*) *schild mit einer* buckel LANZ. WIG. GUDR. BIT. 6531.

RENN. 16730. 24606. MSH. 3, 13ᵇ. 14ᵃ. die vehten sont mit buggelern—, die süln îsenîn sîn SWSP. 351, 8. puckler MGB. 283, 13. 492, 22. bügler KELL. *erz.* 588, 26; *der mit einem buckeler bewaffnete krieger* RUL. KARL, WARTB. 79, 7. LOH. 222, 227; *schlechte hole münze mit erhabener arbeit* HÄTZL.;
buckeleht *adj. buckelich* RING 21ᵈ, 34.
buckel-hûs *stn.* (I. 738ᵃ) *spitze der buckel* PARZ.
buckeln *swv. mit buckeln, erhöhungen versehen* MGB. 235, 21.
buckel-rîs *stn.* (II. 724ᵃ) *die verzierung um die buckel des schildes* PARZ. MEL. 3389. 5933.
bucken *swv. s.* bocken.
bücken *swv. s.* bicken.
bücken *swv.* (I. 178ᵃ) *prät.* bucte, *biegen,* bücken PARZ. FRL. PASS. sich nâch den slegen bücken DAN. 5163.
bucken-menlîn *stn. es ist verboten auf der karten schanzen, das man puckenmendlens nent* NP. 89; MGB. 4, 2. 50, 2. *vgl.* bocken.
buckeram, buckerân, buggeram *stm.* (I. 276ᵃ) *steifes aus ziegen- oder bockshaaren gewebtes zeug* PARZ. ERACL. LIEHT. ein wambeis von buckerân GERM. *Hag.* 9. 119, 826. Mw. 36, 67. 59, 57. — *aus mlat.* boquerannus, *prov.* boqueran, *vgl.* DIEZ 1, 92.
bückezen *swv. s.* böckezen;
bückîn *adj.* (I. 220ᵇ) *vom bocke.* bückîn fleisch NP. 198. b. schuoche GR.w. 4, 92. b. leder DIEF. 1470 *p.* 22.
bückinc *stm. bückling.* heringe und pückinge NP. 168. MONE *z.* 7, 296. bucking, ruburnus VOC. 1482. DWB. 2, 488.
bude *stf.* (I. 276ᵇ, 12) meta DFG. 359ᵃ (*auch* bode). *n. gl.* 252ᵃ.
bûde *f. s.* buode.
budel *stm. s.* bütel.
bûdel *stmn. s.* biutel.
budeminc (I. 276ᵇ) *kaldaunen,* omentum DFG. 396ᵃ. *n. gl.* 271ᵇ; *vgl.* boden.
buden *swv.* (I. 276ᵇ) metari DFG. 359ᶜ. *zu* bude.
bûden *swv. schlagen, klopfen.* wer frevelich gein ime bûdet MONE *z.* 7, 17 (*a.* 1430). SCHM. *Fr.* 1, 209. DWB. 1, 1169. *s.* biuden;
bûderlinc *stm. streich, schlag, beule.* bauderling GR.w. 3, 571. büderlinc 6, 78. beuderlinc 3, 566. HALT. 1458. ZIMR. *chr.* 3. 392, 7; *s.* DWB. 1, 1170. SCHM. *Fr.* 1, 209.
bûder-streich *stm. scheltwort,* bûderstreich und gewapnet hant GR.w. 3, 574. *vgl.* 6, 32. 78;
bûder-streichen *swv.* GR.w. 6, 32.
bû-dinc, bûwe-dinc *stn.* (I. 334ᵃ) *baugericht,* ein gericht wegen des feldbauwesens; pacht für ein hofgut WEIST. (2, 626. 3, 372. 613 *ff.*). MONE *z.* 8, 136. SWSP. 349, 4;
bû-dingen *swv. ein bûdinc halten* GR.w. 3, 614. 649.
büebelîn *stm. dem. zu* buobe RENN. 18961;
büebin *stf.* lena, medea, ribalda VOC. 1482. FASN. 357, 22. 550, 58;
büebisch *adj. bübisch* NETZ 13342. BEH. 14, 31. FASN. 819, 19. 1031, 18.
büechel *stm. s.* buochelîn.
büechel *stm. buchnuss* GR.w. 5, 343. MGB. 323, 26. — *zu* buoche;
büechel-boum *stm.* fagus VOC. 1482
büecher-man *stm.* librarius VOC. *Schr.* 1501.
büecher-schrîn *stm.* archarium *ib.* 156.
büechîn, buochîn *adj.* (I. 260ᵇ) *von der buche* WAHTELM. (81). GA. 2. 524, 437. büechîne schîter KOLM. 194, 50. büechîne kiele GERM. *Hag.* 9. 116, 666. ein buochîner stump GR.w. 1, 149. b. laub CHR. 5. 155, 15. HÄTZL. 171ᵇ.
büege *stf. punkt, von wo aus wendung, ablenkung geschieht, s.* DWB. 2, 495;
büegen *swv. prät.* büegete, buocte, *part.* gebüeget, gebuoct *biegen, beugen.* gerne ich mich dar büegete (: vüegete), dâ ich dir gedienen möhte TRIST. *U.* 555, 6. dem wirt sîn heil gebüeget (: benüeget) KOLM. 39, 6. — *mit* en-, er-, über-, ver-. *zu* buoc.
büel *stm. s.* bühel.
büelîn *stn. dem. zu* buole, *schäzchen* GERM. 3. 416, 26.
büene *stf. s.* bün;
büenen *swv.* (I. 276ᵇ) *bohnen.* bienen NARR. 77, 19. *s.* DWB. 2, 226. 510. — *mit* durch-. *vgl.* bonen.
büeste *stf. wüste, wildnis, md.* bûste JER. 149 *vielleicht vom poln.* busty.
büeʒec *adj. in* kumberbüeʒec;
büeʒegen *swv. büssen, strafen.* ir sult eʒ geistlichem gerihte unde werltlichem künden, die suln sie beide büeʒegen BERTH. 267, 14;
büeʒen *swv.* (I. 283ᵇ) *md.* bûʒen, *prät.* buoʒte; bützen NETZ 6971. 7754. 10435. S. GALL. *stb.* 41ᵃ. *bessern, ausbessern* (*etw. zerbrochenes* zesamen b. BPH. 4443), *gut machen an einem, mit dat. u. acc. durch bessernde hilfeleistung beseitigen, von etw. befreien* (einem bûʒen, *ihm das kopfweh durch besprechung heben* PASS. *K.* 395, 83); *vergüten, busse leisten;* einen b. *ihn bestrafen* (PASS. *K.* 306, 56. 322, 33. CHR. 5. 184, 21). *allgem. — mit* în, ge-, ver-. *zu* buoʒ, buoʒe.

bûeʒendec *adj. bussfällig* GR.w. 3, 606;
büeʒer *stm. in* alt-, schuochbüeʒer; *ordo pœnitentium* OBERL. 206.
buf *stm.* (I. 276ᵇ) *stoss, puff* FDGR. (*osterspiel aus dem* 15. *jh.*) NARR.; *art brettspiel mit würfeln* Ms. — *aus fz.* buffe *s.* DWB. 2, 490.
bufe, büferei *s.* buobe, buoberîe.
büffel *stm. ochs* APOLL. 10282. buchfel ein wilder ochse, bubalus Voc. 1482; *s.* DWB. 2, 492.
buffen *swv.* (I. 276ᵇ) *schlagen, stossen* (ZIMR. *chr.* 1. 464, 17). an buffen *anschlagen, bellen* SWSP.; *das haar kräuseln* NARR. 4, 9 *u. anm.* (ZIMR. *chr.* 2. 502, 7). DWB. 2, 492. — *zu* buf.
bufferei *s.* buoberîe.
buffo b. mag ein klain krot haiʒen MGB. 295, 25.
bû-ge-dinge *stn. s. v. a.* bûdinc GR.w. 6, 656.
bûgen *swv. s.* biugen.
bugen-sâme *swm. artemisia* SCHM. *Fr.* 1, 217. *s.* buc.
bû-ge-ræte *stn.* (II. 574ᵃ) *bauzeug* TRIST.
bû-ge-schirre *stn.* (II². 164ᵃ) *ackergeräte* WEIST. (1, 42). MONE *z.* 5, 363. *vgl.* gebûschirre.
bugetsche *swf. s.* vochenze.
buggeler *stm. s.* buckelære.
buggeram *stm. s.* buckeram;
buggeramen *swv.* (I. 276ᵇ) *mit b. versehen, ausschmücken* WALTH.
bügler *stm. s.* buckelære.
bû-haft *adj.* (I. 289ᵇ) bû *habend: bestellbar, vom acker* RUL.; *bewohnbar, bewohnt* GERH. ZING. *geo.* 106. SCHM. *Fr.* 1, 187.
bühel *stm.* (I. 277ᵃ) *hügel* GEN. LANZ. (5131. 6573. 8104). TRIST. DIEM. 355, 21. ER. 7838. FLORE 6911. MEL. 7189. ANTICHR. 128, 41. SERV. 1596. KOLM. 6, 404. ROTH *denkm.* 80, 32. 90, 135. MYST. 2. 303, 12. MGB. 91, 33. 154, 26. buohel SCHM. *Fr.* 1, 218. büel URB. 138, 21. — WACK. *hält es für umstellung von* hübel; *nach dem* DWB. 2, 496 *zu* biegen;
büheleht *adj.* puhlet montosus Voc. 1482;
bühelîn *stn.* (I. 277ᵃ) *kleiner hügel.* monticulus, grumulus Voc. 1482; *wange* GL.
bû-hof *stm. hof, haus eines landgutes* GR.w. 4, 5. 5, 343.
bû-holz *stn. zimmerholz* GR.w. 1, 123. 641. 4, 33; baweholz 3, 533.
buhs *stm.* (I. 277ᵃ) *buchs* Ms. *aus lat.* buxus.
buhs-boum *stm.* (I. 227ᵇ) *buchsbaum* MGB. 316, 20. GR.w. 6, 164. buxus, taxus DFG. 85ᵃ. 574ᵇ.
bühse *swstf.* (I. 277ᵃ) *büchse* EN. HARTM. WOLFR. TROJ. 950. 980. ein bühse, dar inne er guote briefe truoc *ib.* 18893. CHR. 2. 84, 31.

diu bühse rîch von helfenbeine j. TIT. 4911; HELBL. 6, 136. BERTH. 447, 6. GERM. 3, 235ᵇ (*st.*); *zauberbüchse* TRIST. KOLM. 23, 17. HELDB. *H.* 1. 266, 848 *f.; eisernes beschläge* TUCH. 100, 11; *feuerrohr* WOLK. 13. 8, 7. MGB. 91, 25. SCHILTB. 60. CHR. 4. 57, 14. 82, 3. busche *ib.* 1. 41, 21. — *aus gr. lat.* pyxis;
bühselîn *stn. kleine büchse* GA. 3. 582, 186. 194. 201.
bühsener *stm. cassierer* MONE *z.* 16, 339.
bühsen-loch *stn. schiessloch* CHR. 1. 181, 35.
bühsen-meister *stm.* bombardarius Voc. 1482. WEINSB. 2. 18. 19. BEH. 67, 30 *ff.* CHR. 2. 254, 14 *ff.; s. v. a.* bühsener MONE *z.* 117, 58.
bühsen-schütze *swm.* CHR. 2. 254, 29. 255, 5. 12.
bühsen-stein *stm. kanonenstein* CHR. 2. 67, 4. 291, 20. MONE *z.* 17, 320.
bühsen-vaʒ *stn.* (III. 281ᵃ) *büchse, flasche* PASS. (*H.* 35, 58).
bühslach *stn. büchslein* CHR. 4. 337 *anm.* 4.
bûhurdære *stm. der den* bûhurt *reitet* MAI *p.* 117;
bûhurdieren, bêhurdieren *swv.* (I. 736ᵇ) *einen* bûhurt *reiten, allgem. in den episch. ged.; aus mfz.* bouhourder, behourder. — *mit* ver-;
bûhurt, bêhurt *stm.* (I. 735ᵇ) *ritterspiel, wo schaar in schaar eindringt; allgem. in ep. ged.; bildl.* dar an (*in dem bette*) sie muoste der minne bûhurt lîden LOH. 2360. — *aus mfz.* bouhourt, *s.* hurt.
bûken *stn. s.* pûken.
bû-knabe *swm.* MONE *z.* 6, 400 *f., s. v. a.*
bû-knëht *stm.* (I. 852ᵃ) *ackerknecht* HELBL. CHR. 2. 81, 8. GR.w. 6, 200.
bulderer *stm.* tumultuarius DFG. 601ᵃ;
buldern *swv. s.* bollern.
bule *swf.* (I. 277ᵇ) *rücken der schildkröte* Ms. *vgl.* bulle;
bûle-brust *stmf. geschwulst um ein gebrochenes glied* HALT. 196.
buleht *adj. rund, kuglicht* CHR. 5. 379, 3.
bû-leibe *stf.* (I. 969ᵇ) *hinterlassenschaft im bau, im bauerngute, s. v. a.* besthoubet, bûteil; *s.* DWB. 1, 1187.
bulge *swf.* (I. 124ᵇ) *sack von leder* ENGELH. HELBL. OTN. (2221. 2225). TROJ. 28290. RENN. 8990. HELDB. *K.* 123, 15. 23. EVANG. 245ᵇ; *welle im sturm* PASS. ALBR. 26, 42; pulke *altes weib* WACK. — *zu* bëlgen, *s.* DWB. 2, 511.
bulgen-ambet *stn.* BASL. *r.* 11.
bulgen-decke *f.* trebea, ein seidin tuch mit golde Voc. 1482; *umdeutsch. aus* baldekîn?

bul-harz *stm.* terebintina DIEF. *n. gl.* 362ª;
pulleharz Voc. 1482; *s.* DWB. 2, 512.
bûlich *adj.* biulich.
bû-liute *pl.*(I.1038ª)*ackerleute, bauern* PARZ.
BERTH. KCHR. *D.* 446, 11. 453, 11. purger
und paulaût Mw. 226. 238, 18; bûwelûte
EVANG. *L.* 20, 14. 16; *s.* bûman.
bullære *stm. der* bullen, *siegel macht, siegler*
RENN. 9019;
bulle *stswf.* (I. 277ᵇ) *siegel einer urkunde, die
urkunde selbst, bulle.* silberîn bulle RENN.
9086. 9113. die bulle (*brief*) brâhtens dem
Prâbant LOH. 3571. sô schrîbet seine heilig-
keit den herren von Behem in einer geslossen
bullen UGB. 181; ÖH. 33, 8. 69, 11. 93, 2 *ff.*
etc. — *aus lat.* bulla (des pâbest insigel hei-
zet bulla SWSP. 140, 1);
bullen *swv.* (*ib.*) *mit einem siegel versehen*
CLOS.; *s.* bullieren.
bullen, büllen *swv.* (I. 126ª) *heulen* HELBL.
(*vom winde*); *bellen* MGB. 108, 24. REINFR.
162ᶜ; *brüllen* der keiser bullet sam ein rint
LOH. 7231. wenn daz lithûs wirt ervüllet,
einer springt, der ander büllet TEICHN. 209.
— *zu* bëllen.
büller *stm. s. v. a.* bilern MYNS. 62. *vgl.* DWB.
2, 513.
bullich *m. s.* bolch.
bullieren *swv. mit einem siegel versehen.* des
pabsts gebulliert offen brief W. 37 (*a.*1339);
s. bullen.
bû-lôs *adj. ohne bau, unbestellt.* daz es (*das
lehen*) icht paulos werde UHK. 2, 153 (*a.*1333).
bûl-slac *stm.* (II². 382ᵇ) *schlag, der eine beule
bewirkt* ROTH. OBERL. 197.
bultbett *s.* pulpet.
bulwehs *s.* bilwiz.
bulz, bulzen *s.* bolz, bolzen.
bulz *adj. krank an dem* bulzen SCHM. *Fr.* 1,
238;
bulzen *stm. eine pferdekrankheit* SCHM. *a.a.o.
vgl.* DWB. 2, 514 *u.* fulzan (= pulzan FASN.
1372).
bulzen *swv.* fulcire, *in* underbulzen.
bû-man *stm.* (II. 36ª) *ackermann, bauer, päch-
ter eines bauerngutes* KCHR. A. HEINR. HPT.
7, 150. ECKE *Sch.* 273. 275. STRICK. 5, 1.
SCHRETEL 319. 346. MSH. 2, 309ª. korn sæt
ein bûman MSF. 30, 16; PASS. 195, 22. bou-
man SWSP. 182, 1. 2; bûmans reht *baurecht
eines pächters* MB. 21, 416. WEST. *gl.* 41;
gotes bûman SERV. 1923. der ubile bûman
der tievel GRIESH. *denkm.* 21 (*so soll das
citat im* WB. *heissen*); bûweman KOLM. 22,5.
GR.W. 2, 228;
bû-man-schaft *stf.* alle getreuwe burger-
schaft, alle getreuwe poumanschaft DENKM.
532, 10.
bumbel *m.* timpanator DFG. 583ᶜ;
bumbeln *stn. baumeln, hin u. herstossen, da-
durch verursachter lärm* RING 10ᶜ, 39; *s.*
DWB. 2, 515.
bumbel-wurz *stf.* (III. 828ᵇ) solsequia DFG.
541ª.
bumblebum, b. machen *vom küfer* NARR. 76,
7; *bei* GEILER bumberlibum machen.
bû-meister *stm.* (II. 119ᵇ) *baumeister* GR.W.
1, 162 *f.; leiter der städtischen bauten s.*
TUCH.; die vier bûmeister *von Augsburg*
hatten der stat guot in ze nemen und ûz ze
geben CHR. 4. 147, 28 *ff. eine ähnliche bedeu-
tung hat es wol auch* GR.W. 5, 260: wanne
bûwemeistere der pharkirchen zu Minzinberg
des spitals sancten Nicolas adir almose-
bûwemeister unde phleger phande gern und
nemen wulle unde haben von ern schuldigern
der vorgenanten bûwemeisterschafte unde
phleger, die mag ein heimburge auch geben;
aufseher über die bûknehte, oberknecht GR.W.
6, 200; *beisitzer des* bûdinges MONE z. 8, 136.
bû-meister-schaft *stf. s. das vorige.*
bumez *stm. s.* bimz.
bum-hart *stm. schalmei,* bumhart eine grosze
pfeyff, parda Voc. 1482. der ander (*musikant*)
treit ein pumhart SCHM. *Fr.*1,241; *geschütz,*
verslag den pumhart mit ainem herten klotz
SCHM. *a. a. o.* pomhart WOLK. 13. 8, 6.
bum-hart-pfîfe *swf.* SCHM. *a. a. o.*
bû-miete *stf. wohnungszins; heiratszins* SSP.
3. 73, 3.
bû-müle *stf.* GR.w. 2, 150 *ist* bannmuhl *zu lesen.*
bün, büne *stf.* (I. 277ᵇ) *bei* FRL. büene *erhöh-
ung des fussbodens durch bretter, bühne*
TROJ. CLOS. BEH. 310, 14; *decke eines ge-
maches* KONR. (TROJ. 17526). HELMBR.; büne
an einem schiffe GERM. *Hag.* 9. 116, 645;
latte, brett ein trâme ist grœzer denne ein
büne RENN. 8417. — *zu* ban? *vgl.* DWB.2,508.
bunde *adj. s.* bunt.
[**bünde** *stf.? fessel?* I. 135ᵇ] *ist der plur. von*
bunt *stm. so auch* dîn bünde sint zertrennet
HEINZ. 119. 21, 2. 131. 67, 4;
bündec *adj.* (I. 136ª) *verbündet* FRL.;
bunden *swv. in* verbunden.
bunder *stm. der erden* bunder ERLŒS. 19 *ist
nach Bech* GERM. 3, 328 *warscheinlich* =

phunder. W. Gr. *citiert für* bunder Beliand 1272.
büne *stf. s.* bün.
bünec *adj. in* ëbenbünec.
bünen *swv. s.* büenen.
bûn-garte *swm. s.* boumgarte.
bunge *swm.* (I. 277ᵇ) *knolle* Gl. Pf. *arzb.* 1, 15;
bunge *swf. trommel, pauke.* dô sluog er ûf die bungen Msh. 3, 312ᵃ. der spilman riht die bungen, die reif er dâ bant *ib.* 312ᵇ. in den bungen ind salterien singent sy eme, in tympano et psalterio psallunt ei Jan. 15. in der bongen ind rotten *ib.* 16. — *zu* bingen, *s.* Dwb. 2, 524;
büngel *stn.* (I. 278ᵃ) adiantos, rostrum porcinum Gl.;
bungen *stn. trommeln, pauken.* pfîfen, videlen, bungen Kolm. 61, 9;
bungener *stm.* timpanator Dfg. 583ᶜ.
bungen-rinde *stf.* cortex bunne Dfg. 153ᵃ.
bungen-sleger *stm.* timpanista Dfg. 583ᶜ.
bünic *adj.* (I. 277ᵇ) *stützend?* Fkl. *vielleicht* bündic?
bunkel *stn. s.* punkelin.
bün-nagel *stm. eiserner nagel zu den dachlatten* Tuch. 98, 31. 726, 32. boneile, boneneile Frankf. *baumeisterb. v. j.* 1456 *f.* 43ᴸ.
bunnen *an. vb.* = be-unnen *in* en-, er-, verbunnen; *hieher?* die sîne kraft von nieman bunnen j. Tit. 5977.
bunst *stf. in* âbunst, urbunst.
bunt *adj.* (I. 135ᵇ) *schwarz u. weiss gefleckt oder gestreift* Parz. Pass. bunt, grâ, hermîn Eracl. 1828. keln vêch und bunt Turn. 138, 1. ein rîlich beliz vêch und bunt Troj. 9086. ein ritter mit bunden kleidern Gr. w. 1, 465. bunde des mancherlei farbe ist, varium Voc. 1482. — *nach* Wb. *u.* Dwb. 2, 525 *zu* binden (*eigentl. mit einer* binde *ausgestattet, gestreift*), *nach* Wack. *aber aus lat.* punctus, punctum (*vgl.* punt) *u. dazu stimmt* bunct Parz. 758, 2 *var. u. die nd. form* bunt, bont, *sowie das in der flexion beibehaltene* t (*auch beim folgd. denn ein gen.* bundes, *wie das* Wb. *angibt, ist nicht erweislich*);
bunt, -tes *stn.* (I. 135ᵃ) *art pelzwerk, buntwerk* Hartm. Wig. Nib. Gudr. Türh. *Wh.* 101ᵃ. 103ᵇ. j. Tit. 1418. Antichr. 114, 33. Malag. 15ᵇ. Karlm. 130, 54. 209, 50. 221, 60. 256, 58. — W. Gr. *verweist auch auf walach.* bunde, *serb.* bûnda *pelzwerk in* Schotts *walach. märchen s.* 21.
bunt, -des *stn.* (I. 134ᵇ, 135ᵇ, 40) *band, fessel*
Loh. Ms. des rehten mæres bunt Heinz. 119. 18, 5. 123. 21, 2. der minne bunt Msh. 2, 285ᵇ. Beliand 2868. vremder liebe bunt *ib.* 2184. tugende bunt Msh. 2, 250ᵃ. der künste bunt Kolm. 84, 48. 66 (= der k. bant 84, 30). sorgen b. Winsb. 35, 7. *pl.* bünde Heinz. 119. 21, 2; 131. 76, 4. Msh. 3, 17ᵃ. Hadam. 491. Mart. 47, 64. 107, 88. 158, 70; *verband einer wunde* Büchl.; *zusammengebundenes, um etw. gewundenes,* gugel mit lûterem bunde Kol. 179, 851. setzte ir ûf disen bunt Apoll. 5753; *zusammengebundene last:* slôz unde bunt *hülle u. fülle* Geo. Such. Kolm. 47, 4; *eine reihe von steinen nebeneinander im brettspiel* Ms. Mart.; *verwickelung, rätsel* Msh. 3, 348ᵃ; *bündnis, die verbündeten, s. die folgd. composs.* — *zu* binden.
bunt-brief *stm. bündnisurkunde* Mz. 4, 92. Mh. 2, 731. Usch. 23. Mone *z.* 11, 28.
bunt-ge-nôze *swm. verbündeter* Chr. 2. 127, 1. 5. 14 *etc.*
bunt-ge-var *adj.* (III. 241ᵃ) *bunt* Parz.
bunt-schuoch *stm.* (II². 224ᵇ) *schuh mit riemen zum umschnüren der beine* Reinh. Helbl. Ot. Wolfd. 1953. Swsp. 418, 25. alluta Dfg. 27ᵇ. *n. gl.* 18ᵇ; et cetera buntschuoch *wortspiel mit etc.* punctum Hpt. 1, 433. Dwb. 3, 1174; — *über die bedeutung "empörung, aufstand"* (*weil die fahne der sich empörenden bauern einen bundschuh als ihr zeichen trug*) *s.* Dwb. 2, 523, *doch lassen sich schon belege aus der mitte des 15. jh. beibringen, s.* Chr. 2, 385 *anm.* 5. Mone *bad. archiv* 2, 218. *z.* 16, 244 (*a.* 1443).
bunt-var *adj. bunt gefärbt* Mgb. 438, 29.
bunt-wërc *stn.* (III. 588ᵇ) *buntwerk, pelzwerk* Voc. Eilh. 6715. Mone *z.* 7, 59. *umgedeutet* wunderwërc Dief. *n. gl.* 377ᵃ.
bünzel *stn.* Parz. 190, 13 *var. zu* buzzel.
buobe *swm.* (I. 278ᵃ) *md.* bûbe, bûfe (Dür. *chr.* 777): *knabe, diener* Osw. Trist. *H.* Altsw. 226, 22; *trossknecht* Mgb. 77, 16. Dh. 439. Mw. 244, 32. Ugb. 448. Chr. 2. 267, 11. 16. 315, 2 *s.* 543ᵇ; *zuchtloser mensch, spieler etc.* Renn. 6374. 6951. 56. der würfel machet buoben vil Ls. 3. 231, 15. 480, 116; Mart. 56, 91. 73, 1. 206, 85. Pass. *K.* 161, 41. Marlg. 222, 296. 362, 75; — *die weibl. brüste* Altsw. 50, 3. 51, 2 (*s.* Dwb. 2. 461, 6. Gr. *kl. schft.* 2, 383). — *nach* Wack. *u.* Weig. 2, 188 *entlehnt aus lat.* pûpus, *s. dagegen* Dwb. 2, 458;
buobelieren *swv.* (*ib.*) *in büberei leben* Narr. 27, 6.

buoben *swv. in* verbuoben.
buoben-hütte *swf. zelt für die trossbuben* CHR. 2. 314, 24; 4. 257, 10.
buobenîe *stf.* (I. 278ª) *wesen eines* buoben RENN. MYST. j.TIT. 237; *vgl.* buoberîe.
buoben-künec *stm. s. v. a.* buobenvater LAURENT *Aachener stadtrechn.* 290. 292.
buoben-lëben *stn.* buobenleben und gumpelwîs, swer des iezuo vil kan, der ist ein rehter hoveman TEICHN. 273.
buoben-plaz *stm. bubentanz.* eʒ sol dhein leiggeb niht gestatten dheins bubenplatz in seinem hause NP. 65.
buoben-schanze *stf.* (II². 85ª) *bubenspiel* FDGR.
buoben-spil *stn.* eʒ trîbet iezuo niem sô vil bœser wort und buobenspil, als etelîch ritter unde phaffen TEICHN. 253.
buoben-strigel *stm.* (II. 690ª) *als scheltwort* RENN. FASN. 254, 30.
buoben-vater *stm. aufseher über die trossbuben* CHR. 2. 314, 24.
buoberîe *stf. wesen eines* buoben, *büberei* RENN. 1181. KELL. *erz.* 243, 9. BEH. 2, 3. 6, 11. NETZ 5661. 10831. 12633. CHR. 3. 368, 17. FASN. 45, 19. 620, 16 *etc.* KIRCHB. 788, 55. büferei, bufferei DÜR. *chr.* 689. scurrilitas, pellicatus, concubinatus cum pellice VOC. 1482; — *die trossknechte* CHR. 2. 86, 27; 5. 88, 26. 89, 10. 117, 15. 17. 21 *etc.*
buoc, -ges *stm.* (I. 179ᵇ) *pl.* büege, *md.* bûc *obergelenk des armes, achsel* EN.; *obergelenk des beines, hüfte* WIG.; knie die waden an dem beine von dem vuoʒ uns ûf die büege KRONE 24177; *bei thieren das obere gelenk des vorderbeines, der bug* GREG. WWH. (232, 8). PARZ. 540, 27. TRIST. LANZ. 1475. HERB. 8857. APOLL. 9756. MSH. 2, 289ª. 3, 310ᵇ. KRONE 19853. wiʒʒ, daʒ diu glider an dem menschen aigenlich ahsel haiʒent, und an den tiern püeg MGB. 19, 3; — *bildl. biegung, einlenkung* ich gedäht, ze welchem buoge die vart ich lieʒe HADAM. 452. zuo dem gerehten buoge hân ich die vart gelâʒen 453. — *nicht zu biegen sondern zu skr.* bâhu *arm* (*statt* bhâghu), *gr.* πῆχος CURT. 1, 163. Z. 1, 5.
buoc-bein *stm.* (I. 101ª) *das vorderblatt am hirsche* TRIST.
buoch *prät. s.* bachen.
buoch *stn.* (I. 278ª) *md.* bûch; *pl.* buoch *u.* büecher *buch, sammlung von gedichten, gesetzen etc., quelle eines gedichtes, die heil. schrift* (*bes. im pl.*). *allgem. s. noch der* künege buoch ATH. Aᵈ, 9. als Karlen buoch gebôt MSH. 2, 135ᵇ. daʒ lebende b. j.TIT. 969. schrîben an sîn gehügede buoch *ib.* 2680. die gelêrten der buoch *ib.* 5222. ein b. tihten WARTB. 158, 14. an ein buoch schrîben NEIDH. 100, 9. in buochen noch in lieden wirt geseit nochgesungen GEO. 356. swaʒ man von vrouwen ie gesprach an buochen an an lieden TROJ. 19723. diu swarzen buoch *bücher der schwarzen kunst, zauberbücher* (RENN. 2216. MSH. 2, 106ᵇ. 382ª. PASS. K. 155, 94. MARLG. 167, 65). diu wîzen buoch RENN. 2218; buoch DENKM. XXXIII Fᵇ, 68 *u. anm.* — *zu* buoche *swf.* GSP. 60;
buoch *stn.* (I. 280ª) *buchwald, waldung überhaupt, s.* SCHM. Fr. 1, 196; *vgl.* GUDR. Ettm. 1141, 2.
buoch-ampfer *stm.* axalis, alleluja SCHM. Fr. 1, 197.
buoch-arzât *stm.* physicus VOC. 1482. ich meister Chuonrat, ze den zeiten der herzogen ze Osterreich puecharzt USCH. 315 (*a.* 1377);
buoch-arzenîe *stf.* meister Hans, ein lerer der buchertzeny MONE *z.* 4, 199.
buoch-bîʒ *stm.* ein gelêrter heiʒet ein buochbîʒ Ls. 3. 328, 59.
buoch-blat *stn. blatt eines buches* PF. *üb.* 28, 90.
buoch-boum *stm.* fagus DFG. 223ª.
buoch-decke *stf.* cooperculum DFG. 194ᵇ.
buoch-drucker *stm.* MONE z. 1, 311 (*a.* 1478).
[**buoche** *stn.?* *tiefe stelle im wasser* I. 280ª] TROJ. 219 *ist einfach als* buoch (*liber*) *zu nehmen.*
buoche *stf. md.* buch, bibel. in der buoche lesen wir HPT. 2, 194. diu buch, diu heiʒet exodus *ib.*;
buoche *swf.* (I. 280ª) *buche* Ms. dürre buochen spalten TROJ. 33437. von der tannen zuo der buochen MSH. 3, 30ᵇ. SIGEN. *Sch.* 116. — *zu gr.* φηγός, *lat.* fagus CURT. 1, 156. DWB. 2, 469.
buoch-eckern *stn.* bucheichel DFG. 579ª.
buoch-eichel *swf.* bucheichel MGB. 323, 28.
buochelîn, büechelîn, büechel *stn.* (I. 279ª) *md.* bûchelîn PASS. 28, 46. EVANG. 245ᵇ. büchel PRIESTERL. 679 (*wofür in d. anm.* buochvël *vermutet wird*): *büchlein; kleineres lehrendes od. erzählendes gedicht* RENN. 18. 28. 5406. 12717. 15518. tiutschiu büechel lesen NEIDH. 102, 36 *u. anm.; gereimtes liebesgedicht* BÜCHL. LIEHT. 44, 5. 9. 16. 56, 24. 141, 6. 27. 142, 5. 11 *etc.; — gerichtl. protokoll* OBERL.;

buochen swv. (I. 280ᵃ) *durch ein buch lehren* FRL.
buochen-stûde stf. *buchenstaude* GR.W. 2,30.
buoch-halter s. buocholter.
buoch-holz stn. (I. 706ᵇ) *buchenwald* LANZ.
buoch-huon stf. attagen DFG. 58ᵇ.
buochîn adj. s. büechîn.
buochisch adj. (I. 280ᵃ) *in der buchsprache, lateinisch* BERTH. (44, 4). WACK. pr. s. 300 anm.;
buochischen adv. (ib.) SERV.
buoch-kamere f. (I. 782ᵇ) siterium SUM. archivum, armaria, armarium DFG. 46ᵇ. 48ᶜ. 49ᵃ.
buoch-lîte swf. *mit buchen bewachsener bergabhang* STB. 287. 289.
buoch-meister stm. (II. 119ᵇ) *schriftgelehrter* GRIESH. HIMLR. 122. philosophus, scholasticus VET. b. 11, 16. 21, 3. *der buochmeister* Plâtô ZING. geo. 1475.
buoch-olter m. cicuta DFG. 118ᵃ; buochhalter SCHM. Fr. 1, 197.
buoch-sac stm. forulus DFG. 244ᵇ.
buoch-sager stm. (II². 23ᵇ) *der aus einem buche vorliest* HELBL. vgl. SCHM. Fr. 1, 189.
buoch-schrîber MONE z. 1, 311 (a. 1478).
buoch-snuor stf. registrum DIEF. n. gl. 315ᵇ.
buoch-staben swv. (II. 594ᵃ) *buchstaben setzen, mit buchst., mit inschrift versehen* ENGELH. TROJ. MEL. worte, die gebuochstabet stên an den turneisenæren RENN. 18512. namen, die wol gebuochstabet wâren AB. 1. 239, 36; *buchstabieren*, colliterare VOC. 1482. lesen und buochstaben NETZ 4321. 4469;
buoch-stap, -bes, **buoch-stabe** stswm. (II². 593ᵇ) *buchstabe (eigentl. das mit einer rune bezeichnete stück eines buchenzweiges), allgem. vgl. noch* LOH. 5341. KRONE 14529. 14531; einem gar herte buochstaben schrîben unde lesen, *ihm kämpfend zusetzen* WOLFD. 2141.
buoch-swam stm. (II². 760ᵇ) *auf buchen wachsender schwamm* MGB. vgl. NEMN. 1, 636.
buoch-tihter stm. (III. 36ᵇ) *verfasser eines buches* VOC. fariolus VOC. 1482.
buoch-vël stn. (III. 294ᵃ) *pergament* WG. vgl. zu PRIESTERL. 679;
buoch-vëller stm. (ib.) *pergamentmacher* SWSP. 419, 24. DFG. 426ᵇ. SCHM. Fr. 1, 197. CP. 11.
buoch-vinke swm. (III. 323ᵇ) *buchfinke* VOC. APOLL. 13279. Aw. 1, 108. ERLŒS. XLIV, 61.
buoch-walt stm. *buchenwald* GR.W. 1, 813. 5, 342. 373.
buoch-wîse adj. (III. 753ᵃ) *gelehrt, schriftgelehrt* ANEG.

buode stswf. (I. 280ᵇ) md. bûde *hütte, gezelt, bude* TRIST. H. PASS. (K. 512, 39 *von einem stalle*). JER. 23ᵃ. 46ᵈ. 101ᵇ. KIRCHB. 702, 17. 28. CHR. 2. 67, 8. HALT. 191. — *zu* bûwen? *oder aus dem slav.?* s. DIEF. 1, 276. DWB. 1, 1169;
buoden swv. (ib.) *eine bude aufschlagen* ERNST.
buohel stm. s. bühel.
buolære, -er stm. (ib.) amasius, procus DFG. 28ᵇ. 462ᵇ. Ovîdius buolære j.TIT. 180. HÄTZL. 2. 21, 58;
buole swm. (ib.) md. bûle *naher verwandter, geliebter, liebhaber* GEO. HEINZ. ELIS. (6252 vom schwager, ebenso MZ. 3, 309. MONE z. 9, 222. 14, 214). KCHR. W. 2730. WH. v. Öst. 96ᵃ. ROSENG. Casp. 72. 73. 313. 344. gesanges kunst, daz wirt sîn holder buole KOLM. 42, 14. herzelieber buole MSH. 3, 247ᵇ. *belege aus dem* Ls. s. im DWB. 2, 498. amasius, concubinarius VOC. 1482; *auf eine frauensperson bezogen* sînes buolen zertlich umbevanc Ls. 3. 115, 34. mein schœner puel WOLK. s. 124. 151. RING 10ᵈ, 5. 11ᵈ, 29. 23ᵉ, 10 u., *oft in den* FASN. — *im* DWB. 2, 501 *wird versucht* buole *aus* buobe *zu deuten, eher ist mit* WEIG. 1, 192 *die zu grunde liegende wurzel* bal *zu gr.* φιλεῖν *zu stellen. vgl. auch* DIEF. 1, 294;
buole swf. (ib.) *geliebte* SUCH. amasia, concubinaria VOC. 1482;
buolen swv. (ib.) *lieben.* sie buolte einen helt ROSENG. Casp. 3. ein weib buolen FASN. 633, 26. sie buolt den knaben HÄTZL. 1. 125, 10; umb eine b. *sich um ihre gunst, liebe bewerben* KELL. erz. 324, 8. FASN. 340, 24. 345, 25;
buollîn stn. dem. zu buole. ir sullend ein guots buollîn hân NETZ 4179;
buolrîe stf. *buhlerei.* buolrî trîben NETZ 5030.
buol-schaft stf. (I. 280ᵇ) *liebesverhältnis* Ms. FASN. 258, 6. 274, 25 etc.
buortich adj. s. bürtec.
buosem, buosen stm. (I. 280ᵇ) md. bûsem, bôsem MAR. TRIST. GSM. in den buosem er si (*die hand*) stiez EXOD. 93, 41. 45. HPT. 7. 329, 17. 24. 330, 51. ze buosen tragen KOL. 164, 254. slange in dem buosen MSH. 3, 25ᵃ. der buosem was gerizzen wît HELBL. 1, 1108; *oft bei* LIEHT. (*von mann u. frau*) z. b. 60, 8. 172, 24. 257, 20. 451, 13 etc.; *der den busen bedeckende theil des kleides,* des rockes b. TÜRL. Wh. 146ᵇ. die gêren und die buosen sint uns verlüste worden TROJ. 22746. ermel unde buosen sint mit sîden wol genât NEIDH. 68, 7. sîn buosem ist offen, sîn hemde blecket

JÜNGL. 95; — *schoss* MART. 7, 93. er vuor von himelrîche ûzzer sînes vater buoseme WACK. *pr.* 56, 364. Abrahâmes buosem PF. *üb.* 183, 2. nüzze in den buosem brechen GA. 2. 278, 33; *rechtl. bedeutet* buosem *nachkommenschaft in geradabsteigender linie* SSP. 1, 17. HALT. — *vermut. über die etym. s. im* DWB. 2, 483. 494. 563;

buosemen *swv.* (I. 281ᵃ) *refl. von vögeln, den busen aufblasen, sich sträuben* MŒRIN 8ᵃ. MYNS. 8; *rechtl. einen beweis durch verwandte führen* HALT. — *mit* ab; be-.

buosem-blëch *stn.* (I. 204ᵃ) *metallblättchen als zierde an der brustbekleidung* Ms. NEIDH. (81, 37).

buosem-snuor *stf.* (II². 454ᵇ) *busenschnur* NEIDH.

buost *stmn.?* (I. 281ᵃ) *ein aus bast verfertigter strick* PARZ. — *zu* bast.

buoz *stm.* (*ib.*) *md.* bûz, *das m. ergibt sich aus* zuobuoz: *besserung, abhülfe.* mir wirt buoz ein d. *oder* eines d.; buoz tuon, machen, werden *mit dat. u. gen.* (b. werden TROJ. 15208. HEINR. 3074. 3117. 3484. b. machen *ib.* 698. 2390). *allgem.;*

buoze *stf.* (I. 282ᵇ) *md.* bûze, *oft apoc.* buoz *geistl. u. rechtl. busse: besserung, heilmittel, vergütung, strafe;* ze buoze stân *mit od. ohne dat. etw. büssen* (BIT. 269. LIEHT. 304, 1. MSH. 3, 48ᵃ). ich wil ze buoze in dîn hant mich setzen j. TIT. 1639. orden der buezze büsserinnen UKN. 111 (*a.* 1306). *allgem.* — *zu* baz.

buoze-gëlt *stn.* mammona Voc. *Schr.* 1604.
buoz-gewant *stn. busskleid* BPH. 8785.
buoz-haft *adj. straffällig* HÖFER 40;
buoz-heftec *adj.* ARN. 25 (*a.* 1355).
buoz-lîche *adv. durch, in busse* WOLK. 119. 2, 14.
buoz-meister *stm. einnehmer der geldstrafen* MW. 380, 11 (*a.* 1397).
buoz-sac *stm.* (II². 3ᵃ) *busssack* MYST.
buoz-vellec *adj.* (III. 225ᵃ) *buss-, straffällig* LUDW. CHR. 2. 129, 22. GR.W. 3, 571.
buoz-vertec *adj.* (III. 258ᵇ) *bussfertig* ALSFELD. *passionsspiel; straffällig* HALT. 203;
buoz-vertigen *swv.* mulctare HALT. 203.
buoz-wertec *adj.* (III. 600ᵃ) *der besserung, ausbesserung bedürftig* SCHM. *Fr.* 1, 296.
buoz-wirdec (III. 606ᵇ) *der besserung würdig* LANZ.; *straffällig* GR.W. 1, 123. 125. DWB. 2, 577. der sol dem andern buzwirdich und schuldich sîn 500 march silbers AD. 770.

buoz-würtec *adj.* (III. 600ᵃ, 20) *s. v. a.* buozwertec HELBL.
bupf *stm.* oder mittelhohe im puckler, umbo Voc. 1482; oder dock, puppa *ib.*
bû-phenninc *stm.* denarius pro agro colendo AD. 1261 (*a.* 1412).
bur *stf.* (I. 153ᵃ, 26) *md. wind, fahrwind* PASS. (*K.* 11, 80. 12, 82. 418, 31). — *zu* bürn.
bûr *swm. s.* bûre;
bûr *stm.* (I. 289ᵇ) *haus, ahd.; vogelkäfig* MÜGL. CRANE 3497. — *zu* bûwen.
bû-rât *stm.* (II. 575ᵇ) *lebensunterhalt durch feldbau* AMIS;
bû-rætec *adj.* b. sîn, *seinen lebensunterhalt durch feldbau haben* GR.W. 6, 135.
burc *stf.* (I. 165ᵃ) *gen.* bürge, burc, *pl.* bürge *umschlossener, befestigter ort: burg, schloss, stadt, md. auch* borg (CRANE 4678). *allgem. s. noch* hôch burc mit türnen PARZ. 292, 30. sîn herze was ze velde ein burc 339, 5. von bürgen ze villen KRONE 2217. ez sol nieman bürge hân niur die rehten dienestman HELBL. 4, 791. die burc zuo sliezen KOL. 80, 137. sîn bürg man dicke nider brach LIEHT. 475, 6. bürge unde lant SERV. 2100. ein burc von tuoche j. TIT. 1562 *f.* — *zu* bërgen.
burc-ban *stm.* (I. 86ᵇ) *gebiet innerhalb dessen die städtische gerichtsbarkeit gilt* HALT. AD. 603. 608. MH. 1, 453. GR.W. 2, 708.
burc-be-hüeter *stm.* (I. 732ᵇ) castellanus Voc.
burc-bërc *stm.* (I. 105ᵇ) *berg, auf dem eine burg steht* IW. WOLFD. 405.
burc-bühel *stm. hügel, auf dem eine burg steht* MH. 2, 141.
burc-diet *stf. besatzung einer burg* JER. 59ᵃ.
burc-dinc, burc-ge-dinge *stn. bürgerversammlung; s. v. a.* burcban MB. *s.* SCHM. *Fr.* 1, 276.
burc-ge-biet *stn. burggebiet* JER. 145ᵃ.
burc-ge-nôze *swm. mitbewohner mit einer* burc W. WEICHB. 101. 102.
burc-ge-suoch *stn.* (II². 8ᵃ) *burggebiet* JER.
burc-ge-wer *stf. stadtbefestigung* KARLM. 195, 58; *vgl.* burcwer.
burc-grabe *swm.* (I. 562ᵃ) *burg-, stadtgraben* WIG. ALPH. 390, 3. RAB. 219. WOLFD. *Hag.* 891. 904. 913. 915. HELDB. *K.* 101, 38.
burc-grâve *swm.* (I. 567ᵇ) *burggraf, stadtrichter* PARZ. GERH. KCHR. *D.* 194, 26. j. TIT. 2007. 2040. DENKM. XXXVII. 6, 1. GRIESH. *denkm.* 13. HELDB. *K.* 56, 10; *über den* burcgrâven (*richter*) *von Augsburg s.* AUGSB. *r. W.* 189. 364. BIRL. 82ᵇ *f.*;

burc-grævîn *stf.* GA. 2. 537, 162. HELDB. K.
298, 34;
burc-grâve-schaft *stf.* (I. 568ᵇ) HELBL.;
burc-grâve-tuom *stn.* Voc. 1482.
burc-guot *stn. s. v. a.* burclêhen Mz. 3, 285.
W. 45 *s.* 58.60; *abgabe dafür* Mz. 3, 264. 300.
OBERL. 200; *s. v. a.* burcban CHR. 2. 66, 2.
burc-hagen *stm. verhau vor der burg, stadt.*
die vînde wichen hinderwert unz an den
burchagen HERB. 9027.
burc-halde *swf. burghalde* GR.W. 1, 93.
burc-hërre *swm. burgherr* MARLG. 232, 571.
CHR. 1. 53, 13. 14; 3. 300, 30; *lehensherr,*
umbe den hof, des ich rechter purchherre bin
USCH. 223 (*a.* 1345). UKN. 214 (*a.* 1325).
burc-hof *stm. zu einer burg gehöriger hof*
GR.W. 1, 403.
burc-holz *stn. stadtwald* GR.W. 2, 709.
burc-hüeter *stm. der eine burg zu bewachen
hat.* die burghüeter der burg ze Brunnen Mz.
1, 247 (*a.* 1303);
burc-huote *stf.*(I. 730ᵇ) *bewachung eines festen
platzes* CHR. 5. 226, 1. sy hett das sloss inn
gehabt und davon ir ir sune jerlichen 200 du-
caten zu burkhutt geben solten MH. 2, 147.
s.v.a. burclêhen Mz. 3, 244; purghute oder ge-
pewe under den vesten, suburbana Voc. 1482.
burc-hûs *stn. haus eines burcmannes* GR.W.
2, 565 *f.*
burc-künec *stm. burgkönig* HPT. 3, 444.
burc-lêhen *stn.* (I. 996ᵃ) *eine burg als lehen
für die vertheidigung eines festen platzes*
WOLFD. 1736. SIGEN. Sch. 181. PASS. K. 151,
95. DSP. 1, 20. 2, 7. 236. URB. 255, 28. *B.* 2,
469. GR.W. 2, 566; *s. v. a.* burcban OBERL.;
burc-lêhen-rëht *stn.* DSP. 2, 38.
burc-lich *adj.* (I. 160ᵇ) *eine burg angehend*
OBERL. burclicher bû, *befestigt. gebäude*
GR.W. 1, 575. 587. 6, 401. *s.* MONE z. 6, 44 *u.
oben* bû; *bürgerlich* burclîche strîte, *causæ
civiles* SCHM. *Fr.* 1, 275;
burc-lîche *adv. nach art einer burg, befestigt.*
einen ort burclîche veste machen KIRCHB.
778, 33.
burc-lîte *stf. abhang eines burgberges* HELDB.
H. 1. 82, 80. OTN. 363. 426. 440.
burc-liute *pl. inhaber eines burcguotes* W. 45
s. 60; *bürgerschaft, vgl. das folgd.*
burc-man *stm.* (II. 36ᵃ) *beamter, dem die ob-
hut einer landesfürstl. burg anvertraut war*
MB. (SCHM. *Fr.* 1, 277). CHR. 3. 333, 16 (*a.*
1349); *der seine burg von einem herrn zu
lehen nimmt, vasall* Mz. 2, 513. 3, 198 *s.* 177;

in der burc *wohnender diener des* burcherren
SWSP. vünfhundert burcmanne ALPH. 307, 4.
ich bin vor manegen jâren ein burcman zuo
Wendelsê gewesen MOR. 1, 943; *stadtrichter,
beisitzer beim stadtgerichte* (*vgl.* OBERL. 201)
obe unser herre von Strasburg nit so vil burg-
manne hette, das der zum rechten genug
were, das dan sîne gnade macht habe ander
sîner stift manne zu manen, die auch als
dann mit den burgmannen recht sprechen
und wîsen sollen AD. 1336 (*a.* 1444). wann
des rîchs amptmann zu Oppenheim wirbet
und beschrîbet des rîchs borgmanne zu
Oppenheim —, daz sie gen Oppenheim kum-
men umb des rîchs ortel helfen zu sprechen
MONE 6, 140 *ff.* (*a.* 1375). — *vgl.* burgære.
burc-mæze *adj. burgmässig.* mit burcmâzen
seleden DIEM. 77, 15.
burc-meister *stm. s.v.a.* burgermeister SWSP.
149, 3. DSP. 1, 110. 301. 319.
burc-mez *stn. burgmass.* ain purkmesz oder
purkscheffel das hat 16 metzen SCHM. *Fr.* 1,
277 (*a.* 1458). driu malter vesan und zwai
malter habern, beides burgmez Mz. 1, 321.
süben malter burgmesses *ib.* 325 (*a.* 1352).
burgmasz GR.W. 1, 501.
burc-müle *stf. zur burg, stadt gehörige mühle*
GR.W. 2, 708.
burc-mûre *stf.* (II. 275ᵃ) *burgmauer* IW. ALPH.
GEN. 77, 4. 81, 41. DIEM. 129, 6. 175, 9. HPT.
8. 151, 225. GREG. 1940. MSH. 3, 30ᵃ. GERM.
Hag. 9. 119, 869. 133, 1699. KARLM. 37, 49.
ALBR. 29, 135. ALTSW. 36, 10.
burc-mûs *stf.* (II. 275ᵃ) *stadtmaus* RENN. 5485 *ff.*
burc-mûte *stf.* (II. 280ᵃ) *die in der stadt, an
der burg zu entrichtende maut* WIEN. *handf.*
burc-phorte *swf. burgthor* ROSENG. *Bartsch*
217. burcporte OTN. *Ettm.* 5, 54.
burc-rëht *stn.* (II. 623ᵇ) *bürgerrecht.* swer och
in der stat burchreht enphæhet und burch-
reht tuot Mw. 197, 16 (*a.* 1294). ein burger
der burgreht hetti Mz. 1, 462. SCHM. *Fr.* 1,
277; *aufnahmegebühr eines neuen bürgers*
MÜNCH. *str.*; *rechtliche stellung jemandes, der
auf das schloss eines edeln zinst* HELBL. jus
emphitheuticum id est purchrecht UKN. 53
(*a.* 1294). ein lêhen ze purchrecht emphâhen
STB. 217; *der für das b. bezahlte zins,*
phunt gelt purchrechts STB. 298. UHK. 2, 236.
UKN. 48; *stadtrecht u. besitztum nach solchem
s.* W. WEICHB. 99 *ff.* UH. 80. de uno mansu,
qui dicitur purchrecht STZ. 506. 632. 637. 676.
UKN. 393. USCH. 315; swie grôz burcreht er

in gehiez, dâ kêrten sie sich niht ane BERTH. 235, 34;

burc-rëht-acker *stm.* UHK. 2, 86 (*a.* 1323).

burc-rëht-gëlt *stn.* 45 pfenning purchrechtgeltes *werden verkauft* UH. 395 (*a.* 1346).

burc-rinc *stm. der von ringmauern umschlossene burgplatz* WEINH. *leseb.* 183ᵇ, 131.

burc-sæze *swm.* (II².340ᵇ) *kastellan* MB. DON. 1309; *bewohner einer burg*, die burgsæzen der burg ze Brunnen Mz. 1, 247 (*a.* 1303).

burc-schaft *s.* bürgeschaft; *bürgerrecht* MONE *z.* 14, 82. 84.

burc-stadel *stm.* (II². 555ᵇ) suburbana GL. area castri MONE *z.* 6, 45.

burc-stal *stn.* (II². 558ᵃ) *das m. ist nicht erweislich denn auch* ER. 8733 hat die hs. das b.: *stelle, standort einer burg, die burg selbst* ER. BIT. ditz ist ein erwunschtez burcstal HPT. 7. 339, 7. in locis munitis vel burcstallis Mw. 102, 18 (*a.* 1272). daz dorf — mit dem purchstal *ib.* 214. 222. das burgstal Hohemberg MH. 2, 182. 196. Ror daz burgstal Mz. 1, 299. daz burgstal Rotenburg *ib.* 4, 12. daz ich bawen sol daz purchstal zu Schönprunne *ib.* 3, 117. das purkstal schol meins herren offen haus sein *ib.* 4, 187. das purkstal hat angvangen ze pauen her Jörig der Scheck — a. 1228 (*inschrift über dem dritten thore der burg Aggstein in der nähe von Melk, Westermanns monatshefte* 8, 559ᵃ); *ebenso*

burc-stat *stf.* (II². 601ᵃ) STRICK. allez unser erbe, ez sîn burgestate, lant, leut *etc.* Mz. 3, 407 (*a.* 1359).

burc-strâʒe *f.* (II. 677ᵇ) burgstrasse Iw. j.TIT. 1565.

burc-tor, bürge-tor *stn.* (III. 49ᵃ) *burg-, stadtthor; allgem. vgl. noch* GUDR. 699. 779. 1391. 1457. WALB. 545. BIT. 1399. 9656 (*auch getrennt* der bürge tor 1405). ERACL. 4973. OREND. 1500. HELBL. 15, 239. ALBR. 33, 275. *bildl.* der ougen bürgetor TROJ. 1127.

burc-vëlt *stn. stadtgebiet* CHR. 5. 5, 29.

burc-veste *stf.* (III. 275ᵃ) *feste burg* RUL. Aw. 3. 210, 154; *eine an die* burc *zu leistende abgabe* GR.W. 3, 237. 240. 249. 314;

burc-vestunge *stf.* burgus DFG. 85ᵇ.

burc-vride *swm.* (III. 405ᵃ) *burg-, staatfriede.* einen burgfriden machen Mz. 1, 466. 474; *das um die burg, stadt liegende gebiet, binnen welchem der friede gehalten werden musste* WIEN. *handf.* GR.W. 3, 363. 518; *verwechselt mit* bërcvride GR.W. 3, 383. *vgl.* DWB. 2, 543. MONE *z.* 16, 425 *ff.*

burc-wal *stmn.* (III. 464ᵇ) *ringmauer einer burg od. stadt* JER. KIRCHB. 743, 49.

burg-wëc *stm.* (III. 639ᵃ) *weg nach der burg* Iw. ER. 6721. 8684. DAN. 2368.

burc-wer *stf. vertheidigung, befestigung einer burg.* sô sitzent sie ze burcwer BIT. 8285. si giengen unz an die burcwere L. ALEX. 2201 *W.*; *burg*, sint dâ aber dörfer oder huobe, die in ein burcwere oder in einen hof hœrent DSP. 2, 192. *vgl.* burcgewer.

burc-wërc *stn. burg, feste* KIRCHB. 786, 13. 802, 22. HALT. 196; *für die* burc *zu leistende abgabe, arbeit* GR.W. 2, 19. 3, 759. 5, 697.

burc-zinne *f.* burgzinne BIT. 9819.

burd *stm.* (I. 285ᵃ) burdo, kümt von ainer eselinn und ainem pfärt MGB. 150, 33 (*im citate des* WB. *lies* 136. 137).

bürde *stf.* (I. 154ᵃ) *md.* burde *was emporgehoben, getragen wird, tracht, bürde, last; gewicht, fülle, allgem. s. noch* sô dû unter burde switzest GEN. 79, 30. kriuzes b. MARLG. 166, 413. si truoc swâre an der minnen bürde (*war schwanger*) TÜRL. Wh. 146ᵇ. dîn muoter truoc eine sælige bürde RUL. 210, 7. Alise gesunt von der bürde, die sie treite ULR. Wh. 136ᵈ. hilf uns durch die reinen bürde, der dû, maget, swanger würde MARIENGR. 627. last mit bürd LOH. 4349. arbeitlichiu bürde PASS. 266, 34. 299, 47. zwô swære bürde WG. 2913. drücken als eine bürde KARL 126ᵃ; *bildl.* ir sinnes b. TROJ. 2337. vlîzes b. 14600. sorgen b. 17124 LOH. 3010. 6300. sünden b. Aw. 1, 57. HPT. 8. 301, 81. kerkæres b. PASS. 166, 2. — *zu* bürn, bërn;

bürdec-lich *adj. lästig, schwer.* diu b. pîn KIRCHB. 708, 46.

bürde-holz *stn. in bündel gebundenes holz, reisig* GR.W. 4, 487.

bürdelîn *stn. dem. zu* bürde GERM. 7, 350. GR.W. 1, 666;

bürden *stf.* (I. 154ᵇ) *s. v. a.* bürde, *ahd.* burdin FLORE, TRIST. H. purdin, sarcina VOC. 1482;

bürden *swv.* (*ib.*) *zu tragen geben, bebürden, md.* burden onerare EVANG. 245ᵇ; mit etw. gebürdet sîn, werden Ms. FRL. wol gepüdert und schôn geladen MGB. 289, 33. zerkniustet und geburdet MART. 173, 52. — *mit* ent-. *zu* bürde; *ebenso*

bürdenen *swv.* (*ib.*) KCHR.

bürden-träger *stm.* GR.W. 5, 687.

burderîe *stf. ritterspiel* KARLM. 208, 23. 292, 42;

burdieren *stn.* durch burdieren und joste RENN. 11607; *contrah. aus* bûhurdieren.

burdisch *adj.* (I. 285ᵃ) *nach art eines* burd.
burd-rëf *stn.* (II. 608ᵃ) *pera, ahd.*
burdûz *stm. stab, pilgerstab.* einen purdûz truoc er an der hant REINH. *sendschr.* 1586 *u. anm. — aus prov.* bordos, *fz.* bourdon.
bûre, bûr *swm.* (I. 290ᵃ) *bauer* LOH. KRONE 14302. NEIDH. 134. WOLK. 21, 5. 6. SWSP. 75, 1. sie was niht von bûren art APOLL. 15123; bûr gegen bûr, *jus talionis s.* MONE 6, 286. — *zu* bûwen.
bûre-dinc *stn.* (I. 334ᵃ) *judicium civicum de causis civilibus* HALT. — *von* bûr *haus, wohnung.*
bû-rëht *stn.* (II. 623ᵇ) *hofgerechtigkeit* WEIST. boureht *grundeigentum* GEN. *D.* 87, 9; *vgl.* SCHM. *Fr.* 1, 186.
bürel *stm.* (I. 153ᵇ) anus Üw. — *zu* bürn.
bûre-man *stm. bauer* ECKE *Sch.* 271; bûrman LS. 2. 667, 3.
bûren-diet *bauernvolk* MSH. 3, 287ᵇ.
bûren-ge-rihte *stn. bauerngericht, das in sachen der bauern zu entscheiden hatte* CHR. 2, 539ᵇ. MONE *z.* 14, 283.
bûren-knëht *stm.* TEICHN. 16.
bûren-knorf *stm. grober bauer, knorz.* sein vater was ain paurenknarf (: dorf) BEH. 216, 22. *vgl.* DWB. 5, 1352.
bûren-meister *stm.* RING 42ᶜ, 1.
bûren-schrit *stm. bauernschritt, -sprung* NARR. 65, 52 *u. anm.*
bûren-slac *stm.* (II². 382ᵇ) *bauernlümmel* MS.
burgære, -er *stm.* (I. 166ᵃ) *bewohner einer* burc (*vgl.* MONE *z.* 8, 1—71) LANZ. ER. NIB. (den burgæren von der stat 1238, 2). GUDR. 91, 2. 292, 1. BIT. (1639. 9099). FLORE 3596. 6511. TROJ. 10162. KRONE 26170. er macht dâ burger vil ûz bûren LOH. 3326; ze himel burger RENN. 15504. TÜRL. *Wh.* 2ᵇ; *bewohner eines ameisenhaufens* REINH. 1276; *s. v. a.* bürge ROTENB. *r.* 81.
burgærinne, burgærîn *stf.* (*ib.*) ERACL. MYST. BELIAND 4299.
bürge *stn. s.* birge.
bürge, borge *swm.* (I. 164ᵇ) *der sicherheit leistet, bürge* IW. WWH. NIB. WALTH. j.TIT. 861. ROTH. 2402. TROJ. 3877. OTTE 284. RENN. 22708. LIEHT. 93, 2. KARLM. 241, 28; borge (I. 164ᵇ, 1) Mw. 59, 15 (*a.* 1255). MH. 2, 60. CP. 382. den borgen dingen *mit den bürgen unterhandeln?* WALTH. (*s.* PFEIFFER *zu* 78, 78);
bürge *stf. bürgschaft, fidejussio* FREID. *s.* RA. 619 *anm.;*
bürgel *stm.* (I. 165ᵃ) *bürge* AMIS. APOLL. 16120.

STB. 195. 259. 266. STZ. 600. UKN. 99. USCH. 329. — *zu* bërgen.
bürgelîn *stn. dem. zu* burc BERTH. 305, 11.
bürgel-schaft *stf. bürgschaft* TEICHN. 229. APOLL. 6264. MONE *z.* 17, 75. USCH. 385. STZ. 600; *s.* bürgeschaft.
burge-meister *stm. s. v. a.* burgermeister CHR. 2. 9, 9.
bürgen *swv.* (I. 164ᵇ) *bürgen* SWSP. 404, 52; *mit* ûz, ver-;
burgen-hant *stf. obligatio et cautio fidejussorum* HALT. 196.
burger-ge-slehte *stn.* (II². 391ᵃ) *bürgerl. geschlecht* ZÜRCH. *jahrb.*
burger-hûs *stn. curia* HALT. 198.
burger-kneht *stm. knecht eines bürgers* MERAN. 18.
burger-meister *stm.* (II. 119ᵇ) *vorsteher einer stadtgemeinde* RECHTSDENKM. HPT. 7, 97. RING 41ᵃ, 13. 42ᵇ, 28. 42ᶜ, 1. FASN. 746, 9. 750, 14 *u. oft in* CHR. *u. urkunden; vorsteher einer dorfgemeinde* HALT.
burger-phenninc *stm.* (II. 492ᵇ) *abgabe der bürger für gemeindezwecke* BRÜNN. *r.*
burger-phliht *stf.* sie weder zu burgerphliht noch mit ander beschwerung nit andringen MONE *z.* 8, 23 (*a.* 1497).
burger-rëht *stn.* (II. 623ᵇ) *bürgerrecht* ZÜRCH. *rihtebr., die daraus erwachsenden verpflichtungen u. abgaben,* swer purgerreht tuot mit stiwer und mit waht und mit andern dingen Mw. 244, 10 (*a.* 1312). HALT. 198.
burger-schranne *stf.* darumb hiet er — vor offem gericht in der purgerschrann ze Wienn gechlagt USCH. 278 (*a.* 1363).
burgersinne *stf. bürgerin* MONE *z.* 17, 380 (*a.* 1394 *Caub*). burgersche *ib.* 7, 15. 22 (*a.* 1430 *Mainz*). *s.* GR. 3, 339 *ff.*
burger-sprâche *stf. burgiloquium* HALT. 119.
bürge-schaft *stf. bürgschaft* DSP. 1, 11. SWSP. 228, 10. 237, 10. AUGSB. *r. W.* 389. burgschaft, burcschaft CHR. 2. 268 *var.* 7; borgschaft CP. 165. 382. 401. *vgl.* bürgelschaft.
bürge-tor *stn. s.* burctor.
bürge-zoc *stn.* (III. 934ᵃ) *bürgschaft, caution die der bürge stellt, worauf er sich „zieht",* beruft GÖRL. *r.* KIRCHB. 802, 62; *s.* SSP. *s.* 131 *f.* HALT. 197.
burg-trisch? *die belagerer hieben vor Brandenfels das gehege nieder und* logen uff dem burgtrische nahe dorbey DÜR. *chr.* 731. *vgl.* GERM. 5, 237.
bûrîn *stf. bäuerin* WOLK. 41, 65.

bûr-lîch *adj. bäurisch.* mit bûrlîcher suhte LIT. 938;

bürlinc, birlinc *stm.* (I. 153ᵇ) *heuschober* WEIST. birlinc RING 57, 2. — *zu* bërn, *vgl.* DWB. 2, 40. BIRL. 83ᵃ.

bûr-man *stm. s.* bûreman.

bûr-meister *stm. bauermeister, vorsteher einer dorfgemeinde* SSP. 3, 56. dorfmeister oder bûrmeister GR.W. 6, 84.

burn *stm. s.* burne.

bürn *swv.* (I.153ᵃ) *erheben* KARAJ. IW. ENGELH. daz swert daz bürt er unde wac TROJ. 4153. dirre burte jener sancte KRONE 12108. 15525. ze beiden henden sie in (*den kolben*) burte 16378. ir valsch man vil hôhe bürt BLIK. 304; *md.* burn HEINR. 555, *einem etw.* in die hant burn *geben, legen* JER. 120ᵉ, born EVANG. 244ᵃ; *aus* rj *des ahd.* purjan *entwickelte sich md. auch* burren Voc. 1482. ERLŒS. 3564. 3703. — *mit* ûf, en-, er-, ge-, ver-. *durch* bor *zu* bërn.

burn-âder *f. s.* brunnâder.

burne *swm.* (I. 269ᵇ) *s. v. a.* brunne FREID. PASS. (291, 18. 370, 39. 371, 13. 17). DRACH. 406, 4. GERM. 3. 420, 5. HPT. 5. 529, 514. ELIS. 8649; *aleman. beispiele s. bei* BIRL. *al.* 97. AD. 1241; *md. auch st.:* burn, born EVANG. 244ᵃ. 245ᵇ. HPT. 5. 416, 88.

bürne *stf.* (I. 255ᵃ) *md. brand, verbrennung* FRL.

burne-gadem *stn. brenn-, schmelzhütte* FREIBERG. 182.

burne-gël *adj.* (I. 285ᵇ, 497ᵇ) *coccus, gelb, brenngelb* Voc.

burnen *swv.* (I. 254ᵇ) *md. statt* brinnen *u.* brennen FRL. MYST. ELIS. 6961. EVANG. *L.* 24, 32. *J.* 15, 6. PASS. *K.* 11, 19. 14, 45. 78, 16 *etc.* PASS. 214, 95. 260, 4. 359, 62 *etc.* GERM. 3, 444; *auch schwäb.* GR.W. 1, 248 *und elsäss.* AD. 901; bornen UGB. 524. Voc. 1482. — *mit* en-, ge-, ver-.

burn-gëlt *stn. abgabe für einen brunnen* GR.W. 5, 356. 357.

burn-holz *stn. brennholz* MZ. 3, 508 (*a.* 1362 *Mainz*).

burn-îsen *stn.* cauterium Voc. *Schr.* 410.

burn-meister *stm. brunnenmeister* GR.W. 5, 357.

burnunge *stf.* (I. 255ᵃ) ardor, combustio DFG. 46ᶜ. 134ᶜ. *siedende hitze* PASS. *K.* 642, 9.

burrâ *interj.* urrâ, burrâ, wer gât dâ? NEIDH. XLVI, 18. *vgl.* burren.

burren *swv. s.* bürn.

burren *stn. sausen, brausen.* snellez burren HADAM. 486; *s.* DWB. 2, 545. SCHM. *Fr.* 1, 268.

bûrsame *stf. bauernschaft* GR.W. 1, 53. 99. 100. MONE *z.* 2, 335.

bursât *stm. halbseidener zeug.* coccinum bursat, burschat, borschat DFG. 129ᵃ (*wo entstehung aus* bortsîde *vermutet wird*), burschet WEINSB. 70. *vgl.* FRISCH 1, 147ᵇ. SCHM. 4, 158. BIRL. 83ᵇ;

bursâtîn *adj. von* bursât BIRL. 83ᵇ; *ebenso*

bursât-lich *adj.* burschentlîchiu kleider BELIAND 1931.

bûr-schaft *stf.* (I. 290ᵃ) *bauernschaft* LOH. ÖH. 106, 33. GR.W. 1, 418. CHR. 4. 82, 7; *gemeines volk* REINH.

burschent-lich *adj. s.* bursâtlich.

burschet *s.* bursât.

burse *stswf. börse, beutel.* gelt in der bursen MALAG. 18ᵇ. sîn burse machet in puneis NEIDH. XXIII, 18 *u. anm.* zwai phunt phenning, die man raichen und dienen schol auz unser bursen, *casse* UHK. 2, 229 (*a.* 1358). welt ir mit uns zern, sô müezt ir burse legen GA. 3. 203, 45. ze gemainer burse, *auf gemeinschaftl. kosten* CHR. 4. 258, 38; *eine bestimmte summe geldes,* karten, kuglen umb drei zeche oder umb ein bursen NP. 88; *zusammenlebende genossenschaft, haus derselben bes. der studenten,* und gab für, wie in die studenten aus der bursen bei dem collegio mit ain stain zugeworfen hieten CP. 16. bursen *als gemeinschaftl. kosthäuser der studenten in Heidelberg* MONE *z.* 4, 391 (*a.* 1465); *s.* DWB. 2, 546. — *aus mlat.* bursa;

bursenære *stm.* bursarius, bursner Voc. 1482; *ebenso*

bursier, bursierer *stm.* DFG. 85ᵃ. bursierer (*einnehmer*) des closters zu Engeltal FRANKF. *insatzb.* 3, 64ᵇ (*a.* 1400). der bursierer zuo Albe MONE *z.* 12, 229 (*a.* 1398);

bursît *stm. beutel, den man zur aufbewahrung kleiner sachen trägt* ELIS. 1336. 4196.

burst *stf. s.* brust.

burst, bürst *stf. s. v. a.* borst BERTH. 349, 35. MYST. 2. 235, 27. 29;

bürste *swf.* (I. 223ᵃ) *bürste* HELBL. DSP. 1, 29. âne bursten wirdit in daz hâr geslihtit HIMLR. 278. — *zu* borst;

bürsten *swv.* (*ib.*) *bürsten* GUDR. RENN. 378. 1171. PF. *forsch.* 1, 78. NETZ 12193.

burt *stf.* (I. 154ᵇ) *gen.* bürte *u.* burt *abstammung, geburt* HARTM. KCHR. *W.* 8530. SERV. 1306. LOH. 6146. 7097. 7523. daz sîn burt ob eime kaiser wære Msh. 3, 9ᵃ; diu burt ân alle swære Kolm. 173, 9. der briester sol die frawen nach der purt in laitten (*in die kirche führen*) Usch. 376. ain fraw, diu in der burt arbait Mgb. 462, 30; *das geborene* Stolle. die b. ergiezen Mgb. 455, 10. die tôten purt dâ von treiben 417, 27. daz tuo Maria durch din burt Msh. 3, 70ᵇ. 74ᵃ. — *zu* bërn, *s.* geburt;

bürtec, bürtic *adj.* (I. 155ᵃ) *gebürtig* Trist. Frl. bürtic her von Ense Neidh. 80, 32. ûz der stat her b. Helbl. 3, 353. ûz einer insel b. Troj. 23867. von Navarre b. 23953. in die stat, dannan er was b. Griesh. 2, 143. buortich Wack. *pr.* 39, 9.

bürtlinc *stm. in* vorburtlinc.

bûr-volc *stm. bauernvolk* Loh. 2875.

bürzel *stm. eine katarrhalische seuche* Chr. 1. 472, 21. 23. 4. 117, 13. 5. 293, 7. börzel *ib.* 4. 79, 7. 5. 32, 36. 312, 17. 21. *ein segen gegen den* bürzel Mone 3, 280. *vgl.* Z. 1, 22 *ff.* Dwb. 2, 553. Birl. 72ᵃ.

burzel, purzel *swf.* (II. 545ᵇ) *eine pflanze* Gl. Parz. — *aus mlat.* portulaca, porciolium Dief. *n. gl.* 299ᵃ; *s.* pörzelkrût.

burzel-souc *stm.* (II². 724ᵃ, 30) Diem. *arzb.*

burzeln *swv. niederstürzen, burzeln* Fasn. 48, 11; *mit* über-, *iterat. von*

burzen *swv.* ûz dem satel burzen Reinfr. 14ᵃ. über den satel b. 85ᵇ. *vgl.* Dwb. 2, 555.

bûs *stm. schwellende fülle.* an irs herzen paus (: maus) Wolk. 4. 3, 10; *vgl.* bûschen, bûzen.

bû-sache *stf.* (II². 5ᵇ) *bauzeug* Trist.

bûsant *stm.* (I. 285ᵇ) *eine falkenart* Ga. 1, 338 *ff.*

busch, bosch *stm.* bosche *swm.* (I. 223ᵇ) *pl. auch mit umlaut:* busch, *gesträuch* Trist. Marlg. — busch: der grüene busch Msh. 3, 55ᵇ. wilder busche dorn *ib.* 62ᵃ. vor büschen und vor stûden Troj. 20614. in wälden und in den puschen Mgb. 198, 34. ze busch und ze walde Karlm. 137, 2. 226, 49; bosch, bosche: die sluffen ûz den posken Diem. 38, 13. in einem brinnenden boschen Swsp. 215, 30. Wack. *pr.* 65, 75. Mart. 24ᵉ. 67ᵇ. 117ᵇ. mit eckern, walden, böschen Ad. 1272; — *büschel* Mgb. 270, 31. 317, 18. des krûtes nam er einen busch Bph. 7569. truoc einen boschen loup Ga. 2. 524, 436; *gehölze, wald* Gr.w. 2, 569. 570 *ff.* — *aus mlat.* buscus, boscus (in bosco et plano Ad. 761. rubos et boscos 987).

bûsch *stm.* (I. 285ᵇ) *pl.* biusche *u.* bûsche *knüttel, knüttelschlag* Wwh. der sol sich hüeten vor den bûschen (: tûschen), mit den maneger wirt geslagen Renn. 9075; *schlag, der beulen gibt* Konr. (Troj. 34607). Mart. 52ᵇ. 130ᵇ. 212ᵈ. Basl. *hss.* 47. — *zu* bûzen, biuzen.

buschach *stn.* (I. 224ᵃ) *coll. zu* busch Ot. buschech Herb. 18025. buschê 1762. buschêe 10577.

busche *swf. s.* buhse.

buscheht *adj. buschicht.* daz lant ist allez puschechte Ab. 1, 313;

büschel *stm. bund, büschel.* der büschel was sô lieht Walb. 865. ein bluomen büschel j. Tit. 2906. der zehende büschel an hopfen Gr.w. 3, 583. *vgl. das folgd.;*

büschelîn, büschel *stn.* (I. 224ᵃ) *dem. zu* busch. daz unkrût ze büschelînen binden Berth. 366, 27. Griesh. 2, 44. rôsen büschelîn Wh. *v. Öst.* 12ᵃ. 13ᵃ (der rosen ein büschel 12ᵃ. 12ᵇ). Ga. 3. 114, 137. ein b. grases Gr.w. 1, 698; *schamhaar* Kolm. 59, 12 (boschelîn). Mgb. 38, 33. 343, 24.

bûschen *swv. s.* biuschen.

bûschen-vënster *stn.* fur 6 buschenfinster 1 ℔, 10 β Frankf. *baumeisterb. v.* 1478 *f.* 39.

buschof *stm. s.* bischof.

busch-varwe *stf.* (III. 242ᵇ) ascancia, astancia Dfg. 53ᵃ.

busîne, busûne *swf.* (1. 285ᵇ) *mitunter auch st.* (j. Tit. 38 2. Wartb. 54, 7) *posaune.* busîne Wwh. Athis *A***, 3. j. Tit. *a. a. o.* Albr. 10, 414. 23, 46. Herb. 4690. 12398. Zing. *pl.* 5, 51; busûne Wig. Nib. Loh. 5045. j. Tit. 1571. Apoll. 13250, 50. Jüngl. 604. Elis. 181; busoune Zing. *Pl.* 5, 82. 141. bosûne Evang. *M.* 6, 2. 24, 31. basûne Karlm. 474, 59. 483, 34. Crane 1207. — *aus mfz.* buisine, *lat.* buccina;

busînære, busûnære, -er *stm.* (I. 286ᵇ) *posauner.* busînære Albr. 12, 42. busûnære Wig. Parz. Lieht. (189, 17. 192, 6. 257, 26); basûner Crane 1405;

busînen *swv.* (*ib.*) *posaunen* Wwh. busûnen Nib. besûnen Altsw. 89, 10.

bû-stiften *swv. zum bebauen verpachten* Mb. *bei* Schm. 1, 138.

busûne, busûnære, busûnen *s.* busîne, -ære, -en.

busûn-schal *stm.* (II². 125ᵃ) *schall der posaune* Mai; busûnenschal Erlœs. 1799. Hugo *v. M.* 5, 53.

bût *stf.* (I. 286ᵃ) *stück einer pferderüstung* Fragm.

butsche *s.* botech.

bûte *stf. s.* biute.
büte, bütte, büten *swstf.* (I. 286ª) *gefäss, bütte* ENGELH. BON. RENN.; bütte ERNST *B.* 2677. 2737. butte CHR. 3. 62, 20. bute PASS. *K.* 198, 36. 229, 83. 279, 14. büttene, böttene BIRL. 84ᵇ. — *zu* bieten? *vgl.* DWB. 2, 579.
bû-tei-dinc *stn. s.v.a.* bûdinc DSP. 1, 71f. GR.W. 3, 734. 6, 183 *f.*
bû-teil *stn.* (III. 22ª) *ein teil des von einem erblehenmanne hinterlassenen fahrenden gutes, welchen sich der herr nehmen darf* (*s.* bûteilen). jura, que bûteil, heuptrecht et hertrecht dicuntur AD. 730 (*a.* 1232). die sullen dhein besteheupt nach dem bûteile geben GR.W. 6, 32. 38. 87 (butel). *vgl.* MONE 5, 305. 6, 284. z. 8, 5. 12; *pflichtteil,* den kindern ire bauteile geben MONE *z.* 4, 161 (*a.* 1466);
bû-teilen *swv.* (*ib.*) *intr.* daz bûteil *geben.* da von sol er bûteln, daz ist also: wenn ein söllicher stirbt, waz denn uff dem selben teil daz in den hof gehœrt, begriffen oder funden würd, welcherlai frucht daz ist, und och von dem höu und fuoter, der gibt den dritteil der selberlei MONE 5, 305 (*a.* 1431); *trans. mit dem bûteil belasten, das b. abfordern* WEIST. (4, 510. 5, 316. buteln 3, 521). die farende habe butteilen nach dem dritteil MONE *z.* 5. 305. 7, 361 (*vgl. auch oben das letzte beispiel unter* biuteln);
bû-teilunge *stf.* an der farnden habe butteilunge erfordern MONE 7, 361.
bütel *stm.* (I. 184ᵇ) *gerichtsbote, büttel* RENN. SWSP. 3, 1. 76, 1. NP. 10 *ff.* Jütel, ein bütel, den bringet si an den tanz MSH. 1, 141ᵇ. butel SSP. 3. 61, 3. budel GR.W. 5, 600. bittel 5, 510; *vgl.* bedell. — *zu* bieten.
bûtel *stmn. s.* biutel, bûteil.
bütelære *stm.* (I. 185ª) *s.v.a.* bütel STRASSB. *r.*
bütelin, bottelîn *stn.* (I. 286ᵇ) *kleine bütte* ERNST.
bûteln *swv. s.* biuteln *u.* bûteilen.
bütel-stap *stm. territorium jurisdictionis* HALT. 207.
büten *stf. s.* büte.
bûten *st. u. swv. s.* bieten *u.* biuten.
bütenære, -er *stm.* (I. 286ᵇ) *büttner* MSH. 1, 51ª; bottener DÜR. *chr.* 695ª.
büten-boum *stm. baum, woraus fassdauben gemacht werden* TUCH. 76, 24.
buten-slegel *stm.* domit man die raif treibt, coga Voc. 1482.
buten-trager *stm. armillifer* Voc. 1482.
buter *swfm.* (I. 286ᵇ) *butter* DIEM. WAHTELM. mit butern BUCH *v. g. sp.* 8. 9. 14; *f.* MGB. 340, 1. 377, 5. 417, 32. vrischer butern genuoc SCHRETEL 156. PASS. *K.* 401, 49; *m.* den putern WOLK. 63. 2, 10. MYNS. 129. — *aus* butyrum, *s.* butern, *wohin auch einige der obigen beisp. gehören könnten.*
buterich, büterich *stm.* (*ib.*) *schlauch, gefäss* GL. nieman sol den niuwen win giʒʒen in die altin buteriche, die buteriche brestint WACK. *pr.* 11, 8. HB. 133. gotes wort sint sæleclich, der si treit in einem buterich, den buterich sol man êren baʒ dan ein edel guldîn vaʒ FREID. 2. *ausg.* 15, 26ᵇ. die büteriche wâren bœse unde bodenlôs unde zerbrosten BERTH. 184, 36. *vgl.* büte.
buter-milch *stf.* (II. 169ᵇ) *buttermilch* Voc.;
butern *stf. s. v. a.* buter CHR. 2. 214, 1. 5. 313, 10. 23. 350, 26; *s.* SCHM. *Fr.* 1, 311;
butern *swv.* putterscheib, domit man ausz puttert, cymo Voc. 1482;
buter-schîbe *swf.* (II². 96ᵇ) *camella* Voc.; *s. das vorige.*
buter-vaʒ *stn.* (III. 281ᵇ) *stiva* Voc.
butiglære, bütiglære, putigler *stm.* (I. 286ᵇ) *schenk, mundschenk* RENN. putteglêre MART. 60ᵈ. 283ᵈ; *der butigler von Nürnberg hatte über die forst- u. zeidelmeister zu richten* CHR. 1, XIX *u. anm.* — *aus mlat.* buticula, *in den Cass. gl.* puticla *flasche, das* WACK. *fälschlich zu* apotheca *stellt. vgl.* büte *u.* DIEZ 1, 79.
butsch *stm. s.* wutsch.
butsche *swf. s.* butze.
but-schuo *stm. s.* botschuoch.
butschürlinc *m. s.* wütscherlinc.
butte *swf.* (I. 286ᵇ) *hagebutte* LOBGES. ALBR. 110ᶜ; *s.* DWB. 2, 580 *u. vgl.* butze.
bütte *f. s.* büte;
büttechlîn *stn. kleine bütte* MONE *z.* 2, 186.
butteilen *swv. s.* bûteilen.
bütteln *swv. rütteln,* pollitriduare Voc. 1419. SCHM. *Fr.* 1, 311.
butten *swv.* eviscerare, exenterare Voc. 1445. SCHM. *Fr.* 1, 415.
butten-boum *stm. hagebutte,* scaria, rubeum Voc. 1482.
büttene *swf. s.* büte.
büttichîn *stn. dem. zu* bütte GR.W. 4, 135.
butze *swf.* ein gelwe butze inne stât, zitelôse ist sie genant ALBR. 10, 361. *vgl.* butte *u.* HPT. 8, 404.
butze *swm.* (I. 286ª) *klopfender kobold, poltergeist, schreckgestalt* WALTH. j. TIT. dem

machent lihte butzen griul Seven 261, 6; *abgeschnittenes stück, masse, klumpen* Mart.; *mucus:* mein nas (gespückt) mit schwarzen butzen Fasn. 74, 3. — *zu* bûzen, bôzen, *vgl.* Dwb. 2, 588. 594, 12.

bütze *stmf.* (I. 287ᵃ) *brunnen, pfütze* Tund. Rul. Erinn. Mone 8. 52, 196. putze Gr.w. 2, 666 (*brunnen*). *vgl.* pfütze, putte *u.* Denkm. *s.* 278.

bütze *stm.* man soll dem vogt des dorfes fride in dem bütze 17 schuhe weit ûf tun Gr.w. 1, 743. *vgl.* biziune, bitze *u.* Dwb. 1, 591.

butze, butsche *swf. gefäss, salzkufe* Mone *z.* 12, 428. Mb. *bei* Schm. *Fr.* 1, 312, *wo auf* böhm. bečka *fass, kufe verwiesen wird, das warscheinlich aus dem deutschen* botech *stammt, vgl.* Dwb. 2, 51. Kwb. 28. Schöpf 506.

bützel *stn.* (I. 287ᵃ) *dem. zu* butze *swm.* Ls.

butzen *swv.* (*ib.*) *intr. stossweise losfahren* Livl. — *zu* bûzen.

butzen *swv.* (*ib.*) *putzen, aufschmücken* (*bei* Keisersb.), *mit* ver- (Narr.); *wegputzen, aufzehren, fürs mhd. nicht nachweisbar, denn* Helbl. 1, 988 *gehört nicht hieher* (*s.* bützen). — *zu* butze *swm. vgl.* Dwb. 2. 594, 12.

butzen *swv. turgere,* butzender turgidus Voc. 1482; *nach* Dwb. 2. 594, 11. *aus* burzen, *wie* mutzen *aus* murzen.

bützen *swv.* wazzer bützen, *wasser aus dem brunnen* (bütze) *schöpfen* Helbl. 1, 988. Dwb. 2. 594, 12.

bützen *swv. s.* büezen.

[butzen-griul? I. 287ᵃ. 585] *ist kein compos., s. oben* butze.

bützen-veizte *stf.* (III. 293ᵃ) uligo Voc. *o.*

bû-vellec *adj. baufällig, von feldgründen* Mb. *bei* Schm. *Fr.* 1. 186;

bû-vellige *stf baufälligkeit* Urb. Seck. 105.

bû-vëlt *stn. baufeld* Renn. 15881.

bû-visch *stm. fisch, der in besonderen bauen u. vorrichtungen gefangen wird, wol der* lachs Mone *z.* 12, 294 (*a.* 1275).

bûwære, bouwære *stm.* (I. 290ᵃ) *bauer* Aneg. dô sach man manegen bûwer neben in ze acker gân Roseng. Weigel 760; bûwære, *cultor* Evang. L. 13, 7. 20, 10; *erbauer* Kirchb. 614, 26. — *zu* bûwen.

bûwe *swm. in* inbûwe.

bûwe-brôt *stn. bauernbrot, schwarzbrot* Mone *z.* 18, 64.

bû-wëc *stm. ackerweg* Gr.w. 1, 92. 93. 3, 553; bûwewec 1, 97. 4, 507.

bûwe-dinc *stn. s.* bûdinc.

bûwe-lich *adj. s.* bûwenlich;

bûwe-lîche *adv.* ûf dem hofe bûwelich und heblîch sitzen Gr.w. 1, 438. 440.

bûwelinc *stm.* (I. 289ᵇ) colonus Sum.; *s. v. a.* bûteil Oberl. 210.

bûwe-liute, -man *s.* bûliute, bûman.

bûwen, biuwen, bouwen *an. sw. u. stv.* (I. 287ᵇ) *prät.* bûte, biute, boute (Bit. 14. 3611. Krone 2449), *part.* gebûwen, gebouwen (Loh. 5636. Hadam. 269), gebûwet, gebouwet: *intr. angesessen sein, wohnen* Gen. Walth. ze der hellen bûwen Türh. Wh. 174ᵇ; *das feld bestellen, als bauer leben* Rul. Parz. Helmbr.; — *trans. mit feldbau bestellen* (*düngen*) Wig. a. Heinr. den acker b. Teichn. 217. *vgl.* 225. daz guot mit dem pfluoge b. Swsp. 415, 2. ein guot b. Chr. 4. 67, 2 *u. oft in urk.; bildl.* Gudr. Trist. übermuot bouwen Teichn. 179; *bewohnen eigentl. u. bildl. allgem.* (daz bette b. *im bette liegen* Ga. 2. 281, 155. daz ellende biuwen Msf. 114, 23. die erde bouwen *im grabe liegen* Dietr. 9927. die helle b. Wack. pr. 7, 25. den kerkære b. Krone 28580. mit grimme bûweten sie den kreiz *im kampfe* Dan. 1632. daz lant b. Bit. 4494. daz mer bûwen, *schiffahrt treiben* Pass. K. 644, 88. einen mist b. Engelh. 6086. reise b. Roseng. Hag. 762. die strâẓe b., *sich einen weg bahnen* Gudr. 1458, 3, *darauf wandern, fahren* Mone *z.* 7, 290. 9, 28. daz wal b. Bit. 3611. den walt b. Ecke L. 115. Wolfd. 1564); — *säen, pflanzen* Barl. böume, olei, wîn, korn bûwen Berth. 151, 14 *f.* wein pawen Cp. 212; *bildl.* Trist.; — *bauen, allgem.* (Wolfd. 240. der vane an den satel mit îsen was gebouwen 5636); *absol. seine zuversicht gründen, sich verlassen* ûf (288ᵃ, 3) Kl. Mart. Pass. K. 20, 73. gebouwen ûf dirre werlde harre Hadam. 269. — *mit* be-, durch-, ent-, er-, ge-, ver-, über-, under-. *zu skr.* bhû, *gr.* φύω Curt. 1, 269;

bûwen *stn.* (I. 289ᵃ) *das bauen* Jer. 31ᵉ. biuwen Troj.

bûwen-lich *adj.* (I. 289ᵇ) *von festem baue* Parz. bûwelich Kirchb. 772, 42.

bûwes *adv. in* albûwes.

bûwe-wërc *stn. s.* bûwërc.

bûwer-bütel *stm. aufseher über die bauern* Chr. 2. 279, 13. 19. 282, 1.

bû-wîn *stm. wein, den man selbst gebaut hat* Mz. 4, 27. Mh. 2, 551. Uhk. 2, 185 (*a.* 1343); *als abgabe* Gr.w. 1, 567.

bûwunge *stf. wohnung* Pass. K. 559, 78. Schm.

Fr. 1, 184; *erbauung, bau* JER. 24ᵇ. 68ᵈ. 97ᵃ. EVANG. 248ᵃ. PASS. *K.* 268, 20. 275, 90. CHR. 4. 283,10; *bestellung des ackers* GR.W. 2, 228.
bûʒ *stm. s.* biuʒ.
bûʒe *stf. s.* buoʒe.
bûʒe *stf.* (I. 190ᵇ) *das ausschlagen, hervorsprossen* Ms. — *zu* bûʒ.
bûʒe *swf.?* (I. 291ᵇ) *eine art schiff* RUL.
bûʒeln *swv. hervorragen, iterat. von* bûʒen MGB. 49, 5 (pauzeln).
bûʒen *adv. u. präp. mit gen.* (III. 197ᵇ) *md. aus* bî ûʒen *aussen, ausserhalb* (EVANG. 246ᵇ. SSP. *s.* 132); baussent GR.W. 2, 73 (*Saar*).
bûʒen *stv. s.* biuʒen, pouʒen.
bûʒen *swv.* (I. 190ᵇ) *gackern wie die hühner* Ms.; *vgl.* bauzen *im* DWB. 1, 1202.
bûʒen *swv. aufschwellen, hervorragen, vorstehen.* sein pauch pauʒet her für MGB. 51, 20. her für pauʒend ougen, *glotzaugen* 43, 21. 44, 12. — *nach* DWB. 1, 1197. 1199 *identisch mit* bûschen, *vgl. auch* SCHM. *Fr.* 1, 288.
bûʒen-wendic *adj. u. adv. auswendig, auswärts* GR.W. 2, 720; *s.* bûʒen *adv.*
buʒʒel *stn.* (I. 291ᵇ) *tönnchen, krug* PARZ. — *aus lat.* bucellus, *altfz.* boucel.
bysant *stm. s.* bîsant.

C.

s. K *u.* Z.

D.

(*vgl. auch* T.)

d *der weiche zungenlaut* (I. 292ᵃ).
d' = diu, die (I. 313ᵇ, 34) dougen, dërde *etc.*
dâ *adv. s.* dâr.
daben *adv.* = da oben, *öfter in* UGB. 17.
dâ-binnen *adv. da, darin* GR.W. 2, 77.
dach *stn.* (I. 293ᵃ) *pl.* dach *u.* decher (MART. TROJ. 21230. GRIESH. 2, 4. EVANG. *M.* 10, 27) *das über einem andern körper liegende: dach, bedeckung, decke, verdeck; bildl. das oberste, höchste; das schirmende, schützende. allgem., s. noch* triefendiu dach MSF. 120, 18. regen jagte uns in ze dache MSH. 1, 206ᵃ. du slâfest oder wachest in holze od under dache DENKM. XLVII. 4, 30. sît ir gewesen sunder dach (*unter freiem himmel*) LIEHT. 341, 12. der walt hât grüene dach *ib.* 431, 17; — manec ros wart hie veldes dach TÜRL. *Wh.* 128ᵃ. dâ wart den bluomen bluotes dach *ib.* 5ᵇ. der dicke mit sîner hende die ritter rêrte ûf erden dach WARTB. 145, 4. manec guot tepich was sîn dach LIEHT. 348, 24. ein netz von berlîn was ir (*der zöpfe*) dach *ib.* 172, 15. von sitichbalgen was ein dach under der surkôt gefurrieret TÜRL. *Wh.* 105ᵃ. under des mantels dach PASS. 380, 38. der schame dach KRONE 26011. under êren dache MSH. 3, 89ᵃ. ENENK. *p.* 319; — wîbes güete dêst ein dach LIEHT. 446, 22. wîp sint lieber dinge ein dach MSH. 2, 323ᵇ. dîn munt hôhet ir sælden dach WH. *v. Öst.* 15ᵃ. si ist der sælden dach MSH. 1, 345ᵇ; — daʒ er wære mîner sünde ein dach TÜRL. *Wh.* 67ᵇ. sît wîbe und kinde scherm und dach LOH. 7189. diu êre hât ein dach über disen ritter hie gezogen ENENK. *p.* 290. — *zu gr.* τέγος, *lat.* tego CURT. 1, 169.
dâche *swm.?* (III. 11ᵃ, 43) *s. v. a.* tâht Voc. *o.*
dachen *swv. decken, bedecken.* alliu lant mit krône dachen j. TIT. 6195. — *mit* be-, ver-.
dachen *swv. denken?* zuhant beginnet dachen (: sachen) die sêle an die urstende ERLŒS. 6403 *u. anm.*
dâch-gruobe *f. lehmgrube* STB. 248. *s.* dâhe.
dach-kenel *stm.* (I. 785ᵇ) *dachrinne* VOC. *o.* dachkenner, imbrex VOC. 1482.
dach-knëht *stm. knecht des dachdeckers* TUCH. 53, 13 *ff.*
dach-lœse *stf. schadhaftes dach.* zerfellet der hof von tachlôsi GR.W. 4, 199.
dach-rëht *stn. das recht eine dachtraufe in des nachbars gebiet anzubringen* MH. 2, 760. DWB. 2, 666ᵃ.
dach-tropfe *swm. stillicidium* DFG. 552ᶜ. dach-trupf complicium VOC. 1482. sô stâstu gaffen als ein krâ under eime dachtropfen LS. 2, 330. drei trit für die tachtropfen gân GR.W. 1, 290. aus den dachtropfen auf die gassen komen *ib.* 3, 696.

dach-trouf *stnm.* (III. 102ᵃ) *dachtraufe* GL. BASL. *r.* daʒ dachtrouf GR.w. 1, 262. 335. 728. so er under den dachtrauf kumbt MH. 2, 808. vür den tachtrof MONE *z.* 16, 152;
dach-troufe *swf.* (III. 102ᵇ) HELBL.
daffer *s.* tavërne.
dagen *swv.* (I. 297ᵃ) *schweigen* Iw. PARZ. NIB. stille dagen TROJ. 18230. mich heiʒt unmâʒe dagen KRONE 24334. ich mac durch lange zuht sô lange dagen MSH. 2, 356ᵃ; *mit dat. ruhig zuhören* Iw. her schrîber, dagent mir WARTB. 12, 2; *über etw.* (*gen. od.* mit) *schweigen* FREID. Ms. — *mit* ge-, ver-. *zu lat.* tacere, *vgl.* Z. 1, 135. GSP. 142.
dahe, tahe *swf.* (I. 299ᵃ) *lehm.* dah oder lett glarca Voc. 1482. die dræntûʒ tahen (: slahen) heven und krüege OT. 567ᵃ. vaʒ, diu die hafner von dahen oder laime machent MGB. 69, 11. die milch und die tahen sol samentlich und mit eins on das ander den selben weinen gegeben werden NP. 260. 261. — *vgl.* GR. 3, 380. KUHN 8, 451;
dahe *swm.?* (*ib.*) *töpfer?* WINDB. *ps.*
[**dâhe, tâhe** *m.? f.? ib.*] *lies mit* MSH. 2, 229ᵃ als eʒ diu nezʒe und ouch der snê mit winde sunder dach ergreif (*vgl. vorher* lât erʒ belîben âne dach).
dahs *stm.* (I. 299ᵇ) *dachs* TRIST. H. AMIS. ein fuhs mit eime dahse streit MSH. 3, 28ᵇ. ein dahs dâ slîchet durch einen nazʒen vlahs RENN. 13202. sie sleich heim als ein dahs Ls. 2. 642, 176; REINH. 312, 593 *ff.* MGB. 133, 26. 163, 20. *pl.* dähs 157, 31. — *mlat.* taxus, *zu* dëhsen? *vgl.* GR. 2, 40. DWB. 2, 666.
dahs-boum *stm.* taxus MGB. 349, 21.
dahs-gruobe *f. dachsbau* GR.w. 4, 162; *ebenso*
dahs-loch *stn.* REINH. 1165.
dâht *stn. s.* tâht.
dâht *stm. in* gedâht;
dâht *stf.* (I. 350ᵃ) *gen.* dæhte *das denken, der gedanke* TRIST. U. — *zu* denken.
dahte, dâhte *prät. s.* decken, denken.
dæhtnis *stf gedächtnis* GR.w. 4, 526. dæhtnus MONE *z.* 18, 474.
dâ-ic *adj. der dâige dieser, derjenige, s.* SCHM. *Fr.* 1, 476 *u. vgl.* dâsic.
dâlest *adv. wenigstens, endlich* KELL. *erz.* 338, 6. 14. tâlest GA. 2. 280, 37. tâlast FASN. 179, 29. 257, 24. tôlest KELL. *erz.* 368, 24. — *nach* DWB. 2, 697 *scheint es dem ags.* thê læs, *eo minus zu entsprechen* = *mhd. instrum.* diu lest.
dalmâticâ *stf.* (I. 299ᵇ) diaken-, evangelierrock, priesters kleit DFG. 165ᵃ. SILV. **dalmanke** *sw.* PASS. K. 208, 86. talmanch SCHM. *Fr.* 1, 505.
dalmut *stm.* (*ib.*) *talmud* BERTH. ALTSW. 236, 10. dalmôt ELIS. 10122.
dalpen *swv. graben.* ich dalpet nach dem wurzelîn ALTSW. 77, 1. *vgl.* tëlben *u.* DWB. 2, 700.
dam *stm. s.* tam.
damasch *stm. damast, zeug aus Damascus* MONE 6, 248. *vgl.* WEIG. 1, 230.
dam-hader, -mëzʒer, -seil *s.* doum-.
damnen *swv. in* verdamnen. *aus lat.* damnare;
damnus *stf. verdammung, verdammnis* LOH. 2846. dampnis MÜGL. *Schr.* 487.
damoisêle *f.* (I. 300ᵃ) *demoiselle* TRIST. — *altfz. aus mlat.* dominicella.
dampf, tampf *stm.* (I. 331ᵇ) *dampf, rauch* SILV. *der tampf was von den orsen grôʒ* LIEHT. 88, 26; *bildl. not, pein* PASS. 282, 13. K. 680, 77. — *zu* dimpfen;
dampfe *swm.* wider dem husten und dem tampfen SCHM. *Fr.* 1, 511;
dampfec, dempfic *adj.* (I. 331ᵇ) *dampfig* MÜGL. MSH. 3, 345ᵇ; asthmaticus, tisicus DFG. 56ᵇ. 385ᶜ. *vgl.* dumpfic.
dan *m.* (I. 300ᵃ) *herr, altfz. aus lat.* dominus TRIST.
dan *adv. s.* danne, dannen.
danc *stm.* (I. 351ᵃ—354ᵇ) *pl.* denke ELIS. 4458. CHR. 2. 25, 7 *ff.*: *denken, gedanke* WIG. LEYS. mîn tumber danc LIEHT. 51, 7. *vgl.* WILDON. 21, 39. sîn danc im ûf den phenninc stuont Ls. 3. 253, 16. und kumpt mir dan in meinen dank FASN. 322, 26; *geneigtheit, wille, absicht, allgem.* (dankes *aus freiem willen, absichtlich, mutwillig;* âne, sunder, under, über danc *wider willen;* mit danke *freiwillig* ER. NEIDH.); *dank, allgem.; preis bei einem wettstreite* CHR. 2. 25, 7 *ff.* DWB. 2. 731, 9. SCHM. *Fr.* 1, 522. — *zu* denken;
danc-bære *adj.* (I. 358ᵃ) *geneigtheit hervorbringend, angenehm* BON. ELMEND. 345. die getriuwen und dancbæren dienst DON. (*a.* 1309); *dankbar* BON. WOLK. 8. 3, 3. Ls. 2. 631, 143;
danc-bære *stf. dankbarkeit* WACK. *pr.* 48, 17. 51, 6. MYST. 2. 649, 16; *ebenso*
danc-bærkeit *stf.* (I. 358ᵇ) MYST. 2. 642, 34. 649, 17;
danc-bær-lîche *adv. dankbar* FASN. 190, 12.
danc-haftec *adj. in* undanchaftec.
danc-lîche *adv. mit danksagung* MYST. 2. 101, 28. danclîchen EN. 115, 12; *s.* denclich.

danc-næme *adj.* (II. 370ᵇ) *mit* danc *angenommen, angenehm, willkommen mit dat.* DIEM. ROTH. ORL. 2104. zu danknemen gevallen MH. 2, 49. CP.255 *u. weitere belege aus urk. im* DWB. 2, 738; *dankbar mit gen.* MYST. BERTH.;

danc-næmec-heit *stf.* (*ib.*) *dankbarkeit* LUDW. MYST. 2. 557, 27. DÜR. *chr.* 776; grata benevolentia HALT.;

danc-næm-lîche *adv. freiwillig, offenherzig.* daʒ siu irme prior solte bîhten dangnêmelîcke GERM. 3. 436, 4.

danc-sagen *stn.* (II². 18ᵇ) *das danksagen* MYST.

danc-wille *swm.* (III. 662ᵇ) *freier wille* TUND.; dancwillen *dat. adv. gerne* SPEC. 51.

dane *adv. s.* dannen; **dane** *f. s.* tenne.

danen = dâ ne en WACK.

danen *swv.* (I. 303ᵇ) *refl. mit gen. sich von etw. abwenden* GLAUB. — *zu* dane, dannen.

danke *swm.* (I. 351ª, 18) *gedanke* LEYS.

danken *swv.* (I. 358ᵇ) *danken, mit dank erwiedern, vergelten mit dat. d. person u. gen. d. sache* (*oder mit* umbe, durch). *allgem. s. noch* dem sullen die miuse danken RENN. 22209. des sol ich alleʒ dankent sîn LIEHT. 129, 23. si dankten im und gote der êren DAN. 1741. dem Prâbant hôher êren kundens danken LOH. 6073. *mit* ge-, ver-;

danken *stn.* (I. 359ª) PARZ. danken unde nîgen meit er niht mit worten mit gebærden j.TIT. 6190. mîn danken ich gein im versweic LIEHT. 240, 2.

dan-kêre *stf.* (I. 799ᵇ) *das wegwenden, fortgehen* WOLFR. (*Wh.* 222, 22). PF. *üb.* 42, 25; dannekêre j.TIT. 1557. PRIESTERL. 89. dannenkêre CRANE 3999.

dannân, dannant *adv. s.* dannen.

danne, denne; dan, den *zeitl. adv.* (I. 300ª—302ᵇ) *allgem.* 1. *demonstr.: dann, damals; sodann, darauf, oft nur um den fortschritt der rede zu bezeichnen; in ausrufungen u. fragen* (waʒ danne? was thut das? waʒ danne, und arne i'ʒ under stunden? MSF. 44, 26); noch danne *damals noch, überdies noch, dennoch s.* dannoch (*in* KARLM. *durchgängig* nochdan *s.* Bartsch *s.* 311). — 2. *relat.: als, wenn; nach comparativen u. compar. negationen:* denn, als, meist mit conj.; *nach* ander, anders, niemen. — 3. *causal: demonstr. daher, deshalb, in angefügten bedingungssätzen mit u. ohne* ne; *relat. weil* NARR. (*leseb.* 1070, 30). — *ahd.* danna, *vgl.* dannen.

danne-kêre *stf. s.* dankêre.

dannen, danne; dane, dan *adv.* (I. 302ᵇ) *räuml. adv. allgem.* 1. *demonstr. von da weg, von dannen* (wider unde dan *zurück u. von da wieder hin* NIB. dar unde dan PARZ. FREID. dan unde dar TROJ. 4212; von dannen, her dan, hin dan; wol dan *ausruf bes. beim tanze* WALTH. edel ritter, nû wol dan! DAN. 2279. wol dan balde PASS. 190, 48. 298, 58). — 2. *causal: demonstr. daher, deshalb, davon; relat. woher, weshalb, wovon* ANNO, WINDB. *ps.* — *ahd.* dannân *u. diese volle form* MSF. 204, 7. REINH. *sendschr.* 776. MYST. 1. 221, 22. dannan hin GR.W. 1, 34; dannant AD. 907 (*a.* 1318). dannant hin *ib.* 1243 (*a.* 1400).

dannen-scheide *stf. das hinscheiden* ULR. *Wh.* 105ᶜ.

dannen-var *stf. wegfahrt, abreise* KIRCHB. 746, 36. 748, 41. *ebenso*

dannen-, danne-, dan-vart *stf.* (I. 254ᵇ) PARZ. TRIST. U. WWH. 452, 18. ULR. *Wh.* 202ᶜ. 203ᵈ. BIT. 7942. SERV. 985. KIRCHB. 728, 38. 761, 25.

dannen-wanc *stm.* (III. 706ª) *das fortgehen, weichen* FLORE.

danne-scheiden *stn.* (II². 100ª) *s.v.a.* dannenscheide MAI.

danne-, dan-wërt *adv.* (III. 597ᵇ) *von da weg* NIB. MAR. dannewart PARZ.

dan-noch, den-noch *adv.* (II. 404ª) *damals noch, jetzt noch; sodann noch, noch ausserdem; adversat. auch da noch, dessenungeachtet, dennoch. allgem. s.* danne.

dan-reise *stf.* (II. 664ᵇ) *abreise* j.TIT.

dansel-hûs *stn.* amphitheatrum DIEF. *n. gl.* 22ª.

dansen *swv.* (I. 361ª) *ziehen* GL. — *zu* dinsen;

dansunge *stf.* sô mahtiu -- der dansunge versagen die zungen HPT. *h. lied* 134, 16; *nd.* dansinge plausus DFG. 441ᵇ; *vgl.* DENKM. zu LXXVI, 12.

dan-vart *stf. s.* dannenvart.

dan-wërt *adv. s.* dannewert.

dapart, daphart *stm. s.* taphart.

dar *adv. s.* dare.

dâr *adv. loc.* gekürzt dâ (*seit dem* 14. *jh. auch* dô), *geschwächt* der, dir (I. 303ᵇ—306ᵇ) *allgem.* 1. *demonstr.:* da, dort, *in relat. sätzen nach dem pron. od. adv. die rückbeziehung verstärkend; im beginne erklärender sätze; vor räuml. präp. u. adv.* (dâ ze: datze, datz, daʒ *sehr oft in urk.*; dâ her, dâ heime *etc.*). 2. *relat.:* wo. 3. *demonstr. u. relat. vor räuml. adv. u. zwar vor vocal.*

anlaute dar, der, dir, dr, *vor conson.* dâ: dar abe, drabe; dar after (*darauf* MONE 6, 252. *z.* 1, 312. 7, 12); dar ane, dran; dâ bî *etc. oder von dem adv. durch andere worte getrennt.*

dar-an = dar ane (I. 38ª, 48. 306ª, 5) daranen (: manen) OT. 89ª. *vgl.* WEINH. *bair. gr.* § 213.

darben *swv.* (I. 364ᵇ) darfen EVANG. *L.* 15, 14: *darben* GLAUB.; *mit gen. entbehren, ermangeln* WOLFR. MS. KCHR. *D.* 389, 9. MSF. 9, 36. 27, 5. ENGELH. 4962. 5063. 6188 (*statt des gen. ein untergeord. satz* 3718). RENN. 8690. SWSP. 240, 11; *refl. mit gen. sich entäussern* GEN. HELBL. MSF. 1, 9. — *zu* dërben, *s.* DWB. 2, 767;

darben *stn.* (I. 365ª) *das darben, der mangel* ANEG. EN.

darbe-tage *swm. tag des darbens, notstand* ELIS. 7516.

dar-binnen *adv. inzwischen* GR.W. 2, 64.

dare, dar *adv.* (I. 307ª) *allgem.* 1. *demonstr.: dahin, hin; auf die zeit bezüglich: bis auf diese zeit* ER. PARZ.; 2. *relat.: wohin;* 3. *demonstr. u. relat. vor räumlichen adv.:* dar durch, dar în, dar zuo *etc. geschwächt der:* derdurch, derfüre, derzuo; *syncop.* dran, drîn, drûf.

dære *adj. passend, vorzüglich, in* undære.

dære *stn.?* (I. 308ᵇ, 17) *spiel, kampfspiel?* ÜW. *s.* dæren.

[**dâre-haft** *adj.* I. 308ª] *s.* tarehaft.

daren *swv. s.* taren.

dæren, dêren *swv.* (I. 308ᵇ) *sich an etw. heranmachen, womit spielen, tändeln?* GRIESH. dô sie mir pfeif der katzen lôn, dô dârt ich (*ahmte nach?*) ir der katzen dôn WOLK. 7. 3, 14. *vgl.* SCHM. 1, 533. DWB. 2, 1134.

darf *präs. s.* dürfen.

darfen *swv. s.* darben.

darfener *stm. ein getreidemass s.* SCHM. *Fr.* 1, 538.

darfe-tuom *stn. mangel* RSP. 2540. dorftûm DÜR. *chr.* 457; *s.* GERM. 6, 57. 276.

dar-kunft *stf. hinkunft.* sîner darkünfte gab er lôn dâ mit WWH. 249, 24.

dar-legen *stn. das darlegen, erlegen.* im darlegen der stiure USCHB. 27; *aufwand, kosten mit merklichem schwæren darlegen unsers leibs und guts* MH. 2, 96. CP. 14. 30. 251. *s.* DWB. 2, 779.

darm *stm.* (I. 308ᵇ) *pl.* derme *darm* MSH. (2, 287ᵇ. 299ᵇ). RENN. 12406. FRAGM. 29, 112. HERB. 1434. 8891; darn WH. *v. Öst.* 23ª. — *vgl.* DWB. 2, 770. WACK. *hält es nun zu gr.* τιτράω, τρῆμα, *wozu auch* dræjen;

darm-giht *stn. darmgicht* HPT. 9, 368. colica Voc. 1482.

darm-gürtel *stm.* (I. 593ᵇ) *bauchriemen des pferdes* ER. PARZ. FLORE, WOLFD. 1499. 1500. darngurtel MONE *z.* 15, 284 (*a.* 1378); *frauengürtel* OBERL. 226.

darm-siech-tage *swm.* colica Voc. 1482.

darm-winde *swf.* (III. 703ᵇ) *darmkrampf* SCHM.

darm-wurm *stm.* (III. 826ª) lumbricus Voc.

darn *stm. s.* darm.

darre *swf.* (I. 322ª) *gestell oder vorrichtung zum dörren* GL. es sol nieman in der stat kein darren machen MONE *z.* 15, 428.

darren *swv. s.* derren.

dar-setzer *stm. betrüger.* dars. und falsch ratgeben NETZ 13355.

dar-streckunge *stf.* mit darstreckung irer leib und gutter MH. 3, 130. 184.

dart *adv. s.* dort.

dar-uber-jâ *interj. quinimo* EVANG. *L.* 11, 28; *vgl.* sicherjâ.

dar-wërt *adv.* (III. 597ᵇ) *dahin* BIT. 10724 HERB. (4454). ERLŒS.

dâse *f.* (I. 308ᵇ) *unholde, hexe* KCHR. (*D.* 373, 13). *vgl.* DWB. 2, 806.

dâsic *adj. dieser da, dergleichen* GR.W. 3, 714. 716. CHR. 3. 126, 15. SCHM. *Fr.* 1, 545. *vgl.* DWB. 2, 809 *u.* dâic.

dæsic *adj.* (I. 309ª) *stille, in sich gekehrt; dumm, albern* FRL. Rumpolt der dasig knecht FASN. 997, 24. *vgl.* DWB. 2, 809. SCHM. *Fr.* 1, 545. KWB. 53.

dâ-sit *adv. jenseits.* hietzet und datzet GR.W. 2, 59.

dasse = daz si MSH. 2, 331ᵇ. HAHN *gramm.* 35.

dâst = daz ist (I. 314ª, 19).

dasten *swv. s.* tasten.

datel *swf. dattel* MISC. 2, 85. MGB. 337, 21. — *aus gr. lat.* dactylus.

dater *m. s.* tater.

datze = dâ ze (III. 852ᵇ, 31); datzet *adv. s.* dâsit.

däwic, däwen *s.* döuwec, döuwen.

daz *s.* dër.

daz = daz ëz (I. 314ª, 11).

daz = dâ ze (III. 852ᵇ, 32).

de = dër (I. 312ª, 49) = diu (I. 312ª, 7. 49) = die (I. 312ᵇ, 34). = dû (I. 402ª, 22).

dê *s.* dëus, diech.

de-baz = diu baz *desto besser* ELIS. 10480.

dëben? *stn.* lâȝ dîner minnen deben ze stæter vröude leben MSH. 3, 83ª. *vgl.* j.TIT. 264, 1.

dêber *stn. s.* tæber.

dec-bette *stn. deckbett* FASN. 3, 1217. zementum Voc. 1482.

december *m.* december, von decem und ymber MEIN. 16. GR.W. 6, 388 (*a.* 1450).

dêch *prät. s.* dîhen.

dëchan, dëchant *m. s.* dëhem, tëchan.

dech-ein *s.* dehein.

dëcher, tëcher *stmn. zehen stück leder, gewönlich häute von kleinem vieh.* von iedem dechere einen phenn. (*zu zoll*); sô gît er von dem techer einen helbeling MONE 3. 9, 416 (*a.* 1440 *Speier*). — *aus mlat.* dacra, dacrum *vom lat.* decuria *s.* DWB. 2, 880.

dëch-gëlt *stn.* (I. 523ª) *zehntgeld für eichel- oder büchelmast* WEIST. *s.* dëhem.

dëch-tuom *stn.* (I. 311ª) *s. v. a.* dëhem WEIST. (*verkürzt* dechtem 4, 518. 5, 698).

decke *stf.* (I. 295ª) *decke, bedeckung, allgem. s. noch* im was âne tecke als mære als mit gewande LANZ. 3678. von ir jugende craft ir decke wîlunt wart verirret MSH. 2, 371ᵇ. under de decken CRANE 2170; decke *für pferde* LIEHT. 300, 30. 451, 20. ros mit fliegunden decken ENENK. *s.* 298; decke *über den schild* WIG. ENGELH. 2560 *u. anm.; das zudecken, erwärmen, das bedecken* PARZ. *— zu* dach;

decke-blôȝ (I. 213ᵇ) *ein scheltname* Ms.; *vgl.* LIEHT. 433, 27.

decke-kleit *stn.* (I. 839ᵇ) *kleid zum zudecken, decke* PARZ.

decke-, dec-lachen *stn.* (I. 923ᵇ) *betttuch, bettdecke* PARZ. TRIST. NIB. GR.RUD. 2,2. TROJ. 9048. 22914. PASS. K. 144, 53. *bildl.* valscher triuwe deckelachen RENN. 17195. 21223.

decke-lich *adj. in* unbedeckelich.

decke-mantel *stm. deckmantel* RENN. 17167.

decke-meister *stn.* architectus Voc. *Schr.* 154.

decke-mentelîn *stn.* (II. 62ᵇ) MYST.

decken *swv.* (I. 294ᵇ) *prät.* dacte, dahte, decte: *ein dach machen.* mit schilden decken = ritterschaft tuon Ms.; *decken, bedecken* NIB. WALTH. TRIST. er ne wolde in decken GEN. 28, 28. sant Servâcen er sîn münster dacte SERV. 1930. im ist vil wol kundic, swaȝ decket tal unde berc HELBL. *H.* 1. 126, 418. ich steche in mit gewalt, daȝ her decket blômen gar CRANE 3504. missetât decken ERACL. 3632; *schützen, schirmen,* der schilt decke von missetât MSH. 3, 39ª. daȝ uns noch decke dîner sælden van 1, 339ᵇ. mîn helfe muoȝ in iemer genædeclîchen decken OTTE 671. schirmen und tecken GR.W. 1, 26; *abwehren* ANNO; *aufdecken, ausdeuten, auflösen* Ms. (swer bezȝer meister sî, den heiȝet decken MSH. 2, 10ᵇ). *mit* be-, en-, er-, über-, ver-. — *mit* dach *zu lat.* tego, *gr.* στέγω. *vgl.* Z. 1, 150. GR. *kl. schft.* 3, 307;

decker *stm. dachdecker* MÜNCH. *r.* 472. MONE *z.* 6, 401. *ebenso*

decker-meister *stm.* MONE *z.* 6, 400. TUCH. 52, 9 *ff.*

deckesal *stn.* (I. 295ᵇ) velamentum DFG. 609ª. HB. 133.

decke-schirm *stm.* velamentum Voc. 1482.

decke-tuoch *stn.* sagum Voc. 1482.

dec-lachen *stn. s.* deckelachen.

decret *stn. decretum* NARR. 76, 67 *u. anm.;*

decretal *stn.* als man im decretal vint, das sant Gregorius tett schriben NETZ 4063.

dec-wëber *stm. deckenmacher* TUCH. 158, 35. 159, 20.

dêf *stf. s.* diube.

dëgel *stm. s.* tëgel.

degen *swv.* (I. 309ª) *zum schweigen bringen, stillen, von kindern:* sô iȝ die amme degete ELIS. 510; *von kranken, traurigen s.* gedegen. — *factit. zu* dagen. *vgl.* SCHM. *Fr.* 1, 477, *wo* degen *fälschlich mit* dien *u.* tigen *identif. wird; s. auch* DIEF. 2, 608.

dëgen *stm.* (*ib.*) *dolch,* trusile Voc. 1470. 1482. *Hildebrandslied v.* CASP. *v. d. Rh.* 12, 7. swert, messer, degen NP. 53 MONE *z.* 7, 17 (*a.* 1430). 18, 253 (*a.* 1495). tegen zucken GR.W. 1, 40 (*a.* 1468). degen zucken *ib.* 2, 47. 6, 84. — *aus fz.* dague, WACK. *umd.* 56.

dëgen *stm.* (*ib.*) *männliches kind, knabe* (sie ein maget und er ein degen GEO. 960. degen und dirne j.TIT. 3314. *im* Voc. 1482 *auch* = junkfrawe oder magt, virgo); *krieger, held* (WINSB. 20, 10. j.TIT. 5563. RENN. 21506. 23039. KRONE 16698. 16711. 18471. 19286. 20325 *etc. u. sehr oft im* TROJ. ENGELH. 3300. PASS. 173, 37. 177, 14. 272, 26. 343, 72 *etc.* KARLM. 197, 2. der gotes d. *held, glaubensheld* BARL. ROTH *dicht.* 42, 113. PF. *üb.* 131, 431. des lîbes wâren sie alle degen APOLL. 428. 11508. LIEHT. 470, 21. KOL. 223, 1236; *als anrede* GERH. 6181). — *zu* dîhen, *vgl. gr.* τέκνον, *skr.* tuc, toka *nachkommenschaft, von der wurzel* tak FICK 70;

dëgenen *swv. zum dëgen, helden machen.* niht lebt ein junger ritter baȝ gedegent (: gesegent) j.TIT. 1513.

dëgen-haft *adj. tapfer.* zwelf knehte degenhaft GA. 1, 468. 482. fürst sô degenhaft ECKE *alt. dr.* 86.

dëgen-heit *stf.* (I. 310ᵇ) *mannhaftigkeit, tapferkeit* LAMPR. NIB. BIT. KCKR. *D.* 359, 27. ERNST *B.* 7. TURN. 141, 1. TROJ. 9837. SIGEN. *Sch.* 8. DA. 45. LS. 2. 414, 118.

dëgen-hërre *swm.* dominus strenuus OBERL. 229.

dëgenîn *stf.* (I. 310ᵃ) *heldin* RENN.

dëgen-kindelîn *stn.* (I. 819ᵃ) *dem. vom folgd.* KOL. MGB. 183, 13. GA. 2. 392, 53;

dëgen-kint *stn.* (I. 818ᵃ) *männl. kind, knabe* MAR. HUGDIETR. SPEC. 39. GA. 2. 603, 317. 604, 331. MGB. 38, 17. 183, 3. SWSP. 37, 5. 58, 7. *vgl.* SCHM. *Fr.* 1, 492.

dëgen-, dëgent-lich *adj.* (I. 310ᵃ) *mannhaft, tapfer* GR.RUD. DIEM. 55, 29. ER. 85, 41. BIT. 1059. ANTICHR. 151, 30. BELIAND 275. 3349. 3374; aller degenlîch = aller degene gelîch, *alle helden* ROTH. FRL.;

dëgen-lîche, -en *adv.* (I. 310ᵇ) *mannhaft, tapfer* LANZ. BIT. ROTH. RUL. 290, 34. ERNST *B.* 5146.

dëgen-schaft *stf.* (*ib.*) *heldenhaftigkeit* LANZ.

dëgen-tuom *stn.* (*ib.*) *jungferschaft* (*bei männern*) CHRISTOPH.

dëger *adv. fest, stark* KIRCHB. 638, 12. 62. — *zu* dîhen;

dëger-lîche *adv. sehr* KIRCHB. 786, 44.

deh-, dech-, dek-ein *adject. zahlpron.* (I. 421ᵃ) *oft noch* dihein, dichein (dühein AD. 759. diuhein Mz. 2, 328), *syncop.* dhein *abgek* kein (*s. dass.*): *irgend ein; kein* (*mit od. ohne andere verneinung*). — *aus* ein *u.* ahd. *concess.* dih, dëh, doh;

deh-einest *adv. irgend einmal* Mz. 1, 421 (*s.* 299). 451.

dëhem, dëheme *stswm.* (I. 310ᵇ) *nbff.* dehen GR.W. 5, 310. techel URB. *Pf.* 47, 100. degmen GR.W. 3, 365. dehtem *ib.* 4, 518. techant 6, 136. dechan, dechant (OBERL. 227), *contrah.* dem, dehm (GR.W. 6, 2. 3. 44. 52), diem, dom, dhen, then (WERTH.): *ursprünglich der zehnte, sodann abgabe für die eichel- u. büchelmast der schweine, diese mast selbst sowie das recht darauf* WEIST. MONE *z.* 2, 468. 12, 224. — *aus lat.* decima; *vgl.* DWB. 2, 901;

dëhemen *swv.* die junkern zu Berge dhement das viehe, so ecker in den welden gewahsen GR.W. 2, 255. *mit* ver-.

dëhen *m. s.* lëhem.

dëhse *swf.* (I. 330ᵇ) *spinnrocken.* ûf einer dehsen ode ûf einem hûspesem rîten MYTH. 1000. 1038 (GERM. *Hag.* 8, 307). WB. II. 745ᵃ *will dafür die bedeut. „beil" annehmen* (*s. das folgd.*), *doch vgl. auch bair.* die dächsen *fichtenzweige, die auch als besen verwendet werden* SCHM. *Fr.* 1, 482. 484. KWB. 49.

dëhse, dëhsel *f.* (I. 311ᵃ) *auch* dihsel *beil, hacke* GL. tehsel MONE *z.* 16, 159 (*a.* 1478). — *mit* dëhsen *zu lat.* texo, *gr.* τέχνη CURT. 1, 187. DWB. 2, 881.

dëhseln *swv.* (I. 330ᵇ) *iterat. zu* dëhsen *den flachs schwingen* HATZL.

dëhsel-rite *swf.* (II. 744ᵇ) *hexe* HELBL. *s.* dëhse *u.* dëhsel.

dëhsen *stv.* I, 2 (I. 330ᵇ) *schwingen, flachs schwingen* Iw. HELMBR. Ms. eine maget quême gedohsen, kam geschwungen, schnell einher gezogen ALBR. 15, 210; *s.* dëhse *u.* SCHM. *Fr.* 1, 484;

dëhs-îsen *stn.* (I. 756ᵃ) *eisen zum schwingen des flachses* GL.

dëhslîn *stn. dem. zu* dahs BEH. 127, 18.

dëhs-schît *stn.* (II. 165ᵇ) *flachsschwinge* WWH.

dehtel sordisa, sorpes VOC. 1482. *vgl.* DWB. 2, 881. SCHM. *Fr.* 1, 486.

dëhtem *m. s.* dëhem.

dëhtem-rëht *stn. das recht, für die in die eichel- oder büchelmast getriebenen schweine eine abgabe zu erheben* GR.W. 4, 518. MONE *z.* 8, 155.

dei = diu (I. 312ᵇ, 50), = daʒ er (I. 314ᵃ, 5).

deilidurei *interj.* MSH. 1, 310ᵃ *ff.*

deiment *m.?* (I. 310ᵃ) *thymian* HÄTZL. *vgl.* DFG. 583ᶜ.

deir = daʒ er (I. 313ᵇ, 50).

deis = daʒ es (I. 314ᵃ, 12).

deisc *stn.* (I. 311ᵃ) *mist* SUM.

deise *swf. darre,* siccinum DFG. 532ᵇ. DWB. 2, 914. *vgl.* KWB. 10. VILM. 68.

deisel? *stn. s.* reisel.

deisme *swm.* (I. 311ᵃ) *sauerteig, hefe* DFG. 230ᶜ. EVANG. *M.* 13, 33. 16, 11. 12. *Mr.* 8, 15 *u. öfter.* — *zu nd.* deisen *langsam sich bewegen* DWB. 2, 914;

deismen *swv.* (*ib.*) fermentare DFG. 230ᶜ.

deist = daʒ ist (I. 314ᵃ, 23).

deister-haft? *adj.* deisterhafter karger muot hât ez tougenlîch verholn REINFR. 206ᵇ.

deiswâr = daʒ ist wâr (I. 314ᵃ, 32), PARZ. Iw. NEIDH. 58, 37. ENGELH. 1104. 1664. PASS. *K.* 34, 1. 43, 79; *s.* dêswâr.

deiʒ = daʒ eʒ (I. 314ᵃ, 6), = daʒ daʒ ER. 95.

dek-ein s. dehein.
deklînen swv. (I. 311ª) deklinieren JÜDEL, RENN. 17524. — aus lat. declinare.
dël, dële s. dil, dille;
dëler stm. (I. 331ª) verfertiger von dielen MONE schausp. — zu dil.
dëlfîn m. ein visch der heizet delfîn TROJ. 14024. ALBR. 24, 163. tëlfîn (III. 28ᵇ) KRONE; vgl. talfîn.
dëlhen stv. I, 3 in bedëlhen;
delhen swv. in endelhen.
deller s. teller.
dem m. s. dëhem.
demen swv. s. temmen.
dëmere stf. dämmerung JER. 116ª.131ᵇ; ebenso
dëmerunge stf. JER. 40ᵇ. 153ᵇ. 182ᵈ. — mit dinster, timber zu skr. tamas finsternis, lat. tenebræ, lit. tamsa, alts. thimm dunkel. vgl. DWB. 2, 709. WEIG. 1, 231. CURT. 2, 121. KUHN 15, 238. 16, 196 f. 17, 253. Z. 1, 138.
demmen swv. schwelgen, schlemmen NARR. 16, 60 u. anm. DWB. 2, 709.
dempfe stf. engbrüstigkeit. temphi in der brust WACK. pr. 53, 118. 123. 124. 126;
dempfec adj. s. dampfec;
dempfen swv. (I. 331ᵇ) durch dampf ersticken, dämpfen SERV. GSM. JER. 23ᶜ. 72ᵈ. 82ᵇ. 85ª. 115ᵇ. minne flamme d. MSH. 2, 331ª. daz viuwer luft noch wazzer tempfet LOH. 1800. sô wart manheit unt schamen daz herz getempfet 5846; intr. dampfen, ein nebelrouch begunde mir gein dem herzen dempfen j.TIT. 5665. — mit be-, er-, ver-. zu dampf.
dempf-sac stm. (II². 3ª) und tempfelsac verächtl. benennung des bauches od. magens RENN.; ebenso
dempf-tal stn. RENN. 10097.
dê-muot adj. stf. u. die davon abgeleit. s. unter diemuot, diemüete etc.
den adv. s. danne.
denc adj. s. tenc.
denc-lich adj. was danc verdient KIRCHB. 604, 25. 650, 39;
denc-lîche adv. dankend WOLK. s. 164.
denc-man stm. vir memor rerum gestarum HALT. 222. DWB 2, 942.
denc-vuoz stm. cricos mag ain denkfuoz haizen MGB. 233, 22.
dene swf. s. tenne.
dënen = dën dat. pl. von der, erweiterte form GR.W. 1, 55. RING 51ᵈ, 39. 53ᵉ, 30. NARR. präf. 20. dienen GR.W. 1, 51.
denen swv. (I. 311ª) auch dennen MART. (tennen WACK. pr. 41, 178. prät. dante LS. 1. 141, 520), ein st. part. gedannen (: spannen) MART. 37, 60. zerdannen 87, 20. 109, 85. 165, 60: dehnen, ziehen, spannen (foltern GR.W. 4, 292) LANZ. NEIDH. PASS. (als ein gedentiu seite 74, 39). sîne girde an got denen WACK. pr. 56, 228. manic tiefer siufze lanc ûz sîner brüste wart gedent TROJ. 14825. ein edel materaz gedent wart ê vil selten under in 13768. den lip d. 7802. dû solt dînen lip tenen und arbeiten WACK. pr. 64, 87. jener lante, dirre dent KRONE 12129. er denet den mantel vaste nider RENN. 11368. die hâre denen bei den haaren ziehen WSP. 695. da he gedenet steit als ein snar MARLD. han. 27, 38; sich d. GA. 2. 341, 147. sich von einander d. 9553. dar ab (von freunden) sich sol mîn herze denen ALEXIUS 108, 269. — mit ane (anziehen, anspannen, den bogen I. 311ᵇ, 31 PILAT.), ûf; er-, ge-, über-, ver-, zer-. zu skr. tan, gr. τείνω, lat. tendo CURT. 1, 185. vgl. dünne.
denglen swv. s. tengelen.
denke adj. in an-, in-denke.
denkelîn stn. (I. 358ª) kleiner danc WALTH.
denken swv. an. (I. 341ᵇ—344ª) prät. dâhte 1. intr. denken, gedenken (mit refl. dat., mit gen. der sache oder an, gegen, nâch, umbe [KOL. 82, 211. 217], von, wider; mit gen. u. refl. dat. sich etw. aussinnen ATH. ER.; mit gen. u. dat. einem etw. zudenken, ihm es beimessen, nicht an ihm übersehen; gen. u. mit, etw. mit jem. beabsichtigen; gen. u. ze ausersehen zu BIT.); — 2. unpersönl. mit dat. u. gen. erinnerlich sein (mir ist gedâht, ungedâht eines d. ich denke worauf, habe vor, erwarte); — 3. trans. mit seinen gedanken worauf verfallen, erdenken, ersinnen; mit dem. infin. im sinne von haben, wollen NIB. die diser denket vueren in ir lant LIVL. chr. 4809. — mit be-, durch-, er-, ge-, hinder-, über-, ver-, wider-; zu danc, dunken von einem verlornen dinken, vgl. GR. kl. schft. 3, 306 ff. KUHN 1, 353, wo altlat. tongêre verglichen wird;
denken stn. (I. 344ᵇ) das denken PARZ. MS.;
denk-lich adj. in undenklich.
denkunge stf. in be-, hinderdenkunge.
denne adv. s. danne.
dennen adj. s. tennîn.
den-noch adv. s. dannoch.
dënr s. tëner.
dens stmn.? zug, haufe. so kumpt denn hünr und gens recht ein gros tens NETZ 9393. —

zu dinsen, *vgl.* Schm. *Fr.* 1, 527 *und* gedense.

dënsen *stv. s.* dinsen.

dens-wurz *stf.* (III. 828ᵇ) crassula, ravinus Gl.

denzieren *swv. im tanz umführen* Hpt. 3, 494.

deppel? (I. 312ᵃ) baptillus Gl. d *ist wol für* cl *verschrieben oder verlesen, s.* Dfg. 65ᵇ.

der *adv.* = dâr (I. 306ᵇ, 12) *mit präp.* deran, derbî, derinne, dermite *etc. syncop.* drabe, dran, drinne *etc.*

der *präf.* = er (I. 312ᵃ) *oft bei* Mgb. *u. im* Ring; *s. auch* Chr. 1, 484ᵃ. 2, 544ᵃ. Haupt *in den monatsber. der Berl. akad.* 1856 *s.* 570 *anm.* 6.

dër, diu, daʒ (I. 312ᵃ—321ᵇ) *nom. m. auch* dir *u. mehr zum nd. geneigt* die, di, de; *nom. f.* diu, *mehr nd.* die, *bei* Mgb. deu (*auch* dei 240, 23) *u. oft in der hs.* V *der* Krone; *nom. n.* daʒ, *lautloser* diz, dez, des, eʒ (*die abweichenden formen der übrigen casus sowie die durch anlehnung u. angleichung an das vorhergehende oder durch verschleifung mit dem folgd. worte entstandenen sind im alphab. besonders angesetzt*): 1. *pron. demonstr.* der, dieser, derjenige (*adv. gen.* dës *u. instrum.* diu *s. unten*), *das n.* daʒ *auch substantiv. gebraucht, vgl.* Germ. 5, 505 *f.* — 2. *bestimmt. artikel: vor vocat. in der anrede, vor präd. adj. u. partic., vor eigennamen* (Jer. 129ᵃ. 136ᵉ), *in absonderndem sinne vor einer zahl, welche theil einer grössern ist, vor dem pron. poss.* (den ir eit, daʒ sîn sper *etc. s.* Bech *z.* Iw. 7966), *vor stark flect. adj.* (*vgl.* Germ. 5, 229); *vom subst. durch einen genet. getrennt, zwischen dem adj. u. subst.* — 3. *relativ im beginn von adjectiv- u. substantivsätzen, oft rel. u. demonstr. zusammengezogen* (in der naht, *in der nacht in welcher, vgl.* Bech *z.* Er. 1226); *das n.* daʒ *als conj. in infinitiv-, in modal- u. folgesätzen* (*dass, so dass*), *in zeitsätzen, in causal-* (*darum dass, weil*), *final-* (*dass, damit*) *u. concessivsätzen* (*obgleich*). — *ein durch alle indogerm. sprachen gehendes wort, in welchem das hochdeutsche gleich dem lat.* (is-te, is-ta, is-tud), *lit. u. altslav. auch im m. u. f. das anlautende* d, t *erhalten hat, das im skr. u. gt. zu* s (sa, sâ; sa, sô), *im zend zu* h *u. im gr. zum spir. asper geworden ist.*

dêr = daʒ er (I. 314ᵇ, 2) Iw. Walth. Gudr.

derbe *adj. stf. in* biderbe, gederbe, underbe.

derbe-brôt *stn.* azimus Oberl. 231; *s.* derp *u. vgl.* Rotw. 1, 44ᵃ.

dërben *stv.* I‚. 3 (I. 361ᵃ) *verderben.* sam derbit ubirazʒe unser edele sêle Spec. 46. *vgl.* Weig. 1, 240. Dief. 2, 620. 696 *f. und* derbung *perditio im* Dwb. 1013. — *mit* ver-.

derbin, ein vogel heizet derbin Wack. *pr.* 54, 165.

dëre = dër *gen. pl., ahd.* dërô (I. 313ᵃ, 6) Gen.; *erweitert* der en Ring 36ᵃ, 34.

dëren = dër *dat. f. sing.* deren sol er wîn und brôt geben Gr.w. 1, 84 (*a.* 1456); = *gen. pl.* Gr.w. 1, 159. *vgl.* Dwb. 2, 958.

deren *swv. s.* taren.

dêren *swv. s.* dæren.

der-haft *adj. s.* tarehaft.

dër-halben *adv.* (I. 615ᵇ) *auf dieser seite* Parz.; *ebenso*

dër-halp *adv.* Wwh. 236, 4.

derken *swv. s.* terken.

derme *stn.* gedärme Öh. 40, 6 *ff.* Beh. 97, 4;

dermel *stn.* (I. 308ᵇ) *dem. zu* darm Mgb. 249, 7. 303, 32; würste? Ms.;

dermen *swv.* sich ûʒ d. *das gedärm ganz entleeren* Mgb. 294, 28.

dërne *f. s.* dierne.

dërô = dër *altertüml. gen. pl.* (I. 313ᵃ, 4).

derp, -bes *adj.* (I. 322ᵃ) *ungesäuert* Griesh. Gsm. Exod. *D.* 153, 1. Berth. 301, 4. mache einen dünnen derben teic Buch *v. g. sp.* 6. 8. 16; *hart, tüchtig, fest* Ls. — *zu* dërben, *vgl.* Dwb. 2, 1012. Gds. 902, *auch* Kuhn 13, 410;

derp-kuoche *swm.* (I. 856ᵇ) *ungesäuerter kuchen* Voc.

derp-teic *stm.* (III. 19ᵇ) *sauerteig* Voc.

derre *stf. der tagelohn ohne kost u. ohne trunk.* ainem maister 20 dn. und ainem gesellen 16 dn. zu der derr — und ainem mortermacher 11 dn. auch zu der derr Cp. 220. — *aus lat.* diarium? *vgl.* Schm. *Fr.* 1, 530.

derre-blahe *swf.* (I. 196ᵃ) *grobes leintuch, um etw. darauf zu* derren, *zu trocknen* Neidh. (47, 35).

derren *swv.* (I. 322ᵃ) *dörren, austrocknen eig. u. bildl.* (*ahd.* derran *u.* darran; darren noch Gen. 16, 22 diu hitze iʒ ne darrit = diu hitze tet ime niht wê *D.* 9, 2). Aneg. Lanz. Alexius, Mgb. *s.* 590. sorge derret sam der rôst Msh. 3, 468ᵉ. mîn freude grüene wirt gederret 2, 320ᵇ. daʒ derret mîner freuden kern Krone 13918. sîn bescheiden mîne vrâge derret Loh. 213. Msh. 2, 13ʰ. ich derre bluot und herze Sion 431. kanstu mîn herze derren

HADAM. 176. er derret sîn marc und sîn gebein RENN. 7954. wes er âne schult mich derre *ib.* 4704. eʒ derret dich an dem lîbe BERTH. 465, 22; sich derren *ib.* 560, 26. *mit* er-, ge-, über-, ver-. — *factit. zu gt.* thairsan *dorren, mit* dürre, durst *zu skr.* tarsch *dursten, gr.* τέρσομαι, *lat.* torreo CURT. 1, 190;

derren *stn.* MGB. 260, 34. 417, 2. swer malzes phligt, die wîle eʒ lit dur derren ûf dem slâte MSF. 243, 22.

dërst = der ist (I. 314ᵃ, 14) *allgem.*

dërt *adv. s.* dort.

des = daʒ (I. 312ᵇ, 19) MYST.

dës *adv. gen. n.* (I. 315ᵇ, 44) *daher, deshalb; mit präp.* after des, ê d. innen, inner d. sît d. under d. (*unterdessen*), vor des, vórdes *vor diesem, zuvor.*

dês = daʒ ës (I. 314ᵃ, 13) PARZ.; = daʒ ist (I. 314ᵃ, 30) PARZ. TRIST. FLORE.

dëser, dësser *s.* diser.

despen *swv. in* be-, verdespen.

dêst = daʒ ist (I. 314ᵃ, 19) *allgem.*

dëste, dëst *adv.* (I. 316ᵇ, 3) *angeglichen für* des diu, des de (des die PASS. 209, 14) *mit folgd. conj.:* desto, *allgem.; unorg. mit compar. endung* dester NIB. TRIST. WALTH. CHR. 2, 544ᵃ.

dêswâr = daʒ ist wâr (I. 314ᵃ, 35).

deu = diu *s.* dër.

deuf *stf. s.* diube.

deuhel *stm. deucheleisen, eisen, wie es aus dem frischfeuer kommt. die meʒʒerer sullen cheinen cheinel deuhel wurken zu cheiner chlingen* NP. 159. teuhel 141. deuchel TUCH. 97, 1. *vgl.* SCHM. *Fr.* 1, 498; *ebenso*

deuhel-îsen *stn.* TUCH. 98, 23.

deuhel-schin *stf. schiene aus deucheleisen* CHR. 1. 183, 11.

deun *swv. s.* töuwen.

deup *stm. s.* diep.

dêus, dêû, dê (I. 323ᵃ) *gott, das lat.* deus, *fz.* dieu TRIST. HELMBR.; *s.* die.

de-wëder *pron. indef.* (III. 546ᵃ) *syncop.* dwëder, *md.* diwëder *irgend einer von beiden, der eine oder der andere; mit negat.* (*oder auch ohne dieselbe*) *weder der eine noch der andere, keiner von beiden;*

de-wëder *adv.* (III. 547ᵃ) *md.* diwëder *unflect. neutr. des vorig. mit folgd.* weder *od.* noch: *entweder* — *oder,* weder — *noch;*

de-wëder-halp *adv.* (I. 616ᵃ) *auf einer, od. auf keiner von beiden seiten* PARZ. KARL 69ᵃ.

de-wëlch *pron.* (III. 577ᵃ) *wie* swëlch *gebraucht* BERTH. 284, 28.

dewen *swv. s.* döuwen.

deʒ = daʒ (I. 312ᵇ, 14).

deʒedemôn *s.* ecidemôn.

dhein *pron. s.* dehein.

dhemen *swv.,* dhen *m. s.* dëhemen, dëhem.

di = dër (I. 312ᵃ) GLAUB. LAMPR.; = die (*ib.* 312ᵇ, 32. 48) *in denkm. des* 12. *jh.;* = diu *f. und n.* (312ᵇ, 7. 48); = dir, dich (I. 402ᵃ, 35. 36) GLAUB. LIEHT.

dî = diu *instrum.* (I. 312ᵇ, 36) dî mê ELIS. 2272. dî baʒ 3654. 5066. dî lobelîcher 4643.

dîacinciber *die latwerge des ingwers* MGB. 425, 34.

dîadêm *m.* (I. 323ᵃ) *diadem* GSM. TROJ. 24917. dyadem ein kron der geistlichen oder der heiligen Voc. 1482.

dîadochîs *m.* (*ib.*) *ein edelstein* PARZ.

dîadrogant *m.* diadragantum, ain harz MGB. 366, 21.

dîâken *stm.* (I. 323ᵃ) *diaconus* SILV. (1347). PASS. (366, 40. *K.* 100, 45. 214, 29. 615, 1). BERTH. 315, 35.

dîâken-roc *stm.* dalmatica Voc. 1482.

dîalectike *f.* (I. 323ᵃ) *dialectik* PARZ.

dîalle *oder* drivallis, *daʒ lant der lebentigen* MGB. 456, 33.

dîamant, dîamante *stswm.* robine und diamande ELIS. 518; mit aim dyamanden WOLK. 6, 192. *s.* adamas, dîemant.

dîarmargariton *eine latwerge aus perlen u. gold* MGB. 429, 36.

dîaphan *adj.* durchliuhteclîch ist sî dyaphan LS. 3. 534, 259.

dîapapaveron *eine latwerge aus mohn* MGB. 414, 15.

dîapopylion *eine latwerge aus dem harz der pappel* MGB. 340, 6.

dîasandali *eine latwerge aus sandelholz* MGB. 376, 14.

dîasper *m. ein feines wollentuch* KRONE 14764. 29217. — *aus mlat.* diasprus, diaspra, *fz.* diaspré, diapré, *s.* WEINH. *deutsche fr.* 419, *zu* FLORE 201.

dic *adj. u. stf. s.* dicke.

dich-ein *s.* dehein.

dîch *stm.* dîchen *stv. s.* tîch, tîchen.

dicke, dic *adj.* (I. 323ᵃ) *dicht, dick* HARTM. PARZ. TRIST. *oft bei* MGB. *s. Pfeiff. s.* 591. einen dicken ruofte ich an MSH. 3, 284ᵃ. kum ich den dicken an 289ᵇ. dicke sniten HELBL. 1, 1034. ein d. snê ERNST 3114. ein d. want

Leseb. 354, 30. ein kurzer dicke man Herb. 3210. jâ tâten sie die dicken schar vil dünne Gudr. 1416, 4. ûf die dickesten schar Lanz. 3286; *mit gen.* Walth.; *oft, häufig,* von dem dicken zuogên Myst. 2. 565, 21. zuo dem dickern mâl *öfter* Mone *z.* 4, 323 (*a.* 1463). — *zu* dîhen;

dicke *adv.* (I. 323ᵇ) *dicht, dick* Wwh.; *oft, allgem.* (dicke unde dicke Gerh. 3767. 4608. Msh. 3, 408ᵇ. Pass. 86, 63. 154, 3. 199, 26);

dicke *stswf.* (*ib.*) *dichtigkeit, dicke* Barl. Mgb. 98, 20. diu vinster dic Germ. *H.* 7, 286. durch nebels dicken (: blicken) Msh. 3, 426ᵇ. die dick der wänd abmessen Fasn. 386, 24; *dickicht des waldes* Wg. Pass. des waldes dicke Barl. (Hpt. 1, 133). Jer. 170ᵃ. bî wilde in einer dicke Hadam. 546; *dichte schaar, gedränge* Rul. Neidh. Heldb. *H.* 1. 114, 333. dô sach man in in der dicke Er. 2626. des strîtes dicke Loh. 4303. 4445. 5149. 5546. 6920. durch die dicke brechen *ib.* 3187. 5286. 5567. j.Tit. 860. Otn. *Ettm.* 7, 43. *vgl.* 4, 18. 5, 59. in die dickin Ath. *E* 83. Wigam. 2058;

dicke *swf.* mamilla Mgb. 25, 19. 23 *var.;*

dickelëht *adj. ein wenig dick.* sîn lefzen wâren dickeleht Germ. *H.* 8. 243, 151;

dicken *swv.* (I. 323ᵇ) *intr. dick werden* Wig. Mgb. 96, 26; *refl. sich verdichten ib.* 87, 29. 96, 30;

dickunge *stf.* spissatio Dfg. 547ᶜ.

dictam *m.* (I. 323ᵇ) *dictam, die pflanze* Gl. Wolfr.; *auch* diptam *aus mlat.* dictamnus, diptamnus Dfg. 180ᵃ.

die, *fz.* dieu (I. 324ᵃ) Trist. *s.* dêûs.

die = dër (I. 312ᵃ, 45); = diu *n. pl.* (*ib.* 312ᵇ, 44); = diu *instr.* Pass. 209, 14. Elis. 7120.

dieb- *s.* diub-;

diebolt *stm.* (I. 325ᵃ) *diebischer mensch* Ms. *vgl.* Dwb. 2, 1093 *u.* diepreht.

diech = die ich (I. 743ᵃ, 24) Walth. Hartm. *lied.* 11, 12. Neif. 11, 24. 13, 7. 42, 12. Neidh. XXXVIII, 15.

diech, -hes *stn.* (I. 324ᵃ) *pl.* diech *u.* dieher (Altsw. 122, 28. Mgb. 49, 4. Myns. 3) *verkürzt* die Ms. (derme unt die: hie Msh. 2, 299ᵇ. En. 212, 6. Karlm. 92, 39. dê 82, 61): *oberschenkel an menschen u. thieren* Trist. Ms. Wh. *v. Öst.* 98ᵇ. Sigen. *Sch.* 131, 6. Priesterl. 74. Reinh. 1948. Liecht. 181, 20. Msh. 3, 269ᵃ. Kol. 133, 169. 136, 282. Ls. 2. 527, 828. 831. Ga. 2. 586, 290. Rsp. 130. — *ags.* theóh, theó; *altn.* thio, *nd.* dê. *vgl.* Dwb. 2, 1098.

diech-bein *stn. schenkelbein* Mgb. 144, 35.

diech-brâte *swm.* (I. 234ᵃ) *die keule* Gl.

diech-bruoch *stf.* (I. 270ᵇ) *hüftenbekleidung.*

diech-hiufelîn *stn. s.* diethiufel.

diech-schënkel *stm. oberschenkel.* den blanken diechschenkel grôz, der marcgrâve hin ab im swanc Wwh. 79, 6. den diechschenkel her im abe slûch En. 330, 2.

dief *stf. s.* diube.

dief-henker *stm.* scharprichter oder diefhenker Gr.w. 1, 629 (*westerw.*).

diehel *stn.* (I. 324ᵃ) *dem. zu* diech Ms. Dwb. 2, 1099;

diehen *swv. mit schenkeln versehen,* gediehet Altsw. 25, 23; *ein anderes* diehen *in* erdiehen.

dieh-lich *adj. s.* diulich.

diehter *stn. enkel.* tiehter Renn. 1066. dîhter Berth. 312, 23. 25. tîhter Renn. 4581. 7513. diechter Mone *z.* 4, 162 (*a.* 1466). Arn. 27 (*a.* 1483); *urk. nachweise aus dem 14. jh. bei* Vilm. 71 *u.* Bech *beitr.* 4. — *von* diech, *da die verwandtschaftsgrade von gliedern des menschl. leibes den namen erhalten* Dwb. 2, 1090;

diehterîde *stn. collect. die enkel.* daz tuont sie danne ir töhterlînen und ir diehterîden Berth. 416, 14. *vgl.* geswisterîde;

diehterîn *stf. enkelin* Dwb. 2, 1099.

diele-tâpe *swv.* (III. 14ᵇ) *plumper mensch* Fichard *arch.;* tiltappe Fasn. 87, 25. 88, 21. 857, 10. *als eigenname* Dile-, Dilledop Baur *hess. urk.* 2, 54. 202 (13. *jh.*). *s.* Dwb. 2, 1151.

die-lich *adj. s.* diulich.

die-liute *pl. diener, dienstleute; ein solches compos.* nimmt Wack. *Nib.* 34 *an statt die* liute Nib. 455, 2, *wonach der halbvers zu lesen wäre:* só noch díelíute túont.

diem *stm. s.* dëhem.

dîemant *stm.* (I. 324ᵇ) *diamant* Walth. (*lies* 80, 35); *s.* adamas, diamant.

die-müete, -muot *adj.* (II. 258ᵇ) *die gesinnung eines, einer untergebenen* (diu) *habend: demütig, herablassend, bescheiden. nbff.* dêmuot (Wack. *pr.* 5, 54. Pass. 121, 6). diumuot Wg. 1260. deumüete Greg. 3366 (*bei* Bech diemüete). *zieml. allgem. vgl. noch* Aneg. 30, 37. Orl. 12522. Warn. 2477. Helbl. 1, 1358;

die-müete, muot *stf.* (II. 259ᵃ) *demut, herablassung, milde, bescheidenheit. nbff.* dêmüete Berth. 484, 36. dêmuot (Silv. 1977. dêmûte Pass. 188, 75: 349, 74. dêmût 210, 77. 310, 48.

315, 25). diumuot WG. 12039. 12073. deumuot GREG. 3628 (*bei Bech* diemuot), *umgedeutet* dienmuot NP. 95. Diemuot *als eigenname* NEIDH. XVII, 4. 37, 5;

die-müetec *adj.* (II. 260ᵃ) *s. v. a.* diemüete WALTH. LUDW. TEICHN. *md.* dêmûtec (ELIS. 2113 *von der kleidung*);

die-müetec-heit *stf.* (*ib.*) *demut, demütigkeit* BPH. 6227. dêmüetecheit LUDW. BERTH. 476, 20. 21. TROJ. 24603. PASS. 241, 74. dêmûdekeit ELIS. 2764. 2793;

die-müetec-lich *adj.* (*ib.*) *demütig; kränkend, entehrend* BARL. GERH. 4314. 4324 *var.;*

die-müetec-lîche, -en *adv.* (*ib.*) BARL. MAI, LUDW. GERH. 4322. 6902 *var.* dêmûdeclîche ELIS. 3002.

die-müetigen *swv.* (*ib.*) *demütigen, erniedrigen* LUDW. DIEM. 158, 19; *refl.* ELMEND. 14. ERNST 1744. WG. 10557; *ebenso*

die-müeten *swv.* (II. 259ᵇ) *trans. u. refl.* DIEM. (149, 24). WG. 4402. diumüeten *ib.* 12075. dêmüeten BERTH. 476, 23. 24. dêmuoten BARL. MART. WACK. *pr.* 8, 28. BERTH. 14, 23.

diemuot *adj. stf. s.* diemüete.

die-muot-lich *adj.* (II. 260ᵃ) *s. v. a.* diemüete BARL. GERH. 4314. 4324. 5450;

die-muot-lîche, -en *adv.* (II. 260ᵇ) BARL. MAI, GERH. 4322. 6902.

die-muot-toum *stm.* (II. 259ᵇ) *feuchtigkeit der demut, thränen* PASS.

dien = dën *acc. s. m.* MONE *schausp.* 2. 333, 3666. GR.W. 1, 48; = dën *dat. pl.* (I. 313ᵃ) DENKM. LXXX, 19 *u. sehr häufig in aleman. denkm. s.* WEINH. *alem. gr.* § 419; = die in GREG. 1102.

dîen *stv. s.* dîhen.

dîen, tîen *swv. saugen, säugen.* lât, helt, daz vüle dîen HELBL. 8, 330 (*hs.* teien, *bair. östr. noch jetzt* deien, dein). âne girlichen lust ze tien phlac daz kindelin BPH. 391 *u. anm. vgl.* tigen *u. gt.* daddjan *u. dazu bei* SCHM. *Fr.* 1, 477 *die aus hss angeführten beispiele:* dy brustel, die uns den herren generet und gedett haben. die frau thet oder saugt das kind. *vgl. auch* tutte *u.* DIEF. 2, 608.

dien-albe *swf. chorhemd für den ministranten* SCHM. *Fr.* 1, 514.

dienære, -er *stm.* (I. 371ᵃ) *diener* WWH. GRIESH. LOH. 2452. ULR. *Wh.* 193ᶜ. ALEXIUS 110, 478. MSH. 2, 21ᵃ. 51ᵃ. 3, 437ᵇ; *md.* dînêre PASS. MYST. EVANG. 248ᵃ;

dienærinne, -erîn *stf.* (*ib.*) *magd* MS. BPH. 1613. 1781. 19140. HPT. 5. 22, 189.

dienât *stf.* (*ib.*) *dienst* PASS.

diende *part.* = dienende (I. 368ᵃ, 40) PARZ. NIB. LIEHT. 106, 6. 112, 17.

dienen *dat. s.* dënen.

dienen *swv.* (I. 368ᵇ) *md.* dînen *intr. mit dat. dienen, aufwarten mit bezug auf gottes-, herren- u. frauendienst oder aufs aufwarten bei tische, allgem.* (*von abgabeleistung:* die gult sol dienen Hintz Wilhering in daz kloster UH. 76 *a.* 1328. da von sol er dienen als ein ander burger MZ. 1, 285. *a.* 1333. in des fursten kamer dienen CP. 370). — *trans. mit dat. u. acc. einem etw. leisten, zu dienste thun* PARZ. NIB. BARL. sit dô muoz ir beider hant Etzeln dienen manegen strit BIT. 3997. daz ich den dienst ir diene LIEHT. 158, 26. einen ritt dienen mit 300 reisigen leuten MH. 2, 469; *eine schuldige zahlung oder abgabe leisten*, die vischær süln den vrouwen visch dienen und geben GEIS. 440. einem gelt, phenninge, korn dienen UH. 81. ULA. 271. MZ. 2, 469. 524. MH. 2, 242; *verdienen, durch dienst erwerben od. wert sein zu erwerben, mit* an, umbe (*s. noch* der gediente ban WINSB. 53, 8. die galgen dienen LIEHT. 531, 4. den lôn dienen WOLK. 24. 3, 3. und dient diu sêle sælikeit JÜNGL. 1056. umb wiu dienst dû die helle? HELBL. 8, 332. daz gediente ungemach PASS. 117, 79); *mit dienst vergelten, die person im dat. od. mit* an, umbe, hin ze *allgem.* — *mit* er-, ge-, un-, ver-, wider-. *ahd.* dionôn *aus* diuwinôn *zu* diu;

dienerse *stf.* ministra DFG. 362ᵃ. *vgl.* GR. 2, 328;

dienest, dienst *stm.* (I. 371ᵃ) *diener* ER. TRIST. ENGELH. (2391). Ms. iedem boten oder dienst das gewonlich recht thun GR.W. 1, 167. DWB. 2. 1119, 7;

dienest, dienst *stmn.* (*ib.*) dinst Voc. 1429, 7ᵇ *dienst: verehrung* (*gottes*), *aufwartung, ergebenheit, dienstwilligkeit, allgem.; lehnsdienst* NIB. (671, 4. 764, 2. 1224, 2), *abgabe, zins*, vom gute zins und dinst reichen MH. 2, 772. *von etw.* ein dienst geben MZ. 4, 239. STZ. 308. 377. so man die swîn oder andern dienst bringt GEIS. 432. so die wägen choment, die den dienst tragent *ib.* 426.

dienest-bære *adj.* (I. 372ᵃ) *dienend, zum dienste tüchtig* PARZ. TRIST. mit dienstbæren siten MSH. 3, 413ᵃ; *zu dienen bereit*, sî gesellig und dienstber ALTSW. 2, 15. 60, 32. einem mit diensten gehorsam und dienstber sîn GR.W. 1, 87;

dienest-bære *stf. dienst.* daʒ diu götlichiu œbung und dienstbæri von uns gemêrot und gefürdert werde Mz. 1, 323 (*a.* 1352);

dienest-bærekeit *stf.* servitus Evang. 248ᵃ. Gr.w. 6, 179;

dienest-bære-lich *adj.* mit dienstbærelîcher tât Beliand 2053. obsequiosus Voc. 1482.

dienest-bietære *stm.* (I. 182ᵇ) *der seinen dienst bietet* Parz.

dienest-blôʒ *adj. ohne dienest* Msh. 2, 355ᵇ.

dienest-danc *stm.* (I. 357ᵃ) *dank für dienst* Parz.

dieneste *stf.* (I. 371ᵃ) *dienerin; so wird* Nib. 785, 2 *aufgefasst, wo aber ze* dienste *wol einfach „zu diensten (lehnsdienst)" bedeutet.*

dienest-gëlt *stmn.* (I. 523ᵃ) *erwiederung für geleisteten dienst* Parz.; *s. v. a.* dienest *abgabe, zins* Mh. 2, 209. igliche hube sall geben in das gericht alle jare 20 heller zu dienstgeld Gr.w. 3, 401.

dienest-haft *adj.* (I. 372ᵃ) *dienend, dienstbeflissen* Hartm. Parz. Trist. Msh. 2, 362ᵃ. Priesterl. 281. Ernst 4420. Lieht. 122, 32. 502, 28. Silv. 215. 2137. Otte 413. Flore 4871. Renn. 15004. Heinz. 47, 1195. Gauh. 109. Myst. 2. 105, 37; einem herren d. werden Gr.w. 3, 521;

dienest-haftec *adj.* (*ib.*) obsequiosus Voc. 1482. ministerialis Dfg. 362ᵃ. mit triuwen diensthaftec sîn Mai 143; *zu diensten verpflichtet,* d. guot Gr.w. 4, 575. Dwb. 2, 1126.

dienest-hërre *swm.* (I. 666ᵇ II. 36ᵇ, 29) *ritterlicher dienstmann, ministeriale* Ms. Osw. (2581). Wh. *v. Öst.* 99ᵇ. 100ᵃ. 106ᵃ. Elis. 161. Stz. 184. 186. 383. 632; *vgl.* dienestman.

dienest-knabe *swm. diener.* wir sîn sîne dienestknaben Krol. 3535.

dienest-knëht *stm.* (I. 852ᵃ) *knecht* Hätzl. LXXVII, 109. Kell. *erz.* 258, 34. Mone z. 8, 33. Gr.w. 1, 38. minister Dfg. 362ᵃ.

dienest-, dienst-lich *adj.* (I. 372ᵃ) *dienstbar, dienstbeflissen.* ministerialis, ministrabilis Dfg. 362ᵃ. Wolfr. (mit dienstlîchem koufe Wh. 92, 11). Barl. Reinh. 352, 1666. Pass. 338, 65. dienstlîche reht leisten Rud. *weltchr.* 68, 45;

dienest-lîche *adv.* (*ib.*) Parz. Nib. Ernst *B.* 1144. 5137. Msh. 1, 173ᵇ. Heinz. 53, 1350;

dienest-licheit *stf.* officiositas Dfg. 394ᵇ.

dienest-liute *pl.* (I. 1038ᵃ) *dienstleute, dienstmannen* Weist. Basl. *r.* 9. Swsp. 253, 6. 10. 12. sie wil ze vürsten machen, die ir dienstliute sîn Msh. 3, 51ᵃ; d. gotes *mönche u. nonnen* Pass. *K.* 202, 29. *s.* dienestman.

dienest-lôn *stmn. dienstlohn, besoldung* Mone z. 4, 310.

dienest-maget *stf.* (II. 2ᵃ) *dienstmagd* Myst. Elis. 1192. Pf. *üb.* 113, 316. Mone z. 7, 65. 8, 32. Rotenb. *r.* 66.

dienest-man *stm.* (II. 36ᵇ—39ᵃ) *pl.* dienestman u. dienestliute (*s. das.*) *diener; der sich in den dienst eines andern begeben hat, dienstmann, ministeriale, allgem. bes. in den rechtsdenkm. vgl. noch* Loh. 3257. Troj. 10080. 17824. 23538. die vrîen und die dienestman Kchr. W. 7727. gotes d. *ib.* 5109. Rul. 145, 1. des tiuvels d. Ulr. Wh. 167ᵈ. ich -- dienstman in Osterrîch Stz. 187. 315 *u. oft in urk.*

dienest-rëht *stn.* emphyteotum Dfg. 201ᵇ.

dienest-stiure *stf.* (II². 651ᵇ) *steuer des dienstmannes* Helbl.

dienest-tac *stm. frohntag* Uhk. 2, 213 (*a.* 1355).

dienest-visch *stm. fisch als abgabe für eine* vischenze Gr.w. 4, 39.

dienest-vreude *stf.* (III. 418ᵇ) *freude am dienst* Jüngl.

dienest-vrouwe *stf. frau eines* dienstmannes Kell. *erz.* 201, 18.

dienest-wërc *stn. dienst, bedienung.* er næme ê einer tôrheit war ê hübscher dienstwerc unde wort Jüngl. 159.

dienest-wîp *stn.* (III. 719ᵇ) *dienerin* Orend. Barl. Parten. 53. Kchr. *W.* 13474. Wolfd. 18, 1. Heldb. *K.* 129, 20. Gr.w. 4, 125.

dien-muot *s.* diemüete.

dien-roc *stm. chorrock eines ministranten* Schm. *Fr.* 1, 376.

diens = dienest *u.* dienstes (I. 371ᵃ, 43) Parz. (*gen.* 331, 17. 332, 5. 370, 3. 373, 29).

dienst *u. die damit compon. s. unter* dienest-.

diens-tac *stm. dienstag* Gr.w. 1, 487. 611. 3, 611. Chr. 4. 62, 2; dinstac Wp. 70. Rotenb. *r.* 41. Chr. 1. 67, 22. 191, 16 (*sonst* erichtac). 5. 23, 37. Gr.w. 3, 328 etc. — *nd. form für hd.* zistac *s.* Dwb. 2, 1120. Weig. 1, 246.

dienster *adj. s.* dinster.

dienstic *adj. in* underdienstic.

dienunge *stf. dienst, aufwartung.* ein dienstliche dienunge Pass. 338, 65.

diep, -bes *stm.* (I. 324ᵃ) *daneben auch die volle form* diup Leys. Swsp. 265, 52 (deup Ring 10ᶜ, 14. Gr.w. 3, 696): *dieb* Nib. Parz. Walth. binden als einen diep Ssl. 550. Flore 6422. si bunden ûf den rucke im sîn hende als einem dieb Pass. 215, 35. sô müest ich ze diebe werden unde steln Msf. 204, 3. diu state lêrt den diep steln Kol. 194, 116. an vrouwen êren iht ze diebe werden j.Tit.1871. in diebes wîs die ritter vellen Loh. 2499. ein offen diep Wg. 13468. ungetriuwer diep (*als schimpfwort*) Ulr. *Wh.* 113ª. nit wol dem diebe lachen stât, sô er gên dem galgen gât Ls. 3. 32, 303. die grôzen diebe henken siht man die kleinen alle stunt Reinfr. *Göd.s.*12. daz im des slâfes diebe slîchen in die stirne Ga. 2. 49, 238; *mit milderer, nicht schimpflicher bedeutung* Parz. Engelh. vreuden diep Ernst 2893. swie daz si wære sînes herzen diep Loh. 1355. *vgl.* Gr. 2, 49. 260. — *gt.* thiubs, *ags.* theóf. *abstammung dunkel, vgl.* Dief. 2, 705.

diep- *s. auch* diup-.

diep-ge-hiuze *stn.* (I. 694ᵇ) *diebeslärm* Frl.

diep-ge-selle *swm. diebsgenoss* Ulr.*Wh.*151ᶜ.

diep-heit *stf.* (I. 325ª) *diebisches wesen, diebstahl* Ms. j.Tit. 510. Berth. 16, 5. 17, 6. Gr.w. 3, 694; diupheit *ib.* 118, 27. Dsp. 1, 10. Swsp. 51, 9. 75, 3. 172, 37. 186, 1. 3. 4. diubheit Hpt. 7. 369, 21.

diep-îsen *stn. brecheisen des diebes* Germ. 9, 336.

diep-lich *adj.* (I. 325ª) *diebisch, heimlich.* dieplich liep Msh. 3, 28ᵇ. 428ᵇ. d. sin Albr. 1, 450. d. wege 30, 140;

diep-lîche, -en *adv.* (*ib.*) *diebischer, heimlicher weise* Loh. (6253. 6651). Pass. (315, 32). dieplîchen slîchen Birkenst. *s.* 67. sich dieplîche rechen Renn. 7108. d. entragen *stehlen* Chr. 4. 325, 5. dûblîche Ssp. 2, 29;

diep-licheit *stf. diebisches, heimliches wesen* Ls. 1. 526, 253.

diepreht *stm. fing. name für einen diebischen menschen* Renn. 18247. *vgl.* diebolt.

diep-schillinc *stm. geldstrafe für diebstahl* Gr.w. 4, 731.

diep-stîc, -ges *stm.*(II².632ª) *diebespfad* Myst.

diep-stoc *stm.* (II².654ᵇ) cippus Voc. Kirchb.; *pranger für diebe,* einen diepstoc in das dorf sezen lassen und ein halsîsen darane Gr.w. 3, 333. 336.

dier *dat. s.* dû.

dieren *swv. refl. sich um etw. bemühen, sich gebärden* Fasn. *s.* Dwb. 2, 1133. Weinh. *schles. wb.* 98ª. Schm.*Fr.*1,533 *u. vgl.* dæren.

dierne, diern; dirne, dirn *stswf.* (I. 368ᵇ) diren Priesterl. 578. dërne Pass. Marld.*han.* 60, 29. 61, 9: *dienerin, magd* (dû wilt haben vrîen namen, dû enwollest du dirn sîn genant Pass. *K.* 178, 45) *u. allgemeiner mädchen* Parz. Strick. Ms. Gen. 49, 38. Glaub. 2624. 3640. Swsp. 172, 18. degen und dirne j.Tit. 3314. sô daz diu sêle sî ein dirne bî got *ib.*547. ie der dirnen wirt ein knabeMsh. 1, 141ᵇ. ich kan ûz einer dirnen ein vrowen wol machen Ls. 2. 313, 84. die wîse dirn *die heil. jungfrau* Pass. *K.* 366, 14. des gartnærs dirn, *ancilla* Geis. 432. ieder ritter und sein frau sullen haben ain knecht und ain diern W. 16 *s.* 20. eine dirne heizet di umme sust dinet oder ûffe genâde, aber eine maget heizet, di umme lôn dinet und umme kost Myst. 1. 112, 9; *feile person, dirne* Dwb. 2. 1188, 3. — *ahd.* diornâ *aus* diuwarna *zu* diu;

diernelîn, dirnelîn, dirnel *stn.* (*ib.*) *dem. zum vorig.* Ms. Neidh. XLIII, 1. 19. Ring 13ᵈ, 30. Berth. 470, 3. Mone 6. 313, 2. dirlîn Fichard *arch.* 3, 223. dierndel, *juvencula* Voc. 1437.

diern-kint *stn.* (I. 818ª) *weibl. kind, mädchen* Mar. Neidh. (53, 29). Mgb. 38, 17. 40, 6. 183, 2.

diernlech *stn. coll. zu* dierne Berth. 83, 23.

diet *stfnm.* (I.325ª) *md. auch* dît Evang. 248ª: *volk, leute, allgem.* (weltlichiu diet Msh. 2, 397ᵇ. sîn habe was aller gernder diet gemeine Loh. 386. si heten einlif tûsent, daz was ein edel diet Alph. 415, 4. vor aller diet, *vor aller welt* Berth. 331, 26. der frowen diet ein michel schar Ring 55ª, 12. die gemeine, gemeinliche diet, *das volk, der grosse haufe* Pass. *K.* 195, 45. 247, 5. gebieten in landen und in dieten Karl 28ᵇ. Kchr. *W.*12508. den heiden und den dieten Antichr. 155, 16. die ir diete bewarten Krone 12514; *später bes. von den heiden, s.*Chr.3,422ᵇ); *stm. mensch, kerl* Frl. Mœrin. — *gt.* thiuda *zu skr.* tu valere, *wovon osk.* touto, *umbr.* tuto, *lett.* tauta *volk, gemeinde, s.* Curt. 1, 192. Z. 1, 139. Fick 79;

diet-bërge *stf. ein solches wort, s. v. a. her-bërge bedeutend,* vermutet Wack. Nib. 34 *anm.* 7 *in* Nib. 1236, 2 *statt* die berge; *vgl. unten* die vaste *statt* dietvaste.

diet-dëgen *stm.* (I. 309ᵇ) *das ganze volk überragender, im volke bekannter held* Rul. Lampr. Lanz. Ernst *B.* 1199. Ab. 1, 339. *vgl.* volcdegen.

dieterich *stm. sturnus, der staar* Dfg. 558ᵇ; *diebsschlüssel, nachschlüssel* Frankf. *baumeisterb. v. j.* 1400 *f.* 61ᵇ. 64ᵇ: das slosz vor den dieterich beszern und virseczen. *vgl.* Rotw. 1, 44ᵇ. 2, 328 *u. s.* Dwb. 2, 1145.

diet-hiufel *stn. ein Nürnberger mass für getreide u. mehl, der vierte theil einer metze,* dietheufel NP. 180. 184. 185; *im* LEITB. 97ᵃ diechheuflein. *vgl.* SCHM. *Fr.* 1,553. DWB. 2, 1146.

diet-schalc *stm.* (II². 76ᵇ) *erzschalk* HELBL.

diet-vaste *f. volksfaste, die grosse allgemeine faste* FDGR. 1. 97, 38. 100, 14. 32. 104, 28. SPEC. 5 *u. so auch* 51 *statt* die vaste, *vgl.* GERM. 4, 499; *quatemberfaste* MISC. 1, 13. 17.

diet-zage *swm.* (III. 835ᵇ) *erzfeigling* HERB. LANZ. 3648.

diez, dieze *stswm.* (I. 373ᵃ) *schall, lärm, in* widerdiez; *wirbel*, über mengen schroffen tiezen (: vliezen) sach ich die wellen ringen ALTSW. 131, 9; *zucken, der ougen d.* FRL. *zu*

diezen *stv. III.* (I. 372ᵇ) *md.* dizen JER. 156ᵈ: *intr. laut schallen, schmettern, rauschen, allgem.* (in beiden diezen dô began beidiu wâfen unde rant BIT. 8720. diu herhorn duzzen SERV. 2036. sine segelwinde duzzen HELMBR. 685. wie wazzer diezen RENN. 11060. die winde d. 18558. diu ôren d. 16. 9638); *seinen ursprung nehmen, sich erheben, in die höhe steigen, aufschwellen* MGB. 46, 26. 251, 10. 273, 23. kam gedozzen DRACH. 392. MART. 165ᵈ. *mit* în, ûf, ûz; er-, ver-, wider-. — *altn.* thiota, *gt.* thut *in* thuthaurn *trompete, mit* stôzen *zu wurzel* stud, *lat.* tud, tundere? *vgl.* WACK. *u.* DIEF. 2, 713 *f.*;

diezen *stn.* (I. 373ᵃ) *das schallen, rauschen, anschwellen* NIB. FRL. MGB. 410, 19. tiesen BEH. 81, 19;

diezendingen *adv.* (*ib.*) *hervorquellend, brechend* FRL.

differenz *stf. differentia, unterschied* KOLM. 47, 32. differanz (: ganz) 84, 21.

diffinieren *swv. bestimmen* OT. 783ᵃ. GR. *kl. schft.* 1, 356. — *aus lat.* definire.

dige *swm. in* un-, widerdige. *zu* dîhen, dëgen.

dige *stf.* (I. 329ᵃ) *bitte, gebet* DIEM. SPEC. 133. *zu* digen;

digelen *swv. iterat. vom folgd.* si wart digeln KELL. *erz.* 417, 8;

digen *swv.* (I. 328ᵇ) *intr. bitten, flehen, mit* ze, hin ze, zuo ze (GEN. KCHR. RUL.) *u. gen.* des dige wir ze dir HIMLR. 178. des digite alsô ofte zuo ze gote Moises MONE 8. 41, 107 (*mit blossem gen.* 43, 66); *mit* an, dâ man an got ze rehte diget KINDH. 71, 37; *trans.* (*mit* an) *anflehen* ANEG. LEYS. — *mit* ge-, under-; *ursprünglich: machen, dass etw. erlangt wird, zu* dîhen? *s.* DWB. 2, 1149.

digen *stn. s. v. a.* gedigene (*freibauernschaft*). tigen GR. W. 6, 294 *f.*

digen *part. adj. von* dîhen *dürr, getrocknet.* digen wurst, vleisch, visch *etc. s.* SCHM. *Fr.* 1, 497 *f.* ZIMR. *chr.* 4. 196, 6. DWB. 2, 1149.

digen *stv. s.* dîhen.

digesten-buoch *stn.* digestum DFG. 181ᶜ.

digradieren *swv. degradare* GR. *kl. schft.* 1, 356.

dih-ein *s.* dehein.

dîhen *stv. II.* (I. 329ᵃ) *auch* dîen, digen (: sigen) KRONE 22131. *prät.* dêch, *part.* gedigen (*s. unter* gedîhen): *körperlichkeit u. gestalt gewinnen, gedeihen, erwachsen, geraten* GEN. HELBL. übel dîhen j.TIT. 5937; *mit dat. ergehen, bekommen* GEN. ALBR. 62ᶜ; *austrocknen u. dadurch dicht werden, s. das part.* digen *u.* gedigen. — *mit* ge-, über-, ver-; *zu gr.* τίκτω, *lat.* tignum *von der wurzel* tak CURT. 1, 187. FICK 70.

dîhsel *f. s.* dëhsel.

dîhsel *stf.* (I. 331ᵃ) *deichsel* GL. ALBR. 2, 4. TROJ. 30026. tiehsel GR. W. 1, 107. 219. dîsel *ib.* 4, 509. *vgl.* DWB. 2, 908. GR.-2, 40 *u.* FICK 70.

dîhsel-seil *stn.* (II². 288ᵇ) sustinaculum DFG. 570ᵃ.

dîhsel-stange *f. deichselstange* FASN. *im* DWB. 2, 909.

dîhsel-wagen *stm.* (III. 644ᵃ) *wagen mit einer deichsel* BRÜNN. *r.* URB. *Pf.* 51. URB. *Str.* 333.

dîhte *adj.* (I. 329ᵃ) *dicht* JER. 177ᵃ. — *zu* dîhen *s.* DWB. 2, 909. 1056 *u.* gedîhte.

dîhter *stn. s.* diehter.

dil *stswf. swm.* (I. 331ᵃ) dël EILH. 3234. 3289 *brett, diele* GEO. HERB. mit einem dilen daz houbet abe schiezen WOLFD. 1071, 2 (*vgl.* SCHM. *Fr.* 1, 500). der dil KREUZF. 7594 (mit dilen 7587). holz und dilen LIVL. *chr.* 10029. tiln klieben NP. 300; *wand, bretterwand* BERTH. 35, 6; *bretterner fussboden* HELBL. 3, 28. EILH. *a. a. o.*; *bretterne seitenwand eines schiffes, das schiff selbst.* von der lærn diln, deu von Landawe her enawe gat 4 phenn.; ist aber maut schäftiges auf dem diln, so geit der dil niht URB. *B.* 2, 494. *vgl.* dille, tülle, zülle *u.* DWB. 2, 1101 *f.* FICK 79 *stellt es zu skr.* tala *fläche, boden, gr.* τηλία *fläche, brett und lat.* tellus.

dilde *adj. schlimm, schwer.* der dênst enwas niet dilde (: wilde), der dô was zo dem hove KARLM. 12, 10; *s.* HPT. 7, 467 *f.*

dille *stswf.* (I. 331ª) *brett, diele* GL. (*im* VOC. 1482 *auch* dële) GUDR. FRL. WILDON. 27, 398. j.TIT. 5559; *fussboden von brettern* LIEHT. TÜRL. *Wh.* 71ᵇ. dô muost ich ûf die dillen HELBL. 3, 58. ûf die dillen saʒ si nider GA. 2. 223, 150; *der obere boden des hauses* GEN. HÄTZL. ich begreifs aleine ûf einer dille NEIDH. 153; *wand* RUL. dillen und wende GA. 2. 185, 368; *verdeck* WWH. KRONE 12228. — *s.* dil *u.* KWB. 62;

dillen *swv.* (I. 331ᵇ) *mit brettern decken, aus br. machen* GUDR. MS. gedilte (*mit pallisaden versehene?*) hamîde HERB. 14141. so kann ich auch ein haus dillen SCHM. *Fr.* 1, 501; zwai painlîn klain gedilt, *dünn geformt, zart* WOLK. 4. 3, 15;

dille-stein *stm.* (II². 614ª) *grundfeste, fundament* GSM. MS. der dillestein der ist enzwei DRACH. 732, 9.

diln-vlôʒ *stm. tabulatum trabium* SCHM. *Fr.* 1, 500.

dîm, dîme = dînem, dîneme *deinem* (I. 402ᵇ, 25).

dimpfen *stv. I*, 3 (I. 331ᵇ) *dampfen, rauchen* PARZ. GEO. (1394). j.TIT. (des muosten helme dimpfen 4871). ROSENG. *H.* 2056. als ob der tiefen helle kraft - - - fiures rouch ûʒ ir dâ lieʒe timpfen TROJ. 33881. sô der minne tampf timpfet ALTSW. 65, 11. tympfen oder bradmen, vaporare VOC. 1482. *prät.* dampf ALBR. 70ᶜ. — *wurzel* tap *warm sein, s.* CURT. 2, 84. *mit* be-;

dimpfen *stn.* (*ib.*) *das dampfen* GSM. dâ von sô gienc ein dimpfen j.TIT. 6095.

dimpte *swf. s.* tincte.

din = dën *acc.* (I. 312ᵇ, 29) SPEC. 76.

dîn *pron. poss.* (I. 402ᵇ) *dein, aus den gen. von* dû. *allgem.*

dinc, -ges *stn.* (I.332ª) *das m.* sînen dinc MART. 200, 105 *ist wol in* sîniu (*vielleicht* sîneu) dinc *zu bessern, vgl.* elliu dinc 201, 9: *ding, sache, allgem.;* aller dinge *gänzlich, durchaus* (WINSB. 5, 10. ELBELIN *v. Eselberg* 33, 53. ELIS. 1313. 2791. 4519 *etc.*). alles dinges PASS. 388, 91. 413, 34 (*vgl.* SSP. *s.* 134). einer dinge *nur* MSH. 2, 204ᵇ. allen dingen *in allem* BERTH.; sîner sêle dinc schicken, schaffen, *zum heil der seele ein vermächtnis machen* DWB. 2. 1166, 15; — *rechtliche u. gerichtl.* verhandlung, vertrag, *oft in den urk. z. b.* an disem dinge wâren herr Otte *etc.* AD. 726 (*a.* 1281). ze eim urkund dirre dinge, *gewönliche schlussformel* MZ. 1, 273. 274. ditz dinc (*schenkung*) ist ergangen STZ. 154. eintrehtig und ein dinc werden, *sich vertragen* MZ. 3, 87. dinges, *auf borg:* es sîe dinges oder bar GR.W. 5, 133. dinges geben BERTH. LS. 3. 546, 279. FASN. 846, 33. dinges nemen *ib.* 841, 28; *gericht* LAMPR. *u.* oft in den urk. *u.* rechtsdenkm. (*im* SSP. *auch für gerichtstag, gerichtsstätte, gerichtspflicht, s. p.* 134); — genitale, mannes dinc under den beinen SWSP. 172, 120; MGB. 159, 10. FASN. 1177. — *mit* ags. thingan gravescere *zu* dîhen? *vgl.* GR. 2, 37. DIEF. 2, 701;

dinc-banc *stf.* (I. 83ᵇ) *gerichtsbank* HALT. FREIBERG. 177 *var.*

dinc-brief *stm. gerichtsbrief* GR.W. 1, 344.

dinc-ganc *stm. gang zum gerichte* HALT. 231. OBERL. 241.

dinc-gëlt *stn.* (I. 523ª) depactio GL.; *geld für die abhaltung eines gerichtes* GR.W. 3, 514. MONE *z.* 18, 62. 65. *vgl.* dincheller, dincphenninc, dincsilber.

dinc-gerihte *stn. gericht* GR.W. 4, 488. MONE *z.* 2, 203. 6, 109.

dinc-guot *stn. wer mit einem dincguete beguetet ist, der soll zue ding und zue ring gehen* GR.W. 2, 165.

dinc-habere *swm. hafer für die pferde der gerichtspersonen* GR.W. 1, 369.

dinc-haftec *adj. gerichtsbar.* dinchaftige güeter GR.W. 1, 561. 564.

dinc-haltungs-stat *stf.* placitorium VOC. 1482.

dinc-heller *stm. s. v. a.* dincgelt GR.W. 1, 619.

dinc-hof, -ves *stm. der hof, auf dem die jährlichen gerichte gehalten wurden u. den in der regel der vogt inne hatte* GR.W. 1, 31. 147. 4, 137 *ff.* 141 *ff.* 487 *etc.* URB. 23, 26. 30, 12 *etc.* SON. 35, 7. AD. 929. 1060. dinghofe oder ratstat, locus consilii VOC. 1482. *s.* HALT. 241;

dinc-hof-brief *stm. urkunde über die rechte eines dinghofes* GR.W. 4, 140.

dinc-hof-gerihte *stn.* (II. 649ª) *dinghofgericht* GR.W. 4, 203. 204.

dinc-hof-guot *stn. zu einem dinghofe gehöriges gut* GR.W. 1, 367. 4, 204.

dinc-hof-hërre *swm. herr des dingh., gerichtsherr* GR.W. 1, 710. 744. 4, 203.

dinc-hof-huober *stm. ib.*

dinc-hof-meier *stm.* (II. 93ᵇ) *s. v. a.* meier *mit bes. rücksicht auf die richterliche thätigkeit desselben* GR.W. 1, 685. 4, 89. 95. 200.

dinc-hof-rëht *stn. recht eines dinghofes* GR.W. 1, 325. 675. 687.

dinc-hof-tor *stn.* leite uns für daʒ dinkhoftor NEIDH. XXV, 19 *u. anm.*

dinc-hof-zins *stm. abgabe für ein dinghofgut* GR.w. 4, 204.

dinc-hœrec *adj. zu einem gerichte, gerichtssprengel gehörig* GR.w. 4, 488. MONE z. 5, 114. 6, 466.

dinc-hövec *adj.* dinghöfige güeter GR.w. 1, 660. HALT. 231.

dinc-hûs *stn.* (I. 738ᵃ) *gerichtshaus, rathaus* DIEM. KCHR. EVANG. 247ᵇ. CHR. 4. 23, 7. 31, 5. 38, 24. 64, 19 *etc.* 5. 33, 4. GR.w. 3, 664 *f.*

dinc-liute *pl.* (II. 39ᵃ, 29) *gerichtsbeisitzer* DWB. 2, 1175. *s.* dincman.

dinc-lœse *stf. abgabe für ein* dinc, *gerichtssporteln* GR.w. 4, 162. 264.

dinc-loube *swf.* (I. 1048ᵇ) *gerichtshaushalle* OBERL.

dinc-man *stm.* (II. 39ᵃ) *gerichtsbeisitzer* SWSP. GR.w. 2, 573. 2, 182; *wer zum gerichte zu kommen verpflichtet ist:* nota was ein dingman seye? ein dingman ist einer, so einen frevel verwirkt oder begangen hat *ib.* 4, 571. dinksman MONE z. 18, 62.

dinc-nus *stf. bedingung* HALT. 228; *appellation, die juden* wellen ie zu zeiten dingnuss uber dingnuss zu furen, damit einer niemer zu recht komen möcht MH. 3, 331; *zahlung einer brandschatzung im krieg* HALT. 255. DWB. 2, 1176. *vgl.* dincsal, dingen.

dinc-phenninc *stm. angeld,* arra OBERL. 243; *eine abgabe,* ab epiphania domini per dies XIV quilibet homo dat unum denarium, qui dicitur dincphenninc MB. 36ᵃ, 618. Primus Grabelnik dint 8 dingphenning MH. 3, 376. die dingphenning, die man gît ze ieglîchem der drîger gedinge von ieglîchem lêhen zwên phenn. GR.w. 1, 338. *vgl.* dincgelt, dincheller, dincsilber.

dinc-phliht *stf. pflicht vor gericht zu erscheinen; verbindlichkeit steuern zu zahlen u. bürgerl. lasten zu tragen* HALT. 232 *ff.;*

dinc-phlihte *swm. gerichtsbeisitzer, bes. bei den unteren gerichten* HALT. 234 DWB. 2, 1176;

dinc-phlihtec *adj. schuldig ein gericht zu besuchen, daran theilzunehmen* (*als gerichtsbeisitzer, als beklagter*) SSP. *s.* 134. DSP. 1, 125. 314; *zu abgaben verpflichtet* GR.w. 4, 128. *s.* HALT. 234 *f.*

dinc-plaz *stm. gerichtsplatz* GR.w. 1, 603.

dinc-rëht *stn. recht eines dinghofes* GR.w. 1, 688 *f.; ahd.* dincrëht *gerichtsspruch.*

dinc-sache *stf.* eine dincsache, di vor gerichte geschên ist FREIBERG. 197.

dinc-sal *stn. s. v. a.* dincnus *brandschatzung* HALT. 235. *vgl.* dingen.

dinc-schaz *stm. einnahme vom gerichte.* des herzogen dincschatz URB. *Pf.* 125.

dinc-silber *stn.* swer des selben guotes so vil het, das er wirt gende (*gebend*) einen sester vol haberen, der sol ouch gen einen helbeling ze dingsilbere GR.w. 5, 449. *vgl.* dincgelt, dincphenninc.

dinc-slac, -ges *stm. störung der gerichtssitzung* HALT. 235.

dinc-stat *stf.* (II². 601ᵃ) *gerichtsstätte* SSP. 1, 59. 3, 61 *etc.* URB. 121, 7. MW. 140, 3 (*a.* 1281). 193, 16. 217, 18. GR.w. 1, 24. 25. 45 *etc.*

dinc-strît *stm.* (II². 695ᵇ) *streit vor gericht* (*nicht zu belegen*).

dinc-studel *stn.* (II². 707ᵃ) *gerichtssitz* OBERL.;

dinc-studelec *adj.* (*ib.*) einen d. bringen, *ihn vor gericht stellen* FREIBERG.;

dinc-studelen *swv.* (*ib.*) *vor gericht fordern,* anklagen OBERL.

dinc-stuol *stm.* (II². 714ᵃ) *richterstuhl, gericht* ATH. ANTICHR. EVANG. 247ᵇ.

dinc-tac *stm. gerichtstag* GR.w. 1, 45. 4, 571. dinstac (= dingestac) MONE z. 7, 16.

dinc-vluht *stf.* (III. 347ᵃ) *flucht vor dem gerichte* SWSP. AUGSB. *r. W.* 417 *f.;*

dinc-vlühtec *adj. vom gerichte flüchtig* DSP. 1, 157. SWSP. 178, 2. 293, 2. SSP. 2, 45. AUGSB. *r. W.* 415. 418.

dinc-voget *stm. gerichtsvogt* GR.w. 2, 63.

dinc-volc *stn.* (III. 365ᵇ) *die dingpflichtigen* WEIST.

dinc-vrist *stf.* (III. 409ᵃ) *aufschub des termins,* induciæ GFF.; *mhd. nicht zu belegen, vgl.* tagevrist.

dinc-wart, -te *stswm.* (III. 527ᵃ) *gerichtsperson* FREIBERG. WEIST. (3, 514. 515). SSP. 3, 88.

dinc-wërc *stn.* (III. 588ᵇ) *s. v. a.* dinc *gericht* WEIST. *vgl.* ZIMR. chr. 2. 336, 11. 550, 2.

dinc-zal *stf. zahl der gerichte, oder ihr zeitpunkt, oder zeitdauer?* SSP. 3. 87, 3 *u. s.* 135.

dinen *swv. in* erdinen.

dînes-heit *stf.* dû solt alzemâle entsinken dîner dînesheit MYST. 2. 319, 19.

dingære, -er *stm.* (I. 341ᵇ) *richter* AMG.; *sachwalter* WEIST.;

dinge *swm.* (I. 339ᵇ) *schutzherr* LS.; *mit schwankend. geschlechte: hoffnung, zuversicht* SERV. *s.* gedinge;

dingede *stn. s. v. a.* dinc *vertrag.* darnach (*nach*

gegenseit. billigung des friedensinstrumentes) sollent die dingt gegen einander ûf gerichtet werden DH. 444;

dingelich, dinglich *stn. fränk. dem.-form zu* dinc *mit collect. bedeutung.* das den leuten ir dinglich nit zubrochen werde NP. 177. und sol in als ir dinglich waschen FASN. 158, 25; *schwäb.* dinglach CHR. 5. 128, 14. *s.* DWB. 2, 1175.

dinge-lich (I. 336ᵇ) = aller dinge gelîch *jedes ding, alles* KCHR. GREG. *s.* lîch;

dinge-lich *adj. (ib.) gerichtlich.* d. tac, hof *gerichtstag, gerichtshof* GR.W. 2, 207. 607;

dinge-lîcheit *stf.* oder wesenlichkeit, entitas VOC. 1482.

dingelîn, dingel *stn.* (I. 336ᵇ) *dem. von* dinc *kleine sache, angelegenheit* ULR. TRIST. U. MSH. 3, 247ᵃ. dingel *pistill an blüten* MGB. 338, 13. *staubfäden ib.* 406, 6. *die kätzchen der haselnussstaude* 374, 27; *penis,* einem sines dingelînes pflegen NEIDH. 29, 22. *vgl.* dinc.

dingen *swv. (ib.) denken, hoffen, zuversicht haben, allgem. — die sache im gen. (accus.* RUL.) *oder mit an, gegen* DIETR. 350, ûf (sus wart gehoffet ûf ir gruoz und ûf ir kunst gedinget TROJ. 20313), zuo *od. mit untergeord. satze; die pers. mit* an, zuo. *an kann auch adv. gebraucht werden,* einen an dingen *von ihm erwarten* MAR. *mit* ge-;

dingen *swv.* (I. 337ᵇ) *intr. gericht halten* (SSP. 2. 10, 5; 3, 69. 70 *etc.*), *vor gericht reden, verhandeln, seine sache führen* (PARZ.); *mit dat. mit einem unterhandeln* WALTH. 78, 21; *einem vor gericht seine sache führen, ihn unterstützen* LOH.; *appellieren* LEYS. (wann sich ainer ains rechtspruchs und urtail beswärt bedunkt, der mag darumb dingen für die herschaft* DH. 87); *sich besprechen, unterhandeln, einen vertrag, vergleich, frieden schliessen, oft in den rechtsdenkm. u. urk.* (stehende formel: ez ist geredet und gedinget *z. b.* MZ. 1, 263. 306. 319. 328 *etc.*). do dingten sie zuosamen KELL. *erz.* 398, 15. *die pers. mit präp. mit* (wer hinder den burgern sedelhaft ist, daz der niht dingen sol mit dekainem schedlichen man NP. 24. umb fünfhunder tûsent marc dingete er mit den herren APOLL. 18993); zuo einem d., *sich anheischig machen ihm zu dienen* RUL.; — *trans. vor gericht laden, citieren* HALT.; *appellieren,* sîn urteil in den rât ziehen und dingen CHR. 4. 144, 31; *durch verhandlung festsetzen: ausbedingen* WIG. (daz dehein vorsprech de-

heinen gedingten phenning nem Mw. 217, 96 *a.* 1300), *mieten* MYST. gedingte knehte MONE *z.* 2, 158. hirten dingen AD. 980, *vertragsmässig abschliessen,* wir haben al den kouf gedinget, daz wir müezen hinnen varn MSH. 3, 43ᵇ, *abkaufen, verkaufen, als eigen überlassen,* man sol das vih niht dingen ê ez auf den viehmarkte kümt NP. 324. chein tuch verchaufen noch dingen *ib.* 164. hiute oder fel dingen ST. *(statuten der gerberzunft in Reutlingen, ende des* 13. *jh.*); *brandschatzen,* herr Jone hat Turnow gedinget und ander dörfer und sust och eine nome genomen UGB. 500 *s.* 607 (*vgl.* dincnus, dincsal); *mit dat. d. pers. versprechen* JUD. (*unterhandeln?* WALTH. 78, 21); *mit präp. mit:* ist daz uns der sig gevelt, wir wellen mit in dingen (*vertragsmässig theilen?*) alliu kristenlîchiu lant LOH. 4837. — *mit* abe, an (angedingter fürleger, *gerichtlich aufgestellter anwalt* MONE *z.* 2, 7), în, under, ûz; be-, er-, ge-, hinder-, ver-;

dingen *stn.* (I. 338ᵇ) *das unterhandeln,* dingen GREG. daz dingen oder borgen BERTH. 73, 30;

dinges *adv. gen. s.* dinc.

dinges-gëben *stn. das geben auf borg* BERTH. 16, 4. 20, 32;

dinges-gëber *stm.* (I. 507ᵃ) *der auf borg gibt* BERTH. (438, 30). NETZ 9113. *s.* dinc.

dinges-pêne *stf. gerichtsstrafe* GR.W. 3, 368.

dinkel *stm.* (I. 360ᵃ) *dinkel, spelt* JUD. APOLL. 1145. MSH. 3, 104ᵇ (tinkel). MART. 131, 18. BASL. *hs.* 147. GR.W. 4, 34 *u. öfter.* 12 metzen rauwes dinkels MZ. 4, 314. — *dunkle abstammung;*

dinkel-gëlt *stn. dinkelgülte.* funf maltir dinkilgeltis MONE *z.* 5, 66. 9, 104.

dinkelîn *adj.* (I. 360ᵇ) *von dinkel* GRIESH.

*dinken *stv. I,* 3 (I. 341ᵇ) *vorauszusetzen wegen* danc, denken, dunken *und „eine thätigkeit des geistes, eine bewegung u. erhebung der seele ausdrückend"* DWB. 2, 727.

dinne *s.* dinc.

dinne *adv.* = dâ inne (I. 306ᵇ, 44. 750ᵃ, 42) PARZ. FREID. REINH. ALEXIUS 54, 98. 70, 153. LOH. 2395. HELBL. 1, 975. dinnen WILDON. 23, 157.

dinsen *stv. I,* 3 (I. 360ᵇ) *trans. gewaltsam ziehen, reissen, schleppen, tragen, führen* WOLFR. KONR. LOH. 1517. 2846. APOLL. 3425. PANTAL. 995. BELIAND 1328 *f.* nâch im dans er die bein Aw. 3, 216. bî dem kleide einen d. GA. 1. 95, 119. er dunse *conj. prät.* j.TIT.

6059; ELIS. 4271. KARLM. 370, 47. NETZ 8384. usz dem walde holz tinsen und tragen ST. *a.* 1477. dënsen, tënsen SCHM. *Fr.* 1, 526; *absol.* (swert *zu ergänzen*) an den selben sider zorniclîchen dans der herzog OT. (*leseb.* 824, 14); *refl. sich ausdehnen, womit anfüllen,* bonen erbeis und linsen, da sich die meide mit dinsen WSP. 461; *intr. ziehen* TROJ. wir müezen ûf dem velde dinsen mit schilt, mit sper, wir edel liute TEICHN. 15. — *mit* er-, ge-, wider-. *gt. alts.* thinsan, *ahd.* dinsan (GFF. 5, 196), *zu skr.* tams *ziehen, schütteln, frequent. zu* tan *dehnen* FICK 73. Z. 1, 138. GSP. 142.

dins-tac *s.* dienstac *u.* dinctac.

dinste? steine hawen zu sûlen, crûzbogen und dinsten FRANKF. *baumeisterb. z. j.* 1406 *f.* 33ᵇ. 35ᵇ. 36ᵇ.

dinster *adj.* (I. 361ᵃ) *nbff.* dienster, dunster (MYST. 2. 507, 17), duster MARLD. *han.* 55, 15. 88, 9. 100, 30. KARLM. 74, 57: *finster, düster* ROTH. FRL. MSH. 3, 426ᵇ. ERLŒS. 459. DÜR. *chr.* 421. 664. Voc. 1482. — *wegen der etym. vgl.* demerunge;

dinster-heit *stf. dunkelheit* HEINR. 3635. dunsterkeit MYST. 2. 516, 29. 517, 5. 14; *ebenso*

dinsternisse *stfn.* (I. 361ᵃ) GR. RUD. DÜR. *chr.* 122. Voc. 1482. dünsternisse *n.* MYST. 2. 8, 4. 9, 33. 288, 30. 377, 21. tünsternisse *f. ib.* 288, 17. 374, 23. dusternisse PF. *üb.* 9, 505. 12, 726. KARLM. 488, 51; *ebenso*

dinstre *stf.* (*ib.*) LIT. MSH. 3, 62ᵃ.

dinzel-tac *stm. festtag einer handwerkerzunft* CHR. 3. 144, 1 (*var.* dinsel-, zimeltac). *vgl.* SCHM. *Fr.* 1, 527. SCHMID 128. BIRL. 109 *ff.* SCHÖPF 84. DWB. 2, 1183. KUHN 14, 390.

diptam *m. s.* dictam.

dir *pron.* = dër (I. 312ᵃ, 44); *adv.* = dâr (I. 304ᵇ, 34) MS. MSF. 28, 16. DIEM. 99, 13. 25. 120, 28.

dirde *s.* dritte.

dirdendei *m.* (I. 366ᵃ) *grobes zeug, halb aus flachs, halb aus wolle bereitet* HÄTZL. O. RUL. 14. dirdunday burellum, linistema Voc. 1482. — *aus schott.* tartan, *fz.* tiretaine DWB. 2, 1184. SCHM. *Fr.* 1, 537. WACK. *umd.* 59.

diren *f. s.* dierne.

dir-, dirt-halp *adv. diesseits* KELL. *erz.* 487, 10. dirthalb SCHILT. 92. *vgl.* SCHM. *Fr.* 2, 175 *u.* disehalp.

dirmen *swv. s.* tërmen.

dirre *s.* diser.

dirte *s.* dritte.

dis = dises (I. 367ᵃ, 23) PARZ. dis chôres MARLD. *han.* 88, 39; dis, dise = disiu (I. 366ᵇ, 42).

discantieren *swv.* discantare, discant singen DFG. 184ᵃ. KOLM. 3, 3. HÄTZL. 1. 14ᵇ, 32. WOLK. 30. 2, 1. ALTSW. 130, 3; *refl.* dâ von der dôn sich rîche discantieret j. TIT. 3880;

discantierunge *stf.* discantus DFG. 184ᵃ;

discantoit (I. 366ᵃ) *discant* TRIST.

disciplîne *stf.* (I. 366ᵇ) *geistl. züchtigung, kasteiung* MYST. (2. 29, 15). ELIS. 1682; *geistl.* zucht *ib.* 1733. 7961. 8111. 8141. — *aus lat.* disciplina.

dise? *swm. ?* (*ib.*) wazzersuhtige und disen (: betrisen) URST. *vgl.* tisem, tûzen, dôsen.

disec *adj.* er tott sein aigne sêl und auch des disigen (*des andern*) SCHM. *Fr.* 1, 547.

dise-, dis-halp *adv.* (I. 616ᵃ) *auf dieser seite, mit gen.* WOLFR. (*Wh.* 221, 14). Ms. WG. 11682. HELBL. 15, 486; disenthalp j. TIT. 5034; disehalbe WG. 2436. *vgl.* dirhalp.

diser *pron. demonstr.* (I. 366ᵇ) *md. auch* dëser, dësser; *f.* disiu, *n.* diz. *statt* diser (*nom. s. m., gen. dat. s. f., gen. pl.*) *gewönlich angeglichen* dirre, dirr, dierre (WWH.), *auch* düre, dure AD. 1, 593; *statt* disiu (*nom. s. f., nom., acc. pl. n.*) *auch* dise, dis; *statt* diz *auch* ditze, diz (GDS. 930); *statt* dises (*gen.*) *auch* disses *u.* dis: *dieser, jener, der andere. allgem.* — *das wort ist compon. aus dem stamme* ta (tya) *u.* sa (sya), *vgl.* BOPP *gr.* 1, 535. 2, 153 *ff.* SCHERER *gesch.* 365.

dispe *swf.* dispas, *eine schlange* MGB. 287, 22.

dispensieren *swv.* dispensare HEINR. 2938.

disputazie *swf.* (I. 367ᵇ) *disputatio, gelehrte streitigkeit* PASS. *K.* 586, 85. MYST. (2. 472, 27);

disputieren *swv.* (*ib.*) disputieren SILV. FRL. APOLL. 15010. 16638. RENN. 17280. BPH. 4816. 4861. KOLM. 147, 3. OT. 269ᵇ. GERM. 5, 211. PASS. 183, 67. EVANG. *Mr.* 9, 33. HANS 305; tisputiren WOLK. 31. 1, 2;

disputieren *stn.* (*ib.*) WALTH. HEINZ. 118. 15, 1.

dis-sît *adv.* (II². 327ᵇ) *auf dieser seite, mit gen.* KONR. KRONE, MGB. *u. md. denkm.*

dissonieren *swv.* dissonare KOLM. 3, 18.

distel *stmf.* (I. 367ᵇ) *distel* WWH. TRIST. FREID. MS. KRONE 19794. KOLM. 128, 45. MART. 161, 111; *f.* linde distel carduus, herte distel tribulus Voc. opt. 53ᵇ. — *ahd.* distil *m.* distula *f. dunkler abstamm., vgl.* GR. 3, 372;

distel-bluome *swm.* lanugo, flos tribuli Voc. 1482; *ebenso*

distel-bluot *stf.* d., die der wint vüert über velt RENN. 21739;

distel-dorn *stm.* sam uns die disteldorne hie irrent an der sæte j.TIT. 4762;

distelec *adj.* (I. 367ᵇ) *distelicht* Ms.;

distelîn *adj.* (I. 368ᵃ) *von disteln* TRIST.;

distel-kolbe *swm. distelkopf* GR.W. 1, 254;

distel-seit *stm. eine art wollenzeug* MONE z. 17, 58 (*a.* 1362). 9, 15 (*a.* 1486);

distel-spitzelîn *stn. stachel der distel* RENN. 15483;

distel-vinke *swm.* (III. 323ᵇ) *stieglitz*, acanthis, carduelis DFG. 6ᵇ. 100ᶜ. GERM. 8, 47;

distel-vinkelîn *stn.* (*ib.*) Ms.;

distel-vogel *stm.* carduelis Voc. 1482;

distel-zwanc *stm. stieglitz* DFG. 100ᶜ. J.HAUPT *beitr.* 302. 306. *s.* DWB 2, 1197.

distempieren *swv. distemperare* KRONE 12528.

disunt *adv. diesseits* CHR. 4. 56, 14. *vgl.* GR. 3, 215. WEINH. *al. gr.* § 248.

ditze *s.* diser.

diu *s.* dër.

diu *instrum. v.* dër (I. 316ᵃ, 19) *md. auch* dî, die (*s. oben* 422. 423) *vor compar. um so* (diu werder MSF. 128, 36. diu minre FLORE 6120); *mit präp.* after, an, bî MAI 58, 8, durch, in, innen, inner, mit UHK. 59. 95. USCH. 356. 417, nâch, sît, umbe HELBL. 2, 437. 7, 114. 646. 8, 130. 781. MAI *p.* 267. 321. BELIAND 2244. 2377, under (*unterdes*), von (*von der zeit an; daher, deshalb*), ze diu *wozu; mit* des, des die baz PASS. 379, 79. *s.* dëste.

diu, -we *stf.* (I. 368ᵃ) *leibeigene dienerin, magd* GEN. KCHR. NIB. MAR. ich bin dîn diu HPT. 8. 300, 58. diu diu und ir sun GEN. 32, 22. wan diu sêle diu frowe ist und daz fleisch der diu ist. diu selbe diu hete die werlte vil nâhe verleitet ROTH *pred.* 45. *das m.* diu, *der knecht, ist mhd. nicht erhalten. — gt.* thius *knecht,* thivi *magd, wol statt* thihus *von derselben wurzel* tak *wie* dëgen *u.* dîhen *s.* Z. 1, 139. GSP. 315.

diubde *stf. s. v. a.* diube BASL. *r.* 28;

diube, diuve *stf.* (I. 325ᵃ) *md.* dûbe MARLG. 48, 15. EVANG. 249ᵃ: *diebstahl* TUND. diuve GEN. *D.* 62, 9. WG. 7254. 7399 (*personific.*). diufe GLAUB. 1777. tiufe DM. 117. diuf Mw. 217, 100. deuf *ib.* 238, 1. dief *ib.* 262. 357. dêf Mz. 2, 374 (*a.* 1292). diube RENN. 785. 1184. KRONE 4416. URB. *s.* 349; *gestohlene sache* GEN. LEYS. man vinde denne diube bî ime AD. 785. swer roub oder diuf chouffet Mw. 140, 17 (deuf 217, 55). — *zu* diep;

diubec, diuvec *adj. gestohlen oder geraubt* WELTCHR. *p.* 26. SWSP. 50, 1. 10. 171, 1. 186, 3. 4. AD. 785. deubic NP. 9. diufic, deufic Mw. 140, 22. 330, 10;

diubelîn *stn. dem. zu* diep BERTH. 87, 9; diebel BEH. 17, 23. *s.* diuplîn;

diuben, dieben *swv.* (I. 325ᵃ) *wie ein* diep *handeln, verstohlen bringen* HEINZ.; *refl.* krankez alter kan sich zuo in dieben (*heimlich einschleichen*) HADAM. 332;

diubenunge *stf.* (I. 325ᵃ) *furtum* AB.;

diuberîe *stf.* (*ib.*) *dieberei* RSP. 36. KIRCHB. 676, 3; dieberîe GR.W. 2, 6. DFG. 253ᶜ;

diubinne *stf. diebin* BERTH. 479, 27. GR.W. 3, 492 *ff.*

diuch = diu ich HELBL. 15, 98.

[**diuhen** *stv.* I. 372ᵇ] douch (DIETR. 6751) *ist nicht prät. sondern imperativ, s. das folgd.*

diuhen, tiuhen *swv.* (*ib.*) *prät.* dûhte, *nbff.* diuwen FRL. tiuwen KOLM (*s. unten*). dûhen BERTH. 321, 17. PF. *arzb.* 1, 4. 2, 4ᶜ. douhen *ib.* 2, 11ᵉ. DIETR. 6751. 6765. diehen (*in erdiehen*) *vgl. zu* Jos. 507: *tr. drücken, schieben, ein-, niederdrücken* PARZ. KONR. (daz ez sich niht langer diuhen ûf Pârîsen liez TROJ. 34766). in daz wazzer er die este dûhte DIEM. 51, 11. dô wart daz heilige crûce in die ê gedûhet vaste *ib.* 27. den wîn d. *keltern* MONE z. 7, 294 (*a.* 1466). 12, 352 (*a.* 1369). ûf keltern d. *ib.* 15, 174. den angel diuhen *hinabschlucken* (*nicht „in den angel beissen"*) Ls. BERTH. (216, 35); — *intr.* in daz bilde wint mit balgen dûhte j.TIT. 6093; *sich bewegen, laufen,* sie tiuwet vor den liuten, die ir niht künnent merken KOLM. 31, 47. — *mit* er-, ge-, ver-, wider-. *vgl.* tûchen *u.* DIEF. 2, 617. 631. WEINH. *schles. wb.* 14ᵇ;

diuhunge *stf. das pressen, keltern* MONE z. 12, 354 (*a.* 1390).

diu-lich *adj.* (I. 368ᵃ) *einem knechte, einer magd* (diu) *angemessen* DENKM. XLIII. 10, 10; dielich EXOD. SPEC. 62. dîehlich *ib. u. so auch* GEN. *D.* 120, 35 (*statt* dichlich);

diu-muot *adj. stf. s.* diemüete.

diun = diu en WINSBEKIN 8, 7.

diup *stm. s.* diep; **diup-** *s. auch* diep-;

diupe *swf.* (I. 324ᵇ) *diebin* BERTH. WEIST. (duope 4, 147);

diup-hûs *stn.* (I. 738ᵇ) *diebhaus* HELBL.;

diup-kutte *swf.* (I. 920ᵇ) *diebeskutte* HELBL.;

diuplîn *stn. s. v. a.* diubelîn BERTH. 479, 25.

diup-meil *stn.* (II. 98ᵃ) *brandmarkung wegen diebstahls* SCHM.

diupsen *swv. in* bediupsen.
diup-stâle, diep-stâl *stf.* (II². 636ª) *diebstahl* BERTH. BON. PASS. 240, 61. GR.W. 3, 683. 4, 505. CHR. 4. 50, 12; *die gestohlene sache* BERTH.; *betrugsverbrechen s.* CHR. 4, 50 *anm.* 1. — *tautolog. composition.*
diusen *swv.* (I. 372ᵇ) *tr. zerren, zausen* REINH.; *intr. schwanken, schwindeln*, er (der trunk) machet, daẓ daẓ hirn diuset RENN. 9409. *vgl.* deisen *im* DWB. 2, 914. deussen *rennen, jagen* WEINH. *schles. wb.* 14ᵇ *u.* DIEF. 2, 704.
diust = diu ist (I. 314ª, 17).
diutære *stm.* (I. 328ᵇ) *der ausleger* TRIST.;
diute, tiute *stfn.* (I. 326ᵇ) *md.* dûte, tûte, dûde (ELIS.): *deutung, auslegung, erklärung* DIEM. MAR. TRIST. KONR. (ENGELH. 78. 155. PANTAL. 1719). SPEC. 131. JER. 123ᵈ. 161ᵉ. in der selben dûde (*meinung, absicht*) ELIS. 2955. an offenlîcher d. *durch klare mitteilung* PASS. K. 297, 19. 372, 17. 489, 85. in diutscher diute *auf deutsch* PF. *üb.* 64, 384; ze diute, dûte *deutlich, auf deutsch*, ze d. sagen *überhaupt für erzählen*, *vgl. noch* PASS. K. 227, 15. 263, 79;
diutec-lîche *adv.* (I. 328ᵇ) *klar u. deutlich* LIEHT.;
diuten, tiuten *swv.* (I. 327ᵇ) *prät.* dûte; *md.* dûten, dûden (JER. 138ª. 141ª. ELIS. 3257) *tr. zeigen, deuten; der ausdruck wofür sein, bedeuten; kund thun, anzeigen* (daẓ zeichen d. *mit der glocke* MARLG. 70, 24), *erzählen, ausdeuten, übersetzen* (ELIS. 441), *zieml. allgem.; refl. bedeuten* KROL. ADRIAN 417, 1. — *mit* vor-, be-, er-, ge-. *mit* diutisch *zu gt.* thiuda *volk, eigentl. dem volke verständlich machen, in der volkssprache auslegen* DWB. 2, 1038. WEIG. 2, 243. *anders* WACK. „*von gt.* thiuth *gut, eigentlich dienlich: zu* deo, diu";
diutieren *swv.* (I. 328ᵇ) *auslegen, erzählen, md.* dûtîren MYST.;
diutisch, diutsch *adj.* (I. 325ᵇ) *auch* tiutsch, tiusch, *md.* dûdesch, dûtsch, dûsch: *deutsch, zuerst von der sprache als einer sprache des* volkes (*gt.* thiuda *s.* diet); *allgem.* — *zu den beisp. des* WB. *noch:* alliu tiutschiu erde AMIS 1732. diutschiu îsern gewant MOR. 1, 3924. tûsche herren, *deutschordensritter* MYST. 1. 216, 14. diu diutschen künne LOH. 4436. tiutschiu lant KCHR. 17717. 17725. 17965. 18042. NEIDH. 85, 22. FREID. 75, 24. 153, 18. 172, 18. LIEHT. 113, 1. 164, 20. LOH. 2529. 2582. 2633 *etc.* WG. 11731. TROJ. 23995. OTTE 428. ELIS. 407. 3966. 7057. CRANE 626. tiusche liute FREID. 163, 9. mit tûtischem munde EXOD. D. 119, 10. in allen diutschen rîchen NEIDH. 98, 33. CRANE 1916. nâch tiuscher ritterschaft OTTE 404. in diutscher sprâche rihten GEO. 22. ûf diutscher terre j.TIT. 5768. die diutschen vrouwen LOH. 6113. diutschiu zunge LOH. 2645. 2682. 6405. 6803. — *zu* diet, *gt.* thiudisko *adv.*, ἐθνικῶς;
diutsch, tiutsch *stn.* (I. 326ᵇ, 2) *die deutsche sprache* BON. LS. AMG. (= MSH. 3, 56ᵇ). EVANG. 249ᵇ. MGB. 123, 10. 11. 494, 19; *ebenso*
diutsch, diutsche *stswf.* (I. 326ᵇ, 7) *zu ergänzen* zunge; *allgem.; s. noch in* tiusche sprechen ULR. Wh. 153ᵈ. in tiusch getihtet OTTE 752. in tiutschen FLORE 145. in ander, etlecher, meiner däutsch MGB. 86, 5. 224, 13. 325, 23;
diutsch, diutsche, diutschen *adv.* (I. 326ᵇ) deutsch PARZ. HELMBR. RENN. tiutsch singen LIEHT. 113, 3. t. sprechen LOH. 6423. t. lesen LS. 2. 214, 197. ez sol chain rihter an dem gerihte sitzen, er habe den frid teusche bî ime geschriben Mw. 59, 32 (*a.* 1255). - - er hab den fridbrief bî im däutsch geschriben *ib.* 140, 50 (*a.* 1281);
Diutsche, Tiutsche, Tiusche *swm.* (*ib.*) *der Deutsche* KCHR. (18156. 18182). WALTH. MS. NEIDH. 102, 29. LOH. 3597 (ein diutscher). 5577. TURN. 131, 5. LIVL. 1280;
tiutschec-heit *stf. deutschheit, kräftige mannheit* WOLK. 13. 16, 5;
diutschen, tiutschen *swv. auf deutsch sagen, erklären*. diz wort wil ich tiutschen, das sant Paulus sprach MYST. 2. 310, 33.
Diutsch-lant *stn. Deutschland*, Dûtisklant KCHR. *s.* DWB. 2, 1052;
diutsch-lîche, -en *adv. auf deutsche weise* GA. 2. 5, 8. dutschlich, vulgariter gemeinlich VOC. 1482;
diutsch-man *stm. der deutsche* LUDW. *v. Th.* 4179. DIEF. 1470 *p.* 21. 139.
diutunge *stf.* (I. 328ᵇ) *auslegung, bedeutung* RUD.; *md.* dûtunge PASS. 145, 20. 259, 34. 296, 68. K. 38, 83. 79, 92. 395, 56.
diuve *stf. s.* diube.
diuwen *swv. s.* diuhen.
dividieren *swv. dividere* HÄTZL. 235ª. HANS 348.
di-wëder *s.* dewëder.
diẓ, diz *s.* dër *u.* diser.
dîẓen *stv. md. s.* diezen.
diẓ-hin *adv. von* diszhin, *von jetzt an* MH. 3, 83.

djonisîâ (I. 374ª) *ein edelstein* PARZ.; *vgl.* DFG. 183ª.

dô *adv. temp.* (I. 374ª) *bisweilen* duo *u. seit dem* 14. *jh. oft mit* dâ *verwechselt; allgem. u. zwar* 1. *demonstr. da, damals, darauf; einen gegensatz einführend: aber, doch; oft nur den fortschritt der rede bezeichnend.* 2. *relat. als;* dôr *als er,* dôs *als sie* WOLFR. (LESEB. 416, 42. 427, 29); 3. *fragend wie* dô? *wie nun?* TRIST. 5225. 6936. 7069. GERH. 2387. *s.* DWB. 2. 658, 5; — dô *ist nach* GR. 3, 169 *eigentl. ein acc. fem. vom pron. demonstr.* diu, *der im gt.* thô *lautet.*

doben *adv.* = dâ oben TUCH. 303, 35. 304, 1 *etc.*

dobriz *stm.* zu gefülten kuchen nim des dobriz und zuslahe den mit eiern BUCH *v. g. sp.* 5. *vgl.* topenitz *bei* SCHM. *Fr.* 1, 614.

doch *adv.* (I. 375ᵇ) *allgemein u. zwar* 1. *demonstr. zur bezeichnung eines gegensatzes: doch, dennoch, demungeachtet, oft nur eine verstärkung des nachsatzes enthaltend, die nicht immer wiederzugeben ist (vgl.* ELIS. 368ᵇ *f.*); *auch, auch so, auch nur.* 2. *relat. mit conj. u. indic. wenn auch, obgleich.* 3. *relat. u. demonstr.* doch — doch *obgleich* — *doch* (TRIST.). — *gt.* thauh *aus* thô-uh *wie lat.* tunc *aus* tumque (WACK.).

docke *swf. s.* tocke.

doctor *stm. das lat.* doctor, lerer VOC. *o.* 38ª. ain doctor aller weishait (*gott*) WOLK. 20. 1, 3. und solt darmit (*mit den* 50 *gulden*) doctor worden sein KELL. *erz.* 340, 28;

doctoren *swv.* doctorare, doctor werden DFG. 189ª.

doh-ie *adv. immer* DENKM. XCI, 18 *u. anm.*

doi *interj.* doi! was wunders was ist das? RING 17ᵈ, 21.

dol *adj. u. f. s.* tol.

dol, dole *stf.* (I. 377ᵇ) *das leiden* PARZ. TRIST. U. SILV. BARL. j.TIT. 3530. 3976. 4150. 4439. 4607. 4647. 5532. NEIDH. LIII, 28. RENNEW. 7, 39. PASS. (*lies.* 373, 71, *ferner* 89, 22. 113, 74. 118, 55. 119, 4. *K.* 60, 74. 256, 5. 280, 28. 347, 33 *etc.*). Ls. 2. 344, 50; 3. 226, 331. JER. 49ª. — *zu* doln; *ebenso*

dol *stm.* stell ab den swæren dol ALTSW. 250, 38.

dolde *s.* tolde.

dolden *swv. s.* dulden.

dolden *swv. s. v. a.* tolmetzen? ein uhrlein des Moscowiters dolmetschen zue Moscaw verert, welcher den herrn gedoldet ST. (*aus livländisch. actenstücken*).

dole *s.* dol, tagelanc, tâhele;

dolent *s.* tagelanc.

dolic *adj. adv. duldsam, nachsichtig, gefällig; nasal.* doling GERM. 10. 325, 323. 326, 327. die man nennet die dolinge KIRCHB. 798, 15. — *zu* doln, *vgl.* DWB. 2, 1228.

dolken *swv. in* verdolken; *s.* tolke.

dol-kiste *swf. eine kiste auf dem schiffe* MONE *z.* 9, 33.

dolle *f. in* kamerdolle.

dolle *swf. s.* tole, tol.

dol-lîche *stf. duldsamkeit* HPT. *h. lied* 9, 16. *vgl.* GFF. 5, 135;

doln *swv.* (I. 377ᵇ) *dulden, ertragen, geschehen lassen, mit acc., gen.* (PARZ. 75, 21, *wo aber die var. auch den acc. zeigen*). *allgem.; mit* er-, ge-, ver-. *gt.* thulan *zu skr.* tul, *gr.* τλῆναι, *lat.* tuli CURT. 1, 188. GSP. 42;

dolt *stf. das ertragen eines leidens, die geduld.* muoter, nû habt iuwer dolt (: holt) u. lebet sanftes muotes GA. 1. 91, 86. *vgl.* dult;

dolunge *stf. leiden, qual.* sô hab wir êwige dolunge ANTICHR. 191, 17.

dol-warm *adj. leidlich heiss* SCHM. *Fr.* 1, 501.

dom *m. s.* dëhem.

dômes-dach *stm. s.* tuomestac.

don, done *stf.* (I. 380ᵇ) *spannung, bildl. anstrengung, bemühung* PASS. JER. 175ᶜ. — *zu* denen;

don *adj. gespannt* BECH *beitr.* 5;

don *stswm. in* überdon.

dôn, tôn *stm.* (I. 381ᵇ) *gesangsweise, melodie, lied; auf einem instrumente gespielte weise. allgem.* (dœne singen LIEHT. 592, 11. TROJ. 17569. der meie und al sîne dœne, die die vogele singent MSF. 181, 13. die ez lesen oder hœren oder in dem dône singen j.TIT. 5986. in mæren und in dœnen hôrt ich nie singen oder sagen APOLL. 5756. in disem niuwen dône wolte ich gerne niuwiu liedel singen MSH. 1, 301ª. 3, 363ª. er gebe den pfaffen ir dœne wider und singe waẓ er welle *ib.* 3, 38ᵇ. sîn herze sanc der freuden dôn ULR. *Wh.* 110ᶜ. die singent des jâmers dôn *ib.* 125ª. ir süezes dônes grif TROJ. 2669. gesanc von süezem dône KARLM. 221, 28. in lieplich wort ist über tœne, die mögent von seiten klingen ALTSW. 4, 18); *laut, ton, stimme,* mit dœnen und mit guoter rede MSH. 3, 40ᵇ. in liebelîchem dône sprechen PASS. 225, 6. dînes grimmen endes dôn (*Christi ruf am kreuze*) MSH. 2, 311ª. des tôdes dôn EILH. 2386. die schüẓẓel — grâl benennet in enge-

lischem dône (*sprache*) j.Tit. 6176. an dem
zehenden tage ein dôn (*schall, krach*) ge-
schach sam ein grôzer donerslac Bph. 8314.
9317. daz stoup von in als molte von windes
dône Loh. 5416; *bildl. art u. weise* Engelh.
im gap minne ir zeichen und ir dôn Msh. 2,
346ᵇ. *vgl.* Loh. 4656. 6596. — *aus gr. lat.* tonus.
donât *stswm. und* **donât-bruoder** *stm.* do-
nati, laici qui sese et bona sua monasterii
donabant Schm. *Fr.* 1, 515.
donder *stm. s.* doner.
done *f. s.* don, tunne.
dône = dô ne *z. b.* Greg. 1010.
dœne-diep *stm.* (I. 324ᵇ) *der seine dœne, wei-
sen von andern stiehlt* Ms.; *vgl.* Wackern.
altfz. lied. s. 212.
donen *swv.* (I. 381ᵃ) *intr. sich ausdehnen, ziehen,
strecken, aufschwellen, strotzen, in spannung
(freudiger, schmerzl., begehrl. aufregung)
sein, streben* Pass. (185, 72. *K.* 340, 34. 348,
92. 403. 48). Troj. (er kam dar donende, *ein-
hergezogen* 49100). wil unser lip von fülle
donen Renn. 9815. er lac donent als ein vol-
ler sac 10493. daz im die backen donent
12420. der (liute) herz von maneger erge dont
22569. daz ich zuo der wârheit done Hpt. 8.
148, 135. vil anders in der bœsen herze dont
Ls. 1. 391, 92. mit donentem herzen Hadam.
74. ez ist michel baz gedonet j.Tit. 5956.
swaz in der werlt schreiges dont Albr. 28,
6. ich muoste anders fur sich done (*mich
weiter ausdehnen, die erzählung weiter aus-
spinnen*) Heinr. 1004. in engelischem leben
donen Jer. 36ᵇ. ûf des ungelouben spor do-
nen *ib.* 82ᵃ. si hetten in urlouge dâ gedont
(*gestrebt*) widder di heiden 182ᵇ. daz sein
dünneu rind dont u. sich auz reckt Mgb. 376,
29. her donen *einherziehen* Ga. 1. 460, 192.
Netz 11338. *s. auch oben* Troj.; *nachschlep-
pend anhangen, haften* Roseng. an mîner
kraft sîn leben dont Roth *denkm.* 57, 47. ich
wil an mîner mâze donen Pilat. 5 (*vgl.* nâch
donen). — *mit* hin, nâch, zuo; be-, über-. *zu*
don, denen. *vgl.* dunen *u.* Schm. *Fr.* 1, 515.
Weinh. *schles. wb.* 15ᵇ;
donen *stn. spannung, beschwerung, belästi-
gung* Jer. 125ᵇ.
dœnen *swv.* (I. 382ᵇ) prät. dônte; *md.* dônen
(Marlg. 261, 16. Jer. 16ᵃ. 132ᶜ. 181ᵈ) *singen,
spielen, tönen, trans. u. intrans.* Trist. Ms.
Helbl. dœnet iuwern sanc Msh. 3, 83ᵃ. 350ᵃ.
die süezen dœne dœnent vogele *ib.* 2, 69ᵇ;
schal, daz ez dônte über al Ga. 1. 468, 502.

eines herren hunde hôrt ich huglîch her dœ-
nen Hadam. 322. — *mit* be-, durch-, ge-, ver-.
zu dôn;
dœnen *stn.* (*ib.*) Nib. sîn adellîchez dœnen
Msh. 1, 344ᵇ.
doner, .**toner** *stm.* (I. 383ᵃ) *nbff.* donre, dunre
(Mart. *sw.*), donder (Fasn. 255, 19. tonder
Mone *schausp.* 1, 318. dunder Freid. 8, 24
var. tuonder Msf. 125, 35; *s. auch die com-
posita*); *statt* dunre *auch* durne, toren (Freid.
a. a. o.), dorren (Chr. 4. 71 *var.* 3): *donner*
Wolfr. Gotfr. Engelh. mit donres blicken
Wartb. 18, 16 (*vgl.* donerblic). der tonner
und der plick Alsf. *passionsp.* 38ᵇ. dû bist
genant des dunres sun Pass. 227, 57. der do-
ner slahe uns beide Ga. 2. 175, 20. si (die
burc) brante im der doner abe Gauh. 13. — *zu*
don; *vgl.* dünen;
doner-axt *stf. donnerkeil* Dür. *chr.* 365. donr-
ackst, fulgetra Voc. 1482.
doner-blic *stm.* (I. 207ᵃ) *blitzstrahl* Troj.
(31194). Albr. 1, 284. 375. 7, 32; *ebenso*
doner-bliz *stm.* fünf lot scheins von dunder-
plicz Fasn. 2, 1199.
doner-bühse *f.* balistaria Voc. 1482.
doner-busch *stm.* bombarda Dfg. 78ᵇ.
donerec *adj. den donner in sich enthaltend.*
donriger dunst Mgb. 92, 33.
doner-klac *stm. donnerschlag* Germ. 8. 295,
116. *ebenso*
doner-schal *stm.* donrescal Antichr. 116, 26.
tonreschal Germ. 8. 296, 27.
doner-schûr *stm.* (II². 228ᵇ) *donnerschauer*
Ms. Wolfd. 474, 1.
doner-schuz *stm.* Ulr. *Wh.* 110ᵇ.
doner-, donre-, duner-slac *stm.* (II². 382ᵇ)
donnerschlag Kl. Hartm. Konr. Pass. (89,
49. 100, 59. 124, 58. 127, 94. 227, 59). Ulr.
1487. Lieht. 209, 11. 393, 25. Msh. 1, 115ᵇ.
Loh. 5504. Wg. 13240. Roth *denkm.* 83, 154.
Bph. 8315. tonderslac Ecke *Sch.* 46. 140.
dornschlag Chr. 5. 2, 24. 30, 31. 33.
doners-, donres-, dunres-tac *stm.* (III. 5ᵃ)
donnerstag Karaj. Ulr. Mart. Pass. (57, 87.
58, 36). der grüne dunrestag Elis. 2921. 2940.
dunderstac Germ. 3. 238ᵃ, 5. dünderstag
Weinsb. 7. 8. *aus urk. hebe ich folgende
formen aus:* dornstag Ad. 1116. Ugb. 463 *s.*
553 (*s. auch* Chr. 4, 367ᵃ. 5, 451ᵃ). durnstag
Ad. 1409. Mz. 1, 311. 370. 476. durstag *ib.*
374 (dorstag Chr. 4, 31 *v.* 3). donderstag
Mz. 3, 227. dunderstag W. 15. dunstag Mz.
1, 391. der hôche dunstag *gründonnerstag*

Mone z. 1, 148 (*in* Ea. *gewönlich* donstag; *vgl.* tunstag *im* Voc. *o. und* dünen). an dem grüenen dunresten dage Mone z. 9, 432 (*a.* 1327). — donerstac *ist ein uneigentl. compositum* (*mit gen.*), *doch scheint auch eigentl. zusammensetzung stattgefunden zu haben, wenigstens kommt in* Uhk. 2, 189 (*a.* 1345) *die form* dunnertag *vor.*

doner-stein *stm.* (II². 614ª) *donnerkeil* Ms. (*vgl.* Kwb. 61); *ein edelstein* Mgb.

doner-stôẑ *stm.* (II². 668ª) *donnerschlag* Tund.

doner-strâle *stf.* (II². 672ᵇ) *donnerkeil, blitzstrahl* Exod. Kchr. Parz. Barl. Hpt. 8. 147, 92. dornstrâl *ib.* 1. 125, 259. Griesh. 1, 151.

doner-val *stm. donnerschlag.* der schefte krach so laut erhal, recht als ein wilder donderfal Da. 148. 578. *vgl.* Dwb. 2, 1242.

donewende *s.* tünewenge.

doner-wurze *stf.* oder wuntkraut, policaria Voc. 1482.

donren, dunren *swv.* (I. 383ᵇ) *donnern, in* Dfg. 587ª*f.* donern, donnern, tundern, dorn, turn, durnen; dunren Msh. 3, 97ᵇ. Wh. *v. Öst.* 49ª. — *mit* be- (*s. nachtr.*).

dons-tac *stm. s.* donerstac.

donung *s.* tünewenge.

dopel-arraẑ *stm.* dopelares, *doppelter rasch* Weinsb. 46.

döpellîn *stn. kleine münze* Schm. *Fr.* 1, 528 (*aus einem trinkliede v.* 1495), *s.* doppel = *fz.* double *im* Dwb. 2, 1260.

doppel *stm. s.* topel.

dôr = dô er *s.* dô.

dordede *s.* urtât.

doren *s.* andorn, dorn.

dorf *stn.* (I. 383ᵇ) *dorf* Griesh. Ms. dorf noch stat L. Alex. W. 4623. Eilh. 3882. Pil. 87. swâ diu luge in dem dorfe gât Karaj. 9, 8. ze dorfe wandern Marlg. 178, 125. dorf villa, dorfe oder gasse vicus Voc. 1482; *pl.* dorfe Ath. in dorfen (: geworfen) Ulr. Wh. 160ᵈ. 246ᵇ. Reinh. 306, 420. Msh. 3, 453ᵇ. in dörfen Enenk. *p.* 311; dörfer Ms. Lieht. 530, 20. Apoll. 3822. Troj. 11763. — *zu lat.* turba, *gr.* τύρβη Curt. 1, 194; Wack. *stellt es in der neuen ausg. des wb. zu lat.* tribus (*s.* Dief. 2, 699 *u.* Kuhn 6, 423), *s. dagegen* Kuhn 13, 181;

dorfære *stm. dorfbewohner; als name* Sîfrit Dorfære Ga. 3. 450, 38. *s.* dorpære, dörfler.

dorf-bach *stn. durch ein dorf fliessender bach* Gr.w. 1, 255. 271.

dorf-ban *stm. dorfbezirk* Gr.w. 6, 423;

dorf-ban-wart *m.* Gr.w. 5, 400.

dorf-brunne *swm. ib.* 1, 419.

dorf-ge-bûr *stm.* (I. 290ᵇ) *dorfbauer* Neidh. 125, 44. villanus Dfg. 619ᵇ;

dorf-ge-bûwe *stn. zum dorf gehöriges gebäude* Ssp. 3, 1.

dorf-ge-rihte *stn. dorfgericht* Mz. 3, 265 (*a.* 1351). Ukn. 390 (*a.* 1357). Gr.w. 3, 492. 555.

dorf-ge-selle *swm. bauernbursche* Ring 3, 11. 47, 1; *ebenso*

dorf-getelinc *stm.* (I. 488ª) Neidh.

dorf-grâve *swm.* wan der nûwe oberste grêve gekorn wirt, so bevilhet er den nachgebûren in iedem dorfe, daẑ sie iren dorfgrêven auch kiesen Gr.w. 3, 459 (*Wetterau*). *s.* Halt. 242.

dorf-hërre *swm.* diȩ quinge und ban des dorfes von Widensal ist lidig eigen der dorfherren Gr.w. 4, 162 (*Elsass*). villicus Dfg. 619ᵇ.

dorf-hirte *swm.* (I. 670ᵇ) villicus Dfg. 619ᵇ.

dorf-kint *stn. bauernkind* Gr.w. 1, 217.

dorf-knabe *swm.* (I. 850ᵇ) *bauernbursche* Neidh. Reinh. 340, 1338. Fasn. 585, 27. 591, 29; dorfknappe Neidh. *s.* 215.

dorf-knëht *stm. bauernbursche* Ls. 3. 411, 439; *dorfbüttel, flurschütze* Fasn. 589, 21.

dorf-krage *swm. bauernbursche, verächtlich.* alle viretage kumt der œde dorfkrage (*var.* dorfknab) wol selpfünfter her gegân Neidh. 239, 58.

dörfler *stm. dorfbewohner* Gr.w. 3, 715; *s.* dorfære, dörper;

dorf-lich *adj. das dorf betreffend.* dorfliche rechte Gr.w. 3, 738;

dörflîn *stn. kleines dorf* Gr.w. 1, 381 *ff.* dorflein oder geszlein, viculus Voc. 1482.

dorf-liute *pl.* (I. 1038ª) *dorfbewohner, bauern* Freid. 70, 20 *var.* Gr.w. 1, 321; *ebenso*

dorf-man *stm.* (II. 39ª) Neidh. (93, 18). Ms. Albr. 34, 52. Ls. 1. 538, 37. Fasn. 415, 25. 442, 21. Gr.w. 1, 7. villicus Dfg. 619ᵇ.

dorf-marke *stf.* in den dorfen und dorfmarken Gr.w. 3, 324. *vgl.* 6, 285.

dorf-meier *stm. dorfrichter* Gr.w. 1, 12. 4, 285.

dorf-meister *stm. schultheiss* Dh. 374. Gr.w. 3, 738. 4, 526. 6, 50. 84. Chr. 2, 298 *anm.* 2. *vgl.* Halt. 243.

dorf-menige *stf.*(II. 60ª) *dorfgemeinde* Weist. Np. 299 (13. *jh.*).

dorf-metze *swf.* (II. 162ᵇ) *dorfmädchen, mit veracht. nebenbedeutung* Narr. Ring 8, 25. 33, 44. Netz 10869. *s.* metze.

dorf-narre *swm. dorfnarr* Fasn. 118, 35. 121, 27.
dorf-rëht *stn. das recht, unter welchem die dorfbewohner stehen* Ssp. 3. 79, 22. Gr.w. 1, 273. 4, 438. Mz. 1, 402; *dorfgericht*, zu dorfreht sitzen Gr.w. 3, 738;
dorf-rihter *stm. schultheiss, bauernrichter* Kirchb. 758, 47.
dorf-rüchel *stm.* (II. 747ᵇ) *rohlustiger, brüllender bauer* Neidh. — *nicht zu* ruch *sondern zu* rücheln, *wie schon* Oberl. 249 *bemerkt.*
dorf-schaft *stf. dorf, dorfgemeinde* Gr.w. 1, 555.
dorf-schult-heize *swm. dorfschultheiss* Gr.w. 3, 493.
dorf-smit *stm. dorfschmied* Gr.w. 1, 499. 6, 397.
dorf-spël *stn.* (II². 491ᵇ) *dorfgeschichte* Krone.
dorf-sprenzel *stm.* (II². 550ª) *sich in die brust werfender bauer, spöttisch* Neidh.
dorf-stat *stf. dorf, villa* Hpt. *h. lied* 122, 27. 123, 33. an allen den dorfsteten und dörfern Mz. 3, 197 (*a.* 1348).
dorfte *prät. s.* dürfen.
dorf-tocke *swf.* (III. 45ᵇ) *dorfpuppe, geputztes dorfmädchen* Hätzl.
dorf-tumbec *adj.* (III. 129ᵇ) *bäurisch, unverständig* Renn.
dorf-tuom *stn. s.* darfetuom.
dorf-vihe *stn. dorfvieh* Gr.w. 6, 49.
dorf-volc *stm. bauernvolk* Freid. 70, 20 (2. *ausg.*).
dorf-vride *stm. einfriedigung des dorfes* Gr.w. 3, 541. 686. DwB. 2, 1280.
dorf-wîp *stn.* (III. 719ᵇ) *bäuerin* Neidh.
dorilote. der is beworren in einer note, der quît alliz dorilote Hpt. 1, 29 *u. anm.: das roman.* dorenlot! *bei Ravallière, roi de Navarre* 2, 183.
dorkeln *swv. s.* torkeln.
dormenter, dorment *stmn.* (I. 384ª) *schlafgemach der ordensleute in einem kloster* Myst. Clos. *nbff.* dormeter Dfg. 190ᵉ. dormiter Wack. *pr.* 43, 73. 74. 51, 10. Mone 8, 489. dormital *ib.* 3, 209. dormet Chr. 4. 301, 27. torant Schm. *Fr.* 1, 540 (*a.* 1396). — *aus lat.* dormitorium;
dormenter *stm. aufseher über die schlafsäle* Mone *z.* 14, 28 (*a.* 1360). 19, 334;
dormieren *swv.* müest ich bî der wol getânen ein ganze naht dormieren Msh. 1, 15ᵇ. — *aus lat.* dormire.
dorn- *s.* doner-; **dorn** *swv. s.* donren.

dorn *stm.* (I. 384ª) *im* 15. *jh. auch unorgan. erweitert* doren (Chr. 4 *s. unten*): *dorn, stachel, eigentl. u. bildl.; allgem. s. noch:* swer die rôsen grîfet an, sol sich vor den dornen hüeten Teichn. 225. lihte sticht ein dorn in den fuoz Kol. 218, 1039. vil manec dorn hât mich in den fuoz gestochen Reinh. 1593. ein rôse vür den wilden dorn ist si bî andern vrouwen Msh. 1, 347ᵇ. dorn an die füeze binden (*um an die gebote gemahnt zu werden*) Berth. *Kl.* 74; ein dorn guldîn, dâ mite haft sie den buosen în Wig. 10565. daz spengelîn, daz mit sînes dornes craft beslôz Helenen houbetloch Troj. 22386. ein ringg mit ierem doren (*schnallenzunge*) Chr. 4. 221, 8. 232, 22; *bildl.* der minne dorn Fragm. 41, 235. der sünden dorn Erlœs. 498. leides dorn Ls. 1. 11, 15. der schanden dorn Aw. 3, 223. ir woldet uns des schaden dorn haben gestecket in den fuoz Ulr. *Wh.* 171ᵇ. in ir genâde bin ich ein dorn Ls. 2. 178, 38. ir ungemach ist mir ein dorn Mai *p.* 44. 72. Pârîs enwas ouch niht ein dorn Helênen in ir ougen Troj. 23009; — *dornstrauch, dorngebüsch, s. noch:* in den dorn vallen Renn. 1192. 1731. 2304. in wilder busche dorn Msh. 3, 62ª. er sluoc an sie mit dornen scharf *ib.* 2, 10ª. durch dorne und durch hagene Rul. 308, 5. rîten über graben über dorn Wg. 7506. rûher dorn ze schœner linden Msh. 3, 468ᵉ. ûz dem swarzen dorne lachet wiziu bluot *ib.* 2, 314ᵇ. 316ª. der von dem swarzen dorn j. Tit. 2025 (*vgl.* swarzdorn). — *zu gr.* τείρω, τρύω, τερέω, *lat.* tero? *vgl.* Z. 1, 138; *nach* Gsp. 143 *möglicher weise zu skr.* trna *gras, grashalm;*
dornach *stn. coll.* (I. 385ª) *dorngebüsch* Parz.
dorn-boum *stm.* sentes, sentrix Voc. 1482. *s. auch* torenboum.
dorn-bürde *stf. zusammengebundenes dornenreisig* Mgb. 65, 22.
dorn-busch *stm. dornstrauch* Gr. Rud. 22, 25. Eilh. 5435. 5539. 6357.
dorn-dræhsel *stm.* (I. 387ᵇ) curruca, curriculus Dfg. 164ª. alietus avis Voc. 1482. dorndregel Germ. 8, 47. dorndrâl Ab. 1, 348. dorndrail furfarius Dfg. 253ª (= *ahd.* dorndrâhil, dorndrâgil *s.* DwB. 2, 1294); *später auch eine kleine kanone:* dorndreill Schlager *Wiener skizzen, neue folge* 3, 54 (*inventar des zeughauses v. j.* 1519). *vgl. das folgde.*
dorn-droschel *stf.* (I. 400ª) furfarius Dfg. 253ª.
dornec *adj.* (I. 385ª) *dornicht* Ms. Barl. Pass. Spec. 11. Mariengr. 77. Hadam. 41; *ebenso*

dornehtic *adj.* BERTH. *Kl.* 359;
dornen *swv. s.* dürnen.
dorn-ëȥȥen *stn. bildl.* du waist auch ir haimlich dornezzen, *was sie im stillen scharfes schlucken, leiden muss* MGB. 183, 33.
dorn-hurst *stf. dorngesträuch.* unus ager ûf die dornhurst MONE *z.* 7, 374 (*a.* 1320).
dornîn *adj. s.* dürnîn.
dorn-ouwe *stf. dornenaue* HPT. *h. lied* 59, 18.
dornse *s.* dürniz.
dorn-stücke *stn. dornstück* PASS. 66, 56.
dorn-stûde *swf.* (II². 707ᵇ) *dornstrauch* MGB. ruscus VOC. 1482.
dorn-swam *stm.* boletus, fungus VOC. 1482.
dorn-swîn *stn.* (II². 795ᵇ) *stachelschwein* GL. MGB.
dorn-wurz *stf.* (III. 828ᵇ) alcea DFG. 21ᵃ.
dornz *s.* dürniz.
dorn-zîl *stm.* (III. 886ᵃ) fusarius SCHM. *vgl.* DFG. 264ᵃ.
dorn-zûn *stm.* (III. 949ᵇ) *dornenzaun* FREID. RENN. 1266.
dorpære, dörper, dörpel *stm.* (I. 383ᵃ) *bauer, bäurisch roher mensch, tölpel.* und sprach ich wære von rehte ein dorpære KOL. 227, 1418. dörper Ms. Ls. NEIDH. XXIII, 20. FASN. 400, 31. 406, 26. 428, 4. törper FLORE 6098; dörpel Ms. NEIDH. XXI, 10. KRONE 20577 (*var.* türpel). MART. 110, 50. 212, 18. 284, 19. törpel NEIDH. XXVIII, 28. RING 2ᶜ, 32. FASN. 584, 18. — *zu nd.* dorp, *dorf. vgl.* dorfære;
dörpec *adj. zu folgern aus*
dörpec-heit *stf. s. v. a.* dörperheit FRAUENTR. 603.
dorpel *stm. thürschwelle* KARLM. 24, 24. dorpel durpel DFG. 330ᵃ. — *ein nd. wort: „am natürlichsten erklärt man es durch* thürpfahl". DWB. 2, 1301.
dörpel *stm. s.* dorpære;
dörper-diet *stf.* (I. 325ᵃ) *bauernvolk* NEIDH. (64, 20).
dörperec *adj. zu folgern aus*
dörperec-heit *stf. s. v. a.* dörperheit GR. RUD. 6, 15. 7, 2;
dörper-heit *stf.* (I. 383ᵇ) *bäurisch rohes benehmen* HARTM. WALTH. FRL. KRONE 11675. 11787. 25317. KARLM. 155, 56. 237, 41. CRANE 141. törperheit FLORE 456. ROTH *dicht.* 11, 318. HERZM. 541. dörpelheit Ls. 1. 609, 4. *vgl. das vorige und* dörpecheit, dorpheit.
dörperîe *stf.* (ᵇ) *wesen eines dörpers.* lânt mir niht werden hie gezelt vür ein dörperîe daz TROJ. 8041.
dörper-lich *adj.* (I. 384ᵃ) *bäurisch unschön oder ärmlich* WALTH. KARLM. 163, 53. 164, 6;
dörper-lîche *adv.* vil dörperlîch stât allez sin gerüste NEIDH. 41, 9. dörperlîche leben HPT. 7. 337, 45.
dörper-site *stm. bäurisches benehmen.* die hânt alle dörpelsit NEIDH. XXXII, 7.
dörper-wîse *adj. dorfklug, s. v. a.* angerwîse NEIDH. XXII, 18 *var.*
dorp-heit *stf. s. v. a.* dörperheit. dâ ist niehein dorpeit (*keine thorheit, unzüchtigkeit*) under MSF. 68, 10 (VELD.).
dörpisch *adj. bäuerlich,* dörpische site *s. v. a.* dörpersite COD. *pal.* 341 *bl.* 127, 2ᵃ.
dorreht *adj.* (I. 322ᵃ) *verdorrt* GL.;
dorren *swv.* (*ib.*) *dürre werden, verdorren eigentl. u. bildl.* GREG. BARL. MS. (*H.* 1, 362ᵃ. 3, 75ᵃ). MAR. 150, 8. j.TIT. 4576. 5414. TURN. 127, 3. HERZM. 86. TROJ. 1376. 20729. MOR. 2, 1439. ALBR. 19, 536. 22, 728. BERTH. 560, 25. HADAM. 159. nû wil ich dorren biȥ mir diu sælde mac geschehen ULR. *Wh.* 123ᵈ. doch dorret drumbe daȥ herze mîn 220ᶜ. — *mit* er-, ge-, ver-.
dorren *m. s.* doner.
dorsche *swf. s.* tarsche.
dort *adv. dem.* (I. 385ᵇ) *dort, jenseits* (*in jenem leben* PARZ. WALTH. GLAUB. 2588. FREID. 18, 14. 15); *gegensatz zu* hie. *allgem.; nbff.* dart (: wart BEH. 3, 31), dërt, *im* 15. *jh. auch* dorte LESEB. 1021, 41. *die aus* TROJ. *angeführte form* doert *ist zu streichen; bei Keller findet sich überall* dort, *auch im reime z. b.* 22489. 23740, *doch kommt später statt* dërt *auch* dört *vor* RING 21, 9. 45ᵇ, 7. — *ahd.* thorot, dëret *aus* dara wërt? (WACK.).
dortze *s.* dürniz.
dôs = dô sie *s.* dô.
doschesse *stf.* (I. 385ᵃ) *herzogin, das fz.* duchesse PARZ.
dôsen *swv.* (I. 386ᵃ) *tosen.* dô sluoc sie nâch dem herren und traf iren man, daȥ eȥ in dem walde dar nâch dôsen began HELBL. *H.* 1. 228, 518. ich loste, ob ieman drinne dôste Ls. 1. 134, 140. und ist daȥ dem siechen diu ôren kalt sint unde val unde sie im vaste dôsent, daȥ ist des tôdes zeichen BERTH. 509, 39. — *von einem vorauszusetzd. stv. diesen,* dôs *zu altn.* thys *lärm,* thysja *hervorstürzen* WEIG. 2, 897. *vgl.* tûsen.
dôsen *swv.* (*ib.*) *sich still verhalten, schlum-*

mern SCHM. *Fr.* 1, 548. DWB. 2, 1310, *wo es für identisch mit dem folgd. gehalten wird. mit* ver-. *vgl. auch* tûzen.

dœsen, tœsen *swv.* (I. 386ª) *zerstreuen, zerstören.* daʒ ich die helle tœse GERM. 8. 286, 28. *belege aus* WALTH. *v. Rheinau in* GERM. 10, 402. — *ahd.* dôsjan, *mit* ver-.

dost *stm. mist* GFF. 5, 232. *hieher?* sêle und lîp enwürden ein dost KRONE 19257.

doste, toste *swm.* (I. 386ª) *strauss, büschel* HÄTZL., *nd.* tost *s.* DWB. 2, 1311;

doste, toste *swm.* (*ib.*) *origanum, wilder thymian* DFG. 400ᶜ. dust *n. gl.* 273ᵇ. man mag auch in die sträw legen rotten dosten und weissen dosten MYNS. 73. — *so genannt, weil er in* dosten, *büscheln blüht* DWB. 2, 1311.

dotâʒ *stf. dotatio* GLAR. 62.

doter *swm. s.* toter.

dotieren *swv. dotare* KIRCHB. 710, 15. GR. *kl. schft.* 1, 356.

dotte, dottin *s.* tote, totinne.

douchen *s.* tûchen.

dougen *s.* döuwen.

douhen *s.* diuhen.

doum *s.* toum.

doum *stm. womit man zustopft, zapfen, pfropf* JER. 62ᵇ. *s.* DWB. 2, 844. SCHM. *Fr.* 1, 508;

doumen *swv. verstopfen, in* verdoumen.

doum-hader *m. hader zum verstopfen.* damhader FASN. 1218.

doum-meʒʒer *stn. s. v. a.* schopîsen. dammesser FASN. 1218. *vgl.* thamm- *oder* stecheisen CHR. 2. 569ª (*a.* 1599).

doum-seil *stn. auseinander gedrehtes seil, zum verstopfen dienend.* tamsail (*var.* dan-, tan-, ton-, spansail) CHR. 2. 252, 16.

döuwe *stf. verdauung.* daʒ sie (spîse) bî rehter döuwe niht belîbet RENN. 10155;

döuwec *adj. verdaulich.* däwiges fleisch MYNS. 30. dawige speis SCHM. *Fr.* 1, 477. *vgl.* dewige mägen SIMR. *chr.* 3. 458, 16;

löuwen, douwen *swv.* (I. 386ª, *unnötig zwei verschiedene verba angesetzt*) *nbff.* dowen (GAUH. 146. KATH. *mart.*), däwen, dewen = *ahd.* dewen, *d. i.* dawjan (MGB. 156, 8. 209, 31 *etc.*). d o u g e n (JER. 34ᶜ. 142ᵇ): *intr. u. tr. verdauen,* MYST. MART. (119, 77. 265, 107). GEN. 15, 5; *refl.* sol die spîse wol sich döuwen RENN. 9802; *bildl. die nachwehen von etw. empfinden, büssen* ANTICHR. ich wæn sie douwen müeʒe KRONE 17212. daʒ duʒ in der helle mûst dowen swaʒ du uns leides tûst KATH. *mart.* 1874. — *mit* ab (*vgl. noch* HADAM. 471), ûʒ; un-, ver-. „*der grundbegriff ist auflösen, consumere, gt.* afdôjan, *machen, dass jemand stirbt, ags.* thavan *solvi*" DWB. 2, 838. *vgl. auch* DIEF. 2, 617;

döuwen *stn. das verdauen* BERTH. 98, 39;

döuwunge *stf. verdauung* RENN. 23156. egestio douwunge DFG. 196ᶜ.

dou-wurz *stf.* (III. 828ᵇ) = touwurz? GL. *vgl. auch* tofwurz.

dôʒ *stm.* (I. 373ª) *schall, geräusch* IW. WOLFR. TRIST. NIB. BIT. 7588. ULR. *Wh.* 155ᵈ. ORL. 1251. GERH. 5954 *f.* SILV. 2259. TROJ. 12561. 25035. j.TIT. 4702.5815. REINH. 1587. HELBL. 15, 700. — *zu* dieʒen;

dôʒe *swm. wasserfall?* die march gât — untz an ein tossen, ob dem tossen uf alter schilt GR.W. 1, 161. *vgl.* SCHM. *Fr.* 1, 547;

dôʒen *swv. wiederhallen* WOLFD. 826, 3. *mit* er-.

drabant, trabant *swm. fusssoldat, synon. mit* vuoʒgengel CHR. 2. 544ᵇ. 569ᵇ. UGB. 414. 455. — *zu* draben.

drabe = dar abe, *herab* REINFR. 166ᵇ.

drabe-knëht *stm. morden, stürmen,* triuwe brechen sint des zornes drabeknehte RENN. 14110.

draben, draven *swv.* (I. 388ª) *auch* traben, traven *in gleichmässiger beeilung gehen oder reiten,* traben PARZ. IW. WALTH. REINH. rennen unde draben ULR. *Wh.* 124ᵈ. draben u. zelten KONR. 26255. hinnan mit dem tôde draben MART. 65, 83. *vgl. noch* RENN. 6858. 6869. '17043. LIEHT. 75, 14. j.TIT. 1284. 4350. TROJ. 11789. 12436. LOH. 6317; draven HELBL. Ls. (1. 502, 50. 626, 42. 495, 88. 464, 45. 475, 16). ENENK. *p.* 338. 344. 347. 351; — *refl.* sich draven, traven RING 17ᵇ, 11. 57ᶜ, 20; *trans.* traben lassen (ros, pfert) HELBL. Ls.; *traben auf,* sol er denne niht mit êren draben die breiten strâʒe gên der helle RENN. 6155. — *mit* abe, nâch, ûʒ; be-, umbe, ver-, wider-. *vgl.* DIEF. 2, 636. KUHN 1, 254;

draben *stn.* swer drabens gewont den müejet zelten RENN. 20995.

drâben *swv. s.* dræjen.

drabendes *adv. im trabe* CHR. 1. 181, 31 (drabentz). *ebenso*

drabes *adv.* (I. 388ª, 18) WWH.;

drabunge *stf. trotatio* DFG. 599ª.

dracke *swm. s.* trache.

drâdel *stm.? schnelligkeit, gewandtheit.* des lîbes drâdel RSP. 1955. — *zu* dræjen.

drafter *adv.* = dar after *hin u. her* NARR. 13.

dræġen *swv. s.* dræjen.

drâhe *adv. duftend* WILL. Hoffm. 67, 16;
dræhe *stf. duft. der edeln würze dræhe* j.TIT.
1645. dâ von sô süeziu dræhe gie BLIK. 77.
— *zu* dræhen.
[dræhe? *adj.* I. 387ᵇ] dræhen schranc NEIDH.
92, 24 *von Haupt verbessert in* dwerhen
schranc, *wie in einer zu* XII, 22 *mitgeteilten
strophe steht.*
dræhen *swv. s.* dræjen.
dræhen *swv.* (I. 386ᵇ) *auch* dræjen (dâ dræjet
ûz ein balsam MSH. 1, 336ᵃ) contrah. dræn
j.TIT. 1793. *prät.* drâhte (dræte j.TIT.): *intr.
hauchen, duften* PARZ. KONR. MART. LAMPR.
(HPT. 6, 5). ir gesmac durch nasen dræhet
MSH. 3, 468ᵃ. der (smac) dâ wol suozlîch von
den boumen dræhet LOH. 6140; *trans. riechen*
PARZ. (*var.* bræhen). — „*gewis hängt der
begriff zusammen mit dem des drehens,
der duft steigt auf u. dreht sich*". HPT. 6, 5.
mit an, ûz, be-;
dræhen *stn.* (*ib.*) *das riechen* RENN. (9600
trehen: sëhen).
dræhsel, drëhsel *stm.*(I. 387ᵇ) *drechsler* PARZ.
(: wëhsel) j.TIT. 5683. DFG. 588ᶜ. drehsel CHR.
4. 133, 34. 139, 5. 252, 17. drächsel *ib.* 253,
33. 256, 19. 23; *ebenso*
dræhseler *stm.* drëhseler BERTH. 147, 12. DFG.
588ᶜ. drescheler MONE *z.* 8, 303 (*Strassburg*);
dræseln, drëhseln *swv. drechseln.* von latîn
alsô gedrehselt (: gewehselt) RENN. 1235.
dreselen DFG. 588ᶜ.
drâhte *prät. s.* dræhen, dræjen.
dræjen *swv. s.* dræhen.
dræjen *swv. an.* (I. 387ᵃ) *gekürzt* dræn, drân,
prät. dræte, drâte, *part.* gedræjet, gedræt,
gedrât, *auch st.* gedrân (ER. LANZ. [8125].
GRIESH. GERH. 3746. DRACH. 739, 12. HEINZ.
27, 654 *u. anm.*). *nbff.* drægen WACK. *pr.* 48,
101. dræhen LOH. 6313 (*prät.* drâhte: gâhte;
vgl. HAHN *mhd. gr.* 1, 43), *in* VOC. *auch* drâ-
ben, trâwen (DWB. 2, 1361), drêben, trâgen
DFG. 588ᶜ; dreien ALBR. 7, 44 (*nd., s.* DFG.
a. a. o.): *intr. sich drehend bewegen, wir-
beln* NIB. GUDR. BIT. diu stange ze stücken
dræt LOH. 5787; *tr. drehen, drechseln, all-
gem.* (der ander hin zuo dræt *nämlich die
worte* HELBL. 15, 408. netze gedræt WG. 8538.
umbe loufen als ein gedræter topf MSH. 3,
312ᵇ. ir brüstel diu gedræten j.TIT. 1423.
3773. gedræt und gewunden, *von säulen*
HERB. 9253. ein stap, gedræt von helfenbeine
SERV. 601); *refl.* Ms. do sich ir brüstel dræ-
ten j.TIT. 6601. — *mit* ûf, umbe, ûz; be-, er-,

zer-. *vorauszusetzen ist ein st. gt.* thraian,
thaithrô (= *ags.* thrâvan; *vgl. oben das st.
part.* gedrân) *zu lat.* tero, torqueo, torno
von wurzel tar *reihen* KUHN 8, 259. 11, 117.
CURT. 1, 190. WEIG. 1, 257. *vgl. auch* FICK 79.
dram *stm. das durcheinanderlaufen der strei-
tenden, das gewoge des gefechtes, getümmel,
oft bei* JER. — Pfeiff. s. 138 hält es (*nach*
FRISCH 2, 381ᵃ) *für das lat.* trama, *der ein-
schlag im gewebe, eine erklärung, die nicht
befriedigen kann. es gehört wol zum stv.*
trêmen (*nd.* drëmen), *sich hin und her be-
wegen, treiben, drängen, wozu in den ndd.
mundarten stimmt:* dram *drangsal* Brem.
wb. 1, 239; drammen *drängen ib. und*
STÜRENB. 37.
drâm, trâm; drâme, trâme *stswm.* (I. 391ᵇ)
balke, riegel, st. pl. træme SERV. BPH. 4283.
4299. 4311. PF. *üb.* 133, 697. 703. 705. 134,
713. ob güldîn wære ein drâm MSH. 3, 170ᵇ.
zuckers trâm *zuckerbaum* LOH. 7654 *u. anm.;
sw.* Ms. PRED. nâch der sterke heb den trâ-
men RING 28ᵈ, 5. ein træme (*gedruckt* trome)
ist græzer denne ein büne RENN. 8417; —
s. v. a. drum *stück, splitter, die* sper zu man-
chem trâme den heiden flugen in daz gras
DA. 207 (*auf* pâm = boum *reimend, vgl.
bair.* trâm, traum SCHM. Fr. 1, 662). — *nach*
GR. 2, 55. WEIG. 2, 900 *von einem vorauszu-
setzenden* drëmen; *doch gehört es wol mit*
drëmel, drum *zu skr.* tarman *spitze, ende
des opferpfostens, gr.* τέρμων, *lat.* termen
CURT. 1, 189. FICK 76. *vgl. auch* WEINH.
schles. wb. 100ᵃ;
drâmen, trâmen *swv.* (*ib.*) *mit balken versehen*
GUDR.
dran, drane = dar ane (I. 38ᵇ, 1).
drân, dræn *swv. s.* dræhen, dræjen.
dranc-, -ges *stm.* (I. 395ᵃ) *gedränge, bedräng-
nis* EN. PASS. SIGEN. *Sch.* 74. LIVL. 10622.
CHR. 2. 165, 10 *var.* ob ein vogt den armen
leuten trang wolte tun GR. W. 1, 249 *u. hieher
wol auch* der slang tet dem hund mit beizen
trang KELL. 54, 20 (*im* WB. *unter* drange
adv.); *stn.* daz er ân überigez tranc beleip
LOH. 5572. *vgl.* widertranc. — *zu* dringen;
drancsal *stm. bedrängung, nötigung. das* sol-
cher tranksalle abgestalt werde MONE *z.* 1,
430 (*a.* 1473). den dranksalle abe tuon 432;
pl. die dranksel abstellen 431.
drâne *adv.* = dar âne *darohne* TROJ. 19291.
19311 *u. so auch* SILV. 1897 *statt* drane *s. z.*
ENGELH. 236. *vgl.* WB. I. 40ᵇ, 16.

dranedrî *stn.* (I. 388ᵃ) *synedrium?* Hätzl. (*mönch v. Salzburg*).

drange *adv.* (I. 395ᵇ) *enge, aneinander gedrängt.* mir ist drange nâch es drängt mich zu Kell.; *compar.* sô siu drenker gênt Mein. 5;

drange *swm. s. v. a.* dranc. durch die starken drangen Wh. *v. Öst.* 24ᵇ. 40ᵃ. 47ᵃ. 58ᵃ. 66ᵇ. 95ᵃ;

drangen *swv.* (I. 396ᵃ) *drängen, belästigen* Neidh. (27, 16). Elis. 1042. 1558. trangen Gr.w. 3, 346; *mit gen. d. sache zu etw.* drängen Elis. 5562; *refl.* daz er wær gegangen sich nâch minne drangen Ga. 3. 55, 466. — *mit* be-, ge-, über-. *vgl.* drengen;

drangen *stn.* (*ib.*) *das drängen* Ms. Jer. 104ᵃ.

drant *prät. s.* drinden.

drap, -bes *stm.* (I. 388ᵃ) *trab.* si brach den zelt und den trab Mart. 58, 66. er galt den zelt und den drab 63, 112. *s.* draben.

drappe *swm. s.* trappe.

drappenîe *stf.* (I. 388ᵃ) *garderobe* Mart. trabenei Schm. *Fr.* 1, 639 (*a.* 1485); *vgl.* trapperîe.

drappierer *stm. s.* trappier.

drâs *stm. duft, geruch.* si locktens vür den drüzzel im durch salzes drâs Wartb. 44, 9. der drâs begunde in wisin vur sînes gevaterren ture Reinh. *sendschr.* 650. *vgl.* drâst;

drasch *prät. s.* drëschen.

drâsen, drasen; dræsen, dräsen *swv.* (I. 386ᵇ) *auch* trâsen Ga. (III. 84ᵇ) *duften, schnauben* Wwh. (*zum zweiten beisp. des* Wb. *füge hinzu:* Helbl. 1, 377). daz er dräste (*durch die nasenlöcher auswarf*) daz bluot Rab. 961. als er danne gerûzet und gedrâset Neidh. 201, 11. er drâset und kîchet Mart. 124, 82. *vgl.* Schm. *Fr.* 1, 675;

drâst *stm.* (*ib.*) *s. v. a.* drâs Alexius, Mart. — *zu* dræhen.

drât *stm.* (I. 387ᵇ) *pl.* dræte *u.* drâte (En. 158, 13) *draht* Gl. Troj. (19915). Msh. 3, 26ᵇ. guldîne drête Herb. 484. — *zu* dræjen;

drâte *adv.* (*ib.*) *schnell, eilig.* als, alsô drâte alsbald (Er. 4320. Iw. 3432. Greg. 453). *allgem.;* aller drâtest Ga. 3. 124, 504. drât (: rât) Loh. 1152. kum her wider drât Wolk. 51. 3. 20. *zu*

dræte, drâte *adj.* (*ib.*) *eilig, schnell, reissend* (*vom wasser*) Parz. Büchl. Walth. Lanz. dîn diutisch ist uns ze dræte Msh. 3, 56ᵇ. dræter hengest Helmbr. 236. schöne und drête wâren ros und ir phert Herb. 8698; ein pflûme der was drâte unde grôz Eracl.

4464. in vil drâter snelle Marlg. 144, 168; ir ritter drâde Alfs. *passionssp.* 73ᵇ. trêde *ib.* 49ᵃ;

dræte *stf.* (I. 388ᵃ) *schnelligkeit, raschheit* (*strömung des flusses* Exod. *D.* 122, 10 *u. dazu* Germ. 8, 473) Loh. Barl. Pass.;

drætec *adj. s.v.a.* dræte. ein dr. wazzer Lanz. 3609 *var.;*

drâten *adv. s. v. a.* drâte. vil drâten (: râten) Msh. 3, 243ᵇ. nu tuot daz wir iu râten und rîtet vollen drâten Livl. 2924. *zu* dræjen.

drât-smit *stm. drahtzieher* Chr. 2. 507, 26.

dræu *stf. s.* drouwe.

draven *swv. s.* draben.

drawen *swv. s.* dröuwen.

[**drâz?** I. 388ᵃ] *s.* drâs.

drêben *swv. s.* dræjen.

dreber *stm. reitpferd* Kirchb. 808, 55. 819, 8. — *zu* drap, draben.

drec, -ckes *stm.* (I. 388ᵇ) *dreck* Gl. mîn muot eines dreckes wert Msh. 3, 7ᵃ. daz du ein sag vol dreckis bist Rsp. 212. sîn adil in dem drecke lid *ib.* 1376. ein pfenningwert dreckes Narr. 44, 20; *oft in den* Fasn. *s.* Dwb. 2, 1352 *ff.* — *zu lat.* stercus? *vgl.* Kuhn 8, 363. 10, 140. 12, 411. 13, 455. Curt. 1, 137 *u. auch* Dief. 2, 645.

dredel-market *stm. osopa* Dfg. 54ᵃ.

dregen *swv. s.* trecken.

drëhs- *s.* dræhs-.

dreien *swv. s.* dræjen.

drël *adv.* (I. 391ᵇ) *fest, stark, sehr* Ms. — *zu* drillen. *vgl.* Dwb. 2, 1399.

drëmel *stm.* (*ib.*) *balke, riegel* Karaj. Bon. Ms. (*vgl.* Zimr. *chr.* 1. 390, 11. 2. 187, 37). — *nach* Gr. 2, 55 *zu* drëmen; *vgl.* drâm;

drëmel-stange *swf.* wâ nû dremelstangen, spiez? Msh. 3, 270ᵃ; *od. nicht compon.* dremel, stange *wie* 2, 229ᵃ tremel, siule? *oder ist auch das letztere* (*mit* W. Gr.) *als* dremel-siule *aufzufassen?*

***drëmen?** *stv. I, 2* (*ib.*) *ab-, in stücke theilen? vgl.* drâm;

drempel *stm. thürschwelle* Dwb. 2, 1400. *wol nicht mit* Gr. 3, 432 *zu* drampen, trampeln *sondern* = drëmel. *vgl.* Kwb. 68. Weinh. *b. gr.* § 122. 126 (*über den einschub von* b, p *nach* m) *u.* Gff. 5, 532 *wo die formen* trembil, trempil *u.* dremil *vorkommen.*

drenge *adj. swm. in* gedrenge, leffeldrenge;

drengen *swv.* (I. 396ᵃ) *dringen machen, drängen, zusammendrängen; mit gen. zu etw.* drängen. obe si des ieman drengete (: lengete)

ELIS. 7956. — *mit* zuo, be-. *vgl.* drangen *u.* HALT. 244.
drenker *compar. s.* drange.
drëscheler *stm. s.* dræhseler.
drëschen *stv. I*, 3 (I. 396ᵃ) *nbff.* dröschen WACK. *pr.* 44, 31. tröschen Ls. 2. 314, 118 (*gedruckt* fröschen). 121. RING 24ᵇ, 26. GR.W. 1, 34; *prät.* drasch, *auch* dras (: was) ANEG. 20, 5. *part.* gedroschen, gedröschen WACK. *pr.* 44, 53: *dreschen, bildl. quälen* FRL. WINDB. *ps.* korn dr. GEN. 63, 10. Aw. 2, 59. als man die arweiz drischet ûz halmen — alsô dreschent sie den pfeffer j.TIT. 6050. dô man sô grimmeclîchen drasch ûf den rilîchen harnasch TROJ. 4101. die Kriechen ûf iuch dreschent *ib.* 35801. ûf sîne künecliche lide wirt alze vil gedoschen TURN. 162, 3; *absol.* dreschen und ziunen LOH. 1947. mîn herze klopft und drischet in mînem lîp Ls. 3. 103, 152. — *mit* abe (*intr. vom laufen des hunds* HADAM. 117. 118), ûz; er-, ge-, über-. *gt.* thriskan *zur wurzel* tar, ter (terere) GSP. 143; *am nächsten steht slav.* trisk *schall, böhm.* triskati *knallen, schlagen. vgl.* DIEF. 2, 719. DWB. 2, 1401. WACK. *stellt es zu ahd.* drisc *dreifach* „*wie lat.* tero, trio, tribulum *zu* tres: *korn, spreu u. stroh*";
drëscher *stm.* (*ib.*) *drescher,* tritulator DFG. 598ᵃ. GR.W. 6, 183.
dreselen *swv. s.* dræhseln.
[dresten? I. 388ᵇ] RAB. 961 *s.* dræsen.
dreu-rede *stf. s.* drôurede.
dreuwen, drewen *swv. s.* dröuwen.
drî (I. 388ᵇ) *num. card. drei. flect.* drîe, *n.* driu, *md.* drû (in, en driu *in drei theile*); drîer, drîen, drîn. *allgem.* — *zu skr.* tri, *gr.* τρεῖς, *lat.* tres CURT. 1, 192.
drîacks? (I. 391ᵃ) GEO.
drîakel, trîakel *stm.* (*ib.*) *theriak* PARZ. WINSB. RENN. trîakel EN. 314, 10. der edel trîak (: mak) GA. 1. 295, 531. drîaker MGB. 283, 31. 284, 26. 411, 31. MYNS. 29. *noch andere formen in* DFG. 585ᵇ. *n. gl.* 366ᵃ. — *aus gr. lat.* theriacum DWB. 2, 1373. WACK. *umd.* 59;
drîakeln *swv.* (*ib.*) *mit* drîakel *versehen* PARZ.
drîackel-wurm *stm.* (III. 826ᵃ) tirus VOC. *o. vgl.* DIEF. *n. gl.* 366ᵃ *u.* ackerwurm.
drîanthasmê *stm.* (I. 391ᵃ) *eine art pfellel* PARZ. (*lies* 775, 5) *var.* saranthasmê (*s. das.*). *vgl.* ein kleit von Drîante daz was samit rîch WOLFD. 5427. in Arâbja noch in Drîant GA. 3. 605, 220. ûf einen pellen van Trîant CRANE 3906 *u.* WEINH. *deutsche frauen* 423.

drî-beinec *adj. dreibeinig.* dr. stuol GR.W. 2, 165. 3, 460. 5, 308.
dri-blât *stm. s.* triblât.
drî-boc *stm. s.* triboc.
drî-boum *stm.* falanga DFG. 223ᵃ.
drîe *swf.* (I. 389ᵇ) *drei augen im würfelspiel* PARZ. WALTH. daz mac ein drîe wol zeim esse bringen WARTB. 111, 10. daz kwater eine drîen habet *ib.* 105, 7; *dreizahl, dreiheit* WALTH. — *aus lat.* tria.
drîe *swf. s.* drîhe.
drîec *adj. zu folgern aus*
drîec-heit *stf. dreiheit* MYST. 2. 644, 32. 653, 1.
drî-ecke *adj. dreieckig* HPT. *h. lied* 60, 7. GERM. *Hag.* 8, 249. spiez drîecke KARL 56ᵇ. *ebenso*
drî-eckeht *adj.* PASS. *K.* 251, 52. GERM. 3, 57. drîeckot RENN. 1098. MGB. 283, 3. 307, 5. 468, 26. triangulus DFG. 595ᵃ.
drieide (I. 391ᵃ) cidus, succus SUM. *s.* SCHM. *Fr.* 1, 680.
drî-einec-heit *stf. dreinigkeit* MYST. 2. 157, 19. 520, 38.
drîen *swv. s.* drôuwen.
drîen *swv.* (I. 389ᵇ) *zur* drîe *machen, verdreifachen* TRIST. WALTH. PASS. daz tuot dîne sælde drîen MSH. 3, 168ᵇ. daz er (got) junc lac in einer magt gedrîet *ib.* 51ᵇ. 160ᵃ. got du bist gedrîet und doch ein TÜRH. *Wh.* 1ᵃ. die künege drîe, der wâfen was gedrîet j.TIT. 3987. klafter hôch gedrîet *ib.* 4820. swes er eines haben solt, daz was gedrîet LOH. 3873. sus wart sîn nam mêr dan zwivalt gedrîet *ib.* 3160. 7662. des wart sein lop gedreiet DA. 489; *refl.* sich drîen MSH. 3, 442ᵃ. des name sich hât gedrîet j.TIT. 4917.
drîer-lei *s.* leige.
drîes, drîs *adv.* (I. 390ᵃ) *dreimal* FRL. PASS. (*K.* 44, 40. 146, 5. 588, 78. 614, 10). JER. 85ᵈ. 99ᶜ. SSP. 1. 62, 9. 67. 70, 2.
driesch *stmn. unangebautes land, ungepflügter acker.* welcher hofer ein driesch in einem weingart læzt ligen GR.W. 1, 611;
driesch *adj. adv.* driesch und ungehandhabt ligen lassen GR.W. 2, 242. — *nd.* dreesch *von dunkl. abstamm. s.* DWB. 2, 1408. WEIG. 1, 258. DIEF. 2, 644.
driez *stm.* (I. 397ᵇ) *überdruss* ELIS. 2678. *zu*
driezen *stv. III.* (I. 396ᵇ) *drängen, treiben, drohen, s.* be-, er-, verdriezen (*vgl. auch* druissen *bei* OBERL. 258). — *gt.* usthriutan *beschweren, beleidigen zu lat.* trudere DIEF. 2, 719. Z. 1, 139. GSP. 142. *anders bei* FICK 73;

driezen *stn.* RENN. 6825. sunder driezen KIRCHB. 758, 34.
drî-formec *adj.* (III. 388ª) triformis DFG. 596ᵇ;
drî-forme-lîche *adv.* triformiter EVANG. 249ª.
drî-gëbelic *adj.* dreigiebelig GR.w. 5, 513.
drî-ge-sæʒe *stn.* triclinium EVANG. *M.* 14, 6.
drî-ge-wihtec *adj.* trilibris Voc. 1482.
drî-glest-lich *adj.* (l. 547ª) *dreifach glänzend* FRL.
drî-gülte *stf. dreifache zahlung.* swelich rihter der sätze einen übergriffet, der gelt mit der drigult also, daʒ dem chlager werd ein tail und dem herren die zwai tail Mw. 193, 28 (*a.* 1293).
drîhe *swf.* (I. 391ª) *auch* drîe *sticknadel, handgerät des flechtens u. webens* TIT. TRIST. mit drîhen und mit spelten kan ich eʒ wol vergelten GFR. 1705. — *zu gt.* threihan *drängen, lat.* torqueo, trica KUHN 12, 302. DIEF. 2, 716. FICK 79. *vgl.* dringen.
drî-heit *stf.* (I. 390ª) *dreiheit* MYST. 2. 669, 6 *ff.*
drîhen *swv.* (I. 391ᵇ) *mit der* drîhen *arbeiten* MART.
drî-holz *stn.* ir etlich haben knecht, die volgent ûf der strâʒ und meʒʒent mit dem mâʒ, die an daʒ drîholz hôrt ALTSW. 215, 17.
drî-houptec *adj. dreiköpfig* WAHTELM. 119.
drilhen *swv.* (I. 390ᵇ) *dreifädig machen* Ms. *zu*
dri-lich, drilch *adj.* (I. 390ᵇ) *dreifach* RUL. LOH. GSM. FRL. j. TIT. 1148. PASS. *K.* 79, 91. 549, 76. 577, 49. 630, 4. JER. 28ᵈ. KOLM. 6, 46. 7, 128. 66, 27. drîlich 163, 25; *als stm. ein mit drei fäden gewebtes zeug, lat.* trilèx, trilix DFG. 596ᶜ. *vgl.* zwilich;
dri-lîche *adv. dreifach, dreifaltig* HPT. 2, 149. KOLM. 1, 107. 6, 470. 7, 131.
drîlinc, -ges *stm.* (I. 390ª) *der dritte theil von etw., ein bestimmtes mass, gefäss:* = ⅓ fuoder URB. *B.* 2, 480. 32 aimer machen ain fuoder, 24 aimer machen ain dreiling SCHM. *Fr.* 1, 561 (15. *jh.*). ain dreiling weins UKN. 387 (*a.* 1357). CP. 41. XVII hundert dreiling mit mel MH. 2, 79 (*lat.* XX ternarius wein *ib.* 2, 236. 237). das drei oder vier gesessen nachpaurn mügen ein dreiling wein mit einander aus trinken GR.w. 3, 697. 701; *eine bestimmte anzahl,* fünf dreiling feurpfeil, zwölf dreiling hauspfeil, acht dreiling feurkugeln MH. 2, 78. *vgl.* DWB. 2, 1385.
drilisch *adj. dreifach* WOLK. 100. 1, 8.
drillen *stv. I,* 3 (I. 391ᵇ) *drehen, abrunden;* nur das part. gedrollen *drall, rund, gehäuft* nachweisbar LOH. WIGAM. MS. HELBL. ir arme gedrollen unde blanc GA. 2. 287, 23. zwên gedrollen (*rund gedrehte*) knöpfe WOLK. 52. 2, 5. den schilt gedrollen tûtscher nasen vollen DAL. 149, 38. — *aus derselben wurzel wie* dræjen, *vgl.* KUHN 11, 115 *f. mit* ûʒ, ûf.
drî-mæʒec *adj.* (II. 209ª) trimodus DFG. 596ᶜ.
drin, drîn = dar in, dar în (I. 748ª, 28. 750ª, 11).
drinden *stv. I,* 3 (I. 393ª) *schwellen, anschwellen, schwellend dringen. das prät.* drant *bei* HERB. *u.* FRL. — *mit* ze-. *vgl.* DIEF. 2, 718.
drîn-ende *adv. auf dreierlei weise.* drînende gewinnet der Antichrist die armen menescen SPEC. 173.
dringe-lich *adj. u. adv.* pressim, restrictim, stricte Voc. 1482.
dringen *stv. I,* 3 (I. 393ª) *tr. flechten, weben* KONR. (geweben und gedrungen drîn von golde wâren tracken TROJ. 32554. ir kleit daʒ was gedrungen ûʒ sîden 32644). borten dringen ENGELH. 2864. AB. 1, 239. ein wol gezûnet korbelîn sach man wol gevlohten sîn, gedrungen nâhe, als ein krebe RUD. *weltchr.* 72ª. lop wirt gewebet und gedrungen MSH. 3, 168ᵇ. ûf einen pellen von Trîant gesteine vil gedrungen CRANE 3906; *zusammendrücken, drängen, allgem.* (mit iwern beinen langen sitzent ir gedrungen LANZ. 495. zuo dem vrömden mære wart do vil gedrungen FLORE 7405. von allen sælden eʒ mich dranc BÜCHL. 1, 1709. er enwolt sich niht lân von der verte dringen LOH. 3996. lâ ze hove dringen dich WINSB. 23, 2. wan er sîn sper durch in dranc ENENK. *s.* 290. einen hœher dringen, eine zu grosse abgabe von ihm fordern MH. 2, 693); — *intr. sich drängen, andringen, allgem. vgl.* GERM. 10, 143 (ûf den strâʒen dringen JÜNGL. 1248. ein tugent nâch der andern dringet *ib.* 466. nû quam herzoge Eberhart gedrungen LOH. 4447. über einen dr. *ihn anfallen* GR.w. 4, 383). — *mit* abe, hinder, în, nider, ûʒ, vor, vür, zuo; be-, durch-, er-, ge-, über-, umbe-, under-, ver-; *mit* drîhe *zu gt.* threihan DIEF. 2, 716;
dringen *stn.* (I. 394ª) *das drängen* NIB. MS. sô eʒ an ein dringen gie LANZ. 4504. umbe in dô was ein dringen ECKE *Sch.* 253;
dringnus *stf.* ob den ewern von iemant solt gewalt oder dringnus geschehen CP. 116.
drîn-slahen *stn. das dareinschlagen.* daʒ drînslahens spil *kartenspiel* MONE z. 7, 64 (*a.* 1442).

drî-ortec *adj.* (II. 447ª) *dreieckig.* dreiortiger spiesz Voc. 1482. triörtig DFG. 595ᶜ.

drî-pfundec *adj.* trilibris Voc. 1482.

drîs *adv. s.* drîes.

drî-scheftec *adj.* ein drischeftiges geschirre, *dreischäftiger (mit drei tritten versehener) weberstuhl* MONE z. 9, 148. drîsch. tuoch, *das auf einem solchen stuhle gewoben ist ib.* 153. 157.

drischel *stf.* (I. 396ª) *dreschflegel* HELMBR. Ms. (er was sîner drischel bî *H.* 3, 289ª). WOLK. 39. 2, 16. swenn die drischel bricht daz strô WG. 4980; *als waffe,* zwai tausent eisnein drischel MH. 2, 78. 876. — *zu* drëschen.

drischel-sahs *stn.* (II². 24ª) *ein starkes schwert (wie ein dreschflegel)* Ms.

drischel-slac *stm. schlag mit der drischel* Üw. 593.

drischel-stap *stm.* (II². 594ª) *stiel des dreschflegels* NEIDH.

drî-schrœte, -schrœtec *adj. in drei theile zu schneiden oder geschnitten.* ein dr. swein daz sol wert sein dritthalbs und dreizzich phenn. URB. *Pf.* 3 *ff.*

drischûvel *stnm.* (I. 396ᵇ) GL. drischufel, drischeufel NP. 236. 277 *(vom herausg. an beiden stellen falsch erklärt).* 287. TUCH. 282, 12. AUGSB. *r. W.* 184; *verderbt* druschupfel, durschûfel (LEYS.), truscheifel, drischübel (VINTL. *im* DWB. 2, 1420), dristhubel MERAN. 20. trüschübel (MONE 7, 31). *vgl.* DFG. 330ª. 449ᶜ. *n. gl.* 235ᵇ. 299ᵇ. dristapfel SCHM. *Fr.* 1, 680. an das gristhstübel der tür USCH. 396 (*a.* 1403). der drischowel DAL. 76, 10. 16 *(auch kärnt.* der drischüwl). — *nach* GR. 3, 431 *zu* dräschen, *weil am eingange des hauses auf der diele gedroschen wurde, vgl.* DWB. 2, 1420. KWB. 71.

drî-sinnec *adj. in drei sprachen abgefasst (buch)* HERB. 63.

drî-spitzec *adj. was drei spitzen hat.* ein dr. *(dreibeiniger)* stuol GR.w. 4, 580. drisp. zunge und herz RENN. 14893;

drî-spiz *stm.* (II². 515ª) *dreifuss* KOLM. 77, 32; *dreizack* MGB.; *fussangel* NARR.; *ein stück land, das ein dreieck bildet* WEIST. *s.* DWB. 2. 1392, 4.

dristadel? *stm.* uns langt an, wie du bei unserm gsloss Los ainen dristadel in willen habst abzeprechen MH. 2, 908. — treitstadel?

dristal *stn.* die wisen auf dem dristal ligen lassen GR.w. 3, 733. *vgl.* KWB. 71.

dristaphel *s.* drischûvel.

drî-stecke-lich *adj. dreibeinig.* ein dr. stuol GR.w. 2, 65; *ebenso*

drî-stellec *adj.* dristelliger stuol GR.w. 3, 744; *ebenso*

drî-stempf-lich *adj.* ein dreistempfl. stuol GR.w. 2, 296. 542. dristempfelig MONE z. 18, 66.

drî-strenec *adj.* (II². 680ᵇ) *dreifädig* Voc.

drî-strenge *adj.* (II². 674ᵇ) *aus drei strängen bestehend* MONE *(pred. des* 14. *jh.).*

drî-stunt *s.* stunde.

drî-tegec *adj.* (III. 9ª) *dreitägig,* triduus DFG. 596ª; *ebenso*

drî-tege-lich *adj.* BERTH. 437, 23. MGB. 466, 31.

drit-halp *adj.* (I. 614ᵇ) *drittehalb* LIVL. GERH. 2990. ERACL. 1315. 1453. DIETR. 8713. KARL 90ᵇ. LIEHT. 115, 25. 120, 10.

dritte, drite *num. ord.* (I. 390ª) *der dritte, allgem.* (niht diu dritte maget, *unter dreien nicht eine* ULR. *Wh.* 126ᶜ. ez lebt niht der dritte man 110ᵈ. den dritten er niht genesen lie 144ᵈ. zuom dritten mâle PASS. 230, 81). dirte MERSW. 85, 86. dirde KARLM. 107, 14; des dritten *zum dritten male* MGB. 143, 5; *ebenso* zem dritten WALTH. ER. 185.

drit-teil *stn.* (III. 22ª) *drittel* WEINSCHW. daz dritteil hehielt er ze sîn selbes tische MAR. 151, 2. der werlde driteil ORL. 10310. mein weingarten, des ain drittail ist USCH. 349 (*a.* 1389);

drit-teilec *adj.* dritteilige güeter, *von denen fall und drittel entrichtet werden mussten* GR.w. 1, 407 *ff.* (*vgl.* das guot ist vällig und trittailig DON. *a.* 1504); dr. man, *der ein dritteil. guot inne hat ib.* 408.

drit-vogel *stm. eine art wilder enten* MONE z. 4, 85 (*a.* 1449). DWB. 2, 1426.

driu *s.* drî.

driuhen *swv. fangen, fesseln.* ir herze was in sorgen drûch gedriuhet LOH. 2026 *u. anm.* sus wart daz volc von in zesamne gedriuhet *ib.* 4590. — *zu* drûch; *s.* drûhen.

drîunge *stf.* (I. 390ª) *dreiheit* WALTH. Ms.

drîunissede *stf.* trinitas HPT. 8, 144. *vgl.* GFF. 5, 242.

driusel *stm. in* ôrendriusel.

driu-zëhen *s.* drîzëhen.

drî-valde *adv. dreifach* (: nalde) ALBR. 8, 22; *ebenso*

drî-valden *adv.* HERB. 5901. drîvalten KROL. 1024;

drî-valt *adj.* (III. 231ᵇ) *dreifältig* BARL. drî-

valte zende ANNO 195. einen drîvalden schilt
j.TIT. 1662. diu drîvalt gotheit SILV. 2940.
2970;
drî-valt *adv.* PASS. 340, 34;
drî-valt, -valte, -valde *stf.* (III. 231ᵇ) *dreifaltigkeit* PARZ. BARL. MART. PRIESTERL. 411.
MAG. *cr.* 96ᵇ. got einer in der drîvalt KRONE 2393;
drî-valtec *adj.* (III. 323ᵃ) *dreifaltig* DIEM. Ms.
GERH. 306. 389. 409. ERLŒS. 1138. mîn drîveltic leit PASS. 317, 12;
drî-valtec-heit *stf.* (*ib.*) *dreifaltigkeit* GSM.
PASS. MYST. 2. 468, 22 *u. oft.* MSH. 2, 254ᵇ.
HADAM. 606. drivalticheit MGB. 482, 11. driveltikeit ULR. 8, 12. BPH. 8670. 9970. beinîn
dr. *würfel* RENN. 11278;
drî-valtec-lîchen *adv.*(*ib.*)*dreifaltig* WALTH.
GRIESH.;
drî-valten *adv. s.* drîvalden;
drî-valten *swv.* (I. 321ᵇ) *dreifältig machen*
HÄTZL. HEINZ. 122. 35, 6. KOLM. 16, 12.
drî-vuoʒ *stm.* (III. 446ᵃ) *dreifuss* HELBL. BUCH
v. g. sp. 16. CHR. 2. 316, 14; 3. 410, 21. MONE
z. 16, 327.
drî-wëgec *adj.* (III. 636ᵃ) trilibris dreiwegiger oder dreigewichtiger, dreipfundiger Voc. 1482. — *zu* wëgen.
dri-wëgec *adj.* (III. 639ᵇ) trivialis, trivium
DFG. 598ᵇ (*auch* drîwege). — *zu* wëc.
drî-weide *adv.*(III. 552ᵃ) *dreimal* KCHR. MYST.
drîweit EVANG. 249ᵃ.
drî-winkeleht *adj.* (III. 705ᵃ) triangelus DFG. 594ᶜ.
drî-ʒec, -ʒic *num. card.* (I. 390ᵇ. III. 857ᵇ) *dreissig. allgem. s. noch* man sol einen biderben man wol drîʒec jâr behalten MSF. 22, 1. drîʒec jâr ein tôre gar, der muoʒ ein narre fürbaʒ sîn WINSB. 37, 1. drîʒec lant von sînem prîse gêret j.TIT. 1896. ob ich drîʒec lande krône trüege *ib.* 1915. über drîʒec lant BELIAND 2874. unser frawen dreissig *der* 15. *septemb. od. die 30 tage von* unser fr. schîdung (15. aug.) *an* TUCH. 28, 15 (*s.* drîʒigeste). *vgl.* SCHM. *Fr.* 1, 563. RA. 218 *f.; ein bestimmtes mass u. gewicht,* zwei drieszich strôis, ein dr. stahel ARN. 27 (*a.* 1427. 1455). *vgl.* SCHM. *Fr.* 1, 562;
drî-ʒec-jærec *adj.* (I. 771ᵃ) *dreissigjährig*
SINGENB. 227, 23. HPT. 7. 369, 29.
drî-ʒec-valt *adv. dreissigfältig* PARZ. 213, 4.
EVANG. *M.* 13, 8;
drî-ʒec-valtic *adj.* BERTH. 330, 24.
drî-ʒëhen *num. card.* (III. 861ᵇ) *verkürzt* drî-
ʒên, *n.* driuzehen (LIEHT. 72, 26. GFR. 578), driuʒên *dreizehn. vgl.* GERM. 1, 23;
drî-ʒëhende *num. ord.* (III. 862ᵃ) *verkürzt* drîʒênde, *n.* driuzehende *dreizehnte; nbff.* drîʒehenste, drîʒeheste (ERLŒS.) *s.* WEINH. *al. gr. s.* 310;
drî-ʒëhener *stm.* (III. 862ᵇ) die dr. collegium von dreizehn MERAN.
drîʒigeste *num. ord.* (III. 857ᵇ) KREUZF. PASS. 224, 87; *swm.* (*nämlich* tac) *der dreissigste tag nach der beerdigung eines verstorbenen, an welchem der letzte seelengottesdienst für ihn gehalten wurde* DSP. 1, 22. 26. NP. 67. UKN. 301. Mz. 2, 450. 469. CHR. 2. 14, 1. *vgl.* HOMEYER *der dreissigste, in den abhandl. d. Berlin. akad.* 1864; *zeit von 30 tagen, namentlich vom* 15. *aug. bis zum* 15. *sept.* (= unser vrouwen drîʒigest *s. oben* drîʒec *u.* SCHM. *Fr.* 1, 563).
drî-zinkeht *adj. was drei zinken, spitzen hat.* mit einer drîʒenchechten gabel VET. *b.* 10, 9. trizinglet trifurca DFG. 596ᵇ.
drô *s.* drouwe.
drobe *adv.* = dar obe (I. 306ᵇ, 37) Iw. PARZ.
ENGELH. 5155. BARL. 174. PASS. 53, 61. 337, 38 etc.
drô-lich *adj.* (I. 399ᵃ) *drohend, bedrohlich*
BARL. diu drôlichen wort RUD. *weltchr.* 147ᵃ;
drô-lîche *adv.* der truoc in sîner hant drôlich ein swert, daz was blôʒ RUD. *weltchr.* 76ᵇ.
dromedâr *stn. dromedarius* ERNST *B.* 5641.
MGB. 135, 5. dromendâr HPT. 1, 17. ERNST 4203. olbenden und dromendaris WWH. 91, 1. drumedâr LUDW. *v. Th.* 6064. 6238. trumidarius APOLL. 10299; *umgedeutscht* dromentier MAG. *cr.* 24ᵃ. dromeltier, trummeltier DFG. 191ᵇ = *nhd. trampelthier.*
dromen *swv. s.* drumen.
dromen-tier *stn. s.* dromedar.
drônus *stf. drohung* MH. 3, 163.
drôr *stm. s.* trôr.
droschel *stf.* (I. 399ᵇ) *auch* trostel TROJ. 10033. ALTSW. 76, 10. HELDB. *K.* 139, 7. Voc. 1482, *pl.* tröschel MSH. 2, 238ᵇ: *drossel, singdrossel* Ms. TRIST. NEIDH. 26, 29. HEINZ. 26, 624. APOLL. 4257. WOLK. 41, 6. — *mit versetzung des* r *zu skr.* tarda, *lat.* turdus, turdela WEIG. 1, 260. FICK 75;
droschelîn *stn. kleine drossel* APOLL. 13278. WOLK. 41, 41.
dröschen *stv. s.* drëschen.
drouch *s.* drûch.

dröu-rede *stf.* (II. 599ᵇ) *drohrede* MEL. 8013; dreurede PASS.

dröuwære *stm.* minator drouwer, drower DFG. 361ᵉ. dröwer sint in daz lant komen LS. 2. 702, 264;

drouwe *stf.* (I. 398ᵇ) MS. GEN. *D.* 13, 15. BERTH. 566, 18. 21. KIRCHB. 762, 55. *nbff.* dreuwe HERB. 3425. EILH. 4960. drowe KCHR. MYST. AW. 3, 207 *u. öfter bei* JER. *s.* 139. drôe REINH. *p.* 388. dröu FREID. MS. NEIDH. 101, 14. LOH. 1916. dræu HPT. 5. 26, 318 *gewönlich* drô *u. dann ohne casus (auch stm.* MSH. 2, 67ᵃ, *doch nicht in der* KCHR.: sîne drô 10099. sîn trô *D.* 336, 22): *drohen, drohung. allgem. vgl. noch* WINSB. 37, 7. LIEHT. 144, 18. SILV. 424; *der bedeut. von* swære, kumber *nahe kommend* BÜCHL. 1, 1907. 2, 381 (*u. Bechs anm.*). 396. 727;

dröuwen *swv.* (I. 399ᵃ) MS. EILH. 2768. *nbff.* dreuwen GRIESH. 2, 144. PASS. *K.* 28, 57. 183, 24. drouwen (: schouwen) KRONE 15471. drowen KCHR. (*md.* drôwen ELIS. 3218. EVANG. 249ᵃ). drawen, drewen (IW. 6110. *in der* ZIMR. *chr.* trawen, trewen 4, 567ᵃ. 568ᵃ) DFG. 361ᵉ. drien (ich drie ime an diu ougen REINH. *sendschr.* 626 *u. anm.*) *contrah.* dröun, dreun (PASS. 328, 87), drôn; *prät.* dröute, dreute (WWH. 221, 29), drôte (NEIDH. 39, 15); *part.* gedröut, gedrôt: *dräuen, drohen mit dat. der pers., die sache mit* an, in, mite, zuo. *allgem.* — *mit* be-, er-, ge-, wider-. *ahd.* drauwjan, drawjan, *ags.* threágan, threán *zu skr.* tarj *drohen, lat.* torvus *für* torgvus KUHN 13, 454. *vgl. auch* FICK 75;

dröuwen *stn.* (I. 399ᵇ) BARL. SILV. 357. er enbôt kein drouwen DAN. 4878. dröwen PARZ. BÜCHL. 2, 427. dröun PARZ. BÜCHL. 2, 447. dreun IW.

drouwen *stv. red. III?* (I. 400ᵃ) *ein part.* ûf gedrouwen *erwachsen* FRL. (*Rûmezlant*). *vgl.* MSH. 4, 683 *anm.*

drouwe-ruof *stm.* (II. 807ᵃ) *drohruf* JER.

dröuwunge *stf.* dreuwung minatio DFG. 361ᵉ (trawung ZIMR. *chr.* 3. 82, 22. trewung *ib.* 256, 34); *entstellt* troumb GR.W. 3, 661.

drô-wort *stn.* (III. 808ᵇ) drohwort IW. GR.W. 6, 103. *vgl.* ZIMR. *chr.* 4, 567ᵃ. 568ᵃ.

drôz *stf. in* überdrôz;

drôz *stm. verdruss, widerwille, schrecken, dann überhaupt last, beschwerde. oft bei* JER. *s. p.* 139. sunder drôz KIRCHB. 712, 45;

drozze *swm. stswf.* (I. 398ᵃ) *schlund, kehle* RUL. ER. WIG. HELBL. er sluoc im die drozzen abe APOLL. 10351. dâ mite im ein stich wart durch die drozzen KRONE 26758. er wart geschozzin durch des halsis drozzin JER. 157ᵇ. — *zu* driezen, *lat.* trudere;

drozzel *stm. s. v. a.* drüzzel NP. 226;

drozzeler *stm.* jugulator DFG. 311ᵉ;

drozzelunge *stf.* jugulatio *ib.*

drozzen *swv. in* verdrozzen.

drû *s.* drûch.

druc, -ckes *stm.* (I. 400ᵃ) *pl.* drücke SIGEN. *Sch.* 3. 108. drucke ECKE *L.* 132 *druck, feindliches zusammenstossen* WOLFR. TROJ. MS. süezer druc GERH. 4766. senfter dr. 4849. der münich gap dem vergen einen harten druc ROSENG. *Meuseb.* 310. herte drücke SIGEN. *a. a. o.* mit trucke er sie zim gevie LOH. 6794 (*umarmte sie*). ez wâren vrouwen drucke niht ECKE *a. a. o.* und wart niden erzeiget an sînen lip ein druc von ir KRONE 26432. ein druc und ein widerzuc 26422. er tet der triuwe einen druc OT. 33ᵃ. von sînes poinders hurt geschach ein sulcher druc LOH. 2729. der druc moht werden gar voldiuhet 4587. sîn menlîch druc 4610. 5550.

drûch, -hes *stm.* **drûhe, drû** *stf.* (I. 401ᵃ) *fessel, falle um wilde thiere zu fangen, drauche.* drûch ATH. FREID. REINH. LOH. 2026. KRONE 85. MEL. 11782. MART. 176, 109. HEINR. 4749. KOLM. 118, 76. LS. 3. 40, 602. ich kum nimmer in ir drouch BIRKENST. *p.* 164. mit drauhen, dräuhen wilt vâhen MW. 59, 33 (*a.* 1255). 140, 51 (*a.* 1281); drûhe REINH. NEIDH. (95, 26). MGB. 164, 7. 10. drauche domit man die wolf greifet oder vahet VOC. 1482. drauch, *pl.* dreuch WOLK. 113. 3, 12; 46. 1, 30. *vgl.* GERM. 8, 487; drû MS. (des hellehundes drû *H.* 3, 341ᵇ). GA. 3. 210, 486. *vgl.* SCHM. *Fr.* 1, 564 *wo auch aufs böhm.* truky *pl.* bande, fesseln *hingewiesen wird.*

drûch? *stm.* HELBL. 1, 175.

druch-sætz *s.* truhtsæze.

drücken, drucken *swv.* (I. 400ᵃ) *prät.* druhte, dructe; *part.* gedruht, gedrucket *u.* gedruct (LOH. 5290) *auch mit uml.* gedrücket (: zücket) TROJ. 23356. *der infin. ohne umlaut bes. im md.:* drücken, drängen, bedrängen. *allgem. s. noch* er dructes an sîn brüste ER. 6791. er druct in, daz im rippe und rücke erkrachet LOH. 2203. diu swerter drücken durch stahel und îsen DAN. 5164. slüzzel in wahs dr. EILH. 6742. in ir herze ein bilde gedrucket ELIS. 2592. ich wil mich niht lân kumber drücken

ULR. *Wh.* 129ª. si (*acc.*) dructen sô ir sünde
PASS. 370, 68. Grâcius ûf in dructe (*im
kampfe*) ATH.** 74. nû was der strît zesamne
gedruct LOH. 5290. nû drucket iuch zesamen
gar LIEHT. 84, 1. MGB. 337, 13. swenn ich
beginne drücken mich in sîne linde schôʒ
TROJ. 8766. gedrücket in die bitterlichen
nôt 23356. ûf in wart ein storie gedrucket
TURN. 156, 5; *pressen, auspressen* MGB. 340,
12; *im sinne von coire bei männl. vögeln ib.*
221, 15. 23; *ein buch drucken* NARR. 65, 65;
intr. sich drängen, s. hin drücken. — *mit
abe, hin, în, nider, under, ûʒ; be-, er-, ge-,
ver-. nach* WACK. *zu* τρύξ, τρώγω. *vgl. auch*
KUHN 6, 428. DIEF. 2, 716;
drücken *stn.* BIT. 6886. LOH. 3863;
drücker *stm.* dise unrehten twinger unde
drücker BERTH. 331, 35. ein drucker sîner
gelider Ls. 1. 463, 30. 464, 40; drucker *buch-
drucker* NARR. 65, 64;
druckerîe *stf. druckerei, das buchdrucken*
NARR. 27, 30. 103, 99;
druckunge *stf.* (I. 400ᵇ) *druck, bedrückung*
TAUL. druckung oder zwanksal, pressura
VOC. 1482.
drudel, druden, druder *s.* truoder.
drüese *f. s.* druos;
drüeselîn *stn.* (I. 401ᵇ) glaudula SUM. druose-
lîn tonsilla DFG. 587ᵇ.
drûf = dar ûf (I. 306ᵇ, 38. III. 174ª, 26).
drûf-luoger *stm. aufseher* MONE *z.* 12, 181 (*a.*
1388).
drug-setz *s.* truhtsæʒe.
drûhe *s.* druch;
drûhen *stn. das fangen des wildes durch fall-
eisen* GR.W. 1, 499. 6, 397. ,*s.* driuhen;
drûher *stm.* (I. 401ᵇ) *einer der falleisen legt*
WEIST. (1, 498. 6, 396).
druh-sehse *s.* truhtsæʒe.
druht *s.* truht.
drull-gast *stm. s.* trul-gast.
drum *stn.* (I. 391ᵇ) *pl.* drum *u.* drumer *end-
stück, ende* DIEM. (von dem anegenge unz an
daʒ trume 275, 16). WOLFR. KONR. GEO. (des
meres dr. 764). drum der banc PRIESTERL.
639. der rede drum TUND. 64, 81. KRONE 25131.
ANTICHR. 134, 28. der werlde vier drum
ib. 126, 8. nû ist eʒ kumen an daʒ drum des
buoches DIETR. 10128. daʒ urhap und daʒ
drum ULR. *Wh.* 228ᶜ. daʒ anegenge und daʒ
drum KRONE 20212. ân anegenge und âne
drum KINDH. 79, 22. ende noch drum VINTLER
9926. wirt eʒ (dinc) niht ê bestâtet an dem
houbt dan an dem drum KRONE 19175. *vgl.*
216. ditz ist daʒ houbet und daʒ drum 24397.
daʒ man in setzt anʒ herren drum Ls. 1. 421,
7; *stück, splitter,* diu drum zuo den vrouwen
in die schôʒe stuben LOH. 2442. den luft mit
speres drumen kleiden j.TIT. 951; *stück einer
decke* KOL. 149, 166. 170. — *wegen der ety-
mol. s.* drâm.
drumbe = dar umbe (I. 306ᵇ, 40. III. 179ª, 42)
assim. drumme LIEHT. 352, 10.
drume *swf. s.* trumbe.
drumel *stm. lärm?* so trîbet er drumels als
vil mit worfelen und mit dobilspil MONE 4.
182, 66. er treibt seins trumels vil mit wur-
fel und kartenspil SCHM. *Fr.* 1, 665. *vgl.*
drumeln, durmeln *im* DWB. *u.* trumel *schwin-
del* ZIMR. *chr.* 3. 202, 11.
drümel *stn.* (I. 392ª) *dem. zu* drum WWH.
(*nicht* = scheitel *sondern s. v. a.* loc haar-
locke. *vgl.* WEINH. *deutsche fr.* 459);
drümelen *swv. in* zerdrümelen;
drumen, drümen *swv.* (I. 392ª) *md.* âromen
in stücke brechen, hauen, schlagen (*s.* abe,
nider drumen) ERNST, BARL. LIEHT. die kraft
zuo nihte drumen j.TIT. 460. sich in stücke
dr. 3886. ʒe stücken dr. 5662. MSH. 3, 344ª.
DIETR. 8568. eʒ wirt gedrumt ab sînem lîbe
solches phant GERM. 9, 51; *zu ende bringen,
kürzen* MS. (= SINGENB. 217, 19); *mit stücken
füllen, stopfen,* in sich hât er gedrumt êr-
licher werke vollen krâm MSH. 3, 170ª; *in-
trans. in stücke brechen* BIT. (9420. 10462).
— *mit* abe (*abhauen* BELIAND 1508. 2824. die
wilden œden welde ʒe schiffen wurden ab ge-
drumt TROJ. 23563), nider; er-, under-, ver-,
ʒer-;
drumeren *swv. in* endrumeren.
drumeten *swv. s.* trumeten.
drumme *s.* drumbe.
drumsel *stn.* (I. 392ª) *prügel* Ls. — *zu* drum.
drumze *swf. s.* trunze.
drunder = dar under (I. 306ᵇ, 41. III. 187ª, 21).
drunege *stf. s.* trünnege.
drunze, drunzel *s.* trunze, trunzel.
druo *stf.* (I. 401ᵇ) *frucht* GEO. FRL. *vgl.* druhen
gedeihen DWB. 2, 1456 *u.* KUHN 10, 137 *ff.*
druos *stf.* drüese *swf.* (*ib.*) *drüse, beule* CLOS.
drues, druse apostema DFG. 41ᶜ. der hals
was mit druosen bevangen KRONE 19702.
man swendet druose mit speichel RENN. 5882.
doch blâsent die druose dem smerzen zuo
14294. die drües (*pl.*) *halsdrüsengeschwüre*
MGB. 436, 20. — *zu gt.* driusan (DWB. 2, 1458.

druose-bluome — **drûme**

DIEF. 2, 644) *oder mit* druo (WACK.) *zu lat.* turgere? *vgl. auch* drusene.

druose-bluome *swmf.* (I. 216ᵇ) atila SUM.

druosene *stf. s.* drusene.

druos-wurz *stf.* (III. 828ᵇ) *drüswurz* GL.

druschupfel *s.* drischûvel.

drusene, drusine *stf.* (III. 123ᵇ) *daneben* druosene, truosen: *drusen, bodensatz, was beim auspressen von früchten zurückbleibt* GL. MART. (*im* DWB. *fälschlich unter* drus, drüse). — WACK. *stellt es zu gt.* driusan; *doch vgl. gr.* τρύξ *u.* DWB. 2, 1461. KUHN 10, 140.

dru-sesse *s.* truhtsæze.

drütze *adj. stf. in* urdrütze;

druʒ *stm. in* ur-, verdruʒ.

drûʒ = dar ûʒ (I. 306ᵇ, 14. III. 195ᵇ, 36).

drüʒʒel *stm.* (I. 398ᵇ) *gurgel, schlund, kehle; bei den thieren, rüssel, schnauze* RAB. TROJ. Ms. trussel *oder* kel jugultum VOC. 1482. WOLFD. 477, 4. WARTB. 44, 9. NEIDH. XXXIX, 15. JÜNGL. 566. KOLM. 142, 35. RING 19ᵃ, 23. 35ᶜ, 4 *u. oft.* GA. 2. 234, 555. NARR. 110ᵃ, 28. 43. JER. 80ᵈ. — *zu* drieʒen;

drüʒʒel-bant *stn. halsband.* ein drüʒʒelbant von einem swîn an sînen hals er legen sol KOLM. 120, 24.

drüʒʒel-slac *stm.* (II². 382ᵇ) *schlag auf den* drüʒʒel ROSENG.

drüʒʒel-stôʒ *stm. stoss an den* dr., *nasenstieber* NEIDH. 52, 2.

dschumpieren *swv. s.* schumphieren.

dû, duo *pron. pers.* (I. 402ᵃ) *oft noch mit organ. kürze* du, *enklit. zu* de, d' *gekürzt. allgem.* (und muoʒ werden zeinem liebe dû und ich LOH. 6819. wan ich bin dû und dû bist ich ERLŒS. 535. 563. 647. daʒ in sîn vriunde niht dû hieʒen HELBL. 8, 432. der heizet dâ die herren dû *ib.* 517). *wegen des duals u. pl. s.* ënker, ir. — *zu skr.* tu (*in* tu-bhyam dir), *gr.* τύ, σύ, *lat.* tu.

dübel *s.* tübel.

dublêt. von dublêt guot genuoc ein hulft ob sînem satele lac BIT. 2308. *vgl.* NIB. 1640, 1 ein hulft von liehtem pfelle.

dûb-lîche *adv. s.* diepliche.

dublîn *adj.* (I. 403ᵃ) *doppelt* WWH. *s.* DWB. 2, 1259.

duc *stm. s.* tuc.

duc *m.* (I. 403ᵃ) *das fz.* duc *herzog* PARZ.

ducâte *swm. ducaten* ALTSW. 228, 26. 234, 13. KELL. *erz.* 244, 13. CHR. 5. 155, 12. 13. die ungrischen und ducaten guldein sollen ie umb zwai phunt phenning genomen werden

CP. 190. tuggaten MONE *z.* 5, 411. — *aus mlat.* ducatus, *ital.* ducato, *s.* DWB. 2, 1487.

dûch *stn. s.* tuoch.

dûchen *swv. s.* tûchen.

dûde *s.* diute.

ducisse *f.* (I. 403ᵃ) *das fz.* duchesse *herzogin* TIT.

duckel-mûser *stm. duckmäuser* NARR. 105, 19. *vgl.* DWB. 2, 1491. 1495.

ducken *swv. s.* dunken.

dûdesch *adj. s.* diutisch.

dudel-sac *stm. sackpfeife. das wort ist zwar nicht nachweisbar, doch vgl.* RENN. 12417 *ff.*

dû-distel *stm.* lactucella DFG. 315ᶜ.

dûfe *adv.* = dâ ûfe *darauf* MONE *z.* 16, 106.

dûge *swf. fassdaube.* wer unter uns fasz wil machen, der sol hauwen hundert dûgen MONE *z.* 8, 142 (*a.* 1295). dûgen zu einer badbütte GR.W. 1, 729; *oft in d.* FRANKF. *bürgermstbb. des* 15. *jh.* — *aus mlat.* doga *s.* DWB. 2, 829. 844.

dûgen *swv. sinken* MEIN. (*leseb.* 770, 32). *zu* diuhen.

dug-, duk-stein *stm. s.* tupstein.

dûhen *swv. s.* diuhen.

duht *stf. s.* tuht.

dûhte *prät. s.* dunken.

duite, duiten *s.* diute, diuten.

dulde, dulden *s.* dult, dulten.

dule *f. s.* tâhele.

dulmetsch *swm. s.* tolmetze.

dult, dulde *stf.* (I. 379ᵃ) *geduld* DIEM. dulde haben DWB. 2, 1506 (*a.* 1470). — *zu* dol, *vgl.* dolt.

dult, duldec, dulten *s.* tult etc.

dultec, duldec *adj. geduldig, in* und.; dultich WG. 10061 *var.;*

dultec-heit *stf. geduld* WG. 10057. 10065 *var.* NETZ 5179 *anm.;*

dultec-lich *adj.* (I. 379ᵇ) *geduldig* WALTH.;

dultec-lîche *-en adv.* (*ib.*) BÜCHL. woldet ir iʒ duldeclîche tragen GR. RUD. 25, 8;

dulten, dulden *swv.* (*ib.*) dolden j. TIT. 552. ALSF. 5ᵃ dulden, erleiden; geschehen, bestehen lassen. allgem., s. noch swer daʒ mit sorgen dulde MSF. 181, 2. kumber dulden TROJ. 23975. freise d. 24149. vrôlîch gemach dulden PASS. K. 231, 34. si süllen stiuren und alliu diu reht dulden, diu si nach ir burcreht dulden süllen MW. 197, 1 (*a.* 1294). dult = duldet JER. 16ᵃ. — *zu* dult, *mit* er-, un-, ver-.

dûm *s.* tuom.

dûme *swm.* (I. 403ᵇ) duom VOC. *o.* 12, 138 *daumen* GEN. (*D.* 5, 30 doume). WALTH.

Pass. (*K.* 376, 6 dô sus ûf sîme dûme stuont diu êre). dûme ist vinger Renn. 8463. Eracl. 3725. dâ hete diu schône în geslagen ir dûmen von ir linker hant Trist. 10943. der bedarf zer rehten hant des tûmen Msh. 2, 78[b]. sîn dûme ist ûz dem lide sîn Lieht. 487, 17. er want den taumen umb die faust Ring 40[a], 1. zweier dûme breit Apoll. 11103. siben daumen lanc Fasn. 318, 13. eins daumen dick *ib.* 750, 3. der eilfte dûme, *penis* Gr.w. 3, 70. — *zu* diuhen? Dwb. 2, 845;

dûm-elle *stf.* (I. 429[b]) *das mass von der spitze des daumens bis zum ellenbogen* Zing. geo. 212. Hpt. 14, 165. setz deinen arm auf den ellenpogen gerad übersich, das haist man ain daumel u. ist etwas wenigs mer als ein halbe Wienisch elln Schm. *Fr.* 1, 807. zweier dûmellen breit Apoll. 19183. sîn (*Nimrods*) lenge was drîzec dûmellen Roth *dicht.* 92, 43. ez (*wihtelîn*) moht ein dûmellen lanc sîn Ls. 1. 378, 132. Ab. 1, 151. stoc, einer dûmellen hôch Swsp. 45, 3. ein grüener gart, zweier oder drîer dûmellen lanc *ib.* 150, 4. d û m e l n e Ssp. 1. 52, 2; 2. 16, 4. 48, 9; *swf.* Mgb. 312, 2. 361, 28 *u.* oft. Gr.w. 4, 368;

dûm-ellen-breit *adj. eine daumelle breit* Ernst 2399.

dûm-ellen-lanc *adj. eine daumelle lang* Heldb. *H.* 1. 149, 592.

dumme (I. 403[b]) *aus lat.* domini *entstellt* Walth. nummer d u m m e n Elis. 7070. in nummer d u m m e r Otn. 418, 4.

dummern *swv. s.* tummern.

dûm-nagel *stm. daumennagel* Schm. *Fr.* 1, 507.

dumpfe *swm. rauch, dampf?* Jer. 80[b]. *vgl. dazu* Germ. 7, 95;

dumpfen, dümpfen *swv.* ez begunde flammen dümpfen Altsw. 27, 12. der kneht dumpfen began, *unterdrückte die rede* Albr. 24, 49. — *zu* dimpfen;

dümpfic *adj. s. v. a.* dampfec *engbrüstig* Myns. 38. Oberl. 260.

dûm-rinc *stm. daumenring als siegelring* Schm. *Fr.* 1, 507. Dwb. 2, 852.

dûm-slac *stm.* (II[2]. 382[b]) *schlag mit dem daumen?* Oberl. 260, *wo aber bemerkt ist: rectius* dunnschlag. *s.* dunningslac.

dunc, -kes *stm.* (I. 359[a]) *das bedünken* Ms. Troj. Frl. Reinfr. 13[b]. Blik. 146. als mich leitet mîn dunc (: trunc) Krone 2581. — *zu* danc, denken;

dunc-nüsse *stf. meinung, urtheil* Myst. 2. 515, 10.

dunders-tac *stm. s.* donerstac.

dûnec *adj.* (I. 381[b]) *ausgespannt, gross* Frl.;

dünen, dunen *swv.* (I. 383[b], 26) *dröhnen, donnern* Ab. der himel blichte und dunde (: unde) Albr. 26, 35. — *mit* er-, *s.* donen.

dung- *s.* tung-.

dunig *stn. s.* tünewenge.

dunkel *s.* tunkel.

dünkel-bilde *stn.* die werlt ist so falsch und wilde als in eime spegil ein dünkelbilde Renn. (*alt. dr.*) 99[a].

dunkelîn *stn.* (I. 359[a]) *dem. zu* dunc, *schwache vermutung* Trist.

dunken *swv. s.* tunken.

dunken *swv. an.* (I. 359[a]) *scheinen, dünken. allgem.* — *prät.* dûhte (duohte Nib. *C* 10736. douhte Tund. 54, 56), *conj.* diuhte, *part.* gedûht (Troj. 18692), *infin.* dunken (: trunken) Albr. 27, 75. *seit dem* 13. *jh. fangen die versuche an, auch im prät. u. part. der gleichmässigkeit wegen die nasal. form herzustellen* (dunkte, gedunkt) *u. umgekehrt die unnasal. form des prät. ins präsens einzuführen* (duht, duoht, dauht), *wozu der infin.* ducken Wack. *pr.* 66, 114 *zu vgl. ist. belege gibt* Weinh. *in der al. gr.* § 375. *unpersönl. verlangt es im mhd. meist den acc.* (*einzelne beispiele mit dem dat. s.* Gr. 4, 951; *vgl. z.* Iw. 5749) *ohne od. mit gen. der sache oder untergeord. satze.* — *zu* dunc. *mit* be-, ge-, ver-. *vgl.* Gr. *kl. schft.* 3, 308;

dunken *stn.* es ist mit dunken genuog Narr. 2, 12;

dunker *stm.* conjector Voc. 1482;

dunkunge *stf.* conjectura Dfg. 142[c].

dünne *adj.* (I. 403[b]) *dünne eigentl. u. bildl.* Parz. Walth. Serv. dîn schilt ist vil dünne Rul. 155, 5. dünniu mûre Loh. 6473. der wart ir schar dünne Dan. 3612. dô was worden dunne Turnûses here En. 246, 30. ez (lit) ist lûter unde tünne Krone 2512. sîn mündel dünne Msh. 3, 338[a]. an der varb el. *zart* Mgb. 464, 19. dünne (*geringe*) hemde Pass. *K.* 214, 40. der slâf was d. *leicht ib.* 42, 55. arch was er unde dunne (*genau*) Gen. *D.* 88, 19. ein spitzic lop daz dünne ist Msh. 2, 356[b]. sîn muot was tünne unde wît Krone 19672. sô wirt dîn sælde d. Ulr. *Wh.* 180[b]. dicke und dünne in tugenden sein Mgb. 71, 29. iwer rede sint vil dünne Ga. 1. 45, 147; — *substantivisch* an dem dunnen (*an der weiche*) Pass. *K.* 196, 70. — *mit* denen, don *zu skr.* tan, *gr.* τυννός, *lat.* tenuis Curt. 1, 185;

dünne *adv.* (*ib.*) PARZ.;
dünnec *adj. in* wëterdünnec;
dünnede *stf.* (I. 403ᵇ) *dünnheit* MART.;
dünne-, dün-heit *stf.* tenuitas DFG. 578ᵃ;
dünne-lîche *adv.* tenuiter *ib.*;
dünnen *swv.* (I. 403ᵇ) *intr. dünn sein od. werden* RUL. Ms. j.TIT.5210. RENN. 14329. KOLM. 140, 13; *trans. dünn machen*, mîn geist sal gedunnet werden, attenuabitur JAN. 60. — *mit ge-.*
dunning *s.* tünewenge.
dunning-, dunn-slac *stm. schlag an die schläfe, an die ohren* HALT. 246. OBERL. 261. *s.* tünewenge, tünne *u. vgl.* dûmslac.
dunre- *s.* doner-.
duns *stm.* (I. 361ᵃ) *tractus, ahd.; zu* dinsen.
dünsel *stf. nicht n.* (*ib.*) *pfahl, stange zum anbinden der flösse u. schiffe* SCHM. — *wol nicht zu* dinsen *sondern aus mlat.* tonsilla, tunsilla, pfal vel hack daran man das schiff henkt DFG. 587ᵇ.
dunst, tunst *stm.* (I. 403ᵇ) *md. auch fem.* PASS. 229, 58. diu dust FRL.: *dampf, dunst* LANZ. DIETR. LAUR. 1224. 1473. RAB. 674. 778. DRACH. 182. ECKE *Sch.* 97. LOH. 2131. RENN. 14259 *u. oft bei* MGB. 594; *bildl. not, schmerz* LS. 1. 124, 268. — *zu skr.* dhûma *rauch, gr.* θυμός, *lat.* fumus CURT. 1, 224. GSP. 113. *vgl.* toum.
duns-tac *stm. s.* donerstac.
dunstec *adj.* (I.403ᵇ) *dunstig, dampfend* FRL. MGB. 101, 31. 403, 27;
dunsten *swv.* (*ib.*) *dampfen* Ms. WH. v. Öst. 24ᵃ. dünsten MGB. 327, 22. 353, 20. — *mit* ûz.
dunster, dünster *adj. s.* dinster.
dunst-lich *adj.* (I. 404ᵃ) d. bilde *dunstbild* FRL.
dunst-loch *stn.* (I. 1024ᵃ) *schweissloch*, porus, diaferis Voc. 1482.
duo *pron. s.* dû; *adv. s.* dô.
duom *s.* dûme, tuom.
duope *swf. s.* diupe.
dur *s.* durch.
dûr *stf. die dauer* JER. 146ᵃ.
duran *m.* d. ist ain tier grimme und scharpf MGB. 133, 15 *ff.*
durch *adv. u. präp.* (I. 404ᵃ) *nbff.* durh, durc, *abgekürzt* dur (*vgl.* DENKM. *s.* 362) 1. *adv. durch, hindurch* (dar, dâ durch, derdurch, hindurch) durch und durch LANZ. 5524. BIT. 10765. DIETR. 8851. RAB. 761. j.TIT. 3658. 5828. — 2. *präp. räuml. u. zeitl. durch, hindurch; causal wegen, um — willen, vermittelst, aus, vor* (durch daz, waz *deshalb, weshalb; oft mit infin.* durch klagen, ligen, suochen *etc.*). — *als adv. wird es mit dem zeitwort trennbar* (durch gebrechen Iw. 973. durch rîten II. 732ᵇ, 1. d. slahen II². 372ᵃ, 3. BIT. 10992. d. sliefen II². 406ᵃ, 12), *aber meistens untrennbar componiert* (*bei manchen kann auch beides der fall sein*), *wobei der im betonten verb liegende begriff das übergewicht hat; s. die folgenden composita.* — *zur wurzel* tar *durchschreiten, skr.* tiras *durch, lat.* trans CURT. 1, 189. GSP. 142.
durch-æhten *swv.* (I. 17ᵇ) *verfolgen* SILV. GRIESH. (2, 40). PANTAL. 79. MYST. 2. 462, 11. 16. ALBR. 21, 410. EVANG. *M.* 5, 12. 10, 23. MGB. 208, 3. 9. UGB. 505. CHR. 4. 355, 2;
durch-æhter *stm.*(*ib.*) *verfolger, unterdrücker* BARL. GRIESH. (2, 27. 31, 75). PANTAL. 1911. 1934. 2066. MGB. 233. CHR. 1. 360, 5; 3. 54, 1. 56, 18;
durch-æhtigen *swv. s. v. a.* durchæhten (*bei* MURNER), *zu folgern aus*
durch-æhtigunge *stf. verfolgung* CHR. 4. 355, 3. *ebenso*
durch-æhtunge *stf.* (I. 17ᵇ) GRIESH. 2, 3. 42. 54. WACK. *pr. s.* 270, 15. MART. (4, 33. 196, 41). CHR. 3. 84, 18. 90, 10. 277, 14.
durch-beizen *swv. durchätzen* WOLK. 26, 51.
durch-bern *swv. durchhauen, durchprügeln.* er wirt mit slegen durchbert ULR. *Wh.* 229ᵈ; ALTSW. 214, 38. FASN. 73, 11. *vgl.* DWB. 2, 1586.
durch-bittern *swv.* (I. 176ᵇ) *mit bitterkeit durchdringen* FRL.
durch-bitzen *swv. durchbeissen.* wie hâstû hie durchbitzet WH. v. Öst. 106ᵃ;
durch-bîzen *stv. II.* (I.193ᵇ) *durch, todt beissen* KARAJ. Ms. Wolfhart vor den wîganden mit durchbizzen zanden noch lac in dem bluote KL. 852.
durch-blæjen *swv. aufblähen, anfüllen.* ain malter habern wol durchblæt LS. 3. 400, 54.
durch-blüejen *swv. mit blüte, duft erfüllen.* dein scherflich gesicht mein herz durchplüet WOLK. 59. 3, 12; *intr.* die durchplüenden (*überall blühenden*) awen. FASN. 1302.
durch-blüemen *swv.* (I.217ᵇ) *ganz mit blumen zieren* HÄTZL. FRL. *s.* 13. 17, 15. *vgl.* durchflôrieren.
durch-boln *swv. durchschiessen.* mit unglückes blîden ist mir mîn herz durchbolt ALTSW. 135, 2.

durch-born *swv.* (I. 222ᵇ) *durchbohren* BARL. GSM. MART. KCHR. 3. 722, 100. TROJ. 3724. RENN. 21226. MGB. 315, 27. 347, 21.

durch-bœse *adj. grundschlecht* MGB. 44, 9. 20.

durch-brëchen *stv. I*, 2 (I. 245ᵃ) *durchbrechen, sich mit gewalt durch etw. hindurcharbeiten* LAMPR. PARZ. BON. WWH. 19, 13. KL. 1610. ALPH. 357. HELDB. *H.* 1. 115, 338. RENN. 23460. MAI *p.* 62. LOH. 4497. 4609. 5620. MSH. 3, 51ᵇ. RUD. *weltchr.* 176ᵇ. KARLM. 43, 17. 197, 50. MGB. 97, 3. 23. 353, 10;

durch-brëchen *stn.* MYST. 2. 284, 11. 14. 21.

durch-brehten *swv. mit schall* (braht) *durchdringen* MSH. 3, 427ᵃ.

durch-brësten *stv. I*, 1 (I. 257ᵃ) *durchbrechen* ANEG. SERV. OT. *c.* 148. OTN. *Ettm.* 7, 1.

durch-brîden *stv. II durchweben.* mit vêhen wol durchbriten DRACH. 580. mit edelen steinen schôn durchbriten REINFR. 135ᵇ.

durch-bruch *stm.* daʒ got einen durchbruch hete genomen durch die menscheit MYST. 2. 118, 40. sô der mensche einen rôsen in sîner hant hât, sô solt er behendeklich einen durchbruch nemen und gedenken bî dem suessen gesmak, wie suesʒ der schepfer ist, der den rôsen gemachet hât WACK. *pr.* 69, 247;

durch-brüchec *adj. was nicht stand hält, untreu.* unstæte ist durchbrüchec Ls. 2. 436, 13. SUCH. 3, 62.

durch-brünstec *adj.* (I. 253ᵇ) *von feuer durchdrungen* SUCH. HELDB. *H.* 1. 128, 430.

durch-brüstec *adj.* (I. 257ᵃ) *durchbrüchig* LOH. — *zu* durchbrësten.

durch-büenen *swv.* (I. 276ᵇ) *durchdringen* MART. (30, 90).

durch-bûwen *swv. mit st. u. sw. part. bebauen, ausbauen.* gesanc ist doch ein veste wol durchbiuwen (: niuwen) KOLM. 109, 45. der êren hât er vil durchbouwen (: schouwen) 125, 48. ein stat gar durchbûwit JER. 156ᵈ. ein hof wol durchbaut CHR. 2. 191, 8. 13.

durch-denken *swv.* (I. 346ᵃ) *nach allen seiten erwägen* Ms.

durch-dœnen *swv. durchtönen.* süeʒen luft durchdœnet der lerchen sumergruoʒ MSH. 2, 396ᵃ.

durch-dringen *stv. I*, 3 (I. 394ᵇ) *durchdringen, durchbrechen* RUL. BIT. 9191. MAI *p.* 67. JER. 161ᵇ. ENENK. *s.* 298. daʒ si durchdringender (*penetrativæ*) nâtûr ist MGB. 372, 9.

durch-drücken *swv. durchbrechen.* durchdrücket wart der heiden schar DA. 230.

durch-edel *adj.* wie gar durchedel diu sêle ist BERTH. *Kl.* 241.

dürchel, durchel *adj. s.* dürkel.

dürchen *swv.* sô er (*smaragdus*) gedürcht ist, sô ist er dunkel MGB. 459, 17. *vgl.* dürkeln *u.* SCHM. *Fr.* 1, 537.

durchez = durch daʒ (I. 313ᵃ, 34).

durch-ëʒʒen *stv. I*, 1. *fressend durchdringen* MGB. 96, 16.

durch-flôrier *stn.* (III. 354ᵇ) *vollkommener schmuck* HÄTZL.;

durch-flôrieren *swv.* (*ib.*) *ganz mit blumen zieren, vollkommen ausschmücken* HÄTZL. SUCH. 27, 104. GA. 3. 605, 218. PF. *forsch.* 1, 78. ALTSW. 121, 4. *vgl.* durchblüemen.

durch-formec *adj. gleichförmig.* ich vant mich mit dir durformig HPT. 8, 256;

durch-formen *swv.* mit der forme des geminten gotes durchformet sîn MYST. 2. 549, 39;

durch-formieren *swv.* daʒ (*kirchengeräte*) wart vil rîlich und wol geziert meisterlîche durchformiert ROTH *dicht.* 78, 69.

durch-gân, -gên *stv. red. an.* (I. 471ᵃ) *durchgehen, durchdringen* GRIESH. Ms. HERB. MAR. 154, 26. LANZ. 3985. j. TIT. 5703. WARTB. 71, 3. TROJ. 10800. MAI *p.* 260. RENN. 19636 (ein buoch durchg.). PASS. 27, 78. MYST. 2. 185, 31. MGB. 85, 10. 13. 86, 1 *u. öfter.* WOLK. 3. 1, 10. 109. 1, 12. SUCH. 30, 49;

durch-ganc, -ges *stm.* (I. 475ᵇ) *durchgang,* processus GL. meander, penetrabilitas DFG. 352ᵇ. 422ᶜ. mîn ingang, dîn durchgang ALTSW. 114, 14; *durchfall* DIOCL.

durch-ganz *adj.* (I. 479ᵃ) *durchaus ganz, vollkommen* ENGELH.

durch-geilen *swv.* (I. 495ᵃ) *mit freude durchdringen* FRL. MSH. 3, 427ᵃ.

durch-gênde *part. adj. durchgängig,* penetrabilis DFG. 422ᶜ. ich mac durch gêndentac niht alle zît gebeten BERTH. 255, 19. *ebenso*

durch-gengic *adj.* (I. 477ᵇ) laxus, penetrabilis, pervius DFG. 321ᶜ. 422ᶜ. 431ᵃ. *ebenso*

durch-genc-lich *adj.* penetralis DFG. 422ᶜ.

durch-gërn *stv. I*, 2 *durchgähren, heftig durchdringen* WOLK. 92. 1, 6.

durch-ge-siht *stf. durchblick.* daʒ der geist in der girde beschowit den spiegil der wisheit, daʒ ist ein vrîgiu durgesiht WACK. *pr.* 54, 199.

durch-gieʒen *stv. III. durchgiessen, überströmen* j. TIT. 3755. MSH. 3, 164ᵇ. MYST. 2. 311, 21. *weitere belege s.* GERM. 7, 492.

durch-gimmen *swv. mit edelsteinen erfüllen.*

diu wunne in ir herze sô durchgimmet HADAM. 22.

durch-glenzen *swv.* (I. 549ª) *intr. hell glänzen* SUSO; *trans. erhellen, erleuchten,* durchglanzet mit dem êwigen liehte THEOL. 162. der mai den walt hat durchglenzet FASN. 1384. mit worten schôn durchglenzet GERM. 5, 215.

durch-glesten *swv. durchglänzen, erhellen* SION 547.

durch-glôsen *swv.* (I. 551ª) *durch glossen ergründen, vollständig auslegen* KONR. HANS 2442.

durch-glüejen *swv. durchglühen.* durchglüewen BERTH. 127, 28. 413, 11.

durch-göuden *swv. vollkommen preisen.* ir munt sô süeze kan durchgöuden HADAM. 642.

durch-graben *stv. I*, 4 (I. 561ª) *grabend durchbohren, durchbrechend graben* BARL. MART. MGB. 218, 15; *s. v. a.* ergraben *gravieren* ROSENG. MGB. 442, 8.

durch-græben *swv. s.* durchgræwen.

durch-græte *adj.* (I. 567ª) *voll gräten, stacheln* LITAN. j.TIT. (213. 586. 1885. 1994. 5495). REINFR. 32ª. 52ᵇ. BERTH. 480, 30. SUCH. 32, 14. ALTSW. 180, 36. 185, 11. *ebenso*

durch-grætec (I. 567ᵇ) j.TIT. 1850.

durch-græwen *swv. ganz grau machen.* der blâ der was mit berlin gar durchgræwet j.TIT. 3723. durchgræbt LOH. 5321.

durch-griezen *stv. III. streuend ausfüllen, überschütten.* mit ungelückes sinne flût ist mir mîn herz durchgrozzen ALTSW. 132, 38. noch dûsent maln strenger kund sie mîn herz durchgriezen 156, 6.

durch-grîfen *stv. II.* (I.571ª) *vollkommen begreifen, erkennen* BON. dîn sin durchgrîft MSH. 3, 35ª. dîn lop nie menschen sin durchgreif 2, 359ª;

durch-griftec *adj. durchgreifend, durchdringend.* gegihte, blitzen unde viur sint snelle, durchgriftec unt ungehiur RENN. 14399.

durch-grübeln *swv.* (I. 563ª) *spitzfindig durchforschen* RENN.

durch-gründe *adj.* (I. 582ª) *wo man bis auf den grund versinkt, von trügerischem sumpfboden u. bildl.* HELBL.;

durch-gründec *adj. der alles ergründet, auf den grund dringt.* dîn kraft ist durchgründec MSH. 2, 176ª. ein durchgründic meister 3, 49ª. 65ᶜ.

durch-gründe-licheit *stf. durchgründung, erforschung* MYST. 2. 519, 37.

durch-gründen *swv.* (I. 582ª) *bis auf den grund durchdringen, vollständig ergründen* KONR. (TROJ. 7608. 13185. 14700. 36263. PANTAL. 688). HEINZ. 127. 59, 2. RENN. 10267. 18606. 21808. MSH. 3, 103ª. 413ª. ALBR. 1, 41. 35, 14. PASS. 343, 41. BERTH. 424, 9.

durch-grunt-haftec *adj.* (I. 581ᵇ) *auf den grund dringend* FRL.

durch-güemen *swv.* (I. 587ᵇ) *durch den gaumen dringen* FRL. mîn roch mîn smac durchgüemet mangen guomen KOLM. 6, 552.

durch-güeten *swv. md. durchgûten mit güte durchdringen, erfüllen.* durchgûtit mit güte gar MD. *ged.* 3, 262.

durch-gutzen *swv. durchblicken.* ich sach in eins die kirch durchgutzen FASN. 544, 9.

durch-héllen *stv. I*, 3 *durchtönen* DWB. 2, 1625 (*bibel v.* 1483).

durch-hetzen *swv.* (I. 642ᵇ) *hetzend durchjagen* BARL.

durch-hitzen *swv.* (I. 658ª) *durch u. durch erhitzen* Ms. sô vihe und liute durchhitzet sint RENN. 6068 (*im Frankf. dr.* 96ᵇ durchhitzig). durstic und durchhitzet 7653. swenne im der lip durchhitzet gar 19203. mit unkäusch durchhitzt MGB. 216, 8.

durch-hölern *swv. durchbohren* MGB. 18, 21. 218, 15; durchholdern *perforare* VOC. 1482.

durch-houwen *stv. red. III.* (I. 721ᵇ) *durchhauen* GUDR. ERNST B. 5543. LOH. 4490. RAB. 744. LIVL. 6058. 6061 (*sw.* si durchhouten herten stal DIETR. 8327); *auslegen, verzieren,* mit loubern durchhouwen MR. 93. daz hûs was durchhouwen mit steinen gar MD. *ged.* 86, 77. *vgl.* durchslahen.

durch-hülzen *swv. mit holz durchziehen.* ez wart mit plöchern wol durchhulzet BEH. 121, 28.

durch-jëten *stv. I*, 1 (I. 538ᵇ) *durchjäten* RENN. (17951). SUCH.

durch-kennen *swv. durch u. durch kennen.* daz er sich durchkennet MYST. 2. 170, 28.

durch-kërnen *swv.* (I. 801ª) *bildl. innerlich durchdringen, erfüllen* FRL.

durch-kiusche *adj.* (I. 822ᵇ) *durchaus keusch* SUCH.

durch-klâr *adj.* (I. 836ª) *ganz hell, schön* WOLK. MART. 79, 36;

durch-klæren *swv.* (I. 836ᵇ) *durch u. durch erhellen* MYST. (2. 605, 33);

durch-klârieren *swv.* (*ib.*) *erläutern* SUCH.

durch-klingen *stv. I*, 3 *mit klang durch-*

dringen. bildl. des wird kan alle heidenschaft durchklingen j.TIT. 5293.

durch-kochen *swv. gar, mürb kochen* MGB. 480, 29.

durch-kôsen *swv. durchsprechen* PASS. K. 77, 49.

durch-kriechen *stv. III. durch einen ort kriechen.* waz kan daz herz durchkriechen HADAM. 572.

durch-kumen *stv. I*, 2 *durch etw. kommen, dringen.* wer kan ez gar durchkumen? HADAM. 240.

durch-kützeln *swv. durchkitzeln, erfreuen.* von fröude durchkützelt werden MYST. 2. 189, 14. *vgl.* DWB. 5, 879, 3.

durch-legen *swv.* (I. 992^b) *part.* durchleit *mit zierraten, edelsteinen besetzen* PASS. (230, 21. K. 581, 56). ALPH. 123. 143. MGB. 427, 9.

durch-lësen *stv. I*, 1 *durchlesen, durchforschen.* al sîn herze er durchlas PASS. K. 242, 94; *s. v. a.* erlesen, *auswälen?* ir kleider wâren an golde gezieret und wol durchlesen *ib.* 117, 77. DWB. 2, 1645.

durch-lieht *adj. durch u. durch stralend.* durchlieht unde klâr MSH. 2, 370^b.

durch-ligen *stv. I*, 1 (I. 988^a) *tr. durch liegen verderben* WWH.

durch-liljen *swv.* (I. 998^a) *durchaus mit lilien schmücken* FRL.

durch-liuhtec *adj.* (I. 1030^a) *alles durchstralend, hell leuchtend* PARZ. WWH. 23, 9. ERNST B. 2567. KONR. (TURN. 38, 4. TROJ. 8372. 12530. 13917). Ms. WOLK. 82. 3, 2. MGB. 449, 11. 457, 26; *berühmt, erhaben, durchlauchtig.* durchleuchtiger oder edler perillustris Voc. 1482. durchleuchtiger fürst, keiser WOLK. 13. 11, 5. FASN. 199, 14. 207, 1;

durch-liuhtec-heit *stf.* contemplatio ist ein vrîgiu durliuhtekeit des gemüetes GERM. 3. 242^a, 7;

durch-liuhtec-lich *adj.* (I. 1030^a) *hell stralend* ALEXIUS, SUCH.;

durch-liutec-lîche, -en *adv.* WWH. 40, 12. TROJ. 9589. HEINZ. 125. 50, 4;

durch-liuhten *swv.* (I. 1030^b) *durchleuchten, durchstralen* MSH. 1, 112^a. 2, 396^a. 3, 468^b. TURN. 53, 5. GERM. 5, 215; *part. präs. durchsichtig* MGB. 441, 17. 444, 12; *durchlauchtig*, durchlüchtender fürst und herr EA. 55. durchlüchteter fürst, durchlüchtendes hûs Österrîch DON. (a. 1451).

durch-liutern *swv. völlig klar machen, durchläutern.* in wernder wunne durliutert gar ir liehte brehender liehter schîn MSH. 2, 378^a. ganz durchliutert bluome FRL. 29. 29, 6.

durch-loben *swv. hinlänglich loben.* ir schoenen lîp und ir gewant durlobten si besunder TROJ. 15317.

durch-lochen *part. s.* durchlûchen.

durch-lochen *swv.* (I. 1024^b) *durchlöchern* KELL. FASN. 808, 34. HANS 1796. durchlochit perforatus DFG. 426^a. *ebenso*

durch-lochern *swv.* perforare DFG. 426^a;

durch-lochunge *stf.* perforatio *ib.*

durch-loufen *stv. red. III.* (I. 1045^b) *durchlaufen* BARL. MYST. 2. 503, 31.

durch-lûchen *stv. III. öffnen, durchlöchern.* die mûre heten sie durchlochen KCHR. W. 6839.

durch-luoc, -ges *stmn.?* (I. 1052^a) *öffnung durch die man sehen* (luogen) *kann, cavilla* Voc. o.; appendix *erker* DFG. 42^b (gedr. durchcluge).

durch-lûter *adj.* (I. 1059^a) *ganz hell u. rein* TRIST. HPT. 3, 444. RSP. 1273. *ebenso*

durch-lûter-lich *adj.* daz ein tugende blinder man vil ofte gert durchlûterlîcher wirde breit MSH. 2, 324^b.

durch-martern *swv.* (II. 84^a) *durch u. durch u. überall martern* SUSO. dîn durchmarterter lîp WACK. pr. 99, 61.

durch-merken *swv. mit scharfsinn erforschen, ergründen* MGB. 5, 7.

durch-mëzzen *stv. I*, 1. *durchmessen, durchschreiten.* der himelkoere gar durchmaz mit sînes sinnes ougen HEINZ. 125. 50, 1. mit lust etw. durchmezzen PASS. 198, 13.

durch-mischen *swv. durcheinander mengen.* dô wart ez leider gar durchmischet in der kristenheit mit sünden BERTH. 456, 19. ein swarzer stein durchmischet mit snêweizen æderlîn MGB. 435, 13.

durch-muosieren *swv. durchweg mit mosaik verzieren* WACK.

durch-nagen *stv. I*, 4 *durchnagen*, perrodere Voc. 1482. MGB. 111, 14. 308, 14. 309, 17.

durch-næjen *swv.* (II. 304^a) *prät.* durchnâte *durch u. durch benähen, steppen* Ms. SIGEN. Sch. 60.

durch-nehte,-nehtec *adj. s.* durnehte,-nehtec.

durch-nehtec *adj.* pernox vel pernoctans DFG. 428^c.

durch-pengen *swv.* (II. 471^a) *bange, unsicher machen?* LOH. 2886; *od. ist* durchspengen *zu lesen mit spangen durchziehen, versperren? oder* durchsprengen *reitend durchdringen, überziehen?*

durch-phlanzen *swv.* (II. 496ª) *völlig bepflanzen* Ms.

durch-pînegen *swv. durch u. durch peinigen.* daz si alle sîner sêle krefte durchpînigete Myst. 2. 654, 22.

durch-polieren *swv. durchaus glatt, glänzend machen.* alsô durpolieret reht als ein lûter spiegelglas Pf. *üb.* 111, 150.

durch-prüeven *swv. vollständig durchforschen* Mgb. 5, 6. 29, 15.

durch-recken *swv.* (II². 670ª, 37. 670ᵇ, 23) *durchprügeln* Ga. Er. *B.* 1066 (*bei* Hpt. durchstrecken; *auch* W. Gr. bemerkt zu der stelle:,,durchstrecken unrichtig, es ist durchrecken zu lesen*"*).

durch-reiieren *swv. tanzend durchziehen.* wer durchreiieret uns den hac? Kolm. 2, 87.

durch-reinigen *swv.* permundare Evang. *M.* 3, 12.

durch-reisen *swv.* (II. 665ᵇ) *durchwandern, durchdringen* Jer.

durch-renken *swv.* (II. 553ᵇ) *durchbohren* Jer.

durch-rennen *swv.* (II. 719ᵇ) *durch einen ort eilen* Jer.

durch-reutern *swv. s.* durchrîtern.

durch-rîben *stv. II. durchreiben, part.* durchriben *sehr listig, durchtrieben.* daz was ein altez kamerwîp, durchriben was der selben lîp Ga. 1. 219, 94.

durch-rîche *adj.* (II. 688ª) *sehr reich* Pass.

durch-rîhen *stv. II. in reihen durchziehen, aneinander reihen.* mit golde wâren durchrigen die næte Krone 29220.

durch-rinnen *stv. I,* 3 *durchrinnen, durchströmen.* wazzer, dei diu lant durhrunnen Fdgr. 2. 3, 8 (*Merig.*).

durch-rîten *stv. II.* (II. 735ª) *durchreiten, bes. kämpfend durch die feinde reiten* Wolfr. Kreuzf. Lieht. Rul. 230, 1. 233, 7. Orl. 6857. Dietr. 3266. 3341. 8955. Loh. 4309. 4315. 4544. 5048.

durch-rîtern *swv. durchsieben, säubern.* durchreutern (: leutern) Such. 3, 64. *vgl.* Dwb. 2, 1656.

durch-riuhen *swv. durch u. durch rauh* (*rûch*) *machen* Germ. 5, 215.

durch-rœten *swv. durch u. durch rot machen.* gar durrœtet ist ir munt Msh. 2, 69ᵇ.

durch-runsic *adj. durchfliessend, fliessend.* durchrunsige und stêunde wazzer Ukn. 317 (*a.* 1345).

durch-schecken *swv. ganz scheckig machen* Wolk. 102. 2, 4.

durch-schëllec *adj.* (II². 123ª) *durchaus aufgeregt, wild* Kol.;

durch-schëllen *stv. I,* 3 (II². 122ᵇ) *mit schall erfüllen* Hätzl.

durch-schiezen *stv. III.* (II². 172ᵇ) *durchschiessen.* die der helle strâl durchschozzen hete Msh. 3, 167ᵇ. die schilde durchschozzen Herb. 8772; *bildl. durchdringen, durchmischen* j. Tit. Ga.

durch-schîn *stm.* (II². 146ª) *das hindurchleuchten* Ath.; *vgl.* durchschein, *mondschein* Zimr. *chr.* 4. 216, 14;

durch-schînec *adj.* (II². 147ª) *durchsichtig* Myst. perspicuus, transparens Dfg. 430ª. 593ᵇ;

durch-schînec-heit *stf.* transparentia Dfg. 593ᵇ;

durch-schînen *stv. II.* (II². 143ª) *durchleuchten, durchstralen* Diem.; *trennb., durchsichtig sein* Turn. Mgb.;

durch-schîn-lichkeit *stf.* perspicuitas Dfg. 430ª.

durch-schœne *adj. vollkommen schön* Hpt. 3, 444. Marld. *han.* 97, 40. perspicuus dorchscône Dfg. 430ª;

durch-schœnen *swv.* (II². 194ᵇ) *durch u. durch schön machen* Frl. (11, 4). Kolm. 2, 1.

durch-schouwec *adj. was sich durchschauen lässt.* durhscouwig joh durhlûter Hpt. 3, 444;

durch-schouwe-lich *adj.* (II². 201ª) perspicuus Sum.;

durch-schouwen *swv.* (II².199ᵇ) *durchschauen, durchsuchen* Mgb.; *geistig durchdringen, erkennen* Griesh.

durch-schrapfen *swv.* (II². 216ᵇ) *durchkratzen* Pass.

durch-schrecken *swv. durch u. durch in bewegung bringen.* die sich die winde lâzen sô durchschrecken, *sich die kleider vom winde so durchwülen lassen* Msh. 3, 51ᵇ.

durch-schrenzen *swv. durchreissen.* man sah die sonne die wolken durchschrenzen Reinfr. 6ª.

durch-schrîben *stv. II.* (II². 207ᵇ) *bis zu ende schreiben,* perscribere Voc. 1482. Pass. Evang. 249ᵇ.

durch-schrôten *stv. red. III.* (II². 219ᵇ) *durchhauen, zerstücken* Pass. Livl. vil halsperc durchhouwen und durchschrôten Rab. 744.

durch-sëhen *stv. I,* 1 (II². 276ᵇ) *durchschauen, durchforschen* Pass. Myst. Erlœs. sêle, durchsich dich wol Msh. 3, 87ᵇ.

durch-senftec *adj.* (II².53ª) *durchaus lieblich* FRL.

durch-sengen *swv. sengend durchlöchern.* wâ ir wât durchsenget was in der kuchene ummen hert ELIS. 7018.

durch-senken *swv. factit. zu* durchsinken *durchbohren, durchdringen.* diu alle dinc durchsenken (: schenken) KOLM. 6, 48.

durch-setzen *swv.* (II². 353ᵇ) *vollständig mit etw. besetzen, belegen, auslegen, zieren* MART. LUDW. JER. mit edelgestain und perlein durchsetzt CHR. 3. 177, 4.

durch-siech *adj.* (II². 356ᵇ) *durch u. durch krank* MGB.

durch-sieden *stv. III.* (II².361ᵇ) *durchkochen* RUL. (durchsoteniu gimme 212, 19). KARL.

durch-sîhen *stv. II.* (II². 267ᵇ, *nicht* durchsîgen) *mit einer flüssigkeit einen löcherigen körper durchdringen* KL.; *intr. trennbar, durchsickern* MGB. 101, 17;

durch-siht *adj. durchsichtig.* das das geäder dann durchsicht beleib MYNS. 60;

durch-sihtec *adj.* (II². 285ᵇ) *was man durchsehen kann, durchsichtig* KRONE, KREUZF. MGB. TURN. 3, 2. TROJ. 13917. BERTH. 127, 27; *scharfsichtig, einsichtsvoll* PASS. (*H.* 118, 28. 168, 26. 35);

durch-sihtec-heit *stf.* subtilitas, transparentia DFG. 562ᵇ. 593ᵇ;

durch-sihtec-lîche *adv.* (II². 286ᵇ) *scharfsichtig, einsichtsvoll* MGB.

durch-singen *stv. I,* 3 *mit gesang erfüllen, zu ende besingen.* dîn lop durchsanc nie sin noch munt MSH. 3, 413ᵇ (= HEINZ. 130, 71 d u r c h s a n *nach der hs. A*).

durch-sinken *stv. I,* 3 (II². 306ª) *vollständig in etw. sich versenken, gründlich kennen* FRL.

durch-sinnen *stv. 1,*3 (II².309ª) *durchdenken, mit dem verstande durchdringen* FRL. HEINZ. (*s. oben* durchsingen). WH. *v. Öst.* 46ª. MSH. 2, 377ª. 3, 453ª. KOLM. 158, 12.

durch-sitzen *stv. I,* 1 (II². 334ª) *in besitz nehmen* LS.; *eines dinges nutz und gewer durchsitzen, es so lange in unangefochtenem besitze haben, dass es einem von rechtswegen nicht mehr entzogen werden kann* MB.

durch-siuber, -siuver-lich *adj.* (II. 719ª) *ganz sauber, schön* MS.

durch-slac, -ges *stm.* (II².382ᵇ) *das hindurchschlagen, durchlöchern* WH. *v. Öst.* (*bildl.*); *bergmännisch die öffnung, um das zurückgehaltene wasser abzuleiten* SCHEMN. *r.;*

küchengerät zum durchseihen TUCH. 288, 36. CHR. 2. 316, 15. FASN. 1216; *spitzes werkzeug von eisen od. stahl* VOC. *zu*

durch-slahen *stv. I,* 4 (II². 374ᵇ) *contrah. durchslân heftig schlagen, durchprügeln* JER. PASS. (*H.* 55, 79. 70, 31). mit stöcken durchsl. GA. 2. 119, 397; *durchschlagen, durchbohren* PARZ. ELIS. BIT. 3579. 3586. von der durchslagenen zeswen hant WWH. 322, 7. BPH. 7388. 7419; *schlagend durchdrücken* REINH. 1543; *schlagend durchdringen, durchbrechen* TROJ. PASS. eine gazzen durchsl. BIT. 3626; *mit metallschmuck, elfenbein, edelsteinen besetzen.* zieml. allgem. (*nicht bei* WOLFR. *u.* GOTFR.). *vgl. noch* ER. 8916. DIETR. 1146. WOLFD. 1405. KRONE 29355. MOR. 1, 274. 1188. APOLL. 18473. TROJ. 33105. 44674. PASS. 284, 31;

durch-slaht, -slehte *stf.* (II². 388ᵇ) *ausschlag,* variolæ DFG. 607ª (*vgl.* urslaht); ze slehte *gänzlich* WEIST. daz si ze durchsläht guot gefründ sîn Mw. 175, 6 (*a.* 1290);

durch-sleht (*oder* durch-sleht?) *adj. gänzlich, ohne bedingung u. vorbehalt.* ein durchschlechter burger CHR. 5, 394 *anm.* 9;

durch-slehtec-lîchen *adv. gänzlich, ohne vorbehalt.* die herrschaft soll dem burchgrafen Johansen vervallen sein durchslehticlichen Mz. 3, 5 *s.* 44 (*a.* 1338);

durch-slehtes *adv.* (II². 388ᵇ, 15) *durchaus, gänzlich* MB. MONE *z.* 10, 436 (*a.* 1442 *urk. von Osw. v. Wolkenstein*). CHR. 5. 394, 24. — *nach dem* DWB. 2, 1671 *ein anom. adv. genet. von* durchslaht (*analog dem adv. gen.* nahtes), *doch vgl. auch das adv.* slëhtes.

durch-slîchen *stv. II* (II². 398ª) *durchschleichen, unvermerkt durchdringen* FRL. ein nadelör durchschleichen DWB. 2, 1671.

durch-sliefen *stv. III* (II². 406ª) *durchkriechen, durchdringen* URST. HADAM. MGB.; *das part. präs. passivisch gesetzt* durchsliffende türlein TUCH. 248, 35 (sliffen = sliefen *wie* flissen 220, 6. gissen 307, 9 = vliezen, giezen).

durch-smëlzen *stv. I,* 3 (II². 429ª) *durchschmelzen, schmelzend durchdringen.* mit golde wol dursmelzen MSH. 1, 70ª; *intr. völlig zerfliessen* BERTH.

durch-smiegen *stv. III. durchziehen, durchwinden.* mit vasern wol durchsmogen MSH. 3, 312ᵇ.

durch-smirwen, -smirn *swv. durch u. durch schmieren.* mit affensalben durchsmirwen RENN. 1173. die sinn er im alsô durchsmirt, daz er sie wol gelenchen chan SION (*Giessen. hs.* 15ᵃ. *schles. hs.* 44ᵇ).

durch-snîden *stv. II* (II². 439ᵇ) *zerschneiden, verwunden* (*bildl. mit schmerz durchdringen* PASS.) LAMPR.; *zertheilen, durchbrechen* (die kleider, *zur zierde*) KRONE, PASS.; *entzwei schneiden, auflösen* MGB.

durch-spengen? *s.* durchpengen.

durch-spitzec *adj.* (II². 515ᵇ) *spitzfindig* RENN.

durch-sprëchen *stv. I,* 2 (II². 529ᵃ) *durchsprechen, verkündigen* PASS.

durch-sprengen? *s.* durchpengen.

durch-sprenzen *swv.* (II². 549ᵇ) *durchsprengen* GERM. (*meisterl. aus dem* 15. *jh.*).

durch-stëchen *stv. I,* 2 (II². 623ᵇ) *durchstechen, durchdringen eigentl. u. bildl.* PARZ. NEIDH. BARL. PASS. 101, 39. KARLM. 42, 51. wizzet daz man niht vüllen mac ein durchstochen sac die wîl er niht verschoben ist. alsam geschiht zaller vrist dem, der sich durchstochen hât mit bœsem gedanc, mit valschem rât WG. 14725 *ff.*

durch-stecken *swv.* mit bluomen schœn durchsteckt *durchaus besteckt, besät* KELL. erz. 124, 11.

durch-stërnen *swv.* (II². 622ᵃ) *mit sternen erfüllen, ausschmücken* FRL.

durch-storben *part. adj. ganz todt.* daz alle dîne nâtûre gar durchstorben sî MYST. 2. 460, 8.

durch-strecken *swv. s.* durchrecken.

durch-streifen *swv.* (II². 689ᵇ) *durchstreifen, flüchtig durchwandern* BARL.

durch-strîchen *stv. II.* (II². 687ᵃ) *durchstreichen, durchstreifen* GEN. PARZ. KRONE, DIETR. 2912; *durchschneiden, durchwülen.* sie (diu lant) durchstrîchen sal ein pflûc PASS. 360, 87.

durch-strîten *stv. II.* (II². 691ᵇ) *zu ende kämpfen.* mangen sturm er durchstreit SIGEN. H. 2; *kämpfend durchdringen* KREUZF.

durch-süeze *adj.* (II². 752ᵃ) *durch u. durch süss, lieblich* MONE schausp.;

durch-süeze *stf.* (II². 754ᵃ) *vollkommene süssigkeit, lieblichkeit* FRL.;

durch-süezec *adj.* (II². 753ᵃ) *s. v. a.* durchsüeze FRL.;

durch-süezen *swv.* (II². 754ᵃ) *mit süssigkeit erfüllen, lieblich machen* WALTH. SUCH. MSH. 2, 24ᵃ. 3, 406ᵇ. 421ᵃ. FRL. *s.* 51, 5. HADAM. 385.

durch-sundern *swv.* (II². 743ᵇ) *durchsondern* FRL.

durch-suochen *swv.* (II². 10ᵇ) *md.* durchsûchen MARLG. 154, 40. 46. daz durchsuochet mir die sinne MSH. 1, 20ᵇ. durchsuchter oder notlicher, exquisitus VOC. 1482.

durch-suone *stf.* (II². 749ᵇ) *vollständige versöhnung* HALT.

durch-swachen *swv.* (II². 781ᵇ) *vollständig swach machen* ERLŒS.

durch-swanzen *swv. tanzartig durchdringen.* des hât diu schœne sînen himel durchswanzet KOLM. 2, 44.

durch-swimmen *stv. I,* 3 (II². 794ᵇ) *durchschwimmen,* pernatare DFG. 428ᵇ. FRL.

durch-swingen *stv. I,* 3 *durchdringen.* snel als ein falkenterze tuot ez mîn herz durchswingen ALTSW. 222, 37; *wie mit der futterschwinge reinigen, läutern,* des herzen wanne sô gar durchswungen hât die minne RENN. 20803.

durchtic *adj. s.* dürftic.

durch-touwen *swv. mit thau durchdringen, durchnässen.* mich hânt oft fluot durchtouwet KOLM. 6, 673.

durch-trehtec *adj.* (III. 79ᵃ) *schwanger* FRL.

durch-treiben *swv.* (III. 89ᵇ) *durchtreiben* JER.;

durch-trîben *stv. II.* (III. 87ᵇ) *durchziehen, durchstreifen* JER.; *durcharbeiten, zerreissen,* alte leilach durchtr. FASN. 375, 5. 792, 29; *geistig durchdringen, erfüllen, part.* durchtriben, mit lobe durchtriben MSH. 3, 160ᵇ; *durch u. durch listig,* durchtriben RENN. (718. 14796). BEH. 6, 6. DWB. 2, 1703 (WACK. *erklärt das part.:* „*mit allen hunden gehetzt,* durchtrieben").

durch-üeben *swv. durchbilden, durchdringen.* daz dû dich alsô gar durchüeben solt MYST. 2. 460, 7.

durch-vachen *swv. abtheilen.* der (hof) was mit einer dünnen mûr durchvachet LOH. 6743. — *zu* vach; *vgl.* undervachen.

durch-vallen *stv. red. I,* 1 (III. 218ᵇ) *intr. zerfallen, zerreissen* KRONE.

durch-varn *stv. I,* 4 (III. 247ᵃ) *tr. durchfahren, durchziehen* BARL. TROJ. ANEG. 11, 22. MSH. 1, 315ᵇ; *durch etw. den weg bahnen, durchbohren* STRICK. *bildl.* MAI, PASS. mit alle mînen sinnen kunde ich nie durchvar (: gar, *erforschen*), was tanzes dise pfîfer wolden machen WARTB. 48, 9. und hân och aller kunst buoch gar sinneclîch durchvarn LS. 2. 433, 10;

durch-vart *stf.* (III. 254ᵇ) *durchfahrt, durch-*

gang MAI, KRONE, BIT. 10372. HELBL. 2, 395. *durchlass für die flösse* MONE *z.* 11, 267;
durch-vart-lich *adj.* (*ib.*) *durchfahrend, durchbohrend* WWH.
durch-vazzen *swv.* er stuont durchvazzet mit küneclichen borten TROJ. *M.* 9571 (*bei* KELL. 9578 gevazzet).
durch-vëhten *stv. I*, 2 *fechtend durchbrechen.* daz her er allez durchvaht DIETR. 9040. daz volcwîc durchvehten SPEC. 141, 284.
durch-vellec *adj.* (III. 225ᵃ) *zerfallen, zerbrechen* KRONE, HELDB.
durch-vertec *adj.* penetralis DFG. 422ᶜ;
durch-vertec-heit *stf.* penetrabilitas *ib.;*
durch-vertigen *swv.* laxare *ib.* 321ᶜ. SCHM. *Fr.* 1, 761.
durch-verwen *swv.* (III. 242ᵇ) *durch u. durch färben, zieren* TRIST.
durch-videren *swv.* (III. 288ᵃ) *durchwehen, mit federn, fittichen durchdringen* WOLK.
durch-villen *swv.* (III. 295ᵃ) *durchpeitschen, geisseln* PASS. LS. 2. 537, 79. — *zu* vël.
durch-vînen *swv. mit schönheit durchdringen.* durchfeinte schône kleider DA. 785.
durch-viuhten *swv. durchfeuchten, durchnässen* FRL. *s.* 8, 24. SUCH. 2, 66. KOLM. 6, 654. 122, 25. GERM. 5, 215.
durch-viuren *swv.* (III. 333ᵃ) *durchfeuern* MYST. durchvûgirn JER. 18ᵇ.
durch-vlach *adj.* (III. 334ᵃ) *ganz flach* GFR.
durch-vlammen *swv. flammend erfüllen* HANS 3248. ALTSW. 113, 27.
durch-vlëhten *stv. I*, 2 *durchflechten, dazwischen winden* HANS 3170.
durch-vliehen *stv. III.* pervolare DFG. 431ᵃ.
durch-vliezen *stv. III* (III. 348ᵇ) *durchfliessen, durchströmen* MAI, TEICHN. BIT. 12243. WACK. *pr.* 53, 275. 280. MSH. 3, 16ᵃ.
durch-vlocket *part. adj.* (III. 345ᵃ) *ganz flockig, vom haar* WOLK.
durch-vluoten *swv.* (III. 357ᵃ) *durchfliessen, durchströmen* JER.
durch-vluz *sim. durchfluss.* waz got schepfet, daz hât einen durchfluz MYST. 2. 316, 21.
durch-vremden *swv. durch u. durch* vremde *machen, entfernen.* sî durvremdet und virret schamelichen pîn MSH. 3, 378ᵃ.
durch-vrëzzen *stv. I*, 1 (I. 761ᵇ) *durch-, zerfressen* PASS.
durch-vrô *adj. durchaus froh* KARLM. 177, 55.
durch-vrühtec *adj.* (III. 428ᵇ) *überall u. höchst fruchtbar* TRIST.;

durch-vrühten *swv. durch u. durch fruchtbar machen* SUCH. 15, 19.
durch-vûgirn *swv. s.* durchviuren.
durch-vünden *swv. erforschen, ergründen.* sie ez nie durchvünden (: gründen), wie si gestalt der himele kreiz MSH. 3, 55ᵇ. wirt daz von dir durchvündet (: kündet), daz ist ein keiserlîchez dinc REINFR. 169ᵃ.
durch-wægen *swv. s.* durchwæjen.
durch-wæhen *swv. vollständig* wæhe *machen, auf kunstvolle weise ausführen* ALTSW. 166, 25 (: spæhen. *im* DWB. 2, 1711 *als* durchwehen, *perflare aufgefasst*).
durch-wahsen *stv. I*, 4 (III. 462ᵇ) *wachsend durch etw. dringen* PASS.
durch-wæjen *swv.* (III. 464ᵃ) *durchwehen* J.TIT. 1401. durchwæge mînen garten HPT. 8, 226. durchwegen, durchwehen, perflare DFG. 426ᵃ. *vgl. auch* durchwæhen.
durch-walken *stv. red. I*, 1 (III. 469ᵇ) daz wilt mit birsen durchw., *mit jagdhunden verfolgen* HADAM. (510).
durch-wallen *stv. red. I*, 1 *intr. wallend sieden.* sô mac diu spîse wol gesieden in dem haven unde mac wol durchwallen BERTH. 432, 13;
durch-wallen *swv.* (III. 471ᵇ) *durchwallen, durchwandern* NEIDH., *mit st. part. vgl.* WEINH. *b. gr.* § 323, *al. gr.* § 376. — *ebenso*
durch-wandern *swv.* (III. 703ᵃ) JER. perambulare EVANG. L. 5, 15. 19, 1. pervagari DFG. 430ᶜ.
durch-waten *stv. I*, 4 (III. 535ᵃ) *durch etw. waten, dringen* MS. KARL, MART. ALBR. 29, 84. FASN. 1118.
durch-wëben *stv. I*, 1 *durch-, einweben.* der (wâpenroc) mit golde was durchweben ENGELH. 2659.
durch-wëgen *stv. I*, 1 (III. 632ᵇ) *vollwichtig machen.* ein gesmîde, mit golde wol durchwegen (: pflegen) ROSENG. *H.* 687; *vollständig erwägen* MS.;
durch-wêgen, -wëhen *swv. s.* durchwæjen.
durch-weichen *swv. durch u. durch weich machen.* deine wort hând mich durchweicht HÄTZL. 291, 71.
durch-widen *swv.* (III. 619ᵇ) *durchprügeln, kasteien* PASS.
durch-wieren *swv.* (III. 625ᵃ) *mit gold oder edelsteinen durchlegen* TRIST. *H.* PASS. (251, 54). BELIAND 363.
durch-wüelen *swv.* (III. 467ᵃ) *durchwülen* HADAM. (504).

durch-wunden *swv. durch u. durch verwunden* WACK. *pr.* 99, 7. GA. 3. 238, 1351.

durch-wünnec-lich *adj.* (III. 818ᵇ) *ganz freudenvoll u. schön* MYST.;

durch-wünnen *swv.* (*ib.*) *mit freude, wonne durchdringen* FRL. HADAM. (616).

durch-würken *v. an.* (III. 592ᵇ) durchworhte, durchworht *durchwirken, durchweben, durchmischen als zierde* PASS. (*H.* 159, 32). WH. *v. Öst.* 38ª.

durch-wurzeln *swv. mit der wurzel durchdringen* HANS 3171;

durch-wurzen *swv.* (III. 831ª) eine stat durchw. *an einem orte wurzeln, kräuter suchen* SUCH.

durchz = durch daz (I. 313ª, 34).

durch-zarten *swv. sehr liebkosen* SIGEN. *Sch.* 161.

durch-zeisen *swv. durchziehen, hecheln* GSM. 1016 *hs.* B (*in der* 2. *ausg.* durch dich gezeiset).

durch-zeln *swv. zu ende zählen* MSH. 2, 244ᵇ.

durch-ziehen *stv. III* (III. 927ᵇ) *durchziehen, durchwandern* JER.; *durchmischen,* mit hûsen wammen wol durchzogen FRAGM. 29, 119. man schol kain tuoch durchziehen, oder er gibt zwai pfunt haller ze buoze ie von dem tuoch NP. 163.

durch-zieren *swv.* (III. 876ᵇ) *durchaus schmücken* TRIST.

durch-ziln *swv. durchdringen, durchschiessen.* ein schilt, der was mit keinem sper durchzilt ECKE *Sch.* 27. SIGEN. *Sch.* 84. DA. 92; *durchziehen, durchschmücken,* ein schilt. mit golde wol durchzilt DRACH. 35.

durch-zimbern *swv.* (III. 893ª) *durchbauen* SUCH.

durch-zimen *stswv.? durchaus angemessen machen.* diu Minne kan daz herz durchzimen HANS 3171.

durch-zol *stm. durchgangszoll* HALT. 246.

durch-zuc, -ges *stm. quer-, tragbalke* TUCH. 75, 37. 76, 3.

durch-zünden *swv.* (III. 896ª) *durch u. durch entzünden* Ms. j. TIT. 5044;

durch-zündic *adj.* Minne, dîn viur ist durchzündic MSH. 2, 176ª.

durch-zûwen *stv. III.* (III. 942ª) *durchziehen* JER.

durch-zwicken *swv. durchstechen.* man sach daz sper durchzwicken kursit, wâfen unde man WH. *v. Öst.* 38ª.

durch-zwîen *swv.* (III. 957ª) *durch u. durch bepfropfen* Ms.

düre, dure *s.* diser.

dûre *adv.* wan die recken ze dûre (: tambûre) sich hâten verlâzen KRONE 18399. *fz.* = ze harte?

dûren, tûren *swv.* (I. 406ª) *dauern, bestand haben* GLAUBE. sol ez an dir tûren, *lässest du nicht ab* ULR. *Wh.* 141ª; *aushalten, stand halten* PARZ. GUDR. 728, 3. ULR. *Wh.* 266ᵇ. HADAM. 266. LIVL. 4861. WOLK. 81. 2, 10. JER. 72ᵇ. 152ᵇ. — *mit er-, ge-, ver-. aus lat.* durare;

dûren, tûren *stn. dauer.* dîn lachen daz geschach von langem tûren j. TIT. 4205.

durfen, dürfen *v. an. mit verschob. prät.* (I. 362ᵇ *u. vorr.* XI *anm.; s. dagegen* DWB. 2, 1722), *präs.* darf, darft (*seit dem* 13. *jh. auch* darfst, bedarfst NIB. *C* 1019, 2), darf, *pl.* durfen (: wurfen MART. 144, 79), *conj.* dürfe (WALTH. 60, 36), *prät.* dorfte, *conj.* dörfte, dorfte; *infin.* nicht nachweisbar, doch *s.* bedurfen (IW. 7937. FREID. 95, 23), bedürfen (TRIST. *M. u. B.* 14. NIB. 1232, 2); *part. auch nur in* bedorft (GR. 4, 168. GEST. *R.* 114. 164), bedörft MH. 3, 271. bedurft *ib.* 148 (*a.* 1480), *st.* bedorfen SCHREIB. 2, 500 (*a.* 1468): *grund, ursache haben, brauchen mit infin. bes. in negat. sätzen, allgem.; brauchen, bedürfen mit gen.* HARTM. ENGELH. (75). — *mit be-. gt.* thaurban (*präs.* tharf), *vgl.* DIEF. 2, 696. GDS. 902. DWB. 2, 1721. Z. 1, 138 (*nach Lottner verglichen mit russ.* terpêt' *leiden*). GSP. 142 (*„schliesst sich an gr.* στέρεσθαι *beraubt sein, entbehren, dessen anlautender zischlaut eingebüsst wurde"*). *„mit* darben *zu verdërben"* WACK. — *wegen der grammat. formen vgl.* WEINH. *b. gr.* § 331, *al. gr.* § 383;

durft *stf.* (I. 363ᵇ) *bedürfnis, not.* der man bedarf niht ze vil, swer nâch sîner durft leben wil. swer nâch sîner durft leben kan, der mac niht sîn ein arm man WG. 2730. swer golt âne durft nimt FLORE 5396. dû bidenke aller unser durfte LIT. 227, 19. daz si durich irer durft willen verchauft anderhalb lêhen ULA. 97 (*a.* 1305). daz unser einen solich nôt und durft an ginge MZ. 3, 87 *s.* 80 (*a.* 1341); mir ist, wirt durft eines d., *ich habe es nötig, brauche es* DIEM. RUL. LAMPR. KONR. JER. 3°. STB. 209. 210. AD. 1236. MZ. 3, 195; *auch mit präp.* dâ von ist durft vil harte mir SILV. 3326;

durft *adj.* (I. 364ª) *nötig* RUL. WWH. *compar.* dürfter *gleichbedeut. mit* nœter, *s. zur* GSM. 498;

dürfte *stf.(ib.) bedrängnis, not* HARTM WALTH. HELBL. FREID. 95, 3. SPEC. 6;

dürftic, durftic *adj. (ib.) arm, bedürftig mit gen.* GEN. PARZ. daz wir genâde dürftic sîn TROJ. 22733; *md.* durchtic ELMEND. (AB. 2, 209. 210. *bei* HPT. durftige 386. 401);

dürftic-heit *stf.* (I. 364^b) miseria DFG. 263^b;

dürftic-lich *adj. (ib.) armselig, bettlermässig* GREG. HEINR. 4664;

dürftige, durftige *swm.* (I. 364^a) *armer, bettler* HARTM. BARL. LIEHT. GFR. 2672. die durftigen in der purger spital STB. 299. USCH. 195 (*a.* 1340). das spital, da dreizehen ewige durftigen inne sein sullen ULA. 105 *s.* 116 (*a.* 1308, *später* siehe);

dürftiginne, durftigin *stf.* (I. 364^b) *ärmliches frauenzimmer, bettlerin* KCHR. HARTM. JER. 64^b.

durft-lôs *adj. nicht bedürfend* MYST. 2. 516, 24. 518, 9. THEOL. 77. 152.

durft-sache *stf.* (II^2. 5^b) *bedürfnis.* durch d. *aus not* KULM. *r.*

durh *s.* durch.

dürkel *adj.*(I. 405^b) *durchbohrt, durchbrochen, durchlöchert. zieml. allgem. (doch nicht bei* HARTM. GOTFR. *u.* KONR.). *vgl. noch* ein dürkelz wenken TIT. 89, 4. dürkel schilt WWH. 12, 21. LANZ. 3063. BIT. 8827. j.TIT. 1992. niuwe schilte dürkel stechen *ib.* 2003. manegen helm dürkel scharten *ib.* 3089. ein dürkel kaste *ib.* 4324. diu schar von im vil dürkel wære *ib.* 4948 (*vgl.* DRACH. 109, 2). d. dach RENN. 20291. d. als ein sip 20506. den stein der trophe dürkel macht WG. 1921. als man in bluotic dürkel vant WWH. 421, 24. vint men durkel ûwer hant CRANE 1933. *die form* dürhel (*ahd.* durhil) *noch* KL. KOL. 164, 288. 165, 298. dürchel REINH. 297, 165. sî gewinnent durchelen pûch KCHR. *D.* 213, 12. ein durcheler sac PRIESTERL. 742. dürchel vriunt MSH. 2, 200^a. — *zu* durch;

dürkel *stn.* (I. 406^a) *der zustand, wenn etw.* dürkel *ist* FRL.;

dürkeln *swv.*(*ib.*) dürkel *machen, durchlöchern* PARZ. NEIDH.(93, 28). MS. APOLL. 2894; *bildl.* wâ sich triuwe niht dürkelt j.TIT. 5342. — *mit* ver-.

durne *s.* doner.

dur-nehte, -nahte *adj.*(II. 356^b) *vollkommen, vollständig, woran nichts auszusetzen ist: tadellos, treu, bieder, fromm* DIEM. ANEG. KARAJ. TRIST. (12943). Jacob antwurt ime dô durnahtere worto GEN. 45, 45; *vollere*

form durchnahte AB. 2, 35. 39; durchnahte *adv.* HÄTZL. — *ahd.* duruhnoht *zu* nëhen;

dur-nehte, -nahte *stf. (ib.) vollkommenheit, tüchtigkeit, treue, biederkeit* ULR. TRIST. SERV. mit rehter durneht MSH. 3, 107^a. 107^b. ich sag iu die durnaht (*warheit*) sunder lang gebraht MISC. 2, 184. unt het bî in mit durneht ruo und reste LOH. 3370. wer aber der fünft (*schiedsmann*) uzzerhalb lantes, so süln di vier auf ir triwe und auf ir durnäht einen andern ze dem fumften nemen Mw. 228 (*a.* 1308);

dur-nehtec, -nahtec *adj.* (II. 357^a) *s. v. a.* durnehte TRIST. KONR. PASS. durnahtigiu bekêrde DIUT. 1, 15. in der durnahtigen minne *ib.* 284. so sehe wir an beidenthalb ir durnehtig meinunge Mz. 2, 581 (*a.* 1324); mit durnehtigen sinnen TROJ. 8316. 8407;

dur-nehtec-heit *stf.* (I. 357^b) *s. v. a.* durnehte TRIST. ROTH *pr.* 26. RENN. 2995. HEINR. 4739. durnahticheit MONE 8. 44, 232;

dur-nehtec-lich *adj. (ib.) s. v. a.* durnehte TRIST. wan daz ir mich geruochent wern durchnehteclîcher stætikeit TROJ. 8435;

dur-nehtec-lîche, -en *adv. (ib.) vollständig, ganz u. gar* ALEXIUS, MYST. KCHR. *D.* 319, 29. RUL. 292, 23. LOH. 1075. Mw. 168, 3 (*a.* 1287). 268 (*a.* 1323). Mz. 2, 627 (*a.* 1327); durchnehteclîchen TROJ. 5681. 9503. 21275;

dur-nehtigen *swv. vollkommen machen* GERM. 4. 441, 40.

durnen *swv. s.* donren.

dürnen *swv.* (I. 385^a) *mit dornen bestecken.* eine lucke (*zaunlücke*) d. GR.W. 1, 308. gedurnter zûn *ib.* 6, 335. die egdun durnen *mit zähnen, zacken versehen?* *ib.* 1, 308 (*vgl.* DWB. 3, 32). der garte wol gedürnet WERNH. *v. N.* 37, 14. sich dürnen WH. *v. Öst.* 49^b; *intr. wie mit dornen stechen?* dô wart konigs bûch sô hart dürnen Ls. 1. 540, 133 (*oder* = dunren, donren?). — *zu* dorn, *mit* be-, ver-;

durnîn *adj. (ib.) von dornen* WWH. GRIESH. SILV. 3195. BPH. 6865. 7220. 7400. 8621.

durniz, dürnitze *stswf.* (I. 406^b) *zu einem besondern gebrauch bestimmtes gemach, meist eine geheizte badestube, auch ein speise-, gastzimmer (im* ERNST *B. wird* würmelâge *von der hs. b immer in* dürnitz *geändert*), durnutz, dornz, dornse, dortze DFG. 211^a. durnitz, turnitz *hofstube, stube* ZIMR. *chr.* 2. 361, 23; 3. 5, 8. türniz, durnz SCHM. *Fr.* 1, 542 *wo auch über die herleit. aus dem slav.;* DWB. 2, 1734;

dürniz-stube *f.* estuarium Voc. 1482.
durns-tac *s.* donerstac.
durpel *stm. s.* dorpel.
dürre *adj. s.* türre.
dürre, durre *adj.* (I. 322ᵇ) *dürre, trocken, mager* Gen. Iw. Walth. dürre miule Neidh. 49, 8. mit dürrem gebeine *nicht mit grossen knochen* Er. 7355. der arm wirt einem dürre Pass. 367, 1. 9. diu dürre erde Helbl. 1, 357. ein dürrer spân Troj. 21799. d. ast Lieht. 209, 14. dürre vische Dan. 3668. der arme dürre, *magere* Gfr. 2838; *bildl.* ûz mînem dürren sinne Serv. 55. mîniu dürren herzesêr Wwh. 122, 25. sîn trûren dürrez herze Hadam. 148. lebe ich in dürrem herzen sêre j.Tit. 1064. an dem gelouben dürre ir herze was Silv. 5136. swaz dürre an sînem herzen ist, daz wirt von mir hie grüene Troj. 10456; umb driu hundert guldîn und nit dürrer (*nicht weniger, gegens. von* hœher) Mz. 1, 527 *s.* 447 (*a.* 1410). Mone *z.* 11, 356. — *zu* dërren;
dürre *stf.* (*ib.*) *trockenheit* Mein. d u r r e n Chr. 1. 393, 12; *trockener boden* Trist. Frl.;
dürrec-heit *stf.* (*ib.*) *trockenheit* Mein. 13, 14. Heinr. 721 des sandes durrekeit Roth *dicht.* 45, 33.
dürsch, dürse *swm. s.* türse.
durschûfel *stn. s.* drischûvel.
durst *stm.* (I. 322ᵇ) *durst* Nib. Iw. Walth. Wwh. 116, 30. ez trinkent tûsent ê den tôt dan einer sterbe in durstes nôt. vür durst mac niht bezzers sîn danne wazzer, bier, mete oder wîn. Freid. 95, 1 *ff.* — *zu* dürre.
durs-tac *s.* donerstac.
durste-bërnde *part. adj.* (I. 139ᵃ) *durst hervorbringend* Lobges.
durstec *adj. s.* turstec.
durstec *adj.* (I. 323ᵃ) *durstig* Mor. 1, 3396. Pass. 78, 3. 147, 41. Evang. *M.* 25, 37. 47;
durstec-lich *adj. durstig, begierig, verlangend* Beh. 287, 3;
dürsten, dursten *swv. impers.* (I. 322ᵇ) *prät.* durste (dürste: vürste Msh. 2, 312ᵃ) *dürsten, verlangen* Nib. Freid. ein krâ die durste ubele Aw. 3, 232. vrou Êre sich sô wenic lieze dürsten Loh. 6876; *mit* nâch Walth. nâch dem daz herze uns mit gesihte dürstet Loh. 6120. nû het den keiser nâch dem tôde gedürstet 7316. dürsten nâch ir bluote Troj. 23610. nâch dem schatze d. Wartb. 117, 7. die liezen sich dursten nâch dir Pass. 148, 49; 158, 15 (*mit* ûf). — *mit* er-, ge-;
dürsten *stn.* (*ib.*) *das dürsten* Nib. daz êwecliche dürsten Loh. 6630;
durstendic *adj.* (I. 323ᵃ) *durstig* Frl.
durst-slange *swm.* (II². 404ᵇ) *situla* Mgb. dipsa Dfg. 183ᵇ.
durst-tôt *adj.* (III. 63ᵃ) *todt vor durste* Griesh.
dus *adv.* (I. 406ᵇ) *md. so* Lit.; *vgl.* sus.
dûs *stn. s.* tûs.
dûsch *adj. s.* diutisch.
dusinc *stm.* armilla Dfg. 49ᵇ. Schm. *Fr.* 1, 549. *vgl.* der dussecken *langes messer* Zimr. *chr.* 4. 128, 4. — *aus böhm.* tesák *haumesser* Dwb. 2, 1189. 1746.
dust *s.* doste, dunst.
duster *adj. s.* dinster.
dûte, dûten *s.* diute, diuten.
dutter *swm. s.* toter.
dutzeln, duzeln *swv.* (I. 403ᵃ) *mit* dû *anreden, duzen* Helbl.; *iterat. vom gleichbedeut.*
dutzen, duzen *swv.* (I. 402ᵇ) Parz. Gerh. Helbl. durch reht ein wirt niht duzen sol Msh. 3, 72ᵇ. tautzen Voc. 1482. Hätzl. 40ᵃ. *s.* Dwb. 2, 858. 1775;
dutzen *stn.* (I. 403ᵃ) Parz. j.Tit. 1736 daz dützen Ring 29ᵈ, 29;
dutzen-lîche *adv.* (*ib.*) einen d. heizen, *ihn duzen* Parz.
dûvel *stm. s.* tiuvel.
duz, -zzes *stm.* (I. 373ᵇ) *schall, geräusch* Nib. Parz. Trist. Freid. Walth. j.Tit. 917. 3919. 3929. 5558. Loh. 4356. Renn. 10273. 21216. Apoll. 1882. 6829. Kol. 284, 296. Beliand 1443. — *zu* diezen.
dûze = dâ ûze (I. 306ᵇ, 48. III. 197ᵃ, 30).
duzen *swv. s.* dutzen.
düzzic *adj. rauschend, schallend* Kolm. 7, 216. — *zu* duz.
dw- *s.* tw.
dwëder *s.* deweder.
dyadoch *swm.* dyadochos, ain stain Mgb. 424, 23.

E.

e *laut u. buchstabe* e (I. 406ᵃ) *vgl.* MART. 120, 111. EN. 282, 16. WOLK. 56. 2, 5; **e** *umlaut von* a, **ë** *brechung von* i, *tonloses od. stummes* **e** *in ableit. u. flex.-silben an stelle der mannigfaltigsten kurzen und langen vocale;* **ê** *länge des* e, *entstanden durch verdichtung aus altem* ei *oder auch durch zusammenziehung zweier silben* (zên = zëhen, dêst = daʒ ist). — e, ë *u.* ê *können mundartl. auch für andere laute eintreten, s.* WEINH. *al. u. bair. gramm.*

ê *adv., conj. u. präp. s.* êr.

ê *stf. s.* êwe.

ê-âventiure *stf.* (I. 72ᶜ) *unerlaubte liebschaft eines ehegatten* OBERL.

eb *s.* obe.

ê-bach *stm. gemeindebach* GR.W. 4, 303.

ê-banc *stm. bank, worauf nach recht u. herkommen brot u. fleisch etc. feil zu halten war* SCHM. *Fr.* 1, 5 (*Passauer stadtrecht*).

ebânus *s.* ebênus.

ebbe *s.* obe.

eb-boum, e-boum *stm. epheu, eppich* PF. *arzb.* 2, 4ᵃ. 6ᵇ. 7ᵃ. SCHM. *Fr.* 1, 8. 14. epaum MGB. 321, 23. ebeienbaum DFG. 194ᶜ. *vgl.* DWB. 3, 678 *u. unten* ebênus, epfich, ephöu.

ebech, ebich, ebch *adj.* (I. 3ᵇ abec, ebic *angesetzt, s.* DWB. 1, 58) *ab-, umgewendet, verkehrt, böse* FREID. RENN. er sluoc mit ebicher hant GA. 3. 746, 399. ob si (*die kleider*) ebich sint gekart JER. 28ᵈ. — *zu* abe, *vgl.* SCHM. 1, 13. KWB. 2. GSP. 68. 392.

ebedîe *stf. s.* abbeteie.

ebe-höu *stn. s.* ephöu.

ebeien-boum *s.* ebboum.

ëben, ëbene *adj.* (I. 407ᵃ) *md.* ëven *eben, glatt, gerade, gleich (mit dat.), gleichmässig. allgem. — von einem verlorenen stv.* iban, af, êbum, *vgl.* âben *u.* DWB. 1, 6. 22. 3, 6;

ëben, ëbene *adv.* (I 408ᵃ) *häufiger die vollere form* ebene (*ahd.* ebano, ebono) *gleichmässig, passlich, bequem; genau, sorgfältig. allgem.; so eben* NIB. (DWB. 3. 10, 4);

ëben-al *adj. alle gleichmässig, allesammt* KARAJ. 42, 10. 11. 25. 43, 6.

ëben-alt *adj. gleich alt* ANEG. 12, 56. FLORE 625;

ëben-alte *swm.* (I. 26ᵃ) *der von gleichem alter ist* SERV. Voc. 1482; *penis* FRAGM.;

ëben-alter *stn. das gleiche alter* KIRCHB. 760, 1.

ëbenære *stm.* (I. 409ᵃ) *gleichmacher* WALTH. DIEM. 285, 25. j.TAG 227. ERLŒS. XIII, 170.

ëben-bilde *stn. ebenbild, sowol von der geistigen als materiellen reproductionskraft* MGB. 5, 2 *ff.* 11, 13. 33, 14; *simulacrum, effigies ib.* 59, 2. 99, 2. 11; *vorbild ib.* 208, 15. 214, 3. CHR. 3. 102, 2. 166, 22. 329, 39.

ëben-bünec *adj. auf gleiche weise neidisch, misgünstig mit dat.* ichn bin iu niht sô ebenbünec (: künec), ich gan iu aller êren wol KRONE 10764 (*var.* enbünec). — *zu* bunnen.

ëben-bürtec *adj.* (I. 155ᵃ) *von gleicher geburt, mit dat.* SWSP. 400, 1. SSP. 1. 3, 3. 9, 2; 2. 12, 3; 3, 26. 72. 73 (*einmal* ebeneburtic).

ëben-dicke *adv. gleichmässig oft* Ls. 1. 142, 578.

ëben-dinc *stn.* (I. 334ᵃ) *gleichmässiges, schönes ding* FRL.

ëben-doln *swv. mit einem (dat.) gleiches dulden, leiden* WACK. *pr.* 83, 48;

ëben-dolunge *stf. mitduldung* DIEM. 276, 28. HPT. *h. lied* 125, 3.

ëbene *adj. adv. s.* ëben;

ëbene *stf.* (I. 409ᵃ) *ebene.* tal berc und lîte, ebene unde gründe HELBL. 4, 437; *gleichmässigkeit, milde,* tugentlîchiu ebene PASS. *K.* 193, 21.

ëben-einec *adj.* sô sint die drî ein einic got, also ist daʒ êwicliche leben einlîch und drîlich underweben ebeneinic und ebenhêre HPT. 2, 149.

ëbenen *swv.* (I. 409ᵃ) *eben, gleich machen* DIEM. ATH. TRIST. ALBR. 19, 12. PASS. 145, 52. *K.* 430, 76. hâr eb. (*kämmen*) HELBL. 3, 79. eb. mit einer kellen BUCH *v. g. sp.* 11. ebnen hobeln, slichten oder slecht machen dolare, levigare Voc. 1482; *vereinigen,* und ebente (*adunavit*) si glîche rômischem rîche HEINR. 2119; *refl. in ordnung bringen, einen streit beilegen* HALT. 247. und ich ebent mich mit in UHK. 2, 10 (*a.* 1302); *sich rüsten, anschicken* HERB. sich an einen eb. *sich ihm anschliessen* PASS. *K.* 634, 23; sich zuo einem eb., *sich zu ihm begeben* ROTH *denkm.* — *mit* ge-, ver-.

ëben-erbe *stn. gleichgeteiltes erbe.* daʒ gotes ebenerbe HPT. 3, 444;

ëben-erbe *swm. miterbe* OBERL. 267. kein unser erben oder ebenerben MONE *z.* 5, 347 (*a.* 1306).

ëben-êwic *adj.* (I. 451ᵇ) *gleich ewig* LIT.;

ëben-êwic-heit *stf.* (*ib.*) *coœternitas* MSH. (3, 343ᵃ. 406ᵇ).
ëben-ge-lich *adj.* (I. 973ᵇ) *ganz gleich* TRIST. BARL. ANEG. 33, 24. SPEC. 40. ORL. 3929. MSH. 3, 105ᵇ. HELBL. 6, 164. HEINR. 4038. PASS. *K.* 91, 19;
ëben-ge-lîche *adv.* MARG. 290.
ëben-ge-nôz, -ze *stswm.* (II. 397ᵇ) *der von gleichem stande ist* OT. CLOS. ROSENG. *H.* 807. NETZ 278. 369.
ëben-ge-rade *adj.* (II. 558ᵇ) *gleich, gerade.* mit sînen ebengraden rât KCHR. *D.* 270, 3.
ëben-ge-waltec *adj.* (III. 477ᵃ) *gleich gewaltig* KCHR. GEN. *D.* 1, 25. GLAUB. 206. 207. HPT. 7, 141—143. PASS. 279, 38.
ëben-grôz *adj.* (I. 579ᵇ) *gleich gross* TRIST. GEN. *D.* 7, 7.
ëben-guot *adj.* (I. 589ᵇ) *gleich gut* TRIST.
ëben-heftunge *stf.* ze rehter ebenheftunge (*verbindung*) mit dir DENKM. XLVI, 92. *vgl.* ebenhelfunge.
ëben-heil *stn.* (I. 651ᵃ) *gleiches, gemeinsames glück* CATO (*altd. bl.*) 222 = BIRKENST. *p.* 308;
ëben-heilec *adj.* sine habeten nehein lit, iz ne wâre ebenheilic GEN. 18, 8 (= si wâren **ebenheinlich** *gleich heimisch, vertraut, unbefangen D.* 12, 17).
ëben-hein-lich *adj. s. das vorige.*
ëben-heit *stm.* (I. 656ᵇ) *genosse* KCHR.;
ëben-heit *stf.* planities, possibilitas DFG. 440ᵃ. 449ᵇ.
ëben-hël *adj.* *übereinstimmend.* mit worten ebenhelle Ls. 1. 571, 433.
ëben-hëlfunge *stf.* so liest ROTH *denkm.* 47, 92 statt ebenheftunge.
ëben-hëlle *stf.* (I. 685ᵃ) *übereinstimmung* MAR.;
ëben-hëllec *adj.* *übereinstimmend* WACK. *pr.* 9, 23;
ëben-hëllen *stv. I*, 3 *übereinstimmen.* daz er machet sîner worte dône mit den werken ebenhellen schône WG. 9024. *vgl.* ebenhillen;
ëben-hëllunge *stf.* (I. 684ᵇ) *übereinstimmung* WACK. *pr.* 28, 67. 29, 50.
ëben-hêr *adj.* (I. 664ᵇ) *gleich vornehm, gleich herrlich mit dat.* ANEG. TRIST. SILV. GLAUB. 207. GEN. *D.* 1, 23. KCHR. *D.* 269, 8. WACK. *pr.* 1, 20. ERNST 5456. HPT. 2, 149. 7, 143. ERLŒS. 367. HEINR. 4358. PASS. *K.* 91, 20; *ebenso*
ëben-hêre *swm.* (*ib.*) *mit gen.* GEN.;
ëben-hêre *stf.* (I. 668ᵃ) *gleiche vornehmheit, das streben darnach* FREID.

ëben-hillen? *stn.* (I. 685ᵃ, 50) FRL., *wol für* ëbenhëllen *u. vielleicht die beichte* (geloube und ê, touf und ebenhillen 96, 11) *bezeichnend. vgl.* Ettm. *anm.*
ëben-hiuze *adj. swm.* (I. 694ᵃ) *ebenso munter, nacheifernd* WWH. MSH. 3, 192ᵃ. Ls. 3. 414, 468;
ëben-hiuze *stf.* (*ib.*) *begierde gleich zu stehen, nebenbuhlerschaft* WOLFR. NEIDH. (98, 30). MSH. 3, 220ᵇ. j.TIT. (1681. 1992). HEINZ. 132, 81;
ëben-hiuzen *swv.* (*ib.*) *intr. nebenbuhlerschaft üben* RENN.; *refl. mit dat. od.* ze einem, *sich mit frechheit an die seite stellen* NEIDH. (86, 23). MART. (lies 120, 74).
ëben-hôch *adj. ebenso hoch mit dat.* ein pfîlær, dem turne ebenhôch FLORE 4229;
ëben-hœhe *stf.* (I. 697ᵇ) *belagerungswerkzeug, das in gleiche höhe mit den mauern bringt* LAMPR. WOLFR. LIVL. KCHR. *D.* 525, 30. ERNST 1399. GFR. 635. KIRCHB. 795, 22. 798, 5. MONE 8. 484, 59. MICH. 3 *s.* 24 (*a.* 1338).
ëben-holt *adj.* (I. 704ᵃ) *gleich gewogen, freundlich* Ms.
ëben-hûs *stn.* (I. 738ᵃ) *das geschoss zu ebener erde* NEIDH. (43, 10 *u. anm.*). DWB. 3, 15.
ëben-junc *adj. gleich jung, dauernd* GEN. *D.* 10, 5.
ëben-klâr *adj.* (I. 836ᵃ) *gleich hell* LANZ.
ëben-kristen, -krist *stswm.* (I. 883ᵇ) *mitchrist* RUL. WALTH. MYST. (2. 450, 36. 451, 9). BERTH. 27, 10. 28. WACK. *pr.* 12, 69. MSH. 2, 174ᵃ. 3, 7ᵇ. ENGELH. 88. HELBL. 2, 1106. 8, 335. RENN. 3086. 15276. GA. 3. 366, 340. KOLM. 101, 8. VET. *b.* 18, 20. SWSP. 141, 24.
ëben-kunt *adj. ebenso kund.* mir ist daz mære ebenkunt DIETR. 9033.
ëben-kurz *adj.* (I. 917ᵃ) *gleich kurz* LANZ.
ëben-lanc *adj.* (I. 931ᵃ) *gleich lang* LANZ.
ëben-lant *stn. flachland* EILH. 6836.
ëben-lich *adj. gleich, auf gleiche weise* SPEC. 178;
ëben-lîche *adv. gleichmässig* EXOD. *D.* 162, 24.
ëben-lieht *adj.* (I. 1029ᵇ) *gleich glänzend* TRIST.
ëben-loufen *stn. gleichmässiges laufen.* sînes rosses ebenloufen j.TIT. 1310.
ëben-lûtende *part. adj.* (I. 1058ᵃ) *consonus* SUM.
[**ëben-man** II. 39ᵃ].
ëben-mâz *stn.?* *gleichmass, ebenbild.* niemer wirt, nie wart dîn ebenmâz (: wâz) WWH. 2, 13; *gleichnis,* nû hôrent guot ebenmâz MART. 30, 60;

ëben-mâze *stf.* (II. 206ᵇ) *gleichmass, ebenbild* Gerh. Barl. Pass.(357, 51.395, 16) mit ganzer ebenmâze Dietr. 8113. in gelîchen ebenmâzen Rab. 641, 6. der gotes heilikeite gît nieman ebenmâze j.Tit. 6038; *vergleich, gleichnis s. v. a.* bîspel Erinn. (147. 469) Barl. Griesh. (2, 100). Spec. 60;

ëben-mâze *adj.* (II. 207ᵃ) Glaub. *s. v. a.*

ëben-mæze *adj.* (II. 208ᵃ) *eben-, gleichmässig* Such. Bit. 2633. j.Tit. 4840. *ebenso*

ëben-mæzec *adj.* Bit. 12941. Mgb. 153, 27. 364, 20. 29. 481, 9. 493, 24. ebenmässige ochsen Gr.w. 2, 32;

ëben-mæzec-lîche *adv. gleichmässig* Mgb. 392, 12. 412, 26;

ëben-mâzen *swv.* (II. 211ᵇ) *vergleichen, gleichstellen* Rul. Barl. *mit dat. od.* ze (Gerh. 1276) Gen. D. 41, 7. Priesterl. 283. 741. Wack. *pr.* 8, 19. Serv. 3506. Jüngl. 1025. Hpt. 7. 357, 34. *vgl.* ebene mâzen *gleichmässig zielen* Troj. 3906. — *mit* ge-;

ëben-mâzen *stn.* (II. 211ᵇ, 22) Trist.;

ëben-mæzigen *swv. ausgleichen* Voc. 1482. *s.* Dwb. 3, 16.

ëben-mehtec *adj.* (II. 9ᵇ) *gleich kräftig, vermögend* Ms.

ëben-menden *swv.* (II. 52ᵇ) *intr. mit dat. mitfreuen* Physiol.

ëben-mensche *swm. mitmensch, nächster* Myst. 2. 486, 15. 616, 35. Vet. *b.* 18, 19. Ls. 3. 28, 186.

ëben-naht *stf.* (II. 301ᵃ) *tag- u. nachtgleiche* Karaj.; *pl.* vor des lenzen ebennähten Mgb. 194, 4. dannen abe bekennet man, daz ebennahte sint Diut. 3, 27. *vgl.* daz tac unde naht geebenôt wâren *ib.;*

ëben-nahtec, -nehtec *adj.* (*ib.*) *zur tag- und nachtgleiche gehörend* Gl. in den ebennähtigen zeiten Mgb. 120, 13.

ëben-niuwe *adj.* (II. 390ᵃ) *gleich neu* Ms. (*H.* 1, 110ᵇ).

ëben-rîche *adj.* (II. 688ᵃ) *ebenso mächtig, reich, prächtig mit dat.* Kchr. Er. Trist. Exod. D. 124, 30. Glaub. 206. Aneg. 33, 34. Troj. 40807, 47534. Zing. geo. 725.

ëben-ritter *stm.* qui æque est equestris dignitatis Oberl. 267.

ëben-ruotec? *adj.* und umb den êrschatz, ist es noch dôter hant, so gît er ebenruetige zinse, und noch lebender hant gît er halbruetige zinse Gr.w. 5, 540.

ëben-sâze *swm.* (II². 340ᵇ) *der gleichen sitz, gleichen rang hat* Gen.;

ëben-sæze *adj.* (II². 342ᵇ) *gleich sitzend, mit einem* (*dat.*) *gleichen rang habend* Gen.;

ëben-sæze *adv. gleichmässig, nach gleichem range.* daz er (salamander) erde bî dem viure muoz phlegen ebensæze (:gemæze) j.Tit. 2762.

ëben-schalc *stm.* (II². 76ᵇ) *mitknecht* Lit.

ëben-schœne *stf. gleiche schönheit.* daz er bî der sumerzît mit ebenschœne hielt den strît Gerh. 2306.

ëben-sëzze *swm.* (II². 338ᵇ) *s. v. a.* ebensâze Diem.

ëben-slëht *adj.* (II². 394ᵇ) *gleichmässig gerade, aufrichtig* Troj. Gerh. (2857) Bit. 7234. Pass.;

ëben-slëht *adv.* (II². 395ᵃ) *aufrichtig* Such.

ëben-spil *stn.* (II². 501ᵇ) *beispiel, ebenbild.* eines ebenspil tuon, *es ihm gleich thun* Frl.

ëben-starc *adj.* (II². 596ᵇ) *gleich stark, mit dat.* Walth.

ëben-strenge *adj.* (II². 675ᵃ) *gleich gewaltig, mit dat.* Troj.

ëben-swære *adj. ebenso schwer* Priesterl. 606.

ëben-teil *stm. gleicher antheil.* eines rîches ebenteil Hpt. 3, 444;

ëben-teilec *adj. auf gleiche weise theilhaft* Heinr. 3794. 4321.

ebentiur *stf. s.* âventiure (*vgl.* noch Pass. *K.* 62, 11).

ëben-tiure *stf.* (III. 40ᵇ) *gleich hoher wert* Diem. mit ebenteuer wider geben Np. 328; *oft in urk. mit der bedeut. sicherheit, unterpfand:* einen hof *etc.* ze ebenteuer setzen (*gewönlich* ze scherm und ze ebenteuer = ze scherm und gewer) Stb. 187. 213. 244. 252. Stz. 315. 316. 355. 599. Uhk. 1, 322. (*a.*1298). 2, 244. (*a.* 1332). Dm. 96. Usch. 154 (*a.* 1325). phant mit ebenteuer haben Ula. 91 (*a.*1301). daz (*geld*) dem gotshaus gwisse ebenteuer sei wider ditze satzen Ula. 50. 73 (*a.* 1290.95). *vgl.* Oberl. 268;

ëben-tiuren *swv.* die suln vier man ebentiuren, *als bürgen stellen* Dm. 21.

ëben-tiur-satzunge *stf. sicherheitsleistung, bürgschaft.* Uhk. 2, 144 (*a.* 1332).

ëben-tiurunge *stf. s. v. a.* ebentiure. so haben wir im zu dem paumgarten gesatzt ze rechter ebentewerung unser haus Usch. 258 (1357).

ëben-tragen *stv. I*, 4 (III. 72ᵇ) ebene *tragen* Gerh.

ëben-trehtec *adj. gleichmässig,* consimilis j.Tit. 6,1. Hpt. *h. lied* 142, 25. — *zu* trahten.

ëbenunge *stf.* (I. 409ᵃ) *das gleichmachen, ausgleichung, versöhnung* Msh. 3, 180ᵃ. Wartb.

61, 9. ERLŒS. XIII, 68. XV, 270. *oft bei* OT. die suon und ebenung Mw. 240 (*a.* 1311). mit einem ebenunge tuon UHK. 2, 25 (*a.* 1307). mit dem die eb. geschehen ist ULA. 78 (*a.* 1297). STZ. 448. die eb. leisten und behalten DM. 21. 44.

ebênus *m.* (I. 409ª) *ebenbaum* FLORE, TROJ. 30014. ALBR. 27, 18; ebânus 6104 *ff.* MGB. 321, 3; eibân *ib.* 321, 2. 3. 10.; *umged.* ebôm GERM. 8, 301; *vgl.* ebboum.

ëben-var *adj.* (III. 237ᵇ) *von gleicher farbe* BASL. *hs.*

ëben-vol *adj. gleichmässig voll* GEN. *D.* 85, 12.

ëben-wâc, -ges *stm.* (III. 645ᵇ) *die meeresfläche, die stille flut* (*lat.* æquor) ER. (*nicht* EN.) 7794;

ëben-wâge *stf.* (III. 647ª) *wage im gleichgewichte* HPT.

ëben-wahsen *part. adj.* (III. 462ª) *gleichmässig gewachsen* HERB.

ëben-wëc, -ges *stm.* (III. 639ª) *ebener gerader weg* ERLŒS. ein ebenwec mich hin truoc URST. 126, 63.

ëben-wette *adj. adv.* (III. 776ª) *gegenseitig nichts schuldig, quitt* HEINZ. Ls. daz ez wirt ebenwette MSH. 3, 310ª.

ëben-wîch-âbent *stm. vorabend des neujahrstages* CHR. 4. 30, 14. 15. ewîâbent MONE *z.* 18, 382 (*a.* 1315).

ëben-wîch-tac *stm.* (III. 8ª) *neujahrstag* STZ. 423. Mw. 327. USCH. 204. W. 53. CHR. 5. 6, 11.

ëben-wîhe *stf.* (III. 613ª) *fest der beschneidung Christi, neujahrstag* AB. (= GA. 3. 33, 15). von wihnahten unz ebenwîh GEIS. 416. zwischen ebwîh (*sic*) und lihtmes *ib. vgl.* SCHM. *Fr.* 1, 15.

ëben-wîle *stf. gleiche weile* EILH. 2543.

ëben-willec *adj.* (III. 663ᵇ) *gleichwillig, gleichgestimmt* TRIST.

ëben-wint, -des *stm. gleichmässiger wind* BÜCHL. 1, 353 *und Bechs anm.*

ëben-wîz *adj. ebenso weiss, mit dat.* LESEB. 152, 10:

ëben-ziere *adj.* (III. 875ª) *gleich schmuck, mit dat.* TRIST.

ëber *stm.* (I. 409ª) *eber* HARTM. WOLFR. GOTFR. ANNO 236. NIB. 881, 1. TROJ. 4221. KRONE 12170. j.TIT. 5755. LOH. 5414. 5743. KARL 64ª. 106ᵇ. WG. 3253. 10457 (*im wappen*). MSH. 1, 97ª. 2, 202ᵇ. MGB. 118, 15. 121, 7; *s. v. a.* bêr *zuchteber* AD. 980 (2. *s.* 157). ST. *a.* 1424. eber, ein herr unter den schweinen, aper, verres Voc. 1482. — *zu lat.* aper *oder daraus ent-* lehnt? *vgl.* GDS. 36. 57. 685. KUHN 10, 415. CURT. 1, 112. FICK 9;

ëber-borste *swf. eberborste. gelîch den eberborsten* j.TIT. 3099.

ëber-drische *stf. eberjagd?* in der ebirdrische sehs howinde swîn jagen GR.w. 6, 399.

ëbereize *f.* abrotanum DFG. 4ᶜ. WACK. *umd.* 56; eberitz Voc. 1482, *s. auch* eberwurz.

ëberîn *adj.* (I. 409ᵇ) *vom eber* REINH. (1937).

ëberlîn *stn. dem. zu* ëber. die wilden eberlîn. j.TAG 213.

ëber-spiez *stm.* (II². 496ª) venabulum DFG. 610ª.

ëber-swîn *stn.* (II². 795ᵇ) *s. v. a.* ëber NIB. NEIDH. TROJ. MSF. *s.* 308. GEO. 429. j.TIT. 3318. LOH. 5557. BIT. 12139. DA. 412. KOLM. 127, 4. GERM. 12. 36, 204. GA. 1. 55, 529. GR.W. 5, 68.

ëber-wurz *stf.* (III. 829ª) *eine distelblume* GL.; eberwurz oder eberitz, abrotanum. Voc. 1482.

ebich *adj. s.* ebech.

ebiz, ebitz, ewitz *stm.* arulla Voc. 1482. *vgl. der* ebütz, *abfall oder ungeniessbares von obst oder gemüse* SCHM. *Fr.* 1, 318 *u.* grobiz.

ebôm, eboum *s.* ebênus, ebboum.

ê-brëchære *stm.* (I. 243ª) *ehebrecher* j.TIT. 6101. HELBL. 2, 968, 984. TEICHN. 184. EVANG. *L.* 18, 11. êbrecher FRL. BERTH. (313, 8). RENN. 7392. MGB. 209, 8;

ê-brëchærinne *stf.* (*ib.*) *ehebrecherin* BERTH. (327, 31). RENN. 15828. (êbrecherîn 12857). HELMSD. 22ᵇ. MGB. 451, 27. 493, 33;

ê-brëchen *stn. ehebruch* BERTH. 209, 6. TEICHN. 184. EVANG. *M.* 15, 19. *Mr.* 7, 21. ebenso

ê-brëchunge *stf.* (I. 243ª) DFG. 14ᶜ. EVANG. *Mr.* 10, 11. *J.* 8, 3. 4.

ëbrêisch *adj. adv. hebräisch* EVANG. 250ª. *s.* âbrahæmisch.

ebri *stf. s.* æberi.

ebtischin *stf. s.* eppetisse.

-ec *suffix* (I. 409ᵇ) *zur bildung von adjectiven. vgl.* BOPP *gr.* §. 951.

ecclesie *f.* ecclesia PASS. *K.* 53, 2.

-ech *s.* -ach.

ech *swm. echinus, ein fisch* MGB. 251, 6.

ëchelen *swv. s.* ërkeln.

ëcht *adj. stfn. s.* êhaft.

ëchte *stf. s.* âhte.

ëchte-lôs, ëcht-lîche *s.* êhaftlôs, êhaftlîche.

echzen *swv. s.* achzen *u.* KOLM. 128, 19.

ecidemôn *stn.* (I. 409ᵇ) *name eines thieres* PARZ. WWH. 379, 26. 444, 8. j.TIT. 2959. 3311. 3705. ezidemôn WARTB. 31, 7. 35, 8. essydemôn

Loh. 27. 68. deʒedemôn Wartb. 159, 7. — *nach* Lucas (*über den wartburgkrieg s.* 177) *aus δεισιδαίμων.*
ecke, egge *stswf. stn.* (I. 409ᵇ) *das f. ist vorherschend: schneide einer waffe* Nib. Parz. Walth. *u. a. doch nicht bei* Hartm. (diu ecke Bit. 651. daʒ ecke und die snîde bieten Krone 15512. ich biute dir sîn ein eggen Heinz. 106, 164. swertes ecke Herb. 12442); *gewönlich im pl. wegen der zweischneidigkeit des schwertes* mit den scharfen ecken Gr. Rud. 14, 3. mit des swertes ecken Loh. 5595. Msh. 2, 78ᵃ. mit den brûnen ecken Herb. 13034; *spitze*, in sînen lîb si slûgen die scharfen ecken Pass. K. 122, 69; *ecke, kante, winkel* Parz. Trist. Lanz. Renn. umb die ecke entwîchen Er. 9259. treten ûf angers ecken Msh. 3, 187ᵃ. an einer ecken *ib.* 2, 10ᵃ, jârlanc gruonet loup al über egge vil schöne ze walde Neidh. XVIII, 21. daʒ loup über egge kiust man bî den tolden *ib.* XXI, 7 (*vgl.* Dwb. 3. 23, 5). an allen ecken Ls. 1. 377, 104; *stn.*: Alph. 78, 1. Bit. 10839. Hpt. 8, 445. *h. lied* 49, 17. 20. Kell. *erz.* 106, 24. 30. er habt ûf dem ecke dort Apoll. 19647. *s.* Germ. 9, 366. — *zu gr. ἀκή, lat.* acies, acus Curt. 1, 101. Dwb. 3, 22;
ecke *adj. in* aht-, drî-, vier-ecke;
eckeht *adj.* (I. 410ᵃ) *eckicht, mit scharfen spitzen* Pass. K. 673, 68.
eckel, ekkel *stm.* (I. 410ᵇ) *stahl (von der schneidenden schärfe).* von dem hundert eckels 5 pfenn. zu zoll Urb. B. 2, 480, *Pf.* 205; *schwert*, dâ lieʒen si vil drâte die liehten ekkel schînen Ernst B. 3443. mit den eckels orten 3676; *andere belege bei* Schm. *Fr.* 1, 33.
eckelîn *stn. dem. zu* ecke *stückchen, endchen* Mgb. 98, 20.
eckeln *swv.* (I. 410ᵇ) *stählen.* ein swert daʒ gehertet und geeckelt ist Ot. *c.* 712.
eckel-stein *s.* hechelstein.
ecken *swv.* (I. 410ᵃ) *intr. als* ecke *hervorstehen* Ls.; *tr. eckicht machen* (*in* vierecken), *in einen winkel bringen*, ich wil in hindern oven ecken Kolm. 89, 3. — *mit* ûʒ.
ecker *s.* ackeran, eht.
eckerlîn *stn.* aggellus Dfg. 17ᵇ.
ecker-varch *stn. pl.* eckerverher *mit eicheln gemästete schweine* Chr. 5. 243, 24.
ecke-sahs *stn.* (II². 24ᵇ) *name eines schwertes, schreckensschwert* En. — *zu ege s.* Germ. 4, 138. *hieher?* so er von eppen ax clafft, das hat er in der schuol gelernot Netz 11762.
ecke-slôʒ *stn.* fortalicium Chr. 3. 37, 4.

ecke-stein *stn.* (II². 614ᵃ) *eckstein eigentl. u. bildl.* (En. Heinr.) Rul. Gudr. des sales eckestein Bit. 9634. die eckestein an dem türlîn Apoll. 1218.
ecke-wëc *stm.* eckweg Mone *z.* 8, 353.
eckrit = ackeran Gr. w. 1, 353.
eculier *stm. schildknappe.* eins fursten eculier (:vier) Altsw. 229, 3. — *aus fz.* écuyer.
ede-bar, -bere *swm. s.* odebar.
e-dëhse *f. s.* egedëhse.
edel, edele *adj.* (I. 8ᵇ) *von gutem geschlechte, adelich, edel; ausgezeichnet in seiner art, herrlich, kostbar. allgem., s. noch* swer von mâgen edel sî, der won edeler tugende bî Msh. 2, 321ᵇ. nâch geburt edel Pass. 368, 64. edele herrn sint alle tôt Warn. 1692. dem edeln gote Herzm. 176. ein edeleʒ herze Engelh. 1013. von edeln wurzen Flore 4420. boum edel von art *ib.* 4431. — *zu* adel;
edel *stf. s.* edele.
edel *stn.* (I. 8ᵇ) *s. v. a.* adel Er. (4454, *könnte auch f. sein, denn die hs. hat* edle) Such. Buch *d. r.* 248 (*oder f.*), sîn edel geriet im daʒ Hpt. 7. 355, 28;
edel-arm *adj.* (I. 58ᵃ) *von geburt u. gesinnung edel aber dabei arm* Er.; *vgl.* die edelen armen Freid. 40, 16.
edel-boum *stm. s.* erlenboum.
edele *adj. s.* edel;
edele, edel *stf.* (I. 9ᵃ) *edle abstammung, art* Ms. Freid. dâ ist diu edele gar verlorn Lieht. 531, 7. igelîcheʒ gevugele nâch sîner edile (*art*) Fdgr. 2. 128, 4. durch sîne edel er eʒ (daʒ krût) treit Warn. 1944; *das vorzüglichste, grösste* von unmæʒiger edeli zîtlîches lîdens Griesh. *denkm.* 46;
edelec *adj. zu folgern aus*
edelec-heit *stf.* (I. 9ᵃ) *adlichkeit, vorzüglichkeit* Roth. 2393. edelicheit Gr. Rud. 7, 3; edellicheit Crane 1699, Holle *Dem.* 170 (*od.* edellîcheit?); *gewönlich* edelkeit Trist. Barl. Ernst B. 694. Bit. 4380. Troj. 3145. 4279. Wg. 1419. Helmbr. 507. Geo. 1974. j. Tit. 4663. 4813. 4822. 5035. 5916 *etc.* Msh. 2, 387ᵃ. 3, 40ᵃ. Msf. 126, 9. Pass. 47, 37. 148, 14. 237, 11. 291, 39. 338, 17. 91 *etc.* (*edle gesinnung:* K 255, 79. 321, 26) Elis. 2579. 6570. 8794. Myst. (2. 382, 29 *ff.* 644, 11). Karlm. 9, 46; iuwer edelkeit *tituliert der rat von Basel den grafen Hans von Freiburg-Neuchatel* Don. (*a.* 1425). *vgl.* edelheit.
edelen, edeln *swv.* (I. 9ᵇ) adelen Rsp. 1933. *intr.* hin ed. nâch einem, *ihm nacharten.* dîn

hôher muot swederthalp der edelt hin nâch dînem vater oder nâch mir WwH. 342, 25; *tr. edel machen* ER. TRIST. swie hôch got mensche und engel hât geedelt j.TIT. 9. diu minne edelt die gebære GERM. *H.* 8, 297. dâ von diu wîp sint geedelt HADAM. 671. mîn bluot ist geedelt wol Aw. 3, 158. diu sêle—nâch der gotheit gebildet und geedelt BERTH. *Kl.* 240; *refl. eine edle art annehmen* FRL. maneger edelt sich als der mûsar COD. *pal.* 341 *f.* 124ᵉ. — *mit* ent-, un-, ver-.

edel-guot *adj.* ritter edelguot LIEHT. 82, 11. *vgl. zu* NIB. 1107, 3.

edel-heit *stf. s. v. a.* edelecheit BLIK. 214. KARLM. 162, 11.

edel-hërre *swm. edelmann* ÖH. 106, 29.

edelinc, -ges *stm.* (I. 9ᵃ) *sohn eines edelmannes* ELMEND. KARL, Ms. KCHR. *W.* 4571. JER. 65ᵉ. 92ᵇ. 155ᵈ *etc.* CHR. 4, 61, 25; 5. 23, 31. 91, 13.

edelkeit *s.* edelecheit.

edel-kint *stn.* camillus VOC. 1482.

edel-kleide *stn.* ed. oder zendel, sindo VOC. 1482.

edel-knappe *swm. edelknabe* LOH. 599.

edel-knëht *stm.* (I. 852ᵃ) *edelknabe, diener aus einem edeln geschlechte, der ritter werden kann.* mich mache ein edelkneht ê zeinem wîbe. ein edelkneht wirt mir der ze teile NEIDH. LII, 7 *f.* ich Hans Wilhelm von Girsperg, edelknecht AD. 1259. der veste edelkn. jungher Heinrich GR.W. 3, 419 *u. oft in urk.; nicht compon.* edel kneht HELBL. 3, 297. 8, 31. die vesten edeln knechte AD. 1218.

edel-lêhen *stn.* feudum nobile HALT. 254.

edel-lich *adj.* (I. 9ᵃ) *edelartig, vorzüglich, herrlich* TRIST. von arte edellich ALBR. 22, 839. sin edellîche form LOH. 6237. edellîchiu tât TROJ. 20504. — *aus edel u. lîch od. umlaut von* adellich? (WACK.);

edel-lîche, -en *adv. (ib.)* GSM. MYST. (2. 375, 8. 508, 37). LOH. 1439. j.TIT. 6119;

edel-lîcheit? *stf. vgl. oben unter* edelecheit *die beisp. aus* HOLLE.

edel-liute GR.W. 1, 396 *pl. von*

edel-man *stm.* (II. 39ᵃ) *edelmann* NARR. der voigt mag das selb (ungeboten ding) mit einem ritter oder edelman besitzen, doch dass der ritter selbdrit und der edelman selbander komme GR.W. 1, 495 (*a.* 1425).

edel-müetec-heit *stf.* (II. 260ᵇ) *edle gesinnung* BON.

edel-rîche *adj.* (II. 688ᵇ) *kostbar, nach art der edeln* Ms. ALBR. 15, 129.

edel-sanc, -ges *stm.* ir solt mit edelsange (*gleich darauf mit* edelm sange) ze himelrîche gân. guot edelsanc ist ie und immer gote wol gevallen KOLM. 76, 28 *ff.*

edel-stein *stm.* (II². 614ᵃ) *edelstein* MYST. diz büechlîn mag der edelstein wol heizen BON. *vorr.* 64. panxilenus, edelstein der zu und abnimpt als der mân VOC. 1482;

edel-stein-wurker *stm.* gemmarius VOC. 1482.

edel-süeze *adj.* (II². 752ᵃ) FRL. *vgl.* ER. 4175.

edel-tuom *stm. adel* WG. 864. 3906.

edel-valke *swm.* (III. 216ᵇ) *edelfalke* MF. 184, 68. GERM. 6, 90.

edel-vrî *adj.* (III. 402ᵇ) *adelich frei* KL. *vgl.* GFR. 1764 *u.* adelvrî.

edel-wæt-lich *adj. edel u. schön* ER. 7210.

êdemen *swv. s.* âtemen.

êden *swv. s.* eiten.

ê-denst *adv. vorher* HEINR. 396. 1628. 2209. 3807. *verderbt aus* ê dës? *vgl. auch von* êde, êdenlîche TROJ. *M.* 5094. 5117 *wofür bei K.* 5098. 5121 von ende, edenlîche.

eder-boum *stm.* hedera, edera SCHM. *Fr.* 1, 38; *umgedeutscht* erdeboum DIEF. *n. gl.* 144ᵇ. ertboum MGB. 321, 24.

eder-wurz *stf. s.* âderwurz.

eder-zûn *stm. s.* eterzûn.

ê-doch *adv. s.* iedoch.

ê-dürftige *swm.* (I. 364ᵇ) *der notwendig etw. bedarf, der wirklich arme* MYST.

êe *stf. s.* êwe.

ê-fatt *s.* êvade.

efelinc *f. eine krankheit.* die ander haist die efling FASN. 684, 23. *vgl.* afel.

effede *stnf.? thorheit.* in dûchte gar ein effede ELIS. 486;

effelîn *stn. dem. zu* affe APOLL. 13467. 19671. KOLM. 8, 156;

effeln *swv.* hasen effeln, *ein hazardspiel* MONE *z.* 7, 64 (15. *jh. Konstanz*).

effen *n. s.* ephich.

effen *swv.* (I. 11ᵃ) *prät.* afte, efte, *part.* geaffet, gaffet, geeffet, geffet *äffen, narren* WWH. IW. FREID. (83, 5 *fordert der doppelte reim* affen *wie auch in der zweiten ausg. steht*) PASS. LIEHT. 590, 2. j.TIT. 4234. TROJ. 2439 (:treffen). WG. 11694. SWSP. 419, 4. — *mit* er-, ver-; *vgl.* affen *u. die nachtr. dazu*;

effen *stn.* und du mit im wilt effens spiln HÄTZL. 2. 8, 146.;

effen-lich *adj. s.* affenlich (daz ist vil effenlîch ein dinc MARLG. 56, 67);

effer *stm. s.* affære.

effern *swv. s.* avern.
effinne *stf. s.* affinne.
egarte *f. s.* egerde.
ege, egde *swf. s.* egede.
ege *stfm.* (I. 410ᵇ) *furcht, schrecken* KCHR. TUND. KRONE (alsolche ege die vürhte ich vil kleine 15082. wan daʒ sîn bilde gît ein ege dem, der in ane siht 10706. der guoten vröude ist arger ege 22620). — *gt.* agis *n.*, agan *sich fürchten zu skr.* anhas *angst, gr.* ἄχος, ἄγχειν, *lat.* angere. *vgl.* Z. 1, 4. GSP. 29 *u.* enge.
ege-bære *adj.* (I. 411ᵃ) *schrecklich* EXOD. BARL. ENGELH. TROJ. 9846. 12857. 25015. SILV. 4763. ZING. *geo.* 525. MART. 203, 71. VET. *b.* 60, 15. agbære TÜRH. *Wh.* 143ᵃ; *vgl.* egesbærec. *ebenso*
ege-bær-lich *adj.* (*ib.*) MART. 73, 91. 105, 98; *s.* egesbærlîche.
ê-gëber *stm.* (1. 507ᵃ) legislator GL.
egedære *stm.* (I. 410ᵇ) *der egger* GL.;
egede *swf.* (*ib.*) *die egge.* sât diu ist verdient als diu egede dar ab gât. SWSP. 415, 9. SSP. 2. 58, 2; 3. 76, 4. egte LS. 1. 538, 65. 542, 588. egde, traba sarpa erpica VOC. 1482; *gewönlich contrah.* eide HELBL. HELMBR. TEICHN. 37. ALBR. 32, 175. SWSP. 181, 10; *verkürzt* ege HÄTZL. 1. 35, 44. FASN. 247, 7. — *zu* egen.
ege-dëhse *stswf.* (I. 411ᵃ) *eidechse* KARAJ. RENN. 7361. eggedes ALBR. 455ᵃ. egedehse *sw.* MONE 7, 609. egdehs *sw.* MGB. 260, 8. 274, 9. 24. 29. edechs VOC. 1482. eggaisse ÖH. 8, 31; *contrah. pl.* die eidehsen APOLL. 9071. 10965. egeles HPT. 5. 415, 82. eigeles, eles DFG. 314ᶜ. *vgl.* DWB. 3, 32. 83. KUHN 6, 187 *f.* KWB. 55.
egede-ros *stn.* egdeross oder ackerpferde, epicarius VOC. 1482.
ëgele, ëgel *swf.* (I. 411ᵃ) *blutegel* GL. MGB. 306. 24. 307, 4. JER. 20ᵃ. *vgl.* KUHN 6, 185 *ff.* WEIG. 1, 164.
egeles *s.* egedëhse.
ëgel-gras *stn.* aconitum DFG. 10ᵃ.
ëgel-hûs *stn.* (I. 738ᵃ) coclea GL. — *vgl.* snëgelhûs.
ege-lich *adj.* (I. 411ᵃ) *schrecklich* GEN. TUND. GRIESH. VET. *b.* 62, 29; *s.* egeslich.
ê-gëlt *stn.* (I. 523ᵃ) *mitgift.* der tochter ze heimstewer und eegelde geben zehen tûsent schock behemischer grossen Mz. 4, 129. 310. *vgl.* HALT. 255. OBERL. 278.
ê-ge-mechide *stn.* (II. 17ᵇ) *ehegemal, mann wie frau* AUGSB. *r. W.* 293. MONE *z.* 8, 33. die êgemechde jungher Ulrich und frow Gredenlin AD. 1287 (*a.* 1423). *s.* gemachide.

egen *stf. s.* agene.
egen *swv.* (I. 410ᵇ) *eggen* PARZ. eggen GR.W. 3, 715. — *zu lat.* occare; *vgl.* DWB. 3, 32.
ê-ge-nôʒe *swm.* (II. 398ᵃ) *gatte* PASS.
eger, aquaria (GL. *bei* SCHM. 1, 38) *und wol daraus entstanden.*
egerde, egerte *swf.* (I. 411ᵇ) *brachland* KINDH. HELBL. MSF. 30, 10. MART. egerda GL. *Wiesb.* 912ᵇ. egerde URB. 76, 17. Mz. 1, 421. 442. 488. 510. 563. *pl.* die egerdun MONE *z.* 10, 233 (*a.* 1288). egerte TUCH. 421, 27. FASN. 144, 19. egarte MH. 2, 742. gerte MYST. *die im* WB. *aus den* WEIST. *angeführte form* egde *ist wol =* egede (*s.* dürnen), *freilich hat auch* FRISCH 1, 15ᵃ *neben* ägerte, ägete *ein* egde. — *die etymol. des wortes ist noch nicht aufgehellt:* SCHM. 2, 70 *löst es auf in* ê-garte (ê = *früher, vormals u.* garte *m., aber* egerde *ist nie m. sondern immer f.!*); *ebenso* THOMAS *bei* BIRL. 135ᵃ *nur dass er* ê *auf* êwe, ê *zurückführt „gesetzlich gemeinsamer grund u. boden eines dorfes, den man gewönlich zur viehweide oder sonst unbebaut liegen liess", weil man in der Bar noch heute die almende* egerte *heisse; im* DWB. 3, 34 *endlich wird es als* ê-gerte (gerte, *virga*) *aufgefasst, gesetzlich eingezäuntes land, u. damit* êvade *verglichen. ich kann nur* BIRL. (135ᵇ) *bemerkung bestätigen, dass die heutigen mundartl. formen durchaus nicht auf altes* ê, *sondern auf* ë *weisen* (*vgl.* KWB. 109). *schwerlich* (*wie schon das* WB. *meint*) *ist es ein compositum u. wenn später* ehegarten, eggegarten (*encyclop. wb.* Zeiz 1793 I, 189) *geschrieben wurde, so sind das eben versuche, das alte dunkle wort zu erklären.*
ê-ge-rihte *stn. s. v. a.* êhafteʒ g. *gebotenes gericht.* die drî êgericht im jâre GR.W. 1, 143. man sol all jar zwai êg. haben, ains zuo herbst und das ander zuo meienzît *ib.* 234.
egerlinc *stm.* boletus DFG. 78ᵃ.
egerte *s.* egerde.
ege-sam *adj. schrecklich* KCHR. *W.* 10801. 10833; *s.* egessam. *ebenso*
eges-bærec *adj.* (I. 411ᵃ) *contr.* eisbærec DIUT. (*gebet aus dem* 12. *jh.*);
eges-bær-lîche *adv.* (*ib.*) *schrecklich* BON.
ê-ge-selle *swm.* (II². 30) *ehegatte* ALBR.
ê-ge-siunec-lich *adj. früher sichtbar, alt?* êgesûneclîke tugend HPT. *h. lied* 6, 6.
eges-lich *adj.* (I. 411ᵃ, 18) *schrecklich, furchtbar, abscheulich* RUL. 141, 30. 164, 6. 272, 21. 279, 24. 292, 27. RUD. HIMLR. 164; *contr.* eis-

lich Iw. NIB. TUND. 52, 62. ANTICHR. 116, 21.
ERNST 2686. APOLL. 1006. SERV. 2526. DIETR.
5708. KRONE 26311. GA. 2. 605, 383. 640, 104.
STZ. 40 (ein aisleich urtail). MARLG. 112, 41.
HERB. 17920. ELIS. 9385; eistlich BEH. 58,
11. — *zu egese, s.* egelich;
eges-lîche, -en *adv. (ib.) schrecklich etc.* RUL.
245, 25; *contr.* eislîhe ERINN. Iw. NIB. 1672,
4. RAB. 624. SCHRETEL 318. eislîchen ENENK.
352;
eges-lîcheit *stf.* eislicheit, distortio DFG. 187ᶜ;
egesôt *stf.* (I. 411ᵃ) *s. v. a.* egese DIUT. *(gebet aus dem* 12. *jh.);*
eges-sam *adj. schrecklich, contr.* eissam
ELIS. 2307. 2969. *s.* egesam *u. vgl.* WEINH.
schles. wb. 17ᵃ. BECH *beitr.* 6.
ê-gëster *adv.* (I. 500ᵃ) *vorgestern* ER. LAUR.
727. MYST. 2. 114, 33. *vgl.* GDS. 657.
ê-ge-verte *swm.* (III. 257ᵃ) *ehegenosse*
(FRAUENTR. 622).
eggaise *s.* egedëhse.
egge *s.* ecke.
eggedes *s.* egedëhse.
eggen *swv. s.* egen.
egge-schâf *stn. s.* schâf.
êgiptisch *adj.* mit êgiptiskem rîchtuome GEN.
D. 100, 9.
egle *m.* perca DFG. 424ᶜ. *s.* ag *u.* DWB. 3, 35.
ebenso
eglinc *m.* DFG. 424ᶜ.
ê-grabe *swm.* (I. 562ᵃ) *vertragsmässig gezogener graben* WEIST. (4, 304).
egte *s.* egede.
ê-haft *adj.* (I. 451ᵇ) *gesetzlich, rechtsgültig.*
êhaftiu nôt *gesetzl. hindernis (zum erscheinen vor gericht)* Iw. KARL, HELBL. MSF. 89,
36. APOLL. 3961. GEO. 31. HPT. 11. 499, 251.
BASL. *r.* 40. SWSP. 29, 11. 171, 5. 176, 20. DSP.
1, 103 *u. oft in urk. z. b.* AD. 608. DM. 21.
MZ. 2, 378. 493. 3, 351; êhaft dinc, teidinc
judicium legitimum HALT. 255. MW. 217, 100.
ebenso êh. gerihte GR.W. 3, 616.; *md. zusammengez. (aus älterem* êhacht*)* ëcht, *auch für ehelich geboren* SSP. *s.* 136; æchteʒ eigen
STB. 127 *(a.* 1314; *wenn nicht fehler für* rechteʒ?); *adv.* sô bûʒe wir echt (: recht) dar unde
dar KROL. 2703);
ê-haft *stn. md.* ëcht (I. 413ᵇ) *gesetzmässigkeit,*
eheliche geburt SSP. 3, 28; ehe *ib.* 3, 27. LEYS.;
ê-haft, -hafte *stf.* (I. 451ᵇ) *rechte u. pflichten einer gemeinde u. gegen dieselbe* MZ. 1, 248.
249. 361. 389. 402. 470 *etc.* MH. 1, 224. 2, 173;
s. v. a. êhaftiu nôt DH. 338. USCHB. 23. EA.
135. *s.* HALT. 258 *ff.*; *md.* ëcht *auch für* ehe
OBERL. 270;
ê-haftic *adj.* (I. 452ᵃ) *rechtsgültig* BARL. HÄTZL.
êhaft. nôt Mz. 1, 474. 527 *s.* 447. 4, 191. ëheftigi nôt *ib.* 1, 527 *s.* 448. wir teilen deine
kinder zu êhaftigen weisen GR.W. 3, 605.
ê-haft-lôs *adj. md.* ëchtelôs *der rechte beraubt, die* echte *geburt oder ehe gibt* SSP. 1.
51, 1. 3, 28.
ê-haft-lîche *adv. md.* ëchtliche *gesetzmässig*
SSP. 1. 3, 3.
ê-halte *swm.* (I. 623ᵃ) *der das gebot eines andern hält, ein vertragsverhältnis beobachtet,*
dienstbote BERTH. SWSP. 215, 7. MW. 140, 60
(a. 1281). NP. 29. CHR. 1. 174, 20. 374, 6. 2.
320, 14. FASN. 168, 8. *s.* HALT. 260. KWB.
132; — *im Wertheimer stadtrechte* (MONE *z.*
4, 160 *a.* 1466) *hat* êhalten *die bedeut.* ehe-
leute *u. wechselt mit* êliute;
ê-haltec *adj.* (I. 623ᵇ) *das gesetz haltend, gehorsam* DIEM. LIT.;
ê-haltec-heit *stf. haltung, befolgung des gesetzes* HPT. 8, 143. MONE 8, 527;
ê-haltec-lîche *adv.* (I. 623ᵇ) *dem gesetze gemäss* WINDB. *ps.*
eher, äher *stn.* (I. 411ᵇ) ähre GEN. GRIESH.
echer CHR. 4. 74, 5. 103, 9. 226, 24. 313, 33.
uber kornes ar, die stunden ungebogen dar
ALBR. 22, 753. — *gt.* ahs *zu gr.* ἄκρος, *lat.*
acer GSP. 348. DWB. 1, 191;
ehеrære *stm.* ährenleser WACK. *pr.* 56, 378.
380. MONE 4, 367; die êrer, die in felde geen,
verbieden, bisʒ die ern inkommet FRANKF.
bürgermstb. v. 1446 (III. *p.* Kilian.);
eheren *swv.* frugidemiare DFG. 249ᵃ *(auch*
ahern), *ähren lesen* RENN. 15883. 87. WACK.
pr. 56, 379. 381. MONE 4, 367.
ehir *adv. s.* êr.
ehkontîus (I. 411ᵇ) *eine giftige schlange* PARZ.
ehkurneis *m.* (I. 412ᵃ) *mfz. beiname des hl.*
Wilhelm, fz. au court nez. WWH.
ê-hof-stat *stf.* hofstat mit baurecht GR.W. 1,
34. 35. 4, 302.
ê-hof-teil *stn.* (III. 22ᵃ) *eingezäunter raum*
(hofreite) *einer* êhofstat WEIST. *s.* MONE *z.*
5, 101.
ê-holz *stn.* in den frônwelden oder êhölzern
GR.W. 5, 170. *silva lege prohibita* HALT.
260.
ehs, ehse *stf. s.* ahse;
ehsen *swv.* (I. 14ᵃ) *mit einer achse versehen*
FRL. MS.
ehs-sil *swm.?* an der achse befestigtes riemen-

werk. wâ strickleder und ehssil? HÄTZL. 1. 35, 46.

-ëht, -ëhte, -oht (I. 412ª) *bildungssilbe für adjectiva* GR. 1, 334. 2, 381.

eht, êt; oht, ôt *adv. und conj.* (*ib.*) *allgem. u. zwar als adv. bloss, nur; den begriff eines einzelnen wortes hervorhebend* (*nun, einmal, eben, doch*) *bes. bei imper., wünschen und fragen; als conj. wenn nur, nach compar. als, s. v. a.* danne. — *aus ahd.* ekkhorôdo, ekrôdo, ecchert *zusammengezogen* (WACK.); *vollere formen sind noch:* ockert LEYS. MGB. 152, 20. 443, 21 *var.* GR.W. 5, 626. VILM. 290. ockers PASS. GERM. 3, 336. ERLŒS. 5001. ecker KARLM. 66, 1. 195, 32. eckers HANS 422. acht GR.W. 5, 151. *dass wir in êt ôt langen voc. haben, ergibt sich schon aus der contraction, auch ist, nach Wackernagels mitteilung, in einer Basler hs. regelmässig* ôt *geschrieben*.

eht, ehte *num. card. s.* aht.

eht, ehte *stfn.* (I. 413ᵇ) *s.* ëcht *unter* êhaft.

echter *s.* ëter.

êhter *stm. s.* æhter.

ehterin *stf. s.* ahterin.

ehtewer *pl.* die ehtewer, *collegium von acht mitgliedern* (*einer zunft*) MONE *z.* 15, 54. 18, 14.

ehtic *adj. s.* ahtec.

ei = î *bair. österr. vgl.* WEINH. *b. gr. §.* 78. GERM. 2, 252. 12, 53.

-ei *ableitungssilbe* (I. 413ᵇ) *aus rom.* ia *z. b.* aptei *aus* abbatia

ei *stn.* -es, -ges (*ib.*) *pl.* eier *u.* eiger (*sehr oft* Mz. 1) *das ei* TRIST. ENGELH. BON. veste als ein ei KOL. 77, 2. stein als grôz als ein hennen ei SWSP. 359, 12. sanc ze bodeme als ein ei MSH. 3, 96ᵇ. in allen waʒʒern suochet den grunt ein ei denne in des mers besunder, dâ swimmet eʒ ob, daʒ ist ein wunder RENN. 19661. diu wîʒe hût am eige HPT. 8, 41. vor zorne muoʒ ich zabelen als ein kint, dem man daʒ ei versaget MSH. 2, 7ª. rô eier BUCH *v. g. sp.* 4. hundert eier in einem smalz gebacken MSH. 3, 311ª. verlorne eier (*speise*) LEITB. 96ª. UKN. *einl.* XLIV. *anm.* 8. eier eʒʒen (*regeln dafür*) TANH. *hofz.* 93 *ff.* der gouch iʒʒet der grasmücke eier FREID. 143. 24. swer sich ze lange wolde soumen, dem muoste von eiern troumen TÜRH. Wh. 78ª. der ist ein tôr sicherlich, der sîne eier wannet Ls. 3. 561, 11. *vergleichung des eies mit firmament* (*schale*), luft (*eiweiss*) *und erde* (*dotter*) BERTH. 392, 25 *ff.*; — *bildl. das geringste*, niht ein ei gar *nichts, zur verstärkung der negation s.* ZING. *neg.* 432 *ff.* PASS. K. 713ª. — *zu gr.* ὠόν, *lat.* ovum CURT. 1, 359. 2, 185.

ei, eiâ *interj.* (I. 414ª) *verwunderung, freude u. klage ausdrückend* IW. TRIST. GEO. *u. sehr oft in der* ERLŒS. (*zu* 1280) *u.* ELIS. (369ᵇ). — *aus* ai, ahî. *s.* DWB. 3, 73.

eib *stm.* ibis haiʒt ain eib MGB. 201, 23.

eibân *stm. s.* ebênus.

eich *stf.* (I. 414ª) *eiche* RENN. 15763. 18336. TROJ. 34752. HPT. 7. 380, 1. MGB. 343. ALBR. 20, 79. 24, 8; eiche GEN. *D.* 70, 13. der cent zu der eiche (*gerichtseiche*) GR.W. 3, 553. den fride stête halden, die wîle eiche und erde stêt FREIBERG. 194. — *vgl.* DWB. 3, 78;

eichach *stn.* (*ib.*) *eichenwald*, illicetum DEG. 209ᵇ. daʒ aichach bî Naʒʒenvels Mw. 222 (*a.* 1300).

eich-apfel *stm.* galla VOC. 1482.

eiche *stf. s.* îche.

eichel *swf.* (I. 414ª) *eichel* GL. RENN. 5883. 18339. APOLL. 16726. MGB. 343, 19. es sol keiner eicheln in dem walde swingen MONE *z.* 3, 409. in eichel wîs *j.* TIT. 4820. in eichel wîs teilen, *in gleiche theile teilen* RA. 480, *vgl. dazu:* in aicheln weis gleich erben und tailen ST. (*a.* 1535). in aichels weis, als manig mund als manig pfund, mit aiṇander erben und abteillen *ib. a.* 1559 *u. ähnlich öfter im Stühlinger stadtr. v. j.* 1527 (*mitteil. Birlingers*).

eiche-lich *adj.* (I. 415ᵇ) *s. v. a.* eigenlich *zu* eichen? PASS.

eichelîn, eichel *stn.* glandula MGB. 93, 7. 121, 28; von dem aichel oder weinperl, daʒ ist ain klaineʒ flaischel hinten in dem mund *ib.* 16, 33.

eichen *swv. s.* îchen.

eichen *swv.* (I. 414ᵇ) *zusprechen, zueignen* MART. — *zu gt.* aikan *sagen, lat.* ajo (*aus* agjo) *vgl.* GR. 3, 764. DIEF. 1, 17. GSP. 489; *ebenso eichenen swv.* (*ib.*) GEN.

eichen-loch *stn. eichenwaldung?* CHR. 5. 260, 7. *s. anm.* 1.

eichen-reif *stm. reif von eichenholz* MONE *z.* 1, 175.

eichen-wide *f. strang aus eichenzweigen* GR.W. 2, 30.

eicher *stm. s.* îcher.

eicher (I. 414ª) *spriolus* = aspriolus *ist verkürzt aus* eichorn. *s.* DFG. 54ᶜ.

eicher *stm.* in einen eicher (*hölung eines eichenbaumes?*) erʒ beslôʒ Ls. 2. 575, 31.

eich-gëlt *stn. s.* îchgelt.

eich-horn *stn. s.* eichorn.

eichîn *adj.* (I. 414ª) *eichen* WALTH. LIEHT. 260, 5. DRACH. *Casp.* 106. LS. 2. 504, 57. GA. 1. 44, 128; 2. 605, 394. 606, 429. MGB. 309, 7. 343, 7. CHR. 5. 155, 15.

eich-mâʒ *stn. s.* îchmâz.

eichorn *stm.* (I. 414ª) *eichhorn* PARZ. REINH. RENN. 19423. WG. 10924. MSH. 2, 251ª. WOLFD. 1199. 1442 (*dem eichorne*) *pl.* eichhürn GR.W. 1, 384; *der eichurne* MART. (*lies* 120, 69); *stn.* MGB. 158, 5. 319, 11. eichhorn LS. 3. 19, 28. — *nach* DWB. 3, 81 *umdeutschung aus gr. lat.* sciurus, *s. dagegen* KUHN 6, 188 *ff.*

eichten *swv. s.* îchen.

eichürnîn *adj.* (I. 414ᵇ) *vom eichhorn* MART. (*lies* 20, 23) RENN. 18800.

eich-varm *stm.* (III. 272ᵇ) polypodium DFG. 444ᶜ.

eich-wagen *stm. wagen des eichamtes* NP. 177 *ff.*

eich-walt *stm. eichenwald* MONE *z.* 14, 283. 285.

eide *swf. s.* egede.

eide *swf.* (I. 414ᵇ) *mutter* NEIDH. (20, 8. 21, 9. 22, 37. 29, 7) MS. — *gt.* aithei, *vgl.* DIEF. 1, 16. GDS. 271. DWB. 3, 83. WACK. *voces* 2, 100.

eide *adj. swm. in* geeide, meineide.

ei-dëhse *s.* egedëhse.

eidem *stm.* (I. 414ᵇ) *schwiegersohn* GEN. KCHR. EN. LOH. 3379. 3439. OT. 32ª. CHR. 1, 484ᵇ. ALBR. 1, 272. 31, 152. eiden MONE *z.* 9; *schwiegervater* LAMPR. ENENK. *p.* 272. 275. 276. — *zu* eide.

eiden *swv. s.* eiten.

eiden *swv.* (I. 427ᵇ) *intr. schwören.* si eident und swerent ALTSW. 51, 5. ir müeʒent des eiden LS. 1. 301. 145; *in eid, pflicht nehmen, beschwören* WALTH. HEINZ. lant, burge unde stat eidete er in sîne gewalt HERB. 3957. *vgl.* MARL. *han.* 92, 40;

eiden *swv.* (*ib.*) *strafe wofür leiden, büssen* TROJ. *vgl.* unvereitet. — *zu* eit.

eide-zinke *swm.* stiva GL.

eieræere *stm.* (I. 414ª) *eierverkäufer* ENENK. GA. 2. 569, 78 *ff.*

eier-klâr *stn.* (I. 836ª) *eiweiss* MGB. *var.* 74, 3. 83, 24. 160, 20. RING 37ᶜ, 8. MYNS. 28.

eier-kuoche *swm.* (I. 856ᵇ) *eierkuchen.* Hildebrant eischt den eierkuochen DRACH. *Casp.* 126. man sol des andern tags nach der hochzeit zu dem airkuchen nit mer laden dann von ietwederm taile zehen frowen und praut und preutigams schwestern NP. 83. süeʒer eigerkuoche MONE *z* 2, 185.

eierlîn, eirl *stn. dem. zu* ei MGB. 294, 34; *einen sing.* cir *voraussetzend wie noch bair. österr.* SCHM. *Fr.* 1, 55. KWB. 81;

eiern *swm. eier legen* MGB. 196, 10. 12. 402, 26 *ff. u. öfter. vgl.* SCHM. *Fr.* 1, 55;

eier-schal *stf.* (II². 121ª) *eierschale* MGB.

eier-suppe *swf. eiersuppe* GERM. 9, 199. 204.

eier-tac *stm. fasttag* MONE *z.* 1, 148 (*a.* 1470).

eier-teic, -ges *stm. eierteig.* mache einen dünnen eierteic BUCH *v. g. sp.* 11.

eier-vël *stn.* (III. 294ª) *eierschale* LIT.

eifer *s.* îfer.

eiffalter *s.* hiefalter.

eigen *v. an. mit verschob. prät.* (I. 414ᵇ) *nur im präs., asp.* heigen *contr.* hein (BON.): *haben, hilfsverb. d. conjug.* GEN. KARAJ. *hieher gehört auch die betheuernde formel* sêgich guot (BIT. 8026) = sô eige ich guot, *so möge mir gut zu teil werden* DENKM. *s.* 301. — *gt.* aihan, aigan *von einem prät.* aih, aig *ich habe erworben, in meinen besitz gebracht, nicht zu* ἔχειν, *sondern zu* skr. îç *zu eigen haben, eigentümer, herr sein* KUHN 10, 311. GSP. 488;

eigen *adj.* (I. 415ª) *urspr. part. von* eigen: *was gehabt wird, eigen mit gen.; gegensatz von* vrî hörig, leibeigen (eigen vom lîbe GR.W. 4, 485. diu mîn eigen von dem lîbe ist gesîn MONE *z.* 7, 164 *f.* die mit irem lîbe eigen sin *ib.* 166. hiute vrî und morgen mannes eigen J. TIT. 1688. âgen MONE *z.* 14, 205 *a.* 1292; *vgl. oben sp.* 27 agenguot, *wo im citate* frig *st.* feig *zu lesen ist*). *allgem.;*

eigen *stn.* (I. 415ᵇ) *eigentum, namentl. ererbtes grundeigentum im gegens. zum* lêhen, *vgl.* erbeigen (nust mir eigen unde lêhen dâ gemezʒen smal NEIDH. 74, 28. ir wüestet an mir iuwer vrîegeʒ eigen NEIF. 11, 15. in eigens wîs *etw. haben, als eigentum besitzen* AD. 743). *allgem., vgl.* MONE *z.* 1, 212 *f.;*

eigen-arm *adj.* leibeigen HALT. 283.

eigen-diu *stf.* (I. 368ª) *leibeigene* KCHR.

eigenen *swv.* (I. 416ª) eigen *machen, zusprechen* HÄTZL. EVANG. 250ᵇ. einen dem tôde eigenen LOH. 5263. 5707. dô wolt er uns geeignet (*unterworfen*) hân WOLFD. 566.

eigen-guot *stn.* (I. 590ᵇ) *eigentum* FDGR. (*lies* 1. 262, 39). HALT². 282.

eigen-haft *adj. eigen.* eigenh. sein UKN. 213 (*a.* 1324). mein aigenhaftes gut STB. 272. 273.

eigen-heit *stf.* (I. 416ª) *eigenschaft, eigentümlichkeit* MYST. MGB. 58, 18. 61, 11. 13 *u. oft,* LS. 1. 475, 11.

eigen-hërre *swm.* die hindersæssen so aigenherren oder vogtherren haben GR.W. 5, 217. recht erbherren und eigenherren (der mülen) sein TUCH. 311, 27, *vgl.* SCHM. *Fr.* 1, 48.

eigen-holt *adj. dienstbar, leibeigen* NIB. 746, 3. 574, 3 *u. anm.*

eigen-holz *stn. wald als eigentum* MONE *z.* 15, 427.

eigen-knëht *stm.* (I. 852ª) *leibeigener knecht* GL. WG. 7865. HALT. 284. (*in den* RA. 312 *wird* GREG. 1143 *citiert, gemeint ist wol* 1186).

eigen-lant *stn. eigenes land* LAUR. *Sch.* 1138. alsô schiet diu vürstîn dan heim zuo ir eigenlande LOH. 3317.

eigen-lich *adj.* (I. 415ᵇ) *eigentümlich, eigen* TROJ. (sîn eigenlîchez kind 438) BARL. aigenlîchez guot Mz. 1, 364. 444. in aigenlîcher gewer und in aigenlîchem nutze *ib.* 247. mit eigenlîcher willekür SILV. 2324. TROJ. 2414. eigenlîches dienstes zol geben HEINZ. 56, 1424. nâch eigenlîher wîsheit PASS. 119, 18. mit eigenlîcher kraft 105, 21. 148, 74 (*K.* 426, 64). mit eigenlîchem willen 206, 54. eigenl. sin *eigensinn* PASS. *K.* 131, 89. eigenl. mût *ib.* 419, 56; *als leibeigen angehörend,* diu eigenlîche diet BIRKENST. 251. mîniu aigenlîchiu liut DON. (*a.* 1327); *ausdrücklich, bestimmt* MYST. eigenlîch gebot PASS. *K.* 547, 46;

eigen-lîche, -en *adv.* (*ib.*) *als eigentum* MS. GERH. 6267; *als oder wie ein leibeigener* WALTH. MS. TROJ. 2149; *mit namentlich bestimmter beziehung, ausdrücklich, speciell* ENGELH. BERTH. GA. 1. 343, 212. 215. MGB. *s.* 556 *u. oft in den* CHR. *s. die glossare.*

eigen-liute (I. 1038ª) *pl. von* eigenman, *hörige* WEIST.

eigen-mâc *stm. der eigene verwandte* GEN. *D.* 113, 26.

eigen-man *stm.* (II. 39ᵇ) *dienstmann, höriger* NIB. (*vgl. zu* 746, 3) PASS.

eigen-minne *stf. eigenliebe.* alliu minne dirre welde ist gebûwen ûf eigenminne MYST. 2. 204, 39.

eigen-nuz *stm.* (II. 400ᵇ) *als compos. nicht nachweisbar.*

eigenre *adv. comp.* (I. 415ᵇ) *eigener* MYST.

eigen-rihtec-heit *stf.* (II. 639ª) *eigensinn* NARR. 36.

eigen-schaft *stf.* (I. 416ª) *eigentum, besitz, dem lêhen entgegengesetzt* (FREID.) GERH. HELBL. BERTH. WG. 1242. PASS. *K.* 212, 69. 370, 85. 428, 47. URB. 112, 15. 232, 12 *u. oft in urk. z. b.* Mz. 1, 247. 496. 502. 504. 505 etc. 3, 262 (*übergabe als eigentum, schenkung*). DM. 21. UKN. 234; *eigentümlichkeit* TRIST. BARL.; *eigensinn, daz* manec münch sîner meisterschefte nihtahtet, daz kumt von eigenschefte RENN. 3828; *unfreiheit, leibeigenschaft* KONR. APOLL. 6077. JER. 59ᵉ. in eigenschefte leben WG. 2812. sich behüeten vor der untugent eigenschaft 4211. ez sî iu gerne undertân mit der reinen eigenschaft, die man dâ heizet triwen kraft LIEHT. 52, 16. von tôdes eigensch. gevrîet MSH. 3, 54ᵇ. die in eigenschaft gezogen wâren SWSP. 253, 42; *genaue angabe, nachricht über etwas* CHR. 1, 405 *anm.* 1; 2. 39, 17. 49, 9. 50, 19. 51, 6; 3. 345, 31. 346, 20. 347, 6. 8. *vgl.* SCHM. *Fr.* 1, 49.

eigen-schalc, -kes *stm.* (II². 77ª) *leibeigener knecht* LEYS. DENKM. XLVII. 4, 16.

eigen-sinnec *adj.* der eigensinnig Hugo, *Hugo Capet* CHR. 3. 70, 11;

eigen-sinne-lich *adj.* (II². 316ᵇ) *des eigenen sinnes* MYST.

eigen-stuol *stm.* (II². 714ᵇ) *gericht des herrn über die hörigen* WEIST.

eigen-tüemer *stm. eigentümer* GR.W. 1, 573;

eigen-tuom *stn. eigentum, besitz* MSH. 3, 167ª. MYST. 2. 682, 26.

eigenunge *stf. zueignung* CHR. 1, 484ᵇ.

eigen-wille *swm.* (III. 662ᵇ) arbitrium DFG. 44ᵉ;

eigen-willec *adj.* (III. 663ᵇ) *eigenwillig,* voluntarius GL. KIRCHB. 680, 1;

eigen-willec-heit *stf.* (III. 664ᵇ) *eigenwilligkeit* TAULER, THEOL. 136.

eigen-wîp *stn.* (III. 719ᵇ) *leibeigene* VOC. FRL.

eiger *pl. s.* ei.

ei-hiutelîn *stn. eihäutchen* ALTSW. 181, 12.

ei-lant *stn. s.* einlant.

eiles *s.* egedëhse.

eilf, eilfte *s.* einlif, einlifte.

eimber, eimer *s.* einber.

eime *dat. s.* ein.

eimere *swf. funkenasche, gewönl. im pl.* eimeren heisze asche, favilla VOC. 1482. die aimrigen (*s. unter* eimerec). ammer OBERL. 39 (WB. I. 30ᵇ, 40), *nd.* emere DFG. 228ᵉ. *n. gl.* 169ª. — *ahd.* eimurja *zu altn.* eimr *glutdampf. s.* DWB. 1, 192. 279. 3, 112;

eimerec *adj.* nim glut und äschen als die aimrigen, leg der schwammen ein glegg (*stratum*) uf die aimrigen gluot und denne aber ein glegg der aimrigen SCHM. *Fr.* 1, 75 (*a.* 1429).

ein *adv. s.* eine;

ein *zahlw. u. pron.* (I. 416ᵇ—420ᵇ) *st.* einer ein, einiu, einez *od.* einz ein, *dat. mn.* eineme *od.* eime, *acc.* einen, einn (NEIDH.XLVII, 24. LOH. 1423): 1. *zahlw. ein* (*der zwêne und sibenzec einer* PASS. 374, 93. *der obersten êwarten ein* 345, 67. *der besten einiu* MSF. 155, 32. *mir gât einez ime herzen* 85, 21. einz *und* drîzic BERTH. 184, 24. *eins und achtzig* CHR. *Const.* 209 *s.* SCHM. *Fr.* 1, 86. ein *oder* zwei, ein *oder* drî *für eine unbestimmte mehrzahl s.* DWB. 3. 114, 3. GERM. 12, 97. ZIMR. *chr.* 4, 575ᵇ); al ein *ganz gleich, zusammen eins, der-, dasselbe* (*s. auch* alein); *ordinal im gegensatze zu* ander (die ein und ouch die ander j.TIT. 1011. einer und der ander 1014. 1101. den einn und den andern LOH. 1423), einander *nach präp. als erstarrter dat. od. acc. s. unten* einander; *statt* einander *nach präp. auch bloss das neutr.* ein (*besonders md. s. zur* ERLŒS. 5112 *u.* GERM. 7, 17): after ein *nach einander* HERB.; bî ein *bei einander, zusammen* ENGELH. (*vgl. zu* NEIDH. 72, 15). ERLŒS. 5366. 6438. ELIS. 9482. 10231. KARLM. 98, 7. 210, 46. MONE *z.* 3, 298; in ein, enein, nein *in einander, zusammen, auf eine art* (*allgem.*); mit ein mit *einander, zusammen* ELIS. 667. 921. 1880. 3627 *etc.* ERLŒS. 5034. 5112. KARLM. 196, 15; über ein *über einander, sämmtlich* (*allgem.*); ûf ein *auf einander* KARLM. 88, 15. 91, 10. 178, 10; under ein *unter einander, zusammen* KONR. NEIDH. 53, 2. ELIS. 247. 1495. KARLM. 8, 14. 10, 48. 11, 35. 13, 5 *etc.;* von ein *von einander* ELIS. 1580. 5771; wider ein *wider einander* ELIS. 199; zuo ein *zu einander* MARLD. *han.* 122, 30; — *eine sw. allein, einzig* (419ᵇ, 14). — 2. *unbest. pron. irgend ein, ein gewisser* (*einer,* einez *jemand, etwas*). — 3. *unbestimmt. artikel* (*auch im pl.*) *vor dem vocat.; vom substant. durch ein pron. poss. od. einen genet. getrennt* (ein sîn nâchgebûr MSF. 29, 23); *zwischen adj. u. subst., bei ausrufungen mit* sô *oder* wie (wie bœse ein man); *vor bestimmt. artikel mit superl.* (ein daz beste wort); *vor stofflichen substant.* (ein wazzer, ein îs); *vor infin. u. adj.* (ein sterben, ein wênic). — *zu gr.* οἶνός, *lat.* unus CURT. 1, 284. GSP. 211. GDS. 239 *ff.*

ein-ander (I. 37ᵃ) *erstarrter acc. od. dat.* ein andern, andere *der eine den, dem andern, einander, auch* enander SWSP. 345, 47. 57. 103. CHR. 1. 137, 31 (enandren GR.W. 1, 118), anander (*s. dass.*). *allgem. s. noch* sich einander LANZ. 5301. BIT. 1835. HIMLF. (HPT. 5) 761. 1597. dô gruozte manic man einander guotlîche NIB. 1248, 2 *vgl.* 540, 4 (*öfter noch flectiert* einandern). *mit präp.* an, bî (*auch contr.* beinander *s. das u.* NEIDH. 72, 15; *zu* ENGELH. 804), gegen, mit, nâch, under, von, zuo einander; *die präp., mit der* einander *gedacht ist, kann auch wegbleiben:* dî sî einander (von einander) drungen ELIS. 4268. dî kusse einander (an, für *oder* zû einander) gerten 4265. sî fûren einander (mit einander) gein Brundusio 4565. wî daz sî ir geniezen einander (under einander) solden nennen 7189. *das zeitw. steht gewönlich im plur., weil in* einander *beide subjecte pluralisch zusammengefasst werden.*

ein-bære *adj.* (I. 423ᵃ) *einhellig, einträchtig* TRIST. mit ainberem willen MONE *z.* 10, 469 (*a.* 1336); *mit dat. von derselben art ib.* (*aus einem „vater unser* 31" *citiert* W. GR.: einbâr und drîvaltic);

ein-bærec-heit *stf. vereinigung, einheit.* einbêrkeit GERM. *H.* 8. 252, 78. MYST. 2. 193, 37. einbêrekeit *ib.* 320, 22 *ff.*;

ein-bære-lîche *adv.* (I. 423ᵃ) *übereinstimmend, durch u. durch* TRIST. ainberlich schirmen MONE *z.* 8, 54. sich einbærlich erkennen *ib.* 15, 44;

ein-bæren *swv. vereinigen* HPT. *h. lied* 94, 2. WALTH. *v. Rh.* 107, 3. 145, 46. 269, 31 *s.* GERM. 9, 366. — *mit ver-.*

ein-ber *stm.* (I. 142ᵇ) *gefäss mit einem griffe, eimer* Iw.; *nbff.* eimber REINH. 734. 739. 934. 940. ember LIEHT. DM. 36. MB. 36ᵃ, 246. 249 *etc.* eimer PASS. 147, 20. 23. 365, 7. eimir REINH. *sendschr.* 734. emer MH. 3, 377 (*oft auf dieser seite*). emmer URB. *B.* 2, 482. — *ahd.* einbar *s.* bar *stm.; im* DWB. 3, 111 *wird auch die möglichkeit einer entlehnung aus* amphora *zugegeben. vgl.* zûber.

ein-bere, embere *m.?* (I. 429ᵇ) *crux Christi* DFG. 160ᵇ.

ein-born *part. adj.* (I. 140ᵃ) *eingeborn, unigenitus* BARL. RUL. 140, 3. GLAUB. 37, 159. DENKM. XLVI, 6. TÜRL. *Wh.* 136ᵃ. WH. *v. Öst.* 101ᵇ. APOLL. 16919. HELBL. 11, 79. 104. GRIESH. 1, 131. 2, 145. MARIENGR. 633. MYST. 2. 56, 19. 63, 24. PASS. 116, 9. 227, 91.

ein-boum *stm. kleiner, aus einem eichstamme verfertigter nachen* SCHM. *Fr.* 1, 88. DWB. 3, 147.

ein-brœtec *adj. der sein eigenes brot, seinen eigenen herd hat* GR.W. 2, 41 (der sîn eigen brôt isset 1, 75). 6, 422 (*gedruckt* einbreidig). *vgl.* sunderbrôt.

einch *s.* einic.
einde *stn. s.* ende.
eine, ein *adj. adv.* (I. 419ᵇ, 14. 420ᵇ) *allein, einsam, frei von, ohne etwas mit gen.* (alters, muoter eine); *allein, nur* (= niuwan *s. zu* ENGELH. 2107). *allgem.;*
eine *stf.* (I. 423ª) *einsamkeit* TRIST. WACK. *pr.* 64, 8. MONE 8. 204, 86;
einec, einic *adj.* (I. 424ᵇ) *ahd.* einac *einzig, allein (vor* einec *kann der artikel* ein *auch unterbleiben, wofür Bech z.* Iw. 3287 *viele belege gibt). allgem. vgl. noch* A. HEINR. 832. GERH. 4741. SILV. 2818. ENGELH. 983. GFR. 780. 1349. KRONE 25588. 27785. 28271. BPH. 1263. MSH. 1, 104ª. 112ª. ALBR. 19, 575. 20, 83. MARLG. 233,600. ein einige (*einzeln wohnende*) frauwe *oft in den* FRANKF. *beedbüchern* (*z. b. v. j.* 1424 *f.* 84ᵇ); zuo einer einigen hant komen *keine erben hinterlassen* GR.W. 4, 429; *allein gelassen, frei von mit gen.* OTN. *M.* 241. KARLM. 83, 25. 175, 25. 472, 13 (*oben sp.* 66 *unter* ænec *zu streichen*); *adv.* niet einic *nicht allein* WACK. *pr.*(*leseb.*).
— *ein anderes* einec *s. unter* einic;
einec-heit *stf.* (*ib.*) *einzigkeit, einheit* DIEM. BARL. HPT. 8. 193, 904; *einigkeit,* vride und einekeit ALBR. 6, 195; *alleinheit, einsamkeit* BARL. BON. PASS. 254, 26. 348, 74. BR. *B* 121;
einec-lîche, -en *adv.*(*ib.*) *einziglich, in einem fort* DIEM. TRIST. *H.* MYST.;
einegen, einigen *swv.* (*ib.*) *vereinigen* MS. MYST. 2. 250, 17. 21. sich einigen MARLD. *han.* 55, 3.
eine-kinde machen, *einkindschaft machen* MONE 7, 468 *f.*, *z.* 5, 397 *ff. vgl.* DWB. 214.
einen *swv.* (I. 423ª) eine *machen.* sît dîn name gedrîet ist und ouch geeinet MSH. 3, 165ª. geeinter muot RUL. 218, 30. ULR. *Wh.* 427ᵇ; *mit dat. vereinigen* MS.; *mit gen. von etw. befreien,* daʒ künde mich wol sorgen einen MSH. 3, 468⁰ (*s.* eine); *refl. übereinkommen, beschliessen* DIEM. PASS. 91, 44. — *mit* er-, ver-;
einer *stm.* die visch (hamfrezʒen) haizent auch ainer, wan man vint niht zwên in ainer schaln MGB. 258, 1.
einer-haft *adv. nur, bloss, allein.* nieht einerhaft in unseren suntôn, sunter in allen unseren arbeiten DIUT. 1, 285. *vgl.* GFF. 1, 338.
einer-lei *s.* leige.
eines, eins *gen. adv.* (I. 420ᵇ) *einzig u. allein* GEO.; *einmal, semel* (GUDR. 427, 2. ERNST 3609. ERACL. 2888. JER. 59ᵇ. 92ᵇ. 104ª. PASS.

K. 197, 7. 230, 11. MARLD. *han.* 2, 16. 100, 19. 21. ains und aver ains STZ. 40); *irgend einmal, einst (künftig* Ms. ALPH. 226, 3; *vergangen* HELMBR. MYST.);
einest, einst *adv.* (*ib. unter* eines) *einmal, irgend einmal, einst* LANZ. WALTH. NIB. GRIESH. 1, 113. 138. 145. 2, 27. 118. APOLL. 20493. einist SWSP. 345, 195. 200. einôst REINH. *sendsch.* 1774. einsten in dem jâre Mw. 344, 6. 7 (*a.* 1361). — *ahd.* einêst DWB. 3, 305;
einez, einiz, einz (I. 425ª) *einzig,* zeinitzen GEN. = ze einitzen, *s.* enbeinzen.
ein-formec *adj. einförmig, einhellig.* einf. sîn mit gote MYST. 2. 490, 34. 491, 27;
ein-förmec-heit *stf.* in der götlîchen einformikeit, in der er mit gote ein ist MYST. 2. 199, 10. *vgl.* 417,.8. 491, 23. 25.
ein-gehtic *adj. in eines gehend, einheitlich.* ich man dich got almehtic, du drei unt doch eingehtic PF. *üb.* 76, 252 (*Gundacher v. Judenburg*). in eingahtiger seleden KARAJ. 100, 12; *ganz,* swer ein eingæhtiges tuoch enawe oder wider wazʒer fueret 2 pfenn., fueret er aber zwai druemer, di sleht er ze samm fuer ein gantzes tuoch URB. *B* 2, 481 *f.* von einem eingæhtigen emmer weins 1 helbl. *ib.* 2, 482.
— *mit* giht (*gang*) *zu* gân.
ein-ge-born *part. adj.* (I.157ᵇ) *s. v. a.* einborn WINSB. LOH. 2679. WACK. *pr.* 66, 74. S. MART. 6, 11.
ein-ge-hürne *stn.* (I. 716ª) *einhorn* FRL.
ein-ge-muot *adj. einträchtig* ELIS. 3329.
ein-ge-nôte *adv.* (II. 415ª) *einzig u. allein* LANZ. KARAJ. 101, 16. eingînôte ANEG. 37, 46. einigenôte SPEC. 71.
ein-ge-var, -wes *adj.* (III. 241ª) *einfarbig* ENGELH.
ein-gotec *adj.* (I.557ᵇ) *einheitlich göttlich* MS.
ein-haft *adj. einfach, einheitlich* GERM. *H.* 7, 290.
ein-halben *adv.* (I. 615ª) *auf der einen seite* LAMPR. SILV. 2849. HELDB. *H.* 1. 260, 799. einhalbe WG. 3955. einthalben TROJ. 21679. *ebenso*
ein-halp *adv.* (I. 616ª) HARTM. PARZ. TRIST. WIG. EILH. 5570. EN. 277, 16. RUL. 173, 14. GERH. 221. NEIDH. 228, 56. WG. 10021. RENN. 12069. HELBL. 2, 35; *s. v. a.* ënhalp *seitwärts* WOLFD. 1689. 1981.
ein-hein *s.* nehein.
ein-hël, -lles *adj.* (I. 685ª) *übereinstimmend* MB. sy syend des einhel EA. 86 (*später* einhellig);

ein-hëllec *adj.* (*ib.*) *einhellig, übereinstimmend* DIOCL. CLOS.;
ein-hëllec-lîche *adv.* (*ib.*) *einhellig* CLOS.;
ein-hëllen *stv. I,3.* der vater und der sun einhellent sich in dem heiligen geiste MYST. 2. 253, 2;
ein-hëllunge *stf. übereinstimmung* MONE z. 15, 284 (*a.* 1378).
ein-hende *adj.* (I. 632ª) *mancus* GL. *ebenso*
ein-hendec *adj.* DFG. 346ª.
ein-hërzikeit *stf. eintracht, concordia* CHR. 3. 139, 28.
ein-hürne, -hurne *swm.* **ein-horn** *stmn.* (I. 716ª) *einhorn.* einhürne (-hurne KARAJ.) KONR. MS. DIUT. 3, 25. APOLL. 6663. 10280. ZING. *geo.* 474. einhürn (: spürn) *n.* KRONE 24018. einhorn BIT. 10814. 10831. j.TIT. 3979. HELBL. 13, 65. KRONE 18131. MSH. 2, 335ᵇ. 368ª. BPH. 2914. RENN. 23486 *ff.* ein einhorn zobelvar *auf dem schilde* LIEHT. 482, 27; *ein aus dem horn des thiers oder in horngestalt verfertigter becher.* gegen den kaiser was ein credenz, daruff stunden 800 stuck silbergeschirre und auf ieder seiten der credenz steckten drei einhorn vast lang MH. 1, 57. *vgl.* KUHN 6, 188 *ff.*
einic *s.* einec.
einic *zahlpron. irgend ein.* einich, einch, einig *oft in* NP. *u.* CHR. (*s. die glossare*), einec PASS. K. 549, 8. — *ahd.* einic.
einig *stf. s. v. a.* einunge *busse* GR.W. 4, 396; *stm. s. v. a.* einunge *bündnis,* den einig sweren MONE z. 6, 482 (*a.* 1458).
eini-genôte *s.* eingenôte.
einiger *stm. schiedsmann.* wir sullen der sachen einiger sein oder richter UGB. 426;
einigunge *stf. s.v.a.* einunge *busse.* der frucht schneidet, ist die einigung ein gülden GR.W. 1, 802.
ein-kein *s.* nehein.
ein-korn *stn.* (I. 862ª) *eine art dinkel* VOC. *o.* MONE z. 6, 326 (*a.* 1342). *vgl.* GR. 2, 954.
ein-kriege *adj. eigensinnig, zänkisch.* die alse herten sin habent und alsô einkriege sint BERTH. 531,23. die einkriege liute *ib.* 36. *ebenso*
ein-kriegec *adj.* (I. 880ᵇ) BIHTEB.
ein-lant *stn.* (I. 935ᵇ) *allein liegendes land, insel, eiland* KONR. PASS. (185, 14. 229, 75. 313, 79. 331, 66. *K.* 36, 21). LANZ. 7994. TÜRL. *Wh.* 119ª. KRONE 5521. TROJ. 7220. DIETR. 1538. BPH. 188. GRIESH. 1,46.66. *vgl.* BÜCHL. 1, 1764; eilant MSH. 3, 94ª. HANS 3322. *s.* DWB. 3, 105.

ein-lich *adj. adv.* (I. 423ª) *in eins geflochten od. gewebt, einheitlich* KONR. MART. also ist daz ewiclich leben einlich und drilich underweben HPT. 2, 149. in ir selben hât si ir wite einlich MYST. 2. 519, 35. ein einlich herz an disen zwein REINFR. 82ᵇ. *die dreifaltigkeit,* diu einlich drî persônen treit *ib.* 189ᵇ. den schaden einlich gelten Mw. 175, 9 (*a.* 1290). einlich werden *s. v. a.* enein werden PRIESTERL. 251 *u. anm.*
ein-lif, -lef *num. card.* (I. 985ᵇ) *elf* NIB. WWH. (335, 15). TRIST. GEN. 50, 22. 53, 34. ER. 7737. WALTH. 85, 8. MSH. 2, 100ª. 290ᵇ. ainlüf MGB. 487, 23. zwüschen zehnen und einlöffen MONE z. 3, 451. eilif LOH. 4597. PASS. 108, 83. 271, 51. eilef LOH. 4622. 24. CHR. *Const.* 211. eilf PASS. 103, 70 (die eilve 271, 61. 272, 15). HELDB. *K.* 631,38. NARR. 30, 18 *u. anm. s.* lif;
ein-lifer *stm. pl.* die eilfer, *ein aus elfen zusammengesetztes gericht* NETZ 8924 *anm.;*
ein-lift, -left *num. ord.* (I. 985ᵇ) *elfter* GRIESH. MART. (*lies* 252, 71). GREG. 1009. SERV. 1931. HELBL. 7, 883. MGB. 39, 7. 341, 19. eilifte SILV. 2765. eileft CHR. *Const.* 235; der eilfte vinger (FRAGM. 41ª), der eilfte dûme (GR.W. 3, 70) *euphem. für penis, s.* DWB. 3, 110.
ein-litz *s.* einlütze.
ein-lœtec *adj.* (I. 1043ᵇ) *von einem u. demselben vollen gewichte* WALTH.
ein-lütze *adj.* (I. 1040ᵇ) *allein, einzeln, einsam* MGB. 154, 28. einlitz WOLK. 100. 1, 8 (*einfach*). PASS. *K.* 455, 6 (*einsam*). 582, 49. 606, 24 (*einfach*). *s.* lütze;
ein-lützec *adj.* (*ib.*) *einzeln* WEIST. MB. 13, 462 (*a.* 1447). MONE z. 18, 30 (*a.* 1461) *u. oft in den* FRANKF. *bürgermeisterbüchern des* 15. *jh.* (einlitzig).
ein-mæzic *adj.* (II. 209ª) *unimodus* DFG. 627ᵇ.
ein-melteric *adj. ein* malter *in sich haltend* GR.W. 5, 637.
ein-minne-lîche *adv. mit einer, ungeteilter liebe.* si sol in grôzer girde einminneclîche haften in got MYST. 2. 654, 30.
ein-mitez *adv.* (II. 198ᵇ, 22) *s. v. a.* enmitten FRISCH.
ein-müetec *adj.* (II. 260ᵇ) *md.* einmûtich *einmütig* LAMPR. ORL. 13728. 13936. WH. v. Öst. 32ᵇ. 34ᵇ. 56ᵇ. ROTH *dicht.* 81, 149. NEIF. 31, 16—24; ein einweliger und einmuotiger künig, *der von allen kurfürsten gewählt ist* Mw. 2, 364 (*a.* 1340);
ein-müetec-heit *stf. einmütigkeit, überein-*

stimmung Myst. 2. 647, 13. 648, 38. Mone z. 12, 180 (*a.* 1388);

ein-müetec-lîche *adv.* (II. 260ᵇ) *übereinstimmend* Trist. Lanz. En. 232, 28.

ein-mündec *adj.* ein einmündig rîche, *reich mit einstimmig gewähltem oberhaupt* Mone z. 7, 19. einmundiger bischof *ib.; adv.* einmündig sagen *ib.* 9, 381;

ein-mündec-lîchen *adv. einstimmig* Gr.w. 6, 311. *ebenso*

ein-munt-lîchen *adv.* einmundlichen sprechen Gr.w. 1, 554.

ein-muote, -muot *adj.* (II. 260ᵇ) *einmütig* Diem. 199, 11. Diut. 3, 11. *md.* einmûte Lampr.; einmuot Ls. 1. 627, 103.

ein-muote, -muot *stf.* (*ib.*) *einmütigkeit, eintracht* Leys. Wack. *pr.* 9, 23;

ein-muot-lich *adj.* (*ib.*) *einmütig* Barl.

einn = einen *s.* ein.

ein-nehte *adj. einnächtig, nur eine nacht alt, dauernd.* aller fromer knehte armuot ist einnehte Heinr. 412 *u. anm. ebenso*

ein-nehtec *adj.* ein einnehtec kint Karl 8764.

einôst *s.* einest.

einœte, einœde, einôte *stswf. u. manchmal auch wie im ahd. stn.* (I. 424ᵇ) *einsamkeit* Trist. einôt, einôde Renn. 20962 *ff.* einôte Alexius 111, 482; *einöde, wüste* Diem. Serv. Barl. Karaj. 99, 10. einôte Myst. 2. 464, 39. 465, 3. Pass. *K.* 558, 13. Evang. *Mr.* 8, 4. Herb. 16949 (in disme einôte). einôde Spec. 91. Mar. 153, 2. 158, 38. Marlg. 119, 21. ein einœdi Myst. 2. 439, 18; einœde, *allein stehender bauernhof* Chr. 5. 148, 14. *vgl.* Schm. *Fr.* 1, 89. — *nach* Gr. 2, 257. 954 *aus* ein *mit ableitung* ôti, *doch wird im* Dwb. 3, 240 *f. der composit. das wort geredet:* „*mag auch da wo* ôt *geschrieben steht, ein ableitungssuffix zu* ein *getreten sein, die übrigen formen gestatten eine zusammensetzung, sei es mit* œde vastitas *oder mit* od *gut.*"

ein-öuge *adj.* (II. 452ᵇ) *einäugig* Wack. *pr.* 42, 111. Mgb. 490, 15. 491, 7. Schm. *Fr.* 1, 50;

ein-ouge *swm.* die einougen, *cyclopen* Enenk. *in* Kchr. 3, 492. *vgl.* einstërn;

ein-öugec *adj. einäugig* Gr.w. 1, 446. 465. 2, 775. 3, 635. Narr. 19, 90.

ein-rich? *stn.* er reit in daz einrich Apoll. 10829.

ein-rihtec *adj. nach einer einzigen richtung gehend: einseitig* Mone 4, 367. nû sint etliche liute alse einrihtig, daz siu allis nâch

ir sinne wellent leben Wack. *pr.* 54, 54; *kleinmütig* Mgb. 45, 2;

ein-rihtige *stf. einseitigkeit, eigensinn.* in sînes herzen einrihtigi Wack. *pr.* 54, 53.

ein-rüsse *adj. einspännig.* zu eim einrussen wagen Tuch. 102, 12; *dem nur ein pferd zusteht,* vier ainrüss gesellen Chr. 2. 18, 10. 253, 8; *ebenso*

ein-rüssec *adj.* ein einrüssige schlaifen Tuch. 142, 11 *ff. vgl.* einspennec *u.* Schm. 3, 137.

eins *adv. s.* eines.

ein-schaft *stf. einheit, gemeinschaft* Heinr. 4359.

ein-schedic *adj.* ob man einen einschedigen menschen begrief (*später* mistedig) Gr.w. 2, 432.

ein-schilt, -schilte *adj.* (II². 131ª) *nur von seiten des vaters oder der mutter dem ritterstande angehörig.* dâ wundert alle di hêrren, wer der ainscilte wære Kchr. *D.* 447, 30. einsch. rîter Helbl. (ordinarius Hoffm. *gl. trev. p.* 12). einem einschilten ritter oder einem edeln chnecht *soll der friedbrecher wegen der* heimsuchung fümf pfunt geben Mw. 217, 49 (*a.* 1300). der einschilt wære dâ Kchr. *W.* 14113; *ebenso*

ein-schiltec *adj.* (*ib.*) einschildige ritter Türl. *Wh.* 126ᵇ. Karlm. 27, 62; *gemeiner soldat,* gregarius Dfg. 269ᶜ.

ein-sidelære *stm.* (II². 237ᵇ) *einsiedler,* eremit Osw. *ebenso*

ein-sidele, -sidel (II². 237ª) Iw. Parz. Barl. Pass. (*H.* 98, 47). Lit. 227, 4. Renn. 9003. 22728 *ff.* Krone 19576. 19610. Ga. 3. 7, 158 *ff.* Dsp. 1, 29ᶜ. eisidel Myst. — *zu* sëdel;

ein-sidelec *adj.* (*ib.*) *einsiedlerisch* Mgb.

ein-sidel-hûs *stn. einsiedlerhütte* Öh. 147, 14.

ein-sîn *stn. das einssein, einheit.* ez ist einsîn in der gotheit Myst. 2. 620, 20. ez gît nur einsîn in der einkeit, niht glîchsin *ib.* 36.

ein-sinnec *adj. auf einem sinne beharrend, eigensinnig* Chr. 4. 122, 17.

ein-sît *adv.* (II². 327ᵇ) *auf der einen seite* Parz. Lanz. Heinr. Reinh. 297, 18. Herb. 3677. 5453. 5665. 7739.

ein-smackende *part. adj.* (II². 419ᵇ) *von reinem geschmacke, ungemischt* Weist. *ebenso*

ein-smeckec *adj.* (*ib.*) Weist. Dwb. 3, 280.

ein-span *stm. deichsel für einen einspännigen wagen.* 6 β fur ein einspan an des rads wagen Frankf. baumeisterb. *v. j.* 1446 *f.* 21. fur ein nûwen einspan *ib. v. j.* 1471 *f.* 40. fur ein boum, fur ein crutz, fur ein boltz in ein einspan *ib. v. j.* 1475 *f.* 44ᵇ;

ein-spennec *adj. s. v. a.* einrüsse CHR. 1. 184, 9; 2. 83, 14. 89, 13. 23. 90, 26. 27 *etc. vgl.* SCHM. 3, 568. DWB. 3, 301. BIRL. 140ᵃ.

ein-spin *s.* anspin.

einst, einsten *s.* einest.

ein-stërn *stm.* die einsterne, *cyclopen* ERNST *B.* 4520 *s.* einleit. CLXVII *f.*

eins-vreude *stf.* (III. 419ᵃ) *gemeinsame freude* MYST.

eint-halben *adv. s.* einhalben.

ein-tragende *part. adj.* ein eintragender mensch, *einträger, der keinen theilgenossen oder mitträger im besitze eines gutes hat* MONE *z.* 6, 369 (*a.* 1378).

ein-traht *stf.* (III. 79ᵃ) *eintracht* OBERL. wie zwitraht *ein md. wort u. nicht von* tragen *sondern von* trëffen *abzuleiten, denn ahd.* eintraft *simplex*, eintraftî *simplicitas* GFF. 5, 530. GR. 2, 952. 994. WACK. 69ᵇ;

ein-trehte *adj.* (*ib.*) *einträchtig* PASS.;

ein-trehtec *adj.* (*ib.*) *einträchtig, übereinstimmend* PASS. (*H.* 373, 22. MARLG. 4, 80). MYST.; *mit gen. übereinkommend* TRIST. *H.*;

ein-trehtec-heit *stf.* (*ib.*) *eintracht, übereinstimmung* PASS. (*H.* 110, 18. *K.* 119, 7). RSP. 2408. concordia DFG. 139ᵇ;

ein-trehtec-lîche *adv.* (*ib.*) *einträchtig* JER.;

ein-trehtigunge *stf. eintracht* MGB. 471, 13.

eint-wëder *pron.* (III. 547ᵃ) *aus* eindewëder *einer von beiden, mit nachfolgender theilung durch* oder PARZ. ER. WWH. 315, 29. LANZ. 1290. GFR. 795. WARN. 1601. 2169. entweder ANEG. 4, 74. PARZ. 79, 16. zu entwederer sîten AD. 952 (*a.* 1332). ez sol auch entweder des andern diener in nemen Mw. 175, 14 (*a.* 1290). unser entwederre *ib.* 168, 4. Mz. 1, 465. 470; — *neutr. unflect.* (*in d.* ZIMR. *chr. flect.* eintweders *s.* 4, 576ᵇ) *als disjunctive partikel einem nachfolgend. oder gegenüber stehend:* entweder... dafür neben den angeführten formen noch md. antweder PASS. LEYS. MYST. EVANG. *M.* 6, 24. 12, 3. *L.* 16, 13 entstellt antsweder, entzwar, eintzwar (548ᵃ, 39) MYST. LUDW. *vgl.* einwëder;

eint-wëder-halp *adv. weder auf der einen noch auf der andern seite* LOH. 4587. 4900.

einunge *stf.* (I. 424ᵃ) *einheit* WALTH.; *vereinigung, übereinkunft, bündnis* TRIST. SERV. DENKM. XLVI, 91. RUL. 209, 2. 220, 27. HELBL. 4, 110. 699. PASS. 115, 72. CHR. 4. 105, 4. 153, 3. 5; 5. 20, 36. 50, 10. BIRL. 141ᵃ;

angesetzte busse, strafe (*vgl.* BASL. *r.* 7. 8. 31. 38) HPT. 7, 94. 95. 100. URB. 121, 15. CHR. 4. 143, 25. 26. ROTW. 1, 45. 2, 321 *und mit dieser bedeut. auch m.* der einung GR. w. 1, 78. 334. MONE *z.* 3, 158; *einungsgericht* OBERL. *vgl.* DWB. 3, 333. SCHM. *Fr.* 1, 90;

einunger *stm.* zwêne einunger, *zwei mitglieder des rates, die mit der durchführung der strafgesetze beauftragt waren* HPT. 7, 100 *f.* CHR. 4, 144 *anm.* 1. ROTW. 1, 45. 2, 321.

einung-meister *stm. vorstand einer einunge* MONE *z.* 3, 81 *ff.* 12, 471;

einung-ver-wante *swm. mitglied eines* (*des schwäbischen*) *bundes* USCHB. 33. *vgl.* DWB. 3, 334.

einusside *stf.* unitas HPT. 8, 141.

ein-valt *stm.* (III. 231ᵃ) *vomit etw. eingefaltet, eingeschlossen wird* HERB.;

ein-valt *adj.* (III. 231ᵇ) *einfach* TRIST. swaz ainvalt ist und aine, daz enmach niemen getailen KCHR. *D.* 100, 11. ainfalter mantel, kappen MONE *z.* 13, 296 *f.*; *unvermischt, rein* DIEM. BARL. KRONE; *arglos, kein böses verbergend* IW. PARZ. TRIST. WIG. diu einvalte tûbe MAR. 152, 16; *einfältig*, daz einvalte kint GREG. 175. tump und einvalt WILD. 38, 280. die bûren einfalt wâren NARR. 82, 1;

ein-valte, -valt *adv. einfach, bloss, nur.* sît sî sich einvalt an in lât LIEHT. 638, 31. die sehent einvalte genâde GEN. 36, 4 (die sehent niwan genâde *D.* 45, 18); einvalten KROL. 1024;

ein-valte, -valt *stf.* (III. 232ᵃ) *einfachheit, einfalt* TRIST. BARL. RENN. (8678, *mit umlaut* einvelte *dem ahd.* einfaltî *entsprechend* 1025. 5029. 10449). WG. 9008. 9713. PASS. (*H.* 166, 92. 170, 64). KCHR. *D.* 101, 7. 111, 30. MAR. 149, 9. 150, 20. WACK. *pr.* 26, 15. 19. 26. ELIS. 3699. ERLŒS. 1139. sô lâze wir mit einvalt an den rihter die sache BIRKENST. 292. ich bin in der einvalt, daz Ls. 2. 715, 144;

ein-valtec *adj.* (III. 233ᵃ) *s. v. a.* einvalt *einfach, schlicht* PASS. MYST. der einvaltige text, *der einfache nicht glossierte u. bearbeitete bibeltext* EVANG. 250ᵇ; *arglos* PARZ. PASS.; *einfältig, leichtgläubig* IW. BARL. KCHR. *D.* 244, 30. MSF. 86, 14; MSH. 2, 358ᵃ. TROJ. 11099. 15483. einveltic LANZ. 6089 *var.* RENN. 662. 719. 2034. HPT. 8, 97. einveldec HELBL. 3, 381. MOR. 1, 1550;

ein-valtec-heit *stf. einheit, einfachheit* MYST. 2. 600, 36; *einfalt* WACK. *pr.* 54, 93. ULR.

1363. Elis. 3051. 59. Msh. 3, 28ᵇ. einveltikeit Renn. 1177. 1225. 2993; *albernheit* Wwh. 256, 11.

ein-valtec-lîche, -en *adv.* (III. 233ᵇ) *einfach, ungetheilt, durchaus* Trist. Myst. 2. 516, 5 (*contr.* einfalklich Chr. 1. 137, 30); *ohne vorbehalt, arglos* Barl. Pass. Troj. 15499. Elis. 3402; *einfältiglich* Msf. 86, 13;

ein-valtege *stf. s. v. a.* einfalt Leseb. 156, 17 (Will.);

ein-valten *swv.* (III. 232ᵃ) *einfach machen* Myst. 2. 645, 29;

ein-valt-lîche, -en *adv. s.v.a.* einvaltecliche. tugent minnet manic man von herzen einvaltliche Flore 73. einvaltlichen schin tuon Walb. 624. daz geloben wir einvaltleichen Uhk. 2, 184 (*a.* 1343).

ein-var *adj.* (III. 250ᵃ) *allein fahrend* (*ahd.*); *auf einerlei art sich bewegend* Geo.

ein-var, -wes *adj.* (III. 237ᵇ) *einfarbig.* der himel was einvar Pilat. 221. ze einvarwem gewande Hpt. 6, 426. ainvarbes tuoch Urb. B. 2, 482. Pf. 50. Gr.w. 6, 164. ob der Rethoricus heizen sol der verwen kan sîn rede wol, so ist der Rethoricus gar der sîn rede machet einvar Wg. 9040.

ein-velte *stf.* ein-veltec *adj. s.* einvalt-.

ein-vir *adj. unverheiratet.* ob man vint ein einvir, der durch lust durch liebes gir wil werden brût und briutegam Ls. 1. 452, 59. Gr. 1, 1077. *vgl.* wêr *mann.*

ein-vüege-lîche *adv.* got kann sich einfüeglicher füegen zuo mir unde baz vereinen mit mir, dan ich mich kunde vereinen mit gote Myst. 2. 484, 17.

ein-wëder *pron.* (III. 545ᵇ) *einer von beiden* (*ahd.*), *als disjunct. partikel mit od. ohne nachfolgd.* oder: *entweder* (546ᵃ) Strick. Ms. unze ime daz ouge einweder naz werde von den trahenen oder von dem bluote Hpt. 1. 274, 174. *vgl.* eintwëder.

ein-welec, -wellec *adj. einstimmig gewählt.* ein einweliger künig Mw. 2, 364 (*a.* 1340). Dwb. 3, 337. einwelliger abt Gr.w. 1, 192; *übereinstimmend* Halt. 308.

ein-wîc, -ges *stmn.* (III. 649ᵇ) *einzelkampf, zweikampf* Diem. En. Lampr. Trist. einwîc oder in volkes schar strîten Bit. 12898.

ein-wiht *s.* niwiht.

ein-willec *adj.* (III. 663ᵇ) *einen willen habend* Myst. Theol. 136.

einz *s.* einez;

einzec, einzic *adj.* (I. 425ᵃ) *md.* ênzic Kirchb.

816 *einzeln.* alle sunder einzic j. Tit. 5309. die wurden des gar einzic 4209. er sitzet dar niht einzic 6131. wêre der wurf der einzic Myst. 2. 165, 22. bî einzigen schirben Kindh. 98, 14. mit einzigen tûchen verkaufen Np. 129. zu ainzigen stücken Chr. 1. 356, 6. einzic ûszgeben, *besondere ausgaben* Mone *z.* 2, 23 (*a.* 1471); *der dat.* einzigen *adverbial gebraucht entweder allein* (Diem. Chr. 2. 180, 27. 349 *anm.* 5) *oder mit bî, ze*: bei einzigen Np. 128. 140 (*auch bei* einzig 325. Chr. 1. 129, 17). Chr. 2. 48, 1. 170, 4. 171, 10. 173, 13. 180, 26. 201, 19 *contrah.* beinzigen Ot. (Kchr. 2. 626, 51); ze ainzigen oder mit einander Ukn. 193 (*a.* 1321). Stz. 237. Ula. 199. 231 *contrah.* zeinzigen Urst. Ernst *B.* 415. Ula. 112 (*a.* 1311). Urst. — *durch ec abgeleitet von* einez, einz (*wie auch im* Wb. *angenommen ist*) *u. nicht mit* zec *compon.* (einzec), *was ja „einmal zehn" bedeuten würde. vgl.* Dwb. 3, 356. Schm. *Fr.* 1, 89. Weig. 1, 282. Germ. 10, 401;

einzec-lîche *adv.* (*ib.*) *einzig u. allein* Bon. Spec. 106;

einzeht *adj.* (*ib.*) *einzeln, dat. adv.* einzehten Augsb. *r.* (Kindh. 98, 14 *ist* bî einzigen *zu lesen*);

einzeht *stf. einöde.* warumb seit ir gangen in die wüest oder ainzächt *bei* Schm. *Fr.* 1, 89;

einzehtic *adj. einzeln.* weder einzehtig noch samentlich Chr. 5. 58, 21. bî ainzächtigen pfunden *ib.* 168 *anm.* ainzechtig personen Uschb. 3;

einzeht-lîche *adv.* einzechtlich oder besunderlich, sigillatim, cogillatim Voc. 1482;

einzel *adj.* (I. 425ᵃ) *einzeln* Trist. zû einzeln liden zusnîden Herb. 13344. den burgeren gemeinlîchen und ênzeln Höfer 108 (*a.* 1315); *dat. adv.* ênzelen Jer. 109ᵃ. 177ᶜ, ênziln Rsp. 505; *verstärkt mit* al alênzelen Jer. 86ᵇ. 111ᵈ. 115ᵈ. Livl. Pass.;

einzelic *adj. einzeln* Mone *z.* 11, 170 (*a.* 1330). 197. Chr. 2. 349 *anm.* 5. *ebenso*

einzelinc *adj.* (I. 425ᵃ) Trist. Herb. 4319. Erlœs. 2288 *u. anm.* ênzelinc Evang. *M.* 20, 9. 10; *dat. adv.* einzelingen Ms. *md.* ênzelinge Evang. 252ᵃ;

einzel-lîche *adv. einzeln.* einzellich und elensweise versniden Np. 188; *md.* ênzellîch Jer. 40ᶜ. *s.* einzlich;

einzen *dat. adv.* (I. 425ᵃ, 7) *einzeln.* einzen und sament verkaufen Augsb. *r.* 13ᵃ. Birl. 141ᵇ;

einzigen *adv. s.* einzec;

einz-lich *adj. einzeln.* bei einzlichen elen verkaufen NP. 188;

einz-lîche, -en *adv.* WINDB. *ps.* 140, 11. *md.* énzlîchen *s.* GERM. 10, 401 *u. vgl.* einzellîche.

einz-, enz-wagen *stm.* (III. 644ª) *wagen für ein einzelnes stück zugvieh* BRÜNN. *r.* enzwagen URB. *Str.* 333. *Pf.* 51. enzenwagen *ib.* 194. *vgl.* öwenzwagen.

eis-bærec *adj. s.* egesbærec.

eisch *adj. hässlich, scheusslich.* Lucifer der aysch rief mit groszer freisch KELL. *erz.* 12, 35. *vgl.* DWB. 3, 362.

eisch *stm. gerichtl. forderung, untersuchung, inquisitio* Mw. 36, 54. 59, 45. 140, 54 (13. *jh.*); *gerichtlich bewilligte frist* SCHM. *Fr.* 1, 166. *vgl. auch* DWB. 3, 363. *zu*

eischen *swv.* (I. 425ª) *auch red.* iesch, geeischen (wir haben zu einem uberman geeischen und gekorn herrn — Mz. 4, 156), *mit unorg. anlaute* heischen (BARL. BON. MART. DÜR. *chr.* 689. 718. KARLM. 97, 62 *u. öfter*): *abforschen, fragen.* er iesch, wie sie getörsten komen in daz lant GUDR. 145, 1; *fordern, heischen* LAMPR. PARZ. WALTH. GEN. *D.* 52, 21. 56, 13. LANZ. 1982. GERH. 543. HIMLF. (HPT. 5) 1531. PASS. 346, 25. *K.* 63, 75. 684, 8. MARLG. 89, 1. 112, 43 für geriht laden oder eischen Mz. 1, 399. AD. 1186. swer den andern haimsuocht, daz er in heraus aischt NP. 37. *die person, von der man etw. fordert im dat.* (LAMPR. BON. MART.) *od. mit an* BARL. MSH. 1, 18ᵇ. NP. 317. Mw. 188, 7, *von* PARZ. — *mit* abe (DSP. 1, 195), an (einem gelt an heischen DÜR. *chr.* 689. 718), ûz, vür; er-, ver-. *nach* BOPP *gl.* 43ª *zu skr.* icch, *desiderare, vgl. auch* DIEF. 1, 13. DWB. 3, 363. SCHER. *gesch.* 185 *anm.*;

eischer *stm. kläger.* heischer GR. W. 6, 316;

eisch-lîche *adv. fordernd, anklagend.* das du so eischlich schuldest mich ALSF. *passionssp.* 5ᵇ;

eischunge *stf. forderung* KIRCHB. 730, 44; *ladung vor gericht,* eischunge u. vorderung Mz. 1, 399; *gerichtl. bewilligte frist* MÜNCH. *r.* 16. SCHM. *Fr.* 1, 166.

eise *stf. s.* egese.

eise *stf.* (I. 426ª) *gemächlichkeit* WOLFR. durch banekens eise TRIST. *U.* 506, 36. — *aus fz.* aise, *prov.* ais, *ital.* agio, *engl.* easy, *deren etymol. noch nicht aufgeklärt ist. vgl.* DIEZ 7 *f.*

eise *stf.* (I. 411ª) *contr. aus* egese *schrecken* RAB. 266. WARN. 3486. JER. 125ᵇ. 147ᵈ. 149ª; *mit unorg. anlaut* heise DIEM. 140, 18. — *zu* ege;

eisen *swv.* (*ib.*) *impers. contr. aus* egesen, *ahd.* egisôn *schrecken empfinden mit dat.* mir eiset (HPT. 2, 155. TEICHN. 57) *u. ab* WARN., *od. von* AMG., *od. vor* JER. 129ᵈ; *trans.* die helle aisen, gehennam expavescere BR. *A* 8ª.

eiser *stm. forscher, versucher* PASS. 303, 62. — *für* eischer *von* eischen *vgl.* BREM. *wb.* 1, 8.

ei-sidele *s.* einsidele.

eisiere *stf. s. v. a.* eise *gemächlichkeit.* mit gemacher eisiere KRONE 3674;

eisieren *swv.* (I. 426ª) *gemächlich pflegen* WWH. daz ir iuwern lîp sô eisieret als ein wîp KRONE 3375. êsieren TROJ. 6082. 44887. — *zu* eise, *aus prov.* aisar, *fz.* aisier.

eis-lich *s.* egeslich.

eismende *stf. bequemlichkeit.* ir eismende diu was grôz DIETR. 3729 *u. anm. „doch wol ein altfz.* eisement.*" s.* eise.

eissam *adj. s.* egessam.

eistec-lich *adj. s. v. a.* eislich, egeslich BEH. 176, 29. 314, 15;

eister *stm. schrecken erregender mensch, scheusal.* disen pösewicht und aister sy da satzten hubmaister BEH. 77, 7;

eist-lich *adj. s.* egeslich;

eisunge *stf.* (I. 411ª) *horror* DFG. 280ᶜ.

eit, -des *stm.* (I. 426ª) *eid. allgem. s. noch* nein und jâ daz ist mîn eit MSH. 3, 170ª. daz sî bî dem hœhsten eide dir geseit *ib.* 1, 318ª. ûf mînen hœhsten eit MARLG. 166, 405. ich lobte bî dem eide j. TIT. 4912. eide über eide RENN. 13616. 64; gelêrter eit, *der nach einer vorgesagten formel gesprochen wird* WEIST. CHR. 4. 37, 2. 39, 5. 130, 11 *etc.;* gestabter und ungestabter eit, *mit oder ohne vorgesprochene eidesformel* WEIST. BÜCHL. PARZ. — *formelhafte ausdrücke:* den eit bieten, *sich zum eide erbieten* NIB. PARZ. des biute ich ir mînen eit MSH. 1, 89ᵇ; brechen Iw. PARZ. TRIST. eit unzebrochen j. TIT. 4937; geben, *vorsprechen* ER. PARZ., schwören PASS. *K.* 56, 12; nemen, schwören *od. den eid abnehmen* LANZ. BÜCHL.; staben einem den eit, *den vorgesprochenen eid (mit vorgehaltenem richterstabe, s.* eitstap) abnehmen, *allgem.* (wer ist den eit mir stabende j. TIT. 3797. 3942); stellen, vorsprechen TRIST.; swern RUL. Iw. PARZ. ich hete des tûsent eide gesworn MSH. 3, 17ª. eit in latîn gesworn *ib.* 505ᵇ. jâ swer ich zwêne eide KOL. 251, 223; tuon, des wirt ein eit von

mir getân den göten TROJ. 12126. — *vermutungen über die etym. s. im* DWB. 3, 82. DIEF. 1, 17. GSP. 148.
eit, -tes *stm.* (I. 427ᵇ) *feuer, ofen* EXOD. KCHR. SERV. (dâ liez er sich in den eit 3135. daz was ein vil starker eit 3502). seht sô nimt er eit ein und gluot MASSM. *denkm.* 80, 10. — *ags.* âd *scheiterhaufen zu skr.* idh *anzünden,* êdha *brennholz, gr.* αἴθω, *lat.* ædes *feuerstätte* CURT. 1, 215. Z. 1, 9. DWB. 3, 391.
eit-bære *adj.* (*ib.*) *der zum eide zulässig ist* HALT.
eit-bot *stn. aufforderung zur eidesleistung* GR.W. 5, 133.
eiten *swv.* (I. 427ᵇ) *prät.* eite, *trans. brennen, heizen* URST. PASS. (*K.* 107, 27. 344, 48). sêlen, die daz vegefiur eitet MARIENGR. 151. die kezzel eiten ENENK. *s.* 325. eitet (*bratet*) mir daz ei GA. 3. 184, 181. eiden MARLD. *han.* 92. 40. GR.W. 5, 249. êden (*prät.* êdde) DENKM. XXXVI 5, 3 ; *kochen, sieden* NP. 209; *schmelzen* TRIST.; *refl.* in dem oven sam der ziegel eitet sich und wirt gerœtet MARIENGR. 399; *intr. brennen, glühen* Ms. sîn herze in jâmer eite GA. 3. 116, 177. ein eitunder berc WELTCHR. 97ᵇ. — *mit* er-, ge-, ver-. *zu* eit;
eiter *stn.* (I. 428ᵃ) *gift* (*das brennende*) *bes. thierisches* PARZ. TRIST. WINSB. IW. 156. ANTICHR. 203, 3. GEN. *D.* 4, 15. WG. 12526. APOLL. 10894. 10912. TROJ. 9286. 9771. KRONE 1507. 11579. BERTH. 153, 8. BPH. 8186. ALBR. 6, 120; *von* MGB. *wird* aiter *ausschliesslich vom ohrenfliessen gebraucht* 348, 13. 350, 22. 383, 21. 422, 17;
eiter-bære *adj.* (*ib.*) *giftig* TROJ. (eiterbære würme 9823).
eiter-bîzec *adj. von gift beissend, ätzend* DIEM. 327, 15.
eiter-blâtere *swf. giftblase* BIRKENST. *p.* 198.
eiter-bluome *f.* canina DFG. 95ᵃ.
eiterec, eiteric *adj.* (I. 428ᵃ) *giftig* TUND. MAR. SERV. der eiterige dracke KRONE 13497.
eiter-galle *swf. giftgalle.* sîn zunge eitergallen hât MSH. 2, 214ᵇ. diu eitergalle *als schelte* APOLL. 16171.
eiter-gift *stf.* (I. 510ᵃ) aconitum DFG. 10ᵃ ;
eiter-giftec *adj.* eitergiftige slangen VET. *b.* 7, 18.
eiter-gîtec *adj. giftgierig.* vil würme eitergîtec j. TIT. 6049.
eiter-haft *adj.* (I. 428ᵃ) *giftig* PARZ.
eiter-hecken *stn. der giftige stich* GEN. *D.* 16, 30.

eiterîn *adj.* (I. 428ᵃ) *giftig* TRIST.
eiter-klôz *stm. giftballen* APOLL. 9095.
eiter-klûse *stf.* (I. 849ᵇ) *was gift in sich schliesst* Ms.
eiter-krût *stn. giftkraut.* Circê gôz ein eiterkrût den drouwenden ûf ir hût ALBR. 33, 471 ; origanum MGB. 301, 20.
eitern *swv.* (I. 428ᵃ) *vergiften, part.* geitert PARZ. (*falsch erklärt im* DWB. 3, 392). mit eim geiterten phîl WG. 12524.
eiter-nezzel *swf. brennessel.* die clainen aiternesseln MYNS. 76; *gewönlich mit unorg. anlaute* heiternezzel (II. 332ᵇ) SUM.
eiter-rehsunge *stf.* empyna VOC. 1482. *s.* DFG. 201ᵃ. DWB. 3, 393.
eiter-saf *stn.* (II. 13ᵇ) *giftsaft, gift* TROJ.
eiter-schuz, -zzes *stm. giftiger schuss, blick.* mit ougen eiterschuzze (*vom basilisken*) j. TIT. 3929.
eiter-slange *swm.* (II². 404ᵇ) *giftschlange* TRIST. MSH. 3, 81ᵇ.
eiter-suht *stf. s.* eitzuht.
eiter-tracke *swm.* (III. 67ᵇ) *giftdrache* KRONE.
eiterunge *stf.* tabitudo VOC. 1482.
eiter-var, -wes *adj.* (III. 237ᵇ) *wie eiter aussehend* MART.; *giftig* GSM.
eiter-wolf *stm.* (III. 801ᵇ) *giftiger wolf* PARZ.
eiter-wurm *stm. giftige schlange* j. TIT. 6009; *der fingerwurm* GERM. 8, 301.
eiter-wurz *stf.* (III. 829ᵃ) aconitum DFG. 10ᵃ.
eit-ge-nôz, -nôze *stswm.* (II. 398ᵃ) *durch einen eid verbundener genosse: verschworner* KCHR. (*D.* 166, 27. 167, 3. 169, 20), *verbündeter, eidgenosse* KCHR. *D.* 523, 8. TROJ. 46902. des waldes eitg. (*riesen*) WOLFD. 394. der tugende, des tiuvels eitg. *ib.* 739. 894;
eit-ge-nôz-schaft *stf.* (II. 398ᵇ) *eidgenossenschaft* HALBSUTER.
eit-ge-schoz *stn. abgabe vom vermögen, gewerbe, die auf den eid hin bestimmt wurde* HALT. *vgl.* VILM. 367.
eit-ge-selle *swm.* (II². 30ᵃ) *geschworener freund* HELBL. SUCH. ROSENG. *C.* 1453. LS. 1. 626, 59. NETZ 3502. KELL. *erz.* 12, 22. SWSP. 132, 10; *als anrede an die gattin* WOLK.
eit-haft *adj.* (I. 427ᵃ) *durch eid verpflichtet, verbunden* KCHR. (heithaft *D.* 517, 24). *ebenso*
eit-haftec *adj.* HALT. 280.
eit-oven *stm.* (II. 458ᵇ) *feuerofen* DENKM. XLIII. 16, 4. GRIESH. (1, 138 2, 86). MYST. (2. 440, 20).
eit-schillinc *stm. abgabe an den richter für die eidabnahme* HALT. 281.

eit-stap, -bes *stm.* (II². 594ª) *richterstab, unter dessen vorhaltung der eid abgelegt wurde; gericht, wo der eid gestabt ward. ahd., s.* GR. 2, 525.
eit-stein *stm. s.* agetstein.
eit-tac *stm. zur eidesleistung bestimmter tag* GR.W. 3, 264. 267.
eit-swere *swm. der geschworne* MONE z. 7, 257. 261.
eit-triuwe *adj. dem eide treu* LAUR. *Nyer.* 1507.
eit-zuht *stf.* (III. 939ᵇ) sentina Voc. eizucht FREIBERG. *vgl.* DFG. 527ᵇ (*wo auch* eitersuht) *sowie* adich, adocht *u.* BECH *beitr.* 2.
eiʒ *stm.* (I. 428ª) *geschwür, eiterbeule* DIEM. GRIESH. (1, 43. 110) BARL. LIT. 225, 35. WLN. 219. JER. 1ᵇ. PF. *üb.* 182, 9. 24. — *mit nochmaliger lautverschiebung zu* eit, eiter DWB. 3, 382. 391. WEIG. 1, 283;
eiʒel *stn. kleiner* eiʒ. swer hât ein eiʒel eins nagels breit RENN. 11645. swie kleine an im ein eizel swirt 14293;
eiʒel-villec *adj.* (III. 294ᵇ) *eine von geschwüren wunde haut habend* SCHM. (*ohne alten beleg*).
eiʒic *adj.* plenus ulceribus Voc. 1482.
ê-kamere *f.* (I. 782ᵇ) *hochzeitsgemach* PHYSIOL.
ê-kint *stn.* (I. 818ª) *gesetzlich erzeugtes, eheliches kind* URST. AMIS 525. 588. 638. 764. BERTH. 315, 28. SWSP. 71, 5. 236, 2. 3. 401, 3. 419, 33. DSP. 1, 5. 45.
ekkel *stm. s.* eckel.
ê-kone *swf.* (I. 859ª) *ehefrau* ROTH. 4684. KCHR. W. 3699. MYST. er sol des tohter nemen ze einer rehten êchonen Mw. 175, 3 (*a.* 1290).
ekub (I. 428ª) *eine art zelt* WWH.
-el *ableitungssilbe* (*ib.*)
ël, -wes *adj.* (*ib.*) *gelb, lohbraun* SUM. *vgl.* gël *u.* DWB. 3, 401. KWB. 83.
el *swm. s.* elch.
elas, eylas *interj.* (I. 428ª) *das fz.* hélas HERB.
elbe *stf.* (I. 24ᵇ) *md. die* elfe MSF. 126, 8 (*var.* von den elben). — *zu* alp; *s.* elbinne.
Elbe-gast *stm.* (I 485ᵇ) *name eines diebes* j.TIT.; *verderbt* Algast. Algast der wolte riten von sîner bürge dan ûf stelen MSH. 3, 408ª. zuo sant Allgast MONE z. 11, 228. *s.* MYTH. 434.
elbel *s.* vrevel.
elbinne *swf. s. v. a.* elbe. elbinnen und veien ALBR. 1, 363;
elbisch *adj.* (I. 25ª) *alpartig.* ein elb. âs GA. 3. 60, 647, getwâs 78, 1310, gebære 68, 934; *der von elben sinnverwirrt geworden ist ib.* 75, 1187. 1206. HERB. PASS. elbischer, fan-

tasta Voc. 1482. *vgl.* KWB. 83. „*in Ilsenburg* (1856) *nennt man die schafe, welche die drehkrankheit haben,* elbisch" W.GR.
elbiʒ, albiʒ *stm.* (I. 22ª) *schwan.* elbiʒ RENN. BIT. 6984 j.TIT. 4117. MSH. 1, 104ª. JÜNGL. 257. WACK. *pr.* 56, 175. MGB. 174, 7; albiʒ SWANR. (141. 160). — *s.* alp *u.* GDS. 325.
ëlch, -hes *stm.* ëlhe *swm.* (I. 428ᵇ) *elenthier.* elch NIB. älch MGB. 141, 5. 10. elhe SUM. WEINSCHW. el Ms. — *mit übergang des* r *in* l *zu skr.* r̥ya (*aus* arkya) *hirsch* Z. 1, 105. 133. *vgl. auch* CURT. 1, 102.
elden *swv. s.* elten.
elder *comp.*, eldern *pl. s.* alt, altern.
ele *s.* elne.
ele-brant *stm.* (I. 253ᵇ) spodium, *gebranntes elfenbein. vgl.* DFG. 548ª.
élefant, élfant *stm.* (I. 660ᵇ) *elephant* LAMPR. (ëlfent *n. ib. leseb.* 257, 18). ERNST 4204. MGB. 135, 1 *ff.* PASS. 329, 50. olfant DFG 198ª; *gewönlich mit ausdeutung auf* hëlfen, hélfant, hëlfant KARAJ. LANZ. APOLL. 36434. 3849. 19185. ULR. *Wh.* 144ᵇ. WIG. 10828. 10982. 10484 (*auf dem panier*). RENN. 9938. 18724. DAN. 514. 7648. MSH. 2, 395ª. 3, 181ª. MGB. 134, 13 *ff.* — *aus lat.* elephantus, *vgl.* olbente;
elefantinisch *adj.* zuo der elephantinischen auzsetzichait MGB. 138, 12.
elemënt *stn.* (I. 428ᵇ) *element* ALBR. 1, 20. 35, 268, 271. MGB. 68, 37. got in vier elementen sich erscheinet MSH. 1, 267ᵇ; elemente *swm.?* BERTH. 95, 38. ELIS. 208. — *aus lat.* elementum, *pl.* elementa.
ëlentes *s.* ëlnte.
eles *s.* egedëhse.
elfant, elfent *s.* elefant.
ëlhe *swm. s.* ëlch.
elhorn *s.* alære; *als name kommt* Elhorn, Eln horn *in Baseler urk. des* 15. *jh. vor.*
ê-lich *adj.* (I. 452ª) *gesetzmässig* HALT. 260. éliche jâre *volljährigkeit* UH. 257 (*a.* 1416); *ehelich* HARTM. TRIST. élicher man TROJ. 8368. 22813. KOL. 281, 143. ël. vrouwe TROJ. 8337. ël. wip *ib.* 13273. ël. tohter MONE z. 10, 476. ël. dinge MYST. 1. 152, 16;
ê-lîche, -en *adv.* (I. 452ᵇ) Iw. TRIST. HELMBR. dem antwurt êliche des landes künec GERH. 1748. wiltû mich êliche hân ORL. 5121. einen êlichen haben USCHB. 438 (*a.* 1414);
ê-lîche *swm.* (*ib.*) *judex legitimus* OBERL.;
ê-lîcheit *stf.* (*ib.*) legitimatio DFG. 323ª; *eingehung der ehe* ATH.;

ê-lîchen *swv.* (*ib.*) nubere Dfg. 384ᵃ; *legitimieren* Halt.

elider *stm.* elidros, ain stain Mgb. 446, 23. 447, 30.

ëlintesel *s.* ëlnte.

ê-liute *pl.* (I. 1038ᵃ) *eheleute* Berth.; cives Dfg. 125ᵃ; êliuter Mone *z.* 15, 132 *ff.*

eljotrôpîa (I. 428ᵇ) *ein edelstein* Parz.

elle *s.* al, elne.

elle *swm.?* zwên ellen, *zwei unfruchtbare äcker* Urb. Son. 81, 19. *vgl.* Schm. *Fr.* 1, 60.

elle *swf.* (I. 428ᵇ) *nebenbuhlerin, in* gelle; *ahd.* ellâ *zu* ellen *eifer.*

ellec-heit *stf.* ellec-lîche *adv.* (Mone *z.* 6, 429. 15, 240). *s.* allec-.

ellede *stf.* Jer. 119ᵈ *s. v. a.* ellen *stn.*

elle-lende *stn. s.* ellende.

ellen *s.* elne.

ellen *stn.* (I. 429ᵃ) *mit unorg. ausl.* ellent (Ms.) *mut, mannheit. allgem.;* baldeʒ ellen *s.* Denkm. 319. *in* Karlm. *oft als reimfüllwort s. Bartsch s.* 279. — *gt.* aljan *n. eifer vgl.* Gsp. 348.

ellen-, elen-boge *swm.* (I. 178ᵇ) *ellenboge* Walth. Engelh. Helbl. Apoll. 9542. Krone 1821. Hpt. 5. 548, 1258. 6. 499, 97. Ga. 1. 92, 21. Mgb. 20, 18. 245, 6. 259, 16; *die geschwisterkinder* (*in der bildl. darstellung der verwandtschaftsgrade*) Dsp. 1, 16. Berth. 1312, 21.

ellen-breit *adj. eine elle breit.* mit ellenbreitem barte Gudr. 1510, 3.

el-lende *stn.* (I. 937ᵃ) ellelende Hpt. 1, 18 *md.* enelende, enlende (enlende Elis. 4342. 4410. 4540. 4663 *etc.* Dür. *chr.* 72. enelende Elis. 3650. Erlœs. X, 53. inelende Elis. 4366. *f.* Germ. 11, 149): *anderes land, fremde; leben in der fremde, verbannung* Wig. Barl. Ms. Nib. 2094, 4. Gudr. 107, 4. Er. 1458. Greg. 1821. Loh. 7357. heim ze lande und doch in daʒ ellende j. Tit. 1005; *not u. trübsal, elend* Kl. Erinn. 891. Hpt. 7. 148, 21. Pass. 380, 34. — *ahd.* elilenti *s.* al *adj. ander;*

el-lende *adj.* (*ib.*) *md.* enelende, enlende Msf. 51, 29. Ernst 3789. Elis. 4679. 4902. 4988. 6174. 7099 (*auch* ellende 1166): *der in oder aus einem fremden lande, fremd oder in der fremde ist* (ellender wîn = ûzlendischer Gr.w. 1, 155), *verbannt und in weiterer bedeut. geschieden von etw.* (*gen. des gelouben* ellende Türl. Wh. 90ᵃ. der gotes ellende Ernst 3483. des wunsches niht ellende j. Tit. 5771. lîbes flust ellende, *noch am leben ib.* 1575 *od. mit*

präp. an freuden ellende *ib.* 1139. 6187), *unglücklich, jammervoll. allgem., s. noch* der elender degen Gr. Rud. 19, 4. 23, 27. Flôre der ellende Flore 3721. 4612. ellender gast Troj. 8059; ûf dirre ellenden ban Ls. 3. 23, 1. ze trôst und hilf aller gelaubigen ellender sêlen Mz. 4, 150. Mone *z.* 8, 471; ellende kerze *s.* kerze; ellende äcker, *herrenlose, verlassene?* Mb. *bei* Schm. *Fr.* 1, 59. (*vgl. auch oben* elle *swm.*);

el-lendec *adj. fremd.* ellendiger man Mor. 1, 1023;

el-lendec-heit *stf. zustand der verbannung, elend* Myst. 2. 26, 38; *contr.* ellenkeit Kolm. 73, 64;

el-lendec-lîchen *adv.* (I. 937ᵇ) *jämmerlich* Griesh. 2, 61. Heldb. *H.* 1, 185, 149; *contr.* ellenclîchen Diocl., *md.* enelendeclîchen Dür. *chr.* 739; *ebenso*

el-lende-lîche *adv.* ellentlich Chr. 4. 326, 14;

el-lenden *swv.* (I. 937ᵇ) *trans.* jane dorft in niht ellenden, *es durfte ihm nicht vorkommen, dass er in der fremde war* Parz. 167, 8 (*im* Wb. *intrans. aufgefasst: ihnen nicht fremd sein*); *elend machen, quälen* des verlust mich ellendet Türl. *Wh.* 107ᵃ. mich ellendet liep nâch dir Ls. 1. 41, 92; *refl.* sih ellenden, *sich in die fremde begeben, entfremden* (*mit dat. od.* von) Walth. Ms. Orl. 9607. woldestu alsô durch mich ellenden dich Alexius 125, 560; Reinfr. 90ᵃ. 735ᵃ. Otn. 35, 4. Myst. 2. 417, 32. — *mit* ver-.

el-lende-sanc *stn. klagelied.* daʒ ellendesanch singen Hpt. *h. lied* 106, 15.

el-lenkeit *s.* ellendecheit.

ellen-kraft *stf.* (I. 871ᵇ) *kraft mit mannheit verbunden* Frl.

ellen-lanc *adj.* (I. 931ᵃ) *ellenlang* Er. (872. 5512). Neidh. 217, 12.

ellen-mâʒ *stn. elle* Gr.w. 6, 17.

ellen-schaft *stm. ellenstecke* Buch *v. g. sp.* 23; *ebenso*

ellen-stap, -bes *stm.* (II². 594ᵇ) Meran. Gr.w. 5, 163. Mone *z.* 13, 156.

ellent *stn. s.* ellen.

ellent-haft *adj.* (I. 429ᵃ) ellen *habend, mannhaft, tapfer, kühn* Parz. Ms. Barl. Nib. 22, 2. 498, 2. 1175, 4. 1987, 4. L. Alex. 374. 1266. Er. 659. Greg. 1998. Wwh. 418, 18. Wig. 9626. Ernst *B.* 1325. 1494. 1507 *etc.* Laur. *Sch.* 577. Ecke *L.* 154. Alph. 51, 3. Bit. 562. 5183. 5289. Orl. 7863. 10774. 12576. Reinh. 1027. Loh. 2124. 3524. 5228. Lieht. 91, 7.

OTTE 587. TROJ. 331. 13076. 17049. 20872. ELIS. 75. 3232. JER. 8ᵃ;

ellent-hafte *adv. (ib.) mannhaft* PARZ. ELIS. 3224.

ellent-heit *stf. mannhaftigkeit* JER. 84ⁿ.

ellent-her-bërge *stf.* xenodochium Voc. 1482.

ellent-lich *adj. s. v. a.* ellenthaft HPT. *h. lied* 145, 8. ELIS. 3227. JER. 57ᵈ;

el-lent-lîche *adv. s.* ellendelîche.

ellent-rîche *adj.* (I. 429ᵃ. II. 688ᵇ) *reich an* ellen, *gewaltig, tapfer* ERNST *B.* 1726. *ein lieblingsausdruck von* KONR. (TURN. 15, 3. OTTE 511. TROJ. 4227. 6314. 11409. 12182. 12320. 13800. 13840. 15171. 17805. 18672. 18746. 21445); *verstärktes* rîche: üppiclîches muotes sint sî ellentrîch NEIDH. 88, 36. — ellens rîche (II. 688ᵇ) *ist aber nicht als compos. aufzufassen, s.* rîche.

el-len-tuom *stnm.* (I. 937ᵇ) *aus* ellendetuom *s. v. a.* ellende GEN. PHYSIOL. (*leseb.* 168, 1).

ellen-vëhte *swm.* (III. 312ᵇ) *tapferer kämpfer* Ms.

ellen-vrëch *adj.* (III. 396ᵇ) *männlich kühn* FRL.

ellen-wît *adj. ellenweit.* ellenwît was im sîn hâr MSH. 3, 185ᵇ; DRACH. *Casp.* 107.

el-lich *adj. s.* allich *u.* anelich.

ellinc-lîche *adv. s.* allecliche.

elline *s.* elne.

ëllinsîn *adj.* (I. 429ᵇ) hyaeninum SUM.; *s.* ëlnte.

elliu *s.* al.

ëlm, ëlme *stf.* (I. 429ᵃ) *ulme.* ein winstoc vlacht sich umb ein elme wît ALBR. 34, 85; *auch* ilm, ilme DFG. 625ᵃ. — *ags.* eln, *altn.* almr *zu lat.* ulmus, *woraus das nhd.* ulme *entlehnt ist* KUHN 7, 189.

ëlm-boum *stm.* (I. 227ᵇ) GL. ilm-, ulmboum MGB. 353, 25.

el-mëʒ *stn. ellenmass* BERTH. 16, 22.

elne, eln, elline, ellen *stf.* ele, elle *swstf.* (I. 429ᵇ) **elle. elline** GEN. (*bei D.* 28, 6. 7. 9 ellen); elne Ms. siben elne KCHR. *D.* 453, 21; elle, ellen RUL. Iw. tûsent ellen NEIDH. 75, 26. ein elle *ib.* 50, 25. gegen einer elle (:swelle) GA. 3. 121, 386. mit tugentlîcher elle MARLG. 200, 166. lanc als ein ellen MSH. 3, 306ᵃ. ellen hôch LIEHT. 259, 30; ein ele FREID. 112, 25 (*in der 2. ausg.* elle). manege elen hôch LOH. 3414. mit einer eichîn eln Ls. 2. 524, 755. — *zu gr.* ὠλένη, *lat.* ulna CURT. 1, 343.

ëlnte, ëlentes, ëlintesel, hëltenze (I. 429ᵃ) *hyäne. s.* DFG. 277ᵃ, *n. gl.* 203ᵇ. *nach dem* DWB. 3, 411 *entstellt aus ahd.* illitîso, *iltis.*

ê-lôs *adj.* (I. 451ᵃ) *ausserhalb des gesetzes stehend* BERTH. die sich êlôs gemacht habent mit untât DSP. 1, 69. rehtlôs und êlôs sîn Mw. 59, 1. 64 (*a.* 1255; ille exlex judicetur *ib.* 36, 59). *vgl.* BASL. *r. s.* 39.

else *swf. maifisch.* sô man elsen vêht in dem Necker MONE *z.* 4, 77 (*a.* 1369). DWB. 3, 417.

elsen-segene *f. netz für maifische* MONE *z.* 4, 90.

elster *stf.* (I. 429ᵇ) *elster* MAR.; *vgl.* agelster *u. dazu auch* KUHN 9, 75. WACK. *voces* 2, 75 *anm.* (*zur wurzel* ag).

elte *stf.* (I. 26ᵃ) *alter* ULR. — *zu* alt;

elten, alten *swv.* (I. 26ᵇ) *ahd.* altjan *alt machen, ins alter bringen.* elten HIMLF. (elden) RENN. (9470. 9883. 12912. 15099. 15981 *immer im reime*); alten TRIST. MSF. 213, 26. (*vgl. Bech zu* HARTM. *lied.* 2, 23). daʒ altet mich ê mîner tage NEIDH. 94, 9. — *mit ver-.*

elter-muoter *stf.* (II. 269ᵃ) *grossmutter,* tritava DFG. 598ᵃ. HELDB. *H.* 1. 261, 804; eldermuoter AB. 1, 264. KIRCHB. 786, 20.

eltern *pl. s.* altern *u.* GR.w. 1, 272.

elter-vater *m.* (III. 279ᵇ) *grossvater,* tritavus DFG. 598ᵃ (*auch* alter-, aldervater), *md.* elder-, aldervater HERB. KIRCHB. 622, 32. 624, 15. KARLM. 158, 49. 165, 22.

ëltes, iltis *stm. iltis.* putorius haiʒt ain eltes oder ain iltis MGB. 157, 27. 28. — *ahd.* illitîso, *vgl.* ëlnte *u.* SCHM. *Fr.* 1, 60.

eltisch *adj. s.* altisc.

eltiu *s.* alt.

êly (I. 429ᵇ) *ruf Christi bei seinem tode* GSM. (*lies* 980. 1977) *var.* hêly. — *hebräisch.*

ëm = dëme (I. 312ᵇ, 26) PARZ. WWH. 158, 11.

ê-mâles *s.* mâl.

ê-man *stm.* (II. 39ᵃ) *ehemann* GRIESH. BERTH.

êmathîtes *m.* (I. 429ᵇ) *ein edelstein* PARZ. ein emetîn KRONE 15780.

emb- *s.* enb-.

embde *s.* âmât.

embde-wise *stf. ohmetwiese* GR.w. 1, 137.

ember, embere *s.* einber, einbere.

embe-schâf *stn. s.* schâf.

emen *swv. s. v. a.* ammen. und liesz sich als die jungen fögel emen FASN. 640, 20.

ê-menschen *pl. eheleute* GR.w. 4, 357. 6, 298.

emer *s.* amer, einber.

emeral *stm. s.* amiral.

emere *f. s.* eimere.

emetîn *s.* êmathîtes.

emeʒ *adj.* (I. 429ᵇ) *ahd.* emiz, emmiʒ *beständig, immerwährend, über dessen mutmassl.*

etymol. das DWB. 3, 419 *f. handelt. fürs mhd. zu folgern aus* emẓliche, emẓec *etc.*

emmer *s.* einber.

empelîn *stn. dem. zu* ampel. ein empelîn mit salze HPT. 6, 490.

emper *stm. s.* einber.

empf- *s.* enpf-, entv-.

emser *stm.* foca ein merchalb vel est piscis emser SCHM. *Fr.* 1, 80 (*a.* 1449).

ê-müle *stf.* ze Wyl sol man haben ein müli und das sol sein ein eemüli GR.w. 1, 160.

ê-muoter *stf.* (II. 269ᵃ) *rechtmässige mutter* ZIEM.

emẓec, emẓic *adj.* (I. 429ᵇ) *beständig, fortwährend, beharrlich.* von dem nebele, der in dem selben lande emẓic ist ROTH *pr.* 75. emẓic zorn ist nieman guot MONE 8. 59, 51. emẓic dienst GLAR. 84; frequens, emeẓẓic LESEB. (*predigt aus dem 12. jh.*) — *zu* emeẓ;

emẓec-heit *stf.* (I. 430ᵃ) *stätigkeit, ununterbrochene dauer* BÜCHL. LEYS. (der brunne) het gedurchelt den stein, daẓ chom von sîner emẓecheit Aw. 3, 229; *fleiss, eifer* TRIST. ze aller jungest nam erẓ im ze ainer emẓechait, daẓ er dikke ze Biterne rait KCHR. *D.* 133, 28. mâẓe und bescheidenheit pflâgen dîn mit emẓecheit MAI 176, 34; RENN. 16150. 16660. W.GR. *citiert noch* KRONE 25ᵃ. 60ᵇ;

emẓec-lich *adj.* (I. 429ᵇ) *ununterbrochen* DIEM. MAI *p.* 294;

emẓec-lîche, -en *adv.* (*ib.*) *ununterbrochen u. fleissig* BÜCHL. ENGELH. HELBL. GRIESH. 1, 67. 73. HPT. 6, 422. KRONE 26055. GERM. 7, 349;

emẓige *adv.* (I. 429ᵇ) *zu* emẓec *fortwährend, eifrig* GEN. SERV. dâ der einhurn emẓige wisit DIUT. 3, 25. daẓ ich gotes lîchenamen nie sô emẓige nam MISC. 1, 13. also ir emizige vernomen habt SPEC. 63;

emẓigen *swv.* (I. 430ᵃ) *etw. in einem fort, sehr eifrig thun* GEST. *R.* KCHR. *D.* 504, 30. SPEC. 110. HPT. 1, 294. empẓigen ROTH *pr.* 60;

emẓigunge *stf. eifer.* mit emẓigunge GERM. 7, 349;

emẓ-lîche, -en *adv.* (I. 429ᵇ) *s. v. a.* emẓeclîche LIT. SERV. KARAJ. 78, 13. EILH. 1116.

ën = **dën** *acc. m.* (I 312ᵇ, 30) PARZ. WALTH. GFR. 2363. GR. 4, 369.

en *präp. s.* in.

en *adv. neg. s.* ne.

en- *präf. für* ent *s. unter den folgd. compositis.*

en-al-ge-rihte *adv.* = in algerihte ERACL. 2014. 3675.

en-allent-halben *adv.* = in allenthalben (I. 615ᵃ, 18) ECKE.

en-al-mitten *adv.* = in almitten (II. 198ᵃ) *ganz in der mitte* EN.

en-ander *s.* einander.

en-ander-sîte, -sîten *adv.* = in ander sîte, sîten ATH. *C* 90. *D* 108.

ê-narre *swm.* (II. 316ᵃ) *narr in betreff der ehe* HELBL.

en-bagen *adv. zugegen, s.* SCHM. *Fr.* 1, 213. *aus* enbegagen?

en-ban *präs. s.* enbunnen.

en-barn *swv.* (I. 141ᵇ) *trans. u. refl.* bar machen, entblössen (daẓ swert enb. WOLFD. 484) entdecken, aufdecken, eröffnen. allgem. *s.* noch er begunde Lanzelete enbarn LANZ. 6621. daẓ mære im wart offenbærlîche enbart GERH. 6814. unz daẓ im got sîn hôhen güete wolte enbarn WARTB. 50, 5. ein lêre die wil ich enbarn MSH. 3, 168ᵇ; dô inbarte sich der grunt sâ DIEM. 68, 6. diu steinwant sich enbarte Osw. 2994. einer rede ich mich enbar WARTB. 153, 11. *vgl. noch* MART. 24ᵈ. 145ᵇ. 195ᶜ. 265ᵈ. ALBR. 22, 268. 31, 33. REINFR. 111ᵇ. 168ᵇ; einen eines d. enb. *ihn berauben* OBERL. 305.

en-beident-halben *adv.* (I. 615ᵃ, 31) *aus* in beidenthalben, *auf beiden seiten* ANEG. ATH. *C* 50.

en-beinzen *adv. dat.* (I. 425ᵃ, 7) *aus* in bî einzen *einzeln* AUGSB. *r.*;

en-beinzic *adj. adv.* alle zusammen, durchaus CHR. 1. 156, 1. 157, 30; *aus* ein bî einzic?

en-beiten *swv.* (I. 174ᵇ) *warten auf etw.* (*gen. od. acc.*) DIUT. do auch wier des jungisten tages enpeiten wellen ULA. 65 (*a.* 1293).

en-bërn *stv. I,* 2 (I. 155ᵇ) *ohne etw. sein, entbehren, worauf verzichten mit gen.* — *allgem.* (*part.* enborn ERACL. 1220. 1562. 1701. 1793. KARLM. 245, 26. GA. 1. 349, 437); mit einem satze statt des gen. diu ros mohten niht enbern, sie rêrten daẓ bluot DAN. 6416; sich enbern BELIAND 2187 (enbarn?).

en-besten *swv.* (I. 92ᵇ) *los binden, los machen, abziehen mit gen.* (MART.) *od. von.* daẓ loup sich von den esten muoste enbesten HEINZ. 101, 16. ich tuon ein hût von einem rinde enbesten KOLM. 119, 13; *das wild enthäuten u. zerlegen* TRIST. (*vgl.* Aw. 3, 107). — *zu* bast.

en-bieten *stv. III.* (I. 185ᵃ) *durch einen boten sagen oder gebieten lassen, entbieten; darreichen, bieten. allgem.* (die rede ich in enbiute MSH. 3, 337ᵃ. zwei wîp enboten in da, daʒ ir bruoder genas Antichr. 164, 22. wanne wir dem herren von Zolre enbieten, daʒ Mz. 1, 532. daʒ wilde viur sich enbôt Beliand 3393). — *mit ûf;*

en-bietunge *stf.* mandatio Dfg. 346ᵃ.

en-bilden *swv.* (I. 122ᵃ) *entstellen, unkenntlich machen* Trist. U.; entbilden sich sîn selbes, *sich von seiner gestalt trennen* Myst. 2. 420, 38. 421, 35.

en-binden *stv. I*, 3 (I. 136ᵃ) *los binden, befreien, lösen* (*trop. erklären, übersetzen*). *ohne cas.* binden u. enbinden j.Tit. 6035. Msh. 2, 381ᵃ. ich werde énbunden schône Msf. 77, 8; *mit acc. u. refl.* Freid. Ms.Bon. dô er den keiser hete enpunden Otte 593. die werlt intbinden Roth. 4396. enbint den sac Reinh. 363, 1959. den knoten enb. Pass. 93, 14. 227, 72. sîn houbet wart enbunden j.Tit. 3856. als er eʒ (houbet) intbant Jer. 95ᵃ. 172ᵃ. der rosse craft enb. Karl 109ᵇ. einem einen riemen enb. Mariengr. 1195. diu wort enb. Karlm. 186, 53. enbint mir diu starken mære Ulr. Wh. 109ᵇ. 206ᵃ. ê ich mîn vrâge enbinde Helbl. 1, 1171; *die sache* (*pers.*) *im gen.* (Parz.) *od. mit präpos.* Gerh. Trist. U. von allen sünden enb. Kchr. D. 335, 4. von den zwîvels banden enb. Pass. 103, 93. enb. von den nœten Ulr. Wh. 179ᶜ. enbinde mich von grôʒem kumber Ga. 1. 183, 511. dâ von man sich entbinden niht enmöhte Krone 27299. ê diu frow von ir arbait enbunden wirt (*vor der entbindung*) Mone z. 8, 55; ê er von ir daʒ herze mîn gar enbünde Msf. 72, 1. an kreften den erlempten hætens an den stunden von ime vil gerne enpunden Otte 306; er wolte in ûʒ sîner nôt erlœsen und enbinden Troj. 11517. daʒ ich ûʒ dem stricke der sorgen mich enbinde *ib.* 21321.

en-binne *adv.* (I. 750ᵇ) *md. binnen, innerhalb* Veld. (Msf. 56, 23. En. 273, 9), *gewönlich*

en-binnen *adv. u. präp.* (*ib.*) *md., als präp. mit dem dat. vgl. noch* Heinr. 3813. Pass. K. 19, 79. 41, 37. 66, 67 etc. Jer. 35ᵇ. 125ᵇ. *s.* binnen.

en-bîten *stv. II.* (I. 175ᵇ) *warten* Aneg., *auf etw.* (*gen.*) *warten* Serv.

en-bîʒen *stv. II.* (I. 194ᵃ) *essend od. trinkend* (Dan. 77ᵃ. Hadam. 646. Ab. 1, 314. Sion Giessen. hs. 64ᵇ. Lobriser hs. 2622) *geniessen*, enbiʒʒen sîn *gespeist haben* (j.Tit. 401). *absol. od. mit gen., allgem.;* anbîʒen Chr. 4. 35 *anm.* 1, 5. 106, 18.

en-blanden *stv. red. I*, 1 (I. 197ᵇ) *auch* in-, im-, ent-, intblanden. ich enblande eʒ mir *oder einem, lasse es mir od. einem mühselig werden, mache zur arbeit; part.* enblanden, *widerwärtig, beschwerlich:* enblanden sîn, werden (*mit od. ohne dativ*); ich lâʒe eʒ mir enblanden, *lasse es mir eine angelegenheit sein, strenge mich in einer sache an. allgem.* (*nicht in den* Nib.), *vgl. noch* Diem. 41, 15. Lanz. 91. Neidh. 13, 23. j.Tit. 3219. 3687. 4462. Wg. 10462. Krone 6129. 26776 *und zu* Engelh. 3294; *refl.* Vintl. 4483. — *eigentl. nicht zu trinken geben, durst u. entbehrung auferlegen* (Wack.), *s.* blanden.

en-blant *part. s.* enblenden.

en-blâsen *stv. s.* entblâsen.

en-blecken *swv.* (I. 207ᵇ) *prät.* enblacte *sichtbar machen, entblössen* Wolfr. Konr. (Pantal. 1605. Troj. 21016. 20220). die sô lasterlîche enblecken Msh. 3, 51ᵇ. den zan enbl. *ib.* 2, 139ᵃ. Wolfd. 1427. Ls. 3, 539, 28. dô wart ir vreude enblecket j.Tit. 155. und zôch sô hôhe sîn gewant, daʒ er die schame enblacte Vilm. weltchr. 68ᵇ. eine kleine unzuht enblecken Renn. 22545. *vgl.* entblicken.

en-blenden *swv. blenden.* wan daʒ mich ir süeʒen minne bant an dien sinnen hât enblant Msf. 140, 10.

en-blenken *swv. als weiss aufdecken, sehen lassen.* da in Sigûne enblenken solte ir lîp j.Tit. 4104; *stn.* daʒ vil süeʒe enblenken, als in dâ sehen lie diu wandels vrîe *ib.* 4717.

en-blœʒen *swv.* (I. 213ᵇ) *prät.* enblôʒte, *part.* enblœʒet, enblôʒt *entblössen, entkleiden mit gen.* Parz. Trist. Bon. Heime daʒ swert enblôʒte Alph. 301. den lîp enbl. Renn. 19449. sich enbl. Msh. 2, 315ᵃ. 321ᵃ. die geschrift enblœʒen (*erklären*) Myst. 2. 146, 9. *part.* entblœʒet *entblösst, entkleidet* Engelh. 3085. Silv. 973. j.Tit. 5734. Loh. 2364, enblôʒt *ib.* 5766; *md.* entblôʒen Evang. 251ᵃ.

en-blœʒunge *stf. entblössung, entkleidung.* entblœʒunge Myst. 2. 507, 37. 519, 39. entblôʒunge, calvaria Evang. 251ᵇ.

en-blüejen *swv. aufblühen, entblühen* Hpt. *h.* lied 124, 18;

en-blüemen *swv. des bluomen berauben.* daʒ ir enblüemet (*entjungfert*) was der lîp Troj. 17059.

en-bobene, -boben *adv. u. präp.* (II. 428ᵇ) *md. oberhalb* Pass. (98, 31. 339, 75. 340, 55. K. 3, 89. 280, 17. 380, 86. 400, 41). Myst. 2. 46, 10; *ndrh.* enboven Karlm. 62, 40. 220, 48. 227, 48 *u. oft. s.* bobene.

en-bor-binnen *adv. oben darin* JER. 155ᵇ.
en-bore, -bor *adv.* (I. 150ᵃ, 18) *angegl.* embor (WWH. 95,12) = in bore *in der, in die höhe, allgem.; vor adj. u. adv. steigernd, sowie das einfache* bor, *manchmal auch mit der bedeut. „wenig, gering", wobei wol* ne *zu ergänzen ist* GR. RUD. TUND. MYST. ir sît einander enbor holt REINH. 1654;
en-bœren *swv.* (I. 153ᵃ) *erheben, das nhd. „empören"* WWH. NEIDH. LOH. (4703. 5333. 5433. 6886) *u. sehr oft im* j.TIT. *z. b.* vreude enbœren 132. 1473. 1540. 4895. zwîvel enb. 18. haz enb. 146. jâmer sich enbôrte 1145. zer vluht began sich alliu diet enbœren 4060. 6147. ein wênic sie sich enbôrten *(sträubten sich)* KCHR. W. 3675. daz wolken daz enbœret sich von der erden GRIESH. 1, 33. von dem lobe ich mich tumplîche enbôrte MSH. 1, 281ᵇ. Rennewart sich enbôrte ULR. Wh. 131ᵃ. nû begunde hôch enbœren der ander sîne stange *ib.* 244ᵈ. mir ist der muot enbœret HADAM. 342. die ez süeze kunde enbœren 391. den gedanc enb. OT. 21ᵃ *vgl.* 428ᵇ. 442ᵃ. 639ᵃ. der masboum hôch enbôrt ALTSW. 226, 34. — *zu* bôr;
en-bœric *adj.* enb. werden *s. v. a.* sich enbœren, *sich erheben.* daz er vlühteclîchen wirt enbœric j.TIT. 3072.
en-brazieren *swv. umarmen* TRIST. 4327. *das fz.* embrasser.
en-brëchen *stv. I,* 2 (I. 245ᵃ) *intr. hervorbrechen* ROTH. 4679. PASS. K. 355, 12; *mit dat. abfallen von, mit dat. u. gen. mangeln, entgehen.* lie nam er, des im dort enbrach AMG. 40ᵇ; enbrochen sîn *mit dat. od. von: der anschuldigung des klägers entgangen, von der klage freigesprochen, überhaupt eines dinges entledigt sein* HALT. 318. ich wil in buoze setzen, der ir enbrechet niht OTN. 328, 1. daz Hartman Aunsorg dem Putrich enprach mit dem rechten CHR. 4. 99, 16. daz er denn von der anclag enbrochen sî Mz. 1. 522 *s.* 430 (*a.* 1410). das si im wol enbrochen wer KELL. erz. 332, 20. *vgl.* enbrësten; — *trans. anbahnen, öffnen* PASS. 113, 38. K. 4, 13. 507, 33. 663, 36; *erlösen, befreien ib.* 560, 79; — *refl. sich los machen, entschlagen, befreien von, abe, od. mit dat.* (TIT.) PASS. (K. 569, 89. 619, 54). daz dirre furste kûme sich abe in enbrach ELIS. 4279. daz sich der furste enbrach mit nôden von den sînen *ib.* 4314.
en-brëhen *stswv.* (I. 236ᵃ) *hervorstrahlen, aufleuchten* ALEXIUS. glenzen und enprehen (: sehen) TROJ. 8902. 30796.

en-brennen *swv.* (I. 254ᵃ) *prät.* enbrante, *part.* enbrennet, enbrant *in brand setzen, entzünden* NEIDH. MS. BARL. KONR. (ENGELH. 2792. TROJ. 14662. 47486. ALEXIUS 905. PANTAL. 458. PARTEN. 65. TURN. 163, 5). daz hât mîn herze als einen schoub enbrennet WARTB. 43, 10. sâ wart enbrant von mir der Rîn mit allen MSH. 2, 20ᵇ. nû giht dîn zorn, ich habe den Rîn enbrennet MISC. 1, 126. *vgl.* MONE 8, 614. SCHM. 3, 102; entbrennen MYST. 2. 377, 37.
en-brësten *stv. I,* 1 (I. 257ᵃ) *intr. mit dat. entgehen, entkommen* IW. PARZ. WIG. GUDR. sô ist er ime enbrosten gar LS. 3. 452, 137. mit wiu er denne enbrosten sînem eidem wære OT. 32ᵇ. sehs und sibenzic pater noster, dâ ist ein ieglîcher mensche mit enbrosten BERTH. 255, 34. diu gemeinschaft der meisten menje ist dâ mit wol enbrosten *ib.* 456, 26. dâ wære er enbrosten mite LS. 1. 452, 39. *ursprünglich ein der alten rechtssprache eigener ausdruck = der anklage entgangen, freigesprochen sein (vgl.* enbrëchen) SWSP. 262, 3. 4. 416, 18. 53. 420, 3. dem rihter enbresten Mw. 140, 5 (*a.* 1281). 217, 29 (*a.* 1300). ob dem clager ist enbrosten NP. 32. enbrosten sîn *freigesprochen sein* USCH. 304. 305. mit sîn eines hant enbresten, daz *sich von einer anklage reinigen* NP. 32. 33; *mit gen.* (KCHR.) *od. von* (TEICHN.) *los werden;* — *trans. entledigen, befreien* j.TIT. 1640.
en-brinnen *stv. I,* 3 (I. 255ᵃ) *in brand geraten, entbrennen eigentl. u. bildl.* TIT. TRIST. NIB. BARL. SILV. 5164. SERV. 1315. 2401. GSM. 848. PASS. 99, 10. K. 384, 13. 525, 20. CHR. 4. 246, 8;
en-brinnen *stn.* entbrinnen MYST. 2. 377, 35.
en-brîsen *stv. II.* (I. 255ᵇ) *los schnüren* LS.;
en-brîsen *swv. ? s.* enprîsen.
en-büegen *swv.* (I. 180ᵇ) *buglahm machen* BON.
en-bünec *adj. s. unter* ebenbünec.
en-bunnen *an. v.* (I. 31ᵇ) *präs.* enban, *pl.* enbunnen, *prät.* enbunde, -bonde, *part.* enbunnen *mit dat. u. gen. misgonnen, aus misgunst nehmen* KL. NEIDH. (56, 6. 97, 11) BÜCHL. (1, 1652). ir habet den kopf gewunnen, man welle iu sîn enbunnen durch eteslîchen swachen nît KRONE 1386. ich wæn, daz sîn enbunne iuch ieman *ib.* 25258. ir süllent mir enbunnen iwerre gnâden grüeze gunnen *ib.* 29999. der tôt hât ims enbunnen WARN. 3004. ich irs leides sêre enban AMIS 812.
en-bürn *swv.* (I. 153ᵃ) *in die höhe heben* MS.

en-burnen *swv.* (I. 254ᵇ) *md. s. v. a.* enbrennen MYST.

en-bûwe *s.* bû.

en-bûȥen *adv.* (III. 197ᵇ, 13) *md. aus* in bî ûȥen *aussen, ausserhalb* ATH. LEYS. MYST. 2. 119, 18. ROTH *dicht.* 7, 87. PASS. *K.* 123, 75. 137, 9. 154, 89. 313, 20 *etc.* KARLM. 123, 27. 64. 124, 5. 161, 42. 219, 8. MARLD. *han.* 45, 29.

en-crêden *swv. vom glauben* (crêde) *abbringen.* eines ieklîchen priesters messe, der niut encrêdet ist oder der sîn ampt het, diu beschirmet den menschen vor übel WACK. *pr.* 41, 279.

end *conj.* (I. 430ᵃ) *ehe, bevor* NIB. noch end sich daȥ vergie CHRISTOPH 1553. der eine wîle guot tuot, daȥ nehilfet niemen ent er volstæte wirt dar ane SPEC. 115. ent si iht koufen MERAN. 15. vor ent (*gedruckt* ert) man geliutet hât *ib.* 20. — *ahd.* enti (OTFR. 5. 8, 55), *ags.* end, *altn.* ádhr, *zu lat.* ante. *s.* HPT. 13, 182. *zu* NEIDH. 98, 38. SCHER. *gesch.* 106. KWB. 85.

en-dân *part. s.* entuon.

endanc (I. 354ᵇ, 15) mir ist, wirdet etw. endanc = in danke, *begnüge mich damit* FREID. HELBL. MYST.

ende, einde *stn. stirn* LESEB. 152, 32. 181, 24. *vgl. lat.* ante *u. das folgd.*

ende *stnm.* (I. 430ᵃ) *äusserster abgränzender punkt in raum u. zeit: ende, ziel. allgem.* ein ende hân, geben *endigen, beendigen* (dem trûren ein ende geben MSF. 182, 37. *auch in der rechtssprache* den klagen ende geben mit minne oder mit dem rehten Mz. 3, 68. 58. W. 56), ein ende geben *mit gen. vollständig sagen;* ein ende nemen; an, ûf ein ende bringen; ein ende machen (BIRKENST. *p.* 82); an ein, ze einem ende komen *etc.*; endes tac *todestag, jüngster tag* (AMG. 26ᵉ. LIEHT. 541, 26); mit ende ûf hœren, *beendiget sein* UGB. 426; in dem ende (*zeitl.*) *da* GEN.; — *richtung, seite, abstr. beziehung, art u. weise:* des endes *dahin* (LOH. 7034), swelhes endes *wohin* (MSH. 1, 303ᵇ), ebenso in welich ende, welhen ende (OT. 28ᵃ), swelhen ende (NEIDH. 89, 35), manegen ende, enden *od.* in, an manegen enden *hin u. her, hie u. da;* allen ende *überall;* des endes *von der art,* manegen ende, enden *auf mancherlei art;* — *anfang.* TRIST.; — *in der jägersprache* schwanz des wildes TRIST. (*lies* 2901); zacken des hirschgeweihes, der hirȥ hat manig ende KELL. *erz.* 550, 13. — *ahd.* anti *m.* (*u. mit diesem ge-*

schlecht noch oft im mhd. z. b. NIB. 872, 2. 2001, 4. 2168, 4. j.TIT. 5962), *gt.* andeis *zu skr.* anta *ende, gränze* FICK 7. GSP. 351. *vgl. auch* CURT. 1, 174. DWB. 3, 447;

endec *adj. zu ende kommend, schnell, eifrig* KIRCHB. 615, 32;

endec-heit *stf. ende, beendigung.* âne endikeit RENN. 17416. VILM. *weltchr.* 66ᵇ. unendelich von endekeit j.TIT. 5911; der endekeit (*eifer?*) ich dir wol gan WINSBEKIN 43, 2 *u. anm.*

en-decken *swv.* (I. 296ᵃ) *auch* entdecken, entecken *prät.* endacte, endahte, enteckete *part.* endecket, endaht *aufdecken, vor augen stellen, offenbaren* Ms. (MSF. 145, 11) WIG. HERB. sô sich diu grap untteckent PF. *üb.* 26, 2ᵈ, 4. mînen muot endecken KRONE 16976. als ich sol der vrouwen leit entecken GREG. 629. die geschrift entecken und entblœȥen MYST. 2. 146, 9. daȥ houbet er ganz endacte KRONE 15813. endacte sich von îsengewant *ib.* 17674. unser herre endacte daȥ mære PASS. 195, 17. *vgl.* HPT. 8. 182, 583. er endahte (:mahte) sie selbe mit der hant FLORE 6396. entahte (:rahte) PASS. 274, 95. ûf daȥ er iht entecte (:secte) ir valsch mit rehter lêre PASS. *K.* 596, 40. ir brüste stuonden endecket SILV. 972. diu heide was entecket MAI 206, 40. daȥ er lag enblecket und über die scham entdecket ALEXIUS 123, 364. haben wir unser gemüet gruntlîchen entdeckt MH. 2, 163. er hât die tougenheit entaht HEINZ. 127, 55;

en-decken *stn.* (I. 296ᵇ) *das offenbaren* MYST.

endec-lich, -lîche *adj. adv. s.* endelich.

ende-, end-haft *adj.* (I. 431ᵇ) *ein ende habend, zu ende kommend* TRIST. ân ende endehaft MSH. 3, 93ᵇ; *bestimmt, entschieden, wahrhaft* PARZ. ENGELH. PASS. (mit endehaften sachen 106, 6. mit endeh. mæren 296, 88. 300, 1. mit endehafter wârheit 107, 29. 228, 69. an endehaftem mære *K.* 231, 39. 270, 79. 582, 23. mit endehafter wisheit 487, 57). endehafte dinge j.TIT. 5702. endehafter rât LUDW. *v. Th.* 577. mit endehaften mâȥen DIETR. 3865. RAB. 1051. mit endeh. tugende HPT. 8. 183, 606. mit endeh. widersage GFR. 2371. des gib ich in ain gewisse und endhaft hantfest STB. 244; endehafter tac, *dies finalis, peremtoria* HALT. 314;

ende-hafte, -haft *adv.* (*ib.*) *entschieden, genau, völlig* PARZ. WWH. 163, 14. WIG.; *eifrig, ungesäumt* PARZ. sô wolte ich daȥ ellen mîn an in versuochen endehaft DIETR. 3925. si gewerten in des endehaft *ib.* 8287;

ende-haftec *adj. zu einem ende führend.* eine endhaftige beteidigung UGB. 444; **ende-haftec-lîche** *adv. finaliter* HALT. 315. **en-dêhtec-lîche** *adv. s.* andæhticlîche. **Ende-, Ente-krist** *stm.* (I. 883ᵃ) *der am ende kommende Christus, Antichrist* FREID. MS. RENN. 5100. 6148. HEINZ. 111, 333. Antichrist DIEM. Anti-, Anter-, Anderkrist DIEF. *n. gl.* 26ᵃ. — *ahd.* Antichrist *von* anti *das ende.* **endel** *adj. superl.* endelôst, *äusserst.* in den endelôsten ort TRIST. 1285. *s.* unendelôst *u.* DWB. 3, 458. GERM. 14, 208.
en-delen *swv. s.* endelhen.
ende-, endec-lich *adj.* (I. 431ᵇ) *was am ende kommt, schliesslich, letzt* BARL. mîn endelîcher tôt ENGELH. 2130. endeclîchez zil TRIST. 5072 *u. Bechsteins anm.; deutlich, endgültig, definitiv* eine endliche antwurt DH. 298. CP. 102. ein entliches recht FASN. 623, 7. 629, 16; *das ende erstrebend, zum ziele führend: eifrig, eilig, tüchtig, zuverlässig, sicher* MS. TRIST. KONR. (wâr und endelich ENGELH. 166. endelîchez wîssagen TROJ. 23682) PASS. (*K.* 35, 59. 77, 20. 115, 16). ein endel. wunder LIEHT. 293, 21. endeliche (*zuverlässige*) boten Mw. 186 (*a.* 1292). die waren endlich und keck CHR. 2. 251, 8. swenn ein priester stirbt so sol man dem paʒ gelêrsten und aller endlichsten, der unter den zwelf korschulern ist, dieselben pfründe verleihen LEITB. 29ᵃ. endlicher, tugenthaftitiger, sneller lacertuosus, celer VOC. 1482. *vgl.* GERM. 14, 207;
ende-, endec-lîche, -en *adv.* (I. 432ᵃ) *das ende erstrebend, eifrig, eilig, schnell* MS. ENGELH. RING 41ᵃ, 31. FASN. 416, 34. wirp eʒ endelîchen NEIDH. 12, 12. daʒ er nit so endlich und balde komen ist, als dem unsern nôt gewesen DH. 186; *vollständig, durchaus, sicherlich. allgem. vgl. noch* NEIDH. 36, 18. MSF. 166, 37. 199, 19. HEINZ. 85, 2199. BIT. 11. 2484. 4874. 6737. TROJ. 7362. LOH. 1606;
ende-lîcheit *stf. velocitas* DFG. 609ᵉ. die ander (sterke) ist ain endleichait (*ital.* prodezza) VINTL. 4138.
endel-mer *stn.* (II. 137ᵇ) *ocean, ahd.; s.* wendelmer.
ende-lôs *adj.* (I. 431ᵃ) *endlos, unendlich* PARZ. TRIST. (*doch* 12285 *zu streichen, s.* endel). WALTH. MSH. 1, 290ᵃ. 339ᵃ. 2, 220ᵇ. 359ᵃ. 3, 414ᵃ. WWH. 450, 9. LIEHT. 302, 15. FLORE 4111. 5177. TROJ. 10862. 13233. 15912. MYST. 2. 417, 1. 3. MART. 257, 5. 260, 100. 262, 40 *etc.*

endelôst *sup. s.* endel.
enden *swv.* (I. 432ᵇ) *prät.* endete (NIB. 636, 4) *contr.* ente PASS. 249, 64. HERB. 9975 *gewönlich rückumlautend* ante (BIT. 13041. HERB. 1562. ande TRIST. 3644) *part.* geendet Mz. 4, 182, geant PASS. 93, 50: *trans. beendigen* HARTM. PARZ. TRIST. NIB. 54, 3. 2230, 4. endent mîne zuoversiht TROJ. 21407: daʒ ich wolt enden iwer gir 21629. wan du vil lützel endest an mir solhe nôt MSF. 53, 26. ze endenne (*vollbringen*) den willen mîn FLORE 5344; *intr. u. refl. enden* (*sterben*) Iw. PARZ. WALTH. sô endete sich diu hôchzît NIB. 636, 4. GUDR. 66, 4. — *mit* ge-, ver-.
ende-nôt *stf.* (II. 413ᵇ) *letzte, äusserste* nôt TRIST.
ende-rëht *stn. sententia definitiva* HALT. 316 (*a.* 1450).
endern *swv. ändern.* ich wil mîn leben endern ORL. 5186. swer ein hub ändern und verchaufen wil URB. *Str.* 241. er ändert seiner augen varb MGB. 170, 22. er ändert des muotes unwitz in ain kündichait *ib.* 352, 22; *refl. ib.* 81, 25. sus endert er sich alle tage TROJ. 20086. sich endern, *den wohnort wechseln* AD. 980 (*a.* 1339), *sich wieder verheiraten* GR.W. 1, 76. 100. 4, 492. — *zu* ander. *mit* ver-, *s.* andern;
enderunge *stf. s.* anderunge.
ende-schaft *stf. beendigung, wirksamkeit.* mit grôzer stæte und endeschaft Ls. 3, 533, 242. entschaft thun uff ein orfriden FRANKF. *bürgermeisterb. v. j.* 1496 *f.* 80.
ende-spil *stn.* (II². 501ᵇ) *das letzte entscheidende spiel, die entscheidung* GREG.
ende-stein *stm.* (II². 614ᵇ) *markstein* OBERL.
ende-tac *stm.* (III. 5ᵃ) *letzter tag, todestag* PARZ. (*lies* 337, 14) TRIST. KINDH. 84, 74. 102, 40. TÜRH. *Wh.* 50ᵇ. 124ᵇ. endes tac WWH. 361, 20. 410, 3. HADAM. 149; *schlusstermin einer gerichtl. verhandlung* Mz. 1, 579 *s.* 519 (*a.* 1417). HALT. 316.
ende-zil *stn.* (III. 884ᵇ) *letztes u. höchstes ziel, zweck* TRIST.; *ende,* winter hât ein endezil MSH. 2, 327ᵇ.
en-diezen *stv. III. erschallen* JER. 61ᶜ.
endit *stf. indigo* CHR. 1. 100, 28 *u.* 484ᵇ. NETZ 13130. 13134. 13137.
end-lich *adj. s.* endelich *u.* enelich.
en-drinnen *stv. s.* entrinnen.
en-driu (II². 655ᵇ, 51; *vgl.* I. 389ᵃ, 30 *ff.*) = in driu *nämlich* stücke, *in drei teile* ER. (5537 *B.*) MAR. 150, 39. REINH. 2243. FRAGM. 30, 13.

en-drîzec (I. 390ᵇ, 30) = in drîzec, *nämlich stücke* ER. 5537 (*B.* endriu).

endunge *stf. vollendung, vollführung* CHR. 3. 300, 7. 302, 28.

en-drumeren *swv. zertrümmern.* beidiu (*schild u. helm*) wurden von dem stiche gar endrumert REINFR. 7ᵇ.

ene *swm. s.* ane.

en-ëben *adv. u. präp. mit gen., dat. u. acc.* (I. 407ᵇ) = in ëben, *gewönlich verkürzt in* n ë - b e n *neben, in gleicher linie. allgem.* enebene bî dem mere ERNST *B.* 4819. eneben vor und hinden j. TIT. 1857. MART. 178, 29. LS. 3. 307, 103. unz er im kam eneben KRONE 29116. e n n e b e n PASS. 240, 54. 252, 57. 265, 88. 279, 83. 331, 2. *K.* 205, 17. LOH. 4920; n e b e n e NIB. 295, 2, n e b e n (LANZ. 620. 7608. BIT. 6109. PASS. 301, 54. 104, 85. 113, 70. 308, 79. *K.* 110, 62; n e b e n t NEIF. 45, 5. MYST. 2. 204, 24. WACK. *pr.* 46, 109.

en-ein *s.* ein.

enel *stn. s.* enelîn.

enelende *stn. adj. s.* ellende.

ene-lich *adj.* (I. 38ᵃ) *grossväterlich.* enlich CHR. 2. 514, 16. 515, 23. endlich SCHM. *Fr.* 1, 86;

enelîn, enel *stn.* (*ib.*) *dem. zu* ane, ene. enelîn, enlîn WOLFD. 343, 1 (*var.* anische). GA. 3, 733, 179 *ff.* MONE 3. 18, 20. enel KOL.; *grosskind*, *enkel* MB. 21, 531 (*a.* 1459) SCHM. *Fr.* 1, 86.

enenkel *stm. s.* eninkel.

ënent *adv. u. präp. s.* jënent.

ënent-halp (I. 772ᵃ) *s. v. a.* jënhalp *adv. und präp. jenseits* OSW. MS. MH. 3, 216. enenthalb der Are URB. 127, 22. e n t h a l p des mers MSH. 3, 198ᵃ. enthalb der Tuenowe UHK. 2, 26 (*a.* 1308). enthalb des Wiener perges ULA. 417 (*a.* 1460).

ënent-hër *adv. von jeher, von alter zeit her* MZ. 1, 325 (*a.* 1352).

ëner *pron. s.* jëner.

en-ërde *s.* ërde.

en-gagen, -gagene *adv. s.* engegen.

en-galten, -gelten *swv.* (I. 524ᵇ) engëlten *lassen, strafen mit gen. d. s.* ERINN. TUND. ER. (*im cit. lies* engeltet, *bei B.* engaltet).

en-gân, -gên *red. v. an.* (I. 471ᵃ) *entgehen, entkommen.* mit dem live i n t g â n, mit dem leben davon kommen ROTH. 4699. EILH. 4922; *mit dat. entgehen, verloren gehen* NIB. TRIST. BON. sol mir dirre napf engân FLORE 4807. dô engienc ir nie daz ich gesprach MSF. 180, 19.

im was daz vleisch engangen TROJ. 11023. im engienc sîn bestez saf STRICK. 4, 268. aller sîner suhte pîn müste im genzlich e n t g â n PASS. 87, 12. diu sêle ouch im entgienc *ib.* 390, 25. *vgl. K.* 10, 80. 30, 82 40, 13; *mit dat. u. gen. sich entziehen* WALTH. PASS.

en-garte *prät. s.* engerwen.

enge *adj.* (I. 42ᵇ) *enge, schmal; beschränkt, klein. allgem.* (engez loch KARAJ. 88, 19. daz velt enge oder breit TÜRL. *Wh.* 24ᵇ. enger schuoch WG. 9979. gelücke machet enge dienest wît MSH. 3, 65ᵇ. enger strît LOH. 4592. diu rede kurz, enge unde smal HERB. 6694. engez gewizzen RENN. 21792); *bildl. genau, sparsam* GEN. ân allez gemach mit engestem leben RENN. 7463; *vertraulich abgeschlossen, geheim,* enger rât FREID. RENN. PASS. *K.* 107, 2. — *gt.* aggvus *zu skr.* anhu *enge, gr.* ἄγχω, *lat.* angor, angustus *s.* CURT. 1, 159. Z. 1, 4. GSP. 341. 349 *u. vgl.* ege;

enge *stf.* (I. 43ᵃ) *enge, beengter weg, schmales thal, schlucht* IW. PARZ. TRIST. des loches enge KARLM. 77, 10. wie gemachet wart dâ enge wît LOH. 4492. die enge rûmen mit dem swerte *ib.* 1655. dâ von ez in der enge wart schiter *ib.* 4601. ûz der enge (*schlucht*) ULR. *Wh.* 246ᵃ. die enge machten wît Wilhelm mit sîner schar WH. v. Öst. 26ᵃ.

enge *stf. gans.* ein gut Mertins enge ARN. 30 (*a.* 1465); *wol entstellung des nd.* gente.

en-gëben *stv. I*, 1 (I. 504ᵃ) *geben* HÄTZL., *doch zweifelhaft.*

en-gegen *präp.* (I. 493ᵃ) *contr.* engein *aus in* gegen (SILV. 2809) *mit dat. entgegen:* hinzu, entgegen, gegenüber. *allgem.; gegen, im vergleiche* IW. PASS. *K.* 236, 10;

en-gegen, -gegene; -gagen, -gagene *adv.* (*ib.*) *contr.* engein *entgegen mit od. ohne dat., allgem.;* e n g e n g e (:lenge) j. TIT. 1152; *zugegen, anwesend* bî oder engagen sîn MÜNCH. *r.* 332;

en-gegenen *swv.* (I. 494ᵃ) *entgegen kommen, gehen, begegnen* HERB. GEST. *R.* APOLL. 895.

en-gegen-vart *stf. eng.* gên *entgegen gehen* GFR. 2518.

en-gegen-wërt *adv.* (III. 597ᵇ) *entgegen* TROJ. ROTH. BIT. 8048. 9345.

en-gegen-wert, -werte, -würte (III. 599ᵇ, 48) = in gegenwerte, gegenwürte *s.* gegenwart;

en-gegen-wertec-, würtec *adj.* (III. 600ᵇ) *gegenwärtig, gegenüber* GLAUB. KONR. (TROJ. 31396). AB. 1, 227.

en-gein *s.* engegen.

engel *stm.* (I. 433ᵇ) *engel, allgem., s. noch* ein ieglich engel schînet alsô gestalter als ein kint in jâren vieren in der jugende, und mê danne sehzic hundert ist ieglîcher an den jâren mugende j.Tit. 5895 (*vgl.* Berth. 95, 2 *ff*.). und het er vlüge, ich wând, daʒ eʒ ein engel wære *ib.* 166. der slahende engel, *würgengel* Diem. 41,6. 327,24. 328, 14. in was ir engel bî Geo. 343. der engel müeʒe ir bî gestân Neidh. 87, 21. si redeten daʒ ir engel muoste lachen Wartb. 123, 6. daʒ iuch mîn engel grüeʒe Kol. 102, 87. singen, daʒ die engel tanzen ûf erden Renn. 21569. aller engel sanc Msh. 3, 341ᵃ. 407ᵇ. an kiusche ein engel *ib.* 1, 349ᵇ. sît ein ieglich sterne hat einen engel, der in an die stat wîset, dâ er hin sol gên Renn. 10986. engels wât Freid. 142, 14 *u. anm.* sô wirt dir der engel wât dort gegeben Msh. 3, 43ᵃ. 163ᵇ. 165ᵃ. 405ᵇ. hôher engel spîse *ib.* 343ᵇ. versigelt in der hôhen engel schrîn *ib.* 309ᵇ. sie (*die im kampfe gefallenen*) sint dort in der engel segen Loh. 6299. in engel wîs gezieret (*feierlich, festlich*)Iw. 2554 *u. Bechs anm.* si treit in engels wîse gebærde lîp muot sinne Msh. 1, 343ᵃ. *von den* engeln *handelt die siebente pred. von* Berth. *u.* Mart. 239 *ff*. — *aus gr. lat.* angelus.

engel-bote *swm. engel.* die heiligen und die engelboten Pass. 129, 41.

engel-brôt *stn.* (I. 264ᵃ) *brot der engel, manna* Leys.

engel-gruoʒ *stm. englisch. gruss, ave Maria* Ga.3.603,150. *vgl.* der engel grüeʒen j.Tit.132.

engelich *s.* engellich.

enge-lîche *adv.* s\`ricte Voc. 1482.

engelisch *adj.* (I. 434ᵃ) *englisch* Lampr. Ms. Türl. Wh. 137ᵇ. Renn. 13407. Teichn. 256. Germ. 4. 242,66. Pass. 123,79. 128,15. Myst. (2. 586, 30). engelsch Mart. 242, 28.

engel-keiserîn *stf.* (I. 794ᵇ) *kaiserin der engel, Maria* Ms., *nicht compon. s. unter* keiserinne.

engel-kleit *stn. kleid d. engel* Altsw. 106, 8; *vgl. oben* engels wât.

engel-kôr *stm.* (I. 861ᵇ) *abteilung, chor der engel* Walth. Berth. 406, 13. *vgl.* Mart. 240, 109 *ff*.

engel-krône *stf.* (I.887ᵃ) *krone der engel, Maria* Frl.

engel-lant *stn.* (I. 936ᵃ) *land der engel, himmel* Mart. 262. 8. 286, 6. zu lob der magt von engellant, die Christes muoter ist genant Such. 41, 1533.

Engel-lant *stn.* (I. 434ᵃ) *land der Angeln, England* Er. Parz. Walth. Gerh. 1737. 46.2206. 15 *etc.* j.Tit. 1978. Walth. u. Hildg. 2. 15, 1. Engenland Myst. 2. 221, 35.

en-gellen *swv. die galle ausnehmen* Greg. 3119 *var.* Oberl. 314. Dfg. 216ᵃ. Dwb. 3,526.

Engel-lende *stm. Engländer* Lanz.7054 *ebenso*

Engel-lender *stm.* Engellender wellent sîn alle Tiusche Wh. *v. Öst.* 86ᵇ.

engel-lich *adj. engelgleich, englisch.* daʒ engellîche ampt Griesh. 2, 38. si hât engellichen schîn Msh. 1, 342ᵃ. engelich (I. 434ᵃ, 13) Myst. engelich orden Vet. *b.* 51, 5.

engel-mæʒec *adj.* (II. 209ᵃ) *engelgleich* Mai.

engel-reine *adj.* (II. 660ᵃ) *engelrein* Ms.

engel-sanc *stmn.* (II². 304ᵃ) *gesang der engel* Rul. (174, 22) Ms. Bph. 7632.

engel-schaft *stf.* alliu engelschaft, *alle engel* Msh. 2, 203ᵇ.

engel-schar *stf. schar d. engel* Berth. 155, 7. Wolk. 29. 3, 26.

engelsch-lich *adj. englisch* = engelischlich Mart. 16, 45. Netz 5706. 6030. engelslich Leseb. 884, 34.

engel-seit *stm. eine art wollenzeug* Mone *z.* 9, 151. *vgl.* Schmid 445. Rotw. 2, 331.

engel-spîse *stf. speise der engel* Ga. 3. 703, 36.

engel-süeʒe *s.* ingesüeʒe.

en-gëlt *stm. on* engelt *ohne kosten, nachtheil* Mz. 4, 253;

en-gëlten *stv. I*, 3 (I. 520ᵇ) *bezahlen, vergelten* Ms.; *mit gen. bezahlen, kaufen.* des hauses er umb 60 phunt phenn. engolten hiet Ukn. 469 (*a.* 1374). des hofes er enkolten hiet umb 32 phunt phenn. *ib.* 345 (*a.*1352); *strafe wofür* (*gen.*) *leiden, es büssen müssen, durch etw. zu schaden kommen. allgem.* (sô müeʒen wir der briute engelten alsô sêre Troj. 23265. der âne reht ie sîner triuwe engalt Msf. 118, 25. dâʒ swîn engalt des kornes Albr. 35, 89. enkelten Greg. 2551. 3351. der künec enkelten sol des, daʒ sîn liut niht lebent wol WG. 9613. swer dis bestegigung zebrichet soll zahlen 100 mark, daʒ halb tail unserer chamer, daʒ ander halb tail den, di sein engolten habent [passis injuriam] Stz 210. engelden Albr. 14, 219. entgelten Pass. 99, 32. 185, 10. *K.* 138, 80. untgelten Albr. 24, 112); *mit dat. für einen leiden* Pass. *K.* 682, 50;

en-gelten *swv. s.* engalten.

engel-var, -wes *adj.* (III. 237ᵇ) *wie ein engel aussehend* Alexius, Pass.;

engel-varwe *stf. aussehen der engel.* engelvarwe diu krenket lop der sunnen j.Tit. *alt. dr.* 6157.

engel-wësen *stn.* (III. 769ᵇ) *wesen eines engels* Myst.

engel-wîhe *stf. engelweihe als kirchweihe s.* Birl. 143ᵃ.

engel-wunne *stf. englische wonne* Msh. 3, 405ᵇ.

engel-wurz *stf.* angelica Dfg. 34ᶜ.

en-ge-meinen *adv. in gemeinschaft* Mone *z.* 10, 478 (*a.* 1352).

engen *swv.* (I. 45ᵃ) *stechen* Griesh. — *zu* ange angel.

engen *swv.* (I. 43ᵇ) *prät.* ancte, engte (Wwh. 241, 4) *part.* geenget, genget *enge machen, beengen, in die enge treiben* Trist. witen und engen Herb. 5. dû enges und breites Himlr. 39. einem wazzer und velt engen Wwh. 241, 4. jâmer enget Mariengr. 184. muot an tât sich enget Türl. Wh. 11ᵃ. 12ᵇ. dîn muot sich niht enge *ib.* 150ᵇ. swer mich dar an enget Ot. 34ᵃ. doran sullen wir sie weder engen noch irren Mz. 4, 389. man sol sie an ir guot und an ir pfanden niht engen noch irren Mw. 250 (*a.* 1314). ich sol in an sînen lêhen niht engen Dm. 1, 21. ze etw. nœten und engen Wl. 130.

en-gên *s.* engân.

en-genge *adv. s.* engegen.

engenisse *stf. einengung.* den lip oder die brüste mit engenisse intwingen oder binden Mone *z.* 7, 59 (*a.* 1356).

en-genzen *swv.* (I. 479ᵇ) *die ganzheit einer sache aufheben: zerbrechen, zerreissen, zerstören* Konr. (Pantal. 1547. Troj. 3995). die hût eng. Ernst *B.* 4290 (*var. zu* entrennen). schaft eng. Wh. *v. Öst.* 37ᵃ. schif und kiel eng. Reinfr. 166ᵇ. enkenzen Hpt. 7, 177; entgenzen Pantal. 348. einen guldîn entg. und sichtbare stuck dovon schneiden Np. 145. entg. ubergeweltigen oder frevelen, violare Voc. 1482.

enger *stm. s.* anger.

enger *stf.* (I. 434ᵃ) *frohne, spanndienst, s.* anger Dwb. 3, 480.

enger *stm.* lentigo, macula in facie Voc. 1482; **engerinc** *stm. kornmade* Dfg. 163ᵇ; *s.* anger, engerlinc *u.* Dwb. 3, 480. Schm. *Fr.* 1, 107.

engerlîn *stn.* (I. 45ᵇ) *kleiner anger* Ms. Trist. *H.* angerlîn Teichn. 184. angerl Mh. 2, 141. 742.

engerlinc *stm.* (I. 45ᵇ. 434ᵃ) *kornmade* Dfg. 163ᵇ; *s.* anger, engerinc.

en-gerwen *swv.* (I. 481ᵇ) *prät.* engarwete, engarte, *part.* engerwet. *die rüstung, die kleider ausziehen* Gudr. Wig. Gsm. sîn lip wart jæmerlîche engerwet Pantal. 1199. daz sie mich solte engerwen und bringen ûz der wât Wolfd. 1385. sie wurden alle engerwet *ib.* 2192. dô engarten sich die geste Bit. 12387; unz sich die pfrüenden engerwent, *ausser genuss kommen, frei werden* Mone *z.* 12, 238 (*a.* 1316).

enges-, engest-lich *adj. s.* angestlich, (engestlich *noch* Pass. *K.* 21, 71. 90, 41. 213, 42).

en-gesten *swv.* (I. 487ᵃ, 42) *refl. die fremdheit aufgeben, vertraut werden* Er. ez (*d. glück*) kan sich wol engesten mit maneger unstæte Krone 5968. daz er sich mit rât gegen uns engeste Beliand 4151. — *zu* gast.

en-gesten *swv.* (I. 487ᵃ, 45) *trans. u. refl.* entkleiden Nib. Lanz. Mart. (109, 73) Orl. 13221. Wh. *v. Öst.* 89ᵃ. Ludw. *v. Th.* 7536 (wâpen eng.). Krone 15491. Kol. 181, 899. Ls. 3. 241, 21. Elis. 237. die minne der êren eng. Reinfr. 41ᵇ; sich enkesten Ot. 650ᵃ. entgesten Jer. 94ᶜ. Kalrm. 147, 16. 235, 56. das bette, den pflugk entgesten, *dem bette, pfluge etw. abziehen.* Gr. w. 3, 521. — *s.* gesten *von mfr.* vestir; *im* Wb. *u.* Dwb. 3, 525 *werden beide* engesten *von* gast *hergeleitet.*

en-giezen *stv. III.* (I. 541ᵃ) *ausgiessen, auseinander giessen* Nib. Serv. daz mer begunde engiezen Ulr. Wh. 137ᵈ. sich eng. Roth *pr.* 75; entgiezen Myst. 2. 93, 14. 94, 1.

en-ginnen *stv. I,* 3 (I. 528ᵃ) *aufschneiden, öffnen* Diem. wan si diu minne noch nie twanc noch ir herze ruochte enginnen, *verletzen* Msf. 67, 32 (Veld.) enkinnen En. Lit. 222, 45. *vgl.* Kuhn 14, 97 *ff.*

en-glîches *adv.* gleich Myst. 2. 111, 35 = in geliches.

en-glîchesen *swv. durch verstellung vermeiden.* Lot wolt ez englîcheset hân und belîben gerne dâ Cod. *pal.* 321 *f.* 43ᵇ. Vilm. *weltchr.* 25.

en-glîmen *stv. II. aufleuchten, entglimmen.* des licht ir enstecliche engleim Elis. 9070.

englisch *adj. englisch, von England.* englische sprâche Gerh. 1985. englisch harpfen, welisch videlen Türl. Wh. 79ᵃ.

en-glîten *stv. II.* (I. 549ᵇ) *entgleiten, entfallen,* elabi Dfg. 197ᵇ. Elmend. entgliten Frl. Marlg. 71, 41. Pass. *K.* 86, 22. 184, 47. 689, 49.

en-graben *stv. I,* 4 (I. 561ᵃ) *ausgraben* Bon. entgraben *entwenden* Pass. *K.* 431, 76.

en-grêden *swv.* er sol in engrêden *d. i.* er sol im sîn pfaflich êre nemen Swsp. 348, 11.
engunge *stf* strictio Dfg. 555°.
en-gürten *swv.* (I. 593ª) *entgürten mit dat.* dem rosse eng. Parz. daʒ sie vil manigem ors enkurten j.Tit. 1989; *mit acc.* diu marc engürten Bit. 3129. diu ros eng. Geo. 5428. ich wil meinen muot gein dir engürten Ulr. Wh. 95ª. 139°; sich eng., *den gürtel lösen* Gr.w. 1, 14. 278. 3, 740. 4, 345 discingere Dfg. 184ᵇ. *vgl.* ergürten.
en-haben *swv. s.* enthaben.
ën-halp *adv. s.* jënhalp.
en-hant *adv. s.* inhant.
en-hant, -hende *adv.* (I. 631ª) = in hant, hende *in der hand* Nib. truogen schilt enhant 357, 1; enhant gân, *von statten gehen, ergehen,* eʒ gienc in (wol, wirs) enhant Livl. 209. 452. 2084. 2382. 6967. 7489. 11336. *vgl.* inhant *u.* Germ. 7, 97.
en-heim *adv. acc. nach hause.* weinende huop eʒ sich ze hant enheim Reinh. 295, 114. sînen boten er sande vor enheim (hin heim *B.*) ze lande Er. 2878. *vgl.* anheim.
en-hein *s.* nehein.
en-hende *s.* enhant.
ën-hër *adv. s.* ënnehër.
en-hetzen *swv.* (I. 642ᵇ) *aufhetzen* Hätzl.
en-hundert = in hundert. eʒ giltet im got enhundert teil Hpt. 7. 377, 32.
ênic *adj. s.* ænec.
enîdrus (I. 434ª) *ein edelstein* Parz.
eninkel *stm.* (I. 434ª) *enkel* Strick. Ula. 101 (*a.* 1306). Uhk. 2, 49 (*a.* 1315). enenkel Swsp. 345, 42 *f.* enikel Oberl. 310 (*vgl.* Zimr. chr. 4, 578ᵇ). — *nach* Wack. *gehäufte verkleinerung zu* ane, *eigentl. der kleine grossvater, s. dagegen* Dwb. 3, 485 *f.;*
eninklîn *stn.* (*ib.*) *dem. zum vorig.* Windb. ps. enicklein Usch. 192 (*a.* 1339). Chr. 3. 59, 14. 89, 3. 274, 17. eniglein *ib.* 286, 10. enklîn Chr. 4. 77, 2. 345, 13.
en-inne *s.* ininne.
enis *stn. s.* anîʒ.
enk (I. 752ᵇ, 30) *dat. acc. dual. zu* ir *aber schon mit plur. bedeut.* euch Ot. Ring 8ᵇ, 29. Kell. erz. 36, 5. Fasn. nachl. 264. ich pitt enk Ugb. 384; Schm. *Fr.* 1, 110. Kwb. 84. — *gt.* ugk, ugkis *s.* Gds. 972 *ff.* Scher. *gesch.* 253.
enke *swm.* (I. 434ª) *knecht bei dem vieh u. auf dem acker* Parz. Gr.w. 3, 590 (*Franken*). 4, 239 (*Elsass*). Vilm. 92. Ra. 317. — *ahd.*

encho, eincho, *altfries.* inka *wol verwandt mit lat.* anc *in* ancilla, *s.* Dwb. 3, 483.
en-kein *s.* nehein.
enkel *stm.* (I. 46ª) *knöchel am fuss* Trist. unz an die enkel Krone 15485. er sluoc dem ritter in den enkel Herb. 9061. durch enkel *ib.* 14710. verhowen an deme enkele Pass. *K.* 467, 54. ob den enkelen Lanz. 5860. — *vgl.* anke *u.* Dwb. 3, 485;
enkelîn *stn.* (*ib.*) *dem. zum vorig.* Trist.
enkelinc *stm. enkel, nepos* Hans 600. *s.* eninkel.
enkel-kleit *stn.* subtallaris, vestis pertensa ad talos Voc. 1482.
en-këlten *stv. s.* engëlten.
en-kenzen *swv. s.* engenzen.
enker (I. 752ᵇ, 29. 34) *gen. dual. von* ir *u. possess. aber schon mit plur. bedeut.* euer Ot. enker hend Fasn. *nachl.* 260. *s.* enk.
enker *stm. s.* anker (Hugo *v. M.* 6, 95. 98. Kolm. 162, 8);
enkeren *swv. s.* ankern.
en-kêren *swv.* (I. 798ª) *prät. md.* enkarte, *part.* enkêret, *md.* enkart *intr. sich um-, abwenden.* enkêre (*imperat.*) Mai *p.* 46; *mit gen.* Pass.; *refl. sich abwenden* Wig., *mit gen.* Pass. *K.* 177, 29. 315, 16; *trans. verwandeln,* dô Faustinianus alsô wart ûʒ dem antlitze entkart *ib.* 656, 78.
en-kesten *swv. s.* engesten.
en-kinden *swv. kinder erzeugen, gebären.* daʒ selbe tier unvrühtec ist, von arte eʒ niht enkindet Msh. 2, 333ª. entkinden Türh. Wh. cod. Cass. *p.* 22 (W. Gr.).
en-kinnen *stv. s.* enginnen.
en-kirnen *swv.* (I. 801ª) *s. v. a.* erkirnen Troj. (*bei Keller* 7447 erkirnen).
[en-kleden *swv.* I. 837ª] encled Ls. (2, 196) *falsch für* entled, *s.* laden.
en-kleiden *swv. entkleiden* Ath. *B* 37. 41. entkleiden Pass. *K.* 325, 87; *refl.* Msh. 1, 45ª. 2, 303ª. Amis 2102. 2328. Karlm. 15, 15.
en-klîben *stv. II. mit gen.* der bete enklîben, *die bitte abschlagen* Ulr. Wh. 86ᵇ.
en-klieben *stv. III. auseinander spalten.* ê liebe enkliebe daʒ herze mîn Msh. 1, 137ᵇ.
en-klœʒen *swv.* enklœʒet (: enblœʒet) *von witzen, frei davon, beraubt* j.Tit. 5734. *vgl.* einem etw. entslahen.
en-klûsen *swv.* die klûse enklûsen, *aufschliessen* j.Tit. 4061.
en-knappen *swv.* er wart dô enknappet, *aus einem ritter zu einem mönche gemacht* Wolfd. 2124 (eingeknapt Heldb. *K.* 568, 31).

en-knüpfen *swv.* (I. 854ᵃ) *los knüpfen* MONE *schausp.*

en-koberen *swv. refl. sich erholen.* die heidenschaft sô bald sich niht enkoberet LOH. 6097.

en-köpfen *swv.* (I. 861ᵃ) *köpfen, enthaupten* GEST. R. MGB. 259, 20.

en-kriuze-stal *s.* kriuzestal.

en-krîzen *stv. II. mit geräusch entfallen.* da enkreiz mir von dem bette al diu wât Ls. 2. 339, 89.

en-krœnen *swv. der krone berauben.* die krône enkrœnen ULR. *Wh.* 22ᵇ. 202ᵇ. 220ᶜ.

en-kücken *swv.* (I. 893ᵃ) *beleben* DIEM.

en-kumbern *swv. von verpfändung, festhaltung befreien* HALT. 329 (a. 1294).

en-kürten *swv. s.* engürten.

en-landen = in landen. enlanden sîn MONE *z.* 14, 382 (a. 1296);

en-lant (I. 935ᵇ, 6) = in lant NIB. BIT. 715. REINH. 415.

en-lâzen *stv. s.* entlâzen.

en-lende *stn. adj. s.* ellende.

en-lîbe = in lîbe DIEM. 180, 27. enl. sîn, *leben* MAR. 45. 964. nu erschein im ein schœner jüngelinc enlîbe und in gewande SERV. 1963.

en-meilen *swv.* (II. 95ᵇ) *zu schanden werden?* Ms.

en-mitten *adv.* (II. 197ᵇ) *räuml. in der mitte, mitten darin, mitten hinein* NIB. HARTM. WALTH. ATH. *D* 164. ULR. 1528. TROJ. 8866. 20000. TURN. 77, 3; *zeitl. mittlerweile, inzwischen* HARTM. WIG. enmitten lief der rise zuo SIGEN. *L.* 14. — *gekürzt aus* enmittemen *(so noch* GRIESH. 1, 162. 2, 9), in mittemen (in mitten DIEM. BARL. RUL. 57, 26), *dat. sing. vom swm. ahd.* mittemo WACK.

en-mitten-zwei *adv. verschleift aus* enmitten enzwei WALTH. 61, 33.

en-mitte-wëgen *adv.* (II. 198ᵃ. III. 638ᵃ, 7) *intermedie* JER.

en-morgen *adv.* (II. 220ᵃ) = in morgen, hiute enm., *heute früh* LIEHT.;

en-mornen *adv. (ib.) aus* enmorgene *unorgan. erweitert od. vom dat. plur.?* (*s.* GFF. 2, 853) am morgenden tage GRIESH. (1, 24. 63. 89. 137); *mit unorg. auslaut* enmornent GR.W. 1, 307. enmorent CHR. 4. 57, 2; *genetivisch* enmornendz GR.W. 1, 104.

ënne *adv. von dort her* HIMLR. 312. *s.* jënen.

ënne-hër *adv.* (I. 688ᵇ. 772ᵃ, 5. 9) *zeitl. von jener zeit her, bisher* WARN. NEIDH. 68, 37. DIETR. 2405. Mw. 178, 9. 186 (a. 1292). STZ. 209. UKN. 154. UHK. 1, 298. ennenher KRONE 22265. enther UHK. 2, 169. MH. 2, 487. ennenther MONE z. 7, 163. enher WILDON. 38, 270; *räuml. von dort her*, ennenher MAI, KRONE 3017. 3152. 4965. 5308. 8561. 10777. 21415 *(in den var. auch* enneher, enher). jenenher BIT. 12138.

ënnen *adv. s.* jënen;

ënner *adv. jenseits* URB. *Son.* 55, 12. *vgl.* SCHM. *Fr.* 1, 92.

en-niuniu = in niuniu *nämlich* stücke, *in neun teile* REINH. 2244.

en-nœte *adv. in not, notwendig. vgl.* KARAJ. 38, 23. 42, 1.

en-ouwe *s.* ouwe.

enpf- *s. auch* entv-.

enphâhære *stm.* (III. 209ᵇ) *empfänger* WWH. OBERL. 303;

enphæhe-lich *adj. empfänglich, annehmbar* MISC. 1, 41. *vgl.* enphenclich;

enphâhen, ent-vâhen *stv. red. I*, 2 (III. 204ᵇ) *auch* empfâhen, *contr.* enphân, empfân: *an sich nehmen, aufnehmen, empfangen* (einem daz ros enph., *ihm das ross abnehmen beim empfang* NIB. ER. 1207 *u. Bechs anm.*), *allgem.; ein kind empfangen* WALTH. daz si enphangen hete und chindes wære swanger KINDH. 70, 71. daz si Isââc solt enphân BUCH *d. r.* 74. von dem heiligen geiste wart er entfangen, incarnatus est de spiritu sancto GLAUB. 597; *anfangen* LIT. (einen camf hân ich entfangen 13);

enphâhen *stn.* (III. 206ᵃ) *das empfangen* PARZ.; *contr.* enphân MYST. 2. 81, 9.

enphâhe-rëht *stn. wer durch erbschaft, kauf etc. zu einem gute kommt, muss den schöppen da von geben* 8 β *zu* enpfâherecht GR.W. 3, 472. *vgl.* enphencnisse.

en-phahten *swv. bestimmen, erklären* j.TIT. 5231.

enphâhunge *stf.* (III. 209ᵇ) *das empfangen* STAT. *d. o.*

enpfallen, ent-vallen *stv. red. I*, 1 (III. 218ᵇ) *entfallen, nieder fallen.* ir hende enpfîlen ûf ir knie ELIS. 4817; *mit dat. entfallen, verloren gehen* Iw. PARZ. WALTH. enpfiel im daz swert FLORE 7228. daz liebe kint vor müede ir muoste entvallen WARTB. 90, 10. ir liehten hende enpfîelen ir beide in die schôz HERZM. 482. wande ir in (den engeln) sît entvallen PASS. 236, 64. dem was sîn leit enphallen ULR. *Wh.* 180ᵇ. unz in ér und guot enphellet REINH. 367, 2057. so enphellet im êwiger êren zoum RENN. 5041. die uns hiute sint enphallen (*im kampfe*) KARL 76ᵃ. den ir vater was enphallen LANZ. 8616. mir empfelt das urteil, *ich verliere den process* GR.W. 5, 325; *mit dat.* (wer dem andern entfiele, *wortbrüchig würde* ARN. 31) *u. gen. nicht stand halten, sich entziehen* FREIBERG. daz er uns des niht enphalle DAN. 833. 7735; *mit dat. u. acc. als strafe verfallen* WEIST.

enpfanc *stm. s.* antvanc.

enpfarn, ent-varn *stv. I,* 4 (III. 247ᵃ) *davon gehen, entfahren, entgehen* PASS. JER.; *mit dat.* WWH. die edelen recken ziere entfuoren in vil schiere ERNST B. 3864. in was enpfarn der visch durch daz garn TRIST. H. 3237. daz iu ein wort niht enpfar AMIS 1708. wan ir enpfuor ein wörtelîn ENGELH. 2230; *mit dat. u. gen.* ob mir, herre, des enphert, daz er tuot den überkêr ULR. Wh. 116ᶜ; *mit dat. einem sich entziehen, von leibeigenen wenn sie sich aus dem bereich ihrer herrschaft in einen andern ort begeben, auch* sich enpharen *u. trans.* einen enph. *entführen* MB. *bei* SCHM. Fr. 1, 738.

enphëlhen *stv. I,* 3 (III. 316ᵇ) *md.* enphëlen *aus* entvëlhen *übergeben zur besorgung, bewahrung od. besitz* LANZ. GRIESH. (dû enpfüle 1, 145. enpfolhen 146). ir engil imphelhit uns got LIT. 224, 20. der von fünf phunden, diu im sîn herre enpfal niht ennam noch enstal ERACL. VII. er enphülhe dem tiufel sînen hunt LIEHT. 607, 28. ich wil mich iu enpholhen lâzen sîn *ib.* 364, 6. uns suln dîne liute vil wol enpholhen wesen NIB. 2102, 3. von gote enpfoln PASS. 47, 95); der erde enphelhin, *begraben* KRONE 76ᵇ (W. GR.). OT. 672ᵃ. dem grabe enph. KOL. 145;

enphëlhnus *stf. anempfehlung, übergabe* AUGSB. *r.* W. 297.

enphenc-lich *adj.* (III. 211ᵃ) *empfänglich* MYST. (entfenclich 2. 113, 9). enph. sîn, *ad accipiendum habilis, paratus* HALT. 312. anphanclich SPEC. 48; empfengl. güeter, *die dem todfall od. besthaupt unterliegen* WEIST.;

enphenc-lîche *adv.* MALAG. 3ᵇ. HALT. 312;

enphencnisse *stf.* welcher hueber etwas aus dem guet, das huebig ist, verkauft, so ist er die enpfangnis schuldig, die thut sechs massen wein und sehs brod, daran haben die hueber das zweitteil und der meier das dritteil GR.W. 1, 758. *vgl.* enphâherëht; *investitura, traditio* OBERL. 303.

en-phenden *swv.* (II. 482ᵃ) *pfänden, als pfand in anspruch nehmen* ALPH.

en-phengec *adj.* entfengiger oder feuriger, uranicus VOC. 1482;

enphengen, ent-vengen *swv.* (III. 212ᵃ) *anfachen, entzünden* FREID. KONR. PASS. ELIS. 2403. entphengen HEINR. 4641. entfengen MYST. 2. 114, 24. MARLD. *han.* 10, 26. 29, 23. 90, 1. 24. 25. des sich al frucht enphenget MSH. 3, 55ᵇ. *vgl.* DFG. 7ᵃ.

enpherwen, ent-verwen *swv.* (III. 242ᵇ) *entfärben, die farbe verlieren tr. u. refl.* Ms. WOLK. wan ir von ungemüete sît enpherwet worden sêre TROJ. 7917. sô ist mîn mundel rôt enpherwet LS. 1. 238, 135. sich enph. MSH. 2, 318ᵇ. DRACH. 999. GA. 3. 253, 2136. MGB. 221, 24. entvarwten sich ir mundel LS. 2. 282, 456. entverben MGB. 355, 12. enpfirben *ib.* 461, 16 (*vgl.* virwec).

enphestenen *swv.* (III. 277ᵃ) *aus* entvestenen *verloben* GEST. *R.* ze der meit, die man enphestent het einem manne PF. *üb.* 76, 274. ich wil iuch enpfestenen dem himelischen manne MONE 8, 420.

enphetten *swv.* (II. 487ᵃ) *prät.* enphette *verdünnt aus* entpheiten: *die pheit ausziehen, entkleiden* TRIST. H. Ms. RAB. DIETR. 3273. 6193. LOH. 2660. KOL. 82, 271 (*gedruckt* enphenten); daz phærit enph., *ausschirren* HELMBR.

enphindec *adj.* *empfindlich, empfänglich.* diz sol der geist klêrlîch schouwen in einer enpfindiger wollust MYST. 2. 682, 8;

enphinden, entvinden *stv. I,* 3 (III. 319ᵇ) *durch das gefühl wahrnehmen, empfinden mit gen.* HARTM. WOLFR. TRIST. NIB. nindert ich mîn enphinde DIETR. 6789. dû enpfindest mîner tücke ÜW. 472; sît ouch si kurzelîche entfant sich in ir lîbe ein kint tragen MONE 6. 408, 642;

enphint-lîcheit *stf.* (*ib.*) *wahrnehmung durch das gefühl* MYST. (ob aller enpfintlicheit swebet diu stille dunster einekeit 2. 507, 32).

enphirben *s.* enpherwen.

enphlammen *swv.* (III. 336ᵇ) *aus* entvlammen *intr. u. tr. entflammen* MSH. (2, 310ᵃ). WH. *v. Öst.* 70ᵇ. dô begunde enpflammen sîn herze TROJ. 524. enpflammet wart er und enbrant *ib.* 14662.

enphlëgen *stv. I,* 1 (II. 505ᵃ) *aus* entphlëgen *mit gen. s. v. a.* phlëgen *sorgen für, hegen u. pflegen* WALTH. BON. SILV. 1343, *oft nicht zu unterscheiden von* enphlegen, *wobei* en *die negation ist.*

enphlëhten *stv. I,* 2 (III. 341ᵇ) *aus* entvlëhten

aufflechten SILV. enpflohten von ir henden
wiz, wart ir sîdenvarwez hâr KONR. *Al.* 1088.
ir zöpfe wâren enpflohten gar WIG. 65, 30.
ir hâr enpflohten unde lanc *ib.* 162, 28.

enpfliegen, ent-vliegen *stv. III.* (III. 343ᵇ)
entfliegen PARZ. KRONE; *s. v. a.* enphliehen
PASS.

enphliehen, ent-vliehen *stv. III.* (III. 346ᵃ)
md. entvlîen *entfliehen mit dat.* KARAJ. 87,
18. GREG. 431. LOH. 7266. KRONE 26228 (ent-
vliehen). HERB. 1806. PASS. (331, 43). JER.
inflîen ELMEND. 34; *mit acc.* (*ein wagen*) den
dâ niht enpflôch richiu kost ERNST 4690.

enphliezen *stv. III.* (III. 348ᵇ) *aus* entvliezen
entfliessen Ms. daz im ein tropfe niht ent-
vlôz PASS. 49, 76.

en-phlihten *swv.* (II. 511ᵃ) *refl. sich mit etw.
zu thun, zu schaffen machen* TEICHN. got hot
sich mit dir enplicht WSP. 28. *vgl.* inphliht.

en-phlocken *swv.* decrepere Voc. 1482. diu
rôse sich entpflocket gein dem gruoz, der
liehten sunne TÜRL. *Wh.* 35ᵃ.

enphlœhen, ent-vlœhen *swv.* (III. 346ᵇ) *durch
die flucht entziehen, entwenden, rauben* KONR.
LOH. (4356). FRL. HADAM. (321). MF. 172, 7.
j.TIT. 2949. 4356. 6067. 7563. PF. *forsch.* 1, 81.

enpfor, empfor *adv. aus* in bevor *im voraus*
CHR. 1. 164, 16; 5. 11, 36. 133, 27. 188, 18.
233, 23. Mz. 3,197. *vgl.* envor *u.* DWB. 2, 578.

enphreiden, ent-vreiden *swv.* (III. 398ᵃ) *mit
gen. verstossen von* LIT. GEN.

enphremden, ent-vremden *swv.* (III. 394ᵇ)
entfremden, entziehen mit dat. WALTH.
BÜCHL. 1, 1455. 2, 365 (enphrömden). 575.
SILV. ENGELH. 469 (entfremden). daz si der
guoten entpfrömden wellent stæte minne
MSF. 51, 10. sô muoz ich entfremedet sîn
von allem dem MYST. 2. 257, 10. dise haben
mir euwer gemuet von meinem heil gefue-
ret und entpfremdet LESEB. 1042, 24. all
kaufleut und gest enphrombden sich von der
stat und dem land CP. 202.

enphrœren *swv.* (III. 413ᵇ) *aus* entvrœren *auf-
thauen machen* BON.

enphröuwen, ent-vröuwen *swv.* (III. 416ᵇ)
der freude berauben. enpfröuwet mir den
muot MSH. 3, 73ᵃ; *md.* entvröun, entvreun
PASS.

enphüeren, ent-vüeren *swv.* (II. 261ᵇ) *prät.*
enpfuorte, *part.* enphüeret, enphuort *mit
dat. entziehen, benehmen, befreien* DIEM.
WOLFR. JER. diu (êre) ist im enphuort HELBL.
8, 1132. daz leben er mir enphuorte SERV.

3460. mit schimpflîchen worten wolt sie irz
hân gerne entphüeret LOH. 6947. sit daz ich
sust enphüeren ie künde an dir der werlde
solhe wunne j.TIT. 3792. zol entvûren, *nicht
bezahlen* SSP. 2, 27; *entführen,* daz im en-
phüeret wâren die minneclîchen meide GUDR.
510, 3. daz im daz wîp was enpfûrt HERB.
2785; *einem andern eine klage, einen an-
spruch durch eid od. kampf abgewinnen,
eidlich für unwahr od. ungültig erklären*
NIB. FREIBERG. so sollen dieselben uns em-
pfûren, wes sie sich in denselben zwileuffen
gên uns vergessen und vergriffen haben Mz.
4, 395.

enpl- *s.* enbl-.

en-plapfes, -plipfes *s.* plipf.

en-prîsen *swv.* (II. 534ᵇ) *den preis, wert be-
nehmen.* den hôhen prîs enprîsen ULR. *Wh.*
175ᶜ. 176ᵇ. daz Claudite dâ von enprîset wære
j.TIT. 1436; *mit gen. entblössen,* nû hân ich
aller wirde mich enprîset *ib.* 1405, *doch
könnte dieses sowie das im* WB. *angeführte
beispiel* (MSH. 1, 7ᵇ) *auch zu* brîsen (*s.* en-
brîsen) *gehören.*

en-quicken *swv.* (I. 893ᵃ) *beleben* JUD.; *doch
zweifelhaft.*

en-rihte *s.* rihte;

en-rihtes *adv.* enr. sprechen, *unmittelbar dar-
auf sprechen, erwiedern* PF. *üb.* 2, 56.

en-rinnen *stv. 1,* 3 (II. 717ᵃ, 2. 15) *aufgehen,
entspringen* GEN. SPEC. (*auch* 63 *s.* GERM. 4,
495). *vgl.* entrinnen;

en-runst *stf. aufgang. von* des sunnen enrunste
unze an den niderval WINDB. *ps.* 102, 3.

en-sam *adv. zusammen* GFR. 77 (: liebesam)
md. entsam (II². 45ᵇ) JER. *ebenso*

en-samen *adv.* (II². 46ᵃ) Iw. EN.; entsamen
JER. HERB. 4381 *und*

en-sament, -samt (II. 47ᵇ) *auch* ensant, *md.*
entsamt, *aus* in sament. *allgem.;*

en-sament *präp.* (*ib.*) *zugleich mit* DIEM.

ens-ban *stf. s.* ezzischban.

ens-boum *stm. s.* ansboum (daz all prugk sechs
enspâm süllen haben MÜNCH. *r.* 148. *vgl.
auch* âsenboum *in den nachtr.*).

en-schûfte *s.* schûfte.

en-schumphieren *swv.* (II². 223ᵃ) *auch* ent-
schumphieren (PARZ.) *besiegen, allgem. in
den höf. epischen gedichten* (ORL. 1220. 1346.
6741. 48. 12007. ULR. *Wh.* 136ᶜ. TÜRL. *Wh.*
114ᵇ); *ndrh.* entschofferen *berauben* KARLM.;
erniedrigen, beschimpfen PARZ. *s.* schum-
phieren.

en-schumphentiure *stf. s. v. a.* schumphentiure LANZ. 2933 *var.*
en-siht = in siht *vor augen* LANZ. 1780 *var.*
ën-sît *adv. s.* jënsît.
ens-lîbe? pro pauperibus, qui dicuntur ensleibe GEIS. 421.
en-snöuwen, -sneun *swv.* (II². 450ᵇ) *auseinander schnauben, bildl. tadeln, beschimpfen*, *prät.* ensneute ANTICHR. *vgl.* entsniuwen *u. auch* snûden, snouden.
en-spalten *stv. red. I*, 1 *zerspalten* WOLK. 317; *refl.* ir tugent sich niht enspielt GA. 2. 601, 242.
en-spin *stm. s.* anspin.
en-sprunge, -sprungen *s.* sprunc.
en-spuon *v. an.* (II². 554ᵇ) ich laze mir enspuon, *lasse mir angelegen sein* LANZ. *s.* spuon.
enste *swf.? s.* anst;
enste *adj. wolwollend.* den guotin was er enste ANNO 603. *ebenso*
enstec *adj. zu folgern aus*
enstec-heit *stf. gunst, liebe* ELIS. 9152;
enstec-lîche *adv.* (I. 31ᵇ) *wolwollend, liebevoll* ELIS. 6543. 6911. 6914. 8214 *etc.;*
ensten *swv.* (*ib.*) *intr. lieb werden* GEN.
en-stet, -stete *s.* stat.
en-strît, -strîte *s.* strît.
en-stunde-lîchen *adv.* (II². 712ᵇ) *sofort, sogleich* KRONE (1437).
en-sunder *adv.* (II². 740ª) = in sunder *insbesondere* GERH.
en-sweime *s.* sweim.
en-swenden *swv. vernichten, md. s. v. a.* swinden. dâr enswendet rost noch schimel HEINR. 2484 *u. anm.*
ent *conj. s.* end.
ent- *präfix s.* ánt (ent *oft nur verstärkend, s.* entlîhten, entlinden, entmuoten, entnacten, entnerwen *etc.*).
ent-adelen *swv. s.* entedelen.
ent-ædern enervare DFG. 202ᵇ.
en-tahte *prät. s.* endecken.
ent-ânen, -ænen *swv.* (I. 41ᵇ) *s. v. a.* âne tuon, *tr. berauben mit gen.* Ms. si möhte in wol entænen (: wænen) der veigen misselinge TROJ. 4658. dâ von werde entænet mîn lip keiner wirde REINFR. 39ª; *refl. sich entäussern, verzichten* Ms. ich wil mich sîn entânen ULR. *Wh.* 189ᵇ. 231ᶜ. 349ª. daz ich mich entânen sol ECKE *L.* 204. noch moht sich ir (*der gedanken*) entænen (: wænen) REINFR. 30ª.
ent-arten *swv. aus der art schlagen.* daz si niht entarten an der ir geburte, *in ihren nachkommen* GEN. *D.* 26, 2.
entb- *s. auch* enb-.
ent-blâsen *stv. red. I*, 2 (I. 201ᵇ) *anblasen* LEYS. enblâsen HERB. 15760.
ent-blicken *swv. s. v. a.* enblecken. ir schœne wart enblicket (: bestricket) KOLM. 2, 67.
ent-blüemen *swv. md.* entblûmen, *deflorare entjungfern* JER. 130ᶜ.
ent-briezen *stv. III.* (I. 261ª) *entspriessen* FRL.
ent-bürden *swv.* (I. 154ᵇ) *entlasten*, exonerare DFG. 217ᵇ.
ent-bûwen *stswv. bauen.* daz wir ûf diser werlt sô vil entbouwen WOLK. 118. 7, 2.
entd- *s. auch* end-.
ent-dermen *swv. der därme berauben* JER. 180ª.
ente *swf.* ente. sich tûchen als ein ente MSH. 2, 157ᵇ. enten NP. 190. 310. *s.* ant.
en-tecken *swv. s.* endecken.
ent-edelen *swv.* (I. 9ᵇ) *unedel machen* MART. MYST. 2. 125, 26. entadelen, denobilitare DFG. 173ᵇ.
en-teil, -teile *s.* teil;
en-teilen *swv. erteilen, zu wissen thun.* si begunden im enteilen, daz si in solden tôt slân PASS. 237, 84; *zerteilen*, swie mir mîn erbe intdeilet sî CRANE 3314.
Ente-krist *s.* Endekrist.
entel *stn. kleine ente* HPT. 10. 271, 15.
enten-snabel *stm. entenschnabel, ente.* her entensnabel MSH. 2, 384ª.
ent-erben *swv.* (I. 441ª) *enterben* LANZ. TRIST. daz rîche wirt enterbet TROJ. 19383; *mit gen. auch allgemeiner berauben* EN. PARZ. WALTH. sînes vaterlîchen erbes enterbet sîn WOLFD. *H.* 947. des landes enterben ERNST *B.* 979. ich pin kuss enterbet WWH. 156, 23. des hat si mich enterbet gar NEIF. 20, 27. diu sældebære enterbet mich ir hulde MSH. 1, 53ᵇ. des goldes enterb. TROJ. 10429. sô wirde ich enterbet und beroubet dîn *ib.* 29137. daz rîche sîner werdikeit enterben *ib.* 18779. dô wart ir alten rehtes enterbet diu natûre GSM. 1001. des lîbes e. ECKE *L.* 231; *mit an* TRIST. ir welt an in enterben iuwer werdekeit MAI *p.* 63. *intr. ohne erben sein.* der des leider niht erwarp, daz im got gap deheinen erben: dâ muost an im enterben lant *u.* liute OT. 23ᵇ; sich enterben, *von der erbschaft ausschliessen* GR.W. 2, 15, *mit gen. worauf verzichten* Ms.

ent-êren *swv.* (I. 446ª) *der ehre berauben, beschimpfen* Iw. Parz. Engelh. dâ du dich mite entêrest En. 282, 28. diu zunge gnuoc entêret Freid. 165, 3. mîn prîs wirt entêret Ulr. *Wh.* 136ᵈ. entêret ir des küneges vruht Ga. 1. 341, 151. diu wîp entêren, *schänden* Buch *d. r.* 359, 362; *mit gen.* und habt ir mich des selben sus entêret j.Tit. 4904. die Kriechen wolt er hân ir bete entêret (*abgeschlagen*) Troj. 37783; *mit präp.* wild entêren dich an mir Msh. 1, 85ᵇ. nû entêre dich niht an dem besten vriunde dîn Bit. 8066. gein allen werden wîben sô müest ir iuch entêren j.Tit. 4878.

entern *swv. s.* antern.

ente-vuoʒ *stm. entenfuss.* entenvüeʒe Msh. 2, 287ᵇ.

ent-êwen *swv. gesetzlich ungültig, unmöglich machen.* alsô wolten sie in entêwen (*durch das abschneiden der haare*) den allirtiuristen hêrren Kchr. 6717.

ent-formen *swv.* (III. 388ª) transformare Dfg. 593ª.

entf- *s.* enph-.

entg- *s. auch* eng-.

ent-galtnus *stf. s.* entgeltnus.

ent-gân, -gên *s.* engân.

ent-geisten *swv. intr. den geist aufgeben* Evang. *Mr.* 15, 37. 39. *L.* 23, 46; *tr. des geistes berauben* Myst. 2. 391, 8. Hpt. 8, 231;

ent-geistic-heit *stf. gegens. v.* geistecheit Myst. 2. 520, 30;

ent-geistunge *stf.* diu entgeistunge des geistes ist ein entblœʒunge aller wîse der einekeit Myst. 2. 519, 39.

ent-gëlten *stv. s.* engëlten;

ent-gëltnus *stf.* âne entg., *ohne kosten, unentgeltlich* Mh. 2,175. 709. Chr. 2. 264, 22. entgaltnus *ib.* 5. 392, 21.

ent-gieʒen *stv. s.* engieʒen;

ent-gieʒunge *stf. ausfluss, emanation* Myst. 2. 94, 4 *ff.*;

ent-goʒʒen-heit *stf.* darumbe sint sie (*die drei göttl. pers.*) ein got und enist nihte underscheides denne entgieʒunge und entgoʒʒenheit Myst. 2. 94, 26.

ent-haben *swv.* (I. 599ᵇ) *contr.* enthân *absol. bleiben, warten.* dô wolt der künic lenger niht enthaben Otn. 1493; *mit accus. zurück u. aufrecht halten* Parz. Barl. den muot enth. Kchr. *D.* 82, 30. 230, 8. der keiser hieʒ in enth. Rul. 216, 14. daʒ er eʒ eine muge enth. Pass. *K.* 440, 84. arme und alle glider enth., *fest, ruhig halten* Elis. 8527; *refl. sich halten, aufhalten, enthalten* Diem. Mar. nieht langer ich mich inthabete Gen. 39, 31. si muose sich durch nôt enthaben Aneg. 36, 35. und mügen uns niht enth. Hpt. 8. 93,127; sich enthabende sîn j.Tit. 3618. und hieʒ die lûte sich enth. Pass. *K.* 276, 35; *mit* von, daʒ er sich von allen sunden enthabte Antichr. 150, 44. der sich wol enthaben kan von bœsen dingen Wg. 4466. swer sich dâ von kan enthaben Renn. 15542; *mit gen.* Trist. man sol sich enthaben wol des, daʒ man niht tuon sol Wg. 7493. dô mohteʒ sich des niht enth. Eracl. 3671; *statt des gen. ein ganzer satz* Reinh. Krone; wer mohte sich enthaben, der weinens hette niht enthaben Elis. 4293. — *mit* ûf, vor. *vgl.* enthalten;

ent-habnüsse *stf. enthaltung, enthaltsamkeit* Wack. *pr.* 22, 5. *ebenso*

ent-habunge *stf.* (I. 601ª) Freid. Barl. j.Tit. 5937. Birkenst. 312; *das feststehen, der halt* Pass. *K.* 23, 54. Ls. 3. 171, 319 (*auch bei* Oberl. 314).

ent-haft *part. s.* entheften.

ënt-halp *s.* ënenthalp.

ent-halsen *swv. s.* enthelsen.

ent-halt *stm.* (I. 623ª) *der aufenthalt, das verbleiben* Malag. Myst. 2. 84, 8. 378, 1. Jer. 23ᵈ. 175ᶜ. Kirchb. 624, 7. 697, 21. 718, 25. Karlm. 123, 11. 213, 43. Mz. 1, 527 *s.* 444;

ent-haltec-lîche *adv. bleibend, haftend.* gnâde wêre niht ein lieht, wêre si von dem geiste enthalteclîche erkant Myst. 2. 404, 36;

ent-halten *stv. red. I*, 1 (I. 621ᵇ) *absol. halten, stillhalten* Mai, Turn. 142. 143. Pass. *K.* 90, 61. 151, 42. 403, 76. peiten, verziehen, exspectare Voc. 1482; *mit acc. auf-, zurückhalten* Parz. Barl. Troj. (eʒ enthielt des griffes niht, *liess nicht an sich haften* 9875). enthaltet iuwern zorn Mai 215. Orl. (*cod. Vind.*) 10551. ich enthilt in al mit listen Kchr. *D.* 84, 8. di aller tiuristen herren enthilt si mit den sinnen *ib.* 393, 18. zouber gift noch bete mochten mich niht enthalden Herb. 17682. die rede enth. j.Tit. 5349. die schar enth. Troj. 32618. kein ungewidder sie enthielt Elis. 1587. ir lachen sie enthielt *ib.* 5230. einen gevangen enthalten Ad. 933. Np. 49; *aufenthalt, bewirtung u. schutz gewähren* Nib. Er. Bit. 973. Pass. *K.* 343, 67. Mz. 1, 370. 527. 4. 391; *erhalten* Tauler; *mit dat.* dem orse etc. (*obj.* zoum *ausgelassen*) halten, *halten, stillhalten* Wolfr. Mai, j.Tit.

1566. Herb. 14702; — *refl. sich auf-, festhalten, behaupten, allgem.* (Minne niender sich enthaldet âne triwe und stæten muot Lieht. 419, 15. daz er sich enthalt unz morgen fruo *ib.* 265, 20. enthalt dich und ruo ein wîl Ls. 2, 263. dâ von daz volc sich het sô lange enthalten Loh. 2866. wir hân uns enthalden unz hûte Herb. 15385. sich enth. vor dem her Troj. 11975. Hector kûme sich enthielt, daz er niht abe dem rosse vlouc *ib.* 31052. das ir ew etlich tag noch enthalt, *behauptet* Cp. 256); *mit gen. sich enthalten von* Iw.; *od. mit präp.* darûf wir uns mit dem essen enthilden Ugb. 139. — *mit ûf. vgl.* enthaben.

ent-halt-gëlt *stn. aufenthaltskosten* Mz. 1, 527.

ent-haltnisse *stf. aufenthalt* Myst. 2. 86, 21. enthaltnust Mz. 1, 527 *s.* 444; *zurückhaltung*, untheltenisse, detentio Jan. 26;

ent-haltunge *stf.* (I. 623^b) *enthaltsamkeit* Myst., obtentus, observatio Evang. 251^b, detentio Dfg. 177^b, sustentatio Chr. 3. 108, 29. die enthaltung (*aufenthalt*) unser widersacher Cp. 95. *vgl.* Halt. 327.

ent-hâren *swv.* obripulare Voc. 1482.

ent-hebede *stf. abwendung.* ewig inthebede von den sunden Wack. *pr.* 6, 51. 11, 28 (= sich rehte von den sunden becheren 6, 61); continentia Diut. 3, 482;

ent-heben *stv. I,* 4 *u. sw.* (I. 645^a) *auf-, zurückhalten.* den slag inthebin Wack. *pr.* 6, 4; *mit gen. entbehren, befreien,* des enthuop er sich Fragm. 24, 406. die kraft sie des enthebte j.Tit. 5677; *s. v. a.* sich enthaben: und sich doch beide enthebten sunder val mit sitze *ib.* 4618;

ent-hebunge *stf.* die lösung und enthebung des kostens und schadens Mh. 2, 175.

ent-heften *swv.* (I. 605^a) *los knüpfen, lösen* Rul. Pantal. (345). daz sich von sînen kreften keine sache mac entheften, diu mit im berüeret wirt Troj. 9260. wart daz spengelîn enthaft 22385. Trôilus begunde sich mit creften dô lœsen unde entheften 31504. er kunde wol den bruoder sîn entheften, *befreien* 35087. er began mit kreften erlœsen unde entheften den werden herren 35600. *vgl.* Jer. 49^b. 95^a. 105^c.

ent-hehsenen *swv.* (I. 612^b) *die fusssehnen durchschneiden* Frisch. *s.* hahse.

ent-heiz *stm. s.* antheiz;

ent-heizen *stv. red. II.* (I. 659^a) *mit dat. u. acc. verheissen, geloben* Diem. Mar. als ich Gyburge enthiez Wwh. 139, 7. die er sante Jâcobe enthiez Flore 429. ich wil iu helfe entheizen *ib.* 3694. daz man mir wol entheizet Msh. 3, 14^a. swer den tôren vröuwen wil, der sol im schône entheizen *ib.* 60^a. gote entheizen Ulr. *W.* 144^b. 260^d. ich enthiez der hêren trinitât *ib.* 117^c. so bald er die fast enthiez, genas die frou des kindes Mone *quell.* 3, 467^a; *mit abhäng. satze statt des acc.* Herb. 16683. 17625. Jer. 155^d. Karlm. *s.* 250; *refl.* swâ sie sich enthiezen, daz sult ir gerne leisten Berth. 332, 3;

ent-heizunge *stf. verheissung* Kulm. *hf.* 215.

ent-hëlfen *stv. I,* 3 *nicht helfen.* weder helfen noch enthelfen Halt. 327 *u. oft in den* Weist. *s.* Dwb. 3, 557. du gabest got ze hilfe mir und dar mit so enthilfet er dir Ecke *Sch.* 105.

ent-hëllen *stv. I,* 3 (I. 683^b) *nicht übereinstimmen* Halt. Mone *z.* 5, 179.

ent-heln *swv. aus der verborgenheit, dem grabe nehmen.* ir herren si enthelten Elis. 5580.

ent-helsen *swv. decollare, enthaupten* Evang. *M.* 6, 16. *L.* 9, 9. Dal. 209, 20. enthalsen Dwb. 3, 548.

ent-henden *swv. die hände abhauen* Mart. 14, 90.

ent-hengen *swv.* (I. 64^a) *einem enth., nachlassen, dispensieren* Oberl.

ënt-hër *s.* ënnehër.

ent-hêren *swv.* (I. 670^b) *entheiligen* Pass.

ent-hërzen *swv.* (I. 674^a) *tr. entmutigen* Trist.; *intr. mutlos werden, verzagen* Jer. 61^c.

ent-hiuten *swv.* (I. 742^a) *abhäuten* Trist.

ent-houbetære *stm.* (I. 720^b) *enthaupter* Pass.;

ent-houbeten *swv.* (*ib.*) *enthaupten* Wwh. 204, 1. Karl 46^b. 117^a. Kchr. *W.* 15372. Pass. 70, 10. 194, 82. *K.* 394, 97. 686, 63. 578, 40 (*part.* enthoupt). Evang. *M.* 14, 10. Germ. 3. 415, 10. Mgb. 259, 15 *var.* Ls. 1. 541, 165. 542, 11. enthoupten, entheubten, decapitare Dfg. 167^b. enthoupen Diem. *beitr.* 1, 127.

ent-houwen *stv. red. III.* (I. 721^b) *loshauen, losmachen* Schemn. *r.; mit gen.* daz sich dise kunege woldin gar inthouwin allis ungelouben Jer. 178^c.

ent-hove-wîsen *swv.* (III. 756^b) *refl. sich der höfischen sitte entschlagen, sie verleugnen* Er.

ent-hulden *swv. der huld eines (dat.) berauben.* die hânt mich gote enthuldet Ulr. *Wh.* 188^b. daz ich dir bin enthuldet *ib.* 108^b; *refl.*

swer sich durch valsche minne got enthuldet j.Tit. 2100. 5975.

ent-hupfeln *swv. enthüpfen.* dû bist gar schiere dar von entloufen und enthupfelt Malag. 160ᵇ.

ent-hürnen *swv.* (I. 716ᵇ) *enthörnen* Wolk.

ent-hürzen *swv.* (I. 737ᵃ) *entfliehen* Weist.

ent-hûsen *swv. vom hause, amte entfernen.* daz wir in von der pfleg setzen und enthausen wolten Mz. 3, 172 (a. 1347). Mh. 2, 789.

en-tiuren *swv. prät.* entûrte, *den wert benehmen, erniedrigen.* diu geschiht entiuret mich Heinz. 49, 1243; *refl.* sie entûrten sich ie baz in zorne Livl. 6056.

en-tiuschen = in tiutschen *s.* diutisch.

ent-iuzen *swv. refl. mit gen. entäussern.* als lange schol man in umb die wette pfenden, untz er sich sein enteuzzet Np. 40; *vgl.* entûzenen. *ebenso*

ent-iuzern *swv.* Chr. 3. 272, 8.

ent-jochen *swv.* ochsen oder pferde ausz setzen, disjugare Voc. 1482.

entk- *s. auch* enk-.

ent-kein *s.* nehein.

ent-knoten *swv. den knoten lösen* Pass. K. 547, 89.

ent-knoufen *swv.* einen des houbites entknoufin, *enthaupten* Jer. 98ᵈ.

ent-komen *stv. I, 2 entkommen.* wie er heimlich entquême Marlg. 56, 79. ir entquâmet Karlm. 158, 8.

ent-laben *swv. gegens. zu* laben, *schwächen, vernichten.* hiet disen preis und die er der konig von Frankreich gehabt, so were so ser nicht entlabt von im der graf von Flander, den er verderbt selbandern Ot. 209ᵃ.

ent-laden *stv. I, 4* (I. 926ᵃ) *entladen, ausladen* Nib. Trist. ros entladen Karl 65ᵃ. 108ᵃ (*mit dat.* dem ros entladen Beliand 1319). dô si kômen wider heim und ir korn entladen begunden Vilm. weltchr. 70ᵃ. daz man den tisch entlât Kol. 172, 574; *mit gen. befreien* Lanz. (7424). Hartm. (Greg. 3668). des leides entl. Karl 120ᵃ. Troj. 18317. Ulr. Wh. 187ᵇ. der mich gar freuden hât entladen *ib.* 198ᵈ. der wîsheit entl. Karl 68ᵇ. der schulde *ib.* 6, 83. der sorgen Troj. 401. der valscheit Pass. 194, 54. 303, 54. 367, 16. des prîses Ulr. Wh. 135ᵇ. des lîbes entl. *tödten* Karl 49ᵃ. der ougen entl. *berauben* Dan. 865. Fr. Schw. 25. wir ledigen und entladen sie aller sache W. 23 (a. 1335). entladen sîn (der dinge) Erlœs. 990. des zuospruchs entladen sîn Mz.

1, 522 *s.* 433; *mit* von Serv. Berth. 69, 1. von dem schaden sich entl. Msh. 2, 364ᵃ. von kumbers laste Ulr. Wh. 182ᵈ, von sündelîchem soume *ib.* 157ᵈ. von der müede *ib.* 193ᵃ. von dem leiden Strick. 9, 21. vil tôter wart entladen dâ von baren Loh. 5960. die esel von ir last entl. Bph. 2803. *vgl.* entleden.

ent-lasten *swv. s.* entlesten.

ent-lât *s.* entladen *u.* entlâzen.

ent-lâwen *swv. intr. lau werden, aufthauen* Mone *z.* 8, 431.

ent-lâzen *stv. red. I, 2 contr.* entlân *entlassen, los, fahren lassen* (*absol. vom fahren lassen übelriechender winde* Pass. K. 369, 31). den bogen entlâzen und schiezen Herb. 7083. mit den armbrusten ûf gezogen, entlazzen und gespannen *ib.* 4271. entlâzt (*lasst weiter auf*) den gürtel umb den bouch Tanh. hofz. 16; *flüssig machen,* daz mark entl. Mgb. 364, 31. den ölpaumkern in wazzer entl. 443, 4; *laxare,* der arâbisch zaher entlæt und sänftigt *ib.* 369, 13; *refl. sich entfalten, aufblühen.* swenne die (diu rôse) sich obene entlât Herb. 3282. Türl. Wh. 24ᵃ

ent-lëchen *stv. I, 2? s.* entlûchen.

ent-leden *swv.* (I. 926ᵇ) *entladen, entledigen mit gen.* Diocl. Ls. Oberl. 316.

ent-lëdigen *swv. frei machen aus fesseln und banden.* dû entlediges sie vil schiere Pass. K. 16, 53. ich bin entledigt von meinen smerzen Fasn. 65, 6. Halt. 330;

ent-lëdigunge *stf. befreiung* Halt. 331 (a. 1460).

ent-legen *swv. weglegen, entfernen.* den schaden entlegen Halt. 331; einen eines d. entl. *entschädigen* Mz. 4, 391 *s.* 430 (*zweimal*);

ent-legunge *stf. translatio* Halt. 331.

ent-lêhenen, -lêhen *swv.* (I. 997ᵃ) *auf borg nehmen, entlehnen* Msh. (mit entlêhenter wirde 2, 190ᵇ). Myst. (2. 109, 8). entlêhente sinne Freid. 82, 14. swer borget oder entlêhent der sol daz gelten Swsp. 11; umbe (Ls.), an (Chr. 1. 114, 35), von (Ring. 32ᵇ, 23. Just. 193. 208) einem entlêhen, *von ihm borgen.*

ent-leiden *swv.* (I. 983ᵃ) *von leid befreien* Trist. U. Karlm. 236, 51. (Aneg. 36, 71 *ist* wol entlîben *zu lesen*).

ent-leiten *swv. entführen* Karlm. 149, 1.

ent-lemen *swv. lähmen* Karlm. 322, 65.

ent-lenden *swv.* (I. 938ᵃ) *des landes berauben* Helbl., *doch zweifelhaft.*

ent-lêren *swv. das widerspiel lehren.* sînen sun er entlart Dal. 158, 33.

ent-lesten *swv.* (I. 927ᵇ) *entlasten, los machen* Trist. Karlm. 214, 52; eines dinges entl. j. Tit. 4906. Jer. 133ᵇ. und hete sich entlestet wiplicher wæte garwe Troj. 28592; von etw. entl. Jer. 167ᵈ. Karlm. 88, 36. 232, 45. **entlasten**, alleviare Dfg. 24ᵃ.

ent-leunen *swv. s.* entliunen.

ent-lîben *stv. II.* (I. 968ᵃ) *schonen, verschonen ohne od. mit dat.* Lit. Gen. Rul. Lanz. Glaub. 2641. Antichr. 195, 29 (*gedruckt* entlîhet). Krone 64. swâ ir mir entlibet mit slegen Ulr. *Wh.* 186ᵇ. wiltû der bete nû entl. *davon ablassen ib.* 136ᶜ. swer der ruote entlîbet Kchr. *W.* 1197. dem zorne entl. *einhalt thun* Kchr. Krone 3272. der rede entl. *ib.* 11155. als muoz man mir entliben *ib.* 164. entlibe dîner sêle Vet. *b.* 26, 15. das er im selber wolde entl. *ib.* 40, 16. *prät.* entleip Ulr. *anh.* 79ᵇ. *part.* entliben Ring 10ᶜ, 12. 36, 26. *vgl.* ablieben *im* Dwb. 1, 74.

ent-lîben *swv. entleiben, tödten* Myst. 2. 577, 20. Jer. 41ᵇ. Gr.w. 3, 695. Killicrâtes ir einen ze jungest entlîbete j. Tit. 3580. — *zu* lîp;

ent-lîbunge *stf.* nâch entl. *nach dem tode* Wack. *pr.* 99, 107.

ent-lich *adj. s.* endelich.

ent-lîchen *swv. sich entstellen, unkenntlich machen* Karlm. 13, 47.

ent-liden *swv.* (I. 978ᵃ) *entglieden*, dimembrare Voc. 1482. Buch *v. g. sp.*; *losmachen* Karlm. 313, 60. 528, 40. *vgl.* Halt. 331.

ent-lieferunge *stf. erleichterung, abhilfe* Chr. 3. 140, 27.

ent-ligen *stv. I*, 1 (I. 988ᵇ) *nieder liegen, entschlafen* Pass. (390, 57. *K.* 470, 65. 510, 75). harte sanfte er entlac, suozes slâfes er dâr phlac Heinr. 1735. in dem gebete er auch entlac Marlg. 204. 278. daz er ûf dem estrîch intlac und eines kurzis slâfis pflac Jer. 147ᵇ; *ferne liegen* von Pass.

ent-lîhen *stv. II.* (I. 996ᵃ) *entleihen, auf borg geben* Hartm. Tit. borgen noch entlîhen j. Tit. 5937. er wolde umbe êre entlîhen sîn guot Msh. 2, 230ᵃ. entlîhet ir, si giltet iu baz Jüdel 134, 68; *mit. gen.* entlîhe mir drîer brôte Roth *pr.* 73; *auf borg nehmen*, entlîhen unde gelten j. Tit. 849. (Antichr. 195, 29 *ist* entliben *zu lesen*).

ent-lîhten *swv.* (I. 997ᵇ) *tr. u. refl. erleichtern* (*verstärkendes* ent) Pass. (*K.* 316, 51. 534, 37. 590, 26. *part.* entlîcht 583, 46) Elis. 8232. Jer. 172ᶜ. Msh. 3, 422ᵇ. dîn herz (*durch die beichte*) entlîhten Birkenst. 286. *ebenso*

ent-lîhtern *swv.* der gülte etlicher masze entlîhtert werden Mone *z.* 11, 195 (*a.* 1438).

ent-lîmen *stv. II.* (I. 998ᵃ, 41) *mit. dat. sich ablösen, ablassen von.* dâ si der rede niht entleim Elis. 7094. sîn arger mût im niht entleim Erlœs. 3457 *u. anm.* im entleim diu kraft Ot. 496ᵃ. intleim Adrian 453, 154. *hieher wol auch* Pilat. 321 (495) do entlinen si dem rehte.

ent-linden *swv. weich machen* (*verstärkendes* ent). si begondin ir gemûte intlindin Jer. 111ᵈ *u. s.* 296.

ent-lînen *swv.? intr. entbunden werden, aufthauen.* swenn si warme schînet, daz herze uns entlînet Warn. 1970. Krone 64. — *zu* line? *zu dem in der anm. verglich. bair.* aufleinen *kann es nicht gehören, da dieses mhd.* liunen *lauten musste. s.* entliunen, *vgl. auch* entlimen.

ent-liuhten *swv.* (I. 1030ᵇ) *prät.* entlûhte *erleuchten* Lobges. Wack. *pr.* 46, 128. der himel und erde entliuhtet hât Mart. 107, 86.

ent-liunen *swv. aufthauen.* das sie gein dem man auf entleunt (: freunt) Fasn. 743, 17. *s.* Dwb. 1, 638. Schm. 2, 472. Kwb. 173.

ent-loben *swv.* (I. 1022ᵃ) *devovere* Dfg. 178ᵇ.

ent-lochen *part. s.* entlûchen.

ent-lœsen *swv.* (I. 1036ᵃ) *prät.* entlôste, *mit gen. los machen, lösen* Pantal. Laur. *Sch.* 2004. Ga. 1. 297, 625; 2. 231, 462. Livl. 1509. 1766. Wh. *v. Öst.* 469. Mgb. 203, 25. 399, 27 *u. öfter, md.* entlôsen Pass. (323, 59). Jer. 180ᶜ.

ent-louchen *stv. s.* entlûchen;

ent-louchen, -lûchen *swv. refl. sich öffnen*, sich entlouchten diu ougen sîn Ulr. Wh. 435ᵃ. sie entlûchten ir gevidere gên der sunnen Ls. 1. 377, 82. *s.* entlûchen.

ent-loufen *stv. red. III. entlaufen.* ich kan dir joch entloufen niht Msh. 3, 345ᵇ. mir entlief der slâf gar von dem lîbe Ulr. *Wh.* 253ᵈ. dû bist schiere entloufen Malag. 160ᵇ.

ent-lûchen *stv. III.* (I. 1023ᵃ) *tr. u. refl. aufschliessen, öffnen* Gen. (die helle er entlouchet *D.* 112, 20). Wwh. Lampr. Bit. (vil manic rinc entlochen wart mit stichen und mit slegen 10314), entlûchen Apoll. 19956. he intlûchet sîne arme Hpt. 1. 38, 146. rôsen ûz ir belgelîn volle niht entlochen Neidh. XXVIII, 13. entlochen ind ûp gebunden Karlm. 219, 66. dat he lach entlochen in einre horlâgen 480, 5. — *ob alle part.* entlochen *hieher gehören, bleibt mir zweifelhaft; das eine od. andere könnte auch von* *einem gleichbedeut. stv.* entlëchen *stammen. s.* er-, zerlëchen;

ent-lûchen *swv. s.* entlouchen.

ent-lücken *swv. aufdecken.* waz meije entlücket, rîlîch daz diu sunne ûf zücket Msh. 3, 84ᵇ.

ent-machen *swv.* (II. 16ᵇ) *gemachtes wieder vernichten* Himlf.; *verstecken, unkenntlich machen* Karlm. 10, 11. 174, 21. 258, 67.

ent-mannen *swv.* (II. 51ᵃ) *der mannschaft berauben* Jer.

ent-manteln *swv. des mantels berauben, entkleiden, entblössen.* mîn andâcht wart entmantelt Hpt. 8, 256.

ent-meidigen *swv.* (II. 129ᵇ) devirginare Gl.

ent-muoten *swv.* (II. 242ᵃ) *s. v. a.* muoten, *feindlich entgegensprengen (verstärkendes* ent) Parz.

ent-nacten, -nacken *swv.* (II. 296ᵃ) *nackt machen, entblössen (verstärkendes* ent). entnacten Wig. Ulr. Ath. *A* 7. Türl. *Wh.* 135ᵇ. Vilm. *weltchr.* 68ᵇ. *part.* entnactet Diem. *beitr.* 1, 127; entnacken Myst. dô siu alsus entnackit wurdent Mart. 84, 89.

ent-nafzen *swv.* (*ib.*) *entschlummern* Geiler.

ent-næjen *swv.* (II. 304ᵃ) *eine naht aufschneiden, aufschnüren* Kl.; *enthäuten* Trist.

ent-nëmen *stv. 1*, 2 (II. 374ᵃ) *aufnehmen (geld), entleihen* Iw. Er. 865. Warn. (1295). dû entnemis unde borgis Lit. 57; *auf borg geben* Gest. *R.* 47 (Dwb. 3, 575); *entledigen mit gen.* Halt. 332; *entfernen.* von der werlde entn. Pass. 126, 30; — *refl. sich entfernen, fortbegeben mit* von, ûz *od. dat.* Pass. Jer. sît er sich von mir hât entnumen Birkenst. 281; *entledigen,* welcher sich mit dem rechten sulcher zuspruche und schulde tar entreden und entnemen Mz. 4, 355, *s.* 286;

ent-nëmen *stn. das entleihen.* mit entnemen wart im nie sô wol, im enwerd mit gelten alsô wê Warn. 1408.

ent-nerwen *swv.* (II. 330ᵃ) *mit narben, flecken versehen, beflecken (verstärkendes* ent) Frl.

ent-nicken *swv.* (II. 353ᵇ) *einnicken, entschlummern* Trev. *ps.* Birl. 144ᵇ. *s.* entnücken.

ent-nihten *swv.* (III. 657ᵇ) *zu nichte machen* Parz. Mai. wirt er an sige entnihtet Ernst 1558.

ent-nücken, -nucken *swv.* (II. 422ᵃ) entnuckte, entnuhte; entnücket; entnucket *s. v. a.* entnicken, *bes. md.* Rul. Ms. Pass. Jer. dâ er in slâfe was entnucket j. Tit. 5947. 4608. als diu herzoginne entnuhte (: druhte) Serv. 2508. bin ich entnücket sêre Kolm. 116, 46. Jôhannes was entnücket ûf gotes brüsten *ib.* 123, 27; *refl.* waz sich entnucket (*gedr.* entuncket) ûf sîn krût und pflac dô senfter morgenruo Ls. 1. 376, 52. *s.* Dwb. 3, 576.

ent-oben *swv. refl. sich erheben über* Beliand 4175.

ent-ordenen *swv.* (II. 441ᵇ) *in unordnung bringen* Myst.

ent-ôren *swv.* (II. 443ᵃ) *der ohren berauben* Heimb. *handf.*

entph- *s.* enph.

ent-quëmen *stv. s.* entkomen.

ent-quickenisse *stf.* refectio Dief. *n. gl.* 315ᵃ.

ent-raffen *swv. entraffen, befreien.* des wart daz kint von leit entraft Malag. 12ᵇ.

en-tragen *stv. I*, 4 (III. 72ᵇ) *wegtragen, entziehen, entwenden mit dat.* Diem. Rul. Barl. Krone (der wârheit entr. 23218). daz er in niht entruoc Otn. 101, 4. die Holofernen erslûc unde sîn houbet ime entrûc Pass. 146, 61. die mir die wîlsêlde enttrûc *ib. K.* 654, 5. einem einen mantel mit entr. Mone *z.* 2, 7. daz hânt ir ougen dir mit süezem blick entragen Ls. 1. 95, 23. mir ist nû der gloube entragen *ib.* 457, 32.

en-trâten *stv. red. I*, 2. (III. 84ᵇ) *intr. in furcht geraten; tr. erschrecken vor, fürchten* Herb. (Er. 9637 *ist wol mit der hs. u.* Bech rieten *zu lesen*). — *alts.* andrâdan, *ags.* ondrædan. *s.* trâten.

ent-râten *stv. red. I*, 2 (II. 580ᵇ) *intr.* einem entr. *nicht an in geräten, ihm ausweichen* Herb.; *mit gen. entbehren.* daz er sölher dinge entriete Flore 5118: *trans. abraten* Jer.

entrech, -reich, -rich *s.* antreche.

ent-reden *swv.* (II. 604ᵇ) *vertheidigen, entschuldigen, gleichs. weg, los reden* Rab. Trist. *H.* dû solt in entreden wider allen, den dû in verlogen hâst Berth. 284, 29; *gewönlich refl. mit od. ohne gen. sich von einer anklage durch beweis vor gericht frei machen* Ernst (999), Reinh. Engelh. Kchr. 16586 (*bei D.* 508; 13 bereden). Karlm. 512, 42. 514, 58. 516, 21 *u. öfter,* Heldb. *H.* 1. 95, 189. *zu* Flore 6634. Berth. 345, 32 *u. rechtsdenkm.* (*oft in urk. z. b.* Mz. 3, 449. 4, 58. 355. Mw. 330, 1. *W.* 21 *etc. s.* Ssp. *p.* 137 *f.*); *mit präp.* wer mac sich dâ vor entreden Erinn. 556; ein guot entr. *es rechtlich aus dem interimist. besitze eines andern an sich bringen* Halt.;

ent-reder *stm.* (II. 607ᵃ) *vertheidiger* Myst. Cristus ist selbe ir entreder Berth. *Kl.* 111;
ent-rednüsse *stf.* (II. 608ᵃ) *die reinigung vor gericht* Brünn. *r.*;
ent-redunge *stf.* (II. 607ᵇ) *vertheidigung, das schieben der schuld auf einen andern* Berth. 345, 15. 27. 28. 346, 4.
ent-regen *swv. erregen.* in deme daz diu sêle got ûz sprichet, daz entreget doch niht eigenlich wârheit in ime sînes wesendes Myst. 2. 113, 2; *oder* = en-treget *von* tragen *mit negat.* ne?
ent-reichen *swv.* (II. 654ᵃ) „*entfremden, entziehen*". *so wird im* Wb. unreichen (Gr.w. 1, 757) *aufgefasst, das doch einfach bedeutet: nicht reichen, nicht geben. im weistum steht vor andern vbb. das volle präf.* ent: enthalten, entschlagen, *warum soll es hier* unreichen *statt* entreichen *heissen?*
ent-reinen *swv.* (II. 661ᵃ) *der reinheit berauben, besudeln* Mai, Barl. Silv. wer hât den sal entreinet Otte 163. Ms. (= Wartb. 39, 7). dâ von was im houbet und hirn intreinet Mor. 2, 1069. in schanden ist gar entreinet ir lîp Ulr. *Wh.* 161ᵇ. mîn entreinet lîp *ib.* 217ᵈ. 246ᵇ. ob diu blenke sich entreine j.Tit. 24, 4 (*vgl.* entrainen *entjungfern* Zimr. *chr.* 4. 94, 25). *oft in md. denkm.*
ent-remen *swv. der einrahmung, des randes berauben* Oberl. 318.
en-trennen *swv.* (III. 95ᵃ) entrante, entrande (entrente); entrennet, entrant *los, auftrennen, auflösen, zerhauen* Lanz. Trist. Wig. Walth. die hût entr. Ernst *B.* 4290. helme entr. Rab. 699. j.Tit. 952. 1341. 4953. halsberge entr. Rab. 752. 844. 1001. liegen triegen spotten und ander vil, daz wirde kan entrennen j.Tit. 235. entrande *ib.* 907. das wir sie entrenten und in die flucht prachten Chr. 2. 491, 30. hie wirt entrennet daz dâ heime wære beliben ganz Neidh. 227, 28. diu (brünne) ê wâren ganz diu wurden dô entrennet Wolfd. 995. sin glanz der würde entrennet Troj. 2460. sîner kelen âder entrennet wart und offen *ib.* 10775. Eberhart entrennet wart Msh. 3, 241ᵃ. manec blate entrant Apoll. 7540. von mînem swerte ziere werdent ir entrant Wolfd. 450. wie lihte ein satel wirt entrant Ls. 2, 449; *mit dat.* im wirt sîn verch entrennet Loh. 4166. 4760. daz im sîn houbet wurd entrant Msh. 3, 213ᵇ. einen dem gelouben entr. *abwendig machen* Jer.; *mit präp.* vil liehter ringe wurden von ir brüsten entrant Alph. 168. daz klôster er stifte sîner sêl ze lôn, dâ von vil wîz von ir wart dort entrennet Loh. 7396; *refl.* daz sich diu brünne entranden Dietr. 9193. dâ von der strit sich manegen ende entrande Loh. 4420, *mit dat.* di hirnribe sich im entrante Rul. 214, 34.
ent-rennen *swv.* (II. 719ᵇ) *entlaufen* Herb. Frl. wolt versagen sînen gruoz und entrennen ûf den vuoz Msh. 3, 240ᵇ.
en-trëten *stv. I,* 1 *auf die seite treten, einen fehltritt thun.* dînes herzen triuwe ist entreten Ulr. *Wh.* 4ᵇ.
ent-retten *swv. erretten. die belagerten* behüeten, entretten und beschütten Ad. 1241 (*a.* 1399); sich entr. Malag. 22ᵃ.
en-trîben *stv. II.* (III. 88ᵃ) *auseinander treiben* Krone.
ent-rîden *stv. II.* (II. 697ᵃ) *refl. sich los winden* Erinn. (*lies* 701). dâ von man sich entbinden niht enmöhte noch entrîden Krone 27300.
ent-rîhen *stv. II. los binden, entledigen.* also daz diu selben zwai malter vesan gelts hie mit entrigen und entledigot sînt Mz. 1, 381 (*a.* 1381).
ent-rihtec *adj.* (II. 643ᵇ) *anstellig, geschickt* Jer. *vgl.* entrihten 2;
ent-rihten *swv.* (II. 643ᵃ) *aus der* rihte *bringen, die lage dadurch verschlimmern oder verbessern:* 1. *vom rechten wege ab, in unordnung bringen* Nib. (die seiten entr. *verstimmen* 2206, 2) Trist. Rud. Serv. dîne êre wære an dir entrihtet Mai 34. nû solt dich niht entrihten Heldb. *H.* 1. 129, 442. wir entrihten im den sînen elenlangen kragen Neidh. 217, 12; *mit. gen.* ir craft den risen siges entrihtet Ulr. *Wh.* 185ᵈ; — 2. *in die bessere, rechte lage bringen, schlichten, entscheiden* Jer. Halt. die selben (*schiedsrichter*) süllen über die sach sitzen und die genzlich schaiden und entrichten Mw. 340 (*a.* 1357); *mit. dat.* das ir mir habt wol entricht Fasn. 744, 18;
ent-rihtunge *stf.* (II. 644ᵃ) *zu* entrihten 2: *genugthuung, schlichtung* Halt. entrichtung in der güttigkait oder im rechten Cp. 270.
ent-ringen *swv.* alleviare Dfg. 24ᵃ.
en-trinnen *stv. I,* 3 (II. 716ᵇ. III. 95ᵃ) *vielleicht in einigen fällen als* ent-rinnen *aufzufassen* (*vgl.* enrinnen), *davon laufen, entrinnen, sich entziehen* Exod. Iw. Parz. Barl. dîn entrunner schalc Karaj. 54, 3. wî sî mit

allen sinnen mochten nît endrinnen ELIS. 8358 (*vgl.* Z. 1, 378); *mit dat.* NIB. IW. PARZ. TRIST. gote birt ir entrunnen KCHR. *D.* 294, 30. swem daz leben entrinnet ULR. *Wh.* 174ᶜ.

entrisch *adj.* (I. 434ᵇ) *alt, altertümlich* KARAJ. *vgl.* DWB. 3, 512. SCHM. *Fr.* 1, 103. KWB. 85. SCHÖPF 16. KUHN 17, 27 *f.*

ent-rîsen *stv. II.* (II. 726ᵃ) *entfallen* MS. BON. PASS. daz houpt und ein sîn ahsel kunde entrîsen LOH. 4780. daz ich mir lâze die andern gar entrîsen j.TIT. 2008. daz mir diu kunst diu edel muoz entrîsen *ib.* 5914. ein hâr daz jungem bart entrîset *ib.* 6152. in was ir altez vel entrisen TROJ. 10616. im was diu wolle sîn entrisen *ib.* 11015. wibe, von den der tugent êre entrîse KOLM. 61, 260.

ent-rîten *stv. II.* (II. 735ᵇ) *intr. davon reiten, reitend entkommen, entfliehen* LUDW. *v. Th.* daz er entrîten mohte GR. RUD. 19, 18. wan daz ich selbe entreit mit wer WWH. 460, 4. fluhticlich entr. CHR. 2. 493, 24; *mit dat.* LANZ. TRIST. STRICK. wir enwizzen wie er uns entreit BIT. 2044. wâren sie ime entriten beide KRONE 14223. daz si mir iht entrite Ls. 2. 211, 76. ein kindelîn, dat uns entreit CRANE 869.

en-triuwen, -triwen *s.* triuwe.

en-triuwen *swv. mit gen. entfremden.* aller mengi entriuwet MYST. 2. 436, 6.

en-tronnen *swv. s.* entrünnen.

ent-rouben *swv. berauben* GR.W. 5, 705.

ent-rücken *swv.* (II. 781ᵇ) *entrücken, entfernen.* vil manec bâre entrücket wart LOH. 2871. uns ist mit dir entrucket unsers hoves êre gar MAI 274. ich bin der sinnen entrucket WOLK. 88. 3, 5; PASS. (*H.* 361, 7. MARLG. 10, 68). JBR.

ent-rüemen *swv.* (II. 809ᵇ) *des ruhmes berauben* LIEHT.

ent-rûmen *swv.* (II. 792ᵃ) *intr. entweichen, verschwinden* PASS. ûf daz mer entrûmen ULR. *Wh.* 52ᵇ, *mit dat.* daz sî in (*sibi*) von dirre burden entrûmeten, *sich davon befreiten* ELIS. 8219; *trans. mit dat.* ir bleichet ouch ir varwe rôt, ob ir niht baz entrûmet wirt MSH. 3, 28ᵃ.

en-trünne *adj.* (II. 95ᵇ) *fortgelaufen, flüchtig* KARAJ. (*s. oben unter* entrinnen, *denn ich fasse es als part. von diesem*);

en-trünnen *swv. entlaufen, part.* entronnet KARLM. 158, 3.

ent-ruochen *swv. md.* entrûchen *refl. mit gen. sich nicht kümmern, entschlagen.* der rîme ich mich entrûche GERM. 6, 262, 44 *u. anm.* (ROTHE); *mit präp.* man sal sich wole versûchin und umme gemach entrûchin RSP. 3447.

ent-rüsten *swv.* (II. 823ᵃ) entruste, entrüstet, entrust *die rüstung ausziehen* KL. (799 *var. zu* entwâffen). BELIAND 3685; *abnehmen* setele entr. NIB. 1302, 3 *var.*; den acker, wîngarten zu halben aprille entrüsten (*reinigen?*) und underbûwen GR.W. 2, 228; *bildl. aus der fassung bringen,* ir muot wart entrust Ls. 3. 309, 152; *refl. sich entrüsten s.* DWB. 3, 590; *aus der lage kommen, entrückt werden,* das die büchs (*beim schiessen*) still stande und siu sich nit entrüste FEUERB. 86ᵇ.

ent-rütten *swv.* (II. 825ᵃ) *von der stelle rücken, lockern* MS. SUCH. doch wart enrüttet im des helmes sloufe von dem val LOH. 5246.

ents- *s. auch* ens-.

ent-saben *part. s.* entseben.

ent-sachen *swv.* (II². 7ᵃ) *zu ende bringen* (*eigentl. den streit*), *bewirken.* dû wirkis unde entsaches LIT. 70. diz entsach frowe sancta Marîâ, daz uns got allis des gewere *ib.* 1462; *im streite überwinden* DIETR. (3501. 8385); *mit gen. reinigen, befreien.* daz er mich wol entsachen chan alles mînes smerzen PF. *üb.* 80, 266; *entfernen* von, daz nieman entsachet werd von der chuhen ampt BR. *A* 26ᵃ; *refl.* des sol er sich entsachen SWSP. 74, 6.

ent-saffen *swv.* (II². 13ᵇ) *entsäften, des saftes berauben* HADAM.

ent-sage *stf. vertheidigung vor gericht.* einem die entsage nemen FRANKF. *bürgermstb. von* 1440.

ent-sage-brief *stm. fehdebrief* MZ. 1, 522 *s.* 430. CHR. 1, 154, 3. *vgl.* absagebrief.

ent-sagen *swv.* (II². 19ᵃ) *statt* entsaget, entsagete *etc. auch* entseit, entsaite; *mit dat. die freundschaft ab- u. fehde ansagen* LUDW. RSP. CHR. 1. 143, 17. 23. 152, 14; 5. 238, 16. 343, 8. 347, 31. Mz. 1, 522 *s.* 430 (*später absagen*); einen *od.* sich ents. *entschuldigen, vertheidigen* ANEG. KRONE, *sich von einer anklage durch beweis vor gericht frei machen* SSP. 1. 13, 2; 2. 22, 5 (*vgl.* entreden); einem etw. ents. *es ihm absprechen* ENENK. OT.; einem etw. *od.* sich einem (*auch ohne dat.*) ents. *los sagen, los machen von, vorenthalten, entziehen, entfremden, befreien* (*je nach dem zusammenhange*). *allgem., s.* noch einen wurf ich im entsaget hân WOLFD. 345, 3. wolt ich mich der ents. MSF. 82, 1.

diu sich mir wil ents. *ib.* 83, 12. sich dem
vuoze ents. ULR. *Wh.* 47ᵇ. leit, daz mir freude
gar entseit *ib.* 151ᵃ. do entsagete er sich den
liuten gar GA. 2. 187, 445; *statt des dat. ein
gen.* PARZ. KREUZF., *oder mit präp.* dâ von
dem tôde daz herze sich entseit j.TIT. 954.
dar inne er sich von dem keiser het entseit
LOH. 4655. unz er sich v o r in entsagete WWH.
70, 23. wie dicke sich entsaget daz zil vor
dem bogen KRONE 11245; *mit gen. u. dat.*
KULM. r. dâ von lasters ich in entsage ULR.
Wh. 138ᵇ; — *das gegenteil sagen, leugnen,
verheimlichen* KARLM. (*auch* BARL. 366, 23.
GREG. 839 *kann hieher genommen werden*);
mit worten auseinander setzen PASS.;
ent-sagen *stn. die absage, kriegsankündigung.*
der ir entsagen gegen uns sprach ERNST 4178.
ebenso
ent-sagnus *stf.* CHR. 3. 293, 14 *und*
ent-sagunge *stf.* (II². 23ᵇ) JER.
ent-schâchunge *stf. frauenraub* LAC. 104.
ent-schadegen *swv. entschädigen* GR.W. 4, 394.
ent-schaft *stf. s.* endeschaft.
ent-schalten *stv. red. I,* 1. einen des veter-
lichen erbes entschalten, *ihn daraus stossen,
verdrängen* MONE z. 11, 354 (*a.* 1453).
ent-scheiden *stv. red. II.* (II². 103ᵃ) *unter-
scheiden, sondern* MYST.; *richterlich ent-
scheiden* LUDW. mit minne oder mit recht
entsch. Mz. 1, 522 s. 433. wie wir sie darinn
entschaiden, dabî sollend si beliben *ib.* 1, 545.
sie begerten eines richters der sie dorûs ent-
schide UGB. 57. er liesz vil sach des reichs
entschaiden durch sein amptleut CHR. 3. 71,
17; *bescheiden, auseinander setzen* JER., *mit
gen.* ir entscheidet mich der vrâge BELIAND
476. als man in (*ihnen*) des nû clerlîcher
entscheiden und sie unterrichtet hette CHR.
3. 371, 9. *vgl.* entschîden;
ent-scheiden *part. adj.* (II². 103ᵇ) *gesondert,
getrennt* von j.TIT.;
ent-scheiden-heit *stf.* (*ib.*) *unterscheidung,
erklärung* JER.;
ent-scheider *stm. ausleger* CHR. 3. 32, 11;
ent-scheidigunge *stf. entscheidung, schieds-
richterl. ausspruch* GR.W. 5, 375; *ebenso*
ent-scheidunge *stf.* GR.W. 6, 523;
ent-scheit, -des *stm. bescheid* TUCH. 306, 10.
vgl. entschit.
ent-scheit-zedel *stf. schieds-, urteilsbrief*
MONE *z.* 16, 18 (*a.* 1453).
ent-schel *m. entschäler, befreier.* der sorge
entschel KOLM. 6, 237.

ent-schepfen *swv.* (II². 71ᵇ) *entstellen, häss-
lich machen* KONR. MART. (58, 51. 148, 73.
217, 55. 276, 4); *vernichten,* der schepfer,
der alle sach entschepfen mac MALAG. 59ᵇ.
ent-schîben *stv. red. II.* (II². 95ᵃ) *intr. fort-
rollen, entgehen* TRIST. U.
ent-schicken *swv.* (II². 120ᵃ) *entstellen* GA.
MART (111², 34. 230, 11); *ungeschickt machen*
HALT.;
ent-schickunge *stf.* deordinatio DFG. 174ᵇ.
ent-schîden *stv. II.* (II². 97ᵃ) *entscheiden* SCHM.
vgl. entscheiden.
ent-schieben *stv. III. auseinander schieben,
erklären.* ich wil die schrift entschieben
(: lieben) MART. 167, 35.
ent-schiezen *stv. III. intr. aufsteigen, auf-
schiessen* GSM. 1952 *var.*
ent-schit, -des *stm. bescheid, entscheidung* NP.
48. 135. — *zu* entscheiden, *vgl.* entscheit.
ent-schihten *swv.* (II². 118ᵃ) *entscheiden, reft.
eine erbschaft teilen* HALT.;
ent-schihtigen *swv. entscheiden* HALT. 339;
ent-schihtiger *stm. entscheider ib.;*
ent-schihtunge *stf. discussio* BR. *B* 36ᵇ.
ent-schînen *stv. II.* (II². 143ᵃ) *erscheinen*
STOLLE.
ent-schofferen *swv. s.* enschumphieren.
ent-schœnen *swv.* (II². 194ᵇ) *der schönheit
berauben* TRIST. U.
ent-schrenzen *swv. s.v.a.* zerschrenzen TROJ.
M. 3993 (*bei K.* zerschrenzet).
ent-schrîben *stv. II.* entschreiben oder mis-
schreiben, discribere Voc. 1482.
ent-schûfeln *swv.* (II². 222ᵃ) *los schaufeln,
ausgraben* PASS.
ent-schulden *swv.* (II². 190ᵃ) *tr. u. refl. von
der schuld befreien, los sagen, frei sprechen*
GEN. j.TIT. (4592. 5632. *stn.* 3787); *ebenso*
ent-schuldigen *swv.* (II. 188ᵇ) BON. LUDW.
BERTH. *Kl.* 100. einen entsch. CHR. 5. 309,
22. ûf des (rüeden) zenen solde sich Reinhart
entschuldget hân REINH. 1125. der (*mörder*)
sol sich entschuldegen nâch rehte Mz. 1, 226
(*a.* 1286). sie sullen sich des (*der anklage*)
entschuldigen in vier wochen *ib.* 4, 356. *pleon.*
seiner unschuld sich entschuldigen UGB. 351;
ent-schuldigunge *stf.* (II². 189ᵃ) *entschuldi-
gung, freisprechung von schuld* SILV. EVANG.
J. 15, 22.
ent-schumphieren *swv. s.* enschumphieren
(entschimpfêren CRANE 285).
ent-schuochen *swv.* (II². 226ᵃ) *die fuss- oder
beinbekleidung abziehen, mit dat. der person*

Wolfr. Eracl. Eilh. 5729; *refl.* Pass. Gr.w. 3, 740.

ent-schüten, -schütten *swv.* (II². 230ᵇ) *befreien, entsetzen namentlich die belagerten.* sloss oder stette, so belegert wären, helfen retten und entschütten Dh. 221. 248. Uschb. 5. die belegerten entsch. Mh. 1, 205. Just. 44. 80. 102. 106 (*nach* Mone *z.* 6, 40 *eigentl.* die schüten, *wehren, erdwälle der belagerer zerstören*); *einen verfolgten, gefangenen entsch.* Gr.w. 1, 655. 3, 491; ein guot entsch., *befreien, entlasten* Weist.;

ent-schütunge *stf. entsetzung einer belagerten stadt* Mh. 1, 215.

ent-seben *an. v.* (II². 233ª) *md.* auch enzeben *präs. sw., prät. u. part. st. nach I*, 4 (entsuop, entsaben, entsoben) *u. auch sw.* entsebete, entsebet: *mit dem geschmacke wahr nehmen, überh. inne werden, bemerken mit gen. od. acc.* Parz. Trist. Krone, Wh. *v. Öst.* 98ᵇ *u. sehr oft in den md. denkm.* (Elis. 371ª), *s.* Dwb. 3, 618.

ent-sëhen *stv. I*, 1 (II². 276ᵇ) *anblicken (vgl.* antsiht), *durch den anblick bezaul ern* Ms. Eracl. den Vivien sêre entsach Malag. 64ª. *vgl.* j.Tit. 2859 *alt. dr.* Hpt. 5. 390, 216. Dwb. 3, 619.

ent-seilen *swv.* (II². 289ª) *vom seile los machen* Erlœs.

ent-senden *swv. entsenden* Mai p. 274.

ent-senen *swv. durch sehnen, liebesschmerz umkommen.* mirn werde Alîsen minne, sô entsenent sich min sinne, swâ mir diu minne entrinnet Ulr. Wh. 49ᵇ.

ent-setzen *swv.* (II². 353ᵇ) *prät.* entsatzte, -satte, *part.* entsetzet, -satzt, -sat *zurück-, absetzen* Er. Parz. j.Tit. 4471. 5927. manic ritter entsetzt wart (*vom rosse geschleudert*) Mai 163. den lip ents. *durch alter schwächen* Massm. denkm. 80, 6. *mit gen.* Jer. der bischof was entsetzet des stuoles Serv. 794, *oder mit* von Berth. von dem ros ents. Beliand 1706. entsetzet von des amtes werdikeit Marlg. 196, 55; *aus dem besitze bringen, berauben mit gen.* a. Heinr. Kl. (1307). Krone, der ellens iuch entsetzet Ulr. *Wh.* 143ᵈ. si ist von mir ir freude gar entsetzet Dan. 2566. Ls. 2. 286, 590. ich wil prîses mich ents. Ulr. Wh. 145ᵈ, *od. mit* von: von dem prîse ents. *ib.* 145ᵈ. entsetzet von êren Msh. 3, 87ª. Pass. 354, 67; *entsetzen, befreien* Ludw. sîne burch er gerne wolde mit grôzer craft intsezzen Gr. Rud. 20, 2; *ausser fassung bringen* Myst.;

refl. sich scheuen, fürchten Dür. *chr.* vor den sich junge und alte entsetzen Renn. 16601; *mit gen. widerstand leisten, sich widersetzen,* do entsetzt er sich des etwa lang Chr. 1. 399, 22;

ent-setzer *stm. der einen absetzt, das recht dazu hat.* des gerichts ein besetzer und entsetzer Mone *z.* 1, 14 (*a.* 1395). der gut besetzer und ents. Gr.w. 6, 28;

ent-setzunge *stf.* (II². 355ᵇ) *furcht, scheu* Myst.

ent-sieden *stv. III.* (II². 361ᵇ) *anfangen zu sieden* Pass.

ent-sigelen *swv. entsiegeln* Mone 8. 45, 7.

ent-sîgen *stv. II.* (II². 267ᵇ) *entsinken, entfallen mit dat.* Pass. Jer. Altsw. 132, 5. 250, 33. im was sîn kraft entsigen Apoll. 6944.

ent-sîn *an. v.* (II². 294ª) *ohne etw. sein mit gen.* Pass. K. (daz er der lieben muoter sîn dikeine wîle mochte entsîn *H.* 96, 75).

ent-sinken *stv. I*, 3 (II². 306ª) *entsinken* Myst.; *mit gen. von etw. abkommen ib.;*

ent-sinken *stm.* (*ib.*) *verzückung* Myst. ebenso **ent-sinkunge** *stf.* (*ib.*) Myst.

ent-sinnen *stm. I*, 3 (II². 309ª) *von sinnen kommen* Ms. ob sich sîn entsinnet Ulr. Wh. 123ª. sô entsinnent sich mîne sinne *ib.* 123ᵈ. sie wil entsinnen Wh. *v. Öst.* 41ª. 52ª. 75ª;, *refl.* zu verstande kommen, bei verstande sein Elis. 708. 4932; *mit gen. etw. in seinen sinn aufnehmen, erkennen ib.* 6446. 8072. Erlœs. *od. mit präp. sich ûf etw. ents.* (*erwägen*) Rta. 1. 348, 2. dî frouwe sich entsan (*erinnerte sich*) umme ir furebrâhtes leben Elis. 6846, *od. mit nachfolgd. satze* wâ sich dî frouwe nû entsan, daz sî narunge icht gewan *ib.* 5061; *sich vornehmen,* der sache ich mich entsinne, daz ich bescheidenlîche var *ib.* 2140 *s. Rieger s.* 371ᵇ.

ent-sïten *swv. aus der sitte bringen.* dîn zuht dû gar entsitest Ulr. *Wh.* 126ᶜ. der sîne hoveschéit entsitet (: bitet) *ib.* 163ᵇ.

ent-sitzen *stv. I*, 1 (II². 334ᵇ) *intr. aus der lage, dem ruhigen sitze kommen* Heinr. der fürste von Lalander von ērst begund entsitzen (*fiel aus dem sattel*) j.Tit. 1561; *sitzen bleiben* (Crane), *mit dat. sich einem gegenüber behaupten* Herb.; *sich entsetzen, furchtsam entweichen* Pass., *mit gen.* der rede nû dî frouwe entsaz Elis. 4815; — *trans. u. refl.* (*ohne od. mit gen.*) *fürchten, erschrecken vor. allgem., vgl. noch* j.Tit. 1561. 5816. Renn. 5778. 16594. Msf. 205, 24. Ga. 2. 188, 497. sie entsâzen der Unger kunst Kchr. *W.* 15115.

den (rise) er mohte ents. Dan. 1637. Wilhalm
daʒ niht entsitze, daʒ der rise sî sô starc
Ulr. Wh. 244ᵈ. 263ᵈ. daʒ ze entsitzen sye,
daʒ davon uffschlag und türinen gemeinem
land kemen Ea. 91. sich bedarf niemant di-
ser sachen halben entsitzen noch besorgen
Cp. 100; *ebenso* ich entsitze mir etw. Rul.
Barl. Otte, der jude im di rede entsaʒ, *ent-
setzte sich davor* Kchr. 274, 18. einem etw.
ents., *wegnehmen* Loh. (4830);

ent-sitzunge *stf.* desperatio Dfg. 176ᵇ.

ent-slâfen *stv. red. I,* 2 (II². 365ᵃ) *einschlafen,
entschlafen (sterben* Rab. 746. Orend. 1349.
Elis. 4692) *eigentl. u. bildl., allgem. vgl.
noch* Silv. 1202. Troj. 10749. 13764. Msh.
2, 312ᵇ. Lieht. 646, 3. Helmbr. 1369. Livl.
1674. Pass. 390, 60. Ga. 2. 586, 289; *bildl.*
der was ouch niht entslâfen, *was auch nicht
faul* Kol. 78, 46. unheil niht entslief Eilh.
5154. an ir ist genâde entsl. Msf. 78, 13. hie
sint entslâfen unser sin Wg. 9513. 9523. sô
wæren die sinne mîn an witzen entslâfen
j.Tit. 4953; entslâfen und enbiʒʒen was, *man
hatte geschlafen und gegessen* Parz. 45, 20
(*im* Wb. *ungenau citiert, da* des hôhsten wir-
tes lîp *nicht mehr dazu gehört; das ἀπὸ
κοινοῦ liegt in* mit kleidern);

ent-slæfen *swv.* (II². 366ᵃ) *einschläfern* Lit.

ent-slâf-gesanc *stmn.* festenne, festennium
dicuntur carmina, quæ nutrix canit movendo
cunas ut soporat puerum Voc. 1482.

ent-slah-brief *stm.* littera relaxationis, *ver-
zichtbrief* Dfg. 334ᵃ. Dh. 194. Cp. 264. 328.

ent-slahen *stv. I,* 4 (II². 375ᵃ) *contr.* entslân
tr. anschlagen, beginnen (ein liet) Diem. Ms.;
auseinander schlagen Hätzl.; *losmachen,
befreien von,* einem *oder* von einem etw.
entsl. Pass. Reinh. entslah mir mînen ban
Mariengr. 44. Otn. 327, 4. daʒ wir von uns
der sünden joch kunnen menlîche entslân
Alexius 117, 1043; von einem entslagen sîn,
seine gunst verloren haben Wolfd. 343; —
refl. sich entsl., *uneins werden* (*vgl. intr.*
entsl.), daʒ wir nns darumbe entslüegen Mz.
3, 51 *s.* 46 (*a.* 1338); dô entsluoc er sînes
tôdes sich (*zeigte sich unschuldig an seinem
tode*) Hpt. 8. 186, 705; *sich von einer anklage
durch beweis reinigen* Hpt. 7. 95, 6; *mit gen.*
ob er sich des (*der anklage*) entslüege mit
seinem aide Np. 35. Mz. 2, 414. 4, 356, *oder
mit abhäng.* satze er entslah sich danne mit
dem rehte mit sîn ainiges hant, daʒ er des
unschuldig sei Np. 12; sich eines d. entsl., *ent-
äussern, sich desselben überheben* Hadam.; —
intr. entgehen, enteilen Krone, Pass.; *nicht
eins werden, nicht übereinstimmen* Ms. Ad.
1, 624. 895;

ent-slahunge *stf. befreiung, lossprechung.*
entslagung Chr. 5. 82 *anm.* 1.

ent-slîchen *stv. II. davon schleichen* Elis.
1526.

ent-sliefen *stv. III. entweichen, entschlüpfen.*
im wære daʒ leben entsloffen Ulr. Wh. 146ᵃ.

ent-slieʒen *stv. III.* (II². 410ᵇ) *tr. u. refl. aus-
schliessen, befreien* ûʒ (Ms.), sô sich diu sêle
entslieʒe von des lîbes meisterschaft Pf. *üb.*
46, 342; *aufschliessen, öffnen, lösen, offen-
baren, erklären, allgem. (hieher auch* Büchl.
1, 1894. *vgl. noch* Silv. 201. 509. 993. 1576.
2276. 3325. 3621 *u. sehr oft im* Troj.; *sich*
sliuʒet und entsliuʒet Gfr. 309. die geschiht
entsl. Krone 11818. wîsiu wort entsl. j.Tit.
5348. der namen ich wol mit sage entslüʒʒe
Loh. 4270. daʒ von sînen worten entsluʒʒen
sich alle himeliskēn porten Kchr. *D.* 130, 27.
der halsberc begunde sich entsl. Karl 81ᵃ.
sîn herze sich entslôʒ Pass. 185, 55); *aus ge-
drungener massenhaftigkeit sich verteilen
u. ausbreiten,* biwîlen sich daʒ her entslôʒ
unde erbôt sich zu den steten Pass. 267, 69.

ent-slîfen *stv. II.* (II². 400ᵇ) *entgleiten, ent-
fallen mit dat., allgem., vgl. noch* j.Tit. 5023.
5682. Geo. 1137. Renn. 9281. Wg. 8993. Mf.
112, 193. Erlœs. 1050. Pass. 54, 22.

ent-slingen *stv. I,* 3 (II². 404ᵃ) *intr. sich aus-
breiten* Pf. *üb.* 130, 420; *mit dat. sich los-
winden von* Jer.; *refl. sich aufrollen* (*vom
igel*) Mgb.

ent-slipfen *swv.* (II². 402ᵃ) *entgleiten, ausglei-
ten* Pass. ich bin der habelôse an werdikeit
entslipfet ûf dem îse j.Tit. 4729. wenne im
der vuoʒ entslipfte, daʒ er dar an gripfte
Birkenst. 220. *vgl. zu* Reinh. 210 *u.* ent-
slüpfen.

ent-slîʒen *stv. II.* (II². 414ᵃ) *intr. entgehen* Jer.

ent-sloufen *swv.* (II². 407ᵇ) entsliefen *machen,
lösen, frei machen von (gen. od.* von) Pass.
Kirchb.

ent-slummen *swv.* (II². 416ᵃ) *entschlummern*
Ludw.

ent-slüpfen *swv.* (II². 407ᵃ) *s. v. a.* entslipfen
Fasn.

ent-snellen *swv.* (II². 447ᵇ) *intr. entschnellen,
entwischen* Wolk.

ent-snîden *stv. II. auseinander schneiden.* daʒ
bant entsn. Eilh. 3440.

ent-sniuwen *swv.* (II². 450ᵇ) *s. v. a.* ensnöuwen Kindh., *doch zweifelhaft, da das part.* entsniut (entsnöut) *auch von* entsnöuden *kommen könnte;* entsneut Ot. 269ᵇ. 282ᵇ. 318ᵃ.

ent-snüeren *swv. los-, aufschnüren. der helm wart* entsnüeret j.Tit. 3904 *alt. dr.*

ent-sorgen *swv.* (II². 472ᵇ) *von sorgen befreien* Trist.

ent-spanen *stv. I,* 4 (II². 476ᵇ) *weglocken, abwendig machen* Kchr. Herb.

ent-spannen *stv. red. I,* 1 (II². 482ᵃ) *abspannen, losmachen* Pass. sich entspien ir fürspan Orl. 4023. ir herze wart entspannen j.Tit. 5043.

ent-spëhen *swv.* (II². 497ᵇ) *durch spähen abwendig machen?* Jer. — W. Gr. *citiert noch* Krone 48ᵃ (*der Berliner abschrift*).

ent-spenen *swv.* (II² 477ᵃ) *entwöhnen, abwendig machen von* (*dat.*) Orend. Kol. Jer. daz im sîn muoter nam ir bruste und in entspente Weltchr. 51ᵇ. sam der entspent wirt von sîner muoter, ablactatus matre sua Br. *A* 10ᵇ. meinem bruoder wart ich von im entspent Heldb. *H.* 1. 90, 152. hânt in herze von mir entspent Beliand 2724. alsô het sich entspent mîn herze und was unfrô Altsw. 156, 9. enspent, ablactatus Dfg. 3ᶜ;

ent-spener *stm.* monopolus, der eim das sein entspenet Voc. 1482.

ent-spengen *swv.* (II². 480ᵃ) *der spangen berauben* j.Tit.; *mit gewalt entfernen von* Pass.

ent-spensten *swv. ablocken, abwendig machen,* delicere Voc. 1482.

ent-sperren *swv.* (II. 487ᵇ) *prät.* entsparte, *part.* entsperret, entspart *aufsperren, öffnen eigentl. u. bildl.* Diem. (363, 16). Loh. Urst. (127, 32). Krone, Apoll. 18169. ein schrîn entsperret Wittich 2241 (Beliand 2724). dem ritter sorge entsperret wart von jâmer Msh. 2, 320ᵇ. daz hât entslozzen und enspart der gute Jêremîas Silv. 3212. sît diu helle wart entspart Ulr. *Wh.* 130ᵃ. als im der engel het entspart *ib.* 143ᵈ. 185ᵈ.

ent-spîsen *swv.* decibare Voc. 1482.

ent-spitzen *swv. der spitze berauben, stumpf machen, bildl.* sin gedanke entspitzen Renn. 18623.

ent-sprëchen *stv. I,* 2 (II². 529ᵃ) *durch sprechen ausser fassung bringen, irre machen* Er.; *mit dat. entgegnen, antworten* Bon.; *refl. sich losreden, vertheidigen, entschuldigen* Pass.

ent-spreiten *swv. refl. sich ausbreiten.* ein rîcher boum sich hete gar entspreitet Troj. 17563

ent-sprengen *swv.* (II². 546ᵃ) *factit. zu* entspringen *auf-, davonspringen machen* Livl. diu ors entspr. j.Tit. 5019. si (ors) wurden beide entsprenget mit scharpfen sporn Troj. *M.* 3889 (*bei K.* 3892 ersprenget *u. so ist auch an den im* Wb. *aus* Hartm. *cit. stellen zu lesen*).

ent-sprenzen *swv.* (II². 549ᵇ) *aufspringen, hervorquellen machen* Fasn.

ent-spriezen *stv. III.* (II². 551ᵇ) *intr. entspriessen, entspringen* Ms. (dô ist alliu vröude entsprozzen *H.* 3, 453ᵇ). Pass. Jer. von solher tât der minne liebe entspriuzet Loh. 3136. alsus entsprozzen was diz korn Krol. 995. der himel art natûr was meisterlich entsprozzen Altsw. 131, 6; *tr. entspriessen machen, aufschliessen* Ms. kund sie ir leit entspriuzen, ez möht einem wilden Riuzen ir kumber gên zu herzen Altsw. 133, 12.

ent-sprinc, -ges *stm.* (II². 543ᵇ) *ursprung, quelle* Pass.;

ent-springen *stv. I,* 3 (II². 542ᵃ) *entfliessen mit dat.* dem entspranc sô sêre daz bluot Karl 71ᵇ, *wegspringen, entrinnen* Elmend.; *hervorspringen: wasser, spriessende pflanzen u. haare, sowie bildl., allgem.* (gewahsen unde entsprungen was niht der boum von rehter art Troj. 17570): *erwachen aus* (*gen.*) Gen., *aufspringen* Ls. Such.;

ent-springunge *stf.* eruptio Dfg. 210ᵃ.

ent-spriuzen *stv. s.* entspriezen.

ent-sprouwen *swv. refl. sich auseinander thun, öffnen.* mench blüemekîn sich entspröwet gên dem glast der edlen sunnen Altsw. 130, 35.

ent-stân, -stên *stv. I,* 4 (II. 580ᵇ) entstuont, entstanden *eigentl. entgegenstehen, widerstehen* (gt. andstandan), *woraus sich folgende, im* Wb. *reichlich belegte bedeutungen entwickeln:* 1. *intr. sich von etw. wegstellen, entgehen mit gen., mit dat. mangeln, entgehen* (mir entstât ein d. *od.* eines dinges Herb. Pass. ime diu vorhte instât Roth. 4788); *stehen bleiben* Pass.; *zu stehen, zu sein beginnen, erstehen, auferstehen, sich erheben, werden* (*mit dat. s. noch* Elis. 1104. 2004. 2463. 4079), *mit bî* (dâ entstê genâde bî Msf. 319, 27). — 2. *tr. u. refl. merken, verstehen, einsehen, wahrnehmen, sich erinnern* (*eigentl. sich gegenüber stellen*) *absol. od. mit gen. acc.* (*beim trans.*) *oder untergeord. satze* (Gerh. 3114. Vet. *b.* 63, 13).

ent-stëchen *stv. I*, 2 (II². 624ᵃ) *wegstechen* Ath.; *aufstechen* Pass.

ent-stellen *swv.* (II². 564ᵇ) entstalte, entstellet, entstalt *entstellen, verunstalten (aus der rechten stelle bringen)* Silv.; sich entst., *sich verstellen.* daz sich sein gnad gen dem Tehenstainer nit entstellen sunder gnedigelich gen im erscheinen welle Dh. 308, *mit gen.* daz si sich iemer des entstelle Ls. 1. 383, 317.

ent-stên *stv. s.* entstân.

ent-stieben *stv. III.* (II².648ᵃ) *wegstieben* Pass.

ent-stœren *swv.* (II². 660ᵇ) *stören, verhindern* Jer.

ent-stôzen *stv. red. III.* (II². 665ᵇ) *verstossen* Wolk.; *refl. abfallen*, do er sich den entsties und daz er haiden wart *de amiss. terræ s.* 1538 (W. Gr.).

ent-strîchen *stv. II.* (II².687ᵃ) *rasch entgehen* Pass.

ent-stricken *swv.* (II². 683ᵃ) *vom stricke frei machen, losbinden, aufknüpfen* Wolfr. Trist. Wig. Lanz. die riemen entstr. Wolfd. 1102. die snüere j.Tit. 3859. enstricket wart sîn houbet von helme *ib.* 4719; *bildl.* entstricket mir der minnen bant Ga. 1. 461, 40. er hât an mir sîn êre gebrochen und entstricket Troj. 11275. den meisterlîchen strît entstr. Msh. 3, 40ᵇ. der in diu herzen blicket und alliu dinc entstricket Engelh. 1110. des wart ir herze entstricket ein wênic von beswærde *ib.* 1862. von allen sünden gereinet und entstricket Silv. 1806. von mînes leides stricke dîn kunft mich entstricket Ulr. W*h*. 192ᵉ. Wh. v. Öst. 47ᵇ. ûz ungelouben entstricket Silv. 210; *erklären* Frl. Troj.

ent-suop *prät. s.* entseben.

ent-sûvern *swv.* (II².719ᵇ) *verunreinigen* Clos. (*die hs. hat* entsufert, *nicht* entsiufert *od.* entsúfert).

ent-swëben *stv. I*, 1 (II². 777ᵃ, 5) *einschlafen, vermutet zu* Reinh. *s.* 112;

ent-sweben *swv.* (II². 777ᵃ) *tr. anwehen* Anticrh. *einschläfern* Nib. Lanz. Albr. dû entswebist unde wecchist Lit. 218, 29. entsweben noch entwecken j.Tit.5151; *intr. einschlafen* Gen. Albr.

ent-swëben *swv. bewegen.* dâ wart entswebt in sîner brust vil manic herz, reht als ez tobt Hätzl. 2. 60, 60. — *zu* swëp;

ent-swëbunge *stf.* (II². 778ᵇ) *entschwebung* Myst.

ent-swëllen *stv. I*, 3 (II². 791ᵇ) *aufhören zu schwellen, abschwellen* Pf. *arzb.* Walth. (32, 16; *im* Dwb. 3, 616 *erklärt: beginnen zu schwellen*);

ent-swellen *swv.* (II. 793ᵃ) entswëllen *machen: eine geschwulst entfernen* Mart.; *aufschwellen*, daz begund sie rüeren unde ir herz entswellen Mai *p.* 295.

ent-swern *stv. I*,4 (II².772ᵇ) *abschwören* Albr.

ent-swîchen *stv. II.* (II². 783ᵃ) *part. einmal auch* entswigen (Krone 11947): mir entswîchet, *werde ohnmächtig* Reinh.; *entweichen, im stiche lassen mit dat.* Krone, mit triwen ich dir niht entswîche Kol. 161, 152.

ent-swînen *stv. II. entschwinden, abnehmen* Weltchr. 64, 272.

ent-tragen *stv. s.* entragen.

ent-tuon *s.* entuon.

ent-tüemen *swv.* (III. 134ᵃ) *gerichtlich oder überhaupt absprechen* Wolk.

ent-un-ge-nôzen *swv. refl. sich von der gemeinschaft ausschliessen (durch heirat mit einer von geringerem stande, mit einer ungenôzinne)* Gr.w. 1, 70. *ebenso*

ent-un-ge-nôz-samen *swv. refl. ib.* 68. 70.

en-tuon *an. v.* (III. 144ᵃ) *aufthun, öffnen* (*Mölker Marienlied*, 12. *jh.*), *zu nichte machen, zu grunde richten* Herb. (*part.* endân 11860. 11921). Karlm. 46, 36. 196, 7. 426, 5 *u. öfter;* enttân werden, *erschrecken ib.* 536, 65.

en-tuschen *s.* zwisc.

ent-ûzenen *swv. refl.mitgen.entäussern* Swsp. 290, 3. *s.* entiuzen.

entv- *s. auch* enph-.

ent-vëhten *stv. I*, 2 (III. 311ᵇ) *entgegen sein, sich entziehen?* Pass.

ent-vellen *swv. prät.* entvalte *entfallen machen, lassen, entreissen.* daz er der slangen wart entvelt Apoll. 9544. daz er sie nit envalte, *fallen liess* Wolfd. 1642.

ent-vërn *swv.* (III. 301ᵃ, 13) *entfernen* Pass.; *ebenso*

ent-vërnen *swv.* Halt. 321 (*in der rechtssprache* alienare) *und*

ent-vërren, -virren (III. 302ᵃ). got ist entverret von aller materielicheit Myst. 2. 659, 38; entvirren Pass. Jer.

ent-vliezen *stv. s.* enphliezen.

ent-vogeten *swv. aus der schirmherrschaft entlassen* Gr.w. 4, 293.

ent-vor *adv. s.* envor.

ent-vremdec-heit *stf. entfremdung.* daz ist diu entfrömdekeit des unvermengeten wesens aller creatûren Myst. 2. 507, 33. *ebenso*

ent-vremdnüsse *stf.* Mone *z.* 7, 441. *s.* enphremden.
ent-vrevelen *swv. freveln.* da entfrebelden sie nit daran Gr.w. 5, 324 (*oder* = envr. *mit negat.* en?).
ent-vriden *swv.* (III. 406ᵇ) *des friedens berauben* Myst. Wack. *pr.* 59, 61;
ent-vridunge *stf.* eine gütliche entfredunge, *waffenstillstand* Ugb. 414 (*verstärk.* ent).
ent-vrîen *swv. frei machen* Karlm. 257, 40.
ent-vriunden *swv.* (III. 413ª) *freunde trennen, zu feinden machen* Ms.
ent-vrœnen *swv. interdicto liberare* Halt. 322. Erf. stat. *bei Walch* 2, 41.
ent-vüeʒen *swv.* (III. 446ᵇ) *die füsse abhauen* Mart. (14, 90).
ent-vunken *swv. entzünden* Hans 2073.
ent-vürhten *swv.* (III. 386ᵇ) = en vürhten, *nicht fürchten* Pass.
ent-wachen *swv.* (III. 450ᵇ) *erwachen* Wig. Mor. 2, 803. Apoll. 5950. Ssl. 334. Pass. (313, 14. 349, 29. 364, 85. 391, 7). Albr. 21, 53. 422, 24. 167.
ent-wact *part. s.* entwecken.
ent-wadelen *swv. intr. entschweifen, umherschweifen* Wolfd. (Hpt. 4) 388; *in einer hs. des* 16. *jh.* entwallen *s. Holzm.* 352ª, *vielleicht* entwandelen?
ent-wâfenen, -wâfen *swv.* (III. 457ᵇ) *entwaffnen* Nib. Trist. Iw. Er. 5121. Wig. 15, 32. 53, 11. Bit. 2213. Karl 131ᵇ, entwæfen Heldb. *K.* 217, 6; entwâpenen, entwâpen Parz. Ulr. *Wh.* 173ᵇ. Lieht. 288, 13. Karlm. 180, 31; *mit gen.* Alph.
en-twahen *stv. I,* 4 *abwaschen.* die trophen dâ im entwuoc der êwarte Serv. 735. als manec sêle er abe entweht sünte unt wescht sie gar ûz helle wiʒe Loh. 5092.
ent-wahsen *stv. I,* 4 (III. 462ᵇ) *entwachsen, durchwachsen od. überhaupt entgehen, verloren gehen mit dat.* Ms. (dizze lant ist mêr den halbez lære von einer hande liuten, diu mir sêre sint entwahsen *H.* 3, 264ª). Helbl. Pass. Myst. 2. 317, 25. 32. -daʒ im niht entwüehsen sîne lider Denkm. XLVI, 28. dô was er mir entwahsen Karl 68ª. der ruote entw. Roseng. *H.* 1461. swacheit und aller itewiʒ dem wagen was entwahsen Troj. 30025. do entwuohs im Wolf her Dieterîch Wolfd. 460. entwahsen wol den mangen, ausser schussweite Er. 7843; *mit gen. zu der freiheit wovon gelangen* Wack.
en-twâlen *swv.* (III. 161ª) *sich aufhalten, verziehen, zögern* Trist. *U.* Ms. Reinh. Lucrêtiâ intwâlit niht mêre Kchr. 4746 (entwælte *D.* 145, 11, *s.* entwêlen Mar. 195, 29). mir entwâlen deheine wile Gen. *D.* 22, 4. niht si entwâlte unz *ib.* 42, 29. entwâle eine wile *ib.* 125, 32. daʒ ich bî dir entwâle Engelh. 4366. daʒ er nie entwâlen wolde daran Krone 25087. wart hie mit der manunge niht entwâlet j.Tit. 375. niht entwâlen wellen 5467. 5484. 5554. Mai 318. *vgl.* entwellen, entweln.
ent-walken *stv. red. I,* 1 (III. 469ᵇ) *auseinander walken, lockern* Pass.
ent-wallen *stv. red. I,* 1 (III. 470ᵇ) *in wallung geraten* Herb.; *auffliegen, entfliegen,* wâ diu toube entwiele Aneg. 24, 50.
en-twalmen *swv. betäuben* Mone 8, 514, 515; entwelmen Diem. *beitr.* 5, 73.
en-twalt *part. s.* entwellen.
ent-walten *stv. red. I,* 1 *überwältigen* Karlm. 191, 23;
ent-waltigen *swv. s.* entweltigen.
ent-wandeln *swv.* (III. 701ª) *tr. entfernen, verwandeln* Pass.; *absol.* wandel *thun, schadenersatz leisten* Halt. 350.
ent-wanen *swv. s.* entwonen.
ent-wanken *swv. entweichen.* sie wolde dem tôde entwanken (: planken) Livl. 8730. *vgl.* entwenken.
ent-wâpenen *swv. s.* entwâfenen.
ent-warmen *swv. warm werden* Marld. *han.* 49, 8 (*verstärk.* ent).
en-twarn *swv.* (III. 165ᵇ) *zerstören* Diem.; *doch nicht sicher.*
ent-warnen *swv.* (III. 526ᵇ) *refl. sich gewarnt, gefasst halten* Karl.
ent-warten *swv.* = antwerten. die gült entwarten und furen ein mîlen wegs Gr.w. 6, 10.
ent-wæten *swv.* (III. 778ᵇ) *prät.* entwâte *entkleiden, enthäuten* (den hirʒ) Trist., *synon. mit* enbesten. *vgl.* Aw. 3, 107.
ent-wëben *stv. I,* 1 (III. 611ᵇ) *auseinander weben, lösen* von Troj.
ent-wecken *swv.* (III. 451ª) entwacte, entwecket, entwact *aufwecken* Wolk. entsweben noch entwecken j.Tit. 5151; *mit gen.* Pass., *mit präp.* und hât sich ouch entwecket (: gestecket) von der wirdikeite, *ist aus ihr aufgewacht, hat sich von ihr entfernt* Erlœs. 500.
ent-wëder *s.* eintwëder.
ent-wëgen *stv. I,* 1 (III. 632ᵇ) *auswägen, trennen von* (an) Troj. Ls.
ent-weichen *swv. intr.* entweichen. als ir diu

sêle entweichet, diu liehte varwe ir erbleichet Jüngl. 2121; *tr. weich machen, erweichen,* swer nicht sich liez entweichen Marlg. 31,267.

ent-weiden *stv. red. II? tr. entfernen, trennen.* biz in der tôt von im entwiet (: schiet) Ls. 1. 118, 58. — *od.* ist entwiet *eine falsche prät. bildung von* entwëten? *vgl.* erschiel *unter* erschellen *u.* Schm. 4, 196.

ent-weiden *swv.* (III. 555ᵇ) *ausweiden,* exenterare Dfg. 216ᵃ; *weiden, sich aufhalten, verweilen,* dat ich nit vollîche in dir entweiden Marld. *han.* 50, 14.

ent-weisen *swv. zum waisen machen.* entweiset sîn Wh. *v. Öst.* 6ᵃ. 17ᵃ.

en-twel, -lles *stm. aufenthalt, zögerung.* pflâgen sie niht vingerbreit entwelles (: gevelles) j.Tit. 4710. — *zu* entwellen.

ent-wêlen *swv. s.* entwâlen.

en-tweler *stm. incola* Oberl. 323. — *zu* entweln.

ent-wëlgen *stv. I,* 3 (III. 671ᵇ) *auseinander rollen, hinaus wälzen, treiben.* ob iemand den andern entwelget usz dem landsgericht und usz der cent Gr.w. 5, 238; entwolgen sîn, *kraftlos sein?* Krone (6628 *var.* ertwolgen).

en-twellen *swv.* (III. 160ᵇ) entwalte, entwellet, entwalt *tr. auf-, zurückhalten.* dirre kelte herter last den künec und sîne geste entwalt (: gevalt) Krone 3321. *vgl.* 24703, *mit gen. ib.* (3321. 5659) *od. präp.* von tugenden entwellen j.Tit. 3155; *betäuben,* mit eim slage er den recken hêre entwellet (*var.* entwelt) hete sô sêre Dietr. 6772; *intr. sich aufhalten, zögern, verweilen* Mar. Wack. *pr.* 30, 26. Rennew. 35, 212. wir scullen niht entwellen mêr Hpt. 1. 280, 383. dâ entwalt er siben tag Antichr. 165, 3. 23. Giwanet niht mêr entwalt, der lief dan durch den walt Krone 5659 (*später refl.* sich entwellen Zimr. *chr.* 2. 21,17); *impers. mit gen.* dâ wart der vluht nû lenger niht entwellet j.Tit. 4646. *vgl.* entwâlen, entweln.

en-twelmen *swv. s.* entwalmen.

en-tweln *swv.* (III. 160ᵇ) *tr.* twëln *machen, aufhalten, erstarren machen, betäuben.* der rîffe entwelt ez ninder Gen. *D.* 9, 1 (= der rîffe iz ne frôret Fdgr. 2. 16, 21). daz ir mich niht mêr entwelt Krone 7817. wan in daz îs und der snê niht mêre entwelt denn klê *ib.* 3400. 3569. der stich daz starke kunder entwelte sô besunder Dietr. 1618; *mit gen. berauben,* er wart der kraft entwelt Beliand 1524; — *intr. sich aufhalten, zögern, ver-* *weilen* Hartm. (Er. 5500. 7232.) Trist. lânt hie niht langer mich entweln Troj. 10489. niht langer dâ begunde entweln Jâson 1076. daz er vor sîner veste niht in lie geruowen noch entweln 11427. nû müezet ir mich hie lân belîben und entweln 12655; *impers. mit gen.* lenger wart der verte niht entwelt Wolfd. 1420. *vgl.* entwâlen, entwellen.

ent-weltigen *swv. mit gen. d. s. der gewalt berauben, aus dem besitz setzen* Ssp. 1, 41. entweldigen Rta. 1. 16, 25. 17, 36. der briefe entwaldiget oder entwert werden Ad. 1192. *eines gutes, lehens* entw. Mz. 1, 588. Mone *z.* 8, 171 (entwaltigen). Halt. 349.

en-twelunge *stf. habitatio* Oberl. 323.

ent-welzeln *swv.* devolvere Dfg. 178ᵃ.

ent-wenden *swv.* (III. 692ᵃ) entwante, entwande; entwendet, entwant *intr. mit dat. entgehen* Pass.; *tr. abwenden* Jer., abwendig machen Pass.; *mit dat. d. p. entziehen* Freiberg. alsô wart sîn blic entwendet mir Msh. 3, 62ᵃ; *mit gen. d. s.* (*od. von* Jer.) *befreien von, losmachen* Ms. Mai, des wart er kûme entwendet j.Tit. 3862;

ent-wendunge *stf.* ablactatio Dfg. 3ᵇ.

ent-wenen *swv.* (III. 806ᵃ) *entwöhnen,* ablactare Dfg. 3ᵇ. delactare, dissuadere Voc. 1482. entwente kint, infantes ab uberibus matrum tracti *ib.* ein kint entwenen Ulr. 96. 111; *mit gen.* Renn. (20986), daz ein ander wîp mîner minne dich entwene Troj. 771. des was si guote wîle entwent Wwh. 243, 21; *mit dat.* Pass.; *mit präp.* die entwenten von der milch Fasn. 14, 16; *refl. mit gen.* Walth. vrîes muotes sich entw. Troj. 14722. muoz er sich alles des entw. Warn. 550; *intr.? mit gen.* daz wir sullen entwenen der kost, diu unmæzic ist Renn. 23751;

ent-wenen *stn.* diu nâtûre und daz entwenen Misc. 2, 233.

en-twengen *swv. auseinander zwängen, befreien mit gen.* daz er die müede wurde entwenget (: erlenget) j.Tit. 4923.

ent-wenken *swv.* (III. 707ᵇ) entwancte, entwenket *entweichen, entgehen, untreu werden mit dat., gen.* (*od. untergeord. s.*), *dat. u. gen.; allgem. s. noch* und niht dem vanen entwancten Wwh. 261, 24. nû lâtn iu niht entwenken Reinh. 1853. ob er im sô entwenket *ib.* 348, 1559. dem ich entwenken niene mac Msf. 72, 4. 81, 35. er entwenket sîme stiche Herb. 12955. dem slage er kûme entwancte Ulr. *Wh.* 145ᵈ. 244ᵈ. 248ᵇ. 265ᶜ. entwenke dînem zorn MAI p. 232; des zornes entw. DIETR. 3833. ir êren gar entwenket KARLM. 166, 8; *mit präp.* zuo, an; dar abe eʒ kûme entwenket ERLŒS. 728. *vgl.* entwanken.

ent-wenunge *stf.* ablactatio DFG. 3ᵇ. *vgl.* entwendunge.

en-twër *adv.* (III.166ª) = in twër (*so auch in den ältern quellen*) *in die quere, hin u. her*, entw. gân, stân, loufen, varn NEIDH. LIEHT. DIETR. RAB. BIT. 12466. WALB. 1033. LOH. 4892. 5185. WINSB. 27, 6. HELBL. 1, 216. HELMBR. 1495. JÜNGL. 605, 1111. OT. 21ª. GA. 3. 113, 79. 121, 56. PASS. *K.* 673, 69. 680, 28; enzwer BÜHELER 1508. FASN. 1307; *genetivisch* entweres, entwers PASS. *K.* 159, 24. 533, 36. KIRCHB. 720, 65. entweris HPT. 3, 255. *ebenso*

en-twërch *adv.* (III. 167ª, 10) = in twërch MART. mîn geloube stuont entwerch WWH. 108, 4. enzwerch NEIDH. 126, 56 *var.; genetivisch* entwërhes WALTH. TROJ. (12608. 31870. 99. 39994). TURN. 103, 2. 108, 4. PASS. (*lies* 366, 56). entwerichs RING 53ᶜ, 44; *dativisch* dô kêrt er entwerge gein dem berge KCHR. *W.* 10197.

ent-wërden *stv. I*, 3 (III. 733ª) *zu nichte werden* MYST. WACK. *pr.* 68, 414. entwerden oder traurig sein exolere, tristari VOC. 1482; *entkommen mit dat.* TRIST. PASS.; *mit gen. von etw. abkommen* KREUZF.;

ent-wërden *stn.* (*ib.*) *das vergehen, das sich entschlagen mit gen.* MYST.

ent-wërfen *stv. I*, 3 (III. 736ᵇ) *auseinander werfen, breiten* ALEXIUS; *los, fallen lassen* MYST.; *zeichnen, malen, weben, gestalten: vom schreiben* (*dem hinwerfen der runenstäbe*) *übertragen* (WACK.) *allgem.; den plan zu etw. fassen, einrichten, anstiften* WWH. ein alter haʒ war unter in entworfen NEIDH. XLVIII, 18. dô Wetzel disen rât entwarf ERNST 3500; — *refl. sich aufwerfen, empordrängen* MS. FRL. sô diu brust (*der jungfrau*) begint sich entwerfen ULR. *Wh.* 126ᶜ; *sich bilden, gestalten* MYST.; *sich eines d.* entw. *sich ihm entziehen, sich gegen dasselbe erheben* LANZ.;

ent-wërfen *stn.* entwerfen ist ein spæher list (*des malers*) MSF. 242, 13.

ent-wërf-tavele *f.* (III. 18ᵇ) abacus DFG. 1ª. entw. oder schachzagel VOC. 1482.

ent-wërfunge *stf.* (III. 737ᵇ) *vorbildung, vorspiegelung* MYST.

en-twërhes *adv. s.* entwërch.

ent-wërken *swv. verderben, vernichten.* des aht ich niht, ob eʒ (*das gewand durch den kot*) wirt gar entwerket COD. *pal.* 336 *f.* 265ᵇ. *vgl.* entwürken.

ent-wërn *swv.* (III. 583ª) *einem etw. nicht gewähren, es ihm nehmen:mit acc. d. p.* (HARTM. WIG. BARL. entwert mich ULR. *Wh.* 157ª. sich selben entw. *sich selbst der gewährung berauben* BIRKENST. 215) *u. gen. d. s., allgem.* (*vgl. noch* j.TIT. 308. KRONE 12730. 22459. der iuch êren hât entwert ULR. *Wh.* 161ᵇ) *od. untergeord. satz* GREG. LIEHT. KRONE 20319; einem etw. entw. MS. — *mit entwern vielfach vermengt s.* DWB. 3, 645;

ent-wërn *stn.* (III. 583ᵇ) *das versagen* PASS.

ent-wern *swv.* (III. 586ª) *aus dem besitze einer sache* (gen.) *setzen, berauben. hieher könnten manche im* WB. *unter entwërn mit der bedeut. „nehmen"* (*des lîbes, lebens, der êren etc.* entwern) *angeführte beispiele gehören.* des lîbes entwern (: ernern) URST. 115, 45. diu ir liep nihtes entwert (: beschert) ERACL. 2631. der mir mit minne gedanke freude entwerte (: verte) j.TIT. 1245. er wart alles des sô gar entwert (: behert) DIETR. 3322. einen des guotes entwern Mw. 217, 5 (*a.* 1360). CHR. 2. 132, 8. 412, 7. des erbes berauben und entw. MH. 2, 713. der brief entwert werden Mz. 3, 397 (*a.* 1358); *mit dat. u. acc.* einem ein guot, briefe *etc.* entw. Mz. 1, 522. 584. 588. CHR. 2. 166, 14. sô werd im das niemer entwert (: beschert) NARR. 57, 8. — *s.* wern *bekleiden u.* DWB. 3, 648. HALT. 350. 353.

ent-wern *swv. entwaffnen.* den man eʒ (daʒ kunder) dicke entwerte DIETR. 1646; *vernichten, daʒ gesmîde entw.* TROJ. 4087. — *nach dem* DWB. 3, 649 *scheint es dasselbe wort mit dem vorigen zu sein,„denn waffen u. rüstung sind kleid, u. entwaffnen ist entkleiden".*

ent-wërren *stv. I*, 3 (III. 744ᵇ) *entwirren, in ordnung bringen* JER. dîn helfe mir entwerre al mîn angest ULR. *Wh.* 116ᵇ. die zwai pfunt pfenning geldes frein und entwerren (disbrigare) UH. 129 (*a.* 1363). den pruch an der gult sulle wir in entwerren und erfollen Mz. 3, 415 (*a.* 1359). die guot alle vertigen, entwerren und vertreten *ib.* 4, 139. 251; sich entw. *synon. mit* entnemen, entreden *ib.* 4, 355 *s.* 387; *mit verstärkend.* ent, sich in etw. entwerren, *sich in eine sache mischen, unordnung hineinbringen* ARN. 31 *f.*

ent-werten *swv. s.* antwerten *und* antwürten

(*zu ersterem noch:* das siu sich nach dem tage das si gemant werdent über aht tag, entwerten sont bi dem aide Mz. 1, 249 *a.* 1305).

ent-werunge *stf. entfernung aus dem besitze.* eine klag auf entwerung tun MH. 2, 152. 154 (aus dem posess stoszen 146).

ent-wësen *stv. I,* 1 (III. 768ª) *nicht sein* BARL.; *ohne etw. sein, entbehren, überhoben sein mit gen., allgem. vgl. noch* GEN. *D.* 17, 25. KINDH. 69, 9. 85, 79. HELBL. 7, 453. PASS. 8, 81. 118, 2. 134, 29. 261, 39. KARLM. 101, 89. 206, 50. 452, 2. ich wil mîner gernder ger entw. ULR. *Wh.* 174ᵇ; *mit dat.* fehlen, die dem klôster entwesent, qui desunt monasterio BR. 22ª; *refl. mit gen. sich entäussern* GEN.;

ent-wësen *stn.* (III. 769ᵇ) *das ausbleiben* GR.W.; *die trennung* MYST.;

ent-wësenen *swv.* (III. 770ᵇ) *entäussern mit gen.* MYST.

ent-wëten *stv. I,* 1 (III. 774ª) *aus dem joch lösen* (JUST. 32), *entbinden, befreien,* si habe der tôt ê entweten MART. 264, 48; *mit gen.* PASS., *mit präp.* ûz, von *ib. u.* BARL. von der welte joch entw. MART. 47, 30. *vgl.* entweiden.

ent-wîben *swv.* (III. 721ᵇ) *der weiblichkeit entkleiden* LS.

ent-wîch *stm.* (III. 616ᵇ) *das entweichen, die flucht* PARZ. WALTH.;

ent-wîchen *stv. II.* (III. 615ª) *entweichen, allgemein: fortgehen, sich entfernen, im stiche lassen,* (dar umbe dû entwîch EXOD. *D.* 126, 31) *mit dat. od.* von (sô entwîche mir got FLORE 5277. sîme herren entw. 5298. des rede ich entwîche, *ich rede nicht weiter davon* TÜRL. *Wh.* 128ª. der reise er nie zît entweich unz er Ermrîchen vant DIETR. 2800); *weichen als besiegter, ausweichen um platz zu machen* (zuo ros eim wagen entw. GR.W. 1, 272), *einer gefahr zu entgehen, nachgeben, nachstehen mit dat.* (*u. gen.* BIT. 6505. die erzengele dir entwîchent, *lassen dir den vorrang* MARLD. han. 54, 14); *mit dat. u. gen. abtreten, cedieren* MB.

ent-widemen *swv. exsecrare* HALT. 350.

ent-wîden *swv.* sich entwîden = entwîten *erweitern, aufthun?* MR. 2183.

ent-wîhen *swv.* (III. 614ª) *entweihen* CLOS.

ent-wiht *s.* niwiht.

ent-wilden *swv.* (III. 668ª) *entfremden, fremd sein lassen, von sich treiben mit dat.* TIT. KONR. PASS. im hât doch alters kranken der minne werk entwildet HADAM. 294. den sin hât uns nû got entwildet MSH. 3, 103ª; *refl.* LUDW., der sich im wolde entwilden, *in verkappter gestalt zeigen* HEINR. 2330. ebenso

ent-wildern *swv.* (*ib.*) DÜR. *chr.*

ent-winden *stv. I,* 3 (III. 678ᵇ) *entwinden, loswinden.* einen stric entw. ORL. 13960. daz süeze kint sie dâ entwant MALAG. 15ª, *mit dat.* (WALTH.), *gen.* (*sich entledigen von* JER.) *od. präp.* alsus het er sich von dem strît entwunden LOH. 4783. — *mit* ûf.

[en-twingen *stv. I,* 3] GEN. 58, 10 *ist, wie schon im* WB. III. 163ᵇ *vermutet wurde, mit D.* 81, 2 *zu lesen:* die pere ich dar in dwanc, *presste ich hinein in den becher.*

ent-winnen *stv. I,* 3 (III. 709ᵇ) *abgewinnen mit dat.* WOLK.

ent-wirden *swv.* (III. 608ª) *entwürdigen, herabsetzen* Ms. (niht entwirde dînen namen *H.* 3, 96ª).

ent-wirken *swv. s.* entwürken.

ent-wischen *swv.* (III. 764ᵇ) *entwischen mit dat.* RUL. KONR. LIEHT. PASS. GEN. *D.* 113, 9. DAN. 3276. 3375. RENN. 17111. j.TIT. 3359. REINH. 210. 309, 512. SSL. 658. MOR. 2, 1598. entwitschen GERM. 13, 76.

ent-wîsen *stv. II.* (III. 771ª) *verlustig gehen, nur im md. part.* intwisen *mit gen.* (JER.) *verlassen von, leer von.*

ent-wîsen *swv. gegens. zu* wîsen TÜRL. *Wh.* 153ª.

ent-wîten *swv. s.* entwîden.

ent-witschen *swv. s.* entwischen.

ent-witzen *swv. belehren, aufklären mit gen.* mîn lip ist des entwitzet ULR. *Wh.* 263ᶜ.

ent-wîzen *stv. II.* (III. 782ᵇ) *vorwerfen, tadeln* GEST. *R.*

ent-wonen *swv.* (III. 805ª) *intr. sich entwöhnen* WALTH.; *mit gen.* eines dinges entw. APOLL. (W.GR.), *mit dat.* sô entwonestû dem wîbe GA. 2. 201, 144. entwanen, entwonen dissuescere, dissolvere Voc. 1482.

ent-won-heit *stf.* entwanheit oder ungewonheit, dissolentia Voc. 1482.

ent-worten *swv. s.* antworten.

ent-worten *swv. der worte, sprache, nacherzählung berauben.* vil dinge, der ich hân gehôrt, hât mich daz alder entwort, daz ich niht hân behalden ALBR. 29, 184.

ent-wuochern *swv.* (III. 453ᵇ) fenerari DFG. 229ᶜ.

ent-würgen *swv.* (III. 742ª) elidere, *wol =* entwürken *s.* DFG. 198ᵇ.

ent-würken *swv. an.* (III. 592ᵇ) entworhte,

entworht *zerstören, zunichte machen, allgem.*
(so entwurke wir si schiere gar DIETR. 6318.
si entworhten helde guote *ib.* 6473. vil dicke
er si entworhte. GFR. 770. die heiden er entworhte ULR. *Wh.* 134ᵇ. iuwer zorn uns entworhte *ib.* 156ᵃ. daʒ sie ein michel her entworhte FLORE 4286. sie hât in manlîche entworht KRONE 12483), entwirken LAMPR. sît
uns nû hât entwirkt der tôt Ls. 2. 270, 55;
mit gen. d. s. KREUZF.; *weiden, zerlegen* KCHR.
(= REINH. 382, 45).

ént-wurte, -würt *s.* antwürte; éntwurten *s.* antwürten.

ent-würten *swv. s.* antwerten.

ent-wurzeln *swv.* (III. 831ᵇ) *entwurzeln* JER.

ent-zeln *swv.* (III. 847ᵃ) *entschuldigen m. gen.*

ent-zepfen *swv.* ducillare Voc. 1482.

ent-ziehen *stv. s.* enziehen.

ent-, en-zîhen *stv. II.* (III. 878ᵃ) entzêch, entzigen *refl. verzichten, entsagen* Ms., *mit gen.*
WEIST. das er sich des begeben und entzîhen
solt DH. 417. und entzêch sich ouch aller
ansprâche GLAR. 44. 48. des alles wir uns
entzigen haben MH. 3, 84; *mit präp.* und
habe mich enzigen an dem wîngarten MONE
z. 10, 462 (*a.* 1330).

ent-ziunen *swv. md.* entzûnen *refl. mit gen.*
sich entäussern ELIS. 4484. 6584. — *ags.* ontynan, *recludere.*

ent-zücken *swv. s.* enzücken.

entzwar *s.* eintwëder.

en-ûʒen *adv. aus* in ûʒen *aussen.* von enûʒen
MYST. 2. 131, 12.

en-valten *stv. red. I,* 1. *entfalten, offenbaren*
KARLM. 187, 16.

en-vellen *swv. s.* entvellen.

en-vieriu *(III. 307ᵃ, 34) =* in vieriu *nämlich
stücke, teile* PARZ. enviere teilen KARL 68ᵇ,
auch compon. envierteilen MAI *p.* 187.
vgl. sich chlieben en vier teil ANTICHR. 198, 28.

en-vlühten *s.* vluht.

en-vollen *adv.* (III. 363ᵇ) *aus* in vollen *in vollem masse, völlig* TRIST. MAI, PASS. URST.
104, 12. ERNST 2385. LOH. 6160. LIEHT. 451,
15. LUDW. *v. Th.* 3413. HELBL. 1, 76. 15, 796.
wenn die junkfraw erst acht jâren envollen
alt wirt Mw. 365 (*a.* 1381).

en-vor *adv.* (III. 374ᵇ) *auch* entvor *aus* in vor
im voraus NEIDH. NARR. *vgl.* enphor.

en-vreise = in vreise. sîns lîbes enfreise *mit
gefahr seines lebens* ER. 6096.

en-wadele, -wedele *adv.* (III. 454ᵃ, 32) *aus*
in wadele *hin und her, vage.* enw. varn MAR.

HELMBR.; *nach Pfeiffers emendation (forsch.*
1, 17 *anm.* 3) *wäre auch* MSF. 11, 4 *zu lesen:*
fuor ich enwadele *st.* ie welnde.

en-wage *adv.* (III. 641ᵃ, 44) = in wage *in bewegung* DIEM. KL. SERV. die herren mite
rotte wurden alle enwage LOH. 1952. mîn
gedenke alle die varn iemer enwage (: sage)
KRONE 5401. daʒ sie nie wurden enwage
(: tage) unz an den vierden morgen 26346.
vom herausg. beide male enwâge *gesetzt.*

en-wâge *adv.* (III. 647ᵃ, 14) = in wâge *auf
der, auf die wage, bildl. in gefahr* NIB. WWH.
BÜCHL. wîp unde kint enwâge legen TÜRL.
Wh. 127ᵃ.

en-wëc *adv.* (III. 637ᵇ, 20) = in wëc *hinweg,
fort. allgem.*

en-wëder *s.* newëder.

en-wëge *adv.* (III. 638ᵃ, 6) = in wëge *auf der
reise* TRIST.

en-wer *adv.* (III. 510ᵇ, 5) = in wer *wehrhaft,
vertheidigend* PASS. LIEHT. 424, 25.

en-wette *adv.* (III. 774ᵇ, 47) = in wette *um
die wette* NIB. TRIST. KONR. ROTH *pr.* 36.
MART. 130, 45. 258, 73.

en-wider-strît *adv.* (II². 696ᵃ, 47) = in widerstrît *wetteifernd, um die wette. allgem.*

en-wiht *s.* niwiht.

en-zat *part. s.* enzetten.

enze *swf. gabeldeichsel für ein einzelnes stück
zugvieh* SCHM. *Fr.* 1, 117 (15. *jh.*) *vgl.* einzwagen.

ênzec *adj. s.* einzec.

enzeben *s.* entseben.

ên-zelen, -zelinc, -zellich *s.* ein-zel, einzelinc, -zellich.

en-zëlt *adv.* (III. 869ᵇ, 32) = in zelt. enz. gân,
varn, *den passgang gehen etc.* ER. HELMBR.
PASS. MS. (NEIDH. XXXVI, 30. 91, 13). TRIST.
8950. ULR. *Wh.* 238ᵃ. APOLL. 2914. OTN. 463,
1. KRONE 14415. Ls. 1. 297, 26. MART. 19, 92.

en-zëmen *stv. I,* 2 (III. 887ᵇ) *s. v. a.* zëmen
geziemen, anstehen mit dat. ATH. GR. RUD.
PASS.

en-zenden *swv.* enzante, enzant *entzünden.*
sam in vinsterme hûse ein kerze wære enzant
(: gewant) OTN. *Ettm.* 5, 66. — *entsprechend
dem gt.* intandjan, *ags.* ontendan. *vgl.* enzünden.

enzen-wagen *stm. s.* einzwagen.

en-zetten *swv.* (III. 873ᵃ) enzatte, enzat *zerstreuen.* enzat gân, varn HELBL. ENENK. *vgl.*
SCHM. *Fr.* 1, 89.

enziân *stm.* aloe gallica, gentiana DFG. 260ᵇ.

en-ziehen *stv. III.* (III. 927ᵇ) *md.* entziehen, enzien *prät.* enzôch, *pl.* enzugen, *part.* enzogen (KCHR. 2242 *heidelb. hs.*) *intr. entgehen, vergehen mit dat.* PASS.; *tr. u. refl. mit dat.* (*od.* von) *entziehen. allgem.* (entziehen von, *verhindern, abhalten* ELIS. 1565); *refl. mit gen. sich enthalten* GREG. MS. PASS., *od. mit präp.* daz sie sich von senftekeide entzôch ELIS. 1664.

en-zieren *swv. des schmuckes berauben* KIRCHB. 633, 21. 730, 47.

en-zîhen *stv. s.* entzîhen.

en-ziln *swv.* (III. 885ᵇ) *begränzen, bestimmen* MYST.

ênziln *adv. s.* einzel.

en-zît *adv.* (III. 913ᵃ, 13) = in zît *bald, bei zeiten. allgem.* (DIETR. 2119. 7665. GFR. 836).

en-zœhen *swv. entziehen.* ir sît der wird enzôhet (: hôhet) j.TIT. 4621.

en-zouwen *swv. enteilen, entgehen, fehlen.* ein man dem sîner künste niht enzouwet KOLM. 168, 22.

en-, ent-zücken *swv.* (III. 933ᵃ) *md.* en-, entzucken, *prät.* enzuckete, enzucte, *part.* enzücket, enzuct *eilig wegnehmen, entreissen, rauben mit dat. od.* von KCHR. MAI, PASS. Reinhart den wecke enzucte REINH. 1551. ein ros entz. KARLM. 148, 56. der milden frouwen ûz ir hant den rocken si entzuckete ELIS. 7123. daz mære in freude entzucte ULR. *Wh.* 116ᵃ. im wart enzücket sîn gewalt ENGELH. 5216. dem wære sîn trûren enzücket GA. 3. 114, 123. swas von der herschaft ist entzucket und entzogen AD. 929. von dem rîche entzucken *ib.* 1195; *refl. sich losreissen* PASS. JER.; *mit gen. sich entschlagen* GFR. 208. — *mit ûf.*

en-zündec *adj.* (III. 897ᵃ) *entzündet, brennend* FRL.;

en-zünden, -zünten *swv.* (III. 896ᵇ) *md. auch* entzunden (EVANG. 252ᵃ). *prät.* enzunde, enzunte, *part.* enzündet, enzunt, *intr. anfangen zu brennen, leuchten* KCHR. (si erzunte *D.* 86, 24); *tr. entzünden, in flammen setzen, allgem.* (dû kanst die sunnen entzünden MSH. 3, 93ᵇ. die herze intzunden CRANE 4030); *refl. entbrennen, in zorn geraten* SERV. — *vgl.* enzenden.

enz-wagen *stm. s.* einzwagen.

en-zwei *adv.* (III. 952ᵃ, 4) = in zwei *näml.* stücke, teile: *entzwei. allgem.* (ER. 6078. SILV. 4837. LIEHT. 70, 18. 81, 26. 88, 6. 115, 28. KARL 122ᵃ. MSH. 1. 337ᵇ. 2, 387ᵃ. PASS.

87, 83. 88, 60. 93, 52. 94, 48. 386, 78 *etc.* ERLŒS. 592. dâ diu strâze enzwei gêt *am kreuzwege* EILH. 4110);

en-zwein (III. 952ᵇ, 8) = in zwein *ged. auf Maria* (HPT. 8). MSF. 137, 23.

en-zwër *s.* entwër.

en-zwicken *swv.* (III. 958ᵃ) *los zwicken, lösen.* vil sorgen si enzwicket MSH. 3, 82ᵇ; *refl.* FRL. HELBL.

en-zwischen, -zwüschen *s.* zwisc.

eparche *swm.* ἔπαρχος GERM. 4, 244, 252.

epf *stn. s.* ephich.

[ê-phat *stm. u. stn.?* II. 485ᵃ] *s.* êvade *swf.*

epfel *stm. s.* apfel.

epfel-most *stm. apfelmost* BEH. 386, 18. *die übrig. compos. s. unter* apfel-.

ep-grunde *stn. s.* abgründe.

ephich *stn.* (I. 434ᵇ) *eppich* SUM. epfeich MGB. 382, 22. 413, 35. epf *ib.* 382, 13. effen AUGSB. *r. W.* 307. eppe SUM.

ephich-souc *stm.* (II². 724ᵃ, 33) *eppichsaft* PF. *arzb.*

ephich-wurz *stf.* MGB. 397, 26.

eph-krût *stn. eppich* MYNS. 48.

ephöu, ebehöu *stn. epheu* PF. *arzb.* 1, 1. 4. *vgl.* ephich *u.* DWB. 3, 677.

ephöu-sâme *swm.* PF. *arzb.* 1, 24.

epistîtes (I. 434ᵇ) *ein edelstein* PARZ.

epistole *swf. brief* EVANG. 252ᵃ. — *aus gr. lat.* epistola.

epitafum, epitafjum *stn.* (I. 434ᵇ) *grabschrift, inschrift überhaupt* PARZ.

ëppen *swv.* (I. 407ᵇ) *ebben* LEYS. — *wol verwandt mit* ëben, *vgl.* DWB. 3, 5.

eppe *s.* ephich.

eppenax *s.* eckesahs.

eppetige *s.* abbeteie;

eppetisse *stf.* (I. 2ᵇ) *äbtissin* ELIS. 5363. 89. ebtissin REINH. 2123. 46. ebtischin WACK. *pr.* 70, 112. BON., abtsassinne, abtessin, abtüssin URB. *Son.* 108.

ëppunge *stf. ebbe.* daz mer quam zû gedrungin mit eppungin KIRCHB. 731, 2. — *zu* ëppen.

er *präf., pron., adv., swm. s.* ur, ir, hër, hërre.

ër *pron. der 3. person* (I. 434ᵇ—437ᵃ) *md. und mnd.* hër, hë; *neutr.* ëz, *daneben* iz *u. später* ës; *gen. mn.* ës (is), *wofür gewönlich das refl.* sîn *eintritt, fem.* ir (ire); *dat. mn.* ime, im, *fem.* ir (ire) *acc. m.* in (*auch noch* inen = *ahd.* inan GEN. LANZ. 4244. GR.W. 1, 707. 2, 538. FASN. 511, 21 *u. noch im* 16. *jh. z. b. in der zu Budissin* 1556 *gedruckten Merseburger chronik. vgl.* WEINH. *al. gr.* § 415, *b. gr.* § 360) *mit unechter erweiterung* ine; *pl. gen.* ir (ire), *mit unechter flex.* irer UKN. 233 (*a.* 1329) *u.* iren MB. 35, 401 (*a.* 1478); *dat.* in, *unecht erweitert* inen *u.* ine (*s. belege bei* WEINH. *a. a. o.*). *die übrigen casus s. unter dem stamme* sie. — *gt.* is, ita *zu lat.* is, id; *skr.* yas, yat. *vgl.* GSP. 108, 393. KUHN 8, 140;

ër *stswm.* (I. 436ª, 38) *das pron.* ër *substant. gesetzt: mann, männchen* TIT. GEST. *R.* ein er niht ein sî EXOD. *D.* 152, 20. si sâhen, daz ez was ein er (*ein knabe*) MAI 190, 20 (*vgl.* PARZ. 112, 25). ist ez ein si oder ein er GA. 3. 34, 39; *oft bei* MGB. (*gen.* ers *u.* ern, *pl.* ern) *zur bezeichnung des männchens bei thieren u. pflanzen s.* PFEIFF. *s.* 603.

ër *adj. s.* irre.

ër *stn. erde, boden, ahd.* ëro. *hieher wol: wo ich auf er ie stund und sas* DA. 802. *vgl.* ern.

-er *suffix s.* -ære.

êr *stn.* (I. 438ᵇ). daz êre PASS. *K.* 360, 56, der êre WIG. (182, 14): *erz, eisen* DIEM. LANZ. TRIST. KONR. (TROJ. 9665). mit êre beslagen GRIESH. 2, 118. von êre die slangen PASS. 168, 1. 7. ein bilde ûz êre giezen WARTB. 260, 3. dâ ist ein man von êre ûf den pfîlære gegozzen FLORE 4256.

êr *adv. präp. conj.* (I. 437ª) *gewönlich apok.* ê, (ehir ERNST 1032): *adv. früher* (*mit messendem gen.*), *vormals; eher, lieber mit* (*auch ohne*) *nachfolgd. comparativsatz.* — *präp. vor, zeitl. mit gen. od. dat.* (êr mînen dagen CRANE 842. ê zît WINSB. 50, 10. HADAM. 549. ê wîle PASS. *K.* 68, 17. ê wîlen *ib. H.* 338, 21. ê tage AMIS 1028), *mit acc.?* WALTH. (ê daz *L.* 34, 28 *u. W.* 83, 65 = ê des *Pf.* 114, 5 = ê dô *Wack.* 33, 15). — *conj. eher als, ehe meist mit folgd. conj., nach compar. ohne zeitl. begriff s. v. a.* danne *als, als dass.* — *gt.* air, *zu gr.* ἤρι? *vgl.* DIEF. 1, 20. GSP. 492. KUHN 3, 171.

er-æbern *swv. aufthauen, schneelos werden.* bis die indersten nachbarschaften auch erebert sind GR.W. 5, 212. *vgl.* æber *u.* STALD. 1, 84. KWB. 8.

er-ædern *swv. enervare* SCHM. *Fr.* 1, 36.

er-affen *swv. intr. zum thoren werden.* elliu wîsheit eraffet MART. 120, 77. der alte eraffet 125, 52.

er-ahten *swv.* (I. 17ª) *genau bestimmen, ermessen, erwägen* WWH. GEO. daz ieman moht erahten den sâmen, der von sînem lîbe chome GEN. *D.* 35, 11. erdenken noch erahten URST. 127, 13. niemen die genâde erahten kan *ib.* 51. er sol halt erahten daz, wie er lebe WG. 5457; *mit dat. zuteilen, bestimmen.* mir hât ez got erahtet BERTH. 348, 30. ein tohter diu ist dir erahtet GRIESH. 2, 18. 19.

er-alten *swv.* (I. 26ᵇ) *alt werden* GEN. MS. KARAJ. 88, 17, 90, 2. SPEC. 11. PRIESTERL. 577. WG. 7205. 12873. BERTH. 205, 1; *m. gen. für etw. zu alt werden* MS.; *mit präp.* an der kunst eralten APOLL. 2659. *ebenso*

er-altenen *swv.* dô Isâc eraltenôte GEN. *D.* 48, 25.

er-arbeiten *swv.* (I. 54ᵇ) *durch arbeit erwerben* BERTH. (derarbeiten 258, 3). GEST. *R.* SWSP. 15, 10. MGB. 302, 28. GR.W. 1, 466. unser zwên weingarten, die wir erarbeitet haben und die uns von dehainem unserm freunte anerstarben sint UHK. 2, 139 (*a.* 1331). daz wir gekouft haben umb unser paider erarbaites gutes ain mül *ib.* 170.

er-argen *swv.* (I. 55ᵇ) *intr. schlecht oder geizig werden* MS. (= MSF. 27, 3).

er-armen *swv.* (I. 59ª) *intr. arm werden, verarmen.* HELBL. daz er nâch richtûm erarmet ERINN. 279. in armuot erarmen j. TIT. *alt. dr.* 6368; *dürftig, schlecht werden.* im was daz gewant erarmet KOL. 164, 285.

er-arnen *swv.* (I. 61ᵇ) *einernten, erwerben, verdienen* (*als lohn od. als strafe*), *entgelten* EN. NIB. WWH. MS. (daz hât sêr unser afterkunft erarnet *H.* 3, 13ᵇ. swenne ich von schulden erarne ir zorn MSF. 87, 8). dû hâst erarnet rôtes goldes hundert pfunt APOLL. 940. daz hât er erarnet tiure *ib.* 19684. die nôt ANEG. 12, 13, die schande DIETR. 3856, einen rôsenkranz ROSENG. *Weig.* 249, den solt ALPH. 232, prîs KRONE 15119, huote (*schutz, sicherheit*) PASS. *K.* 435, 75, liep mit leide erarnen HADAM. 1. ôwî harte ez erarnet ERACL. 396. hievon er ouch erarnte (*büsste*) PASS. *K.* 253, 28. kum ich ze wer, ez muoz sîn lip erarnen LIEHT. 513, 4; *rettend gewinnen, erretten.* daz, er uns mit dem tôde erarnet hât LOH. 3705. er hât sie harte erarnet BERTH. 463, 30. VINTL. 2848. 8100.

er-bâgen *swv. erstreiten, durch kampf niedermachen.* allez erslahen und erbâgen COD. *pal.* 341 *f.* 124ᶜ.

er-balden *swv.* (I. 82ª) *intr.* balt *werden, guten mut fassen, sich erkühnen* URST. KINDH. ERACL. ze jungist rebalte der alte man KCHR. *D.* 94, 2. er erbaldet sît und gie blûclîchen dar HPT. 7. 366, 32. ich ne getar erbalden mê Himlr. 129. der niemer getörste erbalden unde gewâgen in einem wilden walde ze sînne Berth. 542, 25. daz ninder ein mensch erpald, freveleich laidigen daz closter Stz. 40. *oft* Karlm. *z. b.* 196, 65. 445, 54. 446, 60 *etc.; mit* an, *in hinsicht auf etw.* erbalden Lanz. Amis, *mit* gegen Pass. *K.* 87, 65; — *tr.* balt *machen* Myst. Wg. 13142; *refl. sich erkühnen* Rul.

er-balgen *swv. s.* erbelgen.

er-baltnisse *stf.* (I. 82ª) præsumtio Sum.

er-ban *präs. s.* erbunnen.

erbære *stm.* (I. 441ª) erbe Trist.

êr-bære *adj.* (I. 445ª) *der ehre gemäss sich benehmend, edel* Hartm. Trist. Ms. (êrebære), Lanz. 1689. 3430. 3879. 5580 *u. oft,* Apoll. 2064. 2686. 3170. 4121. 10018. 10196. 16991. Bit. 10860. Serv. 3324. Gfr. 1974. 2211. Jüngl. 206. êrenbære Msh. 3, 347ᵇ; *später bes. als auszeichnendes epithet.*: êrbære gest Geis. 434. êrbærer man, kneht Don. (*a.* 1362. 63); *von dingen.*: *zur ehre gereichend, angemessen* Lanz., *gut,* zehen êrbære pfenninge Berth. 287, 28;

êr-bære *stf.* (*ib.*) *angemessenes, ehrenvolles betragen* Lanz.;

êr-bærec *adj. s. v. a.* erbære, *honestus* Mgb. 311, 26. 76, 18. êrbærige und gelaubhaftige læute Mw. 168, 2 (*a.* 1287). der êrbârig herr abt Pilgrim Uhk. 1, 167 (*a.* 1263), *später oft* êrberg, êrwerg *als epith. ornans* Mw. 234. 237. 244, 26. Mz. 3, 290. 4, 149. 263. Chr. 1, 485ª. 2, 546ª;

êr-bærec-heit *stf.* (I. 445ª) *s. v. a.* êrbære Myst. Chr. 2. 73, 30. Ls. 3, 275, 6. 299, 5;

êr-bærec-lîche, -en *adv. honeste* Kirchb. 825. Chr. 1. 152, 33, 183, 1. 428, 24; 2. 263, 13; 4. 162, 23. 164, 33.

êr-bær-lich *adj.* (I. 445ª, 13) *s. v. a.* êrbære Voc.;

êr-bær-lîchen *adv.* Mai 7, 34. 72, 18. Dür. *chr.* 338 Evang. *L.* 13, 17.

er-barme *stf.* (I. 60ᵇ) *barmherzigkeit* Parz. Wwh. 2, 30. 454, 28. En. 72, 34 *var.;*

er-bärme, -berme *stf.* (*ib.*) *erbarmung* Parz. Barl. Chr. 4, 350, 27. *vgl.* erbermede;

er-barmec, -bärmic *adj.* (*ib.*) *barmherzig* Wig. Winsb. (69, 2) Serv. Ernst 4518. Aneg. 5, 63. Urst. 107, 57. Msh. 2, 135ª. 136ª. 3, 43ᵇ. 419ª. Berth. *Kl.* 56;

er-barmec-heit *stf.* (*ib.*) *barmherzigkeit* Wig. Winsb. 65, 4. Geo. 5182. Pantal. 2069. erbarmkeit Warn. 751. erbermekeit Flore 6349; *personif.* ich heize diu Erbarmikeit Wartb. 150, 7; *was erbärmlich ist, mitleiden erregt* Trist. Alexius, Msh. 1, 86ª;

er-barmec-lich *adj.* (*ib.*) *barmherzig* Barl. Wack. *pr.* 8, 71; erbarmenswert Trist. Er. 5792;

er-barmec-lîche, -en *adv.* (*ib.*) *erbarmend, mitleidsvoll* Trist. Silv. 1043. Lieht. 379, 22; erbarmenswert, der vor Troie tôt gelegen was erbermeclîche Troj. 12915;

er-barmede *stf. s.* erbermede;

er-barmen *swv.* (I. 59ᵇ) *tr. erbarmen haben mit, bemitleiden* Trist. *U.* sît daz wir nû zerbarmen sîn Wwh. 101, 3; *erbarmen, dauern, rühren mit acc. des erbarmenden und nom. des bemitleideten, allgem.* (den wallære erbarmete daz Gr. Rud. 24, 6. dû erbarmest mich Kol. 174, 640), *statt des acc. auch dat.* Hartm. Nib. mir erbarmet dîn nôt Otn. *p.* 104. daz ich in sus erbarme 258, 12. lâz mich dir erbarmen Wwh. 104, 6. daz erbarme got Engelh. 2203. Reinh. 2034. 2074; *refl.* sich erb. über (*allgem.,* Pass. *K.* 39, 89), umbe einen Elis. 1056 *od. ohne obj.; unpersönl.* Ms., *mit gen.* wen si erbarmete irer schœnde Leseb. 992, 27;

er-barmen *stn.* (I. 60ᵇ) *mitleid* Amg.;

er-barmer *stm.* des sî got erbarmer Hugo *v. M.* 4, 22;

er-barmerîn *stf.* (I. 60ᵇ) Ms.

er-barm-hërze *adj.* (I. 674ª) *barmherzig* Barl. Ms. (= Singenb. 215, 21). Griesh. 1, 6;

er-barm-hërze *stf.* (I. 674ᵇ) *barmherzigkeit* Barl.;

er-barm-hërzec *adj.* (*ib.*) *barmherzig* Gotfr. lied. Wack. *pr.* 43, 20. 45, 89. Netz 3478; erbermherzic Griesh. (1, 33);

er-barm-hërzec-heit *stf.* (*ib.*) Pantal. Wack. *pr.* 48, 22. Berth. 78, 8 *u. oft* (*personif.* 199, 23. Msh. 3, 335ª). Bph. 6226. 7349. Mgb. 172, 19. 294, 20. Netz 6560; erbarmeherzickeit Herb. 9445. erbermhezekeit Griesh. Mart.;

er-barm-hërzec-lich *adj. barmherzig* Ga. 1. 186, 631.

er-barmunge *stf.* (I. 60ᵇ) *erbarmen, barmherzigkeit* Wig. (= barmunge 183, 13. *var.* = barmunge, erbärmde) Exod. 57, 21. Engelh. 3608. Silv. 1164. muoter der erbarmunge, Maria Ulr. *Wh.* 148ᵈ.

er-barn *swv.* (I. 142ª) *bar machen, entblössen, zeigen, kund thun* Mar. Eracl. Ms. Kařaj. 9, 18. Gen. *D.* 79, 11. diu swert erbarn Priesterl. 506. Ecke *L.* 102. 185. wilt dû dichs gein mir niht erbarn LOH. 104; *bei* JER. urbarn *s. Pfeiff. s.* 250;

er-barn *stn. das erscheinen, ansehen.* daz swert nâch sîn urbarn JER. 17ᵉ;

er-barwen, -berwen *swv. s.v.a.* erbarn *zeigen* (*s.* bar, *md. flect.* barwer). erbarwen GLAUB. 850. 1268. 1331. 2630; erberwen DENKM. XXXVIII, 55.

erbe *stn.* (I. 439ᵃ) *ndrh.* erve (KARLM. 28, 34) *von den eltern hinterlassenes gut, erbe, allgem.* (der vater wil dâ erbe geben MSH. 3, 51ᵇ. erbe und eigen, *ererbtes u. erworbenes* KARL 10422. MARLG. 143,133. 214, 101. KOL. 260, 562); *grundeigentum im gegens. zum lehen* (WEIST.) *u. zur bewegl.habe* (A.HEINR.); *vererbung, erbschaft* RUL. PARZ. — *vgl.* arbeit *u.* Z. 1, 14 (*zu skr.* rabh, *gr.* ἀλφάνω), GSP. 349 („*möglicher weise zu skr.* labh *empfangen, gr.* λαμβάνειν") *u.* DWB. 3, 710 *f.;*

erbe *swm.* (I. 439ᵇ) *mnd.* erve *nachkomme, erbe* WALTH. FREID. (alter erbe, *herr eines* alterbes WACK., *vgl.* GERM. 10, 340). unser jungiste erben ERINN. 385. ich vind næher erben wol SIGEN. *Sch.* 95. der dritte erbe der wirt selten vrô unrehtes guotes AMG. 48ᵇ. einen erben bejagen, *einen sohn zeugen* TROJ. 4567; *mit vordringung des* n *in den nom.* das ein neher erben ein unerben hat macht abzutreiben GR.W. 1, 480.

erbe-biutunge *stf. erbtausch, md.* erbbûtunge VILM. 35 (*a.* 1495).

erbe-diener *stm.* das sich der obgenante Ulrich zu irme erbediener verpflicht und verbunden hat MONE *z.* 9, 170 (*a.* 1436).

erbe-eigen *stn. ererbtes eigentum.* erbeeigen mac ein man baz behalten vor dem rihter wan gekouftez eigen SWSP. 177, 4. er ist ir erbeigen WG. 4288. waz ich habe, daz sî iuwer erbeigen KRONE 15583. ein lêhen meins erbeigens ULA. 128 (*a.* 1318). ez wêre erbeeigen adir farnde habe GR.W. 6, 29.

erbe-gate, -gegate *swm.* (I. 488ᵃ) *miterbe, schles. landr.*

erbe-ge-brëste *swm. erbfehler* MYST. 2. 452, 39.

erbe-ge-nôz *stm.* (II. 398ᵇ) *miterbe* BARL. MYST. 2. 455, 29; *oft in nd. weist. s.* DWB. 3, 720.

erbe-ge-wërke *stn.* (III. 590ᵇ) *erbbergwerk* SCHEMN. *r.*

erbe-guot *stn.* (I. 590ᵇ) *erbgut* GR.W. 5, 300. mit swelhem guote der man stirbet, daz heizzet alles erbeguot DSP. 1, 9. *vgl.* SWSP. 8, 14. 145, 15. 334, 5.

erbe-haft *adj. erbend.* ein sun blîbet erbehaft SWANR. 374. *vgl.* erbhaftic.

erbe-haz *stm. ererbter hass* MONE 5, 172.

erbe-helle-kint *stn.* (I. 818ᵇ) *benenn. des teufels* MART. (*lies* 217, 46). *ebenso*

erbe-helle-welf *stm.* (III. 563ᵃ) MART.

erbe-hërre *swm.* (I.667ᵃ) *erbherr, angestammter herr* MAI, RAB. 205. WOLFD. *H.* 52. 251. FLORE 7788. OTN. 218. KARL 231. OT. 778ᵃ. TUCH. 311, 26; erfherre KARLM. 125, 50.

erb-eigen *stn. s.* erbeeigen.

er-beinen *swv.* (I. 102ᵃ) *mit dem wachtelbein ins garn locken* MS.

erbeit, erbeiten *s.* arbeit, arbeiten.

er-beiten *swv.* (I. 102ᵇ) erbeitte, erbeit *tr. u. refl. sich anstrengen, bemühen, abhärten.* erbeiter (*abgehärteter, an anstrengung gewönter*) lîp A. HEINR. sich erbeiten ORL. 2278. 3250. HERB. 285. 2477. 3556; *absol.* daz ich erbeitte und mîne rede bereitte *ib.* 6691. *s.* beiten = *ahd.* peitten.

er-beiten *swv.* (I. 175ᵃ) *prät.* erbeitte (GREG. 1936), *part.* erbeitt *erwarten, warten auf* (*gen. od. nachs.*), *allgem.* (der ungenâden muoz ich erbeiten MSF. 165, 25. küme ich des erbeiten mac *ib.* 203, 28. ders kan und mag erbeiten ERACL. CXVIII. des strîtes erb. ROSENG. *C.* 1473); *später mit acc.* das hat er nit törren erpeiten UGB. 526.

erbeit-sac *stm. arbeitskleid.* ein erbeitsac ist vürstenwât nâch hertem strîte RENN. 9495.

erbeit-sælec *adj. s. v. a.* arbeitsælec, *in stäter not lebend.* herre, ich bin arm und erbeitsælic BERTH. 352, 29. ich bin ein erbeitsælic man MSH. 2, 94ᵇ.

erbeiz *stf. s.* areweiz (in einer blâsen drî erbeiz jagent einen hunt vil manigen kreiz RENN. 16511).

er-beizen *swv.* (I. 193ᵃ) *niedersteigen (vom reittiere), absitzen, eigentl.* daz ros, pfert erbeizen *d. h.* bizen, *weiden lassen* NIB. GUDR. HARTM. (ER. 831. 1206. 4395. GREG. 2366). PARZ. RAB. 870. LAUR. 132. 133 etc. ERNST 2605. MOR. 1, 2639. 43. BELIAND 1411. 4277. REINH. 795. LOH. 6706. MSH. 3, 442ᵇ; *vom schiffe ans land steigen* WOLFD. 1312; *nieder stürzen* RUL.; *hetzen, anfeuern* (*übertragen von* beize, *falkenjagd*) ELIS. 3839, *mit dat.* si wart ime erbeizet *ib.* 8049; *mit* ûf FRL. PASS.; *mit* über LOH. 5665.

erbe-kint *stn.* (I.818ᵇ) *heres, erbsohn od. erbtochter* KARL, TÜRL. *Wh.* 17ᵃ. MGB. 462, 6. GR.W. 3, 39. 56. erbchinder und nicht chefschinder Mw. 302. (*a.* 1339). cireneus, erbekint Voc. 1482. erfkint Karlm. 469, 11.

erbe-kouf *stm. emtio, venditio hereditaria, perpetua* Halt. 376. das in einem jeden erbkauf ein neher erben ein unerben hat macht abzutreiben Gr.w. 1, 480.

erbe-lant *stm.* (I. 936ᵃ) *ererbtes land* Walth. Orl. 14880. dînes vater erbelant Lit. 882. *s.* alterbelant.

erbe-lêhen *stm.* (I. 996ᵃ) *erbliches lehen* Trist. Augsb.r. W. 240. 243. 271 *f.* Mone z. 15, 140. Gr.w. 1, 45. 5, 64.

er-bëlgen *stv. I*, 3 (I. 125ᵃ) *aufgebracht, zornig werden, zürnen, sich entrüsten (eigentl. aufschwellen).* ich bin erbolgen j.Tit. 3691. mit erbolgenem muote Lanz. 2547. Kchr. *D.* 225, 34. 447, 20 (erbulgen). des was sîn muot erbolgen Reinh. 1256. der künec was selbe erbolgen *ib.* 1433. er was erbolgen harte Rul. 280, 14; erbolgen sîn *mit dat.* Iw. Parz. Flore (6656). Gen. *D.* 78, 23. Ernst *B.* 382. Greg. 1313. 3140. Eracl. 4101. Renn. 13299. Lieht. 405, 1. Dan. 3884. 5600. 6644. Krone 10772. 19079. 26944. Pass. *K.* 60, 44. 479, 43. 562, 4; *mit gen.* sînes muotes was er harte irbolgen Kchr. 6723; erbolgen werden *mit dat.* Kl. Albr. 10, 397, *mit ûf* Jer. 11ᶜ. 34ᶜ. 49ᵇ; *refl. sich erzürnen.* der chunic rebalc sich harte duo Kchr. *D.* 47, 6. 74, 26. Ruolant erbalc sich Rul. 189, 24. do erbalc sich der degen mit zorne *ib.* 178, 24. got erbilgit sich an dem jungisten tage Mone 8. 55, 27; *mit gen.* Gen. des erbalc sich der kneht Warn. 3538. des dich mug erbelgen Denkm. XLIII. 10, 8; *mit präp.* wider Exod.;

er-belgen, -balgen *swv. (ib.)* erbëlgen *machen, erzürnen, kränken, strafen* Mar. Spec. 82. got si erbelgent Gen. *D.* 111, 30. got erbalchte die leiden zouberære mit siechtuome Exod. *D.* 142, 37. got ist sô erbalget von den sunden Diem. 165, 12. *vgl.* erbolgen.

erbelinc, -ges *stm.* (I. 440ᵃ) *erbe,* heres, coheres Dfg. 130ᶜ. 275ᶜ. erbling, die habent ir frei gesez Ugb. 71; *nd.* erfling Gr.w. 2, 554. 3, 130.

er-bëllen *stv. I*, 3 *anfangen zu bellen.* ein hunt erbal Freid. 109, 10. Msh. 2, 97ᵇ; *widerhallen,* daz die erde ouch erbal von deme lobelîcheme dône Pass. 131, 46;

er-bellen *swv. bellen, brüllen.* si erbelte als ein ohse Wolfd. Heidelb. 7189 (W. Gr.).

er-bellen *swv.* (I. 118ᵃ) *den ballen der hand od. des fusses verdrehen, verstauchen,* den fuss vertreten Ls. (*vgl.* verbellen); *figürl.* die freude erbellen Mart. (*lies* 159, 43).

erbe-lôs *adj.* (I. 440ᵃ) *ohne erben* Roth. En. Kl. Gfr. 1824. Konr. (Troj. 11175); *ohne recht des vererbens,* die wîb in irme geslechte alle erbelôs sint gemachet durch irer vorvaren missetât Ssp. 1. 17, 2.

erbe-man *stm.* (II. 39ᵇ, 16) *erblicher dienstmann* Lieht. (erepman) *s.* Dwb. 3, 733. erbman oder pauman, emphyteota Voc. 1482.

erbe-minne *stf.* (II. 182ᵇ) *angeerbte, eigene minne* Trist.

erben *swv.* (I. 440ᵃ) *prät.* erbete, arpte (Lanz. 9376. Mone z. 16, 363), *part.* geerbet, gerbet (Albr. 456ᵃ), *tr. von seite des erben: mit acc. d. sache durch erbschaft erhalten, ererben, erben* Wolfr. Barl. Münch. *r.* 193. 213 *(absol.* swer erbet der sol ouch gelten Dsp. 1, 9); *mit acc. d. person beerben* Flore, Gfr.; *von seite des erblassers: mit acc. d. s. als erbschaft hinterlassen, vererben mit dat. d. p.* Glaub. den gewin sînen kinden erben Türl. Wh. 82ᵃ. mîme kinde wil ich erben dise nôt Msh. 1, 121ᵇ. triuwe und êre owê daz er die niht erbete sîme kinde *ib.* 3, 41ᵃ. sô wolte ich einem zimberman al mîn eigen erben *ib.* 3, 283ᵃ. daz rîche her uns geerbet hât Crane 2899 *(auch mit unterdrücktem acc.* in der stat ze Colmar sol ein ieglich frowe irem elichen man erben Ad. 785. *a.* 1293), *od. die person im acc. mit* an, ûf Wolfr. Trist. der tôt, den Adâm an uns erbete En. 13221. wie hât er laster unde spot ûf iuch geerbet Mai *p.* 197. 214. wie hât ûf uns der schanden hort dirre mordære geerbet *ib.* 193. ûf in *(gedruckt* ime) wart manheit gar geerbet Crane 2970. die guet, die unser vater auf uns geerbet hat Mz. 4, 207. 294 (an *u.* ûf *können auch adverbial stehen: mit dat. od. acc. der person* daz dir dîn schepfer hât an geerbet Amg. 34ᵃ. disiu êre ist in geerbet an Wh. *v. Öst.* 87ᵇ; mîn lant, daz erbet mich mîn vater an Dan. 335. *s. unter* ûf*); mit acc. d. person zum erben machen, mit erbschaft ausstatten* (mit) Wolfr. Trist.; *an jemand als den erben kommen* Bit. (8680). Frl.; — *refl.* sich erben ûf einen Gerh. 3875. sich einen erben lân, *auf einen sich vererben lassen* Msf. 26, 7; — *intr. von sachen: erbschaft sein, sich vererben* Walth. *mit dat.* daz im tugent erbet nicht Misc. 2, 230, *gewönlich* an einen erben *(od. mit dat. wobei* an *adv. gebraucht wird s. oben sp.* 58 *und:* die rîchtuom an erbet LOH. 3086. dem diz lop an erbet MSH. 3, 169ᵇ. der fluoch erbet uns allen an AMG. 40ᵇ) *oder* ûf einen: ûffe wen schephenstûl erbet SSP. 3, 26. die lêhen schullen auf seu erben MZ. 4, 264. — *mit* an, ûf; be- (*s. noch* beerven CRANE 3828), ent-, ge-, ver-.

erbe-nâme *stf.* (II. 370ᵃ) *recht auf erbschaft. vgl.* CHR. 7. 369, 4;

erbe-næme *swm.* (*ib.*) HALT. CHR. 7. 74, 15. *s. v. a.* erbe-nëme *swm.* (II. 369ᵇ) *erbe.* den erbenemen mîn WOLFD. 11. *vgl.* DWB. 3, 733.

erbe-nît *stm. angeerbter hass; so liest W.Gr. in* URST. 128, 43.

erbe-nôt *stf. ererbte, ewige not.* ein immer werende erbenôt URST. 116, 5.

erbe-phluoc *stm.* (II. 513ᵃ) *ererbter pflug, beruf, geschäft* TRIST.

erbe-rëht *stn.* (II. 624ᵃ) *erbrecht* GEN.; *bäuerliches recht am gute* GR.W. 6, 132. MB. 4, 356. 377. 391. HALT. 381; *recht des erbpächters* MONE *z.* 5, 393; *eigentum nach erbrecht* MERAN.

êr-berg *adj. s.* êrbærec.

er-bërhten *swv.* clarificare DIUT. 3, 487.

er-berme *stf. s.* erbärme;

er-bermede, -bermde *stf.* (I. 60ᵇ) *erbarmen, barmherzigkeit* WALTH. BARL. BON. LANZ. 1661. GRIESH. 1, 27. WACK. *pr.* 43, 116. 119. HELMSD. 22ᵃ. PASS. 106, 85. 198, 97; erbarmede EXOD. PASS. *K.* 355, 48. DIUT. 1, 288.

er-berme-lîche *adv. das mitleid erregend* SWANR. 477.

er-berm-herzec *adj. s.* erbarmh.

er-bërn *stv. I,* 2 (I. 156ᵇ) *zum vorscheine bringen, aufdecken, erklären mit dopp. acc.* der dich dîn leit vil wol erbirt COD. *pal.* 336, 263ᵃ; *hervorbringen, gebären, nur das part.* erborn *nachweisbar* WOLFR. NIB. FREID. ich bin ir ze dienste erborn MSH. 1, 139ᵇ. 2, 156ᵇ. an dise werlt erborn *ib.* 1, 161ᵃ. von der hœsten tugent erborn (*gedr.* ekorn) GEO. 2693. die in dem tal erzogen und erborn sint AD. 980 (*a.* 1339). erborner mâge, blutsverwandter DON. *a.* 1311; an, ûf erborn *mit acc.* angeborn Ms.; — *refl. entstehen* JER. 3ᶜ.

er-bern *swv.* (I. 144ᵇ) *erschlagen* LS. derbern RING 27ᵈ, 8. (TUND. 59, 29 *ist zu lesen:* aber berten, betraten wieder *s.* Diemers gloss. *zur* GEN. 88ᵇ). *vgl.* DWB. 3, 712.

er-berwen *swv. s.* erbarwen.

erbe-sælec *adj. s. unter* arbeitsælec *u. vgl.* DWB. 3, 739.

erbe-sâme *swm.* erbsame KOLM. 23, 31.

erbe-schaft *stf.* (I. 439ᵇ) *erbschaft* PARZ. WWH. 434, 19. ULR. *Wh.* 254ᵃ. FRLG. 113, 411. LOH. 7405. SILV. 4040. DSP. 1, 32ᵇ.

erbe-schaz *stm. s. v. a.* êrschaz MONE *z.* 2, 200. 5, 388.

erbe-schihtunge *stf. hereditatis divisio perpetuaria* HALT. 382. *vgl.* beschihten.

erbe-schrîn *stm.* (II². 217ᵇ) *erbschrein* FRL.

erbesib, erbsip crispula SUM. *s.* DFG. 158ᵇ. erbsippe berberis VOC. 1482. *vgl.* erbsal.

erbe-site *stm.* (II². 325ᵃ) *erbliche weise zu verfahren* FRL. KOLM. 23, 33.

erbe-smërze *swm.* (II². 431ᵃ) *angeerbter schmerz* TRIST.

erbe-solt *stm. pensio perpetua* HALT. 384.

erbe-stat *stf.* (II². 601ᵃ) *erbstätte.*

erbe-stolle *swm.* (II². 657ᵇ) *stolle, der ein recht über die benachbarten gruben erlangt erlangt* SCHEMN. *r.*

erbe-sun *stm.* (II². 733ᵃ) *erbsohn* HELBL. RENN. MW. 292 (*a.* 1334).

erbe-sünde *stf.* (II. 734ᵇ) *erbsünde* ALEXIUS, LUDW. MART.

erbe-teil *stmn.* (III. 22ᵃ) *anteil am erbe, erbschaft* IW. PARZ. (160, 9). WWH. 243, 10. RENN. 2422. 4257. KRONE 22868. CRANE 927. 1800. 1861. 2079. 2813. 4566. JAN. 11. FASN. 480, 7. 531, 22. DSP. 1, 26. SSP. 1, 5. GR.W. 1, 66;

erbe-teilec *adj.* da begunde er erbeteilicher werke KIRCHB. 656, 58;

erbe-teilen *swv.* (III. 22ᵃ) *als erbe verteilen* WEIST.;

erbe-teilunge *stf. erbteilung* SSP. 1. 13, 2. ANZ. 6, 134.

er-bëtelen *swv. erbetteln* KCHR. 2778 (*D.* 85, 14). TROJ. 32650.

erbe-tôt *stm.* (III. 66ᵃ) *ererbter tod* PASS.

erbe-val, -lles *stm. anfall einer erbschaft* GR.W. 1, 210.

erbe-vater *m.* (III. 279ᵇ) *pflegevater, der den blutsverwandten pflegesohn zugleich zum erben annimmt, entsprechend unserm adoptivvater* (*Bechst.*) TRIST.

erbe-vellec *adj. vom lehen: rückfällig an den lehensherrn* CHR. 3. 115, 11;

erbe-vellnis *stn. s. v. a.* erbevall HALT. 357.

erbe-veste *stf. erbliche burg* DIETR. 8010.

erbe-vînt *stm. erbfeind* HERB. 2665.

erbe-voget *stm.* (III. 360ᵃ) *schirmherr durch erbrecht* FRL. GR.W. 2, 230. MH. 3, 8;

erbe-vogetîn *stf.* (*ib.*) TRIST.

erbe-vrouwe *swf.* (III. 424ᵃ) *herrin durch erbrecht* MAI.

erb-exe *swm. benennung einer bestimmten art von markgenossen in Westfalen* Gr.w. 3, 142. 143. 175 *etc. s.* Dwb. 3, 718.

erbe-zal *stf.* (III. 842ᵇ) *erbteil* Ad. 843 (*a.* 1312). Chr. 8. 363, 8. Mone *z.* 19, 63 (*a.* 1340). Kirchb. 618, 51. Gr.w. 1, 689. Arn. 34.

erbe-zëhende *swm. erbzehent* Urb. 71, 29.

erbe-zeichen *stn.* (III. 863ᵇ) *erbwappen* Trist. H.; *erbberechtigung* Jer.

erbe-zins *stm.* (III. 899ᵃ) *unablöslicher grundzins* Freiberg.

erb-haftic *adj.* (I. 439ᵇ) *erbhaft* Schemn. *r.*

erb-hêr-schaft *stf. erbherrschaft* Gr.w. 4, 525.

erb-hove-meister *stm.* (II. 120ᵇ) *erblicher hofmeister* Rozm.

erb-huldunge *stf. erbhuldigung, homagium* Chr. 2. 143, 13. 234, 1. Cp. 163.

er-biben *swv.* (I. 115ᵃ) *erbeben* Wwh. Trist. Rul. 10, 14. Hpt. 2, 148. j.Tit. 3947. Elis. 4262. 4718. 5939. *ebenso*

er-bibenen *swv.* Kl. 2139. Pantal. 1805. Troj. 5846;

er-bibunge *stf.* (I. 115ᵃ) *erdbeben* Myst.

er-bidemen *swv.* (*ib.*) *mit lautwechsel s. v. a.* erbibenen Frl. Gsm. Griesh. 2, 148. j.Tit. 1720. Loh. 3516. 5047.

er-biegen *stv. III. beugen, krümmen.* daz ir alsô sint erbogen Ls. 2. 650, 448.

er-bieten *stv. III.* (I. 185ᵇ) *einem etw. hinstrecken, darreichen, erweisen* Iw. Parz. Wig. swaz ich iu êren möhte wol erbieten Loh. 3907. trôst erb. Pass. *K.* 11, 66. tôt erb. 35, 11. leit erb. 5, 3. 40, 79. 88. einem ein phant erbieten, *zur einlösung anbieten* Gr.w. 1, 48. wande man ime êrhaften tôt mit dem halse ane erpôt Pass. 189, 28; ez einem erb., *erbieten, erweisen, allgem.; refl. sich einstellen, sich erweisen, darbieten* Büchl. Bit. Pass. er kunt sô tugentlîche den liuten sich erbieten Mai *p.* 168. des antlitz sich erbôt schône Alexius 113, 646. wâ der tôte sich erbôt ir eime Pass. *K.* 587, 90;

er-bieten *stn.* mit halsen und hend erbieten Ls. 2. 429, 354;

er-bietunge *stf. anerbieten.* rechtliche erpietunge Cp. 215.

er-bilden *swv.* (I. 122ᵃ) *bilden, schaffen* Kchr.; *refl.* unz iz (daz kint) sich irbilidet ze manne *ib.* 3367, sich erb. in, *sich das abbild eines dinges darstellen* Myst. 2. 20, 7. 68, 19. 22. 307, 28;

er-bildunge *stf.* habitus, der sêle cleit vel erbildunge Dfg. 272ᵇ.

er-billen *swv.* (I. 126ᵇ) *heraus schlagen, hauen* Loh. Krone 5944. Teichn. 67.

er-binden *stv. I,* 3 (I. 136ᵃ) *lösen, befreien mit gen.* der selde erbinden Benecke *beitr.* 80; *s. v. a.* verbinden *verpflichten,* dar zû si sich irbundin Jer. 68° (Nib. 973, 1 *ist wol richtiger mit* D C I h *erbürten statt* erbunden *zu lesen, wie* 1866, 3 mit ûf erbürten swerten).

er-biten *stv. I,* 1 (I. 172ᵇ) *durch bitten erlangen, erbitten* Parz. erwünschen noch erbiten mohtez nieman j.Tit. 6120, ab einem etw. erb. Nib., *oder* einem etw. ab erb. Gr.w. 3, 368; *durch bitten bewegen zu, mit gen. d. s.* (Hartm. Trist. Freid. Pass. *K.* 277, 2. 394, 64. er hæte si vrides wol erbeten Hpt. 7. 360, 55) *od. mit präp.* der mich hier umbe alsus erbat Silv. 91, *od. mit nachfolgd. satze* Er. Serv. Lieht. (Trist. 946 *vermutet Bechstein* erweten *in der bedeut. von* entweten *aus dem joche lassen*).

er-bîten *stv. II.* (I. 175ᵇ) *absol. warten, erwarten* Iw. Troj. Helmbr. 1254. Pass. *K.* 619, 30; *mit gen.* Nib. Wig. Ulr. Wh. 112ᵃ. Loh. 5853. Gudr. 543, 4. 1445, 4. Chr. 2. 217, 25. 222, 7. 265, 10; *mit* zuo Gudr. (1693, 4), *mit nachsatz* solde wir dâ heime erbîten, unz daz gewuehse daz kint? Ulr. Wh. 156ᵈ.

er-bittern *swv. kränken, zu zorn u. hass treiben* Pass. *K.* 163, 24.

er-biugen *swv. beugen.* von senen ist mîn hôher muot erbiuget Mf. 94.

er-biuwen *s.* erbûwen.

erbîz *stf. s.* areweiz.

er-bîzen *stv. II.* (I. 195ᵃ) *todt beissen* Kl. Reinh. Griesh. 2, 28. L. Alex. 278. 354. Pass. 310, 2. *K.* 163, 78. 511, 17. 668, 43.

erbîz-schote *f.* (II². 197ᵃ) *erbsenschote* Voc.

erb-junc-hërre *swm.* Karlm. 23, 41.

er-blahte *prät. s.* erblecken.

er-blæjen *swv.* (I. 196ᵇ) *aufblähen, aufblasen* Hätzl. Netz 9557; *in Stuttg. pred. aus dem* 12. *jh. auch mit st. part.* erblân *s. zu* Heinz. *s.* 142, Weinh. *al. gr.* § 376; *s.* blæjen.

er-blant *part. s.* erblenden.

er-blappen *part.* (I. 200ᵃ) *niedergefallen* Frl. 447, 20: nach der anm. von einem stv. blappen bluop *od.* blappen]bliep; *vgl. auch* blappen-, blippenblap, *die auf ein stv.* blippen blap *weisen.*

er-blateren *swv.* (I. 203ᵃ) *erschrecken, bestürzt werden* Kol. *vgl.* Weig. 2, 393.

er-blecken *swv.* (I. 208ᵃ) *prät.* erblacte, erblahte, *part.* erblecket *sichtbar machen, sehen lassen* LOH. HELBL. siu sach in erblecken, *sah wie er entblösst, der kleider beraubt wurde* WACK. *pr.* 8, 63.

er-bleichen *swv.* (I. 206ᵃ) *intr. bleich werden* LIEHT. WARN. KCHR. *D.* 298, 20. 369, 16 (*gedr.* reblachet was der ir lîp). KARL 1987. 2040, *sterben* ERINN.; *tr. bleich machen, tödten* OBERL.

er-blenden *swv.* (I. 210ᵇ) *prät.* erblante, *part.* erblendet, erblant *blind machen, blenden, verblenden* WALTH. TRIST. Ms. DIEM. 72, 28. ERINN. 253. PRIESTERL. 441. GRIESH. 2, 64. 65. j.TIT. 4100. SWSP. 31, 3. MGB. 163, 3. die êre erblenden, *verdunkeln* PASS. *K.* 107, 42. daz du ze leit erblant mir kürzlich werdest LS. 2, 701. het si der göte lop erblendet MART. 173, 56. sîner witze was er erblant 218, 101.

er-blenken *swv. tr. blanc machen.* der touf die sêle erblenket j.TIT. 31. 1654; *intr. erschallen, bellen,* dô hôrt ich erblenken Lieben mit lûter stimme LS. 2. 299, 234.

er-blîchen *stv. II.* (I. 205ᵇ) *erblassen, verbleichen* NIB. PARZ. WIG. LOH. (5567. 6405). ER. 5721. BIT. 8792. TROJ. 15575. j.TIT. 5577. 5966. daz niht ir lip in schanden kleit erblîchet MSH. 2, 397ᵃ; *refl.* die (varwe) sich alsô erblîchet PASS. 112, 48.

er-blicken *swv.* (I. 208ᵃ) *prät.* erblicte, erblihte, *part.* erblicket *intr. erglänzen, strahlen.* ein lieht ob deme toufe erblicte PASS. *K.* 69, 67. dô mir daz lieht erblicte *ib.* 677, 29. *mit ûf aufblicken* FLORE; *tr.* erblicken, als er in erblihte (: rihte) ERNST *B* 5943, *mit an*blicken GUDR.; *s. v. a.* erblecken, helm und panier vîntlîch von in erblicket (: geschicket) LOH. 4246.

er-blîden *swv. mit gen. sich freuen.* nû er des mit ir erblît, waz hilfet danne unser strît COD. *Schm. p.* 311 (W. GR.).

er-blinden *swv.* (I. 210ᵇ) *blind werden* IW. GRIESH. (2, 65). PRIESTERL. 153. MGB. 163, 4. swer gên himel ist erblindet RENN. 3789. ûf irdesch ieder narr erblindt NARR. 66, 127. damit solicher tag eurenthalben nit erblinde (*resultatlos bleibe*) oder abgeschlagen werd UGB. 27.

er-bliugen *swv.* (I. 215ᵃ) *intr. schüchtern werden, verzagen* TROJ.; *tr.* blûc *machen, einschüchtern, des* wart der grâve erbliuget LANZ. 3263; *refl. schüchtern werden, erblassen,* so erbliuget sich mîn varwe MSF. 8, 21.

er-bliuwen *stv. III.* (I. 211ᵇ) *durchhauen, zerbläuen* HÄTZL.

er-blœzen *swv. entblössen.* daz swert erblœzen ALPH. 257. 267.

er-blüejen *swv.* (I. 215ᵇ) erbluote, erbluot *intr. erblühen, aufblühen* RUL. WWH.; *tr. blühend, rot machen* TIT. PASS. (MS. 1, 38ᵇ = MSF. 8, 21 *s.* erbliugen).

er-blüemen *swv. erblühen.* ûz der diu süeze balsamvruht erbluomet und ersprungen sî LS. 2. 713, 97.

er-blunsen *part. adj. aufgebläht, stolz.* wie pistû gar erplunsen WOLK. 109. 1, 3. — *von einem stv. I,* 3 blinsen, *vgl.* blunsen.

er-bluoten *swv. verbluten* ZING. *Pl.* 10, 23. er erblûte von dem slage ALBR. 20, 81.

er-bogen *swv.* (I. 179ᵇ) *sich gegen einem, sich widersetzen* MART. (= 2, 70 swie dic erbroget gein im der kranke stoup).

er-bolge *stf. zorn, zornausbruch.* er truoc der smæhe erbolge j.TIT. 4277 (*im alt. dr.* erwolge). *vgl.* âbulge;

er-bolgen *part. adj. s.* erbëlgen;

er-bolgen *swv. intr. u. refl. sich erheben, intumescere* JER. 83ᵈ. 136ᶜ; *mit dat.* zürnen, dem tûvele er erbolgete PASS. *K.* 496, 92;

er-bolgen-lîche *adv.* (I. 125ᵃ) *erzürnt* NIB. *C* 2034, 2.

er-boln *swv. refl. sich aufwerfen, erheben.* daz vorhoubet vorn daz het sich ûz als ein horn gespitzet und hôch erbolt KRONE 19647.

er-bœren *swv.* (I. 153ᵃ) erbôrte; erbœret, erbôrt *erheben* LANZ. GEO. BIT. REINFR. 111ᵃ. 176ᵇ. eine rede erb. MONE 8. 54, 12. der almehtige got hât sich hiute erbœrt und ûf erhaben HPT. 7, 143. Rennewart sich erbôrte, *richtete sich im bette auf* ULR. *Wh.* 131ᵃ *Cassel. hs.* — *mit ûf.*

er-born *part. s.* erbërn.

er-bôsen *swv. schlecht werden.* êre an im niht wolde erbôsen j.TIT. 3801.

er-böten *swv. anbieten.* so sol er in das gelt erbôten GR.W. 1, 47.

er-boumen *swv.* (I. 230ᵃ) *von bäumen entblössen?* WEIST. *vgl.* DWB. 3, 707. SCHM. *Fr.* 1, 241.

er-bouwen *s.* erbûwen;

er-brëchen *stv. I,* 2 (I. 245ᵇ) *intr. hervorbrechen* PASS.; *tr. aufbrechen, zerbrechen* PARZ. PASS.; *losbrechen* von, daz ich den muot, lip unde guot müge erbrechen gar von ir MSH. 1, 102ᵇ; *refl. ausbrechen: laut, kund werden* PASS. (*K.* 48, 83. 200, 58), ûf einen sich erbr., *auf ihn losstürzen* PASS. *K.* 238, 19. 523, 84; *von einem, sich von ihm entfernen ib.* 419, 26. 538, 25.

er-brëhen *stv. I*, 1 (I. 236ᵃ) *intr. hervorstrahlen* GSM.; *refl. sich zeigen* PASS. 336, 74.

er-breiten *swv.* (I. 237ᵇ) *ausbreiten* PASS.

er-brennen *swv. verbrennen* WOLK. 29. 1, 8; *entzünden, erhitzen.* daz erbren ob einem fiur MONE z. 2, 187.

er-briezen *stv. III. entspriessen.* daz mir mîn kraft zwispild erbrôz URST. 126, 1. *vgl.* ELBLIN *v. Eselberg* (*herausg. v.* Keller 1856 *s.* 151).

er-brimmen *stv. I*, 3 *anfangen zu brummen.* ez beiz und kratzte in unde kram, daz er vor zorne lûte erbram SCHRETEL 242; *md. sw.* EVANG. *J.* 11, 33.

er-bringen *an. v.* (I. 251ᵃ) *zu stande bringen* SUCH.

er-brinnen *stv.* (I. 255ᵇ) *in brand geraten* NIB. 2048, 3 (*var.* enbran).

er-brochen *swv. zerdrücken.* sich lân zu tôde erbrochen (: gesprochen) PASS. *K.* 99, 55. *vgl.* GFF. 3, 270.

er-brogen *swv.* (I. 262ᵃ) *ertrotzen, mit* abe (daz ir êre in nieman mohte abe erbrogen OBERL. 336), ûz; *refl. sich widersetzen, s. oben unter* erbogen.

er-brüeten *swv.* (I. 267ᵇ) *prät.* erbruote, *gross ziehen* DIUT.

erbsal *f.* berberis VOC. 1482. *vgl.* erbesib, erbsich *u.* DWB. 3, 738. 739.

erb-schade *swm.* (II². 63ᵃ) *damnum hereditarium* BRÜNN. *r.*

erb-schulde *stf. erbsünde.* daz wir in dem toufe von der erbschulde gewaschen werden WACK. *pr.* 69, 28.

erb-sëzze *swm.* (II². 338ᵇ) *der mit grundstücken angesessen ist* KULM. *r.;*

erb-sëzzen *part. adj.* (II². 331ᵇ) *erbgesessen* KULM. *r.*

erbs-ge-were *stf. rechtsförmlich ererbter besitz einer sache* TUCH. 311, 11.

erbsich, erbsidel *f.* berberis SCHM. *Fr.* 1, 138. *vgl.* erbesib, erbsal.

erb-sidel *swm.* (II². 237ᵃ) *der mit erbrecht auf einem lehngute sitzt* SCHM.

erbsip *s.* erbesip.

er-büegen *swv.* (I. 180ᵇ) erbuogete, erbuoget *buglahm machen* MART. (*lies* 186, 45). manec ors erbuoget, erstozzen und erklemmet wart REINFR. 55ᵇ.

er-bulgen *part. s.* erbëlgen.

er-bunnen *an. v.* (I. 32ᵃ) == er-be-unnen *präs.* erban, *plur.* enbunnen, *prät.* erbunde, -bonde, *part.* erbunnen: einen erb., *beneiden* GEN.; einen eines d., *ihn darum beneiden, es ihm misgönnen* GEN. (18, 14. 53, 9). NIB. WIG. TROJ. (4445). BÜCHL. 1, 126. GRIESH. 1, 33. 2, 49. 87. MSF. 53, 8. 139, 18. j.TIT. 3786. WOLFD. 1472. LS. 3. 93, 369. MART. 218, 42; einem umbe etw. GEN. 45, 40; *nachs. mit* daz BÜCHL. TROJ.; *refl.* daz sie sich nie erbunnen an dem muote KRONE 27432;

er-bunst *stf. s.* úrbunst.

er-bürn, -burn *swv.* (I. 153ᵃ) *in die höhe heben* NIB. WWH. BIT. 10823. 10925. WOLFD. 803. 862. PASS. (*K.* 225, 24). daz er sîn herze erbür RENN. 4576. — *mit* ûf.

er-burnen *swv. verbrennen* PASS. *K.* 211, 89.

er-bûwen, -biuwen, -bouwen *an. sw. u. stv.* (I. 291ᵃ) *prät. u. part. wie das einfache* bûwen: *anbauen* PARZ. GUDR. daz wir erbouwen daz lant BIT. 13327. erbûwet lant ERNST 2001. ein erbûwen velt ULR. *Wh.* 111ᵃ. den acker erbûwen BERTH. 358, 21. berc den hâten gar wildiu gewerc erbûwen und besezzen GOLDEM. 5, 3; *durch bau hervorbringen,* die helde nuzzen âne wer swaz erbouwen hete daz lant BIT. 5407 (*im* WB. I, 291ᵇ *anders aufgefasst* == swaz erbouwenes). waz in irn weingarten wein wirt, den si erpaunt UKN. 400 (*a.* 1359); *bauen, aufbauen* NIB. WIG. GEO., *bildl.* BIT. klage wart dâ erbouwen KRONE 11523. dâ von sîn herze den muot kunt hôch erbouwen LOH. 1666; *bereiten, ausrüsten,* diu (juncvrouwe) was erbouwen mit kostlîcher gezierde KRONE 26393. Ginôver mit den vrouwen nâch wîbes reht erbouwen dâ in den sal giengen *ib.* 23030.

ërch *stn. s.* irch.

ërch-tac *stm. s.* ërtac.

erc-lich, -lîche *adj. adv. s.* arclich (*s. für das adj. noch* PASS. *K.* 87, 36. 211, 90. 225, 2. 261, 87 *u. für das adv.* wer den andern erglîchen heimsuochet mit stozzen oder mit werfen an sîn hûs MONE *z.* 7, 14).

ërd- *s.* ërt-.

er-daht, -dâht *part. s.* erdecken, erdenken.

er-dateren? *swv. s.* ergateren.

ërde *stswf.* (I. 441ᵃ) *erde, allgem. u. zwar: bebautes u. bewohntes land* PARZ. WALTH. alliu tiutschiu erde AMIS 1732. einen weingarten choufen oder ein ander erde UHK. 101 (*a.* 1324). tria jugera, quæ fuerunt vulgariter dicta ein erde MONE 8, 468 (*a.* 1311); *festland* RUL. PARZ. GUDR. erde und mer LOBGES. 61. swaz wazzer unde erde truoc ULR. *Wh.* 122ᵈ; *erd-, fussboden* (mich solt von reht diu erde umb solich mort niht tragen ECKE *Sch.* 114. sô solt uns niht diu erde tragen LIEHT. 600, 32. daʒ dich diu erde niht verslant BERTH. *Kl.* 273. dô er getrat zuo der erde, *vom rosse stieg* DAN. 6709. einen zer erden bringen, *nieder werfen* 4201. lônen mit der breiten erde ROTH. 4851. der erden ze teil werden EN. 317, 31. ir müeʒet wider zer erden MSH. 3, 44ᵃ. dô enpfalch man den werden marc-grâven der erden OT. 25ᵇ. die burc ûf die erden brechen SWSP. 207, 36. 37. daʒ hûs ûf die erden slahen *ib.* 209,11); *erde als wohnstatt der menschen* (enerde, enerden *auf erden* RUL. 74, 19. ANTICHR. 140, 12; ûf die erden geborn ENGELH. 6183. die drî teil der erden ULR. *Wh.* 116ᵈ. daʒ gebirge der erden ende ziuhet TÜRL. *Wh.* 31ᵇ); *erde als stoff* IW. BARL. rôtiu erde KARAJ. 93, 10. werde ich wider danne ein erde ULR. *Wh.* 117ᶜ; *als element* MEIN. 1. — *gt.* airtha, *dessen tha warscheinlich suffix ist* (*vgl.* GSP. 414), *so dass, wie auch* WEIG. 1, 300 *u.* DIEF. 1, 22 *annehmen, das wort zu ahd.* ëro (*s. oben* ër *stn.*), *gr.* ἔρα *in* ἔραζε, *skr.* irâ *gehören würde; an eine durch lautumstellung vermittelte verwandtschaft mit lat.* terra, *gäl.* tir *wird im* DWB. 3, 750 *gedacht.*

ërde- *s. auch* ërt-.

er-decken *swv.* (I. 296ᵇ) *part.* erdaht *aufgedeckt* Ms.

er-dempfen *swv.* (I. 331ᵇ) *ersticken* Ms.;

er-dempfunge *stf.* (*ib.*) suffocatio SUM.

ërden *swv. mit erde bedecken, eineggen.* wenn si geerrent und geerdent GR.W. 1, 655. *vgl.* DWB. 3, 754;

ërden *adj. s.* irdîn.

er-denen *swv.* (I. 311ᵇ) *ziehen, spannen, ausdehnen* PARZ. PASS. (*K.* 60, 54). daʒ swert erdenen, *herausziehen* KARLM. 92,13. 203, 68. 204, 24; den slac erdenen, *ausholen ib.* 85, 61. BIT. 8060.

ërdenisch *adj. s.* irdenisch.

er-denken *swv. an.* (I. 346ᵃ) erdâhte, erdâht *ausdenken, ersinnen mit acc. od. gen., allgem.* (mêr wünne, dann man erdenken künne REINH. 900. swaʒ man ouch hôher witze kan ertrahten und erdenken TROJ. 1965. der daʒ seitenspil erdâhte MOR. 1, 2509. dem kindelîn wart erdâht der name PASS. 347, 73. ein erdâhter spot GREG. 3371. es erdacht sich aines sinns CHR. 5. 140, 2); *zu ende denken* PILAT.; *mit dem verstande erfassen* PARZ. 1, 17.

ërden-klôʒ *stmn. erdscholle, erdkugel* WACK.

pr. 65, 64. unt was doch selbe ein erdenklôʒ MSH. 2, 211ᵇ. Adâmen nam er mit der hant, daʒ was sîn erster erdenklôʒ *ib.* 256ᵃ. sælec-lîcheʒ erdenklôʒ ELIS. 10091; biben mûʒ der erdenklôʒ PASS. *K.* 329, 9. und übersäh den ganzen erdenklosz FASN. 85, 24. ertklotz NARR. 57, 35.

ërden-kreiʒ *stm. erdkreis* ALTSW. 33, 29 (der erden kreiʒ 49, 29).

ërden-last *stf. wucht der erde, erdkörper* PASS. *K.* 1, 20.

ërden-molte *stf. erdstaub* GEN. *D.* 19, 8.

ërden-tuom *stn.* WH. *v. Öst.* 106ᵇ.

er-derren *swv. austrocknen, ausdörren.* ledige mich von dem fluoche, der mich hat erderret und mîne wambe besperret MAR. 153, 38.

ërde-sippe *swm.* (II². 318ᵇ) *verwandter der erde* Ms.

ërde-trager *stm. der erde in einen weingarten trägt* MONE *z.* 10, 311 (*a.* 1400).

ërde-wase *swm.* (III. 534ᵃ) *stück raserde* BARL.

er-dîchen *stv. s.* ertîchen.

er-diehen *swv. s.* erdiuhen.

er-dienen *swv.* (I.370ᵃ) *durch dienst erwerben* BÜCHL. GUDR. 1404, 4. BIT. 4073.

er-dieʒen *stv. III.* (I. 373ᵇ) *md.* erdiʒen *laut ertönen, erschallen* NIB. ALPH. 373. PASS. 127, 95. 177, 45. *K.* 337, 40. 402, 94. 526, 68. JER. 13ᵃ. BEH. 82, 26. 85, 11; *laut tönend rufen* NIB.; *strömen, rauschen, ertosen* PASS. 21, 36. 204, 8. 243, 53. *K.* 223, 13. 263, 10; *refl.* der schal sich wite erdôʒ PASS. 267, 68. — *mit* ûf, ûʒ.

er-dinen *swv. ertönen.* die nachtgall ir gesang durchpricht mit quart und quint das es er-dint HÄTZL. 1. 28, 43. *vgl.* erdünen.

er-dinsen *stv. I*, 3 (I. 360ᵇ) *fortziehen, tragen* WWH.

er-diuhen *swv. erdrücken.* ir sëlde was er-dieht (: lieht) MART. 111, 42.

er-diuten *swv. md.* erdûten *deuten, bekannt machen* PASS. *K.* 64, 65.

er-doln *swv. ertragen, erdulden* PASS. 286,28. 312, 39. 388, 25. *K.* 86, 48. 113, 39. 165, 32. 340, 60. 380, 13. swaʒ ich erdolde ULR. *Wh.* 125ᵈ. *vgl.* erdulden.

er-dorren *swv.* (I. 322ᵃ) *dürre werden, verdorren* GEN. KINDH. GSM. MSH. 3,101ᵇ. j.TIT. 5394. WACK. *pr.* 69, 49. ALBR. 9, 25. LS. 2. 162, 191.

er-dœʒen *swv. schallen, klingen machen.* ouch

wart von slingen würfen hie erdœzet (*hs.* es toset) manic helmvaz BIT. 1601 *u. anm.*

er-dræjen *swv.* (I. 387ᵇ) *mit* abe *s. oben sp.* 2; *wegen* RAB. (961) *s.* dræsen.

er-drëschen *stv. I*, 2 *durchhauen, prügeln.* erdroschen was sîn wîp REINH. 533. den palc mit einem scheit ertreschen HÄTZL. 2. 76, 113. die begunden in wol erdreschen GA. 2. 228, 343.

er-driezen *stv. III.* (I. 396ᵇ) *unpers. überlästig oder überlang dünken, überdruss od. langeweile erregen.* in begunde erdriezen ir clegelîche swære TROJ. 23382. daz ez (*oder* es?) wol die Kriechen muost erdriezen j.TIT. 903. ez ist ze vil und wil mich lîht erdriezen 1632; *gewönl. mit gen.* ER. FREID. ENGELH. ê in des lônes erdriezet MSH. 3, 458ᵗ. des wolt sîn menlich herze niht erdriezen j.TIT. 3808. des kan nû niht mîn liebez kint erdr. 4391. ouch in der triuwen kan erdr. 4456.

er-dringen *stv. I*, 3 (I. 394ᵇ) *durch drängen erreichen, erzwingen* WALTH. ich erdringe ir mêre lônes an MSF. 70, 6; *zu tode drängen* RUL. die wurden erdrungen HERB. 3691. ertreten und erdrungen Aw. 3, 189. etlîcher lebte sô was sîn ors erdrungen j.TIT. 4062; — *intr. dringen, reichen,* der (stanc) vil wîten erdranc PASS. 274, 86.

er-dröuwen *swv.* (I. 399ᵇ) *contr.* erdröun, erdrôn *durch drohen bewirken, mit* abe (*s. oben sp.* 2 *u.* SILV. 308: sus wolte er im erdröuwen abe daz guot), an (DIEM. Ms.), ûz.

er-drücken *swv.* (I. 400ᵇ) *zu tode drücken* GRIESH. BERTH. 32, 9. KRONE 27060. RING 57ᵇ, 26.

er-drumen *swv.* (I. 392ᵇ) *zertrümmern, vernichten* PASS.

ërd-tac *s.* ërtac.

er-dulden *swv.* (I. 380ᵃ) *erdulden* Ms.

er-dünen *swv. tönen machen, s. v. a.* erschellen. die erdünten im den gebel LOH. 2164. *vgl.* erdinen.

er-dûren *swv. ertragen, aushalten.* wie sol danne daz alter ir ungenâde erdûren? HADAM. 167.

er-dürsten *swv.* (I. 322ᵇ) *verdursten* NIB. PARZ. j.TIT. 3344. KRONE 1801. 5.

ere (I. 50ᵃ) Iw. 3989 *in vier hss., ein alter fehler statt* erbe (*s. Lachm. anm.*); GEN. 74, 14 (*D.* 104, 16) *ist* ere *nach* DENKM. *s.* 244 *plur. von einem m.* der ar *oder f.* diu ere *acker, pflugland. vgl. auch zu* Jos. 890.

-êre *s.* ære.

êre *stmn. s.* ër *stn.*

êre *adv. s.* ër.

êre *stf.* (I. 442ᵇ—444ᵇ) *ehre, häufig im plur., allgem. u. zwar: act. ehrerbietung, verehrung* (mit êren einen êren KARLM. 171, 7. ze êren geben *s. v. a.* êrschaz geben MONE *z.* 12, 451. 453); *preis, zierde* (des meien êre MSH. 2, 30ᵃ. daz der herbest sîn êre volbringe *ib.* 261ᵇ, *vgl.* DWB. 3. 55, 2); — *pass. verehrtheit, ansehen, ruhm* (der êren rât MSH. 2, 224ᵃ. LS. 1. 261, 79); *sieg* (*im kampfe* gienc ez an die êre ECKE *Casp.* 129); *herrschaft, fürstliche macht, die gewalt des gebieters* (*vgl.* BECH *z.* IW. 2437. 2528); *ehre als tugend, ehrgefühl, ehrenhaftes benehmen* (sich in êren wât kleiden MSH. 2, 222ᵃ. 389ᵇ. êren kleit *ib.* 396ᵃ. der êren ein biutelvaz RAUCH 1, 198. dô kam ich nie von êren tac - - wie dô mîn wort in êren lac WINSB. 48, 5. 7. heuslich êre MH. 2, 655 *vgl.* hûsêre); *personif.* vrou Êre *sw.* (LOH. 2350. ULR. *Wh.* 255ᵇ. j.TIT. 1116. LIEHT. 477, 7. 13. APOLL. 5684. ORL. 1618. ENGELH. 929. HELBL. 2, 40. MSH. 2, 190ᵇ. 248ᵇ. 3, 36ᵇ. 39ᵇ. 67ᵃ. 437ᵃ. GA. 2. 467, 18. 20. ALTSW. 28, 18). — *warscheinlich zu gt.* aistan *achten, lat.* æstimare, *gr.* αἶσα *wunsch, skr.* êshâ *von* ish *suchen, wünschen s.* GSP. 490. FICK 23. KUHN 8, 172. DIEF. 1, 25. DWB. 3, 54.

êre-bære *adj. s.* êrbære.

erebeite *stf. s.* arbeite.

er-ebern *swv. s.* eræbern.

êre-bërnde *part. adj. ehre bringend* LIEHT. 232, 33; êrenbernde 557, 22. LOBGES. 47, 14.

er-effen *swv.* (I. 11ᵃ) *ganz zum narren machen* TROJ. (2294).

êre-gërnde *part. adj.* (I. 534ᵃ) *nach ehre strebend* NIB. (2155, 3). KL. 969. 1986. MAI 1, 8;

êre-girescheit *stf. ehrsucht* WG. 3734.

ê-rëht *stn.* (II. 624ᵃ) *vermögensrecht der ehegatten* WEIST. (es sol ouch kein frow in harnasch noch in buwgeschir kein eerecht nit haben 1, 42. dis ist von eerechtswegen: wo zwei eemenschen sind und eins daz ander überlept, da nimpt es das varend gut halbs für lidig eigen vor allen gelten. — — zwei eemenschen mögen ein andren machen ze end ir wil ietweders sîn gut; und wo zwei ein andern machen, do ist denn die morgengab und eerecht hin und enweg 4, 357);

ê-rëhten *swv.* waz pluomes kumpt under das tach, do mag man inn eerechten, es sî denn ein frow oder ein man, und waz denn ist von zimer oder ligende gueter, do mag man nit inn eerechten, oder an gült, do man nit hat ze zwingen ab ze lösen, do sol man och nit inn eerechten GR.w. 4, 357.

er-eichen *swv. erkennen.* bî dem wârzeichen müest ir wol e. wer der selbe wær OT. 148ª.

er-einen *swv. vereinigen.* swâ sich zwei herze ereinen MSH. 2, 90ª.

er-eischen *swv.* an einem etw., *durch fragen etwas erfahren* CHR. 2. 267, 15.

er-eiten *swv.* (I. 427ᵇ) *heizen* Ls. (*vgl. dazu auch* WB. I. 657ᵇ, 15).

êre-lôs *adj. s.* êrlôs.

eren *stmn. swv. s.* ern.

êren *swv.* (I. 445ᵇ) êrte, gêret *ehren, preisen, auszeichnen, zur ehre gereichen, allgem.; beschenken,* der frowen meide êren mit ainem leckuchen NP. 70. — *mit* ent-, ge-, un-, ver-;

êren *stn.* (I. 446ª) *das erweisen von ehre, rühmen, höherstellen* Iw.

êren-bære *adj. s.* êrbære.

êren-bërnde *s.* êrebërnde.

êren-blôẓ *adj. ohne ehre.* êrenblôẓen schalc MSH. 2, 333ᵇ. die êrenblôẓen 3, 58ª.

êren-borte *swm. schmuckgürtel.* der als ein êrenborte ist gesteinet TROJ. 248.

êrenbote *swm.* sô sult ir sie (Marîen) flîzeclîchen an ruofen, daẓ sie iuwer êrenbote sî an unsern herren, daẓ er iu gnædic sî BERTH. 499, 5; *zuname des dicht. Reinmar v. Zweter.*

êren-boum *stm.* sît daẓ man sîne hôhe tugent ze holze mezẓen sol, sô mac man in gelîchen zeime ganzen êrenboume wol MSH. 3, 76ª.

êren-brëcher *stm. ehrabschneider* BEH. 44, 10.

érende *stm. s.* ârant.

êren-diep *stm. ehrenräuber* MSH. 3, 110ª.

êren-gir *adj.* (I. 530ª, 43) *ehrgierig* TRIST. KARL, ATH. **30.

êren-göudec *adj. ehrgeizig.* nun was er sô ain êrengeudig, hôfertig man ÖH. 114 *anm.* 2.

eren-griez *stm.* alietus, alietum DFG. 22ᵇ. *n. gl.* 15ᵇ; *ahd.* arangrioz GERM. 11, 64. eringrioz GFF. 4, 346. SCHM. *Fr.* 1, 129.

êren-grüeẓec *adj.* (I. 584ª) *durch gruss ehre erweisend* Ms.

êren-heie *swm.* (I. 649ᵇ) *ehrenpfleger* Ms.

êren-hort *stm. ehrenschaz, sieg.* daẓ si nâch êrenhort gestriten heten sêre BIT. 12418.

êren-hüge *stf.* (I. 726ª, 28) *ehrenvolles andenken* Ms.

êren-hûs-ge-rüste *stn.* (II. 823ᵇ) *zur ehre gereichendes hausgeräte* Ms.

êren-kempfe *swm. der nach ehre ringt.* er êrenkempfe unverzaget MSH. 3, 107ª.

êren-kleit *stn.* êrenkleit, daẓ wol zieret reiner tugende næte MSH. 2, 312ª. dû unversnittenẓ êrenkleit 2, 396ª. daẓ snêwîẓe êrenkleit solt du an dînem lîbe haben HIMLF. (HPT. 8) 250.

êren-knolle *swm.* (I. 854ª) *fing. eigenname* HELBL.

êren-kreftec *adj.* (I. 872ª) *ehrenhaft* FRL.

êren-kuo *stf. s.* êrkuo.

êren-prîs-lich *adj. was ehre, preis verdient* ÖH. 2, 10.

êren-rîche *adj.* (II. 688ª) *reich an ehren, ruhm* LUDW. v. *Th.* êrenrîcheẓ leben MSH. 1, 89ᵇ. mein vater und muoter êrenreich WOLK. 105. 1, 11. êrentrîche ECKE Casp. 308, *alt. dr.* 251. SCHM. *Fr.* 1, 124.

êren-rüerec *adj. ehrenrührig, die ehre angreifend.* êrenrüerige wort GR.w. 1, 489.

êren-schilt *stm. schild, schirm der ehre* MSH. 3, 107ª.

êren-schîn *stm.* (II². 146ª) *ehrenglanz* PASS.

êren-schûr *stm. hagelschlag für die ehre* MSH. 2, 355ᵇ.

êren-sëdel *stmn.* (II². 235ᵇ) *ehrensitz* FRL.

êren-stæte *adj. an der ehre festhaltend* LANZ. 2946. REINFR. 39ª.

êren-trût *adj. diu êrentrût als auszeichn. epith. einer herzogin* Ls. 2. 277, 302.

êren-vrî *adj. ohne ehre* MSH. 1, 73ᵇ.

erep-man *stm. s.* erbeman.

êrer *stm. s.* ehεære.

êrer, êrre, èrre *adj. compar. zu* êr (I. 437ᵇ) *früher, vorig.* êrer MYST. LANZ. 6175 *var.* der êreren rede MASSM. *denkm.* 80, 19. des êrern mannes gülte SWSP. 10, 6. 14. sînen êrern kinden 142, 4. mit seiner êrern hausvrawen UKN. 352 (*a.* 1351); êrre, èrre LANZ. (4802. 6175). HARTM. (umbe ir erren missetât GREG. 2321). PARZ. TRIST. WALTH. GERH. (3688). diu erren urteil sprechen FLORE 6987. des küneges kint des errenj. TIT. 5921. sprach aber dô diu erre (: verre) HEINZ. 104, 123. der erren rede *ib.* 123, 40. in der erren vart ULR. *Wh.* 165ª. diu erre triuwe HPT. 1, 484. an den erren brieven AD. 595. der erre, die erren Mz. 1, 306. 428. unser frawen tac der erren, der êrsten *Mariä himmelfahrt* URB. *Son.* 5ᵇ; 6ª. 7ª. unser vrowen der erren AD. 928, in der erren 808 (= erne).

er-erbnusse *stf. das ererben* OBERL. 338.

êresîe *stf.* (I. 446ᵇ) *ketzerei, hæresia* Ms.

êrest *adj. adv. s.* êrst, êrte.

êre-tac *stm. s.* ertac.

êre-tac *stm.* (III. 5ᵇ) *hochzeitstag* GL.

êre-veige *adj.* (III. 290ᵃ) veige *in beziehung auf die ehre* Mai.

erf- *s.* erv.

er-frenzen *swv.* (III. 395ᵇ) *mit fransen besetzen, zieren* Ls.

er-gâhen *swv.* (I. 455ᵇ) *ereilen* Iw. Parz. Trist. Nib. Gudr. Tit. 134, 4. (*j.* 1142. 5001). Wwh. 315, 17. Ulr. *Wh.* 117ᵇ. 154ᶜ. 259ᵈ. Hadam. 343. 354. 364. 412. Rud. *weltchr.* 146ᵃ. Albr. 1, 996. 17, 15. Kirchb. 619, 17. Ls. 2. 27, 106.

er-gal *prät. s.* ergëllen.

er-gâmen *swv. s.* ergoumen.

er-gân, -gên *stv. red. an.* (I. 471ᵃ) ergienc, ergie; ergangen, ergân *ergehen, allgem.: intr. zu gehen beginnen, kommen, geschehen; zu ende gehen, sich vollenden* (diu heiligen wort müezen elliu ergân Karaj. 20, 18); *zergehen, zerschmelzen* Wolk. 118. 4, 12; mir ergât ez, *mir gelingt, schlägt aus, wol oder übel* (daz ez der schœnen müeze ergân nâch êren unde wol Msf. 207, 26); — *tr. gehend erreichen* Mar.; *durchdringen* Iw. Trist.; — *refl. sich ergehen, kommen* Bon. Reinh. Elis. 3205; *zu ende gehen, verlaufen*, sich hât der tac ergangen Beliand 4370. ê siben tage ergiengen sich Pass. *K.* 605, 12; ergangener zins, *dessen zahlungstermin vorüber ist* Chr. 5. 134, 14. 135, 8. Oberl. 340. — *mit an (anfangen* Gen.), ûz.

er-ganzen *swv.* ganz *werden* Diut. 2, 104.

er-gaten *swv. empfangen.* einen mit lêve ergaten Karlm. 208, 32. *vgl.* Dwb. 3, 815;

er-gateren *swv.* (I. 489ᵇ) *erschrecken, erzittern* Tund. (50, 28), *nach* Dwb. 3, 816 *wol in* erdateren *zu bessern, doch erscheint das wort auch* Mai 189, 38: si begunden ergateren (: gevateren) alle von dem mære. — *ich fasse* ergateren *als iterat. von obig.* ergaten, *das intr. die bedeut. herankommen, aufkommen haben müsste* (*vgl.* gaten, gegaten), *so dass* ergateren *der begriffsentwicklung nach ganz dem* erkomen *zu vergleichen wäre.*

er-gazt *part. s.* ergetzen.

erge *stf.* (I. 55ᵇ) *bosheit, feindseligkeit* Wwh. Lieht. (470, 31). Msh. 2, 244ᵃ. Pass. 65, 84. 99, 87. 184. 87. 216, 12. 364, 33. *K.* 683, 38. Jer. 12ᵃ. 48ᵃ. 82ᵇ *etc.* Kirchb. 706, 53. Ga. 1. 42, 60; *kargheit, geiz* Wig. Freid. Herb. 3055. 57. Pf. *üb.* 28, 93; erge des silbers, *geringer gehalt der münze* Mone *z.* 2, 414; *personif.* vrou Erge (*geiz*) Wig. 8714; Erge *m. als ochsenname* Helmbr. 827. — *zu* arc.

er-gëben *stv. I*, 1 (I. 504ᵃ) *contr.* ergên (Griesh.

2, 28), ergît *st.* ergibet (Pass. *K.* 113, 76. Kindh. 97, 71) *ergeben, allgem. u. zwar: tr. zeigen,* du solt sô hôhe sprunge ergeben Reinh. 341; *heraus u. wieder geben* Pass., *eine thatsache in der erzählung wieder geben* Elis. 32. 3134. 9062, rede ergeben, *rechenschaft ablegen* Barl. Germ. 2, 360; *aufgeben, fahren lassen* (sin leben an dem crûce ergeben Pass. 116, 22. daz er alle unmâze wolde ergeben Elis. 1785); *mit dat.* (*od. präp.* an, in) *in jemandes gewalt geben, übergeben, anheim geben* (si ergâben mich dem gotes segen Krone 22716. sô wil ich gote dich ergeben Engelh. 1573. Germ. *H.* 9. 130, 1515. Ulr. *Wh.* 125ᵃ. 132ᶜ. mîn lîp sî dem tode ergeben Beliand 2451. daz konden sie doch gote ergeben Elis. 1826. daz wir mit friem guoten willen geordnet und ergeben haben dem convent unsern hof Mz. 1, 391 *a.* 1384); *absol. mit dat.* mühe und kosten vergelten, einträglich sein Ms. (= Msf. 164, 6); — *refl. sich zeigen, zum vorschein kommen* Pass., *sich strecken, dehnen* (daz holz ergît sich leider niht Kindh. 97, 71), *sich ausbreiten, verbreiten,* ertbiben, daz sich ergab vil wîten Pass. 91, 17. 22. ein ruch, der sich von im ergab an die andern *K.* 302, 33. daz (mêre) sich sô hin ab harte wîten ergab *ib.* 427, 67; *im kampfe, in jemandes gewalt sich ergeben* (Iw. Walth. Ulr. *Wh.* 136ᵃ. 171ᵃ) *mit dat.* (Rul. Nib. apgote sich ergeben Ulr. *Wh.* 189ᵈ. si ergâben sich dem edelen Bernære Rab. 1013) *od. mit präp.* in (Iw. Parz. si ergâben sich mit schalle in des Bernæres gewalt Rab. 1014. in den tôt sich erg. Pass. 253, 59); *sich vorwärts beugen, kraftlos niedersinken* Iw. und ergâben sich ze valle von den orsen ime ze vüezen Krone 11169; *ins kloster gehen* Ulr. (*vgl.* begeben); sich schuldic ergeben, *die schuld eingestehen* (Er. 1236. Spec. 97. Griesh. 2, 28), *oder* der schulde sich erg. Gen.; *sich eines d. erg., darauf verzichten* Herb. Mone *schausp.* — *mit* ûf;

er-gëbnusse *stf. übergabe, schenkung* Mz. 1, 313 (*a.* 1349).

er-gegen-legunge *stf. dagegenlegung, entschädigung* Chr. 2. 529, 17.

er-geilen *swv.* (I. 495ᵃ) *froh machen, erheitern* Parz. Konr. (du fröuwest und ergeilest die kristen algemeine Pantal. 976. swen ir berndez minne zwî niht ergeilen künne Msh. 2, 318ᵃ). daz diu wunn manic trûrec herze in vreude ergeilet Loh. 3716; *refl. mit gen. sich erfreuen,* ich solte mich ergeilen noch hînaht dîner minne TROJ. 29046.

er-geisten *swv. mit geist erfüllen, begeistern.* got in irgeiste mit sô gnâdinrîchir vlût JER. 147ᵈ.

er-geit *part. s.* erjëhen.

er-gëlfen *stv. 1, 3 intr. laut werden, bellen.* do wart der bracke ergelfen HELDB. *H.* 1. 230, 536; *tr. laut, kund machen,* nieman moht ergelfen die grôze vreude, diu dâ was MALAG. 4ᵃ; *klar machen, erhellen,* hie mite wil ich iuch helfen mit mîner kunst iuwer riuwen swarz ergelfen *ib.* 229ᵃ.

er-gëllen *stv. I,* 3 (I. 519ᵃ) *erschallen* GUDR. Ms. SERV.; *die stimme ertönen lassen, aufschreien* KRONE (1500), do ergal daz kleine kindelîn WOLFD. 174. er stiez in vaste nider, daz er lûte ergal LOH. 2205. ein kindlîn klein ergal WOLK. 19. 1. 13;

er-gellen *swv.* (*ib.*) ergalte; ergellet, ergalt *durch schall erschüttern, erschellen.* mir wurden beidiu ôren ergellet von sô süezem schal LS. 1. 235, 33.

er-gellen *swv. intr. mit galle sich erfüllen.* mit hazze sô irgellete der Sudouwin gemûte JER. 113ᵇ.

er-gëlsen *swv. aufschreien, die stimme erschallen lassen.* die hôrte man lûte ergelsen (: velsen) DRACH. 122, 6. *ebenso*

er-gëlzen *swv.* (I. 519ᵇ) HÄTZL.

er-gên *stv. s.* ergân *u.* ergëben.

er-gënen *swv. s.* erginen.

er-gengen *swv.* (I. 478ᵃ) *zum gehen bringen* KARL; *machen, dass etw. aufhört zu gehen, auslöschen* (daz viur) TROJ.

erger *stm. bösewicht, aufrührer;* oft *bei* BEH. z. b. 66, 24;

ergern *swv.* (I. 55ᵇ) argern PASS. *verschlimmern, verschlechtern, verderben.* den schaden ergern DRACH. 364. hât er daz (vederspil) geergert SWSP. 198, 18. 212, 14. 265, 34. die münze ergern, *verschlechtern* MONE *z.* 2, 425. Mw. 371. geärgerter oder vermengter wein NP. 251. den weingarten ergern UKN. 463 (*a.* 1373); *zum bösen reizen, ärgern* GRIESH. PASS. (*K.* 458, 56). RENN. 2493. 2503. 14842; *refl. ärgernis nehmen* BERTH. *Kl.* 99, *mit gen.* MYST., *mit präp.* dâ ergernt sich vil leien mit RENN. 10763. — *mit ge-, ver-;*

ergerunge *stf.* (I. 56ᵃ) *verschlechterung.* ân alle ergerung, sine pravitate STZ. 40. des plandes erg. MÜNCH. *r.* 42. der münze erg. MONE *z.* 2, 423 (*a.* 1409); *ärgernis* RENN. 4054.

10658. 10682. 10755 *ff.* 14840. WACK. *pr.* 70, 182. PF. *üb.* 150, 888. PASS. 3, 71. 10, 73. 81, 33. 126. 47. 64; argerunge *ib.* 10, 59.

er-gerwen *swv. s. v. a.* engerwen. sie wurdent alle engerwet, in geschach vil wê WOLFD. *Frankf. hs.* 222ᵃ (= *Holzm.* 2192).

ërge-tac *stm. s.* ërtac.

er-getzen *swv.* (I. 544ᵃ) *prät.* ergazte, *part.* ergetzet, ergazt (ELIS. 10271) *factit. zu* ergëzzen: *vergessen machen, entschädigen, vergüten.* den schaden ergetzen Mw. 168, 20 (*a.* 1287). Mz. 3, 24 (*a.* 1335). wir sülen unser diener ergetzen Mw. 253, *gewönl. mit gen.* einen eines d. erg., *allgem.* (*vgl. noch* j. TIT. 989. 1481. KRONE 12333. ELIS. 10271. NETZ 13290. einen des schadens ergetzen Mw. 255, 21. W. 55) *od. statt des gen. ein ganzer satz* NIB. WOLFR., *od. mit präp.* an (PARZ. an dem ich ergetzet bin ORL. 1681. 88), *oder mit* ER. WOLFR. (*mit gen. u.* mit: des ergazt er dich alles mit guote KCHR. *D.* 371, 28); *erfreuen* NARR. 5, 27;

er-getzen *stn.* (I. 544ᵇ) *das vergüten, die entschädigung* PARZ.;

er-getz-lîcheit *stf. vergütung, belohnung* zu ergetzlichait seins guten willens haben wir im geben zwaihundert guldein MH. 2, 219;

er-getzunge *stf.* (I. 544ᵇ) *ersatz, vergütung* BERTH. *Kl.* 191. ergetzung des schadens W. 41 (*a.* 1340). Mz. 2, 622 (*a.* 1327). derselben ergetzung sol ieder man sicher und gewis sin Mw. 255, 21 (*a.* 1317); *erkenntlichkeit, belohnung,* gnedige ergetzung CP. 329;

er-gëzzen *stv. I,* 1 (I. 543ᵃ) *vergessen mit gen.* DIEM. GEN. daz ire got ergaz HIMLR. 119; *mit dat.* BON. TROJ. HERB.

ergger *stm. s.* ärker.

er-giet *s.* ergiht, erjëhen.

er-giezen *stv. III.* (I. 541ᵇ) *ausgiessen, vergiessen.* diu wazzer hart ergozzen RUL. 293, 13. ist ain fraw swanger so ergeuzt ir die purt (*fetum fundit*) MGB. 455, 9. so s' korn recht hat ergossen, *viel mel abgegeben hat* NETZ 9382; *in eine form giessen,* ergraben und ergozzen j. TIT. 326. (Z. 2. 84, 458.) ergozzen niht gemâlet *ib.* 375. als ein bilde ergozzen KOL. 279, 96; *refl. sich ergiessen* MYST. (2. 27, 28). TROJ. (daz mer sich ergôz 24109). PASS. 118, 72. daz ir ougen beide sich erguzzen von der nôt *ib. K.* 416, 47; *sich verbreiten,* sîn mære witen sich ergôz *ib.* 11, 36 (*H.* 314, 29). von dem liechte, daz sô grôz sich ûz dem kerker ergôz *ib.* 182, 9.

er-giften *swv. vergiften.* daz er die luft ergifte Pass. K. 90, 36.
er-giht *stf. beweis.* ergiet Karlm. 404, 47; s. úrgiht.
er-gilwen *swv.* (I. 497ᵇ) *gelb machen* Tauler.
er-ginen, -gënen *swv.* (I. 527ᵃ) *das maul aufreissen* Reinh. Beitr. (= Neidh. 47, 15).
er-gischen *swv.* (I. 536ᵃ) *aufschäumen* Diem.
êr-gîtec *adj.* ambitiosus Dfg. 29ᵃ; êrengîtec Such. 38, 65;
êr-gîtec-heit *stf.* ambitio Dfg. 29ᵃ.
er-glaffen *swv. bethören, berauschen.* sô wîn ein man ein wîp erglaft (: trunkenhaft) Kolm. 100, 26. *vgl.* Schm. 2, 91.
er-glasen *swv.* (I. 546ᵃ) *glasartig werden* Gest. R. Helbl. sîniu ougen wâren ime erglast Krone 19818.
er-glaste *prät. s.* erglesten.
er-gleifen *swv. abschüssig machen, abstreifen.* unz si im ergleiften hût unde vleisch ûffez bein Pass. K. 392, 70.
er-glemmen *swv.* (I. 548ᵇ) *anfangen zu glimmen, glühen* Pass. (*im reime auf* klemmen *sw.*). — *zu* erglimmen.
er-glenzen *swv.* (I. 549ᵃ) *prät.* erglanzte *intr. erglänzen, aufleuchten* Trist. H. Frl.; *tr. glänzend machen, erleuchten* Frl. Beitr. (= Msh. 1, 150ᵉ); *refl.* Wolk. 34. 1, 19.
er-glesten *swv.* (I. 547ᵃ) *prät.* erglaste *aufleuchten, glänzen* Er. Gudr. Walth. Bit. 12129. Dietr. 3450. Ernst 4683. S. Mart. 8, 7.
er-glîen *stv. II.* (I. 548ᵃ) *aufschreien* Mone *schausp.*
er-glimmen *stv. I,* 3 *erglühen.* sîn gemûte sêre irglam in zorne Jer. 111ᵃ.
er-glitzen *swv.* (I. 550ᵃ) *erglänzen* Such. daz schilt und helm erglitzen Loh. 1636. nû sach man schilde ergl. 2436;
er-glîzen *stv. II.* (I. 549ᵇ) *erglänzen* Gudr. Ludw. v. Th. 7472.
er-glosen *swv.* (I. 551ᵃ) *erglühen* Helbl.
er-glôsen *swv.* (I. 551ᵇ) *ausdeuten, ergründen* Mart. (74, 70. 111, 58).
er-glüejen *swv.* (*ib.*) *md.* erglûen, erglühen (Jer.); *prät.* erglüete, ergluote, *part.* ergluot *intr. in glut kommen* Er. (*s. Lachm. z.* Iw. 749). dar nâch erglüeje ich an der stat Msh. 2, 366ᵇ. daz ich sô dicke iht erglüe Ab. 1, 223. daz ez mit alle erglûte Pass. 114, 73. die ougen sach man im erglûen *ib. K.* 87, 59; *tr. in glut setzen* Tit. Rab. er hiez ein îsen erglûen Pass. 257, 86 (*K.* 388, 62). einen oven erglûen

258, 15 (*K.* 107, 27). der den menschen erglûe *ib. K.* 104, 34. daz den brûdir in zorn irglûhete Jer. 134ᶜ.
er-gouchen *swv.* (I. 558ᵇ) *intr. närrisch werden* Trist. Reinh. *sendschr.; tr. zum thoren machen* Bon. Karl (2993).
er-goumen *swv.* (I. 560ᵃ) *bemerken.* ergâmen Wolk.
er-graben *stv. I,* 4 (I. 561ᵇ) *aus dem grunde graben, herausgraben, bildl. erforschen.* der (zeichen) ich niht wil ergraben Pass. K. 372, 78. mit bîhte daz herze ergr. *ib.* 590, 1, *erreichen,* dû woldest helfe an im ergraben *ib.* 434, 47 (*hieher?* der wil handelôse stricke ergraben Renn. 12744); *hinein graben, versenken,* wir wâren alle in sunden ergraben Pass. K. 82, 20, *spec. künstlerisch in stein od. metall graben, gravieren* Parz. Trist. Serv. zwên bouge wol gestainet und ergraben Priesterl. 694. die steine von bilden schöne ergraben Troj. 17441. manic capitel gesniten und ergraben 17521. die göte wâren drinne an silber unde an golde ergraben 17633. der apfel goldîn und ergraben 23662. mit heidenischen buochstaben ergraben Beliand 2039. diu îsen ergr. Ga. 2. 581,101; *bildl.* daz gebot ergr. Pass. 180, 76. die sîner brust was ergraben 367, 60. in sînes herzen grunt was Cristes name sô ergraben *ib. K.* 64, 71. sîn wille was dar an ergraben 246, 94. doch ist mîn wille drûf ergraben 373, 92; *mit zierrat einlegen,* der (spiegel) was von helfenbeine wæhe ergraben kleine Neidh. 124, 21.
er-gramen *swv. intr. in zorn geraten, zürnen mit dat.* wir sîn in sô harte niht ergramt Priesterl. 551, *ohne dat.* Schame und Zuht sint ergramt Helbl. 2, 399; *s. v. a.* ergremen Engelh. (I. 575ᵇ, 5). *vgl.* vergramen.
er-grannen *swv. anfangen zu greinen, heulen.* von nîdes hazze ergrannen Mart. 203, 96. *vgl.* Diem. 15, 17.
er-greifen *swv.* (I. 572ᵃ) *ergreifen* Kol. (*im* Wb. *sind, wie ich erst jetzt sehe, begreifen u.* ergreifen *verwechselt, deshalb ist auch oben sp.* 147 *unter* begreifen *das citat* Kol. *zu streichen u. an seine stelle* Diem. *zu setzen mit der bedeut.* betasten). *vgl.* ergripfen.
er-grëllen *stv. I,* 3 *aufschreien.* wen diu frou ergrilt (: milt) und daz kindlîn von ir wil Weim. *hs. p.* 158.
er-gremen *swv.* (I. 575ᵃ) gram *machen, in zorn versetzen* Rul. Lampr. Rab. Loh. (5448).

APOLL. 7826. TROJ. 28513. KARL 5122. DAN. 1129. AMIS 1965. *vgl.* ergramen. *ebenso.*
er-gremzen *swv.* (*ib.*) *intens. vom vorig.* PASS. (217, 52. *K.* 42, 24. 55, 3). JER. 149ᵃᵈ. *vgl.* GERM. 7, 96.
er-grensen? *swv.* JER. 48ᶜ, *warscheinlich =* ergremzen *s.* GERM. 7, 96.
er-grîfen *stv. II.* (I. 571ᵃ) *ergreifen, erfassen, erreichen* HARTM. (den list ergr., *klug, erfahren werden* ER. 1325). PARZ. TRIST. unz er einen grôzen walt ergreif KRONE 14234. ê si die vart ergriffen KARL 112ᵃ. der tugende bejac ergr. PASS. 324, 1.
er-grimmen *stv. s.* erkrimmen.
er-grînen *stv. II.* (I. 576ᵇ) *intr. anfangen zu* grînen GUDR. WOLK. 14. 4, 15; *tr. zum* grînen *bringen* BUCH *d. r.*, ir wellet die armen liute gar under drücken und ergrînen mit iuwerm unrehten gewalte BERTH. 484, 15; einem etw. a b e ergr., *durch* grînen *abnötigen* BERTH.
er-gripfen *swv.* (I. 573ᵃ) *ergreifen, erfassen.* der reine ergripfte einen stein mit der hant ULR. *Wh.* 269ᵈ. ergripfte er ez BIRKENST. 195; e r k r i p f e n Ls. GERM. 3. 426, 33. NETZ 7234.
er-grîsen *swv.* (I. 577ᵃ) *grau werden* GERH.
er-griulen *swv. imp.* (I. 584ᵇ) *grauen* j.TIT. (2688).
er-grôzen *swv.* (I. 580ᵃ) *mich ergrôzet eines d., es ist mir zu viel* NICOD.
er-grüejen, -grüen *swv.*(*ib.*)*md.* ergrûen *intr. ergrünen, emporwachsen bildl.* des küneges herze ergrüete BLIKER 246; *tr. grün machen* PASS.; *refl.* swes rûte sich ergrûet *ib.* 12, 11. die (der tugende blûte) sich tet ergrûen an Dominicus lebene *ib. K.* 372, 70;
er-grüenen *swv.* (I. 581ᵃ) *grün machen* SUSO.
er-grüezen *swv. begrüssen, ansprechen* NETZ 8313. 8779. 11776.
er-gründen *swv.* (I. 582ᵃ) *bis auf den grund durchdringen u. durchforschen* ANEG. TROJ. (10525. 17488). MSH. 3, 410ᵇ;
er-gründer *stm. kenner der hl. schrift* PASS. *K.* 192, 6.
er-grûsen *swv. intr. zusammenschauern, erschrecken.* dar ûz die wort gesûset von dirre strange erklingent, des menlich herze ergrûset j.TIT. 4961 (*gedr.* gesuzzet: ergruzzet). daz ime daz ôre sûsete und ouch der geist ergrûset AB. 1, 262; *tr. erschrecken,* daz ergrûst und erschreckt mich sêr ÖH. 1, 28.
er-güften *swv. zu ende rühmen.* die (zierde) mohten alle meister niht ergüften j.TIT. 6124. WH. *v. Öst.* 64ᵃ.

er-gurren *swv. zu einer* gurre *werden, schlecht wie eine* gurre *laufen.* ir beider ors ergurten j.TIT. 2172. ergurret sîn LANZ. sîn ors was niht ergurret an loufe noch an sprunge TROJ. 35064.
er-gürten *swv. s. v. a.* engürten *mit dat.* hie mit er im ergurte j.TIT. 4911. einem daz vel ergürten NETZ 1303. 34.
er-haben *swv.* (I. 600ᵃ) *aufrecht erhalten* BARL. *auf-, zurückhalten* SCHILTB. 78;
er-haben *part. adj.* (I. 645ᵇ) *erhaben* MYST. ez ist sô meisterlîch erhaben sîn getiht LOH. 7639; erhaben brôt, *gesäuertes brot* SCHILTB. 138. *s.* erheben;
er-haben-heit *stf.* ein erh. des gemüetes MYST. 2. 568, 37;
er-habunge *stf.* (I. 601ᵃ) *erhebung* MYST., des gotshûses erh., *stiftung* MONE *z.* 21, 327 (*a.* 1346).
êr-haft *adj.* (I. 445ᵇ) *ehrenhaft* LANZ. LAMPR. EN. (êrh. tôt 204, 1). PASS. (106, 44. 116, 49. 166, 50. 189, 27. *K.* 151, 23); *herrlich, glanzvoll,* êrhafte sezzele HIMLR. 325; *als epith. ornans s. v. a.* êrbære, ein êrhafter knecht Mz. 4, 392; *in urk. auch oft für* êhaft, ân êrhafte nôt UHK. 2, 43. 75. USCH. 328. 402 *etc.;*
êr-hafte, -haft *adv.* (*ib.*) DIEM. êrhaft predigen GERM. *H.* 7, 285. er hiez machen êrhaft eine vil grôze wirtschaft PASS. *K.* 22, 24.
er-hâhen *stv. red. I*, 1 (I. 610ᵃ) *contr.* erhân, *prät.* erhienc, erhie; *part.* erhangen *erhängen* HARTM. TRIST. PASS. (179, 56. 189, 21). SPEC. 67, 174. gevangen und erhangen GR. RUD. 13, 2. daz er werd erhangen REINH. 1431. 1862. gekrœnet und erhangen SILV. 4014.
er-hal *prät. s.* erhëllen.
er-haln *swv. s.* erholn.
erhalt *m. herold.* durch die erhalden einen friden uszkunden und uff blosen lassen MH. 1, 204; e r n h a l t J. *a.* 1442. CHR. 3. 397, 7. 12. 15. 399, 21. ernhold ZIMR. *chr.* 4, 582ᵇ. — *umgedeutscht aus span.* heraldo, *ital.* eraldo, *denen wieder ein deutsch.* hariwalto, *heerbeamter, entsprechen könnte* DIEZ 1, 28. WEIG. 1, 500. DWB. 3, 61.
er-hân *s.* erhâhen *u.* erheben.
er-hancte *prät. s.* erhengen *u.* erhenken.
er-hangen *part. s.* erhâhen.
er-harn *swv.* (I. 633ᵇ) *aufschreien* GEN.
er-harren *swv.* (I. 636ᵇ) *durch* harren *erlangen* HÄTZL.; *ertragen, erdulden,* sein gnad mug das nicht lenger erharren DH. 405.

er-harten *swv.* (I. 639ᵇ) *hart werden (nicht zu belegen).*

er-hasen *swv.* (I. 640ᵇ) *furchtsam sein, niederducken wie ein hase*, *part.* erhaset *furchtsam, zaghaft* Ls. DWB. 3, 840.

er-heben *stv. 1*, 4 *u. sw.* (I. 645ª) *das st. part. auch contr.* erhân (DIETR.), *sw. part.* erhebt GA. 2. 120, 409 *u. oft in den* CHR. (*s. die glossare u.* DWB. 3, 845) *neben* erhaben: *tr. auf, in die höhe heben* PARZ. NIB. BIT. daz swert erh. KARL 75ᵇ. ze liehte erhaben ER. 5624. der tisch erhaben wart, *aufgehoben* TROJ. 20573. ENGELH. 1313. REINH. 1813. dô man die tische het erhân DIETR. 4629. 5329. eine schul erh., *stiften* CP. 19. unhôhe erh. *mit dat. s. v. a.* unhôhe heben, *gleichgültig sein* HELMBR. (210); *aus der taufe heben* BERTH. 313, 24. 25. 35. 37. LOH. 3824. 7202; *zu oberst stellen oder setzen*, sine wurde in der naht erhaben (*ohne dass sie in der nacht zur landesherrin erhoben wurde*) ER. 6318; *heilig sprechen*, da wart erhaben sant Brigida von dem pabst CHR. 1. 356, 10. sam ein heileger erhaben LOH. 7472; *erheben, anheben, beginnen* PARZ. TRIST. swenn ichz erhebe MSF. 165, 8. ein spil erh. ATH. *C** 84. ER. 9597. den strît erh. OTN. *p.* 67. zorn erh. DAN. 944. und erhuoben grôz gebrehte SILV. 4843. von dem diz buoch ist erhaben ERNST 78. von der disiu mære erhaben sint GREG. 501. swer den site erhaben hât BÜCHL. 1, 266. den ophersanc erh. MARLG. 188, 416. nu wart ein ungetrûwer funt erhaben ELIS. 1009; *mit erhabener arbeit verzieren* NIB. ein bette von golde hôch erhaben ERNST 2379. dâ was golt ane (*am* pfellel) erhaben HERB. 10667. dar an einer frawen pilt was von golde erhebt BELIAND 1581; einen eines d. erh., *überheben, es ihm erlassen* GLAUB. 2082; — *refl. sich aufmachen* PARZ. NIB. dô hete sich Ermrîch erhân DIETR. 5547; *anheben, beginnen* MAI, daz sich diu werlt erhuop RUL. 285, 13. reise diu sich erhuop TROJ. 24559. do sich ir parlament erhûb ELIS. 246; *sich überheben, gross thun ib.* 877, *mit gen.* L. ALEX. (er irhûb sich grôzer êren 7157). — *mit* ûf, ûz;

er-heber *stm. anfänger, urheber* CHR. 3. 276, 23;

er-hebunge *stf.* exaltatio DFG. 214ª. EVANG. L. 1, 14.

er-hecken *swv.* (I. 607ᵇ) *zu tode stechen* Ls.

er-hegen *swv. hegen, aufziehen.* holz erziehen und erhegen Mz. 4, 10. *ebenso*

er-heien *stv. red. II.* (I. 649ᵇ) *nur im part.* erheien HÄTZL. *vgl.* DWB. 3, 846.

er-heilen *swv. heilen* HPT. *h. lied* 41, 31. ROTH *pr.* 59, 30. AW. 3, 158; *s.* GERM. 9, 366.

er-heizen *swv.* (I. 657ᵇ) *heiss, feurig werden.* sô sîn zorn irheizet, cum exarserit ira ejus FDGR. 1. 51, 14. daz ros was mir erheizet BELIAND 1328. 1430; *heiss machen, anfeuern* DIEM. ouch wart sîn muot erheizet ze strîte von den worten TROJ. 27910. sîn herze wirt erheizet und deste mê gereizet ûf einen grimmeclîchen strît 34101.

er-hëllen *stv. I*, 3 (I. 683ᵇ) *intr. ertönen, erschallen, allgem.* (dâ si den walt mit krache hôrten erhellen j. TIT. 1141. man hôrte manic seitenspil dâ clingen unde erhellen TROJ. 26259. ob kein stimme erhelle dir in die ôren? PASS. *K.* 612, 74. daz im daz herze erhal GA. 2. 560, 262); *tr. durch geräusch aufwecken* HÄTZL.

er-hengen *swv.* (I. 611ª) erhancte, erhenget *s. v. a.* verhengen, *geschehen lassen* PARZ. ich erhengez wol WARTB. 122, 7; *erhängen* REINH. er gienc heimelîche an ein stat und wolde sich erhengen (: brengen) PASS. 196, 2. *vgl. das folgd.*

er-henken *swv.* (I. 610ᵇ) erhancte, erhenket *erhängen.* er wart erhenket an ein criuce SILV. 2497. gê, ganc dich erhenken Ls. 2. 704, 319; SPEC. 66. DIETR. 8391 *var.* MGB. 219, 25. CHR. 8. 257, 22. — *zu* hâhen, hangen.

er-henken *swv. prät.* erhancte *anfangen zu hinken.* als ime daz marc irhancte ROTH. 2772. — *zu* erhinken.

ërher *s.* irher.

er-herten *swv.* (I. 639ᵇ) *tr.* herte *machen, erhärten, bekräftigen* RUL. sîn herze wirt erhertet EXOD. 93, 3. 96, 7. er was erhertet in den sinnen BIT. 11227; *intr. es aushalten, ausdauern* RUL.

er-hesten *swv. ereilen.* die begunde erhesten ALBR. 120ᵇ.

er-hetzen *swv.* (I. 642ᵇ) *prät.* erhazte *hetzen, aufreizen.* ob man den (*hund*) reht erhazte HADAM. 11 (DIEM. 65, 23 *ist wol* erheizet *zu lesen, s. oben*).

er-hinken *stv. I*, 3 (I. 687ª) *anfangen zu hinken* HELBL. MART. (*lies* 57, 55). ir sît in mînem lobe erhunken MSH. 2, 232ª.

er-hischen *swv.* (I. 692ª) *aufschluchzen* LOH. Ms. dâ von ein kint erhischen mohte j. TIT. 3973. von sîner kumft daz herz erhischet SION (WEINH. *leseb.* 181ᵇ, 52).

er-hitzen *swv.* (I. 658ª) *intr. heiss (rot) werden* EN. GSM. WACK. *pr.* 56, 300. EVANG. 253ª. dô begunde erhitzen sîn herze ûf den gedanc TROJ. 4186. vaste si begunde erhitzen und erwarmen 22919. enbrennet und erhitzet ist er ûf keiserlîche tugent 1742. er ist dar ûf erhitzet 24730. si begunde von scham erhitzen sam in einer glüete KOL. 282, 210. biz daz ir erhitzet und ein wênic erswitzet GA. 2, 169; *tr. heiss machen, in hitze setzen,* daz erhitzit den magen MEIN. 7. er kan die sêle erhitzen PASS. 112, 2; *refl.* sich began ir liebe irhitzen ûf in *ib.* 373, 70.

er-hogen *swv. s.* erhügen.

er-hœhen *swv.* (I. 698ª) *erhöhen, erheben* FRL. dû hâst si erhœhet über alle himele MSH. 2, 329ᵇ. erfröuwen und erhœhen ENGELH. 375. daz herze erhœhen 6208. des künne wil ich erh. TROJ. 12171. dô wart sîn muot erhœhet 23100. erhœhet vür die graben was diu mûre 17392; *refl.* die türne heten sich erhœhet vür die mûre *ib.* 17394;

er-hœhern *swv.* (*ib.*) *höher machen, erheben* BON.;

er-hœhunge *stf.* (*ib.*) *erhebung* CHR. 8. 392, 19.

er-holeren *swv.* (I. 680ª) *aushölen* MYST. *zu*

er-holn *swv.* ein horn gewunden und erholt KRONE 19648. erhöln DWB. 3, 855 (*a.* 1490). *vgl.* erhüln.

er-holn *swv.* (I. 703ª) *im* RUL. erhaln, erhalte: *tr. einbringen, erwerben* WOLFR. Ms. genâde erholn PASS. *K.* 305, 67. daz mac dir sælikeit erh. GA. 2. 128, 36. unz si den tôt erholten DAN. 3349. 7029. ob ich den sige an im erhol *ib.* 1547. die ding rechtlich erholn, *aufrechtlichem wege dazu kommen* DH. 397; *versäumtes nachholen, gut machen* LESEB. (*der seele trost*); *erfrischen, erquicken,* mit herter ritterschaft erholt LIEHT. 76, 14; — *refl. wieder aufkommen, sich erholen von, eine versäumnis gut machen (mit od. ohne gen.), allgem. s. noch* dô erholte sich daz mac BIT. 9235. des slages sich erh. DAN. 1660. SIGEN. *Sch.* 93. er erholte sich der nôt KARL 71ᵇ. veiger ungeschiht sich erh. TROJ. 17747. der rache wolde er sich erh. PASS. *K.* 21, 13. si enmohten es sich mit nihte erh. HEINR. 682; sich erh., *von einer verirrung zurückkommen, sich anders besinnen* GUDR. 1287, 1; *im rechtl. sinne einen verstoss im verfahren, in der rede wieder gut machen, unrecht gesprochenes bessern u. dadurch erlittenen schaden wieder einbringen* SSP. I, 60. 61, 3.

FREIBERG. 187. 198; *statt des gen. mit präp.* an GUDR. WIG., von TRIST. von swære niht enkunde er sich erholn ER. 9305. wie ich mich wider iuch erhol BIT. 4459.

er-hœren *swv.* (I. 713ª) erhôrte; erhœret, erhôrt *hören, hörend warnehmen* A. HEINR. PASS. dô dîn ôr den gruoz erhôrte MSH. 3, 430ᵇ. wirt dîn name erhœret PANT. 649. daz er erhôrte eine wîse REINH. 247. wir wæn ein wolf erhœret hân 515. hât ir erhôrt des iht? ELIS. 9175; *erhören* TRIST. MAI, die bete erh. PANT. 641.

er-hossen *swv. laufend einholen, ereilen.* derz ze rosse sol erhossen MF. 181, 53.

er-houwen *stv. red. III.* (I. 721ᵇ) *aushauen* FLORE; *stechen* (mit den sporen erh. RUL. 233, 24), *auf-, zerhauen* NIB. KL. WWH.; *durchhauen erwerben* WWH. nû haben iuwer hende dise sælekeit erhouwen KRONE 19284; *refl. sich müde hauen, durchschlagen* GUDR. er erhiu sich von dem fuozher LANZ. 1417.

er-hügen *swv.* (I. 725ᵇ) *md.* erhugen, *ndrh.* erhogen *intr. zurückdenken, gedenken* LESEB.; erh. umbe etw., *sich über etw. freuen* KARLM. 10, 14. 154, 32; *refl. mit gen. sich erinnern* GLAUB. WACK. *pr.* 83, 53; *trans. erfreuen,* die rede ir hôchgemüete erhügt LOH. 3711. alliu krêatiur erhügt wirt von im 7574. dat ich werden erhoget KARLM. 393, 11; *refl.* die mit huorheit sich erhugent HEINR. 1437.

er-hüln *swv.* (I. 680ª) *hol machen* HERB. *vgl.* erholn.

er-hungern *swv.* (I. 727ᵇ) *tr. durch hunger zwingen, aushungern* CLOS. LS. 2. 477, 163. MGB. 188, 33; *intr. verhungern ib.* 249, 9.

er-hunken *part. s.* erhinken.

er-hürnen *swv.* (I. 716ᵇ) *des horns berauben* AUGSB. *r.* (*W.* 311).

ërich *s.* irch.

ërich-, erig-tac *s.* ërtac.

er-îlen *swv. ereilen, einholen* KIRCHB. 791, 48. daz der strâlen wolde mit sîme sprunge erîlen TROJ. 29611; *der wirklichkeit entsprechend erzählen,* daz ieman sînes lîbes schônheit erîle ELIS. 3139. *vgl.* erjagen. — *mit* abe.

êrîn *adj.* (I. 438ᵇ) *ehern* LANZ. TRIST. BON. FLORE 1955. RENN. 9135. 9450. TROJ. 9729. 10645. GRIESH. 1, 71. 72. 2, 118. HPT. 7, 153. PASS. *K.* 29, 51. 56, 39. — *zu* êr.

êrinde *stn. s.* ârant.

er-innen *swv.* (I. 751ᵇ) *trans. inne werden* Ms.;

er-innerunge *stf.* mit erinnerung êwigen aids Gr.w. 1, 474 (*a.* 1430).

ërin-, ëri-tac *s.* ërtac.

er-ite-niuwen *swv.* (II. 390ᵃ) *erneuern* Nib. (1162, 4). hât dich ie heldes hant geslagen, daʒ wirt eriteniuwet dir Bit. 2167.

er-jagen *swv.* (I. 766ᵃ) *prät. u. part. auch contr.* erjeite, erjeit *erjagen* Nib. Wig. Gsm.; *erreichen, gewinnen* Wig. Pass. 148, 5. 248, 91. 296, 84. *K.* 25, 24 (*für* erjage ich den selben grât besitzen Erlœs. 233 *wird* Germ. 3, 329 *vermutet:* er jach, ich mac den selben g. b.); *s. v. a.* erîlen, *der wirklichkeit gemäss erzählen* Elis. 3135.

er-jëhen *stv. I*, 1 (I. 515ᵃ) *präs.* ergihe *bekennen, erzählen* Parz.; *ndrh. sw., part.* ergeit Karlm. 3, 44. 194, 11. ergiet 280, 39.

er-jëten *stv. I*, 1 (I. 538ᵇ) *präs.* ergite *von unkraut reinigen, das gute von dem schlechten sondern* Wolfr. daʒ gras lac, sam eʒ wære erjeten Ab. 1, 339. iuwer herze ist erjeten vor allen triuwen j.Tit. 5191. dîn herzetriuwe ist erjeten Ulr. *Wh.* 109ᵃ. 179ᵃ. 193ᵇ. — *mit* ûʒ.

er-jugenden *swv. refl.* Msh. 3. 98ᵃ *s. v. a.*

er-jungen *swv.* (I. 777ᵃ) *wieder jung machen, verjüngen tr. u. refl.* Rul. Gsm. Frl. Troj. 11121. Hpt. 7, 143. Kolm. 161, 12.

er-kalten *swv.* (I. 779ᵃ) erkalte, erkalt *kalt werden* Gudr. a.Heinr. Tit. Trist. als in die vorchte erkalte Roth *denkm.* 57, 25. sô diu heilec minne an uns erkaltet *pr.* 29. dar zuo næm ich die kluoge, diu nâch dem pfluoge sô dikke muoʒ erkalten Msh. 2, 159ᵇ. daʒ ich erkalte ze maniger stunt *ib.* 366ᵇ. ob ir erkalten Aw. 2. 142, 240. an der minne erk. *ib.* 3. 166, 66. der (mage) erkalt ist Mgb. 327, 19.

er-kant *part. adj.* (I. 810ᵃ) *bekannt, berühmt* Nib. Iw. Parz. er was erkantes herzen gein got Helbl. 1, 517. die den burgern erkant und vertraulich wern Cp. 237. die (*Wiener universität*) erkant ist in irn doctorn, maistern und studenten unz an die ende der cristenhait *ib.* 17. *s.* erkennen;

er-kante *swm.* (*ib.*) *der bekannte* Griesh.

er-kant-lich *adj.* (I. 810ᵇ) *erkennbar, bekannt* Tit. Barl. Mart. j.Tit. 1160.

er-kantnisse, -nusse *stfn. erkenntnis, einsicht* Griesh. 1, 34. Berth. *Kl.* 96. 327. Mart. 272, 40. Chr. 1. 156, 6.

[**er-kapfen** *swv.* I. 786ᵇ] Troj. (= begund er kapfen dar ûf in 3241). *s.* erkepfen.

er-kar *prät. s.* erkërren.

er-kære *stm. s.* ärkêr.

er-kargen *swv. ersparen.* was er die wochen het erkargt Beh. 386, 20.

er-këcken *swv. s.* erquicken.

erkel, herkle, adverb. jurandi Voc. 1482.

ërkeln *swv.* (I. 446ᵇ) *fastidire, ekeln, iterat. von* ërken (Dfg. 227ᵃ, 16. *jh.*) *fürs mhd. nicht zu belegen, aber öfter im* 16. *jh. vorkommend* (*schon a.* 1462 *ohne* r *echeln* Mone 7. 299, 109) *s.* Dwb. 3, 394. 866. Weig. 1, 284. Schöpf 47 *u.* ërklich.

er-kelten *swv.* (I. 779ᵇ) *kalt machen* Mein. 7.

er-kempfen *swv. erkämpfen, erstreiten* Apoll 5183. Msh. 2, 333ᵇ.

ërken *swv.* (I. 446ᵇ) *fastidire, s.* ërkeln.

er-kennec-lich *adj.* (I. 810ᵇ) *erkennbar, verständlich* Wolfr. erkenneclîchen harnas het der herre an sich geleit Eracl. 4726;

er-kennec-lîchen *adv.* (*ib.*) Parz.;

er-kenne-lich *adj.* (*ib.*) *wolbekannt* a. Heinr.;

er-kenne-lîche *adv.* dô wolde ouch er der vrowen sich erkenlîch wîsen, *zu erkennen geben* Pass. 94, 35;

er-kennen *swv.* (I. 808ᵃ) *prät.* erkante, -kande (*auch für den conj.* Greg. 3724. Büchl. 1, 208), *part.* erkennet, erkant: *absol. kennen, wissen, erkennen* Iw. Walth.; *tr. kennen, erkennen, kennen lernen, allgem.* (*statt des acc. auch nachsatz mit* daʒ; *mit doppelt. acc.* Iw. Wolfr. Ms.); *anerkennen,* daʒ wir erkant haben und erkennen alle di recht und gewonheit Mw. 302 (*a.* 1339), erk. zuo, *anerkennen als* Elis. 3108. 4520; *dankend, ehrend anerkennen:* got erk., gott ehren, seine erkenntlichkeit gegen ihn beweisen Greg.; sîn wîp erk., *beschlafen* Gen. Diut. 3, 55; *mit acc. u. gen.* die er erkande der sælden und der güete, *von denen er wusste, dass sie so viel güte und liebe besassen* a. Heinr. *B.* 1390 *u. anm.* wan si die muotvesten ir gevertes wol erkanden Lanz. 6331. den man erkande der kraft Ot. (Kchr. 2. 634, 181), an einem eines d. erk. Elis. 6824; *mit acc. u. dat.* zuerkennen Iw. Wolfr. Wig., *bekannt machen* Ms. den namen hete dir der engil erkennit Lit. 224, 38. ich weiʒ mêr von der minne dann ich ir hab erkennet Rennew. 13, 75; — *part.* erkant, erkennet *bekannt,* der keiser, wît erkennet, sprach wider si Otte 608, erkant sîn, werden, tuon (*machen*) *mit dat. allgem.* (*s. auch oben* erkant); — *refl. bescheid wissen, sich zurecht finden* Trist. Gerh. sich an, über einen erk., *ihn freundlich behandeln, gnädig beurteilen* Parz.; *mit gen. od. nachfolgd. satze verstehen, richtig beurteilen* Greg. Trist. Elis. 4148. der kunic erkante sich, daz ez wære gotes gebot Birkenst. 297; *bekennen, eingestehen,* ob er sich seiner schuld erkennt Uschr. 402 (*a.* 1405). ich erkenne mich an disem brif, daz Mw. 221 (*a.* 1305); *im rechtl. sinne* sich erk. *entscheiden, urteil sprechen,* als sich ritter und rihter darumb erkent haund Mz. 1, 496. nauch clag und widerred beider teil erkanten wir uns zuo dem rehten und sprauchen *ib.* 506. wir sein zu rât worden und haben uns erkennet von solcher sach wegen Chr. 1. 114, 18. wes sich dann die selben fünf erkennent, dabei sol es bleiben *ib.* 117, 24. — *mit* abe;

er-kenner *stm. erkenner.* ein erkenner der herzen Aw. 3, 157. ein erk. der heiligen geschrift Dwb. 3, 869 (*a.* 1475); Petir, daz ist alsô vil gesprochin als ein irchenner Mone 3, 184. ain lamp ze latein ist gesprochen ain erkenner Mgb. 156, 3 (*verdeutsch. von* agnus!);

er-kennunge *stf. erkenntnis* Wack. *pr.* 5, 71. Mone 3, 184.

er-kepfen *swv. erblicken* Mart. 174, 88 (: stepfen).

erker *stm. s.* ärkêr.

er-kêren *swv.* (I. 798ᵃ) Ms., *es ist* verkêren *zu lesen, vgl. H.* 1, 282ᵇ.

er-kërnen *swv. s. v. a.* erkirnen. den text mit der glôse erkernen Ls. 1. 383, 304.

er-kërren *stv. I,* 3 (I. 821ᵇ) *einen lauten ton von sich geben, aufschreien* Ms. (= Neidh. 227, 14). der seite erkirret Msh. 1, 142ᵃ. *wiehern,* manec ors erkirret Türl. Wh. 106ᵃ. Loh. (von ir stôz vil orse erkar 4281);

er-kërren *stn.* orse erkerren, *wiehern* Loh. 4355;

er-kerren *swv. zum aufschreien bringen.* der diu brôden herze erkert, diu sîn genâde durchvert Mar. 182, 3.

er-kichen, -kicken *swv. s.* erquicken.

er-kiesen *stv. III.* (I. 824ᵇ) *prät.* erkôs, *2. pers.* erkure (Pass. *K.* 2, 67), *pl.* erkurn, *part.* erkorn (erkosen Chr. 3. 70, 1. 72, 15; *sw.* erkiest und genomen, *neben* erkorn Uschb. 2. erkiester obman Mh. 3, 211; *bei* Meisterlîn *die sw. form vorwiegend s.* Chr. 3, 424ᵇ; Dwb. 3, 872): *greifen, erwählen; gewahren, sehen; ersinnen, erfinden* (Parz.), *allgem.— mit* an (einem etw. ansehen Er.), ûz. *vgl.* erkorn, erkosen;

er-kiesunge *stf. erwählung* Chr. 3. 127, 4.

er-kîmen *stv. s.* erkînen.

er-kinden *swv.* (I. 820ᵃ) *zum kinde werden* Ms. Winsbekin.

er-kînen *stv. II.* (I. 805ᵃ) *keimen, ausschlagen* Physiol.; erkîmen Karaj.

er-kirnen *swv.* (I. 801ᵃ) *wie einen kern aus der schale brechen: vollständig darstellen* Serv., *vollständig darlegen, ergründen* Ms. ir kunst mit rede ich niht erkirne Troj. 7474. nu erkirne mînen sin und mîniu wort Mart. 150, 76. — *mit* ûz. *vgl.* erkërnen, erkürnen.

er-klaffen *swv. anfangen zu klappern, erkrachen.* daz mir die zende erklaften in dem munde Msh. 3, 211ᵇ. ûf den estrich si in swanc, daz im der lîp erklaffet Ga. 2. 119, 381.

er-klagen *swv.* (I. 833ᵇ) *durch klagen kund thun, klagen.* die nôt erkl. Jer. 51ᵈ; *durch klage vor gericht erlangen* Swsp. 141, 19. Chr. 1. 172, 4; 4. 170, 10. 171, 3. 190, 1; ûf einen erkl., *ihn gerichtl. belangen* Mz. 4, 273. ûf einen schaden erkl., *ihn auf schadenersatz verklagen* Chr. 4. 101, 14; *refl.* sich beklagen Wh. *v. Öst.* 16ᵇ. Chr. 4. 80, 15; 5. 33, 36. von einem (über ihn) sich erkl. *ib.* 1. 52, 8; 5. 341, 12. ûf einen umbe etw. sich erkl. *ib.* 5. 48, 21; *mit gen.* des haben wir uns vormaln eurn gnaden erklagt Cp. 39. er erklagt sich derselben wort Chr. 5. 201, 30; *auch mit acc. d. s.* und erclagten sich irn schaden *ib.* 50, 11. *vgl.* Halt. 396.

er-klæren *swv.* (I. 836ᵇ) *tr.* klâr *machen* Hätzl. daz dû erklærest mir die sinne Malag. (*im eingang*). ir habt mîn herze erklæret *ib.* 18ᵇ; *intr.* klâr *werden,* als Malagis den schœnen tac erklæren sach *ib.* 44ᵃ.

er-klecken *swv.* (I. 832ᵃ) *prät.* erklahte Troj. Hahn *gr.* 1, 42 (*ist mit Keller* 25183 erkrachte *zu lesen*).

er-klëmen? *stv. I,* 3 *erschallen?* nu was ir stimme lûte erklumen (: kumen) Albr. 27, 164. W. Gr. *citiert für* erklemen (erklemmen? *s. unten*) Wh. *v. Öst.* 37ᵃ.

er-klengen, -klenken *swv.* (I. 844ᵇ) *prät.* erklancte, *part.* erklenget; erklenket; erklangt, erklanct *erklingen lassen, machen* Parz. Engelh. Helbl. Wwh. 29, 23. 380, 24. Ernst 4719. 5073. j.Tit. 4701. 4713. 5079. Loh. 5970. Troj. 15143. Mel. 8579. Kolm. 89, 13. Ls. 2. 209, 19. 299, 234. — *zu* erklingen.

er-klemmen *swv.* erklamte; erklemmet, erklamt *umklammern, erdrücken.* den der tôt hie hât erklamt Wh. *v. Öst.* 104ᵇ.

er-klepfen *swv.* (I. 835ᵇ) *in schrecken setzen* Mart. (58, 52. 148, 74).
er-klîben *stv. II. stecken bleiben, verkommen.* daz vor durst die schefliut niht erkliben Loh. 6735.
ërk-lich *adj.*, -lîche *adv.* (I. 446ᵇ) *ekelhaft, leidig* Reinh. *s.* ërkeln.
er-klieben *stv. III.* (I. 845ᵇ) *intr. sich spalten, zerspringen* j.Tit. 2846. Ecke *Sch.* 158. Hätzl. (1. 44, 15); *refl.* Troj. (des schildes rant in stücke sich erkloup 34938).
er-klimmen *stv. I,* 3 *erklimmen, erklettern.* wie ich die fels erklum Ls. 1. 375, 25. die vest erklimmen *ib.* 380, 209.
er-klingen *stv. I,* 3 (I. 843ᵇ) *erklingen* Nib. Wolfr. Walth. Rul. 10, 17. Gudr. 380, 1. 387, 4. j.Tit. 4812. 4961. 4996. Msh. 2, 361ᵃ. 3, 257ᵇ; *tr. s. v. a.* erklengen Reinh. Himlf. (Hpt. 5) 1596. die engele iren galm erklingen (: singen) Pass. *K.* 48, 42; *bekannt machen,* darauf hiesz der kaiser erklingen Chr. 3. 166, 1.
er-klopfen *swv. s.* erklupfen.
er-klüegen *swv.* kluoc *machen, refl. etw. ausdenken, ersinnen.* noch baz er sich erkluogte Mart. 54, 112.
er-klumpfen? *swv.* (I. 843ᵃ) *schaudern, zusammenfahren* Mart. (131, 108). — *zu* klimpfen; *doch ist an der angeführten stelle wol* tropfe : erklopfe *zu lesen, vgl.* 111, 18.
er-klupfen, -klopfen *swv.* (I. 849ᵇ. 847ᵇ) *erschrecken, erzittern vor (gen.).* erklupfen Lanz. Heinz. Reinfr. 25ᵇ. 184ᵇ. Wolk. 14. 3, 18; 70. 2, 3; erklopfen Alexius, Mart. (111, 18). Roseng. *bruchst.* 239. *vgl. das vor.*
er-knëllen *stv. I,* 3 (I. 853ᵇ) *erhallen* Ms. (= Neidh. XXV, 22). daz ez erknal in berg und tal Ring 10, 28. das im in dem leibe das herze sein erknal Heldb. *K.* 471, 17.
er-knisten *swv. zerstossen, zertrümmern* Ecke *alt. dr.* 246. *vgl.* erknitschen Dwb. 3, 879.
er-knûren *swv.* (I. 854ᵇ) *hart, zu stein werden* Helbl. *vgl.* Dwb. 5, 1366.
er-koberen, -koveren *swv.* (I. 855ᵇ) *erholen, gewinnen* Altsw. 148, 20. helfe erkobern Mich. 5 *s.* 29 etw. an gerihte erkobern, *durch urteil erlangen* Mone *z.* 5, 454; *zusammenhalten,* daz her erkobern Livl. Troj. 45072; *refl. sich erholen* Iw. Lanz. Troj. 43586. Ulr. *Wh.* 209ᵇ. Herb. 10029. Karlm. 148, 20; *mit gen. sich erholen von* Lanz. *vgl.* Dwb. 3, 879. Vilm. 214;
er-koberunge *stf.* presidium Dfg. 457ᵃ.

er-kome *stf. schrecken.* diu vorhte und diu erchome, formido et pavor Hpt. 8, 126;
er-komen *stv. I,* 2 (I. 905ᵃ) *intr. erschrecken (eigentl. in die höhe kommen, auffahren)* Gen. Trist. Pass. (323, 52). Kchr. *D.* 15, 29. 444, 7. Mar. 204, 21. Tund. 54, 64. Roth. 2759. Eracl. 3141. Antichr. 164, 26. Dietr. 7300. Msf. 33, 4. Bph. 2135. Flore 5607. Apoll. 19476. Krone 9682. Konr. *Al.* 469. Karl 48ᵃ; eines dinges erk. Gudr. Wig. Barl. Rul. 126, 20. Kchr. *D.* 79, 27. Pass. 239, 17. Ga. 3. 364, 267 *oder mit* von: sie erkomen von dem glaste Mar. 198, 25. von dem slage sie erkomen 201, 21. er erkom von fröuden Flore 3454. ich bin gar von dir erkomen Heinz. 2291. *vgl. noch* Bph. 1555. 2530. Krone 18614. 20840. 22799. 26429. Pass. *K.* 719ᵃ; *refl. mit gen.* Exod. Lanz. des sich erkumet mîn lip Msh. 2, 128ᵇ (*vgl.* erkûmen);
er-komen *part. adj. erschrocken.* er erstuont erkomner und erschrockner Gest. *R.* 156;
er-komen-lich *adj.* (I. 907ᵃ) *erschrecklich* Pass. (erkumelich); *erschrocken* Exod.;
er-komen-lîche, -en *adv.* (I. 907ᵇ) *schrecklich* Pass. (erkumelichen); *erschrocken* Exod. Antichr. 149, 22.
er-korn *swv. erwählen.* da man in ze hauptman erkort het Chr. 4, 87 *anm.* 7 (*a.* 1388). *vgl.* Dwb. 3, 879 *und* erkosen.
er-korn, -kosen *part. s.* erkiesen.
er-kosen *swv. erwählen.* erkoste, erkost Chr. 3. 96, 11; 104, 24. *vgl.* erkiesen, erkorn.
er-kôsen *swv.* (I. 863ᵇ) *refl. sich besprechen, unterhalten mit einem* Walth. Renn. (23828). Myst. 1. 245, 26. Dür. *chr.* 293; *tr.* einem etw. ab e erk., *abschwatzen* Wolk.
er-kosten *swv. kostbar machen, ausschmücken.* zehen kunicrîche die stat niht mohten erkosten (: gebrosten) alsô werdeclîche j.Tit. 4409.
er-koufen *swv.* (I. 868ᵃ) *loskaufen.* der heilige Christ mit sînem tiuren bluote mich erkoufet hât Rul. 290, 6; *erkaufen, erwerben* Greg.; ligender güeter Glar. 62.
er-koufunge *stf. erwerbung durch kauf.* erk. ligender güeter Glar. 62.
er-koveren *swv. s.* erkoberen.
er-krachen *swv.* (I. 870ᵃ) *erkrachen, krachend fast zerbrechen eigentl. u. bildl.* Nib. Kl. 1857. Gudr. Wwh. Bit. 5532. Alph. 367. Ulr. *Wh.* 266ᵇ (ob ie sper von im erkrachte). Apoll. 13256. j.Tit. 4398. 4557. 5062. Serv. 3417. Troj. 4237. 10538. 12203. 12561. 13180. Loh. 2203. 4580. 4863. 5042. 5360. Msh. 2,

26ᵇ. 74ᵇ. 91ᵃ. 318ᵃ. 3, 51ᵃ. 173ᵃ. 213ᵇ. Pass. 127, 93. daʒ herz erkracht vor leit Ot. 377ᵃ.

er-krammen *swv. zusammendrücken. part.* erkrammet j.Tit. 661 *alt. dr.*

er-kratzen *swv.* (I. 877ᵇ) *aufkratzen, zerkratzen* Gest. R. den schilt erkr. Hpt. 1, 19; *kratzend ergreifen*, künde ich se erkratzen, ich schluge se uff de glasse Wsp. 656.

er-kreischen *swv.* (I. 878ᵃ) *aufkreischen* Frl.

er-krellen *swv. mit krallen ergreifen.* der tôt in irchrellit Gen. D. 111, 17.

er-kriegen *swv.* (I. 880ᵇ) *bekriegen.* die uns an unsern landen in dheineweis erkriegen, hindern oder beschedigen wolten Mz. 3, 296 (*a.* 1353); *erstreiten*, einem etw. an erkr., *von ihm mit gewalt erlangen* Lieht. (361, 3. 28); *md. s. v. a.* erkrîgen, *erlangen* Frl. Wack. *pr.* 62, 50. Myst. 2. 53, 14. 465, 20. Dfg. 143ᵇ (W. Gr. *citiert für* erkriegen Ludw. *v. Th.* 2035. 6223. 6670);

er-kriegunge *stf. erlangung* Myst. 2. 215, 11.

er-krîgen *stv. II.* (I. 880ᵇ) *md. erlangen, erwerben* Trist. H. Pass. (K. 347, 49). Heinr. 4013. Rsp. 2135. 2178. Karlm. 45, 30. 132, 22. 134, 42. Adrian 418, 5. Kol. 109, 459 (erkriegen : geswîgen).

er-krimmen *stv. I,* 3 (I. 881ᵇ) *erweicht* ergrimmen: *zerkratzen (mit schnabel, klauen, nägeln)* Nib. Ms.; Rab. 699 *lies nach der neuen ausg.* diu swert clungen in ir handen.

er-kripfen *swv. s.* ergripfen.

er-krumben *swv.* (I. 890ᵃ) *krumm werden, erlahmen* Kindh. Wolk. daʒ diu hant erkrumbe Neidh. 71, 5. daʒ er müeʒ erkrumben Msh. 3, 202ᵇ. die hende lam, erkrummet diu bein Hadam. 61.

er-krüpfen *swv.* (I. 888ᵃ) *den kropf füllen, sättigen* Ms. der iuch (frezʒer und luoderer) erkrüpfen und erfüllen mac Berth. 261, 8.

er-kücken *swv. s.* erquicken;

er-kücknisse *stf. refectio* Dfg. 489ᵇ.

er-küelen *swv.* (I. 780ᵃ) erkuolte, erküelet *kühl machen, abkühlen* Nib. Trist. Gudr. den lîp Troj. 32065, die zunge Glaub. 2743, den muot erk. Bit. 9359. Troj. 11932. 17028. 18457, daʒ gemüete j.Tit. 1977, daʒ herze *ib.* 3556. Troj. 21151. 21412, den zorn erküelen Herb. 7538; *refl.* Exod. *D.* 122, 14. 136, 36. Ls. 3. 541, 89. Mgb. 30, 6.

er-küenen *swv.* (I. 894ᵃ) erkuonte, erküenet *kühn machen* Wolfr.

er-kume-lich *adj. s.* erkomenlich.

er-kûmen? *swv.* (I. 909ᵃ) *refl. mit gen. krank u. elend werden wegen, durch?* Ms. (*wol zu* erkomen *gehörig, wie auch im* Wb. I. 905ᵃ, 47 *angenommen wird; s. oben das letzte beisp. unter* erkomen).

er-künden *swv.* (I. 815ᵇ) *prät.* erkunte *kund thun* (Oberl.); *kunde wovon erlangen, kennen lernen* Wack. 82ᵇ (*hieher könnten einige der unter* erkunnen *aufgeführten präterita* erkunte *gehören*).

ërkunge *stf.* (I. 446ᵇ) *ekel* Dfg. 376ᶜ.

er-kunnen *part. adj.* (I. 807ᵃ) *bekannt, erforscht* Nib. Ms. den doch erkunnen vremde was Loh. 6198. *vgl.* Weinh. *al. gr.* § 381;

er-kunnen *swv.* (I. 810ᵇ) erkunte, erkunnet (*st.* erkunnen *s. das vorige*) *kennen lernen, erforschen. zieml. allgem. (nicht bei* Wolfr.), *vgl. noch* Bit. 2118. j.Tit. 1790. 3182. 3343. 5210. Krone 24258. Ulr. Wh. 256ᵇ. Heinz. 2480. Dan. 1765. 4819. *vgl.* erkünden.

êr-kuo *stf.* die schweigküe, die uff den schweigen beliben sond nach den alten urber erküe heissen (*später* erenküe) Gr.w. 1, 153.

er-kuolen *swv.* (I. 779ᵇ) *kühl, kalt werden* Nib. Ms. Er. 2640. Dietr. 1631. Mgb. 278, 13;

er-kuolunge *stf. refrigerium* Dfg. 489ᶜ.

er-kürnen *swv. erforschen, ergründen.* und erkurnden, wie dicke siu erzurnden die gotlichun witze Mart. 85, 25. — *wol zu* korn, *vgl.* erkörnen, erkirnen.

er-kürzen *swv. verkürzen.* die mit roube erkürzent vil ir jugent und irs lebens zil Renn. 16292.

ërl *stn. dem. zu* ër, *männchen* Mgb. 195, 3.

er-laben *part. s.* erlaffen.

er-laben *swv.* (I. 939ᵃ) *laben, erquicken* Walth. Mart. Elis. 3701. Jer. 37ᵈ. 167ᵇ; *ndrh.* erlaven Karlm. 108, 34. 39.

er-lâben *swv. s.* erlouben.

erlach *stn.* (I. 446ᵇ) *erlengebüsch* Mb. erlei Gr.w. 5, 254. erlech Anz. 12, 92.

er-lachen *swv.* (I. 922ᵇ) *intr. anfangen zu lachen, auflachen* Trist. Ms. Gen. *D.* 38, 15. Heinr. 2316. innecliche erl., *sich freuen* Eilh. 1547. sie sprâchen, daʒ er nie erlachte Bph. 3956. hei, sumer, waʒ herzen gegen sîner kunft erlachet! Neidh. 19, 17. der ernst ze schimpfe erlachet Loh. 2006. swer nû wolt lân im wirde und êre erlachen *ib.* 5016. dem erlachet dicke der lip Ga. 2. 287, 2; *mit gen. auflachen über* Bit. 5255. 6543. Singenb. 218, 8. 242, 9. Loh. 5196 *od. mit präp., von* sîner kunft manc trûric herze erlachte *ib.* 726; *refl.* Zing. *Pl.* 1446; *trans. mit* an *s. oben* 58.

er-lachte prät. s. erlegen.
er-laden stv. I, 4 (I. 926ᵃ) *beladen* mit HERB. ich bin von zwein schaden erladen PILAT. 240.
er-laffen stv. I, 4 (I. 928ᵇ) *erschlaffen.* dâ mit (unkûscheit) sie tuot erlaffen münch, leien, wîs und pfaffen HELMSD. 26ᵇ; *part.* erlaffen Ls. MART. (*lies* 11, 17), *bei* BON. erlaben, *vgl.* WEINH. *al. gr.* § 376.
er-lamen swv. (I. 929ᵇ) *lahm werden* TIT. WALTH. SEVEN 260, 16. MSH. 3, 38ᵇ. BPH. 2132. TꜴNH. *hofz.* 144. WOLK. 23. 3, 7; 118. 4, 8; *s. v. a.* erlemen PASS. K. 167, 32.
er-lampt *part. s.* erlemen.
er-lân stv. s. erlâzen.
er-langen swv. (I. 933ᵇ) *unpers. lang dünken, langweilen* PARZ. wen mohte dâ erlangen WIG. 270, 27; *mit gen.* PARZ. TRIST. daz mich sîn wol muoz erlangen KCHR. D. 26, 5. sône dorfte si der herverte niht erlangen *ib.* 350, 18. sîner verte begunde sie erlangen *ib.* 402, 19. doch endorfte es in niht erlangen HERB. 16970; *statt des gen. ein untergeord. satz* WOLFR. in begunde sêre erlangen daz — HERB. 11464; *sich sehnen, verlangen* nâch Ms. ERNST 2524. PASS. K. 530, 54; — *tr. erreichen* WOLFR. GUDR. 447, 4. BIT. 9275. MSH. 2, 262ᵇ. 3, 181ᵇ. PASS. K. 677, 6. KARLM. 78, 8.
er-lante *prät. s.* erlenden.
er-læren swv. (I. 940ᵃ) *ganz leer machen* PF. forsch. 1, 77. dô daz schif erlæret wart ULR. Wh. 162ᵈ. ez (daz kint) hete die brust (*der amme*) erlæret gar *ib.* 153ᶜ. da wart vil manic satelboge erlæret TURN. 138, 6. er werde erlæret und erwant KRONE 1709. den kasten erl. Ls. 3. 295, 2; *mit gen. leer, frei machen von* PARZ.
er-laschte, -laste *prät. s.* erleschen.
er-laven swv. s. erlaben.
erlâwen swv. (I. 219ᵇ) *lau machen* ERINN.
er-lâzen stv. red. I, 2 (I. 950ᵃ) *contr.* erlân, *prät.* erliez, erlie, *part.* erlâzen, erlân *mit acc. u. gen.* (*od. untergeord. satze*) *jemanden wovon frei lassen, ihm es erlassen, allgem.* (*vgl. noch* GEN. D. 52, 7. 112, 33. EXOD. 123, 15. GERH. 867. LOH. 2093. PASS. K. 11, 30. 33, 17. 435, 62. SSP. 3. 56, 3); *refl. auseinander gehen*, dô daz her sich erlie BELIAND 3517, *mit gen. sich enthalten, unterlassen* LESEB. 938, 4. CHR. 3. 289, 31. sich des wazzers erl., *sein wasser lassen* FRAGM.).
erl-blat stn. erlenblatt MGB. 315, 6.
erle swf. (I. 446ᵇ) *erle* GL. RENN. 17334. MGB. 314, 40.

er-lëben swv. *part.* erlebet *verlebt, abgelebt* CHMEL *Maxim.* 447. als alten kranken erlepten leuten gezimpt ST. (16. *jh.*) DWB. 3, 895.
er-lëchen swv. *mit st. part.* erlëchen, erlochen (I. 956ᵇ) *intr. austrocknen, saft u. kraft verlieren, verschmachten* PILAT. die müesten in freudenrich erlechen KOLM. 6, 895. sô stâstû erlechen als ein krâ FRAGM. 16ᵃ, 52. der hals was im derlechen RING 9ᵈ, 1. seu wâren gar derlechen 20ᵇ, 34; *mit gen.* sîner minne ist er vil gar erlochen (: wochen) NEIDH. XXV, 5 *u. anm.; tr. trocken machen, leeren*, köpfe und schüzzel wirt von mir unz an den grunt erlochen MSH. 2, 154ᵃ (*im* WB. I. 1023ᵇ *unter* lûchen, *doch schon von* OBERL. 346 *richtig zu* erlëchen *gestellt*). *vgl.* DWB. 3, 895;
er-lëchenen swv. *intr. austrocknen u. dadurch risse bekommen.* das die schafe icht erlechnen oder verloren werden TUCH. 329, 33. *vgl.* zerlëchzen.
er-lecken swv. *mit ab s. sp.* 2.
er-lëdigen, -lëdegen swv. (I. 958ᵃ) lëdec, *frei machen* HARTM. (ER. 2449). WIG. (122, 38. 134, 40. 224, 27. 252, 23). RUL. 164, 13. 300, 11. SILV. 758. 1673. HELMBR. 562. die ir leib und haut und hâr erledigt (*losgekauft*) habent, sint alle rechtelôs DSP. 1, 41ᵇ; *uit präp. von* ime wart er irlediget wol ULR. 878. daz si unser herre von dem wurme erledeget hât WIG. 143, 38; *refl. mit gen.* sich hât irlediget der hafte ROTH. 4299.
er-legen swv. (I. 993ᵃ) erlegete, erleget *oder* erleite, erleit, *ndrh.* erlachte (MARLD. han. 104, 39): erligen *machen, nieder legen* PASS. MYST. wurde aber die gutikait (*der gütliche vergleich*) ganz erlegt CP. 159. gelt erlegen und bezalen CHR. 4. 37 *anm.* 2. zuo, bî einem einen brief erl., *hinterlegen* MH. 2, 694. 731; *aus-, einlegen, belegen* PARZ. ERACL. MAI. bilde mit golde wunneclîch erleit TROJ. 17548. dô fuort si einen hornbogen schöne erleit und überzogen mit golde HEINZ. 894. diu decke erleget mit berlîn BELIAND 409. 3328; — *refl.* der vater alsô hô ûf spien durch hôhen sanc die seiten, daz si sich irleiten (*absprangen, rissen*) unde brachen in dem sange enzwei PASS. 79, 17.
er-lêhenen, -lêhen swv. *belehnen, als lehen erteilen.* der schultheiss sol 32 swîn in daz ecker erlêhen GR.W. 1, 432, *contr.* erlênen RTA. 1. 161, 11; *entlehnen*, sô die haller ûf

unsern schaden erlêhent werden MONE z. 14, 398 (a. 1329), erlênen J. HPT. beitr. 286.

erlei stn. s. erlach.

er-leiden swv. (I. 983ª) intr. leid, verleidet sein. daʒ mir dur nôt daʒ singen muoʒ erleiden SINGENB. 226, 1; tr. leid machen, verleiden mit dat. BÜCHL. Ms. ich erleide im daʒ lant ERNST B. 1011. den (ernest) in niemen kan erl. FLORE 4603. daʒ mir die lieben nieman kan erl. SINGENB. 227, 4. ich kund im ouch nû vröuden erl. j.TIT. 5213. daʒ ir erleidete ir man GA. 2. 366, 178. daʒ er den gelieben zwein ir holtschaft wolt erl. Ls. 2, 362. juden ketzer heiden, die solt dû erleiden kristen liuten crefteclîch, daʒ si niht werden in gelîch BUCH d. r. 1009; mit präp. der missewende ist gar bî im erleidet j.TIT. 1340.

er-leisten swv. leisten, zu leisten im stande sein. daʒ mîn craft erleisten mac ULR. Wh. 160ᵇ.

er-leit prät. s. erlîden, part. s. erlegen.

er-leitern swv. (I. 963ᵇ) tr. vermittelst einer leiter ersteigen Ls.

er-lemeden swv. s. v. a. erlemen. daʒ maniger wirt an ganzem prîs erlemdet (: gevremdet) j.TIT. 1409. s. lemede;

er-lemen swv. (I. 929ᵇ) erlemte, erlempte; erlemet, erlempt: lam machen, lähmen OTTE (304). PANT. PASS. nu muoʒ dîn freude sîn verzagt und al dîn hôher muot erlemt PARZ. 441, 27 (vgl. j.TIT. 3420). tavelrunder prîses kraft hat erlemt ein geselleschaft ib. 315, 8. der müeste ir hôhen kraft erlemen TROJ. 8171. die grimmen ohsen und daʒ êr wurden an ir kraft erlemet 9743; in der MART. erlemmen (mm aus mj des ahd. lemjan) im reime: daʒ lîp und sêl erlemment 23, 96. 26, 63. an libe und an sêle erlemmet 11, 49. in sundin den erlampten 94, 8.

erlen-boum stm. alnus, erle DFG. 25ᵇ. edelboum UH. 346 (a. 1481).

er-lenden swv. (I. 938ª) prät. erlante landen GEN. JOS. 1119.

er-lênen swv. s. erlêhenen.

er-lengen swv. (I. 932ᵇ) lanc machen, verlängern, verzögern PARZ., prät. erlengete EILH. 3357. des waldes eine sîten eine schrove het erlenget j.TIT. 4923. alle kurzewîle hât mir dîn tôt erlenget 5157; refl. FRAGM. 16ª;

er-lengeren swv. (I. 933ª) verlängern, hinausschieben DIOCL., distrahere DFG. 187ᶜ.

er-lenken swv. refl. sich wenden, umwenden.

si ne erlenkent sich niemer an den anewanten HIMLR. 300.

er-lêren swv. (I. 966ª) lehren, unterrichten DIEM. WIG.

er-lërnen swv. zu ende lernen. wer mac sô mengen spêhin list erschrîben und erlernen MART. 2, 27; kennen lernen, erfahren, wir können nicht erlernen, das er uff diese sampnung komen werde UGB. 137. also haben wir erlernet, das CHR. 2. 60, 20; an einem etw. erl., bei ihm auskundschaften ib. 297 anm. 3; refl. sich erkunden, rats erholen GR.W. 3, 402.

er-lërzen swv. (I. 967ª) aufheitern, erfreuen HÄTZL. vgl. GDS. 991.

er-lëschen stv. I, 2 (I. 1005ᵇ) erlöschen eigentl. u. bildl. HARTM. (dâ erlasch, trübte sich, ir herze von ER. 5605. ein erloschen brant BÜCHL. 1, 1691). PARZ. TRIST. ob daʒ mit freude erlischet j.TIT. 4975. von leide ir liep erlischet TROJ. 2256. ein viur erlischet ib. 22121. vor liebe erlischet im der muot MSH. 2, 387ᵇ. da erlasc diu grôʒe arbait KCHR. D. 179, 4. von dem bluote irlasch der melm EILH. 5144. ein erloschen lieht WG. 1801. mir ist ein lop erloschen MSH. 3, 16ᵇ. der prîs erloschen ist TURN. 162, 4. sluoc in, daʒ im muost daʒ lieht erleschen LOH. 5273. glüende koln die enmugen niht an mir erleschen PASS. K. 165, 35. vgl. MGB. 72, 25. 29. 135, 27;

er-leschen swv. (I. 1006ª) prät. erleschete, erlaschte, erlaste (BARL.); part. erleschet, erlascht: erlëschen machen, auslöschen eigentl. u. bildl. TUND. TRIST. daʒ viur erl. KCHR.W. 983. ir genâde mich wol erleschet ULR. Wh. 123ᵈ. prät. erlaschte ER. 8267. er erlascht daʒ lieht gar STRICK. 5, 84. sie erleschten in daʒ lieht PASS. 291, 24. daʒ si ir lust erleschete und verjagete ib. K. 541, 85. do wart erlesket der zorn MAR. 160, 12; oft bei MGB. (part. erleschet) s. Pfeiff. p. 605.

er-lësen stv. I, 1 (I. 1009ª) durch lesen erforschen, bis zu ende lesen KARAJ. WALTH. BARL. unz man daʒ heilictûm muge erl. PASS. K. 614, 21. sô möhte ein pfaffe niht erlesen die vil manicvalde êre, die ich immer an sie kêre GA. 2. 189, 528; erwählen, ein urteil erl., urteil sprechen PASS. K. 63, 42. zû teile erl., erteilen ib. 122, 15. her unde dar was erlesen ein meisterlîche hant 281, 50. — mit ûʒ. erlesen ein meisterlîche hant 281,50.

er-leswen swv. (I. 967ª) les, schwach werden GSM.

er-leuben *swv. s.* erlouben.

êr-lich *adj.* (I. 445ᵇ) *was chre u. ansehen hat, der ehre wert ist, ansehnlich, vortrefflich, herrlich, schön* Gen. Rul. Karaj. (ein lieht alsô êrlich 29, 5. 17; 79, 22). Tund. 60, 3. 63, 37. êrlich gewant Nib. 80, 3. 267, 2. in êrlîchem site 860, 1. daz man in ze allen dingen sô rehte êrlîchen vant 24, 4. êrlîchiu vreude Gudr. 247, 4 (*bei Bartsch* etlîchiu). êrlîchiu wirde j.Tit. 169. mit maneger êrlîchen schar Helbl. 8, 1174. in êrlîcher wîse Pass. 146, 10. 264, 52. êrlich als ein wigant *ib. K.* 79, 88. êrlîche (*lange*) zît *ib.* 515, 11. êrlîchez pettegewant Ukn. 158 (*a.* 1314). man sol im geben einen kraphen, der êrlich sî Stz. 229. diu puoch ist gar ain êrleich (*ansehnlicher*) paum Mgb. 323, 26; *comp.* êrlîcher Karaj. 29, 14. Renn. 21116;

êr-lîche, -en *adv.* (I. 445ᵇ) *ehrenvoll, ehrerbietig* Myst. Pass. 387, 95. *K.* 298, 9. 340, 33; *ehrenhaft* Myst. Ot. Crane 620; *herrlich, prunkvoll* Nib. 195, 4. Heldb. *H.* 1. 193, 219. Crane 665. 1431. êrlich mit dem künige varn Mw. 255 (*a.* 1317). die praut êrlich ze kirchen füeren Np. 61.

er-lîden *stv. II.* (I. 979ᵃ) *bestehen, erleben, ertragen, aushalten* Hartm. (Er. 4267. 10108. Büchl. 1, 994. 1645. 2, 323). Parz. Trist. Walth. Troj. 22672. Pass. *K.* 15, 70. 96, 74. 314, 7. Marlg. 141, 78. die liute möhten ez (*die hohe abgabe*) niht erlîden Urb. 226, 9; einen erl., *ihn leiden* Berth.; waz sî nâch Flôren erleit, *was sie um Fl. ausstand, welche sehnsucht sie nach ihm hatte* Flore 5638.

er-liebegen *swv. intr. freude haben an* (*gen.*). das er sîner früntholden underred erliebgen möchte Öh. 76, 3;

er-lieben *swv. refl. sich erlustigen, erfreuen* Wh. v. Öst. 17ᵇ. 35ᵃ. 99ᵇ. 102ᵃ. *vgl.* Dwb. 3, 904.

er-liegen *stv. III.* (I. 1025ᵇ) *erlügen* Diem. Ms. wie dicke ich erliuge, swaz ich gote geheize Lit. 225, 33. einen erl., *durch lügen gewinnen* Msf. 169, 37; *mit dat. d. p. vorlügen,* die gote erliegent sîne vart *ib.* 53, 32. swer mir sîn guot erliuget Reinh. 344, 1447. einem etw. niht erl., *nicht vorenthalten, geben* Parz. (27, 30 *gab ihm den tod*). den stich er in do niht erlouc Troj. 30954; *refl. mit dat.* ich hân mich dem erlogen, der mich mit nôt zuo zin gewan Msh. 1, 298ᵃ. — *mit abe, an.*

er-liezen *stv. III.* (W. Gr. citiert dafür mit einem fragezeichen Türl. Wh. 61ᵃ; *s.* liezen).

er-lîhteren *swv.* alleviare Dfg. 24ᵃ. daz der stift erlîchtert werde Monez. 11, 199 (*a.* 1438). *vgl.* Gff. 2, 162;

er-lîhterung *stf. erleichterung* Wack. *pr.* 99, 37.

er-ligen *stv. I*, 1 (I. 988ᵃ) *intr. darnieder liegen, erliegen.* Cristus an deme crûce erlac Pass. 268, 70. diu ros wâren erlegen Eilh. 7476. an freuden wâren sie niht erlegen Mor. 1, 3102; *ablassen* Marld. han. 65, 1; *trans. durch liegen umbringen,* ob ez (*das kind*) diu muoter iht erdrücke oder erlige Berth. 32, 9. *bildl.* daz leit erl. Pass. 378, 43.

erlîn *adj.* (I. 446ᵇ) *von erlenholz* Merig. 5, 18. 31. Mgb. 315, 10; ernlîn Chr. 1. 30, 4.

êr-lîn *stn.* (I. 444ᵇ) *kleine ehre* Renn. 18380.

er-linden *swv.* (I. 1001ᵃ) linde *machen, erweichen* Lobges. sus wolte er mit den zeichen erlinden und erweichen die küneginne spæhe Troj. 22460.

er-lingen *swv.* (I. 1001ᵇ) *gelingen.* mir erlinget (wol *od.* übel) Diut. 2, 35. Ga. 3. 208, 421. in müge wol erlingen Drach. 990. im ist erlungen *ib.* 473. 745. Ga. 3. 234, 391. *vgl.* Karlm. 97, 19. 116, 10. 408, 14. 432, 11. 481, 47.

er-listen *swv.* (I. 1012ᵃ) *durch list zu stande bringen* Mai.

er-liuhtec *adj. leuchtend, strahlend.* daz golt erliuhtic unde rôt Troj. 61ᶜ (*bei Keller* 8372 durchliuhtic); *md.* erlûchtic *erlaucht* Kirchb. 837, 32;

er-liuhten *swv.* (I. 1030ᵇ) *md.* erlûchten; *prät.* erlûhte, *part.* erliuhtet, erliuht, *md.* erlûcht (*s. unten*) *tr.* lieht (*adj.*) *machen, erleuchten* Parz. Loh. 3686. 4293. Troj. 31240. Griesh. 1, 163. Pass. 371, 27. *K.* 215, 35. 251, 63. 419, 39. 438, 9. Marlg. 92, 87. Marld. han. 96, 31. Chr. 4. 138, 30. erliuhter muot Renn. 21114. erleuchter man, *vir illustris* Vintl. 4671; *sehend machen* Pantal.; *refl.* diu sunne daz golt betwanc, daz ez sich schône erlûchte Pass. 159, 41; *intr.* lieht (*subst.*) *geben, aufleuchten* Geo. der schilt erliuhten began Bit. 10833. für allez golt erl. Wolk. 69. 3, 9;

er-liuhten *stn.* daz ist ein erliuhten der vernunftikeit an gotes bekentnisse Myst. 2. 377, 5;

er-liuhter *stm. erleuchter.* des der heilig geist ein würker, ein erliuhter und ein reiniger ist Myst. 2. 370, 6;

er-liuhterîn *stf.* der vierde (*buchstabe des namens Maria*) ein I geheizen ist: daz sprichet illuminatrix, dû vil sældenrîche bist erliuhterin genennet MSH. 2, 220ᵇ;

er-liuhtunge *stf. erleuchtung* TAULER; *aufleuchtung, glanz,* den erschein er hiute mit erliuhtunge des sternes GERM. 7. 344, 4.

er-liuten *swv.* (I. 1058ᵇ) *tr. lût machen, erläutern* BEH. 232, 1. 234, 21; *intr. s. v. a.* erlûten TROJ. (15359. 23258);

er-liutern, -lûtern *swv.* (I. 1059ᵇ) *lûter, rein, hell machen* WOLFR. *lied.* erlûtern SPEC. 106. 116. elucidare DIEF. *n. gl.* 147ᵇ; *erklären* MART.

er-lochen *part. s.* erlëchen.

ér-lôn *stmn. lohn für das ackern* OBERL. 347 (*a.* 1412).

er-lônen *swv. durch* lôn *vergelten* KARLM. 214, 63.

êr-lôs *adj.* (I. 444ᵇ) *ehrlos, entęhrt* IW. TRIST. ROSENG. *H.* 1813. SWSP. 61, 1. êrelos NEIDH. 87, 23. MSH. 3, 60ᵃ. 104ᵇ. BUCH *d. r.* 1245. GA. 1. 338, 27.

er-lœsære, -er *stm.* (I. 1037ᵃ) *erlöser* DIEM. RUL. (irlôser, urlôsâre). GERM. 3. 237ᵃ, 17. MYST. 2. 357, 34. 561, 5;

er-lœsen *swv.* (I. 1036ᵃ) erlôste; erlœset, erlôst *lösen, auslösen, befreien von* (*gen. od ûz, von:* daz mich got von dir erlœse GA. 2. 175, 16. unz wir diselben stat und gut von in erledigen und erlœsen umb di 4000 ℔ hl. MZ. 3, 51), *allgem.; auflösen, offenbaren,* nu erlôste im got die geschicht PASS. *K.* 554, 16; *erzielen, gewinnen* (*aus etw. heraus lösen*) WEIST. swaz die pfister chlei erlœsent GEIS. 436; *beseitigen, aufheben* A. HEINR.; *refl. sich los-, auflösen,* diu sîdîn snuore sich erlôste OSW. 1143;

er-lœsunge *stf.* (I. 1037ᵃ) *erlösung* FRLG. 113, 410. HPT. 7, 159. EVANG. 253ᵃ. úrloesúnge WOLFR.

er-louben *swv.* (I. 1017ᵃ) erleuben BERTH. CHR. 4. 160, 20. erlâben *ib.* 5. 46, 23: *erlauben, zugestehen* NIB. PARZ. WALTH. PASS. *K.* 18, 86. 59, 44; *absol. erlaubnis geben* (RUL. 197, 24. NIB. 1131, 3. 1138, 2. 1931, 1), *bes. zu gehen erlauben, entlassen* NIB. BIT. er erloupte ime heim GEN. 43, 45 (*vgl.* úrlouben); erl. über, *feindseligkeit gestatten gegen* RUL. KARL, dû solt uns über sie erl. KCHR. *W.* 12933, *ebenso* ûf einen erl. CHR. 4. 109, 1; *refl. mit gen. sich eines dinges entschlagen, es aufgeben* FLORE, Ms. swer spiles sich niht erloubet RENN. 11312;

er-loubunge *stf.* venia DFG. 610ᵉ; erleubunge CHR. 4. 160, 25.

er-loufen *stv. red. III.* (I. 1045ᵇ) *durchlaufen* PARZ., *laufend einholen* NIB. j. TIT. 1142. ERNST 3118. OTN. *Ettm.* 2, 74. GREG. 1533. MSH. 3, 64ᵃ. GA. 1. 344, 266. daz himelrîche erl. GRIESH. TEICHN. 105. guot erl., *durch arbeit erwerben* BERTH. 319, 32. mit zal erl., *zusammenzählen* WOLK. 117. 2, 15. daz ein zins den andern erlüffe (*vom auflaufen der zinse*) MONE z. 17, 441 (*a.* 1385); *überlaufen, überfallen* OBERL. von dem wîn erloffen sin LS. 2. 331, 89; *refl. sich zutragen, verlaufen* CHR. 4. 260, 15. GR.W. 3, 596. unde erliefent sich da vil rede, die nit geendiget wurdent MONE z. 5, 184; *auflaufen,* so süllen uns alle die nütse folgen und werden, die sich ûf den selben sant Martins tag erloffen hetten MZ. 1, 427 (*a.* 1393). — *mit* ûf.

er-lougen *swv.* (I. 1031ᵃ) *intr. aufflammen* BIT. (11133).

er-loup-lich *adj.* (I. 1017ᵇ) *erlaubt* MYST. vgl. urlouplich;

er-loupnisse *stf. erlaubnis* CHR. 4. 164, 6.

[**er-lûchen** *stv.* I. 1023ᵇ] *s.* erlëchen.

er-lûcht *part. adj. md. erlaucht.* der erlûchte furste DÜR. *chr.* 867. RTA. 1. 10, 18. 43, 21;

er-lûchtic *adj. s.* erliuhtec.

er-lüejen *swv.* (I. 1050ᵇ) *prät.* erluote *aufbrüllen, zu brüllen beginnen* IW.

er-lüften *swv. refl. sich erholen.* die cristen sich erluften sâ KCHR. *W.* 16164;

er-lüftigen *swv. lüften, erfrischen.* die leblichen gaist (*lebensgeister*) erl. MGB. 345, 32.

er-luogen *swv.* (I. 1052ᵇ) *anschauen, erschauen* MYST. LS. 1. 382, 259.

er-lupfen *swv.* (I. 1053ᵇ) *in die höhe heben, lüpfen* TROJ. (*bei Kell.* 5044 gelüpfet).

er-lûren *swv. erlauern* DRACH. *Casp.* 120.

er-lusten *swv.* (I. 1056ᵇ) *ergötzen, erfreuen.* unde wart in der selben minne alsô erlustet MYST. 2. 348, 8. 11;

er-lustenen *swv.* (I. 1057ᵃ) *refl.* oblectare GL.

er-lûten *swv.* (I. 1058ᵃ) *lauten, ausgesprochen werden.* ze heile muoz erlûten unser heilic name dir SILV. 1211; *einen laut von sich geben, bellen* NIB.; *vgl.* erliuten;

er-lûtern *swv. s.* erliutern.

er-lûzen *swv.* (I. 1061ᵇ) *durch auflauern erfassen* Ms. erværet und erlûzet wart er von ir hiute snel TROJ. 10684. daz er wol konde erlûzen diz heize vüer enbûzen PASS. *K.* 123, 74.

erm, erme = er ime z. b. ERNST B. 126. erme IW. 3890.

er-maggen *swv. s.* ermangen.

er-mâlen *swv.* (II. 24ᵇ) *malen können, durch malen zu stande bringen* Pass.

er-manen *swv.* (II. 54ᵃ) *ermahnen, woran* (*gen.*) *erinnern* Nib. Iw. Wolfr. sîn herze wart ermant mit dirre rede Er. 527. dô was sî alsô hôhe ermant Flore 5804. von riuwen ermant *ib.* 7753. obe dich got selbe erman Mariengr. 824. ich heiʒe meditatio, swen ich mich selbe eines dinges erman Diut. 3, 6. der wirt in wunne maneger freude ermant Msh. 2, 67ᵃ; *antreiben* Pass. daʒ ors mit sporn erm. Ath. E 132, *mit gen.* Wwh. zornes was sîn herze ermant Engelh 3278.

er-mangen *swv.* (II. 61ᵃ) *mit der* mange, *wurfgeschütz bezwingen*, ermaggen (*s.* magge *für* mange) Rul.

er-mannen *swv.* (II. 51ᵃ) *ein* man *sein, werden, mut fassen* Ath. Pass. Achilles ermannete dô Herb. 11486 (Bit. 877 *u.* 10346 *ist mit der neuen ausg.* ernande *zu lesen*).

er-manunge *stf. mahnung* Rta. 1. 44, 9.

er-mæren *swv. bekannt machen mit etw., erzählen.* biʒ er si het ermæret, wie er diu wîp erværet Ga. 2. 237, 697. *vgl.* Wolk. *s.* 319.

er-mæʒigunge *stf.* nâch erm. *nach ermessen* Mone *z.* 1, 183.

ermde *stf. s.* ermede.

erme *s.* erm.

ermec-heit *stf. s.* armecheit;

ermec-lich *adj. s.* armeclich *u. vgl. noch* Elmend. 962.

ermede, ermde *stf. armut.* der ist nû in der ermede Mart. 47, 98. ermde Aneg. 29, 37. 36, 61. Jer. 19ᵈ. 20ᵃ. *vgl.* armuot.

er-meien *swv.* (II. 92ᵇ) *refl. erfreuen, ergötzen* Ms. (= ermeien sich in ir liehten ougen klâr H. 2, 337ᵃ).

ermel *stn. s.* ermelin;

ermel *stm.* (I. 57ᵃ) *ärmel* Er. Parz. Trist. Nib. Neidh. 9, 4. 12. 41, 6. 68, 7. 81, 39. 46. Lieht. 160, 27. 166, 27. 176, 7. Msh. 2, 292ᵃ. 300ᵃ. die frouwen si brîseten im die ermel sîn Orl. 10869. ermel enge und niht wit En. 1701. ermel gestrichen mit der sîden ane genât Herb. 620. die ermel enge wol gerigen Türl. Wh. 37ᵇ. zwêne ermel hiengen dar an nider gein dem ellebogen Ga. 1. 92, 21. daʒ in die ermel hiengen für die sîten hin ze tal, daʒ die zipf tæten val gegen den wagenleisen Helbl. 3, 300 *ff.* dâ der ermel an daʒ muoder gât Helmbr. 211. röcke mit wîten ermeln Renn. 6844. hilf mir, daʒ ich nimmer werde gêr noch ermel in daʒ muoder Mariengr. 155. röcke âne ermel (*beim zweikampfe*) Swsp. 351, 9. ermel *als kleinod* Krone 18026. 18604; — *md. auch sw.* Elis. 1990. 8297;

ermelech *stn. coll. zum vorigen.* mit ermelehen Berth. 416, 19. *vgl.* Weinh. *al. gr.* § 263.

ermel-brîserîn *stf. die die ärmel zuschnürt* Renn. 4628.

erme-lich *adj. ärmlich, dürftig* Pass. *K.* 259, 92. ermelîche spur, *kleidung des bettlers ib.* 521, 61;

erme-lîche *adv. s.* armeliche.

ermelîn, ermel *stn.* (I. 57ᵃ) *ärmchen* Ms. (dîn ermel blanc H. 2, 139ᵇ. blanc wâren ir diu ermelîn 3, 84ᵇ. ir ermel blôʒ 1, 132ᵃ. ermel vlehten, bein verschrenken 1, 47ᵃ). ich luogte ir an ir ermelîn, von wîʒe gabʒ mir liehten schîn Ls. 1. 142, 561; Albr. 1, 943. Mgb. 316, 11.

ermel-mantel *stm. mantel mit ärmel* Jüngl. 689.

ermel-tuoch *stn. tuch für die ärmel.* ein henfîn ermeltuoch Hätzl. 2. 67, 236 (= Ring 34ᵇ, 29. Ls. 3. 409, 396).

ermel-zipf *stm.* (III. 901ᵃ) *ärmelzipfel* Helbl.

ermen *swv.* (I. 59ᵃ) *prät.* armte *arm machen* Wig. Büchl. Walth. Krone 6042. Fragm. 43, 65. — *mit* ver-.

er-mennen *swv.* der an im ermennet (: erkennet) j.Tit. 142; ernennet? = ernendet?

ermern *swv. ärmer machen* Malag. 247ᵇ.

er-mêren *swv. mehren, vermehren* Freid. 14, 23 (2. *ausg. var.*). Bph. 8423. 8727. 8829. Wernh. *v. N.* 37, 20. Pass. 15, 13. Karlm. 12, 34. 44, 36. 49, 18. 70, 1 *etc.*

er-merren *swv. prät.* ermarte *verhindern.* zu ermerrene dat judisch geslehte Marld. han. 86, 30.

er-mêrunge *stf. vermehrung, aufbesserung* Rta. 1. 14, 27.

ermet *s.* armuot.

er-mëʒʒen *stv. I*, 1 (II. 213ᵇ) *ermessen* (W. Gr. *citiert* Mai 110ᵃ);

er-mëʒʒunge *stf. ermessung.* in ermessunge der beswerden Mone *z.* 9, 38 (*a.* 1489).

ermic *adj.* (I. 58ᵇ) *arm, armselig* Ls.

er-mieten *swv.* (II. 169ᵇ) *erkaufen, bezahlen* Ms. Freid. daʒ er mit strîte moht ab got ermieten j.Tit. 244. die (êren) sol ir menlich tât in strît ermieten *ib.* 3628. dem wolt ich mich erbieten und sîn arbeit ermieten mit mînes lîbes minne Krone 12688.

er-milten *swv.* milte *machen.* daz ermildet ime daz herze ROSENG. *C.* 1976.

er-minnern *swv. geringer machen, erleichtern.* dô si kom zir selben wider und ein wênc erminret wart (*sich von ihrem jammer erholt hatte*) ALEXIUS 128, 781.

ermîte *swm. eremit* HANS 3268. — *aus lat.* eremita.

er-morden, -morderôn *swv. s.* ermürden, -murderôn.

er-môvieren *swv.* (II. 225ᵇ) *refl. s. v. a.* baneken KREUZF.

er-müeden *swv.* (II. 228ᵃ) *müde werden* SUSO.

er-mundern, -muntern *swv.* (II. 233ᵃ) *aufwecken* ANEG. dô wart freud ermuntert DAN. 7637.

er-muote *s.* armuot.

er-mürden, -murden; -mörden, -morden *swv.* (II. 223ᵃ, 33) *prät.* ermurte, ermorte; *part.* ermürdet, ermordet; ermurt, ermort, ermört (HÄTZL. NARR.) *ermorden.* ermürden GRIESH. TROJ. (went ir sus mich ermürden hie 11116. daz man dich ermürdet hât 13172). ULR. *Wh.* 158ᵈ. 173ᵃ. 210ᵃ. CHR. 4. 118, 16. 321, 7. 24. 327, 22. 328, 4; 5. 107, 17. 301, 3. 315, 22. 25. 316, 3. 4. 5. 9. 10 *etc.* ermurden ER. 6846. CHR. 5. 302, 23; ermorden TRIST. MAI, sie begönden mich ermorden (: worden) SCHRETEL 342, (: horden) Ls. 2. 421, 70. daz mîn truhsæze von iu lît ermordet (: gehordet) OTTE 189. der wart âne schulde ermort KL. 2022. ermorden *auch in md. denkm.* — *ebenso*

er-murderôn, -morderôn, -mordern *swv.* (II. 224ᵃ) DIEM. GEO. NIB. — *gt.* maúrthrjan; *wegen des ô vgl.* WEINH. *al. gr.* § 357.

er-mûsen *swv.* (II. 278ᵇ) *heimlich wegnehmen, mit dat. u. acc.* WOLK.

ërn = er in *und* er en (ne).

ern, eren *an. v.* (I. 49ᵇ, 18. 40) *entweder sw.* erte, gert *od. redupl. nach I,* 1 ier (WOLFR. DÜR. *chr.* 374), gearn *od.* garn (NEIDH. HERB. 1860. KIRCHB. 719, 62); *ein st. präs.* arn *lässt sich nicht nachweisen: ackern, pflügen* WOLFR. KONR. (TROJ. 8175. 8223. 9275. 9964). bûwen unde ern RING 20ᵇ, 43 (erren 44ᵇ, 26; *auch ahd.* erren *aus* erjan, arjan). GR.W. 3, 510. lasters pfluoc ert nû durch mîne klûse MSH. 3, 23ᵃ. den sant ern, *den sand pflügen,* etw. vergebliches thun MSF. 75, 7; *wie mit der pflugschar schneiden* ENGELH. — *mit* ab, ge-, über-. *gt.* arjan, *zu gr.* ἀροῦν, *lat.* arare CURT. 1, 306. FICK 12. GSP. 347.

ern, eren *stm.* (I. 446ᵇ) *fussboden, tenne* ERACL. MÜGL.; *stn.* erdboden, grund, ein fruchtreichs eren FASN. 744, 13. der weingarten leit an dem obern eren UKN. 361 (*a.* 1354). — *zu lat.* ara, area *vgl.* DWB. 1, 198. 3, 786 *u. oben* ër *stn.*

ern *stm. s. v. a.* erne *ernte.* nû was ez von dem erne GFR. 581. *vgl.* habir-, korn-, wînern VILM. 94, BECH *beitr.* 6. DWB. 3, 928.

ër-nâch *adv. s.* nâch.

er-nacken *swv. entkleiden.* Jêsus wart irnacket MONE 4. 328, 84.

er-nant *part. s.* ernenden, ernennen.

er-narren *swv.* (II. 316ᵇ) *zum narren, thoren werden* NARR. *s.* DWB. 3, 920.

er-nart *part. s.* ernern.

ernde *stn. s.* ârant.

ernde *stf. s. v. a.* erne. sie samnet in des sumers ernde kündeclîche ir spîse MSH. 2, 236ᵃ.

ernde-garbe *f. erntegarbe, als abgabe* GR.W. 4, 498.

ernde-huon *stn.* MONE z. 4, 204. ernehuon 8, 296. *vgl.* 10, 194.

êrnder, ernder *stm.* (I. 447ᵃ, 2) *der eine botschaft ausrichtet, bote, fürbitter* GRIESH. — *zu* ârant.

erne *stf.* (I. 62ᵃ) *ernte* Ms. (ez gêt nû in die erne *H.* 2, 289ᵇ. ez kumt diu erne rehte 290ᵃ). ELIS. 3738. ALBR. 9, 103. EVANG. *M.* 9, 37. 38. 13, 30. 39. URB. 168, 6. 199, 28. 229, 10. GR.W. 5, 318. in der erne lîhen einen snêder Mz. 3, 508 (*a.* 1362); *als monatname: juni* (MB. 25, 17), *juli* (*vgl.* WEINH. *mon.* 30), august, Petri in der erne (1. *aug.*) CHR. 6, 62. 65. unser frawen tag in der ern (15. *aug.*) GR.W. 3, 521. unser vrouwen dag der êrn in der erne MONE z. 8, 455. zwischen den zwein unser frouwen tagen nâch der erne (*himmelfahrt u. geburt*) *ib.* 9, 116 *a.* 1389. GR.W. 3, 370. 372. *vgl.* arnmânôt *u. dazu jetzt* WEINH. *mon.* 31. — *zu* arnen, *vgl.* ern *stm.*

erne-bëte *stf. abgabe zur zeit der erne.* die ernbete, die ûf sant Jacobs tag gefelt GR.W. 5, 497. sechzig viertel gelts uf der ernenbette, eilf phunt gelts zu ernenbette AD. 1087 (*a.* 1359).

er-nëcken *swv. ausbrüten?* die aier ernecchin GEN. 49, 29 (*bei D.* 68, 6 ouz nichen).

er-nëmen *stv.* I, 2 *herausnehmen, entnehmen* WG. 33ᵇ (W. GR., *bei Rückert* 2108 entnomen *ohne var.*); *refl. sich zusammennehmen, aufraffen.* sô ernimit sich der arm sundære ANTICHR. 198, 11. — *gt.* usniman.

ernen *swv. crnten.* ernen oder schnîden als das getraide Voc. 1482. einem ab ernen, *von seiner ernte abschneiden* Gr.w. 2, 161; s. arnen.

ernen-bëte *stf. s.* ernebete.

er-nenden *swv.* (II. 378ª) *prät.* ernande, -nante, *part.* ernendet, ernant: *intr. mut fassen, sich wagen absol.* Karl. ze leste sî ernande unde volget dem vîande Gen. *D.* 14, 11. die cristen dô ernanten Kchr. *D.* 345, 1. held ir sult ernenden Wwh. 44, 20. die dâ vor dicke ernanten 323, 9. daȝ mîn sun hât ernendet und den kotzen mir gesendet Kol. 149, 151; *mit gen.* Wwh. (Bertram dô strîts ernande 42, 1), *mit infin.* Mar. sô daȝ ich ze sprechen kûm ernante Hadam. 60; *mit an* Ms. (=Msf. 47, 30). Serv. dô diu küneg în mit minne an in ernante Wwh. 279, 19. alsô wart er geschendet, daȝ er dar an ernendet Krone 2565. die frouwen an daȝ liehte hol getorsten niht ernenden Mar. 197, 1; *mit ûf:* daȝ sie ûf sînen zorn sô balde ernendent Priesterl. 442. do ernande der Dietrîches man ûf Sindolt Bit. 10346; *mit in:* in daȝ swære ellende ernenden Lit. 849 (*vgl.* dar ernenden Nib. *C, D.* 182, 4); — *refl. mit gen.* sînes guotes sich ernenden Swsp. 167, 1 (*var.* sîn guot wagen); *tr. wagen* Krone 11080. — *gt.* nanthjan *wagen von dunkl. abstamm., vgl.* Dief. 2, 98.

er-nennen *swv.* ernante; ernennet, ernant *zu ende nennen, ganz aussprechen.* wer mac ernennen unde erkennen diu wunder Msh. 3, 95ª.

erne-rëht *stn.* (II. 624ª) *recht der ernte, der schnitter zu grössern freiheiten gegen die schnitterinnen* Hadl.

er-nerigen *swv. erhalten, retten.* uns enwelle got ernergen Gen. *D.* 70, 3;

er-nern (II. 384ª) *im part. bei* Bon. *auch* ernart *gesund machen, heilen mit gen. der s.* Hartm. Parz. Trist.; *retten, vor verderben bewahren, am leben erhalten* Iw. Wig. Trist. in erner der übel tiufel Nib. 1892, 4. daȝ wîcgewant ernerte den degen Bit. 9245. daȝ leben ernern Engelh. 5527; *ernähren* Narr. das fich ernern, *füttern* Chr. 4. 107, 24. — *causat. zu*

er-nësen *stv. I,* 1 (II. 379ᵇ) *geheilt, gerettet werden; nur einmal* (Diem. 311, 11) *mit dem part.* ernërn *zu belegen. vgl.* genësen.

ërnest, ërnst *stm.* (I. 447ª) *kampf, besonders im gegens. zu* schimpf *u.* spil Büchl. Trist. Barl. Nib. den schimpf er ze ernest brâhte Mar. 176, 20. eȝ touc niht solher ernst ze kindes spil Loh. 5109. *vgl.* 4257. 5150. zem ernst und ouch zem schimpfe Mz. 2, 523 (*a.* 1317). mit ernst besitzen, *belagern* Mw. 193, 5 (*a.* 1293). daȝ man die stat besleichen oder sich iemant mit ernste davor erzeigen wölt Chr. 2. 277, 13. daȝ (exte, püchsenstain *etc.*) zu dem ernst gehört *ib.* 291, 21 (*vgl.* ernestkreiȝ); *aufrichtigkeit, festigkeit des denkens, redens u. handelns* Hartm. (ir sult mîniu wort vür ernest hân Er. 564). der rede ernst Ludw. *v. Th.* 4780. wan ir (*der rede*) ist mir ernest Flore 4079. eȝ sî ze ernste oder zorn Dan. 839. mit ernst er vür sich gâhete 1033. mir ist ernst unde gâch 6675. Karl 120ª. mir ist ernest ûf einen, *ich meine es ernst, gut mit ihm* Berth. 184, 15. 19. — *vgl.* Wack. 84ª (*zu gt.* airus *bote, worin aber, wie sich aus* ags. âr, *alts.* êrn *ergibt, ein wirklich diphthong.* ái, *nicht* aí *enthalten ist* Gsp. 492), Dief. 1, 69 (*zu* arniba *adv. sicher*), Weig. 1, 304 (*zu* kelt. ern *sprung, kampf*), Dwb. 3, 923 (*zu altn.* orrusta *kampf*);

ërnesten, ërnsten *swv.* (*ib.*) *intr. mit* ernest *handeln* Frl. in den erwelten ernestet der geist Spec. 136.

ërnest-haft *adj.* (*ib.*) *kampfbereit, mutig.* der ernesthafte wîgant En. 327, 5. Eilh. 544. ernsth. schar Livl. 2481; *ernst* En. stille und ernsthaft Herb. 2951. ernsth. kint Renn. 14913. e. rede Krone 25639;

ërnest-hafte *adv.* (*ib.*) *mit ernst* Gen. En. 213, 6. 228, 17. Eracl. 274. Msh. 3, 187ᵇ;

ërnest-haftic-heit *stf.* (*ib.*) *ernsthaftigkeit* Myst.

ërnest-heit *stf.* (I. 447ᵇ) *der ernste wille* Fragm.

ërnest-kreiȝ *stm.* (I. 878ᵇ) *zweikampfplatz* Trist.

ërnest-, ërnst-lich *adj.* (I. 447ª) *wolgerüstet, streitbar* Iw. (*vgl.* Dwb. 3, 928). ein forchtlicher ernestlicher fürst Chr. 4. 119, 23. ernstl. spil, *kampfspiel* Bit. 2650. eȝ wær ze schimpf oder ernstlich Licht. 102, 3; *ernstlich, warhaft* Parz. Chr. 8. 493, 3;

ërnest-, ërnst-lîche, -en *adv.* (*ib.*) *gerüstet, kampfbereit.* sie trâten ernestlîchen zuo Livl. 11824; *mit ernst, eifer* Roth. Barl. Pass. *K.* 83, 34. 229, 60. Erlœs. 101. Karlm. 254, 63. Ls. 1. 148, 773. ernes lîche Nib. Elis. 3987.

er-newen, -newern *swv. s.* erniuwen, -niuwern.

erne-zît *stf.* (III. 913ª) *erntezeit* Ms.

ern-halt *s.* erhalt.

er-nider *adv. s.* nider.

er-niesen *stv. III. niesen* PF. *arzb.* 2, 5ᵃ.
er-nieten *swv.* (II. 349ᵇ) *refl. mit gen. od. mit sich in etw. üben, ergötzen, seine lust büssen; erst bei* KEISERSB. *u.* MURNER *s.* DWB. 3, 923.
er-nihten *swv.* (III. 657ᵇ) *vernichten* MSH. 3, 5ᵃ. 164ᵃ. ALEXIUS 68, 48. erniuten MART.; *für nichts achten* MSH. 3, 163ᵃ.
er-niuwen *swv.* (II. 389ᵃ) *tr. u. refl. erneuen* ERNST, HARTM. *lied.* (MSF. 207, 3). WARN. KCHR. *D.* 92, 27. MSF. 166, 17. MSH. 2, 380ᵇ. 3, 16ᵃ. SILV. 3968. TROJ. 274. 1490. 10483. 10727. 11007. 13419. WG. 12879. 12983. BPH. 9345. j.TIT. 4157. KARLM. 13, 52. ernewen CHR. 4. 293, 19. 295, 14. 301, 3. 324, 16. *für* NIB. 1884, 1 sîn vart wart erniuwet von heiʒem bluote naʒ *wird von* MARTIN (*grammat. u. gloss. zu den Nibel.* 1865 *s.* 36) *aus Lachmanns nachlasse die erklärung mitgeteilt: „seine fährte ward frisch beschneit, frisch begossen mit heissem nassen blute" unter hinweisung auf* PARZ. 73, 15 (niuwe leis, frisch gefallener schnee; *vgl.* LACHM. *ausw. s.* 234). *vgl. dagegen auch Zarnckes centralblatt* 1866 *nr.* 14;
er-niuwern *swv.* (II. 390ᵃ) *erneuern* MS. MYST. 2. 570, 37. ernewern CHR. 300, 6;
er-niuwerunge *stf. erneuerung, neue bearbeitung.* ernewerung CHR. 5. 54, 2;
er-niuwunge *stf. erneuung* MYST. 2. 488, 14.
ernlîn *adj. s.* erlîn.
er-noisen, -nöisen *swv. erforschen, durchsuchen* KEISERSB. *s.* WACK. 84ᵇ. DWB. 3, 922. — *zu* niusen *versuchen.*
er-nœten *swv.* (II. 417ᵃ) *prät.* ernôte *nötigen zu etw.* (*gen. od. nachsatz*) TRIST. MSF. — *mit ab:* und ernotten ainander ettliche schlosʒ ab CHR. 4. 102, 11.
ërnst *s.* ërnest.
ërnst-ge-var *adj.* (III. 241ᵃ) *nach ernst aussehend* FRL.
ernt *stn. s.* ârant.
er-oberen *swv. tr. übertreffen, überwinden.* die angriff erobern und aufhalten USCHB. 4; *erübrigen,* etlich gelt, das sie von erobert hetten MONE *z.* 14, 317 (*a.* 1454); *intr. übrig bleiben,* waʒ erobert und überig belibet an dem gelt MZ. 1, 377 (*a.* 1381).
er-offenen, -offen *swv.* (II. 432ᵇ) *eröffnen, kund machen* EXOD. er eroffente elliu sîniu dinc KCHR. *D.* 119, 28. dô was eroffent gar diu sage KL. 1610; *mit dat. u. acc.* dô eroffenôt im mîn trehtîn waʒ im kunftic wolde sîn RUL. 245, 9. eroffen mir die sache KCHR. *D.* 83, 17. unze iʒ im von gote eroffenet wart 340, 29; *mit acc. d. p. belehren,* unze mîn trehtîn eroffente di vil liebe scalche sîn *ib.* 197, 20; *refl.* ROTH *pr.* si wolden sich im eroffent haben KCHR. *D.* 118, 13;
er-offenunge *stf.* (II. 433ᵃ) *eröffnung* ROTH *pr.*
er-œsen *swv.* (II. 447ᵇ) *ausschöpfen, leer machen* PARZ. WH. *v.* Öst. 106ᵃ. SIGEN. *Casp.* 45, *md.* erôsen ELIS. 3880. ERLŒS. 1025.
er-ougen, -öugen *swv.* (II. 453ᵇ) *vor augen stellen, zeigen mit dat. u. acc.* GEN. EXOD. 94, 3. LIT. 229, 18. ANTICHR. 118, 11. daʒ sî mir erougte lieben wân MSF. 212, 1 (HARTM.); *bei* KONR. eröugen TROJ. 21699. 23543. PANTAL. 373.
ërper *s.* ërtber.
er-queben *swv.* (I. 892ᵇ) *ersticken* GLAUB.
er-queln *swv.* (I. 897ᵇ) *zu tode quälen, tödten* FRL.
er-quëmen *stv. s.* erkomen.
er-queschen *swv. zerschlagen, zerquetschen.* wan im die lip erqueschet wart TROJ. 35743. *s.* quetschen, quetzen.
er-quicken, -kücken *swv.* (I. 893ᵇ) *tr. u. refl. wieder* quëc *machen, neu beleben, vom tode erwecken.* erquicken KONR. (SILV. 3256). DIOCL. LOH. 3717. KRONE 26422. PASS. (83, 52. 161, 29. 324, 91; *K.* 60, 28. 88, 78. 337, 79 *etc.*). sie enkunden ez (*das feuer*) nie erquicken HERB. 15816; erkicken MONE *schausp.* MSH. 2, 390ᵇ. erkichen WACK. *pr.* 41, 122. *prät.* erkihte HIMLF. (HPT. 8) 1003; erkëcken CHR. 5. 129, 5; erkücken, -kucken BÜCHL. (1, 297 *bei Bech* erzücket). GRIESH. (2, 127). MYST. VINTL. 8977. GA. 1. 302, 777. *prät.* erkuckte MARLG. 75, 152, erkuhte SERV.; *part.* erkücket *ib.* 3538, erkucket URST. 122, 62. MARLG. 87, 11. CHR. 3. 286, 18. j.TIT. 1003, erkuht SERV. 3113. — *mit* în;
er-quickesal *stn. recreamen* DFG. 487ᵃ;
er-quick-lich *adj.* erquicklicher vel beweglicher Voc. 1482;
er-quickunge, -kückunge *stf. refectio* DFG. 489ᵇ.
ërr = ër ir Iw. 2872. GFR. 2394.
er-rache-lich *adj.* (II. 547ᵃ) *explicabilis* SUM. — *zu* rache rede.
er-rahte *prät. s.* errecken.
er-râten *stv. red. I,* 2 (II. 580ᵇ) *treffen auf, geraten* RUL. LANZ. ER. (*vgl.* erreiten). er het einen fürsten erräten j.TIT. 2151, *vgl.* 5784; *anraten* MS., *im rate beschliessen,* ist erra-

ten, das den bayrischen hauptlüten vom pund geschriben werden soll Uschb. 48; *erraten* Teichn. Lieht. 307, 8. Helbl. 1, 147.

er-ratte *prät. s.* erretten.

ërre *adj. stf. s.* irre.

êrre, ërre *adj. comp. s.* êrer.

er-rëchen *stv. I*, 2 (II. 684ᵇ) *tr. u. refl. vollständig rächen* Nib. Wig. ob ich mich errechen mac Er. 1133. dô sich der herre alsô errach Eracl. 4933. daʒ erʒ nit het errochen Gudr. 901, 3. dû hâst mich errochen Bit. 9301. daʒ er hie wurde errochen j.Tit. 4218. die kristen wurden errochen Serv. 2120.

er-recken, -rechen *swv. prät.* errahte, errechete *hervortreiben, erregen.* nu errahte daʒ scheiden manegen trahen in beiden Er. 1463; *durch ausstrecken erreichen, erlangen,* ir mugetʒ niht errecken Dietr. 4596. er errechete im den zagel Reinh. 381, 22.

er-recken, -rechen *swv.* (II. 590ª, 19. 591ᵇ, 33) *ganz aussprechen, einzeln aufzählen, darlegen, ergründen* Kchr. Antichr. (etw. mit sinne errechen 148, 35). Greg. Wig. die rede errechen Gen. D. 108, 35. den sin errechen noch ergrunden Mar. 164, 24. daʒ keines mannes zunge eʒ nimmer möhte errecken Krone 13016. getörste ich mîniu wort, got, hin ze dir errecken und mînen muot endecken 16975. dô wart doch iegliches sin errecket unde gesagt 25232. — *zu* rache *rede*.

er-reichen *swv.* (II. 654ª) *sich ausstreckend ein ziel erlangen, erreichen, treffen* Pass. (*H.* 102, 34). Kreuzf. Nib. 1920, 4. 1958, 4. Gudr. 1445, 2. Loh. 3336. 3413. mit slegen err. Rab. 661. mit dem swerte err. Roseng. *H.* 1292;

er-reigen *swv. s. v. a.* erreichen. dîn lop wirt doch erreiget niht Msh. 1, 70ᵇ. wâ mite mac der sünder dîn vil heilic rîche erreigen *ib.* 2, 135ᵇ. *so wol auch* Mart. 176, 54 *statt* erveigen. — *vgl.* reigen *für* reichen.

er-reinegen *swv. reinigen* Wack. *pr.* 28, 13. *ebenso*

er-reinen *swv.* (II. 661ᵇ) Barl. Roth *pr.* (64. 74). Wack. *pr.* 28, 9. 29, 30. Mar. 147, 3.

er-reisen *swv.* (II. 665ᵇ) *durch reisen, auf der reise erlangen* Teichn.

er-reiten *stv. red. II. erreichen, treffen.* swaʒ ich erreiten (*var.* errîten, *vgl.* Wb. II. 581ª, 1) kunde Kl. 484. — *hieher wären nach* Gr. I³, 187 *die im* Wb. *unter* errâten (*treffen*) *aufgeführten präterita* erriet *zuzählen. dazu noch* swen er mit der stangen erriet (: diet) Ulr. Wh. 145ª. *auch* Wack. *setzt ein stv.* erreiten *an.* — *zu* errîten.

er-reizen *swv.* (II. 675ª) *aufreizen* Nib. 1994, 2.

er-reiʒ-wort *stn. aufreizendes wort.* under andern erreyszworten Ugb. 139.

erren *f. s.* erne.

ërren *swv. s.* irren.

er-rennen *swv.* (II. 719ᵇ) *prät.* errante *durch rennen einholen, erlaufen* Such. Jer. Hätzl. 1. 20, 7. unze er daʒ volc irrante Roth. 695.

ërresal *stn. s.* irresal.

er-retten *swv.* (II. 678ª) *prät.* erratte, *part.* errettet, errett *herausreissen, befreien, erretten* Griesh. Serv. Beliand 1422. Fragm. 41, 312. daʒ er errett het diutschiu lant Loh. 3518; *mit acc. u. gen. erretten, befreien von* Gen. Kreuzf., *refl.* der errettet sich sînes lebens Heldb. K. 10, 36.

er-reuchen *swv. s.* erriuhen.

er-rich-lich *adj. zur rache geneigt.* errichlich ist ir geverte Gen. 63, 9 (*bei D.* lugelich).

[**er-rîden** *stv.* II. 580ᵇ, 52. 697ª] *vgl.* errâten, erreiten.

er-rideren *swv. vor frost erzittern* Schm. 3, 55.

er-rihten *swv.* (II. 644ª) *aufrichten, ahd.;*

er-rihtunge *stf. s. v. a.* rihtunge, *ausgleichung, friede.* den waffenstillstand zu ganz errichtunge brengen Ugb. 19 (*Weimar*).

er-ringen *stv. I*, 3 (II. 714ª) *mit mühe zu ende führen, durchsetzen, erringen* Rul. Nib. (spil erringen, *im wettkampf siegen* 442, 11). Trist. daʒ ich noch daʒ erringe, daʒ Büchl. 1, 733. swie wir daʒ erringen, daʒ Greg. 2809 (*nicht* a. Heinr., *wie in* Wb. *angegeben ist*). lant erringen j.Tit. 4982. Helbl. 15, 646. Basl. *hs.* 30ª. die lîpnar erringen Vilm. weltchr. 65, 380. sit mich erranc ir minnen swanc Msh. 1, 115ª. leit leide erringen kan *ib.* 208ᵇ. dô sie die kiel errungen Ernst 3145. wir hân vil sælde errungen Ulr. Wh. 146ᵈ. den Jâcobis segen erringen Mone 8. 42, 131.

er-ringen *swv.* (II. 712ᵇ) ringe *machen, erleichtern, zerstreuen* (den muot) Wigal.

er-rinnen *stv. I*, 3 (II. 717ª) *aus- u. aufgehen, entstehen* Diem. al daʒ wir scaden haben gewunnen, daʒ ist von Ruolante errunnen Rul. 234, 3. der sâme errint Netz 9714; *dahin fliessen, laufen refl.* swenn eʒ sich hât wol errunnen Hadam. 444; *mit gen. trocken u. leer wovon werden,* des bluotes errinnen Gest. R. Krone 12168. 12411 (9912 *var.* er liez in des wazʒers errinnen, *trocken werden*) Ga. 1. 297, 605. — *mit* ûf.

er-rîseln *swv. intr. tropfen fallen lassen.* der boum erriselt BELIAND 1271.

er-rîten *stv. II.* (II. 735ᵇ) *intr. auseinander reiten, sich reitend zerstreuen* CHR. 4. 44, 10; *tr. durchreiten* ERACL. GFR.; *durch reiten beweglich machen,* diu ros errîten, diu sich verstanden hânt WOLFD. 1925; *reitend erreichen, einholen, überhaupt erreichen, treffen. allgem.,* vgl. noch DIETR. 4469. RAB. 920. ERACL. 1786. LOH. 5797. ECKE *Sch.* 54. KARL 72ᵇ. GA. 1. 344, 866. er het den slac alsô erriten ENENK. *p.* 369.

er-riuhen *swv. durch etw. rauhes wund reiben.* das pferd erreucht sich underweilen mit den hindern füeszen von dem anrürn und erreuchen des hindern fuosz. man sol das haur abschern, da sich das pferde erreucht hat MYNS. 85.

er-riuten *swv.* (II. 748ᵃ) *durch ausreuten befreien, säubern von (gen.)* BÜCHL.; *durch ausreuten erwerben,* den zehenden heten si erbawet und erreutt Mz. 3, 421 (*a.* 1360).

er-rîzen *stv. II. zerreissen.* die wilden pern und lewen die errissen si CHR. 4, 289, 18; *refl. sich spalten ib.* 302, 14.

er-rôten *swv. rot machen, erröten.* nû sach man êrst von im daz velt errôten LOH. 5216. von scham errôten j.TIT. 1992.

er-roufen *swv. refl. sich raufen, rupfen* LS. 1. 280, 48.

er-roumen *swv. s.* errûmen.

[er-rücken *swv.* II. 781ᵇ.]

er-rüeren *swv.* (II. 815ᵃ) *in bewegung setzen, rühren.* daz herze errüeren FDGR. 2. 328, 7; *md.* errûren PASS.

er-rûmen *swv.* (II. 792ᵃ) *gänzlich räumen* RUL. daz (ellen) hât sîn herze errûmet ULR. *Wh.* 138ᵃ; erroumen GEN. *D.* 2, 12. EXOD. *D.* 140, 37.

er-ruofen *stswv. errufen.* er mohte niemant errûfen DAL. 91, 14.

er-salwen *swv.* (II².35ᵃ) *schmutzig, trübe* (sal) *werden* WARN. an sinem antlütz über al was im diu varwe ersalwet GERH. 3719. er truog ersalwet hende 3732.

êr-sam *adj.* (I.445ᵇ) *ehrbar, ehrenvoll, geehrt* KCHR. ULR. ATH. *C* * 129. *D* 20. *F* 152. WACK. *pr.* 43, 112. êrsame vrûnde PASS. 120, 77. êrs. knehte *ib.* 233, 19. ein êrsame rote MARLG. 35, 23. der antfanc was êrsam KRONE 13721. ez wære im êrsam unde guot, züg er abe mantel unde huot JÜNGL. 735. êrsamiste aller wîve MARLD. *han.* 61, 15. her Chunrat, der êrsam erzbischof von Salzburch Mw. 240 (*a.* 1311). êrsame (*anständige, gut eingerichtete*) kamern UKN. 158 (*a.* 1314);

êr-same *stf.* (*ib.*) *ehrbarkeit* OBERL.; *ebenso* êr-samec-heit, êrsamkeit *stf.* WACK *pr.* 43, 106. 111. CHR. 4. 196, 5. 12; *ehrerbietung* PASS. *K.* 653, 43;

êr-sam-lîche *adv. ehrbar* CHR. 2. 346, 22.

er-sân *prät. pl. s.* ersëhen.

er-sat *part. s.* ersetzen.

er-saten, -satten, -setten *swv.* (II². 58ᵃ. 58ᵇ) *prät.* ersatte: sat *machen, sättigen* MYST. HÄTZL. (*auch* 1. 24, 6; *nicht intr. wie im* WB. *angegeben*). mit gotheit ersatten HPT. 6. 373, 123. ersetten BERTH. 261, 11. ersatten, ersetten FREID. 88, 4 var. (*der zweiten ausg.*).

er-satzunge-brief *stf. jeder in den schwäb. bund aufzunehmende musste einen* ersatzungbrief geben, darin er sich verschribe aller stuck und artickel (*der bundesstatuten*) USCHB. 7.

er-saz *stm. ersatz, strafe* GR.w. 1, 83 *f.*

er-schaffen *part. s.* erschepfen.

er-schal *prät. s.* erschëllen.

er-schallen *swv. durch* schal (*rufen, bitten etc.*) *erwerben.* diu gâbe stêt ze lebene wol, diu man niht herticlîche darf erschallen (: vallen) MSH. 3, 68ᵇ. vgl. erschëllen;

er-schalt *part. s.* erschëllen.

er-schamen *swv.* (II². 136ᵃ) *intr. u. refl. voll scham werden, in scham geraten über (gen. od. nachs.)* KL. WALTH. GREG. daz ich michs erschamt NEIDH. 60, 17. sich vor leide ersch. ATH. *C* 137.

êr-schatzunge *stf.* GR.w. 1, 712 *s. v. a.*

êr-schaz, -tzes *stm.* (II². 90ᵃ) *laudemium, abgabe vom lehengute bei eintretendem wechsel des belehnten oder belehnenden* URB. WEIST. *vgl.* DWB. 3, 954. MONE *z.* 5, 388 *ff. u.* erbeschaz.

er-scheiden *stv. red. II. unterscheiden* CHR. 5. 119, 29. WG. 14072 var. *vgl.* DWB. 3, 955. — *mit* ûz.

er-schein *prät. s.* erschînen;

er-scheinen *swv.* (II². 148ᵃ) *tr. u. refl. leuchten lassen, zeigen, beweisen, offenbaren. allgem., vgl. noch* ERINN. 509. j.TIT. 899. ALEXIUS 126, 618. 127, 696. REINH. 73. 87. ENGELH. 1451. OTTE 164. PANTAL. 355. SILV. 1788. 1863. 1970. TROJ. 15500. 21668. 22313. 22579. PASS. 102, 71. 109, 29. KARLM. 63, 53. 86, 56. êhafte nôt ersch. Mz. 3, 58 *s.* 54 (*a.* 1339). etw. mit dem eid ersch. Mw. 236, 10 (*a.* 1311), *vgl.* erschœnen;

er-scheinen *stv. s.* erschînen;
er-scheinen *stn.* (II². 148ᵇ) *erscheinung* JER.
er-schëllen *stv. I*, 3 (II². 122ᵇ) *erschallen, ertönen, kund werden. allgem.* (man hôrte in vieren enden der swerte vil erschellen GUDR. 1428, 3. von den daz lop erschellen müge sô wîte LOH. 4040. des jâmer erschillet wîte AB. 1. 87, 311. mîn kunst erschillet in diu lant MSH. 2, 235ª. sîn tugent in al die werlt erschellet MISC. 1, 137. daz reht gerihte erschelle dem künege MSH. 3, 63ª. wir vernemen, wie etlich red erschelle CP. 358. die mære erschullen GUDR. 916, 4. WOLFD. *H.* 866. 926. 945. BELIAND 4522. WH. *v. Öst.* 104ª. diu hôhe wirde sîne was erschollen unt erhôrt WWH. 220, 23);
er-schellen *swv.* (II². 127ª) *prät.* erschalte, *part.* erschellet, erschalt (*einmal mit redupl. prät.* der Leybinger erschielsein horn RING 51ᶜ, 30; *vgl. oben* entwiet *unter* entweiden): erschëllen *machen, zum schallen bringen* (ich erschelle mîne stimme Aw. 3, 187. daz horn ersch. MSH. 2, 9ª. 3, 63ª. j.TIT. 4923. GR.W. 1, 166. daz wart erschellet wît GA. 2. 581, 70; 3. 586, 305. busûnen wurden erschalt GEO. 1495. tampûren schal darf nieman dâ erschellen LOH. 5007. den palas ersch. WWH. 276, 18. daz sie den walt erschalten ERNST *B* 5216); *aufschrecken* HERB. LAMPR. der tac wil uns erschellen GA. 1. 305, 870; *betäuben* PARZ. ALPH. (240, 2). daz houbet ersch. DAN. 3425. LOH. 2166; *mit geräusch zerbrechen, zerschellen, spalten* RUL. FREID. OTTE, manegen ast ersch. ROSENG. *H.* 2278. vil lihte ich im erschelle mit eime slac die blatten ULR. *Wh.* 158ᵈ; *mit gewalt auseinander treiben, zum weichen bringen* LANZ. TRIST. RAB. sus kunt mîn kraft mit manheit sie erschellen LOH. 5516.
er-scheln *swv. mit ûz, ausschälen, erwählen* KOLM. 6, 306. *vgl.* ZIMR. *chr.* 2. 336, 4.
er-schepfen *an. v.* (II². 66ª) *part.* erschaffen *u.* erschepfet *ausschöpfen, erschöpfen* REINH. ERLŒS. MS. (= WARTB. 78, 7. LOH. 217). den grunt ersch. PASS. 227, 84. wann nu der geringen münss an unser schuld das land vol ist, dadurch gold, silber und alte münss aus der leut gewalt erschepft und das land in verderben pracht und komen ist CP. 200.
êr-schetzic *adj.* den ërschaz *zu geben verpflichtet.* êrschetzige güeter GR.W. 1, 57. 4, 115.
er-schieben *stv. III.* (II². 167ª) *voll schieben, stopfen* PARZ. da wart manec verhouwen hût mit unkunder spîse erschoben WWH. 447, 29. den biutel erschieben NETZ 7432.

er-schiel *prät. s.* erschellen.
er-schiezen *stv. III.* (II². 172ᵇ) *tr. erschiessen* KL. PARZ. WALTH. TIT. 161, 3. ANEG. 21, 70. ERNST 1315. L. ALEX. 1824. MSH. 3, 337ᵇ. MSF. 314, 27. KARLM. 183, 12. 184, 15; *zerschiessen, durch schiessen zerstören* CHR. 4. 69, 8. 124, 24; *durchschiessen, verzieren* KRONE; *ausschiessen, erwälen,* so haben die sprecher zu erschiezen ain obman DH. 413; — *intr. aufschiessen (vom keimen des samens), bildl. gedeihen, von nutzen sein, fruchten (mit dat.)* GREG. KONR. MS. (dîn helfe lâz ouch im ersch. *H.* 2, 136ª. wære ir lôn gegen uir baz erschozzen 1, 173ª). haben wir vil arbait nn sie gelegt, die wenig erschossen hat DH. 262. das uwer gnaden wol erschiessen möcht oder frucht pringen *ib.* 273. das auf heutigen tag klain hiet erschossen und geluckt MH. 1, 301. womit wir dan dir kunen wilfaren und zu gut erschieszen *ib.* 1, 53.
er-schînen *stv. II.* (II². 143ª) *intr. zu leuchten beginnen, sichtbar werden, sich zeigen, erscheinen* NIB. GUDR. (332, 3). PARZ. WALTH. dô diu sunne erschein GEN. 41, 10. der helm begunde erschînen BIT. 9238. 12129. an dem jungst erschinen tage WWH. 184, 5. von dem êrst erschinenen tage *ib.* 347, 16. ee zil und zeit kompt oder erscheint NP. 28. in vier jarn, den næchsten darnach erscheinend MH. 3, 182; *refl. sich sehen lassen, zeigen* PF. *forsch.* 1, 63; *tr.? erleuchten* WOLFR. lied. — *mit* vor;
er-schîn-lich *adj.* der ersch. tag, epiphania DFG. 204ᶜ;
er-schînunge *stf. sichtbarwerdung, erscheinung* GRIESH. 2, 141. 142. 143. WACK. *pr.* 54, 72. GERM. 7, 343. vor erscheinung des zils NP. 29.
er-schiuhen *prät.* erschûhte *swv. scheu werden, sich fürchten.* daz diu ros erschûhten sêr BELIAND 3422. gar harte si ab im erschiut MSH. 3, 270ª. *s.* DWB. 3, 960. erschl. *s.* ersl.
er-schocken *swv.* (II². 178ª) *in schwankende, zitternde bewegung geraten* ELIS. (5768).
er-schœnen *swv. s. v. a.* erscheinen. die êhaftigi nôt sölt er erschœnen; sy erschôntind êheftigi nôt Mz. 1, 527 *s.* 447 (*a.* 1410).
er-schotte *prät. s.* erschütten.
er-schouwen *swm.* (II². 199ᵇ) *erschauen, erblicken* TEICHN. HADAM. 606. MARG. 204.

er-schœzen *swv.* (II². 173ª) *md.* erschôzen gedeihen machen, mehren TROJ. MS. ELIS.(563. 7214); *refl.* wachsen, anschwellen, als der Mein faste sich erschôste FRANKF. *baumeistb. v.* 1412 *f.* 40ᵇ.

er-schraht *part. s.* erschrecken.

er-schræjen *swv.* (II². 202ª) *aufspritzen, in die höhe stieben* LOH. ein vlût sich dâ erschrête PASS. K. 585, 74.

er-schrëcke *swm.* stupor VOC. 1482;

er-schrëcke-lich *adj.* (II². 212ᵇ) *schrecklich* LUDW. JER.;

er-schrëcke-licheit *stf.* (*ib.*) terribilitas DFG. 580ᵉ;

er-schrëcken *stv. I*, 2 (II².210ª) ersrëcken PF. *forsch.* 1, 69: *intr. auf-* u. *zurückspringen, auffahren, aufschrecken (besond. aus dem schlafe); erschrecken vor (gen. od. mit* abe, durch, von), *allgem.* (sîn lip nie zageheit erschrac WWH. 422, 9); — *refl.* Mariâ diu erschrac sich sêr MSH. 3, 468ª; *mit gen.* CLOS. *vgl.* erschricken. — *mit* ûf;

er-schrecken *swv.* (II². 212ª) *prät.* erschracte, erschrahte, erschrecte (PASS. 320, 30. K. 253, 31), *part.* erschrecket, erschraht: *tr.* erschrëcken *machen, aufschrecken (aus dem schlafe)* ER. MAI, so erschreckest du die tugende, daz sî varent hin WG. 8124. die er ûz dem slâfe erschracte MARIENGR. 694; *erschrecken, allgem.; — intr. aus dem schlafe aufschrecken* ALBR.; *erschrecken über (gen. od.* von) NIB. KL. MAI. *vgl.* erschricken. — *mit* ûf;

er-schrecknis *stf.* (II². 212ᵇ) *schrecken, das erschrecken* JER. erschrecknus oder verwundrung VOC. 1482. *ebenso*

er-schreckunge *stf.* (*ib.*) LUDW. EVANG. 253ᵇ. VOC. 1482. des lîbis irscreckunge, *krankhafter zustand des körpers* WACK. *pr.* 56, 293.

er-schreien *swv.* (II². 216ª) erschrîen *machen, zum rufen bringen* NEIDH. dô erschreiten sie daz tier DAN. 124ª. ein huon erschreigen KOLM. 134, 29.

er-schrenzen *swv. zerreissen.* dô wurden wâpenkleit erschrenzet TROJ. 203ª (*bei K*.31762 zerschrenzet).

er-schrîben *stv. II.* (II².207ᵇ) *zu ende schreiben* j.TIT. BERTH. PASS. 95, 40. MART. 2, 27.

er-schricken *swv.* (II². 210ª) *prät.* erschricte, erschrihte, *part.* erschricket (j.TIT. 5031), erschriht: *intr. s. v. a.* erschrëcken, *allgem.* (*mit* ûf); *tr. s. v. a.* erschrecken, er wolt die christen erschricken GERM. 4. 442, 94.

er-schrîen *stv. II. und sw.* (II². 215ª) *prät.* erschrei, erschrê; erschrîte, *part.* erschrien, erschrirn; erschrîet, erschrît: *intrans. aufschreien, zieml. allgem.* (*nicht bei* HARTM.); *refl. sich ausschreien* HERB. SUSO; *tr. durch schreien aufwecken* FRL.

er-schrîten *stv. II.* (II².218ª) *mit schritten einholen, erreichen* FRL.

er-schrocken-lich *adj. erschrecklich, furchtbar; oft in der* ZIMR. *chr. s.* 4, 582ᵇ;

er-schrocken-lîche *adv.* (II². 210ᵇ) *erschrocken* TRIST. TROJ. HEINZ. 2314. KELL. *erz.* 495, 13. 514, 23.

er-schrôten *stv. red. III.* (II².219ᵇ) *schneiden* ATH., *zerreiben, zermalmen,* daz man koren mit einem groben mülstein erschriet CHR. 2. 334, 9; *refl. sich aufreissen, erstrecken, ausdehnen* PASS.

er-schrüdelen *swv.* (II².221ᵇ) *scrutari* WINDB. *ps.*

er-schuft *part. s.* erschüpfen.

er-schüllen *swv.* (II². 127ᵇ) *höckerig machen, verunstalten?* TRIST. U. 2509. — *zu* scholle.

er-schupfen *swv.* (II². 170ª) *intr. in schwankende bewegung geraten* HÄTZL.; *aufgehen, sich erheben,* wan des brôt wirt erschupfen NETZ 9341 *anm.;*

er-schüpfen *swv.* (II².170ᵇ) erschufte, erschuft *in schwankende bewegung bringen, erschüttern* KL. (den sûft ersch., *den seufzer laut hervorstossen); aufblähen,* das brôt wirt erschuft und erhaben NETZ 9345. 9559.

er-schütelen, -schütteln *swv.* (II². 231ª) *schütteln* MGB. des grîfes sweim erschüttelt sîn gefider ALTSW. 199, 32;

er-schüten, -schütten *swv.* (II². 230ᵇ) *prät.* erschutte, erschotte (GEO. OSW. 653) *tr. u. refl. schütteln, erschüttern* MAR. (201, 21). BON. PANTAL. daz swert ersch. ROSENG. H. 1299. sich ersch. KCHR. D. 316, 16. TUCH. 126, 10; *durch schutt ausfüllen, erhöhen ib.* 204, 33; *intr. erschüttert werden* ALBR.

er-sêch *prät. s.* ersîhen.

er-sëhen *stv. I,* 1 (II². 276ᵇ) *prät. pl. auch contr.* ersân *f.* ersâhen PASS. K. 11, 88: *sehend wahrnehmen, betrachten, erblicken, erschauen mit acc., mit adj. präd. d. obj.* (A. HEINR. sô hete man mich baz ersehen von ir munde enpfangen WWH. 158, 26), *mit acc. u. infin.* (NIB.) *oder mit untergeord. satze, allgem.; refl. sich erblicken, widerspiegeln* PARZ. WIG. TROJ. (man ersach sich dar inne reht als in eime spiegel 17411). der helm was lieht alsam ein glas, dâ man vil schôn sich inne ersiht Lieht. 452, 7; *sich in anschauung verlieren* Msf. 144, 10. — *mit an.*

er-seigen *swv.* (II². 287ᵃ. 268ᵇ) *ausschöpfen, erschöpfen* Myst. Kl.; pfenninge, gelt erseigen, *das bessere geld auslesen, dem verkehr entziehen* Münch. r. Np. 145. Mw. 378 (a. 1395). *vgl.* Dwb. 3, 982; *ebenso*

er-seigern *swv.* (II². 287ᵃ. 269ᵃ) *iterat. vom vorig.* die münz erseigern Np. 149.

er-senden *swv.* (II². 298ᵇ) ersante; ersendet, ersant *aussenden* Trist.

er-senften *swv.* (II². 54ᵃ) senfte *machen* Frl.

er-serten *swv.* (II². 320ᵇ) *in angst, ausser fassung bringen* Diocl. — *s.* serten.

er-setten *swv. s.* ersaten;

er-settigen *swv.* (II². 58ᵇ) *sättigen* Nicl. v. Weyl.

er-setzen *swv.* (II². 354ᵃ) *prät.* ersazte, ersatte, *part.* ersetzet, ersazt, ersat: *eine entstandene lücke mit etw. besetzen, ausfüllen, für etw. verlornes eine sache von gleichem werte geben* Aneg. Lanz. Hartm. (Er. 6248). Loh. 7252; *ansetzen, anflicken* Elis. (7006); *mit gewürze versetzen, bereiten, brauen ahd.* (Denkm. XXVIII, 1 *u. anm., darnach auch die erklärung im* Dwb. 3, 982 *zu berichtigen*); *refl. sich setzen, zurecht setzen* Karlm. 151, 24. 33. 181, 50.

er-sichern (II². 261ᵇ) *versuchen, erproben* Rul. Er. Mai, si ersicherten reht vür wâr, wâ si die stat vunden Dietr. 3172.

er-siechen *swv. erkranken.* die uns solden geben erzenî, die sint ersieht Wg. 8431.

er-sieden *stv. III.* (II². 361ᵃ) *auskochen, ahd.*

er-sigen *part. s.* ersîgen *u.* ersîhen.

er-sigen *swv. siegen.* ersiget er in dem strîte, ez muoz iuwer ende sîn Otn. 1924.

er-sîgen *stv. II.* (II². 267ᵇ) erseic, ersigen *sinken, verfallen* Ms.

er-sîhen *stv.* (II². 286ᵇ) ersêch, ersigen *auströpfeln, erschöpft, entleert werden* Griesh., *mit gen.* zuo dem flieʒinden brunnen, der vollis heilis niht ersihet Mart. 283, 69. *vgl.* Zimr. chr. 2. 338, 13; *part.* ersigen *mit gen. (od.* von Lanz.) *erschöpft, entleert sein von* Er. (*B.* 5417). Lanz. Wigal. Krone (12045. 13461).

er-sinden *swv.* (II². 296ᵇ) *durch gehen erreichen, bildl. auskundschaften, erforschen* Gen. Exod. (*bei D.* 35, 10. 130, 18 erahten, ervinden).

er-singen *stv. I*, 3 (II². 302ᵃ) *durch singen erwerben* Ms. (= Singenb. 232, 17). Kolm. 61, 51.

er-sinken *stv. I*, 3 (II². 306ᵃ) *versinken* Diem. Weist.

er-sinnen *stv. I*, 3 (II². 309ᵃ) *erforschen* Rul.; *erdenken, erwägen* Pyram. 241. Bit. 2118 (*in der neuen ausg. in* erkunte *verbessert*).

er-sitzen *stv. I*, 1 (II². 335ᵃ) *intr. sitzen bleiben* Narr.; *tr. durch* sitzen *erwerben* Kchr. (*bei D.* 163, 2 besâʒen).

er-siuftec *adj.* (II². 722ᵃ) *mit seufzern verbunden* Hadam.;

er-siuften *swv.* (II². 722ᵇ) *prät.* ersûfte *intr. aufseufzen* Parz. Trist. Wig. Hpt. 7. 322, 19. Krone 19331. Helmbr. 1782 *var.; tr. mit an* anseufzen Trist. (784);

er-siufzen *swv.* (II². 723ᵃ) *prät.* ersûfzte *intr. aufseufzen* Trist. *H.* Ls. 1. 489, 80, *nasal.* ersünfzen Öh. 77, 35; *md.* ersûfzen Pass. Jer. Herb. 12548;

er-siufzunge *stf.* (*ib.*) suspirium Dfg. 569ᶜ.

er-siuren *swv.* (II². 756ᵃ) *md.* ersûren *sauer, bitter machen* Loh. Mart. daʒ leit, den tôt ers. Malag. 88ᵇ. 322ᵇ.

er-siuwen *swv.* (II². 363ᵃ) *fertig nähen;* Nib. 1113, 3 *von Lachm.* vermutet (*vgl.* erstivelen).

er-sîzen? *swv.* (II². 363ᵇ) hab ich erseitzt Such. 45, 91 *ist wol fehler f.* erseifzt = ersiufzt, ersiufzet *vgl.* Weinh. *b. gr.* § 79.

er-slâfen *stv. red. I*, 2 (II². 365ᵃ) *entschlafen* Dwb. (*a.* 1475).

er-slahen *stv. I*, 4 (II². 375ᵇ) *md. contr.* erslân *zerschlagen, nieder-, todt schlagen, allgem.* (die kurfürsten send ganz erschlagen, niedergeschlagen, verzagt Uschb. 106); worte ersl., *worte anschlagen, ertönen lassen* Pass.; *refl. sich schlagen, mit schlägen angreifen* Rul.;

er-slahen *stn.* (II². 376ᵃ) *das erschlagen, tödten* Gen.

er-slîchen *stv. II.* (II². 398ᵃ) *tr. unvermerkt, schleichend an etw. kommen, überrumpeln* Wwh. Troj. Ms. Kchr. *D.* 501, 13. Apoll. 20151. Heinz. 310. Hpt. 4, 402. Altsw. 147, 19. Ring 50ᵇ, 33. swenne mich der tôt ersliche Birkenst. 142; *intr. an etw.* ersl. Troj.

er-slieʒen *stv. III.* (II². 411ᵃ) *aufschliessen* Weinschw.

er-slinden *stv. I*, 3 (II². 402ᵇ) *verschlingen* Gl. Ls. Jan. 23.

er-slingen *stv. I*, 3 (II². 404ᵃ) *umschlingen* Hadam.

erslingen *adv.* (I. 63ᵃ) *rückwärts* Aw. (14. *jh.*). ersling Fasn. 561, 25. — *zu* ars.

er-sloufen *swv.* (II². 407ᵇ) *heraus schlüpfen machen* Pass.

er-smecken *swv.* (II². 419ª) *prät.* ersmacte, ersmahte, ersmeckete, *part.* ersmecket: *tr. durch riechen wahrnehmen, erwittern* Iw. Parz. Reinh. swenne er daz tier ersmecket j.Tit. 5602; *intr. riechen, duften* Elis. (10016. 10152. 10358).

er-smielen, -smieren *swv.* (II². 429ª) *anfangen zu lächeln, auflächeln* Gudr. Trist. Troj. dô irsmierte der kunic rîche Kchr. 4525 (*bei D.* 138, 16 ersmilte), der künec ersmielte Bit. 1945. daz dâ ersmielte nie sîn munt Lieht. 475, 11; *mit gen. wozu lächeln* Nib.

êr-smit *stm.* (II². 427ª) artifex ærarius Schm. *Fr.* 1, 129.

er-snellen *swv.* (II². 447ᵇ) *ereilen, erwischen* Neidh. (XXII, 7. 50, 24. 56, 40). Ms. Wg. Dietr. 8254. Alsf. *pass.* 30ᵇ. Netz 316.

er-snîden *stv. II.* (II². 440ª) *ausschneiden* Krone, Wack. *pr.* 9, 9. 13; *aufschneiden, zerschneiden,* einen brief ersn. Urb. *Str.* 242. das prot erschneiden Chr. 4. 324, 7.

er-sochen *swv. krank machen, lähmen.* und ersochte ir diu lit sô gar Hpt. 8. 167, 173.

er-soufen *swv.* (II². 721ª) *tr.* ersäufen Nicod.

er-spalten *stv. red. I,* 1 *tr. u. intr. zerspalten.* der erspielt zuo stücken kleine Heldb. *K.* 388, 24. den starken schilt er im erspielt *ib.* 413, 11.

er-spangen *swv. s.* erspengen.

er-spannen *stv. red. I,* 1 *mit der spanne messen.* wer künde sölche kraft erspannen Msh. 2, 243ª.

er-sparn *swv.* (II². 486ª) *ersparen* Erlœs. Elis. 3652.

er-spëhen *swv.* (II². 497ᵇ) *ersehen, erforschen* Walth. Wig. Troj. Krone (6145. 6160. 24517. 24955). W. *v. Rh.* 167, 9. Ls. 1. 382, 259; *gekürzt* erspen (: den) Msh. 3, 110ª.

er-spengen, -spangen *swv.* (II². 480ᵇ) *mit spangen befestigen, bildl.* Mart.

er-spennen *swv.* (II². 483ª) *spannend erreichen, umfassen* Mart.

er-sperren *swv.* (II². 488ª) *auseinander sperren, spannen* Pass.

er-spiegelen *swv.* (II². 495ᵇ) *refl. sich spiegeln* Myst.

er-spiln *swv.* (II². 507ᵇ) *anfangen zu spielen* Rul.

er-spinnen *stv. I,* 3 (II². 509ᵇ) *durch spinnen erwerben* Ms. (= Wartb. 128, 6). Elis. 8591.

er-spören *swv. vom holz, zu trocken werden, zerklüften* Tuch. 72, 14. *s.* spör.

er-sprâchen *swv.* (II². 538ᵇ) *sich mit einem* erspr., *besprechen* Kell. sie haben zil und frist begert, sich mit iren obrern und frunden zu ersprachen Mh. 3, 66. *oft in der* Zimr. *chr. s.* 4, 582ᵇ;

er-sprëchen *stv. I,* 2 (II². 529ª) *sprechend von sich geben: aussprechen* Kchr. Lanz.; *sprechend bestimmen, festsetzen* En. Wild. W. *v. Rh.* 166, 2; *refl. sich besprechen* Pass. (125, 60).

er-spreiten *swv.* (II². 550ᵇ) *ausspreiten* Troj.

er-sprengen *swv.* (II². 546ᵇ) *prät.* ersprengete, ersprancte: *springen machen, daz* ors erspr. Parz. Gudr. Wig. Loh. 2103. j.Tit. 1365. 4531. Dan. 265. Karl 6137 (*der acc.* ors *ist auch öfter wie beim einfachen* sprengen *zu ergänzen: sprengen, lossprengen* Ath. Büchl. Alph.); *aufsprengen, aufscheuchen* Nib. Er. *B.* 7167. vor hunden ein wildez tier wær niht baz erspranget Wwh. 202, 15; *ausbreiten,* lop erspr. Serv. Elis. 56. die rede erspr. (*lies* Helbl. 1, 99). vil urliuges wirt ersprenget j.Tit. 4558; *auseinander sprengen, beendigen,* den handel auf das kurzist ersprengen Mh. 1, 400; — *refl. sich erstrecken, ausreichen* Elis. 9008;

er-sprengen *stn.* (*ib.*) *das lossprengen* Kreuzf.

er-sprenzen *swv.* (II². 549ᵇ) *aufspriessen* Fasn.

er-spriezen *stv. III.* (II². 552ᵇ) *aufgehen, aufspriessen* Serv. so muoz im hie und dort diu sælde erspriezen j.Tit. 1843; *bildl. frommen, helfen,* obwol das bisher nit ersprossen Mh. 3, 112.

er-springen *stv. I,* 3 (II². 542ᵇ) *intr. aufspringen* (Krone), *hervorspriessen, entspringen eigentl. u. bildl.* Diem. Trist. Mor. Ms. in der stat ein brunne erspranc Bph. 2814. sint si von witzen ersprungen (*wenn sie vernünftig sind*) j.Tit. 1398. mit rede was ersprungen, *kund geworden* Bit. 5570; *tr. im sprunge erreichen, erhaschen* Parz. Mor. Dan. (2094). Hpt. 9, 83.

er-spüelen *swv.* (II². 554ᵇ) *md.* erspûlen *ausspülen, abwaschen* Roth *pr.*, Wack. *pr.* 56, 206.

er-spürn *swv.* (II². 517ᵇ) *ausspüren, erforschen* Pass. Myst. Kol. 101, 151.

er-srëcken *stv. s.* erschrëcken.

êrst = er ist (I. 435ª, 45). Parz. Freid. 77, 15. Flore 5255.

êrst *sup. zu* êr (I. 438ª) *auch noch* êrest (*ahd.* êrist) Denkm. XCIX, 3: *erst, allgem.;* am êrsten (Amg. 35ᵇ. Chr. 5. 113, 18. 20. 114, 19 *etc.* an dem êrsten *ib.* 4. 232, 4), von êrste *od.* êrsten, ze êrst (*contr.* zêrst Freid. 159,

5), zem êrsten (ER. 1323. TROJ. 1914. ENGELH. 118. 5356. SILV. 1437. 3632. 3646), wider êrste (SERV. REINH. WG. 13272. 13371. 90); des êrsten, *sobald als* (TRIST. H.), *zuerst* LIEHT. LOH. 3245. ROTH *denkm.* 50, 44. ROSENG. H. 1261. PASS. K. 470, 54. *verstärkt mit aller s. oben sp.* 38;

êrst *adv. s.* êrste.

er-staben *swv.* (II². 595ᵇ) *erstarren* GL. MONE *schausp.* ir âdern gar erstapten MART. 186, 33. alliu sîne lider an der stunt erstapten REINFR. 44ᵃ. 49ᵇ. 121ᵇ.

er-staht *part. s.* erstecken.

er-stân, -stên *stv. I,* 4 (II². 582ᵃ) *intr. auf, offen stehen* SUCH.; *aufrecht stehen* HUGDIETR.; *auferstehen, vom tode erstehen* FREID. BARL. BON. ER. 5221; *sich erheben, aufstehen* GEST. R. KL. der wirt von sîner trunkenheit erstuont STRICK. 5, 77; *sich erheben, entstehen* NIB. KL. ER. TRIST. *vgl.* ûf erstân; — *tr. aufstehen machen* OBERL.; *durch stehen (vor gericht) erwerben*, sîn reht, sîne klage *etc.* erstân KULM. BRÜNN. *r.* TUCH. 312, 19. das er sein clag und spruche behabt und erstanden DH. 364; *ausstehen, ertragen* CHR. 5. 369, 9; *refl. merken, verstehen* LEYS.

er-starken *swv.* (II². 598ᵃ) *stark werden* ERACL. MGB.

er-starren *swv.* (II². 645ᵃ) *starr werden* GEST. R. HASL. WOLK. FASN. 341, 4.

er-staten *swv.* (II². 604ᵃ) *tr. ersetzen* GREG. WWH. SERV. WG. 6338. SSP. 1, 14. 2, 46; *intr. eine stätte finden?* HADAM.

er-stæten *swv.* (II². 611ᵃ) *stæte, fest machen, versichern* GUDR.

êrste, êrst *adv.* (I. 438ᵃ) *auch noch* êrest (PARZ.) *erst, zuerst, allgem.; verstärkt mit aller;*

êrste *swm.* den êrsten (*näml.* tac) begân, *den ersten seelengottesdienst für einen verstorbenen halten* UKN. 310. 318. 378 (14. *jh.*). *vgl.* sibende, drîzigeste *u.* SCHM. *Fr.* 1, 122;

êrste *stf. anfang.* wer an der êrste tæte daz BON. 76, 49;

êrstec-heit *stf. erstheit, anfang* MYST. 2. 334, 8. 389, 34. *vgl.* DWB. 3, 1014.

er-stëchen *stv. I,* 2 (II². 624ᵃ) *erstechen* KCHR. IW. PARZ. ein erstochen leben machen, *tödten* CHR. 5. 53, 19;

er-stëchen *stn.* (*ib.*) ZÜRCH. *jahrb.*

er-stecken *swv.* (II². 628ᵃ) *prät.* erstahte, *part.* erstecket, erstaht *ersticken machen*, suffocare Voc. 1482, RUL. RENN. SERV. (lies 2837. 2855). PASS. NETZ 543. 8881. 9989.

10251. den sâmen erstegken EA. 54. erstöcken CHR. 4. 290, 18. 300, 18 (*vgl.* OBERL. 353. DWB. 3, 1017). *vgl.* ersticken;

er-stecken *stn.* (*ib.*) MGB.;

er-stecker *stm.* suggilator, erwurger VOC. 1482;

er-steckunge *stf.* suffocatio, erwurgung Voc. 1482.

er-steigen *swv.* (II². 632ᵇ) *aufsteigen machen* Ms. FRL.; *ersteigern*, fünf ersteigete vierteil rocken MONE *z.* 8, 340.

er-steinen *swv.* (II². 618ᵇ) *intr. zu stein werden, verhärten, erstarren, verstocken* GRIESH. TRIST. TROJ. (13290). PF. *üb.* 136, 29. OT. 250ᵃ. 559ᵇ. die ersteinten (*vor verwunderung erstarrten*) juden MAR. 189, 13. als ir herze ersteinet MSH. 2, 333ᵃ. in sint iriu herze ersteinet ULR. WH. 243ᵉ; *tr. steinigen* MAI, PASS.

êrsten *adv.* (I. 438ᵇ) *erst* IW. (*bei B.* 2902 êrste). *vgl. oben* des êrsten *unter* êrst.

er-stên *stv. s.* erstân.

er-stenken *swv.* (II². 642ᵃ) *mit gestank erfüllen* FASN.; *anstecken, berauschen*, den (spilman) wolten sie erstenket hân, er muost trinken über maht Ls. 3. 403, 166; *übervorteilen, betrügen* NETZ 11059. 62.

er-stërben *stv. I,* 2 (II². 643ᵃ) *absterben, sterben mit gen. causal.* (tôdes, hungers) *od. mit präp., allgem. vgl. noch* GUDR. 1479, 2. j. TIT. 4439. 5071. SILV. 3239. ENGELH. 5723. MART. 186, 64. mir ist erstorben diu kraft KARL 81ᵇ. ich ersterbe an freude BÜCHL. 1, 1908. hie von ir wille dran erstarp PASS. 230, 78. ich wil von dîner kraft erst. LOH. 2210. dâ von der hôhen werden vil ersturben j. TIT. 3650. umbe einen erst. *ib.* 5351. KRONE 26960. diu junge küniginne wold nâch im erstorben sîn (*aus liebe zu ihm*) WH. v. Öst. 6ᵇ; *durch todesfall kommen, vererben* SSP. 1, 28; 3. 56, 3. ûf einen erst. *ib.* 1, 4. 21. — *mit* abe, an (Marîn die maget was ane erstorben eins eigens huobe BPH. 3907), ûf;

er-stërben *stn.* (II². 643ᵇ) *das sterben* PASS.;

er-sterben *swv.* (II². 644ᵃ) *prät.* ersterbete, erstarpte *tödten, allgem. vgl. noch* j. TIT. 3834. 89. MONE 4. 328, 99. got die werlt verdarpte und menschlich künne erstarpte REINFR. 156ᵇ.

er-sterken *swv. tr. u. refl. stärken* EVANG. 253ᵇ. SERV. 348.

er-sterzen *swv.* (II². 646ᵃ) *als müssiggänger, vagabund etw. gewinnen* PASS.

êrst-ge-burt *stf. erstgeburt* HANS 411.

er-sticken swv. (II². 627ᵇ) *prät.* erstihte, ersticte *intr. ersticken* RUL. KONR. *bildl. verstummen* GRIESH.; *tr. s. v. a.* erstecken LUDW. CHR. 5. 147, 12, *bildl. vollstopfen*, er ersticket einen mit guot und læt den andern mit armuot verderben WG. 6575.

er-stieben *stv. III.* (II². 648ᵃ) *auf, auseinander stieben* LANZ. er muoz erstieben als ein mel j. TAG 219.

er-stigelen *swv.* (II². 634ᵃ) *ersteigen, erreichen* WOLK. — *zu* stigele.

er-stîgen *stv. II.* (II². 631ᵃ) *intr. mit ûf aufsteigen* GLAUB.; *tr. durch steigen erreichen, ersteigen* ERACL. WINSBEKIN, PASS. die vinde ûf sime hûse in erstigen MARLG. 220, 245. den rât ersteigen, *überfallen* FRANKF. *bürgermeisterb. v. j.* 1431 (*crast. Jacobi*).

er-stinken *stv. I*, 3 (II². 641ᵇ) *anfangen zu stinken, in fäulnis übergehen* URST. sie muosen in dem ellende vûlen unde erstinken RUL. 69, 3. daz der heiden lant von dem âse erstank KCHR. *D.* 514, 3. sie âzen die erstunken lîchnamen *ib.* 511, 1; RING 3ᵇ, 26. FASN. 473, 13. wie lang solten wir pei ir erstinken (*gestank aushalten?*) KELL. *erz.* 195, 16.

er-stivelen *swv. stützen, aufrichten* NIB. 1113, 3 *von J. Grimm vermutet kl. schft.* 2, 187 (*vgl.* ersiuwen).

er-stocken *swv.* (II². 655ᵃ) *betroffen werden, in verlegenheit geraten* SCHM.; *verstocken, erstockter, verherter, obduratus* VOC. 1482.

er-stöcken *swv. s.* erstecken.

er-stœren *swv.* (II². 660ᵇ) *prät.* erstôrte *aufstören, aufregen* MS. sîn trüebez herze im erstôrte ditze wüefen unde klagen KL. 724; *auflösen, das concilium* erst. CHR. 5. 64, 25; *zerstören* HADAM. HELDB. *K.* 44, 41. CHR. 2. 338, 13; 4. 115, 8; 5. 89, 4. 110, 20. leit erstœren MISC. 2, 179;

er-stœrer *stm.* demolitor, destructor VOC. 1482.

er-storren *swv.* (II². 645ᵃ) *steif werden* MGB. *vgl.* KARLM. 244, 12.

er-stœrunge *stf. untergang* CHR. 5. 391, 20; *zerstörung ib.* 3. 72, 17. 78, 19; 4. 279, 15. 280, 14. FASN. 1312.

er-stouben *swv.* (II². 649ᵃ) *erstieben machen, aufscheuchen* DIEM.

er-stôzen *stv. red. III.* (II². 665ᵇ) *intr. mit gen. wovon frei, ledig werden* MYST.; *tr. nieder, zu tode stossen* TROJ. ein hirz hât in erstôzen j. TIT. 4909. vieriu vogele der (*habicht*) erstiez GA. 1. 490, 584; *refl. sich stossen an* LANZ.

er-strëben *swv. erstreben, erreichen.* der fürste ûz Düringen hât erstrebet, daz aller prîs bî im behûset ist MSH. 2, 5ᵇ.

er-strecken *swv.* (II². 670ᵇ) *prät.* erstracte, erstrahte *ausstrecken, ausdehnen* WOLFR. GUDR. diu lide erstr. j. TIT. 3553; *erweitern* CHR. 3. 282, 21. 383, 2; *darnieder strecken*, sîn ros was errstrecket HELDB. *H.* 1. 117, 254; *zeitl. verlängern, hinausschieben*, die einunge erstrecken RTA. 1. 598, 6. 18. den tag erstrecken MH. 2, 684. die protestacion erstr. CHR. 3. 379, 3. 4; *refl.* sô sîn jugent sich erstrecket und an jâren volle recket ULR. *Wh.* 169ᵃ.

er-strîchen *swv. durchstreifen, durchforschen.* ich hab ir cammer erstreichet (*gedr.* erstrîchet) HÄTZL. 2. 58, 5. *zu*

er-strîchen *stv. II.* (II². 687ᵃ) *ab, wegwischen* PARZ. den (schîn) nît und arcwân hât erstrichen RENN. 3117; *sanft streichen* WWH. MEL. ich bin unsamft erstrichen REINH. 306; *putzen, zieren* LS. MYNS. 37 (*vom putzen, federnstreichen der vögel*). ir lîp geflôrieret und nâch wunsch erstrichen BELIAND 3743; *striegeln*, daz ors erstr. WOLFR. KRONE (21340); *streichend hauen, peitschen* FASN. *vgl.* ZIMR. *chr.* 2. 543, 1. 591, 28; 3. 72, 11. 304, 8; 4. 106, 20; *streichend, laufend einholen* FREID. ALBR. nîht was vor im ernert, swaz er mohte erstrîchen KRONE 9219. 26875; *durchstreifen, durchwandern* IW. PARZ. KRONE (27201). sie erstrichen daz gebirge HELDB. 1. 120, 379.

er-striffeln *swv.* (II². 689ᵇ) *durchstreifen* RENN.

er-strîten *stv. II.* (II². 691ᵇ) *durch kampf gewinnen, erkämpfen*, allgem. (wir suln mit grôzen scharn Orense ê erstrîten ULR. *Wh.* 156ᵈ. das schlosz erstreiten CHR. 3. 86, 6. des lobes vil erstr. ROSENG. *H.* 265); *durch kampf überwältigen* CRANE, wie mîn ellen dâ erstreit des künec Ludewîges kint BIT. 6462; *refl. sich durch kampf frei machen, kämpfend sich entfernen* ûz WWH. j. TIT. — *mit abe* (einem den sige abe erstr. LOH. 4115), *an, ûz.*

er-ströuwen *swv. bestreuen, bespritzen.* er gund das felt erstrawen mit dem rôten pluot HELDB. *K.* 416, 35.

er-strûchen *swv. straucheln* j. TIT. 5027.

êr-stücke *stn.* (II². 656ᵃ) *rüstung von êr, eisen* LESEB. (*Christian der küchenmeister, 14. jh.*).

er-stummen, -stumben *swv.* (II². 709ᵃ) *stumm werden, verstummen* TRIST. BARL. LIEHT. ROTH *pr.* 79. MARLG. 122, 101. GRIESH. *denkm.* 40. VET. *b.* 22, 36.

er-stürmen *swv.* (II². 717ᵇ) *md.* ersturmen *durch sturm gewinnen, erobern* Ms. Troj. (25095). Jer. die stat erstürmt der cristen schar Kchr. W. 16062.

er-stürn *swv.* (II². 716ᵃ) *durchstöbern* Gen.

er-stürzen *swv.* (II². 647ᵃ) *md.* ersturzen *zum stürzen, fallen bringen* Frl. Pass. Berth.; *refl.* sich erstürzet mîn lebetage Msh. 2, 333ᵇ.

er-sûbern *swv.* (II². 719ᵇ) *ganz rein*, sûber machen Roth pr.

er-süeʒen *swv.* (II². 754ᵃ) *süss machen* Frl.

er-sûfen *stv. III.* (II². 720ᵇ) *part.* ersoffen, *betrunken* Ls.

er-sûfzen, -sünfzen *swv. s.* ersiufzen.

er-suochen *swv.* (II². 10ᵇ) *md.* ersûchen *suchen, begehren* Gauriel; *ausforschen, von einem zu erfahren suchen* Albr.; *erforschen, ergründen* Er. Engelh. Pass. geistlîchiu dinc ers. Himlr. 131. der in den swarzen bûchen die liste kunde ersûchen Marlg. 197, 66. die wârheit ers. Chr. 3. 33, 11; *durchforschen, untersuchen* Iw. Troj. Dan. 2140. sie ersuochten daz spilhûs allenthalben Kchr. D. 169, 14. die keller ers. Chr. 3. 141, 25. daz sie nach disch ersuochen irn munt Kell. *erz.* 543, 12; *auf-, heimsuchen bes. im feindl. sinne* Krone (mit ritter ellen genœtet und ersuochet 27808). Pass. wo die mit dem pan oder anderm geistlichen twang ersucht weren Mh. 2, 661. du solt ersuchen (*aufsuchen*) alle menschen Chr. 3. 110, 26; *reizen, erregen, gleichs. hervorsuchen* Mai; eine schult ers., *eintreiben* Schm. (17. *jh.*);

er-suochen *stn. untersuchung.* nach irem fleiszigen erkennen und ersuechen Chr. 5. 119, 36. *ebenso*

er-suochunge *stf.* Chr. 2. 110, 14.

er-sûren *swv.* (II². 756ᵇ) *sauer werden* Mart. diu süeʒe minne was ersûret Ulr. Wh. 148ᵃ; *md. tr. s.* ersiuren.

er-swachen *swv. schwach werden* W. v. Rh. 41, 2.

er-swarzen *swv.* (II². 765ᵇ) *schwarz, dunkel werden* Rud. (Gerh. 1733). Lieht. Loh. *vgl.* Zimr. *chr.* 1. 449, 11; 2. 458, 9.

er-sweimen *swv.* (II². 794ᵃ) hôhen vluc ersweinen, *sich im fluge hoch aufschwingen* Heinz.

er-sweiʒen *swv.* (II². 768ᵇ) *intr. u. refl. in schweiss geraten* Krone. Karlm. 49, 32. *vgl.* erswitzen.

er-swëllen *stv. I*, 3 (II². 792ᵃ) *aufschwellen* Wolk.

er-swërn *stv. I*, 2 (II². 809ᵇ) *anfangen zu schwellen, zu eitern, zu schmerzen* Kindh. Bon. Pant. Krone, dîn rücke muoz erswern Ulr. Wh. 112ᵇ. so die geswulst ersworn ist Myns. 70.

er-swetzen *swv.* (II². 766ᵇ) *durch schwatzen gewinnen* Wolk.

er-swîgen *stv. II.* (II². 788ᵃ) *schweigen, verstummen* Ssl.

er-swingen *stv. I*, 3 (II². 804ᵃ) *schwingend in bewegung setzen, schwingen* (gevider, arm, hant, swert *etc.*) Parz. Osw. Krone. diu lide ersw., *die glieder schwingen, rühren, anstrengen* Parz. (357, 10). Wwh. 325, 19. 385, 24. dû solt erswingen dîne lide Ulr. Wh. 227ᵃ; *weg schwingen, abstreifen* Lanz.; *im schwung erringen, erreichen* Albr. Pass. ê sie die hôhe ersw. j.Tit. 4806. kund ich sie doch ersw. 5154. er hât lop erswungen Msh. 2, 334ᵃ; *refl. sich aufschwingen* Troj. Krone, Myst.

er-switzen *swv.* (II². 769ᵃ) *in schweiss geraten* Gen. Barl. Dietr. (3397). Msh. 2, 154ᵃ. daz liut was erswitzet Kchr. D. 513, 9. die rôez vleisch dâ ezzent, sô ez erswitzet von arbeitlîcher nôte j.Tit. 4097. *vgl.* erswei‍zen.

ërt- *s. auch* ërde-.

er-tac, -ges *stm. s. v. a.* artac Gr.w. 1, 640. 5, 114; *als ackermass* = *zwei morgen*, disses ackers ist xxvi ertage, da ieder ertag dût zwêne morgen landes Arn. 33 (*a.* 1381). der acker, des ist drî ertage Mone z. 20, 197 (*a.* 1395).

ër-tac *stm.* (III. 5ᵃ) *dienstag, der tag des kriegsgottes* Er, Eor, Heru *in bair. österr. denkm.* (*vgl.* zistac). *formen:* ertac Mw. 279 (*a.* 1330). Usch. 449 (*a.* 1417). Chr. 2. 38, 2. 84, 11. 86, 5; 3. 347, 30. 393, 17; erdtac Ula. 146 (*a.* 1322). eretac Usch. 214 (*a.* 1343); eritac Mw. 177, 6 (*a.* 1290). Ukn. 95 (*a.* 1304). W. 21. 28 (*a.* 1335). Mz. 3, 11. 89. 196. 200. 214. Cp. 15 *u. oft, durchaus in* Stb. Stz. Ring 45ᵇ, 17. Chr. 1. 27, 17. 39, 3 *etc.* 2. 18, 8. 153, 8; 3. 142, 22. 297, 20. 300, 20 *etc. u. so auch immer bei* Tuch.; erintac Mz. 3, 187; erichtac Ukn. 95 (*a.* 1304). Uhk. 2, 268 (*a.* 1372) *u. oft*, Uh. 289. Mh. 2, 280. Cp. 401. Chr. 1. 69, 21. 464, 15; erigtac Geis. 424. Mz. 2, 677. 4, 295; ergetac Berth. 54, 16; heritac Ula. 86 (*a.* 1300). — *vgl.* Myth. 113. 182 *ff.* Schm. *Fr.* 1, 127. Kwb. 50.

er-tagen *swv.* (III. 10ᵃ) ez ertaget, *wird tag* Nib. Lanz.; *aufgehen wie der tag* Trist.

BERTH. 248, 9. owê daz ie ertagte der tac ULR. *Wh.* 143ᶜ. 174ᵃ. nû muoz mîner sælden tac ertagen 201ᵈ. dâ von mîn prîs ertaget, der was vinster als ein naht 198ᵉ; *tr. mit gerichtl. urteile erlangen* OBERL. 354. — *mit* ûz.

er-tage-wan *stm. tagwerk, frohndienst.* einen ertagwan tuon FELDK. *r.* 80. vier eertagwen GR.w. 1, 264. das er im drî ertagwan muos machen NETZ 8613. ertagwan und ander tagwan und dienst JUST. 240. — *vgl.* ertac *u.* tagewan.

er-tanzen *swv. durch tanz gewinnen.* den hanen ertanzen CHR. 5. 152, 2. *vgl.* BIRL. 109ᵃ.

ërt-aphel *stm.* (I. 48ᵃ) *mandragora* GEN. (*D.* 57, 33. 35 *u. anm.:* „mandragora, quod habeat mala suave olentia in magnitudinem mali Matiani; unde et eum Latini malum terræ vocant ISID. *Hisp. etym.* XVII, 33. *gemeint sind die gelben apfelförmigen früchte der mandragora vernalis od. alraune, einer in Palästina häufigen staude. ihre früchte reifen schon im mai u. haben nach der meinung der Araber eine zur wollust reizende u. zum kinderzeugen förderliche kraft*"). daz kraut (mandragora) tregt öpfel, die smeckent gar schôn und haizent erdöpfel. idoch sint ez ander erdöpfel dann die, dâ wir vor gesait haben (= 391, 6: citrullus haizet ain erdapfel und ist nâhent gestalt sam die pfedem, die ze latein pepones haizent, aber der erdapfel ist grüen und die pfedem sint gel) MGB. 407, 2. *in den* GL. *wird* ertapfel *durch* alcanna, citrullus, pepo *übersetzt, s.* DFG. 21ᵃ. 124ᵃ. 424ᵃ. *n. gl.* 14ᵇ. 94ᵇ. *im* VOC. 1482: malum vel anulum terre, cassianus, panisporticus. *vgl.* DWB. 3, 754.

er-tasten *swv.* (III. 18ᵃ) *betasten, berühren.* den ez mit dem horn ertastet MSH. 2, 379ᵃ. welches das ander ertast FASN. 385, 31; *durch tasten erwischen,* ein swert ert. JER.

ërt-ber *stn. swf.* (I. 104ᵃ) *erdbeere,* fraga, vaccinium DFG. 245ᵃ. 604ᵃ (erd-, ertber, erper). ertber ALBR. 20, 208. 32, 280. dô liefen wir ertbern suochen MSH. 3, 30ᵇ. dô wir ertbern lâsen *ib.* 31ᵃ. um drî erper RENN. 8225.

ërt-ber-blat *stf.* (I. 202ᵃ) fragifolium DFG. 245ᵇ; *ebend.:* ertberboum, fragus; ertberkrût, fraga (erperkraut, fragula VOC. 1482); erperstûde, fragus.

ërt-, ërde-bibe *stf.* (I. 115ᵃ) *erdbeben* KCHR. RUL. BARL. SPEC. 154. 412. j.TIT. 4007. diu ertbibe GAUH. 9. 42. *sw.* mit grôzer ertbiben (: beliben) MART. 171, 96; *unorgan. gedehnt* (*im reime*) ertbîbe FDGR. 2. 120, 30; 128, 21. 29. KCHR. *D.* 497, 25. j.TIT. 1679. HPT. 1. 280, 412. von der erdebîbe GERM. 11. 72, 110 *s.* DENKM. *s.* 333. *ebenso*

ërt-biben *stn.* PASS. *K.* 183, 16. 215, 40. JER. 183ᵃ; *und*

ërt-bibôt *stmn.?* unde was ein michil ertbibôt wordin WACK. *pr.* 12, 49. ertbibede KCHR. 16247. *vgl.* GRFF. 3, 21. GR. 2, 253; *und*

ërt-bibunge *stf.* (I. 115ᵃ) MYST. PASS. *K.* 183, 3. JER. 10ᶜ. 155ᵇ. 183ᵃ. CHR. 3. 379, 25. ertbebunge MSH. 3, 59ᵇ. DÜR. *chr.* 700ᵇ.

ërt-bidem, -bideme *stswmn.* (*ib.*) *erdbeben* MYST. CLOS. sô wirt ein gemeiner erdebideme GRIESH. 1, 152. erdpidem WG. 2510. ertpidem wart in allem lande ROTH *dicht.* 32, 164 (= BPH. 7972 ertpidmung). der ertpidem MGB. 107, 25. 112, 29. 31. daz ertp. 108, 8. von dem ertpidem 107, 14. 109, 12. ertpiedem, terre motus VOC. 1482. *s.* bidemen; *ebenso*

ërt-bidemunge *stf.* (*ib.*) RENN. (von ertbidemungen 21960). CLOS. BPH. 7739. 7972;

ërt-bidmende *swm.* und kom ein ertbimende GRIESH. 1, 64.

ërd-bodem *stm.* (I. 220ᵇ) *erdboden* MAR. KCHR. *D.* 459, 1.

ërt-boum *s.* ederboum.

ërt-bruch *stm. erdriss, erdabrutschung.* beschäch aber, das wuotgessinen oder erdbrüch kämint GR.w. 5, 190. *ebenso*

ërt-brust *stf.* (I. 257ᵃ) *ahd.; hieher wol das dem.* ertbrüstlî GR.w. 1, 118. 120 (*als gränzbezeichnung*) *im* DWB. 3, 749 *als* pectusculum terræ, tumulus *gedeutet.*

er-teben *swv.* alsô würd sîn herze ertebt, ersiuren und erzürnet LOH. 5727 *u. anm.: von glut verzehrt, qualmend von zornesglut. s.* teben.

ertec *adj.* (I. 51ᵇ) *angestammte gute beschaffenheit habend* ENGELH. FRL. ELIS. 465. REINFR. 67ᵃ. ertic Ls. 2, 419. — *zu* art.

êr-tegec *adj.* (III. 9ᵃ) *vortägig* SUM.

er-teilære *stm.* (III. 28ᵇ) *urteiler, richter* VOC. *o.* dâ ze antwurte sint getriwe erteilære SPEC. 122;

er-teilen *swv.* (III. 26ᵇ) *urteilen, entscheiden, urteilend zuerkennen, erteilen: absol.* urteil sprechen, die erteilten ARN. 34 (*a.* 1357). dô wart erteilt MZ. 1, 267. 423. 481. 495 *etc., mit über:* sprechen und erteilen über die sachen AD. 895 (*a.* 1315); einen ert., *über ihn richten* DIUT. LEYS., *verurteilen,* ich hœre mangen guoten kneht erteilen REINH. 1444.

swer ze helle wirt erteilet Birkenst. 229;
etw. erteilen, *als urteil aussprechen, verhängen* Troj. Mai, nâch dem scâchroube erteile man die wide, nâch dem morde daz rat Kchr. *D.* 464, 4. bî dem eide ich diz erteilet hân Reinh. 1452; *mit untergeord. s.* Ms. ich erteile, daz man swîge an gerihte stille Silv. 3980. vgl. 4171. 75; *mit dat. d. pers. ein urteil sprechen* Aneg. Trist., *mit dat. u. acc. als urteil zuerkennen, zusprechen, erteilen, allgem.* (daz erteil ich im von rehte Wwh. 331, 12. daz in daz gerihte erteilte die steine Mar. 188, 15. wir tuon, swaz man uns erteilet Kchr. *W.* 14161. mir wart erteilt sulch spil Ga. 2. 152, 104), *statt des dat. auch mit präp.* über Erinn. die wil ich erteilen in sîn gewalt Aw. 3, 235 *und statt des acc. auch ein untergeord. s.* Rul. lw. Wig. im wart erloubet und erteilet, daz Silv. 4813. *vgl.* úrteilen.

ërt-galle *swf.* (I. 459ª) *centaurea, eine pflanze* Dfg. 112ᵇ. Mgb. 397, 5 *ff*.

ërt-ge-rüste *stn.* (II. 823ᵇ) *das erdgebäude, die erde* Msh. 2, 330ᵇ. Kolm. 117, 65. W. *v. Rh.* 11, 1. Mart. 205, 27; *pl. ib.* 62, 4. 171, 88.

ërt-grille *swm. erdgrille, werre* Hpt. 14, 170.

ërt-gruft *stf.* (I. 563ᵇ) *erdgruft, erdhöle* Kl. 500 var. (*Holzm.* 1020).

ërt-hol *stn.* (I. 679ᵇ) *erdhöle* Voc. *o.* erthol oder dol, draco Voc. 1482.

ertic *adj. s.* ertec.

er-tîchen *stv. II.* (III. 34ª) *tr. büssen* Reinh.

er-tihten *swv. aussinnen, erdenken, erfinden* Ga. 3. 370, 14 (*vgl.* 2. 167, 383). Fasn. 145, 19. 657, 7. ûf einen etw. ert. *ib.* 532, 16. buochstaben erdichten Chr. 8. 240, 18.

ërt-îsen *stn.* (I. 756ª) *pflugeisen* Karaj. Mb. 8, 259 (*a.* 1385) *s.* Schm. *Fr.* 1, 140.

er-tiuren *swv.* (III. 41ª) *prät.* ertûrte *beteuern* Halt. *s.* Dwb. 3, 1029.

er-tiuten *swv.* (III. 41ᵇ) *prät.* ertûte *erschallen* Troj. Frl.

ërt-knolle *swm. erdklumpe, erdscholle.* gedenke mensch, daz du bist ein krank ertknolle Renn. 6506. gleba Dfg. 265ª.

ërt-krote *swf.* (I. 889ª) *erdkröte,* bufo Dfg. 83ᶜ.

ërt-kümeline *stm. schössling, junger baum* Gr.w. 4, 209.

ert-lich *adj. in* unertlich.

ërt-mëzzer *stm.* (II. 202ᵇ) geometra Voc. *o.*

ërt-nuz *stf.* (II. 424ᵇ) tubera Dfg. 600ᵇ. *n. gl.* 373ᵇ. malum terre Voc. 1482.

er-toben *swv.* (III. 47ᵇ) *intr. anfangen zu toben, von sinnen kommen* Diem. Lanz. Nib. (*mit gen.* 2143, 2). Msf. 103, 19. Troj. 18850. Netz 4201; *refl.* Kindh. Troj. 3091, *mit gen.* und ertobet sich des Willehart Msh. 2, 269ᵇ.

er-toln *swv.* (III. 159ᵇ) *toll, vermessen werden* Diem.

er-toplen, -toppeln *swv.* (III. 48ᵇ) *im würfelspiele gewinnen* Wwh. Pass.

er-tôren *swv.* (III. 52ª) *zum thoren werden* Walth. Flore, Mai, Troj. (*lies* 7892). Reinh. 339, 1322. Hpt. 7. 329, 26;

er-tœren *swv.* (III. 51ᵇ) *zum thoren machen* Walth. Msf. 128, 26. Msh. 3, 326ª. Troj. 29129. Spec. 10.

er-tœsen *swv. zerstören* Sigen. *Sch.* 44.

er-tôten *swv.* (III. 67ª) tôt *werden, sterben* Erinn. Griesh. 2, 94;

er-tœten *swv.* (III. 67ª) *prät.* ertôte, tôt *machen, tödten* Trist. Barl. Pass. (*H.* 343, 83. 352, 79). Er. 6088. 6147. Ulr. *Wh.* 110ᵇ. 145ª. 171ᵇ. Mor. 1, 1575. Griesh. 2, 122. Bph. 7816. Mariengr. 400. Pant. 1356. Silv. 4015. 4118. Swsp. 315, 10.

er-touben *swv.* (III. 62ª) *taub machen* Bon.; *betäuben* Diem. Ms. Mone 8, 337; *vernichten* Diem. Pass. (*H.* 205, 48. 306, 74); *refl. enden, aufhören ib.*

er-touwen *swv.* (III. 53ᵇ) *thauig, nass werden* Troj. (= *Kell.* 12165 betouwen).

er-töuwen *swv.* (III. 62ᵇ) *prät.* ertôute *sterben* Warn.

ërt-phëffer *stm.* (II. 486ᵇ) crassula major Dfg. 155ᵇ.

er-traben *swv.* sîn ors er ertraben (*im trab laufen*) lie Krone 21339.

er-trahten *swv.* (III. 82ᵇ) *prät.* ertrahte, *part.* ertrahtet, ertraht *zu ende denken, ergründen* Himlf. Berth. sie hât sô vil der triuwen, die nieman kan ertrahten j. Tit. 5449; *erdenken, ersinnen* Trist. Winsb. Pass. Reinfr. 42ª. ein gewant Marjâ ertrahte Bph. 3638. von einem baldakîne wart im ein himel ertraht Germ. *H.* 2, 96. swaz man ouch hôher witze kan ertrahten und erdenken Troj. 1965. getihtet, ertrahtet und berihtet Cod. *pal.* 341 *f.* 238ᵈ.

er-trat *part. s.* ertreten.

er-trenken *swv.* (III. 94ª) ertrancte, ertrenket *tränken* (Hpt. 8, 135); *ertränken* Diem. Wig. Nib. Kchr. *D.* 506, 25. Ernst 2673. in dem mere ertr. *ib.* 2994. Roth. 3858. 3958. in dem Rîne ertr. Mor. 2, 848. einen ze wazzer ertr.

EXOD. 87, 34. in bluote ertrenket KARL 6983. des ertrenke iuch ein wolkenbrust GA. 2. 167, 402. *den der bigamie schuldigen* sol man in einen sack stôzen und ze tôde ertrenken NP. 22 (13—14. *jh.*); *durch wasser, überschwemmung verderben,* das waszer ertrenket in dem spital vil biers und bettgewants CHR. 1. 412, 1. 14; *refl. sich ertränken* NIB. LIEHT. (366, 1). ANEG. 2, 19. RENN. 3884. sich ertr. in den Rîn ENENK. *p.* 358.

er-trennen *swv. prät.* ertrante, *part.* ertrennet, ertrant *zertrennen, zerstückeln.* die guot ertrennen MONE *z.* 15, 140 (*a.* 1404). *vgl.* unertrant.

er-trëten *stv. I,* 1 (III. 98ᵃ) *zertreten, tot treten* LAMPR. GEO. 3203. KARL 10120. WOLFD. 803. HPT. 7, 360. AW. 3, 189 (*das beisp. aus* SERV. *zu streichen, s. das folgd.*). *ebenso*

er-treten, -tretten *swv.* (III. 101ᵇ) *prät.* ertratte, *part.* ertrettet (LOH. 2726. EN. 319, 17. MSH. 3, 10ᵃ. CHR. 8. 348, 19. 25), ertrat (HERB.), ertret (GEO. KCHR. *D.* 513, 33); ertretten (: retten) j.TIT. 2706. 4276. SERV. 2985.

ërt-, ërde-rîche, -rîch *stn.* (II. 693ᵇ) *bair. östr. auch verkürzt* ertrich *s.* WEINH. *b. gr.* § 19: *erde, erdreich als wohnstätte der menschen* GREG. ENGELH. BON. *u. md. denkm.,* ERACL. 3096. 3199. SILV. 3121. 3450. 3746. RENN. 856. HELBL. 3, 201. BUCH *d. r.* 122. SWSP. 272, 4. wær allez ertrich mîn DAN. 7856. die gemeinden der ertrîchen, stetten und telren von Zürich, Lutzern *etc.* EA. 54; *erd-, fussboden* LEYS. MYST. 1. 42, 35. FASN. 255, 1. 894, 35; *erde als stoff* RING 53ᵇ, 26. CHR. 2. 67, 30. 341 *anm.* 1.

ërt-rîch-ge-rüste *stn.* (II. 823ᵇ) *s. v. a.* ertgerüste MYST.

ërt-rîch-mëȝȝer *stm.* geometer DFG. 160ᶜ.

er-triefen *stv. III. abtröpfeln* MONE *z.* 2, 186. *vgl.* ZIMR. *chr.* 3. 228, 34.

er-triegen *stv. III.* (III. 104ᵇ) *betrügen* GRIESH. — *mit* abe, an.

ërt-rinc, -ges *stm.* (II. 708ᵃ) *erdkreis* DIEM. FDGR. 2. 134, 24.

er-trinken *stv. I,* 3 (III. 92ᵃ) *trinken, austrinken* DIEM.; *ertrinken eigentl. u. bildl.* HARTM. (Iw. 3663. BÜCHL. 1, 1717). PARZ. lâ minne in unminne niht ertrinken j.TIT. 1869. in dem eigen bluot ertr. MOR. 1, 2621. in unwirde ertrunken MONE 4. 315, 17. und ertranc leut und guot DSP. *s.* 12.

er-trinnen *stv. I,* 3 *entrinnen. vgl.* ZIMR. *chr.* 3. 50, 17.

ërt-rouch *stm.* fumus terre VOC. 1482.

ërt-ruch-souc *stm.* (II². 724ᵃ, 30) *erdrauchsaft* DIEM. *arzb.*

er-truckenen *swv. ganz trocken werden* TUCH. 148, 17;

er-trückenen *swv.* (III. 119ᵇ) *ganz trocken machen* KARAJ.

er-trüeben *swv.* (III.121ᵃ) ertruobte, ertrüebet *trübe machen, betrüben* NIB. (swaz ir ertrüebet het ir hôhen muot 1701, 3 *C.*). ez wirt noch der ertrüebet (*hs. V*), der mit gemache wænet sîn KRONE 1327.

ër-trunc, -kes *stm.* (III. 94ᵇ) *ehrentrunk, iron. für schlag* WOLK. *vgl. Hoffm. gesellschaftslieder* 102, 3.

er-trûren *swv.* (III. 123ᵇ) *intr. traurig sein, werden.* daz was im in bitter galle ertrûret MAI *p.* 264 (= in bitterr klagen er trûret 196, 38); *tr. mit* an, einem etw. an ertr., *durch trauern abnötigen* LIEHT.

ërt-scholle *swm.* (II². 127ᵇ) *erdscholle* MYST. MGB. RING 54, 20. daz siu müezen bringen ir opfir Apollen dem krankin erdeschollen MART. 5, 8.

ërt-snëcke *swm.* (II². 436ᵇ) *limax* MGB.

ërt-stam *stm. baumstrunk* GR.W. 2, 186; ertstamme *sw.* NP. 314.

ërt-state-læge *adj.* daz ertstatelêge korn SSP. 3. 56, 3 (*glossiert* ertstateliche korn, daz ist daz korn ûf dem velde) *vgl. s.* 139.

ërt-stift *stf.* (II². 629ᵃ) *stiftung, bau auf erden* PARZ.

er-tumben *swv. ganz unverständig sein.* si was ertumbet als ein kint TROJ. 8770.

ërt-val, -lles *stm.* (III. 222ᵃ) *fall zur erde: totschlag, wunde, wenn ein mann oder ein glied niedergehauen wird u. zur erde fällt* GR.W. 1, 349. 5, 344; *name einer pflanze* herba Roberti (VOC. 1482), *von der blutstillenden kraft des krautes bei dergleichen verwundungen* DWB. 3, 767 (*vgl.* ôrval); ertfal oder umbbrechung, amfractus, *das auch durch wasserbruch an aim ufer verdeutscht wird* DFG. 30ᵃ.

ërt-var, -wes *adj.* (III. 237ᵇ) *wie die erde aussehend, erdfahl* RENN. 20905. MGB. 247, 8. 477, 16. JER.

ërt-vellec *adj.* (III. 225ᵃ) einen ertv. machen, *ihm eine solche wunde beibringen, dass er zu boden fällt* AD. 785 (*a.* 1295). *s.* ertval *u. vgl.* hertvellec.

ërt-vluc, -ges *stm. niedriger flug, bodenflug.* den ertvluc kan si (diu swalewe) üeben MSH. 2, 369ᵇ.

ërt-vrosch *stm.* (III. 427ᵃ) *laubfrosch*, agredula DFG. 10ᵇ.

ërt-vruht *stf. erd-, feldfrucht* MGB. 446, 12.

er-twahen *stv. I*, 4 (III. 157ᵇ) ertwuoc, ertwagen *waschen* SILV.

ërt-waʒʒer *stn.* cilydros ist in kriechisch sô vil als ertwaʒʒer MGB. 267, 6.

er-twëln *stv. I*, 2 (III. 159ᵇ) *kraftlos, leblos werden, sterben* RUL., *mit gen.* des hungers ertw. KCHR. *D.* 142, 7. 434, 3;

er-tweln *swv.* (III. 160ᵇ) *betäuben, kraftlos machen* NIB. 431, 4 *C.* dô di cristen ertwelt wâren von hungeres zadel KCHR. *D.* 511, 7.

er-twingen *stv. I*, 3 (I. 163ᵇ) *erobern, bezwingen* PARZ. NIB. DIETR. 7449. j.TIT. 4468. — *mit* abe, an (*s. noch* GUDR. 1017, 4. DIETR. 2648. KOL. 136, 263);

er-twungen-lich *adj. durch zwang hervorgebracht.* âne ertwungenlîche nôt BIT. 598.

ërt-wuocher *stmn.* (III. 453ᵃ) *ertrag des landes, feldfrucht* GEN. *D.* 54, 3. BERTH. 27, 22. 258, 29. DSP. *s.* 6. SWSP. 172, 130. 136.

ërt-wurm *stm. regenwurm* MGB. 310, 9. *vgl.* erdenwurm = *ländersüchtiger, habgieriger* ZIMR. *chr.* 1. 260, 7.

ërt-wurz *stf. s. v. a.* ertrouch VOC. 1482.

erunge *stf. aratio* SCHM. *Fr.* 1, 129. — *zu* ern.

êrunge *stf.* (I. 446ᵃ) *geschenk, verehrung* SCHILTB. 57. NP. 46. 149. MH. 2, 226. CHR. 2. 44, 2. 324, 2. 339, 4. 6; 3. 372, 2. 375, 10. 393, 27. 29; 5. 376, 19. MONE *z.* 14, 128.

er-vaht *prät. s.* ervëhten.

er-vallen *stv. red. I*, 1 (III. 219ᵃ) *intr. niederfallen* KRONE. erfallene bäume GR.w. 3, 747; *fallen, zu tode fallen* ROTH. (2131). HERB. (1440. 7768. 9162); *jure excidere, verlieren an* FREIBERG.*r.*; *ledig werden, zurückfallen* (*von lehen*) HALT. RTA. 1. 15, 24; *mit dat. zufallen, zu teil werden* CRANE 3984; *refl. einen fall thun* FREID. KRONE, *sich nieder, herab stürzen, zu tode fallen* KCHR. *D.* 167, 19. 402, 20. ER. 6113 (*im* WB. *ist* ER. *in* EN. 323, 34 *zu bessern*). LIEHT. 365, 17. DAN. 5459. 6469. 6516. W. *v. Rh.* 93, 32 *vgl.* sich ervellen; *tr. überfallen,* is quam warnunge, wie man den thum irfallen meinte UGB. 188; *fallen auf, durch fallen töten* LANZ. do wolder den vil werden ze tôde hân ervallen REINFR. 151ᵃ. *s.* DWB. 3. 795, 5;

er-valt *part. s.* ervellen.

er-valten *stv. red. I*, 1 (III. 230ᵇ) *vollständig zusammenfalten, drücken, überwinden* PASS. KARLM. 196, 65.

er-valwen *swv.* (III. 213ᵇ) *fahl werden* TUND. WARN. erswarzet unde ervalwet was im ein teil sin rôter munt GERH. 3720. diu leuber ervalbet sint LIEHT. 146, 7.

er-væere *stn. md.* ervêre *schrecken, furcht* KARLM. 176, 11. 215, 37;

er-vâren *swv.* (III. 271ᵇ) *s. v. a.*

er-væren *swv.* (III. 268ᵇ) *md.* ervêren, *prät.* ervârte, *part.* erværet *überlisten, betrügen* BIT. 4399. j.TIT. 3596. 4515 (*mit gen. ib.* 10, *mit an* 50. 4782. 5511. MART.); *überraschen, erwischen* LANZ. TROJ. daʒ der tôt uns alle erværet RENN. 20944; *in gefahr bringen* JER.; *ausser fassung bringen, erschrecken, betrüben, erzürnen* (*vgl. noch* GFR. 2041. MF. 177, 30. GA. 2. 233, 526. 237, 698. ELIS. 3375. EVANG. 254ᵃ. DÜR. *chr.* 313. FASN. 230, 33. ZIMR. *chr.* 4, 581ᵇ); *refl. in schrecken geraten, sich entsetzen, fürchten* ELIS. 4798. ERLŒS. 2604. EVANG. *Mr.* 5, 42. 10, 24. KARLM. 76, 16. 203, 43;

er-væren *stn.* sunder ervêren, *ohne list, letrug* KARLM. 63, 15. 90, 56.

er-varer *stm.* (III. 250ᵃ) *inquisitor* OBERL.; indagator, scrutator VOC. 1482.

er-vær-lich *adj. terribilis* EVANG. 254ᵃ.

er-varn *stv. I*, 4 (III. 247ᵃ) *intr. fahren, reisen* PASS. daʒ si mit ir ervuoren ANTICHR. 166, 30; mir ervert, *widerfährt, wird zu teil* CHR. 4. 99, 19; *tr. durchfahren, durchziehen* DIEM. WALTH. sint erfûr ich manich lant L. ALEX. *W.* 6434. 6446. ich hân ervarn manic lant BIT. 274. *vgl.* CHR. 5. 104, 9; *einholen, erreichen* GREG. TRIST. WIG. GEN. 45, 34. 48, 24; *treffen, finden, erwischen* LAMPR. TRIST. (13745 *bedeutet es wol: ausforschen*). werde ich an der luge ervarn KCHR. *D.* 473, 3. biʒ daʒ dich ervert mîn angesiht WH. *v. Öst.* 14ᵃ; *kennen lernen, erkunden, erforschen, erfahren mit acc. od. untergeord. s., allgem. s. noch:* wer ervert mir diu mære ULR. *Wh.* 134ᶜ. der im disiu mære ervüre KRONE 11063. WELTCHR. 135ᵇ. daʒ ich dich dâ mite (*einen*) erfuor GA. 2. 363, 83; an einem (*von einem*) etw. erv. URST. PARZ. NIB. CHR. 4. 109, 16; 5. 52, 19. 211, 34; einem etw. erv., *für ihn auskundschaften, erforschen* WIG. WALTH. die uns erfüeren mære von der swester mîn GUDR. 1152, 2. *vgl.* URST. 122, 22; einen an einer urteil erv., *ihm das urteil kund thun* Mz. 1, 399 (*a.* 1386). 481 (*a.* 1403); *refl. sich erkundigen, rats erholen* Gr.w. 2, 219. 258. sie sullen ez bringen an den, der dann herr ist, und der sich ervarn, ob der maister recht oder unrecht hab W. 16 *s.* 25 (*a.* 1332); Chr. 2. 37, 7. 267, 28. 526, 2; 5. 377, 8.

er-vart *part. s.* erverten.

er-varunge *stf.* (III. 250ᵃ) *durchwanderung.* von erfarung aller land Narr. *c.* 66; *erforschung, erfahrung* Evang. 254ᵃ. erv. nemen Gr.w. 6, 39.

erve *stn. swm. s.* erbe.

er-vëhten *stv. I,* 2 (III. 311ᵇ) *mit waffengewalt nehmen, erkämpfen* Rul. Iw. Er. 8016. Parz. Wwh. 381, 27. Bit. 1341. 5493. Loh. 5417. Troj. 17477. 18551. als ich Orense ervihte Ulr. *Wh.* 173ᵃ. prîs erv. 207ᵈ. den lobes kranz erv. 175ᵇ. den sige erv. 184ᵃ. 185ᵃ. Loh. 4913. werltlich êre mit schilden erv. Kchr. *W.* 12931. die schœnen maget erv. Apoll. 19425. guot erv. Berth. 269, 39 (*mit* abe Parz. Ernst 4001); *bekämpfen, bezwingen* Iw. die Sahsen, die viande erv. Rul. 258, 28. 309, 7. daz her, die schar erv. j.Tit. 3464. 4623. dîn zuht, dîn manheit und dîn milte hât mich mit swerte und ouch mit sper ervohten under helme und under schilte Msh. 2, 31ᵇ; *refl. sich kämpfend abmühen u. anstrengen* Er. Pass. wie sich des heldes hant hete ervohten an dem Rîn Bit. 716, *sich durch kampf von etw. befreien* Karaj.

er-veigen? *s. oben unter* erreigen.

er-veizten *swv.* (III. 293ᵇ) *feist machen* Gl.

er-vellen *swv.* (III. 226ᵇ) *prät.* ervellete, ervalte, *part.* ervellet, ervalt: *zu falle bringen, niederwerfen, erlegen* Nib. Alph. (223). Pass. j.Tit. 915. 4791. Ecke *L.* 124. Neidh. 209, 29. W. *v. Rh.* 67, 12. 79, 48. wenn si sich ervellen (*zu falle bringen, verführen*) lât Ls. 2. 13, 85; *refl. sich durch einen fall töten* Mar. Mai, Er. 6113 (*B. mit der hs.* ervallen), *vgl.* sich ervallen; *auseinander fallen, sich verbreiten* Pass.

er-velschen *swv. für falsch erklären.* die rede ervelschen j.Tit. 1658.

er-venden *swv.* (III. 320ᵇ) *prät.* ervande *erforschen, erfahren* Gen., *vgl. zu* Jos. 449.

er-vêren *swv. s.* erværen.

er-verten? *swv.* (III. 257ᵇ) *durch fahrt erreichen. hieher wird im* Dwb. *das part.* ervart Jüngl. 564 *gezogen, das wol mit dem herausg. in* erværet *zu bessern ist.* W.Gr. hat *es in* Ziem. *wb. unter* ervërren *eingetragen, das unmöglich ein part.* ervart *bilden kann.*

er-verwen *swv.* (III. 242ᵇ) *prät.* ervarwte *färben* Ecke (*leseb.* 733, 30).

er-veulen *swv. s.* erviulen.

er-vîlen *swv. feilen.* die negele erv. Türl. *Wh.* 117ᵇ.

er-viln *swv.* (III. 314ᵇ) *unpers. s. v. a.* beviln Roth. (4671).

er-vinden *stv. I,* 3 (III. 320ᵃ) *ausfindig machen, bemerken, erfahren, allgem., vgl. noch* j.Tit. 4978. Gerh. 3585. Silv. 311. 844. Roth *pr.* 77. smecken und ervinden (*durch den tastsinn warnehmen*) Mar. 149, 1 *vgl.* Hpt. 6, 7; sich erfünden, *gefunden werden* Chr. 4. 163, 17 (*vgl.* Weinh. *b. gr.* § 32); *ein urteil finden* (*durch umfrage*) Chr. 1. 76, 32. Halt. 388;

er-vindunge *stf. erfindung, im rechtl. sinne urteil.* den wil man strafen nach des rats ervindung Cp. 367.

er-vinstern *swv.* (III. 325ᵃ) *intr. verfinstert werden* Pass. Myst. 2. 410, 38.

er-vintnüssede *stf.* (III. 320ᵃ) adinventio Gl.

er-virren *swv.* (III. 302ᵃ) *fernhin verbreiten* Pass. — *zu* vërre.

er-viselunge *stf. enthülsung, aufdeckung.* der gedenke entvislung Wack. *pr.* 51, 11. — *zu* vëse.

er-viuhten *swv.* (III. 331ᵇ) *md.* ervûchten; *prät.* ervûhte (Loh. 4296), *part.* erviuhtet, erviuht (Loh. 4572): *anfeuchten, erfrischen* Urst. Walth. Konr. (Engelh. 100. Troj. 1153. 9997. 12165. 16226). Loh. 3683. Wh. *v. Öst.* 64ᵃ. Mariengr. 312. 315. W. *v. Rh.* 211, 19. Pass. 371, 27. Marlg. 92, 87.

er-viulen *swv. vûl machen, verfaulen lassen.* der hett ain pauren erfeult in ainem turn Chr. 5. 101, 3; *s. v. a.* ervûlen (III. 435ᵇ, 22) Wg. Griesh.

er-viuren *swv. in feuer setzen, entflammen.* diu erd wird erviuret wol j.Tag 295.

er-vlêhen *swv.* (III. 339ᵃ) *durch flehen erlangen* Ms. nu welt ir mir daz herz a b e erflêhen Ga. 2. 344, 276; *durch flehen bewegen* Trist. *vgl.* Otn. *p.* 72. 73.

er-vlemmen *swv. entflammen.* maneger vrouwen muot ervlemmet wart in minne Wh. *v. Öst.* 6ᵇ.

er-vliegen *stv. III.* (III. 343ᵇ) *fliegend erreichen* Parz. so erfliuget einen valken ein unmehtic huon Msf. 308. ein vogel het in niht ervlogen Dan. 5442. als dick er (habich) den

vogel erfliuget Myns. 36; *fliegend abthun,
durchfliegen* Parz.
er-vliezen *stv. III.* (III. 348ᵇ) *intr. erfliessen,
überfliessen* Pass. (*H.* 73, 81. 241, 5. 344, 79).
er-vlougen *swv.* (III. 344ª) *auffliegen machen,
verscheuchen* Ms. (*H.* 1, 208ᵇ).
er-vlöuwen *swv.* (III. 336ª) *ausspülen, auswaschen* Krone (6793).
er-vlügen *swv.* (III. 345ª) *flügge machen.* iuwer menlich trôst mir vreude ervlügt (: erhügt) Loh. 3712. 7575. *vgl.* Zimr. *chr.* 1. 517, 22 ein erflögts nest, *ein leeres nest.*
er-volge *stf. s. v. a.* ervolgunge Halt. 390;
er-volgen *swv.* (III. 367ᵇ) *intr. mit dat. zu teil werden* (*nach richterlichem ausspruche*). daʒ gelt sol in ervolgen und werden Mz. 1, 416. 467. 470. daʒ (*die hinterlassenschaft*) sol irem sune ledeclich und lêre werden und ervolgen und gentzlich vervallen sîn *ib.* 372 (*a.* 1379); *tr. einholen, erreichen, erlangen* Er. Lanz. Troj. 35083. Herb. 2177 *u. anm.* Evang. *M.* 5, 7. Karlm. 42, 31; *einer sache nachkommen, sie erfüllen* Myst.; *refl. sich erfüllen, zutragen* Jer. das selb sich alles ervolget hernach Vintl. 1598; — *rechtl. ausdrücke:* ein urteil erv., *es mit gemeiner volge aussprechen, bestätigen* Halt.; den ûʒspruch ervolgen, *dem urteilsspruch nachkommen* Mz. 1, 522 *mehrmals* (*a.* 1410); eine klage erv., *sie zu seinen gunsten zu ende führen* Freiberg. Mz. 3, 416 (*a.* 1359); ein guot od. ûf ein guot erv., *die rechtliche zusprechung desselben erreichen* Freiberg. was vor dem hofgericht erfolget wirdet Rta. 1. 186, 6 (*var.* ervollet). daʒ er vor uns erclagt, erlangt und erfolget hat ûf des burgermeisters guten umb tûsent mark golts Chr. 4. 170, 10. ob iemand darûf erclagen oder ervolgen wurde Mz. 1, 572. 573 (*a.* 1417). *vgl.* ervollen;
er-volger *stm.* so welle wir auch, daʒ di ervolger unsers gewaltes ouch nachvolger sein unser guet (volumus enim, nostre potestatis executores nostre pietatis habere sectatores) Stz. 209;
er-volgnüsse *stf.* Halt. 390 *und*
er-volgunge *stf.* (III. 368ᵇ) *erlangung* Narr. 269ª, *erlangung, zusprechung einer beklagten sache, ausführung des urteils* Halt. alle clage und erfolgunge, alsô vor dem lantgericht zu Nuremberg erclagt und erfolgt sein. — von welchen sachen sulche clage oder erfolgunge geschehen sint Mz. 3, 416 (*a.* 1359).

vgl. ervollunge; *verfolgung,* die achte und erfolgung Rta. 298, 13.
êr-vollec-lîche *adv.* (III. 363ª) *gloriose* Gl.
er-vollen? *part.* (III. 364ª) *voll, dick, aufgetrieben* Wigam., ist wol in erwollen zu bessern, *s.* erwëllen.
er-vollen *swv.* (*ib.*) *tr. voll machen, aus-, anfüllen* Frauenehre, j.Tit. 376; *erfüllen, vollenden, befriedigen, allgem., s. noch* die bete Troj. 24268, daʒ gebot Wg. 6527. 39. Exod. 88, 11, den willen Neidh. 101, 1. Helbl. 4, 816, daʒ wort ervollen Exod. 93, 25. Rul. 71, 14. Strick. 12, 641. mit werken erv. Lieht. 9, 30. daʒ gescheft (*testament*) ervollen, *ausführen* Uhk. 2, 21 (*a.* 1305). einem den schaden ervollen Dsp. 2, 33. Mz. 1, 398. 444. Stb. 218. unz im die abgangen burgen (*bürgen*) mit andern ersetzt und ervollet werden *ib.* 1, 421 (*a.* 1391); *rechtl.* ein guot erv., den anspruch auf dasselbe genügend durchführen, es vom gerichte zugesprochen erhalten, daʒ ieman auf iriu guot iht erklagt oder ervollt Mz. 3, 187 (*a.* 1347). wir tuon kunt, daʒ Natan der jude mit urteil vor gericht ervollet hat auf Otten den vorstmeister 35 pfund haller und den schaden *ib.* 114 (*a.* 1343). das es mit dem rechten erclagt und ervolt wêre Rta. 1. 198, 10. *s.* Schm. 1, 628 *u. vgl.* ervolgen, *mit dem es vielleicht manchmal* (*wie auch* Oberl. 355 *annimmt*) *verwechselt ist.* — *intr. voll werden, sich füllen* Hartm. (dem ervollent dicke d'ougen Er. 9787). do ervolten im diu ougen Dan. 5794;
er-vollunge *stf. erfüllung, vollendung.* waʒ ist stæte? aller guote ervollunge an stætem muote Wg. 4346. ich hân vernomen, daʒ an der dritten zal ist ervollunge zaller vrist. gotes ervollunge lît an drîn namen zaller zît 11810; *gerichtl. anerkennung des anspruches auf ein gut* Rta. 1. 189, 26. 37. so der cleger die erfollunge gewonnen hat Mone *z.* 4, 152 (*a.* 1466). *vgl.* Schm. 1, 628.
er-vordern *swv.* (III. 382ª) *fordern* Weist.; *einladen* Wolk.; *vor gericht fordern, gerichtlich verfolgen* Kulm. *r.* einen mit geistlichem oder mit weltlichem geriht erfordern Mz. 1, 467 (*a.* 1402);
er-vorderunge *stf. forderung, klage vor gericht.* anspräch und ervordrung Glar. 62.
er-vorht, -vorhten *part. s.* ervürhten.
er-vorsch-bære *adj. in* unervorschbære.
er-vorschen *swv.* (III. 388ᵇ) *erforschen, ausfindig machen* Aneg. Trist. Jer. Ga. 2. 225,

243. 227, 323. Fasn. 372, 21. 789, 18. Chr. 4. 100, 20;

er-vorscher *stm.* (*ib.*) *indagator, erforscher, erfarer oder waidman* Voc. 1482, scrutator Dfg. 521ᵇ;

er-vorscherin *stf.* scrutatrix Dfg. 521ᵇ.

er-vrâgen *swv.* (III. 392ᵃ) *befragen, ausfragen* Pass. (si ervrâgete iren sin 256, 4); *durch fragen herausbringen, erfragen* Pass. Priesterl. 273; *refl. sich erkundigen*, da wolde er sich erfrâgen von sînem vater und von sînen mâgen, die zû Troyge wâren erslagen Herb. 18144.

er-vreischen *swstv. erfragen, erfahren* Pass. K. 630, 76. Diut. 2, 280. Dsp. 2, 223 (*im* Ssp. 2. 12, 4 vereischen).

er-vreisen *swv. in schrecken versetzen.* daz leit mich ervreiset hât Wh. *v. Öst.* 17ᵃ.

er-vrĕzzen *stv.* I, 1 *ganz auffressen, refl. bildl. sich grämen, härmen.* sei wolt sich ztod erfressen Ring 13ᵇ, 39.

er-vrîen *swv.* (III. 407ᵃ) *durch werben gewinnen.* einem etw. ab ervr. Wolk.

er-vriesen *stv. III.* (III. 413ᵇ) erfrieren Narr. 62, 13 *erfrieren* Parz. Gudr. L. Alex. 3029. Berth. *Kl.* 252. Ga. 2. 436, 788. *prät.* ervrôs Livl. 8499, *part.* ervrorn Ulr. Wh. 136ᵃ.

er-vrischen *swv.* (III. 408ᵇ) *tr. frisch machen, auffrischen* Ms. Bon. Troj. (ich wil ervrischen alliu sîniu lider 10479). Sigen. *Casp.* 73. Fasn. 51, 9; *reinigen* von Marlg.; *refl.* Pass. dâ got ie besunder ruohte ervrischen sich Msh. 3, 339ᵇ; *intr. frisch werden*, sîn lop muoz ervrischen *ib.* 63ᵃ.

er-vristen *swv.* (III. 410ᵃ) *unverletzt erhalten* Troj. (*bei K.* 2036 gevristen).

er-vriunden *swv. zum freunde machen.* der sol sich zuo im ervründen (: sünden) Msh. 3, 164ᵇ.

er-vrœren *swv.* (III. 413ᵇ) *prät.* ervrôrte: vriesen *od.* ervriesen *machen.* der vrost in hât ervrœret Krone 3925. diu grôz kelten erfrœret daz saf in dem paum Mgb. 346, 10. daz in (dunst) diu kelten zehant durchgê und derfrœr *ib.* 84, 23; den grünen walt ervr. Albr. 457ᵃ. der (frost) die winberge erfrôrte Stolle *chr.* 175;

er-vrorn *part. s.* ervriesen.

er-vröuwen, -vröwen *swv.* (III. 416ᵇ) *vrô machen, erfreuen* a. Heinr. Trist. Freid. Lit. 65; *refl. sich freuen, froh sein* Leseb.

er-vrühten *swv.* (III. 428ᵇ) *befruchten* Lobges.

er-vrümen, -vrumen *swv. vorwärts schaffen, bringen zu.* die mich hât ze vröude ervrumt Msh. 1, 169ᵇ.

er-vründen *swv. s.* ervriunden.

er-vûchten *swv. s.* erviuhten.

er-vüeren *swv.* (III. 261ᵇ) *prät.* ervuorte *hervorziehen* (swert) Er.

er-vûlen *swv.* (III. 435ᵇ) *vûl werden, verfaulen, verwesen* Diem. Barl. Krone. in der erde ervûlet Msf. 20, 23. unz daz die seil erfûlten Hpt. 5. 290, 795 (Enenk.). an im ervûlte nie daz bluot W. *v. Rh.* 113, 44. *vgl.* erviulen.

er-vüllære *stm. md.* erfullêre, plenarius Evang. 253ᵃ;

er-vüllen *swv.* (III. 364ᵇ) *md.* ervullen, *prät.* ervüllete, -vülte, *part.* ervüllet, -vült (vult) *vol machen, anfüllen* Walth. den sac erv. Helbl. 2, 590. der heilige geist ervullede si zehant. dîne vrôlîche grûze ervullede si sô Marld. *han.* 72, 3. 5. daz sî wol ot iuch ervüllen (*voll machen, sättigen*) Bph. 6290. sich erv. Fasn. 436, 31; *mit gen.* (Nib. diu erde dîner barmunge irvullet ist Kchr. 2969) *od. mit*, von Trist. Nib. unz daz sô rîcher tugent lade an dir mit jâmer ist ervult (: schult) Engelh. 5717; *vollständig, vollzählig machen* Berth. Livl. Jer. die sesthalbtûsent jâr die wâren nû ervullet Pass. 99, 2; *ausführen, erfüllen* (*etw. verlangtes, befohlenes, verheissenes*) Diem. Griesh. Barl. da wirt an dir ervullet wol, des man dich iemer loben sol Pass. 152, 12. *object* bete Herzm. 339, gebot Exod. 93, 31. Eracl. III. Reinh. 2073. Engelh. 6173, begir Elis. 5784, gir Troj. 1865, muot 2155, lôzen unde wîssagen 23391 *vgl.* 23721, wille 2511. Serv. 3470. Exod. 97, 33. 100, 22, wort Pass. 114, 51; *ganz mit futter überziehen* Nib. (113, 3, *vgl.* ersiuwen, erstivelen);

er-vüllunge *stf.* (III. 365ᵃ) *erfüllung, befriedigung* Suso, Evang. *Mr.* 2, 21.

er-vünden *s.* ervinden;

er-vuntnisse *stf.* (III. 320ᵃ, 49) experimentum Sum.

ĕr-vür = hĕr vür Nib. 749, 4.

er-vürben *swv.* (III. 446ᵇ) *prät.* ervurhte *säubern, reinigen* Er. Ls. erfurbtes, repurgatum Schm. *Fr.* 1, 751. die kamer irfürben *ib.*

er-vürhten *swv. an.* (III. 386ᵇ) *prät.* ervorhte, *part.* ervorht *u. st.* ervorhten (Trist. *zu* Nib. 1723, 4): *intr. den mut verlieren, sich fürchten* Wg. (*mit refl. dat.* Kindh.). ebenso *refl.* Pass. (H. 49, 86). Diut. 2, 38; *tr. fürchten, befürchten, furcht haben vor, allgem. vgl.*

noch ERINN. 883. MAR. 154, 32. BÜCHL. 2, 485.
WWH. 434, 11. MSF. 44, 6. WG. 11406. PASS.
356, 23. CHR. 4. 24, 16. 104, 24; *mit acc. u.
refl. dat.* diu meit ervorhte ir ze nihte daz
MAR. 188, 20. di vursten in daz ervorhten
KCHR. *D.* 463, 33; *mit infin.* ich ervürhte
werden grâ MSH. 2, 264ᵃ; *in furcht, schrecken
setzen* GREG. TRIST. *U.* ein her erv. BIT. 9617.
TÜRH. *Wh.* 84ᵇ, *mit gen. d. s.* PASS.

er-wachen *swv.* (III. 450ᵇ) *prät.* erwachete,
erwachte *erwachen* HARTM. PARZ. TRIST.
BARL. GEN. 41, 7. LS. 1. 383, 320; 2. 509, 228;
mit gen. über etw. aufwachen ib. HEINR. 232.
MSH. 3, 173ᵃ; *lebendig werden* Aw. 3, 123
(16. *jh.*).

er-wacte *prät. s.* erwecken.

er-wagen *swv.* (III. 642ᵃ) *intr. in bewegung
kommen, erschüttert werden, schwanken*
GUDR. (515, 1). KL. NEIDH. (9, 38). KONR.
daz erwagen mohte der palas BIT. 8663. diu
rede erwagte von maniger schar puniere
j.TIT. 4056. W. *v. Rh.* 144, 43; *tr.* erwaggen,
evibrare DFG. 212ᶜ. diu herhorn wurden erwagt (*zum schallen gebracht*) BELIAND 4229.
vgl. erwëgen *u.* DWB. 3, 1039.

er-wagen *stn.* erntewagen? wenn ein keller
einem vogt mit einem erwagen zwurend
dient, so soll die hub mit einem karren einest
dienen GR.W. 1, 125.

er-wahsen *stv. I,* 4 (III. 462ᵇ) *intr. aufwachsen,
entstehen* GUDR. IW. WALTH., *herauswachsen*
(ûzer) WWH.; *tr. überwachsen* mit (GREG.),
von langen vlozzen was diu man erwahsen
unz ûf diu knie KRONE 990. sîn vel daz was
dicke erwachsen (*gedr.* verwahsen) von squamen *ib.* 960. — *mit* ûf.

er-waht, -wahte *s.* erwecken.

er-wæjen *swv.* (III. 464ᵃ) *prät.* erwæte, -wâte,
part. erwæt: *anwehen, durchwehen* WWH.
KRONE. erwæt hât dich der gotes wint GEN.
D. 113, 15.

er-walken *stv. red. I,* 1 *durchwalken.* den
balc erw. HADAM. 314. 432. si wolt uns ubirschalken, mit zôbircraft erwalken und machen uns ze affen MART. 90, 84.

er-wallen *stv. red. I,* 1 (III. 470ᵇ) *in wallung
geraten* BÜCHL. WWH. ir herze in jâmer sô
erwiel GA. 1. 309, 1026 *var.; aufkochen, sieden* KOCHB. MS. (sô der haven erwallet *H.* 2,
299ᵇ). ezzich unde gallen bî dem fiwer erwallen ANTICHR. 202, 30. ob der glüete erwallen
(*part.*) TROJ. 3806; *überwallen, überfliessen*
GUDR. (416, 3).

er-wallen *swv. tr. wandern durch, über.* ich
hân erwallet manegen herten stîc MOR. 1,
1381. *vgl.* GRFF. 1, 800.

er-walte *prät. s.* erweln (-wellen).

er-walten *stv. red. I,* 1 (III. 473ᵇ) *refl. mit gen.
in gewalt haben* L. ALEX.

er-wandelen *swv. wenden, umwandeln.* den
muot erw. GLAUB. 2030.

er-wanen *swv.* wan, *leer machen.* sô der kopf
(*becher*) ist ze vol, sô zimt er übel vürsten hant,
er werde erlæret und erwant KRONE 1709.

er-want *prät. u. part. s.* erwinden, erwenden,
erwanen.

er-warmen *swv.* (III. 525ᵃ) *warm werden*
PARZ. WALTH. MAI, RUL. 231, 21. BIT. 8157.
NEIDH. 42, 33. WARTB. 90, 3. KARL 7041.
KOL. 221, 1185. 232, 1000. HELDB. *K.* 44, 35.
MART. 1, 33.

er-warnen? *swv.* warnen. owê do erwarnet
nieman des herren Dietrîches man DIETR.
3726 (*so nach* W. GR., *bei Hag.* enwarnet,
bei Mart. 3738 warnte *ohne var.*).

er-warten *swv.* (III. 531ᵇ) *intr. mit* ûf *aufschauen* REINH.; *trans. erwarten, erst bei*
KEISERSB. *s.* DWB. 3, 1044.

er-waschen *stv. I,* 4 (III. 533ᵇ) *ab, rein waschen* ROTH *pr.* HELBL. sô sie der touf erwaschen hât MSH. 3, 13ᵃ. einen von den sünden erw. TÜRL. *Wh.* 68ᵃ. sich erw. ûz (*in, mit*)
HÄTZL. 1. 28, 19; *nbf.* erweschen Ms. (*H.*
2, 333ᵃ. TÜRL. *Wh.* 123ᵃ). MONE *z.* 20, 297
(*auswaschen*).

érwaten *swv. s.* arbeiten.

er-waten *stv. I,* 4 *durchwaten.* du muost erwaten noch unkunde fürte KOLM. 139, 23.

er-wëben *stv. I,* 1 *weben, durchweben.* blîvar
mit golde erweben KRONE 7725. wan ez
(*kleid von* blîalt) von golde was erweben
10514. ein sîdîn rîse klâre, dar inne erweben
von golde buochstaben rîch j.TIT. 1215.

er-wëchen *swv. s.* erweichen.

er-wecken *swv.* (III. 451ᵃ) *prät.* erwacte,
-wahte, *part.* erwecket, erwaht: *aufwecken,
erwecken, erregen, allgem.; vgl. noch* GEN.
39, 22. LOH. 4610. SILV. 5115. WG. 9515;
diu clage sîn clagen half erw. j.TIT. 4311.
stoub erw. ERINN. 325; *refl.* ir herze sich erwahte ALEXIUS 114, 72. — *mit* ûf;

er-wecker *stm. erwecker, urheber* CHR. 3. 275,
28.

er-wëfelen *swv.* (III. 625ᵇ) *einschlagen?* MYST.
(1. 320, 32. *var.* erwafelt, erwelfet, erwalt,
erfüllt).

er-wëgen *stv. 1*, 1 (III. 632ᵇ) *md. bei* JER. *nach I*, 4 erwûc (erwôch CRANE), erwûgen *vgl.* GR. 1, 941: *intr.* (*in bewegung geraten*) *ist zweifelhaft, denn* GUDR. 515, 1 *ist* erwaget' *und wol auch* ERLŒS. 1822 erwagen *zu lesen; tr. aufwärts bewegen, emporheben* ANEG. NIB. WOLFD. 1562; *in bewegung setzen, anstrengen,* sô gar hete in erwegen diu arbeit KRONE 28094, *bildl. bewegen, rühren* PASS.; *zu etw. bewegen, entschlossen machen mit gen.* (PASS.) *od.* zuo (JER.) *od. untergeord. satz* (PASS.); *abwägen* DIEM., *bildl. erwägen, bedenken* TEICHN.; — *refl. sich bewegen, erheben* ALEXIUS, PASS. JER.; *sich auf die glückswage legen, entschliessen* ALPH. ELIS. (225), *mit gen. sich wozu entschliessen* ALPH. PASS. JER. der helt belîbens sich erwac WOLFD. 981, 1 (*var.* verwac); *sich von etw. zurückbewegen, es auf-, preisgeben, zieml. allgem., vgl. noch* RENN. 2215. WOLFD. 539. 1085. 1085. 1204. 1297. PASS. 234, 33. 299, 88. 339, 8 ;

er-wëgen *part. adj.* (III. 633ᵇ, 35) *entschlossen, unverzagt* ERNST, KREUZF. RSP. 3454, *mit gen.* ERNST, JER. CHR. 1. 36, 4; ûz erwegen, *ausgezeichnet, erprobt* DIETR. ALPH. 76, 4. FRAGM. 20, 510.

er-wëgen *swv.* (III. 640ᵇ) *tr. helfen, sich für jem. verwenden* GR. RUD. — *zu* wëc.

er-wegen *swv.* (III. 643ᵇ) *prät. u. part. auch contr.* erweite, erweit *aufwärts bewegen, emporheben* ER. PARZ. REINH. PASS. 89, 50. ein bürde holzes erw. (: legen) BIRKENST. *p.* 216; *tr. u. refl. in bewegung setzen* WWH. EN. NEIDH. von stete erw. ER. 2674. sich von abgrunde erw. ANTICHR. 198, 18. er erwegt sich in einen zorn VINTL. 1540. wann wir durch des reichs sach verre und nâhen reiten und uns erwegen müezen Mz. 3, 186 (*a.* 1347), *von etw. fortbewegen, abhalten* ELIS. 6876; *bildl. anregen, antreiben, bewegen* ULR. ATH., *mit untergeord. s.* dîn bete kan mich niht erwegen (: legen), daz ENGELH. 1530. daz erwegete manegen man, daz FLORE 7368; *erregen,* das gevallen erwegt die pegir VINTL. 243. der zorn erwegt des menschen muet 1486. des andern trâgheit erw. 1517, *vgl.* 1540. 1721. 25. 3347 *u. oft; bewegen, erschüttern, aufregen eigentl. u. bildl.* RUL. NIB. LOH. (dâ von sich starker vels möht hân erweget 4992). PASS. — *mit* ûz.

er-wegen-heit *stf.* audacia EVANG. 254ᵃ.

er-wegnüsse *stf. anregung, erweckung.* nach dem daz zu erwegnuss der ungehorsam dienet MH. 2, 46.

er-weichen *swv. tr.* (III. 617ᵇ) *md. auch* erwêchen (MYST.) *erweichen bildl.* PARZ. PASS. (den sin erw. *H.* 267, 5. 268, 53. 357, 10). daz gemüete RENN. 12047, daz herze erw. TROJ. 21712. sus wolte er erlinden und erweichen die küneginne 22460. ir (der wâpenkleider) schîn den plan erweichen man dô sach TURN. 165, 1; *mit gen.* wê dir, daz dich des nieman kan erweichen MSH. 3, 353ᵇ, *mit untergeord. s.* als er in erweichet hete, daz sîn zorn gelegen was HERB. 10096; — *intr.* (618ᵃ) *weich sein, werden* PILAT. dô erweicht im sîn gemüete ROSENG. *Weigel* 1558;

er-weichunge *stf.* permollitio DFG. 428ᵃ.

er-weigen? *swv.ʲ* (III. 556ᵃ) *statt* erweigte *ist wol* erwagte *zu lesen, vgl.* DWB. 3, 1039.

er-weinen *swv.* (III. 558ᵃ) *intr. zu weinen beginnen, weinen* GREG. BARL. KCHR. 758 (*bei D.* 24, 3 erwande). *D.* 395, 13. 404, 23; *tr. zum weinen bringen* NIB. GERH. BARL. ir kunft mange âmye in Francrîche erweinte WWH. 29, 5. vil stolzer wibe wart von im erweinet j. TIT. 5599; *durch weinen erlangen,* solt ich erweinen guot, daz wære ein gróz unbilde, daz ist ein arme kunst, dâ man der herren guot erweinet MSH. 3, 59ᵃ; *refl. sich ausweinen, satt weinen,* daz ich erweine mich TROJ. 29061;

er-weinen *stn. beginn des weinens* GERM. 12. 34, 128.

er-weit, -weite *s.* erwegen.

erweiz *stf. s.* areweiz.

er-wëlken *swv.* (III. 563ᵃ) *welken, verwelken* WARN.

er-wëllen *stv. 1*, 3 (III. 673ᵃ) *refl. aufrollen, aufwogen* MUSCATBL. *vgl.* ervollen.

er-wellen *swv.* (III. 471ᵃ) *aufwallen machen, erwallen lassen* KRONE, PASS. ein brunnen hiez er erwellen HPT. 1. 183, 575. man betwinget daz wazzer mit viure, daz sîn walm erwellet (: gestellet) MSH. 1, 268ᵃ, die milch erwellen GR. W. 1, 4; MONE *z.* 2, 186.

er-weln *swv.* (III. 465ᵇ) *nbf.* erwellen *prät.* erwalte (GRIESH.), *part.* erwellet (MSH. 1, 351ᵃ. 2, 296ᵇ) *erwählen. part.* erwelt *auserwählt, ausgezeichnet* (ein erwelter arzât REINH. 2226. ûz erwelt NIB. KONR. BIT. 5505. ALPH. 59, 1). *allgem.;*

er-welunge *stf.* (III. 466ᵇ) *erwählung* GL. EVANG. 254ᵃ.

er-wenden *swv.* (III. 692ᵇ) *prät.* erwante,

-wande, *part.* erwendet, erwant (erwanet : manet Himlr. 160, erwenet 360): *tr.* (*allgem.*) erwinden *machen, mit acc. d. sache rückgängig machen, zurück-, abwenden* (daʒ heil erw. Troj. 19171. die vart, den arcwân erw. Herzm. 148. 156. den zorn erw. Hpt. 8. 299, 38. die unsælde erw. Msf. 175, 17. daʒ er den mûl iht erwande Krone 12741. die vêde erw. Pass. 3, 35. ir angest was erwant 331, 65; erwenden in, *verkehren in* Nib.), *mit acc. d. pers. abhalten* Walth. Troj. Er. 1139. Engelh. 3922. Gfr. 491; *mit acc. u. gen.* (*od.* von Jer. Loh. 3172) *wovon abwendig machen, abbringen* (*vgl. noch* Gudr. 240, 4. Troj. 3559. 21429. 29959. Lieht. 47, 23. j.Tit. 4656. Gfr. 960. Warn. 958. Pass. 130, 24. 334, 35. 382, 28; *statt des gen. ein ganzer satz:* eʒ mac nieman erwenden, mîn rîche müeʒe iu werden gar Troj. 22798. dô wart ich von iu zwein erwant alsô daʒ ich sîn niht enviere Engelh. 3922. ich kan in niht erwenden, er well mir boten senden Hpt. 5. 274, 197); *mit dat. u. acc. benehmen, entziehen* (daʒ dem vil hôher fröuden sît erwande Tit. 136, 4. daʒ ichʒ het im erwant Neidh. 62, 18. der uns grôze fröude erwande Flore 6046); *refl. aufhören* Pass. j.Tit. 162 *alt. dr.; intr. md. s. v. a.* erwinden *aufhören* Pass. (Troj. 45223 *ist wol zu lesen:* so enmac ichʒ doch erwenden niht, *vgl.* 45213);

er-wenden *stn.* (III. 693ᵇ) *md. s. v. a.* erwinden. ân erw., *ohne aufhören* Jer.

er-wenken *swv.* (III. 708ᵃ) erwancte, erwenket *intr. anfangen zu wanken* Trist. U. ; *tr. zum wanken bringen* (Frauenehre 321).

er-wërben *stv. I*, 3 (III. 725ᵃ) *nbf.* erwërven, -wërfen (Diem. Frauentr. *prät.* erwarf Pass. 310, 86) *durch* wërben, *thätiges handeln zu ende bringen* (boteschaphte erw., *ausrichten* Wack. *pr.* 1, 79) *oder erlangen, erreichen, gewinnen* (an einem, *von einem* Chr. 1. 42, 27). *allgem.;*

er-wërbunge *stf.* (III. 726ᵇ) acquisitio Dfg. 10ᵇ.

ër-wërc *stn. s.* ëwërc.

ër-wërdec *adj. s.* ërwirdec.

er-wërden *stv. I*, 3 (III. 733ᵃ) *anfangen zu werden, entstehen* Diem.; *zunichte werden, verderben ib.* Rul. Konr. erne lât mich niht erwerden Mar. 190, 9. der swebel mag ouch nit erwerden Feuerb. 82ᵃ. *vgl.* Schm. 4, 145. Kwb. 256.

er-weren *swv. s.* erwern.

er-wërfen *stv. s.* erwërben.

er-wërfen *stv. I*, 3 (III. 738ᵃ) *tot werfen* Ludw. *v. Th.* (3180). Ernst 1315. Otn. 278, 4. Drach. 808. Heldb. *K.* 391, 36. Ls. 2. 171, 25. Dür. *chr.* 284, 623. Just. 356. Chr. 1. 349, 8; 5. 38, 26. 255, 13; *gebären, fehlgebären, abortire* Karaj. (75, 6). W. *v. Rh.* 208, 59. Mgb. 121, 29. 127, 29. *vgl.* verwërfen.

ër-werg *adj. s.* ërbære.

er-wërgen *stv. I*, 3 (III. 741ᵇ) *erwürgen* Denkm. XXXIX. 5, 6. *vgl.* Rul. 182, 5 *var.*

er-werigen, -werjen *swv. s.* erwern.

er-wërken *swv. erwirken.* die trûwe dat irwerken kan, dat der sêle heil geschiht Crane 4877.

er-wermen *swv.* (III. 525ᵃ) *warm machen, erwärmen* Myst. Pass. 118, 15. Msh. 2, 169ᵇ. erwirmen (Himlr. 249).

er-wërn *swv.* (III. 581ᵃ) *erwähren, aushalten* Hartm. — *zu* wërn, *dauern.*

er-wërn *swv.* (III. 583ᵇ) *machen, errichten* Pass. — *zu* wërn *leisten, gewähren.*

er-wern, -weren *swv.* (III. 514ᵇ) *nbf.* erwerjen Diem. Helmbr. 1626, erwerigen Gen. (*D.* 70, 3. 76, 3. 105, 16; *ahd. auch* irwerren *aus* irwerjen) *tr. u. refl. vertheidigen u. behaupten* Iw.; *mit gen.* (Iw. Parz. Trist. Walth. wer hât dich der grôzen hitze erwert Marlg. 254, 434. durstes wânde wir uns erwern L. Alex. 4939. er erwert sich des heidnischen man Mor. 1, 3485) *od. dativ* (Iw. Trist. Lampr. daʒ er dem tievel wirt erwert Mar. 179, 40. deme sich daʒ wîte mere nieht irwere Gen. 13, 7. eʒ wart nie kein stein sô herte, der sich dem swerte erwerte Dan. 1295): *behaupten gegen, stand halten, sich erwehren* (*auch mit präp.* si is immer erweret vor storme En. 166, 20); *verwehren, abwehren, verhindern* Nib. Parz. Trist. den tôt erw. Karlm. 154, 31, *mit dat. d. pers.* Wolfr. *lied.,* a. Heinr. Barl. Flore 968. sine mohtenʒ im alle niht erweren Rul. 246, 10. iedoch hæte in freude erwert, daʒ si wâren âne kint Konr. *Al.* 100. daʒ im der geist erweret wart Livl. 2581.

er-wërp, -bes *stm. geschäft, gewerbe* Kirchb. 821, 41.

er-wërven *stv. s.* erwërben.

er-weschen *stv. s.* erwaschen.

er-wetten *swv.* (III. 776ᵇ) *durch ein sinnbildl. pfand* (wette) *übergeben, verpfänden, verbürgen* Exod. Denkm. XCIX, 5. 6.

ër-wider *adv.* = hër wider Er. *B.* 9219. Berth. 459, 28.

er-wideren *swv.* (III. 623ᵇ) *entgegnen, antworten* Teichn.; *erneuern, ersetzen,* die abgegangen bürgen erwidern und ersetzen Mh. 2, 191. *vgl.* Dwb. 3. 1063, 4.

er-wiel *prät. s.* erwallen.

er-wielk *prät. s.* erwalken.

er-wigen *swv. refl. ermatten.* dâ von sich doch erwigte (: gesigte) sîn craft j.Tit. 4221. *zu* er-wîhen *stv. II.* (III. 650ᵃ) erwêch, erwigen *tr. u. refl. schwächen, erschöpfen* Nib. Er. (5417 *B* ersigen). Wig. Konr.

er-wilden *swv.* (III. 668ᵇ) *wild werden, verwildern* Helbl. Hadam. Pf. *üb.* 136, 16. Beliand 2884. Ga. 1. 43, 85. der boum erwildet Troj. 18588. der hase gæhes erwildet j.Tit. 911. erwildet ist sîn rebe Msh. 2, 387ᵇ. gar erwildet ist diu werlt Mariengr. 422. in den sunden erwilden Wack. *pr.* 36, 20.

er-willigen *swv. refl. seine bereitwilligkeit zeigen.* sich etw. ze tun erwilligen und erpieten Mh. 2, 47.

er-winden *stv. I, 3* (III. 678ᵇ) *intr. zurückkehren, -treten.* der gebûre begund erwinden Reinh. 475. daz der sweiz niht erwinde, zurücktrete Bon. (48, 101). nâch der schrift des seiles ich erwinde j.Tit. 1237; *sich enden, aufhören, ablassen von (gen. od. mit präp.* an, von), *ruhen, allgem., s.* noch dâ diu verse erwinte (*bis ans ende der ferse*) Diut. 3, 52. swâ diu spanne erwant Tit. 139, 4. ez muoste dô sîns siges kraft erwinden Silv. 4487. und im daz swert zuo sînen zenen begunde erwinden und gestân Troj. 18263. daz iuwer bete erwinde *ib.* 21809. alle schœne muoste erwinden gein Rennewarte Ulr. *Wh.* 128ᵇ. daz iz (gewant) an den knien erwant Kchr. 6764; erwint dîner tumben beginne Flore 3775. lâ mich erwinden der reise j.Tit. 1234. so sol ich doch erwinden an alsô grôzem meine Engelh. 5516. an dînem muote niht erwint Winsb. 63, 7. dor an den vienden niht erwant, dô solt er an den vriunden sîn erwunden Msh. 2, 234ᵃ. so es an das ort kem, das an dem solt erwinden Dh. 386. an uns nit erwunden ist, *an uns hat es nicht gefehlt, wir haben unsere schuldigkeit gethan* Mh. 2, 86. 162. 392. 523. dass es an üch nit erwinden solt Ad. 1302; *mit nachs.* dône wolder niht erwinden, erne quæme zuo dem here Gr.Rud. 19, 13. daz viur erwindet nit, ê ez ersuoch sîn zil j.Tag 291. daz er niht erwunde, ê er Iwereten vunde Lanz. 3933; — *tr. überwinden, erweisen* Pass. mit urteil erwunden (erwunnen?) Gr.w. 3, 568 (*vgl.* Dwb. 3. 1067, 6), *mit* an *gelangen zu, ergreifen* Gen.;

er-winden *stn.* (III. 679ᵇ) *das aufhören* Jer., *vgl.* erwenden.

er-winken *swv. I,* 3 *sich neigen, wanken.* niendert swert gein slage sie sâhen erwinken j.Tit. 4056.

er-winnen *stv. I,* 3 (III. 709ᵃ) *gewinnen* Erlœs. den sigk erw. Ugb. 505. etw. mit urteil und recht behaben und erwinnen Mh. 3, 164. Mz. 1, 572. ein urteil erw. Mh. 2, 376; *überwinden* Kirchb. 729, 41. 784, 38, *erweisen, überführen* Gr.w. 2, 246 (*part.* erwonnen).

er-wintern *swv. den winter über behalten.* was ein ieder nachbaur in berg und thal erwintern mag, das sol er auch mögen sömmern, als die kuohe *etc.* Gr.w. 5, 211.

er-wirbec *adj.* (III. 726ᵃ) *durch* werben *ausrichtend, gewinnend* Jer.

êr-wirdec *adj.* (III. 606ᵇ) *ehrenwert, ehrwürdig* Bon. Suso, êrwerdec Ludw. Rta. 1. 300, 37. 411, 23. 412, 20. *vgl.* êwirdec;

êr-wirdec-heit *stf.* reverentia Dfg. 497ᵃ;

êr-wirdec-lich *adj.* êrwerdeclich Heinr. 3626;

êr-wirden *swv.* (III. 608ᵃ) venerari Hpt.

er-wirmen *swv. s.* erwermen.

er-wischen *swv.* (III. 764ᵇ) *erwischen* Pass. Wg. (6447. 7138. 11953). Alph. 407. Ulr. *Wh.* 164ᵃ. Renn. 7724. 22436. Msh. 2, 214ᵃ. Helmbr. 1154. Mariengr. 619. Bph. 5959. Ga. 2. 224, 179; 3. 123, 465. *nbf.* erwüschen Krone, Gr.w. 1, 412. *prät.* erwuste *ib.* 3, 501;

er-wischunge *stf.* apprehensio Dfg. 43ᵃ.

er-wîsen *swv.* (III. 761ᵃ) *anweisen, belehren, mit gen.* Jer.; *refl. sich kund geben, zeigen* Pass. 93, 59;

er-wîsunge *stf.* (III. 762ᵃ) perhibitio Dfg. 426ᵇ.

er-witern, -wittern *swv.* (III. 610ᵇ) *ausspüren, erwittern.* des meigen wint sie schôn erwittert (*durchweht*) Hätzl. 1. 28, 25; *besond. mit dem subj.* ouge Ms. Troj. (34091). Mart. 148, 76; *refl.* dett sich kein aug erwittern Altsw. 169, 24. *vgl.* Dwb. 3. 1070, 3.

er-wîzen *swv. weiss werden.* ouch was erwîzet im daz hâr Gerh. 3740.

er-wôch *prät. s.* erwëgen.

er-wonnen *part. s.* erwinnen.

er-worgen *swv.* (III. 742ᵇ) *intr. ersticken* Silv. Pass. (die kele solde erworgen *H.* 318, 39). an etw. (spîse, græte, angel *etc.*) erworgen Fdgr. 2. 143, 15. Renn. 5559. Herb. 2829. j.Tit. 254. Ls. 2. 433. 29. Chr. 4. 299, 14. 15.

MSH. 3, 468ʳ· möhte an mir mîn kel sîn erworget *ib.* 2, 262ᵇ; *refl. u. tr.* (PASS.) *s. v. a.* erwürgen: ein edel wilt sich drinne mag erworgen HADAM. 321.

er-wûc *prät. s.* erwëgen.

er-wüesten *swv.* erwuoste, erwuost *verwüsten.* den bûwe erwüesten ULR. *Wh.* 111ᵇ, *bildl.* in hôher wirde erwuost *ib.* 112ᵇ.

er-wüeten *swv.* (III. 536ᵇ) *prät.* erwuote *intr. in wut geraten, toll werden.* ich wünsch, daz im erwüeten sîn wint und ouch sîn vogelhunt Ls. 2. 427, 298, *ebenso refl.* ER. TROJ. daz sie sich erwüeten MSF. 179, 10. wie er sich wil erwüeten sam ein frecher fül an einem zoume NEIDH. XXXIII, 22.

er-wundern *swv. wunder thun.* mit sternen gotes girde und vil mit stein erwundert j.TIT. 1628.

er-wünnen *swv.* (III. 818ᵇ) *in wonne verwandeln* FRL.

er-wünschen *swv.* (III. 822ᵇ) *prät.* erwunschte, *part.* erwünschet, erwunscht: *wünschen, durch wunsch verschaffen* (adoptare DFG. 13ᶜ), *mit dat. d. pers. und gen. od. acc. d. sache.* möhte iu erwünschen des mîn lip LIEHT. 591, 4. der (sælekeit) ein man erwünschen mac FLORE 7855, *vgl.* j.TIT. 6120. 6138; *part. vollkommen gestaltet, herrlich beschaffen* („*der mythische schöpferische* Wunsch *scheint darin nachzuwirken*" DWB. 3. 1071, 2) ER. PARZ. LANZ. TRIST. erwunschter lip ERNST 243. ENGELH. 865. si was erwünschet über al an lîbe und an gelâze TROJ. 20010. ein erwünschtez burcstal HPT. 7. 339, 21. — *mit ûz;*

er-wünschunge *stf.* adoptio DFG. 13ᶜ.

er-würgen *swv.* (III. 742ᵇ) *md.* erwurgen, -worgen (*s. dass.*) *erwürgen,* strangulare DFG. 555ᵃ. GRIESH. GEN. 54, 29. HIMLF. 842 (HPT. 8). ULR. *Wh.* 174ᵃ. PASS. 175, 73. MARLG. 101, 177. Ls. 2. 515, 424. RING 48ᵈ, 44;

er-würgunge *stf.* (*ib.*) strangulatio DFG. 555ᵃ.

er-wurmen *swv.* (III. 827ᵇ) *wurmig werden* SCHM.

er-wüschen *swv. s.* erwischen.

er-zabeln *swv.* (III. 833ᵇ) *intr. zappeln, zucken* WWH.; *tr. durch rührigkeit gewinnen* BERTH. (270, 1).

er-zagen *swv.* (III. 836ᵇ) *ein* zage *werden, verzagen* RUL. swaz lebit daz irzagit FDGR. 2. 126, 2. die munche erzagiten VET. *b.* 45, 23. unde ich nâch erzaget was HEINZ. 11, 231. einer der was och erzagt Ls. 3. 415, 587; *mit gen.* L. ALEX., *mit* von TROJ. Ls. 3. 38, 532. CHR. 4. 67, 4.

erz-ambet-liute *pl.* (I. 1038ᵉ) *leute, die ein erzamt zu verwalten haben* WEIST.

er-zamen *swv.* (III. 891ᵃ) *zahm werden* TROJ. (6038).

ërz-brenner *stm.* alchimista DIEF. *n. gl.* 15ᵃ.

ërze, erze *stn.* (I. 438ᵇ) *erz* MSF. 30, 28. WARTB. 40, 1. GSM. (: hërze). FELDB. 42. 161. 389; *nbf.* arze (*ahd.* aruzi, arizi) GEO. — *zu lat.* rudus, *vgl.* GDS. 10. DWB. 3, 1074. WEIG. 1, 307 (WACK. *u.* WEIG. *schreiben* erze).

erze-, erz-bischof, -ves *stm.* (I. 168ᵃ) *erzbischof,* ein fürste der bischof Voc. 1482. SPEC. 161. GERH. 194. 3470. 3622. KARL 671. 862. LIVL. 11120; erzbischolf j.TIT. (Z. 2. 85, 460); *umgedeutet* erdische bischof HÖFER. — *aus* archiepiscopus;

erze-bistuom *stn. erzbistum* SPEC. 33. GERH. 174. ERNST *B.* 200. LOH. 1696.

erze-bote *swm. erzengel* DIEM. 371, 32 (arzepote) PASS. 151, 8. 343, 51.

erze-, erz-buobe *swm.* archiscurra Voc. 1482. BEH. 388, 31.

erzedîe *stf. s. v. a.* arzâtîe MARLG. 197, 71.

er-zeichenen *swv. gekürzt* erzeichen *durch wunderzeichen etw. darthun* HEINR. 4175 *u. anm.*

er-zeigen *swv.* (III. 866ᵇ) *tr. u. refl. zeigen, darthun; erweisen, erzeigen* (*die pers. im dat. od. mit* an). *allgem., vgl. auch die mhd. belege im* DWB. 3, 1081 *ff.;*

er-zeigunge *stf. das zeigen, erweisen.* ostensio EVANG. *L.* 1, 80. erzeigunge der werk GRIESH. 1, 119.

erze-lich *adj.* die erzelîchen, archangeli WACK. *pr.* 91, 181.

ërze-liute *pl.* (I. 1038ᵇ) *erz-, bergleute.* arztleute WOLFD. *Sab.* 556, 3.

er-zeln *swv.* (III. 847ᵃ) *daneben* erzellen (*ahd.* arzellan) *prät.* erzalte, *part.* erzellet, erzalt: *in zahl bringen, aufzählen* ANEG. TUND. LUDW. *v. Th.* 7389. des ich niht mag erzellen (: ellen) AB. 1, 339; *auseinander setzen, erzählen* HELBL. (die rede erzeln 8, 1135), das recht erz., *den rechtsbrauch öffentlich hersagen u. verkünden* WEIST. *s.* DWB. 3, 1077.

er-zëmen *stv. I, 2* geziemen mit dat. al sîniu werk durch reht sülen al der werlde erzemen MSH. 3. 35ᵃ.

erzen-buoch *stn. arzneibuch* PF. *üb.* 2, 1ᵃ. arzinbuoch 1, 31.

erzenen, erzen *swv.* (I. 64ª) *heilen.* erznen ich dich sol MARG. 317. arznen NETZ 10440. erzen LEYS. ANTICHR. 182, 8. WG. 5050. 79. 82. 89. 5103. 5. und hat das kint geerzent unz das es gestorben ist CP. 41. win mit kalk oder eierklâr arzen, *fälschen* OBERL. 1, 62. *s.* arzenîe *und* erzenîen. (WACK. *vermutet, dass* KRONE 7556 *zu lesen sei:* swer an dem anegenge daz erzen [*st.* des êrsten, von êrste] sô verlenge).

erz-engel *stm.* (I. 434ª) *erzengel* WWH. LIT. 223, 22. GERH. 339. HIMLF. (HPT. 5) 1128. 1442. PASS. 335, 41. 339, 65. 340, 74. KROL. 1875. MARLD. *han.* 53, 30. 54, 14. MONE *z.* 4, 318. arzengel ADRIAN 421, 17. — *aus* archangelus.

erzenîe *stf. s.* arzenîe (mîn herze muoz die jâmers suht ân freude erzenîe tragen WWH. 60, 23);

erzenîen *swv. s. v. a.* erzenen BERTH. *Kl.* 53. erzneien MGB. 262, 4. 392, 23. FASN. 699, 11. 752, 8. 573, 3. — *mit* ver-;

erzen-lich *adj. heilkräftig* MGB. 137, 5;

erzente *stf. s.* arzeinte.

erzen-tuom *stn. s.* arzentuom (*dazu noch* arzetuom PANTAL. 551; *in der* KRONE *steht das wort* 7559).

erze-, erz-priester *stm.* (II. 531ᵇ) *erzpriester, vicarius des bischofs* VOC. BON. CHR. 8. 362, 12. MONE *z.* 15, 289. GR.W. 1, 504. 6, 169.

er-zerren *swv. prät.* erzarte *zerzerren, zerreissen* WIGAM. 1462. GEST. *R.* 107. HELDB. *K.* 227, 15. FASN. 452, 28.

erze-tugent *stf. haupttugend* RING 28ᵇ, 4.

ërz-giezer *stm.* (I. 541ᵇ) *ærarius* DFG. 207ᵇ.

er-ziehen *stv. III.* (III. 927ᵇ) *md. auch* erzîen *aufwärts, herausziehen.* swert erz. PARZ. L. ALEX. *W.* 1625. FLORE 6443. OTN. 116, 4. HERB. 5601. 8900. DSP. *s.* 14, slac erz., *ausholen* IW. EN.; *aufziehen, erziehen von menschen u. thieren* PARZ. WWH. 120, 15. TRIST. 6656 (ors). WALTH. swîn erz., *züchten* GR.W. 1, 105; *weg-, zurückziehen,* swâ der helm was in gebogen, da engein daz houbet was erzogen PARZ. 579, 18; *hinziehen zu, einholen, erreichen* TRIST. NEIDH. (38, 15). KRONE 9310. 10083. ELIS. 2757; *refl. mit dat. sich von einem entfernen* MYST. (*falls nicht, wie das* WB. *vermutet,* enziehen *zu lesen ist*).

er-ziln *swv.* (III. 885ᵇ) *erzeugen, hervorbringen* PARZ. PF. *forsch.* 1, 80.

er-ziteren, -zittern *swv.* (III. 916ᵇ) *anfangen zu zittern* SUSO, MART. (*lies* 39, 15). HANS 3482.

er-ziugen *swv.* (III. 920ª) *md.* erzûgen *machen lassen, verfertigen, die kosten wovon bestreiten. allgem. s. noch* ein castel WACK. *pr.* 25, 3, einen palas j. TIT. 6556. KRONE 29202, turn FLORE 4170, gestüele LOH. 6572, présent *ib.* 3096, schilt KARL 102ª, eine casule GA. 3. 584, 264, wât j.TIT. 1107, kleider erziugen ELIS. 2352. daz unser vrouwen hovereise werd alsô rîche erziuget, daz sîn daz lant habe vrum und êr LOH. 1197. cleinate und bettgewant, das si selber erzeugten oder erzeugt hetten WERTH. (*a.* 1412). er sol ein êwiges lieht erziugen uber sîn grab Mw. 214 (*a.* 1300). daz ich die capelle mit meinem gut erzeuget hân STZ. 288; *hervor-, zu stande bringen,* von des weingarten nutz si zwelif pfunt gelts erzeuget haben STB. 180. wir süllen auf keinen dienst düngen, der in ze swêr wêre und den si niht erzeugen möhten Mz. 3, 187 (*a.* 1347); *ausrüsten,* wol erzügt mit pfärden und harnasch DH. 220. CHR. 5, 453ᵇ; *durch zeugnis erbringen, beweisen, bewähren, allgem., vgl. noch* RUL. 298, 9. GA. 3. 33, 5. die klage erz. SWSP. 177, 10. und erzügt reht mit zwaigen êrsamen mannen Mz. 2, 518. 3, 37. auch sol nieman den andern erzügen (*durch zeugen überführen*) denn mit ingesessen burgern AD. 1180 (*a.* 1375), *vgl.* CHR. 1. 205, 8. 208, 25. 211, 19. 212, 7; 4. 170, 20; — *s. v. a.* erzeigen, daz ein ieglicher erziugen muoz sîn missetât, swenn er vür den rihter komen sol WG. 5639. liebe BERTH. *Kl.* 22, lust erziugen LOH. 3847. *vgl.* DWB. 3. 1088, 3.

erz-kamerer *stm. erzkämmerer* RTA. 73, 40. 74, 12. *ebenso*

erz-kamer-meister *stm.* AD. 1270.

erz-kanzeler *stm. erzkanzler* RTA. 1. 10, 14. 12, 4. 21, 12. 30, 26 *etc.*

ërz-knappe *swm.* litargus DFG. 333ᶜ.

ërz-macher *stm.* (II. 17ª) alchimista DFG. 21ᵇ.

erz-mar-schalc *stm.* (II². 77ᵇ) *erzmarschall* ZITT. *jahrb.* RTA. 1. 75, 14.

ërz-meister *stm.* (II. 120ª) alchimista DFG. 21ᵇ.

erzneien *swv. s.* erzenîen.

er-zogen *part. s.* erziehen;

er-zogen *swv.* (III. 937ª) *tr. weg-, abziehen* BON.

er-zornen *swv. s.* erzürnen.

er-zöugen *swv.* (II. 453ᵇ, III. 921ª) *nbf.* erzöigen BON., *md.* erzougen, erzögen ELIS. 10372: *erzeigen, an den tag legen* TROJ. MART. ELIS. 177. 673. 5338. 6192. 6796. 9709 (*mit dat.*

2575). Erlœs. 3108. 6248. 93. Albr. 30, 35. s. zöugen.

er-zouwen *swv.* (III. 943ᵇ) *sich beeilen* Ath.

erz-priester *stm. s.* erzepriester.

erz-truchsæze *swm. erztruchsess* Rta. 1. 439ᵃ, 4. Mone z. 9, 439 (*a.* 1458).

erz-tuom *stm. erzdom,* metropolitania, cathedralis ecclesia Voc. 1482.

er-zücken *swv. prät.* erzucte, -zuhte *tr. plötzlich ergreifen, packen.* unde erzücket mich ein muot Büchl. 1, 297 *B* (*bei Haupt* erkücket). daʒ schapf, daʒ die wolve erzuchit habôn Wack. *pr.* 6, 26. welicher ein stein erzuckt und gegen dem andren wirft Gr.w. 1, 117. 264. ein messer erz. Feldk. *r.* 10, 1; *intr. s. v. a.* zogen Karlm. 88, 39. 42.

er-zünden *swv.* (III. 896ᵇ) *prät.* erzunte, *part.* erzündet, erzunt: *tr. in brand setzen* Eracl. Gsm. Mai, Mar. 164, 40. 207, 36. einen mit herzen wunne erzünden Lieht. 658, 2; *intr. u. refl. entbrennen* Nib. si erzunte sam daʒ fiur tuot Kchr. *D.* 86, 24.

er-zürnen *swv.* (III. 908ᵇ) *nbf.* erzornen (*vgl.* Dwb. 3, 1098) *tr. in zorn versetzen* Nib. Wwh. Pantal., einem etw. abe erz., *durch zorn abtrotzen* Parz. Berth. 271, 3; *intr. in zorn geraten* Rul. Nib.; *mit dat.* zürnen Evang. *M.* 5, 22 (erzornen), mir erzürnet ein dinc, *macht mir zorn* Herb. ime erzornete daʒ Msf. 30, 8;

er-zürnunge *stf.* offendiculum Dfg. 394ᵃ.

er-zûsen *swv.* (III. 951ᵇ) *zausen, rupfen* Wolk. Fasn. 1205. 1281. Hpt. 8. 529, 205 (Folz).

ërz-vinder *stm.* litargus Dfg. 333ᶜ.

er-zwicken *swv. knüpfen, flechten.* si (zöpfe) wâren ze vaste niht erzwicket noch ze wît gestricket W. *v. Rh.* 26, 62.

er-zwieren *swv.* (III. 959ᵃ) *mit zusammengekniffenen augen* (*genau*) *anschauen, durchschauen, ergründen* Ms. dû kanst ouch erzwieren aller sinne wanken Mart. 86, 40. der meister fisiologus als wol kan erzwieren an vogiln und an tieren ir nâtûre 87, 45.

er-zwîgen *swv.* (III. 957ᵃ) *mit zweigen versehen* Tit.

er-zwinken *swv.* (III. 959ᵃ) *s. v. a.* erzwieren Mart. (22, 42).

es *stn. s.* esse.

ës *gen. s.* ër; *dual s.* ëʒ.

ê-sage *swm.* (II². 15ᵃ) juridicus Sum.

es-ban *s.* eʒʒischban.

escalier *stm. s.* eskelîr.

esch *stm. s.* eʒʒisch; *stf. s.* esche.

ê-schaft *stf. ehe* Ls. 1. 451, 33. Kirchb. 807, 36. matrimonium Dfg. 351ᶜ.

eschai *s.* eʒʒischheie.

esche *swm. s. v. a.* asche Apoll. 18151.

esche *stf. s.* esse.

esche *swfm. s.* asche.

esche, esch *stf. esche, weibl. bildung zu* asch. ein esche linde Albr. 31, 146. esche, esch Dfg. 246ᶜ.

ësche *swf.* esca? *s. zu* Jos. 400 *u. vgl.* eschen = eʒʒen.

eschen *adj. s.* eschîn.

eschen-boum *stm.* (I. 227ᵇ) *esche* Dfg. 246ᶜ (*auch* essenboum), *s.* aschboum.

eschen-brenner *stm. aschenbrenner.* ob man einen eschenbrenner oder einen, der den wald brente, begriffe Gr.w. 1, 466;

eschen-bürnen *stn. das aschenbrennen* Gr.w. 6, 397.

escher *stm. ausgelaugte asche* Mone z. 16, 153 (*a.* 1477). *vgl.* Dwb. 1, 584;

escheric *adj. s. v. a.* ascheric. an der eschrigen mittwochen Mone z. 17, 188 (*a.* 1480). *vgl.* Zimr. *chr.* 2. 117, 19.

esche-var *adj. s.* aschervar.

esch-heie *swm. s.* eʒʒischheie.

ê-schillinc *stm. guter, gesetzmässiger schilling.* swer an dem gerihte den schepfen spricht an ir ait, der ist schuldic der alten puoʒe, daʒ ist dem rihter ain frevel und ie dem schepfen zwelf êschillinge Np. 8 (13— 14. *jh.*). Oberl. 358.

eschîn, eschen *adj.* (I. 65ᵃ) *von eschenholz* Nib. Trist. En. (eschen). eschîner schaft Rul. 282, 15. Karl 5116. Kchr. 7079 (*var.* essîn). Et. 9086. 9114. eschîner spieʒ Albr. 13, 11. zuo dem eschînen walde j.Tit. 1677.

esch-lêhen *stn. s.* eʒʒischlêhen.

esch-louch *m. s.* aschlouch.

esch-tor *stn. s.* eʒʒischtor.

esel *stm.* (I. 447ᵇ) *esel* Freid. Winsb. Renn. esels ôren *ib.* 6134. Msh. 3, 8ᵇ. 305ᵃ. Albr. 24, 48 69. die fünf esels füeʒe (*s. oben unter* Beier). rint und esel j.Tit. 5473. ûʒ eseln kan niht ros werden Renn. 17299. esel in lewen hiute Msh. 2, 388ᵃ. swer mit dem esele lewen jagt *ib.* 3, 468ᵗ. treit dan der sac den esel für die müln *ib.* 1, 176ᵇ. den esel lêren ze tanze gân Reinh. 341, 1355. den esel herpfen lêren Renn. 23548. einen esel diu buoch lêren Amis 184. ich tuon als der wîse dâ tuot und der den esel trîbet: so er in den lachen blîbet er nimet in die hant den zagel Ulr. *Wh.* 208ᵃ;

des jârs 1492 am achteden tag nach der hailgen trey künig tag als der esel um gât und er kam in unser frawen kirchen, da stachend zwô weiber ainander mit messer, das pluotteten, da muest man die kirchen wider weichen. AUGSB. *chr.* 129ᵃ (*Augsb. stadtbibl.* Halder 537); *als schimpfwort,* wer hât iuch esele her gebeten LAUR. 259; *vgl.* MYST. 2. 281, 4. Ls. 2, 213. RING 5ᵇ, 25. 23ᵇ, 42. FASN. 68, 15. 69, 12. 335, 20 *etc.; euphemist. für priapus, da der esel mit grossem zeugungsgliede begabt ist* FASN. 345, 27. 356, 16. 357, 5 *u. oft; belagerungswerkzeug* CHR. 7. 165, 13; *eisbrecher, eisbock vor einer flussbrücke, sehr oft in den* FRANKF. *baumeisterbüchern des* 15. *jh. z. b.* holz hauwen zur brucken und zu eseln *a.* 1408 *f.* 4ᵇ, den esel zu stossen im Meyn *a.* 1433 *f.* 23, als der is die esel hinweg gefûrt hatte *a.* 1436 *f.* 7, neun esel in dem Meyn vom îse zu rûmen und den îs davon zu hauwen *ib.* 54ᵇ. *vgl.* eser. — *gt.* asilus *zu lat.* asinus, *gr.* ὄνος *aus* ὄσονς CURT³. 373. GSP. 348. DWB. 3, 1143; WACK. *nimmt entlehnung an;*
eselære *stm.* (*ib.*) *eseltreiber* KCHR. (1523. 1734. 36. 52).
eselat *stf. s.* esellat.
esel-bære *adj. eselhaft.* von eselbæren herren sol man eselmære sagen MSH. 3, 8ᵇ.
eselec-heit *stf. s. v. a.* eselheit PASS. *K.* 520, 89 (eselkeit).
eselen *swv.* (I. 447ᵇ) *intr.* rudire DFG. 503ᵃ; *tr. zum esel machen* HELBL.
esel-garte *swm. gehege für weidende esel* SUCH. 45, 29.
esel-gürtel *stm. eselgurt* MONE z. 15, 285 (*a.* 1378).
esel-heit *stf.* (I. 448ᵃ) *weise eines esels, thörichtes, tölpelhaftes benehmen* KOL. (= GA. 2. 451, 96). *vgl.* eselecheit.
esel-hirte *swm.* (I. 670ᵇ) agaso DFG. 17ᵃ.
esel-holz *stn. kleines holz zum tragen (von eseln) nicht zum fahren* GR.W. 3, 533 *s.* DWB. 3, 1149.
esel-hût *stf. eselhaut* MGB. 292, 27.
eselich *adj. s.* esellich.
eselîe *stf.* (I. 448ᵃ) *eselei* MÜGL.;
eselîn *adj.* asinarius EVANG. *M.* 18, 6. *Mr.* 9, 41; *stfn. s.* eselinne, esellîn;
eselinc, -ges *stm. abkömmling eines esels, gegensatz zu* edelinc. wann einez sint edelinge, daz ander eselinge RENN. 1457. einem eselinge wont ein esel bî 1464;

eselinne, esellîn *stf.* (I. 447ᵇ) *eselin* GEN. ANEG. SERV. ANTICHR. 165, 34. KARL 93. EVANG. 254ᵇ. MGB. 120, 2. 22. DSP. *s.* 14. MONE 4, 487;
eselisch *adj.* (I. 448ᵃ) *eselmässig* MÜGL. eselsche sinne MONE 4, 57.
esel-keit *stf. s.* eselecheit.
esel-lat *stf. eselladung, saumlast eines esels.* zwô eselat mit kriesen GR.W. 1, 423.
esel-lich *adj.* eselich, asininus DFG. 54ᵃ.
esellîn *stn.* (I. 447ᵇ) *kleiner esel* RENN. 18590. W. *v. Rh.* 58, 31. EVANG. *J.* 12, 14. esellî SPEC. 54. eselîn W. *v. Rh.* 58, 10. 59, 39.
esel-lîp *stm. cadaver asini* MGB. 292, 35.
esel-man *stm. eseltreiber* RING 2ᵇ, 38.
esel-mære *stn. s. oben unter* eselbære.
esel-milch *stf.* (II. 169ᵇ) *name der pflanze* esula, esola DFG. 211ᵃ.
esel-nôʒ *stn.* (II. 395ᵃ) *esel* LEYS. ERLŒS. 4330.
esel-ôre *swm. eselsohr, ein zeichen des hohnes u. spottes.* einem machtman eselôren TEICHN. (PF. *üb.* 163, 67). *vgl. oben* esells ôren.
esel-rieme *swm. riemen aus eselhaut.* den eselriemen gerben RENN. 16769.
esel-rippe *f. eselsrippe.* die (salbe) ist gemacht aus eselrippe FASN. 680, 31.
esel-seiche *stf.* lotium, est urina asinorum Voc. 1482.
esel-seil *stn.* für ein newes eselseil 35 pfenn. TUCH. 109, 23. von eselseilen, zugseilen auf türnen *ib.* 24.
esel-stimme *stf. eselsstimme* BON. 82, 42.
esel-trîber *stm.* (III. 89ᵃ) agaso DFG. 17ᵃ. ROTENB. *r.* 53.
esel-truhe *swf. „beim marstall in München hat man truhen, die zwischen zwei hintereinander hergehende pferde oder maulthiere aufgehangen werden,* eseltruchen" SCHM. *Fr.* 1, 660 (*inventar von* 1479).
esel-vole *swm. eselsfüllen.* ein eselvolen rîten ERLŒS. 1529.
esel-wëc *stm. eselweg.* ein eselweg sol sîn, das ein ros ein zweimüttigen sack da tragen mag GR.W. 1, 119. *vgl.* 4, 36. MONE z. 16, 305.
esel-wurz *stf.* celidonia Voc. 1482.
esel-zülle *f.* es. oder nollholz, crebersia DFG. 155ᶜ. SCHM. 4, 254. DWB. 3, 1156.
êsen *swv. s.* æzen.
eser *stm. in* FRANKF. *baumeisterbüchern s. v. a.* esel (*eisbrecher*) *u. mit diesem wechselnd.* an den esern zu erbeiden, die pêle an die eser zu machen, die eser im Meyne zu fûren *a.* 1408 *f.* 6 *ff., a.* 1437 *f.* 12.
êser *stm.* (I. 448ᵃ) *speisesack zum umhängen,*

tasche Clos. Chr. 8. 453, 4 *ff.* Dür. *chr.* 446. esser Ga. 1. 360, 870; *in* Voc. *auch* âser, *nasal.* ânser, *schwäb.* aunser (Birl. 35), *mit unorg. anlaute* nêser Dfg. 210ᵇ. daʒ man im bêde ôren absnaid, der dem Sebald Pfintzing in den nêser griffen hett J. 1431. — *zu gt.* itan *essen? vgl.* Dwb. 1, 586. Schm. *Fr.* 1, 116. Kuhn 18, 43;

êserlîn *stn. dem. vom vorig.* Fasn. 772, 11.

êser-turn *stm. ein thurm auf der südseite der alten Augsburger stadtmauer* Chr. 5. 93, 22. *noch heute: am Eser, Eserwall.*

êsieren *swv. s.* eisiren.

eskelîr, esklîr *stm.* (I. 448ª) *hoher saracenischer würdenträger* Wwh. j.Tit. 835. 3466 68. 4007. 4164. 4248. escalier Loh. 4444. 4687. — *aus altfz.* eschiere, eschiele, *prov.* esqueira *(vom ahd.* scara) *führer einer heeresabteilung?* (Schade 95ᵇ). *vgl.* Diez 1, 370;

esklirîe *stf.* (*ib.*) *der stand eines* eskelîr Wwh.

es-pan *s.* eʒʒischban.

espen-boum *stm. espe* Uh. 346 (*a.* 1481).

espîn *adj. von der* aspe, *espe.* espîn loup Eracl. 2845. Troj. 20697. Berth. *Kl.* 165. Hätzl. 117ª. esp. rinde Diut. 2, 272. Pf. *arzb.* 1, 8. esp. holz Mone z. 1, 435. esp. negel Gr.w. 1, 698. swer da wurde sigehaft, dem wart ein espîn kranz Albr. 1, 823.

e-sprinc *stm. schorf, grind,* impetigo Voc. 1482. „das e *zu* nehmen für *ahd. mhd.* â" Dwb. 3, 1158.

esse *stn.* (I. 448ª) es Amis. 2484 *var.* Voc. 1482: *ein auge im würfelspiel* Wwh. Renn. Helbl. Msh. 2, 196ᵇ. Loh. 84. Mart. 54, 25. 160, 5. nu viel ir vreuden esse zer drîe j.Tit. 1522. — *aus lat.* assis.

ësse *stf.* (I. 448ᵇ) *esse, feuerherd des metallarbeiters* En. Serv. Loh. Laur. 545. j.Tit. 6092. Krone 27422. Renn. 11407. Mart. 212, 58. Kolm. 12, 4. 7. Myst. 2. 220, 4. esche Dfg. 243ᶜ. — *vgl.* Dwb. 3, 1159; Wack. *stellt es zu* eiten.

essen *swv. s.* asten.

essen-boum *s.* eschenboum.

essenîn *adj. s.* îsenîn.

esser *stn. s.* êser.

essîn *ad. s.* eschîn.

essydemon *s.* ecidemon.

êst = eʒ ist (I. 435ª, 46) Parz. Walth. Engelh. Hartm. *lied.* 18, 4. Winsbekin 20, 1. Neidh. XVII, 21. Flore 4588. W. *v. Rh.* 146, 40.

ê-stat *stm.* (II². 607ª) *ehestand, ehepaar* Weist. (16. *jh.*).

estel *stn. dem. zu* ast Chr. 8. 243, 13. *s.* astellîn.

esten *swv.* (I. 66ª) *äste gewinnen* Mar., *vgl.* asten.

esten-spitze *f.* (II². 515ª) cima Dfg. 119ᵃ.

ester *stn. s.* eʒʒischtor.

esterîch, estrîch; esterich, estrich *stm.* (I. 448ª) *estrich, fussboden von cement oder steinplatten (von marmor* Lanz. 4098. Troj. 17530), *allgem., vgl. noch* Bit. 6820. j.Tit. 6109. 49. Troj. 7217. 14582. Bph. 536. Erlœs. 466. Pass. *K.* 447, 65. Tuch. 287, 24 (*im pl. auch sw.* die estreichen 55, 33). *bildl.* der esterich der êwigen minne unsers herren Adrian 418, 3; *strassenpflaster* Mone z. 19, 133 (*a.* 1322 *Strassburg*). — *mlat.* astricus, ostracus *vgl.* Dwb. 3, 1172. *eine andere ableit. in* Germ. 14, 212 *ff.*

esterîch-boden *stm.* pavimentum Voc. 1482.

este-rîche *adj.* (II. 688ᵇ) *reich an ästen, reichbelaubt* Trist.

esterîchen, estrichen *swv.* (I. 448ᵇ) pavimentare Voc. 1482, *part.* gestrichet Parz.; *die strasse pflastern* Mone z. 19, 133 (*a.* 1322 *Strassburg*);

esterîcher *stm. und*

esterîch-meister *stm. pflastermeister* Mone *a. a. o.*

esterîch-stein *stm. eine art ziegel zum estrich* Tuch. 95, 25; tessera, spilbret Voc. 1482.

estic *adj. s.* astec.

estimieren *swv. abschätzen* Mone z. 17, 435 (*a.* 1403), estumieren Schm. *Fr.* 1, 168 (*a.* 1444). — *aus lat.* æstimare.

ê-stiure *stf. brautsteuer* Gr.w. 5, 100. sîner tochter êst. Just. 159. der ward gelobt ein summe gelts zuo êstiure 184.

es-tor *stn. s.* eʒʒischtor.

ê-strâʒe *stf.* (II². 677ᵇ) *landstrasse.* eʒ sol auch der purkgrâf vor dem hertzogen reiten alle êstrâʒe, di er wil Urb. *B.* 2, 530.

estrîch *stm. s.* esterîch.

estumieren *swv. s.* estimieren.

ê-stunt *s.* stunde.

es-türlî *stn. s.* unter eʒʒischtor.

êt *s.* eht, *über die bedeut. als nach comparat. vgl. auch* Schm. *Fr.* 1, 173.

ê-tætic *adj.* êtætige gerihte *s. v. a.* êgerihte Gr.w. 4, 277 (14. *jh.*).

ê-tavërne *stf. gesetzlich erlaubte* tavërne. swer wîn verchouffet ân in der êtafern, der ist fridebræche Mw. 59, 34 (*a.* 1255). eʒ ensol nieman dhein trinchen veil haben dann datz den rehten êtabern *ib.* 140, 11 (*a.* 1281).

ëte-, ët-, ëtes- (I. 448ᵇ) *vor* lich, wër, waʒ,

wâ, war, wie *etc. im sinne des unbestimmtlassens.* — *vgl. gt.* aith *in* aiththau *oder u.* DWB. 3, 1178.
ê-teidinc *stn. gebotenes gericht* URB. *Pf.* 53. UKN. 266. 389. 444 (14. *jh.*).
ëte-nâher *adv. comp. annähernd.* scult alle gotes heil ane ruofen unde scult ettenâher leben SPEC. 158.
ëte-, ët-, ëtes-lich *pron. adj.* (I. 449ª) *irgend ein, irgendwelch, pl. einige, manche. allgem.* (*im* 15. *jh. gewönl.* etzlich).
ëter *stswmn.* (I. 449ᵇ) *geflochtener zaun, umzäunung* (*um hof od. ortschaft*), *ortsmark* RENN. innerthalp dem etere HEINZ. 1646. Ls. 3. 11, 243. ûswendig etters des selben dorfes URB. 199, 22. ûswendig des etters DON. (*a.* 1284); in den ûszern etter GR.W. 5, 217. öter *ib.* 3, 667 (*andere belege aus den weist. s. im* DWB.); *auch sw.* inrenthalp dem ettern und ûssernthalp dem ettern Mz. 1, 306 (*a.* 1346). in unser stat und ettern CHR. 5. 404, 23. der sölt gauchen bisz zuo dem nähsten echtern, daz ist zuo dem nähsten dorf ST. (*statut. der gerberzunft in Reutlingen*, 14. *jh.*); *saum, rand überhaupt* LANZ. GEO. des himels eter MART. 10, 58. 249, 50. — *ahd.* ëtar, *alts.* ëder, *ags.* ëdor *s.* DWB. 3, 1180;
ëteren *swv.* (*ib.*) *mit einem* ëter *umgeben, umzäunen* WEIST.
ëter-zëhende *swm. zehend, der innerhalb des etters entrichtet wurde.* der etterzehende zu Rufach innewendig der ringmûren GR.W. 5, 386. *vgl.* OBERL. 361.
ëter-zûn *stm. geflochtener zaun.* ederzûn GR.W. 5, 324. MONE z. 13, 273. ARN. 28; *schon langobard.* iderzôn *s.* DWB. 3, 1181.
ëte-vil *adv.* (III. 314ª) *etwas viel* BERTH.
ëte-, ët-, ëtes-wâ *adv.* (III. 518ª) *irgend wo, an mehreren unbestimmten orten, hie u. da, allgem.* (etswô: alsô PASS. 167, 95); *vor adj. u. adv. gar, ziemlich, sehr* ERLŒS. 2929. LESEB. 1040, 4. CHR. 5. 42, 13. 65, 2. 71, 15. 92, 3. 104, 5 *etc. daneben* etwan, etwen, *so dass* etwâ *manchmal wol wie im ahd. als abgestumpftes* etwan (= etewenne) *aufzufassen sein dürfte; vgl. unten* etwan, etwen *unter* etewenne.
ëte-, ëtes-wanne, ët-wan *s.* ëtewenne.
ëte-, ëtes-war *adv.* (III. 516ª) *irgend wohin* TRIST. ENGELH.
ëte-, ëtes-, ët-waz *s.* ëtewër;
ëte-waz-heit *stf.* quantitas, quittitas DFG. 477ᵇ. 481ª.

ëte-, ëtes-, ët-wenne *adv.* (III. 503ª) *bisweilen noch* etewanne (BERTH.), eteswanne (LEYS.); etwennen (: brennen) TUND. 47, 24. eteswennen (: nennen) NEIDH. 30, 28. EILH. 1476: *zuweilen, manchmal, dann u. wann; manchmal in früherer zeit, vormals* (ettwen CHR. 4. 133, 35. etwan 3. 98, 16; 5. 47, 9), *allgem.; künftig einmal* GUDR. BARL. Ms. PRIESTERL. 336; etwan *endlich* CHR. 3. 132, 21, *vielleicht ib.* 166, 7; etwan, etwen *vor adj. u. adv. zur verstärkung s.* CHR. 5, 454ª *u. vgl.* ëtewâ.
ëte-, ët-, ëtes-wër *pron. subst.* (III. 567ᵇ) *jemand, irgend jemand* NIB. GREG. PARZ. TRIST. etewer ENGELH. 216. etwer ANEG. 22, 8. ettewer KCHR. *D.* 443, 9. eteswer LOH. 4592. TROJ. 22749, *gen.* eteswes *ib.* 1066. MSH. 1, 327ª, *dat.* eteweme KCHR. *D.*403,24. ENGELH. 1351. etwem ANEG. 11, 2, *acc.* eteswen SILV. 3357. 3375 (etwern CHR. 2. 49, 29), *instrum.* etswiu BÜCHL.; — *neutr.* ete-, et-, etes-waz *etwas* (*mit gen.*) *allgem., adverbial ein wenig* NIB. A. HEINR. CHR. 2. 29, 31. 39, 27.
ëte-, ët-, ëtes-wie *adv.* (III.573ᵇ) *irgend wie, ungewiss wie* Iw. TRIST. TROJ. ettewie ALEX. 135, 1233. er gehulfe im ettewie dar von KCHR. 13199 (ettewider von *D.* 404, 5); *vor adj. u. adv. verstärkend: ziemlich, sehr* GRIESH. (1, 15. 2, 122). SWSP. 419, 27 *u. sehr oft in den* CHR. (etwie, etwê) *s. die glossare.*
ëte-wîze *s.* itewîze.
etica *f.* hectica HADAM. 471. CHR. 8. 56, 34. *ebenso*
etike *swm.* MONE *z.* 6, 459. SCHM. *Fr.* 1, 174; etkum *stm.* VOC. 1482 *s.* DWB. 3, 1175.
ê-tisch *stn. s. v. a.* ëbanc SCHM. *Fr.* 1, 5 (*Passauer str.*).
etkum *stm. s.* etike.
ê-touf *stm. christliche taufe* BERTH. 127, 10. *ebenso*
ê-toufe *stf.* (III. 58ª) DIEM.
ëtsw- *s.* ëtew-.
ëtt- *s.* ëte-.
ette *swm.* (I. 449ᵇ) *vater* Ms. *s.* atte.
ëtter *stm. s.* ëter.
ê-tuom *stn. religiöse handlung.* des opfers ëtuom GA. 3. 348, 279.
ëtw- *s.* ëtew-.
etze *stf.* (I. 760ᵇ) *weideplatz* MH. 2, 807. — *zu* ëzzen, etzen.
etzelîn *stn.* (I. 67ª) *dem. zu* atzel, *kleine elster* KELL.

etzen *swv. s.* atzen.
ëtz-lich *s.* ëtelich.
etz-weide *stf. weideplatz, weiderecht* MONE *z.* 21, 197 (*a.* 1402).
ê-vade *swf.* (II. 485ᵃ, êphat) *vorgeschriebene einhegung, die durch einen solchen zaun gebannte flur* WEIST. (1, 8. 77. 93. 4, 284. 303. êfatte *ib.* 412). *s.* vade *u.* DWB. 3, 41. MONE *z.* 10, 135.
êvangêli *s.* êwangêli.
ê-vater *m.* (III. 279ᵇ) *rechtmässiger vater* KULM. *r.*
evel? *s.* vrevel.
ëven *s.* ëben.
êven *swv.* sus sint alle Êven kint, diu nâch der Êven gêvet sint TRIST. 17966.
evern, everunge *s.* avern, äverunge.
ê-vride *stm.* (III. 405ᵃ) *vorgeschriebene einhegung von feldern etc.* GR.w. 1, 214. 258 (*nicht* 285). 5, 188.
ê-vrouwe *swf.* (III. 424ᵃ) *ehefrau* GRIESH. nupta DFG. 385ᶜ.
ê-vüegerinne *stf.* (III. 443ᵃ) pronuba VOC. *o.*
ê-walte *swm. gesetzeshüter, aufseher. wer wein ausschenken will,* sol das den vier êwalten kund tuon und den sagen, was er costet GR.w. 4, 278.
êw(v)angêli, êwangelje *stn.* (I. 450ᵃ) *evangelium.* biz man daz êwangelje las LIEHT. 282, 14. êvangêli LOH. 7627. êvangêlium SILV. 359. 464. AMIS 354. êwanilg BEH. 48, 10;
êwangêlier *stm. (ib.) evangelist.* die heiligen viere, die êwangeliere BPH. 4911; diaconus, levita VOC. 1482. GRIESH. CLOS. SCHREIB. 2, 160; evangelierkleit collibium, vestis diaconi VOC. 1482;
êwangêlisch *adj.* evangelicus EVANG. 254ᵇ;
êw(v)angeliste *swm.* (I. 450ᵃ) *evangelist* WIG. EVANG. 254ᵇ. KELL. 192. CHR. 8. 341, 13. 347, 10.
êwangelizieren *swv.* evangelizare EVANG. *M.* 11, 5. *L.* 7, 22.
ê-wart, -warte *stswm.* (III. 527ᵃ) *priester, eigentl. hüter des gesetzes* KCHR. LANZ. BARL. RUL. 1, 3. SERV. 3281. MARIENGR. 541. HEINR. 365. WACK. *pr.* 39, 8. 25. GERM. 14, 453. 56. THEOL. 114. W. *v. Rh.* 7, 17. 9, 51. 19, 45. 21, 35 *etc.* der aller oberiste êwart, *gott* RUL. 186, 4;
ê-wart-lich *adj. priesterlich* SPEC. 15;
ê-wart-tuom *stn.* (III. 527ᵃ) *priestertum* LESEB. (*pred. des* 12. *jh.*).
êwe *stf.* (I. 450ᵃ) êe RUL. *gewönl.* ê, *allgem. u. zwar: endlos lange zeit, ewigkeit* (*häufig im pl.* von êwen zuo den, unze in die êwen *in sæcula sæculorum;* zuo êwen *in perpetuum* KULM. *hf.* 210. MARIENL. *han.* 47, 12); *altherkömmliches gewonheitsrecht, recht, gesetz* (der êwart dâ verlôs mit urteil pfrüende und ouch sîn ê MARIENGR. 565. ich wil nâch des lîbes ê an der menscheit lîden nôt ERLŒS. 992); *besonders die norm u. form des glaubens,* altiu und niuwiu ê, *altes u. neues testament; der durch göttl. u. menschl. recht geheiligte bund der ehe.* — *gt.* aivs *stm.* (*u. so auch ndrh.* der êwe MARIENL. *han.* 42, 5. 94, 7. 40. 95, 25. 31. 96, 3 *etc.* der êwe des heren, *lex dominica* JAN. 8), *zu gr.* αἰών, *lat.* ævum CURT³. 359. GSP. 492. *s.* êwen *u. vgl.* ie;
êwec *adj. u. compos. s.* êwic;
êwede *stf.* (I. 451ᵃ) *ewigkeit* GRIESH.
êwe-lich *adj. ndrh. s. v. a.* êwiclich WERNH. *v. N.* 9, 15. MARIENL. *han.* 55, 2. HÖFER 143 (*a.* 1320);
êwe-lîche *adv. md. u. ndrh.* PASS. 186, 65. 188, 80. 208, 12. 210, 16. 211, 1. 234, 96. 283, 31 *etc.* ROTH. 4462. MARIENL. *han.* 13, 40. 34, 33. 50, 25. 61, 33 *etc.* HÖFER 18. 213.
ê-wëlten *dat. adv. von jeher, vor beginn der welt.* got ist êwelten gestanden unde stêt noch MYST. 2. 487, 12. *vgl.* iewëlten.
êwen *stf.* (I. 450ᵃ, 31) *ahd.* êwîn *s. v. a.* êwe *lange zeit* (tûsent jâr heizent êwen, daz ist ein alter MEIN. 12), *ewigkeit* FRL.;
êwen *adv.* (I. 451ᵃ) *immer, alle zeit* DIEM.;
êwen *swv.* (*ib.*) *tr. nach recht machen.* daz gotes hûs ist geêwet und gewîhet dar zuo, daz man got dar inne dienen sol WACK. *pr.* 31, 5; *ewig machen,* ân ende immer geêwet j. TIT. 28; *zur ehe nehmen* DENKM. XCIX, 1; — *intr. ewig dauern.*
êwenc-lîchen *adv. s.* êwiclîchen.
êwe-meister *stm.* (II. 120ᵃ) *s. v. a.* êwart, *priester* EN.
ê-wërc *stn.* (III. 588ᵇ) *stand.* wirt er des uberwunden mit siben di von ritters êwerchen sint, ob er selb von ritters êwerchen ist Mw. 59, 64 (*a.* 1255); *standesrecht* KCHR. SWSP. 229, 7. 342, 5. AUGSB. *r. W.* 324 (*gedruckt* ehrwerk) *vgl.* OBERL. 356.
ê-wî-âbent *stm. s.* ëbenwichâbent.
ê-wîben *swv.* (III. 721ᵇ) nubere DFG. 384ᵃ.
êwic *adj.* (I. 451ᵃ) *ahd.* êwîc *ewig* HARTM. BARL. GEN. *D.* 51, 20. 104, 34. ein êwic schande TROJ. 22630. daz wert êwigen tac DAN. 603; *abgaben, stiftungen etc. die immer*

bestehen sollen, *heissen* êwige: êwiger zins Mz. 1, 367. ew. kernengelt Gr.w. 1, 212. êw. eigengelt Tuch. 322, 14. êwigez rint, êwige kuo Schm. *Fr.* 1, 179. êwige messe 1, 367. 401. êwiger pau Tuch. 325, 12;

êwic, êwec *adv. ewiglich.* êwech Pass. 13, 87.

êwic-, êwec-heit *stf.* (I. 451ᵇ) *ewigkeit* Walth. Loh. 2771. Pass. 119, 88. 186, 69. *K.* 164, 41. 240, 81; *seine güter nicht* an êwigkeiten *verkaufen*, *an die todte hand* Halt. 418.

êwic-, êwec-lich *adj.* (*ib.*) *ewig* Barl. êwicl. schaden Troj. 19405. *vgl.* êwelich;

êwic-, êwec-lîche *adv.* (*ib.*) *ewiglich* Parz. Trist. Walth. Kchr. *D.* 31, 18. Pass. *K.* 28, 34. 139, 65. Beliand 4426; êwenclîche, -en Pass. 20, 88. 21, 11. 94, 65. 133, 30. 186, 65. 200, 35. 391, 65. *vgl. das ahd. adj.* êwînîg Leseb. 87, 36.

êwigen *swv.* (*ib.*) *ewig machen*, *verewigen* Leys. Myst. Dür. *chr. s.* 7. Chr. 3. 55, 19. Adrian 428, 46; *gesetzlich machen* Schm. *Fr.* 1, 179, *durch die ehe legitimieren ib. u.* 8.

ê-wîlen *adv.* (III. 670ᵇ) *ehemals, früher* Pass.

ê-wîp *stn.* (III. 719ᵇ) *ehefrau* Augsb. *u.* Kulm. *r.* Gr.w. 1, 14.

ê-wirdec *adj.* (III. 606ᵇ) *s. v. a.* êrwirdec *und wol nur eine alte verwechslung mit diesem* Ulr. Diem. Spec.;

ê-wirdec-heit *stf.* (III. 607ᵃ) *reverentia* Windb, *ps.*, *s.* êrwirdecheit;

ê-wirdec-lîchen *adv.* (III. 607ᵇ) *auf verehrungswürdige weise* Spec.

ê-wirt *stm. ehegemahl* Berth. 327, 24;

ê-wirtinne *stf. ehefrau* Gr.w. 4, 492. Ad. 1287 (*a.* 1423).

ewitz *s.* ebiz.

exempel *stn.* (I. 452ᵇ) *exemplum* Gsm. Apoll. 11930. 18487. Msh. 3, 338ᵃ. Altsw. 132, 15. Kirchb. 774, 57;

exemplâr *stn.* (*ib.*) *exemplar, vorbild, muster* Myst. Krone 29970 (: wâr). *pl.* exemplêre Evang. 255ᵃ.

experimënten *swv. durch erfahrungsbeweise darthun.* daz habent die meister wol experimentet Berth. 401, 7.

extlîn *stn. s.* axlin.

eylas *s.* elas.

ëz *pron. s.* ër.

ez = daz (I. 312ᵇ, 21) Parz. Ath. *F* 100. Kl. 1618. Ludw. *v. Th.* 3421. 5610. 6435. 7419. Pass. 365, 46. 51. 366, 4. 369, 3. *K.* 602, 13. 642, 17. 667, 37. 673, 33.

ëz = ëz ist Lieht. 42, 27.

ëz *dual von* ir (I. 752ᵇ, 19) *aber schon mit pl. bedeut.* Gest. *R.* Ot. ez paide Schm. *Fr.* 1, 160. es Vintl. 7913. 27. 8032. 36. 38. 42. Ring 1ᵉ, 7. 3ᵈ, 3. 5ᵇ, 13. 8ᵇ, 29. 22ᵇ, 26. 28. 42, 12. 51ᵉ, 44 *etc.* — *gt.* jut (*zu mutmassen aus* jus *ihr*), *lit.* judu; *vgl.* Gds. 972. Gsp. 108. Kwb. 58.

ëz-bære *adj. essbar*, vescus, comestibilis Voc. 1482.

êzec *adj. s. v. a.* æzec, edax Br. 41ᵇ; *angefressen*, *garstig* Pass. *K.* 429, 84. *vgl.* ëzzec.

ëzen *stv. s.* ëzzen.

ezesch *stm. s.* ezzisch.

êzen *swv. s.* æzen.

ezidemôn *s.* ecidemôn.

ê-zît *stf. das gesetzl. alter* Wolfd. Hag. 314.

ez-wise *stf.* (III. 765ᵃ) *wiese die als weide dient* Weist.

ëzze *swm. in* brôtëzze;

ëzzec *adj. essbar.* essige speis Gr.w. 1, 97. ässiges guot, *esswaaren* Feldk. *r.* 69. 89. *vgl.* Dwb. 3, 1172 *und* æzec.

ezzec, ezzech *stm. s.* ezzich.

ëzze-gadem *stn.* cœnaculum Dfg. 8ᵇ. ebenso

ëzze-hûs *stn* (I. 738ᵃ) Voc. *o.*

ezzeich *stm. s.* ezzich.

ëzze-lich *adj. essbar* Mgb. 150, 16.

ëzze-loube *swf.* (I. 1048ᵇ) *speisehalle* Alexius, Myst.; *vorratskammer* Dür. *chr.* 14.

ëzzen *stv. I,* 1 (I. 759ᵃ) ëzen Lieht. 28, 9. 11. *part.* gëzzen: *essen, von menschen u. thieren*, *absol.* (dô nâhete der âbent, daz man ezzen wolde dô Orl. 4594. an der zît, daz man des âbendes ezzen sol Apoll. 19161. und wolte ezzen gên der naht Helbl. 4, 524. nû habent si vol gezzen Er. 8363; si liezen ouch ir vihe dâ ezzen Bph. 2806); *mit acc. od. gen. part.* (ich izze mîn arbeit, *nähre mich von meiner arbeit* Warn. 703. sîn almûsen ezzen Pass. *K.* 202, 55. die weide enezzent geize Msh. 2, 376ᵃ. nû iz den grimmen tôt [*verwünschung*] Strick. 4, 62; er des apfels az Pass. 247, 83). — *mit abe* (der Rîn ire kirche het abgeszen, *fortgerissen* Chr. 8. 130, 28), an (iz an, *fange an zu essen* Erlœs. 296. 304); durch-, ge-, über-, ver-. *gt.* itan *zu skr.* ad, *gr.* ἔδειν, *lat.* edere Z. 1, 153. Gsp. 343;

ëzzen *stn.* (I. 759ᵇ) *die handlung des essens* Iw. Parz. Nib. Loh. 1981. 3191. Helbl. 2, 489. 94. 4, 525. nâch ezzens (*näml. zît*) Dür. *chr. s.* 447. grisgrammen, grînen, sich selben ezzen Jüngl. 343; *speise, mahlzeit* Iw. Parz. Gen. *D.* 5, 20. 23, 18. 50, 1. 51, 4. 17 *etc.*

(eschen: dreschen 88, 16). WACK. *pr.* 53, 251. 255. HELBL. 1, 966. 1025. 39. menschlich ezzen TROJ. 6058. sæhe si vor ir wol hundert tûsent ezzen stên STRICK. 1, 3. ein essen krebs oder fisch vâhen GR.w. 3, 631. 93. *vgl.* MGB. 160, 15. 174, 27. 178, 23. 33 *etc.;*
ezzen *swv. s.* æzen; *dazu noch:* einen eszen u. trenken MH. 3, 350 (*a.* 1356);
ëzzende *part. adj.* (I. 759ª, 20) *essend.* ezzende pfant, *verpfändetes vieh* WEIST. RTA. 1. 221, 31. OBERL. 359; *mit pass. bedeut.* essbar, essende dinc NP. 171. 213. CHR. 1. 178, 15. BEH. 384, 7. CP. 186. essunde pfenbert *ib.* 188. *vgl.* GR. 4, 64 *ff. ebenso*
ëzzendic *adj.* BEH. 134, 14. 135, 6.
ëzzen-kochen *stn. die verdauung* MGB. 384, 10. 413, 31.
ëzzen-macher *stm.* (II. 17ª) *koch* LEYS.
ëzzen-trager *stm.* (III. 76ª) dapifer DFG. 166ª.
ëzzen-vaz *stn.* mensorium VOC. 1482.
ëzzen-zît *stf.* (III. 913ª) *essenszeit* TRIST. LIEHT. 326, 21. 338, 27.
ëzzer *stm. esser,* pransor VOC. 1482. RING 36, 13.
ezzich *stm.* (I. 452ᵇ) *essich* Iw. TRIST. ENGELH. SILV. 3197. ERNST 3547. RENN. 18160. MSH. 2, 322ᵇ. ezzech PASS. 77, 61. ezzec *ib. K.* 85, 8. ezzic EVANG. 255ᵇ. — *ahd.* ezzich, ezîh (*noch bei* MGB. ezzeich 282, 32. 283, 1. 291, 24. 324, 35 *etc.*), *für* echîz, *gt.* akeit *aus lat.* acetum *vgl.* DWB. 3, 1169;
ezzichen *swv. scharf wie essich schmecken, beissen* MGB. 39, 8. acescere DIEF. *n. gl.* 6ᵇ.
ezzich-gërwe *f.* (I. 530ª) *essichhefe* VOC.
ezzich-kruoc *stm. essichkrug* RENN. 6449. 23428. FRAGM. 38, 35. WAHTELM. 5. RING 34ᵇ, 39.

ezzich-vaz *stn.* (III. 281ᵇ) *essichfass, -gefäss* VOC.
ezzich-waschen *stn.* man läutert den balsem mit ezzeichwaschen MGB. 360, 24.
ezzisch *stm.* (I. 761ᵇ) *saat, saatfeld.* ezesch SWSP. 173, 16, *contr.* esch *ib.* 172, 103. WEIST. (5, 189. 196). — *gt.* atisk *von wurzel ad essen* (*gt.* itan, at), *vgl.* GDS. 411. 1032. DIEF. 1, 78. KUHN 7, 163. 179. GSP. 348. CURT³. 225. 236.
ezzisch-ban *stmn. freier platz in einer flur, der zur viehweide benutzt wird. zu belegen ist nur die in alem.-schwäb., bair. u. mittelfränk. weist. u. urk. oft vorkommende form* esban, espan, *wofür im* DWB. 3, 1157 *u. bei* SCHM. *Fr.* 1, 161 (*auch* espam) *zahlreiche beispiele gegeben sind; dazu noch:* ainen espan MH. 3, 217. ûf espan oder strâssen *ib.* 218. an dem espan CHR. 1. 212, 11; *nasal.* das enspen TUCH. 210, 28. 211, 28. 214, 1. 29.
ezzisch-hei-ambet *stn.* escheheiambet URB. *Str.* 238 *amt eines*
ezzisch-heie *swm.* (I. 649ᵇ) *flurhüter, contr.* eschheie WEIST. NETZ 12420. AUGSB. *r. W.* 12. Mw. 244, 35 (*a.* 1312). URB. *B.* 2, 486. MONE *z.* 10, 135 (*a.* 1463). eschei GR.w. 6, 124.
ezzisch-lêhen *stn. contr.* eschlêhen *flurhüteramt* MONE *z.* 10, 135 (*a.* 1463).
ezzisch-tor *stn.* (III. 49ᵇ) *feld-, weidegatter, contr.* estor URB. ester GR.w. 4, 401. DFG. 606ª. *dem.* eschtürlîn (III. 50ᵇ) WEIST. estürly 1, 81. — *im* DWB. 3, 1172 *wird* estor *als kürzung von* esbanestor *erklärt.*
ëzzunge *stf.* phagelium, mandicio DFG. 222°. 346ᵇ.

F. *s.* V.

G.

g *der weiche kehllaut* (I. 452ª). dise klage tuon ich umbe ein g (*anfangsbuchst. von dem namen der geliebten*) Ls. 1. 352, 35.
ga- *präf. s.* ge.
gâ *imperat. s.* gân.
gâ *adj. stf. s.* gâch, gæhe.
gabaus *stm. s.* kabez.

gâbe *stf.* (I. 508ᵇ) *gabe, geschenk, allgem.* (gâbe geben APOLL. 20412. umbe gâbe loufen MSH. 2, 390ª. er gab ir sînen heiligen geist mit den siben gâben BPH. 342, *vgl.* MARIENGR. 370); *bestechung* BON.; *übergabe, vergebung* HALT. 580. SSP. 1. 34, 2; 3. 32, 8; *abgabe* CHR. 4. 158, 2. — *zu* gëben;

gæbe *adj.* (I.509ᵇ) *annehmbar, lieb, gut* WOLFR. TRIST. FREID. ein gæber site MSH. 3, 325ᵇ. ein g. funt MEL.386. gæbeʓ phant TÜRL. *Wh.* 15ᵇ. LOH. 2759. 5052. ein gæber phenninc SWSP. 343, 18. guote und gæbe haller MZ. 1, 288. 344. 2, 671. genge und gæbe haller *ib.* 1, 247. 367. pfenning, di gib und gæb sint MW. 205 (*a.* 1295).

gâbe-brief *stm. übergabsurkunde* HALT. 581.

gæbec *adj. annehmbar.* münz die gibig und gæbig ist UHK. 2, 232. 393 (14. *jh.*).;

gæbec-lîche *adv.* (I. 509ᵇ) *auf reine, gute weise* FREID. (71, 4; *in der* 2. *ausg.* und ouch selbe rehte lebe).

gâbe-haft *adj.* ein gâbh. guot, *das ohne zustimmung der erben veräussert werden kann* HALT. 581;

gâbe-haftic *adj.* munificus VOC. 1482.

gâbe-holz *stn. gabholz, das unter bezugsberechtigte verteilt wird* GR.W. 6, 318.

gabele, gabel *stswf.* (I. 509ᵇ) *gabel.* g. und drischel WOLK. 39. 2, 16. spieʓ mit gabel MSH. 3, 266ᵃ. 306ᵃ. mit der gabel sich wern KCHR. *W.* 14310 (mit der gabelen *D.* 454, 2). er het ein gabelen in der hant REINH. 328, 1012. die gabelen (*acc.*) ULR. 1518. trîp die nâtûr mit einer gabelen (: zabelen) von dir RENN. 4615. PASS. *K.* 120, 49. *plur.* gablen RING 34ᵉ, 4. mit gabelen und mit rechen GREG. 3557; *krücke, krückstock* PASS. *K.* 233, 35. — *im* WB. *zu* gëben *gestellt, doch gehört es wol nach* KUHN 1, 136 *mit dem lat.* gabalus, *dem ags.* gafla *u. altn.* gaffal *zur w.* gaf, gamf, *wovon skr.* jambhâ *die beiden fangzähne. vgl. auch* WEIG. 1, 382 *u.* gëbel, gibel;

gabeleht *adj. gabelförmig* MGB. 199, 21 *var.* unde solt im den rinc an den fuoʓ legen mit einem gäbelehtem holze BERTH. 119, 21.

gæbe-lich *adj. angenehm, erwünscht* ÖH. 10, 24; sô gæbelîche sachen, so beschaffen KIRCHB. 724, 26.

gabel-trager *stm.* furcarius DFG. 253ᵃ.

gâben *swv.* (I. 509ᵃ) *eine* gâbe *austeilen.* wer gâben wil durch got GA. 1. 364, 14; *mit dat.* LS. dar umb sô singe ich offenbâr, daʓ man mir gâben muoʓ KOLM. 54, 32. — *mit* be-;

gâben *stn.* daʓ gâben (*hochzeitsgeschenke*) ouch ein ende nam RING 34ᵉ, 42.

gâbe-, gëbe-phant *stn.* (II. 480ᵇ) *lösegeld des gefangenen* ERNST (879. 939). LUDW. *v. Th.;*

gâbe-phant *adj. verpflichtet ein pfand zu geben.* wir haben in auch die genâd getân, daʓ si gâbpfant noch pfantmæʓʓig sein süllen für dehein unser gelt, daʓ wir gelten sullen MW. 244, 8 (*a.* 1312).

gâber *stm.* donator DFG. 199ᵇ. *vgl.* gëber.

gâbe-rîche *adj. gabenreich, woltätig.* gâber. hant APOLL. 5999.

gabilôt, gabylôt *stn.* (I. 453ᵃ) *kleiner wurfspiess* PARZ. WIG. GUDR. j.TIT. (4521. 6076). APOLL. 303. — *ags.* gaflac, *aus mfz.* gavelot, javelot *u. dieses warscheinl. aus kelt.* gaflach *speer* DIEZ 1, 214. DIEF. 2, 402. *vgl. auch* GR. 3, 443 *u.* gabel.

gabilûn *stn.* (I. 453ᵃ) *ein wunderbares, drachenartiges thier* GUDR. capelûn ROTH. 4938. *vgl.* gampilûn *u.* GERM. 1, 479 *f., wo span.* gavilan *raubvogel, sperber verglichen wird.*

gabiʓ? (I. 453ᵃ) MSH. 3, 221ᵇ.

gâbunge *stf.* donatio OBERL. 462.

gabûʓ *stm. s.* kabeʓ.

gâch, -hes *adj.* (I.453ᵃ) *abgekürzt* gâ, *im reime* REINH. *sendschr.* 970. 1699.1730. FRAUENTR. 164. 226. PASS. 194, 88. *K.* 112, 94. 317, 94. 489, 17. 516, 84. HERB. 14851. REINFR. 153ᵃ: *schnell, plötzlich, jähe, ungestüm,* ern kêrt sich niht an gâheʓ schehen PARZ. 69, 7. angest des gâhen tôdes ROTH *pr.* 74 *ff.* (*in den flect. formen aber gewönlich* gaehe *s. d.*); mir ist, wirt gâch *od.* ich lâʓe mir gâch wesen, ich habe eile, strebe mit eifer; wenn die sache ausgedrückt wird, steht sie im gen. (dem keiser was der bete gâch LOH. 3221. im ist des weges nit gâch ECKE *Sch.* 54) *od. mit präp.* an, gegen, in (dâ von muost im in daʓ münster werden gâch LOH. 6459), mit, nâch, ûf (TROJ. 21436), von, vür, ze (*vgl. auch die oben unter* gâ *citierten stellen*); *comp.* in was deste gâher KARL 17ᵇ. 58ᵇ. gæher ORL. 9179. — *zu* gangen, gân (*vgl.* vâhen *u.* vangen, hâhen *u.* hangen) GR. 2, 74. WEIG. 1, 383;

gâch *adv. acc.* (I. 454ᵃ) *schnell, plötzlich, unversehens* IW. (4873); *sup.* sô er gâhest kunde BIT. 6970;

gâcheit *stf.* (*ib.*) *schnelligkeit, ungestüm* MONE *schausp.*

gachel trifolium VOC. 1482. *vgl.* gahel.

gâch-lîche, -en *adv. eilig, plötzlich, jählings* BIT. 9091. DIETR. 6821. *s.* gæhelîche.

gâch-muot *stm. jähzorn* PF. *arzb.* 2, 1ᵇ;

gâch-muotec *adj.* vehemens VOC. 1482;

gâch-muotec-heit *stf.* (II. 260ᵇ) *md.* gâmûtikeit, *eilfertigkeit* PASS. *vgl.* gemuotecheit.

gâch-rite *swm.* (II. 698ᵇ) *das hitzige fieber; nicht zu belegen, vgl.* OBERL. 464.

gâch-schepfe *swf.* (II². 70ᵇ) *Norne, schicksalsgöttin, insofern sie unversehens, nach einem blinden zufalle tod u. andere widerwärtigkeiten verhängt* VINTL. (7864).

gâch-schric *stm.* (II².211ᵃ) *plötzlicher sprung* LIT.

gâch-spîse *stf.* (II². 511ᵇ) *speise, die schnell beschafft werden kann* Iw. (1222), *vgl.* daʒ ze gâher spîse tohte KINDH. *Feif.* 708.

gâch-touf *stm. nottaufe.* wer dich getouft hab, eʒ sî pfaff oder ley, als etwan ze gâchtouf geschiht, der ist dîn geistlich vater SWSP. 345, 90; gâchtoufe *stf.* BERTH. *Kl.* 442;

gâch-toufen *swv.* (III. 58ᵇ) *die nottaufe verrichten* SCHM.

gâch-witzec *adj.* NEIDH. XLII, 2 *var. zu* unzîtec.

gâch-zornec *adj. jähzornig.* haizer nâtûr und gæchzornig sîn MGB. 12, 21.

gadem, gaden *stn.* (I. 455ᵇ) *pl.* gadem *u.* gedemer (MART. gadmer CHR. 5. 153, 26. 315, 4): *haus von nur einem gemache, gemach überhaupt (schlafgemach* TROJ. 8497. HERB. 13390), *kammer, hoch gelegener verschlag, stockwerk.* zieml. allgem. (*bei* HARTM. *u.* WOLFR. *nur je einmal, bei* GOTFR. *gar nicht*), *s. noch* gadem grôʒ und klein ERNST 2338. er hieʒ in rûmen daʒ gadem KCHR. 5446. 5737. in ein gaden er si stieʒ TROJ. 23380. kom zuo ir in daʒ gadem BPH. 1629. in einem dunkeln gaden LS. 2. 167, 84. gadem unde schrîn HELMBR. 837. swer êre unde guot zesamene in ein gadem tuot RENN. 4604. in eines gadmes vach PASS. *K.* 630, 59. swer sîn gadem ûf tuot oder sînen keller oder sîne krâme SWSP. 297, 2. das dhein krâmer sein krâm noch gadem nicht offen sol haben an dheinem veirtag NP. 153. alle chelr und gadem, dâ wein inn leit UKN. 283 (*a.* 1339). *stockwerk:* SWSP. 123, 6. SSP. 3. 66, 3. CHR. 5. 35, 29. 153, 26. 208, 2. 215, 9. 315, 2. 4. TUCH. 260,21. 262,25. 281, 7. — *nach* WACK. *zu* χιτών, *vgl. dazu* GERM. 4,169. KWB. 106;

gademer *stm.* (I. 456ᵇ) *zimmermann* SCHM. (*urk. v.* 1244); inquilinus MERAN. (gädemler), *haushalter* Aw. 3, 129 (gadner).

gadem-man *stm. krämer.* welcher schenke gibt oder nimpt, er sî gadem an oder snîder, sal igliche parthye von iglicher elen mit eim ort zu pêne verfallen sîn FRANKF. *brgmstb.* 1443, III *p.* assumpt. *vgl.* BIRL. 176ᵃ.

gadem-stat *stf.* (II².601ᵃ) *s. v. a.* gadem *hütte, stall, scheune* URB.; *in der* ZIMR. chr. 3. 39,

20 *f. noch die composita* **gadengericht, gadenrichter** *scherzweise für hofgericht, hofrichter.*

gader *adv. s.* gater.

gaf *stn. s.* kaf.

gaffen *swv. s.* kapfen.

gaffer *stm.* (I. 456ᵇ) *kampfer* GSM. HELBL. MARIENGR. 195. HPT. 14, 174. campfer SUM. gampfer, kaffer, koffer VOC. 1482 *s.* DFG. 93ᶜ.
— *aus mlat.* camphora, cafura, *aus arab. pers.* caphûr, cafûr DWB. 5, 149. DIEZ 84.

gâgâg *interj. naturlaut der gans.* reht als diu gans schrît gâgâg nâch ir rehte KOLM. 113, 18. *vgl.* WACK. *voces* 2, 24.

gagel mirtum DFG. 363ᵃ; *vgl.* geiʒe-, schâfgagel.

gagen *swv. sich hin u. her wiegen* LESEB. 615, 5. *vgl.* gîgen, gugen.

gâgen *swv.* (I. 457ᵃ) gâ *schreien wie die gans* MART. (*lies* 152, 68). unter sich gâgen, *schreiend niederstürzen* RING 55ᵇ, 9;

gâgen *stn.* (I. 457ᵃ, 5) PARZ.

gagen, gagene *präp. u. adv. s.* gegen; gagenen *swv. s.* gegenen.

gageren *swv.* (I. 457ᵃ) *iterat. zu* gagen *sich hin u. her wiegen, zappeln* PARZ. *vgl.* KWB. 106.

gâgern *swv. iterat. zu* gâgen. von dem povel wart der gast vil an gegâgert GERM. *H.* 2. 96, 104;

gâgern *stn.* eʒ dringet durch gâgern (*um zu schwatzen, lärmen*) ûf den kôr vil manic ungevüeger tôr JÜNGL. 943.

gaggel-sac *stn. s.* gougelsac.

gagzen *swv. schreien wie eine eier legende henne, gackern.* si claffint unde gagzint alsô lange, biʒ in unsir hêrre sîn trôst enzûchet MONE 4, 370. ich sach einen gebûren gagzen PF. *üb.* 153, 14. — *den naturlaut gack gack! nachahmend, gr.* κακκάζειν *s.* WACK. *voces* 2, 52. KWB. 106;

gagzen *stn.* (I. 457ᵃ) Ms. swann daʒ (huon) ein kleineʒ ei geleit, sô bringt eʒ mit sîm gagzen, klaffen dicke ein wîtez hûs in nôt KOLM. 97, 10.

gâhe *swf.* (I. 454ᵃ) *s. v. a.* gæhe, *nur im adv.* (*acc.*) *ausdrucke* in allen gâhen (*ahd.* in ala gâhûn), *eiligst, plötzlich* LANZ. ER. PARZ. WALTH. KL. URST. 105, 43. 127, 1. ERACL. 889. APOLL. 17526. HIMLF. (HPT. 5) 1244;

gæhe *adj.* (I. 454ᵇ) *md.* gêhe *s. v. a.* gâch *u. damit in den handschriften wechselnd* KCHR. NIB. IW. TRIST. LIEHT. (g. muot 552, 3. 634,

4. *g. gir* 586, 10. *g.* liebe 652, 19). diu wîp gæhers muotes dan die man Büchl. 2, 687 (*hs.* geherrigers; *bei Bech* bekêrgers). ze gæhes muotes sîn Winsb. 33, 6. muotes alze gæher man *ib.* 9. niht ze balt mit gæhen siten *ib.* 30, 4. an dem willen gêhe Herb. 3043. mit eime gæhen sprunge Troj. 4115. den orsen was verhenget vil schiere ûf einen gæhen louf *ib.* 12215. wese niht alsô gæhe Drach. 978 *vgl.* Chr. 5. 25, 12. gæher tôt Büchl. 2, 116. a. Heinr. 720. Ga. 2. 181, 327. Pass. 316, 70. Anz. 7, 360;

gæhe *stf.* (*ib.*) *md.* gêhe *eile, schnelligkeit, ungestüm* Lanz. Er. 4108. 6675. Loh. 2813. 3758. 4202. j.Tit. 4942. Buch *d. r.* 516. Msh. 2, 375ᵇ. 3, 468ˢ. Pass. 52, 28. 190, 29. *K.* 97, 92. 228, 95. 252, 21; *abgek.* gâ (: nâ) Jer. 92ᵈ; *stelle, wo es jäh hinabgeht, abhang* Elis. 3625;

gæhede, gæhte *stf.* (*ib.*) *eile, schnelligkeit, ungestüm* Er. Trist. *U.* Berth. 298, 38. *md.* gêhede Pass. *K.* 401, 63.

gahel supercilio Veneris, herba quædam Voc. 1482. *vgl.* gachel, gagel.

gæhe-lich *adj. ungestüm, heftig.* mit gêhelîchen siten Pass. *K.* 357, 84;

gæhe-lîche, -en *adv.* (I. 454ᵃ) *s. v. a.* gâchlîche j.Tit. 264. Berth. 314, 18. Wernh. *v. N.* 35, 18. gælîche, -en Leys. *ebenso*

gæhelingen *adv.* Antichr. (Hpt. 6) 508. Mgb. 77, 7. 139, 28. Chr. 1. 471, 27; 5. 272, 4. 318, 28. *md. contr.* gâlingen Albr. 18, 79. *vgl.* Weig. 1, 383.

gâhe-lôs *adj. sich ungestüm, rücksichtslos der leidenschaft hingebend, von leichtfertigen buhlern u. buhlerinnen.* sô des vil gâhelôsen gæhez heil zergât, deir (= daz er) an der gâhelôsen gâhes funden hât Msf. 212, 35 *u. anm. Bech zu* Hartm. *lied.* 11, 23.

gâhen *adv. s.* gâhe *swf.;*

gâhen *swv.* (I. 455ᵃ) *ahd.* gâhôn *u.* gâhen (= gâhjan), *daher mhd. auch umgelautet* gæhen (: smæhen Elis. 6700) *intr. eilen, allgem.* (swer gâhen müge der gâhe Karl 95ᵃ. ich wil allez gâhen Msf. 170, 1. lât uns balde gâhen Erlœs. 1600), *mit gen.* (si wolten helfe gâhen Wwh. 25, 4. ieglîch mensche sîner spîse unmâzen sêre gâhet Helmbr. 1569), *mit infin. ohne* (Nib.) *oder mit ze* (Trist. Pass. *K.* 472, 78); *mit präpos., s. noch* daz ir an mîme tôde niht sô sêre gâhent Flore 6449. gâhet alle an die vart Dietr. 8454. gegen einem g. Loh. 1753. der fürste wert in sîn gewant nû gâhte *ib.* 2390. nâch eime hirze *g.* Troj. 18823. nâch den vienden *g.* Jer. 27ᵉ. ûf einen *g.* Loh. 4576. ze helfe *g. ib.* 5446; *mit adv.* dar, dannen (Troj. 22537), her, hin *etc.* gâhen; — *tr. durcheilen,* der sînen wec wil gâhen Erlœs. 1349. *— mit* er-, ge-, über, ver-;

gâhen *stn.* (I. 455ᵇ) *das eilen* Iw. Bit. 9094;

gâhes *adv.* (I. 453ᵇ) *st. gen. n. von* gâch *schnell, hastig, plötzlich, allgem., contr.* gâs Ath. Heinr. 3465. Krol. 3868; *nebenform* gâhens Ms. j.Tit. (5448). Himlf. (Hpt. 5) 811. 830. 903. 918. Ulr. *Wh.* 117ᶜ. 193ᶜ. Berth. 189, 28. 429, 5. Swsp. 63, 14; *verstärkt mit alles* Trist. (*vgl. Bechst. zu* 12348), allen Leys. Mar. 176, 21, aller Flore 6375, aller gâhens Hpt. 8. 171, 302. *ebenso*

gæhes *adv.* (I. 454ᵇ) *st. gen. n. von* gæhe Trist. Ms. Troj. 5514. 16683. Engelh. 2625. Silv. 3585. Loh. 3660. 3722. 3955. 6422. gæhes dar und gâhes dan Lieht. 586, 13. **gæhse** Griesh. Mone 8, 490;

gæhte *stf. s.* gæhede.

gahten *swv. s.* geahten.

g'al *prät. s.* gëllen;

gal, -les *stm.* (I. 457ᵇ) *gesang* Ms. Ls. (*dat.* gal 1. 347, 445), *ton, schall,* busûnen gal *ib.* 2. 241, 1101. waist nicht, das lêre ding als schalmeien und pusaun lauten gal geben? Cgm. 254, 13ᵇ. er ist hendiger danne ein gal Msh. 3, 306ᵃ. der gal und der hal ruofte wider Myst. 2. 286, 36; *schrei,* jâmers gal Wh. *v. Öst.* 38ᵃ. F. Schwab. 141. daz ir jâmer unde ir gal in den lüften wider hal Pyram. 457. einen gal lâzen Wolfd. 805. 826. einen *g.* tuon Da. 298; *ruf, gerücht, bœser* gal Wolk. 29. 2, 27. — *zu* galen; *vielleicht auch*

gal, -lles *von* gëllen, *vgl.* Wack. *voces* 2, 56. 74.

galactîdâ (I. 157ᵃ) *ein edelstein* Parz. *vgl.* galazîâ Lanz. 8525 *ff.*

galadrîus, galadrôt *s.* karadrîus.

galander *stswm.* (I. 457ᵃ) *haubenlerche* Parz. Trist. Wig. Renn. j.Tit. 702. 714. 3373. 74. Troj. 10032. 15690. 16489. Wolfd. 1407. Krone 6304. Türl. *Wh.* 31ᵇ. Apoll. 13070. 13283. Heinz. 625. Helmbr. 1886. Msh. 2, 321ᵃ. 3, 299ᵃ. 417ᵃ. Mgb. 176, 4. 17. golander Germ. 6, 97. goulammel Dfg. 88ᵃ; *später auch fem.* die galander Altsw. 76, 6. die gelander 20, 30. — *aus fz.* calendre, *it.* calandro *von* κάλανδρος, κάλανδρα *s.* Kuhn 15, 436 *ff. vgl.* karadrîus.

galantîne *f. s. v. a.* galreide DFG. 255ᶜ.
galan-wurz *stf.* (III. 829ᵃ) *s. v. a.* galgan Voc. *o.; s.* galgenwurz.
galarit *swm.* galaritides, ain stain MGB. 448, 6.
galban *stn.* galbanum, ain staud MGB. 367, 5. species aromatica Voc. 1482.
galbei *stn. s.* galvei.
galbîne *f.* (I. 457ᵇ) *eine blume* MART. (*lies* 27, 13).
gal-brunne *s.* galgbrunne.
galc *m. s.* galge.
galê, galeide *stf. s.* galîe.
galen, galn *stv.* I, 4 (I. 457ᵇ) *singen. ahd.* kalan, *ags.* galan, *altn.* gala; *mhd. nur zu folgern aus* gal, nahtegale, galm, galster. *vgl.* FICK 65. CURT³. 168.
galf *stm.* (I. 518ᵇ) *lautes, übermütiges geschrei* MALAG. MISC. (= MSH. 3, 175ᵇ. WARTB. 126, 2). *in* strîtes galfe WOLFD. *Casp.* 155. — *zu* gëlfen, *vgl.* galp.
galgan, galgân *stm.* (I. 458ᵇ) *die galgantwurzel* GEN. D. 9, 8. FLORE 2083. APOLL. 8578. 18086. ALBR. 457ᵇ. MART. (*lies* 64, 39). CHR. 1. 100, 29. galgant NP. 128. galgant, -ent, -et DFG. 256ᵇ. galgen HPT. 2, 152. *der paum oder die staud wechset in Persen lant, und des wurzel nimt man in erznei. man mag si behalten fünf jâr und die wurzel haiz wir* galgan MGB. 368, 20 *ff.* — *aus mlat.* galanga WEIG. 1, 385.
galg-brunne *swm.* (I. 269ᵇ) *der ziehbrunnen* GRIESH. DFG. 474ᶜ. S. GALL. *chr.* 78. galgbronnen ZIMR. *chr.* 1. 304, 9. 553, 13; 2. 128, 31. galbrunne SCHÖPF 169 (*a.* 1447). *s. das flgd.*
galge *swm.* (*ib.*) *gestell über einem schöpfbrunnen zum heraufziehen des eimers* SCHM. drei stucke zu eim galgen zun born FRANKF. *baumeistb. v.* 1433 *f.* 41ᵇ. zu eim galgen uber ein born *ib. v.* 1435 *f.* 47 (*vgl.* galgbrunne); *galgen* GEN. GUDR. BERTH. KCHR. D. 464, 7. GR. RUD. 14, 15. LIEHT. 531, 4. MSH. 2, 202ᵇ. 3, 438ᵃ. LS. 1. 538, 53. KARLM. 257, 25; *kreuz Christi*, gotes galgen PRIESTERL. 263. an deme galgen des heiligen crûcis WACK. *pr.* 6, 28. den galgen des kriuzes er selber truoc BERTH. 61, 20. ALSF. *pass.* 63ᵇ; *als schelte* (*vgl.* galgenswengel), ain pôser, henkmessiger galc BEH. 14, 8. — *mutmassungen über die etym. s.* RA. 682 (*zu* ἕλιξ, ἕλκω *vom aufwinden, aufziehen*), DIEF. 2, 386. 744 *u.* WEIG. 1, 385 (*zu poln.* gałąź *ast, lit.* żalga *stange*), KUHN 14, 157 (*zu lat.* furca; *zu* furca, fulcio *auch von* WACK.), GSP. 25 (*zu lat.* crux *u. skr.* krunc *sich krümmen*).

galgen *stm. s.* galgan.
galgen-bërc *stm.* (I. 105ᵇ) golgatha DFG. 256ᵇ.
galgen-boum *stm.* mirtus DFG. 363ᵃ. *vgl.* galgan.
galgen-hobel *stm. als schelte,* ein pœser g. BEH. 7, 28.
galgen-mæzec *adj. galgenmässig, galgenreif* CHR. 3. 141, 28.
galgen-meister *stm. henker* JUST. 244.
galgen-reise *stf.* CHR. 4. 153, 24 *s. v. a.*
galgen-rit *stm. servitium equitationis in ducendo fure ad patibulum* HALT. 584.
galgen-sprüzzel *stm. strasse auf der galgenleiter, bildl. einer der für den galgen reif ist* BEH. 10, 11.
galgen-stat *stf. gerichtsstätte* GR.W. 1, 794.
galgen-stric *stm. galgenstrick* RING 51, 40.
galgen-stücke *stn. teil eines ziehbrunnens* FRANKF. *baumeistb. v.* 1435 *f.* 47 (*abwechselnd mit* bornstucke).
galgen-swengel, -swenkel *stm.* (II². 805ᵃ. 808ᵃ) *galgenschwengel, galgenreifer schelm* MS. RENN. (911. 9510). CHR. 3. 142, 20.
galgent, galget *stm. s.* galgan.
galgen-wurz *stf.* galanga Voc. 1482. *s.* galanwurz, galgan.
galg-rahe *swf.* (II. 548ᵃ) *brunnenstange* SCHM. 2, 39. 3, 75.
galhart, -herte *s.* galreide.
gæ-lîche *adv. s.* gæhelîche.
galidrôt *s.* karadrîus.
galîe *stswf.* (I. 458ᵃ) *ruderschiff mit niedrigem borde, galeere* GUDR. ORL. 12095. 12324. 14130. ALBR. 1, 179. 16, 21. *sw.* OREND. 413. *nbff.* galê *ib.* 557. galîne RUL. KCHR. ULR. Wh. 166ᵃ. OREND. 566. ELIS. 4571. galîn (: sîn) OREND. 113. CHR. 4. 65, 5. 9. 18. galein ENENK. (HPT. 8, 287). *sw.* TROJ. 23851. ELIS. 4596. galîde (: blîde) TÜRL. Wh. 86ᵇ. 87ᵃ. ULR. Wh. 166ᵈ. galeide KARLM. 461, 12. — *aus mfz.* galie, *mlat.* galeida, *vgl.* DIEZ 1, 198.
galilêisch *adj.* galilæus EVANG. L. 23, 6.
galinære *stm. schiffmann* OTN. *Ettm.* 3, 40. *s.* galîe.
galînê *stf.* (I. 458ᵇ) *die windstille auf dem meere, gr.* γαλήνη GUDR. 1132.
gâlingen *adv. s.* gæhelingen.
galîn-hûs *stn.* (I. 738ᵃ) *schiffsarsenal* ROZM.
galiôt *stm.* (I. 458ᵇ) *schiffer, fährmann* PASS. K. 470, 4; *seeräuber* WIG. BARL. j. TIT.; *sw.* alsam er galiôten füere GERM. H. 9. 119, 870. — *aus fz.* galiot, *it.* galeotto *s.* galîe.
galitzen-stein *stm.* (II². 614ᵇ) castogaloe, vitriolum DFG. 105ᵃ. 624ᵃ. *vgl.* KWB. 107.

galle f. (I. 519ᵇ) *schelle,* tintinabulum Voc. *o.* — *zu* gëllen.

galle swf. (I. 459ᵃ) *galle, bitteres überhaupt u. bildl. falschheit. allgem., s. noch* bitter als ein g. MSH. 3, 335ᵇ. sich selben mit der gallen trenken *ib.* 34ᵇ. galle für honic RENN. 15491. diu galle in mînem lîbe tobet Ls. 3, 25. diu süeʒe âne gallen GFR. 2573. ir süeʒe diu wart ʒeiner bittern gallen WARTB. 144, 6; jâmers g. KRONE 21848. der sorgen g. MSH. 3, 167ᵇ. nîdes g. LIEHT. 621, 30 (*vgl.* nîtgalle). leides g. FLORE 5865; lîden tœtlich gallen j.TIT. 3887. swie doch ir herʒe sî gallen vol RENN. 692. grôʒ herʒe und kleine gallen, dar ob was sîn brust ein dach PARZ. 317, 26. daʒ ist al mîner freuden galle j.TIT. 1809. wîp sint âne gallen MSH. 2, 316ᵇ. sie tragen al in ir herʒen bitter gallen und in ir munde honicseim *ib.* 3, 57ᵇ. ganʒe triuwe âne untriuwen galle KRONE 27177. diu juncvrou ist sô gar ân alle gallen LOH. 1206. ân valsche gallen *ib.* 2087. einem gallen tragen j.TIT. 4210. einem galle wesen (*ihm höchst unangenehm sein*) PASS. *K.* 331, 34. ich hân gên dir niht gallen GA. 2. 543, 381; *bildl. auch zur bezeichnung eines bösen menschen* GUDR. — *zu gr.* χολή, *lat.* fel CURT³. 192.

galle swf. (I. 459ᵃ, 45) *geschwulst über dem knie am hinterbeine des pferdes* NARR. 102, 84. *hieher wol auch:* der felsen ist voller glesʒ und gallen ZIMR. *chr.* 3. 189,13. *vgl.* gallinc, vlôʒgalle *u.* PFEIFF. *das ross im altd.* 12,30. — *aus fz.* gale, *it.* galla *beule, krätze, eigentl. der gallapfel vom lat.* galla WEIG. 1, 386.

gallen-balc stm. cistafellis Voc. 1482.

gallen-blâter f. cistifellis DFG. 124ᵃ.

gallen-suht stf. wann das vederspil die gallensucht hat, die man haisset in wälsch fellera MYNS. 56.

gallen-sûf stm. (II². 720ᵇ) *gallentrank. ebenso* **gallen-tranc** stm. WARTB. 93, 5.

gallinc adj. (I. 459ᵇ) *mit der* galle, *pferdekrankheit behaftet* LANZ.

gall-mucke swf. *gallwespe* HPT. 14, 166.

galm stm. (I. 457ᵇ) *pl.* galme ORL. 3142 *u.* gelme TROJ. 33916: *schall, ton, allgem.; s. noch* des dônes g. GERH. 3636. der galm in dem gedône PASS. 36, 16. *vgl. K.* 48, 42. 60, 93. 335, 59. 332, 44. gedœne âne wort daʒ ist ein tôter galm MSH. 3, 99ᵇ. durch die venster gie der galm (*des gesanges*) NEIDH. 40, 34. dînes mundes g. ULR. *Wh.* 130ᶜ. 257ᵇ. 262ᶜ. sîner stimme g. ENGELH. 6014. swie man ʒe walde ruofet, billîch alsô der galm widerhillet HADAM. 430. mîn sündec galm LOH. 7666. gedanc u. galm ULR. *Wh.* 290ᵈ. gruoʒes g. 182ᵉ. mîner bete g. 267ᵃ. des mæres g. 263ᵇ. leides g. 221ᶜ. lobes g. 181ᵇ. MART. 30ᵃ. jæmerlîcher galm WWH. 129, 23. daʒ herʒe twanc des jâmers galm ULR. *Wh.*113ᶜ; *lärm, geräusch* WOLFR. WIG. GEO. der slege galm ULR. *Wh.* 212ᶜ. des heres g. HELBL. 15, 769. — *zu* galen. *vgl. auch* CURT³. 168 *u.* gëlm.

galmei stm. *galmei, kieselzinkspath* MONE z. 1, 44 (*a.* 1474). — *span.* calamina *aus gr.* καδμεία WEIG. 1, 387.

galmen swv. (I. 458ᵃ) *schallen* FRISCH. *vgl.* KWB. 107.

galm-holin stf. sonarium, est locus per quem fit sonus Voc. 1482.

gâlois adv. britûnisch singen und gâlois (*walisisch*) TRIST. 3689.

galopeiʒ stm. *galopp* HPT. 1, 18;

galopieren, kalopieren swv. (I. 460ᵃ) *im sprunglaufe reiten, galoppieren* PARZ. TRIST. j.TIT. 5308. ULR.*Wh.*15ᵇ. 24ᵇ. **galumbieren** WH. v. Öst. 37ᵃ. — *aus prov.* galaupar, *fz.* galoper, *it.* galoppare *vom gt.* hlaupan *laufen, ahd.* hloufan, gahloufan (*möglicher weise steckt aber in* ga *das adv.* gâ, gâch *schnell, also* galopp = *ahd.* gâ-hlouf *od.* gâh-louf *schnelllauf s.* WACK. *umd.* 6). *vgl.* DIEZ 1, 200 *u.* walap, walopieren.

galp stm. *gekläffe.* ir hunde hetten ir galp (: halp) ERLŒS. 3049. *vgl.* galf;

galpen swv. (I. 460ᵃ) *klaffen* LAMPR. — *ahd.* galpôn, *ags.* gëlpan, *superbire. vgl.* gëlfen.

galreide stf. (I. 460ᵃ) *gallerte aus thierischen oder pflanzenstoffen* WWH. KOL. *nbff.* galrêde, galrêdel (GERM. 9, 198), galrat, galhart, galhert DFG. 255ᶜ, *im* Voc. 1482 *auch* salrayde *neben* galreyd; *gekürzt* galrei Ms. — *aus mlat.* geladria, gelatria, galreda *vom lat.* gelatus;

galreiden swv. (*ib.*) *in gallerte zubereiten, part.* gegalreit OBERL.

galreid-sulze stf. galantela, galreida, gelatria Voc. 1482.

galster stn. (I. 458ᵃ) *gesang, bes. zaubergesang, zauber* EXOD. LANZ.; *betrug,* ein galster begân AMMENH. schachzabelb. 167ᵇ (*s.* 216 *des druckes*);

galsterîe stf. (*ib.*) *zauberei* SWANR.;

galster-lich adj. *zauberisch* EXOD. *D.* 143, 2.

galt adj. *keine milch gebend, unfruchtbar.* galtes vich GR.W. 6, 169 (*s.* galtvihe), geldc

galt-alpe

Jer. 175ᵉ (*von lämmern*). *vgl.* Rotw. 1, 48.
2, 394. Schm. 2, 40. Kwb. 107. Schöpf 171.

galt-alpe *swf. alpenweide für das* galtvihe
Gr.w. 5, 211.

galte *swm. ein einjähriges kalb* Urb. Son. 72,
17 *var.* — *zu* galt.

galten, gelten *swv.* gëlten *lassen, in* engalten,
-gelten.

galter *s.* gealter;

galtet *part. s.* alten.

galtnüsse *stfn. entgeltnis*, *geldstrafe* Swsp.
407, 7. Chr. 4. 153, 28. Schm. 2, 40; geltnüsse
Swsp. 315, 8.

galt-vihe *stn. vieh das keine milch gibt* Gr.w.
5, 211. *s.* galt.

galumbieren *swv. s.* galopieren.

galûnt *part. s.* alûnen.

galvei *stn.* (I. 460ᵃ) *ein trockenmass, etwas
weniger als der* vierlinc Mb. 36ᵃ, 203 *ff.* (*a.*
1280). driu galbei Müncher mâȥes = ein
kastmut *ib.* 18, 30. *vgl.* Urb. Son. *s.* 109.
Schm. 2, 33. Schöpf 170;

galvel *stn. dem. v. vorig.* Urb. Son. 40ᵃ.

galy. von dem galy. galy ist ain tier, eȥ streit
mit den slangen *etc.* Mgb. 140, 16 *ff.* — *gr.*
γαλέη *wiesel, marder.*

galze *swf. verschnittenes schwein.* ein barc
einen pfenn., zwô galzen einen pfenn. *als
marktzoll* Gr.w. 1, 762. Mone *z.* 5, 503. galze,
gelze, gelz, gelte Dfg. 564ᵃ. — *ahd.* galzâ,
gelzâ, *sucula, altn.* göltr *eber. vgl.* Weig. 1,
411. Schm. 2, 46. Oberl. 467;

galzler *stm. sauschneider* Dh. 90 (*Bern*).

gam *stm. s. v. a.* gamen Jer. 54ᵇ.

gâmahiu *m. f.* (I. 460ᵃ) *name eines edelsteines*
Konr. (Troj. 3052), gâmahie Erlœs. 409.
gâmhiu Altsw. 40, 12. *vgl.* gâmân.

gamâlêôn *stm.* (*ib.*) *chamäleon* Geo. Freid.
Ms.

gâmân *stm.* (*ib.*) *ein vielfarbiger edelstein*
Wwh. kâmân Ot. *vgl.* gâmahiu.

gamander *stm.* der neundt angel (*zum fischen*)
sol gefasst sein nach dem gamander, daȥ ist
ein muck Hpt. 14, 166; gamandermucke
swf. ib. 167.

gamander *od.* leuchte, *od.* ayer in der pfannen,
ayer im smaltz, gamandria Voc. 1482.
vgl. das fgd.

gamandrê (I. 460ᵇ) *eine pflanze* Ms. chamædrys,
chamendros chamandrea Dfg. 92ᵇ. collocusium,
capar, capus, gamandiros Voc.
1482. — *fz.* germandrée *vgl.* Weig. 1, 387.
Diez 80.

gampen

gamanje *stf.* (I. 460ᵇ) *weiblicher hofstaat?*
Wig. *vgl.* comunie.

gamel *stn.* (I. 461ᵃ) *lust, spass* Konr. Al. Ga.
3. 377, 783. Ls. 2. 629, 78. *vgl.* gamen, gampel;

game-lîche *adv. s.* gemelîche.

gamel-stat *stf.* amphitheatrum Dief. *n. gl.*
22ᵃ.

gamen *stnm.* (I. 460ᵇ) *auch stf.* Exod. *D.* 159,
5: *spiel, spass, lust* Gen. Lanz. Freid. Reinh.
Herb. Elis. 3369. 3636. 3769. 4350. Erlœs.
4346. Albr. 21, 458. Karlm. 122, 52. 172, 49.
207, 58. 211, 24 *oft nur zur reimausfüllung
s. Bartsch s.* 284. Ga. 3. 78, 1312. Ls. 2. 630,
13. — *ags.* gamen, gomen, *altn.* gaman, *engl.*
game. *vgl.* gampen, gumpen.

gâmen *swv. s.* goumen.

gamen-lich *adj. s.* gemelich.

gâmer *stm. s.* jâmer.

game-roc *stm.* (II. 759ᵇ) *eine art röcke, die
den deutschordensrittern zuʼ tragen verboten
wurde* Stat. *d. o. vgl.* gamen.

gâmhiu *s.* gâmahiu.

gamille *swf.* (I. 461ᵃ) *kamille* Ms. Such. Mgb.
388, 9. camille Msh. 3, 212ᵇ. — *aus gr.* χαμαίμηλον,
lat. chamæmelon, *mlat.* chamomilla Dwb. 5, 99.

gamillen-bluome *swf.* camamilla, kamillenbluomen
Dfg. 92ᶜ. kamillunbluome Dwb. 5,
100.

gamillen-var *adj.* (III. 237ᵇ) *wie kamillen,
gelb u. weiss gefärbt* Such.

gamillen-waȥȥer *stn. aufsud von kamillen*
Mgb. 388, 19.

gampel, gempel *stf. nicht m.* (I. 526ᵇ) *scherz,
possenspiel* Parz. Ms. j.Tit. 2907. *vgl.* gumpel;

gampeln *stn. das springen, hüpfen* Germ. 10.
317, 63.

gampel-her *stn.* (I. 662ᵃ) *mutwilliges, possenhaftes
volk* Parz.

gampel-man *stm. possenreisser* Cod. *pal.* 341,
129ᵇ. *s.* gumpelman.

gampel-site *stm.* (II². 325ᵃ) *ausgelassenes benehmen*
Parz.

gampel-spil *stn.* (II². 501ᵇ) *possenspiel* Walth.
Kell. *erz.* 21, 30.

gampel-vreude *stf. ausgelassene freude* j.Tit.
6066 (kampelfreude).

gampel-vuore *stf. ausgelassenes treiben* Kolm.
193, 11. *ebenso*

gampel-wîse *stf.* Pf. *üb.* 162, 79.

gampen *swv.* (I. 526ᵇ) *hüpfen, springen, stam-*

pfen. mit den füszen gampen ZIMR. *chr.* 4. 24, 15 *ff. vgl.* gumpen;

gampenieren *swv. hüpfen, tänzeln.* ob ir ez (gewant) eht alse hôchverteclîchen traget, daz ir iuwern lîp dâ mite brankieret, unde gampenieret unde wizzet niht, wie ir gebâren sullet BERTH. 118, 16. *vgl.* gampieren;

gampf *stm. das schwanken* JER. 84ᵈ. *vgl. schwz.* gämpfen STALD. 1, 420.

gampfer *s.* gaffer.

gampieren *swv. springen, tänzeln.* diu ros gampierten under in APOLL. 17819. *vgl. fz.* gambader, *ital.* gambettare *u.* oben gampenieren; *kärnt.* gampern KWB. 107.

gampilûn *stn.* (I. 461ᵇ) *s. v. a.* gabilûn PARZ. *vgl. auch* DIEF. 1, 169.

gâ-mûtikeit *s.* gâchmuotecheit.

gamz *stswf.* (I. 461ᵇ) *gemse.* mit drîn helfanden sol ich dâ bî Tirol gamzen hetzen MSH. 2, 386ᵃ. gämz MGB. 128, 2. gamschen W. *v. Rh.* 73, 9. — *it.* camozza, *span.* camuza, gamuza, *fz.* chamois; *span. port.* gamo *damhirsch, warscheinl. vom deutschen* gamen *s.* DIEZ 83. SCHADE 161ᵇ.

gan *präs. s.* gunnen.

gân, gên *v. an. red.* (I. 462ᵇ—468ᵇ) *gehen. nbff.* gein ANTICHR. 121, 4. 126, 34. DIEM. 183, 18. gien, gîn *s.* CHR. 1, 307. 2, 553ᵇ, WEINH. *b. gr.* § 274. — *im conj. präs. ist* ê *der weit vorgezogene stammvocal,* â *kommt selten vor* (GEN. D. 52, 26. GEO. 5476. OTN. 243, 3. KRONE 12022. 24968; *s.* WEINH. *a. a. o.*); *imperat.* gâ, gê; *prät.* gie (gei DIEM. 7, 21; *bei* OT. *c.* 439 *auch* dû gie : die), *pl.* giegen LEYS. DIEM. 150, 18. 191, 19 (*s.* WEINH. *a. a. o., wo aber das citat aus Stromer zu streichen ist), conj.* giege MONE *z.* 15, 212 (*a.* 1312); *part. prät.* gân, gegân, gegên. — *neben* gân, gên *haben wir eine dem gt.* gaggan *entsprechende erweiterte form* **gangen** (gengen DIEM. 32, 20. 234, 25), *die auf eine alte bildung durch wiederholung der wurzel* (gam) *zurückzuführen ist* (*s.* GSP. 24. 342): *präs. ind. selten* gang MONE 6, 341. gangen WACK. *pr.* 31, 1. GRIESH. 2, 53. MART. 130, 13; *im conj.* gange genge, gangest gengest *etc. besond. schwäb.-alem. beliebt s.* WEINH. *al. gr.* § 336. CHR. 5, 459ᵃ; *imperat.* ganc, genc, *allgem., nbff.* geinc, gienc DIEM., gînc GREG. PARZ. HELBL. WG. 8026. BPH. 4035. 4318. 5724. 5957 *etc.* LIECHT. 353, 5. DSP. 12. 24 *u.* überhaupt oft in varianten; *prät.* gienc, giengen, *md.* gînc, gîngen, *allgem. nbff.*

geing DIEM. 194, 4. gung HELDB. K. 613, 32. *apok.* gien ULA. 256 (*a.* 1361). USCH. 211 (*a.* 1342); *part. prät.* gegangen (TRIST. 16025. FLORE 1374. TROJ. 37707), gangen (TRIST. MERSW. 81. MONE *schausp.* 2, 336. MYST. 2. 244, 1 *ff.* GR.W. 1, 196. 741; *auch bloss* gang : lang OT. *c.* 268. FASN. *nachl.* 252, 32). *das perf. wird auch mit* haben *construiert* Ms. RENN. 17862. MYST. 2. 244, 1 *ff.* EVANG. 258ᵇ.

— **gân** *drückt im engeren sinne den act des gehens aus* (gênde soldner *u.* schützen CHR. 2. 34, 10; 3. 356, 25. 357, 16 *ff.; tr. mit inf. od. acc.* slâfen gân, einen wec gân), *im weiteren: sich begeben, auftreten, erscheinen, geschehen* (*bes. redensarten:* mir gât ein dinc nâhe; mir gât nôt eines dinges, *ich bin dazu gezwungen, ich muss* IW. NIB.; gân lâzen, *mit der ellipse von* ors, schif, swert). *zahlreiche belege gibt das* WB., *anzuführen ist noch der rechtl. ausdruck* ûf einen gân, *auf einen compromittieren, ihn als mittelsperson wählen* Mz. 1, 226 *a.* 1286. MH. 2, 267. CHR. 5. 11, 25; *ebenso* hinder einen gân Mz. 1, 555. CHR. 4. 40. 24. 155, 11. 177, 3. 181, 11. — *mit* abe, ane, bî, gegen, în, mite, nâch, nider, über, ûf, umbe, under, ûz, vor, vür, wider, zuo; be-, durch-, en-, ge-, hinder-, über-, umbe-, under-, ver-, wider-, zer-. *zu skr.* gâ, gam *vgl.* DIEF. 2, 373. SCHER. *gesch.* 174 *ff;*

ganc *imperat. s.* gân;

ganc, -ges *stm.* (I. 474ᵇ) *plur.* genge *gang, art des gehens* NIB. TRIST. mit spæhen gengen BERTH. 416, 22. pflic sentteclîcher genge TROJ. 14999. swelch ros dâ hete vollen ganc *ib.* 12218. ir minnen ganc entrat doch hie der bluomen niht TÜRL. Wh. 152ᵃ. mit vûgen sînen ganc haben, *passen* PASS. K. 267, 31; *gang, weg* ROTH. TRIST. WALTH. GEN. D. 6, 21. 28, 7. ich bin gegangen manegen krumben ganc MSH. 3, 312ᵇ. des ganges mangeln ULR. 1184. die genge bî dem turne FLORE 4943. des jâres g. PASS. 176, 13. daz ungelücke nam vollen ganc ûf die diet *ib.* 355, 4. als ez danne ganc hât HERB. 2747; *zug, art vorzuschreiten im schachspiele* MASSM. *schachsp.* 133 *ff.; vene, gefäss* MGB. 96, 15. 323, 4. 388, 26. die gäng zuo der unkäusch sämen, *die samenstränge ib.* 396, 26; *erzgang* FELDB. 43 *ff. vgl.* PASS. K. 721ᵃ; *eisgang* CHR. 4. 113, 11; *abgang (der waare, preis), der* (eimer most) *das vergangen jar umb* 15 dn. seinen gangk gehabt hab MH. 2, 816; *cloake,* *abtritt* Ssp. 2, 51. — wir hân och gesezzet, daʒ enwedre ân der burger willen mê denne zwai ganch (*stück*) vêhe haben sol *auf der weide* Don. *a.* 1303 (*Hayginger stadtr.*). daʒ leinerîn tuoch sol haben an der zal zuo dem minsten an zwên und vierzig genge und daʒ alt tuoch drî und drìʒʒig genge Rotenb. *r.* 34. *vgl. dazu:* eʒ schol ein iegleich tuch 32 ellen lank sein Np. 164.

ganc-bære *adj. in* ungancbære.

ganc-haft *adj. ganghaft. g.* erze, *vena continua s. cohærens* Feldb. 389;

ganc-haftec *adj.* (I. 477ᵃ) *gänge, gangbar, geläufig* Oberl.

ganc-heil *adj.* (I. 650ᵃ) *hinsichtlich des ganges gesund, gut auf den beinen* Bon.

ganc-stîc *stm. fussweg* Gr.w. 6, 167.

gancte *prät. s.* gengen.

ganc-vertic *adj. zum auszuge bereit, fertig.* die gezelte gangfertig machen Frankf. *brgmstb. v.* 1459, III. *p. divis.*

ganc-visch *stm. gangvisch, felche* Gr.w. 1, 241. S. Gall. *ord.* 192. *vgl.* Zimr. *chr.* 1. 54, 18.

gand *stn. s.* gant.

ganden *swv. s.* geanden.

ganeist, ganeiste *stf. swm.* (I. 461ᵇ) *funke* Diem. Griesh. Serv. *nbff.* ganest Wack. *pr.* 56, 331. geneiste Mart. Pf. *üb.* 95, 321. gneiste Troj. Pantal. 256. Reinfr. 9ᵇ. Netz 2253. geniste Swanr. 1001. — *ahd.* ganehaista, gneista Gff. 4, 296 *von dunkl. abstammung. gegen* Wack. *ableitung von* eiten *mit präfix* gan = ge *spricht ahd.* ganeheista *und die einfache in mundarten noch erhaltene form* gan *s.* Schm. 2, 50, Schöpf 172, Kwb. 107, *wo auf den möglichen zusammenhang mit skr.* kan *leuchten,* kana *funke hingewiesen wird;*

ganeistelîn *stn. fünkchen* Ls. 3. 49, 884;

ganeisten *swv.* (I. 462ᵃ) *funken sprühen.* geneisten Ms. Reinfr. 2ᵃ. gneisten *ib.* 85ᵃ. Tit.;

ganeister *stswf.* (*ib.*) *ahd.* ganeistra *s. v. a.* ganeist Sigen. *Sch.* 168. Germ. 3. 420, 5. *nbff.* geneister (*pl.*) Lanz. 2593. genaster Altsw. 156, 12. ganster, gänster Leys. Parz. Engelh. *pl.* ganstern Herb. 8759. 15762. genstern Turn. 133, 5. viurîn geleister Ecke *Casp.* 257;

ganeisterlîn *stn.* (*ib.*) *dem. v. vorig.* Myst. 2. 495, 9. gensterlîn *ib.* 79, 6. Parz.;

ganeistern *swv.* (I. 462ᵇ) *s. v. a.* ganeisten. ganstern Hpt. 3. 20, 451. *vgl.* Kwb. 107.

gan-erbe *swm.* (I. 439ᵇ) = ge-an-erbe *mitanerbe, an den mit andern die erbschaft fällt,* *bes. miterbe einer gemeinbesitzung mit dem rechte zum eintritt in die verlassenschaft aussterbender mitglieder* Parz. Weist. (4, 608. 6, 45 *ff.* 60 *ff. u. oft*). Ssp. 1. 17, 1. qui dicuntur vulgariter ganerben St. *a.* 1276. *vgl.* Ra. 483.

gang *part. s.* gân;

gangeln *swv.* (I. 478ᵃ) *iterat. zu* gangen *gehen* Hätzl.;

gangen *inf. u. part. s.* gân.

gans *stf.* (I. 478ᵃ) *gen. u. pl.* gense *gans* Wolfr. (*Wh.* 599, 2 *wird* Germ. 7, 300 *erklärt: es würde euch weh thun, wenn ihrs auch nur mit gänsen aufnehmen solltet*). Ms. Neidh. 80, 34. der sinne ein gans Helbl. Rennew. 47, 11. si hânt gense wân Wartb. 19, 14. veiʒte gense Msh. 3, 310ᵃ. nâch den gensen gân *ib.* 322ᵇ. du hâst gense ertrettet vil *ib.* 10ᵃ. jâ durch der vedern willen daʒ die gense wol gerâten Ga. 1. 44, 130. ein gans wær wol über mer mit al irer habe geswommen Altsw. 148, 15. dâ wirt manger an geschrîet als die arn, sô man die gense wil bewarn Jüngl. 1238. *als abgabe:* ein gemesteu gans an sant Merteins tag Stb. 273. sô die gens ze send Martins mess all herîn sint chomen Geis. 426. — *zu skr.* hansa, *gr.* χήν, *lat.* anser Z. 1, 3. Curt³. 189. Wack. *voces* 2, 41 *anm.*

gans-affe *swm.* si sint narren und gansaffen Renn. 4205.

gans-ar *swm. gänseaar.* strebten als der gansar gein dem valken j. Tit. 4019. 4117.

ganse *swm. s.* ganze.

gans-effinne *stf. zu* gansaffe Renn. 4201.

gans-ei *stn.* (I. 414ᵃ) *gänseei* Berth. 586, 30.

ganser *stm. s.* ganzer.

gans-hirte *swm.* (I. 670ᵇ) auxo Dfg. 63ᶜ.

ganst *stf.* (I. 33ᵇ) *gen.* genste (*od. nom. diu* genste? *s. unter* anst) *wolwollen* Glaub. — *zu* gunnen.

ganster, ganstern *s.* ganeister, ganeistern.

gans-vĕdere *f.* (III. 287ᵇ) *gänsefeder* Lieht. *vgl.* Hpt. 9, 555.

gans-weide *stf.* (III. 552ᵇ) *gänseweide* Denkm. XCIX, 113.

gant *stn.* (I. 479ᵃ) *steiniger abhang, felsengerölle.* und zugen von der letz hin uff in das gand Glar. 111 *C.* — *aus dem roman.* ganda, *churw.* gonda *s.* Stald. 1, 420. Kwb. 108. Schöpf 172. Steub *rhät. ethnol.* 94. 178.

gant *stf.* (*ib.*) *verkauf an den meistbietenden, versteigerung* Weist. (4, 411). S. Gall. *stb.* 4, 93 Feldk. *r.* 123. 124. Chr. 5. 70, 14. 131, 7.

NETZ 12953. — „*das (symbolische) aufstecken des handschuhes* (wanto, wantus, guantus, gantus, *fz.* gant *s.* DIEZ 187. RA. 152) *scheint die bezeichnung der immobiliarexecution als* gant, *vergantung veranlasst zu haben"* MEIBOM *pfandr.* 103. *sonst gewönl. abgeleitet aus fz.* l'encant, *ital.* incanto *vom lat.* in quantum.

gant-brief *stm.* man sol dem amman geben von ainem gantbrief zuo besiglen ain schill. pf. GR.W. 1, 232.

ganten *swv.* (I. 479ª) *auf der* gant *verkaufen.* ein pfant ganten FELDK. *r.* 123, 3 *f.* — *mit* ver-.

gant-stein *stm.* wirt es (pfant) aber nicht verkauft, so sol er es fueren gên Prutz auf den gantstein und mag dan dasz verkaufen. *Laudegger ehehaft* 8ª (*geschrieben* 1548, *aber sie ist viel älter. mitteil. v. Zingerle*).

ganz *adj.* (I. 479ª) *ganz: unverletzt, vollständig, heil, gesund. allgem. s. noch* ganz unde gar KRONE 25573. 27588. 28494. ENGELH. 428. ein ganziu wârheit PANTAL. 1950. an freuden der ganze j.TIT. 5844. bestêt mir ganz mîn lanze ULR. *Wh.* 170ᵇ. dennoch was der sturm ganz KRONE 27082. sô saltu die heilen unde ganz machen PASS. 233, 83. 93. *comp.* genzer KIRCHB. 745, 44; *unverschnitten,* ganzer ohse GR.W. 3, 589. ganzes swîn *ib. u.* 6, 44. 45. — *vgl.* DIEF. 2, 386.

ganze *swm.* (I. 478ᵇ) *gänserich* NEIDH. (39, 26. 60, 25; *vgl. zu* 52, 4), ganse GR.W. 6, 225. genzGERM. 12. 204, 70. — *ahd.* ganazo, ganzo *zu* gans. *s.* ganzer *u. vgl.* DIEZ 163. WACK. *voces* 2, 135.

ganzec-heit *stf.* (I. 479ᵇ, 23) *s. v. a.* ganzheit LEYS.

ganzen *swv. in* erganzen.

ganzen-heit *stf. s.* ganzheit.

ganzer *stm.* (I. 478ª) *s. v. a.* ganze DFG. 37ª. ganser WEIST. (1, 573).

ganz-heit *stf.* (I. 479ᵇ) *vollständigkeit, vollkommenheit* HPT. 5. 450, 88. ganzenheit LEYS.

ganz-, genz-lich *adj.* (*ib.*) *ganz, vollkommen* TRIST. WALTH.;

ganz-, genz-lîche, -en *adv.* (*ib.*) *gänzlich* WINSB. FRL. ENGELH. PANTAL. 678. ERNST 3163. 3993. LOH. 6765. FLORE 2269. 4865. 5475. RENN. 14745. 15355. HEINZ. 49. LIVL. 10099. 11967. GFR. 1183. 1587. AMIS 329. PASS. 90, 53. 157, 83. 167, 73. HEINR. 4458.

gâr *stm. s.* gêr.

gar, gare *adj.* (I. 479ᵇ) *flect.* garewer, garwer bereit gemacht, gerüstet, bereit RUL. NIB. ER. garwer man FDGR. 2. 119, 9. garwer helt LUDW. v. *Th.* 4869. garwez (*bereit gemachtes, gegerbtes*) leder DSP. 1, 88ᵇ (*vgl.* gerwe). einen sperwære gar machen ENGELH. 3213. gar sîn, werden ze, *bereit, gerüstet sein zu* RUL. NIB. TRIST. BIT.; *vollständig, ganz* Ms. (ir magetuom der beleip ir gar *H.* 3, 26ᵇ). hie wirt lihte umbez gar (*um alles*) gespilt TÜRL. *Wh.* 50ª. er enwære an tugenden gar PASS. *K.* 424, 85. an magetûme gar ELIS. 2204;

gar, gare *adv.* (I. 480ᵇ) *gänzlich, völlig, ganz u. gar. allgem., bes. häufig vor adj. u. adv. s.* ELIS. 373ª.

gar, -wes *stn. rüstung.* die fuorten hurnîne gar (: dar) KARL 3082 *u. anm. vgl.* gare, gerwe.

gârât *stnf. gewicht für gold, perlen, edelsteine.* alsam ein golt mit garât schôn geprîset j.TIT. 3804. daz golt ein garât trüebet 5784. das (golt) drîundzweinzig karât hett GERM. 3, 373. FASN. 328, 11. 763, 11. garâd CHR. 1. 233, 30 *ff.* di perln sein von ainer garât *ib.* 101, 2. — *aus fz.* carat, *it.* carato *vom arab.* gîrât *u. diess von gr.* κεράτιον, *hülsenfrucht als gewicht gebraucht* DIEZ 89. DWB. 5, 205.

garb, garbe *swf. adv. s.* garwe.

garbe *stswf.* (I. 481ᵇ) *garbe* GEN. GRIESH. (1, 70). PARZ. ANEG. 20, 6. SWSP. 96, 14. GR.W. 3, 416. ALBR. 19, 105. LUDW. v. *Th.* 3117. garwe TUND. CHR. 8. 256, 9. 13. — *ahd.* karpa, garba, *alts.* garva *vgl.* DIEZ 642. KUHN 4, 170.

garben-bluome *f.* accorus DFG. 10ª.

garben-krût *stn. s.* garwenkrût.

gar-brâte *swm. eine art bratens.* lungelpràten, ruckpràten, garibprâten UKN. *einl.* XLIV *anm.* 8;

gar-bræter *stm.* koche und garbreter ANZ. 3, 303. *garkoch?*

gardevîaz (I. 482ª) *name eines hundes* = garde voyage TIT. (155. 156. 159). j.TIT. 1329. 34. 1460. 98. 1845 *ff.*

gardiân *m.* (*ib.*) *guardian* MYST. WARTB. 122, 9. 124, 8. MD. *ged.* 1, 55. ALTSW. 231, 38. 234, 2 *ff.* NETZ 5333. AD. 737. MH. 2, 746. gardiôn GERM. 3. 415, 5. cardiân GLAR. 59. — *aus it.* guardiano, *span.* guardian, *hüter, vom deutschen* warten DIEZ 187.

gare *adj. adv. s.* gar;

gare *stf. kleidung, rüstung* LIT. 220, 36. SSP. 1. 63, 4. *vgl.* gar, gerwe.

garen *stn. s.* garn.

garewen, garewer *s.* gerwen, gar.

gargôle *swf.* darumbe stûnt ein dolde von

pasten und fiôlen, wintburgelin gargôlen Erlœs. 442. — *fz.* gargouille.

gar-, ger-lîche, -en *adv.* (I. 480ᵇ) *gänzlich* Greg. Serv. Karl, Warn. Erinn. 272. Wig. 2958. Loh. 3591. 7234. Wg. 5788. 5866. 10052. Reinh. 364, 1986. Krone 11801. 27330. Ludw. *v. Th.* 1872. 2365. gerleich Dm. 48. 62. 66. Uhk. 2, 27.

gärm *stf. s.* gërwe;

gärmic *adj. superfluus* Mgb. 297, 13.

garn *part. s.* ern.

garn *swv. s.* gearnen, gërn.

garn *stn.* (I. 482ᵃ) *garn, faden* Ms. tuoch von garne Renn. 12733. er span kleinez garn Troj. 15873. garen Swsp. 26, 13; *garn, netz* Troj. Orend. 577. 81. 2297. Albr. 9, 159. 179. 17, 82. W. *v. Rh.* 224, 17. Wolk. 6, 194 (garen). Mone *z.* 4, 84 (*zum vogelfang*). — *altn.* garn, *ags.* gearn, *von dunkl. abst.*

garnasch, garnatsch *stf.* (I. 482ᵇ) *langes oberkleid ohne ärmel* Parz. Wg. (garnatsch 454). — *aus fz.* garnache, *it.* guarnaccia *von* guarnire *aus ahd.* warnôn *s.* Diez 189. Weinh. *d. fr.* 449. Weig. 1, 390.

garn-boum *stm.* (I. 227ᵃ) liciatorium Dfg. 327ᵉ.

garn-breit cesculus Voc. *Schr.* 666.

garnen *swv. s.* gearnen.

garnen *swv. in* vergarnen.

garn-netze *stn.* (II. 331ᵇ) aucipium, retiaculum Dfg. 59ᵇ. 496ᵃ.

garn-rocke *swm.* (II. 759ᵃ) *garnrocken* Hätzl. Fasn. 1219. girgillus Dfg. 263ᵇ. *n. gl.* 193ᵃ.

garn-spinnerin *stf. garnspinnerin* Netz 12034.

garn-stal *stmn.* (II². 558ᵃ) girgillus, mataxa Dfg. 263ᵉ 351ᵃ. *n. gl.* 193ᵃ.

garn-visch *stm. fisch, der mit dem netze gefangen wird* Mone *z.* 12, 294 (*a.* 1275).

garn-warf *stn.* stamen Voc. 1482.

garn-winde *stf.* girgillus Voc. 1482.

garre *swm. s.* karre.

garren *swv.* (I. 482ᵇ) *zwitschern, pfeifen* Trist. *H.* Ls. (*lies* 3. 53, 32). der garret als ein orrehan Jüngl. 601. an der kanzel girren und garren Netz 11731. *vgl.* karren, kërren.

garst *stm.* (*ib.*) *ranziger, stinkender geschmack oder geruch* Serv. Buch *v. g. sp.;*

garst *adj.* (*ib.*) *ranzig, verdorben schmeckend od. riechend* Buch *v. g. sp.* garst vleisch, caro rancida Hpt. 5. 416, 85. *vgl.* Weig. 1, 390. Gr. 3, 658 *anm.* 1;

garstic, gerstic *adj.* rancidulus, rancidus Dfg. 483ᵉ *f. n. gl.* 313ᵃ;

garstikeit, gerstikeit *stf.* rancor Dfg. 484ᵃ.

gart *stm.* (I. 482ᵇ) *stachel, treibstecken eigentl. u. bildl. zieml. allgem., vgl. noch* Strick. 4, 70. der gart muoz wecken Msh. 2, 199ᵃ. ein man vil wislichen tuot, der gên dem garte niht spurnet Ulr. *Wh.* 227ᵃ. och ist mir dîn sûzer zart alse dem ohsen der gart Mart. 176, 74. unmâze ist der untugende schar gart Wg. 9918. sus twanc in der liebe gart Ga. 3. 358, 56. kumber gebirt ougen gart Krone 10920. des tôdes gart Birkenst. 131. — *gt.* gazds *zu lat.* hasta Gsp. 23. *vgl. auch* Kuhn 8, 151. Dief. 2, 376.

gart-acker *stm. gartenland* Mone *z.* 5, 404.

garte *prät. s.* gerwen.

garte *swm.* (I. 483ᵇ) *garten* Walth. Reinh. des rîches garte muoz verwüestet werden Ulr. *Wh.* 126ᵇ. in lebenes garten der tôt nu gât Türl. *Wh.* 23ᵇ. du zarter gotes garte Msh. 2, 357ᵃ. Pass. *K.* 415, 7. der tugende g. (*kloster*) *ib.* 407, 27. vereinzelt *auch st.* gart Karl 1641. Mag. *cr.* 100ᵃ. Chr. 2. 273, 17. — *gt.* gards *haus,* garten (*in* veinag.) *zu gr. lat.* hortus Dief. 2, 390. Gsp. 23. Curt³. 189.

garten *swv. s.* gearten; *in* vergarten.

gartenære, gartnære *stm.* (I. 484ᵇ) *gärtner* Kchr. Diem. 267, 9. Ulr. 1623. Msh. 3, 340ᵃ. Pass. 93, 83. Albr. 34, 62. Myst. 2. 662, 3. 5. W. *v. Rh.* 219, 19; gartener *weingärtner, rebmann* Mone *z.* 10, 314.

garten-bette *stn. gartenbeet* S. Gall. *stb.* 4, 350.

garten-brunne *swm.* du (*Maria*) bist der süeze gartenbrunne Bph. 9737.

gartener-kneht *stm. gärtnersknecht* Gr. w. 3, 702.

garten-huon *s.* garthuon.

garten-huote *stf.* magalia, custodia horti Dfg. 342ᵉ. *vgl.* gartenhut, vulgaria Voc. 1482.

garten-hûs *stn.* (I. 738ᵃ) *gartenhaus* Voc. *o.*

garten-krësse *swmf.* (I. 879ᵃ) nasturtium hortense Voc. *o.*

garten-krût *stn. s.* gartkrût.

garten-mûre *stf. gartenmauer* Tuch. 143, 33.

garten-wërc *stn. gartenbau* Anz. 3, 303.

garten-wurz? *stf.* (III. 829ᵃ) *wird vermutet aus* cartenwurz Sum. 56, 20; *das ist wol fehler st.* cattenwurz, katzenwurz, crassula minor Dfg. 155ᵇ.

garten-zûn *stm. gartenzaun* Tuch. 213, 32.

gart-gabel *stf.* (I. 509ᵇ) furcula Sum.

gart-hagen *stm.* (I. 607ᵃ) *name einer pflanze,* abrotanus, paliurus Sum. garthago, tricolanum Hpt. 3, 380. garthag, satureya Voc. 1482.

ahd. gardago GFF. 4, 257. — *zu* gart *s.* BECH *beitr.* 7.

gart-huon *stn. s. v. a.* vëlthuon GR.W. 4, 138. gartenhuon *ib.* 139. 6, 9. 10.

gart-îsen *stn. stachel des treibsteckens.* der sol den gart in der hend haben und sol den tûmen ûf dem gartîsen hân GR.W. 1, 360.

gart-krût *stn.* (I. 891ᵃ) olus SUM. gartenkrût Ms. (NEIDH. 233, 13). Voc. 1482.

gart-lant *stn. gartenland, garten* UHK. 2, 75 (*a.* 1321). artlant und gartlant MONE z. 9, 175 (*a.* 1391). *das* a. *wurde mit dem pfluge, das g. mit dem spaten gebaut.*

gartnære *stm. s.* gartenære.

gart-quendel *f.* (I. 894ᵇ) satureja SUM.

gart-wurz *stf.* (III. 829ᵇ) abrotanum SUM. *s.* gertwurz. — *zu* gart.

gar-ûz *stm. die letzte stunde des tages od. der nacht nach der alten Nürnberger uhr, welche die stunden vom auf- bis zum untergange der sonne zählte, sich also nach der länge des tages veränderte* CHR. 2. 11, 8. 275, 23. 276, 12. 13. 20. TUCH. 60, 5 *ff. u. anm. noch heute wird in Nürnberg abends „der garaus" geläutet.*

garwe *f. s.* garbe.

garwe *swf.* (III. 484ᵇ) *schafgarbe* SUM. garb ein kraut, nerges Voc. 1482. garben (*gedr.* graben) MYNS. 33. — *ahd.* garawa, karawa.

garwe *adv.* (I. 480ᵇ) *s. v. a.* gar. *allgem.* (*doch nicht bei* WOLFR.), *vgl. noch* ER. 2287. 7596. 7727. 8921. ERNST 2030. SILV. 4227. KRONE 4255. HERB. 17556. MARLG. 178, 136. PASS. *K.* 42, 66. 692, 14. ELIS. 4852. g a r b e WOLK. 92. 1, 10. g e r w e REINFR. 6ᵇ. 130ᵃ, *comp.* gerwer *ib.* 151ᵇ;

garwe *stfn.* **garwen** *swv. s.* gerwe, gerwen.

garwen-krût *stn. garbenkraut, schafgarbe* (achillea millefolium NEMN. 1, 36). garbenkr. MYNS. 39. *s.* garwe.

garw-minze *f.* garbmintz, barsimira Voc. 1482.

garwunge *stf. s.* gerwunge.

garz *f.* gartz, zuber, aimer, urceus Voc. 1482. *vgl.* gatze.

garz *adj.* Fuckart der garze ind Rochart der swarze ind Hartwich der kale KARLM. 243, 23. 245, 62. *vgl.* F. der ungetrûwe 230, 62. F. der bôse deyf 277, 64. 278, 33. 284, 29. — *vgl.* garst, *oder zum stamme von* garzûn? *s.* DIEZ 165.

garze-hâr *stn.* (I. 634ᵇ) *milchhaar* REINH. 500 *u. anm.* (*scheint aber kein compos. zu sein*). *vgl. span.* garceta, *haarlocke* DIEZ 166.

garzen *swv. g. oder fressen,* slinden gurgitare Voc. 1482.

gárzûn *stm.* (I. 484ᵇ) *page, edelknabe. allgem. vgl. noch* LANZ 2595. ER. 2517. BIT. 586. 595. LOH. 2466. ULR. *Wh.* 127ᵇ. LIEHT. 165, 10. EILH. 6056. DAN. 7623. ECKE *L.* 44. — *aus fz.* garçon, *it.* garzone *knabe vom lat.* carduus *s.* DIEZ 165.

gâs *adv. s.* gâhes.

gast *stm.* (I. 485ᵃ) *fremder* (*s. v. a.* ûzınan NP. 10. Mw. 341, 8. MH. 2, 732. CP. 354), *mit gen. priv.* (ALPH. 152. DRACH. 174. GAUH. 32. GA. 2. 341, 152. PASS. *K.* 89, 89. ir ougen glast, ir rôten mundes schîn machent mich gast, *berauben mich,* der sinne mîn MSH. 1, 78ᵇ); *fremder feindl. krieger, krieger überhaupt* (LAMPR. NIB. WIG.); *gast, allgem. s. noch* leidiger gast ist kurzer friunt MSH. 3, 289ᵃ. man sol den gesten mit dem gruoze und der frâge nâhen 3, 45ᵃ. rîche liute sint selten geste in himelrîche RENN. 15507. des ladete er zeime gaste den slâf in daz houbet GA. 3. 49, 343. — *gt.* gasts *zu lat.* hostis DIEF. 2, 393. GSP. 23. CURT³. 450.

gá-steige *stn. s.* gesteige.

gastël *stn.* (I. 487ᵇ) *eine art weissbrot od. kuchen, dünne, ungesäuert u. hart* GR. RUD. WOLFR. — *aus altfz.* gastel, *prov.* gastal. *s.* wastël.

gasten *swv. s.* gesten.

gast-êre *stf. die einem* gaste *erwiesene* êre. swer gerne werder vrouwen hulde erwerben wil mit der gastêre MSH. 3, 439ᵃ. dô die boten komen wâren dô begie der künec hêre sîn reht und die gastêre: si wurden herberget wol OT. 459ᵃ.

gast-gëbe *swm.* (I. 507ᵃ) *der nachtherberge gibt, gastwirt,* wirt KINDH. PASS. (*K.* 321, 77). RENN. 4446. CHR. 5. 126, 15. 387, 8. wernder nôt ein g. (*teufel*) MART. 157, 57;

gast-gëbinne *stf.* wirtin PASS. *K.* 334, 5. 338, 63. NP. 30.

gast-ge-rihte *stn. gericht für, über freunde* GR.W. 5, 134. 6, 25. *vgl.* gastrëht.

gast-hûs *stn.* (I. 738ᵃ) *fremdenherberge* RTA. 172, 18. 21, *in einem kloster* ULR. *Wh.* 259ᵃᵇ. WACK. *pr.* 43, 7. HPT. 8. 95, 5. S. GALL. *chr.* 28 *f.*

gast-kelner *stm.* ein pryster, heizzet her Herman und ist Heinriches sun von Nordelingen, der ein gastkelner ist zu Erbach FRANKF. *urk.* um 1360. *vgl.* gastmeister.

gast-kleit *stn. kleid für einen* gast ORL. 8964.

gast-lich *adj.* (I. 486ª) *in eines fremden, gastes art* Parz.;
gast-lîche, -en *adv.* (*ib.*) *in der weise eines fremden, gastes* Parz. Trist. Iw. 5198; *geschmückt* (*s.* gesten) Gerh. Ls.
gastlîn *stn. armer gast, pilger* Wolk. 91. 3, 3.
gast-meister *stm. vorsteher des* gasthûses *in einem kloster* Mone *z.* 21, 377. Ls. 2. 245, 1223. in der sêle clôster sol der gedenke ervislung der gastmeister sîn Wack. *pr.* 51, 12.
gastnusse *stf. hospitalitas* Br. 22ᵇ.
gast-rëht *stn. s. v. a.* gastgerihte Gr.w. 6, 226.
gast-stube *stf. gast-, fremdenzimmer* Mone *z.* 4, 50.
gastunge *stf.* (I. 487ª) *verpflegung u. beherbergung von fremden, bewirtung* Lanz. Orl. 5824. 5937. 7889. 8151. Troj. 26253. 40747. Ad. 1232. Ukn. 283. Stz. 701. Chr. 2. 302, 27; 3. 69, 2. gastum, gastumb Cp. 5. 52. 212; *gastmal ib.* 2. 18, 4; *gastwirtschaft ib.* 5. 127, 14. Mone *z.* 13, 311; *schmuck* (*s.* gesten) Gerh. Ms. Ls. 3. 244; 105.
gast-wîse *stf. weise eines* gastes. in, zû gastwîse, als gast Dür. *chr.* 31. 338;
gast-wîse *adv. als fremder, als gast.* ist aber ein pfafe gastwîse in einem lîthûse Swsp. 210, 5. si wêren von den landen oder gestewîs bekumen Pass. *K.* 38, 37.
gat *stn.* (I. 487ᵇ) *nd. md. öffnung, lücke, loch, höle* Pass. (*K.* 90, 33. 576, 49. 588, 39. 591, 69). Karlm. 384, 60. der sünden gat (: bat) Kolm. 7, 103. daz ist mordes gat (: stat) Krone 19188. — *vgl.* gazze, *gt.* gatvô (Wack.) *u. unten* gaz.
gate *swm.* (*ib.*) *genosse* Rul. Roth. Lanz. Wartb. 91, 9; *der einem gleich ist od. es ihm gleich thut* Lanz. Geo. Loh. (529). Neidh. (88, 25). kanstu mir des gaten vinden? Wartb. 82, 2; gatte Krol. — *vgl.* getelinc *u.* Dief. 2, 374. Weig. 1, 391;
gatel *stn. dem. vom vorig., genosse.* ein jezeliches vogelchen suechet nû sîn gatel Hans 2596;
gaten *swv.* (I. 488ᵇ) gatte, gegat *intr. zusammenkommen.* die aldin und die jungen begondin zu vroiden gatin Ab. 1. 241, 99; *tr. vereinigen, an die seite stellen* Glaub. Elmend. — *mit* be-, er-, ge-, ver-;
gater *stm. s. v. a.* gate *genosse* Erlœs. 1202;
gater *adv. zusammen, zugleich* Jer. 187ᵉ. Hans 577. 590. 1353. gader *oft in* Karlm. *s. Bartsch s.* 285. *vgl.* algater;
gater *mn.* (I. 489ª) *gatter, gitter als thor oder zaun* Lanz. Gsm. Renn. Helbl. Helmbr. gater und tor Osw. 820. ræze als ein hovewart, dem der gater ist versparrt Cod. *pal.* 341, 124ᵉ. si zeiget mir ze einem gatern în Ls. 2. 235, 901. einiger vater füeret baz siben kinder durch einn gater dann siben kinder einen vater Ring 20ᵉ, 31. der in dem vremden gater sô lang ist versperret (*in der fremde gefangen ist*) Ot. 560ª. daz gut bei dem gattern Dh. 50. es sol auch ein gattern angehangen werden (*an der gränze der hutweide*) Uh. 364. 365 (*a.* 1495). *oft bei* Tuch. *s. p.* 369ᵇ (gatter *in der sägemüle, das viereck von balken, in welchem das sägeblatt auf u. niedergeht* 122, 30. 317, 1). den gattern rucken (*obscön*) Wolk. 64. 1, 5. daz geter Alexius, *pl.* geter Gr.w. 1, 122. 5, 161. Chr. 4, 221 *anm.* 2; *gitterartiger, karrierter besatz od. stickerei* Lieht. *vgl.* Pfeiff. *ross im altd.* 24 *anm.*
gater-gëlt *stn.* gatterzins Mz. 4, 325. *ebenso*
gater-gülte *stf.* (I. 525ᵇ) Halt. Ra. 389. *s.* gaterzins.
gater-henne *f.* (I. 626ª) *henne, die auf das gatter fliegen kann* Halt. Ra. 376.
gatern, getern *swv.* (I. 489ᵇ) *vereinigen,* glomerare Dfg. 265ᶜ; *mit einem gatterähnlichen, karrierten muster versehen* Lieht. *vgl.* Pfeiff. *ross* 24 *anm.* — *mit* be- (*s. auch nachtr.*), er-, ver-.
gater-slite? *swm.* (II². 405ᵇ) Renn.
gater-zins *stm.* (III. 899ª) *gatterzins, der über den gatter gefordert u. gereicht wird* Gr.w. 3, 563. Ra. 388.
gatter *s.* gater.
gatze *f. in* holgatze *schöpfgefäss. aus einem roman.* gazza *vom ahd.* chezzi *u. dieses vom lat.* catinum *s.* Diez 1, 121. Wack. *umd.* 26. Kwb. 110. *vgl.* garz.
gatzgen *swv.* cucurrire Dfg. 161ᵇ. *vgl.* gagzen.
gaudîn, gaudîne *stf. freude, freudengelage.* diu gaudîn, diu in dem himel wære Ga. 3. 615, 82 (*vgl.* daz nie kein vröude ir gelich möhte in dem himel sîn *ib.* 619, 28). da huop sich michel reie von maniger gaudîne j. Tit. 1807. *vgl.* Krone 3308. 3389. 3413. 3721 (*var.* daz gaudîn). 4247. 10215. 12156. 12635. — *aus lat.* gaudium *mit anlehnung an deutsch.* göuden? *vgl.* Schm. 2, 16. Stald. 1, 429. Kwb. 110.
gâweresch *adj. s.* göuwerisch.
gaz *stn. s. v. a.* gat Kirchb. 750, 66 (: schaz).
gâz *adj.* (I. 760ᵇ) *im sinne eines part. perf.* ge-

gessen Wolfr. Licht. Mai. gâʒ haben Krone 13629. 14803. 27804. 28876. er hæte gâʒ mê guoter spîse aleine danne diu werlt al gemeine Cod. *pal.* 341, 332ᵈ. — *zu* ëʒʒen, gëʒʒen;

gæʒe *adj. nach essen verlangend, gierig, habsüchtig.* in machet diu gîtekeit gæʒe (: ræʒe) Renn. 8753ᵇ.

gaʒʒe *swf.* (I. 489ᵇ) *gasse* Wwh. Trist. Griesh. Bit. 1411. 3579. 3627. Rab. 677. Licht. 173, 3 179, 29. 251, 27. Loh. 4434. 4604. Ga. 2. 227, 310. 228, 339. Ls. 2. 330, 60. 414, 125. Evang. 255ᵃ. von gaʒʒen ze gaʒʒen Flore 3236. ze gaʒʒen und ze kirchen Erinn. 319. vaʒʒen mit guldînen gaʒʒen Apoll. 6037. nu was ein gaʒʒe durch ein michel her geslagen Ulr. *Wh.* 214ᵇ. — *gt.* gatvô *nach* Gr. 2, 25, Weig. 1, 391 *u.* Wack. *zu gt.* gitan, bigitan *finden, ahd.* këʒʒan, *adipisci* (*vgl. auch* Dief. 2, 394). *bei* Bopp *gr.* 3, 227, Kuhn 8, 285 (*vgl. dagegen* 11, 187) *u.* Gsp. 23 *wird das wort in* ga-tvô *aufgelöst u. zur wurzel* gâ *gehen gestellt;*

gaʒʒen *swv. zur gasse machen.* mit einer dürren mûre was der wec gegaʒʒet Vilm. *weltchr.* 76, 136.

gaʒʒen-springer *stm.* (II². 543ᵃ) *gassenläufer* Mgb.

gaʒʒen-trëter *stm.* (III. 100ᵃ) *gassentreter* Narr. Chr. 3. 131, 11. 142, 19.

gaʒʒieren *swv. auf der gasse herumlaufen. vgl.* Zimr. *chr.* 3. 462, 3.

ge-, gi- (I. 490ᵃ) *präf.* ge-, *vor vocalen u. liquid. häufig apok.* g' (garnen, gunnen, gloube, gnâde): *vor subst. adj. adv. u. verben mit dem begriffe des zusammenfassens* (*collectiva*), *abschliessens, der dauer u. vergangenheit* (*bes. im part. prät., wo es nur ausnahmsweise fehlt, u. in den partic. bildungen*); *es kann vor alle formen des zeitworts treten um die handlung abzuschliessen* (*dem futurischen präs. wird dadurch die bedeut. des fut. exact., dem prät. die des plusquamperf. verliehen*) *oder zu verstärken, oft nur mit unübersetzbar leichter modificierung des begriffs*), so namentlich wenn nach hülfsverben der infin. in der regel mit diesem präf. componiert wird. über die bedeut. des* ge *vor verben vgl. L. Toblers abhandlg. bei* Kuhn 14, 108—138. — *gt.* ga (*diese volle form noch in* gásteige) *zu lat.* cum, co- Gsp. 26. Bopp *gr.* 3, 508 *f.*

ge-æder *stn. coll. zu* âder. Berth. 433, 19. Wh. *v. Öst.* 77ᵃ;

ge-âdert *part. adj. mit* âdern *versehen* Wh. *v. Öst.* 49ᵇ; geêdert, *gegittert* Chr. 2. 256, 5. *s.* ædern.

ge-affen *swv. äffen.* do mide sie in geaffen (: schaffen) kunde Kell. *erz.* 253, 37.

ge-ahten, gahten *swv.* (I. 17ᵃ) *erkennen, bemerken* Pass. *K.* 564, 1; *angeben, zählen* (Spec. 48), *überschlagen* Rul. Lanz. Trist. Freid. W. *v. Rh.* 64, 9. 217, 45.

ge-alten *swv.* Walth. 121, 37;

ge-alter *swm.* (I. 26ᵃ) *syncop.* galter *altersgenosse* Mar.

ge-ampt *part. s.* ambahten.

ge-anden *swv.* (I. 35ᵇ) *zum vorwurfe machen, rügen* Kchr. (*D.* 246, 16. 394, 21). Lit. Glaub. 1474. Lanz. 4902 (ganden). Chr. 1. 428, 21; — Gudr. 686, 4 *ist* geenden, genden *zu lesen u. so auch* Elmend. 844.

ge-ânen *swv.* (I. 41ᵇ) *refl. mit gen. auf etw. verzichten* Lit. Ga. 2. 633, 527. 529; *sich eines dinges entledigen,* daʒ er sich sînes unrehtes geânet (*st.* dhanet) Glaub. 1916 *s.* Diem. *gloss. zur gen.* 132ᵇ.

ge-angsten *swv. tr.* daʒ er dich geangstet niemer mê Wolfd. 519, 4 (W. Gr.).

ge-ant *part. s.* enden.

ge-ant *part. gedacht* Pass. *K.* 56, 43. 77, 55. *s.* anen.

ge-ant-lâʒen *swv.* (I. 953ᵃ) indulgere Windb. *ps.*

ge-ant-litzet *part. adj.* (I. 1060ᵇ) *mit einem antlitze versehen* Trist.

ge-ant-wërten, -würten *swv.* (III. 599ᵇ) *übergeben* Freiberg. Fdgr. (*pred. des* 12. *jh.*).

ge-ant-würten *swv.* (III. 811ᵇ) *eine genügende antwort geben* Iw. Barl. Kchr. *D.* 99, 18; geentwürten W. *v. Rh.* 186, 30.

ge-arbeiten *swv.* (I. 54ᵇ) *intr. in* arbeit *sein* Rul. Mgb. 290, 12. Chr. 1. 171, 31; *tr. durch* arbeiten *erwerben* Gen., *mühe verwenden auf* a. Heinr.

ge-arn *part. s.* ern.

ge-arnen, garnen *swv.* (I. 61ᵇ) *ernten, verdienen, büssen für* Gen. Er. Wolfr. (du garnest al mîn herzesêr *Wh.* 80, 17). Trist. Spec. 43. 49. 71. 122. Kchr. *D.* 185, 31. 386, 20. Serv. 3530. Ecke L. 194. gearn Wg. 7142. garn Msh. 3, 329ᵃ.

ge-arten, garten *swv.* (I. 52ᵃ) *in gute art einschlagen* Trist.

---

*) wenn bei den folgenden mit ge- compon. verben keine bedeutung angegeben wird, so ist eine verstärkung des im einfachen verb enthaltenen begriffs anzunehmen.

ge-ävern *swv.* Spec. 15. 123. S. Gall. *stb.* 11, 140.
ge-âẓ *stn. pl.* geæzer, *speise* Schiltb. 110.
ge-bachen *part. adj.* man sol den vrowen an unser vrowen tac gebachens (pastille) geben Geis. 422. *s.* bachen.
ge-bâge, -bæge *stn.* (I. 78ᵇ) *zank, hader* Gen. unkiusche ist selten âne nît und ân gebæge und âne strît Wg. 7204.
ge-bâgen *stv. red. I*, 2 (*ib.*) *zanken, hadern* Kchr. Gen.; *mit gen. sich rühmen* Karlm. 93, 18 (*statt* gedagen *der hs. s. Bartsch s.* 266).
ge-balden *swv. eilen* Anno 814;
ge-balt *part. s.* belden.
ge-bande *stn. s.* gebende;
ge-banden *swv. fesseln* Diem. 375, 19. Ot. 66ᵃ;
ge-bant *stn. pl.* gebandere *band, eisenband* Frankf. *baumeistb. v.* 1437 *f.* 9. 11.
ge-bant *part. s.* bennen; so sol man den korschulern an einem gepanten tag niht von milch zu eẓẓen geben sunder von öle Leitb. 29ᵇ.
ge-bâr *stm.* (I. 145ᵇ) *gebärde, benehmen, bes. schickliches, freundliches* Parz. 363, 29. Trist. Troj. (691. 834. 3231. 16005. 16452. 27080). Ernst 515. Helbl. 1, 226. 2, 970. Ga. 1. 23, 8. — *zu* bërn, *s.* bâr;
ge-bærde *stf.* (I. 149ᵃ) *md.* gebêrde, gebërde (Pass. 40, 89. 62, 20. 87, 58. 179, 89. Marlg. 167, 445), gebierde (Frl.) *stfn. u. assim.* gebërre (Leseb. 232, 16) *aussehen, benehmen, wesen* Iw. Er. 287. 6396. Trist. Wig. Nib. Troj. 14961. 16365. 739. 16049. 21012. Msf. 167, 3. Dan. 5566. Heinz. 2251. Albr. 7, 59.
ge-bærde-halp *adv. hinsichtlich der gebärde, der erscheinung* Trist. 6720.
ge-bære, -bâre *stn.* (I. 148ᵃ) *md.* gebêre *s. v. a.* gebærde Gen. Lampr. Er. Kl. gebêre Karlm. 8, 55. 10, 53. 79, 59. 142, 49. 166, 30. *ebenso*
ge-bære *stf.* (I. 148ᵇ) *md.* gebêre Elis. 7489. Albr. 16, 111. 21, 451. 22, 55. 642. 27, 117. 149. 30, 201. 34, 61 *und* gebâre *ib.* 21, 260. 27, 88. 34, 168. — *allgem. (doch nicht bei* Hartm.), *vgl. noch* Laur. 221. Krone 26840. Dan. 4885;
ge-bære *adj.* (I. 147ᵇ) *angemessen, schicklich, gebührend* Trist. Engelh., *mit dat.* Trist. Gerh. Flore 1195. 7711. j.Tit. 6173. Troj. 19326. tôt der niht wære einem kunege wol gebære Ulr. Wh. 218ᵃ, *mit* zuo, ze Parz. Trist., *gegen* Heinz. 122, 34;
ge-bærec *adj. von schicklichem benehmen.* si was tugentlich gemuot, schöne gebærec, envollen guot Mai 11, 36;

ge-bâren *swv.* (I. 146ᵃ) *intr. u. refl. sich gebärden, sich benehmen, verfahren. allgem., vgl. noch* Er. 2482. Büchl. 1, 802. Rab. 378. 1035. 1080. Winsbekin 12, 5. Flore 255. Loh. 6693. Troj. 14322. 59. 21980. Silv. 998. 4804. Engelh. 6119. Dan. 6054. Herb. 8422. Ludw. *v. Th.* 682. Pass. *K.* 66, 17. 213, 86. 541, 48. rehte geb., *nach dem rechte verfahren* Freiberg. 232. mit den pfanden pfentlich geb. Mz. 4, 355 *s.* 387. Mich. 5, *s.* 30; zuo geb., *mit dat. sich benehmen gegen* Trist. Msf. 167, 14. — *mit* vor;
ge-bâren *stn.* (I. 146ᵇ) Lanz. Trist. Barl. Ms. Bit. 9330. 12948. Pf. *forsch.* 1, 78;
ge-bæren *swv.* (I. 149ᵃ) *intr. u. refl. s. v. a.* gebâren Lampr. Trist. gebêren Karlm. 237, 2. — *mit* un-;
ge-bæren *stn.* (*ib.*) Gr. Rud.;
ge-bâret *part. adj.* (I. 146ᵇ) *mit* gebâr *versehen* Ms. Parz. 718, 12. (*das citat aus* Lanz. *zu streichen, s. das flgd.*).
ge-bartet, -bart *part. adj.* (I. 90ᵇ) *bärtig* Trist. Lanz. 7847. die münche wol gebarte Ulr. Wh. 162ᵈ. do vant er sînen swager vil lange gebarten 203ᵈ. 246ᵇ.
ge-bate *swm.* (I. 93ᵃ) *pate* Ms. (= dirre pat *H.* 2, 207ᵇ).
ge-baten *swv. nützen, helfen* Albr. 1, 573. 17, 205. Rsp. 3008.
gëbe *swm.* (I. 506ᵃ) *geber, nur in compos.;*
gëbe *swf.* (*ib.*) *geberin* Lieht. Ms.;
gëbe *stf.* (I. 507ᵃ) *auch* gibe Konr. Er. 7228 (*u. Bechs anm.*). Krone 4534. Ab. 2. 234, 26: gabe, geschenk, belohnung; wolthat, gnade. *allgem., vgl. noch* Er. 4556. Greg. 3718. Wwh. 283, 24. Flore 1145. 4777. 5248. 94. Engelh. 5786. 5910. Krone 20118. — *gt.* giba, *zu* gëben;
gëbe *adj. in* redegëbe;
gêbe *adj. s.* gæbe.
ge-becken *swv.* (I. 115ᵇ) *wiederholt stechen* Trist.
ge-beffelze *stn.* (I. 78ᵃ) *gezänke* Mœrin.
gëbe-hart *stm. der gerne gibt* Wolk. 26, 49.
ge-beidec *adj. s.* gebeitec.
ge-beidet *part. adj.* (I. 99ᵇ) *verdoppelt* Trist.
ge-beine *stn.* (I. 101ᵇ) *md. auch* gebeinde (Pass. gebeinte Hans 838. 2406), gebeinze (gebënze Karlm. 448, 28) *s.* Germ. 10, 395: *gebein, knochen* Iw. Barl. Rul. 295, 24. Konr. *Al.* 670. Serv. 1259. Pass. 196, 96. 292, 35. 355, 20. 38. Karlm. 135, 51. 183, 29. daz gebeine, *totengerippe* Ulr. *Wh.* 208ᵃ. daz dürre ge-

beine KCHR. W. 9798. GLAUB. 2413. gebein
PASS. 196, 54. 197, 15. 323, 80. 389, 29; — bein
HARTM. TIT. lanc was er gewahsen, grôʒ sîn
gebeine RUL. 60, 21. des gebeine sach man
starren SERV. 3182. dô dacte er sîn alleʒ ge-
bein (: erschein) mit gewande warm KOL.
180, 862.
ge-beitec *adj. wartend, verweilend.* nû bis
gebeitic eine kleine wîle hî JER. 181ᵃ; *mit gen.*
wær ich der tugende sô gebeidec (: leidec)
MALAG. 126ᵇ;
ge-beiten *swv.* (I. 175ᵃ) *stand halten* RUL.
KROL. (*mit dat.*); ER. 5927 *ist mit Bech ge-
bietest* (*hs.* gebeutest) *zu lesen.*
ge-beit-sam *adj.* (*ib.*) *gerne wartend, gedul-
dig* TAULER.
ge-beiʒe *stn.* (I. 193ᵃ) *jagd mit falken* LANZ.
PF. *üb.* 97, 547.
gebel *adj. in* zwîgebel, *zu* gabel.
gëbel *stm.* (I. 491ᵇ) *schädel, kopf* GEN. OTTE,
TROJ. 4019. 10674. LOH. 2164. ULR. Wh. 186ᶜ.
DIETR. 1655. 3431. WOLFD. 1626. RAB. 359.
WG. 6675. RENN. 20815. APOLL. 14073. WARTB.
9, 1. GA. 3. 377, 778; *für* gibel HIMLF. *u. in*
gëbelwant. — *vgl.* gabele, gibel *u.* KUHN 1,
136.
gëbelîn *stn.* (I. 508ᵃ) *dem. zu* gëbe, *kleines ge-
schenk* Ms.
ge-belke *stn. coll. zu* balke; *stockwerk.* und
sal daʒ selbe gehûse driu gebelke hôe sîn
ARN. 40 (*a.* 1438, *Ems*).
gëbelkeit *stf. in* âgëbelk. *s. nachtr.*
ge-belle *stn.* (I. 118ᵃ) *coll. zu* bal, belle *hinter-
backen* RENN.
ge-bëllen *stv.* I, 3 (I. 126ᵃ) *wiederholt bellen*
LAMPR. iedeʒ nâch sîner art gebilt MSH. 3,
307ᵃ. du gebillest KRONE 17774. swaʒ er in
lûter stimme gebal OTN. *p.* 100.
gëbel-want *stf. s.* gibelwant.
gëben *stv.* I, 1 (I. 500ᵇ—503ᵃ) *für* gibest, gibt
auch contr. gist (PASS. 149, 89), gît; *andere
contr. formen bes. in schwäb.-alem. denkm.
infin.* gên GRIESH. 1, 55. 70. 105. AD. 747.
GR.W. 1, 366. 414. Mz. 1, 236. 252. 273. 293.
sie gênt WACK. *pr.* 53, 187 *ff.* AD. 747. Mz.
249. 287. wir gênt *ib.* 287. *part.* gênde *ib.*
227. 247. *gerund.* ze gênde *ib.* 267. ze gênne
ib. und 323: *geben, übergeben* (*zur ehe geben*),
schenken. allgem., hier nur einige beispiele:
sîn leben g., *verlieren* BARL. den eit g., *vor-
sprechen* Iw. gesellschaft g. ENGELH. 537.
die vluht g. HARTM. REINH. 326, 970. diu
manegem gap ein sterben LOH. 5197. über
den sê gap den gang ein brucke TUND. 49, 70.
diu sich gît einem man LIEHT. 628, 3. 12. zû-
samine geben zû rehtir ê ATH. *D* * 109. sich
g., *ergeben* CHR. 3. 53, 9. sich ûf etw. g., *sich
darauf verlegen ib.* 125, 7. sich schuldic g.,
bekennen PARZ. WILDON. 30, 535. einen un-
schuldic g., *für unsch. erklären* BON. einen
zuo munde g., *mit übler nachrede verfolgen*
ELIS. 6332. — *mit* an, ûf, ûʒ, vor, vür, wider;
bë-, en-(?), er-, ge-, über-, umbe-, ver-, zer-.
gt. giban *von dunkler abst., vgl.* GR. *kl. schft.*
2, 205. DIEF. 2, 399. KUHN 5, 398. 7, 58. GSP.
28;
gëben *swv.* (I. 508ᵃ) *ahd.* gëbên, gëbôn *geben,
schenken.* der vogt von Berne gebte vil ma-
negen meidem unde marc DIETR. 5932. diu sô
minnerîche freude gebte j. TIT. 2243. er ge-
bete mit schalle swaʒ man wolte enphâhen
LANZ. 5724; *mit acc. u. dat.* GEN. EN. LANZ.
j. TIT. 94. 1676. den kreiz gegebet hât Ernst
zuo dem bischtuom ERNST 726; *mit dat. u.
mit beschenken* ER. WALTH. GUDR. dem si
mit bœsem ende gebet MSF. 99, 14. *vgl.* GR.
kl. schft. 2, 207 *f.* GR. 4, 713. — *mit* ge-;
gëbende *part. adj.* (I. 500ᵇ, 25) *gebend, frei-
gebig* WWH. diu gebende hant DIETR. 5058.
ORL. 10699. ob ir sîne gîtekeit mit gebender
behendekeit mugent schatzes gesaten FLORE
4782; *contr.* gênde *s. oben unter* gëben.
ge-bende *stn.* (I. 132ᵇ) *coll. zu* bant, *alles wo-
mit gebunden wird: band, bandschleife.* hel-
mes geb. PARZ. ALPH. 301, 4; *fessel* HARTM.
WOLFR. Ms. GEN. (63, 14. 82, 10. EXOD. 85,
18). gerner dol ich iemer diz gebende KCHR.
D. 388, 32. in îsinîne gebende wâren sie ge-
slozʒen MAR. 193, 35. fiurîn geb. ANEG. 4, 43.
diu gebende dîner hende KARAJ. 56, 2. si
bunden im vuoʒe ze hende mit sô vestem
gebende KARL 126ᵃ. er lôste ir gebende SERV.
2630. diu heidenschaft den herren lie ûʒ dem
gebende swære *ib.* 1345. er muose in ir ge-
bende GERM. *H.* 9. 124, 1170. in diz gestraht
gebende bin ich von schulden gevallen *ib.*
135, 1766. eʒ, was ein solch gebende (*das
netz, in welches Daniel gefallen*), ern mohte
hin noch her DAN. 3905. der mich in dîne
hende gab und in dîn gebende MART. 36, 18.
mit des tôdis gebende wirt unser zît be-
slozʒen 135, 108. mit marterlîchim gebende
161, 79. unde sie der geist enbindet von tôt-
lîchem gebende MAR. 195, 1. âne mannes ge-
bende, *unverheiratet ib.* 116, 3; *kopfputz
der weiber im allgem., im engern sinne die*

stirn- u. wangenbinden od. diu wimpel *und* diu rîse (*s.* Weinh. *d. fr.* 645). *allgem., s.* noch dô nam si ir gebende und winc mit der hende einer ir gesinden: hie mite solt dû dir binden Kchr. *D.* 363, 24. schœne und wîz ir gebende was Bph. 8788. sî wante dô ir hende unt zefuorte ir gebende Eracl. 3712. wîplîch geb. (*geb. der neuvermälten*) j.Tit. (1215). si zoch ûz dem gebende ir hâr Pass. 370, 90 (*vgl. K.* 66, 19. 101, 80). ir gebende si in die ougen leit Lieht. 610, 19. er zarte der frouwen ir geb. Apoll. 20116. ir gebende wart zerflerret *ib.* 19628. Ecuba brach ir g. Herb. 9734. ir geb. si zureiz 9753. vor sach man hâr roufen, nu moht man abe stroufen sehen swachiu gebende Krone 22043. mit stætem muote stên in ir gebande (: genande) Msh. 1, 74ᵇ. pfleglichs und gewonlichs gepende *sollen die frauen u. jungfr. tragen* Np. 103. 109. *vgl.* Chr. 5. 34, 36. rôtez geb. Griesh. 2, 69. gelwez geb. Erinn. 329 (*s.* gël); hôch gebende (*turban*) Wwh. *vgl.* die kirchen sprenzen hôch ûf ir gebende Msh. 2, 363ᵇ. — *vgl.* gebinde.

gëbendec *adj. gebend.* von himelrîch gebendic (: lebendic) sîn genâde Mart. 104, 42.

ge-bendet *part. gebunden, gefesselt. s.* benden *u. dazu noch*: mit dem tôde gebendit Mart. 116, 92. 126, 38.

ge-benedîen *swv.* Rsp. 833; *part.* gebenedîet *s.* benedîen *u.* Pass. *K.* 105, 45. 403, 19. gebinedîet 82, 37.

ge-benken *swv.* ist ieman, dem diu minne ie gebenkete die sinne Wh. *v. Öst.* 13ᵃ.

gëben-mâzen *swv. s.* geëbenmâzen.

ge-bênze *stn. s.* gebeine.

gëbe-phant *stn. s.* gâbephânt.

gëber *stm.* (I. 507ᵃ) *geber* Myst. (2. 6, 4. 9 *ff.*). nu sîn ouch tôren geber vrî, nu sol man wîse geber sehen Strick. *Germ. H.* 2, 85. die wîsen geber wizzen wol, daz man die êre koufen sol *ib.* 89. dativus, donator Dfg. 166ᵇ. 199ᵇ.

ge-bërc, -ges *stnm.* (I. 159ᵃ) *mittel zum bergen: umschliessung, versteck, verheimlichung* Lanz. Parz. Trist. Konr. Ms. wir fûgen uns in ein geberc Ernst 2584. vrouwe Minne und ir geberc bî Gâwein und der meide Krone 8416. wâ man und vrowen reine hânt sament minneclîch geberc Reinfr. 157ᵇ. gein dir touc niemannes geb. Geo. 5108. und hâte des nekein geberc, *verhehlte es nicht* Heinr. 2554. sunder geb., *ohne rückhalt* Jer. 184ᵈ.

188ᵃ. W. Gr. *citiert noch* Wh. *v. Öst.* 73ᵇ. Eilh. 2888.

ge-bërde, -bêrde, -bêre *stfn. s.* gebærde, -bære.

ge-bërer *stm.* (I. 140ᵃ, 31) *erzeuger, vater* Myst. 2. 340, 34. Chr. 8. 306, 4. Mb. 11, 540 (*a.* 1405). *pl.* geberêre *eltern* Evang. *Mr.* 13, 22. *L.* 2, 27;

ge-bërerinne *stf. gebärerin, mutter* Diem. 296, 22. Myst. 1. 27, 13. 80, 16. Renn. 12308. W. *v. Rh.* 13, 17.

ge-bërge *stn. s.* gebirge.

ge-bërgen *stv. I*, 3 (I. 166ᵇ) *ohne sichern beleg.*

ge-bërht *adj. glänzend.* si was g. und lieht Karaj. 25, 19;

ge-bërhten *swv.* clarificare Diut. 3, 1169.

ge-bër-krût *stn.* geperkraut tragentea, est herba, quæ si ad renes mulieris alligata fuerit, sine mora ejicit puerum Voc. 1482.

ge-bërlde *stn. coll. zu* bërle Renn. 20851.

ge-bër-lich *adj.* natalis Dfg. 376ᵃ. *n. gl.* 261ᵇ;

ge-bër-lîcheit *stf.* natalitia *ib.*

ge-bërlt *part. s.* bërlen.

ge-bërn *stv. 1*, 2 (I. 156ᵇ) *bringen, hervorbringen* Parz. Trist. Kl. in daz êwige lieht gebirt er die rehten Aneg. 19, 39. wîn geb. (*vom weingarten*) Elis. 1091. schaden bringen und gepern Uschb. 125; erzeugen (*von den eltern* Mart., *vom vater* Freid. Barl. Pass. *K.* 81, 33. 271, 7. Narr. 9, 29. 49, 28), gebären Freid. Ms. Greg. 423. Silv. 3360. 3399. 3435. *part.* geborn *s. unten.* — mit abe (si hât nû vaste abe geborn, *sehr abgenommen* Serv. 70), an, în, ûz, wider, zuo.

ge-bern *swv.* (I. 144ᵇ) *schlagen* Lanz. swaz man ûf in geberte, daz galt er wol nâch sîner state Troj. 34904. daz ein kupfersmit ûf einen kezzel herte sô balde nie geberte als ûf ir helme wart geslagen 37252; *bildl. ziehen, bilden* Ms.

ge-bërnde *part. adj.* geb. bôume *fruchtbäume* Gr.w. 5, 129.

ge-bêrre *stf. s.* gebærde.

ge-bërunge *stf. hervorbringung.* umb geperung mêr willens ist sollicher artickel inen zu êren nachgelassen Uschb. 33; *das gebären* Hpt. 8, 247. 249. Evang. 256ᵃ.

ge-berte *stn. coll. zu* bart. ir gebärt nit abschnîden Schiltb. 128.

gëbe-snitz *adj. freigebig* Elis. 7930 *var.* gebesnitzig. *vgl. ib.* 377ᵃ *u.* Vilm. 120.

gëbe-sam *adj.* dapsilis Dfg. 166ᵃ.

ge-besten *swv.* (I. 95ᵇ *u. vorr.* XIII) *absol.*

mit dat. verbinden, hinzufügen, an die seite setzen, bildl. vergleichen, überbieten, übertreffen GEO. SERV. *vgl.* HPT. 8, 11 *ff.* GERM. 14, 417 *ff.* — *mit besten zu bast.*

ge-bët *stn.* (I. 172ᵇ) *gebet* IW. WIG. BARL. *kurz, lanc g.* WG. 10194 *ff. mit innerem gebete* GEN. 65, 40. *mit heizem g.* PASS. 349, 11. *heiliclich g.* SILV. 1335. *ze got sîn g. tuon* 5055. *daz g. tuon über einen* 1754. *geb. sprechen* KOL. 176, 718. PASS. 201, 41. 219, 83. 386, 69. *g. lesen ib.* 110, 37. 385, 86. 386, 63. *an sîn gebet er vallen begunde nider ûf diu knie* TROJ. 24262. *dô si lac an ir gebete* 10547. *ob diu stirbt, manec gebet ir nâch beschiht* LS. 3. 92, 335. *dâ wider hôrte kein gebet, das war unvermeidlich* ELIS. 3299 (*die construct. mit* umbe *ist zu streichen, s. Bartsch zu* KARL 8492);

ge-bëte *stf. bitte* CHR. 5. 394, 13. *von flîssiger, ernstlicher gebette* MZ. 1, 376. 379. 409; *gebet* WACK. *pr.* 67, 78;

ge-bëten *swv.* (I. 172ᵃ) *prät.* gebetete, gebette *zu gott beten* DIEM. 19, 29. EXOD. TRIST. U. FREID. 108, 25. PASS. *K.* 207, 47. W. *v. Rh.* 235, 16. 247, 12. — *mit* an.

ge-bette *stn. bett, ehebett* SCHM. *Fr.* 1, 305 (*a.* 1453);

ge-bette *swf.* (I. 111ᵇ) *bettgenossin, gemahlin* GEN. DIEM. 19, 29. 34, 32. *vgl. zu* FLORE 253;

ge-betten *swv.* (I. 112ᵃ) *das bett bereiten* ANNO, PASS. *K.* 354, 69. 397, 49.

ge-bezzern *swv.* (I. 95ᵃ) *tr. u. refl. bessern* IW. WARN. *got gebezzer dîn leben* ERNST 5470. *biz sich gebezzert unser jugent* ENGELH. 709. *sich eines d. geb.* RENN. 16690; *mit acc. u. dat. schadenersatz leisten, sühnen* ULR., *mit unterdrücktem acc. wie si gebezzerte gote* PASS. *K.* 542, 11.

ge-bicke *stn.* (I. 115ᵇ) *verhau?* WEIST.; *häcksel*, gebicke *snîden* VILM. 36 (*aus einer rechn. v.* 1493) *vgl.* bicker.

ge-biderben *swv.* (I. 362ᵇ) *nützen, gebrauchen* LIEHT. *daz swert g.* WG. 8673.

ge-biegen *stv. III.* (I.176ᵇ) EN. PARZ. *du kanst dîn rede geb.* HEINZ. 111, 346. *die (tier) mac man wol geb. und zam machen* PASS. 117, 16. *do er sich wol hin zû gebouc ib.* 382, 48.

ge-bierde *s.* gebærde.

ge-biet *s.* gebiete;

ge-bietære, -bieter *stm.* (I. 187ᵇ) *herr, gebieter* URST. 121, 23. ANEG. GRIESH. TROJ. PANTAL. 1766. PARTEN. *p.* 40. KONR. *Al.* 983. WG. 8001. JER. 133ᵇ. PF. *üb.* 185, 22;

ge-bietærinne, -bieterinne, -bieterîn *stf.* (*ib.*) *gebieterin* WALTH. MS. (*H.* 1, 71ᵇ. 73ᵇ). LIEHT. 52, 12. WG. 9070. BPH. 9339. MYST. 2. 413, 19;

ge-biete, -biet *stnf:* (*ib.*) *md.* gebîte, -bit *befehl, gebot* ERNST 5066. LOH. (5365). LUDW. *v. Th.* 5545 (*f.*). JER. 47ᵇ. 116ᵉ. 130ᵇ; *gebiet, territorium ib.* 5ᵈ. 8ᵃ. 25ᵃ *etc.* OT. 241ᵇ. 739ᵃ. *districtus, gepiet* VOC. 1429. *im Tulner gebiete* MSH. 3, 283ᵃ; *gerichtsbarkeit* MZ. 1, 398. 542 *u. oft, ir guet in unserer gebiete* STZ. 190. *sie wâren under der gebiet des* — ANZ. 2, 131; *botmässigkeit* JER. 110ᵈ.

ge-biete-brôt *stn. abgabebrot. das gebietebrot sol sîn also gros, das man drîssig müge gemachen von eime malterviertel* AD. 980 (*a.* 1339). *vgl.* gebieten.

ge-bietegære *stm. gebieter, befehlshaber* GERM. 12. 200, 23. 201, 30. 61. JER. 133ᵃ.

ge-biete-gëlt *stn. kosten der vorladung vor gericht* NP. 48.

ge-bieten *stv. III.* (I. 186ᵃ) *ausstrecken. daz er niht mohte die hant gebieten zuo dem munde* TUND. 43, 70; *darreichen, anbieten, entbieten mit acc. u. dat.* IW. WOLFR. TRIST. *daz uns der heilige geist gebiete sîne irbarmunge* LIT. 713. *einer einen becher hövelichen geb.* BERTH. 96, 26. 453, 15; *gebieten, befehlen, laden absol. od. mit dat. od. acc.* (*od. mit präp.* über *einen g.* IW. PARZ. *wenn got über uns gebeutet* STB. 257. MZ. 3, 380), *mit dat. u. acc.* — *allgem., s. noch* geboten *dinc, gericht, zu welchem eigens geladen wird, ausserordentl. gerichtssitzung* OBERL. 484. *man gepot, liess öffentlich ausrufen* CHR. 5. 10, 29. *die tage, die von got sint geboten, festtage* WG. 10342. *die hochzeitlichen tag, die man feiert und die man offenlich gebeut an der kantzlei* MZ. 4, 150. *herberge geb.* GR.W. 1, 112. *dem sol er geb. für den vogt* AD. 980. *wenne man die tagwan wil nemen, so sol man sie gebieten mit solchem brôt; ieglichem frönlinge ein brôt ze gebietende ib.* (*vgl.* gebietebrôt). *einem ûz dem lande geb., landes verweisen* CHR. 5. 325, 33; *mit dat. einem davongehenden noch einen auftrag geben, jemand verabschieden, ihn gehen lassen:* gebietet mir, *abschiedsgruss* TRIST. *einem an eine stat geb., einem erlauben sich an seinen ort zu verfügen, ihm den dienst erlassen, ihn frei lassen* ER. *B.* 5927 (*vgl. oben* gebeiten) MSF. 170, 34. — *mit* an, vor, vür;

ge-bieten *stn.* (I. 187ᵇ) *einsatz im brettspiel* LANZ. *vgl.* gebot;

ge-bietunge *stf.* (*ib.*) ditio, preceptio DFG. 188ᵃ. 451ᵃ.

ge-bîhten *swv.* VET. *b.* 43, 21.

ge-bilde *stn.* (I. 122ᵇ) *form der äussern erscheinung, gestalt* GLAUB. (1085. 2229). MYST.; *sternbild* GLAUB.;

ge-bilden *swv.* (I. 122ᵃ) *sich als abbild eines dinges* (*acc.*) *darstellen* RUL.; *ein bild hervorbringen* (ANTICHR.), *bilden*, ûz den gebilde ich schiere zwô ganze rotte TRIST. 6894.

ge-bille *stn. das bellen* HÄTZL. 1. 27, 185.

ge-billen *swv.* (I. 126ᵇ) *wiederholt hauen, schlagen* Ms. (*H.* 2, 333ᵃ). Ls.

ge-binde *stn. band.* einem krâmer hete er genomen ein sîdîn gebinde, daz gab er Gotelinde HELMBR. 1075. *vgl.* gebende;

ge-binden *stv.* I, 3 (I. 136ᵇ) NIB. BARL. daz kint mit tüechlînen geb. W. *v. Rh.* 59, 35; *mit dat. vom anlegen des* gebendes: die künegîn sich (*var.* ir) gebant PARZ. 807, 28. — *mit* abe, an, umbe.

ge-binedîet *s.* gebenedîen.

ge-bint *stn. verbindung.* ouch hân die rîmen recht gebint JER. 181ᶜ.

ge-birge *stn.* (I. 105ᵇ) *gebirge* PILAT. ATH. *A* 15. TRIST. *H.* 6055. OTTE 396. 441. 513. MSH. 1, 132ᵇ. Ls. 1. 375, 18. MGB. 110, 14. 112, 33, *daneben ohne rücklaut* g e b ë r g e 102, 31. 35. 109, 23. 450, 24. ROTH. 3969. ANZ. 11, 367; *s. v. a.* gebërc *in.* hergebirge;

ge-birge *adj. gebirgig.* ein gebirges land SCHILTB. 105 (*oder* = gebirgesch?).

ge-birsen *swv.* gebirsen in die welde TROJ. *M.* 15180 (*bei K.* 15191 birsen).

ge-birste *swm. s.* gebrëste.

ge-bite, -bit *stf.* (I. 175ᵃ) *verweilen, geduldiges warten, verzögerung* PARZ. GEO. FREID. Ms. Rennewarten dûhte gar ze lanc nâch Alîsen diu gebite ULR. *Wh.* 129ᵇ. der biderbe man sol guot gebite an allen dingen hân MAI 26, 26. des hât er lutzel gebite ALBR. 1, 448. — *zu* bîten.

ge-bîte, -bît *s.* gebiete.

ge-bitel *stm.* (I. 171ᵃ) *s. v. a.* bitel MART.

ge-bite-lôs *adj.* (I. 175ᵇ) *nicht geneigt lange zu warten, ungeduldig* TRIST. WALTH. *u.* Hildg. 1. 18, 1. HPT. *h. lied* 71, 23. 120, 25. *vgl.* bîtelôs.

ge-biten *stv.* I, 1 *mit sw. präs.* (I. 173ᵃ) *bitten, wiederholt bitten* NIB. TRIST. FREID. (108, 25). PASS. *K.* 236, 58; *mit acc. d. s.* swaz er

gebat *ib.* 176, 46. 190, 48; *mit acc. d. p. u. gen. d. s.* HARTM. NIB. WIG. wol leiste er des er in gebat BIT. 806.

ge-bîten *stv. II.* (I. 175ᵇ) *intr. warten, zuwarten* Iw. BON. einem geb. KARAJ.; *mit gen.* TRIST. *U.* BON. RING 43ᵈ, 29; *tr. erhalten, bewahren*, ein guot wîp, die mit êren irn lîp schône gebiten hât unde wol ULR. *Wh.* 2ᵃ.

gebitz, geibitz ficedula DFG. 233ᶜ.

ge-biurinne *stf. s.* gebûrinne;

ge-biurisch *adj.* (I. 291ᵃ) *bäurisch* Ls. LIEHT. TANH. *hofz.* 47 (gebûrisch). Ls. 1. 538, 45. 539, 85. 92. MGB. 160, 1. 323, 6. 478, 28. W. *v. Rh.* 4, 20; *einfach, für den gemeinen mann verständlich* BIHTEB.;

ge-biurischeit *stf. bäurische art, bauernschaft* MGB. 306, 7. MYNS. 14;

ge-biurisch-lich *adj. bäurisch* FRAGM. 39ᶜ.

ge-biur-lich, bûrlich *adj.* (I. 291ᵃ) *bauernmässig* KCHR. GREG. KARLM. 45, 53;

ge-biur-lîche, -bûrlichen *adv.* (*ib.*) MYST.

ge-biusche *stn.* (I. 285ᵇ) *coll. zu* bûsch, *schlag* FRAGM. 40, 160.

ge-biutelt *part. adj. s.* biuteln.

ge-biuwe *stn.* (I. 289ᵇ) *md.* gebûwe *bauwerk, gebäude* HERB. MYST. PASS. 385, 88. HEINR. 673. 2225. JER. 21ᵈ. 33ᵈ. 60ᶜ. SSP. 1. 20, 2. 3, 74; *das bauen, aufführung von gebäuden* HEINR. 3205; *anbau, niederlassung, wohnsitz* GREG. *s.* gebû, gebûwede.

ge-biuze, -biuze *stn.* (I. 190ᵇ) *coll. zu* biuz, bûz: *schläge, stösse* NIB. OT. er sluoc dem vater ein starc g e b û ʒ ULR. *Wh.* 40ᵇ. (FRAGM. 40, 186 *ist* gehiuze *zu lesen, s.* WB. I. 694ᵇ, 10).

ge-bí-vangen *swv.* (III. 210ᵇ) *gefangen setzen* WEIST.

ge-biʒ *stn.* (I. 195ᵃ) *gebiss* GL. von silber was daz gebiʒ FLORE 2870;

ge-bîʒen *stv. II.* (*ib.*) ER. NIB. MART.

ge-blæjen *swv.* (I. 196ᵇ) *conflare, durch gebläse schmelzen* SCHM.;

ge-blân *part. s.* blæjen.

ge-blant *part. s.* blenden;

ge-blenden *swv.* TROJ. 20117 (*bei K.* 20237 erblenden).

ge-blêre *stn. geschrei, geschwätz* Ls. 1. 580, 132. g e b l e r r e (: verre) RENN. 15896. 17028.

ge-blerre *stn. s. v. a.* blerre SCHM. *Fr.* 1, 461.

ge-bletze *stn.* (I. 203ᵇ) *geklimper* NEIDH. (geplätze 42, 3. 74, 25); *geblök, geschwätz* KINDH. URST. *vgl.* blâʒen.

ge-blicken *swv.* (I. 208ᵇ) diu tûbe daʒ geblicte Ls. 3. 237, 20. — *mit* an, ûf.
ge-bliuwen, -bliwen *stv. III.* (I. 211ᵇ) *schlagen* Greg. (1143: getar gebliwen *s.* Germ. 14, 424). daʒ im niht wart, waʒ er geblou Troj. 9887.
ge-blüejen *swv.* (I. 216ᵃ) Wig.
ge-blüemen *swv.* Berth. 489, 6. Msh. 3, 107ᵇ.
ge-blüete *stn.* (I. 219ᵇ) *coll. zu* bluot Diocl.; ge-bluoten *swv.* (*ib.*) *fortfahren zu bluten* Geo.
ge-blüscht? entbrennet ist daʒ fiur, daʒ umme muoʒ geblüscht sîn Malag. 217ᵃ. *vgl.* blüse *im* Dwb. 2, 169.
ge-bogen *swv.* (I. 179ᵇ) *intr. mit dat. sich einem unterwerfen* Diut. (*geistl. strît*).
ge-bollet *part. adj.* (I. 119ᵃ) *mit knospen versehen* Hätzl.
ge-boln *swv. schleudern, werfen* Da. 343.
ge-borc, -ges *stmn.?* ûf dich was ir geborc, *sie borgten auf dich, hofften, dass du ihnen vergelten würdest* Jer. 171ᵇ.
ge-bœren *swv.* (I. 153ᵃ) *erheben* Osw. gebôren Crane 3453. er wart gebôret dâ von, *aufgeregt* Vet. *b.* 69, 17.
ge-borgen *swv.* (I. 164ᵃ) einem geb., *borgen* Ms.; geb. an, *ermangeln, arm sein* Winsb. 43, 9 *u. anm.* — *mit* ûʒ;
ge-borgze *stn. md. sponsio, vadatio* Germ. 10, 395.
ge-bor-heit *stf. rechtl. herkommen.* alse der stat ze Nürnberg reht und geborheit ist Arn. 40 (*a.* 1363, *Nassau*). — *zu* gebürn.
ge-born *part. zu* bërn, gebërn (I. 157ᵃ) *s.* noch ze heile geborn Büchl. 1, 1887. wol mich, daʒ ich ie wart geborn Lieht. 243, 9. 365, 27. sô wær ich beʒʒer niht geborn 359, 2. einem ze dienste geb. Msf. 159, 27. ich wart durch sie und durch anders niht geborn 134, 32. wan ich dur sanc bin zur welte geb. 133, 20. so bin ich doch ûf anders niht geborn, wan daʒ 172, 20. ir sît unsælic geb. Herb. 9659. waʒ solde ich armer ie geb. 1521. dû bist mîn geborn kint, *leiblicher sohn* Türl. Wh. 197ᶜ. er ist ir gnuoc geb., *ebenbürtig* Ath. *F* 108; *von stand, adel,* ein geborner man Krone 13804. geborne fraw, geborne leute Zimr. *chr.* 1. 522, 21. 2. 430, 20. *s.* an-, ein-, hôch-, un-, wolgeborn.
ge-born *swv. s.* gebürn.
ge-born *swv.* (I. 222ᵇ) *bohren* Such., anbohren, *beschädigen,* wo man Philipsen zu Frankenstein geborn und beschedigen mag Frankf. *brgmstb. v.* 1449, *III. p. jubil.*

ge-born-heit *stf. das gebornsein* Myst. 2. 199, 20. 617, 22.
ge-borstet *part. s.* borsten (= Karl 9530).
ge-bort *s.* geburt.
ge-bôset *part.* mîn leit ist gebôset, *verschlimmert* Reinfr. 39ᵇ. *s.* bœsen;
ge-bœsern *swv.* (I. 226ᵇ) *schlechter machen* Priesterl. 366. Buch *d. r.* 1611.
ge-bôsume *s.* gebuoseme.
ge-bot *stn.* (I. 187ᵇ) *gebot, allgem.* (sîn bete was gebot Krone 11440. ze gebote Msh. 3, 91ᵃ. si genâdete sînen geboten Dan. 1725); *IV. kal. marcii, indictione III. wird übersetzt:* ze der vierden chundung des mertzen in dem dritten gepot nach rœmischer gewonhait Stz. 41; *gewalt, herrschaft* Greg. si gâben sich ze sînem gebote Dan. 1740. einer sûche gebot Pass. *K.* 379, 28. der ist niht in der burger gepot Np. 35. mit hôchem und niderm gebot und des weltlichen swertes gewalt Ea. 54; *verbot, beschlagnahme,* wir mögen an sîn guot gebot legen Mz. 3, 38 (*a.* 1358); *einsatz im spiele,* zuo slehten geboten spiln Mone *z.* 7, 64. ein gebot legen, *einen einsatz machen* Wwh. Er., *übertragen auf den kampf* Dietr. 9164. Rab. 842. j.Tit. 2140. — *zu* gebieten.
ge-bot-brief *stm.* phylacterium Evang. *M.* 23, 5.
ge-bote *swm. bote, briefträger* Mr. 3655. 58.
ge-bot-gëlt *stn. s. v. a.* botgëlt Gr.w. 4, 38.
ge-bouge *adj.* (I. 177ᵃ) *md. biegsam* Pil. Herb.;
ge-böugec *adj. gebogen, bogenförmig* W. *v. Rh.* 27, 21. 109, 13. 111, 40;
ge-bougen *swv. beugen* Pass. *K.* 236, 54. 567, 2.
ge-böume *stn.* (I. 230ᵃ) *menge von bäumen, baumwuchs* Engelh. Gen. *D.* 9, 4. Mart. 112, 111. 127, 110. Albr. 24, 6. Mone *z.* 3, 179 (*a.* 1430).
ge-bour *m. s.* gebûr;
ge-bouwen, -bouwer *s.* gebûwen, -bûwer.
ge-bôʒ *stn.* (I. 191ᵃ) *schlag, stoss* Lanz. Geo.;
ge-bœʒe *stn.* (*ib.*) Nib. *var. zu* gebiuʒe.
ge-bôʒen *stv. red. III u. sw.* (*ib.*) *wiederholt schlagen, stossen.* über al begunden sî gebôʒen der helfe begert Neidh. 170, 92. *vgl.* Rul. 192, 3 *var.* — *mit* ûʒ.
ge-brach *stm. s. v a.* brach Jer. 137ᶜ. 143ᶜ.
ge-bræche, -præche *stn. gepräge.* gebræche Berth. 264, 10. 28. 265, 7. 266, 1. Hpt. *h. lied* 141, 20. Loh. 4877. Mz. 1, 501. 504. 528. 584. gepræche Mw. 360. Mh. 2, 188. gebrêche Ad.

1185. Just. 262. gebrêch Renn. 4135. 18496.
18517 (: blech). *s.* Basl. *r.* 33 *f. u. vgl.* bræch,
bræchen.

ge-brâchet *part. adj. umgebrochen, neu geackert* Pass. K. 722ª (gebrochet, *doch trifft das citat nicht zu*), *s.* ungebrâchet.

ge-brædeme *stn. coll. zu* brâdem Schm. *Fr.* 1, 347.

ge-braht *stm.* (I. 243ª) *s. v. a.* braht Gudr. Neidh. (31, 23 *wo* gedâht *druckfehler ist*). Pass. K. 523, 22. *vgl.* gebrehte.

ge-bræme *stn.* ein mederîn gebræme (: genæme) ûf einem hôhen gollier Ot. 80ᵇ. *s.* brêm, brêmen.

ge-bran? dar under was im (*dem pferde*) dicke gebran (: zan) diu schüle und wangevleisch gesniten Krone 19828. *wol zu lesen* gebrant : zant.

ge-brant *stm. brandwunde* Germ. 3. 432, 30.

ge-braste *stn.* (I. 256ᵇ) *coll. zu* brast, *geprassel, lärm* Pass. (K. 135, 12. 665, 34). Jer. 131ᵈ.

ge-bræte *stn.* (I. 233ᵇ) *coll. zu* brât Buch *v. g. sp.* Schm. *Fr.* 1, 369;

ge-brâten *stv. red. I*, 2 Neidh. XXXV, 24.

ge-brêch *stn.* (I. 246ª) *gekrach, lärm* Geo. Serv. Msh. (3, 280ᵇ). Neidh. 81, 33. Heinr. 3538. 44. — *ahd.* kaprëh *zu* brëhen *od.* brëchen (*die zweite im* Wb. *angegebene bedeut. ist zu streichen, s.* gebræche).

ge-brêch *stn. s.* gebræche.

ge-brëche *swm.* (I. 246ª) *abgang, mangel, gebrechen* Trist. H. Myst. Pass. 359, 17. 382, 19. K. 12, 22. 36, 31. 170, 89. 118, 82. 309, 29. 334, 9. Rsp. 3765. Mgb. 15, 19. 164, 29 *etc.* Chr. 3, 328 *ff.* Ugb. 27. 57; *beschwerde, übelkeit* Chr. 1. 164, 2; *krankheit ib.* 5. 137, 8. 164, 14;

ge-brëche *stn.* (I. 246ª, 25) *umgebrochenes stück land, brachland* Weist. das alte gebreche zu dem heil. berge Ad. 966 (*a.* 1336);

ge-brëchen *stv. I,* 2 (I. 245ᵇ) *intr. brechen, mit gewalt dringen* Nib. daz nieman hinder uns dar in gevallen und gebrechen müge Troj. 13355. nie gedenke mohten gebrechen in diu wunder dîn Ab. 2, 132. gebrach in vremden sin, *geriet in den zustand des hellsehens* Pass. K. 205, 71; gegen einem gebr., *von ihm abfallen, ihm untreu werden* Mw. 195 (*a.* 1294); an einem gebr., *von ihm weichen, ihm mangeln* Misc. Such., *ebenso* mir gebricht ein dinc *od. unpers.* eines d. *od.* an (Walth.) einem dinge Parz. Geo. Trist. H. Pass. 94, 53. 365, 26. K. 12, 62. 33, 58. 35, 66. 62, 20. 74, 33. 80, 53. 416, 75. und geprach im nichts, *er war gesund* Chr. 5. 292, 20 (*vgl.* gebrësten); — *trans. brechen, zerbrechen, wegbrechen* Parz. Ms. daz mac im niemant gebr., *nehmen, wehren* Swsp. 270, 3. under sich gebr., *unterwerfen* Trist. — *mit* abe, durch;

ge-brëchen *stn. not, mangel.* da ist gebrechens bruch, *da fehlt nichts* Pass. K. 671, 8. âne gebrechens ungemach *ib.* 83, 83.

ge-brëch-lich *adj.* (I. 246ª) *mangelhaft* Myst.;

ge-brëch-licheit *stf. mangelhaftigkeit, gebrechlichkeit* Myst. 2. 612, 24. 28. 31. 613, 5.

ge-bredigen *swv.* (I. 235ª) Griesh. Pass. K. 305, 5.

ge-brehte *stn.* (I. 243ᵇ) *coll. zu* braht, breht *geschrei, lärm, lärmender aufzug, gepränge, prunk* Kindh. Parz. Renn. (3809. 9481. 14111. 15877). Reinh. *sendschr.* 846. Ernst *B.* 2827. Bit. 9816. Loh. 5050. Osw. 364. Troj. 35687. Silv. 4843. 66. Otte 156. Pantal. 1066. Msh. 2, 232ª. 235ª. W. *v. Rh.* 170, 39. Ga. 1. 172, 123. 185, 594. Ls. 1. 211, 16. 243, 311. 298, 69. Heinr. 2324. Albr. 51ᵇ. 91ᵇ. Kirchb. 727, 10. 734, 48. 790, 7. Jer. 98ª. 156ᶜ. Karlm. 17, 31. 240, 55. 245, 35;

ge-brehten *swv.* (*ib.*) *rufen, schreien, lärmen* Glaub. Osw. 454;

ge-brehten *stn. s. v. a.* gebrehte. sie huoben grôz gebrehten (: vehten) über velt und über heide Ernst *B.* 5172.

ge-breite *stswf.* (I. 237ª) *ackerbreite, acker* Urb. 205, 20. 24. Gr. w. 4, 145. 5, 401. Uhk. 2, 31 (*a.* 1310). *vgl.* breite *u.* Mone *z.* 5, 268 *f.*;

ge-breitern *swv. breiter machen* Myst. 2. 435, 12.

ge-brenge *stn.* (I. 233ª) *prunk, lärm* Hätzl.

ge-brennen *swv.* (I. 254ᵇ) Freid. 67, 6 (2. *ausg.*).

ge-brësen? *swv.* (I. 238ª) der in daz mies von den ougen wol gebresen (: gebrësten?) kan Roseng.

ge-brëst, -brëste *stswm.* (I. 258ª) *abgang, mangel, fehler, gebrechen* Nib. Gudr. Trist. Wig. Freid. (87, 1). Konr. Flore 7597. Loh. 7055. 57. Ulr. *Wh.* 260ᵈ. Msf. 22, 19. Heinz. 9, 168. Myst. 2. 452, 40. 453, 2. 4 *etc. u. oft in urk. z. b.* W. 40. Mz. 1, 307. 325. 359. 362. 398. 510, gebirste *ib.* 392 (*vgl. auch die gloss. zu den* Chr.), gebrist (: ist) Denkm. XXXIV. 7, 2. Jer. 40ᵇ. 74ᵈ. 178ᵉ; das pferd gewint auch dick den uszwerfenden wurm zwischen haut und flaisch, sunder den man haisset den gepresten Myns. 77. *vgl.* gebrust;

ge-brëstec *adj. mangelhaft, gebrechlich* Ls. 2. 52, 41; *ebenso*
ge-brëstec-lich *adj. ib.* 52, 51;
ge-brësten *stv. I,* 1 (I. 257ᵇ) *intr. zusammenbrechen.* sô swær was doch des kriuzes ast, daz Jêsû schier vor müede gebrast Bph. 7187. sô was er gebrosten nider Krone 19862; *mangeln, fehlen (gen. od.* an) Iw. Ms. Gsm. daz der insigel dehaines gebreste Mz. 1, 357; *unpers.* mir gebristet eines d., an einem d., *ich habe mangel woran, allgem. (vgl.* gebrësten); *tr.? s.* gebrësen;
ge-brësten *stn. mangel,* gebristen Jer. 104ᵃ.
ge-brësten-lîche *adv. so dass mangel dabei ist* Elis. 3480.
ge-brëst-haft *adj. mangelhaft, gebrechlich.* daz sie in selber mügen widerstân und allen gebresthaften dingen Myst. 2. 456, 23. wenn och dirr brief gebresthaft wær ald wurd, ez wær an lînien, an buochstaben *etc.* Mz. 1, 361 (*a.* 1372). *ebenso*
ge-brëst-haftec *adj.* der kêrte sich zuo gebresthaftigen dingen Myst. 2. 466, 10.
ge-brëst-lîcheit *stf. gebrechlichkeit* Wack. pr. 68, 66. 195. 199. Myst. 2. 232, 14. 515, 15.
ge-brëten *part. s.* brîden.
ge-brieven *swv.* (I. 248ᵇ) *niederschreiben* Rul. Nib. gebrêven Karlm. 134, 1. 38. 210, 44.
ge-bringen *an. v.* (I. 251ᵃ) Iw. Troj. 16119. Pass. *K.* 57, 52. 438, 17. 656, 50.
ge-brist,-bristen *s.* gebrëst,-brësten.
ge-briten *part. s.* brîden.
ge-briuten *swv.* (I. 274ᵇ) *prät.* gebrûte *beilager halten, stuprare* Reinh. Md. ged. 2, 396.
ge-briuwen *stv. III.* (I. 260ᵇ) Helbl.
ge-brochet *s.* gebrâchet.
ge-brodel *stn.* (I. 232ᵇ) *geräusch wie von einer aufkochenden flüssigkeit* Oberl. Beh. 174, 1.
ge-brogen *swv.* (I. 262ᵇ) Engelh.
ge-brohze *stn. lärm* Germ. 3, 442; *s.* brohseln.
ge-brortet *part.* limbatus Dfg. 330ᵃ. 331ᶜ.
ge-brôt *part. s.* brœten;
ge-brœte *stn. coll. zu* brôt Ring 35ᶜ, 2.
ge-brouchen *swv.* (I. 265ᵃ) *biegen, beugen* Warn. daz er sich moht gebrouchen (*bewegen*) niht Christoph 1269;
ge-brouch-lich *adj.* (*ib.*) *biegsam, nachgiebig, zugänglich* ze Erinn. (*lies* 870).
ge-broz *stn.* (I. 261ᵃ) cytisus Dfg. 124ᵇ.
ge-bruch *stm.* (I. 246ᵃ) *abgang, mangel* Mgb. 7, 1. Chr. 2. 328, 15. 25. 332, 11. 333, 3. 335, 4. 409, 7; *fehler, schuld,* der gepruch solt an unserm herrn gewesen sein Mh. 1, 51.

ge-brûch *stm. benutzung, gebrauch* Himlr. 21; *sitte, gewonheit vgl.* Zimr. chr. 4, 607ᵇ *f.;*
ge-brûchen *swv.* (I. 265ᵇ) *gebrauchen, benutzen, geniessen* Troj. swie vil man ez (pfert) gebrûchte Lanz. 1464; *mit gen. d. s.* Gsm. Livl. Marlg. Elmend. 126. Elis. 2049. Marld. han. 8, 2. 13. 9, 4; *mit gen. d. p. umgang, gesellschaft einer person geniessen* Elis. 5817; *refl. mit gen. d. s.* Chr. 5. 298, 16;
ge-brûchen *stn.* Myst. 2. 533, 28. 535, 21;
ge-brûch-lich *adj.* (I. 266ᵃ) *geniessend* Myst.;
ge-brûchunge *stf.* (*ib.*) *gebrauch, genuss* Myst. (2. 169, 11 *ff.* 567, 12). Pass. 341, 67. Marld. han. 8, 7. 129, 30. 130, 22. functio, perfruitio Dfg. 252ᵃ. 426ᵃ.
ge-brücken *swv.* (I. 266ᵇ) *überbrücken* Trist. ich kan gebrüggen noch gestegen Msh. 2, 203ᵇ.
ge-brüeder *s.* gebruoder.
ge-brüeten *swv.* (I. 267ᵃ) Karaj.
ge-brülle *stn. gebrüll* Drach. 383.
ge-brummen *stn.* (I. 248ᵇ) *gebrumme* Parz.
ge-brunkel *stn. heller waffenglanz?* Jer. 146ᶜ. *vgl.* verbrunken.
ge-bruoch *stn.* (I. 270ᵇ) palus Dfg. 408ᵇ.
ge-bruoder *pl.* (I. 271ᵃ) *md.* gebrûdere, *die als brüder zusammengehören, gebrüder* Kchr. *D.* 91, 15. 401, 7. 463, 9. Parz. Wwh. 56, 5. Ulr. *Wh.* 216ᵃ. Wh. v. Öst. 100ᵇ. Buch *d. r.* 537. Troj. 23767. Kolm. 17, 32. 50. Krol. 181. Ludw. v. *Th.* 1222. 29. Pass. 233, 20. *K.* 50, 75. 307, 3. Karlm. 5, 13. 17. 7, 46. 127. 24. gebrüeder Troj. 35178. Just. 8. 70. 154;
ge-bruoder-lîche *adv. wie brüder* Krol. 185;
ge-bruodern *swv. refl. md.* gebrûdern *sich verbrüdern* Dür. chr. 716.
ge-bruote *stn.* (I. 267ᵇ) *das brüten, erwärmen* Karaj. daz swert von dem bluote und von des eiters gebruote sich gelîche vluges enzunde Krone 15200.
ge-brûse *stn. das brausen, lärmen,* geprûse Jer. 134ᶜ. 156ᵈ *u. öfter.*
ge-brust *stm. mangel, gebrechen* Fichard 1, 108. Mz. 1, 398. 426. Zimr. chr. 4. 344, 5. *vgl.* gebrëst.
ge-brustet,-brust *part. adj. s.* brüsten *u.* alsam ein löuwe ist er gebrust Troj. 29562.
gebsen *swv. geben.* ie der man hie gebse (: kebse) rât und lêre j. Tit. 1870.
ge-bû, -wes *stnm.* (I. 289ᵇ) *bestellung des feldes, weinberges.* dar nâch und der weingart uber daz gepau getragen mach Uhk. 2, 67 (*a.* 1319); *bau, gebäude,* mit geistlichem ge-

bûwe Glaub. 1050. daz ir gebû stûnt vil kranc Pass. *K.* 403, 9. ich wil û vome gebû sagen Heinr. 1090. der gebû *ib.* 1122. von unserem frauenhaus, das zu dem gebau zu Strasburg gehœrt Ad. 1296. *vgl.* gebiuwe, gebûwede.

ge–bucke *stn. ein zur bezeichnung der waldgränzen in einander gebogenes od. geflochtenes gebüsch,* beide parthien solent die hege und gebucke nit vergenglich werden laissen Arn. 110 (*a.* 1469, *Nassau*). *vgl.* Oberl. 486;

ge–bücken *swv.* (I. 178ª) Such.

ge–bûde *stn. s.* gebuode.

ge–büebe *stn. coll. zu* buobe, *menge von junger, zuchtlosen menschen* Heinz. 107, 202.

gebuet *stn. s.* gebutze.

ge–büezen *swv.* (I. 284ᵇ) *md.* gebûzen *büssen, busse thun für* Ms. ir sünde mac sî sô baz geb. Greg. 435. swie ich joch den fluoch gebüeze Büchl. 1, 252; *bessern, beseitigen, tilgen* Rul. Karl, Ms. die (klage) niemen möhte verenden noch geb. a. Heinr. 553. dâ mit wir die mennescheit geb., *sie ergänzen, den verlust ersetzen, den sie durch den tod erleidet* Neidh. 42, 19 *u. zu* 14, 24; einem etw. geb. En. Walth. Barl. der minne mir gebüezen mac unde herzeleit Troj. 16666. daz er uns den schaden geb. kan Bit. 9259. dû enmaht dir niht gebûzen Pass. *K.* 331, 5; *eines ding.* geb., ir (der wunde) kein arzet mohte geb. j. Tit. 5950, einem eines d. geb. Trist. *H.*

ge–bulder *stn.* tumultus Dfg. 601ᶜ.

ge–bünde *stn.* (I. 135ᵇ) *gebund, bündel.* das tuoch ûsz dem ahten, niunten gebünde weben Mone 2. 9, 148 *f. vgl.* von einen kerntuoch acht- oder niunbündig *ib.* 163; *fessel, knoten* Frl. *s.* gebunt;

ge–bündelîn,–bündel *stn.* (*ib.*) *bündel* Pf. *arzb.* 1, 4. 2, 4ª. 18ᵇ. Myst. 2. 183, 38;

ge–bunden *part. s.* binden; durch sippe gebunden, *verwandt* Ulr. *Wh.* 22ª. gebundene tage, *an denen recht u. gericht* gebunden, *auf gewisse handlungen beschränkt sind* Ssp. 2. 10, 66. 3, 61.

gëbunge *stf.* (I. 506ᵇ) *das geben, die schenkung* Myst. donatio, dosis Dfg. 190ᵇ *f.*

ge–bunt *stn. gebund, bündel.* ein gebund mirren Marld. han. 44, 25. ein gepunt garns Np. 164. fur 13 gebondere ströwes Frankf. *baumeistb. v.* 1457 *f.* 16ᵇ. *s.* gebünde;

ge–büntnisse *stn. bund, bündnis* Fichard 2, 61.

ge–buoch–stabet *part. s.* buochstaben *u.* Roth. 3871.

ge–buode *stn. gebäude* Kchr. *D.* 54, 3; *md.* gebûde Jer. 115ᶜ. 118ᶜ. 159ᵈ *etc. s.* buode *u. vgl.* gebûwede.

ge–buoseme *stnf. nachkommenschaft in geradabsteigender linie.* vom gebûsem Gr. w. 1, 826. von alder gebôsume Frankf. *urk. v.* 1446;

ge–buoseme *pl.* (I. 281ª) *descendenten* Halt. Ra. 470.

ge–bur *stf. günstiger fahrwind* Pass. *K.* 469, 60. *s.* bur.

ge–bür *stn.* (I. 153ᵇ) *das was sich gebührt* Weist.

ge–bûr,–bûre *stswm.* (I. 290ª) *miteinwohner, mitbürger* (Vet. *b.* 49, 2. Arn. 41); *nebenwohnender, nachbar* Freid. Reinh. Serv.; *dorfgenosse, bauer* Hartm. Freid. Wig. Barl. Pass. *K.* 13, 31. 462, 22. 519, 71. gebûres kint Msh. 3, 57ª. gebûres liute Myst. 1, 220, 1. gebour Mw. 59, 64 (*a.* 1255). gebaur Np. 19. gebouwer Helmbr. 820; *mit dem nebenbegriffe des rohen, gemeinen, ungebildeten* Greg. von art ein rehter gebûr Schretel 55. zwêne grove gebûre Karlm. 6, 14. du bist ein viereckot gebûr Msh. 1, 297ª. dem gebûre ist wol mit missetât, daz ist im ane geborn 3, 73ᵇ; *mit gen.* der buoche ein gebûr Renn. 18545. wær ich der kunst niht ein gebûr Wh. *v. Öst.* 2ª. *s.* gebûwer;

ge–bûrde *stf.* (I. 291ª) *landschaft* Leys. Herb.;

ge–bûrekîn *stn.* (I. 291ª) *bäuerlein* Helmbr. (*var.* gebäurelein).

ge–bûren–haz *stm. als fing. name* Helbl. 13, 245.

ge–bûren–hërze *swn.* pfî, gebûrenherze, ungewizzener lip! Berth. 457, 18.

ge–bûren–schuoch *stm.* (II². 225ª) culpo Voc. *o.*

ge–bûres–liute *pl.* (I. 1038ª) *s.* gebûr.

ge–bûric *adj.* (I. 291ᵇ) *bäuerisch* Helmbr.;

ge–bûrinne,–biurinne *stf.* (*ib.*) *bäuerin* Erinn. Helbl. (8, 371). Renn. 1606. Eilh. 5681 (*von gemeinem stand*), gepäurinn Mgb. 193, 17. gebûrîn Marlg. 14, 169. Amis 943;

ge–bûrisch *adj. s.* gebiurisch.

ge–bûr–kleinôt *stn.* bauernkleinod (*wetzstein u. sense*) Helmbr. 1062.

ge–bûr–knëht *stm. bauernknecht* Kuchm. 38.

ge–bûr–lich *adj. s.* gebiurlich.

ge–bürlichkeit *stf.* (I. 153ᵇ) *wolanständigkeit.* Nicl. *v. Weyl;* nâch g., *befinden* S. Gall. *chr.* 28.

ge–bûr–man *m. bauersmann* Reinh. sendschr. 1727. Karlm. 23, 63. 24, 19.

ge–bûr–meister *stm. s. v. a.* bûrmeister Ssp. 3. 64, 11. 86.

ge-bürn swv. (I. 153ᵇ) md. geburn, *auch* geborn (EVANG. 256ᵃ) *tr.* heben SSP. 3. 45, 8; *intr. sich erheben: geschehen, widerfahren, zu teil werden mit dat.* PASS. (K. 23, 39). ELIS. 6528; *rechtlich zufallen od. zukommen, gebühren mit dat.* PASS. (75, 72. 286, 58. K. 24, 35. 97, 99). KARLM. 6, 10. 28, 40. 126, 30 *etc.* SSP. 3. 85, 1. ADRIAN 429, 49; *refl. mit od. ohne dat. sich ereignen, vor augen treten* PASS. (173, 8. K. 22, 23. 191, 77. 210, 52. 389, 4). JER. 25ᵈ. 54ᵃ. GA. 1. 342, 196. zwischen welchen sich daz gebürt Mz. 4, 391 *s.* 431.— *mit an, zuo;*

ge-bürn *stn.* (*ib.*) *das was sich gebührt* WEIST.

ge-burnen swv. (I. 254ᵇ) FREID. *var. zu* gebrennen (67, 6 *zweite ausg.*). PASS. K. 385, 20.

ge-bürnisse stfn. *das was sich gebührt, als abgabe zu leisten ist* GR.W. 6, 752. nâch geb. *nach gebühr* MONE 5, 252.

ge-bûr-same stf. *dorfgenossenschaft, bauerschaft* GR.W. 1, 74. 4, 4. 209. AD. 1251. *ebenso*

ge-bûr-schaft stf. (I. 291ᵃ) OBERL. SSP. 3. 86, 2.

ge-burt stf. gen. gebürte, geburt (I. 154ᵇ) md. *auch* gebort JER. 129ᵈ. SSP. 1. 8, 2: *geburt,* bî mannes geburte GEN. 60, 20. geburde tac ANTICHR. 183, 22 (*vgl.* geburttac). in sîner geburt zît *ib.* 29. sît diu kleinen kint von ir gebürte tages alt niht gar von sünden reine sint WINSB. 70, 2; *angeborner stand* (SSP. 3. 73, 2), *ursprung, herkunft, bes. aus vornehmen geschlechte* HARTM. PARZ. WWH. 397, 30. TRIST. WIG. (4111. 5276. 8715. 10616). LOH. 5796. ENGELH. 223. KONR. *Al.* 1036. HERB. 11401 (*vgl.* geborn); *geborenes, geschöpf* GREG. TRIST. *H.* TROJ. (4966). ELIS. 2180, *nachkommenschaft,* ob er (got) wolde erfullen sînen willen und sîner sorge stillen mit erbender geburte REINFR. 100ᵇ.

ge-burtec *adj.* (I. 155ᵃ) *zu* folgern *aus*

ge-burtec-lich *adj.* (*ib.*) *die geburt betreffend,* geb. nôt *geburtswehen* TRIST. *ebenso*

ge-burt-lich *adj.* (*ib.*) geb. tac *geburtstag* TUND. FLORE 2250. SILV. 3103. TROJ. 5473. an unser frowen gotes muoter geburtelichem tag DON. *a.* 1295. geb. frist, *geburtsact* PF. *üb.* 62, 170. in sîme geburtlichem lande, *in seiner heimat* VET. *b.* 17, 5.

ge-bürtet *part. adj.* geboren, gebürtig. herzog Heinrîch ze Beierland gebürtet (: vürtet) LOH. 7533.

ge-burt-muoter stf. (II. 269ᵃ) matrix SUM.

ge-burts-brief stm. *taufschein* GR.W. 5, 213.

ge-burt-tac stm. *geburtstag* GEN. 58, 42. geburtdage, die natali GL. *Xanth.* 276ᵃ (WACK).

ge-bûr-volc stn. *bauernvolk* RENN. 1343.

ge-buscheze stn. rubetum DFG. 501ᶜ. *vgl.* GERM. 10, 395.

ge-bû-schirre stn. (II². 164ᵃ) *s. v. a.* bûgeschirre FREIBERG.

ge-bütel stm. (I. 185ᵃ) *s. v. a.* bütel MART. HPT. 7, 101. AD. 1347. NP. 38.

ge-bütel-tuom stn. *amt eines bütels* GR.W. 1, 680.

ge-bütlacht? *adj.* (I. 286ᵃ) Ls. 3, 328 = gebiutelt?

ge-bütze stn. (I. 287ᵃ) *eingeweide.* manigem daz gebütze ûf die erden wart geslagen OT. 75ᵇ. *md.* gebutte REINFR. 151ᵃ. DÜR. *chr.* 82. gebuet, -but, -bütte, -butte exentera DFG. 216ᵃ. *s.* butten.

ge-bûwe stn. *s.* gebiuwe;

ge-bûwede stn. *gebäude s.* GERM. 10, 395; *vgl.* gebûweze, gebuode;

ge-bûwen an. sw. u. stv. (I. 291ᵇ) bewohnen WIG.; *bebauen, pflügen,* daz ich die weingarten und ecker gepaun mag USCH. 344 (*a.* 1384). der ie urbor gewan ode ie geboute fürsten lant BIT. 6041;

ge-bûwer stm. *bauer* NEIDH. 29, 19. HELMBR. 1356. 67. gebouwer *ib.* 820;

ge-bûweze stn. *gebäude* NIC. v. *Basel* 39. MGB. 108, 8 *var.* gebûwitz FRANKF. *brgmstb. v.* 1447, *III. p. Joh. bapt. vgl.* gebûwede.

ge-bûz stn. *s.* gebiuze.

gëc, gëcke stswm. *alberner mensch, narr* JER. 98ᶜ. 164ᵈ. RSP. 941. ALSF. *pass.* 68ᵃ. KARLM. 3, 19. manch geck spricht wîse wort FREID. *Cass. hs.* 317 (W. GR.). gecke stultus, trufator VOC. 1482. — *ein nd. wort, vgl.* giege u. WEIG. 1, 399;

gëcke *adj. töricht, verzagt* KARLM. 468, 19. ich bin sô geck MALAG. 34ᵃ;

gëckeleht *adj.* pfaffin leben ist geckeleht RENN. 96ᵇ (W. GR.);

gëcke-lîche *adj. töricht, albern* KARLM. 100, 61. 104, 15. 273, 22;

gëcken swv. vexare, trufare, subsaunare VOC. 1482;

gëckerîe stf. *thorheit, albernheit* RSP. 1738. 2751. mit kinschen geckernîen HANS 2949.

gëcke-smude? swm. die frauwe, die den manne zu eim geckesmuden und gauch gemacht solde hân, widder ûsz lassen FRANKF. *brgmstb. v.* 1443, V. p. jubil. vgl. schnut, schwank VILM.

360. *oder geckesmûde* = geckes-müete *wie ein thor gesinnt?*

ge-dachen *swv. mit einer decke belegen* HEINR. 3512.

ge-dagen *swv.* (I.297ᵃ) *verst.* dagen *intr. schweigen* Iw. WIG. BARL. unze er garlîchen gedaget, *alle widerrede aufgibt* REINH. 364, 1986. daz alle valscheit gedaget PASS. *K*, 121, 9; *mit dat. d. p. ruhig zuhören* BARL., *mit dat. u. gen.* HEINR. 3178; *mit gen. d. s. schweigen zu, verschweigen allgem.* (nieman sol ir lobes gedagen MSF. 214, 8); *ablassen von,* gedaget der sunde VET. *b.* 34, 9; — *tr. verschweigen,* ich hân mîn leit gedaget MSH. 3, 12ᵇ; *mit dat. u. an? (das aus* ELIS. *angeführte beisp. gehört nicht hieher, s.* gedegen);

ge-dagen *stn. das schweigen* W. *v. Rh.* 171, 34;

ge-daget *part. adj.* (I. 297ᵃ, 47) *verschwiegen, verstummt* TROJ. PASS. *K.* 9, 33.

ge-dâht *part. adj.* (I. 344ᵃ) *bedacht* SCHREIB. mit gedâhtem muote Mz. 1, 247 (*a.* 1303);

ge-dâht *stf.* (I. 350ᵇ) *das denken, die gedanken* MS. MEL. 1357. LUDW. *v. Th.* 3709. KARLM. 74, 32. *ebenso*

ge-dâht *stm.* KARLM. 7, 15. 36, 54 *etc. und*

ge-dæhte *stf.* (I. 350ᵇ) GR. RUD. KIRCHB. 675, 6.

ge-dâht-haft *adj. in gedanken befangen, nachdenkend* LS. 1. 212, 36. *vgl.* gedanchaft.

ge-dæhtic *adj.* (I. 530ᵇ) *bedächtig.* er was ein gedêhtic man HEINR. 1017; *merkend, sich erinnernd* GEST. *R.* 12. wer nicht gedachtig ist, der trink venichelwasser, so wird er gedachtig SCHM. *Fr.* 1, 485. der geprent wein macht den menschen wol gedächtig und frœlich HPT. 9, 368; *eingedenk mit gen.* JER. 15ᵃ. MONE 8, 430. CP. 234; *erinnerlich mit dat. d. p.* nu ist eur f. gnâden wol gedechtig *ib.* 70. dergleichen keinem menschen gedechtig was CHR. 1. 413, 20;

ge-dæhtec-lîche *adv. in erinnerung* WOLK. 107. 2, 2.

ge-dæhtnisse, -nüsse *stnf.* (I. 350ᵇ) *andenken, erinnerung* JER. 8ᵇ. ERLŒS. XVIII, 391. MYST. 2. 411, 4. 8. 585, 39. HPT. 7, 159. CHR. 5. 7, 32. 375, 31.

ge-dalz *stn.* dâ wart ein michel gedalz (: malz) KARLM. 113, 60. — *aus* gedalkeze? *vgl.* tolken.

ge-dan *adj. s.* gedon.

ge-danc, -kes *stm.* (I. 354ᵇ) *pl.* gedanke *u.* gedenke (WOLFD. 166. BERTH. 13, 19. 20, 27. WACK. *pr.* 50, 29. 51, 11): *das denken, der gedanke, die gedanken. allgem.;* dank, sollich iuwers gnædigen erbietens sagen ich iuch hôhen gedank DON. *a.* 1475 (*schreiben des grafen H. v. Fürstenberg an den gf. Ulrich v. Wirtemberg*).

ge-danc-haft *adj.* (I. 357ᵃ) *sinnend in gedanken befangen* TRIST. PANTAL. 379, *sinnend, denkend an* TROJ. 21304, ûf *ib.* (20692. 27956) *od.* zuo TRIST. *vgl.* gedâhthaft.

ge-danke *swm. in* bî-, ingedanke;

ge-danken *swv. einen gedanken fassen, denken.* wie mac ich gedanken, das ich minre sîe dan der manslehtic ist? VET. *b.* 18, 4; *danken mit dat.* BARL. got lâz mich gedanken in beiden BIT. 6126. daz ich gedanken möhte dir mit tûsent zungen nimmer ENGELH. 6406, *mit dat. u. gen.* TRIST. *U.*

ge-darben *swv. entbehren mit gen.* sîn ne gedarbeten nie die himele GLAUB. 578.

ge-decke *stf.* decke HELDB. *K.* 425, 5. KELL. erz. 472, 5. die gedecke hiez sie machen manigem snellen marc ROSENG. *Meuseb.* 165.

ge-decken *swv. decken, schützen, schirmen* GLAR. 105.

ge-dëgen *part. adj. s.* gedigen.

ge-degen *swv.* (I. 309ᵃ) gedagen *machen, zum schweigen bringen, stillen* ERINN. ELIS. (*von kranken u. traurigen* 4460. 6778).

ge-demer *stn. dämmerung, dunkel* MART. 142, 41. S. GALL. *stb.* 4, 19.

gedemler *stm. s.* gademer;

gedemlîn *stn. dem. zu* gadem W. *v. Rh.* 50, 44. 51. NP. 287.

ge-dê-muoten *swv. s.* gediemüeten.

ge-dêne *stn. s.* getaene.

ge-dene *stn. das hin- u. herwogen des kampfes* JER. 157ᵃ — *zu* denen;

ge-denen *swv.* (I. 311ᵇ) *dehnen, ziehen* HELMBR. weder wagen noch pfluoc geziehen noch gedenen KRONE 19877.

ge-denk-buoch *stn. memorial* CHR. 5. 380, 8.

ge-denken *swv. an.* (I. 346ᵃ) *prät.* gedâhte *intr. denken, gedenken, allgem.* (*mit refl. dat., mit gen. d. sache oder an,* bî, nâch, ûf, von, zuo; *der gedanke in directer rede angeführt od. als nachsatz* Iw. PARZ. WIG. ; *mit gen. u. refl. dat. sich etw. ausdenken* KL. LIEHT. 81, 5; *mit gen. u. dat. zudenken, bestimmen* PARZ.); — *tr. mit acc. od. infin. auf einen gedanken kommen, ausdenken* ROTH. HERB., NIB. Iw.; *zu ende denken* GRIESH.; — *refl. sich erinnern, eingedenk sein,* lâz ouch gedenken dich KARLM. 26, 10. — *mit an,* vür, zuo;

ge-denken *stn.* (I. 348ᵃ) *das denken* MS. gienc ez mir nâch gedenken ROSENG. *H.* 2215. sie haben in des bis uff morne ein gedenken (*erwägung, bedenkzeit*) genomen MH. 1,42. und weret dasselb gedenken in die vierd wochen UGB. 322. *s.* 339.

ge-denk-lichkeit *stf.* (I. 350ª) molitio DFG. 365ᶜ.

ge-denknüsse *stf. gedanke, erwägung* WACK. *pr.* 69, 66 (gedenknust); *das gedenken, gedächtnis* RING 28ᵇ, 26. zuo ainer gehugenusse und gedenchnusse ULA. 105 (*a.*1305). zuo sêliger gedenknusse Mz. 1, 495 (*a.* 1405);

ge-denkunge *stf. das gedenken, andenken* MYST. 2. 214, 19. GERM. 7. 350, 5. MONE *z.* 7, 219 (*a.* 1288). convicium VOC. 1482. recordatio DFG. 487ᶜ.

ge-dense *stn.* (I. 361ª) *das hin u. her ziehen, geschlepp, gereisse* PARZ. REINH. HERB. MSH. 3, 310ª. FRAGM. 38, 74. OT. 16ᵇ. 150ª. WOLK. 6, 171. RING 53ᶜ, 35. KELL. *erz.* 506, 26. — *zu* dinsen, dansen.

ge-derbe *adj.* (I. 362ᵇ) *brav* BON.

ge-derme *stn. coll. zu* darm, *gedärm* GEN. *D.* 6, 33. DRACH. *Casp.* 101. ALBR. 19, 321. 20, 203. 33, 205. MGB. 32,13. 365, 4 *etc.* gedirme *ib.* 210, 30. 273, 8. 294, 26. JER. 62ᵇ.

ge-derren *swv.* (I. 322ª) GSM.

ge-diegen *part. s.* gedigen.

ge-diehter *stn. s. v. a.* diehter. getichter und gebrüder GR.W, 6, 96.

ge-die-müeten *swv.* (II. 259ᵇ) DIEM. der sich gedêmuotet, der wirt gehôhet GERM. 14, 449.

ge-dîen *stv. s.* gedîhen.

ge-dienen *swv.* (I.370ª) *intr. mit od. ohne dat. dienen, dienste leisten* NIB. BARL., MS., *mit* ûf Ms. do sie entsamt gedienten ûf ir reht PASS. 388,38; *tr. mit dat. u. acc. einem etw. leisten, zu dienste thun* WALTH.; *verdienen, durch dienst erwerben oder wert sein zu erwerben.* IW. PARZ. NIB. BARL. ich gediente nie iwern haz ER. 986 (*s.* gedienet); *durch dienst erwidern, zu vergelten suchen* IW. TRIST. *U.* mir half ein iuwer lantman, daz ich ez niemer enkan gedienen als ich solte GFR. 1227;

ge-dienet,-dient *part. adj.* (I. 369ᵇ) *gedient habend, durch dienst ausgezeichnet* WWH. (gein sînre gedienten tohter 250, 25); *verdient* BARL. der gediente ban WINSB. 53, 8. PASS. *K.* 235, 29. gedienter vluoch, ged. pîn VILM. *weltchr.* 65, 378. 388.

ge-diet *stfn.* (I.325ᵇ) *das gesammte volk* DIEM. BON.

ge-dige *stn.* (I. 310ª, 35) *s. v. a.* gedigene, *dorfgemeinde* WEIST.

ge-digen *swv.* (I. 329ª) *mit an anflehen, anbeten* KINDH.

ge-digen *part. adj. zu* dîhen *u.* gedîhen (I. 330ª) *ausgewachsen, reif, fest, hart* ER. PARZ. 541,15 (*von* schaft *u.* schilt); *ausgetrocknet, trocken,* gediegen holz, levigantis VOC. 1482. ausgedarret, gedigen flaisch BEH. 128, 22; *mit gen.* sîn bin ich jæmerlich gedigen (*ausgezehrt*) HELBL. 5, 9; *bildl. lauter, rein, gehaltvoll, tüchtig,* hobisch und gedigen GERM. 7. 362,4 *u. anm.* en gedegen man, homo prudens EIKE *v. R.* 119. *vgl.* SCHM. *Fr.* 1, 497.

ge-digene,-digen *stn.* (I. 310ª) *coll. zu* dëgen, *dienerschaft* GEN. *D.* 100, 28. PRIESTERL. 349, *bes. die ritterl. dienerschaft, dienstmannschaft eines fürsten* ROTH. NIB. GUDR. SERV. j.TIT. 1433. 5711. KRONE 13635. 20872; *die unedlen bewohner eines ortes, bürgerschaft* CLOS. daz gedigen zu Augspurg CHR. 4. 178,13. die ältisten des gedigens in der Ragtzgegent ULA. 123 (*a.* 1314), *bewohner eines dorfes* GR.W. 6, 295. MONE *z.* 14, 281 (*a.* 1480); *volk, haufe im allgem.,* daz menschelich ged. MART. 255, 75. volc und ged. 176, 4. daz rômisch ged. 223, 86. das arm, bœs gedigen NETZ 12610. 13328. wes möhtest du in der kirchen stân in dem gedigen (*var.* under ander gedigen) 1214.

ge-digen-heit *stf.* (I. 330ª) *tüchtigkeit, gravitas* HPT. *h. lied* 123, 8. 125, 1. 146, 29. SCHM. *Fr.* 1, 493. *s.* gedigen.

ge-digen-lich *adj. fest, stark.* gedigenlicher muot DIEM. 276, 17.

ge-digen-lîchen *adv.* (I. 329ª) *mit gebet* AB. (*predigt*).

ge-dîhe *adv.* (I. 330ª) *vollkommen* Ls.;

ge-dîhen *stv. II* (I.329ᵇ) *auch* gedîen (WALTH. PASS. *K.* 171, 87. KARLM. 156, 26), *prät.* gedêch, *part.* gedigen: *verst.* dîhen *gedeihen, erwachsen, geraten* LANZ. PARZ. TRIST. WALTH. du wilt vil übel ged. MSH. 2, 124ᵇ. sol iuwer rede ged. 3, 243ª. ach, ûz erweltiu ritterschaft wie bist dû gedigen TROJ. 13191; *mit gen.* PASS., *mit präp.* an WOLFR. die sint gedigen an dich, die mir guot solden sîn GFR. 450. nu was ez ouch dar an gedigen, daz die vinde begunden gâhen DIETR. 9144. dô was ir aller muot gedigen (*vereinigt*) under in an einen man *ib.* 844. unser aller kraft ist gedigen (*beschränkt*) an uns sehs ERNST 4638. sît alle mîne mâge an dich gedigen sint, *seit*

*ich keine andern blutsverwandte mehr habe
als dich* OTN. 76,2; schiere der poynder was
gedigen **gein** der porten WWH. 114,24; ged.
in Ms. WWH. (ich bin gedigen in ir scham
158, 22), GSM. ir strît in einen klôz gedêch
ERNST 4688; ir wille was dar ûf gedigen
ENGELH. 814. wand im maniger werder got
alhie gedêch ûf einen spot PASS. K. 177, 8;
ged. ze GREG. KL. TRIST. U. da wære ein
ungefriunt gebûr vil lihte in dem schalle ge-
digen zeinem balle WWH. 187, 28. daz gedêch
nu gar ze spote PASS. K. 549, 50; *mit adv.*
nû ist der strît **zesamne** gedigen LOH. 4931.
war sint nu mîniu jâr gedigen? MSH. 1, 312ᵃ;
mit dat. PARZ. GSM. sînen mâgen jâmer was
gedigen WWH. 152, 10. der gedêch im ie zu
schemen PASS. K. 483, 19; ez gedîhet mir,
geht, bekommt mir, wie ez Ermrîch ist gedi-
gen DIETR. 9846. — *vgl. oben* gedigen;

ge-dîht *stn?* (I. 330);

ge-dîhte *adv.* (I. 329ᵃ) *häufig* ANEG. KARAJ.
SERV. MART. (167, 101). die gedîhte wegent
unde helfent HIMLR. 326. wer ez blâset ge-
dîhte, ez enzündet in vil lihte Ls. 3. 49,
885; ie gedîhte, *ununterbrochen* KINDH.
TRIST.;

ge-dîhtec-lîche *adv.* (I. 329ᵇ) *dicht, häufig*
LANZ. TRIST.;

ge-dîht-lîche *adv.* ged. und flîszlîch arbeiten
MONE 5, 246.

ge-dille, -tille *stn.* (I. 331ᵃ) *befestigung von
planken* SCHM. Fr. 1, 500. OBERL. 490. *vgl.*
getülle.

ge-dinc-gerihte *stn. s. v. a.* dincgerihte GR.W.
1, 329.

ge-dinc-guot *stn.* alle hueber, die geding-
güeter haben von dem gotzhûs GR.W. 4, 89.

ge-dinc-hof *stm. s. v. a.* dinchof GR.W. 5, 77.

ge-dinc-tac *stm. gerichtstag* GR.W. 1, 41. 373.

ge-dinc-werc *stn. accordarbeit* FELDK. r. 129,
2 *f.*

ge-dinge *stn.* (I. 340ᵇ) *gericht* DENKM. XCIX,
18. GR.RUD. 18, 23. URB. 79, 13. AD. 966 (a.
1336). UKN. 375 (a. 1355). 427. vrî ged. *frei-
gericht, immunitätsgericht* MONE 3, 359; *über-
einkunft, vertrag* GEN. RUL. GUDR. WIG. BON.
u. oft in urk. z. b. Mz. 1, 248. 376. 390. AD.
980. CHR. 5. 162, 16. 189, 1. 199, 24 *etc.* MONE
z. 4, 400 (*ehevertrag*); *versprechen, ver-
sprochene sache* KCHR. LAMPR., *versprechen
einer zahlung, die schuld od. zahlung selbst*
CHR. 4. 178, 11, *zahlung einer brandschatzung*
MW 368 (a. 1388). RTA. 1. 301, 23 (*vgl.* dinc-
nus, dincsal, gedingeze); *bedingung* RUL. IW.
ER. 511. 3046. 4807. Mz. 1, 258. 339. 398. 450
etc. CP. 360. CHR. 4. 130, 4. 153, 34;

ge-dinge *stf.* (I. 341ᵇ) *bedingung, bestimmung*
FLORE (1607), CLOS. mit der selben gedingen
AD. 595. 908. mit sämlicher gedinge Mz. 1,
312. mit der geding und bescheidenheit *ib.*
351;

ge-dinge *stm. der bei einer vertrags- oder
gerichtsverhandlung anwesend ist als zeuge,
beisitzer u. s. w.* wan wir bî disen dingen ge-
wesen sîen und ir geding wâren Mz. 1, 338
(a. 1362). versigelt mit meinem (*des richters*)
insigel und mit der êrbêren zwair mann in-
sigel, die der taidinge geding gewesen sint
UKN. 353 (1353) *u. ähnlich* 375. 427. — *ahd.*
kadingo *swm. patronus;*

ge-dinge *swm. stfn.* (I. 339ᵇ) *als stm. nur* NIB.
279, 3 A: *gedanke, hoffnung, zuversicht auf
etw. mit gen., allgem.; anwartschaft (auf
lehen)* SSP. 1, 33. 3, 75; *anbringen, bitte,* ir
gedinge ist, daz man iren boten sol ein phert
leyen UGB. 463 *s.* 554;

ge-dingede *stn. bedingung* BERTH. 293, 38.
mit sölichem gedingt Mz. 1, 401 (a. 1386)
ÖH. 46, 16, 73, 5. *vgl.* gedingeze. *ebenso*

ge-dingede *stf.* mit der gedingt und beschei-
denheit Mz. 1, 421 (a. 1391). ûf die gedingde
FLORE 1607 *var.;*

ge-dingen *swv.* (I. 337ᵃ) *fest u. sicher glauben,
hoffen* MAR. SPEC. 47, 69. HELMBR. 347, *mit
gen. d. s. oder einem untergeord. satze* GEN.
DIEM. MAR. IW. ER. 1192. GREG. 3188. dîner
hilfe wir gedingen ULR. Wh. 168ᶜ, *mit ûf*:
sus wart gehoffet ûf ir gruoz und ûf ir kunft
gedinget TROJ. 20313; an einen ged. *von ihm
sicher erwarten, das vertrauen auf ihn
setzen (die sache im acc. od. mit nachsatz)*
RUL. KL. KCHR. D. 295, 15; an kann auch *adv.*
stehen: einem etw. an ged. *es von ihm mit zu-
versicht erwarten* TROJ. (2051);

ge-dingen *stn.* (I. 337ᵇ) *das zuversichtliche
erwarten* A. HEINR. WALTH. Ms.;

ge-dingen *swv.* (I. 339ᵃ) *intr. eine sache (vor
gericht u. sonst) behaupten, die oberhand be-
halten, ausharren* GEN. DIEM. PARZ. NIB.
alle sîne kuone gedingent hiute vil übele RUL.
262, 26. ob ich sô mac ged. PASS. K. 146, 79.
sô gedinge ich niermermê MSF. 174, 2. sô
michel ungemüete getrouwe ich sus nimmer
hie gedingen GUDR. 1699, 4; einem ged. *seine
sache durchführen* RUL.; *mit jemand unter-
handeln,* gedingen mit den vînden GUDR.

1687, 3. wil ich mit dir ged. WARTB. 114, 7, auch an (ANTICHR.) od. umbe, wider einen ged. (PARZ.); tr. ein dinc wil ich ged. ULR. Wh. 162ᵃ;
ge-dingeze *stn.* pactio DEG. 405ᵃ. GR.W. 3, 423 *f*.431. einem gedingeze (*erlaubnis*) geben *ib.* 427; *brandschatzung* ARN. 41 (*a.* 1357). *vgl.* gedinge, gedingede *u.* GERM. 10, 395;
ge-dingt *s.* gedingede;
ge-dingunge *stf.* pactus DFG. 405ᵇ.
ge-dinsen *stv. I*, 3. (I. 360ᵇ) LOH. TROJ. MART. (145, 96) MAG. *cr.* 135ᵇ.
ge-dirme *stn. s.* gederme.
ge-diuhen *swv. drücken, pressen* SCHM. *Fr.* 1, 495.
ge-diute, -tiute *stn.* (I. 327ᵃ) *md.* gedûte, -dûde, -tûde, *ausdeutung, bedeutung, symbol* DIEM. GLAUB. 363. 860. KROL. 1585. 1726. 2072. ELIS. 1455; *kundgebung der gesinnung ib.* 886. 1199. 9342; *hindeuten* LANZ.; ze ged. *s. v. a.* ze diute DIEM. GLAUB. 262;
ge-diute *adj. in* ungediute;
ge-diuten *swv.* (I. 328ᵃ) *md.* gedûten, -tûden, *auslegen, verdeutschen* DIEM. GLAUB. (143. 196) GRIESH.
ge-doln *swv.* (I. 378ᵇ) PARZ. PASS. *K.* 552, 16;
ge-dolt *stf.* (I. 379ᵃ) *geduld* PARZ. Ms. muoter, habt gedolt (: holt) TANH. *hofz.* 72. *s.* gedult.
ge-don *adj. gespannt.* slaff, daz nicht gedan ist, laxus Voc. 1482;
ge-don *adv.* (I. 381ᵃ) *mit eifriger bemühung* OT. (den sach man vil gedon daz lant roumen 128ᵇ; mir ist ged. *ich habe eifer, eile,* im was nâch vehten sô gedon 294ᵇ. den ambetliuten was gedon zuo dem âbentmâle 588ᵃ);
ge-don, -done *stf.* (I. 380ᵇ) *spannung, anstrengung, bemühung:* gedon tuon *mit dat. einem beschwerlich fallen, mühe machen, gewalt anthun, ihn quälen* NEIDH. KRONE 6685. ALBR. 3, 338. 13, 120. PASS. *K.* 111, 48. 499, 27. JER. 89ᵇ. VINTL. 1390, *bes. oft bei* KONR. *u.* OT. (*vgl. noch* TROJ. 27033. 30515. 733. OT. 47ᵇ. 126ᵃ. 259ᵇ. 268ᵃ. 282ᵇ. 390ᵃ. 438ᵃ. 443ᵃ. 802ᵃ); mir wirt gedon PASS. *K.* 483, 29.
ge-done, -donne *stf.* ein wûste (*leere*) gedone, gedonne FRANKF. *beedbuch v.* 1402 *f.* 45; 1403, 66ᵇ. *s.* dan *unter* tenne.
ge-dœne *stn.* (I. 383ᵃ) *md.* gedône *gesang, melodie* Ms. (gedœne âne wort daz ist ein tôter galm *H.* 3, 99ᵇ. sinnelôse giegen den kunsterîchen stelnt ir rede und ir gedœne 2, 206ᵃ). ged. sunder wort j.TIT. 384; *vgl. noch* TROJ.

3741. 10036. 15358. 16237. 19476. PASS. 36, 16. 78, 93. 364, 46. *K.* 580, 91. ALBR. 15,584. HEINR. 1936. 4274. EVANG. *L.* 15, 25; *ton, laut, schall* PARZ. TRIST. daz (horn) wart geblâsen, daz die ringe sîn von dem gedœne erkracheten TROJ. 12203. ged. der glocken PASS. *K,* 460, 23. ged. von den swerten TÜRL. *Wh.* 24ᵃ. von reines gruozes galme wart dâ ein wît ged. ULR. *Wh.* 182ᶜ. der gemeine schal mit wuof gap sulch gedœne LOH. 2817. lobes ged. RENN. 12048. 20005. sîn munt ein sûz gedône het mit sprâche und ouch rede HPT. 2, 144. *vgl.* MGB. 131, 18. 248, 10. 314, 28 etc.; *getœne gebrüll, lärm* CHR. 3, 143, 2;
ge-dœnen *swv.* (I. 382ᵇ) *mit gesang erfüllen* KONR.
ge-donne *stf. s.* gedone.
ge-dorren *swv.* PANTAL. 221.
ge-douben *swv. s.* getouben.
ge-doumen *swv. s.* getoumen.
ge-dœze *stn.* (I. 373ᵇ) *geräusch, getöse* LEYS. HELBL. ORL. 5881. LOH. 2030. 5046. 6187. KARLM. 105, 22. 181, 18. 292, 4; *wasserfall* GR.W. 4, 511. MONE *z.* 4, 281 (*a.* 1296).
ge-draht *stf. s.* getraht.
ge-drân *part. s.* draejen *und W. v. Rh.* 26, 28. 27, 26. 111, 52. 239, 7.
ge-dranc, -ges *stnm.* (I. 395ᵃ) *das drängen, gedränge* RUL. NIB. WOLFR. WIG. LIEHT. (179, 28). ROTH. 4790. ERNST *B.* 5964. RAB. 138. j.TIT. 3878. 4199. LOH. 1646. 3689. 3911. 4450. 6766. GERH. 1341. 5289. WG. 3115. 3245. 5523. 38. APOLL. 19338. TÜRL. *Wh.* 138ᵇ. *W. v. Rh.* 26, 50. PASS. *K.* 257, 95. HEINR. 3363. CRANE 87. MGB. 108, 10. ged. nâch hôhen fürsten RENN. 17338; *bedrängung, drangsal* KARAJ. Ms. die beswêrnus und gedrang DH. 208. daz er vor gedrang und unrecht bewart beleiben muge CP. 119. *vgl.* gedrenge;
ge-drange *adv.* (I. 396ᵃ) *mit drängen* Ms., einem ged. tuon, *ihn bedrängen* HÄTZL.; *fest, innig* WOLK. 7. 3, 4;
ge-drangen *swv.* (*ib.*) *drängen.* swer niht langen müge gedrangen, der gê vür die tür MSH. 1, 142ᵃ; einen gedr. *bedrängen, ihm beschwerlich fallen* GREG. er bedranget mich niht mêre dâ ze Riuwental NEIDH. *Ben. p.* 325.
ge-drasch *stn.* (I. 396ᵇ) *s.* gedrosch.
ge-drâsen *swv. s.* drâsen.
ge-drâte *adv.* (I. 388ᵃ) *s. v. a.* drâte HEINZ. 622. 2075. PF. *forsch.* 1, 79. FLORE *var.* 2141. 2784.
ge-drenge *stn.* (I. 395ᵇ) *gedränge* PARZ. Ms.

Lanz. 3742. j.Tit. 890. 901. 4054. Loh. 2736.
Ernst *B.* 4398. Geo. 3059. Troj. 19563.
Pantal. 1441. Turn. 131, 1. Herb. 6865.
Evang. 257ᵃ; *unwegsam verwachsener boden*
Iw. Krone, durch dorne und durch gedrenge
fuor er wol ein mîle Wig. 56, 38; *bedrängung,
beengung,* die kammere was ir zu enge, des
leit sî grôz gedrenge Elis. 4974. got der enlîdet kein g e t r e n g e Myst. 2. 148, 25. *vgl.*
gedranc, gedringe;

ge-drenge *adj.* (*ib.*) *gedrängt* Parz.;

ge-drengen *swv.* gedrengen für die schar
Enenk. *s.* 288;

ge-drengnisse *stn. bedrängung* Dür. *chr.* 272. 302. 373. Cp. 120.

ge-dresche *stn. das dreschen, schlagen.* ein grôz gedresche Drach. *Casp.* 96;

ge-dreschen *stv. I,* 3. wem man also geschnîdet und getröschet Gr.w. 1, 34.

ge-dreun *s.* gedröuwen.

ge-dreut *stn. s.* getriute.

ge-dringe *stn. s. v. a.* gedrenge. mit hurten und mit gedringe (: ringe) Kol. 83, 242;

ge-dringen *stv. I,* 3 (I. 394ᵇ) *tr. drängen, wegdrängen von.* mahtû dînen vetern Dietrich von dem leben gedringen Dietr. 2571. den enkunde ich disen sumer nie von ir gedr. Neidh. 74, 3; *intr. sich drängen* Ms.

ge-drœde *s.* gedröuwede.

ge-drol *adj.* (I. 391ᵇ, 21) *s. v. a.* gedrollen
Wolfd. (Hpt. 4) 2, 2. 338, 2;

ge-drollen *part. s.* drillen.

ge-drôn *swv. s.* gedröuwen.

ge-drosch *stn.* (I. 396ᵇ) *haufen, schaar.* suln si alle dienstman sîn, ir wirt ein michel gedrosch (: vrosch) Helbl. 8, 529. g e d r u s c h e, cohors militum Herrad *v. Landsb.* (W. Gr.). Margaretha hat mit irem g e t r a s c h (*gesinde*) verzert — Schöpf 89 (*aus einer chron. des 17. jh.*); *auflauf, lärm,* da hört ich ain gross geträsch (*var.* getrösch) Chr. 5. 106, 15. — *vgl.* getrüste.

ge-drewen *s.* gedröuwen;

ge-dröuwe *stn.* (I. 399ᵇ) *drohung, drohworte* Bon. *ebenso*

ge-dröuwede *stfn.* (I. 399ᵇ, 25) *contr.* gedrœde Ms.;

ge-dröuwen *swv.* (*ib.*) *drohen.* gedrewen Kl., gedreun Iw. Barl., gedrôn Freid. *prät.* gedreute Pass. *K.* 236, 58.

ge-drücken *swv.* (I. 400ᵇ) *drücken.* daz er gedr. möhte die nâch sînes herzen luste Troj. 15832; *unterdrücken,* unfrid und unzuht

gedr. Chr. 4. 142, 27; gedrucket, gedruct, *part. s.* drücken *und:* daz er lieber hie gedruct wêre, dan enpor gezuct Pass. *K.* 220, 37. — *mit* under.

ge-dûde *s.* gediute.

ge-dûht *part. s.* dunken, gedunken.

ge-dulden *swv.* Beliand 1823. freuden gedulde ich armuot, *an freuden leide ich mangel* Büchl. 1, 1785;

ge-dult, -dulde *stf.* (I. 379ᵃ) *geduld* Ms.Troj. ‚gedult verwindet grôze nôt' hœre ich die wîsen sagen Mügl.12,15; gedult den schult ir lêren Such. 40, 230. *s.* gedolt;

ge-dultec *adj.* (I. 379ᵇ) *geduldig* A. Heinr. Barl. Wack. *pr.* 55, 180; *gelassen* Walth., *ablassend von,* daz er sît gedultic was aller sîner gogelheit, dâ man ê vil kûme vor genas Neidh. 68, 24; *nachsichtig,* got ist vil gedultic L. Alex. 6924. nû sît g ein in mir gedultic Reinh. 396, 114;

ge-dultec-heit *stf.* (*ib.*) *geduldigkeit, gelassene ertragung* A. Heinr. Barl. Griesh. 2, 53. Wack. *pr.* 57, 85. Spec. 147, 106. Wg. 4593. Pantal. 1211. Elis. 6431. W. *v. Rh.* 273, 5. 14.

ge-dultec-lîche, -en *adv.* (*ib.*) *geduldig, gelassen* Parz. Barl. Wack. *pr.* 55, 178. 183. Spec. 169. Pass. *K.* 82, 28. W. *v. Rh.* 197, 47. Wolk. 94. 1, 8. *ebenso*

ge-dult-lîche *adv.* Cod. hanov. 135ᵇ (W. Gr.);

ge-dult-same *stf. geduld* Wack. *pr.* 55, 176.

ge-dunc, -kes *stn.* (I. 359ᵇ) *bedünken.* nâ mineme bedunke Marld. 78,19; *gewönl. im pl.* Herb. Jer. 29ᵃ. jâ mir ist in mînen gedunken, ich sî gewesen trunken Cod. *pal.* 341, 355ᵈ. er redet nâch gedunken Aw. 2, 76;

ge-dunken *swv. an.* (I. 360ᵃ) *gedûhte, gedûht* Nib., *unpers. mit gen.* Ms. des hât mich werlich gedûcht Pass. *K.* 372, 54;

ge-dünken *stn.* hête ich ein ganz gedünken, daz ich ein künic wêre Myst. 2. 221, 1.

ge-dünnen *swv. intr.* daz in gedünnet ir schar Bit. 10373.

ge-dünste *stn. coll. zu* dunst. er ist doch niht wan ein gedünste, enzündet von viures kraft Msh. 2, 379ᵇ.

ge-dûren, -tûren *swv. aushalten, stand halten.* und si niht mugen gedûren Pass. *K.* 86, 79. bî selhen nâchgebûren mac ich langer niht getûren Msh. 1, 149ᵃ; *mit gen.* got mir sælden günne, sô mac ichs getûren Helbl. 8, 391.

ge-dürne *stn.* (I. 385ᵃ) *coll. zu* dorn *dornge-*

büsch, dornicht Ms. Gsm. gedürnte Hans 217.
ge-dürsten *swv.* (I. 323ª) Diem.
ge-dûte *stn. s.* gediute.
gedw- *s.* getw.
ge-ëbenen *swv.* (I. 409ª) *refl. sich vergleichen* Herb.
ge-ëben-mâzen *swv.* (II. 211ᵇ) *vergleichen, gleichstellen mit dat.* Gen. (gebenmâzen), En. Barl. Priesterl. 283. Serv. 3505. Spec. 161; *vorgebildet sein ib.* 132.
ge-êdert *part. s.* geädert.
ge-efern *swv. eine sache gehässig wieder vorbringen* Chr. 1. 75, 12. 428, 21. *s.* avern.
ge-effen *swv. äffen, bethören* Pass. K. 619, 13.
ge-eide *swm.* (I. 427ᵇ) *eideshelfer* Halt.
ge-eigenen *swv.* (I. 416ª) *zueignen mit dat.* Myst.
ge-ein-bæren *swv. vereinigen* Wack. *pr.* 53, 220. Germ. 9, 366. Halt. 604.
ge-einen *swv. refl. sich vereinigen* Chr. 5. 33, 18.
ge-ein-muoten *swv. vereinigen* Spec. 83.
ge-eischen *swv. vorladen* Freiberg. 175.
ge-eiten *swv.* (I. 427ᵇ) *anzünden* Herb.
ge-enden *swv.* (I. 433ª) *zu ende bringen, führen* Pilat. a. Heinr. genden Gudr. 686, 4. Dietr. 5005.
gêer *stm. gänger* Chr. 3. 130, 30.
ge-erbe *swm.* (I. 440ª) *immer im pl. die geerben, die erben* Stb. 219. Stz. 191. Uhk. anhang 20. geeriben Stz. 595. 99. 600 geriben *ib.* 389. gerben Stb. 236. Uhk. 1, 317. Stz. 189 *u. öfter*, Ula. 65. 73. 78. gerwen *ib.* 112;
ge-erbe *adj. erbend. so sind si ainander geerb und genoss über alles gut* Gr.w. 1, 102. 145;
ge-erben *swv.* (I. 441ª) Diem.
ge-êren *swv.* (I. 446ª) *ehren* Pass. K. 428, 51. gêren Iw. Ms.; geêre mich (*erzeige mir, gewähre*) *des ich dich bite* Lanz. 1766.
ge-ergern *swv.* (I. 56ª) *schlechter machen* Krol.; *refl. ärgernis nehmen* Pass. K. 411, 80.
ge-ern *swv pflügen* Gr.w. 1, 655.
ge-feitieren *swv. ausschmücken* Trist. M. u. B. 10847.
geffel *stm. gaffer.* göffel Narr. 62, 4. — *zu* gaffen;
geffeln *swv. gaffen.* gefflen Narr. 32, 28.
ge-figieren *swv.* (III. 309ª) Trist. 10847, *var. gefeitieren.*
ge-firmen *swv.* (III. 327ª) *befestigen an* (*accus.*) Frl.

ge-floyr *stn.* (III. 355ª, 8) *s. v. a.* floyr Elis.
ge-franzet *part. s.* frenzen;
ge-frenze *stn. coll. zu* franze. pentel und gefrens, hârbant und g. tragen Np. 101.
ge-gade *swm. s.* gegate.
ge-gâhen *swv.* (I. 455ᵇ) Lampr.
ge-galreit *part. s.* galreiden.
ge-gân, -gên *v. an. red.* (I. 472ᵇ) Nib. Parz. Barl. Silv. 2096. Vet. *b.* 26, 5. sîn lop niht hôher mac gegân Ulr. Wh. 270ᵈ. — *mit abe* (Ms.), *an* (Trist.), mite, ûf, ûz.
ge-gar, -wes *adj. gemacht, bereit* W. *v. Rh.* 26, 55. 109, 46.
ge-gast *part. s.* gesten.
ge-gat *part. s.* gaten, gegaten;
ge-gate *swm.* (I. 488ᵇ) *genosse* Krol. Jer. 188ª. Karlm. 415, 28; *gatte* Krol. daz selbe vogelîn wil âne gegaten eine sîn Ab. 1, 311. turteltûwe al âne gegade Marld. *han.* 85, 15. 34;
ge-gaten *swv.* (I. 488ᵇ) *refl. sich fügen* Ath., *sich geg.* zuo, *an die seite stellen, vergleichen* Lampr.
gegatrom, gegatromeus, ist ain stain Mgb. 448, 14.
ge-gâz *adj.* (I. 761ª) *s. v. a.* gâz Griesh.
ge-gëben *stv. I,* 1 (I. 505ª) *allgem.;*
ge-gëben *swv.* (I. 505ᵇ) *geben, schenken.* daz er niwit mêr habete, daz er durch dich gegebete Glaub. 2039; *einem geg., ihn beschenken* Rul.
ge-gelfe *stn.* (I. 519ª) *coll. zu* galf *geschrei* Fragm.
gegen *stf. s.* gegene;
gegen *präp.* (I.492ª)*nbff.* gagen Lampr., jegen Tuch. 299, 13, *contr.* gein, gên, *md. auch* kein (Ssp. 1. 2, 3. 88, 5. Ugb. 37. 57. keigen *ib.* 448): *gegen mit dem dat.* (*manchmal schon nach nd. art mit acc.* Parz. Ssp. 3. 45, 9. 56, 1; 1. 9, 3 *u. öfter*), *allgem. u. zwar:* 1. *räumlich hin, zu, nach etwas; entgegen, gegenüber, feindlich gegen.* 2. *zeitlich für annähernde zeitbestimmung: um.* 3. *übereinstimmung ausdrückend: so viel als* (*quantität*), *gemäss, nach* (*qualität*), *um* (*wert*); *die absicht ausdrückend mit nachfolgd. infin.: um zu.* — *hervorgegangen ist die präp. mit dem folgd. adv. aus dem subst.* gegene *vgl.* begegene, engegen, zegegen *u.* Gr. 3, 266;
gegen, gegene; gagen, gagene *adv.* (I. 493ª) *räuml. entgegen bei zeitw.* (*gewönl. mit dat.*) einem gegen gân Diem. Loh. 6392; g. gëllen, *entgegenschallen*, holz berc und tal in geliche gegen gal Blik. 87, *ebenso* geg. hëllen,

(I. 683ᵇ, 21) Kindh.; kêren Parz. 398, 30;
loufen (I. 1046ᵃ, 6) Greg.; rîten (II. 732ᵇ, 2)
Nib.; senden (II². 297ᵇ, 30) Diem.; treten
(III. 97ᵇ, 6) Jer.; varn Helbl. 1, 654; wëgen
(III. 627ᵇ, 43) Wig.

ge-gên *s.* gegân.

gegen-biet *stm.* (I. 182ᵇ) *das entgegenbieten
(des kampfes), widerstand* Wolfr. j.Tit.
1979. 2715. 5716. Kirchb. 599, 46. 616, 16.

gegen-brief *stm. revers* Ad. 1295 (*a.* 1427).
Mz. 2, 129.

gegen-buoch *stn. gegenrechnungsbuch, buch
des gegenschrîbers* Chr. 5. 335, 34.

gegen-burger *stm. civis, concivis* Halt. 612.

gegen-bürtikeit *stf. s.* gegenwertecheit.

gegende *stf. s.* gegenôte.

gegen-dienst *stm.* (I. 372ᵃ) *gegendienst* Parz.

gegene, gegen *stf.* (I. 494ᵃ) *gegend, landschaft*
Mar. Mart. Herb. (geine). Gerh. 1310. 1268.
3410. Ga. 2. 75, 23. Netz 7182. gegine : me-
nige Diem. 38, 14; *gegenwart* W. *v. Rh.* 130,
25. 245, 37. — *vgl.* Dief. 2, 395;

gegenen, gagenen *swv.* (I. 493ᵇ) *mit dat. ent-
gegenkommen, -treten* Gen. Hätzl. 1. 28, 63.
— *mit* be-, en-.

gegen-gâbe *stf.* (I. 509ᵃ) *gegengeschenk, gegen-
gabe* Msh. (3, 335ᵇ).

ge-genge *stn. der act des gehens.* sâ dî herren
in gegenge quâmen Elis. 5854 *u. s.* 373ᵇ.

gegen-gëlt *stn. gegenzahlung, wiedervergel-
tung* Jer. 80ᵃ; *die widergift,* ein heiratgut
oder gegengelt Halt. 612. *vgl.* gegenschaz.

gegen-ge-sanc *stn.* droma Voc. 1482.

gegen-ge-stüele *stn.* (II². 715ᵃ) *coll. zu* gegen-
stuol Gerh. (5889).

gegen-hart *stm. starker gegner.* er vindet an
uns gegenhart (: vart) Lieht. 496, 24. ouch
wizzent, daz ir gegenhart (: bewart) ûf der
plânîe vindent Troj. 26900. oder = gegen-
harte *stf. s. v. a.* gegenherte?

gegen-herte *stf.* (I. 638ᵇ) *kräftiger widerstand*
Mart. 3, 22.

gegen-hurte *stf. gegenstoss.* dem der schaft
von der gegenhurte slîfet Tit. 162, 2.

gegen-îferer *stm.* gegeneiferer, emulus Chr.
3. 32, 11.

gegen-kouf *stm. gegenzahlung, vergeltung.*
swer dînet nâch ir minnen, der mac an ir
gewinnen hôher minnen gegenkouf Himlf.
(Hpt. 5) 1651.

gegen-lâge *stf. donatio propter nuptias* Oberl.
498.

gegen-lëder *stn.* (I. 958ᵃ) epiradium Dfg. 204ᶜ.

gagenleder, supracerdum *ib.* 568ᶜ (Sum.). diu
gegenleder (*des* panels) wæren von wîden vil
swæren ûz eichînen ruoten Krone 19924. do
sattelt er sie an der stunt, den zoum leit er
ir in den munt und hiez diu gegenleder ze
beiden sîten ietweder vaste haben in der hant
Ls. 2. 518, 517.

gegen-louf *stm.* (I. 1046ᵇ) *das entgegenlaufen*
Trist. *H.;*

gegen-loufen *stv.* (I. 1046ᵃ) *s. oben unter ge-
gen adv., es ist kein compos.*

gegen-market *stm.* (II. 81ᵃ) *gegen-, tausch-
handel* Wwh.

gegen-mâze *stf. vergleich* Karaj. 88, 10;

gegen-mâzen *swv. vergleichen mit dat.* Windb.
ps. 48, 14. Karaj. 81, 23.

gegen-mûrer *stm.* (II. 276ᵃ) sô er dem chlô-
ster mûret, sô sol er selb einn gegenmaurer
haben (*im lat. texte:* ex opposito murantem)
Geis. 440; *maurergeselle* Münch. *r.* (gagen-
maurer).

gegen-niet *stm.* (II. 348ᵃ) *das anstreben gegen
etwas* Parz.

gegenôte *stf.* (I. 494ᵃ) *gegend, landschaft*
Lampr. Livl. Roth denkm. 60, 170. Pass.
K. 355, 55. Jer. 56ᵇ. 63ᵃ. 68ᵈ. 89ᶜ *u. oft,* Evang.
257ᵃ. Kirchb. 780, 9. *nbff.* geinôte Livl.
Pilat. 344. Ssp. 3. 64, 3. gênôte Pass. 389, 69.
gênôde Arn. 44. geinde Erles. 5128. Elis.
4412. 5941. 7988. gegende Strick. Livl. 9479.
Ga. 2. 190, 583. gegent Lieht. 542, 16.
Jüngl. 1145. — *aus* gegen *wie ital.* contrada,
fz. contrée *vom lat.* contra Weig. 1, 403.

gegen-rede *stf.* (II. 599ᵇ) *gegenrede, erwide-
rung* Parz. (248, 2). Wwh. 112, 28. geinrede
ib. 138, 14. *vgl.* Halt. 613.

gegen-rëht *stn. der freigesprochene ange-
klagte fordert entschädigung für sein* gegen-
recht, kost und scheden und anders, deshal-
ben gelitten Dh. 340.

gegen-reise *stf. gegenzug.* sine wurden niht
enpfangen mit strîtes gegenreise Wwh. 96,
19. ûf strîtes gegenr. j.Tit. 838.

gegen-rîten *stn. entgegenrennen, turnier* Chr.
5. 97, 11. 98, 10. 30.

gegen-rîz *stf. gegenstoss.* ir gegenrîz muoz
alle velse brechen Wartb. 61, 6.

gegen-schaz *stm. die widergift, gegengabe.*
acht hundert gulden hairatguts, tausent
gulden gegenschatz Chr. 2. 5 *anm.* 3. *vgl.*
gegengelt.

gegen-schrîber *stm. gegenrechner, controleur*
Chr. 5. 335, 3. Msh. 2, 202. Beh. 17, 9.

gegen-sidele *stn.* (II². 236ᵇ) *ehrenplatz bei tische dem herrn oder wirte gegenüber* GR.RUD. ROTH. NIB. LAMPR. *vgl.* gegenstuol.
gegen-stôʒ *stm.* (II². 668ª) *gegenstoss* j.TIT. 6198. HEINZ. 118. 15, 3.
gegen-strît *stm.* (II². 695ᵇ) *gegenstreit, gegenwehr* PARZ. (15, 2). PASS. einen ze geg. dringen WWH. 320, 19. einem geg. geben *ib.* 413, 7; *wettstreit*, ze gegenstrîte, *um die wette* PARZ.
gegen-stuol *stm.* (II².714ᵇ) *s.v.a.* gegensidele PARZ. ULR. *Wh.* 251ᶜ.
gegen-swanc *stm. gegenstreich.* er tet ir einen gegenswanc, daz si im ie muoste nîgen Aw. 1. 50, 457.
gegent *s.* gegenôte.
gegen-teil *stm. widerpart* GR.W. 1, 298.
gegen-tjoste *stf. gegenstoss mit dem speere.* Keie ze gegentjoste wart gevalt PARZ. 295, 18.
gegen-traht *stf.* (III. 78ᵇ) *das entgegenstreben, der widerstand* JER.
gegen-vart *stf. die durch die hofsitte bezeichnete stelle, bis zu der man den gästen entgegen gieng u. wo diese des empfanges harrten* DA. 780. *vgl.* engegenvart.
gegen-vride *swm. gegenseitiger friedbrief.* den geinfriden widder schicken FRANKF. *brgmstb. v.* 1450, *V. p. Sim. et Jud.*
gegen-wart *adj.* (III. 596ᵇ) *gegenwärtig* MGB. 286, 12; *mit dat.* SPEC.;
gegen-wart *stm.* (III. 597ª) *der entgegengewendete gegner, feind* PASS. *vgl.* widerwart;
gegen-wart, -wurt *stf.* (III.599ᵇ) *gen.* -werte, -würte *gegenwart* DIEM. TRIST. ze sîner genwurte (: geburte) LIT. 220, 45. 222, 14. geinwerte, -wurte (*ahd.* geginwertî) SSP. 2, 3. 8. 24. 3, 64, 3. geinwurte MAR. 193, 7. engegenwerte, -würte (= in gegenw.) *gegenwärtig, entgegen, gegenüber* KARAJ. ROTH. 3365. BIT. (8048); *zeitlichkeit* LEYS.
gegen-wëhsel *stm. gegenanweisung* HALT. 615. geinwessel FRANKF. *brgmstb. v.* 1450, *V. p. Sim. et Jud.*
gegen-wer *stf. justa defensio* HALT. 615 (*a.* 1447).
gegen-wertec, -würtec *adj.*(III.600ª)*gegenwärtig.* gegenwertic LANZ. 9129. SILV. 4796. RENN. 7309. 24075. keinwerdic MICH. 2. MZ. 3, 260(*gedr.*kemwerdig).gegenwürtic TUND.ER. SERV. (1531). BON. KARAJ. 84, 2. PRIESTERL. 281. LANZ. 629. GRIESH. 2, 35. WARN. 3228.

LIVL. 5291. geinwurtec ELIS. 7242. gegenwortic LAMPR. GLAUB. 2301. 2320;
gegen-wertec-heit, wurtecheit *stf.* (III. 600ᵇ) *gegenwart.* gegenwertikeit MYST. gegenwirtikeit GRIESH. *denkm.* keinwertikeit LUDW. gegenwürtikeit ELIS. 5340. PASS. (*H.* 118,41. 124, 91. 341, 58. gegenbürtikeit ROTH *denkm.* 77, 32. geinwurtekeit ELIS. 1591. entgegenwordicheit MARLD. *han.* 40, 7; *zeitlichkeit* SUSO;
gegen-wertec-lich *adj.* (*ib.*) *gegenwärtig* MYST.;
gegen-wertec-lîche, -en *adv.* (*ib.*) GERM. 4. 243, 150. keinwerteclîchen LUDW. gegenwürteclîchen MYST.
gegen-worf *stm. s.* gegenwurf.
gegen-wort *stn.* (III. 808ᵇ) *antwort, wechselgespräch* PARZ. KIRCHB. 780, 56.
gegen-wortec *adj. s.* gegenwertec.
gegen-wurf *stm.* (III. 741ª) *gegenstand, vorwurf* MYST. (*auch* gegenworf). WACK. *pr. s.* 274.
gegen-wurt *stf. s.* gegenwart.
gegen-zetel *stf. gegenrechnung* TUCH. 66, 18.
gegen-zil *stn.* (III. 884ᵇ) *das entgegengesetzte ziel* LIVL.
gegen-zuht *stf.* (III. 939ᵇ) *das entgegenziehen* JER. (kegenzucht).
geger *stm. s.* jeger.
ge-gërn *swv.* (I. 534ª) *begehren* MAI.
ge-gerwe *stn.* (I. 481ª) *vollständige aus-, zurüstung, kleidung* ANNO 654. EN. koufet ein jude oder nimet er her zu wette kelche oder bûche oder gegerwe (*kirchengewänder*) SSP. 3. 7, 4. *s.* gerwe.
ge-gieʒen *stv. III.* (I. 541ᵇ) SILV. — *mit ûʒ.*
ge-giht *stf. bekenntnis.* habe mik in dîner gejicht (*var.* huote) und in dîneme gebete, bekenne dich zu mir, *sprich, bitte für mich* WACK. *pr.* 74, 28 (= DIUT. 2, 290). — *zu* jëhen. *ebenso*
ge-gihte *stn.* (I. 517ª) RENN.
ge-gihte *stn.* (I. 517ᵇ) *gicht, krämpfe* KCHR. A. HEINR. TRIST. U. RAB. 1060. RENN. 9889. 9911. 14399. HIMLF. (HPT. 8) 672. MSH. 3, 345ᵇ. MGB. 409, 33. — *zu* giht;
ge-gihtige *swv.* (*ib.*) *paralyticus* Voc. 1482.
ge-gilwen *swv.* (I. 497ᵇ) *gelb machen* ELIS.
gegine *stf. s.* gegene.
ge-girn *swv.* (I. 532ᵇ) MYST.
ge-gitter *stn.* cancellare DFG. 94ᵇ.
ge-giude *stn. prahlerei, grossthun, verschwendung.* gegoide JER. 85ª. 159ᵇ. — *zu* giuden.

ge-gotet *part. s.* goten.
ge-göume *stn. coll. zu* goume *wahrnehmung, erscheinung.* waz sint alle werltlîche ding? nicht mêr wan ein gegoime, si vorgehin glich alsô di troime Rsp. 238.
ge-graben *stv. I*, 4 (I. 561ᵇ) Griesh.⁻
ge-grêdet *part. s.* grêden.
ge-grîfen *stv. II.* (I. 571ᵇ) Kchr. Gen.
ge-grüezen *swv.* grüssen Msf. 181, 37; *herausfordern, angreifen* Jos. 1041.
ge-gründen *swv.* (I. 582ᵇ) *einen grund legen* Chr. 3. 142, 16; *ergründen* Myst.
ge-güften *swv. sich rühmen mit gen.* so enkan sich nieman bezzer ougenweide gegüften Msh. 2, 371ᵇ.
ge-gunnen *an. v.* (I. 34ᵃ) *gewähren mit dat.* Trist.
ge-guot *adj.* (I. 589ᵇ) *gut* Diem.;
ge-guotet *part. s.* güeten.
ge-gürte *stn. in* undergegürte;
ge-gürten *swv.* swenne ich mich gegürte in einen borten Neidh. LI, 30.
ge-gwenge *stn. s.* getwenge.
ge-habe *stf.* (I. 602ᵃ) *haltung, benehmen, aussehen* Greg. *vgl.* gehebe;
ge-haben *swv.* (I. 600ᵃ) *absol. halten, stehen, sich befinden* Rul. Iw.; *tr.* haben Trist. Barl. ahte ûf in geh. Er. 2972; Chr. 5. 146, 6. 7, *besitzen* Urb. Son. 41ᵃ; *halten, behaupten* Iw. (5965). Trist. Nib. 963, 1. den wec geh. Rul. 263, 5. daz velt geh. Loh. 6260; *refl. sich aufhalten* Mone *schausp.; sich halten* an Parz. Barl. Msf. 46, 26, ze Diem. Rul. ein altez wîp sich gehabte zeiner gluot Eracl. 2071. zeinem herren sich geh. Engelh. 1357; *sich befinden u. benehmen, allgem.* (sich übel geh. Troj. 22678. wan si n â c h im gehapte sich erbermeclîchen *ib.* 11164). — *mit an* (ich will si dirre schulde niht an gehaben Msf. 76, 40), bî, hinder, ûf, vor, wider;
ge-haben *stn. das befinden.* ir wol gehaben der Prâbant ir dô sagete (*wünschte ihr eine gute nacht*) Loh. 3463.
ge-haben *part. s.* heben.
ge-hac, -ges *stn. gehäge.* durch den walt und daz gehac Apoll. 11298. *s.* gehege.
ge-hacken *swv.* swie vil man drûf gehacken mohte j.Tit. 5825.
ge-hacte *prät. s.* gehecken.
ge-haft *part. adj. verbunden, verpflichtet.* gehaft und schuldig sîn *etwas zu thun* Mz. 1, 391 (*a.* 1384). wer dann dar zuo gehaft ist, *ein teilnehmer ist ib.* 562 (*a.* 1416). *s.* heften.

ge-hage *stn. s.* gehege.
ge-hagen *swv.* (I. 608ᵇ) *gefallen mit dat.* Ms. (= Lieht. 403, 13 behage).
ge-halt *stm.* (I. 623ᵃ) *gewahrsam, gefängnis* Halt. 615, *contr.* kalt Mone *schausp.;*
ge-haltære, -er *stm. bewahrer* Germ. H. 8, 290; gehalter, *wasserbehälter* Tuch. 168, 12; *fischbehälter* S.Gall. *chr.* 31. 78;
ge-haltærinne *stf. bewahrerin.* geh. aller guotheit Griesh. 1, 123;
ge-haltec *adj. in* ungehaltec;
ge-halten *stv. red. I*, 1 (I. 622ᵇ) *contr.* kalten Gr.w. 1, 356: *absol. still halten* Trist. *H.; sich halten, aufbewahrt bleiben,* dar inne gehielte daz chorn Gen. 61, 32; *tr. mit acc. d. p. festhalten, gefangen nehmen* Pantal.; *behüten, bewahren* Karaj. Trist. gehaltet iwer êre Kchr. D. 473,19; *ins haus nehmen, beherbergen* Griesh. ich gehiel die maget verne, ich wil ouch durch iur frümekeit gehalten iuch Flore 3574; *mit acc. d. sache halten, in stand halten,* daz er nâch gotes êren sîn hûs gehalten kunde Silv. 135. manheit unde ritterschaft wol geh. Otte 746; *bewahren, aufheben mit od. ohne dat. d. p.* Greg. Freid. Neidh. Bon. si nam pfenninge unde sac unde leite si gehalten Gfr. 1919; *vertrauen, glauben,* niht gehalt ez dînem wîbe Erinn. 864 *u. anm.; refl. sich wol gehalden* Karlm. 47, 15. 27;
ge-halten-lich *adj.* die gihaltenliche tage die sint uns komen, *dies observabiles redeunt* Fdgr. 1. 93, 10.
ge-hamnen *swv.* (I. 625ᵃ, 31) Weist.
ge-hancnüsse *stf.* (I. 611ᵃ) *zustimmung* Weist. gehengnusse, gehengnis Mz. 4, 58. Mw. 307;
ge-hancte *prät. s.* gehengen.
ge-handeln *swv. intr. handel treiben* Chr. 5. 380, w, 4; *tr. ausführen,* wie er gehandelte die tât L.Alex. 1340; *behandeln,* mîn leben in kurzer zît verwandle und mich selbe sô gehandle Ulr. Wh. 30ᵃ; *refl. sich benehmen* Karlm. 19, 51. sô ich mich selben sô gehandele, daz Ulr. Wh. 117ᶜ.
ge-handelt *part. s.* handeln;
ge-hant *adj. in* wizgehant.
ge-hâr *adj.* (I. 634ᵇ) *behaart* Weltchr. 55ᵃ. gehâr hiute Mone *z.* 13, 157 (*a.* 1390).
ge-hardieren *swv.* (I. 635ᵃ) *tr.* Wwh.
ge-hære *stn. coll. zu* hâr Oberl. 501;
ge-hâret *part. adj.* (I. 635ᵃ) *behaart* Trist. Wolk. gehært Mgb. 227, 8. crinitus Dfg. 158ᵃ.

ge-harnascht *part. adj. geharnischt* TUCH. 332, 31. geharnust BEH. 55, 29.
ge-harre *stn. das harren.* liez er sîn geharre NEIDH. 13, 4;
ge-harren *swv.* (I. 636ᵇ) *intr. harren* WWH.; *tr. aushalten, ertragen,* so mugen sie den krig nit lenger geharren UGB. 478.
ge-hât *part. s.* haben.
[**ge-harze** *adj.* I. 640ᵃ] GEO. 3901 *lies* gehërze (: erze).
ge-haz *stm. feindselige gesinnung* CHR. 2. 530, 30;
ge-haz *adj.* (I. 641ᵇ) *hassend, feind mit dat.* NIB. IW. TRIST. WALTH. BON. LIEHT. 119, 8. 129, 11. PASS. K. 43, 50. 55, 71. *comp.* gehazzer Ls. 3. 519, 80. gehezzer *ib.* 2. 475, 96. FRAGM. 39, 91.
ge-hæze *stn.* (I. 643ᵃ) *kleidung* HÄTZL. *s.* hâz.
ge-hazze *adj. s. v. a.* gehaz LOH. 1366. *ebenso*
ge-hazzec *adj.* dem wir gehazzic wellen wesen ULR. *Wh.* 229ᵈ. gehezzic MSH. 3, 197ᵃ;
ge-hazzen *swv.* (I. 642ᵃ) BÜCHL. 1, 884. EVANG. J. 7, 7. got gehazze in, *ein fluch: gott hasse, verfolge, verdamme ihn* Ms. Iw. B. 2262 *u. anm.* ERACL. 655. 1117. 1347.
gêhe *adj. stf. s.* gæhe.
ge-hebe *adj.* (I. 602ᵇ) *md. auch* geheve (JER.) *viel haltend, geräumig, bequem* RENN. sîn hûs was so gehebe PASS. K. 321, 78; *bildl. gewichtig, bedeutend* JER. 62ᵈ; *trefflich, wolwollend* PASS. K. 557, 68. 642, 22. 687, 89;
ge-hebe *adv. fest, haltbar.* er sol och die vasse gehebe binden AD. 980;
ge-hebe *stf. haltung.* mit stêter gunst gehebe PASS. K. 358, 70; *befinden, lebensweise,* mit einsamer geh. *ib.* 622, 27. ob er wol lebe, oder, welch sint sîn gehebe GEN. D. 98, 24 (hebe FDGR. 2. 69, 33); *aussehen, gestalt,* sîn schœne begunder decken mit sô eislîcher gehebe, ich wæne, daz iht lebe, daz sô ungestalt wære KRONE 12918. *vgl.* gehabe;
ge-hebec *adj. habend, in besitz nehmend.* er sol das alles habhaft und gehebig sein MH. 2, 175;
ge-hebede *stf.* (I. 602ᵇ) *besitztum* GEN. LEYS.; *das benehmen, verhalten* DIEM. AUGSB. *r. W.* 357;
ge-heben *stv. I, 4 u. sw.* (I. 645ᵇ) *aufheben* ULR. als man die tische gehuop DIETR. 3067; einem geh., *sich ihm gleich setzen, ihm das gleichgewicht halten* MYST.; *refl. s. v. a.* sich gehaben, daz er sich wol gehebete (: lebete) DAN. 2201. 2343. 4002. — *mit* ûf.

gehebs *stf. s.* kebes.
ge-hecke *stn.* (I. 607ᵇ) *gehacke* Ls.;
ge-hecken *swv.* (*ib.*) *stechen* GEN. KCHR. D. 290, 12. PF. *arzb.* 1, 33. *prät.* gehacte SPEC. 112.
ge-heder *stn. coll. zu* hader, *zank, gezänke* S. GALL. *chr.* 13.
ge-hefte *stn. coll. zu* haft, *schmucksachen zum heften* DÜR. *chr.* 679;
ge-heften *swv. der* slange mohte nie mit allen sînen creften die clâwen dâ geheften ûf dem vil herten beine TROJ. 9872.
ge-hege *stn.* (I. 606ᵃ) *coll. zu* hac, *einfriedigung, hag* LESEB. 1013, 3. bis an die alten marich und gehag UH. 364 (*a.* 1495); *schutzwehr, zufluchtsort* HERB. CHR. 2. 271, 20 (*verhau*); *gebüsch,* gehage SUCH. ich verreit mich in wildez gehage (: tage) TEICHN. 81. *s.* gehac.
ge-hei, -heie *stn.* (I. 647ᵃ) *hitze, brand* Ms. MONE *z.* 12, 371 (*a.* 1322). 13, 106 (*a.* 1332). geheige Voc. *o.* WEIST. hehei SUM. keige MONE *z.* 13, 276. — *s.* heien, brennen.
ge-hei, -heie *stn.* (I. 649ᵇ) *hegung, pflege* Ms.; *gehegter wald, gehegtes fischwasser etc.* MW. 222 (*a.* 1300). URB. *Str.* 222. 234. 240. 378 *etc.* GR.W. 6, 221. 338. custodie graminum que dicuntur gehai MB. 36ᵃ, 179. ouch mag ein iglich burger hasen vâhen âne wo unsir herr geheige hât WALCH 2, 76, (*Orlamünd. stat.,* 14. *jh.*). — *s.* heien, hüten;
ge-heien *swv.* (I. 649ᵇ) *pflegen, verpflegen* FLORE 3215;
ge-heien *part. s.* heien.
ge-heien *swv. s.* gehîen.
ge-heil *adj.* (I. 650ᵃ) *s. v. a.* heil KCHR. HERB.;
ge-heilen *swv.* (I. 651ᵇ. 652ᵃ) *tr. heilen, gesund machen* DIEM.; *retten* KARAJ. AMIS; *refl. sich retten, heil erwerben* RUL. 277, 1; *intr. heilen, gesund werden* PARZ. REINH. Ms.;
ge-heiligen *swv.* (I. 653ᵃ) *intr. heilig werden* MYST. KARL 9650. DÜR. *chr.* 238. 40.
ge-heil-sam *adj. heilsam* HANS 1946.
ge-heim *adj. heimlich, vertraut* CHR. 3. 296, 26;
ge-heimde *stf. heimlichkeit, geheimnis* MONE *z.* 4, 151. *ebenso*
ge-heime, -heim *stf.* (I. 655ᵇ) HPT. 5. 22, 163. CHR. 2. 130, 1. 10. 132, 10; 3. 377, 7. 378, 6; 5. 302, 1. 13. 358, 2. 9; *vertrauter umgang ib.* 212 *anm.* 2;
ge-heimes *adj. heimlich* DAN. 6795;
ge-heim-lîchen *swv.* (I. 655ᵃ) *refl. mit dat.*

sich vertraut machen KCHR. (*D.* 124, 5). daʒ sich der mensch gote geheimlichet WACK. *pr.* 41, 41.

ge-heische *stn. geheiss, befehl* GR.w. 2, 204.

ge-heiʒ *stm.* (I. 660ª) *befehl, gebot* WARN. MYST. dem vater sîn geheiʒ er leiste MSH. 3, 54ᵇ. daʒ si behielte den geheiʒ HPT. 7. 337, 13. nâch der nôtdurfte geheiʒe PASS. *K.* 217, 41; *versprechen, gelübde* ERINN. BERTH. GERH.; *verheissung, versprochener lohn* NIB. TRIST. MSH. 2, 158ᵇ. und stuont sîn gemüete hô ûf alsô guoten geheiʒ FLORE 5305. swaʒ guoter geheiʒe der bâroch het getân LOH. 5370. waʒ hülfen die geheiʒe, der mir ein wunder ist getân TROJ. 22284; *verheissung, weissagung* LEYS. GEN. *D.* 35, 13. 48, 7. 73, 3. ER. 8693;

ge-heiʒe *stn.* (*ib.*) *befehl.* swaʒ iur geheiʒe gebiut mir, balde daʒ geschiht LOH. 3305; *versprechen, gelübde,* ûf daʒ geheiʒe, des sich verbant alhie sîn wort PASS. *K.* 12, 70; *verheissung, versprochener lohn* FRL. alsô vreut den tumben guot geheiʒe NEIDH. 40, 5. nim an dîn geheiʒe und dîn gâbe GERM. 3. 424, 35;

ge-heiʒen *stv. red. II.* (I. 659ᵇ) *befehlen mit acc. d. p.* (TRIST.) *und infin.* (WALTH.); *verheissen, versprechen absol.* MS., *mit dat. d. p.* Iw. BÜCHL. 1, 1160. TRIST., *mit acc. d. s.* HARTM. BARL., *mit dat. u. acc.* GEN. *D.* 54, 14. 105, 15. HARTM. (*lied.* 2, 32. ER. 3852. GREG. 3169. sich einem geh., *sich, seine hilfe versprechen* Iw. 4894). PARZ. KL., *mit einem den acc. vertretenden satze* GEN. *D.* 35, 2. Iw. BARL.; *verheissen, weissagen mit dat. u. acc. oder nachsatz* GEN. *D.* 70, 20. EXOD. *D.* 145, 21. ER. 994. 8688. Iw. 2268. A. HEINR. 1330; *passivisch: einen namen führen, genannt werden* (*s.* GR. 4, 52) WALTH. BARL.

ge-hël, -lles *adj.* (I. 685ª) *zusammenklingend, -stimmend* FRAGM.;

ge-hël, -lles *stn. zustimmung.* ist unser getrewe bit, denen des dhain globen noch gehell ʒe geben MH. 3, 205. ein gehell oder ja KEISERSB. *bei Oberl.* 500. *s.* gehëlle.

ge-hëlf *stm. gehilfe.* uns sint die gehelfe erslagen KARL 83ª;

ge-hëlfe *swm.* (I. 683ª) *helfer* ULR.; *gehilfe* MYST. NEIDH. (85, 36). gehilfe GRIESH. gehulfe JER. 88ᶜ;

ge-hëlfe *swf.* (*ib.*) *gehilfin* GEN. *D.* 12, 3. gehilfe GRIESH.;

ge-hëlfec *adj. s. v. a.* hëlfec MAI 223, 31 *var.;*

ge-hëlfen *stv. I,* 3 (I. 682ª) *helfen mit dat. d.*

p. RUL. PARZ. A. HEINR. PASS. *K.* 11, 63. 194, 14. 341, 25, *mit dat. u. acc. ib.* 39, 91, *mit dat. u. gen.* PARZ. MYST. nû daʒ im kein arzentuom gehelfen kunde der genist SILV. 309; *mit acc. d. p. u. sachlichem subject* NIB. Ms.

gêhe-lich *adj. s.* gæhelich.

ge-hëlle *stf.* (I. 685ª) *zu-, übereinstimmung.* mit gehelle (*das aber auch von einem nominat.* gehel *kommen könnte, s. oben*) CLOS. AD. 743. 801. 1230. MONE *s.* 2, 412. CHR. 8. 403, 10;

ge-hëllec *adj.* einem geh. sîn, *zustimmen* CHR. 3. 276, 16;

ge-hëllen *stv. I,* 3 (I. 684ª) *zusammenklingen: einhellig sein, übereinstimmen, zustimmen* HELBL. gehillen, assentire Voc. 1482. ir leben und daʒ mîne gehellent weder sus noch sô TROJ. 14513. wan ich niht insigels hân, gehille ich under mîner muoter insigel Mz. 2, 590 (*a.* 1324). in ein geh. Iw. TRIST. AD. 747; *mit gen. d. sache* DIEM. TRIST. 4508. KRONE 1201. des gehullens alle vier HELBL. 4, 643; *mit dat. der pers. übereinstimmen* (*recipr.* mit under TRIST.) ULR. NEIDH. SERV. HELBL. CHR. 3. 276, 11; *mit dat. d. pers. u. gen. d. sache* MS.; *mit dat. d. sache: wozu stimmen, passen, entsprechen* MAR. TRIST. MS. TROJ. rehtem glouben geh. WACK. *pr.* 22, 5; *statt des dat. mit präp.* mit WG. 9056 *oder* ʒe DIEM.; *mit acc. d. sache?* MYST., *mit abhäng. satze:* gehilt dann der rector, daʒ der gevangen ein glid derselben schul sei CP. 22.
— *mit* ʒuo;

ge-hëllen *stn.* daʒ gehellen oder zeugnus des rector CP. 23.

ge-hellen *swv. in die hölle bringen.* sie mügen mich gehimelen noch gehellen MSH. 3, 174ᵇ.

ge-hëllende *stf. s. v. a.* gehelle. mit willen und gehellende des edelen mannes AD. 959 (*a.* 1334).

ge-hëlle-sam *adj.* (I. 685ª) *übereinstimmend, entsprechend mit dat. od. an* TRIST.

ge-hëllunge *stf.* (I. 684ᵇ) *s. v. a.* gehëlle MONE *z.* 11, 439. mit ganzer gehellung unsers capitels Mz. 2, 414 (*a.* 1297).

ge-hëln *stv. I,* 2 *refl. sich verbergen.* daʒ er sich ie vor uns gehal KONR. *Al.* 1199.

ge-helterlîn *stn. kleiner behälter, schränkchen* TUCH. 68, 35.

ge-hëlze *stn. s.* gehilze.

ge-helzen *swv. lähmen, schwächen.* gehelzent

si des flaisces craft, sô werdent si sâ sigehaft DENKM. XLIII. 11, 11. — *zu* halz.
gëhen *stv. s.* jëhen.
ge-hencnüsse *stf. s.* gehancnüsse.
ge-hende *adj.* (I. 632ᵇ) *geh. sîn mit dat. bei der hand, bereit sein* DIEM. KCHR. (*D.* 419, 10).
ge-henge *stf.* (I. 612ᵇ) *zulassung, erlaubnis* A. HEINR. NEIDH. 90, 2 *var.;*
ge-hengen *swv.* (I. 611ᵃ) *prät.* gehancte *geschehen lassen, nachgeben, gestatten.* niht gehengen noch gestaten TROJ. *M.* 7034 (*bei K.* 7041 verhengen). ARN. 42 (*a.* 1371), *mit dat.* ANTICHR. uns got wolde geh. KARLM. 27, 7. alle die im gehengen (*anhängen, zustimmen*) GEN. *D.* 2, 3. dem orse geh., *die zügel hängen lassen* HERB. 11561. ALBR. 458ᵇ; *mit gen.* RUL. DIEM. KARLM. 25, 62. 249, 24. 33; *mit gen. u. dat.* DIEM. neheiner minne er ir gehancte KCHR. *D.* 87, 17. wolt ins Êrec gehenget hân ER. 5260. got mir des gehenge, daʒ HELBL. 1, 100;
ge-hengen *stn. zustimmung, anhang.* vunden sî gehengen inder dâ NEIDH. 43, 37. ine geloube niht, daʒ sî gehengen an ir vinden *ib.* 90, 2 (*var.* gehenge).
ge-henke *stn.* (I. 610ᵇ) *gehenke, eine am brustriemen des pferdes hängende zierrat* ER.;
ge-henkede *stn.* alle geschmîd, schloss, gehenkt und anderes S. GALL. *chr.* 32.
ge-herbërgen *swv.* (I. 161ᵃ) *intr. herberge nehmen* Ms. TRIST. 35. MAI 210, 38; *tr. beherbergen* NIB. HARTM.
ge-hêre *adj. s. v. a.* hêre KARLM. *B. s.* 287;
ge-hêren *swv. den gottesdienst celebrieren* HEINR. 1973.
ge-hërne *stn. s.* gehirne.
ge-hêrren *swv. mit einem herrn versehen* MEL. 6634; gehêrret *part. s.* hêrren;
ge-hêrt *part. adj. s.* hêren;
ge-hërsen *swv.* (I. 670ᵃ) *beherrschen, überwältigen* Ms. NEIDH. (27, 22).
ge-herten *swv.* (I. 639ᵇ) *intr. dauern, ausdauern* BARL. DÜR. *chr.* 104. VET. *b.* 58, 10; *tr.* behaupten KARL.
ge-hërze *adj.* (I. 674ᵃ) *concors, einträchtig, verbunden* mit GEO. 3901; *beherzt* HARTM. TRIST. 13343. RING 40ᵈ, 20. MYNS. 4;
ge-hërze *stn. mut* MYNS. 37;
ge-hërzec *adj. beherzt* MALAG. 128ᵇ;
ge-hërzec-heit *stf. beherztheit* MYNS. 3;
ge-hërzec-lîchen *adv.* audacter DFG. 60ᵃ;
ge-hërzen *swv. beherzt machen, ermutigen* TRIST. 6152;

ge-hërzet *part. adj. beherzt, ermutigt* TRIST. 118. 9228. *s.* hërzen.
ge-hetze *stn. das hetzen* JER. 38ᵃ;
ge-hetze *adj.* (I. 642ᵇ) *gehässig, misgünstig* LESEB. (*d. seele trost*).
ge-heve *adj. s.* gehebe.
ge-heʒʒec *adj. s.* gehaʒʒec.
ge-hîen *swv. plagen.* geheien ZIMR. *chr.* 2.407, 31. *s.* hîen.
ge-hîen, -hîjen *swv. s.* gehîwen.
ge-hilbic *adj. s.* gehilwec.
ge-hilder *stn. spott, gelächter.* swaʒ man im guoter lêre saget, das hât er niwan sîn gehilder JÜNGL. 969. — *zu* hëllen.
ge-hilfe *swmf. s.* gehëlfe.
ge-hillen *stv. s.* gehëllen.
ge-hilwe *stn.* (I. 679ᵃ) *gewölk* SERV. MS. HIMLR. 140. KOLM. 101, 32;
ge-hilwec *adj.* gehilbig machen, nubilare VOC. 1437.
ge-hilze, -hëlze *stn.* (I. 661ᵃ) *schwertgriff, heft* EN. PARZ. NIB. NEIDH. (XX, 10. 59, 11. 90, 31). LAUR. 201. ROSENG. *H.* 444. HERB. 5449. gehilz (: vilz) TRIST. *H.* 2170. FASN. 428, 5. — *zu* hëlze.
ge-himelen *swv. in den himmel bringen. s.* gehellen;
ge-himelze *stn.* (I. 686ᵇ) *ausgespanntes tuch, himmel.* ein gehimeltz oben swebet vor der küniginne ROSENG. Meuseb. 436. *s.* himelze.
ge-hinken *stv. I,* 3 (I. 687ᵃ) WEINSW.
ge-hirmen *swv.* (I. 691ᵃ) *intr. ruhen* ANNO 141. KCHR. LANZ. EN. HERB. WALTH. ÜW. 523. WERNH. *v. N.* 56, 6. KARLM. 457, 37. KIRCHB. 780, 62. OT. 271ᵇ. 354ᵃ; *mit gen. ablassen von* WWH. KCHR. *W.* 15267.
ge-hirne *stn.* (I. 691ᵇ) *gehirn* DFG. 114ᵇ, gehërne *ib. u.* MONE schausp.
ge-hirzeln *swv. tanzen, springen* BERTH. 176, 23. *s.* hirzeler.
ge-hît *part. s.* hîwen, gehîwen.
ge-hiure *adj.* (I. 693ᵃ) *erweitert* gehiuwer RAB. 192, 6: *woran nichts unheimliches ist, geheuer* IW. SUCH.; *sanft, lieblich, angenehm,* a lgem. vgl. noch j. TIT. 5080. 5461. ERNST 1695. ERACL. 2049. TURN. 6, 4. TROJ. 10505. 20964. 23653. HELBL. 10, 27. PASS. 266, 66. ALTSW. 30, 19. 34, 5. — *vgl.* DIEF. 2, 537. KUHN 6, 12;
ge-hiuret *part. s.* hiuren;
ge-hiur-lich *adj. s. v. a.* gehiure WH. *v. Öst.* 56ᵃ.
ge-hiuse *stn. coll. zu* hûs, *verschlag, hütte.* vor

iedem laden ein geheus mit zweien türen CHR. 2. 310, 15; *brunnenkaste* TUCH. 166, 30. 34. 168, 5 *ff.*

ge-hiuwer *adj. s.* gehiure.

ge-hiuze *stn.* (I. 694ᵇ) *lärm, geschrei* FRAGM. MONE *schausp.* W. v. *Rh.* 124, 8. 181, 6. *md.* gehûze (: krûze) PASS. (*K.* 164, 4. 269, 78. 279, 86. 501, 98. 552, 47. 572, 1). JER. 164ᵈ, 183ᵈ (*hohn u. spott*). gehutze MOR. 1, 1932. *s.* hiuzen.

ge-hîwen, -hîjen, -hîen *swv.* (I. 694ᵇ) *intr. sich vermählen* (zuo, mit) DIEM. GEN. LAMPR. IW. NIB. sant Paulus sprichet, bezzer si gehîen danne brinnen PRIESTERL. 175. 218. 241. ein gehîter laie *ib.* 267; *sich paaren (von thieren)* KARAJ.; *tr. vermählen ze (mit)* WIG.;

ge-hîwen, -hîen *stn. vermählung.* dô was gehîenes zît KCHR. 15110.

ge-hiwert *part. s.* hiuren.

ge-hîwische *stn. md.* gehûsche, *geschlecht* HEINR. 3151. *s.* hîwische.

ge-hoft *part. adj. s.* hoven.

ge-hœhen *swv.* (I. 698ᵃ) *prät.* gehôhte *erhöhen, erheben* DIEM. lop geh. MSH. 1, 87ᵇ.

ge-holden *sw. pl.* (I. 705ᵃ) *liebende* LS.;

ge-holden, -holdunge *s.* gehulden, -huldunge.

ge-holf *adj.* (I. 683ᵇ) *helfend mit dat.* OT. *vgl.* beholf;

ge-holfen *part. adj. s.* hëlfen.

ge-holn *swv.* (I. 703ᵇ) *erwerben, verdienen* KARAJ.

ge-hölze *stn. s.* gehülze.

ge-hœne *stn. verhöhnung, hohn* JER. 153ᵈ;

ge-hœnen *swv.* (I. 708ᵇ) *prät.* gehônte *verächtlich machen oder behandeln, entehren. allgem.*

ge-hôrchen, -horchen *swv.* (I. 714ᵇ) *zuhören mit dat.* PASS.*K.*82,9; *gehorchen* PASS.(195, 92. 202, 30). JER. 138ᵇ;

ge-horchte *stf. gehorsam* JER. 149ᶜ (: vorhte).

ge-hœrde *stfn.* (I. 714ᵃ) *md.* gehôrde *das hören, der gehörsinn* (ze gehœrde, *vor den ohren, so dass an s. hören ist*) ER. BARL. MYST. ANTICHR. 150, 9. RUL. 107, 5 (*n.*). ULR. *Wh.* 228ᶜ. MSH. 2, 393ᵃ. 3, 414ᵃ. HEINZ. 130, 72. WG. 9451. 86. SILV. 4663. KRONE 3523. VET. *b.* 40, 25. ERLŒS. 1440. 4210. 5551. ELIS. 10105; *bei* MGB. *immer neutr.* 5, 1. 11, 2. 13, 9. 10.

ge-horden *swv.* (I. 718ᵃ) *als einen schatz sammeln* FRL. gehürten GEN. (*D.* 87, 21).

ge-hœre *stn. s. v. a.* gehœrde BERTH. *Kl.* 278. nâch gehœre WWH. 159, 25;

ge-hœre *adj.* (I. 714ᵃ) *folgsam, gehorchend mit dat.* j.TIT. (1850). *ebenso*

ge-hœrec *adj.* (I. 714ᵇ) *md.* gehôrec MYST. 2. 107, 24, *mit dat. d. p.* REINH. 1976. PASS. *K.* 500, 15; *mit gen. d. s.* HEINR. 3744; *mit dat. u. gen.* PASS.; *mit dat. u. präp.*, daz er gote an sîme heiligen gebote was gehôrec PASS. *K.* 526, 46;

ge-hœren *swv.* (I. 713ᵃ) *md.* gehôren, *prät.* gehôrte, gehôrde: *absol. hören* HARTM. WALTH. MSF. 197, 39, *mit dat. hören auf* WALTH. MARLG. 227, 442; *tr. hören, anhören* NIB. IW. PARZ., *mit infin.* IW. TRIST. SILV. 6482; *intr. gehören, zukommen mit präp.* ûfPARZ., vür ER. (5988: dâ für e n h œ r e t dehein list Bech), ze, zuo BÜCHL. PARZ. ATH. *C** 8, 134. LOH. 3498. HERB. 2734. 6226. 7288. 8042. PASS. *K.* 5, 28. — *mit an* (*anhören* HELBL. 4, 641; *angehören, zukommen mit acc. od. dat.*, daz got diu sêle an gehôrde SWSP. 253, 50. in die schaz gehœrent an BUCH *d. r.* 749);

gehœren *stn. das hören* SILV. 4673; *das gehör* MGB. 383, 20.

ge-horn *adj.* (I. 716ᵃ) *gehörnt.* der hirz was grôz unde wol gehorn EN. 131, 38. ir sît als ein hirz gehorn AW. 3. 217, 44. der ohse was vil sêre gehorn HPT. 7. 360, 34, *bildl.* mit sunden der gehorne MART. 111ᵇ, 96; *hornartig*, ein lîp gehorn REINFR. 155ᵇ.

ge-hôr-sam *adj.* (I. 714ᵇ) *contr.* kôrsam GR.W. 1, 318. karsen MONE 6. 313, 2: *gehorsam*, gehôrsamiu kint BUCH *d. r.* 542, *mit dat. d. p. allgem., mit gen. d. s.* MAI, TROJ. 22843, *mit dat. u. gen.* MAI;

ge-hôr-sam *stm. gehorsam* PASS. 101, 63. 198, 16. 297, 78. *K.* 229, 64. *ebenso*

ge-hôr-same, -sam *stf.* (I. 714ᵇ). KCHR. RUL. ULR. FREID. MART. ULR. *Wh.* 179ᵃ. 180ᵃ. HIMLR. 349. SWSP. 1, 54. PASS. *K.* 305. 65. 320, 45. ELIS. 7950. CHR. 3. 275, 30. 304, 27. 33. 335, 9;

ge-hôr-samec *adj. zu folgern aus*

ge-hôr-samec-heit *stf.* (I. 715ᵃ) *gehorsam* ELIS. 4039. 51. 4106 *etc. ebenso*

ge-hôr-samede *stf.* MYST. 2. 660, 7;

ge-hôr-samen *swv.* (I. 715ᵃ) *gehorsam sein mit. dat. d. p.* GEN. ANEG. SERV. SPEC. 84. KCHR. 3, 184. ROTH *pr.* 28. EVANG. *L.* 8, 28; *mit gen. d. s.* ELIS. 7557, *mit dat. u. gen.* PASS.;

ge-horwen *swv. beschmutzen, beflecken.* daz die heiligen sich niu mêr gehörwetent, wie vil sie bî übelen liuten wârent WACK. *pr.* 35, 16. — *zu* hor.

ge-hösche *stn. spötterei* BEH. 284, 26. *s.* hösche.
ge-höu *stn. der verhau.* gehew CHR. 2, 271, 20;
ge-houwen *stv. red. III.* (I. 721ᵇ) *hauen, niederhauen* BERTH. TROJ.;
ge-houweze, -houze *stn. hau, holzschlag* ARN. 42 (a. 1454, *Nassau*).
ge-hövener *stm. inhaber eines hofes* GR.W. 2, 550;
ge-hovet *part. adj. s.* hoven.
gehset *part.* (I. 14ᵃ, 11) = geehset, *mit einer achse versehen* FRL.
gehtic *adj. in* eingehtic.
ge-hucht, -huct *stf. s.* gehuht;
ge-hucke *stf. s.* gehüge.
ge-hüeten *swv.* (I. 732ᵃ) *prät.* gehuotte *acht haben auf* (*gen.*) NIB.; *sich hüten mit nachs.* sô gehuotten sie wol, daʒ sie eʒ selbe iht tæten BERTH. 555, 24. er gehuotte vil wol, daʒ er in deheinen strik kæme 556, 5.
ge-hüge *adj. eingedenk.* eʒ sol der abte zaller stunde gehuge sîn (*var.* gedêchtig), memor sit semper abbas BR. *A* 4ᵇ;
ge-hüge *stf.* (I. 726ᵃ) *md.* gehuge *sinn* EN.; *gedächtnis, erinnerung, andenken* MAR. (gehucke), j.TIT. 5341. PASS. (278, 70. *K.* 53, 50. 267, 86. 438, 26). daʒ ir gehüge immer wære nâch in SERV. 22; *freude* HELBL.;
ge-hügede, -hügde *stf.* (I. 726ᵇ) *md.* gehugde *das denken an etwas* (*gen.*) ELIS. 812; *gedächtnis, erinnerung, andenken* ERINN. LANZ. BARL. PASS. (242, 30. 258, 78. 364, 18. 387, 92. *K.* 13, 87. 24, 71. 48, 6. 143, 37. 219, 44. 396, 40. 582, 1). j.TIT. 2680. zi ainer gehugede unserre sêlen MZ. 1, 247 (a. 1303); *nachdenken, erwägung: der kauf, die belehnung etc.* ist beschehen mit aller gehugt MZ. 1, 472. 477, mit allen den gehügten *ib.* 553; *einbildungskraft* PASS. *K.* 635, 27. *vgl.* gehugende, gehuht;
ge-hügen *swv.* (I. 725ᵇ) *md.* gehugen *gedenken, sich erinnern* KROL., *mit gen.* KCHR. KL. GUDR. MAI, BIT. 4408. ELIS. 10354; *mit präp. an* (*acc.*) LAMPR. TROJ., *mit gen. u. an* (*dat.*) *ib.* 18411, *mit* ûf *ib.* 6613, *mit* zuo LEYS., *mit untergeord. s.* DIEM. GEN. *N. D.* 119, 11. KONR.; *refl.* gehuge dich, sun, vil wole GLAUB. 2753;
ge-hügen *stn. das denken, gedenken.* umbe ir heil sîn gehugen was an deme herzen scharf PASS. *K.* 39, 92;
ge-hugende *stf. gedächtnis, andenken* PASS. *K.* 339, 90 (: tugende). 406, 57. *s.* gehügede;

ge-huge-sam *adj. in erinnerung bleibend* KCHR. *D.* 58, 18;
ge-hugnisse *stfn.* (I. 727ᵃ) *gedächtnis, erinnerung* PASS. MYST. (2. 19, 20. 335, 30) ELIS. 6572. JAN. 21. 36. zu einer gehugenusse, *ad memoriam* UKN. 86. UHK. 2, 15. 36. ULA. 105. STB. 159. STZ. 210. 600. 603. ze unsers vaters gehugenisse *ib.* 377. gehügnüst MONE *z.* 8, 350; *einbildungskraft* MYST.;
ge-hugt *stf. s.* gehügede;
ge-huht *stf.* (I. 726ᵇ) *gedächtnis* DIEM. (278, 8). gehuct HIMLR. 160; *freude* RUL. (gehucht). *vgl.* gehugt *unter* gehügede.
ge-hulden *swv.* (I. 706ᵃ) *refl. mit dat. sich einem holt, geneigt machen* TUND. LS. 2. 165, 66. geholden SPEC. 51; *intr.* huldigen, die lâʒe dir gehulden, nimm sie zu gnaden an AW. 3, 154;
ge-huldigen *swv.* (*ib.*) *refl. mit dat. holt, geneigt machen* GEN. DIEM. WACK. *pr.* 37, 20; *intr.* huldigen daʒ er den man lieʒ im gehuldigen OT. 286ᵇ;
ge-huldunge *stf.* geholdunge, homagium VOC. *Schr.* 1175.
ge-hulfe *swm. s.* gehëlfe;
ge-hülfec *adj.* (I. 683ᵇ) *helfend.* geh. hant IW. GREG. 2004. der gehülfec in den nœten ist TRIST. 15550; *mit dat.* HERB. 3153. RENN. 3093.
ge-hüllec *adj. geständig* GR.W. 5, 181. — *zu* hëllen.
ge-hülze *stn. coll. zu* holz *wald, waldung* KIRCHB. 840, 14. gehölze GR.W. 3, 323. *vgl.* ZIMR. *chr.* 1. 9, 24. 410, 29; 4 301, 10.
ge-hünde *stn.* (I. 727ᵃ) *coll. zu* hunde *beute, raub* KCHR. (sî viengen im sîn gehunde *D.* 180, 23).
ge-hünde *stn.* (I. 728ᵇ) *coll. zu* hunt, *menge von hunden, sämmtliche hunde* NIB. j.TIT. 4801. HELBL. 4, 438. LS. 2. 295, 75; *hündisches volk* JER. 43ᵃ. *vgl.* gehundeze;
ge-hundet *part. adj. ib. mit einem hunde versehen* TIT. *vgl.* behundet.
ge-hundert-valten *swv.* (III. 232ᵃ) *hundertfältig machen* GERH.
ge-hundeze *stn. s. v. a.* gehünde, *hunde* GERM. 10, 396 (a. 1401).
ge-hungern *swv. refl.* (I. 727ᵇ) DIEM.
ge-huobet *part. adj. mit einer* huobe *versehen* GR.W. 4, 627.
ge-huor *stm. als scheltwort :* rucken wir den altin gehuer ubir die koln — und lossn ene ein altin gehuer blîben WSP. 631. 35 *u. anm.*

ge-hurme *stn. impugnatio, vexatio* JER. 164ᵈ. *s.* hurm.

ge-hürne *stn.* (I. 716ᵃ) *md.* gehurne *coll. zu* horn *gehörn, geweih* Ms. GSM.RENN.L.ALEX. 5587. TURN. 31, 4. HADAM. 85. ALBR. 9, 263. PASS. K. 151, 41. 605, 20. ain teufelisch gehürne (*ital.* cosa diabolica) VINTL. 1445 (*vielleicht* gehürme?); *hörner zum blasen,* sie blâsent ir gehürne APOLL. 7886. 8709. 18948; *das horngebläse,* man hôrt grôz gehürne, daz tuont die wahtære *ib.* 1073. 3436;

ge-hürnet *part. adj. s.* hürnen.

ge-hürste *stn.* (I. 734ᵇ) *coll. zu* hurst, *waldiger ort* KIRCHB. 614, 20.

ge-hürten *swv. s.* gehorden.

ge-hurwe *stn.* (I. 710ᵇ) *coll. zu* hor, *menge von schmutz od. kot* MART. (119, 1.).

ge-hûsche *stn. s.* gehîwischc.

ge-hûsen *swv.* (I. 741ᵃ) *intr. hausen, sich niederlassen* Iw.;

ge-hûset *part. adj.* im lande gesezzen und gehauset sein Mz. 4, 391 (*vgl.* behûset). di gehûseten, *domestici* EVANG. 10, 36. *s.* hûsen.

ge-hutze, -hûze *stn. s.* gehiuze.

gei *prät. s.* gân.

geibitz *s.* gîbitze.

geier-heit *stf. s.* girheit.

geifer *stm.* geifer Voc. 1429. SCHM. *Fr.* 1, 184;

geifern *swv. geifern.* geifern und cotzen COD. Guelf. 72ᵇ (W.GR.) *vgl.* WEIG. 1, 405.

ge-ihten *swv.* (III. 653ᵇ) *zu etwas* (iht) *machen* MYST.

geil *adj.* (I. 494ᵃ) *von wilder kraft, mutwillig, üppig* LANZ. PARZ. RENN. CRANE 3078. ein geiliu maget NEIDH. 14, 31. geiler trit *ib.* 87, 27. geile sprünge *ib.* 21, 26. wider ûf die vart sô lief er geil j. TIT. 1264; geil oder fruchtig als acker oder tier, fertilis Voc. 1482. si gêt geil (*ist schwanger*) CGM. 317, 17ᵃ; *lustig, fröhlich* PARZ. TRIST. WIG. WALTH. RENN. 4255. vruot unde geil FLORE 4930. vrô und geil DAN. 4943. vrœlich unde geil TROJ. 1010, *vgl.* 1173. 16653. 24223. geiler montag, *montag vor fastnacht* CHR. 1. 54, 2. 67, 27; 3. 301, 16. geilez vleisch, *wildes fleisch einer wunde* MYNS. 76; *mit gen.* froh über PARZ. WIG. GERH. BARL. TROJ. 18001. 21999. 22567. des roubes, der verte geil ULR. *Wh.* 114ᵃ. 167ᵈ; an tugenden geil MSH. 3, 170ᵃ; si wâren dar zû harte geil, *begierig* PASS. K. 473, 82. — *gt.* gails *zu folgern aus* gailjan *erfreuen zu skr.* hil (*aus* ghil) *lustig sein, tändeln,* hêlâ *lust, lat.* hil *in* hilaris, gli *in* gliscere, *gr.* χλίειν, χλαρός *s.* FICK. 68. GSP. 364. CURT³. 602;

geil *stm. übermut* BEH. 88, 3;

geil *stn.* (I. 494ᵇ) *lustigkeit, fröhlichkeit* RING 38ᵈ, 43. in geile BUCH *d. r.* 934. mit geilen LOH. 647. *s. varr. zu* NEIDH. 90, 20 *und* FLORE 7602; *lustiges wachstum, wucher* LS.; *hode* Ms. KARAJ. 94, 3. wolves geil ALBR. 57ᵈ. *s.* geile;

geilære *stm.* (I. 495ᵇ, 21) *fröhlicher gesell* FRAGM. TEICHN. *s.* 69; *ein anderes* geiler *s. unter* gîler;

geile *adj.* (I. 494ᵇ) *s. v. a.* geil Ms. GOTFR. lied.;

geile, geil *stf.* (*ib.*) *üppigkeit.* er sol von sîner geile komen WG. 10352. des boumes geile PRIESTERL. 234; *fetter, fruchtbarer boden, ackerland* LS. (2. 473, 31); *lustigkeit, fröhlichkeit* FLORE, NEIDH. (9, 36. 90, 20), *übermut* ANNO, GEST. *R;* — swf. *hode* KARAJ. FREID. RENN 13396. MGB. 127, 8. 19. 21. 137, 25. 153, 29. *s.* geil *stn.;*

geilec-heit *stf.* petulantia DFG. 419ᵃ. *vgl.* geilheit;

geilen *swv.* (I. 495ᵃ. 495ᵇ) *intr. übermütig, ausgelassen sein.* zwei geilten mit einander vil ALTSW. 89, 16; *froh werden,* trûrec herze dâ von geilte TÜRL. *Wh.* 113ᵃ; *tr. froh machen* MART. (143, 2. 263, 24) JER. 1ᵇ; — *refl. sich freuen, erlustigen* Ms. (ir vröulîn geilt iuch! *H.* 3, 306ᵇ. geilen sich werde man unde wîp 2, 317ᵃ) TURN. 43, 3. W. *v. Rh.* 130, 20. MF. 49, *mit gen.* FRL. des sich ir herze geilet MSH. 2, 290ᵃ; sich g. zuo MF. 37; *lustig wachsen u. wuchern* Ms. (*H.* 1, 207ᵇ). — *mit* durch- (sît sich mîn sin durchgeilet an disem selben mære REINFR. 111ᵇ), er-, ver-.

geilen *swv.* (I. 495ᵇ, 9) *s.* gîlen.

ge-îlen *swv. eilen.* er geîlte von im GEN. *D.* 61, 9.

geil-heit *stf.* (I. 495ᵃ) *fröhliche tapferkeit* GR.RUD.; *lascivia, scurrilitas* ELIS. 1443. 1708. BR. *B* 75ᵃ (*var.* schelkhait). *vgl.* geilecheit.

geil-haft *adj. s. v. a.* geil. des vater unde muoter dô geilhafter freuden wurden vrô W. *v. Rh.* 16, 12.

geilieren *swv. übermütig, ausgelassen sein, auf genuss ausgehen.* mein esel geiliert auf der pan (*obscön*) FASN. 702, 7.

geil-lîche *adv.* (I. 495ᵇ) *fröhlich* REINH.; geilich, fruchtberlich, reichlich, opime Voc. 1482.

geil-, gel-seiche *f.* oder harnwinde strangumina Voc. 1482.
geilsen *swv.* (I. 495ᵇ) *intr. fröhlich sein.* siu trûrent unde geilsent Mart. 126, 74; *refl. mit gen. sich freuen über ib.* 231, 81. — *ahd.* geilisôn;
geilsunge *stf.* luxuria Herrad 194 (W. Gr.).
geil-swërtele *f.* (II². 776ᵃ) acorus Sum. Dfg. 10ᵃ (*auch* g e l swerdele, gele lelgen).
geilt *s.* gëlt.
geime, geim (I. 313ᵃ. 36) = gein, gegen deme Parz. g e i n m e Nib. 370, 3. *vgl. zu* 397, 1.
gein *s.* gegen.
gein, geinc *s.* gân.
geinde, geine *stf. s.* gegenôte, gegene.
geinen *swv. s.* gînen.
geiner *pron. s.* jëner.
ge-infelt *part. adj. mit der infel versehen* Pass. K. 580, 75. Chr. 4. 62, 12. *s.* imfel.
ge-innern *swv.* (I. 751ᵇ) *auch* ginnern, ginren *inne werden lassen, erinnern.* wir suln geinnern die Sarazêne Ulr. Wh. 181ᵉ, *mit gen.* Lanz. Konr. als man sie des geinnert Berth. 315, 16. wirt er des geinnert durch unsern boten Swsp. 296, 2. wir wellen auch, daz ieman pfend umb dehein gült, er geinner uns ê der selben gült Mw. 217, 94 (*a.* 1300). wis sîn vur wâr geinret (*belehrt, überzeugt*) Pass. K. 381, 77; *statt des gen. ein untergeord. satz* Parz., *mit gen. u. nachsatz,* über swiu ê mâlen gesprochen ist, swer des geinnern mach mit zwain zu im selhen, daz ez niht behalten oder widertân sî Mw. 193, 8 (*a.* 1293);
ge-innigen *swv.* (*ib.*) *zur innigkeit, zu inniger andacht bewegen* Myst.
geinôte *stf. s.* gegenôte.
geins (I. 313ᵃ, 35) = gein, gegen des Parz.
ge-irhet *part. adj.* geirhetleder, corialum Voc. 1482. *s.* irch.
ge-irre *stn.* (I. 754ᵃ) impedimentum Sum.;
ge-irren *swv.* (I. 754ᵇ) *irren, hindern* Urst. Kchr. D. 337, 32. Tit. 5, 3. 4. *var.* Vet. *b.* 7, 30. an keinen rehten g. Mz. 1, 259 (*a.* 1313).
geischel *f. u. compos. s. unter den folgenden.*
geisel *stswf.* (I. 495ᵇ) geischel Clos. Kœn. geistel Dfg. 237ᵇ: *geisel, peitsche* Er. Parz. Nib. Pass. (K. 21, 39) L. Alex. 5121. Griesh. 1, 58. 153. Roth. *pr.* 48. Wg. 6684. Dan. 6812. Krone 28634. Helbl. 2, 157. 16, 845. er sluoc im vaste ûf den kopf, daz von geisel nie kein topf alsô vaste umbe gelief Ulr. Wh. 113ᵇ. ein g. mit drîn slangen Orend. 2495. geisel die sant Sebastiân truoc (*bleiknöpfe dran*) Ls. 1. 522, 14. si fuorte ein geisel in der hant, der herzoge von Prâbant gewan sô rîcher geisel nie (*an dem mit edelsteinen besetzten stiele waren drei goldene ketten u. daran drei berillen*) Apoll. 19969 *ff.* geisel *eines zwergs ib.* 2127. Lanz. 428 (*vgl.* Nib. 463). — *mit* gisel *zu* gêr Wack. *vgl.* Dief. 2, 377. 84, Weig. 1, 406;
geiselære, -er *stm.* (I. 496ᵃ) *geisler, flagellant* Mgb. 217, 15. 219, 14. Chr. 4. 305, 15. 308, 9. Just. 112. Dfg. 237ᵇ. geischeler Clos. Kön. (*ein anderes* geiseler *s. unter* gîseler);
geiseln *swv.* (*ib.*) *geiseln* Griesh. Warn. Msh. 3, 15ᵃ. Mgb. 144, 7. 217, 23. W. v. Rh. 163, 20. geischeln Myst. Clos. (Chr. 8, 104 *ff*). geisteln Dfg. 237ᵇ;
geiseln *stn. geiselung* Elis. 972. geischeln Chr. 8. 107, 1.
geiseln *swv. s.* gîseln.
geisel-rieme *swm. geiselriemen* Bph. 6837. 50. 57. 7398.
geisel-ruote *f.* (II. 817ᵇ) *geiselartige rute* Hartm.
geisel-slac *stm.* (II². 382ᵇ) *peitschenhieb* Lanz. (5540) Er. Barl. j. Tit. 1642. Bph. 7423. Birkenst. 87. W. v. Rh. 211, 2.
geisel-stap *stm.* (II². 594ᵇ) *peitschenstiel* Msh. 3, 101ᵇ.
geisel-stat *stf.* (II². 601ᵃ) *stätte der geiselung.* geischelstat Clos. (Chr. 8. 107, 5).
geiselunge *stf.* flagellum Wig. 5, 4.
geisel-vart *stf.* (III. 252ᵇ) *fahrt der flagellanten.* geischelfart Clos. (Chr. 8, 104 *ff.*)
geisel-zeichen *stn. geiselspur* W. v. Rh. 182, 24.
ge-îsert *part. adj.* (I. 757ᵇ) gîsert, *mit îser* (*eisen, rüstung*) *bedeckt* Parz.
geis-lich *adj. s.* geistlich.
geislitze *stf. s.* gîselitze.
ge-îsôtet *part. adj.* gîsôtet, *mit Isold verbunden, verzaubert* Trist. 19010.
geist *stm.* (I. 496ᵃ) *pl.* geiste, *manchmal* geister (Frl. Msh. 2, 381ᵃ. Ls. 2. 553, 77.) *von einem stn., auch swm?* (bî deme heiligen geisten Griesh. denkm. 14): *geist, gegensatz zum körper u. allgemeiner* Walth. A. Heinr. Gerh. Wig. diu sêle ein geist Amg. 39ᵇ. den geist ûfgeben Msh. 3, 161ᵇ. geist unde bluot sô vil dar flôz Wh. v. Öst. 105ᵇ. si machten menchen edelen geist, töteten viele edle Karlm 41, 35. ûz dem herzen dîn gesprochen hât ein wîser geist Winsb. 62, 2. sîn triu-

welôser geist der gemachet in sô blint Reinh. 327, 995. ob dir der geist noch wone bî, *du noch willens bist* Ls. 2, 259; — *überirdisches, jenseitiges wesen* Iw. Parz. Freid. der geist der geiste, *gott* Msh. 3, 165ᵃ. eʒ sî mensche oder geist Pass. 386, 74. Heinr. 2361 (*engel*). du vil kleiner geist (*zwerg alberich*) Heldb. *K.* 48, 28; *der heilige geist:* der heilige geist (*auch compon.* heilegeist *s. unten*) Hartm. Barl. Eracl. 4677. Fdgr. 1. 262, 4, Msh. 2, 384ᵇ. 3, 51ᵃ. 106ᵃ. der vrône g. Gsm. 377. der hêre g. Wig. hiute ist des hêren geistes tac Ulr. *Wh.* 129ᵃ. der gotes g. Walth. *oder bloss* der geist *ib. u.* Parz.; *der böse geist:* der bœse geist versuochte got Msh. 3, 41ᵇ. der b. g. truoc allem leben haʒ Wartb. 162, 13. mit bœsen geisten bistû gemuot Rul. 50, 2. arger geist Msh. 2, 381ᵃ. 3, 343ᵇ. der übele g. Pass. 318, 52. 339, 36. *K.* 49, 5. des wart vil manic wilder geist von ir gemant (*bei der zauberei*) Troj. 10526; — frîer g. *anhänger der secte des freien geistes*, der ward funden und bewîset in bœsem ketzergloubem, den die halten, die man nempt des frîen geistes Just. 194. — *vgl. gt.* geisan *erstarren, zu entnehmen aus* usgeisnan *sich entsetzen*, usgaisjan *von sinnen bringen* Dief. 2, 398. Weig. 1, 406. Gsp. 23.

geist-âder *f.* arteria Mgb. 35, 22. 31. 36, 8. 9. Dfg. 51ᵇ.

geiste *swm? s.* geist;

geistec *adj. geistig.* daʒ dîn sêle sol niht geistic sîn Myst. 2. 320, 20. diu stæte ist geistlîch geistic Ls. 2. 438, 180;

geistec-heit *stf.* (I. 497ᵃ) *geistigkeit.* nu möhte man vrâgen von geiste und von geistekeit Myst. 2. 176, 16. 23. 27. diz ist diu geistekeit der sêle *ib.* 520, 29.

geistel *f.* geisteln *swv. s.* geisel, geiseln.

geiste-lôs *adj.* har umbe sol dîne sêle nihtgeistic sîn von allen geisten und sol stân geistelôs Myst. 2. 320, 25.

geisten *swv.* (I. 497ᵃ) *tr. geistig machen, mit geist* (*mit dem hl. geiste*) *erfüllen* Krol. Loh. (1650) Ms. (heiliger geist geiste uns mit dînem geiste *H.* 3, 106ᵃ. dô geiste drî ein geist *ib.* 165ᵃ). der vater unde der sun geistent den heiligen geist in sî Myst. 2. 215, 20; *intr. geistig wirken,* der geist der geistet sô er wil Myst. 2, 28, 11. Theol. 42. Evang. *J.* 3, 8. — *mit* în; ent-, er-, ver-;

geisten *stn.* inspiratio. dâ er pflac in touginlîchim geistîn sîn andâcht gote leistin Jer. 67ᵇ;

geisterîn *stf. geistliche frau oder jungfrau.* die junkfrawen und geisterin, die in das loch geen, *die gefangenen besuchen* Tuch. 119, 9; schwester des freien geistes, begine Keisersb. *s.* Oberl. 507. Dwb. 1, 1295.

geist-formec *adj.* die wîle dîn sêle geistförmic ist sô hât si bilde Myst. 2. 320, 21.

geistîn *adj.* (I. 496ᵇ) *aus geistern bestehend* Anno.

geist-lich *adj.* (*ib.*) *nbf.* geislich, geischlich (W. *v. Rh.* 232, 50): *geistlich, fromm* Gen. *D.* 46, 13. 103, 9. Greg. Bon. Winsb. Myst. geistl. vater *pabst* Loh. 6325. Wg. 11108. geistl. frawe *nonne* Mz. 4, 164. g. liute *ordensleute* Ula. 241. 316. g. mære Urst. 103, 49. geistl. andâcht, dugent Elis. 731. 82. 1099; *geistig* Bon. Myst.;

geist-lîche, -en *adv.* (I. 497ᵃ) *geistlich* Diem. Berth. Elis. 4911; *geistig* Myst. Pass. *K.* 403, 42;

geist-lîch-keit *stf.* (*ib.*) *geistliches leben, frömmigkeit* Myst. Elis. 2015. Mgb. 491, 31; *geistl. stand* Np. 26. S.Gall. *chr.* 21. 22. 23 *etc.* ûszerwelter zu der geistlicheit, clericus Dfg. 127ᵃ; *s. v. a.* geistecheit Myst. 2. 520, 27.

geist-sinnec *adj.* misticus Dfg. 364ᵃ.

geit *stm. s.* gît.

ge-îtelen *swv.* îtel *machen.* phîle vil dickir dan ein hagil schuʒʒin schutzin im ingegin, daʒ sie geîtaltin den degin Ath. *E* 148 (gevaltin?)

geitert *part. s.* eitern.

ge-iuʒern *swv. refl. mit gen. entäussern.* geuʒʒern Mz. 3, 351. 4, 30.

geiʒ *stf.* (I. 497ᵃ) *ziege* Diem. Gen. *D.* 59, 20. 60, 9. 64, 7. Himlr. 246. Reinh. Troj. 13572. Helbl. 8, 299. Msh. 2, 286ᵇ. 376ᵃ. 388ᵇ. Laur. Sch. 616. Ls. 3. 395, 164. Chr. 2, 171, 19. 173, 11 *etc.* Mgb. 127, 23. 128, 2. diu springend gaiʒ, *eine art sternschnuppen ib.* 78, 4. wilde gaisʒ, damma Voc. 1482. — *gt.* gaitei *zu lat.* hædus Dief. 2, 385. Gds. 36. 349. 402. Gsp. 23.

geiʒ-bache *swm.* (I. 76ᵃ) *schinken von einer ziege* Helbl.

geiʒ-bart *stm.* ziegenbart Chr. 3. 134, 6. 20. 275, 28. *als Nürnberger familienname nachgewiesen im* Anz. 4, 33 *ff.* (14. *u.* 15. *jh.*).

geiʒ-boc *stm. ziegenbock* Mgb. 141, 23. Gr.w. 5, 105.

geiʒ-borst *stn. ziegenborste, pl.* geiʒbörster Renn. 24449.

geize *stswf. pflugsterze,* stiva Dfg. 554ᵃ. *n. gl.*

349ᵇ. OBERL. 508. die geitze des pflugs GR.w. 5, 373. gienge ainer in ain gaitzen NETZ 12678. — *ahd.* keiza, geiza GFF. 4, 287. GR. 2, 346. 3, 415. *vgl.* KWB. 112.

geiʓe-bône *f.* PF. *arzb.* 1, 9. *geissbohnen, waldbirnen* NEMN. 2, 1096.

geiʓe-gagel *name einer pflanze* DIEM. *arzb. O. VII.*

geiʓe-gëbel *stm.* (I. 491ᵇ) *ziegenschädel* Ms..

geiʓel *stn. dem. zu* geiʓ MGB. 128, 34;

geiʓer *stm.* (I. 497ᵇ) *ziegenhirte (vgl.* SCHM. 2, 74. KWB. 112), *als ersonnener sectenname* BERTH.

geiʓ-hâr *stn.* (I. 634ᵇ) *ziegenhaar* DIEM. BERTH. 499, 27. 34.

geiʓ-hirte *swm.* (I. 670ᵇ) *ziegenhirte* VOC. *o.*

geiʓ-hof *stm. ziegenstall* MONE *z.* 8, 469 (*a.* 1354).

geiʓ-horn *stn. ziegenhorn* MGB. 128, 16.

geiʓ-hût *stf. ziegenfell* URB. *Seck.* 100. NETZ 11061.

geiʓîn *adj.* (I. 497ᵇ) *von ziegen* DIEM. PF. *arzb.* 1, 2. 2, 5ᵇ. 11ᵉ. MGB. 359, 35. 478, 1. KOLM. 142, 15.

geiʓ-kæse *stm. ziegenkäse* MGB. 127, 27.

geiʓ-mëlch *swm.* (II. 170ᵃ) *der ziegenmelker, caprimulgus (vogel).* geiʓmelk MGB. 206, 22. geiʓmolch DFG. 98ᵇ;

geiʓ-milch *stf. ziegenmilch* MEIN. 6. MGB. 127, 26. ANZ. 11, 334.

geiʓ-mist *stm. ziegenmist* MGB. 89, 13.

geiʓ-molch *s.* geiʓmëlch.

geiʓ-ouge *swn. ziegenauge* MGB. 43, 35.

geiʓ-vëllîn *stn. kleines ziegenfell* BERTH. *Kl.* 359.

geiʓ-venichel *stm. siler montanum* MGB. 419, 31.

geiʓ-vleisch *stn. ziegenfleisch* MYNS. 47.

geiʓ-vuoʓ *stn.* (III. 446ᵃ) *ziegenfuss* HELBL. (13, 171) MGB. 157, 24; *ein vorne gespaltenes brecheisen* CHR. 2. 89, 36. 256, 2. *vgl.* FRISCH 1, 335ᶜ.

geiʓ-wolle *swf.* (III. 803ᵃ) *ziegenwolle* RENN. 17529.

ge-jac, -ges *stm.* (I. 766ᵇ) *erjagtes, jagdbeute* REINH. sin gejac geviel im allir vil wol KCHR. 6926 (gejaget *D.* 211, 33);

ge-jagen *swv.* (I. 766ᵃ) *jagen, treiben* IW. TRIST.;

ge-jaget, -jeit *stm. jagd.* er treibet den gejait URB. *Pf.* 53; *jagdbeute* KCHR. *D.* 211, 33;

ge-jaget, -jeit *stn.* (I. 768ᵃ) *jagd* WIG. KOL. 209, 723. CHR. 3. 124, 14. 162, 9. 174, 1; *meute*

von jagdhunden, daʓ er vüer gar ein gejeit WG. 10463. *vgl.* gejegede;

ge-jageze *stn. jagd* GERM. 10, 396. gejegeze CHR. 8. 70, 11. 254, 4. 11 *ff.*

ge-jâ-hërren *swv.* (I. 667ᵃ) *zu etwas jâ herre sagen* BERTH. (214, 21).

ge-jæren *swv. refl. zu jahren kommen, mündig werden.* ê sich daʓ kint gejære DSP. 1, 173;

ge-jâret *part. s.* jæren.

ge-jege *stn. die jagd* DA. 489. CHR. 3. 124, 14 *var.* SCHM. 2, 265;

ge-jegede, -jeide *stn.* (I. 768ᵃ) *jagd* KARAJ. NIB. TRIST. OSW. 2341. j. TIT. 5941. TROJ. 24310. HELMBR. 885. MSH. 2, 381ᵇ. LS. 2. 427, 305. ieslîcher hete funden an dem gejeide (*im kampfe*) sînen hern BIT. 11878. gejeide oder gejeckte venatio VOC. 1482; *jagdbeute* GRIESH.;

ge-jegeze *stn. s.* gejageze.

ge-jëhen *stv. I,* 1 (I. 515ᵃ) *zusagen.* gejehen noch verkiesen BÜCHL. 2, 372; *mit gen. bekennen* ER. Ms. des er gegiht SILV. 3936; *mit gen. u. dat. zugestehen, zuerkennen* IW. GREG. 126. 2503.

ge-jeide, -jeit *s.* gejegede, gejaget.

ge-jeit-hof *stm.* (I. 699ᵇ) *jagdhof* BIT. (13277. 98).

ge-jeit-schuoch *stm. jagdschuh.* zwên gejaitschuoch, di pesten als man si von pochvellen gemachen mag URB. *B.* 2, 527.

ge-jësen *stv. I,* 1 (I. 535ᵇ) *gähren.* der win gejas, was gejesen VILM. *weltchr.* 68ᵃ, 10. 68ᵇ, 9.

ge-jiht *stf. s.* gegiht.

ge-justieren *swv.* (III. 44ᵇ) *mit eingelegter lanze rennen, stechen* HARTM. (ER. 2631. GREG. 1445). geschustieren RSP. 2716. *s.* tjostieren.

ge-kart *part. s.* kêren.

ge-kelle *stn.* (I. 781ᵃ) *lautes reden, geschwätz* GEN. (kallen *D.* 73, 16).

ge-kêren *swv.* (I. 798ᵃ) *intr. sich kehren, wenden* TRIST. *s.* an einem, von einem gek. DIEM.

ge-kerzet *part. adj.* (I. 802ᵃ) *mit kerzen versehen, erleuchtet* PARZ.

ge-kiesen *stv. III.* (I. 825ᵃ) *sehen, wahrnehmen* WIG.

ge-kinde *stn. coll. zu* kint, *kinder.* dô der wolf daʓ gekint (*Romulus u. Remus*) truoc ENENK. *Kchr.* 3. 401, 38.

ge-klaffen *swv.* (I. 835ᵃ) *geräusch machen, schwatzen* BERTH. SERV. 2976.

ge-klage *swm. kläger* HEIMB. *hf.* 274;

ge-klagen *swv.* (I. 833ᵇ) WALTH. WARN.

ge-kleide *stn. coll. zu* kleit, *kleidung* Elis. 541. 3804. Marld. *han.* 34, 23.

ge-kleit *part. s.* klagen, kleiden.

ge-klieben *stv. III.* (I. 845ᵇ) *spalten, wegreissen* von Mart. (*lies* 164, 34).

ge-klopfen *swv.* (I. 847ᵇ) Walth.

ge-klûben *swv.* (I. 846ᵃ) *abpflücken* Suso.

ge-klûsen *swv.* (I. 849ᵇ) *ein-, verschliessen* Helbl.

ge-knüllen *swv.* (I. 854ᵇ) *schlagen* Ls.

ge-knüpfe *stn. coll. zu* knopf. daz gechnupfe dîner diehe, juncturæ femorum tuorum Willir. *Hag.* 5, 164.

ge-kobel *stn.* er kam in ein gekobel tief Da. 459. *s.* kobel.

ge-con-sacrieren *swv.* swenne der lîcham unsers herren geconsacrieret wirt Myst. 2. 679, 38.

ge-korn *swv.* (I. 830ᵇ) *schmecken, kosten mit gen.* Gen.

ge-kornze *stn. getreide* Germ. 10, 396. *vgl.* gekürnze.

ge-kœse, -kôse *stn.* (I. 864ᵇ) *rede, gespräch, geschwätz* Gen. Aneg. Kchr. Helbl. Roth. 4493. Elmend. 141. Krone 26378. 835. Pass. 337, 62. *K.* 306, 49. 322, 2. 407, 18. 658, 56. Evang. 257ᵇ. Karlm. 245, 40. Kol. 136, 257. Ls. 2. 528, 884;

ge-kôsen *swv.* (I. 864ᵃ) *sprechen, plaudern* Karaj. Ms.;

ge-kôsen *stn.* mit tugentlîchem gekôsen Karlm. 32, 56.

ge-koufen *swv.* (I. 868ᵃ) Büchl. N. *v. B.* 297.

ge-krache *stn. krachen, lärm* Karlm. 116, 39.

ge-krademe *stn.* (I. 870ᵇ) *geschrei* Gen.

ge-kratzen *swv.* Berth. 18, 22.

ge-kreftigen *swv.* (I. 872ᵇ) *stärken* Diem.

ge-krenken *swv.* (I. 876ᵃ) kranc *machen, schwächen, mindern* Lieht. 51, 15. Bph. 679. Herb. 7250.

ge-krîe *stn.* boten in daz gekrîe (*lager?*) senden Msh. 3, 51ᵃ. *s.* krîe.

ge-kriechen *stv. III.* (I. 884ᵇ) Mein.

ge-kriegen *swv.* (I. 880ᵇ) *intr. streiten.* in gesach nie mensche gezurnen noch gekr. Vet. *b.* 71, 17. *mit dat.* ich kan dir niht gekr. *mit dir nicht streiten, disputieren* Heinz. 111, 345. wie daz firmamente gegen den plânêten allen wil gekr. Msh. 2, 12ᵇ; *tr. mit ûz.*

ge-krîgen *stv. II. bekommen, erhalten* Pass. *K.* 417, 84.

ge-kriute *stn.* (I. 891ᵇ) *coll. zu* krût, *menge von kräutern, gras* Eilh. 3836. *md.* gekrûde

Elis. 5081. Karlm. 317, 33. Marld. *han.* 6, 27, 29. 33, 36. 102, 12.

ge-kriuzen *swv. kreuzigen* Spec. 75;

ge-kriuzt *part. s.* kriuzen.

ge-krœnen *swv.* Berth. 489, 7.

ge-krœse *stn.* (I. 888ᵇ) *das kleine gedärme, gekröse* Alsf. gekrœse und magen Msh. 3, 311ᵃ. daz gekrœse ûz nemen, sieden Buch *v. g. sp.* 26. 42.

ge-krûde *stn. s.* gekriute.

ge-kûde, -kudde *stn. s.* gequide.

ge-küelen *swv. md.* gekülen. das her sein gemûte an den monchin gekûlete unde sich gereche Dür. *chr.* 704.

ge-künden *swv.* (I. 815ᵇ) *kund thun* Hätzl.

ge-künne *stn. s. v. a.* künne. Msh. 3, 9ᵃ.

ge-kunt *part. s.* künden.

ge-kürnze *stn.* gekürnts, gekurnts, kurnts, *geschmolzenes metall, namentlich silber in körnern* Np. 150 *f.* daz silber und kornts Mh. 3, 409 *f. vgl.* gekornze.

ge-küssen *swv. küssen, md.* gekussen Pass. *K.* 602, 32. Evang. *L.* 22, 47.

gëkzen *swv. s.* gigzen.

gel- *s. auch* gl-.

gël, -wes *adj.* (I. 497ᵇ) *gelb* Parz. Lanz. 4751. Trist. 15832. Loh. 3985. Engelh. 2654. gelwez hâr Troj. 3014. 13154. 23244. Mor. 1, 664. Pass. *K.* 114, 54. 691, 11. Ga. 2. 287, 16. diu gelwe hût Serv. 3220. als ein tôte gel Troj. 22393. Uw. 609; gel *als modefarbe an kleidern u. weibl. putz, auch als abzeichen öffentlicher dirnen* (die sullent ûf irn schuochen tragen ein gelwez vänle, dâ mit man si erkenne Meran. 13): blôzer nac und gelwe kitel locken manegen valschen bitel Renn. 12536. gelwer sloier Berth. Ab. 2, 395. gelwez gebende Erinn. 329 *u. anm.* Berth. 114, 38 *ff.* gelwe rîsen Priesterl. 707. gelwe röckelî, gelwe stûchen Grierh. 2, 69. — *in der farbensymbolik bedeutet* gel: *erfüllte, gewährte liebe* Hadam. 247. Mag. *cr.* 1816, *neid* Freid. Msh. 2, 248ᵇ *s.* Germ. 8, 498 *f.* — *zu skr.* hari *grüngelb, gr.* χλόος, *lat.* helus Z. 1, 3. Kuhn 7, 184. Fick 67.

gël, -lles *adj.* geller, sonorosus clangosus Voc. 1482. — *zu* gëllen.

ge-labede *stf. labung* Spec. 52. gelebde Wg. 10919;

ge-laben *swv.* (I. 939ᵃ) *tr. u. refl.* laben, *erquicken* Parz., *mit gen.* gelabe dich mines jagides Gen. 39, 18, *mit präp. mit* Diem. Pass. *K.* 96, 44; sich von dem durste gel. L. Alex. 2625;

ge-laben *stn. erquickung, vergnügen.* itel gelaben PASS. K. 62, 40.
ge-lach *stn. gelächter* KARLM. 108, 22. 187, 41;
ge-lachen *swv.* (I. 923ª) *intr. lachen* MSF. 151, 35. PASS. K. 36, 52. *mit gen. lachen über* MSH. 1, 20ᵇ. WOLK. 8. 3, 12. 90. 3, 16 NETZ 2379. 12878, *mit dat.* ich kan den liuten niht gel. MSH. 1, 309ª; — *tr. mit an, anlachen* MSF. 196, 17.
ge-lacht *part. s.* legen.
ge-laden *swv.* (I. 928ª) *laden, einladen* Iw.; *beladen, füllen,* biz er sîne stadele geladete GEN. D. 87, 18 (*statt* geluot, *s.* laden);
ge-laden *part. s.* laden *st. u. sw.*
ge-læge *stn.* (I. 995ª) *das liegen* SSL.; *md.* gelêge *auch fem.* (JER. PASS. 116, 71. 350, 22) *lage, zustand, beschaffenheit, verhältnis* PASS. K. 23, 40. MARLG. 200, 148. JER. 2ᵈ. 32ª. 69ᵈ. 136ᵈ *u. öfter; das zusammengelegte, ladung,* der ein stosz oder gelêg (*von getreidegarben*) treget GR.W. 3, 582;
ge-lâgen *swv.* (I. 995ª) *lauern auf* (gen.) TROJ. 20678.
ge-lahsen *in* ungelahsen.
ge-lamben *swv. ein lamm werfen, gebären* KOLM. 86, 35.
ge-lân *s.* gelâzen.
ge-lanc *stm. gelenke* KRONE 19686. glanc 9345. *s.* gelenke.
gelander *s.* galander.
ge-landet *part. adj.* (I. 936ᵇ) *mit einem lande versehen* Ms.
ge-lange *swm. angehöriger, ahd.* untar kelangem, inter cognatos HPT. 3, 467ª. *Bech vermutet dieses wort in* BÜCHL. 1, 1882: jâ bedarf in sîner zît vil baz gelangen (*gen.pl.*), *s. zum* Iw. *s.* 303;
ge-lange *swm.* (I. 934ª) *verlangen, begierde, sehnsucht* TRIST. der herze wurden bivangen sô sêre mit huorlîchen gelangen PRIESTERL. 446;
ge-langec, -längic *adj.* (*ib.*) *verlangend* TRIST.;
ge-langen *swv.* (I. 933ᵇ) *tr. erreichen* MYST. KARLM. 46, 31. 79, 35; *unpers.* lange dünken Ms., *mit gen.* NIB.; *verlangen, sehnsucht haben nach* (*gen.*) DIEM. TRIST. GEN. D. 58, 7. JÜDEL 131, 79. NEIDH. 27, 15; *mit infin.* ze beten in dô gelangte SERV. 272;
ge-langen *stn. verlangen.* der welte vuor ist niht wan ein gelangen MSH. 1, 63ᵇ.
gelans *s.* glanz.
ge-lant *part. s.* lenden.

ge-lant-mannen *swv. zum* lantmanne *machen* GR.W. 4, 493.
ge-lart *part. s.* lêren.
gelas, gelasîn *s.* glas, glesîn.
gelast *stm. s.* glast.
ge-lastern *swv. entehren, schänden.* daz er g. kunde die reinen juncvrowen PASS. K. 495, 60.
gelat *adj. s.* glat.
gelât, saphir und gelât DAN. 6018.
ge-laz *adj.* (I. 942ᵇ) *lässig an* HÄTZL.
ge-lâz *stmn.* (I. 953ª) *erlassung, verleihung* Ms. GEN. 52, 32; *zusammenfügung der glieder, bildung, gestalt, benehmen* WOLFR. TRIST. WALTH. GR.RUD. 16, 9. TROJ. 15175. 20011. 28223. NEIDH. 83, 1. PASS. 260, 92. K. 60, 49. 365, 36. 512, 5. HERB. 152. 2308. 2441. 4014. 8518. 8756. 14272. KARLM. 50, 47. 56, 47. 142, 48. 165, 9;
ge-læze *stn.* (*ib.*) *niederlassung u. ort derselben* Ms. WINSBEKIN; *verlassenschaft* (GA. 2. 440, 905), *was aus der verlassenschaft eines unfreien dem herrn zufällt* WEIST. välle und gelæsze Mz. 1, 421. 542 *etc.* USCHB. 22. MH. 2, 188 *s.* RA. 364; *benehmen, gebahren* NIB. LANZ. ERNST 5500. NEIDH. (82, 30) MSF. 128, 26. LOH. (887. 1409). HEINZ. 122, 4. *md.* gelêze ELIS. 787;
ge-læze *stf. benehmen* W. *v. Rh.* 68, 10. 105, 9. 112, 34. 209, 2;
ge-lâzen *stv. red. I, 2* (I. 950ᵇ) *contr.* gelân *intr. sich benehmen, gebärden* HERB. sie geliezen als si wolden toben PASS. K. 40, 33. an die mûter hin er viel und enweste wie gelâzen 651, 83. KARLM. 186, 34; — *tr. lassen, loslassen* Iw. PARZ. die gloggen gel. *läuten* NP. 7; *erlassen mit dat. d. p.* BARL.; *unterlassen* NIB. BON.; *an einen etw.* gel. *es ihm anheim geben* TRIST.; — *refl.* sich an etw. gel., *sich damit beschäftigen* PASS. K. 499, 15, *sich auf etw. verlassen* CHR. 1. 150, 18; 5, 233, 22. sich an einen gel. *sich einem anvertrauen* WALTH. 113, 23; sich gel. h in z (hin ze) einem, *sich auf ihn verlassen* CHR. 5. 83, 13; sich gel. ûf etw. *niederlassen* WIG. daz îsen dô sich der herre ûf gelie TUND. 42, 50. — *mit* nider;
ge-lâzen *sin.* (I. 951ª) *das gebahren* TRIST.
ge-lâzen-heit *stf.* (*ib.*) *gottergebenheit* MYST. N. *v. B.* 148. 169. 180. 215. 222. 244 *etc.*
ge-læzen-lîche *adv. mit gottergebenheit* N. *v. B.* 103. 183. 308.
gëlbin *stf.* gëlblot *adj. s.* gilwe, gëlwelot.
gelde *adj. s.* galt.

gëlden *stv. s.* gëlten.
gelde-vëlt *stn.* (III. 296ᵃ) *unfruchtbares feld* Jer. *s.* galt.
gële *adv. zu* gël Wolk. 50, 1, 11.
ge-lebde *stf. s* gelabede.
ge-lëbe *stn.* mîn gelëbe, *ausruf: was man nicht erlebt, potz tausend!* Ot. 62ᵇ;
ge-lëben *swv.* (I. 955ᵃ) *intr. leben* Er. 6338. Pass. K. 176, 21. 210, 30, *zusammen leben* N. *v.* B. 99; *mit gen. leben von* Trist. 7432; *mit dat. leben für* Helbl. 9, 26. dem lîbe gel., *mit rücksicht auf seinen leib leben* Büchl. 2, 189; *nachleben, befolgen*, den geboten *etc.* geleben Halt. 624. nachkommen und geleb. Zimr. *chr.* 4. 293, 5; — *tr. erleben* Parz. Iw. Er. 8579. a. Heinr. 526. Trist. 3974. Kl. 124. wenn er sand Jacobs tag gelebt Mz. 4, 262.
ge-lëcke *stn.* (I. 957ᵃ) *leckerspeise* Mone *schausp.;*
ge-lëcken *swv.* (*ib.*) *lecken* Berth.
ge-lëcken *s.* geligen.
ge-lëdert *s.* gelidert.
ge-lëdigen *swv. befreien* Pass. K. 352, 21.
[**ge-lege** *swm. gelegenheit?* I. 994ᵇ] *s oben* gelæge.
ge-lêge *stnf. s.* gelæge;
ge-legede *stn. lage, beschaffenheit* Kirchb. 647, 47. 653, 22.
ge-lege-lich *adj. gelegen.* dy dorf gelegelich by dem mer Kirchb. 642, 7. *vgl.* gelëgenlich.
ge-lëgen *part. zu* ligen *u.* geligen (I. 988ᵇ) *adjectivisch: benachbart, zur hand mit dat.* Kchr. Greg. Lanz. 1871. Trist. 8469, mit zuo Chr. 2. 264, 6; *zusammenpassend, verwandt* Antichr.;
ge-lëgene *stf.* (*ib.*) *art u. weise wie etw. liegt, lage, beschaffenheit* Ernst, Livl.;
ge-legen *swv.* (I. 993ᵃ) *tr. legen* Nib. Iw. daʒ schuof daʒ fremde wunder, daʒ got an si geleite Engelh. 1064; *refl.* Tund. 50, 13. dâ gelegten (*lagerten*) si sich in ein gevilde Bit. 5791. — *mit* an, ûf, vür.
ge-lëgen-heit *stf.* (I. 988ᵇ) *art u. weise wie etw. liegt, lage, stand der dinge, beschaffenheit* Lanz. Parz. Trist. sînes landes gel. Türl. Wh. 133ᵇ. der künec erkande die gel. der lande Ulr. Wh. 230ᵇ. des turnes gel. Flore 7423. mir ist wol geseit ir aller drîer gelegenheit Gbo. 655. nu sage mir der Franzoyse gel. Wwh. 335, 29. ist daʒ mans morgen vindet als hînt in der gelegenh. Loh. 2698. ir geleg. in rehter mâʒe si kêrten ûf die strâʒe Dietr. 3703. die betrachten künnen alle ir wer und uns sagen ir gel. 6117. wir haben die gel. hie gesehen vil bereit 6201. 6327. si komen neben tage vür wâr in ein guote gelegenh. 8691. lasset uns gel. der sachen wissen Cp. 280. nach aller gelegenh. (*nach dem stande der dinge*) ist unser meinung Ea. 87. *vgl.* Chr. 2. 50, 33. 83, 15. 267, 1. 331, 21 *etc.; angränzung,* zu disen künicrîchen heftet sich mit gelegenheit Isarîâ Zing. *geo.* 843.
ge-lëgen-lich *adj. gelegen, sich darbietend* diu gel. strâʒe Dietr. 8114. *vgl.* gelëgelich;
ge-lëgen-lîche *adv. angränzend* Zing. *geo.* 1186. 99;
ge-lëger *stn. lager,* geleger zwischen stat unde burc Wh. *v. Öst.* 10ᵇ. *vgl.* Chr. 2. 34, 13; 5, 131 *anm.* 4. wein auf der biet oder geleger Np. 262. *s.* geligere.
ge-lehter *stn.* (I. 923ᵇ) *gelächter, spott* Frl. Msh. 3, 297ᵃ. 426ᵇ. Krone 16810. 17436. Kolm. 75, 140. Zing. *geo.* 1448. Chr. 5, 231, 7. gelechtert Zimr. *chr.* 4, 611ᵃ;
ge-lehter-lich *adj. was zu verlachen ist* Chr. 3. 174, 6;
ge-lehter-lîchen *adv. auf lachende, spottende weise* Öh. 14, 18.
ge-leich *stn.* (I. 960ᵇ) *gelenk* Mart. (*lies* 186, 42), gleich Myns. 3. 24. 40; *fuge* Troj. (3718); *glied, fingerglied* Weist. gelaich, klein gelied articulus Voc. 1482. *vgl.* Zimr. *chr.* 4. 64ᵃ;
ge-leich *adj. gelenkig* Zimr. *ckr.* 3. 439, 18;
ge-leiche *stf. gelenk.* in der gleiche der zeehen Myns. 11;
ge-leichen *swv.* (I. 960ᵇ) *gelenkig biegen* Warn.; *absol. teuschen, betrügen* Parz.
ge-leichsner *stm. s.* gelîchsenære.
ge-leide *stn.* **ge-leiden** *swv. s.* geleite, geleiten.
ge-leiden *swv.* (I. 983ᵇ) *tr. schmerz worüber empfinden, äussern.* ine mages sô niht geleiden, als eʒ mir leide kündet Parz. 329, 20; *mit dat. verleiden* Ms. dîne hôchvart trouw ich dir wol gel. Gudr. 989, 3. daʒ in weder liep noch leit geleiden mochte cristenleben Pass. K. 384, 25; — *intr. mit dat. verhasst sein od. werden,* wie mac ir lêre danne sô rehte manegem manne geleiden Engelh. 93. wie mac in sus geleiden mîn lip, daʒ ir mir sint gehaʒ Troj. 21368;
ge-leidigen *swv. betrüben, verletzen* Mgb. 200, 15. 261, 2.
geleie *swf. s.* gloie.

ge-leimet *s.* geliumet.

ge-leinen *swv. refl. sich lehnen* KRONE 19889.

ge-leis *stf.* (I. 962ᵃ) *betretener weg.* in geleise varn ELIS. 383 (*oder* geleise *stn?*).

ge-leisten *swv.* (I. 962ᵇ) gelêsten LEYS. *prät.* geleiste: *leisten, vollziehen* PARZ. HARTM. (lôn gel. BÜCHL. 2, 59. daz sî gel. mohte A.HEINR. 571. si geleisten, *beschafften*, ein reine strô ER.381). die besten steine, die diu werlt gel. mohte SERV. 533. die hêrsten unt die meisten die Tungern mohte geleisten, die wâren hinze Metze komen 1470. einen man gel. *zum kampfe stellen* DAN. 1533. heldes kraft gel. TROJ. 3957. slege gel. ULR. *Wh.* 112ᵃ. den helbelinc gel. *bezahlen* BERTH.265, 37; *mit gen.* der (pine) man zei helle mac geleisten FLORE 1774; *mit dat. d. p.* PARZ., dô sî vür Isolde geleiste, daz si solde TRIST. 12636.

geleister *s.* ganeister.

ge-leit *prät. s.* geliden; *part. s.* legen, gelegen, leiten, geleiten.

ge-leite, -leit *swm.* (I. 977ᵃ) *führen* EN. NIB. (2081, 3). WIG. FREID. TRIST. 2366. WG. 749. 1721. W. *v. Rh.* 225, 5;

ge-leite, -leit *swf. führerin* PARZ. 371, 6. 792, 17. KRONE 23855. *vgl. zu* FLORE *s.* 283;

ge-leite, -leit *stn.* (I. 977ᵃ) *leitung, führung.* nâch jâmers geleite (*grosse trauer lehrte sie das*) PARZ. 92, 2. nâch des heiligen geistes geleite GEN. 13, 30. swâ ein blinde dem andern gît geleite LESEB. 224,28. der verleiten gel. PILAT. 104. sô ist ir lôn bereite nâch unserm geleite BÜCHL. 1, 1044; *begleitung, geleit, oft mit dem nebenbegriffe des schutzes* WOLFR. TRIST. NIB WALTH. gel. bieten ENGELH. 267. der êren gel. FRAUENEHRE 444. der niht hât geleites der mac missevarn BIT. 7887. ein lieht unde ein geleide unser walleverte ELIS. 4728. sî fûrten daz crûce durch geleite, *um es als geleit zu benutzen* 5602; *spec. landesherrliches geleite, schutz* GUDR. NIB. 163, 4. WWH. (112, 24. 115, 29). ROTH 4892. TROJ. 5266. MOR. 1, 1203. 3513. NP. 126 *f.* wir geben frid und geleit MZ. 4, 137. 240. brieflich geleite, *geleitsbrief* UGB. 133; *zoll für das geleit, geleitsgeld* SSP. 2. 27, 2. zol und geleite AD. 920. 1300. Mw. 183. MZ. 4, 95. 200. NP. 144; geleit, geleide inducie, geleide geben induciare DFG. 295ᵃ;

ge-leitec *adj.* (I. 977ᵇ) *lenksam* LANZ. W. *v. Rh.* 111, 53. 112, 30;

ge-leiten *swv.* (I. 976ᵃ) *prät.* geleite *geleiten,*
führen TRIST. daz her gel. TROJ. *M.* 18681 (leiten *K.* 18733). do er (der tôt) im sîn zuokunft enbôt, sô daz er in geleite, *als der tod ihm seine ankunft u. begleitung entbot* GREG. 21 *s.* MYTH. 799. GERM. 14, 422 (*Bech leitet es ab von* gelegen: *zum liegen brachte*). nû mœsse mich got geleiden KARLM. 234, 58; *landesherrl.* geleit *geben*, wir schullen auch ire (*der juden*) leib und guot von der stat geleitet schicken, dann si sich zihen werden MZ. 4, 274. — *mit* ver-;

ge-leiter *stm. führer, anführer* MGB. 182, 25. 30.

ge-leitert *part. s.* leitern.

ge-leit-gëlt *stn.* (I.523ᵃ) *geleitsgeld.* ob ieman geleit fordert, der sol ouch geleitgelt geben AD. 1334 (*a.* 1443).

ge-leit-man *stm. begleiter, beschützer* HELDB. *K.* 67, 29. ALTSW. 196, 18. geleites man KARLM. 135, 44.

ge-lême *adj. md. bieg-, schmiegsam wie lehm* (leim), *bildl. zahm* ELIS. 3229.

gelen *adj. s.* gelin.

ge-lende *stn.* (I. 936ᵇ) *coll. zu* lant, *gefilde, land* GR. RUD. 7, 15. diu gelende ne berent ertwuochir DIUT. 3, 131. in dem heiligen gelende LUDW. *v. Th.* 8008 (*das cit. aus* NEIDH. *ist zu streichen, s.* geslande);

ge-lende *stn.* (I. 937ᵃ, 2) *landung*, gelende nemen, *landen* TRIST. TROJ. 7248. 9538. 23774. KRONE 18584. — *zu* lenden;

ge-lenden *swv.* (I. 938ᵃ) *prät.* gelante *landen.* daz schif gelenden ULR. *Wh.* 165ᵃ, *mit verschwiegenem obj.* TRIST. die mit guoten werchen dare gelentent HIMLR. 251. ich gelende zuo dem stade TROJ. 21042. 25884. waz endes sî nû wanten, joch sîder mê gelanten (*einkehrten*) ELIS. 5648; *figürl. zum ziele, zu ende führen* LANZ. swie ich mîn dinc gelende BÜCHL. 1, 1686; *refl.* ê si sich ummer gelende ELMEND. 465.

ge-lender *stn. geländer* HÄTZL. 2. 33, 38. gelenter TUCH. 118, 22. — *zu* lander.

ge-lender-holz *stn.* TUCH. 74, 16.

ge-lenen *swv.* lehnen j.TIT. 2757.

ge-lengen *swv. in die länge ziehen* MSF. 188,3.

ge-lenke *stn.* (I. 934ᵇ) *coll. zu* lanke, *der biegsame schmale leib zwischen hüfte und brust, taille* PARZ. swie sî dâ wenke, sô treffes anz gelenke, daz kützelt den muot MSH. 1, 201ᵇ. ir formen und ir gelenk LS. 1. 382, 273. *pl.* diu wât zuo den gelenken stuont wol TROJ. 2980. an den gelenken 7485. an muoder und

gelenken Ls. 1. 142, 571; *biegung, falte des kleides* Frl.; *beugung, verbeugung,* waʒ er dînes lobes grüeʒe schône mit gelenke Msh. 3, 53ᵇ; *gewandtheit,* er konde mit gelenkis bunt sîn rede machen Jer. 164ᵇ. — *vgl.* gelanc;
ge-lenke *adj.* (*ib.*) *gelenkig, biegsam, gewandt* Frl. Helbl. Pass. die lâgen sô gelenke ûf dem orse j.Tit. 5390. der wart sô gelenke, daʒ er tûmelt unde spranc von der tavel ûf die banc Ga. 2. 471, 152. glenker, subtilis Voc. 1482; *mit dat. folgsam,* gelenke guoten dingen Msh. 2, 191ᵃ;
ge-lenken *swv. lenken, leiten.* da er den valschen rât mit worten ûʒ (*aus dem munde*) gelenket Msh. 3, 58ᵇ;
ge-lenket *part. adj.* (*ib.*) *mit einem gelenke* (*taille*) *versehen* Parz.; *part. s.* lenken.
ge-lenk-lîche *adv. lenkend, mit geschicklichkeit.* diu ros gel. brauchen Such. 8, 105.
ge-lenten, -lenter *s.* gelenden, -lender.
ge-lêren *swv.* (I. 966ᵃ) *lehren* Parz. Trist., *md. prät.* gelarte Pass. K. 296, 38; — *s. v. a.* gelêrnen *ib.* 492, 59. 632, 78;
ge-lêret *part. s.* lêren;
ge-lêric *adj.* docibilis Voc. Schr. 741.
ge-lërne *stn. lehre, anleitung.* nâch sînem rât und sînem gelerne Kirchb. 784, 43. g e l i r n e, *das lernen* Öh. 89, 8;
ge-lërnec *adj. gelehrig* Mgb. 3, 10. 116, 9. 125, 3. sîn sin was âne zil, gelernic unde verstanden, daʒ man in allen landen sô wîsen knaben niht envant Fragm. 17, 78. Ga. 1. 23, 79. g e l i r n i g e r od. empfenclicher, habilis Voc. 1482. gelirnig, -liernig Zimr. *chr.* 3. 253, 12. 345, 4. 608, 4;
ge-lërnen *swv.* (I. 966ᵇ) Parz. Such. 31, 170.
ge-lêrt *part. s.* lêren.
ge-lësen *stv. I*, 1 (I. 1009ᵇ) *mit auswahl sammeln* Silv. Pass. K. 314, 54. die kunst gel. sie üben *ib.* 261, 42; *zusammen, in falten legen* (*ein kleid*) Ms.; *lesen* Trist. Barl. N. v. B. 310. — *mit ûʒ, vor.*
gelest *adj. glänzend?* ob mîn swert iwer gelesteʒ hemde iht snîde Krone 4660. gelest wæhe was sîn vel, daʒ under tunkel unde gel sîniu ougen 19635. *vgl.* glast.
gelesten *swv. s.* glesten.
ge-letzen *swv.* (I. 943ᵇ) *prät.* gelazte *endigen, entfernen* Pass. K. 444, 34. 504, 36; *aufhalten, hindern* Lanz. Gr.Rud. 10, 10. Wolfd. 1347; *verletzen, beschädigen,* daʒ mich got geletze sêre an dem lîbe Ulr. Wh. 123ᵈ.

ge-leufe, -leufte *stn. s.* geloufe.
ge-leumet *s.* geliumet.
ge-leʒʒec *adj. brüchig* (*vom steine*) Tuch. 58, 6. — *zu* laʒ. *vgl.* gelesz, glesz *stn. fuge, spalt* Zimr. *chr.* 3. 188, 17. 189, 12 *ff.*
gelf, gelfe *stswm. s.* gewelph.
gëlf, gëlpf, gëlph *adj.* (I.518ᵃ) *glänzend, von heller farbe* Hartm. Wig. Walth. Neidh. (18, 18. 209, 20). Troj. gelfe rôsen Msh. 2, 315ᵇ. noch gelfer danne funken in dem fiure j.Tit. 961. in gelpfer wîʒe Helbl. 7, 449. g e l p Himlf. (Hpt. 5) 1165. 73; *munter, frölich* Hartm. Gudr. manic gelfer man Bit. 8789. gelfe liute *ib.* 2447; *übermütig* Rul. Nib. Neidh. (23, 30). gelpfer braht Blik. 84. — *zu* gëlfen;
gëlf, gëlpf *adv. stolz, herrlich.* phellel gelpf gesniten Nib. 741, 2 *Jh;*
gëlf, gëlpf *stn.* (I. 518ᵇ) *lautes tönen, brüllen, bellen* Frl., *lärm* Kchr. Rab. Alph. 335, 4. Pass. K. 25, 31. Heinr. 592. Ga. 3. 60, 624; *fröhlichkeit* Gr.Rud.; *übermut* Rul. Nib. Lanz. 3768. Wwh. 44, 1. Bit. 2550. 6646. 12885. Karlm. 461, 39. 494, 23. Pass. K. 502, 34; *spott, hohn ib.* 342, 96. 551, 10. *vgl.* gilf;
gëlfe, gëlpfe *stf.* (*ib.*) *glanz, pracht* Berth. 539, 29;
gëlfen, gëlpfen *stv. I*, 3 (I. 518ᵃ) *lauten ton von sich geben, schreien.* daʒ dû muost wâfen gelfen Da. 738. der zu ir ruft und gilfet Beh. 189, 25; *bellen,* sîn bracke in dem walde gelfen dô began Wolfd. 798. gelpfen 822, den sanc gelfen, *singen* Ms.; *übermütig sein, prahlen,* si gelfent nie sô vaste Bit. 5147; *refl. mit gen. worüber fröhlich sein* Ls. — *vgl.* Kuhn 1, 140. Fick 66 *u.* galpen;
gëlfen *stn. glanz, schimmer.* liehte bluomen unde gras hânt ir gelfen und ir wunneclîchen schîn verlorn Msh. 2, 318ᵇ. der bluomen g. Malag. 58ᵇ; *das schreien, zanken,* mein pitten, schreien und gelfen Zimr. *chr.* 4. 315, 20; *übermut, prahlerei,* dîn g. ist mir ein wint Pass. K. 679, 86.
gëlf-, gëlpf-heit *stf.* (I. 518ᵇ) *glanz* Wwh.
gëlf-wort *stn. übermütiges wort* Orl. 349.
gël-heit *stf.* gilvedo Dfg. 262ᵇ.
ge-lîben *stv. II.* (I. 969ᵇ) *ruhen, ablassen* Kchr.
ge-lîben *swv. refl.* (*subj.* eʒ) *sich um den* lîp, *leib handeln* Narr. 38, 64;
ge-lîbet *part. adj.* (I. 1005ᵃ) *mit einem leibe versehen* Gest. *R.*
ge-lîch, -lîche, -lich *adj.* (I. 972ᵃ) *syncop.* glîch, glich (: sich Elis. 3006. 6155. 10408):

*von übereinstimmender leibesgestalt od. art
(s.* lîch), *gleich* Iw. PARZ. WALTH. ein glîchiu
wâge, *die sich gleich bleibt, allen gleich viel
zuwägt* A. HEINR. 66. eins geleichen leibs,
mit geleicher gestalt MGB. 50, 21. 270, 27;
geradlinig, eben, ein gelîcher stec REINH.
309, 522; *ebenmässig, proportioniert* MGB.
43, 12. 49, 26. 51, 3; *billig, zum ausgleiche
bereit*, ich will mich ausserhalb rechtens vil
gleicher vinden lassen DH. 318; *mit dat.
gleich mit, allgem. (ähnlich:* dem menschen
gar geleich an allen gelidern MGB. 158, 21.
si ist ainer maus aller ding geleich *ib.* 226,
32); *mit instrum.* ANEG., *od. mit gen. gleich
in beziehung auf etw.* PARZ. WIG.; — *substantivisch mit gen. eines persönl. pron. od.
mit possess.* (I. 972ᵇ, 42) *der einem gleich,
ähnlich ist; das (meist unflect.) neutr. hinter
dem gen. pl. eines subst. gesammtheit und
übereinstimmung ausdrückend* (ritter gelîch, *ritter* HERB. 14420. aller tier gelich,
jedes thier HPT. 7. 350, 16). *allgem.;*

ge-lîche, -lîch, -lich *adv.* (I. 793ª) *syncop.*
glîche, glich (ELIS. 898. 1484. 1686) *gleicher
massen, auf gleiche weise, durchweg; allgem.*
(sî enphiengen glîche den fursten ELIS. 3855.
daz bilde gelîche maln, *dem urbilde gleich,
ähnlich* PASS. K. 200, 25. gelîchen CHR. 3.
386, 28. ZIMR. *chr.* 4. 344, 42), *mit dat.* BÜCHL.
2, 654. GUDR. 619, 4. PARZ. WIG. ELIS. 1686.
4143. MGB. 65, 6; *mit instrum.* EN. daz er
tuo dju glîche gar sam WG. 477. er fuor niht
diu gelîche sam j.TIT. 5563, *mit gen.* des glîch
ebenso HALBSUT., aller stede glîche, *an allen
orten* ELIS. 5645 (*vgl. oben beim adj.*); gelîche ligen, *im spiele als gleich wert gegen
einander gesetzt sein* NIB., gel. tuon, *sich anstellen* GREG.; *benachbart, angränzend mit
dat.* WIG.;

ge-lîche *swm.* (I. 972ᵇ) *s. oben beim adj.;*

ge-lîche *stf.* (I.973ᵇ) *gleichheit* GREG.; *gleichnis, beispiel* KCHR. WACK. *pr.* 48, 72;

ge-lîcheit *stf. (ib.) aus* gelich-heit, *syncop.*
glîcheit *gleichheit* ENGELH. APOLL. 9. MYST.
(2. 620, 22); *gleichmässigkeit* MGB. 53, 29;

ge-lîche-lîche, -en *adv. (ib.) gleichförmig*
MYST. (2. 424, 25. 481, 13);

ge-lîchen *stv. II. passen mit dat.* Sgoidamûr
den hantschuoch an streich, der ir alsô wol
geleich, daz ir dar an niht gebrast KRONE
23784;

ge-lîchen *swv.* (I. 970ᵇ) *gefallen, mit dat.*
TRIST. FLORE, BÜCHL. 1, 1466, KARLM. 483,

68; *refl. mit dat. sich beliebt machen bei* KL.
— *gt.* galeikan, *ahd.* galîchen;

ge-lîchen *swv.* (I. 974ª, 41) *tr. gleich machen,
gleich stellen, vergleichen mit dat. (od.* ze,
gegen); *refl. mit dat. gleich sein, vergleichen,
sich gleichstellen, allgem. (oft bei* MGB. *s.
seite* 614); *absol. mit dat. es gleich thun,*
swer der (hôchgezîte) hât gelichet sit PARZ.
100, 24 (*im* WB. *unter dem intr.* gelîchen).
den er vaste muoz gelîchen mit widersatz
und vîentschaft REINH. 320, 804. — *gt.* galeikon, *ahd.* calîhjan, calîhhen;

ge-lîchen *swv.* (I.974ª,13) *intr. mit dat. gleich
sein, gleichen* EN. PARZ. (328, 12). der helm
gelîchte dem regenbogen WWH. 429, 18. der
gelîchte dem paradîse j.TIT. 5771. er gelîchte
niht eime zagen ERACL. 4735. geleichen MGB.
3,12.19.21. *syncop.* glîchen ELIS. 1859. 3147;
mit dat. u. gen. PARZ.;

ge-lîchenen *swv.* (I.975ª) *vergleichen mit dat.*
dô er gelîchnot die zarten einem beslôznen
garten HELMSD. 21ᵇ. *vgl.* ZIMR. *chr.* 4, 611ª;

ge-lîchern *swv. gleich machen, schlichten.*
gelichert was der strît RING 52, 44. den gewalt glîchern, *gleichmässig verteilen* CHR. 8.
128, 15;

ge-lîches *adv.* (I. 972ᵇ) *auf gleiche weise,
ebenso* ELIS. 3530. 3600. MGB. 98, 18. 36. ein
tuoch gleiches (*zu gleichen teilen*) enzwai
tailn *ib.* 105, 14; *gleichmässig, ununterbrochen* PASS. (K. 266, 4. 357, 61. 548, 9); *sogleich*, und wolde ûf in gelîches her PASS.
K. 608, 21. wenn diu nadelspitz irn füerær
hât verlorn, sô kêrt si sich geleichs gegen
dem merstern MGB. 433, 34;

ge-lîchesære *stm.* (I. 975ª) *heuchler, gleissner*
KCHR. 3471. WACK. *pr.* 56, 475. gelîchzer
MART. 11, 11. *s.* gelîchsenære;

ge-lîchesen, -lîhsen *swv. (ib.) sync.* glîchesen *heucheln* TRIST. RUD. ENGELH. TROJ.
21977. ROTH *dicht.* 7, 194. RING 28°, 13; *tr.
erheucheln* TRIST. *s.* gelîchesenen. — *mit* en-;

ge-lîchesen *stn. heuchelei.* sîn gelîchzen
cleine wac MART. 154, 1;

ge-lîchesunge *stf. heuchelei.* gelîchsunge
WACK. *pr.* 97, 25. MART. 176, 27. gelîchzunge 82, 10.

ge-lîch-formec *adj.* conformis DFG. 141ª;

ge-lîch-formec-heit *stf.* (III. 388ª) conformitas GL.

ge-lîch-ge-var *adj.* (III. 241ª) *gleichfarbig:
einer art, übereinstimmend* WWH. WALTH.
FREID.

ge-lîch-lût *adj. gleichlautend.* ain brief glîchlûter mainung MONE *z.* 17, 93.

ge-lîchnisse, -nus *stfn.* (I. 973ᵇ) *gleichheit, ähnlichkeit* MYST. gelîchnust WACK. *pr.* 52, 18. 19; *gleichmachung, ausgleichung, vergütung.* daz unserm herrn etwaz glîchnis von dem keiser geschee DH. 296; *vergleichung* LEYS. HELBL. 3, 169; *abbild, vorbild* LEYS. MYST. der glîchnusse wârheit, *des nachbildes urbild* ELIS. 8617. 27; *gleichnis* BERTH. RENN. 19911. 23666. PASS. *K.* 44, 52. gelîchenüste GRIESH. 2, 39;

ge-lîch-same *stn. gleichnis* WACK. *pr.* 53, 287.

ge-lîch-sanc *stmn.* concinnus DFG. 139ᵃ.

ge-lîchsât *stf. heuchelei* HPT. *h. lied* 94, 32. 114, 8. 115, 1;

ge-lîchsenære, -er *stm.* (I. 975ᵇ) *s. v. a.* gelichesære DIEM. GRIESH. MS. KCHR. 3471 *var.* BERTH. 62, 4. HELBL. 5, 42. GA. 3. 461, 224. MGB. 170, 32. 218, 29 *etc.* geleichsner, ypocrita VOC. 1482. glisenêre, glîsnêre EVANG. 258ᵃ;

ge-lîchsenærinne *stf. heuchlerin, gleissnerin* BERTH. 62, 4;

ge-lîchsenen *swv. heucheln,* vor gel., *vorspiegeln* HPT. 1. 270, 7 (SPEC. 144, 7);

ge-lîchsenen *stn.* (I. 975ᵃ) *das heucheln* BARL. WACK. *pr.* 70, 146. RING 12, 14.

ge-lîchsen-hart *stm. heuchler, fing. name* RENN. 9033.

ge-lîchsen-heit *stf.* (I. 975ᵃ) *heuchelei* BARL. MS. (*H.* 2, 192ᵃ. 203ᵃ. 221ᵇ). PASS. (*K.* 616, 60). BERTH. 62, 36 *ff.* RENN. 301. 834. 851. HELBL. (*personif.*) 7, 538. 69. 700. glîsenheit EVANG. *L.* 12, 1.

ge-lîch-setzel *stm.* (II². 356ᵃ) *übers. des lat.* dentes continui MGB.

ge-lîch-sîn *stn. das gleichsein, s.* einsîn.

ge-lîchsunge *stf. s.* gelîchesunge.

ge-lichtergît *stm. der zu derselben familie gehört* SCHMID 465 (*a.* 1358); *stn. ?* wöllt man dann mit ainem viertail auszfaren, so söllt das ander viertail, sein gelichtergit, auch on spil auszfaren CHR. 4. 251, 22. — gelichter (*inbegriff von personen gleichen wesens*) *nd. form st. hd.* gelifter *s.* SCHM. 2, 446. WEIG. 1, 409;

ge-lichteric *adj.* gelichtrige sachen, *familienangelegenheiten* MH. 1, 29.

ge-lîchunge *stf. vergleichung* EVANG. 257ᵇ; *ähnlichkeit* MGB. 4, 26.

ge-lîch-virwec *adj. gleichfarbig.* geleichvirbig MGB. 358, 5. *s.* virwec.

gelîchz- *s.* geliches-.

ge-licken *stv. s.* geligen.

ge-lide *stn. coll. zu* lit, *die glieder.* ir gelide was hêrlich FLORE 3561.

ge-lide-mæze *stn.* (II. 208ᵃ) *glied, pl. gliedmassen, md* gelidemêze MYST.;

ge-lid-mâze *stf. mass der glieder, leibeslänge* WACK. *vgl.* WEIG. 1, 445;

ge-lide-mæzec *adj.* gel. wunde, *die* gelids tief und gelids lanc *ist* GR.W. 2, 245.

ge-liden *swv. in* entgliden (*nachtr.*).

ge-lîden *stv. II.* (I. 979ᵃ) *leiden, ertragen* PARZ. TRIST. BARL. SILV. 4638. MSH. 2, 333ᵃ. BERTH. 370, 2. PASS. 189, 10; die aller besten sîden die mohten wol gelîden (*sich gefallen lassen*) die hôhen boten rîche DIETR. 1150. *vgl.* GUDR. 482.

ge-lidere *stn. coll. zu* leder, *überzug des sattels* FLORE 2803;

ge-lidert, -lëdert *part. adj. ledern, die lederseite, s.* ZIMR. *chr.* 4, 611ᵃ *f.*

ge-lidet *part. adj.* (I. 978ᵃ) *mit einem gliede versehen.* gelit TUCH. 299, 7. 300, 6. 20 *etc.*; *gegliedert, wie glieder zusammengefügt, verbunden* ATH. TROJ. HERB. (3086). PASS. *K.* 304, 24. 560, 22. 562, 12.

ge-lidet *part. adj.* (I. 1012ᵇ) *mit einem deckel* (lit) *versehen* WEIST.

ge-lieb *s.* geliep;

ge-lieben *swv.* (I. 1016ᵇ) *tr.* lieben. den hailigen gelouben er geliepte KCHR. *D.* 233, 25; *tr. u. refl. mit dat. der pers. lieb, angenehm machen* A. HEINR. GUDR. 431, 3. 655, 2. 995, 4. TRIST. 7675. MSF. 202, 13. MSH. 1, 288ᵇ. SILV. 2623. WARN. 2865, *mit präp. der sich* zuo frouwen hulden wol gelieben kan ROSENG. *Meuseb.* 546; — *intr. lieb, angenehm sein, werden,* daz geliebet niemer anders wâ sô sêre TRIST. 183. ez geliebt (*beliebt*) USCHB. 36. ZIMR. *chr.* 4. 82, 18, *mit dat. d. p.* dô geliebet in der site KCHR. *D.* 208, 32. den vursten geliebte diu vart 529, 32. im geliebte daz leben MARLG. 156, 85.

ge-liegen *stv. III.* (I. 1026ᵃ) *lügen* TRIST. WALTH. FREID. MSF. 173, 26. VET. *b.* 9, 28. — *mit* zuo.

ge-liep, -lieb *adj.* (I. 1015ᵃ) *einander lieb* GEN. ER. TRIST. MSF. 9, 12. wie gelieb wir einander wâren ULR. *Wh.* 149ᵇ; — *subst. pl. st. oder sw. personen die einander lieben, liebespaar* LANZ. EN. TRIST. die gelieben ENGELH. 3177. 3218. HEINZ. 461. zwei geliebe (*das neutr. mit rücksicht auf beide geschlech-*

ter) FLORE 292. MSF. 32, 7. ELIS. 1489. GERM. 3. 423, 11. die zwei gelieb (: dieb) PASS. *K*. 388, 29. diu zwei gelieben ER. 5627. zwei gelieben HERZM. 216. MALAG. 310ᵃ.

ge-lîet *part. s.* lîhen *swv.*

ge-ligen *part. s.* lîhen *stv.*

ge-ligen *stv.* I, 1 *mit sw. präs.* (I. 988ᵃ) *contr.* gelin ELIS. 278, gelit *ib.* 856. TRIST. 8324, gelîst PASS. *K.* 26, 93. 38, 34; *nbf.* gelicken (= *ahd.* giliccan *aus* giligjan) RAB. 71, 3, gelecken (: ecken) BIT. 10540: *liegen, darnieder liegen, allgem.* (tôt gel. CHR. 4. 87, 7. PASS. *K.* 3, 8. daz an im gelac *ib.* 7, 19; *mit gen. der [krankheit] er doch nicht geligen wolde* ELIS. 4590); *zu liegen kommen, vom treffen eines periodisch. ereignisses auf einen punkt des jahreskreises* GEN. ANTICHR. di fest unde alle hochzît, was endes dise unde die gelît hîlt si nâch grôzen êren ELIS. 856. sô die hôchzît gelac MARLG. 140, 46. *vgl.* 3, 39. PASS. 96, 5. 389, 74; *niederkommen (ins kindbett)* GREG. KINDH. 70, 37. ELIS. 278, *mit gen.* PARZ. PASS. HERB. 18282. PILAT. 136. MSH. 2, 216ᵇ. CHR. 5. 130, 18. 135, 26. 29 *etc.; darnieder liegen, aufhören, ein ende nehmen* IW. PARZ. NIB. GUDR. daz unreht geliget TRIST. 6104. der (nît) selten iemer gelît 8324. darmit gelag dise nôt CHR. 5. 181, 11. daz wort gelac, *er schwieg* PASS. *K.* 25, 3. — *mit* bî, obe, under, zuo;

ge-ligere, -liger *stn.* (I. 990ᵃ) *lager* GUDR. ERINN. CHR. 4. 349, 26; 5. 116, 12. *vgl.* geléger.

ge-lîhen *stv.* II. *zu lehen geben* WOLFD. 2104.

ge-lîhsen *swv. s.* gelîchesen.

ge-lîhtern *swv.* (I. 998ᵃ) *erleichtern* GERH.

ge-limde? *stf.* daz si gegen Troie vüeren und dô die suone swüeren in der gelimde valscheit TROJ. 47793 (*Bech vermutet:* in der gelübede valscheit).

ge-lîme *adv.* (I. 998ᵇ) *fest anschliessend* GREG. 203 (*bei Bech* gelîmet, *s. dagegen* GERM. 14, 422). *vgl.* KWB. 115. VILM. 128;

ge-lîmen *swv.* (*ib.*) *zusammenleimen, verbinden* TROJ. (277); *part.* gelîmet, glîmet *dicht aneinandergeschlossen, zusammengefügt ib.* 477. GREG. 2743. 3229. TRIST. 710.

ge-limpf, glimpf *stm.* (I. 999ᵃ) *im 15. jh. auch sw.* gelimpfe: *angemessenes, artiges benehmen, benehmen überhaupt, allgem.* (*doch nicht bei* GOTFR.; daz wirt nû mit gelimpfe wol beweinet ENGELH. 1784. mit den frauen het er solchen schimpf getriben, daz ez in allen gap gelimpf LOH. 1325. dû redest nie gelimpfes Ls. 1. 183, 325. hônlîcher spotes gl., *höhnisches mit verspottung verbundenes benehmen* PASS. *K*. 390, 42. ein ernstlich gel. BELIAND 1036. von gelimpfs, *freundlicher nachsicht, wegen gedult haben* TUCH. 310, 31. mit gelimpf, *auf freundliche, versöhnl. weise* CHR. 1. 142, 3. OBERL. 512. Mz. 1, 522 *s.* 431); *angemessenheit, befugnis, recht* CHR. 2. 124, 11. 126, 3. 135, 1. 198, 30; 5. 46, 39. 48, 24 *etc.* glimpf und recht JUST. 93. 118; *guter leumund,* wer dem andern an sîn êre und glimpf redet NP. 50. daz ich an seinen gelimphen damit nicht geredt hiet CP. 35. das mein êre und gelimphen berürt *ib.* 47. unbewart seiner wierde, êren und glümphen MH. 3, 276. *vgl.* CHR. 4. 328, 30; 5. 86, 3. 416, 17. — *zu* limpfen;

ge-limpfec *adj.* (I. 999ᵇ) *angemessen* HÄTZL. CHR. 5. 212 *anm.* 2; *schonend, nachsichtig ib.* 1. 160, 10;

ge-limpfen *swv.* (*ib.*) *recht, angemessen machen, fügen* WELTCHR. 208ᶜ. aptare VOC. 1482. mit schimpfen ein ieglich dinc gel. Ls. 1. 383, 298. wer mac die nôt gel., diu von strîte dâ geschach TROJ. 33882, *refl.* Ms.; *angemessen finden* KONR. ir meinet, eur unrecht zu gelimpfen und uns zu beschulden MH. 2, 91; *mit dat. d. p. nachsicht worin gegen jem. üben, ihm etw. verzeihen, es gestatten* TRIST. SILV. MS. (= HEINZ. 122, 35). CHR. 5. 300, 17. der ez dem lantherren gelimpfen welle ZÜRCH. *rb.* 41; — *intr. angemessen sein,* man sol schimphen und daz ez glimphe WG. 662;

ge-limpfen *stn.* (I. 1000ᵃ) *mit* gelimpfen Ms. (*könnte auch dat. pl. von* gelimpf *sein*);

ge-limpfer *stm. der alles, auch das schlechte angemessen findet, leichtfertiger, falscher.* nû ist der glimpfer âne zil, so vil die nû die bôsheit minnert für die rehtekeit. —— wan in die glimpfer bî gestânt ir mordes, dâ von sî ze triuwen hânt kein minne TROJ. 49670 *ff.*;

ge-limpf-lich *adj.* (I. 999ᵇ) *recht, angemessen* CHR. 5. 316, 21. g e l i m p f l i c h *ib.* 3. 374, 25. alsô ez danne gelimpflich, zimelich und reht wære AD. 714 (*a.* 1278). glimplîcher spot PASS. 330, 83. sie sun (*sollen*) die dienste tuon, die von alter zimlich, zîtlich und gelimplich gewesen sint Mz. 1, 259 (*a.* 1313).

gelîn *adj.* gelen pretter TUCH. 246, 3; *gebildet wie* eichen, tennen, fiechten *etc. u. wol auch eine holzart bedeutend. oder soll es* gelenderbret *heissen? vgl.* gelenderholz.

ge-lîn *stv. s.* geligen.
ge-linc, -ges *stm.* (I. 1002ª) *gelingen, glück* SUCH. mîn gelinc (: dinc) muoʒ dâ grîsen MSH. 3, 287ª. daʒ wirt unser beider gelinc (: dinc) KOL. 250, 184. sînes gelinges was er vrô MAI 133, 11 *var. vgl.* gelinge.
ge-linde *adj.* (I. 1000ᵇ) blandus SUM.;
ge-linden *swv.* (I. 1001ª) linde *machen, erweichen.* herten vlins gelinden MSH. 2, 157ᵇ. wann ich ir gelind ir hert KELL. *erz.* 184, 14. den muot gel. WIGAM. MART. 212, 40. dâ mite siu in möhte gelinden, daʒ er sîn zürnen lieʒe sîn GA. 2. 269, 160. alsus wart er gelindet an muot und an dem sinne *ib.* 272, 270; *herstellen, in stand setzen?* die mole (müle) zu Prumheim gelinden laszen FRANKF. *brgmstb. v. j.* 1456 *vig. Georg.*
ge-linge *stf. swm. stn.* (I. 1001ᵇ) *s. v. a.* gelinc IW. ER. 2496. nu gihes für hôch gelinge WWH. 121, 28 (*var.* linge). ENGELH. (4684), MAI (133, 11). wie rehte kranc dar an gewesen ist mîn gelinge MSH. 2, 127ᵇ. ich ûf guot gelinge was ze balt MSF. 232. nâch des gelinc sîn herze wart gewendet LOH. 2513. daʒ in got grôʒ het gegeben solch gelinge 6096. swar zuo sich mîn gelinge trage TROJ. 6764. er tete im sîn gelinge schîn 23092. ir sache und ir gelinge ein ander si dâ seiten 29530. sîn heil unsælde nider zoch und irte d a ʒ gelinge sîn 37059. durch der frouwen gelinge KCHR. W. 4458;
ge-lingen *stv. I, 3* (*ib.*) *erfolg haben, glücken, unpers. mit dat.* mir gelingt HARTM. PARZ. NIB. WALTH. TRIST. 407. HEINR. 1854; *mit gen.* BON. *od. mit präp.* an IW. WALTH. GUDR. 182, 3. 1045, 4 *od. mit nachsatz* daʒ in sô gelanc, daʒ *ib.* 372, 1; m i c h gelinget eines d. WWH. 381, 26 (*var.* im *dat.*).
gelinster *stn. s.* glinster.
ge-lîp *adj.* (I. 1004ᵇ) *mit einem leibe, wesen versehen* TRIST.
ge-lîp-haftegen *swv. beleben.* gelîbhaftiges mih, vivificabis me HPT. 8, 122. der (heilige geist) gelîbhaftegit aller meist GLAUB. 1659;
ge-lîp-haften *swv.* (I. 1005ª) *s. v. a.* gelîphaftegen HPT. 3. 520, 42 *u. anm.*
ge-lirne, -lirnec *s.* gelërne, -lërnec.
ge-lisem? WH. *v. Öst.* 20ª. glisem 42ª. (W. GR. *ohne den wortlaut der stellen.*)
ge-lismen *swv.* stricken. hendschuoch g l i s m a n und sîden spinnen NETZ 12050. gelismet, inconsutilis DFG. 292ᶜ. *s.* SCHM. 2, 499. STALD. 2, 175.

ge-lîst *s.* geligen.
ge-lîstet *part. adj.* (I. 1012ᵇ) *mit einem saume* (lîste) *versehen* ERACL.
ge-lit *s.* gelidet;
ge-lit, glit, -des *stn.* (I. 978ª) *pl.* diu gelit, -lider (APOLL. 13692. DAN. 80ᵇ); *auch stm. pl.* die gelide TRIST. H. 5234. HEINR. 2642: *glied, gelenk eigentl. u. bildl.* TRIST. PASS. (K. 53, 12. 71, 34. 97, 84. des toufes gel. 117, 6. der wârheit ir gel. 389, 44. mit ires herzen gelide 618, 55. an mînen gelîden, *meinen freunden* 202, 86); *mitglied* JER. 6ᶜ.
ge-lît *s.* geligen.
ge-lit-brüchec *adj.* paraliticus DFG. 412ª.
ge-lîte? *stn. schlag.* und gab im ein sulch gelîte (: sîte), daʒ eʒ lûte dô irschal AB. 1. 263, 424 (der grôze slac was getân 429).
ge-lit-krachen *stn.* herzebrechen und glitkrachen KRONE 11539.
ge-lit-lîche *adv.* glitlich teilen, dimembrare DFG. 182ª.
ge-lit-scheftec *adj. s. v. a.* gelittief. gelitscheftige wunden GR. W. 6, 84.
ge-lit-schert *part. adj.* (II². 157ᵇ) gelitscherte wunden, *bei denen glieder abgehauen oder verstümmelt werden* BRÜNN. *r.*
ge-lit-schrôt *stm.* (II². 221ª) *verletzung der glieder* HEIMB. *hf.*, BRÜNN. *hf. bei Senckenberg vis. div. p.* 300.
ge-lit-suht *stf.* arthesis Voc. 1482.
ge-lit-tief *adj.* (III. 34ª) *ein fingerglied tief* WEIST. *vgl.* gelitscheftec.
[**ge-litze** *swm.* I. 1013ª] *s.* gliz.
ge-litzet *part. adj.* (I. 1013ª) *mit litzen, schnüren versehen* MS. ENGELH.
ge-liuhte *stm.* (I. 1030ª) *md.* gelûchte *licht, glanz* KROL. PASS. (97, 88. 98, 30. 99, 3. 127, 86. 169, 38. 237, 12. 304, 19. 391, 13 *u.* 1, 48 gelûchtes *st.* geluckes. K. 280, 9. 325, 50. 573, 2. 670, 75). WACK. *pr.* 68, 346. 348. EILH. 5523. 27. sîn gelûchte (*augenlicht*) wart im wider HEINR. 3003;
ge-liuhten *swv.* (I. 1030ᵇ) *prät.* gelûhte *leuchten* Ms. (= MSF. 143, 23).
ge-liumet *part. adj.* (I. 1031ᵇ) = geliumundet *von gutem rufe.* geleumet, geleimt MB. *bei* SCHM. 2, 466.
ge-liune *stn.* (I. 1051ᵇ) *coll. zu* lûne, *gestalt, beschaffenheit* TRIST. den wuohs vil manic scharte an lîbe und an geliune (: niune) TROJ. 33757. *md.* gelûne HERB.
ge-liute *stf.* (I. 1058ᵇ) *coll. zu* lût, *schall, getöse* DIEM. und ich erhôrde daʒ süeʒe gelût

(: krût) MSH. 1, 15ᵇ; *glockengeläute* GR.RUD.
9, 14. KCHR. TUND. SERV.;
ge-liutern *swv.* (I.1059ᵇ) *rein machen, läutern*
BIHTEB. WACK. *pr.* 74, 18.
ge-liuwen? *swv. zermalmen?* spîse unde fuore
sol er mit ir kiuwen niemir mê geliuwen
MART. 111ᵇ, 90.
geliz *s.* gliz.
gelle *swf.* (I. 428ᵇ) *nebenbuhlerin, kebsweib*
SUM. 13, 52. 18, 28. 47, 20. gell oder zuweip,
concubina VOC.1482. GEN. *D.* 38, 31. REINH.
WG. (670). MSH. 2, 185ᵇ. 3, 29ᵃ. WELTCHR.
161ᵇ. APOLL. 8968. — *aus ahd.* gellâ, giellâ
s. elle *u.* SCHM. *Fr.* 1, 892;
gelle *swm.* (*ib.*) *nebenbuhler, vielleicht* LIEHT.
455, 7 (*hs.* ze gellen, *Lachm.* ze gesellen).
gëllec *adj.* (I. 519ᵃ) *tönend; nicht zu belegen,
denn das aus* MS. *angeführte beisp. gehört
zum folgenden* gellec, *unter welchem es auch
im* WB. *wieder steht.*
gellec *adj.* (I.459ᵇ) *gallig* GEO.MS.(*H.*2,362ᵇ).
ez enist niht gelligeres denne lîden und niht
honicsamers denne geliten haben MYST. 2.
492, 26; — *mit der* galle, *pferdekrankheit
behaftet* BON. *ebenso*
gelleht *adj.* ich bin och gelleht geriten *sagt
der esel* PF. *üb.* 157, 78;
gellen *swm.* (I. 459ᵇ) galte, gegellet *bitter wie
galle machen, vergällen* TRIST. mîn süeze
ist nû gegellet MAI 75, 24; den visch g., *ihm
die galle ausnehmen* GREG. gellen, geln, gil-
len, exenterare DFG. 216ᵃ. — *mit* be-, en-,
er-, ver-.
gëllen *stv. I*, 3 (I. 519ᵃ) *laut tönen, schreien*
LANZ. ER. SERV. WIG. der donr gilt MGB. 92,
31. er stach den lewen, daz er gal PYRAM. 271.
der don von ir munde gal sam die leithunde
WWH. 35, 16. den ez durch ir ôre gal LOH.
3965. sie gullen unde riefen KRONE 9282.9517.
WOLFD. *H.* 702.706. die jungen gullen nâch
spîse WOLFD. 1643. ein tal lac in einem gel-
lenden (*widerhallenden*) vels LS. 1. 375, 35.
gellen, widerlauten, widerhellen, resonare
VOC. 1482. — *mit* gegen, wider; er-. *vgl.*
galen;
gellen *swv.* gëllen *machen, in* er-, vergellen.
gellen-spiʒ *m.* gellenspisz oder krummespiesz,
lapatum, frenum, asprimum VOC. 1482. *vgl.*
DIEF. 2, 404.
gellete *swf. s.* gelte.
gellîn *stf.* (I. 429ᵃ) *s. v. a.* gelle HERB.
gellof *m.* levir SUM. DFG.326ᵃ. *vgl.* GR. 2, 183.
331. 3, 706.

gëlm *stm.* (I. 519ᵃ) *schall, laut* TROJ. (40036).
mit lûter stimme gelme TURN. 173, 4. von
des tôdes gelm behüetet WH. *v. Öst.* 5ᵇ. —
zu gëllen, *vgl.* galm;
gëlmen *swv. laut tönen, schreien.* ruofen unde
gelmen (: helmen) APOLL. 14023.
gël-münzer *stm. goldmünzer.* gelbmünzer und
silbermünzer ANZ. 3, 274.
geln *swv. s.* gellen.
ge-lob, -lobede *s.* gelübe, -lübede;
ge-loben *swv.* (I. 1022ᵃ) *loben, preisen* WALTH.
ULR. *Wh.* 103ᵃ; *geloben, versprechen ohne
od. mit dat. d. p.* IW. PARZ. vil gel. und wê-
nic geben RENN.2066 ich gelobe ez mit hen-
den und mit füezen GA. 1, 500. ich gelobt ir
zu morgenob 300 guld. CHR. 1. 68, 26. 28.
war sol ez gelobet sîn? *wo gedenkst du hin?
wo hinaus willst du fahren?* REINH. *sendschr.*
946 *u. anm.; refl.* ich wil mich geloben in
daz bant PASS. 214, 48; eine geloben, *sie zu
ehelichen versprechen* NIB., *mit acc. u. dat.
verloben,* do gelobt ich mein sun zu der ê
des Hansen tochter CHR. 1. 69, 29. mein toch-
ter gelobt ich zu der ê dem Sebolt Vorchtel
ib. 68, 8. 25. 32. gelobte gesellen, *die das
handgelöbnis geleistet haben* TUCH. 42, 12.
43, 23 etc. *vgl.* gelüben;
ge-lôben *swv. s.* gelouben.
ge-lobeze *stn.* fedus DFG. 229ᵃ.
ge-lochen *part. s.* lûchen.
ge-locken *swv.* ez kunden alle frouwen ge-
locken von dir niht mînem herzen HADAM.
694.
ge-locken, -logen *swv. s.* gelougenen.
ge-lohe, glohe *swm.* (I. 1031ᵃ) *flamme* GL.
MGB. 321, 9. *vgl.* gelouc;
ge-lohen, glohen *swv.* (I. 1031ᵇ) *flammen*
PARZ.
ge-löicken *swv. s.* gelougenen.
ge-lônen *swv.* (I.1042ᵇ) *lohnen.* einem eines d.
PARZ. gelœnen (I.1043ᵃ) NIB. TUCH. 126, 1.
ge-lop *stn. s.* gelübe.
ge-lôs *adj. locker, lose* MERSW. 33.
ge-loschen *swv. versteckt handeln.* swer wol
geloschet, der hât wol gelebet RENN. 4599.
ge-löschet *part. adj. mit rotem leder* (lösche)
versehen. die Hildemârs gelöschten schuoch
die sint von rôtem ledere NEIDH. 216.
ge-loschieren *swv.* (I. 1043ᵃ) *intr. herberge
nehmen* PARZ.
ge-losen *swv.* (I. 1043ᵇ) *hören auf, zuhören
mit dat.* TROJ. 28553. PASS. ELIS. 7440. KOLM.
66, 46; *mit gen.* MONE *z.* 7, 66.

ge-lôsen swv. (I. 1037ª) *intr. los sein, werden mit gen.* PASS. (*K*. 108, 39. 221, 1. 279, 6. 353, 32. 633, 78), *einbüssen* SSP. 3. 6, 2;
ge-lœsen swv. (I. 1036ᵇ) *md.* gelôsen, *prät.* gelôste *los machen mit gen.* ich gelœse mich sîn GFR. 358, *mit* von TRIST.; *entziehen, benehmen, entführen* SSP. 1, 11; 2. 36, 4.
ge-lôset part. s. lôsen.
ge-lost, ge-loste s. gelust, gloste.
ge-lœte stn. (I. 1043ᵇ) coll. zu lôt, *gewicht* SWSP. 307, 1. AD. 785. NP. 154. 155. 199. UGB. 463 s. 552. ZEITZ. satz. 1, 58 u. anm. sîn selbes wâgen er gewan und ein gelœte alsô starc, daz er wol die zwelften marc an die einleften wac (*bei elf marken immer eine gewann*) AMIS 1619. ietweder dô dem andern durch ein sterben wac: an dem gelœte siez ein ander wâgen LOH. 2126. des starken blech gelœte WH. v. Öst. 48ᵇ: *eine ladung blei, ein schuss* ZEITZ. satz. 2, 111.
gelou adj. s. gelûch.
ge-loube, gloube stswf. swm. (I. 1019ª) *glaube:* stf. DIEM GEN. LANZ.; swf. DIEM. an der gelouben ANTICHR. 148, 36; swm. DIEM. ER. WALTH. (*das credo* FREID. REINH.). MSH. 2, 234ª. BIT. 1614. SILV. 1597. 1714. 2777. 2985. bî glouben ENGELH. 5949 (= *entriuwen des textes*). der glâb CHR. 4. 320, 16;
ge-loubec, gloubec adj. (I. 1019ᵇ) *glaubend, gläubig* DIEM. swer ie geloubic herze truoc PANTAL. 70. in cristenlîcher wîse gel. j.TIT. 448, 4. wolt ich niht gel. sîn SILV. 1537. wol geloubec unde cristenlich ELIS. 4674. dâ Thomas wol gel. wart PASS. 95, 7. die geloubige zal *ib*. *K*. 38, 2. die gelaubigen juden MGB. 431, 5. daz gläubig volk 268, 8. ein gloubiger wol geminter man CHR. 8. 33, 21; *mit gen. d. s.* BARL. W. v. Rh. 54, 12 *od. mit an:* und wirt geloubic an den touf SILV. 1530, *mit dat. d. p.* GERH. *od. mit an:* was an got geloubec niht VILM. *weltchr*. 74ª, 64. SILV. 850. W. v. Rh. 117, 26. 142, 18. an Crist geloubec PASS. 80, 89. 133, 36; — *glaubwürdig,* gloubec unde wâr ELIS. 3250;
ge-loubec-heit stf. *in* ungeloubecheit.
ge-loube-haft adj. (I. 1019ᵇ) geloub-, gloub-, gelouphaft: *glaubend, gläubig* MAI; *mit gen.* des sule wir gelouphaft wesen KROL. 3084, geloubehaft an PANTAL. (217). einen g. tuon, *gläubig machen* W. v. Rh. 251, 20; *glaubwürdig* URST. BARL. gelouphafte liute SWSP. 337, 8.
ge-loubelîn stn. (*ib.*) *kleiner glaube* KROL.;

ge-louben, glouben swv. (I. 1018ᵇ) nbf. gleuben (BERTH.), gelôben W. v. Rh. 27, 41; *prät.* geloupte *glauben, allgem. u. zwar: absol.* MYST., *mit dat. d. p.* (einem kinde gel. LANZ. 4847) *od.* an, in (LAUR.), *mit acc. d. s. oder gen.* (wes er mochte glouben ELIS. 345. des gelaub ich paz MGB. 138, 21), *mit acc. u. dat. od. an, mit gen. u. dat.* (KROL. 3212. ELIS. 3250); *refl. mit gen. sich entschlagen, nachlassen, abstehen* (MSF. 171, 37. NEIDH. 54, 3. 217, 11. WINSB. 13, 10. LIEHT. 22, 4. LOH. 6896. REINH. 316, 690. KRONE 11657. WACK. pr. 7, 35. 11, 51. DSP. 1, 30. der werlde sich gel. ULR. Wh. 150ª) s. GR. 4, 678;
ge-loubendec adj. (*ib*.) *gläubig* MONE schausp.;
ge-löubisch adj. *gläubig.* gläubischez volk MGB. 90, 26;
ge-louber stm. credor, borger vel glouber Voc. Schr. 605.
ge-loub-lich adj. (I. 1019ᵇ) *glaublich, warscheinlich* DIEM., *glaubwürdig* BARL. ERNST 3630. REINH. 354, 1712; *gläubig* PASS. (geloublîcher stîc, *weg des glaubens K*. 394, 75).
ge-loub-sam adj. *glaubwürdig, beglaubigt.* gel. urkünde W. v. Rh. 65, 30;
ge-loub-same stf. *beglaubigung* GLAR. 33.
ge-loubs-brief stm. *beglaubigungsschreiben* CHR. 2. 83, 8. 84, 22. 91, 6; 5. 108, 27.
ge-loub-wirdec adj. *glaubwürdig* NP. 135.
ge-louc, -ges stm. *lohe, flamme* HIMLR. 143. vgl. gelohe.
ge-louchen swv. (I. 1023ᵇ) *verschliessen* ANTICHR. vgl. gelûchen.
ge-louckenen swv. s. gelougenen.
ge-loufe stn. (I. 1046ᵇ) *gelaufe, auflauf* ALEX., geleufe CLOS. CHR. 1. 56, 29; 5. 330, 16. geleufte UGB. 138. NP. 298;
ge-loufen stv. red. *III.* (I. 1046ª) PASS. *K*. 39, 58. 289, 52. MARLG. 60, 46. — *mit* vor;
ge-loufte swm. *mitläufer, anhänger* HIMLR. 355. NEIDH. 77, 17 u. anm.
ge-lougenen, -lougen swv. (I. 1027ᵇ) *läugnen* RAB. 631. 792, geloukenen KCHR. 8566. PASS. *K*. 81, 61. gelocken HERB. 440. gelœcken N. v. B. 87. 88. gelöicken 90. 160. gelogen VINTL. 584.
ge-loup- s. geloub-.
ge-loup, -bes adj. (I. 1048ª) *mit laub versehen, belaubt* MS. (*H.* 2, 394ᵇ).
ge-lôz stn. (I. 1040ª) *schicksalsbestimmung* FRL.
ge-lôzen swv. *refl. nach bestimmung, verabredung handeln, sich verfügen.* dâ sul wir loben einen tac, dar ich mich gelôzen mac HPT. 7. 333, 24 (*od.* ist gelâzen *zu lesen?*).

gëlp, gëlpf, gëlph *s.* gëlf.
gelse? *swf.* (I. 498ᵃ) ich bræchte iu dikke gelsen (: helsen) Msh. 3, 57ᵇ. *nach Bechs mitteilung wol zu lesen:* ich brêchte ûch dicke gelsen, *ich brächte euch oft ins heulen* (*s.* gëlsen); *der infin. nach* brêchte *ist im md. nicht ganz selten, vgl. z. b.* Pass. *K.* 190, 4. 219, 22.
gel-seiche *s.* geilseiche.
gëlsen *swv.* (I. 519ᵃ) *gellen, schreien, heulen* Such. die hôrten sie dâ gelsen (: felsen) Da. 245. sô ein hunt gelset von slegen Mgb. 125, 28. — *mit* er-. *zu* gëllen; *s.* Schm. 2, 39. Kwb. 112 *u. vgl.* gelse.
gël-sîdîn *adj. von gelber seide.* ein gelsîdîn slogier Cod. *pal.* 341, 373ᵈ.
gëlster *adj.* (I. 519ᵇ) *laut erklingend* Herb. — *zu* gëllen, gëlsen.
gël-suht *stf.* (II². 359ᵃ) *gelbsucht* Gen. Berth. Mgb. Öh. 127, 29. gelsucht, intericia, aurigo Voc. 1482;
gël-sühtec *adj.* (II². 360ᵃ) *gelbsüchtig* Berth. Mgb.
gëlt, -tes *und* -des *stnm.* (I. 522ᵃ) *md. auch* geilt Ssp. 1. 54, 4; *pl.* gelte Griesh. 1, 147: *bezahlung, vergeltung, ersatz* Wolfr. Nib. Wig. diu siben ros nemet ir nû ze gelte von mir Er. 4014. die wol geheizent und geltes nie dâhten Msf. 80, 16. welt ir den gelt hinaht? Dietr. 4633. der ist wol ein bœsewiht, der an den gelt gedenket iht Wg. 14326. dô lobt er niht ze gelte Dan. 2547. dô kam gelt wider gelt Apoll. 7430. 17771. er gap den sînen allen grôzen solt, daz im in strîte ir manheit würde ze gelde (: velde) Loh. 4226. ich wil gewinnen solch gelt, als si mîm œheim habent getân Walb. 222. ir (der werlde) krenkliches gelt Pass. *K.* 7, 34. mit genâden gelde *ib.* 600, 20. gelt, *vergütung* Ssp. 2. 16, 9; 3. 78, 9. 41, 1; *eigentum insofern es einkünfte bringt u. so die aufgewendete mühe vergilt, einkommen, rente, allgem.* (sie liezen gelt unde guot Dietr. 4203. burge, stete unde gelt 4345. nû sint elliu mîniu rîch leider gar ze blœde und allez mîn geld œde 7526. sie wâren kumen zû gelde, an walde und an gefelde drîzzic tûsent marke wert was ir gelt und ir wert Herb. 1863. der hett ain jâr 2600 guldîn gelts Chr. 4. 328, 15; *bildl.* diu triuwe het zwischen in gewissez gelt Loh. 3369. sîn wirde und al sîn beste gelt daz lît ûf krieges acker Troj. 24718. dâ mite sie in gemieten ze êwigen gelte mohte Krone 21935); *zahlung sowol in hinsicht auf den zahlenden als empfangenden, allgem.; zahlung insofern sie noch zu leisten ist, schuldforderung* Ssp. 3. 39, 2. 41, 4. 5, 5. der dâ sînem nehsten niht wolte varn lâzen sîne gelte Griesh. 1, 147, *bes. der schuldige zins an geld u. naturalien* Urb. 33, 15. 18 *etc.* Mz. 1, 307. 310. 323. 327. 364. 398. 470 *u. sehr oft in urk.; bezahlter preis, preis, wert überhaupt* Chr. 2. 310, 2. 4; 5. 154, 6. spiln zû allen gelden Pass. *K.* 407, 65; *zahlungsmittel, geprägtes geld* (*mit dieser bedeutung immer neutr.*) Mart. Such. er brâhte golt unde gelt Herb. 15985. ich muoz dich dînes geltes gewern, daz dû her hâst geborget Ulr. *Wh.* 112ᵇ. dû muost gelten noch daz gelt, daz ich dem markîse lêch 153ᵉ. 208ᵈ. sô wirt im gelt, dâ von sîn biutel dicke erklinget Msh. 3, 57ᵃ. geltes zehen pfunt *ib.* 239ᵇ. *vgl.* Hpt. 9, 548 *ff.* Basl. *r.* 28;
gëltære, -er *stm.* (I. 524ᵇ) *der zurückzuzahlen hat, schuldner* Iw. Msf. 80, 15. Loh. 1377. Griesh. 1, 36. Marld. *han.* 50, 7. Meran. 7. swer gesworner gelter wirt, der sol burkrehtes niht geniezzen und niht burkreht haben, unz er vergilt Np. 10. ez sol auch kain man der genanten werden, der vor gesworner gelter ist gewesen, und ain genanter der gesworner gelter wirt, der sol fürbas mêre kain genanter sein *ib.* 9. den gelter pfenden W. 59 (*a.* 1346). er ist noch gelter darumb, hat noch nicht bezahlt Cp. 41; *der ein darlehen auszahlt, gläubiger* Weist. Swsp. 259, 5. Mh. 2, 727. Chr. 5. 138, 10. 240, 4. 389, 32. des landes recht ist, daz der gelter der nâchst erbe ist Ukn. 125 (*a.* 1309). *vgl.* gëlte.
gëlt-bot *stn. gebot zu zahlen, zu zinsen* Gr.w. 5, 133.
gëlt-brief *stm. schuldbrief.* die geltschuld, so im der nach laut ains geltbriefs schuldig ist Mh. 2, 354.
gelte *swf. s.* galze.
gelte *swf.* (I. 498ᵃ) *gefäss für flüssigkeiten* Ls. Meran. 9. Chr. 3. 393, 42. S. Gall. *chr.* 32. 77. *stb.* 4, 198. gellete, gellite Sum. gelte, metreta Voc. 1482. gelten od. sechten, maldrum Voc. 1437. — *ahd.* gellita, gellida *aus mlat.* galida, *gr. lat.* calathus Wack. *umd.* 16.
gëlte *swm.* (I. 524ᵇ) *der eine schuld bezahlt od. zu bezahlen hat* Just. 97. bürge und dar zuo gelte wart der süze heilant Mart. 75, 86; *gläubiger* Gr.w. 4, 357. *vgl.* gëltære;

gëltec *adj.* (I. 524ᵃ) *ersatz leistend* Wwh.
geltelîn *stn. kleine* gelte Tuch. 107, 14. 131, 29. 36.
gëlten *stv. I*, 3 (I. 519ᵇ) *nbf.* gëlden j.Tit. 6128, *bes. md.* Pass. *K.* 19, 24. 134, 31. 407, 88 *etc.* Ssp. *s.* 141: *zurückzahlen, zurückerstatten, vergelten absol.* (er hiez gelten unde geben Kchr. *D.* 506, 31), *mit dat.* (sô wil ich gerne borgen dir, daz dû her nâch geltest mir Heinz. 1916. den juden gelten Chr. 4. 77, 6. 93, 19), *mit acc. d. s. oder d. p.* (die boten gelten, *entschädigen* Mz. 2, 378. ich sol vor gote gelten dich, *für deinen tod büssen* Wwh. 67, 21), *mit dat. u. acc., allgem.* (die schult g. Mz. 1, 226. 302. den schaden gelten, *vergüten ib.* 1, 398. 442. 2, 532. alsô gulten sie daz gelt, daz in diu cristenheit gelêch Ulr. *Wh.* 159. ir ietwederez dem andern gar sîn klârheit galt Loh. 922. diu im ein unvreude galt Krone 24704. si gulten sich, *rächten sich,* bêdenthalbe vil genôte Rab. 700); *erwiedern mit dat.* wie dâ sanc sange galt, *antwortete* Iw. 620; *büssen für, entgelten,* wie er diz selbe schelden swêrlîch mûste gelden Pass. *K.* 146, 52; *eintragen, einkünfte bringen,* in galt ir arbeit niht mê wan Iw. 6207. ez gülte im solhe miete Amis (*leseb.* 553, 1). der zol galt jærlîch zwei tûsend guldîn Chr. 4. 76, 11; *zahlen, bezahlen,* hôch gelten, *theuer bezahlen* Eracl. 663. Pass. *K.* 518, 19. der daz schaf dâ gulde *ib.* 234, 1. daz ros gelten Reinh. 313, 629; *mit dat. u. acc.* Chr. 4. 99, 4; *bes. vom zahlen des jährl. zinses,* ein meigertuom, daz jâres vierzic pfunde galt Troj. 5724. ein hofstat, die dem stifte zinset oder giltet Mz. 4, 152. daz guot giltet jærglich driu malter *etc. ib.* 1, 307. 325. 362. 391. Dm. 5. Urb. *s.* 350. geltendez guot, *was gegolten wird, einkünfte, renten* Zeitz. *satz.* 1, 13 *u. anm.;* mir gilt, *wird als gülte entrichtet* Wwh. 202, 24; *einen gewissen preis (acc.) haben, kosten, wert sein* Iw. Parz. Walth. Wig. ob ez halt leben gelte j.Tit. 4722. nû gilt ez doch niht anders danne ein sterben Loh. 1586. korn galt 4½ ℔ pfenn. Chr. 4. 12, 28. *vgl.* 20, 11. 13. 18. 224, 14 *ff.* 5. 52, 3. 4. 113, 25. 26. 115, 7. 9. 130, 2. 5. 9. 11 *etc.; mit acc. u. dat.* daz galt ietwederm tail 50 guldîn, *jeder teil musste bei der wette* 50 *gulden einsetzen* Chr. 5. 329, 28. — *mit* abe, en-, über-, ver-, wider-. *gt.* gildan, *vgl.* Dief. 2, 403;
gëlten *stn.* (I. 520ᵇ) *das zurückbezahlen* Iw. Wwh.

gelten *swv. s.* galten.
gëlter *stm. s.* gëltære.
gëlt-giftec *adj. verschwenderisch* Germ. 9, 175.
gëlt-huon *stn. zinshuhn* Swsp. 415, 13. Mz. 1, 309 (*a.* 1348). 321.
gëlt-hûs *stn.* gazetum Dfg. 258ᵇ.
gëlt-lich *adj.* pecunialis, geltliche pên mulcta Voc. 1482.
gëltnüsse *s.* galtnüsse.
gëlt-schol *swm.* (II². 183ᵃ) debitor Oberl.;
gëlt-schult *stf.* (II². 186ᵃ) *schuld, forderung* Basl. *r.* 28. S. Gall. *stb.* 4, 302. 307. Mh. 2, 354. Gr.w. 1, 137. 275. 4, 290. 303 *etc.* Just. 209. 237. Chr. 5. 52, 32. 221, 4. 226, 17. 231, 18 *etc.* Np. 120.
gëlt-schult-brief *stm. schuldbrief* Usch. 385 (*a.* 1399).
gëlt-swîn *stn. zinsschwein* Swsp. 415, 5. Oberl. 517.
gëlt-tac *stm. zahltag* Kirchb. 642, 52.
gëltunge *stf.* (I. 524ᵇ) *bezahlung* Dfg. 488ᵇ; *vorkaufsrecht* Oberl.
gëlt-zît *stf. zahltag.* den zins jêrlîchen ûf die geltzeit antwurten Mz. 4, 27.
ge-lübe, -lube *stfn. versprechen, gelöbnis.* von seiner gelub, de promissione Br. *B* 83ᵃ. daz gelüb Tuch. 46, 7. 13, 15 *etc.* daz gelube Mai 229, 40 *ff. var.* Uhk. 2, 10. 43. Usch. 72. Ula. 78. *md.* gelop Dal. 179, 29; gelob, *billigung, genehmigung* Ssp. I, 20. 25, 4. 45, 2. 52. — *zu* loben;
ge-lübede, -lübde *stfn.* (I. 1022ᵇ) *gelöbnis, versprechen* Hartm. Parz. Wwh. 269, 1. Trist. Mai (229, 40 *ff.*). Glaub. 1162. Urst. 117, 12. Erinn. 1. Kchr. *D.* 262, 25. 497, 9. Lanz. 3824. 8823. Bit. 8611. Ulr. *Wh.* 139ᵇ. 147ᶜ. 232ᵃ. Krone 11388. 18123. 930. 20547. 22572. Troj. 11545. Myst. 2. 231, 32. Ga. 2. 128, 27. Tuch. 311, 3. daz lant des gel., *das gelobte land* Pf. *üb.* 131, 466; *md.* daz gelubde Herb. 15729. 899. Pass. 330, 43. 346, 90. 380, 10. *K.* 94, 82. 111, 66. 164, 55. Marlg. 26, 138. 159, 103. 204, 264. gelobede Ssp. 2, 30; 3. 54, 2. 85, 2. gelöbde Leseb. 990, 33. geläubde Ugb. 386 (*Oberlaus.*);
ge-lübdunge *stf. versprechen* Cp. 148;
ge-lüben *swv. s. v. a.* geloben *versprechen* Mw. 272 (*a.* 1328). Ukn. 176. 268 (*a.* 1337). gelübte gesellen, *die das handgelöbnis geleistet haben* Tuch. 40, 31. 43, 20 *etc.*
ge-lubt *part. s.* lüppen.
ge-lûch *adj. geschwollen, aufgedunsen.* brâ

und wintbrâ wâren rûch, sîn nase groz unde gelûch KRONE 19659. geblæt was si (diu wambe) und gelûch (: bûch) 19715. ûz gewahsen und gelou (: rou, var. gelouch: rouch) 6037. al der lîb von swulsten glûch JER. s. GERM. 10, 403. — zu lûchen;

ge-lûchen stswv.? (I. 1023ᵇ) verschliessen DIEM. = gelouchen. vgl. entlouchen, -lûchen.

ge-lûchte stn. s. geliuhte.

ge-lücke, glücke stn. (I. 1049ᵃ) bei KONR. nie gekürzt, zu ENGELH. 209: glück, geschick, zufall (fortuna, fortuitas, fortunium, prosperitas, sors DFG. 244ᵇ.467ᵇ.543ᵉ. gelücke, daz dâ heizet sors GA. 1. 473, 701), allgem., s. noch: gelücke deist der gotes rât BIT. 6084. varn ûf gelückes ban MSH. 1, 208ᵃ. ob in g. truege unz an der himel steln 2, 377ᵃ. dem argen under ougen daz gelücke suoze lachet glesîn 278ᵃ. gar ze spâte krâte des gelückes han 324ᵇ. der dûhte sich gelückes sat Aw. 3, 189. sô daz zer rehten hende gelücke griffen hette Ls. 3. 539,32. gelückes pfennig, glückspfennig GERM. 3. 420, 17. ez muoste den strît under in beiden niewan gelücke (zufall) scheiden GREG. 1966. gelückes rat (vgl. gelückrat), das sich wälzende rad des glückes (NEIDH. 77, 30. j.TIT.198.5218. APOLL. 13536. ULR. Wh. 166ᵈ. PASS. 356, 16) und gelückes bal (kugel) GUDR. FREID.; personif. daz dich Gelücke sælic tuo TROJ. 13524. des was Gelücke ze schelten KRONE 11192. daz mir Gelücke lônen wil 11344; beruf, lebensunterhalt MYST. — zu lücken, locken;

ge-lückec adj. fortunatus, fortunus prosper DFG. 244ᵇ. 467ᵇ. glückig CHR. 8. 42, 11. glückig ib. 338, 15;

ge-lückede stn. s. v. a. gelücke. durch der stat gelückt u. hail willen S.GALL. stb. 4, 46. 119.

ge-lücke-lich adj. fortunatus, prosper DFG. 244ᵇ. 467ᵇ; gelückeliche adv. CHR. 8. 444, 3.

ge-lücken, glücken swv. prosperare DFG. 467ᵇ. dâ gelucket wære ANEG.12, 47; mit dat. daz in niht ist gelücket ENGELH. 3198 mac dem künege gelingen und gelücken RAUCH 2, 306.

ge-lück-haftec adj. (I. 1050ᵃ) glück habend, beglückt BEH. (meistergesang).

ge-lück-heit stf. prosperitas DFG. 467ᵇ. ULR. Wh. 156ᵈ.

ge-lück-lôzer stm. sortilegus DFG. 543ᵉ. n. gl. 343ᵇ;

ge-lück-lôzunge stf. sortilegium ib.

ge-lück-rat, -des stn. glücksrad RING 17, 6. 55ᶜ, 46. s. oben gelückes rat.

ge-lücksal stn. glück NARR. 23, 5.

ge-lück-sælic adj. fortunatus, glucksêlig machen, fortunare DFG. 244ᵇ. die geschicht wider die feinde gelugzelig (mit gutem erfolg) üben UGB. 446 (Breslau);

ge-lück-sælec-heit stf. prosperitas DFG.467ᵇ. ZIMR. chr. 2. 549, 7.

ge-lück-sam adj. (I. 1050ᵃ) fortunatus, gel. machen, fortunare DFG. 244ᵇ. mit glücksamer schickung CHR. 2. 215 anm. 2;

ge-lück-same stf. glück ÖH. 64, 25;

ge-lück-samec-heit stf. (I.1050ᵃ) gelücksamkeit, prosperitas DFG. 467ᵇ.

ge-lück-wünschunge stf. beglückwünschung NP. 72.

ge-ludeme, -ludme, -ludem stn. (I. 1050ᵃ) geschrei, lärm PASS. (288, 35. K. 40, 31. 134, 11. 168, 47. 263, 9. 493, 65. 616, 51. bildl. des vleisches geludme, sinnlicher trieb 426, 31). HIMLR. 310. ERNST 3059. ROTH denkm. 79, 54. EVANG. 258ᵃ.

ge-lüften stn. (I. 1051ᵃ) übermütiges benehmen? Ms.

ge-lûgen swv. s. geluogen.

ge-lummer stn. nâch disem gelummere sô hin in dem summere — der von Plotzk sich irwac JER. 169ᵇ. vgl. SCHM. 2, 467 und glomer, tumultus DFG. 601ᶜ.

ge-lûne stn. s. geliune.

ge-lunge stn. coll. zu lunge, die edleren eingeweide NP. 226. 228. CHR. 5. 167. anm. 4. s. SCHM. 2, 484. BIRL. 187ᵃ.

ge-luogen swv. (I.1052ᵇ) md. gelûgen schauen NEIDH. (59, 16). ENGELH. HERB.

ge-lupfen swv. (I.1054ᵃ) in die höhe heben Ls.

ge-lüpnus stf. gelübde CHR. 5. 171, 9.

ge-lüppe stn. (I. 1054ᵃ) md. geluppe gift, zaubersalbe PARZ. EILH. 855. RENN. 16988. KOLM. 93, 6. MART. 91, 57. 108, 87. JER. 41ᵃ;

ge-lüppec adj. vergiftet. von sunden geluppige werc MART. 117, 26;

ge-lüppet, -lüpt part. s. lüppen.

ge-lürme stn. (I. 1054ᵇ) ungeziefer BON.49,12 (var. gewürme).

ge-lust stmf. (I. 1055ᵃ) md. immer f , gelost PASS. 33,76: begierde, gelüsten allgem., vgl. noch GEN. D. 14, 9. 17, 3. 20. 107, 22. LANZ. 2895. ERACL. 1913. TROJ. 22815. RENN. 9336. 9782. PASS. 248, 64. 294, 30. K. 7, 1. 54, 65. MARLG. 257,528; freude, vergnügen WALTH.

Lieht. 469, 14. Elis. 1488. 99. 1585. 1660.
1854. Pass. *K.* 128, 11. 205, 2. 324, 88;
ge-luste *swm.* (I. 1055ᵇ) *begierde, gelüsten*
Trist. *ebenso*
ge-lüste *stn.* (*ib.*) Ms. dâ er wil mit gelüste
dich an sehen *ib. H.* 1, 70ᵇ;
ge-lustec *adj.* (I. 1056ᵃ) *begehrlich* Trist.;
ge-lustec-heit *stf. begierde, verlangen,* oblectamen Dfg. 387ᵇ. des wart sîn muot gesterket an der gelustekeite sîn Troj. 22411.
gelusticheit Marld. *han.* 16, 17. 129, 34.
ge-lüstel *stn. s.* gelüstelîn.
ge-luste-lich *adj.* (I. 1056ᵃ) *zur lust geneigt, froh* Pass. (ir gelustlîchen tucke triben si nâch willekür *K.* 196, 6); *freude erweckend, wolgefällig,* an lenge mitteler mâze unde gelustlich Hpt. 4, 574. gelustlich is dis steines schîn Marld. *han.* 115, 30;
ge-luste-lîche, -en *adv.* (*ib.*) *mit lust, freude* Myst. sîn hende unde sîne arme wâren gelustlîch an ze sehenne Hpt. 4, 575.
ge-lüstelîn, -lüstel *stn.* (I. 1055ᵇ) *kleines verlangen od. gelüsten* Trist. *H.* Myst. Berth. 337, 12. j.Tit. 224;
ge-lüsten, -lusten *swv.* (I. 1056ᵇ) *prät.* geluste (gelüste: küste Pyram. 406) *tr. sich freuen über, belustigen.* gelusten, glusten delectari Dfg. 171ᵇ. dînen ûzganc des morgenes solt dû gelusten Trier. *ps.* 64, 9; *unpers. mit acc. u. gen. an etw. wolgefallen finden* Exod.; *verlangen, gelüsten haben.* als in do wol geluste Pass. *K.* 32, 93. einen wunden oft gelustet mêre danne einen wol gesunden Msh. 3, 433ᵇ, *mit gen.* Parz. Nib. Gen. *D.* 68, 8. 113, 9. Glaub. 2135. Pyram. 406; *mit infin.* swen sie geben wol gelüste Msh. 3, 59ᵃ, *mit präp. od. adv.* gelusten unde gelangen muoz mich n â c h rôselehten wangen Msh. 3, 433ᵇ. wir schullen sie lâzen faren, wâ sie hin gelustet Mz. 4, 250; *mit untergeord. satze* Trist. Flore;
ge-lustern *swv.* oblectari Dfg. 387ᵇ;
ge-lustigen *swv.* (*ib.*) *sich belustigen* Gl.
ge-lût *stn. s.* geliute.
ge-luter *stn. unrat, schlechte waare.* si hând all nun geluttri fail Netz 9853. *s.* luter.
ge-lützen *swv.* (I. 1060ᵇ) *verringern, herabsetzen* Mart. 111ᵇ, 30.
gël-var, -wes *adj. gelb* Mor. 1, 1375. Mgb. 360, 1. 394, 29. 404, 5 *etc.*
gelve *s.* glavîn.
gëlwelot *adj. gelblicht.* gelblot Mgb. 316, 22. 369, 11. 396, 16.

gël-wîz *adj. hellgelb, blond.* mîn gelwîzes hâr Md. *ged.* 2, 1034.
gëlzen *swv. in* ergëlzen. — *zu* gëllen.
gelze, gelz *swf. s.* galze;
gelzen *swv. entmannen* Dür. *chr.* 565. — *mit* ver-.
gêm = gegen dem Chr. 4. 308, 4.
ge-mâc, -mâge *stswm. der verwandte* Germ. 7. 363, 27 *u. anm.*; ich bin iuwer bruoder und nachst gemâge Malag. 59ᵇ;
ge-mâc, -mâge *adj.* (II. 12ᵇ, 37. 40) *verwandt* Tit. wan manige verrer sint gemâge denn Strâzburc, Ackers unde Prâge Renn. 7504. daz si alsô nâh gemâge sîn Ssp. 1. 63, 3; *mit dat.* dem kunic Isenharte was Rassalic gemâge j.Tit. 2550. er was mir wol gemâge 5422. das bluot von dem, der im dâ was gemâge 3552. der ûch ist gemæge (: træge) Malag. 53ᵃ.
ge-mach *adj.* (II. 13ᵃ) *womit verbunden, wozu gehörig: gleich, mit gen. bes. in dem formelhaften ausdr.* wunders gemach, *was einem wunder gleich ist* Trist. Flore, Konr.; *mit dat. bequem, angenehm* Gen. Kchr., *sich fügend, rücksichtsvoll,* doch was er im dar an gemach Er. 2270;
ge-mach *adv. bequem, gemächlich* Mgb. 15, 32. 147, 25. 163, 34. Chr. 2, 311, 27. gemacht tuon Zimr. *chr.* 4. 360, 19. *sup.* gemechest *ib.* 2. 411, 8;
ge-mach *stmn.* (II. 13ᵃ. 14ᵃ) *ruhe, wolbehagen, bequemlichkeit, annehmlichkeit, pflege allgem.* (vreude und gemach Engelh. 3116. 3169. Pass. 373, 45. 377, 36. sêlen gem. Karlm. 12, 35. g. hân Gr.Rud. 26, 23. Elis. 3222. habe dîn g. Roseng. *U.* 1170. habt iuwer g. Ga. 1. 48, 259. mit gemache sitzen, stân Troj. 13680. 97. ir solt mich mit gemache lâzen 3. 113, 82. ze gemache brengen Pass. 380, 66. er gewan sîn frî gem. Pant. 1319. gemaches walten Loh. 2836. gemaches an dem bette pflegen Lieht. 549, 2. sînes gemaches tuon, *cacare* Chr. 4. 114, 16. gemacht W. *v. Rh.* 8, 24. 67, 60. frid und gemecht Ugb. 375. gemacht, gemecht commodum Dief. *n. gl.* 103ᵇ); — *ort wo man ruht u. sich pflegt, zimmer, wohnung (gewönl. neutr.)* Hartm. Wwh. Wig. W. *v. Rh.* 148, 45. er was ir ougen ein gemach Troj. 13680. er kos ime ze sînem gemache einen boum Aw. 3. 205, 13. er verstal sich in daz hûs an einen gemach, dâ man in hôrte noch ersach Strick. 4, 81. *vgl.* Tuch. 291, 1 *ff.* Chr. 5. 133, 17. 242, 22. *pl.* gemeche, gemech *ib.* 242, 21; 1.

412, 15. TUCH. 296, 32. gemächte ANZ. 17, 75. gemach *oder* heimlichez gem., *abtritt* TUCH. 113 *ff.* NP. 278. einen haimelîchen gemach ze ainem privat pauen USCH. 129 (*a.* 1316). ein hûse und ander gemächt CHR. 4. 192, 30;
ge-machen *swv.* (II. 14ᵃ) *gemächlich leben* Ms. (*H.* 2, 353ᵃ);
ge-machen *swv.* (II. 16ᵇ) *machen, bewirken* RUL. (185, 24) Iw. WALTH. SILV. 5029. TROJ. 16118. dî frouwe alsô gemachte, daz sî von slâfe sich geschiet ELIS. 8242. der gemachte (*machte aus, beredete*) mit vursten Heinrîche, daz 7526. daz si sich glîch gemechte (:bedrechte) unseme herren Criste 2916. wenn ein swîn junge gemacht GR.W. 1, 420. fenster gem. NP. 275;
ge-maches *adv. gen. bequem, gemächlich* PF. *üb.* 189, 729.
ge-mach-heit *stf.* des mannes gemacheit, *penis* DSP. 1, 116. *vgl.* gemaht.
ge-machide *stn. s.* gemechede.
ge-mach-lîch, -mäch-lîchen *s.* gemechlîch.
ge-mach-sam *adj.* (II. 15ᵃ) *bequem, ruhig, gemächlich* PASS. (377, 38. *K.* 315, 13) THEOL. 154. VINTL. 8402. MGB. 21, 6. 380, 31. *comp.* gemachsamer *ib.* 138, 21. *sup.* gemachsamst 106, 21. commodus DFG. 136ᵃ. Voc. *Schr.* 510;
ge-mach-samist *sup. adv.* aller gem. *auf die bequemste art* MGB. 19, 33.
ge-macht *s.* gemach *stmn. adv.*, gemaht *stf.*
ge-mächte *stn. s.* gemechte.
ge-mach-zûn? *stm.* (III. 949ᵇ) die gemachzeun haben die freiheit, wo zween oder mer zechen jar mit einander gefridt haben, die sollen zu solcher verfridung noch gehandthabt werden GR.W. 3, 681.
ge-mâge *adj. swm. s.* gemâc;
ge-mâget *part. adj. verwandte habend, verwandt.* gefriunt und ouch gemâget wart ich nie sô gerne j. TIT. 3197. *mit dat.* dû bist âne strît sô nâhe mir gemâget (: beträget) ULR. *Wh.* 159ᵇ.
ge-mahel, -mahele *stswm.* (II. 20ᵃ) *bräutigam, gemahl, eigentl. der (in öffentl. versammlung der freien genossenschaft) zusammengesprochene* DIEM. GERH. WINDB. *ps.* 18, 5. W. *v. Rh.* 184, 5. 189, 29. 191, 11. 196, 34. êlicher gemahel NP. 110. MONE z. 4, 153 (*a.* 1466), *pl.* êliche gemehel *ib.* 401. êliche gemahel NP. 77. ê. gemacheln *ib.* 86;
ge-mahele, -mahel *swstf. n.* (*ib.*) *braut, gemahlin (die zusammengesprochene).* gemahele GEN. *D.* 15, 9. 19, 2. 28, 18. A. HEINR.

BERTH. 11, 12. MAI 187, 16. ENGELH. 3592. GSM. 439. *contr.* gemâle LITAN. 200. EN. 340, 22 *var.*; gemahel KONR. *Al.* 237. 367. HELMBR. 1468. W. *v. Rh.* 55, 20. 56, 24. MH. 1, 46. 47. 2, 392. CHR. 4. 298, 14. 323, 6 (*an diesen zwei stellen vielleicht neutr. wie* 123, 1 *und* USCH. 403. MH. 2, 396. 97, *mit welchem geschlechte es sonst erst bei Luther nachweisbar ist, s.* WEIG. 1, 412); gemehele KARAJ. 12, 12. gemechel USCH. 390. 403 (*neutr.*); *pl. eheleute,* bêde gemechel Mw. 365 (*a.* 1381);
ge-mahelen, -mehelen *swv.* (*ib.*) *verloben, vermählen mit dat.* dâ sul wir Hildeburge gemahelen dem künic Hartmuote GUDR. 1624, 4. sich gemah. zuo WEIST. (gemalhen). gemehelen Ms. MART. ULR. 8, 13. gemehelen zuo der ê BELIAND 4076. gem. mit einem ringe j. TIT. 4885;
ge-mahelîn *adj.* ein gemahelîn vingerlîn *s. v. a.* gemahelvingerlîn KARAJ. 24, 12.
ge-mahel-pfant *stn. arra* DFG. 50ᵇ.
ge-mahel-schaft *stf.* (II. 19ᵇ) *verlobung, vermählung* BERTH. WACK. *pr.* 56, 449. AUGSB. *r. W.* 289. Ls. 3. 46, 499. gemehelschaft URST. 108, 57. 110, 67; *beilager* HPT. 9, 38. gemahelschaft oder vermischung in der ee, connubium Voc. 1482.
ge-mahel-schaz *stm.* (II². 90ᵇ) *s. v. a.* mahelschaz MAR. KCHR. *D.* 402, 13. GEO. 4538. arra DIEF. *n. gl.* 35ᵃ.
ge-mahelunge *stf. vermählung, ehe* ARN. 44 (*a.* 1452).
ge-mahel-vingerlîn *stn.* (III. 323ᵇ) *verlobungsring* WIGAM. (4714) GRIESH. *denkm.* DIUT. 3, 19. OTN. 410, 1. 415, 4.
ge-maht *stf.* (II. 9ᵃ) *pl.* gemehte, *testiculi, genitalia* KARAJ. 94, 7. 8. SWSP. *L.* 2, 48. und stichet ain swert durch Zambri und durch Corbi ze den gemehten, *i. circa genitalia* GRIESH. 2, 132. dem die gemâhte vast geswellent PF. *arzb.* 2, 9ᵃ. der liesz im ain keil in gemächt schlachen CHR. 4. 300, 21. bei den gemächten 5. 137, 9. von der gemächte mitten von dem pauch in die prust des pferds MYNS. 69. *vgl.* ZIMR. *chr.* 1. 504, 10; 2. 364, 1. 381, 21. — *später n.* gemacht, gemecht genitalia, virilia DFG. 260ᵃ. 622ᵇ. es were dem delphin ein pfeil von dem gemecht ein geschoszen CHR. 3. 128, 5. und sniten in selben ir gemecht ûz VET. *b.* 45, 11. — *zu* mügen. *vgl.* SCHM. 2, 547. SCHMID 369. KWB. 183.
ge-maejen *swv.* (II. 21ᵃ) *prät.* gemâte, *mähen* TURN.

ge-mâl *adj.* (II. 25ᵃ) *bunt verziert, farbig hell,
gemalt* Er. (8906) Wolfr. Lanz. Serv. j.Tit.
393. von golde gemâl Ulr. *Wh.* 143ᵈ. j.Tit.
2403. Wolfd. 2169. zendâle meisterlîche gemâle Flore 1550. ein schuoch was im gemâl Neidh. 62, 26. 88, 34. lieht gem. (*manchmal als compos.* liehtgemal). Wolfr. Ernst
2038. 2391. 3014. j.Tit. 257. 5426. Mai 16,
39. 41, 22. 59, 24. Mel. 582. Troj. 2913.
19371. rûch, vêch gem. Parz. swarz gem.
Troj. 22451;

ge-mælde *stn.* (II. 25ᵃ) *bild, gemälde, malerei*
Wig. Gsm. Geo. (5720. 5827) Troj. 19715.
Wg. 9325. Renn. 17348. Mart. 216, 90. Swsp.
343, 20 (*auf einer münze*). Öh. 90, 6. 91, 8 *ff.*
md. gemêlde Msh. 3, 353ᵇ. Pass. 362, 80.
bildl. der rîme gemælde Mart. 53, 94. *vgl.*
gemælze;

ge-mæle *stn. malerei, verzierung* Er. 8597.
j.Tit. 359. 1563. 2689. 5468. Mgb. 432, 22.
Dür. *chr.* 635. Chr. 4. 337 *anm.* 4.

ge-mâle *f. s.* gemahele;

ge-malhen *swv. s.* gemahelen.

ge-maln *stv. I*, 4 (II. 28ᵇ) *malen, zermalmen*
Gsm. — *mit* în.

ge-mælze *stn.* (II. 25ᵃ) *s. v. a.* gemælde Krol.
Renn. 1862. 57. 12541. Wack. *pr.* 55, 14. 23 *ff.*
Chr. 8. 33, 1. 396, 29. anagliffa, ein gemâlzc
an einer kirchen Dief. *n. gl.* 22ᵇ. *vgl.* Germ.
10, 396.

ge-man *adj.* (II. 39ᵇ) *bemannt, im besitze von
mannen* Trist.

ge-man *adj.* (II. 51ᵇ) *mit mähne* (man) *versehen* Trist.

ge-manc, -ges *stm. gemenge, vermischung.* daz
lieht, daz got ist, daz hât enkeinen gemanc,
dâ vellet enkein gemanc în Myst. 2. 84, 1.
gotes natûre ist, daz si niht gemanges liden
mac noch vermischunge *ib.* 143, 32. dâ wart
ein michel gemanc (: dranc) Karlm. 117, 8.
vgl. gemenge.

ge-manec-valtigen *swv.* (III. 233ᵇ) *manigfaltig, vielfach machen* Aneg.

ge-manen *swv.* (II. 54ᵃ) *mahnen, erinnern an*
(*gen.*) Myst. gem. umbe Rul. 270, 15.

ge-mannen *swv.* (II. 51ᵃ) *zum manne werden*
Tit.; *mannhaft werden, erstarken.* daz ich
niht pflige der ritterschaft, ê daz gemannet
wol mîn kraft Ulr. *Wh.* 160ᵇ;

ge-mannet *part. adj. s.* mannen.

ge-mant? *stn. es wird beschlossen,* die briefe
(*über eine gülte*) in ein gemant zu legen
Frankf. *brgmstb.* 1438 *vig. V. a. assumt.*

ge-mare *swm. s. v. a.* gewëte, gespanne *der
mit einem andern zusammen einspannt, hilfeleistender nachbar, genosse.* die guoten gemaren, die rehte zackere wellent varen; er
sol sînem gemaren (mite) gân mit einem
rinde und mit einem knehte Karaj. 13, 11 *ff.*
zween gemaren Gr. w. 1, 576. als hie sîme gemaren pferdt zo dem plog furret *ib.* 643. —
s. gemarn *u.* Germ. 8, 480.

ge-marke *f.* (II. 64ᵇ) *gemarkung, district*
Halt.

ge-marker-dinc *stn. s. v. a.* merkerdinc Gr. w.
3, 500.

ge-markten *swv.* (II. 81ᵃ) *handel treiben*
Schm. (*a.* 1375).

ge-marn *swv.* (II. 63ᵃ) *einjochen, einspannen,
absol.* wenn si zesamen tuond gemarn, daz
si gên acker wellent varn Netz 12327; sich
gem. zuo einem, *sich mit ihm verbinden, vereinigen* Rennew. 30, 56. W. *v. Rh.* 125, 6.
130, 41. 146, 3. 221, 5. — *s.* merwen *und*
Germ. 8, 480;

ge-mar-same *stf. verbindung, s. v. a.* gebûrschaft Gr. w. 4, 501.

ge-mast *part. s.* mesten;

ge-masten *swv. fett werden.* ê mir der lîp gemaste Helmbr. 1128.

ge-mæze *adj.* (II. 208ᵇ) *mass haltend, mässig.*
und was vil gemæze in aller gelæze W. *v. Rh.*
68, 10. gemæze was sîn weinen *ib.* 17; *gemäss, angemessen mit dat.* Ms. Türl. *Wh.*
147ᵃ ᵇ. Loh. 1503. Troj. (3143. 10346. 15476.
19543. 23079). Engelh. 2079. 6106. Otte 118.
W. *v. Rh.* 105, 10. Ad. 780 (*a.* 1292). Mone
z. 14, 382. *comp.* gemæzer Wh. *v. Öst.* 95ᵃ.
md. gemêze Erlœs. 314;

ge-mæzec *adj.* (II. 209ᵃ) *angemessen* Hätzl.;

ge-mæzec-heit *stf. angemessenheit* W. *v. Rh.*
270, 50;

ge-mæzec-lich *adj. angemessen* W. *v. Rh.* 25,
37;

ge-mâzen *swv.* (II. 211ᵇ) *tr. richtig messen, bestimmt angeben* Iw.; *mässigen, beschränken*
Wolfr. *lied.* Er. 1877. Himlr. 352; *vergleichen, gleichstellen mit dat.* diu gemâzte
in niemen ander wan dem milten Alexander
Er. 2819, *oder mit* zuo: des ne mac si niemen zû dir gemâzen Lit. 228, 8 (600). ich
kan niht dar zuo gemâzen Karl 3988; — *refl.
sich mässigen, bezwingen* L. Alex. 6945.
Trist. 12144; *sich vergleichen, gleichstellen
mit dat.* Er. 7662. Krone 23460, *oder mit*
ze Diem. Engelh. Greg. 2470; *refl. mit gen.*

sich enthalten von DIEM. BÜCHL. STRICK. MSF. 35, 23;

ge-mâzet *part. adj. mit dem richtigen masse versehen.* wol gemâzet hende unde arme EVANG. 332; *gemässigt, beschränkt.* diu creatûre begrîfenlich ist und gemâzet in ir selber MYST. 2. 637, 13. daz si (*die seele*) einen wol gemâzten lîp habe, waz diu sêle wil, daz daz der lîp wirke sunder widersprechen *ib.* 657, 31.

ge-mazze *swm.* (II. 90ª) *tischgenosse* ULR. GRIESH. KARAJ. 13, 12. 13. *bruchst.* 19, 151. ORL. 12161. ULR. *Wh.* 193ᵇ. GERH. 6043. TANH. *hofz.* 154. daz die wegeverten gemazzen (*gedr.* gemâzen) sîn in der wirtschaft HPT. 9, 25. ze gemazzen (*gedr.* gemâzen) dîner wünnen *ib.* 44. — *st.* Kybalin und Bernhart der vrouwelîn gemazze wâren TÜRL. *Wh.* 147ᵇ. — *zu* maz;

ge-mazze *stswf. tischgenossin.* der keiserîn diu von Arle muost gemazze sîn TÜRL. *Wh.* 147ª. und nemt iu zuo gemazzen die küneginne ûz erkorn WOLFD. 59. dem ritter wart zuo gemazzen geben diu juncvrou minneclîch 880. 1115.

ge-mechede *stn.* (II. 17ᵇ) *person (mann, frau), mit der man ehelich verbunden ist* BERTH. ELIS. 1495. ERLŒS. 185. N. v. B. 262. SWSP. 435, 109. 111. 145. AUGSB. *r. W.* 240. 42. 48. MONE *z.* 9, 113. GA. 2. 128, 33. gemecht HPT. 2. 135 (*pl.* gemechte). AUGSB. *r.* 279 (*pl.* gemechter). gemecheit COD. *pal.* 341, 23ª. *ältere form* gemachide, -machede DIEM. KARAJ. (84, 4. 15). SPEC. 48. 89. — *zu* machen.

ge-mechel *s.* gemahele.

ge-meche-lîchen *adv. s.* gemechlich.

ge-mechelîn *stn. kleines gemach* ALEXIUS 72, 30. TUCH. 200, 36.

ge-mechenisse *stn. s. v. a.* gemecht. soliche gesetze und gemechenisse MONE *z.* 7, 25 (*a.* 1430). GR.W. 6, 32 (*testament*).

ge-mech-lich *adj.* (II. 15ª) *bequem, commodus* DFG. 136ª. in gemechlîcher phlege ER. *B.* 7034; *zuthunlich, zahm* OBERL.;

ge-mech-lîch, -lîche, -lîchen *adv.* (*ib.*) *mit bequemlichkeit, mit bedacht, langsam* LIEHT. (*auch* gemachlîch). W. v. Rh. 84, 45. gemechlîche L. ALEX. 5471. HERB. 16110. PASS. 21, 51. 34, 15. MARLD. *han.* 69, 28. 130, 11. gemächlîchen BIT. 1576. gemecheliîchen BERTH. 459, 15. gemêlich CHR. 3. 88, 15. 147, 8. 150, 7.

ge-mecht *s.* gemach, gemaht, gemechede.

ge-mecht-brief *stm. vertragsurkunde.* der heiratbrief und gemechtbrief, so sy über ir heiratgut, haimsteur und widerlegung hab MH. 2, 243. 648.

ge-mechte, -mecht *stn.* (II. 17ᵇ) *machung, verfertigung, arbeit.* gemechte des rockes W. v. Rh. 115, 29. einich halshemd, das mit gemechte über zwên guldîn cost NP. 97 (= mit sambt den machlôn *ib.*); *das gemachte, zusammengemachte,* daz gemächt haizt in der apotêken diasandali MGB. 376, 14. *vgl.* 368, 28. 481, 6; *geschöpf,* dîn (*gottes*) gemechte bin ich, dîne hende haben mich gemachet WACK. *pr.* 101, 13; *was zur verbesserung oder verschlechterung einer andern sache beigemischt wird,* mit einicherlei gemechte oder vermischung NP. 138. das der saffran durch gemächte also verwandelt worden ist *ib.* ez sol nieman keinen wein machen mit keinerlei gemechte âne welhischen wein, den mac man wol machen mit airn und kainem andern gemechte nicht *ib.* 205, *vgl.* 261 *u.* CHR. 1. 406, 11 *u. anm.* ez sol kein fleischhäckel keinen nieren niht machen an keinem vihe mit keinerlei gemächte und ouch niht ûf blæjen MERAN. 5; — *vertrag* WEIST. Mz. 1, 51. 45. 372. 431 *etc.* gem. umb ligent oder umb varent guot S. GALL. *stb.* 4, 316; *letztwillige verfügung, vermächtnis, testament.* castrum suum legavit, quod vulgariter ein gemecht dicitur DON. *a.* 1319. wâ ein man sîner êlîchen hûsfrowen ein gemächt macht oder ein libding GR.W. 5, 71. daz die güeter auf sein brüeder gevallen oder erben sullent in gemechts weis USCH. 382 (*a.* 1399). *vgl.* AUGSB. *r. W.* 237. 39. Mz. 1, 344. 451. 542. MH. 2, 648. 49; *gerichtliche handlung,* diu gap mir den êrsten rât und riet mir diz gemechte SCHW. *schl.* 163 (*a.* 1371). wir wâren dem gemechte bî und wollen och des zinges wesen *ib.* 164;

ge-mechtnisse *stn. vermächtnis, testament.* von erbschaft oder gemechtnisse wegen Mw. 364 (*a.* 1379).

ge-mëde *adj. zahm.* des wart das ros also gemede, das gegen ime smeichelte also ein hunt duot gegen sîme herren KŒN. (CHR. 8. 303, 5). — *zu lat.* mitis?

ge-mëdec-lîche *adv. sanft.* und greif ime gemedeklîche ûf sînen rücken mit der hant CHR. 8. 303, 4.

ge-megenen *swv.* (II. 8ᵇ) *stark, mächtig werden* GEN.

ge-megeren *swv.* (II. 19ª) *mager machen* Ls.
ge-mehele, -mehelen *s.* gemahele, -mahelen;
ge-mehelîn *stn. dem. zu* gemahele. eȥn wart sô clein nie vogelîn, eȥn sunge sîm gemehelîn Kolm. 3, 29.
ge-mehel-schaft *stf. s.* gemahelschaft.
ge-mehte *s.* gemaht.
ge-meier-scheften *swv. villicare* Evang. L. 16, 2.
ge-meilen *swv. tr. beflecken.* dô gemeilte daȥ bluot (*Kains*) die magetreinen erde Aneg. 20, 22. ichn sol nimmer gemeilen wîbes stæte Krone 11364; *intr. schmutzig, befleckt werden,* daȥ wir mit den cristen iht gemailen Kchr. D. 201, 24.
ge-mein *adj.* (II. 106ᵇ) *s. v. a.* mein, *falsch* Halt.
ge-mein *adj. adv. stf. s.* gemeine;
ge-meinde *stf.* (II. 101ᵇ) *gemeinschaft* Diem. Trist. Winsb. in gemeinde setzen, *gemeinschaftlich machen?* Elis. 10477. an etw. teil und gemeinde (*anteil*) haben Glar. 188. Mz. 1, 527. in der gemeind, *gemeinschaftlich, allzusammen* Chr. 3. 399, 21; *gemeinschaftl. besitz, grundeigentum einer gemeinde* Tuch. 227, 10. 267, 17. Np. 282. die nâchgebûren, die die gassen und gemeinde in hân Frankf. brgmstb. 1431 vig. *Galli.* die schûre und der stall, die ûf der gemeinde steen *ib.* 1435 vig. Joh. b. u. öfter; *diejenigen, mit denen man lebt, die gemeinde* Bon. Myst. von der gemeinde (*kirchl. versammlung*) vollebrâht wart endêhteclîch gebet Elis. 9460. die gemeinde, *bürgerschaft oft in den* Weist. u. Frankf. brgmstbb., *vgl. auch* Chr. 4. 109, 12. 110, 7. 12 etc. u. gemeine; *s. v. a.* genôȥsame (eigener liute) Don. *a.* 1379.
ge-meinde-glocke *swf.* gemeinde-, ratsglocke Gr.w. 2, 47.
ge-meinden *swv. intr. sich versammeln. vgl.* Zimr. chr. 2. 562, 4; 4. 293, 37;
ge-meinder *stm.* (II. 101ᵇ) *teilhaber, mitsitzer* Bon. Weist. (5, 190). W. v. Rh. 59, 31. S. Gall. stb. 4, 318. Mone z. 9, 392. Glar. 96. ieclicher gemainder sol daran (*an der ausrüstung der veste*) geben und tuon nach marzal Mz. 1, 527 *s.* 443. wan ich gemainder (*gedr.* gemainden) zu denselben dörfern bin *ib.* 1, 369 (*a.* 1377); *mitschuldner* Glar. 91. *s.* gemeine, gemeiner;
ge-meine, -mein *adj.* (II. 97ª—100ª) *gehörig zu* (dat. *od.* präp.), *zusammengehörig, gemeinsam; umgehend mit* (dat.), *vertraut* (Roth. Herb. Wigam.); *rückhaltlos sich mitteilend* (*so erklärt* Wack. nu sît gemein und bîhte ie einer den andern zwein Reinh. 393, 17; *vgl.* die arm. „*sich zu einer sache vereinigen*"); *mehreren gehörig, gemeinschaftlich; zwei parteien auf gleiche weise zugewandt, unparteiisch* (ain gemeineȥ spil *s. v. a.* ein gelîche geteilteȥ Neif. 4, 26 *u. anm.* ein gemeiner man, gemeine liute, *mittelspersonen wurden gewählt, wenn die von beiden parteien aufgestellten schiedsrichter sich nicht einigen konnten* W. v. Rh. 118, 55. Chr. 1. 117, 19. 22. 155, 35; 5. 62, 20. 400, 9. Mz. 1, 197. 401. 458. 532 *etc.* der muoȥ gemeine liute urteilde frâgen Msh. 2, 136ª. wêr aber, daȥ die zwêne [*schiedsleute*] abe giengen, sô sulen wir zwêne ander an ir stat kiesen, die alse gemein sîn als die vordern wâren Mw. 236, 9 *a.* 1311); *allen ohne unterschied gemeinsam, allgemein* (gem. strâȥe Tuch. 227, 4. ein wîp gemeine Glaub. 2280. ir traget veil iuwern lîp als ein gemeineȥ vrouwelîn Apoll. 215. wiewol die gemeinen weiber frei und nach irem namen gemein sein sollen, so haben sich doch etlich der selben gemeinen weiber understanden, sundere bulschaft zu haben Np. 121. gemeine frawen Tuch. 328, 4. gem. haus, *hurenhaus* Chr. 3. 146, 10. *vgl.* gemeinhûs; der gemeine tôt *s. Bech zu* Greg. 3769); *für alle eingerichtet, gewönlich* (Myst. Teichn. gemeineȥ pier, *gewönliches* Chr. 2. 351, 3); *alle umfassend, gesammt; zur gemeinde gehörig* (Meran.); *zur grossen masse gehörig auch der niedern stände* (Myst. Kreuzf. Jer. die gemeinen stein, daȥ gemeine volc, diu gemeinen liute *im schachspiele* Massm. schachsp. 131. 32. 36. 39). — gt. gamains *nach* Wack. 101ᵇ (*vgl. auch* Pott etym. forsch. 1, 253. 2, 562 *ff.*), *dem das* Wb. beistimmt „*aus* gam *und* ain *wie lat.* communis *aus* com *und* unus, *gr.* κ-οινός". *bei dieser zerlegung bliebe* meinde *f.,* nd. mêne, mên *adj. sowie das* municas *der ältern latinität für* communicas *unerklärlich. die wurzel muss in* main *liegen sowie beim lat. worte in* mûnis, *vgl.* Curt³. 302. Kuhn 8, 336. Gsp. 244 (*zur w.* mâ *messen*);
ge-meine *swm.* mittelsperson, *s. v. a.* gemeiner man (*s. unter* gemeine *adj.*) Mz. 1, 322. 532. Uschb. 2. 3. Chr. 5. 401, 2; *s. v. a.* gemeinder, *mitbesitzer* Mz. 1, 415 (*a.* 1389);
gemeine, -mein *adv.* (II. 100ª) *auf gemein-*

same, gleiche weise; zusammen, insgesammt. allgem. vgl. algemeine;

ge-meine, -mein *stf.* (II. 101ᵃ. 106ᵇ) *s. v. a.* gemeinde: *anteil, gemeinschaft* WALTH. MSF. 29, 3. MSH. 2, 13ᵃ. TRIST. MAI, PASS. GLAUB. 2168. 2289. ANTICHR. 163, 30. swenne er des bœsen wîbes gemaine wil gewinnen PRIESTERL. 216. mannes, wîbes gem. BPH. 206. 1015. 1295. 1311. 2141. 3546. daz ich nie gewan mit des lîbes gemeine 5633. daz diu kint sîner gemein sich gerne nieten 3725. ich gebe ir mîne gemeine und allez daz ich ie gewan HERB. 11296. wer sich schaidet von der ainung und von der gemain des hailigen herren sant Peters MGB. 219, 8. under der gemain ligen, *zu der art, gattung gehören, gemeinsame kennzeichen haben ib.* 242, 21. gemain (*anteil*) haben zuo etw. UHK. 2, 202 (*a.* 1349); *gemeinschaftl. besitz, grundeigentum einer gemeinde* MÜNCH. *r.* 484. den lûden zu sagen, die erde schudden ûf die gemein FRANKF. *brgmstb. v.* 1433 *vig. visit. Mar.; diejenigen mit denen man lebt, die gemeinde* BON. *u. rechtsdenkm.* (*vgl.* CHR. 2. 311, 16. 351, 13; 4. 159, 18. 23; 5. 38, 9. 52, 30. 37 *etc.*). MGB.185,15. 193,11. 300, 29. diu gemein uns hât gesant her ze iu LOH. 4001, *versammelte menge, heer* KARLM. 304, 23. 343, 9. 463, 41; *gesammtheit*, in der gemain (*öffentlich*) und nicht haimlich *sollen die waaren verkauft werden* CP. 186. in der gemeine, *allgemein* j.TIT. 5251. in einer gemain, *im allgemeinen, insgesammt* CHR. 3. 73, 4. 365, 6.

ge-meine *adj.* (II. 110ᵇ) *geliebt, in liebe vereinigt* Ms. *s.* meinen;

ge-meine *stn.* (*ib.*) *das meinen, sinnen, wollen* LOBGES. allez ir gemeine was edele unde reine ELIS. 761. 1365. 1539.

ge-meinec-heit *stf.* (II.102ᵃ) *mehrheit, gegens. zu einecheit* Ms.

ge-meinec-lich *adj. gemeinsam, alle.* wir die burger gemainclich CHR. 4. 41, 7;

ge-meinec-lîche *adv.* (II. 96ᵇ, 45. 102ᵇ) *auf gemeinsame weise, von einem wie dem andern* WIG. HÄTZL., *gemeinschaftlich, insgesammt* LOH. 3507. CHR. 4. 82, 10; 5. 25, 3. 33, 36. 34, 5.

ge-meinen *swv.* (II. 110ᵇ) *verst.* meinen WALTH. TRIST. N. *v. B.* 123.

ge-meinen *swv* (II. 101ᵇ) *intr. gemeinschaft haben mit dat.* GEN. *D.* 73, 25. PRIESTERL. 268. SPEC. 58. AB. 1, 224. SWSP. 295, 8 *oder* mit GLAUB. (1400); — *refl. allgemein werden,* wie diu rede sich gemeinet ORL. 9802; *mit dat. sich verbinden, vereinigen, mitteilen* MYST. GERM. 7, 340. sît daz sich got dar inne wil gemeinen des menschen sêl zuo werdem hûsgenôzze j.TIT. 504; — *tr.* einem *od.* mit einem etw. gem., *es ihm mitteilen, mit ihm teilen* Ms. sît dir got hât witze mit kunst gemeinet LOH. 1063, die (gotheit) du mit dem vater hâst êwecliche gemeinet HPT. 9, 31. *vgl.* GERM. 7, 96; *in die gemeinde aufnehmen*, er gemeinte sie der kristenheit VET. *b.* 46, 1;

ge-meiner *stm.* (*ib.*) *s. v. a.* gemeinder: *mitbesitzer* Ls. 1. 446, 67. 447, 102. TUCH. 309, 3. 310, 1. Nyclas und sein gemainer dient von aim lehen sehs schilling UHK. 2, 75 (*a.* 1321). die gemeiner, *ganerben* Mz. 1, 109. 526 *ff.; mitschuldner,* dar inne ich zuo einem gemeiner des geltes, daz an dem selben brif stât, geschriben bin Mz. 3, 122 (*a.* 1344); *mittelsperson, pl.* gemeinere RTA. 1. 15, 4. 5;

ge-meines *adv. gen. insgemein* MGB. 287, 32.

ge-mein-hirte *swm. gemeindehirte* GR.W. 6, 66.

ge-mein-hûs *stn.* (I. 738ᵃ) *hospitale* VOC. *o.*

ge-mein-lich *adj.* (II.102ᵃ) *allen gemeinsam, gemeinschaftlich* TRIST. 5713. 15129. PASS. (*H.* 132, 22); *der grossen menge zugehörend, niedrig, gemein* PASS.;

ge-mein-lîche, -en *adv.* (II. 102ᵃ) *gemeinschaftlich, ohne unterschied, insgesammt* ATH. *A** 82. ER. 1073. TRIST. BON. PASS. (*H.* 195, 72). LOH. 817. SILV. 470. 725; *allgemein,* der keiser gebôt gemeinlîche über elliu sîne rîche KCHR. *D.* 257, 21.

ge-mein-merke *stn. grundeigentum der gemeinde, almende* MONE *z.* 14, 375 (*a.* 1295). S. GALL. *chr.* 12. 48. diu hiuser die dâ stânt ûf dem gemainmerche der burger DON. (*Hayinger stadtr. a.* 1303). *vgl.* gemeinwerc.

ge-mein-müete *stf.* (II. 262ᵃ) *gemeinsame gesinnung, einmütigkeit, vereinigung; ahd.* gemeinmuotî GFF. 2, 694;

ge-mein-müetec *adj.* (*ib.*) *ganz übereinstimmenden sinnes* Ls. weset gemeinmuotec unde ze allen zîten gereit ze dem heiligen gebet FDGR. 1. 125, 30.

ge-mein-rât *stm.* (II. 103ᵃ) *gemeinderat. der purgermaister und der gemainrât von der stat ze Wienne* UHK. I. *anh. nr.* 20 (*a.* 1289).

ge-mein-sam *adj. adv.* (II. 103ᵃ) *gemeinsam, gemeinschaftlich.* unz daz der bürgære in dem hove dâ vernam mit gewâfenter hant

gemeinsam sînen herren und die sîne KRONE 17952;
ge-mein-same *stf.* (*ib.*) *die gemeinsamkeit, gemeinschaft* KARL (7240). an dem fride und an der gemainsame GRIESH. 2, 32. die heilige g. HPT. 7, 141. ist er zuo der gem. geartet FRAUENEHRE 548. mit einem gem. haben S. GALL. *stb.* 11, 2; *vereinigung, ausgleichung*, wir loben die gemeinsami stêt ze hân Mz. 1, 351 (a. 1369); *gemeinde* GR.W. 1, 80. *vgl.* ZIMR. *chr.* 1. 180, 33. 442, 12. 556, 23;
ge-mein-samede *stf.* gem. der heiligen DIUT. 2, 281 (12. *jh.*);
ge-mein-samen *swv.* (*ib.*) *gemeinschaft haben mit, teil haben an; mit dat.* sich ensol ir leben noch ir namen dem lebene niht gemeinsamen FRAUENEHRE 998, *mit präp.* mit LEYS. und enwolde doch gemeinsamen mit der heidenschefte nie KARL 202; *mit acc. d. p. und* mit: daz kein burger keinen gast nit gemeinsamen sol mit ezzen und mit trinken, der wâfen treit, diu verboten sint ze tragene S. GALL. *stb.* 4, 184; *fornicari* (*bibel v.* 1483);
ge-mein-samunge *stf.* (*ib.*) *fornicatio* (*bibel v.* 1483).
ge-mein-schaft *stf.* (*ib.*) *gemeinschaft* j. TIT. 6187. PASS. 116, 51. mit einer gem. haben (TRIST. *H.* 981) *od.* begân (PF. *üb.* 128, 151), *ihr fleischlich beiwohnen,* einem manne gem. leisten (*von seite der* gemeinen vrouwen) NP. 121; *gemeinde* MERAN. CHR. 2. 35, 14. wir gebieten allen gemeinscheften der stette Mz. 4, 193. RTA. 1. 214, 31. 278, 2 *u. oft in den* FRANKF. *brgmstbb. des* 15. *jh.*; *anteil den man als* gemeinder *hat* Mz. 1, 415; *das amt des zum schiedsrichter erwählten* HALT.
ge-meins-man *stm. schiedsrichter* GR.W. 6, 26.
ge-mein-veltigen *swv. gemeinsam machen* WACK. *pr.* 31, 12.
ge-mein-wërc *stn. gemeindegut.* die hölzer und wälde die gemeinwerk sint GR.W. 5, 67 *f.* (gemeinmerc? *vgl.* gemeinmerke).
ge-meistern *swv.* (II. 129ª) *verst.* meistern WARN. ich kan es niht gem. baz BPH. 10115. der iuch des niht gem. kan MSH. 3, 216ª. sich gem. WG. *s.* 404.
ge-meit *adj.* (II. 129ᵇ) *lebensfroh, freudig, froh, vergnügt* (*vgl. zu* NEIDH. 17, 2) *mit od. ohne gen.; keck, wacker, tüchtig* (gem. burgære DIETR. 1420); *dessen man sich freut, lieblich, schön, stattlich, allgem.; lieb, angenehm mit dat.* ob inen oder uns das gemait welt sîn DH. 272. — *gt.* gamaids *verkrüppelt,*
gebrechlich (*u.* inmaidjan *verwandeln, entstellen nach* GSP. 244 *zu lat.* mûtare, *alt* moitare, *skr.* mai *od.* mâ *umtauschen*), *ahd.* gimeit *schwach an geist, thöricht, welche bedeut. dann in jene von* insolens, jactans *u. s. w. übergeht;*
ge-meite *swf. fröhlichkeit, eitle lust.* der gotes man sol niht in gemeiton stân KARAJ. 37, 11. *ebenso*
ge-meit-heit *stf.* war zuo sol dem briester gemaitheit? PRIESTERL. 537.
ge-meiẓe *stn. coll. zu* meiẓ. mit dem gemais, das ist das holz *Rietzer dorfr.* 1ª (14. *jh.*; *mitteil. v. Zingerle*).
ge-mêlde *stn. s.* gemælde.
ge-melden *swv.* (II. 134ª) TEICHN. EVANG. 258ᵇ. einen gem., *von ihm melden, verkündigen* MSF. 102, 28.
ge-mê-lîch *adv. s.* gemechlîch.
geme-, gäme-, -gemel-lich *adj.* (I. 461ª) *lustig, spasshaft, ausgelassen.* gemelich Iw. ER. (7034, *bei B.* gemechlich). NIB. GUDR. REINH. GR. RUD. 16, 23. KINDH. 83, 41 (*gedr.* gemæhlig). FLORE 2508. MSH. 1, 197ᵇ. WARTB. 172, 10. TROJ. 8927. KARLM. 10, 22. 19, 25. 159, 19. GA. 1. 43, 3. 89, 3. NETZ 5247. gämleich MGB. 400, 8. gamelich BIT. 7766. gemellich LANZ. MARLG. LIEHT. 436, 11. TROJ. 16005. 16407. 22018. HPT. 6. 501, 175. gamenlich (*ahd.* gamanlich) LS. 1. 231, 364; *lust, freude gewährend, de* gemelich *lôn* MARLD. han. 129, 2. — *zu* gamen;
geme-lichære *stm.* (*ib.*) *spassmacher* MARLG.;
geme-lîche, -lîchen *adv.* (*ib.*) *auf lustige, spasshafte, ausgelassene weise* Iw. (2218, *bei B.* dur ir gemellîche). BIT. 12761. REINH. 1559 (*sendschr.* gemetlîche *s. die anm.*). LOH. 207. 4994 (gemlîche). AB. 1, 252. GA. 1. 94, 86. PASS. *K.* 664, 65. KARLM. 159, 19. gemellîche FLORE (5668). TROJ. 16432. gemellîchen MSF. 200, 4. 211, 28;
geme-, gemel-lîche *stf.* (*ib.*) *lustigkeit, ausgelassenheit, schalkhaftes wesen,* jocus VOC. *o.* 34ᵇ. BARL. Iw. *B.* 2218. NEIDH. XX, 15. 48, 33. 51, 19. WARTB. 77, 7. *ebenso*
geme-lîcheit *stf.* (*ib.*) VOC. KARLM. 18, 46;
geme-lîchen *swv. scherzen.* swenn ich mit ir gem. wil Üw. 149.
ge-mende *adj. froh.* der herre was gemende, daz er nû sterben solde ERLŒS. 3505. *var.* genende *s.* GERM. 7, 18;
ge-menden *swv.* (II. 52ᵇ) *refl. mit gen. sich erfreuen an* BÜCHL.

ge-menen *swv.* (II. 136ᵃ) *verst.* menen HELMBR.;
ge-menet *part. adj.* gemenet sîn, *eine mene, fuhrwerk besitzen* GR.w. 4, 133.
ge-menge *stn.* (II. 137ᵃ) *gemenge, vermischung* PARZ. 216, 29. HERB. MYST. 2. 378, 30. WH. *v. Öst.* 94ᵃ. KARLM. 198, 22. gemeng von anblick, *farbenspiel* WOLK. 66. 2, 13. die diener diese messe off die straszen halden laiszen und mit den menschen ein losunge und doch kein gemenge zu machen FRANKF. *brgmstb. v.* 1460 *vig. Barth. vgl.* gemanc. *ebenso* ge-mengede *stn.* ein gemengite mirren und alôês EVANG. *J.* 19, 39.
ge-mengen *swv. mangeln mit dat.* Ls. 2. 213, 150. *vgl.* GFF. 2, 807.
ge-mêren *swv.* (II. 157ᵇ) *tr. grösser, mehr machen, erhöhen* HARTM. (A. HEINR. 58). TRIST. WIG. BON. GEN. *D.* 6, 7. SILV. 219. TROJ. 18388. 908. 20632; *refl.* ATH. *C* 51; *intr. sich vergrössern, swenne er sîn guot* gemêren siht RENN. 23350.
ge-merke *stn.* (II. 65ᵃ. 66ᵇ) *coll. zu* marke, marc: *abgegränzter umfang* (des selbin gemerkis was ein roc ir gesnitin nâch den franzoischen sitin wedir zuo lanc noch zuo kurt DIUT. 1, 12), *gränze, gemarkung* HELBL. (4, 219). JER. des landes, der lande gem. TUND. 42, 16. TÜRL. *Wh.* 18ᵃ. 31ᵃ. LOH. 1725. 7282. Mw. 249 (*a.* 1313). Mz. 3, 310 (*a.* 1355). CHR. 3. 15, 17. 60, 11. sie bringen vil der vinde ûf daz gem. breit WOLFD. *H.* 328; *das merkzeichen, merkmal* MYST. CHR. 2. 258, 33; — *zu* merke: *aufmerken u. dessen gegenstand, augenmerk, ziel, absicht* ER. JER. MYST. (in sinlîchem gemerke und in geistlîchem gemerke 2. 478, 30). vernim diser worte gemerke ROTH. *dicht.* 15, 97. *denkm.* 109, 97. der (spiegel) stûnt an einem orde oben an dem gewerke mit solhem gemerke, swenne lieht was der tach, daz man den spiegel sach EN. 256, 2. Heinrîch an dem gemerke was ERNST 718. daz si ir gemerke (*standpunkt für die beobachtung*) nâmen TRIST. 7422; *für die beobachtung*) nâmen TRIST. 7422;
ge-merkede *stn. gränze, gemarkung.* swâ zolbær guot über baierischez gemercht kumt Mw. 196 (*a.* 1294). *pl.* die gemerkt der gräfschaft Bludentz und Sunnenburg DH. 405;
ge-merken *swv.* (II. 66ᵇ) *prät.* gemarcte (TRIST. 2746), gemarhte (Iw. 5663. GREG. 2132. FLORE 6400): *bemerken, beachten, wahrnehmen* PARZ. GSM. (413). PASS. gemirken (: birken) L. ALEX. 2950. ELMEND. 396. KARLM. 135, 5. 208, 68; *verstehen* REINH. 333, 1153.

ge-merk-stein *stm. gränzstein* GR.w. 3, 697.
ge-merlt *part. s.* merlen.
ge-mern *swv.* (II. 139ᵃ) *eintunken.* irn durft mir niht wan wazzer gebn und brôtes, daz ich drîn gemer WWH. 135, 1; *zu abend essen,* er mit in gemerte KARAJ. 41, 5.
ge-merren *swv. aufhalten, verderben.* daz wir von ubilen gedanken gemerret ne werden FDGR. 2. 30, 40.
ge-mêrsal, -mêrsale *stfn.?* (II. 158ᵃ) augmentum, incrementum SUM. DIEF. *n. gl.* 42ᵃ.
ge-merter *pl.* die seligen gemerter, *martyrer* TUCH. 27, 32.
ge-met-lîche *adv. s.* gemelîche.
ge-mëzzen *stv. I,* 1 (II. 202ᵇ) WOLFR. TRIST. WIG. ob er mit dienste ie gemaz sîne bete an werdiu wîp GERH. 3562;
ge-mëzzen-lich *adj. mittelmässig* ELIS. 3142.
ge-micke? *stn.?* sô nam der keiser in de hant eine glavîe dicke, de was wol sîn gemicke KARLM. 331, 34.
ge-mîden *stv. II.* (II. 165ᵇ) *meiden, vermeiden,* TRIST. *H.* den ouch ritterlîcher muot bî sînen tagen nie gemeit GERM. *H.* 2, 96.
ge-miese *stn.* (II. 167ᵃ. 225ᵃ) *coll. zu* mies; *nicht zu belegen. vgl.* gemose.
ge-mieten *swv. belohnen.* er kunde wol mit lône rîlîche die gem. ENGELH. 5125. den boten gem. ULR. *Wh.* 200ᶜ. er sol mich gem. mit sô ritterlîchem bejage KRONE 20287. dâ mite sie in gem. ze êwigen gelte möhte 21934.
ge-milwe *stn.* (II. 173ᵇ) gemilb, -mulb, -mülle pulvis Voc. 1482. — *zu* mël.
ge-minne *adj.* (II. 185ᵃ) *in liebe vereint, zugethan, freundlich, liebreich.* TRIST. WARN. PASS. die geminnen j.TIT. 3984. guot süeze und geminne wâren alle ir sinne W. *v. Rh.* 233, 27; *mit dat.* TRIST. HELBL. MSH. 1, 75ᵇ. W. *v. Rh.* 30, 22. GA. 1. 282, 57; *mit präp.* mit: diu was sô geminne mit liute und mit lande TRIST. 13094;
ge-minnen *swv.* (II. 184ᵃ) *lieben* WALTH. TRIST. BARL. EN. 343, 26. HPT. 9, 48; *gütlich beilegen* OBERL.;
ge-minnet, -mint *part. s.* minnen.
ge-minnern *swv.* (II. 177ᵃ) *geringer machen, verringern* ROTH *pr.* ir tütelen und ir geriune daz sol ich geminren SERV. 2979.
ge-mirken *swv. s.* gemerken.
ge-mischede *stn. gemische, mischung.* ob man daz gemischt legt an daz zandflaisch MGB. 89, 33;

ge-mischen *swv.* (II. 187ᵇ) *prät.* gemischete, gemiste (Rul.). sich zesamene gem. L.Alex. (4694). *part. auch nach st. conj.* Teichn. *vgl.* Weinh. *b. gr.* § 323.
ge-missen *swv.* (II. 190ᵃ) *missen, vermissen mit gen.* Herb. Ulr. *Wh.* 188ᵃ.
ge-miure *stn.* (II. 275ᵃ) *coll. zu* mûre, *das gemäuer* (Tuch. 169, 27. 170, 9. 229, 29), *gebäude, die mauern* Hartm. Loh. 5977. gemüere *ib.* 2340. 2895. daz alte gemuore Roth *pr.* 75. *ebend.* gemûre.
gemme *f. s.* gimme.
ge-mœde *stn. eine abgabe, sporteln für die bestellung eines anwaltes* Arn. 44 (*a.* 1494, *Nassau*). *vgl.* mêdeme?
ge-mose, -müse *stn.* (II. 225ᵃ) *coll. zu* mos Voc. Such.
ge-môt, -môten *s.* gemüete, -muoten.
gempel *s.* gampel', gimpel.
ge-mûde, -mûden *s.* gemuot, -muoten.
ge-müeje, -müege *stn.* (II. 229ᵃ) *kummer, qual.* die geize noch die küege tuont mir kein gemüege, *quälen mich nicht, ich habe keine* Fragm. 38, 72 (*so wird die stelle in* Wack. *excerpten erklärt, während* W.Gr. *die bedeut.,,gebrülle" vermutet. s.* müejen2);
ge-müejen *swv.* (II. 231ᵃ) *prät.* gemuote *bekümmern, beschweren, in not bringen* Iw. Nib. Gudr. 995, 3. 1278, 4. gemuojen Gen. *D.* 67, 15. 78, 22. gemuon Ath. *F* 96.
ge-müere *stn. s.* gemiure.
ge-müese *stn. coll. zu* muos *mus, brei* Chr. 2. 524, 40. Germ. 9, 203. 206. mel und ander gemüs S. Gall. *chr.* 78. ein gem. von haberkern S. Gall. *ord.* 190.
ge-müet *part. s.* müejen.
ge-müete, -muote *stn.* (II. 257ᵇ. 258ᵃᵇ) *coll. zu* muot, *gesammtheit der gedanken u. empfindungen, sinn, inneres, herz; allgem.* (an gemüete starc und dâ bî kranc an lîbe Loh. 4427. wîbes gem. nieman rehte errâten kan Helbl. 1, 147. der liute gem. ervarn Renn. 15532. sîn beste pfrüende ist vrî g. *ib.* 19495); *gemütszustand, stimmung* Nib. Iw. Trist. Walth. nû enthabe dîn gemuote (*zorn*) Kchr. *D.* 231, 8. des vrôt sich sîn gemuote Gen. *D.* 67, 7. nu vrou mir mîn gemuote 58, 13. im was sîn gemuote swêre Gr. Rud. 24, 19. diu mir mîn gemüete dicke ringet Neidh. 42, 39. swer tôren freut und ir gem. ringet Msh. 2, 229ᵇ. lâ dîn gem. sinken 3, 181ᵃ; *verlangen, lust* Iw. Amis, Narr. ir wunsch und ir gemüete wart gestellet alsô Silv. 1349. sein gemüet setzen *bedacht sein, streben* Chr. 3. 153, 20; *begehren, gesuch, ansinnen,* ir gem. hât erzürnet daz herze mir Wolfd. 61. gem. geben *ein gesuch erfüllen, besonders von dispensationen* Oberl. den burgen gem. geben Ad. 714 (*a.* 1278); — *ndrh.* gemôt, *begegnung im kampfe* Karlm. 116, 37. 178, 4. 193, 8.
ge-müffe *stn.* (II. 247ᵃ) *verdriessliches brummen, maulen* Neidh. (51, 18 *u. anm.*).
ge-mügen *an. v. können* H. *v. N.* 358.
ge-muht, -muhtsam *s.* genuht, -nuhtsam.
ge-mulb *s.* gemilwe.
ge-mülle, -mül *stn. das durch zerreiben, zermalmen entstandene,* pulvis Dfg. 472ᶜ. *n. gl.* 309ᵃ. Moyses sluog sîne ruote ûf das gemülle ûf die erde Chr. 8. 263, 7. dâ von swinge daz gemül Msh. 3, 468ᵇ, kohlenstaub Wp. *s.* 93. Frankf. *baumstb. v.* 1406 *f.* 25; *auskehricht* Birl. 187ᵇ. *vgl.* gemilwe.
ge-münde *stn.* (II. 236ᵃ) *coll. zu* munt (*hand*), *die spanne als mass* Weist. ein slîfstein, der 18 gemünde hât Urb. *Pf.* 201.
ge-münde, -munt *stn.* (II. 236ᵇ) *coll. zu* munt *schirm, schutz* Schm. (*a.* 1385).
ge-muogen, -muon *swv. s.* gemüejen.
ge-muore *stn. s.* gemiure.
ge-muot *part. adj.* (II. 231ᵃ. 257ᵃ, 25) *bedrängt,* fatigatus Sum. mit bœsen geisten bist du gemuot Rul. 50, 2. mit dem übeln geiste bist du gemuot Karl 33ᵃ. der mit dem tôde ist gemuot 87ᵇ. *s.* müejen.
ge-muot *adj.* (II. 256ᵃ) muot *habend, gesinnt, gestimmt, gewönl. durch ein adv.* (hôhe, vrô, übele *etc.*, lîhté gem. Vilm. *weltchr.* 65, 352) *näher bezeichnet, allgem.; s. v. a.* wolgemuot *wolgemut, mutig* Marlg. Kreuzf. ein gemuoter wîgant Ernst *B.* 56. der gemuote Tristan Trist. 6824. gemuoter fürst Reinh. 791; *den sinn ansprechend, wolgefallend, lieb* Leseb. 797, 7. *mit dat.* mê danne ir gemûde wêre Elis. 2095 (*ahd.* gimuati).
ge-muote *adv.* (II. 257ᵃ) wol gem. *wolgemut* Ms.; *s.* gemuote.
ge-muote *stn. s.* gemüete.
ge-muote *prät. s.* gemüejen.
ge-muotec *adj. voll zutrauens, unerschrocken.* her wart gem. sundir bangen Kirchb. 721, 29.
ge-muotec-heit? *stf. mit* grôzer gemûticheit îlte er hin zû dem grabe Pass. 361, 74. *s.* gâchmuotecheit.
ge-muotec-lîche *adv. unerschrocken* Kirchb. 785, 3.
ge-muoten *swv.* (II. 258ᵇ) *md.* gemûten, -mûden *begehren, verlangen.* do getorst der de-

gen hêre gemuoten niht mêre niwan daz eine DIETR. 4262, *mit gen. d. s.* TRIST. WIGAM. PASS. 118, 38. *mit dat. u. gen.* BÜCHL., *mit dat. u. acc.* BARL. doch getorst er ir gem. nihtGA 1. 341, 47, *statt des acc. ein abh.satz* SUSO, N. v. B. 145; gemuoten an WALTH. sô getar ers an den herren leider niht gem.MSH. 3, 264ᵃ; — *mit dat. gefallen, behagen,* den sî nit wol gemûden enkunde nâch ir wîse ELIS. 8254; *ndrh.* gemôten *im kampfe begegnen mit dat.* KARLM. 378, 42. *vgl. oben* gemôt *unter* gemüete.

ge-muot-haft *adj.* (II. 257ᵃ) *getrost, zufrieden* TRIST., *vertrauend auf* (an) *ib.; mutig, verwegen,* ob ieman sô gemuothaft getürre sîn, daz er mich alters eine hie bestê TROJ. 3542. si mahte si gemuothaft, des wart dâ güebet ritterschaft 34085.

ge-muot-heit *stf.* (*ib.*) *frohsinn* TRIST.; *beiname* Gurmâns *ib.* (*lies* 7159).

ge-muot-lich *adj.* (*ib.*) *dem* muote *entsprechend, angenehm, vollkommen* Iw.;

ge-muot-lîche *adv. gerne, freiwillig.* sie sîn gemûtlîche und willeclîche zû uns gangen HÖFER *s.* 232.

ge-muot-sam *adj.* (II. 257ᵇ) *dem* muote *eines* (*dat.*) *entsprechend* GLAUB.

ge-muot-vagen *swv.* (III. 201ᵇ) *willfahren mit dat.* SERV.

ge-muot-willec-heit *stf.* (III. 664ᵇ, 7) *s. v. a.* muotwille TAULER.

ge-muozen *swv.* (II. 272ᵇ) *sich zuo etw. sich dazu verstehen, sich die musse dazu nehmen* MAR. HEINR. 2896.

ge-mürde *stn. coll. zu* mort, *kampf, gemenge.* dâ hebt sich ein gemürde von MSH. 2, 138ᵃ.

ge-mûre *stn. s.* gemiure;

ge-mûrede, -mûrde *stn.* (II. 275ᵃ) *s. v. a.* gemiure GERM. 10, 397. *ebenso*

ge-mûrize *stn.* KELL. *erz.* 605, 13.

ge-mürre *stn. das murren, gemurmel* ALTSW. 70, 16 (: dürre).

ge-müse *stn. s.* gemose.

ge-mûzen *swv. maussern* KOLM. 203, 48.

gemzigen *swv.* (I. 430ᵃ) = ge-emzigen, *exercitare* TREV. *ps.*

gemzinc, -ges *stm.* (I. 498ᵃ) *der wie ein bock,* gemsbock (*s.* gamz) *ungestüm ist.* mugt ir hœren, wie der selbe gemzinc von der lieben hiuwer ab dem tanze vlôch? NEIDH. 75, 14. er ist ein gemzinc under jungen wîben (*var.* er ist gar ungestümme bei jungen weiben) *ib.* 124, 11.

gen *m.* = ge-ene *s v. a.* ane. von irem gen und irer mutter MB. 18, 532 (*a.* 1469).

gên *s.* gân, geben, gegen.

ge-nâ, -wes *adj. s.* genou.

ge-naben *swv.* (II. 282ᵃ) *durchbohren, stuprare* Ls. — *zu* nabe.

ge-nâch-bûr *stm. s. v. a.* nâchgebûr. genachtpaur UHK. 2, 276 (*a.* 1375);

ge-nâch-bûret *part. adj. benachbart, angränzend mit dat.* swie in wær manic heiden genâchpûret LOH. 5263.

ge-nâde, gnâde *stf.* (II. 337ᵇ—342ᵃ) *allgemein u. häufig im pl. vorkommendes wort, aus dessen grundbedeutung „neigung, niederlassung" sich die folgenden begriffe entwickeln: niederlassung um auszuruhen, ruhe* (ê die sonne zu gnâden gêt GR.w. 1, 744); *ruhige lage, behagen, glück, glückseligkeit* LAMPR. GREG. WIG. die himelischen genâde GEN. *D.* 10, 24. 73, 1. diu sêle ze genâden kam 45, 3. 72, 8. 114, 28. ze gnâden ist sîn sêle KCHR. *D.* 514, 29. mit gnâden, *glücklich* ELIS. 601. wie lutzel gnâden ist an werltlîchen dingen 5012; *neigung zu etw.* LEYS. TEICHN. wer die gnâde, der her mag zu paff Conzen begegnis morne kommenFRANKF. brgmstb. v. 1440 vig. V. p. pentec.; *herablassung um einem niedrigerm beizustehen, helfende geneigtheit, unterstützung, gunst, huld, gnade, gottes hilfe u. erbarmen* (von gotes gnâdenTROJ. 2172. HELDB. H. 1, 103, 249. des crûces gnâde ELIS. 4153. 4319. nâch gnâden, *mit billigkeit* CHR. 2. 264, 18. genâden bitten *um gnade, verzeihung bitten ib.* 4. 76, 7. 9. dâ von gêt gnâde für daz reht GREG. 3650. gen. sol vor dem rehte gânMARIENGR. 51. gen. ist bezzer danne reht KOL. 215, 925. ich neigte ir ûf den vuoz und dancte ir genâdenALTSW. 223, 31. ûf genâde, *im vertrauen auf wolwollen, auf die gewährung einer hoffnung*); *elliptisch in der anrede* (vor herre, vrouwe) *bittend oder dankend; niederlassung* (*fussfall*) *um zu danken, der ausgesprochene dank:* einem genâde sagen, bieten, jehen *mit gen. d. s. oder nachs. mit* daz. — *zu gt.* nithan *s.* nêden;

Ge-nâde *stswf. das personif.* genâde. wie tet Genâde sô, daz siz niht genædeclîchen schiet? MSF. 161, 32; an der Gnâden (*ruhe, behaglichkeit*) sant ER. 7069. *vgl.* HADAM. 168 *ff.*

ge-nâde-brief *stm. schriftliche gnadenerteilung* ÖH. 158, 5.

ge-nædec *adj.* (II. 343ᵇ) *liebreich, barmher-*

zig, gnädig. Bonifâcîus der marterære genædec Konr. Al. 173. der gen. herre Gen. D. 19, 1. genædigeʒ hêrtuom *herrschaft, herrlichkeit* Exod. D. 149, 12. gnædeger trehtîn Reinh. 1309. gen. vrouwe, herre Msh. 3, 302ᵃ. 305ᵇ; gen. sîn, wesen *mit dat.* Nib. Iw. Trist. Gen. D. 26, 32. 59, 6; gen. sîn, *wunder verrichten* Stolle.

ge-nædec-heit *stf.* (II. 344ᵃ) *wolwollen, gnade, barmherzigkeit* Tund. Ms. Hpt. 8, 112. Mone 8. 41, 104. Jan. 29. W. v. Rh. 59, 16. 259, 7. genâdenkeit *ib.* 43, 40.

ge-nædec-lich *adj. (ib.) s. v. a.* genædec Walth. Barl. gen. gruoʒ Büchl. 1, 1390. an gnædeclîchem dinge (*in ansehung der gnade*) *ib.* 1866. genædeclichiu dinc, *umschreibend für* genâde Er. 8536. gen. herre Engelh. 3610. gen. sîn *mit dat.* Walth.;

ge-nædec-lîche, -en *adv. (ib.) mit neigung, vorliebe* Leys.; *wolwollend, gnädig* Nib. Ms. Gen. D. 94, 19. sô stuont ir dinc vil genædeclîche Gudr. 193, 4. einem genædeclîchen bî stân Er. 2837; genædeclîchen (*adj.?*) danc sagen *s. v. a.* genâde unde danc sagen Engelh. 2839 *u. anm.*

ge-nâde-lôs *adj.* (II. 344ᵇ) *ohne* genâde, *von gott u. aller welt verlassen, aller ruhe verlustig, unglücklich.* die genâdelôsen Serv. 2633. er muose tuon unde varn als ein genâdelôser Gfr. 1933. gen. gast a. Heinr., man Hartm. Heinz. (2165). Gfr. 1793. 1827, wîp Greg. 3764. N. v. B. 269; *gunstlos, ohne erhörung,* der ich vil wol gedienet hân ûf genâdelôsen wân Neidh. 69, 31.

ge-nâden, gnâden *swv.* (II. 343ᵃ) *prät.* genâdete, genâte (Wig. Lanz.) *gnädig, freundlich, wolwollend sein mit dat. d. p.* Nib. Walth. Trist. Gen. D. 22, 19. 63, 19. 81, 16. 94, 28. 113, 33. Büchl. 1, 1793. Lieht. 40, 22; *danken mit dat. d. p.* Mar. Gen. D. 42, 22. 70, 22. 103, 15. einem mit dem munde genâden *s. v. a.* genâde sagen Greg. 1215. Gfr. 416. einem mit gruoʒe gen. Germ. 3. 435, 9; *mit gen. d. s. oder nachsatz mit* daʒ (Iw.) Lanz. Hartm. (*a.* Heinr. 927. Büchl. 1, 1536). Wig. Ernst B. 220. Herb. 14591; *mit dat. d. s.* si genâdete sînen geboten mit herzen und mit worten Dan. 1724;

ge-nâden *stn.* (II. 343ᵇ) *das danken* Iw.

ge-nâden-jâr *stn. jubiläum* Chr. 4. 45, 9. 11. 14. 195, 25. 26. 196, 1. gnaudenjâr *ib.* 5. 315, 23.

ge-nâden-keit *stf. s.* genædecheit.

ge-nâden-rîche *adj.* (II. 688ᵇ) *gnädig* Walth. Wack. pr. 66, 84. genâdenrîcheʒ wîp Msh. 1, 363ᵇ. hilf, genâderîcher lîp *ib.* 355ᵇ. gnôderîche gôben N. v. B. 86. gnâdenr. jâr *jubiläum* Chr. 2. 191, 17.

ge-nâden-stôʒ *stm. stoss, anregung der gnade.* dem got gibt einen gnâdenstôʒ, daʒ er ze gnâden kêret Mone 8. 339, 56. daʒ im quam anʒ herze ein genâdenstôʒ Marlg. 155, 71.

ge-nâden-van *stm. gnadenfahne.* swann unser walfart sî getân so geleit uns wider gnâdenvan frôlîch wider heim Hugo v. M. 6, 83.

ge-nâde-rîche *adj. s.* genâdenrîche.

ge-nâde-stiure *stf.* (II². 651ᵃ) *gnadensteuer, von kindern zu entrichten,* die ir hab niht gearbeiten künnen Münch. r.

ge-nâde-viur *stn.* (III. 332ᵇ) *feuer der gnade* Pass.

ge-nâdunge *stf.* dignatio Dfg. 181ᶜ.

ge-nagen *stv. I.* 4 (II. 296ᵇ) *s. v. a.* nagen *u. neben diesem oft als var.;* gneit = genaget Heinr. 3108. — *mit* abe, be-;

ge-nagunge *stf. zernagung, auflösung.* man sicht an der tôten herz kain versêrung als an andern glidern, wunden, genagung, swern, stain und sämleich dinch Mgb. 26, 33.

ge-næhe *stf.* (II. 293ᵃ) *nähe.* der gen. *in der nähe* Bit. (5927). unz daʒ man quæme in die genæh (: ersæh) Loh. 5008. in die g. komen Wolk. 52. 3, 6;

ge-nâhen *swv.* (II. 294ᵃ) *intr. nahen mit dat.* Tit. Trist. Barl. Troj. Hpt. 9, 36. Vet. b. 27, 18. so enkan nieman dar zuo an keiner stat genâhen Flore 4275; *refl.* gerne wolden si sich im genâhen Gen. D. 24, 7;

ge-næhen *swv.* (II. 294ᵇ) *intr. u. refl. nahen* Tit. Wig. Evang. 259ᵃ. genæhet er baʒ dem prîse Wwh. 271, 13;

ge-næhenen *swv.* (II. 295ᵃ) *intr. mit dat. sich nähern* Oberl.

ge-naht? (II. 301ᵃ) zuo niuwen genahten Msh. 3, 281ᵃ.

ge-name *swm.* (II. 314ᵃ) *s. v. a.* genanne Ms. Gerh. Feldb. 369.

ge-næme *adj.* (II. 370ᵇ) *md.* genême *was gerne genommen wird: annehmbar, angenehm, schön, wolgefällig mit od. ohne dat., allgem.* (guote und genæme pfenninge Mz. 1, 304. 306. kupfer bî genæmem golde Hadam. 162. ein gen. rint Helmbr. 118. ein gen. hort Winsb. 22, 10. der gen. degen Gr. Rud. 19, 12. 20, 1. diu schœne und diu genæme Troj. 10116. diu clâre und diu gen. 22502. von übele genæme, laz lop ist niht gezæme LANZ. 9403; dem ich hiute bin g. LIT. 225, 24. diu lust hôchgemüete in herzen wirt gen. LOH. 3840. unde ist in vil genæmer GA. 1, 339, 19); *mit gen.* der gotes genæme, *gottesfreund* PASS. (96, 52. 180, 73. 212, 56. 260, 57);

ge-næmec *adj. zu folgern aus*

ge-næmec-heit *stf. annehmlichkeit, beliebtheit* BERTH. *Kl.* 241.

ge-næme-lich *adj.* (II. 371ᵇ) *angenehm* GSM.

ge-næmen *swv.* genæme *machen.* calidonius genæmet, sardis machet êrentrîch KOLM. 6, 780.

ge-namzôn, -nemzen *swv.* (II. 370ᵃ) *namentlich bestimmen, ausbedingen* ZÜRCH. *rb.* — *zu* name.

ge-nande *prät. s.* genenden, genennen.

ge-nanne, gnanne *swm.* (II. 313ᵇ) *assim. aus* genamne (*vgl.* gename) *desselben namens, namensbruder, genosse* DIEM. WWH. BARL. PASS. KCHR. *D.* 349, 17. BERTH. 289, 7. RENN. 20801. KARLM. 341, 45. wir sîn genannen kint und mâge j.TIT. 4059. dâ Johannes dich touft, dâ von mir süezer trehtîn dîn genannen worden sîn, wan dû bist Crist, so sîn wir cristen OT. 430ᵇ. genanne *redet der sohn den vater an* RENN. 23652, *den grossvater* MONE *z.* 9, 322;

ge-nannen *swv.* sich zuo einem g. *sich nach ihm nennen.* wie suoze got dich meinet, sun, daz du dich genannes zuo dem hêren sande Johannes ULR. *Wh.* 253ᵈ.

ge-nant, -nante *part. adj.; swm.* (II. 312ᵃ) *mit namen verschen, genannt, bestimmt* (ê, vor, obe gen. *früher genannt*). ze genanden tegedingen EXOD. *D.* 122, 30. eine genant steur geben CHR. 5. 27, 33. 74, 6. — *zeuge vor gericht* (*nominatus*), der ein gewer haben wil der sol si behaben mit siben genanden den næhsten und den besten MW. 59, 46 (*a.* 1255). — die genanten *od.* alle genanten *bildeten den grössern bürgerl. rat u. repräsentierten die ganze bürgerschaft, die alten* genanten (*gewönl.* acht) *bildeten mit den bürgermeistern den kleineren rat, s.* NP. 8 *f.* 175. ROTENB. *r.* 1 *ff.* CP. 7. 67. 288. CHR. 1. 136, 21. 24; 2. 245, 9, 16. 246, 1. 256, 31 *etc.* SCHM. 2, 696 *f.*

ge-nante *prät. s.* genenden, genennen.

ge-nant-heit *stf. name, benennung* MYST. 2. 505, 13.

ge-nant-lich *adj.* (II. 312ᵃ) *mit namen ge-* nannt, *bekannt.* al der welte genantlich MART. (204, 97).

ge-nære, -nâren *prät. s.* genësen;

ge-narte *prät. s.* genern.

ge-nasche, nesche *stn.* (II. 317ᵃ) *das naschen, die leckerheit* DIEM. REINH. MART. (118, 112) HADAM. 399; *schmarotzerei* MYST.; genesch *als weibername* WOLK. 5. 2, 2;

ge-naschen, -neschen *swv.* naschen. der vil kranke genesche daz pulver und die esche, daz von den liuten ist worden MART. 201, 27. *vgl.* WOLK. 5. 3, 11.

ge-naset *part. adj.* (II. 317ᵇ) *mit nase versehen* PARZ.

genaster *stf. s.* ganeister.

ge-næte *stn.* (II. 304ᵇ) *coll. zu* nât, *stickerei* HÄTZL. *vgl.* TRIST. 2632 *u. anm.*

ge-nazte *prät. s.* genetzen.

genc *imper. s.* gân.

genc-lich *adj.* (I. 477ᵃ) *vergänglich* TRIST. *H.* g. werden *fortgang haben, zu stande kommen* ARN. 44 (*a.* 1394).

gênde *part. u. gerund. s.* gëben.

genden *swv. s.* geenden.

ge-nëben *s.* genëven.

[ge-nëden *stv.?* II. 333ᵃ] *s.* nîden.

ge-negele *stn.* (II. 298ᵃ) *coll. zu* nagel, *die nägel* W. *v.* Rh. 163, 11. AD. 966. GR.w. 1, 701.

ge-neic *prät. s.* genîgen.

ge-neiet *part. s.* næjen.

ge-neigec-lich *adj.* geneigt WACK. *pr.* 68, 200;

ge-neige-lîcheit *stf. hinneigung* WACK. *pr.* 69, 29;

ge-neigen *swv.* geneigete, -neicte *eine richtung geben, neigen, beugen*, daz houbet si geneigeten GEN. *D.* 74, 19. dar zuo sich Agar geneigete 39, 16. ê daz sich der geneige GUDR. 1368, 2. daz iu niht prîs geneicte PARZ. 136, 19. daz sper ûf einen gen. *oder bloss* ûf einen gen. BIT. 8700. 31; einen gen. *niederwerfen, zu falle bringen*, der mir zallen zîten drôt, ob er mich geneige, er welle mich niht langer leben lân MSH. 3, 223ᵃ. mit grôzen lassteinen sach man vil der helde geneigen GUDR. 790, 4; geneigt machen, als ein strenger rihter, den nieman weder mit bet noch mit keiner gâbe geneigen mac GRIESH. 1, 161.

ge-neigen = geneic in *s.* genîgen.

ge-neist, -neisten, -neister *s.* ganeist *etc.*

ge-neit *part. s.* næjen.

ge-neizen *swv. plagen, verfolgen.* vil harte er sî geneizete DIEM. 248, 22;

ge-neizide *stf.* (II. 330ᵃ) *verfolgung* WINSB.

ge-nëmen *stv. I*, 2 (II. 374ᵇ) *verst.* nëmen, *allgem.* (einen gen. *gefangen nehmen* CHR. 2. 60, 28. sich von etw. gen. *den beweis seiner unschuld führen* NP. 19). — *mit* an, în, ûf.
ge-nemen *swv.* (II. 311ᵇ) *aus* genemnen, *nennen* BARL.;
ge-nemzen *swv. s.* genamzen.
genen *an. v. s.* günnen.
gënen *swv. s.* ginen.
ge-nende *stf. s.* genennede.
ge-nende *adj.* (II. 378ᵇ) *kühn, mutig, eifrig* TIT. TRIST. H. JER. PASS. (381, 17). BIT. 12955. ERNST 106. 2681. 3175. j. TIT. 4534. 44. REINFR. 133ᵇ. 169ᵃ. ELIS. 9306. KIRCHB. 632, 30. 720, 10. *mit gen.* genende des strîtes ULR. *Wh.* 114ᵃ, *mit präp.* g e i n manheit gen. j. TIT. 4628. gein prîse 4945. z û gâbe wol genende ELIS. 7905. zû gode wol genende (*verlangend, sich sehnend*) *ib.* 8929, *mit nachs.* dâ bî was sî genende, daz sî zû ir doufe kam *ib.* 2360. *ebenso*
ge-nendec *adj.* (II. 379ᵃ) HARTM. WOLFR. (TIT. 82, 2. WH. 238, 9. 340, 14. PARZ. 537, 2. 784, 8). ULR. *Wh.* 230ᵃ. j. TIT. 1710. 4850. REINFR. 79ᵇ. 135ᵃ. KIRCHB. 615, 31. 638, 2. gen. a n TROJ. 46134. KARLM. 122, 47. gen. û f TRIST. *H.* TROJ., g e g e n j. TIT. 4277;
ge-nendec-heit *stf.* (*ib.*) *kühnheit, mut* ER. WOLFR.;
ge-nendec-lîche, -en *adv.* (*ib.*) *kühn, mutig, entschlossen, vertrauensvoll* EN. HARTM. (IW. *B.* 3760). WWH. PARZ. 296, 15. KL. 554. GUDR. 243, 4. 725, 4. ERNST 2073. FLORE 5436. MSH. 1, 210ᵃ. HELBL. 7, 696. ZING. *Pl.* 12, 9. KARLM. 89, 12;
ge-nenden *swv.* (II. 378ᵃ) genande, -nante; genendet, -nant *intr. wagen, mut fassen, sich erkühnen, absol.* (sol ich genenden oder verzagen ULR. *Wh.* 158ᵃ. torst ich genenden MSF. 54, 14. si genante zû der selben stunt ERLŒS. 309. *vgl.* KARLM. 13, 63. 18, 38. 82, 18 *etc.*) *od. mit* a n (FLORE 3981. TROJ. 16699. ELIS. 1137. 1206. 8391), g e g e n j. TIT. 1591. ich enwelle gein iu genenden ULR. *Wh.* 215ᵃ, û f FLORE, z u o EN. ELIS. 1163; *mit gen.* heiles ich genande NEIDH. 188, 29. der vart genenden ULR. *Wh.* 137ᵇ, *oder' mit infin.* Ms.; mir genendet *gelingt?* PASS. 315, 33; *refl.* LAMPR. HERB. — *vgl.* ernenden.
ge-nenne *stf. s.* genennede.
ge-nenne *adj.* (II. 314ᵃ) *berühmt* TRIST. SERV. RENN. 13699;
ge-nennede, -nende *stf.* (II. 313ᵇ) *assim.* genenne *ahd.* ginemmida, genennida: *wort, benennung* SUM.; *person, bes. im pl. die drei personen der gottheit* ANEG. WIG. GEO. SPEC. 3. DENKM. XXXIV. 2, 1. WELTCHR. 5ᵃ; *übertragen auf andere dreiheiten* FRL.;
ge-nennen *swv.* (II. 313ᵃ) genante, -nande; genennet, genant *s. v. a.* nennen HARTM. (ER. 7616. 18. BÜCHL. 1, 1768). TRIST. NIB. RUL. 306, 1. EXOD. *D.* 121, 35. ATH. *E* 94. CHR. 4. 53, 19.
gëner *pron. s.* jëner.
general *stm.* custer oder dêkân, minister oder general BUCH *d. r.* 403.
ge-nerde, -nirde *stf.* (II. 384ᵇ) *nahrung, ernährung, erhaltung* JER.;
ge-neregen *swv. s. v. a.* genern. die sêle gen. DIEM. 30, 5;
ge-nërn *part. s.* genësen;
ge-nern *swv.* (II. 384ᵇ) *heilen* KREUZF. WEIST. den g e n a r t e er û f der stat W. *v. Rh.* 134, 40. *vgl.* NETZ 9968. 10013. 57. 95; *retten, schützen, am leben erhalten* EN. IW. TRIST. WIG. den lip g. GR. RUD. 20, 13. 23, 5; den lip g. mit *ernähren* BARL.;
ge-nës *adj. rettung bringend.* daz was den gefangenen genes KIRCHB. 645, 28.
ge-nesche *stn. s.* genasche;
ge-neschelîn *stn.* (II. 317ᵃ) *näscherei, heimlicher genuss von liebesfreuden.* die umb ein genäschelîn zwei in eine kamer stôzent BERTH. 121, 33 (*das* WB. erklärt *„trinkgeld"*);
ge-neschen *swv. s.* genaschen.
ge-nësen *stv. I*, 1 (II. 379ᵇ—382ᵃ) genas, genære, *pl. auch* genâren (GEN. *D.* 88, 13. KCHR. *D.* 217, 6. 342, 11. EN. 4243. j. TIT. 4060. KRONE 26879) *und part.* genern (GEN. 14, 30. 48, 15. *vgl.* LACHM. *zu* NIB. 2258, 2) *statt* genâsen, genesen: *intr.* (*allgem.*) *gesunden, geheilt werden ohne od. mit gen. priv.* (*eines kindes* gen., *entbunden werden.* kindes vruht gen. PASS. 345, 83. a n einem k. g. RING 22ᵃ, 47); *am leben bleiben; von verderben errettet werden, lebend oder heil davon kommen mit gen. od.* vor, an (PARZ. GEN. *D.* 111, 32); *frei von übel sein, sich wol befinden;* — *tr. s. v. a.* genern CRANE (ANEG. 24, 31 *ist wol* w e s si genære *zu lesen*). wan sie (*acc.*) Daniel genas 104ᵃ;
ge-nësen *stn.* (II. 382ᵃ) *die errettung, das heil* KREUZF. PASS.;
ge-nësen *part. adj.* (*ib.*) *unverletzt* JER.;
ge-nëserîn *stf. hebamme* W. *v. Rh.* 58, 52. 59, 1. 242, 42. *vgl.* genesen eines kindes *und* genist.

ge-netzen *swv.* (II. 320ᵃ) *prät.* genazte, *nass machen* TROJ. (6113).

ge-neust, -neuwe *adv. s.* genouwe.

ge-nëven *swm. pl.* (II. 322ᵃ) *die zu einander im verhältnisse von neffen stehen, gegenseitige verwandte* EN. nû worden sie genefin, teilten sich in vetterlinien DÜR. *chr. s.* 10. g e n e b e n LAMPR. *vgl.* genifteln.

genez *stn.? frauengemach, webegemach der frauen* SUM. *s.* DFG. 262ᶜ. *n. gl.* 193ᶜ. — *aus mlat.* genecium, *gr.* γυναικεῖον. *ebenso* **genez-tunc** *stf.* HPT. 7, 130. DIEF. *n. gl.*193ᵃ.

genez-, jenez-wîp *stn.* (III. 719ᵇ) *weibl. person, die sich in dem* genez *aufhält, frauenzimmer* KCHR.

gengære *stm. gänger, umherstreicher.* unkiuscher giler und gengære RENN. 168ᵇ. genger *als geschlechtsname* ZIMR. *chr.* 4. 250, 31;

genge *adj.* (I. 476ᵇ) *unter den leuten umgehend, verbreitet, gewönlich.* ein gengez mære Iw. ERNST 5164. DIETR. 2870. 6931. LANZ. 7812 *var.* sîne kunst und sîne list, die zû Pârîs genge ist HERB. 10672. genge und gæbe haller, pfenninge W. 29. Mz. 1, 247. 367 *etc.* SWSP. 251, 3. die münze sint nû sêre genge worden RENN. 13770; *leicht gehend, rüstig, bereit,* genge werden RENN. 3718. wie bistû sô genge HADAM. 459. daz er kome genge LS. 1. 313, 169. ein genger videlære GA. 1. 349, 464. ein zelter schœne und genge FLORE 2736. den leip geng machen (*stuhlgang verschaffen*) MGB. 419, 11. genge nâch ORL. 1355. g. z u o ELIS. 3984. *vgl.* ZIMR. *chr.* 4, 612ᵃ;

genge *swm. in* vuozgenge;

genge *stf.gang. in* vollekomener genge (: lenge) MART. 199, 57;

genge *stn. in* anegenge;

gengec *adj.* (I. 477ᵃ) *s. v. a.* genge. die muns, die zu den selben zeiten gengig wirt MH. 3, 366; vil gengic was daz mære DIETR. 6931 *var.; ebenso*

gengel *adj.* sîner witze ist vil unde gengel (: engel) MALAG. 200ᵇ;

gengel *stm. gänger in composs.*;

gengelære *stm.* (I. 478ᵃ) *wanderer* KOL.;

genge-lich *adj. s. v. a.* genge. fünf schillinge haller gengelîches geltes Mz. 1, 291 (*a.*1340);

gengelîn *stn. dem. zu* ganc MGB. 34, 7; ein gengle mit ainandern thun, *zweikampf durch ringen und schlagen* ZIMR. *chr.* 3. 498, 31. 563, 38;

gengen *an. v. s.* gân;

gengen *swv.* (I. 477ᵇ) *prät.* gancte, gengte *gehen machen.* daz ros mit kraft er gancte WH. *v. Öst.* 70ᵇ; *absol.* ûf einander sie dâ gengten HELDB. *K.* 182, 41. zuo helfen er dâ gengte 184, 15. die herren vür sich gengten 204, 37. — *mit* ane-, er-, ver-, zer-.

ge-nibele, -nibel *stn.* (II. 327ᵇ) *coll. zu* nëbel *nebelmasse, gewölk* DIEM.LANZ.LAMPR.KCHR. D. 131, 32. MAR. 196, 1. FDGR. 2. 125, 33. GUDR. 1134, 1. in dem genibel sach man ein wâpen glenzen REINFR. 14ᵃ.

ge-nic, -ckes *u.* **ge-nicke** *stn.* (II. 283ᵇ) *genicke* Ms. der sînes genickes pflac RENN. 22637. diu kleit ûf dem genicke diu sint mir leider dünne FRAGM. 38, 148. *s.* GR. 1³, 143. — *zu* nîgen, nicken, *also urspr. das neigeglied* WEIG. 1, 415;

ge-nicken *swv.* (II. 353ᵇ) *tr. beugen.* die genicket dîn mehtige hant GEN. *D.* 108, 7. JOS. 1032; *intr.* (*absol.*) *sich beugen, neigen,* ouch genicte der man BIT. 9233. — *mit* nider.

ge-nic-sam *adj. hinkend.* krump unde genicsam KRONE 19859.

ge-nîden *stv. II.* (II. 345ᵇ) *s. v. a.* nîden Ms. und kan dich niemen gen. FLORE 2897. vil lutzil er genîdet GLAUB. 1685.

ge-nideren *swv.* (II. 337ᵇ) *tr. u. refl. niederdrücken, erniedrigen, demütigen* Iw. ich genidere dîne hômuot L.ALEX. 2885. ob ich gen. kan den sînen hôchvertigen muot BIT. 9486. er mac sînen übermuot gen. zeines mannes muot WG. 12048.

ge-nieten *swv.* (II. 349ᵇ) *part.* genietet, -niet (*s. auch* nieten): *refl. mit gen. s. v. a.* nieten. *vgl. noch*FLORE 5070. GERH. 4493. BPH. 8012. RENN. 15490. TROJ. 23279. 29071. 34860. HADAM. 515. GA. 2. 190, 559. sich g. mit j.TIT. 5632, nâch LS. 2. 373, 503;

ge-nieten *stn.* (II. 350ᵇ) *das genughaben einer sache* JER.;

ge-nietet, -niet *part. adj.* (*ib.*) *erfahren, in arbeiten geprüft.* die hauptmanschaft mit zwaien tapfern genieten mannen zu fürsehen USCHB. 69. wo man ander dann genietet und wol erzeugt leut senden wurd, das die wider haim geschickt werden sollen *ib.* 114. in funferlai sprâch was er geniet CHR. 3. 275, 6.

ge-niez *stm.* (II. 394ᵃ) *md. auch* genîz (: vlîz) PASS. 391, 54: *das geniessen, die benutzung* ER. JER. und gehielten daz wazzer dô ûf künftigen geniez W. *v. Rh.* 75, 59; *nutzniessung eines gutes, einkommen, ertrag* WOLFR. BARL.PASS. (unde liez niht versitzen von dem gûte den geniez 369, 41. ûz dem genieze lân MARLG. 60, 39). daz vervie niht zir genieze LANZ. 7494. der nutz und geniez Mz. 1, 391. 402. MH. 2, 771. 3, 187. MONE z. 8, 330; *nutzen, vorteil, lohn* KREUZF. PASS. (*vgl.* noch H. 102, 25. 104, 17. 185, 25. 198, 60. 262, 82. 361, 42). j.TIT. 5726. 5956. DÜR. *chr.* 412. NP. 117; *genuss, genusssucht* NETZ 8418. *vgl.* ZIMR. *chr.* 4, 612ª;

ge-nieze *stswf. genossin, gespielin* ELIS. 711. 875. 7188;

ge-niezen *stv. III.* (II. 391ᵇ) *tr. inne haben u. sich zu nutze machen, geniessen* (*s. im* WB. *nr.* 6) DAN. TEICHN. PASS. was ieglicher tail trauet zu genieszen (*durch beigebrachte beweise sich zu rechtfertigen, vgl.* SCHM. 2, 709) CHR. 5. 47, 27; *absol. von dem anreizenden blut- u. fleischgeniessen der jagdhunde* NIB. WINSB. HELBL. HADAM. (*vgl.* genozzen, ungenozzen); — *intr. mit gen. nutzen woran, freude woran haben, keine strafe wofür leiden, gegensatz zu* entgelten. *allgem.*;

ge-niezer *stm. der genusssüchtige* MGB. 230, 22;

ge-niezlîn *stn. dem. zu* geniez RENN. 4733.

ge-nifteln *sw. pl.* (II. 332ᵇ) *die zu einander im verhältnis der nichtenschaft stehen* ER. (9737). *vgl.* genêven.

ge-nîge *stn.* (II. 352ª) *verneigung, bückling* MS.;

ge-nîgec *adj.* (*ib.*) *eine neigung habend gegen* MYST.;

ge-nîgen *stv. II.* (*ib.*) *sich neigen, ins neigen kommen* Iw. (*vgl. Bech zu* 3944). ich weiz niht war er geneic KRONE 13136. einem gen. *sich vor ihm verbeugen* TRIST. PASS. der bischof der geneigen (: erzeigen) = geneic in SERV. 1106. — *mit* nider.

genippe *s.* gnippe.

ge-nirde *stf. s.* generde;

ge-nis *stf. s. v. a.* genist KIRCHB. 725, 26. *vgl. ahd.* kinis *bei* SCHM. 2, 707.

ge-nis-bære *stf.* (II. 382ª) *genesungsfähig, heilbar* A. HEINR. (172);

ge-nis-bær-lich *adj. genesung bringend, heilkräftig.* der sô genisbærlîchiu dinc dem siechen lie dô werden schîn PANT. 806.

ge-nisec *adj.* (II. 382ª) *heilbar.* wunden genisig und ungenisig SCHM. 2, 706 (*a.* 1487). *ebenso*

ge-nis-lich *adj.* (*ib.*) A. HEINR. ENGELH. MS. (H. 2, 192ᵇ). BERTH. *Kl.* 406.

ge-nisse *stn. gewürm.* dâ enist die scorpiô noch genisse AB. 1. 312, 141. — *ahd.* nesso *wurm* DENKM. IV. 5 *A,* 1 *u. anm.*

ge-nist, gnist *stf.* (II. 382ᵇ) *heilung, genesung* LANZ. 1593. PARZ. 577, 23. A. HEINR. (181. 240 *u. B.* 440) TRIST. SILV. (1815. 2201). ENGELH. 5454. PANT. 215. 1003. TROJ. 32535; *entbindung* HÄTZL. (*s.* genesen eines kindes *und* geneserîn); *rettung* Iw. TRIST. KRONE 12068. 12682. 16106. 21504. WARN. 82. 618. HPT. 7. 353, 18. 376, 6; *heil, bestes* GEN. *D.* 104, 30. TROJ. 14762. KRONE 11450; *unterhalt, nahrung* WIG. TROJ. TEICHN. HELMBR. 1826. BIRKENST. 172. 220. — *zu* genësen, *vgl.* genis.

geniste *s.* ganeist.

ge-niste, -nist *stn.* (II. 385ᵇ) *coll. zu* nëst *nest, nester* TRIST. FRL. TROJ. (6150). die alden grîfen kêrten von ir geniste dan GUDR. 87, 2. unz vür daz gebirge dâ sîn geniste was OTN. *Ettm.* 7, 47. sô gêt ez sitzen an sîn genist (: ist) AB. 1. 311, 131. eins sparwers geniste Aw. 3. 193, 9. dâ sîn (*des* wurmes) geniste was HELDB. *K.* 295, 9. *vgl.* SILV. 665;

ge-nisten *swv.* (*ib.*) *nisten* TRIST.

gênît *stn.?* (I. 498ª) *türkisches ross.* swerzer denn ein g. PARZ. (*lies* 778, 20). — *vgl. ital.* ginnetto, giannetto *leichtes pferd* DIEZ 497.

ge-niuwen *swv.* (II. 389ª) *neu machen, erneuen* PARZ. TRIST. U. ebenso

ge-niuwern *swv.* disen hezzeclîchen zorn wil ich geniuwern nimmer mê GERH. 6247.

ge-nîz *stm. s.* geniez.

genkert *part. s.* ankern.

gênne *gerund. s.* gëben.

gennen *s.* gunnen.

genner *stm. s.* jener.

ge-nôde *adv. s.* genôte.

gênôde *stf. s.* gegenôte.

ge-nogen *swv. s.* genüegen.

ge-nomen-lîche *adv. in* ûzgenomenlîche.

ge-norn *part. s.* niesen.

ge-nôs *stn. der schaden* KARLM. 455, 21;

ge-nôsen *swv. intr. mit dat. schaden* KARLM. 465, 40. 473, 9. *s.* nôse;

ge-nôste *stn.* (II. 407ª) *schädigung* HÖFER.

ge-nôt *stf.* mir ist gen. *s. v. a.* mir ist nôt. daz ûch allen sô genôt ist ûf dises menschen tôt PASS. 64, 14.

gênôte *stf. s.* gegenôte.

ge-nôte, -nôt, gnôte *adv.* (II. 414ᵇ) *enge.* einem g. tuon, würken *ihn bedrängen* MAR. KREUZF.; *dringlich, angelegentlich, unablässig, eifrig, sehr* (*allgem., doch nicht bei* WOLFR.; *bei* HARTM. *nur im* ER. 6688) *vgl. noch* GEN. *D.* 45, 13. 50, 22. 52, 11. 78, 30. 80, 18. 94, 31 etc. KCHR. *D.* 449, 4. RUL. 188, 3. 294, 28.

GUDR. 1203, 3. RAB. 700. REINH. 2098. FLORE 6757 (gnôte). 7416. WG. 6924. TROJ. 5938. 19948. SILV. 1547. ENGELH. 2970 (genôte brûn, *dunkelbraun*). 3080. genôde ELIS. 8863. anders wellent sie uns gnôt nüt râten EA. 31. *s.* iegenôte *u. vgl.* KWB. 199;

ge-nœte *adj.* (II. 414ª) *eifrig, beflissen mit gen. od. nachs. mit* daʒ NIB. GUDR. (737, 1 *B*);

ge-nœtec *adj.* (II. 414ª) *dringend.* genôtige sache STZ. 667. CP. 76; *eifrig beflissen mit gen.* GUDR. 737, 1 (*bei Bartsch* genœte). *vgl.* KWB. 199;

ge-nœten *swv.* (II. 417ª) *prät.* genôte *nötigen, zwingen.* he kunde sie niht genôten, daʒ GEO. 4563, *mit gen. u. nachs.* diu liebe in des genôte, daʒ GEN. *D.* 68, 10; *refl. mit gen. sich mühe geben mit* BERTH.;

ge-nôtunge *stf.* (*ib.*) angaria SUM.

ge-nôt-zogen *swv. gewalttätig behandeln, notzüchtigen.* wie mohte si min neve genôtzogen? REINH. 1390.

ge-nou, **-wes** *adj.* (II. 418ᵇ) *genau* HÖFER. genâwe nôtdurft MYST. — *s.* nou;

ge-nouwe *adv.* (*ib.*) *kaum* FRL. (= MSH. 3, 426ᵇ). LUDW. (geneuwe). genaue oder kaum VOC. 1482; *genau* KRONE 12974. LAUR. *Sch.* 2205. KIRCHB. 758, 15. 780, 64. *sup.* geneust, *genauest* CHR. 1. 233, 34.

ge-nouwen, -nowen *part. s.* niuwen.

ge-nôʒ, -nôʒe *stswm.* (II. 395ª. 396ª) *auch syncop.* gnôʒ, gnôʒe, *vorwiegend st.; eigentl. der (die) mitgeniesst, genosse, gefährte* (GEN. *D.* 111, 22. genôʒe, *genossin* ELIS. 882. 1194, *vgl. zu* FLORE 353. die genôʒen, *die zur genossenschaft gehören* GR.W. 1, 42 *u. oft*); *mit gen. oder pron. poss. gleich an wesen, stand, würde (auch von dingen), allgem., vgl. noch* ER. 2108. 2817. 4282. 8634 (weder ist er berc oder berges gnôʒ, *einem berge ähnlich, vgl.* 9049; *anders im* DWB. 1, 1516). 10060. GREG. 368. NEIDH. LII, 23. HEINZ. 120, 26. GERH. 5711. 6047. TROJ. 1529 (des apfels g.). APOLL. 12457 (des spers g.). niemant soll seine wein verziehen dann einen ieden wein mit seinem genossen, als nemlich Frankenwein mit Frankenwein *etc.* NP. 261; *auf ein fem. bezogen:* diu dîn genôʒ wære FLORE 2535. jâ zimt dem herren baʒ sîn genôʒ an sînem arme, dan ich ellende arme KOL. 260, 566; — einem genôʒ sîn, werden (II. 396ᵇ *als adj. angesetzt*), *gleich, ebenbürtig sein, werden* MS. JER. GR.W. 1, 102. 145, *taugen für,* daʒ er wær dem pistuom wol genôʒ LOH. 3229 (*darnach im* WB. *zu corrig.*);

ge-nôʒ *stm. s. v. a.* genôʒschaft, *gemeinschaft.* wie wir das gut bissher in genoss besessen habent AD. 1451;

ge-nôʒe *swm.* (*f.*) *s.* genôʒ;

ge-nôʒec *adj.* (II. 396ᵇ) *zur genossenschaft, zu derselben gemeinde gehörig* WEIST. (ob einer gên Wetteschwyl züge und nit gnossig wêre 1, 42).

ge-nôʒe-lôs *adj.* (*ib.*) *ohne seines gleichen* LOBGES.

ge-nôʒen *swv.* (II. 397ª) *tr. teil haben an, geniessen.* die zinse und gülte, die das gotshùs von alter her gehept und genosst hat AD. 1317 (*a.* 1439); *gleichthun, nachmachen,* der daʒ trinken bieten wil sîm gesellen, daʒ kan ich genôʒen JÜNGL. 579; *tr. u. refl. gesellen zuo* SUCH. got wolde in ie genôʒen zû des selben landes diet PASS. 220, 31. die ensol ich nimmer ze der werlde genôʒen FRAUENEHRE 969. der vrum man kan sich wol gen. ze kleinem dinge und zem grôʒen WG. 2727, *mit dat. sich der heiligen ê* geu., *heiraten* BERTH. 306, 12; *mit dat., präp.* (an, gegen, mit, zuo) *od. adv. gleichstellen, vergleichen, gleichkommen* HARTM. (und wil sî wol gen. zwein bergen grôʒen ER. 9049). FREID. BARL. KONR. die gebiurinne wellent sih des rîchen mannes tochter ginôʒen ERINN. 331. der genôʒet sich mit sterke sehs und zweinzic mannen GUDR. 254, 3. niemen möhte sich gen. mîner fröude FLORE 5990. wer möhte sich gen. mit dekeinen fröuden *ib.* 3719. der sich möhte gen. dar *ib.* 2085. wie lützel ich sie dan zesamne genôʒe LOH. 5990; — *intr. mit dat. gleich sein, gleichen* KINDH. WWH. TRIST. U. dem aller smac ûʒ krâmen niht genôʒet j. TIT. 6007. ir gemahil genôʒit dem vil süeʒin gaste MART. 109, 20. keiner mohte im gen. LS. 2, 415. — *mit* un-;

ge-nôʒinne, -nœʒinne *stf.* (II. 396ª) *genossin* GEN.; *standesgenossin, ebenbürtige,* sî muoʒ doch sîn sîn genœʒinne DSP. 1, 59ᵇ. SSP. 1, 45; 3. 45, 3. genœʒin SWSP. 55, 29.

ge-nôʒ-lich *adj. gleichstehend, ebenbürtig mit dat.* andern rittern genôʒlich WIGAM. 1434. ich bin dar zuo genôʒlich 2281. *ebenso*

ge-nôʒ-sam *adj.* (II. 396ᵇ) *mit dat.* HARTM. BIT. 313. ERINN. 309. MAR. 165, 34. WACK. *pr.* 27, 78. 28, 79. GA. 3. 360, 121. genôʒsan (: man) GFR. 52;

ge-nôʒ-same *stf.* (*ib.*) *genossenschaft, ge-*

sammtheit der standesgenossen (freien oder hörigen) URB. WEIST. MONE z. 7, 130. 140; *vereinigung, ausgleichung,* einer rehter gen. über ain komen Mz. 1, 351 (*a.* 1369). wir loben die gen. stêt ze hân *ib.* ein reht, sleht gen. DON. (*a.* 1376); *vorkaufsrecht als folge der genossenschaft* WEIST.;

ge-nôʒ-samen *swv. in* ungenôʒsamen;

ge-nôʒ-same-schaft *stf. genossenschaft* GR.W. 1, 185.

ge-nôʒ-schaft *stf.* (II. 396ᵇ) *gesellschaft, gemeinschaft.* die nû in dîner genôʒschefte sint LIT. 1239, *vgl.* 908. die gen. si im versageten GLAUB. 1398. deiʒ wurde ein genôʒschaft WWH. 159, 5. der engel gen. Iw. SERV. GEO. 99. in der himelischen gen. WACK. *pr.* 1, 86. 2, 34. 6, 27. 10, 50. 11, 45. 13, 57. disiu mislîchiu dinc (*gold u. messing*) behaben dicke genôʒschaft KRONE 62; *gesammtheit der standesgenossen* GERH. (in der gnôzschaft in der ich koufman bin genant 3132). daʒ er wîp genæme, swenn er ze sînen tagen kæme von sîner genôzschefte FLORE 873. in der gen. wîben MONE z. 7, 147. daʒ si nit wîben noch mannen ûzer der gnôzschaft GR.W. 5, 64; *teilname woran,* und lêch im hoves gen. KRONE 12588. einem gen. geben ze SERV.

ge-nozzen *part. adj.* (II. 393ᵃ) *der etwas genossen hat.* ein brack genoʒʒen ALTSW. 163, 22 (*s.* geniezen *und* ungenoʒʒen); *ohne schaden od. nachteil, ungestraft, unversehrt* RUL. (242, 24. 261, 17. 293, 3). KCHR. WALTH. KARL, SERV. PASS. daʒ ich des gen. blîbe BIRKENST. *p.* 18.

gense-bluome *swmf.* (I. 216ᵇ) ligustrum SUM. Bentz der gensbluom Ls. 3. 401, 88.

gens-einigunge *stf. geldbusse für verbotenes weiden der gänse.* ein g. ist ein schilling heller GR.W. 1, 801.

gense-gëlt *stn. gänsegülte* Mz. 1, 480 (*a.* 1403).

gense-korn *stn.* (I. 862ᵃ) tipsana SUM.

gense-krage *swm. gänsehals* WAHTELM. 193. ALTSW. 52, 8.

gense-krësse *swmf.* (I. 879ᵃ) sanguinaria SUM.

gense-kropf *stm. als name* HEUM. 322.

gense-krœse *stn. gänsegekröse* UKN. *einleit.* XLIV *anm.*

gense-lich *adj. ganshaft.* diu genslich schar (*Hussiten*) WOLK. 18. 4, 3.

genselîn, gensel *stn.* (I. 478ᵇ) *kleine gans* WWH. 100, 12. Ms. RENN. 12446. MGB. 168, 32. WOLK. 18. 4, 5. das gensel fliesen, *deflorari ib.* 44. 1, 14.

gense-leffel *stm.* genslöffel *als schelt-, spottwort* MSH. 3, 306ᵃ.

gense-mist *stm. gänsekot* MYNS. 27.

gense-smalz *stn.* (II². 429ᵇ) MGB. *und*

gense-smër *stn. gänsefett* PF. arzb. 1, 4. 2, 3ᵈ.

gense-vuoʒ *stm.* (III. 446ᵃ) *gänsefuss* HELBL.

gensischen *adv. nach art der gänse* MGB. 139, 33.

gën-sît *adv. s.* jënsît.

genste? *stf. s. unter* ganst.

genster, gensterlîn *s.* ganeister, ganeisterlîn.

gent *stf. leute, fz.* TRIST. 16704. ich enwil des niht enbern, irn bringet die tôten gente von mir zuo einem prêsente dem kunige ULR. *Wh.* 162ᵃ. 173ᵇ;

gentil *adj.* gentil rois, edeler künic TRIST. 3353.

gentisch *adj. von Gent.* gentisch lachen, *ein kostbares zeug* ULR. *Wh.* 101ᵃ.

ge-nûc *adj. s.* genuoc;

ge-nüege *stf.* (II. 359ᵇ) *md.* genûge, gnûge *genüge, fülle* MART. FRL. LUDW. ELIS. 1852. 3322. 8191. ERLŒS. XLVII. *pl.* nâch genüegen geben j. TIT. 5508 (*od. infin.?*). ein gen. tuon umbe etw., *es bezahlen* CHR. 5. 100, 9; *nasal.* genung *ib.* 1. 404, 3; 2. 141, 20. 304, 9. 308, 3. 350, 13;

ge-nüegec *adj.* (II. 361ᵃ) *md.* genügec *genügsam, zufriedengestellt* GEST. *R.* JER. wis genûgec MSH. 3, 108ᵇ. umb das man in schuldig ist genûgig ze machen CP. 280;

ge-nüegec-heit *stf.* (*ib.*) frugalitas DFG. 249ᵃ;

ge-nüegede *stf.* (I. 359ᵇ) *genüge, befriedigung, vergnügen* MYST. (lust und genüegde 2. 47, 27 *ff.* THEOL. 212). KIRCHB. 673, 37. ist er sô schœne, daʒ in kein man zuo genüegde mac gesehen an MALAG. 24ᵃ;

ge-nüegel *adj.* (II. 361ᵃ) *md.* genûgel *genügsam, sich begnügend mit* (an) LUDW.;

ge-nüege-lich *adj. s. v. a.* genüegec. dâ (*im himmel*) sint sie al genüegelich Ls. 2. 687, 4. frugalis DFG. 249ᵃ. *n. gl.* 183ᵇ;

ge-nüege-lîchen *adv. zur genüge, vollständig* TUCH. 279, 8;

ge-nüegen, -nuogen *swv.* (II. 360ᵃ) *prät.* genüegete, -nuocte, nuogte, *part.* genüeget, -nuogt; *nasal.* genüngen CHR. 2. 142, 26; *md.* genügen, *auch mehr nd.* genogen HERB. 9866. 16069: *tr. befriedigen, zufriedenstellen, erfreuen* (*ahd.* thaʒ minna sie ginuage OTFR. 5. 12, 68; *mhd. ausser der zweifelhaften stelle* PASS. *K.* 303, 23 *kein beispiel*); *refl. mit* gen. *sich woran befriedigen, ersättigen* TRIST. *U.* Ms. daʒ ich strîtes mich genüege ULR. *Wh.*

255ª. daz ir iuch mügent genüegen heiles und langer wunne FLORE 3206; — *unpersönl. mit acc. d. p. (md. mit dat. s. noch* PASS. 195, 70. 348, 83) *und mit gen. d. s. od. mit an, allgem. (doch nicht bei* GOTFR. *u.* KONR.), *vgl. noch* BÜCHL. 1, 666. 728. LOH. 3730. 5186. DIETR. 6547. j.TIT. 6193. 6200. WG. 2719, *die sache durch einen satz ausgedr.* WWH. (406, 4). sô wolde in niht genüegen swaz er valsches gefüegen mit allem vlîze kunde ER. 4649. daz mich niht genüegen mac, ichn flîze mich naht unde tac BÜCHL. 1, 663; — *intr. ausreichen, genug sein* FRL.; *sich begnügen, beruhigen, sich ruhe verschaffen.* sie kunden nirgen genogen HERB. 9866. 16069, *vgl. zu* 8996;

ge-nüegnisse *stf. hinreichende menge.* umb die genugnüsse des holzes, die ich solt gehabt haben (*zur beheizung*) USCH. 388 (*a.* 1400);

ge-nuht *stf.* (II. 354ᵇ) *gen.* genühte, -nuht *genüge, fülle* LANZ. PARZ. BARL. KONR. (*sehr häufig*). OT., *md. denkm.; vgl. noch* ANEG. 19, 60. GEN. *D.* 87, 15. KCHR. *D.* 465, 4. LOH. 2797. 6836. 7344. 7576. MAI 51, 28. WOLK. 88. 3, 8; gemuht KIRCHB. 683. 719. — *s.* nëhen;

ge-nühtec *adj.* (II. 356ª) *genüge od. fülle habend, bietend* Ms. TROJ. (21204). JER.; *mit gen.* aller tugent genühtic was si GA. 2. 220, 38. 236, 637;

ge-nühtec-heit *stf. fülle, überfluss.* in genühtikeit des ertriches und dem touwe des himels sol sîn dîn segen CHR. 8. 255, 5. *vgl.* EVANG. 259ª.

ge-nuht-sam *adj.* (II. 356ᵇ) *s. v. a.* genühtec. daz edel lant genuhtsam MAI 52, 15 *var.* ein stetel vil genuhtsam PASS. 368, 83. sô du izzest oder trinkest, sant Raguelem habe in dînem muote, sô wirstû genuhtsam HPT. 8, 114. gemuhtsam KIRCHB. 752, 64 (*die im* WB. *aus dem* ANEG. *u.* TUND. *angeführten beispiele gehören wol zum folgenden*);

ge-nuht-sam *stf.* (*ib.*) *fülle, reichtum, überfluss* ANEG. TUND. MYST. GRIESH. 2, 58 (genuhsami = genuocsam?). BIT. 5607 (*hs.* genuogsam). 13336. KOL. 180, 895. 185, 1067. MGB. 49, 4. 292, 15. 294, 10. *vgl.* genuocsam;

ge-nuht-samede *stf.* (II. 356ᵇ) *abundantia, sufficientia* SUM. (genuhsamede = genuocsamede?).

ge-nung, -nüngen, -nunk *s.* genüege, -nüegen, -nuoc;

ge-nuoc, -ges (II. 357ᵇ) *nasal.* genunk, genung CHR. 1. 37, 25. 27; 2. 128, 9. 150, 15. 253, 11. 303, 17. GR.W. 1, 511 (*vgl.* WEINH. *schles. wb.* 65); *md.* genûc, genûch, gnûc: *genug, hinreichend; manch, viel, oft mit leiser ironie sehr viel, viel zu viel. es steht für sich allein (im* PASS. *häufig im sing., sonst gewönlich im pl.), mit dem subst. in gleichem num. u. cas., oder mit abhängig. gen. partit. — das unflect. neutr.* genuoc *steht in substantivischer bedeut. mit gen.: genüge woran, hinreichend grosse menge wovon* (genuoc tuon, unrecht wieder gut machen LESEB. 860, 8. einem g. t., *ihn befriedigen* LUDW.), *oder als adv. vor u. hinter adj. u. adv.* (gnuoc verre, *sehr weit* ER. 9869. genuoc vruo 2441. ebene genuoc, *gerade hinreichend* 1398. KCHR. *D.* 456, 17). — *s.* nëhen.

ge-nuoc-sam *adj.* (II. 359ᵇ) *s. v. a.* genühtec, genuhtsam SSL. DIEM. 152, 11. NP. 171. 262;

ge-nuoc-sam *stf.* (*ib.*) *s. v. a.* genuhtsam BIT. 5607 (*in der neuen ausg.* genuhtsam, *hs.* genuogsam). da wirt der götlich nam gelobt ân alle genuegsam VINTL. 9995. *vgl.* GRIESH. 2, 58;

ge-nuoc-samec-heit *stf.* genuocsamkeit, genügsamkeit THEOL. 56, frugalitas DFG. 249ª; abundantia, sufficientia *ib.* 6ª. 565ª;

ge-nuoc-samede *stf. s.* genuhsamede;

ge-nuoc-sam-lîche *adv. zur genüge* DH. 337.

ge-nuoc-tât *stf.* satisfactio DFG. 514ª;

ge-nuoc-tuonunge *stf.* (II. 359ᵇ) *vergütung begangenen unrechtes* LESEB. 1059, 15.

ge-nuoge *adj.* (II. 359ᵇ) *md.* genûge *genügend, ausreichend* JER.;

ge-nuoge *adv.* (*ib.*) *genugsam, hinreichend, sehr* RUL. (299, 20). NIB. (2080, 2). WALTH. FLORE;

ge-nuogen *swv. s.* genüegen.

ge-nuten, gnütten *swv.* (II. 424ª) *intr. sich schwingen, wackeln* FRISCH. — *vgl. ahd.* genuotôn, *conquassare;* hnutten, *vibrare* GFF. 4, 1126 *und* gneiten, *nicken bei* BIRL. 188ª.

ge-nützen *swv.* (II. 402ᵇ) *prät.* genuzte *geniessen* ULR. LEYS.; *benutzen, gebrauchen,* daz swert genützen TROJ. 25233.

genz *m. s.* ganze.

genze *stf.* (I. 479ᵇ) *vollständigkeit, vollkommenheit* KARAJ. LEYS. MART. (*lies* 250, 30). j.TIT. 155. 1149. genz MGB. 288, 2. 291, 25. — *zu* ganz.

genzec-lîche *adv. s. v. a.* ganzlîche MYST. 2.

426, 38. W. *v. Rh.* 134, 12. ganzeclîchen *ib.* 166, 35.
genzen *swv.* ganz machen MGB. 355, 1. — mit en-, ver-.
genz-lich *adj. s.* ganzlich;
genz-lîcheit *stf.* integritas DFG. 302ᵇ.
ge-oberen, goberen *swv.* (II. 429ᵃ) einem ge-ob., *über ihn die oberhand gewinnen* CHR. 5. 90, 1; *tr.* WWH.
ge-offen-bâren *swv.* GERM. 10. 332, 522. *refl. mit dat.* N. *v. B.* 281.
ge-offenen, -offen *swv.* (II. 433ᵃ) *eröffnen, offenbar machen* KCHR. RUL.
ge-oleien *swv. die letzte ölung geben.* daz ich mich lieze geoleien BERTH. 304, 11.
gêometras *m.* (I. 772ᵃ) daz meisterde Gêometras EN. 251, 40. der wîse man G. *ib.* 252, 23. 254, 39. der meister Jêometras PASS.;
gêometrîe *f.* (*ib.*) wander (Gêometras) wole konde die list von geometrîen EN. 252, 5. jêometrî PARZ.
ge-ordenen, -orden *swv.* (II. 441ᵇ) dâ noch ein mensche wêre, der gote getrûwete, got tête im baz, denne er selber immer georden kunde MYST. 2. 459, 23;
ge-ornt *part. s.* ordenen.
ge-orset *part. adj.* (II. 444ᵃ) *mit einem rosse* (ors) *versehen, beritten* ERNST, LIEHT. LUDW. DIETR. 9439; *mit uml.* geörset LUDW.
ge-ôt-müetec *adj.* (II. 263ᵃ) *s. v. a.* ôtmüetec, *md.* geôtmûtic MYST.
ge-ougen *swv. zeigen* WOLFD. 2125.
ge-pac *stn. gepäcke.* Karles last und sîn gepac (: sac) KARLM. 135, 25. — *s.* packen.
ge-pepel *stn. geplapper, geschwätz.* durch ir gepepel und gepimph HANS 4194. — *s.* bappeln *im* DWB. 1, 1120.
ge-phaden *swv.* (II. 485ᵃ) *verst.* phaden. tuo zuo ir ougen und ir herze, daz er dar în iht muge gephaden MSH. 2, 184ᵃ. swer im mit riuwe kan gephaden, dem kumt er ûf der sünde schaden 3, 160ᵃ.
ge-phahten *swv. ermessen.* diu (sælde) ist grôzir danne alle sinne getrahten kunnen oder gephahten MART. 268, 50. 279, 32.
ge-phenden *swv.* (II. 482ᵃ) *pfänden* FREIBERG. HPT. 9, 53. wâ gesâhet ir ie wîp die man alsô geph. NEIDH. *Ben. s.* 348.
[**ge-phette** *stn.* II. 487ᵇ] *ist zu tilgen; es steht nur in* MSH. 3, 276ᵃ, *die hss. u. der alte druck haben* gepflætte, *das Haupt* (NEIDH. *s.* 167 *anm.*) *in* gephnæte *bessert, welches auch* NEIDH. 54, 39 *vorkommt.*

ge-phlëgen *stv. I*, 1 (II. 505ᵇ) *mit gen. s. v. a.* phlëgen. *allgem.;*
ge-phleit *s.* phlegen *swv.*
ge-phlenze *stn. coll. zu* phlanze. der blüemlîn zierlich gepflänze WOLK. 33. 2, 9.
ge-phliht *stf.* (II. 509ᵃ) *das zusammensein, die gemeinschaft* LANZ. Ms. (guot man mit sælden hât gephliht 2, 354ᵇ. ze der schande habent sie gephliht 3, 37ᵃ). die mit den heiden hânt gephliht FREID. 157, 12. — *vgl.* phliht *u.* phlëgen;
ge-phlihte *swv.* (II. 511ᵃ) *genosse* NICOD.;
ge-phlihten *swv. zusammensein, wohnen.* sô vil der rûchen im walde niht gephlihten j.TIT. 4116.
ge-phnæte *stn.* (II. 513ᵃ) *das schnauben, blasen* NEIDH. (54, 39 *u. s.* 167). — *zu* phnëhen.
ge-phrenge? *stn. s.* gevrenne.
ge-phünde *stn. md.* gepunde, *gewicht* ERLŒS. 874.
ge-pimphe *stn.* HANS 4194, *s. unter* gepepele.
ge-pînen *swv. quälen, peinigen.* nâch sîner art mac ich mich niht gepînen WARTB. 101, 3.
ge-polieren *swv. glätten* CHR. 3. 32, 3.
ge-plätze *stn. s.* gebletze.
ge-povel *stn. s.* gepüfel.
ge-præche *stn. s.* gebræche.
ge-prîsen *swv.* (II.534ᵇ) *preisen, verherrlichen* Iw. WIG. BIT. 72. KONR. *Al.* 6.
ge-prüeven *swv.* (II. 540ᵇ) *md.* geprüven *herstellen, zurecht machen* TRIST. ein phlaster g. ER. 5235; *darstellen, schildern* MAI, *absol. sich darstellen, handelnd zeigen,* sô helfet, guote wîgande, daz wir ûf des Rînes sande geprüeven gên des fürsten man, daz man ze reden müge hân BIT. 8233; *prüfen, beurteilen* PASS. *K.* 66, 54. 383, 29. rede gepr. TRIST. 4849. der koste zil g. LOH. 6850;
ge-prüevieren *swv.* (II. 541ᵃ) *zurecht machen, anordnen* TRIST. LEYS.
ge-prûse *stn. s.* gebrûse.
ge-püfel *stn.* (I. 230ᵃ) *coll. zu* bovel, *volk, tross* PARZ. 454, 16 (*die lesart* gepruovet *aufzunehmen, wie das* WB. *will, verbietet einfach der sinn der stelle*). gepovel BEH. 25, 8. gepöfel ZIMR. *chr.* 2. 562, 4.
ge-punde *stn. s.* gephünde.
ge-quël *stm. quella* MYST. 2. 67, 2.
gequeln *swv.* (I. 897ᵇ) *quälen, martern* A.HEINR.
ge-quide *stn. gespräch, disputation. md.* gekudde JER. 154ᶜ. gekûde KARLM. 23, 48. — *ahd.* gaquidî *zu* queden.
gër *adj. s.* gir;

gër *stf.* (I.531ᵃ) *verlangen, begehren, begierde* (ich habe ger zuo; mir ist ger an, nâch, zuo, ich habe verlangen nach), *allgem., vgl. noch* ER. 2779. TROJ. 23212. ULR. *Wh.* 236ᵇ (dû gerest einer hôhen ger). PASS. 182, 29. 313, 94. 351, 86. 356, 45. 358, 37. 373, 12. *K.* 9, 30. 20, 75. 125, 42. 244, 8. 468, 60. JER. 74ᶜ. 88ᵇ. — *vgl.* gir.

gêr, gêre *stswm.* (I.498ᵇ.499ᵃ) *wurfspiess, die alte heldenmässige waffe zu wurf u. stoss, vorne mit breitem eisen, im* 12.*jh. vom* spere, *der ritterl. waffe verdrängt. n b f.* gâr RUL.; gêr *st.* LANZ. NIB. DIETR. 1591. 1608. 8828. RAB. 666. 771. dâ sluoc gêr wider gêr KCHR. *W.* 4230. mit swerten und mit gêren kunden si schaden mêren *ib.* 15368. sîne triuwe habent aberhâken als ein gêr NEIDH. 93, 32. dô schôz in Amôr mit dem goldînen gêre (= strâle) EN. 291, 13. mit minne gêre MSH. 2, 181ᵇ; gêre *sw.* RUL. NIB. EXOD. *D.*160,21. LAMPR. 1253. DIETR. 1557. ECKE *L.* 210. SIGEN. *L.* 12; — *die sw. form* gêre (*auch st.* FRL.) *bedeutet sodann: keil-* (*wurfspiess-*) *förmiges stück* (diuscher lande gêt ein gêre über Rîn DIUT.1,66; *vgl.* gêr *als waldname,* daz holz, daz dâ haizet gêr UHK. 1, 308 *a.* 1294. UKN. 202 *a.* 1323 *vgl.* gêrel), *bes. keilförmiges zeugstück, das unten an ein gewand zur verzierung od. zur erweiterung eingesetzt ist* (gêren an der wæte RENN. 22711 *vgl.* BERTH. 17, 28. ein roc mit vier gêren und niht mê, *tracht der kärntischen herzoge* OT. 183ᵇ. hilf mir, daz ich nimmer werde gêr noch ermel in daz muoder MARIENGR. 155), *der so verzierte, besetzte teil des kleides, schoss, saum* NIB. KL. GUDR. WOLFR. (des pelzelîns ein gêre WH. 84, 26). LIEHT. KONR. (die gêren und die buosen TROJ. 22746). hemdes gêre APOLL. 6586. EILH. 4556. von dem houptloch ûf den gêren BELIAND 3877. gelt, dâ von im sîn gêre und ouch sîn biutel dicke erklinget MSH. 3,57ᵃ. er leget die gêren lang an den rok unde snîdet danne daz breite abe unden an dem gêrn BERTH. 17, 28 *f.* kein gêren ûsz dem rock zerren ZIMR. *chr.* 3. 472, 7. — *gt.* gais? *altes, warscheinl. kelt. wort* (*lat.* gæsum, *gr.* γαῖσον, *hasta*); *zu beachten ist auch mit* DIEF. 2, 383 *und* GSP. 491 *das gt.* gáiru *spiess, pfahl* (*glosse zu Cor.* 2. 12, 7), *das schwerlich mit* GR.3,442 *als* gáiru *zu nehmen ist; vgl. gt.* sair = *mhd.* sêr.

ge-ræche *swm.* (II. 685ᵃ) *mirächer* Ms.

ge-rachen *swv.* erreichen. dô gerachet er den risen unt sluog im ab ein hant ROSENG.1345. *vgl. Bartsch zu* KARLM. *s.* 290. GR. 2, 27.

ge-ract *part. s.* recken.

ge-rade *adj. s.* gerat;

ge-rade *adv.* (II. 558ᵃ) *zu* gerat 1: *schnell, sogleich* TRIST. *H.* TROJ.(23920). HERB. JER. sît dientes im dest gerater (: vater) ROTH *dicht.* 3, 72.

ge-rade *adv. zu* gerat 2: *gerade, gleich.* g. spiln RENN. 2738, teilen KARLM. 247, 48.

ge-râde *stf. nd. weibliches geräte u. kleider als erbe* SSP. 1. 24, 3. 27. der grüne mantel gehört zu der gerâde ANZ. 8, 387 (*Pirna*). *vgl.* RA. 566 *ff.* WEINH. *d. frauen* 133 *f. — zu* rât.

ge-radec-heit *stf.* (II. 558ᵇ) *frische leibeswandtheit, raschheit* SUCH. agilitas DFG. 18ᵃ. saltator, triber der geradigkeit SCHM. 3, 49.

ge-râden *stv. s.* gerâten.

ge-râfen, -raffe *s.* gerâven, -râve.

ge-rahsenen, -rehsenen *swv.* (II. 547ᵇ) *räuspernd, hustend ausspucken.* swer diu galle von im gerähsenet GEN. *D.* 6, 14. — *mit* ûz.

ge-raht *part. s.* recken, gerecken.

ge-ræme *adj.* (II.549ᵇ) *ein ziel* (râm) *im auge habend, worauf achtend* LS. *vgl. die zwei letzten beisp. unter* gerûme;

ge-râmen *swv.* (II.550ᵇ) *als ziel ins auge fassen, trachten, streben nach.* sô si best kunden gerâmen KARLM. 181, 2; *mit acc.* wen sie mich wil gerâmen OTN. 1188; *mit gen.* KROL. RSP. di im komen sô nâhen, daz er ir mahte gerâmen RUL. 280, 23. eines dinges g. MSH. 3, 59ᵃ. 61ᵃ. KRONE 1251; *mit untergeord. s.* ir künnet wol gerâmen, daz ir iuch iht begiezet *ib.* 1713; *zum ziele gelangen* FREIBERG. (232).

ge-ranc *prät. s.* geringen;

ge-ranc, -ges *stmn.* (II.715ᵃ) *das ringen, streben. m.* WG. 10283. 10379. WARN. 174; *n. ib.* (419. 1928);

ge-rangen *swv.* (*ib.*) *ringen, sich herumbalgen* (*von grobem liebesgetändel*) Ms.

ge-rans *stn. schnelle bewegung hin und her* WOLK. 29. 3, 41 (: grans). *vgl.* ranzen.

gerarche *swm.* ἱεράρχης. *der gerarchen* (*engelchöre*) *der sint drî geordent wol in godes* lobe PASS. 338, 66;

gerarchîe *swf. die gotes gerarchîen* PASS. 339, 57. *mlat.* jerarchia, gerarchia DFG. 285ᵃ.

gerarchît *swm.* gerarchites, ist ain swarzer stain MGB. 448, 22. *vgl.* Mus. 2, 94.

ge-rasten, -resten *swv.* (II.557ᵇ) *rasten, ruhen*

Nib. (1562, 4). Greg. 724. Ms. Elis. (238).
j.Tit. 6183. Ga. 1. 130, 133.
ge-rat *part. s.* retten.
ge-rat, -rade *adj.* (II. 558ᵃ) *schnell bei der hand, rasch* Kindh. Herb. Pass. Pilat. 367, *gewandt, tüchtig* Chr. 2. 80, 9. 21. 81,11.18; 5. 138, 18. 197, 15. Just. 131. 132; *frisch aufgewachsen, gerad u. dadurch lang* (II. 558ᵇ, 35) Ludw. — *s.* rat *adj.*
ge-rat, -rade *adj.* (II. 558ᵇ) *aus zwei gleichen zahlen bestehend, durch zwei zu teilen, gleich, gleichartig* Trist. — *zu gt.* rathjo *die zahl.*
ge-ræte *stn.* (II. 573ᵃ) *md.* gerête, gerêde, *coll. zu* rât:. *rat, beratung, beirat* Mar. Barl. Flore, Glaub. 1677. 1993. Pass. 217, 96. Elis. 3824. Chr. 8. 28, 1; *überlegung* Pass.; *vorsorge, hilfe* Pass. Kreuzf. Elis. 8115; *zu-, ausrüstung, vorrat, fülle, reichtum, zieml. allgem.* (*nicht bei* Wolfr.), *vgl. noch* Kchr. *D.* 356, 29. Greg. 3213 (*zierlichez g., schmucksachen*). Troj. 1158. 2042. 24988. Msh. 2, 261ᵇ. Pass. 149, 70. 327, 52; *md. hausrat, gerätschaft* Pass. Ludw. Elis. 643. Heinr. 673;
ge-rætec *adj.* (II. 578ᵃ) *md.* gerêtic *beiratend, beratend* Kreuzf. Jer.;
ge-râten *stv. red. I, 2 u. sw. s. unter* 3 (II. 579ᵃ. 581ᵃ) *md. auch* gerâden (Elis.) 1. *tr. u. intr. s. v. a.* râten *raten, anraten, anordnen* (gerâtent daz die geste mîn Bit. 9073. den ir sælde daz geriet, daz si im sturme ir lîp verlurn Wwh. 451, 5); — 2. *intr. wolberaten sein. gelingen, gut od. übel ausschlagen, geraten, gedeihen perf. auch mit* hân Er. 2913; sîn hinvart alsus geriet Wwh. 69, 16. der boum niht wol gerætet, der in der wüeste aleine stât Troj. 18582. der erde vrühte gerâtent Mgb. 78, 10. geræt zeim herrn ein bœsewiht Wg. 4407. die glogg ist nit gerâten Chr. 5. 327, 16. 23. 25. 27. wenn die weingerten gerâten, *viel wein geben* Cp. 39); *glücklich, zufällig wohin gelangen* (in welhez lant sîn vart geriet Ulr. Wh. 196ᵇ. daz sîn vart ze im geriet Loh. 4019. sô daz der selbe slac geriet Rêmô dur sîner brüste bein Troj. 32296. welhe wege er dô geriet Bit. 3095. an einen *od.* einen ane gerâten, *treffen* Jer. ob man sie mit dekeinem kriege ane geriet Loh. 748); *mit infin. wozu gelangen, anfangen, das verb. finit. umschreibend* (*s.* Gr. 4, 96) Trist. Geo. Bon. Reinh. 751. 69. 90. er gerætet uns phenden Ulr. Wh. 134ᵉ. gerætet er mich ze lande laden 121ᵈ. *vgl.*

Erlœs. 1272. 3098. 3334. 3762. 3915. 4061. 4490. 4775. 5261. Elis. 388. 441. 462. 3206. 6962. 8244. 9448; — 3. *mit gen. entraten, entbehren* (II. 579ᵃ), *mit dieser bedeut. zuweilen sw.* (j.Tit.) Iw. Berth. Myst. Elis. 4392 *u. oft in urk. u. chron. z. b.* Mz. 1, 367. 4, 65. 235. Np. 301. Cp. 25. 39. Chr. 1. 164, 24; 2. 125, 27. 528, 29; 3. 331, 12. 384, 12;
ge-râten *part. adj.* (II. 563ᵇ) *einem gerâten sîn, ihm raten* Chr. 1. 138, 3. 145, 1, *ihm günstig, gewogen sein* Leseb. 780, 40; wol, übele ger., *gut, schlecht ausgefallen, gediehen* (II. 581ᵃ, 40) Troj. Kulm. r. wol gerâden Elis. 1284. 4990.
ge-rater *comp. s.* gerade *adv.* 1.
ge-rætlach *stn.* (II. 574ᵃ) *gerätschaften* Swsp. 418, 23. Mone 5, 138. *vgl.* Weinh. *al. gr.* § 263.
ge-raut *stn. s.* geriute.
ge-râve *swm.* (II. 584ᵇ) *s. v. a.* râve *dachbalken.* geraffe Weist.;
ge-râven *swv. mit* râven *versehen. getræmen und gerâfen* Kuchm. 56.
gerbel *stn. dem. zu* garbe. gerwel Wack.
gerben *s.* geerbe, gërwe, gerwen.
gërde *stf. s.* girde.
gêre *swm. s.* gêr.
gërec *adj. s.* girec.
ge-rëch *adj. zur rache geneigt.* wan sî im truogen haz und wider in sêre wâren gerech (: Abimeleech) Weltchr. 148ᵇ. — *zu* rëchen.
ge-rëch, grëch *adj.* (II. 587ᵃ) *wolgeordnet, in gutem stande* Mart. (22, 27); *gerade, aufrecht,* die krumben macht er gerechen Ot. 431ᵃ. gerech unde lam Krone 6028. er was g. worden, *seine glieder gerade* Pantal. 1113. er stuont gerechener, *aufrecht* Fdgr. 1. 116, 4; *bereit* Lanz. — *zu* rëchen 2;
ge-rëch, grëch *stn.* (II. 587ᵇ) *gehörige beschaffenheit, guter zustand, wolbefinden* Karlm. wes in nôt zû ir gereche mochte sîn Elis. 7265. einem guote rach und gerech tuon, *es so bewirtschaften, dass es im vollständig guten stande erhalten wird* Vilm. 311 (15. *jh.*). *adverbial* zuo gereche *od. pl.* zuo gerechen, *in guter verfassung, geordnet, bereit* Lanz. Flore, Herb. Kreuzf. ze allem gereche Gr.w. 4,126. *vgl.* zu gerach kommen Vilm. 311;
ge-rëche *adj.* (*ib.*) *ordentlich, recht, genau* Gen. Lanz. Er.;
ge-rëchen *stv. 1,* 2 (II. 589ᵃ, 50) *zusammenraffen, -scharren* Pass.; *erreichen, treffen*

auf (589ª, 2), *oft in* KARLM. (gericken 91, 59).
ge-rëchen *stv. I*, 2 (II.684ᵇ) *vollständig rächen* RUL. HARTM. (BÜCHL. 2, 373). TRIST. WALTH. gewrëchen ROTH. 37.
ge-rechen *swv. s.* gerecken 2.
ge-rëchenen, -rëchen *swv.* (II.588ª) *tr. u. refl. bereiten, rüsten* GEN. KARLM. — *zu* gerëch.
ge-rechenen *swv.* (II. 590ª) *rechnen, aufzälen* PARZ. KARLM. do sie gerechenten zû kunde HERB. 5958. ob die mâge mit anander gerechenen mugent, daz si ze der fünften sippe ainander mâge sint SWSP. 350, 23;
ge-rechenunge *stf. rechnung, aufzälung* DIETR. 609.
ge-rëch-lich *adj. s. v. a.* gerëch *wolgeordnet, bereit* KARLM.
ge-recken *swv.* gerahte; gerecket, geraht *tr. u. refl. ausstrecken.* die hant g. BIT. 6519, den vinger LIEHT. 137, 21. sich g. OT. 138ª; *erreichen, treffen,* wat he mit dem swerde gerachte KARLM. 116, 49. 202, 58 (*vgl.* gerachen, gerëchen *stv.* 1 *u.* WB. II. 589ª, 2 *ff.*); *intr. sich erstrecken, wachsen,* sô sîn jugent an jâren wol gerecket ULR. *Wh.* 166ª.
ge-recken, -rechen *swv.* (II. 592ª. 590ª, 34) *ganz aussprechen, darlegen* FDGR. 1. 76, 13. MOR. 1, 3375. der iu daz möchte vür gerechen ERINN. 969. *vgl.* errecken. — *zu* rache rede.
ge-rede *stf. länge des aufgerichteten leibes, geradheit* WOLK. 112. 3, 3. *vgl.* KWB. 120. SCHÖPF 526. — *zu* gerat 1.
ge-rêde *stn. s.* geræte.
ge-rede *adj. geschwätzig.* bist dû aber gerede alsô, daz dû gern sagest von dien dingen, die dich niutzit an gânt WACK. *pr.* 69, 189;
ge-redec *adj.* (II. 608ª) *beredt* SUCH.; *s. v. a.* redelich: umb ein redelichen heubtman und diener, item umb geredige lûde FRANKF. *brgmstb. v.* 1450 *vig. V. p. convers.;*
ge-rede-lîche *adv.* (II. 599ª) *ordentlich, vollständig* KARLM.;
ge-reden *swm.* (II. 605ª) *prät.* geredete, gereite, gerette *reden, sprechen* NIB. TRIST. WALTH. GEN. *D.* 64, 14. EXOD. *D.* 129, 22. LIEHT. 42, 4. MSF. 76, 13. 197, 10. TROJ. 15022. 22021; *geloben, versprechen* CHR. 2. 236, 1. 310, 3. wir gereden, das zu halten MH. 2, 349, 51; *einen reinigungseid leisten* HALT. — *mit* abe, mite.
ge-rêden *swv. s.* gereiten.
ge-rëf *stn.* (II. 608ª) clitella DFG. 127.

ge-refsen *swv.* (II. 609ª) *züchtigen, schelten, tadeln* RUL. BARL. KCHR. *D.* 40, 22.
ge-regec *adj.* regsum, *beweglich* MYNS. 91.
ge-rëgen *stn. s.* gerigene.
ge-regen *swv.* (II. 609ᵇ) *regen, bewegen* ER. PASS. MYST. GR.RUD. 13, 12. ATH. *B* 140. CHR. 5. 48, 34; *anregen, zur anzeige bringen s.* GERM. 7, 101;
ge-regenec *adj.* (II.610ª)*s. v. a.* geregec EHING.
ge-regenen *swv.* (II. 611ª, 30) *regnen* ZÜRCH. *jahrb.* MAR. 181, 3.
ge-regeze *stn.* velitatio. wurde einem sîn pfert in dem hûfen oder ûf einem geregeze erstochen KÖN. *s.* OBERL. 528.
ge-regieren, -regnieren *swv.* (II.611ᵇ) *regieren* DIOCL.
ge-rehsenen *swv. s.* gerahsenen.
ge-rëht *adj.* (II. 616ª) *gerade* ANEG. SERV. PASS. der gerehte als der krumbe PF. *üb.* 48, 614. si sî gerecht oder lam MART. 133, 96; *leiblich geschickt* WOLFR. ein ors gereht ze beiden sîten j.TIT. 1220. ein swert ze beiden ecken wol gereht ERACL. 1195; *recht, dexter* GRIESH. WOLK. daz gerehte bein MSH. 3, 220ᵇ. GERM. *H.* 9. 131, 1545. sîn ouge daz gerehte j.TIT. 49. g. hant CHR. 1. 287, 14. 296, 10. ze dem gerehten buoge hân ich die vart gelâzen HADAM. 453; — *recht gemacht, geschickt u. bereit (zu dienstleistungen), tauglich, passend, ohne od. mit dat. d. p. und gen. d. s. od. mit präp.* an, ze, *zieml. allgem.* (HARTM. *u.* GOTFR. *gebrauchen das wort nicht), s. noch* herschilte gerehte RUL. 106, 6. ein gerehter bracke ULR. *Wh.* 111ᶜ. püchsenstain die gerecht sint CHR. 2. 290, 17. die wein wâren nit gerecht, *bereitet*, mit pôsem gemacht *ib.* 1. 406, 11; einem g. sîn, *zur hand, behilflich sein* ULR. *Wh.* 156ª. LOH. 3792. 6559. mit hilfe g. dem rîche *ib.* 2592. wie daz der goukelêre gerecht wêre an sines lebennes bejac PASS. 175, 34. zallen dingen g. HPT. 11 499, 239. der mir dienstes wære g. KCHR. *D.* 104, 23. daz sî mir lônes ist g. ULR. *Wh.* 121ᵈ. einem g. werden, *ihm zum rechte verhelfen* MZ. 1, 556; — *mit dem recht u. dem rechten übereinstimmend: recht, gerecht, schuldlos, richtig* LUDW. TEICHN. gerehter kristen MSH. 3, 62ᵇ. gerehter sanc *ib.* 169ª. mîniu vrouwe ist wol diu gerehste *ib.* 441ᵇ. dîne wege sint gereht PASS. 216, 51. 256, 86. ist dann, daz der meister gerehter (*schuldlos*) stât vor dem lantsherren W. 16, *s.* 25 (*a.* 1332). an got g., vor gott gerecht GEN.*D.*114,11. *vgl.* gerihte;

ge-rëht *stn. s.* gerëhte;
ge-rëhte *adv.* (II. 617ª) *bereit* Kchr.; *rechts* Wolk.;
ge-rëhte *swm.* (II. 617ª, 18) *der gerechte* Ms.;
ge-rëhte *swf.* (II. 617ª) zuo der gerehten, *nämlich* hant, site Myst.;
ge-rëhte, -rëht *stn.* (*ib.*) *ausrüstung* Rul. tûsent guoter knehte mit ganzem gerehte Kchr. W. 6587; *recht, gerechtsame,* er het vil gerecht von der zechenden wegen Chr. 4. 234, 3. mit allem dem gewalt und mit allem dem gereht als wir ez herbrâht haben Mz. 2, 389 (*a.* 1294).
ge-rëhtec-heit, gerëhtikeit *stf.* (*ib.*) *gerechtigkeit, moralische passlichkeit* (equitas, justitia, rectitudo Dfg. 207ª. 313ª. 488ª) Berth. Ludw. Gen. 82, 30. Türl. Wh. 123ᵇ. Apoll. 4874. 20160. Renn. 8710. 60. Pass. 105, 51. 357, 60. Elis. 4882. 8715. *personif.* sie heizet die Gerehtigkeit Wartb. 146, 8; *rechtspflege* Pass.; *rechtlich begründete befugnis, vorrecht, gerechtsame, privilegium* Chr. 2. 140, 37. 141, 11. 14. 142, 16. 238, 4. 338, 10; 3. 57, 22. 24. 67, 4. 98, 23. 163, 2. 9. 11. 26 *etc.* 4. 325, 14. Tuch. 80, 23. 320, 32. Gr.w. 4, 204 *u. oft.* Cp. 60. 189. burger, die gerechtigkeit in die Begnitz haben, *das recht darin zu fischen* Np. 189. ger. an *einen kirchenstuhl ib.* 117; *rechtlich begründeter anspruch, forderung* Chr. 2. 139, 11. 265, *anm.* 2; *rechtlich gebührende abgabe,* der stat sol ir g. do von gefallen Np. 143. welicher unserm landrichter sein gerechtikeit nicht geben wolt Mh. 2, 807. *vgl.* Schm. 3, 29.
ge-rëhtec-lîchen *adv. recht, ordentlich.* die fart gerehticlichen enden Hadam. 70. der sich g. schicken welle 537.
ge-rëht-heit *stf.* (II. 617ª) justitia Gl.
ge-rëhten *swv.* (II. 617ᵇ) *tr. bereit, zurecht machen* Spec. Helbl.; *refl. sich bereiten, rüsten* Rul. Kchr. Spec. Ernst B. 1565. Krone 13198. Renn. 14225.
gêre-hûs *stn. s.* gerwehûs.
ge-reichen *swv.* (II. 654ª) *intr. reichen* Aneg. Spec. Ms. Kchr. D. 385, 27. Er. 1893. als hôch als ein man gereigen mag Kuchm. 25, *das ziel erreichen, treffen* Er.;— *tr. erreichen* Lanz. Pilat. 38. *vgl.* Nib. 592, 4 *var.*; *mit* an *s. oben sp.* 59 *und* Marg. 284.
ge-reide *stn. adj. u. adv. s.* gereite.
ge-reigen *swv. stn. s.* gereichen, gerigene.
ge-reine *stn. coll. zu* rein *gränze.* gereinde Gr.w. 4, 49.

ge-reinegen *swv.* (II. 662ª) Diem. *arzb. s. v. a.*
ge-reinen *swv.* (II. 661ª) *tr. u. refl. reinigen* Wack. *pr.* 74, 18. den lip g. Glaub. 2120. maht ich dich g. Rul. 293, 20; *mit gen.* der sunden sich g. Gen. 78, 10 *od.* von: diu dich vil wol gereinen mügen von dîner siecheit Silv. 1003.
ge-reise *adj. s. v. a.* gereisec Kolm. 71, 26. gereise leute Chr. 5. 222 *anm.* 2;
ge-reise *swmf.* (II. 666ª) *der, die mitreisende* Trist. Krone (nu muoste er gereise vrowen Minnen sîn 8636. über dise heide was der ritter sîn g. 21671. daz vingerlîn muoz sîn g. sîn 24918; diu maget, sîn g. 7887). sîner swester sun der wart sîn gereise Ga. 3. 715, 96;
ge-reise *stn.* (*ib.*) *das zu felde ziehen* Livl.;
ge-reisec *adj. zum kriegszuge ausgerüstet, dazu gehörig, beritten.* gereisige, *reiter* Chr. 2. 91, 35. 166, 3. 247, 13 *ff.* ger. gesell 153, 6. ger. pferde 34, 17. 47, 9. 89, 32. 248, 24 *ff.* ger. zeug 247, 14; *nasal.* gereising 259, 50. 260, 16. 261, 24. 263, 12. *s.* reisec.
ge-reit *stn. adj. adv.; part. s.* gereite; reiten, gereiten.
ge-reite *prät. s.* gereden.
ge-reite *swf.* (II. 673ᵇ) *s. v. a. heimgereite* Weist.
ge-reite, -reit *stn.* (II. 743ᵇ) *wagen.* er hiz in sitzen ûf sîn gereite, *fecit ascendere supra currum suum* Jos. 359 *u. anm.,* er hûb sich ûf gereiten und enwolt niht mêre beiten Mar. 158, 30; *reitzeug, ausrüstung des pferdes, allgem.* (*ndrh.* gereide Karlm. 62, 17. 90, 60. 108, 38. 131, 56. 151, 24. 166, 59. 175, 39. 181, 50); *einzelnes stück des* gereites Wigam. einiche rossdeck oder gereit, das einer rossdeck gleich sei Np. 108; *geräte,* si nâmen ziegel und ander gereite Gen. D. 32, 16. — *zu* rîten, reite, *vgl.* gerîte;
ge-reite, -reit *adj.* (II. 671ᵇ) *md. auch* gereide: *auf der fahrt begriffen, umherschwebend.* sô man die mettî an vâhet und der mensche sîn herze ûf hebit ze gote, ê ez iemir einen vers gespreche, sô ist ez inwec und sweibit denne alumbe die welt und ist denne gereite unz an die lausmettî, ê ez iemir wider an got gedenke Wack. *pr.* 54, 152; *bereit, fertig, zur hand mit od. ohne dat. d. p. u. gen. d. s. od. mit* ze, zuo, ûf Hartm. Gotfr. Strick. *u. md. denkm* nû wesent getrûwelîch gereit Erlœs. 890. diu samnunge was gereit Pass. 110, 19. der keiser was g. 170, 43. einem eines d. g. sîn *ib.* 124, 90. 185, 59. 226, 22. L. Alex.

2612. gereit, gereide zû Elis. 194. 2066. 2292. 2534 etc. mann und stete wêren do zû willig und gereid Ugb. 57, *mit untergeord. s.* mit flîȝe was sî mê gereit, wi daȝ sî vollebrêchte ir gebet Elis. 794, *mit dat. d. s.* ich wil dînen hulden sîn gereit Msh. 3, 322ᵃ; *vom gelde: bereit gelegt, baar* Myst. Kulm. *r.* gereide habe, *baares geld* Elis. 2808. *vgl.* bereit *u.* reiten;

ge-reite, -reit *adv.* (II. 672ᵇ) *md. auch* gereide *mit fertigkeit, leicht u. schnell, gern, alsbald* Iw. Trist. Engelh. Gen. *D.* 55, 17. 93, 17, 102, 6. L. Alex. 3612. Otn. 356, 2. Greg. 2156. 3292. Bit. 10296 (gereit). Troj. 10512. 18262. 19263. 24269. W. *v. Rh.* 151, 22. Erlœs. 886. 1554 (gereit). Elis. (gereit, gereide) 2808. 3253. 5601. 7354 *etc.*; *bereits ib.* 1460. Ludw.;

ge-reiten *swv.* (II. 669ᵃ) gereitte, gereit (*s. auch* reiten) *zählen, rechnen* Leys. sîn geslehte ich wol gereiten kan L. Alex. 92. daȝ man niht der koste zil geprüeven noch gereiten kunde Loh. 6850. er enkunne inȝ danne gereiten, war erȝ (*das gut*) hin getân habe Swsp. 26, 7. g e r ê d e n Ssp. 1. 19, 1; — *sich zurecht machen, rüsten*, dô hieȝ er gereiten manegen kiel hêrlîch Dietr. 1490. sich ger. En. Myst. Gr. Rud. 15, 19. L. Alex. 2333. — *mit wider-*;

ge-reiten *swv.* (II. 743ᵇ) *reiten machen, lassen, als pferd tragen.* ich enkan dich niht vil wol gereiten Ga. 1. 32, 417.

ge-reit-schaft *stf.* (II. 672ᵇ) *zu-, ausrüstung.* dô wart mit zuht begunnen gereitschaft gein dem grâle Parz. 807, 15. des die koche al gemeine bedorften zir gereitschaft Wwh. 188, 11. mit sulcher g. Herb. 4761. ir wolt ewer volk in g. haben Ugb. 411. die hofeliute in g. halden *ib.* 460. einem g. tuon, *ihn mit dem nötigen versorgen* Wwh., *ihm genüge thun* Weist.; *gerätschaft* Pass.; *baarschaft* Kulm. *r.*

ge-reitz *stn. s.* gereiȝe.

ge-reiȝ *stm. umkreis.* sie stên in dem gereiȝe Da. 102. — *zu* rîȝen.

ge-reiȝe *stn.* (II. 675ᵃ) *aufregung, aufreizung* Berth. Ms. Herb. (dâ wart grôȝ gereiȝe, gedense und gezerge 6860). beider herze erliuhtet von minne gereiȝ Krone 26408 (*gedr.* gereis, *var.* gereisȝ). si machent ein g e r e i t z under wîben Netz 11992; *aufruhr* Kirchb. 755, 20; *angriff, gefecht* Chr. 2. 155, 8. 160, 11. 193, 8. 13. 22. — *zu* reiȝen;

ge-reiȝen *swv.* (*ib.*) *reiȝen, aufreizen, erregen*

Parz. Ludw. Myst. wil er mich vil g. Neidh. 44, 21. und kunde in wol gereiȝen (: heiȝen) ûf milten unde ûf hôhen muot Konr. *Al.* 90; er gereiȝt ir den lîp Diem. 267, 6;

ge-reiȝen *stn.* bœsiu dinc unde gereiȝen unde gewerre machen Berth. 56, 26.

gêrel *stn. kleines keilartiges stück.* ein gêrel veldes Mb. 18, 199 (*a.* 1372) *s.* gêr *u.* Schm. 2, 62. Fromm. 5, 14.

ge-rëmen *swv.* (II. 675ᵇ) eȝ einem in g. Neidh. 70, 6. *wol s. v. a. nd.* es einem remmen, *ihm zur vergeltung einen streich spielen, es ihm eintränken s.* Hpt. 14, 559.

ge-remze *stn. einfassung, einfriedung, gitterwerk.* fenestrale, gerra, margo Dfg. 220ᶜ. 261ᵇ. 349ᵇ. Schm. 3, 92. — *zu* ram.

gëren *stswv., adv. s.* gërn, gërne.

geren *swv. s.* gerwen.

gêren *swv. s.* geêren.

gërende *part. adj. s.* gërnde.

ge-renge *stn.* (II. 715ᵃ) *coll. zu* ranc, *das ringen, sich herumbalgen* Neidh.; W. Gr. *cit.* noch Weim. *hs. p.* 73 (*seiner abschrift*).

ge-renne *stn.* (II. 719ᵃ) *das rennen, gerenne* Jer. er sach ein grôȝ g. Otn. 1898; *angriff mit reiterei* Chr. 2. 248, 14. 284, 18; 5. 278, 32. *vgl.* gerinne;

ge-rennen *swv.* (II. 719ᵇ) *prät.* geraute, -rande *rennen* Lanz. En. zesamne si geranden Dietr. 9159; *gerinnen* Diem. *arzb.* gerennet, coagulatum Dief. *n. gl.* 97ᵇ. *vgl.* gerinnen.

ge-rêre *stn.* (II. 677ᵃ) *der abfall, die rudera* Oberl.;

ge-rêren *swv.* (*ib.*) *tr. giessen* Ms.

ge-resten *swv. s.* gerasten.

gêret *part. s.* êren.

ge-rette *prät. s.* gereden.

ge-reum *stn. s.* gerûme.

ge-reut *stn. s.* geriute.

gerewen *swv. s.* gerwen.

gergeln *swv. ausbessern?* 1 β., 7 hl. von zwein morterzober zu gergeln Frankf. *baumeistb. v.* 1437 *f.* 27ᵇ.

gêr-habe *swm.* (I. 601ᵇ) *der das kind auf dem schosse* (gêre) *hält, vormund* Halt. Ra. 466. die gêrhaben und vormunder Mh. 2, 144. 581. der selb gêrhab hab in kurzer zeit des waisen gut under sich bracht Cp. 41. *sehr oft in der* Zimr. *chr., s.* 4, 613ᵃ;

gêr-haben *swv. bevormunden.* die kind gêrhaben lassen Mh. 2, 581;

gêr-hab-schaft *stf. vormundschaft* Mh. 2, 581.

gêr-haft *adj. s.* gîrhaft.

gêr-hûs *stn. s.* gerwehûs.

ge-rîbe? (II. 681ª) dô gesiht man vil gerîbe swanzen BEITR. 1, 290 = dâ gesach man michel ridewanzen NEIDH. 40, 29.

geriben *pl. s.* geerbe.

ge-rich *stm. n.* (II. 685ᵇ) *rache, strafe* HARTM. (ER. 2168 *lies mit Bech nach der hs.* dem glîch) PARZ. WIG. GEN. *D.* 19, 26. PRIESTERL. 1. KARAJ. 20, 14. LOH. 6939. TÜRL. *Wh.* 81ª. 90ª. TROJ. 48437. SERV. (1221). MSH. 1, 106ª. 202ª. 204ᵇ. 3, 343ª. BELIAND 2027. GERM. 4. 244, 230. VINTL. 2889. 3831; — *manchmal wol stn.* (*so öfter* mîn, dîn, sîn g.), er tœt mich umbe daz gerich, daz er weiz schuldic mich WELTCHR. 21ᵇ. — *zu* rëchen.

ge-rîche *adj. reich* GERM. 9, 175 (ROTHE);

ge-rîchen *swv.* (II. 695ᵇ) *intr. reich, mächtig werden* Ms. an einem g. *ihn besiegen, zurückdrängen* TROJ. 12461; — *tr. reich, mächtig machen* Iw. ER. 542. HEINR., gerîchen mit Ms., an TIT. (126, 2);

ge-rîchsen *swv. herrschen* FRAGM. 17, 31. swenner alsô gerîchsôt vierdehalp jâr GRIESH. 1, 151. *vgl.* HPT. 6. 385, 592.

ge-ricke *stn. eingeweide* LESEB. 1032, 1. — *zu* ric.

ge-ricken *stv. s.* gerëchen 1.

ge-ricket, -rickelt *part. s.* ricken, rickeln.

ge-rîden *stv. II. refl. sich wenden, rühren* LS. 2. 473, 35.

ge-riebe *stn. coll. zu* ribe (*nbf.* riebe) *rippe, gerippe.* daz sich daz horn zezarte her ab von dem geriebe (: liebe) ULR. *Wh.* 244ᶜ.

ge-riechen *stv. III.* (II. 746ª) *riechen* PASS.

ge-rieme *stn.* (II. 700ª) *coll. zu* rieme, *die riemen* EN. ANTICHR. 136, 20. LS. 2. 450, 42. 44. URB. *Pf.* 194.

ge-riez *stm.?* dîn geriez (: hiez) sol werden kranc MALAG. 78ª. *vgl.* geriuze, riez.

ge-rigel *stm. riegel* BELIAND 4345.

ge-rigen *part. s.* rîhen.

ge-rigene, -rigen *stn.* (II. 611ᵇ. 703ª) *coll. zu* rëgen, *starker regen, regenguss* DIEM. SERV. daz gerigen WELTCHR. 23ᵇ. des grôzen ungewiters fluz und gerigens wazzerguz 30ᵇ. ein gerigen starc unde grôz BASL. *hss.* 22ᵇ. ein grôz gerigen NETZ 9503. daz gerigen hât den win genomen 11497. wenn gerigen und grosz platzregen komen NP. 279. das ein gereigen (*var.* geregen) in den snee abgieng TUCH. 252, 26.

ge-riht *stn. part. adj. s.* gerihte, rihten;

ge-rihte *adj.* (II. 645ᵇ) *gerade, direct* MYST.;

bereit FRL. ist der man gerichte zû leisten sînen eid SSP. 2. 11, 2. *vgl.* gerëht;

ge-rihte *adv. s. das folgd.;*

ge-rihte *stf.* (II. 645ª) *richtigmachung.* ich suoch an dir gerîhte (*oder n.?*), mîn krumbez dinc verslihte MSH. 3, 335ᵇ; *die gerade richtung, gerade strasse* WIG. MEIN. er vuor die gerihte OT. 76ᵇ; *adverbial* in gerihte *od. bloss* gerihte (II. 645ᵇ) *räuml. u. zeitlich: gerade aus, gerades wegs; immerfort, sogleich* (*verstärkt mit* al *s. oben sp.* 37) KCHR. LANZ. FLORE, MD. *denkm.* der hin ze himel sach ein leiter von der erde gerihte MAR. 150, 5. wir loufen gerihte sô hin vür ERNST 2815. gerihte gegen Bôlonje rîten DIETR. 8445. der meineit vert gerihte in der helle grunt WG. 11984. daz si in kleiner wîle manege starke mîle gerichte (*direct*) wâren zu bekumen MARLG. 88, 119. *sup.* zu wandern er begunde, sô'r gerichtest kunde den wec, den er her bequam PASS. 46, 86. *vgl.* gerihtes;

ge-rihte, -riht *stn.* (II. 646ᵇ—649ª) *pl.* gerihte *und* gerihter (GR.W. 5, 309) *gericht, allgem. u. zwar: gericht, gerichtsbehörde, gerichtsversammlung; handhabung der gerechtigkeit, des richteramtes, gerichtsverfahren* (*der kläger* bitet gerihtes UKN. 375. 427); *gerichtsspruch, urteil; gottesurteil, rechtfertigung einer aussage durch gottesurteil* (Jofreit sîn gerihte bôt umbe Willehalms tôt ORL. 2440. wil des diu guote mînen eit oder mîn gerihte MSH. 1, 107ª); *vollstreckung eines urteils, hinrichtung,* dem nâchrihter 2 guldîn und 12 grôz von dem gericht über den Griesherren CHR. 5. 71 *anm.* 2; *gerichtsbarkeit, gerichtsgewalt* (hôhes u. kleines g. AD. 1360. hôhes und niders g. DH. 240, 344. halsgericht und kleines g. MZ. 3, 200. habendes g., *das arretieren kann* MONE *z.* 8, 147); *reichsverwaltung, regierung; gerichtssprengel, gebiet* (SSP. 2. 71, 4. 5. 37, 2; 3. 68, 2 *etc.* in unsirme gerichte MICH. 3); — *einrichtung, hausrat,* well sie vremden kleider geben, dag nemen von ir gerihten LOH. 1207; *angerichtete speise, gericht* TRIST. *H.* KARLM. HEINR. 1247. MARLD. *han.* 130, 16. dâ man zwelf gerihte hât gezzen RENN. 5564. man schol si ezzen zwischen andern gerihten MGB. 389, 28;

ge-rihtec *adj. recht, in ordnung, gewandt.* der mensche singit gote wol, der ein gerihtic zungen hât WACK. *pr.* 53, 117. 130. 136. MONE 4, 366.

ge-rihte-hûs *stn.* prætorium EVANG. 259ᵇ.

ge-rihte-lêhen *stn. gerichtslehen* SWSP. L. 2, 109.
ge-rihtelîn *stn. kleines gericht* GR.w. 6, 336.
ge-rihten *swv.* (II. 644ᵃ) *absol. regieren* FRAGM.; *richten, gericht halten,* als er in die schrannen gesaz mit sînen mannen er mohte lihte gerihten HELBL. 2, 675; — *absol. u. tr. eidlich oder durch gottesurteil erhärten, seine unschuld beweisen* NIB. MAR. *u. rechtsdenkm.; mit dat. d. p.: richten, urteilen* TEICHN., *mit präp.* a b (*über*) swem der rât gerihtet S.GALL. stb. 2, 13; *eine klage durch reinigungseid beantworten* KCHR.; *tr. u. mit dat. d. p.: in die rechte richtung, in ordnung bringen, zurecht machen, schlichten* NIB. WALTH. BON. do ich ir dâ gerihte und vil wol geslihte mîn netze Aw. 3, 193; — *refl. sich richten, lenken, zu recht finden* TEICHN. daz er ûz bitterlîchen slegen sich kunde nie gerihten BIT. 8868. — *mit abe* (den nieman abe gerihten kan, *ablenken* BIRKENST. *p.* 253), *ûf, ûz*;
ge-rihtes *adv. gen.* (II. 646ᵃ) *räuml. gerades wegs, direct* MGB. 65, 2 *ff.* 78, 25. 99, 10. 102, 2. 363, 10. CHR. 1. 393, 19. gerichts durch das kunigreich Hungern ziehen MH. 2, 86. gerichts in die Tunaw *ib.* 430; — *zeitl. sogleich, auf der stelle* PASS.
ge-riht-mæzec *adj.* (II. 209ᵃ) *der gerichtsbarkeit unterworfen* WEIST.
ge-rihts-buoch *stn. gerichtsprotokoll* HALT. 669 *ff., wo noch mehrere uneigentl. compos.* (gerichtsfolge, gerichtsgang, gerichtslauf *etc.*) *aufgeführt sind.*
ge-rihts-marke *stf. gerichtsbezirk* GR.w. 5, 157.
ge-riht-schillinc *stm. gerichtskosten* GR.w. 5, 95.
ge-riht-schrîber *stm. gerichtsschreiber* TUCH. 321, 5.
ge-rihts-rinc *stm. der bei gerichtsverhandlungen gebildete ring, gericht* GR.w. 5, 148.
ge-riht-stap *stm. gerichtsstab (vgl.* ZIMR. *chr.* 4. 192, 31), *gerichtsbarkeit* GR.w. 4, 200. HALT. 1713.
ge-riht-tac *stm. gerichtstag.* an dem achten tag nâch dem gerichttag UKN. 177 (*a.* 1319).
ge-riht-zwanc *stm. gerichtsbarkeit* GR.w. 4, 200. unser oberkeit und g. DH. 240. 344. MH. 2, 398. 399;
ge-riht-zwengic *adj. s. v. a.* gerihtmæzec. die da hin gerihtzwengic sind GR.w. 1, 121.
ge-rîme *stn. coll. zu* rîm, *reime, gedicht* RSP. 2647.
ge-rimph *stmn.?* (II. 705ᵃ) *mit g. rümpfend, spottend* Ms.
ge-rinc, -ges *stm.* (II. 714ᵇ) *das ringen, streben nach* (an, nâch, umbe, ûf) Iw. TRIST. BARL. FLORE, KONR. PASS. BIT. 11468. NEIDH. 77, 3. GERH. 3543. HPT. 7. 343, 8. W. *v. Rh.* 79, 1 *var.* so ist des küniges gerinc, ze prüeven iwer undinc WELTCHR. 127ᵃ. die dar an kêrten ir g. 124ᵃ. dar nâch stuont aller mîn g. BIRKENST. 297. wer solt mit in hân g., *mit ihnen kämpfen* RAB. 835. — *zu* ringen.
ge-rinc-lîchen *adv.* (II. 713ᵃ) *ohne schwierigkeit, gern u. schnell* BERTH. — *zu* geringe.
ge-rinc-wîse *adv. ringsum.* geringweis CHR. 5. 320, 20. geringsweis 175, 15. *s.* rincwîse.
ge-rinde *stn. s.* gerinne.
ge-ringe *adj.* (II. 711ᵇ) *leicht* FRL.; *leicht u. schnell bereit, behende* NARR. wan daz er entran des slages als ein geringer man KRONE 26733; *klein, gering* LUDW. JER. NP. 213. CHR. 5. 189, 11;
ge-ringe *adv.* (II. 712ᵃ) *leicht u. schnell, behende* REINH. JER. einen andern (schilt) ver geringe nam KRONE 13253. die bringe mir geringe her 13425. 29. daz ich disiu teidinc mit ime geringe volende 13437. den wec er vil geringe reit 13947. sîn ors bant er geringe mit dem zoum an einen schœnen boum 15808. vil geringe lief er im engegen 17537. *vgl.* noch 18316. 855. 62. 19040. 346. 75. 20495. 21402. 22166. 724. 24958. 26692. 27027. 146. 574. 881. 28215. 39. 305. 898. 303. 21. 23. die leut nerten sich gering, *auf leichte art* CHR. 5. 148, 1. ie lenger ie geringer, *leichter ib.* 146, 18; *auf leichtfertige weise ib.* 3. 382, 3; *wenig* BON.;
ge-ringen *swv.* (II. 712ᵇ) *leicht, leichter machen, verringern* Iw. (4264; *die im* WB. *angeführte stelle gehört zum folgd.*) TRIST. KL. WIG. Ms. EXOD. D. 151, 18. GREG. B. 34ᵃ. SILV. 2126. KRONE 11161. *vgl.* geringern.
ge-ringen *stv. I,* 3 (II. 714ᵇ) *kämpfen.* swaz dâ Wolfhart geranc BIT. 8874; *ringen* mit PASS. daz er mit dem engele geranc GEN. 48, 16, *ringen* nâch Ms. alsô schône man ich wîbes lône noch geranc nie mêre MSF. 201, 9. daz er ie nâch ir minne geranc MSH. 1, 118ᵇ; einem *g. einem im kampfe gewachsen sein, über ihn herr werden* Iw. (2844 dem hûse *g.,* den häusl. ausgaben gewachsen sein). swenn daz îs kumt mit getwangen und im der biber niht mac geringen RENN. 19381. — *s.* ringen.

ge-ringern *swv.* (II. 712ᵇ) *s. v. a.* geringen, leichter machen Myst.
ge-ringes *adv. ringsum.* gerings umb die stat Tuch. 253, 18. 300, 16. Np. 57. 181.
ge-ring-weis *s.* gerincwise.
ge-rinne *stn. rinnsal.* do ligen die zwû rôren eins schuchs tief unter der erden in dem gerin oder abflusz des prunnes Tuch. 165, 24. in einem gerinn und graben 221, 19. 22; *s. v. a.* gerenne *andrang, auflauf* Dür. *chr.* 780. Kirchb. 809, 21. 22. das kein gerinde sich mache Frankf. *brgmstb. v.* 1438 *vig. III post Valent.*
ge-rinnelet *part. s.* ringeln.
ge-rinnen *stv. I*, 3 (II. 717ᵃ) *gerinnen, zusammenrinnen.* gerunnen milch, coagulum Dfg. 128ᶜ. der gaiẓ milch ist gar süeẓ, aber ʒehant und si gerint, sô ist si gar lasterpær Mgb. 127, 25. 359, 35. daẓ eʒ (daẓ hol) vil kûme volleẓ geran, *durch zusammenfliessen voll wurde* Greg. 2957; *laufen, rennen* Herb. Rsp.; *ausgehen, abstammen* von Diem. *vgl.* gerennen.
ge-rirn *part. s.* rîsen *und*
ge-rîsen *stv. II.* (II. 726ᵃ) gereis, gerirn *fallen, niederfallen* Konr. Helbl.
ge-rîsen *swv., auch st.?* (II. 727ᵃ) *zukommen, ziemen mit dat.* Gen. Kchr. daẓ dir gerîse (: gewîse) Denkm. XLIV. 8, 8. ave mêre gerîsit unsich, daẓ Fdgr. 1. 35, 30. — Wack. *setzt es als stv. an, doch ist das sw. prät. im ahd.* (Gff. 2, 539) *und mhd. nachweisbar; warscheinlich wurde es in beiden formen gebraucht u. zwar st.* gerîsen (= *ags.* garîsan) *u. sw.* gerisen, *vgl.* gerist.
gêr-îsen *stn. wurfspiesseisen* Albr. 9, 87.
ge-rispet *part. s.* rëspen.
ge-rist *stf. ahd. dignitas, zu folgern aus*
ge-ristec *adj.* (II. 727ᵇ) *geziemend mit dat., ahd.* geristig Capella. — *zu* gerîsen 2. *ebenso*
ge-rist-lich *adj.* (*ib.*) *mit dat.* Diem.; *ahd. auch* gerislîh.
ge-rîte, (-rite?) *stn. das reiten, der ritt.* er tett ein geritt (*var.* ain ritt) gên Wellenpurg Chr. 4. 103, 3. umb ain geritt gên Nüremberg *ib.* 5. 153 *anm.* 3. *vgl.* dass kain burgermeister in der stette dienste das geritt thüege Rotw. 1, 49. *ahd.* garîti, *equitatus* Gff. 2, 477; — *s. v. a.* gereite (II. 738ᵇ) *reitzeug,* geritte Oberl.;
ge-rîten *stv. II.* (II. 736ᶜ) *intr. reiten allgem.; mit dat. mit einem zusammen reiten* Wwh.; — *tr. durchreiten,* nû ist er (Rîn) worden alsô grôẓ, daẓ in nieman mac gerîten Msf. 23, 4. sie mohten eẓ (waẓẓer) nit gerîten Heldb. K. 106, 24. — *mit an, vor;*
ge-riten *part. adj.* (II. 734ᵇ) *mit einem rosse versehen, beritten* (wol, baẓ, ringe, starc g.), *allgem. vgl.* Chr. 4. 181, 40. 253, 21. 31. 254, 6. 14. Tuch. 332, 31;
ge-ritt, -ritte *stn. s.* gerîte.
ge-riune *stn.* (II. 794ᵇ) *md.* gerûne, *coll. zu* rûne, *heimliches, leises sprechen, geflüster* Erinn. Trist. Bon. Serv. (422. 2978) Jer. dâ gehœret underwîlen guot geriune zuo Neidh. 73, 5. dâ huop sich ein geriune j. Tit. 2775. si treip mit ir ein wunder geriunes Troj. 15379. daẓ sunt ir wiẓẓen âne geriune Mart. 264, 30. mit wârheit âne g. Basl. *hss.* 42. dô dô lieẓen si ir gerûne Herb. 8666. vil wol der listige man der herren gerûne vernam L. Alex. 3661 gerûn Wolk. 16. 3, 3. geriume (*die* oratio secreta *bei der messe*) Berth. 500, 1. *vgl.* rûmen = rûnen.
ge-riusche *stn. coll. zu* rûsch *stf. in* zeltgeriusche.
ge-riusche *stn.* (II. 822ᵇ) *md.* gerûsche *coll. zu* rûsch *stm. das rauschen, der lärm.* sus huop sich von vanen ein grôẓ g. Troj. 25185. dô kom ein grôẓ geriusche von liuten ûf si dar 34608. vil kumberlich g. Turn. 151, 4; Fragm. 40, 161. Eilh. 4622. gerûsche Pass. Malag. 289ᵇ.
ge-riute *stn.* (II. 748ᵇ) *stück land, das durch* riuten *urbar ist gemacht worden* Hartm. Ulr. Wh. 266ᵇ. j. Tit. 4677. Mart. 224, 9. Dan. 4824. Beliand 1616. Ecke *Sch.* 33. 34. 267. Urb. 74, 8 *ff. und überhaupt oft in urbarbüchern.* gereut Stb. 299, *pl.* gereuter Mh. 2, 658. geraut Uhk. 2, 326 (*öfter*). grüt Gr. w. 1, 38; *das ausreuten* Troj. (6263);
ge-riutelîn *stn.* (II. 749ᵃ) *dem. vom vorig.* in dem selben dorfe lit ein geriutelîn unde giltet ein vierteil kernen Mh. 3, 58, 15. grütlî Mone *z.* 11, 113;
ge-riuten *swv.* (II. 748ᵃ) *nicht zu belegen.*
ge-riuwen *stv. III.* (II. 750ᵇ) *md.* gerûwen *prät.* gerou *tr. in betrübnis versetzen* Hartm. Parz. Trist. Walth. Pass. got gerou sêre, daẓ Gen. D. 27, 4. eẓ gerou in 27, 7. 60, 14. daẓ solde in niht geriuwen 93, 1;
ge-riuwen *swv.* (II. 751ᵃ, 27) *md.* gerûwen *intr. schmerz od. reue empfinden, klagen* Engelh.; *refl. mit gen. reue empfinden über* Glaub.;
ge-riuwesen *swv.* (II. 754ᵇ) *intr. schmerz od. reue empfinden, klagen* Spec.

ge-riuʒe *stn.* (II. 825ᵇ) *das toben, lärmen* Ms., *vgl.* geriez.
ge-rîʒen *stv.* (II. 756ᵃ) *reissen, mit* abe Pass.
gerjen *swv. s.* gerwen.
ger-lîche *adv. s.* garlîche.
gêr-mâc, -ges *stm.* (II. 11ᵇ) *verwandter von männlicher seite* Halt. *vgl.* swërtmâc.
gërn *stv. I*, 2 (I. 529ᵇ) *gähren* Ms. Loh. (3673). lâʒe in (*den* met) jern drîe tac und drîe naht Hpt. 5, 13. geren oder jeren als wein oder pier, blitrire Voc. 1482. — *ahd.* jësan *und* gësan, *s.* jësen. *mit* durch-.
gërn, gëren *swv.* (II. 532ᵇ) *nbf.* (*nd.*) garn Herb. 2131 *u. anm.: absol. begehren, verlangen* Iw. Parz. (*vgl.* gërnde), *waidmännisch vom jagdfalken* Wolfr. Lieht. Mai, dô gerte der habech von der hant Ga. 1. 48, 267; *mit präp.* an, ietweder an den andern gerte (*im kampfe*) Ulr. Wh. 113ᵇ, nâch Ms., ûf Wwh., zuo Parz. Barl.; *mit gen. d. obj., allgem.* (die mînes lîbes hân gegert Troj. 21787. strîtes g. Ecke Casp. 249. einer des andern gerte, *im kampfe* Ulr. Wh. 113ᶜ) *u. bezeichnung der person, von der etw. verlangt wird* (an einem *od.* einen, von, ze einem eines d. gern), *mit gen. u. dat. commun.* Kchr. Rul. Parz.; *mit acc. d. s.* Nib. Parz. Gen. *D.* 59, 19: 22. 104, 7, *mit infin. mit od. ohne* ze; *mit acc. d. p. auf einen losgehen* Rab. 436. — *mit* be-, ge-, über-. — *zu* gir;
gërnde *part. adj.* (I. 533ᵇ) *verlangend, sehnsüchtig* Parz. Walth. Ms. (gernde zinser *H.* 3, 52ᵇ. g. zungen 55ᵇ). hôhe g. *hoch strebend* Ath. *D** 71. nâch gerendes herzen gebot Pass. *K.* 9, 13. liebe gernder man Trist. 94. der minne gernde wille mîn Troj. 21409. gernde zû Elis. 6784. 7652; — die gernden, diu gernde diet, gerndiu liute *die nach lohn verlangenden sänger u. spielleute* Walth. Ms. (*H.* 2, 390ᵃ. 3, 46ᵃ. 173ᵇ) Such. sîn habe was aller gernder diet gemeine Loh. 386; — *s. v. a.* kroijierer: kurtois frouwen ritter! rief dâ maneges gernden munt Engelh. 2861 *u. anm.*;
gërnde *adv. begierig u. mit freude.* daʒ globten sî gereide mit drûwen wol gerende dem bischofe Elis. 5903. daʒ sî der fursten hende sô hêr alsô gerende ûf ûʒer erden hûben 10268. *vgl.* gërne;
gërnde *stf.* (I. 535ᵃ) *begierde, verlangen* Aneg. (12, 37).
gërne, gërn *adj.* (I. 534ᵇ) *begierig, strebend in* miete-, niu-, wîp-gerne;
gërne, gërn *adv.* (*ib.*) *begierig u. mit freude,* bereitwillig, *gern, oft zur erhöhung des* optat. *ausdruckes, allgem.* (gern: enbern Loh. 1158. geren Chr. 4. 249, 22; 5. 68, 13. 87, 19. 88, 2. 24. 89, 9 *etc.*); *leicht möglich, leichtlich* Iw., *vielleicht, etwa* Parz. — *comp.* gerner, gernre *lieber* (daʒ man den hôchgebornen gast ie gerner und ie gerner sach Troj. 19617. *vgl. zu* Engelh. 1397. gerner tôt geligen Ulr. Wh. 171ᵇ. michels gerner W. *v. Rh.* 234, 26. gerner geben Chr. 5. 114, 25, tuen 199, 9), *sup.* gernest Freid. Ring 33, 33. aller gernest Engelh. 2794. N. *v. B.* 156. allergernste Loh. 6726.
gerner, kerner *stm.* (I. 499ᵇ. 790ᵇ) *beinhaus* Ms. karnære Rul. karner Usch. 97 (*a.* 1304). Uhk. 335 (*a.* 1397). Ula. 338 (*a.* 1403). kerner Hpt. 9, 335. Ukn. 310 (*a.* 1344). kernter Chr. 1. 412, 7. Tuch. 156, 34. kerenter Kolm. 116, 55. korner Usch. 430. 31. 32 (*a.* 1413). — *aus mlat.* carnarium. *der* Voc. 1482 *unterscheidet* kernder *oder* flaischmarckt, carnarium *und* kerner, gerner *oder* kernder, ossorium, reservaculum ossium. *vgl.* Dwb. 2, 607. 5, 605. Kwb. 155.
gerner-bein *stn. todtenbein* Narr. 63, 75.
gerner-hûs *stn. beinhaus* Narr. 30, 14. 102, 22.
ge-rochen *part. s.* rëchen, riechen.
ge-rodel, -rödel *stn. gemurmel, geröchel* Beh. 99, 2. 143, 17. 173, 31. 309, 30. *vgl.* Schm. 3, 57. Kwb. 209.
ge-rop *adj. s.* grop.
ge-rœrach, -rôrach *stn.* (II. 762ᵇ) *röhricht, mit schilfrohr bedeckter platz.* bei dem see in dem grôrach Chr. 5. 110, 2. *s.* Schm. 3, 122 *u.* rœrach;
ge-rœre, -rôre *stn.* (*ib.*) *coll. zu* rôr. und machten iriu hüttlach mit gerœr Chr. 4. 280, 10; *mit schilfrohr bedeckter platz* Hätzl. Such.
ge-rœsten *swv.* (II. 767ᵇ) confricare Sum.
ge-rote *stn.* (II. 773ᵃ) *coll. zu* rote, *die zusammenrottung, menge, haufe* Pass.;
ge-roten, -rotten *swv.* (*ib.*) *prät.* gerote, -rotte *refl. sich scharen, versammeln, gesellen* Trist. *U.* sô danne sich gerotte hie daʒ her Troj. 11752.
ge-rœten *swv.* (II. 771ᵃ) *rot machen* Neif. 8, 12.
ge-rou *prät. s.* geriuwen.
ge-röube *stn.* (II. 779ᵃ) *coll. zu* roup, exuviæ Sum.;
ge-rouben *swv.* (II. 778ᵇ) *rauben.* wer getörste gerouben oder gesteln Berth. 364, 9; *berauben einen eines d.* Pass.
ge-rouche *stn. das rauchen* Wack.

ge-röufe *stn. rauferei* MONE *z.* 7, 11. 18 (*a.* 1430);
ge-roufen *swv.* (II. 775ª) *tr.* GR.W. 4, 126 (*s. die stelle unter* gestüeten); *refl.* GREG.
ge-roumen *swv. s.* gerûmen.
gërren *stv. I,* 3 *s. v. a.* kërren. sie gurren unde sungen ERLŒS. 144. *vgl.* VILM. 124.
gêr-schuz *stm.* (II². 176ᵇ) *schuss, wurf mit dem* gêr NIB.
gersen-angel *stmf. eine art fischangel* MONE *z.* 4, 88.
gêr-stange *f.* (II². 640ᵇ) *stange, schaft des* gêrs, *der wurfspiess selbst* NIB. GUDR.
gërst-brî *m.* (I. 239ᵇ) *gerstenbrei* HELBL.
gërste *swf.* (I. 499ᵇ) *gerste* KARAJ. Ms. (*H.* 2, 139ª) MART. EXOD. *D.* 144, 35. HIMLR. 270. WWH. 59, 3. NEIDH. 36, 35. HELBL. 1, 619. ROSENG. *H.* 432. MGB. 413, 2. — *zu gr.* κριθή *für* χοιθή, *lat.* hordeum GDS. 65. CURT³. 148. FICK 66;
gërstîn *adj. s.* girstîn.
gërsten-brôt *stn.* MONE 6. 190, 18.
gërsten-korn *stn.* MGB. 413, 3. 11. 14. BASL. *r.* 35 (*kleinstes gewicht*).
gërsten-mël *stn.* MYNS. 67.
gërsten-muos *stn.* orisa VOC. 1482 GERM. 9, 201.
gërsten-stamph *stm. gestampfte, enthülste gerste.* nim gerstenstamph, sei das die sprüger (*spreu*) alle davon chomen CGM. 317, 11ª.
gërsten-vëlt *stn.* GR.W. 1, 709.
gërsten-wazzer *stn.* (III. 539ᵇ) ptisana DFG. 470ª. MGB. 28, 11. 366, 33 *etc.* NETZ 2091.
gerstic, gerstikeit *s.* garstic, garstikeit.
gërt *stf. s.* girde.
gertane *swf. s. v. a.* gerte? als meister Peter (*schirrmeister u. hauptmann der fussknechte*) begert, etliche ûsz den hantwercken mit der gertanen fechten zu leren, ime solichs vergonnen FRANKF. brgmstb. 1492 *vig. III. p. Matth. — vgl.* gartine, gertine = gerte VILM. 116.
gerte *swf. s.* egerde.
gerte *stswf.* (I. 483ª) *rute, zweig, stab* EXOD. *D.* 128, 27. 130, 13. 135, 22. 37. 136, 1 *etc.* LIT. (563. 1440). WOLFR. (*Wh.* 202, 7). WALTH. GSM. îserîniu gerte HIMLR. 118. GERM. *H.* 7, 277. scharfe gerten BELIAND 2729. sô tump, daz ich die gerten reit LIEHT. 3, 23; *messrute, ackermass* DÜR. *chr.* 345, *vgl.* VILM. 117, *wo entstehung aus* quart *angenommen wird. — zu* gart.
gertêhe *stn.* (I. 484ᵇ) *gartenfeld* HERB.
gertel *stm.* (I. 483ᵇ) *s.* gerter.

gertel *stn. s. die zwei folgenden.*
gertelîn *stn. dem. zu* garte, *gärtchen* W *v. Rh.* 138, 26. WOLK. 69. 1, 13. MGB. 387, 13. gertel MONE *z.* 2, 272.
gertelîn *stn. dem. zu* gerte MGB. 270, 16. gertel *ib.* 334, 15. 361, 29. 375, 8.
gerten-slac *stm. schlag mit der gerte* OTN. *Ettm.* 11, 65. HELDB. *K.* 43, 29.
gerter *stm.* = gartenære *in* wîngerter.
gerter *stm.* (I. 483ª) *kleines beil mit langer schneide, um reiser* (gerten) *abzuhauen* WEIST. (11251). sehslîn oder gerter SCHREIBER 2, 388 (*a.* 1424). gertel WEIST. (5, 161).
gertnerîn *stf. gärtnerin* NP. 272.
gert-ruote *stf. gerte* GR.W. 1, 157. HEUM. 429.
gert-wurz *stf.* (III. 829ª) abrotanum DFG. 4°. *n. gl.* 3ᵇ. MYNS. 79.
ge-ruch *stm. geruch* ELIS. 1076. 9426. HPT. 2, 152; *bildl. ruf, der von eelichem stamme, erborn wesen und gutem geruche ist* MH. 1, 453. *s.* ruch, gerucht *u.* SCHM. 3, 18.
ge-rûchen *swv. s.* geruochen.
ge-rûchet *part. s.* riuhen.
ge-rucht, -rücht *stn.* (II. 747ᵇ. 803ª *und vorrede* V *anm.*) *geruch, duft.* mit aller wurzen gerühte (: genühte) MSH. 3, 468ªª; *bildl. der ruf, das rufen* KARLM. 25, 30. 369, 29. 474, 53 *etc.* da wart ger. und michel rûf KIRCHB. 717, 23. ob ein gerücht ader vîhandgeschrei ins land quême GR.W. 1, 648. *vgl.* SSP. 1, 62; 3. 68, 2; *ruf, gerücht, nachrede, unschuldic geruchte* VET. *b.* 77, 27. für aller welt gerucht (: zucht) BON. 96, 52 (*bei Pfeiff.* aller wirdekeit genuht). — *zu* riechen, *s.* WEIG. 1, 420. SCHM. 3, 18;
ge-ruchze *stn.* famia, bœs geruchze DFG. 224ᵇ.
ge-rücke *stn. coll. zu* ruc, *das rücken, verändern.* daz ew das iezund an euren glimphen und ern ein geruck prêcht CP. 115;
ge-rücken *swv.* (II. 781ᵇ) geructe, -ruhte NIB. ALPH. MS. PASS. — *mit* ûf.
ge-rûde *stn. s.* geruowede.
ge-rüefen *swv.* (II. 806ª) *prät.* geruofte GREG. — *mit* an; *s.* geruofen;
ge-rüefte *stn. s.* geruofede.
ge-rüegen *swv.* (II. 787ᵇ) *prät.* geruogte WALTH. FLORE, MGB. die mîner merke melde kan gerüegen j. TIT. 4621. daz sie ieman gerüegen mügen umbe dekeine missetât SWSP. 267, 5.
ge-rüejen *swv.* (II. 788ª) *prät.* geruote, *md.* gerûgen, gerûgete *rudern* PASS.
ge-rüeme *adj.* (II. 810ª) *sich rühmend, prahlend mit gen.* Ms. *ebenso*

ge-rüemec *adj.* die wâren des gerüemic disen sumer an der strâzen NEIDH. 51, 16;
ge-rüemen *swv.* (II. 809ᵇ) *intr. sich rühmen* BERTH., *ebenso refl.* GERH., *mit gen.* BÜCHL. 1, 247.
ge-rüerde *stfn.* (II. 817ᵃ) *das berühren, der tastsinn* MGB. WG. 9452. 85. 9505. geruorde *ib.* 9517;
ge-rüeren *swv.* (II. 815ᵃ) *prät.* geruorte *s. v. a.* rüeren WOLFR. TRIST. PASS. den munt g. KARAJ. 13, 20. er geruorte niemer si MSH. 3, 332ᵃ. daz ich der reinen megde lip nimmer gerüer BPH. 1317. man möht vor gedrang sich kûm gerüeren LOH. 6766. dasz die Bair ausz herzog Hansen land sich niemant gerüeren getorsten in Schwaben CHR. 5. 48, 27. — *mit an* (BERTH.);
ge-rüeric *adj.* (II. 815ᵇ) *rührig, munter.* ich lêre in wol gerüeric sîn TROJ. 10482.
ge-rüewec *adj. s.* geruowec;
ge-rûet *part. s.* geruowet;
ge-rûgec-lich *adj. s.* geruoweclich.
ge-rûgen *swv. s.* gerüejen.
ge-rühelen *swv. brüllen* LS. 3. 629, 15.
ge-rûh-lîch *adv. s.* geruoweliche.
ge-rühse *stn.* er schoss mit einer virtelpüchse gegen disem gerüchse (*faschinen*) BEH. 95, 28. *vgl.* rîhen, rihse.
ge-rühte *stn. s.* gerucht.
ge-rûme *stn. coll. zu* rûm *raum, platz, räumlichkeit.* wir sollen in grôzem gedrange houwen grôz gerûme (: kûme) ULR. *Wh.* 375ᵇ. die zuêne jungelinge zestôrden dat gerûme FDGR. 1. 230, 37. gerûme hân TRIST. *H.* 1335. *vgl.* KARLM. 137, 49. 199, 45. 203, 33. so mochte man nit geraum da oben haben CHR. 3. 367, 13. ge reu m *geräumter, vom verhau befreiter weg ib.* 2. 271, 22;
ge-rûme, -rûm *adj.* (II. 790ᵃ) *geraum, geräumig* Iw. ERACL. PASS. KIRCHB. 719, 21. 790, 12. quâmen si an eine flûme, grôz unde gerûme L. ALEX. 6730. die dincke zu einim gerûmen friden (*waffenstillstand*) oder zu gantz errichtunge brengen UGB. 19 (*Weimar*); — einen geraumen landtag bescheiden (*anberaumen*) GR. W. 1, 471. iez und auf geraum (*anberaumte*) teg CP. 280, *vgl.* râm, geræme;
ge-rûmec-lich *adj.* (*ib.*) *geräumig* PARZ. (241, 24).
ge-rumel, -rümel *stn. s.* gerummel.
ge-rûmen *swv.* (II. 792ᵃ) *intr. platz machen, ausweichen* TRIST. HEINR. *vgl.* KRONE 23465, *mit dat.* ROTH. STRICK. des kuniges strâze sol wesen alsô breit, daz ein wagen dem andern gerûmen muge DSP. 1, 175. SSP. 2. 59, 3; *absol.* unz ich dar umbe gerûme, usque dum fodiam HPT. 7, 150; *tr. räumen, säubern,* den wec gerûmen MSH. 2, 331ᵇ; *räumen, verlassen* Iw. NIB. daz lant g. BIT. 7520. unz uns diu naht gerûmet COD. *Vind.* 428, 62 (W. GR.). swenn got uber mich gebeutet und deu sêl den leip geroumet UHK. 2, 26 (*a.* 1308). ez gerûmen *den platz räumen, von der stelle weichen* NIB. GREG.
ge-rummel, -rümmel *stn.* (II. 793ᵃ) *lärm, gepolter.* ein grôz gerummel wirt in mînem bûch ûf stân KOLM. 72, 24. gerummel in der mule, scussorium VOC. 1482. gerumel BEH. 176, 9. gerümel DIOCL. ÖH. 40, 6. *ebenso*
ge-rumpel, -rümpel *stn.* (II. 793ᵇ) HELBL. zum niuwen jâr sô wünsch ir dir des gerümpels in der mül ein teil HÄTZL. 2. 39, 3. *s.* rummeln, rumpeln.
ge-rumphen *part. s.* rimphen.
ge-rûn *swv. s.* geruowen.
ge-rûnde *stn. rundung.* der prun ist unten seer weit in ein geründt gemaurt TUCH. 314, 27. ein halb gerundt *ib.* 19.
ge-rûne *stn.* (II. 761ᵃ) *coll. zu* rone, *umgehauene baumstämme* WIGAL.
ge-rûnec *adj. in* ungerünec.
ge-rûne *stn. s.* geriune;
ge-rûnen *swv.* (II. 794ᵃ) *raunen, flüstern* Ms. APOLL. 18950. gerûnen zuo den ôren WALTH. XV, 5. er verdürkel ir die wât ê daz er gerûne NEIDH. 98, 39;
ge-rûnen *stn.* (*ib.*) PASS.
gërunge *stf.* (I. 534ᵃ) *das begehren, verlangen* ALEXIUS, ERNST 3200. j. TIT. 314. BERTH. *Kl.* 104. 465. MYST. 2. 79, 15. WACK. *pr.* 63, 32. PASS. *K.* 203, 65. 276, 20. MARLD. *han.* 6, 15. 85, 25. 122, 22. 28. 35. 39. HPT. 9, 42. ich wil dine gerunge volenden ULR. *Wh.* 177ᵇ.
ge-runnen *part. s.* rinnen, gerinnen;
ge-runst *stmf.* (II. 721ᵇ) *coagulum* OBERL. 533.
ge-ruochen *swv.* (II. 801ᵃ) *md.* gerüchen *intr. mit gen. od. infin. seinen sinn auf etw. richten, rücksicht nehmen auf, genehmigen, belieben, gewähren allgem.; tr. wünschen, belieben, begehren* Iw. TRIST. PASS.; *refl. sich herablassen,* daz er ze menschen sich geruochte TÜRL. *Wh.* 55ᵇ.
[ge-ruochede? *stf.* II. 803ᵃ] *s.* gerucht.
ge-ruoch-lîche *adv.* (II. 799ᵇ, 802ᵇ) *auf eine weise, dass man es gerne hat* FRAGM. (40, 255);

ge-ruochunge *stf.* (II. 802ᵇ) dignatio DFG. 181ᵉ.

ge-ruofe *stn.* (II. 807ᵇ) *md.* gerûfe *das rufen, geschrei, lärm* TRIST. *H.* PASS.;

ge-ruofede, -ruofte, -rüefte *stn.* (*ib.*) *md.* gerûfede, -rûfte *das rufen, geschrei* EN. LEYS. PASS. EVANG. 259ᵇ; *das zusammenrufen der nachbarn zur hilfe* WWH. (gerüefte) PASS. sie machten ein geruofte dô LIVL. *chr.* 11487;

ge-ruofen *stv. red. I,* 3 (II. 806ᵃ) *intr. rufen* SILV. 555, *mit dat. d. p.* HARTM. TRIST. *U.* PASS.; *refl. sich gegenseitig bestellen, zusammenrufen* JER. — *mit* an;

ge-ruofze *stn. md.* gerûfze *das rufen* GERM. 10, 397.

ge-ruon *swv. s.* geruowen.

ge-ruorde *s.* gerüerde;

ge-ruort *part. adj.* (II. 814ᵇ) mit geruortem gelde, *baar* OBERL.

ge-ruot *part. adj. s.* geruowet;

ge-ruowe *stf. s. v. a.* ruowe. swer ze Ingolstat sitzet mit geruowe und ân ansprâch Mw. 244, 10 (*a.* 1312);

ge-ruowec, -rüewec *adj.* (II. 819ᵇ) *ruhig, gelassen, langsam* RENN. 7063. MGB. (gerüewic, -rüeic), *md.* gerûwec PASS. ELIS. 3318. MYST. 1. 384, 4; 2. 233, 22. MERSW. 39. DÜR. *chr.* 337. *s.* GERM. 9, 175; *oft in der* ZIMR. *chr. s.* 4, 613ᵃ. 614ᵃ;

ge-ruowec-lich *adj.* (*ib.*) *ruhig, vgl.* ZIMR. *chr.* 1. 2, 11; 3. 97, 22. *md.* gerûweclich MYST. gerûgeclich LUDW.;

ge-ruowede *stn.* (*ib.*) *das ausruhen, md.* gerûde JER.;

ge-ruowe-lîche *adv. in ruhe.* gerûhlich CHR. 1. 246, 46;

ge-ruowen, -ruon *swv.* (II. 820ᵇ) *ruhen* HARTM. (ir geruot ER. *B.* 3527). TRIST. NIB. BIT. 400. TROJ. 24729. gerûn KARLM. 8, 45;

ge-ruowet, -ruot *part. adj.* (*ib.*) *md.* gerûet *ausgeruht habend, mit frischen kräften* LANZ. ER. MAI, LOH. KREUZF. (3648); *ruhe habend, ohne arbeit und beschwerde lebend* BERTH. PASS. CHR. 2. 126, 28. 128, 34. 133, 14.

ge-ruozen *swv. russig werden.* wiz noh swarzmâle scuohe bedwingent in die fuozze, ich wâne ie dere durften deheiniu geruozze HIMLR. 266.

ge-rûsche *stn. s.* geriusche.

ge-rüste *stn.* (II. 823ᵃ) *vorrichtung, zurüstung* PARZ. MS. (*H.* 2, 334ᵇ). MYST.; *aufbau, gebäude* DIEM. daz er daz wit gerüste der himelkœre gar durchmaz mit sînes sinnes ougen HEINZ. 125. 49, 6. von kielen ein gerüste grôz erhuop sich dâ ze lande TROJ. 23556. *bildl. der sô wunderlîch gerüste tihtet* COD. *pal.* 341, 127ᵉ; *maschine, werkzeug* TRIST. TROJ. (129. 23526), *gestell (worauf die geschütze ruhen* CHR. 2. 294, 2. 7. 295, 4, *worauf die brunnenröhren gebohrt werden* TUCH. 197, 9. 24); *ausrüstung, geräte* LOH. 5866; *waffenrüstung* GLAUB. (si tâten ubir ir bruste daz geistlîche geruste 3027). daz gerüste, daz im sine brust dacte WH. *v. Öst.* 51ᵃ. sper und gerüste was im bereit LS. 2, 247; *kleidung* GEN. NEIDH. (er treit an dem lîbe ein engestlich gerüste 234, 11); *schmuck* HEINR.;

ge-rüsten? *swv.* (*ib.*) *s.* griezen.

ge-rûzen *swv.* (II. 825ᵇ) *lärmen.* als er danne gerûzet unde gedraset NEIDH. 201, 11.

geruzzen *s.* grüezen.

gêr-valke *swm. s.* girvalke.

gêr-want *stn. s.* gerwewant.

gerwe, garwe *stfn.* (I. 481ᵃ) *ahd.* garawî, garawi *zubereitung, zurüstung im adv. ausdr.* bî gerwe (CHR. 8. 401, 17) *s.* begarwe; *kleidung, bes. die priesterliche* SERV. MARLG. in chunichlîchem gerwe ANTICHR. 138, 39. wau er (Silvester) in dem gerwe gie, dô in Konstantinus vie GA. 2. 587, 315; *gerberei* HELBL. — *zu* gar, *vgl.* gar, gare;

gerwe *adj.* (I. 480ᵃ) *bereit* JUD.; *gegerbt*, gerwez leder MONE *z.* 13, 157; *adv. s.* garwe;

gerwe *swm. gerber* FELDK. *r.* 102.

gërwe, gërwen *swstf.* (I. 530ᵃ) *hefe.* gerwe PF. *arzb.* 2, 12ᵈ. gerben Voc. 1437. der verkouft luft für brôt unde machet ez mit gerwen BERTH. 16, 11. daz brôt sol derbe gebacken sin âne gerwen *ib.* 301, 4. ez (*der wein*) was an der zît gelesen und mit den vazzen bewart und bœser gerwen enbart KRONE 20344; *unreinigkeit, auswurf* gerben MGB. 6, 20. 32, 15. 17. 34, 4. 28, 12. 15. 71, 35. 76, 6. gärm 283, 21. — *zu* gërn *vgl.* SCHM. 2, 65. KWB. 113.

gerwe-gadem *stn. N. v. B.* 317 *s. v. a.*

gerwe-hûs *stn.* (I. 738ᵇ) *sacristei* OBERL. VILM. 116. gêrehus CHR. 6. 231, 4. garwe-, gerb-, gêre-, gêrhûs sacristia, vestibulum DFG. 506ᶜ. 616ᵃ. *s.* gerwe *stfn. ebenso*

gerwe-kamere *f.* (I. 782ᵇ) OBERL. VILM. 116. CHR. 7. 218, 14. gêrkamer *ib.* 158, 13.

gerwel *stn. s.* gerbel.

gërwen *stf. s.* gërwe.

gërwen *pl. s.* geerbe.

gerwen, garwen *swv.* (I. 481ᵃ) gerewen DIEM. 33, 26, gerjen (: lattewerjen) ELIS. 3419, geren NP. 212, *prät.* gerwete, garwete *gewönl.* garte; *part.* gegerwet, gegarwet, gegart, garwet: gar *machen, bereiten, zubereiten* JUD. MAR. IW. den tôt gerewen DIEM. 33, 26. einen in den tôt g., *tödten* ANTICHR. 165, 12. daz êwigi viur, daz dem divil gegerwit ist FDGR. 2. 133, 50. enphâhet daz riche, daz iu gegerwet ist von anegenge dirre werlte GERM. 10, 468. mîn erbe daz mir gegarwet ist RUL. 290, 4. die kleider nâch glanze g. ELIS. 1988; *tr. u. refl. sich bereiten, rüsten, ausrüsten* DIEM. NIB. er was gegerwet und bereit HERB. 3594. ze wîge si sich garten KCHR. *D.* 458, 13. L. ALEX. 3215. die sich gegarwet hâten ze strite ûf daz velt ALPH. 189. dô wurden die heiden aber ze strite wol gegart OTN. *Ettm.* 5, 101. die pfrüenden gerwent sich, *kommen in ertrag* MONE z. 12, 238 (a. 1316); *kleiden, bekleiden* MAR. NIB. Ms. KONR. (in hazzes und in zornes kleit was in der muot gegerwet TROJ. 9813. gegerwet in grüenez kleit ENGELH. 4862. der herre was gegerwet in sô wunneclîchez wâpenkleit TURN. 43, 4. Servâcîum si garten zierlîche SERV. 472). als er gegerwet dô stât GLAUB. 1087. gerwe dich vor den liuten KCHR. *D.* 358, 27. den kunic er dô garte (: êwarte) 248, 31. dô garte sich der bâbes 244, 18. 260, 18. 451, 13 (garwete *M.* 7991. 8526). er hete sich garwet Osw. 1449. daz man sich nâch rehter gewonheit gärwe SWSP. 351, 3. SSP. 1. 63, 4. 5. der priester gerwete sich GERM. 3. 414, 25. er garte sich an GA. 2. 560, 367; *gerben,* die hût g. PASS. (*lies* 362, 79; *K.* 161, 45). TROJ. 3716. 14002. riemen g. RENN. 16769. sich g. mit der rôten varbe 18743. — *mit* an; be-, en-, er-, ver-;

gerwer *stm.* (I. 481ᵇ) *gerber* GL. FELDK.r. 102.
gerwer *adv. comp. s.* garwe.
gerwe-want *stn. bischöfliches gewand.* gêrwant CHR. 7. 400, 18. *s.* gerwe.
gerwunge, garwunge *stf.* (I. 481ᵇ) *das bereiten* MAR.; *ausrüstung, bekleidung,* sô sal ieclicher boten biten zuo des andern gerwunge, zwêne man; die sullen dâ bî sîn, daz man si antuo und gerwe als reht ist, und sullen gên mit in in den creiz und sullen denne dâ bekennen, ob si gegerwet sint alse reht ist FREIBERG. 251.
gës *s.* jëner.
ge-sache *stf. sache.* ich bedarf dirre gesachen nicht VET. *b.* 1, 22.
ge-saft *part. s.* seffen;

ge-saft *stn. saft.* dîn vedervarwe die sint kranc, dû hâst smæhe vogels gesaft (: kraft) HPT. 7, 353. *vgl.* ZIMR. *chr.* 2. 386, 22; 4. 361, 31.
[ge-sage *stf.* II². 15ᵃ] *s.* gesege.
ge-sagen *swv.* (II². 20ᵇ) *contr.* gesân MOR. : *sagen, nennen, erzählen, allgem.* (daz ich von einem man gesage SILV. 32. KONR. *Al.* 44. des leben ich hie gesage *ib.* 7. den hie sîn leben wirt geseit 48. daz man mich niht kan gesagen ze landes herrn BIT. 11576). — *mit* an (BERTH. 160, 23), vor;
ge-sagide *stf. s.* gesegede.
ge-saizze *stn. s.* gesæze.
ge-sæjen *swv.* (II². 25ᵇ) *säen, aussäen* TROJ. geséen CHR. 1. 393, 16. geseigen GRIESH. *contr.* gesæn TRIST., gesân GEN.
ge-salbede *stf. s.* geselbede.
ge-sæligen *swv.* (II². 41ᵃ) *glücklich machen, segnen* GEN. SPEC.
ge-salwieren *s.* salwieren.
ge-salzen *part. adj. s.* salzen.
ge-samben, -samen *swv. s.* gesamenen;
ge-samen *adv. zusammen* CHR. 4. 155, 2;
ge-samene *stn. s.* gesemene;
ge-samenen, -samnen, -samen *swv.* (II². 49ᵃ) *vereinigen, sammeln, versameln* HARTM. NIB. LOH. 2554. LIEHT. 117, 12. SILV. 334. sich êlichen gesamenen BERTH. 315, 29. ob sich die vier (*schiedsleute*) nicht gesamben möchten UKN. 268 (*a.* 1337); *mit gen.* sich einer rede g. RUL.;
ge-sament, -samt *part. adj.* (II². 48ᵇ) *versammelt, vereinigt* PASS. (*H.* 85, 14. 166, 55). gesamtiu diet LOH. 4234. mit gesamenter, -samter hant, *gemeinschaftlich, solidarisch* RECHTSDENKM. AD. 726 *u. oft in* Mz. 1 *u.* 2.
ge-sân *s.* gesagen, gesæjen, gesëhen.
ge-sæn *s.* gesæjen.
ge-sanc, -ges *stnm.* (II². 304ᵃ) *gesang* WOLFR. *lied.* RUD. BERTH. si begunden hœhen ir gesanc HIMLF. (HPT. 8) 597. dô wart geholt Tristrant (*der sieger*) mit vreuden und mit gesanc EILH. 767. man schol mit gesange uber die greber niht mêr gên, denne sô man die leich tregt NP. 67. *vgl.* gesenge.
ge-sant, -des *stn. geschenk das man sendet.* mit vil hêrlîcheme gesande RUL. 20, 16 *var. vgl.* sande;
ge-sante, -sante *s.* senden, gesenden.
ge-sat *part. s.* setzen.
ge-saten, -satten *swv.* (II². 58ᵃ) geseten EVANG. 260ᵃ: *tr. u. refl. sättigen mit gen. d. s.* FREID. BON. LAMPR. FLORE (4783). GEN. *D.* 70, 16.

110, 27. Eracl. 1124. Dan. 653. Ga. 3. 55, 438. wîgis gesattin Ath. *A** 125. ich sol dich strîtes gesaten Ulr. *Wh.* 114ª; ges. mit Troj. Lit. 36. Flore 6879. Pass. 341, 60;
ge-sat-lich *adj. in* ungesatlich.
ge-satz *stn. s.* gesetze.
ge-satz-buoch *stn. gesetzbuch, sammlung von gesetzen* S. Gall. *stb.* 4, 256.
ge-satzt *stn. s.* gesetzede.
ge-sæʒe *stn.* (II². 340ᵇ) *md.* gesêze *sitz, wohnsitz, wohnung* Ernst, Ms. dîn gesæʒe dû dâ nim Kchr. *W.* 10048. sich inz gesæʒe ziehen, *den sitz, platz nehmen* Er. Pf. *forsch.* 1, 57. unser gesæʒ ze Zimmern Mz. 1, 291. ir hof und gesæʒe Wessingen *ib.* 426. die sloʒʒer und gesæʒʒ Mh. 1, 223. ein gesâʒ oder vesten Ugb. 175. daʒ gesaizʒe ze Pfullendorf, daʒ unser was Don. (*a.* 1322); *gesäss* Pf. *arzb.* 2, 15ᵈ; *lagerung, lager* Nib. Kreuzf.; *belagerung* Lanz. Gudr. Wig. daʒ g. si raumten, *geben die belagerung auf* Ot. 217ª (*s.* gesëʒ); *lage der dinge* Pass.;
ge-sâʒen *swv.* (II². 343ª) *intr. sich fest setzen, platz nehmen* j. Tit. *vgl.* Msh. 3, 242ª;
ge-sâʒet *part. adj.* (*ib.*) *ansässig, wonhaft* Mb.;
ge-sazt, -sazte *stn. part. prät.* gesetzede, setzen, gesetzen.
ge-schachen *swv.* (II². 61ª) *berauben* Ms.
ge-schæchet *part. adj.* (II². 62ª) *gewürfelt wie ein schachbrett* Lieht. *ebenso*
ge-schâch-zabelt *part. adj.* (III. 833ª) geschâzavelt Lanz.
ge-schade *swm. schaden, pl.* gescheden Chr. 2. 76, 19;
ge-schaden *swv.* (II². 65ª) *prät.* geschadete, -schatte Iw. Parz. Trist. Walth. Gudr. 128, 2.
ge-schaf *stn.* (II². 70ᵇ) *geschöpf* Wolfr. Teichn.; *schöpfung,* dur des tûbelis gescaf Glaub. 811; *geschäft,* ind bereiden alle ire geschaff Karlm. 29, 33;
ge-schäfede *s.* gescheffede;
ge-schäffec *adj. s.* gescheffec;
ge-schaffen *stv. I,* 4 (II². 69ᵇ) *erschaffen, allgem.; machen, bewirken* Trist. Reinh.; *verrichten, ausrichten* Pass. Jer.; *verordnen, anordnen, besorgen* En. Iw. Ms.;
ge-schaffen *part. adj. s.* schaffen.
ge-schaffen-heit *stf.* (II². 69ᵇ) *was geschaffen ist, schöpfung* Myst. Germ. 15. 99, 40.
ge-schafnisse *stn. s.* geschefnisse;
ge-schaft *stf.* (II². 73ᵇ) *pl.* geschefte, geschaft geschöpf Aneg. Er. Parz. 817, 26. Freid. Konr. (Troj. 5969. Silv. 2136). Loh. 3041. Karl 124ᵇ. Pass. (*H.* 258, 75). Elis. 6698. Ls. 3. 540, 59; *schöpfung* Aneg.; *gestalt, bildung, beschaffenheit, eigenschaft* Rul. Er. Flore, Barl.; *euphem. gemächte* Spec. Pf. *arzb.* 2, 3ᵈ;
ge-schaft *stn.* (II². 74ª) *geschäft* Ms.; *anordnung, befehl,* sein geschaft, *jussio ejus* Br. 22ᵇ. herzog Ludwigs geschaft und gebot Chr. 4. 236 *anm.* 1; *euphem. gemächte* Pf. *arzb.* 2, 6ᵈ. *s.* gescheffede, -schefte;
ge-schäft *stn. s.* gescheffede.
ge-schal, -lles *stmn.?* (II². 125ª) *lärm.* dâ wart ein michel geschal (: stal) Reinh. *sendschr.* 980. dâ wart ein michel geschal (: al) Karlm. 208, 41. dâ hôrt man grôʒ geschal (: sal) 256, 49. sî heten mit swerden soulch geschal 24, 8. mit geschal Diut. 1, 296. huene mit geschalle (: alle) Msh. 3, 85ᵇ. sie pellent mit geschalle (: alle) Kell. *erz.* 500, 2. *vgl.* geschelle; — *stm. der wilde, wütende,* wen der ber wirt ein geschal (: wal), daʒ er ein mensch verderbet Ls. 1. 479, 173. *vgl.* schël, schëllec;
ge-schallen *swv.* (II². 126ᵇ) *lärmen* Troj.; *mit dat. verkündigen* Leseb. 1015, 20, lobsingen Gsm.;
ge-schalt *part. s.* schellen.
ge-schalten *stv. red. I,* 1 (II². 79ª) *stossen, fortstossen* Troj. daʒ si ze lande möhten niht geschalten noch gestôʒen 25207. geföeret und geschalten die werden ritter wurden a b e 20644). wan er sie nie geschielte ûʒ sînes herzen arke Aw. 1, 49; *refl. sich entfernen von* Ring 20, 23. 28ᵇ, 29. 43ᵇ, 12.
ge-schamen *swv.* (II². 136ᵇ) *refl. mit gen. scham empfinden über* Iw. Trist. Nib.
ge-schanden *swv.* (II². 84ᵇ) *zu schanden werden* Ms.;
ge-schant *part. s.* schenden, geschenden.
ge-scharbe *stn.* (II². 159ᵇ) *klein geschnittene stücke* Schm.
ge-scharn *swv.* (II². 154ᵇ) *refl. sich sammeln, versammeln.* daʒ sie vor drange ûf dem wal mohten sich niht wol gescharn Livl. 10623. sich g. zuo, *gesellen* Ms.
ge-schar-sachet *part. adj.* (II². 24ᵇ) g. wagen, *sichelwagen* Frisch, *s.* scharsahs.
ge-schas *s.* geschôz.
ge-schatte *prät. s.* geschaden.
ge-schatzen *swv.* (II². 91ᵇ) *schätze sammeln.* swâ er vil geschatzen mac, unz er wol gefüllt sîn schrîn Helbl. 5, 27; *mit schwerer steuer*

belegen LUDW. daz wir die liut niemer mêr **geschetzen** süllen noch dehain schatzung ûf siu nit legen Mz. 1, 411 (*a.* 1388); *nach zahl u. wert anschlagen, schätzen,* man kan mir lîhte gesch., waz mir hunt noch katzen des mînen haben vrezzen KOL. 92, 35. er ist ein besunder sælic man, der selber sich gesch. kan, swen in kumber oder alter twinget RENN. 23004.

ge-schawer *stm. s.* geschouwer.

ge-schâ-zavelt *s.* geschâchzabelt.

gëschec-heit *stf.* (I. 536ª) *das aufschäumen.* geschikeit FRL. — *zu* jësen.

ge-scheffec *adj.* (II². 72ª) *geschäftig, thätig.* geschäffec TRIST. B. 7928 (*vgl.* bescheffec). wie lügenheit unde trügenheit an iuwerm koufe gescheffic ist BERTH. 150, 11. her was gescheffig sêre ROTHE *s.* GERM. 9, 175 *u.* gescheftec;

ge-scheffede, -schepfede; -schefte, -scheft *stfn.* (II². 72ª. 74ª) geschefte, -scheft *gewönlich n.* (*fem.* gescefte KCHR. D. 369, 19. geschäfte SWSP. 27, 16. gescheft UH. 149. 213): *geschöpf, werk.* geschepfede, -schepfde, -scheffede FREID. WIG. BARL. RENN. PASS. (gescheffede H. 98, 31. 106, 56). gescephte ANNO. gescheft WOLK. 125. 2, 2; — *gestalt,* gescheffede HERB. 3286. 18219. geschepfede TRIST. MART. SILV. 1501. ENGELH. 463. geschöpfede MYST. gescefte KCHR. D. 369, 19; — *beschäftigung, geschäft,* gescheffede ULR. PASS. (H. 267, 83. 340, 13. 373, 60. 389, 80). ELIS. 485. ADRIAN 442. geschäfede TRIST. 17275. geschepfede TRIST. geschefte NIB. Z. 224. 6, 2. LOH. 2932. HELBL. 1, 815. 1220. 2, 1389. LUDW. MYST. ân gescheft, *unverrichteter sache* CHR. 1. 366, 18. SCHILTB. 79 (*vgl.* ungeschaft); *angelegenheit, ereignis,* gescheffede, -schefde PASS. LUDW.; — *anordnung, befehl, auftrag,* geschefte, -scheft KINDH. TUND. von geschefte und von geheize Mw. 255, 27 (*a.* 1317). nâch gescheft und haizen CP. 49. *vgl.* CHR. 1. 117, 14; 2. 526, 3; 3. 169, 16; 4. 332, 12; *letztwillige verfügung, testament,* ist der vater ân geschäfede verfarn SWSP. 8, 5. geschefte, -scheft *ib.* 144, 1. CHR. 1. 205, 26. 206, 18. 208, 17 *etc.* Mw. 238, 17 (*a.* 1311). UKN. 154 (*a.* 1313). UH. 257. Mz. 2, 428. 503. MH. 2, 863. CP. 28. 29. geschefte tun, *testamentare* Voc. 1482; *gerichtliche abmachung, vertrag,* dises gescheffedes (*verschreibung*) sint geziuge Mz. 2, 414. daz die red und die geschäft stêt, ganz und unzerbrochen beleib UH. 149 (*a.* 1370). 213 (*a.* 1396). ditz vor und her nâch geschriben gescheft (*vertrag*) Mz. 3, 87. anderre herren insigel hânt niht kraft wan über ir selber geschefte SWSP. 140, 7 *ff.; — euphem. gemächt,* man sol im grîfen under diu bein, unde vindet man dâ kleinez hâr ob sîner geschäfte SWSP. 27, 16 (oberhalb sîner geschäpfede DSP. 1, 29ᵇ). wenn das gescheft geswilt CGM. 317, 8ᵇ. wenn einem man sein gescheft geswollen sei *ib.* — *vgl.* geschaft *stfn.;*

ge-scheffen, -schepfen *swv.* (II². 71ᵇ) *schaffen, erschaffen.* gescheffen ROTH. geschepfen Iw. TROJ. 19743. geschöpfen MYST.;

ge-schefnisse, -schepfnisse *stn.* (II². 71ᵇ) *erschaffung* ADRIAN 427. geschepfnüsse MYST.; *geschöpf* GLAUB. 220. 2750. ADRIAN 419; *gestalt* MOR. MYST. geschafnisse LAMPR. geschipnisse ATH.; *ereignis, angelegenheit* LUDW.; *pl.* geschefnis, testiculi DIEF. *n. gl.* 263ª. — *vgl.* gescheftnisse.

ge-scheft-brief *stn. schriftl. anweisung, befehlsbrief.* von der soldner wegen ist sein kaiserlich gnad auch willig, gescheft und gescheftbrief zu geben CP. 88. nâch laut unsers gescheftbriefs MH. 2, 677. USCHB. 44; *schriftl. testament* UKN. 412 (*a.* 1361). 427. CP. 40.

ge-schefte, -scheft *stnf. s.* gescheffede;

ge-scheftec *adj.* (II². 74ᵇ) *thätig, geschäftig* LUDW. 15, 4 (*hs. C* geschefig). DÜR. *chr.* 329 (*hs. Dr.* gescheffig) *s.* GERM. 7, 175;

ge-schefter *stm.* (*ib.*) *negociator* DFG. 378ª.

ge-scheft-hërre *swm. testamentsvollstrecker.* mit den gescheftherren reden, daz das kint seins guts an nutz und gewer keme CP. 38.

ge-scheft-lich *adj.* (II². 74ᵇ) *fatale, kascaftlich* GL. (*ahd.*).

ge-scheft-liute CP. 29, *pl. von*

ge-scheft-man *stm. testamentsvollstrecker* MH. 2, 617.

ge-scheftnisse *stn.* (II². 74ᵇ) *beschäftigung, geschäft, angelegenheit* DÜR. *chr.* FREIBERG. — *vgl.* geschefnisse.

ge-schëhen *stv. I,* 1 (II². 112ᵇ—115ª) *nasal.* geschenhen DFG. 279ª, *contr. bes. md.* geschên (geschêt = geschihet KROL. 3686. SSP. 1. 8, 3), geschien (LAMPR.), geschîn (MARLD. *han.*); *md. auch sw. prät.* geschîde (MARLD. *han.*), *part.* geschît (*ib.*), geschiet (LAMPR. HERB.): ich geschihe zuo (*gerund.*) *gelange, komme zu etw., mir wird zu teil* KINDH. ER. (2399), KRONE; — *mir geschiht* (*allgem.*): *wird zu teil, widerfährt; es trifft sich, dass ich etw.*

thue, es gelingt mir etw. zu thun (vgl. Bech
z. Er. 1047, *z.* Iw. 130); mir geschiht ze (*infin.*) *es fügt sich, dass ich, ich muss;* mir geschiht *unpers. mit adv.* (wol, leide, baz, lieber *etc.*) *mir ergeht; — absol. geschęhen, durch höhere schickung sich ereignen (allgem.). — mit* an: dô Jêsû der tôt an geschach W. *v. Rh.* 208, 32;

ge-schëhen *stn.* (II². 115ª) *das geschehen* Ms. *contr.* geschên, historia Dfg. 279ª.

ge-schëhen-heit *stf.* (*ib.*) *inbegriff des geschehenen* Myst.

ge-schëhunge *stf.* historia Dief. *n. gl.* 205ª.

ge-scheide *stf. s.* geschîde.

ge-scheide *stn. gränze* Mone *z.* 7, 217 (*a.* 1288); *ein mass,* ein g. = ½ metzen oder 2 mülmetzen Gr.w. 6, 44. *vgl.* Schm. 3, 323 *und* gescheit;

ge-scheiden *stv. red. II.* (II². 103ᵇ) *intr. sich trennen* von Parz. Ms. Bph. 9502. dan g. Iw.; *refl. sich trennen, scheiden* Parz. Gudr., *mit gen.* Troj., *mit* von Tit. Walth. Barl. daz ich von ir dienste mich gescheide Msh. 1, 121ᵇ; — *tr. scheiden, trennen* Iw. g. von Parz. Trist. Kreuzf.; *beilegen, schlichten* Freid. Troj.; *erklären, deuten* Gen.; *anordnen, bestimmen,* einen andern wec g. Kindh. 82, 36;

ge-scheiden *part. adj.* (II². 99ᵇ) *geschieden, getrennt* von Parz., *mit gen.* Iw.; gescheiden sîden, *feine seide* Zürch. *rb.; s.* scheiden.

ge-scheiden-heit *stf.* (*ib.*) *abgeschiedenheit* Oberl.

ge-scheidunge *stf.* (II². 105ª) *divortium* Sum.

ge-scheine *stf.* (II². 147ª) *anschein, äusseres bild.* wollusteg von gescheine Elis. 3159. in aller der gescheine, alse ob 9251.

ge-scheit *adj. s.* geschîde.

ge-scheit, -des *stn.* (II². 105ᵇ) *das scheiden* Karlm. (99, 20). âne gescheit Marld. han. 2, 24. 55, 4. dat leste gescheit 24, 24. it geit zû deme gescheide 24, 18. von disem jungesteme gescheide 30, 19. die van got machet einich gescheit 102, 30. enmachet entuschen uns engein gescheit 109, 4; *das recht der entscheidung, schlichtung,* man sol ouch dem meiger verbürgen das gescheid Gr.w. 4, 23. *vgl.* gescheide.

ge-scheitelt *part. s.* scheitelen.

ge-schelle *stn.* (II². 125ᵇ) *coll. zu schal, lärm, getöse* Roth. Lanz. Trist. Ms. Hadam. (swîgen ân g. 29) *u. md. denkm., vgl. noch* Loh. 5900. Reinh. 324, 908. Virg. 630, 3. Renn. 9845. Karl 5083. Dan. 4854. 7542. Reihfr. 124ª.

Elis. 4716. Ls. 1. 236, 36; 2. 277, 287. der klage schal, der vorhte nôt machte ein geschelle unde schal Weltchr. 170ᵇ; *tumult, aufstand, auflauf, zwist* Mone *z.* 4, 404 (*Landau*). 16, 186. 334 (*Strassburg*). Beh. 219, 11. ein missehelle oder ein geschelle Ad. 785. 952. 1110. *bei* Clos. (Chr. 8. 121, 32. 122, 4 *ff.*) *und* Kön. g e s c h o l l e. — *vgl.* geschal.

ge-schëlle *stn.* (II². 124ª) *coll. zu* schëlle, *schellen am reitzeuge* Parz.;

ge-schëllen *stv. I,* 3 (II². 123ª) *erschallen* Erlœs. Elis. 1250. — *mit* ûz.

ge-schëlte, -schëlt *stn.* (II². 133ª) *das schelten* Karlm. dâ enwas niht wenne geschelt (: velt) Herb. 9868. mit geschelde *ib.* 7067;

ge-schëlten *stv. I,* 3 (II². 132ᵇ) Krone, Berth. 174, 1. Engelh. 555. Geo. 4550. Wolk. 69. 2, 3.

ge-schemede *stn. coll. zu* schamede, *weibl. schamteile* Mor. 2, 1354.

gëschen *stv. s.* jësen.

gëschen *swv. oscitare* Wack. *voces* 2, 70 anm. *vgl.* giwen.

ge-schên *stv. s.* geschëhen.

ge-schenden *swv.* (II². 84ª) geschande; geschendet, geschant: *zu schanden machen,* Karaj. Büchl. Walth. Pass.; *besiegen* Wig.; *in schande bringen, beschimpfen* Iw. Helbl. wie si sich geschanden Aneg. 35, 7.

ge-schënhen *stv. s.* geschëhen.

ge-schenke *stn.* (II². 81ª) *coll. zu* schanc, schenke, *das eingeschenkte* Glaub. (geschinke 930); *geschenk* Ludw.

ge-schepfe *swf.* (II². 71ª) *s. v. a.* schepfe *schicksalsgöttin.* geschöpfe Leseb. 1007, 37;

ge-schepfede, -schepfen *s.* gescheffede,-scheffen.

ge-schepfen *an. v.* (II². 66ª) *schöpfen* Mgb.

ge-schepfnisse *stn. s.* geschefnisse;

ge-schepfunge *stf.* (II². 71ᵇ) *schöpfung, creatur* Myst.

ge-scherben *swv.* (II². 159ᵇ) *schaben* Rsp.

ge-schërmen *swv. s.* geschirmen.

ge-schërn *stv. I,* 2 (II². 150ª) *scheren* Wig.

ge-schërren *stv. I,* 3 *schaben.* swaz er ab dem trog geschirret (*deraserit*), daz ist sîn Geis. 436.

ge-scherten *swv. schartig machen, verletzen.* man kan ir niht gescherten Kolm. 31, 54.

ge-schêt *präs. s.* geschëhen.

ge-schetzen *swv. s.* geschatzen.

ge-schîbe *adj. s. v. a.* beschîbe, *klug* Netz 11974. *ebenso*

ge-schîbec *adj. zu folgern aus*
ge-schîbec-heit *stf. gewandtheit, klugheit* Hugo v. M. 36;
ge-schîbelt *adj. rund, kreisförmig.* gescheibelt Chr. 3. 197, 30. *vgl.* schîbeleht;
ge-schîben *stv. II. refl. sich fortbewegen.* er moht sich niht gesch. Ring 10ᵈ, 33;
ge-schîbes *adj. ringsum.* gescheibs Chr. 3. 114, 8.
ge-schicht, -schichte *stfn. s.* geschiht, -schihte.
ge-schicke *stn.* begebenheit Chr. 2. 332, 10; *ordnung, anordnung* Tuch. 327, 2, *anordnung, anstellung zum kampfe* Chr. 2. 203, 19. 21. 204, 8. 214, 20 etc. *s.* 553ᵃ. 3. 410, 11 (*vgl.* geschihte); *letztwillige anordnung, vermächtnis, stiftung,* das geschick sol êwiclichen bestên Mz. 4, 380; *gestalt, bildung, benehmen* (*vgl.* geschickede), ein menlîch geschicke Loh. 873. 6237. dar umbe ist er doch ein man unt hât wol solch geschicke, daz dem unadel verret sich 6937;
ge-schickede *stf.* (II². 120ᵃ) *gestalt, beschaffenheit, bes. schöne gestalt* Wolfr. (Parz. 170, 21. Wh. 241, 30);
ge-schicken *swv.* (*ib.*) *prät.* geschihte *tr. bilden, gestalten.* mochte ich in (*den toten gemahl*) wol geschicken zû menslîcher munste Elis. 5826; *anordnen, anstellen, einrichten* Albr. dô er die schar geschihte Bit. 7801. die zunft gesch. Chr. 4. 135, 28; *absol.* ein geschicke (*kampfordnung*) *machen* Chr. 2. 181 *anm.* 2; *refl. sich anstellen, anschicken, aufmachen* Rsp. ein ritter sich geschihte baz Lanz. 9178; sich g. von, *entfernen* Spec.;
ge-schicket *part. adj.* (II². 119ᵇ) *gestaltet* Parz. Wig. Krone, Jer. starc geschickte man Ernst 2568. wie menlîch er geschicket wære unde gestalt Loh. 1535. wî sint alle dîne dinc geschicket alsô werltlich Elis. 8463. wol geschicket Rsp. 164. 66; *geordnet, bereit, fertig, gerüstet* Chr. 2. 486, 33; 3. 356, 9; 5. 279, 15; *geschickt, passend* Myst. an dem geschicksten, *am tauglichsten* Chr. 5. 145 *anm.* 1. gesch. in 3. 133, 1, gesch. zuo Myst. Rsp. Chr. 3. 132, 16. wie der mensch durch den psalter wol geschicket wirt zu seinen lezten zeiten Cgm. 164, 2ᵇ. geschiht Elis. 6181. *vgl.* schicken.
ge-schîde *prät. s.* geschëhen.
ge-schîde *adj.* (II². 97ᵃ) *gescheidt, schlau* Diocl. Hadam. Kirchb. Zimr. *chr.* 1. 301, 14. ein gescheider man Laur. Sch. 543. Sigen. 107. 177. gescheit Chr. 3. 142, 7. — zu schîden;
ge-schîde *stf.* (II². 97ᵇ) *gescheidtheit, schlauheit.* gescheide Nicl. v. Weyl. ebenso
ge-schîdec-heit *stf.* (*ib.*) geschîtekeit Diocl.;
ge-schîdec-lîche *adv.* (II². 97ᵃ) *mit gewandtheit.* gescheidigklich Leseb. 1041, 41 (= 4. *aufl.* 1267, 2: geschîdenlich);
ge-schîde-lich *adj. s. v. a.* geschîde. geschîdelicher list Wh. v. Öst. 18ᵃ;
ge-schîden-lîche *adv. s.* geschîdeclîche;
ge-schieben *stv. III.* (II². 167ᵃ) *intr.* g. von, *sich entfernen* Pass.
ge-schiechde *stn. s.* geschuohede.
ge-schien *stv. s.* geschëhen.
ge-schier *stn. s.* geschirre.
ge-schiet *part. s.* geschëhen.
ge-schiez *stm. giebelseite eines gebäudes* Chr. 4. 300 *anm.* 2. *s.* schiez;
ge-schiezen *stv. III.* (II². 173ᵇ) *tr. u. absol. schiessen* Trist. U. Ms. Pass. Troj. 17355; *refl. sich aussondern* ûz Jer.; *intr. sich rasch bewegen, eilen* Troj. Krone (15846, *im cit.* lies geschôz).
ge-schiffen *swv.* (II². 111ᵇ) *schiffen* Walth. Troj.
ge-schift *part. s.* scheften.
ge-schiht *part. s.* schicken, geschicket; *präs. s.* geschëhen.
ge-schiht *stf.* (II². 115ᵇ—117ᵃ) geschihte (: zuo nihte) j. Tit. 4220, *gen.* geschihte, -schiht, *md.* geschicht: *was geschieht, begebenheit, ereignis, folge der ereignisse, geschichte, umstände; schickung, zufall* (durch, von geschiht, geschihten, *zufällig, von ungefähr*); *angelegenheit, sache, ding,* meist nur umschreibend (durch keine g., *durch nichts* Elis. 5115. in aller der g., *bei alle dem* 3156. in der g., *während des* 3188. 7140. 8234), *allgem.; — eigenschaft, art, weise* Lanz. Trist. U. Ms.; *schicht, reihe* Pass. (*vgl.* geschicke);
ge-schiht-buoch *stn. geschichtsbuch* W. v. Rh. 2, 20ᵃ *ff.*
ge-schihte *stf. s.* geschiht.
ge-schihte *prät. s.* geschicken.
ge-schihte *stn.* (II². 117ᵃ) *md. geschichte, -schicht begebenheit, geschichte* Ludw. Erlœs. Elis. (1181. 5275. 5330). Jer.; *einteilung, ordnung* Germ. 6, 103 (*vgl.* geschicke).
ge-schihtec-lîchen *adv. zufällig* W. v. Rh. 75, 31.
ge-schihten *swv.* (II². 118ᵃ) *einrichtung treffen in beziehung auf* (umbe) Mart.

gëschikeit *stf. s.* gëschecheit.
ge-schimpfen *swv.* (II². 139ᵇ) *scherzen* REINH.
ge-schîn *stv. s.* geschëhen.
ge-schinden *stv. I,* 3 (II². 140ᵇ) RSP. — *mit abe.*
ge-schînen *stv. II.* (II². 143ᵇ) *intr. scheinen, leuchten* BERTH. STRICK. SIGEN. Z. 10, 2; *tr.* an g., *anscheinen, beleuchten* LIEHT. 617, 8.
ge-schinre *stn. lärm, getöse.* tambôren und bordûnen machen grôȥ geschinre HANS 3163. *vgl.* SCHM. 3, 372. KWB. 217.
ge-schipnisse *stn. s.* geschefnisse.
ge-schirbet *part. adj.* (II². 159ᵇ) *in stücke, schirben zerbrochen* j.TIT.
ge-schirmen *swv.* (II². 163ᵃ) *tr. schützen, schirmen.* wer baȥ daȥ rîche geschirmen müge MSH. 2, 136ᵇ; *absol. sich gegen die angriffe des gegners decken (mit dem schilde, schirme),* ouch ne mohter niht geschirmen vor dem swerde EN. 329, 40. geschermen RSP.; *intr. mit dat. einem als schirm, schutz dienen* IW. (6725, *bei Bech* geschermen).
ge-schirre *stn.* (II². 164ᵃ) *geschirr, gerät, werkzeug* ALBR. CLOS. MGB. weberisc gescirre KCHR. D. 429, 23. geschirre, *weberstuhl* MONE z. 9, 184. karren unde geschirre MZ. 1, 476 (a. 1403). man pot allen geschirren (*wagen*) auf CHR. 2. 254, 10. das lêr g e s c h i e r (*heuwagen*) NP. 274. geschirr, *kriegsgerät* CHR. 4. 82 *anm.* 4. g e s c h ü r, *hausgerät ib.* 39, 10; *einrichtung, ordnung,* und gehillet doch ir (*der kometen*) irre dem himelschen geschirre W. v. Rh. 11, 30; *übername für einen langen menschen* FRAGM. (*vgl.* ungeschirre); *gemächt* LS. ein guot geschirre tragen NEIF. 44, 34. *vgl.* VINTL. 7873. KELL. erz. 414, 12. ZIMR. *chr.* (geschier) 1. 70, 20; 2. 572, 22. 753, 26; 3. 78, 21. 436, 10.
ge-schirre-lôs *adj. entmannt* KELL. erz. 415, 1.
ge-schît *part. s.* geschëhen.
ge-schîtekeit *stf. s.* geschîdecheit.
ge-schiu *stn. s.* geschiuhe.
ge-schiufel *stn.* (II². 222ᵃ) *geschaufel* BEH. (SCHM. 3, 335).
ge-schiuhe, -schiuwe *stn.* (II². 108ᵇ) *verkürzt* geschiu, -schû GL.: *scheuche, schreckbild* MS. daȥ ritter und pfaffen in hânt für ein geschiuhe HEINZ. 405. daȥ er ouch die valschen diet ein geschiuhe duhte niet W. v. Rh. 86, 6. geschiuwe und merwunder *ib.* 11, 43;
ge-schiuhen, -schiuwen *swv.* (II². 109ᵇ) *scheu empfinden. ndrh.* geschûwen KARLM.;
ge-schiuwe *stn. s.* geschiuhe.

geschl-, geschm- *s.* gesl-, gesm-.
ge-schoc, -schoch *stn.* (II². 178ᵃ) *haufen* MART. (geschoch); *schock, zahl von* 60 *stück münzsorten* LS. (geschoch). funfzehen hundert geschok guter beheimischer pfennig MZ. 3, 78 (a. 1341). 426.
ge-schol *swm.* (II². 182ᵇ) *schuldner, gewährsmann* GUDR. WIGAM. KRONE, LS. KCHR. W. 5573. 5947. APOLL. 19713. 20296. mîn und mînes trehtînes geschol AB. 1, 218. des geltes wil ich sîn geschol ULR. Wh. 238ᵃ. ich hân der schulde gescholn *ib.* 137ᵇ; CHR. 2. 73, 33. 83, 22. 86, 23. 87, 29. geschol, kschol BRÜNN. r. *vgl.* schol.
ge-scholle *stn. s.* geschelle.
ge-schônen *swv.* (II². 195ᵇ) *schonen, verschonen mit gen.* FLORE;
ge-schœnen *swv. schön machen, beschönigen, rechtfertigen.* chan ieman daȥ geschœnen URST. 110, 48.
ge-schöpfe, -schöpfede, -schöpfen *s.* ge-schepfe, -scheffede, -scheffen.
ge-schopfet *part. adj.* (II². 169ᵇ) *mit einem schopfe versehen* HADAM. MGB.
ge-schouwe, -schou *stf. obrigkeitliche besichtigung* CHR. 5. 51, 31. 113, 21. 24;
ge-schouwen *swv.* (II². 199ᵇ) *schauen, sehen* PARZ. NIB. LUDW.;
ge-schouwen *stn. s. v. a.* geschouwe CHR. 4, 108 *anm.* 1;
ge-schouwer *stm. der die* geschouwe *hält* CHR. 4. 108, 2. 3. 4; 5. 51, 32. 33. *vgl* SCHM. 3, 303. BIRL. 190ᵃ *ff.*
ge-schôȥ *stn.* (II². 175ᵃ) *kleider* ERLŒS.;
ge-schôȥ, -schoȥ *stn.* (II². 175ᵇ. 176ᵃ) *geschoss: geschossene waffe; werkzeug, mit welchem man schiesst* GEN. WOLFR. WIG. KREUZF. PASS. ir geschôȥ ist âne veder gar WG. 9961. minnen gesch. MSH. 1, 90ᵇ. daȥ g. den êrsten schaden tuot RING 50ᶜ, 19. scharpe geschosse, acutæ sagittæ JAN. 47; *geschoss, stockwerk, des kellers* geschoȥ WEIM. *hs.* 221. tecmen de schindil super unum geschoȥ CDS. 2, 152 (a. 1239); *abgabe, schoss* RSP. FREIBERG. KULM. *hf.* 212. GR. W. 3, 330. ZEITZ. satz. 1, 3 *ff.* geschas Voc. *Schr.* 909; *ein rheumatisches übel,* wilt du das geschos vertreiben SCHM. 3, 411;
ge-schoȥ *stm. geschoss, schiesszeug.* daȥ man allen geschosz und zeug, der auf der vesten ist, dannen tu CHR. 3. 384, 30;
ge-schoȥȥære *stm. schosserheber, s. zu* ZEITZ. *satz.* 1, 3.

ge-schrâ *stf.* (II². 201ᵇ) *unwetter, regen.* ein geschrâ (*hs.* geschrei) kam nâch dem hagel, diu KRONE 16020. *vgl.* schrâ *u.* GERM. 7, 495.
ge-schragen *swv.* (II². 201ᵇ) *einen schragen aufschlagen* Ms. (*H.* 1, 18ᵇ).
ge-schrât *stm. s.* geschrôt.
ge-schrê *stm. prät. s.* geschreie, geschrîen.
ge-schrecken *swv.* (II². 212ᵇ) *in schrecken setzen* GEN. OTN. *p.* 18.
ge-schrei *prät. s.* geschrîen;
ge-schreie, -schrei *stn.* (II². 215ᵇ) *md. und alem.* (N. *v. B.* 313) *auch stm., nbff.* geschreige ALBR. MART. 209ᵃ. VIRG. 393, 3. 403, 10. 1070, 6. *contr.* geschrê MART. PASS. 311, 57: *geschrei, ruf* WOLFR. IW. NEIDH. (22, 8. 31, 9). TROJ. (11918. 12947. 16905. 21148) *u. md. denkm.; vgl. noch* ANTICHR. 197, 32. 199, 9. LIEHT. 610, 5. PASS. 328, 34. ELIS. 9019. KARLM. 233, 60. wirt über den (*mörder*) ein geschrei S. GALL. *stb.* 2, 25. etw. zu geschrei bringen MH. 2, 807. obe der scherig einen schedelîchen man jaget, alle die umbesæzen, die daz geschrai hôrent, die suln nâch volgen Mw. 59, 43 (*a.* 1255). *auf der strasse* geschrei oder unzucht üeben NP. 55. 56. *vgl.* geschrîe;
ge-schreien *stn.* (II². 216ᵃ) *das schreien* LEYS.;
ge-schreige, -schrêge *stn. s.* geschreie.
ge-schrenke *stn.′ coll. zu* schranke GR.W. 3, 604. TUCH. 298, 29.
ge-schrenken *swv.* (II². 203ᵇ) *verschränken* WEIST.
ge-schrîben *stv. II.* (II². 207ᵇ) *schreiben, beschreiben, schildern* EN. TRIST. BERTH.
ge-schricht *stn. part. s.* geschrihte, schrihten.
ge-schrîe *stn. geschrei, gekrächze* WARTB. 126, 2. MSH. 3, 175ᵇ. *vgl.* schrîe, geschreie;
ge-schrîen *stv. II.* (II². 215ᵃ) *prät.* geschrei, -schrê *intr. u. tr. schreien, rufen* WALTH. der walt gap hinwidere vorhteclîch swaz sî geschrê ER. 6081. — *mit an* BARL. MARLG.
ge-schrift *stf.* (II². 209ᵇ) *geschriebenes, schrift, inschrift* ALBR. HEINZ. 258. 271. APOLL. 2776. 4219. 6988. 16234. 17259. MF. 178, 34. CHR. 3. 42, 20. 53, 22. 86, 10 (in geschrift, *geschrieben*); 5. 129, 27. 202, 1; *schriftwerk, litterarisches werk* TEICHN. MGB.; *die heilige schrift* A. HEINR. GSM. MYST. MGB.; *das schreiben, daz zît mit geschrift vertrîben* LS. 1. 80, 133; *schriftwechsel, correspondenz,* deshalb du mit mînem schultheiszen in geschrift komen bist DON. (*a.* 1475). vile geschrifte und briefe RCSP. 1, 409 (*a.* 1409); *verschreibung* FRL. — (geschrift kommt sehr oft im TROJ. bei M. vor, wo bei Kell. überall schrift steht.)
ge-schrift-lasteræere *stm. bibelschänder* MGB. 203, 12.
ge-schrihte *stn.* (II². 216ᵃ) *geschrei, nd.* geschricht LIVL. geschrichte CHR. 7. 284, 18. — *zu* schrîen.
ge-schrîp-ziuc *stm. schreibzeug* WACK.
ge-schrirn *part. s.* schrîen.
ge-schrîten *stv. II. schreiten* SIGEN. Z. 22, 11.
ge-schrôt *stm.* (II². 221ᵃ) *schnitt der kleider.* geschrât HERB.;
ge-schrœte *stn. hodensack.* bî dem geschrött reiben MYNS. 80. dem pfärdt seindtpletzen aus dem geschrott gefallen SCHÖPF 650 (16. *jh.*);
ge-schrôten *stv. red. III.* (II². 220ᵃ) *zerschneiden* TRIST. U.
ge-schrudel? *stn.* (II². 221ᵇ) *ungetüm* MART. 10, 13 *im reime auf* grubel; *vielleicht* ge-schruwel, *s.* schrowel.
ge-schruwen *part. s.* schrîen.
ge-schû *stn. s.* geschiuhe.
ge-schûde, -schûede, -schüehede *stn. s.* geschuohede;
ge-schüehe *stn. s.* geschuohe.
ge-schulde, -schult *stf. schuld.* umbe di gesculde PILAT. 256. ich hân dîne hulde von mînen geschulden verlorn GLAUB. 1773. von rehter geschulde *ib.* 1812. mit den zwein geschulden für reht gerihte komen MSH. 3, 11ᵃ;
ge-schulden *swv.* (II². 189ᵇ) *verschulden, verdienen* TRIST. und solz geschulden swenne ich mac WWH. 131, 9. ouch kunde er daz geschulden wol mit rede TROJ. 20900;
ge-schuldet *part.,* -schult *stf. s.* schulden, geschulde;
ge-schuldigen *swv. beschuldigen* SWSP. L. 2, 148.
ge-schünden *swv.* (II². 141ᵇ) *tr. reizen, antreiben.* daz kunde ouch wol geschünden daz küssen und ir süezer lip KRONE 11712; *mit gen. wozu antreiben,* als es iuch got geschünde GREG. 410, gesch. ze ANEG., *mit untergeord. s.* KARAJ.
ge-schuoch *stn. s.* geschuohe;
ge-schuoch *adj.* (II². 225ᵃ) *? schuht* EXOD. in hosen geschuoch, *in hosen* (*die auch den fuss umschliessen*) *gekleidet* KUCHM. 2. 19.
ge-schuocherer *stm. schacherer?* ich pflig der wucherer und der geschucherer, die haben ungefuges gelt KELL. *erz.* 20, 31.
ge-schuode *stn. s.* geschuohede;
ge-schuohe, -schüehe *stn.* (II². 225ᵃ) *coll. zu*

schuoch, *fussbekleidung* EXOD. GERH. KRONE (17969). geschûche ANTICHR. 136, 19. man sol im (*dem sperber*) das geschuoch antuon MYNS. 36. *ebenso*

ge-schuohede, -schüehede *stn.* (II². 225ᵇ) geschüehede MONE z. 9, 102 (*a.* 1378). geschiechde WEINH. *al. gr. s.* 213 (*a.* 1466); *contr.* geschuodeDIEM., *md.* geschûede EVANG. 260ᵃ, geschûde PASS.;

ge-schuohen *swv.* (II². 226ᵃ) *md.* geschûhen *beschuhen* LANZ. (an gesch.) HERB. MYST.;

ge-schuohet, -schuot *part. s.* schuochen.

ge-schŭr *stn. s.* geschirre.

ge-schurge *stn.* (II². 196ᵇ) *das schieben, treiben, fortstossen* HERB.; *angriff* JER.;

ge-schürn *swv.* keines sins mac man eʒ (*das löwenfell*) geschürn weder mit îsen noch mit stâle MALAG. 12ᵇ. *s.* schorn, schürn.

ge-schustieren *swv. s.* gejustieren.

ge-schüten, -schütten *swv.* (II². 230ᵃ) *schütteln* GEN., *erschüttern* MGB.; *schütten* BERTH.

ge-schütze, -schüz *stn.* (II². 177ᵃ) *md.* geschutze *schiesszeug, schiesswaffen* EXOD. ER. PARZ. TROJ. (6277. 23572. 29971) *und md. denkm.; vgl. noch* ERNST 2857. 3853. *B.* 4717. LOH. 2788. 5847. BIT. 9728. WH. *v. Öst.* 94ᵇ. 130ᵇ. ORL. 1402. KARL 35ᵃ. HPT. 8, 421. SWSP. 145, 14. HERB. 4494. gesch. sagitte JAN. 57. — *zu* schuz, schiezen.

ge-schützen *swv.* (II². 231ᵇ) *schützen, beschützen* RSP.

ge-schûwen *swv. s.* geschiuhen.

ge-schüz *stn. s.* geschütze.

ge-sĕdele *stn. s.* gesidele;

ge-sĕdele *swm.* (II². 236ᵃ) *der neben jemand sitzt, tischgenosse* ERINN. KRONE.

ge-sêen *swv. s.* gesæjen.

ge-sege *stn.?* (II². 15ᵃ) *aussage* CLOS. (von biderber liute gesege CHR. 8. 89, 3). *ebenso*

ge-segede *stfn.* (II². 21ᵃ) *aussage* CLOS. (CHR. 8. 89, 4) MONE z. 8, 218; *ausspruch, urteil,* der sol nâch irre (*der schiedsrichter*) gesegede widertuon AD. 639 *s.* 456; *laut, inhalt,* nâch gesagide der briefe *ib.* 936 (*a.* 1328).

ge-sĕgelen *swv. s.* gesigelen.

ge-sĕgenen, sĕgen *swv.* (II². 240ᵇ) *contr. bes. md.* geseinen SSP. 3. 42, 3. KOLM. 68, 1—38): *segnen,* got gesegne *ausruf der verwunderung* LANZ., einen ges. *ihn zum abschiede segnen, von ihm abschied nehmen* LUDW. MYST. got gesegene (geseine) dich *etc.* TRIST. WALTH. KRONE. got hiute dich gesegene mit Abeles segene DENKM. XLVII. 4, 95. daz dich got gesegen LIEHT. 23, 21. got gesegene swaz belîbet hie VIRG. 593, 12. sich gesegen lassen NP. 84; *mit acc. d. s.* DIEM. MGB.; *refl.* PASS. daʒ ich mich dâ vor gesegene MSH. 3, 14ᵃ;

ge-sĕgenet *stn.* (*ib.*) *euphemist. der rotlauf* SCHM. (15. *jh.*).

ge-sĕhel *stn. das was zu sehen ist, schauspiel. vgl* ZIMR. *chr.* 2. 304, 21;

ge-sĕhen *stv. I,* 1 (II². 277ᵇ) *md. contr.* gesên, *prät. pl.* gesân: *das verst.* sêhen, *allgem.* (daz lâ gesehen SILV. 2834. mîn gesehende freude ist worden blint ULR. *Wh.* 195ᵈ). gesach in, mich, dich got *gott segnet, beglückt ihn etc. s.* got. — *mit* an, ûf, umbe;

ge-sĕhen *stn.* (II². 278ᵃ) *das sehen* KARAJ. MYST.; *der anblick* KRONE.

ge-sĕhen-heit *stf.* (*ib.*) *anblick* MYST.

ge-sĕher *stm. besichtiger.* den schaden ablegen nach erkantnus der geseheren GR.w. 1, 280.

ge-sei *stn. s.* geseige.

ge-seichach *stn.* (II². 242ᵃ) *harn* SCHM.

ge-seige *stn.* (II². 268ᵃ) *das visieren* NARR.; *visierung der masse, geeichtes mass* WEIST. (2, 15. 5, 686. 6, 424. geseihe 2, 82. gesei 5, 696. 697).

ge-seigen *swv. s.* gesæjen.

ge-seiget *part. s.* sæjen, seigen.

ge-seihe *stn. s.* geseige.

ge-seilen *swv.* (II². 289ᵃ) *mit seilen binden* KARAJ.;

ge-seilet *part. s.* seilen.

ge-seinbt *part. s.* sĕnewen.

ge-seinen *swv. s.* gesĕgenen.

ge-seinen *swv.* (II². 243ᵇ) *refl. sich aufhalten, säumen* j. TIT.

geseisen *pl.* schmit, die geseisen machen, *sensenschmiede* CHR 5. 122, 13. *contr. aus* gesegensen? *s.* sĕgense.

ge-seit *part. s.* sagen, gesagen, sæjen, seigen.

ge-selbe *stn.* (II². 42ᵃ) *coll. zu* salbe. WACK. *pr.* 12, 56. 64. *ebenso*

ge-selbede *stfn.* (*ib.*) KARAJ. (= geselbe DIUT. 3, 24).

ge-sĕlen *swv.* (II². 244ᵇ) *mit einer seele versehen, beseelen* NARR.;

ge-sêlt *part. adj.* (*ib.*) beseelt MGB.

ge-selle *swm.* (II². 29ᵃ) xelle ÖH. 68, 23: *ursprünglich hausgenosse, dann derjenige mit dem man zusammen ist, gefährte, freund, geliebter* (*auch geliebte, freundin* PARZ. FLORE, KRONE, *vgl. das folgd.*) *allgem. vgl.* GERM. 10, 130 *ff. aus urkunden und der späteren prosa.* hebe ich aus die bedeutungen: *standesgenosse* (die êrbergen ritter, mein friunde und gesellen Mz. 4, 140. 181); *gehülfe bei einer arbeit, handwerksgeselle* (TUCH. 307, 8 *ff.* der smide dinstknecht oder gesellen FRANKF. brgmstb. v. 1498 vig. V. p. Kilian.); *hilfsgeistlicher, kaplan* (CHR. 5. 129, 10. ein pfarrer und sein gesellen Mz. 4, 150. UKN. 318. 334. MH. 2, 553. der brobst und sein gesellen W. 21 a. 1335); *allgemeiner: bursche, junger mann, person s.* CHR. 2, 79—82; *penis* ZIMR. *chr.* 3. 345, 6. — *zu* sal;

ge-selle *swf.* (II². 31ª) *gefährtin* GEN. WOLFR. GERM. 10. 240, 76. *vgl. das vorige;*

ge-sellec *adj.* (*ib.*) *zugesellt, verbunden.* sô wontens an den sîten ein ander zallen zîten und wâren sô gesellic ENGELH. 797, *mit dat.* GREG. LUDW. JER. frô gesellic was sîn mût rittern unde kunden ELIS. 3260.

ge-sellec-heit, gesellekeit *stf.* (II². 31ᵇ) *freundschaftl. verhältnis von* gescllen *zu einander, zusammensein als genossen od. freunde* IW. WOLFR. TRIST. TROJ. (dir müeste sîn gar wilde gewesen mîn gesellikeit 17103). ENGELH. 415. 31. 35. dem ist gesellikeit unkunt, der sîn genôzen überizzet JÜNGL. 572.

ge-sellec-lich *adj.* (*ib.*) *nach* gessellen *art, als* gesellen PARZ. TRIST. BARL. W. v. Rh. 133, 36. Ls. 1. 146, 706;

ge-sellec-lîche, -en *adv.* (*ib.*) *auf gesellschaftliche art, freundschaftlich, zur, in gesellschaft* PARZ. TRIST. NIB. ER. 1519. BÜCHL. 2, 311. W. v. Rh. 131, 52;

ge-sellec-lîch-heit *stf.* (*ib.*) s. v. a. *gesellecheit* RENN.

ge-selle-lôs *adj.* (II². 31ª) *ohne genossen, allein* ER.

ge-sellen *swv.* (II². 32ᵇ) *tr. zum gesellen machen, geben, vereinigen, verbinden mit dat.* TRIST. JER. *mit zuo* TUND.; *part.* gesellet, *in gesellschaft, gesellt sus giengen sie gesellit* ATH. C* 71, *mit dat.* TROJ. KRONE, *mit zuo* TRIST.; — *refl. sich paarweise, sich freundschaftlich verbinden, in liebesverhältnis treten, sich gesellen (mit dat. od. zuo allgem., später auch in obscönem sinne z. b.* KELL. 5, 16. *vgl.* GERM 10, 130 *ff.* — *mit zuo.*

ge-sellen-hûs *stn.* sô machent si (*die bienen*) auch gesellenhäuser MGB. 290, 22.

ge-sellen-rëht *stn. gesellenlohn* MONE z. 13, 306.

ge-sellen-schif *stn.* (II². 111ª) *personenschiff* NARR.

ge-sellen-stat *stf.* *stelle eines gesellen (kaplans)* Mz. 4, 150.

ge-sellen-stëchen *stn.* *gesellenturnier* MONE z. 16, 266 (a. 1483 Offenburg). *vgl.* ZIMR. *chr.* 4, 615ª.

ge-sellen-tanz *stm.* NP. 90 *f.*

ge-sellen-wîse *adv.* du solt sie haben gesellenwîse, *als* gesellen WIGAM. 4319.

ge-selle-schaft *stf.* (II². 32ª) *vereinigung mehrerer, gesellschaft, genossenschaft (zunft* JUST. 178. 209. gesellschaft, -selschaft *kaufmännische genossenschaft, handelsgesellschaft* CHR. 2. 14 *anm.* 3; 5. 73, 21. 133, 26. 134, 5. 6. *bund ib.* 27, 14 *ff.* der brobst und sein gesellschaft, = seine gesellen *wie es später heisst* W. 21); es soll auch kein burger einicherlei gesellschaft (*kleidung mit abzeichen*) oder lieberei weder von fürsten, herren oder andern erwerben oder tragen NP. 108 (*kleiderordnung*); *paar von* gesellen (LESEB. 981, 21); *verhältnis eines gesellen, freundschaftliches beisammen- oder verbundensein, freundschaft, liebe* (GERH. 1484. LOH. 1760. TROJ. 15388. 16165. 887. ENGELH. 531. 37. 1317. PASS. 122, 2. geschelschaft H. v. N. 352). *allgem.; persönl. s. v. a. geselle, liebchen* WOLK. 51. 1, 11.

ge-sellet *part. s.* gesellen.

ge-sel-lich *adj.* (II². 31ª) *s. v. a.* geselleclich PASS. (geselliche pflicht H. 51, 57. MARLG. 175, 56). gesellîchiu liebe KOL. 174, 667. contubernalis DFG. 147ᶜ. *n. gl.* 111ᵇ.

ge-sellinne, -sellîn *stf.* (*ib.*) *gefährtin, freundin, geliebte* TRIST. ir gesellinne alle sam, die siben megd sî zuo ir nam BPH. 1836. ir gesellinnen, die wîchaften amazônes HERB. 14592.

ge-sel-schaft *stf. s.* geselleschaft.

ge-semede *stn.* (II². 47ᵇ) *versammlung, menge, schaar* DIEM. *ebenso*

ge-semene, -samene *stn.* (II². 48ª) *coll. zu* samene EXOD. SUM.

gësen *stv. s.* jësen.

ge-sên *stv. part. s.* gesëhen, sëhen.

ge-sende *stn. coll. zu* sande *besendung, beschickung.* sie gebutten ein gesende, daz sie chomen an ein ende MAR. 167, 25;

ge-senden *swv.* (II². 298ᵇ) gesante, -sande; gesendet, -sant *senden* NIB. WIG. LUDW.

ge-senen *swv. refl.* wer rehtes glouben wil geniezen, der gesene sich vor disen gedenken RENN. 165ᵇ (W. GR.)

ge-senften *swv.* (II². 54ª) senfte *machen,* be-

sänftigen, lindern Spec. Greg. ich wolte dicke mînen muot gesenften Msh. 1, 307ᵇ. ichn gesenfte iu iuwer klage Trist. 14464; *mit dat. einem erleichterung, linderung verschaffen* En.;

ge-senftern *swv. besänftigen, beruhigen.* der im gesenftern kunde sîn unsite mit seitespil Pf. üb. 56, 88.

ge-senge *stn. coll. zu* sanc, *gesang.* mit der vogellîn gesenge (: gedrenge) Geo. 3055.

ge-sêren *swv.* (II². 255ᵇ) *verwunden, verletzen* Gudr. Wig.

ge-serwe *stn.* (II². 56ᵃ) *coll. zu* sar, *rüstung* Rul. Kchr. (*D.* 200, 22. 224, 10). Glaub. Roseng. Roth. 4928. Wh. *v. Öst.* 21ᵇ. Wolfd. 1385.

gëset *s.* jënsît.

ge-seten *swv. s.* gesaten.

ge-setze *stn.* (II². 345ᵇ) *festsetzung, gesetz* Parz. *u. rechtsdenkm.*, in dem sexten gesetze des kaisers, das man nennet in d i c t i o sexta Arn. 46 (*a.* 1383). gesatz Voc. 1482. Chr. 3. 146, 16; 4, 47 *anm.* 6 *pl.* gesetze Np. 52. 53. Tuch. 272, 2. 3. 16. *ebenso*

ge-setzede *stnf.* (II². 356ᵃ) Ulr. Diocl. Myst. *u. rechtsdenkm.* Himlr. 148 (*f.*). Vet. *b.* 40, 11. Swsp. 320, 4. S. Gall. stb. 2, 2524 (*f.*). nâch gesetzede, die vormals gesetzt und erfunden ist Ula. 333 (*a.* 1401). gesetzte Np. 7. 8. 60 *etc.* gesetzt Chr. 4. 131, 11. gesazt Clos. gesatzt *nf.* Chr. 4. 138, 15. 24. 28. 30. 142, 21. 27 *etc.* 5. 72, 20. 377, 4. 34;

ge-setzen *swv.* (II². 354ᵃ) *prät.* gesazte *s. v. a.* setzen *allgem.* (gesetze inz ze deheinen sunden Roth. *pr.* 20. der sîne gesetze wol ges. kan Renn. 5516. ich gesetze ûch sô nidere hie in ûwerme rîche Herb. 8224. gesetzen *im spiele* Flore 4813); *machen, dass etw. sich setzt, beruhigt, stillen* Mgb. — *mit* ûf;

ge-setzet *part. s.* setzen;

ge-sëz, -sëzze *stn.* (II². 338ᵃ) *sitz, wohnsitz, besitztum* Renn. Herb. N. *v. B.* 325. Chr. 3. 51, 4. 113, 7; 4. 235 *anm.* 2. Urb. Son. 34ᵃ. hûs, hofstat und das gantz gesesse Ad. 1287 (*a.* 1423). fürstlich gesesse Cp. 147. 49; *lagerung, lager* Rul. Kreuzf. gesez des ich pflac in der hecken dâ Ls. 1. 378, 134; *belagerung* Wwh. Herb. Troj. Serv. Kchr. *D.* 137, 14. 139, 31. Bit. 7329. man sol für die burc sitzen mit gesezze Swsp. 207, 26. daz man ein gesezz het vor einem sloz Chr. 1. 172, 28. mit gesezze irren Mw. 158 (*a.* 1285). daz si die stet an irem ûzziehen und gesezze (*belage-*

rung der burgen Brentz *u.* Stotzingen) iht hindern W. 40 (*a.* 1340). wenne daz gesezze zergât Mich. 5 *s.* 30 (*a.* 1349). als lang daz leger und gesess werot Mz. 1, 527 (*a.* 1410). *vgl.* gesæze;

ge-sëzzen *part. adj.* (II². 331ᵇ) *sich gesetzt habend, sitzend.* gesezzene rihter, *die zu gericht sitzen* Chr. 3. 164, 9; *angesessen, ansässig, wohnhaft* Schemn. *r.* Chr. 1. 242, 10; 3. 106, 23. 164, 12. 359, 28; 4. 159, 1. 178, 9; 5. 94, 11. 127, 7. 9. 137, 29. 179, 28. 292, 13. 316, 1; einem gesezzen sîn, *sein nachbar sein ib.* 2. 76, 13. Lanz. 3877. *vgl.* sitzen.

ge-sichern *swv.* (II². 261ᵇ) einem g. *ihm sicherheit* (*untertänigkeitsgelübde*) *geloben* Mel.

ge-sicht, -sichte *stfn. s.* gesiht.

ge-sidele *stn.* (II². 236ᵇ) *daneben bes. md.* gesëdele (235ᵇ) *coll. zu* sëdel: *vorrichtung zum sitzen* (*bänke u. tische*), *sitz.* gesidele Roth. Nib. Gudr. Parz. Mai. dises gesideles ich er niene gan Kchr. *D.* 122, 14. und brâht in hin widere ze sînem êren gesidele *ib.* 271, 6. daz gesidele hiez er machen wît Gr. Rud. 5, 20. 6, 1. dô si gerihtet sâhen gesidele ûf einen anger wît Bit. 739. von dem gesidele unz an die tür Ga. 2. 568, 32. gotes gesidele (*thron*) Mariengr. 255. gesidel Beliand 3936. ûf ein gesidel er dâ trat (*um zu reden*) 4478. ein gesidel von golde Serv. 1170; gesedele En. Teichn. ûf springen von dem gesedele Mor. 1, 2280. gesedel Beliand 627; — *wohnsitz, wohnstätte* gesidele Lampr. Myst. gesedele Glaub. Md. *ged.* dâ diu sunne ir gesedel hat Mor. 1, 1347. als diu sunne in ir g. solde gân *ib.* 3657.

ge-siechen *swv.* (II². 358ᵃ) *krank sein* Gest. *R.*

ge-sieden *stv. III.* (II². 361ᵇ) *intr. sieden* Griesh. Berth. — *mit* în.

ge-sige *stm.* (II². 264ᵇ) *sieg* Clos. (Chr. 8. 62, 27).

ge-sigelen *swv.* (II². 238ᵃ) *segeln* Pass. die ie gesigelten her Ernst *B.* 3963. gesegelen Erlœs.

ge-sigen *part. s.* sîgen, sîhen.

ge-sigen *swv.* (II². 265ᵇ) *intr. siegen, die oberhand behalten;* an einem, *oder* einem an gesigen *über ihn siegen, ihn besiegen. allgem.*, gegen einem Netz 40; *tr. besiegen, überwinden* Frl. Such.;

ge-sigen *stn.* (II². 266ᵃ) *das siegen* Jer.

ge-sîgen *stv. II.* (II². 267ᵇ) *sinken, fallen* Parz.; *tropfen, fliessen* Troj. (38317).

ge-sigenen *swv.* (II². 266ᵃ) *siegen* ZÜRCH. *jb.*;
ge-siger *stn. sieger, besieger* DAL. 105, 13. 27,
134, 14.
ge-sihene, -sihen *stn.* (II². 281ᵇ) *gesicht als
sinn, sehkraft* ANTICHR. ROTH *pr.* ich enhân
gesunt noh gesihene KCHR. *D.* 82, 8. ze dem
gesihen im dô gebrast RUL. 225, 28; *gesicht
als antlitz, anblick* NIB. 1672, 4 *var. s.* ge-
siune;
ge-siht *stf.* (II². 283ᵃ) *daneben* gesihte, -siht
stn., md. gesichte, -sicht (283ᵇ): *das sehen,
ansehen, anblicken* TRIST. BARL. PASS. sîn
ouge lieze diu gesiht dick ûzer wege swingen
TROJ. 15122. dâ von (*von krüppelhaften*)
die swangern frawen durch gesicht scha-
den empfâhen mochten NP. 318; *ansicht,
anblick, adspectus* PARZ. TRIST. BON.; *vi-
sion, traum, erscheinung* ANEG. BERTH. BARL.
ELIS. (5329). PASS. (91, 26. 248, 19. 249, 12.
288, 37. 361, 66. 364, 40). N. *v. B.* 150. 271.
CHR. 3. 58, 2. 71, 8; *gesicht als sinn, augen*
GEN. HARTM. WALTH. BON. gehôren und ge-
sihte j. TIT. 841. er mac leben ân gesiht WG.
9487. dâ vlôs sie mîn gesihte LOH. 4737. dem
gesiht sie wurden vlorn *ib.* 3407. er keiner
gesihte pflac, *er sah nichts* WOLFD. 1238. der
kunich saz an daz gerihte zuo ir aller gesihte
KCHR. *D.* 391, 26. mit sîner ougen gesiht
WELTCHR. 6ᵇ. zů gesichte *vor aller augen*
HERB. 12448. ze gesihte bieten, *sehen lassen*
FLORE 5086. mit der gesihte (*mit den augen*)
biten ULR. *Wh.* 238ⁿ. ze gesihte sîn, *vor
augen, gegenwärtig sein* DM. 44; *angesicht,
facies* ECKE, FRAGM. (*vgl. auch die beispiele
unter der vorig. bedeut.*); *aussehen, äusse-
res, gestalt* KRONE. abe uns der ungetrûwe
wicht ougen wolde sîne gesicht ELIS. 9214.
an der fleischlîchen gesicht PASS. 349, 39;
ge-sihtec *adj.* (II². 285ᵇ) *sichtbar, deutlich*
PASS. MS. (*H.* 2, 224ᵇ); *sehend, anschauend*
MYST.;
ge-sihtec-lich *adj.* (II². 286ᵃ) *sichtbar* MYST.
WACK. *pr.* 2, 25;
ge-sihtec-lîchen *adv.* (*ib.*) MSH. 2, 246ᵇ. LS.
1. 336, 69; *nasal.* gesichtenclîchen PASS. 120,
10;
ge-siht-lich *adj.* (II². 285ᵃ) *sichtbar, leibhaf-
tig* HEINR.
ge-simeze *stn.* (II². 290ᵃ) *gesimse. md.* gesimse
ERLŒS.
ge-sin, -sinnes *stm.* (II². 316ᵃ) *bewusstsein,
besinnung, verstand* DIEM. *vgl.* DENKM. *s.*
336.

ge-sîn *v. an.* (II². 294ᵃ) *s. v. a.* sîn *sein, allgem.
vgl. noch* WOLFD. 29. MSH. 2, 322ᵇ. SILV. 1126.
33. 1425. gesein CHR. 5. 83, 23. 106, 4. 115,
24. 143, 14. 152, 1. 280, 5. 286, 5;
ge-sîn *part. s.* sîn.
ge-sinde *swm.* (II². 295ᵃ) *weggenosse, gefolgs-
mann, dienstmann* DIEM. LANZ. NIB. PARZ.
PASS. (164, 96. 241, 16. 301, 54). die gesin-
den KCHR. *D.* 91, 8. 169, 12. ist vreude mîn
gesinde ULR. *Wh.* 253ᵉ; *hausgenosse,* ob ich
gesinde solte sîn in ir vil reines herzen grunt
LIEHT. 514, 13. die vremden und die gesin-
den j. TIT. 5958. — *zu* sint, *vgl.* gesint *und*
ge-sinde *stn.* (*ib.*) *assim.* gesinne (: küniginne)
HELDB. *K.* 642, 11: *gefolge, dienerschaft
eigentl. und bildl., allgem. vgl. noch* ERNST
3358 (des himels g., *die engel*). LOH. 6470.
LIEHT. 222, 24. WG. 13689. KRONE 25730.
TROJ. 24700. ENGELH. 5591. MARLG. 95, 14.
25. 96, 83. MARLD. *han.* 131, 30. 132, 26. NETZ
12000 *ff.*; *kriegsleute, truppen* CHR. 1. 36, 1;
4, 85 *anm.* 2; *gesellschaft im allgemeinen*
ELIS. 582. 2612.
ge-sinde-hûs *stn. haus für das gesinde (eines
klosters)* MONE *z.* 1, 189.
ge-sindelæhe *stn.* (II². 296ᵃ) *s. v. a.* gesinde,
doch verächtlich HERB. gesindlach NETZ
12001 *var.*;
ge-sindelîn *stn.* (*ib.*) *kleines gefolge* AMIS.;
ge-sinden *swv.* (*ib.*) *tr. u. refl. eigentl. zum
gesinde, zum gesellen oder diener machen:
aufnehmen wohin od. wozu, sich ins gefolge
jemandes begeben od. überhaupt sich wohin
od. wozu begeben.* daz er sich al dâ solt ges.
j. TIT. 283. swer sich ûf sîner verte unstæt
gesindet 1885, *mit dat.* Ms. LOH. (2046) BARL.
PASS. des kiusche wirt der engel schar gesin-
det j. TIT. 588. wer in dâ wirt gesindet 294.
vgl. noch 146. 1397. 5771. 78; *mit präp.* mit:
mit hazze welnt zwô megde sich ges. MSH.
2, 399ᵇ, *mit* zuo, ze WALTH. TRIST. PASS. (*lies*
73, 12 *und*; 124, 33. 235, 7). wir süln iuch ze
kreften baz gesinden j. TIT. 2724. zuo der
vreude sich g. GERM. *H.* 8, 296. als er (*gott*)
daz mensche vindet, dar suln er ez gesindet
ze himel oder ze helle ULR. *Wh.* 268ᵇ;
ge-sinnen *stv. I*, 3 (II². 309ᵃ, 51) *angegl.* ge-
sinnen gehen, wandern, kommen ANNO, DIEM.
— *zu* sint.
ge-sinde-vater *stm.* paterfamilias EVANG. *M.*
13, 27.
ge-sînen *swv.* (II². 293ᵇ) *refl. mit gen. sich etw.
zum seinigen machen, sich enge mit etw. ver-*

binden ULR. *Wh.* 114ᵈ. 161ᵈ. j.TIT. (3842. 4547. 5052. 5161. 5504).

ge-singen *stv. I*, 3 (II². 302ᵃ) *verst.* singen, *allgem.* messe ges. N. v. B. 317. NP. 327. — *mit ûz.*

ge-sinken *stv. I*, 3 (II². 306ᵃ) WEINSCH. — *mit* în.

ge-sinne *adj.* (II². 316ᵇ) *mit* sin *begabt, besonnen, klug* TRIST. MSH. 1, 301ᵃ; *mit dat. geneigt, zugethan ib.* 94ᵇ;

ge-sinnen *stv. s.* gesinden.

ge-sinnen *stv. I*, 3 (II². 309ᵇ, 3) *seine gedanken worauf* (nâch) *richten* GUDR., *mit inf.* CHR. 5. 323 *anm.* 3, er gesint burger zu werden GR.W. 2, 433, *mit untergeord. s.* ANEG. DIEM.; *refl. mit gen. wofür sorgen, einer sache sich annehmen*, ist der erbe ûʒwendic landes, sô sol sich der huober gesinnen des guotes und sol eʒ jeneme enthalten unze er ze lande kumt GR.W. 4, 264; *begehren, verlangen mit gen.* LAMPR. ER. ELIS. (446) MARLD. *han.* 68, 38, an einen etw. g. *von ihm verlangen* BÜCHL. RCSP. 1, 123. 29. waʒ ir an mir gesinnet ROSENG. *Meuseb.* 341; eines d. an einen ges. DIEM. LANZ. ELIS. (1282. 86. 7375. 10089), wider einen NP. 27, zuo einem ERLŒS.; einem (*für einem*) etw. ges. RCSP. 1, 424;

ge-sinnen *stn. das begehren* NP. 135, 5;

ge-sinnet *participbildung zu* sin (II². 308ᵇ) *mit verstand, weisheit, kunst begabt* TRIST. MGB. (gesint); *eine gesinnung habend, gesinnt* TRIST. TROJ.

ge-sint *stm.* (II². 194ᵇ) *begleiter, diener* GEN. *vgl.* TRIST. 3640. MARG. 88 *und* gesinde.

ge-sippe *adj.* (II². 318ᵇ) *verwandt.* wie gesippe sie wâren HERB. 5953. pfaffen ritter und gebûre sint alle gesippe von nâtûre RENN. 528. gesippeʒ bluot vergieʒen *ib.* 21102; *mit dat.* GEN. TRIST. ALBR. j.TIT. 5256. 5471. RENN. 1679. 14280. 23253. APOLL. 19760. dîn muter und mîn vater alsô nâ under in gesippe sint HERB. 5947;

ge-sippe *swmf.* (*ib.*) *der, die verwandte* NEIDH. j.TIT. 4080;

ge-sippede *stf. verwandtschaft.* gesipt CHR. 3. 110, 14. *ebenso*

ge-sippe-schaft *stf.* (II². 319ᵇ) Ms. (*H.* 2, 380ᵇ). ANZ. 2, 77.

ge-sippet, -sipt *part. s.* sippen.

ge-site *stm. s. v. a.* site. daʒ was von alter ir gesite LIVL. 11869. und zierten si dâ mite nâch der hôchzîte gesite W. v. *Rh.* 22, 12;

ge-site *adj.* (II². 325ᵇ) *einen gewissen* site *habend: gesittet, geartet, beschaffen* NIB. wie sîn tohter gesit wære Ls. 2. 510, 266. (gesitet GA. 1. 46, 180). sô g. WALTH. (= SINGENB. 214, 18). wol g. TRIST. KREUZF. PASS. TROJ. (330. 3657. 8954. 9256. 16055. 16295. 17925. 19777). ENGELH. 4040. 5116. PANTAL. 15577. KONR. *Al.* 710. *ebenso*

ge-sitet *part. adj.* (II². 326ᵃ) TRIST. *H.* GA.

ge-sitze, -siz *stn.* (II². 337ᵇ) *coll. zu* siz, *sitz für mehrere* PARZ. swer gerne dâ gewunne stuol unde gesitze HIMLF. (HPT. 5) 1637; *s. v. a.* tæber BEH. 392, 32. 402, 9;

ge-sitzen *stv. I*, 1 (II². 335ᵃ) *sitzen; sich setzen; sich wohnhaft niederlassen* (ANNO); *sitzen bleiben. allgem.* — *mit* abe, nider, ûf.

ge-siune, -sûne *stn.* (II². 282ᵃ) *s. v. a.* gesihene *gesicht als sinn, sehkraft* GEN. (gesoune *D.* 6, 18). DIEM. RUL. sîner liehter ougen gesiune MART. 175, 21; *ansehen, anblick* ANTICHR. SERV. ALBR.; *gesicht, angesicht, aussehen* Iw. NIB. ALBR. *vgl.* ROSENG. *Meuseb.* 124. — *zu* sëhen;

ge-siunede *stn. das sehen, gesicht.* ir gesünde daʒ was guetlîch W. v. *Rh.* 25, 36;

ge-siunec-lich *adj.* (II². 282ᵇ) *sichtbar.* DIEM. *ebenso*

ge-siun-lich, -sûnlich *adj.* (*ib.*) ROTH *pr.* DIUT.

ge-siuse *stn.* (II². 759ᵃ) *md.* gesûse *coll. zu* sûs, *gesause* PASS.

ge-siz *stn. s.* gesitze.

ge-slâfe *swm.* (II². 366ᵃ) *schlafgenoss* TRIST.;

ge-slæfelîn *stn. dem. vom vorig.* WOLK. 66. 3, 9;

ge-slæfeln *swv.* (II². 366ᵃ) *schlafen* OBERL.;

ge-slâfen *stv. red. I*, 2 (II². 365ᵃ) TRIST. er niht enmohte mit ir gesl. *ihr beiwohnen* GFR. 2033.

ge-slahen *stv. I*, 4 (II². 376ᵃ) *tr. verst.* slahen, *allgem.; intr. sich schlagend bewegen* ENGELH. dar zuo gesl. *sich dazu gesellen* ER. — *mit* ûʒ, zuo;

ge-slaht *adj.* (II². 387ᵇ) *geartet, bes. von guter art, wolgeartet, edel* ER. PARZ. Ms. TROJ. (ein kint gar edel und geslaht 17046). nu merket, wie diu wurze ist geslaht WG. 10575. swaʒ guotes die geslahten erwerben W. v. *Rh.* 249, 20. der edel und der geslahte GA. 1. 348, 420. 354, 998. daʒ der ist geslaht von art ULR. *Wh.* 110ᵃ. wol gesl. MSF. 143, 25. FLORE 3572. j.TIT. 1273. der in adele ist wol gesl. MSH. 3, 62ᵇ; *artig, fein, schön* KONR.

(marmelstein vil geslaht TROJ. 17454. ein münster wol geslaht ALEX. 270). ein kriutelîn geslaht WG. 13124. das holz vil geschlechter ist, *besser, schlagreifer* TUCH. 71, 10 (*darnach im glossar zu berichtigen*); *mit dat. von natur u. art eigen, natürlich, angemessen* EN.(229,1). WOLFR. GUDR. ir tuot als iu wol ist geslaht RENN. 1630. als sîner manheit was gesl. LOH. 4288. als iuwern tugenden sî g. SCHRETEL 83. daz kleit enwære im niht g. TROJ. 3124. haber ist dir g. HELMBR. 479; ge-slaht, -slahte, -slähte *stn. s.* geslehte;
ge-slân, -slein *part. s.* slahen.
ge-slande *stn. s.* geslende.
ge-slëcke *stn. coll. zu* slëc, *näscherei, süssigkeiten* FASN. 1218.
ge-sleder *stn. s.* geslüeder.
ge-slege *stn. coll. zu* slac, *schlägerei* MONE z. 7, 11 (*a.* 1430); geschleg oder vogelhaus CHR. 4. 230, 19. *vgl. schwäb.* schlage *f. vogelfalle* SCHMID 463.
ge-slëht *adj.* (II².394ᵇ) *glatt, nicht rauh.* Jacob ist gesleht und Esau rauh WELTCHR. 55ª; *schlicht, aufrichtig* TEICHN. der getriuwe und geslehte KCHR. 2. 672, 48. o du aller geslechster man DÜR. *chr.* 102.
ge-slehte *stn.* (II². 390ª) *das schlachten, das geschlachtete.* dem probst gît man — zwô hammen von dem geslähte (de machatura) GEIS. 414; *die eingeweide von geschlachtetem geflügel nebst kopf u. gliedern* MS. daz houpt und daz inner geslähte GEIS. *vgl.* ingeslehte;
ge-slehte, -slähte, -sleht *stn.* (*ib.*) *oft im reime auf* ë *s.* GR. 1, 334 (*z. b.* SILV. 4366. MSH. 2, 287ᵇ. 288ᵇ), geslahte DIEM. DIUT. 3, 30 *ff.*, geslaht SILV. 2931: *geschlecht, stamm, familie, allgem.* (des geslehts der ander Heinrîch LOH. 7582. von sîner schar geslehte 4340. dir tragent zwei geslehte haz MSH. 1, 7ᵇ. von starkem g., *hoher abkunft* KARLM. 172, 34. die von den alten geslahten, *patricier* MONE z. 15, 43 *s.* CHR. 1, 214 *ff*.; *geschlecht, sexus* DIEM.MGB.; *natürliche eigenschaft* KARAJ. LAMPR. PARZ. TRIST.; *etymologische verwandtschaft* WINDB. *ps.* — zu slahte.
ge-slehte-buoch *stn. geschlechtsbuch, stammtafel* W. v. *Rh.* 131, 28.
ge-slehter *comp. s.* geslaht.
ge-slende *stn.* (II².403ª) *schmauserei, schlemmerei* WWH. NEIDH. MAI, WARN. (*auch* geslande). — *zu* slinden.

ge-slërfe *stn.* (II². 405ª) *schleppe* BEH. — *zu* slërfen.
ge-slîchen *stv. II.* (II². 398ª) NEIDH.
ge-sliefen *stv. III.* (II². 406ª) PARZ. KROL. TUCH. 128, 34.
ge-sliezen *stv. III.* (II². 411ª) WALTH. PASS. — *mit* ûf, ûz.
ge-slîfen *stv. II.* (II². 400ᵇ) *intr. gleiten, schlüpfen* MART. von einander ez nimer gesleif WALB. 916; *tr. schleifen* KRONE.
ge-slihte *stf.* (II². 395ᵇ) *gerade richtung* TEICHN.;
ge-slihten *swv.* (II². 396ᵇ) slëht *machen* PASS. HADAM. MGB. daz netze gesl. Aw. 3, 193. daz mer gesl., *beruhigen* TÜRL. *Wh.* 86ᵇ;
ge-slihtet, -sliht *part. s.* slihten.
ge-slinden *stv. I,* 3 (II². 402ᵇ) *verschlingen, verschlucken* GEN. als schiere er sî geslant W. v. *Rh.* 151, 15.
ge-slingen *stv. I,* 3 (II². 404ª) *intr. sich winden* MGB.
ge-sloufe *stn.* (II². 406ᵇ) *was man anzieht, kleidung* PASS. MD. *ged.* — *zu* sliefen;
ge-sloufec *adj.* (*ib.*) g. sîn, *sich anzuschmiegen wissen* MS. (*H.* 2, 289ᵇ).
ge-sloz *stn. schloss, burg* CHR. 4. 120, 7. 14. 123, 23. 124, 6. 16. ANZ. 17, 73 *ff. u. sehr oft bei* BEH. *z. b.* 85, 4. 10. 87, 5 *etc.*;
ge-slozze *stn.* (II². 413ª) *schlussbein, hüftknochen* DIEM. *arzb*.;
ge-slozzet *part. adj.*(*ib.*) *schlösser, burgen besitzend* DÜR. *chr.* geslozzet leute Mz. 4, 156; *gefesselt, gefangen,* mit dem geslozten man lassen ansteen FRANKF. *brgmstb.* 1449 *vig. V. p. Elis.*
ge-slüeder *stn. coll. zu* sluot. *schlammige flussarme, die nur beim hochwasser fliessen.* gesleder MONE z. 4, 85 *f.* (*a.* 1449).
ge-slûnen *swv.* (II².408ª) *unpers.* mir geslûnt, *ich eile, habe eile* KINDH.;
ge-slûnigen *swv.* (II². 408ᵇ) *intr. eilen* WINDB. *ps.*
ge-slüpfen *swv.* (II². 408ª) *schlüpfen* MGB.
ge-smac, -smach *adj.* (II².417ᵇ) *wolriechend* ALBR.; *schmackhaft* BERTH. KRONE, SERV. PASS. (234, 36. 388,56). GRIESH. 2, 77. LIEHT. 568, 13. APOLL. 18084. *s.* GERM. 4, 123;
ge-smac, -smach *stm.* (II². 417ª) *geruch, den etw. von sich gibt* BERTH. FLORE, KRONE, SILV. N. v. *B.*90. 94. *vgl.* ZIMR. *chr.* 4, 614ᵇ; *geschmackssinn* DIEM.; *geschmack den etw. hat* BERTH. MGB.;
ge-smacken *swv.* (II². 419ᵇ) *schmecken* MYST.;

ge-smahte *stf.* (II². 417ᵃ) *geruch, duft* FLORE; *ahd.* kesmecheda *geschmack;*

ge-smecken *swv.* (II². 419ᵃ) *prät.* gesmacte, -smahte: *intr. riechen.* specîe nie gesmacte baz W. *v. Rh.* 27, 50; *absol. u. tr. riechen* LANZ. GEN.; *empfinden, warnehmen mit acc.* (SPEC. LIT. 706) *od. gen.* RUL. TUND. SERV. MAR. 181, 6. HPT. 9, 33.

ge-smeichen *swv.* (II². 425ᵃ) *schmeicheln* PARZ.

ge-smeiʒe *stn.* (II². 433ᵃ) *unrat, excremente* DÜR. *chr.* MYNS. 25. wann eʒ sîn gesmeiʒe von im rêret j.TIT. 1647; *brut, gezücht, die eier der schmetterlinge, eidechsen* MGB.;

ge-smeiʒen *swv.* (*ib.*) *schmeissen* MGB.

ge-smelze *stn.* (II². 430ᵃ) *geschmolzene metallmasse, schmelzwerk,* electrum, pyropus DFG. 197ᶜ. 437ᶜ. DIEM. EN. WIG. BERTH. gesm. von golde LOH. 5343. HIMLR. 287. geschmeltz CHR. 5. 387, 6. gesmilze j.TIT. 1650; *bildl.* mit rîcher witze gesmelze LOH. 7636;

ge-smëlzen *stv. I*, 3 (II². 429ᵇ) *intr. schmelzen* FRL.

ge-smetze *stn. coll. zu* smaz, *geschwätz.* welcher vil gesmätz kan machen VINTL. 9062.

ge-smîde *stn.* (II². 426ᵃ) gesmît (: gît) WG. 7779: *metall* TRIST. BARL. BON. MGB. alle die abgöt, die von geschmîde wærint, hieʒ er zersmelzen WACK. *pr.* 35, 65; *schmiede-, metallarbeit, metallgeräte,* alle geschmîd, geschloss, gehenkt und anderes S. GALL. *chr.* 32. anker, gesmîde LAURENT 151, 8. daʒ schœne gesmîde (*die bilder von gold*) sprach FLORE 2026, *bes. metallene waffen od. rüstung* ALPH. RAB. WIG. KONR. (TROJ. 4086. 31015). LAUR. 747. HERB. 7458, *metallschmuck, geschmeide, zieml. allgem. (nicht bei* WOLFR.). *s. noch* lobesam g. GR. RUD. 8, 10. schœneʒ gesm. RENN. 16705. g. von silber und von golde LAUR. 1060. gesmîde slân schône ûzer golde ROTH. 789. gesteine und gesm. VIRG. 641, 10. 644, 6. 1007, 6. von des gesmîdes ringen gienc das ros klingen GA. 1. 473, 871;

ge-smîdec *adj. leicht zu bearbeiten, gestaltbar, geschmeidig.* ein helm wol geslagen von gesmîdigem stâle BIT. 2149; *bildl. nachgiebig,* gesmîdec und êrbære was er ân alle gevære W. *v. Rh.* 41, 45;

ge-smîde-künstler *stm.* die alchimistæ haiʒent gesmeidkünstler MGB. 477, 4. 32.

ge-smiden *swv.* (II². 428ᵃ) *schmieden* FRL.

ge-smielen *swv. lächeln zu (gen.).* des gesmielt dô Jiutelîn NEIDH. 36, 31;

ge-smieren *swv.* (II². 429ᵃ) *lächeln* ERLŒS. FRL.

ge-smilze *stn. s.* gesmelze.

ge-smît *stn. s.* gesmîde.

ge-smocht *part. s.* smücken;

ge-smogen *part. s.* smiegen.

ge-smœse *stn.* milz, gurgeln und die krœs, daʒ hakt er als in ain gesmœs NETZ 9483. *vgl.* gesmûse.

ge-smuc, -ckes *stm.* (II². 432ᵃ) *schmuck, zierde* RSP. DÜR. *chr.* (*vgl.* GERM. 6, 276. 9, 176). NP. 87. 108 *f.* CHR. 3. 143, 3;

ge-smücken (II². 433ᵃ) *md.* gesmucken MS. MYST. — *mit* ûʒ.

ge-smûse *stn.* (II². 434ᵃ) *falschheit, betrug?* MART. *vgl.* gesmœse *u.* SCHM. 3, 477.

ge-smütze, -smuz *stn.* (*ib.*) *coll. zu* smuz, *das küssen* LS. gesmuz (: verdruz) *ib.* 2. 677, 8.

ge-snabel *adj.* (II². 435ᵇ) *mit einem schnabel versehen* MS. (*H.* 2, 197ᵃ).

ge-snære *stn.* (II². 448ᵇ) *geschwätz* RENN. 21159 (: wære). — *zu* snërn, *vgl.* gesnerre, -snürre;

ge-snæren *swv.* (II². 448ᵇ, 21) *schwatzen* RENN. 15057 (: mæren). *vgl.* gesnern.

ge-snarren *stn.* (II². 449ᵃ) *das schnarren, schmettern* WWH.

ge-snatel *stn. eine speise* UKN. *einl.* XLIV *anm.* 8. *vgl.* snate *u.* SCHM. 3, 497.

ge-sneite *stn.* (II². 443ᵃ) *abfall von gehauenem holze (aus einem rechenbuche v.* 1428). *vgl.* SCHM. 3, 497.

ge-snellen *swv.* AMMENH. 176.

ge-snerre *stn. das schnarren, schmettern.* grôʒ gesnerre von bûsûnen und tambûren j.TIT. 4017. — *zu* snërren, *vgl.* gesnære, -snürre.

ge-sneude *stn. s.* gesnöude.

ge-snîden *stv. II.* (II². 440ᵃ) *schneiden (mit* ûf, ûʒ); *bildl.* sich von einem gesn., *trennen* PASS.

ge-snîen *swv. schneien, bildl.* CHR. 8. 119, 15.

ge-snipfen *swv.* (II². 448ᵃ) *intr. das haupt senken* TROJ. (41906, *var.* gesnupfen).

ge-snœde *stn.* (II². 451ᵃ, 24) *übermütiges benehmen* MS.;

ge-snöude *stn.* (II². 451ᵃ, 17) *das schnauben* WOLK.; *übermütiges schwatzen oder benehmen,* erlâʒ mich deins gesneude *ib.* 70. 3, 19. — *zu* snûden,

ge-snürre *stn.* (II². 449ᵇ) *das schnurren, rauschen; rauschender schmuck* PARZ. j.TIT. 1984 (*alt. dr.*). *vgl.* gesnære, -snerre, snürrinc;

ge-snurren *swv.* (II². 450ᵃ) *schnurren* TROJ. (6122).

ge-sôchen *swv. s.* gesuochen.

ge-sol *stn. pfütze, kot.* hiete ich mîne sêle in

daz gisol aller laster nicht versenchit LIT. *fdgr.* 2. 225,1 (in den sal aller lastre 462 *M.*).
ge-sorgen *swv.* (II². 472ᵇ) *in sorgen sein* PARZ. MSF. 193, 24. ges. gegen BARL., umbe TRIST. MSF. 64, 8.
ge-sôt *stm. s. v. a.* sôt *pfütze, höllenpfütze* NETZ 7037.
ge-soufen *swv.* (II². 721ᵃ) *versenken* NICOD.
ge-sougen *swv. säugen* GFR. 1657.
ge-soune *stn. s.* gesiune.
ge-spæhe *adj.* (II². 498ᵇ) *klug* Ls.
ge-spalten *stv. red. I*, 1 (II². 476ᵃ) PASS.
ge-span *stm.* (II². 467ᵇ) *gefährte, genosse, compagnon* Ms. NARR. den selben meinen herren hab ich mit sambt Niclasen Kramer, meinem gespan, raitung getan CP. 46. *pl.* gespen *ib.* vgl. ZIMR. *chr.* 2. 599, 1. — *zu* span, spen *milch, also eigentl. milchbruder* WB. WEIG. 1, 426. KWB. 235) *oder, u. diess wol warscheinlicher, zu* spannen: *der mit einem andern eingespannt, verbunden ist?*
ge-span *stn.* (II². 482ᵃ) *spange* LANZ. NIB.; *runde kupferne scheibe, pfæle, stempfel und* gespan FELDB. 324; *einfassung einer tür etc.* LAURENT 249, 27. — *zu* spannen.
ge-spân *stm. s. v. a.* spân, *streit, zerwürfnis.* darum (*wegen des gutes*) gespann wäre oder gespann würde USCHB. 3. solicher gespann RCSP. 1, 407. *ebenso*
ge-spæne *stn. coll.* MONE *z.* 7, 451. gespenne RCSP. 1, 138. 153. 199. CHR. 8. 408, 6. solich gespenne, so si mit ein ander hetten DON. (*a.* 1413, *Strassburg*).
ge-spanen *stv. I*, 4 *locken, verlocken.* sô wold ir uns gespanin ANNO 780.
ge-spannen *stv. red. I*, 1 (II². 482ᵃ) PASS. sô sî diu swert gespannent umbe ir sîten NEIDH. XXI, 20. — *mit* vür.
ge-spanst, -spenst *stf.,* **-spenste** *stn.* (II². 477ᵇ) *lockung, verlockung* GLAUB. MGB.; *trug* SPEC. BERTH., *teuflisches trugbild, gespenst* BON. HERB. N. v. B. 150. dâ mit diu gespenst verswand RING 15ᶜ, 26. ein gespenste vil unrein (*teufel*) PASS. 99, 15. der tiuvels vâlant und sin gespenste ist zuo mir komen SCHRETEL 93. des tiufels gespenst CHR. 4. 63,16; 5. 24, 33. vgl. ZIMR. *chr.* 4, 615ᵃ. — *zu* spanen.
ge-sparn *swv.* (II².486ᵃ) *verst.* sparn NIB. KL. Ms. FLORE (nû müez iuch got bewarn, fruot unde geil gesparn 4930). HERB.;
ge-sparn *stn. das sparen, die sparsamkeit.* den seit ich wol, daz werdekeit mit grôzem gesparn nie ûf das rat gesaz MSH. 3, 328ᵃ.

ge-sparre *swm. s. v. a.* sparre. von einem hundert gesparren sehs schilling GR.W. 1, 388;
ge-sparret *part. adj.* (II². 488ᵇ) *mit sparren versehen* HELBL.
ge-spëhen *swv.* (II². 497ᵇ) *schauen, erblicken* Ms. TROJ. PASS.
ge-spehte *stn.* (II². 475ᵃ) *coll. zu* spaht *lautes sprechen, geschwätz* Ls. tôrlîchez gespehte ULR. *Wh.* (*cod. Mon.*) 110ᵃ;
ge-spehten *swv.* (*ib.*) *schwatzen* Ls.
ge-speie, -spei *stn. gespötte.* vil pös gespai gieng auss seim maul BEH. 5, 5. der kunt vil upigliches gespai *ib.* 246, 10. *sehr oft in der* ZIMR. *chr. s.* 4, 615ᵃ (gespaivogel, *spottvogel* 4. 27, 11). vgl. SCHM. 3, 559 *wo es für* gespæhe *genommen wird. s.* speien.
ge-spenge *stn.* (II². 479ᵇ) *coll. zu* spange, *spangen, spangenwerk.* crône, tassel unde ander rîch gespenge j.TIT. 4404. die frawen mügen gespenge vor ir menteln tragen NP. 60. es sol weder man noch fraw niht mêr tragen keinerlei gespenge noch ringe noch knöpflein an dhainem ermel niht verrer danne biz an den ellenpogen *ib.* 66, *bes. bänder u.* spangen am schilde, an der rüstung NIB. GUDR. BIT. 898. 2809. TÜRL. *Wh.* 37ᵇ. 108ᵇ. 125ᵇ. BELIAND 1981. 2290. 3888. der slac dem schilt unt helme gespenge lôste LOH. 2153.
ge-spenne *stn. s.* gespæne.
ge-spenst, -spenste *s.* gespanst;
ge-spenstec *adj.* (II². 477ᵇ) *verführerisch, zauberisch* TRIST.;
ge-spenstec-heit *stf.* (*ib.*) *verführung* TRIST. **gesper?** *adj.* (I. 500ᵃ) FRL. 286, 15. vgl. vesper : zesper GERM. *H.* 6. 255, 165 (*Bech*).
ge-spërge *stn. s.* gespire.
ge-sperre *stn.* (II². 486ᵇ) *coll. zu* sparre, *gebälk, sparrenwerk* SUM. FRL. MONE *z.* 8, 430 (*a.* 1492). contignatio, tignum DIEF. *n. gl.* 111ᵃ. 364ᵃ; *das sperrende, schliessende:* spange, saum, gesperr, fibula DFG. 233ᵃ. und trug einst guldene gesperre CP. 36. die claidung der weibsbilder soll ob der gürtel nit offen steen, sonder mit gesperren oder sunst ganz zu gethan werden NP. 97. gesper an einem kleide oder same an einem kleide, lacinea Voc. 1482. gespir (II². 510ᵇ) monile DFG. 366ᵇ. vgl. ahd. gespirre, *verbunden* GR. 2, 747;
ge-sperren *swv. intr. sich verschliessen, stemmen, spreizen.* daz ich nimmer gesperren mac TEICHN. *empfäng. Mariä Goth. hs.* 1ᵃ. (W.GR.)

ge-spiegelt *part. s.* spiegeln.
ge-spil, -spile *swmf.* (II². 504ᵇ) *spielgenoss,
gespielin, genossin (das f. bei* FLORE *u.* ALBR.
auch st.), *allgem. bei den höf. dichtern u.
zwar häufiger als f., vgl. noch* MSF. 98, 34
(gespile), FLORE 2635 (*st.*). 3817. 4597. 5288.
WOLFD. 137. HEINZ. 104, 105. 106, 166. 107,
191. RENN. 21231. TROJ. 1980. 3119. 4129.
15312. 83. 98. 15459. 502. 99. NP. 71;
ge-spiln *swv.* (II². 507ᵇ) GEN.
ge-spil-schaft *stf. verkehr mit den gespielen.*
dû solt fliechen gesellcschaft, gespilschaft
WACK. *pr.* 69, 177.
ge-spinnen *stv. I*, 3 (II². 509ᵇ) NEIDH. HELBL.;
ge-spins *stn. s.* gespunst.
ge-spir *stn. s.* gesperre.
ge-spirc, -ges; gespërge *stn.* (II². 510ᵇ) *schaar*
JER. *vgl. ahd.* gespirre *oben bei* gesperre.
ge-spîsen *swv.* (II². 512ᵇ) PARZ. LUDW. sîn leben g., *sich seinen lebensunterhalt verschaffen* BON.
ge-spitzelt *part. adj.* (II². 516ª) *mit spitze,
stachel versehen* MGB.;
ge-spitzet *part. s.* spitzen;
ge-spiz *adj.* (II². 514ᵇ) *spitz* KREUZF.;
ge-spizʒe? *adj.* (*ib.*) *am spiesse, bratspiesse
steckend* PASS. 72, 9 (gespizʒet? *s.* spizʒen).
ge-spons *swf. s.* gespunse.
ge-spor *stn.* (II². 516ᵇ) *spur* RENN. (ûf sîn gespor 20810). MSH. 3, 468. SIGEN. *Sch.* 83.
ECKE *Sch.* 217. *vgl.* gespür.
ge-spor-sprinc-lich *adj.* (II². 544ª) *s. v. a.*
urspriuclich VOC. *vgl.* DFG. 242ª.
ge-spötte, -spöte, -spôt *stn.* (II². 519ᵇ) *md.*
gespote *spott, verspottung* GEN. NEIDH.
BERTH. PASS. (ze gespote machen *H.* 306, 86).
daz du gein mir dîn gespötte hâst durch solhes frâgen j.TIT. 3962; *gegenstand des spottes* BERTH. KRONE;
ge-spöttec *adj. spöttisch. vgl.* ZIMR. *chr.* 2.
543, 17;
ge-spotten *swv.* (II². 520ᵇ) MONE *schausp.*
ge-spræche *adj.* (II². 537ᵇ) *md.* gesprêche *beredt* GERH. MS. TROJ. (27470) *u. md. denkm.*
mit drîn gespræchen münden HEINZ. 128.
59, 6. wol gespræche GRIESH. 1, 35. KCHR.
W. 15719. GERM. *H.* 8. 243, 163. CHR. 3. 275,
6. CHR. *Const.* 207. *vgl.* VILM. *weltchr.* 26;
ge-spræche *stf.* (II². 538ª) *beredsamkeit, mhd.
nur in* un-, wolgespræche;
ge-spræche *stn.* (II². 537ª) *md.* gesprêche *das
vermögen zu sprechen* ROTH *pr.* SPEC.; *das
sprechen, reden* BERTH. ERLŒS.; *bespre-

*chung, unterredung, beratung, beratende
versammlung* WOLFR. (*Wh.* 221, 27). RUD.
KONR. *u. md. denkm.* (HERB. 13814. 15238.
PASS. 100, 56. 105, 78. 122, 93. 172, 49. ELIS.
2519. 4306. 4583). ORL. 11909. 13141. GFR.
1809. ain concili alder ein gesprêche GRIESH.
1, 69. wann man in ein gesprêch gêt, zu urteiln EYB 12;
ge-spræchec *adj.* (II². 538ª) facundus SUM.
ge-spræche-tac *stm. tag der besprechung, beratung* WOLFD. *Hag.* 402.
ge-spræchnus *stfn.?* (II². 538ª) *beredsamkeit*
NICL. *v. Weyl.*
ge-spræjen *swv. s. v. a.* bespræjen. was der
regen gesprêt GR.w. 1, 162.
ge-spranc, -ges *stn.* (II². 544ᵇ) *eine pferdekrankheit* KRONE (19854). *vgl.* sprinkel;
ge-sprancte *prät. s.* gesprengen.
ge-sprêche *adj. stn. s.* gespræche;
ge-sprëchen *stv. I*, 2 (II². 529ᵇ) *verst.* sprëchen,
allgem. u. zwar: intr. sprechen (LIEHT. 46,
7), *mit dat. von einem, über einen sprechen*
WALTH. KL. MS.; *tr. mit acc. d. p. sprechen
mit, ansprechen* (FLORE 3592. 3825. LOH.
3877. 6433. 7077. ENGELH. 1325. 4298. ULR.
Wh. 215ª. 226ᵈ), *mit acc. d. s. sprechen, aussprechen; mit dat. u. acc. zu einem etw. spr.,*
einem leit gesp., *einem durch worte leid zufügen* HARTM.; *refl. sich besprechen mit* ANNO
213. — *mit* an, ûz, vor, zuo.
ge-sprëch-lîche *adv. sprechend, mündlich*
MARLD. *han.* 53, 29.
ge-spreidach *stn.* (II².521ᵇ) *s. v. a.* spreidach,
gesträuch, gebüsch WACK. *pr.* 10, 26. *ebenso*
ge-spreide *stn.* (*ib.*) *coll. zu* spreide DIEM.
ge-spreiten *swv. prät.* gespreite *ausbreiten.*
dô diu naht ir trüeben schîn über al die welt
gespreite GERH. 4933.
ge-sprenge *stn.* (II².544ᵇ) *coll. zu* spranc, *das
sprengen, ansprengen* HERB.; *das besprengen, einsegnen* HÄTZL.;
ge-sprengen *swv.* (II². 546ª) *prät.* gesprancte
sprengen TRIST. TROJ. 519. VIRG. 1037, 7. —
mit vor.
ge-sprenze *stn.* (II².549ª) *coll. zu* spranz, *das
sich spreizen, zieren* MS.;
ge-sprenzen *swv.* (II². 549ᵇ) *zieren* FRL.
ge-sprieʒen *stv. III. spriessen, entspringen.*
wir sint daz beste geslehte, daz von fröuden
ie gesprôz DIUT. 1, 319.
ge-sprinc, -ges *stmn.* (II². 543ᵇ) *quelle, ursprung eigentl. u. bildl.* MS. PASS. ERLŒS.
MYST. dâ selb ist ein gesprinc, der tuot wun-

derlîche dinc AB. 1, 313. du (wein) bist mir gar ein süez gespriuc WEIM. hs. p. 121. 219. des gelouben g. GERM. 11. 70, 20. alsô brengich wol alle dinc wider an ir gespriuc PF. üb. 24. 1ᵈ, 1. an deme alle mildekeit nam gespringes urhab ELIS. diut. 399 (bei Rieger 4331 gesprunges);

ge-springen stv. I, 3 (II². 543ᵃ) TRIST. U. dar gespr. VIRG. 886, 7. — mit ûf, ûz, zuo.

ge-sprogel stn. das gesprogel und die stein am Mein heissen abe tuon FRANKF. brgmstb. v. 1442 vig. III. p. exaudi. vgl. SCHM. 3, 590.

ge-sprunc s. gesprinc.

ge-spüele stn. (II². 554ᵇ) spülicht ALEXIUS, MERAN.;

ge-spüelen swv. (ib.) prät. gespuolte. abe gesp. KONR. Al. 688.

ge-spulc, -ges stm. (II².553ᵃ) das pflegen, der gebrauch STRASSB. str. s. spulgen.

ge-spünne stn. (II². 553ᵇ) muttermilch GEST. R. MGB. ir süez gespünne MSH. 3, 468ᵉ. HPT. 14, 162. s. spünne.

ge-spünne stn. gespinst. wie es (das tuch) wær an dem gespünn (: tünn) NETZ 9205. vgl. gespunst;

ge-spunnen stn. zu spinnendes. dî gaben ir gespunnen ELIS. 6986 u. s. 375ᵇ; part. s. spinnen.

ge-spunse swfm. (II². 553ᵇ) braut, bräutigam REINH. (= RENN. 3575). der durch got den zeitlichen schatz, weltliche êre und sein zarten gesponsen verachtet CHR. 3. 64, 8. amasia, gespunze, gespünz DFG. 28ᵃ. n. gl. 19ᵇ. in des gespuntzen garten Aw. 3,158. dô vrâgete unser herre zehant, wâ Marîâ wære, wan si was sîn gespuntze — — Marîâ sweig, dô antwürt ir gespuntze Jêsus für sî WACK. pr. s. 275, 22. 33. daz dû (gott) wellest mîn liep und mîn gespuntze sîn — und wil mîner fleischlîchen gespuntzen urlop geben N. v. B. 207 ff. 213. 219. — aus lat. sponsa, sponsus;

ge-spunsenîe stn. liebesgetändel. gespuntznîe NETZ 13448 var.

ge-spunst stnf. (II². 510ᵇ) gespinst TROJ. (15879); die arbeit des spinnens ELIS. (6982. 92. 7120. 36). TEICHN. (f.). netus, gespins MONE 7, 162.

ge-spunze swfm. s. gespunse.

ge-spür stn. (II². 517ᵃ) coll. zu spor, spur, spuren KRONE (28733). vgl. gespor;

ge-spürn swv. merken, spüren. daz wir des wesens underscheit mugen nicht an im gespurn PASS. 112, 87.

gëst stm. s. jëst.

ge-staben swv. (II². 595ᵇ) starr werden PICTOR.

ge-stadele, -stalle swm. in nôtgestadele, -stalle.

ge-stalt stf. (II. 563ᵇ) gestalt, aussehen LOH. j. TIT. FRL. LUDW.; beschaffenheit BASL. r. ein g. haben, beschaffen sein CHR. 5. 49, 35. 39. 267, 5;

ge-stalte, -staltprät. part. s. gestellen, stellen;

ge-staltnisse s. gesteltnisse.

ge-stân, -stên stv. I, 4 (II². 582ᵇ—585ᵃ) prät. gestuont, md. gestûnt, auch gestût (LAMPR.); part. gestanden u. gestân: verstärktes stân, allgem. u. zwar 1. intr. stehen, stehen bleiben, bestehen bleiben, stand halten (mit gen. NIB. KARL 88ᵃ, od. vor; vgl. auch vor gestân); sich stellen, treten, hin stehen (von rosse gest., absteigen. ze einem gest., ihm zukommen, auf ihn fallen ULA. 95. a. 1303. zuo rehte gest., vor gericht erscheinen KULM. r. ze rede wir gestên müezen aller unser sünde, müssen unsere sünde bekennen SERV. 3534); mit dat. zu einem stehen (dem rehten gest., zum rechte halten SWSP. Lassb. 223ᵇ), ihm beistehen, helfen (daz ich ime al eine gestên wolt z e lîbe und ouch ze tôt BPH. 7853. einem mit triuwen gest. TROJ. 46096. 46129. 35. MARLG. 213, 71), mit dat. u. gen. worin beitreten, beistehen; zugestehen, das er dir aber nicht gestee MH. 2, 674; gest. n â c h, eine richtung nehmen, trachten ELIS.; — 2. tr. stehend aushalten WACK.; wozu stehn, bekennen ib., vgl. WACKERN. 36, 58; zu stehen kommen, gelten, kosten, der kopf gestuont hundert guldîn CHR. 4. 320, 8. 322, 3. waz der bawe und die bezzerunge gestêt Mz. 2, 561 (a. 1323). mich gestât, kostet KARAJ. ERINN. FLORE (5280). gestêt mich mangen groschen WOLK. 13. 16, 10. solche rais gestêt mich über tausent gulden MH. 2, 296. daz uns in einer summ gesteet mêr dann 6000 guldein DH. 7. das wurt mir mein leben gestehen ZIMR. chr. 4. 412, 1. — mit abe, bî, ûf, vor;

ge-stân stn. das stehen; waffenstillstand. wir machen ein recht gestehin zwischen — UGB. 426 (Oberlaus.);

ge-stân part. s. stân, gestân.

ge-stanc, -kes stm. (II². 642ᵃ) gestank KRONE, KREUZF. MGB. APOLL. 18180. ELIS. 3548. mich müet dîn g. COD. pal. 341, 30ᵃ. pl. gestenke ERLŒS.

ge-standen part. adj. (II². 576ᵃ) erwachsen,

gross HELBL. gestandener, adultus DIEF. *n.*
gl. 10ª. ein kübel gestandener hecht vol KELL.
erz. 590, 38; *gesetzt, erfahren, bewährt* TRIST.
gestandener man CHR. 8. 41, 22. als oft ein priester ab gestirbt, schullen sie einen andern gestanden und êrbêren priester zu der gult erkiesen UKN. 267 (*a.* 1336). gestanden swert ist guot ze grôzer herte LOH. 553. helde gern gestanden swert, sie achten die niuwen bônen wert ALTSW. 7, 3;

ge-stant *stm. geständnis* LAC. 1, 143.

ge-starren *swv.* (II². 645ª) *starr werden* TEICHN. *vgl.* ZIMR. *chr.* 2. 363, 8.

ge-stat, -des *stn.* (II². 599ª) *gestade, ufer* GUDR. MGB. der swane vuor dem gestade bî LOH. 631. 721. zem gestade 754. des meres gestat j.TAG 43. 55. das gestat des Reins CHR. 3. 40, 19. also leit ich mein schifflein an das gestat *ib.* 178, 8. *vgl.* 41, 8. — *s.* stat, stade.

ge-stat *part. s.* staten;

ge-statˇegen *swv.* (II². 607ᵇ) *gewähren* BON.

ge-stætegen *swv.* (II². 612ª) stæte, *fest, beständig machen* GEN. RUL. GLAUB. 2975. KCHR. *D.* 497, 4. daz der mensch gestêtiget wirt an rehtem glouben WACK. *pr.* 41, 38.

ge-staten *swv.* (II². 607ª) *prät.* gestatte (KARL 64ª) *tr. gewähren, gestatten mit dat. u. acc.* KRONE, MYST. gestate ichz ir MSH. 2, 337ᵇ; *mit dat. u. infin.* ALBR., *mit dat. u. untergeord. s.* KARAJ. PARZ. GR.RUD. 1, 7; *mit dat. u. gen. zieml. allgem.* (SWSP. *L.* 2, 64), *mit blossem gen.* GEN. PARZ. MAI, BERTH. SILV. 1019, *oder mit untergeord. s.* ERACL. PASS. (330, 46). WWH. 123, 28; — *intr. zu* staten *kommen, passen?* KRONE (19589); *stand halten?* (II². 604ᵇ) RUL. 39, 11.

ge-stæten *swv.* (II². 611ª) *md.* gestêten, *s. v. a.* gestætegen GEN. HEINR. MÜNCH. *str. s.* 1.

ge-statenen *swv. mit dat. u. acc. zufügen, verursachen.* die lüte, die unsern vordern vil unruow und sorg gestattnot haben und unsern nâchkomen gestattnen mügen S. GALL. *chr.* 27. *vgl.* gestetenen.

geste *stf.* (I. 500ª) *geschichte* TRIST. — *aus lat.* gesta.

ge-stëche *stn.* (II². 625ª) *das stechen, die schlacht* NARR.; *turnier* MONE *z.* 17, 187;

ge-stëchen *stv. I,* 2 (II². 624ª) *stechen* TRIST. WIG. KRONE, er wolt nimer mêr gest. (*im ritterl. kampfe*) LS. 2. 20, 59;

ge-stëchen *stn.* turnier und g. ZIMR. *chr.* 1. 312, 36;

ge-stecken *swv.* (II². 627ᵇ) *prät.* gesteckete, -stacte *stecken bleiben* WIG. TROJ. KRONE. daz er dar in gestacte (*var.* gesteckete) WOLFD. 1220. got den sînen nie verlie in keiner nôt gestecken REINFR. 1.

ge-stëgen *swv.* (II². 633ᵇ) *einen* stëc *machen* TRIST. ich kan gebrüggen noch gestegen MSH. 2, 203ᵇ.

ge-steige *stn.* (II². 632ª) *steile anhöhe, insofern ein oder mehrere wege über sie führen* SCHM. 3, 622. gásteig *ib.* 2, 78. der weingarten ist gelegen an dem gastaig UKN. 152 (*a.* 1313). ein halbiu huobe ze gasteige URB. *B.* 1, 4. — *ahd.* gasteigi. *vgl. auch* KWB. 109;

ge-steigen *swv.* steigern. die selben (*abgaben*) schullen wir nimmer mêr gesteigen noch gehêhern Mz. 4, 230.

ge-steine *stn.* (II². 617ᵇ) *edelsteine, schmuck davon, allgem.* (*gewönl. mit dem adj.* edel); *die figuren im schachspiel* GUDR. WIG. GEO. 149. *vgl.* gesteinze;

ge-steinet *stn. s.* gesteinze.

ge-steinet *part. adj.* (II². 618ª) *mit steinen umgeben, versehen* BARL. WEIST. (*von gränzsteinen*), *bes. mit edelsteinen besetzt, allgem.;*

ge-steinze *stn.* (*ib.*) *s. v. a.* gesteine. edel gesteinze, lapidem pretiosum JAN. 8. gesteinte MR. 4133. HANS 3305; gesteinet, *steiniges ufer* GR.W. 5, 168 (*St. Gallen*).

ge-stelle *stn.* (II². 559ª) *coll. zu* stal, *gestell* (*des schildes*) LANZ. ER. EN. 161, 14. GERM. 9. 116, 637 (*eines schiffes*). TUCH. 102, 9 *ff.* (*pflug-, wagengestelle*); *gestalt, aussehen, ein cleit an gestelle dunkelvar* ELIS. 6805;

ge-stellen *swv.* (II². 559ᵇ. 564ᵇ) *prät.* gestalte 1. *zu* stal stelle: *tr. an einen platz schaffen* FREIBERG.; *zum stehen bringen, beilegen, den strît* g. Ms.; *festhalten, fangen* PARZ.; *anstellen, ins werk setzen* TRIST. TROJ. ERLŒS. ALBR.; *aufstellen, ordnen, in stand setzen* GEN. BERTH.; *refl. sich schicken, gestalten,* swenn ez sich gestelle, daz ez mit fuogen wesen kan ULR. *Wh.* 207ª; *intr.* gest. ûf, *trachten nach* W. *v. Rh.* TROJ. (14716). — 2. *zu* stal *stall* (559ᵇ): *in den stall thun, bringen* WWH. FLORE;

ge-stellet *part. s.* stellen.

ge-stëln *stv. I,* 2 (II². 634ᵇ) *stehlen* BERTH. (364, 9). PASS.

ge-steltnisse *stfn.* (II². 563ᵇ) *gestalt.* wir sollen machen zwâr in unser gesteltnisse einen menschen KOLM. 7, 192. *oft in md. denkm.* (*auch* gestaltnisse).

ge-stëmen *stv.?* (II². 639ᵃ) *intr. mit dat. einhalt tun* LANZ. FLORE, MSF. 72, 39. FRLG. 120, 536. EILH. 7077; *tr.* kan dir ieman iht gestemen (: nemen) dînen willen KELL. *erz.* 121, 9; *refl. einhalten, sich stemmen*, und wölt ir iuch gestemen (: nemen) *ib.* 133, 13.

ge-stemphen *swv. stampfen* BUCH *v. g. sp.* 19.

gesten *swv.* (I. 486ᵃ) *prät.* gaste, *tr. zum gaste machen, für befreundet erklären mit gen. d. s.* ENGELH.; *mit ze* (GSM.) *oder gegen* (RUD.) *vergleichend beigesellen; refl.* sich an etw. g., *sich als gast, fremd behandeln, entfremden* TRIST. 12387 *u. anm. — mit* en-.

gesten *swv.* (I. 486ᵃ, 42) *prät.* gaste; *part.* gegestet, gegest, gegast: *tr. u. refl. kleiden, schmücken* LANZ. GERH. Ms. *u. bes. oft bei* KONR. dar nâch was ie der vrouwen vlîz, die sich wolten gesten und ir varwe glesten GERM. 8. 285, 55. ir sullent iuch gesten WOLFD. 875. daz lop g. HUGO *v. M.* 34. die wât g. LS. 3. 333, 1. ze hove riten si gegestet ritterlîche ˙ORL. 3479. 5786. 99. 13239. 77. wol erliuhtet und gegest mit sternen maniger hande W. *v. Rh.* 11, 10. diu (kiusche) alle frowen gestet MART. 95, 55. die (sunnen) sô schône glestent und den himel gestent 112, 96. ez ist gegestet von edilem gesteine 158, 34. daz ir daz (hâr) wol an stât und ûf ir lip gegestet 219, 109. si wend sich och ûf mützen und gasten (: rasten) NETZ 12192. sich ûf einen gesten, *für ihn aufwand machen* GR.W. 1, 306 (gösten). 4, 497; *rühmen, preisen* Ms. KONR. VIRG. 222, 9. ich geste den, der nâ dem besten stât REINFR. 97ᵇ. sîn lip, sîn sin und ouch sîn leben wart umbe die tât gegestet 92ᵃ. — *mit* be-, en-, über-. *aus mfz.* vestir, *lat.* vestire, *vgl.* engesten.

ge-stên *an. v. s.* gestân;

ge-stendec *adj.* (II². 591ᵇ) *unveränderlich* MÜNCH. *r.* di pfenning sülen stæt beleiben und gestendich sein biz an unser pêder tôt Mw. 226 (*a.* 1307); einem gestendec sîn = einem gestân, *beistehen.* alsô soltû sîn mit triuwen uns gestendic TROJ. 46133. weset mir nû gestendic ULR. *Wh.* 169ᵇ. 195ᶜ, *mit dat. u. gen. einem worin beistehen* ZÜRCH. *rb. vgl.* bigestendec.

ge-stenke *stn. coll. zu* stanc. *vgl.* ZIMR. *chr.* 3. 156, 1. 226, 3. gestenkt *ib.* 226, 16.

ge-stepfen *swv.* (II². 556ᵃ) *schreiten* MART.

gëster *adv.* (I. 500ᵃ) *gestern* HARTM. (GREG. 3479, *im reime* ER. 1343. 6468). TRIST. FLORE, BARL. ERINN. 474. GRIESH. 2, 127. j.TIT. 1278.

BPH. 7063. MSH. 2, 4ᵇ. *daneben dem ahd.* gësteren, gësteron (*vgl.* GR. 3, 96 *ff.*) *entsprechend:* gëstern PARZ. 673, 23. WWH. 311, 12. HERB. 15697. gësteren PASS. 387, 38. KARLM. 68, 50. gesternt, gestirnt RCSP. 1, 352. 67. — *gt.* gistra *in* gistradagis (*womit* Matth. 6, 30 *das gr.* αὔριον, *morgen, übersetzt wird; die bezeichnungen für gestern und morgen tauschen in manchen sprachen ihre bedeutung, vgl.* Heynes *anm. zu der stelle*) *zu skr.* hyas *für* ghyas, *gr.* χϑές, *lat.* heri, hesternus CURT³. 190. FICK 68. GSP. 23.

ge-stërben *stv. I*, 3 (II². 643ᵇ) *sterben* BERTH. LUDW. UOE. 4, 534 (*a.* 1307). des tôdes g. MYST.;

ge-sterben *swv.* (II². 644ᵇ) stërben *machen, töten mit gen. caus.* GEO. hungers gesterbet BEH. 253, 19.

gësteren *adv. s.* gëster;

gësteric *adj.* (I. 500ᵃ) *gestrig, hesternus* JÜDEL, DFG. 276ᵇ. den gesterigen tac DIUT. 3, 15. daz gestrige ezzen MGB. 143, 31.

gesterîe *stf. s. v. a.* gastunge. gesterîe phlegen KIRCHB. 706, 25.

ge-sterken *swv.* (II². 598ᵃ) *prät.* gestarkte *stärken* SPEC. TROJ. PASS. (128, 52). KARLM. 175, 63;

ge-sterkunge *stf. stärkung* ANTICHR. 191, 44.

gëstern, gësternt *adv. s.* gëster.

ge-stërne, -stërnze *stn. s.* gestirne, -stirnze.

ge-stetenen, -stetten *swv.* (II². 604ᵇ) *an eine stat stellen, aufspeichern* GEN. *vgl.* gestatenen.

ge-steude *stn. s.* gestiude.

geste-wîs *adv. s.* gastwîse.

ge-stichte *s.* gestifte.

ge-sticke *stn. stickerei* NP. 95. 96. 98. 106.

ge-stift *stf.* (II². 629ᵃ) *stiftung, festsetzung* ZÜRCH. *rb.* PASS. MART. 39, 60; *stift, gotteshaus* CDG. 3, 284. daz capitel der gestift unser frowen ze dem tuom ze Constentz DON. *a.* 1379. *ebenso*

ge-stifte, -stift *stn.* (II². 629ᵇ) *der âventiure* g., *die erste abfassung der erzählung* PARZ. hetistû alsus lihte mir nû mîn gestifte mit dînen worten benomen L. ALEX. 6130; das gestift (*kloster*) ze Paltzhausen CHR. 4. 301, 17. *ndrh.* gestichte (*das münster*) KARLM. 222, 6. ARN. 46. gestiecht RTA. 1. 31, 35. 41 (*Köln*);

ge-stiften *swv.* (II². 630ᵃ) *stiften* GEN.

ge-stîgen *stv. II.* (II². 631ᵇ) *steigen* TRIST. WIG. PASS. MAR. 181, 34.

ge-stille *stn.* (II². 637ᵇ) *stille, beendigung* ROTH.;

ge-stillen *swv.* (II². 638ª) *ahd.* gistilljan, *prät.* gestillete, -stilte: *tr.* stille *machen, aufhören machen, zur ruhe bringen, allgem. s.* noch daz ros gestilte sîne vart KCHR. D. 178, 28. âne dich mac si niemen geswiften noch gestillen HIMLR. 42. den schal, daz horn gest. KARL 68ᵇ. 102ᵇ. wie sal er siben dan gest., *zufrieden stellen* MOR. 2, 1275; *mit acc. u. gen. von etw. abhalten* KREUZF.; ein dinc gest., *geheim halten, verhehlen* KRONE; — *refl. aufhören*, dô gestillete sich sîn leit EILH. 3508;

ge-stillen *swv.* (II². 638ᵇ) *ahd.* gastillên, *prät.* gestillete, -stilte: *intr.* stille *sein, werden, ruhen, aufhören* GEN. RUL. LAMPR. TROJ. dô gestillet daz mer GRIESH. 1, 12. gest. von, *ablassen* DIUT. 1, 285.

ge-stimmet, -stimpt *part. s.* stimmen.

ge-stinken *stv. I*, 3 (II². 641ᵇ) *tr. durch den geruchssinn wahrnehmen, wittern* DIEM.

gestinne, gestîn *stf.* (I. 486ª) *fremde* PARZ. KRONE (1632). NP. 57. 131. 316; *weiblicher gast* PARZ. LIEHT. KOL. 133, 176.

ge-stippe *stn. s.* gestüppe.

ge-stirn *stn. s. v. a.* stirne. *vgl.* ZIMR. *chr.* 3. 501, 13.

ge-stirne, -stirn *stn.* (II². 622ª) *coll. zu* stërne, *gestirn* PARZ. TRIST. ALBR. (*lies* gestirne). KONR. (TROJ. 9623. 17541. 18963. 19258). TÜRL. *Wh.* 145ᵇ. gestërne (*bes. md.*) FRL. RSP. MSH. 3, 427ª. EILH. 2827. 39. DFG. 56ᶜ. gestirre (*coll. zu* stërre) ANTICHR. 128, 13. ADRIAN 447, 129. *vgl.* gestirnze;

ge-stirnet *part. adj.* (*ib.*) *gestirnt, mit sternen besetzt* SERV. ERLŒS. MYST. MGB. *bildl.* mit lobe gest. TRIST.

ge-stirnet *part. adj. mit einer stirne versehen.* glîch gestirnet allesamt, ez sî man oder wîp ERNST 3676.

gëstirnt *adv. s.* gëster.

ge-stirnze *stn.* (II². 622ª) *s. v. a.* gestirne JAN. 7. astrum, stellatio DFG. 56ᶜ. 551ᵇ. suben gestërnze, hyades *ib.* 276ᶜ.

ge-stiude *stn.* (II². 707ᵇ) *coll. zu* stûde, *stauden* ÖH. 8, 26. gesteude WOLK. gesteudig ZIMR. *chr.* 3. 91, 29.

ge-stiure *stf. md.* gestûre *hilfe.* mit gestiure APOLL. 9021. zo gestûre stân KARLM. 24, 29.

ge-stiurec-heit *stf.* (II². 650ᵇ) continentia VOC.

ge-stiuren *swv.* (II². 653ª) *md.* gestûren *tr. leiten, verhelfen zu (gen.)* HARTM.; *steuern, zügeln, beschränken (dem falle durch* stiure, *stütze vorbauen) mit dat.* RSP. SSP. 3, 48, *mit acc. u. gen.* TRIST. H. FRL.; *unterstützen* SUCH.; *refl. sich stützen*, wâ er sich möhte geleinen oder gestiuren KRONE 19890.

ge-stob *stn. s.* gestüppe.

ge-stobere *stn. s.* gestübere.

ge-stôle *stn. s.* gestüele.

ge-stolz *adj. s. v. a.* stolz. ir gestolzer leib KELL. *erz.* 3, 27.

ge-stopfel *adj.* (II². 659ª) *stoppelig* Ms. (*H.* 2, 369ª).

ge-store *stn.* von einem gestore brennholz an iedem zolle ein pfenning MONE *z.* 11, 264 (*a.* 1469) *u. anm.* „gestör heisst man die abteilung gleichlanger stämme eines flozes". *vgl.* storre.

ge-stœre *stn.* (II. 661ᵇ) *coll. zu* stœre, *störung, aufruhr* FREIBERG.

ge-stœze *stn.* (II². 668ᵇ) *coll. zu* stôz, *das stossen, zusammenstossen, drängen* MS. BON. KONR. (TROJ. 3487. TURN. 178, 1). ORL. 5880. LS. 2. 167, 86; *streit, handgemenge* FREIBERG. CLOS.; *bildl. ein nichts* KARLM.;

ge-stôzen *stv. red. III.* (II². 665ᵇ) *tr. stossen* PARZ. TRIST. KONR.; *refl.* sich gestôzen zû der sibbe, *vom ausrechnen des verwantschaftgrades* SSP. 1. 3, 3. 17, 1. *vgl.* RA. 605;— *intr.* gest. ûf, ze, *einen treffen, wozu geraten* KRONE, TROJ. ze lande, ze stade gest., *landen* TROJ. TRIST.; *uneinig sein,* swâ die schiedelüte gestiezin GLAR. 37. — mit ûf, ûz;

ge-stôzen *stn. das stossen, drängen.* dô die geteliuge geil huoben ûf den schal und ir gestôzen NEIDH. 170, 87;

ge-stôzen *part. adj. s.* stôzen;

ge-strac, -ckes *adj.* (II². 669ᵇ) *s. v. a.* strac, *gestreckt, gerade aufrecht* DÜR. *chr. ebenso*

ge-stracke *adj.* (*ib.*) LS. HÄTZL.;

ge-strackes *gen. adv. s. v. a.* strackes, *geradezu, auf der stelle.* gestracks volziehen und volfüeren MH. 1, 55. den dingen gestrackts nâch gên CHR. 2. 59, 17;

ge-stract, -straht *part. s.* strecken.

ge-sträfen *swv.* (II². 671ᵇ) PASS. TEICHN. j. TIT. 5647. LIEHT. 35, 9. daz in kein wâfen mit wunden mac gestrâfen DAN. 4070.

ge-strapel *stn.* (II². 702ª) *heftige bewegung, gezappel* GEST. *R.* (geströppel); *rauferei* SCHM. 3, 688 (*a* 1212). HEIMB. *hf.* (gestropel). *s.* strapeln.

ge-strätt *stn. s.* geströude.

ge-strëben *swv.* (II. 679ᵇ) GEN. PASS. daz ich nie mêr von ir gestrebe MSH. 1, 116ᵇ.

ge-strecken *swv. prät.* gestrahte, -stracte

verst. strecken, strac *machen. daz sint allez recken, die turnen ez in strîte vol gestrecken* RAB. 538, 6.

ge-streichet *part. adj.* (II². 688ᵇ, 9) *gestreift* BERTH. gestraichtes tuoch CHR. 4. 31, 17 *var. s.* streichen.

ge-strenge *adj.* (II². 675ᵃ) *stark, gewaltig, tapfer* STOLLE, LUDW. RSP. strenuis DFG. 555ᵇ. *bes. als epith. orn. des adels* LUDW. RSP. *u. oft in urkunden; keine nachsicht übend, streng* LUDW.

ge-strengec-heit *stf.* (II². 675ᵇ) *strenge, enthaltsame lebensweise* MYST. *vgl.* gestrengheit;

ge-strengec-lîchen *adv.* (*ib.*) *auf gewaltige, tapfere weise* DÜR. *chr.; strenge, ohne nachsicht,* gestrenklich NP. 214. 260;

ge-streng-heit *stf.* (*ib.*) strenuitas DFG. 555ᵇ. *vgl.* gestrengecheit.

ge-strenze *stn.* (II². 676ᵃ) *müssiges umherlaufen, das grosstun* NEIDH. *s.* stranzen.

ge-streuche *stn. s.* gestriuche.

ge-streuz *stn. s.* gestriuze.

gëstric *adj. s.* gësteric.

ge-strîchen *stv. II.* (II. 687ᵇ) *tr. streichen, schmieren* PASS. Iw. 3487. gestr. von, *wegstreichen, entfernen, daz man gestriche von der müede diu marc* DIETR. 10080; *intr. eilen, gehen, swaz ich gestreich oder lief* URST. 126, 2. – *mit* an.

gestrîchet *part. adj.* = ge-estrîchet *s.* esterîchen.

ge-stricken *swv.* (II². 683ᵃ) *mit* ûf, umbe.

ge-strîde *stn. s.* gestrîte.

ge-strîfet *part. adj.* (II². 689ᵇ) *gestreift* RSP. gestrîftez tuoch CHR. 4. 31, 17 *u. anm.* 8; 5. 7, 8. ZEITZ. *satz.* 1, 22 *u. anm.* gestrîft, stragulatus DFG. 554ᶜ.

ge-strit *stm. streit, kampf. das er sich in sulchen und andern gestriten bei uns gehalten hat als ein biderman* CHR. 2. 295, 24. *s.* strit;

ge-strîte *swm.* (II². 693ᵇ) *derjenige mit dem man kämpft, gegner* WIG. KRONE, BIT. (5756. 9755);

ge-strîte *stn.* (II². 696ᵇ) *coll. zu* strît, *das streiten* GR. RUD. mit gestrîte ûf stên DIEM. 280, 7. gestrîde GERM. 6, 356;

ge-strîten *stv. II.* (II². 692ᵃ) *intr. u. tr. streiten, einem gestr., streitend stand halten, bekämpfen* (MSF. 191, 30. ERNST 1494. KRONE 27326. HELBL. 7, 1062. ADRIAN 436, 82. dem tiufel gestr. GERM. H. 9. 172, 79), *allgem.* – *mit* an (*auch tr.* PARZ.), mite.

ge-striuche *stn.* (II². 702ᵇ) *md.* gestrûche, *coll. zu* strûch, *gesträuch* HÄTZL. JER. gestreuche fructetum VOC. 1482.

ge-striume *stn.* (II². 704ᵃ) *md.* gestrûme, *coll. zu* strûm, *rauschendes strömen* LAMPR.

ge-striut *part. s.* strouwen.

ge-striuze *stn.* (II². 698ᵇ) *md.* gestrûze, *coll. zu* strûz, *strauss, kampf, handgemenge* Ms. FRL. JER. HELDB. K. 77, 5. 79, 12. BEH. 182, 3. gestreusz CHR. 2. 335, 6. menger het sin gelt verlorn in dem gestriuz, (*meeresturm*) ALTSW. 228, 23; *buschwerk, gesträuch,* frutex DFG. 249ᶜ. SCHM. 3, 689. WOLK. 1. 2, 26. ein gestreusz und hegge mit rauen dorn CHR. 5. 107, 18.

ge-stropel, -ströppel *stn. s.* gestrapel.

ge-strouben *swv.* (II². 702ᵃ) *s. v. a.* strûben ALBR.

ge-ströude *stn.* (II². 701ᵇ) *das umherstreuen.* gesträtt HÄTZL.;

ge-ströut *part. s.* ströuwen;

ge-ströuwe *stn.* (II². 700ᵃ) stramentum SUM.;

ge-strôe *stn. coll. zu* strô GR.W. 6, 87.

ge-strûche *stn. s.* gestriuche.

ge-strûchen *swv.* (II². 703ᵇ) *straucheln* NEIDH. WG. 8211. a be gestr. TROJ. 40003.

ge-strûme *stn. s.* gestriume.

ge-strûteht *stn. gebüsch* CDS. 1, 106. 112;

ge-strûten *swv.* (II². 704ᵇ) *den sac vol g., raubend, plündernd füllen* HELBL.

ge-stüb *stn. s.* gestüppe.

ge-stübere *stn.* (II². 649ᵇ) *auflauf* MONE z. 7, 18 (*a.* 1430); *verscheuchung, verfolgung, md.* gestubere JER., gestobere PASS.

ge-stücke *stn.* (II². 656ᵇ) *stück, stück feld etc. sowie der ertrag davon* MB. *vgl.* SCHÖPF 723;

ge-stückeit *stf.* (*ib.*) compositio VOC.;

ge-stücket, -stuckt *part. s.* stücken.

[**ge-stüden** *swv.* II². 707ᵃ] = *daz si dem rehten* gestuonden SWSP. L. 2, 159. *s.* gestân;

ge-stüedel *stn. coll. zu* stuodel. und saz ûf ein gestuedel hôch VINTL. 8188.

ge-stüelde *stn.* (II². 715ᵃ) *md.* gestûlde PASS.,

ge-stüele *stn.* (*ib.*) gestuole GEN. ATH.; *md.* gestûle, gestôle, *coll. zu* stuol: *geordnete menge von stühlen* EN. TRIST. FLORE, KONR. BIT. 5125. 12769. LOH. 1906. 54. 2002. 82. 2500. 6872. 6902. ORL. 5771. 7359. 13624. 898. TÜRL. Wh. 147ᵃ. WH. v. Öst. 3ᵇ. DAN. 7328; *stuhl, thron* BARL. ALBR. KONR. (OTTE 606. TROJ. 3871. 5559. 5621. 17609. 19). MOR. 1, 985. 93. CHR. 1. 53, 5. 29; 3. 301, 10. 367, 4. 13. gestôle CRANE 756. 1151. 1351. 1409.

1720. 4248. 4536; *der dritte chor der engel* Gen. Pass. (344, 45). nû bevelent ûch in die hûte der gestûle des almahtigin gotis, cherubîn unde seraphîn Wack. *pr.* 1, 121;

ge-stüelze *stn. (ib.) md.* gestûlze *s. v. a.* gestüele. die uff iren lantschrannen und gestûlz gesessen wâren Mone 6, 390. *vgl. noch* Rta. 1. 256, 1. 279, 3. Germ. 14, 432.

ge-stüeme *adj.* (II². 708ª) *sanft, still, ruhig* Ms. Gest. *R.* gestûm, tranquillus Voc. 1482;

ge-stüemec-heit *stf.* gestûmikeit in wasser, embris Voc. 1482. gestummecheit, tranquillitas *ib.*;

ge-stüemen *swv. (ib.) ruhig sein, werden* Hätzl.

[**ge-stüete** *stn.* II². 715ᵇ] *s.* gestuot;

ge-stüeten *swv. belegen, von pferden.* er sol des dienstes ledig sîn unz daz ein pfert das ander gestüetet und gerouft und das ze satel kompt Gr.w. 4, 126.

ge-stûlde, -stûle, -stuole, -stûlze *stn. s.* gestüelde, -stüele, -stüelze.

ge-stûm, -stûmecheit *s.* gestüeme, -stüemecheit.

ge-stungen *swv.* (II². 641ª) *anstossen, antreiben, reizen* Himlr. Kindh. swie vil den gestungen mit ir bekorungen Weinh. *leseb.* 183, 118;

ge-stunket *part. s.* stungen.

ge-stuot *stf. s. v. a.* stuot. ez was der selben gestuete Bit. 2287, *von Jänicke* (2281) *verbessert in:* ez was der selben stüete.

ge-stüpnüsse *stn.* (II². 650ª) *staubähnliches, nichtiges* Berth.;

ge-stüppe *stn.* (II². 649ᵇ) *md.* gestuppe *staub und staubähnliches, bildl. nichtigkeit* Kchr. Parz. Berth. Konr. (Pantal. 422) *und md. denkm.* (Evang. *L.* 6, 41. 42). ez was in kein gest. j.Tit. 3470. der sunnen g. Renn. 22443. fiures funken g. Wartb. 173, 2. die ûz luftes gestüppe webent breite wüppe Reinfr. 203ᵇ. daz ez ein gestüppe sî, *erlogen sei* Heinz. 1839. der sam ein gestippe möhte wegen Ls. 3. 245, 173. gestüb Netz 12380. gestob Pf. *üb.* 26. 2ᵈ, 13. 15. 21; *zauberei mit pulver* Leseb. 1010, 12. — *zu* stieben;

ge-stüppelîn *stn.* (II². 650ª) *dem. vom vorig.* Berth. Wack. *pr.* 65, 125.

ge-stûre, -stûren *s.* gestiure, -stiuren.

ge-stürme *stn.* (II². 717ª) *md.* gesturme, *coll. zu* sturm *getümmel, kriegsgetümmel* Gerh. Myst. Diem. 281, 25. Hpt. 3, 445; *angriff*

Lanz. Konr. Mart. Virg. 624, 10. Evang. 260ᵇ; *das sturmläuten* Mone *z.* 16, 328.

ge-stût *prät. s.* gestân.

ge-sûbern *swv. refl.* Pass. 371, 39.

ge-sûch *stm. s.* gesuoch.

ge-süenen *swv.* (II². 750ᵇ) *versöhnen* Oberl.

ge-süezen *swv.* (II².754ª) *prät.* gesuozte: süeze machen, versüssen* Trist. *U.* Krone (19769). Flore 6528. Heinz. 2188; *erfreuen* Tit.

ge-suezze *stn. s.* geswetze.

ge-sûgen *stv. III.* (II². 723ᵇ) *prät.* gesouc *saugen* Parz. Wig.

ge-sühte *stn.* (II². 360ª) *coll. zu* suht, *md.* gesuchte *krankheit* Spec. Pass. (Marlg. 17, 236). Lit. *fdgr.* 2. 229, 35. 234, 33. Ecke *L.* 175. 79. Hpt. 7. 364, 7; *rheumatisches übel,* wan iu daz houbet diuzet von gesühte Warn. 2193. wann dem falken die pain geswollen sind, das ist ain zaichen, das er das gesuchte darinn hat Myns. 26.

ge-sûmen *swv.* (II². 729ª) *tr. warten lassen, hinhalten, hindern* Hartm. Ms. Karl 121ª, *mit gen. d. s.* Nib., *mit präp.* und sullen wir in und sîn erben dar an niemer gesumpen Mz. 1, 444 (a. 1397); *refl. mit gen. d. s. aufgehalten, verhindert werden* Er.

ge-summieren *swv. refl. sich versammeln* Chr. 5. 14, 1.

ge-sünde *stn. s.* gesiunede.

ge-sünde *stf.* sünde Rcsp. 1, 221 (a. 1411).

ge-sunde *swm.* (II². 747ᵇ) *der gesunde, unverletzte* Nib. Wg. 5060. *s.* gesunt *adj.;*

ge-sunde, -sunt *stf.* (II². 748ª) *md.* gesundheit En. Herb. Heinr. Pass. (*vgl. H.* 272,40. 288, 24. 326, 89). *vgl.* Ssp. (*stn.?*) 1, 8. 2, 12. 29. 3, 20. 55 (*mit bezug auf strafe an haut, haar u. gliedern*). *ahd.* gasuntî, *vgl.* gesunt;

ge-sundec-heit *stf. gesundheit* Rcsp. 1, 401;

ge-sunden, -sunten *swv.* (II². 748ᵇ) *prät.* gesunte *tr. gesund machen, am leben erhalten* Griesh. *denkm.* Ms. (= Neidh. 17, 18); *intr. gesund, am leben bleiben* Spec. Ms. j.Tit. 3743. Renn. 20942. Birkenst. *p.* 311.

ge-sünden *swv.* (II². 736ª) *prät.* gesunte *sündigen* Spec. Freid. Heinr. Berth. 66, 32. Hpt. 9, 15. Vet. *b.* 24, 23.

ge-sunder *adv.* (II². 740ª) *s. v. a.* besunder Tund. Bit. 427;

ge-sundern *swv.* (II². 743ᵇ) *tr. sondern, absondern* von Aneg.; *refl.* Iw. Virg. 1093, 11.

ge-sûne *stn. s.* gesiune.

ge-sunt, -des *adj.* (II². 746ᵇ) *gesund, lebend u. unverletzt. allgem.* (*für die flect. formen*

vgl. noch ER. 4912. 5593. 10100. SILV. 4977.
5028); *der gesundheit förderlich, gesundheit
bringend* KRONE, MYST.; *mit gen. geheilt von*
NIB., *geheilt an* (libes) Iw. 3413 *var.* PASS.,
unverletzt durch, spotes gesunt ROSENG.
Weigel 1443; *mit präp.* ges. v o n (*pers.*) *geheilt durch* Iw. 3413 *var.*, ges. a n dem libe
BERTH. die leut gesund machen an dem gicht,
von der gicht heilen CHR. 4. 313, 19. — *zu*
sinden;

ge-sunt, -des *stm.* (II². 747ᵇ) *gesundheit, unverletztheit, heil* GEN. KCHR. HARTM. WIG.
RAB. ULR. 1036. 1540. WG. 5063. GA. 2. 585,
237. bei gesunt bleiben MW. 353 (*a.* 1367).
umb den gesunt komen MH. 3, 67. *vgl.* gesunde;

ge-sunt *stf. s.* gesunde.

ge-sunte *prät. s.* gesunden, -sünden.

ge-sunten *swv. s.* gesunden.

ge-sunt-haft *adj.* (II². 748ᵇ) *gesund* KONR.

ge-sunt-heit *stf.* (*ib.*) *gesundheit* BERTH. BARL.
KONR. (SILV. 493. ENGELH. 5457). KRONE
28131. W. *v. Rh.* 114, 20. PASS. 204, 24.

ge-sünt-lich *adj.* (*ib.*) *gesundheit bringend*
KELL.;

ge-sünt-lîche *adv.* gesüntlîche genesen, *gesund werden* HUGO v. M. 6, 41.

ge-sunt-macher *stm.* salvator JAN. 52. DFG.
509ᵇ.

ge-suoch *stm.* (II². 7ᵇ) *md.* gesûch *suchen,
nachforschung* JER. wir geloben, sollichs
alles on allen intrag und bösen gesuch unverbrochenlich ze halten AD. 1355 (*a.* 1450);
spüren auf wild, birsch HADAM. Ls. MF. 142.
— *benutzung um nahrung od. gewinnes willen: weide, das recht einen ort als weideplatz zu besuchen* MB. URB. SON. 59, 14. darinn (*in der* leiten und awe) sie lang zeit mit
irin viech gesuech gehabt haben MH. 2, 771.
773 (*vgl.* besuoch); *erwerb, gewinn* ERINN.
GREG. PASS.; zins von ausgeliehenem gelde
HELBL. (2, 433) TEICHN. RENN. (8595. 13520.
18770. 23348) ELIS. 7750 *und rechtsdenkm.*
(SWSP. 141, 2. 10. 12. 16. 35. 295, 2), *sehr oft
in urkunden z. b.* MW. 59, 37. 59. MZ. 3, 181.
257. 4, 263. W. 29 *s.* 41. MH. 2, 615. UKN. 90.
94. 257. CP. 40; NP. 325 CHR. 1. 26, 9. 115,
8. 14. 27. 129, 12. 14 *etc.*;

ge-suochære *stm.* (II². 12ᵇ) *wucherer* BERTH.
HELBL.;

ge-suochen *swv.* (II². 11ᵃ) *md.* gesûchen, gesôchen *suchen* Iw. TRIST. LAMPR.; *besuchen*
ROTH. (gesôchen), daz er des tags nicht ge-

suochen möcht, *bei dem gerichtl. termine
nicht erscheinen könnte* MÜNCH. *str.* 86.

ge-sûse *stn. s.* gesiuse.

ge-swachen *swv.* (II². 781ᵇ) swach *machen*
REINH. KRONE, PASS. ungevelle wil sie
drucken und ir fröude gesw. FLORE 6153. gotes ê gesw. SILV. 4421. einen an êren gesw.
MSH. 1, 7ᵇ. geswechen HPT. 9, 22.

[**ge-swach-lich** *adj.*] = *s.* geswâslich.

ge-swæger-lich *adj.* (II². 767ᵇ) *schwägerlich*
BERTH.

ge-swande *prät. s.* geswemmen.

ge-swanger *adj.* (II². 805ᵇ) *s. v. a.* swanger
SCHM.

ge-swanze *stn. s.* geswenze;

ge-swanzen *swv.* (II². 763ᵃ) *intr. sich tanzartig
bewegen, stolzieren* NEIDH. (12, 36).

ge-swarme *stn. s.* geswerme.

ge-swarn *part. s.* swern.

ge-swarzen *swv.* (II². 765ᵇ) *schwarz werden*
PANTAL.

ge-swæse *adj.* (II². 765ᵇ, 40) *heimlich, in sich
zurückgezogen* GEN. *s.* swâs;

ge-swâse *adv.* (II². 765ᵇ) *heimlich, vertraulich*
GEN. ELIS. 5206. 6668; *sanft* KARLM. *vgl.*
getwâse;

ge-swæse *stn.* (II². 766ᵃ) *coll. zu* swâs, *abtritt*
GL. *vgl. oben sp.* 833 heimlich gemach.

ge-swâs-heit *stf.* (*ib.*) *heimlichkeit* ELMEND.;
heimlicher ort, traulichkeit KCHR. D. (116, 13).

ge-swâs-lich *adj.* (*ib.*) *heimlich, vertraulich*
FRAGM. 32ᶜ, 237 (*gedr.* geswachlich);

ge-swâs-lîche; -swæslîche, -en *adv.* (*ib.*)
heimlich, für sich, vertraulich EN. LAMPR.
LANZ. TRIST. WACK. *pr.* 7, 57. 64.

ge-swêch, -sweich *prät. s.* geswîchen.

ge-swechen *swv. s.* geswachen.

ge-swei, -sweige *swm. s.* geswige.

ge-sweigen *swv.* (II². 790ᵃ) *zum schweigen
bringen, stillen* LANZ. HARTM. BARL. JER.
Daniel in gesweigete DAN. 3595. die nôt gesw.
ALEXIUS 111, 521. sîn lop die zal vil gar gesweigte HEINZ. 121, 29. ir kriegen was gesweiget *ib.* 124, 43. hie mit er wart gesweigt
SILV. 3985. ob si in hie mite gesweiget KRONE
11677; *mit gen. d. s.* dâ mite kunnen sî mich
mînes sanges niht gesw. NEIDH. 66, 40 *oder
mit* an: ich kan iuch wol gesw. an worten
und an sinnen TROJ. 2114.

ge-sweime *stn. coll. zu* sweim, *das schweben*
dîn minnentlich gesweime HANS 2936;

ge-sweimen *swv.* (II². 794ᵃ) *refl. sich schwingen* ERLŒS.

ge-swëlhen *stv. I*, 3 (II². 790ᵇ) *schlingen, verschlucken* Weinsw.

ge-swelle *stn.* (II².792ᵇ) *coll. zu* swelle, *grundbalken, schwelle* Erlœs. Hätzl. nieman sol pauwen vor seinem hause oder vor seinem geswelle Np. 289. *vgl.* Tuch. 74, 13. 258, 12. 283, 24;

ge-swëllen *stv. I*, 3 (II².792ª) *auf-, anschwellen* Gen. Wig. Neidh. (61, 1). Bon. Lieht. Fdgr. 1. 322, 2. 329, 19. in ersteinten diu herzen und geswullen von dem smerzen Karl 7220. der hals geschwal Chr. 5. 30, 22;

ge-swellen *swv.* (II².793ª) *prät.* geswalte, geswëllen *machen* Krone (12251).

ge-swemmen *swv.* (II². 795ª) *prät.* geswande *schwimmen* Trist. U.

ge-swenke *adj. beweglich, rasch.* würd ich ze vuoze ûf erden brâht, so ist mir der lîp geswenke Loh. 517;

ge-swenken *swv.* (II². 808ª) *prät.* geswancte *schwenken* Alexius.

ge-swenze *stn.* (II². 762ᵇ) *coll. zu* swanz, *tanzartige bewegung.* die pilgerîme in irem geswanze nâch den fideln sûze tanze Ernst 5500; *putzanzug der frauen* Renn. *vgl.* Hpt. 8, 20 *f.*

ge-swër *stn.* (II². 810ª) *schmerz* Voc. *o.; geschwür* Diem. Berth. Mgb. 303, 11. 349, 17. 358, 12. 367, 12. Hadam. 472;

ge-swër *swm.* (*ib.*) *geschwür* Mgb.

ge-swerbe *stn. coll. zu* swarp. er von dem geswerbe (*ein ort in der wildnis*) floch Wolfd. *Hag.* 459.

ge-swerme *stn.* (II².763ᵇ) *coll. zu* swarm. der tiuvel hât ûz gesant sîn geswerme und sîn her Karl 6801. geswarme Rul.

ge-swërn *stv. I*, 2 (II². 809ᵇ) *schmerzen, weh tun* Kindh. Frl dâ jâmer, sêre unde klage ân ende niemer mê geswirt Himlf. 1113.

ge-swern *stv. I*, 4 (II². 772ᵇ) *intr. schwören.* daz er nie gelouc noch geswuor Vet. *b.* 9, 29. gesw. umbe, *wegen* Er., vor etw. *g. dagegen schwören, es abschwören* Mühlh. *r.* Zeitz. satz. 1, 61 *u. anm.; mit gen. d. s.* Krone, *mit untergeord. s.* Trist. — *tr. schwören, beschwören* (eit, gehôrsam, suone *etc.*) Neidh. Berth. Troj. Pass.

ge-swëster *an. f. pl.* (II. 776ᵇ) *die als schwestern* (*leibl. od. geistliche*) *zusammen gehören* Flore, Mart. Pass. (255, 30) Myst. Berth. Kl. 111. Herb. 5950. Ecke *L.* 93. zwo geswister Msh. 3, 29ª. 437ª;

ge-swësterde, -swëstergît *stn. s.* geswisterde.

ge-swetze *stn.* (II². 766ᵇ) *coll. zu* swaz, *geschwätz* Diocl. gesuezze Elis. 3074.

ge-swîche *stf.* (II². 784ª) *abgang, verlust von* (*gen.*) j.Tit.; *verführung, betörung* Greg.;

ge-swîchen *stv. II.* (II². 783ᵇ) *prät.* gesweich, -swêch *intr. schwinden, entweichen, im stiche lassen* Trist. Krone; *mit dat. allgem.* (er trinket, daz im sîn maht geswichet Lieht. 608, 5. daz du Machmeten geswichest Ulr. *Wh.* 189ª. ob im sîn swert geswiche Krone 13226); *mit dat. u. gen.* des müeze dir got gesw. Ga. 1. 51, 399; *mit dat. u. präp.* an Rul. Gudr. sô müeze got an sælden mir geswîchen Wartb. 33, 9; in Nib.; ze Kchr.

ge-swîcte *prät. s.* geswîgen *swv.*

ge-swîe, -swiege *swmf. s.* geswige.

ge-swîe-schaft *stf. verwantschaft, verhältnis eines* geswîgen Ot. 370ᵇ.

ge-swiften *swv.* (II². 787ᵇ) *beschwichtigen* Windb. *ps.* Himlr.

ge-swige, -swîe *swmf.* (II². 767ᵃᵇ) *schwager, schwägerin u. sonstige verwante durch anheiratung.* geswige *m.* Rul. Kchr. (*D.* 41, 13 geswiege). Wig. Ekhart sein gesweige Stz. 433. geswîe *m.* Gen. En. Er. Helmbr. Ulr. *Wh.*178ᵈ. Wg. 2534. Krone 13175. Ga. 2. 289. 185. geswei Dm. 80. 111. Stb. 194. Ula. 78. Stz. 460. Uoe. 4, 172. 237. 446. — geswîe *f.* Krone Ludw. Kchr. *D.* 356, 17. 358, 24. Elis. 917. 1026. 4069. — *zu* swëher.

ge-swîgen *stv. II.* (II². 788ª) *intr. schweigen, verstummen; schweigen zu, von etw.* (*gen.*) *allgem.;* gesw. zuo Gen. *D.* 2, 4; — *tr. verschweigen* Kulm. *r.*;

ge-swîgen *stn.* (II². 788ᵇ, 3) *das schweigen.* der mir geswîgen hieze Trist. 8793 *u. anm.*;

ge-swîgen *swv.* (II². 789ᵇ) *prät.* geswigete, -swicte *schweigen* Gen. Rul.; einem gesw. *ihn ruhig anhören* Pass.

ge-swil *stn.* (II². 790ᵇ) *schwiele*, callus Voc.

ge-swimmen *stv. I*, 3 (II². 794ᵇ) *schwimmen* Wwh. Rsp. Roth. 4552. Aw. 3. 216, 35.

ge-swîn *part. s.* swîgen.

ge-swinde *adj.* (II². 798ª) *schnell, ungestüm* Frl. Troj. (30873). N. *v. B.* 92. 334;

ge-swinde *adv.* (*ib.*) *schnell, ungestüm, kühnlich* Ms. Alph. Konr. (Engelh. 2415. 2607. Otte 277. 343. Turn. 151, 1). *vgl.* Flore 2420 *var.*;

ge-swinde-lîche *adv.* (*ib.*) *geschwind* Diocl. Wolk.;

ge-swinden *stv. I*, 3 (II². 798ᵇ) *schwinden.* dô muoste im gar geswinden diu vröude Virg.

315, 10; *mir geswindet, ich verliere das bewusstsein, falle in ohnmacht* Lanz. Trist. Flore, Bon. Konr. (*Al.* 1024. Troj. 22397. 922. 47741). Ulr. *Wh.* 176ᵈ. Wh. *v. Öst.* 12ᵃ. 104ᵇ. Ls. 3. 224, 259. Kuchm. 21.

ge-swingen *stv. I*, 3 (II². 804ᵃ) *intr. sich schwingen, fliegen* Konr. Albr. Pass.

ge-swint-heit *stf.* (II².798ᵃ) *raschheit* Griesh.

ge-swister *f. pl. s.* geswëster;

ge-swister *stn.* (II². 776ᵇ, 43) *geschwister* Ludw. *vgl.* Msh. 3, 431ᵇ. 432ᵃ. *ebenso*

ge-swisterde *stn.* (II². 776ᵇ) *gewönlich im pl.* Berth. geswistrede Parz. WG. 2033. geswësterde Pass. geswistride Berth. Swsp. 6, 10. 8, 9 *ff.* 55, 4. 345, 41. 42. geswistreit Chr. 1, 71 *ff. und allgem. in* Stb. Stz. geswistergît, -git Griesh. Mart. Mz. 1, 290. 323. Gr.w. 1, 49. 5,70. Zimr. *chr.* 4,615ᵃ. Chr. 5. 122, 6. geswistergeid Mw. 175, 3 (*a.* 1290). geswisterget Dinkelsb. *stat.* Zimr. *chr.* 4. 77, 2. geswüstergit Mart. geschwüstertig Gr.w. 5, 204. geswistrecht Chr. 1. 72, 15.

ge-swisterde-kint *stn.* (I. 819ᵃ) *geschwisterkind.* geswüsterdekint Chr. 8. 291, 4. 476, 27. 479, 9. geswistreitkint Chr. 1, 71 *ff.* geswistrechtkint *ib.* 72, 15. geswistergidkint Voc. *o.* (Dfg. 144ᵇ). geswistergeitkint Chr. 3. 283, 20. geswisterkint, consobrinus Dfg. 144ᵇ.

ge-swister-diehter *pl. geschwisterenkel. der ohse und jenes rindes kalp sint geswistertihter vaterhalp* Renn. 7513. *s.* diehter.

ge-swistrecht, -swistrîde *stn. s.* geswisterde.

ge-sworn *part. s.* swern, swërn.

ge-sworn *part. adj.* (II².772ᵃ) *geschworen, beschworen* Krone, Erlœs. geschworn geschaw Chr. 5. 51, 31. g. statbuech 300, 3. gesw. mântac *montag nach 3 könig* Halt. *Cal.* 2; *der geschworen hat, beeidigt ist,* gesworne boten Chr. 2. 326, 15. meister 308, 22. 24. 311, 21. fuozkneht 297, 8. rât *ib.* 5. 269, 13;

ge-sworne *swm.* (*ib.*) *der geschworen hat, eidlich wozu verpflichtet ist* Münch. *r.* Np. 32. 68.

ge-swulst *stf.* (II². 793ᵃ) *geschwulst* Exod. Mart. Helbl. Mgb. o wê der zarten lieben geswulst (*weibl. brust*) Wolk. 52. 2, 6.

ge-swüstergît *stn. s.* geswisterde.

ge-tagen *swv.* (III. 10ᵇ) *unterhandeln vgl.* Oberl. 541 (Freid. 136, 13 *steht in der zweiten ausg. die lesart* verzagen).

ge-tag-eltî *stf. s. v. a.* tagalt. *swaz ze geagelti möhte gezemen* Ammenh. 173.

ge-taget, -tagt *part. adj.* (*ib.*) *in ein gewisses alter gekommen: mannbar* Trist. U. der (*ejus*) *jugent was alsô getagt* Ulr. *Wh.* 193ᵉ; *alt, bejahrt* Trist. swie ich sî ein getageter man Ulr. *Wh.* 217ᵉ.

ge-tag-wan *stm. s. v. a.* tagwan Netz 7903.

gə-tamer, -tammer *stn. s.* getemere.

ge-tân *part. adj.* (III. 143ᵃ) *gestaltet, beschaffen, sich verhaltend:* wol, übele, sô, wie *etc.* getân. *allgem., sup.* wirs getânest Lanz. 7933 *var.;*

ge-tæne *stfn.* (III. 143ᵇ) *gestalt* Kckr. nâch dîner getân Diem. 321, 4. *md.* getêne: in vleischlîchem getêne du hâtest engelischez leben Heinr. 3142; *benehmen, ndrh.* gedâne *n.* Karlm. 108, 62. 539, 34. gedêne (: trêne) Marld. han. 21, 36 (*in der anm. falsch erklärt*) 23, 13. 32, 12. 67, 19. *vgl.* Hpt. 3, 121 *und* getât.

ge-tänt *stn. s.* getente.

ge-tanzen *swv.* Bihteb. 43.

ge-tæper *stn.* (III. 14ᵗ) *geräusch, geschwätz* Troj. (6779). — *wol zu* tâpe *gehörend, vgl.* teapern *im* Kwb. 158.

ge-tar *präs. s.* geturren;

ge-tar *stm.* (III. 16ᵃ) *kühnheit* Ms. (*H.* 2, 194ᵇ).

ge-taren, -tarn *swv.* (III. 15ᵃ) *intr. mit dat. d. p. schaden* Diem.

ge-tarnen, -tarn *swv. verhüllen, behüten vor* (*gen*). aller schande mac man iuch getarn Krone 23587.

ge-tât *stf.* (III. 147ᵃ) *gen.* getæte, -tât tat Ulr. Wig. Er. 2533. 10041. Iw. 2475. Wg. 4355. (*var.* getaete) 13162. Silv. 77. 509. Engelh. 2024. 6313. Troj. 16013. 17004. 18531. 660. 21707. 23325. Dan. 3338. W. *v. Rh.* 107, 10. 230, 45. Chr. 5. 25, 13. 181, 9. 192, 20. 193, 10 *etc.; gesammtheit der taten, geschichte* Wig. Barl.; *werk, geschöpf* Bon. *gestalt, ansehen, beschaffenheit* Iw. Lanz. Flore (4035. 4519. 6573. 6813. 6915); ge-tæte *nf. gestalt, beschaffenheit.* diu maget an ir hæte kein sunder getæte W. *v. Rh.* 3, 10. bî der getæten (: hæten) *bei dem umstande ib.* 39, 25. *vgl.* getæne;

ge-tæter *stm.* täter Chr. 5. 313 *anm.* 5;

ge-tætic *adj. tätig.* getêdige, togeliche lúde Frankf. brgmstb. v. 1449 *vig. Galli.*

ge-tege-dingen *swv.* (I. 336ᵃ) *vor gericht verhandeln, processieren* Trist. (geteidingen). solt ich getegedingen baz (*sollte es mir besser ergehen*) dan mîne helfære Flore 7328.

ge-teile *swm.* (III. 24ᵇ) *teilgenosse* Weist. Hpt. 8, 118. Uoe. 4, 177 (*a.* 1292). *ebenso*

ge-teilede, -teilide, -teilit *stm.* Gr.w. 1, 42. 4, 392;

ge-teilic *adj. teil habend an (gen.*) geteilig des selben guotes (*dingrodel von Stetten im Wiesentale* 14—15. *jh., bl.* 5ᵃ, *Karlsruher archiv*);

ge-teilide, -teilit *stn. teilgenossenschaft* Gr.w. 1, 9. 15. 16. 25 *etc. s.* Germ. 10, 398;

ge-teilte *stn.* (III. 25ᵇ, 28) *näml.* daz geteilte spil: *das zu wälende, die wal, die bedingung* (*s.* teilen) Parz. Walth. Ls. 547, 314. driu swêriu geteilte Griesh. 2, 27. ich wil dir zwei geteilte geben Ga. 1. 425, 1350. dô gab inen der kunig driu geteilte Chr. 8. 52, 26. 59, 25. uns sind geteilte zuo gesworn, *unsere loose sind fest bestimmt* Kirchb. 626. *s.* Germ. 10, 397. *ebenso*

ge-teilze *stn. s.* Germ. 7, 397 *f.*

gete-lich *adj.* (I. 488ᵃ) *passend, schicklich.* getelicher muot Mone 8. 40, 42. götlich Schiltb. 132. 139; Rotw. 1, 49ᵇ.

getelinc, getlinc, -ges *stm.* (*ib.*) *verwandter* Ssp. Freiberg. 155. 247; *der einem andern gleich ist, genosse* Glaub. 200; *geselle, bursche, bauernbursche* (Neidh. Ls. 2. 476, 110) Rul. Kl. Bit. einem jungen getelinc des gezam Ulr. *Wh.* 265ᵇ. — *gt.* gadiliggs *geschwisterkind, vetter* (Dief. 2, 373) *von einem stamme* gadila *zu* gate.

ge-tëlle *adj.* (III. 28ᵇ) *hübsch, artig* Fragm. 32ᵃ, 160 (: zelle). *vgl.* Schm. *Fr.* 1, 500.

gete-, get-lôs *adj.* (I. 488ᵇ) *ohne* gate, *ungebunden, zügellos, mutwillig* Gen. Aneg. Trist. Serv. (Hartm. *lied.* 14, 9. 10 *ist nach* Msf. 212, 35. 36 gâhelôsen *zu lesen*). mit maniger pârât getelôsen j. Tit. 2729. getelôser muot Hpt. 7. 336, 110. er trat als irrecliche trite und was sô rehte getelôs Troj. 28247. ir lîp was getelôse nie W. *v. Rh.* 6, 10. 25, 40. 237, 1;

gete-lôse, -lœse *stf.* (*ib.*) *zügellosigkeit, mutwille* Mar. Helbl. Neidh. 50, 2 (*vgl.* Wb. *III. vorr. IV. anm.*) *ebenso*

gete-lôsec-heit *stf.* (*ib.*) Ulr.

ge-temere, -temer *stn.* (III. 29ᵃ) *coll. zu* tamer, *lärm, getöse* Loh. (1737). Konr. (Troj. 25843. 33918. 36899). Ulr. *Wh.* 247ᶜ. Osw. 2078. Albr. 20, 56. getamer Beh. 293, 27. getammer Wolk. 25. 3, 3. *ebenso*

ge-temeren *stn.* (*ib.*) Roseng.

ge-tengel *stn.* (III. 30ᵃ) *das hämmern, klopfen* Konr. (Turn. 136, 2. Troj. 34591). dar under was ein grôz getengel von vil swerten, diu dâ klungen Ulr. *Wh.* 146ᵈ. Reinfr. 14ᵃ.

ge-tense *stn.* (III. 30ᵇ) Fragm. 38, 74 = gedense.

ge-tente, -tent, -tänt *stn.* (III. 13ᵇ) *coll. zu* tant, *possen* Such. Ls. (1. 579, 76).

ge-tenze *stn. coll. zu tanz* Kell. *erz.* 377, 14.

geter *stn.* getern *swv. s.* gater, gatern (*dazu noch:* edele borten von Arâbî, die man meisterliche gegateret drûf hete genât Mai 41, 7).

geter-ëzzen *stn. gemeinschaftliches mal,* commessacio Voc. *Schr.* 505.

ge-tevele *stn. coll. zu* tavel j. Tit. 6104. Beliand 647. 50. laquearia Voc. *Schr.* 1456;

ge-tevilt *part. s.* tevelen.

ge-tichter *stn. s.* gediehter.

ge-tier *stn. coll. zu* tier Krone 12766 (*var.* getierze, *vgl.* Vilm. 412).

ge-tiht-bar *stn. s. v. a.* bar *stn.* Fasn. 1270.

ge-tiht-buoch *stn.* digestum Dfg. 181ᶜ.

ge-tihte *stf.* (III. 36ᵇ) *schriftwerk, gedicht* Lit.; *das denken, aussinnen ib.*;

ge-tihte- -tiht *stn.* (*ib.*) *md.* geticht *schriftl. aufzeichnung* Jer. dâ von was gar ir getiht (= *was sie an ir tävelîn schriben*) Flore 824. ob der brief gebresthaft würde an geschrift, an gediht, an insigel Mone *z.* 17, 198 (*a.* 1381). das gedicht (= guldene bulle, *im lat. text* littera) Chr. 3. 95, 1. langs ged. *prosa* Voc. *o.* 32, 2; *gedicht insoferne es schriftlich aufgesetzt ist* Lanz. Trist. Wig. Herb. Barl. Wg. 111. Loh. 7620. 39. Heinz. 132, 81. diu mære tihten ze tiutschem getihte Gfr. 19. getiht mîner zungen Wh. *v. Öst.* 61ᵇ. hie mite daz getihte sweic 17ᵃ. mit getichte wesen, *in einem gedichte darstellen* Pass. K. 5, 39; *erdichtung, lüge,* valsch getihte Renn. 8628. 722. daz ist niht ain getiht (*eine fabel*) Mgb. 192, 2. ein hantveste wirt enwicht von dem getihte (*betrug, fälschung*) Swsp. 419, 5; *dichtkunst* Troj. (*leseb.* 703, 21. 704, 30. 705, 15. 29. 708, 33); *kunstwerk* Wwh. Osw. wirken daz g. an der ram Wolfd. 32; *künstlerische befähigung* Hätzl. — *vgl.* tihte;

ge-tihten *swv.* (III. 36ᵇ) *prät.* getihte *schriftlich in verse bringen* Greg. 2; *aussinnen* Rul. Renn. 22459.

ge-tille *stn. s.* gedille.

gët-îsen *stn. s.* jëtîsen.

ge-tiuren *swv.* (III. 41ᵃ) tiure *machen, verherrlichen* Wig. sît ich wol von schulden mac ir lop getiuren hô Rubin 18, 8.

ge-tiusche *stn.* (III. 156ᵇ) *md.* getûsche *teu-*

schung, betrügerei Lanz. Rud. (Gerh. 91). Konr. (Troj. 894. 21126. Pantal. 851). Pass. Himlf. (1644). j.Tit. 2796. 5500. Renn. 763. 74. 9077. 10697. 11102. 13595. 17024. Wh. *v. Öst.* 102ᵇ. Eilh. 4621. 32. Ot. 21ᵃ. Germ. 5, 394ᵃ. Ring 31, 34. Altsw. 236, 6. Netz 12076; *täuschung zur belustigung anderer* Jer.

ge-tiute *stn. s.* gediute.

ge-tiuwert *part. s.* tiuren.

getlinc, getlôs *s.* getelinc, getelôs.

ge-tohte *prät. s.* getugen.

ge-töl *stn.* (III. 159ᵇ) *tolles wesen* Krone.

ge-toldet *part. adj.* (III. 46ᵇ) *mit tolden versehen, büschelförmig* Such.

ge-tœne *stn. s.* gedœne.

ge-tœren *swv.* (III. 51ᵇ) *zum tôren machen* Mone *schausp.*

ge-torst- *s.* getürst-; getorste *prät. s.* geturren.

ge-tœten *swv.* (III. 67ᵃ) *tôt machen, töten* Engelh. *bildl.* ez kunde wol die sîden daz golt und daz gesteine mit sînem glaste reine getœten unde erblenden Troj. 20237; *refl.* Vet. *b.* 27, 7.

ge-totzen *swv.* (III. 156ᵃ) *schlummern* Kol. 148, 120. — *zu* tûzen.

ge-touben *swv.* (III. 62ᵇ) *toup machen, töten, vernichten* Gen. gedouben Pf. arz. 1, 26.

ge-toufen *swv.* (III. 58ᵇ) Griesh. *denkm.* Pass.

ge-touge *stn.* ez enwart nie sô schône strît noch urlouge, dâ enwas dehein getouge Herb. 5534 *und anm. „nd. für mhd.* urliuge: geziuge?" *vgl. das flgd.*

ge-tougen *swv.* (III. 58ᵇ, 45) *vollbringen* Pil. *vgl.* gezouwen.

ge-tougen, -tougene *stf.* (III. 59ᵇ) *heimlichkeit, geheimnis* Gen. Himlr. frônen getougen, dominicis sacramentis Herrad *v. Landsberg* 190 (W.Gr.);

ge-tougen *adv. (ib.) heimlich* Gen. Gr.Rud. 16, 5;

ge-tougenunge *stf.* sacramenta Herrad *v. Landsberg* 194 (W.Gr.).

ge-toumen *swv. dünstend hervorkommen.* sâ er (sweiz) dâ ûz gedaumet Elis. 10397.

ge-touwet *part.* (III. 53ᵇ) *s.* touwen.

ge-træbe *stn.* sie ziehent sich ûz dem gitræbe (: gæbe) Priesterl. 57. *vgl.* dræwen, træwen, dreben = dræjen *oben sp.* 457 *u. auch* getrebe.

ge-traben *swv. s. v. a.* draben Trist. 4661. getrappen Wolk 5. 2, 11.

ge-trâge *adv. s. v. a.* trâge, træge Flore *var.* 2139. 2486;

ge-trâgede *stf. trâgheit.* die noch in ir getrâgede sizzint unde noch niet irstandin sint von den sunden Wack. *pr.* 7, 50.

ge-trägede, -tragide *stn. s.* getregede;

ge-tragen *stv. I.* 4 (III. 73ᵃ) *statt* getreget, -traget *auch* getreit: *tr. verst.* tragen *allgem.* (diu dich ze dirre werlte getruoc Kchr. *D.* 87, 23. si wârn in allen landen die tiuristen ze ir handen, die ie muoter getruoc Dietr. 8607. daz dich dîn wec ie her getruoc Marlg. 100, 145. alsus getruogen sî ez hin Greg. 606); *refl. sich zutragen, fügen* Trist. Swanr. nû hæte schiere sich getragen diu zît alsô, daz Otte 552. — *mit an (anstellen, aussinnen s. nachtr.*), vûr;

ge-tragen-lîche *adv. (kleider) tragend, bekleidet.* die (hosen) sint mit sîden wol durchnât — kein törper ie sô getragenlîche zuo dem tanze gie Neidh. 311;

ge-traht *stf.* (III. 78ᵇ) *md.* gedraht *s. v. a.* getregede, *getreide* Krol.; *holzwerk zum ausfüllen der festungsgräben* En. *s.* traht;

ge-traht, -trähte *stn. s.* getrehte.

ge-trahten *swv. prät.* getrahte *bedenken, erwägen* Glaub. 146. Mart. 268, 49. 279, 31; *aussinnen, erfinden,* allez daz er vor getrahte, ez wær gelogen oder wâr Feldb. 326. vil wunders er *(gott)* getrahten kan Cod. *pal.* 336, 262ᵇ.

ge-tralle *stn.* (III. 83ᵇ) *lärmender haufen?* Renn. 1365. — *vgl.* tralle, *holzschuh;* trallen, *polternd umherziehen* Kwb. 66 *u. auch unten* trolle.

ge-træme *stn. coll. zu* trâm, *balkenwerk* S.Gall. *stb.* 4, 319.

ge-trân *part. s.* tragen.

ge-tranc, -kes *stn.* (III. 93ᵃ) *getränk* Diem. Ga. 1. 286, 279. Wolk. 98. 1, 6. Mgb. 195, 22. 241, 24. 26. Tuch. 297, 19;

ge-tranct, -trancte *part. prät. s.* trenken, getrenken.

ge-trasch, -träsche *stn. s.* gedrosch.

ge-trawen *swv. stn. s.* getrûwen.

ge-trebe *stn. coll. zu* drap, trap *das traben, tumultus.* daz sich vome volke iht hebe ein grûsen unde ein getrebe Erlœs. 4273. *vgl. auch* getræbe;

ge-trebede *stnf.?* in dirre nôt getrebede kam ouch zuo der begrebede der juden fürste Nicodêmus Mart. 39, 92.

ge-trëchen *stv. I, 2 ziehen, schieben, häufen.*

wie er vil guotes über anander muge getrechen Griesh. 2, 65;

ge-trecke *stn.* (III. 90ᵇ) *md. heerzug, gefolge* Jer. Md. *ged.* 4, 346.

ge-trëffen *stv. I*, 2 (III. 91ᵃ) Ath. Walth. Pass. K. 634, 19. an einen getr. *ihm als erbe zufallen* Ssp. 2, 59.

ge-trëfse *stn.* (III. 85ᵇ) *coll. zu* trëfs, *menge von trespen* Ms. (*H.* 2, 258ᵃ).

ge-tregede, -trägede *stn.* (III. 77ᵇ) getragide Gen. 32, 38. getreigede Freiberg. *contr.* getreide: *alles was getragen wird* (kranc getr. Msh. 2, 335ᵇ. 3, 418ᵃ), *kleidung* Lit., *gepäck, ladung, last eigentl. u. bildl.* Diem. Lanz. Konr.; *womit getragen wird*, getreide *tragbahre* Wh. v. Öst. 104ᵇ; *was der erdboden trägt* (*blumen, gras* Neidh. 52, 26), *getreide* Leys. Jer. Mgb. 76, 1. 116, 2. 180, 4. Ad. 603 (getregede). sluoc als der schûr in daz getreide Ls. 2. 475, 99. der getraid Heum. 250; *wovon man lebt: lebensmittel, nahrung* Gen. Kchr. Serv. Mart. (38, 22), *besitz* Leys.;

ge-trehte *stn.* (III. 79ᵇ) *coll. zu* traht, *besitztum* Krol.

ge-trehte, -trähte *stn.* (III. 83ᵃ) *coll. zu* trahte *das streben, sinnen, trachten, betrachtung* Tund. Osw. (55. 723). Renn. 420. 4109. 4212. 4959. 13196. 14488. 18873. 23329. 32 *ff.* Beh. 326, 20. 348, 20. getraht Hätzl. Wolk. 23. 1, 8; 29, 1, 30.

ge-treide *stn. s.* getregede.

ge-treide-gülte *stf.* getreidezins Uoe. 4, 465.

ge-treide-sac *stm.* getreidesack Tuch. 289, 12.

ge-treigede *stn. s.* getregede.

ge-treip, -bes *stn.* (III. 89ᵇ) *handelsartikel* Schm. *Fr.* 1, 640. *vgl.* vertrîben.

ge-treit *s.* getragen.

getreize *swm.* g. heizet ein stein Mus. 2, 93.

ge-trenge *stn. s.* gedrenge.

ge-trenke *stn.* (III. 93ᵇ) *coll. zu* tranc, *trinkgelage* Jer. Livl.;

ge-trenken *swv.* (III. 94ᵇ) *prät.* getrancte *tränken* Diem.; *betrunken machen* Spec. 52. — *mit* în.

ge-trete, -trette *stn.* (III. 102ᵃ) *coll. zu* trat, Ms. (getrette). ob man die mit getret iht rüer Loh. 1812. daz der tûfil mit sîme getrete den lûtin nicht grôzin schaden tete Rothe (*Germ.* 9, 176). getrete: planête Rsp. 1601; *weide*, wo die lüt getrett und traib zesamen haind Gr.w. 5, 189;

ge-trëten *stv. I*, 1 (III. 98ᵃ) *verst.* trëten, *allgemein.* — *mit* abe, bî, nider, zuo.

ge-trîben *part. adj. s.* trîben;

ge-trîben *stv. II.* (III. 88ᵃ) *treiben* Trist. Pass. N. v. B. 222. 28. swie vil ich daz an si getribe Msh. 2, 25ᵇ; eines werkes getrîben, *operis exercere* (*wol dem lat. nachgebildet*) Vet. b. 58, 3.

ge-trinken *stv. I*, 3 (III. 92ᵃ) Kl. Walth. Trist. Hartm. (Er. 2543). Krone 1158. Wack. *pr.* 53, 94. 95.

ge-trinnen *stv. I*, 3 *entweichen.* das der bös flus von dem kopf getrinnen müg Myns. 23.

ge-trîp, -bes *stn.* (III. 89ᵃ) *das treiben, getreibe* Pass. sich ûz zeichen nit allen getrîben W. v. *Rh.* 113, 14. ez was gar sîn getrîp, *antrieb* Heinr. 617; *mülgang* Cds. 1, 118.

ge-triu *adj. s.* getriuwe.

ge-triu-heit *stf.* (III. 107ᵃ) fidelitas Dfg. 233ᶜ. *vgl.* getriuwecheit.

ge-triu-hender *stm. s. v. a.* triuwehender Arn. 46 (*a.* 1369). Mz. 3, 413 (*a.* 1359). getreushender *ib.* 372. getreuwenhander 4, 210. getrûwehender Höf. z. 1, 301 *ff.* (*a.* 1406).

ge-triu-lich *adj. s.* getriuwelich.

ge-triut *part.*, **ge-triute** *prät. s.* getrût, getrûwen;

ge-triute *stn.* (III. 112ᵃ) *liebkosung* Wwh. gedreute Wolk. 23. 3, 14;

ge-triuten *swv.* (III. 112ᵇ) *prät* getrûte *tr. lieb haben* Parz.; *refl. mit dat. lieb, beliebt machen.* got und allen liuten kunde er sich getriuten W. v. *Rh.* 106, 37;

ge-triuwe, -triwe, -triu *adj.* (III. 106ᵃ) *treu, getreu, wolmeinend. allgem., mit dat.* Diem. Barl. sît ir getriu (: iu) Helbl. 5, 3.

ge-triuwec-heit *stf.* (III. 107ᵃ) *treue* Diocl. Ludw. 49, 28. Dfg. 233ᶜ. *vgl.* getriuheit.

ge-triuwe (triwe, triu)-lich *adj.* (III. 107ᵃ) *getreulich, aus treue hervorgehend* Nib. Kl. Parz. Trist. Barl. Er. 5375. getrûwelîcher segen Ernst 1701;

ge-triuwe-lîche, -en *adv.* (*ib.*) *md.* getrûwe-, -trûelîche Nib. Pass. (getrûelîchen Marlg. 3, 52). getrûwelîche Rul. 25, 25.

ge-triuwen *swv.*, **-triuwunge** *stf. s.* getrûwen, -trûwunge;

ge-triwe *adj.*, **-triwen** *swv. s.* getriuwe, -trûwen.

ge-troc, -ges *stn. nicht m.* (III. 106ᵃ) *betrug, täuschung* Kindh. 90, 55. Neidh. (101, 36). ân getroc, *für wahr* Parz.; *teuflisches blendwerk* Karl. Evang. 261ᵃ. Pf. *üb.* 62, 190. lât disiu bœsiu getroch (*abgötter*) Kchr. D. 58, 23. 92, 8. daz was des tieveles getroch

249, 25. diu vil unrainen getroch 250, 5. bœsiu getroch 264, 13. dû bist ain unrainez getroch 328, 32. 330, 11. *(darnach ist auch* âgetroc *oben sp.* 28 *als stn. anzusetzen);*
ge-trognisse *stn. s.* getrügenisse.
ge-trösche, -tröschen *s.* gedrosch, -dreschen.
ge-trôst *part. s.* trœsten;
ge-trœsten *swv.* (III. 117ᵃ) *prät.* getrôste *tr. u. refl. zuversichtlich machen, trösten* LAMPR. HARTM. (BÜCHL. 2, 595. GREG. 668. A. HEINR. 848). TRIST. WIG. WALTH. FREID.; *mit gen. seine hoffnung auf etw. setzen,* wir wellen dis landes g. KARLM. 28, 30; *refl. mit gen. worauf verzichten (aus zuversicht auf ersatz)* WIG. HARTM. *lied.* 17, 21. ER. 6231. BÜCHL. 2, 152. 282. 462. 473. MSF. 43, 22. NEIDH. 78, 12. sich g. liebes unde leides OTN. *Ettm.* 4, 33. EILH. 3717.
ge-troumen *swv.* (III. 118ᵇ) *träumen* WALTH. MS. ER. 8125. N. *v. B.* 256. 320.
ge-trouwen *swv.,* -trouwunge *stf. s.* getrûwen, -trûwunge.
ge-truckenen *swv. trocken werden* DIETR. 2699 *var.*
ge-trüebe-lich *adj.* (III. 120ᵇ) *betrübt* ALEXIUS;
ge-trüeben *swv.* (III. 121ᵃ) *prät.* getruobte *trüben* ANEG. TRIST.; *bildl. betrüben, kränken* GREG. KCHR. *D.* 322, 14. 410, 15.
ge-trügede *stf. trug, teuschung* j. TIT. 4023. getrugde ERINN. 443. *ebenso*
ge-trügenisse, -nüsse *stn.* getrugnisse OTN. 1001. 1856. getrügenus ER. 9638. *(vgl. z.* Iw. 1131). ANZ. 11, 368. *md.* getrognisse HPT. 9, 274. 292. getrucnisse HERB. 12833. *s.* GERM. 9, 176.
ge-trunken *part. adj.* mit einem keliche getrunken machen, *tränken* LIT. 1445. *s.* trinken.
ge-trûren *swv.* (III. 123ᵇ) *trauern* WALTH. MS.
ge-trüste *stn.* (III. 124ᵇ) *coll. zu* trust, *haufen, schar, auflauf.* getrüst CLOS. (CHR. 8. 40, 35. getrust 63, 24). KÖN. *ib.* 293, 17. *vgl.* gedrosch.
ge-trût *part. adj.* (III. 112ᵇ) *von* triuten, getriuten: *lieb* LOBGES. getriute liute *liebende* FRL. (MSH. 3, 426ᵇ).
ge-trûwe-lich *adj. s.* getriuwelich.
ge-trûwen, -triuwen, -triwen, -trouwen *swv.* (III. 109ᵇ) getrawen CHR. 2. 304, 26; *prät.* getrûte, -triute (ER. 6100) -troute: *absol. glauben, trauen* LIVL. PYRAM. 139. swer getriuwe ist der getrût Ls. 1. 457, 19; *mit gen. d. s. glauben* LAMPR. NIB. GUDR. GEO. TRIST. 12808. HELBL. 15, 510. 12; *mit acc. d. p.?* PASS. daz ich einen biderben man gefrâgen noch getrûwen kan BÜCHL. 2, 370 (*„man erwartet gantwurten" Bech*); *mit dat. d. p. trauen, allgem.* (ER. 6100. GREG. 27); *mit dat. u. gen. glauben.* EN. MS. PASS., *zutrauen* PARZ. NIB. WALTH., *anvertrauen* NIB.; *mit dat. u. acc. zutrauen* WIG. 110, 11, *anvertrauen, creditieren* GR. W. 4, 126. 185. 207; *statt des gen. od. acc. auch ein abhäng. satz (glauben, vertrauen, dass); mit infin. sich zutrauen, hoffen* Iw. WALTH. MYST.; *mit präp. getr.* an (*acc.*) *hoffen auf, erwarten von* MYST. MS., getr. an einem, *ihm zutrauen* MS., getr. zuo KARAJ., einem über *etw. getr., ihm in einer sache vertrauen* CHR. 2. 304, 26;
ge-trûwen *stn.* (III. 110ᵇ) *vertrauen, zuversichtliche erwartung* CHR. 2. 75, 27. getrawen HÄTZL. CHR. 1. 201, 19. 458, 34; 2. 73, 19. 76, 26. 338, 16. 485, 35. 527, 19. 27;
ge-trûwunge *stf.* (*ib.*) *vertrauen* MYST. EVANG. 261ᵃ. getriuwunge WACK. *pr.* 59, 64. getrouwunge GERM. 7, 344.
getschen *stn.* (I. 500ᵃ) *das klaffen?* Ms. (*H.* 2, 286ᵃ). *vgl.* GR. 1, 421. SCHM. 2, 87. STALD. 1, 433.
gette-lich *adj. s* gotelich.
ge-tucke *stn. zusammenschmiegung* WOLK. 71. 2, 11.
ge-tûde *stn. s.* gediute.
ge-tugen *an. v.* (III. 55ᵃ) *präs.* getouc, *prät.* getohte: *taugen, angemessen sein* PARZ. GUDR. MAI, PASS.;
ge-tuht *stf.* (III. 57ᵃ) *tüchtigkeit, angemessenes betragen* LANZ.;
ge-tühtec *adj.* (III. 57ᵇ) *tüchtig, wacker* GREG.; *fein gebildet u. gesittet* LANZ.
ge-tülle *stn.* (III. 128ᵃ) *coll. zu* tülle, *befestigung durch pallisaden* ZÜRCH. *jb.* SCHILTB. 141. *vgl.* gedille.
ge-tümele, -tümmel *stn.* (III. 128ᵇ) *coll. zu* tumel, *lärm, getümmel.* getumele SPEC. 86. getummel MONE *schausp.* — *ebenso*
ge-tumere, -tummer *stn.* (*ib.*) JER. DÜR. *chr.* 247. *vgl.* tummern.
ge-tüne *stn. coll. zu* tôn (*vgl.* tun). sî sprâchen alle in eim getüne (: süne) W. *v. Rh.* 166, 9.
ge-tungen *swv.* (III. 130ᵇ) *düngen.* den akker getungen USCH. 334 (*a.* 1384). getüngen HPT. 7, 150.
ge-tuomet *part. s.* tüemen.
ge-tuon *an. v.* (III. 144ᵃ) *s. v. a.* tuon *allgem.* — *mit* an, ûf, zuo.
ge-tûren *swv. s.* gedûren.
ge-tûren *swv. intr. mit dat.* tiure sein. sî nimt

ir einen, der ir mac getûren und gefüegen Neidh. 136, 22.

ge-turnieren *swv.* (III. 153ᵃ) Lieht. Berth. 176, 28.

ge-turren *an. v.* (III. 15ᵇ) *präs.* getar, *prät.* getorste *s. v. a.* turren *mit infin. (der manchmal auch zu ergänzen ist) sich unterstehen, getrauen, wagen. allgem. vgl.* Chr. 4. 30, 25; 5, 462ᵃ;

ge-turst *stf.* (III. 16ᵃ) *md. auch stn.* Kreuzf. (109. 2808) *gen.* getürste, -turst, *pl.* getürste: *kühnheit* Diem. Glaub. Wolfr. Loh. (3096. 4365). Troj. 16575. mit getürste Serv. 154. 2040. mit getürsten j.Tit. 5716. 820. mit der getürste 5006. diu geturst in lêrte wider stôzen 895. die getürste hân Türl. Wh. 58ᵃ.59ᵇ. *vgl.* Vilm. *weltchr.* 26;

ge-türste *adj.* (*ib.*) *md.* geturste, *kühn, verwegen* Pass. *ebenso*

ge-türstec *adj.* (*ib.*) Nib. Troj. (6055. 6798. ûf einen g. sîn 11653). Berth.Myst.Strick. 13, 50. geturstiges fürnemen Mh. 2, 377. der getörstig sei, zuo herzürnen die kaiserl. majestat *ib.* 1, 36;

ge-türstec-heit *stf.*(*ib.*) *kühnheit* Konr. (Troj. 11673. 15557. 21510). Krone 20513. Albr. 90ᵇ. Clos. (Chr. 8. 51, 4). Hpt. 9, 24. H. *v. N.* 361. Br. 12ᵇ (*præsumptio*). Mgb. 28, 29. 277, 22. Ring 30ᶜ, 2. durch aigen mûtwill, frevel und geturstigkeit Mh. 1, 247. getorstekeit Tauler;

ge-türstec-lîche, -en *adv.* (III. 16ᵇ) *kühnlich* Troj. (6212. 12266. 18569). N. *v. B.* 117. getorstecliche Clos. (Chr. 8. 51, 2). *ebenso*

ge-türste-lîchen *adv.* (III. 16ᵃ) Ath.;

ge-türsten *stn. s. v. a.* geturst. des menlich hôch getürsten (: vürsten) sich zuo ritter nimmer mêr gesellet j.Tit. 5428.

ge-tûsche *stn. s.* getiusche.

ge-tusternisse *stn.* (III. 154ᵇ) *gespenst* Glaube. *s.* tuster.

ge-twahen *stv. I*, 4 (III. 157ᵇ) *prät.* getwuoc *waschen* Diem. Parz. Er. 3550.

ge-twanc, -ges *stmn.* (III. 164ᵇ) gedwanc Diem. Pilat. 376: *zusammenpressung, einengung.* der luft seust in dem getwang Mgb. 108, 30, *bewegung im leibe, bauchgrimmen,* daz getwanc Pf. arzb. 2, 3ᵈ. 14ᵈ; *zwang u. bedrängung jeder art, gewalttat, bedrängnis, not* Diem. Hartm. (âne g., *freiwillig* Iw.) Neidh. (87, 22). Flore, Ernst 3531. in sorgen getwange Kchr. 7870 *var.* hungers g. Gen. 62, 42. Krone 29151. er lebte mit getwange naht unde tac Rab. 9. si wurben mit getwange ouch einen jæmerlîchen gwin *ib.* 823. sol ich in dem getwange verswenden leben unde lip Troj. 16670. nie leit mîn herze sô getwanc Ulr. Wh. 270ᵈ. daz guet mit getwange (*gewalttätig*) în nemen Mz. 3, 227 (*a.* 1349); *gewalt, herrschaft* Trist. Freid. Geo. Ms. wan ich niht fürhte sîn getwanc Troj. 17163. sî fürhtet mich nû cleine und ist in mîme getwange Flore 6317. *gerichtszwang* Np. 18. *vgl.* getwenge, -twinc;

ge-twanc-lich *adj. durch zwang hervorgebracht.* getw. zuht Hpt. *h. lied* 70, 7;

ge-twancnisse *stn. beengung, bedrängung* Berth. *Kl.* 23. getwencnisse Myst. 2. 392, 26. *vgl.* getwignisse.

ge-twanc-sal *stn.* (III. 165ᵇ) *zwang* Renn. Dsp. 1, 61; *antrieb* Spec. 136 (gedwengesal); *bedrängung* Berth.

ge-twâs *stn.* (III. 158ᵃ) *gespenst.* dû solt daz übele getwâs (: âs) mit dem kriuze vertrîben Ga. 3. 60, 648. *nd. ndrh.* getwas, -dwas Glaube, Herb. (sîn gespenste und sîn getwas : satanas 3500). gedwas (: glas) Hans 5091; *bildl. torheit, nichtigkeit.* id was allet ein gedwas (: genas) Karlm.120, 29. *vgl.* 112, 44 (W. Gr. *cit. noch* Eilh. 7144. 7200. 7300). *s.* twâs;

ge-twâse *adv. ndrh.* gedwase *heimlich.* sô sprach si stille ind gedwase (: palase) Karlm. 74, 44. *vgl.* geswâse.

ge-twedic *adj.* (III. 158ᵃ) *md. zahm, willfährig* Jer. *vgl.* zwîden;

ge-twedigen *swv.* (*ib.*) *md. zahm, willfährig machen* Glaube.

ge-twël *adj.* (III. 159ᵇ) *voll, strotzend* Ls. 3. 574, 46. — *zu* twëln;

ge-tweln *swv.* (III. 160ᵇ) *intr. sich aufhalten, verweilen* a. Heinr. Kchr. *D.* 461, 8.

ge-twencnisse *stn. s.* getwancnisse.

ge-twenge *stn.* (III. 165ᵃ) *coll. zu* twanc, *beengung, gedränge* Jer. Ernst 3557. Herb. 7753. Kirchb. 703, 15. keiner krumbe twenge an Jêsus zenen erschein W. *v. Rh.* 110, 24; *gerichtszwang, gebiet.* in des von Blankensteins gebiete und gegwenge Ugb. 25 (*Dresden*); *bedrängnis, not* Gen. (gedwenge). Hadam. Pass. *vgl.* getwanc, -twinc;

ge-twenge *adj.* (*ib.*) *eingeengt, zusammengepresst* Jer. eine kleine brust getwenge Msh. 3, 67ᵇ;

ge-twengec *adj.* (*ib.*) angustus Dfg. 35ᵇ.

ge-twër *stn.* (III. 165ᵇ) *mischung, tepem-*

ratur. luftes gedwer HIMLR. 292. — zu twërn.

ge-twërc, -ges *stn.*, *md. stm.* (III. 158ᵇ) *pl.* getwerc, -twerge; getwirc (*pl.* getwirge : gebirge) j.Tit. 6007: *zwerg, allgem.* (den wilden getwergen vuoren si vil nâch gelîche DIETR. 6483. ob getouften noch getwergen, der bêder künic wart ich nie BIT. 4154. er ist des geloubin ein getwerc MART. 221, 57. *vgl.* noch GOLD. 5 *ff.* VIRG. 55, 5. 56, 13. 57, 2 *etc.*) *s.* twërc;

ge-twërgelîn *stn.* (III. 159ᵇ) *kleiner zwerg* TRIST. LAUR. 376. 548. ZING. *geo.* 4, 162. 5, 28 *u. öfter;*

ge-twërginne *stf. zwergin* LAUR. 761. 835. ZING. *Pl.* 3, 238.

ge-twinc, -ges *stm.* (III. 164ª) *einengung, kleiner raum.* in einem engen gezwinc ALTSW. 92, 21; *zwang, nötigung, gewaltsamkeit.* âne getwinc MART. 116, 15. 117, 17. 239, 110. sô verre unde sîn getwinc ez iemer vollebringen mac 192, 74. des Endecristes grôz g. 194, 108. diu urstende und ir getwinc an dem menschen bûzit driu dinc 199, 67. mit gewaltigem getwinge W. *v. Rh.* 54, 2. sunder getwinc *ib.* 205, 29; *beschränkung der freiheit, nötigung zu dienstleistungen* BASL. *r.*; *gerichtszwang, gebiet ib.* 30. ZÜRCH. *rb. vgl.* getwanc, -twenge;

ge-twingen *stv. I,* 3 (III. 163ᵇ) *mit dat. einem gewachsen sein, ihm gewalt antun, ihn beherrschen* Iw. (4143). der rede getw. KCHR. 9745 (der ich niene mac entwingen *D.* 298, 1). ob dû dînem muote woldes getwingen *ib.* 12150; *mit acc. drängen, zwingen* PARZ. Ms.;

ge-twingnisse *stf.* (III. 164ª) *gerichtl. beschränkung der freiheit* BASL. *r. vgl.* getwancnisse.

ge-twirc *stn. s.* getwërc.

ge-twungen-lîche *adv. einengend, zusammenpressend.* swen liebes armen schrenken getwungenlich betastet HADAM. 148.

getz-lîcheit *stf. freude* NARR. 26, 21 *u. anm.*

geu *interj.* geu, geu! sô halirkrien j.TIT.4116.

geu *stn. u. die damit compon. s.* göu-.

geuchart *stf. s.* jûchart.

geuden, geuder, geudunge *s.* giuden, giuder, giudunge.

ge-üebede *stf. übung* KCHR. 3120;

ge-üeben *swv.* (III. 192ᵇ) *md.* geûben, *prät.* geuobte, -ûbte: *ausüben* TRIST. MYST. daʒ amt g. BERTH. 28, 14.

ge-un-êren *swv.* (I. 446ª) *in* unêre *bringen, beschimpfen* TRIST. 6137. gunêren WALTH.

ge-un-mæren *swv.* (II. 70ᵇ) *geringschätzig behandeln* TRIST. 14099 *u. anm.*

ge-un-schuldigen *swv.* (II². 189ª) *von schuld reinigen* RUL.

ge-un-sinnen *swv.* (II². 316ᵇ) *intr. unsinnig sein* TRIST.

ge-un-süeʒen *swv.* (II². 754ᵇ) *unsüeʒe machen* TIT.

ge-un-zieret? *part. adj.* (III. 877ª) ER. 324, *hs.* giezieret, *wornach W. Müller u. Bech* gezerret, *zerrissen, herstellen.*

ge-uopt *part. s.* üeben.

ge-üppegen *swv.* die briefe g., *für nichtig, ungültig erklären* MONE *z.* 12, 229 (*a.* 1316).

ge-ur-satzen *swv.* (II². 344ª, 45) *verpfänden* OBERL.

ge-ur-sprunc-lich *adj.* (II². 547ᵇ) *ursprünglich* MYST. (1. 129, 21);

ge-ur-sprunget-heit *stf.* (*ib.*) *zustand des entspringens, entstehung* MYST.

ge-ur-teilen *swv. durch urteil bestimmen, festsetzen* NP. 8.

geuwisch *adj. s.* göuwisch.

ge-ûʒʒern *swv. s.* geiuʒern.

ge-vâch *adv. s.* gevêch.

ge-vach *adj.* (III. 209ᵇ) *eingeschlossen, ge-, befangen* WOLK.;

ge-vachen *swv.* (III. 200ᵇ) *aufhören machen, beschwichtigen* FRAGM.

ge-vacht *stn. s.* gevëhte.

ge-vader-schaft *stf. s.* gevaterschaft.

ge-vage *adj.* (III. 201ᵇ) *froh, zufrieden.* die sêle werden gevage, sô si mit schalle ze himele kêren MSF. 87, 27; *zufrieden mit* (*gen.*) AB. KRONE (5285). OT. 318ᵇ. ob der munich gevage si aller swachheit und ouʒerheit BR. *A* 13ᵇ. des was Reinpreht und Hainreich gefag und nâmen die phenning STZ. 253. der schidunge wâr wir baidenthalben gefag *ib.* 457. — *ahd.* gifago *zu* gifëhan, *gaudere.*

ge-vâhen *stv. red. I,* 2 (III. 206ª) *contr.* gevân (W. *v. Rh.* 53, 5. HERB. 18229. gevêt PASS. *K.* 442, 17), *prät.* gevienc, gevie: *verst.* vâhen, *allgem. u. zwar tr. fassen, er-, umfassen, ergreifen, angreifen, anfangen, in sich aufnehmen, empfangen, erreichen* (ein grôʒ wint in dô gevienc EILH. 936. daʒ volc herze gevie, daʒ ê sô zäglîch vlôch KINDH. 101, 13. den wec g. ULR. *Wh.* 112ᵇ. ELIS. 7712. den berc g. KARL 67ª. gevâch dir die wîte KCHR. *D.* 428, 15. ein spil g., *anfangen* ELIS. 733. mit in ir kôsen sî gefienc 1186. drâkeit, maht g., *bekommen* 1642. 1942); *fangen, gefangen* *nehmen* BARL. BON. STRICK.; — *intr. sich zu etw. wenden, etw. beginnen* GEN. gev. an, *anfangen, vgl. Bech z.* Iw. 3057, gev. gegen: ez gên mittem tage gevienc WIGAM. 4579, gev. nâch, *nacharten, ausschlagen* NIB., gev. ze, *wornach greifen, etw. beginnen* HARTM. ze dem ezzen er gevie GEN. *D.* 94, 33. — *mit* an, ûf.

ge-val, -lles *stmn.?* (III. 222ᵇ) *der fall.* ritterlich geval ENENK. *p.* 289 (*s.* ungeval); *gefallen* TRIST. KONR. (nâch ir gefalle TROJ. 24074). mit gevalle vernemen KARLM. 144, 47. einem ze gevalle leben Ls. 2. 234, 862. daz ich die schœnen dâ zuo span, daz si mêre mìn geval MSH. 1, 39ᵇ.

ge-valc-lich *adj. s.* gevelleclich.

ge-vælen *swv.* (III. 215ᵃ) *prät.* gevâlte *fehlen* KRONE, gev. an ENGELH.; *bes. bei der* tjoste *fehlen, nicht treffen mit gen.* LIEHT., *mit* an GREG. — *vgl. Bechstein zu* TRIST. 16949.

ge-vallen *stv. red. I,* 1 (III. 219ᵃ) *fallen* TROJ.; *zu falle kommen*, nû genâde uns got allen, ob wir gevallen GEN. *D.* 22, 19; *zusammenfallen, sich ergeben*, alles opfer, das in der capellen geviel CHR. 3. 160, 25. dô geviel mit vrâg und mit urtail UKN. 353. 413 (*a.* 1353. 61); *eintreten, zufällig geschehen, zu liegen kommen* (*vgl.* geligen) ULR. TRIST. (*lies* 13107). alsô daz taidinch dô geviel GEN. *D.* 56, 90. dô der juden hôhzît geviel SWSP. 128, 24; *fällig sein*, daz si irn tail (der schatzung) auszrichten, ee er geviel CHR. 2. 265, 20; — *mit präpos.* gev. an einen *od. etw. fallen, kommen auf, zu* TRIST. MS. PASS. (iedoch gevielen, gerieten, si dar an MARLG. 195, 25). an denselben tac was gevallen, daz die haiden alle begiengen ain grôz hôhgezît KCHR. *D.* 246, 23; gev. in, *geraten* PASS. CHR. 4. 129, 16. 18. 135, 25; gev. ûf, *kommen auf* GRIESH. JER.; gev. von, *kommen, einkommen* (*an geld*) *von* CHR. 2. 34, 17. 264, 16. 266, 3; 4. 95, 6; 5. 45, 10. Mz 1, 627 (*a.* 1327); gev. zuo, *zu teil werden* LIEHT. 497, 14. 19; *einem gleich kommen* DIEM.; — *mit dat. d. p.* (*allgem.*): *zufallen, zu teil werden* (CHR. 1. 30, 31. 116, 30. 368, 5; 311, 22. dem sol der prîs gev. DAN. 6594); *gefallen*, wol, baz beste, übele gev. — *refl. zu falle kommen* DIEM.; — *mit* an, în, nider.

ge-valle-sam *adj.* (III. 220ᵃ) *angemessen mit od. ohne dat.* TRIST.

ge-valt, -valte *part., prät. s.* vellen, gevellen.

ge-vâlte *prät. s.* gevælen.

ge-valte *stswf. s. v. a.* valte. si enmache ir gewant alsô lanc, daz der gevalden nâchswanc den stoub erweche, dâ si hin gê ERINN. 324. *vgl.* PRIESTERL. 715;

ge-valten *stv. red. I,* 1 (III. 230ᵇ) *tr. falten* PASS.; *refl. mit* zuo *sich einigen zu ib.*

ge-vân *inf., part. s.* gevâhen, vâhen;

ge-vancnisse, -vencnisse, -nüsse *stfn.* (III. 212ᵃ) *gefangenschaft.* gevancnisse ENGELH. KRONE, PARZ. 784, 16. 20. WWH. 298, 17. diu gevancnisse LANZ. 6208. gevancnusse PARZ. WACK. *pr.* 6, 14. daz gevancnusse MONE 8. 56, 36. 58, 122. gevencnisse HERB. SILV. 1575. PASS. 181, 27. 251, 38. 272, 63. MARLG. 181, 27. BELIAND 4029. 4487. gevengnisse N. *v. B.* 141 *ff.; gefangennehmung* JER.;

ge-vangen *part. swm.* (III. 204ᵃ) *der gefangene* PARZ. Iw. MAI, MSH. 1, 124ᵃ. KRONE 3070. CHR. 2, 263 *ff.*

ge-vangen-lîche *adv.* (*ib.*) *nach weise eines gefangenen* FREID.

ge-var, -wes *adj.* (III. 240ᵇ *ff.*) gevare, *ahd.* cafaro DIEM.: *farbe habend, aussehend, beschaffen. allgem.* (*meist mit einem subst. od. adv. uneigentl. comp. z. b.* bleich-, swarz-, wol-, wunderlîch-gevar *etc., die nach dem vorgange des* WB. *auch hier besonders angesetzt sind*), *s. noch* gevarwiu (*glänzende*) wâpencleit HELBL. 7, 269. nâch liebe, leide gevar ERNST 5472. 77. nâch freuden g. GEO. 281. ubele gevar, *blass von ansehen* KCHR. *D.* 403, 13. EN. 279, 15. ein ieglich boum der ist gevar nâch sînem adel sunderlich TEICHN. *misc.* 2, 229. *vgl.* ELIS. 70. 3987. 4765. 9463. 9649. ERLŒS. 101. 338. 3213 *u. öfter, s.* GERM. 7, 19. MGB. *s.* 621.

ge-værde *stfn.* (III. 271ᵇ) *md.* gevêrde, -vêrd *hinterlist, betrug* Ms. HEINZ. 2252. NP. 134. mit geværde, *mit betrug oder böser nebenabsicht* Mz. 1, 226. 428. ze geværde SWSP. L. 2, 106. âne gev., *ohne hinterhalt, aufrichtig* BON. DIOCL. LOH. 3135. HEINZ. 2254. CHR. 2, 552ᵃ. 4, 375ᵇ (*ib.* 102, 21 streift aun geferd mit seiner bedeut. schon an unser „ungefähr"). 5, 459ᵇ. sunder gevêrde KARLM. 455, 1. *vgl.* ZIMR. *chr.* 4, 608ᵇ *und* gevære.

ge-vare *adj. s.* gevar.

ge-vâre *stf.* (I. 267ᵇ) *betrug, hinterlist, böse absicht.* mit gevâr CHR. 4. 310, 30; 5. 119, 4. BIT. 12596 *ist mit der neuen ausg. zu lesen* ich tete ez âne vâre;

ge-være *stfn.* (*ib.*) *md.* gevêre, -vêr *s. v. a.* geværde, -vâre. mit, in, âne gev. Ls. SUCH. LOH.

WALB. 967. GFR. 249. *vgl. die* CHR. *an den unter* geværde *angeführten stellen; gefahr, gefährdung* FRL.;

ge-være *adj. (ib.) md.* gevêre, -vêr *heimlich nachstellend, hinterlistig, feindselig* FREID., *mit dat.* LANZ. BÜCHL. MS. *u. md. denkm., vgl. noch* FLORE 7460. j. TIT. 3945. TROJ. 24179. REINH. 319, 778. RING 40ᶜ, 38. sîn lip was mir gevære ULR. *Wh.* 146ᵇ; *eifrig strebend nach, beflissen, versessen auf mit gen.* TRIST. guoter rede gev. BIRKENST. 299. (NEIDH. 64, 30 *mit Haupt:* gewære). er ist sîn gevære niht, *versieht sich dessen nicht* WG. 10418, *mit dat.* MS.;

ge-værec *adj.* (III. 268ᵃ) *md.* gevêrec *mit dat. s. v. a.* gevære, værec *heimlich nachstellend, hinterlistig, feindselig* GREG. MS. PASS. (*lies* 37, 66). JER. MAR. 185, 34. KARLM. 180, 67 (*nach Bartsch s.* 291 *besser* gevê, *feindlich gesinnt*);

ge-væren *swv. hintergehen, betrügen.* er hat alles gesuecht, uns in den taidingen zu gevêren und zu betriegen MH. 2, 102;

ge-vâren *swv.* (III. 271ᵇ) *mit gen. nachstellen, gefährden* JER.; *wornach lauern, trachten, streben* LANZ. TRIST. MS. ENGELH. daz man gevâre sîner art TROJ. 2355. der welte willen gevâren (*ausforschen*) HEINZ. 28. kunde sîns willen harte wol gevâren (*beobachten*) HEINR. 1187. des enkan ich niht g. AMIS 16;

ge-vær-lich *adj.* (III. 272ᵃ) *hinterlistig, verfänglich* IW. LS.; *parteiisch,* geferl. nutz, eigennutz CHR. 5. 412, 15 (*vgl.* 74, 3 *ff.*);

ge-vær-lîche, -en *adv. hinterlistiger weise, in böser absicht* DINKELSB. *st.* 3. CHR. 2. 132, 9. 261, 13; 4. 164, 31; 5. 48, 6. 58, 26. 274, 12;

ge-værlîcheit *stf. hinterlist, böse absicht* NP. 139. CHR. 5. 298, 17.

ge-varn *stv. I, 4* (III. 248ᵃ) *s. v. a.* varn, *allgem.: unpers. ergehen, geschehen.* ach got, wie sol ez gevarn HEINZ. 2371. und seite in, wie ez gevarn was VET. *b.* 47, 17, *mit dat.* wie ez dem knaben gefuor BIT. 3020, *mit präp.* wie sol ez hiute umbe iuch gevarn TROJ. 9507. — *mit* mite, ûz, zuo.

ge-vasten *swv. fasten, jejunare* EVANG. *Mr.* 2, 19. WACK. *pr.* 68, 173.

ge-vatere, -vater *swmf.* (III. 280ᵃ) *stf.* WOLFD. 254, 2: *geistl. mitvater, gevatter, gevatterin* BERTH. REINH. (178. 492). MAI, RENN. PRIESTERL. 687. LOH. 5129. ULR. *Wh.* 149ᵃ. TÜRL. *Wh.* 135ᵃ. WOLFD. 115. 186. 220. 29.

STRICK. 7, 4. GA. 2. 342, 182. 179, 174. 180, 184 *ff.* SWSP. 345, 104 *ff.* NP. 59. 70. ROTENB. *r.* 20. CHR. 5. 141, 12;

ge-vateren *swv. refl. sich* gevater *nennen, als g. behandeln; bildl.* unsamfte si sich gefaderten (*im kampfe*) KIRCHB. 679, 9;

ge-vaterîn *stf.* commater VOC. 1482. HPT. 4. 413, 109;

ge-vater-lich *adj. wie es gevattern ziemt* ELIS. 2367. GA. 2. 183, 306. geväterlich STRICK. 6, 25;

ge-vater-schaft *stf.* (III. 280ᵃ) *gevatterschaft* WOLFR. WIG. MS. j. TIT. 1928. MÜNCH. *r.* 429. ANZ. 7, 245. dô wart diu g. zwischen den Diutschen entrant OT. 159ᵃ. gevaderschaft ELIS. 2363.

ge-væze *stn.* (III. 283ᵃ) *gefäss.* gevæze : vergæze GA. 3. 47, 141. *md.* gevêze (: truhsêze) PASS. 36, 30. ELIS. 903. *s.* vaz, vezzen;

ge-vazzede *stn.* (III. 284ᵇ) *s. v. a.* vezzel BIT. 7042;

ge-vazzen *swv.* (III. 284ᵃ) *fassen, erfassen* ATH. LANZ. PASS. WINSB.; *in sich aufnehmen, begreifen* N. *v. B.* 92; *aufladen* HELMBR. — *mit* vür.

ge-vêch *adj.* (III. 285ᵇ) gevâch JER. (*als adv.*). gevê EN. LANZ. MSF. 65, 8. KARLM. 285, 1. 452, 25: *feindlich, feindselig.* alse die gevêhen dicke tuont KARL 11125. wenn er sich in getet, als er gevêch wære LS. 1. 525, 240; *mit dat.* KINDH. FLORE, NEIDH. (62, 12). KONR., *mit* gegen TROJ. 442ᵈ (*cod. Berol.*), wider MS. — *s.* vêch.

ge-vêch-schaft *stf. feindseligkeit* S. GALL. *stb.* 4, 125. 166.

ge-vêder *stn. s.* gevider;

ge-vêder *adj.* (III. 287ᵇ) *gefiedert* TRIST. LS. gevider (: nider) TROJ. 39480. LS. 3. 333, 11;

ge-vêderen *swv.* (*ib.*) *federn bekommen* BON. WACK. *pr.* 53, 161. MONE 4, 366.

ge-vegen *swv. fegen.* der iuch vervüeret, der geveget iuch wol WARTB. 124, 9. daz ich die sêle gevege von sünden KOLM. 95, 47.

ge-vêhe *stf.* REINFR. 41ᵃ *s. v. a.*

ge-vêhede (III. 286ᵇ) *hass, feindschaft* GEN. EN. gevêht S. GALL. *stb.* 4, 214. — *zu* gevêch;

ge-vêheden *swv. feindlich angreifen, befehden* OBERL. 494.

ge-vëhte *stn.* (III. 312ᵇ) geviht : niht BEH. 174, 27: *gefecht, kampf* ERNST, KOL. WH. *v. Öst.* 93ᵇ. gefächt CHR. 4. 352, 6. gefacht GLAR. 112 *B;*

ge-vëhten *stv. I*, 2 (III. 311ᵇ) *fechten* Iw. Trist. H. Lanz. 1534. Rul. 137, 30. 244, 11. Karl 4686. Bit. 3607. Virg. 636, 10. Eilh. 3747. *mit einem* Chr. 4. 44, 4, *wider einen gev.* Wartb. 147, 10; *sich abmühen* Bon.; *tr. mit an, einen an gev., anfechten* Griesh.

ge-veigen *swv.* (III. 290ᵇ. 291ᵃ) *tr. dem tode, weihen, verderben* Trist.; *intr. dem tode anheim fallen* Wwh.

ge-veilen *swv.* (III. 292ᵃ) *feil machen, preis geben* Trist. *vgl. Bechstein zu* 16949.

ge-veimt *part. adj. s.* veimen.

ge-vëlde *stn. s.* gevilde.

ge-velgen *swv. prät.* gevalgte, *zueignen* Jos. 139.

ge-velle *stn.* (III. 223ᵇ) *fall, sturz, ein-, absturz, allgem.* (*spec. fall im kampfe* Er. Wolfr. Troj. 3634. Dan. 5207, *das fällen des hirsches* Rul. Karl 5084), *s. noch ein bach von krankem gevelle* Pilat. 191. ze tal vûrens wider mit solchem gevelle Albr. 26, 47. hie von ist sîn gevelle von rehte unz an die helle Birkenst. 289. zû der helle in stætes jâmers gevelle Mart. 258, 34. *vgl.* Pass. 183, 39. 226, 48. ein gevel, *einsturz einer wand* Swsp. 379, 1; *inbegriff der gefallenen* Rul.; *gegend, welche durch baum u. felsenstürze wild u. unwegsam ist, geklüftet, abgrund* Kchr. Nib. Er. Wig. Jer. zwên esel giengen an einem gevelle Renn. 6009. ein tiefez gevelle Albr. CCXXXVII. 27, 3. *vgl.* Hpt. 8, 405. an berg und an gevelle Heinr. 589; *guter fall der würfel, glück im spiele* Trist. Pass., *glück, gelingen überh.* Dür. chr. 162. guot gevelle gebe dir got Apoll. 8187; *gefälle, abgaben, einkünfte s.* an-, ingevelle; *gefallen* (*vgl.* gevallen) Lobges. Pass. ir zürnen hât ein bezzer gevelle, dan eines andern lachen Ls. 1. 383, 319;

ge-vellec, -vellic *adj.* (III.225ᵃ) *angemessen, passlich* Er. Trist. Barl. Myst. aptus Dfg. 43ᵇ. eben und g. Mgb. 186, 8. gevellige antwurt Wack. *pr.* 6, 21. sô diuhte mich gevellic unde mügelich Troj. 28, *mit dat.* Greg. Trist.; *gefallend, gefällig, angenehm mit dat.* Diocl. Nicl. *v. Weyl. der wirt sol gefellig sîn den bûmaistern und dem edelman* Mz. 1, 527 *s.* 449 (*a.* 1410); *mit wolgefallen, gerne* Chr. 2. 164, 4;

ge-vellec-heit *stf.* gevellikeit, gravitas Evang. 261ᵇ. diu êrste gâbe gotes daz ist der heilige geist, in dem got gibet alle sîne gnâde unde gevellekeit Myst. 2. 109, 18. aptitudo Dfg. 43ᵇ;

ge-vellec-lich *adj.* (III. 225ᵇ) *passlich* Urst. Gen. *D.* 106, 31. mit gevalchlîcher buoze, satisfactione congrua Br. *A* 22ᵃ;

ge-vellec-lîchen *adv. auf passende weise* Spec. 94;

ge-vellen *swv.* (III.226ᵇ) *prät.* gevalte *zu falle bringen, nieder werfen, verderben, töten* Diem. Aneg. Trist. Wig. Ath. *E* 148. Gen. *D.* 20, 17. Er. *B.* 1247. 5566. Wh. *v. Öst.* 102ᵇ;

ge-vellen *swv.* (III. 227ᵇ) *s. v. a.* gevallen, *gefallen mit dat.* Lanz. Türl. *Wh.*

ge-velschen *swv.* (III. 229ᵇ) *für falsch od. schlecht erklären* Iw. Freid.

ge-velze *stn. coll. zu* valz Wh. *v. Öst.* 37ᵃ;

ge-velzen *swv.* (III. 234ᵇ) *hinein, in einander legen* Gsm.

ge-vencnisse *stfn. s.* gevancnisse;

ge-vende *stn. coll. zu* vant. also heten sy kain gevend, sy mochten auch nit machen end in disem kriegen Beh. 330, 26. *vgl.* gevense.

ge-vengede *stf.* (III. 211ᵇ) *gefangenschaft, md. contr.* gevende Jer.

ge-vënjen *swv.* wie si g. kunde, *andächtig niederfallen* Elis. 744.

ge-vense *stn. coll. zu* vanz? auch het er (*der kaiser*) ob der Ense in dem land nit vil gevense, keinen grossen anhang Beh. 328, 8. *vgl.* gevende *u.* Schm. *Fr.* 1, 723. 35.

ge-vënstert *part. adj.* (III. 299ᵇ) *mit fenstern versehen* Krone (20131).

ge-verben *swv. s.* geverwen.

ge-vêrde, -vêre *stnf. s.* geværde, -være.

ge-vërren *swv.* (III. 301ᵃ) *ferne halten, entfernen* von Glaub. 1295, *sich einem g., entfremden, entziehen* Gudr. 263, 4. *vgl.* gevirren.

ge-verte *swm.* (III. 257ᵃ) *genosse der* vart, *reisebegleiter, gefährte* Iw. Parz. Nib. Pass. (379, 88). Flore 1343. Dan. 2350. Elis. 354, *auch in fem. bedeutung gefährtin, begleiterin* Mar. Serv. Adâm und sîn geverte Gen. *D.* 20, 9. sîn geverte, dez magedîn Er. 26. lieber geverte *sagt die jungfrau zur gräfin* Germ. *H.* 9. 126, 1290; *leiter, führer* Trist.

ge-verte, -vert *stn.* (III. 255ᵇ) *coll. zu* vart, *weg, zug, fahrt, reise, allgem.* (der sterne g. Gen. *D.* 4, 18. dirre strît herte und daz swinde geverte werte unz über mitten tac Dietr. 8918. diu stigleder wâren herte von dem selben geverte Krone 19919. der zweier geverte [*gegenseitiges anrennen*] was von êrste sô starc, daz sich ietweders marc ûf bouc von den stichen *ib.* 786. *vgl.* Virg. 506. gev., *zug im schachspiele* Massm. *schachsp.* 134. ich bin uff auszlendischen tagen gewest und meins gefertes hûd erst wider zu lande Ugb. 185; *reile,* den zanen machet er zwei geverte peinen vil harte Gen. *D.* 5, 19; *ziel u. zweck der* vart Hartm. (Er. 465). Trist. Rud. Troj. Flore 4637; *gesammtheit der* geverten, *gesinde.* nû was ouch bereit sâ sîn geverte alleʒ dâ Walb. 920. 74. des nahtes er in bliben bat und sîn geverte in der stat 1184. dô kom mit eime geverte Rienolt Dietr. 3330. in comitatu, in geferte Dfg. 135ᵃ; *art zu* varn, *aufzug, erscheinung, benehmen, art u. weise* Nib. Hartm. (Er. 3197. 3501). Trist. Wig. dô was sîn wâpenlîch gevert (gewæte?) sô rehte keiserlîchen Loh. 767. der orse guot geverte j.Tit. 4548. der künste geverte Wg. 9182. des tievels g. Kchr. *D.* 248, 22. Nürenberg sei nit alt sondern ein new gefert Chr. 3. 50, 3. das was ein wildes geferte Ring 52ᶜ, 22; *lebensweise* Ernst, Trist. Barl. Ms.; *lebensverhältnisse, schicksal, umstände* Greg. Trist. 10580. Adâmes gev. Gen. *D.* 19, 29. *vgl.* Zimr. *chr.* 4, 608ᵇ;

ge-vertelêhe *stn.* (III. 257ᵃ) *coll. zu* geverte, *geräte* Herb.;

ge-vertîn *stf.* (III. 257ᵇ) *gefährtin* Frl.

ge-verwen *swv. färben.* ê daʒ sich geverbe (: werbe) der tac mit sîner rœte Msh. 1, 9ᵇ.

ge-vesel *stn. coll. zu* vasel *in* hovegevesel.

ge-vesten *swv.* (III. 276ᵇ) *fest, beständig machen* Himlf. (Hpt. 8) 275. *ebenso*

ge-vestenen *swv.* (III. 277ᵇ) Aneg. daʒ gevestente sancte Silvester Kchr. *D.* 247, 10. dô er ze Rôme gevestente sîne phahte *ib.* 454, 16. der hât mîne swester sîneme herren gevestenet, *ehelich verbunden* Diem. 20, 17.

ge-vêt *präs. s.* gevân.

gêvet *part. s.* êven.

ge-veterde *stn.* (III. 280ᵃ) *gevatter, gewönl. im pl.* Bihteb. gevettrid Swsp. 345, 114. gevetrîde Berth. 127, 10. 314, 24. Rotenb. *r.* 20. *vgl.* Wolfd. 354ᵃ, Schm. *Fr.* 1, 850 *f.*, Zimr. *chr.* 4, 608ᵇ;

ge-veter-lich *adj. s.* gevaterlich;

ge-veterlîn *stn. dem. zu* gevater Neidh. XLII, 13. gevätterlîn Bon. 49, 50.

ge-vëttecht *part. adj.* (III. 288ᵇ) *mit einem* vëtech *versehen, geflügelt* Gl. gevettacht Mgb. 468, 19.

ge-vêʒe *stn. s.* gevæʒe;

ge-veʒʒert *part. adj.* (III. 285ᵃ) *gefesselt* Gl. Jan. 42. 66.

ge-vider *adj. s.* gevëder;

ge-videre, -vider *stn.* (III. 287ᵇ) gevëder Mone *schausp.: coll. zu* vëdere, *federn, gefieder* Aneg. Iw. Wolfr. (sô diu erde ir gevider rêrt Wh. 309, 27. *wegen* Parz. 424, 5 *s.* Wb. II². 158ᵇ, 50). Wig. Ms. (âne gevider vliegen *H.* 3, 414ᵇ. si kleidet an sich lieplîch gevider 2, 223ᵇ). Gudr. 56, 1. Reinh. 295, 109. 307, 462. Hpt. 7. 341, 26. 317, 735. Herb. 7712. Albr. 18, 57. 19, 29. 27, 110. 35, 397. N. *v. B.* 320. Helbl. 2, 1242. Mf. 114. 123. daʒ tuoch was mit gevidere j.Tit. 1658. ûf dem helme daʒ gevider sich rimpfen muost Loh. 6889. daʒ ân gevider der ludem wære 4359. swaʒ bein hât oder gevider Ulr. *Wh.* 108ᵈ. ê im gewüehse daʒ gev. 160ᵇ; *die federn an dem pfeile* En.; *federbette* Ring 20, 21. Rotw. 2, 334; *gesammtheit von flügelthieren,* geflugel oder gefieder, volatilis Voc. 1482; — *bildl.* nû sint verschrôten mir gedankes gevider Hadam. 378. alsô erswingt man dem herrn daʒ gefider Netz 8805. dem wîbe sîn gefider swingen *ib.* 3953;

ge-vidert *part. adj. s.* videren.

ge-vie, -vienc *prät. s.* gevâhen.

ge-viert *part. adj. s.* vieren.

ge-vihede *stn.* (III. 309ᵇ) *coll. zu* vihe. geviecht Wolk.

ge-viht *stn. s.* gevëhte.

ge-vilde *stn.* (III. 296ᵇ) *md. auch* gevëlde Herb. 1564. 11785: *coll. zu* vëlt, *feld, gefilde* Hartm. Parz. Trist. Wig. Ms. (*H.* 3, 169ᵃ). Exod. *D.* 139, 12. 148, 22. Rul. 287, 19. En. 326, 8. Herb. 1300. 1978. 8762. Wg. 10427. 910. j.Tit. 1630. 5536. Reinh. 1151. Krone 803. 11463. Troj. 199. 19872. 20610. 24154. 30783. 32505. 928. 33183. 320. Albr. 10, 189. 411. 19, 155. 22, 445. 35, 311. Ecke *Sch.* 46. Kol. 191, 18. gevilde *eines schildes* Germ. 14. 70ᵃ, 26; *bergm. bereich des zu bearbeitenden bodens* Feldb. 49.

ge-ville *stn.* (III. 294ᵇ) *coll. zu* vël, *felle* Gr.w. 6, 164. Chr. 5. 128, 5; *pelzfutter, unterfutter* Er. Ehing. die schaube darf mit kainerlei gefille nit unterfüttert sein Np. 99. *vgl.* Rotw. 2, 335;

ge-villen *swv.* (III. 295ᵃ) *geiseln, züchtigen* Pass. 186, 94. *s.* villen;

ge-viller *stm.* (*ib.*) *henker* Oberl.

ge-viln *swv.* (III. 314ᵇ) *unpers. mit acc. u. gen. zu viel werden od. dünken* j.Tit.

ge-vilze *stn.* (III. 317ᵃ) *coll. zu* vilz, *überzug von filz* Voc. *o.;*
ge-vilzet *part. adj. (ib.) von vilz gemacht* MB.
ge-vinden *stv. I*, 3 (III. 320ᵃ) *ausfindig machen* Iw.
ge-vinger *stn.* (III. 322ᵃ) *fingerring* GEN.;
ge-vingerde *stn. coll. die fingerringe.* unde gap im sîn gevingerde an sîne hende — und leite in daz gevingerde MONE 8, 523. *vgl.* vingerîde.
ge-virne *adv.* (III. 302ᵇ) *geübt, gewandt* JER. *s.* virne;
ge-virren *swv.* (III. 302ᵃ) *refl. entfernen* TIT. JER. *vgl.* gevërren.
ge-vischen *swv. fischen* WH. *v. Öst.* 107ᵇ.
ge-vlammen *swv.* (III. 336ᵇ) *refl. auf-, entflammen* FRL.
ge-vlêhen *swv.* (III. 339ᵃ) *md.* gevlên *anflehen, dringend bitten um (acc.)* PASS., *mit acc. d. p. und* umbe *ib., mit dat. d. p.* FLORE.
ge-vlëhte *stn.* ein geflecht oder hurt, cratis Voc. 1482. *vgl.* DFG. 155ᵇ;
ge-vlëhten *stv. I*, 2 *refl. mit dat. verflechten, verbinden.* daz ich mich gevlehte dir ECKE Casp. 176;
ge-vlëhtunge *stf.* (III. 342ᵃ) plecta SUM.
ge-vleischen *swv.* (III. 340ᵇ) *intr. zu fleisch werden* FRL. PF. *üb.* 25. 2ᵇ, 34.
ge-vlên *swv. s.* gevlêhen.
ge-vlester? WH. *v. Öst.* 49ᵇ (W. GR.).
ge-vliegen *stv. III.* (III. 343ᵇ) TROJ. — *mit* umbe.
ge-vliehen *stv. III.* (III. 346ᵃ) *md.* gevlien TRIST. WIG. PASS.
ge-vliezen *stv. III.* (III. 349ᵃ) *fliessen* TROJ. (daz der tac geflüzze hin 8526); *schwimmen* WEINSW.
ge-vlitter *stn.* (III. 342ᵇ) *heimliches, unterdrücktes gelächter, gekicher* JER. *vgl.* DWB. 3, 1807 *nr.* 3.
ge-vlîzen *stv. II.* (III. 352ᵃ) *intr. fleiss anwenden an (dat.)* WG.; *refl. mit gen. sich befleissen* TRIST. TROJ. BARL.;
ge-vlizzen *part. s.* vlîzen; *adv. comp.* gevlizzener *eifriger, fleissiger* ÖH. 47, 36;
ge-vlizzen-lîchen *adv. geflissenlich. vgl.* ZIMR. *chr.* 3. 467, 35.
ge-vlœhen *swv.* (III. 346ᵇ) *tr. flüchten* PARZ. TÜRL. *Wh.* 139ᵇ. GERM. *H.* 8, 297.
ge-vlœir *stn.* (III. 355ᵃ, 8) *s. v. a.* floier, *kopfputz mit flatternden bändern* ELIS. 2443.
ge-vlôz *stn. zusammenfliessen, dadurch entstandene lache. vgl.* ZIMR. *chr.* 2. 302, 19.

ge-vlücke *adj. s. v. a.* vlücke TROJ. 259ᵉ (*bei* K. 39979 flücke);
ge-vlügele, -vlügel *stn. geflügel* KOLM. 62, 1. ECKE *alt. dr.* 98. NP. 135. 279. 310. geflugel, volatilis Voc. 1482.
ge-vluochen *swv.* (III. 355ᵇ) *fluchen mit dat.* EN. BERTH. 267, 21.
ge-vögele, -vogele *stn. s.* gevügele.
ge-vogel-sanc *stmn.* MSH. 2, 99ᵃ.
ge-vogelze *stn. s. v. a.* gevügele GERM. 10, 398.
ge-volc-sam *adj.* (III. 368ᵇ) consentaneus SUM.
ge-volge *stn. gehorsam, folgsamkeit. vgl.* DENKM. *s.* 465;
ge-volgec, -volgic *adj. (ib.) assim.* gevollic CHR. 2. 20, 11. 485, 33: *folgsam* HERB., *mit dat. d. p.* ER. TRIST. ERNST (3881). BON. DAN. 5692. WOLFD. 911. LS. 1. 297, 14; *die sache im dat.* swie dû niht g. bist unserm râte W. *v. Rh.* 37, 10 *od. gen.* des soltû g. sîn *ib.* 34, 46. ROTH. GLAUB. 2665. KARLM. 101, 20, *mit dat. u. gen.* des ist gev. dir mîn sin ULR. *Wh.* 155ᵉ. KCHR. 3, 704ᵃ, *mit dat. u.* an ORL. (2143) *od. ze* LAMPR. *vgl.* ZIMR. *chr.* 2, 609ᵃ;
ge-volgen *swv.* (III. 368ᵃ) *prät.* gevolgete, -volgte, -volcte: *folgen, nachfolgen.* dei nemegen niht gevolgen sô gâhes GEN. *D.* 67, 14, *mit dat.* und gevolgete im dan, unz er ein hiuselîn gesach GREG. 2601; *einholen, gleichkommen mit dat. d. p.* (NIB. RAB.) *u. gen. d. s.* NIB.; *worauf eingehen, folge leisten, nachgeben mit dat. d. p. od. sache* NIB. HARTM. (GREG. 459) FREID., *mit gen. d. s.* HARTM. (BÜCHL. 2, 455. 59). BARL. si gevolgeten des willen sînes GEN. *D.* 38, 5. ê ich es gevolge TRIST. 9290. des gevolgich REINH. sendschr. 1756. 59, *mit gen. u. dat.* GEN. TRIST. 18100; *zu teil, verabfolgt werden mit dat.* CHR. 1. 434, 9. 5. 347, 16. — *mit* nâch; **ge-volgnisse** *stfn. zustimmung.* mit râde und gefolgnisse der êrwirdigen RTA. 1. 338, 1. ez ensî mit unser aller willen und gefulgnisse *ib.* 516, 15.
ge-vollic *adj. s.* gevolgec.
ge-vordern *swv.* (III. 382ᵃ) *fordern* HÖFER. sîn ungemach g., *vor gericht genugtuung dafür verlangen* FREIBERG.
ge-vorschen *swv.* (III. 388ᵇ) *forschen* GREG. gev. noch gevrâgen sol ich ze lande niemer TROJ. 17178. gevorschet iemer mêre kein bote nâch der küneginne *ib.* 18196.
ge-vorstet, -vorst; -vürstet, -vürst *part. adj.* in einen walt g. sîn, *valdrecht besitzen* GR. W. 3, 427 *ff.* geforst holz *ib.* 431.

ge-vrâgen swv. (III. 392ª) nbf. gevrëgen (ahd. gafrëginan, gt. gafraihnan) Herb. Evang. 20, 40: *fragen* Parz. *die person im acc.* Gen. D. 14, 16 *oder* von, ze einem gevr. *ihn fragen* Er. Troj.; *die sache im gen.* Büchl. 1, 441 *od. mit* nâch Er. 8445, ze Troj. (*s. das beisp. unter* gevorschen), *od. durch untergeord. s.* Parz.; *mit acc. u. gen.* Flore, Herb. 6319.

ge-vræȝe stn. (I. 762ᵇ) *coll. zu* vrâȝ, *das fressen, schlemmerei* Hätzl. Fdgr. 2. 120, 23. Msh. 3, 304ª. 306ᵇ. 311ᵇ. Helbl. 14, 41. Warn. 282. Netz 4933. 5478. 12313; *lüsternheit*, daȝ du din gevræȝe gên wibes minne ie gemæȝe Fragm. 16ᶜ; *fressende krankheit*, da traf in das gefresȝ paralysis Chr. 3. 117, 9.

ge-vrëchen swv. vrëch *werden über etw.* (acc.) des wines bluote mac eȝ niht gevrechen noch gelîden Msh. 2, 333ª.

ge-vreiden swv. (III. 398ª) *mit* rede g. *renommieren* Ms. (H. 2, 205ᵇ).

ge-vreischen swv. *u. red.* gevriesch (I. 425ᵇ) *durch fragen erfahren, vernehmen, kennen lernen* En. Nib. Kl. Ms. Erinn. 20. Lanz. 8832. Gudr. 254, 4. 565, 2. Trist. 8250. Neidh. 51, 25. Lieht. 306, 9. Bph. 1079. 1639. Schretel 106. Karlm. 213, 57. — *s.* eischen, vreischen.

ge-vremeden swv. (III. 394ᵇ) *tr.* vremde *machen, fern halten, entziehen.* wie ich iu den tôt gevremede vor dem künige Gudr. 421, 3. gefrömden von Zürch. *rb ; refl.* die sich gevrömidint von gote mit houpthaftigen sunden Wack. *pr.* 37, 19.

ge-vremen swv. (III. 393ª) *vollführen* Glaub.

ge-vrenne stn. (III. 399ᵇ, 49) *walddickicht?* Virg. (834, 12. 859, 4. 860, 1). *warscheinlich* gephrenge (*Bech*).

ge-vretze stn. wie tuond si och stelen garn, bônwel und linî bletz und machend meng wild gefretz Netz 12041.

ge-vreun swv. *s.* gevröuwen.

ge-vrevelen swv. (III. 401ª) Walth.

ge-vriden swv. (III. 406ᵇ) *beschützen* Aneg. Wwh. Erinn. 850. Ernst 4152. Dan. 2409. die reise g. Troj. 23574. kein zunge kan dich vor ime g. Winsb. 55, 10.

ge-vrîen swv. (III. 404ª) vrî *machen, befreien* Pass. (gevr. von 309, 86). gefrîgen Diem.

ge-vriesen stv. *III.* (III. 413ᵇ) *prät.* gevrôs, *pl.* gevrurn: *intr. gefrieren* Troj., *festfrieren mit dat. d. p.* Reinh.; *unpers. mit acc. frieren* Diem.

ge-vrist stm. (III. 409ᵇ) *frist* Flore. wol mir, daȝ ich hân den gevrist Ls. 3. 263, 380;

ge-vristen swv. (III. 410ᵇ) *aufschieben, hinhalten.* si vrâgete in die mære, der enkund er niht gevristen Lanz. 625; *machen, dass etwas besteht, beschützen, erhalten* Rul. Hartm. Walth. Troj. dîn guot dich niht g. mac Erinn. 790. iuwer leben müeȝe got g. Dietr. 1041. der (*gott*) si mac g. wol naht unde tac Silv. 2169; *refl. sich erhalten, retten* Rul. 13, 19. Karl 131ª (gewern B. 12062). Troj. 16966. Trist. 1879. Ecke Z. 119, 3. Pass. K. 165, 43.

ge-vriunde adj. *s. v. a.* gevriunt *mit dat.* und wær im gerne gefriunde mê wan den liuten, den ich friuntschaft truoc Kolm. 131, 27;

ge-vriunde *pl. s.* gevriunt;

ge-vriunden swv. (III. 413ª) *md.* gevründen: *tr. u. refl.* gevriunt *machen, befreunden* Ms. (swâ zwei herzeliep gefriundent sich Msf. 91, 29). sich gevr. Renn. 23288. Ga. 3. 44, 32. 62, 728; *mit dat.* daȝ ich mir gefriunde ein ander wîp Msf. 159, 21, *mit* gegen: der gevriunde sich gên himelrîch Renn. 23292, *mit* zuo: möht ich mich mit rede zuo ir gefründen (: künden) *ib.* 131, 31;

ge-vriunt, -des adj. (III. 412ª) *md.* gevrûnt, *mit* vriunden *und als* vriunt *vereinigt: befreundet, verwandt* Gudr. Hartm. (Greg. 1138). Trist. Krone. Esau und Jacob wurden gevriunt Gen. D. 72, 17. ein wol gevriunder man Msh. 3, 468ᵈᵈ. wol gefriunde jungfrowen N. v. B. 80. si ist liht sô gevriunt ein wîp Lieht. 230, 5. daȝ sie gefrûnt alle blîben Herb. 18117, *mit dat.* Trist. dîne viende werden dir gevriunt Fdgr. 1. 261, 19; — *subst. pl.* gevriunde, *gegenseitige freunde* Trist. Neidh. XX, 23.

ge-vrömden, -vromen swv. *s.* gevremeden, -vrumen.

ge-vrœnde stf. *s. v. a.* vrœnde, *frohndienstiges land* Gr. W. 4, 137. 139; *subhastation*, und sol diu burcschaft in gefrœnde sehs wochen stân Schreib. 1, 174 (a. 1303). *s.* vrœne.

ge-vrœrde stf. (III. 412ᵇ) *frost* Denk. XLVII. 4, 25;

ge-vrœren swv. (*ib.*) *tr. machen, dass etw. gefriert.* gev. an Büchl. nu het der vrost und daȝ îs ȝer erde gevrœret (gerêret?) die este Krone 95ª (W. Gr.).

ge-vröuwen swv. (III. 416ᵇ) *contr.* gevröun, -vreun *tr. u. refl.* freuen, *erfreuen* Wolfr. Trist. Walth. Rab. nu min wider dîn wîp, gevrou dâ mite dînen lip Gen. D. 34, 12. al die werlde sol er gevrouwen 38, 23. lutzel sol ich mich gevrouwen 93, 22. der ie die werlt gefröite baʒ dann ich Msf. 164, 3. daʒ ich mich sîn wol gefrœwen mag N. v. B. 300.

ge-vrum *adj.* (III. 430ᵇ) einem g. werden *förderlich, nützlich sein* Geo. 4689;

ge-vrümede, -vrumede *stf.* (III. 433ᵇ) *hilfe, beihilfe* Exod. D. 121, 30. Spec. 6;

ge-vrumen, -vromen *swv.* (III. 432ᵃ) *förderlich, nützlich sein* Er. 997, *mit dat.* Gen. D. 75, 34. Parz. Trist. Walth. Bon. Silv. 754, *mit acc.* Neidh. (70, 26). Lieht. Hartm. (Büchl. 1, 203. *lied.* 6, 7) dîn helfe mac mich wol gefromen Eracl. 3177;

ge-vrümen, -vrumen *swv.* (III. 433ᵃ) *vorwärts schaffen, befördern, vollbringen, verrichten* Kchr. (D. 395, 7). Rul. Nib. a. Heinr. Parz. swaʒ iuwer lip mit im gevrumet Fragm. 41, 19; *mit dat. u. acc.* Parz.

ge-vründen, -vrûnt *s.* gevriunden, -vriunt.

ge-vrüri *stn.* (III. 413ᵇ) gelu Voc. *o.*;

ge-vrüste, -vruste *stn.* (III. 414ᵃ) *frost, frostwetter.* gevrüste Mone *z.* 12, 371 (*a.* 1322). 13, 106 (*a.* 1332). gevruste Krone, Clos. (Chr. 8. 39, 4). gefrust Tuch. 209, 12. daʒ es nit gefrust gefrürt Anz. 17, 76.

ge-vûc *adj. stm. s.* gevuoc;

ge-vüec-lîche *adv. s.* gevuoclîche;

ge-vüege *adj.* (III. 438ᵃ) *md.* gevûge *fügsam, gefüge* Myst. zam und gevûge machen Pass. 117,18; *schicklich, wolanständig, artig* Gudr. Parz. Walth. gevüeger worte ist er sô wîs Hartm. *lied.* 13, 17. ir sît ein sô gevüeger man Lieht. 230, 5. der gefüege und der getriuwe Flore 4933; *geschickt, kunstfertig* Trist. Walth. Bit. (9842. 12782); *angemessen, passend* Hartm. (Er. 3522. Büchl. 1, 984) Trist. Walth. Pass. (der wint was gevûge 382, 10), *mit dat.* Jer., *mit a*n, mich dûhte an dir gevüege, daʒ dû soltest sîn ein man Troj. 16142; *zierlich, niedlich* Parz. Krone, guot und gefüege was daʒ fürbüege Er. 7729; *klein, geringe, erträglich* Ms. u. *öfter bei* Konr. *s.* Engelh. 284 *u. anm.:* 3051. 4082. Troj. 407. 9438 (*dazu* 9466). 9829. 12693. Swanr. 1070. *vgl.* gevuoc;

ge-vüegec *adj. die schicklichkeit beobachtend* an *etw.* Ring 31, 11;

ge-vüegec-heit *stf. wolanständigkeit* Ga. 1. 282, 43. *s.* gevuocheit;

ge-vüege-lich *adj. angemessen, passlich* Berth. *Kl.* 111;

ge-vüege-lîche -en *adv. mit geschicklichkeit,*

kunstfertigkeit Engelh. 2983. gefuogeclîche Griesh. 1, 136. *s.* gevuoclîche;

ge-vüegen *swv.* (III. 442ᵇ) *prät.* gevuogte, -vuocte *zusammenfügen, verbinden, zu wege bringen* Nib. Gudr. Walth. Barl., *mit dat. d. p. zufallen lassen, bescheren, zufügen* Nib. Er. Wig. wie ich dir daʒ gevüege (*bewerkstellige, möglich mache*) Büchl. 1, 665. 727. schône kan er im die stat gevüegen, daʒ er sprichet wider mich Msf. 193, 9. ob dir got gevüege ein wîp Winsb. 8, 1; — *refl. persönl.* sich gev. in *einfügen, schmiegen* Trist., *unpers. sich ereignen, treffen, passlich gestalten* Iw. Nib. Walth. Trist. 3503. Silv. 3668; — *intr. sich ereignen, begeben* Trist. (7844). nu gevuogte ein wunderlîch geschiht Greg. 1117, *mit dat. gelegen kommen, zufallen:* swem eʒ anders niht gefüeget wan friundes helfe und sîn guot (,,*wer sein glück in nichts anderm findet als in der hilfe seiner verwandten u. in seinem vermögen.*" *Bech*) Büchl. 1, 769. und müeʒ iu noch gevüegen, daʒ Flore 3205. — *mit* zuo.

ge-vüelen *swv.* (III. 434ᵇ) *md.* gevûlen *fülen mit acc.* Myst., *mit gen. ib.* Evang. 257ᵃ;

ge-vüelen *stn.* (*ib.*) *das fülen* Myst.;

ge-vüel-lich *adj.* (*ib.*) *md.* gevûllich *fülend* Myst.;

ge-vüelunge *stf.* (*ib.*) *md.* gevûlunge *das fülen* Myst.

ge-vüere *adj.* (III. 265ᵃ) *nützlich, erspriesslich mit dat.* Er. gevuore Gen. — *zu* vuore;

ge-vüere *stn.* (*ib.*) *md.* gevûre *coll. zu* vuore, *fuhrwerk* Mone *z.* 7, 215 (*a.* 1288); *was einem zuträglich, vorteilhaft ist: nutzen, nützlichkeit, gewinn, vorteil* Gen. (gevuore) Lanz. Hartm. Parz. Loh. (3926) Krone. gevuore und êre Kchr. D. 25, 5. ze liebe oder ze gefuore Himlr. 288. als iuwer lip gevuore hât Ulr. Wh. 151ᵈ. Wh. v. Öst. 10ᵃ. zû êren und zû gevûre Pass. 272, 68. durch sîn êre und durch sîn gefüer Swsp. 317, 5. auch schol er daʒ haus pawen, daʒ wir und auch er des êre haben und gefüer Ukn. 158 (*a.* 1314, *vom herausg. fälschlich als verbum aufgefasst*). der im stel sein gefür und êr Kell. *erz.* 389, 22. *vgl.* gevuorze;

ge-vüerec *adj.* ductilis Voc. *Schr.* 749;

ge-vüeren *swv.* (III. 261ᵇ) *prät.* gevuorte, *führen* Nib. die er ie gefuorte herwart Bit. 4967.

ge-vüer-lich *adj.* (III. 265ᵇ) *md.* gevûrlich, *nützlich* Elis. 258.

ge-vûge *adj. adv. s.* gevüege, -vuoc.

ge-vügele, -vügel *stn.* (III. 358ᵇ) *nbf.* gevögele WACK. *pr.* 53, 3. 11 (*neben* gevügele) BELIAND 1273, *md.* gevugele, gevogele (MYST. 1. 59, 33. EVANG. 261ᵇ): *coll. zu* vogel, *die* vögel, *geflügel* NIB. HARTM. WG. BARL. PASS. L. ALEX. 5831. ERNST 3371, *B.* 4962. j. TIT. 4820. KRONE 14134. APOLL. 11106. OREND. 997. MSH. 2, 238ᵇ. 3, 343ᵇ. LS. 2. 428, 313. CHR. 5. 183, 28. 184, 2; *vogel* PASS.

ge-vûlen *swv. s.* gevüelen.

ge-vûlen *swv.* vûl *werden.* man saget, daz holz gefûlen ne muge niemer mê L. ALEX. 1106.

ge-vulgnisse *s.* gevolgnisse.

ge-vüllen *swv.* (III. 365ᵃ) *prät.* gevulte *anfüllen* FDGR. 1. 126, 21. — *mit* în.

ge-vûlunge *stf. s.* gevüelunge.

ge-vuoc *adj.* (III. 437ᵃ) *md.* gevûc *wissend was sich schickt, manierlich* WG.; *geschickt, klug* KARAJ.; *passend, angemessen* JER. MARLD. *han.* 44, 18. — *vgl.* gevüege;

ge-vuoc *stm.* (*ib.*) *md.* gevûc *schicklichkeit* BARL. PASS. ELIS. 4427. HEINR. 168. 662. 1807. 3191. 4616. MARLD. *han.* 32, 37; *passende menge,* lâzent uns eȝȝen unde trinken al unser gevuoc (*stn.?*) MALAG. 74ᵇ. von wâpen nam er sîn gevuoc mit vreuden, dâ er vant ir genuoc *ib.; passende gelegenheit* JER. ELIS. 8596; *geschicklichkeit* TRIST. *H.* mit gevuoge GUDR. 51, 4;

ge-vuoc *stf. schicklichkeit.* ûzer der gevûc (: slûc) KARLM. 64, 22; *geschicklichkeit,* hât er an kunste die gefuoc (: kluoc) HEINR. 4454. *vgl.* gevuoge.

ge-vuoc-heit *stf.* (III. 438ᵃ) *md.* gevûcheit *schicklichkeit, wolanständigkeit* PASS.; *geschicklichkeit* TRIST. (gefuogheit) RENN. 7127. DAN. 3702; *geschick, anmut* TRIST. (8087, *bei Massm. u. Bechst.* hövescheit). *vgl.* gevüegecheit.

ge-vuoc-lich *adj.* (III. 437ᵇ) *md.* gevûclich *schicklich, passend* EN. 285, 10;

ge-vuoc-lîche, -en *adv.* (*ib.*) *md.* gevûcliche *auf passende weise* PARZ. WIG. WG. (gevüecliche); *mit geschicklichkeit* LANZ. 2861. EN. 285, 25. 286, 39. 287, 10. WACK. *pr.* 43, 133. NEIDH. XXII, 12; *mit feinheit, zartheit* TRIST. 15884 *u. anm.* — *vgl.* gevüegeclich, -lîche.

ge-vuoge *adv. zu* gevüege (III. 438ᵇ) *auf passende weise* PARZ. BARL. GEN. *D.* 48, 15. 115, 25; *mit geschicklichkeit* PARZ. WALTH. gevûge buhurdiren mit deme schilde GR. RUD. 6, 9;

ge-vuoge *stf.* (III. 440ᵃ) *md.* gevoge (ROTH.) *schicklichkeit, wolanständigkeit* TUND. ROTH. ER. GREG. (1070, *bei Bech* fuoge) TRIST. 5423; *zierlichkeit* PARZ. 121, 12 (*durch* ἀπὸ κοινοῦ *ist in* gefuoge *der substant. u. adject. begriff vereinigt:* swer in den zwein landen wirt gefuoge ein wunder an im birt, *wer in diesen beiden ländern zierlich wird, an dem hat die zierlichkeit ein wunder zu tage gebracht). vgl.* gevuoc *stmf.*

ge-vuogec-lîche *adv. s.* gevüegeclîche.

ge-vuor-bære *adj. s. v. a.* gevüere. der troum was hêre, in allen gefuorbære GEN *D.* 74, 2.

ge-vuore *adj. stn. s.* gevüere;

ge-vuoren *swv.* (III. 265ᵃ) *nähren, ernähren* GRIESH. BARL. CHR. 5, 241, 25. HEUM. 429;

ge-vuorunge *stf. gute lebensweise.* schamung, gefuorunge, cheuschait RING 30ᵈ, 16;

ge-vuorze *stn. s. v. a.* gevüere, *fuhrwerk.* gefuerze, -furze *oft in den* FRANKF. brgmstbb. von 1442. 43. 45. 61; *vorteil, gewinn* OBERL. 497.

ge-vuoter *stn. viehfutter* MONE *z.* 12, 191 (*a.* 1426).

ge-vürben *swv.* (III. 446ᵇ) *reinigen* GRIESH. (gefürwen).

ge-vürdern *swv.* (III. 383ᵃ) *fördern, befördern* TRIST. ER. (sich gevürdern, *hervortun, auszeichnen* GREG. *B.* 1517 *statt* gewirden, *s. dagegen* GERM. 14, 424). CDG. 2, 329 (*a.* 1338).

ge-vûre *stn. s.* gevüere.

ge-vür-koufen *swv.* wer getörste gewuochern, gefürkoufen oder pfant behaben BERTH. 364, 9.

ge-vûr-lich *adj. s.* gevüerlich.

ge-vürste *stn. census vini* OBERL. 496. ad capellaniam sacerdotalem tribuant karratam vini rubei de dicto vino hubwein und gefurst AD. 961 (*a.* 1335). wir sullent zu herbste zît von unser trotten zwei fûder wîns geben für das gefürst *ib.* 1249 (*a.* 1405).

ge-vürstet, -vürst *s.* gevorstet, -vürsten.

ge-vürwen *swv. s.* gevürben.

ge-wac *prät. s.* gewëgen.

ge-wach *stm.? erwähnung* KARLM. 143, 45. 152, 4. 157, 24. 159, 44. 219, 61. 247, 4. — *zu* gewahen, *vgl.* gewaht.

ge-wachen *swv.* (III. 450ᵇ) *wachen* GRIESH.

ge-wâfen? *adj.* (III. 457ᵃ) *mit waffen versehen* DIEM. (= gewêfent L. ALEX. 431);

ge-wæfen *stn.* (*ib.*) *coll. zu* wâfen, *waffenrüstung, bewaffnung* DIEM. NIB. ER. (3655). TRIST. ANNO 138. 665. 86. L. ALEX. 229. KCHR. *D.* 427, 6. LANZ. 1912. TROJ. 3909. 12602.

23572. 24927. Otte 555. Karl 9637. Virg.
810, 5. Ecke Z. 52, 5. Ad. 785 (a. 1293). Swsp.
L. 2, 117; *schildzeichen, wappen* Wig. Wg.
10455. 13968.

ge-wage *stf. ein bestimmtes mass* Mone 7, 4;
einsetzung, anordnung Denkm. XLIV. 3, 1
(*u. anm.*). 6, 4. — *zu* gewëgen;

ge-wæge *stn.* (III. 646ᵃ) *coll. zu* wâc, *gewoge,
flut* Aw. 3. 261, 33;

ge-wæge *stn.* (III. 647ᵃ) *md.* gewêge *was zur
wâge gehört, gewicht* Mar. Griesh. Swsp.
(4, 3). Mart. 106, 15. Vilm. *weltchr.* 26. Pf.
arzb. 1, 24. 33. Mone 4, 153. Ad. 743. 72. 85
(*a.* 1284. 91. 93);

ge-wæge *adv.* (III. 649ᵃ) *angemessen* Hätzl.

ge-wagen *infin. u. partic. s.* gewahen.

ge-wâgen *swv.* (III. 647ᵇ) *wagen* Iw. Trist.
H. Ls. Berth. 542, 25. Himlf. (Hpt. 5)
1737.

ge-wahen *stv.* I, 4 (III. 458ᵃ) *prät.* gewuoc,
md. gewûc, *part.* gewagen; *ndrh. infin.* ge-
wagen Karlm. 31, 2. 37, 15. Marld. *han.* 54,
33. 115, 4. ich gewage 46, 21. *part.* gewagen
77, 14. 87, 4. Karlm. 40, 44. 210, 8: *sagen,
berichten, erwähnen, gedenken, ohne obj.*
Barl. Pass. Jer., *mit dat. d. p.* Parz. Trist.
H. Krol., *mit gen. zieml. allgem.* (Nib. *und*
Hartm. *gebrauchen das wort nicht; vgl. noch*
Bit. 96. Silv. 4227. Engelh. 6108. Ecke Z.
100, 6. Mariengr. 440. Ga. 3. 718, 219. Dsp.
s. 4), *mit infin.* Gudr., *mit präp. von* Lanz.
od. mit untergeord. satze Wolfr. er dâhte,
ob er gewüege, daz Engelh. 1951. dô der
bote dort gewuoc, waz dar bî im enboten was
Strick. 3, 48; *die person wird bezeichnet
durch den dat.* (*zieml. allgem.*) *oder durch
präp. gegen* Parz., vor *ib.*, wider Gen.
ze Barl. — *manchmal dient das wort nur
zur umschreibung der tätigkeit*: mîner sterke
ich nie gewuoc, *ich zeigte sie nie* Alph. 100,
3 *u. anm.*, *wo noch auf* Parz. 158, 26 *und*
Trist. H. 2205 *verwiesen wird, vgl. auch*
Wolfd. 1738, 1. slâfens man gewuoc, *man
schlief* Ga. 2. 79, 148. sô die man slâfen
giengen und ir ruowe ans geviengen und slâfens gewuogen Weltchr. 164ᵇ. ê mâles im
kein gewant gewuoc, *er trug, hatte keines*
W. v. Rh. 163, 29. — *mit* zuo. — *zu skr.* vac,
lat. vocare, *gr.* ἔπω Curt³. 419. Fick 158;

ge-wahenen, -wähenen, -wähen *swv. s.* ge-
wehenen.

ge-wahs *adj.* (III. 532ᵇ) *scharf* Nib. Bit.
(10176). — *s.* was.

ge-wahs *stn.* (III. 463ᵃ, 34) *gewächs* Wolk.
alles ir gewasses Elis. 3009;

ge-wahsen *stv.* I, 4 (III. 462ᵇ) *wachsen, auf-
wachsen, entstehen* Nib. Wwh. Trist. Mai;

ge-wahsen-heit *stf. wuchs.* vollekomenheit
der gewahsenheit des kindes Myst. 2. 642, 8;

ge-wahst, -wähste *stf.* (III. 463ᵇ) *wachstum,
gewächs* Diem. allweg des besten korns und
der besten gewäscht Mz. 1, 392 (*a.* 1384);
wuchs Serv. an der gewahste *des kindes*
Mone 8. 50, 143. dîn gewahst ist glîch dere
palmen Willir. *Hag.* 5, 168. in welcher ge-
wehste (*grösse*) sol er sîn? Ga. 2. 583, 166.

ge-waht *stm.* (III. 459ᵃ) *erwähnung, gedenken
mit gen.* daz sîn wirt dehein gewaht Karaj.
36, 5. kein gewaht wirt ir mêre Fdgr. 2. 134,
6. — *zu* gewahen.

ge-wald- *s.* gewalt-.

ge-walke *stn.* (III. 469ᵇ) *das durchbläuen* Jer.;

ge-walken *part. s.* walken.

ge-wallen *stv. red.* I, 1, *wallen, sieden.* der
hafen nie gewiel Kell. *erz.* 129, 28;

ge-wallen *part. s.* wallen.

ge-walt *adj.* (III. 474ᵃ) *gewaltig mit gen.*
Krone (*comp.* gewelter) Pass. 168, 21, *mit
an* Pass. (*comp.* gewalder), über Gen. *sup.*
der geweldiste Germ. 6, 148; *s. ib.* 8, 467; —
*substantivisch der gewalt: der bevollmäch-
tigte, stellvertreter, procurator* Mz. 3, 130.
198. Chr. 1. 410, 1. 475, 12; 4. 189, 4. Np.
109. 14. 18. 31. Tuch. 90, 16. 216, 34. 217, 25.
274, 11. 276, 18;

ge-walt, -tes, -des *stm.*; -walt, -welte, -welde,
-walt *stf.* (III. 474ᵇ) *im md. überwiegend fem.
s. zur* Erlœs. 3364. Elis. 376ᵃ. Evang. 261ᵇ:
gewalt, macht allgem. (z. b. gewalt der sol
genædic sîn Msh. 1, 289ᵃ. bî gewalte sol ge-
nâde sîn *ib.* 20ᵃ. gewalt hât niht gunst, hât
got mit ir uiht phlihte Loh. 7590. mîn ge-
walt sol iu hie enbieten êre Bit. 6870. den
wîben gewalt tuon Wg. 1220. an der gewalt
sein, *herrschen* Chr. 3. 270, 18. *in einer stadt*
gewalt haben, *ein hohes städtisches amt be-
kleiden ib.* 5. 43, 35. *vgl.* gewaltec. mit ge-
walt, *mit dem ganzen kriegsvolke ib.* 2. 217,
15. 18. *vgl.* Schm. 4, 72 *f.*); *herrschaft, ge-
biet derselben,* swer ein hûs in der gewalt
verkauft Np. 301. Mz. 4, 65. in unser gewalt
und lantmarch Cdg. 2, 258 (*a.* 1319); *voll-
macht, entweder* der gewalt *allein, oder* vol-
ler gewalt *oft in urkund. u. in den* Chr. (*s.
die glossare*); *menge, überfluss an* Herb.
einer der engelchöre Diem. gewalte nante

er den funften chôr GEN. D. 1, 11. vgl. gewaltesære;

ge-waltærinne stf. (III. 476ᵇ) gewalthaberin TRIST. 959.

ge-walt-bëte stf. abgabe an die herrschaft GR.W. 6, 23.

ge-walt-brief stm. vollmachtsbrief W. 29 s. 44 (a. 1337). MH. 2, 555. GR.W. 1, 232. EYB 15. WEINSB. 90. gewaltsbrief CHR. 2. 389 anm. 1. gewaltzbrief Mz. 1, 522.

ge-waltec, -waltic, -weltic adj. (III. 476ᵇ) geweldic CRANE, MSH. 1, 140ᵃ: gewalt habend, mächtig ohne oder mit gen. allgem. (doch nicht bei GOTFR., vgl. noch ER. 2922. MSF. 28, 13. RENN. 1094. TROJ. 22758. JÜNGL. 519. GOLDEM. 8, 2. 9, 3. MARLD. han. 2, 36. MGB. s. 621. zwô tohter, mannes noch nie gew. GRIESH. 1, 25. rîcher oder armer, gewaltiger oder ungewaltiger DINKELSB. st. 24. mit gesundem lîbe und mit gewaltigem muote Mz. 3, 10. der gewaltige, die gewaltigen, die ein hohes städtisches amt bekleiden, der rat s. CHR. 3. 429ᵃ. 4, 377ᵇ. 5, 462ᵃ. die geweldigen KELL. erz. 378, 5), mit präp. über DIEM. NIB., ob PARZ., vor CRANE; vollmacht habend CHR. 4. 145, 41. die gewaltigen, legati DÜR. chr. s. 34. 65. 253. 611. die geweltigen boten RCSP. 1, 161 (a. 1410). einen gewaltic machen, bevollmächtigen UKN. 389 (a. 1357). vgl. waltbote;

ge-waltec-lich adj. (III. 476ᵃ, 22) gewaltig BARL.;

ge-waltec-lîche, -en adv. (III. 477ᵃ) mit gewalt oder macht NIB. PARZ. WALTH. BARL. PASS. (gewelteclîche 100, 81. nasal. geweldencliche, -en 48, 44. 98, 23. 100, 14. 104, 95. 105, 86). daz ir gewalticlîchen tuot mit mir, swaz iuch dunket guot LIEHT. 367, 27. gewelticleicher (stärker, kräftiger) würken MGB. 389, 13. geweltiglichen CHR. 3. 89, 7; mit vollmacht ib. 1. 399, 14;

ge-waltelîn stn. dem. zu gewalt. gewalt gesiget vil gerne an gewalteline MSH. 3, 104ᵃ;

ge-walten stv. red. I, 1 (III. 474ᵃ) walten, herrschen FRL.; mit gen. über etw. gewalt haben GEN. des lîbes gew. NEIDH. 96, 23, in gewalt haben, besitzen DIEM. MS. KROL. RING 29ᵈ, 39. grœzer tugent ûf erden nie kein wîp gewielt ULR. Wh. 155ᵉ, sich einer sache annehmen, dafür sorgen GLAUB. (gewalden);

ge-walten swv. (III. 476ᵇ) prät. gewalte intr. gewalt haben, üben LIEHT. MS. WARN.; tr. mit acc. gewalt antun TRIST. man sol ir minne niht gewalten, mit gewalt erzwingen MSH. 3, 439ᵃ. wie mag uns iemen gewalten, daz wir lân tugent unde got WG. 5208, mit acc. u. gen. gewaltig machen, wir tuon dich noch gewalten vil werltlîcher êren JÜDEL 131, 36; mit dat. einem gewachsen sein, ihn besiegen Iw. (ER. 1247 bei Bech: er gevalte mich); gew. mit einem, ihm gewalt tun KRONE, ihn bewältigen Ms., wider einen g. sich auflehnen SUCH.;

ge-waltesære stm. (III. 477ᵇ) der gewalt hat oder übt TRIST. (11031, bevollmächtigter?). SILV. BERTH. (90, 2. 260, 37); ein chor der engel GERH. gewaltscher SUSO, W. v. Rh. 229, 12. der (vierde chôr) geheizen ist gewaltser ib. 271, 18. vgl. gewalt.

ge-walt-haber stm. stellvertreter, bevollmächtigter GR.W. 5, 148. 49.

ge-walt-heit stf. (III. 476ᵃ) potentia HPT. 8, 140.

ge-walt-huon stn. auch so hat unser herre von allen gûten, die bebûwet sîn, sîne gewalthûne umb fasnacht GR.W. 3, 558. vgl. 6, 387.

ge-waltigære stm. (III. 477ᵇ) der gewalt hat oder übt URST. GEO. FREIBERG. RENN. 24377. ERLŒS. 4728, EVANG. M. 11, 12. vgl. L. ALEX. 3841; bevollmächtigter MB. 9, 177;

ge-waltigærinne stf. (ib.) TRIST. 959 var.;

ge-waltige swm. s. gewaltec;

ge-waltigen, -weltigen swv. (III. 477ᵇ) tr. gewalt antun, überwältigen DAVID v. Augsb. MGR. 8, 29. daz mich gewaldeget oder slêt der herzoge Turnûs EN. 310, 2. wer geweldiget daz wilde tier ADRIAN 420, 13; etw. in seine gewalt bringen RUL.; mit acc. u. gen. einen eines d. gewaltec machen, in das recht der verfügung setzen SSP. 1, 41. 70. 2, 25. 3, 5; ebenso einem etw. gew. KULM. r.

ge-walt-lich adj. (III. 476ᵃ) gewaltig BARL. geweltlîche sachen, gewalttätigkeiten WEIST.

ge-walt-sache stf. gewalttat GR.W. 2, 14.

ge-walt-sam stm. macht, gewalt. si stunden solichs ires gewaltsams ab MB. 25, 491; vollmacht, selbst komen oder etliche mit gewaltsam senden MH. 3, 92. an stat und aus gewaltsam des hochgeporn fürsten DH. 337;

ge-walt-same stf. macht, obrigkeitl. gewalt. das (münster) under gewaltsami und grechtigkait sant Petters gehört ÖH. 134, 29. mit allen rehten, êheften, gewaltsamen Mz. 1, 470. 96. GR.W. 1, 192. 218. 223. vgl. ZIMR. chr. 1. 549, 7; 3. 353, 6; herrschaftl. gebiet,

diu güeter, diu in unser gewaltsami gelegen sint CDG. 2, 331.
ge-waltscher *stm. s.* gewaltesære.
ge-walt-schirmer *stm.* (II². 163ᵃ) *schützer vor gewalt* WEIST.
ge-waltser *stm. s.* gewaltesære.
ge-walt-haber *stm.* (III. 76ᵃ) *stellvertreter, bevollmächtigter* SCHEMN. *r.* CP. 397.
ge-wammer *stn. gewimmer.* ain grôz gewammer (: getammer) WOLK. 25, 3, 3.
ge-wan *adj. stf. s.* gewon.
ge-wân *stm.* (III. 494ᵇ) *s. v. a.* wân PASS.
ge-wanc, -kes *stn. s. v. a.* wanc. wengel noch kinne nâch ôren hatten kein gewanc W. *v. Rh.* 238, 55. dar wart ein michel gewanc ind ein grœs gedranc KARLM. 181, 35.
ge-wande *prät. s.* gewenden;
ge-wande *stswf.* (III. 686ᵃ) *gränze, umkreis* ELIS. (1233. 3675. 4121. 4413. 4531. 5424. 5934. 7600); *acker, ackerbeet,* ½ acker uber den Ehenheimer weg in die selben gewanden AD. 812 (*a.* 1299). zwô gewanten akkers USCH. 328 (*a.* 1383). *vgl.* SCHM. 4, 102 *und* anwande, gewende.
ge-wânde *stf.* (III. 498ᵇ) *meinung* ATH.
ge-wandelieren *swv.* (III. 702ᵇ) *hin und her gehen* MS. NEIDH. *vgl.* gewentscheleieren;
ge-wandeln *swv.* (III. 701ᵃ) *intr. gehen, wandern* MYST. S.GALL. *stb.* 4, 272. *vgl.* ROTH *denkm.* 104, 76; — *tr. rückgängig machen, ändern* GEN. die schande gew. ROTH. 1049. ern wolte nie gewandeln an den êren sîne site ENGELH. 650. mensche, kanst du dîn leben gewandeln, sô kan ouch unser herre sîn urteil gewandeln GERM. 3. 230ᵃ, 15; *entfernen* KOL. swenne si wellen, sô mügen si den (rihter) gewandeln Mz. 3, 187 (*a.* 1347). die irrunge und gebrechen gew. RCSP. 1, 564. 576. (*a.* 1401); *auf einen andern übertragen* KULM. *r.*
ge-wanden, -wenden *swv.* (III. 684ᵇ) *kleiden* SCHM.;
ge-wander, -wender *stm.* (*ib.*) *der gewant, tuchwaaren verkauft* AUGSB. *r.* (*W.* 391). MONE *z.* 17, 42.
ge-wandern *swv.* (III. 703ᵇ) *wandern* PASS. (*H.* 314, 72). CHR. 5. 179, 12.
ge-wandes-halp *adv.* (I. 616ᵃ) *wegen, in betreff des gewandes* TRIST.
ge-wan-heit *stf. s.* gewonheit.
ge-wanken *swv. wanken* W. *v. Rh.* 276, 30.
ge-want *part. s.* wenden.
ge-want, -des *stn.* (III. 683ᵃ) *kleidung, allgem.;*

rüstung NIB. NEIDH. TROJ. RUL. (*bloss vom swerte*). ATH. *C* 83. ROTH. 203. SIGEN. *Sch.* 102. îsenîn gew. ULR. *Wh.* 111ᵈ; *gewandstoff, zeug* GEN. EN. WWH. BERTH. CP. 23. NP. 131 *ff.* TUCH. 246, 27 *u. oft in den* CHR. *s. die glossare.* gewant, dovon man kleider macht, pannus od. tuch VOC. 1482. — *zu winden.*
ge-wante *swf. s.* gewande.
ge-want-ge-helter *stm. kleiderschrank.* gewantkelter FASN. 1217.
ge-want-hüeterinne *stf. aufseherin über die kleider der badenden* MÜNCH. *r.* 333. 511.
ge-want-hûs *stn. tuchhaus,* pannitorium DFG. 409ᶜ. CHR. 1. 412, 5; 2, 25 *anm.* 6. TUCH. 114, 4. 246, 23.
ge-want-kamer *stf.* die g. under den lauben (*unter den „tuchlauben" in Wien*) USCH. 195 (*a.* 1340).
ge-want-keller *stm.* daz haus leit bei des Scherantz gewantkeller an dem Hohenmarcht *in Wien* UKN. 267 (*a.* 1336).
ge-want-kelter *stm. s.* gewantgehelter.
ge-want-loube *swf.* scenia, locus umbrosus, ubi mercatores stant VOC. 1482.
ge-want-louf *stm.* oder rote mugk od. snack, cinifes VOC. 1482.
ge-want-macher *stm.* tuchmacher CHR. 1. 43, 15.
ge-want-meister *stm.* in der sêle chlôster sol dêmuetkait gewantmeister sîn WACK. *pr.* 51, 2.
ge-want-snîden *stn.* (II². 439ᵃ) *handel mit schnittwaaren* ZITT. *jb.;*
ge-want-snîder *stm.* (II². 442ᵇ) *tuch-, schnitthändler,* pannicida DFG. 409ᶜ. BRÜNN. *r.* AUGSB. *r. W.* 28. CPS. 2, 185. ZEITZ. *satz.* 1, 53. MONE *z.* 13, 297. CHR. 5. 321, 3. BEH. 17, 3;
ge-want-snîderîn *stf.* NP. 30;
ge-want-snîdunge *stf.* pannicidium DFG. 409ᶜ.
ge-want-val *stm. s. v. a.* hæzeval GR.w. 1, 262. 4, 408.
ge-want-wolle *swf. kleiderwolle* MGB. 309, 16.
ge-want-wurm *stm. kleidermotte* MGB. 309, 14.
ge-wæpnisse *stn. bewaffnung, art der waffen* MONE *z.* 7, 17 *f.*
ge-war *prät. s.* gewërren.
ge-war *stf.* (III. 507ᵇ) *aufsicht, obhut.* daz uns got hab in sîner gewar PRIESTERL. 618; *sicherer aufenthalt, gewarsam* HÄTZL. FREIBERG. got füeg in schier an sein gewar KELL.

erz. 162, 22. des gelaits sein wir ew willig ze geben, zu uns und widerum ban ewr gewar zu kumen CP. 264. daʒ sie an ir gewar belait werden CHR. 5, 258 *anm.* 3; — *swf. zugesichertes, verbürgtes recht*, die innhaber der dreier gewaren zu Ror söllen zu dem wald das recht haben, das ir ieglicher, die sölich gewaren inn haund oder niessent, mit zweien ochsen oder pferden so vil holtze usz dem wald füren mügen, als vil ir ieglicher zu brennen bedarf ST. *a.* 1477. *vgl.* gewarheit;

ge-war *adj.* (III. 505ª) *beachtend, bemerkend, gewahr.* gew. werden *mit gen. allgem.*, *mit acc.* ELIS. 3215, *mit* umbe *ib.* 6838, gew. sin *mit gen.* acht haben auf NIB.; *aufmerksam, sorgfältig, vorsichtig* TRIST. ERACL. und hieʒ in gwar unde karc wider an dem strîte sîn KRONE 13220, *scharfsichtig* RUL. KARL;

ge-ware *adv. sorgfältig* EXOD. *D.* 152, 26.

ge-war, -ware *stf. waare, kaufmannsgut* MONE z. 4, 310 *u. md. belege in* GERM. 9, 176.

gewardierer *stm. münzwardein* MONE z. 2, 418. quarder *ib.* 420. — *aus it.* guardare *vom deutsch.* warten DIEZ 187.

ge-wâre *adv. wahrhaft* ELIS. 5929. zu

ge-wære *adj.* (III. 521ᵇ) *md.* gewêre (ELIS. 2681. 8954. 9920. 10403. HEINR. 535. 72. 809. 996. 1098 *etc. meist zusatz bei namen*): *wahr, wahrhaft, zuverlässig, tüchtig von pers. u. sach., allgem.* (gewære machen, *verbürgen* PRIESTERL. 458 *u. anm.*), *mit gen.* MS. PASS., *mit dat.* daʒ er uns getrewe, holt und gewær sein wil Mw. 334 (*a.* 1353). DH. 282, *mit präp.* ze gote was er gewære RUL. 23, 9;

ge-wæren *swv.* (III. 523ᵇ) *md.* gewêren, wâr machen, bewähren, beweisen TROJ. FREIBERG. MÜNCH. *r.* 180. SSP. 1. 63, 3; 2, 34; 3. 47, 2 *etc.*; *part.* gewært *s. v. a.* gewære *tüchtig, berühmt* OBERL.

ge-wær-haft, -wâr-haft *adj.* (III. 522ᵇ) *s. v. a.* gewære RUD. SILV.

ge-war-heit *stf.* (III. 505ᵇ) *sicherung, sicherheit* RUL. EN. HARTM. KL. MAI, FLORE (4164). GEN. *D.* 90, 23. SPEC. 52. MAR. 201, 14. 101. PRIESTERL. 346. LANZ. 4986. 7310 (gewârheit?). WG. 2763. 11425. KRONE 21467. GFR. 847. 1642. W. *v. Rh.* 148, 17. HEINR. 1106. KARLM. 172, 40. 500, 9. 527, 18. er sweic durch g. DAN. 2601. wir geben den brief ze einer gewarheit UOE. 4, 157 (*a.* 1291). der sêle g., *heil* KCHR. *D.* 412, 6. 522, 19. STZ. 227. UOE. 4, 230 (*a.* 1295); *sicherer ort* HARTM. LANZ. KINDH. ERNST *B.* 1350. 2832. an g.

bringen KRONE 11307. er reit an sîn g. DAN. 6874. *vgl.* CHR. 5, 462ᵇ; *zugesichertes, verbürgtes recht,* daʒ sie keine gewarheit, gewalt noch recht haben, holz ze howen ST. *a.* 1324. recht, herkomen und gewarheit *ib. a.* 1422. *vgl.* gewar.

ge-wâr-heit *stf.* (III. 522ᵇ) *das gegebene wort* IW. *vgl. Bech zu* 8069 *u.* LANZ. 7310. gewârkeit (III. 506ª) MYST.

ge-wär-lich, -lîche *adj. adv. s.* gewerlich.

ge-wær-lich *adj.* (III. 522ᵇ) *md.* gewêrlich *wahrhaft, aufrichtig, zuverlässig* MYST.;

ge-wær-lîche, -en *adv.* (*ib.*) *in wahrheit, sicherlich* REINH. (947. 1532). BARL. GERH. (6829). W. *v. Rh.* 154, 52. H. *v.* N. 383. SWSP. L. 2, 112.

ge-warn *swv.* (III. 509ᵇ) *intr.* gewahr werden LIT. 1228, *mit gen.* HERB. der kaiser des gewarte TROJ. 284, 27, *mit untergeord. s.* BARL.; *tr. bewahren, bewachen* PASS.

ge-warnen *swv.* (III. 526ᵇ) *warnen.* sî kunde in wol gewarnen VIRG. 388, 6; *mit acc. u. gen. aufmerksam machen auf, warnen vor,* daʒ sie dich dînes schaden gewarnen AB. 2, 207; einen gew. an BARL., v o r *etw.* TROJ. 47750; *refl. mit gen.* seine gedanken worauf richten, sich vorbereiten MSH. 3, 48ª, *mit präp.* si kunde sich ze den êren wol gewarnen KCHR. *D.* 360, 10.

ge-war-sam *adj.* (III. 506ª) *sorgsam, vorsichtig* KREUZF. (4521);

ge-war-same *stf.* (*ib.*) *aufsicht.* die geordnet werden, gewarsami ze halten DH. 418. die pfender der aucht soll man in des pundes stetten zu recht halten, doch mit gewarsam USCHB. 47; *sicherheit, sicherer ort, ze* voller sicherhait und gewarsami Mz. 1, 249 (*a.* 1305). an g. komen CP. 314. MH. 683. die panier an ein sicher gewarsame behalten CHR. 2. 347, 18. *vgl.* ZIMR. *chr.* 4, 616ª. einen zu gew. nemen, *gefangen setzen* HALT. 709; *sicherheit durch bürgschaft,* den verkauf mit aller gewarsami *abschliessen* DON. *a.* 1374;

ge-war-samec-heit *stf.* (*ib.*) *vorsicht.* gewarsamkeit KRONE (20226. 27609); *sicherheit* HALT. 710.

ge-wært *part. s.* gewæren.

ge-warte *præt. s.* gewarn, -warten.

ge-warten *swv.* (III. 531ᵇ) *præt.* gewarte *schauen, schauend beobachten, sich bereit halten* LANZ. GUDR. ER. 8666, gew. û f ENGELH., *mit gen. ib.* PASS. *vgl.* ZIMR. *chr.* 4. 23, 35. 333, 3, ûf einen eines d. g., *sich des zu ihm* *versehen* Mai, eines d. von einem g., *erwarten* Myst. Loh. 1428; *mit dat. ausschauen nach: um einen od. etw. zu beobachten* (ein heiden im gewarte Rul. 236, 8), *um einen od. etw. zu empfangen* (Herb. wer kunde dâ gewarten den wâfen an ir henden Bit. 8768), *um einem zu folgen, ihm zu dienen* Walth. Warn. Kreuzf. Chr. 1. 131, 11. 161, 12. 199, 17. 29; 2. 65, 14. 347, 19. *vgl.* Halt. 711;

ge-wartunge *stf. anrecht, anwartschaft?* allez ir recht und alle diu gewartunge, die sie auf dem selben guot hieten Stz. 293.

ge-was *stn.*, **-wäscht** *stf. s.* gewahs, -wahst.

ge-wâs-witer *stn. s.* gewâzwiter.

ge-wat *stn. in* horgewat.

ge-wât *stf.* (III. 777ᵇ) *gen.* gewæte, -wât *kleidung* Diem. Roth. *vgl.* Gr. Rud. 2, 12;

ge-wæete, -wâte *stn.* (III. 778ᵃ) *md.* gewête, *coll. zu* wât, *kleidung, rüstung* Gen. Roth. Nib. Gudr. Parz. Lieht. Pass. (102, 86). Kchr. D. 363, 19. 453, 11. Antichr. 185, 44. Er. 3055. Roth *pr.* 66. Wolfd. 299 (gewâte: drâte). Eilh. 4183. wâpenlich gewæte Loh. 4750; *bildl.* daz fleisglich gewâte, *der körper* Wack. *pr.* 2, 83. sunnen schîn ist dîn gewæte Msh. 3, 431ᵃ. ire gewæte die dâ sint daz êwige lieht Himlr. 257.

ge-wâtec-lîche *adv.* (III. 780ᵃ) *s. v. a.* wætlîche, *auf schöne weise* Fragm.

ge-waten *stv. I,* 4 (III. 535ᵃ) *intr. waten* Pass. Ls. Roth. 4552; *tr. mit* durch, *durchwaten* Diem. *vgl.* durchwaten.

ge-wæten *swv.* (III. 778ᵇ) *kleiden* Bihteb.

ge-wâz-ge-witer *stn.* (III. 610ᵇ, 9) *sturmwetter* Griesh. *ebenso*

ge-wâz-witer *stn.* gewâswiter Germ. 7, 339. *s.* wâz.

gewe *stf.? öffnung, schlund.* ich blies daz ich dô kunde in mînes hornes gewe (: stebe) Hadam. 47. *vgl.* Schm. *Fr.* 1, 862. — *zu* giwen.

ge-wëbe *swf.? maul?* swen du kumst dem Nîthart neben, sô smir im daz (*die salbe*) in sîn geweben, zehant sô gewint er bœsen smac Msh. 3, 239ᵇ. *vgl.* bair. die waffel, *maul, schwz.* wäffeln, *lallen* Schm. 4, 34. Stald. 2, 427;

ge-wëbe *stn.* (III. 612ᵃ) *gewebe* Teichn.;

ge-wëben *stv. I,* 1 (III. 611ᵇ) *weben* Troj.;

ge-wëber *stn. bewegung hin u. her.* in dem strît was grôz geweber Wolfd. 1988. *s.* wëberen.

ge-wecken *swv.* (III. 451ᵇ) *prät.* gewacte, -wahte *wecken, aufwecken* Pass. Gen. D. 108, 14. Sigen. Z. 4, 6.

ge-wedele *stn. coll. zu* wadel, *das schwanken, schweifen* j.Tit. 4464;

ge-wedelt *part. adj.* gewedelt holz, *holz das zu rechtem* wedel (*s. dass.*) *geschlagen ist* Tuch. 123, 6.

ge-wëder *pron.* (III. 548ᵃ) *jeder von beiden* Lampr.

ge-wêge *stn. s* gewæge.

ge-wëgede *stn.* (III. 640ᵇ) *hilfe, fürbitte* Diem. Lit.

ge-wëge-lâge *stf. lauer, hinterhalt.* daz sie der lûre oder geweglâg übersagt würden Mz. 3, 387 (*a.* 1358).

ge-wëgen *stv. I,* 1 (III. 634ᵃ) gewigen Erlœs., *prät.* gewac, *md.* gewûc *nach I,* 3: *intr. gewicht od. wert haben, den ausschlag geben, angemessen sein* Trist.; *das gegengewicht halten* Nib. 2156, 1 *BCD*, *mit dat.* Karl, *mit* gegen Wwh.; *für einen ins gewicht fallen, ihm helfen* Neidh. (48, 15). Bit. (1616; *das beisp. aus* Dietr. *ist zu streichen, s.* wëgen) Krone; *gegen etw. helfen, wovon ferne halten mit dat. u. gen.* Bit. (*vgl.* gewëgen *swv.*); — *tr. bewegen, in bewegung setzen* Trist.; *wägen, schätzen* Griesh. Erlœs. daz mîn vrouwe hêre nie gewac mîn nôt Msh. 2, 297ᵃ. der alle dinc kan rehte gewëgen Geo. 4263. mich gewiget etw. ringe, ich schätze es gering, nehme es leicht Karl; *mit acc. u. dat.* zuwägen, zuteilen Bit.; *mit acc.* helfen gegen Nib. 2156, 1 (*vgl. oben*), *mit acc. u. dat.* Flore, *vgl. auch* gewëgen *swv.*; — *refl. sich bewegen, neigen,* ob mîn heil dar gewiget, daz mir ein crône ist beschert Ulr. Wh. 116ᵈ, *sich zutragen* Jer.; *ins gewicht fallen gegen* Neidh., ûf Silv. 522;

ge-wëgen *part. adj.* (III. 630ᵇ) *auserwählt, gewichtig* Mai; *gewogen, geneigt* Dür. chr. 346. *s.* wigen.

ge-wëgen *swv.* (III. 640ᵃ) *einen wëc machen, wege bereiten* Trist.;

ge-wëgen *swv.* (III. 640ᵇ) *helfen mit dat. d. p.* Rul. Karl, Silv. Serv. (1198). Krone, Wolfd. 1338 *und gen. d. s.* Er. 8814 *od. mit präp.* uns kan nieman gewegen wider dem gotes zorne Exod. D. 142, 33. *vgl.* gewëgen *stv.;*

ge-wegen *swv.* (III. 644ᵃ) *bewegen* Er. Trist. Pass. erne mohte niht mê gewegen wan diu ougen und die zungen Dan. 3922. ich enkan niht g. einen vinger Malag. 41ᵃ.

ge-wëgen-lich *adj.* (III. 636ᵃ) *beweglich* MYST. WH. *v. Öst.* 37ᵇ. 48ᵇ.

ge-wehenen, -wähenen; -wehen, -wähen *swv.* (III. 459ᵃ) *erwähnen, gedenken mit gen. d. s.* RUL. IW. TRIST. NIB. SERV. GUDR. 1637, 4. PRIESTERL. 9. gewahenen WACK. *pr.* 7, 65. gewehen MYST. AMIS 1543. 1769. der rede gewehen MSH. 3, 240ᵃ. gewähnest dû mîn WOLFD. *Hag.* 79, 2 *u. dat. d. p.* TRIST. MYST. ENGELH. 6037. — *mit* zuo. *zu* gewahen.

ge-wehse *stn.* (III. 463ᵃ) *s.* gewahs; gewehse *nur in compos.;*

ge-wehsede *stf. wachstum* WACK. *pr.* 26, 15. 16. *vgl.* gewahst.

ge-wëhsel *stn.* (III. 549ᵇ) *tausch-, wechselgeschäft* FREIBERG.

ge-weichen *swv.* (III. 617ᵇ) *ahd.* giweichan *weich machen, erweichen eigentl. u. bildl.* PASS. WARN. SERV. (ob wir in mugen gew., daz 2207). büechîn und eichîn gerten kunden sie nie gew. LS. 2. 504, 58; *lenken, neigen,* daz er iemen dar zuo geweichte SERV. 2859. die mügent ir hert vernunft niht gewaichen zuo gaistleichen dingen MGB. 114, 23; *lenksam machen, bändigen* LAMPR.;

ge-weichen *swv.* (III. 618ᵃ) *ahd.* geweichên *weich, fügsam werden* PILAT.; *mit dat. entweichen* HERB. 6137. WOLK. 73. 2, 5; 113. 1, 8.

ge-weide *adj.* (III. 554ᵃ) *sich woran weidend mit gen.* MS.;

ge-weide *stn.* (*ib.*) *speise* GEN.; *eingeweide* WWH. REINH. HELBL. SERV. PASS. KCHR. D. 413, 7. RUL. 260, 15. RENN. 3550. 6311;

ge-weiden *swv.* (III. 555ᵇ) *weiden* SERV.

ge-weigern *swv.* (III. 556ᵇ) *weigern, verweigern mit gen. d. s.* RUL. BIT. (7525). FREIBERG. SWSP. L. 2, 33, *und dat. d. p.* LIEHT. SWSP. 63, 19. L. 2, 6. 21. g e w e i e r n *ib.* 2, 98. 151; *mit infin. ib.* 2, 39. 114; *mit untergeord. s.* die Sahsen nemahten niht gewaigeren, sine wurden dem konige untertân KCHR. D. 507, 12. gew., daz SWSP. L. 2, 85. 116.

ge-weinen *swv.* (III. 558ᵇ) *intr. weinen* GREG. 2224. 2283. BERTH. 255, 29. *mit gen.* des muoterkint geweinet ULR. Wh. 121ᵈ, *mit* nâch A. HEINR.; *tr. weinen, beweinen* NIB. MS.

ge-weiset *part. adj. s.* weisen.

ge-weiʒ *stm. versuch?* daʒ dirre geweiʒ niht vervienc GA. 3. 369, 480.

ge-weiʒet *part. adj.* (III. 562ᵇ) *mit weizen versehen* FRL.

ge-wël *stn. s.* gewëlle.

ge-welbe *stn.* (III. 665ᵃ) *coll. zu* walbe, *gewölbe* DIEM. URST. (120, 37). WOLFR. TRIST. TROJ. PASS. ERNST 3026. EN. 223, 31. LANZ. 3615. VIRG. 395, 4. 457, 4. 469, 7. LAUR. 1321. 29 *u. öfter.* WIG. 11, 18. OTN. 4, 36. APOLL. 13429. j.TIT. 6112. 48. MSH. 3, 237ᵃ. KOLM. 190, 12. gewölbe N. *v. B.* 301. — *zu* wëlben, *vgl.* gewulfze.

ge-welbe-holz *stn.* gewölbeholz, *gerüstholz im innbau* MONE 7, 309 (*a.* 1423).

ge-welbe-stein *stn.* TUCH. 88, 8. 95, 10. 22.

ge-welde *stn.* (III. 472ᵇ) *coll. zu* walt, *waldung, waldgegend* ANNO, KCHR. KARLM. 377, 59. GR.W. 1, 584. *vgl.* gewelze.

ge-weldic *adj. s.* gewaltec.

ge-wëlle, -wël *stn. brechmittel (vomitorium) u. gebrochenes* MYNS. 20. 21. 39. 53. — *s.* wille, willen;

ge-wëllen *stv.* I, 3 (III. 673ᵃ) *beschmieren* FDGR. (*arzneib. des* 14. *jh.*).

ge-wëllen *an. v.* (III. 660ᵇ) *wollen* TRIST.

ge-weln *swv. wälen* SWSP. 16, 29.

ge-weltec, -weltigen *s.* gewaltec, -waltigen;

ge-weltigunge *stf.* des pfandes gew., *aushändigung des pfandes u. zugleich ermächtigung, dass der gläubiger damit nach pfandesrecht verfahren kann* MAGDEB. *r.* 1304, *s.* MEIBOM *pfandr.* 91.

ge-welze *stn. s. v. a.* gewelde GR.W. 1, 639. 40. 41 (*Westerw.*).

ge-welzen *swv. intr. rollen.* künd ich dîn lop sô velzen, daʒ eʒ wenken noch gewelzen möht MSH. 1, 70ᵃ; *tr. wälzen, rollen,* wie sie den michel stein mohten gewelzen inein ANTICHR. 181, 4.

gëwen *swv. s.* giwen.

ge-wen *stn. gewonheit.* des gewens, nach gewonheit MARIENGR. 545.

ge-wende *stn.* (III. 686ᵃ) *wand, gewände.* g e w e n g TUCH. 186, 36 (*vgl.* WEINH. *b. gr.* § 171); *ein ackermass* WEIST. BRÜNN. *r.;* gewende oder rosslauf, stadium VOC. 1482. do sie usz der stat quomen sechs gewende, do brach der halt UGB. 460 (*Oberlaus.*). *vgl.* gewande;

ge-wende *stf. wendung, abgang.* des libes g., tod PF. *üb.* 24. 1ᵈ, 16;

ge-wendelech *stn. gewand, gewänder.* sô swenzlierent sie danne an sô manigen enden mit ir gewendelech BERTH. 118, 18.

ge-wendeler *stm. s. v. a.* gewander BEH. 14, 19. 312, 3. SCHM. 4, 101;

ge-wendelîn *stn.* (III. 684ᵇ) *kleines, arm-*

seliges gewand Kchr. Engelh. Pf. *üb.* 149, 711;
ge-wenden, -wender *s.* gewanden, -wander;
ge-wenden *swv.* (III. 693ᵇ) *prät.* gewante, -wande: *kehren, wenden, lenken.* swie ich daz gewende Büchl. 1, 1704. den schaden gew. Chr. 4. 113, 17. gew. an Trist. an swaz dû dich gewendest, *was du anfängst* Gen. D. 113, 8. der herze noch den muot nie an mich gewande Gudr. 1627, 3. gew. ûz Glaub. 1607. gew. von Trist. Walth. Helbl. 7, 1259. gew. zuo, ze Rul. Greg. Pass. Glaub. 2113. 2237. 2353. dâ man si baz mohte ze manne gewenden, *verheiraten* Ulr. *Wh.* 44ᵇ; — *intr.* (*s.* wenden) *sich wenden*, swâ hin sie gewanden Gudr. 273, 4. der trache moht niht gewenden weder hin noch her Kchr. *W.* 10202. doch enweiz ich, ob er imer mêr gesunt her dan gewende Lanz. 6515.

ge-wenen *swv.* (III. 806ᵇ) *tr. gewönen* a. Heinr. *mit gen. d. s.* als er von iu werde erslagen und man des todes in gewene Troj. 9325; *refl. mit gen.* Wolk. 22. 3, 12, *mit präp.* daz immer solte mîn gedanc ûf iuwer tohter sich gewenen Engelh. 3739;

ge-wend, -went *part. adj. s.* wenen.

ge-weng *stn. s.* gewende.

ge-wenge *stn. coll. zu* wange. dâ was im daz gewenge breiter danne ein wanne Wh. *v. Öst.* 50ᵃ.

ge-wenken *swv.* (III. 708ᵃ) *prät.* gewancte: *intr.* einen wanc *tun, weichen, wanken, sich wenden* Wack. *pr.* 55, 195. Wenzl. 297. Troj. 25397; *mit dat.* Parz. Krone 11420, *mit gen.* Er. Mai, *und dat.* Ms. Mai, dem du nie gewanctes decheines dienstes noch er dir Wwh. 93, 20. *mit präp.* ab Mai, an Parz. Wig. Büchl. 1, 883, von Lieht.; — *tr. wenden, lenken,* daz er gewenke von ir sines herzen gir Herzm. 102. — *mit* abe (Trist.), ûz.

ge-wentschelieren *swv.* (III. 563ᵇ) *s. v. a.* gewandelieren Neidh.

ge-wër *swm.* (III. 585ᵇ) *der für etw. einsteht, gewährleister, gewährsmann, bürge, vertreter von ansprüchen* Barl. Wig. Krone, Warn. Loh. 2051 *u. rechtsdenkm. vgl. noch* Swsp. 176, 3 *ff.* 265, 25 *ff.* auctor, quod vulgo dicitur gewer Mw. 52 (*a.* 1253). Uoe. 5, 69. si quis proscriptus vel excommunicatus debet esse gewer vel testis de proprietate, illi detur securitas et pax ad locum et de loco Mw. 36, 93 (*a.* 1244). wir suln auch der vorgenanten veste und guot gewer und versprecher sein an allen den steten, dâ si des bedürfen *ib.* 262 (*a.* 1319). und wellen des selben hofes ir gewer und gnediger herr sein W. 51 (*a.* 1343). ich pin ir recht gewer und scherm fur alle anspruch Usch. 291 (*a.* 1371). wir sein auch des selben pfunt geltes recht gewern und scherm Uh. 107 (*a.* 1353). Dm. 76. ditz chaufes gezeug und gewer pin ich Stz. 295. wir sîen ir recht gewern für aller menglichs irrung und ansprach Mz. 1, 488 (*a.* 1403). umb den kaufe und werung ist zuo uns und mit uns selbgeschol und gewer worden unser lieber öheim *ib.* 3, 88 (*a.* 1342). *vgl.* Schm. 4, 131;

ge-wër *stf.* (III. 585ᵃ) *gewähr, sicherstellung, bürgschaft* Pass. Kulm. *r.* Loh. 2049. Swsp. L. 1, 76. 200. Ssp. *s.* 143. Schm. 4, 131. Mone *z.* 13, 111. — *zu* wërn, *vgl.* gewërde.

ge-wer *stf.* (III. 586ᵃ) *investitura, förmliche einkleidung in einen besitz* (Ra. 555 *ff.*), *rechtskräftig gesicherter besitz* (*auch haus u. hof* Ssp. 1. 20, 7; 3, 91), *innehabung desselben, besitzrecht* Rechtsdenkm. ir minne hât an im gewer, *besitzrecht* Parz. 87, 14 (*im* Wb. *unter dem folgd.* gewer). *alliter.* in gewalt und gewer haben, nemen Ms. Erlœs. Mz. 1, 322. einen in gewer eines guotes setzen *ib.* 1, 344. 2, 447. 3, 89. 90. daz man in dar ûf setzen solt in nutzlich gewer sîn *ib.* 1, 568. 69. 72. an die gewer des hûses setzen Ukn. 375. in der gewer sîn Urb. 52, 8. daz guot mit nutz und gewer inne haben Mz. 2, 473. Mw. 175, 8. des guotes in gewer komen *ib.* 175, 7. daz ier in rehter gewer habt (quicquid quolibet justo titulo possidetis) Stz. 39. ein guot in nutz und in volle gewer geben Mz. 1, 247. in stiller gewer *ib.* 2, 497. in rehter lêhens gewer Dm. 43. Mz. 2, 674. als wir das aigen in aigens gewer, das lêhen in lêhens gewer, das purchrecht in purchrechts gewer, das perchrecht in perchrechts gewer gewer her pracht haben *ib.* 4, 120. *vgl.* 44 *u.* Swsp. L. 2, 11. einen ûz sîner gewer werfen oder entsetzen Mw. 233. 40. ich (*gläubiger*) solt die gewer der selben weingarten inne haben virzehen tag und solt auch ich den erben des weingarten das ze wissen tun und die gewer an pieten Ukn. 448; *tatsächliches besitztum oder innehaben, vom recht abgesehen, detentio* Ssp. 3. 7, 4. roubliche g. 2, 25 *vgl. s.* 143; *die potestas über eine person, mundschaft* Kulm. *r.* (*die beisp. aus der*

KRONE *gehören wol zum folgenden* gewer).
— *zu* wern, bekleiden.
ge-wer *stf.* (III. 509ᵇ) *behutsamkeit, vorsicht*
LUDW. HERB. WG. 8971; *gewahrsam* HERB.
2009. 18269. KRONE 18870, *vgl.* 4957. 9428.
13449. — *zu* gewar, *vgl.* gewerde.
ge-wer *stf.* (III. 511ᵇ) *wehr, verteidigung* EN.
HERB. FLORE 4280 *var.* (*wegen* PARZ. 87, 14
s. oben gewer 1). mit gewere zo helpe komen
KARLM. 39, 55. 205, 19 *vgl. Bartsch s.* 292.
das alles zu der gewer nach notturf versehen
werd DH. 418; *wehr, waffe* HERB. LEYS.
GR.W. 3, 713; *verteidigungs-, befestigungs-
werk* HERB. (2009. 18269 *s. unter dem vor-
hergehenden* gewer); *gränzmauer* ZÜRCH. *r.*;
ge-wer *stn.* (III. 512ᵇ) *gewehr, waffe* SCHEMN. *r.*
CHR. 3. 141, 9; *verteidigungs-, befestigungs-
werk* DIEM.
ge-wërb *stm. s.* gewërf;
ge-wërbe *stn.* (III. 727ª) *wirbel, gelenke.* das
gewerbe und gleich MYNS. 24; *s. v. a.* gewërf,
geschäft, tätigkeit BON. SERV. PASS. JER. ir
gewerbe wart vollendet KRONE 27309. er mac
gewinnen übel zit, ûf dem ditz gewerbe lît
ib. 25726. werc üebet man von ûzen, aber
gewerbe ist, sô man mit redelîcher beschei-
denheit sich üebet von innen MYST. 2. 49, 21.
vgl. CHR. 5, 462ᵇ. gewerve WG. 9925; *an-
werbung, truppenwerbung,* gewerbe oder
samenunge RCSP. 1, 114 (*a.* 1403);
ge-wërbe *swm. der ein gewerbe treibt* CHR. 5.
66, 13;
ge-wërbec *adj. sich umtuend, ein gewerbe
treibend ib.* 122, 9. 126, 27;
ge-wërben *stv. I*, 3 (III. 726ª) *intr. sich um-
tun, tätig sein, handeln, verfahren* PARZ.
TRIST. WALTH. FREID., gew. nâch Iw. PARZ.
vgl. ROTH *denkm.* 87, 118; *tr.* die botschaft
g., *ausrichten* NIB.;
ge-wërben *stn.* waz ist hie dîn gewërben?
PASS. 332, 49. MARLG. 71, 53;
ge-werben *swv.* (III. 728ᵇ) *zusammen drehen*
FRL.;
ge-wërbt *stm. s.* gewërf.
ge-wërde *stn. wertgegenstände* KARLM. 389,
23. — *zu* wërt.
ge-wërde *stfn. s. v. a.* gewër. ûf die gewerde,
ûf das gewerde FRANKF. *brgmstb. von* 1450
vig. III. p. trinitat.
ge-werde *stf.* (III. 510ª) *s. v. a.* gewer *behut-
samkeit, vorsicht* LUDW.
ge-wërden *stv. I*, 3 (III. 733ᵇ) *verst.* wërden
PILAT. MYST. PASS. (*H.* 173, 76. 176, 68. 178,
85. 317, 8. 348, 56. 379, 1). KCHR. 10513.
GLAUB. 2309. 2746. MSH. 2, 77ᵇ. 94ᵇ. waz sol
mîn (*aus mir*) gewërden HERB. ULR. *Wh.*
96ᵇ; — einen gewerden (*swv. zu* wërt?) lâzen,
*ihn sich selbst überlassen, in ruhe lassen,
vgl.* bewërden *u. dazu* ZING. *findl.* 2. 92, 58;
ge-wërden *stn.* MYST. 2. 88, 2. 146, 5. RSP.
503.
ge-wërden *swv.* (III. 605ᵇ) *würdigen* DIEM. —
zu wërt.
ge-wêre *adj.,* -wêren *swv. s.* gewære, -wæren.
ge-wëre-bûʒe *stf. md. busse wegen gebroche-
ner* gewër. gewerebûʒe daʒ ist sîn vordere
hant, dâ mite er die gewere gelobete, oder
sîn halbe weregelt SSP. 2, 15.
ge-wërf, -ves *stm.* (III. 726ᵇ) *nbff.* gewerft,
-werb (CHR.), -werbt (NIB.) *gewönlich* ge-
werp, -bes: *das sich drehende.* die gewerbe
(*an einem thore*) zu bessern FRANKF. *bau-
meisterb. v.* 1451, 70ᵇ (*schlosserrechnung*);
das sich öffnende, spalt, schlund GEST. *R.*
(gewerf); *aufgetragenes geschäft, tätigkeit,
das handeln, treiben, streben im allgem.,* ge-
werf GEN. (37, 1). DIEM. KARLM. 402, 62. ge-
werft NEIDH. (41, 13). waz er gewerftes habete
KCHR. *D.* 414, 2. waʒ sîn gewerft wære GEN.
D. 43, 1. 55, 20. ir gewerft und ir geslaht
WG. 9881. der heilig geist wirt des gewerftes
volleist HPT. 5. 22, 160. gewerp *allgem., vgl.
noch* LANZ. 3079. BÜCHL. 1, 735. BIT. 9052.
FLORE 4791. TROJ. 21973. dô er was in dem
gewerbe, wie er sînen lip verlüre ULR. *Wh.*
145ᵇ; *tätigkeit um des erwerbes willen,* ge-
werbe MYST. CHR. 5, 462ᵇ; *werbung, bewer-
bung* ER. 9478. BÜCHL. 1, 1546. CHR. (*trup-
penwerbung*) 2. 60, 18. 125, 32. 364, 19; 5.
218 *anm.* 1. 235 *anm.* 2. gewerbes vrî LIEHT.
TROJ. 21762. gew. nâch PARZ., umbe WALTH.;
handlung, verhandlung vor gericht, vertrag:
diser gewerf und kouf UOE. 4, 153 (*a.* 1291).
des selben koufes und des gewerves sint ge-
zeugen DM. 65. daʒ dirre gewerft redleich und
rehticlich ist zue gegangen *ib.* 62. daʒ wir
des rœm. künigs willen und gunst über disen
gewerft (*vertrag*) gewinnen süln Mw. 238,
30 (*a.* 1311). daʒ die rede unt der gewerft
vürbaʒ stæt pelîb ULA. 50 (*a.* 1290). und
habent uns fur geleit ainen gewerft und ainen
chauf *ib.* 100 (*a.* 1305). daʒ diser gewerft
zwischen uns in stæt beleib UHK. 1, 308.
10 (*a.* 1294). chouf und gewerft *ib.* 2, 37. 42
(geberft); — *in der jägersprache: was ein
thier als waffe gebraucht, bes.* die hauzähne

des ebers ALBR. (19, 208 *zu* wërfen?) — *zu* wërben, wërven.

ge-wërf, *-fes stn.* (III. 740ª) *abgabe, steuer* BASL. *r.* ZÜRCH. *rb.* WEIST. dekein gewerf noch stiure geben AD. 785 (*a.* 1293). an stiuren, gewerfen und allen diensten *ib.* 772 (*a.* 1291). mit der gewerf stiur *ib.* 1048 (*a.* 1351). daz wir ime süllent dienen mit gewerfe, mit stiuren und mit allen dienesten MONE *z.* 12, 246 (*a.* 1318), *vgl.* 21, 462. mit gewerfen, gerihten, nutzen und allen zûgehôrungen HÖF. *z.* 2, 519 (*a.* 1357). gewerft SCHREIB. — *zu* wërfen, *mlat.* conjectus, conjectura *nach gr.* συμβολή;

ge-wërfen *swv. intr.* gewërf zalen. gewerfen, steuren oder lossungen, gnarandare Voc. 1482; *mit* gewërf *belegen:* in aller mass, als andere güeter gestûrt, gewerft und angeschlagen werden AD. 1397 (*a.* 1480);

ge-wërfen *stv. I,* 3 (III. 738ª) *werfen* ENGELH. KRONE, PASS. hin und her gew. N. *v. B.* 248. — *mit* ûz, vor.

ge-wërft *stmn. s.* gewërf;

ge-wërf-wîn *stm. zinswein* AD. 1437.

ge-wërke *stn.* (III. 590ᵇ) *vollendete arbeit, gewebe, bau* ATH. LAMPR. (*vgl.* 1206). der stûnt an einem orte oben an dem gewerke EN. 256, 1. — *vgl.* gewürhte, -würke;

ge-wërke *swm.* (*ib.*) *handwerks-, zunftgenosse* FREIBERG. *r.* SSP. 1, 12. ZEITZ. satz. 1, 108; *teilhaber an einem bergwerk* SCHEMN. *r.* FELDB. 254. 333;

ge-wërken *swv.* (III. 591ª) *arbeiten, ins werk setzen* MYST. wê im, der dâ gewerket zuo der siure LOH. 5980.

ge-wërldet *part. adj.* (III. 580ᵇ) *mit* wërlt *versehen, welterfüllt* TRIST.

ge-wêr-lich *adj. adv. s.* gewærlich.

ge-wer-lich, -wärlich *adj.* (III. 505ᵇ. 513ª) *aufmerksam, sorgfältig, vorsichtig* LANZ. LIEHT.;

ge-wer-lîche, -wär-lîche, -en *adv.* (III. 506ª. 513ª) *aufmerksam, behutsam, vorsichtig, sicher* NIB. TRIST. BERTH. daz chorn gewarlichen (*sorgfältig*) handeln GEN. *D.* 88, 17. als er gewerlichest mohte, *sich deckend so gut als er konnte* ER. 2592. gewerlîcher (*vorsichtiger*) handeln ZIMR. *chr.* 3. 80, 18. — *zu* gewar.

ge-wër-lîchen *adv. bürgschaft leistend* CHR. 5. 377, 36. *s.* gewër.

ge-wërn *swv.* (III. 581ª) *intr. währen, ausdauern, stand halten* (CHR. 5. 103, 21), *leben* NIB. PARZ. WIG. GSM. MS. KRONE. dô diu friuntschaft ettewie lange gewerte N. *v. B.* 81. nâch der gotheit bist dû gewerende mit dem vater unde mit dem heiligen geiste HPT. 9, 41. wen sîn vormundeschaft geweret nicht lenger, wen als daz gerichte geweret SSP. 1, 47; *mit dat. d. p.* der tac derne gewert uns niht RUL. 242, 19;

ge-wërn *swv.* (III. 584ª) *gewähren, zugestehen, das was jemand zu fordern hat leisten, bezalen, absol.* PASS.; *mit acc. d. s.* daz guot gewern bezalen Mz. 1, 247 (*a.* 1303), *u. dat. d. p.* und wolten keim sîn bet gewern CHR. 4. 350, 28; *mit acc. d. p.* EN. GUDR. IW. PARZ. WALTH. daz her sie gewerte GR. RUD. 22, 8. nû sult ir mich gewern ER. 1021. dô si in gewerte PASS. 294, 25; *mit acc. d. p. u. präp.* an BARL., mit e WALTH. einen mit genâden gewern WACK. *pr.* 87, 4; *mit acc. d. p. und gen. d. s. allgem.* (GR. RUD. 17, 27. 23, 5. GEN. *D.* 57, 21. 59, 22. 78, 3. 105, 30 *etc.* CHR. 4. 95, 5. 107, 10. 236, 5. 325, 26. er den lîp geweret der unmâze BIRKENST. 6); gewert werden, sîn *s.* wërn; — *durch leistung zu etw. bringen, an etw. gewönen,* ich wil mîn fleis iedoch gewern, daz iz die wîle mûz enbern gemaches ELIS. 1653; *s. v. a.* gewër sîn, *für einen od. etw. einstehen, gewährleisten, versichern mit acc. d. p.* SSP. 2. 41, 1. 3. 59, 2, *mit acc. u. gen.* IW. (6168 *u.* Bechs *anm.*) *vgl.* SSP. 3, 83, *mit abhäng. s.* mit rechter wârheit ich gewer (: er) dich, daz gesungen dâ ist PASS. *K.* 588, 72;

ge-wërn *stn.* (III. 584ª) *das gewähren* IW.; *bezalung, ablieferung des eingenommenen geldes* CHR. 5. 274, 10.

ge-wërn *swv.* (III. 515ᵇ) *wehren, verteidigen* WWH.; *verwehren, hindern* NIB. 2310, 1 *C, abwehren* von HADAM.; *refl.* (KARL 12062) *mit gen. sich einer sache erwehren* NIB. 626, 3 *g.* sich gew. vor GEN. *D.* 4, 3.

ge-wërre *swm. zwietracht, streit, gewirre.* sî sol ein ende machen und disen gewerren scheiden HEINZ. 112, 357. *vgl.* ER. *B.* 8969 *u. anm. ebenso*

ge-wërre *stn.* (III. 747ª) BERTH. JER. ÜW. 41. wie machstu mir ein gewier (: schier) NETZ 7956. *vgl.* WEINH. *al. gr.* 102. 135. *ebenso*

ge-wërrec-heit *stf.* CHR. 1. 350, 10;

ge-wërren *stv. I,* 3 (III. 745ª) *intr. mit dat. stören, hindern, schaden, verdriessen, allgem.* (*bei* WOLFR. *nur das einfache* wërren), *vgl. noch* LIT. 4. TRIST. 14203. 18286. ORL.

9750. ULR. *Wh.* 150ᵉ. 200ᵈ. 212ᵉ. 225ᵈ. DIETR. 2574. RAB. 295. 584. TROJ. 5689. MARIENGR. 485. MOR. 1, 2111. HELBL. 15, 277. W. *v. Rh.* 193, 12.

ge-wërschaft *stf. gewährleistung, sicherstellung, bürgschaft* SSP. 1. 9, 5; 2. 42, 2. CHR. 5. 346, 27. daʒ guot schermen mit gwerschaft vor recht UOE. 4, 196 (*a.* 1293). 586 (*a.* 1330). den weingarten in rechter gewerschaft schermen vor aller ansprach USCH. 198 (*a.* 1340).

ge-wer-schaft *stf.* (III. 586ᵃ) *rechtskräftig gesicherter besitz, besitz, innehabung überhaupt.* daʒ er in in die gewerschaft (des ackers) gevördert hiet USCH. 307 (*a.* 1376). daʒ guot in g. haben STZ. 190. daʒ rîch ûʒ der gewerschaft grâf Adolfes bringen OT. 619ᵇ.

ge-wertec *adj.* (III. 531ᵇ) *gewärtig, acht habend, dienstbereit* HALT. GA. *vgl.* gewarten.

ge-wërunge *stf.* varanda VOC. *Schr.* 3262. *s.* waranda DFG. 632ᵃ. *n. gl.* 387ᵃ.

ge-wërve *stn. s.* gewërbe.

ge-wës *adj. s.* gewis.

ge-wësen *stv.* I, 1 (III. 768ᵃ) *s. v. a.* wësen TRIST. WALTH. PASS. JER. ROTH. 4867. ENGELH. 1559. dô er ein jâr dâ gewas ULR. *Wh.* 259ᵃ. *vgl. zu* NIB. 2223, 4.

ge-wësen-lîcheit *stf.* (III. 770ᵃ) *wesenhaftigkeit* MYST.

ge-wëset, -wëst *part. s.* wësen.

ge-wësset, -wëst *part. s.* wizʒen.

ge-wët *stn.* (III. 774ᵇ) *paar, zusammengejochtes* Ls. er hiete gechouffôt funf gewet ohsen GEN. *D.* 112, 32. *vgl.* SCHM. 4, 195;

ge-wëte *swm.* (*ib.*) *der mit einem andern zusammengejochte: genosse, ein gleicher* WOLFR. TRIST. KRONE (19051).

ge-wête *stn. s.* gewæte.

ge-wëten *stv.* I, 1 (III. 774ᵇ) *jochen* PASS.

ge-wëter-blitzen *swv. wetterleuchten* BERTH. 481, 28.

ge-wette *stn. f.* (III. 776ᵃ) *verpfändung* FRL. LESEB. (diu g.), *vgl.* MART. 148, 28; *strafe geldbusse, in die man gegen den richter verfällt* URB. KULM. *r.* DSP. 1, 73. SWSP. 64, 9. 65, 2. 66, 1. 117, 4. *L.* 2, 79. 90. 113. 114. SSP. 1, 53; 2. 5, 2; 3, 32 *etc.*;

ge-wetten *swv.* (*ib.*) *dem rihter gew., gewette geben* KULM. *r.*

ge-weʒʒer *stn. coll. zu* waʒʒer RCSP. 1, 120 (*a.* 1405).

ge-wîben *swv. intr. ein weib nehmen* DIETR.

7554. REINFR. *s.* 29. ich wil gewîben ULR. *Wh.* 119ᵉ. 249ᵉ; *ebenso refl. ib.* 224ᵉ. DÜR. *chr.* 690.

ge-wîchen *stn.* II. (III. 616ᵇ) *weichen* DIEM.; *weichen von, entweichen mit dat.* BARL. GLAUB. 3125, *mit* vor TROJ.; *ausweichen mit dat.* dasz kâm ein wagen dem andern geweichen mocht CHR. 5. 147, 3.

ge-wîchte *n. s.* wîhen.

ge-wicke *stn.* (III. 639ᵇ) *coll. zu* wëc, *zusammentreffen zweier wege, wegscheide* RUL. ROTH *pr.* BERTH. (395, 5). dâ mit er an ein gewicke gie GA. 2. 554, 27.

ge-wide? *stn. coll. zu* wit, *die fäden eines spinngewebes* RENN. 4849 (*der alte druck* 76ᵇ *hat* gewippe).

ge-widere *stn. s.* gewitere.

ge-wideren *swv.* (III. 623ᵇ) *abwenden, von sich weisen* RUL. SWSP. 350, 20; *wieder einbringen* RENN. JER.

ge-wier *stn. s.* gewërre.

ge-wiere *stn.* (III. 624ᵇ) *coll. zu* wiere, *geschmeide mit eingegrabener oder eingelegter arbeit* KARAJ. ROTH. j. TIT. 393. VILM. *weltchr.* 26 (*cod. pal.* 321, 109 u. öfter).

ge-wige *stn.* (III. 641ᵃ) *gewicht* KRONE (2920). — *zu* wëgen.

ge-wîge *stn.* (III. 650ᵃ) *geweih* MYST. daʒ sîn gewîge er (hirʒ) von im schôʒ KOLM. 191, 23. — *zu* wîgen, *ursp. s. v. a. kampfwaffe des hirsches* WEIG. 1, 432.

ge-wîhen *swv.* (III. 614ᵃ) *weihen, heiligen, segnen* DIEM. GEN. PASS.

ge-wigen *stv. s.* gewëgen;

ge-wihte, -wiht *stn.* (III. 641ᵃ) *gewicht* MS. MART. FRL. ERLŒS. MYST. DFG. 447ᵃ. 550ᵇ. *n. gl.* 297ᵇ; — *stf.* zwai hundert guldîn guoter an dem golt und swæres an der gewiht Mz. 1, 365 (*a.* 1373);

ge-wihtec *adj. ponderosus* DFG. 446ᵉ.

ge-wihte-pfenninc *stm. stater* EVANG. *M.* 17, 26.

ge-wiht-macher *stm. verfertiger von gewichten* TUCH. 146, 16. 150, 8. 175, 20.

ge-wiht-stein *stm. stater* DIEF. *n. gl.* 347ᵃ.

ge-wilde *stn.* (III. 667ᵃ) *wildnis* TRIST. H. j. TIT. 6086. WOLFD. 104. ALBR. 1, 543. 632. 16, 227. GOLD. *Z.* 8, 8. ECKE *Sch.* 133. DAL. 13, 24. GA. 1. 352, 547. 51. 72. 358, 766; *wildheit* MS. (*H.* 1, 347ᵃ);

ge-wilden *swv.* (III. 668ᵃ) *wilde machen, entfernen* TEICHN.

ge-wîlet *part. adj. s.* wîlen.

ge-wille *stn.* (III. 674ᵇ) *coll. zu* wëlle, *wellen, gewoge* Mart. (188, 79) Ls.

ge-willec *adj.* (III. 664ᵃ) *willig, freiwillig, absichtlich.* als wir gew. sein ze tuen Uoe. 5. 197 (*a.* 1317). die gewilligen armen Myst. Alexius. *ebenso*

ge-willec-lich *adj.* gewilleclicher widerstrît Fragm. 34, 275;

ge-willec-lîche *adv.* (III. 664ᵃ) *willig, freiwillig* Myst. N. *v. B.* 87. 122. 29. Virg. 698, 8. Heldb. *K.* 42, 8. Chr. 8. 323, 18. gewilleclich (: mich) Alexius 125, 554.

ge-willet *part. adj. s.* willen.

ge-wille-varn *stv. I,* 4 *willfahren, gehorchen mit dat.* warinne wir der selben eurer durchleuchtikeit in dem und andern gewillefarn (*gedr.* gewilkefarn) kunten Cp. 210.

ge-wil-lîchen *adv. willig, gerne.* mînen goltvarwin spiez der chuninc ime vil gwillichin gehiez Rul. 130, 23.

ge-willigen *swv.* (III. 664ᵇ) willec *machen* Kindh.

ge-wilt *part. adj. s.* willen.

ge-wilt, -des *stn.* (III. 667ᵃ) *das wild, wilde thiere* Heldb. *H.* 1. 84, 99. Gr.w. 1, 4;

ge-wiltnisse *stn. wildnis* Dür. *chr.* 333.

ge-wimmel *stn.* (III. 675ᵇ) *gewimmel* Ls.

ge-wimmer *stn.* (III. 675ᵇ) *coll. zu* wimmer, *zusammengewachsenes strauchwerk* Hätzl.

ge-win, -nnes *stn.* (III. 712ᵇ) *gewinn (bes. des sieges), erwerb, vorteil, nutzen. allgem.; stn.* swer hie versûmet daz gewin Msh. 3, 51ᵇ. — *s.* winnen.

ge-winden *stv. I,* 3 (III. 679ᵇ) *winden* Ms. Troj. einen an gew. *angreifen* Jer.

ge-winden *swv. vom wehen des windes.* es was auch so kalt und gewindet so vil Chr. 5. 180, 10.

ge-win-haft *adj.* (III. 713ᵇ) *gewinn habend oder gebend* Freiberg. gewinhafter berc Feldb. 507. all menschen gewinhaft (*am gew. teilhaftig*) machen Mgb. 450, 2.

ge-winken *swv.* (III. 704ᵇ) *winken mit dat.* Ms. Neidh. wie sie der sene von herzen moht gewinken j.Tit. 4385.

ge-winnec *adj.* gew. guot, *bona acquisita* Oberl. 548.

ge-win-lich *adj. auf gewinn, erwerb ausgehend* Chr. 3. 51, 1.

ge-winnen *stv. I,* 3 (III. 709ᵃ—712ᵃ) *durch arbeit, mühe, sieg wozu gelangen, etw. erwerben, gewinnen.* — *absol. gewinnen, siegen* Iw. Parz. Nib., gewinn haben Chr. 3. 98, 1; *ausüben, vollführen* Heinr. 342 *und anm.; — mit acc. d. p. oder sache* (*die person, der man etw. gewinnt, verschafft im dat.*) *gewinnen, anschaffen, herbei oder vom flecke schaffen, allgem.* (ein kint gew. *gebären, zeugen* Dsp. 2, 75. Uoe. 4, 247. 264. Chr. 1. 68, 14. einen gew. *für sich gewinnen, anwerben ib.* 1. 184, 20; 5. 108, 16. 149, 5. den boten gew. Np. 20; guot gew. Chr. 3. 98, 5; 5. 148, 1. nôt g. Turn. 161, 2. dô er den grôzen slac gewan En. 328, 4. steine gew. *herbeischaffen* Chr. 5. 319, 18. aine vest g. *erobern* Mgb. 265, 53, *mit andern objecten s. p.* 621 *f.*; ab, an, von einem gew. *von ihm erhalten, ihm abgewinnen,* gelt an einem gew. *von ihm geld leihen* Chr. 1. 115, 4. 22. einen von etw. gew. *davon abbringen* Nib. 319, 4); *in gewalt bekommen, überwältigen* Nib. Wolfr. Chr. 1. 184, 20; 5 108, 16. 149, 5. dô sî daz lant zuo ir gewan Greg. 686; *vor gericht, durch rechtsverfahren erwerben, erlangen* Ssp. 3. 10, 2. 40 *etc.; vor gericht überwinden, überführen* Kulm. *r.* Ssp. 2, 9. 11. 45; — *mit partit. gen.* Roth. Gen. *D.* 124, 1. Rul. 190, 91; *mit ze u. infin.* Iw. — *mit* abe, an, în, ûf, ûz, vür;

ge-winner *stm.* (III. 712ᵇ) *gewinner, lucrator* Myst. Wh. *v. Öst.* 68ᵇ. Dfg. 338ᵃ; *derjenige, der einem andern* sîne phronde ûzrihtet Dür. *chr.* 632. *vgl.* Spec. 148, 158;

ge-winnunge *stf.* (*ib.*) *erwerb, gewinn* Erinn. (217. 493. 771). den man brach rîch gewinnung abe Loh. 5904. swem gewinnunge lieb ist Wg. 3991. swer sînen muot wil verlân nâch gewinnunge 8835. gew. gern 9310. ob auch die auzzern die weil gewinnung in der stat hieten W. 21 (*a.* 1335).

ge-wippe *stn. gewebe s. oben unter* gewide *u. vgl.* gewüppe.

ge-wirbec *adj. tätig, ausrichtsam.* frœlich und gewirbic was dirre guot man alle wege W. *v. Rh.* 41, 52.

ge-wirdec *adj. würdig mit gen.* gewirdic niht eins wîbes Msh. 3, 61ᵇ;

ge-wirden *swv.* (III. 608ᵃ) wërt *machen, ehren, verherrlichen* Trist. *H.* Krone. kund ich der werden werdecheit gewirden nâch der wirde Singenb. 226, 15. ich kan mit sprüchen und mit sange gewirden wol, die mir sint helfebære Msh. 3, 104ᵃ. den kristenglouben gehœhen und gewirden Berth. 489, 6; *refl. sich achtung verschaffen* Greg. (1517, *bei* Bech gevürdern, *Erlauer hs.* geziehen).

ge-wirhte *stn. s.* gewürhte;
ge-wirke, -wirken *stn., an. v. s.* gewürke, -würken.
ge-wirsen *swv. übeler, schlimmer machen* SILV. 5107. W. *v. Rh.* 76, 21.
ge-wirt-schaft *stf. s. v. a.* wirtschaft MSH. 3, 29ª.
ge-wîs *stf. s.* gewîse.
ge-wis, -sses *adj.* (III. 795ᵇ) gewisse FLORE 5922, gewiẓ WG. 9290. 13432, *md. auch* gewës (HERB.): *gewiss, sicher, zuverlässig subjectiv und objectiv. allgem.* (gewis hân *fest glauben* Iw. WIG. einen gewis tuon HPT. 8. 89, 11. einen eines d. gewis machen KARLM. 206, 22. er was des gewissen tôdis L.ALEX. 1710. daẓ ist gewis sam der tôt LANZ. 5881. ein gewisser degen LOH. 5300. ein gewisser bote KARL, *vgl. oben sp.* 331 *und* HELBL. 2, 1509. 7, 970. SWSP. *L.* 2, 8. CDG. 2, 348. 3, 132; *sup.* daẓ gewiste leben MYST. 1. 220, 33). — *zu* wiẓẓen;
ge-wis *adv.* (III. 796ª) *gewiss, sicherlich* DIEM.;
ge-wis? *stn.* (*ib.*) ze gewisse hân *s. v. a.* gewis hân TROJ. 43984. *s.* gewisse *stf.*
gewisch *adj. s.* göuwisch.
ge-wischen *swv.* (III. 764ᵇ) *wischen* PASS.
ge-wîse, -wîs *stf.* (III. 756ª) *s. v. a.* wîse WIG. PARZ. *var.* in pilgerims gewîse KARLM. 135, 42. 146, 47. 159, 36. in ritters gewîse *ib.* 245, 32;
ge-wisen *part. s.* wîsen;
ge-wîsen *swv.* (III. 761ª) *weisen, führen, lenken* REINH. PANTAL. DAN. 5507; *anweisen, unterrichten* DIEM. Ms.; *zeigen, kund tun* LAMPR., *mit dat. d. p.* JER.; *beweisen*, der antwurter macht (*konnte*) nichts gegen dem chlager geweisen USCH. 362 (*a.* 1394);
ge-wîsen *swv.* (III. 763ª) *nach einem sehen, ihn besuchen, heimsuchen.* die heiligen gotes engele gewîsont hiute ir hûsgenôẓe (visitant cives suos) WACK. *pr.* 11, 32. andere lûde si gewîsent MARLD. han. 50, 1; *mit gen.* EXOD. dâ du mîn gewîses MARLD. han. 50, 22. — *gt.* gaveisôn.
ge-wis-heit *stf.* (III. 796ª) *gewissheit* TRIST. MYST. PASS. 236, 5. HPT. 8. 90, 28. HERZM. 8; *bürgschaft, sicherstellung, pfand,* fride und gewisheit wart dâ bêdersît getân HERB. 15283. und tâten im des gewisheit 15341. daẓ ir von den armen liuten gewisheit nemet und in dar ûf lihet BERTH. 281, 6. swelich man vor gerihte gelobet eine gewisheit SWSP. 262, 1. swelich gewisheit er (*der schiedsrichter*) dar uber setzet, daẓ eẓ volfüert werd, die suln wir beidenthalben tuon MW. 18 (*a.* 1293). eẓ suln auch di gevangen dehein ander gewisheit tun, wan daẓ si sweren suln, daẓ si auf den tag komen *ib.* 188, 1. er sol uns geben zwai tausent march silbers auf die frist und auf die gewishait, als her nâch geschriben ist UOE. 4, 277 (*a.* 1298). daẓ ir dem selben die vier hundert pfund pfenn. geheizẓet ze geben und in der sicher machet mit iwern briefen und gewisheit W. 60 (*a.* 1336). *vgl. noch* CHR. 2. 166, 4; 4. 35, 14 *u.* HALT. 715.
ge-wis (wisse)-lich *adj.* (III. 796ᵇ) *sicher, zuverlässig* BÜCHL. TRIST. ein gewislich mære TROJ. 15639. 24745. mit gewislîcher sicherheit GERH. 6086;
ge-wis (wisse)-lîche, -en *adv.* (*ib.*) *sicherlich* ER. RAB. LIEHT. ENGELH. eẓ ist auch gewisleich wâr MGB. 181, 30. sie ist gewisselichen tôt KRONE 26071; *auf sicherstellende art, in zuverlässiger weise* KCHR. (*D.* 151, 26); *zwar, nämlich* EVANG. 262ª.
ge-wisse *adj. s.* gewis;
ge-wisse *adv.* (III. 796ª) *gewisslich, ohne zweifel, sicherlich, in der tat* EXOD. (*D.* 123, 33. 139, 20) ERINN. A. HEINR. JER. MONE 8. 55, 7. 58, 123. ELIS. 4923. 5364. 5661, *oft nur als flickwort:* 1718. 2924. 5916. 6060 *etc.; sicher, fest* HERB. so er gewissest kunde SSL. 943;
ge-wisse *stf.* (III. 796ᵇ) *gewissheit, zuverlässigkeit* JER. sie fûren durch der gewisse tor HEINR. 4306.
ge-wîs-seit *part. s.* wissagen.
ge-wisse-lich *adj. adv. s.* gewislich.
ge-wissen *stf. s.* gewiẓẓen.
ge-wissen *swv.* (III. 796ᵇ) *part.* gewisset, gewist (JER.): gewis *machen* TRIST. MYST. dâ von er dicke schaden gewisset JÜNGL. 1088. *mit gen. d. s.* JER. so wil ich mit eiden des gewissen dich WELTCHR. 182ᵉ; *mit dat. d. p. versichern, verbürgen.* daẓ ir gewissen bî dem eide mir TROJ. 9076. einem gew. *bürgschaft leisten* MB. 9, 271;
ge-wissnî *stf. s.* gewiẓẓen;
ge-wist, -wiste *part. prät. s.* gewissen, gewiẓẓen, wiẓẓen;
ge-wiste *sup. s.* gewis;
ge-wissunge *stf.* (III. 796ᵇ) *gewissmachung, sicherstellung* EXOD.
ge-wît *part. s.* wihen.
ge-wîten *swv.* (III. 773ᵇ) *erweitern.* daẓ si daẓ perchrecht icht geweiten mugen noch gemêren dem gotshaus ze schaden UKN. 123 (*a.*

1308); *ausbreiten, bekannt machen* PARZ.;
refl. sich entfernen von PASS.
ge-witere, -witer *stn.* (III. 610ᵃ) *coll. zu* wëter, *wetter, unwetter* PASS. 330, 5. gewidere
LAMPR. gewitter, tempestas DFG. 576ᵉ. senftmûtig gewitter, temperies *ib.*
ge-wîtern *swv. erweitern* WACK. *pr.* 53, 238.
ge-witze *stn.* (III. 793ᵃ) *wissen, weisheit, verstand* MYST. HERB. 3180;
ge-wiʒ *adj. s.* gewis.
ge-wîʒen *stv. II.* (III. 782ᵇ) *mit acc. und dat. einem etw. vorwerfen, ihn tadeln wegen* IW. MAI, MYST.
ge-wiʒʒec-lich *adj. gewiss, klar, offenbar.* die gewiʒenclîchene trahene HPT. *h. lied* 146, 11.
ge-wiʒʒede *stfn.* (III. 792ᵇ) *das wissen, scientia* DIUT. DIEM. (*n.*). der geist des gewiʒʒedes HPT. *h. lied* 146, 8; *gewissen*, er ist got aller gewiʒʒide DIUT. 3, 32; *bewusstsein* MYST.;
ge-wiʒʒen *part. adj.* (III. 789ᵇ) *bekannt,* mir ist gew. *ich weiss* ANEG. IW. NIB. BIT. (6459). den di sach kund und gewiʒʒen ist ULA. 137 (*a.* 1320); *verständig, wissend was sich schickt, besonnen* MAR. KINDH. IW. TRIST. *H. u. U.* WIG. gew. unde guot ERACL. 149. ein gewiʒʒen man MSF. 170, 23. KRONE 19582. der riter gewiʒʒen *ib.* 17568. diz buoch ist gewiʒʒenen liuten und wîsen liuten guot vor ze lesenne SWSP. *L.* 2, 159; *gewissenhaft*, er sol nâch êren sîn gemuot, wârhaft, gewiʒʒen HELBL. 7, 1150. — *s.* wiʒʒen;
ge-wiʒʒen *an. v.* (*ib.*) *s. v. a.* WIʒʒEN TRIST. WWH. (*prät.* gewiste);
ge-wiʒʒen *stn.* (III. 790ᵃ) *wissen, kenntnis, erkenntnis* SPEC. WARN. solten wir des ein gewiʒʒen gewinnen CP. 257. mit einem gewiʒʒen (*so dass man davon weiss*) armen leuten die pfenning tailen ULA. 190 (*a.* 1337). *vgl. das folgende*
ge-wiʒʒen *stf.* (III. 791ᵃ) gewiʒʒene DIUT. 3, 34. GEN. *D.* 9, 24, gewissni Mz. 1, 1392 (*ahd.* gewiʒʒenî), gewissen GRIESH. 2, 49: *das wissen, die kenntnis, kunde* MAI, LS. GEN. *D.* 9, 24. 10, 9. swer mêret die gew. mîn MSF. 35, 32. mit gew. CHR. 3. 331, 21. nâch gew. *ib.* 4. 158, 4. über etw. ein gew. nemen, *es kennen lernen ib.* 5. 46, 11. der gewiʒʒen bin ich vrî, *ich weiss nicht* NEIDH. 77, 12; *mitwissenschaft*, mit einer gewiʒʒen meiner erben UH. 133 (*a.* 1365). nâch des burcgrâven râte unde mit sînre gewiʒʒen Mz. 2, 414 (*a.* 1297); *verständigkeit, erkenntnis dessen was* sich schickt MAR. ERACL. MS. swer in solher gewiʒʒen sî, daʒ im wonet zuht und êre bî TANH. *hofz.* 1. kint, diu noch niht gewiʒʒen hânt *ib.* 7. als in sîn aigniu gewissni und vernunft wiset Mz. 1. 392 (*a.* 1384). mit einer gewissen, *gewissenhaft* UH. 95 (*a.* 1348); *inneres bewusstsein, gewissen (manchmal vielleicht neutr.)* GRIESH. MART. WARN. PASS. ANTICHR. 198, 13. 199, 18. ELIS. 8675. seit im sîn gew. daʒ er unreht hât SWSP. 72, 8. ieder mensch nim sein aigne gwiszen für sich und erfare die CHR. 5. 184, 18. als iuch iůwer gewiʒʒen lêren KOL. 159, 80.
ge-wiʒʒenc-lich *adj. s.* gewiʒʒeclich.
ge-wiʒʒende *stf.* (III. 790ᵇ) *einsicht, bewusstsein* ANTICHR. BERTH. KARAJ. 92, 16. CRESC. Sch. 48, 32;
ge-wiʒʒene *stf. s.* gewiʒʒen.
ge-wiʒʒen-heit *stf.* (III. 791ᵇ) *wissen, kunde* KRONE. der gewiʒʒenheit sîgen wir bar W. *v. Rh.* 117, 42. gewiʒʒentheit DIUT. 2, 15; *verständigkeit* TÜRH. *Wh.* HPT. 7. 330, 40. 46; *inneres bewusstsein, gewissen* DIEM. FREID. SILV. ANTICHR. 202, 35. HEINR. 3007.
ge-wiʒʒen-lich *adj. wissentlich, bekannt, offenbar.* daʒ alliche niht gewiʒʒenlich ist den smâhvolchen HIMLR. 126. daʒ ist gewiʒʒenlich OTN. 4, 55. von diu solt uns sîn wîhe sîn gewiʒʒenlich AB. 1. 228, 421. diu gewiʒʒenlîche (*verständige, einsichtsvolle*) minne HPT. *h. lied* 29, 13. 18;
ge-wiʒʒen-lîche, -en *adv. wissentlich* GEN. *D.* 98, 18. EN. 141, 8.
ge-wiʒʒet *part. s.* wiʒʒen.
ge-wölke *stn. s.* gewülke;
ge-wolkent *part. adj. s.* wolkenen.
ge-wollen *part. adj. s.* wëllen.
ge-won *adj.* (III. 803ᵃ) *gewont, subjectiv und objectiv* WALTH. BARL. PASS. KRONE (23451. 24733. 29159). unt iʒ bî mir gewon was KCHR. *D.* 215, 8. sô du ê gewon wære GEN. *D.* 81, 9. danne ich gewon wære EXOD. *D.* 129, 24. 133, 15; *mit gen.* HARTM. (GREG. 622. BÜCHL. 2, 61. 706). TRIST. RUD. KONR. (TROJ. 14189. 17728. 33789. ENGELH. 173. 5886. SILV. 26). PASS. (*H.* 173, 96. 370, 20. 391, 41). GEN. *D.* 124, 10. ROTH. 2417. KRONE 22523. FELDB. 264. gewone ROTH *denkm.* 103, 52. gewan (: an) AB. 1. 320, 485; *mit präp. an* JER., mite MAR., umbe BON. (gewan). — *zu* wonen; mite MAR., umbe BON. (gewan). — *zu* wonen;
ge-won, -wone *stf.* (*ib.*) *gewonheit.* gewone (*ahd.* giwona) KARAJ. ein bœs gewon VINTL. 7420. gewan GAURIEL;

ge-wonde *stf. gewonheit, herkommen* MOR. 2, 882. RTA. 1. 35, 21. gewont VET. *b.* 69, 7.
ge-wönd-lich *adj. s.* gewonlich.
ge-wone *adj. stf. s.* gewon.
ge-wonec-lich *adj. in* ungewoneclich.
ge-wone-heit, -lich *stf. adj. s.* gewonheit, gewonlich.
ge-wonen *swv.* (III. 805ᵇ) *wonen, verweilen* ANEG. 22, 83; *gewont sein, werden mit gen.* BERTH. (386, 15 *ff.*). swer drabens gewont, den müejet zelten RENN. 20996. gewonst du sîn ein wîle OTN. *p.* 66; *mit präp. in* PILAT. 58.
ge-won-haft *adj. gewont mit gen.* die guoter dinge gewonhaft werdent BERTH. 196, 25. dy wurden da gewonhaft der haidenischen chetzerey *de amiss. terrae s.* 1563 (W.GR.).
ge-won-heit *stf.* (III. 803ᵇ) gewoneheit (*ahd.* giwonaheit) DIEM. NIB. TRIST. RUL. 206, 17. gewanheit SWSP.: *gewonheit, gewonte lebensweise* RUL. HARTM. (GREG. 283. BÜCHL. 2, 9). j.TIT. FREID. HELBL. gewonheit ist diu ander nâtûre JÜNGL. 1165. bœs gewonheit geit bœsen lôn VINTL. 7421. si greif an ir gew. STRICK. 4, 84. gewonheit haben, *zu tun pflegen* ELIS. 9790. *vgl. noch* PASS. 130, 15. 166, 80. 337, 32. 345, 79. MARLD. *han.* 35, 38. nâch gew. *in gewonter weise* NIB. HARTM. (BÜCHL. 2, 561). TRIST. PASS. 332, 11. 369, 11. MARLG. 35, 14, *ebenso* mit gew. BARL.; durch gewonheit, *aus gewonheit* DAN. 5529.
ge-won-lich *adj.* (III. 804ᵃ) *subj. gewont.* si muosten mêr guotes gên, dann si gewon (*Zürch. hs.* gewonlich) wærint KUCHM. 1. (= *leseb.* 837, 17); *obj. gewont, der gewonheit gemäss, hergebracht, gewönlich* KARAJ. NIB. ER. TRIST. (gewonelich) WIG. BARL. uber gew. zît EXOD. *D.* 124, 36. gewonlîche slege LANZ. 5323. nâch gewönlîchem site ANEG. 37, 41. nâch gewonlîchen siten MARLG. 42, 32. gew. haz PASS. 274, 12. ein gew. cleit *ib.* 68, 17. ez ist ein gew. wârheit DIETR. 2060. gewonlîcher dinge gern BIRKENST. *p.* 307. als ez dô was gewonelich TROJ. 37823. drei gewonlich steur CHR. 5. 73, 11. als sitlich und gewöndlich ist *ib.* 4. 181, 43;
ge-won-lîche, -en *adv.*(*ib.*)*in gewonter weise* BARL. PASS. MARLG. 155, 65. diu sâ von sînem lîbe gewonlîch nâch rehter art eines kindes swanger wart VILM. *weltchr.* 71ᵇ.
ge-wont *stf. part. s.* gewonde, wonen.
ge-worhte, -worke *stn. s.* gewürhte, -würke;
ge-worhte, -worht, -wort *part. prät. s.* gewürken, würken;

ge-worte *stn. s.* gewürhte.
ge-worten *swv.* (III. 810ᵇ) *durch worte ausdrücken* MYST. (2. 77, 11). WACK. *pr. s.* 273, 7. 10;
ge-wortigen *swv.* (III. 810ᵃ) *in worte fassen* MYST.
ge-wrëchen *stv. s.* gerëchen.
ge-wûc *prät. s.* gewahen, -wëgen.
ge-wûch *stm. s.* gewuoc.
ge-wûchze *stn.* (III. 812ᵃ) *md. coll. zu* wûchz, *geschrei* JER.
ge-wüefe *stn.* (III. 825ᵃ) *coll. zu* wuof, *geschrei* TRIST. *H.*
ge-wüegen *swv. erinnern an* (*gen.*). des lâ dich gewüegen ECKE Z. 99, 6.
ge-wüelen *swv. md.* gewûlen, umbe gew. *umwülen, verderben* RSP. 1753.
ge-wüeten *swv.* (III. 536ᵇ) *prät.* gewuote, *wüten* KRONE.
ge-wulfze *stn. md. s. v. a.* gewelbe GERM. 10, 398.
ge-wülke *stn.* (III.802ᵇ) *coll. zu* wolke, *gewölk* MYST. *vgl.* ZIMR. *chr.* 1. 373, 20 *ff.* gewölke Ls. 3. 312, 263. *ebenso*
ge-wulkene *stn. coll. zu* wolken WACK. *pr.* 11, 41;
ge-wulket *part. adj.* (III.802ᵇ) *umwölkt* MYST.
ge-wunden *swv. prät.* gewunte, *verwunden* ALBR. 29, 161.
ge-wundern *swv. wunder tun* BERTH. 79, 3.
gëwunge *stf.* hiatus Voc. 1482. gebunge DIEF. *n. gl.* 203ᵃ. — *zu* giwen, gëwen.
ge-wunne *stf.* (III. 818ᵃ) *s. v. a.* wunne RUL.
ge-wünschen *swv.* (III. 822ᵇ) HÄTZL.;
ge-wünschet *part. adj. s.* wünschen.
ge-wunt *part. adj. s.* wunden.
ge-wuoc *prät. s.* gewahen;
ge-wuoc *stm.* (III. 459ᵃ) *md.* gewûch *erwähnung* PASS. (ûf rehten gewûch 178, 40).
ge-wuochern *swv.* (III. 453ᵇ) *gewinnen mit acc. u. dat.* KCHR.
ge-wuore *stf. s. v. a.* wuore HEUM. 250.
ge-wuot *prät. s.* gewaten.
ge-wüppe *stn.* textura DFG. 582ᵇ. *vgl.* gewëbe, -wippe.
ge-wurc, -ges *stm. ?* (III. 742ᵃ) *das würgen* JER.;
ge-würgen *swv.* (III. 742ᵇ) *würgen, erwürgen* RENN.
ge-wurht *part. s.* würken;
ge-wurht *stf.*(III.595ᵃ) *gen.* gewürhte (-wirhte SPEC.),- wurht: *handlung, wirkende tat, ursache* DIEM.;
ge-würhte *stn.* (III. 595ᵃ) *md.* gewurchte, *nbf.*

gewirhte Himlr., geworhte Er., *md.* gewohrte,
-worte En. Herb. *was gewirkt, gearbeitet
oder getan ist: werk, tat* (Himlr. nâch sînem
gewurhte Karaj. 35, 22), *arbeit* (Er. 8956),
verdienst (Erinn. 1011), *bau* (En. Herb.),
gewebe Er. Lanz. Trist. von porten lieht
gewürhte (*var.* geworhte) Nib. 408, 4;

ge-würke *stn.* (*ib.*) *das wirken, tun* Dav. *v. A.*
des fiants gewirk Malag. 45ª. geworke,
bau En. (253, 4); gewirke, *mistgrube*
Strassb. *r.*;

ge-würken, -wirken *an. v.* (III. 593ª) *prät.*
geworhte *wirken, arbeiten.* ez kumt diu naht,
in der nieman gewirken mac H. v. N. 353,
mit acc. bewirken, bereiten Nib. Trist. Gsm.
Eracl. 1823; *mit dat. d. p.* einem wê gew.
leid zufügen Pass. Jer.

ge-würme *stn.* (III. 827ª) *coll. zu* wurm, *menge
von würmern, gewürm* Walth. swâ diu reb
sich blüemet, dâ vliuhet daz gewürme dan
Msh. 2, 333ª; *kriechende tiere überhaupt*
Walth.; *menge von schlangen od. drachen*
Karaj. Tund. Er. L.Alex. 4972;

ge-würmze *stn. gewürm, vgl.* Vilm. 461. ge-
wormte Chr. 7. 354, 17.

ge-wurte *adj. freudig* Gen. D. 43, 13. 62, 2.
vgl. ahd. giwurt *stf. wolgefallen, zu* giwër-
dan *stv.*

ge-würte *stf. in* ungewürte. — *zu* wort.

ge-würtec *adj. gegenwärtig* Ad. 1353. — *zu*
wërden, *vgl.* antwart.

ge-würtec-lîchen *adv. mit freuden* Exod. D.
149, 13. *s.* gewurte.

ge-wurzen *swv.* (III. 831ᵇ) *intr. u. refl. wurzel
schlagen* Trist. Lobges. Myst.;

ge-würzen *swv. würzen* Hpt. 9, 367.

ge-wyzieret *part. s.* wyzieren.

ge-zagel *adj.* (III. 840ª) *geschwänzt* Trist.

ge-zal *adj.* (III. 841ᵇ) *schnell, behende* Gen.
(*D.* 113, 6). Exod. D. 155, 7. Rul. ir kel und
ir zunge sint vil gezal Krone 17435, *vgl.*
13247 *u. anm.* gezal ros (II. 764ª) Gl. — *zu*
zal, zil;

ge-zale, -zal *adv.* (*ib.*) *schnell* Diem. Kindh.
Eracl. (4826). Bit. (10104). Mor. 1, 2515. 2,
4437. Berth. 467, 17. *sup.* der bruoder im
antwurte, sô er gezalest mahte Kchr. D.
362, 3.

ge-zalt *part. s.* zaln, zellen.

ge-zam *prät. s.* gezëmen;

ge-zam *adj.* zahm. gezamez vihe Augsb. *r.
W.* 319; *mit dat. s. v. a.* gezæme, dâ mit si
sie unserm herren gezam machten Roth *pr.* 54;

ge-zæme *adj.* (III. 891ª) *md.* gezème *gezie-
mend, gemäss, angenehm* Buch *d. r.* Jer.
Lanz. 9404. Er. 9053. Flore 2829. 3059.
Pyram. 11, *mit dat.* Diem. Trist. Warn. Er.
1983. Loh. 3837. Elis. 3695. 3990. Albr. 31,
86;

ge-zæme *stf.* (*ib.*) *wolanständigkeit, hübsches
ansehen* Warn.;

ge-zamen *swv.* (*ib.*) *zam machen* Lanz. Silv.
dô ich in (*den* valken) gezamete Msf. 8, 35.
der snepfe in dem riede wil wilde sîn, des
mac man selten in gezamen Msh. 3, 91ᵇ;

ge-zan *prät. s.* gezëmen.

ge-zan *adj.* (III. 848ᵇ) *mit zähnen versehen* Iw.
Mariengr. 60.

ge-zarre *stn.* (III. 904ª) *coll. zu* zar, *das reis-
sen, gezerre* Jer. *vgl.* gezerge;

ge-zart *part. s.* zerren.

ge-zart *adj. s. v. a.* zart *lieb, geliebt.* vil jun-
ger man gezarte Msh. 3, 82ª.

ge-zauge, -zawe, *stn.,* **-zawen** *swv. s.* gezou-
we, -zouwen.

ge-zêch *prät. s.* gezîhen.

ge-zëch *adj. gefügt, geordnet, gerüstet.* die
sint ouch ritter freche und alle wol gezeche
Ulr. Wh. 241ª;

ge-zëchen *swv.* (III. 860ª) *anordnen, veran-
stalten, schaffen, machen* Ulr. Rul. Trist.
U. Reinh. Kchr. W. 8005. Ulr. Wh. 168ᶜ.
174ª.

ge-zecken *swv.* (III. 860ᵇ) *mit einem gez. ihn
necken, mit ihm zu tun haben* Neidh. (47, 19
und 198, 3: stecken).

ge-zeichen-lîche *adv. s. v. a.* zeichenlîche. dâ
stêt si als gezeichenlîche und alse schöne
Berth. 168, 29.

ge-zeigen *swv.* (III. 867ª) *zeigen* Trist. Wig.
Licht. 633, 9. Silv. 3376.

ge-zein? *adj.* schol die lêre sein gemain, so
bis mit deinem leben gezain Ring 28ᵈ, 12
(genæm : gezæm?).

ge-zeisen *stswv.* (III. 868ᵇ) *zupfen* Kchr. (*D.*
428, 2);

ge-zeiset *part. s.* zeisen.

ge-zelle *adv.* (III. 841ᵇ) *schnell* Oberl. — *zu*
gezal;

ge-zelle *stf.* (III. 842ª) *anstelligkeit?* Frl.

ge-zeln, -zellen *swv.* (III. 847ª) *zählen.* ge-
zeln (: queln) Silv. 964. gezellen *prät.* ge-
zalte Ms. Myst.; *mit dat. erzählen* Gen. (unz
si imz allez gezalten *D.* 91, 20).

ge-zëlt *stn.* (III. 870ª) *passgang, gehen der
pferde in sanftem schritt* Eracl.

ge-zëlt *stn.* (III. 869ᵃ) *zelt* Diem. Gen. Hartm. (Greg. 1922). Parz. *(ein zelt wie ein harnisch gebildet* 27, 17). Nib. Konr. Barl. Fdgr. 2. 125, 13. Virg. 660, 9. 666, 7. 667, 4. 680, 9 *u. oft,* Lieht. 464, 20. 480, 14. 17. Loh. 6127. 89. Herb. 5328. 7145. Pass. 150, 29; — gezelt oder zweifalter, papilio Voc. 1482. *vgl.* pavelûn.

ge-zëlt-snuor *stf. zeltschnur.* manc sîdîn gezeltsnuor wart ûf der slâ enzwei getrett Wwh. 436, 12. *vgl.* Alph. 181, 2.

ge-zemde *stf. s. v. a.* gezæme. dîn wîplich gezemde Wh *v. Öst.* 11ᵇ. — *ahd.* gazamida, decretum, satisfactio, conventus Gff. 5, 665;

ge-zême *adj. s.* gezæme;

ge-zëmen *stv. I,* 2 (III. 887ᵇ) *prät. auch* gezan (: an) W. *v. Rh.* 2, 74ᵃ: *angemessen finden* Pass.; *geziemen, angemessen, passend sein mit oder ohne dat. allgem.* (daz ambet gezæme wol in sîner hant Silv. 557. si wölde anders danne gezan die maget grîfen an W. *v. Rh.* 2, 74ᵃ. einem gezemen zuo a. Heinr. Gerh. Pass. der ir ze dieniste gezam Ath. *B** 21. daz im ze rîtenne gezam Er. 1414); mich gezimt eines d. *ich finde etw. mir angemessen, achte es für meiner würdig, es gefällt mir, allgem.* (wan den turnierens wol gezam Er. 2411. der vant des, swes in gezam 8716. daz in des valsches wol gezimet Büchl. 1, 268. 1137. dâ si spilnes gezâm Greg. 1116), *mit infin.* Pass. Krol. Er. 2711 *oder untergeord. s.* Pass. Rul. 22, 19; mich gezimt ein dinc: du solt ouch wizzen, waz (wes?) dich gezeme Msh. 1, 7ᵃ.

ge-zëm-lîchen *adv. geziemend, passend* W. *v. Rh.* 237, 8.

ge-zenen? *swv.* moht er gezenen (gezerren?) si her dan von der stat mit kundikeit Weltchr. 129ᵃ.

ge-zenke *stn.* (III. 849ᵇ) *coll. zu zanc, streit, gezänk* Jer. Rsp. 2865. Kol. 102, 214. 188, 1·70. *ebenso*

ge-zenkede *stn.* zwitracht und gezenkt Np. 89.

ge-zenket *part. adj.* mit zanken *versehen, gezackt* Tuch. 71, 14. 76, 9.

ge-zerfe? *stn. s. v. a.* geserwe? mit aller der zimier gezerfe (: scherfe) j. Tit. 2135. geschütze noch gezerfe 2190. (gezerpfe : scherpfe Z. 2. 90, 2190) *vgl.* 3668. man bot dem herren wol gezogen ein gezerf und einen bogen Cod. pal. 333, 66ᵇ.

ge-zerge *stn.* (III. 904ᵃ) *s. v. a.* gezarre Herb.

ge-zern *swv.* (III. 902ᵇ) *zehren, absol.* Wwh., *tr.* Ms. abe gez. Helbl. 1, 812.

ge-zerren? *swv. s.* gezenen;

ge-zerret *part.* Er. *B.* 324, *vgl.* geunzieret.

ge-zerten *swv. s. v. a.* zerten. wan die hôhvertigen got nieht nechunnen noch ingeturren gezerten noch geminnen Hpt. *h. lied* 117, 7.

ge-zësem *adj. in* ungezësem.

ge-zeugel, -zeuglein *stn. s.* geziugelîn.

ge-zic, -ges *stm.* (III. 880ᵇ) *s. v. a.* bezic Engelh. Reinfr. 46ᵃ *(dreimal)* Kön. (Oberl. 549). Ad. 916 *(a.* 1321).

ge-zicken *swv.* (III. 874ᵃ) *prät.* gezicte, -zihte *leise berühren* Urst. Spec. 34.

ge-ziehen *stv. III.* (III. 928ᵃ) *md. auch* gezien *prät.* gezôch *u.* gezô (Lanz.): *tr. ziehen* Berth. Troj. Pass., *mit* abe *(s. oben sp.* 3 *u.* L. Alex. 442), wider; daz kint von der hab gez. *sie ihm entziehen* Uoe. 4, 260 *(a.* 1297); gez. an, *mit etw. in zusammenhang bringen, daraus abnehmen* Herb.; *erziehen* Diem. — *refl. sich ziehen, begeben* în (Trist.), von (Diem.); sich gez. ûf *sich worauf beziehen, wozu passen* Troj., *ebenso* sich gez. zuo, ze Flore, Himlf.; *sich erziehen, eine lehre* woran (bî) *nehmen* Elis. 4. 11; sich ûf gez. *hinziehen* Jer.; — *intr. sich auf einen punct zusammenziehen, ausmachen, betragen* (929ᵃ, 45) Schm. ein schad, der gein 100 pfunden Regenspurger gezuog oder mêr Mw. 193, 6 *(a.* 1293); *sich fügen, passen, gebühren, ausreichen* Parz. als verre ez *(das für den jahrtag gestiftete geld)* geziehen mac Uhk. 2, 48. 167 *(a.* 1315. 37). und schol man dor umb choufen, als verre di (aht phunt phenn.) geziehen mugen Ula. 170 *(a.* 1327, = als verr di geraichen mugen 201, *a.* 1340); *mit präp.:* gez. an den tôt *an den tod gehen, den tod nach sich ziehen* Büchl. (mich geziehet an *s. oben sp.* 59) gez. gegen sich ziehen an, *angränzen* Parz. in ein gez. *zusammengehören, laufen* Windb. ps. swer an gesprochen wirt umb ein grôzez dinc, daz ûf den tôt geziuht, *die todesstrafe betrifft, nach sich zieht* Mw. 197, 25 *(a.* 1294); gez. zuo *mit persönl. subj. sich auf etw. berufen* Iw. 2868, *mit sachl. subj. führen zu, nach sich ziehen:* iz geziuhet zû dem tôde Antichr. 137, 6. wunden die zuo dem tôde oder ze der lem geziehent Mw. 193, 4 *(a.* 1293), *sich worauf beziehen, dazu gehören, passen* Hartm. (daz ze wârheit gezôch Er. 8053). Trist. Flore, Mai; *mit dat.*

d. p. bestimmt, gemäss sein, passen, gebühren HARTM. WWH. MS.

ge-zierde *stf.* (III. 875ᵇ) gezirde: girde KRONE 26393, *md.* gezîrde (HERB. 8204. PASS. 108, 41, *auch stn. ib.* 1, 47. 237, 9) *s. v. a.* zierde *schönes, schmuck, putz, zierde, pracht, herrlichkeit* NIB. ER. 8264. PARZ. TIT. 139, 4. BERTH. (569, 36). RUD. (GERH. 225). KONR. (TROJ. 1227. 1316. 13390. 14929. 50. 57. 17479. 19922. 20200. 25160. TURN. 53, 5.. ENGELH. 5236). *vgl. noch* KCHR. *D.* 401, 11. LANZ. 3990. ERNST 2424. 4795. RENN. 1004. 3802. 16687. FLORE 2116. 4221. 4302. 4439. 50. GFR. 2408. SERV. 481. WG. 1305. 5506. 13932. KARL 5250. DAN. 2677. HEINZ. 129. 64, 4. WARTB. 105, 5. MSH. 3, 279ᵃ. 413ᵃ. GRIESH. 1, 71. 150. 153. NP. 108. CHR. 2. 263, 8. 336, 27. 337, 2;

ge-ziere *stf.* (*ib.*) *s. v. a.* ziere HERB. (*auch als stn. ib. und* ELIS. 902. 1974. 95. 2107. 29). ROTH. 3566. LANZ. 6276. BIT. 8822. KRONE 15232. 19018. 28711. 29366;

ge-ziere *adj. geschmückt* KCHR. *W.* 6819;

ge-zieren *swv.* (III. 876ᵇ) *schmücken, zieren* PARZ. MS. WOLK. 44. 3, 8. mit êren gez. BIRKENST. 9.

ge-zigen *part. s.* zîhen *und*

ge-zîhen *stv. II.* (III. 878ᵃ) gezêch, gezigen: *zeihen, beschuldigen* LS. ein wîser man sol niht ze vil versuochen noch gezîhen MSF. 162, 8;

ge-ziht *stf.* (III. 880ᵇ) *beschuldigung* HALT.

gezihte *prät. s.* gezicken.

ge-zîle, -zîl *stn.* (III. 886ᵃ) *coll. zu* zîl, *gesträuch* MAR. (158, 6).

ge-ziln *swv.* (III. 885ᵇ) einem gez. an einem d., *es einem in etw. gleichtun, sich ihm worin vergleichen* PARZ. 85, 22.

ge-zimber, -zimmer *stn.* (III. 892ᵇ) *bauholz* SUM. si sullen fueren gezimber, daz si mit bezzern ir höf UOE. 4, 17 (*a.* 1284). swaz man gezimmers hawet NP. 302; *bau, gebäude, wonung* GEN. ULR. NIB. ER. LIEHT. WG. TROJ. PRED. gezimbere ADRIAN 421, 16. zoun unde gezimbere (*wol s. v. a. haus u. hof*) DENKM. XCIX, 4. gezûne unde gezimbere SSP. 1. 20, 1. 24, 1. guot gezimmer verhouwen MSH. 2, 258ᵃ. ich hân ein gezimmer hie, dû gesêhe schöner werc nie HERB. 16040. swaz ouch gezimbers ist, daz inmac lenger gestân FDGR. 2. 128, 44. alsô starc was daz gezimber BPH. 2316. dô sâhens ûzen vor den graben mit gezimber hôhe ûf erhaben pheteræere und mangen BIT. 5822. dô in der tôt heim nam in sîn gezimmer LOH. 5700. er wol in ziehen in sîn gezimmer LS. 1. 489, 106; *bildl. der leib,* sît daz dîn schœne gezimmer sol ein ander triuten WH. *v. Öst.* 36ᵃ;

ge-zimbern *swv.* (III. 893ᵃ) *bauen* SPEC.;

ge-zimberze *stn. s. v. a.* gezimber GERM. 10, 398. *vgl.* gezimmerde.

ge-zime-lîche *stf.* (III. 889ᵇ) *opportunitas* WINDB. *ps.*

ge-zimmer *stn. s.* gezimber;

ge-zimmerde *stn.* (III. 893ᵇ) *bau, bauwerk* HERB. *vgl.* gezimberze.

ge-zinde *stn.* (III. 900ᵇ) *coll. zu* zint, *die zacken am hirschgeweih* OSW.;

ge-zindelt *part. adj. s.* zindeln.

ge-zinne *stn.* (III. 898ᵃ) *coll. zu* zinne, *die zinnen* HERB. (1823);

ge-zinnelt, -zinnet *part. adj. s.* zinneln, zinnen.

ge-zipfelt *part. s.* zipfeln.

ge-zirde, -zîrde *stn. s.* gezierde.

ge-zirret *part. s.* zerren.

ge-zît *stfn.* (III. 913ᵃ) *zeit.* vor der gezîte ATH. *C** 124. an dem gezîde KARLM. 224, 45. 236, 11. bî, in (NIB. 1083, 1 *C*), zuo den gezîten TRIST. *H.* LEYS. BERTH. LUDW. PASS. under Pilatis gezîten GLAUB. 795; *gebetstunde, horæ canonicæ* MARLG. MYST. BERTH. 138, 2. HERB. 2265; *zeitlauf, begebenheit,* alhie schick ich ûch eine zedel der newen gezeiten, die sich begeben haben UGB. 460 (*Oberlaus.*);

ge-zîte *adv.* (III. 915ᵇ) *frühzeitig* RUL. MS. BERTH. GRIESH. 2, 104.

ge-ziuc, -ges *stm.* (III. 917ᵇ) *md.* gezûc, -zûch; *manchmal neutr.* (KRONE 14159. 25957. MGB. 7, 30): *stoff, zeug* HPT. (*lies* 9, 16). KULM. *r.* der zimberte ein hûs von durme geziuge ADRIAN 417. und lac ûf dem tiere ein geziuc (*tuch, decke*), daz ze tal ûf die erde wuot KRONE 14159; *gerätschaft, werkzeug* GEN. TROJ. (127). JER. WG. 5708. MGB. 106, 14. 265, 34. 475, 7; *was zur ausrüstung gehört* ER. TRIST. TROJ. 6857. ir geziuc sie in hiezen bereiten KRONE 25957, *kriegerische ausrüstung, waffen, maschine zum kriegsgebrauch, geschütz:* gefüllet und geladen wart mit dem geziuge (trîböcke, blîden, katzen *etc.*) manic kiel TROJ. 23583. *vgl.* RCSP. 1, 118 *f.* CHR. 1. 145, 33. 181, 31. 433, 18; 2. 142, 6. 188, 23; 5. 5, 17. 192, 25; *gerüstete, reisige schar* GEN. sîn geziuc vuor allez vor KRONE 26102. reisiger gez. RCSP. 1, 348. 477.

CHR. 4. 239, *anm.* 5; *euphem. das zeugungsglied, die hoden* GL. die maiden sint und ir gezeug niht habent MGB. 7, 30; *zeugnis, beweis* KCHR. IW. PARZ. MS. PRED. PASS. (*H.* 97, 29. 110, 12). ûf Jêsum dô geziuc begunden sî suochen BPH. 6612. EILH. 7667. SWSP. *L.* 2, 156. SSP. 3, 21. 88. ze einem urkunde und ze einem gezeuge UKN. 90 (*a.* 1303). DM. 82. valschen gezeuk laiten UOE. 4, 108 (*a.* 1289); *zeuge* PARZ. BON. MS. KONR. BERTH. PASS. (*H.* 282, 68. MARLG. 204, 273) *u. rechtsdenkm. vgl. noch* TRIST. 18268 *u. anm.* WG. 10229. RENN. 17016. 18. HELBL. 2, 1151. 3, 311. BPH. 6621. MSH. 3, 92ᵃ (die vier geziuge in geziuge stânt). GRIESH. 2, 144. GA. 2. 198, 56. 337, 3. ALBR. 30, 32. 34, 204. KARLM. 239, 26. 241, 2. ditz kaufes gezeug und gewer pin ich STZ. 295. des sint geziuge, -zeuge (gezoug UOE. 4, 456) *gewönl. schlussformel in urkunden; die gesammtheit der zeugen* KCHR.

ge-ziuc-schaft *stf. zeugnis.* sô haben wir im ze einer geziukscheft gegeben disen brief ANZ. 12, 2 (*a.* 1286).

ge-ziuge *stn.* (III 919ᵃ) *coll. zu* ziuc, *geräte.* ziegel und ander geziuge GEN. 29, 22 (gereite *D.* 32, 16); *was zur ausrüstung u. bewaffnung gehört* GUDR. LOH. 3872, *maschine zum kriegsgebrauch* DÜR. *chr.* 714. 70; *reisige schar* KRONE (29112). *vgl.* geziuc;

ge-ziuge *swm.* (III. 919ᵇ) *zeuge* NIB. LS. MYST. ERLŒS. WG. 7295. *vgl.* geziuc;

ge-ziugelîn *stn.* (*ib.*) *testiculus* GL. gezeuglein, gezeugel MGB. 12, 25. 20, 7. 39, 24 *u. oft;*

ge-ziugen *swv.* (III. 920ᵇ) *md.* gezûgen *zeugen, durch zeugnis beweisen* IW. MYST. PASS. SSP. *s.* 144. — *mit* abe.

ge-ziug-heit *stf. zeugnis.* gez. geben *W. v. Rh.* 64, 18.

ge-ziugnus *stf.*, **-ziugnisse** *stfn.* (III. 921ᵃ) *md.* gezûcnisse, -zûgnisse: *zeugnis, beweis* GRIESH. HEIMB. *hf.* MYST. JER. ELIS. 9761. EVANG. 262ᵃ. gezûgniss begern zû etw. RCSP. 1, 175 (*a.* 1410). gezeugnus UOE. 4, 333 (*a.* 1300). CHR. 5. 323, 5. 8. geziugnust MZ. 1, 258 *u. oft.*

ge-ziugnus-brief *stm. schriftl. zeugnis, urkunde* GR. W. 1, 411.

ge-ziugunge *stf.* (III. 921ᵃ) *zeugnis* BERTH. KULM. *hf.* 215.

ge-ziune *stn. md.* gezûne, *coll. zu* zûn SSP. (*s. oben unter* gezimber);

ge-ziunen *swv. zäunen, umzäunen* ULR. Wh. 138ᵃ.

ge-zobelt *part. adj.* (III. 945ᵇ) *mit zobelpelz verbrämt* LANZ. ER. MEL. 651.

ge-zoc, **-ges** *stnm.* (III. 934ᵃ) *das ziehen, der zug: hinziehen, säumen.* sunder, âne gezoc PASS.; *das recht weg zu ziehen,* jus subditorum mutandi dominum, quod vernacule gezog dicitur AD. 948 (*a.* 1331). von des vrien gezoges wegen MONE *z.* 2, 320; *appellation,* die banherren hœret an zwing und ban und der gezog zu Heiterheim in dem dorfe AD. 880 (*a.* 1314). daz gericht und der gezog zu Bergheim in der stat *ib.* 1248 (*a.* 1404). die zu der stat Hagenow gehœrenden dörfer habent iren gezog und ir urteil gên Hagenow *ib.* 1347 (*a.* 1448); *gewaltsames ziehen, wegschleppen, raub, diebstal* PASS. HERB.; *feindseligkeit, feindlicher angriff, kriegszug* HERB. JER. PASS. 70, 34. ARN. 47 (*a.* 1357). CHR. 2. 36, 13. daz dise einunge einen gemeinen gezog oder besez, duonde würde AD. 1230 (*a.* 1395). lantreisen und gezoge MH. 1, 225. 2, 209; *zug, schar, mannschaft, gefolge, heeresfolge* WOLFR. (*Wh.* 246, 23). TRIST. KL. TROJ. GEN. *D.* 63, 28. 73, 7. 99, 6. 102, 21. LIEHT. 389, 28. TÜRL. *Wh.* 41ᵇ. 121ᵃ. 152ᵃ. GFR. 587. daz wir herzog Leupolt zu dem gezog und haufen aufbringen auf bringen und füeren sullen fümf hundert spiez Mw. 361 (*a.* 1374); *anzug, ausrüstung, kleidung* LANZ. (*lies* 199). ENGELH. (2657). JER. GA. 1. 468, 512; *zugnetz* MONE *z.* 4, 68. — *vgl.* gezuc.

ge-zof *stn. nachziehende schar.* nâch mir sô lief ein grôz gezof (: hof) MSH. 3, 297ᵇ.

ge-zogen *part. adj.* (III. 926ᵃ) *erzogen, wol erzogen, fein gebildet* EN. NIB. WOLFR. TRIST. WALTH. LIEHT. reine unde wol gezogin ADRIAN 425, 30; *zahm,* vogele wilde und gezogene GEN. *D.* 8, 7; ab gezogen, *abstract;* în gezogen, *innerlich, nach innen gekehrt, vertieft* MYST. *s.* ziehen;

ge-zogen *swv.* (III. 937ᵃ) *ziehen* MSH. 3, 60ᵇ. swaz ze triuwen sich gezoget ULR. *Wh.* 127ᵇ. — *zu* gezoc.

ge-zogen-heit *stf.* (III. 926ᵇ) *wolgezogenheit, feine bildung* GUDR. BIT. 3340.

ge-zogen-lich *adj. anständig, artig.* er gruost sie alle viere, sie tâten im vil schiere gezogenlichez widergelt DAN. 2606;

ge-zogen-lîche, -en *adv.* (III. 926ᵇ) *der wolgezogenheit gemäss, mit feiner bildung, an-*

ständig ROTH. NIB. GUDR. PARZ. WIG. RUD. GEN. *D.* 64, 17. 74, 7. 19. EXOD. *D.* 128, 4. LIEHT. 64, 24. SILV. 739. TROJ. 14994. W. *v. Rh.* 237, 21. SCHRETEL 132. SSP. 1. 63, 1. gezogentlîche GR. RUD. 6, 19. 14, 27. 17, 11. WALB. 597.

ge-zôhe *stn.* (III. 930ᵇ) *s. v. a.* gezoc, *gefolge* GEN. 27, 24 (*bei D.* gesinde).

ge-zotter *stn.* (III. 947ᵇ) *hinter einander zottelnde menschen* NARR.

ge-zou *prät. s.* gezûwen;

ge-zöu, -zoulich *stn. adj. s.* gezouwe, -zouwelich.

ge-zouc *stm. s.* geziuc.

ge-zoume, -zöume *stn.* (III. 944ᵇ) *coll. zu* zoum, *gezäume, zaumwerk* LANZ. TROJ. (34499).

ge-zouwe, -zowe *stf.* (III. 942ᵇ) *gerät, werkzeug, rüstung* DIEM.; *zugnetz* KCHR. (ain vischære zôch sîne segene *D.* 364, 21). — *ahd.* gizawa, -zowa *zu* zouwen, zûwen;

ge-zouwe, -zowe *stn.* (*ib.*) *gerät, werkzeug, rüstung* GUDR. KL. LAMPR. PASS. MYST. WEIST. (3, 513). PRIESTERL. 700. mit blîden unde mit andern gezouwen LUDW. 34, 26. zangen und alle gezauge ARN. 47 (*a.* 1447). gezöu MYST.; gezawe wol lebunder und gehôrsamer munich, exempla bene viventium et obedientium monachorum BR. *B* 97ᵇ; *gefähr, wagen* LAURENT 82, 28. 30;

ge-zouwede *stn.* (III. 943ᵃ) *s. v. a.* gezouwe MYST.

ge-zouwe-garn *stn. zugnetz* MONE *z.* 4, 88.

ge-zouwe-lich *adj. eilig, mit gutem gelingen.* mit gezoulicher hantgetât GERM. 12. 198, 34;

ge-zouwe-lîchen *adv. eilends.* gezowelîchen DÜR. *chr.* 677. *vgl.* gezwinglîchen.

ge-zöuwelîn *stn. dem. zu* gezouwe, *werkzeug* MERSW. 6. N. *v. B.* 278;

ge-zouwen, -zowen *swv.* (III. 943ᵇ) *mir gezouwet, geht von statten, gelingt* PIL. HERB. ATH. *D** 42. gezawen MONE *schausp.*;

ge-zouwer *stm. der mit gezouwe arbeitet: weber* MONE *z.* 9, 141. ANZ. 3, 274;

ge-zowe, -zowen *s.* gezouwe, -zouwen.

ge-zuc, -ckes *stm.* (III. 941ᵃ) *das hinziehen, säumen.* âne gezucke (: ungelucke) HERB. 5713; *appellation* OBERL. *vgl.* gezoc;

ge-züchide *stn. s.* gezühte.

ge-zûc, -zûch *stm. s.* geziuc.

ge-zucken, -zücken *swv.* (III. 933ᵃ) *prät.* gezucte, -zuhte *s. v. a.* zucken PARZ. NIB. 2210,

2 var. (*vgl.* II. 781ᵇ, 19) TROJ. SILV. 4075. EVANG. *J.* 10, 29. VET. *b.* 78, 21.

ge-zûg- *s.* ge-ziug-.

ge-zühte *stn. coll. zu* zuht, *aufzuziehendes, aufgezogenes.* ein schelclich gezühte OTN. Ettm. 6, 20. daz si (*das weibchen der vögel*) gekrenkt wirt unz in den tôt von irn gezüchiden (*per feturam avium*) MGB. 195, 19.

ge-zühtec-lîche *adv.* (III. 941ᵃ) *höflich, mit anstand* CRANE.

ge-zühtigen *swv. züchtigen, strafen* HIMLR. 44.

ge-zûne *stn s.* geziune.

ge-zunft *stf. zunft.* in der weber gezunft MONE *z.* 9, 166 (*a.* 1381);

ge-zunfte *stn.* (III. 892ᵃ) *gesellschaft, begleitung* ERLŒS. ELIS. 1293. 5513. HPT. 2, 144.

ge-zünge, -zunge *stn.* (III. 951ᵃ) *coll. zu* zunge, *sprache* JER. deutsches gezünge RCSP. 1, 483 (*a.* 1439). das man kein Deutschen sundern ein der ires gezünges sei, zu einem konig (*von Böhmen*) auf nemen sulle UGB. 131. das bêmische rîch und gezunge *ib.* 505.

ge-zürnen *swv.* (III. 908ᵇ) *intr. zürnen* PARZ. PASS. VET. *b.* 71, 17; *tr. zürnen über* IW. (864).

ge-zûwen *stv. III.* (III. 942ᵃ) *prät.* gezou, *ziehen* JER.

ge-zwancnus *stf. zwang, bedrängnis* CHR. 5. 171, 7. *vgl.* getwencnisse.

ge-zwei *adj.* (III. 952ᵇ) *je zwei und zwei* LS.;

ge-zweie *stn. entzweiung, uneinigkeit.* âne zwîfel und ân gezweie RSP. 732. si erhûben daz gezweie KIRCHB. 636, 14.

ge-zweien *swv.* (III. 953ᵇ) sich gezw. zuo einem, *gesellen* MS.

ge-zwicken *swv.* (III. 958ᵃ) *zwicken, mit* abe PARZ.

ge-zwîden *swv.* (III. 958ᵇ) einen eines d. od. etw. gezw., *willfahren, gewähren* PASS. KIRCHB. 609, 45. 47. *ebenso*

ge-zwîdigen *swv.* (*ib.*) MYST.

ge-zwîen *swv.* (III. 957ᵃ) *zweige treiben, sich fortpflanzen* SUCH. das durch ir hailigen lêre das bîspel guoter werk werd gezwîet in die nâchkomenden ÖH. 10, 28.

ge-zwieren *swv.* (III. 959ᵃ) *s. v. a.* zwieren BERTH. (gelachen unde geweterblitzen unde gezwieren mit den ougen 481, 29).

ge-zwinc *stm. s.* getwinc;

ge-zwing-lîchen *adv.* gezwinglîchen balde NEIDH. XIX, 3 *u. anm.* „etwa gezoulîchen?"

ge-zwiselt *part. adj. s.* zwiseln.

ge-zwitter *stn.* (III. 959ᵇ) *lärm, getöse* JER. *vgl.* zwitzen, zwitzern.

ge-zwîveln *swv.* (III. 962ᵇ) *ungewiss sein, zweifeln an* (an *od. gen.*) Trist. Spec. er begunde nider sîgen, des lebenes gezwîvelen Kchr. D. 120, 6; *unentschieden sein im benehmen, wanken* Parz. mir gezwîvelt der muot Diem. Bit. (7681. 810. 63. 79 *etc.*); *die hoffnung aufgeben, verzweifeln* Rul.

gëzzec *adj. in* abgëzzec.

gezzelîn *stn.* (I. 490ᵃ) *kleine gasse* Clos. Chr. 5. 146, 3. Tuch. 155, 6. 11. 158, 1. 159, 35. 36. 266, 1 *ff*.

gëzzen *stv. I*, 1 (I. 543ᵃ) *in* er-, vergëzzen. — *gt.* gitan *erlangen, in* bigitan *finden, zu skr.* gadh, gandh (*für* ghad, ghand) *fassen, festhalten, gr.* χαδ *in* χανδάνω, *lat.* hend *in* prehendo Fick 55. Curt³. 186. Gsp. 23.

gëzzen *stv. I*, 1 = ge-ëzzen (I. 759ᵇ) *absol. od. tr. essen, malzeit halten* Gen. Hartm. Parz., *mit partit. gen.* Gen.;

gëzzen *part. s.* ëzzen.

gi- *präf. s.* ge-.

gibbelîn *stm. s.* gibel 2.

gibe *stf. s.* gëbe *u. vgl.* gippe 2.

gibe *adj.* (I. 508ᵇ) *s. v. a.* gæbe Hätzl. pfenning, di gib und gæb sint Mw. 205 (*a.* 1295);

gibec *adj.* münz die gibig und gæbig ist Uhk. 2, 232 (*a.* 1359). drei schilling, di gibich und gæbich sind Uh. 393 (*a.* 1338).

gibel *stm* (I. 491ᵇ, 29) *giebel*. oben ûz vliegen ze dem gibel Renn. 5266. ein gibel abprechen Tuch. 268, 28. gibel, gipel, orthogonium Dfg. 401ᶜ; *pol*, swer dir, herre, mæzze disen irdisken gibel hôhe ûf unz an den himel Mar. 156, 40, *vgl.* Gff. 4, 128. — *vgl.* gëbel.

gibel, gibelinc, gibelîn *stm.* (I. 511ᵃ) *anhänger des kaisers, gibelline*. im hülfen gibel und gelfe Loh. 3510. gibling und gelfen Mf. 106. Altsw. 163, 14. 227, 26. gibelin Buch *d. r.* Ot. 16ᵇ. 22ᵇ. gibbelîn Jer. 10ᵈ. 182ᵇ. gebelin, gibeling Such. Beh. *u.* Ammenh. (*bei* Mone, *heldens.* 14). *vgl.* Schmidts *hist. zeitschrift* 5, 460.

gibel-steiger *stm. der die dachgiebel besteigt* Chr. 3. 397, 24.

gibel-want *stf. giebelwand* Kolm. 190, 9. gëbelwant Wolfd. 1335.

gîbitze, gîbitz, gîbiz *m.* kibitz. geibitz, ficedula Voc. 1482. gibis, gaubitz formipetus Dfg. 243ᵇ. geiwiz Hadam. 528. gîbiz : elbiz Jüngl. 257. vifitz Mone *z.* 4, 85 (*a.* 1449). gûbitz Germ. 6, 90. — *s.* Dwb. 5, 657 *ff*. Weig. 1, 581. Wack. *voces* 2, 35 *anm*.

giblinc *stn. s.* gibel 2.

gichsen, gichzen *swv. s.* gigzen.

gicht *stfn. s.* gift, giht.

gickel *stm.* (I. 511ᵃ) *das zucken, der kitzel*. gigel, tentigo, id quod in vulva apparet Voc. 1482. gigèl in der fud (*s.* vutgickel) Schm. *Fr.* 1, 884;

gickeln *swv.* (*ib.*) *vor begierde, zorn, kitzel etc. beben, zucken;* ûf einen g., *über ihn spotten* Renn.

gickel-vêch *adj.* (III. 285ᵇ) *buntscheckicht* Neidh. (25, 8. gickelvêhe houben *s.* 217). Berth. (396, 29). nâch gickelvêhem geslehte Renn. 1701. pfaffenleben ist gickelvêch *ib.* 6083. ûf der gickelvêhen wisen Rauch 2, 309. giegelwêch, polymita Dfg. 444ᶜ.

gicken-gouch *stm. lieber eidem,* her gickengouch Ga. 1. 54, 489 (Ls. 2. 525, 765. gugengouch *s.* gucgouch).

gîdec-lîche *adv. s.* gîtecliche.

gîdel *stm. ein vogel* Germ. 6, 90. geidel, *der gänserich* Schm. *Fr.* 1, 872.

gie *prät. s.* gân.

giech-halme, -helme *swm.* (I. 614ᵃ) lorum Sum. *der seiler sol nemen von zwein giechhelmen fünf phenninge* Mone *z.* 15, 284 (*a.* 1378, *Freiburg*). — *ahd.* johhalm, johhalmo, -helmo, giohalm, jiehhalm, giochelmo *am joch zur leitung der rinder befestigtes seil* Gff. 4, 926.

gief *stm.* (I. 511ᵃ) *tor, narr* Reinh. Renn. Pass. (*K.* 32, 87. 115, 7. 130, 77. 204, 83). Ga. 3. 62, 720. Kolm. 161, 9. Heinr. 2600. 3328. Jer. 59ᵈ. Zing. *findl.* 2, 127. *vgl.* kapfen;

giefen *stn. törichtes betragen, schreien, lärmen*. ir güften und ir giefen gap solchen dôz j. Tit. 2688.

giege *swm.* (I. 539ᵃ) *narr, betörter* Ms. Reinh. Ls. (2. 585, 25. 614, 48). Mart. 9, 60. 92, 54. 128, 49. 265, 54. Berth. 253, 12. Kolm. 119, 28. 143, 21. 23. Mf. 50. Fasn. 1180. — *vgl.* gëc, gougel.

giegel *stm. s. v. a.* giege. er kan ze giegel machen beide jung und alt Msh. 3, 312ᵃ. *vgl.* Altsw. (gigel) 162, 1. 165, 8; *stn.?* (I. 539ᵇ) *narrheit, posse* Ms. *vgl.* Birl. 196ᵃ.

giegel-wêch *adj. s.* gickelvêch.

giegen *prät. s.* gân.

***giegen?** stv.* III. (I. 539ᵃ) *gefolgert aus* giege, gougel, gogel).

giegen *swv.* (I. 539ᵇ) *äffen* Ls. (Msf. 236, 47). Schm. *Fr.* 1, 879. — *mit* durch- (*nachtr.*).

giegen-, gugen-gêre *swm.* (I. 539ᵇ) *gêre eines oren* Ms.

giel *stm.* (I. 511ᵃ) *maul, rachen, schlund* Aneg. Tund. Büchl. Trist. Konr. (Troj. 9850. 9914. 22591). Wig. Mart. Pass. (*K.* 133, 16. 196, 63. 441, 18. 524, 19). Dietr. 1657. Wolfd. 1672. Zing. *Pl.* 4, 18. Virg. 634, 7. 635, 1. 834, 8. 895, 9. 903, 7 *etc.* Albr. 29, 312. Karl 6676. 9754. Renn. 10227. Krone 13269. 13484. Apoll. 10311. Msh. 2, 311ᵇ. 3, 242ᵃ. 291ᵇ. Frl. *p.* 194. Schretel 239. Ring - 3ᶜ, 8. Beh. 282, 25. — *zu* giwen.

giel-huon *stn.* si gebint huenr gên Liebenberg, nempt man gielhuenr Gr.w. 1, 13.

giemolf *stm.* (I. 511ᵇ) *aus* giem-wolf, *den rachen aufsperrender wolf* Frl. ginolf (*narr*) Altsw. 159, 20. 178, 30. *vgl.* ginöffel Fasn. 284, 30.

gien, gienc *s.* gân.

gienen *swv. stn. s.* ginen.

giener *pron. s.* jëner.

gienunge *stf. s.* ginunge.

gier *adj. mit ableit. u. compos. s.* gir-.

gier-valke *swm. s.* girvalke.

gieʒ-âder *swf. arteria.* die gieʒâdern her im brach, daʒ her tôt viel an den graben En. 134, 38. *vgl.* geistâder.

gieʒe *swm.* (I. 541ᵇ) *fliessendes wasser, schmaler u. tiefer flussarm, bach* Trist. Hadam. 292. 352. 428. 435. Gr.w. 4, 514. 15. Mone *z.* 4, 80. 84. an den güssbetten und gieʒen Heum. 250. *md.* gîʒe Evang. 262ᵃ; sich under den giesen (*auf das mülrad herabfliessende wasser*) stellen Zimr. *chr.* 2. 523, 5;

gieʒec *adj. begierig zu vergiessen, viel vergiessend, md.* gîʒec, cristinblûtis gîʒic (: drîʒic) Jer. 171ᵇ, *von Pfeiff. als „geizig" erklärt;*

gieʒen *stv. III.* (I. 540ᵇ) *tr. giessen, metall giessen, bilden* Diem. Roth. Lanz. Trist. Walth. Ms. (der alliu bilde giuʒet *H.* 3, 409ᵃ. vreuden vol hât si got gegoʒʒen 2, 371ᵇ). von metele gegoʒʒen Albr. 28, 14. ûʒ êre gegoʒʒen Virg. 188, 10. münze slahen und giesen Ad. 1210 (*a.* 1387). îngieʒende er die sêle gôʒ W. *v. Rh.* 15, 30; *giessen, ausgiessen, vergiessen eigentl. u. bildl.* Konr. (bluot g. Engelh. 5519. trahen g. Troj. 23489. Al. 1134). ûʒ der bühsen gieʒen stoubîne mergrieʒen Trist. 4669. regen gieʒendiu ougen Ulr. *Wh.* 140ᵇ. daʒ waʒʒer an die erde giesen Exod *D.* 129, 18. ole er dar oufe gôʒ Gen. *D.* 54, 20. bluot g. Msh. 3, 440ᵃ. Pass. 33, 26. 177, 54. 178, 93. 179, 85. 188, 26. 209, 37. die rede g. 372, 17. vreude g. 294 34.

die genâde g. 326, 19. den geist g. 114, 44. 169, 54. sîn leben g., sterben 213, 3. *K.* 332, 33. worte hin g. *ib.* 84, 2. sîn gebet g. Elis. 5627; *mit partit. gen.* drîn gôʒ er eines brunnen clâr Silv. 4720; *refl.* sich in die âdern g. Pass. 274, 26. daʒ leben gôʒ sich von ir, wich von ihr *ib. K.* 276, 52; *absol.* man gieʒe swar man gieʒe Frauentrost 94, *mit dat.* einem g., einem *etw. zuschieben, ihn beschuldigen? zu* Neidh. 27, 21; — *intr. sich ergiessen, strömen* Nib. Frl. elliu waʒʒer ûʒ dem mer gieʒent Msh. 2, 324ᵇ. daʒ bluot ir ûʒ dem munde gôʒ Herzm. 484. — *mit* an (*auch* Gr.w. 3, 697), in, nâch, nider, ûʒ ; be-, durch-, en-, er-, ge-, über-, ver-, zer-. *gt.* giutan *zu gr.* χέω, *lat.* fundo, *skr.* hu *opfern, opfer ausgiessen* Curt³. 193. Kuhn 14, 268. Z. 1, 4. Gsp. 23;

gieʒen *stn. vergiessung* N. *v. B.* 190.

gieʒ-lich *adj.* fusilis, fundibilis Dfg. 254ᵃ. *n. gl.* 187ᵃ.

gieʒ-vaʒ, *stn.* (III. 281ᵇ) *gefäss zum giessen, giesskanne* Wolfd. Laur. 1134. j.Tag 185. Ring 2ᵇ, 22. *md.* gîʒevaʒ Myst.

gieʒ-wërc *stn. handwerk der metallgiesser* Anz. 3, 274.

giffen *stn. ablautend zu* gaffen. grôʒ giffen gaffen was mir nâch Msh. 3, 297ᵇ.

gift *stf.* (I. 510ᵃ) gifte Livl. 500. *ndrh.* gicht Karlm. 112, 54. 216, 50. 260, 1 *etc.: das geben, die gabe, geschenk* Pilat. Elmend. alse man die gift von ir nam Gr. Rud. 22, 6. gotis gift Glaub. 1153. nâch gifte streben L. Alex. 3926. der genâden gift Livl. 105. Pass. 347, 40. *K.* 25, 38. 35, 67. 53, 10. gotlîchiu gift *ib. H.* 110, 82. mit voller gift etw. geben 328, 27. daʒ wortelîn „gift" vellet in zît; daʒ wortelî „gâbe" denket der zît niht. gift suochet alle wege daʒ ir an den dingen, aber gâbe ist frî unde blôʒ und alzemâle lôs alles warumbe Myst. 2. 131, 24. er sante dem künige sîne gift Livl. 4454. disiu gâbe und gift Don. (*a.* 1341). wir hân im gegeben zuo einre rehten gift unsere metten Ad. 928 (*a.* 1324). die gift, die wir getân haben dem bistuome Mz. 1, 247 (*a.* 1303). nâch gift (*datum*) diss briefs Mone *z.* 2, 279 (*a.* 1403); *übergabe von grundstücken etc., auflassung* Chr. 7. 142, 6. 173, 18. 178, 11. — *gift* Rul. Karl, Troj. Bon. Walth. Pass. (185, 2. 239, 10). des teufels gift Roth *denkm.* 77, 45. er hât mir gift gegeben Reinh. 2234. daʒ eiter und diu gift Krone 11579. *vgl. noch*

LOH. 7516. BPH. 8186. RENN. 13304. 14222. MF. 134. MGB. 262, 17. 478, 14. WOLK. 110. 1, 18. CHR. 3. 172, 20. — *zu* gëben.

gift-, gifte-bære *adj.* (I. 510^b) *gift tragend, giftig* Ms. TROJ.

giftec *adj.* (*ib.*) *s. v. a.* gibe, gibec: vier giftiger Wiener pfenning UOE. 5, 303 (*a.* 1321); *giftig* WALTH. noch giftiger denne die spinnen RENN. 14098. ein giftiger tranc LUDW. 60, 2;

giftec-heit *stf. giftigkeit* BON. 3, 13;

giftegen *swv. in* vergiftegen;

giften *swv.* (I. 510^b) *geben, schenken* GR.W. 3, 493. MONE *z.* 5, 399. 8, 117; *vergiften* GEST. *R.*, *absol.* phî dem vertânen munde, der solche luge stiftet und des zunge giftet mit lugelichen mæren REINFR. 38^b. — *mit* be-, er-, über-, ver-;

gifter *stm.* (*ib.*) *geber, stifter* WEIST. die sunden gifter MART. 105, 43.

gifte-var *adj. von giftiger farbe* PF. *arzb.* 2, 2^c.

gift-menger *stm.* (II. 137^a) *giftmischer* FRISCH.

gift-rîche *adj. giftreich, giftig.* der schuz ist giftrich und ir slac MSH. 2, 367^b.

gift-wîse *stf. art der vergabung.* in giftwîse MONE *z.* 10, 465 (*a.* 1333).

gi-gâ *naturlaut der gans* MÜGL. 3, 10. *vgl.* WACK. *voces* 2, 24. 34. 134.

gîgant *stm.* (I. 511^b) *riese* WIG. LANZ. 7535. ERNST *B.* 5039. APOLL. 9535. 50. ULR. *Wh.* 110^d. 198^d. 208^c. GERM. 8. 198, 48. SPEC. 83. *pl.* gigant GEN. *D.* 27, 3. 32, 10. gigande RUL. 275, 21. L. ALEX. 5075 (*W.* 4922). ERNST *B.* 5045. AB. 1, 310. — *aus lat. gr.* gigas.

gîgære, -er *stm.* (I. 512^a) *geiger* GRIESH. HELBL. LAUR. 1029. MSH. 3, 44^a. RENN. 16478. ALBR. 12, 41. OT. 17^b. 18^a;

gîge *swf.* (I. 511^b) *geige* DIEM. NIB. PARZ. TRIST. WALTH. Ms. (die gîgen sint noch unbeseitet *H.* 3, 287^b. hüpfen nâch der gîgen 280^b). HELBL. (nâch der gîgen treten 1, 78). nâch der gîgen tanzen, treten NEIDH. XVIII, 20. 37, 3, springen NETZ 7735 *var.* diu rotte noch diu gîge j. TIT. 4541. die gîgen rihten 3460. nâch gîgen noch nâch lieden nieman dâ tanzen sach ULR. *Wh.* 258^b. der holre mit der gîgen KRONE 22104. mit welhischen gîgen APOLL. 13310. nû pfîf uns in die gîgen und fidel uns in den ars ROSENG. *Casp.* 251. diu gîge was von sîden fîn gewirket GA. 1. 348, 408. 349, 457. ûf den er ê huop sîne gîgen (*bildl.*) HPT. 7. 371, 36. ê daz ir die gîgen geriht, ehe ihr mit euern bedenklichkeiten zu ende seid OT. 230^b. — *zu* gîgen.

gigel *stn. s.* gickel, giegel.

gîgelîn *stn. kleine geige* HÄTZL. 2. 7, 177. gîgel Ls. 2. 704, 341;

gîgen *stv. II. u. sw.* (I. 511^b) *geigen* LAMPR. Ms. sô gerne hôrte ich gîgen niht sam dîniu mære HELBL. 15, 87. die wârheit gîgen ALTSW. 208, 24. swaz im wirt gegîget MART. 124, 160. — *eigentl. in zitternde bewegung setzen* (gîgen gagen MSH. 1, 62^b. *vgl.* WB. I. 457^a, 6), *altn.* geiga *zittern, vgl.* DIEF. 2, 395. DIEZ 173;

gîgen *stn.* (I. 511^b, 23) LANZ. TRIST. TROJ. (23195). der meister singen, gîgen, sagen MSH. 3, 44^a. sanc unde gîgen *ib.* 46^a. gein starker roten gîgen j. TIT. 3460. *vgl.* VIRG. 1092, 2. MGB. 143, 15 *var.* DAN. 7743. 84.

gîgen-dôn *stm.* (I. 382^a) *auf der geige gespielte melodie* Ms. (*im cit. lies* esel *statt* edel).

gigzen *swv.* (I. 457^a) *feinere, unartikulierte töne ausstossen, gicksen.* gëkzen LEYS. gichzen, singultare GL. gichsen, sternutare WACK. *voces* 2, 70 *anm.* gitzgen SCHM. *Fr.* 1, 968 (15. *jh.*). — *vgl.* gagzen *u.* WEIG. 1, 437.

gihe *prät. s.* jëhen;

giht *stf.* (I. 516^a) *aussage, bekenntnis, geständnis* GERH. zwîvels giht RENN. 13438. mit wârer muotes gihte ULR. *Wh.* 216^b. — *zu* jëhen.

giht *stnf.* (I. 517^b) *md.* gicht, *stf. u. stm.* GERM. 9, 179: *zuckungen, krämpfe, gicht* HELBL. PASS. (320, 52). diu giht KCHR. 2776. von der gihte *ib.* 4292 (*D.* 131, 9 vergihte). swen negt daz giht in sînem lîbe RENN. 9887. daz wüetende giht *ib.* 9904. vor zorne sî daz giht brach MAI 69, 2. der füez und der pain giht, podagra, der hend giht, chiragra MGB. 409, 34. di gicht LUDW. 77, 32. 78, 5. 81, 24. 86, 34. 87, 9. — *vgl.* DIEF. 2, 372. 774. WEIG. 1, 436. WACK. *stellt es zu* gîgen.

giht *stf.* (I. 518^a) *gang, reise.* si brâhten manegen an die giht, daz er zum künige reit OT. 29^b. *vgl.* kirch-, sungiht. — *mit gt.* gaht, *gang zu* gân DIEF. 2, 372. WEIG. 1, 436.

giht-brüehec *adj. gichtbrüchig* LUDW. 77, 31. 82, 25. 84, 14. 16. 86, 33. 87, 8.

gihten *swv.* (I. 516^a) *zu* giht 1: *tr. bekennen s.* ge-, vergihten; *zum geständnis bringen* ANEG.

gihten *swv. zu* giht 2: *intr. von gicht befallen sein.* daz herze tummet mir, der rücke gihtet KOLM. 70, 9. — *mit* ver-.

gihtic *adj.* (I. 516^a) *ahd.* gihtîg, jihtîg *zu* giht 1: *aussagend, ein-, zugeständig* LANZ., *mit gen.* EA. 61. er sprach, daz er den brief, gesent hett, und hette ouch des sînen gichtigen schrîber und botten Mz. 1, 522 (*a.* 1410). der kristen ê wart jihtic Msh. 3, 53ᵃ, *mit dat. u. gen.* Konr. (durch daz man werde gihtec dir manicvalter wirde Pantal. 638. des wart im hôher êren vil manic zunge gihtic Turn. 3, 1 = Reinfr. 80ᵃ). Weist. ir êlicher man und vogt, dem sie ouch der vogtîe gihtig was Ad. 1287 (*a.* 1423), *vgl.* 1143. Schreib. 2, 336; — *eingestanden,* gihtige schult Weist. (1, 48). daz gihtige, *eingestandene, bekenntnis* Chr. 4, 234 *anm.* 1.

gihtic *adj.* (I. 517ᵇ) *zu* giht 2: *gichtbrüchig, paralyticus* Pass. Berth. 466, 16. Chr. 7. 72, 7. Dfg. 412ᵃ.

gihtigen *swv.* (I. 516ᵇ) *zu* gihtic 1: *s. v. a.* gihten, *zum geständnis bringen, überführen* Rul. den habent wir gegihtiget Schreib. 2, 168 (*a.* 1401), *mit acc. u. gen.* Kchr. (*D.* 449, 6);

gihtunge *stf. aussage,* Chr. 4. 330, 23.

giht-wurze *stf.* dictamnus Dfg. 180ᵃ.

gil *stm.?* (I. 518ᵃ) hernia Sum.

gil, -lles *stm. lärm, geschrei, widerspruch?* die liebe von im slichit gar heimelîchen sundir gil (: wil) Mr. 2030 („*freudlos*" erklärt *der herausg.*). dîn gebot daz ist mîn wille, dem lebe ich sunder gille (*od.* gille *stf.?*) Altsw. 8, 27; ist das nit ain hübscher gil? (: vil) *streich, betrug?* Netz 9493. — *zu* gëllen?

gil *stm. bettel* Narr. 63, 2 *u. anm.* Hpt. 8. 524, 27. *s.* gîlen;

gîlære, -er *stm.* (I. 495ᵇ) *bettler, landstreicher* Kön. Ab. 1. 65, 64. Schm. Fr. 1, 892. Mgb. *s.* 804. Bibl. 196ᵃ. geiler Renn. (*der alte druck* 158ᵃ, 168ᵇ, 243ᵃ *hat* gîler). — *ein anderes* geiler *s. oben sp.* 796.

gilbe *stf.* **gilbliht** *adj. s.* gilwe, gilweleht.

gilde *stf. s.* gülte.

gîlen *stv.* II? *übermütig sein, spotten?* der neve mîn, der kan niht wan gîlen Virg. 788, 8 *u. anm.; mit gen.* man sol sîn niht gîlen *ib.* 979, 3. *vgl.* geil.

gîlen *swv.* (I. 495ᵇ, 9) *betteln.* bettelen oder gîlen Mone *z.* 19, 160 (*a.* 1363). Chr. 7. 408, 19. *vgl.* Narr. *s.* 401. geilen, mendicare Voc. 1482. — *zu* giwen? *vgl.* Wack. 114ᵃ;

gîlen *stn. das bitten, betteln.* mit gîlen (: mîlen) sprechen Altsw. 157, 35. den liuten mit gîlen und mit glichsnen ir guot ab streiphen Wack. *pr.* 70, 146.

gilf *stm. schrei.* der pfaff tet manchen lauten gilf (: hilf) Beh. 309, 19; *zänker, schreier* Teichn. *A* 25ᵇ. Schm. 2, 39. *vgl.* gëlf;

gilfe *swm. zänker.* er sprach reht als ein gilfe Dal. 129, 9.

gilge *swfm.* (I. 519ᵃ) *lilie* Ls. gilg, lilium Voc. 1482. ein wizer gilge Mönchl. 127. diu gilige Gotfr. *lied.* Hätzl ein gilje, diu was guldîn Flore 2006. *pl.* gilgen Wolk. 69. 1, 12. — *aus* lilje, lilge.

Gilge, Gilje *n. pr.* (*ib.*) *Ägidius.* in sante Giljes namen Roth. 3945. 4068. Wolk. 120. 9, 1. 121, 244. sant Giligen tag Uoe. 3, 440 (*a.* 1276). *s.* Schm. *Fr.* 1, 902. — *fz.* Gilles.

gilgen *swv. zur lilie, rein wie eine l. machen* Kolm. 5, 42.

gilgen-stengel *stm. lilienstengel* Altsw. 24, 2.

gille *stf.? s.* gil 2.

gillen *swv. s.* gellen.

giloht *adj.* (I. 518ᵃ, 30) herniosus Sum. — *zu* gil 1.

gilte *stf. s.* gülte.

gilwe *stf.* (I. 497ᵇ) *gelbe farbe, gelbheit, blässe* Ms. Frl. Üw. 788. gilbe Such. Dfg. 238ᶜ. gilbin, gilbedo Voc. 1482. gelbin Myns. 4; *gelbsucht,* ictericia gilbe Voc. 1482. gilwe Dief. *n. gl.* 208ᵃ. — *zu* gël;

gilweht *adj.* cericleus Voc. Schr. 433;

gilweleht *adj. gilblicht,* flaveus Dfg. 238ᵉ;

gilwen *swv.* (I. 497ᵇ) *gël machen.* wart gegilwet dem luft sîn lûter j. Tit. 4098. die (sleiger) sie gilwent sam die jüdinne Berth. 115, 1. das krenzel hin unde krenzel her unde gilwez hin unde gilwez her, sô ist ez anders niht wan ein tüechelîn *ib.* 415, 13. gilben Zimr. *chr.* 2. 501, 38; *refl. gelb werden* Engelh. Such. — *mit* er-, ge-, ver-;

gilwen *stn.* daz ist dîn gilwen unde dîn verwen Berth. 261, 32. sô hilfet allez dîn gilwen niht 414, 36. mit gilwen 527, 16;

gilwerinne *stf.* (I. 497ᵇ) *die gelwez gebende trägt* Berth. (ir gilwerinne und ir verwerinne mit dem gelben gebende 367, 21. 25). *vgl.* gël *u.* Hüllmann *städtewesen* 4, 270.

gimbîzen *swv.* (I. 195ᵃ) = ge-in-bîzen *tr. speisen* Roth *pr.*

gimme *stswf.* (I. 526ᵃ) *edelstein, juwel* Kchr. Trist. Serv. Barl. Konr. (Troj. 11293). Exod. *D.* 158, 10. En. 337, 33. Laur. 762. 836. Virg. 600, 10. Msh. 2, 287ᵇ. 3, 169ᵇ. j. Tit. 6119. Loh. 4996. Helbl. 7, 444. Ga. 1. 477, 852. Mgb. 431, 12. Pass. 234, 69. *ndrh.* gemme Marld. *han.* 12, 34; *bildl. das herrlichste in seiner art* Rul. Gudr.

GSM. MS. (bis gegruezet edle gimme, *Maria H.* 3, 430ᵇ. vor aller frouwen gimme ein sunne 2, 168ᵇ. ob allem golde gimme ist ir vil werder lip *ib.* 27ᵃ). swaz man uns von tugende ie gesagte mære, des was der êrbære ein gimme und ein adamant DIETR. 23. aller megede gimme APOLL. 15319. mînes herzen g. 16919. -- *aus lat.* gemma;
gimmen *swv. in* durch-, über-, vergimmen.
gimmir, gimmer *angleichung aus* gip mir. gimmir FDGR. 1, 260. PARZ. 154, 4 *var.* gimmer *altd. gespr* 2, 9.
gimpel *stn.* (I. 526ᵇ) ir kinne hât si hôch gebunden, diu gimpel gênt ir in den munt MSH. 3, 216ᵇ („*zipfel vom kopftuche, der der geputzten jungfrau ins gesicht flattert, die tändelschleife der bäuerin*" *Bech*). *vgl.* gimpelpelge, gimpelstirne.
gimpel *stmn.? s.* gimpelstirne;
gimpel-gempel *stm.* (I. 526ᵇ) *mutwilliger hüpfer, springer, penis.* er gap ir schiere in ir wîzen hentel einez heizet man den gimpelgempel NEIDH XLVI, 12. dô si den gimpelgempel in die hant genam *ib.* 13; — *stmn. minnespiel,* alsô lêrte er si den gimpelgempel *ib.* 21, 12; *lied vom g.,* daz gimpelgämpel singen *ib.* 18, 19; *vgl.* FASN. *nachl.* 346: so ist uns gelegen bisz montag zwier zimmermanner tag, Gimpel und Gampel. Gimpel macht forne im haus, Gampel macht hinden, is ausz dem scheiszhaus. — *vgl.* gampel, gampen, gumpen.
gimpel-stirne *stf. als schelte s. v. a.* goffelstirne. dû alte gimpelstirne GA. 1. 52, 417 *var. (im texte wol richtig:* dû alte gimpels dirn = LS. 2. 521, 649 goffelstirne).
*****gimpen** *stv. I,* 3 (I. 526ᵇ) *gefolgert aus* gimpel, gampen, gumpen. *vgl.* gamen.
gin *stn. hiatus.* diu andern tier habent weit giner (*var.* giuer und mäuler) und der mensch hât einen engen sinbeln munt MGB. 12, 32. — *s.* ginen, giwen.
gîn, ginc, gînc *s.* gân.
ginde *part. s.* ginen.
ginden *s.* ginnen.
*****gînen** *stv. II.* (I. 527ᵃ, 9) *gefolgert aus*
ginen *swv.* (l. 527ᵃ) *das maul aufsperren, gähnen* LANZ. BARL. REINH. MS. GRIESH. dâ der tiuvel ginende ist WG. 10943. mit ginendem munde BIRKENST. 220. 23. ein ginder lewe GERM. *H.* 2. 95, 69. swann er sô wîte ginte VIRG. 174, 8. 834, 8. alsô ginest dû nâch der frezzerîe BERTH. 468, 39. *vgl.* MGB. 233,

11. 249, 26. 268, 23. NETZ 3562. 10800. *nbff.* genen GL., ginnen SUM. LEYS. BON., gienen HELBL. RING 19, 23 (: dienen), geinen (*ahd.* geinôn *neben* ginên, ginôn) DFG. 276ᵉ, günen DIEF. *n. gl.* 202ᵇ. — *mit* an, ûf; be-, er-, über-, ver-. *mit* giwen *zu gr.* χαίνω, *lat.* hio, hisco CURT³. 185. Z. 1, 3;
ginen *stn. das gähnen.* slâf, rensen, geinen WG. 7414.
giner *pron. s.* jëner.
gine-sît *adv. s.* jënsît.
ginezunge *stf.* (I. 527ᵇ) rictus SUM. — *zu* ginen.
ging *prät. s.* gân.
ginge *swm. stf.* (I. 527ᵇ) *verlangen. swm.* REINFR. (37ᵇ. 109ᵃ. 178ᵇ); *stf.* LS. — *nach* WACK. *zu* ginc, *imper. von* gân.
gingebēre *swm.* (*ib.*) ingwer GL. — *aus lat.* zingiber, *s.* ingewër.
gingel-gimpf. dâ bî sînen vüezen singen müezen gingelgimpf! MSH. 3, 192ᵃ.
ginglapf *stm.* swer schimpfet, der ist ein ginglapf RENN. 16152. GR. 1³, 562.
ginnen *stv. I,* 3 *mit sw. prät.* (I. 527ᵇ) *s. v. a.* beginnen. ginnen oder arbaiten, conari VOC. 1482. er gint NETZ 9498. 9621. 11492. 12585. HELDB. *K.* 316, 21. ir ginnet DA. 522. 24. sie ginnent NETZ 5265. sie **gindent** HELDB. *K.* 362, 7. *prät.* gunde (528ᵃ, 28) SERV. ERACL. STRICK. FRL. KOLM. 2, 15.,25, 11. HELDB. *K.* 416, 35. 430, 22. 476, 2 *etc.* DA. 439. 444 *u. oft,* ÖH. 86, 12. — *mit* be-, en-. *warscheinlich aus derselben wurzel wie* ginen, *vgl. dass. u.* KUHN 14, 77 *ff.* GSP. 23.
ginnern *swv. s.* geinnern *und* SWSP. *L.* 2,103.
ginolf *stm. s.* giemolf.
ginren *swv. s.* geinnern.
ginster *f. s. v. a.* ganeister. ein vûrich ginster HANS 2603.
ginunge *stf.* (I. 527ᵇ) *hiatus:* ginunge, gënunge. geinunge, geinunge DFG. 276ᵉ. *n. gl.* 203ᵃ. — *zu* ginen.
gipel *stm. s.* gibel 1.
giplîn *stn.* (I. 529ᵇ) MYST. *dem. zu*
gippe *stswf.* (*ib.*) *jacke* KÖN. MONE *z.* 1, 192. NARR. 82, 14. SCHM. *Fr.* 1, 928 (*a.* 1495) — *aus fz.* jupe, *ital.* giubba *vom arab.* al-ġubbah, *baumwollenes unterkleid* DIEZ 175. *s.* joppe.
gippe *stf. s. v. a.* gëbe, gibe. sîn edele art diu gippe im gap j. TIT. 1424. daz in got stiure gap mit rîcher gippe (: Philippe) 6016. sîn tôt im jâmers gippe (: sippe) gap 2820. 4303. 4438. 5841. 5949. — **gibe** *scheint auf ein gt.*

gibei, *ahd.* gibî, kipî *und* gippe *auf ein gt.*
gibja, *ahd.* gipja, kippa *zurückzuführen.*
gippen-gappen (I. 529ᵇ) *ablautend u. scherzhaft für* gëben (*vgl.* hippen-happen) NEIDH. XLV, 27 *u. s.* 152. DWB. 5, 782.
gippen-tuoch *stn.* ein wâpenkleit wart als ein gippentuoch gebandelt REINFR. 55ᵇ. *s.* gippe 1.
gips *stm.* (I. 529ᵇ) *gips* GSM. DFG. 263ª. — *aus lat.* gypsum;
gipsen *swv. mit gips überziehen.* die want gipsen MONE *z.* 13, 169 (*a.* 1463).
gir, gër *adj.* (I. 530ª) gire, gîre LAMPR. gier MONE 8. 54, 39: *begehrend, verlangend* DIEM., *mit gen.* ANNO, LAMPR. (*s.* êrengir). der hunt der was der verte ger REINH. 296, 161; ger an HELBL., *mit nachs.* gir si alle wâren, daʒ ELIS. 10052. — *zu skr.* har *für* ghar *begehren, sich freuen, gr.* χαίρω, χαρά, χάρμα CURT.³ 187. Z. 1, 4. FICK 65;
gir *stf.* (I. 530ᵇ) *mit gedehntem voc.* kîr GEN. D. 17, 29. 22, 5: *s. v. a.* gër (*spec. die* gir *des falken*) *allgem., vgl. noch* SILV. 2867. 92. 3141. ENGELH. 2292. 6048 (gir tragen ûf). ELIS. 5324. 5557. 6709. 6903. 8313. 8454 *etc.* PASS. *K.* 1, 39. 43, 76. 181, 60. 268, 12. MGB. 15, 14. 24, 32. 187, 29. 252, 24 *etc.* hungerlîchiu gir ULR. *Wh.* 155ᵈ. ritterlîchiu g. LIEHT. 459, 29. minne gernde gir 131, 15. ze tjoste gir haben 285, 24. etw. in sîner gir tragen WARN. 3150. ze der sich hât mîns herzen gir mit girde gar geneiget MSH. 3, 329ᵇ; — *stm.?* nâch seinem gir VINTL. 3196.
gir, gire *stf.?* fermentum, zyma VOC. 1482. — *zu* gërn, *vgl.* gërwe.
gîr *stm.* (I. 535ᵇ) *geier* GEN. PARZ. FREID. MS. (*H.* 2, 248ᵇ. 334ᵇ. 3, 24ᵇ. 344ª). MYST. WALB. 393. DIETR. 6439. RAB. 527. KRONE 20223. RENN. 19466; — *swm.* BON. HPT. 9, 20. LS. 3. 328, 52. CHR. 8. 282, 22 *ff.* — „*mit* gîre (*s.* gir) *zu* giwen" WACK.; *möglicherweise aus mlat.* girare, *umkreisen,* girus *ital.* giro *kreis vgl.* DIEZ 175 *u. auch* girvalke.
gîralt *stm. s. v. a.* erhalt? ein grôz gebrechte der gyralde ind varender lûden KARLM. 296, 4. *Bartsch erklärt: gaukler.*
girære *stm.* (I. 532ᵇ) *der habsüchtige* LEYS. HEINR. 4609;
girde *stf.* (I. 532ª) *begierde, verlangen* DIEM. KONR. (AL. 62. ENGELH. 18. 249. 2307. PANTAL. 640. TURN. 33, 5. 185, 6. TROJ. 4450. 6521. 6740. 18664. 20488. 22687). ERNST 84. ULR. *Wh.* 117ᶜ. 257ᵇ. TÜRL. *Wh.* 124ª. j. TIT. 5674. LIEHT. 579, 19. BELIAND 3795. 4106. ELIS.

853. 2435. 2810. 5348 *etc.* gierde PRIESTERL. 244. HEINZ. 128. 64, 2 (: zierde). gërde LIVL. FRL. VINTL. 6941. KARLM. 318, 12. 368, 51, gërt (: wërt) MSH. 103ᵇ; *mit gen.* rehtes girde MAR. 182, 9. minnen girde KRONE 26393; *habgier* MYST.;
girdec *adj.* (*ib.*) *begierig, verlangend nach* (*gen.*) FRAGM. KIRCHB. 609, 44. 700, 26. 742, 64. REINFR. *Göd. s.* 19 (: wirdec); girdec zuo SUCH.;
girdec-lîche *adv. mit begierde* MAR. 180, 22;
girden *swv. begierig sein, verlangen.* wie sîn hant nâch mordes werc girdet KRONE 24537;
girdisch *adj.* (I. 532ª) *gierig, begierig* WG.? *s.* girisch;
girec *adj. u. composs. s.* giric.
girel (I. 535ᵇ) macedonicum, *eine pflanze* SUM. *vgl.* DFG. 341ª.
giren *swv. s.* girn;
giresch *adj. s.* girisch.
gir-guot *stn.* mammona EVANG. *M.* 6, 24. *L.* 16, 9 *ff.*
gir-haft *adj.* (I. 531ᵇ) *begehrend, verlangend nach* (ze) ENGELH.
gir-, -gîr-heit *stf.* (*ib.*) *habsucht u. geiz* MS. EN. 331, 31. BERTH. 8, 34. PASS. *K.* 392, 96. EVANG. *Mr.* 7, 22. *L.* 12, 15. geierheit DÜR. *chr.* 728. FREID. 99, 15 *var.* gir-, gier-, geierheit, avaritia DFG. 59ª. *vgl.* giricheit.
giric *adj.* (*ib.*) *ahd.* girîg, kirîg, *gierig, begierig,* avidus, cupidus DFG. 61ª, 163ª (girig, gierich, gierk, gerig). mir ist giric, *ich verlange nach:* ruoen und slâfen ist in girich MGB. 169, 12. eines d. gir. sîn GSM., gir. nâch ENGELH. MGB. 189, 11. 205, 13. gir. ûf PASS. (girech ûf godes wort 184, 12) MGB. 150, 6. 254, 12. gir. zuo *ib.* 140, 11; habgierig MYST. L. ALEX. 7165. WG. 12114. giric, gierk avarus DFG. 59ᵇ.
giric-heit *stf.* (*ib.*) *gierigkeit, habgierde* KROL. MYST. PASS. 197, 88. 254, 50. L. ALEX. 7163. 7265. 85. WARTB. 117, 1. girekheit ALEXIUS 117, 998. girekeit HERB. 13016. PASS. *K.* 15, 80. 34, 45. 138, 56. 204, 89. 361, 79. 430, 13. ELIS. 7637. gericheit FREID. 99, 15 *var.* girig-, gieric-, geirig-, gierkeit, aviditas, cupiditas DFG. 61ª. 163ª; *mit gen.* durch der gâben girecheit SILV. 2044. durch guotes girikeit MSH. 3, 6ª. *vgl.* girheit.
giric-lich *adj.* gierig, habgierig. daʒ si zer helle müeʒen varn durch iren giriclîchen muot MSH. 3, 15ᵇ. *vgl.* girlich;
giric-lîche, -en *adv. gierig, begierig.* slint

den angel giriclîch Msh. 3, 67ᵇ. ûf einen klûgen vorsatz was er gireclich gewant Pass. *K.* 314, 37. do nam er die büecher giricklîchen an Chr. 3. 172, 12.

girisch, gîrisch *adj.* (I. 531ᵇ) *gierig, habsüchtig* Roth *pr.* Warn. gîrisch Erinn. 812 *u.* 843. (*hs.* geirisch) mit girischer ungehabe Krone 14137. girescher muot Wg. 7358. giresch nâch 3225. 11945;

girisch-heit *stf.* (I. 532ᵃ) *gier, habgier.* gîrischait Erinn. 817 *u.* 848 (*hs.* geirischait). girescheit Wg. 1577. 2915. 21. 3049. 7360 *u. oft.* girscheit Karaj. 86, 16. Bph. 484. gierscheit Ab. 2, 39.

girlande *f. blumenbinde, kranz* Apoll. 579. — *aus fz.* guirlande *s.* Diez 172.

gir-lich (I. 531ᵇ) *gierig, begierig* Pass. *K.* 23, 89. 380, 5. durch girlîchen muot Bit. 13393; *begehrenswert,* der girlîche got, zu dem man streben muss Wack. *pr.* 56, 228. ich bin der gotheit girlich crôn Kolm. 6, 133;

gir-lîche *adv.* (*ib.*) *mit gier oder begierde* Glaub. 647. Alexius. 117, 982. Wack. *pr.* 32, 21. Ludw. *v. Th.* 3902. 5631. 7489. gierliche, -en Wolk. 38. 2, 21. 55. 1, 7. *comp.* girlîcher Myst. MF. 51.

girlitzen *swv.* anhelare Schm. *Fr.* 1, 932.

girn *swv.* (I. 532ᵃ) *s. v. a.* gërn, girden. giren nâch Heinr. 4585. gieren Wolk. 33. 2, 24 (*geschlechtlich begehren*), mit gen. kostlîcher geluste gieren 35. 2, 15. — *mit* be-, ge-.

girnîn *adj. aus garn gemacht.* eine girnen leiter, *strickleiter* Dür. *chr.* 314.

giro-valke *swm. s.* girvalke.

girre-gar *stm.* (I. 535ᵇ) Irreganc und Girregar, *namen von zwei kobolden (irrlicht?)* Ga. 3, 43 *ff.*; einen girrengarren (*galgen*) auf richten Beh. 377, 21;

girre-garren *swv.* wir solden girregarren und machen sulhen irreganc Ga. 3. 79, 1344. 81, 1432.

girren *swv. s. oben unter* garren.

girscheit *stf. s.* girischheit.

gîrs-kropf *stm. geierskropf, ein pfing. name* Helbl. 1, 394. 409. 419.

gîr-stein *stm.* (II². 614ᵇ) quirindros, geirstain, den zeuht man dem geirn ausz seim hirn Mgb. 457, 13. *vgl.* witehopfenstein.

girstîn *adj.* (I. 499ᵇ) *von gerste* Kchr. Griesh. Helbl. Pass. (360, 54). Bph. 5849. Hpt. 8, 234. 35. Evang. *J.* 6, 9. 13. gerstein Mgb. 413, 20.

girte *swm.? band, gürtel.* fur 6 gebandere girten in die nûwen molen Frankf. *baumeistb. v.* 1437 *f.* 9ᵇ. 11ᵃ.

gir-valke *swm.* (III. 216ᵇ) *der ger-, gierfalke, eine der vornehmsten falkenarten von himmelblauer farbe.* gier-, herfalke erodius Dfg. 208ᵇ. ger- (gër, gêr?) valke Mf. 176, 25. Orl. 7785. Voc. *o.* 37, 66. — *zunächst aus ital.* gir-, gerfalco, *nach* Diez 174 *vom lat.* girus, *weil dieser falke im kreise fliegend die erspähte beute verfolgt* (girofalk, *nach dem teutschen alsvil gesprochen als ein zwirbelfalk, und der nam wirt im darum zugelegt, wann sein aigenschaft ist, das er sich an der paisz in dem absteigen zwirbelt als lang bis er den vogel geschlagen und gepaissen mag* Myns. 8), *nach* Wack. *voces* 2, 135 *anm. ist das wort wol erst von den Romanen so umgedeutet u. umgebildet worden aus der ursprüngl. deutschen form* gêrvalke: *der falke, der einen friedlich ruhenden ger od. speer zur sitzstange* (*altn.* haukstald) *hat; es wird dabei an* orthfugal (accipiter) *der malberg. glosse, an die namen* Spervogel *und* Gêrvalch (Holle *Demant.* 328) *erinnert. aber auch der gedanke an* gir, gër *stf. ist nicht abzuweisen, durch die ja speciell die begierde des edlen jagdvogels bezeichnet wurde. vgl.* grîfvalke.

gis *stf.* (I. 535ᵇ) *schaum* Helbl. — *zu* jësen;

gischen *swv.* (I. 536ᵃ) *schäumen,* spumare Dfg. 549ᵃ. — *mit* er-.

gischen *swv.* (I. 536ᵃ, 12) *schluchzen.* wir sulen weinen, wir sulen gischen (: wischen) Marl. *han.* 35, 12. gissen Elis. 4470. *vgl.* gëschen, hëschen;

gischen *stn. das schluchzen* Wwh. 252, 27 *var.*;

gischunge *stf.* singultus Dfg. 536ᶜ.

gisch-vaz *stn.* Laur. *Casp.* 223 (gięzvaz?).

gise *präs. s.* jësen.

gîse *swm. s. v. a.* gîsel Karlm. *s. Bartsch* 293;

gîsel *stm. n.* (I. 536ᵃ) *kriegsgefangener; bürgschaftsgefangener, geisel* (*stn.* Rul. Parz.); *allgem., in den urk. s. v. a.* bürge, leister, *z. b.* Ad. 896. Mz. 1, 249. Cdg. 2, 392 *f.* in varen und laisten in geisel wîs Uoe. 4, 279 (*a.* 1298). gîzel Dief. *n. gl.* 377ᵃ. *vgl.* Gîsel *n. pr.* (*ahd.* Kîsal, Gisilo) Neidh. 31, 26. Renn. 18239. — *vgl.* geisel.

gîsel-ambet-man *stm. amtmann auf einem* gîselslôze Rta. 1. 299, 29.

gîseler *stm.* geiseler, do einer fur den andern pfant ist, obses, obstagius Voc. 1482. und satten twelf gîsler to borgen Chr. 7. 24, 28.

gîsel-heit *stf. s. v. a.* gîselschaft Lanz. 1825 *var.*

gîsel-hove-man *stm.* (II. 40ᵃ) *stellvertreter auf dem hofe* Gr.w. 3, 413. 15.

gîselitze, gîsliz *stfm.* (I. 496ᵃ) *eine speise.* iz dû gîselitze, sô wil ich ezzen ditze, daz man heizet huon versoten Helmbr. 473 *und die anm. von Keinz s.* 73 *f.* geysslitz in der vasten mach also. item geysslitz in der vasten soltu nemen und lass sy ain weil stân das sy gefall. so seud sy dann und gewürtz sy in dem hafen und wann du sy dann essen wild, so thue ain wenig öll in ain pfannen und thue den geyslitz darein *etc.* Hpt. 9, 367. gîseliz, geislitz glicerium, polenta Dfg. 265ᵃ. 444ᵃ. Pfeiff. *forsch.* 1, 15. — *kärnt. tirol.* geislaz, geisliz *m.* geislazn *f. eine speise aus hafermehl* Kwb. 112. Schöpf 183, *wol slav. ursprunges: böhm.* kyselice *obstmus,* russ. kisely *säuerlicher mehlbrei.*

gîsel-mâl *stn.* mâl *eines* gîsels. an offenen wirten ze veilem guot und ze rehten gîselmâlen Don. (*a.* 1378, *urk. des grf. Hans v. Fürstenberg, der sich zum einlager nach Freiburg verschreibt*). *vgl.* in offener wirt hiusern, ze vailem guot, unverdingt und ze rehten maulen *ib. a.* 1357. *vgl.* Oberl. 553.

gîseln *swv.* geiseln od. leisten, obsedare Voc. 1482. — *mit* ver-.

gîsel-rant *stm. name eines riesen* Virg. 887, 4. 888, 11.

gîsel-schaft *stf.* (I. 537ᵇ) *bürgschaft, einlager* Lanz. Trist. gîselsch. leisten Ad. 714 (*a.* 1278) Mz. 1, 247 (*a.* 1303). die burgen sullen leisten in rehter leistunge und geiselschaft *ib.* 4, 306. ain reht gîselschaft dar umb ze laistenne in gastes wîse Don. *a.* 1357.

gîsel-slôz *stn. als pfand, bürgschaft eingesetztes schloss* Rta. 1. 297, 34. 298, 34. 299, 24.

gîsen? *swv.* (I. 536ᵃ) blâsbalc, drîvuoz, rîbisen, her umbe muoz ich gîsen, *habe sie nicht* Fragm. 38ᵃ, 34.

gîsert *part. s.* geîsert.

gîsliz *s.* gîselitze.

gîsôtet *part. s.* geîsôtet.

gissen *swv. s.* gischen; — swie oft sich der pferde deheins gisset (gizzet?) verleist oder abgêt, sô sol man ein anderes als gutz in die leistung setzen Mz. 3, 464 (*a.* 1361).

gissübel *stm.* den warf er auf sein gissübel (: kübel), das die laiter sampt im vielent also zprosten hin Ring 57ᵇ, 16. *vgl.* Schm. *Fr.* 1, 948.

gîst 2. *pers. s.* gëben, jëhen.

gisten *swv. s.* jësten.

gît *s.* gëben.

gît *stm.* (I. 537ᵇ) *gierigkeit, habgier, geiz* Greg. Parz. (gîtes gern 202, 13 *unmässig habsüchtig sein, zu viel verlangen*) Ms. Buch *d. r.* 287. Himlf. (Hpt. 8) 268. Heldb. *H.* 1. 84, 100. geit Jüdel 128, 42. geitz Voc. 1482. (*vgl.* gîtesen *u.* Germ. 9, 294. Weig. 1, 407). *ebenso*

gîte *stf.* (*ib.*) Ms. Warn. des twanc in tôdes gîtes j.Tit. 923. (gitze: witze 3338) in ruomes gîten Loh. 4126. — *zu* gîwen;

gîte *adj.* (*ib.*) *gierig, habgierig* Tund. (geite 56, 81). Lit. 417. j.Tit. 6102. *vgl.* mort-, sturmgîte.

gîte *präs. s.* jëten.

gîtec, gîtic *adj.* (I. 538ᵃ) *gierig, habgierig, geizig* Renn. Freid. 112, 9. Silv. 3870. Troj. 12765. der gîtige tôt Karl 6646. geitig Mgb. 31, 30. 189, 16. 209, 23 *etc.* gîtzig, geitzig avarus Dfg. 59ᵇ (*vgl.* gîtesen); *mit gen.* gîtic übeler dinge Neidh. 90, 40; *mit präp.* die burger wâren ûf den strît sô gîtic Troj. 12357. gîtic ze *ib.* 9883.

gîtec-heit, gîtekeit, gîtikeit, *stf.* (*ib.*) *s.v.a.* gît Freid. Barl. Renn. Ms. Flore 4781. Elis. 9646. Hpt. 7. 346, 35. avaritia sprichet gîtecheit Ab. 1, 363. guot daz ist gîtekeit ein klobe Winsb. 29, 5. swie man eht guot ze unrehte gewinnet, daz ist gîtekeit Berth. 440, 8 .wizzit ir, waz gîtikeit ist? daz heizet man bœse gîtikeit, daz man iht des begert, daz got niht enist Myst. 2. 450, 8. geitichait Aneg. 33, 41. Mgb. 178, 22. 209, 22. 306, 32. 439, 34. 440, 4. geitigkait Chr. 3. 51, 23. 80, 14. 130, 28 *etc.* 5. 97, 3. gîzekeit Vet. *b.* 80, 15. geitzigkeit Voc. 1482; *personif.* ver(frau) Gîtikeit Helbl. 7, 785.

gîtec-lich *adj.* (*ib.*) *s. v. a.* gîtec Parz. Barl. geitziglich Voc. 1482;

gîtec-lîche, -en *adv.* (*ib.*) *gierig* Trist. die gîteclîche dürsten begunde nâch ir bluote Troj. 23610. ze gîteclîchen Hpt. 7. 346, 33. geitziclîch Renn. 1978; *habgierig,* gîdeclîche nemen Elis. 7645.

gîtegære *stm.* (*ib.*) *der gierige, habgierige* Renn. (geitiger 2059. 4748. 16319). in machent die gîtegære an guotem willen sô hart Hpt. 7. 346, 38.

gitegen *swv.* (I. 538ᵇ, 7) *jäten,* sarire Sum. — *zu* jëten.

gîten *swv. gierig, habgierig sein, geizen.* wie er dar nâch gîtet Krone 24530

giter, gitter *stn. gitter* TUCH. 129, 3. 6. 131, 14. 32. **gietter** *ib.* 152, 29. es solle niemant hie bier schenken, er hab dann desshalb einen offen zeiger oder gitter auszgesteckt NP. 265 (15. *jh.*). *vgl.* gater *u.* WEIG. 1, 440;

gitern *swv. in* vergitern.

gîtesære *stm.* (I. 538ᵇ) *s. v. a.* gîtegære Aw. (*lies* 3. 171, 14. 181, 61);

gîtesen, gîtsen *swv.* (*ib.*) *s. v. a.* gîten, *das nhd.* geizen (*aus* geitsen) WALTH.

gît-lich *adj.* (I. 538ª) *gierig* STRICK. (*leseb.* 1861 *s.* 628, 19);

gît-lîchen *adv.* den kopf er gîtlîchen nam GA. 3. 10, 212.

gît-sac *stm.* (II². 3ᵇ) *geizsack, geizhals* MART. (18, 93) TUND. BUCH *d. r.* BERTH. 529, 23.

gît-slündec *adj.* (II². 403ᵇ) *gierig schluckend* HELBL.

gitter *stn. s.* giter.

gitze *stf. s.* gîte.

gitzele, gitzi *s.* kitzele, kitze.

giuchart *stf. s.* jûchart.

giuchel *stn. s.* gouchelin.

giude *stf. freude, jubel.* ich wart ir aller göude VIRG. 402, 6 *u. anm.* 1014, 8. geude WOLK. 12. 1, 25. 118. 5, 8. *md.* gûde, *verschwendung* ELIS. 7957, *annehmlichkeit, genuss ib.* 9422;

giudec *adj.* (I. 539ª) *verschwenderisch, prodigalis* DFG. 462ᵇ. der geudig man VINTL. 1908. 12;

giudec-heit *stf.* geudigkeit, prodigalitas DFG. 462ᵇ;

giudec-lîche *adv.* (I. 539ª) *in pralender weise, verschwenderisch* FRL. LS. daz er die göudiclîchen müg vertrinken HADAM. 547. *vgl. zu* ENGELH. *s.* 221;

giudel *stm.* (*ib.*) *praler, verschwender* LS. AMMENH. *s.* 322. güdel NETZ 427;

giuden *swv.* (I.538ᵇ) *md.* gûden *pralen, grosstun, in geräuschiger freude sein* BERTH. (83, 35). swer die werlt vliehen wil, der sol niht giuden ze vil BUCH *d. r.* 490. daz dâ sô vil gegiudet wart TROJ. 20326. geuden NEIDH. 63, 28. LS. (2. 538, 105). SUCH. mit disem namen ir lantvolc wol moht geuden LOH. 903. daz ich von im göuden (*rühmen*) muoz TEICHN. 237. dâ von mit nieman göude HADAM. 49. von süezem jagen göuden *ib.* 102. von ungelücke göuden mag ich *ib.* 364. 722. wir gäuden auch in trubsalen CGM. 300, 80; *verschwendung treiben*, hie mide sî nû gûden ELIS. 8030. — *vgl.* giwen *u.* SCHM. *Fr.* 1, 873. *mit* durch-, über-, ver-;

giuden *stn.* (I. 539ª) *md.* gûden, *das pralen, grosstun, geräuschige freude* ER. (9065). ROSENG. 1877. *H.* 527. 1602. 2020. 72. durch guften und durch giuden j.TIT. 3880. die niht wan geuden suochten *ib.* 1334. *vgl.* 472. 5923. meien lustes geuden LOH. 3687. *vgl.* 976. schallen unde geuden WG. 304. daz sin hôhvart ân guot mit geuden niht wol vart 11944. *vgl.* 3696. 11376. geuden und braht TURN. 41, 2. waz sol diz göuden TROJ. 8576 mîn göuden ist gar hin getân MSH. 1, 345ª. waz ich göudens verlôs *ib.* 3, 290ª. *vgl.* HADAM. 341. 88. 89; *verschwendung* ELIS. 8046;

giuden-lich *adj. pralerisch.* durch göudenlîchez jagen HADAM. 609;

giuder *stm.* (I. 539ª) *praler, verschwender.* geuder prodigus VOC. 1482. vier menschen komen von got in armuot: der vrâz, der unkausch, der gauder und der krieger MONE 7, 500. hie ist der gouder, dort der karg; der gouder ist ein sölich man, der nichz nit im behalten kan RING 30ᶜ, 41;

giudisch *adj.* geudisch, prodigalis VOC. 1482;

giudisch-heit *stf.* geudischeit, prodigalitas *ib.*;

giudunge *stf.* arrogantia, güftung geudung CGM. 3985, 1; *verschwendung*, der tailt sich von der miltikait in die scham und vell et in der geudung ursprung VINTL. 1892. der tadel der geudung *ib.* 1903.

giuse? *stf.* siu wil der zene schônen, siu enhât ir niut der giuse (: miuse) FRAGM. 38ᶜ, 123.

gîversal *stn. erguss von geifer.* ir speichel und ir gîversal ELIS. 3570. *s.* geifer.

giwen *swv.* (I.543ᵇ) *das maul aufreissen, gähnen* WINDB. *ps.* gëwen MYST. ROZM. ûf ginen und gewen CGM. 89, 118. giwen, giben, gewen, geuen hiare, oscitare DFG. 276ᶜ. 402ᵇ. *vgl.* göuwen. — *s.* ginen;

giwen *stn.* (*ib.*) Exod. (*D.* 121, 16).

gîze, gîzec *s.* gieze, giezec.

gîzekeit *stf. s.* gîtecheit.

gîzel *stn. s.* gîsel.

gîze-vaz *stn. s.* giezvaz.

gl- *s. auch* gel-.

glâb *swm. s.* geloube.

glaben, glaffen *swv.* in verglaben, erglaffen, *vgl.* glaveren, glever.

glamme *stswf. glut.* dô verlasch des zornes glamme KOLM. 6, 465. in der heizen glamme PASS. *K.* 116, 53. sî begôz des vûwers vlammen und ouch der kolen glammen ROTH *dicht.* 54, 28. — *zu* glimmen.

glan *adj.* (1. 545ᵃ) *träge.* ze guoten werken bin ich glan, mess und lange mettenan erdriezent mich gar sêr Ls. 3. 26, 127 (glen: m̨ettenen? *vgl.* len Schm. 2, 470. Kwb. 177).

glän *stf. s.* glavîn.

glanaster *stm. s.* glanster.

glanc *stm. s.* gelanc.

glander *adj.* (I. 545ᵃ) *glänzend, schimmernd* Parz. Trist. *H.* Herb. Wh. *v. Öst.* 63ᵇ. helm mit maniger ziemier glander j.Tit. 1935. ein swarzer ar niht glander 3449. der swebt in varwe glander 3638. der swebende spiegel glander 3936. blicke glander 5032. 5725. 6013. 6112;

glander *stmn.* (*ib.*) *glanz, schimmer* Hätzl. der varwe gl. j.Tit. 2257. der sunnen gl. 3332 (Altsw. 130, 29. 223, 8). die viures glander 2224. 3042. — *kärnt.* glân, glânder *m. funke;* glândern, *funken machen* Kwb. 115, *vgl.* glanst, glanz.

glanken *swv. baumeln s. unter* glunke.

glanst *stm.* (I. 549ᵃ) *glanz.* des fiures glanst Himlr. 142. mit glanstes hitze *ib.* 290. daz ein grôzer glanst dô bran von der zît daz des tages zeran unz der ander morgenrôt der werlde daz lieht bôt Serv. 1837. — *zu* glins, gl̨insten;

glan,ster *stm. funke.* ein kleiner glanster Rennn. 23934. glanaster Heum. 430. glanaster, glene,ster Schm. *Fr.* 1, 975 (*a.* 1418);

glanstern *swv. glänzen, stralen* Pass. *K.* 524, 7. 625, 7. *vgl.* glinstern *u.* Kwb. 115.

glanz *adj.* (I. 548ᵇ) gelans Hans 3909: *hell, glänzend* Nib. Wolfr. Wig. Ms. Neidh. (71, 4. 80, 38). Konr. (Troj. 4079. 12961. 15342. 17395. 22510. 23007. 24927. Pantal. 122. 776. Turn. 66, 3. 89, 3. 121, 6). glanzer fulvus, ruffus vel rubicundus Voc. 1482. diu glanze j.Tit. 5707. dehein brünne was sô gl. Serv. 2062. den hêren lichnamen gl. 2355. ir varwe gl. Virg. 230, 11. von megden und von vrouwen gl. 250, 5. genât mit sîden, diu was gl. Helmbr. 96. si sint beide (hûbe u. hâr) sô gl. 513. der wart rîch unde glanz Krone 15847. glanzer harnas Albr. 12, 32. 29, 9. zwei glanze horn 21, 549. von liehten glanz rôsen Ga. 2. 224, 194. nâch alsô glanzem morgen Ls. 1. 239, 161. glanze varwen Netz 11007; *mit gen.* den jungen prîses glanzen Ulr. *Wh.* 202ᵇ, *mit präp.* kein getihte an sprüchen ist sô glanz Trist. *U.* 12. glanzer an êren Engelh. 4715. — *zu* glinzen;

glanz *stm.* (I. 549ᵃ) *glanz, schimmer* Parz. Walth. Troj. (156). dô stuond in ir glanz baz Gen. *D.* 17, 17. ir varwe gên dem golde den glanz vil hêrlîchen truoc Nib. 742, 4. swarzer gl. *der krähen* Krone 2057. des schœnen gl. Wolk. 111. 1, 13. (*pl.* glenze *ib.* 33. 2, 12). gewandes, der werlde gl. Elis. 867. 3685. sunder gl. *ohne heuchelei ib.* 8679;

glanzen *swv. s.* glenzen.

glanz-ërde *swf. von metallgehalt glänzende oder glanz d. i. bleiglanz enthaltende erde* Wack.

glanz-rîche *adj. glanzreich, klar.* mit einem glanzrîchen, liehten underscheide Myst. 2. 582, 19.

glarren *swv. in* verglarren.

glarr-ouge *swn. weit geöffnetes, anstierendes auge* Oberl. 554. *vgl.* Kwb. 117. Fromm. 3, 377.

glas *stn.* (I. 545ᵃ) glaz Ms. (: vaz) Ls. 3. 394, 126. Np. 203. gelas Pfeiff. *seelentr.* 90ᵃ, *pl.* glas *u.* gleser: *glas* Parz. Wig. die berge zebrechen alse daz glas Diem. 291, 4. ougen liehter denne gl. Troj. 22647. klingen als ein gl. Albr. 18, 43. ez schol nieman kainen wein machen mit alaun noch mit glaze Np. 203 (mit alûn, mit glas, mit kalcke 204); *aus glas gemachtes: trinkglas* Trist. sie trunken alle zuo der stunt daz tiefe glas ûf den grunt Ga. 2. 470, 11. *vgl.* Ls. 3. 394, 126. recepimus 1 ℔ hl. vom Michel Ammon, daz er auz glesern zu trinken het geben, daz verboten ist J. *a.* 1421. ein steinot glas, *kristallbecher* Mone *z.* 16, 260 (*a.* 1402); *glasgefäss* Parz. daz sie bekennent an einem glase (*uringlase*) des menschen nâtûre unde sînen siechtuom Berth. 153, 19. (*vgl.* glasevaz); *lichtgefäss* Parz. 236, 4 (*vgl.* glaslieht, lampenglas); *fensterscheibe, fenster* Parz. Walth. Gsm. Helbl. (luogen durch diu glase 1, 1355). die gleser, *fenster* Tuch. 245, 26. 246, 7 *ff.* (*vgl.* glasevenster); *spiegelglas, spiegel* Parz. der siht in ein betrogen glas Msh. 1, 298ᵃ. diu sich in reiner tugende glase und in spiegel hât besehen Troj. 20586. daz man sich drinne mohte ersehen alsam in eime werden glase 19935. (*vgl.* spiegelglas); *brille,* unde mûz nû schrîben durch ein glas Dür. *chr. s.* 6; — *glaserz* Feldb. 41. 472; *glasartige masse* Parz., *glasfluss, nachgemachte edelsteine* Freid. Eracl. Strick. wer edele steine nie gewan den dûhte lihte guot wunder ein kriechesch glas Msh. 3, 468ˢ. — *alts.* gles, *ags.* gläs (= glesum Tacit. *Germ.* 45, glessum Plin. *hist. nat.* 4, 27. 37, 11. 2 *bern-*

stein) altn. gler. *vgl.* WEIG. 1, 440. GR. *kl. schft.* 2, 123.

glas-ambet *stn. amt des glasmeisters, der für die erhaltung der glasfenster der kirche zu sorgen hatte* UKN. 243 (*a.* 1331).

glasære, -er *stm.* (1. 546ᵃ) *glaser* OT. 567ᵃ. HADAM. 420. MONE *z.* 16, 163. TUCH. 105, 13 *ff.*

glase-kopf *stm.* (I. 861ᵃ) fiala DFG. 232ᶜ.

glasen *swv. in* er-, verglasen.

glase-öuge *adj.* (II. 452ᵇ) *glasäugig, eine augenkrankheit* BERTH. 433, 15. *vgl.* GFF. 1, 123.

glase-, glas-vaz *stn.* (III. 281ᵇ) *glasgefäss* TRIST. KINDH. KONR. KOLM. 8, 133. PF. *arzb.* 1, 4. ein glaszvasz, fiola VOC. 1482;

glase-väzzelîn *stn.* (III. 283ᵃ) TRIST. 11438.

glase-, glas-vënster *stn.* (III. 299ᵃ) *glasfenster* LIT. DENKM. XXXVIII, 29. j.TIT. 336. MOR. 1, 909. S.GALL. *chr.* 77. TUCH. 299, 21. CHR. 6. 347, 18. glasv. *mit wappen* ZIMR. *chr.* 1. 128, 22.

glas-hütte *stf. glashütte* MONE *z.* 12, 414 (*a.* 1426).

glas-lieht *stn. ampel, ewiges licht.* die chapel beliuchten mit einem glaslieht STZ. 289.

glas-maler *stm. vgl.* ZIMR. *chr.* 3. 35, 37.

glas-meister *stm. s. unter* glasambet.

glast *stm.* (I. 546ᵃ) gelast SUCH. 3, 175. DA. 375. WOLK. 27. 3, 5: *glanz* PARZ. TRIST. WIG. BARL. ER. 1780. 7867. PRIESTERL. 78. WARTB. 21, 2. TROJ. 8486. 13957 (einer megde glast). 20392. TURN. 53, 2. PASS. 189, 66. *K.* 83, 80. 543, 29. *N. v. B.* 215. ir reinen libes gl. ELIS. 2861. der sunnen gl. *sonnenschein* MGB. 257, 33. ÖH. 8, 28. — *zu* glas;

glaste, glast *prät. s.* glesten;

glasten *stn.* (I. 546ᵇ) *das glänzen* HÄTZL. *vgl.* glesten.

glas-var, -wes *adj. vitreus. des trachen flaisch* ist glasvar MGB. 269, 35. zignites ist ain stain, der ist glasvar 466, 7.

glas-vaz, -vënster *s.* glase-vaz, -vënster.

glas-vüerer *stm. glashändler* MONE *z.* 16, 163 (*a.* 1484).

glas-wërc *stn. aus glas gemachtes, glasfenster* NP. 292, 1. TUCH. 105, 23, 30, 31; *gewerbe des glasers und glasmalers* MONE *z.* 16, 162 (*a.* 1484). *vgl.* ZIMR. *chr.* 2. 530, 8.

glat *adj.* (I. 547ᵃ) *glatt, glänzend eigentl. und bildl.* TRIST. MART. (*lies* 253, 33). glat und reine TROJ. 9874. diu stat mit marmelsteinen glat gemûret was 7320. sô lûterbære und alsô glat was ir gazzen esterich 17409. glat als ein altez helfenbein 19987. weich und glat was ir vel 19998. mit glatten worten DAN. 5179. ir berc was îsec unde glat LIVL. 11062. ist er kalt und âne hâr er heizet ein glatter schalc FRAGM. 28, 67. glater munt, *glänzend fett* PASS. *K.* 401, 73. du kaust vil süezer glatter gebærd ALTSW. 162, 38. glatez holz, glater laim MGB. 321, 15. 273, 6. gelat HÄTZL. 165, 65. 180, 23. CHR. 5. 229, 16. so sol das gelater werden (*geschlichtet werden*) vor einem gemein USCHB. 3. — *altn.* gladr, *ags.* gläd *glänzend, frölich, alts.* glad *von einem vorauszusetzenden stv.* glidan (*mhd.* glëten), glath *vgl.* glîten *u.* WEIG. 1, 441. 444. DIEF. 2, 414. KUHN 11, 201;

glat *adv.* die mûren die sint noch niut glat reine verworfen *N. v. B.* 337. *vgl.* KWB. 115.

glatz *stm. s.* glaz;

glatzec *adj. kahlköpfig.* glatzig, calvus DFG. 92ᵃ. glatzig machen, *calvare ib.* 91ᶜ. *ebenso*

glatzeht, glatzet *adj.* (I. 547ᵇ) WELTCHR. HÄTZL. RING 33, 25. CHR. 3. 65, 19. glatzeter knabe, *penis* FASN. 732, 24. gletzeter knabe *ib.* 346, 30. glatzeter oder gnatzeter, calvus, glaber, calvaster VOC. 1482. *vgl.* ZIMR. *chr.* 4. 80, 8.

glau, glou *adj.* (I. 551ᵇ) *flect.* glawer, glower *klug, umsichtig, sorgsam* GFF. 4, 294. *fürs mhd. aus* glouheit *zu folgern (n* gluw FASN. 966, 30). — *ags.* gléav *splendidus, sagax, zu gr.* γλαυκός CURT[3]. 168. *vgl. auch* GSP. 28, FICK 69 *u.* glûche.

glaveren *swv. in* verglaveren.

glavîn, glevîn; glavîe, glevîe, glëve *stswf.* (I. 547ᵃ) *lanze, reiter der eine lanze führt, pl. kleiner haufe solcher reiter (s. die glossare zu den* CHR.); *formen:* glavîn KRONE 13223. TÜRL. *Wh.* 11ᵇ. 34ᵃ. glævîn PARZ. (*auch* glævine). KRONE 10531. gleven, glefen *st.,* gleve, glefe *sw.* SUCH. CLOS. KÖN. (CHR. 8. 83, 18. 19. 323, 20. 25. 467, 2. 4. 7). BIT. 6531. WOLFD. 2187. j.TIT. 919 (gleve) JUST. 193. AD. 1150. 1229. CHR. 1. 35, 17. 36, 7. 14. 186, 16. *etc.* 2. 49, 31. 209, 9; 3. 112, 8. 291, 11. 292, 18. 315, 1. 3. RCSP. 1, 88 *ff.* kleve RTA. 1. 321, 14. 28, *umgestellt* gelve DIEF. *n. gl.* 200ᵇ, *contr.* glê, glên (*auch pl.*) JUST. 174. DÜR. *chr.* 300. 653. 692. FASN. 307, 15. glên, glän CHR. 5. 97, 12. 98, 19. gleen, glehen RCSP. 1, 33. glavîe WIG. TÜRL. *Wh.* 25ᵇ. KRONE 18967. 77. 19129. 19185. JER.

175ᵇ. Karlm. 62, 51. 64, 46. 65, 26. Chr. 6.
53, 6. 70, 23. 76, 6 *etc.* glevîe j.Tit. 1284.
1680. Pass. 362, 35. 42. Herb. 2500. 14708.
18375. Chr. 7. 158, 21. 291, 14. glavî
Kreuzf. 2710. glevîne Erlœs. 1510. glevenîe Pass. (*K.* 161, 1. 256, 94). glefenei
Mz. 4, 391 *s.* 429. glêne Dan. 5134. — *aus
altfz.* glaive *lanze, prov.* glavi *schwert vom
lat.* gladius Diez 643.
glaʒ *stn. s.* glas.
glâʒ *stmn. s.* gelâʒ (von sînem ungefüegen glâʒ
Wwh. 414, 5. mit glâʒe j.Tit. 6038).
glaz, -tzes *stm. s.* gnaz.
glaz, -tzes, glatz *stm.*(I.547ᵇ)*kahlkopf,glatze,
obere fläche des kopfes* Ms. Neidh. (39, 18).
Reinh. calvitium ein glatz Voc. *Schr.* 346.
der alte glatz Wolk. 6, 131. vliege, diu an
dem glatze wart erslagen Aw. 3, 229. der im
einez slüege an den glatz Renn. 11479. er
sluoc den an den hals den an den glaz manigen ungevuogen plaz Basl. *hss.* 30ᵇ. — *vgl.*
gliʒen, gliz, glitze.
glaz-heit *stf.* calvities Dief. *n. gl.* 68ᵃ.
glê, glefe, glehe *s.* glavîn.
glê, glei *prät. s.* glîen.
gleich *stn. s.* geleich.
gleie *swf. s.* gloie.
gleien-bluome *mf.* gel gleienbluome, gladiolus Dfg. 264ᵇ. *s.* gloie.
gleif *adj.* (I. 548ᵃ) *schief, schräge.* er machte
ein ummegenge gleif Pass. *K.* 606, 51. —
zu glîfen;
gleif *stm.* (*ib.*) *das abschüssige, schiefe* Jer.
154ᶜ. dâ die schuppen heten gleif, *sich bogen, krümmten* Beliand 1545 (Wittich 1433,
s. Gr. 1³, 182).— *vgl. tirol.* die gleif, *anhöhe*
Schöpf 194;
gleifen *swv.* (*ib.*) *intr. schräge sein, hin und
her irren.* gleifîn und in der wûste streifîn
Jer. 98ᵈ; *tr. mit* er-, ver-.
gleim, gleime *swm. s.* glîme;
gleimel *stn.* glühwürmchen Mgb. 297, 20 *ff.*
gleisen, gleizen *stv. s.* glîzen.
glëmmen *stn. s.* glimmen.
glëmmen *swv. in* erglimmen.
glen? *adj. s.* glan.
glên *s.* glavîn.
glenester *stm. s.* glanster;
glenker *stm. penis* Fasn. 724, 19. *vgl.* glanken,
glunke, glunkern.
glenste *stf. s. v. a.* glanst Md. *ged.* 3, 291;
glënsten *swv. s.* glinsten;
glensterlîn *stn. dem. zu* glanster. als ein kleinez glensterlîn verlischet mitten in dem Rîn
Diut. 3, 17;
glënstern *swv. glänzen, scheinen.* recht als die
sunne tut her glenstern (: fenstern) Fasn.
265, 2. — *vgl.* glanstern, glinster.
glênt *part. s.* lêhenen.
glenz, glenze *stmn.* (I.965ᵃ) *aus* ge-lenz *frühling,* ver Dfg. 611ᵇ. daʒ glenze Mart. 249,
51. 61. Feldk. *r.* 54. daʒ glentz Chr. 5. 311,
28. 326, 10. der glentz *ib.* 66 *anm.* 1.
glenze *stf. glanz, schimmer* j.Tit. 1149. 2356.
4694. Krone 15742. Msh. 3, 62ᵃ. Vintl. 6908;
glenzec *adj. glänzend* j.Tit. 3384 *alt. dr.*
glenzec *adj. aus* gelenzec, vernus Dief. *n. gl.*
378ᵇ.
glenzelîn *stn. kleiner glanz* Renn. 428;
glenzen *swv.* (I. 549ᵃ) *intr.* glanz *hervorbringen, leuchten* Konr. (Troj. 3038. 8902. 24180.
Turn. 64, 3). ein glenzender glanz, glenzender schîn N. *v. B.* 302; — *tr. u. refl.* glanz
(*adj.*) *machen* Ms. (*H.* 2, 223ᵃ) Such. sumelich sich kunden glanzen (: phlanzen)Türl.
Wh. 148ᵃ. — *mit* durch-, er-, ver-;
glenzen *stn.* (*ib.*) *das glänzen* Pantal. Mgb.
464, 31.
glenze-zît *stn. frühlingszeit* Mart. 249, 43.
glenzieren *swv.* (I. 549ᵃ) *glänzen* Turn.
gleserîn *adj.* (I. 546ᵃ) Osw. *s. v. a.*
glesîn (*ib.*) gelasîn Hans 3372. gleʒîn Voc.
Schr. 946: *von glas oder glasmasse* Parz.
Trist. Walth. Pred. L.Alex. 3554. Er. 1919.
Neidh. 48, 11. Reinh. 298, 197. Pass. *K.* 648,
27. Evang. 262ᵇ. Mgb. 31, 5. 251, 33 *etc.* Chr.
8. 311, 4. Beh. 10, 20. *bildl.* glesîn glücke
Msh. 2, 178ᵃ.
glêstat *stf. s.* glêtstat.
gleste *stf.* (I. 546ᵇ) *s. v. a.* glast Gudr. Trist.
Ms. reht als sî (die ringe) wæren rôtguldîn,
gâben sî ir gleste Virg. 5, 10. gegen der sunnen gleste gap ir harnesch liehten schîn *ib.*
13, 6;
glestec *adj.* (I. 547ᵃ) *glänzend* Frl. Hätzl
glestig von liehte N. *v. B.* 213. glestig liuhtende *ib.* 302. *vgl.* gelest;
glesten *swv.* (I. 546ᵇ) gelesten Da. 247, *prät.*
gleste (Bit. 8646. Virg. 273, 3), glaste (Ulr.
Wh. 202ᶜ. Ernst *B.* 2597. Virg. 164, 6.
Sigen. Z. 2, 8. Renn. 14530. glast Ring 5,
20) *part.* geglestet (Türl. Wh. 105ᵃ): *intr.*
glast *hervorbringen, glänzen* Er. Wolfr.
(ein phellel glestende als ein fiur Wh. 360,
16). Trist.Wig. Ms.(*H.* 1,211ᵇ. 2,132ᵃ. 146ᵃ).
Bit. 5641. 8817. Virg. 124, 4. 9. Troj. 3513.

ENGELH. 2993. ZING. *Pl.* 8, 18. ALTSW. 155, 18. MGB. 55, 13; — *tr. glänzend machen, die sich wolten gesten und ir varwe glesten* GERM. 8. 285, 56. — *mit* ûf, durch-, er-, wider-;
glesten *stn.* (I. 547ª) *das glänzen* WOLFR.;
glester *stm. s. v. a.* glast, gleste. *reht als der sunnen glester (: vester) versmelzt ein süezes tou* ALTSW. 233, 32. *ein minlich bliches glester (: swester) spil in sîm hertze* HANS 2099.
glêt *stm.* (I. 547ᵇ) *hütte* WIG. APOLL. 1413. JÜNGL. 660. *sine habent hous noch heimuot, alle glêt dunchent si guot* GEN. *D.* 36, 19. *in gewelben kamern, hiusern oder glêt* LOH. 4189; *vorratskammer, keller* HELBL. HELMBR. (*vgl. Keinz zu* 1847). — *ein slav. wort: russ.* klet *zimmer, vorratskammer; sloven.* klet *keller;* böhm. kletka *zimmer. vgl.* GR. 1³, 175. GERM. 4, 169.
glete *stf.* (I. 547ª) *glätte* REINH.; *glasartige, glänzende bleischlacke, die sich fettig anfühlen lässt:* glet, glett litar, litarium, auricalcus, aurugo Voc. 1482. — *zu* glat.
glêt-stat *stf. stelle worauf ein* glêt *steht. man dient von einer* glèstat *mitten in dem dorfe drei pfenning* USCH. 107 (*a.* 1307).
*glëten *stv. s.* glat;
gleten *swv.* glat *machen.* gletten, lubricare Voc. 1482.
gletzet *adj. s.* glatzeht.
gleuben *swv. s.* gelouben.
gleve, glevîe, glevenîe *s.* glavîn.
glever *stm. geifer*, obscedo DFG. 402ª. *vgl.* verglavern.
glezîn *adj. s.* glesîn.
glich *u. damit compon. s.* gelich-.
glideme *swm.* (I. 548ª) *jubel?* WITTICH (BELIAND 3266). *vgl. ags.* glädma, gaudium GR. 3, 511. DIEF. 2, 412.
glîden *stv. s.* glîten.
glîdinc *stm.* (*ib.*) *schreier.* her Glîdinc, *esel* MSH. 2, 384ª. *zu*
glîen *stv. II.* (*ib.*) *prät.* glei, glê *pl.* glirn; *schreien, bes. von raubvögeln* MAI, WIGAM. (1452. 70). Ms. (*H.* 2, 83ᵇ. MSF. 242, 10). *wie si glient, wie si tobent* NEIDH. XLII, 6. *nâch dîner güete spîse ich als ein habich glîe* HADAM. 175. — *mit* er-;
glîen *stn.* (I. 548ª, 14) TUND. schalmîen, floitieren und glîen ROTH *dicht.* 123.
glîfen *stv. II.* (I. 548ᵇ) *schräge, abschüssig sein* LS.
glim, -mmes *stm.* (I. 548ᵇ) *funke*, scintilla DFG.

518ᵇ. *von einem glimme ein halm enbran* KOLM. 121, 41;
glîme, gleime, gleim *swm.* (I. 548ª) *ahd.* glîmo *u.* gleimo *glühwürmchen* SUM. RENN. glime GERM. 8, 47. gleim (: heim) OT. 80ª. MGB. 297, 23. *zu*
glîmen *stv. II.* (*ib.*) *leuchten, glänzen. des zornes funke dannoch gleim (: heim) in sîme herzen* ERLŒS. 3583 (*die Prager hs. hat* schein: hein *s.* GERM. 3, 469). — *mit* be-, en-. *vgl.* DIEF. 2, 411. FICK 65;
glimen *swv.* (I. 548ᵇ) *glühen* ANNO.
glîmet *part. s.* gelîmen.
glimmen *stv. I,* 3 (I. 548ᵇ) *glühen, glimmen* TRIST. GSM. FRL. BELIAND 3809. MARLD. *han.* 72, 9. *prät.* glam *ib.* 97, 8. JER. 134ᶜ. BEH. 79, 14. — *zu* glîmen, *vgl.* WEIG. 1, 445;
glimmen *stn.* MYST. 2. 131, 32. 35. glëmmen MARLD. *han.* 97, 10;
glimmern *swv.* (I. 548ᵇ) *glühen, leuchten* HANS 3305.
glimpf *stn. s.* gelimpf.
glimse *swf. s.* klumse.
glimsen *swv. glühen, glimmen. daz ich von grunde des herzen ûf glimse unde brinne* REINFR. 25ª. *vgl.* glinsen.
glinc *adj.* (I. 1000ᵇ) *aus* ge-linc *link* HÄTZL. glinker, sinister Voc. 1482.
glinden *stv. I,* 3 *gleiten*, labi DFG. 314ª. *part.* geglunden, lapsus *ib.* 318ᶜ. — *vgl.* linde *adj.*
glins *stm.* (I. 549ª) *glanz* FRL. — *vgl.* FICK 68;
glinsen *swv. s. v. a.* glimsen. *ez glinsete sam ein glüender zunder* MF. 140;
glinsten, glënsten *swv.* (*ib.*) *glänzen* PASS. (98, 5 *v. d. Hagens hs.* glinsternde). *von reinem golde glensten* HIMLR. 102;
glinster *stnm.*, glinstere *stf.* (I. 1002ª, 33) *glanz.* an des himels glinster ECKE *Sch.* 77. *der doch kein glinster ger bei des liechten tages schein* VINTL. 8805. *dein gnad geit ein solich glinster* 5243. *got nant das liecht des tages glinster und die nacht nant er die vinster* 6944. *er gibet nachtes clâren glinster* HANS 4010. *daz* gelinster LOH. 2176. *mit ir* glinstere *besît man alle vinstere* PASS. *K.* 422, 97;
glinstern *swv.* (I. 549ᵇ) *glänzen, stralen* PASS. (*K.* 384, 68. 544, 54. 555, 7). JER. 6ᶜ. glinstern, scintillare, vibrare DFG. 518ᶜ. 617ᵇ. — *vgl.* glanstern, glunstern, glistern.
glinzen *stv. I,* 3 (I. 548ᵇ) *schimmern, glänzen* GEO. *alsô glanz diu sunne* TROJ. 1141. — *vgl.* glimen, glizen.

glipfen *swv. gleiten.* glipfen oder strauchen glabi, labi Voc. 1482. — *zu* glîfen;
glipferic *adj.* glipferig machen, lubricare Voc. 1482.
glisem, glisman *s.* gelisem, gelismen.
glîsenære *stm. s.* gelîchsenære;
glîsenerîe *stf.* hypocritas Evang. *M.* 23, 28.
glisterîe *stn. klystier*, *κλυστήρ* Ot. 17ª. *vgl.* klistieren, kristiere.
glistern *swv.* scintillare Dief. *n. gl.* 330ᵇ. vibrare Dfg. 617ᵇ. *vgl.* glinstern.
glit *stn s.* gelit.
glit *stm.* (I. 549ᵇ) *das ausgleiten, der fall*, lapsus (Fdgr. 1, 374ª) *mit* ungevuegen glîten (: strîten) Ga. 3. 59, 617; — *adj.?* Msh. 3, 203ᵇ. *zu*
glîten *stv. II.* (*ib.*) gleiten Pass. (*K.* 239, 36. 62. 369, 96. 393, 82. 441, 87). ern liez in ouch niht glîtin Ath. *A*** 85. mit valle ûf die erde glîtin Jer. 71ª. glitten labere, labi Voc. 1482. *ndrh.* glîden (: lîden) Marld. *han.* 109, 27. — *mit* ûz, be-, ent-, ze-. *vgl.* glat *und* Weig. 1, 444.
glîten *stv. s.* glîzen.
glitze, klitze *stf. speer.* er treit in sînem zorne einen kolben freissan und eine glitze lange Neidh. 235, 24 *und anm.* glicze, pleta Dfg. 442ᵇ. — *vgl.* Gr. 3, 443. Frisch 1, 524ª. Diez 2, 250. DwB. 5, 1214.
glitze *stf.* (I. 550ª) *glanz* Mart. (*lies* 206, 2). der sternen, der sunnen glitze j. Tit. 1664. 5808. schilt und vil der helme gâben liehte glitze (*oder pl. von* gliz?) *ib.* 1579; *s. v. a.* glaz, *glatze* Reinh. — *zu* glîzen, *vgl.* glîze;
glitzen *swv.* (*ib.*) glänzen Livl. Kell Loh. 3973. Apoll. 11810. Wh. *v. Öst.* 48ª. glitzender stellio Renn. 13204. mit iuwerm glitzeden huote Neidh. 209, 22. glitzen, vibrare Dfg. 617ᵇ, anheben weisz werden Voc. 1482;
glitzen *stn.* dem sunnenliehten glitzen widerstrîten j. Tit. 5538;
glitzenen *swv.* (I. 550ª) *s. v. a.* glitzen Such.;
glitzern *swv.* (*ib.*) *iterat. zu* glitzen, *glänzen*, *glitzern* Mgb. 442, 15 *var.* vibrare Dfg. 617ᵇ;
glitzunge *stf.* (*ib.*) *glanz* Myst.
glitzen-wurm *stm.* der acht angel sol gefasst sein nach dem glitzenwurm, der da ist in der maur Hpt. 14, 166. *vgl.* glîzwürmelîn.
gliz, -tzes *stm.* (I. 550ª) *glanz* Ms. Such. ûf sînes helmes glitze (: witze) Roseng. *Casp.* 307. rûmes gliz Reiner. 7ᵇ. geliz Mart. 47, 34;
glîz *stm.* (*ib.*) *glanz* Gen. Ms. (Wartb. 164, 9).

Loh. (3974). j. Tit. 411. 6149. Zing. *findl.* 2. 87, 21;
glîz *adj. glänzend.* sehs varb glîz (: wîz) Ls. 1. 389, 34;
glîze *stf.* (I. 550ª) *glanz* Lampr. Frl.;
glîzen *stv. II.* (I. 549ᵇ) gelîzen Karlm. 39, 27. 247, 68; *unverschoben* glîten (*alts.* glîtan) Heinr. 3260: *glänzen, leuchten, gleissen* Rui Karl (2504). Wig. Gsm. Ms. (dêmuot an im glîze *H.* 3, 170ᵇ). gleizen Aneg. 11, 44. Mgb. 297, 24. Aw. 3, 224. gleisen oder glitzen, vibrare ut gladius Voc. 1482. er sach die nagele glîzen Pass. *K.* 277, 61. er glîzet dir als sunnen schîn Reinh. 360, 1871. von golde glîzet dîn wât Himlf. 239. daz ez gelîche golde gleiz Flore 6885. diu sunne schein unde gleiz Apoll. 4890. lûter als ein spiegelglas glizzen ime die velze Virg. 4, 6. 699, 6. dô glizzen ir die ougen Wolfd. 1783. sus glizzen sîne löcke reit Troj. 1677. sô glizzen dâ zen unde munt 19978. im glizzen die sîten als ein wilder phâwe En. 148, 32. — *mit* er-, über-, ver-. *vgl.* Dief. 2, 413. Gsp. 387. Kuhn 7, 181. 10, 262. Weig. 1, 444;
glîzen *stn. das glänzen, schimmern* Exod. *D.* 137, 23; *bildl. scheinheiligkeit* Jer. 32ᵈ. 128ᵈ.
glîz-würmelîn *stn.* gleiswurmlein, ericine, aves de nocte lucentes Voc. 1482.
globede *stf. s.* gelübede *u.* Elis. 5430. 57. 5906;
globen *swv. s.* geloben (si globeten dar Elis. 3776). *der* Voc. 1482 *hat:* globen od. dingen, pactare; globen, gluben, verhairaten, verhaiszen sponsare; globen, naigen oder sitzen, sidere.
glocke, glogge *swstf.* (I. 550ª) *glocke* Nib. Gudr. Greg. Parz. (*lies* 196, 12). Walth. Freid. Gerh. (sì hôrten maneger gloggen klanc 5071). glogge, gloge Wack. *pr.* 41, 1 *ff.* diu glocke *des Artus* Wartb. 85, 3. 7. 9. der glocken dôz Msh. 3, 337ᵇ. der glocken schal Lanz. 4185. dan brechent ouch die glocken nieman sînen slâf Msf. 244, 75. gespalten glocke hât bœsen dôn Renn. 3836. gloggen giezen Ls. 3. 569, 93. Ring 40ᵈ, 30. die glocken ziehen Marlg. 74, 133. die glocken an ziehen Loh. 3250. Mönchl. 160. die glocken liuten Reinh. 1573. Loh. 5037. Jüngl. 909. die glocken an slahen Ls. 2. 220, 385. 224, 536. kein glocke müeze in klingen Frl. *p.* 47. des hungers helle gloggen in sîn ôre liutent Mart. 131, 20; *glockenförmiges kleid* Frisch, *vgl.* glockenmantel. — *zu* klac, klocken.
glocke-hûs *stn.* (I. 738ᵇ) *glockenhaus, glocken-*

stube BERTH. 492, 24. CLOS. (CHR. S. 96, 17). glockhûs WOLK. GR.W. 4, 21. UKN. 310 (*a*. 1344). gloghûs VOC. *o*. j.TIT. 364. glockenhûs CHR. S. 136, 8. glock-, glog-, gluck-, kloc-, glocken-hûs, campanale, campanarium, campanile DFG. 93ᵇ. *n. gl.* 70ᵃ.

glöckeler *stm. s. v. a.* glockenære. glockler, ecclesiasticus, edituus, campanator, campanista VOC. 1482. gloggler NETZ 13336 *var.*;

glockelîn, glöckelîn *stn.* (I. 550ᵇ) *kleine glocke* TUND. WOLK. LANZ. 3905. L. ALEX. 5441. MSH. 3, 468ʲ. RENN. 9872. ROTENB. *r*. 41.

glöckel-seil *stn. s. v. a.* glockenseil TUCH. 258, 18. 24. 109, 36.

glockenære, gloggenære, -er *stm.* (I. 550ᵇ) *glöckner*, campanarius, campanator KONR. *Al.* PASS. (*K.* 339, 60). GR.W. 2, 634. 5, 259. 6, 20. MONE *z.* 14, 28. DFG. 93ᵇ. *n. gl.* 70ᵃ.

glocken-bluome *swmf.* ligustrum DFG. 329ᵇ.

glocken-bôʒ *stm. glockenschläger, name eines riesen* VIRG. 862. 864 *f.*

glocken-ge-liute *stn. glockengeläute* GR.W. 2, 205. 208.

glocken-ge-schrei *stn. sturmgeläute* USCHB. 35.

glocken-gieʒen *stn.* RENN. 13425;

glocken-gieʒer *stm. glockengiesser*, campanator DFG. 93ᵃ. MONE *z.* 15, 35 (*a.* 1301). TUCH. 147, 16. 158, 37.

glocken-joch *stn.* impendibulum VOC. 1482.

glocken-klanc *stm.* (I. 844ᵇ) *glockenschall* FASN. 60, 27. gloggenklanc HUGO *v. M.* 5, 53; *das recht, die sturmglocke läuten zu lassen, durch die sturmglocke aufzubieten* WEIST. (2, 689. 756). *vgl.* glockenschal.

glocken-klepfel *stm.* bapsillus VOC. 1482.

glocken-mantel *stm. glockenförmiger mantel.* ein mans dappert und ein glogenmantel MONE *z.* 13, 183 (*a.* 1391, *Mainz*).

glocken-schal *stm. s. v. a.* glockenklanc GR.W. 1, 627.

glocken-seil *stn. glockenstrang* GR.W. 2, 13.

glocken-spîse *stf. s.* glockespîse.

glocken-stranc *stm. s. v. a.* glockenseil GR.W. 3, 511. chorda DFG. 150ᵉ. glockstranc RENN. 23805.

glocken-swenkel *stm.* bapsillus VOC. 1482; *penis* FASN. 124, 15.

glocken-turn *stm. glockenturm* KIRCHB. 818, 55. S. GALL. *chr*. 28. 68.

glocke-snuor *stf.* (II². 454ᵇ) *glockenseil* REINH. (glocgesnuor *sendschr.* 1571). GR.W. 1, 381.

glocke-, glocken-spîse *stf.* (II². 511ᵇ) *glockenspeise, glockenmetall* GUDR. BERTH. MGB. glogspîs j.TAG 183;

glocke-spîsîn *adj.* (*ib.*) *von glockenmetall* GEST. *R.* MGB.

glockichîn *stn.* (I. 550ᵇ) *glöckchen* MYST.;

glogge *f. s.* glocke.

glohe, glohen *s.* gelohe, -lohen.

gloiber *stm. s.* glöuber.

gloie, gleie *swf.* (I. 550ᵇ) *schwertlilie* TRIST. Ms. schôn als ein vrischiu gloye TROJ. 270. eʒ wâren ouch niht g e l e i e n, die man dâ siht ze meien MART. 27, 7. *vgl.* MD. *ged.* 3, 315 *anm. — mfz.* glai, glaie, *fz.* glaïeul *vom lat.* gladius, gladiolus DIEZ 644.

glôrieren *swv.* (I. 551ᵃ) *prangen* MYST. THEOL. 204. JAN. 39. DFG. 266ᵃ. allû gerehten herzen glôrieren in gode *kloster Altenberger hs.* (HPT. 6, 532. GR. *kl. schfl.* 1, 357). glôrgieren BEH. 39, 8. 276, 29. *— aus lat.* gloriari.

glôrificieren *swv.* glorificare MYST. 2. 645, 15. 17. EVANG. *J.* 7, 39. alle die menschen die god vörhdend die sulen van gode glôrifizieret werden *Altenb. hs.* (*s. unter* glôrieren).

glôrios-lich *adj.* gloriosus WACK. *pr.* 68, 374. 76.

glôrje *stswf.* (I. 551ᵃ) *ruhm, gloria* GSM. dem lande über al ze glôrje j.TIT. 6123. glôri BEH. 45, 15; *sw.* daʒ licht der glôrjen MYST. 1. 98, 24. 359, 31.

glose *stf.* (*ib.*) *glut.* ein glos und ein gluot DIETR. 8845, *in der neuen ausg.* (8871) ein glosendiu gluot *ohne var. vgl.* gloste. *mundartlich ist* die glose *noch erhalten s.* STALD. 1, 456. KWB. 116. — *vgl.* glas, glast, gloste *u.* WEIG. 1, 447. FICK 68.

glôse *stswf.* (*ib.*) *erklärende anmerkung, auslegung* TRIST. Ms. (*H.* 2, 353ᵇ. 365ᵃ. 368ᵃ. 381ᵇ) *und md. denkm.* (PASS. 324, 64. *K.* 77, 50. 415, 8. 430, 94. 646, 74. glôʒe 669, 19). die glôse dar über sagen ULR. *Wh.* 239ᵇ. der glôse wil ich niht diuten 253ᵃ. sie kunde ir aller glôsen ergründen TROJ. 10525. mit kurzen worten und niht glôsen RENN. 19132. text und niht ein glôse ALTSW. 213, 6. den text mit der glôse erkernen LS. 1, 383. glôs MGB. 137, 32. 157, 19. 185, 27. 32. 192, 5. 454, 8 *etc.* FASN. 804, 3. 806, 8. gloss 90, 16. *— aus lat.* glossa;

glœsel *stn. kleine* glôse RING. 21ᵇ, 1. *md.* glôsel PASS. *K.* 439, 46.

glôsen *swv.* (I. 551ᵃ) *glühen, glänzen* SERV WIG. MAI, j.TIT. glosendiu gluot DIETR. 8871.

daz er gloste sêre von der arebeit Krone
4305. helm der von edlem gesteine glost
Beliand 2983 (Wittich 1928 *s.* Germ. 9, 51.
Roth *dicht.* 120, 85). dar ûz schône gloste
von steinen manic liehter schîn Reinfr.
35ᵇ. — *mit* er- (*auch* Beliand 3283), *zu* glose,
vgl. glosten.

glôsen *swv.* (*ib.*) *auslegen, deuten, erklären*
Frl. Pass. *K.* 44, 77. 77, 62. Md. *ged.* 1, 61.
Wolk. 53, 35. Beh. 140, 17. glotzen, comminisci Dfg. 135ᶜ. — *mit* durch-, er-, *zu* glôse;

glôsen *stn.* sunder glôsen j. Tit. 1653;

glôser *stm.* commentarius Dfg. 135ᵇ;

glôsieren *swv.* (I. 551ᵇ) *s. v. a.* glôsen Hätzl.
Wolk. j. Tit. 5296. N. *v. B.* 192. Theol. 108.
commentari Dfg. 135ᵇ;

glôsierer *stm.* glosarius Dfg. 266ᵇ;

glôsierunge *stf.* commentatorium Dfg. 135ᶜ.

gloste, glost *stf. s. v. a.* glose *glut, hitze.* des
sturmes geloste hûp sich mit koste Herb.
9538. daz er durch die sunne glost erpôt
Roth *dicht.* 121, 105. gelost *ib.* 118, 21;

glosten *swv.* (I. 551ᵃ) *s. v. a.* glosen Ms. (*H.*
2, 287ᵇ. 289ᵃ). Hadl. dâ von sach man dâ
glosten (: kosten) kleinœte manger leige var
Troj. 32844. ich sich die morgenrœt her
glosten Wolk. 27. 1, 12. glösten Zimr. *chr.*
4. 400, 30.

glotzen *swv. s.* glôsen.

glotzen *swv. glotzen.* daz in (*den spielern*) die
ougen glotzen dicke als einem kater in einem
stricke Renn. 6643 (*im Frankf. dr. v.* 1549
bl. 35 klotzen). glutzen Zimr. *chr.* 2. 347,
4. — *zu* kliezen *s.* Weig. 1, 457.

glou *adj. s.* glau.

gloube *mit ableit. u. compos. s.* geloub;

glöuber *stm.* -erinne *stf. gläubiger, gläubigerin* (*s. oben* gelouber). sô globin wir inlegers
pflegin, wenn wir von unsern gloiberinnen und gloibern dar umb vermanit werden Höf. z. 1, 303 (*a.* 1406).

glou-heit *stf.* astutia Hpt 5, 210. — *s.* glau.

glôze *f. s.* glôse.

gluben *swv. s.* globen.

glûch *adj. s.* gelûch.

glûche *adj. glänzend.* dar unter ist des himiles varwe glûche Himl. 143. — *tirol.* glauch Schöpf 193. *vgl.* glau.

gluck-hûs *stn. s.* glockehûs.

glucken *swv. s.* klucken.

glüejec *adj.* (I. 551ᵇ) *glühend, nd.* glûgig
Mone 8, 407 (*das cit. aus* Clos. *ist zu streichen, s.* gelückec);

glüejen, glüen *swv.* (*ib.*) *prät.* gluote, glüete
(*md.* glûete, glûte Pass. *K.* 237, 55. 352,67):
tr. u. intr. glühen Urst. Trist. Serv. Barl.
Freid. Mgb. 163, 5. 325, 22. Lamparten glüet
in ketzerheit Msh. 2, 227ᵇ. ein glüendiu gluot
Ernst *B.* 2597. glüegen Myst. glüewen
Berth. *s.* durchglüejen, *md.* glûwen Myst.
Karlm. 17, 43. — *mit* er-, durch-. *vgl.* Kuhn
8, 273;

glüendic *adj.* (I. 551ᵇ) *md.* glûndic *glühend,*
abgel. vom part. glüende Lampr. (gluondic)
Wolfr. (er nam ein glüendigen brant Wh.
286, 3). glûndige vanken Lit. 1354;

glüewen *swv. s.* glüejen.

glufe *f.* acicula Dfg. 9ᵇ. glufe, gufe *od.* heftlein, spendel, spinter, spintrum Voc. 1482.
gluffe *stecknadel* Zimr. *chr.* 1. 326, 1 *ff.* 424,
11. — *vgl.* Kwb. 116. Schm. 2, 334. Schöpf
197. Stald. 1, 455. Schmid 235.

glumen *swv. s. unter* glumer.

glûmende *part. adj. tückisch* Ssp. 2, 62. *s.*
beglûmen.

glumer *stn. s.* gelummer (*wo in der* 3. *zeile*
glumer *st.* glomer *zu lesen ist*). *vgl. dazu*
noch gelumme *stn. der aufstand* Chr. 7.
308, 13 *auch das von* Schade 219ᵃ *aus* Anno
angeführt swv. glumen, *einen holen ton von
sich geben, dröhnen* (*altn.* glymja *rauschen*)
und unten limmen.

glümphe *swm. s.* gelimpf.

glungeler *s.* klungeler.

glunk *stm. ein klunkender ton* Narr. 110ᵃ, 111;

glunke *swf. baumelnde locke.* sô die glunken
glankent umben kragen Msh. 3, 289ᵃ. *vgl.*
Gr. I³, 563. Gds. 863. Dwb. 5, 952;

glunkern *swv. baumeln, schlenkern.* er lieze
in ûf der erde sweben hinderm satel ûf der
slâ, daz er alsô het geglunkert dâ Krone
18241. sô ich gê auf den gassen glunkern
Fasn. 373, 27. 792, 18. — *vgl.* Dwb. 5, 1298;

glunkern *stn.* das glunkern von einer schâfglocken Fasn. 1197.

glunse *swf.* (I. 548ᵇ) favilla, scintilla Dfg. 227ᵃ.
518ᶜ. — *aus* glumse *zu* glimmen *s.* Schm. *Fr.*
1, 974. Stald. 1, 456;

glünsen *swv. md.* glunsen, *glimmen.* reht alsam ein glünsende gluot lûht im sîn schilt
und ouch sîn huot Ecke *Z.* 42, 4. eine kerze,
diu erloschen wêre unde noch glunsete unde
toumti Myst. 2. 114, 18;

glunstern *swv.* scintillare, splendere, vibrare
Dfg. 548ᵃ. 617ᵇ. *n. gl.* 330ᵇ. *vgl.* glanstern,
glinstern.

glunzen *swv. s. unter* künzen.
gluondic *adj. s.* glüendic;
gluot *stf.* (I. 551ᵇ) *md.* glût, *gen.* glüete *oder* gluot *pl.* glüete KRONE 10331. CHR. 5. 303, 3: *glut, glühende kolen* PARZ. TRIST. WALTH. FREID. KONR. (TROJ. 3806). BARL. BÜCHL. 1, 465. 1802. RENN. 8766. KOL. 166, 329. MGB. 339, 22. CHR. 5. 4, 5. 303, 2. ELIS. 6767. PASS. 208, 38. 713, 44. *K.* 123, 46. der werlde valsche glût *sündige liebe zur welt ib.* 217, 14. sin muot gebrant ist lœtic in der triuwen gluot MSH. 3, 169ᵇ. *ndrh.* gelôt KARLM. 17, 36. 246, 8. — *zu* glüejen;
gluotec *adj.* flammeus, ignitus DFG. 238ᵇ. 285ᵇ. *vgl.* KWB. 117.
gluot-haven *stm.* (I. 641ᵃ) *wärmetopf, glutpfanne* GL.
gluot-hert *stm. feuerherd.* siz zuo dem gluothert an daz ort KOL. 163, 244.
gluot-phanne *swf.* (II. 477ᵇ) arula SUM.
gluot-scherbe, -schirbe *swm. s. v. a.* gluothaven, bacillum DFG. 65ᵃ.
gluot-zange *swf.* forcipula DFG. 242ᵇ.
glûre *swf.* (I. 1054ᵇ) *s. v. a.* lûre, *nachwein* SUCH.
glust *s.* gelust.
glût, glûwen *s.* gluot, glüejen.
glutzen *swv. s.* glotzen.
gm-, gn- *s. auch* gem-, gen-
gnaben, gnappen *swv.* (II 314ᵃ. 315ᵇ) *wackeln, hinken* MSH. 2, 268ᵇ. 3, 298ᵃ. du gnappest mit dem kopf FICHARD 3, 284. er gnappet hin und her *ib.* 285. her gnappen FASN. 315, 21. gnippen u. gnappen 383, 17. *vgl.* WACK. *voces* 2, 67 *anm. s.* DWB. 5, 1346 *u.* gnepfen;
gnaben *stn.* der hat mit seinem haupt vil gnabens ZIMR. *chr.* 1. 485, 15.
gnacken *swv. s.* knacken.
gnâde *stf. s.* genâde.
gnâd-herre *swm.* beneficus VOC. 1482.
gnafte *prät. s.* gnepfen.
gnafzgen *stn. das schlummern* RING 39, 13. *s.* nafzen *u.* DWB. 5, 1348.
gnanne *swm. s.* genanne *u. vgl. dazu* DWB. 5, 1338.
gnappen *swv. s.* gnaben.
gnarren *swv. md. knurren* JER. 125ᵈ. gnarn ás ein hunt, ringere DFG. 498ᶜ. — *vgl.* DWB. 5, 1354.
gnazet *adj. s. unter* glatzeht;
gnaz -tzes *stm.* (I. 552ᵃ) *schorf, ausschlag, gndze.* gnatz, glatz, glaber, glarius DFG. 264ᵗ *n. gl.* 194ᵃ; *bildl. knauserei, kargheit*

ELIS. 1141. 7545. — *vgl.* WEIG. 1, 449. VILM. 131 *u.* gnîst.
gnëht *stm. s.* knëht.
gneist, gneisten *s.* ganeist, ganeisten.
gneit *s.* genagen.
gneite *swm. s.* gnîte.
gnepfen *swv.* (II. 315ᵃ) *prät.* gnafte *sich neigen, hinken* LS. ZIMR. *chr.* 4. 134, 24. — mit ûf LANZ. *vgl.* gnappen *u.* SCHM. 2, 700. STALD. 1, 459. DWB. 5, 1348;
gnepfen *stn.* söleich gnepfen und ein hopfen hiet sich an dem ring erhaben RING 38ᵈ, 15;
gnepferîn *stf. die hinkerin; als fing. name* frô Gnepferîn RING 39, 30.
gnîden *stv. s.* gnîten.
gnippe *swstf.* (I. 552ᵃ) *messer, stechmesser, dolch* HELMBR. Ms. (NEIDH. 239, 54. genippe 234, 18 *u. anm.*) den ich mit der gnippe stach TÜRH. *Wh.* 115ᵃ. knipen vel stechmezzer Mw. 36, 90 *anm.* (*a.* 1244). swer genippen oder stechmezzer treit *ib.* 59, 69 (*a.* 1255, *Straubing*). videlicet quod gladios et gnippas inhibuimus ferri infra civitatem *ib.* 62, 1. — *nhd.* kneip *m.* (*schwz.* der gnîpen STALD. 1, 459ᵇ) *und wol schon fürs mhd.* gnip, knîp, knîpe *neben* gnippe, knippe *s.* DWB. 5, 1404 (*der gneip aus einem meisterges.*, gneyp saltrum, cultellus sutorum VOC. 1482).
gnippen *swv. s. unter* gnaben.
gnippinc? *stm.* geswertz werch, gnippinc oder hâr under wolle gemischet, daz sol man brennen für valsch und pezzern mit zwein pfunden NP. 162 (13—14. *jh.*). *im* ROTENB. *r.* 34 *heisst es:* die tuoch soln niht gefelschet sin mit gurppink noch mit walkhâr.
gnist *stf. s.* genist.
gnist *stm.* (I. 552ᵃ. II. 329ᵇ) *betrug?* RENN. 3945. zu neisen? *vgl. das folgende.*
gnîst *stm.* gnist oder grint, glabra VOC. 1482. *tirol.* gneist *kleingeschnittenes oder geschabtes zeug* SCHÖPF 198. *vgl.* WEIG. 1, 449.
gnist-boum? *stm.* wer gnistpêm zu nâhend flecht, der ist darumb 5 ℔ und 60 dn. verfallen MH. 2, 808.
gnîte *swm. schwert.* ich trag auch ein gneiten hie an meiner seiten, den wil ich lassen fegen FASN. 426, 24;
gnîten *stv. II.* (I. 552ᵃ) *reiben* GFF. 4, 296. gnîden, fricare DFG. 247ᵇ.
gnôte *adv. s.* genôte.
gnôz- *s.* genôz-.
gnütten *swv. s.* genuten (*zum cit. des* WB. *füge hinzu:* LS. 3. 395, 143).

goberen *swv. s.* geoberen.
goch *stn. s.* joch.
gôch, gôcheil *s.* gouch, goucheil.
gocke *swm. s.* kocke.
gockel-man *stm. s.* goukelman.
gockeln *swv. s.* goukeln.
gockel-spil *stn. s.* goukelspil.
gode *swf. s.* göte.
gôdehse *swf.* (I. 552ª) eine gôdehse, daz ist ein windisch wîbes kleit LIEHT. 218, 30.
gode-lich *adj. s.* gotelich.
goder *stm. gurgel, schlund.* des goders hol WOLK. 23. 4, 10. — *vgl.* SCHM. *Fr.* 1, 873. KWB. 117. SCHÖPF 198. DWB. 5, 1569;
goderlîn *stn.* goderlein vorn am hals, epiglottum Voc. 1482.
goder-snal *stm.* (II². 446ᵇ) *gurgel* WOLK.
gô-dinc *stn. s.* göudinc.
godrolf *s.* kuterolf.
gôfenanz *stm. s.* côvenanz.
goffe, guffe *swstf.* (I. 552ᵇ) *hinterbacke* RUL. LAMPR. ER. (7717). TRIST. FLORE, PASS. WH. *v. Öst.* 62ª. dem pferde wâren entwichen von der goffen die brâten KRONE 7687; guffe ATH. ime (*dem pferde*) stuonden gar die guffe wol, der hals alsô diu guffe var ULR. *Wh.* 37ᵇ. — *vgl.* SCHM. *Fr.* 1, 875.
göffel *stm s.* geffel.
goffel-stirne? *stf.* (II². 644ᵇ) *ein scheltwort* LS. *wol aufzulösen in* goffels dirne (*vgl. oben sp.* 1017 gimpels dirne). ubi modo sunt unser gaffelstirnen ubi modo currentes per vicos et plateas, ut earum pulchritudo a suis amatoribus videatur SCHM. *Fr.* 1, 874. ubi sunt modo di gaffelstirn? *ib.* — *vgl.* goffe.
goffen *swv. s.* güffen.
goffen *swv. auf die* goffe *schlagen.* ich bin im sin, daz wir einander goffen (: versoffen) KOLM. 126, 50. ein übel weib sol man all tag neun stund goffen CGM. §11, 49. *s.* SCHM. *Fr.* 1, 875.
gogel *stn. s.* gougel.
gogel- *s. auch* gougel-, goukel-.
gogel *stm.* (I. 540ª) *contr.* gôl DIOCL.: *ausgelassener scherz, possen.* keinen gogel trîben LS. 3. 86, 139. 89, 240. mit gogel sprechen ALTSW. 161, 28. — *zu* giege, *vgl.* KWB. 118. SCHÖPF 199;
gogel *adj.* (*ib.*) *contr.* gôl WOLK. 80. 1, 23: *ausgelassen, lustig, üppig* WWH. FREID. *Ms.* (*H.* 2, 118ᵇ). gogel oder geil, lascivus Voc. 1437. gogel sein oder geil sein, lascivire Voc. 1482.

jâ wil ich hiure sîn vil gogel NEIDH. 50, 15. ir hôhen freuden gogeln j. TIT. 4483. swer singet und lacht, man spricht, swie gogel sich der macht TEICHN. *Weim. hs. p.* 55. dô wart diu wirtîn sô gogel GA. 2. 149, 22. ich pin gogel, ich hân gesehen sant Martins vogel VINTL. 7876; *mit gen.* der sîner unfuoge ist sô gogel JÜNGL. 264. — *vgl.* SCHM. *Fr.* 1, 879;
gogelen *swv.* (I. 540ᵇ) *sich ausgelassen geberden, hin u. her gaukeln, flattern* WWH. *vgl.* mit den fueszen goglen ZIMR. *chr.* 3. 183, 12; *schreien, krächzen* PASS. *K.* 61, 29. 525, 86 (*vgl.* gâgen). *mit* ûf. — *vgl.* gogen *u.* henneb. göckeln, *tirol.* gögern, *herumfuchteln* FROMM. 3, 132. SCHÖPF 199.
gogeler, gôgeler *stm. s.* gugelære, goukelære.
gogel-heit *stf.* (I. 540ᵇ) *ausgelassenes wesen* NEIDH. (XVII, 23. XLIX, 15. 50, 14. 60, 40. 68, 25. 71, 10). WOLK. 13. 3, 7.
gogel-lich *adj.* (*ib.*) *s. v. a.* gogel Ms.; *contr.* gœlich (: vrœlîch) WOLK. 70. 1, 23;
gogel-lîchen *adv.* WOLK. 70. 1, 24.
gogel-man *stm.* (II. 39ᵇ) *possenreisser* Ms.
gogel-mære *stn. ausgelassenes, übertriebenes* mære LS. 2. 476, 413.
gogel-rîche *adj. reich an* gogel, *sehr ausgelassen* MSH. 3, 200ª. 306ª. WOLK. 17. 4, 20. 41, 9. *ebenso*
gogel-sat *adj.* (II². 58ª) NEIDH. (77, 37).
gogel-spil *stn. s.* gougelspil.
gogel-vuore *stf.* (III. 264ᵉ, 24) *treiben von possen oder torheiten* Ms. (tumbe tôren, die ze gogelvuore habent pfliht *H.* 3, 225ª. gogelvuore wirt er niemer sat *ib.*). gugelvuore PF. *üb.* 163, 31. 35.
gogel-wîse *stf.* (III. 756ᵇ, 10) *possen, ausgelassenheit.* der wil sîne gogelwîse durch nieman niht lân NEIDH. 215, 12. ir gogelwîs der ist sô vil und œde MSH. 3, 196ª. si habent üppiclîcher gogelwîs begunnen 201ᵇ. alle drî sint sô vol der gogelwîse 249ª; er ist gogelwîse überladen 274ᵇ. er hât gespart sîn gogelwîs 287ᵇ. er treip der gogelwîse gar unvuog 289ᵇ.
gogen *swv. s. v. a.* gogelen. vil manic zinier gogende (: zogende) sach man ûf den helmen j. TIT. 3605.
gol *stm. schlemmer, prasser?* völler den ein gol (: vol) NETZ 8332. *vgl.* gollen.
gôl *stm. adj. s.* gogel.
golander *m. s.* galander (golander, faudiola oder eisvogel Voc. 1482).

golde *f.?* (I. 552ᵇ) alscotilus Sum. = affodillus, goltwurz Dfg. 16ᵇ.

golde-gar *adj. s.* goltgar.

göldelin, göldel *stn.* (I. 552ᵇ) *dem. zu* golt. dû solt ouch dîne reine hûsfrouwen wol handeln; sî sie niht gar ein göldelin mit dem glanze, daz lâ dir mêr liep sîn danne leit Berth. 331, 7; göldelin auripigmentum Dief. *n. gl.* 43ᵇ (*aus* göldelîm? *vgl.* goltlîm); *bildl. von der weibl. scham:* dô nu diu küniginne an geleit daz hemdelin, nu gap lieht zobelvarwe schin daz göldel durch die sîden. die rede wil ich nu mîden, von dem göldelîn ich lâzen wil Türl. *Wh.* 138ª. *vgl.* goltbüschel;

gölderîe *stf. goldwäscherei* Mone *z.* 2, 44 (*a.* 1355).

golenzen *swv. intens. zu* goln. dem volkelin unde den diernlech unde dem knehtelech den vert daz herze alle zît golenzende Berth. 83, 24.

golfe *swm. golf* Altsw. 228, 2. — *aus fz.* golfe *vom gr.* κόλπος Weig. 1, 450.

golfe *swm. übermütiger schreier, praler.* die schnœden golfen Beh. 184, 1. 223, 14. — *zu* gëlfen.

gœlîch *adj. s.* gogelich.

gôlîche *stf. s.* guotlîche.

golisch *m. s.* kölsch.

gollen *swv.* (I. 552ᵇ) *unpers. mit dat.* mir gollet, *mir ist zuwider.* so beginnet ime gollen, daz er sich hât bewollen Gen. 21, 2; *bei D.* 17, 13. so beginnet im kolken (*lies* kollen), *welches Diemer in der anm. als* queln (*nbf.* kellen, kollen) *fasst, womit aber bedeutung u. construction nicht stimmt.* — *vgl.* gol *und bair.* gollen, *in den seite com.* güllen *vomere, vomitare* Schm. *Fr.* 1, 893 (*wo aber das beisp. aus* Cod. pal. 313 *zu streichen ist, s.* goln); *nach bedeut. u. construct. ist auch zu vergl.* wollen wüllen, wolgen, wulgern.

goller? am mântag fruo wen man zu dem goller leut Cgm. 544, 55ᵇ. 290, 87 *bei* Schm. *Fr.* 1, 894. *vgl.* goln.

gol-lieht *stn. unschlittlicht.* gollicht u. wachslicht Fasn. 1219. *pl.* golliechter Schm. *Fr.* 1, 893 (15. *jh.*). — *vgl.* Weig. 1, 450. Vilm. 119 *u.* Schm. *a. a. o.*

gollier, kollier *stn.* (I. 552ᵇ) *halsbekleidung, koller (an männlich. und weibl. kleidung).* gollier Ms. Helbl. Helmbr. Loh. 4778. 5454. kollier, collier Wwh. Liecht. Neidh. (51, 35. 161, 18) Krone 2871. Wolfd. 850, 7 (*var.*

koller, goller). gollers Ls. 2. 274, 173. zwainzig hûben und goller (*für die mannschaft auf der veste Karpfen*) Mz. 1, 527. ieder zu fusz soll mit nemen von harnasch ein krepsz und ein goller Uschb. 115. *männer dürfen tragen ein ausgelegt goller, das nit über anderhalben guldin cost* Np. 104. gollier, goller, koller, kuller, keller Dfg. 132.ª *n. gl.* 100ᵇ. *—fz.* collier *aus lat.* collare.

gollier-leppel *stn. läppchen an* gollier Jüngl. 690.

golmer? golmer unde naz hâr, brâhte erz âne houben dar Jüngl. 715. **golnir** Schm. *Fr.* 1, 903 (gollier?).

goln *swv.* (I. 519ᵇ) *laut singen, johlen* Trist. *H. vgl.* Zimr. *chr.* 3. 182, 32; *eine art spiel treiben,* zwei wolten golen, zwei spilten der bolen, zwei walten zuo dem zweck *etc.* Altsw. 89, 21; *scherz, possen treiben, ausgelassen herumfahren.* swer dem andern nimt seinen wagen oder sein pferdt und dâ mit golet, der gibt fünf pfunt Np. 36. — *zu* gëllen. *vgl.* Stald. 1, 417. 463. Kwb. 118.

golsch *s.* kölsch.

golse *swm. lümmel* Schm. *Fr.* 1, 903.

golt, -des *stn.* (I. 553ª) *gold, allgem. —s. noch* aurum fulcium rôt golt, aurum obryzum lûter golt Dief. *n. gl.* 44ª. daz wundirn schöne golt Gen. *D.* 5, 35. golt von Kaukasas Wig. 272, 32. golt von Arâbie Msh. 3, 37ᵇ. Karl 11710. Antichr. 146, 23. gesoten golt, obryzum Sum. 28, 14. durchsoten golt Karl 1595. golt wol gebrant Apoll. 15681. golt daz man prüevet in der gluot Msh. 1, 218ᵇ. golt geliutert, daz ez niht mêr gunters hât *ib.* 2, 396ᵇ. gemalnez golt, *goldmel ib.* 3, 452ᵇ. Pass. *K.* 19, 80. Mgb. 430, 1. gespunnen golt Ath. *B** 160. Loh. 2462. Troj. 3022. 10043. 19531. 910. waz sol golt begraben, des nieman wirt gewar? Msf. 137, 3. die niuwez zin nement für altez golt *ib.* 62, 21. sô het ich für daz golt gelesen daz kupfer und den messinc Krone 11358. si wehselten umb silber golt (*auf der reise*) Bit. 2367; *bildl. u. vergleichend* lieber denne golt Msh. 1, 350ᵇ. ir ellen was in strîten goldes wert *ib.* 3, 12ᵇ. diu hant ist schœne (*rein*) als ein golt Hpt. 8. 92, 87. wæren alle sterne golt, die næme ich für mîn heil niht Ga. 1. 125, 761. hab dank, liebes zartes gold (*mädchen, geliebte*) Fasn. 402, 5. die sunn gieng zu gold, *gieng unter* Cgm. 714, 65ᵇ. de sunne ging to golde Ga. 2. 319, 168. nâch der zîd daz die sonn

in golt goid GR.W. 6, 399. sô die sonn für
gold gât *ib.* 5, 150. *vgl.* STALD. 1, 463. —
aus gold gemachtes, schmuckwerk etc. Iw.
WALTH. TRIST. wie zieret golt den edelen
stein WINSB. 52, 5. die vrouwen mit golde
behangen EILH. 5461. goldes dræte TROJ.
19919 (*vgl.* goltdrât). mit golde würken und
mit sîden BPH. 584. daʒ golt umbe de sîden
dræn *ib.* 587. — *gt.* gulth *zu skr.* harita (*aus*
gharita) *goldfarbig*, hiranya (*aus* ghiranya)
gold, gr. χρῡσός, *slav.* zlato vgl. CURT³. 193.
FICK 66. GSP. 23. KUHN 4, 310. Z. 1, 4. WEIG.
1,449. GDS. 13. 326. 402. *der deutschen form
am nächsten steht das finn.* kulta, *esthn.* kuld
(DIEF. 2, 417) *u.* WACK. *umd. 5 nimmt für
das gt.* gulth *entlehnung aus dem finn. an,
während er es im handwb.* 115ᵇ *zu* gël *stellt.*

golt-amer *stm. goldammer*, amarellus, auriceps DFG. 28ᵃ. 62ᵃ. goltham er aurificus,
fraudula Voc. 1482;

golt-amerinc *stm.* fraudula, avis Voc. 1482.

golt-angel *stm. eine art fischangel* HPT. 14, 171.

golt-bant *stn. goldband.* den schilten lach
umbe den rant vil manech goldpant EXOD.
D. 158, 19. *vgl.* OBERL. 560.

golt-bërc *stn. goldbergwerk* W. 29 *s.* 41. aurifodina Voc. 1482, *vgl.* goltwërc.

golt-blat *stn.* (I. 202ᵃ) *goldblatt* LEYS. bractea,
orapellum DFG. 80ᵇ. 398ᵉ. *vgl.* goltvël.

golt-bluome *swmf.* aurifolium DFG. 62ᵃ. centhauria oder ertgal Voc. 1482. diu himlische
goltbl. Marîa MGB. 245, 32.

golt-boge *swm.* boge *von gold.* den gêr und
den goltbogen ALBR. 9, 213.

golt-borte *swm.* (I. 223ᵇ) *mit gold durchwirktes seidenband* RUL. GLAUB. KREUZF. 1462.
ELIS. 1994. aureola DFG. 61ᶜ.

golt-buoch-stap *stm.* ein ieglicheʒ blat was
von goltbûchstaben â v ê Marjâ wol erhaben
MARLG. 108, 61.

golt-burge? der goltburgen spiln OT. 829ᵃ.

golt-büschel *stn. weibl.* schamhaar MGB. 488,
2 (*var.* goltbühsel, *vgl.* SCHM. *Fr.* 1, 200).
vgl. büschelîn, göldelîn.

golt-ciklât *stn.* (III. 881ᵃ) *s. v. a.* ciklât Ms.

golt-drât *stm. golddraht* ER. 7715. ERNST *B.*
3007. 41. GA. 3. 605, 233.

golt-durch-slagen *part. adj.* sîn schilt was
goltdurchslagen HERB. 7401. *s.* durchslahen.

golter *s.* kulter.

golt-erze *stn.* (I. 439ᵃ) *golderz* CDG. 2. 424 (*a.*
1356); *goldbergwerk* BIT. (13311).

golt-gar, -wes *adj.* (I. 480ᵃ) *mit gold beschla-*

gen RUL. (dîne goldegarwen dille 147, 14.
mit einem goldegarwen van 151, 10).

golt-ge-smelze *stn.* electrum DIEF. *n. gl.* 146ᵇ.
vgl. goltsmelz.

golt-ge-smîde *stn.* (II². 426ᵇ) *goldgeschmeide*
FRL. ELIS. 5851.

golt-ge-steine *stn.* (II². 618ᵃ) *gold haltendes
gestein* LEYS. *vgl.* goltstein.

golt-ge-var *adj.* (III. 241ᵃ) *s. v. a.* goltvar
HELBL.

golt-ge-wunden *part. adj.* (III. 678ᵇ) *mit
goldenen ringen umwunden* RUL.

golt-greber *stm. kanal-, abtrittträumer.* 8 β,
8 hl. fur 8 ℔ liecht den goltgrebern in die
aduche (*vgl.* adich, aduch, eitzuht) gegeben
und ine domide gelûchtet FRANKF. *baumstb.
v.* 1443 *f.* 13ᵇ *u. öfter in den rechenbüchern.*

golt-grien *stm.* (I. 570ᵃ) *sandbank zu goldwäscherei* WEIST. MONE *z.* 18, 416 (*a.* 1414,
Ortenau). aurifodina DFG. 62ᵃ.

golt-gruobe *stf.* (I. 562ᵇ) aurifodina DFG.
62ᵇ.

golt-grûʒ *stmf. goldkorn.* eʒ verbirget ein
rôt goltgrûʒ ein swarzer ruozes trophe KRONE
2023. von rîchem goltgrûze und von edelem
gesteine 15728. man sol die goltgrûʒ lesen
ûʒ den griezen 18116.

golt-guldîn *stm. goldgulden* GR.W. 5, 620.
OBERL. 560.

golt-hamer *stm. s.* goltamer.

golt-hant-vingerlîn *stn. goldener siegelring.*
mit unserm golthandfingerli oder secrêt siglen ÖH. 64, 5. *vgl.* goltvingerlîn, hantgoltvingerlîn.

golt-këvere *swm.* aurilia, goltkëber DIEF.
n. gl. 43ᵇ.

golt-klenke *swf.* (I. 844ᵇ) *goldene schelle* ER.

golt-knoph *stm. goldener knopf* ER. 7865.

golt-kûle *swf.* aurifodina DIEF. *n. gl.* 43ᵇ.

golt-krône *swf. goldene krone* PASS. 298, 70.
aureola DFG. 61ᶜ.

golt-lich *adj.* flaveus DFG. 238ᵉ.

golt-lîm, -leim *stm.* auripigmentum mag
aigenlich goltlaim oder goltleim haizen ze
däutsch MGB. 477, 20. *vgl.* göldelîn.

golt-liutrer *stm.* aurifex DIEF. *n. gl.* 43ᵇ.

golt-mâl *stn.* (II. 23ᵃ) *goldverzierung am
helme* ATH. RUL. BIT. 8794. KRONE 2854.
DAN. 4856. BELIAND 3844. *vgl.* HPT. 2, 251.

golt-masse *swf.* (II. 86ᵇ) *goldklumpen* MAR.

golt-phelle *stm.* (II. 490ᵇ) *goldgestickter seidenstoff* SERV.

golt-porte *swf.* (II. 525ᵇ) *goldene pforte* (*zu*

Jerusalem) PASS. 7, 86. 8, 8. 25 (guldînez tor 8, 16).

golt-rant *stm. goldener rant* APOLL. 10336.

goltrat *s.* kulter.

golt-reif *stm.* (II. 657ª) *goldener reif* ER. MARLG.

golt-reit *adj. goldgelockt.* ir goltreiden lockel MART. 169, 22.

golt-rinc *stm.* (II. 708ª) *goldener ring*, aureola goltrenc DFG. 61ᶜ.

goltrot *s.* kulter.

golt-rôt *adj.* (II. 767ᵇ) *von gold, goldverziert* ROTH. (*leseb.* 228, 59; *bei Massm.* 2136 zuelif armbôge rôt) NIB. L. ALEX. 6003. ALBR. 23, 204. *vgl.* rôtgolt

goltsch *s.* kölsche.

golt-schapël *stn.* auroela DIEF. *n. gl.* 43ª.

golt-schæper *stm. goldfliess* APOLL. 13443. *s.* schâpære.

golt-schëlle *swf. goldene schelle.* sîn wâfenroc was rîche von kleinen goltschellen LANZ. 363.

golt-schîn *stm.* aurugo DIEF. *n. gl.* 43ᵇ. *vgl.* goltschûm.

golt-schrîber *stm.* aurigraphus DFG. 62ᵇ. *vgl.* guldenschrîber;

golt-schrift *stf.* aurigraphia *ib.*

golt-schûm *stm.* (II². 223ª) auricalcus, aurugo, spumarium DFG. 61ᵇ. 62ᶜ. 549ª. goltveim oder goltschaum, spuma auri Voc. 1482. aurispuma DIEF. *n. gl.* 43ᵇ.

golt-sinder *stm.* aurigo DFG. 62ᵇ. goldsindel, spuma 548ᶜ.

golt-slaher *stm. goldschläger* NP. 278. TUCH. 174, 12. goltsleger CHR. 7. 318, 2.

golt-smelz *stn.* (II². 430ª) electrum Voc. *o., vgl.* goltgesmelze;

golt-smelzer *stm.* aurifex DFG. 62ª.

golt-smide-meister *stm.* (II².123ᵇ) FREIBERG. goltsmitmeister MONE *z.* 3, 159 *s. v. a.*

golt-smit, -des (II². 427ª) *goldschmied,* aurifex, aurifaber DFG. 62ª. ROTH. OSW. BERTH. MGB. FLORE 2855. LIEHT. 141, 4. MSH. 3, 169ᵇ (*bildl.* ein goltsmit ganzer triuwe). PASS. 234, 72. NP. 151. *vgl.* HPT. 9, 545 *anm.;*

golt-smitte (II². 428ᵇ) aurificina DFG. 62ª. j.TIT. 390 *alt. dr. — ebenso*

golt-smit-lade *swm.?* DFG. 62ª.

golt-smit-wërc *stn. goldschmiedearbeit* NP. 151.

golt-snîder *stm.* auricidius DFG. 62ᵇ.

golt-spange *f.* (II². 479ª) *goldspange* ATH. (*D* * 68. *D* 165). APOLL. 13414. WOLFD. 2185.

golt-stat *stf.* aurilegium DFG. 62ᵇ.

golt-stein *stm.* (II². 614ᵇ) *edelstein, der wie gold aussieht, topas* SUM. LEYS. ANNO 653. 722. bolus Voc.1482; *probierstein,* ain rechter goltstain, daran man guldîn und golt streicht und versuecht CHR. 5. 110, 9.

golt-trager *stm.* (III. 76ª) *goldfinger,* annularis DFG. 36ᵇ. *n. gl.* 25ª. *vgl.* goltvinger.

golt-tropfe *swm.* (III. 103ª) *goldtropfe* DIEM. SERV.

golt-vadem *stm. goldfaden* ALBR. 10, 169. HPT. 14, 166.

golt-var, -wes *adj.* (III. 237ᵇ) *goldfarb, wie gold aussehend, goldverziert* NIB. IW. TROJ. GREG. 3223. LAUR. 1303. BIT. 3271. ROSENG. *Weig.* 1008. 1140. 1245. 92: TÜRL. *Wh.* 34ᵇ. j. TIT. 355. SERV. 2033. KARL 2741. 6796. 10746. MSH. 1, 64ª. PASS. 97, 82. goltvar, -bes MGB. 156, 28. 186, 20. 187, 30. 465, 33 *etc.*

golt-varch *stn.* dass die huebner geben sollen ein schwein, das wirt genant das goltferch GR.W. 3, 369. MYTH. 45.

golt-varwe *stf.* auripigmentum DFG.62ᵇ. man spricht auch, daz der asch auz dem unk geprant die art hab, wer silber dâ mit salb und temperier, daz nem goltvarwe MGB. 264, 27.

golt-vaste *stswf.* (III. 278ª) *quatemberfasten,* angaria DFG. 34ᶜ. BERTH. 322, 16. RTA. 1. 218, 43. Mz. 3, 404. 486. 4, 88. 262. CHR. 1. 398, 1; 2, 65 *anm.* 5. 123, *anm.* 1. TUCH. 18, 28. 21, 30. 24, 32. 28, 21. 31, 21. — *vgl.* SCHM. *Fr.* 1, 896 *u.* vrônvaste.

golt-vaz *stn.* (III. 281ᵇ) *goldenes gefäss* EN. NIB. PARZ. PASS. GEN. *D.* 95, 18. LIT. 923. L. ALEX. 3119. 30. 40. 43. PRIESTERL. 335. ERNST *B.* 3186. FLORE 4844. j.TIT. 2387. STRICK. 13, 21.

golt-veim *stm. s. unter* goltschûm.

golt-vël *stn.* (III. 294ᵇ) *goldblech* LIEHT. orapellum DFG. 398ᶜ. *vgl.* silbervel, goltblat.

golt-vinger *stm. goldfinger,* annularis DFG. 36ᵇ. *n. gl.* 25ª. RSP. 1341. *vgl.* golttrager;

golt-vingerlîn *stn. goldener siegelring* ÖH. 61, 27. 62, 30.

golt-visch *stm.* aurena Voc. 1482.

golt-vogel *stm.* (III. 358ª) auriceps DFG. 62ª.

golt-wâge *swf. goldwage.* das man die guldîn weg mit der goltwagen MONE *z.* 6, 296 (*a.* 1455).

golt-wëppe *stn.* (III. 612ª) cyclas DFG. 117ᵇ.

golt-wërc *stn. goldarbeit* ELIS. 1310; aurifodina DFG. 62ª, *vgl.* goltbërc.

golt-wine *stm.* (III. 704ª) *freund, den man*

durch gold, durch geschenke erwirbt, festhält: vasall RUL. 164, 20 u. anm. — ags. goldvine, freund der gold austeilt, könig.

golt-wolle f. aureum vellus haizt goltwoll (ein fisch) MGB. 245, 20.

golt-wurm stm. (III. 826ᵃ) aurilia, cantarides DFG. 62ᵇ. 96ᵃ. MGB. 301, 1. HPT. 14, 164.

golt-wurz stf. (III. 829ᵃ) affodillus, agaticia, celidonia, solsequia DFG. 16ᵇ. 17ᵇ. 110ᵃ. 541ᵇ.

golt-zein stm. stäbchen aus gold SERV. 562.

golt-zunder m. aurugo DFG. 62ᶜ.

golze swm. s. kolze.

gome, gume, goume swm. (I. 554ᵇ) mann. LANZ. ROTH. ULR. EILH. 3948. die gotes gomen (: komen) W. v. Rh. 58, 23. vgl. gomman. — gt. guma zu lat. homo (aus ghomo) Z. 1, 4. GSP. 23. CURT³. 187. FICK 64.

gôme, gôm m. s. guome.

gômer stm. s. jâmer.

gom-man an. m. mann, ahd. gomman. gummen DIEM. 111, 20. dû gût gumen : gefrumen (aussätziger, vgl. guote liute) MARLG. 25, 121. s. gome.

gompe swm. s. gumpe.

gonner, gonst s. gunner, gunst.

gor stmn.? (I. 530ᵃ) dünger, mist. ahd. ags. gor, altn. gormr zu gërn, jësen. fürs mhd. nicht zu belegen.

[**gorach** stn. ib.] s. göurich.

gôrec adj. (ib.) arm, beklagenswert, elend. ahd. gôrag, fürs mhd. nicht nachzuweisen, denn die im WB. aus HERB. beigebrachte stelle gehört wol zum folgd. — gt. gaurs betrübt, traurig, das sich vielleicht an gaunôn, klagen, anschliesst s. GSP. 28.

gorge swm. (I. 554ᵇ) gurgel, schlund, kehle TRIST. hieher wol auch: owê armen gorgen (: sorgen) üwerre grôzzen zageheit wirt ûwers kindes kinde leit HERB. 10082. vgl. nhd. „armer schlucker". — aus fz. gorge vom lat. gurges DIEZ 179. vgl. gurgel;

gorgeln swv. s. gurgeln;

gorgen swv. ein gorgent wasser SCHM.Fr.1,936.

gorre swf. s. gurre.

gorteler gorten s. gürtelære, gürten.

gos? (I. 555ᵃ) und bat si umb driu snelle ros, wol bereit alsam ein gos GA. 1. 347, 372. vgl. gôz, da der dicht. auch hûs : ûz, saz : las reimt.

gôssen s. goufe.

gösten swv. s. gësten.

got, -tes (später auch -ttes) md. auch -des (I. 555ᵃ—557ᵇ) manchmal noch kot GERM. 10, 465 ff. (über den pl. s. unter 2): 1. der christliche gott (häufig auch für Christus), allgem. — zu den zalreichen belegen des WB. füge ich noch eine kleine auswal: got herre KONR.Al. 321. got herre vater ENGELH. 6118. herre got ib. 2576. MSH. 1, 11ᵃ. 303ᵃ (vgl. herrgot). got vater unser ib. 2, 163ᵃ. j.TIT. 65. got von himele GR.RUD. 22, 24. Aw. 3, 210. HPT. 1, 129. LS. 1. 25, 78. got ûz dem himelrîche DIETR. 4295; der almehtige g. TROJ. 23070. der alte g. ULR. Wh. 169ᵃ. edeler g. MSH. 1, 339ᵃ. got der gewære EXOD. D. 125, 21. got der guote GEN. D. 1, 2. PYRAM. 253. der hœhste g. MSH. 1, 211ᵇ. ich swer bî dem lebendigen got GA. 1, 500. der liebe g. ib. 1. 97, 634. ir sît mir lieber danne got ib. 2. 183, 296. got sî mir als ich der herzelieben sî MSH. 1, 96ᵇ. minneclîcher g. WH. v. Öst. 102ᵃ. der rîche g. LANZ. 7593. MSH. 3, 468ᵇ. GA. 2. 300, 114. der starke g. KCHR. D. 299, 12. ie wesender got MSH. 1, 268ᵃ. got der werewîse meister MSH. 2, 263ᵇ; weiz got, got weiz, goteweiz, gott weiss es, warlich (GEN. D. 51, 23. 89, 12. 128, 36. 136, 12 etc. NEIDH. 43, 38. 44, 19. W. v. Rh. 209, 28. JER. 2ᵇ. godeweiz ELIS. 7790); gesach (in, mich, dich etc.) got, gott hat gesehen, gesegnet, beglückt (der rîche got mich ie gesach GA. 2. 300, 114. s. auch im WB. II². 277ᵇ, 32 u. zu NEIF. 12, 15); daz got dich grüeze MSH. 2, 19ᵃ; got minne iuch j.TIT. 5416; were got, wergot, gott gewähre: in frage u. befehl, bei got (s. wërn); sô helfe mir etc. got, verkürzt: sô mir etc. got (ER. 4064. sô dir got FLORE 5698. HPT. 8. 89, 24. sô iu got KRONE 24573) od. sam mir (samir) got, so wahr mir gott helfen möge; got spricht: darauf ir zweiflich geantwort habt, gleich als gott spricht, wo ich dich vind, do zaig ich dich MH. 2, 65 (vgl. KWB. 119); gesprochen sî got l op GEN. D. 101, 33 (s. gotelop); bî got (beteuernd), slüeg si ab bî got zehant LIEHT. 27, 18; durch got, bei got IW. PARZ. OTTE 624. durch (wegen) got etw. geben, almosen geben CHR. 1. 271, 3. 286, 26. in gote, mit gott, in gottes namen GREG. 1592. 2056; gotes êre, hulde MSH.1, 187ᵃ. gotes galge, das kreuz PRIESTERL. 263. gotes garte, welt MSH. 1, 357ᵃ. var hin gotes haz GA. 3. 25, 155. gotes her GFR. 1493. hiez si in gotes namen varn GA. 1. 47, 249. diu gotes ougen sehen des menschen ougen weinen gerne MSH. 3, 59ᵇ. sanc ich ze gotes tische guot ib. 44ᵃ (vgl.

FASN. 1438). gotes **vart**, *kreuzzug* LIEHT. 387, 22. WG. 11316; gotes **arm** *s.* arm (die godes armen ELIS. 2278. 3531. 888. MARLD. *han.* 69, 26). gotes **vrûnt** ELIS. 2838. 5600. der gotes **gewêre**, *der warhafte gottesfreund* PASS. K. 515, 62. ein gotes **kempfe** WARTB. 95, 7; sich gote ergeben, *in ein kloster treten* DM. 25 (*vgl.* begëben). — 2. *der gott der heiden, abgott, götze* (*vgl.* abgot) EN. WWH. BARL. got der mucken, beltzebub oder teufel Voc. 1482; *pl.* gote PARZ. ATH. *D* 94, göte TROJ. 1829. 88. SILV. 321. 49. 1407. 14. 2114. 21 *ff.* 2218. 54. 2535. 2877. 90. PANTAL. 1833. MYST. 2. 59, 19, götte WOLFD. 1230 *und* göter (*von einem stn.* daʒ got, *auch gt. im pl. neutr.* gutha, guda) EXOD. *D.* 120, 11. 153, 22. OTN. *p.* 44. HPT. 1, 129. — *warscheinl. zu skr.* jyut (*prakr.* jut) *leuchten aus* dyut (RB. 3, 157), *das eine weiterbildung der alten wurzel* div, *glänzen, zu sein scheint. vgl.* KUHN 7, 12 *ff.* GSP. 27. WEBER *im centralbl.* 1866 *s.* 812.

gôt *adj. s.* guot.

got-bërnde *part. adj. gott tragend, hervorbringend.* der sun unde der heiligeist sint ein lieht der gotbernder gotheit HPT. 8, 242. ursprunc der gotberindin persônlihkeit MYST. 1. 150, 37.

göte, götte *swm.* **gote, gotte** *swf.* (I. 558ᵃ) *das aus der taufe gehobene kind, patenkind* MAI. daʒ sie deste lieber züge den lieben göten sîn WOLFD. 223. di kinde si zû gotten nam ELIS. 2362. gode dû bist mir ze swêre, ich mag dich in dem doufe nit gehân MOR. 1, 1384; *pate, patin* ALEXIUS, HUGD. göt, götte, gotte, gotin, patrinus, patrina DFG. 417ᵃ. *n. gl.* 283ᵃ. der götte WOLFD. 1241. daʒ kint an eines guten stat ûʒ der touf heben OT. 608ᵃ. mîns gotten kind mag ich niht nemen SWSP. 345, 107 (*var.* mîner gottin). götzi *ib.* 345, 96 (*var.* göte, gotte) der göte, götte ZIMR. *chr.* 1. 148, 12; 2. 376, 24. 485, 36. die gott *ib.* 2. 602, 32. diu gode KARLM. 209, 4. 9. *in obd. mundarten noch der* göte, die gote *s. die nachweise im* KWB. 119. — *zu* got; *die m. form* göte, götte *entspricht dem gt.* gudja, *altn.* godhi, *ahd.* coting (ing *patron.*) *priester, und* WACK. *pr. s.* 297 *f. findet darin, dass dem taufzeugen eine halbpriesterliche stellung gegeben wurde, den anlass, dass auf ihn der heidnische name eines priesters übertragen worden. vgl.* götide.

[**gote-bære** *adj.* (I. 557ᵇ) TRIST. 2622 gote bære, *mit gott, mit der heiligkeit übereinstimmend. s.* gebære *adj.*

gotec *adj. in* eingotec;

gotechen *stn.* (I. 557ᵇ) *md. kleiner gott* MYST. *vgl.* götelîn.

gote-haft *adj. von göttlicher natur* W. *v. Rh.* 120, 14.

gote-, got-heit *stf.* (I. 557ᵇ) *göttliches wesen, gottheit* PARZ. BARL. Ms. GEN. *D.* 109, 14. EXOD. *D.* 126, 4. WG. 8304. BPH. 8651. WACK. *pr.* 2, 22; *uneigentl. comp.* gotesheit MYST. (1. 252, 31 *ff.*).

got-ehtic *adj.* (*ib.*) *md.* gotechtic, *gottesfürchtig* MYST. DÜR. *chr.* 710ᵃ.

gote-, göte-, got-, göt-lich *adj.* (*ib.*) gettelich N. *v. B.* 102. 104. 107 *etc.* (*neben* göttelich), *md. auch* godelich: *von gott ausgehend, sich auf gott beziehend, göttlich,* divinus DFG. 188ᶜ. PARZ. WALTH. BASL. KONR. (götelîchiu kraft ENGELH. 6402. götelîcheʒ bilde PANTAL. 1418. götlîchiu güete 1593). in gotlîchen gebæren GEN. *D.* 8, 24. gotlîcher ruom GREG. 3597. PASS. K. 44, 74. götl. kraft ERACL. 6402. godelîcher rât ELIS. 261. nâch godelîcher ê 705. godel. gnâde 984. godel. minne 962. in godelîchem lobenne 2880. gotelîcher geist PASS. K. 37, 84. *gottselig, gottesfürchtig, fromm* TRIST. gotlîcheʒ leben MZ. 4, 124. ELIS. 4381. di godelîchen man *ib.* 4605. 8071. gotelîcher mût PASS. K. 18, 90. götlîcheu frouwan (*nonnen*) DON. *a.* 1306. götlîche veter (*mönche*) CHR. 3. 75, 2. götl. lêre 91, 1. gotl. gedechtnus 376, 18;

gote-lîche, -en *adv.* (I. 558ᵃ) *von seiten gottes, auf göttliche weise* PHYSIOL. godelîche kunt tûn ELIS. 306; *gottesfürchtig* TRIST., *vgl. Bechst. zu* 1963;

gote-lîcheit *stf. göttlichkeit.* dî heilige gotlîcheit Kristi MYST. 1. 80, 3.

götelîn *stn. dem. zu* got. sî jâhen er wær ein götelîn, Jupiter wær der vater sîn BPH. 3728. dîn got ist ein güttel WOLFD. H. 590. *vgl.* gotechen.

gote-lop, -lob *interj. gottlob, aus* (dem) gote (sî) lop. dâ sculen wir lenten, gotelop DIEM. 329, 21. an dem holze geviel er (der tôt) gotlop 261, 1. 325, 27. gotlop, ich heiʒe Jacob GEN. *D.* 65, 11. ich habe in gotelop gelêrt PASS. 289, 71. des gotelob doch nicht geschach JER. 51ᶜ. des habe wir gotlob genuoc FELDB. 377.

goten *swv.* (I. 558ᵃ) *part.* gegotet, *gott geworden* MYST. *vgl. auch* vergoten.

gotes, gots *gen. v. got, damit uneigentlich zusammengesetzt (s. auch oben u. im* Wb. *unter* got): **gotesacker** *stm.* Chr. 5. 90, 9. — **gotesampfer** *stm.* (I. 31ᵃ, 12) ascedula Sum. — **gotesdienst** *stm.* gotsdienst Mgb. 431, 21. gotzdienst Usch. 270 *u. oft.* — **gotesê** *stf.*, alleu gotzê *(sacramente)* raichen Usch. 270 (*a.* 1360), *vgl.* gotesreht. — **gotes-**, **gots-**, **gotzgâbe** *stf.* (I. 509ᵃ) *pfründe, geistliche beneficien* Clos. Chr. 3. 172, 29. Mw. 214 (*a.* 1300). 283. Mh. 2, 362. Mgb. 173, 15. gotzgâb Don. *a.* 1388. Cp. 30. — **goteshûs** *s.* gothûs. — **gotesheit** *s.* goteheit. — **gotesreht** *stn. s. v. a.* gotesê Mz. 4, 79. Chr. 4. 322, 19; 5. 68, 23. 69, 11. *vgl.* Halt. 744. — **goteslêhen** *stn. eigene leute* Arn. 48. Halt. 743. Oberl. 562, *zu* Walth. 30, 36. — **goteslichnam** *s.* gotlichnam. — **gotesphenning** *stm.* gotzpfennig oder haftgelt, arra Voc. 1482. — **gotesreht** *stn. gottesfrieden* Wolk. 105. 4, 11. — **gotesrîche** *stn.* (II. 694ᵃ) *das reich gottes* Spec. — **gotesritter** *stm. ordensritter* Jer. 162ᶜ. — **gotessun** *stm.* (II². 733ᵃ) Diem. — **gotesvart** *stf. kreuzzug.* mit gotesverten über mer Berth. 71, 5. 483, 29. 493, 5 *s. auch unter* got. — **goteswêc** *stm. wallfahrt* Münch. *r.* 36, 251. Urb. *B.* 2, 529. — **goteswint** *stm. hauch gottes* Gen. *D.* 113, 15. — **goteswort** *stn.* gotswort Mgb. 217, 29. 304, 2. — **goteswunne** *stf. wonne, seligkeit in gott* Gen. *D.* 45, 4.

gote-vorhtec *adj.* (III. 385ᵇ) *gottesfürchtig* Jer. Myst. 2. 85, 6.

gote-weiȝ *s. unter* got.

got-formec *adj.* (III. 388ᵃ) *wie gott gestaltet* Myst.;

got-formec-heit *stf.* (*ib.*) dei conformitas Gl.;

got-forme-lich *adj. s. v. a.* gotformec Myst. 2. 467, 9. *ebenso*

got-ge-formet *part. adj.* (III. 388ᵃ) Myst. (2. 43, 18. 634, 22).

got-gegen-würtec *adj.* ein gotgegenwürtiger mensche, *in dem gott gegenwärtig ist* Myst. 2. 271, 38.

got-ge-lâȝen *part. adj. gottergeben* N. *v. B.* 339. *vgl.* gelâȝenheit.

got-ge-nôȝet *part. adj.* (II. 397ᵇ) *gott zugesellt, gott ähnlich* Myst.

got-hungeric *adj.* hungrig, begehrend nach gott. dem gothungerigen menschen smecket nicht wan blôȝe gotheit Wack. *pr.* 63, 52.

got-hûs *stn.* (I. 738ᵇ) *gotteshaus, kirche.* got- hûs Gerh., *sonst nur uneigentl. compon.* gotes-, gots-, gotzhûs (gotshaus Mgb. 294, 16. 20. 300, 32. 355, 23 *etc.*); *kirchengebiet, die in unserm gotshaus (gebiet des bistums Brixen) wonend, die in unserm gotshaus gesessen sind* Dh. 282. — *ableitungen und composita:* gotshiusec *adj. g.* sîn, *höriger eines gotteshauses sein* Mone *z.* 20, 210 (*a.* 1409). — goteshûserære *stm. pl. die klosterleute, zu* Walth. 10, 35. — goteshûsliute Gr.w. 4, 263 *pl. von* goteshûsman *stm. höriger eines gotteshauses, klosters ib.* 241; *ebenso:* goteshûsmensche *stn. ib.* 429. 93, goteshûsvrouwe *stf. ib.* 294. 493, goteshûswîp *stn. ib.* 242.

got-heit *stf. s.* goteheit.

götide *stn. pate, patin* Bihteb. 35. gotteit Münch. *r.* 424. *s.* Schm. *Fr.* 1, 962.

gotin *f. s. unter* göte.

gotinne, gotîn, gotin *stf.* (I. 558ᵃ) *göttin.* gotinne Parz. Trist. Barl. Ath. *C** 101. *D* 47. Er. 5160. Büchl. 1, 1844. Wolfr. *lied.* 10, 9. Loh. 238. gottinne Liebt. gotîn Parz. gotin *öfter bei* Albr. 461ᵇ. götinne Trist. *H.* sîner sêle götîn Wh. *v. Öst.* 15ᵇ. göttin Ls. 3. 124, 120. *mit richtigem umlaute:* gütinne Msh. 1, 83ᵇ;

götlære *stm. die götlær oder die weissagen* Mgb. 116, 24.

got-leit *adj.* (I. 980ᵃ) *gott widerwärtig* Rul.

got-, göt-lich *adj. s.* gotelich.

göt-lich *adj. s.* getelich. *dazu noch:* dehein handwerkman sol lenger wurken dann als götleich und reht ist Np. 153 (14. *jh.*). was gotlich und pilleich wêr Cp. 83. *vgl. auch* Rotw. 1, 49ᵇ.

got-lich-machunge *stf.* apothesia Voc. 1482.

got-lîchnam *stm. leichnam gottes, heil. abendmal.* der hailig gotlichnam Wack. *pr.* 31, 48. *gewönl. uneigentlich compon.* gotes-, gotslichnam (*s.* lichnam). gotzlîchnamstag, *frohnleichnamstag* Ad. 1165. Mw. 340 *u. oft.*

got-liep, -bes *adj. gott gefällig* Exod. *D.* 160, 5. Kchr. 457, 23. Aneg. 22, 35.

got-lop *s.* gotelop.

gots- *s.* gotes-.

got-spël *stn.* (II². 491ᵇ) *erzälung von gott, evangelium (ahd.).*

got-süeȝe *adj.* (II². 752ᵃ) *verst.* süeȝe Krone (28670).

got-swerer *stm.* maledicus Dfg. 344ᶜ.

gotte, götte *swfm. s.* göte.

götte-brôt *stn.* acrismus Dief. *n. gl.* 7ᵃ. ain

gels müslî von milch oder wiz von ainem göttiprôt oder sunst brôt gemacht S. GALL. *ordn.* 190. *vgl.* SCHM. *Fr.* 1, 963.
gotteit *stn. s.* götide;
göttele patrinus DIEF. *n. gl.* 283ª. *s.* göte.
götte-lich *adj. s.* gotelich.
gotterolf *s.* kuterolf.
göttin *stf. s. unter* göte;
göttin, gottinne *stf. s.* gotinne.
got-var, -wes *adj.* (III. 237ᵇ) *gottfarb, von gott durchstralt* BERTH. 391, 23. MYST. 2. 328, 13.
got-wërt *adj. s. v. a.* gotliep MAR. 186, 21.
gotz- *s.* gotes-.
götze *swm. gottesdienstliche bildsäule* ROSENBL. (*in Canzlers quartalschrift* 1783. I, 83. 85).
gotzeil? *stn. s. v. a.* galvei? ir gotzeil saltz und traid MH. 2, 551. ir gewondleich gotzeil saltz ULA. 571.
gotzen-gaug *s.* guc-gouch.
götzi *s.* göte.
got-zierde *stf.* mit messen und mit andern gotzierden S. GALL. *chr.* 48.
göu, gou, geu, -wes *stn.* (I. 560ª) *gegend, landschaft, gau* GEN. (gou *D.* 85, 32. 101, 28. 102, 22). LIEHT. NEIDH. (56, 35). HELBL. (daz geu 2, 93). göu TROJ. 11895. HEINZ. 116. 4, 1. GA. 2. 75, 13. GAUH. 40. 53. 81. 84. 88. daz göu we *ib.* 28. 34. dû muost varen durch diu göu MARIENGR. 808. daz gäw, geu MGB. 88, 26. 179, 15. 331, 29. 385, 23. ez ensol nieman auf dem gäwe schenken pir *etc.* danne in den êtavern Mw. 209, 15 (*a.* 1296). — *gt.* gavi *warscheinl.* zu *gr.* χαμά *erde* (*in* χαμαί *am boden,* χαμᾶζε *zu boden*)*, lat.* humus *s.* GSP. 23. CURT³. 186. GR. *kl. schft.* 3, 148.
göu-bühel *stm.* bühel *in einem* göu*, gauhügel.* man muoz des sîme swerte jehen, het ez hêr Nithart gesehen über sînen geubühel tragn, er begundez sînen friunden klagn WWH. 312, 13.
gouch *stm.* (I. 558ª) *kukuk* FREID. MS. RENN. (7611). WG. 7782. JÜNGL. 257. MGB. 178, 10 *ff.* 228, 8. 11. *pl.* die gäuch 179, 1. 4; *bastard* NIB. 810, 1; *tor, narr, gauch* LANZ. HARTM. (ER. 9043). TRIST. (13415). Ms. (MSF. 48, 1. 104, 1. 3. 180, 35. WARTB. 9, 15. 10, 14. NEIDH. XXXIII, 2. XXXV, 11). KONR. (TROJ. 2838. 16650). BARL. MAI, WG. 6312. 570. 7068. 8092. REINH. 29. VIRG. 625, 7 (*pl.* göuche). APOLL. 13262. 19104. gôch WACK. *pr.* 44, 78. 81; *mit gen.* aller sinne ein gouch TÜRL. *Wh.* 111ª. KROL. 4817. — *mit unregelm. lautverschie-*

bung zu skr. kôkila, *gr.* κόκκυξ, *lat.* cuculus KUHN 3, 43. CURT³. 145.
goucheil, gôcheil *stn. die pflanze* anagallis DFG. 32ᶜ. *n. gl.* 22ᵇ; *aus* gouch-heil *salus stultorum, weil man dem kraute kraft beilegt, den wahnsinn zu heilen* GDS. 204.
goucheit *stf.* (I. 558ᵇ) *aus* gouch-heit *narrheit* BON. FLORE 6251.
gouchelîn, göuchelîn, göuchel *stn.* (*ib.*) *dem. zu* gouch *kleiner bastard.* daz er daz gouchelîn hæte erzogen GA. 2. 384, 58. des ziuch ich zwei gouchelîn *ib.* 3. 366, 342. *kleiner tor,* daz ich sî der mære ein göuchelîn MSH. 1, 156ª. in gouchlîns wîs ALTSW. 255, 27; *vulva* NEIDH. 37, 15 (*wo statt* giuchel *nach* Rc geuchel = göuchel *zu lesen ist, da für vulva auch* tôrin *vorkommt s.* HPT. 13, 175 *u. vgl.* geuchle *für penis* ZIMR. *chr.* 3. 73, 34);
gouchen *swv.* (*ib.*) *intr. wie ein kukuk schreien* FRL.; *ein narr werden* (*s.* ergouchen). — *tr. zu einem* gouche *machen, närren, äffen.* er gouchet sînen horsac MART. 63, 44. daz si den tumben gouch vollec lîchen gouchten GA. 3. 62, 713;
göucherîe *stf. narrheit.* was geuchery tribet ir! RCSP. 1, 417 (*a.* 1437). *vgl.* ZIMR. *chr.* 1. 303, 28; 2. 355, 22; 3. 60, 30. 528, 28. 537, 27; 4. 399, 18.
gouch-govolt *stm.* (I. 558ᵇ) *s. v. a.* gouch, *tor* MSH. 1, 156ᵃᵇ.
göuchlîn, mîn dürchel vriunt kan göuchlîn ouch (*lies* goukeln) MSH. 2, 200ª.
göude, göuden *s.* giude. giuden.
göu-dinc *stn. md.* gôdinc *gericht des gaugrafen* SSP. 3, 91.
goufe *f.* (I. 559ª) *kopfbedeckung unter dem helme* WWH. — *aus fz.* coiffe, *s.* koiphe.
goufe *swf.* (*ib.*) *die hole hand* WIG. HELBL. PF. *arzb.* 2, 15ᵇ. pugillus SUM. gauff oder gauchsz, gausz, vola VOC. 1482 (*dazu stimmt* gaussen RING 35ᵈ, 18. gôssen WOLK. 35. 3, 19; 79. 2, 8; *s.* SCHM. *Fr.* 1, 947). gouspe WIG. 141, 30 *var.; vgl.* BECH *beitr.* 7. — *ahd.* coufana, *vgl.* SCHM. *Fr.* 1, 874. KWB. 117 (gôfe). VILM. 118. KUHN 2, 54;
goufen *swv.* (*ib.*) *mit den holen händen aufnehmen* OBERL. *vgl.* complodere, mit den henden zusamen kôfen DFG. 137ᵇ.
gouf-kint *stn. s.* jûfkind.
göufler *stm. der heimlich entwendet, dieb.* güfler MASSM. *schachsp.* 117 *f. vgl.* SCHM. *Fr.* 1, 875;

göuflîcheit *stf. dieberei.* güflîchait MASSM. *a. a. o.*

gougel- *s.* goukel *u. vgl. auch* gogel-.

gougelære, gougeln *s.* goukelære, goukeln.

gougern *swv.* (I. 559ª) *umherschweifen* DIEM. *vgl.* gogelen, goukeln.

göu-ge-wete? *swm.* (III. 774ª, 36) *gaugeselle. vgl. zu* NEIDH. 77, 18.

göu-grâve *swm. gaugraf, md.* gôgrêve, *u.* gôgrêfschaft *stf.* SSP. 1, 71. 55. 57. 18; 3. 64, 10. CHR. 6. 55, 6.

göu-hërre *swm. s.* SCHM. *Fr.* 1, 855.

göu-huon *stn.* (I. 626ᵇ) *gauhuhn, zinshuhn.* geuhuon HELBL., *als übername für die bauern s.* GAUH. 140. 53 *u.* GERM. 6, 458.

goukel, gougel *stn.* (I. 539ᵇ) *zauberei, zauberisches blendwerk* EXOD. MS. WINSB. ERACL. PASS. (296, 33. *K.* 304, 35). niht kêrent iuch an sîne trüge und an sîn gougel TROJ. 19141 (*bei M.* 19028 an sînen gougel). sîn gougel und sîn zouberlist PANTAL. 912, *vgl.* 852. daʒ der tiufel sô getâne nôt mit sînem goukel machet RENN. 11422. wan er (Machmet) ein goukel ist HELDB. *H.* 1. 239, 620 (ein gogel 236, 590); *närrisches treiben, possen* BERTH. HÄTZL. vil gespotes leiten si in an und triben ûʒ im ir goukel sân LAUR. 1789 *u. anm.* — *warscheinl. entlehnt aus lat.* caucus, cauculus *zauberbecher* (WACK. *umd.* 26. WEIG. 1, 393), *doch vgl. auch* giege, gogel;

goukelære, gougelære *stm.* (I. 540ª) *zauberer, gaukler, taschenspieler* EXOD. (*D.* 136, 3. 26. 143, 4). LANZ. (7161. 7220. 23). WALTH. MYST. neweder gote noch gouchelâre RUL. 246, 20. sî wâren lugenêre unde wâren ouch couchelêre GLAUB. 1405. daʒ er (Alexander) eines gouchelêres sun wêre L. ALEX. 84. sô getâne goukelære sint alle wuocherære WG. 12111. der goukeler sprichet: wider in die taschen RENN. 22500. *vgl.* 3726 *ff.* 21813. kôkeler ANZ. 3, 304. göugler, gôgler NETZ 11978. 13336;

goukelærinne *stf.* LS. 1. 410, 42.

goukel-bilde *stn.* (I. 121ᵇ) *betrügerisches bild, wie es ein taschenspieler zeigt* RENN. 6233.

goukel-blic *stm.* (I. 207ª) *durch zauberei hervorgebrachter* blic. gougelbl. FRL. und swindet als ein gouggelblic KOLM. 23, 50.

goukel-bredigære *stm.* ich bin ein goukelbredigære, des herz tiefer lêre ist lære RENN. 11710.

goukel-bühse *swf.* (I. 277ª) *taschenspielerbüchse*. ûʒ einer goukelbühsen varn RENN.

2244. gougelbühse WALTH.; gaugelpühse, *vulva* FASN. 335, 2.

goukel-heit *stf. gaukelei, betrug* WG. 14244.

goukel-hüetelîn *stn.* (I. 734ª) RENN. (4126) *dem. zu*

goukel-huot *stm. hut dessen sich die gaukler bedienen.* sô man die goukelhüete vür rucket RENN. 8816. *vgl.* ein gevüeger goukeler der under dem huot goukeln kan *ib.* 3733.

goukel-kappe *swf.* kappe *eines gauklers* RENN. 16959.

goukel-klucken *stn. falsches, betrügerisches glucken* RENN. 12246.

goukel-man *stm. s. zu* LAUR. 1789. was machstu gelauben an einen solchen gockelman FASN. 816, 18. *vgl.* gogelman *u.* ZIMR. *chr.* 2. 390, 34. 420, 33. 458, 5; 4. 330, 8.

goukel-mære *stn.* eʒ mac ein gougelmære oder ein trügnus sîn HELDB. *K.* 64, 1.

goukeln, gougeln *swv.* (I. 540ª) *zauberei, gaukelpossen od. taschenspielerei treiben.* gougeln FRL. under dem huot goukeln RENN. 3733. eʒ goukelt mit uns allen 17248. wann frawen oder anders ymand her în gêt und gegockelt haben, in das zu nemen mit secken (*vgl.* goukelsac) und mit all FRANKF. *brgmstb.* 1436 *vig. III. p. visit.*, als sie geguckelt hân *ib.* 1438 *divis.;*

gouckeln *stn.* sô haben andre den vierklê, das si dâ von gaukeln sehen VINTL. 7780. den lûden das guckeln verbieden FRANKF. *brgmstb.* 1442 *vig. V. post Joh. b.*

goukel-sac *stm.* (II². 3ᵇ) *sack eines gauklers, narrensack* KELL. *erz.* 195, 14. *vgl.* goutilsac (goucil-, goukelsac?) MART. 10, 24. gaggelsac HÄTZL. BIRL. 176ᵇ.

goukelsahs *umdeutsch. von* Kaukasas, *Kaukasus.* Palakers lit von goukelsahs zwelf tûsent raste gar WARTB. 167, 9. WACK. *umd.* 61.

goukel-schîbe *stf. gaukel-, zauberscheibe.* sie wandelt sich alsam ein goukelschîbe j. TIT. 703.

goukel-schiht *stf.* (II². 117ᵇ) *gaukelwerk* FRL.

goukel-site *stm.* (II². 325ª) *beschäftigung mit zauberei* PASS.

goukel-slappe *swf.* (II². 392ª) *s. v. a.* goukelhuot RENN.

goukel-spël *stn.* (II². 491ᵇ) *possenhafte erzälung oder rede.* gougelspel MART. 91, 61.

goukel-, gougel-spil *stn.* (II². 501ᵇ) *blendwerk, gaukelspiel, possen* SILV. RENN. (19540). FRL. PASS. (*H.* 55, 12. 171, 86. 172, 38. 174,

71. 229, 26. 296, 96. 311, 4 *etc.*). Loh. 987. WG. 12109. Wartb. 104, 7. Heinz. 1283. Msh. 2, 11ᵇ. 325ᵃ. 3, 76ᵇ. 438ᵇ. *gogelspil ib.* 255ᵃ. *gockelspil* Ls. 3. 94, 404. *vgl.* Zimr. *chr.* 4, 607ᵇ.

goukel-sprütze *swf.* (II². 552ᵇ) *sprütze eines gauklers* Renn.

goukel-stoc *stm.* (II².654ᵇ) *zauberstock* Mart.

goukel-tavel *stf. zaubertafel* Renn. 22494.

goukel-tocke *swf.* daʒ iuch die goukeltocken (*nixen?*) iht ertrenken j.Tit. 2676.

goukelunge *stf.* (I. 540ᵃ) *zauberei* Pass. (289, 1. 310, 81. *K.* 647, 90. 655, 82).

goukel-, gougel-vuore *stf.* (III. 264ᵃ) *md.* goukel-, gougelvûre *treiben von zauberei od. betrügerischem blendwerk* Troj. 14087. Pass. (309, 48. Marlg. 164, 343). sie sint verirret in swacher goukelvuore j.Tit. 804; *s. v. a.* gogelvuore Walth. Ms.(*lies* 3, 166ᵃ). Pass.

goukel-wërc *stn. tändelei, possen* Wack., *vgl.* Zimr. *chr.* 2. 489, 35.

goukel-wîse *stf.* (III. 756ᵇ).

goukel-wort *stn.* (III. 808ᵃ) *zauberwort* Pass.

göu-kouf *stm. kauf u. verkauf auf dem lande* Mh. 2, 554;

göu-köufel *stm.* chain keuffel der hie burger ist, sol von den gäkeuflein nichts kaufen Cgm. 290, 82. 544, 52 *bei* Schm. *Fr.* 1, 555.

goul *stm. s.* gûl.

goulammel *s.* galander.

göu-liute *pl.* (I. 1038ᵇ) *landleute* Berth. 269, 3. 323, 35. 39. Mgb. 412, 18.

goum *f. m., s.* goume, guome.

göu-man *stm. landman, landbewoner* Mgb. 76, 2. Urb. *B.* 2, 523. Schm. *Fr.* 1, 855. Birl. 183ᵃ.

göu-market *stm.* (II. 81ᵃ) *ländlicher markt, gaumarkt* Helbl.

goume *m. s.* gome, guome.

goume, goum *stf.* (I. 559ᵃ) *convivium* Sum.; *prüfendes aufmerken*, mit goum merke nemen Loh. 4853. aller sinne goume kunden niht die süeʒen art vollobern der kiuschen megede Misc. 2, 279. dô aber sîn goume der knappe obene wart gewar Ga. 3. 66, 874. goume haben (Ot.), nemen (*allgem., doch nicht bei* Gotfr.; *vgl. noch* L. Alex. 1197. 5068. 5104. 5812. Loh. 2733. 4565. j.Tit. 1543. Virg. 633, 6. 985, 6. Ulr. *Wh.* 98ᵃ. 132ᵇ. Neidh. 46, 23. Msh. 3, 20ᵃ. 341ᵃ. Albr. 461ᵇ. Erlœs. 4354. 952. Elis. 255. Ga. 1. 174, 198. Vintl. 5343. gâm : man *ib.* 6457), tuon (Tund. Ernst, Parz. Apoll. 10845) eines dinges: *acht worauf haben, warnehmen; ebenso* goume nemen, tuon umbe ein d. Parz. Ernst. — *nach* Wack. mit giem (giemolf), gum, guome bî giwen. *vgl.* Hpt. 6, 542 *u.* göuwen;

goume *swm.* dô der gotes goume lac ruowen in dem troume Ulr. 626 *s. v. a.*

goumel, goumer *stm.* (I. 560ᵃ) *der acht gibt auf etw., aufseher, hüter.* goumel Gen. Parz. Augsb. *r. W.* 69. hüter und gaumer Ea. 76.

goume-lôs *adj.* (I. 559ᵇ) *ohne aufsicht, unbeobachtet.* daʒ vich niht gâmlôs gên lâʒen Münch. *r.* 7, 36.

goumen *swv.* (*ib.*) *eine malzeit halten* Diem.; *aufsicht haben, wache halten* Berth. 85, 29. Glar. 107 *A, mit gen. auf etw. acht geben, wornach trachten* Lanz. Ernst, Gudr. Kl. Bit. (1250. 2746. 3212). Berth. 85, 27. Elis. 6727. 10398. Mgb. 240, 22. gâmen Beh. 328, 29; *mit acc.* unser land ze hüten und ze goumen Ea. 78; *mit präp.* an (Glaub.), nâch (Gudr.), *der* über *in allen vleiʒlîch* goume Br. 23ᵃ. — *mit* nâch, ûf; be- (*nachtr.*), er-, über-, ver-;

goumer *stm. s.* goumel;

göumlinc *stm.* (I. 560ᵃ) *s. v. a.* goumel Ls.

göu-phâwe *swm.* (II. 486ᵃ) *landpfau, übertr. übermütiger, auf seine kleidung eingebildeter bauernbursche* Neidh.

göu-rîch *stn.* Pfürpfelsac daʒ göurich wigt Renn. 4630. *vgl.* Germ. 5, 292.

göu-schaft *stf. md.* gôschaft *amt u. sprengel des gaugrafen* Ssp. 3. 87, 2.

gouse *swf. s.* goufe.

göu-snîder, -schuoster *stm. schneider, schuster auf dem lande* Mh. 3, 417.

gouspe *swf. s.* goufe.

göu-stiure *stf. steuer, abgabe vom lande* Mw. 315 (*a.* 1347).

göu-strûʒ *stm.* (II². 705ᵇ) *gaustrauss, im gegens. zu* göuhuon *gebraucht* Gauh. 143.

goutel-sac? *stm. s.* gougelsac.

göu-tôre *swm.* (III. 50ᵇ) *ländlicher* tôre Helmer.

göu-twinger *stm.* (III. 164ᵃ) *der den gau bedrängt, darin gewalt verübt* Helbl.

göu-veste *stf.* (III. 275ᵃ) *gaufestung* Helbl.

göu-viertel *stn. landviertel (mass).* ein geuviertel haber Gr.w. 1, 250. 260.

göu-volk *stn. landvolk.* geuvolk Germ. 12, 75 (15. *jh.*).

gouwe *swm. in* ûʒgouwe;

göuwe *stn. s.* göu.

göuwen *swv. gierig, lüstern nach etw. sein*
ZIMR. *chr.* 4. 273, 33. *vgl.* giwen, goume *u.*
SCHÖPF 183, HPT. 6, 542.

göuwerisch *adj. paganus, heidnisch* GR.W. 5, 344;

göuwisch *adj.* (I. 560ᵃ) *bäurisch.* gewischer, ruralisVoc.1482. geuwischer muot JÜNGL. 256.

gôvenanz *stm. s.* côvenanz.

gôʒ *stmn.* (I. 541ᵇ, 542ᵃ) *stm. guss, regenguss* LIEHT.; — *stn. metallguss, gegossenes gefäss, bild* LANZ. BARL. gegoʒʒen sament an ein gôʒ WELTCHR. (KCHR. 3, 143); *kalkguss, mörtelbekleidung des mauerwerks* (WACK.) TRIST. 17131, *vgl.* 16947 *und Bechst. anm.* (*mit dem* WB. *„schlussstein"*).

goʒʒe *f.* (I. 542ᵃ) penula SUM., *vgl.* DFG. 423ᶜ.

grâ *interj. ruf des raben.* er schrei grâ, grâ HADAM. 529.

grâ, -wes *adj.* (I. 560ᵃ) *grau, bes. altersgrau* EXOD. HARTM. (ER. 274). PARZ. WALTH. HELBL. (6, 148. 12, 10). swarz unde grâ TRIST. 10931. diu ougen lieht unt grâ COD. *Vind.* 428 *nr.* 211. daʒ grâwe lieht MSH. 2, 67ᵃ (*vgl.* liehtgrâ). grâwiu cleider EILH. 6302. grâwer mantel MYST. 1. 244, 3. grâwe röcke CHR. 4. 231, 10. 257, 4. 318, 5. der grâwe orden LOH. 5378. MSH. 2, 263ᵃ. MARLG. 166, 6. PASS. *K.* 398, 64. 652, 85. CHR. 4. 217, 18. ein grâ nunne KARLM. 238, 42. grâwer munich, grâwe nunne, cisterciensis DFG. 124ᵃ. grâwe Wiener pfenning MH. 3, 342. fünf schilling pfenn. sullen grâb geslagen werden *ib.* 341. — grâ unde gris HERB. 132. ein grâwer man ROTH. 2461. alt unde grâ PASS. 101, 72. der grâwe alde *ib. K.* 274, 88. der selben vrouwen was keiniu grâ ULR. *Wh.* 251ᶜ. si kôs den alten jungen grâwen grîsen: junc unde grâ der morgen ûf gât MSH. 3, 427ᵇ. grâweʒ hâr *ib.* 1, 105ᵃ. 106ᵇ. LIEHT. 337, 5. 14. DAN. 6359. GERH. 768. grâwe locken PASS. *K.* 299, 29. ich bin grâ von den dingen MSH. 1, 150ᵃ. 151ᵇ. der wirt in êren grâ 3, 73ᵃ. des wirt grâ sîn lip 3, 38ᵃ. dâ von sô wirde ich grâ NEIDH. 91, 17. 95, 29. leit, diu mich noch machent grâ NEIF. 21, 31. in herzeleide werden grâ TROJ. 13207. ir gewaldes wirde ich grâ MSF. 172, 15. grâwe sinne AB. 1. 90, 52. sinne grâ was iuwer jugent FLORE 2264. doch was ir herze grâ PASS. *K.* 111, 21. — *mit gestörter lautverschiebung zu gr.* γέρων, γραῦς? *vgl.* CURT³. 167. FICK 65. WACK. *stellt es zu lat.* furvus, ravus, *vgl. auch* CORSSEN 1², 360 *u.* grîs;

grâ *stn.* (I. 560ᵇ) *graue farbe, das grau.* der sunnen schînen het verirt des tages grâ LOH. 2029; *art pelzwerk, grauwerk,* grâ unde bunt *s. die unter* bunt *stn. angeführten stellen u.* ERACL. 1828. KRONE 24741.

grab *adj. s.* grop.

grabære *stm. graveur* MGB. 431, 16. GA. 2. 581, 100; der greber, *totengräber* S.GALL. *stb.* 4, 206;

grabe *swf.* (I. 562ᵃ) *spaten, fossorium* GL. ein kneht mit der graben MONE *z.* 10, 313 (*a* 1436);

grabe *swm.* (*ib.*) *graben* PARZ. TRIST. drî graben umbe die burc EILH. 6635. über den graben springen *ib.* 6530. 53. 85. mit mûren und mit graben TROJ. 13341. wirf ich dich hiute in einen graben KARL 4989. *nom.* der grab WACK. *pr.* 32, 20. HELDB. *K.* 279, 15. CHR. 4. 45, 4. 287, 20. 317, 4; 5. 5, 27. 28. 30 *etc.* TUCH. 204, 18. 213, 30; *spaziergang um den stadtgraben,* ûf dem graben gên BERTH. 115, 2; *vgl. dazu* GREIFF *Berthold v. R. in seiner wirksamkeit in Augsburg s.* 21 *ff.* — *zu* graben.

grâbe *swm. s.* grâve.

grabe-ge-ziuc *stm.* (III. 919ᵃ) *werkzeug zum graben* KELL.

grabe-lege *stf. grablegung.* grabeleie ELIS. 9020.

grabelîn *stn. kleiner* grabe CHR. 5. 5, 34. greblein TUCH. 218, 25; *grübchen,* sinwel was daʒ kinne sîn und ein kleineʒ gräbelîn was enmitten dar an W. *v. Rh.* 111, 14;

graben *stv. I,* 4 (I. 560ᵇ) *graben* GREG. PARZ. HERB. er grûb und grûb alsô tief PASS. *K.* 71, 1. ein leger graben GEN. *D.* 101, 22. tiefe brunnen gr. EXOD. *D.* 136, 33. salzerz graben MGB. 112, 34. graben in WINSB. 50, 7. gr. nâch ENGELH. 4847. TROJ. 4007. 4252. gr. ûf GSM. umbe sich gr. *sich mit einem graben umgeben* CHR. 4. 48, 14 (*vgl.* umbegraben); *eingraben, gravieren,* ein insigel gr. SWSP. 419, 44. CHR. 5. 17, 34. munzîsen gr. GA. 2. 580, 46. den stain gr. MGB. 431, 25. 447, 1. 469, 8; *begraben* LAMPR. ROSENG. *Bartsch* 825. PASS. (*K.* 43, 12. 102, 54. 665, 79); *grübeln, forschen,* swaʒ ich grabe PASS. 67, 36. er wart dô vurbaʒ graben, wer der bischof wêre *ib. K.* 17, 54. dar nâch der keiser alsô grûb *ib.* 380, 73. er grûb ûf wîsheit *ib.* 402, 21. — *mit* în, ûʒ; be-, durch-, en-, er-, ge-, umbe-, under-, ver. *zu gr.* γράφω GDS. 408. Z. 1, 14. CURT³. 170;

graben *stn. das grabmachen* NP. 328;
graben *swv. mit einem graben versehen, in* be-, ver-graben.
graben-gëlt *stn. geldbeitrag zum stadtgraben* CHR. 1. 285, 24. *vgl.* 444, 13.
graben-ge-rihte *stn.* GR.W. 6, 106 *ff.*
graben-meister *stm. der den bau des stadtgrabens leitet* CHR. 4. 45, 10 (grabmaister 5. 14, 24); *aufseher über den* schiezgraben *zu Nürnberg* TUCH. 118, 16.
grabe-schît *stn.* (II². 165ᵇ) *grabscheit* PASS. fossorium DFG. 244ᶜ.
grab-îsen *stn.* (I. 756ᵃ) *grabstichel* MYST. fossorium DFG. 244ᶜ.
grabiz *s.* grobiz.
grab-stecke *swm.* fossile DFG. 244ᶜ.
grab-tier *stn.* hyena MGB. 142, 9.
grabunge *stf.* (I. 562ᵃ) *das graben, eingraben,* fossatura, sculptura DFG. 244ᶜ. 521ᶜ; *das begraben, s.* begrabunge.
grâ-bunt *stn. s. v. a.* grâ unde bunt. tunica subducta cum grâbunt MONE *z.* 11, 138 (*a.* 1460).
grach *stn.* (I. 563ᵇ) *das ährenfeld?* HERB. 6926. *vgl.* WEIG. 1, 451.
gracht *stf. s.* graft.
gracias *gratification.* 6 β den kistenergesellen geschenket zu gracias, als sie dem râde gearbeit hân FRANKF. *baumstb. v.* 1438 *f.* 56ᵇ. — *aus lat.* gratiae.
grâcken *swv.* grâ *rufen, krähen.* er grâckt einz hin daz ander her KOLM. 14, 49. WOLK. 41, 47.
grâd *stm. s.* grât 1;
grâdal *stn.* daz grâdal singen WACK. *pr.* 41, 96. ADRIAN 444, 116. daz g r â d u a l, daz heizet daz loufende gesanc BERTH. 498, 8. gradal, gradale, gradual, gradwal: gradale DFG. 267ᶜ. gradalbuoch *ib.*
graf *stn. s.* grap.
grâf, grâf-schaft *s.* grâve, grâveschaft.
graft *stf.* (I. 562ᵇ) *der graben* EILH. (6552). HERB. 1783. 14485. KIRCHB. 650, 14, *nach nd. art* g r a h t EN.; *begräbnis* HIMLF. g r a c h t KARLM. 315, 19. 323, 65. — *zu* graben.
grâ-ge-var *adj.* (III. 241ᵃ) *graufarb* PARZ.
grâ-heit *stf.* (I. 560ᵇ) canities DFG. 95ᵇ.
grâ-hiutel *stn.* pellicanus haizt nâch der aigenscheft der latein ain grâhäutel MGB. 210, 4.
graht *stf. s.* graft.
Grâiure *stswm. Grieche?* ô werden Grâiuren, an prîse di tiuren ROTH *denkm.* 106ᵇ, 56. Nicânor ein Grâiure kom dar durch strîtes âventiure COD. *pal.* 333, 73ᵇ. dâ liden die Grâiure strenge schumpfentiure *ib.* 75. *nach* W.GR. *wird auch* ERNST 1966 *zu lesen sein:* do clagte der fürste tiure die werden Grâiure (*hs.* teuwer: graseuwer).

gral, -lles *stm.* (I. 573ᵇ) *schrei* HÄTZL. — *zu* grëllen, *vgl.* KWB. 120;
gral *adj.* graler, commotus, severus VOC. 1482.
grâl *stm.* (I. 563ᵇ) *der hl. gral, das kleinod des königtums von Muntsalväsche (die abendmalsschüssel Christi, in der Joseph von Arimathia das blut aus der seite des erlösers auffieng)* WOLFR. Ms. j.TIT. 1142. 1763 *ff.* 1973. 6176 (die schüzzel, benennet grâl in engelischem dône) LOH. 7140 *ff.* KRONE 22775. 24910. 25456. LS. 2. 588, 359. der grâl dem man heilikeit giht ULR. *Wh.* 143ᵇ. *vgl.* CHR. 7. 168, 17. 169, 10. 417, 12 *u.* ASCHBACH *die grafen von Wertheim* 2, 111: die hofestat an der capellen, die man nennet der Grâl; kelr under dem Grâl; unser hülzîn hûs bî dem Grâl *s. auch* BAUR *hess. urkurden* 1, 738. 874 *und* SCHM. *Fr.* 1, 993; *bildl. das teuerste, liebste:* diu (*geliebte*) was sînes herzen grâl ULR. *Wh.* 197ᵇ. *vgl.* WOLK. 34. 2, 7. 41, 53; *ritterspiel der bürger in nd. städten s. nd. Äsopus herausg. v. Hoffmann s.* 40. — *mfz.* graal, greal *prov* grazal *aus mlat.* gradalis, *das nach* DIEZ 648 *warscheinl. für* cratalis *steht vom mlat.* cratus, *gr. lat.* crater, *welche ableitung auch* WACK. *u.* SCHADE *annehmen. sie ist aber unnötig, da eine andere, einfachere durch ein zeugnis des 13. jh. geboten wird.* HELINAND *sagt (die stelle auch im* WB.): g r a d a l i s sive g r a d a l e gallice dicitur scutella lata et aliquantulum profunda, in qua pretiose dapes suo jure divitibus solent apponi g r a d a t i m unus morsellus post alium in diversis ordinibus, et dicitur vulgari nomine g r a a l z; *also eine breite etwas tiefe schüssel, in der mehrere speisen reihenweise lagen.* — (hier möge auch eine, wie es scheint noch nicht beachtete stelle angemerkt werden: ad quatuor miliaria prope [bei Puteoli] cernitur mons sanctae Barbarae in plano campo eminens et rotundus, quem delusi multi Alemani in vulgari appellant d e r G r a l, asserentes prout etiam in illis regionibus plerique autumant, quod in illo multi sunt homines vivi et victuri usque ad diem judicii, qui tripudiis et deliciis sunt dediti, et ludibriis diabolicis perpetuo irretiti etc. *Theodorich a Niem: de schismate* 1532. *lib. II. cap.* 20);
grâlen *swv.* (I. 565ᵃ) *so vollkommen wie der grâl sein* FRL.

gram *prät. s.* grimmen, krimmen.
gram *adj.* (I. 574ᵇ) *zornig, unmutig* SERV. DIOCL. WINSB. 11, 2. KARLM. 194, 19, 209, 33; *erzürnt, aufgebracht über, mit gen.* EN. NEIDH. MSF. 207, 34. KARLM. 193, 53; *feindselig erzürnt, mit dat.* LAMPR. EN. LANZ. GREG. NIB. MS. HERB. 918. LIEHT. 30, 19. TROJ. 22844. APOLL. 20478. ULR. *Wh.* 138ᵈ. PASS. 377, 69. *K.* 101, 39. rehtiu liebe ist valscher liebe gran (: kan) NEIF. 14, 25. gran (: an) NETZ 7979. — *zu* grimmen;
gram *stm.* (I. 575ᵃ) *unmut, zorn* DIOCL.
gramassei *s.* gramazîe.
grâmatic *stf.* an der grâmatic wart er schier vol varnde j. TIT. 174. grâmaticâ die kunst die sol man brîsen, sie kan gedanke wol ze worten wîsen KOLM. 47, 13;
grâmaticus *stm. der sich auf lesen u. schreiben u. allenfalls noch auf die lat. sprache versteht* (*vgl.* latîn kunner) GREG. 1011. MART. 245, 101. MGB. 201, 27. DFG. 268ᵇ.
gramazîe *f. s. v. a.* nigramanzîe (*ital.* gramanzia) *die schwarze kunst, dann überhaupt gaukeleien, possen.* künde er diu swarzen buoch, ouch kunst der gramazîen MSH. 2, 382ᵃ. Klingsor ein priester kom hernâch mit seiner gramosei *ib.* 4, 888ᵃ. nu hab danc dirre gramassein HELBL. 3, 49. *vgl. den namen* Gramasier (WARTB. *s.* 346) *u.* KÖHLERS *anm. zu H. Sachs dialog.* 65, 8; *im* DWB. 5, 1393 *wird entstehung aus* grand merci (*s.* gramerzî) *angenommen*.
gramazîen *swv. mit anlehnung an das vorher hergehende wol verderbt aus* gramerzîen, *dank sagen.* wie sie nâch dienest kunden gramazîen j. TIT. 1931. — *s.* gramerzî.
gramazîeren *swv. in* vergramazîeren.
grame-lich *adj. s.* gremelich.
gramen *swv.* gram *sein mit dat.* NETZ 2176 (*vgl.* gremen). — *mit* er-, ver-, *vgl.* grisgramen;
gramen *stn.* si giengen ûz dem gramen DAN. 3544.
gramerzî *stm.* (I. 565ᵃ) *dank* PARZ. TRIST. U. (*wegen* HELBL. *s.* gramazîe). — *aus fz.* grand merci;
gramerzîen *swv. s.* gramazîen;
gramerzîne *stf. s. v. a.* gramerzî. doch wart diu gramerzîne ir beider niht volendet j. TIT. 264.
grammen *swv. s.* grannen.
gramosei *s.* gramazîe.
gram-vogel *stm.* (III. 358ᵃ) *raubvogel* RENN. *vgl.* krimvogel.

gran *adj. prät. s.* gram, krimmen.
gran *stm.* granus ain mervisch MGB. 252, 29.
gran, grane *stswf.* (I. 565ᵇ) *ursprüngl. wol die spitze eines haares* (die gran der hâre WWH. 206, 22. an dem barte nie was entsprungen hâres grane SILV. 1088, *vgl.* granhâr), *sodann barthaar bes. an der oberlippe* RUL. IW. WOLFR. (*Wh.* 286, 8). GERH. LOH. (872). der noch nie gewan bartes gran ULR. *Wh.* 191ᵈ. er enhâte bart noch gran FLORE 6342. über bart und über gran KRONE 19677. ERNST 4270. hâr unde gran ALBR. 27, 12. *vgl.* 29, 332. 32, 151. ich besach in umbe die grane VIRG. 648, 8. swarz und snœde was sîn gran FRAGM. 32ᵇ, 17. des kintheit noch niht granen warf TÜRL. *Wh.* 102ᵇ. rôten munt, dicke granen HERB. 3215. die nase lac disem ûf den grânen *ib.* 5848. ich wên sîn kin nî granen gewan CRANE 2607. 3591; *bei thieren:* hât alsam ein katze gran MARIENGR. 61. gran *des drachen* BELIAND 1236. vor zorne stuben sîne (*des wolfes*) gran REINH. 308, 478; *haare an den schamteilen,* er druhte in durch die gran NEIDH. XLVI, 16; *stachlichtes haar*, granne (arista VOC. *Schr.* 167), *gräte* MS. KRONE, *bildl.* schanden gran und ir zan misszeirent richen man MSH. 2, 324ᵃ. — *altn.* grön *mit* gras, grüejen *zu lat.* cresco, gramen.
grân, gran *stf.* (I. 565ᵃ) *scharlachroter färbestoff, scharlachfarbe* IW. TRIST. WIG. FRL. manec lachen von gran (: bran) KRONE 507. sîn varwe als ein viure zuo allen zîten bran von ungevelscheter gran *ib.* 6838, *ndrh.* grône KARLM. 287, 10. 288, 10. mit scharlaichen ind grônen CHR. *von Godefrit Hagen* 4319. 26 *s.* Bech *z.* Iw. 3454. — *aus mlat.* grana, *altfz.* graine.
grânât *stm.* (I. 565ᵇ) *der granat, mlat.* granatus PARZ. j. TIT. 5497 ERLŒS. 412. MGB. 446, 30 *ff.* grônât DFG. 268ᵇ; — *stf.?* granatapfel PARZ. der balsme und ouch der grânât bluot VIRG. 426, 10. — *aus lat.* granatum (malum), *mit körnern* (grana) *versehene äpfel*;
grânât-apfel, -epfel *stm.* (I. 48ᵃ) *granatapfel, scharlachapfel* GSM. BON. DFG. 345ᵇ. *s. auch* kran-, margran-, malagrânâtapfel;
grânât-apfel-boum *stm.* pomus granatus DFG. 446ᵉ.
grânâtîn *adj.* (I. 565ᵇ) *von granaten* FRL.;
grânætlîn *stn.* granatus DFG. 268ᵇ.
grânât-stein *stm. der granat* ALTSW. 40, 8.
grande *adj. stn. s.* grant.

grande-wërre *swm. s.* grantwërre.
grane *f. s.* gran.
granen *swv. s.* grannen.
grænen *swv.* (I. 565ª) *mit* grân *färben* Ls.
gran-hâr *stn.* (I. 634ᵇ) *milchhaar* Wwh.
grânît *stm. granit* Beliand 4217. — *aus fz.* granit *von lat.* granum.
grannen *swv.* (I. 576ᵇ) *intr. weinen, flennen* Mart. (*lies* 71, 102) Ls. grînen und grannen Netz 12254. grauen *ib.* 472. 2551. an einen grennen *ihn angrinsen* W. *v. Rh.* 159, 20; *tr. bejammern,* bist du ain kind, das man dich hôrt mangel grammen (: pfannen) Mf. 108. — *mit* er-, *zu* grinnen.
grans *stm.* (I. 565ᵇ) *schnabel der vögel* Mart. (*lies* 152, 70); *maul od. rüssel anderer thiere* Reinh. Konr.; *maul d. menschen* Helmbr. Kolm. 142, 35. Beliand 1327. Wolk. 18. 1, 1; *vulva ib.* 29. 3, 33; *hervorragender teil eines körpers,* sie punden vornen ûf den grans (*der* hürde) dem wolf zu einem köder eine gans Kell. *erz.* 366, 9; *schiffsschnabel* Apoll. Weist. schiffes grans Troj. 25116. schiffes grans und zagel Germ. *H.* 9. 116, 670. — *s.* rans *u. vgl.* Schm. 2, 115. Kwb. 121;
gränsel *stn.* (I. 566ª) *dem. zu* grans. herzliebe gans, wie schôn ist dir dein grensel Wolk. 64. 3, 13. tüttels gränsel, *kleine brustwarze* Parz. 113, 7; *vom schiffe*: swer (*von den schiffern*) stewer und gränsel hât Urb. *Pf.* 202 (*od.* der gränsel? *s.* Schm. 2, 115).
gransen *swv. frendere, intens. zu* grannen Dfg. 246ᶜ. *n. gl.* 182ª.
gran-sprunge *adj.* (II². 548ª) *dem die* gran, *das barthaar keimt* Msf. 26, 23. *vgl.* ê im der bart sprunge Serv. 2771;
gran-sprunge *stf.* (*ib.*) *das hervorkeimen des barthaares* Parz.
grant, -des *stm. pl.* grende *trog,* alvear, collectaculum, eneum (Gff. 4, 330. Gr. 1³, 129. Schm. 2, 114). der grant *bei der weinpresse* Uh. 402 (*a.* 1398). Ula. 338. 407 (*a.* 1403. 37); *behälter, schrank,* und wurden in den grenden diu sarwât gereinet Krone 22118; *grund, unterlage,* sie nam den tûvil bî der hant unde warf in ûf der erden grant *fragm. v. Margaretha fol.* 7 (W.Gr.). sam ein grôz wînvaz, daz man hebt ûf den grant Ls. 2. 475, 81. — *vgl.* grinden, grunt *u.* Kwb. 121.
grant, grande *adj. gross, heftig.* der pfeffer kleine und ouch grande j.Tit. 6048. mit nôt und mit sorgen grande Osw. 985. grande werre j.Tit. 4193, krant werre Beh. *s. v. a.* grantwerre; *comp.* daz ungewittere ûf sî dôz î grandir und î grandir Jer. 156ᵈ. — *aus fz.* grand, *lat.* grandis *s.* Germ. 7, 96;
grant, grande *tn.* den bringe ich in strîtes grant Wh. *v. Öst.* 20ᵇ. wêre ez, daz amchtlûthe daz gemeine volg dorch grôzis grandis willen adir umme unzucht stûretin mit der hant *Eisenacher rechtsbuch s.* 747 (Germ. 7, 97).
grant-, grande-wërre *swm.* (I. 566ª) *ein grosser, heftiger* wërre (= ein grôzer werre Such. 36, 12). Ms. ob sie dâ sanfte lebten oder lebten sie mit grandewerren j.Tit. 4052. grantwere, guerra Voc. 1482. *oft bei* Beh. *als* krantwer, krantwerre *u. auch getrennt* krant werre *z. b.* 21, 8. 226, 12. 238, 7. 243, 4. 269, 9. 319, 18. 324, 22 *etc.* — *s.* grant *adj.*;
grant-wërren *swv.* grantweren, brigare Dfg. 81ᶜ.
granze *stf.* elliu granze dâ geschach von uns ûf der planiure Msh. 2, 88ª. — *nach* Bartsch *liederdd.* XLVII, 96 = *prov. fz.* graanze, gréance, créance *versprechen, bewilligung.*
grap, -bes *stn.* (I. 562ª) *ndrh.* graf Karlm. 26, 22. 28, 55. 248, 30. 451, 6: *das grab, allgem. s. noch* das heilige grap Gr.Rud. 10, 10. Greg. 403. Wg. 11367. Wh. *v. Öst.* 8ᵃᵇ. Kol. 168, 428. gotes grap Wg. 11358. swern bî gotes grabe Ls. 1. 396, 61. grabes pforte Pass. 91, 13. schrîben ûf dem steine, der mîn grap bevât Msh. 1, 123ᵇ. grap daz ist kûme drîer schuoche wît Frlg. 124, 50. ze grabe füeren Engelh. 2304, er wil sîn hovescheit füeren in sîn grap Msh. 1, 297ª. ze grabe fürdern *ib.* 123ᵇ, zem grabe tragen *ib.* 1, 209ᵇ. 3, 167ª. Pass. 167, 6. volgen hin ze grabe Winsb. 59, 7. der volgt im in sîn grap Hugdietr. 174. volget im unz in daz grap Neidh. 68, 35. der læge baz in eɪ̓ne grabe Winsb. 45, 10. der zæme baz in eime grabe dann er ûf erden solte leben Troj. 13220. über daz grap gestân, ob dem grabe stân a.Heinr. 658. 847. daz grab ouf tuon Exod. *D.* 159, 4; daz er mir danke in daz grap Helbl. 1, 917. daz er sich schamt unz in daz grap Amis 2672; *katafalk,* auch ward im gemacht ain grab, das was wol vier clafter hoch Cp. 128. — *zu* graben.
grap-bruchel *stm.* grabpruchel oder tôtenrauber, bustifagus Voc. 1482.
grape *swm. s.* grope.
grape *swf.?* dâ trîbt er keine grapen, *tastet nicht umher* Hugo *v. M.* 34. *vgl.* Schm. 2, 116 *u.* grappeln.
grap-mâlunge *stf.* epitaphium Dfg. 205ᵇ.

grappeln *swv.* gr. od. zappeln, tasten, palpitare Voc. 1482.

grap-stein *stm. grabstein* Weinsb. 46. Np. 114. Tuch. 163, 18.

gras *stn.* (I. 566ᵃ) *gras, grasbewachsener ort, allgem. s. noch* chrout unde gras Exod. *D.* 144, 32. holz ode gras *ib.* 149, 1. ungetretet gras Parz. 437, 4. lieht sam ein gras Er. 7314. vil kurz kleine grüene gras was ûf den esterîch gestreut Ulr. *Wh.* 143ᵇ. dô was geströuwet grüenez gras Ga. 2. 470, 104. gras riuten Neidh. 228, 36. ûf dem grase lac der snê Troj. 24248. sô bin ich der êrste der in dem grâse lît Roseng. 1698. an daz gras erbeizen Gen. *D.* 42, 9. der was gegangen an ein gras durch sîn kurzewîle Ga. 1. 108, 102. nû gênt si vor im über grasMsh. 3, 29ᵃ. ûffez gras ziehen, *ins freie* Pass. *K.* 558, 42. er gienc semfte als ein lam sô hin an sîn êrste gras (*weide*) *ib.* 89, 63. ob man mîn wünschet ûf daz gras, *ob ein mann bei mir zu liegen wünscht* Winsbekin 14, 10; unz zuo dem nachsten grase, *bis zum nächsten frühjahre* Ot. 85ᵃ. bî grase, *formelhafter ausdruck in den* Weist. *für „im sommer" s.* Weinh. *mon.* 39; *redensart:* das gras wahsen sehen Chr. 3. 133, 17. — *gt.* gras, *mit gestörter lautverschiebung zu lat.* gramen, germen *s.* Dief. 2, 427. Gds. 670 *anm.* Kuhn 12, 89; *anders* Gsp. 23: *zu gr.* χόρτος *skr.* harita *aus* gharita, *grün, gras, lat.* viridus virere *aus* ghviridus, ghvirere. *vgl. auch* gran, grôz, grüejen, gruose.

gras-anger *stm. viridarium* Voc. 1482.

grâ-schaft *stf. s.* grâveschaft.

grase-, *s.* gras-.

grasec *adj.* (I. 566ᵇ) *mit gras bewachsen* Greg. Er. 8883. 96. Wig. 161, 34. Wigam. 1094. Krone 15336. Chr. 5. 5, 34;

gräselîn *stn. s.* greselîn;

grasen *swv. intr. grasen, gras schneiden.* sie graset dicke unde klêt Krone 24253. das ros gienc grasen in den walt Sigen. *alt. dr.* 109. er (*der verliebte*) gêt ouch grasen Cod. Dresd. 111, 75. in dem bart grasen, *den bart zupfen, ausreissen* Wolk. 5. 1, 6; *mit dat.* si grast einem kalb Hätzl. 2. 72, 20. hilf deim weib der kuo grasen Ring 4ᶜ, 2. man sol des abbetes phert instellen und sol man im grasen Ad. 980 (a. 1339); — *tr. weiden*Gr.w. 4, 186.209. —*mit*be-, ge-(*nachtr.*), ver-;

grasen *stn.* (I. 566ᵇ) Wig. 138, 24;

graserinne, graserîn *stf.* (*ib.*) *graserin, jäterin* Kell. Hätzl. 1. 13, 116. Wolk. 44. 1, 1.

gras-gart *stm. grasgarten.* ein fiertel grasgartes Mone 3. 1, 156 (*a.* 1463).

gras-gëlt *stn. graszins* Gr. w. 6, 103. Mh. 2, 460. *vgl.* grasphenninc.

gras-grabe *swm.* auch mag man machen einen grasgraben mit einem flôrzaun Gr. w. 3, 416.

gras-, grase-grüene *adj.* (I. 580ᵇ) *grün wie gras* Merig. 7, 45. j.Tit. 830. 1295. 3830. Rab. 489. Troj. 31682.

gras-hei *stn. gehegter grasplatz, grasgarten.* unam hubam in Hage et unum grashei aput fluvium Wilach Mb. 36ᵃ, 180 (*a.* 1280);

gras-heie *swm. der grashüter, der mai.* graseheie j.Tit. 1340.

gras-hof *stm. rasenplatz, garten.* grasehof Pass. *K.* 337, 88. 536, 44.

gras-lêhen *stn.* de uno graslêhen 300 casei Mb. 36ᵃ, 144.

gras-meit *stf. magd, welche gras für die kühe bringt* Chr. 2. 326, 3. Frisch 1, 367ᶜ.

gras-, grase-mucke *swf.* (II. 226ᵇ) *grasmücke,* curruca Gl. Narr. Msh. 2, 124ᵃ. Renn. 7668. Mgb. 178, 14. 21; *eine fliegenart* Hpt. 14, 165.

gras-phenninc *stm. der hof dient neun grasphenning* Mh. 3, 373. *vgl.* grasgëlt.

gras-sense *stf.* (IIᵇ. 241ᵃ) fœnaria Dfg. 229ᶜ. *ebenso*

gras-sichel *stf. ib.*

gras-spinne *stf.* (IIᵇ 510ᵃ) *grasspinne* Myst.

gras-, grase-var *adj.* (III 237ᵇ) *grasfarb* Troj. 1451.

gras-vrischinc *stm. auf die weide getriebener* vrischinc Mb. 36ᵃ, 209. 240. *vgl.* Schm. *Fr.* 1, 828. *u.* halmvrischinc.

gras-wahs *stmfn? graswuchs, grasertrag* Cds. 1, 113. 119 (*a.* 1422. 34).

gras-wurm *stm.* (III. 826ᵃ) *raupe,* eruca Dfg. 209ᵃ.

grât, -tes, -des *stm.* (I. 566ᵇ) grâd Mgb. *pl.* graete *u.* grâte, *md.* grête: *stufe, grad eigentl. u. bildl.* Ulr. Myst. Pass. (sitzen ûf dem hôhen grâte, *auf dem ehrenplatze* 374, 4. der zwelfboten grât 318, 77. treten an den hôhen grât 326, 81. der wîsheide, tugende grât 337, 82. 340, 82. der hôhsten vreuden grât 119, 20. *vergl. noch* K. 1, 36. 79, 10. 80, 4. 110, 41. 420, 96. 497, 68. *pl.* grâte *ib.* 524, 76. 545, 28). erjage ich den selben grât ERLŒS. 233. der sich sô hôch gesetzet hât mit sange in meistersingers grât MSH. 3, 65ᵃ. ûz dînes herzen grâte ib. 3, 82ᵇ. 83ᵃ. treten für der kirchen grât JÜNGL. 931 er krôch ûf die græte W. v. Rh. 19, 15. wart über tempels græte abe geworfen 248, 26 (vgl. grêde). MGB. teilt die wärme, kälte, trockenheit der pflanzen u. früchte in grâde, s. PFEIFF. s. 624.; verwechselt mit garât: golt von tûsent grâden, ALTSW. 160, 1. — aus lat. gradus, vgl. grêde.

grât, -tes stm. (ib.) pl. græte md. grête : gräte, fischgräte eigentl. u. bildl. (visch unz an, ûf den grât fisch mit ausnahme der gräte d. h. voll ungestörter annehmlichkeit, ohne mängel) BÜCHL. PARZ. WALTH. MS. (daʒ dâ iht græte stecke bî H. 2, 199ᵇ). swaʒ flozze unde grât hât ANTICHR. 197, 24. græte in der keln BERTH. 353, 9. daʒ iuch stechent vische græte j. TIT. 228. eʒ wâren ander græte die er in fremde kel het gestecket 2403. si würget hie mit græte 2582. 2900. der kokodrille hât sô scharfe græte 3834. swer gît dem kinde den grât WG. 14614. ein grât im in dem hals dô saʒ PASS. K. 64, 36. 170, 72. von in gevâhe ich niemer grât, nicht das geringste WH. v. Öst. 107ᵇ. der ist niht visch biʒ an den grât RENN. 3079. TEICHN. 234. swaʒ si (diu werlt) freuden hât ist niht visch unz an den grât MART. 276, 92. eckehter grât PASS. K. 673, 68. des êwigen tôdes grât BIRKENST. 161. der valschen minne græte j. TIT. 254. mit græten wart der valsche list dâ vunden 3858; hervorstehende scharfe spitze an ähren, disteln u. s. w. MS., überh. spitze, unebenheit FRL. SUCH. MSH. 3, 63ᵇ. sunder græte j. TIT. 1285. 6203. sunder êren græte 2981. 83. der sunden grât PASS. K. 321, 40. dîn gewaldes scharfer grât 3, 2; rückgrat ER. ENGELH. Ms. daʒ im daʒ verch unz ûf den grât wart schiere endecket TROJ. 38520. des manic lip enpfant hin durch ze grâte j. TIT. 4222. von dem houbet hin zetal stuont ûf im ein scharfer grât als der krokodille hât WIG. 131, 14. 37. eʒ gilt ein ganze hût, daʒ vleisch unz an den grât MART. 282, 7; bergrücken BON. der wingarte u. d. g. mit grunt und grât, an gr. u. gr. in ganzer ausdehnung, mit niederung und höhen WEIST. MONE z. 11, 83. 13, 449. 20, 160. MZ. 1, 421 s. 296; die mitte eines d., das bœse tuoch sol man durch den grât snîden, durch den grât houwen und das halbtail verbrennen S. GALL. stb. 4, 151. — WACK. stellt es zu gart, gerte;

græten swv. die lînwât græten, aufzupfen MONE z. 20, 297.

grâtlisch adj. (I. 566ᵇ) grâtlischer zwilich, der mit drei schemeln gewebte ganz oder halbwollene zwilch PASSAUER stb. (SCHM. 2, 101). — zu grât 1.

gratte swm. s. kratte.

gräuʒinc stm. s. griuʒinc.

grâ-var, -wes adj. glaucus MGB. 210, 5.

grâve swm. (I. 567ᵇ) pl. auch umgel. græven CHR. 3. 284, 14. 290, 28. 291, 21: königl. gerichtsvorsitzer, graf Iw. PARZ. herzogen und grâven EXOD. D. 160, 11. von Tygerlant ein grâve wert TROJ. 23846. amman mac niht grâve sîn Aw. 2, 140. LS. 3. 564, 133. waʒ sol ein grâve, der niht kan tugende walten MSH. 2, 260ᵃ. wolten mirʒ danne grâven wern und al die frîen ib. 136ᵇ. grâf LIEHT. 65, 15. der grôʒe grâf von Ungarn, comes palatinus CHR. 4. 78, 12. 13. RCSP. 1, 399. UGB. 104. md. ndrh. grâbe MSH. 3, 170ᵇ. die graben (: erhaben) HANS 768, umgelaut. grêve GR. RUD. JER. 9ʰ u. s. w. PASS. K. 297, 74. 308, 2. 498, 38. KARLM. 113, 29. 201, 30. grêbe DAL. 91, 35 ff. (vgl. VILM. 136) — warscheinl. aufgenommen aus dem früh-mittellat. gravio, grafio, graphio vom gr. γράφειν schreiben GR. 1³, 171. WACK. 118ᵃ. umd. 57 („bezogen auf râvo sparren u. rêfa räuber: ahd. garâvo, ags. gerêfa"). WEIG. 1, 452 nach KUHN 5, 155 ff. u. GSP. 77 mit gt. gagrêfts gebet zu einem stv. grêfan, gaigrôf beschliessen, befehlen; M. MÜLLER in seinen vorlesung. 2, 242 ff. sucht wieder die alte, aber gewiss unmögliche ableitung von grâ (grau, alt) zu stützen;

grævelîn stn. (I. 568ᵃ) kleiner graf PARZ.

grâven-bête stf. precaria et exactio comitis HALT. 749.

grâven-dinc stn. gericht des grâven GR.W. 3, 658 ff. HALT. 750.

grâven-huon stn. (I. 626ᵇ) huhn, das dem grâven gezinst wird WEIST.

grâven-phenninc stm. der vogt soll jährlich von jedem erhalten ein malter habern, ein huone und 2 heller, die do heiszent grêvenphenning GR.W. 5, 636.

grâven-schaz stm petitio vel precaria comitis HALT. 750.

grâven-vuoter stn. die grâfschaft mit vogtei, mit gerihte, mit grâfenfuter HALT. 750.

grâve-, grâf-schaft *stf.* (I. 568ᵃ) *grafschaft* Wig. Bit. 11697. Troj. 17978. 24933. Kreuzf. 1377. Swsp. 96, 4. 22. *contr.* grâschaft Mw. 233. 238, 13. Uoe. 4, 120. Anz. 13, 329. Höf. *z.* 1, 294 *ff.*

grævinne, grævîn *stf.* (*ib.*) *gräfin* Hartm. (Er. 6478). Parz. Gfr. 2050. Dan. 2320. Ls. 1. 502, 59. grævin (: sin) Helbl. 8, 380. grâvin (: in) Kreuzf. 398. grêvinne, greffinne, greffinde, greffin, grêvin Dfg. 135ᵃ.

græwe *stf. graue farbe.* diu zwei (bart und hâre) hâte zwâre ein græwe übergangen Krone 6878. diu grêbe, *das grauen des tages* Wolk. 94. 3, 1;

grâwen *swv.* (I. 560ᵇ) *intr.* grâ *sein od. werden, altern* Warn. Roth. 5117. Lieht. 337, 9. Neidh. 60, 13. Msh. 2, 65ᵃ. 196ᵃ. 3, 34ᵇ. 44ᵃ. Ga. 2. 197, 11. Evang. 263ᵃ, *grauen (vom tagesanbruch)* Wolfr. *lied.* Ms. Reinfr. 46ᵃ. der tac begunde grâwen Herb. 6657. Loh. 1044. ein wolken grâwet gên dem tage Msh. 1, 68ᵇ; *tr. s. v. a.* græwen Troj. 39817;

græwen *swv.* (*ib.*) grâ *machen* Ms. ir mundel und ir wengelîn græwet, *macht grau vor liebeskummer* Virg. 972, 6. minne kan süeze jugent græwen Reinfr. 83ᵇ. — *mit* durch-.

grâ-werc *stn.* (III. 588ᵇ) *varium* Gl.

grâ-wîz *adj.* (III. 781ᵃ) *grauweiss* Gl.

graz, -zzes *stn.* (I. 568ᵇ) *sprossen od. junge zweige vom nadelholz* Parz. *s.* Schm. 2, 118. 21. 26. Stald. 1, 474. 83. Fromm. 6, 334 *und* grazze, grozze.

graz *adj.* (*ib.*) *wütend, zornig* Weltchr., *vgl.* Weig. 1, 454;

graz, grâz *stm.* (*ib.*) *wut, übermut.* graz Frl. vor graze sîne zunge behüeten Msh. 3, 169ᵃ. grâz Jer. 149ᵃ;

grâzen *swv.* (*ib.*) *leidenschaftliche erregung durch laute oder gebärden ausdrücken, schreien, aufschreien, wüten, sich übermütig od. anmasslich gebärden (von pferden u. menschen)* Herb. Lanz. Wwh. Ms. Konr. (Troj. 30812. 36930). Renn. j.Tit. 6096. Wh. *v. Öst.* 9ᵃ. Virg. 98, 7. Dan. 3463. Pass. *K.* 264, 96. 358, 4. 409, 74. 610, 10; *laut u. hastig jagen* nâch Msh. 3, 108ᵃ. 109ᵃ. — *mit* under; *zu gt.* grêtan *weinen, wehklagen, vgl.* Fick 69. Wack. *voces* 2, 137 *u.* grüezen;

grâzen *stn.* (I. 569ᵃ) Wwh. Geo. Mart. (*lies* 109, 12). Heinz. 128. 61, 6. Jer. 160ᵈ. græzen (: ræzen) j.Tit. 4939 Mf. 127;

grâzieren *swv.* (*ib.*) *s. v. a.* grâzen Turn. Apoll. 7403;

græz-lich *adj. zornig, erzürnt lautend.* grêzliche stimme Jer. 125ᵈ. *vgl.* Wolk. 80. 1, 1.

grazzach *stn.* (I. 568ᵇ) *coll. zu* graz, *stn.* Parz. *vgl.* grözzach;

grazze *swm. s. v. a.* graz, grozze Gr.w. 3, 698.

grêbe *swm. s.* grâve, griebe; *stf. s.* græwe.

grebede *stf. s. v. a.* begrebede Netz 5461;

grebel *stm.* (I. 562ᵇ) *paxillum* Sum. Helbl.;

grebelîn *stn. s.* grabelin;

greber *stm. s.* grabære;

grebinc *stm.* (I. 562ᵇ) *cirogrillus* grebinc, grobinc, grovinc Dfg. 123ᵃ; greving *n. gl.* 93ᵃ;

grebnus *stf.* (*ib.*) *begräbnis* Chr. 1. 86, 16 (grebtnus). 2. 13, 8; *grabstätte* 5. 294, 12; einen mit der gr. begên, *ihm zu ehren eine leichenfeier halten ib.* 400, 4. 408 *anm.* 1.

grëch *adj. stn. s.* gerëch.

grech *stm.* daz der grech schende dînen lip Germ. 9, 336;

grechel *stn.* daz gr. Ga. 2. 384, 58 *var. zu* gouchelin. *im thüring. dialecte hört man noch zu kindern sagen:* du kleiner krechel Germ. 9, 336. *vgl.* gregel.

greck *stm.* greck in den augen, pituita, vel morbus gallinarum, der zipf 1482. *vgl.* Kwb. 123. Schm. 2, 107.

grêde *stswf.* (I. 569ᵃ) *stufe, treppe an od. in einem gebäude* Ulr. Wolfr. Wig. Gudr. Helbl. Berth. 246, 24. Mar. 167, 30. 188, 42. Herb. 17803. Bonus 221. Türl. Wh. 86ᵇ. Ulr. Wh. 136ᵃ. j.Tit. 322. 3674. 6119. Wp. 12. Augsb. *r. W.* 13. und wâren sehs grêde, die dar ûf (*zum throne*) giengen, und ûf den sehs grêden stuonden zwelf leun Wack. *pr.* 34, 5. grête Wartb. 69, 4. 5. Dür. *chr.* 690. grêd, grêt Chr. 5. 178 *anm.* 3. 319, 9; *stufenartiges unterlager für waaren, waarenniederlage* O. Rul. — *aus lat.* gradus, *vgl.* grât 1 *u.* Schm. 2, 101. Kwb. 123. Birl. 202;

grêden *swv.* (*ib.*) *mit einer* grêde *versehen, part.* gegrêdet Parz. Wolfd. *H.* 528. — *mit* en-.

greften *swv.* alsô daz wir den selben acker heur daz jâr halben greften suln zu einem weingarten und hinz jâr suln wir den andern halben tail auch greften Uhk. 2, 223 (*a.* 1357). *vgl. einleit.* XVII *u.* Schm. 2, 107. — *zu* graben, graft.

gregel *stm.* er gregel, er widehopf Cod. *pal.* 341, 124, 2ᵇ. krichel, graculus Dief. *n. gl.* 196ᵇ. *vgl.* grechel, kreg.
greien *stn. s.* krîen.
greif *swm. s.* grîfe.
greifec *adj. rapax.* wie durchvert die vogel greific are Kreuzf. 7679. *vgl.* grîfec, gripfec;
greifen *swv.* (I. 572ᵃ) *greifen, tasten* Trist. Neidh. (90, 13). nâch den heiden greifen Ulr. *Wh.* 227ᵇ. 231ᵇ. — *mit* an-, be-, er-, *zu* grîfen.
greif-falk *swm. s.* girvalke.
greine *stf.* = gereine *s. v. a.* reine Kolm. 7, 174.
greinen *stv. s.* grinen;
greinen *swv.* grînen *machen* Teichn. 316.
greiniz *stf. s.* greniz.
greip? *adj.* (I. 572ᵃ) der klebere und der greibe nit Pilat. 194. *vgl.* griebe.
greizzinc *stm. s.* griuzinc.
grël, -lles *adj.* (I. 573ᵇ) *rauh, grell, zornig* Msh. 3, 64ᵃ. 345ᵇ (des muot ist ûf mich worden grel). Kirchb. 643, 9;
grël, -lles *stn.* (*ib.*) *schrei* Schm. 2, 108 (16. *jh.*). *vgl.* Kwb. 123. — *zu* gröllen.
grel, grelle *stswf.* (I. 569ᵇ) *das krallende, stechende: dorn, gabel* (*als waffe*). daz er loufe durch busch, brâmen und lûte grelle (: snelle) und über die liehten heide Renn. 5628. grelle tricuspis Dfg. 595ᶜ. Marlg. (*gabel zum herausstechen der fische, vgl.* fischergêr *im* Dwb. 3, 1684). manic tûsent grel (: snel) gesliffen vil scharf Ot. 825ᵇ. von den (*bauern*) durch sie gestôzen wart manec grelle (: snelle) Loh. 2876. dâ mugen si fûren spitze swert, grellen, armbrust und bogen Freiberg. 269. daz ein îclich ackirknecht eine grelle mit ime fûre sal Mühlh. *rgs.* 79. lange grellen Chr. 7. 15, 28. got gebe, daz ein ruozige grelle (: geselle) durch in werde gestôzen Feldb. 492 — *vgl.* krellen *u.* Dwb. 5, 1982.
grëllec-heit *stf.* (I. 573ᵇ) *groll, zorn* Myst.
grëllen *stv. I, 3* (*ib.*) *laut, vor zorn schreien* Renn. dô hôrte ich grellen Wolfd. (*cod. pal.* 109) 147, 3, *infin.* grillen Frl. Nyerup 151. — *mit* er-, *ags.* grëllan, *zum streite herausfordern.*
gremde *stf. unmut, zorn, leidwesen* Jer. 82ᶜ. 149ᵃ. 150ᵇ. — *zu* gram.
greme, grem-lich *adj.* (I. 575ᵃ) *s. v. a.* gram Nib. Kl. *mit dat.* Rul. ein gramelîchez dier Fdgr. 2. 122, 20. gremelîcher muot Bit. 6413 *u. anm.* wo *auch für* Er. 9061 (*hs.* grimmelich, *bei Lachm.* grinlich) gremlîh vermutet wird. gremelîcher zorn Krone 4286 (*gedr.* gemelich); *was gram macht, leid verursacht* Jer. 80ᵇ;
greme-, grem-lîche, -en *adv.* (*ib.*) *grimmig, schrecklich* Nib. die ringe wurden versniten sô gremlich mit den swerten Dietr. 3359. dô er sô gremlîchen saz Bit. 12675. daz viwer gremlîchen bran ûz helmen und ûz swerten Wenzl. 502; *leicht erzürnt* Nib.
gremen *swv.* (*ib.*) *tr.* gram *machen* Diem. 68, 29. Ls. 2. 224,510; *refl. sich grämen* Helbl. 2, 1245. daz ir vergeben ûch sô grimet (-zimet) Herb. 8266, *vgl. zu* 61; *intr. s. v. a.* gramen, *mit dat.* Frl. — *mit* er-;
gremic *adj.* (*ib.*) *feindselig erzürni* Winsbekin. *ebenso*
gremisch *adj.* Kirchb. 786, 56.
grempeln, grempen *swv.* (I. 569ᵇ) *handel im kleinen treiben, trödeln. s.* vergrempen. — *aus gemein-ital.* crompare *für* comprare, *kaufen* Weig. 1, 456;
grempeler, grempler *stm.* (*ib.*) *kleinhändler, trödler.* grempler particus, qui diversas vendit partes Voc. 1482. ez sol kain grempler dâ haime in seinem haus keinen sneider haben; und swaz gewandes die grempler auf dem markt oder in andern enden kaufent, daz suln si niht verwandeln und suln ez unverwandelt verkaufen Np. 161 (13—14. *jh.*) ez ist ouch gesetzet, daz ein iclich grempler und gremplerin niht fremde guoter veil sol haben *ib.* der grempler kremlein Tuch. 172, 9;
gremplerîn *stf. s. unter dem vorig.;*
grempener, grempner *stm. s. v. a.* grempeler. grempner, seiler und ôbser Don. *a.* 1413 (*Strassburg*). *ebenso*
gremper *stm.* (I. 569ᵇ) Clos. Mone *z.* 8, 303 (*Strassburg*). *vgl.* grenter;
gremperî *stf. kleinhandel* Schreib. 2, 177 (*a.* 1402);
gremperîn *stf.* antionaria Voc. 1482.
gremper-wërc *stn.* (III. 588ᵇ) *trödelkram* Narr.
gremsel *stm?* *in der salzsiederei zu Hallstadt sind u. a.:* 15 eisenschlegel, 15 stugkhemer, 8 gremsel *etc.* Mh. 2, 639. — *vgl.* Schm. 2, 110 *u. auch* grans, gränsel.
gremzen *swv. tr. s. v. a.* gremen Kreuzf. 5661. — *mit* er-;
gremzic *adj. s. v. a.* gremic Wh. *v.* Öst. 20ᵃ.
grëndel *stm. s.* griudel.

greniz, grenize *stf. gränze* KULM. *hf.* 16. 209. 210. CDS. 1, 72. 73. 118. 119 *etc.* (*lat.* in graniciis *ib.* 37). grenitz, grangia VOC. 1482. gandes, rein vel grenize Voc. *Schr.* 1125. greiniz, confinium DFG. 141ᵇ. — *aus slav.* granica, graniza;

grenizen *swv.* metari Voc. *Schr.* 1659.

grennen *swv. s.* grannen.

grensel *stn. s.* gränsel.

grensinc *stm.* (I. 569ᵇ) *die pflanze* potentilla anserina DFG. 450ᵇ. (*nbff.* grien-, grin-, grunsing, gres-, greusing), hercularis *ib.* 207ᵇ. flammula Voc. 1482. nimphaea *ib. u.* SUM. rosmarinum SCHM. 2, 116. — *zu* grans, *vgl.* KUHN 10, 237.

grenter *stm.* den richtern sagen, wo sie grenter und derglîchen sehen mit secken oder korben, die alle besehen, was sie tragen FRANKF. *brgmstb. v.* 1449 *vig. V. p. Apoll.* zu râtslagen, als in der Nûwenstad vil grenter under folg liget *ib.* 1459 III. *p. pasch.* — *verderbt aus* gremper *oder zu* grant *stm.?*

greselîn *stn.* (I. 566ᵇ) *dem. zu* gras, *gräschen.* MYST. 2. 334, 7. greslî WOLK. 35. 2, 17. gresel APOLL. 8603. gräselîn ziehen, des gräslîns spiln *s. v. a.* halm, halmel ziehen LS. zwei spilten greselis ALTSW. 89, 17.

gresinc *stm. s.* grensinc.

grêt, grête *f. s.* grêde.

grete-tuoch *stn.* (III. 132ᵃ) emplastrum SUM.

[**grettelîn** *stn.* I. 567ᵇ] *s.* kretlîn.

greube *swm. s.* griebe.

greufen *stv. s.* grîfen.

greusinc *stm. s.* grensinc.

grêve *swm. s.* grâve.

grevinc *stm. s.* grebinc.

***grëzzen** *stv. I,* 1 *zu folgern aus* graz, grâz *stm.,* grâzen *swv. vgl.* WEIG. 1, 454.

grîbe *swm. s.* griebe.

griclî *stn. ein teil der eingeweide* S.GALL. *ordn.* 190. — *schwz.* grick *n.* STALD. 1, 478. *vgl.* ric.

griebe *swm.* (I. 569ᵇ) *griebe, ausgeschmelzter fettwürfel,* cremium DFG. 156ᵇ (*auch* grîbe, grîbe, griefe, grîve) MART. 133, 70. MS. (*H.* 2, 289ᵃ. 3, 310ᵇ). PASS. (*K.* 498, 72. 57, 82). NETZ 8352. KELL. *erz.* 591, 8. FASN. 384, 32. grîbe CHR. 2. 314, 13. greube RING 35ᵉ, 18. 35ᵈ, 2. grübe NETZ 8980. grêbe WEIST. grîve MYST. MARLD. *han.* 27, 29. grîne (*st.* grîve?) Voc. *Schr.* 606. — *vgl.* WEIG. 1, 457;

griefe *swm. s.* griebe.

griekech *adj. lippus* PF. *arzb.* 2, 11ᵃ. *vgl.* greck *u.* SCHM. 2, 107.

griemic *adj. s.* grimmec.

grien *adj. s.* grüene.

grien *stmn.* (I. 569ᵇ) *md.* grîn *s. v. a.* griez, *kiessand, sandiges ufer* MS. (*H.* 2, 92ᵇ, 384ᵇ.) KONR. MART. (23, 79.) MYST. WH. *v. Öst.* 25ᵇ. 39ᵃᵇ. daʒ wir verlân des stades grîn ERLŒS. 925. arena, grien DFG. 47ᵃ. *vgl. auch* grint, grunt *u.* GDS. 67.

grienen *swv.* (I. 570ᵃ) *zu* grien *werden?* LS. 2. 627, 2.

griensinc *s.* grensinc.

gries-gram *stm. s.* grisgram.

griez *stmn.* (I. 577ᵇ) *md.* grîz ELIS. 4611 *s. v. a.* grien (griesz *od.* grien *od.* sande arena, sabulum Voc. 1482): *sandkorn, sand, kiessand* DIEM. für golt griez und sant nemen RENN. 2411. noch ringer wan ein griez wigent an ir aller wunder bunt MSH. 3, 167ᵇ guldein griez, *goldsand* MGB. 485, 11; *blasenstein* WOLK. 86. 1, 15. CHR. 2. 113, 12; *grob gemalenes getreide s.* griezmel; *bes. sand am ufer u. am grunde des wassers* PARZ. MS. BARL. KONR. des meres griez WARTB. 23, 11. ULR. Wh. 151ᵇ (*vgl.* mergriez). daʒ wazzer gelaitet mit rinnelîn durch den griez KINDH. 99, 23; *sandiges ufer, mceresstrand* GUDR. des stades griez TROJ. 25221. dâ wart sô michel dringen von den schiffen an daʒ griez 25333. strîchen von des landes grieze 7011. er treip hin an des landes griez 25288. ûf daʒ griez segeln ORL. 14890. man vant si an dem grieze KCHR. *D.* 369, 7. slâfen an dem grieze KRONE 12178 (an dem sande 12188); *sandbedeckter platz, kampfplatz,* der sîn korn sæt an daʒ griez GA. 2. 219, 17. die vinde ûf den griezen HELBL. 15, 313 sie rennent ûf dem grieze *ib.* 249. — *zu* griezen.

griez-brêt *stn.* gr. oder rung, trocia; trabale, est lignum positum supra axem in curru Voc. 1482. *vgl.* SCHM. 2, 121.

griezec *adj. sandig, körnig* PF. *arzb.* 2, 2ᵇ. CHR. 5. 226, 8;

griezelach *stn.* (I. 578ᵃ) *coll. zu* griez GRIESH.;

griezelîn *stn.* (*ib.*) *dem. zu* griez WACK. *pr.* 46, 24;

griezeloht *adj. körnig.* kriezloht MGB. 324, 21;

griezen *stv. III.* (I. 577ᵇ) *zerkleinern, zermalmen.* vil cleine maln, gerwen unde griezen KOLM. 151, 22. ûz griezen *auskörnen: so*

erklärt mir Bech die stelle MSH. 3, 486ᵇ
(WB. II. 823ᵃ) daz er in der künste mül daz
sîn gesang ûz griezt (*gedr.* ûz grist) nâch
künste wâne unt dâ von swinge daz gemül
(*vgl.* griezstein, griezsûle; *doch könnte* grist
auch von einem vb. grisen, gristen *herkommen, s.* gris *in* grisgen, grisgram, grissûle); *streuen, schütten s.* durch-, vergriezen.
— *vgl.* KUHN 10, 104. FICK 69.

griez-mel *stn.* orisa Voc. 1482.

griez-sant *stn. grobkörniger sand* HPT. 14, 178.

griez-stange *swm.* (II². 640ᵇ) *stange des* griezwarten. der grîzstangin gern, *sich für überwunden erklären* JER. 102ᵈ. *vgl.* FRISCH 1, 547ᵃ.

griez-stein *stm.* (II². 614ᵇ) *sandkorn, kies* KINDH. glarea Voc. 1482; *sand-, mühlstein,* die mülen sollen mit guten griezstain fürsehen sein HEUM. 252. *vgl.* BIRL. 204ᵃ.

griez-sûle *stf.* wy man di grissûle halde. man teilt ouch, daz man die griessûle sol vesticlîchen in smiden mit vestene ysen. dy sol nimant ûs nemen, es ensî denne daz sy ein vlût oder ein frost ûs stôz, ader verfûle, so sol man ein ander in smiden *Zwickauer mühlenordnung v. j.* 1333 (*s. bericht der deutsch. gesellsch. zu Leipzig* 1848 *s.* 30), *mitteil. von Bech.*

griez-wart, -warte *stswm.* (III. 527ᵃ) *aufseher u. richter der gerichtl.* (*auf dem* griez *stattfindenden) zweikämpfe* RUL. KARL (10153. 11935) Ms. (WARTB. 4, 1). MART. 23, 67. TROJ. 622. FREIBERG. 232 *f.* KARLM. 526, 62. grieszwart od. richter, justiciarius Voc. 1482.

griez-wart-ambet *stn. amt eines* griezwarten AD. 1393 (*a.* 1479).

griez-wartel *stm.* (III. 527ᵃ, 48) *s. v. a.* griezwart, agonitheta DFG. 19ᵃ. grieswertel CHR. 2. 21, 11. ZIMR. *chr.* 1. 50, 8 (*fem.* die grieswertlîn WOLK. 31. 2, 26). *ebenso*

griez-warter *stm.* (III. 527ᵃ, 50) Ms.

grif, -ffes *stm.* (I. 572ᵃ) *das greifen, tasten, betasten.* die griffe wâren linde KINDH. 100, 62. si dûhte in an dem griffe lint Ls. 1. 276, 43 sîn smac und grif kiusche was W. *v. Rh.* 41, 22. daz vel ist ains rechten griffes MGB. 24, 2. scharpf und rauch an dem griff *ib.* 235, 21; *der griff* WOLFR. ENGELH. ez ist ein sæliger grif, werdent si von uns ergriffen ULR. *Wh.* 214ᶜ. ez ist mîner kunst ein hôher grif *ib.* 165ᶜ. ze jungest er kunt mit griffe klâ în sleichen LOH. 3416. mit einem snellen griffe ir süezer lip wart geroubet TROJ. 22516. ir süezen dônes grif *ib.* 2669. GSM. 148. der engel grif (*beim saitenspiel*) MOR. 1, 2513. sô gap sie griffe suoze, die in des herzen grunt gênt KRONE 23739. 44. herteclîcher grif PASS. 379, 52. dô man mit senfteme griffe den heiligen trisor ûz der erde hûf enpor *ib.* 330, 49. *vgl.* K. 11, 75. 23, 51. 429, 73. 443, 75. der unden grif, *der wogen drang* 652, 36; *klaue* TRIST. des arn grif MSH. 2, 24ᵇ. het ich disen goldes grif NEIDH. 100, 35. sîn grif sô adelîche MF. 45. und werden die griffe verbrant von sînem viure KRONE 17841; *umfang* PARZ. der hêrschaft hete wîten grif TROJ. 19409. sîn gewaltes grif gienc wîte ULR. *Wh.* 191ᵇ. manic man hât gar wîten grif ûf grôze dinc, *will grosse dinge umfassen* RENN. 23578. ein müle mit dem griffe, *zugehör* MONE *z.* 16, 107 (*a.* 1361). — *zu* grîfen.

grîf *stm. s.* grîfe.

grîfære *stm. in* begrîfære.

grîfe *swm. s.* griebe.

grîfe, grîf *swstm.* (I. 573ᵃ) *greif, ein fabelhafter vogel* PARZ. GUDR. ERNST (484. 3334. 62) TROJ. (14334). RUL. 245, 26. L.ALEX. 165. RAB. 125, 4. TÜRL. *Wh.* 73ᵇ. j.TIT. 4757. 92. 4850. 5998. WIG. 132, 3. APOLL. 18032. MSH. 1, 205ᵇ. 2, 252ᵃ. 384ᵇ. 3, 18ᵇ. 468ᵗ. KOLM. 116, 95. ALTSW. 197, 11. HELBL. 4, 434 (*hundename*). greif MGB. 190, 2 *ff.* — *aus gr. lat.* gryps, gryphus.

grîfec *adj.* (I. 571ᵇ) *wonach greifend, zu nehmen geneigt mit gen.* NEIDH. (54,13). *vgl.* greifec, gripfec.

grîfe-klâ *stf. greifenklaue* WWH. 356, 28. grîfenklâ SIGEN. *Sch.* 159.

grîfelîn *stn.* (I. 573ᵃ) *kleiner greif* TROJ.

grîfen *stv. II.* (I. 570ᵃ) greufen TUCH. 197, 24 *vgl.* SCHM. 2, 106: *intr.* tasten, fühlen, greifen, fassen, hand an etw. legen BARL. tasten, grîfen WOLK. 35. 3, 47. vische greifende vâhen, *mit der hand* AD. 980, (*a.* 1339). dar gr. PARZ. her gr. Ms. LIEHT. 114, 11. MONE 4. 320, 82. wâ hân ich hin gegriffen KRONE 26465. zû samen grîfen PASS. K. 343, 22. 394, 66. *mit präp. an* ERINN. PARZ. TRIST. KCHR. D. 480, 1. ER. 1837. die greif in einer zît dar an, *bemühte sich* PASS. K. 403, 66. an sîn gebet, an den bedelstap gr. ELIS. 679. 6518. bî der hant gr. PASS. 170, 58. grîfen in PARZ. TRIST. WALTH. in die vrucht grîfen, *gute fortschritte machen* PASS.

K. 241, 56. einem in die hant grîfen und geloben Stz. 283. grîf. nâch Nib. Parz. Ls. 2. 293, 18. Chr. 5. 317, 3. über sich gr. *über seinen stand hinausgreifen* Büchl. 2, 523. û ʒ den geslozʒern greifen, *ausfälle machen* Mh. 3, 285. daʒ der sun ie wider im gegraif Kchr. *D.* 519, 15. grîf. zuo, ze Nib. Parz. Walth. Ms. zem wâfen gr. Ath. *B** 76. zuo einem gr. *ihn anzugreifen* Chr. 1. 142, 19. 145, 33. unze di biscolf mit panne ze dem chunige griffen Kchr. *D.* 523, 1. ze were gr. *ib.* 467, 11. zû der ê gr. *sich verheiraten* Pass. 291, 79. Elis. 6388. zuo der nehte grîfen, *zu abend speisen?* Wolfd. 1034 — *tr. fassend berühren, ergreifen* Roth. Iw. eʒ wirt vil vinster, daʒ man si griffen mach Exod. *D.* 150, 3. sîn leit begunde in grîfen Rab. 916. in begunde grîfen ein unmæʒlicher zorn 955. *vgl.* Gudr. 60, 1 (*bei Bartsch* frieschen). süʒe wise an harpen und an rotten grîfen Elis. 172. — *mit an,* vür, zuo; be-, durch-, er-, ge-, hinder-, über-, umbe-, under-. *zu skr.* grabh *ergreifen s.* Z. 1, 15. Curt³. 449. Gsp. 24;

grîfen *stn.* daʒ (*kleid der jungfrau*) hete zwei lange stûchen, daʒ si die arme entlûchen zuo dem grîfen solte Apoll. 19957.

grîfen-ge-videre *stn. greifengefieder* Wolfd. 569.

grîfen-klâ *stf. s.* grîfeklâ.

grîfen-kraz *stm. der eindruck von einer greifenklaue* Kolm. 8, 31.

grîfen-vuoʒ *stm. greifenfuss.* Wwh. 375, 29.

griffec *adj.* (I. 573ª) *greifbar* Frl. *vgl.* gripfec.

griffel *stm.* (I. 572ᵇ) *griffel, schreibgriffel* En. Greg. 1418. Flore 2394. Wg. 2528. Reinh. 2230. Wolfd. 2193. Dan. 3623. Apoll 16758. Renn. 17349. Msh. 3, 261ª. Pass. *K.* 97, 24. Albr. 21, 125. 36, 26. Mgb. 359, 32. 360, 3. Myns. 54. Chr. 8. 431, 4. — *aus gr. lat.* graphium. *vgl.* grüfelin.

griffelære *stm.* (*ib.*) *der tief eingreift, die wahrheit aufdeckt.* Renn. 16149. *vgl.* griffeln.

griffelîn, griffelî *stn.* (*ib.*) *dem. zu* griffel Flore.

griffeln *stn. das wiederholte greifen* Ring 39°, 12. *vgl.* Kwb. 124.

griffel-vuoter *stn.* (III. 444ª) *griffelfutteral* Flore.

griffen *stv. s.* grîfen.

grif-lich *adj. greifbar, sinnlich* Pass. *K.* 733ᵇ.

grift *stf.* (I. 572ᵇ) *das greifen, umfassen, begreifen* Pass. (227, 45. 333, 28 *statt* gift. *K.* 267, 88. 402, 25. 423, 78. 435, 43 *etc.*) Jer. 17°. 27ᵈ. 184ᵈ. krift Ls. — *zu* grîfen.

grîf-valke *swm.* (III. 216ᵇ, 16) *s. v. a.* girvalke. greiffalk gryfalco Voc. 1482. grifalcus haiʒt ain greiffalk Mgb. 185, 26.

grîf-zan *stm.* (III. 848ᵇ) *s. v. a.* kriphzan *oder greifenzahn?* ich ouge ir einen grifzan Mart. 161, 46.

gril, -lles *stm. greller schrei, pfiff* Wolk. 6, 135. — *zu* gréllen.

grille *swm.* (I. 573ᵇ) *grille* Renn. (19896). Msh. (2, 239ª). Neidh. 158, 18. Hadam. 323; — *swf.* im ist als der grillen hinter dem ofen Chr. 3. 42, 17. — *nicht zu* gréllen *sondern aus gr. lat.* gryllus Weig. 1, 458.

grillen *stv. s.* gréllen.

grim, -mmes *stm.* (I. 573ᵇ) *wut, grimm, wildheit* Greg. Karl (7805). man jach, daʒ er vor grim wol îsen vræʒe Loh. 5726. *vgl.* grimme *stf.* — *zu* grimmen;

grim, grimme *adj.* (*ib.*) *grimm, unfreundlich, schrecklich, wild,* (*gegensatz zu* genædec) Lamp. Hartm. Nib. Kl. Walth. Konr. (Engelh. 1432. 2747. Otte 231. Troj. 3893. 4106. 6248. 23260). En. 325, 22. 39. 330, 30. Strick. Mart. (*lies* 163, 44) Heinz. 863. Schretel 234 *u. oft bei* Mgb. *s. Pfeiff.* 624 *f.* also grime und tief was der schnee Chr. 5. 180, 12. grimme siechtag, colica Voc. 1482. *comp.* grimmer Renn. 21640 Mgb. 146, 7. *sup.* grimmest *ib.* 146, 24; *mit gen.* sô grimme des muotes noch des herzen Wig. 197, 21. grim seins muotes Mgb. 156, 21.

grimel? *stmn.?* (I. 573ᵇ) Lanz. 4440. bůwen an den kirchen, schlägen, grimelen (grintelen?), bruggen *etc.* Gr.w. 2, 666.

grimen *swv. s.* gremen;

grimme *adj. s.* grim;

grimme *adv.* (I. 574ª) *zornig, unfreundlich, wild* Nib. Kl. Er. Gr. Rud. 28, 7. Rul. 297, 2. Schretel 233; *heftig, sehr* Nib. Gen. *D.* 21, 8. es was grimm kalt Chr. 1. 395, 12. 14;

grimme *stf.* (*ib.*) *s. v. a.* grim *stm.* Rul. Nib. Lanz. Iw. Walth. Gen. *D.* 8, 17. 23, 4. Msh. 2, 75ª. 225ª. 394ᵇ. Kol. 141, 451. Troj. 12274. Karl 5131. *vgl. zu* Flore 413. Pass. *K.* 64, 13. 151, 54. 207, 39. 423, 14. *pl.* Gauriel (*lies leseb.* 645, 29);

grimme *swm. bauchgrimmen.* guot für den grimmen in dem leib MGB. 147, 20. mir thund gar wee die grimmen KELL. *erz.* 337, 13. *s.* krimmen; — *s. v. a.* grim, grimme *s.* ZIMR. *chr.* 4, 620ᵃ;

grimmec, grimmic *adj.* (I. 574ᵇ) *s. v. a.* grim, DIEM. (krimmic). LAMPR. NIB. RUL. 271, 2. 272, 18. 283, 9. GEN. *D.* 10, 4. 36, 11. KCHR. *D.* 516, 2. LANZ. 4452. EN. 325, 27. LOH. 5401. DIETR. 9902. MGB. 128, 32. 161, 6 *etc.* griemig CHR. 5. 28, 17. 31, 20.

grimmec-heit, grimmikeit *stf.* (*ib.*) *s. v. a.* grim, grimme LANZ. 1203. SILV. (178. 1032. 1228) TROJ. 18723. PANTAL. 856. W. *v. Rh.* 104, 29. PASS. 187, 43. 289, 41. 305, 27. *K.* 50, 86. 116, 7. 191, 24. 385, 51. MGB. 147, 24. 173, 19.

grimmec-lich *adj.* (*ib.*) *s. v. a.* grim, grimmec HARTM. (ER. 5993. 9081. 9210. 51. A.HEINR. *B.* 1039) TROJ. 18199. 23739. W. *v. Rh.* 200, 56. PASS. *K.* 43, 71. 275, 10. grimmenclich *ib. H.* 105, 9. *vgl.* grimmelich;

grimmec-lîche, -en *adv.* (*ib.*) GR. RUD. NIB. RAB. RUL. 289, 13. EN. 326, 37. VIRG. 914, 6. TROJ. 24737. SCHRETEL 245, 51. grimmenclîchen TROJ. 13983.

grimmede *stf. grimm, unmut* MYST. 2. 54, 6.

grimme-lich *adj. s. v. a.* grimmeclich TROJ. 18265. PANTAL. 288. 1296. ENGELH. 5375. OTTE 688. 730. MOR. 1, 2990. PASS. 73, 18. 99, 17;

grimme-lîche, -en *adv.* (I. 574ᵇ) TRIST. *H.* PASS. 259, 68. RING 48ᶜ, 32.

grimme-muoter *stf.* colica DFG. 131ᵇ.

grimmen *stv. stn. s.* krimmen.

grimmen *stv. 1*, 3 (I. 573ᵇ) *vor zorn oder schmerz wüten*, frendere (grimmen, grimen) DFG. 246ᶜ, *n. gl.* 182ᵃ. FRL. LEYS. MYST. in zorn grimmen ROTH *denkm.* 79, 149. in swefel, in beche sie grummen RENN. 23501; *tobend lärmen, brüllen* LAMPR. SUCH. er gram unde bram HERB. 4575. eines leuen stimme grimmend REINFR. 12ᵃ; *mit dat. zürnen, wüten mit*, er gram dem reinen wibe FRAUENTR. 44. — *gt.* gramjan *swv.* (= gremen) *zu zend.* gram, *ergrimmt werden, gr.* χρεμίζω *brummen s.* CURT³. 192. FICK 68;

grimmen *swv.* ich grimmede von sûchten mîns hertzen (rugiebam a gemitu cordis mei) JAN. 39.

grimmenc-lich *adj. adv. s.* grimmeclich.

grimmunge *stf.* fremitus DFG. 246ᶜ, *zu* grimmen; tortis *ib.* 589ᶜ, *zu* krimmen.

grimpel-vinger *stm.* (III. 321ᵇ) *krummer, krallender finger?* MSH. 3, 288ᵇ.

grimsic *adj. grimmig, wütend* MAG. *cr.* 135ᵇ. (28ᵃ *wol auch* grimsic *st.* grunsic *zu lesen*). *vgl.* GR. 2, 217. 272;

grimsic-heit *stf. grimm, wut ib.* 28ᵃ.

grîn *stmn. s.* grien.

grîn *stm.* (I. 576ᵇ) *lautes geschrei, gewieher* PARZ. in grôzem, lûtem grîne sie (rosse) gâben schrei j. TIT. 2215. *vgl.* ROSENG. *H.* 1165. bitterlîcher grin (: hin) WARN. 1677; hunt der heizet grîn FRAGM. 38, 110; der helle grîn, rachen LOBGES. — *zu* grînen.

grind, grindec, grindeht *s.* grint, grintec, grinteht.

grindel, grintel *stm.* (I. 576ᵃ) *riegel* GL. KARAJ. HANS 2025. den grintel mîner ture nam ich abe WILL. *Hag.* 5, 153. di grintel muosten brechen ANTICHR. 178, 36. pforten, slege und grindel machen ARN. 49 (*a.* 1346) grendel Ls. GR. w. 4, 164. 286. der grendel und der barren hüeten TROJ. 30302. diu tor bewarn und an die grendel varn 30312. *vgl.* 33767. 34045. 34161. 79. 36341. grendel, clausura Voc. 1482. — *vgl.* GR. 3, 431. DIEF. 2, 392. KUHN 11, 288 (*aus dem slav.? vgl. auch* 16, 222). KWB. 124. VILM. 137 (grindel, grendel *stn. als name von feld- u. waldplätzen*).

grinden *stv. I*, 3. *sich öffnen, klaffen, bellen.* und grant sin (*des cerberus*) drîvalder slunt ALBR. 464ᵃ. — *vgl.* grinnen. *auf ein stv.* grinden *leiten auch* grant, grint *u.* grunt.

grinden *swv. intr. den grint bekommen, grindig werden* MOR. 2, 333.

grîne? *s. unter* griebe.

grînec? *adj. s. v. a.* grimmec. ein grînec man LAUR. *Nyer.* 430. 643. in grînigem muot *ib.* 1106;

grînen *stv. II.* (I. 576ᵃ) *den mund verziehen: lachend, knurrend, winselnd, weinend* (moerere, plorare EVANG. 263ᵃ) LAMPR. EN. PRED. IW. TRIST. WALTH. FREID. Ms. (der lachet her ûz und grînet hin în *H.* 1, 105ᵃ). grînen und granen NETZ 472. 2551. lügen und gr. 9395. zannen und gr. (*von den teufeln*) PASS. 319, 81. grînen wider gote MART. 198, 43. lât den nîdigen grînen NETZ 386. daz kint tuot gr. *ib.* 12254. sein weip vor gelust greint MGB. 124, 23. greinen, gannire, est proprium vulpium Voc. 1482. grînen gelîche den argen hunden KARL 5856. als ein hunt der in sich grînet RENN. 15972. die (hellehunde) gein mîner sêle grînent Mart. 111, 3. sumelîcher ûf in grein alsam ein ungeslahter hunt Pass. *K.* 507, 16. mit grimme grein er (*der bär*) umbe sich Reinh. 2216. ein greindez swein Mgb. 136, 6 *vgl.* Netz 1079. der track greint Mgb. 268, 22. daz diu ors von übernœte grinen Reinfr. 138ᵇ. daz ros grein dô ez den schal vernam Ga. 1. 473, 675. — *mit* ane (Herb. 10368. Heldb. *H.* 1. 150, 599 Ecke *Casp.* 165), er-, über-. Wack. *vergleicht altn.* grîma *maske; vgl.* grimmen, grinnen *u.* Fick 69, Weig. 1, 456;

grînen *stn.* (I. 576ᵇ) Walth. Freid. Ms. Troj. 12245. W. *v. Rh.* 168, 18. Jüngl. 343. Heldb. *K.* 15, 286. Mgb. 208, 26. lie daz mer sîn grînen Apoll. 4935;

grîner *stm. der* grînet Beh. 12, 20.

grinnec *adj. s.* grintec.

grinnen *stv. I*, 3 (I. 576ᵇ) *frendere* Windb. *ps.* grinnen, grinire porcorum Voc. *Schr.* 3276. — *vgl.* grimmen, grinden.

grinsinc *stm. s.* grensinc.

grint, -tes *stm.* (I. 576ᵇ) *der grind, grindkopf* Gl. (glabra, glabor, serpedo, morphea Voc. 1482) sam in dem grind ein laus Ring 40ᵇ, 4. aim. den grind ab ziehen Netz 10254. bax grind! *ib.* 8707. unlustec grinte Elis. 3596, *verächtl. für kopf* Halbsut. ich stahe durch den helm und durch den grint Virg. 619, 5. einem ûf den gr. slahen Ring 55ᵉ, 2. — *vgl.* Dief. 2, 432;

grinte *swm. bergrücken.* mitten ûf den grinten, ûf den snêsleif Mone *z.* 8, 148;

grintec, grindec *adj.* glabrius, scabidus, scabiosus Voc. 1482. Dief. *n. gl.* 194ᵃ. 328ᵇ. Fasn. 384. grundig Dfg. 515ᵃ, *assim.* grinniger *ib.* 515ᵇ. — *ebenso*

grinteht, grindeht *adj.* (I. 577ᵃ) Dfg. 515ᵃ. Mühlh. *rgs.* 155.

grintel *stm. s.* grindel.

grint-hüetelîn *stn.* (I. 734ᵃ) *grindhütchen,* Mone *schausp.*

grint-satich lepacium Voc. 1482.

grint-vihe *stn. räudiges vieh* Frankf. *brgrmstb. v.* 1453 *vig. V. p. assumt.*

grint-wurz *stf.* catapucia Voc. 1482.

grînunge *stf.* gannitio Dfg. 257ᵇ. *n. gl.* 189ᵃ.

griphec *adj.* (I. 573ᵃ) rapax Sum. Ls.; *gut anzugreifen, handlich,* guote krepfige armbrust Mone *z.* 6, 49 (*a.* 1275). *vgl.* griffec;

gripfen, kripfen *swv.* (*ib.*) *intens. zu* greifen: *rasch u. wiederholt greifen, fassen, raufen*

Reinh. Ms. er kripfet ein bî dem hâre Wolfd. 1257. — *mit* be-, er-.

grippe *f. s.* krippe.

grippel *s.* grüppel.

grîs *adj.* (I. 577ᵃ) *grau, greis* Nib. Trist. Troj. (der von alter was gevar alsam ein grîsiu tûbe grâ 10739). Ms. (ir tolden stuonden grîse *H.* 3, 226ᵃ). grîsez hâr Roseng. *Meuseb.* 53. seht an disen grîsen roc Walth. XVIII, 19. swie grîs er (Wate) dô wære Gudr. 340, 2. ein grîser man Virg. 82, 3. ich dunke mich nu sô grîse 29, 10. iur ist keiner sô grîse, er müge im vîn gedanken wol Loh. 3241. daz vil manic grîser niht baz geredet hæte Flore 5024. von manegen kriegen wart er grîs Lanz. 46. in zühten werden grîs Winsbekin 6, 5. vor alder werden gr. Reinh. 1440. vor leide werden gr. Ulr. *Wh.* 255ᵃ; *mit gen.* sô bin ich der jâre grîse Greg. 1294. sinne grîs Liecht. 47, 7, er wirt mit schaden schanden grîs Jüngl. 974, *mit präp.* an jugenden grîs Msh. 2, 65ᵇ. *s. auch* der grîse *swm.* — Fick 65 *f.* stellt es mit grâ *zu skr.* jhar *altern, zend.* zaresch. *vgl. auch* Dief. 2, 428. Diez 183.

grîs-bart *stm. graubart.* herre grîsbart Malag. 51ᵃ.

grîse *swm.* (I. 577ᵃ) *der greis* Ulr. Trist. Walth. Barl. Virg. 82, 3. Pass. 173, 62. der tumbe und der grîse Tit. 170, 3. die jungen und die grîsen Strick. 12, 136. *vgl.* Büchl. 1, 4. j. Tit. 892. 5248. er was ein alt grîsen (: chiesen) Gen. *D.* 105, 32 (er was ein alt man Fdgr. 75, 24); der grîse, *der wolf* Reinh.;

grîse *stf.* (*ib.*) *graue farbe, grauheit* Neidh. (17, 3. 24, 23). Msh. 2, 91ᵇ;

grîsen *swv.* (*ib.*) *intr.* grîs *werden,* canere Dfg. 95ᵃ. Frl. Ms. (*H.* 1, 287ᵇ. 361ᵇ. 3, 81ᵇ. 287ᵃ). Üw. 327. Hadam. 242. 291. 549. sô der walt grîset Warn. 2299. er kunde in êren sîniu jâr wol grîsen unde grâwen Troj. 39817. ein dinc, daz mich an jugende grîset j. Tit. 5613.

grisen? *swv. s. unter* griezen.

grisgen *swv.* und sluogent im ûf die krôn als übel, daz im die dorne wider grisgeteten an dem hobet Wack. *pr.* 44, 96. *vgl.* gris *in* grisgram.

grîs-ge-var *adj. graufarb.* ist mîn hâr grîsgevar Neidh. XII, 14.

gris-gram *stm.* (I. 575ᵇ) *zähneknirschen* Leys. griesgram od. klapperung der zene, stridor

Voc. 1482. ain griesgram der zende VINTL. 9823. — gris = ags. engl. grist (vgl. grustgramen) zerriebenes, mel WEIG. 1, 457. DIEF. 2, 424. 432. WACK. voces 2, 51; vgl. auch oben griezsûle (gris-, gries-sûle) u. grüsch, grüst;

gris-gramen, -grammen swv. (ib.) mit den zähnen (wie malend) knirschen, brummen, knurren LANZ. SERV. GUDR. BARL. KONR. (PANTAL. 1129). ich hœre dâ grisgrammen ERINN. 730. mit den zenen gr. VET. b. 36, 26. gr. und grînen NETZ 386. vrô Birkhilt gr. began ECKE Z. 237, 1. umbe etw. grisgr. MSH. 3, 288ᵃ. gegen einem gr. W. v. Rh. 159, 22. dô grisgrammete der hunt KCHR. D. 407, 29. vgl. MART. 165, 43. PASS. K. 39, 84. 77, 34. sie grisgramment sam die lewen BERTH. 46, 9. N. v. B. 168. VET. b. 8, 5. als ein wilder wolf gr. TROJ. 12619. 23. der pharre dô begunde grisgrammen unde lüejen SILV. 4827. si grisgramt als ein han Aw. 3, 206. grizgramen MART. 157, 66. EVANG. Mr. 9, 17. vgl. grisgrimmen, grustgramen. — mit er- (nachtr.);

gris-gramen, grammen stn.(ib.) BARL. LEYS. RUL. 187, 5. BERTH. 193, 32. TROJ. 8202. WARN. 343. KARL 6839. MONE 7, 420. GERM. 14, 446. grizgramen EVANG. 263ᵃ;

gris-grimmen swv. (ib.) s. v. a. grisgramen KCHR. (D. 191, 32);

gris-grimmen stn. (ib.) LEYS. RUL. 210, 20.

grîsinc stm. der graue haare hat, greis BERTH. 320, 39. 321, 1. 3.

grisp adj. s. krisp.

gris-sûle f. s. griezsûle.

gristen? swv. s. unter griezen.

grist-hübel s. drischûvel.

grîs-var adj. (III. 237ᵇ) s. v. a. grîsgevar KRONE.

grît stm. (I. 577ᵃ) elsäss. s. v. a. gît CLOS. (CHR. 8. 70, 8). N. v. B. 91. 201. MERSW. 21. 38. GERM. 3. 434, 23. — vgl. GR. 1³, 568;

grîtec, grîtic adj. (I. 577ᵇ) habgierig, geizig SILV. CLOS. FREID. 112, 9 var. N. v. B. 191. PF. üb. 174, 3. MONE 4, 57. CHR. 8. 239, 22. 240, 15. 388, 15 etc. DFG. 59ᵇ;

grîtec-heit, grîtikeit stf. (ib.) s. v. a. grît SILV. FREID. var. MERSW. 29, 61. PF. üb. 146, 489. 91. CHR. 8. 33, 11. 66, 29. 67, 4.

grite-lîche adv. (ib.) mit ausgespreizten beinen, rittlings WEIST., ebenso

gritelingen adv. HELDB. K. 203, 37;

griten stv. I, 1? (ib.) die beine auseinander- spreizen. der veigenpaum ist gesträut mit weit gritenden (gabelförmig auseinander gehenden) esten und pletern MGB. 322, 4. — wit zer-; von gt. grids schritt, stufe zu lat. gradi vgl. KUHN 7, 184. GSP. 24. 26. FICK 59. DIEF. 2, 432. SCHM. 2, 124 f. KWB. 122.

gritz stm. s. grobiz.

griul- s. griuwel-.

grius- s. auch grûs-.

griuseln swv. iterat. zu grûsen. iuch griuselete ab iuch selber WACK. pr. 62, 42.

grius-lich adj. (I. 585ᵇ) grausen erregend HUGO v. M. (Germ. H. 7, 313). TROJ. 18303. OREND. 1198. SCHW. schl. 166. greuslich, greuslichen ZIMR. chr. 3. 86, 36; 4. 217, 17. grûslich MARG. 364. vgl. grûsenlich;

grius-lîchen adv. j.TIT. 6096. grûslîchen MARG. 433. grûselîchen ROSENG. 1224.

griuslinc stm. (I. 578ᵇ) ein alter griuslinc, ekel, grauen erregender alter MSH. 1, 198ᵃ. vgl. griuwelinc.

griuwe swm. s. grûwe.

griuwel stm. contr. griul, griule stswm. (I. 585ᵃ) schrecken, grauen, gräuel. griuwel MART. (lies 116, 64); md. grûwel MYST. 2. 104, 12; griul, griule NEIDH. (49, 7). SEVEN 261, 6. j.TIT. (5479. 6097). MARIENGR. 726. GERM. H. 8, 276. — zu grûwen.

griuwe-, griu-lich adj. (I. 584ᵇ) schrecken od. grauen erregend, grausig, gräulich HARTM. (ER. 8444) TRIST. BARL. KONR. (griuwelîchiu werc PANTAL. 1610. ein griulîcher schal TURN. 137, 1). griuwelich VIRG. 9, 7. HELMBR. 1883. MSH. 3, 57ᵃ. gröuwelich KINDH. 82, 48. grewelich CHR. 3. 91, 4. griulich GRIESH. 1, 20. 58. TUND. 47, 28. URST. 109, 76. RENN. 24335. ALTSW. 226, 12. gräuleich MGB. 254, 12. 282, 20. 286, 9. groulich GEN. D. 8, 15; md. grûwelich LAMPR. MYST. N. v. B. 179. PASS. K. 22, 57. 48, 83. 197, 6. 228, 75, contr. grûelich ib. H. 267, 50. grûlich ib. K. 84, 70. 188, 92. 211, 19. 238, 53;

griuwe,- griu-lîche, -en adv. (ib.) BERTH. TROJ. WARN. griwelîchen Osw. 2728. griueliche ROTH. 5017. griulîche ROSENG. Weigel 895. 904. 37. 1079. 1475. SERV. 2509. TURN. 158, 3. griulich VIRG. 723, 6. GA. 3. 25, 1159. md. grûwelîchen MYST. PASS. K. 21, 38;

griuwe-lîchkeit stf. (ib.) grauen erregendes wesen md. grûwelichkeit MYST. und fluoc mit solcher griulicheit an die mûre ein sô mehtigen slac Krone 14304. grûlichkeit, feritas Dfg. 220ᵉ;

griuwelinc *stm.* (*ib.*) *einer der grauen erregt* Renn., *vgl.* griuslinc;

griuweln, grûweln, griulen, grûlen *swv.* (*ib.*) *unp. mit dat. grauen.* mir grûwelt Virg. 248, 12. dô geriet dem künige sêre grûweln Chr. 8. 468, 10. mir griulet Walth., grûlet Ga. 2. 210, 51; *md. mit acc.* dâ mich grûwelte Myst. 2. 104, 11;

griuweln, griulen *stn.* ein zobôrje mit drîn und drîzec siulen, und darûf mit vernunfte ein basis manigem nimt der rîcheit griulen j. Tit. 6125.

griuẓe *stn.* (I. 578ᵇ) *enthülste körner, grütze* Meran. 1. Ochs *Basel* 2, 389 (*a.* 1371), *schwz.* das grütz Stald. 1, 487; gân siht man in an sîn griuẓe niemer Msh. 3, 291ᵃ (*hs.* greusen, *vgl.* grûz *u.* griuẓinc). — *vgl.* grüsch, grütze;

griuẓel *stn.* (*ib.*) *dem. zu* grûz, *körnchen* Helbl. Enenk. *p.* 315 (*ib.* 112 *scheint* griuẓel = grutsch, *hamster, zu sein:* der verswant sam ein greuẓel tuot in einer vallen);

griuẓeler *stm. der mit* griuẓe *handelt.* greuzler Usch. 334 (*a.* 1384). greusler Cp. 11. *vgl.* ein weingarten, der genant ist der gräuzler Usch. 397 (*a.* 1404). — *kärnt.* gräussler, *victualien-händler* Kwb. 123;

griuẓinc *stm. weizenbier* Mb. (Schm. *Fr.* 1, 1001). Gr.w. 6, 185. greizẓinc Münch. *r.* 338. *s.* grûz *u.* Gff. 4, 344. Denkm. *s.* 329.

griuẓ-kestel *stn. schränkchen für das* griuẓe. die greuszkestel in dem gang bei der stiegen (*im hause des* melbers) Usch. 435 (*a.* 1414).

grîve *swm. s.* griebe.

grîz *stm. s.* griez.

grîzen *stv. s.* krîzen.

grizgramen *swv. s.* grisgr.

grob *adj. s.* grop.

grobe-lich *adj.* (II. 762ᵃ) *gross, stark, heftig* Pass. (*nicht K.*) 41, 39. 204, 71. 331, 85. gr. schade Ot. 440ᵃ;

grobe-lîche, -en *adv.* (*ib.*) *in hohem masse, sehr* Pass. (59, 76. 85, 81. 125, 32. 163, 81. 186, 13. 251, 63. 274, 14. 317, 52. 387, 79. *K.* 10, 39. 48, 55. 210, 58. 235, 5). Ludw. Livl. Heinr. 684. 3519. gröblîch S.Gall. *chr.* 36.

groben *swv.* (*ib.*) grop *werden* Gl.

grob-heit *stf. s.* gropheit.

grobinc *s.* grebinc.

grobiẓ *stm. kerngehäuse des kernobstes, griebs* arulla Dfg. 52ᵉ (grobiz, grabiz, grubz, grutz, gritz). grübs Schm. *Fr.* 1, 984. grütz Mgb.

374. 7; der mittel grütz *kehle, kehlkopf?* Np. 226. — *vgl.* ebiẓ.

grof-heit *stf. s.* gropheit.

grogezen *swv.* (I. 578ᵇ) *heulen, wehklagen* Reinh. — *vgl.* Stald. 1, 484. Kwb. 120.

grôgieren, grôieren *swv. s.* kroijieren.

groimoit *s.* grüenmât.

grölzen *swv.* ructare Dief. *n. gl.* 321ᵇ. — *zu* gréllen, *vgl.* grüllen, grulz;

grolzer *stm. der rülpst, grollend lärmt, höhnt* Beh. 112, 11. 242, 12.

grômât *s.* grüenmat.

grome *swf.?* hode. man nutzt sein (*des bibers*) gromen in vil erznei Vintl. 1284. so peist er (*der vom jäger verfolgte biber*) im selben die gromen ab *ib.* 1291 (*die Ferdinandeums-handschrift liest an beiden stellen* hoden). — *vgl.* Schm. *Fr.* 1, 995.

grön *adj. s.* grüene.

grônât *s.* grânât.

grône *stf. s.* grân.

grop, -bes, grob *adj* (II. 761ᵇ) gerop Leys., *md.* grob, grab (Elis. 7979), *ndrh.* grof, -ves Karlm. 6, 14: *an masse gross, dick u. stark, reichlich* Pass. Mgb. die dûhte niht ze herte die dicke noch ze grop Loh. 5149. sünde kleine und grobe Cod. *pal.* 341, 60²ᵇ. der grob kaiser (*Karl der dicke*) Chr. 3. 65, 21. die grobe eitelkeit *im gegens. zur* minren Elis. 20411; *unfein, ungebildet* Gsm. Myst. Mgb. ein grober sac Renn. 2536. grobeẓ brôt Chr. 2. 524, 41. 525, 2. grobbe cost S.Gall. *chr.* 26. ich vürhte, mîn gesanc dem iuren sî ze grop Msh. 3, 345ᵃ. durch grop niht meisters kunst verhelzen Loh. 7633. grob und unge-lêrt Chr. 3. 80, 9. ein grober pawer *ib.* 110, 4, *vgl.* Karlm. 6, 14. mîn sin dar zuo ze grop, Ls. 2. 711, 30; *nicht wol angemessen,* und wil dich einen verren anblik lâzen tuon nâch einer groben glîchnusse Leseb. 883, 9. — *Ahd. erst in* Notk. Mart. Cap. als gerob, *dessen e wol zwischen die consonantenver-bindung* gr *eingeschoben sein könnte wie oft bei* Notk. (*s.* Weinh. *al. gr.* § 29. *u. auch bair gr.* § 17), *so dass* g *wurzelhaft u. das wort vielleicht von skr.* jrabh, jrambh *weit werden, anschwellen, sich ausdehnen* (RB. 3, 166) *abzuleiten wäre. für die sonst allgem. angenommene auflösung in* ge-rop *spricht das einfache bei* Leys. 62, 13 *vorkommende* rob (*wenn es nicht für* rôh *verlesen od. ver-schrieben ist*) *u. das estn.* rop Dief. 2, 423. *vgl.* Gr. 2, 746.

grope, groppe *swm. weiter, eiserner kochtopf, lebes* DFG. 321ᵉ. CHR. 6. 257, 27. grape (*nd.*) Voc. *Schr.* 1470. *vgl.* griebe *u.* WEIG. 1, 459.

grop-, grob-heit *stf.* (II. 762ᵃ) *dicke* MGB.; *unebenheit, rauhheit, daz fine benimet ime (dem holze)* gropheit MYST. 2. 431, 21. erhaven boven der materien **grofheid** *kloster Altenberger hs.*(HPT. 6, 532); *beschränktheit, einsichtslosigkeit* MYST. 2. 444, 25. 668, 9. 11; *ungebildetes wesen* CHR. 3. 167, 14. *vgl.* ZIMR. *chr.* 2. 206, 32.

grôpiere *stf.* (I. 578ᵇ) *die decke über das pferd* WIG. decke und grôpiere (*die hss.* haben tropier, chropier) KRONE 731. — *aus fz.* croupière *von* croupe *kreuz des pferdes* DIEZ 183.

groppe *swm.* (*ib.*) *ein fisch,* allota, carabus, corabus DFG. 24ᶜ. 99ᵇ. *n. gl.* 16ᵇ. HPT. 14, 176. — *Aus mlat.* carabus, corabus, *vgl.* karpfe.

groppe *swm. s.* grope;

groppener *stm. der* groppen *macht, hafner* MONE 7. 300, 237. *vgl. den eigennamen* Gropper *in der* ZIMR. *chr.* 4. 60, 19.

gros, grosse *stswm.* (I. 578ᵇ) *groschen.* sehs gross HÄTZL. 2. 42, 99. zehen gross KOLM. 137, 21. funf gross (*davon* 35 *einen rhein. guld. machen*) TUCH. 101, 9. fünf grosch oder 35 pfenn. *ib.* 112, 26. ein schock grosser UH. 259 (*a.* 1425). ein grossen oder siben phenn. USCH. 384 (*a.* 1399). breite grossen Mz. 3, 255 (*a.* 1350). CDS. 1, 144 (*a.* 1455). grosche GR.W. 3, 380. gross, grosch *sehr oft in den* CHR. (*s. die glossare*). — *Aus lat.* grossus (denarius) *dickpfennig, s.* DFG. 270ᵇ. *u. vgl.* grôze pfenninge *unter* grôz.

grotzen *swv. rülpsen* WOLK. 13. 8, 5. — *vgl.* SCHM. 2. 126. SCHÖPF 215.

grou? *stf.* hettes du in der selbin grow (: Glogow) ein polonisch wort gehort DAL. 99, 24. zum jungisten mit ir graw komen si kein Glataw 184, 12. darnach gwan er in grow daz herzogtum zu Cracow 211, 3. — *wol ein slav. wort.*

grou- grouwe-lich *adj. s.* griuwelich.

grôve *stf. s.* gruobe.

grovinc *s.* grebinc.

grôʒ *adj.* (I. 579ᵃ) *sup.* grœʒist (GEN. *D.* 5, 29), grœst: *gross, eigentl. u. bildl. allgem.* (daʒ weder under in genas der grôʒe noch der kleine TROJ. 12881. grôʒ sam der adlar MGB. 187, 26. grôʒ vinster, arbait *etc.* 151, 27. 160, 2. *s. p.* 625. ein grôʒiu tumpheit ENGELH. 1520. drei grôʒe, *erwachsene*, töchter CHR. 4. 222, 13), *mit gen. des masses* A. HEINR. WIG. Ms. armes grôʒ LAUR. *Sch.* 2009. des libes grôʒ PASS. *K.* 42, 60. der jâre gr. LOH. 2228. daʒ ich niht goldes sô grôʒ (*viel*) næme sô du bist KARL 5398. sîden grôʒ *s. v. a.* sîden breit *so gross, breit als ein seidenfaden* LOH. 545 *u. anm.; dick, ungeschickt gross u. dick* HARTM. NIB. REINH. daʒ niht der vaden würde grôʒ TROJ. 15875. grôʒe pfenninge, *dicke pfenn., groschen* DÜR. *chr.* 82, SCHM. *Fr.* 1, 431; *dick in folge der schwangerschaft* MAR. SUCH. dô ich grôʒ mit kinde gienc BPH. 5648. ELIS. 8264. eines kindes grôʒ sîn CHR. 5. 137, 10. gr. mit kindern gên ZIMR. *chr.* 2. 224. 9. sich grôʒ machen, *sich das ansehen einer schwangern geben* PASS. 314, 28. DÜR. *chr.* 80. zû unser lieben frowen der grôʒen *ib.* 266; *auffallend, bedeutsam, stark, viel*: nieman sach sô grôʒen schuʒ EILH. 6579. grôʒe slege slân *ib.* 5988. eine grôʒiu stunde *ib.* 1935. des mohte in dunken grôʒiu zît ER. 2865. wâ mite machet irʒ sô grôʒ, *wozu macht ihr so viel aufhebens ib.* 8033. grôʒe sinne, *hohe weisheit* BÜCHL. 1, 1484. mîn herze ist grôʒ und wart nie swach MSH. 1, 81ᵃ. ein grôʒiu (*starke, laute*) stimme RENN. 12254. MGB. 46, 31. 116, 17. ir stimme was süeʒ und niht ze grôʒ APOLL. 16038. sô grôʒ (*viel*) der houbet j. TIT. 1810. slege sô grôʒ (*viel*) HERB. 5222. grôʒ volk DÜR. *chr.* 632; *angesehen, vornehm* LANZ. WIG. MYST. daʒ er kunftich werden solde grôʒ unde grôʒ PASS. 347, 54. grôʒe herren ER. 10059. — *zu* gruo, grüejen, *vgl.* CURT.³ 333. 501; *zu lat.* grandis *wird es gestellt bei* KUHN 9, 320. 11, 179;

grôʒ *adv. s.* grôʒe.

grôʒ *stm. s.* gruoʒ.

grôʒ-ahtunge *stf.* magnipensio DFG. 343ᶜ.

grôʒ-breht *stm.* (I. 243ᵇ) *schreier, prahler* Ms.

grôʒ-brôt *stn.* sabana, herba Voc. 1482.

grôʒ-darm *stm.* (I. 308ᵇ) extalis, stantinus, marisca SUM.

grôʒe *stf. s.* gruoʒe.

grôʒe, grôʒ *adv.* (I. 579ᵇ) *dick*, grôʒe tragen, *schwanger gehen* BON. 28, 2; *sehr* DIEM. NIB. TRIST. grôʒe selten EXOD. 88, 44. grôʒe willekomen sîn ER. 626. FLORE 5156. enhebt iuch niht ze grôʒe PARZ. 419, 15. si freuten sich grôʒe SERV. 1657. er danket vil grôʒe j. TIT. 1759. des hatte in grôʒe wunder ELIS. 7061. ALBR. 2, 13. klein und grôʒ singen ROSENG. *Meuseb.* 517. der krîg hette in grôʒ gekost DÜR. *chr.* 712, *vgl.* CHR. 2. 137, 8. 138, 1. 10.

25. 139, 23. 167, 19. 168, 9 *etc. sup.* grôzest Zimr. *chr.* 1. 104, 12;

grœze *stf.* (I. 580ᵃ) *md.* grôᵹe *grösse, dicke* Türl. *Wh.* Myst. Pass. *K.* 126, 33. ze mannes grœze komen Roth *dicht.* 42, 22. daᵹ kint nam an der lenge zuo mêr denn eᵹ an der grœze tuo Cod. *pal.* 341, 141¹ᵇ. dîn grœze kleinet sich Msh. 2, 140ᵃ. iuwer grœze ich kleine wige Ulr. *Wh.* 192ᵈ; an der grœᵹ sam ein vinger Mgb. 383, 14. daᵹ daᵹ herz alliu jâr aufnæm ain klain grœᵹiu, *dicker werde ib.* 27, 18. den (rechen) begreif diu tohter bî der grœze Neidh. 8, 8. er begreif den einen bî der grœze Msh. 3, 289ᵇ. ouch nim ich bî der grœze den besem, daᵹ mac werden schîn der wipfel an dem rucke dîn Helbl. 3, 194;

grœzec-lîche *adv. s. v. a.* grœzlîche Helmsd. 22ᵇ.

grœzede *stf.* (I. 580ᵃ) *md.* grôᵹede, *grösse* Myst;

grôzen *swv.* (*ib.*) *gross, dick* (*schwanger*) *werden, zunehmen* Aneg. Wwh. Helbl. (*lies* 8, 134). mîn herze grôzet Lieht. 442, 1. Wh. *v. Öst.* 2ᵃ. swâ von ir prîs mac gr. Ulr. *Wh.* 126ᵃ. 259ᵈ. ir maht begunde gr. Reinfr. 129ᵃ. dâ von eᵹ (wazᵹer) grôzen began Albr. 23, 81. der (bouch) beginnet gr. Msh. 3, 219ᵇ. ir begund ir wempel gr. 189ᵇ. dô die künigin von der enpfengnisse geriet grôzen Chr. 8. 301, 4. *vgl.* Zimr. *chr.* 3. 45, 19. — *mit* er-;

grœzen *swv.* (*ib.*) *md.* grôᵹen Evang. *M.* 15, 30. 23, 5. Kirchb. 691, 52. Karlm. 524, 22: *tr. gross machen* Parz. Loh. (2190). sam der berillus grœzet die schrift j.Tit. 1400; *refl. sich ausdehnen* Mgb. 29, 27; *intr. s. v. a.* grôzen: und grœzete ime der lîp alsô eime wîbe Chr. 8. 343, 1. — *mit* über-.

grôz-gamander *m.* camipiteos Voc. 1482, *s.* Dfg. 92ᵇ.

grôz-ge-borne *swm.* magnas Dfg. 343ᵃ.

grôz-ge-muot *adj.* (II. 261ᵃ) *hochgesinnt* Wolfr. Kreuzf. Loh. 6773.

grôz-heit *stf.* (I. 579ᵇ) *grösse* Myst. (2. 537, 9). Evang. *L.* 44. magnificentia Jan. 7.

grôz-hërre *swm. grossvater* Pf. *üb.* 192, 12.

grôz-îsen-krût *stn.* pruneta, herba Voc. 1482.

grôz-keller *stm. kellermeister (eines klosters)* S.Gall. *chr.* 10. Gr.w. 1, 178. Öh. 55, 25. *e benso*

grôz-kelner *stm.* Ludw. 76, 32.

grôz-lîbec *adj.* corpulentus Dfg. 152ᶜ.

grôz-, grœz-lich *adj.* (I. 579ᵇ) *gross* Diem. Roth. (2891). Nib. Parz. Barl. Ms. Gen. *D.* 115, 30. Priesterl. 291. 372. Gudr. 217, 4. Bit. 9227. Reinh. 2215, *sendschr.* 792. Karl 8014. Loh. 4074. Gerh. 6208. Gfr. 2418. Troj. 1941. 17752. grôzlich was ir vorhte Ulr. *Wh.* 155ᵃ;

grôz-, grœz-lîche, -en *adv.* (*ib.*) *sehr, aufs höchste* En. Nib. Parz. Bon. Roth. 958, 2866. L.Alex. 7250. Gudr. 63, 1. Er. 2483. Bit. 8759. Gerh. 594. Marlg. 95, 18. Pass. *K.* 427, 41. grœzleich, -leichen Mgb. 219, 33. 221, 5. 255, 14. grœzlich (: mich, sich) Troj. 21776. 867. 24958. Cp. 34 *u. ö.* Chr. 3, 429ᵇ. grœzlichen *ib.* 1. 346, 8.

grôz-louch *stm.* bardina Voc. 1482.

grôz-mehtic *adj.* corpulentus Dfg. 152ᶜ;

grôz-mehtic-heit *stf.* magnificentia. seiner kuniglichen grôzmehtikeit Rcsp. 1, 442.

grôz-meister *stm.* magus Dfg. 343ᶜ.

grôz-müetec, -muotec *adj.* magnanimus Dfg. 343ᵇ;

grôz-muotec-heit *stf.* (II. 260ᵇ) magnanimitas Jer.

grôz-muoter *stf.* (II. 269ᵃ) *grossmutter,* ava Dfg. 59ᵃ. Mone *z.* 12, 160 *f.* (*a.* 1474).

grôz-nezzel *swf.* (II. 332ᵇ) archangelica Voc. 1482; *nicht compon.* grôze nezzel Dfg. 45ᶜ, *n. gl.* 32ᵃ.

grôz-papel *f.* bismalva Voc. 1482.

[grôz-phenninc *stm.* II. 492ᵇ] *kein compos., s. oben unter* grôᵹ.

grôz-sprǣchec *adj.,* -sprëcher *stm.* (II². 538ᵃ) grandiloquus Dfg. 268ᶜ.

grôz-tǣtic *adj.* (III. 149ᵇ) *gross handelnd* Kreuzf. magnificus Dfg. 343ᶜ.

grôz-truh-sæze *swm.* erztruchsess Ad. 1218 (*a.* 1391).

grôz-türstec *adj.* (III. 16ᵃ) *sehr kühn, verwegen* Kreuzf.

grôz-vater *stm.* (III. 279ᵃ) *grossvater,* avus Dfg. 63ᶜ. Rcsp. 1, 578 (*a.* 1401). Öh. 61, 21.

grôz-wille *swm. grosser, mächtiger wille* Krol. 2233.

grözᵹach *stn.* Gr.w. 3, 711. *coll. zu*

grozze *swm. s. v. a.* graᵹ *stn.* wer daᵹ holz bestumelt an dem grozᵹen Passau. *str. bei* Schm. *Fr.* 1, 1018.

grübe *swm. s.* griebe.

grübel *stm.* (I. 563ᵃ) *der helle grübel, teufel* (*vgl.* hellegrübel) Mart. 4, 50. 10, 13 und frurit mich vil übil an mîner hende grübil *ib.* 73, 21;

grübelen *swv.* (*ib.*) *bohrend graben, grübeln* Gen. (*D.* 6, 3). diu ören gr. Renn. 22425.

nâch guot gr. *ib.* 21757. in etw., nâch etw. grübeln, *genau nachforschen* CHR. 3, 371, 13. 16. ir sult nit ze tieffe grüppeln CGM. 632 *bei* SCHM. *Fr.* 1, 1007; *unpers.* mir grübelt, *mich juckt* REINH; *mit* durch-.—*ahd.* grubilôn, crupilôn *von einem vorauszusetzenden* kriopan, kroup, krupumes (*kratzen, ritzen?*) *s.* WEIG. 1, 460, *zu* REINH. *sendschr.* 1884.

grübel-îsen *stn.* (I. 756ᵇ) sculprum Voc. *o.*

grübelnüsse? *stf.* (I. 563ᵃ) *grübelei* RENN. 13403 *f.* (*gedr.* grübelnüzze, *von* grübelnuz,? *s.* grübelnuss, *steinnuss* NEMN. 3, 211ᵃ; *der stelle könnte ein sprichwort zu grunde liegen*).

grübelunge *stf. ausklaubung, aussonderung.* grüplung under den kreuzern haben und der ettlich zu nemen verwidern CP. 185; *list, kniff,* die (*gesetze*) sind mit und durch manigerlai grüplung überfaren worden NP. 99.

grubz, grübz *stm. s.* grobiz

grüdel *stm. in* eschengrüdel (*nachtr.*);

grüdelec, grüdeleht *adj.* ungerüwige und grüdlige, grüdlehte mönschen KEISERSB. *tract.* 29. 34;

grüdelen *swv. graben, wühlen.* in der eschen grüdeln *ib.* 144 *f.*

grüebeleht *adj.* (I. 563ᵃ) *mit grübchen versehen* Ls. GERM. *H.* 8. 245, 316.

grüebelîn *stn.* (*ib.*) *dem. zu* gruobe, *grübchen* Ms. Ls. RENN. 11386. BPH. 864. APOLL. 13343. HÄTZL. 1. 28, 85. 59, 5. FASN. 265, 25. er macht ein grübelîn umb sich als die kinder an der sonnen RCSP. 1, 76 (*a.* 1400). grüebel MGB. 320, 5. 340, 24.

grüeblîns-man *stm., pl.* grüeblînsliute *eine art ketzer.* dau man die kätzer oder grüeblînslüt hie (*Augsburg*) und anderthalben verprant und ein teil verkört 1394 jaur CHR. 4, 228, S. 315, 25 dehain grüblinsman noch kätzer *ib.* 96 *anm.* 5 („man nannte sie vielleicht so, *weil sie* zu nachts in die kelr zusamen komen"). *vgl.* SCHMID 244: „*die buben, die in ein grüblein geschworen haben, sollen fänglich angenommen werden*".

grüejen *swv.* (I. 580ᵃ) *prät.* gruote *grünen, wachsen* LANZ. COD. *pal.* 321, 29ᵃ (gruote: bluote). — *mit* er-, *altn.* grôa, *ags.* grôvan *nach* CURT². 191 *mit* gël *zu skr.* hari, *gr.* χλόος, *lat.* helus; *nach* KUHN 8, 265 *mit* gras *zu lat.* gramen.

grüen *swv. s.* grüwen.

grüene *adj.* (I. 580ᵃ) grien CHR. 5. 133, 19. grön HÄTZL. 2. 20, 96 *ff.* 21, 35; *md.* grûne: grün *eigentl. u. bildl., allgem.* (ein grüeniu liste ENGELH. 2550. ein gr. roggensât MART. 21, 20. si wart [*vor schrecken*] noch grüener danne ein gras FRAGM. 42ᵇ. gr. als ein klê KOL. 233, 1598. welches menschen varb grüen ist oder swarz der ist pœser site MGB. 43, 15. mîn herze daz wirt grüene APOLL. 2020. grüne werden, *sich erholen, zu kräften kommen* HERB. 8234. guotiu werc diu dâ grüen wâren vor dem zarten got GRIESH. 2, 102; *in der farbensymbol. bezeichnet* grüene *den anfang der liebe* HADAM. 343. HÄTZL. 2. 19, 9. 20, 97. 21, 37. frou Liebe treit ein grüen kleit, ein grüen baldekîn ALTSW. 29, 34. 45, 1; gr. *als farbe der heiterkeit u. freude*: grön ist ain lust dem herzen, grön vertreibet smerzen HÄTZL. 2. 20, 103. die grüene varwe erzaigt uns frœlich leben RING 1ᵈ, 3. *vgl.* GERM. 8, 499); *frisch, roh,* grüenez vleisch ERACL. grûne als rohes fleisch, recens VOC. 1482. gr. fische, *gegens. zu* gesalzenen CHR. 2. 334, 23. STZ. 663. grüene rösen, *gegens. zu* dürren MGB. 345, 20;

grüene *stf.* (I. 580ᵇ) *md.* grûne *grüne farbe, grünheit eigentl. u. bildl.* TRIST. Ms. MGB. 332, 4. 456, 4. 459, 14. 21. viriditas DFG. 622ᵇ. des meien kunft mit grüene LOH. 3810. iuwer grüene diu wart val ULR. *Wh.* 163ᵇ. 228ᵈ. an der jugende grüne MARLG. 139, 15; *grün bewachsener boden oder ort* FRL. Ms. j.TIT. 919. 1319. 5015. LOH. 4016. 5746. WH. *v. Öst.* 21ᵇ. 23ᵃ. 71ᵇ. ALPH. 4, 2. 247, 2. VIRG 411, 3. LAUR. 134, 323. 380 *etc.* ECKE Z. 147, 8. 218, 12. WOLFD. 892. 1042. 1295. KOLM. 52ᵃ, 1;

grüenede *stf.* (*ib.*) *grüne farbe* LIT.;

grüenen *swv.* (I. 581ᵃ) *prät.* gruonte, gruonde: *tr.* grüene *machen* MART. (143, 46 *bei Kell.* ergruonden); *refl. sich frisch erhalten* BON. MART. (*lies* 271, 81). PF. *forsch.* 1, 80; *intr. s. v. a.* gruonen BERTH. 560, 11. 16. MGB. 84, 7. 302, 7. 353, 27. — *mit* be-, er- (*s. auch* MART. 143, 46), ver-.

grüen-ge-var *adj. s. v. a.* grüenvar LIEHT. 73, 4.

grüen-heit *stf.* viriditas DFG. 622ᵇ. MARLD. *han.* 117, 36. 126, 2.

grüen-lîchen *adv.* grün WOLK. 63. 3, 9.

grüenlot *adj.* grünlicht MGB. 452, 25.

grüen-mât *stn.* (II. 21ᵃ) grummet, gras, *welches* grüen (*unreif*) *gemäht wird, nicht reif wie das heu* (WEIG. 1, 461), succidium gruamât DFG. 583ᵇ. grüemât TUCH. 123, 26. grü-

mâd, grômad Np. 194. 273. grummat Tuch.
208, 6. groimoit Arn. 49 (a. 1473 *Nassau*);

grüen-mât-sac *stm.* Gruomatsack *als fing. name* Fasn. 367, 17.

grüen-mât-wîse *stf. grummetwiese* Mb. 36ª, 589.

grüen-sol *swf.* (II². 466ª) *die ross-, wasserminze*, mentastrum Voc. *o.*

grüen-spân, -spât *stm.* viride hispanum Dfg. 622ᵇ. *vgl.* spângrüen.

grüen-, gruon-spëht *stm.* (II². 490ᵇ) *grünspecht* Gl. Erlœs. XLIV, 59.

grüen-var, -wes *adj. grünfarbig* Mgb. 306, 13. 342, 5. 356, 28. 464, 13.

grüete *stf. md.* grûte *s.* gruot;

grüeten *swv.* (I. 581ª) *prät.* gruote: *in* gruot, *grün stehen* Büchl.

grüez-bære *adj., in* ungrüezbære; *s.* gruozbære.

grüeze *adj. in* minnegrüeze;

grüezec *adj.* (I. 584ª) *grüssend, gerne grüssend* Frl. Helbl. Ls. sô daz er frouwen grüezec wart j.Tit. 2189;

grüezen *swv.* (I. 583ª) geruzzen Gen. 45, 41. 53, 10. gruetzen Wack. *pr.* 46, 157. *md.* grûzen; *prät.* gruozte: *anreden, ansprechen u. zwar: um zu grüssen, allgem.* (grüeze, den du grüezen solt Winsb. 36, 9. daz dich got grüeze Wartb. 145, 10. si grüezent in vil trâge Msf. 22, 14. den kunic man in grûzen sach Pass. *K.* 233, 15. daz wir grûzen [*anbeten*] dîne gote *ib.* 172, 76); *um auf-, herauszufordern* kamphlîchen gr. Ssp. 1. 63, 2; 3. 35, 2. zû kampfe gr. *ib.* 1. 63, 1; 2. 3, 2. der ze kampfe gegrüezet ist Swsp. 404, 48, *mit gen.* sô si hîrâtes scal gegruezzet werden Will. Hag. 5, 176); *um anzutreiben, zu hetzen* Iw. (3894). den sol dîn jagen gr. Hadam. 52. daz ich in (*den hund*) mit jagen solte grüezen *ib.* 385. grüezen hœr ich (*den hund*) nindert, warumbe mag er swîgen *ib.* 514. daz ros begunde er grüezen ze beiden sîten mit den sporn Karl 6113. des lîbes an ein zil gr. *ans ende des lebens treiben* Gudr. 1429, 2 (*vgl.* Dwb. 1, 468); —*beunruhigen, angreifen* Roseng. Freid. unz in daz alter gruozte Birkenst. 128. in grüezet hiute mîn swert Rul. 218, 17. mit slegen gr. Herb. 8813. daz ir mich grüezet mit den spern Lieht. 462, 6; *züchtigen, strafen*, ich dank dem herren lobesan, daz er mich alsô grüezt Wolk. 108. 1, 14. — *mit* be-, er-, ge-, under-; *alts.* grôtjan, *ags.* grêtan *anreden, angehen, angreifen mit* grâzen *zu gt.* grêtan, *vgl.* Dief. 2, 430;

grüezen *stn.* (I. 584ª) *der gruss* Nib. Parz. Walth.;

grüezen-lîche *adv.* (*ib.*) *grüssend* Parz.

grüez-lich *adj.* salutaris Dfg. 509ᶜ.

grüezunge *stf.* salutatio, *md.* grûzunge Evang. L. 1, 29.

grüfelîn *stn.* (I. 581ª) *s. v. a.* griffel: Neidh. 48, 28. grüfel *ib.* 48, 11. 19 (*var.* der griffel). *vgl. zu* Reinh. 2152.

gruft, kruft *stf.* (I. 563ᵇ) gruf Hugo *v. M.* 34. gruff Voc. 1429, 4ᶜ, *nasal.* grunft Chr. 3.155, 7; 4. 295, 19. 296, 6. 304, 10. 11; *gen.* grüfte, gruft, *pl.* grüfte: *gruft, höle, hölung eigentl. u. bildl.* Ulr. (549. 53. 1003). Wolfr. Troj. (5908) Frl. dô man die gruft engrûb En. 227, 3. von dem aller hôsten luft unz in die nideristen gruft Kl. 500. daz wilde ist in des berges gruft Wg. 2630. in der helle grüften j.Tit. 6008. in den himel ûzer cruft Erlœs. 1020. des steines kruft Wartb. 165, 6. 16. aller tiufe ein tiefiu gruft Msh. 3, 102ª. diu volliu gruft der genâden *ib.* 67ª. in doners wîse durch der wolken grüfte brechen Loh. 373. der sorgen gr. 3713. grüfte die daz herze versarket hât 1523. durch ôren in des herzen gruft dringen 3958, *vgl.* 1797. 3030. kruft Virg. 393, 8. Cdg. 3, 148. — *nach* Gr. 2, 207 *für* gruoft *von* graban; *doch ist das wort wol entlehnt aus altital.* grupta, *gr. lat.* crypta Weig. 1, 460. *vgl. auch* Dief. 2, 419. Dfg. 158ª.

gruisch? *m. s.* grutsch.

grülen *swv. s.* griuweln.

grüllen *swv. höhnen, spotten.* sô winket einer ûf den andern unde grüllet ûf in Berth. 82, 24; grullen, *grollen* Voc. 1482 *bei* Weig. 1, 459. — *zu* gréllen;

grulz *stm. lärm, aufruhr* Beh. 339, 22. *vgl.* grölzen.

grûmâd *stn. s.* grüenmât.

grume *swm.* (I. 575ᵇ) *wütender schmerz* Hätzl. — *zu* grimmen.

grummât *stn. s.* grüenmât.

grummen *swv.* fremere Dfg. 246ᶜ. grummen *od.* grimmen, stimulare Voc. 1482;

grummunge *stf. s. v. a.* grimmunge, fremitus Dfg. 246ᶜ.

grûn *stm. s.* kranech.

gründe *stn. adj. in* ab-, un-; durch-gründe;

gründec *adj. md.* grundec *gründlich, in die tiefe gehend.* sô grundec und sô vollen tief was von gotelîcher gift sîn wîse herze in der schrift Pass. *K.* 438, 81.

grundel, grundelinc *stm.* (I. 582ª) *gründling,*

fundulus, suates DFG. 252ᶜ. 558ᶜ. *n. gl.* 185ᵇ (*auch* grunte). 352ᵃ. fundiculus, grundel HPT. 5. 416, 92. grundel APOLL. 18156. BEH. 281, 29.

grunde-, grunt-lôs *adj.* (I. 581ᵇ) *bodenlos, unergründlich* TRIST. HELBL. ANEG. 4, 51. REINH. 1612. OSW. 2951. APOLL. 16887. TROJ. 7670. 7905. 16652. 20752. 22141. 22936. KARL 9012. MSH. 2, 359ᵃ. 3, 90ᵇ. 97ᵇ. 452ᵇ. MARIENGR. 212. W. *v. Rh.* 153, 3. GA. 3. 242, 1725. ERLŒS. 1141. MYST. 2. 507, 24. N. *v. B.* 95 *u. sehr oft;*

grunde-lôsec-heit *stf.* sît daz in dem vater ist ein ûzschenkendiu gotheit nâch grundelôsikeit der nâtûre in daz wort des sunes MYST. 2. 580, 13. gruntlôsekeit *ib.* 228, 5.

grunde-lôsec-lîche *adv. ohne grund, ohne aufzuhören.* wie man got grundlôsklîch alle stund loben sol GRIESH. *denkm.* 47.

gründen *swv.* (I. 582ᵃ) *absol. grund finden, auf den grund kommen* MS. (H. 2, 193ᵃ). BIT. (3542); — *tr. festen grund für etw. legen* TUCH. 251, 19. ûf etw. gegründet sîn CHR. 3. 102, 16.; *auf den grund einer sache gehen, gründlich erörtern, kund geben,* niht vürbaz ich dirz gründe WARTB. 139, 10. ich wil dir die rehten wârheit gründen LOH. 1086. *mit* be-, durch-, er-, ge-.

grundic *adj. s.* grintec.

grûne *adj. stf. s.* grüene.

grunft *stf. s.* gruft.

grunsic *adj. s.* grimsic.

grunsinc *stm. s.* grensinc.

grunt, -des *stm.* (I. 581ᵃ) *pl.* gründe, *md.* grunde; *md. nach nd. art auch stf. s.* GERM. 6, 60. 7, 97. LIVL. 9489: *unterste fläche eines körpers od. raumes, grund, eigentl. u. bildl.* WALTH. Ms. (sinken zuo dem grunde *H.* 3, 61ᵇ). TROJ. (ir schœne was sô bodenlôs, daz man niht grundes drinne sach 19721). grunt des mers ANNO 219. 26 (*vgl.* mergrunt). der schiffe slûch er ze grunde vile, daz si versunken L.ALEX. 1064. ûz den grundes vlûten PASS. 89, 56. in den grunt, *hinab ib. K.* 3, 64. der âventiure gr. LOH.1074. 2277. sô nimet er von des herzen grunde daz souften GEN. D. 17, 14, ûz herzen grunde ROSENG. H. 2408. von grunde *von grund aus, gründlich* BÜCHL. (1, 360. 71). TRIST. WALTH. ENGELH. 6418. SILV. 2575. 4333. von grunde ûf RING 8ᵉ, 12. er was von grunde ûf geborn zo deme aller trûvistin man ROTH. 5082. ze grunde *bis an den grund, gründlich* TRIST. MYST. VIRG. 747, 3. SILV. 2651. CHR. 2, 550, 21; 3. 272, 11. etw. in dem grunt (*gründlich*) ersuochen *ib.* 102, 15; *tiefe, abgrund,* nû vindest du die hœhe und ouch die gründe WARTB. 33, 6. der helle grunt WG. 11867. 85. 12199 (*vgl.* hellegrunt); *vertiefung, schmales tief eingeschnittenes tal, schlucht* PARZ. TUCH. rîten wir in einen grunt ROSENG. H. 1694. 1719. dâ zwischen was ein kleiner grunt LIVL. 9992. ebene und gründe HELBL. 4, 437. wer in di grunde sêwet der snîdet unde mêwet ELIS. 3099; *niederung, ebene,* mit grunt und grât (*s. oben unter* grât 2), *vgl.* CHR. 1. 466, 1; 2. 149, 8. 186, 21. 195, 7. 214, 14. 224, 6; *grund u. boden, erde, fundament,* er sluoc im ab daz houbet und warf ez an den grunt NIB. 1502, 3. er stiez in zuo dem grunde *ib.* 1518, 4. die burc er an den grunt brach REINH. 1264. in den grunt brennen LIVL. 11080. 11346. daz holz (*wald*) mit wurzen und mit grunt auf geben UKN. 399. 430 (*a.* 1359. 66). grunt des ertrîchs CHR. 3. 45, 4. *vgl.* 51, 12. 14. 67, 4. der dritt himel ist ain grunt aller gesteckten stern MGB. 55, 22. auz dem grunt und auz dem ertreich *ib.* 101, 11. under den wazzern, die vest gründ habent *ib.* 113, 18. 19. die gründ (*fundament*) graben CHR. 5. 320, 4, *bildl. ursprung, ursache* MGB.13, 6. 37, 5; *grundstück, grundeigentum,* wir mügen auch die grünt versetzen und verkaufen UHK. 2, 326 (*a.* 1392). — gt. grundus *in* grunduvaddjus *grundmauer mit* grant *zu* ags. grindan, *malen, zermalmen, zu dem sich* grant *u.* grunt *verhalten wie* molte (*gt.* mulda), *mulde, multer zu* malan. *auch* grien, griez *sind wol damit verwandt. vgl.* GR. 2, 35. DIEF. 2, 434. WEIG. 1, 461; FICK 68 *stellt es zu skr.* ghûrn *schwanken, stürzen.*

grunt-âder *f.* vena basilica s. hepatica MGB. 37, 5.

grunt-ban-hërre *swm. herr über* grunt *und* ban GR.w. 2, 65.

grunt-bœse *adj.* (I. 225ᵇ) *grundschlecht* HELBL. MGB. 44, 5. 17.

grunt-boum *stm.* (I. 227ᵇ) *grundbalke (einer müle)* WEIST. *vgl.* gruntholz.

grunt-buoch *stn. verzeichnis der grundstücke, kataster* USCH. 413 (*a.* 1409). MH. 2, 616 *u. ö.* HALT. 757. *gr. für liegende güter in der sta*dt MÜNCH. r. 31. 32. 270 *etc.*

grunt-dienest *stm. dem* grunttherren *zu entrichtender zins.* das sy uns geben sullen (*von dem walde*) zu rehtem grunddinst sechsthalb phunt phenn. UKN. 430 (*a.* 1366). UHK. 2, 329. 30 (*a.* 1394); *vgl.* HALT. 757.

grunt-hërre *swm. grundherr, dominus directus fundi emphyteutici* HALT. 757. W. WEICHB. 102 *u. sehr oft in österr. urk. z. b.* UKN. 286. USCH. 219. 235. 449 *etc.*

grunt-holde *swm. grundhold, höriger des* gruntherren HALT. 757.

grunt-holz *stn. pl.* gruntholzer, *hölzer, die bei einem wasserwerke auf dem grunde liegen* LAURENT 337, 19. *vgl.* gruntboum.

grunt-in-sigel *stn. insigel des* gruntherren. den kaufbrief der gruntherr mit seinem gruntinsigel besigelt hat USCH. 449 (*a.* 1417).

grund-lêhen-hërre *swm. grundlehensherr* GR.W. 2, 73. 75.

grunt-lich *adj. gründlich* KIRCHB. 733, 40.

grunt-loch *stn. boden-, erdloch* GR.W. 6, 313.

grunt-phâl *stm. grundpfahl* TUCH. 64, 17.

grunt-rëht *stn. abgabe an den* gruntherren, *grundzins oft in urk. z. b.* UKN. 48 (*a.* 1292). 286. 347. 400. USCH. 181 (*a.* 1335). 219. UHK. 2, 200 (*a.* 1348). MW. 363 (*a.* 1375.) STB. 292. W. WEICHB. 102.

grunt-ruore *stf.* (II. 817ª) *die strandung eines schiffes* NARR. naufragium, quod vulgariter dicitur gruntrûre AD. 850 (*a.* 1310); *das gestrandete gut* WEIST. (*oberrhein.*).

grunt-sant *stm.* (II². 55ª) *sand auf dem grunde des wassers,* sabulum DFG. 506ª.

grunt-schûvele *f.* gruntschaufel, *schaufel zum reinigen eines brunnenbodens* TUCH. 307, 18.

grunt-sê *stm. tiefer see. der gnâde ein* gruntsê MSH. 2, 268ª.

grunt-sêle *stf.* (II². 244ᵇ) *seele, von der das wachstum des körpers ausgeht* TEICHN.

grunt-sippic *adj.* (II². 319ᵇ) *dem grunde der dinge verwandt* FRL.

grunt-sopfe *swf.* (II². 721ᵇ) *grundsuppe, hefe* SERV.

grunt-swelle *swf. grundbalke* GR.W. 4, 512.

grunt-veste *stf.* (III. 275ª) *grundfeste, fundament eigentl. u. bildl.* DIEM. ANEG. (2, 28). SERV. BARL. WG. MS. (*H.* 3, 468ª). GEN. *D.* 2, 31. KCHR. *D.* 223, 2. 320, 5. L. ALEX. 1158. ROTH. 3651. 4198. ULR. 371. 439. BLIK. 120. MAR. 200, 10. J. TIT. 5333. RENN. 13326. KARL 1651. 1849. KOLM. 190, 6. 195, 4. MGB. 130, 25. 137, 4 *u. ö.* CHR. 4. 308, 12. PASS. 115, 49. 238, 51. EVANG. *L.* 6, 49;

grunt-vesten *swv.* (III. 275ᵇ) *gründen, bauen* ûf MYST. MGB. 458, 30;

grunt-vestene *stf.* (III. 276ᵇ) *s. v. a.* gruntveste MYST. EVANG. *L.* 6, 48. 14, 29;

grunt-vestenen *swv. s. v. a.* gruntvesten EVANG. 263ᵇ;

grunt-vestigen *swv.* daz dû in dîns lieb küscher und zarter minne gewurzelt und gegruntvestiget werdist H. v. N. 388;

grunt-vestigunge *stf. s. v. a.* gruntveste. dû bist ein gruntvestigunge mîns götlichen fluzzes H. v. N. 389.

grunt-vorschende *part. adj.* (III 388ᵇ) scrupulosus SUM.

grunt-vriunt *stm.* gruntvriunde, pfuntvriunde sint leider tôt, muntvriunde mit vriunde noch ezzent brôt RENN. 17186.

grunt-vurche *swf. bodenfurche, strassengraben* GR.W. 4, 50.

grunt-walle *swm.?* (III. 471ª) *das wallen, sieden von grund auf* KL. 1076;

grunt-wallunge *stf.* (III. 470ᵇ) æstus VOC. o. und 1482.

grunt-wëlle *f.* (III. 674ᵇ) *welle, die bis auf den grund des meeres dringt u. die zurückweichend ihn bloss legt: der wellenschlag an untiefen, die brandung* GUDR. (*bei* Bartsch unrichtig gruntwalle), *s.* MARTIN z. GUDR. *s.* 16.

grunt-wërc *stn. grundwerk, grundmauer* KIRCHB. 597, 44.

grunt-zins *stm.* (III. 899ª) *zins von grund u. boden* MÜNCH. 1.

grunzen *swv.* (I. 576ᵇ) grunnire DFG. 270ᵇ. FASN. 902, 18. — *zu* grinnen, *vgl.* WEIG. 1, 462.

gruo *adj.* (I. 580ª) *grün* FRL.;

gruo *stf.* (*ib.*) *grüne wiese, matte* FRL. — *zu* grüejen.

gruobe *stswf.* (I. 562ᵇ) gruob *st.* MGB., *md.* grûpe PASS. grôve ROTH. 4521; *pl.* gruob MGB. 285, 18, grüebe GFR. 2024, grüeben MSH. 3, 336ᵇ. ALTSW. 136, 15, gruoben KUNE. ALTSW.: *grube* ERINN. BARL. HELBL. (diu gruntlôse gr. 2, 202). GEN. *D.* 76, 27. 81, 14. SILV. 1239. perchknappen, die in die gruob varnt MGB. 109, 7. 11. MONE z. 12, 398 (*a.* 1488). gruobe, *steingrube, steinbruch* TUCH. 81, 4 *ff.* ain gruob graben *ib.*

163, 10. *bildl. sich oder einem eine* gruobe graben KCHR. *W.* 7134. MSH. 2, 373ª. KRONE 12003. 16827; *grab* LAMPR. WINSB. KARL 10725. 895. HELMBR. CHR. 5. 202, 16 (grueb); *loch, höle, hölung* REINH. von einer gruoben daz geschach, die sie in die stirne zôch KRONE 19661. von gruoben die hiufel sich erhuoben vil hôch vür die wintbrâ *ib.* 19639. der ougen grûpe PASS. (*vgl.* ougengruobe). under dem arm die gruoben ALTSW. 50, 29. — *zu* graben;
gruoben *swv.* (I. 563ª) *eine grube graben* BON.;
gruoben *stn. fossatura, das eingraben der senker oder fächser in weinbergen* UKN. *einl.* XVII *ff.* SCHM. *Fr.* 1, 984.
gruoben-schâf *stn. s.* schâf.
gruonen *swv.* (I. 580ᵇ) *md.* grûnen ALBR. 32, 509. PASS. *K.* 402, 51. MYST. 1. 4, 2: *grün od. frisch werden od. sein* WALTH. Ms. (mit schœner grüene gruonent tal *H.* 2, 69ᵇ). ez gruonet wol dió heide NEIDH. 11, 8. *bildl.* ir wiplîch êre gruonet LOH. 6219. dîn herz in sælden gruone TROJ. 5707. sô gruonet mîner sælden rîs WINSBEKIN 6, 4. — *mit* be-, *vgl.* grüenen.
gruon-speht *stm. s.* grüenspeht.
gruonunge *stf. viriditas* DFG. 622ᵇ.
gruose *stf.* (I. 582ᵇ) *md.* grûse *saft der pflanzen, sowie der junge trieb derselben, grüne* KONR. WARN. PASS. (384, 68. *K.* 320, 25. 350, 21. 691, 6. grûze 667, 48). ir (der boume) grûse sô verroste JER. 175ᵉ in der sumer grûs (*in æstate*) 168ᵉ. als daz gras ûf der wisen winterzît verdirbet, wan im die gruose erstirbet, dar ûz ez wahsen solde, sus was der gotes holde von abstinencien hertekeit von stêter sûche leit virdorret an der gruose ZING. *findl.* 2, 128. — *vgl.* gras, grüejen *u.* KUHN 10, 79. 236 *ff;*
gruot, -üete *stf.* (I. 581ª) *md.* grût *das grünen, der frische wuchs* BÜCHL. MARLG. JER. 1ᵇ. 162ª. PF. *üb.* 63, 226. — *zu* grüejen;
gruote *prät. s.* grüejen.
gruoz *stm.* (I. 582ᵇ) *pl.* grüeze, *md.* grûz, grôz CRANE 289. 1532. 3019 *u. ganz nd.* grôt *ib.* 1592. 3173: *das freundliche ansprechen, entgegenkommen, begrüssung, gruss allgem.* (ân gruoz von in varn GEN. *D.* 61, 19. offen gruoz zieret die frouwen MSH. 1, 207ᵇ. ein gr. von eines süezen herren munde *ib.* 2, 310ª. gegen sînen gesten âne gruoz *ib.* 34ª. der wirt der müeze sælic sîn, der sînen gruoz mir wol tar geben *ib.* 3, 73ᵇ. der guote gruoz der freut den gast MSF. 25, 5. dô sach man gruoz gegen gruoze gân GERH. 6800. dô enwart niht gesprochen wan gruoz gegen gruoze GFR. 1813. den gr. sprechen KRONE 12439. der frouwen gruoz verdienen kan LIEHT. 186, 24. den gruoz mit worten si versweic *ib.* 33, 16. *vgl.* REINH. 309, 516. werder minne gr. LOH. 5155. und dienet im wol nâch grûze PASS. *K.* 80, 20); *anreizung* (*des hundes durch den jäger*) HADAM. 74. 337; *entgegenkommen in feindl. sinne, angriff, anfechtung, beunruhigung, leid* GEN. NIB. die hende oder die füeze (*als pfand*) daz sint der Beier grüeze ERNST 1586. herten gruoz einander bieten (*im kampfe*) KARL 11564. *vgl.* CHR. 2. 9, 17. CRANE 1592. 3019. des ungelückes gr. MSF. 214, 23. lîden unwerden gr. RENN. 6791. ungemaches grûz PASS. *K.* 199, 21. herten grûz besitzen, *harten kampf zu bestehen haben ib.* 676, 5; *anklage*, einem herten grûz (*vor dem richter*) geben *ib.* 213, 44. — *s.* grüezen.
gruozam *adj. s.* gruozsam.
gruoze *stf.* (I. 583ª) *anrede, gruss* LANZ. LEYS. KARL (8989). *ndrh.* grûze *stswf.* MARLD. *han.* 72, 1. 16. 36. 73, 2. 6. 28. grôze CRANE 713.
gruoz-bære *adj. gruss bringend, zu grüssen verpflichtet.* ir necheines gruoz het er vernomn, die dâ gruozpære wâren WWH. 144, 9.
gruozsal *stnm.* (I. 584ª) *gruss, begrüssung* MAR. ein hövelîchez gruozsal bôt sie mit zühten KRONE 2107, *vgl.* Bech *z.* ER. 6651; *beunruhigung, leid, impetus tribulatio* SPEC. 252 (*gedr.* der grôze scal, *s.* GERM. 4, 496).
gruoz-sam *adj.* (*ib.*) *grussbeflissen, freundlich* HERB. TRIST. *H.* KOL. MSH. 3, 106ᵇ. 107ᵇ. gruozam MART. 124, 52.
grûpe *f. s.* gruobe.
grüplung *stf. s.* grübelunge.
grüppel, grippel *stn. häufchen von strassenschutt.* 23 *β.,* 3 hl. von 5 gruppel ûf den steinweg zu füren FRANKF. *baumstb. v.* 1403, 28ᵇ. grippel in den steinweg in die leise füren *ib.* 22ᵇ. die selben grippel in den weg zu breiden *ib.* 27ª. — *dem. zu hd.* gruppe?
grûs *stm.* (I. 585ª) *grausen, schrecken* BON. KONR. (TROJ. 11328. AL. 1212. PANTAL. 165). MSH. 3, 294ª. DRACH. *Casp.* 6. SIGEN. *Sch.* 50. APOLL. 4720. SCHRETEL 168. OT. 23ª. 27ᵇ.

Ga. 1. 106, 46; *als schelte*, dû veiger grûs *ib.* 2. 291, 53. — *zu* grûwen;
grûs *adj. graus, schrecklich* Sigen. Casp. 185. *vgl.* Zimr. *chr.* 2. 11, 19.
grû-sam *adj. s.* grûwesam;
grû-sam-lîche, -en *adv. auf schrecken erregende weise* Sigen. Sch. 24. 39. 61. Marg. 433. Altsw. 212, 3.
grüsch *stn. kleie* S.Gall. *ord.* 193. Heum. 252. Mone *z.* 11, 226. 13, 276. sô tuot er grüsch in daz mel senken Netz 9731. grüsch, grüst furfur Dfg. 253ª. *vgl.* Schm. *Fr.* 1, 1015. Stald. 2, 138 *u.* griuze, grûz *auch* gris, grüst *in* gris-, grüstgramen.
gruschel *stf. s.* kruspel.
grûse *swm.* (I. 585ª) *grausen, gegenstand des grausens, schreckbild* Frl. Mart. (*lies* 254, 13). Msh. 1, 259ᵇ. den grûsen grôz machen Berth. 46, 8. 202, 8;
grûse *stf.* (*ib.*) *s. v. a.* grûs Ms. Mart. (*lies* 82, 89). Kol. Mar. 207, 18. Troj. 24631. Pass. 117, 77. griuse Myst. 2. 600, 21.
grûse *stf. s.* gruose.
grûse-lîchen *adv. s.* griuslîchen.
grûsen *swv.* (I. 585ª) griusen Kindh. Warn.: *intr. grausen empfinden.* ab dem wunder grôz ich grûse (: clûse) Ulr. Wh. 246ᵈ. sêre ich ab im grûse Mart. 72, 61; *unpers. mit dat.* Helmbr. Serv. 3414. Msh. 3, 435ª. Loh. 2640. Troj. 16133. Hadam. 451, *mit dat. u. gen.* des einem mohte grûsen j.Tit. 4646 *od. präp.* ab e Warn. dâ grûset mir von schulden abe Winsb. 59, 5. ab der geselleschaft mir grûset Hadam. 384. dar o b e mir noch mêre grûset *ib.* 546. daz den von Troie grûsen wol mohte von ir sûsen Troj. 25187. dô von solt iu billîch gr. Ls. 1. 480, 182. mir grûset vor Ms. vor der geselleschaft dir grûse Mügl. *lied.* 8. 2, 6; *mit acc.* Kindh. dô begunde sêre grûsen den ûz erwelten man Alph. 209; *mit persönl. subj. u. dat.* daz ir mînem man grûsit baz denn si mînem vater tuot Cod. *Regiom.* 4ª; *mit sächl. subj. u. acc.* unvride tuot mich unde manigen grûsen Msh. 3, 108ª; *refl.* sich gr. Apoll. 17895. — *mit* er- (*s. auch nachtr.*), *vgl.* grûwen;
grûsen *stn. grausen* Gfr. 1355. Berth. 46, 17. Kirchb. 704, 19.
grûsenier *stn. s. v. a.* härsenier? *s.* Zeitz. *satz. s.* 22.
grûsen-lich *adj.* (I. 585ᵇ) *s. v. a.* griuslich Lobges. daz grûsenlich grôz ungemach Wh. v. Öst. 10ª. 81ᵇ. 94ᵇ. und soltens grûsenlîcher sîn dan die tiuvel in der helle Krone 13418. greusenlich, greisenlich *sehr oft in d.* Zimr. *chr. s.* 4, 619ᵇ;
grûsen-lîche *adv.* (*ib.*) Wig. grausenleich Mgb. 300, 27. griusenlîche Virg. 629, 7. *vgl.* griuslîchen;
grûs-lich *adj. s.* griuslich.
grüst *stn. s.* grüsch.
grust-gramen *swv.* (I. 575ᵇ) *s. v. a.* grisgramen Griesh.
grüt *stn. s.* geriute.
grût *stf. s.* gruot.
grûtlî *stn. s.* geriutelîn.
grutsch *m. hamster,* damna vel melota Dfg. 165ᵇ. Schm. *Fr.* 1, 1018. furunculus Dief. *n. gl.* 186ᵇ. furunculus ist ain tier, daz haizt in gemainer sprâch g r ü t z Mgb. 139, 2. 4 (*var.* grütsche). cirogrillus grutzer Dfg. 123ª. *vgl.* 93ª. die grutschen und maulwerf Beh. 118, 21. 380, 10. die frouwe beiz umb als ein g r u i s c h (: pfuisch; grutsch: pfutsch?) Helbl. 1, 1216. — *vgl.* griuzel *u.* Frisch 1, 380. grutschel, grentsch, krietsch mus cricetus Nemn. 3, 209. 214. 331;
grütschîn *adj.* verchauffet man daz grütschein oder lampvel, sô geit man von dem pfunt 4 phenn. Urb. *Pf.* 206. von den grütschein lampvellen nimpt man *etc. ib.*
grütz *m. s.* grobitz, grutsch.
grütze *stnf? grütze, grützbrei* Buch v. g. sp. 17, 47. haberkerne grütze wær mir harte nütze Fragm. 38, 83. grutz, puls Voc. 1482. *swm.* ir bestuondet baz einen grützen heiz Fdgr. 2. 310, 13. — *vgl.* griuze, grüsch, grûz.
grutzer *m. s.* grutsch.
grütz-mel *stn. grütz-, breimel* S Gall. *ordn.* 189.
grütz-mueslî *stn. grützbrei ib.* 192.
grûwe *swm.* (I. 584ᵇ) *grausen* Renn. Berth. 202, 7. griuwe Virg. 274, 10 *u. anm.* 394, 3;
grûwel, grûwelich, grûweln *s.* griuwel, griuwelich, griuweln;
grûwen *swv.* (I. 584ᵇ) *md. auch* grüen: *intr. grauen empfinden.* ein kint gên sînem vater grûwet Renn. 21950; *unpers. mit dat. grauen, grausen* Myst. Herb. 5568. Pass. 278, 17. K. 284, 67. 599, 2; *mit dat. u. präp.* dar abe im solde grûwen Pass. K. 159, 75. billich mac mir o b im grûwen Msh. 3, 241ᵇ. mir grûwet gegen Renn. (5735),

von PASS. *K.* 54, 20, vor RENN. 22739. PASS. (grûen 228, 52. 251, 23. grûwen *K.* 62, 52. 165, 59), *mit acc.* dô begonde mich grûwen *der sünden widerstrît* GIESS. *hs. vers* 1565. *vgl.* grûsen. — *mit* grûs, grûsen *zu skr.* harsch *aus älterem* ghars *in die höhe starren, gr.* χέρσος *starr, lat.* horrere FICK 66;

grûwen *stn.* er muoʒ sîn der werlde grûwen RENN. 5775. er begie grôʒe hôchvart mit limmen und mit grûwen KRONE 13277;

grûwesal *stn.* (I. 584ᵇ) *grauen erregendes* LEYS.;

grûwesal *adj. gräulich. mit* grûwesalen gelâʒen PASS. *K.* 60, 49, *vgl.* GR. 2, 108.

grûwe-sam *adj. grauen, schrecken erregend,* ELIS. 9381. PASS. *K.* 683, 67. *contr.* grûsam HELDB. *H.* 1. 228, 525. grausam 240, 10. 269, 5. 457. 32. 471, 26 *etc.; adv.* grausam sehen, *ekel erregend aussehen* TUCH. 115, 11.

grûʒ *stmf.* (I. 578ᵃ) *als f. im gen.* griuʒe, grûʒ: *korn, von sand od. getreide* ER. MAI, *bildl. das geringste* URST. WIG. NEIDH. (98, 35). ERACL. KONR. (TROJ. 34717) STRICK. HELBL. HELMBR. KRONE 15372. 24231. 28693. GA. 1. 125, 722. 57; 2. 461, 164. ir leben was kûme ein gr. KCHR. *W.* 1242. si heten niht ein grûʒ ab dem künic gegeben *ib.* 5111. *vgl.* ZING. *neg.* 423 *f.; s. v. a.* griuʒinc FRL., *vgl.* DENKM. *s.* 329. — *zu* grieʒen.

grûʒ, grûʒe, *stmf. s.* gruoʒ, gruoʒe.

grûʒe *stf. s.* gruose.

grûʒelot *adj. körnig, gesprenkelt.* einer (jacinctus) ist rôt unde grûʒelot GERM. 8, 302.

grûʒen *swv. s.* grüeʒen.

grûʒ-wërt *stn.* (III. 603ᵇ) *was ein grûʒ wert ist* WIG.

gsart *s.* skart.

gslaf *s.* slave.

gu gu, gu gâ *interj. hahnenruf* ALSF. *pass.* 40ᵇ. *s.* WEIG. 1, 462.

gubel-nagel *stm.* (II. 297ᵇ) *hufnagel,* gumphus DFG. 271ᵃ.

gûbitz *s.* gîbitze.

guchzen *swv. s.* guckezen.

guc-, gug-gouch *stm.* (I. 558ᵇ) *kukuk* Ms. guck-, gug-, gutz-, gutzengouch (guoch), gutguoch, gotzengaug DFG. 161ᵃ. *n. gl.* 122ᵇ. gukouc BEH. 49, 29. guckoch Ls. 2. 385, 4. gûtzgauch GERM. 6, 88. — *vgl.* gouch, gucken, kukuk *u.* WACK. *voces* 2, 53 *ff.*

guck *interj. ruf des kukuks.* der gauch singt guck guck MGB. 228, 8. *vgl.* WOLK. 30. 2, 3; 40. 1, 22.

gucke *swm. ein gefäss für flüssigkeiten* FDGR. 1, 374ᵇ.

guckeln, guckeler *s.* goukeln, goukelære.

gucken *swv.* (I. 558ᵇ) *schreien wie ein* gouch, *kukuk* Ls. ich hôrte den gouch gucken GERM. 3. 422, 4. sô guckt der guckgug ouch ALTSW. 158, 2. guggen ZIMR. *chr.* 2. 534, 28. — *mit* be-;

gucken *stn.* (*ib.*) RENN. FRL. alsô sol man den tôren daʒ gücken büeʒen KOLM. 18, 81.

gücken, gucken *swv. neugierig schauen, gucken.* hin gücken unde her gücken unde her wider gücken BERTH. 231, 12. wellent ich gugk WOLK. 3. 2, 13. wann er sich dan wil bucken, sô beginnet die frouwen gucken ALTSW. 52, 28. nu gugkent die weib mit begir den mannen zuo dem hindern CGM. 54, 80ᵃ bei SCHM. *Fr.* 1, 886. dar nâch gugt er in den kruog RING 35, 34. — *vgl.* WEIG. 1, 462. WACK. *voces* 2, 54 *anm.*

gucken-bërglîn *stn.* des guckenpergleins (*versteckens*) spilen, *obscön* FASN. 153, 3. des gutzepergleins spiln *ib.* 653, 14.

guckes *stm. der kux oder anteil im bergbau, böhm.* kukus. *vgl.* SCHM. *Fr.* 2, 887. ZIMR. *chr.* 4. 10, 21.

guckezen *swv.* (I. 559ᵃ) *intens. zu* gucken, *schreien wie der kukuk.* gugzen GSM. 132. guchzen WEIST. gutzen RENN.

guckezen *swv. intens. zu* gucken, *schauen, contr.* gutzen FASN. 142, 22. 262, 11. SCHM. *Fr.* 1, 969. — *mit* durch-, er- (*nachtr.*)

guck-gouch, -guck *stm. s.* gucgouch, kukuk.

guckitzer *stm. kukuk* GERM. 6, 90. *vgl.* SCHM. *Fr.* 1, 886.

guckoch *stm. s.* gucgouch.

gûde *stf. s.* giude, güete.

gudel *stm. in* hellegudel;

gûdel, gûden *s.* giudel, giuden.

gûderlîn *stn. s.* kulterlîn.

güeben *swv. s.* geüeben (*nachtr.*).

güefen *swv.* (I. 586ᵇ) *prät.* guofte *rufen, schreien* FREID. WITTICH (BELIAND 3040). NEIDH. XXXVIII, 29. — *zu* guof.

güelîchi *stf. s.* guotliche.

guem *stm. s.* guome;

güemen *swv.* in durchgüemen.

güenl- *s.* guotl-.

güete *stf.* (I. 591ª) guote GEN. *D.* 63, 19. 103, 12. guotîn KARAJ. 15, 6. 23, 23. *md.* gûde ELIS. 431. 3829. 6939. 93. 7509 *etc.*: *güte, gutheit allgem.* (*pl.* nâch sülchen güeten mac mîn herze wüeten WALTH. XVI, 40. si sehen daʒ si behüeten ir man mit allen güeten GERM. 8. 101, 146), *personif.* frou Güete MSH. 3, 335ª. *vgl.* 2, 297, 5;
güetec *adj.* (I. 592ª) güete *habend, gütig* ALEXIUS. si ist gein den vremden worden güetic MSH. 3, 263ᵇ. ein güetec ende WH. *v. Öst.* 10ª. *md.* gûtic KREUZF. 3638. 5487. LUDW. 13, 31;
güetec-heit, güetikeit *stf. güte, gnade.* unser kraft die beschirmen sol mit der besundern hant der güetichait UOE. 4, 316 (*a.* 1299). von götlîcher güetikeit CDG. 3, 124 (*a.* 1360); *s. v. a.* minne, *gütlicher vergleich* DH. 200. CP. 35. 150. CHR. 2. 166, 13; 5. 11, 26. 215, 1;
güetegen *swv. gut machen, begütigen* CHR. 3. 152, 16;
güetelîn *stn.* (I. 591ª) *dem. zu* guot *kleines, geringes gut* PANTAL. BPH. 6345. güetel BERTH. 62, 39. 358, 10. KOL. 186, 1105; *kleines landgut* UOE. 5, 334 (*a.* 1323). URB. *Seck.* 100;
güeten *swv.* (I. 591ᵇ) *prät.* guote, *part.* ge-güetet, -guotet: *tr.* guot *machen* Ms. lâ senften unde güeten dîn angest unde dînen zorn TROJ. 17166. got ist sô wol gegüetet MART. 11, 75. gotes segen ist sô wol gegüetet ULR. *Wh.* 246ᵇ. swie gegüetet dîne güete sint *ib.* 109ª. man sol das ding g. FASN. 855, 15.; *mit einem* guote *versehen,* geguotet *begütert* GR.W. 1, 522; — *refl. sich als* güete *od.* guot *erweisen* BARL. sît der guoten güete sich sô güetet unde mêret alle tage SINGENB. 231, 15. die sich wider güeten, *zum guten wenden* ROTH dicht. 16, 141. tæten si sich in all sach güeten NETZ 5539; *ebenso intr.* (*vgl.* guoten Ms. (= LIEHT. 566, 22). GLAUB. 594, *mit dat. d. p.* LIEHT. (508, 16. 624, 25). — *mit* abe, ûʒ; be-, durch-, über-;
güeten *stn.* ist iu liep daʒ güeten, sô hât ein ende dirre strît ULR. *Wh.* 242ᵈ.
güeten-lîchen *adv.* (I. 592ª, 47) *s. v. a.* guot-lîche GRIESH.
güetlach *stn. coll.* gut. zwai güetlach MH. 2, 444 (*Burgau*).
güet-lich, -lîche *adj. adv. s.* guotl-.
gûf *stf. s.* guof.

gufe *f. s.* glufe.
guffe *swf. s.* goffe.
güffec *adj. s. v. a.* güftec. mit guffigem schal OT. 187ª;
güffen *swv.* (I. 587ª, 21) *s. v. a.* güften NEIDH. 52, 1. guffen, goffen SCHM. *Fr.* 1, 875.
güfler, güflîcheit *s.* göufler, gönflîcheit.
guf-man *stm. spassmacher, hofnarr.* Kytzeln unsers herren des keisers goffman nichts schenken FRANKF. *brgmstb. v.* 1471 *vig. III. p. oct. epiph.*
guft *stfm.* (I. 586ᵇ) *lautes rufen, schreien, schall* PARZ. jâmers g. j.TIT. 5097. die quâmen in zû helfe alle mit gufte und mit schalle HERB. 5357. âne schalles guft KREUZF. 5178. die vogel in dem lufte mit vrœlîchem gufte W. *v. Rh.* 11, 52; *laute freude, freudiger mut, herrlichkeit* WWH. SILV. MART. (*lies* 74, 56. 106, 101. 117, 100). FRL. SUCH. freude unde guft RENN. 2652. êre oder guft *ib.* 4299. 22628. frouden guft HPT. 5. 546, 1152. APOLL. 12488. ritterlîche guft ORL 6471. mit minneclîchem gufte *ib.* 7267. ze gufte und ze prîse HERB. 13906. ze rûme und ze gufte 14131. mit gufte varn j.TIT. 3311. sorgen mit vil kranken guften j.TIT. 851. werltlîche guft PASS. *K.* 179, 52. suntlîche g. 591, 58. vlîgende g. 646, 60. *vgl.* JER. 44ᶜ. 73ᵇ. 149ᵈ; *übermut* BARL. KONR. GEN. PASS. (hônlîche g. *K.* 135, 63. zornlîche g. 553, 7). daʒ er siu in die helle kruft füeret durch ir hôhin guft, den siu gein îr schepher hânt MART. 9, 106; *pralerei, übertreibung* PARZ. wer jæh mir des ze gufte WWH. 377, 28. — *zu* guof, güefen;
güftec *adj.* (I. 587ª) *freudig.* durch guftiges herzen rât WELTCHR. 155ᵇ (PF. *üb.* 53, 74); *übermütig, üppig,* wer guftig ist in argem wandel MÜGL. 8. 2, 4; *in übermut bringend* FRL.;
güftec-lîchen *adv.* (*ib.*) *auf übermütige, pralende weise* LANZ.;
güften *swv.* (*ib.*) *md.* guften, *prät.* gufte: *intr. seine freude laut äussern, übermütig sein.* alsô hôrte ich sie g. j.TIT. 1377. Engelmâr wil göuden unde g. MSH. 3, 278ª. schallen unde g. *ib.* 107ᵇ. die knehten wolden guften ûf der gûten unheil PASS. *K.* 660, 52. güften mit *verschwenderisch sein* LOH. 646; — *tr. schreien, zurufen,* daʒ eʒ die engel güften den vogelen in den lüften ALTSW. 135, 10; *durch rufen bekannt machen, rühmen, verherrlichen,* swie sûeʒe sî ir name mit

rede güfte LOH. 1527. dâ mite er gufte sîn getât WELTCHR. 155ᵇ (PF. üb. 53, 73); refl. mit gen. sich rühmen WOLFR. HELBL. VIRG. 75, 8. MF. 117. ALTSW. 136, 16. sich güften zuo sich freudig od. übermütig begeben ib. 251, 32. — mit er-, ge-, über-;

güften, guften stn. (ib.) WIG. TUCH. HÄTZL. des meien rîlich güften MSH. 3, 436ᵇ. ir gesanges guften REINFR. 21ᵇ. durch guften und durch schallen TROJ. 1335. 19499. j.TIT. 5323. dô wâren komen mit guften zesamne helde guot DIETR. 6508; swer sîn wâpen het gemacht durch güften kleber LOH. 5414. ô hêrre, ir guftin gar zutrîb JER. 73ᵇ;

gufter stm. prodigus VOC. 1482. ir seit ein grôszer gufter zwâr, ir rüemt euch mêr, dan ir vermugt FASN. 143, 4;

guft-lich adj. hoch, herrlich. nâch guftlîchem prîse PASS. K. 72, 69; pralend, sunder guftlich prîsen j.TIT. 3344;

güftunge stf. arrogantia SCHM. Fr. 1, 877.

gugel f. s. gugele;

gugelære, gugler stm. (I. 585ᵇ) der eine gugel trägt. bei JUST. 9. 190. 192 heissen die Armagnaken gugler; stoff aus dem gugel gemacht werden, gugler oder plâwe lînwât, flavilinium VOC. 1482. gu-, go-, giegeler DFG. 239ᵃ. dedimus 1 ℔ und 26 β. umb ein stuck plâbs guglers in schreibstuben fur die fenster J.a. 1424. vgl. NP. 129;

gugele, gugel, kugel, kogel swstf. (ib.) kapuze über den kopf zu ziehen am rock oder mantel. gugele FRL. KOL. DSP. 2, 198. BEH. 99, 1. 386, 29. 410, 8. gugel PARZ. TRIST. H. MS. KRONE, LS. (2. 225, 553). MGB. 235, 11. der (Steiermärker) ist nû deheiner grôzer unde kleiner, er müeze an dem kragen stæt ein gugel tragen, daz im der hals belibe weiz OT. 668ᵇ. 669ᵃ. ê liezen sich die man schouwen âne gugel vor den frouwen : nû siht mans in den gugeln gân vor den frouwen als ein man, der sîn houpt niht sehen lât vor dem brechen den er hât, der niht zimlich ist ze sagen. sô siht man die frouwen tragen ouch die gugel für gebant TEICHN. (PF. üb. s. 164). das haus haist in der gugel bei stubentor UKN. 267 (a. 1337, Wien). kugele TRIST. U. 2482. gugel, kugel, gogel, kogel capucium DFG. 99ᵇ. kogel WEIST. EILH. 7272. GA. 3. 238, 1579. 241, 1688. DÜR. chr. 570. 681. — aus mlat. cuculla, lat. cucullus;

gugelen swv. mit der gugel umhergehen (von mönchen), vgl. ZIMR. chr. 2. 402, 29; 4. 54, 22.

gugel-giege swm. (I. 539ᵇ) törichter geck? FRL. MS.

gugel-gopf stm. (I. 540ᵇ. 586ᵃ) ein scheltwort HELBL., vgl. SCHM. Fr. 1, 880. KWB. 126. BIRL. 206ᵃ.

gugel-han stm. (I. 626ᵃ) gockelhahn GR.W. 1, 263. vgl. WEIG. 1, 462. WACK. voces 2, 42.

gugel-, kugel-huot stm. (I. 733ᵃ) kapuze LS. CLOS. VIRG. 585, 13. HPT. beitr. 299. ALTSW. 52, 9. SCHREIB. 2, 187. MONE z. 7, 59.

gugelîn stn. (I. 585ᵇ) kleine kapuze TRIST. H. WOLK. 123. 5, 10.

gugel-kotze swm. (I. 866ᵇ) penula, lacerna in modum cucullae SCHM. Fr. 1, 881. DFG. 423ᶜ.

Gugel-miure ersonnener landsname WAHTELM. 53.

gugel-roc stm. rock mit einer kapuze EILH. 7124. vgl. rocgugel.

gugel-vuore stf. s. gogelvuore.

gugel-zipf stm. (III. 901ᵇ) zipfel der kapuze HELBL. kogelzipf DFG. 324ᶜ. el enso

gugel-zipfel stm. (ib.) gugel-, kugel-, kogelzipfel capucipendium, leri-, retropendium, leripipium DFG. 99ᵃ. 324ᶜ. 496ᶜ. das niemant in gugl oder guglzipfl verbunden gên sol CP. 176.

gugen swv. s. gücken.

gugen swv. sich hin und her wiegen, schwanken. gugen gagen zur bezeichnung des schwankens der wiege NEIF. 26, 13. 22. s. WACK. voces 2, 83 anm. u. gagen, gîgen.

gugen-gêre swm. s. giegengêre.

gugen-gouch stm. s. gickengouch.

gügerël stmn. (I. 586ᵃ) kopfschmuck des pferdes, vielleicht eine art federbusch LANZ. PARZ. WIGAM., im REINH. 1337 trägt der leopard ein gügerel. vgl. PFEIFF. ross im altd. 18, 18.

gugg-aldei stm. (I. 22ᵇ) kukuk? WALTH. 82, 21. vgl. aldei u. NEIDH. s. 185 f. WACK. voces 2, 26. 54.

gugger stm. (I. 559ᵃ) cuculus DFG. 161ᵃ.

gug-gouch, -gug stm. s. gucgouch, kukuk.

gugken swv. s. gücken.

gugler stm. s. gugelære.

gugzen swv. s. guckezen.

gukouch stm. s. gucgouch.

gûl *stm.* (I. 586ᵃ) *eber u. sonst männl. thier, ungeheuer* GEN. (goul *D.* 109, 30. DIEM. 264, 2).
gûle *benennung eines götzen* GEO. (3503); *gaul,* gaul rucinus, vilis equus VOC. 1482. emissarius, gûl, gûle DFG. 200ᶜ. den glîche ich einem blinden gûl, der dâ an allen vieren hanc KOLM. 96, 43. und wart die sach bericht: schad gegen schad und gûl an gurren (*gleiches gegen gleiches*) JUST. 251. ir sind zu beiden sîten fûl, und ist wârlich fast gurr als gûl FASN. 867, 22. — *dunkl. abst., vgl.* DIEF. 2, 381.
gula *f. schlund, gurgel* HUGO *v. M.* 34. — *aus lat. it.* gula, *vgl.* KWB. 126 *f.*
gulch? *s.* sulch.
gülcher *stm. s.* kirchherre.
gülde, gulde *stf. s.* gülte.
guldeloht *adj. goldfarbig* WOLK. 5. 1, 11;
gulden *adj., stm. s.* guldîn;
gulden, gülden *swv. in* über-, vergulden.
gulden-schrîber *stm.* aurigraphus DFG. 62ᵇ. Johannes Konig, guldenschrîber, 11 *β.*, 6 hl. pagavit FRANKF. *beedbuch der niederstadt v.* 1463, *f.* 18ᵇ. *vgl.* goltschrîber.
gulden - snîder *stm. guldenbeschneider* FRANKF. *brgrmstb. v.* 1438 *vig. V. a. pentec.*
guldîn *adj.* (I. 553ᵇ) *von golt eigentl. u. bildl.* NIB. EN. PARZ. TRIST. diu vaz guldîn EXOD. *D.* 151, 4. 156, 15. FLORE 3944. PASS. *K.* 23, 46. 44, 57. 389, 63. ein bouch guldîn GEN. *D.* 86, 26. guldîne naphe 43, 14. *vgl.* ALBR. 12, 28. 58. 32, 94. mit rîchen borden guldîn KONR. *Al.* 77. ein guldîn berc WINSBEKIN 10, 3. guldîne berge in Mediâ BERTH. *Kl.* 68. ein g. wec MSF. 28, 28. guldein griez, *goldsand* MGB. 485, 11. guld. keten, nadel, wolle *ib.* 278, 33. 300, 7. 245, 31. guldîniu wort in dem munde RENN. 4484. guldîn jâr *jubiläum* CHR. 4. 315, 12; 7. 401, 4. gulden oder genâdenreich jâr VOC. 1482. HALT. 758. an sant Johanstag, den man nempt mit dem guldinn mund (Joh. Chrysostomus) DON. *a.* 1366. *vgl.* TUCH. 20, 32 *u. s.* 371ᵃ. guldeine porte, *uterus?* MGB. 383, 27. dô daz alder guldîn zugie, dô quam daz îserîn ALBR. 35, 301;
guldîn, gulden *stm.* (*ib.*) *näml. der guldîn* phenninc, *goldmünze, gulden.* vierzec guldîn APOLL. 15848. 83. 16594. 613. 834. 17363. 91. WH. *v. Öst.* 10ᵃ. sehzec tûsent g. LOH. 3852. lübesch gulden ALTSW. 228, 27. rînesch gulden 237, 14. *aus urkunden hebe ich nur einige beisp. aus:* klein gulden von Florencie AD. 998. 1219. ain halbs pfunt pfenn. für

ainen newen ungerischen guldein MW. 380, 2 (*a.* 1397). sechtzig tûsent guldîn florîn *ib.* 321 (*a.* 1348). die rein. guldein *sollen geprägt werden auf* achtzehendhalben garad an dem gold und se 85 auf ein marck MH. 2, 223 (*a.* 1473 *Augsb.*). drîhundert guldîn guoter an golde SCHREIB. 2, 314 (*a.* 1421). acht pfunt alt fur ain guldein TUCH. 324, 27. ein guldein reinisch = 35 groschen, 245 pfenn. *ib.* 101, 9. ein guldein = ½ ℔. CP. 370. *noch ganz als adj. behandelt ist das wort:* dreizzitausent guldeiner, vierzic tausent guldeiner MZ. 4, 268. den 30 tausent guldeinen *ib.* 299. — *vgl.* CHR. 1, 230 *ff.* 5, 422 *ff.* SCHM. *Fr.* 1, 896 *ff.*
gûle *swm. s.* gûl.
güll *stf.* scrophula dicuntur quædam apostemata quæ nascuntur pueris in collo, dy güll *Gräzer vocab. sign.* ⁹⁴⁄₁₂. *steirisch die* güll, *drüsengeschwulst bei hunden u. andern thieren* (*mitteil. v. Weinhold*). strophulas, güll CGM. 170, 10ᵃ *bei* SCHM. *Fr.* 1, 894;
gülle *swf.* (I. 586ᵃ) *lache, pfütze* BEITR. (= MSH. 1, 172ᵇ.) LANZ. 2921 *var. zu* hor. die fûlen güllen MART. 67, 68. zuo der helle güllen *ib.* 151, 21. 172, 4. — *vgl.* STALD. 1, 493. SCHM. *Fr.* 1, 894. WEIG. 1, 463;
güllic *adj.* man sol kain gülliges smalz smelzen innerhalp der maure NP. 212 (13 — 14. *jh.*).
gûllîche *stf. s.* guotlîche.
gült *stf. s.* gülte;
gült *stn. einkünfte tragendes gut.* als vil daz gült tragen mach STB. 301;
gültære *stm. gläubiger* RING 32ᶜ, 31. *vgl.* geltære.
[gulte *stf.* I. 586ᵃ, *ein mass für bier*] MART. 60, 75: dar zuo wil im brûwen der helle schenke ein sunderbier, daz mâȝe driȝic unde vier niht einen Berner gulten (*gedr.* einer berner gulte), der si joch ubir fulte *d. h. ein bier, von dem* 34 mass *noch nicht einmal einen batzen kosten würden, wenn man sie auch bis über den rand anfüllte. s.* gelten.
gülte *stf.* (I. 524ᵇ) gilte SCHREIB. 1, 95 (*a.* 1282). gülde NP. 16. *md.* gulte, gulde, gilde (JER. 62ᶜ) *was zu* gelten *ist oder* gegolten *wird: schuld, zahlung.* WALTH. RUD. (GERH. 2741. 80. 6172). ez söllen di rihter umbe gülte niht geleite geben keinem selbscholn NP. 127. die habent gelait für alleu gült MÜNCH. *r.* 243. doch galt er im die arbeit mit sô rîcher

gülte DAN. 3823; *einkommen, rente, zins (von geliehenem geld, vgl.* MONE z. 1, 26 *ff.*) TRIST. MS. RUD. KONR. (SILV. 1934. AL. 113). LOH. 4865. 5060. 5693. j.TIT. 1766. APOLL. 20459. RENN. 8391. 16272. 18782. PASS. 169, 82. 368, 79. 388, 86. ELIS. 79. JER. 64ᵇ. SWSP. 292, 18. ÖH. 20, 25. 22, 2 *ff.* 35, 14. 41, 4 *etc. u. oft in urkunden; wert, preis* ELIS. 6806. — *vgl.* gëlt;

gülte *swm.* (I. 525ᵇ) *s. v. a.* gëlte, gëltære, *schuldner* GERH. 2195. 2845. wir verbinden uns als ein rechter gült und schuldner MH. 2, 188. 90; *gläubiger* FREIBERG.;

gülte *adj. in* hôchgülte.

gülte-bære *adj.* (I. 525ᵇ) *zinspflichtig.* gültebære güeter GR.W. 6, 186.

gülte-brief *stm. zinsbrief* GR.W. 6, 3.

gülte-buoch *stn. zinsbuch* MONE z. 6, 391 (*a.* 1437).

gülte-gëbe *adj. s. v. a.* gültebære SCHM. *Fr.* 1, 866 (*a.* 1456).

gülte-haft *adj.* (I. 525ᵇ) *in schulden steckend* BERTH.;

gülte-haftec *adj. zinspflichtig* SCHM. *Fr.* 1, 910 (*a.* 1332).

gülte-korn *stn. zinskorn* MONE z. 5, 427 (*a.* 1346).

gülten *swv. in* ver-, drî- (*nachtr.*), zwîgülten;

gültic *adj. im preise stehend, theuer* SCHM. *Fr.* 1, 910; *zu zalen verpflichtet, s.* zinsgültic.

gulter *stm. s.* kulter.

gült-vruht *stf. zinskorn* GR.W. 3, 570. 72. 73.

gum *m.* (I. 586ᵃ) *maulaufsperrer* FRL. — *zu* guome.

gume *swm. s.* gome.

gûme *swm. s.* guome.

gumelanz *stm.* (I. 586ⁿ) *eine schelte* Ms. — *zu* gum.

gumen, gummen *stm. s.* gomman.

gümitzen *swv.* hyare Voc. 1437. — *zu* guome.

gumme *swm. s.* guome.

gummi, gummi arabicum DFG. 271ᵃ. MGB. 369, 6.

gumpân *stm. s.* kumpân.

gumpe *swm. wasserwirbel* MONE z. 12, 300 (*a.* 1347). gompe. gurges SCHM. *Fr.* 1, 915. gump od. tumpfel fortex Voc. 1482. *vgl.* STALD. 1, 495. 305;

gumpel *stm.* (I. 526ᵇ) *springen, scherz* Ms. sô wollen mer (*wir*) dan alle lachen und unsern gumpel mit ere (*ihr*) machen ALSF. *pass.* 51ᵃ;

gümpel *stm. gümpel, der vogel u. obscön für penis (vgl.* gimpelgempel). waȥ ich zuo voglen hab gelêrt, von irem kloben mich bevilt, des gümpels er zuo oft begert WOLK. 71, 3, 9. *vgl.* WEIG. 1, 439 *u.* gumpen;

gumpelære *stm.* dû kleiner gumpelære LAUR. *Casp.* 84.

gümpel-bein *stn.* einer das g. rüeren, *coire* FASN. 343, 13. 348, 30.

gumpel-kneht *stm.* er muosz sein ir gumpelkneht (*narr*) CGM. 379, 175 *bei* SCHM. *Fr.* 1, 915.

gumpel-liute (I. 1038ᵇ) Ms. BERTH. (25, 5. 155, 18). JÜNGL. 142. *pl. von*

gumpel-man *stm.* (II. 39ᵇ) *springer, possenreisser* Ms. JÜNGL. 643. 999 (*oben sp.* 732 *ist* gampelman *zu streichen, es ist diese stelle gemeint*). MOR. 2, 609. TEICHN. 235.

gumpel-mære *stn.* (II. 78ᵇ) *närrische, komische erzälung* HELBL.

gumpel-market *stm.* der gümpelmarkt, darauf man fail hat alt lumpen und alt hadern KEISERSB. *pr.* 45, 6.

gumpel-miete *stf. lohn für einen* gumpelman JÜNGL. 858.

gumpeln *swv. possen reissen* JÜNGL. 998. *vgl.* SCHM. *Fr.* 1, 914.

gumpel-phaffe *swm. der scherzweise einen* phaffen *vorstellt* RING 6ᵉ, 9.

gumpel-site *stm.* (II². 325ᵃ) *s. v. a.* gampelsite Ms.

gumpel-spil *stm.* (II². 501ᵇ) *s. v. a.* gampelspil MSH. (2, 142ᵇ). CHRISTOPH 1286. KOLM. 111, 10.

gumpel-volc *stn. s. v. a.* gumpelliute BERTH. 319, 18.

gumpel-vuore *stf. s. v. a.* gampelvuore HPT. *beitr.* 290.

gumpel-wîse *stf.* (III. 756ᵇ) *s. v. a.* gampelwîse TEICHN. NEIDH. 239, 75.

gumpen *swv.* (I. 526ᵇ) *hüpfen, springen* HÄTZL. WOLFD. *Casp.* 270. WOLK. 58. 5, 5. RING 39ᵉ, 5. FASN. 383, 17. gumpen oder plitzen als die pferde, quadrupedare Voc. 1482. — *zu* gimpen, gampen;

gumpenîe *stf.* NEIDH. 59, 25. *var. zu* hoppenîe.

gumpenîe *stf. s.* kumpanîe.

gumpern *swv.* g. od. behend machen, abilitare Voc. 1437. — *zu* gumpen.

gumpestelîn *stn. dem. zu* gumpost MONE z. 2, 186.

gumplêt *s.* complêt.

Gumpolt *stm.* (I. 526ᵇ) die Gumpoltes gîgen an einen hâhen, *mit ihm spott treiben* HELBL. (*lies* 9, 142). *vgl.* FASN. 403, 14. 445, 34.

gumpost, gunpost *stm. s.* kumpost.

gumpost-kezzel *stm.* (I. 803ᵇ) *kessel zum sauerkraut* WEIST.

gunde *prät. s.* ginnen, gunnen.

[**günde** *stf.* I. 311ᵃ] *s.* gunt *stm.*

günden, gunder *s.* gunnen, gunner.

gunde-rëbe *swf.* (II. 586ᵇ) *gundelrebe* GL.; *vgl. gt.* gund, *ahd.* gunt, cunt *geschwür, eiter.*

gunderfai, -veit *s.* kunterfeit.

gundunge *stf. s.* gunnunge.

gunedelt *part. s.* unedelen.

günen *swv. s.* ginen.

gunêren *swv. s.* geunêren.

gung *prät. s.* gân.

gunkel *f. s.* kunkel.

gunnen, günnen *an. v.* (I. 32ᵃ) *aus* geunnen, *nbff.* gennen GR.W. 6, 650, genen CHR. 5. 15, 19, günden *in* Mz. 1. CHR. 5. 347, 29; *präs.* gan, *prät.* gunde, gonde (PASS. *K.* 171, 42), *part.* gegunnen (TROJ. 21797), gunnen (KUCHM. 18), gegunnet, gegünnet (CHR. 1. 1. 199. 10), gegündet (Mz. 1, 585), gegunst RTA. 1. 249, 22. CDS. 2, 95. 178: *gern an jemand sehen, gönnen, mit dat. u. gen. allgem.* (einem eines d. ubel g. *ihn wegen etw. bedauern* HEINR. 405); *vergönnen, erlauben, gewähren mit dat. u. gen. allgem., mit acc.* das wir gegündet haben und günden mit disem brief Mz. 1, 585 (*a.* 1418), *mit dat. u. acc.* als ich dir daz gunne GEN. *D.* 41, 9. nu gunne mir doch den tac ALBR. 10, 304. *vgl.* 16, 117. ich hæte in mîne minne wol für tûsent man gegunnen TROJ. 21797. wem si nû baz gunne heil KRONE 10889, *mit dat. u. infin. mit ze* WALTH. FREID. Ms. KRONE 17308, *od. nachs. mit daz* Iw. GEN. *D.* 35, 25. KRONE 11685. 12132. — *mit* be-, ge-, ver-;

günner, gunner *stm. gönner, freund, anhänger.* günner MSH. 2. 205ᵃ. RCSP. 1, 401. CHR. 4. 40, 1. gunner LUDW. 33, 19. DÜR. *chr.* 501 543. DAL. 190, 30. 37. RCSP. 1, 365. CHR. 7. 348, 2. *vgl.* JER. *s.* 299. gunner, gunder, gonner fautor DFG. 228ᵃ. gonner DÜR. *chr.* 494;

gunnunge *stf. gönnung, erlaubnis* RCSP. 1, 186. 235 (*a.* 1411). MONE *z.* 4, 155. gundunge *ib.* 14, 317 (*a.* 1454).

gunplêt *s.* complêt.

guns *stf.* (I. 34ᵃ) *gunst, wolwollen* TRIST. U. DIETR. (8758). ULR. *Wh.* 236. *vgl.* WEINH. *al. gr.* § 177.

gunseln *swv. mnd.* winseln, wehklagen PASS. K. 104, 2. *vgl.* FROMM. 6, 210.

gunst *stf.* (I. 33ᵇ) gonst CHR. 5. 375, 30. 378, 2; *gen.* günste, gunst, *pl.* günste j.TIT. 130, *md.* gunste JER. 45ᵈ: *gunst, gewogenheit. wolwollen* WOLFR. (*Wh.* 122, 13. 184, 20. 249, 6). BARL. SILV. 2364. TROJ. 1988. ENGELH. 5370. j.TIT. 4334. LOH. 3216. 22. 82. 4956. LIVL. 2312. PASS. 88, 33. 354, 38. ELIS. 507. 1961. 3128. 3934. doch hât si mînem lîbe gunst MSH. 1, 107ᵇ; *das verleihen* TROJ. (1956), *vgl.* PASS. 117, 71; *einwilligung, erlaubnis* BARL. LOH. 2035. 3633. 7448. sîne g. geben ELIS. 6517. — *zu* gunnen;

gunst *stm.* (I. 34ᵃ) *gunst, wolwollen* TROJ. (28857; *das beisp. aus* Ms. *ist zu streichen, s. unter dem vorig.* MSH. 1. 107ᵇ). vil gnâden und gunstes RCSP. 1, 684 (*a.* 1402); *erlaubnis*, mit guoten gunst und willen *oft in* Mz. 1. ZIMR. *chr.* 4, 622ᵃ.

gunst *stf.* (I. 529ᵇ) *anfang* LOBGES. — *zu* ginnen.

günste-bære *adj.* (I. 34ᵃ) *wolwollend* TROJ. (2917).

günstec-lich *adj. wolwollend, gnädig.* mit günsteclichen hulden GERH. 6224; *s.* günstic.

gunste-lîche *adv. s.* günstliche.

günsten *swv. in* vergünsten;

gunster *stm. der* günstic *ist.* Jupiter ist ein gunster MYST. 2. 212, 36;

günstic *adj.* (I. 34ᵃ) *wolwollend, gewogen mit dat.* KONR. (ENGELH. 2291. OTTE 629. TROJ. 22947). ATH. *F* 132. ERNST 4596. MSH. 2, 97ᵃ. 363ᵃ. CHR. 7. 298, 13;

günstigen *swv. in* vergünstigen.

günst-lich *adj.* (I. 34ᵃ) *wolwollend* ELIS. 5074; JER. 50ᵈ. WOLK. 59. 1, 1. CHR. 4. 197, 7;

günst-lîche *adv.* RCSP. 1, 423. gunsteliche ROTH. 3174.

gunt, -des *stm.* (I. 34ᵃ) *s. v. a.* gunst. daz der Sælden gundes teil einem manne nie geviel KRONE 4883. alsô Lanzelet enkunde von des kopfes gunde (*weil es ihm der k. gönnte*) getrinken des lîdes 2128. mit rede und mit gunde 5827. von rehtem gunde 12485. *vgl. noch* 18739. 22301. 562. 25740. 26459. 27181. 780. 29598. 801. 21. *pl.* mit alsolhen gunden (: zunden) *ib.* 10643. sô kan unmâze brechen glückes günde (: sünde) MSH. 1, 339ᵇ, (*das* *im* WB. *aus* TROJ. 882 *cit. beisp. lautet bei* Kell.: *und* truogen *im diu liute* gunst: *kunst*).

gunte *swmf.?* er fluochet allen frawen rein: ir gunten, kotzen, bœsen brecken RING 5ᵇ, 9. — *vgl. das flgd.*

gunteln *swv. schleifen, fortschleifen.* das brönnholz guntlen *schweiz. geschichtfreund* 11, 208 (*a.* 1433). — *schwz.* der gunten *eiserner keil mit einem ringe, den man z. b. in ein holz schlägt, um dasselbe dann zu schleifen,* gunten *ein solchen keil einschlagen,* gunteln *schleifen* STALD. 1, 498. *vgl. nd.* günte, güntje *schnabel an einem gefässe* FROMM. 5, 146.

gunter, gunterfeit *s.* kunter, kunterfeit.

[**gunzel**? I. 586ᵇ] *s. das flgd.*

Gunzen-lê *stm. eine örtlichkeit in der nähe Augsburgs, der* lê (*hügel, ahd.* hlêo, lêo) *des* Gunzo BIT. 5745. 12837. j.TIT. 1505 (*im alt. dr.* Gunzele, *bei Hahn* concilie) *u. oft in urkunden s.* GERM. 1, 81—100.

guof *stfm. s. v. a.* guft, *md.* gûf *stf.* JER. 23ᶜ. 31ᶜ. 55ᵇ *etc. stm.* NETZ 2443. *vgl.* NIB. 1494, 2 *B.*

guoll- *s.* guotl-.

guome, goume; guom, goum *swstm.* (I. 587ᵃ) *md.* gûme, gôme, gôm: *der gaumen, die kehle, rachen* DIEM. FRL. (goum, gôme, gôm) PASS. gueme, gume, gumme, (BEH. 8, 26), gum epiglottum DFG. 204ᵇ. *n. gl.* 152ᵃ. gevalter guome MGB. 186, 20. 187, 28. ein zan ûʒ dem guomen dranc KRONE 19827. und hete si in sînem guomen der tiuvel besloʒʒen *ib.* 21194. Wolvesguome *als fing. name* HELMBR. 1195. durch den gûmen unʒ an die zungen HERB. 8897. *pl.* daʒ mir mîn munt und mîne guomen haiser sint worden GRIESH. 2, 77. — *vgl.* goume *u.* WEIG. 1, 393.

guonl- *s.* guotl-.

guot *adj.* (I. 587ᵇ—589ᵇ) *md.* gût, gôt (ROTH. 5145. 71. 76 *etc.*), *comp. statt* beʒʒer *auch* guoter, *md.* gûter (WACK. *pr.* 46, 169. PASS. *K.* 293, 8): *gut, von pers. u. sachen: tüchtig, brav, gut, von gutem stande, vornehm; passlich, tauglich, brauchbar allgem.* (gûte knehte, *ritterbürtige* SSP. 2, 66. guote liute *angesehene, ehrenhafte leute* GREG. 3107. SSP. 2, 29, *auch von demütigen, bussfertigen sündern u. siechen leuten gebraucht: der* guote sündære GREG. 6. guote liute NIB. 1001, 2. gûde lûde ELIS. 4217, *in manchen städten gab u. gibt es noch* gutleuthäuser; guot *in verbindung mit* sancte *s.* DENKM. 421 *f.*); *mit dat. u. persönl. subj. freundlich, gnädig, behilflich* (wilt du mir·nû guot sin ERACL. 3168), *mit dat. od. präp.* ze, vür *u. sächl. subj. nützlich;* eʒ guot tuon, *die sache, die man vorhat, gut machen bes. vom kampfe* NIB. GUDR. BIT. PARZ. — *gt.* god, *mit* gate *von einem stv.* gidan *verbinden? vgl.* WEIG. 1, 465; ,,*mit* gaten *und* got *zu gr.* χαός, γηθέω" WACK. 121ᵃ. ,,*vielleicht mit gr.* ἀγαθός *zusammenhängend*" GSP. 28, *vgl.* DIEF. 2, 435. KUHN 8, 416. 9, 255;

guot *stn.* (I. 589ᵇ) *gutes allgem.* (durch, in guot *in guter absicht, in gutem sinne;* mit guote *in güte, wol;* in, ze guote *in, zu gutem*); *gut, vermögen, besitz allgem.* (varnde guot, *bewegliche habe; bildl.* diu liebe hât ir varnde guot geteilet, sô daʒ ich den schaden hân MSF. 155, 16. eʒ sint ouch die dâ lihent ûf geltende guot BERTH. 437, 29. sie sullen auf ir aigen guot [*auf eigene kosten*] einen sundern briester haben und ausrichten USCH. 376 *a.* 1398); *landgut, landbesitz* GEN. *pl.* guot CHR. 4. 64, 4. 67, 2. güeter (*lehengüter*) MH. 2. 678 *ff.*

guotât *stf. s.* guottât.

guot-dunken *stn. das gutdünken* RTA. 1. 31, 29.

guote *stf. prät. s.* güete, güeten;

guote *adv. zu* guot. *s.* Bechstein *z.* TRIST. 5236.

guote-lich *adj. s.* guotlich.

guoten *swv.* (I. 519ᵇ) guot *sein* PILAT. TRIST. Alîsen güete diu ist sô guot, daʒ nieman ober sie guotet ULR. Wh. 74ᵇ. *vgl.* güeten.

guoten-, guotem-tac *stm. in schwäb. alem. denkm. für mittwoch* GR. W. 4, 505. AD. 1005. Mz. 1, 257. 288. 309. 322. 328. 333. 375. 400. 401. 402. 403. 418. 467. MONE *z.* 13, 210. 15, 430. ROTW. 1, 50ᵃ. 2, 336; *auch für montag s.* FROMM. 5, 262. an dem næhsten guotemtag in den pfingstvirtagen Mz. 1, 551. an dem sunentag nauch der vesper und am guotemtag mornentz *ib.* 476. *vgl.* MONE 2, 137. BIRL. 208ᵇ. — *nd.* godens-, gudens-, gons-, gaunstag, *engl.* wednesday *aus* Wôdanes tag *s.* MYTH. 114. GR. *kl. schft.* 2, 58. FRISCH 1, 385ᶜ. 669ᵃ. HALT. *jahrzeitbuch* 42, 45.

guot-heit *stf.* (I. 592ᵇ) güte HÄTZL. MYST. 2. 479, 9. BEH. 355, 14.

guot-hërzec *adj. gutherzig* N. *v. B.* 251. 86. 92;

guot-hërzec-heit *stf. ib.* 283.

guotîn *stf. s.* güete.

guot-, güet-lich *adj.* (I. 592ª) *angegl.* guollich, *entstellt* guon-, güenlich: *gut, gütig, freundlich.* guotlich BARL. SWANR. 745. güetlich HARTM. WOLFR. diu güenliche und minnecliche maget W. *v. Rh.* 5 (*überschrift*); *ruhmvoll, herrlich,* daz sint guotelichiu dinc EXOD. *D.* 154, 18. guotlîche êre MART. 274, 2. guonlîche êre, gotheit *ib.* 246, 77. 274, 82. 107. 278, 22. der guonlîchoste küng CDG. 3, 125 (*a.* 1360). guenlich WACK. *pr.* 67, 23.

guot-, güet- lich, -lîche, -en *adv.* (*ib.*) *gut, gütig, freundlich.* guotlich ERNST 3686. guotlîche APOLL. 19392. 20611. *md.* gûtlîche PASS. 191, 13. *K.* 39, 22. 41, 33. 657, 87. guotlîchen BARL. GEN. *D.* 74, 7. 12, 14. güetlich a.HEINR. LIEHT. 33, 31. 35, 22. 503, 11. 508, 16. 556, 12. 566, 22. GSM. 589. güetlîche PARZ. TROJ. 19977. güetlîchen NIB. HARTM. WIG. SILV. 160. EILH. 578. gutlîchen, *in güte* CHR. 2. 73, 25; 3. 369, 5;

guot-lîche *stf.* (I. 592ᵇ) *ruhm, herrlichkeit, gloria.* guotlîche DIUT. 3. 128. 29. MISC. 1, 41. GEN. *D.* 112, 25. *angegl.* guollîche WACK. *pr.* 13, 15. 74, 54. gôliche *ib.* 13, 29. güelîchi GERM. 7, 343. uppige gûllîche, *stolz* MONE 8. 59, 69, *entstellt* güenlîche SUSO, WACK. *pr.* 69, 273. W. *v. Rh.* 60, 6. 62, 10. 201, 17. 220, 16;

guot-lîchen *swv. refl. sich rühmen, übermütig sein* DIUT. 3, 126. *angegl.* guollîchen WILL. *Hoffm.* 30, 21;

guot-lîchkeit *stf.* (I. 592ᵇ) *güte* MYST.; güetlichait, *gütlicher vergleich* CHR. 5. 215, 1. gutlikeit *ib.* 3. 297, 28. *vgl.* HALT. 765 *f.*

guot-lôs *adj. md.* gûtlôs, *ohne guot, arm.* lieber gûtlôs denn êrlôs DÜR. *chr.* 567. GERM. 5, 240. 6, 61.

guot-man *stm.* (II. 39ᵇ) *s. v. a.* guotcr man, biderman. *vgl.* DIEM. 248, 18. PARZ. 740, 30. ALTSW. 207, 28. 239, 4. der Guotman OTN. *p.* 26.

guotnisse *stf.* (I. 592ᵇ) *güte* LEYS.

guot-sælec *adj.* (II². 39ᵇ) *durch vermögen beglückt.* HELBL.

guot-swendære *stm. verschwender* JÜNGL. 364. *ebenso*

guot-swende *swm.* (II². 800ª) LIT. HELBL.

guot-tât, guotât, -æte (III. 147ᵇ) *gute tat, gutes werk* KARAJ. FREID. BARL. MAR. 151, 35. ENGELH. 1563. SILV. 3846. ROTH *pr.* 32. PASS. *K.* 132, 14; *woltat, stiftung, geschenk* BARL. GERH. (465. 1855. 57). EXOD. *D.* 120, 5. ERACL. 5040. MGB. 58, 35. 208, 13.

17. PASS. *K.* 582, 31. die boten wurden wol berâten mit maneger guottæte DIETR. 1037; *gutes tun bes. im kampfe* (*vgl.* ez guot tuon) LIEHT.;

guot-tæte *stf.* (III. 147ᵇ, 24) *gutes werk* LEYS. guottæte wehset vor gote alle tage, die wîle dû dich an guoten werken üebest BERTH. 7, 29;

guot-tætec *adj. woltätig.* die guottætigen, danknæmen dienste GLAR. 78;

guot-tæter *stm. woltäter* MYST. 2. 365, 6. *ebenso*

guot-tuoer *stm.* CHR. 3. 148, 18 (*var.* guttuner, -taner, -toner).

guot-werdunge *stf. bürgschaft* HALT. 766.

guot-willic *adj.* (III. 663ᵇ) *md.* gûtwillic *guten willen habend* MYST. RENN. 1495. 9831. MART. 133, 104. N. *v. B.* 246;

guot-willic-heit *stf.* (III. 664ᵇ) *md.* gûtwilligkeit, *freigebigkeit* MYST.

guoz *stm. s.* guz.

gupf, gupfe *stswm.* (I. 592ᵇ) *spitze, gipfel.* ûf den gupf des felsen, ûf dem gupf des berges ÖH. 81, 24. 120, 20. des turnes gupfe PARZ. — *md.* kuppe *swf.* (I. 915ª, 24) MYST. von der lilien ûf die gupen zu malen FRANKF. *baumstb. v.* 1411, *f.* 74. fur zwô blûmen, quâmen ûf die gupen ûf das nûwe porthûse vor Eschersheimer porten *ib.* 1447, 75ᵇ. vur 15 blech die gupenfinster dâmet uberzogen *ib.* 1456, *f.* 50. — *vgl.* WEIG. 1, 651. SCHM. *Fr.* 1, 928 *u.* kupfe.

gupfe *swf. s.* kupfe.

gupfen *swv.* (I. 592ᵇ) *stossen* MART. (89, 56). MSH. 1, 146ª. kupfen FRAGM.

guppel-spil? *stn.* manig alt guppelspil (gumpelspil?) des man ze hof dick pfligt, mit dem der tiefel an gesigt HPT. *beitr.* 288.

gûr: man gûr = *fz.* mon coeur WOLK. 57. 2, 2. gurgel *swf.* (I. 592ᵇ) *gurgel* IW. *vgl.* HERB. 10568 *u. anm.* gurgel od. slunt, frumen VOC. 1482. — *ahd.* gurgula *nach lat.* gurgulio, *luftröhre, vgl.* gorge;

gurgeln *swv.* (*ib.*) *sich gurgeln, gargarizare* gurgeln, gorgeln DFG. 259ª. gorgeln MGB. 329, 5. 364, 33. 365, 24. 367, 2 *etc.; einen gurgelnden ton hervorbringen* FDGR.;

gurgelunge *stf.* (*ib.*) gargarismus VOC. *o.*

gurgel-wazzer *stn.* aqua faucibus eluendis MGB. 366, 30.

gurist *m. s.* jurist.

gurpinc *s.* gnippinc.

gurre *swf.* (I. 592ᵇ) *schlechte stute, schlechtes*

pferd (gurr oder snôdes pferd, rucina Voc. 1482) Iw. Eracl. Renn. Helmbr. Msf. 308. Berth. 270, 22. Laur. 253. Hadam. 89. Mf.120. Ls. 2. 516, 473. Ga. 1. 49, 314. Fasn. 251, 4. 867, 22. Gr.w. 6, 169. er machte guotiu ros ze gurren Apoll. 9584. *vgl.* Zimr. *chr.* 2. 486, 15 *ff.* 3. 434, 3; 4. 121, 24. gorre Msh. 3, 36ª. Dfg. 200ᶜ; *bildl.* vom menschen, wir blinde gurren Himlf. (Hpt. 5) 1373. dô starp ouch diu alte gurre, *das schlechte weibsbild* Germ. 3. 422, 8.— *vgl.* Gr.1³,156. Kwb.127. Schm. *Fr.* 1, 932;

gürrelîn *stn.* kleine gurre Berth. 270, 23. 368, 37;

gurren *swv.* zur gurre *werden in* er-, vergurren; gurren *swv.* (I. 593ª) *den laut* gur, gur *hervorbringen* Freid. *(vom schreien des esels).* — *zu* gërren.

gurrît *stn. s.* kurrît.

gurt *stm.* gürtel *in* über-, umbe-, undergurt. — *mit* garte *zu gt.* gairdan, gürten Dief. 2, 383. *vgl.* girte;

gürtel *stm. stswf.* (I. 593ª) *auch stn? vgl.* Nib. 628, 1 *u.* Germ. 14, 197: gürtel zur umgürtung des rockes der männer und frauen, *vgl.* Weinh. *d. fr.* 443 *ff.* der gürtel Nib. Parz. Trist. Wig. Roth. 1363. Reinh. 1954. Lieht. 116, 10. Flore 6917. Loh. 577. Troj. 20001. Virg. 722, 11. Krone 23317. 803. 27142. Apoll 15216. Msh. 1, 305ª. 3, 49ª. Jüngl. 94. Ga. 2. 185, 402. 3. 583, 237. Wack. *pr.* 45, 81. 85. Fasn. 396, 8. 9. der gürtel drîer stücke ist rinke, senkel, borte: daz er sich iht verzücke, sô hât er undersatz an manegem orte; die spangen silberîn, goldes ich niht meine j.Tit. 5502. ob der krenke si slôz manic reif; swâ der gürtel ir entsleif, diu hüffel den mit semfte hielten Türl. Wh. 137ᵇ. den gürtel ob der krenke vier reif enbor hielten: des gürtels si sô wielten, daz er sich niht lie ze tal *ib.* 146ᵇ. einen rôten gürtel tuont si im *(dem herzoge)* unbe Swsp.418,21.— diu gürtel Parz. Wig. Serv. 523. Rab. 664, 65. Krone 14942. 83. 15129. Renn. 16449. Helbl. 1, 316. Helmbr. 1121. Wolk. 52. 3, 1. daz ieclîch burger kein silberîn gürteln mêr tragen sol danne die ainer halben mark silbers wert sei Np. 65 (13—14. *jh.*). gürten mit der gürteln der käuschait Mgb. 59, 27. ein weib, die under der gürtel wêr hungrig und geitig Fasn. 317, 12. *vgl.* Zimr. *chr.* 4, 622ª. — als er mit gürtel (mit dem, der g.) bevangen, umbvangen ist *ohne mehr als die kleidung, die er eben auf dem leibe hat, wie er geht und steht* Ot. 105ª Ad. 1232. Stb. 165. Stz. 211. Dm. 117. Uoe. 1, 109. 4, 180 *u. oft*, Gr.w. 3, 670. 73. 731. 899. 6, 116. 178. *lat.* qui cinguntur cingulo Uoe.3,99. *vgl.* ut reus judici in simplici habitu presentetur Meiller *regest.* 161, 56 *(a.* 1240). — *vgl.* Halt. 758. Schm. *Fr.* 1, 944. Ra. 157. 875. *zeitschrift f. rechtsgesch.* 5, 41. 45;

gürtelære, -er, *stm. gürtler* Ot. 567ª. gürtler Chr. 5. 118, 24. gurtler, cingulator Voc. 1482. gorteler Anz. 3, 274.

gürtel-borte *swm.* (I. 223ᵇ) *borte der als gürtel dient* Helbl. Heinz. 705.

gürtel-ge-want *stn.* (III. 684ª) *mit dem gürtel befestigtes gewand* Weist. (1, 140. 293. 4, 408 *u. ö.*).

gûrtelîn *stn. kleiner gürtel* Laur. 191. 538. 47 *u. ö.* Berth. *Kl.* 323, 89. W. *v. Rh.* 26, 58.

gürtel-maget *stf.* (II. 2ᵇ) *kammerjungfer* Altsw. 218, 36. 221, 3. 20. gurtelmeit Elis. 1185. 2440. 49. 2756. 2993.

gürtel-mer *stn. mittelländ. meer* Kirchb. 595, 31. 36.

gurteln, artemisia Voc. 1482. *vgl.* Frisch 1, 384.

gürtel-senke *stf.* j.Tit. 5283 *und* gürtel-senkel *stm. senkel am gürtel* F. *v. Schw.* 174;

gürtel-senken *stn.* (II². 307ª) *das senken des gürtels* Ms. (*H.* 2, 93ᵇ).

gürtel-snuor *stf.* (II². 454ᵇ) zona Mgb. Dfg. 635ᶜ.

gürtel-spange *stf.* -spengelîn *stn.* (II². 479ᵇ) *gürtelschnalle*, bulla Dfg. 84ᵇ. *n. gl.* 62ª.

gürtel-tûbe *swf.* (III. 125ª) *turteltaube* Cgm. 632, 65. 752, 4ᵇ. 4543, 116 *bei* Schm. *Fr.* 1, 944.

gürten, gurten *swv.* (I. 593ª) gorten Denkm. *s.* 416, *prät.* gurte (gorde En. 149, 17), *part.* gegürtet, gegurt, gegort (Voc. *Schr.* 34): *gürten, umgürten absol.* Helmbr., *mit acc. d. p.* Parz. gegurter dû vichtest Gen. *D.* 112, 2. gürten mit: mit tugenden gegurt Ernst 4516. gegurt mit einer snuor Bph. 8804. sich gürten mit Mgb. 59, 27. 468, 29. der lâ sich gürten mit der schanden borten Msh. 2, 382ᵇ. ich wil mich gurten in (*l. mit*) des heilgen gotes worten Denkm. XLVII. 3, 7. noch wil ich mich gorten mit den heilgen funf worten *ib.* 5. 416. sich gürten in tôren wât Msh. 3, 422ª. swenne ich mich gürte in einen borten Neidh. LI, 30. einen gurten, *ihn bedrängen, aus ihm etw. herauspressen* Fasn. 215, 35. 253, 27. — *mit acc. d. s.* sô habet iur lanche gegurtet vaste unde wol Exod. *D.* 153, 10. ein liebe ir beider liebe gurte Türl. *Wh.* 6ª. daz gürtelîn soltu gürten umbe den lip Laur. 1419. si gurte den gürtel zehant über ir oberstez gewant Krone 23317. sîn swert he umbe sich gurte Eilh. 3531. mit eime gegurten swerte ûf ein ros sitzen Swsp. 45, 1. die reben g. *mit weiden die reben anbinden* Mone z. 10, 183 14, 33; *mit acc. u. dat.* einem swert gürten Karlm. 46, 12. 246, 22. ouch wart froun Enîten gegurt umbir sîten ein rieme Er. 1557; — *spec. dem pferde den gurt anlegen: mit acc.* (*zu* Bit. 3129) wære ir pfert niht wol gegurt Parz. 777, 12. daz ros gürten Virg. 44, 1. 92, 5. 103, 7. Dietr. 3227. 9133. Rab. 505, 593. Wolfd. *H.* 553, *mit dat.* dem rosse, pferde g. Iw. Parz. (339, 27. 340, 29). Rab. Wig. 62, 37. Laur. 356. 364. Dietr. 6417. Apoll. 12458. 17832. 18955. *bildl.* dem keiser menlîch ellen gurte Türl. *Wh.* 16ª; — *mit* ab, în, ûf, umbe; be-, en-, er-, ge-, über-, umbe-, under-. *zu gt.* gairdan, *vgl.* gurt.

gurt-hose *swf. beinrüstung* Ot. 509ª.

gurzen *swv.* eructare Dfg. 209ᵇ.

gus, güse *s.* güsse.

gusel? *adj.* das du so frolichen lachst und dich so recht gusel machst Cgm. 568, 254 (*a.* 1455) *bei* Schm. *Fr.* 1, 951.

güsel *stn. abfall beim dreschen* Gr.w. 5, 115. *vgl.* Stald. 1, 501. Schm. *Fr.* 1, 952.

gus-rëgen *stm. platzregen* Hpt. *h. lied* 81, 20. Windb. *ps. s.* 601.

güsse *stf. n.* (I. 542ᵇ) güse Berth. St. *a.* 1353. gus (: verderbnus) Ot. 89ᵇ, *im pl. auch sw.* güssen Dh. 258: *anschwellen u. übertreten des wassers, schwall, überschwemmung* Parz. Freid. Leys. Renn. (daz g. 2561). Warn. (1996). daz güsse Berth. (44, 31. 33. 45, 7. 8). güsse schadet dem brunnen Msf. 30, 34. von beche und von swebele grôze güsse ûf mich vielen Serv. 3495. hæt bein und arme ragen als in diu güsse dar habe getragen Jüngl. 560. man sach die güsse (*blutströme*) enouwe gân sam von regen tuot ein bach Dietr. 9278. ob von ungelücke der güsse die wür gar hin breche Ukn. 82 (*a.* 1302). *vgl.* Chr. 1. 75, 24. 349, 1. 411, 6 *etc.* 3. 287, 27, 5. 32, 8. 311, 27. Tuch. 199, 4. 201, 28. 252, 27 *etc.* — *ahd.* cussi, gusi, *nach* Wack. 121ᵇ *durch ein älteres* (*gt.*) gutithi, gutitha, gutthi, guttha *zu* giezen, *gt.* giutan, *doch vgl. auch* Gr. 2, 22. Kwb. 128. Schm. *Fr.* 1, 951;

güssec *adj.* (I. 543ᵇ) *vom regen angeschwollen, flutend* Weist. Schm. *Fr.* 1, 951;

gussel *stn. brühe?* lembreins in ein gussel Ukn. *einl.* XLIV *anm.* 8;

güsseln *swv. fliessen, strömen.* den (*dat.*) daz wazzer in den schlunt güsselt Ring 3ᵇ, 9.

gust *s.* tjoste.

gusten *swv.* (I. 593ᵇ) *besänftigen?* Frl.

guster, gusterîe, gusterinne *s.* kuster *etc.*

gute *swm. s.* gote.

gûter *stm. s.* kulter.

gut-guoch *stm. s.* gucgouch.

gütinne *stf. s.* gotinne.

gutrolf *s.* kutterolf.

gutsche *swf. erhöhte ofenbank* Öh. 163, 11 *vgl.* Schm. *Fr.* 1, 966.

güttel *stn. s.* götelîn.

gütterlin *stn.* guttulus Dfg. 272ª;

gutrël *stn.* (I. 594ª) *gläsernes gefäss* Wwh., *vgl.* kuterolf.

gutz *stm. s.* guz.

gutze-bërglîn *stn. s.* guckenbërglîn.

gutzen *swv. s.* guckezen.

gutz-, gutzen-gouch *stm. s.* gucgouch.

guz -zzes *stm.* (I. 542ª) *guss, erguss* Parz. (*auch* guoz). Lobges. Elis. 10339. Pass. *K.* 4, 32. 49, 35. von iedem gusz der pfenning zwainzig pfund der selben zu slagschatz geben Mh. 2, 223. in des heizen beches gutze (: putze) Karlm. 469, 21. *pl.* bluotes gütze Wh. v. Öst. 104ª; *s. v. a.* güsse Mgb. 113, 20. — *zu* giezen.

güz-bette *stn. rinnsal, fluss-, bachbett* Mone 6, 252. Heum. 250. Tuch. 167, 25. 29. 180, 3. 211, 12;

güz-bettelîn *stn.* Tuch. 178, 14. 16. 217, 16.

guz-lich *adj. in* ûzg.

güz-stein *stm. guss-, schüttstein in d. küche* Tuch. 298, 12. 19. 301, 19.

güz-wazzer *stn. s. v. a.* güsse Mgb. 247, 30.

guzzec *adj. in* ûzg.

gw- *s.* gew-.

gwelph, gwelphe *stswm.* (I. 594ª) *Welfe.* gwelph Buch *d. r.* 229. 234. gelf Altsw. 163, 14. gelfe Jer. 10ᵈ. 182ᵇ.

H.

h (I. 594ª) *spirans der gutturalreihe. über den vortritt eines hauchenden* h *vor vocalischen anlaut (z. b.* heischen *sp.* 533. helfant 538. hantheiʒ KRONE 24280 *P.* heigintlich LUDW. 19, 29. heritag ULA. 86. hôstern *ib.* 99) *s.* WEINH. *al. gr.* § 230. *bair. gr.* § 190. DWB. 4², 1.
hâ *conj. s.* haben.
hâ, hahâ, hahô *interj.* (I. 594ᵇ) *ha, he! u. laut des gelächters* WALTH. Ls. *er schreit* hahâ GA. 2. 290, 111. hahô *ib.* 291, 153. *sie riefen alle:* ha ha hâ REINH. 352, 1668. ha ha hô *ib.* 353, 1680. ha ha ha FASN. 492, 13. — *vgl.* DWB. 4², 5.
hab *stn. s.* hap;
habben *swv. s.* haben;
habe *swm. der hat oder hält in* gêr-, himel-, hûs-, ort-, wârhabe;
habe *stf.* (I. 601ᵇ) *was man hat, habe, eigentum* Iw. BÜCHL. 2, 468. PARZ. TRIST. WALTH. BARL. FREID. 43, 9. WINSB. 50, 4. 58, 6. W. *v. Rh.* 122, 28. KOL. 82, 198. PASS. 91, 49. 375, 17. *K.* 46, 60. 103, 43. 117, 74. 131, 83. benante habe, *der festgesetzte preis im spiele ib.* 407, 68. senden kumber den zel ich mir ze habe MSF. 5, 27. unfarende habe HALT. 767. have ATH. *A*ᶜ 2; *besitz mit object. gen.* bî lîbes habe sîn, *am leben* ERNST 3062; *woran man etw. hat oder hält, halt, anhalt, stütze* TRIST. die setele beide brâchen, des entweich im diu habe DAN. 3010 (*vgl.* ZIMR. *chr.* 2. 390, 7 *ff.*). mit unmehtiger kreft habe KOL. 167, 398; *das was etw. hält od. woran etw. gehalten wird, heft, griff, henkel*, ansa GL. Virg. 6, 40 (*vgl.* hanthabe). ein trinkgeschirr mit zueen haben, carthesium DFG. 100ª; *ort zum halten od. bergen, behältnis der plâteren habe* GEN. *D.* 7, 4. der helle h. *kerker der hölle* MS. (*H.* 2, 368ᵇ). daz dû würde ûz sîner habe gefüeret TROJ. 14238, *ort wo die schiffe halten u. geborgen werden, hafen* (*vgl.* habene, hap) NIB. GUDR. PARZ. TRIST. GERH. (1757. 2601. 45. 6511). LANZ. 8845. HERB. 350. 16144. 17568. FLORE 3324. WALB. 137. 67. 251. DIETR. 1098. 1107. TROJ. 6908. 9539. 19439. 22425. 593. TURN. 21, 1. ULR. *Wh.* 147ᵇ. 225ᵇ. 230ᵇ. PASS. 245, 92. *ndrh.* have KARLM. 400, 41. *bildl.* WALTH. BON. MARLG. 261, 2; *durch synec-* doche *s. v. a.* meer WWH. ERNST, TRIST. *H.* LOBGES.; *wie man sich hat od. hält, benehmen, gebahren* PASS. *K.* 172, 47. 180, 60. 215, 8. 449, 69. JER. 103ᵈ. — *zu* haben, *vgl.* KUHN 7, 289;
habec, hebec *adj.* (I. 602ᵇ) *habend, besitzend, wolhabend* HALT. so soll der käufer dabei hebig und darein gewährt sein GR.W. 3, 551 (16. *jh.*). ein man, so häbig gewest in seinem leben *ib.* 2, 165 (15. *jh.*); *sparsam, karg,* tenax DFG. 577ᵇ.
habech, habich *stm.* (I. 605ª) *habicht.* habech ER. 1862. TRIST. 2204. BIT. 6986. MAI 31, 5. LOH. 2840. 3389. MSF. 20, 10. OTTE 125. GA. 1. 47, 243. 464, 226. den habech an rennen, *es mit einem aufnehmen, dem man nicht gewachsen ist* STRICK. (KARL 9777). MART. HPT. 7. 357, 38. habeche (*sw.*) BIT. 6980. habich LANZ. 470. RENN. 19475. HADAM. 175. MF. 25. GA. 1. 459, 141. habich, häbich, *pl.* häbiche MYNS. 33 *ff.* habiche (*sw.*) DFG. 7ᶜ, *vgl.* DWB. 4², 91. hebech MS. *pl.* hebeche FLORE 1551. 1460. RENN. 23029. hebich, *pl.* hebiche BERTH. 484, 13. habch MART. 164, 72. COD. *pal.* 341, 199. habchk GR.W. 1, 99. hapk *ib.* 95, *pl.* häpk LS. 3. 562, 43. hapsch DFG. 7ᶜ, *u. ebend. auch* habicht, habcht (*vgl.* ZIMR. *chr.* 4, 622ᵇ *f.*), habit GR.W. 3, 826 (*a.* 1510). havech, *vgl.* HELBL. 8, 1156 (Ruodolf von Havechbuorc). — *zu mlat.* capus *falke, von* capere (KUHN 8, 101. DFG. 99ª. WEIG. 1, 467); *das lat.* accipiter *geht zurück auf skr.* açu, *schnell und* pat, *fliegen s.* KUHN 9, 78. CURT³. 198.
habech-houbet? *stn. vgl.* RENN. 946 (WGR.).
habech-mûzære *stm.* (II. 281ᵇ) *s. v. a.* mûzerhabech BIT. 6977.
habech-schelle *swf. schelle des habichts* APOLL. 6462. *vgl.* swelh habech wilder wære, der sol von reht zwô schellen tragen LS. 3. 561, 23.
habech-spil *stn. zur jagd abgerichteter habicht* ROTH *denkm.* 63, 72. *vgl.* vëderspil.
habe-danc *stm.* (I. 357ª) *dank mit worten, eigentl. imper. mit acc.:* habe (den) danc WALTH. MS. BIT. (2259, *im cit. lies* niene *st.* nu. 3008). nu ist ze lanc ir habedanc MSF. 70, 31. ir habedanc verdienen LIEHT. 379, 2. ûf minneclîchen habedanc 307, 2. 318, 18. *vgl.* 3, 12. 135, 24. 234, 32. 276, 15. der

werlte h. Winsb. 51, 8. den boden was ir habedanc Elis. 636.

habe-den-schaden *imper. mit acc.* swer ie sô dienst mit lône galt, des acker vruht was habdenschaden Türl. *Wh. cod. pal.* 295, § 19 (Wack.).

habe-, hebe-lich *adj.* (I. 603ª) *was bezug auf die* habe *hat u. mit ihr zusammenhängt.* heblich besitzung, habitus Dfg. 272ᵇ. häplich girkait, *geiz in betreff der erworbenen* habe Ls. 2. 688, 68. *s.* Dwb. 4², 95; *begütert wolhabend,* hablich an land, liut, rent und gült sîn Öh. 154, 22; *tüchtig, sicher, verlässlich,* einen guten, häblichen und gewissen bürgen stellen Mh. 2. 191. Dh. 444;

habe-, hebe-lîche *adv. begütert, angesessen.* hûslich und hebelich sitzen Mone *z.* 9, 104 (*a.* 1381). Mz. 1, 479 (*a.* 1403). daz er sich, nachdem er burger wirdt, heblich herein ziehe Np. 25. *vgl.* hûshabelich *u.* Halt. 769.

habe-lôs *adj.* (I. 602ª) *ohne* habe Warn. Er. 237. j.Tit. 4729.

haben *stf. s.* habene.

haben *stv. s.* heben.

haben *swv.* (I. 594ᵇ—599ª) habben N. *v. B.* 132. Mersw. 3. hawen *oft in* Ukn., *md. auch* haven: *halten, haben.* — *unregelmässigkeit tritt ein durch contraction (fast nur in der bedeutung* haben), *durch übertritt in die 1. sw. conjug. (mit umlaut) u. durch vermischung mit dem stv.* heben: 1. *contr. formen, infin.* hân (hân, *halten* Cgr. 5. 84, 3), han (*im reime* Parz. 316, 3. 346, 27. Wwh. 80, 27. 83, 9. 114, 10. Lieht. 117, 7. Troj. 44242. Krone 353), hein Mz. 1, 293. 305. Glar. 130. — *präs. ind.* ich hân, han (Hartm. Parz. 39, 18. 634, 17. Wwh. 170, 7. Bon. 58, 48. Lieht. 25, 4. 59, 25. Wg. 2566. Krone 10155.), hên Griesh. 1, 109. 135. dû hâs (Pf. *üb.* 62, 212), has *s.* Weinh. *b. gr. s.* 317, 2, hâst, hêst Bon. Myst., hest *häufig in alem. denkm. s.* Weinh. *al. gr. s.* 385, hast (Krone 2399. 29467. Mart. 224, 112. Mel. 1059). er hât, hat (Neidh. 15, 30. Mai 193, 33. Mel. 1405. Wolk. 26, 340), hêt Warn. Krone 313. 18640, het Wig. Mart. Myst. *u.* Weinh. *al. gr. s.* 385, heit Diem. Wg. 11169. 87. Trist. *U.* 36 wir hân, han (Ot. 30ª), hein Bon. 15, 11. W. *v. Rh.* 132, 53. 135, 22. Wack. *pr.* 54, 10. Mz. 1, 305. hent Weinh. *a. a. o.,* haind Myst. 1, 277, 15 *var.* ir hât, hant (Krone 2685. hand Wolk. 18. 3, 8. 19. 4, 9), hent Mart. 210, 4. 229, 76, heint Mart. 245, 105. Wack. *pr.* 91, 235. si hânt, hant Mai 111, 30. Wigam. 4651, hând Chr. 5. 79, 7. 170, 24. 198, 24, hent Mart. 97, 44. —*präs. conj.* ich hâ *bei* Herb. *sonst im sing. keine contraction;* wir han, (: man) Mel. 1775, ir hât Parz. 370, 1, si hân Karl 4338. Bit. 5025 *u. ö.*—*im aleman. noch eine andere contr. conjunctivform, der* habegen *zu grunde liegt:* ich heig, du heigist, er heige, wir heigen, heigent, si heigin *s. die belege bei* Weinh. *al. gr. s.* 386 *u. vgl. auch* eigen *an. v.* — *prät. indic.* ich, er hâte, hâde (Elis. 983, 1404, 20. 1948 *etc.*), hæte (Aneg. 1, 29. 2, 76. Karaj. 25, 1. 4. Tit. 19, 2), hête j.Tit. 1564. Geo. 4058, hêt Mai 93, 20. Helbl. 7, 712. Warn. 911. Krone 8120. 16309. 22291, hete Troj. 3263. Silv. 326. Mai 46, 26. 65, 15. Mel. 2486, het Krone 2820. 14787. Silv. 1334. hette Mart. 159, 28. Mersw. 3, 9. Elis. 806. 1573. 1638 *etc.* hatte *ib.* 327. 461, 3812. heite Karaj. 39, 23. Bph. 5598, hiete Bit. 1678, hiet Wg. 2919. 8942. Helbl. 4, 204. dû hâtes, hetes, hetest (Wack. *pr.* 83, 7. 12), hest Mart. 113, 42. Altsw. 180, 15, hæte, hette (Wack. *pr.* 98, 11), hiete Diem. 178, 25. Lit. 217, 11. 222, 37, hiet Tund. 45, 81. Helbl. 1, 1165. wir, si hâten, hêten (Parz. 518, 8. Geo. 4662. Helbl. 2, 262), heten, hetten Karaj. 103, 14 *u. oft bei* Ot., hieten Aneg. 30, 22. Gudr. 443, 3. *prät. conj.* ich, er hæte Parz. 703, 7. Neidh. 84, 32. Lieht. 665, 24. Rab. 902, hêt Ot. 34ᵇ. Fasn. 41, 29, hêde Elis. 58. 1384. 2549. hete Troj. 16652. hette Heinz. 108, 232. Elis. 3552. (hatte 6390), hett Mh. 2, 146, hiete Diem. 164, 17. Bit. 7567. Krone 3548. Jüngl. 727, hiet *ib.* 857. Wg. 1802. Helbl. 2, 1040, heite Diem. 164, 18. dû hætist, hettest (Mone *schausp.* 2. 397, 545), ir hetten Karaj. 103, 14, hettent Mone *schausp.* 2. 382, 97, hieten Aneg. 3, 1. Jüngl. 1216 *u. oft bei* Ot. *s. auch* Mgb. *s.* 627.—*part.* gehât Myst. Pass. *K.* 213, 83 Herb. 8287 (*gehalten*), gehân *s. unten.*— 2. *durch übertritt in die 1. schwache conj. entstehen umgelautete formen, die wie aus den obig. beisp. hervorgeht, auch wieder contrahiert werden können:* er hebit Phys. 1, 20. er hebete Exod. *D.* 159, 7. hebte

s. KARL XCVI, si hebeten, hebten *ib. u.* EXOD. *D.* 133, 21. 150, 4. 158, 26. 161, 11. *part.* gehebt, gehept BON. 48, 3. MYST. 1, 280 *u. oft — in urk. und in den* CHR. (*s. die glossare*). — 3. *durch vermischung mit dem stv.* heben *entstandene starke formen: prät.* huop, huob CLOS. ROSENG. CHR. 5. 228, 11, *part.* gehaben MG. 1, 437 (*contr.* gehân LESEB. 890, 12) *s.* WEINH. *al. gr.* § 319 *ff., woraus auch viele der obigen belege genommen sind. Für die bedeutung sind im* WB. *zalreiche beisp. gegeben, die begriffsentwickelung findet man aber besser im* DWB. 4^2, 50 *ff.*:
1. *halten, festhalten, behaupten* (I. 598^a) *absol. tr. u. refl.* (hab unde henge WINSB. 30, 10. stille haben BELIAND 3053. daz swert enhabte niht KARL 5020. er hiez in haben stille beidiu swert unde hant GEN. *D.* 40, 19. er habete den engel vaste *ib.* 65, 7. den zagel vaste in der hant haben EXOD. *D.* 128, 33. ein amt haben *messe halten* UKN. 341. hab iz enbor HELBL. 15, 268. einen bî der hant h. LIEHT. 363, 30. daz hab ûf mir HELBL. 8, 930. habe ez ûf die triuwe mîn WINSB. 39, 3. den schaden suln si haben auf uns UHK. 2, 116. 155, 65. burnde vackeln einem an den lîb haben PASS. 300, 36. *vgl.* MGB. *s.* 627. swenne er sich habet durch ezzens gir über die schüzzel JÜNGL. 564. dar an mîn minne habe sich PASS. *K.* 420, 93); *tr. u. refl. halten, behandeln, sich verhalten, betragen, befinden* (597^a), deste baz schulen mir in haben GEN. *D.* 76, 19. WIG. 9, 22. habt ir mich deste wirs PARZ. 369, 15. wie hât sich die küniginne? EILH. 2759. sich niht reht h. MGB. 486, 33. als sich der snê zuo dem regen hât, alsô hât sich der reif zuo dem towe *ib.* 85, 6. ich het mich dô als einen man BÜCHL. 1, 101; haben vür (597^a) *für etw. halten, als etw. auffassen, auch mit ze,* den het er zeinem lügenære TRIST. 14238. sold er ze einem hêrren werden gehabt ERINN. 231. zeinem bruoder sult ir in hân EXOD. *D.* 15, 19. si heten Benjamin sam ir herren Jos. 774, *auch ohne präp.* daz man mich sinnelôsen hât WALTH. 98, 11. — 2. *inne haben, besitzen, haben* (595^a) *absol.* in dem lîbe h. *schwanger sein* MYST. 1. 28, 24; *mit partit. gen.* IW. RUL. PARZ. ELIS. 8280, *mit acc., mit acc. u. refl. dat.* (*sich denken, halten, gelten lassen*), *mit prädic. des obj.* (*adj. od. mit* vür, ze), *mit*

ze *u. infin. od. blossen infin.* (598^a) *vermömögen, verpflichtet sein; unpers.* mich hât wunder, mich wundert NIB. — 3. *als hilfsverbum d. perf. bei transit. u. zustandswörtern* (597^b), *vgl.* DWB. 4^2, 70 *ff., auch ohne temporale bedeut. nur umschreibend* ELIS. 3002. — *mit* an, über, ûf, wider; be-, ent-, er-, ge-, umbe-, ver-. *zu lat.* capere *s.* DWB. 4^2, 46. FICK^2 32; *zu lat.* habere *wird es gestellt bei* KUHN 7, 289. 11, 203. GSP. 39. *vgl.* heben;

haben *stn. das haben, der besitz* HPT. 3, 444. 15. 140, 3;

habende *part. adj. haltend, haftend.* ein habende sicherheit ANTICHR. 204, 40. habender gewalt ANEG. 36, 64. diu habende kraft des magen MGB. 320, 13. an etw. habend sin, *dafür haften* Mz. 1, 545. 50; *besitzend, vermöglich* CHR. 2. 331, 7. *s.* HALT. 767. OBERL. 585 *f.*;

habendic *adj. in* wolhabendic;

habene *stf.* (I. 603^a) *s. v. a.* habe, hafen PASS. (204, 59. haben: entsaben 145, 52).

haben-heit *stf. in* ûferhabenheit.

habe-niht *stm. eine imperat. bildung: der nichts besitzende.* der habeniht hât mich beroubet KOLM. 88, 1. 6, 10. 16. *als name* Habnut, Habinit ZIMR. *chr.* 1. 192, 2 *ff.*

habenisse *stn. in* vürhabenisse.

haber *stm. in* in-, liep-, pfluochaber.

haber *m. s.* habere.

haber-acker *stm. mit hafer bebauter acker* KELL. *erz.* 112, 31.

haber-brî *stm. haferbrei* BEH. 386, 13.

haber-brôt *stn.* (I. 264^a) *haferbrot* GREG., *vgl. oben unter* brôt *sp.* 360.

habere, haber *swstm.* (I. 605^a) *hafer* GL. MART. LIVL. OT. habere ALBR. 1, 517. 6, 191. 14, 185. KIRCHB. 790, 39. haberen noch gersten ze biere mulzen HIMLR. 270. gîht mit habern vertrîben RENN. 9998. rehte als si haberen sæten ULR. *Wh.* 211^a. *acc.* habern WWH. 59, 2. HELBL. 1, 619. HELMBR. 270. AMIS 234. 49, 76. GEIS. 428; haber *st.* CHR. 5. 34, 33. 41, 5. habern *st. ib.* 2. 300, 10. 301, 2. 302, 16. 301, 1. ZIMR. *chr.* 4, 623^a. habern, hafern DFG. 60^b. — *vgl.* GDS. 66. DWB. 4^2, 78;

haberen *swv.* (I. 605^b) *hafer schneiden,* aventarc DFG. 60^b. MONE *z.* 5, 86 (*a.* 1379).

haber-ern *stm. haferernte.* vor sent Peterstage der in dem habererne gefellet VILM. 94. *vgl.* habersnit.

haber-garbe *f.* (I. 482ª) *hafergarbe* Gr.w. 1, 214. hafergarbe 6, 103. *vgl.* häbrîn garbe 1, 35. 4, 280.

haber-gëlt *stn. haferzins* Gr.w. 1, 375. Mone z. 5, 78. Mz. 3, 414. Mb. 36ª, 330 *f. ebenso*

haber-gülte *stf.* Mz. 3, 178. Swsp. 415, 13.

haber-halm *stm.* avena Gl. *Virg.* 1, 6.

haberîn, häberîn *adj. s.* heberîn.

hâberjœl *stn?* (I. 605ᵇ) *ein stück der rüstung* Wwh. 356, 7 (*var.* habriol, huberol, huoverschol, huberschol).

haber-kërn *stm. haferkern, hafer.* vier vierling haberkern Mb. 36ª, 544. ein gemüs von h. S.Gall. *ord.* 19;

haber-kërnîn *adj. von hafer* Fragm. 38, 83.

haber-knödel *stm. klösse aus hafermel* Germ. 9, 201.

haber-korn *stn. haferkorn.* ich næme für dich ein haberkorn Hpt. 7. 382, 18.

haber-lîte *swf. mit hafer bewachsener bergabhang* Wahtelm. 2.

haber-malch *f. n. bocksbart s.* Dwb. 4², 84.

haber-mel *stn. hafermel* Pf. *arzb.* 2, 12ᵇ. Dankrotsh. 125. Chr. 2. 316, 22. avenatum Dfg. 60ᵇ; *haferbrei* Limb. *chr. p.* 27 *s.* Dwb. 4², 84.

haber-muos *stn. hafermus, -brei* S.Gall. *ord.* 189.

haber-nezzele *swf.* (II. 332ᵇ) *die wilde nessel* Gl.

haber-ougest *stm. september, s.* Weinh. *mon.* 39.

haber-sât *stf. das säen des hafers u. die zeit da diess geschieht* Gr.w. 1, 8. Fasn. 1103.

haber-schrëcke *swm.* (II². 211ᵇ) *heuschrecke,* locusta Dfg. 235ᵇ. Diem. Mgb. Ot. 675ᵇ. 822ᵇ. 823ᵃᵇ. Beh. 84, 17.

haber-snit *stm. das schneiden des hafers u. die zeit da diess geschieht.* weistu wol, heur im haberschnit, das der Heinrich pei dir lag Fasn. 586, 16. geben an unserre frawen âbende in dem habersnitte Don. *a.* 1308. sant Jacobs tag in dem hawersnit Uh. 2, 195 (*a.* 1347). *vgl.* haberern, haberougest *u.* Weinh. *mon.* 39.

haber-spriu *stn. haferspreu, md.* haversprû *s.* Dwb. 4², 87.

haber-strô *stn.* (II². 699ᵇ) *haferstroh* Berth. Kolm. 86, 17. Ring 20ᵈ, 11. haberstrô kiefen, *armselig leben* Zimr. *chr.* 4. 314, 40.

haber-suppe *swf. hafersuppe* Germ. 9, 201.

haber-vëlt *stn. mit hafer bestelltes feld* Gr.w. 1, 612.

haber-weide *stf. die weide in den stoppeln des haferfeldes.* einen ûf die h. slagen *ihn zurücksetzen, vernachlässigen* Fasn. 651, 27. *s.* Dwb. 4², 88.

haber-zelge *swf. s. v. a.* habervëlt Weist. (5, 115).

haber-zins *stm. zins der in* haber *zu entrichten ist* Gr.w. 4, 201. 5, 357.

habe-stat *stf. wonung* Halt. 770 (*a.* 1400).

habe-zil *stn.* (III. 884ᵇ) *imperat. bildung:* ziel Oberl.

hab-haft *adj. mit besitz versehen, etw. habend.* mit habhafter hant Halt. 569 (*a.* 1473). *ebenso*

hab-haftic *adj.* eines lêhens h. sîn Halt. 769.

habich, habicht, habit *stm. s.* habech.

habît *stm. s. v. a.* abît Öh. 144, 13. 161, 8.

hab-mich-lieb *imperat. bildung.* daz si mir ein kranz von habmichlieb solt machen und ouch von wolgemuot Hätzl. 1. 13, 73.

habt *u. compos. s.* houbet.

habunge *stf. das haben, halten.* ez ist niht genuoc, daz man die crêatûren ab scheidet an der habunge. man muoz si ouch setzen ûz der invallenden bildunge, diu alze swârliche die sêle vermittelet Wack. *pr.* 62, 38.

hâ-butte *swf. s.* hagebutte.

hac, -ges *stmn.* (I. 605ᵇ) *pl.* hage, hege (Gr.w. 1, 165. 216), heger (*ib.* 165. 3, 307): *dorngesträuch, gebüsch.* dornic h. Hadam. 41. als ob ein hac dâ bluote von rôsenrîchen dornen Troj. 1688. mit einem griuwelîchen hage stuont daz loch verdurnt *ib.* 5884. dâ wuohsen hage unde dorn Renn. 162; *einfriedigung, hag* Wig. dar umbe (*um den baumgarten*) mûre noch grabe gie, noch in dehein zûn umbe vie, weder wazzer noch hac Er. 8705. dar umbe ein questenboumîn hac Loh. 6138. nu want er sich durch den hac Reinh. 51. vîentlîcher hac Pass. *K.* 273, 66 (*bildl.* Freid. Barl. Mart. Ms. kerkeres hac Pass. *K.* 478, 15. swêrlîcher hac, *beschwerlicher zustand* Pass. *K.* 505, 56), *bes. einfriedigung eines ortes zum schutze u. zur verteidigung desselben* (*vgl.* hagen) Livl. niden drumbe (*um die veste*) gienc ein hac mit boumen starc verworren, die lie man nider in rehter zît Virg. 187, 2; *umfriedeter ort, ahd.* hac urbs, die sieben freien häger (*dörfer*) Gr.w. 3, 307; *umfriedeter wald, park* Gudr. Lanz. Parz. Wig. hag als um ein slos gêt, arbustus Voc. 1482. der bach vlôz in einem schœnen hage TROJ. 704. *vgl.* 543. 53. 806. ein blüetericher h. MSH. 2, 391ᵇ. ein raste langer h. DIETR. 8912. ir helme sêre erklungen von grôzen slegen durch den hac ECKE Z. 105, 7. sîn hof an einer eben lac, dar hinder was ein schœner h. GA. 2. 338, 30. — *das zu grunde liegende stv.* higan, hag *stechen, schneiden hat* WACK. Burg. 48 (376) nachgewiesen, *vgl. auch* HPT. 13, 50 *u.* DWB. 4², 137.

hach-boum *stm.* (I. 227ᵇ) lentiscus DFG. 324ᵃ.

hach *interj. grobes bäurisches lachen bezeichnend* HPT. 8. 512, 63.

hache *swm. bursche, kerl* BEH. 62, 23. CGM. 291, 37ᵃ *bei* SCHM *Fr.* 1, 1041. — *s.* hechel *u.* DWB. 4², 96.

[**hachel** *stm.* I. 607ᵃ] *s.* DFG. 314ᵉ.

hächel *stf. s.* hechel.

hachel, hechel *stf.* (I. 607ᵃ) *hechel.* hahelMONE z. 16, 28 (a. 1432). hachel, hächel, hechel crinacula, lacena, latinia, racena, stimula, stimulla DFG. 119ᵇ. 225ᵇ. 320ᵇ. 482ᵇ. 552ᵇ *f. n. gl.* 157ᵇ. 314ᵇ. den knoten ich enstricken wil mit mînes sinnes hechel KOLM. 18, 82. ein hechel und ein hærîn sip *ib.* 77, 27. ein hechel sol sein sein sitzstul FASN. 710, 24;

hacheln, hecheln *swv.* (*ib.*) *hecheln.* hacheln Iw. hecheln RENN. (1170). TUCH. 109, 21; hechlen, *coire* ZIMR. *chr.* 4. 279, 7.

hachel-wërc *stn.* (III. 589ᵃ) *die aussenwerke einer festung* JER. LIVL. (9176. 9463. 582. 10385 etc.). *s.* hackelwerk *im* DWB. 4², 102.

hacke? *swf.* (I. 607ᵃ) *hexe?* der hacken hân ich manegen tac geloufen nâch HARTM. *lied.* 10, 22 (MSF. 210, 15). — *nach Bech ist zu lesen:* der (*gen.*, der wërlde) hâken, *also zu* hâke *swm. in dessen figürl. bedeut.*

hacke *swm. s.* hâke.

hacke *swf.* (I. 607ᵇ) *axt, hacke* j.TIT. 4764. HELMBR. 1066. hagke GEST. *R.* hakche SUCH. (DIETR. 9178 mit äxen). — *zu* hacken;

hacke *stf. das hacken, umbrechen der felder u. weingärten u. die zeit, da diess geschieht.* in der hacke STOLLE 184. *s.* DWB. 4², 101 *u.* brâchhacke; *das schlachten,* der fleischhacker geit 15 phenn. von der hacke URB. *Pf.* 208.

hack-bloc *stn.* densula VOC. 1482.

hack-brët *stn.* mensula, densula DFG. 356ᵇ. *n. gl.* 250ᵇ; *ein musikal. citherähnliches instrum.*, das hackbret schlagen ZIMR. *chr.* 4. 78, 15. *vgl.* KWB. 42, SCHÖPF 230.

hacke-, hack-banc *stf. bank in der küche zum zerhacken des fleisches* WWH. 201, 25.

KOLM. 77, 24. FASN. 1216. TUCH. 296, 28. 297, 5. mensula DFG. 356ᵇ. *n. gl.* 250ᵇ.

hacken *swv.* (I. 607ᵇ) *hacken, hauen* Ms. (riuten, hacken *H.* 3, 293ᵃ). ir wizzet wol, wie man hacket j.TIT. 4686. gehackt in kleiniu stücke BPH. 3355. die reben hacken (*vgl.* hacke *stf.*) GR.W. 4, 508. — *mit* abe- ûf, be-, ge-, ver-, zer-. *altn.* höggva, *das auf ein volleres* hagvan, haggvan *zurückweist s.* GR. *kl. schft.* 3, 120. DWB. 4², 103 *u.* houwen.

hacken-tiuvel *stm.* RENN. 1712, *vgl.* hâke.

hacker *stm. in* vleischhacker.

hack-mezzer *stn.* (II. 163ᵇ) artavus, artanus, arranus DFG. 51ᵃ. *n. gl.* 35ᵇ. ANZ. 1, 124. MONE z. 4, 85. CHR. 2. 316, 16. FASN. 1216.

hack-stoc *stm.* densula VOC. 1482.

hac-tûbe *swf. holztaube,* palumbus ERLŒS. XLV. hagtûbe DIEF. *n. gl.* 278ᵃ. hege-, heitûbe (III. 125ᵃ) DFG. 408ᵃ. *vgl.* heidtûbe.

hader *stswm.* (I. 607ᵇ) *zerrissenes stück zeug, lumpe, lappe* ANEG. PARZ. WARN. ALEXIUS, BERTH. (16, 23. 59, 13. 383, 9). TUCH. 248, 15. FASN. 374, 34. 792, 22. er het hadern und jâre die gleich alt wârent, *obsitus annis et pannis* CHR. 3. 97, 8 (211, 33). hader od. armes klaide aines armen, strutum VOC. 1482. hadel MSH. 2, 258ᵃ; *streit, zank* CHR. 2. 246, 7. BEH. 345, 27. 348, 15. hader, krieg oder urleug, guerra VOC. 1482; *liebesstreit* WOLK. *s.* HALT. 770; *injurienprocess, wie er vor einem collegium von fünf ratsherren verhandelt wurde,* die fünf herren, die am hader sitzend NP. 44..48. 121. — *im* DWB. 4², 109 *ff. wird die zweite bedeut. voran gestellt u. das wort zurückgeführt auf wurzel* kat (*skr.* câtaya *fallen machen, gr.* κότος *feindschaft, ags.* headhu *kampf*); FICK² 31 *geht von der ersten bedeut. aus u. weist auf skr.* kanthâ *geflicktes kleid, gr.* κέντρων *lappenwerk, flickwerk;*

hadereht *adj. lumpig, abgerissen.* haderot, lacinosus DFG. 315ᵃ; *zänkisch, streitsüchtig,* rancorosus *ib.* 484ᵃ. *vgl.* er were etwas häderig und wölle kain friden halten ST. *a.* 1561.

hader-gëlt? *stn.* wer saffran kauft, so gêt auf ein zentner hadergelt bei 2 ℔ Parsalonyer zoll von idem ℔ 2 dn. CHR. 1. 102, 25.

haderîe *stf. geringfügige sache, kleinigkeit* (*vgl. nhd.* lumperei). das man den wepnern umb wein und prot geben hett, und das sust mit allerlei andrer hadrei darauf gangen ist CHR. 2, 25 *anm.* 6. kulschaff, gelt, vischschaff und solich hadrei *ib.* 3. 393, 42; *streit, zank,*

rauferei, mit hadreien und kriegen RTA. 1.
569, 22. CHR. 1. 162, 1. BEH. 347, 23. haderei
und verwundung NP. 44. hedrei, *gezänke*
FASN. 87, 16;
haderisch *adj.* rancorosus DFG. 484ª. *vgl.*
HALT. 771.
hader-lump *m. lumpensammler, ruf desselben.* haderlump! nach alten hadern ist mein
fragen FASN. 374, 33; *der in lumpen einhergeht,* pannucius DFG. 410ª. *vgl. n. gl.*
278ᵇ.
hader-lutte *swm.* (I. 608ª. 1041ᵇ) *lumpiges
wollenzeug, tuchfetzen* HELBL. *s.* lode.
hader-man *stm. vgl.* ZIMR. *chr.* 3. 105, 14.
DWB. 4², 116.
hadern *swv. streiten* GR.w. 5, 162; *necken
unter liebesleuten* WOLK. 83. 1, 10;
hadern *stn. zank, streit* FASN. 222, 26. 256, 2.
hader-sac *stm. als schelte für eine kupplerin*
LS. 2. 648, 390.
hader-schrîber *stm. schreiber beim fünfergerichte in Nürnberg* NP. 184. *s.* hader.
hader-spil *stn. streit, rauferei* FASN. 893, 2.
hader-suppe *swf. suppe mit zerfahrenen eiern*
GERM. 9, 201. *vgl.* DWB. 4², 120.
haderunge *stf. zank, streit* BEH. 246, 13.
hadreich, hadrich *stm. s.* hederich.
hafern *stm. s.* habere.
haf-muoter *s.* hebemuoter.
hafner *stm. s.* havenære.
hafnitz *stf. s.* haufnitz.
haft *adj.* (I. 604ª) *gefangen, gefesselt* TRIST.
der trache wart sâ dâ haft KCHR. 10610.
subst. die haften, *gefangenen* ROTH. 1186.
2409. 50. 2549. 99. 3179. SPEC. 68. GERM. 1,
450ᵇ, 14; *von etw. eingenommen, besetzt, bestanden:* wenn die zälg lär und nit haft ist
GR.w. 4, 406 *f*, *von einem bösen geiste besessen* FDGR. 1. 105, 4; *mit gen. schwanger,*
eines kindes haft werden FLORE 569. MONE
schausp. 1. 155, 64; *mit dat. verbunden mit*
Ms. *od. präp.* z u o etw. haft sîn SCHREIB. 2,
276 (a. 1420). die zu solicher zweitracht oder
krieg haft, gewant oder darunter verdacht
sind EA. 126. MH. 1, 227, *übertr. verpflichtet,
verbunden für etw. (gen. od. präp.)* LS. daz
ich alles des gebunden, haft und gehôrsam
sol sin SCHREIB. 1, 237 (a. 1321). haft und
gebunden sîn u m b e etw. *ib.* 1, 192 (a. 1311).
MZ. 247. 48. 303. 98. 579 *u. ö.; als zweiter
teil in composs.: act. haltend hebend, pass.
wie es von dem ersten gehabt wird, ihm gemäss.* — *zu* haben;

haft *stm. der gefangene* DIUT. 1. 17, 8. SPEC.
67; *sw. s. oben unter* haft;
haft *stm.* (I. 603ª) *pl.* hefte *was fest hält:
band, halter.* hefte schneiden *weidenruten
zum verbinden der zaunhölzer* MICHELSEN
thüring. rechtsdenkm. 488 (DWB. 4², 129),
naht einer wunde, das man dem armen
bauersman zwelf heft hat getan FASN. 590.
23; *band, fessel, knoten eigentl. u. bildl.*
HARTM. *lied.* SERV. MAI, LOH. Ms. dâ wirt
gestricket ein haft TÜRL. *Wh.* 82ᵇ. des muoz
ich heften einen h. RENN. 20132. in flihtet
der tiuvel manigen haft in sînen stric BERTH.
478, 35. ein ketene sich zur andern slôẓ so
eigenlîch in einen haft PASS. 163, 61. dô tet
sich ûf slôẓ unde haft *ib.* K. 460, 13. die drî
krefte hânt mit kraft geheftet sich in einen
haft GERH. 322. swærer, kumberlîcher h.
KRONE 12008. 12693. 26598. der vernunft
haft entsliezen PASS. 112, 33. die heilige
schrift und iren haft zerlôsen 381, 69. des
gelouben, ungelouben h. 217, 1. 280, 76. *vgl.*
K. 5, 11. 133, 47. 158, 9. 244, 26. 375, 96.
647, 12. den haft lœsen *ein rätsel auflösen*
WARTB. 33, 1; *drücker eines schlosses* Iw.
1087. TRIST. 17041; *haftung, festhaltung*
WINSB. vil scharpfe îsen nâmen ûf dem vürsten haft VIRG. 97, 11; *das einstehen für
etwas, bürgschaft,* schutz und haft über
wunne und über weide AD. 980 (*a.* 1339);

haft *stf.* (I. 603ᵇ) *gen.* hefte, haft *pl.* hefte:
haft, fesselung, gefangenschaft Ms. FRL. PASS.
JER. 27ᶜ. 98ᶜ. FASN. 787, 33. an der hefte gebunden HADAM. 456; *beschlagnahme,* ein guot
in haft legen HALT. 771. GR.w. 1, 197. 210;
woran etw. festsitzt TRIST. 2881 (die hût scheiden von den heften, *vgl. auch* hefte *stn.*);
hafte *stf.* (*ib.*) *verknüpfung.* einer hafte *allein,
nur* DIUT. 1, 284. 85; *haft, verwahrung,* in
hafte nemen HALT. 772; *hindernis,* sunder
hafte MYST. 2. 634, 27;
hafte *prät. s.* haften, heften;
haftec *adj. ahd.* haftac, *in* ê-, ernst-, hant-,
teilhaftec, *s. auch* heftec; *die* haft *betreffend,*
eine haftige tât HALT. 773;
haftel, haftelîn *stn. s.* heftelîn;
haften *swv.* (I. 604ª) *prät.* hafte: *intr. befestigt
sein, festhangen* DIEM. in den prâmen haften
GEN. D. 41, 1. haftender sin, *aufmerksamkeit* PASS. K. 120, 91. haften a n GLAUB. 23.
W. *v. Rh.* 262, 2. PASS. 390, 91. haften z u o
GLAUB. 417, *mit dat. ankleben, anhangen,
zugehören,* mir haftet mîn zunge DIEM. 36,

11. dir zuo haften WINDB. *ps.* 340. der vluoch dir haften müeze MSH. 3, 53ᵃ. — *mit an* (HERB. 18235), mite, ûz, zuo.

haft-gëlt *stn.* arra DFG. 50ᵇ. *ebenso*
haft-phenninc *stm.* CHR. 5. 239, 15. *vgl.* HALT. 772. DWB. 4², 135.

haftunge *stf.* (I. 604ᵃ) *festhaltung, beschlagnahme* HALT. 773. DWB. 4², 136 (*a.* 1476); *das einstehen für etw., verpflichtung, bürgschaft,* aun alle haftung unser halb Mz. 1, 359 (*a.* 1371); *haftgeld* HALT. 773.

hag *stmn. s.* hac.
hag-buoche, -dorn *s.* hagenbuoche, -dorn.
hage *m. s.* hagen;
hage *stm. behagen, wolgefallen, freude.* er warp mit rehtem hage Ls. 2. 582, 51. *ebenso* **hage** *stf.* (I. 608ᵃ) TRIST. H. OBERL. 589. einen ze hage loben BIRKENST. *p.* 305. h e g e FRL. (*vgl.* behage, -hege). — *s.* hagen;
hage *swf. hagebutte* PF. *arzb.* 1, 26.
hage-bart *stm.* (I. 90ᵇ) larva GL., *nach* WACK. 123ᵃ *statt* agebart, *schreckende* (*bärtige*) *larve, s.* ege.
hage-butte *swf.* (I. 286ᵇ) *hagebutte.* hage-, hâbutte, cornum DFG. 152ᵃ. *vgl.* hagenbutz.
hage-dorn *stm. s.* hagendorn.
hage-dûcht *stf.* Reinolt fûr wider mit sînen brüdern in die hagedocht (: gerocht = gerûcht, geruocht) MONE 6. 200, 452 (= *Haimonskinder* 135ᵃ).
hagel *stm.* (I. 609ᵃ) *contr.* hâle DFG. 268ᶜ. *n. gl.* 197ᵃ. hail, hêl ST. *a.* 1332: *hagel, hagelschlag* HARTM. der schaur haizt in ander däutsch der hagel MGB. 86, 5. dô gewert in got hagels unde schoures EXOD. D. 144, 23. swaz hete verlâzen (*übrig gelassen*) der h. *ib.* 148, 32. hagels regen WARTB. 18, 15 (*vgl.* hagelregen). roup oder brant, schelm oder hagel RENN. 10285. und kam ein hagel und ein regen TROJ. 10561. scharpfer h. WALTH. 29, 13. PASS. *K.* 482, 69. der h. twinget uns die vruht MSH. 3, 15ᵃ. den sol der h. slahen *ib.* 2, 78ᵇ. swelch schalc im selben dünret, dem schal der hagel *ib.* 384ᵃ. dâ sol man kriuzen vür den hagel und segenen vür den gæhen tôt TRIST. 15100. der wirft mir oft ein hagel Ls. 3. 383, 14; *bildl. unglück, verderben* WOLFR. BIT. (6481). TROJ. Ms. ich wil sin ir h. ULR. *Wh.* 158ᵇ. ein vor ungewarnter hagel *wird* Keiî *genannt* KRONE 734. owê dir tôt, du bist ein h. WIG. 200, 6. mit tôdes hagel vermûret j. TIT. 4813. des keisers komen ist iu ein h. NEIDH. 102, 8. er was den vinden ein h. lieht. 476, 25. der viende h. GREG. 1825. der heiden h. VIRG. 96, 1. WOLFD. 1052. der ungetouften h. GEO. 4165. der êren h. APOLL. 201. noch sint zwên der herren h. HELBL. 2, 1381. — *zu* hac *s.* DWB. 4², 141. WACK. *Burg.* 48.

hagel-busch *stm. s.* hagenbusch.
hagelen, haglen, hagellen *swv.* grandinare DFG. 268ᶜ. wöll er haglen so wöll wir schauren FASN. 208, 6; *bildl. von schimpfreden,* unde wart ûf in gehagelt mit schimpflichem spotte MART. 137, 100. — *mit* nider.
hagel-gans *stf.* (I. 478ᵇ) *wasser-, birk-, haselhuhn, schneegans s.* DFG. 251ᵃ. 370ᵇ. 544ᶜ. *n. gl.* 184ᵇ. 344ᵃ. GERM. 8, 47. 9, 20; hagel-, hâlegans grando DIEF. *n. gl.* 197ᵃ.
hage-lich *adj. zusagend, angenehm* KREUZF. 6573.
hagel-jâr *stn. jahr in dem der hagel schaden anrichtet* OBERL. 599. DWB. 4², 146.
hagel-kriuze *stn. contr.* hâlkriuze *hagelkreuz an den feldwegen* MONE *z.* 7, 492 (*belege seit dem* 13. *jh.*).
hagel-lich *adj.* grandineus DFG. 268ᶜ.
hagel-rëgen *stm.* nu triffet mich der hagelregen in mînem alter grîse VIRG. 584, 5.
hagel-schûr *stm. hagelschauer* j. TIT. 259. RENN. 1807.
hagel-sieder *stm. wettermacher* MONE *schausp.* 2, 274. KUHN 15, 270 (*a.* 1432).
hagel-slac *stm. hagelschlag* FASN. 48, 32;
hagel-slehtec *adj. vom hagel zerschlagen* KEISERSB. *s.* OBERL. 590.
hagel-stein *stm.* (II². 614ᵇ) *hagelschlosse* ALBR. JER. 9ᶜ; *name eines teufels* BERTH.
hagel-viur *stn.* sant Johans und sant Paul, zwên martrer und Rœmer herren gewesen, ûf der tag ist hagelfiur *Konstanzer chr.* (*in* MONES *quellens.* 1) *zum j.* 1441. *vgl.* KEHREIN *Nassau* 2, 144.
hage-, hege-marke *stf.* (II. 65ᵃ) *geschlossene, eingehegte mark* WEIST.
hagen *stm.* (I. 606ᵇ) hage DFG. 295ᶜ. GR. W. 3, 309 *s.* DWB. 4², 149. *contr.* hain JER.: *dornbusch, dorn* KCHR. (durch dorne und durch hagene *D.* 195, 3). RUL. WARN. dorn unt hagen âne zal URST. 125, 57. durch ieslichen heiden, der dâ ze tôde lac erslagen, was gewahsen ein hagen KARL 10858; *die um einen platz od. ein heerlager zum schutze u. zur verteidigung gezogene einfriedigung, verhau* (*vgl.* hac.) LIVL. JER. 163ᵈ. *contr.* hain *ib.* 25ᵈ. 87ᵃ. *pl.* hegene *ib.* 31ᵈ; *der eingefriedigte,*

umhegte ort LIVL. 6198. GR.W. 3. 307. s. DWB. 4², 151. — zu hac;
hagen stm. (I. 608ᵇ) stier, zuchtstier. kuo sunder hagen gên sumer niht wol getuon künde MSH. 2, 259ᵇ. ich sol hân ein hagen und ein eber in dem hofe MONE z. 13, 223 (a. 1340). ST. a. 1424. GR.W. 1, 665. — s. DWB. 4², 151;
*hagen stv. I, 4 zu folgern aus dem ahd. partic. gihagan, septus s. DWB. 1, 1318; zu grunde liegt das bei hac erwähnte stv. higan;
hagen swv. einen zaun, wildzaun machen. solt ich dô gân hagen LS. 2. 297, 168. ich hân gehaget und wil jagen ib. 3. 637, 7. vgl. ZIMR. chr. 2. 142, 13. 599, 24. — mit în, ver-;
hagen stn. das umzäunen GR.W. 4, 500;
hagen swv. mit dat. d. p. gefallen, behagen WOLFD. 2128. CRANE 3970. CHR. 6. 261, 13; 7. 362, 17. — mit be-.
hagen-aphel stm. spinella VOC. 1482.
hagen-büechîn adj. vom holze der hagenbuoche ER. 7501. ÜW. 302. LS. 3. 553, 83. HPT. 12, 367. NP. 314. TUCH. 77, 7. 78, 26. contr. hânbûchen GR.W. 2, 30;
hagen-buoche swf. (I. 280ᵃ) die hainbuche, weissbuche. SUM. WWH. 196, 21. AW. 3, 211. WAHTELM. 165. hagenpuch oder leimpaum ornus, carpenus VOC. 1482. hagbuoch HPT. 5. 415, 69. contr. hân-, hainbuoche GR.W. 1, 538. 5, 251.
hagen-, hagel-busch stm. dumus DFG. 192ᵇ.
hagen-butz stm. s. v. a. hagebutte DFG. 120ᶜ.
hagen-butz-boum stm. cornus VOC. 1482.
hagen-, hage-dorn stm. (I. 384ᵇ) weissdorn, hagedorn FREID. RENN. REINH. 350, 1594. ALBR. 101ᵉ. MGB. 316, 2. LS. 2. 605, 4. ALTSW. 167, 27; das heckholz, der heckbaum MYNS. 83; teufelsname BERTH. 156, 1.
hagen-dorn-hecke stf. GR.W. 1, 759.
hage-stalt stm. (I. 606ᵃ. II². 565ᵇ) schon im 13. jh. mit unechter verschiebung hagestolz, eigentl. der hagbesitzer („wird dem ältesten nach dem deutschen erbrechte der hof zu teil, so wird dem jüngeren ein nebengut ohne die hofgerechtsame, ein hag angewiesen, u. der hagbesitzer ist in einer gewissen, auch durch leistungen sich aussprechenden abhängigkeit von seinem älteren bruder, der mit der oberhoheit über das ganze einst väterliche land auch das mundium über den jüngern bruder hat. der letztere ist daher, so lange er nicht vom väterlichen eigen förmlich auswandert u. sich anderswo einen eignen unabhängigen besitz sucht, in der gründung eines vollkommen freien hausstandes behindert, er ist cœlebs factisch oder doch im rechtlichen sinne, die rechtmässige ehe wird auf dem herrenhofe geführt" DWB. 4². 155): der unverheirathete, der noch keinen eigenen hausstand gegründet hat. hagestalt Ms. hagestolt WACK. pr. 10, 33. contr. hai-, hei-, heilstalt URB. Pf. 48. 63. 99. hagestolz MONE 3, 16 (a. 1284). GR.W. 1, 366. 5, 180. wer vierzehen jâr alt ist ald darob und niht êwîbs gehept het, und dem sîn vater von tôdes wegen abgangen ist, daʒ der ein hagstolz ist unn daʒ man den fur einen hagstolz halten sol S.GALL. stb. 4, 212; das unverheiratete individuum überhaupt ohne rücksicht auf das geschlecht. ouch mit den hagestolzen, eʒ sîn man oder frouwen DON. a. 1281. das ain hagstolz ab gieng, es sig knaben oder dochtren GR.W. 1, 240. 94. 377. — s. stalt.
hage-tanne stf. eine kleinere tannenart;
hage-tannîn adj. hagtannen holz GR.W. 1,178.
hagge swm. s. hâke.
hag-tûbe s. hactûbe.
hahâ s. hâ.
hâhære, -er stm. (I. 610ᵃ) henker HELMBR. WARTB. 2, 16. 8, 4. MARG. 703. RING 45ᵈ, 16. BEH. 258, 16. 312, 9; s. v. a. hâhel SCHM. Fr. 1, 1073 (a. 1456). — zu hâhen;
hâhe stf.? er warf den schaft ûf hâhe (: nâhe) HELDB. K. 491, 28.
hahel stf. s. hachel.
hâhel stf. (I. 610ᵃ) haken, um den kessel übers feuer zu hängen. hâhel FRAGM. 38, 29. KOLM. 77, 33. MONE z. 16, 327 (a. 1417), pl. hæhel HÄTZL. 43, 31. contr. hâl GEIS. 436. DFG. 156ᵇ; pl. hæl VINTL. 7856. RING 10ᵈ, 20. — zu hâhen s. SCHM. Fr. 1, 1072. KWB. 131. VILM. 143 f.;
hæhelîn stn. kleiner kesselhaken SCHREIB. 2, 307 (a. 1422).
hâhen stv. red. I, 1 (I. 609ᵃ) hôhen CHR. 1. 424, 14; 2. 530, 6. 17. 19. 29. prät. hienc (mnd. hêng LESEB. 774, 33), hie: tr. refl. hängen, aufhängen allgem. (hæhet einer einen fuhsbalc an den huot JÜNGL. 694. er wolt hâhen stæte an mich HELBL. 9, 143 vgl. MGB. 325, 15. 421, 35. in die clâren brunnen hâhen guttrel von glase WWH. 326, 17. er hæht si paiden zuo enander MGB. 105, 15. einen h. GEN. D.

95, 32. ANEG. 36, 37. KL. 1000. ER. 4180.
LOH. 7495. WG. 8416. einen an einen galgen
h. WELTCHR. 69ᵇ. 19ᵇ. 132ᵃ. wer hâht die rou-
ber an die wide ENENK. *p.* 311. und sol mich
an ein kriuze h. BPH. 6122. er hæht sich an
einen ast MGB. 164, 6); *intr. hangen* (diu hût
abhin hie ER. 5409. 7742. es hæht gên tal
FASN. 1458). — *mit* an (HELBL. 2, 1254),
umbe, ûf, vor, vür, be-, er-, ge- (*nachtr.*),
ver-. *gt.* hahan *vgl.* DIEF. 2, 493. FICK² 28
(*zur wurzel* kak, kank *skr.* çank *hangen,
schweben, zweifeln, lat.* cunctari, *s. auch*
CURT³. 661).

hahô *s.* hâ.

hahse, hehse *swf.* (I. 612ᵇ) *kniebug des hin-
terbeines bes. vom pferde* GUDR. LANZ. EN.
ER. (775). PARZ. WIG. si sluogen den rossen
die hahsen abe WOLFD. *H.* 343. diu orse ni-
der ûf die hahsen sâzen LOH. 2110. j.TIT.
1376, ûf die hehsen LIEHT. 87, 15. ULR. *Wh.*
120ᵈ. diu ors vielen ûf den sant unz an die
hehsen KRONE 15503. ir beider ros muosten
gân ûf die hähsen in daz gras BIT. 11971. diu
orse bugen sich zuo ir hehsen beide REINFR.
137ᵇ. 138ᵃ. die hehsen rüeren (*dem hunde*)
HADAM. 434; hächse, *oberbein des kalbes*
CHR. 5. 167 *anm.* 4. — *zu skr.* kaxa *achsel-
grube, lat.* coxa *hüftbein* CURT³. 146.

hahsen *swv. s.* hehsenen.

hai- *s.* hei-.

hail *adj. stm. s.* hæl, hagel.

hain *stm. n. s.* hagen, huon.

hain-buoche *swf. s.* hagenbuoche.

hair-schar *stf. s.* harmschar.

hæ-, hai-sip *stn. s.* hârsip.

hâke, hâken *swstm.* (I. 612ᵇ) *auch* haggen,
hacke, hacken, hocken (TUCH.), hache DFG.
626ᵃ: *jedes an der spitze krumm gebogene
ding, woran sich etw. hängen od. woran etw.
gehängt werden kann, haken* TUND. MAI,
TROJ. (hagge). mit hegnînen hâken GEN. *D.*
65, 26. er kürzt den hâken seins snabels MGB.
166, 29. die hocken TUCH. 144, 22 *ff.* hacken
zum gatter *der sägmüle ib.* 122, 30 (*vgl.*
wenthâke). die hacken, hocken *in einander
greifende dachziegel mit hakenförmigen er-
höhungen ib.* 95, 10. 15. vische mit dem hag-
gen (*fischgabel mit widerhaken*) vâhen
MONE *z.* 12, 300 (*a.* 1347); *bildl.* zornes h.
PASS. (*K.* 21, 84. 38, ʼ12. 306, 60. 322, 22).
des tiuvels h. WG. 5919 *ff. vgl. Bech zu*
HARTM. *lied.* 8, 25 *u. s.* 352. der hâte einen
hâkin (*bedenklichkeit*) an im sulchir irrekeit

JER. 29ᵉ. dâ sol man under hacken (*sub
rosa?*) vil lusteclîchez smacken *der sünden
widerstreit Giess. hs. vers* 2044. ich kan nit
zu hacken kommen, *man lässt mich nicht zu
wort kommen* ZIMR. *chr.* 3. 268, 10; *eine art
pflug ohne räder u. vorderpflug, dessen ge-
stalt einem haken in einem spitzen winkel
gleicht* DWB. 4², 178 (*a.* 1341). von dem po-
lenschen phluoge, der hâke heizet KULM. *hf.*
214. — *zu* hâhen, hangen *s.* DWB. 4², 177;

hækel *stn.* (*ib.*) *häkchen* HELBL.

hâken-bühse *f. grössere handfeuerwaffe, die
mittels eines hakens auf einem gestelle* (boc)
*befestigt wurde, um den schützen gegen den
rückstoss zu sichern.* hackenbüchse BEH. 85,
18. 94, 26. MH. 2, 78. UGB. 442. DH. 251.
CHR. 2. 290, 15. 292, 23. 24. 26. 294, 20. *vgl.*
SCHM. 2, 164. FRISCH 1, 399ᵃ.

hâken-pfîl *stm.* (II. 494ᵇ) *pfeil mit widerhaken*
NARR.

hâken-spiez *stm. spiess mit widerhaken* NEIDH.
XIII.

hâken-ziegel *stm. ineinander greifende dach-
ziegel mit hakenförmigen erhöhungen* TUCH.
95, 10. *s.* hâke.

hâkot *adj. hakenförmig* MGB. 208, 33. 237, 29.
277, 8. hockicht NARR. 13, 27. heckeht, adun-
cus DIEF. *n gl.* 10ᵃ. hakich, uncinus DFG. 626ᵇ.

hal, -lles *stm.* (I. 685ᵃ) *hall, schall* HÄTZL.
WOLK. crepitus, sonus DFG. 157ᵃ. 512ᵇ. hall
oder prechung od. prast crepor Voc. 1482.
daz gît einen lûten hal ALBR. 28, 15. der gal
und der hal ruofte wider MYST. 2. 286, 36.
den hal vernemen LAUR. *Sch.* 2531. der vide-
len h. GA. 3. 362, 300. daz ez (walthorn) den
hal hab verlorn LS. 2. 427, 306. fallen mit
groszem hall CHR. 3. 58, 9. — *zu* hëllen.

hal *stf. hülle, schale.* die hal, dâ die nüze inne
sint PF. *arzb.* 2, 12ᵃ. *vgl.* BEH. 283, 5. - *ahd.*
hala GFF. 4, 844. *zu* hëln.

hal *stn.* (I. 613ᵃ) *salzquelle, salzwerk* BIT.
13319. SCHM. *Fr.* 1, 1074. — *zu* halle, *s.* DWB.
4², 229. 32.

hæl *stf. adj. s.* hâhel, hæle.

halbe *adv. zum adj.* halp (I. 614ᵇ) *halb* MYST.;

halbe *stswf.* (*ib.*) *seite, richtung,* vierhalben,
nach den vier seiten hin TRIST. 3003. von vier
halben HIMLR. 79. *md.* halve ANNO; *der
acc.* halbe (halp) *u. der dat. pl.* halben
mit adv. u. präp. bedeutung (*s. unten*);
*die hälfte von etw., eigentl. adj. mit zu
ergänzendem subst.* eine halbe (*sc.* mâz)
weins GR.W. 4, 763. eine halbe milich CP.

219; *grundstück, wovon die hälfte des ertrags vom pächter als zins zu entrichten ist*: ist daz der halber (der ûf burgers wingerten sitzet) bî sînem lebenne sîn halbîn ûf geben wil Zürch. *rb*. 52. daz der halber von der halbe gescheiden werde nâch gelimpfe *ib.*;
halbe, halb *adv. acc. vom vorig. local u. causal die seite od. richtung anzeigend: von wegen* (*gewönlich zusammengesetzt* mîn-, dînhalp). adels halbe Loh. 6925. er was im sehens halp doch unbekennet *ib.* 5290. gewandes halp Trist. 4028. erbes halp j.Tit. 4650. der herren halb Chr. 4. 34, 14. 186, 20;
halben *adv. u. präp. mit gen.* (I. 614ᵇ) *eigentl. dat. pl. v.* halbe: *auf seiten* Ath. veldes halben Reinh. 323, 884; *wegen* Antichr. 159, 6. Troj. 1697. Chr. 2. 267, 29; 3. 85, 7. 282, 12. 283, 4. 32. von—halben *mit eingeschob. gen. von seiten, von* Trist. 4128, *wegen ib.* 1810. Leys. *ebenso* in—halben Chr. 3. 278, 34;
halben *swv.* (I. 617ᵃ) dimidiare Dfg. 182ᶜ. *part.* gehalbet Lieht. j.Tit. 1660. 4625. 6094. — *mit* umbe-, *vgl.* helben;
halbenunge? *stf.* berc der halbenunge j.Tit. 6174;
halber *adv. u. präp. mit gen. wegen.* — *erstarrte form des flect. präd. adj.* halp, *seit dem* 15. *jh. nachzuweisen s.* Dwb. 4², 199;
halber *stm. s. oben unter* halbe;
halbes *adv. gen.* (I. 614ᵇ) *halb* Heinz. 122, 34. Ga. 3. 375, 502. Chr. 3. 93, 13;
halbieren *swv.* (I. 617ᵃ) *s. v. a.* halben *in zwei hälften teilen* Ot. Myst. Ls. Orl. 4980. 6083. Lieht. 171, 5. Krone 15778. Chr. 4. 61, 10. (helbieren 61, 4). 5. 23, 10. *part.* gehalbieret *bes. von der kleidung, die nach einer im* 12. *jh. aus Frankreich herüber gekommenen mode zweifarbig getragen worden* Wigam. 4685. Dür. *chr.* 464.
halde *swstf.* (I. 619ᵃ) *ahd.* halda *abhang, bergabhang* Parz. Trist. Gudr. Lanz. 5045. j.Tit. 295. 1901. Msh. 1, 60ᵇ. Ulr. Wh. 111ᶜ. Mariengr. 484. Albr. 1, 34. Heldb. *K.* 157, 28. 310, 16. Urb. 61, 32. halda Mz. 1, 489 (*a.* 1403). alde Türh. Wh. 12ᵃ. *assim.* halle clivus Dfg. 127ᶜ. helde (*ahd.* haldî) Voc. *o.* Denkm. XXXVIII, 244. — *zu gr.* κλῖτος *s.* Dwb. 4², 221 *u. vgl.* lënen;
haldeht *adj.* acclivis, clivosus Dfg. 8ᵃ. 127ᵇ.
haldeln *swv. s.* handeln.
halden *swv. als* halde *emporsteigen.* die gasz (*nach dem Calvarienberge*) ist eng und sandig und haldet ob sich Schürpff *pilgerfahrt nach Jerusalem a.* 1497 (*im schweiz. geschichtfreund* 8, 215).
halden *stv. s.* halten.
halde-stat *stf. s.* haltestat.
haldunge *stf.* declivitas, *in* niderhaldunge.
hâle *s.* hagel.
hæle, hæl *adj.* (I. 613ᵃ. 676ᵇ, 19) *md.* hêle, hêl *verhelend mit gen.* si was des ir haften sô hæle Kchr. *D.* 357, 13; *verholen, verborgen mit dat.* ez in ist in nit sô hêle Fdgr. 2. 136, 14; *schnell vorübergehend, vergänglich* diu sint ein alsô hæle dinc Trist. 11837 (*so erklärt* Wack., *nach* Bechstein: *verholen, dunkel, rätselhaft*); *schlüpfrig, glatt* Parz. Eracl. er ist sô hæle Neidh. XXIV, 13. glat oder hæl Mgb. 321, 15. sîne clâwen wâren hæle Mart. 181, 70. hælez glas Krone 6795. Ecke *Z.* 126, 5. wer für sein tür geust und das gefreust, das es hæl Münch. *r. s.* 121. hailes eis Ring 46ᶜ, 37 (*vgl.* Weinh. *b. gr.* § 66). — *zu* hëln;
hæle *adv. heimlich* Kell. *erz.* 254, 11;
hæle *stf.* (I. 676ᵇ) *md.* hâle, hêle *verheimlichung.* unsc hâle worde offenbâre Karlm. 139, 27. sunder hæl Helbl. 8, 102. hæle haben eines d. *es verheimlichen, geheim halten* Bit. daz sie vor deheinem man ir rede wellent hæle hân Krone 3471, *unpers.* mich hât hæle *mit gen.* Nib. Freid., mich nimt hæle Wolfr. En. 38, 37. 158, 8. 281, 17. 287, 1. Ga. 3. 73, 1109; *refl.* nime mich hæle eines d. Myst. Kreuzf. 7609, j.Tit. 4104. 4832; — *glätte, schlüpfrigkeit,* reht wan als er si an einer hæle, dâ er an hin und her slîfet Myst. 1. 389, 7.
halen-barte *s.* helmbarte.
halfen-teil *stn. s.* halpteil.
halfter *swstf.* (I. 613ᵃ) *halfter* Gl. halfter oder strangk od. sail domit man die pferde pindet Voc. 1482. die halftern lôster vome pfert Parz. 514, 12. al ir hengiste di halftrîn gar zuruckten Jer. 169ᵃ. si heten in den zîten ein halftere an in geleit Zing. *findl.* 2, 128. so zugen sie den kopf gern ausser der halfter Mh. 3, 69. — *vgl.* Dief. 2, 514. 777. Dwb. 4². 226 *und* halp *stm.*
halfter-gëlt *stn.* den marstellern zu halftergelt 2 gulden Weinsb. 71.
hal-grâve *swm.* (I. 567ᵇ) *vorsteher u. richter in sachen des salzwerks?* Schm. *Fr.* 1, 987;
hal-grâve-schaft *stf.* der herzog sol ouch die vier ampt verleihen: pfallentzgrâfschaft,

der ist drugsatz, di halgrâfschaft, der ist chamerær etc. URB. B. 2, 529.

hælinc, -ges *adj.* (I. 676ᵇ) *heimlich* PARZ. — *zu* hæle;

hælinc *stm.* (*ib.*) *geheimnis* KINDH. TRIST. FLORE, TROJ. KCHR. 18368. KRONE 4344. WOLFD. 116. WH. *v. Öst.* 80ᵇ. GA. 3. 73, 1111. *md.* hêlinc ELIS. 5288. ALBR. 28, 42;

hælingen *adv. dat. pl.* (I. 677ᵃ) *heimlich* EILH. LS. ALBR. 22, 371;

hâlizen, hælizen *swv. ausgleiten*, labi DFG. 314ᵃ. labere, lubricare VOC. 1437. *s.* DWB. 4², 227.

hâl-kriuze *s.* hagelkriuze.

halle *s.* halde.

halle *stf. halle* phala, tugurium DFG. 223ᵃ. 601ᵃ; *platz für die bereitung u. aufbewahrung des salzes* DWB. 4², 232 (14. *jh.*). — *mit* helle *zu* hëln.

hallen-barte *s.* helmbarte.

haller, heller *stm.* (I. 613ᵃ) *heller, benannt von der reichsstadt Schwäbisch-Hall, wo diese münze zuerst geprägt wurde* WOLK. LS. (2. 236, 913; 3. 345, 248). FASN. 186, 28. 840, 20. 881, 7. 893, 18. achtzig pfunt haller oder vierundzweintzig pfunt Regenspurger pfenn. Mw. 315 (*a.* 1347). alte, niuwe haller RENN. 18420. 26. breite haller wâren hie vor, die heten ein kriuze, daz stuont enbor und ein hant gar gelîch geslagen *ib.* 18488. newe haller mit kreuzen und mit handen CHR. 1. 240, 31. kurze h. Mz. 3, 20. 132. lange h. *ib.* 91. rauhe heller RTA. 1. 391, 25.

haller-gëlt *stn. hellerzins* Mz. 1, 403. 480. 81. 3, 102. MONE *z.* 8, 445 (*a.* 1373). *ebenso*

haller-gülte *stf.* Mz. 1, 402 (*a.* 1386). hellergülte RTA. 1. 528, 2.

haller-münze *stf. hellermünze* CHR. 1. 240, 27.

haller-stric *stm. strick der einen h. wert ist* TUCH. 109, 35. 111, 15. 307, 16.

haller-wërt *stn.* (III. 663ᵇ) *was einen heller wert, dafür zu haben ist* GA. 2. 225, 235. 227, 261. CHR. 2. 305, 18. 313, 26. 351, 17. *contr.* helwert GA. 2. 228, 331. 229, 359. helbert MYST. AUGSB. *stb.* WEIST.

hall-hûs *stn.* (I. 738ᵇ) *hallenhaus, halle* WEIST.

hæl-lîche *adv. heimlich* HPT. 7. 369, 38. *vgl.* hëlliche.

halli-schâf *stn. s.* schâf.

halm *stm.* (I. 613ᵇ) *auch sw.* halme WEIST. *pl.* halme, *daneben schon früh* helmer FREID. 77, 12 *var.* MOR. 2, 361. DFG. 161ᶜ. 472ᵃ. 546ᵇ: *halm, gras-, getreidehalm* PARZ. WALTH.

FREID. als ob ich sæhe wahsen an einem halme siben eher GEN. D. 85, 11. stumphe unde halme EXOD. D. 135, 35. der gemain, der wolsmeckend halm MGB. 365, 2. 4. von einem halme kumt ein viur, der niht sîn zünden understât MSH. 2, 234ᵇ. ich mizze einen halm ze lange *ib.* 3, 102ᵇ. geviele ein halm entwerhes TROJ. 22222. man möht mit einem halm dâ zwischen niht HADAM. 517. swie diu triuwe lücken hât gên eime halmej.TIT.5342. after halme *nach der ernte* GR.w. 1, 718 (*vgl.* halmen). einem den halm vor ziehen *ihn foppen, übervorteilen* MSH. 3, 89ᵃ. dû ziuhest mir den halm als einer jungen katzen vor *ib.* 2, 163ᵃ. daz dû mich lihte selbe trüges und mir sô vor züges als der katzen den halm GA. 3. 76, 1257. der den halm rücket den jungen katzen vor TÜRL. WH. 34ᵃ. niht eines halmes breit, *durchaus nicht* MH. 3, 345ᵇ. W. *v. Rh.* 264, 46. PASS. *K.* 246, 96. LS. 2. 711, 24. *vgl.* ZING. neg. 427. *rechtssymbolisch wurde der halm bei den Franken, Baiern u. Alemannen verwendet, um durch überreichung desselben eine feierliche übergabe von einem geschenkten, verkauften od. verpfändeten gute anzuzeigen*: unde nâmen die vor genanten Mathies und Else einen halm in ir hende und gâben in dem scholtheiszen in sîne hant und bâden in, daz er von gerichtes wegen hern Heppen mit den vor geschriben underpanden erbete und in darein gewerete. dâ nam der scholtheisz den halm und gab in hern Heppen in sîne hant und gewerete und erbete in in die underpand MONE *z.* 12, 345 (*a.* 1358). *vgl.* 19, 259 *ff.* diu güeter mit eime halme ûfgeben AD. 953. 1259. wir haben in die selben güeter alle ûf gegeben mit zwîge und halm an der offen strâszen und vor gericht ST. *a.* 1436. mit hant (*handschlag*) und halm ûf geben Mz. 3, 17. 272. 4, 47. mit munt (*ausdrückliche entsagung*), hant und halm HALT. 782. MONE *z.* 12, 345. *s.* RA. 121 *ff.*; *schreibrohr* PASS. (MARLG. XI.). — *zu skr.* kalama *eine reisart, gr. lat.* calamus CURT³. 133. Z. 1, 16. FICK² 39.

halm-ackes *stf.* bipennis DIEF. *n. gl.* 53ᵇ. helmaches VOC. 1470, 59. *vgl.* stilax *ib.* 72ᶜ, axthelm *in den nachtr.*, helmbarte *u.das flgd.*

halme, halm *swstm.* (I. 613ᵇ, 40) *handhabe, stiel* LS. halm CHR. 4. 221, 9. helm velstil DFG. 104ᶜ; *glockenschwengel,* dô schmidet maister Hans Wurm den halm inder grössen gloggen zuo Wangen *Constanz. chr.* (*in* Mones *quellens.*) 1) *zum j.* 1449. *s.* halp *u.* Dwb. 4², 240.

halmel, helmel *stn.* (I. 613ᵇ) *kleiner halm* Mgb. 375, 12. 438, 21. 447, 14. 463, 7. einem daʒ h. vor ziehen (*s.* halm) Diem. Neidh. Trist. *H.* 6644. helmelîn F. *v. Schw.* 64. si vuorte dich am helmelîn Mor. 1, 799. einem das helmlîn durch das maul streichen Zimr. *chr.* 3. 578, 6. einem das helmî geben, *ihm recht geben* Sabb. 2, 326.

halme-lîche *adv.* ein guot halmelîche ûf geben *s. v. a.* mit halme Arn. 50 (*a.* 1454).

halmen *swv. getreide schneiden, ernten.* wêr es, das iemant auf das gut führe hauwen oder halmen Gr.w. 1, 744.

halm-hacker *stm. der aus stroh häckerling macht* Fasn. 481, 28.

halm-klûber *stm.* (I. 846ᵃ) spicarius Voc.

halm-lëser *stm.* spicarius, halm-, helmerleser Dfg. 546ᵇ. halbemleser *n. gl.* 345ᵃ. congella Voc. 1482.

halm-stücke *stn.* (II². 656ᵃ) *halmstück* Mgb.

halm-vrischinc *stm. im herbste zu entrichtender* vrischinc? Schm. *Fr.* 1, 828. *vgl.* grasvrischinc.

halp, help, -bes *stm.* (I. 614ᵃ) *pl.* helbe *s. v. a.* halme Strick. (Aw. 3, 224). Leys. acht heller umb helbe in bickel zu machen Frankf. *baumstb. v.* 1404 *f.* 31. bickelhelbe *ib. f.* 6. helb Dfg. 104ᵉ. dâ wischt im die axt von dem helb Hpt. 13, 579. kipf oder helb (*stemmleiste am wagen?*) Tuch. 102, 29. — *vgl.* halfter *u.* Dwb. 4², 240.

halp *adv. s.* halbe.

halp, -bes *adj.* (I. 614ᵃ) *halb, allgem. s. noch:* er slúc Jubâle obene von den zenden nidere durch die lenden unde machete zwêne halbe man L. Alex. 1791. diu koufet halben lôn dar an Msf. 211, 22. sost der schade halber mîn *ib.* 204, 14. der was rôt als ein zunt, halber und halber blanc Krone 14464. Ansgii wol halber tôt lac *ib.* 10264 (*vgl.* halptôt). mîn halbe sêle dû bist Marlg. 144, 154. ist ein schulde halbiu sîn Swsp. 262, 6. der zuhte ûʒ halbeʒ sîn swert Karl 4585. er zucte daʒ swert über halp Rul. 75, 19. 133, 12. über halben zorn er sprach Kchr. 818 (unzornlîche er sprach *D.* 25, 31). dem mac der nutz wol über halp entwischen j. Tit. 3359. sîne künege über halp dem tôde wurden geigent Loh. 5707. über halb und über reht betrogen werden Mz. 1, 376. 406. 26. 28. halp visch, halp man ist visch noch man Msh. 2, 201ᵃ. der hofwarte was ein teil beide winde und hofwarte kint oder halp rüden und halp wint oder halp rüden und halp hofwart: sus wâren si von der halben art beide stark, küene unde snel Cod. *pal.* 341, 331ᵉ. halbeʒ brôt, *halbgewichtiges, schlechteres brot* Helmbr. 1796, *s. auch oben sp.* 360 *u.* halpbrôt. halbeʒ pfert, *maultier* Gr.w. 2, 393. er sol komen mit drîzehendem halben rosse, cum duodecim equis et mulo Ad. 966 (*a.* 1336). *vgl.* halppfert. halbe kinder, *kinder, die einen gleichen vater u. ungleiche mutter oder umgekehrt haben* Dwb. 4², 188. halber got, heros Dfg. 276ᵇ. — *gt.* halbs *nach* Gsp. 39 *zu gr.* χολοβός *verstümmelt, lat.* incolumis *unverletzt von skr.* çar *zerbrechen, im* Dwb. 4², 184 *wird es zurückgeführt auf die gr. lat. wurzel* carp.

halp-brôt *stn.* (I. 264ᵃ) *s. v. a.* halbeʒ brôt Rul.

halp-eimeric *adj. einen halben eimer haltend* Np. 208. Tuch. 289, 25.

halp-ful *s.* halpswuol.

halpfunt *stn.* = halp-pfunt. halbeʒ pfunt Uoe. 4, 79 (*a.* 1287).

halp-ge-loubec *adj. nur zur hälfte gläubig* Pass. *K.* 444, 73.

halp-ge-soten *part. adj. halbgesotten.* halbg. krût Myst. 1. 244, 4.

halp-ge-spitzet *part. adj.* mit halbgespitztem munde smirn Altsw. 249, 1.

halp-gült, -gilt *stn. halber zins.* von eime lëhen driu halpgilt; von einer muln, diu giltet 20 mutte rocken und zehen halpgilt Urb. *B.* 1, 113 *u. oft.* halpgult Mb. 36ᵃ, 366 *ff.*;

halp-gültec *adj.* ein halbgültigeʒ swein Urb. *B.* 2, 518. der h. swein sol ie aineʒ wert sein 45 pfenn. Urb. *Pf.* 3. *vgl.* halplœnec.

halp-hërze, -hërzec *adj.* semicors Dfg. 525ᵇ.

halp-jæric *adj. ein halbes jahr alt* Mus. 1, 308.

halp-kraft *stf.* halbe kraft Diem. 342, 11.

halp-liute *pl. halbleute, die s. g. elstermenschen, halb weiss u. halb schwarz über den ganzen leib geteilt* Hpt. 1, 10. 16.

halp-lœnec *adj.* das gût sol sîn halblônig Gr.w. 5, 400. die swînlin, sô halblœnig am hirten sint, gânt 2 fur eins *ib.* 4, 518. *vgl.* halpgültec.

halp-man *stm.* semivir Dfg. 526ᵃ.

halp-meister *stm.* h. der freien kunft, baccalaureus Voc. 1482.

halp-melteric *adj. ein halbes malter haltend* Gr.w. 5, 637.

halp-meʒʒic *adj. ein halbes mass* (meʒ) *hal-*

tend. ein halpmezziger hafen HPT. 5, 12. zwô halbmessige kannen MONE *z.* 16, 327 (*a.* 1417).

halp-nacket *adj.* (II. 295ᵇ) *halbnackt* STOLLE.

halp-narre *swm. fantasticus* DFG. 225ᵃ.

halp-pfert *stn. s. v. a.* halbez pf. *maultier.* pferde und halbpferde MONE *z.* 15, 45.

halp-priester *stm.* levita Voc. *Schr.* 1567.

halp-rinc *stm. halbkreis, hemisphäre* DFG. 200ᵇ. ouch sô wart balde gesehn ein halbring an dem himel, der stûnt obir der stat Erforte unde was geschicht alsô ein reinbogin DÜR. *chr.* 788.

halp-ritter *stm. nicht vollkommener ritter* RENN. 1504. *vgl.* OBERL. 595.

halp-ruotec? *adj. s. unter* ëbenruotec.

halp-scheit *stn. hälfte, nd.* halfscheit GR.W. 2, 354 *ff. vgl.* DWB. 4², 212.

halp-schiht *adv. zur hälfte.* swenne er der summe gentzlich oder halbschicht bezalt wird AD. 960 (*a.* 1335).

halp-schilt *stm.* (II². 130ᵃ) *kleinerer schild,* pelta ALBR. *vgl.* HPT. 8, 411.

halp-sin-wël *adj. halbrund.* in dem halbsinweln turn CHR. 2. 289, 17.

halp-stein *stm.* 100 ziegel 4 dn., 100 halbstein 3 dn. (*zoll*) MONE *z.* 1, 176.

halp-stündec *adj. halbstündig* SGR. 1356.

halp-swëster *f.* (II². 776ᵃ) *halbe ordensschwester, sie wurden im d. orden bes. zur krankenpflege verwendet* STAT. *d. d. o.*

halp-swuol? *stn.* (II². 815ᵇ) *bastardeber, halbwüchsiges wildschwein?* NIB. 878, 3. *var.* halpsûl (*od.* halpful, halpvul? *s.* GR. 2, 633. MYTH. 948), halpfwol, helfolen.

halp-teil *stn.* (III. 22ᵃ) *hälfte* ZÜRCH. *rb.* daz halfen-, halftenteil UOE. 5, 330 *f.; adverbial:* wær sîn smerze sô grôz halpteil als er seit HEINZ. 1261.

halp-tôt *adj.* (III. 63ᵃ) *halbtot* IW. TRIST. WIG. WH. *v. Öst.* 104ᵃ. ALBR. 17, 183. MGB. 157, 8.

halp-tuoch *stn. wollenes tuchzeug von leichterem u. feinerem gewebe* MONE *z.* 9, 173 (*a.* 1360). 146 (*a.* 1476). GR.W. 4, 93.

halp-vaste *swf. s. v. a.* mittervaste MONE *z.* 8, 193. 15, 287. 16, 11. OBERL. 595.

halp-vaz *stn. halbes fass, flüssigkeitsmass* NP. 269 *f.*

halp-vihe *stn. vieh, dessen nutzung zwei zur hälfte ziehen, indem der eigentümer dasselbe dem andern auf dessen weide oder in ab-*

wartung gibt MONE *z.* 3, 402. 407 (14. *jh.*). GR.W. 1, 306. *s.* DWB. 4², 217.

halp-visch *stm. plattfisch* MGB. 243, 12. *s.* DWB. 4², 200.

halp-vrischinc *stm. kleiner, geringer* vrischinc. drie halpfrischinge URB. *B.* 1, 36. 43. 44 *etc.*

halp-vüederec *adj.* (III. 443ᵃ) *ein halbes fuder als mass haltend.* halpv. weinvaz AUGSB. *r.* URB. *B.* 2, 502.

halp-vüeʒec *adj. halbfüssig, einen halben fuss lang* MGB. 121, 20. 263, 29.

halp-vul *stn.* (III. 434ᵇ) *s.* halpswuol.

halp-wolf *stm.* (III. 801ᵇ) *wolfshund, lycisca* DFG. 328ᵃ.

halp-worhter *stm. der halben dienst od. zins leistet.* sô haben wir den selben spitâl mit hoflûten, halpworchtern und allen andern, die in den selben spitâl gehörig sîn, in unsern und des rîches fride enphangen MONE *z.* 12, 175 (*a.* 1360). HALT. 781.

halp-zirkel *stm.* hemicyclus DFG. 274ᵇ.

halp-zogen *part. adj.* (III. 927ᵃ) *halb aufgezogen* KARAJ.

hâl-rinc *stm. contr. aus* hâhelrinc, cramacula DFG. 156ᵇ.

hals *stm.* (I. 617ᵇ) *pl.* helse RENN. 19000. LIEHT. 203, 20. MGB. 34, 17: *hals, im eigentl. sowie auch verengerten* (*kehle*) *und weiteren sinne* (*hals u. kopf, hals u. brust, sogar die ganze person:* wenne ich mit meinem halse und mit alle den, die ich zu hülfe haben mag, in zu hilfe selber ziehen wil UGB. 439), *allgem. s.* noch von halse unz ûf die sporn NIB. 1113, 3. ein seil er umb den hals mîn bant LIEHT. 543, 3. hals der kûscheit, *keuscher hals* PASS. *K.* 667, 51. er hiez in ûf die helse treten RENN. 19000. den hals wagen *ib.* 1656. ir der hals geswollen ist PASS. 161, 34. DIOCL. 3526. mir geschæhe an dem halse wê APOLL. 15687. einem den h. kurz machen, *töten* KARLM. 48, 27. einen umbe den h. bringen RING 53ᵃ, 12. an den hals gân, *an das leben* MÜHLH. *r. L.* 166. PASS. *K.* 66, 48. an dem halse mort begân *ib.* 502, 63. bî dem halse, *bei todesstrafe* SSP. 1. 23, 4. sachen, die den hals treffen MZ. 3, 304 (*a.* 1354). 4, 137. auf den hals gefangen ligen, *die todesstrafe im kerker erwarten* CHR. 2. 12, 6. den hals abi slân MÜHLH. *r. L.* 165. einen an den hals slân EILH. 1796. den hals er wegote (*gedr.* niegote) RUTH. 1877. mit ûfgerichtem halse, *stolz* MYST. 1. 139, 17. daz ist in ir hals gelogen

Helbl. 2, 1412. von hals und mit dem horne jagen, *die jagd mit rufen und hornklang begleiten* Hadam. 446. ich hân ûf mînem halse vünf hundert jâr Otn. *p.* 40. den schilt ze halse nemen, *ihn vor sich nehmen u. sich damit decken* Er. 3215. Greg. 1423. Krone 7431. ze halse er den schilt hienc Herb. 14689. sîn schilt im wol ze halse gezam Er. 798. dem stât der schilt ze halse wol Winsb. 16, 8; — *übertr. das den hals umschliessende kleidungsstück, koller* Lieht. 203, 20. vgl. Ga. 2. 234, 561; *gang, öffnung, röhre* Mgb. 34, 17. 21; *fortlaufende schmale anhöhe* En. Livl. Ls. durch den hals sô gienc ein grabe Heldb. *H.* 2, 173 (= Virg. 188, 1 *u. anm., wornach mit w* hac *zu lesen ist), schmale erdzunge,* dô der gerwer grabe und der grabe an der steinen bruck zuo samen stiezen und ein enger hals dô zwischen în gienc Just. 10. — *zu lat.* collum (*aus* colsum?) Z. 1, 16. Dwb. 4², 243.

hals-abe, *eigentl. der befehl* hals ab! ez ist bezzer kamph danne halsabe Ulr. Wh. 111ᶜ. Teichn. 25. Fasn. 509, 9.

hals-acker *stm. richtstätte* Narr. 89, 15.

hals-âder *stswf.* (I. 10ᵃ) *ader am halse* Pf. arzb. 2, 12ᵇ. Mgb. 103, 27. 268, 21. 270, 34; *sehne des hintern halses, nacken* Diem. beitr. 1. 126, 98. Wack. *pr. s.* 260, 8. die halsâdern der sundere, cervices peccatorum Jan. 28;

hals-æderic *adj.* ein harter halsêderiger, pertinax Dfg. 430ᶜ.

halsar? *eine münze.* die pfenning mit den schiltlen und alt halsar mit guten zusatz die schollen genommen werden Ugb. 221 (*mährische münzordnung*). — *wol fehler statt* hallar, haller.

hals-bant *stn.* (I. 132ᵃ) *halsband als schmuck*, torques Dfg. 589ᵃ. Anz. 1, 216 *ff.* vierzehenhundert guter gulden eim goltschmit zu bezalen, der mîm herrn ein halsbant gemacht hât (Rcsp. 1, 101 (*a.* 1401). ein h. mit gulden spengelchin *ib.* 668. es soll kein mannsbilde einich halsb. nit tragen Np. 107. *s. v. a.* halsbërc, dô wolde er im daz halsbant und den helm hân zu hant enbunden Albr. 29, 117. diu liste und daz halsbant daz was vil wol gesteinet golt En. 160, 8, *md. auch m.* der halsb. *ib.* 159, 2 *var.* Karlm. 42, 16. 62, 34; *halsriemen des hundes,* ein halsbant twingt des tages mich,

aber des nahtes bin ich vrî Renn. 7425; *die eiserne fessel, die der gefangene am halse trägt*, collarium Dfg. 132ᵃ. alle des kerkêres tur, vezzern unde halsbant lôste im Marjâ zuhant Marlg. 44, 97. er lôst im von den handen armîsen und daz halsbant, dâ er in inne ligende vant Zing. *Pl.* 2, 232. ein eisnein halspant J. *a.* 1426.

hals-bein *stn.* (I. 101ᵃ) *halsknochen, genick* Rul. daz im abe brast der arm und daz halsbein Krone 11282. er sluoc in an daz h. Ab. 1. 264, 438. swer viuræʳ in der chuchen ist, dem gît man die wochen sibn brôt und die halsbeiʳ (*ossa colli*) Geis. 434; über hals und halsbein rihten, *die oberste gerichtsbarkeit über das leben eines verbrechers ausüben* Gr.w. 1, 162. 66. 794. 2, 2. *vgl.* halsgebein;

hals-beinic *adj. halsstarrig.* ich sihe, das dis volk ist halspeinig bibel v. 1483 *im* Dwb. 4², 257.

hals-bërc *stm.*, -bërge *stf.* (I. 159ᵇ) *teil der rüstung, der mit dem halse zugleich den oberkörper deckt* (birgt) *allgem., vgl. noch* j.Tit. 5828. Troj. 4251. Karlm. 247, 65. Erlœs. 1005. Pass. *K.* 173, 51. Ad. 785. Ula. 86. halsperge, thorax Voc. 1482; *der mit einem* halsb. *ausgerüstete krieger:* der het sich tougen dâ verstoln mit vierzec halspergen Krone 11057. — *das wort ist auch in die roman. sprachen übergangen s.* Diez 1, 434.

hals-bërc-want *stf.* (III. 686ᵃ) *lage von metallringen die den panzer bildet* Lanz.

hals-bërgen *swv. mit einem* h. *versehen.* der ist vaste gehalsperget Spec. 151, 282.

hals-blëc *stn.* alapa Voc. *Schr.* 70.

hals-boge *swm. halsband, halskette.* dâ bî ouch im hete gegeben einen halsbogen (: gezogen) guldîn Pass. *K.* 484, 21. ebenso

hals-bouc *stm.* (I. 178ᵃ) Sum.

hals-brâte *swm.* decolleo Dfg. 168ᵇ.

hals-brëchen *stn. das erbrechen*, vomere Mgb. 453, 1.

hâl-schar *stf.* (II². 152ᵇ) *heimlich gestellte falle, in hinterhalt gelegte schar* Rul. Kchr. (*M.* 5347. 7720. 15703). Lanz. Wwh. Karl. mit hâlscharn umbe setzen Massm. denkm. 81, 61. der viende h. *ib.* 82, 86. alsô er kom dar, mit im grôze hâlschar Weltchr. 170ᵇ. dâ diu verborgen h. lac Troj. 48105. des man zuo der h. bedarf in urliuge Mone 8. 485, 97;

hâl-schar-lich *adj.* (II². 153ᵇ) *heimtückisch, hinterlistig* WOLFR.

hal-schrîber *stm. schreiber in einem salzwerke* DH. 286.

halse *swf.* (I. 618ᵃ) *halsriemen des leithundes* EN. TIT. BIT. (7057). diu halse was geslagen drilich unde herte j.TIT. 1148. diu halse dich ûf halte für vergâhen HADAM. 1;

halsen *stv. red. I, 1* (I. 617ᵃ) *umhalsen, um den hals fallen* PRED. ER. WALTH. BARL. dô begund er si halsen und umbevâhen GA. 2. 226, 287. *prät.* hiels SPEC. 123. FLORE 1232. ULR. *Wh.* 117ᵃ. ALBR. 31, 123. PYRAM. 1205. DSP. 1, 32ᵈ; *refl.* zesamne hielsen si sich dô ER. 9725. si hielsen sich sô vaste an in BIRKENST. 180. — *mit* umbe-, *vgl.* helsen;

halsen *stn.* (I. 617ᵇ) PARZ. BARL. halsen, küssen und ander dinc ERACL. 3785 des hôsten halsens ummevanc geschiht gar sunder arme PASS. 3, 10 (*s. K.* 735ᵃ). des begunden sie sich nieten mit halsen und hent erbieten LS. 3. 429, 352;

halser *stm.* ein weingarten, der der halser ist genant UKN. 163 (*a.* 1315), *vgl.* helser;

halsete, halste *prät. s.* helsen.

hals-ge-beine *stn. s. v. a.* halsbein. über hals und halsgebein rihten GR.W. 2, 77. 93. 5, 422.

hals-ge-rihte *stn. die befugnis über den hals zu richten, obere gerichtsbarkeit* HALT. 785. HÖF. *z.* 1, 294 (*a.* 1327). GR.W. 3, 495. 541. halsgeriht und chlains geriht Mz. 3, 200. das halsgericht auf allen guten haben wir uns behalten *ib.* 4, 321. auch haben wir dem von Abensperch stöcke und galgen und ein fries halsgericht dôselben geben Mw. 322 (*a.* 1348).

hals-gerwe *stnf.* (I. 481ᵃ) collarium SUM.

hals-ge-zierde *stf. halsschmuck.* welhe halsgezerde ich dir machin wil HPT. *h. lied* 23, 21.

hals-golt *stn.* (I. 553ᵃ) *goldene halskette,* monile, torques GL. DIEM. KRONE 558. 8237.

hals-hâr *stn.* in ainime dîme halshâre, *in uno crine colli tui* HPT. *h. lied* 54, 9. 18.

hals-hemede *stn.* armulatus, est vestis humeros tegens, thorax Voc. 1482. auch sollen frowen und junkfrowen hinfüro nit mêr tragen einich halshembd, das mit gemechte über zwên guldîn cost NP. 97.

hals-hërre *swm. herr über den hals- oder leibeigenen* GR.W. 5, 145. der tiuvel, dîn halsherre SIGEN. *Casp.* 96. wir enlaszen in sîner lîbeigenschaft, deren er uns wie ain aigen mensch sînem halsherren verbunden war DON. *a.* 1504.

hals-îsen *stn.* (I. 756ᵇ) *halseisen, pranger mit halseisen* GL. den sol man in daz halsîsen füeren, der sol über tag darinne stên WP. 83. den sol man stellen in daz halsîsen MONE *z.* 7, 57. der sol in dem h. stên ROTENB. *r.* 63.

hals-kreiz *stm.* sein (*des*) sitichs) halskraiz ist rôtvar und vil nâhent goltvar MGB. 221, 30.

hals-lëcken *swv.* daz wart halsgeleckt unde wart mit speichelun verunreint GERM. 7, 334.

halslinc *stm. s.* helslinc.

hals-rinc *stm.* (II. 708ᵃ) *ring um den hals als schmuck,* torques DFG. 589ᵃ; *zur fesselung eines gefangenen* PASS. GA. 3. 470, 11.

hals-sîl *stn.* collopendium DFG. 133ᵃ.

hals-slac *stm.* (II². 383ᵃ) *pl.* halsslege *schlag an den hals, backenstreich* PRED. KRONE (5982). ALEXIUS 64, 985. MART. 15, 48. BPH. 64, 985. W. *v. Rh.* 159, 27. MARIENGR. 720. GA. 3. 82, 1444. SWSP. 240, 16. SSP. 3. 32, 9. FELDK. *r.* 23. EVANG. *M.* 26, 67. MR. 14, 65;

hals-slagen *swv.* (II². 386ᵃ) *halsschläge, backenstreiche geben,* colaphizare DFG. 131ᵃ. RUL. KARL (7177). WERNH. *v. N.* 58, 31. 59, 9. halsslegen LEYS. MONE 8, 525. 27. halslahen LEYS. daz er mich halsslahe in anevehtender bekorungen N. *v. B.* 87. *ebenso*

hals-slegelen *swv.* siu sach in (*Christum*) halsslegelôn WACK. *pr.* 8, 62.

hals-snuor *stf.* discerniculum DFG. 184ᵇ. sie ne zierent ouh vingerlîn ringe noh bouge, nuskelin vone goldes gesmelce noh die halssnuore HIMLR. 287.

hals-starc *adj.* (II². 597ᵃ) *halsstarrig,* pertinax DFG. 430ᵉ. LS. KIRCHB.;

hals-starc-heit *stf.* halsstarckait, pertinacia DFG. 430ᵉ.

hals-stiure *stf. steuer, die von einem leibeigenen an den halsherren entrichtet wird s.* DWB. 4², 268.

hals-stival *m.* (II². 653ᵇ) *eine art stiefel.* und sol schneiden ain haut, darauz sol er machen ain par halsstiffel und ain par fraunschuoch knäuffelt MÜNCH. *r.* 447, 6.

hals-streich *stm.* colaphus DFG. 131ᵃ. unde gâben im dar nâ mangen smæhen halsstreich W. *v. Rh.* 163, 53;

hals-streichen *swv.* (II². 688ᵇ) colaphizare SCHM. 3, 678. und lie sich halsstreichin ir wizin nack sô weichin MART. 54, 105.

hal-stat *stf.* (II². 601ᵃ) *ort wo salz gesotten wird* SCHM.

hâl-süenen *sw.* (II². 750ᵇ) *refl. sich heimlich versöhnen* WEIST. zu

hâl-suone *stf.* (II². 746ᵇ) *heimliche versöhnung* HEIMB. *hf.* AD. 785 (*a*. 1293). holsunne SCHM. *Fr.* 1, 1083. die mit einander kriegont und ein hârsuon machont âne uns und âne den voget, das ist ein freveli GR.W. 1, 330.

hals-vahs *stn.* coma capitis HPT. *h. lied* 116, 20.

hals-veste *stf.* (III. 275ᵇ) *s. v. a.* halsbërc RUL.

hals-vlëcke *swm.* balestrum DFG. 66ᶜ.

hals-vlinken *swv.* (III. 342ᵃ, 10) colaphizare Voc. *s.* vlinke.

hals-wide *stf. strang zum hängen* WOLFD. 467.

halt *adv.* (I. 618ᵇ) *mehr, vielmehr* LEYS. wie men die acker solte eren und hacken und bereiten, das sü deste halt korn gebent CHR. 8. 255, 29, *häufig bloss bekräftigend u. begründend: eben, freilich, ja, allerdings wie noch in dem obd. mundarten; in concess. sätzen (nach* swer, swie, swaz *u.* ob) *auch; als conj. sondern, sondern auch* (LEYS. WINDB. *ps.* niht drî êwige, halt ein êwiger non tres æterni sed unus æternus HPT. 8, 142). — *ahd.* halt, *alts.* hald *potius, magis gt. u. altn. als comparativbildung* haldis, heldr (*s.* halter) *das ursprünglich wol „geneigter" ausdrückte* (*s. das folgende* halt); *daneben haben wir ein ahd.* halto, *bei* NOTK. wio halto *u. darnach im mhd. den gebrauch, das wort in concess. sätzen gleich unserm „auch" zu gebrauchen. dieses* halto *aber scheint eine schwächung der verbalform* haltu, *opinor zu sein (vgl. schles.* haldich, *henneb.* heillich WEINH. 32ᵃ. REINW. 1, 26), *so dass sich also in dem mhd.* halt *das ahd.* halt, *potius u.* halto = halt ich *gemischt hätten. vgl.* KWB. 132. DWB. 4², 273.

halt *adj. geneigt, treu. das er si mit gütikait überkom, so blibentz dester halter* CHR. 4. 284, 4. — *ahd.* hald, *sich vorwärts senkend, geneigt. vgl.* holt *u. das vorhergehende.*

halt *stm. pl.* helt *hinterhalt* CHR. 2. 182, 16. 216, 14. 253, 8;

haltære, -er *stm.* (I. 623ᵃ) *hirt* GEST. *R.* GR.W. 3, 698. 715; *bewahrer, erlöser* PHYS. 24, 41. 25, 8; *beobachter,* di heldêre gotes gebots JER. 47; *innhaber, bewahrer,* helder ARN. 51 (*a*. 1465); *der im* halt, *hinterhalt steht* ANZ. 17, 114;

haltærinne *stf.* gotes gebotes haltærinne W. *v. Rh.* 6, 12;

halte *swm. in* êhalte;

halte *stswf.* (I. 623ᵃ) *weideplatz für das vieh,* cupla, pastura GL. die halt auf der alben MH. 2, 918. *vgl.* helde.

halte *prät. s.* helden.

haltec *adj. haltend, festhaltend* NETZ 666;

halten, halden *stv. red. I, 1* (I. 619ᵇ) *tr. hüten, weiden* KARAJ. REINH. (349. 1569). Moyses hielt daz vehe in einer wuoste EXOD. *D.* 125, 19. man haltets (*die schafe*) von mittelmeyen untz ze sant Martins dult ûf den alpen URB. *Seck.* 101. *vgl.* SCHM. *Fr.* 1, 1100. KWB. 132; *halten, in stand u. bestand halten, bewahren, erhalten* (diu pfert h. ERNST 1124. kriec, strît h. MSH. 3, 411ᵃ. CHR. 1. 42, 16. rechnung h., *ablegen ib.* 2. 302, 5. eine tugent h. PASS. *K.* 6, 68. ELIS. 2600. halt dine sinne GA. 1. 172, 110. einen h.: *für heilig halten, verehren* CHR. 4. 293, 8, *gefangen halten ib.* 1. 378, 5, *beherbergen ib.* 1. 175, 2; 3. 284, 10. ELIS. 4928. einen zuo etw. h., *wozu anhalten ib.* 1596. 3837. 5881. CHR. 5, 84, 17. einen stil halten, retardare MGB. 281, 18. 22. diu wort h. *behalten, merken ib.* 222, 3. den zorn h. 49, 33), *absol.* salvare, der haltunde Crist DIEM. KARAJ. 77, 9. 87, 17; *festhalten, behaupten: im brettspiel gleich viel einsetzen als der bietende gegenmann* Ls. 1. 213, 202; *dafür halten, meinen* MYST. CHR. 3. 48, 19. 55, 3. 161, 5. 274, 2; — *refl. sich halten, zusammenhalten* ENGELH. 685. CHR. 4. 285, 5; *sich benehmen, betragen* MYST. MGB. 401, 28. MSH. 3, 39ᵇ. 90ᵃ. ELIS. 2841. 5836. 7942; *sich eines d.* halten, *daran festhalten* CHR. 5. 204, 12. 14 *od.* sich zuo einem d. h. HALT. 788. FASN. 392, 10; — *intr.* (*absol.* pfert, ros *zu ergänzen*) anhalten an einem puncte, stillhalten NIB. HARTM. PARZ. her Heinrich hielt ouch geschart dâ ritterlich LIEHT. 318, 28. der rœmesch keiser heltet noch in den snüeren LOH. 4934; *wache halten* CHR. 1. 183, 21 *ff.; in sich enthalten, lauten ib.*

3. 63, 5; *einen halt machen, im hinterhalte stehen ib.* 2. 183, 25. 187, 18. 298, 24. 26, 5. 272, 23. 273, 10; *ûf einen h. ihm auflauern ib.* 79, 11. 84, 9. 216, 12; 4. 102, 17; 5. 51, 5. USCHB. 48; *ob einem dinge h. es bewachen* CHR. 2. 82, 29. 327, 4. 48 *ff.*; *gegen einem, wider einen h., ihm gegenüber stand halten ib.* 2. 175, 4. 193, 2; 1. 76, 27; *mit gen. woran festhalten*, die der heiligen rœmischen kirchen gehalden habent und noch halten CP. 32. — *mit bî, ûf, ûz, vor, wider, zuo; be-, ent-, ge-, umbe-, ver-. gt.* haldan *hüten, weiden, vgl. darüber* GSP. 39 (*zu* κρατεῖν), FICK 35 (*zu skr.* çardha *herde, welche vergleich. aber in der 2. ausg.* 38 *fehlt*), KUHN 7, 171 (*zu lat.* colere).

halten-schâf *stn. s.* schâf.

halter *stm. s.* haltære.

halter *adv. s. v. a.* halt. daz wir iuch haltir schulen vernem, denne got SPEC. 84; si muoz des halter sich verlân MISC. 2, 175. — *entsprechend dem gt.* haldis, *s.* halt.

halte-stat *stf.* (II². 601ª) *stätte, an der jemand nachstellt, hinterhalt* ANZ. 17, 114. *md.* haldestat DÜR. *chr.*

haltunge *stf.* (I. 623ᵇ) *verwahrung, gewahrsam* CLOS. (CHR. 8. 114, 36). burgermeister und reidemeister sullen macht hân, haldunge zu tun, ûszgenommen in des fursten burgbann FRANKF. *brgmstb.* 1451 *vig. V. p. Dionys.; haltung, verhalten*, in der heilgen volkomenschaft mîn haltung ist mit ganzer craft KOLM. 6, 314; *inhalt eines schriftstückes* HALT. 789 (*a.* 1405), tenor, haltung, haltung im gesang DFG. 577ᶜ (*weil bei den motetten der wesentl. musikalische inhalt des stücks, die melodie, in dieser stimme lag, die andern nur die figuration davon ausführten* DWB. 4², 304).

hâl-türlîn *stn.* (III. 50ª) *verborgenes pförtlein* TRIST.

halve *f. s.* halbe.

halz *adj.* (I. 624ª) *lahm* KCHR. ROTH. PASS. (*K.* 60, 22). DENKM. XXXI. 12, 7. KEINZ *denkm.* 294, 5. GERM. 10, 470. TROJ. 38026. j.TIT. 1231. GFR. 1489. MSH. 3, 213ᵇ. ELIS. 7618. 9695. 10505. — *gt.* halts *zu lat.* claudus, *skr.* kûrd, khod, *hinken* GSP. 39. FICK² 37. Z. 1, 16;

halzen *swv.* (*ib.*) *hinken* GLAUBE. swer halzet, der wil tôt wesen ULR. Wh. 110ᵇ. — *mit* ver-.

ham *f. s.* hamme.

ham, hame *swm.* (I. 624ª. 625ª) *haut, hülle, kleid.* sô mac der ham im rizen ûf des hirnes zil LOH. 89. WARTB. 105, 9 (dem mac der ham wol r. „*dem mag die haut wol reissen auf des hirnes dach*"); *sackförmiges fangnetz*, rete DFG. 495ᶜ. MS. MART. (51, 4. 122, 8). verwirre ich mich in dînen hamen LOH. 44. WARTB. 32, 4. des übelen tievels hame APOLL. 17255. mit den henden, segen, hammen, reusen, angeln vische fangen NP. 190. *st.* mit einem hame fischen CDS. 1, 124 (*a.* 1448). *vgl. auch das flgd. -- mit gr.* σῶμα *von der w.* skam, *bedecken* KUHN 17, 238 *ff.* Z. 1, 16.

ham, hame *swm. die angelrute, der angelhaken*, hamus DFG. 273ª. MGB. 246, 12. 250, 13. 257, 19. 22 (*im lat. texte immer* hamus). *bildl.* als setze ich mîner sinne hamen in dise tiefe AB. 2, 352. — *nach* GR. 3, 467 *aus dem lat.* hâmus, *wogegen sich das* DWB. 4², 307 *erklärt u. das wort auf eine deutsche w.* ham *krümen, einengen zurückführt, die in dem ahd.* ham, *verkrüppelt, verstümmelt, hervortritt sowie im ostfries. adj.* ham *lahm, gichtbrüchig — vgl.* hamel, hamme *u.* FICK 30.

hâm, hæm *stf. mass, eichmass.* das wir geben haben 15 emer weins der mass und ham, da man pergkrecht mit nimbt USCH. 395 (*a.* 1403). schullen die aufleger ir rechte hæm haben SCHM. 2, 191 (*a.* 1375). *vgl.* âme.

hame *f. s.* hamme.

hameid *stn. s.* hamît.

hamel *stm. s.* hamer.

hamel *adj.* (I. 625ª) *verstümmelt, ahd.* hamal, *eine weiterbildung von* ham *s. oben unter* ham 2;

hamel *stm.* hamel, muto, castrinus VOC. 1482. sô sol man dem herren geben einen zîtigen hamel AD. 966 (*a.* 1336). hammel GR.W. 1, 743. *pl.* hemel MONE *z.* 4, 309. *md. auch im sing. mit umlaut* hemel, vervex DFG. 615ª; *abgehauener stein, klotz, stange,* ez stuont ze einen stunden ein habech ûf einen hamel gebunden HPT. 7. 356, 2; *schroff abgebrochene anhöhe, klippe, berg*, und stigent ab der banc ûf den schamel und ab irm hôhen hamel ûf die erden OT. 168ª.

hamel *stn. dem. zu* ham, hamulus MGB. 300, 8.

hamelen *swv.* (I. 625ª) *verstümmeln s.* behameln. *vgl.* hemelen.

hamel-ge-lunge *stn. gelunge vom hammel* NP. 229.

hamel-kopf *stm. hammelskopf* NP. 229.

hamel-stat *stnm.* (II². 598ᵇ) *zerrissenes ufer* Ls. 3. 42, 662;

hamel-stat *stf.* (II². 601ᵃ) *richtplatz, calvaria* (*ahd.*)*; zerrissenes, abschüssiges terrain* Aw. 3, 218. *s.* hamel;

hamel-stetec *adj. jäh, abschüssig.* hamelstetic unde tief daz wazzer allenthalben ist OT. 292ᵇ.

hamen *swv.* (I. 625ᵃ) *aufhalten, hindern, hemmen.* den lip hamen (: schamen) TEICHN. *s.* 17. hamnen *s.* gehamnen. *md.* hemmen (*ahd.* hamjan?) JER. 128ᵇ. kein vederspil gehemt kam nie in semlich nôt ALTSW. 177, 2. — *mit* be-, ge-, *zu* ham 2.

hamer *stm.* (I. 625ᵃ) *pl.* hemere, hemer: *hammer*, malleus DFG. 344ᵉ (*mit dem* hamel slahen, cum malleo cudere 161ᵇ). PARZ. WARN. ENGELH. er sluoc ûf sînen kampfgenôz reht als ûf einen ambôz mit einem hamere wirt gesmidet TROJ. 12805. den h. trîben ULR. 11, 86. dô nam der edel wîgant den hamer in die hant sîn und sluoc an daz zimbelîn sô vaste, daz ez lûte schal LANZ. 4199. valsch den h nie gesluoc MSH. 3, 468². sam tûsent smide ûf kezzel slüegen hemer LOH. 1740. pfenninge, die êrst vuoren von der münze hamer 2919. reht als ein hamer îsen wellet und ampôz 4582. *bildl.* unduldec ist der zungen hamer *ib.* 7644. wankes zange noch hamer sîn MSH. 1, 209ᵃ; *hammerwerk, hammermühle* NP. 169 *f.* TUCH. 217, 1 *ff.* CHR. 2. 68, 8. 183, 4. 185, 29. 188, 26 *etc.* MONE *z.* 12, 411. — *dass dieses gerät ursprüngl. aus stein war ergibt die etymologie, denn es gehört zu skr.* açman *schleuderstein* (*genauer zum adj.* açmara, *steinern*)*, gr.* ἄχμων*, altsl.* kamen DWB. 4², 313. CURT.³ 127. Z. 1, 16. FICK² 2. HPT. 9, 538;

hameræere *stm.* (I.625ᵇ) malleator SUM. RENN.; **hameren** *swv. s.* hemeren.

hamer-klopfer *stm.* (I. 847ᵇ) *der mit dem hammer klopft* MS.

hamer-meister *stm. besitzer eines hammerwerkes* TUCH. 216, 33. 217, 4.

hamer-slac *stm.* (II². 383ᵃ) *schlag mit dem hammer* PRED. FRL. j.TIT. 1230. WH. *v. Öst.* 36ᵃ. WG. 12038. BPH. 7276. W. *v. Rh.* 185, 30. HELMSD. 23ᵇ. PASS. 61,85; plectrum DFG. 442ᵃ; *abfall von dem durch den hammer be-* *arbeiteten metall,* fomes, mallicidium, scoria DFG. 241ᵉ. 345ᵃ. 520ᵃ;

hamer-slahen *stv. I, 4* (II². 376ᵇ) *mit dem hammer schlagen* MGB. PASS.

hamer-smit *stm. schmid in einem hammerwerke* NP. 160. 61. 70. MONE *z.* 12, 410 (*a.* 1485). mulciber VOC. 1482.

hâme-vaz *stn.* (III. 281ᵇ) *geeichtes gefäss* WEIST. *s.* hâm.

hamisch *adj. s.* hemisch.

hamît *stn.* (I. 625ᵇ) *umgränzung, umzäunung, verhau* ER. PARZ. BIT. WIG. GEO. HERB. 12747. 14141. ULR. *Wh.* 212ᵇ. MARIENGR. 202. KRONE 11688. 26137. 50. 54. amît *ib.* 18069. heimît j.TIT. 3274. haimeit URB. *Pf.* 47. hammert SCHM. *Fr.* 1, 1107 (*a.* 1314). *ndrh.* hameid KARLM. 205,14. 370, 38. LAURENT 277, 30 (*fallgatter, schlagbaum*). — *vgl. fz.* hameau *kleines dorf, altfz.* ham *vom gt.* haims *flecken, wohnsitz* (*verschanzung*) DIEZ 2, 658;

hamîten *swv. in* verhamîten.

ham-lîchen *swv. verstümmeln* GERM. 7. 318, 218. *s.* hamel *adj.*

hamme *swm. s.* ham.

hamme *stswf.* (I. 625ᵇ) *hinterschenkel, schinken* PARZ. HELBL. HÄTZL. ein merderîne hamme (*acc.*) LESEB. 1. 4. *aufl.* 972, 38. zwô durchslagene hammen FRAGM. 29, 72. würste und hammen MSH. 2, 288ᵇ. 299ᵇ. zwô hammen, duas porcicoxas GEIS. 414. hamen CP. 355. *pl.* hemen GR.W. 1, 148. ham oder knie oder pugin, suffrago VOC. 1482; die hamen, *hoden* ZIMR. *chr.* 4. 256, 20. — *vgl.* SCHM.*Fr.* 1, 1106. *eigentl. das sich biegende, krümmende glied zu* ham 2. *vgl.* DWB. 4²,309. DIEF. 2,530;

hammel *stm. s.* hamel.

hammert *stn. s.* hamît.

hamnen *swv. s.* hamen.

hämplî *stn. s.* hemdelîn.

hamsel *stf. s.* amsel.

hamster *stm. hamster,* cricetus, damma, dammula DFG. 157ᵇ. 165ᵉ. *n. gl.* 119ᵇ. *vgl.* DWB. 4², 323.

ham-vrêz *swm. angelfresser. von dem* hamfrezzen. scolopendra mag ain hamfrez haizen, wan die visch habent die art, daz si den hamen frezzent, dâ mit man si væht MGB. 257, 15 *ff.*

han, hane *swm.* (I. 626ᵃ) *hahn* DIEM. FREID. HELBL. (1, 663 diu henne mit dem hanne: pfanne). ein han des tages zît uns künden kan RENN. 19703. des kriuzes hœhe ûf dem der han stêt 19767. sus kriegents gên ein

ander als zwên hanen LOH. 5556. swaʒ die
hanen kræjen MSH. 3, 292ᵇ. dâ ne kræt diu
henne noch der han 2, 376ᵃ. gar ze spâte
krâte des gelückes han 324ᵇ. hanen notten
und ir krei betriuget dich 3, 426ᵇ. daʒ ist
der han, wie Jêsus an dem kriuze hienc 58ᵇ.
weder hunt noch han EILH. 4715. ich spranc
von want ze wende als ein houbetlôser han
LS. 3. 335, 76; *drehhahn an einer wasser-
leitung* TUCH. 168, 4. 14. 180, 27. 181, 26.
183, 36. — *zu lat.* cano, *gr.* κανάζω CURT.³
135. WACK. *voces* 2, 76. Z. 1, 17.
hân *swv. s.* haben.
han-boum *stm.* (I. 227ᵇ) *der oberste querbal-
ken unter dem dachfirst, wo der haushahn
seinen nächtlichen sitz zu nehmen pflegt*
PARZ. *vgl.* hanenbalke, hangebelke.
hân-buoche *s.* hagenbuoche.
hanc *prät. s.* hinken;
hanc *adj. hinkend, lahm.* einer krump der
ander hanc WAHTELM. 150.
hanc, -ges *stm.* (I. 611ᵇ) *hang in composs.;
das hangen* WOLK. — *zu* hâhen;
hancte *prät. s.* hengen, henken.
hand- *s.* hant-.
handec, hendec *adj.* handich, manualis DFG.
348ᵃ. *s.* rehthandec, bî-, einhendec.
handec *adj.* (I. 627ᵃ) *schneidend, stechend,
scharf, bitter* HERB. handiger eʒʒich PF.
arzb. 1, 3. 4. 31. daʒ mer ist bitter unde
handig unde scharpf BERTH. 67, 2. daʒ ir
waʒʒer alsô sûr wære unde alsô hantec
KEINZ *denkm.* 294, 8. hantich MGB. 397,
33. *comp.* hantiger VINTL. 6296. hendiger
Ms. — *zu* handen *schneiden, vgl.* FICK² 31;
im DWB. 4², 398 *u. bei* SCHM. *Fr.* 1, 1127 *wird
es vom vorhergehenden* handec *nicht ge-
trennt u. von* hant *abgeleitet.*
handel *stm.* (I. 632ᵇ) *handlung, handlungs-
weise* WOLK. HÄTZL. werder handel j.TIT.
4919. mit kainem h. CHR. 5. 200, 14; *vor-
gang, begebenheit ib.* 2. 132, 8. 263 *anm.* 3;
gerichtliche verhandlung, streitsache ib. 3.
108, 10. 14. 269, 10. 289, 26; 5. 296 *anm.* 5.
es sol do zu einem entlichen handel (*friedens-
schluss*) kommen UGB. 477; *handelsobject,
waare* NP. 132. mein kaufmanschatz und
mein handel, mit dem ich in dem land umb
wandel FASN. 477, 6, *pl.* hendel, *handelsge-
schäfte ib.* 372, 7. 15. — *zu* hant.
händel *stn. s.* hendelîn, henel.
handelagen *swv. s.* andelangen *u.* LUDW. 60,
13. RTA. 1. 18, 13.

handel-bære *adj. leicht zu bearbeiten.* eʒ
(daʒ golt) ist mêr handelpær dann ander
gesmeid und læʒt sich paʒ zämen und zie-
hen MGB. 474, 28.
handeler, handler *stm. der etwas tut, voll-
bringt, verrichtet* NP. 28. CHR. 2. 82, 21;
der über etw. verhandelt, unterhändler,
uns oder ander ewer k. mt. handler CHMEL
Maxim. 387;
handelic *adj. rüstig, behende.* die handeli-
gôsten beter MYST. 2. 649, 12; manualis
DFG. 348ᵃ. *vgl.* hantlich, hendelich;
handeln *swv.* (I. 632ᵇ) hendeln ELIS. 8183,
md. auch haldeln *s.* DWB. 4², 373: *tr. mit
den händen fassen, berühren, betasten*
TRIST. sie lieʒ in handeln unde sehen ir lin-
den und ir blanken lip TROJ. 16078. die sich
lâʒent tasten mit den henden, dâ mite man
der meide sun handelt BERTH. 452, 24. daʒ
sint die priester, die den almehtigen got
handelnt und hebent unde legent *ib.* 460,
39. *vgl.* MGB. 159, 6. 278, 11. 312, 13. 396,
1. 4. 418, 17; *mit den händen etw. arbeiten,
bearbeiten,* andre ding für nemen und han-
deln TUCH. 327, 14. plei, silber læʒt sich
leiht handeln MGB. 481, 12. 476, 17; *allge-
meiner etw. tun, vollbringen, verrichten,
betreiben* ELIS. 2681. 5177. MGB. 309, 29 (daʒ
leben h. *zubringen*). CHR. 2. 82, 19. 86, 25.
214, 22. wârheit treiben und h. MW. 203, 8
(*a.* 1340), *verhandeln* CHR. 1. 165, 22; 4. 137,
2, ein landgeriht h. *abhalten ib.* 5. 300, 21.
den heiligen licham h. *das abendmal er-
teilen* PASS. K. 367, 95. mit einem etw. zuo
h. *zu tun, zu schaffen haben* CHR. 5. 343, 11;
mit etw. verfahren, sô hermlîch stêt gehan-
delt walt, anger unde gevilde HEINZ. 102,
30. die maut h. *mautgeld einnehmen* MH. 2,
621. 30. das spital handeln und verwesen *ib.*
615; *mit dem acc. d. p. in bezug auf jem.
verfahren, ihm eine behandlung angedeihen
lassen, ihn* (wol, baʒ, übel, baʒ *etc.*) *be-
handeln* LANZ. HARTM. NIB. MAI, GEN. D.
42, 34. 99, 24. 105, 35. KCHR. D. 45, 33.
BPH. 9400. WG. 6292. 6376. ULR. Wh. 132ᵇ.
JÜNGL. 18. ELIS. 3567. PASS. (40, 74. K. 33,
37. 275, 6). 686, 90. GA. 2. 228, 359. CHR. 4.
290, 1; 5. 30, 12. 89; 4. 296, 12 *etc.*; einen
vor tôt h. *ihn als einen toten behandeln,
ansehen* TRIST. H. LUDW. 83, 30. 33. 89, 11;
bewirten, dâ er mit gûter spîse unmâʒen
wol gehandelt wart PASS. K. 64, 31. *mit dat.*
den sî mit sûʒer plihte sâ flîʒeclîche han-

delte, mit in sô schône wandelte ELIS. 8101;
— *refl.* sich verhalten, benehmen, verfahren
SUCH. PASS. *K.* 203, 37. 236, 67. 515, 12.
KARLM. 92, 4, 100, 29. CHR. 5. 275, 2; *mit
obj. ez od. absol. und adv. es treiben,* handeln RUL. (19, 8. 79, 14). KCHR. *D.* 400, 2.
409, 11. A.HEINR. NIB. BIT. 13320 *u. anm.*
LOH. 773. CHR. 2. 291, 2. — *mit* ge-, ver-;
zu hant;
handeln *stn.* von dem handeln und angreifen,
ad tactum et usum MGB. 472, 24.
hande-lôs *adj.* (I. 631ᵇ) *ohne hand, hände*
RENN. 12744. 23565. W. *v. Rh.* 134, 5. hantlôs LS. 2. 384, 74. er wart vuoz- und hantlôs
BIRKENST. *p.* 40. hantlôser, mancus VOC.
1482.
handelunge *stf.* (I. 633ᵃ) *behandlung, handhabung einer sache,* tractatio DFG. 591ᵃ.
daz vederspil mit guoter handelunge zam
machen BERTH. 467, 39. die würm fürkumt
man mit zimleichem salzen und mit rehter
handelung (tractatus) MGB. 309, 25; *behandlung einer person, aufnahme, bewirtung* NIB. GUDR. HARTM. (ER. 196. 2149).
WIG. LANZ. 103. VIRG. 802, 8. WOLFD. 883.
954. TROJ. 577. 20911. 24977. KRONE 27168.
LOH. 3177. NEIDH. 35, 5. WALTH. 35, 6.
MSH. 3, 100ᵃ; *verhandlung* CHR. 3. 282, 13.
286, 2. daz si ir handlung (conversationem)
habent in dem himel MGB. 176, 16; *tun,
tat, handlung* TRIST. umb solcheu ireu
ungewonlich handelunge OCHS *Basel* 1, 141
(*a.* 1450); *betrieb des kaufhandels, handelsverkehr* NP. 132. etzlich kaufleut, die handlunge zu Breslau haben UGB. 307.
handen *swv.* (I. 626ᵇ) *schneiden, hauen* HADL.
(MSH. 2, 287ᵇ). — *zu gr.* κεντέω, *skr.* knath
aus kant FICK² 31. *vgl.* hader, handec.
hande-weich *adj.* (III. 617ᵃ) *weich in der
hand liegend* ATH.
hane *swm. s.* han.
hanef, hanif, hanf *stm.* (I. 627ᵃ) *hanf* GL.
zem vasttag hanf, lins unde bôn HELBL. 8,
883. wil sich einer in dem hanfe iht sûmen,
der bedarf zer rehten hant des dûmen
NEIDH. 26, 10. hanif ZING. *Pl.* 8, 82. CHR. 2.
304, 8. 334, 23. hanf TUCH. 110, 9 *ff.* ÖH.
55, 9 *ff.* — *aus gr. lat.* κάνναβις *s.* CURT.³
135. Z. 1, 17. DWB. 4², 431.
hanef-â-kambe *stn.* (I. 784ᵃ) *abfall beim
schwingen des hanfes* HELBL.
hanef-garte *swm.* canibetum DFG. 95ᵃ.
hanef-korn *stn.* (I. 862ᵃ) *hanfkorn* VOC.

hanef-sâme *swm.* (II². 26ᵃ) *hanfsamen* BON.
PF. *arzb.* 1, 4. 25. GR.W. 1, 313. 4, 118.
hanef-stengel *stm.* canapus DFG. 94ᵃ. FELDK.
r. 100.
hanef-strange *swf. hanfseil* ÖH. 55, 5.
hanef-suppe *swf. suppe aus hanfkörnern*
GERM. 9, 199. 202.
hanef-swinge *swf.* (II². 805ᵃ) *gerät zum
schwingen des hanfes* NEIDH. (59, 10).
hanef-vinke *swm.* canapeus DFG. 94ᵃ. *ebenso*
hanef-vogel *stm. ib.*
hanef-vluchet *stmn?* (I. 1023ᵃ, 27) *hanfernte.*
im hanffluchet, september GR.W. 1, 419. *vgl.*
WEINH. *mon.* 40.
hanef-zëhende *swm. hanfzehent* GR.W. 5,
387.
hanf-zëlte *swm. hanfzelte, -kuchen* HPT. 14,
173.
hanf-zëltel *stn. dem. vom vorig. ib.*
hane-krât *stf. s.* hankrât.
hane-man *stm. nd.* militaris DFG. 361ᵃ (*hor.
belg.* 7, 27). *vgl.* DWB. 4², 166.
hanen-balke *swm. s. v. a.* hanboum REINH.
1540. AB. 1, 123. axes, dy hanenbalken in
domo DFG. 64ᵇ. *vgl.* DWB. 4², 165.
hanen-kamp *stm. s.* hankamp.
hanen-krât *stf. s.* hankrât.
hanen-tanz *stm. ein wetttanz, wobei der
beste tänzer als preis einen hahn gewann*
FASN. 580. 715. *vgl.* den hanen ertanzen CHR.
5. 152, 2. um den han tanzen SCHM. *Fr.* 1, 1114.
hanen-vuoz *stm.* (III. 446ᵃ) *fuss eines hahnes*
DIUT. 2, 139. HANS 1615; *name einer
pflanze* GL. MYNS. 78. hanevuoz MART. (*lies*
27, 20).
hanen-wurz *stf.* (III. 829ᵃ) pulpedo SUM.
hanf *stm.* hanfîn *adj. s.* hanef, henfîn.
han-garte *swm. s.* heimgarte.
hangel-boum *stm. s.* hengelboum.
hangen *swv.* (I. 610ᵃ) *ahd.* hangên, *intr. s. v.
a.* hâhen *hangen, doch fürs mhd. nur im
präs. nachweisbar, für das prät. trat das
st.* hienc, hie *ein* HARTM. PARZ. TRIST. MAI.
gotis wâge hangit ebene GLAUB. 2618. an
der rede h. *ib.* 1627. schilt, der dort hanget
an der want NIB. 1636, 3ᶜ. dar an mîn zuoversiht hang und klebe ENGELH. 5978. ich
hange an getwange MSF. 115, 29. swer
amme gedinge hangen sol WG. 14417. der
teufel hanget dem menschen tag und naht
an den ôrn MGB. 298, 18. hangen zû der
haft PASS. 318, 48. swâ du wollest hangen,
den boum saltu selber weln *ib.* 193, 56. 298,

sæhe iuch lieber h. NEIF. 45, 36. fünfzehen schuoche von der erde hangen (*am galgen*) MOR. 1, 2845. waʒ von godes gâbe sal zû der hêrschaft hangen (*von ihr abhängen, zu ihr gehören*) ELIS. 4029. nu wil ich diz mære lâʒen h. ULR. *Wh.* 159ᵈ. etw. im rehten hangen lâʒen, *eine rechtssache in der schwebe halten* CHR. 2. 124, 3. 135, 7. der turn, die maur hangt, *neigt sich ib.* 5. 214, 4. 8. — *fürs md. ist auch das sw. prät.* hangete *nachzuweisen:* daʒ vleisch hangete ûf die sarewât HERB. 10392. ir hangete der borte *ib.* 10606. dâ er an dem krûze hangete SERV. 271. — mit ane (sie begunden mir ane h. mit gemeiner bete KRONE 22608), ûʒ.

han-ge-belke *stn. coll. zu* hanenbalke ARN. 50 (*a.* 1438).

hangete, hanhte *prät. s.* hengen, henken.

hang-îsen *stn.* lucibulum, pendiculum, perpendiculum DFG. 337ᶜ. 422ᵇ. 428ᶜ.

hân-hiefe *swf. s. v. a.* hiefe, cornus DFG. 152ᵇ. slehin und hanhyffen uff die grawen sewen FRANKF. *baumstb. v.* 1411 *f.* 39.

han-houbet *stn.* (I. 719ᵇ) caput galli SUM.

hanif *stm. s.* hanef.

han-, hanen-kamp *stm.* (I. 784ᵃ) crista DFG. 158ᵇ; *eine pflanze* centrum galli SUM.

han-, hane-krât *stf.* (I. 869ᵇ) *gen.* -kræte *das krähen des hahns,* gallicinium DFG. 256ᵇ. HERB. EN. SERV. LEYS. LIT. ORL. 10996. j.TIT. 445 *altr. dr.* (Z. 2, 83). PASS. *K.* 628, 45. ELIS. 9228 (hanenkrât 9198). GA. 2. 180, 211; 3. 124, 486. — *stm.* KELL. 161, 16. FASN. 1447.

hankunge *stf* contemplatio ist ein vrîgiu durliuhtekeit des gemüetes, in dem spiegele der wisheit ûf gehenket mit eime wundere, unde dâ von sprichet diu sêle: ich hân mir erwelt eine hankunge GERM. 3. 242ᵃ, 11.

hansche *s.* hantschuoch.

hans *swm. wüster geselle, freihartsbube* NARR. 26, 5; *eigentl. der name* Hans, *s.* DWB. 4², 458.

hanse *swm?* (I. 627ᵃ) *ein grosser fisch*(?). karpfen, hecht, hansen pansen süll wir ûsz einem pfeffer haisz HÄTZL. 1. 91, 126. — hansen *scheint hier swv. zu sein als synon. von* pansen, *vgl.* SCHM. *Fr.* 1, 1135.

hanse, hans *stf. kaufmännische vereinigung mit bestimmten richterlichen befugnissen, kaufmannsgilde* SCHM. *Fr.* 1, 1134. die hans bei recht halten MH. 3, 413. die freiheit der hans CHMEL *Maxim.* 1, 245. 52. — *gt.* hansa *die schar, menge. vgl.* DIEF. 2, 529.

hanse-, hans-grâve *swm. vorsteher einer* hanse, *richter in handelssachen* SCHM. *Fr.* 1, 1134. MW. 136 (*a.* 1255). UHK. 1, anh. 20 (*a.* 1289). MH. 3, 413. 14. *vgl.* VILM. 149.

hansen *swv? s.* hanse 1.

hansen *swv. in eine* hanse *aufnehmen* DWB. 4², 465 (*a.* 1259).

hansen-stat *stf. zu dem bündnis der* hanse *gehörige stadt* RCSP. 1, 355 (*a.* 1427).

han-stein *stm.* (II². 614ᵇ) *durchsichtiger brauner stein, den man im magen aller kapaunen finden soll* STRICK. — *vgl.* kappenstein.

hant *stf.* (I. 627ᵃ—631ᵃ) *gt.* handus *nach der* u- *declinat., im hd. trat das wort in die* i-*declin. über (gen.* hende *od.* hant, *pl.* hende), *woneben aber spuren des ältern declinationsverhältnisses geblieben sind: gen.* hande (LANZ. 6589. PASS. *K.* 195, 94. 491, 31 *etc.*), *dat.* hande (NIB. 843, 2. TRIST. 1639. 11403. 15038); *pl.* hande (LIEHT. 50, 14. GERM. *H.* 9. 129, 1465), *gen. u. dat.* hande, handen *sehr häufig:* hand, *menschl. hand, wofür im* WB. *zalreiche belege* (hant in hant nemen CRANE 2038. die hende winden MSF. 193, 38. mîne hende valde ich ir MSH. 1, 209ᵇ. *vgl.* RA. 139. einem die hende strecken ALTSW. 85, 3. ein hant in die hant drücken RENN. 1692. bî der hende, *bei strafe des handabhauens* BERTH. 348, 17. bei einer hant NP. 41. sô mir mîn hende beide KARLM. 160, 19. ich gelobe eʒ mit henden und mit füeʒen GA. 1, 500. ob man einen tôrheit lêrte, daʒ er ûf henden gienge und füeʒe hæte j.TIT. 208. wis gegrüeʒet an die hende MARIENGR. 277. ûf den handen tragen NEIDH. 32, 4 *u. anm.* er ist an prîse erværet, der mich in mîner hant enmitten roufet, sint daʒ er nindert hâr dar inne vindet j.TIT. 50. wer in der hant mich rouft, des tuot mir doch niht wê ALTSW. 170, 36. *vgl.* PARZ. 1, 26. andere h., linke SSP. 1. 66, 4. [*vgl.* GDS. 994.] vordere h. *rechte ib.* 1. 18, 3; 2. 12, 8. lerze h., *linke* j.TIT. 3626. gebende h. KRONE 22535. ir vüert an iuwerm schilde ein gebende ûf stênde hant APOLL. 337. wenn ein genôʒe bûwen wil, sô sol er komen zuo eim apt mit hangender hant und bî im die loube [*erlaubnis*] gewinnen GR.W. 1, 427. mit lærer hant gunst bejagen GA. 2. 235, 597. milte hant hân APOLL. 1815. er sluog in mit nakter hant WIG. 170, 27. dô wart im mit voller hant geslagen ein tiefiu wunde *ib.* 180, 24. des tuon ich dir volle hant KARLM. 89, 52. diz vâhe ich an mit rîcher hant Ls. 2. 638, 50. mit ûfgehabter hende, *mit einem eide* HADAM. 715. vehten mit mannes hant EILH. 5113. er galt sich mit ellens hant DIETR. 9692. swer daz leben verliuset hie mit wernder hant LOH. 5085. — *formelhafte ausdrücke:* an hende, *an der hand;* bî handen, *mit den händen; von hande ze hande, aus einer hand in die andere, unmittelbar* TRIST. 15038, *vgl.* 6039. 11403; ze der hant, ze den handen *mit der hand, den händen*: ein helt zer hant, zen handen *ein tapferer, tatkräftiger held vgl. zu* BIT. 5078. in hant gân VIRG. 10, 22. 13, 11. 369, 11. 399, 5. 407, 13 *u. sehr oft.* mit hant und munt *durch wort u. handschlag* Mz. 1, 372. 409. CP. 365. mit handen und mit worten Mz. 1, 247. *vgl.* RA. 138. 43. — *adverbiale ausdrücke s.* behende, enhant, zehant); — hant *bei personificationen, bei tieren, an geräten:* gotes h. (des half mir g. h. ULR. *Wh.* 239ᵈ). von einem beer das haubt und die recht hant GR.W. 1, 388. hant *an einem wegweiser* NARR. 21, 7. hant *auf münzen,* newe haller mit kreuzen und mit handen CHR. 1. 240, 28. 32; — hant *umschreibend*: mîn eines h. *ich allein,* diu Sîfrides h. *Siegfried etc.* mit sîn einiges h. NP. 12. daz er gehôrte zû ir hant, *ihr eigentum war* PASS. *K.* 13, 37. darnach hant *auch als symbol des besitzes, der gewalt über eine sache u. persönl.:* der besitzer (unz in die sehste sibende h. SWSP. *L.* 2, 47. des rîches h. WWH. 184, 15. rômische h. PASS. *K.* 14, 68. 66, 44. 279, 78 *vgl.* CHR. 1, 489ᵇ). *besonders in der rechtssprache wird* hant *in verschiedenen formeln stellvertretend für die person gebraucht:* wenn ein hant (*mann od. frau*) ab gât und stirbt GR.W. 1, 407. wenn die hant stirbt, die das guet treit *ib.* 4, 22. als dicke sich die hant verwandelet (moriente vel domino feudi vel vasallo) AD. 1102. daz mein vater daz guet verkauft het, doch âne meine hant, wand ich dannoch chaum bî driu jâren was und mein gunst dazuo nicht geben mochte STZ. 350. eine vrîge h. *ein freier* AD. 966. bluotige h. *der mit dem schwert tötet:* henker, mörder (âne bluotige h., *ohne einen mord begangen zu haben* PRIESTERL. 396. bl. hant, *mörder* URB. *Pf.* 105). lebende h. *person, die eigentum bei lebzeiten veräussert*

HALT. 794. tôte h. *person, deren eigentum durch erbrecht oder verfügungen auf den todesfall in andern besitz übergegangen ist ib.* 1793. MÜHLH. *r. L.* 165. *besitzungen geistl. stifter werden güter* tôter hant *genannt* (MONE *z.* 18, 114), *weil sie zumeist in folge von verfügungen auf den todesfall an die stifter gekommen sind* DWB. 4², 359. diu bezzere, ergere hant *eigentl. die rechte, linke hand* (GDS. 987. 95) *in der ehe:* mann u. frau HALT. 795. gebrochene h. *getrennte ehe* ARN. 51 (*a.* 1482). guote h.: keiner gûte hande lûte, nulli filii militum MÜHLH. *rgs.* 85. mit gemeiner h. *gemeinsam, gemeinschaftlich, einstimmig* AD. 639, *ebenso mit* gesamenter, gesamter h. *ib.* 726. MONE *z.* 5, 458. Mz. 2 *u.* 3 *sehr oft.* in getriuwe h., zuo getriuwen henden etw. geben *od. die hände od. verwahrung einer beglaubigten person* Mz. 1, 294. 2, 503. 3, 59. 338. 4, 69, 103 *etc.* CHR. 2. 234, 18. HALT. 794. — hant *als mass für raum u. inhalt:* ez fulte kûme eine h. HPT. 7, 347. ein hant vol rîter WWH. 107, 21. 328, 29. wir sîn komen ein hant vol ULR. *Wh.* 209ᵈ. (*vgl.* hantvol). hende breit WOLFR. (*Wh.* 177, 13). NEIDH. 86, 21. LIEHT. 282, 32. hende dicke WWH. 144, 3. hende lanc TÜRL. *Wh.* 119ᵇ (*vgl.* hantlanc); *als zeitmass:* einer hende wîle, *soviel zeit man braucht die hand umzukehren* GUDR. LEYS. *vgl.* hantwîle *u.* ER. 5172 ê ich die hant umb kêrte; — die hand *od.* seite *nach welcher hin man etw. legt* (ze beiden henden, *auf beiden seiten); art, sorte, -lei* (maneger hande, welher hande, aller hande, vier hande, vünf hande *etc.*). — *die etymol. liegt noch im dunkeln, vgl.* DIEF. 2, 528. DWB. 4², 327.

hant-âder *swf.* salvatella DFG. 509ᵇ.
hant-an-legunge *stf.* GR.W. 1, 801.
hant-bant *stn.* manica VOC. *Schr.* 1611.
hant-becken *stn.* malluvium DFG. 345ᵃ.
hant-bîhel *stn. handbeil, kleines beil* GR.W. 1, 622. hantpeil *ib.* 6, 137.
hant-boge *swm. leichter, mit der hand zu spannender bogen,* arcus DFG. 45ᵇ. HELDB. *K.* 329, 5. ALTSW. 230, 8. FASN. 343, 8.
hant-büechlîn *stn. dem. zu* hantbuoch, manualis DFG. 348ᵃ. abschrift eins memorial oder handbüchleins CHR. 2. 9, 1.
hant-bühse *f. büchse zum schiessen aus freier hand* RCSP. 1, 475. MH. 2, 98. S.GALL. ord. 195 *ff.* MONE *z.* 6, 60 *ff.* NP. 310. CHR.

1. 178, 42. 179, 12; 2. 47, 12. 254, 29 etc. BEH. 98, 8. NARR. 76, 42.
hant-bühsen-pulver stn. CHR. 2. 254, 18.
hant-bühsen-schütze swm. CHR. 2. 297, 1.
hant-buoch stn. manuale DFG. 348ᵃ.
hant-dwêle f. s. hanttwehele.
hantec adj. s. handec 2.
hantel f. s. hanttwehele.
hantel f. *handhabe zum anfassen einer sache?* einem die hantel smiren FASN. 1000, 30. DWB. 4², 466.
hant-gâbe stf. (I. 509ᵃ) arra DFG. 50ᵇ.
hant-gar, -wes adj. (I. 480ᵃ) *bereit, bei der hand.* nu was ouch Îsôt hantgar, vür daz bette saz si dar TRIST. 12639. EILH. 3258; *schlagfertig, gerüstet* HERB.
hant-ge-bære stn. (I. 148ᵇ) *das was man in der hand trägt* GLAUB.
hant-ge-beine stn. (I. 102ᵃ) *die knochen der hand* Ms. (H. 2, 20ᵇ. vgl. 22ᵇ).
hant-gebende part. adj. (I. 503ᵃ) mit hantgebenden trewen (*versprechen mit handschlag*) an eides stat geloben Mz. 3, 273 (a. 1352). TUCH. 324, 34. DWB. 4², 388;
hant-ge-geben part. adj. h. triuwe s. v. a. hantgebende tr. DWB. 4², 389.
hant-ge-mahel stn. s. hantgemâl.
hant-ge-mahel stf. (II. 20ᵃ) *die frau zur linken hand* (16. jh.);
hant-ge-mahel-schaft stf. (ib.) *das händereichen des bräutigams mit dessen gelöbnis nach vorgesprochenen worten u. der übergabe der symbole, namentlich des ringes* J.TIT. (lies 1745).
hant-ge-mâl stn. (II. 25ᵃ) nbff. hantgemahel, -mæle, -mælde: *mal, zeichen an der hand* MSH. 3, 161ᵃ; *durch die hand bewirktes zeichen, handzeichen, dann das grundstück, von welchem ein schöffenbar freier sein handzeichen als hauszeichen führt, freies gut, stammgut* DIEM. KCHR. PARZ. swelh sempervrîer man einen sînen genôzen ze kampfe an sprichet, der bedarf daz er bewîsen müge sîn vier anen und sîn hantgemahel SWSP. 402, 5. hantgemâl DEP. 1, 243. SSP. 1. 51, 4; 3. 26, 29. — vgl. HOMEYERS abhandl. *über das* hantgemâl, *Berlin* 1852.
hant-ge-rëch adj. (II. 587ᵇ) *bereit, gerüstet* LANZ.
hant-ge-schaft stf. (II². 74ᵃ) *geschöpf* DIEM. MONE 8, 53.
hant-ge-schrift stf. (II². 209ᵇ) *eigenhändige unterschrift* O.RUL.

hant-ge-strecket part. adj. bî hantgestreckter trüw s. v. a. hantgebende tr. ÖH. 46, 24.
hant-ge-sühte stn. (II². 360ᵃ) chiragra SCHM.
hant-ge-tât stf. (III. 147ᵃ) *schöpfung der hand, geschöpf* DIEM. KARAJ. WALTH. KONR. (SILV. 731. 1599). GR.RUD. 24, 17. LIT. 187. GREG. 167. ULR. Wh. 108ᵇ. 112ᶜ. 171ᶜ. 270ᵈ. MSH. 2, 232ᵇ. 3, 76ᵇ. 173ᵇ. 454ᵇ. 468ᵇ. VIRG. 59, 5. HELBL. 1, 1155. 8, 690. KOLM. 61, 207. PASS. 90, 4. 105, 9. 106, 86. 200, 68. K. 23, 1. 80, 77. 673, 65. ADRIAN 454, 156; s. v. a. hanthafte tât, *frische tat,* swen man mit der hantgetât begrîfet SWSP. 82, 1. 91, 2. 95, 4. 244, 1. 3. DSP. 1, 90. 100. AUGSB. str. 18ᵇ. 19ᵃ. 31ᵃ. S.GALL. stb. 4, 227; tat, handlung KRONE (10691. 21022). ein guot verkoufen mit gunst und hantgetât des herren DON. a. 1304. vgl. hanttât.
hant-ge-tërme stn. *schöpfung, bestimmung durch die hand.* nâch gotes hantgeterme KIRCHB. 686, 63.
hant-ge-triuwe swm. manufidelis, *testamentsvollstrecker* ARN. 51 (a. 1354). s. hant.
hant-gift stf. (I. 510ᵃ) *gabe der hand, geschenk, verleihung* KONR. (TROJ. 11197. 12344. 23180. 24968. 25194). KRONE, J.TIT. 4518. hantgifte MART. (lies 157, 72. 211, 82). ndrh. hantgift KARLM. 42, 37. 83, 61. 93, 49; *neujahrsgeschenk,* strena od. newes jâre VOC. 1482; *ein stillschweigend ohne zu fordern gegebenes geschenk, das nach dem volksglauben gewisse krankheiten hervorbringen oder heilen kann:* sô geloubent etliche an bœse hantgift BERTH. 264, 28. hâstu iht gesundet mit ungelouben, mit hantgift, mit anegange? MONE 7, 424. die jehen, daz diu hantgift sî alsô getân, daz si sî von einem man bezzer wan von dem andern VINTL. 7765. die do glauben an hantgift FASN. 1463. vgl. DWB. 4², 391;
hant-giften swv. *eine hantgift geben mit dat.* die dar nâch Rôme stiften und ir alsô hantgiften VILM. weltchr. 62, 170. wan sô hantgiftet ein friunt dem andern in dem namen, daz im gelucke und guot dâ von volgete MEIN. 17.
hant-gift-phenninc stm. strenalis VOC. 1482.
hant-golt-vingerlîn stn. s. v. a. golthantvingerlîn ÖH. 60, 31.
hant-grift stf. (I. 572ᵇ) *das handanlegen* FRL.
hant-habe stf. (I. 602ᵃ) *handhabe, griff, heft, henkel an einem gegenstande,* capulus HPT. 3, 470ᵇ. ansa DFG. 36ᶜ, *griff an einer tür*

FASN. 101, 32; *handhabung* PASS. (*K.* 680, 23. 688, 59);
hant-haben *swv. festfassen, halten, anhalten.* die tæter hanth. NP. 46. TUCH. 328, 17. CP. 177. HALT. 806. die zehenden handhaben und inn hân GR.W. 4, 355; *schützen, schirmen, erhalten, unterstützen* CHR. 1. 246, 32. 46; 2. 371, 4; 3. 370, 31; 4. 170, 39; 5. 188, 11. 378, 2. 381, 26. SCHREIB. 2, 178. 359. WL. 128. Mz. 1, 572. 73. UGB. 317. USCHB. 6;
hant-haber *stm. festnehmer.* welch die selben tæter hanthabet, dâ durch die zu vanknus gepracht werden, sô wil ein râte den selben hanthabern 40 pfunt alt zu lône geben NP. 46; *schützer, verteidiger* HALT. 807. MH. 1, 240. hanth. cristenlichs gelauben RTA. 1. 233, 43. 234, 20;
hant-habunge *stf. schutz, verteidigung* HALT. 807;
hant-haft *adj. an der hand haltend, was man in händen hat.* hanth. tât *frische tat, so dass der täter z. b. die waffen noch in händen hat* FREIBERG. 182. MAGDEB. *blume* 1, 41. 76;
hant-haft *stf.* (I. 603ᵇ) *die frische tat* MAI, DSP. 1, 144. UOE. 4, 106 (*a.* 1289); *der beweisende gegenstand solchen verbrechens* HALT. 808. ANZ. 5, 337. obe man siht die h. Ls. 1. 429, 94. 439, 25. 440, 43. 67;
hant-haftec *adj. s. v. a.* hanthaft DSP. 1, 130. 146. SSP. 1, 43; 2. 71, 5. MÜHLH. *rgs.* 154. RTA. 1. 316, 11. 18. 340, 10. 18. DÜR. *chr.* 331.
hant-halten *stv. red. I, 1. schirmen, schützen* HALT. 808. CHR. 3. 34, 9. 121, 2. 138, 26. 166, 23. augere DFG. 60ᵇ;
hant-haltunge *stf. schutz, schirm* CHR. 3. 111, 18.
hantic, hantich *adj. s.* handec 2.
hantier *stn. gewerbe, handwerk* NARR. 48, 3;
hantieren *swv. md.* hantîren *intr. kaufhandel treiben, handeln, verkaufen* NP. 57. 131. 143. 189. SCHREIB. 2, 88. MH. 3. 359. MONE *z.* 9, 40; — *tr. verrichten, tun, handeln,* tractare EVANG. *Mr.* 9, 32. daz urloige hantiren JER. 119ᵈ. den mein h. *ib.* 140ᵉ. 143ᵈ; *handel, geschäft treiben,* den kaufmanschatz h. MAGDEB. *fragen* 211; *refl.* sus sich daz hantîrte, *das wurde so eingerichtet* JER. 82ᵃ. — *mit* ver-. *aus fz.* hanter *hin u. her ziehen, das von* DIEZ 2, 328 *auf altn.* heimta *fordern, einfordern zurückgeführt wird. s.* DWB. 4², 466;
hantierunge *stf.* (I. 633ᵇ) *kaufhandel* NP. 133. 146. 238. MONE *z.* 9, 38. 40. 427. ÖH. 67, 9. CHR. 2. 315, 7; 3. 147, 6. 160, 20; 4. 204, 10 *etc.*

hant-kar *stn.* (I. 788ᵃ) aquamanile SUM.
hant-knëht *stm.* (I. 852ᵃ) *knecht der zur hand geht* GEST. *R.* AUGSB. *r. W.* 37.
hant-langer *stm. handlanger bei den baugewerken* TUCH. 64, 25.
hant-lanc *adj.* (I. 931ᵃ) *eine hand lang* BERTH.
hant-lege *stf. s. v. a.* andelange. sô hab ewr fürstlich gnâd ain hentlege auf dem clôster, die sei geslagen auf iren hof zu Habpichsen MH. 3, 71. die ietzigen fruwen haben die hentlege mit guetem willen bezalt *ib.* 77.
hant-lêhen *stn. lehen zu einer hand d. h. auf lebenszeit des besitzers ohne erbrecht seiner verwanten, auch unmittelbar vom lehnsherrn empfangenes lehen* GR.W. 1, 218. 233. 38. 5, 114. HALT. 809. FRISCH 1, 411ᵃ.
hant-lich *adj.* manualis DFH. 348ᵃ. hantlich erebeit W. *v. Rh.* 22, 35. *vgl.* handelic
hant-lide-suht *stf.* (II². 359ᵃ) chiragra VOC. *o.*
hant-lit, -des *stn. handglied, handgelenk.* umb solliche güetige oder rechtliche tagsatzungen sollen die dorfgeschworne und dorfmaister umb ain handlit mer dann ain malzeit ohne verrer besoldung nemen oder begeren WEIST. *von Taufers* (abschrift v. 1569, mitteil. v. Zingerle).
hant-lôn *stmn. laudemium, die abgabe die der erbe oder käufer für überlassung eines gutes dem lehnsherrn zahlt, wenn jenes nur auf lebenszeit verliehen war.* und ist ouch gewonlich und reht, daz nieman anders kein hantlôn sol nemen hie zuo der stat denne als vil daz guot giltet, und giltet daz guot ein pfunt haller, sô ist daz hantlôn auch ein pfunt haller ROTENB. *r.* 21. einen zîtlîchen hantlôn nemen MONE *z.* 16, 22 *f.* (*a.* 1369). *vgl.* GR.W. 3, 538. 65. 6, 6. 32. 33. 45. 52. 57. 87. 89 *etc.* SCHM. *Fr.* 1, 1124. HALT. 810. MONE *z.* 5, 388. *vgl.* hantlœse, hantschaz.
hant-lôs *adj. s.* handelôs;
hant-lœse *stf. s. v. a.* hantlôn. wenn der vor genant herr oder sîn erben das guot welten lîhen mînen erben, sô süllen siu im vier phunt ze hantlœsi gên als och der zins stat Mz. 1, 335 (*a.* 1360).
hant-mâl *stn.* (II. 25ᵃ, 28) *s. v. a.* hantgemâl. und gap im ein hantmâl, daz von Rôme ein cardinâl des niht volschrîben kunde AB. 1. 264, 541.
hant-napf *stm.* urceus VOC. 1482.
hant-nol *stm.* manipulus, pugillum VOC. 1482.
hant-pfert *stn.* dextrarius DFG. 178ᵉ. *vgl.* hantros.

hant-quelle *f. s.* hanttwehele.
hant-reiche *stf.* (II. 654ᵇ) *handreichung, hilfeleistung* Myst. hantreich tuon ministrare Dfg. 362ª. Augsb. *str.* 16ª. Np. 136. weder steuer noch êrung noch chainerlai hantraich geben noch raichen Uhk. 2, 179 (*a.* 1343); *s. v. a.* hantvaz, mancipium Dfg. 346ª;
hant-reichen *swv. in die hand geben, darreichen.* einem daz gelt hantreichen und bezalen Rta. 1. 18, 27. Gr.w. 2, 533. inen (*den maurern*) zutragen und hantreichen Tuch. 54, 31. sie hantreichte om, was her haben sulde vonn essen unde trinken Dür. *chr.* 260; *helfen, unterstützen,* das man die zwên knecht in der herberg in (*den gefangenen*) zu gut bestellet hab, ir zu warten und zu hantreichen Chr. 2. 528, 28; 3. 393, 40;
hant-reicher *stm.* (II. 654ᵇ) *der zur hand geht, diener, handlanger,* minister Dfg. 362ª. Tuch. 54, 31. 34. 277, 34;
hant-reicherîn *stf.* ministra Dfg. 362ª.
hant-ros *stn. s. v. a.* hantpfert, *das rechts neben dem* satelros *geht*, dextrarius Dfg. 178ᶜ. asturuco Voc. 1482; *reitpferd,* er erschein eime burgere ûf eime gar swarzen hantrosse Germ. 3. 436, 17.
hant-salbe *swf.* (II². 42ª) *bestechung um die hand des richters sanft zu machen, schmieralie.* daz er die hantsalben reitet ûf vierzec tûsent marc, die er het genozzen Ot. 117ª. *vgl.* Fasn. 36, 14. 294, 6. Schm. 3, 231.
hant-schaft *stf. frische tat* Halt. 812. mîn leben in aller hantschaft Schw. *schl.* 159 (*a.* 1371).
hant-schaz *stm.* wenn sich ein hant verwandelt von den zwölf hubegütern, so sol man den meigern und den hubern einen imbis geben, heisset ein hantschatz Gr.w. 4, 135. *vgl.* hantlôn.
hant-schrift *stf. handschrift, eigenhändige schrift, unterschrift.* chirographus Dfg. 123ª. des zu urkunt gib ich disen brief meiner aigen hantschrift Tuch. 320, 14.
hant-schuoch *stm.* (II². 224ᵇ) *handschuh* Lanz. Wwh. Wig. Licht. Troj. sie sant im zwêne hantschuoch und ein vingerlîn Loh. 7509. hantschuoch wol genæt Priesterl. 704. ein vel hantschuohes j. Tit. 4079. hantschuoch swert mantel huot treit er bî gesten und bî kunden Jüngl. 724. zwêne niuwe hantschuoch er unz ûf den ellenbogen zôch Neidh. 75, 13. zwêne hantschuoch mit îsen underspicket Helbl. 2, 1230. smit, der eisenwerk würket von flaschen, von hantschuhen *etc.* Np. 160. ez ensol nieman auf unser teidinch füern armbrost, sper, verborgen hantschuoch Mw. 153 (*a.* 1285). *nbff.* hentschuoch Berth. Heinz. Troj. 27487. 28299. Griesh. 1, 158. 59. 68. Chr. 5. 23, 1. Öh. 111. 34. 135, 21. Netz 12050, *entstellt* hentsche Elis. 860. hansche Dfg. 123ᵇ. *pl. sw.* henschen Gr.w. 4, 363. Hpt. 3, 331. hantschen Pass. *K.* 531, 52. hanzken Gr.w. 1, 240 (*schon ahd. im pl. auch sw.* hantscuhen, hantscun Gff. 6, 419). — hantschuoch *als zeichen der herausforderung (warscheinl. franz. ursprungs s.* Reinh. LXVIII *f.*) Rul. Karl, Trist.; *übergabe des h. als pfand für erfüllung von pflichten* Denkm. XCIX, 2.
hant-schuoch-macher *stm. handschuhmacher* Np. 220. *ebenso*
hant-schuoster *stm.* Cp. 11.
hant-seger *stm. der mit der handsäge arbeitet* Tuch. 292, 30.
hant-sëhen *stn. weissagen aus der hand* Hpt. *h. lied* 95, 14.
hant-slac, -ges *stm.* (II². 383ª) *schlag mit der hand: in klagender gebärde,* planctus Dfg. 440ª. mit trehenen und mit hantslegen Er. 5767; *strafend* Roth. (*lies* 3224). Germ. 3. 437, 12. Evang. *M.* 26, 27; *gelobend bei leistung eines versprechens* Iw. enphâch mînen hantslac Dan. 7822. Fronl. 27. des tet si ir einen h. Ga. 3. 12, 251. wær ouch, ob ainer oder mê hiute oder fel dingeten, kœmen denn ander dar zuo, ê der handslage geschäch, die mügen wol teil hân an dem selben guot St. (*statuten der gerberzunft in Reutlingen au dem ende des* 13. *od. anf. des* 14. *jh.*);
hant-slagen *swv.* (II². 386ª) *die hände zusammenschlagen*: complaudere Dfg. 137ᵇ; *in klagender gebärde* Serv. Troj. Roth. 2875. Karlm. 67, 49. 73, 6. 182, 36; *mit handschlag gelobend,* sô vil pfund des kofs gehandschlagt oder genempt werden Gr.w. 6, 336;
hant-slagen *stn.* (*ib.*) *das zusammenschlagen der hände (klagend)* Troj. 22656, 36472; *das schlagen mit händen,* hantslân Freiberg.
hant-slite *swm. mit der hand zu ziehender schlitten* Fasn. 255, 8.
hant-smirunge *stf.* (II². 426ª) *das schmieren der hand, bestechung* Narr. *vgl.* hantsalbe.
hant-snîder? *stm.* (II². 442ᵇ) hantsnîder oder krâmer (gewantsnîder?) Brünn. *r.*
hant-spil *stn.* (II². 501ᵇ) *spiel mit der hand, saitenspiel* Trist.;
hant-spiler *stm. gaukler, der sich durch die*

kunststücke seiner hand nährt MAGDEB. *blume* 1. 104. 2. 5, 16; *zauberer ib.* 2. 1, 81. ciromanta DFG. 123ª. *s.* DWB. 4², 419.

hant-starc *adj.* (II². 597ª) *stark mit der hand, gewaltig* SPEC. PASS.

hant-stiure *stf. beisteuer, milde gabe* HALT. 812 (*a.* 1505).

hant-suht, -zuht *stf.* (II². 359ª. 939ᵇ) chiragra DFG. 121ª.

hant-tât *stf. geschöpf* FRONL. 16; *handlung, gewaltsame tat.* das sy in (*den k. Ladıslaus*) mit allerlei hanttât von seinen keiserl. g. fourdern wellen UGB. 37;

hant-tætec *adj.* (III. 149ª) *gewaltsame tat begehend* GR.W. 2, 217. 3, 534. HALT. 813;

hant-tæter *stm. der eine gewaltsame tat begeht, auf frischer tat ergriffen wird* HALT. 813. *ebenso*

hant-tætiger *stm.* GR.W. 4, 703. HALT. 814.

hant-tavel *f.* (III. 18ᵇ) pinax, pugillar DFG. 435ᵇ. 471ª.

hant-træge *adj.* (III. 80ª) *mit der hand träge, langsam* HELBL.

hant-triuwe *stf.* (III. 108ᵇ) *versprechen, bündnis durch handschlag* HALT. 814; arrha, dos DFG. 50ᵇ. 190ᶜ.

hant-tuoch *stn.* (III. 132ª) *handtuch,* manutergium DFG. 348ᶜ. DA. 362. RING 36, 9.

hant-twehele, -twehel *stswf.* (III. 158ª) *waschtuch für die hand, handtuch.* hanttwehel, -twêl, -wêl, -dwêle, -quelle, -zwehel gausapium, manutergium, mappa DFG. 258ᵇ. 348ᵇᶜ. hantzwehel CHR. 2. 317, 5. hantzuelle TUCH. 304, 10. hantel Ls.; *ein teil der priesterl. kleidung,* manipula DFG. 347ª.

hant-twinc, -ges *stm.* (III. 164ª) chirostringa, lubripellium DFG. 123ª. 337ᵇ;

hant-twinger *stm.* cyrostringa, hantzwinger VOC. 1482.

hant-vane *swm.* (III. 235ᵇ) *handtuch,* mappa, mappulla, manipulus DFG. 347ª. 348ª. HPT. 1. 278, 327. 331. PRIESTERL. 256. 700 *u. anm.* GA. 1. 355, 80.; *ein teil der priesterl. kleidung eines diaconen,* orarium DFG. 399ª.

hant-vaz *stn.* (III. 281ª) *gefäss für das zum händewaschen nötige wasser* (*giessgefäss sowol als waschbecken*). gutturnium, lavacrum, lavatorium, malluvium, mancipium, manile DFG 272ᵇ. 321ª. 345ª. 346ª. 347ª. dô trûc man schœne hantvaz, drûz man wazzer ûf die hende nam ALBR. 12, 52. dâ mite sie ir bringen hiez durch twahen ein hantvaz *ib.* 31, 181. *vgl.* DENKM. *s.* 376; *becken über-*

haupt DIEM.; carallum, carcillum hantfasz, *tragkorb* DFG. 639ª.

hant-veste *adj.* (III. 273ᵇ) *in feste hand genommen, gefangen.* die ellenden geste wâren hantveste (*gedr.* hanfeste) biz an den andern dach ROTH. 2478; *mit händen gewaltig* HALBSUT.;

hant-veste *stf.* (III. 275ᵇ) *handgriff, handhabe,* capulus DFG. 99ª (*ndrh.*); *schriftliche versicherung, verbriefung der rechte, urkunde* TUND. SILV. THEOPH. *u. rechtsdenkm.* (SWSP. 419, *oft in urk. z. b.* AD. 785. Mz. 1, 247. 95. 2, 349. 78. DM. 21. MW. 167. 68 *etc.*). ORL. 13689. 829. RENN. 15121. 18634. APOLL. 3584. HADAM. 205. GRIESH. 1, 27. BERTH. 575, 18. MARLG. 198, 115. HEINR. 1077. 2014. 19. 4323. OT. 33ª; *bildl.* WOLFR. MART. des tôdes h. LOH. 4627. des gap in got hantv. (*den regenbogen*) j.TIT. 6363. daz unschuldige blût mîn daz sol ein h. wesen ERLŒS. XVIII, 416;

hant-vestene *stf.* (III. 276ᵇ) privilegium MEIN.;

hant-vestunge *stf.* chirographus DFG. 123ª. auch sint zue mêrer hantfestung dar zue beruefen und gebeten die edel knehte *etc.* MONE *z.* 2, 51 (*a.* 1458).

hant-vinger *stm. ring, der an der hand getragen wird, siegelring.* und bestätt solliche brief mit sînem handfinger ÖH. 67, 11;

hant-vingerlîn *stn.* (III. 323ᵇ) *dem. vom vorig.* MYST. ÖH. 48, 2. 15, 15. DFG. 36ᵇ. hantvingerl MGB. 352, 33.

hant-vol *stf.* (I. 362ª) *blosse zusammenrückung von* hant vol *s. oben unter* hant: ir hantvol gein unser menege niht enwigt LOH. 3835. *vgl.* MSH. 2, 194ᵇ. HPT. 7. 347, 15. 348, 31. KWB. 132;

hant-völlec *adj. die hand füllend, was sich mit der hand gerade bequem fassen lässt.* ein hantvölliger stap AUGSB. *r. W.* 112. mit hantvölligen steinen SCHW. *schl.* 180. hempfliche steine GLAR. 111 *H. vgl.* STALD. 2, 17.

hant-vride *stm.* (III. 405ª) *durch handschlag abgeschlossener friede* PARZ. KARLM. 189, 44. AUGSB. *r. W.* 109. 186. CHR. 6. 57, 9. swer zwischen zwein vînden einen hantfrid machet Mw. 59, 1. 140, 36. 217. 28 (*a.* 1255. 81. 1300). *lat.* si aliquis treugas manuales inter duos inimicos fecerit *ib.* 36, 1.

hant-vride-haft *adj. der durch einen hantvride gebunden ist.* ist daz der hantfridehafte man êhaft nôt bewæret Mw. 59, 2. 140, 36 (*a.* 1255. 87).

hant-wazzer *stn. wasser zum waschen der hände,* lavacrum DFG. 321ᵃ. sô man im hantw. gôʒ ALBR. 23, 191. daʒ hantw. man dô nemen tet DRACH. *Casp.* 75.
hantwêle *f. s.* hanttwehele, hantwîle.
hant-wërc *stn.* (III. 589ᵃ) *werk der hände, handwerk, gewerbe* WG. BUCH *d. r.* PASS. ROTH. 4662. HEINZ. 107, 213. NP. 220; *zunft* LUDW. MYST. CHR. 2. 310,1; 4. 109, 10. 110, 3. 6. 8. 9 *etc.; für* antwërc *s. oben sp.* 82.
hant-wërc-knëht *stm. handwerker, geselle* BEH. 19, 29. RCSP. 1, 474.
hant-wërc-liute RENN. 16031. AMMENH. 160. 184. 197 *etc.* hantwerkslüte NARR. 48, 2. hantwerksleut CHR. 5. 22, 16, *pl. von*
hant-wërc-man *stm. handwerker* NP. 153. 304.
hant-wërc-meister *stm. meister einer zunft* MÜHLH. *rgs.* 89.
hant-wërkec *adj.* (III. 589ᵃ) hantwerkige lûte *handwerker* MYST.;
hant-wërker *stm. der ein gewerbe berufsmässig treibt.* alle gemein hantwercher DENKM. 532, 12. daʒ sint hantwercher, smit und bogener OT. 566ᵇ. hantwerker, hantwerkerîn NP. 220.
hant-wîle *stf.* (III. 670ᵃ) *s. v. a.* einer hende wîle *ein augenblick* LIT. in einre hantwile, in ictu oculi WACK. *pr.* 1, 101. 12, 73. hantwêle RSP. 2220,
hant-winden *stn. das winden, ringen der hände.* hantw. und bitter klage COD. *pal.* 341, 29ᶜ.
hant-wolle *swf.* es soll keiner mêr oder minder geben von eim fleischpfunt handwollen dann 5 dn. und von zweien pfund radwollen auch 5 dn. MONE *z.* 9, 152 (*a.* 1486 = wolle an der hant gesponnen *ib.* 154).
hant-worhte *swm. handwerker* MÜHLH. *rgs.* 87. 89.
hant-worhtec-heit *stf.* (III. 595ᵇ) *kunst, geschicklichkeit* FDGR. 1, 375.
hant-zoum *stm.* (III. 944ᵃ) habena VOC. *o. ebenso*
hant-zügel *stm.* DIEF. *n. gl.* 200ᵃ.
hant-zuht *stf. s.* hantsuht.
hantzw- *s.* hanttw-.
hanzke *s.* hantschuoch.
hap *stmn. in* ane-, ur-, widerhap;
hap, bes *stn.* (I. 601ᵃ) *s. v. a.* habe, hafen PARZ. Ms. hab LIVL.; *meer* JER. 33ᶜ. 67ᶜ. 188ᶜ.
happe *swf. s.* hepe.
happen *s.* hippen.

hapsch *stm. s.* habech.
hapt *stn. s.* houbet.
har *stf. adv. s.* harre, hër.
har, -wes *stm.* (I. 633ᵃ) *flachs* MOR. GUDR. geliche geschart als ein har BIT. 11940. har und ander solch hausnôtdurft MH. 2, 807. *gen.* harbes URB. *Son.* 109, hars STZ. 422. — *von dunkl. abst., vgl.* DWB. 4², 6; WACK. 126ᵃ *stellt es mit* hâr, hase *zu gr.* κάρ, κείρω *lat.* cirrus, crinis.
hâr *stn.* (I. 633ᵇ) *pl.* hâr, *auch umgel.* hær (FASN. 440, 17) *und* hærer (GRIESH.): *haar, allgem. s. noch* er bezôch das houbet mit dem hâre GEN. *D.* 5, 10. meniger marc dan iur houpt hât hâr und der bart wirt iu von golde ze solt von in bekennet LOH. 3599. die vrouwen haben langiʒ hâr und korze gemûte HPT. 13, 333. in rehter lenge gewahsen hâr JÜNGL. 68. kurzeʒ hâr nâch den Sahsen hab wir ouch getragen hie HELBL. 13, 19. *vgl.* 219. sîn hâr ist geringelôt, des nahtes wol gesnüeret MSH. 3, 236ᵇ. grâweʒ h. MSF. 62, 13. 185, 5. NEIF. 12, 18. ist daʒ wâr, sô sint guldîn mîniu hâr GA. 3. 117, 224. maget im hâr belîben, *jungfrau bleiben* FASN. 495, 33. *vgl.* DWB. 4², 13. die hâr rihten KRONE 24241. im werdent sîn ougen sô klâr, daʒ er wol ein kleineʒ hâr enzwei künde gespalten DAN. 4089. einem in daʒ hâr vallen HELBL. 7, 982. einen bî dem h. nemen OREND. 1499. mit beiden handen er sich nam ze hâr WILDON. 10, 194. er vie sich selben in daʒ hâr DIETR. 4281, *vgl.* 9907. daʒ hâr im êrst ze berge gienc ECKE *Sch.* 205. GA. 3. 117, 224. mir ist von ir sô vil glücks beschert, als mir hârs ûf der zungen stêt FASN. 633, 16. kein hâr ist an dem gewande beliben RENN. 6291. von wiʒem visches hâre LANZ. 4838; — *bildl. zur verstärkung der negation: das geringste, allgem. s.* ZING. *neg.* 438 *ff.* — *vgl.* DWB. 4², 7. FICK 33.
harajou *interj.* (I. 635ᵃ) Ms. *vom frz.* zetergeschrei hara, harou *aus deutschem* har = hër, *eigentlich: herbei! s.* SCHADE 240ᵃ *u. vgl. auch* VILM. 150.
harb *adj. s.* hare.
hâr-bant *stn.* (I. 132ᵃ) *haarband, sowol um das haar geordnet zusammen zu halten als auch um es zu schmücken* ROTH. EN. SERV. A.HEINR. OSW. ELIS. 904. 1993. 2930. GA. 2. 131, 160. NP. 101. *vgl.* WEINH. *d. frauen* 462.
hâr-bliuwât *stf. das flachsschwingen.* die zu

den tantzen gênt und an die harpleuät Cgm. 632, 52 *bei* Schm. *Fr.* 1, 321.

hâr-blôz *adj. ohne haare.* mîn houbet was sô hârblôz Kl. 1445.

hardeiz *stf.* (I. 635ª) *aus fz.* hardiesse Wwh. *s.* hardieren.

har-dienest *stm. abgabe von flachs* Gr.w. 3, 676.

hardieren *swv.* (I. 635ª) *absol. u. tr. reizen, necken* Wolfr. harrieren Wh. *v. Öst.* 95ᵇ. — *mit* ge-. *vom gleichbedeut. altf.* hardier *u. dieses aus ahd.* hartjan, *mhd.* herten *s.* Diez 659.

hardieren *stn.* (*ib.*) Wwh.

hard-vellic *adj. s.* hërtvellec.

hare ? *swf.* diu kleider, wâren bœse genuoc ûz einer haren gesniten Krone 19761.

hare, har; here, her *adj.* (I. 635ᵇ) *flect.* harewer, harwer; herewer, herwer: *herbe, bitter* Gen. Erinn. mit herweme lebene Spec. 120. von dem herweme dienste *ib.* 173. herwer tôt Antichr. 179, 26. in der härwen veinten schar Ring 55ᶜ, 22. harb Hätzl. Dief. *n. gl.* 6ª. herb Dfg. 8ᶜ. Chr. 4, 185, 15 (*vom rauhen wetter*). — *vgl.* Weig. 1, 499.

hǽre *adj. s. v. a.* hærîn Fasn. 633, 2;

hâreht, hæriht *adj.* hêricht crinicus, pilosus Dfg. 157ᶜ. 435ª;

hârel *stn. s.* hærlîn.

harem *stm. s.* harn.

haren *swv. s.* harn.

hâren *swv. die haare ausraufen,* crinisare Dfg. 158ª. — *mit* be-, ent-;

hæren *swv.* (I. 635ª) *tr. ein haarseil ziehen durch* (*acc.*) Enenk. (Hpt. 5. 278, 359).

harewe *adj. s.* hare.

harfer *stm. s.* harphære.

har-gans *stf. s.* horgans.

hargen *swv.* (I. 635ᵇ) *von einem feler des pferdes: stutzig sein, od. sich wälzen?* daz pfert enhargete noch enstrûchte Lanz. 1463. *vgl. bair.* härg *zornig,* hargeln *rollen, kugeln* Schm. 2, 237. Pfeiff. *ross im altd.* 10, 22.

hâr-ge-plocke *stn. das haarpflücken?* Elis. 2347. *vgl.* 380ᵇ.

har-heit *stf.* (I. 637ᵇ) *das ausharren* Leys.

hâr-hûbe *swf.* discriminale, vitta Voc. 1482.

hærîn *adj.* (I. 635ª) *von haaren* Diem. Parz. Trist. Barl. Helbl. ein hærîn hemde Loh. 425. Renn. 20894. Silv. 1553. Fasn. 122, 25. hêrîn tuoch Griesh. 2, 116. Myst. 1. 241, 8. Heinr. 3859. mit hârînen snuoren Hpt. 1. 270, 13. hærîn vingerlîn Neidh. 96, 35. 38.

harke *f. harke,* tractula Dfg. 591ª. *vgl.* Dwb. 4², 478;

harken *swv. durch harken bearbeiten, glätten* Ssp. 2. 58, 2.

hâr-lachen *stn. s. v. a.* hærîn tuoch Myst. 1. 241, 12. Evang. *L.* 10, 13; sagum Dfg. 507ᶜ.

hærlîn *stn. kleines haar* Beliand 1410. Myst. 1. 304, 11. hærl Mgb. 436, 13. hârel Ring 15ᵇ, 42. 15ᵈ, 12.

harliz *stm. s.* hornuz.

hâr-loc *stm.* (I. 1041ª) *haarlocke* Elis. 7409.

har-lœsunge *stf. abgabe von flachs* Gr.w. 3, 676.

hâr-louf *stm.* licium vel ligatura vel succus herbe Voc. 1482.

harm *stm. s.* harn.

harm *stm.* (I. 636ª) *leid, schmerz.* chumt im der arme mit michelme harme Priesterl. 91. sie wûftin ûf den godis trôst mit sô getâneme harme Roth. 4143. sunder allen harm Elis. 10301. dat was etliches vorsten harm Crane 2172. *vgl.* Kirchb. 668, 66. *pl.* ûz den harmen helfen Mone 5, 171. — *vgl.* Gds. 303. Dwb. 4², 480. Weig. 1, 480.

harm, harme *stswm.* (I. 635ᵇ) *hermelin, migale.* harm Lanz. Parz. Eracl. Ms. L.Alex. 5125. Trist. 3550. Reinh. 1351. Virg. 138, 11. 310, 12. Loh. 3125. 5353. Troj. 23110. Roseng. 1167. Krone 14382. 24781. Renn. 19424. Ga. 2. 56, 127. Kell. *erz.* 142, 14. 178, 28. harme Gerh. Crane 311. 23; harm *hundsname* Ls. 2. 411, 27. 413, 81. 83, *vgl.* En. 61, 27. Germ. 1, 10. 4, 148. — *vgl.* Gds. 955. Weig. 1, 500. Dief. 2, 236.

harm-balc *stm.* (I.124ᵇ) *hermelinbalg* Trist. H.

harm-blanc *adj.* (I. 197ª) *weiss wie ein hermelin* Lanz. Er. Trist. j.Tit. 1151. Krone 3411. 10200. 10563.

harm-brunne *swm.* urin Mgb. 34, 11. *s.* harn.

harmec-heit *stf.* calamitas Hpt. *h. lied* 46, 24.

harmel, härmelein *stn. s.* hermelîn.

harmen *swv in* verharmen;

harmen *stn.* ân ein harmen, *ohne kummer* Kirchb. 625, 49.

harmen *swv. harnen* Mgb. 121, 25. 143, 27. Fasn. 62, 22. harmen, mingere Voc. 1482. *s* harn.

härmîn *adj. s.* hermîn.

harm-, harn-schar *stf.* (II². 153ª) *schmerzliche u. beschimpfende dienstleistung* (Ra. 681), *strafe, plage,* not Diem. Kchr. Lanz. (7629. 7881). Greg. Trist. Otte, Pass. (die im leiten harmschar 44, 46. 374, 67. *vgl.* 105,

14. 70). KARL 10497. HADAM. 197, 133. harschar KUCHM. 43. har-, hairschar KARLM. vgl. harschuore;

harm-scharn swv. (II². 154ᵇ) *peinigen, martern.* harnscharn REINH. 322, 844.

harm-stein stm. s. harnstein.

harm-vël stn. *fell des hermelins* ENGELH. 2653. j.TIT. 625. 5811.

harm-wazzer stn. s. v. a. harmbrunne MGB. 104, 1, 138, 11. 351, 35 u. ö.

harm-winde swf. s. harnwinde.

harm-wiz adj. (III. 781ᵃ) s. v. a. harmblanc WIG. HELBL. 1, 1106.

harn stm. (I. 636ᵃ) *harn* FRL. MART. (daz harn 123, 64). PASS. 358, 44. NP. 282. *entstellt* harm MGB. 146, 31. 451, 8. 479, 6 *etc.* TUCH. 323, 23. harem od. saichet, minctura VOC. 1482. — *mit huor zu skr.* xar (*aus* skar) *ausgiessen, vgl.* GR. 2, 42. KUHN 6, 13. DWB. 4², 487.

harn, haren swv. (I. 633ᵇ) *intr. rufen, schreien* GEN. (*D.* 76, 28. 79, 11. 96, 7). die maget klegelîch harte ALBR. 16, 244. *mit dat. d. p.* MAR. KCHR. GEN. (*D.* 5, 6. 101, 13). Hymenêo sie harte ALBR. 21, 513. harn ze einem SERV. h. nâch etw. ANEG. — *mit an* (*s.* anharn), be-, er-. *gt.* hazjan *loben, preisen von w.* kas (*skr.* çams), *lat.* carmen *für* casmen. *vgl.* FICK² 40. GSP. 347. DIEF. 2, 491; WACK. *stellt es zu gr.* κῆρυξ, *vgl.* KUHN 8, 123.

har-nâch adv. s. nâch.

harnas, harnasch stnm. (I. 636ᵃ) *harnisch.* harnas (: was) LANZ. 1366. ALBR. 1, 173. 10, 428. 12, 32. 18. 54. MD. *ged.* 2, 35. harnasch HARTM. WOLFR. WIG. LIEHT. TRIST. 4548. 9510. DIETR. 3307. TROJ. 4102. 16160. TURN. 8, 1 *u. oft in den* CHR. (*s. die glossare*). harnisch *ib.* 2. 20, 7. 21, 13. hernisch VOC. *o.* härnesch ECKE Z. 3, 7. 42, 9. 61, 4. 70, 2 *etc.* harnusch UGB. 17. BEH. 50, 22 *u. so immer.* harnest GLAR. 111 *C. — aus altfz.* harnas, *vom kelt.* haiarn *eisen* DIEZ 1, 27. DWB. 4², 488;

harnaschære, -er stm. (*ib.*) *verfertiger von harnischen.* harnascher MONE z. 16, 11. harnescher *ib.* 2, 160 (*a.* 1360).

harnasch-bar adj. *ohne harnisch.* er machte sich selbe harnaschbar, zog den h. aus APOLL. 8615.

harnasch-blëch stn. s. v. a. harnaschrinc DRACH. *Casp.* 74.

harnasch-blôz adj. (I. 213ᵇ) s. v. a. harnaschbar LIEHT. 217; 8. 26.

harnasch-hûs stn. *zeughaus* MH. 3, 355. 58.

harnasch-knëht stm. *geharnischter knecht* BEH. 326, 21.

harnasch-meister stm. *zeugmeister* BEH. 327, 30. 375, 13.

harnasch-palierer stm. *harnischpolierer* TUCH. 287, 20.

harnasch-râm stm. (II. 548ᵇ) *schmutz, der sich unter dem panzer absetzt* BIT. (si badeten harnaschrâm von in 1809). KREUZF. ZING. *Pl.* 1, 6;

harnasch-râmec adj. (*ib.*) *von* harnaschrâm *beschmutzt* PARZ.

harnasch-rinc stm. (II. 708ᵃ) *einer der kleinen ringe, aus denen der* harnasch *bestand* LIEHT. (215, 28. 262, 16). KREUZF. harneschrinc VIRG. 552, 8.

harnasch-roc stm. *rock über den harnisch* MONE z. 7, 60 (*a.* 1356).

harnasch-snuor stf. (II². 454ᵇ) *land am harnisch* ECKE *Sch.* 18.

harnasch-var, -wes adj. (III. 238ᵃ) *farbig nach dem harnisch* NIB. PARZ. BIT. 12412. MONE 5, 173. härneschvar ECKE Z. 100, 5; *harnischfarb* WWH.; *mit dem harnisch gerüstet, imharnisch,* gewâpnet unde harnaschvar TROJ. 6950. vier starke ritter harnaschvar 8228. *vgl.* WWH. 9973. 11884. 25240.

harnasch-vas-naht stf. FASN. 754.

harnasch-wambeis stn. *harnischwamms.* doch mag einre ein härneschwambesch dragen und dâ inne gên, sô ime daz füeget MONE z. 7, 60 (*a.* 1356).

harnasch-wât stf. *harnischkleid, harnisch* VIRG. 505, 8. APOLL. 2939.

harniz stm. s. hornuz.

harn-lîm stm. *eine art leim.* 4 hl. fur harnlyme zu dem dische in der râtstoben FRANKF. *baumstb. v.* 1440, *f.* 44. item 5 β fur 3 ℔ harnlyme, den schanck uff dem gange im schrîbehoffe zu lymen *ib.* 1441, *f.* 37ᵇ.

harn-schar stf. s. harmschar.

harn-stein stm (II². 614ᵇ) *blasenstein* PF. *arzb.* VOC. *Schr.* 337. harmstein MGB.

harn-vaz stn. (III. 281ᵇ) *uringeschirr* DAV. v. A.

harn-winde swf. (III. 703ᵇ) *harnzwang,* stranguria PF. *arzb.* 1, 18. 20. 2, 13ᶜ *ff.* stranguina, strangumena harnwinde VOC. 1482. harmwinde MGB. 343, 34. 364, 14. *vgl.* SCHM. 4, 109.

harn-wurm stm. ciplex DFG. 121ᵃ.

harpfære *stm.* (I. 636ᵇ) *harfner* TRIST. LAUR. 1030. W. *v. Rh.* 36, 14. DAN. 7597. harfêre ROTH. 2519. harpfer CHR. 3. 397, 9. harfer VET. *b.* 10, 18. herpfâre SPEC. 84. HANS 1101. härpfer MGB. 236, 4;
harpfærinne *stf. ndrh.* herpêrinne MARLD. *han.* 77, 8;
harpfe *swstf.* (I. 636ᵇ) *harfe* FREID. MSH. 3, 180ᵇ. 447ᵇ. APOLL. 1752. 88. 1800. VIRG. 675, 6. MOR. 1, 561. 610. 2488. 3578. 3702. 59. ALBR. 13, 190. 18, 38. 23, 2. 88. MARLG. 261, 16. harfe ROTH. 2502. harpe ELIS. 173. KARLM. 10, 28. 12, 14. herpfe LEYS. PARZ. j.TIT. 2964. MARIENGR. 256.— *vgl.* DIEZ 1, 27;
harpfen *swv.* (*ib.*) *intr. auf der harfe spielen, harfen* TRIST. FREID. NEIDH. 69, 38. TROJ. 13739. 15825. 36. 59. 16333. 19469. MGB. 236, 6. herpfen ERACL. MSH. 1, 163ᵇ. 2, 139ᵃ. 3, 263ᵇ. BPH. 9956. RENN. 23548. herfen DIEM.*ndrh.*, harpen KARLM. 12, 24; — *tr.* den süezen dôn herpfen BPH. 985;
harpfen *stn.* GUDR. 49, 2. VIRG. 1092, 2. RENN. 5902. englisch harpfen, welisch videlen was vor der küneginne TÜRL. *Wh.* 79ᵃ.
harpfen-klanc *stm.* (I. 844ᵇ) *harfenklang* ULR. VIRG. 1033, 5. DA. 839. SGR. 1985.
harpfen-slaher *stm.* Amphion ein kostlicher harpfenschlager DIEF. *n. gl.* 21ᵇ.
harpfen-spil *stn. harfenspiel* VIRG. 987, 9. ALBR. 102ᵃ; *harfe, ir liren und ir harphenspil sluoc sî ze beiden wenden mit harmblanken henden* TRIST. 8068.
harre *stf. arrha.* mâlschaz unt harre HEINR. 3408. — *vgl.* KWB. 134.
harre *stf.* (I. 636ᵇ) *das harren, verharren, verzögerung* WWH. HÄTZL. (ich bin ein altez kembeltier, daz sich die harr niht rîten lât 283ᵃ). sunder harre j.TIT. 1720. mit sigelôser h. *ib.* 2226. diser werlde h. HADAM. 269. in des zwivels h. JER. 153ᵈ. was wil die harr (*auf die länge*) daraus werden? MH. 3, 67. in harr weren, *aushalten ib.* 144. in die harr *in die länge* MYNS. 14. in die har CHR. 5. 299, 33. *vgl.* NARR. 25, 2. 86, 21. 108, 127. ZIMR. *chr.* 4, 266ᵃ. ûf die harre ARN. 52 (*a.* 1477). es mag die harr nit sîn ALTSW. 215, 6. die harr loufen, *ein spiel ib.* 89, 27. die lieffen die parre hie mit gâbe dort mit harre AB. 2, 244. *vgl.* STALD. 2, 22. — zu
harren *swv.* (*ib.*) *prät.* harte, *intr. harren, warten, sich aufhalten* (manere DIEF. *n. gl.* 245ᵃ). WWH. HELBL. MART. (111, 82) TROJ. 30301. RENN. 16992. ULR. *Wh.* 205ᵇ. SSL. 389. RSP. 2851. JER. 84ᶜ. 132ᶜ. nâch einem h. *ib.* 152ᶜ. ûf einen h. *ib.* 78ᵇ. ûf eines andern erbe h. RENN. 6570. — *mit* be- (LUDW. 83, 9. SCHREIB. 2, 389. ANZ. 17, 113), er-, ge-, über-, ver-. *vgl.* harten *u.* DIEF. 2, 540. DWB. 4², 494;
harren *stn.* KRONE 2101. SGR. 840.
harrieren *swv. s.* hardieren.
harrez *stm.* = arraz. harresz, arracium VOC. 1482. harris ZEITZ. *s.* 2, 74.
hâr-roufen *stn.* FASN. 759, 6.
harrunge *stf. das harren* MYST. 1. 166, 7 231, 33. perseverantia DFG. 429ᵉ.
harsch *stm.* (I. 637ᵃ, 8) *haufe, schar, kriegshaufe* DIOCL. RING 51ᵉ, 48. 55, 11. MONE 3, 233. SCHREIB. 2, 19. 44. CHR. 1. 39, 17 (h a r s). 4. 50, 19, 5. 18, 1. 3. *pl.* hersche *ib.* 330. MONE 6, 240, 41. CHR. 3. 48, 24. h a r s t DÜR. *chr.* 486. RCSP. 1, 31. 32. JUST. 20, 83. 86. 87 *etc. pl.* herste SCHREIB. 1, 502. 2, 367.— *vgl.* FRISCH 1, 418ᵃ. SCHM. 2, 240. STALD. 2, 22. DWB. 4², 497 *u.* harst.
har-schar *stf. s.* harmschar.
har-schære *stf.* (II². 158ᵇ) forpex DFG. 244ᵃ. VOC. *S.* 1, 25ᵇ.
harscher *stm. einer vom* harsch RING 45, 31. herster JUST. 122. 296.
hâr-schînende *part. adj.* hârschînender sterne, cometa VOC. *o.* 46, 126.
harschier *stm. s.* hartschierer.
hâr-schopf *stm. haarschopf.* verworren hârsch. JÜNGL. 74.
har-schuore *swf.* (II². 151ᵃ) *ndrh.* harschûre *für* harmsch. *s. v. a.* harmschar KARLM.
härsenier *stn. s.* hersenier.
hâr-sip *stn.* (II². 318ᵃ) *haarsieb, sieb aus rosshaaren* HPT. 5, 12. *entstellt* hâsip, hêsib, haisip GL. hæsip GEIS. 436.
hâr-slaht *stf. das solliche schaub mit futter, uberzuge, harschlacht, knöpfen, gesperren und allen andern zugehörden über 18 guldin nit cost oder wert sei* NP. 100 (15. *jh.*).
hâr-slihtære *stm.* (II². 396ᵇ) *der das haar glatt kämmt, putzsüchtiger weibischer mann* WWH.
hâr-slihtec *adj.* (II². 395ᵃ) hârslihtec unde kranc *war das pferd* KRONE 19855. — *verderbt aus nd.* harteslehtec, *s. das u.* herzslehtec. DWB. 4², 36. haarschlächtig SCHM. 2, 226.
hâr-slihten *stn.* (II². 396ᵇ) *das glätten des haares* KREUZF.

hâr-snuor *stf.* (II². 454ᵇ) *schnur od. band zum aufbinden u. auseinanderhalten des haupthaares der frauen* PARZ. ANZ. 3, 175. *discerniculum* DFG. 184ᵇ.

harst *stm. s.* harsch.

harst *stm.* (I. 637ª) *rost*, craticula, frigidorium SUM. SERV. HIMLR. 275; — von dem bêr und dem swîn sol man unserm herren dem abbas den harst (*lendenstück, -braten?*) geben AD. 980. GR.W. 4, 186. *vgl.* OBERL. 617. DIEF. 2, 504. 540. DWB. 4², 498;

harsten *swv. in* ge- (*nachtr.*), verharsten.

hâr-stingel *stm.* gipsum DFG. 263ª. VOC. *S.* 1, 20ᵇ.

harstonier *stn. s.* hersenier.

hâr-stranc *stm.* (II². 674ª) *haarflechte, zopf.* seiden wârn ir hârstrank KELL. *erz.* 4, 10. *vgl.* ir hâr lank auf ir leiben als sam die gelben seiden *ib.* 12; *name einer pflanze*, peucedanum SUM. MONE 4, 248.

hâr-stren *swm.* (II². 680ᵇ) *haarflechte* OT. 80ᵇ.

hâr-suone *stf. s.* hâlsuone.

hart, harte *adj. adv. s.* herte, harte;

hart *stm.* (I. 638ª. 638ᵇ, 16. 640ª) *pl.* herte *fester sandboden.* sie fûrin en al verte, diu mos joh die herte MAR. 158, 36. über velse und über herte TRIST. 17342, *vgl.* SCHM. 2, 241; *trift, weidetrift*, veldes bluome, klê des hardes MARIENGR. 198. darumb sol inen ûss dem hard geben werden was sy bedorfent zu dem pfluggeschirre GR.W. 1, 115, *vgl.* STALD. 2, 21; *wald u. für diese bedeut. in allen drei geschlechtern nachweisbar*: der h. WOLK. veld und hart, gebirge und heide KINDH. 82, 74. daʒ hart UHK. 2, 1 (*a.* 1300). ZIMR. *chr.* 1, 158, 5; 4. 300, 20. diu hart GR.W. 1, 729. BASL. *rechtsq.* 2, 72. *vgl.* BIRL. *al.* 152. — *zu* herte.

hart-birn-boum *stm.* MONE z. 13, 258 (*a.* 1302).

harte *prät. s.* harren, harten, herten.

harte *adv. zu* herte (I. 638ª) *hart, schwer, beschwerlich, kaum.* hart MGB. 164, 9 (hart gevangen sein). CHR. 2. 180, 8. 192, 15. 263, 3. 499, 17; 4. 23, 6. 40, 7. 50, 4 *etc.* hert *ib.* 5. 122, 19. 143, 10. 173, 25. 181, 26. 193, 7. hart (*nahe*) an der brucken *ib.* 2. 216, 10. sich hert halten *tapfer, standhaft ib.* 488, 29; *höchst, sehr* EN. HARTM. WOLFR. GEN. *D.* 51, 8. TRIST. 9. DAN. 3054. MSH. 3, 446ª. TROJ. 18502. PASS. 369, 81. *K.* 3, 10. 4, 28. 451, 24. hart MGB. 240, 26. 299, 3. CHR. 5. 17, 23. 67, 19. 108, 18 *etc.* hert *ib.* 3. 57, 16. 81, 1. 98, 18. 149, 25 *u. ö.* hört *ib.* 5, 466ª.

comp. harter IW. TRIST. 903. DIETR. 5447. KRONE 22668. herter CHR. 3. 88, 22. *sup.* hartest RUL. 217, 28;

harten *swv.* (I. 639ᵇ) *prät.* harte *intr.* durare, durescere DFG. 193ª. *n. gl.* 143ª; *stark werden* PASS. *K.* 65, 57; *refl.* verhärten PASS. *vgl.* herten. — *mit* be-, er-, ver-.

harte-slaht *stf.* (II². 388ᵇ) *herzschlächtigkeit, eine pferdekrankheit* LANZ. — *nd. für hd.* herzeslaht, *vgl.* DWB. 4², 36;

harte-slehtec *adj.* (II². 391ᵇ) *s. v. a.* herzslehtec, *herzschlächtig.* hertslehtic BRÜNN. *r.*

hart-höuwe *stn.* (I. 723ª) *hartheu, eine pflanze* SUM.

hart-mân, -mânôt *stm.* (II. 57ª) *wintermonat, so benannt von der harten winterzeit, der harten schneedecke: november*, hartmân, -môn CGM. 223. 430; *december*, hartmânet DFG. 167ᵇ. *n. gl.* 127ª, hartmônat HB. 134; *januar*, hartmân WEIST. hartmôn ANZ. 11, 332 (*a.* 1428), hartmânde MYST. 1. 45, 1, *in Oberhessen noch jetzt* hartmonat VILM. 152; *februar* DIEF. *n. gl.* 169ᵇ. — *vgl.* WEINH. *mon.* 40 *f.*

hartrügel *stm. s.* harttrügel.

hart-ruore *stf.* wir sprechen ouch das zu rechte, dass die hartrûre von sanct Rickart und Bidig eigen syge des clôsters von Andelahe, und wer in der hart fert, er sye arm oder rîch, den soll nieman pfenden GR.W. 1, 729. *vgl.* hart.

hart-sælde *stf. hartes geschick* FASN. 1138;

hart-sælic *adj.* infelix GL. *Virg.* 4, 75. SCHM. 3, 224, *vgl.* GERM. 4, 123.

hartschierer *stm.* hatschier. zwei tûsent artschierer RCSP. 1. 660 (*a.* 1402). harschier ZIMR. *chr.* 4. 354, 8. — *aus ital.* arciero, *fz.* archer *bogenschütze vom lat.* arcus WEIG. 1, 483. DWB. 4², 559

hart-trügel *stn.* (III. 121ª) *hartriegel, ein strauchartiges gewächs.* sanguinarius, harttrügel, -drügel, -rügel, -rigel, -regel DFG. 510ᶜ. *n. gl.* 326ᵇ. — *ahd.* harttrugelin (GFF. 5, 501) *aus* hart (*wegen des harten holzes*) *u.* trugelin *tröglein, rinne, wol weil man das holz zu röhren braucht* WEIG. 1, 481.

hartunge *stf. in* verhartunge.

hâr-tuoch *stn.* (III. 132ª) *härenes tuch* PASS. MÜHLH. *rgs.* 163.

hart-vellec *adj. s.* hértvellec.

hâr-vlëhte *swf. geflochtenes haar.* eʒ sol dhaine burgerin kaine hôreflehten mêr tragen, die gemachet sein mit geslagem golde oder mit silber, mit vînen perelnn oder mit gestaine NP. 67 (13—14. *jh.*);

hâr-vlëhterinne *stf. haarflechterin* RENN. 4624.

hâr-wahs *stmfn.* (III. 463ª) *sehne, (haarartig gewachsenes) knochenband.* haarwachs, cartilago Voc. 1482. haarwachs, tendo DIEF. *n. gl.* 361ª. haurwachs MYNS. 66. 69. – *nach dem* DWB. 4², 39 *enthält der erste teil des compos. nicht* hâr *crinis, sondern* har *linum, weil die zähe sehne an die zähigkeit des flachses erinnert. die länge des* a *wird aber durch das obige schwäbische* au *bestätigt. vgl.* SCHM. 4, 14.

harwe *adj. s.* hare;

harwe *adv.* (I. 635ᵇ) *herbe* Ms.

hâr-wurm *stm. ein flechtenartiger um sich fressender ausschlag* DENKM. XLVII, 2. *s.* DWB. 4², 40.

hâr-wurz *stf.* nenuphar DFG. 378ᵇ.

harz *interj.* (I. 640ª, 24) HÄTZL. — *verkürzt aus* harzuo = hërzuo (*vgl.* harajou), *oder von* harz *streit, zank* (STALD. 2, 23)? *vgl.* GR. 3, 219 *und* härzern.

harz *stnm.* (I. 640ª, 18. 27) *harz, bitumen* GL. honec unde h. RENN. 11172. haften sam ein h. MSH. 2, 204ª. ANZ. 1, 55. daz hemde klepte im an der hût alsam ein harz und als ein bech TROJ. 38429. er habt ez (daz sper) geliche dem harze j. TIT. 2022 *alt. dr.* als ein vermischet h. KRONE 19644. als ein harm und ein h. (*weiss u. schwarz*) *ib.* 24781. sam ruoz und gebrent h. Ls. 3. 557, 22. ein gebrant h. APOLL. 464. mit harze betrennet *ib.* 2519. sie hienc an im als ein h. *ib.* 14353. diu (werlt) klept als ein harz und macht meilic unde swarz swer sie rüeret an OT. 158ª. harz an die schrîne legen, *sie damit bestreichen* BARL. 47, 22. ez (daz körbel) verbichen und wol verstrîchen mit harze und mit kleibe VILM. *weltchr.* 72ª, 45. si zunten an vil balde swebel unde h. WOLFD. *Heidelb.* 2978. harz daz ab den stammen fleuzt MGB. 163, 17. harz oder zaher 370, 11. der harz 328, 25. 27. 339, 31; — sô heizet einer meister Harz (*schuster?*) RENN. 341. — *dunkler herkunft.*

harz-bëch *stn.* collophonia ANZ. 17, 78.

harzen *swv. mit harz bestreichen* DWB. 4², 521.

härzern *swv. sich necken, scharmützeln.* und härzern alle tage mit einandern und thun einander schaden UGB. 443 (*Mähren*). — *vgl.* harz *interj.*

hâr-zierunge *stf.* capillatura DFG. 97ª.

hâr-zopf *stm.* (III. 947ª) trica DFG. 595ᵇ.

harz-rinc *stm. s. unter* herstange.

harz-vlozzer *stm. harzbrenner* ANZ. 3, 303.

has *swm. s.* hase.

hasart, haschart *s.* hasehart.

hâsche, hâtsche *swf.* (I. 640ª) *beil, axt* WOLFR. bogen, hâtschen, lanzen j. TIT. 3630. 49. 3818. 86. 4521. 5309. 6097. — *aus fz.* hache, *lat.* ascia.

haschen *swv. in* erhaschen (*nachtr.*).

hæ-schrick *swm. s.* höuschrëcke.

hase, has *swm.* (I. 640ª) *hase* HARTM. (ER. 1226. 9806). PARZ. TRIST. RENN hasen vâhen GEN. D. 46, 22. j. TIT. 46. WG. 7973. KARLM. 127, 54. hasen wanc MSH. 2, 367ª. sam der hase tuot (betriegen) den wint MSF. 64, 7. sô jaget unbilde mit hasen eberswîn *ib.* 308. swer beren mit den hasen jaget, der mac sich gelückes wol verkunnen j. TIT. 797. der hase gæhes erwildet, swie lange er an dem bande sî behalten *ib.* 911. dû lûʒest als ein h. ULR. Wh. 194ª. so siht si ûʒ des sleiers eck als der has ûʒ einer heck HÄTZL. 218ª. mit twerhen sprüngen als ein h a s e n (: âsen) JÜNGL. 413. si spranc als ein hase über ein vurch GA. 3. 121, 377; ein hase, *feigling* HELBL. 2, 515. gar ein hase des muotes JÜNGL. 244. verzagter den ein has ALTSW. 161, 15. erschrocken als ein h. *ib.* 161, 15. so tet ich als der has, der fliuht sô man in jagt *ib.* 221, 18. *vgl.* KARL 7132; der hase tet uns den ersten aneganc COD. *pal.* 341, 163ª. so ist dem der hase übern wec geloufen BERTH. *Kl.* 58. *vgl.* ZIMR. *chr.* 1. 299, 21. — *zu skr.* çaça *hase von wurzel* çaç *springen, wobei freilich vorausgesetzt werden muss, dass das zweite* ç *aus* s *und nicht wie gewönlich aus* k *entsprungen sei* (*vgl.* KUHN 3, 378. BOPP *gr.* 4, 390 *anm.*); WACK. *stellt es zu* hâr, KUHN 2, 153 *zu lat.* canus (*aus* casnus), *also der „graue“, ahd.* hasan, *ags.* haso *venustus.*

hasehart, hashart *stm.* (I. 640ᵇ) *würfelspiel* GFR. MART. Ms. Ls.; *glück*, hete ich drûf einen haschart PASS. K. 408, 19; *unglück* HAG. *grundr.* 345. daz ûch hasart schende und siben ougen MALAG. 58ᵇ; haschart, obulus DFG. 391ᵇ. — *aus fz.* hasard, *it.* azzardo *wagnis, glücksfall wol vom arab.* jasara *würfeln* DIEZ 33. *vgl.* VILM. 153, DWB. 4², 523.

hasel, häsel *stn. s.* heselîn.

hasel *stswf.* (I. 640ᵇ) *hasel*, corylus SUM. HELBL. MGB. 354, 4. 373, 28. — *zu gr.* χάρυον, *lat.* corylus. *vgl.* WEIG. 1, 482.

hasel *f.* (*ib.*) *ein fisch*, corvus VOC. *o.*

hasel-bir *f.* (I. 137ª) avesperina SUM. **hasenbere** avespertina Voc. 1482. *vgl.* DFG. 18°.

hasel-bluome *swmf.* dô sach ich haselbluomen stân, die sint vil nâch gelîch getân alsô die vîole sint HPT. 7. 320, 11. *vgl.* GERM. *H.* 8, 306. 307.

hasel-boum *stm.* (I. 227ᵇ) corylus SUM. HPT. 5. 415, 70. MGB. 334, 11. 16. avellanus DFG. 60ª.

hasel-busch *stm.* corruletum DFG. 153°.

hasel-gans *stf.* fulica DIEF. *n. gl.* 184ᵇ. GERM. 8, 47.

hasel-hecke *stf. haselhecke* GR.W. 1, 759.

hasel-holz *stn.* MYNS. 51.

hasel-huon *stn.* (I. 626ᵇ) *haselhuhn*, mullis, sparalus SUM. coturnix Voc. 1482. RENN. 10430. BUCH *v. g. sp.* 3. NP. 78.

haselieren *swv. unsinnig tun.* des morgens haselieren, er krôch ûf allen vieren MOR. 2, 1479. *vgl.* WEIG. 1, 482. GR. *kl. schft.* 1, 357.

haselîn *adj. s.* heselîn.

hasel-nuʒ *stf.* (I. 424ᵇ) *pl.* haselnuʒʒe, - nüʒʒe *haselnuss*, avellana SUM. MS. NEIDH. XLIV, 30. HPT. 4, 574. GA. 2. 279, 79. FASN. 480. 894. 1459. niht ein haseln. geben ROSENG. *Weigel* 1511. *vgl.* ZING. *neg.* 422.

hasel-porze: duas vineas in loco, qui vocatur haselportze USCH. 18 (*a.* 1220).

hasel-reif *stm. reif von haselholz* MONE *z.* 1, 175.

hasel-stûde *swf.* (II². 707ᵇ) *haselstrauch* Voc. *o.* GR.W. 1, 49. 51.

hasel-wurz *stf.* (III. 829ᵇ) *haselwurz*, asarum DFG. 64°. HPT. 14, 170. voletago, vulgago Voc. 1482.

hasel-zapfe *swm.* die danzapfen und haselzapfen unde daʒ krût in den garten unde nebent den strôszen, daʒ muostent sü vor hungersnôt eszen CHR. 8. 112, 24 („*traubenförmig gewachsener ballen von haselnüssen*" WACK.).

hasen *m. s.* hase.

hasen-ampfer *stm.* alleluia DFG. 23°. alerna *n. gl.* 16ᵇ.

hasen-balc *stm. hasenbalg* URB. *Pf.* 206.

hasen-bein *stn. hasenknochen* PF. *arzb.* 2, 8°.

hasen-bere *s.* haselbir.

hasen-hâr *stn. hasenhaar* PF. *arzb.* 2, 12°.

hasen-hode *swm.* testiculi leporis, hasenhoden DIEF. *n. gl.* 363ª; *name einer pflanze* priaspicus, ura Voc. 1482.

hasen-lûster, -lûʒer *stm.* (I. 1061ᵇ, 19. 49) *der heimlich hasen jagt* WEIST. (3, 430).

hasen-ôre *swm.* (II. 422ᵇ) *name einer pflanze* didimo, ditimus SUM. dyndime, lepacium Voc. 1482;

hasen-œrlîn *stn. eine art backwerk* GERM. 9, 201. 203 *f. vgl.* KWB. 202.

hasen-stoup *stm.* FASN. 60, 27.

hasen-swamp *stm.* (II². 760ᵇ) alleluia DFG. 23°.

hasen-swanz *stm. hasenschwanz.* daʒ ieder geb ze gefangen sich lieber, dann im werd gesant hasenswanz RING 50°, 9.

hasen-vleisch *stn. hasenfleisch* NP. 193.

hasen-vuoʒ *stm. hasenfuss, feigling* KIRCHB. 659, 28; *name einer pflanze* arancia, pes leporis Voc. 1482.

hasen-wer *stf. wehre des hasen: flucht.* des trôsten sie sich hasenwer und liefent snel RING 40ᵈ, 13.

hasen-wint *stm.* (III. 716ᵇ) *hasenhund* ER.

hashart *s.* hasehart.

hâsip *s.* hârsip.

haspe *swf.* (I. 640ᵇ) *haspe, türhaken, -angel.* haspe, hespe cardo DFG. 100ᵇ. celicardo, ein hespe des himels *n. gl.* 75ᵇ; *garnwinde*, girgillus *ib.* 103ᵇ. — *altn.* hespa *fibula, girgillus. vgl.* hispe *u.* DWB. 4², 543;

haspel *stm.* (*ib.*) *haspel* GL. HÄTZL. TROJ. 28286. 29105. CHR. 177, 8. RING 34ᵇ, 33;

haspeln *swv.* (*ib.*) alabrare, girgillare DFG. 20ª. 263ᵇ. FASN. 611, 16. 895, 2. hasplen ûf der betzichen, *coire* ZIMR. *chr.* 3. 279, 34.

haspel-slac *stm. eine art tanz* FASN. 582, 36.

haspel-spil *stn.* (II². 501ᵇ) *possenwerk* GEO.

haspen *swv.* girgillare DIEF. *n. gl.* 193ᵇ.

Haspen-göu *stn. Hespaye, pagus Hasbaniensis, landschaft im stifte Lüttich* GREG. 1404. Haspelgöu GFR. 3044.

hast *stf. nd. hast, übereilung* CHR. 6, 131 *anm.* 1. mit der h. *in kurzer zeit ib.* 336, 1. — *altn.* hastr *m. eile, ags.* hæst *adj. violentus. vgl.* DIEF. 2, 507. DWB. 4², 550;

hast *adj. hastig.* CHR. 6. 387, 13;

haste *prät. s.* hasten, hesten;

hastec *adj. adv.* concitus DFG. 139ᵇ;

hastec-lîche *adv.* (I. 641ª) *hastig* Ms. ROTH. 4294. hestecliche SUCH. ebenso

haste-lîche, -en *adv.* (*ib.*) ROTH. 2984. KARLM. 21, 21. 42. 60. 92, 15 *etc.* hesteliche KIRCHB. 649, 11. hestelichen ROTH. RCSP. 1, 19 (*a.* 1386 *Ulm*);

hasten *swv.* (I. 640ᵇ) *prät.* haste *eilen* ALBR. 14, 80. *vgl.* heistieren.

haster-hemede *stn.* suparum DIEF. *n. gl.* 355ᵇ.

hastigen *adv. mit hast, nd.* CHR. 7. 407, 24.

hat? die soldân alt und niuwen lând drîben dort ir hat (: mat) Altsw. 241, 37.
hatele *stf.* (I. 641ᵃ) *ziege* Renn. *vgl.* Dief. 2, 385. Kwb. 140. Wack. *voces* 2, 77.
hâtem? der tievel heizet sînen hâtem die kristenheit verrâten Diem. 356, 26.
hâtsche *swf. s.* hâsche.
hatzete *prät. s.* hetzen.
haufnitz, haufenitz *stf. haubitze* Beh. 81, 2. 14. 83, 11. 18. 377, 19. Ugb. 102. 441. 42. 55. — *aus böhm.* haufnice, *urspr. schleuder für steine* Weig. 1, 483. Dwb. 4², 567. — *ebenso*
haufnitz-bühse *swf.* hundert und siben hafnitzbüchsen Mh. 2, 78.
have *stf. s.* habe.
havech *stm. s.* habech.
haven *stm.* (I. 641ᵃ) *pl.* häven, heven, haven (Nib. 720, 3; *var.* häven, häfene): *hafen, topf* Bon. Wig. (179, 9. 180, 19). Troj. (10645. 10715. 21). der tôt ist in dem haven, mors in olla Griesh. 2, 51. swaʒ zem êrsten in den haven kümt, dâ smacket er iemer mêr gerne nâch Berth. 483, 20. etw. in einem hafen sieden N. v. B. 165. sô der haven râtes vol erwallet Msh. 2, 299ᵇ. vellet der haven oder der stein, der haven gilt eʒ altersein Renn. 1820. ein tumber brastelt in sînem zorn als under einem haven resche dorn *ib.* 13961. eins ist der haven eins diu traht, diu in dem haven ist verdaht Ls. 3. 47, 823. roheʒ man eʒ von den heven nam Hpt. 5. 271, 114. der kuchenmeister sol ob mîner vrowen haven sitzen (debet parare escam domne abbatisse) Geis. 434. *vgl. noch* Mgb. 81, 10. 385, 26. 387, 26. 481, 28 *etc.* daʒ heven Pf. *üb.* 161, 15. 162, 19. 22. Schm. *Fr.* 1, 1057. ein höfen smaltz Uhk. 2, 274 (*a.* 1374). — *bildl.* in eines wîbes herzen haven Loh. 6667. der mag ist der haven, dar inn daʒ eʒʒen gekocht wirt in dem menschen Mgb. 32, 3. — *zu* haben, *vgl.* Dwb. 4², 119. Weig. 1, 468; Wack. *stellt es zu gr.* καπάνη;
havenære, -er *stm.* (*ib.*) *hafner, töpfer* Leys. Berth. 229, 3. 11. Himlr. 120. Kolm. 96, 11. hafner Mgb. 69, 11. 33. Narr. 57, 35. Urb. B. 1, 121. Tuch. 193, 14 *ff.* hafener, hefener figulus Dfg. 234ᵇ. *n. gl.* 173ᵇ.
haven-bant *stn.* kesskorp, prôtkorp, ein hafenpant (: gewant) Fasn. 3, 1217.
haven-blat *stn. hafendeckel* Ls. 2. 274, 178.
haven-brâte *swm. gedämpftes fleisch.* castraunfleisch zu hafenbrâten Ukn. *einl.* XLIV *anm. vgl.* Dwb. 4², 124;

haven-brætlîn *stn.* S.Gall. *ord.* 188. 90.
haven-decke *stf.* (I. 295ᵇ) *hafendeckel* Mgb. 81, 11. cacabus Dfg. 86ᵇ. ollipetra, pantrum *n. gl.* 271ᵃ. 279ᵃ. *ebenso*
haven-deckel *stm.* Dfg. 86ᵇ.
haven-gabele *f.* Fasn. 3, 1216.
haven-giezer *stm. der metallene töpfe fertigt.* die hafengiezer sollen kein blî in den ziug der havengieszung tuon Mone *z.* 13, 290 (*a.* 1472, *Konstanz*);
haven-giezunge *stf. s. d. vorige.*
[**haven-holz** *stm.* I. 706ᵇ] = er huob sich al ze hant da er einen hûfen holz vant, dar ûʒ sneit er drî stabe Ga. 2. 166, 348.
haven-lêhen *stn. lehen, wofür töpferwaaren geliefert werden mussten* Urb. *Str.* 275.
haven-schirbe *swm.* (II². 159ᵃ) *topfscherbe* Lit. 225, 22. *ebenso*
haven-schirben *stf.* und im der gebel spielt enzwei reht als ein havenschirben (: zwirben) Ot. 147. Cod. *pal.* 341, 242ᵃ.
haven-slëc, -slëcke *stswm. topfgucker, topfnascher, als fing. name* Ring 17ᵉ, 1. Petern den Hafenslec Ls. 3. 399, 17.
haven-stein *stm.* (II².614ᵇ) *stein, auf welchem der kochtopf steht, herd* Fragm. 38, 21.
haven-tuoch *stn.* (III. 132ᵃ) *tuch zum abwaschen der töpfe* Oberl.
haven-wërc *stn.* cenodoria Dfg. 111ᶜ.
haw, hawe *swmf. s.* hûwe, houwe.
hawen *swstv. s.* haben, houwen.
häxe *swf. s.* hecse.
haʒ *stf. in* swînhaʒ;
haʒ, -ʒʒes *stm.* (I. 641ᵇ) der hazʒe Kuchm. 1, daʒ haʒ Denkm. LXXXIV, 14: *feindselige gesinnung od. handlung, hass allgem.* (ich envinde in wol, der in bestân getürre hie ûf strîtes haʒ Bit. 7673. ir haʒ tet ros und liuten wê Loh. 4284. si viengen der geschihte haʒ W. *v. Rh.* 217, 6. der abbet vienc der rede haʒ Hpt. 8. 103, 220; âne, sunder h. *friedlich, freundschaftlich, gern*); *verwünschend u. verfluchend:* dirre wec der habe haʒ Msh. 3, 447ᵇ. in gotes h. varn Trist. Lieht. Kchb. D. 409, 10. nû strîchet rehte in gotes h. Mariengr. 560. daʒ dir werde aller heiligen h. Kchr. D. 394, 31. der sunnen h. varn, strîchen Parz. Lieht. Eracl. nu ziehe in von mir der sunnen h. Helmbr. hebe dich der sunnen h. Er. 93 *u. Bechs anm.* — *gt.* hatis *zu lat.* odium, *gr.* χήδειν? *vgl.* Gsp. 347. Curt.³245. Dief. 2, 543. Gds. 411; Fick² 30 *stellt es zur wurzel* kad, *skr.* çad

gehen, *im causat.* treiben, hetzen, *lat.* cadere, cædere. *vgl. auch* Dwb. 4², 550. 52;

haʒ *adj.* (I. 641ᵇ) *s. v. a.* gehaʒ Bon. Ms. *comp.* hezʒer Ring 45ᵇ, 17.

hâʒ *stm.*; hæʒe, hæʒ *stn.* (I. 642ᵇ) *rock, kleid, kleidung.* hâʒ Ms. (= Heinz. 121. 28, 4). in irem schambærlîchen hâʒ (: strâʒ) Netz 12095. nu sî verwâʒen mit orse und mit hâʒen Krone 19938; hæʒe, hæʒ Mart. (72, 52. 73, 35. 140, 7). Wolk. Hätzl. Weist. (1, 190). Mag. *cr.* 118ᵇ. 151ᵃ. Pf. *forsch.* 1, 76. Heldb. *H.* 1. 188, 168. Ls. 2. 677, 24. sô sond die dienstmägt ir hæsz, röck und mäntel ouch nit anders tragen noch machen, denne daʒ inen die blôsz uff die erden stôszint und nit lenger Mone *z.* 7, 65 (*a.* 1436). *vgl.* 13, 296. 21, 214. wann wir unserm gesinde hæʒe geben Mone 5, 252. — *vgl.* Stald. 2, 23. Schmid 263. Birl. 222ᵃ;

hâʒen *swv. kleiden, in* behâʒen.

hæʒe-val *stm.* (III. 222ᵃ) *s. v. a.* gewantval, *das beste kleid das bei einer veränderung in einem lehengute (durch tod od. auf sonstige weise) dem herrn zukommt* Weist. (4, 408).

haʒ-, heʒ-; hazʒe-, hezʒe-lich *adj.* (I. 642ᵃ) *hassvoll, feindselig* Hartm. (Er. 9393). Parz. Trist. Lieht. Pass. (*K.* 115, 95. 412, 8). iu tregt vil haʒlîchen sin der künec Bit. 4872. haʒlîcher zorn *ib.* 10813, spot Dietr. 4286, strît Wenzl. 335. nu vinde ich niht wan versagen hazʒelîch Neif. 22, 31. *mit dat.* die wâren in im gar haʒlîch Laur. 718; *hassenswert, verhasst* Myst. hezlîch unheil Pass. 211, 67. mir wart hezlîch alle crêatûre Marld. *han.* 100, 24; *hässlich* Wolk. wî hezelîch si wêrin, wî siech, wî ungenême Elis. 8096. he wart hezlîch, dat wir wurden schône Marld. *han.* 34, 30;

haʒ-, hezʒe-lîche, -en *adv.* (I. 642ᵇ) *mit hass, feindselig.* daʒ got von uns die gnâde sîn vil haʒlîch hât gewendet Msh. 2, 224ᵇ. si ist mir haʒlîch erbolgen Lieht. 405, 1. einen haʒlîch nemen Zing. *findl.* 2. 74, 64. swelch burger den andern lasterlîch ald haʒlîch schiltet S.Gall. *stb.* 2, 11. daʒ nieman hezʒelîchen ruoch von gotes tougen kriegen Heinz. 132. 78, 3. sie wâren in hezʒelîchen vînt Berth. 30, 22. *comp.* dâ wart ein sô getân strît, daʒ sît anegenges zît haʒlîcher nie gevohten wart Karl 5453.

hazʒære, -er *stm.* (I. 642ᵃ) *hasser.* des hazʒære du bist Karl 5412. ir hazʒer und ir nîder Berth. 187, 33. hezʒer Myst.; Hazʒær *fing. name* Helbl.;

hazʒærinne *stf.* Hazʒerin, des Hazʒæres weib Helbl. 2, 1377;

hazʒec, hezʒec *adj.* (I. 642ᵃ) *hassvoll, feindselig* Helbl. Lit. 531. Heldb. *H.* 1. 106, 268. hezʒec, hezʒic Loh. 5559. Msh. 2. 200, 127. Berth. *Kl.* 441. Mf. 184, 66. Reinfr. 70ᵃ. Mgb. 44, 19. 47, 4. 208, 1. 213, 29. 279, 8. Ammenh. 304. Mone *z.* 9, 372.

hazʒe-lich *adj. s.* haʒlich.

hazʒe-lôs *adj.* (I. 641ᵇ) *ohne hass* Urst.

hazʒen *swv.* (I. 642ᵃ) *prät.* hazʒete (Pass. *K.* 32, 45), hazʒte: *hassen, ungerne sehen* Iw. Parz. Walth. Aneg. 22, 71. j.Tit. 5221. Eilh. 5997. Helbl. 15, 677. Mgb. 140, 31. 332, 13;

hazʒen *stn.* (*ib.*) *das hassen* Parz. — *ebenso* hazʒunge *stf.* (*ib.*) Griesh.

hë *pron. s.* ër.

hê *interj.* (I. 643ᵃ) *he!* Diut. Leseb. 919, 35 *ff. vgl.* hei.

hebe *stf.* (I. 602ᵇ) *habe, vermögen* Gfn. (*D.* 127, 31. mit al sîner hebe Diut. 3, 111); *das befinden ib.* (gehebe *D.* 98, 24). — *zu* haben.

hebe *m. f.* (I. 646ᵇ) *hefe.* hebi sieden Feldb. *r.* 108. heben, hef, hefen, heffen Dfg. 232ᶜ. *n. gl.* 172ᵇ. heve Gr.w. 3, 608. hefe Chr. 3. 52, 19. 117, 22. 142, 21. Np. 270. hefene *ib.* 209. hepf S.Gall. *stb.* 4, 63. hepfen *f.* Pf. *arzb.* 2, 2ᵈ. Münch *r.* 199. — *zu* heben, *vgl.* hebel;

hebe *stf.* (*ib.*) *das heben* Wolk.

hebe-amme *swf.* (I. 30ᵇ) *hebamme* Chr. 2. 315, 21. heveamme Griesh. 2, 3. 111. Mar. 196, 3. Bph. 2005. 50. 2104. 3565. 5654. hefamme Exod. *D.* 121, 10. heffam Dief. *n. gl.* 268ᵇ. hefang Schm. 2, 155 (*a.* 1452).

hebe-boum *stm.* und liʒ wol tûsent man mit grôzen heboumen an si gên Myst. 1. 21, 29.

hebec *adj. s.* habec.

hebec *adj.* (I. 646ᵃ) *wichtig, gewaltig,* præcipuus Sum. hevec Will. Hag. 5, 158. 175. — *zu* heben.

hebech *stm. s.* habech;

hebecher *stm. falkner* Schm. *Fr.* 1, 1033. den hebechern verbieden, keiner mit den hebechîn bî 10 fl. zu felde zu ryden Frankf. *brgmstb.* 1444 *vig. V. post div.* — *vgl.* Dwb. 4², 93;

hebechlîn *stn. dem. zu* habech. den sperwer unt daz hebechlîn mit blôzer hant mac niemen vân Heinz. 474. häbichlîn Myns. 2.

hebichel Erlœs. XLIV, 33.

hebede *stf.* (I. 602ᵇ) *besitztum* WELTCHR. — *zu* haben.
hebel *stm.* (I. 646ᵇ) *hebestange, hebel.* und mag der margman houwen hebel und stangen GR.w. 4, 509 (*a.* 1432), *nd.* hevel, levatorium DFG. 325ᵇ; *stmn. hefe,* nim hebel und tuo eʒ in die milch MONE *z.* 2, 187. der brôtbecke swemet den teic mit hefel BERTH. 285, 14. diu übele sûret daʒ muot same der hevele den teic tuot MONE 8. 46, 68. *vgl.* hebe 2.
hebe-lich *adj. s.* habelich.
hebe-meister *stm. hefensieder* FELDK. *r.* 108, 2. *vgl.* hefener.
hebe-muoter *stf.* (II. 269ᵃ) *hebamme* ALBR. 93ᵃ. obstetrix, heb-, hevemuter DFG. 390ᵃ; *bauchgrimmen,* colica (*eigentl. das aufsteigen der gebärmutter, vgl.* bermuoter): heb-, hebe-, hef-, haf-, hevenmuoter DFG. 131ᵇ. *n. gl.* 100ᵃ.
heben *s.* hebe 2.
heben *stv. I, 4 mit sw. präs.* (I. 643ᵃ), *prät.* huop *md.* hûp, *part.* gehaben, *daneben auch sw.* hebete (hevete), gehebt (DIETR. 5618. WITTICH 1604. CHR. 3. 285, 2). *nbff.* h a b e n MYST., heven (DIETR. 3854. 4172. KRONE 12471. NEIDH. 84, 31. HELBL. 4, 353. 8, 485): *heben, allgem. u. zwar tr. heben, erheben* (an ein kriuze h. BPH. 6981. einen haʒ heben ûf einen PASS. *K.* 13, 34. ûʒ dem steine [*taufsteine*] heben TÜRL. *Wh.* 137ᵃ. 138ᵃ. 140ᵃ. ein dinc hôhe, unhôhe h. *es hoch, gering achten* FREID. loufen wol unhôch sie huop HELBL. 4, 430. *vgl. unten*); *erheben, anfangen* (di hûben die ungenâde KCHR. *D.* 468, 2. di geste hûben den brant *ib.* 6. den sturm h. FREID. 146, 22. HELDB. *H.* 1. 151, 603. einen orden h. *stiften* ELIS. 9954); *refl. mit persönl. subj. sich erheben, aufmachen* (heb dich von mir RENN. 7823. hebet ûch iuwer strâʒe FRAUENTR. 287. hebet ûch von hinnen *ib.* 303. ûf den wec si sich hûben PASS. 92, 3. 378 , 60. 77. sich h. dar obe, *dazu kommen ib. K.* 20, 33. 40, 30); *mit sachl. subj. sich erheben, anfangen* (daʒ mære hebet sich KL. 2149. URST. 123, 15. wie daʒ hüebe sich TROJ. 10244. alsô huoben sich krieg und streit MGB. 76, 12); *absol.* ein dinc hebet hôhe, unhôhe *dünkt gewichtig, nicht gewichtig, gleichgültig* ROTH *pr.*, *unpers.* mich hebet hôhe, unhôhe, kleine, ringe *ich mache mir viel, wenig aus etw.* (mich huop diu wunde vil unhô LIEHT. 74,

21), *auch mit dat. d. p.* LANZ. LIEHT.; — *manchmal wird* heben *mit* haben *vermischt u. verwechselt* (still heben, *still halten* CHR. 3. 285, 2). — *mit* abe, an, nâch, ûf, ûz; be-, ent-, er-, ge-, über-, umbe-, ver-. *gt.* hafjan *zu lat.* capere GDS. 400. CURT.³ 135. GSP. 39. *vgl.* haben;
heben *stn. das heben* FDGR. 1. 117, 41.
hebendic *adj. festhaltend, besitzend* OBERL. 631. daz man daran veste unde hebendig ist GR.w. 4, 593. ARN. 53 (*a.* 1326). die hebendigsten schüler FRANKF. *brgmstb.* 1459 *vig. III. p. quasimod.* — *zu* haben.
hebene *stf. anfang.* vor des strîtes hebene j.TIT. 4068. — *zu* heben.
hebenen *swv.* (I. 603ᵃ) *behandeln* GEN. (*bei D.* 55, 19 er behielt in baz). — *zu* haben.
hebener *stm. in* anhebener;
heber *stm. in* an-, karrenheber.
hebe-, heb-rigel *stm. hebel* TUCH. 76, 36. FASN. 1218.
heberîn, hebrîn *adj.* (I. 605ᵇ) *von hafer* GRIESH. PARZ. WEIST. (4, 280). hebrîn brôt RENN. 4056 ein hebrein gemüse CHR. 2. 524, 40. ain habrî brî NETZ 9635. FASN. 344, 4. 857, 18.
heberlinc? dass die vischer ainander beschauen, damit nit häberling tolben gefangen werden SCHÖPF 229 (*a.* 1499).
hebe-schamel *stm.* (II². 80ᵇ) *levatorium* AB. 1, 352.
hebe-sloʒ *stn. vorlegeschloss.* 12 hell. umb 2 hebesl., damyde man die bussen beslussit FRANKF. *baumstb. v.* 1410, *f.*.26.
heb-garn *stn.* (I. 482ᵃ) *zugnetz* WEIST.
hebichel *stn. s.* hebechlîn.
heb-îsen *stn.* (I. 756ᵇ) *hebeisen, hebel.* sehs costlîche hebisen (*im steinbruche*) S.GALL. *chr.* 76. TUCH. 41, 32. 122, 28. 317, 11; *eisen zum festhalten der aufgeschlagenen blätter eines buches,* tenaculum (WACK.) DFG. 577ᵃ; *bügel, in den man die frauen treten lässt, um ihnen vom pferde zu helfen* LIEHT.
heb-lich, -lîche *adj. adv. s.* habelich.
hêbrêisch *adj. s. v. a.* êbrêisch GEN. 57, 7. 59, 19. KCHR. 8707. hêbrâisch MLG. 15, 16; *adv.* hêbrâischen sprechen *ib.* 15, 8.
hebrîn *adj. s,* heberîn.
hebunge *stf. in* ûfhebunge.
hec *s.* hecke.
hechel *m.* lacena, ein fisch VOC. 1482.

hechel *stf.* (I. 607ª) *verschmitztes weib, kupplerin* GA. 1. 194, 39. fraw Hächel *heisst die hexe im* RING 51, 13. 52ᵈ, 31. hechel, striga DFG. 156ª. — *zu* hache. *s.* DWB. 4², 97. SCHM. *Fr.* 1, 1041. SCHÖPF 229.
hechel *stf.* **hechelen** *swv. s.* hach-;
hecheler *stm.* valsch lecheler sint des tiuvels hecheler, die pfaffen hecheln künnen RENN. 1169.
hechel-stein *stm.* (II². 614ᵇ) acirum MONE 7. 599, 70. *vgl.* eckelstein acira, aciarium stahl DIEF. *n. gl.* 6ᵇ.
hechen *swv. s.* hecken.
hechen-reht? *stn.* jus de navibus quoddam hechenrecht nominatum SCHM. *Fr.* 1, 1042 (*a.* 1222).
hechet, hecht *stswm.* (I. 647ª) *hecht* GL. PF. *arzb.* 1, 17. FRAGM. 30ª. TUCH. 124, 20 *ff.* höchet KELL. *erz.* 363, 2. *pl.* hechten WOLK. APOLL. 8939. 18147. MSH. 3, 310ᵇ. — *zu* hecken?
hechtel *stn. kleiner hecht.* gespreite hechtl, gesotten hechtl UKN. *einl.* XLIV *anm.* 8.
hechten *swv. s.* heften.
hechten-visch *stm. hecht* GERM. 9, 201.
hechter *stm. s.* hefter.
hechtichîn *stn.* (I. 647ª) *kleiner hecht* WOLK.
hecke, hegge *stswf.* hecke, heck *stn.* (I. 606ª) *hecke* LANZ. LS. zû einer hecke sich heben GR. RUD. 23, 24. hecken unde dorn KRONE 13973. 14!21. ain hegge mit rauen dorn CHR. 5. 107, 18. als ein hase lît in einer hecken ALBR. 14, 116. ez (rephûn) phlit niwan in hecken nest und ei verstecken *ib.* 19, 129. sô gæbe ich ein hecke (wicke?) ûf alle junge herren niht VIRG. 106, 10 *u. anm.* gewinnent sî hegge (?) NEIDH. XXI, 11. underm hecke *ib.* 47, 36 (*var.* under einer hecke). für jâmer starke hecke slahen j.TIT. 265. er gienc für ein hecke *ib.* 4909. sus wart sîn herze in zornes hec verdürnet LOH. 5730. hecke, hegk, häch, häck dumus, indago DFG. 192ᵇ. 293ᶜ. *n. gl.* 142ᵇ; *spec. die umzäunung zum jagen des wildes* HADAM. 215. 16. 321. GR.W. 1, 498. *vgl.* heckjeger. — *zu* hac.
heckeht *adj. s.* hâkot.
heckel *stm.* (I. 607ᵇ) *hacker, hauer* WEIST.;
heckeler *stm. s. v. a.* heckel? BEH. 281, 20. *vgl.* SCHM. *Fr.* 1, 1049;
heckelîn, heckel *stn.* (I. 607ᵇ) *kleine hacke* WOLK. RENN. 13601. PASSAU. *r.* 92. BEH. 350, 7;

hecken, hechen *swv.* (*ib.*) *prät.* hacte, *part.* gehact, gehecket: *hauen, stechen, stechend verwunden bes. v. schlangen* GEN. FREID. MS. (*H.* 2, 174ª). RUL. 72, 5. WACK. *pr.* 28, 34. SPEC. 113. j.TIT. 5957. GERM. 8, 302. OT. 156ª. MGB. 267, 25. 272, 6 *u. ö.* VILM. *weltchr.* 26. den ein nater sticht oder heckt CGM. 317, 62ᵇ. nâch lieb leit hecket WH. v. Öst. 38ª. *vgl.* VIRG. 531, 3 *u. anm.* — *mit* er-, ge-;
hecken *stn. stich, biss der schlange etc.* MGB. 257, 10. 260, 15 *u. ö.* eitirgez hechen MAR. 149, 23.
hecken *swv.* (I. 608ª) *refl. sich fortpflanzen* KROL. — *mit* ûz; *vgl.* hagen *m. u.* WEIG. 1, 488.
hecken-jeger, -wirt *stm. s.* heckjeger, -wirt.
hecker *stm.* (I. 607ᵇ) *hacker, holzhacker* CHR. 2. 196 *anm.* 1. *vgl.* 195, 28; *weinhacker, weinbauer* WP. 60. ANZ. 3, 303.
heck-jeger *stm.* (I. 767ª) *der mittels wildhecken jagt* LS. heckenjeger GR.W. 1, 498. 6, 396.
hecse *stswf.* (I. 607ª) *hexe* BIHTEB. hexse, hegxse MART. des dauchten sich die häxen gemeit RING 47ᵈ, 26. 40. hesse WACK. *pr.* 42, 4. — *aus ahd.* hagazissa, hagazus (furiarum, hagazussun GL. *Virg.* 3, 412), hâzissa, hâzus AGS. hägtesse; *zu* hac, *also urpsr. waldweib, zum wald fahrende? vgl.* WEIG. 1, 504. *in der* MYTH. 992 *wird es zu altn.* hagr, *klug gestellt. vgl.* hechel *stf.*
heckunge *stf. stich, biss* GERM. 8, 301.
heck-wirt *stm.* dâ wont ein heckwirt pôs und ring der nam gern vil pfenning und het lutzel darumb vail CGM. 1119, 98ᵇ *bei* SCHM. *Fr.* 1, 1071. es sollen die heckenwirt kein prot ausz iren heusern verkaufen. NP. 222.
hede *s.* hot.
hederer *stm. der mit* hadern, *alten kleidern handelt.* dû manteler und dû hederer, dîner trügenheit gerâtent die rîchen auch gar wol BERTH. 86, 11; *streiter, raufer, zänker* GR.W. 3, 360. *vgl.* DWB. 4², 113.
hederich, hederîch *stm.* (I. 647ª) *hederich,* armoracia, aruca DFG.49ᶜ. 52ᵇ, lolium (*auch* heiderich, heidrich, hadrich, hadreich) *ib.* 335ᶜ, rapistrum 484ᵇ. heidrich MYNS. 40. — *aus lat.* hedera, hederaceus, *vgl.* GR. 2, 516. WEIG. 1, 488.
hederîch-sâme *swm.* hedereichsâmen, lolium DIEF. *n. gl.* 238ᵇ.

hederisch *adj. zänkisch* FASN. 222, 25. *vgl.* ZIMR. *chr.* 2. 14, 14.
heder-wurz *stf. s.* âderwurz.
hêdin *adj. s.* heiden.
hedrei *stf. s.* haderie.
hef-amme, -ang *swf. s.* hebeamme.
hefe *s.* hebe 2;
hefel *stm. s.* hebel;
hefelen *swv.* geheffelt brôt, acrizismus DFG. 10^b;
hefene *s.* hebe 2;
hefener *stm. hefensieder, hefenhändler* NP. 270. *vgl.* TUCH. 156, 11. 159, 28. 1 3, 29.
hefener *stm. s.* havenære.
hefen-man *stm. s.* hevenman.
heffam *s.* hebeamme.
heffen *s.* hebe 2.
hef-muoter *s.* hebemuoter.
hefte *stf. in* behefte;
hefte *stn.* (I. 603^b) *woran etw. befestigt* (haft) *ist od. festgehalten wird: heft, griff am messer od. schwert etc.* PARZ. MS. DIOCL. sint bœse binwerf an edelem hefte RENN. 23427. er sluoc mir mit dem hefte gein dem munde KOLM. 131, 32. daz mezzer bî dem heft begrifen OT. 23^a. daz die engel durch di hefte gên NP. 159. gêres h. ALBR. 9, 2; *steuerruder,* des fûren ich daz hefte rehtes glouben in der hant ERLŒS. 934. *bildl.* des tôdes hefte j.TIT. 4834; daz wort het ankers hefte (*pl. von* haft?) in sînes herzen grunde *ib.* 1896; lam im heft (*penis*) ZIMR. *chr.* 1. 180, 18. — *zu* haft.
hefte? *adj. vgl.* j.TIT. 5830, 2 *u.* GERM. 8, 480;
heftec, heftic *adj.* (I. 604^a) *fest bleibend, beharrlich* SUCH.; *mit beschlag belegt,* ein anspræchig, ald heftig guot Mz. 1, 349 (*a.* 1369); *ernst, wichtig, stark, heftig,* severus vehemens haftig, heftig DFG. 331^b. 608^c. die haftigesten artikel RCSP. 1, 19. (*a.* 1386). daz die sache alsô mechteg und alsô heftig sî, daz wir mê hulfe nôtdurfteg sîn *ib.* 1, 21. die sach môht ouch als häftig und als ernstlich sîn S.GALL. *stb.* 4, 205, 209. heftige geschefte WIEN. *hf.* 2, 289. diu bôsheit ist sô heftic FRL. *s.* 158. dirre heftige strît KRONE 26136. eine heftige vorschrîbunge AB. 1, 146. — *vgl.* heifte *u.* GERM. 8, 480. WEIG. 1, 489.
heftec-lich *adj. stark, heftig.* hefteclîche nôdigunge RCSP. 1, 72 (*a.* 1400);

heftec-lîche, -en *adv. auf ernste, strenge, heftige weise, stark, sehr* LS. 2. 346, 111. LUDW. 15, 30. DÜR. *chr.* 552. KIRCHB. 600, 39. 628, 49. ADRIAN 430. hefteclîche und ernstlîche entpfelhen MONE *z.* 2, 423. hefteclîche ervordern RCSP. 1, 72. 271. 340. h. setzen SCHREIB. 2, 266. wir verschaffen heftenklîchen mit dem brief, daz MONE *z.* 5, 482. heftentlich Mz. 1, 497.
heftel *stn. s.* heftelîn.
heftel-gëlt *stn. s. v. a.* haftgëlt DFG. 50^b.
heftelîn, heftel *stn.* (I. 604^a, 1. 17) *dem. zu* haft *u.* hafte: *spange zum zusammenhalten eines kleides, agraffe.* haftelîn APOLL. 8620. 40. haftel ER. heftelîn LIEHT. (116, 10. 171, 25. 188, 32. 451, 14). KRONE 556. GA. 3. 25, 149. NP. 60. 73. 102. heftel LIEHT. TRIST. H.; *drücker an einem schlosse* TRIST. 17035;
heften *swv.* (I. 604^a) *prät.* hafte, *part.* geheftet, -haft; *ndrh.* hechten, hachte, gehacht (KARLM. 245, 15. 246, 46 *u. s.* 295): *einen* haft *machen, befestigen, fesseln, binden allgem., s. noch er* hiz in samt heften di schif mit mannes creften L.ALEX. 1189. dô wart sîn hant durchstochen und von eim swert gehaft ALBR. 13, 205. swaz dar gehaft (*daran befestigt*) wære ER. 5539. ê ich mich an dich hefte KCHR. *D.* 355, 13. den touf an sie heften PASS. 343, 72. die in hete an sich gehaft *ib.* 71, 10. nû wart der prîster gehaft von gote an einen vremden sin 371, 77. unze in Cadmus an ein eich hafte ALBR. 9, 51. dô haft er sîn ros an DAN. 2063. und haft mîn pfert an ein rîs LS. 2. 269, 33. dô haft er zû eim boume sîn ros HERB. 1985. 3755. si hafte mit dem zoume ir pfert zuo eime aste DAN. 1106. ein pfert was zime gehaft KRONE 19356. schif geheftet zuo den staden APOLL. 2261. in ir schilde unmâzen vil wart der phîle gehaft ERNST 3039. diu spinne von der lufte wirt, dâ von sie ir webe in die luft mac heften mit listen MSH. 3, 108^b. daz diu zung geheft ist in den munt MGB. 15, 9. dâ was von phellel ûf gehaft ein vane HERB. 18299. er was dar ûf pflegelîch gehaft JER. 46^c; *refl.* sich h. an *ib.* 41^b. 96^c. 134^b. sich flehten unde heften begunde er in der vînde schar TROJ. 34184; ein guot heften, *arrestieren* WEIST. S.GALL. *stb.* 4, 37. 38. — *mit* ane (KREUZF. 5807), ûf, zuo; be-, ent-, ge-, ver-. *vgl.* gehaft;

heften *stn. das heften, binden.* daʒ binden und heften *im weingarten* MONE *z.* 10, 311. weliche wunden meisselns oder heftens nôtdurftig wæren NP. 44, *vgl.* heftwunde; *arrestation,* daʒ heften und verbieten Mz. 1, 398. 400. 427.

heftent-lich *s.* heftecliche.

hefter *stm. ndrh.* hechter, *henker* KARLM. 242 5. 244, 6. 56.

heftes-halp *adv.* (I. 616ᵇ) *am, bei dem hefte* BON. haben daʒ mezʒer hefteshalp GA. 3. 736, 357.

heft-nâdel *stf. heftnadel.* umb grôʒ heftnadel 3 dn. NP. 186.

heft-sîde *swf. seidener heftfaden.* umb heftseiden 24 dn. NP. 186.

heftunge *stf. in* ëbenheftunge.

heft-vadem *stm. heftfaden* NP. 176. 79.

heft-wunde *swf. wunde die geheftet werden muss* GR.W. 5, 266. *vgl.* heften *stn.*

hege *stf. s.* hage.

hege *swf.* (I. 606ᵃ) *s. v. a.* hac, *zaun, hecke* WINDB. *ps.*

hege-druose *stswf.* (I. 401ᵇ) *hode, schamteil* GL. (hegdrusz glandula, testiculus Voc. 1482). GEN. (hegirdruose *D.* 7, 5). hegetrûse GRIESH. *denkm.* 10. *contr.* heidruose PARZ. *vgl.* GR. 2, 417.

hege-haft *adj.* (I. 606ᵇ) *hegend, empfänglich* SUCH.

hege-holz *stn.* (I. 706ᵇ) *gehegter wald* WEIST.

hegel *stn. dem. zu* hac Ls. 1. 380, 183.

hegel, hegelîn *m. spruchsprecher, gelegenheitsdichter in Nürnberg bis zu anfang dieses jh., auch* hängelein *od.* schlenkerlein *genannt von den schildern, mit denen ihre amtstracht behangen war (vgl.* SCHM. *Fr.* 1, 1069. 1130. FROMM. 2, 246. DWB. 4², 439 *wo aber die stelle aus* WEIST. 4, 118 *falsch erklärt ist, s.* hengelîn). es sol auch ain ieder tantzlader zum tantzladen nit mêr haben noch gebrauchen dann drei pferd und eins dem hegelen NP. 76. den pfeiffern, hegeln und pusaunern, die zu dem tantz hofieren *ib.* 90. hegelîn 91. hegelein 79. *vgl.* her hegelin habent immer dank KELL. *erz.* 531, 19.

hege-mâl *stn.* (II. 19ᵇ) *gehegtes gericht* RA. 851.

hege-marke *stf. s.* hagemarke.

hegen *swv.* (I. 606ᵃ) *tr. mit einem* hac *umgeben, umzäunen* FRL. WEIST.; gerihte hegen, *die gerichtsstätte abschliessen um zu gericht zu sitzen* (RA. 851): daʒ recht h. gericht halten PASS. *K.* 481, 41. gehegete banc (GR.W. 6, 388), gehegeteʒ dinc versammelte gerichtssitzung CDS. 1, 91. 92 (*a.* 1418), gehegeteʒ urteil, *das in solcher gerichtssitzung gefällt worden* MARLG. eine samenunge h. *abhalten* PASS. *K.* 109, 54. 273, 50; hegen, *pflegen, bewahren, aufbewahren* ERACL. FRL. PASS. (daʒ leben h. 89, 16. sîn werc mit vlîʒe h. 115, 52. er wolte in ûf daʒ urteil h. 229, 17. die kûscheit h. *K.* 291, 96. ûf grimmen tôt h., *aufbewahren* 328, 84). sie heget einen anger ROSENG. 165. daʒ rîch h. JER. 10ᵈ. ein vûr hegin und bewarn 28ᵃ. man hegit arge tât, swâ man ir nicht widdirstât 138ᶜ. einen hûsen unde heggin (: irleggin) 138ᵇ. dhein raüber oder schedlich leut hausen oder hegen Mz. 4, 156; *refl. sich versammeln,* als sich ein regen solde h. PASS. *K.* ¦280, 21. sich h. ûf etw. *darauf warten ib.* 269, 21. — *mit* be-, er-, ver-.

hegen-heit *stf.* (I. 606ᵇ) *hegung, pflege* FRL.

hegenîn *adj.* (I. 607ᵃ) *von dornen, von hagedorn.* mit hegnînen hâken GEN. *D.* 65, 26.

heger *pl. s.* hac; *stmf. s.* hëher.

heger *stm.* (I. 606ᵇ) *hüter, aufseher eines geheges,* lucarius DFG 337ᵇ; *eine art kleiner lehnsleute* OBERL.

hegesal *stn.* (*ib.*) *was zur einfriedigung dient* WEIST. die weide in ein heisel legen MONE *z.* 1, 424 (*a.* 1449).

hege-trûse *s.* hegedruose.

hege-tûwe *s.* hactûbe.

hege-walt *stn.* alle hegewelde sollen verboten sein, kein holz darin zu hauen GR.W. 1, 493. *vgl.* hegeholz.

hegge *s.* hecke.

hegge-hol *stn. loch in der hecke* WILL. *Hoffm.* 19, 8. 20.

heggen *swv. s.* hegen.

hegir-druose *s.* hegedruose.

hegxe *s.* hecse.

he-hei *stn. s.* gehei.

hëher *stmf.* (I. 647ᵃ) *lueher. die* zwên sunder êre het vil selten beschriet der heher j.TIT. 2031. blinzeln als ein h. RENN. 13215. *vgl.* ERLŒS. XLIV, 42. MGB. 199, 6 *ff.* NARR. 42, 21. heher, heger garrulus DFG. 258ᵃ; diu heher WWH. — *ahd.* hëhara *f. ags.* higora *m., vgl. skr.* çakora *eine hühnerart* KUHN 3, 56 *und* heiger, reiger.

hehse *swf. s.* hahse;

hehseln *swv. die* hehsen, *kniebugsehnen durchschneiden* Ls. 2. 305, 415;

hehsenen *swv.* (I. 612ᵇ) subnervare, hahsen Sum.

hêhte *stf. s.* hœhede.

hei *adj.* (I. 647ª) uridus, *ahd.; vgl.* heien 2.

hei *stf. adv. s.* heie, hier.

hei, hei-â *interj.* (I. 647ᵇ) *zum ausdruck der freude, trauer, verwunderung, bes. vor ausrufungsfragen. allgem.* (heiahô Wolk. 61. 1, 3), *vgl.* hâ, heu, hî, hê, hoi.

hei-brucke *swf.* wir wöllen auch, das all ungewönlich urfär und haibrucken an allen fliessenden und schiffreichen wassern, da von das land beschedigt möcht werden, nû furbass ab söllen sein Heum. 172. (*a.* 1402).

heide *stf.* (I. 647ª) *ebenes, unbebautes, wildbewachsenes land,* heide. *allgem., vgl. noch* L.Alex. 2617. Nib. 864, 3. j.Tit. 8723. Geo. 1398. Türl. Wh. 138ª (*bildl.* = minne stat). Orend. 2357. 3713. Mf. 115. 168. Pass. K. 226, 29. mit heiden und welden Cds. 1, 113. 124. *auch sw.* ane dirre wûsten heiden (: scheiden) L.Alex. 4125; — *stswf. heidekraut,* erica Voc. 1429. genestra, iga, mirica Dfg. 259ᶜ. 285ª. 358ª. gras, lôve ind heide Karlm. 153, 64. auch sol niemant dhein haide meen noch sneiden Np. 305 (14. *jh.*). haiden maigen, *mähen* Gr.w. 1, 385. — *gl.* haithi *nach Wack. zu* heien *stv. wachsen, nach* Weig. 1, 491 *zu* heien *swv. brennen; nach* Bopp *u.* Gsp. 39 (*vgl. dazu* Kuhn 7, 283 *f.*) *zu skr.* xaitra *grund u. boden, feld,* xitî *wonsitz von wurzel* xi. *vgl. auch* Gr. 2, 237. 258. 145 *anm.* 2 *u.* heim;

heidehe *stn.* (I. 648ª) *coll. zum vorig.,* mirice Sum. *vgl.* Kwb. 137.

heidel-ber *s.* heitber.

heidel-ber-stûde *f.* dumus, ditinus Dfg. 192ᵇ.

heidelîn *stn. kleine heide* Beliand 1619. 66;

heiden *adj. zu* heide (I. 648ᵇ) *paganus, heidnisch bes. sarazenisch, orientalisch* Rul. von dem chunege heideneme Exod. D. 144, 16. Ungerlant dô heiden was Heinr. 2100. der hêdine man Hpt. 3. 522, 129;

heiden *stm.* (I. 648ª) *eigentl. das m. des vorigen:* heide, *Sarazen* Rul. Nib. Wolfr. Walth. Gen. D. 105, 2. Exod. D. 121. 6. 123, 20. 145, 30. 151, 10. 159, 23. Gr. Rud. 6, 25. Hartm. *büchl.* 1, 209. *lied.* 24, 16. Msh. 1, 64ª. 101ᵇ. 104ᵇ. 111ª. 3, 39ᵇ. 272ª. 435ª. Rab. 987. 1080. Licht. 50, 1. 143, 8.

149, 32. Albr. 36, 43. Pass. K. 280, 73. Mgb. 311, 28; *im pl. auch sw.* die heidenen Glaub. 2246, der heidenen Türl. Wh. 96ᵃᵇ.

heiden *stm. axt der zimmerleute, die im gegensatz zum breitbeile schmal u. lang ist.* der zimmerman trueg ain haiden in der hand und schlueg den haiden in den paurn Chr. 2. 36, 3. — *vgl.* Schm. Fr. 1, 1052 (*a.* 1500). Kwb. 131.

heiden *stm. heidekorn, buchweizen.* des heidens und der kuchenspeis 26½ sumer Chr. 2. 319, 27. *vgl.* Schm. Fr. 1, 1052. Kwb. 137;

heiden *stf.* (I. 648ᵇ) *heidenschaft, Sarazenen* Walth.;

heideninne, -în, -in *stf.* (*ib.*) *heidin* Diem. Parz. (328, 2. 329, 11. 761, 6). Wig. Griesh. 2, 91. 110. Osw. 319. Flore 578. Türl. Wh. 33ª. Beliand 785. 836. j.Tit. 5304. 18. Msh. 2, 86ª. Kreuzf. 6026. Dsp. *s.* 15. 16;

heidenisch, heidensch *adj.* (*ib.*) *heidnisch. sarazenisch* Diem. Parz. Trist. Wig. Rud. (Gerh. 1345). Gen. D. 119, 24. Troj. 20070. Pantal. 1752. Roth *denkm.* 94, 12. Mgb 106, 10. Pass. K. 295, 8. Albr. 12, 15. 16, 378. heidenische kuochen, heidenische erweiz kochen Buch *v. g. sp.* 3. heidensch fiur, *griechisches feuer* Parz. 205, 28. *vgl.* Wilken *gesch. der kreuzzüge* 2, 341. 7, 142;

heidenische *adv. in sarazenischer sprache.* heidenische singen Türl. Wh. 47ᵇ.

heidenisch-heit *stf. heidenschaft.* heidenescheit Kreuzf. 2705. heidenischeit, paganismus Dfg. 405ᵇ. *ebenso*

heidenisse *f.* Karlm. 81, 19,

heiden-kint *stn. heidenkind.* Berth. 126, 24.

heiden-korn *stn.* (I. 862ª) *s. v. a.* heiden, *heidekorn, buchweizen* Chr. 2. 318, 24. 320, 10. 321, 10. heidenkorn cicer, media Dfg. 117ª. 353ª. *vgl.* Weig. 1, 491.

heiden-lant *stn. land der heiden* Exod. D. 149, 37. paganismus Dfg. 405ᵇ. Türl. Wh. 84ª.

heiden-lich *adj.* (I. 648ᵇ) *heidnisch* Barl.;

heiden-lîche *adv.* (I. 649ª) *auf heidnische weise* Barl.

heiden-liute Karlm. 180, 23. *pl. von*

heiden-man *stm. heide* Da. 450.

heiden-rîche *stn.* paganismus Dfg. 405ᵇ. Voc S. 1, 7ᵇ.

heiden-ruobe *swf.* (II. 786ª) armoracia Dfg. 49ᵉ.

heiden-schaft *stf. gen.* -schefte, -schaft (I. 649ª) *heidentum* Parz.; *heidenschaft, sämmtliche nichtchristen, bes. Sarazenen u. ihr land* Diem. Wolfr. Walth. Wig. Gerh. Gr. Rud. 11, 10. Exod. *D.* 157, 37. Ulr. *Wh.* 181ᵇᶜ. 182ᵈ. Troj. 23211. Silv. 1683. 2052. 64. Loh. 3586. 4609. 49. Mgb. 377, 26. Pass. 335, 57. *K.* 142, 37. Karlm. 37, 8.

heiden-, heid-tûbe *f.* palumbus Dfg. 408ª. *n. gl.* 278ª.

heiden-tuom *stm. heidentum* Türl. *Wh.* 72ᵇ. 81ª. 82ᵇ. 93ª. 105ª. 110ᵇ. Loh. 4603. 4718. 6089.

heiden-wurz *stf.* (III. 829ª) aggericum Mone 5, 236. *vgl.* heldenwurz.

heider *stm. s. v. a.* heitere. swenn sô diu klamenîe in vollem heider was Wartb. 47, 2.

heiderich, heidrich *s.* hederich.

heidisch *adj. s. v. a.* heidenisch Griesh. *chr.* 38.

hei-druse *s.* hegedruose.

heid-tûbe *s.* heidentûbe.

heie, hei *swstf.* ariete, heia Gl. *Virg.* 3, 396; *ramme, oft in den* Frankf. *baumeisterbb. des* 15. *jh.* (*z. b.* die heie ûf ziehen *a.* 1408, 5ᵇ. an der heien im Meyn an den îsbaumen geerbeit *a.* 1433, 18. ein hey, dâ man pêle mit stôszet *a.* 1439, 61ᵈ. die schieszende hey ûf slagen an dem Meyne *a.* 1440, 27. *nbff.* heihe *a.* 1419, 6ᵇ. 1442, 61. heu *a.* 1434, 8). — *vgl.* heier, hîe *u.* Diez 663. Schm. *Fr.* 1, 1021. Stald. 2, 31.

heie, hei *stf.* (I. 649ᵇ) *hegung.* in heie, hei legen Mone *z.* 1, 424. Np. 305; *gehegter wald* Ls.;

heie *swm. hüter, pfleger.* der tugende heie Rab. 912. Dietr. 358;

heien *swv.* (I. 649ª) *nbf.* heigen, *im part. auch st.* geheien: *intr. wachsen, gedeihen* Frl. vor dem walde ist rôsen vil geheien Neidh. 27, 10 (*var.* sît diu ouwe von rôsen ist geheien, *bewachsen mit rosen*); — *tr. pflanzen, aufziehen, hegen, schützen, pflegen* Wolfr. Ms. (Neidh. 85, 11). Helbl. Dietr. (vreude heigen 1528). Rab. die bluomen er ir heien sol Krone 23686. âne alle missewende begunde er sîn lop heien 259. den (anger) ich hân geheien Laur. 255. seht, waz wir an Berhtungen her geheien haben Heldb. *H.* 1. 114, 334. wer daz boumelîn hete geheijen Ga. 3. 459, 164. daz wilt heien Mh. 2, 805. die hölzer schirmen, hegen und heien Mz. 3, 302 (*a.* 1353). W. 45 *s.* 59 (*a.* 1342). daz holz ze einem pauholz haigen Uof. 4, 283 (*a.* 1298). wie die weld gehaiet sein Mh. 2, 136. das jung holz sol nit geslagen sunder gehaiet werden *ib.* 33, 174. geheiet, geheit Tuch. 81, 2. 9. — *mit* ûf, vür; er-, ge-. *ags.* hêgan *tueri, observare*.

heien *swv.* (I. 647ᵇ) *intr.* brennen Erinn. 817. — *zu gr.* καίειν, *vgl.* Curt.³ 138. Fick² 43. *mit* be-.

heien *swv. in* ge-, verheien (-hîen). *zu* geheien *vgl. auch die nachtr., s.* hîen.

heier *stm. s. v. a.* heie 1. heier, häuer trusorium Dfg. 600ª. hoier, dô man die pfêl stôsset Voc. 1482. hoyer Tuch. 45, 13. 47, 26. 68, 20. 239, 26. hoyher *ib.* 45, 34 (*in der hs. S immer* hoger). *ferner die composita:* hoyerboge *ib.* 106, 35. hoyergeselle 64, 14. hoyermeister 45, 30 *ff.* — *die formen* häuer, hoier *und oben* heu (*unter* heie) *leiten wol auf* houwen *zurück.*

heie-rât *s.* hîrât.

heier-leis *stm.* (I. 961ᵇ) *eine art tanz, wol so genannt nach dem dabei ertönenden rufe* (swer dem reigen volget mit, der muoz schrîen heiâ hei! unt hei! Msh. 3, 283ᵇ). heierlës Ls. heijerleis Ms. *vgl.* Weinh. *d. frauen* 374.

heifte *adj. vehemens.* in wazzeren den heiften, aquis vehementibus Hpt. 8, 125. der heifter wint Himlr. 166. — *vgl.* hefte *u.* Germ. 8, 480. Schm. *Fr.* 1, 1066;

heifte *stf. tempestas* Windb. *ps.* 68, 3. 19;

heiftec-lîchen *adv. vehementer* Windb. *ps.* 103, 1. 118, 140. haifdichen clagen Kchr. *D.* 188, 1 (ofticliche *M.* 6142). *vgl.* heftecliche.

heigen *an. v. s.* eigen *u.* haben.

heigen *swv. s.* heien.

heiger *stm.* (I. 650ª) *reiher* Dfg. 21ª. 46ᶜ. 88ᶜ. 433ᶜ. — *wol mit ausstossung des* r *aus ahd.* hreigir, *ags.* hrâgra, *vgl.* Kuhn 3, 56. Weig. 2, 481 *und* hëher, reiger.

heihe *f. s.* heie 1.

heijer-leis *stm. s.* heierleis.

heil *adj.* (I. 650ᵇ) *gesund, heil* Walth. der heile und der wunde Wwh. 227, 24. gesunt und heil Bph. 3042. 52. mîn sælde ist gar versêret, die wold ich gerne machen heil Ulr. *Wh.* 157ᵈ; *gerettet, salvus* Rul. Tund.

— *gt.* hails *aus* haljas *zu skr.* kalya *gesund, angenehm, gr.* καλός Kuhn 5, 38. Curt.³ 134. Z. 1, 16. Scher. *gesch.* 472; **heil** *stn.* (*ib.*) *gesundheit.* umbe eines heil trinken Strick. (Ga. 2. 461, 142); *glück, glücklicher zufall, geratewol allgem.* (got gebe in allez heil Gen. *D.* 90, 25. 106, 25. mit heile varn 89, 12. Exod. *D.* 130, 20. heiles tac Msf. 187, 38. 188, 38. Eracl. 1905. Flore 4908. unsælde ist heiles vîent *ib.* 6158. heil walten lâzen Herb. 7543. hân ich daz heil verschuldet, daz mich diu minne loben wil Troj. 21906. nû geviel dem künege ein heil, daz er den künec Matûren sluoc Dan. 3037. einem heiles biten, wünschen *ihm alles gute von gott erbitten, wünschen* Lanz. Hartm. Parz. Wig. etw. an, ûf ein heil geben, setzen, lâzen *aufs geratewol, vgl. noch* Elis. 8306. 8808. 9477. 10475. Pass. *K.* 107, 22. Crane 2992. in h. setzen Karlm. 240, 33); *personif.* vrou Sælde und ir kint, daz Heil Krone 15853. 22867; *euphemist. unglück* Iw. Troj.; *rettung, hilfe, beistand* Pass. *K.* 218, 13. 243, 30. hêl unser sêlen Arn. 54 (*a.* 1380). heil alle! *ellipt. hilferuf, eigentl. zu hilfe, zur rettung alle!* Elis. 4720. Msh. 2, 91ᵃ. 92ᵇ, *vgl.* Vilm. 158 *u.* heilalgeschrei.

hei-lachen *swv. s.* hileichen.

heil-al-ge-schrei *stn. klaggeschrei, mordgeschrei* Ra. 877 (*a.* 1384). Gr.w. 3, 397. die hân ein heilageschrei des nachtes gemacht Frankf. *brgmstb.* 1448 *vig. Petr. cath.* entstellt heilachgeschrei Gr.w. 3, 554, *auch einf.* heilach Chr. 5. 390, 10. heilergeschrei Ra. *a. a. o.* Halt. 904 *f.* Gr.w. 1, 550. 3, 433. heilgeschrei *ib.* 1, 472. *s. oben* heil alle!

heilant *stm.* (I. 652ᵃ) *heiland, erlöser, retter, salvator* Diem. Aneg. Urst. 105, 46. Kindh. 81, 70. Roth. 4415. Ernst *B.* 4442. Virg. 992, 13. Bph. 3845. 4841. 5454. 5548. Elis. 775. 942 *u. ö.* Erlœs. 1526. Apoll. 18973. Vênus heilant *ib.* 12026. 12279. heilent Leys. — *ahd.* heilant, heilanto (*sw.*); *alts.* hêljand, hêland; *ags.* hæland, hêland *eigentl. part. präs. zu* heilen;

heilære, -er *stm.* (*ib.*) *heiler, arzt* Greg. als ein siecher durch genesen ist sîm heiler undertân Ls. 1. 453, 99; *s. v. a.* heilant Gen. Lampr. Aneg. Kindh. 79, 46. Rul. 27, 11. 124, 12. 277, 7. Karl 5411. Elis. 770. 6372. Erlœs. 1526 *var.* Marld. *han.* 74, 32;

heilærinne *stf.* (*ib.*) *heilerin, salvatrix* Mai.

heila-, heil-wâc, -ges *stm.* (III. 645ᵇ) *heilbringendes, heiliges wasser, zu gesegneter stunde geschöpft* (Myth. 551) Ms. Gsm. Troj. (31175). Mart. (77, 103. 166, 76. 249, 63. 283, 44). Elis. 281. Kolm. 105, 27; heilwæge *stn.* (III. 646ᵃ) Mar. Kindh., *md.* heilwâge Elis. 281 *var.*

heil-bære *adj.* (I. 651ᵃ) *glück bringend* Mai.

heil-bær-lîche *adv. salubriter* Uoe. 3, 336 (*a.* 1265).

heilbelinc *stm. s.* helbelinc.

heil-bërnde *part. adj.* (I. 139ᵃ) *heil mit sich führend* Ms. Virg. 688, 9. 957, 2.

heil-bringe *swf. heilbringerin.* nû hilf mir, heilbringe (*Maria*) Diem. 301, 8.

heile *stf.* (I. 651ᵃ) *heil, glückseligkeit.* unsir heili was vrû bedâcht Denkm. XXXIV. 15, 7. wê im, der sîn heile gespart Erinn. 481. sælde und heile Freid.² 97, 14 *var.*;

heilec, heilic *adj.* (I. 652ᵃ) hêlic W. *v. Rh.* 29, 28. 50, 20. Elis. 2053. 3074. 8094. 8173. 8290: heil (*salvatio*) *bringend, heilig* Erinn. Hartm. Walth. Karl. heilige tage, *dies festivi* Mühlh. *rgs.* 113. 15. heilige dinge Elis. 2069. der h. engel, êvangelist Wack. *pr.* 12, 50. 68, 2. die hailigen lêrer Mgb. 107, 1. diu h. geschrift 119, 5. 7. 310, 30. in dem heiligen gelende Kreuzf. 8018. der heilige geist *ib.* 2071. Erlœs. 371, *verschleift* heiliggeist (I. 496ᵇ) A.Heinr. 863. Wack. *pr.* 64, 51. 67, 32. W. *v. Rh.* 230, 19. heiligeist Freid. 24, 25. Adrian 449, 137. dem heiligeiste Barl. 172, 11 *var.* heilegeist Walth. heilgeist Erlœs. 8424. daz heilige grap Orend. 1398. 2170, *verschleift* heiligrab Wack. *pr.* 12, 148. der heiliggraber: anno 1198 jâr komen münch auf, die hiessen die hailiggraber Chr. 4. 304, 21. — *s. auch* heilige *swm.*

heilec-heit, heilekeit, heilikeit, heilkeit *stf.* (I. 652ᵇ) *heiligkeit, frömmigkeit* Wwh. Renn. Greg. 3592. Wack. *pr.* 54, 2. 22. W. *v. Rh.* 5, 47. 29, 42. Bph. 3239. 3877. Pass. 345, 85 *K.* 2, 64. 10, 62. 664, 47. Ludw. 16, 14. Kreuzf. 3825. Elis. 2276. Evang. *L.* 1, 75. Vet. *b.* 15, 11; *heiligtum* Diem. Pf. *üb.* 86, 827. das sacrament und ander heiligkeit Chr. 2. 221 *anm.* 1; *sacrament* Berth. Frl. Ls. 1. 390, 37. Fronl. 43 *ff.* Mgb. 218, 18. 336, 20. 380, 23. Vet. *b.* 13, 33. Chr. 5. 137, 21. ez sullen auch alle heilichait, der die siechen in dem spital nôtdürftig sind, ez sei peicht oder gotsleichnam oder daz heilig ole, hinab von dem

chlôster geraicht werden UKN. 310 (a. 1344). die kranken mit aller heilikeit beruochen USCH. 376 (a. 1398).
heilec-, heilic-lich adj. (ib.) *heilig, fromm* PARZ. PANT. SILV. 167. 1335. 4660. ELIS. 2047. 2115. 2885 u. ö.;
heilec-lîche adv. (ib.) *auf heilige, fromme weise* PARZ. TRIST. H. ROTH. denkm. 44, 310. S.AL. 425.
heilec-schaft stf. *heiligkeit* j.TIT 4273.
heilec-, heilic-tuom stn. (I. 652ᵇ) *heiligtum, reliquie* NIB. PARZ. WIG. GR.RUD. 9, 14. ULR. 1017. 78. GRIESH. denkm. 10. ROTH denkm. 44, 341. PASS. 196, 51. 88. 330, 19. 345, 85. K. 44, 73. 50, 78. 265, 16. ELIS. 9358. HEINR. 464. LUDW. 63, 16. 74, 26. 79, 1. KARLM. 208, 67. CHR. 3. 362, 1. 5; 4. 304, 6. 325, 24; *spec. die reichsinsignien u. reichsheiligtümer* ib. 1. 53, 28. 371, 8; 2. 12, 3. 42, 26. 341, 14. 15; 3, 354 *ff.* TUCH. 125, 26 *ff.*; *der tag, an welchem die reichsheiligtümer in Nürnberg öffentlich gezeigt wurden* (am zweiten freitag nach ostern CHR. 2 45, 5) ib. 127, 34. 254, 17. — *vgl.* heiltuom.
heilic-tuom-kleinôt stn. *die reichskleinodien* CHR. 3, 380, 6.
heilic-tuom-stuol stn. *gerüst, auf welchem die reichskleinodien in Nürnberg öffentlich gezeigt wurden* TUCH. 126, 14. 127, 24.
heilegeist stm. s. heilec.
heilegeist-lîcheit stf. *das wesen des heiligen geistes* MGB. 482, 15.
heilekeit stf. s. heilecheit.
heilen swv. (I. 651ᵇ) ahd. heiljan, heilan: heil, *gesund machen, heilen absol.* WALTH.; *tr.* IW. WALTH. MAI, der kan mit freuden heilen wunden MSH. 2, 318ᵃᵇ. slege h. EILH. 6499. müed füez h. MGB. 149, 20. *mit dat. u. acc.* diu mir heilet sorgen slac LIEHT. 30, 14. und heilte in wol ir ungemach PASS. K. 54, 81. *mit gen. d. s. und acc. d. p.* NIB., *od. mit präp.* an sorgen dû mich heiles MSH. 3, 336ᵇ; *erretten, salvare* RUL. KCHR. — *mit* zuo-, er-, ge- (MGB. 296, 10. 437, 10), ver-;
heilen swv. (I. 652ᵃ) ahd. heilên: heil, *gesund werden* LAMPR. wenn si (diu kint) den sâmen trinken, sô hailent si MGB. 316, 12;
heilent, heiler stm. s. heilant, heilære.
heiler-ge-schrei stn. s. heilalgeschrei.
heiles adv. gen. (I. 651ᵃ) *zum heil, zum glück.* sô sît ir heiles ûz komen DIETR. 7281.
heil-ganc stm. *gemahelschaft oder heilgang, connubium* VOC. 1482.

heilgeist stm. s. heilec.
heil-ge-schouwede stf. (II². 200ᵃ) *augurium* SUM.
heil-ge-schrei stn. s. heilalgeschrei.
heil-haft adj. (I. 651ᵃ) *glück habend* TIT.
heil-houbet stn. (I. 719ᵇ) *die zeitlose, hermodactilus* DFG. 276ᵃ. *n. gl.* 202ᵇ.
heilic adj. s. heilec;
heilige swm. (I. 652ᵇ) *der heilige* GLAUB. BERTH. IW. ez schînt an dînem libe der heiligen volle RENN. 7412. man sol gnædige heiligen verre in vremden landen suochen MSH. 3, 45ᵇ. die lebenden heiligen müezen sælic sîn ib. 46ᵃ. sie wolt zu lebendigen heiligen wallen FASN. 160, 15; *heiligenbild, reliquien,* heiligen veil tragen HÄTZL. 76ᵃ. er sal ime di heiligen in den schôz tûn SSP. 3, 56. ûf den heiligen swern, *auf die reliquien* ib. u. SWSP. 167, 10. WIG. TRIST. U.;
heiligen swv. (I. 653ᵃ) *heiligen* DIEM. GEN. 39, 34. LITAN. 53. EVANG. 265ᵃ. hêligen ELIS. 2149. heiligen sacrare, sacrificare, sancire DFG. 506ᵇ. 510ᵃ. — *mit* be-, ge-, ver-.
heiligen-meister stm. *verwalter des kirchenvermögens* VILM. 159 (a. 1443).
heiligen-phlëge stf. *verwaltung des kirchenvermögens* GR.W. 4, 526;
heiligen-phlëger stm. s. v. a. heiligenmeister GR.W. 5, 355. MB. 24, 573. MONE z. 1, 12 (a. 1484).
heiligen-vart stf. *wallfahrt* GR.W. 1, 734.
heiligrab s. heilec.
heiligunge stf. *sanctificatio* DFG. 510ᵇ. MYST. 1. 17, 23. 31.
heilikeit, heilkeit stf. s. heilecheit.
heillinger stm. s. hellinger.
heilmânôt stm. (II. 57ᵃ) *december. vgl.* WEINH. mon. 41.
heilsam adj. (I. 651ᵃ) *heil bringend, heilsam, salubris, salutaris* DFG. 509ᵇᶜ. ULR. diu zunge des hundes ist h. MSH. 3, 107ᵃ. des priesters heilsame zunge RENN. 2908. sein gall ist auch h. MGB. 123, 16. daz daz tier mit seinem smalz h. ist ib. 134, 2. heilsamer rât SILV. 2088. in heilsamer wîse PASS. K. 36, 18. heilsam zuo MGB. 57, 19;
heilsame stf. *heilung;* ein heilsame und ertznî suochen S.GALL. chr. 23;
heilsamec adj. *zu folgern aus*
heilsamkeit stf. *salubritas, salvatio, sanctitas* DFG. 509ᵇ. 510ᵇ.
heilsam-lîche adv. (I. 651ᵃ) *salubriter* GL.
heil-schif stn. *heil-, rettungsschiff.* mîn heil-

schif gestôzen hât ûf ir gruntnîdic stein
Msh. 3, 61ᵇ.

heil-schilt *stm.* (II². 130ª) *heil bringender
schild* Frl.

heilsec? *adj. s.* helsec.

heilsen *swv. s.* helsen.

heilsen *swv.* (I. 653ª) *mit dat. glück wünschen
zum jahresanfang* (Mart. 231, 82), *bei hochzeiten.* wer hôchzît haben wil ald ein briutgom ist, daz der ze sîner hôchzît nit mê haben sol ob tisch denn achtzehen menschen, si heilsen im oder nit S.Gall. *stb.* 4, 251;

heilsôt *stm. neujahrswunsch.* hêlsat *schweiz.
geschichtfreund* 13, 74 (*a.* 1470). — *ahd.*
heilisôd *glückl. vorbedeutung, glückl. anfang. vgl.* Kuhn 13, 375. Stald. 2, 37.

heilstalt *s.* hagestalt.

heilt *stm. s.* helt.

heil-tranc *stm. heil bringender trank.* mit dem heiltranche wart gereinet s. Maria Magdalena Wack. *pr.* 6, 64.

heil-tuom *stn.* (I.651ᵇ) *sacrament* Windb.*ps.*;
heiligtum, reliquien Parz. Trist. Rud. (Gerh. 5710. 18). Greg. 3598. Rab. 652. Virg. 127, 5. 265, 13. Wg. 11498. Loh. 6462. Karl 8193. Gfr. 2406. Mor. 1, 3510 (hêltuom). 3538. Ad. 980. Rcsp. 1, 804 *ff.* Öh. 12, 8. 16, 29. 29, 16 *ff.* Chr. 2. 43, 1; 3. 60, 17. 73, 25. 177, 2. 282, 32; 4. 62, 20. 63, 25. 28. 66, 14. 328, 15; 24, 11. 25, 4. 26, 23 (*pl.* heiltüemer). 294, 20. *spec. die reichsinsignien u. reichsheiligtümer ib.* 3, 61, 9. 92, 16. 21. 83, 2. 182, 10. 155 *ff.*; *tag der heiltumsweisung* (*s.* heilectuom) *ib.* 2. 213, 8. 10. 214, 9. 216, 1. 16.

heil-tuom-kuofe *swf. wasserkufe beim heiltuomstuol* Tuch. 106, 23. 24. *vgl.* 107, 24 *ff.*

heil-tuom-stuol *stm. s. v. a.* heilectuomstuol Tuch. 43, 28. 126, 27.

heilunge *stf. salvatio* Dfg. 509ᵇ. Hpt. 8, 128. Pass. 372, 93. Sgr. 1280.

heil-ver-trîp *stm. heilvertreiber.* der mort ist iuwer heilvertrîp Msh. 3, 68ᵇ.

heil-vliez *stm.* (III. 349ᵇ) *strom des heils* Frl.

heil-vluot *stfm.* (III 356ᵇ) *flut des heils* Frl.

heil-vrühtec *adj. heilbringend, heilsam* Kolm. 5, 52. *ebenso*

heil-vüerec *adj.* heilfûriger regen Keinz *denkm.* 302, 955.

heil-wâc, -wæge *stmn. s.* heilawâc.

heil-wertec *adj.* (III. 600ª) *heilbringend,* salubris Dief. *n. gl.* 325ᵇ;

heil-wertec-heit *stf.* (*ib.*) *heil, seligkeit.* der sêle hailwertickait Mh. 3, 8. Ula. 437 (*a.* 1469). Mb. 17, 234. 21, 208 (*a.* 1473. 89).

heil-wîn *stm.* (III. 676ᵇ) *heil bringender wein* Ms. Frl.

heil-würhtec *adj. heil bringend, wirkend* Kirchb. 98, 60.

heilze *swf. s.* hëlze.

heim *stn.* (I. 653ª) *haus, heimat* Gen. Lanz. Walth. bî got ist unser heim zer zeswen hende j.Tit. 286. sich von heime heben Mar. 181, 12. gein heime varn Loh. 2604. von hûs und heim komen Fasn. 893, 30. zuo heim gerâten *mit dat. d. p. widerfahren, begegnen, geschehen* Cp. 322. 24. 51. dâ was mîner vordern **hein** (: stein) Mart. 292, 38; — *adv. dat.* heime *zu hause, daheim allgem.* (beide heime unt ze hove Roth. 4916. heime und ûzen Msh. 2, 356ª. heime gelegen junger man *ib.* 3, 419ª heime suochen *heimsuchen, vgl. auch* heimsuochen. dâ, hie heime *zu hause.* heine [:reine] W. *v. Rh.* 18, 28. heim Chr. 4. 130, 5; 5. 133, 1); — *adv. acc.* heim *nach hause. allgem.* (heim ze lande En. 216, 18. 219, 34. Kindh. 91, 43, 96, 82. Elis. 601. heim ze hûse *ib.* 2248. Er. 9978. heim schiffen Troj. 15438. einem heim komen *begegnen, widerfahren* Chb. 2. 487, 5. heim gên *vom zurückfallen der lehen* Mz. 1, 561 *a.* 1415. hein Berth. 318, 30. 36. Virg. 406, 13. Troj. 13693. W. *v. Rh.* 10, 17. 91, 41. 93, 15.105, 31. 106, 31 *etc.* Dan. 2280. 2340. Elis. 1300. Netz 4292. 4552. 9355 *etc.* Chr. 4. 174, 16. 257, 16). — *gt.* haims *dorf, flecken, zu skr.* xêma *aufenthalt, ruhe (von w.* xi *weilen, wohnen), gr.* κεῖμαι *liegen,* κώμη *dorf, vgl.* Curt.³ 139. Z. 1, 16. Kuhn 13, 231. Gsp. 39 *und* heide, hîwen;

heiman *adv. s.* heimenen.

heimære? *s.* heinnære.

heim-bachen *part. adj. zu hause gebacken* Np. 169. heimbacken prôt Wp. 78; *bildl. gewönlich, alltäglich,* ein œd heimbachen knappe Hadam. 507;

heim-becke *swm. der zu hause bäckt* Rotenb. *r.* 67. heinbecke Gr.w. 6, 62.

heim-bërge, -birge, bërger *s.* heimbürge, -bürger.

heim-burg-ambet *stn. amt eines* heimbürgen Mone *z.* 8, 287 (*a.* 1342).

heim-bürge *swm.* (I. 165ª) *gemeindevorsteher* Strassb. *r.* Weist. (3, 324 *f.* 554. 59. 4, 517. 18. 6, 17—19. 33. 45). Ad. 817. Mone *z.* 5, 306. lutumo, heimburgo, quem vicini eligunt

ut vice comitis vel tribuni judicet GL. *Virg.*
1, 672. hein bürge MONE z. 14, 279 *ff*. hêm-
burge MÜHLH. *r. L.* 168.75. heim-, hein birge
MONE z. 14, 284 *ff*. heim b er ge GR.W. 1, 417.
über die heimbürgen *als mark- u. waldauf-
seher s.* HÜLLMANN *städtewesen* 2, 430 *und*
BÖHMER *fontes* 2, 210. 212;
heim-burger *stm. s. v. a.* heimbürge GR.W.
1, 417. 5, 510. heim berger *ib.* 3, 503. *vgl.*
VILM. 159.
heim-bürge-tuom *stn. amt eines* heimbürgen
GR.W. 4, 517 *f.*
heim-dinc *stn. dorfgericht* GR.W. 5, 696. *vgl.*
heimgedinge.
heime *adv. s.* heim;
heime *stf.* (I. 655ª) *heimat* DIEM. GUDR. Ms.
(*H.* 2, 2 21ᵇ). des kuniges heime (: sweime)
j.TIT. 6044;
heime *swm.* (I. 655ᵇ) *heimchen, hausgrille*
SUM. Ms. (*H.* 2, 206ᵇ). RENN. 5616. 67. PASS.
K. 526, 57.
heime-, heim-, hein-lich *adj.* (I. 653ᵇ) *ein-
heimisch* WALTH. 84, 21. TRIST. 6400. heim-
lîche holden KCHR. *D.* 239, 30, *gegens. zu
gast* GREG. WOLFR. ULR. *Wh.* 143ᵇ; *vertraut,
geheim allgem.* (ir heimlich kamerære GR.
RUD. 19, 11. heimelîcher vriunt N. *v. B.* 308
f. 318. heimlîcher kneht CHR. 5. 322, 14. 16.
20. 323, 4. die heimlîchen ræte SCHREIB. 2,
107 *a.* 1386. einem h. sîn CHR. 1. 57, 6. daz
er heimelîcher wêre Cristo dan der andere
was PASS. 212, 60. iuwer wîp ist eime andern
heimelich MOR. 2, 75); *zahm,* wilde und heim-
lîche tiere WELTCHR. 11ᵇ. MGB. 134, 15. 135,
1 *u. ö.; fremden augen entzogen, verborgen,
geheim* NIB. HARTM. PARZ. WIG. heimelîcher
diep WG. 8040. MGB. 131, 28. h. übeltætiger
ib. 228, 25. h. sachen 52, 20. hêinlîchiu dinc
ENGELH. 79. PASS. *K.* 226, 91. heimlich feur,
brandpfeile CHR. 2. 290, 23. heiml. gemach
s. oben sp. 833;
heime-lich *stm. bewahrer, beschützer.* ze ei-
nem heimelich dîner tugent W. *v. Rh.* 34,
53;
heime-lîchære, -er *stm.* (I. 655ª) *der ver-
traute, secretair, geheime rat* TRIST. BON.
heimlîcher vel râtwîser, secretarius VOC.1482;
ein heimlîch heimlîchære W. *v. Rh.* 57, 7.
des tôten kunigs heimlîchære RENN. 24211.
CHR. 3. 348, 13. unser lieber swager und
heimleicher der edel man grâf Berthold W.
17 (*a.* 1332). Mz. 2, 658. 3, 38; *spion* MONE
z. 20, 281 (*a.* 1464).

heime-lîchærinne *stf.* secretaria SCHM. *Fr.*1,96.
heime-, heim-, hein-lîche, -en *adv.* (I. 654ª)
vertraulich NIB. PARZ. BARL. daz er swestern'
noch nifteln sî niht ze heimlîch e bî GREG.
248. daz er lebe mit sînem volke heimlîchen
WG. 7834; *heimlich* NIB. PARZ. TRIST. ENGELH.
ERNST 4475. 80. 5281. WINSBEKIN 40, 3. W.
v. Rh. (heinlîchen) 137, 36. 147, 47. PASS.
(heimelîchen) 170, 4. *K.* 7, 39. 15, 4. 212, 83.
MGB. 162, 27. 219, 27. 227, 15;
heime-, heim-lîche *stf.* (I. 654ᵇ) *heimat* RUL.
TRIST. daz wesen und diu heimelich KRONE
20464. ûf Montabûre dâ hât er h. OTN. 123,
3; *vertraulichkeit* NIB. GUDR. FREID. BARL.
in geschach diu geswîche von grôzer heim-
lîche GREG. 242. die boten, die ir nemet gar
in iuwer heimlîche DIETR. 943. daz ich immer
gerne sol iuwer heimlîche enpern OTTE 367.
der liute heimelîche VET. *b.* 48, 11. er er-
wante von heimelîche des wîbes namen, *liess
ab vom vertraulichen umgange mit frauen*
PASS. *K.* 287, 9; *euphem. für eheliche bei-
wonung* NIB.; *heimlichkeit, geheimnis* NIB.
TRIST. WIG. BARL. LIEHT. mit bœser h.
RENN. 776. 20661. si wolten lâzen hân ge-
sehen in ir heimelîche die boten TROJ. 47489.
er tet mir sîn heinlîchi kunt W. *v. Rh.* 204,
9. das kan ich nit innen werden, es ist gar
in einer stille und haimlich CHR. 5. 235, 13.
diz ist von der heinlîche godes ADRIAN
432; *ort zu dem nur die vertrauten zugang
haben, cabinet* TRIST. LIEHT. nû fuorte sî
diu rîche in ir heinlîche ER. 1532. 5105. *vgl.*
BERTH. 325, 17. VET. *b.* 70, 22. 71, 22;
heime-, heim-lîcheit *stf.* (I. 655ª) *annehm-
lichkeit, freude* ELIS. 5185. KARLM. 44, 3;
vertraulichkeit BON. EILH. 2811. 6293; *ver-
lobung, vermählung,* eine heimlîcheit und ê
zwischen den kinden machen ARN. 53 (*a.* 1328);
eheliche beiwonung, daz si (*die schwangern
frauen*) der manne geselschaft hazzent oder
ir haimlicheit fliehent MGB. 39, 3. eteslîchen
herzen lie diu minne kûm die bîte ze sînes
liebes heimelichkeit LOH. 3108; *heimlichkeit,
geheimnis* BON. KARLM. 211, 52. 212, 8. 217,
66. 225, 31. 226, 57. 244, 39. MARLD. *han.*
14, 13. ADRIAN (heinlikeit) 432, 65. 433, 68.
buoch der h. *apokalypse* EVANG. 265ª. der
frawen h. *menstrua* MGB. 342, 14. 382, 30 *u.
ö.; ort, gemach, zu dem nur die vertrauten
zugang haben* ULR. EILH. 5405 (*frauenge-
mach); abtritt* ARN. 54 (*a.* 1438). ein gruobe
diu dâ heizet ein h. FREIBERG. 161;

heime-, heim-, hein-lîchen swv. (ib.) *heimisch, zur heimat machen* TRIST. vrowe minne diu kan wilden, fremden und heimlîchen j.TIT. 703; *refl. sich heimlich, vertraut, zudringlich machen* zuo einem BERTH. BARL. sich dar h. TRIST. — *mit ge-*.

heimelîn stn. (I. 655ᵇ) *dem. zu* heime, cicada DFG. 117ᵃ.

heimelisch-heit stf. heimat SGR. 1101.

heimel-mûs stf. cicada DFG. 117ᵃ. *wetterauisch* hammelmaus ib. u. DWB. 4², 312.

heimen swv. (I. 655ᵇ) *ins haus aufnehmen, beherbergen* BELIAND 4310. MGB. 260, 16. W. 14. 40. UOE. 3, 581; *an sich, zu sich nehmen*, den prîs kunde er wol heimen ULR. Wh. 170ᶜ. wenn got mich von dirre welt heimet MONE z. 8, 350 (a. 1368), *vgl.* SCHM. Fr. 1, 1108; *fest, gefangen nehmen, verhaften* S.GALL. stb. 11, 32. 70. CHR. 1. 114, 29. 119, 32; *heimführen, heiraten* SWSP. (172, 66); *heimisch, vertraut machen* FRL. waz heimet vremde geste HADAM. 499. daz mich sîn gnâde meine und mit den rehten heine ULR. Wh. 270ᵇ. — *mit be-, ver-*;

heimenen adv. (I. 656ᵃ) *zu hause*. wîp und gesinde heiman lâzen W. v. Rh. 8, 12. dâ heimenen LESEB. 899, 3. hie heimen DA. 31. hie heiman CHR. 4. 145, 29.

heimer adv. s. heimwërt.

heimer stm. (I. 655ᵇ) s. v. a. huobenære? WEIST.

heimesch adj. s. heimisch.

heimet s. heimuote.

heim-, hein-garte swm. (I. 483ᵇ) *eingefriedigter garten*. huba Bertholdi bî dem heingarten MB. 36ᵃ, 154. *vgl.* im haimgarten, also wurd der lindengart, dorin das hofgericht iedes mals angefangen und geendet wart, genant ZIMR. chr. 2. 350, 4; *trauliche zusammenkunft von bekannten ausserhalb des eigenen hauses* BERTH. (481, 27). MART. WEIST. (hangarte 1, 262. 67). SPEC. 140. Ls. 2. 385, 17. MONE 3, 250. — *vgl.* SCHM. Fr. 1, 938. STALD. 2, 20. KWB. 109. SCHÖPF 235.

heim-ge-dinge stn. s. v. a. heimdinc GR.W. 5, 696.

heim-ge-ræte stn. *besitztum*. unser dorf Virdenheim, daz unser frî heimgerêde ist MONE z. 6, 432 (a. 1367). heingerêde GR.W. 5, 267.

heim-ge-reite stn. (II. 673ᵇ) *markgenossenschaft?* vgl. MONE z. 1, 397. 8, 142.

heim-ge-rihte stn. (II. 649ᵃ) *dorfgericht* WEIST. HALT. 861. *vgl.* hagengerihte.

heim-ge-sinde swm. (II². 295ᵃ) *dienstmann des hauses* RUL.;

heim-ge-sinde stn. (II². 295ᵇ) *das gesinde zu hause, hofstaat, dienerschaft* NIB. 642, 4.

heim-gras stn. (I. 566ᵃ) *gegens. des alpengrases* WEIST.

heim-holde swm. *hausgenosse* SPEC. 165.

heimisch adj. (I. 655ᵃ) *heimisch, einheimisch* WALTH. BON. daz iuwer heimisch rîche bekome in vremeder liute hant TROJ. 30440. zwêne heimische ritter N. v. B. 157. heimsche und unkunde W. v. Rh. 139, 40; *zahm von tieren u. pflanzen, im gegens. zu den wilden, wildwachsenden* MGB. 149, 24. 159, 4. 15. 191, 22. 205, 32 u. o. haimisches swein MYNS. 53;

heimischen adv. *heimlich, verstohlen*. er kan nur heimschen lachen Aw. 2. 190, 70;

heimischen swv. *verheimlichen* GR.W. 4, 525. einem etw. ab heimschen, *heimlich entziehen* MONE z. 1, 11 (a. 1484).

heimît stn. s. hâmît.

heiml- s. heimel-.

heim-lëge adj. *zu hause liegend*. der heimlege man vil selten êre und guot gewan TEICHN. 219.

heim-leite stf. *heimführung (der braut)* MONE 4, 369;

heim-leiten swv. sô man eine brût heimleitet MONE 4, 369.

heim-lendisch adj. (I. 936ᵇ) *einheimisch* FDGR. 1, 376ᵃ.

heim-meier stm. s. v. a. dorfmeier. die gemein mit irem heinmeiger GR.W. 2, 51.

heimôde, -ôte, -ôt s. heimuote.

heim-predige? swf. die dô gelauben an die nachtpraut, an die heimpredigen, an trûten, an alpen etc. ANZ. 10, 296 (a. 1430).

heim-reise stf. *heimreise* GUDR. 547, 1. KARL 3741.

heim-ruote stf. *mass für die breite einer dorfstrasse* GR.W. 2, 33.

heimsch adj. s. heimisch.

heim-sëdel adj. (II². 236ᵃ) *zu hause sitzend* RENN.

heimsen swv. *heimbringen, an sich nehmen*. dô mit er sînen bruoder ûz stôzen und Zolre heimsen und zuo sînen handen nemen sölle Mz. 1, 580 (a. 1418). — *mit ge- (nachtr.)*.

heim-setzen swv. *anheim stellen* CHR. 3. 377, 2. 398 anm. 1.

heim-, hein-stiure stf. (II². 651ᵇ) md. heim-, heinstûre *unterstützung von hause, aus-*

steuer, mitgift GRIESH. WWH. MART. WEIST. j.TIT. 2461. RING 31°, 9. 34, 25. SWSP. 23, 1. WL. 116. Mz. 1, 267. 292. 361. 369 *etc.* MONE z. 13, 200. CHR. 5. 31, 29;

heim-stiuren *swv. (ib.) eine heimstiure geben* OBERL. — *mit* be-.

heim-strâƺe *f. dorfstrasse* GR.W. 2, 33.

heim-, hein-suoche *stf.* (II². 8ᵇ) *das feindl. aufsuchen in der behausung, hausfriedensbruch* MSF. j.TIT. 869 *u. rechtsdenkm.* (AUGSB. *r. W.* 184. S.GALL. *stb.* 2. 7. KOLM. *r.* 117. SALF. *str.* 1, 10). HÖFER 18 *s.* 18. AD. 785. GR.W. 5, 344. NP. 37;

heim-suochen *swv.* (II². 11ª) *besuchen* ALBR. mit gnâden heimsûch uns in nôt ERLŒS. XLVII; *feindlich anfallen* FREIBERG. BASL. *r.* 37. MSF. 194, 27. KARLM. 37, 33. SIGEN. *Sch.* 139. einen vîntlîche, vrevelîche heims. MSW. 59, 22 (*a.* 1255). NP. 37;

heim-suochen *stn. (ib.) hausfriedensbruch* BRÜNN. *r.* umb ein heimsuochen ist die beƺƺerunge funf pfunt haller ROTENB. *r.* 7;

heim-suocher *stm.* (II². 12ᵇ) *verletzer des hausfriedens* FREIBERG.;

heim-suochunge *stf.* (II². 12ᵇ) *hausfriedensbruch* DSP. 1, 102ᵇ. SWSP. 354, 9. 12 *u. andere rechtsdenkm.* umb haimsuochung datz sîner purg sullen dem clager gevallen zehen pfunt Mw. 193, 11 (*a.* 1293). heimsuochinne URB.

heims-wîn *stm.* vinum domesticum DFG. 620°.

heim-teilen *swv. anheim geben, übergeben.* das cylisch land sî sînen gnâden mit reht zugesprochen und heimgeteilt worden DH. 294.

heimunge *stf. heimat.* Germanshaim daƺ bedaut haimunge der Däutschen GERM. 12, 75.

heimuote, (-üete), heimuot; heimôte, -ôde, -ôt *stfn.* (I. 655ᵇ) *heimat, allgem. doch nicht bei* WOLFR.; *vgl. noch* heimûte HERB. 7156. 15551. 838. heimûde ELIS. 4668. heimmûde *ib.* 4542. swer dâ heimüete hât MSF. 28, 21. dô si quamen zuo irme heimüete (: güete) ULR. *Wh.* 454ª. heimuot ENGELH. 4595. KCHR. *D.* 63, 30. 112, 3. *pl.* heimuote *ib.* 370, 2. heinmuot WACK. *pr.* 1, 69. 7, 20. 22. 56, 41. heimôte HIMLF. 217. heimôde KCHR. *D.* 96, 8. 12. RENN. 23280. heimôt KREUZF. 6856. heimet ZIMR. *chr.* 4. 304, 15. — *vgl.* KUHN 7, 285.

heim-vart *stf.* (III. 252ª) *gen.* heimverte, -vart: *fahrt nach hause, heimkehr* HARTM.

PARZ. JER. sam manigen esel vazƺôt der wise ze der heimverte mit spîse GEN. *D.* 100, 10. ze der unsir heimverte EXOD. *D.* 132, 11. die h. tuon APOLL. 6401. WH. *v. Öst.* 99ª. ULR. *Wh.* 156ᵇ. gein der heimverte kêren *ib.* 115ᵇ. dîn heimvart (*Mariä himmelfahrt*) MSH. 3, 99ᵇ. *vgl. noch* ENGELH. 1613. BIT. 13444. KARL 6817. 7216. ALBR. 31, 3; *heimführung, vermählung.* ein tohter schöne wart zuo ir heimvart bereit OT. 360ᵇ. 763ᵇ. dô hatten der lantgrâve hôchzeit unde heimfart mit der herzogen von Sachsen swestir DÜR. *chr.* 786;

heim-vart-lich *adj. heimfahrend.* diu heimv. kêre j.TIT. 5780;

heim-vertigen *swv.* eine tohter heimv. *aussteuern* WERTH. *a.* 1412.

heim-wander *stm. heimkehr* KIRCHB. 785, 48.

heim-wart *adv. s.* heimwërt;

heim-wart *adj.* (III. 597ª) *einheimisch* KARAJ.

heim-wëc *stm.* (III. 639ª) *heimweg* PASS.

heim-wërt, -wart *adv.* (III. 597ᵇ) *heimwärts* DIEM. LANZ. JER. GEN. *D.* 101, 9. heimer KOL. 109, 487.

heim-wësen *stn.* (III. 769ª)*hauswesen, wohnsitz* GUDR. WARN. ROTH *pr.* 23;

heim-wist *stf.* (III. 770ᵇ) *wohnsitz* TRIST. JOS. 771. W. *v. Rh.* 16, 51. heinwist *ib.* 122, 56. 125, 7. 141, 7.

heim-wonunge *stf. heimat* MYNS. 11.

heim-wurz *stf.* (III. 829ª) *herba mercurialis* DFG. 274°.

heim-zogen *part. adj.* (III. 927ª) *daheim erzogen* JÜNGL. 237.

hein *pron. s.* nehein.

hein *an. v. s.* eigen, haben.

hein *stn. adv. u. compos. s.* heim.

hein *stm. teufel?* sô moes der langeswanste heyn sîn sagel slaen zwischen sîn beyn HANS 3708. — *vgl.* WEIG. 1, 493.

heinaht *s.* hînaht.

heine *adv.,* **heinen** *swv. s.* heim, heimen.

hein-gerihte *stn. s.* hagengerihte.

heinisch *adj. s.* hiunisch.

heinl- *s.* heimel-.

heinmuot *s.* heimuote.

heinnære? *stm.* ein hübescher heinnære (: wære) der flîƺe sich der dinge, daƺ im niht misselinge FRAGM. 42, 499. heimære?

heint *s.* hînaht;

heintz *s.* hîntes.

heinzeler *stm.* heinzeler, heitzeler, hênzeler *einspänniger wagen, fuhrmann eines solchen*

FRANKF. *brgmstb.* 1460 *vig. V. post exaudi,
III. p. Jacob., V. p. undec. mil. — sie werden noch heute in Frankfurt heinzler genannt. — zu einzel?*
heiper *s.* heitber.
hei-rât *s.* hîrât.
heir-bërg *s.* herbërge.
heirbes-wurz *stf.* (III. 829ª) sparga SUM.
heirsen *swv. s.* hërschen.
heis, heise, *gewönl.* **heiser** *adj.* (I. 656ª) *rauh, heiser.* heise PARZ. mit stimme klagende heise (: weise) j.TIT. 1176. eine grimme und heise stimme ALBR. 14, 64. hêsch, raucus DIUT. 2, 228ᵇ. heiser ENGELH. MAI. daz mir mîn munt und mîne guomen haiser sint worden GRIESH. 2, 77. unser aller rede ist gein im in kampfe heiser LOH. 840. diu stimme heiser RENN. 23714. N. v. B. 258. Ls. 3. 121, 2. PF. *arzb.* 2, 5ᵇ. MGB. 16, 6. 334, 5. der wirt von zorne heiser MART. 85, 48.; *bildl. unvollkommen, schwach, mangel habend* an *od. mit gen.* ERNST, KONR. künege, keiser müezen alle werden heiser MARIENGR. 497. des vert ir lop vil heiser MSH. 3, 429ª. bî dem was reht ze heiser *ib.* 23ᵇ. des gerehtekeit sich heiser niht zeiget TÜRL. *Wh.* 123ᵇ. sîn fröude wirt noch heiser MART. 82, 36. diu reht wurden heiser OT. 16ª. 252ᵇ. lâ dich nicht an êren vinden heisen MSH. 2, 381ᵇ. an allen rehten heiser sîn LOH. 7280. an fröuden heiser werden MART. 11, 16. sît des muotes menlîch unt niht heiser LOH. 5080. und macht in mit gewalt gæhs wirde heiser *ib.* 7460. — *ags.* hâs, *altn.* hês *zu skr.* kâs *husten* KUHN 5, 347. *vgl.* huoste.
heisch *stm. s. v. a.* eisch. dar an keine forderunge, recht ader heisch zu habin ARN. 54 (*a.* 1468);
heischen *an. v. s.* eischen *u. vgl. noch* ORL. 8501. 9353. 10258. HERB. 8286. 314. 15887. 986. PASS. 87, 1. 240, 15. *K.* 23, 44. 170, 44. 255, 47. 408, 11. 526, 49;
heischunge *stf. s. v. a.* eischunge. nach haischunge der matery CHR. 3, 337 *anm.* 4. ablôsung und heischung WERTH. *a.* 1412.
heise *stf. adj. s.* eise, heis.
heisel *stn. s.* hegesal.
heiser *adj. s.* heis.
heiser-heit *stf.* MGB. 440, 31 *und*
heiserîe *stf. heiserkeit* WACK.*pr.* 53, 117.119;
heiser-lîchen *adv. heiser, rauce.* daz eisen dœnt haiserleichen MGB. 479, 26;

heiserunge *stf.* (I. 656ᵇ) raucedo SUM.;
heisram *adj. s. v. a.* heiser. mit heisramer stimmen W. v. *Rh.* 185, 13. ir stimme tet alsô verzagt nâch heisramer sûme, sô daz sî rette kûme *ib.* 194, 43.
hei-stalt *s.* hagestalt.
heister *stm.* (I. 656ᵇ) *junger buchenstamm, buchenknüttel* REINH. 383, 1284. — *ndl.* heester, eester, *davon fz.* hester, hêtre *buche. vgl.* VILM. 161 (*„wenn, wie warscheinlich ist,* heis *wald bedeutet, so ist* heister = heistriu, *waldbaum"*) FICK². 43.
heistieren *swv.* (I. 656ᵇ) *eilen* WOLFR. — *von einem roman.* heistier *s. v. a. fz.* haster, hâter *aus ahd.* heist, *vehemens* SCHADE 248ᵃ. *vgl.* hast, hasten.
hei-stewer *stf. s.* hîstiure.
heit, heite *s.* haben.
heit *stfm.* (*ib.*) *als m. persona, nur in* êbenheit; *als f. wesen, beschaffenheit, art u. weise* (*bes. in zusammenss.* blint-, degen-, kintheit *etc.*) DIEM. MS. LS. WOLK. in wie getâner heite ERINN. 610. in schœner heit BPH. 5055. mîn leit mir mêret trôstes heit ULR. *Wh.* 141ª. ouch was der boc in der heit als ein vil hôher castelân KRONE 24750. — *gt.* haidus *m. art u. weise, ags.* hâd *nach* GSP. 39 *zu skr.* kaitu *m. erscheinung, ererkennungszeichen;* WACK. *stellt es zu* heien 1.
heit-, heidel-ber *stnf.* (I. 104ª) *heidelbeere* vaccinium DFG. 604ª. RENN. heidelber VILM. 266. NETZ 13132. haiper ANZ. 7, 244.
heiter *adj.* (I. 657ª) *klar, hell* DIEM. SERV. ûf sehen an den himel heiteren GEN. 30, 37. heiteriu ougen KARAJ. 92, 13. heiterez lieht N. v. B. 148. 50. 333. 34. heiterer blicschoz *ib.* 335. sumertage sô heiter MSH. 1, 347ᵇ. der tac vil heiter unde grâ begunde ûf dringen TROJ. 29202. bî heiteren tage *am hellichten tage* GR.W. 5, 359. diu naht was heiter unde lieht REINH. *sendschr.* 1687. diu vinster naht wart heiter von sîner flammen glaste TROJ. 9772. die flammen heiter unde grôz von ir gesmîde sprungen *ib.* 12814. heitere vlamme N. v. B. 335. singen mit heitern keln BONUS 194. *comp.* ie heiterre und liehter daz fiur wart N. v. B. 335; an êren heiter Ls. 3. 300, 4. — *alts.* hêdar, *ags.* hâdor, *altn.* heidhr *zu skr.* çudh *reinigen, gr.* καθαρός CURT.³ 132. SCHER. *geschr.* 472; *nach* FICK² 42 *zu skr.* citra *hell glänzend von w.* cit, *wahrnehmen.*

heiter-blâ *adj. hellblau* Ls. 122, 61.
heitere, heiter *adv.* (I. 657ª) *heiter, klar* Gen. Rab. Weist. in eime heiter schînenden liehte N. v. B. 148. das magstu nun heiter (*deutlich*) grîfen und sehen Fasn. 886, 38;
heitere, heiter *stf.* (*ib.*) *helligkeit, klarheit,* der heitere himmel. so ist komen diu heitere des heiligen glouben Will. *Hoffm*. 18, 3. von gehilwe und heitere wirt der regenboge Himlr. 140; diu grôze heitere N. v. B. 333. heiter Serv. Ms. (*H*. 2, 236ᵇ). *vgl.* heider.
heiter-keit *stf. klarheit.* des sunnen h. Pass. 325, 6.
heiter-lîchen *adv. heiter, klar* Antichr. 147, 21.
heiter-lieht *adj.* er was ein haitterlihtez (heiterlìchez?) vaz Antichr. 148, 13.
heitern *swv.* (I. 657ª) *heiter machen* Diem.
heiter-nezzel *swf. s.* citernezzel.
heiter-var *adj.* (III. 238ª) *klar* Kreuzf.
heit-haft *adj.* (I. 657ª) *dem stande der geistlichkeit angehörig* Fdgr. alle haithaften herren Kchr. *D*. 517, 24. *vgl.* eithaft.
hei-tûbe *swf. s.* hactûbe.
heitzeler *stm. s.* heinzeler.
heiz *prät. s.* heizen.
heiz *stm. n.?* (I. 659ᵇ) *befehl* Frl. nâch heize Wartb. 53, 2. Loh. 6477. nâch heiz *ib.* 1000. 1677. von heiz Chr. 4, 148, 2. 155, 20. ân mein heiz Ula. 205 (*a*. 1341). *vgl.* heize.
heiz *adj.* (I. 657ª) *heiss, hitzig* (*vgl.* Mgb. *s.* 629) Erinn. Parz. Walth. heizez bluot Nib. 845, 1. Gudr. 1464, 2. (*vgl.* heizbluot). heize trähene Nib. 572, 4. 1168, 2. Greg. 3176. heiz unde kalt Eilh. 1973. 2078. daz heize (*glühende*) eisen tragen *beim gottesurteile* Dsp. 1, 46. einem heiz tuon, *ihn erhitzen, ihm not u. angst machen* Er. 4497. Iw. 7050 *u. Bechs anm.* (Lanz. 4383. Flore 4208. Geo. 3383. Troj. 3971. 10706. 20988), *mit gen.* mîn herze wirt sorgen heiz Loh. 3681; *heftig, stark, inbrünstig,* heizer zorn Greg. Pass. 177, 42. heiz an zorne *K*. 292, 15. mîn geloube ist h. Pass. 187, 1. mit heizem gebete 344, 11. h. mût 241, 83. h. nôt 60, 95. mit heizem willen 163, 33. heize worte *heftige, begeisterte worte* 354, 36. sîn wille was zû gote heiz, *eifrig für gott* 244, 19. heiz zû des lîbes marterât 259, 97; *heftig, erbittert, erzürnt* heiziu rede Kchr. *D*. 372, 13. Diut. 1, 382 (= hezze Elis. 2686). — *zu* hei, heien 2.

heiz-bluot *stn.* (I. 219ª) *cholera* Sum;
heiz-bluotec *adj.* den heizbluotigen bach ungerne er fliezen sach von Rüedegêres wunden Kl. 235.
heize, heiz *adv.* (I. 657ª) *heiss, heftig.* heiz enbrant Pass. 264, 78. heize weinen Troj. 13156. Mgb. 220, 17.
heize, heiz *stf.* (I. 660ª) *s. v. a.* heiz *stm.* Loh. (933. daz ich iur heiz wil dulden unde lîden 2273).
heizec-lîche *adv.* (I. 657ᵇ) *heiss.* heizenclich: sich Pass. (*lies* 179, 11).
heizen *stv. red. II.* (I. 658ª) *prät.* hiez, *md. auch* heiz (Roth., *mnd.* heyt), *apok.* hie: *heissen, befehlen absol.* (Parz. Myst.), *mit acc. d. p.* (Parz.), *mit infin., mit acc. u. inf.* (*mit dat. u. inf., wie* Wack. *u.* Lübben 82ᵇ *mit fragezeichen angeben, ist nicht erweislich, denn* Nib. 193, 1 man hiez den Burgunden ir vanen binden an *will sagen: für die Burgunden hiess man die fahnen anbinden*), *mit acc. u. part.* Herb. Griesh. du hetest die vart heizen vermiten Karl 11409. wir haben disen brief heizzen geschriben W. 14 (*a.* 1331). Chr. 4. 133, 6. 138, 33. 164, 12. wir haben dis zedel heizzen geleit *ib.* 159, 32; *mit acc.u. nachs. mit* daz Lampr. Parz. Flore 2621; — *sagen mit acc. u. inf.* einen liegen heizen *sagen, dass er lüge* Nib.; — *heissen, nennen: mit acc. d. obj. u. nom.* (*d. h. vocat.*) *des prädic.* (*z. b.* daz man in hiez de bâruc Parz.), *mit acc. des obj. u. prädicat. adj.* (Iw. Walth.); — *heissen, genannt werden act. u. pass.* (Joseb heiz ich rehte Gen. *D*. 98, 23. der wart geheizzen Kain *ib.* 23, 2) *s.* Gr. 4, 52 *f.*; — *verheissen, geloben,* swaz ich hân geheizzen, daz wil ich wâr lâzzen Exod. *D*. 134, 34. vride sî iu geheizzen Gen. *D*. 94, 9 daz geheizene lant Berth. Kl. 113, 28. nun was das alsô in ainer still, dasz es nit offenpar was, das die junkfraw und der junkherr ainander gehaiszen hetten Chr. 5. 201, 13; — *refl.* heissen, *genannt werden,* ein lant daz hiez sich Gripiâr Ecke Z. 1. — *mit* be-, ent-, ge-, ver-. *gt.* haitan *nach* Bopp *u.* Gsp. 39 *zu skr.* kaitana *aufforderung, einladung von* kêt *auffordern, eigentl. wissen lassen, causat. von* kit *wissen. vgl. auch* Dief. 2, 511;
heizen *swv. verheissen.* dâ wirt ervullet, daz uns der heilige Crist geheizet hât Fdgr. 1. 76, 41.

heiȥen *swv.* (I. 657ᵇ) *ahd.* heiȥen, heiȥȥen *d. i.* heiȥjan: *tr.* heiȥ *machen, erhitzen, heizen* GUDR. TÜRL. **Wh.** daȥ îsen in der gluot h. RENNEW. 31, 78. einen oven h. MARLG. 251, 343. EILH. 2078. FRAGM. 14°. ein wazȥer, ein bat h. WG. 2331. 6771; *bildl.* daȥ si in mochte reiȥen unde innerlîche heiȥen ELIS. 3422. — *mit* er-, ge- (*nachtr.*);

heiȥen *stn.* (*ib.*) *das* heiȥ *machen, heizen* FRL.;

heiȥen *swv.* (*ib.*) *ahd* heiȥên *intr.* heiȥ *sein od. werden; fürs mhd. nicht zu belegen.*

heiȥenc-lîch *adv. s.* heiȥeclîche.

heiȥer *stm.* (I. 657ᵇ) *heizer* HELBL.;

heiȥerinne *stf.* (*ib.*) *heizerin* KELL.

heiȥ-ge-müete *stn.* (II. 261ᵃ) *s. v. a.* heiȥmuot LEYS.

heiȥ-grimme *adj.* (I. 574ᵃ) *sehr grimmig* HERB.

heiȥ-müetec *adj.* (II. 261ᵃ) *heftig aufbrausend, jähzornig* SPEC. 86. OT. 260ᵃ;

heiȥ-muot *stm.* (*ib.*) *das aufbrausen, der jähzorn* GEN. KARAJ. in heiȥmuote, *furore* WINDB. *ps.* 2, 5. 6, 6.

heiȥ-neȥȥel *swf.* (II. 333ᵃ) *s. v. a.* eiter-, heiterneȥȥel, acalephe DFG. 6ᵇ.

heiȥ-sühtec *adj.* (II². 360ᵃ) *zu hitzigen krankheiten geneigt* MGB.

heizunge *stf. befehl* GR.W. 6, 16.

heiȥ-wëllec *adj.* (III. 674ᵇ) *siedend heiss* KREUZF.

heiȥ-willec *adj. vor willen brennend, sehr willig.* heizwilliger mût PASS. 93, 56.

heiȥȥen *stv. s.* heiȥen.

hêl *stm. n. adj. s.* hagel, heil, hæle.

hel, -lles *adj. schwach, matt.* alse noch ein nûwe geborn kint hel und krang ist N. *v. B.* 268. si wâren an guote gar ze hel (: spël) MSH. 2, 138ᵃ. *vgl.* hellec, hellen 2, hellegen, *u.* BECH *beitr.* 9 *f.*

hël, -lles *adj.* (I. 684ᵇ) *tönend, laut* WOLFR. TRIST. NEIDH. (49, 27). mit heller stimme WWH. 440, 7. TROJ. 12946. MGB. 159, 23. ein hellez horn LOH. 12. mit hellem geschreige MART. 204, 14. ich bin an hellem jagen worden heiser HADAM. 334; *glänzend, licht* PARZ. LIEHT. sîn wambeis hel GERM. *H.* 9. 121, 941. hellez lop MSH. 1, 202ᵃ. MART. 22, 96. sus wart sîn lop breit unde hel GA. 3. 358, 63. *mit gen.* lobes hel PARZ. MSH. 1, 207ᵇ. *mit präp.* des lop was an prîse hel ULR. *Wh.* 211ᵈ. — *zu* hëllen;

hël, -lles *stm.?* mit gemeineme helle, einstimmig AD. 743 (*a.* 1284).

hëlære, -er *stm.* (I. 676ᵇ) *heler* TRIST. 4. LS. lantzwinger und heler sint als bœs als die steler NETZ 13351. — *zu* hëln.

helb *stm. s.* halp.

hël-bære *adj.* (I. 676ᵃ) *sich zu verbergen suchend* TIT. hilbære SCHM. *Fr.* 1, 1079.

hel-barte *swf. s.* helmbarte.

helbelinc, helblinc *stm* (I. 617ᵃ) *münzstück im halben werte des jeweiligen pfennigs* PRED. FREID. WEIST. (heilbelinc 1, 412. helberlinc 3, 448). LS. (1. 411, 95; 2. 581, 12; 3. 639, 9). RENN. 388. 7584. VIRG. 76, 13. 481, 13. EVANG. *M.* 10, 29. FRONL. 67. GA. 2. 225, 230. 50. 641, 167 (man gît umb einen pfenninc zwên helbelinge). URB. 111, 19. 316, 4. 26. UKN. 322. 355. 379. 2, 136 (ein ort oder ein halber helblinch). helbling obulus, stips Voc. 1482. helbling oder örtlein CHR. 3. 110, 25. er gibt ie von dem pfunde helbelinge sechtzic haller NP. 126. drei h. = 1 phenn. CP. 219. helfelinc GR.W. 2, 48; *md. assim.* hellinc SSP. 2. 48, 13; 3. 45, 7. GR.W. 6, 544 *ff.* (*a.* 1380 *Trier*). — *vgl.* ZING. *neg.* 459. SCHM. *Fr.* 1, 1088;

helben *swv. s. v. a.* halben. daȥ lop ich niht helbe (: gewelbe) j.TIT. 4825.

hëlben *m. s.* hëlm.

helbërt *p. n. s.* hallerwërt.

helbieren *swv. s.* halbieren.

helde *s.* halde, holde.

helde *swf. md. s. v. a.* halte, *fessel* SSP. 3. 39, 1. in vezzirn und in helden KIRCHB. 771, 23.

hëlde *part. adj.*, helde *swm. s.* hëlnde, helt.

heldec *adj.* (I. 619ᵇ) declivis VOC. 1419;

helden *swv.* (*ib.*) *prät.* halte *neigen* HERB. LANZ. (*lies* 4463). — *zu* halde.

helden-wurz *stf.* aggericum DFG. 17ᵃ. *vgl.* heidenwurz.

helder *stm. s.* haltære.

hêle *adj. s.* hæle.

hëlec *adj.* (I. 676ᵇ) *heimlich.* heliger wîse, *furtim* HALT. 872. *vgl.* hëlich.

hële-käppel *stn. s.* hëlkeppelin.

hëler *stm. s.* hëlære.

hele-sû? *stf. eichelsau?* die helesûwe lassen trîben, die helesûwe in walt lassen geen FRANKF. brgmstb. 1453 vig. V. p. Leonh. und III. p. omn. sanct.

hëlen *stv. s.* hëln.

helet *stm. s.* helt.
hëlewe *f. s.* hëlwe.
hölf- *s.* hëlfe-.
hëlfant *stm. s.* elefant.
hëlfære, -er *stm.* (I. 682ª) *helfer, gehilfe* PARZ. TRIST. *H.* BARL. DIEM. 119, 16. EXOD. *D.* 125, 4. HPT. 1. 280, 392. ERNST *B.* 3313. DIETR. 3379. RAB. 473. ECKE *Z.* 116, 6. TROJ. 42491. 692. ORL. 14057. HELBL. 7, 619. W. *v. Rh.* 17, 1. *md.* helfêre ELIS. 4642. KREUZF. 79. slehter helfêre *der bei einem streit nur helfer, nicht hauptpartie war* ARN. 54 (*a.* 1354). *ndrh.* helpêre MARLD. *han.* 96, 1;
hëlfærinne, -în *stf. helferin, gehilfin.* MSH. 1, 356ª. BON. 2, 220ª. 57, 96. W. *v. Rh.* 233, 22. 258, 41. H. *v. N.* 379. MGB. 84, 14. 338, 3. 393, 33. MARLG. 243, 95;
hëlfe, hilfe (I. 682ª) *ahd.* hilfa, hëlfa, *vereinzelt* hulfa *u. darnach md. auch* hulfe (JER. 3ª. 13ᶜ, 52ª *etc.*): *hilfe, beistand allgem.* (helfe bôt er ir wider GEN. *D.* 116, 5. helfe suocht er sî an KCHR. *D.* 214, 12. helfe tuon MARLG. 258, 558. helfe geben PASS. *K.* 8, 85. helfe bringen TROJ. 25644. hilfe pringen MGB. 23, 3. 374, 10. ze helf komen *ib.* 110, 26. einem ze helfe stân TROJ. 17856. durch helfe, *hilfe zu leisten ib.* 23605. 24769. der sîner helfe ruochte SILV. 571. mit gotes helfe *ib.* 1206. GERH. 5594. PASS. *K.* 215, 3. das der zehent ein jâr dem andern zu hilf [*durchschnittlich*] wol zehen phunt phenn. getragen müge USCH. 402, *a* 1405); *abgabe, steuer,* hulfe CDS. 2, 226; *concr. helfer* NIB. TRIST. VILM. *weltchr.* 64, 327. — *zu* hëlfen.
hëlfe-bære *adj.* (I. 682ᵇ) *hilfe bringend* MSH. 3, 104ª. TROJ. 982. 11490. 14234. KRONE 25642. *ebenso*
hëlfe-bërnde *part. adj.* (I. 139ª) FRL. Ms. LOBGES. 19, 9.
hëlfe-brief *stm. brief, der die zusage von beistand enthält.* hilfbrief UGB. 378.
hëlfec, hëlfic *adj.* (I. 683ª) *helfend, hilfreich* MAI. mîn helfec hant TIT. 101, 3. helfic für den durst LS. 3. 333, 15. du macht leicht helfig sein, *du kannst vielleicht helfen* VINTL. 3279. des wâren hülfic (*var.* hilfig) in vil gerne die sinen DIETR. 6450.
hëlfec-lich *adj.* (*ib.*) *s. v. a.* hëlfec PARZ. BARL. diu helfeclîche hant WWH. 309, 15. helfeclîcher got ULR. *Wh.* 168ᶜ. MAI 3, 4. helfeclîcher wec MYST. 2. 248, 39. *vgl.* helfelich;

hëlfec-lîche, -en *adv.* (*ib.*) *auf hilfreiche weise* PARZ. MAI (*lies* 125, 34). MART. 178, 27. er helfe in helfeclîche LOH. 6416. *vgl.* hëlfelîche.
hëlfe-gëlt *stn. abgabe, steuer.* hulfegelt und dinste CDS. 1, 118 (*a.* 1433).
hëlfe-ge-schrei *stn. hilferuf* GR.W. 2, 17. 80.
hëlfe-haft *adj. helfend.* daz er im selb wær helfhaft LS. 1. 625, 16.
hëlfe-knëht *stm.* (I. 852ᵇ) anxipeta, helfknecht DFG. 39ᶜ.
hëlfe-leistunge *stf. hilfeleistung.* hülfeleistunge RTA. 1. 321, 12.
hëlfe-, hëlf-lich *adj.* (I. 682ᵇ) *s. v. a.* helfeclich WOLFR. (WH. 201, 8). BARL. PASS. (39, 12. *K.* 11, 43. 255, 57. nâch helflîchem rechte, *mit gehöriger hilfe* 568, 40. nâch helfelîcher wer MARLG. 85, 56). helfelicher got ULR. *Wh.* 112ᵈ. helflich und heilsam sin HIMLR. 163. helflîcher trôst *ib.* 365. NIB. 1466, 2. ALEXIUS 116, 951. daz was den kristen helflich LIVL. 528. hilflich GR.W.1, 258. TUCH. 323, 32. hulflich GA. 3, 70, 1023. RCSP. 1, 350;
hëlfe-, hëlf-lîche, -en *adv.* (*ib.*) *s. v. a.* helfeclîche PARZ. BARL. FRL. MSH. 2, 220ª. helfenlîche ERNST 4268; *so dass zu helfen ist* LANZ.
helfelinc *stm. s.* helbeline.
hëlfe-, hëlf-los *adj.* (I. 682ᵇ) *hilflos* PARZ. TRIST. WALTH. KINDH. 77, 75. LANZ. 1803. FLORE 3997. 5339. KRONE 25643. EILH. 3911.
hëlfen *stv. I, 3* (I. 680ᵇ) *helfen, allgem. u. zwar ohne cas. d. p. od. mit dat. d. p. u. persönl. subjecte* (*sächl. subj.* Iw.); *die sache zu der verholfen wird steht im gen.* (einem gerihtes helfen, *vom eideshelfer* SWSP. 107, 17. daz er im hulfe eines sunes PASS. *K.* 23, 4) *od. infin., od. mit präp.* umbe, zuo (die im zuo sînem rehten hulfen MZ. 4, 156. *mit gen. u.* zuo: ich helfe ir ûch zû wîbe ELIS. 3182.), *od. mit untergeord. satze* PARZ.; *tr. nützen, fördern mit acc. d. p. und sächl. subjecte;* (*persönl. subj.* KARAJ. GLAUB.); *unpers. mit dat., gewöhnl. mit acc. d. p. od. sgl.* GR. 4, 100. 129. 135. 237. 614. 664; — *part.* einem geholfen sîn, *ihm helfen* LOH. 3966, *mit gen. d. p.* SUCH. *u. oft bei* OT. *vgl.* „helfen, *ein bild aus dem familienleben*" *von R. Hildebrand* GERM. 10, 137 *ff.* — *mit* abe (man half im von

dem seʒʒel abe WILDON. 29, 485), ûf; be-, ent-, ge-. *zu skr.* kalp *sich wozu fügen, passen, wozu dienen, helfen* Z. 1, 17. FICK² 39; *anders in* GSP. 39, *vgl. auch* KUHN 4, 298.

hëlfen-bein *stn.* (I. 101ª) *aus ahd.* helphant-, helphentbein *elfenbein* PARZ. KONR. (TROJ. 9562. 867. 12198. 14797. 19988). GREG. 549. SERV. 601. FLORE 6901. MSH. 2, 92ª. 3, 13ª. 181ª. W. *v. Rh.* 26, 26. 110, 12. MGB. 134, 27. 135, 25. 27 *ff.* ALBR. 6, 66. 10, 165. 22, 8. *ndrh.* helpenbein MARLD. *han.* 62, 29. 63, 22. 64, 5. 67, 19. 24, 25;

hëlfen-beinîn *adj.* (*ib.*) elfenbeinern TUND. TRIST. BIT. 4091. 11967. LAUR. 176. HELDB. *K.* 88, 8. ir schilt was helfenbeinen (: steinen) EN. 235, 38.

hëlfen-lîche *adv. s.* hëlfelîche.

hëlfen-lûs *stf.* (I. 1055ᵇ) *elephantenlaus, ein indischer baum mit nierenartiger nuss,* anacardus DFG. 32ᶜ. DWB. 3, 404. NEMN. 1, 255.

hëlfe-rede *stf.* (II. 600ª) *ausrede, ausflucht* OBERL. KULM. r.

hëlfe-rîche *adj.* (II. 688ᵇ) *hilfreich* PARZ. TRIST. U. MSH. 1, 41ᵇ. 43ª. 46ª. 91ª. 93ª. VIRG. 444, 3. TROJ. 8782. 835. 17865. 18638. PANT. 1041. SWANR. 653. DAN. 7284. PASS. 289, 6. *K.* 20, 70. 121, 1. 340, 72. 664, 27.

hëlfe-vater *stm. der planet Jupiter* MGB. 57, 2 *ff.* 107, 34 (*lat.* dicitur Jupiter quasi jubens pater).

helfte *stf. md. die hälfte.* die helfte des waldis CDS. 1, 112 (*a.* 1421). DWB. 4², 223 (*a.* 1469). — *mhd. würde es* halbide, *ahd.* halbida, *lauten.*

hëlfunge *stf.* hilfe MYST. 2. 571, 28.

hël-heit *stf.* (I. 676) *diebische verheimlichung, verfälschung* SCHM. *Fr.* 1, 1079 (*a.* 1332).

hêli *s. v. a.* êly. hêli! was sin krîe MSH. 3, 342ᵇ. hêly WOLK. 106. 11, 2.

hêlic *adj. s.* heilec.

hëlich *adj. adv. s.* hëllich.

hêligen *swv. s.* heiligen.

hêlinc *stm. s.* hælinc.

helit *stm. s.* helt.

hël-kappe *swf.* (I. 787ª) *unsichtbar machender mantel* NIB. *hs.* D. (*var. zu* tarnkappe) 98, 3. 410, 3. 602, 2. 451, 2. LAUR. *Casp.* 185. 218;

hël-keppelîn *stn.* (I. 787ᵇ) *dem. zum vorig.* LAUR. *Casp.* 76, 206. helekäppel WINSB. 26, 5. WINSBEKIN 17, 5. 18, 1.

hël-kleit *stn.* (I. 839ᵇ) *s. v. a.* hëlkappe AB. 1. 256, 155 *u. anm.*

hël-kuoche *swm. kuchen, mit dem der richter bestochen wird.* helkuochen und hantsalben vor gericht FASN. 294, 5.

hëlle *adv. zu* hël. ir lop sich helle swinget MSH. 1, 336ª;

hëlle *stf. helligkeit, reinheit* JER. 164ᵉ.

helle *stswf.* (I. 677ª) *die verbergende u. verborgene unterwelt, hölle allgem.* (*in der* ERLŒS. *st. u. sw. s. zu* 3679. der helle munt KARAJ. 44, 2. der grundelôsen helle grunt MART. 203, 97. in der verfluochten hellen *ib.* 80, 27. in die helle senden, *töten* KARL 7469. der bûwet die tiefen helle, *der teufel* ULR. *Wh.* 146ᵇ. der helle glüejender brant *ib.* 171ᵈ (*vgl.* hellebrant). dîn ganziu triuwe versperret dir der helle tür *ib.* 138ᵇ. wir hân dich eime man gegeben, daʒ nie kein man sô schœne wart, sît diu helle wart entspart *ib.* 180ª. dâ von sô gienc ein dimpfen sam diu helle wære ûf getân mit nebele j.TIT. 6095. diu hell ist ze mittelst in dem ertreich MGB. 107, 11. er brâte ze helle als ein huon Ls. 1. 589, 148. hinter der helle lit der stein, den sunne und mond nie überschein FASN. 556, 21. *vgl.* MART. 60, 43 *ff.* MYST. 2. 470, 22 *ff.*); *enger raum zwischen dem ofen u. der wand* SCHM. *Fr.* 1, 1080 (*a.* 1488). KWB. 143. SCHMID 271, *vgl.* hellehaven. — *zu* hëln, *vgl.* halle; *nach* FICK² 39 *zu skr.* kulâya *nest, gehäus gr.* καλιά *hütte; nach* GSP. 42 *vielleicht zu* κελαινός *schwarz, dunkel, möglicherweise auch zusammenhängend mit* Κήρ, *dem namen der todesgöttin.*

helle-bant *stn. höllenfessel.* daʒ die sêle sîn erstanden vor grôʒen hellebanden GFR. 1570.

helle-barn *stn.* (I. 143ª) *höllenkind, mensch der in die hölle muss* WALTH. 149, 39.

helle-barte *swf. s.* helmbarte.

helle-bâsiliscus *stm.* (I. 92ª) *teufel* GSM.

helle-bloch *stn.* (1. 1024ª) *höllenkerker* MART. (*lies* 27, 54).

helle-boc *stm.* (I. 220ª) *teufel* MART. 156, 43. 184, 46.

helle-borte *f. s.* helleporte.

helle-bracke *swm.* (I.232ª) *höllenhund* MART. (*lies* 186, 90). *vgl.* hellehunt, hellerüde.

helle-brant *stm.* (I. 253ᵇ) *der das höllenfeuer nährt* (MYST.), *höllenbrand, fegefeuer.* der nâch Paulo minnen kan, den rueret nimmer hellebrant MSH. 2, 255ᵃ;

helle-brennen *stn.* (I. 254ᵃ) *das fegefeuer* WWH.

helle-brocke *m.* ir valsche hellebrocke GEO. 1461 (*im reime auf* brocke, *vielleicht* hellebocke?).

helle-buobe *swm. höllenbube.* die argen hellebuoben MART. 227, 82.

hëllec *adj. in* ëben-, ein-, mite-, widerhëllec.

hellec, hellic *adj.* (I. 660ᵇ) *ermüdet, erschöpft, abgemattet* DIOCL. SUCH. hellig, inanis VOC. 1482. hellec und mûde PASS. K. 455, 49. ALBR. 9, 207. der jagt daz hellic und daz wunde HADAM. 287. 411. daz herz sî niht ze hellig RING 23ᵇ, 28; *mit gen.* dô was ieder man müede und hellig des strîtes JUST. 122. 303; *durstig* ZIMR. *chr.* 3. 557, 5; 4. 231, 37. — *zu* hel; *nd.* helligh *sehr durstig, lechzend. s.* SCHM. *Fr.* 1, 1082. VILM. 163 *u.* BECH *beitr.* 9 *f.*

hellec-lich *adj.* (I. 679ᵃ) *die hölle betreffend, höllisch* DIEM. (ANTICHR. 186, 7). WWH. (helleclicher pfat 38, 14). helleclichiu nôt ULR. *Wh.* 144ᵉ. 169ᵇ. 174ᵉ.

helle-diep *stm.* (I. 324ᵇ) *höllendieb, teufel* MYST. PASS. *K.* 14, 22. MART. 216, 47.

helle-diet *stn. höllenvolk.* swaz hellediet hie vor gestreit MSH. 2, 247ᵃ, *nicht comp.* der helle diet MART. 216, 109.

helle-egel *swf. höllenegel.* die zwû helleegeln unkûsche unde gîtekeit JER. 20ᵃ.

helle-geist *stm.* (I. 496ᵇ) *höllengeist, teufel* GSM. TROJ. 7431. *vgl. Bech zum* A.HEINR. 862.

hellegen, helligen *swv.* (I. 660ᵇ) hellec *machen, durch verfolgung ermüden, plagen, quälen* WEIST. mit hunger und mit smâchte gehelleget sîn KIRCHB. 818, 47. daz si den abt gehellgôt und bekumbert haben S.GALL. *chr.* 15. daz sie die in der stat faste helligen mit schiezen und mit anderem betwange RCSP. 1, 289 (*a.* 1415). der schultheis sol inen (*den amtleuten des gerichts*) nit gestatten, das gericht mit ungepürlichen sachen und worten ze helligen OCHS *Basel* 1, 152 (*a.* 1457). — *mit* er-. (*nachtr.*), ver-. *vgl.* SCHM. *Fr.* 1082

helle-gerte *f. höllenrute.* ein hellegerte, diu in treip ûz himelrîche j.TIT. 1880.

helle-giege *swm. höllennarr, teufel* MART. 61, 3.

helle-glocke *f.* (I. 550ᵇ) *höllenglocke* MART. (131, 20).

helle-gluot *stf.* (I. 552ᵃ) *höllenglut* RENN. (8698. 21129); *pl.* der in hellegüeten brinnet MSH. 3, 57ᵃ. hellengluot FASN. 929, 23.

helle-got *stm. höllengott, teufel* ALBR. 33, 476. MEIN. 16. 17.

helle-gouch *stm.* (I. 558ᵇ) *höllennarr, teufel* KROL. WH. *v. Öst.* 35ᵃ. dô er den armen hellegouch swarz gesach ZING. *findl.* 2, 128.

helle-grâve *swm.* (I. 567ᵇ) *höllengraf, teufel* (*lies* ANEG. 39, 46); *als name:* in eines borgers hof, der hiz Hellegrêve LUDW. 10, 24 *u. anm.*

helle-grübel *stm.* (I. 563ᵃ) *teufel* MART. 72, 48. *s.* grübel.

helle-gruft *stf.* (I. 563ᵇ) *höllengruft* HELBL. nicht comp. ûz der helle krüften TROJ. 24685.

helle-grunt *stm.* (I. 581ᵇ) *abgrund der hölle* DIEM. WARN. SPEC. 134. GLAUB. 130. 233. 533. 36. PASS. 295, 20. 30. der jâmer bernde h. HELBL. 7, 686. des hellegrundes giel KARL 9754. *pl.* daz tal der tiefen hellegründe MSH. 3, 166ᵇ. herebus hellegrunt DFG. 275ᵇ. *n. gl.* 202ᵃ, *umged.* hellekrût *ib*; *nicht comp.* verbrinnen in der helle grunde MSH.1, 129ᵃ. in der helle gründen *ib.* 2,333ᵇ.

helle-gudel *stm.* (I. 585ᵇ) *teufel* MART. 111², 71.

hellegunge *stf.* (I. 660ᵇ) *plage, verheerung* OBERL. *s.* hellegen, hellunge.

helle-haft *adj. höllisch.* hellehafter hunt j.TIT. 388 *alt. dr.*

helle-haven *stm.* der stat hafner sol keinem kein hellhafen noch rôren einlegen TUCH. 105, 5. „*länglichter kessel zum wärmen u. sieden des im hauswesen benötigten wassers, gegen die hell zu* (*s.* helle) *im ofen eingemauert*" SCHM. *Fr.* 1, 1080. *vgl.* FASN. 768, 19.

helle-heiz *adj.* (I. 657ᵃ) *höllenheiss* WALTH.

helle-hirte *swm. höllenhirt, teufel* PARZ. 316, 24.

helle-hitze *stf.* (I.658ᵃ) *höllenhitze* FRL. MSH. 2, 10ᵇ.

helle-hunt *stm.* (I. 728ᵇ) *höllenhund, teufel* GREG. SILV.WOLFD.1281..86. WH. *v. Öst.* 39ᵇ. OT. 43ᵇ. 222ᵃ. 300ᵃ. HEINZ. 116. 6, 3. ERACL. 444. ALBR. 11, 54. PASS. 204, 12. *K.* 215, 5. MARLG. 261, 19. ELIS.1007. FASN.505,6.951, 20. 952, 9. *vgl.* hellebracke, hellerüde.

helle-jeger *stm.* (I. 767ª) *höllenjäger, teufel* MART. 62, 91. 174, 95.
helle-karkære *stm.* (I. 790ª) *kerker der hölle* MAR. 202, 18.
helle-kint *stn.* (I. 818ᵇ) *höllenkind, mensch der in die hölle muss* GRIESH.*; teufel* FASN. 901, 5.
helle-knabe *swm.* (I. 850ᵇ) *höllenknabe, teufel* FRL. GERM. *H.* 9. 176, 286.
helle-knëht *stm. höllenknecht, teufel* ROTH *denkm.* 103, 7.
helle-kraft *stf. höllische kraft.* swenne diu tîvellîch hellecraft die armen sêle mit gewalte verswilhet ERINN. 582.
helle-krücke *swf.* (I. 889ª) *höllenkrücke, als schimpfwort für hexen* MONE *schausp.* APOLL. 4384.
helle-künec *stm.* (I. 913ª) *höllenkönig, teufel* HELBL.
helle-loch *stn. höllenloch, hölle* MART. 216, 84. hellenloch CHR. 8. 323, 6 *ff.*
helle-môr *stm.* (II. 217ª) *der schwarze in der hölle, teufel* HARTM. *lied.* (MSF. 211, 5) WALTH.
helle-münzer *stm. münzer der hölle* RENN. 4134.
hëllen *stv. I, 3* (I. 683ª) hillen: willen HELDB. *K.* 476, 13: *ertönen, hallen* EN. NIB. PARZ. WALTH. WIG. LIEHT. hellen und dœnen ENGELH. 1190. der donr, daz kupfer, silber, diu pusaun hillt MGB. 92, 35. 476, 7. 11. 478, 26. des valken schellen mich dunkt ich hôr sie hellen MF. 179. mit hellender stimme GA. 2. 471, 148. des prîs hillet sô wîte ULR. *Wh.* 198ᵈ. mîn lop daz hillet helle *ib.* 120ᵇ. des lop mit sage hilt sô verre in alle lant LOH. 4195. ir rede alsô diemüeteclîchen gên im hal *ib.* 3729. engegen h. ER. 7424. gelîche h. *gleich lauten, übereinstimmen* PASS. *K.* 438, 92. daz wir gelich gehollen haben DM. 83. sie hullen gar ungelîch CHR. 4. 103, 32. wir hullen daran niht geleich Mw. 295 (*a.* 1335). en ein h. *übereinstimmen* MS. GEO. 296. GA. 3. 113, 88. inein h. ELIS. 3919. eines d. h. *dazu stimmen*, diser schiedung haben sie baide gehollen STZ. 402. hellent si des mit einander nicht Mw. 253 (*a.* 1315), *mit präp.* alsô hânt die von Strâssburg in dieselben einung gehollen SCHREIB. 2, 324 (*a.* 1423); — *sich rasch bewegen, eilen* WALTH. (*vgl.* Willm. zu 16, 1. HÄTZL. — *mit gegen, mite, nâch;* be-, durch-, ent-, er-, ge-, wider-,

zer-. *zur w.* kal (*gr.* κελαδέω, καλέω *lat.* calo, caleo) *s.* KUHN 5, 399. 11, 165. 12, 417. FICK² 33 *und* holn;
hëllen *stn. schall.* pusûnen hellen daz wart grôz BIT. 9636;
hëllen *swv.* hël *werden, aufleuchten* WH. *v.* Öst. 49ª;
hellen *swv. refl. sich laut, bemerklich machen* iwer site kan sich hellen (.: gesellen) PARZ. 291, 26.
hellen *swv. in die helle bringen.* dâvon er êwiclîchen wirt gehellet j.TIT. 5507. *vgl.* 25. 498. nû klage ich, daz sô werder lip gehellet sol sîn, der von kindes jugent was alsô ûf gewahsen, daz im kein ander geloub was kunt LOH. 5986. swie vil man ir mit tôde het gehellet *ib.* 4910; — *mit* ge-.
hellen *swv. s. v. a.* hellegen. daz er in (*der arzt den patienten*) wil hellen NETZ 10023. alsô tuond si in hellen, biz si in in siechtagen tuond vellen *ib.* 10030.
hellen-barte *swf. s.* helmbarte.
helle-nôt *stf.* (II. 413ᵇ) *not der hölle* PARZ. 128, 24. FDGR. 2. 134, 4. OSW. 3096.
hellen-sumpf *stm.* (II². 732ª) *höllensumpf* BERTH.
helle-ohse *swm. höllenochse.* die egesliche gehurnte helleohsen HIMLR. 236.
helle-pfarre *stf. höllische pfarre, gemeinde* RENN. 13457. *nicht comp.* der helle pf. *ib.* 13453.
helle-phat *stm.* (II. 485ª) *pfad zur hölle* FRL.
helle-pîne *stf. strafe der hölle* MSH.1,5ᵇ. hellenpein FASN. 929, 36. 951, 14.
helle-porte *stswf.* (II. 525ᵇ) *höllenpforte* DIEM. WWH. 218, 23. PASS. 100, 64. helleborte SPEC. 66. MONE 9. 42, 154. hellephorte MSH. 3, 112ᵇ. ULR. *Wh.* 148ᵇ. MARLG. 229, 516.
helle-puze *stf. höllenpfütze* WERNH. *v. N.* 41, 5.
heller *stm. s.* hallære.
helle-rabe *swm. höllenrabe, teufel* OT. 298ᵇ. 373ᵇ. 391ᵇ. 803ᵇ. *vgl.* der tiuvel schiere kam in ein vogels gestalt sam als er wær ein rapp genant Ls. 3. 256, 115. MYTH. 949.
helle-reise *stf. fahrt zur hölle.* du maht in nâch grimmes tôdes vreise vor der hellereise sunder ende bewarn MSH. 3, 341ª;
helle-reiser *stm.* (II. 666ª) *der höllische krieger* MART. 108, 14. 230, 96.

helle-rîche *stn. höllenreich, hölle* HPT. *h. lied* ZIMR. *chr.* 4. 15, 27. WACK. *pr.* 53, 235.

helle-rigel *stm.* (II. 702ᵃ) *höllenriegel, teufel* MART. 4, 82. FASN. 445, 32. *als schimpfname* 78, 8. *vgl.* helleschübel.

helle-rîs *stn.* (II. 724ᵃ) *höllischer zweig.* unfride ist ein helleris MART. 271, 93.

helle-rise *swm.* (II. 727ᵃ) *teufel (ohne beleg).*

helle-ritter *stm. höllenritter, teufel* PASS. 99, 93. ZING. *findl.* 2. 116, 30.

helle-riuwe *stf.* (II. 753ᵇ) *betrübnis in der hölle* HIMLF.

helle-rôst *stm.* (II. 767ᵃ) *höllische feuerglut* GREG. MS. MAI, TEICHN. PASS. VIRG. 826, 10. GERM. 12. 40, 365.

helle-rouch *stm.* (II². 746ᵇ) *höllenrauch* GSM.

helle-rüde *swm.* (II. 786ᵃ) *hatzhund der hölle, teufel* GSM. MART. OT. 785ᵇ. 808ᵇ. *vgl.* hellebracke, hellehunt.

helle-sac *stm. höllensack, fing. name* HELMBR. 1189. 1542. *vgl.* nû briuwe hie und sûf dort in der helle sac MSH. 3, 91ᵃ.

hellesch *adj. s.* hellisch.

helle-schar *stf.* (II². 153ᵃ) *höllische schar* SPEC. MSH. 1, 339ᵃ. 341ᵃ.

helle-schenke *swm. höllenwirt, teufel.* dar zuo wil im brûwen der helleschenke ein sunder bier MART. 60, 73.

helle-scherge *swm.* (II². 156ᵃ) *höllenscherge, teufel* MAI, LOH. (2769). HELBL. (7, 603). MART. GREG. B. 7ᵃ. j.TIT. 5468. 81.

helle-schübel *stm.* (II². 169ᵃ) *s. v. a.* hellerigel PASS.

helle-sêr *stn. höllenschmerz* ANTICHR. 179, 31.

helle-slôȥ *stn.* (II². 412ᵇ) *schloss der hölle* DIEM.

helle-slunt *stm.* (II². 403ᵇ) *höllenschlund* ANTICHR.

helle-smit *stm. höllenschmied, teufel* RENN. 23789.

helle-sorge *f.* (II². 470ᵃ) *sorge die die hölle macht* ERLŒS.

helle-sôt *stm.* (II². 362ᵃ) *höllenpfütze* MART.

helle-spieȥ *stm.* (II². 496ᵃ) *höllenspiess, teufel* FRL.

helle-stanc *stm.* (II². 642ᵃ) *gestank der hölle* FRL.

helle-stîc *stm.* (II². 632ᵃ) *pfad zur hölle* HELBL.

helle-storch *stm.* (II². 659ᵇ) *höllenstorch, teufel* JER.

helle-strâȥe *stf. strasse zur hölle* MSH. 2, 163ᵃ.

helle-stric *stm. höllenstrick, als schelte* MSH. 2, 355ᵇ.

helle-tal *stn. höllental, hölle.* sus wil ich alzumâle den helletal erôsen und wil daȥ volc erlôsen von jêmerlîcher swêre ERLŒS. 1025.

helle-tamph *stm. höllendampf.* dâ von sie siech worden sint alse von eime helletampfe HPT. 9, 21.

helle-tiefe *stf.* (III. 34ᵇ) *chaos* DFG. 96ᵇ.

helle-tor *stn.* (III. 49ᵇ) *höllentor* BUCH *d. r.* diu welt ist daȥ helletor AB. 1, 344. *vgl.* er gêt an bœsen werken vor und kumt ê hin ze der helle tor WG. 9626.

helle-trache *swm.* (III. 67ᵇ) *höllendrache, teufel* MART. PASS.

helle-tranc *stn. höllischer trank.* daȥ helletranc er sûfet swie luzil in doch durste MART. 60, 64. FASN. 937, 31. hellentranc *ib.* 939. 45. 47.

helle-twanc *stm. zwang, not der hölle* GERM. 8. 287, 34.

helle-val *stm.* (III. 222ᵃ) *fall in die hölle* LOBGES.; *in die hölle gefallener, teufel* GEO.

helle-var, -wes *adj.* (III. 238ᵃ) *wie die hölle aussehend* HELBL. (7, 846).

helle-vart *stf.* (III. 252ᵇ) *höllenfahrt* PARZ. BARL. BIT. 13389.

helle-veste *stf. höllenburg.* dâ von zebrach diu selbe helleveste MSH. 3, 181ᵇ.

helle-viur *stn.* (III. 332ᵇ) *höllenfeuer, hölle* EN. PARZ. BARL. TEICHN. GEN. *D.* 30, 22. LOH. 2880. MSH. 3, 173ᵃ; *teufelsname* BERTH., *spielmanns-, dichtername* WACK. *litterat.* 11 *anm.* 86.

helle-vluoch *stm. fluch der hölle.* daȥ er uns hellevluoch verjeit MSH. 2, 247ᵇ.

helle-vorhte *stf.* (III. 385ᵃ) *furcht vor der hölle* THEOPH.

helle-vrâȥ *stm.* (I. 762ᵇ) *höllischer vielfrass, teufel* MART. 122, 104.

helle-wâc, -ges *stm. höllenflut.* sie wolden sie ertrenken, in den hellewâc versenken ALBR. 22, 828;

helle-wagen *stm.* (III. 644ᵇ) *das sternbild des grossen bären* MYTH. 762. Wolframus dictus hellewagen MB. 25, 123 (*a.* 1314).

helle-wal *stm. höllenflut, hölle.* die in dem hellewalle gebiten hânt FDGR. 2. 130, 27.

helle-warc, -warge *stswm.* (III. 524ᵃ) *höllischer räuber, teufel* Diut. Hpt. 7. 376, 19.
helle-warte *swm.* (III. 527ᵇ) *höllenhüter, teufel* Karaj. Serv. Barl. Pass. Kchr. D. 362, 6. Spec. 47. 66. Zing. *findl.* 2, 128.
helle-, hell-, hel-wëc *stm.* (III. 639ᵃ) *heerweg, westfäl.* Gr.w. 3, 87. 106. *ursprüngl. der weg auf dem die leichen gefahren werden s.* Myth. 761. Kuhn 2, 239.
helle-welf *stm. höllenhund, teufel.* die tumben hellewelfe Mart. 146, 95.
helle-wërre *stf. not, ärgernis der hölle.* klagendez lop vür hellewerre wirt ümbe in gemandelt Msh. 2, 369ᵃ.
helle-wiht *stm.* (III. 651ᵇ) *höllenwicht, teufel* Geo. Pass. Birkenst. 269. Kolm. 146, 18.
helle-wirt *stm.* (III. 749ᵃ) *höllenwirt, teufel* Winsb. Ms. Pass. (Marlg. 219, 215). Kolm. 59, 57.
helle-wiȝe *stfn.* (III. 783ᵇ) *höllenstrafe, hölle* Diem. Kchr. Urst. En. Pred. (Berth. 386, 2). Er. Pilat. 97. Loh. 7557. Eracl. 447. Himlf. 1474. Pass. (H. 99, 19). Elis. 2979. Ring 29ᶜ, 4. Netz 2489. 6101. 6598.
helle-wolf *stm.* (III. 801ᵇ) *höllenwolf, teufel* Himlf.
helle-wurm *stm.* (III. 826ᵃ) *höllenschlange teufel* Gsm. Loh. (5626). Pass. Mart. 178, 61.
helle-wurz *stf.* aristolochia Dfg. 48ᵃ. *vgl.* holwurz.
helle-zage *swm.* (III. 835ᵇ) *erzfeigling* Karaj. Lanz.
hellich *adj. aus* helle-lich *höllisch, teuflisch* Spec. 68.
hël-lich *adj.* helich, betrogenlich od. listiglich Voc. 1482. *vgl.* hëlec *u.* Schm. *Fr.* 1079;
hël-lîche, -en *adv. heimlich, verstolen.* helich oder stille, clam Voc. 1482. helîchen entziehen, surripere *ib.* heilich an den mauten für faren Urb. *Pf.* 202. helîche Gr.w. 2, 201. Chr. 4, 224 *anm.* 3. hellichen entsagen Hadam. 318. *vgl.* hællîche.
hellinc *stm. s.* helbelinc.
hellinger *stm. salzarbeiter.* ich Wolfgang Ressner und ich Erasmus Chuon, paid h e i l l i n g e r ze Aussee Diplom. *Rotenm.* 123ᵇ (*s.* Weinh. *b. gr.* X). *noch jetzt heissen in der Steiermark die salzarbeiter* haller *od.* hallinger. — *zu* hal *stn. vgl.* Schm. *Fr.* 1, 1075.
hellisch, hellesch, helsch *adj.* (I. 678ᵃ) *höllisch* Parz. Roseng. Pass. Msh. 3, 414ᵇ. Albr. 16, 42. 19, 553. Myst. 2. 375, 35. Fasn.

678. 864. ignis persicus haizent etleich leut daȝ hellisch feur Mgb. 410, 14.
hellunge *stf. s. v. a.* hellegunge. von tôtlîcher hellung Beh. 206, 22. — *zu* hellen 2.
hëllunge *stf.* (I. 684ᵇ) *übereinstimmung?* Diem. (= Antichr. 191, 18: danne lobe wir got, geschiht uns lieb oder nôt, sô hab wir êwige dolunge, dar nâch chumt ein hellunge. *zum vorig., oder* einhëllunge?); *laut, inhalt,* nâch hellunge des briefs Mone *z.* 17, 337 (*a.* 1384).
hell-wëc *stm. s.* hellewëc.
hëlm *stm.* (I. 678ᵇ) heln Ecke *Z.* 140. 47. 48. helben Chr. 2. 24, 24; *auch sw.* hëlme Nib. Gudr. L Alex. Sigen. *Z.* 1, 8.: *helm, allgem.* (daȝ here nefuorte helm noch brunne Exod. *D.* 137, 18. die helme wol gestâlet 160, 28. herter helm von stahels art Loh. 2439. einen helm wol geslagen von gesmîdigem stâle Bit. 2148. helm ûf houbet ist der êren krône gar Msh. 3, 419ᵃ. under helme rîten *ib.* 2, 241ᵇ. under helme eȝ wol tuon, *tapfer kämpfen* Winsb. *s.* 71. under helme dienen werden frouwen Lieht. 456, 26. 54478. helm gekrœnet meisterlîch *ib.* 165, 23 [*vgl.* Np. 107]. ûf sîme helme ein kranz von gansvedern wîȝ *ib* 482, 23. eteslîchen ûf dem helme daȝ gevider sich rimpfen muost von starker tjoste vunken Loh. 6889. doch wart entrüttet im des helmes sloufe *ib.* 5246. viur ûȝ helmen slahen Msh. 2, 210ᵃ. ûȝ helme blicken Bit. 11906. durch helmes venster sehen Roseng. *Bartsch* 782 [*vgl.* helmvenster]. ich traf in dâ der helm lieht gibet den ougen irn schîn Lieht. 263, 19. den helm stricken *festbinden* [*vgl.* helmbant] Turn. 36. helm ûf houbet gestricket j. Tit. 3978. zuo houbet kunden sie die helme stricken *ib.* 5018. den helm âne stric ûf werfen Türl. *Wh.* 71ᵇ. den helm entstricken *losknüpfen* Trist. 9406. den helm binden Kreuzf. 6811. der helm was im verbunden Wh. v. Öst. 77ᵃ. mit verbunden helm er für den keiser gie Loh. 2225. einem den h. abe stechen Lieht. 75, 11. die helm verstürzen Ls. 2. 12, 55. den helm lœsen *nach beendigtem kampfe* Livl. 1154. helm ab! helm ab! eȝ ist genuoc schrei manec knappe kluoc Wh. v. Öst. 72ᵃ. den helm abe binden, abe nemen *als zeichen friedl. gesinnung* Lanz. 2385, *als zeichen der ehrerbietung ib.* 6838. den helm über die ahseln henken Wh. v. Öst. 8ᵇ);

behelmter krieger, mit zwên hundert helmen EILH. 5024. OREND. 2978. in ze helfende mit zwainzig, fünfzig helmen Mz. 1, 280. 3, 67. zwei tûsent helm CONST. *chr*. 232, daz man iedem helm daz jâr geben sol funfzig pfunt haller ze solde CHR. 1. 172, 14. *vgl.* den mugen wir helfen mit fünf hundert mannen mit helmen WL. 124, mit zwein hundert mannen mit helmen beholfen sein Mz. 3, 243. — *gt.* hilms *wol derselben w. entsprungen wie* hëln, *also eigentl. der bergende, schützende* (BOPP *gr*. 3, 180. WEIG. 1, 497); *in* GSP. 39 *wird vermutet, dass das wort unmittelbar zu skr.* carman (RB. 2, 974) *haut, fell, schild gehören könne. vgl. auch* DIEF. 2, 678.

helm *m. s.* halme.

helm-ackes *stf. s.* halmackes.

hëlm-bant *stn.* (I. 132ᵃ) *schnur zur befestigung des helmes an das panzerhemde* EN. NIB. KL. 775. BIT. 12212. *vgl.* hëlmsnuor.

helm-barte *swf.* (I. 91ᵃ) *hellebarte.* MSH. HÄTZL. swertes slege und ouch der helmbarten die wâren lut NEIDH. 170, 81. swert und helmbarten wurken lâzen ERNST 4167. ein breit helmbarten über die ahsel vâhen, tragen KRONE 13053. 146. helmparte RING 40, 37. 42. 48, 44. 54ᶜ, 25. CHR. 1. 182, 33; 2. 257, 28. 258, 3. *pl.* helmberten BERTH. 347, 13; *nbff.* hellenbarte Ls. 2. 325, 19; 3. 416, 650. ALBR. 126ᵃ. KREUZF. 5666. GR.W. 5, 174. helnbarte CHR. 5. 278, 16. hellebarte MSH. 3, 277ᵇ. 299ᵇ. helbarte LESEB. 1051, 39. helbart Voc. *o*. 23, 27. hallenbarte (*aus* halmb.) TROJ. 30050. — *nicht mit* WB. WACK. *u.* WEIG. hëlmbarte „*helm zerhauende* barte, *axt*" *sondern* „barte *mit, an einem* helm (*s.* halme), *stielbarte*". *vgl.* DFG. 104ᵇ, *wo* cassidolabrum *auch übersetzt ist:* helb, helm vel stil an der hacken. *s. auch* halmackes, stilax.

hëlm-blëch *stn.* helmblech WH. *v. Öst.* 25ᵇ.

hëlm-bouc, -ges *stm.* (I. 178ᵃ) *helmspange* GUDR. 1423, 4. *nicht comp.* helmes b. 519, 3.

hëlm-dach *stn.* helmdach, helm ENENK. *p*. 361. *nicht comp.* helmes d. LOH. 5644.

hëlm-dicke *stf.* (I. 323ᵇ) *wo helm an helm gedrängt ist, schlachtgetümmel* RUL.

hëlme *swm. s.* hëlm.

hëlme-huot *stm. s.* hëlmhuot.

helmelîn, helmel *stn. s.* halmel.

hëlme-lîste *swf.* helmspange. siben helmelîsten ganz in (*dem helm*) heten umbevangen BIT. 2154. *vgl.* WIG. 144, 20.

hëlmen *swv. mit einem helme versehen,* galeare DFG. 256ᵃ. der ist wol gehelmet SPEC. 151, 282. — *mit* be-.

hëlme-want *stf. helmwand.* durch ir helmewende vertâten si diu sper RAB. 241. *vgl.* den helm durch bêde wende cloup er unz an daz ende DIETR. 3371.

hëlm-ge-nôze *swm. der einen helm zu tragen berechtigt ist, ritterlichen standes* CHR. 4. 145, 30. 32 (*gegensatz zu* hantwerkman *und* gebûr).

hëlm-ge-span *stn.* (II². 482ᵃ) *die helmspangen* NIB.

hëlm-gupfe *swf.* (I. 592ᵇ) *kopfbedeckung unter dem helme* RUL. helmkuppe VIRG. 96, 9.

hëlm-houwer *stm. der die helme zerhaut* VIRG. 977, 9.

hëlm-, hëlme-huot (I. 733ᵃ) *helm* NIB. (1988, 3). KCHR. *D*. 447, 27. BIT. 2191 (*hs.* hornhuot) APOLL. 6028. WIGAM. 636.

hëlm-klanc, -ges *stm. klang der helme* NIB. 1911, 2.

hëlm-kuppe *swf. s.* hëlmgupfe.

helm-parte *swf. s.* helmbarte.

hëlm-schart *adj. dem helme scharten beibringend. comp.* helmscherter j.TIT. 3272.

hëlm-schîn *stm* (II². 146ᵃ) *helmglanz* NIB.

hëlm-schirbe *swm. helmsplitter* j.TIT. 902.

hëlm-snuor *stf.* (II². 454ᵇ) *s. v. a.* hëlmbant PARZ. *nicht comp.* helmes sn. *ib.* 155, 23.

hëlm-spange *f. helmspange* j.TIT. 3894.

hëlm-spitze *f.* (II². 515ᵃ) *helmspitze*, cassis, conus DFG. 104ᶜ. 149ᵇ.

hëlm-swende *stf. helmzerstörung* j.TIT. 893.

hëlm-vaz, *stn.* (III. 281ᵇ) *helmgefäss, helm* NIB. BIT. (1601. 12676). RUL. 151, 26. KL. 348. WOLFD. 1244. 2016. ALBR. 10, 427.

hëlm-vënster *stf. helmfenster, helmgitter* ROSENG. *H*. 2119. OTN. *p*. 61. j.TIT. 1341.

hëlm-vuoter *stn.* (III. 444ᵃ) cassidile SUM.

hëlm-zeichen *stn.* (III. 863ᵇ) apex, cassis, crista DFG. 39ᶜ. 104ᶜ. 158ᶜ.

hëln *stm. s.* hëlm.

hëln *stv.* I, 2 (I. 675ᵃ) *geheim halten, verstecken, verbergen absol.* PARZ. MS., *mit dat. d. p.* hil du mir sô hil ich dir Ls. 1. 435, 88. 628, 116; *mit acc. d. s. allgem., die person wird ausgedr. durch den acc.* (er halz den

meister STRICK. 4, 9) *od. durch den dat.*
(WALTH.) *od. mit präp.* vor WOLFR.; *mit
gen. d. s.* sô gît er uns antlâz der sunden
die wir haben verjehen, niht der wir wellen
helen GEN. *D.* 22, 14, *mit acc. u. gen.* einen
eines d. heln Ms. TIT. WIG., *mit acc. u.
untergeord. s.* NIB. Ms. EXOD. *D.* 161, 33;
mit acc. d. p. er lie sich heln in eines wî-
bes wæte TROJ. 14847; — *refl.* Iw. WIG. dâ
von kam, daz si sich hâlen DAN. 4935,
mit gen. d. s. dû soltest dich ê der sünden
helen danne dû dich ir rüemtest BERTH.
527, 4. — *mit* ge-, ver-. *zu w.* kal, *gr.*
καλύπτειν, *lat.* celare, occulere CURT.³ 134.
GSP. 39;

hëln *stn.* er sol lêren swîgen unde heln HÄTZL.
2. 24, 5;
heln *swv. in* ent-, verheln:

hëlnde, hëlde *part. adj.* (I. 675ᵇ) *sich ver-
bergend* WOLFR. TROJ. der helde (*der in
der tarnkappe verborgene*) des wurfes pflac
NIB. 436, 4 *nach Lachmanns schöner con-
jectur* (der helt in werfen pflac *Zarncke,*
der helt in werfennes pflac *Bartsch*). *vgl.
wegen der medialen bedeutung* GR. 4, 65 *u.
wegen der verkürzten form* helde *auch*
senede, spilde = senende, spilnde.

help *stm. s.* halp.
hêlsat *stm. s.* heilsôt.
helsch *adj. s.* hellisch.
[helse *stf.* I. 618ᵃ] = WINSB. 53, 9 der klem-
met in der helle alsô.
helsec *adj. was einen hals hat.* nim ein hel-
sig glas SCHM. *Fr.* 1, 1095; — der êrst
trunc, den ich rehte tranc, der was mir
helsic für den durst Ls. 3. 333, 15 (hêlsic =
heilsec *s. v. a.* heilsam?);
helselîn *stn.* (I. 618ᵃ) *hälschen* TRIST. *H.*
HÄTZL. 1. 28, 81;
helsen *swv.* (I. 618ᵇ) *prät.* helsete, halsete,
halste; *part.* gehelset, gehalset: *tr. umhal-
sen* GEN. EN. TRIST. RENN. (23507). PASS.
(*K.* 32, 94. 34, 63. 324, 87. 362, 52. 650, 11).
dirre in helsende umbevienc ELIS. 4307. obe
ich helse od kusse dich oder obe du helsest
mich ALBR. 21, 187. er helsete sie und kuste
ib. 24, 222. er küssete und heilsete mich
N. *v. B.* 232 (*vgl.* WEINH. *al. gr.* § 58).
er halste ROTH. 3251. gehelset TROJ. 22907.
FLORE 6330. gehalset, -halst *ib.* 811. FASN.
733, 27; *coire, s. belege bei* SCHM. *Fr.* 1,
1096. — *die im* WB. *angegebene intr. be-
deut. „zu halse stehen wie der schild" ist*

zu streichen, *denn die stelle lautet* MSH. 2,
381ᵇ: wârheit, kiusche, schame mit dir sîn
umbehelset. — *mit* umbe-;
helsen *stn.* (*ib.*) *das umhalsen* Ms. HÄTZL.
BERTH. 516, 3. FLORE 5849. VIRG. 406, 6.
957, 5. WOLFD. 92. 93. ELIS. 4264;
helser *stm.* (*ib.*) *buhle* MONE *schausp.;*
helsinc *stm.* (I. 618ᵃ) *strick um den hals
zu schlingen* BON. dô nâment sie helsing und
leiten die an ir helse JUST. 66. *ebenso*
helslinc *stm.* LESEB. 929, 31. halsling GR.W.
1, 285. *vgl.* KUHN 16, 261;
helsunge *stf. in* behelsunge.
helt, -des *stm.* (I. 678ᵃ) helit ROTH. 2217. 43.
2428. 44. helit, helet GEN. LAMPR. KCHR. *D.*
459, 20. heilt (: geteilt), *sw.* die helden SCHW.
schl. 171: *held, allgem.* (der helt und der
zage HERB. 6551. ULR. *Wh.* 111ᶜ. wîse, reine
helde PASS. *K.* 86, 9. 148, 33. reiner gotes
helt ALEXIUS 111, 489. 558. tugentrîcher h.
TROJ. 8482. des lîbes gar ein h. *ib.* 17979.
SERV. 3388. mit heldes handen werben
j.TIT. 1975); *anrede eines mannes,* dô
sprach frou Brîde: helt, die rede lâz be-
lîben OREND. 3744. — *alts.* helith, *ags.*
häledh, heledh *vom prät. d. vb.* hëln: *der
deckende, schützende?* GR. 2, 29. WEIG.
1, 495.
heltenc-lîche? *adv.* (I. 660ᵇ) vil heltenclich
er des erschrach PASS. 164, 90 *wol feler st.*
heftenc-, hefteclîche.
hëltenze *s.* ëlnte.
helt-knebelîn *stn.* (I. 850ᵇ) *heldenkind* MONE
schausp.
helt-kreftec *adj. heldenhaft* SIGEN. alt.
dr. 2.
hêl-tuom *stn. s.* heiltuom.
hël-vaz *stn.* (III. 281ᵇ) *bergendes gefäss, ver-
schwiegener mensch* HERB.
helvel *stn.* zwei helvele oder kelber stechen,
gleich darauf 2 hemele oder kelber FRANKF.
brgmstb. 1443 *vig. III. a. Mar. Magd. vgl.
schwz.* häli, hälli *schafbock* STALD. 2, 14.
häli *lockruf für das schaf* FROMM. 3, 87.
5, 486.
hëlwe, hëlewe *stswf.* (I. 679ᵃ) *spreu,* paleo,
quisquilia GL. (helw *pl.* heliwin DIEF. *n. gl.*
276ᵇ). DIEM. Ms. (*H.* 2, 388ᵃ). hilwe FRL. *vgl.*
ein strick von heiniffischer hilw BEH. 206,
19. — *zu* hëln? *vgl.* hilwe, gehilwe.
hel-wëc *stm. s.* hellewëc.
helwërt *s.* hallerwërt.
hêly *s.* êly, hêli.

hëlze *stswf.* (I. 660ᵇ) *schwertgriff, heft* ULR. NEIDH. (XXXIV, 4. 55, 39). TROJ. 9939. KARLM. 204, 35. oberthalp der helze OTN. 188, 3. der worhte im knoph und helzen klâr als ein spiegelglas ECKE Z. 79, 12; *fessel,* in îsere heilzin legen GR.W. 1, 707. — *ags.* hilt, *altn.* hialt *vgl.* GR. 2, 216. DIEF. 2, 514.

helzen *swv.* halz *machen, lähmen s.* ge-, verhelzen, unge-, unverhelzet.

helzunge *stf.* schleiffung oder helzung auf einem eise, cista VOC. 1482. *vgl.* halizen.

hem *adj. zu schaden beflissen, aufsässig mit dat.* dem wâren dise Wiener gram und hem BEH. 202, 14. — *zu* ham, *s.* hemisch.

hembelinc *stm. s.* hemelinc.

hêm-burge *swm. s.* heimbürge.

hemde, hemede *stn.* (I. 624ᵃ) *in der* ZIMR. *chr.* hemmat, hemet: *hemde* KCHR. HARTM. (ER. 1541. BÜCHL. 2, 661). PARZ. LIEHT. bruoche noch hemide HIMLR. 261. blankez h. NIB. 618, 2. hemde blanc gevaldet kleine TÜRL. *Wh.* 152ᵃ. in blôzem hemde RENN. 10148. si möhten lieber alle blôz in ir hemde sîn geriten KOL. 200, 372. daz er ir wan in einem hemede bæte, *er würde um sie werben, auch wenn sie nichts als ein hemde hätte* GUDR. 1654, 4 (*vgl.* hemdeblôz). gebildet h. RENN. 22712. gerigen h. BELIAND 2287. ein hærin h. LOH. 425. SILV. 1553. ein lînîn h. DAN. 3470. PASS. *K.* 173, 55. ein sîdin h. NIB. 1792, 2. ERNST 2535. LANZ. 8870. BIT. 8023. RAB. 651. ENGELH. 3035. TÜRL. *Wh.* 124ᵇ. 137ᵃ MOR. 1, 3179. wizez h. TRIST. 12815, 20. NIB. 584, 1. sabenwizez h. *ib.* 584, 1. daz hemde üeben, *benutzen* TRIST. 12824. do ich bî ir was unde ir habt daz hemde unz siz gelas NEIDH. XLIX, 22. einen schillinc sol si mir unde ein hemde NEIF. 37, 36. sîn buosem ist offen, sîn hemde blecket JÜNGL 95. swes hemde gêt dem rocke vor einer ellen er dunkt ein tôr WG. 2065. er neit en sy (niht ensî) vremde under erem hemde KARLM. 246, 2. — *ahd.* hemidi, hemithi; *gt.* hamôn *bedecken, umhüllen zu* ham GR. 2, 248. 3, 447. DIEF. 2, 526.

hemde-blôz *adj. im blossen hemde* NIB. D 1066, 3. *vgl.* GERM. 2, 300.

hemde-lachen *stn.* (I. 924ᵃ) camisiale DFG. 93ᵃ. *n. gl.* 69ᵇ.

hemdelîn, hemdel *stn.* (I. 624ᵇ) *kleines hemde* BARL. LOH. (2384. 89). APOLL. 1468.

BERTH. 324, 4. *entstellt* hemplî, hämplî GR.W. 1, 240. MONE *z.* 17, 190 (*a.* 1460);

hemede *stn. s.* hemde.

hemelen *swv. s. v. a.* hamelen FRANKF *brgmstb.* 1452 *vig. innocent.*;

hemelîn *adj. vom hammel* CHR. 2, 308 *anm.* 1; **hemelinc** *stm. hammel.* hembelinc MONE *z.* 15, 147 (*a.* 1404). — *zu* hamel.

hëmelsch *adj. s.* himelisch.

hemere, hemer *swf.* (I. 661ᵃ) *die hemere, nieswurz,* aconita, elleborum, gentiana, melampodium DFG. 10ᵃ. 199ᵃ. 260ᵇ. 354ᵃ. *n. gl.* 191ᵃ. GERM. 8, 300. SCHM. *Fr.* 1. 1110. — *vgl.* FICK² 33.

hemeren *swv.* (I. 625ᵇ) *hämmern* PASS. hameren, hemeren malleare DFG. 344ᵉ;

hemerlîn *stn.* (*ib.*) *kleiner hammer,* malleolus DFG. 344ᵉ; *kleines hammerwerk* TUCH. 165, 2. 14. 23.

hemer-wurz *stf. s. v. a.* hemere SCHM. *Fr.* 1, 1110. *vgl.* SCHÖPF 240.

hemide *stn. s.* hemde.

hemisch, hemsch *adj.* (I. 661ᵃ) *versteckt boshaft, hinterlistig, heimtückisch* TRIST. *H.* WOLK. hemscher gruoz HELBL. 13, 172. hamisch klag OT. 770ᵇ. hem. tât JER. 85ᵃ. — *zu* ham, *eigentl. verhüllt, dunkel, heimlich. vgl.* hem *u.* DWB. 4², 308;

hemisch-lîche *adv. auf boshafte, heimtückische weise.* etw. h. bergen JER. 52ᵃ.

hemmen *swv. s.* hamen;

hemmen *stn. verhinderung* JER. 95ᵉ.

hempflich *adj. s.* hantvöllec.

hemplî *stn. s.* hemdelîn.

hemsch *adj. s.* hemisch.

hemscher? *stm.* wenne daz korn grech wirt, so sol ez der keller antwurten zuo dem hemscher GR.W. 1, 168. 4, 373 (*Lucern*). — *aus* heimscher, heimser *zu* heimsen? *vgl.* SCHM. *Fr.* 1113.

hemsterlîn *stn.* damula EVANG. 256ᵇ.

hën *adv. s.* hin.

hên *swv. s.* haben.

henchen *swv. s.* henken.

hende *adj. in* be-, ein-, îtelhende.

hende-blôz *adj.* (I. 213ᵇ) *bloss, nackt wie eine hand* NIB. 1066, 3 (*var.* hemdeblôz), *mit gen.* ich stân aller vröuden rehte hendeblôz MSF. 171, 20. *vgl. zum* IW. 3236.

hendec *adj. s.* handec 1.

hende-krâmph *stm.* chiragra DFG. 121ᵇ.

hendel-drücken *stn. das händchendrücken* j.TIT. 1691.

hende-lich *adj.* manualis Dfg. 348ª, tractabilis Voc. *Schr.* 3000. *vgl.* handelic, hantlich.

hendelîn *stn.* (I. 631ᵇ) *händchen* Parz. Virg. 813, 7. Bph. 444. Msh. 3, 346ª hendel *ib.* 1, 101ᵇ. hant in hendel sliezen Reinfr. 31ª; *art: gehäuft* keiner leie hendlîn nôt, *keinerlei not* Wolk.;

hendelinc, -ges *stm.* (I. 632ª) *fausthandschuh* Helbl.;

hendelingen *adv.* sogleich Rta. 1. 306, 2;

hendeln *swv. s.* handeln;

henden *swv. prät.* hante, *part.* gehendet, gehant: *mit händen versehen.* der also gehendet, geherzet wære Msh. 2, 198ᵇ; *zur hand, festnehmen,* unser richter hiet die (*verbrecher*) gehantet Gr.w. 4, 164. — *mit* be-, ent-.

hende-nage *stf.* nâch der alten meister sage sô bediutet Rôme hendenage, wan sie nagent manic hant Renn. 9013.

hënder *adv. präp. s.* hinder.

hender *stm.* der getrûwe hender *s. v. a.* getriuhender Höf. *z.* 1, 304 (*a.* 1417);

hendes *adv.* an hendes geben *einhändigen* Mone *z.* 8, 49 (*a.* 1378).

hende-wringen *stn. das händeringen* Hans 5033.

hendigen *swv.* (I. 627ª) handec *sein, einen scharfen geschmack haben* Weist.

henel *stn. hähnlein.* händel Mgb. 193, 26. 39.

hëne-vart *stf. s.* hinvart.

hëne-wërt *adv. s.* hinwërt.

henfe *adj. s.* henfîn;

henfelinc *stm.* (I. 627ª) *hänfling,* canapeus Dfg. 94ª. Erlœs. XLIV, 64. Germ. 6, 105;

henfîn *adj.* (*ib.*) *aus hanf gemacht* Helbl. Hätzl. Krone 14179. Np. 166. hanfîn Netz 12668. hanfen, henfe canabinus Dfg. 94ª.

hêng *prät. s.* hâhen.

henge *stf.* mit listen und mit grôzer henge, *schlauheit* Kirchb. 618, 29. *vgl.* verhenge.

henge-boum *stm. s.* hengelboum.

hengel *stmfn.* (I.612ᵇ) *das hängende, hängsel.* rîche hengel und gestein Wh.*v. Öst.*31ª; *zwei od. mehrere trauben die mit dem rebholze abgeschnitten werden* Weist. Dief. *n. gl.* 234ᵇ. 312ª. (*ahd.* hangilla Gff. 4, 771) *s. auch* hengelîn; *das unterkinn* Kell. *erz.* 178, 33; *woran etw. gehenkt wird: henkel, eisenhaken* Tuch. 298, 23. 301, 21, *thürangel* Pass.; *zulassung, verhängung,* geb ich den (zungen) hengel Hadam. 175..

hengel-bein *stn. unnützer, müssiger mensch,* vapa Fromm. 4, 305ᵇ (*a.* 1432).

hengel-boum *stm.* (I. 227ᵇ) *stange od. balken zum daranhängen von gegenständen* Ms. Gr.w. 3, 544. 47. henge-, hengelboum laquear Dfg. 319ª. hangelboum, pertica *ib.* 430ᵇ.

hengeler? *stm.* weinziher, weinruffer, hengler Beh. 311, 29.

hengel-houbten *swv. das haupt hängen lassen* Pass. K. 677, 89.

hengelîn *stn.* (I. 612ᵇ) *dem. zu* hengel, *weintraubenbüschel* Weist. (2, 606. 4, 118). Mone 4, 24. Dief. *n. gl.* 101ª.

hengel-rieme *swm. riemen, woran etw. gehängt wird* Neidh. XLIV, 15.

hengel-ruote *swf. md.* hengelrûde *rute, gerte, um etw. daran zu hängen.* von sechen was sîn latte, cêdrîn die hengelrûden Erlœs. 437.

hengen *swv.* (I. 610ᵇ) *prät.* hancte, hangete Elis. 1557. 5561, hengete *ib.* 1747, *part.* gehenget: hangen *lassen bes. dem rosse den zügel, dem hunde das leitseil, freien lauf geben.* dem rosse hengen Karl, Wolfd. 1619. Kreuzf. 5893. Reinfr. 67ª. ein edel hunt, dem man nâch wilde henget Loh. 5543, *ohne dat.* Winsb. Trist. si sol underwinden sich einen knaben, der hengen künd und haben Hätzl. 2. 3, 180. er hete ûf si gehenget Troj. 35080. ûf ein ander hengen, *gegenseitig ansprengen* Wolfd. 282. der jeger henget Such. Hadam. 7. 43. 65. 69. 561; *nachjagen, nachhängen mit dat.* einem h. mit gedenken Mgb. 298, 18; *zugeben, geschehen lassen, gestatten absol.* Mar., *mit dat. d. p.* Rul. Geo. 317. Elis. 5561. Karlm. 156, 17. sîner manheit wart gehenget j.Tit. 5304, *mit gen. d. s.* Mar. Ms. Greg. 142. Licht. 413, 4. Wg. 4805. Krone 23500. Aw. 2, 5. Elis. 1557. 1747, *mit gen.* (*acc.*) *u. dat.* Diem. Urst. Hartm. des solt in hengen weder ritter noch kneht Wolfd. Hag. 192. daz er ir niht wolte hengen ir bete Krone 19075. si henget im allez, des er wil Hpt. 7. 336, 112, *mit untergeord. s.* niht gestatten und hengen, daz Mz. 3, 376. 507 *s.* 455; mir henget ein d. *geht von statten,* gelingt Kchr. D. 230, 2; — *s. v. a.* henken *bes. md.,* ûf ein crûce hengen (: brengen) Pass. 178, 50. 95. die diebe hengen Roth *dicht.* 48, 63. *refl.* sich hengen in die sîngrüen Mgb. 132, 211. ich wil mich selber hengen (: lengen) Cod. *pal.* 341, 672ª. — *mit* nâch, ent-, er- (*dazu auch* Roth. 2772, *welche stelle oben sp.* 636, 22 *v. u. falsch erklärt ist*), ge-, umbe-, ver-;

henger *stm. md. s. v. a.* henker, carnifex Dfg. 102ᵇ. Gr.w. 3, 333.

henge-, heng-seil *stn. aufzugseil* TUCH. 109, 30. 126, 32.
hengest, hengst *stm.* (I. 661ᵃ) *wallach, pferd überh.* FREID. HELBL. 1, 138. 374. 15, 278. 92. 99. HELMBR. 236. 394. 760. GA. 2. 281, 145. JER. 169ᵃ; *der wagebalken eines ziehbrunnens,* hengst an einem prunnen, tollinum, est lignum puteorum, quo hauritur aqua Voc. 1482; *ein teil der rüstung, bewaffnung* KÖN. *s.* SCHM. *Fr.* 1, 1133. — *vgl.* GR. 2, 367. GDS. 30. 400. WEIG. 1, 497. DIEF. 1, 30. 421. 2, 726.
hengest-ritter *stm.* (II. 740ᵇ) *wallachreiter* STRICK. (*leseb.* 589, 12).
heng-îsel, -îsen *stm. öffentl. aufseher über mass u. gewicht, „a libra ex ferro suspendenda dictus"* OBERL. 650. der hengîsel sol alle kornmesse und winmesse seigen und zeichenen AD. 980. hengeisen *ib.* 876. der schultheis sol setzen weibel und hengîsel GR.W. 4, 207. hengeisen *ib.* 184. 185.
henke-, henk-mæȝec *adj. galgenreif.* der die am gerichte henkemessig gescholden hat FRANKF. *brgmstb.* 1448 *vig. III. p. trinit.* ain henkmessiges diebel BEH. 17, 13. 206, 21.
henken *swv.* (I. 610ᵃ) henchen GRIESH. GEN. *D.* 82, 3. *prät.* hancte, hanhte *part.* gehenket: *tr.* hangen *machen, hängen, henken* TRIST. (13289 *bei Bechst.* hienc). WALTH. MAI, KONR. LANZ. 6151. WWH. 422, 16. REINH. 1854. 64. MSH. 1, 172ᵃ. WG. 10719. W. *v. Rh.* 162, 28. 164, 36 *ff.* PASS. 3, 71. MARG. 339; *refl.* RENN. 3884. 14024. 15609. W. *v. Rh.* 161, 39. *vgl.* hengen. — *mit* ûf, ûȝ; be-, er-, ge-;
henker *stm.* (I. 610ᵇ) *henker* GL. FASN. 468. 475, *vgl.* henger.
henker-lêhen *stn.* Heinrich und Hans von Wepferman hând von uns und dem reich ein lêhen, genant hengkerlêhen, zu Ehenheim in der stat, davon sy derselben stat pflichtig sîn, was die stat ubelteiger lüte richten tut, das danne die Wepfermanne dem richter lonen sollen mit allem kosten, der doruff geet AD. 1311 (*a.* 1436).
henker-spil *stn.* FASN. 893, 5.
henke-wide *stf. strang zum henken* HELDB. K. 220, 4.
henk-mæȝec *adj. s.* henkemæȝec.
henlich *s.* hîleich.
henne *stswf.* (I. 626ᵃ) *henne* FRL. HELBL. (2, 1238). GEN. *D.* 68, 4. SILV. 1363. GA. 1, 488. KOL. 164, 298. MGB. 193, 2 *ff.* jâ henne! *höhnischer ausruf* AW. 3, 208. GR. 3, 307. — *zu* han;

hennel *stn. dem. zum vorig.* MGB. 193, 27.
hennen-bërc *stm.* hennenberc! jâ hennenberc *s. v. a.* jâ henne! GA. 1. 52, 34. 56, 574. GR. 3, 307.
hennen-ei *stn. hühnerei* CHR. 8. 53. 10.
hennen-vuoȝ *stm.* MSH. 2, 367ᵃ.
hensche *s.* hantschuoch.
henselîn *stm. dem. zu* hans. NARR. 27, 32.
hënste *adv. s.* jënsîte.
hent-lege *stf. s.* hantlege.
hent-schuoch, hentsche *stm. s.* hantschuoch;
hent-schuochære *stm.* (II². 225ᵃ) *handschuhmacher* STRASSB. *r.* (59).
hent-schuoch-gürtel *swm.* des hiet man in geschenket do swert und hentschuochgürtlen RING 52, 2.
henzeler *stm. s.* heinzeler.
hepe *swf.* (I. 661ᵃ) *messer von sichelartiger gestalt für gärtner u. winzer* REINH. WEIST. (heppe 6, 56). happe *od.* rebmesser, putatorium Voc. 1482; happe, heppe falx DFG. 224ᵇ. — *vgl.* KUHN 4, 22.
hepfe, hepfen *f. s.* hebe 2;
hepfich *adj. wie hefe* PF. *arzb.* 2, 2ᵈ.
hepf-wîn *stm.* als dann lange zît ein span gewesen ist, was ellender wîn sî, habent sich gemein waldlütt des erkennt — — das ellender wîn nit anders sî dann sagk- oder hepfwîn GR.W. 1, 155.
heppe *swf. s.* hepe.
heppen-guot *stn. gut, dessen untertanen mit der sichel* (heppe) *frohndienst leisten müssen* GR.W. 3, 544, 46.
hër *pron. s.* ër, ir.
her *präf. s.* ur.
her *stn.* (I. 661ᵃ) hör CHR. 4. 285, 4; 5. 8, 11. 32, 18. 279, 18. here GR.RUD. 27, 9. EXOD. *D.* 128, 11. *dat.* herige *ib.* 137, 15. 141, 1. hir FRONL. 59. SGR. 330. 1142: *heer, allgem. u. zwar kriegsheer* (Pharaônen verslant daȝ rôte mer und al sîn wüetende her KARL 6810. RUL· 204, 16. mit wiges her NEIDH. 53, 7. her und hagel *verwüstung durch feinde u. durch hagel* OBERL. 652, her und hail, her und hêl ST. *a.* 1332); *überwältigende menge* (im bedunket mîn eines lip ein ganzeȝ her MSH. 1, 184ᵃ. du wærest im ein her aleine BASL. *hss.* 28ᵇ. und wæren dîner ein her ECKE *Sch.* 96); *menge, schar, volk* (der tiuvel hât ûȝ gesant sîn geswerme und sîn her KARL 6801. des tûvels wütendeȝ her ZING. *findl.* 2, 128. daȝ wilde h. APOLL. 5308. aller visch her MGB. 243, 7. ir here [*gesellschaft, begleitung*] daȝ

was kleine Gr. Rud. 27, 9. er enwolte heres niemêre wan zwêne knehte Kchr. D. 442, 12. ir was ein lobelîchez her, ritter unde vrouwen Elis. 360); *in compon. eigennamen* (Gîselhêr, Gunthêr, Volkêr) *durch misdeutung verlängert.* — *gt.* harjis *m.*, *alts.* heri *mn.*, *ahd.* hari, heri *n. vgl.* Dief. 2, 542. Gsp. 42 (*möglicher weise zu skr.* kula *herde, schwarm*).

hër, hêr *swm. s.* hêrre.

hër, hëre *adv.* (I. 687ª) *nbff.* har Reinh. Gottr. Reinfr. 42ª. W. *v. Rh.* 160, 39. 172, 31. Mönchl. 258. ër Diem. Kchr. 2589 *var., vgl.* Germ. 14, 208: *her u. zwar räuml.* her, hierher (*vor verben, bei raumadv. u. präp.*: her varn, komen, rîten; her dannen, dâ her; her abe, her zuo, her ûz, her wider *etc.*); *zeitl.* bisher, bis jetzt (unz her). *allgem.* — *zum pron.* hir.

hêr, hêre *adj.* (I. 663ª) *comp.* hêrer, hêrre (*s.* hêrre *swm.*) *sup.* hêrist, hêrst (Gen. D. 43, 16. 95, 3): *hoch, vornehm, erhaben, herrlich allgem.; heilig* Walth. Ms. Geo. Exod. D. 152, 7; *stolz, hochmütig, froh allgem., mit gen.* Ernst, Nib. muotes hêr *s. v. a.* hôchgemuot Orl. 6397. Msf. 180, 1. Lieht. 208, 22. 214, 21. 313, 24. — *eigentl. glänzend, leuchtend zu gt.* hais *fackel? vgl.* Dief. 2, 491. Gr. *kl. schft.* 1, 140. Kuhn 7, 171.

hër-â *interj.* (I. 688ᵇ) *hierher, durch* â *verstärktes* hër Wig. *vgl. zu* Herb. 10242.

hër-ab-hër *adv.* (I. 688ᵇ) *von—her* Wolk. heraber Zimr. *chr.* 3. 459, 20. 4. 296, 26 *ff.*

heralt, heralde *stswm. s. v. a.* erhalt. heralt, herolt Dfg. 276ᵇ. herolt Ga. 3. 200, 103. 121. 122. Beliand 4513. Chr. 3. 93, 16 (histrio 109, 13. 24, *vgl.* 218, 1 *ff.*). herolde Narr. 63, 55. die hiralden Rta. 1. 169, 22. 170, 19. *vgl.* Heralt ein singer was genant Msh. 3, 59ᵇ.

hër-an-baz *adv.* (I. 94ᵇ) *näher heran* Oberl.

her-arm *adj.* (I. 58ª) *arm an heerfarten* Frl.

herb *adj. s.* hare.

her-ban *stm.* (I. 86ᵇ) *aufgebot der freien zur heeresfolge, heerbann* Lit. durch daz si heten herban, die knehte sanden si dô dan, daz si die helde guote suochten ûz dem bluote: *weil sie den heerbann mitgenommen hatten, so konnten sie ihre leute schicken, die helden zu suchen* Bit. 9539 *u. anm.*

her-barge *f. s.* herbërge.

hër-baz *adv.* (I. 94ᵇ) *näher her* Oberl.

herbe *stn. s. v. a.* erbe Spec. 176. *s. zu* Zeitz. satz. 1, 8.

her-bërge *stswf.* (I. 161ª) hereberge Neif. 45, 12. herbirge W. *v. Rh.* 200, 6. 213, 7. herburge Elis. 223. 4900. 908. 5001. Dfg. 281ª. Rcsp. 1, 214. 17. 18 *u. ö.* herbarge Cds. 2, 24. herberich Gr.w. 3, 542. 6, 16. herwerc Tuch. 118, 15. hirberge Chr. 3. 385, 9. heirberg Gl. Virg. 1, 70. herbirg, herbrig Zimr. *chr.* 4, 633ᵇ.: *eigentl. ein das* her *bërgender ort, heer-, feldlager.* diu gezelt ûf hebin, ir herberge brinnen Ath.** 7. zu felde herburge beslahen, *lager aufschlagen* Rcsp. 1, 65 (a. 1400); *ort od. haus zum übernachtbleiben für fremde, allgem.* (verre von den herbergen Gen. D. 95, 15. der hereberge biten Neif. 45, 12. Ga. 1. 42, 59. umbe h. biten Kol. 139, 406. h. geben Karlm. 208, 11. h. nemen Troj. 25047. daz korn muost unser h. sîn Lieht. 339, 26. sîn ors zer herbergen lief j. Tit. 1312. *bildl.* herbergen den blicken geben Loh. 1523. der in sînes herzen grât volle herberge vant Pass. 169, 67); *wohnung überhaupt,* si wolde im volgen zir eigen herbergen Gen. D. 43, 29. ze herbergen komen, *nach hause* Marlg. 247, 217. zur herberge wesen, *wohnen* Pass. K. 454, 83. heizet iuwern vater zuo der h. tragen, *nach hause* Roseng. Weigel 1351. diu h. *der kaiserl.* palast Wildon. 24, 93; *beherbergung, das recht beherbergt und verpflegt zu werden* Ssp. 3. 91, 3. man sol jêrlîchen von dem dorfe dem landgrâfen fur ein herberg geben 60 viertel habern Ad. 880. ab omni onere hospicii que herberge dicitur, sive alterius servitutis Don. a. 1304. die herberg essen Gr.w. 4, 11; *haus, auf welchem eine solche verpflichtung lastet,* die herberge, da der Wochner aufsitzt, die h. da der Wagner aufsitzt, des Pinters herberge *etc.* Mz. 4, 321. — *davon it. span.* albergo, *altfz.* herbere, *fz.* auberge Diez 1, 13;

her-bërgelîn *stn.* habitaculum Hpt. 8, 125. 26;

her-bërgen *swv.* (I. 161ᵇ) herburgen Dfg. 281ª. hirburgen Arn. 55 (a. 1324 *Nassau*), er hirbert Sgr. 955, hirwergen *ib.* 1830: *intr. lagerhütten aufschlagen, sich niederlassen* Nib. zwischen Magdalôn und Belsephôn dâ begunden si herbergôn Exod. D. 159, 20. wol ûf, herbergen von dem wal Wwh. 458, 3. si vuoren hin zem pflûme und herbergeten Gfr. 1187. si herbergeten ûf den plân und allenthalben ûf den sant Bit. 804; *sein nachtlager nehmen* Nib. Flore. *bildl.* ûf den tôten orsen herbergen sie dâ kunden Loh. 5877; *wohnung schaffen* Lieht.; — *tr. wohnung geben, beherbergen* Iw. Nib. 687, 1. Gudr. 259, 3. 319, 1. 604, 1. Loh.

1673. AB. 1, 346. ELIS. 4929. geherberget sin, *wohnung haben* PASS. 375, 87; *unpers.* von gesinde noch von gesten wart geherberget nie sô wunneclîche TRIST. 599. zühteclîchen geherberget wart LOH. 1874. *mil dat.* deme hie geherberget wirt MARLD. *han.* 101, 12. — *mit* be-, ge-;

her-bërgen *stn.* (*ib.*) *das quartiermachen* LIEHT.;

her-bërgerîe *stf.* (*ib.*) *ort od. haus zum übernachtbleiben für fremde* FLORE, KRONE 575. 908. 22257;

her-bërgerinne *stf. die* herberge *gibt.* herburgerinne ELIS. 7686;

her-bërgieren *swv. beherbergen* KIRCHB. 723, 33;

her-bërunge *stf.* hospitalitas DFG. 281ᵇ.

herbest, herbst *stm.* (I. 670ᵃ) der herberst DIEF. *n. gl.* 44ᵇ. daʒ h. FRL.: *herbst* Ms. (*H.* 2, 154ᵃ. 287ᵇ. 299ᵇ). MART. 250, 13. LIVL. 9674. *pl.* in den herbsten MGB. 111, 2. *personif.* FRAGM. 29, 38 *ff.; ernte, weinernte,* damit sy ietzo im herbst und seyet in acker seyen und herbst inziehen mögen SCHREIB. 2, 673 (*a.* 1495). herbest *var. zu* weinlesen MGB. 350, 28. abe lesen im herbst, vindemiare DFG. 620ᵃ (*vgl.* herbesten); *september* (II. 56ᵇ, 20), in decima die septembris und daʒ was an dem zehenden tage herbestes GRIESH. 2, 118. in der erne und im herbst MONE z. 6, 301. an s. Chungunt tag in dem herpst MB. 29ᵇ, 537 (*a.* 1281). der êrst h., september DIEF. *n. gl.* 269ᵇ; *october* (II. 56ᵃ, 8) ANZ. 12, 299. der ander h. DIEF *n. gl.* 269ᵇ; *november,* an dem herbst an dem nehsten mitwochen nach s. Martins tag GR.W. 4, 496. der drit herbst DIEF.*n.gl.* 265ᵇ. *vgl.* herbestmânôt *u.* WEINH. *mon.* 41 *f.* — *ags.* hearfest *zu* καρπός, *lat.* carpere CURT.³ 138. FICK 36.

herbest-bête *stf. im herbst zu entrichtende abgabe, steuer* GR.W. 3, 547. MONE z. 8, 294. *vgl.* herbestgewërf, -stiure.

herbest-bire *f. herbstbirne* HÄTZL. 1. 91, 198.

herbest-dinc *stn.* (I. 334ᵃ) *ungebotenes, im herbste gehaltenes gericht* HALT. *vgl.* herbestgedinge, -gerihte, -rëht, -teidinc.

herbesten *swv.* vindemiare EVANG. L. 6, 44. DFG. 620ᵃ.

herbest-garbe *f. herbstgarbe, als abgabe* GR.W. 4, 280.

herbest-ge-dinge *stn. s. v. a.* herbestdinc GR.W. 1, 102.

herbest-ge-nuht *stf.* (II. 356ᵃ) *herbstfülle* MART. (*lies* 251, 108. *vgl.* danne gât der herbest zuo mit genuht 250, 13).

herbest-ge-rihte *stn. s. v. a.* herbestdinc GR.W. 5, 141.

herbest-ge-wërf *stn. s. v. a.* herbestbëte GR.W. 5, 361.

herbest-huon *stn. im herbste zu entrichtendes zinshuhn* GR.W. 3, 495. MZ. 1, 307. TUCH. 206, 31. HALT. 892.

herbest-mânôt, -mânet *stm.* (II. 57ᵃ) *herbstmonat* (KONR. *Al.* 1339): *september* JER. DFG. 528ᵃ. der êrste herbestm. *ib.* JER. MZ. 1, 244 (*a.* 1300). DON. *a.* 1309. MH. 1, 621 (*a.* 1475); *october* MYST. 1, 213 (herbestmânde). GR.W. 3, 334. MONE 6, 436. DIEF. *n. gl.* 269ᵇ. der andere herbestm. MART. 89, 42. DFG 393ᵃ; *november,* der dritte h. MART. 89, 42. *vgl.* WEINH. *mon.* 42 *f., wo noch mehr belege gegeben sind.*

herbest-messe *stf. jahrmarkt im herbste* WEINSB. 34. CHR. 4. 190, 30; 5. 311, 13.

herbest-milch *stf.* nach sant Bartholomeus tag solt du vast herbstmilch mit pêtem prôt nüchtern essen ANZ. 11, 335 (*a.* 1428).

herbest-ouwestinne *stf.* (II. 454ᵃ) *september* LUDW. WEINH. *mon.* 32.

herbest-rëht *stn. s. v. a.* herbestdinc GR.W. 3, 655.

herbest-schâf *stn. herbstschaf, als abgabe* GR.W. 6, 514 *f.*

herbest-stiure *stf. s. v. a.* herbestbëte GR.W. 6, 183.

herbest-teidinc *stn.* (I. 335ᵇ) *s. v. a.* herbestdinc HALT. 892.

herbest-vrônde *stf. frohndienst im herbste* GR.W. 1, 843.

herbest-vruht *stf. herbstfrucht* MART. 252, 20.

herbest-zît *stf.* (III. 913ᵃ) *herbstzeit, herbst* JER. herbstzîten *adv. dat. pl.* MGB. 225, 7.

her-birge, -burge *s.* herbërge.

her-brant *stn. s.* herebrant.

hër-dan *adv. von einem orte her, weg* PASS. K. 51, 81. CHR. 5. 17, 24. 27, 24. 146, 16; *fortan, nachher* PASS. K. 3, 46. *s.* danne.

hërden? *swv. s. unter* hërthûs.

herden *swv. s.* herten.

hër-dës-halben *adv. u. präp. diesseits* MH. 2, 269. CP. 282. herdishalb *ib.* 286 *u. ö.* ZIMR. *chr.* 1. 31, 14. 366, 20.

here *stn. s.* her.

hëre *adv. s.* hër.

hêre *adj., swm. s.* hêr, hêrre;

hêre *stf.* in eben-, überhêre.

hêre-bërnde *part. adj.* (I. 139ª) *herrlichkeit od. heiligkeit an sich tragend* WALTH. 76, 37 (hêrebernde *Simrock*, êrebernde *Pfeiffer*).

here-, her-brant *stm.* (I. 253ᵇ) *kriegsflamme* ANNO, DIEM. 138. daz si deheinen herbrant möhten bringen in sîn lant BIT. 5783. *nicht comp.* den heres brant füeren *ib* 6444; Herbrant (*ahd.* Heribrant) *als name* KELL. *erz.* 213. 18.

here-haft *adj. s.* herhaft.

here-, her-horn *stn.* (I. 715ᵇ) *heerhorn, kriegsdrommete* KCHR. ERINN. (PRIESTERL. 25). SERV. WARN. GRIESH. 1, 119. 139. 49. 2, 94. L. ALEX. 3239. HERB. 4641. 12399. ALPH. 459, 1. LAUR. 1336. RAB. 589. DIETR. 8744. OTN. *p.* 55. 69. ROSENG. *H.* 689. 1193. LIT. 226, 30. MART. 187, 11. 195, 48. HELBL. 7, 858. BELIAND 3135. 3438. 4229. LIVL. 3301. KOL. 7, 858. RING 51ᵒ, 31. MGB. 108, 31. 389, 17.

here-liute NEIDH. 84, 19 *pl. von*

here-, her-man *stm.* (II. 39ᵇ) *krieger* DIEM. ROTH. (3493). ERACL. (4447). HÄTZL. 2. 60, 81.

hêre-muot *stm. hochmut.* manig mensch umb deinen groszen heremut hat verloren sein leben CHR. 2. 489, 20.

heren *swv. s.* hern.

hêren *swv.* (I. 669ᵇ) *ahd.* hêrjan: *tr.* hêr *machen, verherrlichen, zieren, schmücken allgem.* (loben unde hêren WACK. *pr.* 13, 11. des sî got MSH. 1, 268ª. got hât dich gehêret 2, 371ᵇ. wol gehêrter pfaffe 3, 475ª. mit wirdekeide hêren ELIS. 10530). — *mit* be-, ent-, ge-, ver-;

hêren *swv. ahd.* hêrên: *intr.* hêr *sein, voll freudigen stolzes werden.* dîn gemüete hêret MSH. 1, 11ᵇ. mir stolzet, mir hêret sin lîp herze 2, 359ᵇ.

heres *gen. v.* her, *damit uneigentl. compon.* hereskraft L. ALEX. 101. PASS. *K.* 236, 79. ALBR. 18, 19. RTA. 1. 369, 30 (*s.* herkraft), heresmaht (II. 9ª) JER.

hêresîe *stf. s. v. a.* êresîe. swer sînen schepfer lât, der begêt die hêresîe ULR. *Wh.* 134ª.

her-gans *stf. s.* horgans.

herge *f.* nonaria, pelex ein herge VOC. *Schr.* 1806. 2025. — *vgl.* huore.

hêr-ge-beine *stn. als heilig verehrtes gebein, reliquie* ELIS. 5658. 88. 8578. 10053 *u. o.*

her-ge-birge *stn.* (I. 161ª) *s. v. a.* herbërge OTN.

hër-gegen *adv. herwärts* CHR. 2. 217, 17. 271, 3.

hêr-ge-muot *adj. md.* hêrgemût *hochgesinnt* ELIS. 7813. 98. 8125.

hergen *swv. s.* hern.

her-ge-selle *swm.* (II². 30ª) *kriegsgefährte, ritterlicher gefährte, gefährte überhaupt* RUL. (211, 18. 213, 3. 15). LANZ. (696). NIB. KL. ALPH. IW. TRIST. WALTH. GUDR. 581, 3. ROTH. 5008. ULR. *Wh.* 112ª. 180ª. APOLL. 3157. KARL 10235. HELBL. 7, 608. 731. LS. 1. 265, 2; 3. 632, 7. cris, hergesello HPT. 3, 369ᵇ.

hêr-ge-sidele *stn.* (II². 236ᵇ) *hochsitz, sitz für vornehme* NIB. 559, 5. 718, 4 (*so nach Lachmann, die übrig. herausg. lesen* h e r gesidele *sitze für die menge, das volk*). *vgl.* hôchgesidel.

her-ge-sinde *swm.* (II². 295ª) *dienstmann im kriege, pl. heergefolge.* mit den hergesinden (mit dem hergesinde *CD*) si giengen in den sal NIB. 1125, 2;

her-ge-sinde *stn. heergefolge* GUDR. 1235, 3 (*von gefangenen als gefolge des feindl. heeres*).

hêr-ge-sinde *stn. vornehme gesellschaft* ELIS. 2621.

herge-tuom *stn.* petulcus VOC. *Schr.* 2086. — *s.* herge.

her-ge-verte *swm.* (III. 257ª) *heer-, streitgefährte* JER.

her-ge-wæte *stn.* (III. 778ᵇ) *kriegsrüstung, rüstung* JER. KULM. *r.* sô sal die vrowe zu h e r w ê t e ires mannes gebn ein swert SSP. 1. 22, 4. feodalicium, herwêde DFG. 230ᵇ.

her-got *s.* hêrregot.

her-grâve *swm.* (I. 567ᵇ) *md.* hergrêve *heerführer, feldherr* ZIMR. *chr.* 1. 248, 9. PASS. *K.* 247, 70. 592, 12. 681, 10. JER. 47ᵈ. 140ᵉ. 141ª. 183ª; *vollstrecker des vom könige gesprochenen kriegsrechtlichen todesurteils* (SCHADE) GR. RUD. 14, 16.

her-haft *adj. adv.* (I. 662ª) *als heer, gewaffnet u. scharenweise* DIEM. (herehaft). KINDH. SERV. (herhafte die herren zugen 460). TRIST. BARL. der heiden kraft vlôch herhaft KCHR. *W.* 16054. al sîn werdiu ritterschaft diu nam gedrungen herhaft TROJ. 18246. *vgl.* herlich.

hër-heim *adv.* (I. 653ᵇ) *heim, heimwärts* GERH. CHR. 5. 34, 33. 35, 5. 7. 36, 24. 37, 10. 11 *u. o.* ZIMR. *chr.* 3, 553, 23.

hêr-heit *stf.* (I. 668ᵇ) *herrlichkeit* MS. (*H.* 2, 362ª). L. ALEX. 56.

her-horn *stn. s.* herehorn.

her-huore *swf.* lena DFG. 223ᵇ. FASN. 866, 27.

herige *dat.*, **herigen** *swv. s.* her, hern.

hër-în *adv. herein* CHR. 4, 22, 12. *s.* în.

hêrîn *adj. s.* hærîn.
herinc, -ges *stm.* (I. 670ᵃ) *hering* Geo. Msh. 3, 452ᵃ. Ludw. 9, 4 *u. anm.* Kirchb. 752, 16. Diut. 1, 315. Hpt. 6, 419. Germ. 13, 76. Fasn. 622. 28. — *ahd.* harinc *aus lat.* halec, *salzfisch* Diez 25.
herinc-sul *stf.* heringsul vel vischul, salsugo Voc. 1482.
herinc-vanc *stm.* (III. 210ᵇ) *heringfang* Jer. Kolm. 39, 31.
heringer *stm.* **heringerîn** *stf. heringverkäufer, -verkäuferin* Tuch. 168, 13. 15; 189, 26.
hër-innër *adv. aus* hër-in-hër *herein* Chr. 3. 361, 8.
hêrisch, hêrsch *adj.* (I. 668ᵇ) *herrisch, nach art eines herren sich benehmen* Diem. Walth., hërrisch (668ᵃ) Frl.; *erhaben, herrlich,* waz mohte ûf erden hêrscher sîn dan keiser unde keiserîn Heinr. 67. wir hôhen sînen hêrschen namen 1792. wie mohte ein leben hêrscher wesen 3055. 3149;
hêrischen *adv.* (*ib.*) *nach art der herren* Gen. (oufreht stuont mîn garbe *D.* 74, 10).
hëri-tac *stm. s.* ërtac.
herjen *swv. s.* hern.
hër-kêre *stf.* (I. 800ᵃ) *das herkehren* Lanz.
her-kraft *stf.* (I. 871ᵇ) *heereskraft, -macht* Diem. L.Alex. 106. Ludw. 50, 17. 59, 23. *ndrh.* herkracht Karlm. 113, 12. 114, 8. *s. auch* hereskraft *unter* heres.
her-lich *adj. adv. mit einem heere versehen.* er was ûf grimmen strît gewarnet herlîch Troj. 25229. *vgl.* herhaft.
hêr-lich *adj.* (I. 668ᵇ) hirlich Fromm. 2, 438ᵇ: *vornehm, ausgezeichnet, prächtig, herrlich von pers u. sachen* Erinn. Nib. Trist. über allen sînen lîp was er rehte herlîch L.Alex. 176. zehen hêrlîchiu kint Apoll. 19916. hêrlîche boden Elis. 2496; ze hêrlîcher tât râten Gr. Rud. 11, 20. sîn gebærde was vil hêrlich Er. 287. diu bôt im hêrlîchen gruoz *ib.* 1211. mit hêrlîcher gâbe Hpt. 6, 497. hêrlîcher prîsant Elis. 1448. hêrl. wunder *ib.* 1840. *vgl.* hërrenlich;
hêr-lîche, -en *adv.* (*ib.*) Lampr. En. Nib. Iw. daz er sich hêrlîchen mit in bejagen mohte Er. 1834. hêrlîchen komen *in stattlichem aufzuge ib.* 2106. Gudr. 333, 4. hirlîch Rcsp. 1, 399;
hêr-lîcheit *stf. oberhoheitsrecht* Gr.w. 1, 192. 218. 223 *etc.* Just. 297; herrlikait, *pracht* Zimr. *chr.* 1, 272, 11.

herlîn, herle, herl *stn. dem. zu* har: *flachsbüschel, reiste* roca, rox Dfg. 499ᶜ. 501ᵃ.
herlîn *stn. s.* hërrelîn.
herlinc *stm.* (I. 670ᵃ) *eine pflanze.* racemus herling, horlingk Dfg. 482ᵇ.
her-man *stm. s.* hereman.
hermde *stf. s. v. a.* harm, *calamitas* Jer. 20ᵃ.
hermec-lich *adj. jämmerlich* Kirchb. 731, 17.
hermelîn *stn.* (I. 635ᵈ) *dem. zu* harm, *hermelîn* Gsm. Loh. 3128. Mor. 1, 2719. Albr. 1, 944. Beliand 3782. härmlein Mgb. 153, 14. 20. hermelîn, hermelen, hermel, harmel migale Dief. *n. gl.* 253ᵃ; *hermelinpelz* Engelh. hermelîn, bunt ind grâ Karlm. 230, 34;
hermelîn *adj. s. v. a.* hermîn. hermlein wât Np. 104.
hermel-wisel *f.* (III. 771ᵃ) *hermelin* Frl.
hërmen *swv. s.* hirmen.
hermen *swv. tr.* harm *verursachen, quälen, plagen* Kolm. 6, 624. Jer. 92ᶜ. 101ᵈ. 180ᵃ. hirmen *ib.* 126ᵃ; *refl. sich härmen* Kirchb. 596, 53. sich zû mûte hermen Dür. *chr.* 339 (*nach* Germ. 5, 242. 6, 63 *ist zu lesen* mûthermen);
hermen *stn. vexatio* Jer. 89ᶜ. 107ᵈ.
herme-zagel *stm.* (III. 840ᵃ) *schwanz eines harmes, hermelins* Wig.
hermîn, härmîn *adj.* (I. 635ᵇ) *vom* harme, *vom felle des hermelins* En. Nib. Parz. Wig. Er. 1568. 8939. Trist. 2549. Flore 3463. Eracl. 3595. Warn. 519. Chr. 4. 61, 17; *weiss wie hermelin,* hermîne zen Msh. 2, 218ᵃ; — *subst. stn.* hermelinpelz Iw. (2193. 6486). hermîn unde samît a.Heinr. 1024. bunt, grâ, hermîn Eracl. 1828. diu (kleider) wâren mit hermîne underzogen Turn. 20, 6. der schilt verdecket mit hermîne *ib.* 73, 3.
her-müede *adj.* (II. 228ᵃ) *vom heerzuge ermüdet* Karaj. (hermuowede, -muoede) Nib. (315, 4). Gudr. helede hermuode Kchr. *D.* 459, 24.
hern, heren *swv.* (I. 662ᵇ) herjen (= *ahd.* harjôn, herjôn), herigen *s.* verhern; hergen Mh. 3, 187: *tr. mit einem* here, *mit heeresmacht überziehen, verheeren, vernichten, plündern* Rul. Lampr. Pass. (*K.* 270, 19. 488, 22). wîp unde kint sie herten Kchr. 15642. sô sêre man in herte Gfr. 556. daz lant h. Gr.Rud. 11, 13. Livl. (1192). den wîn h. Albr. 19, 201; *mit gen. berauben* Parz. Ms.; — *intr. mit heeresmacht ziehen, einfallen, plündern.* heren und prennen Chr.

2. 155 *anm.* 1. 373, 10. si wolden heren durch gewiu LIVL. 10210. 381. daz wir sie lâzen riten heren *ib.* 11200. ûf einen h LOH. (6988). — *mit* be-, ver-. *vgl.* hersen.

hërn- *s.* hërren-.

hër-nâch *adv. s.* nâch.

hërne *stn. s.* hirne.

hernisch *s.* harnasch.

her-nôt *stf. heeresnot, krieg.* in reisen, in hernœten mit triuwen er mîn plag ROSENG. 820.

herolde, herolt *s.* heralt.

herpfære, herpfe, herpfen *s.* harpf-.

her-phærit *stn. pferd, welches vom untertanen zum kriegsdienste gestellt werden musste* ARN. 56 (*a.* 1334).

her-pfulwe *swm.* (II. 516ᵇ) *ein kriegs-, feldbette.* herphule SSP. 1. 22, 4. herpfoil KULM. *r.*

hêrre, hërre *swm.* (I. 664ᵇ) hêre *s. zu* FLORE 4959. hirre CDS. 1, 56; *gekürzt, (bes. in der anrede)* hêr, her (NEIDH. 55, 18), hër, ër: *herr allgem. u. zwar gebieter, herr, gegenüber den untergebenen jeder art* (unser hêrre *gott, ebenso* der heilige hêrre MONE 9. 54, 24; des hûses h. ALPH. 309. 322. her was mit den knechten knecht, mit den herren herre HPT. 11. 499, 240. der âventiure hêrre ORL. 6574. 7778, *vgl.* der â. wirt ULR. *Wh.* 256ᵃ. die elteren herren, *die sieben regierenden ratsmitglieder in Nürnberg* NP. 174 *ff. u. ö.; patron, schutzheiliger* ELIS. 819. 827); *geistlicher* (BERTH. 458, 32. MGB. 118, 24. STZ. 229 *u. o.); gemahl; vornehmer vasall od. dienstmann; mann von adel; in der anrede an gott u. menschen (vor eigennamen, vor personif. appellativen* [ei her Wurm, ei her Wurm! MARLG. 244, 145], *vor titeln u. titelähnlichen worten; auch dem titel nachgesetzt:* meister herre ELIS. 266; *verdoppelt* her, her künec HELBL. 15, 779). — *ahd.* hêriro, hêrro, hêro *comparativ vom adj.* hêr.

hêrre-got *stm. gott, eigentl. die anrede:* hêrre got. von unserm hêrregote BPH. 1728. unserm herrgot zu lobe HÖF. *z.* 2, 506 (*a.* 1402). mit einem hergots spil haben *ihn* verhöhnen CHR. 3. 143, 14. herrengot CHR. 8. 93, 25.

her-reise *stf.* (II. 664ᵇ) *heerfahrt, kriegszug* GUDR. 1011, 3. GR.w. 6, 47.

hêrrelîn *stn. dem. zu* hêrre PF. *üb.* 192, 3. 9. MD. *ged.* 3, 24. hërrel HELBL. 15, 421.

hërren *stv.? s.* hurren.

hêrren, hërren *swv.* (I. 667ᵇ) *tr. u. refl. zum herren machen* PARZ. FRL. (KOLM. 21, 34). sich h. laszen, *adeln* ZIMR. *chr.* 3. 200, 5. *mit gen.* SUCH., *mit präp.* gefreuwet und geherret (: gevërret) ü b e r alle crêatûre j.TIT. 318. 6052; *mit einem herren versehen* HELBL. gehêrret sìn, einen herren haben *ib.* A.HEINR.; — *intr. herrschen,* sô si dann lang herrend (*var.* gehêrschen) NETZ 7372, *mit gen.* dô der chunic Diocletianus der christenheite herran began MONE 9. 54, 27. — *mit* ane (NETZ 6094. 6213), be-, ge-, über-.

hërren-bette *stn.* thorus, thoral Voc. *S.* 1, 22ᵃ.

hërren-brôt *stn. brot für* herren, *klostergeistliche* GERM. 9, 199. 205. ANZ. 12, 440. VILM. 55.

hërren-dienest *stn. herren-, frohndienst.* di virdi êapht (êhaft) noyt is herrendinist MÜHLH. *r. L.* 174. *vgl.* herrennôt.

hërren-ëʒʒen *stn. essen, wie es einem herren ziemt* MGB. 245, 4.

hërren-gâbe *stf.* concitarium Voc. 1482.

hërren-gëlt *stn. einkünfte des grundherrn von einem gute* Mz. 1, 259. 269. 3, 102. CHR. 2. 323, 11. *vgl.* herrengülte.

hërren-ge-rihte *stn.* ein ieder schultheisz sol zuo eiuem ieden jor einmal hern- oder frefelgericht haben GR.w. 5, 355.

hërren-ge-sëʒʒe *stn.* daz herrengesezze ze Zwetel (predium Zwetel dictum) STZ. 35.

hërren-gülte *stf. s. v. a.* herrengëlt BERTH. 438, 8. ELIS. 79. URB. 259, 3 *ff.* CHR. 2, 556ᵃ. HALT. 901.

hërren-hiusel *stn.* hernheusel CHR. 2. 228, 19. *dem. von*

hërren-hûs *stn. herrensitz auf einem landgut, schloss* CHR. 2. 148, 9. 157, 16. 218, 1; 3. 150, 8. TUCH. 269, 1.

hêrren-knëht *stm.* GR.w. 2, 137.

hêrren-kraft *stf. herrschermacht* PASS. *K.* 348, 17.

hêrren-lich *adj.* (I. 668ᵃ) *herrlich* PARZ. *vgl.* hêrlich.

hêrren-liute *pl. von* herrenman GR.w. 1, 759.

hêrren-lôs *adj.* (I. 667ᵇ) *keinen herren, besitzer habend* PARZ. WWH. 344, 27. GUDR. 900, 3. LIEHT. 491, 5. CRANE 1507. ZIMR. *chr.* 4. 198, 17.

hërren-man *stm. dienstmann eines herren* GR.w. 1, 759.

hërren-mütschelîn *stn.* (II. 280ᵃ, 43) *herrenbrötchen* WEIST.

hërren-nôt *stf. abhaltung zu erscheinen im dienste des herren* GR.W. 4, 7. 5, 479. MONE z. 15, 442.

hërren-phruonde *stf. bezug eines chorherren an kost, kleidung u. geld,* præbenda dominorum UKN. 91 (a. 1303) *u. einl.* XLVI.

hërren-sac *stm. der stadt, den herren des rats gehöriger melsack* CHR. 2. 305, 1. 8.

hërren-sal *stm. herrengut, -hof* GR.W. 3, 698. *vgl.* salhof.

hërren-siz *stm.* h. *oder slöszlein* CHR. 2. 224, 9.

hërren-tisch *stm. herrentisch, -malzeit* H. v. N. 396.

hërren-vas-naht *stf. s. v. a.* phaffenvasn. *sonntag estomihi* CHR. 2. 25, 14. 200, 28. 201, 14. ZIMR. chr. 4. 164, 21.

hërren-veste *stf.* (III. 275ᵇ) *herrenburg* Ms.

hërren-zins *stm. einkünfte von einem* zinshove GR.W. 1, 197.

herrin? ûf h. sitzen, *sich aufs pferd setzen* ZIMR. chr. 4. 141, 4. — *schwz.* herri *n. pferdfüllen* STALD. 2, 110, *in der Baar* herrele.

hërrisch *adj. s.* hêrisch.

her-ruofer *stm. ausrufer beim heere. der keiser wart dô mit den herren des enein, daz über tac wart ligen dâ gerüefet. an allen sîten hie und dort der herruofer ez beschrei* LOH. 4055. WH. *v. Öst.* 9ᵇ. *vgl.* herschrîære.

her-sache? *stf.* (II². 5ᵇ) ûz disen hersachen (ursachen?), *deswegen* WARN. 3449.

hêr-sam *adj.* (I. 668ᵇ) *herrlich* LAMPR. EN. RUL. (60, 25). KCHR. D. 471, 32. 524, 16. ERNST B. 1996.

hêrsch *adj. s.* hêrisch.

her-schaft *stf.* (I. 662ᵃ) *kriegerschaft, heerschar, doch nicht immer vom folgenden zu trennen* (s. GR. 2, 521). diu himelische h. *die engel* DIEM. RUL. (*wegen* FREID. 14, 17 s. himelhêrschaft) *vgl.* engelische her-(hêr)schaft *die engelchöre* HEINR. 3827. heilege h. 1708. reine h., militia canonicorum 1136.

hêr-schaft *stf.* (I. 668ᵇ) hirschaft FROMM. 2, 438ᵇ. CDS. 2, 63. 96: *herrenwürde, herrenmacht, hoheit, herrlichkei; allgem.* (hêrschaft trîben *die gewalt handhaben* MYST. 1. 226, 30. KARLM. 208, 5. grosz h. treiben *ein herrliches leben führen* CHR. 4. 122, 12. wie michel hêrschaft an ir lac HEINR. 4347. der h. ich geniezen sal *ib.* 4487. mit lûchtender h. PASS. 118, 19. daz er die gerechtekeit durch keine h. verliez *ib.* K. 246, 97); *stolz, hochmut* WARN.; *recht u. besitzung eines herrn, herrschaft* FREID. GERH. h. maneger kunne HEINR. 4351. in h. sitzen *in besitz u. gewalt sein* CHR. 5. 199, 27. 31. 200, 24. wer denn unser hêrschaft inne hette Mz. 1, 406. 407; *obrigkeitl. amt u. gebiet* SWSP. ir hêrschaft alle viere (quatuor principatus) ELIS. 3674; *versammelte herren, vornehme gesellschaft*, SERV. TRIST. GERH. KRONE 15825. HEINR. 1918. 2649. 3362. 4327. 30. CHR. 1. 35, 12. 16. 48, 16. 399, 21 *u. o.* ir hêrschaft, *anrede an die zuhörer* MYST. 1. 137, 3. BERTH. 333, 24 *u. ö.* hêrschefte nante er den vierden chor der engel GEN. D. 1, 10 (*vgl.* herschaft); *obrigkeit, herrscherfamilie* HEINR. 812. ELIS. 394; *herr, herrin* MAR. TRIST.; dienstherrschaft, das sol unser hêrschaff woil behagen ALSF. *pass.* 8ᵇ;

hêr-schaften *swv. tr. regieren, beherrschen.* der dâ hêrschaft das ertreich von aufgang der sunnen unz zue ir nidergang VINTL. 1235 (*im orig.* che signoreggiava il mondo).

hêr-schaft-stap *stm. herrschaftliche jurisdiction* GR.W. 4, 200.

her-schal *stm.* (II². 125ᵃ) *heergeschrei, kriegslärm* DIEM. (135, 12). RUL. 126, 7. DIETR. 8764. RAB. 616. *ebenso*

her-schallen *stn.* (II². 126ᵇ) KREUZF.

her-schar *stf.* (II². 153ᵃ) *heerschar* KARAJ.

hêrsche-lîchen *adv. auf herrische, gewaltsame weise.* sô wolt ichz hêrschelîchen wagen und zerbrechen der künste swert KOLM. 89, 17.

hêrschen, hêrsen, hërsen *swv.* (I. 670ᵃ) *intr. herr sein, herrschen.* hêrschen, hirschen, hersen, heirsen dominare DFG. 190ᵃ. dâ hêrsete kunic Lyncus ALBR. 14, 171. dâr hêrset ewicliche Jêsus Cristus HEINR. 4356. dô der junge furste sô geweldiglich dô hirschte DÜR. chr. 782 s. 674. hêrschender gewalt, dominatio DFG. 190ᵃ. *mit gen.* WINDB. *ps., mit präp.* wan in ze hêrschen geschiht über die siben WG. 9068; *beherrschen, bewältigen mit dat.* dem dâ hêrschet met unde wîn *ib.* 4290; *refl.* sich mit kleiden hirschen, *durch kleidung ein vornehmes ansehen geben* DÜR. chr. 430. — *mit* ge-. *ahd.* hêrisôn, hêrresôn *zu* hêr, hêrre;

hêrscher, hërscher *stm.* (*ib.*) *herrscher* BERTH. 416, 9. MYST. 2. 639, 1. 2. W. *v. Rh.* 274, 36. hêrscher engel, dominationes DIEF. *n. gl.* 140ᵇ;

hêrscherîn *stf. herrscherin* W. *v. Rh.* 48, 33.

her-schif *stn.* (II². 111ᵃ) *kriegsschiff* JER. GRIESH. *denkm.* 31.

her-schilt *stm.* (II². 130ᵃ) *heerschild, schild als zeichen des kriegsaufgebots, heerbann* GRIESH. *chr.* daz er si sô verre vilte mit sîme herschilte LANZ. 110. ir wâret ie guoten chnechte, ûwer herschilte gerechte RUL. 106, 6. mit dem herschilte etw. ervehten *ib.* 10, 25. KCHR. *D.* 410, 26. 425, 17. daz lant, daz er hete bedwungen, mit sînem herschilte gewunnen *ib.* 157, 6; *symbol der (sechs- od. siebenfachen) lehenrechtl. gliederung der stände* RSP. KULM. *r.* DSP. 1, 5. SWSP. (5, 10 *ff.* 28, 5. 7. 406, 7. *L.* 2, 1).

her-schouwe *stf.* (II². 201ᵃ) *heerschau* PASS. APOLL. 3291. OT. 611ᵃ. ENENK. 338. 73. *ebenso*

her-schouwunge *stf.* (II². 199ᵇ) LIVL.

her-schrîære *stm. s. v. a.* herruofer WH. *v. Öst.* 91ᵃ.

hêrschunge *stf. herrschung, herrschaft* FASN. 175, 32. 189, 4.

hersen *swv. s. v. a.* hern. sie haben mit 800 pherden und 4000 fuszgengern acht tage geherset RTA. 1, 470 (*a.* 1439).

hêrsen, hërsen *swv. s.* hêrschen.

hersenier, härsenier; hersnier, härsnier *stn.* (I. 637ᵃ) *kopfbedeckung unter dem helme* WOLFR. WIG. ULR. *Wh.* 110ᵇ. 125ᵈ. j.TIT. 1649 4719. 5535. 5826. DIETR. 6535. 763. RAB. 663. 952. LOH. 2214. TROJ. 35540. her-stenier ULR. *Wh.* 8ᵃ. harstonier RENNEW. 92, 49. — *jedenfalls ein fremdes wort (der deutsche ausdruck dafür war* hüetelîn *s.* W.GRIMM *zu Andr. u. Elene s.* 127), *vielleicht vom fz.* herse, *altfz.* herce *ogga, aber auch allerlei geflecht s.* DIEZ 1, 662; WACK. *denkt an roman. entlehnung aus ahd.* hârsnuor, *reticulum.*

her-stange *swf. ein katzenelnbogenscher landschreiber u. der katzeneln. amtmann von Büdingen bitten den Frankf. rat:* inen funfe herstangen zue lihen und als ville harzeringe (*der amtmann schreibt* beche-ringe) als sich geburt darzue zue zwein nachten, dar inne zue bornen zue redelichem gelüchte FRANKF. *auswärt. angelegenheiten* 1450 (*in der archivalaufschrift des einen briefs steht:* man habe gebeten umb fackeln und fackelringe).

herstenier *stn. s.* hersenier.

herster *stm. s.* harscher.

her-stiure *stf.* (II². 651ᵇ) *steuer für den krieg* SWSP. *L.* 2, 83. ÖH. 62, 25.

her-strange *swm.* (II². 675ᵇ) *tapferer kämpfer* RUL.

her-strâze *f.* der kraiz (*die milchstrasse*) haizt von den laien die herstrâze MGB. 78, 13, 16. 17.

hêr-stuol *stm.* (II². 714ᵇ) *erhabener stuhl, thron* GEO.

her-sumber *stmn.* (II². 731ᵃ) *heerpauke* ENENK. ein pumpern man hœrt von hersumpern OT. 74ᵇ. 146ᵃ.

hert *adj. adv. s.* herte, harte.

hërt, -des *stm.* (I. 671ᵃ) *erde, erdreich, boden* LANZ. FREID. KONR. (SILV. 1555. TROJ. 10751. 12144. 33870). wen treit der hert ald der himel W. *v. Rh.* 79, 45. daz weder stuppe noch hert wurden in daz grap gerêrt *ib.* 246, 19. ûf den hert *ib.* 155, 20. 199, 13. ECKE *Z.* 153, 20. ALTSW. 103, 7. ein boum er uz dem herde brach SIGEN. *Z.* 42, 5. zuo dem herde verstôzen KRONE 25073. in herde MONE 9. 41, 114; *boden als feuerstätte, herd* GRIESH. HERB. NEIDH. (68, 27). er begunde alsô gebären mit einer stangen umb den hert GA. 3. 79, 1359. ein hert von vier spünden TUCH. 303, 3; *haus, wohnung,* bî dem herde RENN. 5293. komen ze vriundes hert TÜRL. *Wh.* 93ᵇ. daz er gesæhe der tugende hert KRONE 22461. — *zu* ërde? *vgl.* DIEF. 1, 22. 2, 725.

hërt *stf.* (I. 670ᵇ) *herde* MS. (*H.* 2, 157ᵃ). PASS. (*K.* 149, 23). ALBR. 32, 293. MGB. 122, 6. GR.W. 1, 309. — *gt.* hairda *zu skr.* çardha (*aus* kardha) *schar, herde* GSP. 39. FICK² 38.

hërt-ambet *stn. hirtendienst* GR.W. 6, 193.

hërtære, -er *stm.* (I. 671ᵃ) *hirte, kuhhirte.* bubulcus, armentarius hertære, hirtære SUM. herter, pastor DFG. 416ᵃ. GEST.R. LS. SUCH. AUGSB. *r. W.* 12. MÜNCH. *r.* 7, 36 (hörter). den hirter (*stadthirten*) setzen Mw. 197, 4 (*a.* 1294). *von* hirte *unterschieden:* man sol wüssen, das die burger hirten und herter setzend GR.W. 1, 298. SCHREIB. 1, 538 (*a.* 1368). hirte und herter *nebeneinander in einer Villinger urk. v.* 1392 (DON.); *im Haslacher stadtrecht wird nebst dem* hirten *u. nach demselben der* herter *unter den städti-*

schen ämtern genannt (mitteil. von Schreckenstein); Herter *als eigenname* ZIMR. *chr.* 4, 634ᵇ.

hert-bære *adj. mannbar.* hertbar ZIMR. *chr.* 1, 440, 8; 3. 279, 33.

herte *prät. s.* hern, herten.

herte, hert *adj.* (I. 637ª) hart HERB. *u. s. unter den folgenden beispielen; in* KARLM. hart *u.* herte, *s. Bartsch* 295, *in compon. eigennamen die form* hart *s.* RENN. 1600 *ff.*; hört CHR. 5, 466ª, ZIMR. *chr.* 4. 98, 6. 101, 3: *hart, fest* PARZ. NIB. herter stein BÜCHL. 1, 1616. SILV. 669. MGB. 321, 5. CHR. 5. 196, 16. daz herte bret er weichte ER. 5536. swaz herte ist daz wirt gelindet SGR. 985. daz sahs was schœne unde hart LANZ. 8505. KARL 3037. daz herte krûze PASS. *K.* 39, 80. 193, 90 hertez flaisch MGB. 47, 8. 244, 3. hertez korn, getreide *roggen, weizen u. gerste im gegens. zu hafer* GR.W. 5, 27. ZEITZ. *s.* 1, 27. herter snê CHR. 5. 147, 11. herter und gefrorner weg *ib.* 179, 15. hertez gemeur *ib.* 315, 12. das der habich nit smaiszen möcht und hert *(verstopft)* wär MYNS. 45; *hart, grob, rauh, iur gebærde die sint* herte TRIST. 8780. grober sin und hert vernunft MGB. 47, 9. 114, 23. herte antwurt CHR. 5. 59, 12. herte rede FRONL. 25; *festhaltend, ausdauernd, hartnäckig,* herten haz tragen BIT. 3947. einem herten muot tragen *gegen ihn unnachgiebig gesinnt sein* GREG. 3545. hertes fürnemen CHR. 3. 165, 11. einem od. sich einem hart halten, *ihm hartnäckigen widerstand leisten* HERB. MARLG. 16, 213. *mit gen.* RUL. PARZ. (384, 13). Ms. HELBL.; *fest zusammenhaltend, gedrängt, dicht,* in die herten schar NIB. 203, 3 (*vgl.* herte *stf.*); *drückend, anstrengend, schwer, schmerzlich* NIB. PARZ. HARTM. (der hertiste strît GREG. 1983. dû muost mit herten dingen nâch ir hulde ringen BÜCHL. 1, 635). des wart ein strît vil hart GR.RUD. 20, 3. PASS. 204, 57. CHR. 4. 283, 12. ez wart nie turnei sô hart BIT. 8796. under herten straichen MGB. 119, 29. herter getwanc PASS. *K.* 378, 87. 422, 37. zû herteme legere, *auf ein schweres krankenlager ib.* 52, 28. 61, 69. diz herte villen *ib.* 21, 56. 194, 43. ez wirt uns schier ze herte LOH. 2423. hertez leben CHR. 4. 279, 18. — *gt.* hardus, *vgl.* DIEF. 2, 540. CURT.³ 138. 147. GSP. 39. KUHN 15, 314 *f.* FICK 34;

herte *stf.* (I. 638ᵇ) *sw.* MGB. 397, 21: *härte eigentl. u. bildl.* IW. PARZ. STRICK. wie ist dîn herte (*strenge*) sus getân EXOD. *D.* 146, 16. sîn herze was bevangen mit micheler herte (*verstocktheit*) *ib.* 137, 12. 138, 14. wider des milzes herten (*verhärtung*) MGB. 397, 21; *steinichter boden?* MAR. TRIST. (*s.* hart *stm.*); *kern des heeres* PARZ.; *das dichteste kampfgedränge, wo der stärkste widerstand stattfindet* RUL. LANZ. NIB. PARZ. grimme herte vehten BIT. 4024. des strîtes, sturmes h. LOH. 4847. DIETR. 3329. gein strîtlicher herte gebent si manheit michel j.TIT. 6110. daz si heten manheit mit siten und bî im die siure in der herte liten LOH. 4569. die liezen sich nû in der herte schouwen, dâ man den sige ervehten muoz *ib.* 5153. sî hielten ûf ein herte VIRG. 50, 3. er habt niht ûz der herte und ist ein nôtgeverte sînes herren in dem strît HELBL. 1, 918. des wurden wâfen an der herte vunden, *schwerter im kampfe erprobt* GUDR 501, 4. dâ herte wider herte in dem sturme ergal *ib.* 1444, 2. herte dô wider herte vil eislîchen streit RAB. 603. 829. hert wider hert unreht mac vertrîben MSH. 3, 89ª. mit herte zuo der helle komen BUCH *d. r.* 1228. des tôdes h. *todeskampf* MARIENGR. 781; — *schulterblatt, schulter* (I 671ᵇ) NIB. BIT. (225). inzwisken dînen herten KCHR. *D.* 391, 4. *altn.* herdhar *f. pl., vgl.* KUHN 15, 314.

hërte *swm. s.* hirte.

hertec *adj. hart, strenge* KIRCHB. 643, 58. 689, 9.

hertec-heit *stf.* (I. 638ᵇ) hertekeit, hertikeit *härte, eigentl. u. bildl.* MART. W. *v. Rh.* 23, 20. GRIESH. denkm. 37. FRLG. 102, 98. SSL. 177. MF. 177. PASS. 207, 50. 268, 81. 322, 48. 329, 19. *K.* 10, 87. 54, 69. 96, 75 40, 89. 443, 57 (*gefahr, not*). 587, 53. ELIS. 6507. 7941. EVANG. *M.* 19, 8. *Mr.* 10, 5. SGR. 360. 1686. ungehôrsam und hertichait (*hartnäckigkeit*) W. 16 *s.* 23. mit strenger hirtekeit RCSP. 1, 182. 225; *kampf, kampfgedränge* KREUZF. 2033. KIRCHB. 810, 5.

hertec-lich *adj.* (I. 638ª, 42) *hart* PARZ.;

hertec-lîche, -en *adv.* (I. 638ª, 44) *auf harte* (*starke, heftige, schwere, schmerzliche, grausame*) *weise* PARZ, TROJ. MAI, BON. ERNST 4808. RAB. 429. MSH. 1, 7ª. MGB. 85, 18. CHR. 1. 158, 11. 465, 34. PASS. 46, 15.

K. 12, 1. 16, 2. 40, 56. 561, 80. h. sprechen, *laut ib.* 44, 29; *s. v. a.* harte, *sehr* BERTH. hertecl. erschallen MSH. 3, 68ᵇ. h. rîten NIB. 1548, 3 *N. vgl.* ZIMR. *chr.* 1, 634ᵇ.

hërteler *stm.* (I. 671ᵃ, 13) *s. v. a.* hërtære WEIST.

herte-lich *adj.* (I. 638ᵃ, 37) *hart* ATH. *A*ᶜ 13. an hertelîcheme griffe PASS. 379, 52;

herte-lîchen *adv.* (I. 638ᵃ, 40) *hart, strenge* PASS. *K.* 32, 30. hertlîchen DÜR. *chr.* 530. 32. 97.

herten *swv.* (I. 638ᵇ) herden KARLM. *B.* 296. *prät.* hertete (CLOS.), herte, harte; *part.* gehertet, gehert: *tr. hart, fest, stark machen* RUL. STRICK. (Aw. 3, 225). ze Weidehoven wart er im gehertet und geweichet MSH. 3, 251ᵃ. ez (swert) wart gehert in drachenbluot VIRG. 37, 5. LAUR. 186; *rösten* (I. 671ᵇ, 13) SUM.; *durchsętzen, auf etw. beharren,* daz wolde er herten alle wege ELIS. 4084; — *intr. u. refl. widerstand leisten, ausdauern, beharren* DIEM. RUL. KARL, WIG. noch muoz er herten volleclîchen fünf jâr WELTCHR. 71ᵇ. *mit gen.* wænt er urliuges herten der edel Dietrich? ALPH. 64, *mit präp.* an deme ubele herten SPEC. 175. sie herte dran vil vaste HEINR. 3602. daz si sich gegen im harten PASS. 44, 42. — *mit uz;* be-, durch- (*nachtr.*), er-, ge-, über-, ver-, wider-.

herten-lich *adj. s. v. a.* hertelich. in hertenlicher nôt PASS. *K.* 324, 19.

hërter *stm. s.* hërtære.

herte-stetec *adj. nicht von der stelle zu bringen, widerspenstig (vom pferde)* SCHM. 3, 672.

herte-stunge *f.* celtica, herba DFG. 111ᵇ.

hërt-gëlt *stn. herdsteuer.* hette er eigen rauch, so sal er einen gulden geben zu hertgelte RCSP. 1, 778. MONE *z.* 5, 356 (*a.* 1308).

hert-grîfec *adj. hart zum angreifen* MGB. 85, 16. 316, 31.

hërt-huon *stn. huhn als abgabe statt des hertgeldes* GR.W. 2, 244. RA. 374. HALT. 893.

hërt-hûs *stn.* und sol ein yder, der do pawen wil, einem amptman geben von einem zwigedmigen haus zwien guldein, und von eim herthause, daz zwue stuben hat, auch zwien guldein, und von eim herthaus, daz ein stuben hat, oder von eim geherten stadel von idleichem anderthalb guld. und von eim haus oder stadel, di niht gehert sein, von idleichem ein guld. CHR. 1. 29, 16 *ff.* hert haus *u. s. w. scheint im gegens. zu* zwigedmig *zu stehen u. die räumlichkeiten im erdgeschosse zu bezeichnen.*

hërt-kęzzel *stm. herdkessel* MONE *z.* 16, 327.

hert-lîchen *adv. s.* hertelîchen.

hert-müetec *adj.* (II. 261ᵃ) *hartherzig, mürrisch* SUCH. wer wênig lacht, der ist hertmüetig und misvelt im allez MGB. 47, 15;

hert-müetec-heit *stf.* (*ib.*) *hartherzigkeit* TAULER.

hërt-phanne *f.* bacillum DFG. 65ᵃ.

hërt-rëht *stn.* (II. 624ᵃ) *herdrecht,* focagium AD. 730 (*a.* 1232). MONE *z.* 1, 15. — *eine eigentümliche erklärung findet sich im lagerbuche von Hirschau vom j.* 1566: ein herdtrecht, wie man denen aus etlichen alten lagerbüechern bericht ge funden, soll sein ain haubt vichs, so under ein herdt gânt, und hett man von alters ein herdtrecht zugleich wie ein haubtrecht oder todfall gehalten *etc.* (*mitgeteilt v. Kausler*).

hërt-schilling *stm. abgabe an den lehnsherrn bei verheiratung eines kindes* GR.W. 5, 268.

hërt-stat *stf.* (II². 601ᵃ) *herdstatt, herd, bewohntes haus* HERB. URB. AD. 880 (*a.* 1314). GR.W. 6, 50. MONE *z.* 1, 15.

hër-tuom *stnm.* (I. 669ᵇ) *s. v. a.* hërschaft: *hoheit, herrlichkeit, herrschende gewalt* DIEM. KCHR. ANTICHR. genædigez hërtuom EXOD. *D.* 149, 12. himel unde erde bidemt gên sînem êwigen hërtuom MYST. 1. 321, 27. dînen gotelîchen hërtuom kunde unser tunkel bekantnisse niht gereichen HPT. 9, 23; *persönl. herrscher* GEN. ANNO 115. 597. Christ, unser hërtuom FDGR. 1. 204, 23. daz si heten missetân an ir rehtem hërtuom DIETR. 8133. *vgl.* MAR. 202, 25.

hërt-val *stm. s. v. a.* ërtval GR.W. 5, 342;

hërt-vellec *adj.* (III. 225ᵃ) *s. v. a.* ërtvellec WEIST. (4, 290. 383. 410. hardvellig 5, 119).

hërt-vihe *stn. herde* GR.W. 1, 440. MONE *z.* 15, 427. 17, 467. Mz. 1, 401 (*a.* 1386).

hërt-wëc *stm. viehweg* GR.W. 1, 441. 6. 222.

hër-umbe, -under *adv. s.* umbe, under.

herunge *stf. verheerung in lith. urk. aus dem 14. jh. im cod. diplom. Lithuaniæ.*

hër-valke *swm. s.* girvalke.

her-vane *swm.* (III. 235ᵇ) *heerfahne, kriegsbanner* TRIST. ROTH *pr.* (77. 78). BIT. 1541. 5359. 9687. 11023. HELBL. 7, 919.

hër-vart *stf.* (III. 254ᵇ) *hergang, ereignis* PASS.

her-vart *stf.* (III. 252ᵇ) *heerfahrt, kriegszug* LAMPR. NIB. GUDR. (729, 4. 739, 2). TRIST. BARL. PASS. (102, 14. 266, 43. 334, 19. MARLG. 54, 14). KCHR. *W.* 15304. NEIDH. 84, 16. BIT. 3480. DIETR. 7994. LOH. 1807. KRONE 22173. 85. APOLL. 7358. HELBL. 1, 884. GA. 2. 603, 299. ALTSW. 5, 10. SWSP. 303, 2. eine h. ûz rüefen UGB. 488. 92;

her-verten *swv.* (III. 257ᵇ) *eine hervart machen* NIB. GUDR. (1571, 2). MAI, BIT. 3403. 9591.

her-vluht *stf. flucht vor kriegsdienst* GR.W. 6, 35. 36;

her-vlühtec *adj.* swer triwelôs beredet wirt vor gerihte oder hervluhtic ûz des riches dienest, dem verteil man sîn êre DSP. 1, 47. *vgl.* SWSP. 43.

her-volc *stn.* (III. 365ᵇ) *heer* LUDW. 42, 4. 6.

her-vride *stm.* (III. 405ᵇ) *heerfriede, pax et securitas hominum in expeditione* HALT. 881. ERACL.

her-vüerer *stm.* (III. 263ᵃ) *dux* VOC. *o.*

hër-vür *adv. s.* vür.

her-wagen *stm.* (III. 644ᵇ) *heer-, kriegswagen* GRIESH. (1, 147). TROJ. (45041). JER. GR.W. 6, 13. 637. 72. 705; *sternbild des grossen bären* MEIN. 9,

her-wart *adv. s.* hërwërt.

her-wæte *stn. s.* hergewæte.

herwe *adj. s.* hare;

herwe *stf.* (I. 635ᵇ) *herbheit* WOLK.

her-wëc *stm.* (III· 639ᵃ) *heerstrasse* JER.

herwen *swv. in* verherwen.

her-wërc *f. s.* herberge.

hër-wërt *adv.* (III. 598ᵃ) *herwärts* ERLŒS. KELL. ê er sî komen herwert GA. 3. 209, 460. herwart des tages, *vor sonnenaufgang* MONE 4, 80.

hër-wider *adv. s.* wider.

herwîn *adj.* (I. 633ᵇ) *von har, flachs* GSM. Mw. 62, 22 (*a.* 1256).

hërze, hërz *swn.* (I. 671ᵇ) *dat. sing. u. nom. acc. pl. zuweilen st.* herze; *gen. sing. unecht* herzens CHR. 3. 169, 17. 170, 25 (*vgl.* WEINH. *b. gr.* § 351. *al. gr.* § 408); *pl.* herzer ZIMR. *chr.* 1. 401, 11; 2. 532, 5: *herz, eigentl.* HARTM. WOLFR. dar nâch schuof er er im die bruste, dem herzen ze veste GEN. *D.* 6, 5. wann daz herze wirt gesêret *ib.* 7. sô heiz mir snîden ûf den lip und nim her ûz mîn herze gar HERZM. 299. daz bluot von dem herzen spranc NIB. 922, 3. den gêr im gên dem herzen stecken er dô lie 923, 1. zehant viel mir daz bluot von herze ûf die sêle mîn MSF. 168, 13. daz iwer herze sprünge hô und wie ez stiez an iuwer brust LIEHT. 469, 12. *vgl.* 579, 24. 580, 4. 584, 24. daz herz ist der anvanch des lebens MGB. 25, 29. guot für des herzen krankhait 475, 2. der tôt sîn herze brach LIVL. 10095. unz ir der tôt inz herze quam EN. 344, 3; *bildl.* des apfels herz *der butzen am apfel* MGB. 318, 11. in dem herzen des mers liget Surs KREUZF. 480; — *herz als sitz der seele, des gemütes, mutes, verstandes, der vernunft, überlegung allgem., s. noch:* daz was der ougen wünne, des herzen tôt MSF. 136, 8. als ich ein hôhez herze trage *ib.* 152, 27. als erzeige ich ir mîn wundez h. 135, 37. mit herzen und mit munde TROJ. 11481. 15426. mit herzen und mit handen *ib.* 17766. daz iu mîn angest hiute ze herzen und ze libe gê *ib.* 18375. ze herzen slôz er unde las Helênen gar vür alliu wîp *ib.* 20376. ein man nâch dem herzen mîn ERLŒS. XV, 287. etw. von herzen gerne sehen LOH. 3747. daz wort er gar von herzen sprach LIEHT. 307, 23. ich wil in in diu herze sehen beidiu durch kleider und durch lîp *ib.* 567, 24. 632, 5. einander in diu herzen sehen LOH. 1339. den smerzen ze herzen tragen ENGELH. 1730. einen zû herzen dragen, hân ELIS. 1982. 8382. einem ein holdez h. tragen MSF. 47, 8. swie daz sie doch wære sînes herzen diep LOH. 1355. daz herze sült ir schelten, daz iu die rede gerâten habe KRONE 11405. lieber sun, entsprozzen bistû ûz minem herz ALTSW. 249, 13. ein steinîn h. FRONL. 50. swaz im an dem herzen hienc daz barc er PASS. 354, 40. ein herze gevâhen, *mut fassen ib. K.* 337, 30. MAR. 171, 12. kleins, verzagtes herzens CHR. 3. 169, 17. 170, 25; liebez herze, *schmeichelnde anrede,* MYST. 1. 363, 17. — *gt.* hairtô *zu skr.* hrd *für* hard, *gr.* καρδία *lat.* cord- CURT.³ 137. GSP. 39. FICK² 37;

hërz-, hërze- *s. auch* hërzen-;

hërze *adj. in* barm-, gehërze.

hërze-bære *adj.* (I. 673ᵇ) *im herzen getragen, das herz treffend* WOLFR. ich füege herzebære sêr ULR. *Wh.* 117ᵃ. 118ᵈ. *vgl.* hërzenbërnde.

hërze-blat *stn.* (I. 202ᵃ) *eine pflanze*, carue, circe DFG. 104ᵃ.

hërze-bluot *stn.* (I. 219ᵃ) *herzblut, herz* KONR. MS. BERTH. 358, 23. WACK. *pr.* 44, 128. 46, 178. GERM. 12. 41, 380. herzenbluot KARL 4507.

hërze-brëchen *stn. herzbrechen, tod.* herzebrechen und glitkrachen KRONE 11539. dîn (*Christi*) bitter herzbrechen WACK. *pr.* 99, 75.

hërze-brëhen *stn. herzglanz, schmeichelnde anrede.* vrouwe mîn, herzebrehen, sunneschîn GA. 1. 461, 250.

hërzec *adj. in* barm-, niun-, steinhërzec.

hërzec-heit *stf. in* barm-, gehërzecheit.

her-zech-tuom *stn. s.* herzogentuom.

hërzec-lich *adj.* (I. 674ᵃ) *was im herzen ist, vom herzen kommt, herzlich* BARL. PANT. SILV. 1236. ENGELH. 2156. 3176. TROJ. 9159. 21358. GERH. 1403. 3533. 4603. W. *v. Rh.* 169, 59. FLORE 4829. 934. HERZM. 240. 65. MERSW. 3. *vgl.* hërzelich;

hërzec-lîche, -en *adv.* (*ib.*) *im herzen, von herzen, herzlich, sehr* BARL. MS. FLORE 1793. 4801. ERNST *B.* 3850. ENGELH. 2918. GERH. 3781. WACK. *pr.* 68, 150. MGB. 63, 26.

hërzede *stn.?* *verwundung, kränkung?* nû mûʒe uns godes gûte vor den herzeden behûde *der sünden widerstrît* GIESS. *hs. vers* 1184.

hërze-drücken *stn.* APOLL. 5912.

hërze-galle *swf.* (I. 459ᵃ) *bitteres od. böses, das im herzen liegt* TRIST.

hërze-gër *stf.* (I. 531ᵇ) *verlangen des herzens* TRIST. *vgl.* hërzengir.

her-zege-tuom *stn. s.* herzogentuom.

hërze-grimme *adj.* dô der alte Hildebrant durh sînen herzegrimmen zorn sluoc die vrowen wol geborn KL. 261.

hërze-guot *adj. herzensgut, herzlich lieb* KARLM. 148, 5. 210, 22. herzenguot ANTICHR. 177, 39. (= dînen herren guoten DIEM. 262, 24).

hërze-haft *adj.* (I. 673ᵇ) *beherzt* PARZ. TRIST., *adv.* daʒ leit herzenhaft tragen j.TIT. 4974; *besonnen, verständig* PARZ. nû sît ein herzenhaftez wîp GA. 2. 179, 161;

hërze-haftec *adj.* cardiacus DFG. 100ᵇ.

her-zeichen *stn.* (III. 863ᵇ) *feldzeichen, fahne* SPEC. MYST. KRONE, RENN. 1096. dem h. volgen j.TIT. 3095. 3168. ob er iht herzeichen dem vanen sunder schüffe 3943; *feldgeschrei, losung* WOLFR. (*Wh.* 207, 1. 397, 8. 414, 24. 437, 1). LIVL. ERINN. 500. ORL. 1364. KARL 5045. 5299. ZING. *Pl.* 9, 83; *wappen* WALTH. DAV. *v. A.*

hërze-innec-lich *adj. herzinniglich.* herzeinneclîche gunst FRAUENEHRE 1456.

hërze-klage *stf.* (I. 832ᵇ) *herzeleid* TRIST. swaʒ ich herzeklage von ir trage MSH. 1, 111ᵃ. owê, daʒ ich nicht sterben mac von endelôser herzeklage TROJ. 13233. herzenklage BÜCHL. 1, 288. GERH. 1967.

hërze-krachen *stn. das krachen des herzens, herzeleid.* alsus verwehselt wart in herzekrachen j.TIT. 1068. bitter herzekrachen TROJ. 22057.

hërze-krût *stn.* (I. 891ᵃ) *herzkraut*, cordiera DFG. 151ᵃ. herzenkrût, cordigena VOC. 1482. *vgl.* hërzspan.

hërze-kumber *stm. herzenskummer, herzeleid* ULR. *Wh.* 181ᵇ;

hërze-kumber-lich *adj.* (I. 910ᵃ) MS.

hërze-küneginne, -în *stf.* (I. 914ᵃ) *herzenskönigin, liebkosende anrede* TRIST. herzeküniginˆ, ich was dir ie mit triuwen bî NEIDH. 66, 26. *nicht comp.* sînes herzen küniginˆ TROJ. 737.

hërze-lanc? *adj.* (I. 931ᵃ). herzelangiu swære MSH. 2, 168ᵇ. (W.GR.: langiu herzeswære?).

hërze-leide *stf.* (I. 982ᵇ) *herzeleid, tiefe betrübnis* NIB. WALTH. WIG. TRIST. 13084. NEIF. 20, 9. MSH. 2, 137ᵃ. *vgl.* herzeleit *stn.;*

hërze-leiden *swv.* (I. 982ᵃ) *kränken* TRIST. *U.*;

hërze-leit *adj.* (I. 980ᵃ) *leid im herzen.* sô eʒ mir ie herzeleider ist LESEB. 876; 9; *aus leidvollem herzen kommend* PASS. mit herzeleidem wuofe NIB. 2171, 3. herzeleide klage hân MSH. 2, 165ᵇ;

hërze-leit, -des *stn.* (I. 981ᵇ) *s. v. a.* hërzeleide NIB. (970, 4. 1734, 4). PARZ. TRIST. WIG. WALTH. GR.RUD. 27, 24. VIRG. 955, 13. W. *v. Rh.* 186, 58. herzenleit ER. 9681. BÜCHL. 2, 10. GERH. 1546. LIEHT. 305, 24. MSH. 1, 352ᵃ. HERZM. 215. 517. S.AL. 329.

hërze-, hërzen-lich *adj.* (I. 673ᵇ) *s. v. a.* hërzeclich PARZ. (541, 19). WALTH. L.ALEX. 2767. NIB. 145, 3. 1040, 4. 1174, 4. PASS. 351, 58. MARLD. *han.* 104, 24;

hërze-, hërzen-lîche, -en *adv.* (*ib.*) *s. v. a.* hërzeclîche PARZ. NIB. (271, 1. 992, 3. 1737, 2). WIG. ER. 1260. 1302. 4017. GREG. 3698. LIEHT. 75, 16. 370, 22. GERH. 1159. PASS. *K.* 57, 13. WACK. *pr.* 68, 152.

hërze-liebe *stf.* (I. 1016ᵃ) *herzensfreude* A.HEINR. 1413 *var.* ûz herzeleide in herzeliebe gân NEIF. 20, 9. dô wart in beiden vröude und herzeliebe kunt TROJ. 9129; *herzliche liebe* NIB. (1158, 4). WALTH. WIG. daz sô grôz herzenleit von herzeliebe geschiht BÜCHL. 2, 11. von herzeliebe daz geschach WINSB. 64, 2. daz ich nâch h. quil TROJ. 15952. swaz h. mac gefromen ze vröuden an der minne spil *ib.* 9150. daz wir man niht kiusche sin noch rehter wâge pflegen, diu gelîche trage herzenliebe gein der minne NEIDH. 71, 33. *vgl.* herzeliep *stn.;*

hërze-liep *adj.* (I. 1015ᵃ) *im herzen, von herzen lieb.* WALTH. MS. (*H.* 1, 24ᵃ. 96ᵇ). BERTH. 364, 22. VIRG. 406, 8. 723, 9. 850, 2. 858, 12 *u. ö.* WINSB. 63, 5. MARIENGR. 521. ORL. 13889. 14150. TROJ. 9173. 10329. 17185. 22602. ENGELH. 350. SILV. 2581. KONR. *Al.* 1068. MART. 164, 33. PASS. 96, 48. 121, 46. 374, 45. LUDW. 98, 8. KARLM. 114, 30. herzenliep NIB. 293, 2. REINH. 295, 125. LIEHT. 13, 28. 23, 28. 100, 21. GERH. 4452. 624. MGB. 194, 16;

hërze-liep, -bes *stn.* (*ib.*) *herzensfreude* WALTH. MS. TRIST. WIG. GR.RUD. 21, 15. A.HEINR. 1413. GERH. 3827. herzenliep MYST. 2. 438, 37; *herzgeliebter, herzgeliebte* IW. WALTH. MS. (MSF. 95, 13). herzeliep, got lâz dich sin gesunt LOH. 7229. bî herzenliebe ligen NEIDH. 32, 37. si hât zwischen herzenlieben schaden vil getân *ib.* 72, 18.

hërze-lôs *adj.* (I. 673ᵇ) *ohne hërze* EN. IW. TRIST. ein herzelôser zage TROJ. 14493. herzelôser man ALBR. 30, 117.

hërze-lust *stm.* (I. 1055ᵇ) *herzliches wolgefallen* TRIST.

hërze-minne *stf.* (II. 182ᵇ) *innigste liebe* HARTM.; *herzgeliebte* KARLM. 70, 59. 154, 18.

hërzen- *s. auch* hërz-, hërze-.

hërzen *swv.* (I. 674ᵃ) *mit einem herzen versehen.* der alsô gehendet, geherzet wære MSH. 2, 198ᵇ, *vgl.* gehërzet (*auch* TROJ. 43538); *refl.* swâ sô daz wîp ir wîpheit unde ir herze von ir leit und herzet sich mit manne, *nimmt das herz eines mannes an* TRIST. 17985. — *mit* be-, ent-, ge-.

herzen *swv. auspichen.* ein geherztez vaz HPT. 5, 13. — *zu* harz.

hërze-nabele *swm. herzensmitte* RUL. 163, 2 *var.*

hërzen-bërnde *part. adj.* (I. 139ᵇ) *s. v. a.* hërzebære LOBGES. (*vgl.* WALTH. 184, 34). ULR. *Wh.* 171ᵇ.

[**hërzen-dâht** *stf.* I. 350ᵃ] *s.* kërzendâht.

hërzen-gir *stf. s. v. a.* hërzegër ENGELH. 1950. *nicht comp.* sînes herzen gir HERZM. 102.

hërzen-halp *adv.* (I. 616ᵇ) *auf der seite des herzens* WWH.

hërzen-jâmer *stm. herzeleid.* mich hât gar überwunden senendes herzenjâmers klage GERH. 4029.

hërzen-muot *stm. herzhaftigkeit.* wir sehen manegen werden helt gegerwet wol in ringen, von herzenmuot gar ûz erwelt VIRG. 556, 9.

hërze-nôt *stf.* (II. 413ᵇ) *herzensnot* NIB. PARZ. TRIST. HERZM. 274. 334. 471. 502.

hërzen-ouge *swn.* ez tuot baz herzenougen niht, swie vil man weltlîch wunnen siht, sam vrouwen wol getân MSH. 2, 303ᵇ.

hërzen-schouwære *stm.* (II². 200ᵃ) *herzensprüfer* BARL.

hërzen-sin *stm. herzensgedanke.* in reinem herzensinne W. *v. Rh.* 23, 42.

hërzen-trisel *stm. schatzkammer des herzens, herz* ALTSW. 160, 10.

herzen-tuom *stn. s.* herzogentuom.

hërzen-vrô *adj.* (III. 414ᵇ) *herzlich froh* JER. DIETR. 5879.

hërze-pîn *stf.* (II. 519ᵃ) *schweres herzeleid.* kumber unde herzepîn VIRG. 562, 11.

hërze-quâle *stf.* (I. 898ᵃ) *herzensqual* TRIST.

hërze-rëbe *swf.* (II. 586ᵇ) *arteria* DFG. 51ᵇ. *vgl.* hirnrëbe *u.* SCHM. 3, 5.

hërze-ric *stm.* (II. 682ᵃ) *das band an dem das herz u. die andern eingeweide hängen, das geschling* TRIST. 2969 (*var.* herzerinc, herzbeutel).

hërze-rite *swm.* (II. 698ᵇ) *sincopis, cardia* VOC. *o.* SCHM. 3, 165. daz ist guot für den herzriten MGB. 130, 28. und besterkent daz herz und nement den herzriten *ib.* 333, 9. *vgl.* NETZ 7754. 10341. 62. FASN. 340, 13;

hërze-ritec *adj.* cardiacus, hertzrytiger VOC. 1482.

hërze-riuwe *stf.* (II. 753ᵇ) *md.* hërzerûwe *betrübnis des herzens, innerer schmerz* GEN. D. 82, 12. 107, 37. ROTH. 2422. ER. 4084. 4255. GREG. 680. A.HEINR. 1028. TRIST. BARL. herzenriuwe URST. 121, 81. *pl.* soldich tûsent herzeriuwen undern frowen machen ERACL. 2020;

hërze-riuwec-lîche *adv.* (II. 754ᵃ) *in der weise tiefer trauer* ER. 5744 (herzeriwelîche *Haupt*).

hërze-roum *stm.* (II. 775ᵇ) *bild, vorstellung des herzens* PARZ. 337, 12.

hërze-schric *stm.* (II². 211ᵇ) *starker, plötzlicher schreck.* im quam sô grôz ein herzeschric, daz er liez vallen den stric PASS. 196, 34. herzenschric BARL.

hërze-senende *part. adj.* (II². 251ᵃ) *dem herzen wehe tuend* LANZ. Ms. (H. 1, 350ᵇ). herzensenende swære NEIDH. 30, 6.

hërze-sêr *stn.*, -sêre *stf.* (II². 254ᵇ. 255ᵃ) *der innere schmerz, das herzeleid* HARTM. (ER. 5607. 5748). TRIST. BARL. TROJ. (13721. 17219. 17300. 23532). GEN. D. 44, 10. KCHR. D. 390, 7. LANZ. 3558. ERNST B. 746. ULR. Wh. 163ᵃ. 164ᵃ. 168ᶜ. DAN. 5550. KARL 12197. MSF. 171, 8. SINGENB. 210, 2. 219, 5. 238, 5. MSH. 1, 106ᵇ. 183ᵇ. 201ᵇ. 3, 468ˣ. W. v. Rh. 169, 5. 172, 14. 189, 12. 47. ELIS. 9360. CRANE 342. herzensêr, -sêre ER. 6283. GUDR. 202, 2. 907, 2. RAB. 183, 5. j.TIT. 5542. KRONE 25144. MSH. 1, 352ᵃ. W. v. Rh. 122, 3.

hërze-siech *adj.* cardiacus HPT. 3, 369ᵇ.

hërze-siufte *swm.* (II². 721ᵇ) *herzensseufzer* BARL. GERH. 297.

hërze-smërze *swm. s. v. a.* hërzesêr TRIST. 4222. ENGELH. 49. herzensmerze MSH. 1, 134ᵇ.

hërze-sorge *stf.* (II².470ᵃ) *herzenssorge* TRIST.

hërze-stôz *stm.* (II². 668ᵇ) *stoss, schlag des herzens* MARLG. herzenstôz FASN. 936, 27.

hërze-süeze *adj.* (II². 752ᵇ) *herzenssüss* LOBGES. TROJ. (29092). herzesüeze vrouwen MSH. 2, 321ᵇ.

hërze-suht *stf.* cardia DFG. 100ᵇ;

hërze-sühtec *adj.* (II². 360ᵃ) cardiacus DFG. 100ᵇ.

hërze-sun *stm.* (II². 733ᵃ) *herzenssohn* HIMLF.

hërze-swære *adj. schwer im herzen liegend, grossen kummer verursachend.* herzeswærez leit W. v. Rh. 189, 15;

hërze-swære *stf.* (II². 813ᵃ) *md.* hërzeswêre *herzenskummer, tiefe betrübnis* TRIST. MS. (H. 1, 21ᵇ. 302ᵇ. 2, 160ᵃ. MSF. 143, 15. SEVEN 264, 2). TROJ. (29351. 44623). ALBR. FREID. 135, 27. VIRG. 746, 10. LOH. 4673. W. v. Rh. 190, 6. HPT. 11. 497, 160. 500, 273. CRANE 1040. MARLD. han. 27, 37. herzenswære FLORE 6374. GERH. 1325;

hërze-swærende *part. adj.* mit herzeswêrindin (*od.* herzeswêrindin?) nôtin gieng er zuo dem tôtin ATH. A 67.

hërze-swêr *swm.* (II².810ᵃ) *herzübel* PF. arzb.

hërze-tohter *stf.* (III. 46ᵃ) *herzenstochter* TRIST.

hërze-trœstærinne *stf. herzenströsterin* MSH. 2, 320ᵇ.

hërze-trût *adj.* (III. 111ᵃ) *von herzen lieb.* herzetrût geselle HEINZ. 2191. ENGELH. (1489. 2347). h. gemahel *ib.* 3592. ein herzetrût kint FDGR. 2. 260, 9. ir vriunt der herzentrûte j.TIT. 5038;

hërze-trût *stmn. herzensgeliebter, -geliebte* KARLM. 215, 31. herzentrût, mîn küniginl NEIF. 41, 18. ir senendes herzen herzentrût GERH. 4621.

hërze-trût-ge-spil *swf.* (II.² 505ᵃ) *herzliebe gespielin.* herzentrautgespil FDGR. 1. 334, 15. 32.

herze-tuom *stn. s.* herzogentuom.

hërze-übel *adj.* (III. 169ᵃ) *herzlich böse, schlecht* WIG. (141, 9).

hërze-vîent *stm.* (III. 305ᵃ) *herzensfeind, todfeind* NIB.

hërze-vriundîn *stf.* (III. 412ᵃ) *herzensfreundin* TRIST.;

hërze-vriunt *stm. herzensfreund* TROJ. 760. GERM. 12. 33, 92. JUST. 112. herzenvriunt ALBR. 13, 100. MYST. 2. 383, 34.

hërze-vriunt-schaft *stf.* (III. 413ᵃ) *herzliche freundschaft* BARL.

hërze-vröude, -vreude *stf. innige freude, herzensfreude* LOH. 2023. GERH. 4026. 5177. MSH. 1, 352ᵃ. HELDB. H. 1. 273, 909.

hërze-vrouwe *swf.* (III. 424ᵃ) *herrin des herzens, herzensgeliebte* TRIST. ENGELH. HERB. 2687. MSH. 3, 329ᵇ. HEINZ. 1079. herzenvrouwe FRL.; *dem.* herzenfreulîn WOLK. 28. 1, 12.

hërze-wazzer *stn. trähnen.* mit herzewazzer sî dâ twuoc ir liehten wængel rôsenvar PARTEN. (Germ. 12. 32, 52.)

hërze-wê *stn. herzweh.* VIRG. 529, 2. 823, 2.

hërze-weinen *swv. sehr weinen.* daz dû vil dicke sæhe dînen vater unde mich herzeweinen umbe dich ALEXIUS 115, 10.

hërze-wêwe *swm.* (III. 543ª) *s. v. a.* hërzewê FDGR.

hërze-wol *adv.* (III. 800ᵉ) *herzlich wol* TRIST.

hërze-wunne *stf.* (III. 818ª) *herzenswonne* TRIST. wie einer frowen süezer munt einen minne gernden man mit herzenwunne erzünden kan LIEHT. 658, 2.

hërzewurze *stf.* centinodia DFG. 112ᶜ. *vgl.* hërzspan.

hërz-ge-span *stn. s.* hërzspan.

hërz-ge-zwîge *stn.* herzgezweig, saliunca herba Voc. 1482.

her-ziuc, -ges *stm.* (III. 917ᵇ) *kriegsgeräte* FRISCH.

hërz-lôse *f.* consolida, lollium walmwurtz od. zeitlôse od. hertzlôse Voc. 1482.

her-zoge *swm.* (III. 935ª) *der dem heere voranziehende* (er was ouch herzoge in der selben ahte, dô er dem her gezoget vür MSH. 3, 60ᵇ. herzogen her nâch zogen sol j.TIT. 1983), *heerführer, herzog (als titel)* DIEM. NIB. PARZ. WALTH. BARL. GEN. *D.* 72, 22. 108, 21. EXOD. *D.* 160, 11. TROJ. 17383. 23787. 23815. 76. herzug CDS. 1, 87. 2, 64. herzauwe RCSP. 1, 437. 38. her-, hirzoge, -zoche, -zag, zug, -zauw DFG. 193ᶜ.

her-zogen-tuom *stn.* (*ib.*) *land eines herzogs, herzogtum* TRIST. BIT. 6115. ENGELH. 1345. 1415. 1528. GERH. 6168. herzegetuomp MONE *z.* 8, 188. herzogtuom ENENK. *p.* 280. herzechtuom DIEM. herzentuom WOLFR. WIG. WG. KCHR. *D.* 497, 13. BIT. 11701. DIETR. 2433. 2836. VIRG. 477, 4. j.TIT. 946. herzetuom DSP. 1, 319. herztuom SUM.

her-zoger *stm. anhänger des herzogs* BEH. 325, 14. 21. 327, 26. *vgl.* der was ain herzog Albrechter *ib.* 326, 22;

her-zoginne, -în, -in *stf.* (III. 935ª) *herzogin* PARZ. TRIST. GEO. TROJ. 22716. VIRG. 310, 10. 317, 3. 327, 13 *u. ö.* herzuginne CDS. 2, 185. herzauwinne DFG. 192ᶜ.

her-zog-rîche *stn.* (II. 694ª) *herzogtum* SCHM. 3, 16.

her-zouwe, -zouwinne *s.* herzoge, -zoginne.

hërz-slehtec *adj.* (II². 391ᵇ, 15) *s. v. a.* harteslehtec MGB. ob ein ros herzslechtig wêre MH. 3, 415.

hërz-span *stn.* (II². 482ª) *das herzspannen, magenkrampf.* herzspan od. herzesperr od. keychender, sichtag asma Voc. 1482; *eine gegen diese krankheit gebrauchte heilpflanze* centinodia, cordiana herzspan, -gespan DFG. 112ᶜ. 151ª. *vgl.* hërzekrût, -wurze.

hërz-sperre *stf. s. unter dem vorig.*

hërz-stëche *swm.* (II². 625ª) *das herzstechen* MGB.

herz-tuom *stn. s.* herzogentuom.

her-zug, -zuginne *s.* herzoge, -zoginne.

hërz-vrâz *stm.* coredulus ist als vil gesprochen sam ain herzvrâz MGB. 179, 11.

hêsch *adj. s.* heis.

hësche *swm.* (I. 692ª) *das schluchzen* HELBL. SUCH. ez (herze) möht gespalten sîn von disen heschen j.TIT. 1002. daz er dô gewinnen muost des lebens vlust mit einem valle unt mit des tôdes heschen LOH. 5276. *vgl.* hëschen *stn.*;

hëschen *swv.* (*ib.*) *schluchzen* WOLFR. (*Wh.* 65, 2). REINH. heschen oder huosten DSP. 2, 212. SWSP. *L.* 2, 126. hischen (*s.* erhischen) sibilare DFG. 532ª, singultare Voc. *Schr.* 2657. *vgl.* DWB. 5, 851 *u.* gëschen, gischen;

hëschen *stn.* (*ib.*) *s. v. a.* hësche MAG. *cr.* 2ᵇ. MGB. 142, 28. 381, 32. ein heschen und ein ruofen APOLL. 2456. 2722. hischen WWH. tôtlîcher züge hischen kan sich ze mangen stunden zu mînem herzen mischen HADAM. 484;

hëschezen *stn. intens. zu* hëschen MGB. 381, 32 *var., vgl.* KWB. 139;

hëschiz *m.* singultus Voc. 1445 *bei* SCHM. 2, 253.

heselîn *stn.* (I. 640ᵇ, 6) *kleiner hase* FRAGM. 31ª. Voc. *o.* hesel DAL. 152, 29. häsel PF. *üb.* 70, 121. MGB. 471, 29. hasel SUCH.

heselîn, heslîn *adj.* (I. 640ᵇ, 36) *von der* hasel. der heselîne brunne, *quell unter haseln* KCHR. *W.* 6748. heslîn loup HÄTZL. 172ª. heslîne gerten GA. 1. 42, 51. heslein holz CHR. 1. 30, 40. NP. 314. vridehuot von haselînen zeinen NEIDH. 91, 38.

hes-hunt *stm. s.* hessehunt.

hêsib *stn. s.* hârsip.

heslîn *adj. s.* heselin.

hespe *f. s.* haspe.

hess *f. s.* hecse.

hesse-hunt *stm.* (I. 728ª) *hetzhund* EXOD. FREID. 138, 19 *var.* heshunt PF. *üb.* 29, 19. hetzehunt DFG. 354ª.

hessen *swv. hetzen, mit hetzhunden jagen* MONE *z.* 13, 149 (*a.* 1483). *prät.* heste (: veste) MSH. 3, 50ᵇ. *vgl.* hetzen.

hesse-zohe *swf.* (III. 945ᵇ) molones SUM.

hestec-, heste-lîche *adv. s.* hastec-, hasteliche.

hesten *swv. factit. zu* hasten *in* er-, ge-hesten (*nachtr.*).

heswe *adj.* (I. 674ᵇ) *blass, matt.* die heswen (: zëswen) gevar nâch blî j.Tit. 3982. — *ags.* hasva *aridus, davon fz.* have *mager, bleich* s. Gr. 1, 422. Diez 661.

hetsche? *swm.* es sol der pfarherr ein hetschen halten, der ist pfrünten frei und soll seinen strich haben, bricht kein einung Gr.w. 1, 758.

hetze-bolt *stm.* (I. 221ᵇ) *hetz-, jagdhund* Jer. 112ᵈ.

hetze-hunt *stm. s.* hessehunt.

hetzen *swv.* (I. 642ᵇ) *prät.* hetzete Myst., hetzte Reinh. 311, hatzete Herb. 2576, hazte Serv. Krone, Albr. 9, 167. Hadam. 315. Ls. 2. 296, 125; *part.* gehetzet Rul. Serv. Albr. 9, 174, gehazt Msh. 3, 197ᵃ. Apoll. 15852: *absol hetzen, jagen,* hetzâ Hadam. du gebillest oder hetzest Krone 17774. hetzen sam ein valscher jeger Fragm. 44, 249. der jeger hetzte balde Reinh. 311. dô sie nu lange hazten und vil wildes lazten Albr. 9, 167. wir hân uns wol ergetzet und genûc gehetzet *ib.* 174. hetzen mit ungelieplen hunden Ls. 2. 180, 136. 299, 229. ir gebærde hetzet n â c h dem getriuwen herzen *ib.* 1. 412, 122. auf dem wiltpan hetzen Mw. 233 (*a.* 1310); — *tr. hetzen, antreiben,* ich hatzete mîne hunde Herb. 2576. mich jâmer hetzet j.Tit. 5061. mit lêbarten müeʒen sî eʒ hetzen *ib.* 1644. man sol mich billich hetzen mit hunden ûʒ dem lant Altsw. 217, 38. *mit acc u. dat.* man sol eberswînen hovewarte vor jaghunden hetzen j.Tit. 3318. *mit acc. u. präp.* hetzen an Serv. Myst. liute an einander h. Renn. 669. 7464. vil der ritter nû an in mit ruofe wart gehetzet Loh. 2476. ir mündel hât mich an si mit dienste gehetzet Msh. 1, 64ᵇ. der alde g e i n mir hetzet sîniu kint Wwh. 346, 19. h. ûf Rul. Krone. vînde ûf vînde h. j.Tit. 3414. die in hazten gar ûf tœtlich strîten *ib.* 5930. daʒ reht in wol drûf hetzet Pass. *K.* 206, 48. hetzet ir iemant z u o den sînen hunden Hadam. 16; *refl.* ir manheit selbe sich gein den vînden hetzet Loh. 4156. — *zu* haʒ, *vgl.* hessen. *mit an* (swen in der tôt mit sînen hunden hetzet an Msh. 3, 177ᵇ), *vür, zuo; durch-, en-, er-, ver-;*

hetzen *stn.* (*ib.*) Parz. Renn. 14125. Ring 50, 8.

hetze-stric *stm.* copula Voc. 1482.

heu- *s.* hiu-, höu-.

heu *f. s.* heie 1.

heu *stn. prät. s.* houwe, houwen.

heu *interj.* Heinr. 2354 *u. anm. vgl.* hei.

heubet, heubt, heupt *stn. s.* houbet.

heuch *interj. jagdruf für die losgelassenen hunde* Wolk. 43, 48. *vgl.* hôch.

heufel *stn. s.* hüebel.

heugen *swv. s.* höuwen.

hev- *s.* heb-.

heve-lich *adj. s.* hovelich.

hevelîn *stn. dem. zu* haven Berth. 433, 33.

heven *stm. stv. s.* haven, heben.

heven-man *stm. hafner.* ein hevenman, der dâ heven wurken kan Pf. *üb.* 161, 13.

hewen *prät. pl. s.* houwen.

hexen-wërc *stn.* h. kupplen und diebstal Fasn. 894, 26.

hexse *f. s.* hecse.

hey *interj. s.* hei.

heʒ-lich *adj. s.* haʒlich.

heʒʒe *adj. gehässig, aufhetzend.* dâ der furste die heʒʒen rede vernam Elis. 2686.

heʒʒec *adj. s* haʒʒec.

heʒʒec-lich *adj.* (I. 642ᵇ) *feindselig* Gerh. Kirchb. 627, 26. 633, 19. 652, 44;

heʒʒec-lîche *adv.* Bit. 4182. Mel. 6143.

heʒʒec-lich *adj. s.* haʒlich.

hî *adv. s.* hier.

hî *interj.* (I. 674ᵇ) Trist. hî, waʒ grâven bî im hielt Loh. 4162. hî, waʒ sie kost dâ in den hütten vunden *ib.* 5880.

hî-bære *adj.* (I. 695ᵃ) *heiratsfähig, mannbar* Lanz. a.Heinr. 225. 447. Ab. 2, 196. diu hîbær und doch maget Eracl. 1640 *var.*

hîbisk *stn. s.* hîwische.

hickâ *interj.* (I. 674ᵇ) Neidh. 57, 29.

hickeln *swv. springen, hüpfen.* sie hickelt rehte als ein boc Apoll. 4370. — *vgl.* Vilm. 167. Schm. *Fr.* 1, 1050.

hie *pron., adv. s.* ër, hier.

hie *prät. s.* hâhen, heiʒen, houwen.

hie, -wes? *stm. streich.* daʒ im nie sîn hâr in keinem strîte verschroten was von hie Ecke Z. 166, 13 *u. anm.*

hîe *swmf. s.* hîwe.

hîe *swf. in der Hallstädter salzsiederei sind u. a.* 13 new hyen und 26 hyenhagken Mh. 2, 639. *vgl.* heie 1

hiefal-ter *f.* (III. 31ᵃ) *hagebuttenstrauch.* hiufalter, hiufolter Gen. *D.* 19, 8. 23, 13. hiufoltir, huopholter Sum. 26, 27. 45, 46. hiphalder, hiephalter, hofolter, eiffalter (Dief. *n. gl.* 371ᵃ) Voc. — *s.* hiefe *u.* tër.

hiefe *swstf.* (I. 674ᵇ) *hagebutte, hagebuttenstrauch* Ms. Geo. zuo einer hiefen sprach ein slehe: vrouwe in dem rôten röckelîn, lâʒet uns armen bî iu sîn Renn. 2017. sô gæbe ich ein hiefe niht umb alle iuwer hêrschaft guot VIRG. 854, 12. — nach GR. kl. schft. 2, 250 zu ahd. hiufan *trauern, urspr. der dorn des trauerns, weil er zum leichenbrande angewendet wurde;* vgl. dagegen WEIG.1, 505.

hiefen-bluome swmf. *blüte des hagebuttenstrauches* PART. B. 17233.

hiefen-kërn stm. *hagebuttenkern* FASN. 632, 17.

hieg prät. s. houwen.

hieic adj. *hiesig* NP. 243. 61. 66. TUCH. 94, 22. SCHM. Fr. 1, 1029. BIRL. 230ª.

hiels prät. s. halsen.

hiemel stm. s. himel.

hien = hie in s. *unter* hier.

hîen, heien swv. *in* ge-, verh. vgl. GERM. 15, 79, heie 1 u. hîe 2.

hîen swv. s. hîwen.

hie-naht adv. s. hînaht.

hiene-vart stf. s. hinvart.

hîen-hâke swm. s. *unter* hîe 2.

hîennîa (I. 675ª) *ein edelstein* PARZ.

hient adv. s. hînaht.

hiepe, hiepen-man s. hipe, hipenman.

hiephalter s. hiefalter.

hier, gewönl. hie adv. (I. 688ᵇ) hei DIEM. hî GEO. ELIS. s. 381ᵇ: *räuml. hier, gegens. zu* dort, dâr (hie und dort PASS. 234, 25. 235, 90. hie dort unde da TROJ. 7470. sô hie sô dort MSH. 3, 419ᵇ. wil ich hie, sô wil si dâ Ls. 2 503, 19), *hier auf erden* (hie an dem lîbe, dort an der sêle KCHR. D. 326, 2), *vor präpositionellen auch* (hie bî, vor, under, wider *etc.* hien = hie in ER. 355), *vor räuml. präp. im sinne eines pron. demonstr.* (hie in erde, hie ze hûs, hie ze lande *etc.* hî zû stede ELIS. 6738. 8995. hî vor deme altâre *ib.* 696) *allgem.*; — *zeitl. da, nun* Iw. 3303. 3872. hie kam ez, daz GERM. 3. 413, 9. — *zu* hër.

hiern stn. s. hirne.

hierte m. s. hirte.

hiesch prät. s. eischen.

hiesigen swv. hie sein, wohnen. von denen, die hiesigent (= wer hie inrent den gerihten sezhaft ist) und dienent, daz die unsriu geriht und buozen halten sont S.GALL. stb. 4, 226.

hie-sît adv. *diesseits.* hietzet GR.W. 2, 59.

hietten swv. s. hüeten.

hie-wërt adv. (III. 598ª) *diesseits* OBERL.

hie-wësen stn. *hiersein* KREUZF. 4171.

hîge swmf. s. hîwe.

hî-ge-ræte stn. s. v. a. hîrât. die unêlich geborn sint, die mugen ir reht wider gewinnen, ob si êlîchiu hîgeræte tuon SWSP. 38, 5.

hil-bære adj. s. hëlbære.

hî-leich stm. (I. 960ª) *vermählung, eigentl. nur der leich bei derselben* TROJ. (23320). AUGSB. r. W. 295. LAC. 120 ff. VILM. 168. HALT. 905 f. den henlich (sic) zuschin zwein machen, *zwei vermählen* MONE z. 19, 66 (a. 1389);

hî-leichen swv. *heiraten.* den obgenanten nit ze heilachen noch ze mannen MB. 6, 612. — *mit* ver-.

hilf- s. hëlf-.

hille präs. s. hëllen.

hillec-lîchen adv. si (diu sêle) minnet hillichleichen, wan si minnet niht in der begirung des vleisches, sunder in der begirung des geistes ADRIAN 464, 73.

hillen swv. *in* durchhillen *(nachtr.).*

hilmensch adj. s. himelisch.

hilt stf. (I. 685ᵇ) *streit, kampf. ahd.* hiltja, hilta, *alts. ags.* hild, *altn.* hildr; *mhd. nur noch im eigenn.* Hilde, *in zusammenges. namen wie* Hildegunt, Hildebrant, Brünhilt, Kriemhilt *u. in den folgenden drei compos.*

hilte-diu stf. (I.368ª) *leibeigene magd (eigentl. kriegsgefangene), der* bardiu *entgegengesetzt* SCHM. Fr. 1, 478. 1102.

hilte-grîn stm. *kampfhelm, helm Otnits, Dieterichs u. allgem. benennung des helmes* W.GR. heldens. 227. 73. 75. 269; *karfunkelstein in einem helme, dâ inne lît ein hiltegrîn, der gît von golde liehten schîn* VIRG. 36, 4. W.GR. a. a. o. 270.

hilt-matte swf. (II. 88ᵇ) *name einer wiese* WEIST.

hilwe swf. s. hëlwe.

hilwe swf. (I. 679ª) *feiner nebel* MART. (lies 86, 102). — *zu* hëln? vgl. hëlwe.

hilze swf. s. hëlze.

himel stm. (I. 685ᵇ) hiemel PASS. 146, 22. 185, 72. 212, 18. himele GSM. himmel MS. *u. oft im 15. jh., pl.* himele, himel: *himmel, allgem., s. noch* sît daz got die erde geschuof und den himel dar ûf und daz mer umbe dar gie PYRAM. 212. in den dritten h. genomen SERV. 1293. GEO. 3336. in dem niunden himel oben *ib.* 3370. ouf dem hôhen himele GEN. D. 1, 27. des himels wec PASS. K. 154, 74. APOLL. 20685, sal GEO. 391, tor ULR. Wh. 118ª. FRONL. 64, kreiz MSH. 3, 55ᵇ. under des witen himels schîn KARLM. 33, 5. wie verre von des himels rinc (*vgl.* himelrinc) sî unz ûf den hellegrunt Pass. 294, 20. wer mac sich an den h. haben Ring 5, 18. wo ist der himmel dreier spannen breit? Fasn. 560, 26; *pl.* niun himele Ls. 2. 197, 286 *f.* in der vestenunge der himele Gen. *D.* 3, 5. zû den himelen varn Pass. 116, 35. ir unreht in die himele hal Serv. 1206. daʒ eʒ (herze) von vröuden zuo den himelen niht ensprunge Msf. 117, 23. dû hâst si erhœhet über alle himele Msh. 2, 329ᵇ. dâ von hânt alle himel ir louf unde loufet ieclich himel alsô verre, als ime diu natûre gegeben hât Myst. 2. 466, 17; — *baldachin, trag-, thronhimmel* Eracl. die dort her mit dem blâwen himel gânt Msh. 3, 288ᵃ. einhalp bî dem gezelte wart ein himel ûf geslagen Apoll. 18618. von einem paldikîne wart im ein himel ertracht, ûf vier schefte gemacht gar schöne zuo den sîten: dar under sach man rîten den herren muotes vrîen Cod. *pal.* 341, 374ᵃ (= Germ. *H.* 2. 96, 80 *ff., wo* zîten *statt* sîten). *vgl.* Chr. 4. 60, 22. 61, 29. 62, 9. 19; 5. 23, 34. 24, 2. 9. — *erklärung des wortes:* ein himel ist alsô vil gesprochen als ein h e i m e l i c h oder ein verborgen dinc Myst. 2. 210, 1. *gt.* himins *mit* hamer *zu skr.* açman stein, *zend* açman *himmel, altslav.* kameni *stein vgl.* Z. 1, 16. Fick² 2. Kuhn 2, 44 *ff.*

himel-ange, -angel *mf.* cardo celi Dfg. 100ᶜ. *n. gl.* 75ᵇ. himelangel, polus Voc. 1429, 2ᵇ.

himel-ar *swm. himmelsadler.* Jôhannes êvangeliste, den man heiʒet den himelarn Heinz. 124, 45.

himel-balsem *stm. himmlischer balsam* Mart. 247, 109. 248, 3.

himel-bære *adj.* (I. 686ᵇ) *für den himmel geeignet, den himmel verdienend* Ms. (H. 2, 192ᵇ). der edel keiser himelbære j. Tit. 3382.

himel-blâ, -wes *himmelblau* Wh. v. Öst. 64ᵃ. 68ᵇ. Ls. 3. 588, 342. Muskatbl. 8, 107.

himel-blatzen *stn. der niederfahrende blitzstrahl* Mgb. 270, 5. 387, 24. 439, 17 *u. ö.*

himel-blic *stm.* (I. 207ᵃ) *blitz* Serv. (1651). Rul. 240, 30. Kchr. *D.* 490, 8. Roth. 3536. Geo. 2601;

himel-blitzen *stn. das wetterleuchten* Mgb. 255, 23. Dfg. 250ᶜ;

himel-bliz *stm.* fulgur Dief. *n. gl.* 184ᵇ.

himel-bluome *swmf. himmelsblume* S.Al. 3. Bph. 9638 (*Maria*).

himel-bote *swm. himmelsbote, engel.* Gabriêl der himelbote Erlœs. XVII, 342. daʒ si wære ein engel wunnebære und ein durhliuhtec himelbote Troj. 22969.

himel-brant *stm. königskerze* Pf. *arzb.* 2, 16ᵇ. *vgl.* Dfg. 612ᵃ. Kwb. 141.

himel-brôt *stn.* (I. 264ᵃ) *brot vom himmel, manna.* himelbrôt, der engel spîse Mariengr. 347. dâ ist ouch der guldîn eimer voller himelbrôtes Griesh. 2, 126. Kolm. 6, 203. der engel brâhte ir daʒ h. Bph. 776. 8470. und brâhten im ouch himelbr. und daʒ himelsche tranc W. *v. Rh.* 115, 55. ein schönez h., daʒ der engel bôt Geo. 2054, *vgl.* 1993. als himelbrôt smackt daʒ obʒ Altsw. 88, 14. himelbr. heiʒt manna Bph. 9569. 666. 790. Leys. 74, 32. Berth. 457, 22. 24. Wack. *pr.* 5, 14. Pass. 146, 22. 212, 18. 228, 22. Evang. *J.* 6, 31. 49. W. *v. Rh.* 60, 56. Roth *dicht.* 98, 20. 99, 29. Fronl. 25. 65 *f.* Mgb. 90, 7 *ff.* in der wuoste gab er in daʒ h. Rul. 204, 18. Engelh. 3231. Renn. 9790. Griesh. *chr.* 2. Sgr. 1049; *hostie* Marlg. ô hôchgelobtez h. Renn. 17743. mit dem himelbrôte si spîsten sich Kreuzf. 7173. der verwunten sêle daʒ h. geben Myst. 2. 79, 12.

himel-burger *stm.* swer sînen muotwillen trîbet ûf erden, der wil niht himelburger werden Renn. 13469.

himel-dach *stn.* (I. 294ᵃ) *himmelsdecke, himmel, anrede an Maria* Frl. (*vgl.* der himele dach Gsm. 1252. der himel was sîn dach Greg. 2934); *baldachin*, ein himeldach sîdîn swebet über der küneginnen rîch Roseng. 947.

himel-dëgen *stm. himmelskind, Christus* Denkm. XLVII. 4, 40. W. *v. Rh.* 207, 2. Kolm 46, 24. 61. 185. Anz. 1, 135.

himele *stm. s.* himel;

himelen *swv.* (I. 686ᵇ) *in den himmel aufnemen* Loh. (2763). — *mit* ge-.

himel-erbe *swm. himmelserbe.* tugent, guote site machent dich himelerben Msh. 3, 93ᵃ.

himel-êre *stf. himmlische* êre. der bischof von Wirzeburc mit voller lêre in offenbârte die himelêre Kreuzf. 2481. umme die himelêre werbe wir *ib.* 4905.

himel-gëbe *stf. himmelsgabe, -geschenk* Kreuzf. 7660.

himel-geist *stm. himmlischer geist, engel* Hans 1676.

himel-ge-rüste *stn.* (II. 823ᵇ) *das himmelsgebäude* Myst. W. *v. Rh.* 12, 21.

himel-ge-sanc *stmn.* (II². 304ᵃ) *gesang der engel* Erlœs.

himel-ge-sinde *stn.* (II². 295ᵇ) *himmelsgefolgschaft, engel u. heilige* BERTH.
himel-ge-zierde (III. 876ᵃ) *himmelschmuck, sterne* BARL.
himel-got *stm. gott im himmel* KREUZF. 1880. 7757.
himel-grâve *swm.* (I. 567ᵇ) *gott, gegens. zu* hellegrâve *im Ackermann aus Böheim cap.* 9 (*vgl.* GERVIN. *litt.* 2, 222 *anm.*).
himel-habe *swm.* (I. 601ᵇ) *inhaber des himmels.* daʒ ist diser himelhabe, der durch uns wart ein krippenknabe MSH. 2, 117ᵃ.
himel-hac *stm. himmelshag, himmel.* hôch in den himelhac MSH. 3, 347ᵃ.
himel-her *stn.* (I. 662ᵃ) *himmlische heerscharen* LOBGES. KOLM. 129, 17. RING 44ᶜ, 13.
himel-hërre *swm.* (I. 667ᵃ) *himmelsherr, gott* KARAJ. 15, 20. MSH. 3, 163ᵇ. ERLŒS. 350. hiemilherre FDGR. 1. 246, 2.
himel-hêr-schaft *stf. himmlische* hêrschaft. der messe wort hânt solche kraft, daʒ elliu himelhêrschaft gegen den worten nîgent, sô sie ze himele stîgent FREID.² 14, 17.
himel-hof *stm. himmelshof, himmel.* ir erbe solde sîn der himelhof KREUZF. 2478.
himel-holz *stn.* (I. 706ᵇ) *lëbendeʒ h., immergrüner himmelsbaum, Maria* GSM.
himel-hort *stm.* (I. 717ᵇ) *himmlischer schatz* WALTH. KONR. Ms. (*H.* 1, 6ᵃ. 8ᵇ. 2, 135ᵇ. 247ᵃ). W. v. *Rh.* 286, 3. KOLM. 59, 44. GA. 3. 599, 16.
himel-hûs *stn.* (I. 738ᵇ) *himmlisches haus, himmel* Ms.
himelîn *stn. kleiner traghimmel* ANZ. 12, 69;
himelisch, himelsch *adj.* (I. 686ᵇ) *himmlisch* PARZ. TRIST. WALTH. BARL. GEN. *D.* 13, 3. FREID. 180, 18. LOH. 4874. MART. 247, 85. 95 u. o. SERV. 277. ALBR. 16, 256. FRONL. 14 *ff.* 55. SGR. 699. hiemelisch MASSM. *denkm.* 82, 103. himilisch GERM. 11. 72, 105. himmelsch, himlisch, hemelsch DFG. 110ᶜ. himelsch, himelischer, anachoreta *ib.* 32ᶜ. *n. gl.* 22ᵇ. von dem **hilmenschen** glenze MART. 249ᶜ. *vgl.* himelschlich.
himelitz *swm.*, **himelitzen** *swv. s.* himellitze, -litzen.
himelize *stn.* (I. 686ᵇ) *decke eines zimmers.* himiliz DIEM. ein sal hôch und weit, des himeliz het sunder neit von gold manig spangen CGM. 714, 79. himelze LANZ. EN. FLORE, SILV. himiliz, himliz, epiticulus (= epiciclus), tabulatum, tiburnium, velamentum Voc. 1482; *ausgespanntes tuch, balda-*chin ROSENG. (himelz) *über ir was ein* himelize hô GA. 3. 65, 832. — *ahd.* himilizi, *zu* himel *s.* GR. 2, 214. HPT. 6, 541.
himel-jeger *stm.* (I. 767ᵃ) *himmlischer jäger, d. i. gott vater, der seinen sohn, das einhorn, in Mariä schoss jagt* GSM. 262.
himel-keiser *stm.* (I. 794ᵃ) *kaiser des himmels, gott od. Christus* SERV. ER. *vgl.* DENKM. *s.* 379;
himel-keiserîn *stf.* (I. 794ᵇ) *kaiserin des himmels, Maria* GSM. KOLM. 162, 33.
himel-kint *stn.* (I. 818ᵇ) *vom himmel gekommenes kind, Christus* GEO. DENKM. XLVII. 3, 3. W. v. *Rh.* 107, 7. ERLŒS. 1179. KOLM. 160, 108; *himmelsbewohner*, ein kint, daʒ ein himelkint ist BERTH. 187, 39. CHR. 5. 90, 10. sô mac er lôn bî got vinden, ein erbeteil mit himelkinden RENN. 22813.
himel-kleit *stn.* du hôchgeziertez himelkleit, *Maria* KOLM. 163, 18.
himel-kôr *stm.* (I. 861ᵇ) *himmlischer chor* TRIST. KONR. (*Al.* 454. *nicht comp.* in der himele kôre TROJ. 1138). HEINZ. 125, 50. KOLM. 93, 26.
himel-kraft *stf. macht od. fülle des himmels.* du dir habis in dînir kundi erdin undi lufti unde alli himilcrefti DENKM. XXXV. 1, 4; *vom himmel kommende kraft,* der saphir ist den himelkraften allzeit annaigich MGB. 457, 24.
himel-krist *stm.* (I. 883ᵇ) *Christus* KROL.
himel-krône *stf.* (I. 887ᵃ) *himmlische krone* HARTM. MSF. 98, 7. ORL. 2888.
himel-künec *stm.* (I. 913ᵃ) *himmlischer könig: gott, Christus* KARAJ. GSM. EXOD. 100, 40. GEO. 1791. KREUZF. 8075. *vgl.* DENKM. *s.* 379;
himel-küneginne, -în *stf.* (I. 914ᵃ) *himmelskönigin, Maria* GSM. S.AL. 149. MARLG. 228. 473. KREUZF. 593. himelkoniginne RCSP. 1, 182.
himel-lant *stn.* (I. 936ᵃ) *himmelreich* WINSB.
himel-leiter *stf. zum himmel führende leiter: Maria* MARIENGR. 242.
himel-lich *adj. himmlisch.* himellicheʒ tach MART. 2, 10;
himel-lîchen *adv.* (I. 686ᵇ) *dem himmel ähnlich* DIEM.
himel-lieht *stn.* (I. 1029ᵃ) *himmlisches licht, gestirn* ANTICHR.
himel-lîp *stm.* (I. 1004ᵇ) *beschauliches leben* SCHM.
himel-litze *swm. blitz, wetterleuchten.* himelitze MGB. 92, 10. himelitz, himlitz, corrus-

catio, fulgur Dfg. 153ᵇ. 250ᵉ. *n. gl.* 184ᵇ. Voc. 1437. Schm. *Fr.* 1, 1112;

himel-litzen *swv. stn.* (I. 1013ᵃ) himelitzen, coruscare Voc. 1437. himlitzen, fulgurare, coruscatio Dfg. 250ᵉ. 153ᵇ. *n. gl.* 184ᵇ.

himel-lôn *stm. himmlischer lon* Kreuzf. 298. 4233. 8094.

himel-margarîte *swf. himmlische perle.* himelmargarîde Elis. 10308.

himel-mast *stfn.?* (II. 90ᵇ) *himmelsfutter: Maria* Frl.

himel-mucke *swf. eine mückenart* Hpt. 14, 166.

himel-nabe *stf.* polus Dief. *n. gl.* 297ᵇ. des hiemels nabe Dfg. 446ᵃ.

himel-nëst *stn.* (II. 386ᵃ) *himmlisches nest: Maria* Gsm.

himel-phat *stm.* (II. 485ᵃ) *zum himmel führender pfad: Maria* Msh. 2, 360ᵇ.

himel-phetter *stm.* (II. 493ᵇ) *himmelspate, als anrede an den pabst* Frl. — *s.* phettære.

himel-phluoc *stm. Orion, Gräzer Voc.* $\frac{24}{12}$ (15—16. jh.). *vgl.* Dfg. 400ᵃ. Myth. 689.

himel-phruonde *stf. himmlische* phruonde. der hât mit himelphruonde der werlde vil gespîset j.Tit. 349.

himel-porte *f.* (II. 525ᵇ) *himmelspforte* Ms. (*H.* 2, 137ᵃ). Serv. 191. 229. 721. 1429. 1659. Wack. *pr.* 48, 147. Mariengr. 219; *benennung der jungfrau Maria ib.* 245;

himel-portenære *stm.* (*ib.*) *himmelspförtner, s. Peter* Serv.

himel-rîche *stn.* (II. 694ᵃ) *himmelreich, himmel* Parz. Freid. Barl. Gsm. Ms. (*H.* 1, 46ᵃ. 2, 376ᵇ. 3, 76ᵇ.423ᵇ). Roth. 4062. 4122. Ernst 1840. Dan. 7306. Mart. 247, 68. 72. Mone 4. 315, 50. Elis. 1614. 6459. 10277 *u. ö.* Ga. 2. 190, 557 *u. oft in* Pred. *u.* Myst. da3 lebende h., *die frauen* Lieht. 572, 30.

himel-rîchsære? *stm.* (II. 696ᵃ) anachoreta, himelrîchscher Voc. *o. vgl.* himelischer *unter* himelisch.

himel-rinc *stm. himmlischer kreis: Maria* Mariengr. 217.

himel-rîs *stn.* (II. 724ᵇ) *himmlischer zweig: Maria* Gsm. Lobges.

himel-rôse *swfm.* (II. 765ᵃ) *himmlische rose* Gsm.; *benennung der jungfrau Maria* Ms.

himel-rote *stf.* (II. 772ᵇ) *schar der himmlischen* Marlg. Msh. 3, 160ᵇ.

himel-sanc *stmn. himmlischer gesang: Maria* Msh. 2, 360ᵇ.

himel-sarc *stm. himmlischer sarg, himmel.* wie der liehte himelsarch ist offen und dein peitet Zing. *findl.* 2. 23, 88.

himelsch *adj. s.* himelisch.

himel-schar *stf.* (II². 153ᵃ) *himmlische schar* Freid. Rul. 259, 11. 308, 19. Msh. 1, 340ᵇ. Heinz. 124, 43. W. *v. Rh.* 270, 5.

himel-schepfer *stm. himmelschöpfer, gott* Kolm. 160, 16. 25.

himelsch-lich *adj. s. v. a.* himelisch Mart. 15, 94. Wack. *pr.* 68, 260. 421. Netz 2357. 5181. Dief. *n. gl.* 83ᵃ.

himel-schouwerîn *stf.* die himelschowerîn in dem clôstir, die ir herce und ir girde ûf werfent in da3 himelrîche für gottis stuol und got schowint in sîner gotlîchen schônheit Wack. *pr.* 57, 35.

himel-schranze *swm.* sô hât der himelschranze (*Christus*) mit dyme fleysch und blûte sich gegerwet Hans 1359.

himel-schuole *stf. himmlische schule.* da3 wir alle an im lernen die tugentforme, die er uns hât ûf erde brâht von der himelschuole, der oberisten tugende schuolmeister Myst. 1. 326, 14.

himel-sëgen *stm. himmlischer segen.* der h. sî dîn dach Msh. 2, 67ᵃ.

himel-seite *swm. himmelssaite.* die engel sleen die himelseyten Hans 3124.

himel-sippe *swm.* (II². 318ᵇ) *verwanter des himmels* Ms.

himel-slô3 *stn.* (II². 412ᵇ) *schloss des himmels* Frl.;

himel-slü33el *stm.* (II². 413ᵇ) *schlüssel zum himmelreich* Diem. Berth. Priesterl. 579 (588). j.Tit. 6035; *benennung der jungfrau Maria* Mariengr.241; *name einer feldblume* Gl. Mgb.

himel-spêre *f.*(II².486ᵇ) *himmelssphäre* Myst. Such. Wack. *pr. s.* 261, 40.

himel-spîse *stf.* (II². 511ᵇ) *himmlische speise* Ms. Frl. Pass. 384, 89.

himel-spitze *f.* (II². 515ᵇ) *nordpol* Mgb.

himel-sprü33el *stm. leitersprosse zum himmel: Maria* Mariengr. 242.

himel-stat *stf. himmelsstätte, himmel* Alexius 135. 1282.

himel-stele *swf.* (II².619ᵇ) *stelle, sitz im himmel* Ms. (*H.* 2, 236ᵇ). *s.* stele. *ebenso*

himel-stelle *stf.* dîn trôn, dîn himelstelle (: velle) Msh. 3, 92ᵃ.

himel-stërn *m.* (II².621ᵃ) *himmelsstern* Wolk.

himel-stîc *stm. pfad zum himmel* Lit. 144.

himel-stier *stm. stier als himmelszeichen* RING 45ᶜ, 21.

himel-strâze *f.* (II².678ᵃ) *strasse zum himmel* PASS.; *präd. der jungfrau Maria* GSM. MS. KOLM. 6, 600.

himel-stuol *stm.* (II².714ᵇ) *stuhl, sitz im himmel* BERTH.

himel-tier *stn. himmlisches tier.* diu himeltier, die der wissage Ezechiêl sach in dem geiste MYST. 1. 348, 12.

himel-tocke *swf. himmlische tocke: Maria* HANS 1652. 2001.

himel-tor *stn. tor des himmels.* daz himeltor beslozzen ULR. *Wh.* 130ᵈ.

himel-tou, -wes *stn.* (III. 53ᵃ) *thau vom himmel* GEN. *D.* 52, 16. KCHR. *D.* 513, 15. GSM. LOBGES. MS. (*H.* 3, 53ᵇ. 55ᵇ. 76ᵃ). MGB. 249, 25. 34. 255, 16. FASN. 935, 23. 948, 29.

himel-tragende *part. adj. in den himmel tragend.* daz himeltragende heil GERM. 11. 72, 103.

himel-trappe *swm.* (III. 84ᵃ) *himmelsleiter* ADRIAN.

himel-trôn *stm.* (III. 113ᵇ) *thron des himmels, himmel* KONR. KROL. j.TIT. 5909. ELIS. 8260. 9034. ERLŒS. 217. 1346. WH. *v. Öst.* 107ᵃ. himels tr. FASN. 948, 1. LPH. 3262.

himel-trôr *stmn.* (III. 114ᵇ) *thau vom himmel* MYST. 1. 323, 17. himelflad od. himeltrôr, ladanum MGB. 155, 6.

himel-trût *stm. himmlischer geliebter, Christus.* der heilige himeltrût der sî hiute mîn halsperc guot DENKM. XLVII. 3, 31.

himel-tuoch *stn.* (III. 132ᵃ) diu linde muoz engelten, daz ich gesûmet bin, daz himeltuoch vür die sunnen daz slah ich von ir hin ROSENG. *H.* 2276.

himel-tür *stf.* (III. 50ᵃ) *tür des himmels* LIT. 1001. MSH. 3, 7ᵃ. MARIENGR. 455. RENN. 3778.

himelunge *stf.* h. oder scheinung, corruscatio Voc. 1437.

himel-vane *swm.* (III. 235ᵇ) *himmelsfane: Maria* j.TIT. 452 *alt. dr.* MARIENGR. 125.

himel-var *adj.* (III. 238ᵃ) *wie der himmel aussehend, himmelblau* GRIESH. PASS. MSH. 2, 175ᵃ. BPH. 5020. WACK. *pr.* 56, 93. MGB. 457, 20. 465, 33. ZIMR. *chr.* 1. 442, 26. himelvare MARLD. *han.* 128, 19; *himmelartig, himmlisch* MYST.

himel-vart *stf.* (III. 253ᵃ) *himmelfart* DENKM. XCVII, 34. W. *v. Rh.* 248, 45. 260, 50. 266, 31. HIMLF. 401. RENN. 21169. MSH. 3, 340ᵇ. KOLM. 153, 9. PASS. 104, 19. 107, 30. 53. 154, 79. 176, 67. 381, 83. H. *v. N.* 385. 87. LS. 1. 470, 59.

himel-varwe *stf. himmelsfarbe.* plâw ist ain reht himelvarb MGB. 214, 7;

himel-varwen *swv.* (III. 238ᵃ) himelvar *machen* FRL.

himel-vater *m.* (III. 279ᵇ) *himmlischer vater* KROL. MSH. 3, 67ᵇ.

himel-vels *stm.* (III. 295ᵇ) *himmelfels* FRL.

himel-vënster *stn. himmelsfenster.* karcheit ist himelvenster schübel RENN. 991.

himel-veste *stf.* (III. 276ᵃ) *himmelsfeste, firmament* MSH. (3,50ᵇ. 354ᵇ). j.TIT. 266. KOLM. 5, 56.

himel-videlære *stm. himmlischer fiedler* MART. 247, 91.

himel-viur *stn.* (III. 332ᵇ) *himmlisches feuer, blitz* LAMPR. RUL. 211, 25. KCHR. *W.* 8279.

himel-vlade *swm.* (III. 334ᵇ) ladanum, laganum MGB. 88, 33. DFG. 316ᵃ.

himel-vogel *stm. vogel des himmels, der luft.* dînen botich gibe ich den himelvogelen RUL. 143, 29.

himel-voget *stm.* (III. 360ᵃ) *herrscher des himmels, gott* ER. MS.;

himel-vogetinne *stf. Maria* MARLG. 251,441.

himel-vröude *stf.* (III. 419ᵃ) *himmlische freude* PASS. KREUZF.

himel-vrouwe *swf.* (III. 424ᵃ) *herrin des himmels, Maria* WALTH. GSM. HELBL. KROL. MARIENGR. 89.

himel-vruht *stf. himmlische frucht, hostie* KOLM. 181, 53.

himel-vürste *swm.* (III. 378ᵇ) *himmelsfürst, gott, Christus* GSM. WOLK. WACK. *pr.* 69, 113. MSH. 3, 354ᵃ. KONR. *lied.* 1, 209. HEINZ. 124, 45. KOLM. 181, 55. HELDB. *K.* 356, 55; *heiliger,* an sant Vinzenzien âbent des hôhen himelfürsten JUST. 3. der h. sant Gall S. GALL. *chr.* 35.

himel-wagen *stm.* (III. 644ᵇ) *das sternbild des grossen bären* WALTH. TROJ. (19062). MGB. 56, 14. 75, 29. 79, 30. 33. 104, 15. 107, 9. 434, 1. *vgl.* MYTH. 138. 762.

himel-wât *stf. himmlisches kleid, messgewand.* manegen zaher er dô lie, die im in sînen buosmen fluzzen und die himelwât beguzzen BONUS 136.

himel-wëc *stm. weg zum himmel.* himelswec PASS. *K.* 154, 74;

himel-wëger *stm. beweger des himmels, gott* MGB. 3, 12.

himel-weibel *stm. himmlischer weibel.,* von

himel ein stimme flôʒ, die der himelweibil ruofte Mart. 228, 97.
himel-wërbel *stm.* cardo celi Voc. 1429, 2ᵇ.
himel-werme *stf. thauwetter.* dô kam ein himelwermî mit regen und warmen winden, daʒ die waʒʒer als grôʒ wurden Just. 264.
himel-wirt *stm.* (III. 749ᵃ) *herr des himmels, gott* Krol. himels wirt Msh. 3, 432ᵃ.
himel-wunne *stf.* (III. 818ᵃ) *himmlische wonne* Gen. Gr. Rud. 3, 9. Msh. 3, 180ᵇ. Himlf. 1527. Ulr. Wh. 179ᵃ. Elis. 10498.
himel-würzelîn *stn. himmlisches würzchen, heilmittel* Berth. 298, 28.
himelze, himelz *stn. s.* himelize.
himel-zeichen *stn.* (III. 863ᵇ) *zeichen am himmel* Frl. doner und h. Rul 240, 23; *zeichen des tierkreises, sternbild* Mgb. 144, 33. 468, 10. luft unde erde unde himelzeichen Msh. 2, 215ᵇ. *vgl.* Hpt. 8, 542 *ff.* Freid. 8, 20.
himel-ziere *stf. himmelszierde* Kolm. 153, 26.
himel-zirkel *stm.* (III. 909ᵇ) *himmelskreis* Frl.
himel-zitwar *stm.* (III. 917ᵃ) calamus aromaticus Dfg. 88ᶜ.
himiliz *stn. s.* himelize.
himlitz *swm.*, **himlitzen** *swv. s.* himellitze, -litzen.
himmel *stm. s.* himel.
himpeler *stm. s.* hümpeler.
hin *adv. s.* hinne.
hin, hine *adv.* (I. 689ᵃ) *md. auch* hën Ludw. 19, 29. 20, 31 etc.: *fort, von hinnen, hin, allgem.* (hin wësen, *euphemist. sterben* Msf. 168, 26), *vor od. hinter pron. u. präpos. adv.* (hin dan, *auf die seite,* hindan setzen, ausnehmen Np. 269. hin durch, h. nâch, nâch hin, *von jetzt an, in zukunft, später, s. die glossare zu den* Chr., h. umbe Dietr. 2937. în hin Kell. *erz.* 247, 29. anhin *ob. sp.* 73. hin after, *hinten* Heldb. K. 169, 37. hin ûʒ, ûʒ hin *etc.;* hin ze *s.* hinze; *vor u. nach adv. s.* hinaben, hinûfen); *vor zeitw. der bewegung (z. b.* hin brechen, *zusammenstürzen* Chr. 4. 75, 13, *refl. sich hinwenden* Pass. K. 672, 66. hin drücken: der künec Artus dructe hin mit den besten rittern sîn Dan. 3509. hin dreschen, *vom laufen des hundes* Hadam. 164. einen hin schieben, *ihm vorschub leisten* Chr. 5. 18, 26. 48, 6. 359, 18. Mh. 3, 199. hin vallen, *umfallen* Mgb. 148, 16. 383, 22. 395, 22 etc. hin zücken, *fortreissen ib.* 239, 15. einem hin helfen Iw. Kindh.

75, 25. Otte 635). — *zu* hir, *vgl. auch* Gsp. 42. 351.
hin-aben *adv. aus* hin ab hin, *hinab* Chr. 3. 381, 26.
hî-naht *adv.* (II. 300ᵇ) *heut od. gestern zu nacht od. abend* Hartm. (Er. 4924). Trist. Barl. Wig. Gr. Rud. 25, 20. Dietr. 7377. Troj. 16810. Part. B. 6387. Loh. 2169. hienaht W. *v. Rh.* 166, 31. heinaht Hätzl. Kell. *erz.* 268, 2. hîneht Gen. 43, 22. 58, 6. hînat Diem. Kchr., hîent Gen. D. 58, 9, hînet Loh. 1263. Mariengr. 382. hinte, hînt (*allgem.*), heint Chr. 1. 175, 5. 457, 12; 2. 48, 14. 529, 41; 3. 345, 21. — *aus ahd. acc.* hia naht *s.* Gr. 3, 139. Kuhn 6, 12.
hin-blâser *stm.* exsufflator Chr. 3. 47, 5 (189, 25).
hin-bringære *stm.* (I. 251ᵃ) *hinbringer, zuträger* Helbl.
hin-brit *stn.* extasis ein hinprit Voc. *Schr.* 898. *vgl.* Gff. 3, 287. Myth. 1037. Dwb. 2, 358. Weinh. *schles. wb.* 37. — *zu* brëtten.
hin-dan, hindan *s.* dan, hinden.
hin-dan-rihtunge *stf. ausrüstung.* eine merkliche sum gelts zu hindanrichtung der soldner Cp. 328.
hinde *swf.* (I. 686ᵇ) *hinde, hirschkuh* Diem. Nib. (880, 4 *st., in C sw.*). Konr. (Troj. 24032. 50. 59. 150. 291). Herb. 17973. Msh. 3, 229ᵃ. Apoll. 8928. Pass. K. 455. 23. Albr. 21, 472. 32, 261. Mgb. 129, 29. 33. Chr. 4. 43, 11; 5. 13, 22. 25. Fasn. 1394, 2. hinte Gen. (hinde D. 46, 20). — *vgl.* Gr. 2, 35.
hinde-kilber *f.* hinnulus Voc. 1482. *vgl.* hintkalp.
hinden *adv.* (I. 690ᵃ) *hinten, gegens. zu* vor, vorne Diem. Parz. Walth. Konr. (Troj. 5968. 12446. 17377. 23897. Gsm. 406). Gen. D. 90, 24. Kchr. D. 479, 8. Nib. 1551, 4. Msh. 3, 282ᵇ. Wg. 3754. Krone 28040. Pass. K. 102, 84. Mgb. 149, 22. 163, 26 *u. ö.,* assim. hinnen Mone *z.* 7, 65. hindene Ath. D 46. F 67. Pass. K. 122, 36. 429, 77. hindan Ls. hindenân Reinh. — *ahd.* hintana, hindenân *zu* hie *s.* Gr. 3, 204. 208.
hinden-bære *adj.* wan die ougen diu wâren hindenbære, *glichen den augen einer hirschkuh* Krone 23908.
hinden-kalp *stn. s.* hintkalp.
hinden-ort *adv.* (I. 690ᵃ) *nach hinten* Parz. 73, 10. — *aus* hindenwërt? *vgl.* framort.
hinden-vuoʒ *stm. fuss einer hinde* Chr. 5. 195, 15. 17.

hinder *adj.* (I. 690ᵇ) *hintere* BERTH. daz hinder wart her vür gekêrt RENN. 140. in dem hindern kôr LOH. 7602. bî den hindern beinen REINH. 1194. HPT. 1. 399, 54. die wârheit vür einen hintern list hân ANEG. 33, 78; *swm. der hindere, podex* Ms. WG. MGB. 119, 12 *var.* FASN. 377, 9. ir bûch, ir hinder und ir bein ULR. *Wh.* 245ᵈ; *sup.* hinderst GRIESH. HERB. 17193. ROSENG. *H.* 1947. KARL 4692. DAN. 2908. MGB. 4, 29. — *alte comp. bildung zu* hin *s.* BOPP *gr.* 2, 28;

hinder *präp.* (*ib.*) hünder CHR. 8. 63, 11, *im* 15. *jh. gewönl.* hinter, *md. auch* hënder ROTH *urk.* 1: *hinter mit gen.* ERINN. 851. DIETR. 5634. 997. 7015; *mit dat.* HARTM. PARZ. WALTH. NIB. 1245, 2. 1726, 4. KL. 1354. EXOD. *D.* 150, 32. 161, 3. ERINN. 848. BIT. 10695. RAB. 350. LOH. 5881. 7517. KOL. 78, 48. PASS. 378, 85. CHR. 3. 297, 19. hender dem hûse ROTH *urk.* 1; *mit acc. allgem.* (hinder sich, *zurück*, hinder einen gân, varn, *auf ihn compromittieren, s. die gloss. zu den* CHR. *u. vgl.* hinderganc; hinder einen swern, *ihm schwören* CHR. 2, 18 *anm.* 3. 5, 100 *anm.* 1. hinder einen ziehen, *sein hintersasse werden ib.* 1. 76, 28. hinder die schulde swern, *sich dafür verbürgen* SCHREIB. 2, 13 *a.* 1373);

hinder *adv.* (*ib.*) *hinten, zurück* Iw. PARZ. hinder oder furder j.TIT. 1273. dâ vor biz gar hin hinder ULR. *Wh.* 136ᵇ. er gesach sich hinder nie HERB. 1963. h. belîben MSH. 3, 36ᵃ. PASS. *K.* 515, 66. dâ hindere blîben *ib.* 652, 34. hin hinder dringen (I. 394ᵃ, 13) Ms. sô der sunne hinder gegât MSH. 2, 288ᵇ. h. gehaben (I. 600ᵇ, 34), *sich hinten halten, hinten halten, bleiben* Iw. 412. hinder sleichen (II². 398ᵇ, 36), *zurückdrängen, vertreiben* HÄTZL. h. stôzen (II². 664ᵇ, 27), *zurückstossen* KARAJ. h. strîchen, *zurückweichen* PASS. 312, 73. etw. hin hinder *tragen* NEIDH. 48, 32. der mich hinder treit MSH. 3, 36ᵃ. h. trëten (III. 97ᵇ, 4), *zurücktreten* PARZ. PASS. 351, 45. h. trîben, *zurücktreiben* LOH. 276. der winter hinder ist verdrungen MH. 1, 346ᵃ. hindere wîchen, *zurückweichen* PASS. *K.* 477, 33. — *vgl. die folgenden composs.;*

hinderære *stm. hinderer, verhinderer.* gelückes hinderære APOLL. 1320.

hinder-baz *adv.* (I. 94ᵇ) *weiter zurück.* dâ bî ein wênic hinderbaz, *der sünden widerstrît* Giess. *hs.* 1122.

hinder-brëchen *stn. das zurücktreten, ausweichen.* ân allez h. PASS. 118, 78.

hinder-buoc *stm.* postela, subtela Voc. 1482.

hinder-burc *stf. hintere burg.* die h. zu Waldecke GR.W. 2, 205.

hinder-denken *swv. an.* (I. 348ᵇ) *refl. sich mit gedanken vertiefen* LS. 3. 73, 101; *part.* hinderdâht, *worin man sich verloren hat* SUSO;

hinder-denkunge *stf.* consideratio DFG. 144ᵃ.

hinder-dingen *stn.* (I. 339ᵃ) *widerrede* KELL.

hindere *swm. adv.,* **hinderen** *swv. s.* hinder, hindern.

hinder-gân *v. an. red.* (I. 472ᵇ) *tr. von hinten an einen herangehen, ihn überfallen.* er zôch zuo ainer port der stat und hindergieng daz folk CHR. 4. 78, 5; *berücken, betrügen* GFR. LS. wir wâren hindergangen HEINZ. 116, 5;

hinder-ganc *stm. das zurückweichen,* secessus EVANG. *M.* 15, 17. *Mr.* 7, 19. WOLK. 26, 397. iuwer vluz der hât den hinderganc Ms. 2, 235ᵃ; *compromiss* Mz. 1, 555. 76. MH. 2, 484. HALT. 913. *vgl. oben* hinder einen gân.

hinder-ganc-brief *stm. compromissurkunde* DH. 127. MH. 2, 484. CP. 150. *vgl.* HALT. 914.

hinder-gedemler *stm.* inquilinus MERAN. 10.

hinder-ge-kôse *stn. üble nachrede* LUDW. 29, 1.

hinder-gengic *adj.* hinder einen hindergengic werden *s. v. a.* hinder in gân, *auf ihn compromittieren* MH. 3, 263. *vgl.* HALT. 914.

hinder-grîfen *stv. II.* (I. 571ᵇ) *tr. von hinten greifen, ergreifen* MART. (186, 83. 220, 67). PART. *B.* 7439. 21299; *mit dat. u. acc. rauben* BARL.

hinder-guot *stn.* (I. 590ᵇ) *vom lehnsherren abhängiges gut?* WEIST.

hinder-halt *stm. rückhalt* HALT. 914.

hinder-heischunge *stf. zurückforderung* GR.W. 2, 247.

hinder-heldic *adj.* declivis DFG. 168ᵃ.

hinter-huot *stf. hinterhut, nachhut* CHR. 5. 50, 37. 173, 14. 190, 20. 245, 16 *u. o.* FASN. 131, 20.

hinder-hûs *stn. hinterhaus* KOLM. 79, 47. hinterhaus TUCH. 129, 20. 143, 36. 144, 1. 151, 23. 32 etc.

hinder-klaffen *swv.* (I. 835ᵃ) *verleumden* OBERL. h. oder ubel sprechen, obtrectare Voc. 1482;

hinder-klaffen *stn.* ALTSW. 31, 3. 61, 7;

hinder-kleffer *stm. verleumder* KOLM. 18, 45.

hinder-komen *stv. I, 2* (I. 905ᵇ) *tr. hintergehen, betrügen* REINH. KIRCHB. 675, 35. 748, 33; *refl. mit gen. erschrecken vor,* ich hinderkam des troumes mich TROJ. 41905.

hinder-kôsære *stm. verleumder* MONE 4, 369;
hinder-kœse *stn.* (I. 864ᵇ) *verleumdung* HÄTZL.
AB. 2. 22, 162 (= BIRKENST. 305);
hinder-kôsen *swv.* (I. 864ᵃ) *übel nachreden, verleumden* FRL. ELIS. 6348. OBERL. 672;
hinder-kôsen *stn.* sô daz̧ er sicher was vor hinderkôsen j.TIT. 5260;
hinder-kôsunge *stf. verleumdung* SPEC. 6.
hinder-lâge *stf.* (I. 994ᵇ) *der worte* h., *verstellte rede?* PASS. 94, 18. *vgl.* hinderligen;
hinder-legen *swv.* (I. 993ᵃ) sich h. mit etw., *versehen* BON.
hinder-lich *adj.* zu folgern aus unhinderlîchen.
hinder-ligen *stv. I, 1.* wir lâz̧en hie Mathiam eine wîle verswigen unde mit der rede hinderligen PASS. 312, 70.
hinder-list *stm. hinterlist* BERTH. *Kl.* 39;
hinder-listec *adj. hinterlistig, insidiosus* HPT. *h. lied* 109, 10. SGR. 1784. MGB. 43, 20. 24;
hinder-lister *stm. insidiator* MGB. 43, 27.
hinder-lôsen *swv.* (I. 1035ᵃ) *auf hinterlistige weise schmeicheln* Ms. (*H.* 2, 217ᵇ).
hinder-mære *stn. üble verleumderische erzälung.* dô sitzet einer bî der tür und seit sîn hindermær her für JÜNGL. 146.
hindern *swv.* (I. 691ᵃ) *zurücktreiben, hindern:* mit acc. GRIESH. APOLL. 5072, *acc. u. dat. incomm.* AB., *acc. u. gen.* hindert si irs fürganges MGB. 462, 31. einen des rechten hinderen PASS. 391, 69. das sol nieman hundern ein guoten lebbendes N. *v. B.* 134. — *mit* ge- (*nachtr.*), ver-;
hindernisse, -nüsse *stn. hindernis, verhinderung* PASS. 119, 18. LEYS. 59, 25. LUDW. 48, 21. MYST. 1. 29, 34; 2. 409, 13. 464, 16. 569, 31. EVANG. 266ᵇ. MARLD. *han.* 13, 6. hindernis *f.* HÖFER 308.
hinder-predigerinne *stf.* etleich dienen der hinderpredigerinne, das si des nachtes nicht erplinden VINTL. 7785.
hinder-rede *stf.* (II. 600ᵃ) *üble nachrede, verleumdung* BON. FRL. ORL. 3395. BPH. 8832. MSH. 2, 205ᵃ. AB. 1, 343. WACK. *pr.* 56, 476. PF. *üb.* 151, 953. OT. 16ᵃ. ELIS. 1017. 1782. 6629. 736. ROTH *dicht.* 102, 15. N. *v. B.* 203. 39. VET. *b.* 28, 13;
hinder-redec *adj. verleumderisch* GERM. *H.* 8. 243, 169;
hinder-reden *swv.* (II. 605ᵇ) *einem übel nachreden mit dat.* LS. 3. 168, 185, *mit acc.* MART. (129, 15). BASL. *hss.* 36ᵇ. WACK. *pr.* 70, 130. û f einen h. MYST. WACK. *pr.* 53, 121. 130. 136;
hinder-reden *stn.* (*ib.*) TAULER;
hinder-reder *stm.* (II. 607ᵃ) *verleumder* WACK. *pr.* 56, 176 *var.* LS. 1. 579, 93. VET. *b.* 71, 1. NETZ 11982.
hinder-rîten *stv. II. tr. reitend von hinten angreifen* WOLFD. 2177.
hinder-rucke *adv.* (II. 783ᵇ, 45) *rückwärts* PASS. hinterrucks ÖH. 41, 25. *vgl.* GR. 3, 152.
hinder-ruoder *stn. steuerruder.* ein schiffelîn âne h. MONE *z.* 9, 417 (*a.* 1440).
hindersal *stn.* (I. 691ᵃ) *hindernis, störung* WEIST. KIRCHB. 724, 56. HÖFER 51 (*a.* 1295).
hinder-sæz̧e, -sëz̧z̧e *swm.* (II². 341ᵃ) *der hinter jemand, in dessen schutze angesessen ist, hintersasse* WEIST. unser amptleut, diener und hindersêz̧en Mz. 3, 51 *s.* 45 (*a.* 1338). den hindersæz̧en umb sîn gült pfenden Mw. 217, 86 (*a.* 1300). aine menge der landgeseszen herren und hindersäszen ÖH. 121, 15. *st.* die hindersäsz (*var.* hintersessen, untertan) beswêren FASN. 301, 9; *der bei einem andren als mietsmann wont,* hinder-, hintersez̧z̧e NP. 57. 289. TUCH. 284, 15. 16;
hinder-sæz̧el *stm. s. v. a.* hindersæz̧e FASN. 567, 7.
hinder-sæz̧-haftec *adj.* hindersæz̧haftige arme lûde *s. v. a.* hindersæz̧en GR.W. 2, 51.
hinder-schilt *stm.* und ritten in seiden, hetten den hinterschilt (*beim turniere*) CHR. 5. 97, 13. *vgl.* 4. 237, 1: sy hetten nit mêr an, denn schilt vor in und einen huot auf.
hinder-schrenken *stn.* (II². 203ᵇ) *betrug, arglist* GEN.
hinder-sëhen *stn. rücksicht.* dâ ist kein h. GA. 3. 242, 1697.
hinder-setzen *swv. zurücksetzen, bewältigen.* swenn den starken lewen gram der hunger hindersetzet j.TIT. 1348. in het hindersetzet diu klage mit jâmer garwe *ib.* 445;
hinder-sëz̧z̧e *swm. s.* hindersæz̧e.
hinder-sidele *swm.* (II². 237ᵃ) *hintersasse* WEIST. (*lies* 3, 379).
[**hinder-sitze** *adv.* II². 337ᵇ] alle irdesliche witze nû swîge hinder sitze (*sedeat in parte posteriori*) ELIS. 10132 *u. s.* 382ᵃ.
hinder-slac *stm.* (II². 383ᵃ) *schlag von hinten, heimtückischer schlag* BON. sunder h., *aufrichtig* KIRCHB.; *nachteil, schaden* CHR. 3. 108, 29 (= jactura 216, 35). 123, 13 (= diffamia 223, 41);

hinder-slahen *stv. I, 4* (II². 376ᵇ) *hinter sich, zurück schlagen* Zürch. jb.;
hinder-slahen *stn. das heimtückische schlagen.* nît und haz macht hinderslân und hinderred Bon. 3, 5.
hinder-slîchen *stv. II.* (II². 398ᵃ) *von hinten beschleichen* Leseb. (*lies* 879, 20);
hinder-slîchen *stn.* (*ib.*) Pass.
hinder-snîden *stv. II.* (II². 440ᵃ) *von hinten schneiden, verleumden* Bon.
hinder-sprâche *stf.* (II². 536ᵇ) *üble nachrede, als ersonnener eigenname* Leseb. 904, 18;
hinder-sprëchen *stv. I, 2 übel nachreden mit dat. d. p.* Elis. 1824;
hinder-sprëcher *stm. verleumder.* der h., der den lûden ir êre benimmet Gr.w. 1, 547.
hinder-stellec *adj.* (II². 559ᵇ) *was bei seite, zurück gestellt, aufbewahrt wird, übrig bleibt* Pass. noch ist dir hinderstellec zû vindenne daz grôze wort Zing. *findl.* 2, 128. hinderst. belîben, *unterbleiben* Dh. 401. ûf daz die sach nit hinderst. (*rückgängig*) werde Rcsp. 1, 351; *sich nach hinten stellend, zurückbleibend* Dür. *chr.* das unser vorweser alle hinderstellige sol in das heer fordern Ugb. 423 *s.* 493. hinderst. werden, *ungehorsam sein, abfallen* S. Gall. *chr.* 43. Mh. 2, 530. 3,177. *mit dat. u. gen.* einem der schulde h. werden, *die schulden nicht bezalen wollen* Rcsp. 1, 362. — *vgl.* afterstellec *u.* Schm. 3, 629. Vilm. 170.
hinder-stendec *adj. rückständig.* hinderstendige gulte Mone *z.* 8, 187 (*a.* 1402).
hinder-stich *stm. stich von, nach rückwärts* Fasn. 202, 6.
hinder-stiure *stf. nachhilfe, beisteuer* Swsp. L. 2, 83.
hinder-swanc *stm.* (II². 806ᵇ) *rückschwung* Pass.
hinder-swich *stm.* (II². 784ᵃ) *verhinderung, versäumnis, verzug; hinterhalt, falschheit, betrug* Pass.;
hinder-swîchen *stn.* (*ib.*) *das zurückweichen, hinterhalt* Pass.
hinder-teil *stn. hinterteil, podex* Fragm. 41, 369. Ls. 2 386, 51. Sigen. *Sch.* 130. Fasn. 24, 31. des rosses h. W. v. Öst. 24ᵇ.
hinder-trit *stm.* (III. 100ᵇ) *tritt zurück; rückgängigkeit; das abweichen vom rechten, fehltritt* Pass.
hinder-tür *stf. hintertür, postica* Kell. *erz.* 249, 11. Dfg. 449ᶜ. Voc. *S.* 1, 9ᵇ;
hinder-türlîn *stn.* (III. 50ᵃ) *postica* Voc. *o.*

hinder-varn *stv. I, 4 hinterlistig überfahren, überfallen.* heiz die porten si bewarn, daz wir niht werden hindervarn Troj. 30278.
hinder-velle *stf.* (III. 223ᵇ) *das zurückfallen, zurücksinken* Pass.
hinder-vrâge *stf. rückfrage* Mone *z.* 13, 300.
hinder-wart *adv. s.* hinderwërt.
hinder-wer *stf. hinterwehr.* der zwinger sol ouch zinnen haben und ain starken, guten hinderwer Anz. 17, 75.
hinder-wërf *stm.* (III. 740ᵃ) *zurück-, wegwurf* Pass.
hinder-wërt, -wart *adv.* (III. 598ᵃ) *nach, von hinten, zurück* Herb. Jer. Pass. (333, 68). Reinh. 1924. Troj. 11817. 12501. 15. Apoll. 7603. hinderwarts Mgb. 124, 22. hinterwerz Fasn. 443, 21;
hinder-wërtec *adv. von hinten* Netz 1797. *ebenso*
hinter-wërtec-lîchen *adv.* Netz 366;
hinder-wërtlingen *adv.* (III. 598ᵃ) *rücklings* Griesh. Germ. 6. 102, 375.
hinder-wîse *adv. von hinten.* der hunt in vrevellîch umbvie hinderwîse in diu bein Ga. 1. 176, 281.
hinder-wurf *stm.* du wirdest ein hinderworf reiner frouwen zucht Fichard 3, 237.
hinder-ziehen *stv. III. hinter einen ziehen, ihm in den rücken fallen* Chr. 5. 32, 17. 42, 23. Zimr. *chr.* 1. 36, 36.
hind-louf *stm. s.* hintlouf.
hine *adv. s.* hin.
hine-baz *adv. weiter hin* Mein. 12.
hî-neht, -net *adv. s.* hînaht.
hine-scheide, -vart, -wërt *s.* hinscheide etc.
hin-ganc *stm.* (I. 475ᵇ) *hingang* Parz.; *ruhr, durchfall* Mgb. 325, 29. 401, 2. *vgl.* hin-, ûzlouf.
hin-gëber *stm. hingeber, verkäufer, gegens. zu koufer* W. Weichb. 102. Meran. 2. 6. 17. Urb. *Pf.* 207. Gr.w. 6, 168. Schiltb. 132. des guotes verstrewer und hingeber Rauch 1, 12.
hingeln *swv. hinken, zaudern* Jer. 161ᶜ. — *zu* hinken.
hin-hinder *adv.* (I. 690ᵇ) *zurück, rückwärts* Wolk. Helmbr. 1121. hin hinder *vgl. oben unter* hinder.
hinke *swm. der hinkende* Erlœs. 4206. *vgl. dazu* Germ. 3, 335.
hinkel *stn. s.* huoniclîn.
hinken *stv. I, 3* (I. 687ᵇ) *hinken, lahm sein, eigentl. u. bildl.* Gen. (*D.* 43, 22. 65, 22). Iw.

Parz. Walth. Ms. (*H.* 1, 77ᵇ. 345ᵇ. 2, 218ᵃ.
3, 243ᵇ. 310ᵃ). Pass. (ûz der mâze h., *das
mass überschreiten K.* 364, 22). hinkender
pfâge Herb. 13918. nû hinket mîn êre *ib.*
15477. Wig. 297, 18. wie sîn êre hunke Dan.
7532. des lop niht hanc *ib.* 271. diu triuwe
beginnet hinken j.Tit. 1869. 4212. daʒ pfert
hanc Herb. 13925. Hadam. 178. der lewe
hanc Myst. 1. 211, 13. vil galiden begunden
hinken, den man mit wurfe begunde winken
Türl. *Wh.* 87ᵃ. daʒ daʒ puoch hie hinke,
nicht in ordnung sei Mgb. 74, 36. hinken an:
der tôre kan niht h. an ritterschaft j.Tit.
5618. an hôchgemüete h. Hadam. 547. an
dem glouben h. Ls. 2. 670, 111. dîn golt
hinket an dem glaste Apoll. 873. hie hinken
manige pfaffen an Myst. 2. 261, 13. *mit dat.
d. p.* heil hât iu gehunken Krone 1349. daʒ
in die zungen hunken Apoll. 3711. Strick.
5, 8. Ga. 3. 366, 349. Fasn. 206, 21. — *mit
ûʒ*, er-, ge- (Strick. 5, 107). *zu skr.* khañj
(*für* skang) *hinken, gr.* σκάξω Kuhn 3, 429.
16, 319. Curt³. 355;
hinken *stn.* ob in sîner krefte hinken het be-
twungen j.Tit. 1383.
hin-kêre *stf. fortwendung.* die h. tuon, *sich
fortbegeben* Ulr. *Wh.* 203ᵇ. 208ᵈ. 220ᵃ. *vgl.*
hinnenkêre.
hin-læʒec *adj.* (I. 954ᵃ) *unterlassend, fahr-
lässig* Weist. *ebenso*
hin-læʒ-lich *adj.* Zimr. *chr.* 2. 255, 34.
hin-leger *stm. vernichter, zerstörer.* ein stö-
rer und hinleger Vintl. 2294.
hin-lêhen *stn. darlehen.* h. umb zins Chr. 4.
137, 37;
hin-lîhen *stn. verleihung, verleihungsrecht*
Mone *z.* 21, 196.
hin-louf *stm. ruhr, durchfall* Mgb. 343, 25.
340, 27. 358, 11. *vgl.* hinganc, ûʒlouf. —
ebenso
hin-loufen *stn.* des leibes ruor oder daʒ hin-
laufen Mgb. 340, 14.
hinnan, hinnân *adv. s.* hinnen 1 *u.* 2.
hinnân-kêre *stf. s.* hinnenkêre.
hinnant-hin *adv. s.* hinnen 2.
hinne *adv. s.* hinnen 2.
hinne *adv.* (I. 689ᵃ. 750ᵃ, 50) = hie inne, *hier
innen, allgem.* (Wwh. 306, 4. Flore 4017.
4161. Krone 13424. 26531. Alexius 108, 299.
Neif. 45, 14. Schretel 200. hin Chr. 1.
175, 25). *vgl.* hinnen 1.
hin-nëmec *adj. abnehmend, in verfall kom-
mend* S. Gall. *chr.* 38.

hinnen *adv.* = hie innen *s. v. a.* hinne L. Alex.
2547. Wildon. 25, 256. 62. Tuch. 73, 14. 222,
8. 229, 19. 306, 13. Chr. 1. 174, 19. 175, 26;
2. 323, 1. 341, 21. hinnan *ib.* 4, 380ᵃ.
hinnen *adv.* (I. 690ᵃ) *verkürzt* hinne, hinn
(W. 38), *oft noch die volle form* hinnân, hin-
nan (*ahd.* hinana, hinnân): *räuml. von hier
fort, von hinnen, allgem.* (hinnan Elis. 3871.
Chr. 4. 313, 24; 5. 196, 11. von hinnan *ib.*
389, 32. von hinna *ib.* 390, 9. von hinnân
stêt mîn girde Heinz. 128, 64. von hinnen
Silv. 2183. Engelh. 1578. Chr. 2. 332, 8.
hinne Marld. *han.* 23, 32. von hinne Exod.
D. 127, 25. *adjectivisch* von hinnen landen
ziehen Chr. 5. 96, 13. hinnen her, *hin u. her*
Gen. dirre hinne, jener her Eracl. 4762;
zeitl. von jetzt: hinnen hin, *von nun an* Ms.
Flore 5330. hinnenthin Urb. 160, 29. hin-
nanthin Mz. 1, 369. hinnen vür, *hinfort, in
zukunft* (hinnan vür Gerh. 1759. 2067. 4350.
Chr. 4. 130, 1, 32. 43. 131, 6. 143, 10. hinna
vür *ib.* 133, 5. 135, 27. 138, 30. hinne vür
Gen. *D.* 19, 6. 50, 28. 88, 7. Exod. *D.* 146,
12. 151, 1. 158, 3. Aneg. 18, 50. 56. Loh.
935), hinnen zuo, *bis* Ad. 807. hinnan biʒ
W. 15. von hinn biʒ *ib.* 38. von hinnan ûʒ,
von jetzt an Mz. 4, 212.
hinnen *adv. s.* hinden.
hinnen-kêre *stf.* (I. 799ᵇ) *s. v. a.* hinkêre Crane
2336. 3953. hinnânkêre Reinfr. 70ᵃ. hinnân-
kêr Ot.
hinnen-scheide *stf. das hinscheiden, der tod*
Ulr. *Wh.* 132ᵈ. *vgl.* hinscheide.
hinnent-hin *adv. s.* hinnen 2.
hinnen-vart *stf. s.* hinvart.
hinper *stn. s.* hintber.
hin-reise *stf.* (II. 664ᵃ) *hinreise* Jer.
hin-scheide *stf.* (II². 107ᵃ) *s. v. a.* hinnen-
scheide W. *v.* Rh. 183, 41. hinescheide Pass.
ebenso
hin-scheiden *stn.* (II². 100ᵃ) Zürch. *jb.*
hin-schiebe *stf. das hinwegschieben, entfer-
nen.* es ist der lieb hinschieb Vintl. 566. du
pist ain rechte hinschieb aller traurichait
ib. 7639. *vgl.* ûfschiube.
hînt *adv. s.* hînaht.
hint-ber *stn.* (I. 104ᵃ) *himbeere* Sum., *d. i.
beere, welche die* hinde *gerne frisst;* hinper
arciocida, *wachholder* Voc. 1482.
hinte *swf. s.* hinde.
hînte *adv. s.* hînaht.
hinter- *s.* hinder-.

hîntes *adv. s. v. a.* hînte. heintz KELL. *erz.* 207, 14.
hint-kalp *stn.* (I. 781ᵇ) *hirschkalb* GL. WILL. *Hoffm.* 21, 7. 14. GRIESH. *denkm.* 18. GERM. 8, 47. hindenkalp ENGELH. 4868. PART. *B.* 14352. BEH. 134, 23.
hint-louf *stm.* (I. 1047ᵃ) *eine am lauf der hinde oder an waldwegen wachsende pflanze.* hindlauf, incuba solsequium, helitropium, spina solis Voc. 1482. hintloifte (= löufte) *f.* cicorea SUM.
hint-louf-bluome *mf.* dyosima Voc. 1482.
hînt-stunt *s.* stunde.
hin-über *adv. darüber hinaus* TUCH. 114, 14.
hin-ûfen *adv. aus hin ûf hin, hinauf* CHR. 3. 387, 13.
hin-var *stf. hinfart, tod* KIRCHB. 599, 58. 691, 61;
hin-, hine-vart *stf.* (III. 254ᵇ) *md. auch* hënevart LUDW.: *hinreise, fortreise* KONR. WIG. BARL. PASS. (sîn êrliche hinevart, *Christi himmelfart* 104, 34). LUDW., *euphemist. tod* DIEM. BARL. PASS. (125, 33). MYST. ERINN. 482. SILV. 1370. KONR. *Al.* 897. HEINR. 2317. 37. 3120. 3801. LUDW. 20, 3 (henevart). W. *v. Rh.* 255, 19. 259, 33 (hinnenvart). N. *v. B.* 144. des tôdes h. LIVL. 488. der sêle h. LIT. 235, 6. 237, 1. diu leste hienevart GERM. 10. 534, 576.
hin-vellec *adj.* (III. 225ᵃ) recidivus DFG. 487ᵃ. manic mensch wirt vor zorn hinvellic RENN. 14009.
hin-vliezunge *stf.* hinvl. der zît, *deflexus temporis* UOE. 3, 336.
hin-vlühtec *adj. flüchtig, die flucht ergreifend* KIRCHB. 664, 29. 724, 31.
hin-wëc *adv.* (III. 637ᵇ, 10) *hinweg, fort* EN. MYST. EVANG. 266ᵇ.
hin-wërf *stm.* (III. 740ᵃ) *weg-, auswurf, abscheu* BARL. ich bin ein wurm unde niht ein mensche unde bin des menschen hinwerf BERTH. 104, 35. *vgl.* hinwurf.
hin-, hine-wërt, -wart *adv.* (III. 598ᵃ) *hinwärts* LANZ. TRIST. BIT. (hinewërte 10959) *u. md. denkm., comp.* hinwerter ELIS. 4830.
hin-wurf *stm.* (III. 741ᵃ) *s. v. a.* hinwërf GEST. *R.*
hinze, hinz (I. 689ᵇ, 18. III. 852ᵇ, 34) = hin ze, zuo *räuml. u. zeitl. bis (auch als conjunct.), gegen, allgem.*
hin-zerrer *stm.* abexactor DIEF. *n. gl.* 2ᵃ.
hin-ziehen *stn. das liegen in todeszügen* WACK. *pr.* 99, 80;

hin-zuc *stm.* (III. 931ᵃ) agon DFG. 18ᵉ. *n. gl.* 13ᵃ;
hin-zückec *adj.* hinzuckig leut, *arreptici* MGB. 445, 30.
hipe *f. hippe, waffel, zusammengerollter, oblatförmiger kuchen.* hole hip FASN. 373, 1. rechenmeister sollen besehen, obe der mit den hiepen gestên moge bî den kochen FRANKF. *brgmstb.* 1445 *vig. V. p. Barth.* der mit den hiepen umbgêt *ib. vig. V. p. nat. Mar.* — *vgl.* SCHM. *Fr.* 1, 1139. WEIG. 1, 508 *u.* holhipe;
hipelîn *stn. kleine hippe.* hole hiplîn FASN. 373, 2. 791, 18.
hipen-man *stm. hippenbäcker, -verkäufer.* hiepenman FRANKF. *brgmstb.* 1473 *vig. Matth.* 1483 *vig. III. p. cant.* hippenman *ib. urk. des liebfrauenstifts v. j.* 1504.
hippen-happen (I. 689ᵃ) *ablautend u. scherzhaft für* haben NEIDH. XLV, 28. *vgl.* gippengappen.
hir *stn. s.* her.
hir *stf. vehementia.* daz er uns scheide von der helle hir LOH. 7658 *u. anm.; stmnf. schmerz* SCHM. *Fr.* 1, 1155. — *ahd.* hirlîch, *vehemens* GFF. 4, 999.
*hir, hiu, hiz (I. 687ᵃ) *untergegangenes pron. demonstr., von welchem im gt. (von einem vorauszusetzenden* his, hija, hita) *nur dat.* himma, *acc. m.* hina *u. neutr.* hita *vorhanden sind. dazu gehören im mhd.* her, hier, hin. — *stamm* hi *zu lat.* ci- *in* cis, citra GSP. 39. DIEF. 2, 554. SCHER. *gesch.* 372.
hiralde *swm. s.* heralt.
hî-rât *stmf.* (II. 576ᵇ) *als f. im gen.* -ræte, -rât *f.: vermählung, eigentl. die zurüstung dazu. allgem.* (der h. DIETR. 1786. 2215. CHR. 4. 123, 6. 11. WL. 116. êleichen heirât tuon DSP. 1, 41ᵇ. zuo êlîcher hîrât DIETR. 1769. solche heyerât und ee Mz. 4, 132).
hî-rât-brief *stm. heiratsbrief* MH. 2, 243.
hî-râten *swv.* (II. 576ᵃ) *heiraten.* maneger hîrât ûz dem lant LS. 3. 300, 67. h. mit einem OT. 645ᵇ, zuo einem HEIMB. *hf.* 279. — *mit* abe, be-, ver-.
hî-rât-guot *stn. heiratsgut, ausstattung einer tochter* Mz. 4, 266. MH. 2, 243. HEUM. 174 *f.*
hî-rât-liute *pl.* (II. 576ᵇ) *zeugen des eheversprechens* BRÜNN. *r.*
hî-rât-stiure *stf. s. v. a.* hîstiure CP. 165.
hir-bërge, -burgen *s.* herbëŕge, -bërgen.
hirez *stm. s.* hirz.
hir-lich *adj. adv. s.* hêrlich, -lîche.

hirmen *swv. s.* hermen.
hirmen *swv.* (I. 691ª) *ruhen, rasten.* in (ich en) hirme niemer, unz ich den verdiene WALTH. 84, 11. *md.* hërmen MONE *schausp. — mit* be-, ge-. *vgl.* FICK² 49.
hirn *stn. s.* hirne.
hirn-becken *stn.* calvaria DFG. 91ᶜ.
hirn-bein *stn.* (I. 101ª) *stirnknochen, stirn* PARZ. HERB. 12503.
hirn-bolle *swm.* (I. 119ª) *hirnschädel* GA. 2. 449, 1143.
hirne, hirn *stn.* (I. 691ᵇ) hiren CHR. 2. 311, 2. hiern SUCH. GRIESH. 1, 69. FASN. 258, 7. *md. auch* hërne (: gërne) MSH. 3, 63ᵇ. ALSF. 46ª: *hirn, gehirn, bildl. verstand* Iw. TRIST. FRL. RAB. (437). er gap dem weichen hirne den gebil ze schirme GEN. *D.* 5, 11. daʒ hirn ist kalter natûr MGB. 6, 5 *ff.* daʒ houbt schol haben hôheʒ hirn, niht ze grôʒ mit gefuoger stirn RING 23, 37. schæfîn hirne MSH. 2, 287ᵇ. sît dû (kornkever) âne hirne bist Aw. 3, 224. daʒ h. diuset RENN. 9408. slahen durch schedil unde hirn MART. 136, 28. si schrieten hirn unde verch DIETR. 9066. daʒ hirn ûʒ den köphen spranc *ib.* 9362. er sluoc in, daʒ im daʒ hirne viel vür die vüeʒe dar ROTH *denkm.* 90, 110. nû quam sô ungevüege ein schal, daʒ von dem dôn sich heten hirn entrennet LOH. 7156. des hirnes zil WARTB. 105, 9. daʒ er vil lîhte ein tôr in sîme hirne wirt 154, 8. eins bezedemôns hût er umbe bant, diu gît dem hirne kraft 159, 8. daʒ im gît dem hirn mit alle ûf die zungen valle KOL. 187, 1147. daʒ unbilde gêt mir in daʒ hirn RENN. 10911. und schôʒ im in daʒ hirne sîn ein vil wüetender pîn W. *v. Rh.* 97, 31. der wîn der sleht mir in daʒ hirn Aw. 2, 58. si hete ein sô wîse hirn, ûʒ dem ir wort sô clûge giengen GEN. *D.* 2, 164ª. sîner witzen hirne PASS. *K.* 481, 50. mit beswêrtem hirne *mit betrübtem gemüte ib.* 484, 51. suptiles hirn und vernunft ÖH. 54, 11 *ff. — gt.* hvairnei *zu skr.* çira (*aus* çara, kara) *haupt, gr.* κάρα, κάρηνον, κρανίον, *lat.* cerebrum CURT.³ 136. GSP. 41. *vgl.* FICK² 38;
hirnen *swv. s.* ûʒ hirnen.
hirne-schal *f. s.* hirnschal.
hirn-geil *adj.* (I. 494ᵇ) geil *im* hirne HELBL.
hirn-gupfe *swf.* (I. 592ᵇ) *bedeckung des hirnes* NEIDH. 229, 70.
hirn-hût *stf.* (I. 741ᵇ) bria, *aus* pia mater? SUM. *vgl.* DFG. 81ᵇ *u.* hirnvël.

hirn-kopf *stm.* (1. 861ª) KARL 7103 *var. zu* hirnrëbe.
hirn-lôs *adj.* (I. 691ᵇ) *ohne hirn* GRIESH.
hirn-ribe, -rëbe *swfm.* (II. 586ᵇ) *hirnschale.* hirnribe RUL. hirnrebe KARL (5739. daʒ im der hirnrebe zespielt 7103. *var.* hirnkopf, -schal). ALBR. 29, 355. *vgl.* ougenrëbe.
hirn-, hirne-schal *stswf.* (II². 121ª) *hirnschale* TRIST. NEIDH. (98, 28). TROJ. PART. *B.* 10547. RAB. 660. 825. RENN. 9516. APOLL. 10878. 19591. HELBL. 2, 1234. ûf sîn hernschalen ALSF. 46ª.
hirn-schëdel *stm.* (II². 92ª) *hirnschädel* GL. MYST. LS. 3. 413, 557.
hirn-scheitel *f.* granium Voc. 1482.
hirn-schîbe *swf.* (II². 96ᵇ) *hirnschädel* TEICHN.
hirn-schidunge *stf.* (II². 108ª) cellula cerebri Voc. *o.*
hirn-schiel *stm. splitter der hirnschale* APOLL. 10937.
hirn-stal *stn.* (II². 558ª) *stirn, schädel* BPH. 839. *vgl.* SCHM. 3, 626.
hirn-suht *stf.* (II². 359ª) *krankheit des gehirns, wahnsinn* Iw. 3427.
hirn-vël *stn.* (III. 294ª) *hirnhaut,* pia, dura mater Voc. *o.* bria Voc. *Schr.* 280 (*vgl.* hirnhût); hirnfel vatrix, menica *od. krankheit des hirns* Voc. 1482.
hirn-wüetec *adj.* (III. 536ª) freneticus DFG. 247ª. hirnwüetig von der colera, die hitzig läut habent MGB. 329, 21. GIESS. *hs. nr.* 992 (*heilmittelbuch*) 113ª;
hirn-wüetec-heit *stf.* (*ib.*) frenesis DFG. 247ª.
hirs *stm. s.* hirʒ.
hirschen *swv. s.* hërschen.
hirschîn *adj. s.* hirʒîn.
hirse, hirs *swstm.* (I. 691ᵇ) *hirse* GEN. Ms. MGB. 403, 16. CHR. 2. 300, 10. 301, 2. 302, 18. 304, 19 *etc. s.* 556ᵇ. — *vgl.* GDS. 64, *anm.*
hirse-grütze *stnf. hirsebrei* BUCH *v. g. sp.* 17;
hirse-gruʒ *stmf. hirsekorn* BERTH. 419, 1. hirsengrûʒ HELBL. 1, 380. *ebenso*
hirse-korn *stn.* (I. 862ª) STRICK. AMMENH. 357. daʒ ich iu ein h. werfe an iuwer gewalt BIRKENST. *p.* 16. 17. 18. 19;
hirse-körnelîn *stn.* (I. 862ᵇ) *kleines hirsekorn* SUSO. hirsenkörnelîn TRIST. *H.*
hirsen-vëse *swf.* (III. 329ᵇ) *hülse des hirsekorns* NEIDH. (53, 11).
hirtære *stm. s.* hërtære;
hirte, hirt *stswm.* (I. 670ᵇ) *hirte* MAR. FREID. (137, 11). Ms. von dir wirt geborn, der ze hirte ist erkorn GEN. *D.* 113, 30. dem keiser

und dem hirte GEO. 5799. des landes h. ECKE Sch. 15. eʒ wirt nâhe ein hirte dem andern gelîch Ls. 3. 15, 367; swer den wolf ze hirten nimt, der vât sîn schaden MSH. 2, 373ᵇ (= swer den wolf ze hûse ladet der nimt sîn schaden MSF. 23, 21). für den hirten trîben RENN. 5408. die hierten MH. 2, 432. *md.* hërte SSP. 2. 54, 2. — *zu* hërt *stf.*

hirte-hütte *f.* tugurium SUM.

hirtekeit *stf. s.* hertecheit.

hirtelîn *stn. dem. zu* hirte W. *v. Rh.* 61, 37. hirtel JER. 102ᶜ.

hirte-lôs *adj.* (I. 671ᵃ) *ohne hirten* DSP. 1, 164. SWSP. 1, 55.

hirten *swv. in* behirten.

hirten-ambet *stn. hirtendienst* GR.W. 4, 386.

hirten-hûs *stn.* (I. 738ᵇ) tugurium VOC. *o.*

hirten-lêhen *stn. s.* hirtlêhen.

hirten-rëht *stn. vom hirten bei übertragung des hirtendienstes zu entrichtende gebühr* MONE *z.* 10, 339 (*a.* 1358).

hirten-, hirt-sac *stm.* (II². 3ᵇ) pera pastoralis DFG. 424ᵇ.

hirten-stap *stm.* (II². 594ᵇ) *hirtenstab* GL. hirtestap KIRCHB.; *dienst, gerechtsame des hirten,* der hirte gibt jærlich ainen schöffel kern von dem hirtenstab Mz. 1, 401 (*a.* 1386). die hierten zu Burgow gebent vom hirtenstab vier viertal öls und 200 ayr MH. 2, 432.

hirten-tuom *stn. hirtenstand* GR.W. 4, 333.

hirter *stm. s.* hërtære.

hirt-lêhen *stn.* (I. 996ᵇ) *dem hirten als besoldung verliehenes grundstück* WEIST. hirtenlêhen URB. *Son.* 88, 3.

hirt-lich *adj. dem hirten angehörend, wachsam.* mit hirtlîcher ruoche HPT. 8, 115;

hirt-lîchen *adv. wie ein hirte wachsam* JER. 11ᵃ.

hirt-phenninc *stm. abgabe für den gemeindehirten* URB. *Str.* 225.

hirt-sac *stm. s.* hirtensac.

hirt-same *stf. die viehhut, der viehtrieb* GR.W. 4, 495. *ebenso*

hirt-schaft *stf.* GR.W. 3, 645. MZ. 2, 389. 3, 265. MB. 17, 143. 23, 228. 24, 229. 36ᵃ, 208 (*a.* 1280).

hirtz *stm. s.* hirʒ.

hir-wërgen *swv. s.* herbërgen.

hirʒ *stm.* (I. 691ᵇ) *hirsch, allgem. vgl. noch* j. TIT. 4909. NEIDH. 234, 11. TROJ. 10698. 18823. KRONE 16719. APOLL. 10282. PASS. *K.* 151, 37. MGB. 129, 13 *ff.* ALTSW. 52, 20. her Hirʒ MSH. 2, 388ᵇ; hireʒ ROTH. hirz, hirtz WACK. *pr.* 49, 31. 64, 74. hirs CHR. 4. 43, 10. hirs, hirsz, hirsch *in der* ZIMR. *chr.* — *ahd.* hiruʒ *mit horn zu lat.* cornu, cervus, *gr.* κέρας *also der gehörnte s.* CURT.³ 140. FICK² 34. *vgl. auch* rint;

hirʒeler *stm.* swenne dû verst an einen tanz alle tage als ein hirʒler und swenne dû alsô zwêne tâge gehirʒelit, unde soltest dû daʒ eine wochen trîben, dû woltest ê an einem galgen hangen BERTH. 176, 23;

hirʒeln *swv. in* gehirʒeln, *s. das vorige.*

hirʒen-rieme *swm. riemen aus hirschleder.* mit hirʒenriemen gebunden WH. *v. Öst.* 43ᵇ.

hirʒ-ge-hürne *stn. hirschgeweih* WIG. 88, 1. ZIMR. *chr.* 4. 64, 23 *ff.* 238, 14. *ebenso*

hirʒ-ge-schrei *stn. hirschjagd. vgl.* ZIMR. *chr.* 2. 443, 336; 3. 124, 9.

hirʒ-ge-wîge *stn.* (III. 650ᵃ) FRL. OSW. 1032.

hirʒ-hals *stm.* (I. 618ᵃ) *koller von hirschleder* WEINSCHW.

hirʒ-horn *stn.* (I. 715ᵇ) *hirschhorn,* cornu cervi SUM. OSW. 2282. ALBR. 29, 326. MOB. 439, 12. und söllen ûf die schillinger schlahen ainhalb ain crütz und anderhalb drüw hirszhorner MONE *z.* 6, 276 (*a.* 1423); *als eigenname* ZIMR. *chr.* 4, 638ᵃ;

hirʒ-hornîn *adj. von hirschhorn.* ein grôʒ hirʒhornîn lûhter MONE *z.* 3, 255 (*a.* 1391).

hirʒ-hût *stf. hirschhaut* WACK. *vgl.* ein hirʒes hût MSH. 2, 100ᵃ.

hirʒîn *adj.* (I. 692ᵃ) *vom hirsche,* cervinus SUM. REINH. OSW. Üw. 656. hirʒîne hiute RUL. 260, 12. Ls. 3. 564, 144. hirschîn brâte NP. 78.

hirʒ-lëbere *f. hirschleber* BUCH *v. g. sp.* 2, 12.

hir-zoge *swm. s.* herzoge.

hirʒ-plân *stm.* plân *auf dem hirsche gejagt werden* ZIMR. *chr.* 3. 124, 5 *ff.* 126, 23 *ff.*

hirʒ-swam *stm.* (II². 760ᵇ) boletus SUM. cerviboletus ANZ. 2, 186. *vgl.* NEMN. 3, 252.

hirʒ-vart *stf. hirschjagd* GR.W. 6, 399.

hirʒ-veiʒte *stf.* (III. 293ᵇ) *die zeit, in welcher die hirsche feist sind* WEIST.; *hirschjagd* ZIMR. *chr.* 3. 124, 4. SCHM. *Fr.* 1, 774.

hirʒ-würmelîn *stn.* hirschwürmlîn ist guet keder im herbest HPT. 14, 177.

hirʒ-wurz *stf.* (III. 829ᵃ) *hirschwurz, ein heilkraut* PARZ. PF. arzb. 2, 10ᵇ. MGB. 398, 25.

hirʒ-zunge *swf.* cerviglossa DFG. 115ᵇ. aganoe *n. gl.* 11ᵇ.

hirʒ-zungen-wîn *stm. wein mit* hirʒzungen angesetzt MONE *z.* 14, 42 (*a.* 1472).

hischen *swv. stn. s.* hëschen.

hispe *f. fibula, spange* Türl. *Wh.* — *vgl.* haspe;
hispen *swv.* die locke wâren kleine gehispet
Türl. *Wh.* 38ᵇ.
hîster *adj.* (I. 695ᵇ) *heiratslustig* Fdgr. 1, 376ᵇ.
— *zu* hîwen.
hî-stiure *stf.* (II². 651ᵇ) *s. v. a.* hîrâtstiure,
aussteuer Mb. heistewer Dsp. 1, 24. er solte
uns silber unde golt ze rehter hiustiure geben Part. *B.* 18499;
hî-stiuren *swv.* (II². 652ª) *aussteuern* Augsb. r.
histôrje *stswf.* (I. 692ª) *geschichte, erzälung,
historia* Trist. swaz ich von der histôrje nim
daz künde ich hie ze tiute Troj. 17644. sô
wirt im ein histôrje schîn Part. *B.* 228. swer
sîne histôrjen ie gelas Ulr. *Wh.* 270ᵈ.
histôrjen-meister *stm. geschichtschreiber* Chr. 3. 35, 20.
hitze *stf.* (I. 657ᵇ) *hitze, eigentl. u. bildl.* Iw.
Wwh. Trist. Walth. Gsm. Gen. *D.* 9, 2. 19,
10. 45, 10. 113, 36. Loh. 3632. Marld. *han.*
7, 17 (*vgl.* hit 99, 22). zornes h. Troj. 24788.
Pass. 274, 16. maniger vorchte h., *heftige
furcht ib.* K. 345, 16. des heiligen geistes h.
Elis. 1709. 8066. — *zu* heiz;
hitzec, hitzic *adj.* (I. 658ª) *heiss, hitzig, eigentl.
u. bildl.* h. bluot Sigen. *Sch.* 89. hitzic sunnenblicke Msh. 2, 390ᵇ. ir munt hitzic unde rôt
Ernst 1012. lâ dînen zorn hitzic Wh. *v. Öst.* 44ª.
hitzige liebe Kreuzf. 1073. hitzige gir *ib.*
4904. 7275. Ludw. 28, 24. eine hitzige minnerîn Myst. 1. 263, 5. von grôzer liebe h. werden *ib.* 294, 18. mit gûter andâcht tet ein
brûder hitzec sîn gebet Pass. *K.* 523, 94. h.
fieber Mgb. 364, 32. h. mist 181, 11. 220, 14.
h. gestirn 75, 6. h. wein 351, 18. hitziger
nâtûr sein 220, 7;
hitzec-lîche, -en *adv. mit hitze, eifer* Berth.
287, 39. Wack. *pr.* 97, 1. Myst. 2. 430, 11.
548, 39. 549, 5;
hitzede *stf. hitze* Jan. 8. Fromm. 2, 438ᵇ;
hitzegen *swv.* hitzec *machen* Myst. 2. 430, 15.
Mgb. 417, 29. — *mit* ver-;
hitze-lîchen *adv. s. v. a.* hitzeclîche Öh. 77, 1.
hitzel-reide *f.* oscillum, scuta est ludus puerorum Voc. 1482. *vgl.* hutzen.
hitzen *swv.* (I. 658ª) *intr.* (*ahd.* hizzôn) *heiss
werden, erglühen* Diem. En. Ls. Troj. 35246.
Pf. *üb.* 13, 752; — *tr.* (*ahd.* hizjan) *heiss
machen, erhitzen* Frl. Pass. Erlœs. 1849.
Kolm. 15, 57. — *mit* er-, durch-, über-;
hitzenunge *stf.* dô sluogen si ûf enander slege
unmâzen grôz, daz von der hitzenunge in
diu luft erdôz Roseng. *Meuseb.* 884.

hitze-rîche *adj. reich an* hitze. ein stein hitzerîche, der brinnet êwiclîche Lanz. 4799. ir
hitzerîcher munt sô rôt Hätzl. 2. 10, 6.
hitze-rôt *adj. heissrot s.* kleinvëlhitzerôt.
hitz-gadem *stn.* estuarium Dfg. 211ª.
hiu *prät. adv. s.* houwen, hiute.
hiu *interj.* hui Msh. 468ᵗ. Jüngl. 34. *vgl.* hoi.
hiubel-huot *stm.* (I. 733ª) *haubenhut, eine art
helm* Neidh. (XXII, 4. 50, 27. 51, 33. 161, 10.
165, 6. 234, 16 *var.*).
hiubelîn *stn.* (I. 724ª) *dem. zu* hûbe Renn.
21783. H. *v. N.* 358. hûbelîn (*perrücke*) Germ.
H. 8, 314. Bit. (639). hiubel Hpt. 7. 375,
42. rauhe heubel (*pelzmützen*) Fasn. 1105.
diu höubel diu man treit ûf dem houbt Bph.
3644.
hiufalter *s.* hiefalter.
hiufe? *stf.* dâ von muoz mîn ouge twahen mîne
hiufe (hiufel?) von vil manegen trahen Krone
16995. *s.* hiufel.
hiufec-lîche *adv. häufig, oft.* heufeglich Zimr.
chr. 4. 34, 6.
hiufel *stfn.*, **hiufelîn** *stn.* (I. 692ᵇ) hiufel *als
f.* (*das geschlecht lässt sich nicht immer erkennen*) *entspricht dem ahd. stf.* hiufila;
hiufel *als n. ist nur kürzung von* hiufelîn.
nbff. hûfel Mar. 173, 13. hüffel Voc. *o.*
Dief. *n. gl.* 190ª. Krone 22071 *var.* W. *v. Rh.*
109,41 hüffelîn 26,46. Trist.17582 *var.: wange,
die fleischigeren teile an derselben* (heufel,
hüffel gena, est pars faciei ubi barba inchoat
usque ad oculos protensa Dief. *n. gl.* 190ª).
hiufel Hartm. (daz bluot ir hiufeln entweich
Er. 8317). Parz. Wig. (27, 31. 203, 21). ir
hiufel rôselohtez brehen Gerh. 1683. ûf ir
hiufel über al dâ sol ein borte ligen smal
Msh. 2, 86ᵇ. ir hiufen niht ze hôch gezogen
Heinz. 637. vor betwanc diu hiufel (*var.* hüffel) manic trahen Krone 22071. von gruoben diu hiufel sich erhuoben vil hôch vür die
wintbrâ *ib.* 19640. ir reinez houbet sî sluoc,
ir hiufel kraste si genuoc W. *v. Rh.* 179, 13.
dîn hiufel und dîn wangen *ib.* 182, 57. ir
hiufel rôsevar wâren erblichen *ib.* 194, 29;
ein kleinez stræmelîn gleste ir ûf ir hiufelîn (*var.* hüffelîn) ûf ir kinne und ûf ir munt
Trist. 17582. ir wenglîn und ir hiufelîn
Wolfd. 1160. zwei hôhe hiufelîn *ib.* 1159.
Bph. 5041. swer wolte bedenken, waz er wære
ê, denn sîn muoter in gebære, und wie enge
er læge gevangen, dô im diu knie wîlent an
die wangen ruorten, als noch gesippe sîn
knie und hiuflîn in latîn, der solte knie und

hiuflîn nîgen gên sînem schepfer RENN. 19016 ff. — vgl. hûfe (wegen HELBL. 1, 1111 s. hüffel).
hiufelîn stn. dem. zu hûfe. ein heuflein steine TUCH. 84, 10. 11;
hiufeln swv. heufeln, hûfeln, houfeln, acervare, catervare, cumulare DFG. 4ᵃ. 107ᵃ. 162ᵃ;
hiufeln stn. houfeln als ludus cavillosus Mw. 130, 18 (a. 1279). vgl. SCHM. Fr. 1, 1056. DWB. 4², 591;
hiufelunge stf. anhäufung DIEF. 1470, 81.
hiufolter s. hiefalter.
hiulen swv. (I. 692ᵇ) prät. hûlte, md. hûlen: heulen, schreien REINH. (607. 1034. 1227). DIOCL. PASS. (K. 97, 71. 190, 55. 213, 86. 455, 70). ALBR. 21, 320. 33, 481. HEINR. 2350. ROTH denkm. 92, 32. hiuweln SUSO. — ahd. hiwilôn (aus hiuwilôn) jauchzen, eigentl. schreien wie eine eule (hiuwel) WEIG. 1, 503;
hiulen stn. von hunden hiulens vil geschiht MSH. 3, 303ᵇ. md. hûlen EVANG. M. 2, 18. ZING. findl. 2. 16, 18.
Hiune, hiune swm. (I. 692ᵃ) md. hûne, eigenn. u. appell.: Hunne, Unger NIB. PARZ. LOH. 1947. 2581. 712. 15. 35. 39. 4140 u. oft in KL. BIT. DIETR. RAB. Heunen FASN. 547, 7 (auch st. NIB. 2064, 3. 2084, 2. KCHR. D. 425, 26. 476, 20. 26 etc. SERV. 1245. 1363); riese HERB. TRIST. — nach KUHN 10, 275 ff. zu skr. çûna geschwollen, gewachsen von çvi, gr. *κύω, κνέω*;
hiunisch adj. (ib.) hunnisch, ungerisch. daz h. lant, rîch NIB. u. oft in RAB. u. DIETR.;
— hiunischer, hûnischer, heunischer wîn WEIST. (5, 618). MONE z. 3, 257 ff. schon WACK. hat bei HPT. 6, 267 vermutet, dass darunter nicht der Ungerwein, sondern wein von einer bestimmten traubenart (ahd. hûnisc drûbo GFF. 4, 960) gemeint sei u. hat damit unzweifelhaft das richtige getroffen. es war eine schlechtere traubensorte, der heut zu tage noch nicht völlig ausgerottete Heunisch (s. KIRCHHOFS convers. lex. der gesammten land- u. hauswirtschaft 9, 276 u. heunschen, bauerweinbeere NEMN. 3, 247), dessen anbau schon mit beginn des 15. jh. vielfach verboten wurde (ez sol ouch nieman keinen hiunischen stock fürbaz setzen noch legen MONE z. 15, 139 a. 1404), weil er eben einen zu schlechten, säuerlichen wein gab (vgl. deme burggrêven frenkischen wîn und sînen knehten hûnischen GR. W. 3, 487. daz vierteil frenk. wîn umb vier haller, daz vierteil heun. w. umb drei haller NP. 209).

im Würzburgischen unterschied man frenkische u. heunische weinstöcke (s. HEFFNER u. REUSS Würzburg u. seine umgebungen s. IX) u. dass auch am Rhein eine gesonderte lese des h. w. statt fand, ergibt sich aus GR. W. 2, 229;
hiunisch adv. in hunnischer, ungerischer sprache. hiunisch sprechen BIT. 4843.
hiure adj. in gehiure.
hiure adv. (I. 770ᵇ) in diesem jahre, heuer LANZ. HARTM. (ER. 8414. BÜCHL. 2, 640). TRIST. WALTH. HELBL. (2, 484). MSF. 180, 36. 38. FLORE 3446. 6566. LIEHT. 106, 6. RENN. 1072. 1616. 15089. REINH. 357, 1792. heur MGB. 217, 12. gehäuft in disem jâre hiure APOLL.; erweitert **hiuwer** NEIDH. XVI, 7. 6, 26. 8, 39. 13, 15. hiwer ib. 4, 33. HELBL. 15, 125; md. hûre GLAUB. 2798, auch in der bedeut. v. hiute s. KARLM. Bartsch s. 297. — ahd. hiuro aus hiuru d. i. hiu jâru (instrum.), vgl. hiute;
hiurec adj. (I. 771ᵃ) heurig. hiurig UOE. 4, 210 (a. 1294). CHR. 4. 179 anm. 2.
hiuren swv. (I. 693ᵇ) intr. gehiure sein, werden? FRL.; tr. gehiure machen, beglücken, beseligen, sîn tugent in hât gehiuret MSH. 3, 169ᵇ. part. gehiuret TÜRL. Wh. Ms. FRL. j. TIT. 5074. gehiwert WWH., mit gen. riches lôns gehiuret MSH. 3, 169ᵇ. TÜRL. Wh. 30ᵃ; refl. sît sich sîn triuwe hât gehiuret ROTH dicht. 134, 3. — mit be-, s. unbehiuret.
hiurlinc, -ges stm. ein fisch vom heurigen jahre GR. W. 4, 514.
hiusære, hûsære stm. in lithiusære, -hûsære;
hiusec adj. in gotshiusec oben sp. 1056 u. GR. W. 1, 290;
hiuselîn stn. (I. 740ᵇ) dem. zu hûs ENGELH. 5649. 5777. PART. B. 11981. RENN. 2740. heuslîn CHR. 5. 144, 11. hiuselî (: bî) W. v. Rh. 21, 48. 58, 41. 43. 62, 24. hiusel HARTM. TRIST. H. S. GALL. chr. 46. heusel CHR. 1. 75, 34. häusel MGB. 258, 25. 176, 8 (käfig). md. hûselîn PASS. K. 598, 85. 644, 98. CRANE 3248 (käfig).
hius-lîche, **-en** adv. häuslich, mit haus. hiuslich und häblich ziehen und dâ sitzen Mz. 1, 479. häuslîchen, heuslîchen sitzen CHR. 5. 372, 19. TUCH. 306, 24. hûslich und hebelich sitzen MONE z. 9, 104. hûslîchen sitzen HPT. 7, 99.
hius-linc stm. wil einer denn dâ heime blîben, schaffen sînes hûses dinc, den heizt man ein hiuslinc ANZ. 3, 22. vgl. DWB. 4², 682.
hiu-stiure stf. s. hîstiure.

hiutære *stm.* (I. 742ª) coriarius SUM.
hiute *adv.* (III. 4ᵇ) *md.* hûte, *an diesem tage*, *heute, allgem. vgl. noch* EXOD. *D.* 128, 5. ER. 6468. NIB. 373, 4. 374, 3. 457, 2 *etc.* MSH. 2, 373ª. 3, 106ᵇ. MSF. 41, 3. 140, 22. TROJ. 23248. PASS. *K.* 6, 23. 30, 38. hiu WACK. *pr.* 43, 62. *nasal.* heunt CHR. 1. 156, 14. *gehäuft* hiute (hûte) *des tages* MYST., *zusammengez.* hiutes tages TRIST. — *ahd.* hiuto *aus* hiutu *d. i.* hiu tagu (*instrum.*) *an diesem tage. vgl.* hiure;
hiutec *adj.* (*ib.*) *heutig.* hiuteger tac KCHR. 23. ALEXIUS 75, 485. KIRCHB. 647, 54. CHR. 4. 352, 24.
hiutec *adj. in* wîʒhiutec. — *zu* hût;
hiutelîn, hiutel *stn.* (I. 741ᵇ) *dem. zu* hût, *häutchen.* häutlein, häutel MGB. 10, 10 *ff.* 32, 9. 126, 36. 373, 34. 317, 18. heutel WOLK.
hiutel-vase *swm. häutige faser, hautfaser* MGB. 32, 7.
hiuten *swv. prät.* hûte, *häuten, s.* ungehiutet. *mit* ûʒ, be-, ent-.
hiute-wagen *stm.* (III. 644ᵇ) *s.* hût.
hiute-zucker *stm.* dû solt reineʒ gesinde hân, niht nescher noch nescherin noch spiler noch nahtganger noch hiutezucker oder daʒ grœʒer sî BERTH. 318, 39.
hiut-lanc *adv. während des heutigen tages* APOLL. 5692.
hiuw *prät. s.* houwen.
hiuwe *swm. s.* hûwe 2;
hiuwel, hûwel *stmf.?* (I. 742ᵇ) *eule,* noctua VOC. *o. vgl.* iuwel;
hiuweln *swv. s.* hiulen.
hiuwen *infin. u. prät. s.* houwen.
hiuwer *adv. s.* hiure.
hiuʒe *adj.* (I. 693ᵇ) *munter, frech* Ms. NEIDH. (79, 6. 93, 18. 227, 2. 228, 35). dâ wart alrêst gestriten von den Hiunen vil hiuʒen DIETR. 9057. heuʒ OT. (419ᵇ). — *zu skr.* kud *lärmen, lästern, gr.* κυδ- *in* κυδάζω *schmähen,* κύδοιμός *lärm* FICK² 45. *vgl.* hösche;
hiuʒe *stf.* (*ib.*) *munterkeit, frechheit* Ms.;
hiuʒen *swv.* (I. 694ª) *sich gegen einem h., sich erkühnen, ihm die spitze bieten* MART. (*lies* 2, 75). *vgl.* ëbenhiuʒen. — *mit* über-, wider-.
hiuʒen *swv. stn.* (I. 694ª) *md.* hûʒen, *zur verfolgung rufen* KOL. KÖN. PASS. — *zur interj.* hiu.
hîwe, hîe *swmf. im pl. swn.* (I. 695ª) hîge RUL.: *gatte, gattin* GEN.; *hausgenosse, dienstbote ib.* DIEM. (270, 13). KARAJ. (52, 10). RUL.

ELMEND. hîwen wiʒʒen herren willen wol KRONE 6743. *zu*
hîwen, hîen *swv.* (*ib.*) *sich verheiraten, part.* gehîet, -hît *verheiratet* LAMPR. (3363. 69). NIB. IW. HPT. 7. 343, 92. *s. auch* gehîwen, ungehît. — *zu gt.* heiva *haus* (*in* heivafrauja *hausherr*) *und dieses mit* heim *zu skr.* çi *liegen, wohnen, gr.* κεῖμαι KUHN 6, 11. GSP. 39. CURT³. 139.
hiwer *adv.* **hiwern** *swv. s.* hiure, hiuren.
hiwe-schrëcke *swm. s.* höuschrëcke.
hîwische, hîwisch *stn.* (I. 695ª) *geschlecht, familie* WINDB. *ps.* (21, 33. 31, 16). LEYS. EXOD. *D.* 157, 11. hîbisk KCHR. *D.* 195, 17; *hausgesinde* MAR. SPEC. 167; *haus, haushaltung* MAR. — *zu* hîwe.
hluʒ *stm. s.* luʒ.
hô *adj. adv. stf. s.* hôch, hôhe, hœhe.
hob *stm. s.* hof;
hobe- *s.* hove-.
hobel *stm.* (I. 695ᵇ) *decke, deckel* HELBL.; *gedeckter wagen,* vier plahen über die höbel CHR. 4. 257, 11. 42. *vgl.* hobelwagen, kobel *u.* BIRL. 233ª.
hobel, hobelen *s.* hovel, hübel, hovelen.
hobel-îsen *stn. hobeleisen* TUCH. 113, 3.
hobel-wagen *stm.* h. oder kamerwagen, carpentum, camba VOC. 1482. *vgl.* hobel *u.* BIRL. 233ª.
hoben *swv. s.* hoven;
hobisch, höbischære *s.* hövesch, hübeschære.
hob-îsen *stn. s.* huofisen.
hob-wurʒ *stf.* aristolochia MGB. 383, 4 *ff.* (*var.* holzwurʒ). howorʒ DIEF. *n. gl.* 34ª. *vgl.* hol-, holz-, houbetwurʒ.
hôch *interj.* (I. 698ª) Ms. WOLK. *vgl.* heuch.
hôch, hœch *adv. stf. s.* hôhe, hœhe;
hôch *adj.* (I. 695ᵇ) *apok.* hô (: vrô ELIS. 3783. 3852), *comp.* hôher, hœher; *sup.* hôhest, hœhest, *contr.* hôst ATH. EN.: *hoch, in, nach, aus der höhe; anderes übertreffend: gross, stark, laut, vornehm, stolz, allgem.* (der hôch luft MGB. 110, 36. daʒ hôhe mer MYST. 1. 226, 6. hôhiu sünde SILV. 4360. hôheʒ lop LIEHT. 314, 1. lâʒent iuwer hôhe bete stân TROJ. 21975. iuwer hôheʒ trûren *ib.* 13360. 22670. Jêsum hâstû hôch gemachet ULR. *Wh.* 109ª. hôher, *lauter,* sanc MSF. 18, 17. mit hôhen stimmen EN. 337, 34. MYST. 1. 153, 30. *vgl.* NIB. 1123, 1 *C.* mit hôhen worten HERB. 8911. ain hôheʒ antlütze, *sublimis facies* MGB. 237, 1. sein ganch ist hœher, *stolzer, vornehmer ib.* 288, 26. der wirt an ëren bil-

lich hôch WINSB. 41, 10. am hôhen mitwochen, am hôhen donstage, *am mittw.*, *donnerstag vor ostern*, schweiz. *geschichtsfreund* 7, 107; 2, 109.143). — *gt*. hauhs, *vgl*. DIEF. 1, 59. 2, 533. KUHN 1, 137. GSP. 507;

hôch-beine *adj. hochbeinig* ALBR. 9, 323.

hôch-be-schorn *part. adj.* (II². 150ª) *hoch geschorn* HELBL. ein hôbeschorner wint (*hund*) MSH. 3, 28ᵇ.

hôch-bochen *stn. trotziges benehmen*. wölcher sich under uns hôchbochens, unwillens und unbillichs fürnemens gegen dem andern gebrûcht hat DON. *a.* 1476.

hôch-edel *adj. sehr edel*. hôchedeler man MSH. 2, 222ᵇ. hôchedeleȥ küneges kint DIETR. 298.

hôcheit *stf. s.* hôchheit.

hôch-engel *stm. erzengel* GEN. 11, 5.

hôch-en-ouwen *swv. schiffe mittels vorgespannter pferde stromaufwärts führen* SCHM. *Fr.* 1, 1043 (*a.* 1332). — *s.* ouwe.

höchet *stm. s.* hechet.

hôch-ge-birge *stn. hochgebirge* ALPH. 325. GERH. 2638.

hôch-ge-born *part. adj.* (I. 157ª, 31) *von vornehmer geburt, edel* NIB. RAB. 1094. LAUR. *Sch.* 1924. 2192. ROSENG. *H.* 1164. 200. LOH. 2219. TROJ. 1593. 16568. 19616. ENGELH. 1487. KONR. *Al.* 559. HELMBR. 501. RING 2ᶜ, 4. CRANE 1771. 4277. KARLM. 327, 36. 371, 26 *u. ö.*

hôch-ge-bot *stn. hohes, heiliges gebot*. gedenk niht, herre, ob ich verlac dîn hôchgebot KOLM. 95, 39.

hôch-ge-burt *stf.* (I. 155ª) *vornehme geburt* TIT. WINSB. ORL. 6832. VIRG. 294, 4. PART. *B.* 9546 *u. anm.* HANS 330;

hôch-ge-burte *swm. s. v. a.* hôchgeborn. Galien de hôgeburt KARLM. 267, 59. dort si ûf einander hurten die werden hôchgeburten REINFR. 138ᵇ.

hôch-ge-danc *stm.* mîn werder muot, mîn hôchgedanc wære gar versunken BLIKER 15.

hôch-ge-dinge *stn.* (I. 340ᵇ) *höchste hoffnung* BIT. 11128. 12560. ORL. 11405. 69. LIEHT. (145, 8).

hôch-ge-gürt *part. adj. hochgegürtet*. dû hôchgegürteteȥ êrenkleit FICHARD 3, 229.

hôch-ge-hêret *part. adj. sehr gepriesen, verherrlicht* LOH. 807. j.TIT. 5549.

hôch-ge-krœnet *part.adj.* vil hôchgekrœnter Malfer RENNEW. 47, 15.

hôch-ge-lêret *part. adj. sehr gelehrt* LOH. 7580.

hôch-ge-lobet, -lopt *part. adj.* (I. 1022ª) *sehr gelobt, gepriesen* PANT. MSH. 2, 336ᵇ. MSF. 282. NEIDH. 73, 11 *var*. LIEHT. 41, 10. PART. *B.* 1162. 10567. 14035. TURN. *B.* 91. BIT. 277 *u. anm.* ALPH. 9, 4. 17, 1. 319, 2. DIETR. 6164. RAB. 1061. VIRG. 339, 3. 479, 5. 589, 13. 752, 5. 974, 13. GOLD. *Z.* 2, 11. MEL. 3192 *u. ö.* BERTH. 15, 6. WACK. *pr.* 69, 96. MGB. 161, 33. hôgelovet CRANE 1951.

hôch-gëlt *stn*. ich vergülte iu ditz hôchgelt, ê ich vurch oder velt immer kêrte hinnen KRONE 15433. *vgl*. hôchgülte.

hôch-ge-mâc *adj.* (II. 12ᵇ) *vornehme blutsverwante habend* WALTH.

hôch-ge-meit *adj. verstärktes* gemeit LAUR. *Sch.* 158. SIGEN. *Sch.* 27. 47. 93. HELDB. *K.* 263, 9. OREND. 1884. ALTSW. 104, 1.

hôch-ge-melt *part. adj. berühmt, edel*. mit mancher juncfraw hôchgemelt (: fëlt) DRACH. *Casp*. 73, 5.

hôch-ge-mezzen *part. adj.* ein hôchgemezzen fröuden zil WINSB. 17, 7.

hôch-ge-müete *stn.* (II. 261ᵇ) *coll. zu* hôchmuot: *edle, stolze gesinnung* (WALTH. menlich ellen und hôchg. LOH. 4266. mir wonet h. bî drumb wil ich nimê bîten VIRG. 877, 5. 946, 5); *getroster, freudiger sinn, frohsinn* WALTH. Ms. (MSF. 139, 3. 146, 39. 151, 12). BARL. FLORE 2896. 4425. TROJ. 14843. 942. 17191. PART. *B.* 2313; *stolz, hochmut* FREID. WIG. NIB. 46, 2;

hôch-ge-müetec *adj. hochgesinnt, freudig*. manec hôchgemüetic lîp und doch niht vor jâmer vrî WWH. 370, 6;

hôch-ge-muot *adj.* (II. 261ᵇ) *s. v. a.* hôhe gemuot, *edel, gross gesinnt, hochsinnig* NIB. Ms. PARZ. (267, 9. 618, 11); *hochgestimmt, freudig* Ms. (MSF. 148, 4). TRIST. 626. 42. LIEHT. 21, 19. 43, 3. 68, 11. GERH. 3665. TROJ. 17145. 19979; *stolz, hochmütig mit dat*. den rîchen wis immer h. TRIST. 5030.

hôch-ge-nant *part. adj.* (II. 379ᵇ) *kühn, mutig* ALPH. KONR. VIRG. 565, 1. 698, 7. 703, 7. 13 *u. ö.* SIGEN. *Sch.* 46. HELDB. *K.* 276, 20. 284, 15; *hoch, edel gesinnt,* ir edeln vrouwen hôchgenant VIRG. 551, 2. DA. 537. — *s.* nenden, genenden;

hôch-ge-nendec *adj.* (II. 379ª, 32) *kühn* SUCH.

hôch-ge-priester *stm. hoher priester* RENNEW. 22, 75.

hôch-ge-ræte *stn. kostbare ausrüstung, unterstützung?* des wirt dir h. kunt von dînen triuwen PFEIFF. *forsch.* 1. 68, 30.

hôch-ge-rihte *stn.* (II. 649ᵃ) *peinliches gericht* WEIST. (2, 15. 19. 51. 5, 57). AD. 1410. CHR. 4. 194, 17; *die richtstätte* WEIST. *u. oft in der* ZIMR. *chr. s.* 4, 638ᵇ.

hôch-ge-schaft *part. adj. viur in sunnen* hôchgeschaft MSH. 2, 394ᵇ;

hôch-ge-schaft *stf. hohe, ausgezeichnete schöpfung.* daz ez ir süeze hôchgeschaft durch bluot in viuhte bringet MSH. 2, 390ᵇ.

hôch-ge-sidele *stn. hoch-, ehrensitz.* an daz hôchgesidel dan wîste Rüedegêr der marcman den vogt Dietriche DIETR. 4959. *vgl.* hôchsidel.

hôch-ge-slaht *adj.* (II². 388ᵃ) *von hohem geschlechte* SUCH.

hôch-ge-stüele *stn.* (II². 715ᵃ) *coll. zu* hôchstuol REINH.

hôch-ge-tiuret *part. adj. sehr vornehm durch (gen.).* des adels hôchgetiuret LOH. 5477.

hôch-ge-triuwe *adj. verstärktes* getriuwe DIETR. 2274. 4479.

hôch-ge-vertec *adj. s. v. a.* hôchvertec HPT. 1. 15, 1.

hôch-ge-vriunt *part. adj. viele und hohe verwante habend* DIETR. 5725.

hôch-ge-walt *stm. hohe gewalt* PART. *B.* 17956.

hôch-ge-wĕgen *part. adj. verstärktes* gewĕgen. her Dietrich der hôchgewegen ECKE *Casp.* 295;

hôch-ge-wihte *stn.* (III. 641ᵃ) *hohes, schweres gewicht* ERLES.

hôch-ge-wilde *stn. hochwild. vgl.* ZIMR. *chr.* 3. 22, 9.

hôch-ge-zieret *part. adj.* daz ich mit worten wünniclich gelobe die hôchgezierten meit KOLM. 163, 3.

hôch-ge-zît *stf. n. s.* hôchzît;

hôch-ge-zîten *stn. das feiern eines festes* NIB. *C* 655, 1. 1302, 4. *vgl.* hôchzîten.

hôch-gülte *adj.* (I. 526ᵃ) *hohen wert habend, kostbar* PART. *B.* 3950. W. *v. Rh.* 147, 28. 238, 11. *vgl.* VILM. *weltchr. s.* 26;

hôch-gülte *stf. kostbarkeit, kostspieligkeit. md.* hôchgulde ELIS. 2002;

hôch-gültic *adj.* (I. 526ᵃ) *kostbar* MYST. RENN. 441. 13444. 657. 24048;

hôch-gültic-heit *stf. (ib.) kostbarkeit* MYST. (1. 299, 27).

hôch-haltunge *stf. überhebung, hochmut* CHR. 3. 33, 12 (elatio 184, 27).

hôch-heit *stf. hoheit, erhabenheit* W. *v. Rh.* 120, 42. *md.* hôcheit MYST. 1. 92, 15.

hôch-holz *stn. hochwald* GR.W. 1, 498.

hôch-huober *stm. s. v. a.* houbethuober GR.W. 1, 731. 44. 5, 540.

hôch-hûs *stn.* (I. 738ᵇ) *söller* OBERL.

hôch-klimmec *adj. hochsteigend, klimmend* MSH. 3, 107ᵃ.

hôch-klingære? *stm.* (I. 843ᵇ) *s.* hôchlingære;

hôch-klunge *adj.* (I. 844ᵇ) *von hohem klange, erhaben, herrlich* GSM. KONR. *lied.* 32, 99.

hôch-kunst *stf. hohe kunst, gelehrsamkeit* BON. 99, 22.

hôch-kust *stf.* ANTICHR. 141, 12 *wol in* hônkust *zu bessern.*

hôch-lêrer *stm.* Ludwicus pius, der güetig under den hôchlêrern (*var.* unter den hôchgelêrten) teutscher geburt CHR. 3. 65, 15.

hôch-lich *adj. hoch, erhaben* W. *v. Rh.* 94ᵇ. sublimis HPT. 8, 123. hôhlîcher prîs WWH. 462, 5.

hôch-lingære? *stm.* (I. 1001ᵇ) der ist ein vil tumber hôchlingære (*die hss.* haben hôhlingêre, hœlinger, halinger) MSH. 2, 111ᵃ. — GR. 2, 37 *wird* hôchklingære *vermutet; vielleicht* hælingære *geheimtuer?* HAUPT *zu* Neidh. *s.* 144 *vermutet ein nomen gentilicium.*

hôch-lût, -lûtic *adj. altisonus* DIEF. *n. gl.* 18ᵃ;

hôch-lûtes *adv.* (I. 1057ᵇ) *laut* ATH. TIT. GR. 3, 91. 129.

hôch-meister *stm.* (II. 120ᵃ) *der oberste vorgesetzte eines geistl. ritterordens* LIVL. (10338). FASN. 766, 20. hôhemeister KREUZF. RCSP. 1, 24. hôemeister LUDW. RCSP. 1, 244. hômeister GRIESH. *chr.* KREUZF.; judischer hôchmeister, *vorsteher der judenschaft im ganzen reiche* MONE *z.* 9, 280 *ff.* (a. 1407); ein h. von der schrift oder von rechte, *ein doctor der theologie oder des rechtes* STAT. *d. d. o.*

hôch-mësse *stf.* (II. 160ᵃ) *hochmesse, hochamt. md.* hômesse LUDW. JER.

hôch-minne *stf. s. v. a.* hôhiu minne PARZ. 757, 24.

hôch-mittiche *swm. mittwoch vor fronleichnamstag* USCH. 376 (a. 1398).

hôch-müete, -muot *stf.* (II. 261ᵃ) *ahd.* hôhmuatî *hochmut, übermut.* hôchmuot RUL. BIT. 7713. 1095. *md.* hômût PASS. *vgl.* hôchmuot;

hôch-müetec *adj. (ib.) md.* hômûtic *hoch-, übermütig* PASS.;

hôch-müetec-heit *stf.* (II. 261ᵇ) *hochmütigkeit* TAULER;
hôch-müetec-lîche *adv. auf hochmütige weise* RCSP. 1, 214 (*a.* 1411). arroganter DFG. 50ᶜ. *vgl.* hôchmuotlîche;
hôch-müetegen *swv. hochmütig behandeln.* es sol nimants den andern wider gerihte und rehte hômûdigen noch verweldigen GR.W. 5, 266;
hôch-muot *stf. s.* hôchmüete;
hôch-muot *stm.* (II. 261ᵃ) *md.* hômût *s. v. a.* hôher muot: *erhobene stimmung des gemütes, das hohe selbstgefühl* WWH. A.HEINR. 82; *hoch-, übermut* ER. PASS.;
hôch-muot-lîche *adv.* (II. 261ᵇ) *s. v. a.* hôchmüeteclîche, arroganter DFG. 50ᶜ.
hôch-port-schif *stn. fähre* CHR. 9. 689, 15.
hôch-prophête *swm. hoher prophet* ERLŒS. 1515. 1637.
hôch-reden *swv.* (II. 605ᵇ) *pralerisch reden gegen jem.* (*dat.*) HÄTZL.
hôch-rihter *stm. richter an einem* hôchgerihte GR.W. 2, 49.
hôch-scheffe *swm. s. v. a.* oberschepfe GR.W. 4, 535.
hôch-schuole *stf.* KELL. *erz.* 334, 12.
hôch-seichære *stm. alte mingens. bildl.* der aber muot und hoffart hât, wie nider im sîn sache gât, der heizt ein hôchseichære Ls. 3. 329, 83. *vgl.* VILM. 381.
hôch-senger *stm.* altisonus Voc. *Schr.* 86.
hôch-sidel *f.* (II². 236ᵇ) triclinium SUM.
hôch-spitzec *adj. mit hoher spitze.* ein h. dach RENN. 13762.
hôch-springe *adj. hochspringend.* der sî h. an dem tanz Ls. 9. 90, 255. *ebenso*
hôch-sprunge *adj.* (II². 548ᵃ) TRIST.
hœchste *stf. s.* hœheste.
hôch-stift *stf. hochstift* DH. 305.
hôch-stuol *stm. hochsitz, thron* HIMLR. 109.
hôch-tiutsch *adj. hochdeutsch.* hôchteutsch CHR. 3. 65, 11. 67, 16. 125, 20.
hôch-trabende *part. adj. hochtrabend.* manec hôchtrabendez houpt BELIAND 1179.
hôch-trage *adj. hochmütig* CHR. 9. 785, 6;
hôch-tragende *part. adj. mit pass. bedeut. hochgetragen.* sîn hôchtragendez swert muoz durch die schuldehaften wunde MSH. 2, 202ᵇ; hôchtr. muot, *hochmut* CHR. 8. 127, 8. hôchtr. wort, *ventosa verba* HB. *M.* 534.
hôch-vart *stf. gen.* -verte, -vart (III. 253ᵃ) *auch* hôhe-, hôh-, hô-vart, *assim.* hoffart (Ls. 3. 329, 8): *art* hôhe *zu* varn, *vornehm zu leben, hochsinn, edler stolz* PARZ. KRONE, MART. *vgl.* MSH. 3. 35ᵇ strophe 4; *äusserer glanz, pracht, aufwand* PARZ. WIG. ez schein an sîme gezelte sîn tugentlîchiu hôhv. LANZ. 2835. die von swacher art sint komen in die hôchvart PART. *B.* 17534. Salomon in aller êren hôchfart ELIS. 2739. ir hôchfart was grôz und ir guot was clain CHR. 4. 38, 20. üppige h. *ib.* 63, 18; *hoffart, übermut, allgem.* (SERV. 2969. GREG. 135. A.HEINR. 151. WG. 7137. PASS. *K.* 2, 61. 31, 33. 64, 16. 206, 15. MGB. 28, 29. 261, 22 *u. ö. personif.* frou Hôhvart HPT. 8. 300, 53);
hôch-vart *stm.* (III. 253ᵇ) *der hoffärtige.* hôvart REINH. *vgl.* falscher hoffart WOLFD. *H.* 352, 3;
hôch-vart-lich *adj.* (*ib.*) *hoffärtig* PARZ. hôchvertlich GERH. 2765.
hôch-vater *stm. altvater, patriarch.* alsô sitzent dâ die hœhsten hôchveter næhst dem hœhsten vater ROTH *denkm.* 108, 20.
hôch-verte *adj.* (III. 257ᵇ) *hoffärtig, stolz* NIB.;
hôch-vertec, -vertic *adj.* (III. 258ᵇ) *hochgesinnt, stolz* MYST. ER. 2575. BIT. 5788. RAB. 34; *prachtvoll,* ein hôhvertiger sitz KREUZF. 6044 (*darnach in* WB. *zu bessern*); *hoffärtig, übermütig* NIB. GUDR. TRIST. BARL. WALTH. OTTE 694. MGB. 138, 25 *ff.* 149, 8. 208, 2. 268, 3. 308, 32. hoffertic RENN. 13428.
hôch-vertec-heit *stf. hoffart.* hôvertekeit ULR. 8, 6. hôverdikeit MARLD. *han.*
hôch-vertec-lich *adj.* (III. 258ᵇ) *hoffärtig, stolz.* in hôchverteclîchen siten NIB. *C* 1811, 2. 1816, 2. hôchverteclîche sinne PART. *B.* 17679. sîn übermuot hôchverteclich *ib.* 21268;
hôch-vertec-lîche *adv.* (*ib.*) PARZ. HELBL. 7, 1019. CHR. 8. 303, 19. hôchverticlîchen WG. 7154. hoffertigklich HB. *M.* 511.
hôch-vertelîn *stn.* (III. 253ᵇ) *kleine, armselige hoffart* BERTH. (83, 20. 397, 15. 414, 16). MSH. 3, 35ᵇ;
hôch-verten *swv.* (III. 258ᵃ) *intr.* hôchverte sein, hoffart zeigen, üben GEST. *R.* MSH. 2. 194ᵇ, 93. BERTH. 83, 21. 22. 192, 6. MART. 119, 1; *tr.* hôchverte *machen* BERTH. 83, 17;
hôch-verten *stn.* (*ib.*) NIB.;
hôch-vertigære *stm. der hoffärtige* BERTH. 176, 11;
hôch-vertigen *swv.* (III. 259ᵃ) *intr. s. v. a.* hôchverten BERTH.
hôch-vert-lich *adj. s.* hôchvartlich.
hôch-vert-lîche *adv.* (III. 253ᵇ) TEICHN.

hôch-vliegende *part. adj.* (III. 343ᵇ) *hochfliegend* MYST.
hôch-walt *stm. hochwald* GR w. 2, 15. 5, 64. 67. hôwalt *ib.* 1, 627.
hôch-wërc *stn.* (III. 589ª) arx DFG. 52ᶜ; *ein belagerungswerk* KIRCHB. 725, 50.
hôch-wilt-bræte *stn. hochwildbret, hochwild* GR.W. 2, 242.
hôch-wirdec *adj.* (III. 606ᵇ) *hochwürdig* MYST. GEO. 1697. NP. 147. TUCH. 125, 26. hôchwerdig ZIMR. *chr.* 4. 163, 10. der hôwerdege herr (*erzbischof v. Trier*) HÖFER 110 (*a.* 1326);
hôch-wirdec-heit *stf.* euwer kuniglich hôchwirdikeit, *anrede an den könig* CHR. 1. 142, 29. 143, 16;
hôch-wirdigen *swv.* hochwirdec *machen, magnificare* MGB. 436, 24.
hôch-zît, -ge-zît *stf. manchmal stn.* (III. 913ᵇ) *hohes kirchl. od. weltl. fest, allgem.* (daz hôchzît WACK. *pr.* 12, 3. ze den drîen hôchzîten des jâres, *zu weihnachten, ostern u. pfingsten* URB. 60, 1. 62, 17. SWSP. 297, 6. GEIS. 422. STB. 202. 216. 251. UHK. 278. UKN. 310. USCH. 328 *u. oft in urk.* die hôchzeit sand Kathrein ULA. 346); *bildl. höchste herrlichkeit, höchste freude* TROJ. FRAUENEHRE 436, *vgl.* vröudenhôchgezît; *vermählungsfeier, hochzeit, beilager* GRIESH. 2, 16. 17. DIETR. 1822 *ff.* 1997 *ff.* 2219. WOLFD. *Heidelb.* 2679. OT. 361ª. 775ª. SALF. *r.* 109. NP. 59 *ff.* (13. *jh.*). ELIS. 615. KROL. 4301. sîner êren hôchgezît, *sein vermählungstag* FRAGM. 23ᵇ, *vgl. auch die composita.* geistlîche hôchzeit, *das erste messopfer eines neu geweihten priesters* NP. 84 (15. *jh.*).
hôch-zît-bat *stn. bad, in welches man vor der hochzeit gieng* SCHM. *Fr.* 1, 209.
hôch-zît-brôt *stn.* dem weibel zu wîenächt hôchzîtbr. geben GR.W. 1, 128.
hôch-zît-büechelîn *stn. büchlein, das die hochzeitsgesetze* (*über einladung zur hochzeit u. s. w.*) *enthält* NP. 75.
hôch-zîtec-lich *adj.*(III.916ᵇ) *festlich* GRIESH. *vgl.* hôchzîtlich.
hôch-zîten *swv. intr. ein fest feiern.* ich wil mit mînen vriunden hôchzîten GUDR. 1604, 4; *hochzeit halten*, man tanzet, man hôchzeitet CHR. 5. 293, 15. daẓ man nur ainen tag hôchzeiten sol (*das hochzeitsfest soll nur einen tag dauern* NP. 83; — *tr. heiraten*, wer veile wîp hôchzîtet GERM. 5. 45, 10 ;
hôch-zîten *stn. das hochzeithalten* ZIMR. *chr.* 2. 456, 6.

hôch-zît-gast *stm. hochzeitgast* S.GALL. *stb.* 4, 251.
hôch-zît-ge-want *stn. festgewand* KOL. 184, 1014.
hôch-zît-hof *stm. hochzeitfest* (*mal u. tanz*) NP. 74. 81.
hôch-zît-kopf *stm. hochzeitbecher* CHR. 2, 5 *anm.* 3.
hôch-zît-krût *stn. beim hochzeitmale darf kein höchzeitkraut gegeben werden* NP. 78.
hôch-zît-lich *adj.* (III. 916ª) *s. v. a.* hôchzîteclich. h. tac, *festtag* MGB. 219, 6. AD. 1344. USCH. 417. MH. 2, 237. MZ. 4, 150. HB.*M.*444.
hôch-zît-mâl *stn. hochzeitmal* NP. 74 *f.*
hôch-zît-schenke *stf. hochzeitgeschenk* NP. 80. 82.
hôch-zît-tac *stf. festtag* EVANG. 267ª.
hocke *swm. s.* hâke.
hocke, hockener, hocker *s.* hucke, huckener, hucker.
hocker *stm.* (I. 723ᵇ, 1. 2. 13) *s. v. a.* hover *höcker, buckel* DFG. 262ª. VOC. 1437. h o g e r BON. VOC. 1482. er hât vil hoger ûf dem ruck DRACH. *Casp.* 107; *ein bucklichter*, hoger BON.;
hockereht *adj.* (I. 723ᵇ, 18) *s. v. a.* hovereht MONE *schausp.* hokereht PASS. *K.* 518, 42. LUDW. 71, 10. 12. hogereht BON. BERTH. 229, 10. 323, 26. RING 22, 10.
hôde *swm.* (I. 698ᵇ) *hode,* testiculus DFG. 581ᵇ. KELL. *erz.* 370, 19. MERAN. 5. GR.W. 4, 377. verenda, hodin VOC. *Schr.* 3135. hoden ausz hawen, etesticulare DFG. 211ᵇ. — *ahd.* hôdo, haodo (DIUT. 1, 269ª), *altfries.* hôtha. *vgl.* DIEF. 1, 89. GR. 1³, 178;
hœdelîn *stn. dem. zum vorig.* hedlîn DFG. 581ᵇ. hödly *n. gl.* 363ª.
hodel-ros *stn. saumpferd* JUST. 377. — *bair. schwz.* hodeln, *handeln bes. mit getreide* SCHM. *Fr.* 1, 1054. STALD. 2, 49.
hôden *swv. s.* hüeten.
hôden-sac *stm.* ovareus DFG. 403ᶜ.
hôden-slac *stm. schlag in die hoden* RING 8ᵈ, 16.
hôder *stm. s.* hüetære.
hof, *-ves stm.* (I. 698ᵇ) *pl.* hove, höve; *md. auch* hob (: lob) MSH. 3. 36ᵇ, 7: *hof, umschlossener raum beim hause, allgem.* (sie lief über hoves lanc KCHR. *W.* 4307. er gâhete über hof harte *ib. D.* 443, 19. in dînem hove irret niemen stein noch schrove MARIENGR. 506); *hof, kreis um etw.* des mônen und der sunnen hof MGB. 74, 34. 96, 21. 23. 34; *die arena, der circus* PASS. *H.* 166, 24; ökono-

miehof, *inbegriff des besitzes an grundstücken u. gebäuden* ELIS. 3677. 881. URB. 188, 23. 189, 23 *etc.* MH. 2, 680 *ff.* di erbe unde di höve in der stad, *das erbliche grund- und hauseigentum der in der stadt angesessenen bürger* ZEITZ. *satz.* 1, 8 *u.anm.; wohnstätte, aufenthaltsort eines fürsten, der fürst mit seiner vornehmen umgebung, allgem.* (ir sendet iuwer boten im ze hove und ouch ze hûse LOH. 1407. heime und ze hove ROTH. 4916. zu Prage im hoffe UGB. 354 *s.* 402. rœmischer hof, *curia romana* PRIESTERL. 620 *u. anm. vgl.* ELIS. 9772 *ff.* PASS. *K.* 642, 2. des bistûmes hof besitzen, *bischof sein* ELIS. 5386. *übertragen* der êren h., *bischofssitz* PASS. *K.* 245, 20. sîner tugende h. 420, 21. gotes h., *himmelreich* 54, 1); *festliche versammlung von fürsten u. edeln, hoftag* LANZ. PARZ. WIG. BARL. von morne über drî wochen sô ist ein hof gesprochen, daʒ die fürsten her sulen komen FLORE 4512; *turnierhof, turnier,* daʒ grôʒe herren einen hof har geleit hettent N. *v. B.* 171. *vgl.* 92 *und* CHR. 2. 25, 8; 5. 74, 14. 15. eʒ ist auch ze merken, daʒ deu geselschaft alleu jâr ainen hof in dem land sol halten und nämlich daʒ ein turnay ist; und ob daʒ wær, daʒ ainer under uns in dem lande den hof versæʒe, der sol dennoch alle daʒ geben, als vil ainer, der bei dem hof gewesen ist Mw. 344, 2 (*a.* 1361); *gasterei, schmaus* KELL. *erz.* 190, 23. *vgl.* hövelîn, hôchzît-, kintbettehof; *gerichtliche versammlung* PARZ. TRIST. SWSP. ze hove komen, *vor den richterstul des lehnsherren* BÜCHL. 1, 506. daʒ ich ze geriht saʒ ûf dem hof ze Rôtwîl Mz. 1, 370 (*a.* 1379). urtailsprecher des hofs ze Rôtwîl DON. *a.* 1416. — *zu gr.* κῆπος *garten* GDS. 401. CURT.³ 142. FICK 30.

hof- *s. auch* hove-, *wo die mit* hof *compon. consonantisch anlautenden w. untergebracht sind.*

hof-ahte *swf.* (I. 18ᵇ) *ausschliessliche grundberechtigung, die zum herrenhofe gehört* WEIST. *vgl. oben sp.* 30.

hof-ambet *stn.* der weingarten dient in des gotshaus hofamt ze rechtem perchrecht zehen Wienner phenninge UKN. 322 (*a.* 1346).

hof-amman *stm. amtmann eines herrenhofes, hofrichter* GR.W. 1, 228. 33. 38.

hofe *stf. s.* hoffe.
hofel, hofeln, hofen *s.* hovel, hoveln, hoven.
hofene *stf. s.* hoffene.
hofer, hofert *s.* hover, hoveroht.

hoffart *stfm. s.* hôchvart.
hoffatel *stm. s.* hovetlîn.
hôffe *swm. s.* hûfe.
hoffe *stf.* (I. 702ᵇ 23) *hoffnung, bes. md.* der mac die selben hoffe dâ wol erwerben j.TIT. 226. von sîner hoffe ERLŒS. 1251. ein hoffe des zokomende levens FROMM. 2, 438ᵇ. hofe mîn, spes mea WIGG. 5, 2. *vgl.* hoffene;
hoffec *adj. in* wânhoffec.
hoffel, hoffeln *s.* hovel, hoveln.
hoffe-lôs *adj. ohne hoffnung* FRLG. 101, 68.
hoffen *swv.* (I. 702ᵃ) *prät.* hofte, hoffen *bes. md.* (*vgl.* KARLM. Bartsch *s.* 297), *absol.* Ms. *part.* hoffende PASS. 199, 33. 211, 62. *mit gen.* PASS. MSF. 114, 18. ELIS. 5462, *mit abhäng. s.* LAMPR. TRIST. *H.* MYST. ELIS. 941. 10058. ALBR. 27, 134. PASS. 250, 50. ALEXIUS 115, 874. HPT. 11. 494, 71; hoffen an einen PASS. 46, 51. MGB. 466, 22, zuo einem *od.* zuo etw. *ib.* 1169, 30. ELIS. 4733. 5462. KROL. 4288; sus wart gehoffet ûf ir gruoʒ TROJ. 20312. — *mit* über-, ver-. *nd.* hopen, *ags.* hopian, *von dunkl. herkunft;*

hoffen *stn. hoffnung.* wær hoffen niht, ich wær lengst tôt HÄTZL. 138ᵃ. ein krût heiʒt hoffen *ib.* 137ᵇ.

hoffene *stf. s. v. a.* hoffe. hofene mînere, spei meæ WIGG. 13, 18.

hoffen-lich *adj. s.* hoflich.

hoffenunge *stf.* (I. 702ᵇ) *hoffnung, erwartung, bes. md.* GLAUB. BERTH. TRIST. *H.* Ms. (*H.* 3, 3ᵇ, 437ᵃ) PASS. (88, 8, 11. 92, 48. 115, 37. 127, 20. 175, 38. 279, 53. 288, 72) ELIS. 1206 2086. 3210. 4340 *etc.* (huffenunge 774). HERB. 11345. ALBR. 21, 498. 22, 162. SGR. 2142. OTN. 5, 115. LIEHT. 399, 16. ALEXIUS 115, 873. S.NIC. 514. OT. 353ᵇ. HADAM. 654. MGB. 458, 23. 469, 15. 16; hoffunge HB. *M.* 496.

hoffer *stm. in* missehoffer.
hoffer *stm. s.* hovære, hover.
hoffunge *stf. s.* hoffenunge, hovunge.
hoffieren, hoffierer *s.* hovieren, hovierer.
hofinger, hoffinger *stm. s.* hovinger.
hôf-îsen *stn. s.* huofîsen.
hof-lich *adj. adv. s.* hovelich.
hof-, hoffen-lich *adj.* (I. 702ᵇ) *was zu hoffen ist,* hofl. sachen FRL.; *hoffend, hoffnung erweckend* Ms. hofl. wer HB. *M.* 242. hoffenlichiu wort ERNST 5. KROL. 153. hoffenl. wân *ib.* 32. ELIS. 2665. hoffenliche mêre ERLŒS. 1149.
hoflen *swv. s.* hoveln 2;
höflîn *adj. s.* hövelîn.
hofolter *s.* hiefalter.

hofrat, hofrot *adj. s.* hoveroht.
hofrit *s.* hovereite.
höfsch *adj. s.* hövesch;
hofscherîn *stf. s.* hübescherinne.
hog- *s.* hüg-.
hoger *stm. s.* heier, hocker.
hôhe *adv.* (I. 696ᵃ) hôch Chr., *apoc.* hô: *hoch, in, nach, aus der höhe, stark, laut* (etw. hôch reden, *beteuern* Chr. 5, 203. 8, etw. gar hôch erzeln Mh. 3, 148), *in vornehmer, ausgezeichneter weise, überaus, sehr* (Chr. 3, 57, 29. 67, 25. 73, 9; 5. 201, 29) *allgem.; um einen hohen preis,* hôhe koufen Eracl. 675. er mags verkoffen als hôch er mag Mz. 1, 527. *s.* 447. — *compar.* hôher, hœher (Chr.) *contr.* hôr: höher (sîn liet erklang im schône, ie hôher und ie baz Gudr. 380, 1), *weiter aufwärts, weiter weg, zurück, allgem.* (ûf hôr wîchen Jer. 46ᶜ. 167ᵇ. 183ᵃ. Petrus ûf hôr daz volc dô nam Pass. 174, 83, *im* Wb. I. 714ᵃ, 33 *falsch untergebracht.* über hôher, hôr Alex. 4157. Msh. 3, 468ᵉᵉ. Dür. *chr. s.* 659. 684, *vgl.* Germ. 5, 243 *u. zu* Ot. *s. v.* hôher); *mehr, weitläufiger,* hôher schrîben Chr. 3. 125, 4 (diffusius 324, 20); *um einen höhern preis* Chr. 4. 93, 3; 5. 11, 2. 168, 1. Mz. 1, 527. — *sup.* hœhste, höchst Ls., *teuerst* Chr. 5. 168, 16;
hœhe, hôhe *stf.* (I. 697ᵃ) hœch Mgb. 191, 11. Wolk. 47. 3, 4; 66, 2, 11. hôi Wack. *pr.* 13, 33. hô Pass. Marld. *han.* 13, 16: *höhe, eigentl. u. bildl.* Wolfr. (Wh. 167, 11) Walth. Lieht. Barl. Exod. *D.* 162, 19. Trist. 16943. Loh. 4352; *anhöhe* Diem. Rul. Exod. *D.* 127, 6. Kchr. *D.* 214, 17. 243, 15. Aneg. 37, 80. Mar. 159, 1. Wack. *pr.* 53, 180. Pass. *K.* 79, 69. Kreuzf. 4095. 4532. ûf ein h. stên *sich auf, empor richten* Chr. 2. 199, 1; *erhöhung,* ir minne muoz sîn sîner gedanke ein hœhe Frauenehre 1413;
hôhec-heit *stf. hoheit* Hb. *M.* 595;
hœhede *stf.* (I. 697ᵇ) *höhe* Chr. 8, 384, 6. 431, 1; 9. 636, 8. hœhete N. *v. B.* 320. hêhte Merswl. 93. hôhede Jan. 14.
hôheim *stm. s.* œheim.
hôhe-lîchen *adv. zu* hôhlich, *auf hohe, vornehme weise* Myst. 1. 76, 6. *vgl.* höhenlîche.
hôhen *swv. s.* hâhen.
hœhen *swv.* (I. 697ᵇ) hôhen Gerh. 3367, *prät.* hôhte: hôch *machen, erhöhen, erheben, eigentl. u. bildl., allgem., vgl. noch* Wwh. 130, 29. Er. 6454. Loh. 6451. Dietr. 4565. Msh. 3, 326ᵃ. diu vogelîn hœhent ir gesanc *ib.* 1,

133ᵇ. 302ᵃ. Himlf. 597. dû hôhes unde nideres Himlr. 40; — *refl.* Parz. Barl. dîn frâg sich hœher hœhet Hadam. 36. mîn gemüete hœhet sich Msh. 1, 294ᵃ. Gudr. 103, 4; *sich überheben* Mart. swer sich hœhet, daz der dâ genidert wirt Msh. 3, 164ᵃ. — *mit* ûf, er-, ge-, über-. — *vgl.* hœhern.
hôhen-lîche *adv. hoch.* der dinc vil hôhenlîche stât Nib. 689, 4 *B. vgl.* hôhelîchen.
hœher *comp. s.* hôch; *stm.* in überhœher.
hôher-muot *stm. als riesenname* Virg. 890 *ff.*
hœhern *swv.* (I. 698ᵃ) hœher *machen, erhöhen, erheben.* Wack. *pr.* 46, 149. die statmaur h. Chr. 5, 164, 6. hœhern und mêren Urb. 55, 6. 157, 7. 243, 31. die mit nîtspiel ir leben gehœhert hânt Lanz. 1297. *md. contr.* hôrn Jer. 27661. Pass. *K.* 192, 11. *vgl.* Germ. 7, 97; *absol. den preis erhöhen* Tuch. 91, 21; *refl.* Parz. — mit er-, ver-;
hôhes *adv.* (I. 697ᵃ) *stolz, übermütig* Ecke Casp. 280;
hôhest, hœhest *sup. s.* hôch, hôhe;
hœheste *stnf. höchster punkt einer gegend, anhöhe.* daz hôste Ath. *B.* 71. ûf der hœchste des Künberges Ad. 907 (*a.* 1318); *bildl. gipfel der macht,* daz hœheste Chr. 8, 369, 16; 9. 552, 9. 667, 17.
hôhe-, hôh-vart *stf. s.* hôchvart.
hôh-lich *adj. s.* hôchlich.
hoi, hoy *interj.* (I. 702ᵇ) Karaj. Gen. *vgl.* hei, hiu.
hôî *stf. s.* hœhe.
hoier *stm. s.* heier.
hokener *stm.* hokereht *s.* huckener, hockereht.
hol *adj.* (I. 679ᵃ) *ausgehölt, hol* Lampr. Nib. Wig. holer stap Msh. 2, 376ᵃ Pass. *K.* 19, 78. h. boum Aw. 3, 161. in dem holn geperg Mgb. 102, 27. 107, 27. ein holez spiegelglas Albr. 12, 89. hole füeze *nicht breit u. flach getretene* Greg. Flore, Troj. Turn. 34, 6. Msh. 2, 93ᵃ. *bildl.* mîn triuwe ist ouch niht gegen dir hol Winsbekin 34, 5. *vgl.* Loh. 6415. Renn. 20823.; *leer,* ain holeu âder Mgb. 9, 18. *mit gen.* Barl. Wig. der ìtelchait ist si vol unt der trîwen hol Priesterl. 673 (682). *vgl.* Renn. 8670. Ls. 1. 395, 7; 3. 94, 431. Vintl. 3485. rehter dinge h. Diem. 306, 26. schanden hol Msh. 3, 35ᵇ. wirde und êre hol Apoll. 6120. guoter witze h. Ga. 3. 357, 15. des hast ist gâbe selten h. Renn. 20740; klanglos, h. stimme Bon. — *vgl.* hëln *u.* Z. 1, 19. Curt³. 149. Fick 38. Gsp. 39;
hol *stf. s.* hüle.
hol *stn.* (I. 679ᵇ) *stn. und m.* Vet. *b.* 53, 31.

62, 25. 77, 31. *pl.* holer, höler, hölr: *höle, loch, vertiefung, zieml. allgem.* (*nicht in* NIB. *u. bei* WOLFR.), *vgl. noch* GLAUB. 699. 1230. MAR. 196, 43. 197, 7. ULR. 1023. 40. GRIESH. 1, 152. FLORE 5177. VIRG. 506, 5. 714, 1 *u. o.* SILV. 699. 1230. HELBL. 7, 660. GA. 2. 130, 26. PASS. 364, 1. 385, 73. *K.* 65, 35. 198, 48. 455, 13. HEINR. 4592. ALBR. 1, 116. 8, 13. 20, 147. 21, 332 *etc.* MGB. 74, 26. 102, 32. 156, 31. 163, 21 *u. o.* (*die löcher in der honigwabe* 90, 23). CHR. 4. 291, 3. 196, 1. 5. 15. 280, 2. 303, 25. 304, 1; *öffnung, einer nâldin* h. *nadelöhr* PILAT. *vgl.* hüle.

hol? *swf?* zwelf kerzen gröz alsam die holn (= unverholn) GERM. *H.* 2. 95, 76.

holær *stm. s.* holunter.

hol-banger *stm. s.* holwanger.

hol-ber *stnf. himbeere.* holper, haiper, prâmper ANZ. 7, 244. *vgl.* NEMN. 2, 1178.

hol-ber *stf. tragbahre, bahre, auf der sich ein* hol (*hölung, kasten*) *befindet* CHR. 5. 319, 14 *und* 466ª. *s.* bære.

holche *swm.* (I. 703ᵇ) *lastschiff* ALBR. 1, 179. holche, holeche actuaria, navis, quae velo et remis similiter agitur DIEF. *n. gl.* 7ᵇ. holge WOLK. — *aus mlat.* holcas *von gr.* όλκάς.

holde *swm.* (I. 704ª) *freund, geliebter* Ms. (*H.* 1, 95ª); *der mit dienste einem treu ergeben ist, diener, dienstmann, holde* RUL. LANZ. NIB. ER. NEIDH. (76, 16. 88, 6). KCHR. *D.* 239, 30. GR. RUD. 15, 10. BIT. 7695. 10353, EILH. 809. 5239. 6841. 58. 7008. APOLL. 7220. KARLM. 115, 54. 120, 46 *u. oft in der* EN. LS. 1. 501, 20. UOE. 4, 283. 460. DM. 90. CP. 25. 34, *u. oft in* STB. STZ. UKN, der gotes h. *gottes diener, gottesfreund* URST. SERV. ERACL. LEYS. KCHR. *D.* 461, 5. 477, 14. TUND. 65, 12. PASS. 104, 32. 134, 76. 179, 45. 181, 34. *K.* 42, 70. 242, 74. ZING. *findl.* 2, 128 GLAUB. 872. KREUZF. 3583. 4648 *des tievels* h. ERACL. 4444; *geist, genius, die guoten holden, penates* DFG. 422ª. *n. gl.* 285ᵇ. *die guten* helde Voc. 1482. *vgl.* FROM. 2, 438ª. *s.* unholde. — *zu* holt;

holde *swf.* (I. 704ᵇ) *freundin, dienerin* PASS. (Marîâ diu gotes holde 127, 1. 147, 22. 158, 58), *vgl.* minneholde; *weibl. geist, genius. s.* unholde;

holde *stf. s.* hulde.

holde *prät. s.* holn.

holdec-lîchen *adv. hold, huldvoll.* vil holdeclîchen er si ane sach ANTICHR. 161, 12. *vgl.* holtliche.

holdenunge *stf. der frid ist ain recht freud* holdenung und ain geselschaft der rechten liebung VINTL. 1278 (*im orig.* legame d'amore e compagnia di caritá).

holder *s.* holunter.

holder-bere *f.* coriandrum DFG. 151ᵇ.

holder-bleter-saft *stn. saft aus holderblättern* MYNS. 69.

holder-blüe-muos *stn.* muos *aus holderblüten* GERM. 9, 201.

holder-blüete *stf. holderblüte* HÄTZL. 86ª;

holder-bluome *swmf.* attrapassa Voc. 1482. *vgl.* holunderbluome.

holder-boum *stm. holderbaum* MSH. 3. 76ᵇ. sambucus Voc. 1482.

holder-knopf *stm.* cymex sambuci Voc. 1482.

holder-marc *stn. holundermark* MYNS. 82.

holdern *swv. s.* hölern.

holder-stoc *stm.* (II². 654ᵇ) *holderstamm* GSM. MONE *z.* 7, 374 *f.* (*a.* 1320).

holder-stûde *swf. holderstrauch* GR. W. 1, 136.

holeche *swm. s.* holche.

hôleht *adj.* (I. 680ª) herniosus SUM. — *ahd.* hôla *f. bruch am unterleibe, hernia , altn.* haull *m. vgl.* FICK 53.

holen *swv. s.* holn.

holenter, holer *s.* holunter.

holer- *s.* holr-.

hölern *swv.* ûz hölern, *aushölen* MGB. 320, 5. auszholdern CHR. 2. 335, 15. — *mit* durch-; *zu* hol.

hole-wurz *stf. s.* holwurz.

holfte, holge *s.* hulst, holche.

hol-hipe *swf. s. v. a.* hipe. die holippen SCHM. *Fr.* 1, 1139;

hol-hipen *swv. schelten, schmähen.* holipen ZIMR. *chr.* 4. 272, 29. *vgl.* SCHM. *Fr.* 1, 1139. SCHMID 285. BIRL. 234ᵇ;

hol-hiper *stm. der* holhipen *macht, zum verkauf herumträgt.* holhuper BEH. 311, 30; *schelter, schmäher,* holipper BIRL. 235ª. hollehipper *swm. nebulo* SCHM. *Fr.* 1, 1140.

holi-krâ *f.* (I. 869ᵇ) parva parra DFG. 414ᶜ. *vgl.* hohlkrähe *bei* NEMN. 3, 254.

hol-îsen *stn.* ascia Voc. 1482.

holler *s.* holunter.

holler-blâsen *stn. s.* holrblâsen.

holle-wurz *stf. s.* holwurz.

hol-louch *stm.* (I. 1044ᵇ) cepetonium, cuculum (tutulum), ulpicium DFG. 113ᵇ. 161ᶜ. 625ᵇ.

holn, holen *swv.* (I. 702ᵇ) haln GEN. (*s. auch* erhaln *unter* erholn); *prät.* holte, holde: *berufen, zu sich rufen* GEN. EXOD. *D.* 125,

9; *herbeibringen, holen* KARAJ. WOLFR. A.
HEINR. holâ vuoter, holâ hol! TRIST. *H.*586.
87. 90. nu hol mich hie, verge NIB. 1490, 2.
1492. 3, si holten ûz den helmen den heiz flie-
ʒenden bach *ib.* 2225, 4. er holte bî dem hâre
wol drîʒec in die ünde GUDR. 135, 3. hin ze
gote holn KINDH. 100, 50. sîn herze wart ge-
holt dar ûf, *darauf gerichtet* PASS. *K.* 607,
88; *erreichen, erwerben und mit sich fort
führen, finden* LAMPR. WOLFR. WIG. LIEHT.
den hort, den tôt holn NIB. 1057, 3. 1362, 4.
dô man si tjoste ane bôt, daʒ siʒ wol holn
kunden (*s. v. a.* prîs holn?) BIT. 1081 *u. anm.*
der holde eʒ unsanfte von ir jungelingen, *er-
reichte diesen vorteil nicht auf leichte weise*
GUDR. 1437, 3. si hât eʒ versolt, gein mir mit
untât wol geholt LIEHT. 416, 19. in was der
fürste holt, daʒ heten si mit dienst geholt,
erworben, verdient ib. 472, 8. — *refl. sich
erholen, erheben,* v o n aller unvlât sich h.
PASS. *K.* 291, 63. —*mit* in, ûf, ûʒ; be-, er-, ge-,
ver-. *ahd.* holôn, holên, halôn *zu gr.* καλέω
lat. calo (calumnia, calendae), *vgl.* KUHN 5,
399. 8, 123 *und* hëllen.

holn, höln *swv. hölen in* erholn, -höln. *vgl.*
hüln.

holnder *s.* holunter.

holne *part. adv.* (I. 676ª) *verholen, heimlich*
SERV.

holpeln *swv. s. unter* hoppeln.

holpoldei *stm. s.* hoppaldei.

holr, holre *s.* holunter.

holr-blâsære *stm.* (I. 201ª, 5) *blaser auf dem*
holre LIEHT.;

holr-blâsen *stn. das blasen auf dem* holre
BIT. 8660. hollerblâsen WIG. 277, 14.

hölrec *adj. hol, löcherig* MGB. 300, 18.

holre-rant *stm.* (II. 555ª) *ein blasinstrument*
Ms.

holr-floite *swf.* (II. 353ᵇ) *flöte aus holunder.*
holerfloyte LIEHT. (492, 4). *vgl.* floitenholr.

holr-phîfære *stm.* (II. 494ª) *s. v. a.* holrblâ-
sære HELBL.

holstern *swv. rollen, fallen?* sie wurfen sich
mit hüeten, mit küssen unde polstern, strû-
chen unde holstern begundens über die bette
TRIST. *H.* 2910. *vgl.* SCHM. *Fr.* 1, 1097.

hol-sunne *stf. s.* hâlsuone.

holt, -des *adj.* (I. 703ᵇ) *comp.* holder, hölder
WALTH. MS. WACK. *pr.* 70, 252: *gewogen,
günstig, freundlich, liebend.* holder mût,
freundl. gesinnung PASS. *K.* 63, 13. 152, 8.
einen h. hân, *ihm gewogen sein, ihn lieben*
NIB. TRIST. FLORE, NEIDH. (28, 14 *u. anm*).
MAR. 174, 39. LOH. 5576. KRONE 4129. 26025.
ECKE *Z.* 173, 10. einem holdeʒ herze tragen
MARLG. 240, 14. hâst dû guot und golt, dû
machest dir vil ding holt MGB. 357, 32; *mit
dat. d. p. allgem.* (dem ist got und diu werlt
h. RENN. 15274. zwei herzen holt ein ander
MSH. 1, 112ª. nû wis dir selben holt, *halte
auf dich selbst, berücksichtige dich selbst*
GREG. 1278. ich wird mîn selben nimmer h.
LIEHT. 103, 8), *mit dat. u. gen.* PARZ. WALTH.;
dienstbar, treu, holder knecht PASS. 36, 36,
mit dat. NIB. einem geheime und holt sîn
Mz. 1, 567. AD. 1318. MH. 1, 110. SCHREIB.
2, 274. *vgl.* holde. — *vgl.* hulths *zu* halt *adj.,*
halde *stf.?* *vgl.* DIEF. 2, 517 *ff.* WEIG. 1, 514.
nach KUHN 6, 12 *u.* GSP. 39 *zu skr.* çrath *er-
freuen, lat.* clement-.

holtât? herre, nu nemt war, daʒ ir den
Stiren kumt ze trôst, die habent iuch und
sich erlôst der leiden holtâten, en schult ir
in râten, wie sie sich erwern OT. 67ᵇ.

holter *s.* holunter.

holt-lîche,-en *adv. s. v. a.* holdeclîche KCHR.
D. 447, 28. EN. 290, 13.

holt-rûne *stf. geneigtes zuflüstern.* die junc-
vrouwen, den ich in holtrûne in gesaget hân die
minne HPT. *h. lied* 90, 15.

holt-schaft *stf.* (I. 705ª) *gewogenheit, freund-
schaft* LANZ. sô muoʒ ich hiute ein under-
bint an ir holtschefte machen TROJ. 1345.
daʒ er den gelieben zwein ir holtschaft wolt
erleiden Ls. 2. 362, 117. *vgl.* NETZ 10452.

holt-selic *adj. adv. holdselig* FASN. 878, 29.
(*vgl.* ZIMR. *chr.* 4, 641ᵇ). WEIG. 1, 514. HALT.
949.

holunge *stf.* (I. 703ᵇ) *iteratio, restauratio ju-
ris vel revocatio verborum* (*s. sitzungsber.
der Wiener akad. phil. classe bd.* 42, 207 *ff.*).
wêre ime die holunge niht erdinget, sô wêre
der gezück verlorn FREIBERG. 187. keine h.
haben *ib.* 230. 55. *vgl.* erholn.

holunter, holunder *stm.* (III. 31ª) *nb ff.* holan-
ter, holenter, holnder, *verkürzt* holder (MGB.
348, 5), houlder (DFG. 151ᵇ), holler (OT.), ho-
ler, holær (MGB. 348, 11, 5), holre (DIEM. 176,
1): *holunder* GL. (holunter Voc. *Schr.* 25, 27).
holunder *arzneibuch v. j* 1400 (*Giess. hs.*)
121ª; *ein blasinstrument* (*s. oben die composs.
mit* holr, holre), der holre mit der gîgen
KRONE 22104. pfîfen und holler OT. 587ᵇ.
holer, floiten LIEHT. 82, 7 (*vgl.* holrfloite).

ir redet als ûʒ eime holre GA. 3. 113, 77. — *zu hol u. tër.*
holunder-bluome *swmf.* (I. 216ᵇ) flos sambuci SUM. *vgl.* holderbluome.
hol-visch *stm.* (III. 328ᵃ) *s. v. a.* halpvisch, flagendula DFG. 237ᶜ.
hol-wanger *stm.* (III. 502ᵃ) *falscher, verräter,* transfuga VOC. 1482. holbanger PEZ 1, 544. *vgl.* SCHM. 4, 116;
hol-wangerisch, -wangisch *adj. falsch, verräterisch* CHR. 3. 33, 13.
hol-wëge-scheide? (II². 107ᵇ) biviosus, *wol fehler statt* vol wegescheide *s.* DFG. 76ᵃ. *u. gl.* 54ᵇ.
hol-wërc *stn.* (III. 589ᵃ) *höle* ENENK. (HPT. 5. 291, 844).
hol-, hole-, holle-, holz-wurz *stf.* (III. 829ᵃ) aristolochia DFG. 48ᵇ. *n. gl.* 311ᵃ.
holz *stn.* (I. 706ᵃ) *pl.* holzer, hölzer : *wald, gehölze* KCHR. BERTH. TRIST. *H.* GR. RUD. 11, 6. ROTH. 3638. HELDB. *H.* 1. 146, 568. WIGAM. 2668. OREND. 2417. 3713. MSH. 1, 77ᵇ. 172ᵇ. WG. 1869. TROJ. 604. 94. 5913. 10517. 11743. 89. 14254. 16497. LIEHT. 285, 3. 288, 13. RENN. 7433. MART. 11, 73. LIVL. 10496. MGB. 340, 19. MARLG. 177, 91. MZ. 1, 247. 49. 3, 183. 84. 4, 333 *etc.* CHR. 2. 67, 15. 84, 35; 4. 170, 14; 5. 107, 27. 243, 19. 272, 18. 275, 4 *etc.* holz als ein wald, silva VOC. 1482; *holz als stoff* IW. PARZ. FREID. GSM. MGB. 187, 10 *u. o.* waʒʒer oder holz tragen ULR. *Wh.* 116ᵈ. holz houwen MSH. 1, 297ᵃ. daʒ vûle holz man schînen siht *ib.* 2, 224ᵃ. holz schinten, *bäume schälen* NP. 303. hinters und vorders h. *wol s. v. a. als* abholz, afterslac TUCH. 70, 18. 89, 29. hulʒ füeren GR.w. 1, 587; *stück holz* GSM. vier hölzer diu er machen rehte solde lanc nâch einer mâʒe BPH. 4277. 80. 89. diu hölzer *(den galgen)* ûf rihten MSH. 3, 5ᵃ. — *alts. ags. altn.* holt *lucus, in* GDS. 303 *f. u. bei* KUHN 2, 131 *zu gr.* ὕλη, *lat.* silva, saltus *gestellt; vgl. dagegen* CURT.³ 348.
holz-acker *swm.* wo holzackeren gelegen sind, die sich selbs beʒûnen müessen GR.w. 1, 213.
holz-ackes *stf. holzaxt.* holzax KREUZF. 5398.
holz-apfalter *f. im walde* (holz) *wachsender wilder apfelbaum.* eine holzopfolter MONE *z.* 13, 257 (*a.* 1341).
holz-apfel *stm. holzapfel* BERTH. 206, 21. MYST. 1. 171, 30. DIEF. 1470, 175. 218. holzöpfel RENN. 9901. MGB. 329, 26. *pl.* holzepfele HPT. 5, 13. holzöpfel FASN. 308, 19.
holz-bir *f.* (I. 137ᵃ) *im walde* (holz) *wachsende birne, holzbirne* MART. (248, 41) MYST. LS. 3. 362, 66. MGB. 340, 34. 341, 1. 7.
holz-biunte *stf.* in monte, dicto Holzpeunt USCH. 371 (*a.* 1397). ein weingart in der nidern holzpeunt ULA. 123 (*a.* 1314). *s.* biunte.
holz-boc *stm. waldbock, wilder bock. figürl.* ir holzböcke und ir wilden affen LAUR. *Sch.* 513; *grober unbeholfener mensch (eigentl. gestell, besond. zum holzsägen, vgl.* SCHMID 83). ein gebûr heiʒet ein h. LS. 3, 328, 65. du rehter h. HÄTZL. 2. 72, 82. *vgl.* FASN. 336, 11.
holz-brort *stm. in der Hallstädter salzsiederei waren u. a.* 67 prort und 3 holzprort MH. 2, 639.
holz-buoʒe *stf. busse für waldfrevel* GR.w. 5, 96.
holz-dinc *stn. gericht über waldfrevel* GR.w. 3, 321. 23. *vgl.* HALT. 952. OBERL. 691.
hölzelîn *stn. kleines holz, wäldchen* GERM. 3. 431, 24. CHR. 5. 301, 16; holzil *hölzchen, stäbchen* JER. 29ᵇ.
holze-lôs *adj.* (I. 707ᵃ) *holzlos* FRL.
holzen *swv. holz fällen u. aus dem walde führen* GR.w. 1, 300. CHR. 2. 275, 4. 327, 3. 11. 18. 23. TUCH. 89, 8. 19 *etc.* MONE *z.* 5, 86. die zwein und sibenzig dorfer die deme kuninge holzent BASL. *rechtsquell.* 1, 9; *mit holz versehen,* daʒ hûs holzen PASS. *K.* 512, 2. hülʒen *in* be-, durchülzen.
holz-epfellîn *stn. dem. zu* holzapfel. holzöpfellî MYST. 2. 78, 29.
holzer *stm. holzhauer* MONE *z.* 21, 377. lignarius holzer, holzler DFG. 329ᵃ.
holz-gatze *f. hölzernes schöpfgefäss* MGB. 363, 7. — *s.* gatze.
holz-gëlt *stn. holz-, waldzins* NP. 16.
holz-grâve *swm. comes marcae silvestris waldrichter* HALT. 953;
holz-grâve-schaft *stf. amt und bezirk eines* holzgrâven HALT. 953.
holz-habere *swm.* avena de silvis, que dicitur holzhabern MB. 36ᵃ, 609. wer ohsenmene hat, der ist schuldig den holzhabern GR.w. 5, 614. *vgl.* 6, 109 *u.* OBERL. 691.
holz-hacker *stm. holzhacker* MGB. 309, 9. MONE 5. 193, 16.
holz-hage *swm. der* holzhag, der daʒ holzlêhen hât, daʒ da Bistuom haiʒʒet, giltet 10 β dn. *etc.* GR.w. 6, 393.
holz-halp *adv. waldeshalb,* der heiʒe den rüden ziehen holzhalp ULR. *Wh.* 245ᵃ.

holz-heie *swm. waldhüter* GR.W. 3, 651 *f.* ebenso

holz-heier *stm.* holzheiger UH. 364 (*a.* 1495).

holz-hërre *swm. herr, besitzer des waldes* GR.W. 6, 311.

holz-hof *stm. hof im walde* GR.W. 1, 17.

holz-hou, -wes *stm. holzhieb* GR.W. 1, 168;

holz-houwer *stm. holzhauer,* lignarius DFG. 329ᵃ. ANZ. 3, 303.

holz-hûfe *swm. holzhaufe,* strues DFG. 557ᵃ. holzhauf MGB. 265, 17.

holz-huon *stn. zinshuhn für waldnutzung* URB. 222, 26. 223, 4. OBERL. 691.

holzîn *adj. s.* hülzîn.

holz-kæse *stm. zinskäse für waldnutzung* URB. Seck. 97.

holz-klâfter *stf. holzklafter.* zwai holtzclâfter wît FELDK. *r.* 143.

holz-knëht *stm. knecht, der holz aus dem walde führt* NP. 303; *genus quoddam praedonum in Carinthia* OBERL. 691 (*a.* 1463). *vgl.* FASN. 391 *f.*

holz-korn *stn. zinskorn für waldnutzung* GR.W. 4, 623. MZ. 4, 236.

holz-lêhen *stn. waldlehen* URB. 255, 28. MB. 36ᵃ, 276. GR.W. 6, 293.

holzler *stm. s.* holzer.

holz-lîte *stf. waldabhang* MZ. 1, 486.

holz-lœse *stf.* (I. 1035ᵇ) *abgabe für waldnutzung* WEIST.

holz-man *stm. holzarbeiter, holzhauer* MONE *z.* 8, 51. OBERL. 691; *waldgeist,* alsô siht man diu kindlen schreien vor den wälden, wan die wænent, ain holtzman antwurt in auz dem wald MGB. 16, 20. *vgl.* holzmuoje, -wîp.

holz-marke *stf.* (II. 65ᵃ) *waldmarke, genossen-, gemeindewald* HALT. AD. 87. MZ. 1, 421. 488, 510. 3, 184. 265. MH. 2, 434. *vgl.* MONE *z.* 8, 129 *ff.;*

holz-marklach *stn. dem. u. coll. zum vorig.* zwai holtzmarcklach MH. 2, 460 (*Burgau*).

holz-matte *swf. am od. im walde gelegene wiese* GR.W. 4, 125.

holz-meier? (II. 93ᵇ).

holz-meister *stm. faber lignarius, carpentarius* OBERL. 692. SCHM. 2, 644; *waldhüter,* so hat der holzmeister gefraget, ob jemand in der mark holz muge hauwen ohne der merker laube GR.W. 1, 587. *vgl.* SCHREIB. 2, 84.

holz-mucke *swf.* der erst angel sol gefasst sein nach der kerpfen mucken, die da haisst die holzmuck HPT. 14, 165.

holz-muoje, -muowe *f.* (II. 231ᵃ) *waldeule, waldgespenst,* lamina GL;

holz-öl *stn.* holzöle, das zu latîn haiszet lignum aloes MYNS. 41.

holz-phenninc *stn.* der vorster hât in dem ampte 80 holzphenninge URB. *Pf.* 43. 104.

holz-phorte *swf. thor, vor welchem der holzmarkt ist.* an der holtzphorten uber den furkauf an holtze WP. 14.

holz-rëht *stn. anteil an der waldnutzung, waldrecht* GR.W. 1, 107. MZ. 4, 247. MONE *z.* 2, 271. 8, 460; *abgabe für die waldnutzung,* das sy dir h. geben müssen von unserm wald MH. 2, 891.

holz-rouch *stm.* (II. 746ᵇ) *rauch von verbranntem holze* MÜNCH. *r.*

Holz-sæze *swm. Holsteiner* (*eigentl. waldwohner*) GUDR. 1374, 3. 1415, 1. DSP. 1, 319. SSP. 3, 64.

holz-schif *stn.* (II². 67ᵇ) calo DFG. 91ᵃ. *n. gl.* 67ᵇ. *vgl.* holztrager.

holz-schîten *stn. das holzspalten* MONE 5. 193, 49.

holz-schuoch *stm.* (II². 225ᵃ) *holzschuh,* calopes DFG. 91ᵇ. *n. gl.* 68ᵃ.

holz-schuoch-macher *stm.* calopifex DFG. 91ᵇ. ebenso

holz-schuoher *stm.* DFG. 91ᵇ. *n. gl.* 68ᵇ. FASN. 1163. 1456. ANZ. 3, 274. holzschuower FRANKF. brgmstb. 1447 *vig.* V. *p.* Doroth.;

holz-schuoster *stm.* calopifex DFG. 91ᵇ. *n. gl.* 68ᶜ. VOC. *S.* 1, 22ᵇ. CP. 11.

holz-slegel *stm. holzschlägel* FASN. 821, 24.

holz-stîc *stm.* (II². 632ᵃ) *holzpfad* LS.

holz-trager *stm. s. v. a. holzschif,* calo DFG. 91ᵃ. *n. gl.* 67ᵇ. haultzreger VOC. *Schr.* 629.

holz-tûbe *swf.* (III. 125ᵃ) *holz-, waldtaube,* alauda, palumba, palumbus, sebalo DFG. 20ᵇ. 408ᵃ. 522ᵇ.

holzunge *stf. holzung, holzhieb* MONE *z.* 2, 288.

holz-vart *stf. fahrt um holz.* vart enwek und bringet holzes genuoc, daz ir hinze sumere den phluoc niht ensûmet durch die holzvart STRICK. 4, 165.

holz-vlœzer *stm. holzflösser.* holzvlötzer MONE *z.* 11, 264 (*a.* 1469).

holz-wagen *stm.* (III. 644ᵇ) *holzwagen* HELBL. ANZ. 18, 16 (*a.* 1430).

holz-warte *swm. waldhüter* ULR. Wh. 260ᵃ. *vgl.* LACHM. *zum Iw.* 6165.

holz-wëc *stm.* (III. 639ᵃ) *wenig begangener weg, holzweg,* avia DFG. 61ᵃ. TRIST. U. GR.W.

1, 108. einen holzw. geråten JÜNGL. 1034. nâch dem h. gên Ls. 1. 279, 30.

holz-wërc *stn. zimmerholz* S.GALL. *stb.* 11, 67. OT. 31ᵇ. TUCH. 127, 21. 240, 10. ALTSW. 226, 29; *aus holz gemachtes, holzbau* WACK. *pr.* 68, 214. TUCH. 101, 20. 131, 25. 282, 6.

holz-wërc-man *stm.* (II. 48ᵇ) *carpentarius* SUM.

holz-wîn *stm* daz si mir niht anders sint gebunden ze geben von dem vorgenanten aigen danne einen emmer weins in dem lesen, daz dô haizzet holzwein UOE. 4, 456 (*a.* 1304).

holz-wîp *stn.* (III. 719ᵇ) *holz-, waldweib, lamia* SCHM. *Fr.* 1, 1104. OTN. *Casp.* 277. *vgl.* holzman, -muoje.

holz-wurm *stm.* (III. 826ᵃ) *holzwurm*, teredo DFG. 579ᵃ. RENN. 5947. MGB. 309, 2 *ff*. HPT. 14, 169.

holz-wurz *stf.* agaticia DFG. 17ᵇ, *s. auch* holwurz.

hôm- *s.* hôchm-.

hœme *m. s.* œheim.

hôn *stn. s.* huon.

hôn *stm. hohn, schmach* JER. 150ᵃ. hœn ZIMR. *chr.* 4. 12, 4;

hœnde *stf.* (I. 708ᵃ) *schmach, schande* FREID. einem die hœnde an legen vor den liuten SWSP. 342, 11. hônde GEN. hônede ROTH. (*lies* 2232); *verletzendes, hochfahrendes wesen* GEN. KCHR. LANZ.;

hœne *stf.* (*ib.*) *md.* hône *schmach, schande* MAI, HELBL. WG. 1004. MSH. 3, 418ᵇ. PASS. *K.* 669, 45. KIRCHB. 626, 56. GR.W. 1, 17. geschæhe im diu hône (: krône) KRONE 10351; *verletzendes, hochfahrendes wesen* FRL. ALBR. 16, 297. *zu*

hœne *adj.* (I. 707ᵇ) *pass. verachtet, in schmach lebend* RUL.; *act. durch schmähung an der ehre kränkend, hochfahrend, übermütig, zornig, böse* GREG. WALTH. Ms. (= zwein vil œden ganzen gênt si vil gelîch NEIDH. 39, 26). discordiâ diu hœne TROJ. 1341. des küniges tohter schœne was alsô rehte hœne *ib.* 38970. nîdic unde hœne *ib.* 1266. da enwart nieman hœne von zorne noch von nîde LANZ. 230. hœner schimpf NEIDH. 65, 14. so er die maget sô schœne an sach sô wart er hœne MART. 220, 100. *gegens. zu* guotwillec *ib.* 133, 104, *zu* senftmüetec *ib.* 97, 8, *zu* dêmüetec ALTSW. 61, 19. *vgl. noch* HELBL. 4, 429. WOLK. 63. 1, 26; 83. 1, 7; 110. 2, 17; *stolz*, die starken und die hœnen PART. *B.* 16230; *gefahr bringend, gefährlich*, schœne daz ist hœne TRIST. (17807 *u. Bechst. anm.*); *vgl.* FREID. 104, 20. MSH. 1, 154ᵇ. Ls. 2. 698, 140 *u. das nhd. sprichwort*: *„der schönheit ist nicht zu trauen"* bei SIMR. 9174. — *gt.* hauns, *ags.* heán, *niedrig, vgl. lett.* kauns *schande, schmach, finn.* kauna *invidia* DIEF. 2, 535. GSP. 39 (*zu skr.* xud *zerreiben, part.* xunna, *gr.* ξύειν).

honec, honic, -ges *stn.* (I. 709ᵃ) *bei* MYNS. *auch m.*: *honig* HARTM. TRIST. WALTH. FREID. GSM. BARL. GEN. *D.* 93, 13. 116, 15. MSH. 2, 361ᵃ. 3, 176ᵇ. RENN. 14090. WG. 965. h önic PRIESTERL. 561. MGB. 74, 31. 34 *etc.* CHR. 3. 54, 15. hünic BERTH. 216, 36. h uonic URB. *B.* 1, 13. hung ÖH. 55, 9 *ff*.; *bildl.* daz valsche honic, *laster* PASS. *K.* 565, 49. — *ahd.* honag, honang, *alts.* honeg, hanig, *ags.* hunig, *altn.* hunang *von dunkl. abst., vgl.* GDS. 1031.

honec-benît *stn. s. v. a.* benît MSH. 2, 197ᵇ.

honec-gëlt *stn. honigzins, abgabe der zeidler.* honiggelt Mz. 3, 393 (*a.* 1358). GR.W. 3, 611;

honec-gëltære *stm.* (I. 524ᵇ) *der honigzinsende* HALT. 955.

honec-griebelîn *stn. kleine* griebe *aus honigfladen* FRAGM. 30, 145.

honec-huobe *swf.* das sie sollent geben einen halben ohmen honigs von einer huben, die heisset honigkhube GR.W. 1, 729.

honec-kuochelîn *stn. kleiner honigkuchen. md.* honigkûchelîn ELIS. 1755.

honec-mæze *adj.* (II. 208ᵇ) *honigartig, honiggleich* BARL. PASS. sîne honicmâze zunge ZING. *findl.* 2, 129. *ebenso*

honec-mæzec *adj.* (II. 209ᵇ) PASS.

honec-mete *stm.* (II. 162ᵃ) *s. v. a.* mete PANTAL.

honec-mëzzer *stm. honigmesser.* geschworne honigmesser NP. 273.

honec-rœre *swf. canna mellis, zuckerrohr.* honigrœre MGB. 394, 31 *ff*.

honec-saffec *adj.* (II². 13ᵇ) *honigsaftig* FRL.

honec-sam *adj. süss.* ez enist niht gelligeres denne lîden und niht honicsamers denne geliten haben MYST. 2, 492, 26.

honec-seim *stm.* (II². 242ᵇ) *honigseim, honig* EXOD. ULR. MSH. (3, 57ᵇ). KONR. BARL. FRL. ERLŒS. LOH. 7610. BPH. 2374. RENN. 17287. 24464. KOLM. 130, 19. ALTSW. 250, 14. FRONL. 16. honicsein MART. 169, 99. W. *v. Rh.* 45, 57;

honec-seimlîn *stn. dem. zum vorig.* RENN. 23518.

honec-süeze *adj.* (II². 752ᵇ) *süss wie honig*

ENGELH. MGB. MART. 197, 5. W. v. Rh. 193, 19. 259, 8. PASS. 376, 69.
honec-tou, -wes *stn.* (III. 53ª) *honigtau* JER.
honec-trage *swmf.* (III. 77ª) *biene* FRL.
honec-tranc *stn. süsser trank. bildl.* ir fröuden honictranc TROJ. 19969.
honec-tropfe *swm.* (III. 103ª) *honigtropfe* BARL.
honec-trôr *stmn.* (III. 114ᵇ) *honigsaft, honigtau* MGB. 88, 34. 89, 8.
honec-var, -wes *adj. wie honig aussehend* MGB. 294, 9.
honec-vaʒ *stn. fass voll honig* VIRG. 902, 12. DA. 749. TURN. B. 843.
honec-vlieʒende *part. adj.* (III. 348ᵇ) *von honig fliessend* DAV. v. A. vgl. FROMM. 2,439ª;
honec-vluʒ *stm.* (III. 350ᵇ) *honigfluss* MYST. BERTH. Kl. 106;
honec-vlüʒʒec *adj.* (III. 351ª) mellifluus MYST. DFG. 354ᵉ. n. gl. 249ᵇ.
honec-wabe *swmf. honigwabe* MART. 58, 99. 141, 95. 162, 45. *ebenso*
honec-wap, -bes *stn.* daʒ süeʒeh. ALBR. 35, 37.
honec-waʒʒer *stn.* hydromeli MGB. 342, 10.
honec-wirʒ *stn.* (III. 751ᵇ) *süsser honigstoff* GSM.
hœnec *adj. zu folgern aus* hœnigen;
hônede *stf. s.* hœnde.
honegen, honigen, hongen *swv.* (I. 709ᵇ) *intr. honig von sich geben, voll honig sein* WALTH. TRIST. MART. (113, 99); — *tr. süss mit honig od. wie honig, zu honig machen* Ms. (gehoneget süeʒer wan benît H. 3, 169ᵇ. uʒerhalp sint gehoniget dîne grüeʒe *ib.* 89ª). FRL. MYST. des montags und des eritages vor vasnaht git man gehongoten weitzen (mellitum triticum) GEIS. 420. gehonigter most, incomelum DFG. 292ᵇ.
hônen, hœnen *swv.* (I. 709ª) *intr.* hœne *werden, in zorn geraten* MART. (131, 29); *heulen, schreien*, ein hofwart der vil hœnet HELBL. 2, 1442. sô er die hunt hôrt hœnen CGM. 866, 20ᵇ. hünen kund er sam er weinte j.Tit. (*bei* SCHM.). — *ahd.* hônên, ululare GFF. 5, 753. vgl. DIEF. 2, 535. SCHM. Fr. 1, 1120. KWB. 145;
hœnen *stn. das heulen.* der wolve hœnen HADAM. 116. 23;
hœnen *swv.* (I. 708ª) *md.* hônen, *prät.* hônte, hônde : *absol.* hœne *machen, unehre, schande bringen, entehren* WALTH. j.TIT.; *schmähen* Ms. (H. 1, 151ᵇ); — *tr. schmähen, entehren, herabsetzen* GEN. ROTH. BÜCHL. PARZ. WIG.

FREID. MAI, PASS. (K. 639, 78). KCHR. D. 507, 29. GLAUBE 2272. HERB. 17317. RAB. 562. REINH. 1223. 1383. 1470. 1840. 49. 2383. EILH. 2641. WALTH. 40, 25. NEIDH. (48, 16). MSH. 2, 382ª. MSF. 31, 2. wenn eins das ander nit sô hünet FASN. 40, 25; — *refl. sich herabsetzen, herabwürdigen, entehren* A. HEINR. PARZ. KCHR. D. 371, 19. — *gt.* haunjan, *ahd.* hônjan; *mit an* (*nachtr.*), ge-, ver-;
hœnen *stn.* (I. 708ᵇ) *das höhnen, verspotten* WALTH. PASS. K. 264, 48;
hœner *stm.* (*ib.*) *höhner, verspotter* FRL.
höner-käufel *stm. s.* hüenerköufel.
hône-wîse *stf.* in hônewîs, *auf eine schimpfliche weise* HERB. 11197.
honic, hönic *stn. s.* honec;
höniclîn *stn. dem. zu* honec RENN. 2228. 23530.
hönigec *adj.* (I. 709ᵇ) *voll honig, honigsüss* LEYS.;
honigen, hongen *swv. s.* honegen.
hœnigen *swv. in* behœnigen.
honigîn *adj. von honig, honigsüss. vgl.* MARLD. han. 65, 6. 68, 18.
hœnisch *adj. höhnisch* GA. 2. 415, 229.
hôn-kust *stf.* (I. 828ª) *treuloses wesen u. benehmen, arglist* DIEM. (230,11). GEN. KARAJ. ERINN. LIT. 224, 4. daʒ si niht reden h., *ne loquantur dolum* BR. 23ª; *personif.* HELBL. 7, 323.
hôn-lachen *swv. hinterlistig lachen* HELMBR. 1775.
hôn-lâge *stf.* (I. 994ᵇ) *hinterlistige nachstellung* LIT.
hôn-, hœnlich *adj.* (I. 707ᵇ) *höhnend, höhnisch, spottend* PASS. (K. 122, 10. 135, 63. 173, 45. 390, 42). JER. 25ª. 75ᵇ. 160ᵈ. CRANE 22; *mit schmach verbunden, schmählich* DIEM. PASS.;
hôn-, hœn-lîche, -en *adv.* (*ib.*) *höhnisch, spöttisch, übermütig* GREG. PASS. (K. 561, 74). LIEHT. 502, 1. FRLG. 116, 484.
honne *swm.*, **honne-** *s.* hunde, hunt-.
hôn-sam *adj.* (I. 708ª) *schmähsüchtig* LAMPR. HERB.
hôn-schaft *stf.* (*ib.*) *hohn, spott, übermütige behandlung* GREG. Ms. (H. 2, 363ᵇ) MYST.
hôn-sprâche *stf.* (II². 536ᵇ) *schmährede* FROMM. 2, 439ª.
hœnunge *stf.* contumelia DFG. 148ª.
hopel-rei *swm.* (II. 655ᵇ) *s. unter* hoppaldei *u. vgl.* HPT. 6, 81 *anm.*
höpfe *swm. in* witehopfe. *vgl.* KUHN 3, 69.
hopfe *swm.* (I. 710ª) *hopfen,* humulus, lupulus

GL. RENN. 9476. MGB. 86, 22. 404, 23. SWSP. 398, 12. 14. HPT. 5, 12. NP. 157. — *aus mlat.* hupa? (DFG. 282ᶜ). *nach* SCHADE 271ᵇ *zu* hupfen *wegen seines schlängelnden gleichs. hüpfenden wesens.*

hopfe-garte *swm.* (I. 484ª) *hopfengarten* MSH. 2, 23ª. hopfgarte BERTH. 108, 17. KIRCHB. 791, 7. MÜHLH. *rgs.* 162. CDS. 2, 157. MZ. 4, 321.

hopfen *swv. s.* hupfen.

hopfen-bluome *swf. hopfenblüte* MGB. 404,23.

hopfener *stm. hopfenbauer* ANZ. 3,303. MÜHLH. *rgs.* 162.

hopfen-scheffel *stm. hopfenscheffel* MÜHLH. *rgs.* 39.

hopfen-sîhe *f.* (II². 286ᵇ) *hopfenseihe.* hopfenseich, colistrum DFG. 131ᶜ. hopfens eige, colum *ib.* 133ᶜ. (hopfseich *n. gl.* 202ª). hopfenseich, -seig, qualus *ib.* 477ª.

hopfen-stange *f.* (II². 640ᵇ) *hopfenstange* MÜNCH. *r.* hopfestange NP. 300.

hopfen-tranc *stnm.* hupa DFF. 282ᶜ.

hopfen-zëhende? *swm. s.* hovezëhende.

hopfen-ziech *stm. hopfensack, -ballen.* von dem hopfenziech 2 pfenn. *als zoll* URB. *B.* 2, 433.

hopfen-wide *swf.* (III. 620ª) *hopfenranke* LS. 3. 100, 73.

hopfer *stm.* unser weingarten, der haizzet der hopfer UKN. 209 (*a.* 1324).

hopfe-stange *s.* hopfenstange.

hopf-garte, -seich *s.* hopfegarte, hopfensîhe.

hopp-aldei *stm.* (I. 22ᵇ) *ein bäuerischer tanz* NEIDH. (*var.* holpoldei, hopelrei, torpeldei 41, 16 *u. s.* 186). *s.* hoppen, aldei *u.* HPT. 6, 81 *anm.*

hoppel *stmn.?* (I. 710ª) *rumpf?* GEST. *R.* 40.

hoppeln *swv. hüpfend springen, humpeln.* frœlîch hoppelt (*var.* holpelt) ez dâ abe NEIDH. XLIII, 13. sus machten sie einen tanz und hoppelten dâ her als ein gans MALAG. (W.GR., *ohne nähere angabe*). — *iterat. zu*

hoppen *swv. s.* hupfen;

hoppenîe *stf.* (I. 710ª) alsô muote sî der gouch mit sîner hoppenîe (*var.* gumpenei) NEIDH. 59, 25.

hopt *stn. s.* houbet.

hor, -wes *stn.* (I. 710ª) hore DIEM. GERM. 4. 246, 46. daz horb NP. 279. in dem harb ANZ. 11, 175: *kotiger boden, kot, schmutz* LANZ. FREID. ERACL. BARL. KONR. (TROJ. 15136). MS. RENN. (8705. 16668. 18077). ROTH. 5147.

WG. 10625. 12108. KRONE 23. 1486. HEINZ. 522. 46. GFR. 2792. 2808. BPH. 7110. MART. 118, 98. 177, 102. HPT. 7. 354, 24; 8. 185, 657. LS. 3. 48, 871. MGB. 309, 29. VET. *b.* 23, 2. 36, 2. NETZ 13076. CHR. 5, 147 *anm.* 3. ELIS. 5088. 101. 8070. 9595. PASS. *K.* 135; 30. 357, 8. 392, 6. 626, 11. — *ahd.* horo, *alts.* horu, horo *von dunkl. abst.*

hôr *stn. s.* her.

hôr *adv. stf. s.* hôhe, hôre 1.

hœræere, -er *stm.* (I. 714ª) *hörer, zuhörer* ERINN. ANEG. KCHR. *D.* 73, 32. 76,26. 99,17. 263, 12. LOH. 4267. 970.

horc, horch *adj. s.* horwec.

hôrchen, horchen *swv.* (I. 714ᵇ) *md. hören.* als ir itzunt hât gehorcht (: geworcht) JER. 179ª; *hören auf, horchen,* auscultare DFG. 62ᶜ, *mit dat. d. p.* wolle wir Cristo horchen GLAUB. 894. konick Etzel ir (*der jungfrau*) dô horchte (: vorchte) ETZELS *hofh. Casp.* 113, *mit dat. d. s.* horche mînem râte GLAUB. 2861. den gotis worten h. *ib.* 823, *mit gen. d. s. ib.* 2131 (horken), PASS. (246, 52). EVANG. *Mr.* 6, 20. JER. 54ª, ûf einen *od.* etw. h. CHR. 3. 68, 1. 132. 18, *mit untergeord. s.* MYST., *mit loc. adv.* dâ hin horchen PASS. 264, 25. — *mit* ge-, ver-. *ahd.* hôrechen (WILL.), *nd.* horken *zu* hœren, *vgl.* GR. 2, 282 *anm.* 287.

hordære, hortære, -er *stm.* (I. 718ª) *sammler eines hortes, schatzes.* horter FREID. hurtære OT. 203ᵇ, *bildl.* Barrabas was ein schâcher und ein morder und ubiltæte ein horder MART. 34, 100.

[**horde** *stf.* I. 717ᵇ, 48] *s. das flgde.*

horde *stf. flechtwerk.* das were mit horden zu erlengen FRANKF. *brgmstb.* 1460 *vig. III. p. Pet. vinc.; umhegung, bezirk* FRL. 409, 17. — *zu* hurt, *vgl.* WEIG. 1, 517.

horde? *swm. s. v. a.* hort. der het schatz funden, ein vil grôzen horden ZING. *findl.* 2. 30, 87 (= SSL. 555 an vil grôzen horden);

hordec *adj.* du bist mein hôher hordig schatz ALTSW. 73, 20;

hördelære *stm.* (I.718ª) *s.v.a.* hordære BERTH. (60, 1);

hördelen *swv. als einen schatz sammeln.* die gîtigen hördelent über einander BERTH. 258, 17;

horden *swv.* (I. 717ᵇ) *prät.* horte; hürten *prät.* hurte KL. 958. WG. 11769: *einen hort, schatz sammeln, bewirken dass etw. sich ansammelt, absol.* MART. (126, 85). horden unde sparn BIT. 13395. daz die richen hordent

und niht gebent Teichn. 269. in herzen kundens allesamt gar innecliche h. Heinz. 117, 11. in gotes dienst h. Netz 4813; — tr. Ms. Frl. Renn. (3124. 20465). Loh. (6046. 7370). daʒ guot h. Mart. 270, 11. Reinfr. 133ᵃ. einen schaz h. Pass. K. 462, 56. sælde h. j.Tit. 1379. 1855. die êwige freude h. *ib.* 1626. daʒ leit h. Ulr. *Wh.* 146ᵇ. als man sach die alten horden kristen glouben, gotlîch êr, alsô hordent minre noch mêr nu die phaffen sachen der welt Teichn. 304. an triuwen gehordet sîn j.Tit. 5340. dar zû si gehordet sint Pass. 227, 34. sô hât kunst unde gunst an sie gehordet daʒ Heil Krone 26551. daʒ wirt ûf iuch gehordet Malag. 75ᵃ. mînen êweclîchen haʒ hât er ûf sich gehordet Virg. 387,6. als vil hât er gehordet in im valsches unde mein Ot. 804ᵇ. sô muoz ich iemer horden in mîn herze leides pîn Troj. 44266; *als einen schatz bewahren* Frl. ditz unerwordenlîcheʒ guot wil er mit stæten horden Krone 243; — *intr. sich ansammeln, sich mehren, gedeihen* Ms. an ungemüete begunde ich h. Mf. 118. ûf in begunde horden grôʒer êren vil Wolfd. 2128. diu sælde begunde ûf in horden *ib.* 2234; horden mit, *mit etw. wucher treiben* Helbl. Ls. tuostû mit guoten werken h. Hugo v. M. 34. — *mit* be-, ge-.
hore *stn. s.* hor.
hôre, hôr *stf. die stunde* Tuch. 125,6. Chr. 2. 325, 15; 5. 359, 30. die hôre (*horas canonicas*) sprechen Ulr. *Wh.* 259ᵃ. — *aus lat.* hora, vgl. ôre.
hôre, hœre *stf.* (I. 714ᵃ) *das hören* Wolfr. Chr. 5. 322 anm. 3. (*wegen* Pass. 174, 83 *s.* hôhe);
hœre *adj. in* ge-, widerhœre.
horec *adj. s.* horwec.
hœrec *adj.* (I. 714ᵇ) *hörend auf, folgsam.* zuo reht h. wesen j.Tit. 3072, *vgl.* ge-, über-, unhœrec; *hörig, leibeigen* Oberl.;
hôrechen *swv. s.* hôrchen.
[horegewat III. 535ᵃ] *s.* horwec.
hœren *swv.* (I. 711ᵃ) *md.* hôren; *prät.* hôrte, *part.* gehœret, -hôrt, hœren (Gudr. ir habt eʒ ofte hœren sagen Rab. 98 *u. anm. mit zwei beisp. aus einem mittelrhein. ged., vgl.* Gr. 4, 169): *tr. od. absol.* hören, anhören, *allgem., die sache wird ausgedrückt durch den gen.* (Ms. Troj. 2518. Mart. 261, 37. Kell. *erz.* 221, 22), *acc., infin., untergeord. s. od. mit präp.* von (Mart. 258, 101. 263, 63. 264, 33. 268, 95); *die person, welche man* anhört, *von der man etw. hört, durch den dat.* (Gen. Ms.), *acc.* (*u. infin.*), *od. mit präp.* von; *aufhören, endigen absol.* Er. Serv., *mit gen.* Mart.; — *intr. im verhältnisse der abhängigkeit od. zugehörigkeit von etw. sein, gehören zu, erforderlich sein zu, allgem.* (*mit an* Parz. Barl. diu minne an nieman hœret Ulr. *Wh.* 193ᶜ, in Suso, nâch Parz. Priesterl. 68, ûf Ms., vür Msh. 1, 341ᵃ. Ulr. *Wh.* 198ᵈ, wider Mart. Elis. 3299, zuo, ze *allgem.*). — *mit* an (*vgl. noch* Helbl. 8, 154. Silv. 2356. Troj. 19142), nâch, ûf, zuo; be-, er-, ge-, über-, ver-. *gt.* hausjan *mit gr.* ἀκούειν (*aus* ἀκούσειν) *zu skr.* çru *hören? vgl.* Gsp. 39. Kuhn 6, 318. 16, 271; Curt.³ 145. Dief. 1, 62. 2, 729;
hœren *stn.* (I. 713ᵃ) *das hören* Barl.
hœren-sagen *stn. s.* hœrsagen.
hœrer *stm. s.* hœræere.
hore-ruoche *swm.* graculus Anz. 4. 94, 61.
hor-gans *stf.* (I. 478ᵇ) fulica, hor-, har-, hergans Dfg. 250ᶜ. *n. gl.* 184ᵇ.
horgen *swv. s.* horwegen.
hôr-glocke *swf. stundenglocke* Chr. 2. 281, 3. *vgl.* ôrglocke.
horken *swv. s.* hôrchen.
hor-lache *swf.* (I. 921ᵇ) *kotlache* Lit. Karlm. 480, 6.
hor-lade *stf.* (I. 926ᵇ) *kot-, mistbehälter* Myst.
horlinc *stm. s.* herlinc.
hormen *swv. s.* hurmen.
horn *stm. januar* (*als der emporragende anfangsmonat?* Wack.) Mone *z.* 4, 79. *vgl. der grosse, der kleine horn, januar, februar* Gds. 799, Weinh. *mon.* 45 *u.* hornunc.
horn *stn.* (I. 715ᵃ) *pl.* horn, horner, hörner, hürner (Ring 18ᵇ, 18. 34ᵇ, 2): *horn* Gsm. des strûʒen h. Msh. 3, 187ᵃ. dar zuo begunde ein niuweʒ horn dô wahsen und enspringen Troj. 10150. hirʒ hât schedelîchiu horn Swsp. 315, 14. ein ochse mit vergulten hornen Pass. K. 302, 85. daʒ holt sougen mit milche ûʒ einem horne Gfr. 1673. 3030. ich gunde in, daʒ si mit eim horne an ir tinnen vorne bekumbert iemer müesten sîn Mone 4. 320, 97. sîn helm war mit zwein hornen gezieret Turn. 82, 2. hiut unde horn (zimier *auf helmen*) Loh. 5166. hörner *als kopfputz der frauen* Narr. vorrede 19. horn an der stirn gewinnen, *courage bekommen* Chr. 3. 143, 21. dem keiser wuohs ein horn, *er wurde zum hahnrei* Kolm. 55, 40 *ff.* setzt sie dir dann hürner an Ring 18ᵇ, 18; *s. v. a.* hornboge Rul. 96,

5. *vgl.* 95, 16; *hornartige masse* GEN. (*D.* 5, 26. 27. 7, 9). stahel unt horn KCHR. *D.* 431, 28. man schriet dâ leder unde horn TROJ. 36914. ûz horne ein lucerne PART. *B.* 7764. zwên hurtenir von horn LIEHT. 450, 14. mezȝerheft von geslihtem horn MSH. 3, 304ᵇ. im was diu hût herter denne ein h. DAN. 426. *vgl.* MYNS. 74; *hervorragende spitze* DIEM. Ms. der regenpog hat ainen volkomenen halben kraiȝ und het áin horn gegen mitten tag MGB. 98, 11. an dem horne des altâres MYST. 1. 242, 1; *horn zum blasen allgem.*, *vgl. noch* EXOD. *D.* 158, 35. MSH. 1, 34ᵃ. 2, 15ᵃ. 228ᵃ. 3, 179ᵃ. 427ᵃ. LIEHT. 82, 7. 607, 20. KRONE 27419. KARL 5082. ROTH *denkm.* 95, 147 (*pl.* horner). — *gt.* haurn *zu gr.* κέρας, *lat.* cornu CURT³. 140. GSP. 39.

hôrn *swv. s.* hœhern.

horn-affe *swm.* (I. 10ᵇ) *ein gebäck*, colimpha DFG. 131ᶜ. colirida Voc. *Schr.* 489.

horn-bîle *stn.* (I. 124ᵃ) *beil von horn*, *Biterolfs schwert* BIT. 12262.

horn-blâse *swf.* (I. 201ᵃ) *hornbläserin, hexe* KCHR. (12200. *D.* 273, 14);

horn-blâsen *stn. das blasen eines hornes* BIT. 7587. PRIESTERL. 108. GR.W. 1. 717. 39;

horn-blâser *stm.* cornicen DFG. 152ᵃ. FASN. 493, 5;

horn-blâst *stm.* (I. 201ᵃ) *das blasen eines hornes* RUL.

horn-boge *swm.* (I. 178ᵇ) *bogen aus hörnern od. mit hörnern (hervorragenden krummen spitzen)* LAMPR. RUL. KARL (5676). KCHR. *D.* 224, 19. EXOD. *D.* 158, 33. BIT. 189. 401. APOLL. 10930. 17814. 19687. CHRISTOPH 186. 1408. j.TIT. 1230. TROJ. 25012. 40097. HEINZ. 36, 893; *damit bewaffneter krieger, bogenschütze* RUL. 86, 8; 164, 11; *n. pr.* Hornboge von Pôlân BIT. 1231. DIETR. 5905. 8593. RAB. 46. 616.

horn-bruoder *stm.* (I. 271ᵃ) *eine art mönche* Ms. (*H.* 2. 218ᵇ, 230).

horn-dôn *stm.* (I. 382ᵇ) *art des blasens auf dem horne* TRIST.

horn-dôȝ *stm.* (I.373ᵇ) *hörnerschall* ER.(9625). *nicht comp.* hornes dôȝ LIEHT. 82, 7. WARTB. 579.

hornec *stm.* (I. 716ᵇ) *s. v. a.* hornvisch? MSH. 2. 385, 2.

horneckel *stmn.? eine art kran.* 6 β vur 3 kronen, die man nennet horneckel, bûwe mit ûf zu heben FRANKF. *baumstb. v.* 1454 *f.* 46. — *vgl.* STALD. 2, 56.

horneht *adj.* gehörnt ALBR. 20, 24. 102ᵈ. AB. 1, 124. cornutus Voc. *Schr.* 596. hornecht slange, cerastes DFG. 113ᶜ. *vgl.* hornslange;

hornelîn *stn.* (I. 715ᵇ) *kleines horn* TRIST. ALPH. 362. WOLFD. *H.* 853 *f.* FASN. 357, 27.

horne-zëche *swf.* (III. 859ᵃ) scabro SUM.

hornezȝel *s.* hornuȝ.

horn-ge-dœȝe *stn. s.*(I. 373ᵇ, 13) *coll. zu* horndôȝ WERNH. *v. N.*

horn-ge-schelle *stn.* (II². 126ᵃ) *coll. zu* hornschal TRIST. PART. *B.* 428.

horn-huot *stm. s. unter* hëlmhuot.

hornîn *adj. s.* hürnîn.

horniȝ *stm. s.* hornuȝ.

horn-krût *stn. hornkraut*, flamula Voc. 1482.

horn-nache *swm.* (II. 295ᵃ) *nachen mit hornartigem schnabel?* NARR.

horn-schal *stm.* (II². 125ᵃ) *schall des hornes* ER.

horn-schëlle? *stf.* (II². 123ᵇ) *horn, posaune* DIEM. 69, 4 (dâ pliesen sie siben hornschelle; *pl.* von hornschal, *sie bliesen sieben mal in die hörner?*);

horn-schellen *swv. auf dem horne blasen.* eȝ sol nieman in disen zilen hornschellen GR.W. 1, 4.

horn-sege *stf.* (II². 14ᵃ) *säge für horn* GEO. (4694).

horn-slange *swm.* (II². 404ᵇ) cerastes DFG. 113ᶜ.

horn-snëcke *swm.* (II². 436ᵇ) *hornschnecke,* buccinum BERTH. *vgl.* NEMN. 1, 673.

hornunc, -ges *stm.* (I. 716ᵇ) *patron. bildung zu* horn *stm.: der sohn des januars, der kleine horn, februar* WALTH. HELMBR. KRONE 5458. LUDW. 29, 8. MYST. 1, 76; januar DIEF. *n. gl.* 207ᵇ. *vgl.* WEINH. *mon.* 45.

hornunc-bëte *stf. im februar zu entrichtende abgabe* AD. 1087 (*a.* 1359).

hornuȝ *stm.* (I. 716ᵇ) *horniss* GL. Iw. ouch gewinnet er sîn selten danc, der durch einen swachen duȝ die wefse und den hornuȝ von sînem ampte stœret KRONE 1491. horniȝ MGB. 292, 36. harniȝ *ib.* 291, 35. 292, 26. 294, 18. 300, 13. 15. harliȝ *ib.* 292, 35. 300, 15 *ff.* horneszel od. humel, fucus Voc. 1482. — *ȝu* horn (*vom tone des fliegenden thieres*) JR. 2, 220. WEIG. 1, 518. WACK. *voces* 2, 71.

horn-val *stm.* (III. 222ᵃ) *durch tod an die aussätzigen fallendes gut* MERAN. — *vgl. ahd.* horngibruader, leprosi GFF. 3, 301.

horn-vezȝel *stm. hornfessel, der riemen, woran*

das hifthorn hängt. ein perlîn hornvezzel MONE 6, 248. RCSP. 1, 688. *ebenso*
horn-vezzer *swf. ndrh.* FROMM. 2, 439ª.
horn-visch *stm.* (III. 328ᵇ) *hornfisch,* cerastinus, ledia DFG. 113ᶜ. 322ᵇ. *vgl.* kornvisch.
horn-wurm *stm.* cerastes DFG. 113ᶜ.
horre-huon *stn. s.* urhuon.
horren? *swv.* (I. 716ᵇ) *s. v. a.* hûren, *kauern?* Ls. 2. 182, 191.
hôr-rinc *stm. s.* ôrrinc.
hors *stn. s.* ors.
hor-sac *stm.* (II². 3ᵇ) *kotsack, bezeichn. des verweslichen menschl. leibes* MYST. MART. (63, 44. 81, 86).
hœr-sagen *stn.* (II². 18ᵇ) *das hörensagen* CLOS. N. *v. B.* 60. GR.W. 5, 152. hœrensagen THEOL. 172.
hôr-sam *adj.* (I. 714ᵇ) *md. gehorsam, mit dat.* KROL. KREUZF. 4715;
hôr-sam *stm. gehorsam* ULR. *Wh.* 440ᵇ. 451ᵇ. SSP. 2. 22, 3.
hort, -des *stm.* (I. 717ª) *pl.* hörde BERTH. 467, 27. j.TIT. 270. GERM. 7, 346, 2: *schatz, hort allgem.* (*doch nicht bei* HARTM.) *vgl. noch* GEN. *D.* 112, 20. WWH. 34, 18. TROJ. 18567. 21642. 862. LOH. 2367. APOLL. 1767. STRICK. 12, 642. DAN. 65. GA. 1. 344, 280. Ls. 1. 458, 50. ALTSW. 179, 16. PASS. 85, 8. 184, 13. *K.* 31, 20. daz silber ze hort legen, *als „schatzgeld" aufbewahren* URB. *B.* 2, 529; *das angesammelte, die fülle, menge* WOLFR. (franzoyscher sprâche kund er einen hort *Wh.* 192, 12). TRIST. BARL. KONR. (SILV. 200. ENGELH. 6449. TROJ. 16101. TURN. 175). Ms. goldes h. BUCH *d. r.* 310. schatzes h. MSH. 3, 468ˢ. des gæbe er ir vollen hort HELMBR. 1287. leides h. ULR. *Wh.* 143ᵇ. 327ª. lobes, trûrens h. LIEHT. 593, 14. 596, 16. diu liet gesungen ûz der sinne hort *ib.* 444, 21. sælden h. FLORE 7871. freuden h. RENN. 6698. PASS. *K.* 63, 86. 381, 45. künste h. LOH. 7871. er sluoc ir slege einen hort HPT. 7. 337, 27. diu frou gewan zornes h. Ls. 1. 543, 190. hort an kreften TROJ. 10859. — *gt.* huzd *nach* MYTH. 922, KUHN 11, 184. 375, GSP. 39 *zu lat.* custod- (*vgl.* huote); *nach* KUHN 8, 149 *f. zu gr.* κύσθος, *die weibl. scham, eigentl. das verbergende, einschliessende od. das zu verbergende* (*vgl. dagegen* 9, 232. CURT³. 151).
hort *stf. s.* hurt.
hört *adv. adj. s.* harte, herte.
hortære *stm. s.* hordære.

hörter *stm.* hërtære.
hort-gadem *stn.*(I.456ª)*schatzkammer* GRIESH. *vgl.* des hordes gaden GA. 1. 344, 280.
hort-rîche *adj.* (II. 688ᵇ) *schatzreich.* hortrîcher milde ein gebender trôst MSH. 3, 452ᵇ.
hor-tûbel *stm.* (III. 125ᵇ) *rohrdommel,* onocrotalus DFG. 396ᵇ. — *ahd.* horotumbil, -tûbil, *vgl.* rôrtumel, -drumel *u.* WEIG. 2, 505.
horwec, horwic *adj.* (I. 710ᵇ) *kotig, schmutzig* LANZ. ERACL. FREID. BERTH. MSH. 3. 222ª, 8. GA. 2. 628, 332. SGR. 1826. 1975. MGB. 104, 26. 121, 31. 160, 23. h o ric LEYS. KROL. DFG. 340ᶜ, h o r e c: den herzogin stach er in ein horege wat ATH. *E* 136, horc, horch TRIST. *U.* geworfen in daz horch gewat GERM. 11. 70, 17. ob icht an in sî horc JER. 171ᵇ. — *zu* hor;
horwegen *swv. beschmutzen, contr.* horgen MART. 77, 72. — *mit* be- ;
horwîn *adj. s.* hürwîn.
hor-wurm *stm. regenwurm* PF.*arzb. anhang I.*
hosche *stm.* (I. 718ª) *spott* MART. (24, 82. disen schimph und disen hosche sunt ir niht fur ubil nemen 63, 84). — *ahd. alts.* hosc, *vgl.* hiuze;
hoschen *swv.* (*ib.*) *absol. spotten* RENN.; *tr. verspotten,* er wirt gehoschet von uns TROJ. 26316;
hoschen *stn. spott* MART. 70, 109.
hose *swf.* (I. 718ª) *nur im pl. bekleidung der beine (vom schenkel oder erst vom knie an) sammt den füssen, hose od. strumpf* Iw. PARZ. TRIST. WIG. KARL (vier hosen leit er an die bein 9452). ir habet hosen unde bruoch EXOD. *D.* 153, 11. zwô hosen er an leite RUL. 118, 7. zwô hosen leit er an diu bein ULR. *Wh.* 263ª. LIEHT. 248, 30. 539, 12. wie die hosen stuonden an dem beine ERINN. 625. dô trûc er an den beinen zwô hosen schônir ringe ROTH. 1107. der truoc umbe sîniu bein zwô hosen ERNST *B.* 3065. sus wâren die hosen gezieret nider ûf die spitze vorn *ib.* 3070. füez und schenkel in den hosen TROJ. 35605. *vgl.* 35971. 36465. die hosen an schuochen LANZ. 3753. LOH. 863, an brîsen GERM. *H.* 9. 119, 834, an ziehen GFR. 2834. sich in die hosen schuochen ECKE *Z.* 148, 2. EILH. 4990. swarze hosen (der dörper) NEIDH. 74, 11. niuwe h. KOLM. 66, 44. zwô alt h. WSP. 600. zwô zerrizzen h. KARLM. 259, 35. blâwe h. Ls. 2. 700, 211. hosen guldîn ECKE *Z.* 30, 1. sîne hosen und sîne schû wâren durchworcht mit golde PASS. *K.* 605, 62. er fuorte halsberc unde hosen lieht und wunneclich

getân TROJ. 3800. PART. B. 5140. die peinen samnent pluomen an ir füez als ob si hosen haben gewunnen MGB. 289, 22. ir schuoch sint aus gesnitten durch holz, dasz die hosen leuchten erforn FASN. 441, 16. zwu hosen über ein stangen 666, 33. vgl. einem die hosen an die stang henken ZIMR. chr. 2. 123, 15. — altn. hosa, ags. hose mit hûs von der w. sku bedecken?

hosel in ackeshosel.

hoselîn stn. dem. zu hose HPT. 7. 341, 9. höslîn ÖH. 135, 21. vgl. höslach ZIMR. chr. 3. 371, 2.

hosen-nestel stf. (II. 330[b]) hosenträger PARZ. HELBL. LS. 1. 541, 147. hosnestel, liga VOC. 1437. PF. üb. 163, 86. 88. liga, caligula, subligar hosennestel od. hosensenkel VOC. 1482.

hosen-senkel stm. s. unter dem vorig.

hosen-tuoch stn. (III. 172[a]) tuch zu beinkleidern FASN. 827, 19. 829, 8. hosetuoch ZÜRCH. rb.

hospitâl stn. s. v. a. spitâl. machen ein hospitâle ULR. Wh. 147[c]. vil klôster, hospitâl j.TIT. (Z. 2. 84, 460). vgl. ELIS. 3580. 671. 712. 6830. 8266.

hossen swv. (I. 718[b]) intr. schnell laufen WH. v. Öst. 23[a]; tr. mit er-. vgl. SCHM. Fr. 1, 1181. KWB. 144 u. hotzen, hozzen.

host interj. s. unter hotte.

hôst sup. s. hôch.

hôster stn. (I. 718[b]) schöpfrad REINH. — aus lat. haustrum.

hostie stswf. hostie MYST. 1. 294, 25. GR.W. 2, 164. ostie N. v. L. 148. — aus lat. hostia.

hot, -des stm. ein eingeschlossenes altwasser. in deheinem hode vischen, den besten hot zeichenen (im pl. durchaus hede) MONE z. 4, 83 (a. 1449).

hotsche swf. s. hotze.

hotte swf. schlägel? er sol das in dem jahr tun dreimal mit der hauwen und mit der hotten GR.W. 5, 697;

hotte, hott f. battudo, schlägel-, buttermilch DFG. 70[a]. n. gl. 50[a].

hotte interj. ruf an zugthiere, wenn sie rechts sollen. hotte, host FASN. 248, 4. — allgem. ober- u. niederdeutsch s. KWB. 144 u. vgl. hottestâ;

hotten swv. wenn wir das plint ros müsten hotten FASN. 788, 22;

hottestâ interj. (I. 718[b]) HÄTZL. vgl. hotte.

hotze, hotsche swf. wiege DÜR. chr. 423. 520.

hotzel-reide f. wiege, schaukel, oscillum, scuta VOC. 1482.

hotzen swv. intr. schnell laufen. dô mit sach man Chrotzen gên Triefnassen hotzen RING 8[b], 41. über sich springen und hotzen ZIMR. chr. 1. 440, 1; tr. schaukeln, in bewegung setzen, untz das er wol hotzet mich KELL. erz. 497, 10. — vgl. hossen, hozzen und KUHN 8, 389. KWB. 144.

hou prät. s. houwen;

hou, -wes stm. pl. höuwe, holzhieb, hiebabteilung eines waldes GR.W. 1, 127. 537. 6, 318. MONE z. 1, 435. MZ. 4, 65 (a. 1294).

höu stn. s. höuwe.

höu-barn stm. (I. 89[b]) fenile GL.

hoube swf. s. hûbe;

höubel stn. s. hiubelîn.

houbet stn. (I. 718[b]) auch houbt, houpt pl. houbete (PASS. 219, 74), houbt, houpt und höupter (ALEXIUS 144, 289); nbff. houvet RUL., heubet BERTH. (heubt, heupt GR.W. 3, 332. 33. heupt MONE z. 9, 33. heubit, heubt, heupt DFG. 99[b] mittelrh.; pl. heubete PASS. 71, 23), hopt CHR. 1. 472, 20, habt ib. 4. 292, 1 (pl. häbt, häpter 236, 2. 330, 29), haupp GR.W. 3, 694 —: kopf, haupt an menschen u. thieren allgem. (von dem houbet unz an die füeze APOLL. 5784. HPT. 2, 54. von dem houpte biz zuo den waden ULR. Wh. 187[b]. houbt under krône WWH. 462, 2. ir houbten ich krônen gihe ib. 358, 4. mîn houbet was dem swert geboten j.TIT. 1583. wær mîn houbt mit stahel dan gebunden, ez würde mir enzwei gesungen ib. 5150. mîn houpt sî pfant LOH. 4694. daz houbet binden, das gebende anlegen PARZ. TRIST. U. 505, 12. gebieten bî dem houbet, bei strafe des enthauptens RING 51[d], 2. daz houbet zühteclîche tragen, stille haben [wie eine jungfrau] TROJ. 15006. 13. daz h. er dâ nider hienc ib. 15570. ze dem houbet GEN. D. 5, 8. einer zuo dem houbete saz PASS. 92, 82. pl. sitzen zuo den houpten [zu häupten] GRIESH. 2, 139. zû houbeten PASS. K. 18, 55. CHR. 4. 60, 15; 5. 22, 36. 37. ze houpten PASS. 62, 91. zen houpten HIMLF. 1194. einen über daz h. slahen RUL. 79, 27); bezeichnung gezälter menschen u. thiere DIEM. fünfzig haupt menschen und rinder MGB. 113, 3. und schullen geben von dem grôzen viech zwên phenn. ie von dem haupt UHK. 1, 167 (oft in den CHR., s. die glossare). daz beste houbet s. v. a. besthoubet (s. oben sp. 227 u. die nachtr.) RENN.

Urb. 67, 21, *ebenso daz* teuerst houbet Gr.w. 3, 577. über houbet, *ohne die stücke zu zälen, ganz, all*: mir suln iu alle helfen über houbet j.Tit. 4572. 4659. er gewan Rôme über houbet Swsp. 31, 6. man gab in daz vihe umb ein bescheiden gelt über haupt Chr. 2. 260, 19; — *bildl. das oberste, äusserste: anführer, regent, oberhaupt.* der houbet sîst dû Joseph Gen. D. 114, 11. aller wesen h. Flore 3307. der kristenheit h. Msh. 3, 330ᵃ. Wg. 11096. daz rîche âne h. Helbl. 8, 1091. ich ein houbet iuwer bin und der oberste genant Pass. 271, 95. zeinem houbete setzen Marlg. 115, 31. ein h. kiesen Livl. 743. 1000. der burger h. und meister Ring 49ᵈ, 33. ein h. unser arbeit Karl 1850. sol daz reht bî rehte sîn, so sol daz houbet (*der künig in der schlacht*) vor varn und die füeze sô bewarn, daz si daz houbet gerne tragen Ulr. *Wh.* 207ᵈ; *das oberste, die spitze* Nib. diu langen air, diu spitzig haupt habent Mgb. 195, 2. das houbt der vasten, *aschermittwoch* (*lat.* caput quinquagesimæ) Narr. 110ᵇ, 58; *s. v. a.* houbetguot Pass. K. 407, 86; heidenisch h. *eine speise* Buch v. g. sp. 29. — *gt.* haubith *zu lat.* caput Curt³. 142, Gsp. 39; *nach* Kuhn 1, 137 (*dem das* Dwb. 4², 597 *beistimmt*) *wäre* haubith *aufzulösen in* hahubith, hahubath *u. zu skr.* kakubh *gipfel*, kakuha (*aus* kakubha) *hervorragend zu stellen. vgl. auch* hûbe, hûfe.

houbet-âder *f.* vena cephalica, salvatella Dfg. 113ᵇ. 509ᵇ. Mgb. 37, 2. die hauptâder lâssen Anz. 11, 335 (*a.* 1428).

houbet-banier *stn.* (I. 85ᵇ) *gesammtfahne eines heerhaufens* Halbsuter.

houbet-bant *stn.* (I. 132ᵇ) serta Gl. Virg. 1, 178. redimiculum Dfg. 488ᵇ.

houbet-bette *stn.* grabatum Evang. J. 5, 8. 10 *ff.*

houbet-binde *stf.* ligatura Dfg. 329ᵃ.

houbet-brief *stm. originalurkunde* Halt. 830. Chr. 3. 371, 30. hoptbrief Mz. 1, 413. heubtbrief Rcsp. 1, 326. 28; *schuldbrief* Chr. 1. 118, 9. Mz. 1, 379.

houbet-bühse *f. eine art des groben geschützes* Hpt. 8, 324. Beh. 85, 24. Chr. 2, 521 *f.* Mh. 1, 502. 2, 78. Uschb. 82. *vgl.* Schm. *Fr.* 1, 199 *u.* houbetstücke.

houbet-buoch-stap *stm.* (II². 594ᵃ) *anfangsbuchstabe* Heinr. 4455. heubitbuchstap, capitale Dfg. 97ᵇ.

houbet-dach *stn.* (I. 294ᵃ) *kopfbedeckung,* helm Parz. Otn. (117, 1). Helmbr. Ecke Sch. 123. 270. Held B. K. 39, 36.

houbet-dampf *stm.* trink wenig weins, wann do kumen die haupttempf von Anz. 11, 334 (*vgl.* houbetduht).

houbet-decke *stf. capitäl* Hb. *M.* 409 *f.*

houbet-dinc *stn. hauptsache.* stille, zühtic, dienesthaft, daz sint driu houbetdinc Msh. 2, 213ᵃ.

houbet-duht *stf. andrang zum kopfe, congestion* Pf. *arzb.* 2, 17ᵃ.

houbetec, houptec *adj. einen kopf habend,* in drî-, siben-, zweihouptec;

houbeten *stf. enstanden aus dem dat. pl. von* houbet. zu der hauptun Chr. 4. 60, 16. *vgl.* Schm. *Fr.* 1, 1143. Kwb. 134;

houbeten, houpten *swv.* (I. 720ᵃ) *intr.* an (zuo Leys.) einen h. *ihn als haupt anerkennen, ihm anhängen* Ath. Herb. Dietr. Wartb. 153, 2. Pass. (K. 137, 23. 485, 65. 686, 41). Dür. chr. 447. Just. 134. hin gegen einem h., *angehören* Wartb. 167, 13; — *tr. enthaupten* Diem. Rul. Roth. 461. 511. 717. Kchr. D. 256, 12. 308, 25. 437, 10. 454, 25. 483, 2. 503, 25. Mar. 202, 29. Karl 1419. Swsp. 209, 10. 352, 26. Chr. 4, 50 *anm.* 1, 308 *anm.* 9; *refl. sich als haupt ansehen* Hb. *M.* 634. — *mit* be-, ent-.

houbet-êre *stf. grosse ehre.* und danketo in vil sêre der grôzen houbetêre Gfr. 2290.

houbet-gazze *stf.* houbtgat *loch* (*im gewand*) *für das haupt* Ssp. 1, 63 (*eine md. hs. hat* houbitgazze).

houbet-ge-bende *stn.* (I. 134ᵇ) *s. v. a.* gebende, *kopfputz* Parz. Ls. 2. 321, 17. Mühlh. r. L. 178.

houbet-ge-gëlt *stn.* (I. 523ᵃ) capitale, *ersatz für gestohlenes gut* (*haupt vieh oder menschen*) *ahd.; s. v. a.* houbetguot: hauptgelt und schaden Mz. 4, 275. heubtgelt *ib.* 219, 225.

houbet-ge-rihte *stn. oberstes gericht* Roth dicht. 67, 25.

houbet-ge-schîde *stf.* (II². 97ᵇ) *schwindel, kopfkrankheit* Renn. hauptgescheid Fasn. 1463, *entstellt* hauptgeschein *ib.* 1372. *vgl.* Gr. 1³, 176.

houbet-ge-smuc *stm. kopfputz* Np. 101.

houbet-ge-studel *stn.* (II². 707ᵃ) capistrum Dfg. 97ᵇ. *vgl.* houbetstiudel.

houbet-ge-swër *stn.* frenesis Voc. o. 36, 31. *vgl.* houbetswër.

houbet-ge-want *stn.* (III. 684ᵃ) *kopfbedeckung* Parz.

houbet-ge-zierde *stf. kopfputz* MD. *ged.* 4, 267.

houbet-golt *stn.* (I. 553ᵇ) *kopfschmuck von gold,* diadema DFG. 179ᵃ. EN. ir houbetgolt verwieret mit gesteine ROSENG. *Braunschw. bruchst.* 426.

houbet-gülte *swm.* (I. 525ᵇ) *der eigentl. schuldner im gegens. des bürgen* OBERL.

houbet-guot *stn.* (I. 590ᵇ) *kapital im gegens. zu zinsen u. kosten* Ms. (*H.* 2, 250ᵇ). HÄTZL. 308ᵃ, 95. Mw. 236, 7 (*a.* 1311). CHR. 1. 26, 9. 114, 2. 8. 14. 23 *etc.* 3. 295, 2; 4. 77, 8; 5. 31, 36. 44, 21. 24. Mz. 1, 319. 98. hoptguot *ib.* 464. 90. heubtguot *ib.* 2, 565. habtguot MÜNCH. *r.* 7, 23.

houbet-haft *adj.* (I. 720ᵃ) *capitalis* RUL. Ms. ANEG. KCHR. *D.* 288, 27. LIT. 935. KARL 12047. RENN. 15860. BERTH. 66, 27. 488, 16. 538, 9. SPEC. 178. ROTH *dicht.* 9, 267. FRAUEN-EHRE 1292. daz wurde ein houbethafte scham beide mir und mînen kinden COD. *pal.* 341, 311ᵇ. — *ebenso*

houbet-haftec *adj.* (*ib.*) MAI, LEYS. BERTH. 548, 1. WACK. *pr.* 37, 20. DENKM. XLVII. 3, 47. MYST. 2. 454, 8.

houbet-hâr *stn. kopfhaar* REINH. *sendschr.* 914. W. *v. Rh.* 108, 34.

houbet-hërre *swm.* (I. 667ᵃ) *hauptmann, anführer* TRIST. PART. *B.* 3318. 3513. 19740. DIETR. 8588. ORL. 959. 1231. 62. WH. *v. Öst.* 82ᵃ. AMMENH. *s.* 196. S.GALL. *stb.* 4, 56. 77. KUCHM. 13; h. eines guotes, *lehnsherr* GR W. 1, 731; *schutzherr über eine zunft* HALT 831, *über eine kirche, patron ib.* welch heilige in iren kirchen wære houbetherre RENN. 2699; *s. v. a.* houbetgülte: zil oder tag geben houptherren oder bürgen Mz. 1, 398. 455. 464. weme er schulder, houptherr oder bürg wurde *ib.* 473. *vgl.* ARN. 52.

houbet-hir *stmf. kopfweh* SCHM. *Fr.* 1, 1155. *vgl.* KWB. 142.

houbet-hof *stm. päpstlicher sitz* PASS. *K.* 64, 79.

houbet-hove-stat *stf.* hauptofstat *s. v. a.* houbetstat, *richtstätte* CHR. 4. 308 *anm.* 9.

houbet-hüetelîn *stn.* prepucium Voc. *Schr.* 2177.

houbet-huober *stm. haupt-, oberhuber* GR.W. 4, 116. *vgl.* hôchhuober.

houbet-hütte *swf. erste unter den bauhütten* MONE *z.* 5, 497.

houbet-junc-vrouwe *swf.* (III. 424ᵇ) *vornehme jungfrau, anführerin* MYST.

houbet-kanne *swm. schenkwirt, bes. der stu-*benkneht *einer zunft (in Strassburg)* MONE *z.* 15, 24. 16, 160. 186. 334. 336. OBERL. 622.

houbet-kirche *swf. hauptkirche, dom* MYST. 1. 185, 19. 226, 10. CHR. 8. 406, 10.

houbet-kleit *stn. kopftuch* ALTSW. 122, 13.

houbet-krône *swf.* (I. 887ᵃ) diadema DFG. 179ᵃ.

houbet-küechel *stn. ein backwerk* GERM. 9, 204.

houbet-künec *stm. oberster könig* ZING. *geo.* 1282.

houbet-küssen *stn.* (I. 920ᵃ) *küssen zum darauflegen des kopfes.* ein sîden h. MONE 6, 248. *z.* 3, 255. houpt-, heubitkussen, capitale, cervical DFG. 97ᵇ. 115ᵇ. heuptkussen RCSP. 1, 669.

houbet-lachen *stn.* (I. 924ᵃ) *kopftuch,* peplum SUM. ein sîdin houbetlachen GA. 2. 185, 393. dâ hete ir h. vür gehangen MSH. 2, 176ᵃ, *entstellt* heubtloch DFG. 424ᵃ, *vgl.* hauptloch das ist ein kleid GR.W. 1, 326.

houbet-lant *stn. hauptland* ZING. *geo.* 827. 883. HB. *M.* 620. houbetlantliute *pl. ib.* 619. houbetlantstat *stf. ib.* 623.

houbet-last *stf. grösste last.* sô daz dir niht swære was aller bürden houbetlast KONR. *lied.* 32, 49. ez ist verlüste ein houbetlast PART. *B.* 4176.

houbet-laster *stn. hauptlaster* BERTH. 8, 16. 187, 18. 515, 34. 517, 9.

höubetlîn *stn.* (I. 719ᵇ) *dem. zu* houbet BERTH. 299, 2. hauptlin WOLK. hauptel, heuplin capitulum DFG. 97ᶜ. häuptel MGB. 201, 7. 406, 6; *bildl. der emporstehende teil an dingen, daz* h. an dem prüstel, *brustwarze ib.* 40, 20;

houbetlingen *adv.* (I. 720ᵃ) *kopfüber* OBERL., *vgl.* DWB. 4², 620.

houbet-list *stm.* (I. 1011ᵇ) *hauptkunst, höchste kunst* TRIST. künd einer Salomônes wort und allen sînen houbetlist TROJ. 1991. si was ein meisterin von art der siben houbetliste *ib.* 7451; *hauptkunstgriff,* si weiz des wol den houbetlist FRAUENEHRE 563.

houbet-liute (I. 1038ᵇ) *pl. von* houbetman, *hauptleute* HELBL. 7, 308. LIVL. 4217; *eine gattung zinspflichtiger leute* WEIST.

houbet-loc *stn. haupt-, haarlocke* APOLL. 20322. heuptlock, capillus DFG. 97ᵃ.

houbet-loch *stn. s.* houbetlachen.

houbet-loch *stn.* (I. 1024ᵃ) *der obere ausschnitt eines gewandes, durch den der kopf gesteckt ward* PARZ. KONR. (TROJ. 20221. 22387. PART. *B.* 8623. 8742. 12482. 17206). ORL. 4021. REINH. 70. BELIAND 3862. 77.

Berth. 414, 22. Germ. *H.* 8. 249, 398. Altsw. 50, 27. Ring 39ᵇ, 38. Kell. *erz.* 677, 26. hoptloch Netz 5243. 63. und sollent ouch ire mentel oben zuo gemacht sîn âne golt, silber und berlin mit mæssigen, niht zuo witen houbetlochen Mone *z.* 7, 59 (*a.* 1356). die ahseln sollent bedecket sîn mit den houbetlöchern *ib.;*
houbet-lochen *swv.* (*ib.*) *mit einem* houbetloch *versehen* Weist.
houbet-lôn *stmn.* (I. 1042ᵃ) *der höchste lohn* Myst.
houbet-lôs *adj.* (I. 720ᵃ) *ohne haupt.* dâ si Ortlieben funden in dem bluote houptlôsen Kl. 433. daz houbet spranc im hinwert, daz ros in houbetlôsen truoc Bit. 9277. einen houbetlôsen tuon, *enthaupten ib.* 658. ein houbetlôser han Ls. 3. 335, 75. haup-, heuptlôs acephalus Dfg. 8ᶜ. der hauptlôze Voc. *Schr.* 25.
houbet-mâler *stm.* ein bilder vürstelicher werc, ein houbetmâler reiner site Msh. 3, 169ᵇ.
houbet-man *stm.* (II. 39ᵇ) *der oberste mann, die hauptperson einer vereinigung* Trist. Parz. lant âne h. Msh. 3, 104ᵃ. h. der tempeleisen j.Tit. 615. der ritterschaft h. (*beim turniere*) Turn. *B.*261. der stat h. Gfr. 704. h. einer samenunge Np. 34, des conciliums Chr. 5. 63, 19, der gesellschaft (*des schwäb. bundes*) Uschb. 3 *etc.* dem heuptman (*districtsvorsteher*) gehôrsam sein Np. 25. h. der marchleute Mw. 188, 2. 3 (*a.* 1293), der pauren h. Fasn. 416, 11. 419, 21. 457, 23; *auch von thieren:* der kraniche hauptman Mgb. 191, 10; *derjenige unter den zinspflichtigen* (*s.* houbetliute) *eines geteilten gutes, der den gesammten zins davon einzunehmen und an den lehnsherrn abzuführen hat* Weist.; *die hauptperson eines rechtl. verhältnisses od. handels, gewährsmann, an den einem der recess zusteht* Halt. 832. Gr.w. 3, 346; *anführer im kriege* Griesh. Wolfr. (*Wh.* 340, 19). Helbl. (7, 1053). Pass. Jer. Bit. 9654. Dietr. 8721. Loh. 4462. Apoll. 3047. 3625. Geo. 1400. 1468. Troj. 18619. 94. 19414. 25062. Wartb. 164, 2. Livl. 8666. 9243. Ring 48ᵇ, 25. 49ᵇ, 7. 17. 26. 49ᶜ, 36. 50ᵇ, 10. 40 *etc.* haptman Chr. 4. 28, 11. 29, 7. 30, 4.
houbet-man-schaft *stf. würde und stellung eines hauptmanns* Kreuzf. 4773; *district* Tuch. 137, 1. 36.

houbet-mar-schalc *stm. hauptmarschall* Rcsp. 1, 463.
houbet-mein *stmn. hauptverbrechen, hauptlaster* Roth *dicht.* 5, 136.
houbet-meister *stm.* (II. 120ᵃ) *vorzüglicher meister* Wolfd. 34; *anführer* Alph. Silv.;
houbet-meisterîn *stf.* ich wart ein houbetmeisterîn (: mîn) der buoche maneger hande Part. *B.* 8086.
houbet-misse-tât *stf.*(III. 148ᵇ) *grosse missetat, todsünde* Krol. Greg. 3666.
houbet-mürdec *adj.* (II. 223ᵇ) *vom pferde, mit dem rotze behaftet* Pfeiff. *ross im altd.* 11, 15. *vgl.* mort (*pferdekrankheit*).
houbet-phulwe *swm.* (II. 515ᵇ) *kopfküssen,* plumarium, pulvinar Dfg. 442ᶜ (hauptpful). 473ᵃ (hauptpfulbe), *n. gl.* 309ᵃ (hauptpfulg). ein sîden heuptpfulwe Mone 6, 248. *z.* 3, 256. Rcsp. 1, 669. houbetpfol Anz. 18, 13.
houbet-polster *stn. dasselbe* Dfg. 473ᵃ.
houbet-porte *swf. hauptpforte* Msh. 3, 8ᵇ. Herb. 1841. 4646.
houbet-rëht *stn.* (II. 624ᵃ) *das recht eine kopfsteuer, das* besthoubet *zu erheben* Weist. mit zinsen, gelten und houptrehten Mz. 1, 398. 402 (*a.* 1385. 86). *vgl.* Arn. 53.
houbet-reif *stm. reif um das haupt* Ls. 3. 124, 115.
houbet-rigel *stm.* (II. 702ᵃ) *riegel, der hauptsächlich etw. befestigt* Gsm.
houbet-rîm *stm. hauptreim* Kolm. 33, 61. 82, 40. 50.
houbet-rîse *stf.* (II. 728ᵇ) *kopfschleier* Ms. (*H.* 3, 79ᵃ).
houbet-rîter *stm. hauptritter* Helbl. 6, 200.
houbet-sache *stf. rechtsstreit, process.* die h. verliesen Gr.w. 1, 566. Mh. 2, 186. das ir im auch verrer in seiner hauptsach zu seiner clag zu antwörten schuldig seit *ib.* 3, 164. *vgl.* Narr. 71, 28. Fasn. 867, 19;
houbet-sacher *stm.* (II². 7ᵃ) *urheber, anstifter* Chr. 3. 140, 22. Mone *z.* 18, 255. Halt. 832; *gegner im kampfe* Just. 21.
houbet-schal *f.* calvaria Dief. *n. gl.* 68ᵃ.
houbet-schande *stf.* (II². 83ᵇ) *hauptschande, grosse schande* Mai, Ms. (*H.* 2, 14ᵇ. 3, 40ᵃ. 44ᵃ. 52ᵇ). Part. *B.* 8835. Licht. 531, 10. Aw. 1. 57, 678. Eilh. 5873. Pf. *üb.* 91, 46. Karlm. 52, 2.
houbet-schar *stf.* swie unwert triuwe nû sî, si muoz doch imer mêre ein houptschar sîn der êre Gfr. 68.
houbet-schaz *stm.* (II².90ᵃ) *hauptgeld, capital*

WEIST.; *vorzüglicher schatz, grösste kostbarkeit* TRIST. H. KONR. (TROJ. 2120. 4477). *aller genâden h.* FRONL. 3, 3. 7. 28.

houbet-schëdel *stm.* calvaria DFG. 91ᶜ. houbetschudeln. *gl.* 68ᵃ. *vgl.* WWH. 412, 25 *var.*

houbet-schote *swm. tanz, bei welchem mit dem haupte geschüttelt wird* NEIDH. XXII, 16. *vgl.* SCHM. 3, 417.

houbet-schoʒ *stn. kopfsteuer.* den leuten das hauptschosz für schreiben VINTL. 8216.

houbet-schudel *stm. s.* houbetschëdel.

houbet-schulde *stf.* (II². 186ᵃ) *capitalverbrechen, todsünde* BARL. GSM. HB. *M.* 769;

houbet-schuldener *stm.* (II². 190ᵇ) *s. v. a.* houbetgülte OBERL.

houbet-schuole *stf.* (II². 226ᵇ) *hohe schule* MEIN.

houbet-sëgen *stm.* (II². 239ᵇ) *segensspruch gegen kopfübel* HPT. 4, 577.

houbet-siech *adj.* (II². 356ᵇ) *kopfkrank* FRL. PF. *arzb.* MSH. 2, 210ᵃ. RSP. 132;

houbet-siech-tuom *stm.* (II². 357ᵇ) *kopfweh* MGB.

houbet-smâcheit *stf. übergrosse schmach* OT. 721ᵃ.

houbet-smërze *swm.* (II². 431ᵃ) *grösster schmerz* PART. *B.* 8972; *kopfweh* MGB.

houbet-smit *stm.* (II². 427ᵃ) *vorzüglicher schmied* GSM. MÜGL. *Schr.* 457.

houbet-sorge *f. grosse sorge.* sîn herze in houbetsorgen und in jâmer vaste wiel KONR. *Al.* 1038. ich muoʒ vor schulden iemer in houbetsorgen sîn begraben PART. *B.* 12053. 20218.

houbet-stam *stm. hauptgeschlecht* HB. *M.* 671.

houbet-stat *stf.* (II². 601ᵃ) *die stätte wo der kopf sitzt* MGB.; *die stätte wo das haupt abgeschlagen wird, richtstätte* HB. *M.* 272. CHR. 4. 308, 9. 321, 13; *die hervorragendste stätte eines ortes,* capitolium DFG. 97ᶜ; *vornehmste stadt, hauptstadt eines landes* KCHR. EN. (27, 40). GREG. WOLFR. BARL. TROJ. ERINN. 398. RUL. 247, 14. FLORE 4160. BIT. 76. ECKE Z. 1, 5. WARTB. 135, 1. ROTH *dicht.* 67, 23. PASS. 148, 38. ELIS. 392. SWSP. 116, 1. KULM. *hf.* 210.

houbet-stein *stn.* (II². 614ᵇ) *eckstein* WH. *v. Öst.* 4ᵇ; *stein, auf dem das haupt liegt* DIEM.

houbet-sterke *stf. hauptstärke.* vort wil ich rîme nennen zwênzic, der houbetsterke grunt wil ich iu wol sagen KOLM. 33, 32.

houbet-stërn *stm. hauptstern, planet* MS. (H. 2, 15ᵃ). WARTB. 153, 9; *swm., bildl. der tugent* houbetsterne WH. *v. Öst.* 57ᵃ.

houbet-stiudel *stn.* (II².707ᵃ) *s. v. a.* gügerël? WWH. 412, 25 (*var.* houbtstoudel, -stadel, -stodel, -scadel, -schedel). *vgl.* PFEIFF. *ross im altd.* 18, 25 *u.* houbetgestudel.

houbet-strît *stm.* (II². 695ᵇ) *allgemeiner streit* JER.

houbet-stücke *stn. das kopfstück (eines fisches)* RING 36ᶜ, 15. 29; *s. v. a.* haubetbühse BEH. 76, 18.

houbet-stuol *stm.* (II². 714ᵇ) *stuhl, auf dem das* houbetgerihte *gehalten wird* ROTH *dicht.* 67, 24; *hauptbesitz, capital* HALT. 833. *vgl.* DWB. 4², 634.

houbet-suht *stf.* (II². 359ᵃ) *kopfkrankheit, kopfweh* PF. *arzb.* OT. 650ᵇ. MONE 7, 393.

houbet-summe *stf. hauptsächliche summe einer schuld, capital.* haubtsumme und schaden Mz. 4, 314. MH. 2, 714. 939. niht abslahen an der houbtsumme HÖF. *z.* 2, 178 (*a.* 1348).

houbet-sünde *stf.* (II². 735ᵃ) *capitalsünde, grösste sünde* Iw. WALTH. BERTH. BARL. KONR. (*Al.* 51. PART. 7642. 9756. lied. 1, 230. 32, 268). MSH. 1, 5ᵃ. 2, 333ᵇ. 339ᵇ. 358ᵇ. 3, 165ᵃ.

houbet-suppe *swf. eine art suppe* GERM. 9, 199. 200.

houbet-swære *stf.* (II². 813ᵃ) *grosse swære* FRL.

houbet-swarte *stf. kopfhaut.* einem die h. zerren, *ihn bei den haaren reissen* MSH. 3, 291ᵇ.

houbet-sweiʒ *stm.* (II². 768ᵇ) *schweiss am kopfe* KRONE (6677).

houbet-swër *swm.* (II². 810ᵃ) *kopfweh* PF. *arzb.*

houbet-swindel *stm.* (II². 799ᵇ) houpswindel, vertigo VOC. *o.* 36, 11.

houbet-tac *stm. des mândes* heubttac, *der erste tag des monats* PASS. 162, 61.

houbet-tætic *adj.* (III. 149ᵃ) houbttâtige sünden, *todsünden* AB. 1, 364.

houbet-tüechelîn *stn.* (III. 133ᵃ) *kleines, geringes* houbettuoch Ls. daʒ ein houbettüechelîn hât, daʒ kûme zweier pfenninge wert ist BERTH. 527, 12.

houbet-tugent *stf. vorzügliche tugent.* er ist ouch houbettugenden vrî, dem ist sîn muot ze kurz, ze lanc, ze smal, ze breit gesniten MSH. 2, 232ᵃ.

houbet-tuoch *stn.* (III. 132ᵃ) *kopftuch, ge-*

*wönlich von weisser farbe: es lag etwas
über die stirn hinüber u. fiel zu beiden sei-
ten des gesichts in falten auf die schultern
und den nacken herab* WEINH. *d. fr.* 463.
houpttuoch, amicitium DFG. 30ᵇ. die legent an
daʒ houbet allen irn fliʒ, nû slôir gel nû
houbttuoch wiʒ RENN. 12559. dem frîwîbe
ein houbettuoch brâht er unde ein bendel
rôt HELMBR. 1088. ir houpttuoch wâren reine
gar und nâch ir einigen varwe var W. *v. Rh.*
232, 51. biʒ der man daʒ swert vertrinket,
sô hât sie den snüerinc unde daʒ houbettuoch
vertrunken BERTH. 431, 34. alle frowen sond
iriu hoptuoch und mäntel also machen und
tragen, daʒ das hoptuoch und der mantel
vollenclich zusamen stoszen und gangind,
also daʒ ainer ieglichen der halse hinnen völ-
lenclich gedeckt sî MONE *z.* 7, 65 (*a.* 1436).

houbet-twehele *swf.* (III. 158ᵃ) *tuch zum
abtrocknen des kopfes,* caputlavium SUM.

houbet-vahs *stn. haupthaar* VIRG. 699, 5.

houbet-val *stm.* (III. 222ᵃ) *der anfall des
besthoubetes an den lehnsherrn* GR.W. 1, 68.
146 *u. o.* ist einer auss seinem herrn zu uns
gezoʒen, dem selben herrn last man volgen
den hauptfall MH. 3, 219. so vereinen wir die
von Feringen, wenn einer stirbt, daʒ man
dem herrn ein hauptfall volgen lass, es sei
ross oder ander vieh *ib.* 220. *vgl. zeitschr.
für die hist. wissensch.* 1, 121 *anm. und bei-
träge zur vaterl. geschichte (Schaffhausen*
1866) *s.* 7 *ff.*

houbet-vaste *f. die vierzigtägige fastenzeit*
WACK. *pr.* 68, 162.

houbet-vater *stm. stammvater* HB. *M.* 630.

houbet-veste *stf. hauptfeste.* si (diu veste)
was gelesen und erwelt ûz allen houbetve-
sten PART. *B.* 877.

houbet-vîent *stm.* (III. 305ᵃ) *hauptfeind* TRIST.

houbet-vluʒ *stm.* (III. 350ᵇ) reuma DFG. 497ᵇ.
n. gl. 318ᵇ. MGB. 337, 20. 366, 26. 377, 16.

houbet-vrost *stm.* (III. 414ᵃ) *erkältung im
kopfe* Iw. 6537.

houbet-vrouwe *swf.* (III. 424ᵃ) patronissa
DFG. 417ᵇ. HALT. 831; *der alten hauptfraw
(wittwe des stadthauptmanns)* ist der bed er-
lassen FRANKF. *beedbuch der niederstadt v.
j.* 1410 *f.* 14ᵇ.

houbet-vürste *swm.* dar quam Deiphebus und
Polidamus, Antenor und Eneas diese houbet-
fursten viere HERB. 2555.

houbet-wëgen *stn. kopfbewegung* MONE 4, 368.

houbet-weigec *adj.* (III. 556ᵃ) *mit dem kopfe
wackelnd* WELTCHR.

houbet-wêwe *swm.* (III. 543ᵃ) *kopfweh* FDGR.
1. 321, 12; hauptwê *n.* cephalgia DFG. 113ᵇ.

houbet-wîsel *stm. hauptführer* j.TIT. 3844.

houbet-wîs-heit *stf. vorzügl. weisheit* TÜRL.
Wh. 31ᵇ.

houbet-wünne *stf. hauptwonne.* guot ist ein
houbetwünne wistuomes unde künste gar
TROJ. 2004. der hât aller êren houbetwünne
KONR. *lied.* 18, 20.

houbet-wurm *stm.* (III. 826ᵇ) emigraneus
DFG. 200ᵇ. *n. gl.* 148ᵇ.

houbet-wurz *stf.* aristolochia DIEF. *n. gl.* 34ᵃ.
vgl. hobwurz.

houbet-zins *stm.* (III. 899ᵃ) *kopfsteuer* MAR.
vgl. HALT. 833.

höu-birn-boum *stm.* MONE *z.* 13, 258 (15. *jh.*).
vgl. heubirn, *eine sorte gelber, plattgedrück-
ter birnen* NEMN. 3, 247.

höu-bluome *swmf.* (I. 216ᵇ) *wiesenblume* BARL.

höu-boum *stm. s. v. a.* wisboum, pertica DIEF.
n. gl. 289ᵇ.

houc, **-ges** *stn.* (I. 720ᵇ) *hügel* DENKM. LXIII,
20. *vgl.* hügel *u.* SCHM. *Fr.* 1, 1068. DIEF. 2,
533. FROMM. 5, 359 *f.*

houf- *s.* hûf-.

houfeln *swv. s.* hiufeln.

höu-gabel *stf. heugabel* APOLL. 9153. BEH.
306, 4.

höu-gadem *stn.* (I. 456ᵃ) *heuschuppen*, fenile
DFG. 230ᵃ. *n. gl.* 170ᵇ.

höu-gëlt *stn. heuzins.* fünf schilling haller
höwgeltz MH. 2, 456.

höu-ge-wehse *stn.* (III. 463ᵃ) *heu* WEIST.

houhen *swv. s.* huohen.

höu-hûs *stn.* fenile DIEF. *n. gl.* 170ᵇ. ARN. 56.

hou-kamer *stf.* lapicidina DFG. 318ᵇ. VOC.
Schr. 1455.

höu-kamer *stf. heuschoppen* TUCH. 281, 30.

houlder *s.* holunter.

höu-leiter *swf. zum heuboden führende leiter*
HÄTZL. 1. 35, 50.

höu-mânôt, -mânet *stm.* (II. 57ᵇ) *heumonat,
juli* JER. LUDW. 35, 8. 44, 11. MYST. 1, 152.
SCHREIB. 1,93. GR.W. 6, 745. CHR. 3, 279, 11.
ÖH. 89, 17. häumôn MGB. 222, 32. — *vgl.*
WEINH. *mon.* 43 *f., wo noch weitere belege.*

houpt- *s.* houbet-.

höuptinc *stm.* (I. 720ᵃ) *kaulhaupt,* capito DFG.
97ᶜ. *n. gl.* 73ᵃ.

hous *stn. s.* hûs.

höu-sâme *swm. s.* houwesâme.

höu-schiune *swf.* fenile DFG. 230ᵃ.

höu-schrëcke, -schricke *swm.* (II². 211ᵇ) *heuschrecke.* höu(heu)schrecke DIEM. KCHR. D. 59, 1. (houweschrecke *M.* 1910). BERTH. (368, 22 *ff.*). MSH. 2, 206ᵇ. 289ᵇ. RENN. 8022. houweschr. HB. *M.* 721 *f.* hiweschrecke EXOD. höuschricke ANTICHR. 135, 5. heuschrick *st. pl.* VINTL. 2315. (*var.* haberschreck, heischricken, häschrickel), häu-, häschrick MGB.

höu-schrëckel, -schrickel *stm.* (II². 211ᵇ, 40) GL. KCHR. 1910 *var.* heuschrickel oder matschreck VOC. 1482. häwschrickel CHR. 4. 308, 2. häschrickel VINTL. 2315 *var.*

höu-seil *stn. heuseil* HÄTZL. 1. 35, 50.

höu-sprinke, -sprënke *swm.* (II². 548ᵃ) *heuschrecke* WERNH. *v. N.* (35, 7). FROMM. 2, 438ᵇ.

höu-stadel *stm.* (II². 555ᵇ) fenile SUM. *vgl.* höustat.

höu-staffel *m.f.* (II². 556ᵇ) *heuschrecke* GL. BARL. MART. houstüffel BON.

höu-stat *stf. s. v. a.* höustadel DIEF. *n. gl.* 170ᵇ.

hout *stf.* **houte** *prät. s.* hût, houwen.

houvet *stn. s.* houbet.

höu-tac *stm.* heutag, *tagwerk in der heuernte* GR.W. 5, 316.

höu-wahs *stm.* (III. 463ᵃ) *ertrag an heu* WEIST. (1, 214. 5, 684. 85). S.GALL. *chr.* 25.

houwe *swf.* (I. 722ᵇ) *haue, hacke* GEN. (*D.* 23, 10). MART. WWH. 381, 11. LOH. 5473. HADAM. 42. MERAN. 9. DAL. 68, 24. howe GREG. SILV. 1979. PASS. *K.* 45, 58. 70, 95. 663, 37. AD. 980. hawe BELIAND 1622. CHR. 2. 253, 32. 256, 1. 291, 19. 25. 317, 11. — *zu* houwen.

höuwe, houwe *stn.* (*ib.*) *verkürzt* höu, hou, heu, *gen.* höuwes *etc. heu, gras* GEN. (*D.* 42, 27. 85, 32). ULR. NEIDH. (48, 32). RAB. RENN. 21800. GEO. 1305. JER. 93ᵃ. 167ᵈ. howe MARLD. *han.* 41, 37. höu APOLL. 7834. heu PASS. 360, 58. hou *ib.* 71. hau GR.W. 5, 240 *u. o.; heuernte* GR.W. 1, 673. 79. 718. 4, 570. *vgl.* WEINH. *mon.* 43. — *gt.* havi (*dat.* hauja) *gras nach* GSP. 39. 348 *zu gr.* ποίη (*aus* κοϝίη, κοϝιᾱ) *später* πόα, *gras, kraut, vgl.* CURT.³ 270. *gewönlich wird es zum vb.* houwen *gestellt* (*also urspr. mit der sense abgehauenes, gemähtes gras*); *vgl.* DIEF. 2, 544. GR. *kl. schft.* 3, 119.

houwec *adj.* (*ib.*) *zum hauen tauglich* OBERL.;

houwen *stv. red. III.* (I. 720ᵇ) hie, hiewen, gehouwen. *nbff.* howen LIEHT. MART. PASS. hawen MGB. TUCH.; *prät.* hiu LANZ. NIB. TRIST. LS. 2. 516, 456, hiuw WIG., hiew WWH.

PASS. *K.* 13, 48. 222, 1, hieb CHR. 2. 326, 23, heu DIEM. RUL. CHR. 5. 273, 4 (*vgl.* ZIMR. *chr.* 2. 291, 23; 3. 190, 37); *pl.* hiuwen NIB., hiwen LAMPR., hieben CHR. 2. 308, 23. 309, 4. *part.* gehowen LIEHT. PASS. NARR., gehouen LIEHT.; — *infin.* hiuwen Ms. *prät.* hou *ib.,* hue CHR. 5. 10, 26. 28, *pl.* huwen HALBSUTER, huen CHR. 5. 278, 16, hewen 272, 27 (*also von einem ablaut. vb.* hiuwe, hou, huwen *s.* WEINH. *al. gr.* §. 337): *absol.* hauen, stechen NIB. TRIST. MS. drîn houwen, *das pferd anspornend davon eilen* DIOCL. 6024. es sy gehowen oder geschlagen NARR. 67, 56. im wald hauen (*obscön*) FASN. 734, 6. hauende schwein, *wildschweine* CHR. 5. 108, 26. hawend swein, zend MGB. 14, 6. 121, 12; *mit tr. acc.* hauen, einhauen, stechen, abhauen, zerhauen, *eigentl. u. bildl. allgem.* (*die paum* hawen, umhauen MGB. 309, 11. eine wunden hawen [*vom stiche des scorpions*] *ib.* 283, 2. vleisch hawen, *hacken* TUCH. 297, 5. er hiu den hunt enzwei Ls. 2. 516, 456. daz pfert houwen ze beiden sîten MF. 97. dô wurden ros in sîten mit sporn gehouwen vaste ULR. *Wh.* 155ᶜ. einen mit gerten h. *mit ruten streichen* MAGDEB. *blume* 1, 120. gnâde ich senfter hiuwe ûz einem magnes herte *ib.* 124ᶜ. menic unfuore si howent bî snuore MART. 58, 86. besît gehowen, *beseitigt* PASS. *K.* 366, 79. einen h. von etw. *entfernen ib.* 417, 29. 546, 42. 672, 3), *mit präp.* houwen nâch einem JER. 114ᶜ. er pflac als die adelarn in die sunnen howen PASS. *K.* 438, 6; *behauen, bearbeiten, zuschneiden* (*von gewandstoff* LIEHT.). eine rosbâren h. ER. 6308. ein bilde gehouwen HERB. 15623. gehawen bilde, *sculptura* DIEF. *n. gl.* 332ᵇ. von löubern und von tieren wären sie (*die fenster*) gehouwen TROJ. 17515. manic wildez wunder gebildet und gehouwen *ib.* 17472. ERNST 2031. ein bercwerc howen, *das erz im bergwerk durch abhauen gewinnen* FREIBERG. 37. — *mit* abe, ûf, nider, ûz; be-, durch-, ent-, er-, ge-, über-, under-, ver-, zer-. *nach dem altn.* höggva *zu schliessen ist es contr. aus einem gt.* haggvan (hangvan) DWB. 4², 574. GR. *kl. schft.* 3, 119; *vgl. auch* KUHN 7, 168. CURT³. 146;

houwen *stn. das dreinhauen, der kampf* DAL. 50, 16. der tanz ist wol ains hauens wert FASN. 456, 31; *das zuschneiden* LIEHT. 260, 4.

houwen *swv.* (I. 722ᵇ) *prät.* houte, *hauen, schlagen* GUDR. RAB. (si houten tiefe wunden

662. 742). si stachen und hauten an einander CHR. 2. 157, 1. waz die armen leut hauten zu hüttlein oder prennholz *ib.* 326, 24. — *zu* hou *stm. der schlag.*

höuwen *swv. heuen, mähen.* untze daz höuwe gehöuwet werde GR.W. 4, 208. die wisen sollen gemeyt und gehöuwet werden Mz. 1, 581 *s.* 494 (*a.* 1415). die hofwis h e u g e n GERM. 9, 195. wo unser leut wysmad h a y n UKN. 2, 124 (*a.* 1330). — *zu* höuwe.

houwen-rëht *stn. lohn für das heuen* MONE *z.* 13, 219 (*a.* 1338).

houwen-slac *stm. schlag mit der haue* GR.W. 1, 738. 3, 746.

houwen-streich *stm. streich mit der haue, einmaliges hauen* GR.W. 4, 383.

houwer *stm. der da haut:* seccarius VOC. Schr. 2626, *holzfäller* NP. 307 *ff., der erzhauer im bergwerk* FREIBERG. 37, hawer, *hauzahn des wildschweins* MGB. 14, 6. — *zu* houwen.

höuwer, houwer *stm. mäher* GR.W. 4, 198. 5, 68. MONE 5, 304. CP. 259. — *zu* höuwen.

houwe-sâme *swm. heu-, grassame* PF. *arzb.* 2, 13ᵇ. hösame SCHM. *Fr.* 1, 1029.

houwe-schrëcke *swm. s.* höuschrëcke.

höuwet, houwet *stm.* (I. 723ᵃ) *heuernte, zeit der heuernte, juli* WEIST. (5, 119). S.GALL. *stb.* 4, 210. houwot BÖHMER *reg.* 3801 (*a.* 1240). höwat, höwet URB. 211, 20. 260, 22. — *zu* höuwe, *vgl.* WEINH. *mon.* 43.

houwe-zëhende *swm. heuzehent* GR.W. 5, 386. höuzehende *ib.* 1, 35. MONE *z.* 8, 294. 96.

houwunge *stf.* sectio DFG. 523ᵇ.

hovære *stm. inhaber eines hofes.* hoffer, höffer GR.W. 1, 611.

hôvart *stfm. s.* hôchvart.

hove- *s. auch* hof-.

hove-bære *adj.* (I. 702ᵃ) *dem hofe angemessen, fein gebildet, höfisch* WALTH. RUL. 179, 23. ROTH. 4316. ULR. 34ᵃ. FLORE 3537. j.TIT. 5563. ENGELH. 1859. TROJ. 1108. 22776. 24528. PART. *B.* 11171. RENN. 13289. 24210.

hove-bëlle *swm.* (I. 125ᵇ) *beller am hofe: verleumder, verleumderischer höfling* WALTH.

hove-brôt *stn.* (I. 264ᵇ) *brot, wie es auf dem hofe gebacken wird* WEIST. (5, 120).

hove-buobe *swm.* (I. 278ᵃ) buobe *am hofe, höfling* OSW. hofbub CHR. 3. 165, 2. 166, 5.

hove-bûr *swm. pächter eines hofgutes* GR.W. 3, 417.

hövec *adj.* (I. 701ᵃ) *zum hofe gehörig* WEIST. (hofic gerihte 5, 304).

hove-danc *stm. dank des hofes, vgl.* ZIMR. *chr.* 4. 75, 30. 306, 11. 354, 23.

hove-diet *stf.* (I. 325ᵇ) *hofbevölkerung, hofgesellschaft* TRIST. KONR. (TROJ. 5741. 8563. 11146. 24523. PART. *B.* 3183. 4399. 12587. 17812. PANTAL. 1361. TURN. *B.* 24). PF. *forsch.* 1. 55, 14. KOLM. 18, 24.

hove-dôn *stm. bei hofe üblicher, dem hofe angemessener* dôn KOLM. 24, 28. 44. 70, 16 *u. s.* 611. *vgl.* der hof wil ie sîn dœne hân, des solt kein singer wanken *ib.* 24, 31.

hove-gadem *stn. gebäude im hofe* CHR. 1. 29, 11. 21. HALT. 933.

hove-galle *swf.* (I. 459ᵇ) *böses oder böser, wodurch der hof verdorben, das hofleben vergällt wird* MS. ERACL. SUCH. TEICHN. 35. 275.

hove-ge-brehte *stn.* (I. 244ᵃ) *geschrei, lärm am hofe* HELBL.

hove-ge-dinge *stn.* placitum s. judicium dominicum in curia dominicali OBERL. 684. hofgedinge AD. 980 (*a.* 1339). GR.W. 1, 611. 3, 438.

hove-ge-leite *stn.* dô sach man hêrlich komen zû dem hofgeleide dy thenischen konige beide KIRCHB. 688, 57.

hove-goumel *stm. der am hofe, zu hause acht gibt, aufseher, diener.* unser râtgeben und unser schreiber, und derselben râtgeben und schreiber h o f g e m e l, der sol ieglicher funf pfunt enpfor haben an ir stiur (*soll ihnen nachgelassen werden*) Mw. 244, 33 (*a.* 1312). *vgl.* goumel *u.* OBERL. 684.

hove-ge-nôz, -nôze *stswm. der zur genossenschaft der hofbesitzer gehört* GR.W. 1, 198. 226, 5, 148.

hove-ge-reite *stn.* (II. 673ᵇ) *coll. zu* hovereite HALT.

hove-ge-reite *stn.* (II. 744ᵇ) *ackerzeug für die pferde* HELBL.

hove-ge-rihte *stn.* (II. 649ᵃ) *hofgericht, reichshofgericht* RTA. 1. 186, 5. 189, 46. RCSP. 1, 63. EYB 2; si advocatus voluerit cogere rusticum nostrum per pignus aliquod, non tollet araturas nostras, quod vulgo h o f g e r i h t dicitur, ne propter hoc locus ille incultus remaneat Mw. 78 (*a.* 1262); *gerätschaften, speisevorräte etc. für den hof* TUCH. 298, 29.

hove-ge-sæze *swm. s. v. a.* hovesæze Mz. 1, 287 (*a.* 1334).

hove-ge-selle *swm.* (II². 30ᵃ) *genoss des hofes, einer vom hofgesinde* KRONE, CHR. 3. 165, 10.

hove-ge-sinde *swm.* (II². 295ᵃ) *dienstmann am hofe* DIEM. PANTAL. TROJ. 13969;
hove-ge-sinde *stn.* (II². 295ᵇ) *hofdienerschaft* NIB. KL. TRIST. MEL. LUDW. j.TIT. 5402. 6116. LOH. 2350. VIRG. 1028, 11. TROJ. 8892. 23047. RENN. 23370. RTA. 1. 106, 10. durch des hoves zucht setzen wir alsô, daz grâven, freyn und dinstman sich selben und allez landvolch von dem hof geschaiden habent, alsô daz si niht hofgesind mêr heizzent MW. 190 (*a.* 1293). hofgesinne (: küniginne) HELDB. *K.* 616, 11;
hove-ge-siṉt *stn. s. v. a.* hovegesinde *swm.* HELBL. 4, 565.
hove-ge-tiht *stn. höfisches gedicht* KOLM. 24, 20.
hove-ge-tiusche *stn. betrügerei am hofe* RENN. 1844.
hove-ge-vesel *stn.* vuhs, dahs, swin, hunt, rint unde esel, du bist ein snœdez hovegevesel MSH. 3, 28ᵇ. — gevesel *coll. zu* vasel.
hove-ge-want *stn.* (III. 684ᵃ) *hofkleidung* TEICHN. REINH. 1817. *vgl.* OBERL. 685.
hove-grabe *swm.* hûs, hofstat, hofgraben und das ganz gesesse AD. 1287 (*a.* 1423).
hove-gülte *stf. hofzins.* hofgult UHK. 2, 179 (*a.* 1343).
hove-gumpel-man *stm.* (II. 39ᵇ) *possenreisser bei hofe* HELBL.
hove-hërre *swm.* (I. 667ᵃ) *herr eines hofes* NEIDH. (85, 35); *eigentümer eines erbzinsgutes* AUGSB. *r. W.* 279 *ff.* MONE *z.* 5, 386 *ff.* GR.W. 4, 1. 203. UH. 106 (*a.* 1353).
hove-hœric *adj. zu einem hofe gehörig* GR.W. 1, 102. 106 *ff.* 4, 483. MONE *z.* 2, 203.
hove-hûs *stn. s. unter* hovesache.
hove-junger *stm. höriger eines hofes* GR.W. 1, 24. 27. 137 *etc.* MONE *z.* 19, 70;
hove-jungerîn *stf.* MONE *z.* 19, 71.
hove-katze *swf. hofkatze, für höflinge. vgl.* ZIMR. *chr.* 3. 400, 2; 4. 39, 6.
hove-kint *stn. kind eines hofes, lehngutes* GR.W. 4, 134. 5, 385. 386.
hove-kleit *stn. hofkleidung, hoflivree* DAN. 670. MONE *z.* 8, 433. 9, 169. DAN. *a.* 1474.
hove-knabe *swm. hofjunker* PF. *forsch.* 1, 81.
hove-knëht *stm. vgl.* OSW. 3224. GLAUB. 2078 (hobeknebt).
hove-kunst *stf. höfische kunst (dazu gehören* vechter, schermer, stecher, pfifer *etc.*) ANZ. 3, 303.
hovel *stm. s.* hover.
hovel *stm. s. v. a.* hebel, hefe? der mit wizen hofeln becket ROTENB. *r.* 67.

hovel, hobel *stm.* (I. 723ᵃ) *hobel.* hovel PARZ. GSM. hobel SUCH. OT. 36ᵇ. 132ᵇ. hobel, plana DFG. 440ᵃ. leviga, levigal: hobel, hobbel, hubel, hofel, hoffel *ib.* 325ᵇ. *n. gl.* 232ᵇ. — *nd.* hövel, *altn.* hefill, *urspr. werkzeug zum wegheben (s. oben* heben, heven) *der unebenheiten, zum glätten* WEIG. 1, 509. *vgl. auch* hover.
hove-lëcker *stm. schmarotzer am hofe* WH. *v. Öst.* 52ᵇ. 53ᵃ. *vgl.* hoveslëcke.
hovelic *adj. s. v. a.* hoveroht, gibbosus DFG. 262ᵃ. *s.* hovel=hover.
hove-lich *adj.* (I. 702ᵃ) *s. v. a.* hovebære PARZ. WALTH. HELMBR. TROJ. (5839. 15307). ein hovelîcher man GOLD. *Z.* 2, 7. h. site TRIST. 3051. WINSB. 38, 1. GERH. 4486, muot GA. 2. 468, 25. 469, 91, wân DAN. 16614, kunst KARL 118, schal VIRG. 800, 5. 1002, 4. 1052, 8. TURN. *B.* 244, wort FRAUENTR. 630, werdekeit GERH. 5348, gewant MSH. 3, 264ᵃ, mære SCHRETEL 1. hovelîch was sîn gên sîn stên BPH. 5066. heveliche sachen MD. *ged.* 1, 48 *u. anm.; ansehnlich, gross,* hofeliche kraft, schar ERLŒS. 3186. 6008. 6339, *vgl.* GERM. 3, 334;
hove-lîche, -en *adv. (ib.) dem hofe angemessen, auf feine, artige, unterhaltende weise* WALTH. dâ geschach im hovelîchen an, *darin handelte er hofgemäss* ER. 9860. schöne und hofliche spiln TRIST. 2271. sô teilte si hoflich ir solt MSH. 2, 300ᵇ. si gruozten hovelichen mich GERH. 5359. hovelichen antwürte bieten TROJ. 14220. die quâmen hovelichen dar LIVL. 9229. er hât sie hovelîch dar brâht HELBL. 2, 700. daz is hovelich getân MD. *ged.* 1, 1363. hövelich (: sich) sprechen TROJ. 59. hovenlîche tanzen W. *v. Rh.* 35, 63.
hove-liegen *stv. III.* (I. 1026ᵃ) *bei hofe lügen.* der (gernde) hoveliuget MSH. 2, 390ᵃ.
hove-liet *stn.* und gê die gassen auf und ab ze fröden singend deinem lieb sunderleich daz hofelied RING 12ᵇ, 18. *vgl.* ZIMR. *chr.* 1. 289, 30.
hovelîn *stn. kleiner hof.* sô wolt ich sitzen zwir sô alt ûf einem kleinen hovelîn TEICHN. 148. hövel *ib.* 285. ein hub oder höflein MH. 2, 465. hofflein (*eines hauses*) TUCH. 180, 21; *gesellige zusammenkunft, gasterei, familienfest,* ein hoflîn machen MONE *z.* 11, 199 (*a.* 1438). ez sol ieclich burger von deheiner hôhzeit wegen mêr hofelîn noch padlat haben danne mit der preute suln vier frauwen ze

pade gên und niht mêr Np. 62 (13—14 *jh.*).
alle höfflein, schenk, kindpett auszwarten
Chr. 3. 142, 22. *vgl.* Schm. *Fr.* 1, 1059 *u.*
hovetlîn.

hovelinc, -ges *stm.* (I. 702ª) *aulicus* Dfg. 61ᵇ.
decurio Voc. *Schr.* 697.

hove-liute (I. 1038ᵇ) *pl. von* hoveman, *hofleute, diener am hofe eines fürsten* Trist.
H. Neidh. (217, 12). Wolk. Helmbr. 292.
96; *zu einem hofe gehörige, ein gehöft bewohnende leute,* coloni Evang. *Mr.* 12, 7.
Gr.w. 1, 225. 234 *etc.* daz sie von iren hoflûden kein bede, rente *etc.* heischen oder
nemen Rcsp. 1, 305 (*a.* 1417); *spielleute*
Schm. *Fr.* 1, 1062 *vgl.* hovierer.

hoveln, hobeln *swv.* (I. 723ª) *hobeln.* hobeln,
hoffeln, hubeln levigare Dfg. 325ᵇ. *n. gl.*
232ᵇ. schlecht gehobelt holz Np. 114. — *mit*
be-, über-.

hoveln, höveln *swv. ein* hovelîn (*s. oben*) *halten od. besuchen.* hofeln, epulari Voc. 1437.
1482. hoffeln, hoflen, ad convivia vadere
Schm. *Fr.* 1, 1061. — *mit* ver-.

hove-maget *stf.* focaria, ein hovemait Voc.
Schr. 968.

hove-malter *stn. das an einem hofe gebräuchliche malter.* ein hovemalter kornes Gr.w. 4,
138. *vgl.* hovemëz, -mütte.

hove-man *stm.* (II. 40ª) *diener am hofe eines
fürsten* Trist. Konr. Helmbr. (339. 45. 928).
Eracl. 1183. Msh. 3, 28ᵇ. Elis. 1352. 2687.
7095. Karlm. 14, 4. 135, 58. der hofmân in
der fud, tentigo Schm. *Fr.* 1, 1060; *der zu
einem hofe gehörige, ein gehöft bewohnende
bauer* Myst. Urb. 119, 2. Gr.w. 1, 11. 219.
24. 25 *etc.* der ebitissin hoffeman, den sie in
irem hoffe zue Barre sitzen hat Ad. 1289 (*a.*
1425). *vgl.* hoveliute.

hove-mære *stn.* (II. 78ᵇ) *was man am hofe
spricht u. sich erzält, hofrede* Trist. (13187);
nachricht vom hofe Ms. dô der bote diu hovemære vernam Ernst *B.* 1198. es sein auch
grâve Sigmunden von Schaunburg hofmêr
geschriben Ugb. 521. von hofmêren wirdet
ew der vogt wol underrichten Dh. 306. von
hofmêren weisz ich ietz nichtz *ib.* 308.

hove-marke *stf.* (II. 65ª) *inbegriff von grundstücken sowol als von häusern u. gebäuden,
die als eigentümliche zugehör zu irgend einem landhof angesehen werden, deren bebauung und nutzniessung aber gegen gewisse
abgaben und zinsen als ein in den meisten
fällen vererbliches und nicht zurücknehm-*

*bares recht an andere als dem besitzer des
ursprünglichen landhofes oder der hofmark
übergegangen ist* Schm. *Fr.* 1, 1060. Uoe. 4,
106 *ff.* (*a.* 1289). wan wir in dâ mit niht ab
nemen noch ringen an ir dorfgerichten und
hofmarchen und allen andern rechten Mw.
238, 13 (*a.* 134). den hof mit hofmarich, mit
eckern *etc.* verkaufen Stb. 303. Sigfrid von
Plank gibt dem pfarrer zu Stiefern eine
hofmarch zu einer widem und zu einem pfarrhof Ula. 205 (*a.* 1341).

hove-mât *stn. zu einem hofe gehörige wiese.*
seiner gnâden hofmâd, das ettwan gên Kaltern gehôrt hât Mh. 2, 142. *vgl.* Schm. *Fr.* 1,
1059. — *ebenso*

hove-mate *swf.* hofmate Gr.w. 1, 38.

hove-mâze *stf.* (II. 207ª) *art und weise des
hofes, am hofe gebräuchliches masshalten*
Trist.

hove-meier *stm.* (II. 93ᵇ) *s. v. a.* meier mit
bes. rücksicht auf die richterliche tätigkeit
desselben Augsb. *r. W.* 12. Gr.w. 4, 3; zuo
Marchelfingen söllend sîn 6 mansarii, das
ist hofmayer Öh. 55, 7.

hove-meister *stm.* (II. 120ª) *aufseher über
die hofdienerschaft, über den hofhalt eines
fürsten* Loh. (947. 1000. 1005. 1546). Diocl.
Ludw. Beliand 4202. W. 9. Mz. 1, 583. 3,
244. Chr. 4. 52, 8. 115, 5; 5. 18, 35. 385, 17.
hovem. *eines klosters* Ukn. 266 (*a.* 1336) St.
a. 1309; *aufseher über einen hof, oberknecht*
Mone *z.* 1, 181 (15. *jh.*);

hove-meisterîn *stf.* Cds. 2, 163 (*a.* 1361).

hove-meit *stf. s.* hovemaget.

hove-mëz *stn.* (II. 212ᵇ) *das an einem hofe
besonders gebräuchliche mass* Urb. *vgl.* hovemalter, -mütte.

hove-münech *stm.* (II. 233ᵇ) *mönch, der auf
höfische, ritterliche weise lebt* Ms. (H. 2, 201ª.
3, 108ª).

hove-mütte, -mutte *stn. hofscheffel, als
mass* Gr.w. 1, 757. Uoe. 4, 249 (*a.* 1296).
Urb. *Pf.* 80 (= 7 metzen). *vgl.* hovemalter.

hoven *swv.* (I. 700ᵇ) *md. auch* hoben : *in den
hof, ins haus aufnehmen, beherbergen* Swsp.
114, 3. 116, 8. hofen, hoffen W. 40 (*a.* 1340).
Chr. 1. 175, 1. 390, 2; 2. 76, 28; 4. 47, 4.
100, 22. 28. 181, 27. 190, 35; 5. 15, 26. 48, 6.
13. 295, 27. 325, 34. der al die himelrote hobet Msh. 3, 160ᵇ; *hof halten* Such. Schm.
Fr. 1, 1060; *höfisch erziehen u. bilden* Walth.
Ms. (H. 1, 259ᵇ). En. Herb. (hoben). vil wol
gehovete knappen gegeu den rittern giengen

ULR. *Wh.* 303ᵈ. die gehoveten *im gegens. zu dem* vilzgebûre j.TIT. 5344; *refl.* bringet iuwern prîsant ze hove nâch hovelîchem site, dâ hovet ir iuch selben mite TRIST. 3052. — *zu* hof; *mit* be-, ver-.

hove-nager *stm.* sô springet der grille hin unde her als loter under ander hofnager RENN. 5690.

hövener *stm. besitzer eines hofes, vgl.* FRISCH *u.* gehövener.

hoven-lîche *adv. s.* hovelîche.

hove-posse *swf. vgl.* ZIMR. *chr.* 3. 214, 31.

hover *stm.* (I. 723ª) *mit übergang des lippenlautes in den kehllaut* hoger, hocker (*s. oben*): *höcker, buckel* URST. Ms. (*H.* 2, 203ª) HELBL. KRONE 19710. NARR. 26, 51. hover, hovel DFG. 262ª. hoffer MGB. 390, 29 *var.* CHR. 4. 235, 15; *ein bucklichter* Ls. — *ahd.* hovar, *ags.* hofer *zu gt.* hofjan, *mhd.* heben (heven), *vgl.* DIEF. 2, 545. WEIG. 1, 511.

hove-rât *stm.* (II. 576ª) *die räte eines fürsten* TRIST.

hove-rede *stf. was man am hofe spricht und sich erzält, hofrede* ORL. 100, 346. *vgl.* hovesprâche.

hovereht, hövereht *adj. s.* hoveroht.

hove-rëht *stn.* (II. 624ᵇ) *das bei hofe geltende recht* Iw. Ms. (*H.* 2, 210ª). VIRG. 224, 5. 305, 10. 668, 8. 669, 3. *vgl.* ZIMR. *chr.* 3. 236, 19. 508, 5; *recht der hörigen und der dienstmannen eines hofes* SWSP. der her sol im daz recht hofrecht widervaren lâzzen Mw. 359, 4 (*a.* 1369); *dienstleistung nach solchem* HALT.; *musik, welche irgend einer person zu ehren gemacht wird,* do muosz man in dann ein hoffrecht machen NARR. 62, 23, *vgl.* HALT. 939 (*jus curiale buccinatorum etc. quo fruebantur olim in nuptiis et conviviis privatorum, et beneficio principis*), SCHM. *Fr.* 1, 1060. KWB. 206 *u.* hovieren; — *s. v. a.* hovegerihte: der hofrihter sol das hofrecht besitzen UGB. 311. in unser lantschrann und hofrechten MH. 2, 697. in der landschrann zu Grecz oder in dem hofrechten daselbs einen beklagen *ib.* 822.

hove-rëht-lëhen *stn. lehen eines dienstmanns* SWSP. *L.* 2, 111.

hove-reise *stf.* (II. 664ᵇ) *reise an den hof* NIB. GUDR. 245, 4. LOH. 1197. 1384. *vgl.* hovevart.

hove-reite *swf.* (II. 673ᵇ) *der hofraum, der zu einem landwirtschaftlichen gebäude gehörige freie spielraum.* hofereite HÖFER *s.* 308 (*a.* 1336). hofreite, hofreit GR.w. 3, 524. 5, 110. CHR. 1. 30, 17. 212, 13. TUCH. 215, 11. 314, 37. hof und hofraiti Mz. 1, 394. haus, stadel, hofraite und garten MH. 2, 466. 67. 68. hofreide Mz. 4, 139 (*Coburg*). hofreit GR.w. 6, 9. 41; *hof, bauernhof, landgut,* hoffreyt *od.* hub, curtis Voc. 1482. ein hofreit mit sehtzig morgen akers und zehen tagwerk wysmads Mz. 3, 196. 200. (*a.* 1347. 48). wol hetten sie gehört, daz ie die hofrait (*kurz vorher* hofstat) alle jâr zwên haller geben hett *ib.* 3. 507 *s.* 454 (*a.* 1362). hofrait haben, *behausung haben, wohnen* CHR. 3. 45, 2. — *vgl.* FRISCH 2, 113. SCHM. 3, 155. VILM. 173.

hovêren *swv. stn. s.* hovieren.

hove-rîbe *swf.* (II. 681ª) *hofdirne* NEIDH.

hove-rihter *stm. hofrichter.* hofrichter ûf des künges hofe ze Rotwîl Mz. 1, 450. ich Oswalt von Wartemberg, ein frige hofrihter *ib.* 372. hofrihter der frigen höfe MONE n. 9, 375. der hofrichter sol das hofrecht besitzen UGB. 311. acomentator, hoverichter DIEF. *n. gl.* 7ª. *vgl.* OBERL. 687.

hove-ritter *stm. ritter, der am hofe eines fürsten lebt* Ls. 2. 494, 253. 3. 39, 539. BIRKENST. *p.* 256. zwên hofritter Mw. 198 (*a.* 1294).

hoveroht, hovereht *adj.* (I. 723ᵇ) *mit einem* hover *versehen, bucklicht* Iw. SERV. GEST. *R.* MSH. 2, 384ᵇ. TROJ. 19938. APOLL. 2956. 3541. 4381. WACK. *pr.* 111, 116. hövereht BERTH. 320, 29. hofrot MGB. 51, 22. hofrat, hofert CHR. 4. 121, 24. 323, 25. hoffracht NETZ 6308. hoverecht, hofericht, hoverich, huffrecht gibbosus DFG. 262ª. *vgl.* hockereht.

[**hove-ruoche** *swm.* II. 797ª] *s.* horeruoche.

hover-valke *swm.* die valken von der fünften edeln zuchte heissent hofervalken, die ursach des namens ist, das der valk hat als ainen kurtzen hals, das man den kopf vor den achseln seiner flügel, so sy erhöcht sind, recht als ob er ainen hofer hab, nit wol gesehen mag MYNS. 11.

hove-sache *stf. dachtraufe.* ez mag nieman sin hofsache henken in aines andern mannes hof SWSP. 398, 3 (*im* DsP. 1, 162 hovehauz, *beides entstellung aus* obese SSP. 2, 49, *nd.* ovese, *vgl.* RA. 549); *haus, hof,* curtis, mansus hofsacha MB. 4, 288 (*a.* 1073. 75). hûs, hofstat, hofsache *ib.* 23, 25. 100. 108. wenn man in (*den Leck*) einest in dem jâr ab lât, sô sol ein ieclich man, des hofsache dar an

stôzet, vor sîner hofsache wüeren AUGSB. r.
W. 304. der Bertin von Beurn haus und hof-
sach CHR. 4, 316 anm. 6. hûs und hofsach
gelegen bî dem Berlach zuo Augspurg ib. 5.
145 anm. 1. vgl. obese.

hove-sæze swm. (II². 341ᵃ) der auf einem hofe
wohnt, erblicher pächter von haus und hof
STRASSB. r. 57. GR.W. 1, 429. vgl. MONE z. 5,
386 ff.

hövesch, hövisch, höfsch (I. 701ᵇ) md. ho-
vesch EN. 324, 2. hofsch KREUZF. 1240: zu
einem hofe gehörend, hovischer man, der zu
einem vrônhove gehört GR.W. 6, 751, vgl.
OBERL. 686; hofgemäss, fein gebildet u. ge-
sittet, courtois allgem., nbff. hüvesch BLIKER
97, hobisch ATH. A** 1. 33. EN. 324, 2 var.,
hobsch KREUZF. 351. 976, hübesch NIB.
A. HEINR. LANZ. PART. B. 144, 57. VIRG. 494,
6. hübsch MGB. 4, 8, md. hubisch, hubsch
LAMPR. EN. 324, 2 var. HEINR. 4516. KREUZF.
3197. 7535, hubes ADRIAN 441, 104; schön,
hübsch LESEB. 1051, 35. hüpsch ib. 1045,
12. CHR. 5. 40, 22. hübesch, hüpsch pulcher
DFG. 471ᶜ. n. gl. 308ᵇ; unterhaltend, ein hu-
bes man, spielmann ELIS. 167. ze dem brût-
loufe sol ouch nit mê hübscher liute sîn
wan zwên singer, zwên gîger und zwên toi-
ber ZÜRCH. rb. 72. vgl. kurtois.

hove-schal stm. (II². 125ᵃ) laute freude am
hofe, hoffestlichkeit LANZ. KONR. (TROJ.
5334. 8584).

hove-schalc stm. (II². 77ᵃ) hofdiener OSW.
KONR. lied. 32, 211. RENN. 18156. JÜNGL.
866. 94. GA. 2. 119, 388. ANZ. 3, 303 vgl.
ZIMR. chr. 2. 502, 2; 3. 503, 3.

hove-schar stf. (II². 153ᵃ) schar von hofleuten
TRIST. KONR. (TROJ. 1271. 18242. 24735.
PART. 18724. 19521. 20434).

hövescheit stf. (I. 701ᵇ) aus höveschheit: fein
gebildetes und gesittetes wesen und handeln
HARTM. TRIST. WALTH. GR. RUD. 6, 15. FLORE
3924. 7482. höfscheit NIB. PARZ. LIEHT.
74, 26. 461, 16. HELBL. 1, 67. hübescheit,
hübscheit WALTH. TRIST. H. HELMBR. 110.
KONR. lied. 23, 14. RUBIN 9, 21. RENN. 1271.
W. v. Rh. 27, 4. DAN. 7469. HÄTZL. 138ᵇ.
FASN. 343, 18. 451, 13. 720, 18. hüpscheit
CHR. 5. 66, 14. md. hubischeit HERB. L. ALEX.
5281. 6037. hubeschêt (: stêt) MISC. 2. 306,
24. hobischeit LUDW. 9, 14. 41, 4; ouch wiz-
zent, daz ich iuwer niht wil ze hübischeite
(als geliebte, concubine) gern; wolt ir der
minne mich gewern, sô wil ich hân ze rehter

ê mit triuwen iuch vür alliu wîp TROJ. 21215,
vgl. hübschærinne; schönheit, hupscheit,
hupschkeit pulchritudo DFG. 471ᶜ.

höveschen swv. (I. 701ᵇ) nbf. hübeschen, hüb-
schen: sich galant unterhalten mit KCHR.
NIB. LANZ. DAN. 619, den hof machen, hofie-
ren NIB., mit einem adv. der richtung ver-
bunden WALTH. er rait hovescen in diu lant
KCHR. D. 507, 28. und gênt dort hübeschen
her von Hôhenliten NEIDH. XXII, 2. nû höf-
sche er hin gein Botenbrunnen ib. 100, 15;

höveschen stn. (I. 702ᵃ) das hofieren TRIST.
U. höfschen WARN. NEIDH. 68, 11. 100, 5.
des höfschen zimt den vrouwen niht, swes
herze unsanfte wol getuot MSH. 1, 80ᵃ. beide
naht unde tac niwan hübschens er pflac
PF. üb. 31, 32.

hövesch-lich adj. (I. 701ᵇ) dem hofe gemäss.
höfschlich PARZ. hübschlich LANZ.;

hövesch-lîche, -en adv. (ib.) Iw. TRIST
NEIDH. XI, 14. FLORE (514). höveschlich
(: sich) ib. 533. höfsch-, höfsliche PARZ.
LIEHT. 240, 4. 249, 10. hoveschlîche ALBR.
30, 194. hübschlîche LANZ. hubschlich (: sich)
GA. 1. 458, 130. hüpschlich CHR. 5. 73, 8.
hübstlich NETZ 5254.

hove-schranze swm. hofschranze. darumb
trib er sein gespai nach der jungen hof-
schranzen art ZIMR. chr. 3. 233, 5.

hove-schrîber stm. (II². 208ᵇ) schreiber bei
einem hofe PASS. hofschrîber URB. RCSP. 1,
319. 364. HB. M. 359.

hove-schüzzel stf. item 2000 hofschüszelen
und 50 schüszelen für die erbern CHR. 2.
316, 9. sechtzehenhalbhundert hultzer hof-
schussel TUCH. 289, 13.

hove-sin stm. (II². 316ᵃ) Ms. s. v. a.

hove-site stm. (II². 325ᵃ) sitte, lebensweise,
gebrauch des hofes NIB. TRIST. NEIDH. 228,
42. TROJ. 15229.

hove-slëcke swm. (II². 397ᵃ) der auf dem
hofe nascht HÄTZL. vgl. hovelëcker.

hove-spël stn. (II². 492ᵃ) gerede am hofe
TROJ. (29276).

hove-spil stn. (II². 501ᵇ) höfisches, zum ritterl.
hofleben gehöriges spiel TRIST. TROJ. 5029.
DAN. 889.

hove-spîse stf. (II². 511ᵇ) die bei der erbtei-
lung vorfindlichen speisevorräte. dar nâch
muoz diu vrowe teilen gegen (mit) den er-
ben die hovespîse, diu nâch dem drîzigisten
belîbet DSP. 1, 27. SWSP. 25, 16. vgl. muos-
teil.

hove-sprâche *stf. s. v. a.* hoverede ROTH 640; *hofsprache, curiale colloquium* OBERL. 688. unserer altforder hofsprach ZIMR. *chr.* 2. 240, 2.

hove-, hof-stat *stf.* (II². 601ᵇ) *grund und boden, worauf ein hof mit dem dazu gehörigen gebäuden steht oder stehen könnte* („*an gewissen plätzen haftete das recht, überbaut zu werden, ein solcher platz hiess ein* hofstat MONE *z.* 5, 101) KCHR. KRONE (15336) *u. rechtsdenkm.* ELIS. 6637. KARLM. 4, 21. URB. 99, 9. 126, 22 *u. oft in urkunden z. b.* AD. 747. 801. 907. 1272. W. 16. 54. UKN. 286. 337. STZ. 176. 658. USCH. 104. 268. ULA. 195. MH. 2, 432. 465. 466. 680 *ff.* 3, 420. DM. 86. MZ. 1, 301. 402. 428. 486. 537. 2, 538. 3, 507 *s.* 454 (*vgl. auch die glossare zu den* CHR.), *bildl.* tiutsch hât wite hofstat RENN. 22296; *wohnstätte des herrn* PASS. *K.* 154, 31; *ein flächenmass*: vineam juxta Überlingen, continentem 4 partes vulgariter dictas hofstett MONE *z.* 3, 277. eine hofstat, eine halbe hofstat weingarten USCH. 410 (*a.* 1407). *vgl.* SCHM. *Fr.* 1, 1060.

hove-stæte *adj.* (II². 608ᵇ) *dem hofe treu, an hofe festhaltend* WALTH. (KOLM. 156, 11).

hove-stat-phenninc *stm. von einer* hofstat *zu entrichtender* phenninc CHR. 3. 291, 34. — *vgl.* aus ydem haus ain pfennig *ib.* 1. 28, 4. ez sol igliche hofstad dem burggråfen einen tag in dem jår in der erne lihen einen sneder und einen pfenning MZ. 3 *s.* 456.

hove-stat-zins *stm.* zins *von einer* hofstat GR.W. 4, 367.

hove-stiure *stf.* (II². 652ᵃ) *hofsteuer* HALT.

hove-strîch *stm.* (II². 687ᵇ) *höfisches streichen eines saiteninstrumentes* NEIDH.

hovet *stm. s. v. a.* hof, *zu folgern aus* hovetlen, hovetlîn. *vgl.* WEINH. *al. gr.* §. 247.

hove-tanz *stm.* (III. 14ᵃ) *tanz, tanzlauf von höfischer art.* nû strichet ûf bald ainen rehten hovetanz NEIDH. 227, 26. *vgl.* HANS 3138 *u.* WACK. *altfrz. lieder s.* 234;

hove-tanzen *swv.* (*ib.*) *einen* hovetanz *tanzen* Ms.;

hove-tanz-sanc *stmn.* (II². 304ᵇ) *gesang bei einem* hovetanz, *vgl.* HPT. 3, 220 *anm.*

hove-tei-dinc *stn.* (I. 335ᵇ) *hofgericht* HELBL. diser brief ist gegeben ze Wienne in der stat im hovetaidinge STB. 349. hoftaiding *ib.* 243. UHK. 2, 134 (*a.* 1330). UKN. 281. 311 (*a.* 1339. 44).

hove-tenzel *stn.* (III. 14ᵃ) *dem. zu* hovetanz, *tänzchen von höfischer art* NEIDH. (40, 24).

hovetlen *swv. s. v. a.* hoveln 2. *s.* SCHM. *Fr.* 1, 1061. — *mit* ver-;

hovetlîn *stn. s. v. a.* hovelîn, *gasterei, fest* SCHM. *Fr.* 1, 1061. BIRL. 233ᵇ. *vgl.* hovet *u.* KUHN 14, 391.

hove-trût *stmn.* (III. 112ᵃ) aulicus DFG. 61ᵇ.

hove-tûscher *stm. der bei hofe täuscht, betrügt.* ein volc ist hoftûscher genant, daz ist dem bâbest wol bekant — — hoftûscher sint übel liute, der wir leider vil hân hiute; wan swer ze hove tûschen kan, der effet manegen einveltigen man RENN. 17212 *ff.*

hove-vart *stf.* (III. 253ᵇ) *s. v. a.* hovereise NIB. KL. BIT. 6767. WALB. 396. DSP. 2, 245. 279.

hove-visch *stm.* solvunt etiam 6 hofvische, videlicet lachsen MB. 36ᵃ, 201. duos pisces, qui dicuntur hofvische *ib.* 291.

hove-vrouwe *swf.* (III. 424ᵃ) *herrin des hofes, lehnsherrin* OBERL. 684 (*a.* 1395); *die bei jemand zur miete wohnt* MÜNCH. *r.* 81.

hove-wart, -warte *stswm.* (III. 527ᵇ) *hofhund* L. ALEX. 1521. LOH. 2575. HELBL. 2, 1442. KRONE 12284. 19655. Ms. (*H.* 2, 205ᵃ. 3, 20ᵃ). JÜNGL. 11. 245. FRL. STRICK. PF. *üb.* 29, 4. SWSP. 278, 10. SSP. 3, 51. MYNS. 92. das du uns uff den schierstkunftigen sant Gallentag sechs guter hofwarten schickest DON. (*a.* 1476, *schreiben des grafen Ulrich v. Wirtemberg*). *vgl.* GDS. 37.

hove-wërc *stn.* als pald der konig das merchte, so ist er mit dem reisigen zeuge von dan gezogen hofwergkweis als in fluchten UGB. 526. *vgl.* OBERL. 688. CHR. 7. 254, 17. 390, 16.

hove-wërt *adj.* (III. 602ᵃ) *des hofes würdig* WALTH.

hove-wette *stf.* (III. 776ᵃ) *hofstrafe* WEIST.

hove-wîse *stf.* (III. 756ᵇ) *höfische art, höfische, feine sitte* HIMLF. HELMBR. (244); *höfische gesangsweise, melodie* KOLM. 66, 5. 20. 188, 49.

hove-wort *stn.* (III. 808ᵇ) *höfliche rede* NARR.

hove-wunne *stf.* (III. 818ᵃ) *belustigung bei hofe* TROJ. (6168).

hove-zëhende *swm. zehent von einem hofe.* der hofzehende ze Rein hât vergolten in gemeinen jåren zem meisten 5 pfunt Baseler URB. 71, 20. *Pfeiff. s.* 365 *vermutet* hopfenzehende.

hove-zins *stm.* (III. 899ᵃ) *zins von einem hofe.* hofzins BRÜNN. *r.* GR.W. 1, 305. 4, 40.

hove-zorn *stm. md.* hobezorn. hete ich bürge unde lant und wære ze guote geborn, so ent-

sæʒe ich dem winter wol sumelîchen hobe-
zorn MSH. 3, 37ᵇ.

hove-zuht *stf.* (III. 939ᵇ) *wolgezogenheit, wie
sie bei hofe gilt* Iw. MYST. ERACL. 1793. PART.
B. 12.

hove-zûn *stm. hofzaun* BERTH. 460, 5. 17.
493, 20.

hovieren, hofieren *swv.* (I. 700ᵇ) *md.* hovê-
ren (CRANE 2278): *in festlicher geselligkeit
sich erfreuen* DIOCL. SUCH. WOLK. MOR. 2,
1042. CRANE 2278. hofieren, tanzen, singen
HADAM. 455. stechen und hofieren JUST. 154.
auf der gassen nit hofieren noch sunst ver-
samentlich wandeln NP. 84; *prangen* WOLK.;
aufwarten, dienen mit dat. Ms. HÄTZL.; *den
hof machen, galant sein, mit dat.* LOH. (3113.
3726. 6167. 97). der werlt h. TEICHN. 281.
mit vrouwen h. CHR. 8. 57, 1; *musicieren,
ein ständchen bringen,* mit den statpfeiffern
den freunden hofieren NP. 75. zu dem tantz
hofieren *ib.* 90. vor dem sacrament hofieren
(*bei der fronleichnamsprocession musicieren*)
ANZ. 12, 67 (a. 1442), *vgl.* hovierer, hoverëht;
euphem. die notdurft verrichten HPT. 3, 32.
SCHM. *Fr.* 1, 1062;

hovieren *stn. md.* hovêren CRANE 2132. 54.
zwei tûsent ritter kâmen durch hovieren EN-
GELH. 2669. dâ ouch ein stolz hovieren wart
LOH. 2338, *vgl.* 2969. 4048. 6954; ich wil ge-
dagen hovierens m it den vrouwen *ib.* 1877;
nâch volpringung des hovierens (*ständchens*)
NP. 75. — *mit* ver-;

hovierer, hofierer *stm.* (I. 701ᵃ) *der hoviert:
hofmacher, verliebter* MGB. 62, 18. 226, 12
var.; spielmann, hofierer oder spilman NP.
75. 83. 91. 92. der selben hofierer (*bei der
fronleichnamsprocession*) sollen sein einer
auf der lauten *etc.* ANZ. 12, 67 (a. 1442). *vgl.*
hoveliute *u.* SCHM. *Fr.* 1, 1062;

hovinger *stm. der zu einem hofe gehört.* ob
die verleihung an nit hofinger geschehe, ur-
sach halben dasz die, so in den hof gehör-
ten, die güter nit empfahen wollten, so sol-
lent die hofinger den ungenossen die nit ne-
men ST. a. 1465.

hövisch- *s.* hövesch-.

hovunge *stf. hofhaltung.* hoffung GR.W. 1, 6.

höwat, höwet *stm. s.* houwet.

howe *swf. stn. s.* houwe, höuwe.

howen *stv. s.* houwen.

howorz *stf. s.* hobwurz.

hoy *interj.* heier *s.* hoi, **hoyer** *stm.*

hoz *interj. ruf des widehopfs* MGB. 228, 8.
vgl. WACK. *voces* 2, 27.

hozel *stm. podex.* nû rüerâ dû den hozel bozel
vaste NEIDH. XLVI, 17.

hoʒʒen *stn.* des hât er kleine genoʒʒen, mit
grôʒem walken, hoʒʒen wart ime der slac
vergolten ULR. *Wh.* 17ᵃ. *vgl.* hossen, hotzen.

hû *stm. s.* huoch.

hû *interj.* (I. 723ᵇ) WOLK. FRAGM. (25, 134).
LOH. 5180. SINGENB. 254, 12. ALTSW. 68, 20.
der vogel (*die steineule*) schreit zitterent hu
hu hu, als ob in friese MGB. 224, 15. *vgl.*
WACK. *voces* 2, 24.

hubbel *stm. s.* hübel.

hûbe *swf.* (I. 723ᵇ) hoube MS. JÜNGL. 712. 16.
GA. 3. 33, 10. 583, 241: *haube, mütze als
kopfbedeckung für männer u. weiber* DIEM.
PARZ. NEIDH. (54, 38, 86, 7. 17. 199, 6).
HELBL. (1, 505. 3, 223). HELMBR. REINH. 297,
172. ULR. *Wh.* 256ᵃ. GA. 3. 72, 1099. ELIS.
907. NP. 104. *vgl.* WEINH. *d. fr.* 116. 466;
die bischofsmütze, mitra DFG. 364ᵇ. *n. gl.*
254ᵇ; hûbe mit hâre, *perrücke* BON.; *helm,*
ros schilt sper hûbe (*var.* helm) unde swert
machent guoten ritter wert FREID.² 93, 6.
*eiserne kopfbedeckung des gemeinen fuss-
volkes, pickel-, sturmhaube:* sie sluogen
durch helm und stehelîn hûben DRACH.
Casp. 98. aller harnasch von bantzern, hû-
ben, hendschuoch *etc.* Mz. 1, 437 (a. 1394),
mann mit einer sturmhaube SUCH.; *kopfbe-
deckung der ritter unter dem helme zur ab-
wehr gegen den druck desselben* LANZ. HERB.
10359. ALPH. 302, 1. SIGEN. *Sch.* 69. CHR. 1.
392, 8; *kopfhülle eines zur beize abgerichte-
ten falken* LOH. 3403. RENN. 9993. 99 (man
setzet valken und lêbarten hûben ûf). MYNS.
5; *obscön praeputium* FASN. 338, 24; *haube,
haubenartiger federbusch der vögel:* diu
henne von ir hûben siht den schate strûben
HELBL. 2, 1241. *vgl.* NEMN. 2, 1280. — *wol
zu skr.* kumba (*statt* kumbha, kubha) *weibl.
kopfputz, gr.* κυφή, κυβή, κύμβη, *kopf, vgl.*
DWB. 4², 505. FICK² 45 *u.* houbet, huf, hûfe.

hubel *stm. s.* hovel.

hübel *stm.* (I. 647ᵃ) *hügel. md.* hubel PASS. (*K.*
275, 19. 414, 6. 601, 41). JER. 25ᵈ. 31ᵃ. 36ᶜ.
155ᵈ. DAL. 52, 9. hobel (*haufe*) DÜR. *chr.* 27.
huvel GSM. 799 *var.* hufel PASS. 103, 46. ho-
bel, hovel, hubbel, huvel, heufel (*vgl.* hiufel)
collis DFG. 132ᶜ. *n. gl.* 101ᵃ. — *zu* heben.

hûbelîn *stn. s.* hiubelîn.

hubeln *swv. s.* hoveln.

hûben *swv. tr. mit einer haube versehen (den falken)* Ls. 3. 520, 51. Myns. 5. 18. 19;
hûben *stn.* Myns. 5.
hûben-bendel *stn.* tenia Dief. *n. gl.* 361ᵇ. *vgl.* hûbennestel.
hûben-hüetel *stn. s. v. a.* hiubelîn. mîn hûbenhüetel hât siben reif der besten Msh. 3, 199ᵃ.
hûben-nestel *stf.* (II. 330ᵇ) nestel *an der haube* Ms. haubennestel, haubensteft tenia Voc. 1482. *vgl.* hûbenbendel.
hûben-sac *stm. sack für pickelhauben* Mone *z.* 17, 436.
hûben-smit *stm. verfertiger von eisernen hauben, pickelhauben* Chr. 2. 507, 34 (*a.* 1424).
hûben-stëft *s. unter* hubennestel.
hübes, hübesch *adj. u. composs. s.* hövesch;
hübeschære *stm.* (I. 702ᵃ) *hofmacher, galanter mann* Rul. Pf. üb. 31, 42. höbischære Reinh. 441. hobischâre En. 338, 14;
hübeschærinne, -în *stf.* (*ib.*) *buhlerin, concubine.* hübscherinne Helbl. 2, 1446. Kell. *erz.* 453, 4. Augsb. *r. W.* 359. heubscherin Ring 12ᵇ, 10. 17ᵇ, 6. hofscherin Pf. üb. 53, 117. *vgl. rom.* cortesana, courtisanne *von* corte, cour *hof*;
hübesche, hübsche *stswf.* (I. 701ᵇ) *schönheit* Myns. 59; *s. v. a.* hübeschærinne Troj. Ga. 3. 381, 930. Schm. *Fr.* 1, 1040.
hübesch-man *stm.* wer ainen buoben oder hübschman übel handelt mit roufen Feldk. *r.* 15, 1.
hûboht *adj.* (I. 724ᵃ) *mit einer haube versehen* Helbl.
hübsch- *s.* hövesch-, hübesch-.
hûbunge *stf. das aufsetzen der haube*, vittatio Dfg. 624ᵇ.
hûch *stm. s.* huoch.
hûchen *swv.* (I. 724ᵃ) *hauchen* Strick. dû blæses kalt und hûches warm ûz eines mannes munde Msh. 2, 188ᵃ. jüdisch hûchet in der kel grunde Renn. 22287. — *mit an, vgl.* kûchen 1 *u.* Dwb. 4², 570. 5, 305. 437 *ff.;*
hûchen *stn. das hauchen* Mgb. 275, 12.
hûchen *swv. kauern, sich ducken*, über etw. hûchen, *darüber herfallen* Hadam. 31. *vgl.* kûchen 2 *u.* Dwb. 4², 572. 5, 306.
huckapfer? *stm.* darnach fragt er (*der richter*) wo und wenn die huckapfer (huckuepfer, hukuepfer 108) rechnung tun solten? dorauf haben sie erteilt, daz sie einem obersten forstmeister vierstund im jar rechnung tun sollen zu Vilsecke Gr.w. 6, 110.

hucke *stf. verkaufsladen oder platz der* hucker Chr. 5. 257, 19. *vgl.* Schm. *Fr.* 1, 1072;
hucke *swm.* (I. 698ᵇ) *md.* hocke, höker, *kleinhändler* Halt. hucke Gr.w. 5, 213. hocke Mühlh. *rgs.* 105. Dfg. 10ᶜ. 422ᵇ;
hucke *swf. md.* hocke. der dâ hât eine hocken (penesticam) zû einer hûsvrouwen Mühl. *rgs.* 135. hocke, penestica Dfg. 422ᵇ.
hücken *swv. s.* hügen.
huckener *stm. md.* hockener *s. v. a.* hucke Zeitz. *s.* 1, 86. — *ebenso*
hucker *stm.* (I. 698ᵇ, 5. 6) *md.* hocker actionarius, penesticus Dfg. 10ᶜ. 422ᵇ. hucker Chr. 4. 133, 32. 153, 43. 254, 3. 256, 8. 28.
hude *swm? ein fisch.* ein wagenlast mit huden Mone *z.* 1, 176.
hûde *stf. s.* huote.
hudel, huder *s. v. a.* hader. în gewunden in sîden hudlen Fasn. 871, 21. die frawe die sîden snôre und hudeln gestoln hait Frankf. *brgmstb.* 1468 *vig. III. p. invoc. s.* hudelbette, huderwât *u.* Schm. *Fr.* 1, 1055. Kwb. 145; hudelîn *stn.* Zimr. *chr.* 3. 491, 9 *ff.;*
hudel *f. schlechte person, hure.* alle tabern wâren voll hudeln (*var.* huren) und buben Chr. 3. 146, 9. das ain soleich hudel vore solte vor mein also gân Vintl. 9513.
hudel-bette *stn. zerlumptes bette* Apoll. 2767.
hudeln *swv. schnell u. oberflächl. etw. machen* Zimr. *chr.* 1. 510, 17; einher h., *nachlässig gehen ib.* 2. 520, 31. *vgl.* Schm. *Fr.* 1, 1055. Kwb. 145.
huder-wât *stf.* (III. 777ᵇ) *zerlumpte kleidung* Trist. U.
hue *prät. s.* houwen.
hüebel *stn. dem. zu* huobe Msh. 2, 139ᵃ. Wg. 3142. 8717. Teichn. 285.
hüel *stf.* hüelec *adj. s.* hulwe, hülwec.
hüendl, hüenel *stn. s.* huonlîn.
hüener-ar *swm.* hühnergeier Mgb. 193, 7.
hüener-darm *stm.* (I. 308ᵇ) *hühnerdarm, ein kraut* Dfg. 549ᶜ. Myns. 75. *vgl.* Nemn. 1, 202.
hüener-dienest *stm. hühnerzins* Ukn. 253.
hüener-ei *stn. hühnerei* Mgb. 195, 34.
hüenerer *stm. der hühner verkauft, mit geflügel handelt* Augsb. *r. W.* 39.
hüener-gëlt *stn. hühnerzins* Mone *z.* 8, 180. Mz. 1, 480 (*a.* 1403). *ebenso*
hüener-gülte *stf.* Urb. Seck. 100. Oberl. 708.
hüener-korp *stm.* (I. 863ᵃ) bofula, pullinacium Dfg. 77ᶜ. 471ᶜ.
hüener-köufel *stm. s. v. a.* hüenerer. hönerkäufel Chr. 4. 331, 3.
hüener-lëbere *f. hühnerleber* Buch v. g. sp. 27.

hüenern *swv. mit einer abgabe von hühnern belegen* VILM. 179 (14. *jh.*).

hüener-nëst *stm. hühnernest* KOLM. 77, 22.

hüener-sëdel *stmn.* (II². 235ᵇ) sedile Voc. *o. vgl.* DIEF. *n. gl.* 334ᵃ. *ein berg des badischen schwarzwaldes heisst der* „*Hühnersedel*".

hüener-smalz *stn. hühnerfett* MYNS. 26.

hüener-troc *stm. hühnertrog* FASN. 821, 25.

hüener-voget *stm.* (III. 360ᵃ) *beamter, der die zinshühner annimmt* HALT.

hüener-zins *stm. hühnerzins* GR.W. 4, 201.

hüerel *stn. dem. zu* huore, *hure* RING 14ᵇ, 11.

hüetære, -er *stm.* (I. 732ᵇ) *md.* hûtêre: *behüter, wächter, aufseher* ANEG. WWH. VILM. *weltchr.* 64, 313. HADAM. 298. BERTH. *Kl.* 126 (*engel*). WACK. *pr.* 39, 28. GERM. 3, 365. PASS. 181, 6. ALBR. 18, 144. EVANG. 268ᵇ. CHR. 2. 325, 2. huotære, -er KARL 3535. W. *v. Rh.* 34, 51. 35, 30. 57, 4. 216, 11. 31. 217, 1 *etc. ndrh.* hôder CRANE 3784; *hirte* BPH. 2173; *münzwardein* MONE *z.* 2, 414. CHR. 9. 937, 36;

hüetærinne, -în *stf. behüterin, wächterin* KOLM. 173, 35. NETZ 10265.

hüetelîn, hüetel *stn.* (I. 734ᵃ) *dem. zu* huot, *hütchen, mützchen* TRIST. GSM. TROJ. 7495. 504. MGB. 383, 13. CHR. 8. 105, 10; *s. v. a.* hersenier LANZ. ER.; *um den kopf gewundenes tuch* NEIDH. (24, 31. 48, 39).

hüeten *swv.* (I. 731ᵃ) *prät.* huote; huoten GEN. LIT. LEYS. hütten CHR. 2. 226, 5. hietten *ib.* 4. 124, 14; 5. 2, 18. 4, 5. *md.* hûten PASS. (*prät.* hutte *K.* 411, 83), *ndrh.* hôden KARLM. 174, 50: *acht haben, acht geben, schauen, wachen, bewachen absol.* LEYS. WALTH. FREID. 71, 18. MGB. 168, 32. CHR. 4. 23, 11. 101 *anm.* 3. PASS. *K.* 124, 43. 243, 81. 474, 30. hüeten in, ûf *viehhüten, weiden auf* MZ. 3, 35 (*a.* 1336). UH. 329 (*a.*1475); *mit gen. d.p. od.s. allgem.* (MGB. 10, 25. 222, 13. PASS. *K.* 32, 7. CHR. 4. 27, 9. 88, 9. 10), *mit gen. u. präp.* vor PARZ. WALTH. NEIDH.; *mit dat. d. p.* mir ist ubel heim gehût, *das übel hat bei mir seinen wohnsitz aufgeschlagen* HERB. 8597 *u. anm., mit dat. u. gen.* hüetet uns der erbe GUDR. 297, 4; ûf einen h., *ihm auflauern* FELDK. *r.* 62. CHR. 4. 106 *anm.* 2; *mit tr. acc.* NIB. die swîn huoten LIT. 1203. daz her hûten gegen schützen vor HERB. 14144, einen h. von etw. hintan halten GEN. *D.* 59, 29, einen h. vor behüten SILV. 3978; *refl.* Iw. PARZ. *mit gen.* GREG. 179, sich h. gegen einem PARZ., umbe etw. BIT. 7209, vor einem *od.* etw. PARZ.

BON. FRAGM. 28ᵃ, 12. PASS. *K.* 411, 83, *mit untergeord. satze* PARZ. — *zu* huote. *mit* be-, ge-, ver-.

hüet-geiʒ *stf. geiss, die man auf dem felde hütet* MASSM. *schachsp.* 21.

hüet-hiuslîn *stn.* hüt-, hüttheuslein *od.* wachheuslein TUCH. 210, 23. 211, 16. 18. 212, 14. 19. 26 *etc.* hüttenheuslein *ib.* 211, 36.

hüetunge *stf. bewachung* WEINSB. 91.

huf *stf.* (I. 724ᵃ) *gen. u. pl.* hüffe: *hüfte* GEN. (*D.* 6, 27. 65, 5. 108, 21). WOLFR. TRIST. *H. u. U.* NEIDH. (52, 11). GRIESH. 1, 132. KRONE 11661. 79. 11707. 19. 23850. 57. APOLL. 15161. WOLFD. 1627. GA. 1. 144, 103. 472, 646. MGB. 34, 12. 173, 25. PASS. (158, 37. 298, 48. *K.* 123, 44. 180, 8. 297, 37. 330, 32. 352, 78). ALBR. 465ᵃ. KARLM. 193. 21. huf (: ûf) ERACL. 3683. DAN. 601; hüfte HB. *M.* 429. huft, hufte VOC. 1482. — *gt.* hups *stm. mit* hûfe, *von einer wurzel* hup, *hd.* huf, *gr.* κυβ (*in* κύβη, κύβος), *vgl.* DWB. 4², 583 *u.* houbet, hûbe; *zu lat.* coxa *wird es gestellt in* GDS. 401, *vgl. auch* GSP. 42. DIEF. 2, 585.

hûf *stm. s.* huof.

huf-bein *stn. s.* hüffebein.

huf-blat *stn. oder* huofblat? *eine krankheit.* der daʒ hufplat hab, der nem berthram, pfeffer *etc.* pulver eʒ zesamne und blase eʒ durch ein rôr in daʒ hufplat SCHM. *Fr.* 1, 1064.

hûfe *f. s.* huobe,

hûfe *swm.* (I. 724ᵇ) *nbff.* hûffe (*ahd.* hûffo) LIEHT. MSH. 3, 430ᵇ. CHR. 4. 75, 7; 5. 146 *anm.* 3; houfe ERNST, KRONE 28649. MSH. 3. 263ᵃ. *j.* TIT. 6066 *f.* MOR. 1, 1723. haufe MGB. houffe HERB. 16330. hôffe *ib.* 12282. hauffe CHR. 1, 489ᵇ; *neben der sw. auch die st. form* hûf GSM. DIEM. 38, 17. SSL. 335. LS. 1. 484, 57, houf *bes. in md. denkmälern: haufe, zusammengeschichtete menge von gegenständen irgend welcher art* BON. MS. (guldîner hûfe *H.* 3, 237ᵃ, sælden hüffe 3, 430ᵇ). âmeiʒen hûfe REINH. 1251. lôn mit hûfen meʒʒen WH. *v. Öst.* 105ᵃ. daʒ vane, man und ros ûf einem hûfen lac LOH. 5649. er schrenkete si über einen houfen MOR. 1, 1723. an einem houffen eʒ allez lac HERB. 16330. des lac dâ ein michel houf *ib.* 15743. dô wurden erslagen tûsent an einem houfe *ib.* 7043. sie sament tugende grôʒen houf HEINR. 4611. ain hauf weizʒer wollen MGB. 81, 19. ze hûfen (hûf, houfe, houf) *auf einen haufen, zusammen, zuhauf* WWH. TRIST.

GSM. und sluoc sîn ros, daz ez gie zeinem houfen LOH. 5243. daz er ze hûffen mit mir nider lit LIEHT. 267, 8. ze haufen tragen MGB. 88, 3, vliezen, *zusammenfliessen, einmünden* CHR. 3. 50, 6. zû houfe EVANG. *M.* 13, 30. zû, ze houf ALTSW. 230, 10. PASS. 28, 55. 77, 60. 115, 78. 149, 13. 166, 44. 197, 1. 253, 38. 266, 5. 281, 78. 288, 75. 316,93. 340, 2; *K.* 9, 47. 20, 67. 195, 31. 255, 15. 438, 61. 524, 64 *etc.* ELIS. 1420. des guotes zu hauff komen, *es vermehren* MONE 7, 361. zu hauf reiten, *zusammenreiten, einen aufstand machen* CHR. 2. 529, 5. zum alten haufen faren, *sterben s.* ZIMR. *chr.* 4, 627ᵃ; *haufen holzes, scheiterhaufen* j.TIT. 6066 *f.; geschlossene schar, haufen menschen bes. bewaffneter, krieger* TRIST. ERNST LOH. 2837. MSH. 3, 263ᵃ. do ir schar in den hüffen brach LIEHT. 86, 32. manc ritter mit hurte durch den hüffen brach *ib.* 87, 19. 92, 12. 26. 315, 19. der ganze, grôze haufe, *die hauptarmee* MW. 361 (*a.* 1374). RCSP. 1, 26 (*a.* 1388), *vgl.* CHR. 1. 42, 24. 49, 7. 145, 18. 146, 17. 164, 34 *etc.* 2. 203, 23. 204, 8. 329, 24 *etc. — aus derselben wurzel wie* huf *s.* DWB. 4², 583; *mit* hiefe *zu ahd.* hiufan *trauern wird es gestellt in* GR. *kl. schft.* 2, 250, *vgl. dagegen* WEIG. 1, 484;

hûfeht *adj. gehäuft* PASS. *K.* 509, 48. houfeht KIRCHB. 804, 28. haufecht ZIMR. *chr.* 4, 627ᵃ; — *adv.* haufen-, scharenweise, sîn sorg und angst im hûffeht kam NARR. 56, 10. haufet vliegen MGB. 288, 17 *var.* und hat sie (*die feinde*) heuffecht hinein getriben UGB. 417. die tonnen in der mitt hûffacht beschudden, *gehäuft voll machen* FRANKF. *a.* 1459.

hufel *stm. s.* hübel.

hûfel, hûfeln *s.* hiufel, hiufeln.

hûfelære *stm. verräter* AUGSB. *r.* 77. *vgl.* SCHM. *Fr.* 1, 1056;

hûfen, houfen *swv.* (I. 725ᵃ) *häufen, auf-, anhäufen,* acervare, catervare, cumulare (hüffen, hauffen, heiffen) DFG. 9ᵇ. 107ᵃ. 162ᵇ. PILAT. BARL. PASS. (*part.* gehûfet *K.* 54, 56. 517, 34. 624, 85. MARLG. 134, 168). solt manz als berge houfen LOH. 5720. einen schatz houfen ELIS. 5356. lûde houfen, *leute versammeln ib.* 2957. 9482. gûde mahelschaft haufen, *vereinigen ib.* 1700. daz vaz hûfen BIRKENST. *p.* 79. schand und laster hauffen HELDB. *K.* 15, 14. korn gehoufet und gestrichen RAUCH *scr.* 1, 391. GR.W. 1, 565. des jâmers fuoder geschubert und gehoufet OT. 25ᵃ. allez guot zesamen houfen Ls.

3. 291, 92. die tôten und die wunden die kunde er hûfen ûf den klê TROJ. 36479. ein wenik (*mist*) auf die gabel haufen FASN. 563, 30. das gericht häuffen, *versammeln* GR.W. 2, 228; *mit dat. u. acc.* einem den metzen hûfen BIRKENST. *p.* 75. im wart mit vollem mezze sîn lôn al dâ gehûfet MART. 60, 63. daz hûfte im sîne pîne PASS. *K.* 382, 85. was ich ir hauf, das streicht sy mir HÄTZL. 1. 98, 5; *refl.* PASS. (147, 78. 317, 49). LOH. 1713. 5150. KRONE 28661. — *mit* ûf, be-, ver-.

hûfen-macher, -macherîn *stmf. kuppler, kupplerin* SCHM. *Fr.* 1, 1056. *vgl.* DWB. 4², 593.

hûfet *adv. s.* hûfeht.

huffalz *adj. s.* hüffehalz.

hüffe *adj. in* ragehüffe.

hüffe *swm. adv. s.* hûfe, ûfe.

hüffe-bein *stn.* (I. 101ᵃ) *hüftbein, hüfte.* den stach Hector durch daz hüffebein TROJ. 40472. hufbein TRIST.

hüffe-ge-sühte *stn.* (II². 360ᵃ) sciatica SCHM.

hüffe-halz *adj.* (I. 624ᵃ) *hüftlahm* RENN. HPT. 5, 14. hufhalz MART. (283, 50). SPEC. 36. DAL. 193, 29, *assim.* huffalz VOC. 1437; *md.* huffehalz HEINR. 2737, huppehalz PF. *üb.* 10, 586;

hüffe-halzen *stn.* (*ib.*) *das lahmsein an der hüfte* MSH. 3, 213ᵇ. 278ᵇ.

hüffel-bant *stn.* (I. 132ᵇ) *hüftband* NEIDH. (81, 38).

hüffelîn, hüffel *s.* hiufel.

hüffelîn, hüffel *stn.* (I. 724ᵇ) *dem. zu* huf, *kleine hüfte* WOLFR. TÜRL. *Wh.* LOH. (hüflîn 3127). Ms. (ir ûfgedrollen hüffelîn *H.* 3, 468ᵃ). hüflîn WOLFD. 8. 559. hüffel NEIDH. 184, 20 (hüffel *auch* HELBL. 1, 1111 *statt* hiufel *s.* HPT. 14, 558);

huffenier *stn.* (I. 725ᵃ) *stück der rüstung um die hüfte* KOL. ûf der hûf gedozzen lag ein sîdîn huffenier GA. 1. 472, 647.

huffenunge *stf. s.* hoffenunge.

huffrecht *adj. s.* hoveroht.

huf-halz *adj. s.* hüffehalz.

hüflîn *stn. s.* hüffelîn.

hûf-schotte *swm.* haufschotte, *eine speise* UKN. *einl.* XLIV *anm.* 8.

huft, hufte, hüfte *s.* huf.

hufte (I. 725ᵃ) volux fornacis SUM.

hûfunge *stf. anhäufung, -sammlung.* dheine ergliche haufunge odir samenunge machen MONE *z.* 7, 8. 9 (*a.* 1430).

hüge *stf.* (I. 726ᵃ) *md.* huge, hoge (*auch swm.*): *sinn, geist* LAMPR. PILAT. LANZ. von arger tûvelîcher huge ZING. *findl.* 2, 129; *andenken* Ms. (*H.* 2, 357ᵃ). mit eweclîcher hüge TROJ. 30409; *erhöhte stimmung, freude* Ms. (*H.* 1, 132ᵃ). mit fröuden und hugen ÖH. 15, 21. wir wâren al gemeine in hugen HEINR. 2374. wir wâren in hogen EN. 46, 29. den kunich sie dô funden in hogen *ib.* 115, 9. des wart der lantgrâve gûtis hogin LUDW. 39, 34 *u. anm.* (*aus* ROTHE: ires hogin, keinen hogin, mit grôzin hogin). — *gt.* hugs *stm., altn.* hugr, *sinn, verstand, nach* BOPP *u.* GSP. 39 *zu skr.* çank (*aus* kak) *bedenken tragen, lat.* cunctari, *vgl.* hâhen *u.* HPT. 9, 214 *ff.* GR. *kl. schft.* 3, 309;

hügede, hügde *stf.* (I. 726ᵇ) *sinn, geist* HPT. 5, 8; *andenken, erinnerung,* der ist nû gar vergezzen, mit dem lîbe wart ir hügde begraben SERV. 13. er het sie in der hügde sîn KOLM. 61, 234. waz der grâl wære, des het vor nieman hügde j.TIT. 5914.

hüge-lich *adj.* (*ib.*) *md.* hogelich, *erfreulich* Ms. (*H.* 1, 150ᵃ. 344ᵇ. 345ᵇ. 2, 219ᵃ). ELIS. 3407; *freudig, froh, munter,* in hugelîchen siten rîten, gân ERNST 2563. 3442. sîn (*des hundes*) huglich jagen HADAM. 498. her was frôlich und hogelich LUDW. 8, 29;

hüge-lîche, -en *adv. auf freudige, muntere weise* GA. 1. 458, 11. Ls. 2. 295, 73. 96. HADAM. 119. 322. 498.

hüge-liet *stn.* (I. 984ᵇ) *freudengesang* SEVEN 258, 4. MSH. 2, 249ᵇ.

hügen *swv.* (I. 725ᵃ) hücken, hucken *in* gehücken (*s. nachtr. zu* gehügen *u.* HAHN *gr.* 1, 38), *md.* hugen, hogen: *denken, sinnen, verlangen mit gen.* TRIST. *H.* PASS. *K.* 688, 29, *mit präp.* an *ib.* 165, 91, gegen j.TIT. 4027. 6080, ûf ER. FLORE, GFR. Ms. (*H.* 1, 47ᵇ. 108ᵇ), S.NIC. 253, zuo LAMPR. LANZ. mîn herze zuo der minne hüget ULR. *Wh.* 127ᵇ, nâch einer vrowen hüget mir der muot WOLFD. 30, *mit raumadv.* heim hügen RUL. ROTH. KCHR.; *sich freuen* Ms. hugende *part. adv. freudig* HPT. 7. 358, 40. — *mit* be-, er-, ge-, über-, un-. *zu* hüge; *gt.* hugjan, *ahd.* huggen, huckan, *altn.* hyggja, *vgl.* HPT. 9, 214 *ff.* GR. *kl. schft.* 3, 309;

hügen *stn.* (I. 725ᵇ) *die freude, das ergötzen* Ms. WACK. *pr.* 2, 52. hogin DÜR. *chr.* 263. 431.

hüge-numft *stf.* (II. 372ᵃ) *md.* huggenumft, *erinnerung, gedächtnis* JER.

hüge-sam *adj.* (I. 726ᵇ) mir ist etw. h. *es freut mich* KCHR. (1893).

hugnisse, -nus *stfn. gedächtnis* GERM. 4. 456, 582. W. *v. N.* 353.

hûh *stm. s.* huoch.

huht *stf.* (I. 726ᵇ) *gedächtnis* NICOD. DIEM. 278, 26. HEINR. 2874. — *zu* hügen.

hui *stn. augenblick.* in einem hui ZIMR. *chr.* 3. 556, 13; 4. 2, 35. *von d. interj.* hui *s.* WEIG. 1, 521.

hukuepfer *s.* huckapfer.

hül *stf.* (I. 680ᵃ) *hülle, kleidung* HELMBR. OT. 183ᵇ; *kopftuch* WG. 453. *vgl.* hülle *u.* SCHM. *Fr.* 1, 1085. KWB. 145.

hülbe *swf. s.* hulwe.

hulde *stf.* (I. 705ᵃ) *gern im pl.*; holde APOLL. 6075. W. *v. Rh.* 141, 56 (: solde). PASS. *K.* 418, 20. ALBR. 21, 162. JER. 154ᵇ. 161ᵃ: *geneigtheit, freundlichkeit, wolwollen, huld, allgem.* (si bâten Joseph sîner huldi GEN. *D.* 115, 35. gotes hulde *ib.* 15, 20. zû hulde, hulden komen, *begnadiget werden* PASS. *K.* 15, 53. 233, 93. nâch jem. hulden stellen CHR. 5. 51, 10. bei des râtes hulden, *bei verlust von des rates huld ib.* 4. 145, 42. bî des rîches hulden sagen SWSP. 102, 12. *personif.* FRAUENEHRE 278. 85); *erlaubnis allgem.* (mit hulden sprechen KRONE 13709. MSH. 1, 57ᵇ. LIEHT. 133, 19. bî dînen, ûwern hulden HERB. 8673. 9503); *ergebenheit, treue, huldigung,* einem hulde swern GREG. 405. PARZ. TRIST. WIG. SWSP. 102, 1. OT. 24ᵃ, tuon TRIST. SSP. 3. 54, 1. 56. dem diu schande hulden giht MSH. 1, 105ᵇ. daz ich in ze hulden gedienen müge OTTE 508; *dienstbarkeit* LESEB. 725, 9. diu hulde sol weren von dem tag uber drey jâr Mw. 195 (*a.* 1294). — *zu* holt;

hulden *swv.* (I. 705ᵇ) *prät.* hulte; holden *in* geholden: holt, *geneigt machen* Ms. (*H.* 1, 339ᵇ. 341ᵃ). j.TIT. 4526, *refl.* allen liuten sich h. W. *v. Rh.* 89, 51. APOLL. 24159; hulde, *dienstbarkeit, treue geloben, huldigen, mit dat.* FRL. CLOS. MSH. 1, 49ᵃ. ROSENG. *Casp.* 351. 52. APOLL. 18201. KARLM. 126, 37. Mz. 1, 567. CHR. 1. 131, 22. 27. 28; 2. 132, 2. 167, 12; 3. 41, 14. 42, 11. 85, 19. 139, 2 *etc.*; *geloben,* einem sicherheit hulden j.TIT. 5632. — *mit* ent-, ge-, ver-.

hulden *stn.* (I. 706ᵃ) *huldigung* FRL.;

huldic *adj. s. v. a.* holt. Sigûnen gruoz huldic wânt erwerben hie der ellens rîche j.TIT. 1333. dû wirst den gotten huldic *ib.* 3132;

huldigen *swv.* (I. 706ᵃ) huldic *machen* GEST.

R. dô wurden wir got dem vater gehuldigt Fronl. 51. — *mit* be- (*nachtr.*), ge-;
huldunge *stf.* (*ib.*) *huldigung,* homagium Dfg. 279ᵇ. Schreib. 2, 272. Chr. 2. 238, 1; 3. 274, 16. 275, 30. 276, 15. 278, 11. 13 etc. Cp. 163.
hüle *stf.* (I. 679ᵇ) *s. v. a.* hol, *höle* Mart. (98, 104). Virg. 365, 6. 505, 3. 1022, 3. Da. 503. Otn. 513, 2 *A.* Öh. 8, 6. Chr. 8. 52, 27 (*schlupfwinkel*). — *sw.* Wack. *pr.* 68, 236. 242. *pl.* hülinen Hb. *M.* 388. Öh. 120, 17. *vgl.* Zimr. *chr.* 4, 643ᵃ.
hûlen *swv., stn. s.* hiulen.
hulf-, hülf- *s.* hëlf-.
hulfe, hulft, hulfter *s.* hulst.
hulge *f. s.* hulwe.
hulis-boum *stm.* (I. 227ᵇ) rusci Gl. Virg. 3, 228. Dfg. 504ᵇ. hulsenboum, taxus *ib.* 574ᵇ. *n. gl.* 359ᵇ. *s.* huls.
hüll *stf. s.* hulwe.
hülle *swstf.* (I. 680ᵃ) *md.* hulle: *mantel.* trüegen si mentel oder hüllen an Renn. 424. hulle oder kyttel oder sluck, teristrum Voc. 1482; *tuch zur bedeckung des kopfes* Roseng. Troj. 27486. Wg. 452. Ls. Weist. (1, 377. 4, 160). Netz 12075. Elis. 907. 3573. 3766; *umhüllung überh.* dâ solt man nemen ein sac und solt den mit im füllen und die selben hüllen in ein waʒʒer schieʒen Ls. 2. 423, 164. *vgl.* hül.
hüllec *adj. in* ge-, mithüllec. — *zu* hëllen.
hülle-lachen *stn.* (I. 924ᵃ) *ahd.* hulli-, hulilahan *velamen, chlamys* Gr. 2, 502.
hüllen *swv.* (I. 680ᵃ) *prät.* hulte, *mit einer hülle umgeben, bedecken, verhüllen* Griesh. schône wart dâ gehullet manec vrouwe Wh. *v. Öst.* 33ᵃ. — *mit* zuo; be-, ge- (*nachtr.*), umbe-, ver-, zer-.
hülle-, hül-tuoch *stn.* calipson, mantile Dfg. 90ᶜ. 348ᵃ. Fasn. 574, 13. *md.* hulletûch, *nonnenschleier* Pass. K. 291, 93.
hul-loch *stn.* (I. 1024ᵃ) Reinh. = loch *sendschr.* 1695.
hüln *swv.* hol *machen, in* erhüln; *vgl.* holn.
huls *stm. stechpalme, walddistel,* ruscus Dfg. 504ᵇ. *n. gl.* 322ᵇ. — *ahd.* hulis, *nd.* hulse.
huls-busch *m.* taxus Dief. *n. gl.* 359ᵇ. *vgl.* hulisboum.
hulsche *swf. s.* hülse;
hulscher *stm. im* Frankf. *brgmstb. v.* 1462 (*vig. Sim. et Jud.*) *werden aufgeführt:* hûdemecher, kistener, hulscher, goltsmidt. *vgl. auch* hulst;
hülse *swf.* (I. 680ᵃ) *md.* hulse, *hülse* Renn.

5267. 22258. Ls. 1. 376, 68. Evang. *L.* 15, 16. hulsche Voc. *o.* Mart. (48, 12), *vgl.* Weinh. *al. gr.* § 193. — *ahd.* hulsa *aus* hulisa *zu* huljan, *vgl.* hulst;
hülsen *swv. s.* ungehülset.
hulsen-boum *stm. s.* hulisboum.
hulst *stf.* (I. 680ᵇ) *decke, hülle* Mart. (50, 104). hulft Nib. Bit. 2309; holfte, hulfe, hulfter corytus, *köcher* Dfg. 151ᵇ. *gt.* hulistr, *hülle, schleier, zu* huljan. *vgl.* hülse.
hulte *prät. s.* hulden, hüllen.
hül-tuoch *stn. s.* hülletuoch.
hülwe, hulwe *stswf.* (I. 680ᵇ) *pfütze, pfuhl, sumpfläche* Freid. Karl (8578). Albr. 1, 1238. 35, 412. hülbe, hulbe Karl 4266 *var.* Birkenst. *p.* 8. 12. 13. 206. 208. Teichn. 184. Enenk. 291 (*der Jacobihof in Wien hiess einst st.* Jacob *auf der hulben* Usch. 250, auf der hulm *ib.* 276). hulge lacus Voc. *S.* 1, 6ᵇ. hüel Mgb. 210, 24. 273, 18, hüll Tuch. 194, 23. 204, 14. 223, 8. 15. 224, 32. 238, 35. 239, 31. — *ahd.* huliwa, hulwa *zu* hol. *vgl.* Schm. *Fr.* 1, 1084. Birl. 237ᵇ;
hülwec *adj. sumpfig.* hüelic Mgb. 76, 5.
hulz *stn.* hülzen *swv. adj. s.* holz, holzen, hülzîn;
hulzerîn *adj. von holz, hölzern* Myst. 1. 224, 25. *ebenso*
hülzîn *adj.* (I. 707ᵇ) *md.* hulzîn Kchr. *D.* 65, 12. Msh. 3, 108ᵃ. j. Tit. 6079. Troj. 47208. 983. Wg. 1127. 13136. Renn. 13754. Ulr. *Wh.* 253ᵃ (*cod. Cass.*). Wahtelm. 3. Strassb. *r.* 53. Buch *v. g. sp.* 4. Chr. 4. 317, 28; 5. 147. 1. 176, 21. 177, 1. Herb. 16076. Pass. *K.* 573, 35. Kirchb. 781, 61. hülzein Mgb. 104, 4. 341, 33. hülzin *ib.* 71, 26. hülzen *ib.* 82, 14. Chr. 2. 336, 9; 4. 113, 20. holzîn Leseb. 152, 42;
hülzinc *stm. holzapfel* Ulr. *Wh.* 415ᵇ (Gr. 2, 1004); *vgl.* hölzinc, *name des wolfes* Reinh. LV, *lat.* forstrarius Ecbasis 97.
humbel *stm.* (I. 727ᵃ) *hummel* Iw. hummel Ms. humbel, hummel, attacus, fucus Dfg. 58ᵃ. 250ᵃ. humel Renn. 19599. Ls. 2. 386, 68. Altsw. 161, 3. Dief. *n. gl.* 40ᵇ. — *ahd.* humpal, humbal, *ein lautmalendes wort, vgl.* hummen *u.* Fromm. 6, 82.
humbel-honec *stn.* (I. 709ᵇ) *hummelhonig* Sum.
humerâle *stn. s.* umbrâl.
hummel, humel *stm. s.* humbel;
hummen *swv. summen, von den bienen* Mgb. 289, 15. 290, 15. *vgl.* humbel *u.* Fromm. 6, 82. Vilm. 174.

hümpel? jo kan ich basz weinen hümpel, dann ir KELL. *erz.* 316, 14;

hümpelen *swv. abgebrochen weinen. das alt weip sas an die stat und hümpolt* KELL. *erz.* 316, 21. *vgl.* SCHM. *Fr.* 1, 1113. KWB. 141 *u.* humpfern.

hümpeler *stm. der langsam u. schlecht arbeitet, pfuscher* NARR. 95, 42. himpler (: stümpler) HPT. 8. 539, 91. *vgl.* WEIG. 1, 522.

humpeler *stm. schiffleute, die kleine nachen ohne segel (s.* humpelnache) *führen* FRANKF. *baumstb. v.* 1387 *f.* 11ᵇ. *brgmstb. v.* 1441 *vig. V. p. indic.* MONE *z.* 9, 31 (*a.* 1464). *vgl.* SCHM. *Fr.* 1, 1113. *nach* MONE *a. a. o. aus mlat.* cumba, gumba = cymba.

humpel-nache *swm. nachen ohne segel* FRANKF. *brgmstb. v.* 1432 *vig. III. p. Urbani* humpelernache MONE *z.* 9, 33;

humpel-nacher *stm. s. v. a.* humpeler FRANKF. *brgmstb. v.* 1430 *vig. V. a. Mar. Magd.*

humpel-schütze? *swm.* ANZ. 7, 248 (15 *jh.*).

humpfern *swv.* merere, vagire Voc. *Schr.* 1648. 3278. *vgl.* hümpelen *u.* SCHM. *Fr.* 1, 1113.

humpolt *stm. ein getreidemass. ein brent oder hofschöffel tuot vier humpolt* MONE *z.* 1, 170. 12, 68. *einen* humbelt *salz* GR.W. 1, 754.

hun-dahs *stm.* (I. 299ᵇ) taxus est arbor vel animal in petris habitans hundachs DFG. 574ᶜ.

hund-aus *stn. s.* huntâz.

hunde *stf.* (I. 727ᵃ) *beute, raub. ahd.* hunda, *mhd. zu folgern aus* gehünde. — *zu gt.* hinthan *fangen, vgl.* DWB. 4², 327.

hunde, hunne *swm.* (I. 727ᵇ) *centenarius* WEIST. *ndrh.* honne *ib.* 2, 708. — *ahd.* hunno *aus* hunto *zu* hunt *stn.*

hunde-gëlt *stn.* wie sie mit jegern und hunden überlegt, hundegeld oder hundehaberen oder getreide järlich zu geben gedrungen und genôtet werden AD. 1272 (*a.* 1417.).

hunde-habere *swm. s. das vorige u. vgl.* ZIMR. *chr.* 1. 508, 31; 2. 545, 2 7.

hundel *stn. s.* hundelîn.

hundel-dinc *stn. s. v. a.* huntdinc GR.W. 6, 516. *ebenso*

hundel-ge-dinge *stn.* (I. 341ᵃ) WEIST.

hundelîn *stn.* (I. 728ᵇ) *hündlein* TRIST. LIEHT. EILH. 4258. 5517. VIRG. 659, 7. MÜGL. 2 , 1. LUDW. 19, 3. hündlîn KOLM. 178, 4. hundel

VIRG. 130, 9. 138, 9. 662, 5. 671, 13 *etc.* PASS. *K.* 395, 53. hündel APOLL. 6912. hüntel MGB. 125, 16. 18. 126, 32;

hunden *swv. s.* be-, gehundet (j.TIT. 1155);

hünden *adj. s.* hundin;

hünder *stm.* (I. 729ᵃ) *fingierter sectenname* BERTH. 402, 20.

hünder *s.* hinder.

hundersto *adv. hundertmal.* hundersto mê GRIESH. 1, 165. — *entstellt aus* hundertstunt *s.* WEINH. *al. gr. s.* 311.

hundert *stn.* (I. 727ᵇ) *hundert, allgem.* — *zu* hunt *stn.*

hundert-jæric *adj. hundertjährig* MSH. 3, 468ᵒ. TROJ. 10671. HB. *M.* 647. 52.

hundert-slündec *adj.* (II². 403ᵇ) *hundert schlücke betragend.* hunderslüntic WEINSCHW.

hundert-tûsent *num. card. hunderttausend* MSH. 2, 113ᵇ. 189ᵇ. 3, 451ᵃ. TROJ. 5711. STRICK. 1, 3.

hundert-tûsent-valtec *adj. hunderttausendfältig* WACK. *pr.* 48, 42. *ebenso*

hundert-tûsent-valtec-lich *adj.* hunderttûsingvalteklich GRIESH. *pr.* 2.

hundert-valt *adj.* (III. 232ᵃ) *hundertfältig* BARL. GRIESH. 1, 123. 2, 52. WACK. *pr.* 59, 8 *ff.* PASS. 254, 6. ir schœne wirt hundertvalt BIRKENST. *p.* 10; — *adv.* MAI, GA. 2. 197, 10. EVANG. 268ᵃ;

hundert-valtec *adj. dasselbe* j.TIT. 6161;

hundert-valtec-lîche *adv. hundertfältig* SGR. 1754;

hundert-valten *swv.* in gehundertvalten;

hundert-velt-lîche *adv. s. v. a.* hundertvaltecliche H. *v. N.* 375.

hundert-weide *adv. hundertmal.* hundertweit EVANG. *Mr.* 10, 30.

hundert-werb *s.* warbe.

hundes, hunds *gen. v.* hunt, *damit uneigentlich zusammengesetzt*: hundesber *stn.* (I. 104ᵃ) labrusca, salatrum SUM. — hundsbiz *stm. hundebiss* MGB. 423, 20. — hundesbluome *mf.* cotila fetida, dancus, pastinata Voc. 1482. — hundsbluot *stm. hundsblut, als heilmittel* MGB. 126, 18. 144, 2. — hundsdarm *stm. hundsdarm* MYNS. 50. — hundshoubet *stn.* cynocephalus MGB. 490, 6. — hundeskërvele *f.* (I. 801ᵇ) cicuta SUM. — hundeskint *stn.* zutraul. *benennung der jagdhunde* WOLK. 43, 16. — hundeskopf *stm.* HB. *M.* 615. — hundskrût *stn. wolfskraut*, alexandria

MGB. 399, 17. — **hundsmelde** *f.* mercurialis Voc. 1482. — **hundsmucke** *swf.* (II. 226ᵇ) *hundsfliege* GL. NARR. MGB. 298, 8 *ff.* CHR. 8. 263, 9. — **hundsmuoter** *stf.* *hündin* MGB. 132, 25. 126, 8. — **hundstac** *s.* hundetac — **hundestille** (III. 37ᵇ, 11) amarusca SUM. — **hundsvliege** *s.* huntvliege. — **hundszunge** *s.* hundezunge.

hunde-spil *stn.* hundespil pflegen, *mit hunden jagen* KRONE 22703.

hunde-spîse *stf.* (II². 511ᵇ) *hundefutter* TRIST.

hunde-tac *stm.* *hundstag* CHR. 7. 278, 23. hundstag ANZ. 11, 334 (*a.* 1428).

hunde-, hunds-zunge *swf.* (III. 951ᵃ) *hundszunge, wundkraut* GL. PF. arzb. 2, 6ᵈ. 12ᵉ. MGB. 390, 15.

hundîn *adj.* (I. 728ᵇ) *von hundart, hündisch* PASS. TAUL. (hünden); *von hundsleder,* hundîne schuoche BERTH. 86, 2. MGB. 126, 16; **hundinne** *stf. ib.*) *hündin* SUM. hündin MYNS. 90;

hundisch *adj.* hundische tage, *hundstage* GERM. 8. 108, 7. *vgl.* huntlich.

hunds- *s.* hundes.

hûne *swm. s.* Hiune.

hünen *swv. s.* hœnen.

hung *s.* honec.

hunge-bluome *swmf.* (I. 216ᵇ) *honigblume,* ligustra DFG. 329ᵇ.

hunger *stm.* (I. 727ᵃ) *hunger, eigentl. u. bildl.* GEN. HARTM. PARZ. MART. 128, 82 *ff.* hungers tôt, *vor hunger tot* KARAJ. BON. GRIESH. 2, 63. ECKE *C.* 277. hungers sterben FASN. 565, 1. hungers swellen BPH. 6291. begriffen mit des slâfes hunger MART. 32, 42. unz si des hungers swert gesundert DAN. 6569. unz im des hungers zange nâch den lip hæte genomen Aw. 3, 231. heiliger hunger, gotes hunger *hunger, begierde nach gott* FRONL. 8. — *gt.* huhrus *hunger*, huggrjan (hungrjan) *hungern nach* BOPP *u.* GSP. 39 *zu skr.* kânx *begehren, verlangen. vgl.* DIEF. 2, 579.

hunger-bære *adj.* (1. 727ᵇ) *hunger bewirkend* PARZ.

hunger-brüchic *adj.* *hunger leidend* BERTH. 138, 20.

hungerc *adj.* (I. 727ᵇ) *hungrig* PARZ. ER. 5863. HERB. 13013. PASS. *K.* 515, 37. hungerec PASS. 118, 13. 22. hungeric KCHR. *D.* 511, 17. LANZ. 1954. ER. 5832. MSH. 3, 468ʰ. RENN. 5447. MART. 177, 29. PASS. 377, 42. *K.* 84, 47. 120, 64. EVANG. *M.* 25, 37. 44. *L.* 1, 53. WACK. pr. 53, 228. 30. 130, 33. MGB. 130, 33. FASN. 346, 18. hungerige jâr *s. v. a.* hungerjâr HB. *M.* 182. 688. — *ahd.* hungarag, hungereg.

hunger-gît *stm.* *hungergier.* von grôzem hungergîte wart dô den würmen zorn OTN. 6, 36. *vgl.* hungrekyt Voc. *Schr.* 832;

hunger-gîtec *adj.* (I. 538ᵃ) *gierig aus hunger, sehr hungrig.* ein hungergîtec ber MSH. 2, 210ᵇ.

hunger-jâr *stn.* (I. 771ᵃ) *jahr des miswachses, hungerjahr* GEN. (*D.* 47, 11. 48, 1. 104, 33). GRIESH. BERTH. 9, 2. RENN. 8154. 13549. 58. 24090. Ls. 3. 627. 6. MGB. 75, 21 PASS. 212, 22. *K.* 12, 23. 520, 70. DAL. 209, 32. ANZ. 11, 334. HB. *M.* 183. 84.

hunger-kaste *swm.* (I. 791ᵇ) *hungerkasten, spöttische benennung des magens* MSH. 3. 279ᵃ, 6.

hunger-lich *adj.* *hungrig, gierig.* hungerlichiu art des lewen j.TIT. 1349. hungerl. gir ULR. *Wh.* 155ᵈ. hungerlîchez werben MSH. 2, 379ᵇ.

hungerlinc *stm.* (I. 727ᵇ) *famelicus* SUM.

hunger-mâl *stn.* (II. 23ᵇ) *zeichen von hunger* GEO. PASS. MYNS. 35; *umschreibung für hunger selbst* ELIS. 1769;

hunger-mælic *adj.* (II. 24ᵃ) *zeichen des hungers tragend* KONR.

hungern *swv.* (I. 727ᵇ) *tr. hungern lassen* PASS. *K.* 120, 49. einen hungern ûf etw. PASS. 115, 30; *refl.* *sich des essens enthalten* MGB. 112, 13; *unpers. mit acc. hungern,* mich hungert FREID. 128, 2. 178, 16. PASS. 103, 34. mich hungert n â ch j.TIT. 1408. FRONL. 8. mich h. ze MART. 197, 10. sich hungern lân, *begierig sein* ANEG. 37, 30. sich h. lân an PASS. 109, 32, nâch *ib.* 185, 95. 288, 63. 368, 18. *K.* 664, 46. — *mit* er-, ge-, ver-.

hunger-nôt *stf.* (II. 413ᵇ) *not des hungers, bedrängnis durch hunger* Iw. PART. *B.* 18244. 21781. RENN. 13121. EILH. 995. BUCH *d. r.* 1471. MYST. 2. 128, 18. ELIS. 3478. 85. 96. 3739. *uneigentl. compon.* hungersnôt LEYS. PARZ. WIG. GEN. *D.* 85, 27. 119, 24.

hungers-ampfer *stm.* h. oder saurampfer oxigalla, acetosa Voc. 1482.

hunger-stërben *stv.* *I, 3. vor hunger sterben.* und hungersturben ain tail CHR. 5. 57, 12.

hunger-tal *stn. als fing. ortsname.* er nimet sîn fuoter und sîn huon und rîtet heim gên Hungertal RENN. 1644.

hunger-tuoch *stn.* (III. 132ᵃ) *tuch womit in den fasten der altar verdeckt wird*, velum DFG. 609ᵉ. dominica prima in quadragesima nach complet sol das hungertuech für gezogen und die crucifix und andre pild wedeckt werden, an der mitboch nach dominica palmarum sol das hungertuoch gantz hin getan werden CGM. 62, 92. (15. *jh.*) *bei* SCHM. *Fr.* 1, 1132; *trop.* er lac sanfte âne fluoch nider ûf daz hungertuoch (*zu der schönen magd*) FRAGM. 22, 246.

hungerunge *stf. das hungrigmachen, aushungerung.* die megrung oder die hungrunge des falken MYNS. 20.

hunger-vürste *swm.* (III. 378ᵇ) *fürst im reiche des hungers* MART. 128, 88.

hunger-wîn *stm.* (III. 676ᵇ) an dem h. garben, vor hunger würgen FASN. 55, 27.

hünic *stn. s.* honec.

hunisch *adj. s.* hiunisch.

hünkel *stn. s.* huoniclîn.

hunne *swm. s.* hunde;

hunne *stf. die feierliche handhabung der zur reichspfalz gehörenden fischgerechtsame durch den hunnen* GERM. 4, 63 *f.*;

hunt *stn.* (I. 727ᵇ) *hundert.* driu hunt (: gewunt) OT. 151ᵇ. *vgl. zu* NIB. 1537, 4, *u.* WEINH. *b. gr. s.* 264. — *gt.* hund, *ahd.* hunt *zu skr.* çata (*aus* kanta), *gr.* χατο *in* ἕκατον, *lat.* centum CURT.³ 130. FICK² 31. GSP. 39.

hunt, -des *stm.* (I. 728ᵃ) *hund, jagdhund allgem.* (weder hunt noch han EILH. 4716. du füerest in umb als einen hunt GA. 4, 491. die priester glîchet man den hunden, wanne hundes zunge heilet wunden RENN. 2907. geruote hunde HADAM. 10. ein genozzen hunt 25, 6. den h. grüezen *antreiben, hetzen s.* grüezen *u.* SWSP. 197, 16. dem was nâch strîte also ger als hunden nâch dem tiere ULR. *Wh.* 231ᵃ. sô mordent si einander als die hunde j.TIT. 234. daz er der hunde geselle durch die unzuht wære KRONE 19458); *als scheltwort: bösewicht* DIEM. ER. PANT. des mortes fröute sich dô der hunt KCHR. *D.* 378, 26. waz wizze dû mir hunt *ib.* 384, 20. dô genas er von den hunden (*bösen juden*) MAR. 189, 31. lœs uns von den hunden (*heiden*) KARL 10086. der heidenisch h. MOR. 1, 418. ir ungetriwer h. PARZ. 693, 22.

ir valscher h. MSH. 3, 57ᵇ. bluotiger h. WOLFD. 1014; *der hundsstern, Sirius* MGB. 468, 10. *vgl.* MEIN. 14. — *gt.* hunds *zu skr.* çvan (*aus* kvan), *gr.* κύων (*stamm* κυον, κυν), *lat.* canis CURT.³ 151. FICK² 52. GSP. 39.

hunt-âz *stn.* (I. 760ᵇ) *hundefutter,* brinna, cantabrum DFG. 81ᵉ. 96ᵃ. Ls. WEIST. (hundaus 5, 125). mit den hunden ezzen huntâz APOLL. 20140. *vgl.* huntmâl.

hunt-dinc *stn.* (I. 334ᵃ) *centgericht* WEIST. (*auch* honnendinc).

hüntel *stn. s.* hundelîn.

hunt-ge-bûr *stm.* er sazte einen huntgebûr ûf daz hûs ze Winden LIVL. *chr.* 689. *vgl.* hunde.

hunt-ge-sinde *stn.* (II². 295ᵇ) *gefolge von hunden* LANZ.

hunt-grînen *stn. das zähnezeigen eines hundes* PASS. *K.* 390, 42.

hunt-heller *stm. abgabe an das centgericht.* honneheller GR.W. 2, 33.

hunt-houbet *stn.* (I. 719ᵇ) *hundshaupt* SUM. MGB. 490, 6.

hunt-hûs *stn.* (I. 738ᵇ) *hundehaus, hundehütte* SUM. MONE 7, 596. GR.W. 6, 398. *ebenso* **hunt-hüte** *f.* ANZ. 17, 73. *ebenso*

hunt-kelle *swf.* MONE 7, 596. die vorstaer sullen zimmern ein huntchellen ze Purchausen URB. *Pf.* 47.

hunt-lich *adj.* huntliche tage, *hundstage* MEIN. 14. *vgl.* hundisch.

hunt-louch *stm.* (I. 1044ᵇ) ermadactili SUM.

hunt-mâl *stn. s. v. a.* huntâz GR.W. 1, 95.

hunt-schaft *stf.* (I. 727ᵇ) *gericht der centenarii* WEIST.

hunt-slaher *stm. der herrenlose hunde einfängt und erschlägt, abdecker, schinder* TUCH. 103, 22. 105, 28. 112, 1. 267, 24. 271, 1. FASN. 376, 9.

hunt-swamme *swm.* (II². 760ᵇ) boletus SUM.

hunt-vleisch *stn. hundefleisch* HPT. 14, 178.

hunt-vliege *swf.* (III. 344ᵃ) *hundsfliege* GL. hundesvliege EXOD. hundsvlieg MGB. 298, 8. HB. *M.* 213. huntsvleige FROMM. 2, 439ᵇ.

hunt-wilt *stn.* Gardeviaz spranc durch gâhen nâch des huntwildes verte (*nach dem entflohenen hunde*) TIT. 156, 4.

hunt-wîse *stf. name eines tones.* in der huntwîse Frouwenlobes KOLM. 35. *vgl. einleit.* 172.

hunt-wurm *stm.* (III. 826ᵇ) *der hellische h., teufel* PASS.

hunz, hünz *präp. s.* unze.

hûo *s.* hûwe 2.

huob- *s. auch* huobe.

huob-acker *stm. zu einer* huobe *gehöriger acker* Gr.w. 1, 698. 4, 239.

huob-ambet *stn. amt eines* huobmeisters Mh. 2, 494.

huobe *stswf.* (I. 729ª) *md.* hûbe Ssp. 3. 45, 5. 61, 3. hûve *ib.* 1, 29; 2. 48, 8. 54, 2. hûfe Kirchb. 718, 49. Heinr. 353. 413. 1036: *stück land von einem gewissen masse,* hufe Hartm. Parz. Gudr. (21, 1. 917, 4). Wig. Walth. blòziu huobe Msf. 244, 71. von den huoben varn Neidh. 76, 16. bouwen wir die huobe Helmbr. 249. si wâren breiten huoben holt Lieht. 207, 20. sît ich dir ergeben hân sô manege huobe in dîn gebot Gerh. 479. die huobe wil ich in halbe geben und mit dem andern teile leben Dietr. 1002. eins eigens h. Bph. 3907. eigen und h. Ga. 1. 94, 201. er vertet sîner huoben gelt *ib.* 1. 90, 26. *oft in urk., urb. u. weist. z. b.* Urb. 352. Son. 109. Mz. 1, 226. 301. 432. Mh. 2, 451. 680 *ff.* Dm. 44. Ad. 1234. ein fuldische hûbe bedûtet ein zwiefeldige hûbe Gr.w. 3, 478. — *vgl.* Kuhn 7, 275—290 (*„das nach unserm* hufe *anzusetzende gt.* hôba *würde einem altind.* xâpâ *genau entsprechen, das sich an ein* xâpayâmi *oder* xapayâmi, *eine weiterbildung aus der wurzel* xi, *wohnen, eng anschliesst u. als einfachen grundbegriff wohnung, wohnstätte, wohnsitz sicher schliessen lässt. die unmittelbare herleitung unseres* hufe *aus* haban *ist unstatthaft, wenn wir auch für beide wörter den gleichen ursprung beanspruchen müssen" ib.* 290);

huobec *adj.* huobige güeter. *güter eines* huobers, *zinsgüter* Gr.w. 1, 688. 710.

huobe-dinc *stn. s. v. a.* huobgerihte Gr.w. 1, 705 *ff.*

huobe-, huob-gëlt *stn.* (I.523ª) *abgabe, zins, einkommen von einer* huobe Winsb. Helmbr. Ls. Dietr. 7988. Urb. *B.* 1, 8. Rta. 1. 444, 36. *vgl.* Meibom 178. *ebenso*

huobe-, huob-gülte *stf.* Glar. 115.

huobe-, huob-hûs *stn. haus des* huobmeisters Beh. 17, 15. 77, 3.

huobelinc *stm. s. v. a.* huober. *md.* hûbelinc, hûvelinc Arn. 56 (*a.* 1304. 75).

huobe-, huob-meister *stm.* (II. 120ᵇ) *der das* huobgelt *eintreibt, zinseinnehmer* Usch. 78 (*a.* 1297). Uhk. 2, 8 (*a.* 1301). Dh. 3. 137. 304. Mh. 2, 603. Gr.w. 5, 346. Beh. 222, 4.

huoben *swv. s.* gehuobet (Mone *z.* 11, 324 *a.* 1299), ungehuobet. *mit* be- (*nachtr.*), ver-.

huoben-bruoder *stm. ein klosterbruder, dem die bestellung des feldes obliegt* Arn. 56 (*a.* 1383).

huobener *stm. s.* huober;

huobenerîn *stf.* hubener und hubnerin Gr.w. 6, 88;

huober, huobener, huobner *stm.* (I. 729ᵇ) *inhaber einer* huobe, *erblehenbauer.* huober Urb. 2, 3. 27, 14. 28, 5 *ff.* Gr.w. 1, 4. 4, 12 *u. o.* Ad. 980. 1234. huobener Cds. 2, 173. Gr.w. 6, 88. huobner W. 19. *s.* 30. Np. 20. *vgl.* Mone *z.* 8, 135.

huobe-, huob-rëht *stn.* (II. 624ᵇ) *das recht der* huober Gr.w. 1, 677. 712; *abgabe von der* huobe *ib.* 1, 685. 716. 2, 32. 5, 424;

huobe-rihter *stm. vorsteher des* huobgerihtes Gr.w. 6, 312.

huober-rëht *stn. das recht der* huober Gr.w. 4, 55. *vgl.* huoberëht.

huober-schaft *stf. gesammtheit der* huober Gr.w. 2, 169.

huobe-tac *stm. ein jeder* hubner *ist schuldig den h. zu besuchen und sein zins zu geben* Gr.w. 4, 626.

huobe-tuoch *stn.* (III. 132ª) *das von den* huobern *als zins gelieferte wollentuch* Gr.w. 1, 12. 254. Mone *z.* 9, 137.

huob-ge-nôʒe *swm. hubgenosse, mithuber* Gr.w. 1, 186.

huob-ge-rihte *stn. hubgericht, von einem ausschusse der* huober *besetzt hatte es über grund u. boden u. die damit zusammenhängenden verhältnisse zu urteilen* Mone *z.* 12, 197. *vgl.* Arn. 57.

huob-guot *stn. gut eines* huobers, *zinsgut* Gr.w. 4, 1. 4.

huob-hof *stm. hof der aus* huobgüetern *besteht* Gr.w. 1, 691. 4, 139.

huob-holz *stn. der zu einer* huobe *gehörige wald* Gr.w. 4, 33.

huob-îsen *stn. s.* huofîsen.

huob-morgen *stm.* die huober hânt erteilt, das 3 huobmorgen tuont 2 ander rehte morgen Gr.w. 5, 513.

huob-scheffe *swm. scheffe des* huobgerihtes Gr.w. 3, 742.

huob-schrîber *stm. s. v. a.* huobemeister. *dem.* huobschrîberlîn Beh. 17, 10.

huob-schrîber-ambet *stn.* Beh. 17, 16.

huob-smit *stm. s.* huofsmit.

huob-spruch *stn. urteil des* huobgerihtes Gr.w. 6, 312.

huob-swîn *stn. zinsschwein von einer* huobe Gr.w. 1, 104.

huob-wîn *stm. wein, der bei der einsetzung eines* huobers *getrunken wird* Gr.w. 4, 13. 33. 5, 415.

huob-zins *stm. s. v. a.* huobegëlt Gr.w. 2,151.

huobner *stm. s.* huober.

huoch, -hes *stm.* (I. 729ᵇ) *hohn, spott* Gen. hûch, hûh Diem. Kchr. hû Ms. — *vgl.* hœne *u.* Fick² 28 (*zu skr.* kakk, *lachen, lat.* cachinnari).

huof, -ves *stm.* (I. 646ᵇ) *pl.* hüeve; *md.* hûf: *huf* Wolfr. Nib. Gudr. Gen. *D.* 111, 10. Loh. 4962. 6286. j.Tit. 1684. Geo. 1176. — *altn.* hôfr, *ags.* hôf *zu* hefjan (heben, heven); *nach* Weig. 1, 520 *zum gleichbed. slav.* kopitó *von* kopać, *mit dem fusse stossen, treten, scharren.*

huof-blat *stn.* (I. 202ª) *huflattich?* Helbl. *vgl.* hufblat.

huof-hamer *stm.* (I. 625ᵇ) *hammer zum hufanschlagen* Weist. (3, 472).

huof-îsen *stn.* (I. 756ᵇ) *hufeisen* Dietr. 9352. Jüngl. 916. Weinsb. 42. Gr.w. 1,701. huobîsen Ad. 966. hobîsen Weist. huobe-, huof-, hôfîsen babatum Dfg. 64ª.

huof-leteche *f.* (I. 941ᵇ) lapatium Sum.

huof-mezzer *stn.* (II. 163ᵇ) *messer zum beschneiden der hufe beim beschlagen der pferde,* abscidium Dfg. 5ª. *n. gl.* 4ª.

huof-nagel *stm.* (II. 297ᵇ) *hufnagel* Gr.w. 3, 416. Andreas faber, dictus Hufnagel Mb. 36ª, 168 (*a.* 1280).

huof-slac *stm.* (II². 383ª) *hufschlag, hufspur* Nib. Hartm. Wolfr. j.Tit. 430. Otn. 5,115. Dan. 990. Christoph 458.

huof-smit *stm.* (II². 427ª) *hufschmid* S.Gall. *stb.* 11, 44. Myns. 61. huobsmit Just. 336. huof-, huobsmit Mone *z.* 8, 54.

huohen *swv.* (I. 729ᵇ) *verspotten, höhnen.* huohen Diem. *vgl.* Schm. *Fr.* 1, 1046. — *zu* huoch.

huon *stn.* (I. 626ᵇ) hôn Roth. 4908. Chr. 4. 311, 26. hain Gr.w. 1, 406; *pl.* hüener, hurre Mone *z.* 21, 403: *huhn* Rul. Er. Neidh. (40, 1). Engelh Helmbr. Msh. 2, 287ᵇ. 3, 21ᵇ. 281ᵇ. Lieht. 334, 11. Renn. 8344. Mart. 31, 71. Dan. 3176. 3491. Ga. 1. 117, 464; 2. 212, 10; 3. 120, 366. 224, 1038 *ff.* Mgb. 163, 27. zürnen als ein huon Türl. *Wh.* 139ᵇ. den heiden ist ein cristen als ein huon *ib.* 76ª. *zur verstärk. der negat.* nicht ein huon Ring 14ᵇ, 6. — *zu* han;

huonchîn *stn. hühnlein* Md. *ged.* 3, 9.

huonic *stn. s.* honec.

huoniclîn *stn.* (I. 626ᵇ) *hühnlein* Gl. *contr.* hünkel, hinkel Weist. (6, 396). *ebenso*

huonlîn *stn.* Germ. 14, 450. huonli Pf. *arzb.* 1, 7. hüenel, hüendl Mgb. 193, 8. 195, 11 *u. o.*

huonret? *stn.* wêr aber, daz ein zollere sich dar an sûmete (*die masse und gewichte zu untersuchen*) unt die rihtere daz huonret bevinden und den fals, die buosse sulent die rihtere nemen mittenander, die daz huonret bevonden hânt an dem zollere Gr.w. 1, 763 (*Unterelsass*).

huor *stn.* (I. 729ᵇ) *md.* hûr: *ausserehelicher beischlaf, ehebruch, hurerei* Kchr. Gen. (*D.* 17, 3. 22, 5. 78, 24). Freid. Priesterl. 149. 209. Hpt. 3. 521, 84. Msh. 3, 5ª. Swsp. 172, 82. mit ir was der hûr alsô grôz Glaub. 2286. — *vgl.* harn;

huorære, -er *stm.* (I. 730ª) *hurer* Tund. Roth *pr.* Strick. 10, 7. Birkenst. 114; *der ehelichen beischlaf treibt* Priesterl. 513 *u. anm.*;

huorærinne *stf.* Greith *spicil. s.* 63. Schm. *Fr.* 1, 1158.

huordieren *swv. s.* hurtieren.

huore *stf.* (I. 729ᵇ) *md.* hûre *s. v. a.* huor Glaub. 2492 (*vom ehelichen beischlafe s. zu* Priesterl. 513). *vgl.* Fasn. 1234, 8;

huore *swm. s. v. a.* huorære Heimb. *hf.* 277 (*als scheltwort*).

huore *swf.* (I. 730ª) *hure* Mone schausp. Mor. 2, 859. Vintl. 3441. 91. Chr. 4. 92, 11 *u.* 380ᵇ. Zimr. *chr.* 2. 128, 14; 3. 444, 15;

huoren *swv.* (*ib.*) huor *treiben.* weder huoren noch buoben Öh. 107, 33; *vom ehelichen beischlafe* Ls. — *mit* be-, ver-.

huoren-bein *stn.* du bist ein pesz huorenpain Fasn. 997, 28.

huoren-brust *stf.* hurrenbrüst siht man blecken oft umbsüst Ring 54, 38.

huoren-hûs *stn. s.* huorhûs.

huoren-kint *stn.* huorkint.

huoren-schalc *stm. hurenknecht, als schelte* Ring 55ᵈ, 39.

huoren-sun *stm.* (II². 733ª) *hurensohn* Jer. Mone *z.* 17, 31. Fasn. 685. 1223. der huorensun, der henker, hât daz reht, daz er sol rihten allez daz, daz an den lip gât Augsb. *r. W.* 74. Feldk. *r.* 22, 1. huorsun Fasn. 155, 34. 367, 18. 587, 26.

huoren-tanz *stm.* Fasn. 873, 14.

huoren-trîber *stm.* du lotter, du schalk, du hurntreiber Fasn. 89, 10.

huoren-tuom *stn.* prostitutio Voc. *Schr.* 2255.
huoren-wiht *stm. hurenwicht, hurer* RING 51, 11.
huoren-wirt *stm. hurenwirt* FASN. 866, 7.
huoren-zal *stf.* die hüpschisten in der huorenzal FASN. 873, 21.
huorerîe *stf. hurerei* CHR. 5. 43, 37.
huor-ge-lust *stm.* (1055ᵇ) *unkeusche begierde, geilheit* KARAJ., *personif.* WG. 4286. *vgl.* huorlust.
huor-heit *stf.* (I. 730ᵃ) *hurerei* GEST. *R.* KELL. *erz.* 23, 4. HEINR. 1437. SCHM. *Fr.* 1, 1158.
huor-hûs *stn.* (I. 738ᵇ) *hurenhaus* SUM. ANZ. 1, 67. ZIMR. *chr.* 3. 69, 12. hôrehûs FRANKF. *brgmstb. v.* 1455 *vig. III p. epiph.* huorenhûs FASN. 865. 66.
huor-kint *stn.* (I. 818ᵇ) *hurenkind,* spurius Voc. *o.* SWSP. 334, 7. 18. 20. manser Voc. *Schr.* 1614, huorenkint DFG. 347ᵇ. *n. gl.* 246ᵃ.
huor-lich *adj.* (I. 730ᵃ) *hurerei bezweckend, zur h. gehörend* DIEM. TUND. LIT. PRIESTERL. 446. ROTH *dicht.* 5, 136.
huor-lust *stm.* (I. 1055ᵇ) *s. v. a.* huorgelust KARAJ. SPEC. 330. BIRKENST. 201.
huor-machære *stm.* (II. 17ᵃ) *kuppler,* leno SUM. *vgl.* SCHM. *Fr.* 1, 1158;
huor-macherinne *stf.* conciliatrix DFG. 138ᶜ.
huor-sun *stm. s.* huorensun.
huor-übel *stn.* amorerium DFG. 31ᵇ.
huoste *swm.* (I. 730ᵃ) *md.* hûste, *husten* Ms. (*H.* 2, 241ᵃ). MART. PASS. RENN. 23709. 54. GA. 2. 290, 117. RING 20ᵇ, 18. 20ᶜ, 22. MGB. 89, 22. 23. 320, 11. 339, 24 *u. o.* FASN. 94, 16. — *ags.* hvôsta *zu skr.* kâs *husten,* kâsa *der husten, lit.* kosu, kosti FICK² 42. KUHN 5, 347;
huoste *adj.* den huosten *habend.* dempfic und huoste MSH. 2, 345ᵇ.
huosten *swv.* (I. 730ᵃ) *husten* MART. 124, 86. MOR. 1, 1466. MF. 17. MGB 18, 20. 66, 13. 339, 18. DAL. 151, 34. über die canzel huosten CHR. 3. 39, 6 (publice dicere 187, 6);
huosten *stn.* dem wirt huostens, kîchens von iu niemer buoz MSH. 3, 211ᵇ. huostens scholt du auch beginnen RING 27ᶜ, 25.
huot *stf. s.* huote.
huot *stm.* (I. 732ᵇ) *md.* hût, *pl.* hüete: *hut, mütze, allgem.* (vilzîner h. KOL. 179, 849. grüener h. MSH. 3, 276ᵃ. rôte hüete *der dörper* NEIDH. 74, 14. hôher h. *ib.* 239, 63. 69. ein grâwer windischer huot SWSP. 418, 27. ein wol stênder h. GA. 2. 184, 394. fliegunt hüete HELBL. 3, 105. ein tiefer hût, *der einen teil des gesichts verdeckt* PASS. *K.* 521, 58. ein huot der bevienc im die stirne gar GERM. *H.* 9. 119, 841. mantel, huot sint êrenkleit den wîben j. TIT. 4107. diu vrouwe gienc âne huot durch daz siu kintlich wolte sîn LANZ. 866. den h. ûfsetzen HELBL. 1, 257. den h. gelüpfen MSH. 3, 330ᵃ. einem den h. zucken j. TIT. 4107. den h. verrücken KRONE 29095. der den huot vür muoz rücken, daz diu liute in niht erkennen RENN. 7069. under dem huot goukeln *ib.* 3733); *s. v. a.* hersenier (*vgl.* hüetelîn) RUL. KARL; *helm* LAMPR. WWH. hût von stahele EN. 194, 40. ROTH. 1103. stælîn huot ALPH. 377, 1. dâ mac verrücket werden huot, swenne ez kumet an den strît BIT. 4568. 9459. funde ich veile einen huot (*var.* îsenhuot) der für lüge wære guot, und einen schilt für schelten FREID.² 107, 14; *schützender überzug* LANZ. PARZ. ein huot ûf dem gezelte TÜRL. *Wh.* 129ᵇ. von leder ein huot hienc dâ bî, der daz gezelt machte fri des regens WG. 276, 24. pleienner huot, *deckel* MGB. 81, 14. *hülse an einem thurmknopf* TUCH. 105, 11. — *vgl.* KUHN 7, 180. DIEF. 2, 238. 545 *u.* huote;
huotære, -er *stm. hutmacher* OT. 567ᵃ. AMMENH. 207. 216. TUCH. 252, 4. hutter CHR. 4. 13, 33.
huotære *stm. s.* hüetære.
huot-boum *stm. baum, unter welchem die hütte des feldhüters errichtet ist.* huotboum *und* hütteboum MONE *z.* 13, 263. 268.
huote *prät. s.* hüeten;
huote, huot *stf.* (I. 730ᵃ) *sw.* STRASSB. *r.* 56. *md.* hûte, hût, hûde (ELIS. 829): *schaden verhindernde aufsicht und vorsicht, bewachung, behütung, fürsorge, allgem.* (eines mit huote pflegen SILV. 3824. in stæteclicher huote TROJ. 15259. huote vrî bestân 17236. kein huote uns beiden wirret 21402. ir huote wart michel unde manger slaht 25140. si wâgen lihte alsam ein ei melde und starke huote ENGELH. 3229. ach daz uns hie wolte diu leide huote væren *ib.* 3315. die zageheit ûz der huote lâzen RAB. 687. ir huote [*geleite*] wart mit im gesant BIT. 2662. *vgl.* 2675. in vollen hûten, *mit vollem schutze* PASS. *K.* 119, 8. volle hûte halten, *sich sehr in acht nehmen ib.* 241, 84. heimlîche hûte, *verborgenheit ib.* 65, 34. reine hût, *sittlichkeit ib.* 29, 2); *wache,* in die huote gên, in h. sein CHR. 3. 359, 13. 384, 10. 385, 30, *persönl. wächter* NIB. GUDR. 1448, 1. PASS. *K.* 156,

43. CHR. 9. 852, 26. 1029, 24; *hinterhalt, lauer* DIETR. 3665. BERTH. 211, 27 *ff.* CHR. 1. 36, 14; 2. 166, 11. 172, 15. 173, 2. 177, 9 *u. o.; nachhut* LIVL.; *im schachspiel die obere figurenreihe* LESEB. 1054, 33; *waldhut, district eines försters oder waldaufsehers* CHR. 1. 29, 14. 30, 10. TUCH. 89, 27. NP. 299. MZ. 3, 365. *vgl.* des feuers, des luftes huot (*bereich?*) MGB. 74, 1. 2. — *vgl.* huot *u.* FICK² 45 (*zu skr.* kuh *aus* kudh *hüten, bergen*) CURT³. 244.

huote-lôs *adj.* (I. 731ᵃ) *ohne* huote, *bewachung* BON. 78, 6. DSP. *s.* 35. GR.W. 4, 126.

huote-man *stm. s.* huotman.

huoten *swv. s.* hüeten.

huoter *stm. s.* huotære.

huoter-gadem *stn. laden des hutmachers* NP. 289. *ebenso*

huoter-kræmlîn *stn.* UHK. 2, 75 (*a.* 1321).

huot-habere *swm. hafer als abgabe für die bewachung von etwas.* avene dicte huothaber 2 modios MB. 36ᵃ, 191. GR.W. 3, 645 (*für den nachtwächter*).

huot-liute (I. 1038ᵇ) *pl. von* huotman *hüter, wächter* KOL. 201, 399. *md.* hûtlûte PASS. (91, 28. 221, 52. 228, 5. *K.* 32, 10. 182, 2. 561, 32). HB. *M.* 500.

huot-macher *stm. hutmacher* MONE *z.* 9, 183.

huot-macher-knëht *stm. hutmachergeselle* NARR. 72, 50.

huot-man *stm.* (II. 40ᵇ) *hüter, wächter, md.* hûtman PASS. HB. *M.* 555.; *glöckner*, huoteman ALEXIUS (*lies* 71, 213).

huot-phenninc *stm. abgabe für die bewachung von etw.* MB. 36ᵃ, 192.

huot-samec-heit *stf. sorgfalt.* huotsamkeit WACK. *pr.* 97, 34.

huot-stal *stm. stall für das weidevieh* GR.W. 1, 160.

huove-kraz *stm.* (I. 877ᵇ) *der eindruck von hufschlägen, hufspur* WWH. j. TIT. 5628. *ebenso*

huove-schrift *stf.* ob ich der niuwen huoveschrift (*hs.* hübestrift) mich iender kan genâhen VIRG. 318, 5.

hupfeln *swv. in* enthupfeln, *vgl.* hoppeln;

hupfen, hüpfen *swv.* (I. 710ᵃ) *hüpfen* ATH. MSH. 2, 244ᵃ. 370ᵃ. 3, 236ᵇ. 280ᵇ. APOLL. 191. GA. 3. 121, 372. MGB. 74, 25. 199, 12. 238, 16. hopfen BERTH. *Kl.* 22. FASN. 297, 21. huppen, hüppen Ms. hubben NEIDH. (*leseb.* 515, 19). hoppen REINFR. 36ᵃ. MF. 131. — *mit* nâch, nider, ûf, umbe; über-. *ags.* hoppan, *vgl.* WEIG. 1, 517. DIEF. 2, 530. 545;

hupfen *stn.* hupfen, hopfen RING 38ᵈ, 15. 16.

hupf-han *swm.* (I. 626ᵃ) *hahn, der so gross ist dass er auf eine gewisse höhe hüpfen od. fliegen kann* RA. 376 *anm.* 1. *vgl.* gaterhenne.

huppe-halz *adj. s.* hüffehalz.

huppen *swv. s.* hupfen.

hüpsch *adj. s.* hövesch.

hûr *stf. miete* OBERL. 667. CHR. 6, 125 *anm.* 2. 173, 12. *s.* hûren 2.

hurden *swv. in* behurden.

hurdieren *swv. s.* hurtieren.

hürd-valle *swf. s.* hurtvalle.

hûre *adv. s.* hiure.

bûren *swv.* (I. 734ᵃ) *kauern, zusammengebückt sitzen* HÄTZL. ZIMR. *chr.* 3. 500, 2. — *mit* nider. *vgl.* DWB. 4², 582. 5, 315.

hûren *swv. mieten, s.* be-, verhûren; *auf mietpferden (s.* hûrpfert) *reiten, in einem mietwagen fahren (vgl.* haudern *im* DWB. 4², 572). und hân grôszen costen gehabt mit fûre und sunderlich mit pferden zu hûren von Basel bisz gein Costenze RCSP. 1, 318 (*a.* 1418). item hân ich geben von zwîn pferden von Basel biz gein Costenz und widerumb gein Basel 6 tage zu hûren und dem knechte zu lôn 5 gulden *ib.* — *vgl.* KUHN 6, 13 (*wahrscheinl. zu skr.* krî, *kaufen*).

hurgen *swv. heranwälzen, nahen.* nû sâhin daz vreislîche leit ouch inkegin si hurgen di dît von den drîn burgen JER. 70ᵃ. *vgl.* SCHM. *Fr.* 1, 1161 *u. ahd.* hursgen, *eifrig machen, beschleunigen.*

hurlachei *stn.* (I. 734ᵇ, 9) *lärm, tumult* WOLK. *vgl.* hurren. *ebenso*

hurle-bûs *stm.* (I. 734ᵇ, 11) DIOCL. hurlabûs SCHM. *Fr.* 1, 1161.

hûrlinc *stm. mieter* LAURENT 235, 35. — *zu* hûren 2.

hurm *stm.* (I. 734ᵃ) *feindlicher angriff* LOBGES. *zu* hermen, *vgl.* gehurme;

hurmen *stn. md.* hormen. mit vigentlichem hormen sî begunden vaste stormen KIRCHB. 831, 12.

hurmen *swv.* den hof hurmen, *die felder desselben mit mistaufführen bestellen* MONE 6, 285.

hürnen *swv.* (I. 716ᵇ) *prät.* hurnte, *part.* gehürnet, gehurnet: *mit hörnern versehen* GEN. (der hurnt wurm 80, 1). gehurnte helleohsen HIMLR. 236; *auf dem horne blasen* TRIST. VIRG. 1039, 6. MONE *z.* 3, 277. CHR. 9. 754, 13. 852, 16;

hürnîn, hurnîn *adj.* (I. (716ᵃ) *von horn*

Diem. h. boge Part. B. 18214. Heinz. 931. Apoll. 2974. 4212. Albr. 1, 1382. Karlm. 37, 58. ein sper hürnîn Apoll. 6151. sîn brunje was hurnîn L.Alex. 1305. hurnîn gewant Ecke L. 54. Roth. 426 (hornîn). hurnîne gar Karl 3082. h. gevider Ecke C. 56; *mit einer hornhaut überzogen, hörnen* Nib. j.Tit. hürnîn gar sin vel Wwh. 351, 17. Ulr. Wh. 244ᵈ. Sifrit der hornîn Roseng. *Weigel* 1399. 1409. 16. 67. der hurnîn Reymprecht Ring 53ᶜ, 3.

hûr-pfert *stn. mietpferd* Laurent 179, 11. *vgl.* hûren 2.

hurrâ *interj., eigentl. imperat. von* hurren *mit angehängtem* â (*sp.* 1). hurrâ! wie er tobet, sô man in niht her enpfeht! Msh. 3, 188ᵇ. *vgl.* urrâ, burrâ, wurrâ;

hurren *swv.* (I. 734ᵇ) *sich schnell bewegen* Renn. ros und man die hurren (*od. prät. von einem stv.* hërren?) Wh. *v. Öst.* 93ᵇ. — *vgl.* Vilm. 179.

hurst *s.* hurt 2.

hurst *stf.* (I. 734ᵇ) *gen.* hürste, hurst, *pl.* hürste (*sw.* hürsten Chr. 9. 631, 11): *gesträuch, hecke, dickicht* Trist. Konr. (*lied.* 1, 213. Troj. 37659. Part. B. 516). Bon.Mart. (17, 12. 101, 59. 136, 106. 214, 52). Virg. 97, 6. Ls. 1. 389, 22; 3. 333, 15. Mgb. 491, 17. Altsw. 77, 25. Albr. 8, 5. Kirchb. 598, 49. 667, 35. 734, 55. gên waldes hürsten Wh. *v. Öst.* 46ª. — *nach* Wack. *zu*

hurt *stf.* (I. 734ᵇ) hort Dfg. 155ᵇ, *gen.* hürde, hurt: *flechtwerk von reisern, hürde, namentl. um jemand darauf zu verbrennen* Iw. Wwh. Trist. (Eilh. 3355. 3598). Lieht. Ms. (man solde si beide ûf einer hürde brâten H. 3, 6ᵇ). Pred. man sols ûf einer hürte (: antwürte) verbrennen Flore 6652. den solt man ûf einer hürde verbrennen Kolm. 19, 29. den sol man auf der hurde prennen Dsp. 1, 111. Ssp. 2. 13, 7. *vgl.* Otn. 166, 2. Wolfd. H. 217, 3. ketzere zû jagenne mit fûre und ûffer hurde Elis. 4005. einem ûf die hurt erteilen, über einen mit der hurt rihten Augsb. *r.* 22ª. 39ᵇ. si muoz brinnen ûf einer hurt Ga. 1. 173, 142. 174, 176. sô leit ers alle ûf ein hurde und macht ein grôzen rouch dar under Netz 9672; hurt *als thür* Weist., *als brücke* Parz. (h. *über einer wolfsgrube* Reinh. 304, 364), *als belagerungsmaschine s.* katzenhurt, *als falle s.* hurtvalle. — *gt:* haurds *thür, vgl. lat.* crates *u.* Dief. 2, 536. Gsp. 39.

hurt *stm.* hurte, hurt *stf.* (I. 735ᶜ *f.*) *stoss, anprall, stossendes losrennen* Nib. Wolfr. Wig. Gerh. Lieht. (85, 23. 86, 18. 87, 5. 89, 29. 215, 20). Gudr. 1410, 3. Ernst 4822. Loh. 3419. 689. 4263. 82. 4497. 589. 5142. 793. Türl. Wh. 12ᵇ. 21ᵇ. der sich alles des bewac, dar ane diu hurt des prîses lac Ulr. Wh. 109ª. vil viantlîche hurte tuot er noch in den strîten *ib.* 148ᵈ. strîtes hurst Wh. *v. Öst.* 20ᵇ. — *aus fz.* heurt, *it.* urto *stoss,* hcurter, urtare *stossen* (*s.* hurten) *vom mlat.* hurdus *bock,* kelt. hwrdh *stoss u. bock,* hyrdhu, hyrdhio, *stossen* Diez 364. *vgl. auch das lat.* arietare *stossen* (*von* aries, *bock*), *wofür schon früh* ortare *vorkommt;*

hurtâ *s.* hurten.

hurtære *stm. s.* hordære.

hurt-buckeler *stm. schild zum auffangen des* hurtes, *stosses* Ga. 3. 377, 753.

hurte *prät. s.* hurten.

hurte-bære *adj.* (I. 736ª) *mit* hurt, *stoss verbunden.* hurtebærer stôz Turn. B. 820. hürtebære stœze Troj. 32919. 33749. 34321. 39799.

hurtec *adj. schnell, hurtig* Kirchb. 703, 10. — *zu* hurt 2;

hurtec-lich *adj.* (I. 736ª) *mit* hurte *losrennend* Wolfr. (*Wh.* 432, 24). Konr. (Turn. B. 761. 81. hürteclich 887.Troj. 12573. 35608). Lieht. 86, 5. Loh. 5062. Helbl. 13, 97; *schnell, reissend, des* wazzers hurtiglîcher strâm Kirchb. 703, 12;

hurtec-lîche, -en *adv.* (*ib.*) Nib. Parz. Wig. Mai, Part. B. 3603. Turn. B. 1069. j.Tit. 1380. 5717. Lieht. 85, 21. Ulr. Wh. 160ᵇ. 163ᶜ. Zing. Pl. 6, 141. Kreuzf. 3494. 7682;

hurte-, hurt-lich *adj.* (*ib.*) *s. v. a.* hurteclich Turn. (B. 761 hurtelich); *zum gebrauche beim* hurt *geeignet* Er.;

hurte-, hurt-lîche, -en *adv.* (*ib.*) *mit stosse losrennend* Nib. Trist. H. Türl. Wh. 22ª. 24ᵇ.

hurtelinc *stm. s. v. a.* hurtenier Ga. 1. 472, 642;

hurten *swv.* (I. 736ᵇ) hürten Ulr. Wh. 163ᵇ. Part. B. 5186, *prät.* hurte, *part.* gehurtet, gehurt: *intr. stossend losrennen* Parz. Trist. Wig. Lieht. Engelh. in strîte hürten Ulr. Wh. 163ᵇ. dringen unde h. Gfr. 1153. hurten unde stôzen Albr. 9, 35. h. u. slahen Bit. 9134. v o r t hurten Eilh. 3532. zesamene h. Krone 18381. an einen h. Apoll. 7950. ûf einen h. Herb. 5735. Bit. 9211. 29. Wolfd. 862. si hurten ûf die schilde Apoll. 19738.

imperat. u. interj. hurtâ! WOLFR. LIEHT.
GERH. LOH. 4492. MSH. 3, 223ᵇ. HELBL. 13,
104. 182. TEICHN. 291ª. OT. 439ª. 446ª. AB. 1, 341.
FASN. 511, 7. — *tr. stossen* PARZ. WIG. dâ
wart vil manec man gehurt LIVL. 1127. 2861.
er was niht umbe gezücket noch gehurt in
dem strîte HELBL. 1, 874. er hurte in ûf daʒ
gras HERB. 5007. — *intr. mit* zuo, *tr. mit*
nider, ver-, ze-. *s.* hurt 2;

hurten *stn.* (*ib.*) LIEHT. RENN. 6819. KRONE
24021. kürlîcheʒ hürten MSH. 3, 438ª.

hürten *swv. s.* horden.

hurtenier *stm.* (I. 737ª) *ein stück der rüstung*
LIEHT.;

hurtieren *swv.* (I. 736ᵇ) *intr. s. v. a.* hurten
GERH. APOLL. 17769. hurdieren LAUR. 1025.
huordieren HELBL. *ndrh.* herdêren CRANE
1559. 2197. — *mit* zer-;

hurtieren *stn.* (*ib.*) TURN. *B.* 747.

hurt-lich *adj. adv. s.* hurtelich.

hurt-valle *swf.* (III. 223ª) *falle von flechtwerk
gemacht zum fangen von hunden u. katzen.*
hürdvalle GR.W. 1, 201.

hurwe *stn.* (I. 710ᵇ) *kot* MART. (109, 110. 167,
106). — *zu* hor;

hürwîn *adj. s. v. a.* horwec H. *v. N.* 381. un-
der den hurwînen handen WACK.*pr.* 8, 64. hor-
wein want, *körper* SGR. 1557 (= horbiges
haus 1826, horbiges vas 1975).

hurzel *stm. kleingehauene steine, strassensteine.*
4 β eim karn von ½ tage mit 2 pferden hur-
zel ûf die brucken zu fûren by den molen,
in daʒ loch zu fullen FRANKF. *baumstb. v.*
1411 *f.* 76ᵇ. hurzel brechen *ib. v.* 1427 *f.* 7.
horzel ûf den steinweg fûren *ib. v.* 1403 *f.*
29ᵇ. 1407, 13. — *zu* hurzen. *ebenso*

hurzel-stein *stm. ib. v.* 1412 *f.* 45.

hurzen *swv.* (I. 737ª) *stossen, vgl.* hurten *u.*
SCHM. *Fr.* 1, 1172. KWB. 144; *jagen, hetzen,*
hürzen Ms. (NEIDH. XIII. *var.* hurzen, hor-
zen).

hûs *stm.* (I. 737ª) hous GEN. *D.* 6, 9. 36, 19. 38,
31. 42, 27; *pl.* hûs *und* hiuser: *haus, woh-
nung, haushaltung, allgem.* (ein hûs mit
holze reht entworfen MSH. 2, 228ᵇ, *vgl.* HPT.
9, 539 *anm.* 51. hûs unde hof MARLG. 60, 34.
KARLM. 154, 50. wîtiu hûs BPH. 6288. rie-
chend hûs MSH. 3, 488ᵐ. unreinez h. *huren-
haus* PASS. *K.* 28, 76. von hûs ze hûse RENN.
18243. MGB. 203, 9. gegen h., *nach hause*
PASS. *K.* 66, 19. KOL. 136, 277. ûʒer hûse
MSF. 171, 39. den wolf ze hûse laden *ib.* 23,
21. ze vröuden hûs geladen *ib.* 82, 4. ze hûs
gebeten, *zu gast geladen* MYST. 1. 180, 6.
daʒ hûs besorgen NEIDH. 26, 16. 39, 32. hûs
in den lüften halten TROJ. 24749. mit hûs
sitzen, *ansässig sein, wohnen* KOL. 146, 5.
mein hof, dô ich inne mit hous pin UHK. 2,
142 *a.* 1331. zu haus komen, *heiraten* CHR. 5.
129, 33. des hûses reht meʒʒen nâch der
snuore MSH. 2, 372ᵇ. man gît dem hûse grô-
ʒeʒ reht KRONE 22741); *rathaus* CHR. 1.
268, 19. 271, 12. 40; 3. 368, 28. 383, 26. 393,
40. 394, 11 *etc.* 4. 79, 11. 84, 8. 154, 26. 158,
1. 176, 20. 22. TUCH. 270, 8 *u. o.* in daʒ hûs
geloben, *auf dem rathause den bürgereid
leisten* FRANKF. brgmstb. *v.* 1430 *vig. III. p.*
Serv.; *festes haus, schloss* LIEHT. 32, 12. Mw.
255, 21. DM. 1. STB. 212. 216 *u. o.* CHR. 1.
57, 1. 157, 6. 182, 27. 183, 5 *etc.* 2. 16, 6. 38,
12. 130, 25. 177, 19 *etc.* 4. 38, 10. 59, 12. 82,
11. 90, 2. offen hûs *s. unter* offen; *hütte, zelt*
CHR. 5. 385, 5; *vogelhaus* CRANE 3222; *fa-
milie, geschlecht,* daʒ hûs von Bayern RCSP.
1, 571. daʒ hûs Osterrîch SCHREIB. 2, 286.
304. 84. haus von, zu Österreich CHR. 5. 171,
9. 12. 172, 21; *der menschliche leib* SGR. 1826.
— *vgl.* DWB. 4², 640. FICK² 47. KUHN 5, 212.
DIEF. 2, 585.

hûs *stm. der wurm, der haist der haus* HPT.
14, 166. *vgl.* hûse.

hûsære *stm. s.* hiusære.

hûs-arme *swm. armer, der kein haus u. ob-
dach hat.* den ofte in sînem herzen erbarmen
ellende weisen und hûsarmen RENN. 3558.
sô er eins alsô arm bekante, daʒ eʒ ein hûs-
arme was, dem gap er gelt N. *v. L.* 99. *vgl.*
DWB. 4², 652;

[**hûs-armen** *stn.* I. 59ª] REINH. 394, 52 *lies mit
leseb.* 779, 8: ellender und hûsarmen (=
RENN. 3558).

hûs-arm-liute *pl. s. v. a.* hûsarme. das selb
gelt sol er für bass geben hausarmleuten Mz.
4, 319.

hûs-atzunge *stf.* aristerium DFG. 53ª.

hûs-bâht *stn. unrat, kehricht eines hauses.*
eʒ sol nieman keinen harn noch hûspâht noch
unsûber gespüele .. in die strâʒe niht wer-
fen noch tragen MERAN. 12.

hûs-barch *stn.* verres VOC. *o.* 44.

hûs-bëseme *swm. haus-, kehrbesen* GERM. *H.*
8, 307. FASN. 1216.

hûs-blunder *stm. hausrat, hausgeräte* S. GALL.
chr. 76. 81. CHR. 5. 272, 19. 277, 16.

hûs-boum *stm.* laurex mag ein hauspaum
haiʒen, wan lar haiʒt ain haus in ainer be-

deutung, dannen kömt das wort laurex MGB. 328, 12.

hûs-brôt *stn. hausbrot, das für den gewöhnlichen hausbedarf zubereitete, minder feine brot* GR.W. 1, 140. 5, 373.

husch *interj. für kälteempfindung* WOLK. 108. 6, 15. 123. 5, 12. *vgl.* KWB. 146.

hûs-dierne *f. dienstmagd eines hauswesens* BEH. 7, 8. FASN. 91, 5.

hûs-dinc *stn. ding, das zur haushaltung gehört* JER. 95ᶜ.

hûs-dürftec *adj.* den andern weck sol man den kinden snîden oder den hûsdürftigen (pauperibus) GEIS. 430.

hûse *swm.* (I. 741ᵃ) *der hausen, der grosse stör* LIEHT. Ms. (*H.* 2, 138ᵃ). RENN. 9774. MGB. 292, 9 *ff.* GA. 2. 469, 77. AUGSB. *r.* 12ᵃ. 21ᵇ. FASN. 370, 19. DFG. 194ᵇ. 282ᶜ. — *aus lat.* huso.

huseck *f.?* palla huseck vel schaub DFG. 407ᵃ. an schauben, hussecken rocken und menteln NP. 104. 107. *vgl.* SCHM. *Fr.* 1, 1184. BIRL. 240ᵃ.

hûse-gume, -goum *swm.* (I. 741ᵃ. II². 320ᵇ, 41) pellicanus WINDB. *ps.* DFG. 421ᵇ. *umged.* hûsgir DIEF. *n. gl.* 285ᵃ. *vgl.* sisegome.

hûselîn *stn. s.* hiuselîn.

hûse-lôs *adj. s.* hûslôs.

hûsen *swv.* (I. 740ᵇ) *intr. u. refl.* (ENGELH.), *ein haus bauen, sich häuslich niederlassen, wohnen* (*im eigenen od. fremden hause*), *eigentl. u. bildl.* GREG. WIG. RUD. LIEHT. Ms. wer dâ wolde h. PASS. *K.* 599, 16. leit muoz rûmen swâ diu liebe gehûset hât ULR. *Wh.* 182ᵇ. ich hûse ê nâher hin zuo in GA. 3. 13, 303. ich hûse in aber nâher baz *ib.* 312. hûsen in BÜCHL. 1, 57. TROJ. 24673. LOH. 955. 7646. WG. 5284. h. ûf GAUH. 59. ze walde hûsen TROJ. 890; *mit dat. einem eine wohnung bereiten* BARL. MGB. 290, 20; *haushalten, wirtschaften* CHR. 5. 73, 26. 148, 18; *übel wirtschaften, wüsten,* der Türk hat untz an und in das fürstentumb Krain und Kernden gehauset DH. 401. *vgl.* DWB. 4². 659, 9; — *tr. ins haus aufnehmen, beherbergen* (*vgl.* heimen *u.* hoven) Ms. SWSP. HPT. 7, 96. W. 14. CHR. 1. 175, 1. 390, 2; 2. 76, 28; 4. 100, 22. 28. 181, 27. 190, 35. 312, 8; 5. 15, 26. 48, 6. 12. 295, 27. 325, 34. *bildl.* TRIST. *H.* daz mære h. WH. *v. Öst.* 60ᵃ. diu milte diu hât in gehûset j. TIT. 5768. in daz reine herze dîn dâ solt dû mich hûsen în LIEHT. 515, 16. diu wolt in bî ir hûsen in ir herzen clûsen

KOLM. 115, 16. —*mit* în, be-, ge- (TROJ. 17419), über-.

hûsen-blâter *f. hausenblase.* ein kleinez permît dünne ûf die schrift leimen mit einer hûsenplâter SWSP. 419, 29.

hûsen-wamme *stf. bauchfell des hausen.* mit hûsenwammen durchzogen FRAGM. 29, 119.

hûseræere *stm.* in goteshûseræere *oben sp.* 1056.

hûs-êre *stf.* (I. 444ᵇ) *hausehre, die sich zeigt in freigebigkeit, gastlichkeit* (Ms. WINSB. KONR. *lied.* 19, 31 *ff.* KOLM. 125, 19 *ff.* OT. 431ᵃ. 497ᵇ. 598ᵇ. 756ᵇ. 761ᵃ. durch hûsêre einem helfen MW. 197, 28. 250. bei einem h. geniezen *ib.* 359, 6), *in der sicherheit u. ruhe des hauses* (SWSP. 208, 10. 233, 4. SALF. *r.* 188); *ehre des hausherrn im allgem.* FRAGM. hûsêre muoz vor gân, *d. h. der hausherr hat den ersten hieb oder wurf im zweikampf* WOLFD. 1186 *u. s.* 356ᵇ; *hauswesen, haushaltung* HALT. KOL. 145, 20. RENN. 734. 5542.

hûs-ge-brëste *swm.* hausgeprest od. hauskumber od. armut, media Voc. 1482.

hûs-gëlt *stn.* als vor zîten ein hûsgelt ûf gesetzet worden ist, daz ein ieclîcher gast, der gewant her bringt, von ie dem tuoch 4 dn., die einer her bringt und si wider vor hinnen füert, geben sol S. GALL. *stb.* 4, 317. *vgl.* MÜHLH. *rgs.* 151. CHR. 1. 101, 17. HALT. 845.

hûs-ge-mach *stn.* (II. 14ᵃ) *wohnung, wohnsitz* KONR. (TROJ. 21244. PART. *B.* 19933). PASS. VIRG. 210, 12. DA. 333. SCHRETEL 131. ZING. *geo.* 537. *findl.* 2, 129. ELIS. 6150; *gemach, zimmer* ANZ. 17, 73;

hûs-ge-mechelîn *stn. dem. vom vorig.* RENN. 5700.

hûs-ge-nôz, -nôze *stswm.* (II. 398ᵇ) *hausgenosse, mitbewohner eines hauses od. einer burg* EXOD. PARZ. LANZ. TRIST. FREID. HELBL. KRONE 17096. 19377. 22533. die heiligen gotes engele gewîsont hiute hie ir hûsgenôze (visitant cives suos) WACK. *pr.* 11, 19. 32. die hûsgen, *die zwölf apostel ib.* 21, 32. *vgl.* noch SWSP. *L.* 2, 115. FRONL. 27. NP. 57. UOE. 4, 106 *ff.* TUCH. 232, 7. 236, 29. MONE z. 16, 158. *bildl.* kumbers hûsg. LIEHT. 150, 15. hôher freuden h. MSH. 2, 27ᵃ. ich bin der Sælden h. ULR. *Wh.* 125ᵇ; *der in eines andern hause wohnt, mietsmann* FREIB. *r.* NP. 289. TUCH. 284, 15 *ff.*; *die angehörigen eines hauswesens, domestici* HALT. 845, *vgl.* HELBL. 8, 133. PRIESTERL. 95 *u. anm.*; *die münzer eines fürsten, da die münze ursprünglich* *im hause des fürsten selbst war* HALT. WEIST. AUGSB. *r. W.* 16. 17. MH. 2, 550. CP. 193. 201. 207. 219. 220. ANZ. 4, 85. 117. CHR. 4. 108, 12; 5. 52, 1; *standesgenosse, dem* übergenôʒ *entgegengesetzt* HALT. OTN. 262, 3; *bewohner von reichsunmittelbaren städten od. dörfern* HALT. die hûsgenôʒen *und daʒ* hûsgenôʒenambet der stat zuo Wîzenburc AD. 1253. wir hausgenoʒʒen in den vorgenanten dorfern UKN. 238 (*a.* 1330); *höriger, mithöriger* WEIST. die hûsgen. *des klosters Geisenfeld* GEIS. 414. 15;

hûs-ge-nôʒen *swv. refl. sich zum* hûsgenôʒe *machen.* wolt ich mich dar gerne hûsgenôʒen j.TIT. 258.

hûs-ge-nôʒen-ambet *stn.* AD. 1253 *s. unter* hûsgenôʒ.

hûs-ge-nôʒinne *stf. hausgenossin, domestica.* ze konschaft er niht gert sîner hûsgenôʒinne HELBL. 8, 221.

hûs-ge-nôʒ-schaft *stf.* (II. 399ᵃ) *stand und gesamtheit der* hûsgenôʒen HELBL. (8,₁₁ 343. 572). dô wart diu hûsgenôʒschaft im versagt (= er muoste von dem hove kêren) KRONE 19480. die wechselêre, die hûsgenôʒschaft haben und an der wechsilbang sitzin MÜHLH. *rgs.* 85. monetarii Ratisponenses, qui jus habent, quod vulgariter dicitur housgenôʒschaft Mw. 107 (*a.* 1272). *vgl.* DWB. 4², 666.

hûs-ge-ræte *stn.* (II. 574ᵃ) *coll. zu* hûsrât MART. Ms. verwîset ûʒ ir hêrschaft unde ûʒ ir hûsgerêde (*wohnung*) ELIS. 5371.

hûs-ge-rihte *stn.* (II. 649ᵃ) *hausrat* ULR.

hûs-ge-rüste *stn.* (II. 823ᵇ) *hausgeräte* MSH. (*bildl.* der êren h. 3, 441ᵃ). das haus mit allem dem varenden guet und hausgerust UKN. 191 (*a.* 1321). ain phunt phenn. aigens geltes und varund hab, es sei von wein oder von hausgeruste USCH. 298 (*a.* 1372).

hûs-ge-sæʒe *stn. haus, wohnhaus, hauswesen* GR.W. 1, 688.

hûs-ge-schefte *stn. hausgeschäft* RING 31ᵇ, 11.

hûs-ge-schirre *stn.* (II². 164ᵃ) *hausgeräte* VOC. *o.* HÄTZL. CHR. 4. 137, 22. 228, 25. MONE *z.* 11, 97 (*a.* 1397).

hûs-ge-sëʒʒe *swm. s. v. a.* hûsgenôʒe, *mitbewohner eines hauses* RCSP. 1, 468.

hûs-ge-sinde *stn.* (II². 295ᵇ) *das* gesinde *eines hauses, hausdienerschaft* GRIESH. MART. MGB. RSP. MYST. RENN. 15306. ENENK. *p.* 270. S.GALL. *stb.* 4, 130. 145. HB. *M.* 127. 420. 693. FASN. 358, 5.

hûs-ge-treide *stn. hausgerät.* harnasch, hûsrât und hûsgetreide klein und grôʒ ST. *a.* 1366.

hûs-ge-velle *stn.* (III. 224ᵇ) *trümmer eines hauses* WINDB. *ps.*

hûs-ge-vügel *stn.* (III. 359ᵃ) *zahmes federvieh,* altilia DFG. 26ᵇ.

hûs-ge-won-heit *stf.* eʒ was sîn hûsgewonheit, daʒ man allen tac bereit den armen drî stunt den tisch ALEXIUS 46, 51.

hûs-gir *m. s.* hûsegume.

hûs-got *stm., pl. n.* housgoter, *hausgötzen* GEN. *D.* 62, 1.

hûs-grille *swm. hausgrille* HPT. 14, 177ᵇ.

hûs-habe *swm.* (I. 601ᵇ) *hausbesitzer* WEIST.;

hûs-habe *stf. häuslicher besitz, häuslichkeit* GR.W. 5, 196. ÖH. 161, 2;

hûs-habe-lich, -heb-lich *adj.* (I. 603ᵃ) *ein haus od. hauswesen besitzend, ansässig* WEIST. (4, 364). zuo Muntbûr dâ ist er hûsheblich HELDB. *K.* 41, 6. hûshablicher siz DH. 423. 30. MH. 1, 243;

hûs-habe-lîche, -heb-lîche *adv.* hûshablich wonen CHR. 5. 379, 25 (hûshäblichen 388, 27. 389, 12). hausheblich wonen TUCH. 305, 4. 10. hûsheblich sitzen S.GALL. *chr.* 46.

hûs-haltærinne *stf.* (I. 623ᵇ) *bordellwirtin* CHR. 9. 1025, 6 *u. anm.;*

hûs-halten *stv. red. 1, 1. ein hauswesen führen, hausen* FRAGM. 37ᵇ, 6.

hûs-heb-lich *adj. adv. s.* hûshabelich.

hûs-hërre *swm.* (I. 667ᵃ) *hausherr* KARAJ. TUCH. 236, 29. agoro, pater familias DFG. 19ᵃ. 416ᵇ; patronus *ib.* 417ᵇ. s. Vincenz, patrôn und hûsherre zuo Bern JUST. 5. 11. 38; hûsherre im koufhûs, kaufhausinspector MONE *z.* 20, 297.

hûs-hove-meister *stm. haushofmeister.* unserm (*Friedrich v. d. Pfalz*) hûshofmeister MONE *z.* 1, 425 (*a.* 1468). 3, 181.

hûs-hove-stat *stf. bauplatz.* welher ain hûshofstat hett und dieselb nit bezimbern wil GR.W. 5, 197.

hûs-hunt *stm. haushund* RING 34, 35. MYNS. 92.

hûsichîn *stn. md. häuschen* MYST. 1. 60, 34. 244, 16.

hûsieren *stn. das hausieren.* gewant in ander leut heuser tragen, das so genennt wird hausieren NP. 133 (15 *jh.*);

hûsierer *stm. hausierer* ROTW. 1, 52ᵇ.

hûs-knappe *swm. webergeselle, der in der eigenen wohnung arbeitet* MONE *z.* 9, 150 *f.*

hûs-knëht *stm.* (I. 852ᵇ) *knecht, hausknecht*

WOLK. FASN. 251, 15. 401, 4. 755, 23. 757, 25. 855, 19. S.GALL. *chr.* 46. MONE *z.* 7, 65. CHR. 2. 326, 4; *castellan des rathauses* (*s.* hûs) *in Nürnberg ib.* 1. 273, 27. 274, 22. 276, 30; 2. 86, 14; 3. 393, 39. 41. NP. 80 *f.* TUCH. 119, 7. 127, 25. 28. 331, 33.

hûs-kumber *stm. hauskummer, hauskreuz* ANZ. 2, 197 *ff. s.* hûsgebrëste.

hûs-leip *stm.* (I. 961ª) *grosser leib brot, wie er für den hausbedarf geformt wird* WEIST. 5, 170. 175. CHR. 2. 305, 17.

hûs-lîche *adv. s.* hiuslîche.

hûs-liute (I. 1038ᵇ) *pl. von* hûsman, *hausleute, hausgenossen* OBERL. URB. *B.* 1, 14 *ff.*

hûs-lode *swm.* (I. 1041ᵇ) *im hause verfertigter* lode HELBL.

hûs-lôs *adj. ohne haus, seines hauses, wohnsitzes beraubt* GAUH. 13. hûselôs HPT. *h. lied* 35, 4.

hûs-louch *stm.* (I. 1044ᵇ) *hauslauch*, barba Jovis, sempervira, sperima DFG. 68ª. 526ª. 546ª.

hûs-man *stm.* (II. 40ᵇ) maritus DFG. 349ᶜ; *hausbewohner* ELIS. 4977; *mietsmann,* inquilinus DFG. 300ª; *burgwart, der der auf dem wartturme wohnte* KROL. CHR. 7. 144, 21. 210, 34.

hûs-meister *stm. hausherr.* ir êlîcher h. *gemahl* SIMON, *grafen v.* Erbach, *urkundenbuch s.* 79 (*a.* 1365).

hûs-meit *stf. hausmagd* FASN. 168, 24. 376, 16. 477, 23. 759, 24. KELL. *erz.* 197, 9.

hûs-muoter *stf.* mater familias DFG. 351ª.

hûs-nôt-durft *stf.* smalz, kes .. und ander solch hausnotdurft MH. 2, 807.

hûs-nuz *stm.* und bat uns, inen ein gericht ze machende für ir hûsnuz (*eine testamentscommission ins haus zu schicken*) BASEL. rechtsqu. 1, 50.

hûs-phîl *stm. pfeil od. bolz zu der armbrust.* hauspfeil CHR. 2. 253, 13. 254, 28. 255, 2. 22. 291, 19. 24 *u. s.* 555ᵇ. MH. 2, 78. *vgl.* SCHM. *Fr.* 1, 425.

hûs-rât *stm.* (II. 576ª) *häusliche einrichtung, hausrat, hausgeräte* (domicilium, suppellex, utensile DFG. 190ª. 568ª. 631ª). Iw. MART. FRL. LUDW. HELDB. *H.* 1. 111, 311. Ls. 1. 259, 11 (*haustiere*). FASN. 70, 7. 590, 5. 1213. 15. 1464. MZ. 1, 424. TUCH. 287, 30 *ff.* CHR. 2. 151, 11. 221, 3; 5. 27, 35. 70, 12. 276, 23. 31. 277, 3. hûsrâdes pflegen, *wohnen* ELIS. 6644; *verblümt für penis* ZIMR. *chr.* 2. 592, 34.

hûs-ratte *swm. hausratte,* glis domesticus MGB. 140, 7.

hûs-ritter *stm. ritter, der zu hause bleibt statt in den kampf zu ziehen* RSP. 3217.

hûs-rouche, -röuche *stf. die stätte des hausrauchs, eigener herd, eigene haushaltung.* hûsrouchi MONE *z.* 8, 49, 51. GR.W, 4, 277. hûsröuche *ib.* 1, 256. 6, 333. hûsröichi *ib.* 1, 24. hûsröchi S.GALL. *stb.* 4, 237. hûsröiki GR.W. 1, 4;

hûs-röuchen *swv.* wer zu S. wonet oder hûsreuchet GR.W. 2, 184;

hûs-rouchunge *stf. s. v. a.* hûsrouche MONE *z.* 14, 279 (*a.* 1480).

hûs-schinden *swv. häuser berauben* CHR. 6. 363, 20.

husseck *s.* huseck.

hûs-sæze *adj.* (II². 342ᵇ) *mit einem hause ansässig* SCHM. 3, 286.

hûs-schâchære *stm.* (II². 61ª) predo DFG. 453ª.

hûs-schaffære *stm.* (II². 73ª) *hausverwalter* LIEHT;

hûs-schaffenerinne *stf.* (*ib.*) *hausverwalterin,* adroges DFG. 14ª. *n. gl.* 10ª.

hussen *swv. intr. sich schnell bewegen, rennen.* gar pald thu ich hin wider hussen (: kussen) und gib im ains an sîn wengel KELL. *erz.* 182, 17; *tr. hetzen, reizen* WOLK. 18. 5, 1. *vgl.* hutschen, hutzen *u.* SCHM. *Fr.* 1, 1183.

Hussen *sw. pl. die Hussiten* SCHREIB. 2, 309. 363. SCHM. *Fr.* 1, 1183.

hûs-sorge *stf. häusliche sorge.* hûssorge tuot sô wê MSH. 2, 283ª. von haussorg FASN. 1435.

hûs-stadel *stm. scheuer.* und verbrennten ein hausstadel zu dem Feielhof CHR. 2. 186, 24.

hûs-stiure *stf. beisteuer zur gründung u. führung eines eigenen haushalts* FASN. 573, 14.

hûs-suoche *stf. durchforschung eines hauses.* hûssuoch nâch etw. tuon GR.W. 1, 679;

hûs-suochunge *stf.* (II². 12ᵇ) *s. v. a.* heimsuochunge, *hausfriedensbruch* MÜHLH. *r.* HALT. 851.

hûste *swm.* (I. 725ª) *auf dem felde zusammengestellter haufen getreide, heu.* hauste WEIST. (2, 571. 72). — *zu* hûfe *s.* DWB. 4², 691. WEIG. 1, 486;

hûsten *swv.* (*ib.*) *getreide u. heu in haufen setzen.* hausten WEIST.

hûs-tor *stn.* (III. 49ᵇ) *haustor* KUCHM. (*le seb.* 840, 18);

hûs-türe *stf.* (III. 50ª) *haustür* Iw. N. *v.* B. 230, 33. TUCH. 129, 15. 130, 22. 24.

hûsunge *stf. wohnung, haus* Ls. 3. 595, 22.

DH. 138. CDG. 2, 355 (*a.* 1341). RCSP. 1, 199 (*a.* 1411). CP. 273; *complex von häusern* DÜR. *chr.* 764.

hûs-un-gëlt *stn.* ungelt, *accis für den hausverbrauch* MONE *z.* 4, 308, 389.

hûs-vâr *stf.* (III. 267ᵇ) *gefahr fürs eigene haus* (SCHADE) FRL.

hûs-vater *stm. hausvater*, pater familias DFG. 416ᵇ; *patron*, unser lieber hûsvater sant Gall S.GALL. *chr.* 22. 35.

hûs-veget *stfn?* (III. 289ᵃ) hausfegot, rudia, sunt purgamenta domorum VOC. 1482.

hûs-ver-warter *stm.* (III. 532ᵃ) *hausverwalter*, edilis VOC. *o. vgl.* hûswarter.

hûs-vîent *stm. feind eines hauses, einer familie.* hûsvigent BON. 70, 57.

hûs-vluht *stf.* (III. 347ᵃ) *flucht vor dem hause od. ins haus* FRL.

hûs-vride *stm. hausfriede, schutz und sicherheit im eigenen hause* HÖFER 19 (*a.* 1270). HALT. 843 (*a.* 1455).

hûs-vrouwe, -vrowe, -vrou *swf.* (III. 424ᵃ) *herrin im hause, gattin* NIB. ER. PARZ. LIEHT. (279, 18. 280, 1. 9. 282, 19). MAI, WG. *u. md. denkm.* (ALBR. 16, 232). *vgl. noch* VIRG. 794, 3. TÜRL. *Wh.* 147ᵃ. ERACL. 3071. LOH. 3274. HELMBR. 731. W. *v. Rh.* 13, 58. KOL. 178, 817. 181, 916. FASN. 161, 21. 323, 27. MGB. 120, 4. hûsvrobe UOE. 5, 223 (*a.* 1318).

hûs-vürste *swm.* architriclinus DFG. 46ᵇ.

hûs-warter *stm. s. v. a.* hûsverwarter DFG.195ᵃ.

hûs-wer *stf. verteidigung des hauses.* dâ wart ein hûswer getân, diu nie von helden mêr geschach BIT. 12178.

hûs-wërc *stn.* hûswerc *und* steinîn hûswerc *oft in den* FRANKF. *baumstbb. für behauene quadersteine, z. b. v. j.* 1456 *f.* 84ᵇ. 1473, 48. (fur 200 und 9 stuck steins hûswergs) 1474, 32ᵇ. (94 stuck hûswerg) 1478, 14ᵇ. (fur 100 hûswerg) 1479, 2ᵇ.

hûs-werunge *stf. feierliche belehnung, installierung* DÜR. *chr.* 336 (*nach der Dresd. hs. bei* Liliencron hûswirmunge, *s.* GERM. 5, 246). — *zu* wern, *bekleiden.*

hûs-wirt *stm.* (III. 749ᵃ) *hausherr, hausbesitzer* BON. RENN.19783. HEINR.1127. SIGEN. *Sch.* 124. S.GALL. *stb.* 4, 74. 130. 155. GR.W. 1, 335; *vorstand einer haushaltung,* der liebe priester unser hûswürt N. *v. B.* 332; *gemahl* CHR. 2. 9, 2. ÖH. 86, 2. FASN. 163, 13. 167, 11. 1002, 17.

hûs-wonunge *stf.* (III.805ᵇ) domicilium VOC. *o.* MONE *z.* 18, 254. HALT. 851

hûs-wurz *stf.* (III. 829ᵃ) *hauswurz, sempervivum tectorum* VOC. MGB. 387, 20; *als name* FASN. 403, 5.

hûs-wurz-saf *stn. hauswurzsaft* MYNS. 45.

hûs-zimber *stn. bauholz.* ein gesnittens hauszimmer MH. 2, 639.

hûs-zins *stm.* (III. 899ᵃ) *hauszins, mietgeld* MÜNCH. *r.* URB. 228, 3. GR.W. 5, 506. MONE *z.* 4, 155. CHR. 5. 253 *anm.* 2. 335, 4. TUCH. 123, 9. 322, 28.

hût *stf.* (I. 741ᵃ) hout GEN. *D.* 39, 22; *gen.* hiute, hût, *pl.* hiute, hiut (heut: ungefreut HELMBR. 1656): *haut, fell des tierischen u. menschl. körpers, allgem.*, *s.* noch wurze unde krût az er (hirz) in sîne hût REINH. 381, 32. wan ez (pantier) hât vil fleck an seiner haut MGB. 156, 11. eines tôten hundes hût twingen, daz sie bellen muoz RENN.12411. hiut und horn, *zimier auf helmen* LOH. 5166; tiuvel in menschen hiuten RENN. 21220. 307. ir leben inne u. ûz der hiute *ib.* 6740. sie kûme lebten in der hiute j. TIT. 580. wîp an hiuten lint MSH. 2, 300ᵃ. verselwe dîne blanken hût und dîne liehte varwe niht TROJ. 17186. etlich liut in alter hiut RING 51ᵇ, 28. ich enlieze senewe ûz sîner hût snîden ê WWH. 260, 18. er hiez in abe ziehen die hût über diu ôren HPT. 5. 269, 33. daz dir hût und hâr abe gê HELBL. 1, 1203. ich lieze mir hût und hâr abe slân ERACL. 3438, abe schinden GA. 3. 116, 194. er kan unsanfte schinden hût unt hâr den künegen abe APOLL. 373. *vgl.* APOLL. 5362. 6382. æhte ist ouch ein bitter krût: si mac verleiten dir dîn hût, swie guot geleite man dir gît WINSB. 55, 3. umbe etw. sîne hût geben APOLL. 10769. die hût wagen, *das leben im kampfe wagen* KREUZF. 3593. sô gilt ez gein einem riemen niht, ez gilt eine ganze hût, *das leben* MART. 282, 5; hût, *als scheltwort, bes. an weiber* (*vgl.* balc) EN. ER. MAI, BERTH. (134, 22). ein bœse hût j. TIT. 238. MSH. 3, 438ᵇ. RENN. 4154. 57. 12163. LS. 2. 250, 594. mir würde manic bœse hût von iu stille und überlût gesprochen und gemezzen TROJ. 22223. dû übele hût ERACL. 2741. 3983. PASS. *K.* 177, 9. GA. 1. 51, 397. 52, 431. ungenême hûte, *nichtswürdige* PASS. *K.* 243, 7. unsüeziu hût APOLL. 16905. ein veigiu h. MSH. 2, 387ᵇ. dû verschamtiu hût *ib.* 3, 217ᵇ. alter hiute wagen, *wagen mit alten häuten : altes weib ib.* 1, 151ᵇ; — *dünne decke an teilen des tierischen organismus,* diu wize hût am eige HPT. 8, 411 (*vgl.* eihiutelîn) —

hût *stm.* hût, hûte *stf. s.* huot, huote.
hûte *adv. s.* hiute.
hût-ge-selle *swm.* mein lieber hautgesell, *anrede eines bauern an einen andern* Fasn. 333, 34.
huti-gîr? *stm.* als ein hutigeir (: Steir; *in der Wiener hs.* hungeriger geir) gert zue dem âs, als heizmuetic was der sun kunig Ruedolfs Ot. 260ª. der selb hutigeir (*abt von Admont*; *in der Wien. hs.* hüttigeyr) *ib.* 237ª. *vgl. den namen* Hutte-, Hüttegêr j.Tit. 1713. 48. 2030. 2597. 3308.
hutsch *interj.*, *raschen schwung in die höhe bezeichnend* Wolk. 91. 3, 8;
hutschen *swv. tr. schieben*, *rutschen.* dî steinc zûsamne hutschen Pass. *K.* 484, 9; *intr. rutschen*, he was lam, daz her mûste hutschin unde mûste sich stûre unde halde an stûlen unde an benkin Ludw. 73, 9. *vgl.* hussen, hutzen *u.* Kwb. 146.
hutte *prät. s.* hüeten, hütten.
hütte *swstf.* (I. 742ª) hütte, zelt Nib. Gudr. Wolfr. Trist. Mai, Lieht. (68, 22. 79, 9). Otte, Herb. 8712. Loh. 5880. 6772. Walb. 524. Chr. 4. 257, 8. 10. 280, 8; *verkaufsladen* Gr.w. 4, 187; *bergm. gebäude zum schmelzen der erze* Feldb. 193. Freiberg. 269. — *vgl.* Curt³. 244. Germ. 4, 170.
hütte-boum *stm. s.* huotboum.
hütte-holz *stn. holz zu einer* hütte Wh. v. Öst. 10ᵇ.
hütte-kost *stf. ausgaben, die zum einschmelzen der erze nötig sind* Feldb. 227.
hüttelach *stn. coll.* hütte Chr. 4. 280, 10;
hüttelîn *stn.* (I. 742ᵇ) *kleine* hütte Gl. Diocl. Chr. 4. 290, 20.
hutten, hütten *swv. s.* hüeten.
hütten *swv.* (I. 742ᵇ) *prät.* hutte, *eine* hütte *bauen* Mai; *seine wohnung aufschlagen* Mar. Trist. ich hân ûf diz gevilde vor disen hof gehüttet Schretel 129.
hutten-rouch *stm. s.* hütterouch.
hütten-slac *stm. holzschlag für bergwerkshütten* Mh. 2, 201. 203.
hutter *stm. s.* huotære.
hütte-rouch *stm.* hüttenrauch, arsenik. hütt-
rauch Np. 141 *f.* hutterauch, ein stein als ein eise, tucia Voc. 1482. huttenrauch Frankf. *brgmstb.* 1434 *vig. V. p. miseric.* huttrich, hüttreich, arsenicum *Gräzer voc.* ³⁴/₁₂ (15.— 16. *jh.*). *vgl.* Schm. *Fr.* 1, 1189. Kwb. 146.
hütte-snuor *stf.* (II². 454ᵇ) *zeltschnur* Trist.
hütt-rouch, huttrich, hüttreich *stm. s.* hütterouch.
hützel, hutzel *stf.* (I. 742ᵇ) *getrocknete birne.* mich endarf ouch nieman tinsen umb hützeln noch umb binsen Fragm. 38ᵇ, 95. ein gemues von hutzeln Anz. 4, 82. ich gib auch hutzeln dürr und grün Fasn. 614, 13. *vgl.* Schm. *Fr.* 1, 1195. Birl. 241ᵇ;
hutzeler *stm. s. unter* birnbrâter;
hützeln *swv. eine* hützel *werden, zusammenschrumpfend dörren* Weig. 1, 525. — *mit* ver-.
hutzen *swv. sich schwingend, schaukelnd bewegen.* ein vorster sol ûf einen zûn treten und sol dreistund hutzen, und wo er bricht etc. Gr.w. 1, 138. *vgl.* Sabb. 1, 46, Schm. *Fr.* 1, 195, Schöpf 284 *und* hussen, hutschen;
hützern *swv. sich schnell bewegen, zappeln* Ring 43, 23.
hûve *stf. swm. s.* huobe, hûwe.
huvel *stm. s.* hübel.
hûvelinc *stm. s.* huobelinc.
hüvesch *adj. s.* hövesch.
hûwære *stm.* er seit bôse mêre und heizet hûwêre Albr. 465ᵇ. — *zu* hûwe 1 *od.* 2?
hûwe *stm. anlauf* Jer. 23ª. 142ᵇ. — *vgl. bair.* hauen, laufen Schm. *Fr.* 1, 1023.
hûwe *swm.* (I. 742ᵇ) hûve, hûo Gl. hiuwe Troj. 35522. haw Mgb. 173, 2 *ff.*: *nachteule, uhu* Walth. Ms. Pass. (159, 76. 82). Krone 3824. Renn. 5776. 6988. 17992. Ls. 1. 525, 246. Albr. 465ᵇ. *vgl.* ûve;
hûwel *f. s.* hiuwel.
huwen *prät. s.* houwen.
hûz *adv. aus* hie ûz, *heraus* Altsw. 50, 28;
hûze *adv. aus* hie ûze, *aussen.* hûze beliben Strick. 5, 17. hûze in tûtschen rîchen Reinfr. 180ᵇ. hûze vor der tür Adrian 442, 106. *vgl.* Lanz. 3548 *var.* — *ebenso*
hûzen *adv. aus* hie ûzen Dür. *chr.* 164. *vgl.* Zimr. *chr.* 1. 511, 15; 3. 257, 32. 603, 20.
hûzen *swv. s.* hiuzen.

I.

i, î (I. 742ª) *laut u. buchstabe* i, *wofür manchmal, besonders in fremdwörtern auch* y *erscheint* (III. 831ª).

î *interj.* (I. 743ª) TRIST. PASS. *K.* 17, 3. 181, 49. 494, 3. *vgl.* ahî, zaî.

î *adv. s.* ie.

îbe *stf. s.* îwe.

îbesche, îbesch, ybesch *f.* (I. 743ª. III. 832ª) *eibisch, pappelkraut* GL. — *aus lat.* ibiscus.

îbesch-wurz *stf.* bismalva VOC. 1482;

îbesch-wurzel *f.* MYNS. 94.

îbîn *adj. s.* îwîn.

ich *pron. pers.* (I. 743ª) *ich, allgem.* (ich was dû, dû wêr ich HERB. 6080. ich bin dû und dû bist ich WH. *v. Öst.* 14ª. ir sît mit der wârheit ich PARZ. 369, 17. daz wir beide sîn ein ich LIEHT. 436, 6. mîn ander ich LS. 2, 158, 33. 39 *ff.* uns hât got daz heil gegeben, daz ich bin sie und sie ist ich ULR. *Wh.* 132ª. *vgl.* GR. 3, 535). iche JER. 67ª. 122ª (*vgl. das gt. relat.* ikei, ego qui). diech, wiech *aus* die ich, wie ich; ichs, is *aus* ich es; ichz, iz *aus* ich ez; i'u, i'r, i'm *aus* ich iu, ich ir, ich ime; ichn, ine, in *aus* ich ne, *ich nicht*. — *gt.* ik *zu skr.* aham (*aus* agham), *gr. lat.* ego FICK² 5. CURT.³ 288. 488. GSP. 20.

îche, îch *stf. was zum abmessen, vergleichen dient, das mass.* masz und eich SCHM. *Fr.* 1, 24; *obrigkeitl. massbestimmung, eich-, visieramt.* îche, îch GR.w. 1, 524. 5, 610. S.GALL. *chr.* 14. ROTW. 1, 52ª. ych, pinca DIEF. *n. gl.* 292ª. eiche, eich NP. 208 *f.* TUCH. 35, 10. 83, 4. MÜNCH. *r.* 182.

ichein *s.* kein.

îchen *swv.* (I. 414ᵇ, 7) *abmessen, eichen, visieren.* diu mâz îchen GR.w. 1, 524. 6, 33 (aichen 95). die kouflüte die vasz îchent mit feltmâsze MONE *z.* 9, 417 (*a.* 1440 *Speier*). gewichte îchen *ib.* 14, 86. 16, 187. die zwên îcher sollen den bach alsô îchen, das zweiteile in die altbach fliesen und das dritteile ûszwendig in die bach, die durch Spyer flüszet *ib.* 3, 182 (*a.* 1446). daz niemand kein wein eichen sol mit butten, kubeln, gelten oder andern geschirren, dann mit der rehten âme und mit dem geschwornen îcher GR.w. 3. 606 *f.* man sol geben von einem vierteil oder von einem ahteil ze eichen 8 haller NP. 156. zwei grosse und zwei kleine kupfrene geslagen mesz, etwas mit zu eichen TUCH. 289, 8. die steine (*quadern*) in den stab eichen *ib.* 35, 3. 5. îchten BECH *beitr.* 5. eichten VILM. 83. — *mit abe. vgl.* SCHM. *Fr.* 1, 24. BIRL. 136ᵇ. MONE *z.* 3, 182. 10, 22. KUHN 14, 395;

îcher *stm.* (I. 414ᵇ) *eicher, visierer* MONE *z.* 3, 182. GR.w. 3, 607. eicher *ib.* 1, 802.

îch-gëlt *stn. abgabe für das* eichen. eichgelt TUCH. 35, 7. 82, 30.

ich-heit *stf. die ichheit* THEOL. 4. 6. 50.

îch-karre *swm. karren mit den eichmassen.* eichkarre TUCH. 328, 26. *vgl.* îchwagen.

ichlich *s.* iegelich.

îch-mâz *stn.* (I. 414ᵇ. II. 90ª *falsch untergebracht*) îchmasz, pinta DFG. 436ª. eichmasz oder pindt, pinca VOC. 1482. DIEF. *n. gl.* 292.

ichsit, icht *s.* iht.

ichslich *s.* ieteslich.

ichten, îchten *swv. s.* ihten, îchen.

ichtig *adj. s.* ihtec.

ichts, ichtzit *s.* iht.

îchunge *stf. das eichen, visieren* MONE *z.* 9, 49 (*a.* 1440). von der ychung der bech, bemessung des wasserstandes *ib.* 3, 182 (*a.* 1446). — *zu* îchen.

îch-wagen *stm. wagen mit den eichmassen,* eichwagen NP. 175 *ff.* TUCH. 130, 9. *vgl.* îchkarre.

ic-lich *adj. s.* iegelich.

îd *s.* iht.

îdel, îdel- *s.* îtel.

îder *s.* ie.

idern *swv. befestigen, bestätigen.* ouch wolde er an im idern (: nidern) sante Martines wort PASS. *K.* 616, 34. — *vgl.* êter.

îder-slange *swm.* (II². 404ᵇ) *hydra* KONR. *lied.* 32, 231. *vgl.* îdrus.

id-lich *s* ieteslich.

idoch *s.* iedoch.

idrocken *swv. s.* iterücken.

ydromancîe *stf.* es sind etlich maister in der kunst ydrom., di ir list treiben mit wasser, darein giessen sie haisz pley oder zin und luogen dann gar genau, wie gar vil plätern und schaum das wasser ûf werf MONE 7, 315.

îdromel *stn.* ein trank von wasser und hönik, das hieszen sie idromel (ὑδρόμελι) CHR. 3. 54, 15.

idrucken *swv. s.* iterücken.

îdrus *m. s. v. a.* îderslange. wie der îdrus ertôte den kokodrillen MSH. 2, 385ᵇ.

ie *adv.* (I. 743ᵃ) *md. auch* î: *zu aller zeit, immer (bei vergangenheit u. gegenwart) allgem., verdoppelt* stæte was ie ie ein tugent MSH. 1, 304ᵇ. ie alder ie GRIESH. 1, 20. ie alder iemer *ib.* 2, 22. ie und iemer LS. 2. 51, 9. ie unde ie *je u. je, immer* TUND. LEYS. MSH. 3, 243ᵃ. ULR. *Wh.* 201ᵇ. GEO. 617. DIETR. 3475. RENN. 17133. 18189. BPH. 5108. WG. 2891. 3761. APOLL. 15799. LS. 3. 444, 197. ELIS. 8798. CP. 59. 72. 201. *contr.* ientie SPEC. 43. 71. 121 *u. ö.; vor adv. verstärkend* (*s.* iedoch, iegenôte, iemer, ienoch, iesâ, iewâ; ie besunder ELIS. 2873. 3499. 9737. ie mittens *inmittelst ib.* 9578. ie lanc, ielanc *vor compar. je länger je ib.* 12. 747. 80. 1066 *etc.*); *den fortschritt bezeichnend bei distribut.* zalen: je PARZ., ie der (*artikel) jeder einzelne, auch zusammengeschr.* ieder, îder (ELIS. 383ᵇ), *vgl.* iewëder; *bei comparativen: immer* (ie baʒ ELIS. 1168. ie verro, ie tiefer GRIESH. 2, 92. ie — ie, sô ie — sô ie *je — desto:* ie baʒ und ie baʒ MSF. 13, 4. ie lieber und ie lieber *ib.* 13, 5. NEIDH. 58, 17. ie ê ie beʒʒer ENGELH. 1363. PASS. 189, 92. ie lenger und ie liehter MGB. 96, 32. sô ie lenger sô ie bœser NEIDH. 87, 7. sô ie lenger sô ie baʒ *ib.* 236, 4. sô ie elter sô peʒʒer MGB. 116, 5. *vgl.* 118, 10. 165, 33. 255, 21. 306, 28. 337, 24. 452, 10 *u. ö.*); — *zu irgend welcher zeit, irgend einmal, je, allgem.; nach der conj.* daʒ *für* nie PARZ. TRIST. WIG. NIB. 1761, 4. – *ahd.* êo, io *adv. acc. zu gt.* aiv, *s.* êwe;

ie *stn.* dîn ie, dîn immer ist gar ungepfehtet j.TIT. 1. sîn ie, sîn iemer ist ân end HUGO *v. M.* 34. dîn ie, dîn iemerwesen *ib.*

iec-lich *s.* iegelich.

iedec *pron. adj. jeder.* eime iedigen ROTH *urk.* 3 (*a.* 1488).

ieder *s.* ie, iewëder.

ie-de-wëder *s.* ietwëder.

ied-lich *s.* ieteslich.

ie-doch (I. 377ᵃ) *adv. des gegensatzes: doch, dennoch allgem.; bisweilen auch* idoch (KL. PARZ. GEN. *D.* 13, 7. 59, 16. 96, 18. LIEHT. 75, 25. PASS. *K.* 2, 59. 29, 57. 62, 20.

MGB. 239, 28. 403, 8. 410, 19. 424, 22. 425, 4) *und* êdoch WACK. *pr.* 13, 7. 27.

ie-ge-lich *pron. adj.* (I. 973ᵇ) *jeglicher, jeder* GEN. *D.* 1, 8. 3, 1. 87, 8. 91, 12. 93, 33. TRIST. 18188. ieglich HARTM. (ER. 2347. A.HEINR. 1423). WALTH. WIG. NIB. 1314, 2. 1323, 2. 1326, 2. FLORE 4184. ELIS. 3498. 3539 *u. o.* CHR. 5. 40, 16. 48, 8. 52, 21. 62, 8 *etc.* ieclich BARL. GUDR. 105, 4. 280, 4. MGB. *s.* 640. iclich MYST. ichlich DIEM. iglich CHR. 4. 291, 4. 6. jegelich PASS. *K.* 12, 45. 35, 33. GR.w. 1, 413; *ndrh.* eckelig KARLM. 233, 68. 247, 57. 240, 48.

ie-ge-nôte *adv.* (II. 415ᵃ, 13) *mit eifer, unausgesetzt, immerfort, immer noch* TRIST. ROSENG. MS. MART. TROJ. 28477. PART. *B.* 3536. 8559. 790. iegenôt ELIS. 6368. iegenôde *ib.* 8544. 9117. ignôte ERLGS. 1716; *jetzt, gerade jetzt* MONE *z.* 12, 365 (*a.* 1321). ignôt CHR. 8. 248, 16. 249, 2. 319, 21. 476, 1. igenôten AD. 1087.

ieges-lich *s.* ieteslich.

ie-ge-wâ *adv.* (III. 518ᵃ) *überall* GLAUB. *vgl.* iewâ.

ie-ge-wëder *pron. adj.* (III. 548ᵃ) *s. v. a.* iewëder *jeder* LAMPR. igwëder KIRCHE. 618. iqueder JER. *Str.* 2498. 11706. 20157.

ieglich *s.* iegelich.

ieht *s.* iht.

ie-lanc *adj. s.* ie.

ie-lich *pron. adj. s.* iewëlich.

ie-man, -men (II. 40ᵇ) *zälendes pronominalsubst.: irgend ein mensch, jemand (häufig mit einem gen. pl. verlunden), im abhäng. satze nach* daʒ *für* nieman, *allgem.; mit unorgan. ausl.* iemant WOLK. 109. 1, 9. MGB. 289, 1. 2. 401, 25 *u. o.* iement HB. *M.* 543. iemt WEINH. *al. gr.* §. 410. *md.* imand JER., *ndrh.* êmant KARLM. 6, 22; iemans, iemantz, iemʒ, *schwäb.-alem. form (scheinbar gen., aber auch im dat. u. acc. gebraucht)* NARR. CHR. 4. 113, 9. *s.* WEINH. *al. gr.* §§. 322. 410 *u. vgl.* nieman.

iemer, immer, imer *adv.* (II. 145ᵃ—152ᵃ) *aus* io mêre, ie mêr (iemmer GREG. 2351. immê BÜCHL. 2, 225. *md.* ummer ELIS. *s.* 412ᵃ *f. ndrh.* imber, immer, ummer WERNH. *v. N.): jederzeit, immer, für immer, in der regel nur bei beginnender u. zukünftiger tätigkeit (bei der vergangenheit nur ausnamsweise: jedesmal, seitdem jederzeit), oft nur verstärkend;* — *je, irgend einmal (in abh. s. nach* daʒ *zuweilen statt* niemer); –

gehäuft iemer mêre, mê (*nicht in bedingenden nebensätzen*): *immer fernerhin, fortwährend, stets von neuem; jemals wieder, je noch* (*nach* daʒ: *nie wieder*). *allgem.*, *vgl.* niemêre.

iemer-êwic *adj. verstärktes* êwic. immerêwigiu nôt HELBL. 3, 258. *vgl.* iemernôt.

iemer-kuo *stf.* (I. 914ᵇ) *kuh, die von dem hofherren od. pächter beständig erhalten u. nach dem tode ersetzt werden muss, sowie das vertragsmässige recht auf den nutzen od. wert einer solchen kuh.* immerkuo SCHM. *Fr.* 1, 76. *vgl.* iemerrint.

iemer-lëben *stn.* (I. 955ᵇ) *ewiges leben* WINSB. (4, 3.) MSF. 94, 24. immerleben BPH. 346. HERB. 10752.

iemer-lieht *stn. ewiges licht.* immerlieht KOLM. 44, 16. SCHM. *Fr.* 1, 76.

iemer-nôt *stf.* (II. 413ᵇ) *immer dauernde not.* immernôt HELBL.

iemer-rîche *stn.* (II. 694ᵇ) *ewiges reich, himmelreich.* immerrîche HERB.

iemer-rint *stn.* (II. 722ᵇ) *s. v. a.* iemerkuo MB. zwai immerrinder URB. *Str.* 220.

iemer-stunt *adv. alle mal, immer* MSH. 1, 169ᵇ.

iemer-tol *adv.* (II. 152ᵃ, 37) *immerfort* NARR. — *nach* WACK. *aus* iemer tâlanc.

iemer-wësen *stn. s. unter* ie *stn.*

ie-mitten, -mittunt *adv. s.* mitten.

iemmer, iemt, iemz *s.* ieman.

îen *swv.* î *schreien.* vogel schrîen vnde îen MSH. 3, 426ᵇ.

iên *stn. ein stein aus dem magen der hyäne* (iêna 142, 10. 450, 27) MGB. 450, 26.

ienâ, ienan *s.* inâ, inane.

ienâ, ienar, ienden, iendert *s. das flgd.*

iener *adv.* (I. 746ᵃ) *räumlich u. modal: irgendwo, irgend* GEN. (inder *D.* 77, 36. 90, 28. 98, 24. EXOD. 134, 20). GREG. 535. GFR. 1697. ienar Mz. 1, 428. 35. 47. iena *ib.* 400. 27. 47. iender HARTM. TRIST. WIG. BARL. SILV. 441. 2641. 3415. ENGELH. 580. 955. LIEHT. 571, 12. 588, 15. MSF. 45, 16. inder NIB. PARZ. GERH. MAI, ER. 9809. 47. iendert TRIST. Mz. 1, 391. 92. indert MAI, WILDON. 29, 468. PASS. 163, 84. 164, 22. 183, 82. 344, 10. *K.* 31, 51. 92, 86. 253, 44. CHR. 1. 112, 13; 2. 188, 29. — *ahd.* ioner êoner *aus* êo in ëru, *irgend auf erden* GR. 3, 220.

ie-noch *adv.* (II. 403ᵇ, 49) *aus* ie noch, *immer noch* TRIST. si lident ienoch die selben nôt EXOD. *D.* 134, 20. du hâst sô wol dîn êre ienoch unze here brâcht L.ALEX. 2453. ienoch stêt daz herze mîn in ir gewalt MSF. 38, 1; *ausserdem, noch* RUL. TRIST.

ientie *adv. s.* ie.

ier *prät. s.* ern.

ierdisch *adj. s.* irdisch.

ieren *swv. s.* irzen, *adv. s.* iergen.

iergen *adv.* (I. 746ᵇ) *irgend wo, irgend* ROTH. SILV. 1470. ELIS. 2022. 4488. 6334. irgen FREID. HERB. ELIS. 7245. JER. 8ᵃ. irigin LEYS. irgent BERTH. ieren HERB. ierne FDGR. 2. 313, 23. irne WSP. 112. — *md. bildung aus ahd.* io wergin, êo hwergin GR. 3, 37. 221. *vgl.* niergen.

ierne *adv. s.* iergen.

ierren *swv. s.* irren.

iersch *adj. s.* irdisch.

ies = ir ës (I. 752ᵃ, 50) ROTH.

ie-sâ *adv.* (II². 2ᵃ) *verstärktes* sâ: *alsbald, sogleich, soeben* TRIST. WALTH. KARL, DIEM. 4, 23. 37, 13. MSF. 236, 27. FLORE 1026. 4614. 7658. GFR. 1598. 2527. TROJ. 3694. 13515. 15379. ENGELH. 1660. 3817. SILV. 3806. PANTAL. 697. TURN. *B.* 1011. W. *v. Rh.* 57, 53. 58, 47. 61, 12. 66, 22. 38. 76, 47. 96, 51 *etc.* BERTH. 350, 38. 464, 38. SWSP. *L.* 2, 157. iesâ *u.* iesô (*im reime*) *oft in der* ERLŒS. (*s.* GERM. 7, 4) *u.* ELIS. (383ᵇ *f.*). is â LANZ. 2018. 6485. PASS. 84, 74. 245, 96. 361, 2. 365, 48. *K.* 18, 46. 112, 93. 159, 66.

ies-lich *s.* ieteslich.

ie-sô *adv. s.* iesâ; — *verstärktes* sô VIRG. 481, 4.

iet *s.* iht.

ietes-lich *pron. adj.* (I. 971ᵇ) *aus* ie eteslich, ie etelich *mit einmischung von* iegelich: *jeder.* itslich NIB. GUDR. 918, 4. MSH. 3, 100ᵃ. 107ᵃ. KREUZF. 6110. 28. itzlich SUCH. ZEITZ. *s.* 2, 5 *u. anm.* CHR. 2. 349, 3. BR. 23ᵃ. iet-, iedlich *ib.* 2. 250, 1. 252, 19. 22. 253, 1. 3. 18 *etc.* 3. 27, 11. 44, 1. 106, 1. 108, 27 *etc.* 4. 37, 4. HPT. 1. 124, 260. itlich FRLG. 98, 429. 99, 443. 47. CHR. 1. 241, 9; 3. 274, 1. idlich *ib.* 1. 2, 16. 29, 23 *etc.* iegeslich WALTH. iegsleich MGB. 34, 26. 244, 10. ichslich LEYS. ixlich MÜHLH. *rgs.* 158. ieslich NIB. GUDR. 262, 4. WOLFR. WIG. LIEHT. 631, 4. OTTE 738. FRONL. 52. MGB. *s.* 641. Mw. 288. Mz. 1, 378. islich NIB. KL. LEYS. LIEHT. 8, 24. Mw. 59, 62. UHK. 1, 306.

ietswëder *pron. adj.* (III. 548ª) PARZ. 517, 22 *var. s. v. a.*

ietwëder *pron. adj.* (III. 547ᵇ) *md.* itwëder *aus* ie dewëder (GEN. 90, 2): *jeder von beiden. allgem., vgl.* iewëder.

ietwëder-halben *adv.* (I. 615ª, 39) *auf, zu beiden seiten* MAR. TRIST. WWH. 399, 24. TROJ. 12610. KREUZF. 677. FDGR. 1. 261, 26. *ebenso*

ietwëder-halp *adv.* LIEHT. 313, 22. RAB. 244. ECKE *L*. 42. itwederhalp URST. 112, 4. ietwedernhalp ER. 2456. *ebenso*

ietwëder-sît *adv.* (II². 328ª, 18) *md.* itwedersît KREUZF. JER.

ietzenan, ietzent, ietzentan, ietzo, ietzunt *adv. s.* iezuo.

ie-wâ *adv.* (III. 518ª) *irgendwo* KARAJ. GEN. 44, 36. iewâr, swâ *überall wo* SSP. 3. 87, 4. *vgl.* iegewâ.

ie-wëder *pron. adj.* (III. 546ª) *s. v. a.* ietwëder RUL. LAMPR. NIB. PARZ. TRIST. PASS. GEN. *D.* 3, 6. 19, 17. 23, 17. 24, 5. 80, 20. 91, 30. GREG. 618. 25. ELIS. 398. 910. 8496; *später zusammengez. in* ieder, jeder (HALBSUT.) *mit verallgemeinerung des begriffes wie nhd.* jeder.

ie-wëder-halben *adv.* (I. 615ª) *s. v. a.* ietwëderhalben. iewedernhalben DIEM. iewederthalben PARZ. *ebenso*

ie-wëder-halp *adv.* (I. 616ª) PARZ. 706, 3. iewederthalp *ib.* 183, 3. 605, 13. Mz. 1, 226 (*a.* 1286).

ie-wëder-sît *adv.* (II². 328ª) *s. v. a.* ietwëdersit PARZ.

ie-wëlich, -wëlch *pron. adj.* (III. 577ª) *aus ahd.* êogahwëlîh, iogiwëlîh, iowëlîh: *jeglicher, jeder.* ' iewelîch GEN. PHYS. 25, 7. MARLD. *han.* 99, 9. iwelich *ib.* 19, 31. 118, 7. iewelch GLAUB. ielich ELIS. 1490. ein ielich burger ist genôze sînes guotis SCHREIB. 1, 83 (*a.* 1275). der vier und zwenzigôn ielichem *ib.*

ie-wëlten *adv. s. v. a.* êwelten NETZ 1435. GLAR. 86. CHR. 9. 886, 3.

ieze *adv. s.* iezuo;

iezec *adj.* (III. 857ᵇ) *jetzig* ERLŒS.;

iezen, iezent *adv. s.* iezuo.

[iez-heit *stf.* III. 857ᵇ] *s.* letzheit.

iezô, iezunt *adv. s. das flgde.*

ie-zuo *adv.* (III. 857ª) *jetzt, gerade jetzt, eben, jetzt gleich, gleich darauf* WALTH. TRIST. REINH. (585. 767. 331, 1089). LIEHT. (168, 23. 169, 5. 330, 31. 528, 6. 546, 19). FLORE 3594.

WG. 4936. ENGELH. 1972. HEINZ. 2001. CHR. 4. 179, 13. izuo LIEHT. 39, 20. iezô GRIESH. 2, 138. ietzo CHR. 1. 116, 8. 201, 22; 4. 137, 44. 129, 12. 130, 5. 47. ieze WALTH. FREID. BERTH. *md.* iezû PASS. 267, 30. ELIS. 220. 656. 998. 1093. 1921 *etc.* ERLŒS. 1635, ietzû PASS. 99, 34. 252, 3, itzû *ib.* 164, 34. — *nbff.* iezunt DIETR. RAB. 307. 980. 1137. SILV. 3861. GERH. 4191. ULR. *Wh.* 120ᶜ. 149ᵈ. 175ᵈ. 186ᵈ *etc.* RENN. 14847. 19045. MSH. 2, 5ᵇ, ietzunt MGB. 61, 7. 176, 17. CHR. 2. 48, 8. 24. 134, 1. 333, 13 *etc.*, iezent *ib.* 1, 133ª, *md.* izunt HERB. (6144. 89), itzunt *ib.* LIVL. 7817. 10106. CHR. 1. 75, 8. 148, 6; 2. 71, 9, itzent TRIST. *H.*, ietzent MYST. 2. 440, 30, izit HIMLF. 775. iezen Ls. ietzenan, ietzentan N. *v. B.* 322. 305. CHR. 8. 117, 7. 367, 11. itzunden CHR. 1. 434, 2. 435, 27. 438, 26; 4. 172, 17. itzunder UGB. 116. 419. etzunder *ib.* 463. 548 *neben dem gewönl.* itzund; — *wiederholt*: *bald-bald* TRIST. LIEHT. TEICHN. HERB.; *substantivisch* daz iezuo, iezunt MYST.

îfer *stm.* eifer NARR. 89, 19; eifer, eifersucht ZIMR. *chr.* 1. 342, 7. — *vgl.* DWB. 3, 87. SCHM. *Fr.* 1, 44;

îferære *stm.* eifrær, zelotes MGB. 237, 19. 286, 16;

îferec *adj.* eiferig, *eifersüchtig* ZIMR. *chr.* 1. 390, 36; 2. 453, 26;

îferen *swv.* eifern; *stn.* eifersucht, eifern VINTL. 3589. CGM. 632, 43 *bei* SCHM. *Fr.* 1, 44. ZIMR. *chr.* 1. 275, 32. 277, 6;

îferunge *stf.* compunctio DFG. 138ᵇ.

iffen *s.* epfich.

igel *stm.* (I. 747ª) *igel* KARAJ. PARZ. FREID. MSF. 26, 34. REINH. 1350. LOH. 5728. PART. *B.* 1307. RENN. 3952. 8763. 13235. WAHTELM. 201. MGB. 137, 30 *ff.* der rûhe igel, *teufel* MART. 176, 110; *art belagerungsmaschine* PARZ. ERNST *B.* 1563. KRONE 11735. USCHB. 82, *eine art geschoss*: wilt du einen igel schiessen under ain volk so lade die büchs gar stark mit ainem bühsunclotzen und haisz dir ain îsnîn blächlîn für den clotzen machen als der clotz brait sî, und haisz dir machen so vil îsnîner stuck als du denn verschiessen wilt und lad die hert für das blächlîn, das vor dem klotzen ist FEUERB. 88ª. — *zu gr.* ἐχῖνος CURT.³ 183. KUHN 6, 186 *ff.* WEIG. 1, 529.

igel-gras *stn.* (I. 566ª) centimorbia SUM. igel-, egel-, eilgras DFG. 112ᶜ. *vgl.* ëgelgras.

igelîn *adj.* (I. 747ᵃ) *vom igel*, ericinum Sum.
igel-mæzec *adj.* (II. 209ᵇ) *igelmässig, stachlicht* Parz.
igel-var *adj.* (III. 238ᵃ) *wie ein igel aussehend* Msh. (*lies* 2, 204ᵃ).
igenôten *adv. s.* iegenôte.
iglich *s.* iegelich.
iglischen *adv. nach art u. weise des igels* Mgb. 139, 33.
ignôte *adv. s.* iegenôte.
igwëder *s.* iegewëder.
igwein inguinaria, *drüsensucht* Dfg. 298ᶜ. *vgl.* igwinaria die sûche Pass. *K.* 196, 67.
iht *stn.* (III. 652ᵃ) *md.* icht; *ahd.* êowiht, iowiht, *daraus mhd. ältere u. nebenformen*: iuweht Gen. Denkm. XLIV. 2, 8. iuwit, îwit Lampr. ieht Gen. (35, 13. 16. 40, 1). eht Ad. 714. iut Myst. Wack. *pr.* 2, 39. üt Schreib. 1, 77. 80. 472. Mz. 1, 481. 558. yt Dh. 296. iet En. Msh. 1, 101ᵇ. Kolm. 18, 32. ith Mz. 2, 328. ît Elis. 2272. 7730. îd *ib.* 3444. 4191 — : *als zälendes pronominalsubst. irgend ein ding* (wiht), *etwas, mit od. ohne gen.* (gemacht von ihte Renn. 18533. 41. ichts von ichte machen, facere idem Voc. 1482. *instrum.* an ihtiu Ga. 2. 606. 439. Swsp. 252, 17. an ihteu Stz. 210. in ihte Tuch. 241, 36. mit ihtiu Krone 11670. Mw. 175, 3 *a.* 1290, mit ihte *ullo modo* Elis. 5168. 272. Chr. 1. 434, 11), *verstärkt durch vorangehenden gen.* ihtes iht *md.* ichtes icht (Trist. Troj. Pass. Gudr. 1349,4. Er. 5809. Engelh. 2018. Silv. 3421. Msh 2, 21ᵃ. 21ᵇ. Ukn. 169. Mh. 2, 32. Dm. 66. ichts icht Chr. 3. 332, 21), *woraus durch zusammenziehung* ihtesiht Hpt. 6. 371, 73, ihtesit Berth., ichsit Oberl., ichtzit Gr.w. 1, 70. Chr. 1. 200, 34, iutzit Fragm., ützit Schreib. 1, 476. Mz. 1, 359. 76. 402, üzit Schreib. 1, 86, ützid Gr.w. 1, 288, ütze 1, 423, ütz Gr.w. 1, 259, utschit Ad. 1230, üschet Griesh. 2, 12, ichschit Rcsp. 1, 555. ichst Ugb. 25 *u. später* ihtes, ichts ichtz *s.* Chr. 1, 490ᵇ. 2, 557ᵃ. 4, 381ᵃ. 5, 466ᵇ. Mz. 1, 532; — iht *adv. acc. irgend, etwa allgem.* (Mgb. 9, 24. 298, 17. Chr. 3. 165, 29), *bei comparat. etwas, irgend* Hartm. Tit.; — *in untergeordneten sätzen nach daʒ für niht allgem.* (Griesh. 1, 21. 51. Elis. 1698. Mgb. 96, 12. 99, 7. 114, 18 *u. o.* Chr. 1. 143, 26. 148, 40. 156, 17. 199. 19; 2. 39, 14. 135, 18. 141, 31 *etc.*, ihtes iht *für* nihtes niht *z. b.* Gudr. 1349, 4), *ohne daʒ* Pass. *K.* 667, 56, *nach* wænen (*mit ausgelassenem* daʒ) Gen. Lieht. — *s.* wiht *u. vgl.* niht;

ihtec *adj. md.* ichtig, *was etwas ist* Myst. 1. 98, 1;

ihten *swv. md.* ichten, *zu etwas machen* Myst. 1. 252, 31 (geihten *sp.* 795 *ist zu streichen*).

ihtes-iht, -it *s.* iht.

iht-wær *adv.* (III. 767ᵃ, 43) *nur* Myst., *s.* wære.

iht-weisen *swv. s.* itewîʒen.

île *stf.* (I. 747ᵇ) *eifer, eile* Parz. Trist. mit île Nib. 1436 *C.* Loh. 6710. Troj. 22531. Part. *B.* 364. Hadam. 15. 485. Pass. *K.* 9, 21. 15, 15. 68, 18. in ganges île Ls. 1. 375, 12. bî dirre selben île, *bei diesem geschäfte* Elis. 3620. bî kurzlîcher île, *nach kurzer zeit ib.* 5236;

îlec *adj.* (*ib.*) *eilig.* den Prâbant îlec sach man komen Loh. 3891;

îlec-heit *stf.* (*ib.*) *eiligkeit* Elmend.;

îlec-lich *adj. eilig.* mit îliclîcher île Hadam. 15. 485;

îlen *swv.* (I. 747ᵃ) *intr. sich beeifern, beflcissen mit infin.* Gen. (*D.* 5, 18. 107, 22). Exod. *D.* 131, 3, *mit nachs. mit* daʒ Gen. *D.* 13, 4; *eilen* Ms. ir îlet, varet hinnen Exod. *D.* 158, 34. er hieʒ îlen *ib.* 160, 3. îlen in Nib. 1434, 4. Troj. 22543, von Chr. 4. 49, 10, zuo Glaub. Troj. 32784. Mgb. 155, 25. 189, 14. 16. 17. Pass. *K.* 95, 6, hin zû dem prîster îlen *ib.* 394, 40. dan îlen Nib. 887, 2, dar Gen. *D.* 4, 6. *mit infin.* Mar. Nib. (660, 1. 968, 4). Kchr. *D.* 426, 11. 24. Exod. *D.* 144, 1, *mit infin. u.* ze Gen. *D.* 113, 22, *mit gen.* Kchr. (*D.* 175, 28). des toufes îlen Türl. Wh. 121ᵇ. *mit refl. gen. sich beeilen, vgl.* Gr. 4, 33. 35; — *tr. beeilen,* eine botschaft îlen Pass. *K.* 195, 51. — *mit* abe, nâch, ûʒ, ûf, vür, zuo; er-, ge-. *zu skr.* îr (*aus redupl.* ijar *von* ar), *sich erheben, enteilen, gr.* ἰάλλω, *vgl.* Kuhn 5, 205. Curt³. 503. Fick² 23;

îlen *stn.* (I. 747ᵇ) *das eilen* Mai;

îlende *part. adj. u. adv. eilend, eilends.* eilend in werken Mgb. 46, 32. îlende loufen Pass. *K.* 325, 80. *genetivisch* eilentz (=îlendes) Tuch. 128, 8.

ilgern *swv. vom stumpfwerden der zähne* Schm. *Fr.* 1, 67. Birl. 253ᵇ. illgern oder zenillgern, obstupescere Voc. 1482. *vgl.* eilen *u.* elger *im* Dwb. 3, 108. 114.

ille-bër? *swm.* er îlte zuo den Kriechen als under schâf ein illeber (: gër) Troj. 32785. (*Berlin. hs.* ein grymer ber).

ille-sûge *f.* illirica herba Voc. 1482.

illgern *swv. s.* ilgern.

illuminieren *swv. illuminare.* daz (schapel) het illuminieret ein smâreis hie vorn Krone 8249.

ilm *stf.* **ilmboum** *stm. s.* ëlm, ëlmboum.

iltis *stm. s.* ëltes (*pl.* iltise W. *v. Rh.* 73, 12).

îlunge *stf. eile* Evang. *Mr.* 6, 25. *L.* 1, 39. geschriben in îlung Rcsp. 1, 467 (*a.* 1438).

im *dat. s.* ër; = in deme (I. 313ª, 47) Parz.

imand *s.* ieman.

imbe, impe, imp, imme *stswm.* (I. 747ᵇ) *bienenschwarm, bienenstand.* imb Halbsut. imp Wh. *v. Öst.* 84ª. Swsp. 301, 7. 9. paumgarten und impen in wazzer suln ganzen frid haben Mw. 59, 31 (*a.* 1255). von einem impt vier haller *Schweiz. geschichtfreund* 11, 218. imme Hätzl. Weist. (4,165. 5, 105). j.Tit. 4116 (*pl.* imme). Mone *z.* 3, 408. ime *ib.* 3, 17. 190. Öh. 56, 14; *biene* Ls. 1. 89, 34. — *s.* bîe.

imbe-banc *stm. bienenstand* Gr.w. 5, 105.

imben-ge-dœne *stn.* immengedône od. immenstimme lambratus, est vox apium Voc. 1482.

imben-stimme *f. s. das vorige.*

imben-vaz *stn. s. v. a.* bînenkar. swer impenvaz ouz brichet und dar ouz stilt, der ist fridbræch Mw. 140, 49 (*a.* 1281).

imber *s.* iemer, ingewer.

im-bîz *s.* inbîz.

im-blanden *stv. s.* enblanden.

ime *mn. s.* imbe, imîn.

ime *dat. s.* ër; = in deme (I. 313ª, 43) Parz. Basl. *r.* 28.

imer *adv. s.* iemer.

imfel *stf. s.* infele.

imîn, imî *stn.* (I. 747ᵇ) *ein getreidemass, der neunte teil eines viertels.* ein und drîzig imîn habern Ad. 980 (*a.* 1339). dri fester habern und ein immîn vol Mone *z.* 7, 457 (*a.* 1335). imî, imi Weist. (4, 189). Urb. 117, 10. 226, 27. 28. 229, 13. Schreib. 1, 235 (*a.* 1319). *pl.* imi *und* imin Mone *z.* 13, 273. und haltet ein sister acht immi und ist ein immî so vil milch dasz es ein ziger geben müge Tschudi *chr.* 1, 15. ein ime habern Zimr. *chr.* 3. 152, 9. *vgl.* Rotw. 1, 52ª. Stald. 2, 69.

imme *m. s.* imbe.

imme = in deme (I. 313ª, 43) Trist. *U. Silv.* 1840. Msh. 1, 70ª.

immê, immer- *s.* iemer;

immern *swv.* (II.152ª) *intr. immer, ewig sein,* Such.; *tr. ewig machen* Loh. (985). ich wolte, daz sîn kunst sîn leben vor gote wære geimmert Kolm. 29, 5.

immesse, immez *s.* inbîz.

immî, immîn *stn. s.* imîn.

immis *s.* inbîz.

imnære, impner *stm.* hymnarius Dfg. 277ᶜ. Schm. *Fr.* 1, 80; impner impnarius, liber impnorum Voc. 1482;

ymne *swm.* (III. 832ª) hymnus Ulr. *vgl.* imps;

ymnôdîe *stf. hymnengesang* W. *v. Rh.* 267, 44. 269, 3.

imp, impe *m. s.* imbe.

imperial *stm. imperialis, eine kaisermünze, goldmünze* Urb. 140, 18. 141, 4 *etc.* Gr.w. 1, 813 *f.* Cdg. 2, 179 (*a.* 1303). *vgl.* imperion (I. 747ᵇ) Herm. *v. Sachsenh.*

impeten *swv. s.* impfeten.

impetrieren *swv. impetrare, zu erlangen suchen* Jer. 93º.

impfeten, inpfeten, impfen *swv.* (I. 747ᵇ) *impfen, pfropfen.* inpfeten Trist. 4736 (*hs. M* impeten). impten, inserere Voc. 1482. impfen Ls. Weist. Hb. *M.* 644. Mgb. 341, 17. 333, 15. Altsw. 65, 10. — *ahd.* impitôn *u.* imphôn *aus mlat.* impotus, *impfreis, gr.* ἔμφυτον;

impfeter *stm.* (I. 748ª) *impfreis*, impter Ls. 1. 77, 27;

impfetunge *stf.* (*ib.*) impunge, imtung, impfung insitio, plantatio Dfg. 301ª. 440ᵇ.

impf-rîs *stn.* plantatorium Dfg. 440ᵇ.

impner *stm. s.* imnære.

imps *s.* inbîz.

imps *stm. s. v. a.* ymne Hb. *M.* 396.

imps-dihter *stm.* impnilogus Voc. 1482.

impt *m. s.* imbe.

impt- *s.* impfet-.

impunge *stf. s.* impfetunge.

imse *s. unter* amse.

imtunge *stf. s.* impfetunge.

in *acc. m. s. und dat. pl. s.* ër.

in *s.* ne; = ich ne (I. 743ª, 34) Walth.

in, *intensiv.* in *vor adj. u. subst. vgl.* indurstec, -grüene, -guot, -swarz *etc. u.* Gr. 2, 758. 60. 61. Germ. 15, 61 *ff.*

in *adv. s.* inne;

in *praep.* (I. 748ᵃ, 31) *geschwächt* en, *allgem. u. zwar*: räuml. mit dat. *in, an, auf; mit acc. in, an, auf, zu;* — *zeitl. mit dat. in, an, bei; mit acc. gegen* (Iw. Parz. unze in, *bis zu* Leseb. 235, 21); — *final. zu* in gotes *etc.* êre lobe Elis. 840. 1955. 2412. 3491. 4020 *u. o.;* — in, en *in adverb. ausdrücken mit dat. u. acc. vor subst. u. adj.* (in guote, in übele, in gâhen *etc.*), *vor adv. u. präp. s.* enbinnen, enbobene, enbore, engegen *u.s.w.* — *zu skr.* an-, *gr. ἐν. lat.* in Curt³. 289;
in *adv.* (I. 748ᵃ, 11) *ein, hinter demonstr.adv.* (dâ in, dar in, drin, her in, hin in) *u. bei zeitww., s. unter dem flgd.;*
în *adv.* (I. 749ᵇ) *ein, hinein, herein* (ûz und în Chr. 8. 124, 1. in gên Rôme *ib.* 35, 9. zuo Ertpfurt în *ib.* 142, 27): *hinter demonstr. adv.* (dâ în, dar în, drin, her în, hin în *etc.*) *u. bei zeitww.* (în *od.* in) în antwurten, *einantworten, übergeben* Chr. 4. 76, 10. 179, 13; 5. 49, 14. 66, 2. 88, 8. — bërgen, *part.* einborgen, *verborgen* Zimr. *chr.* 2. 466, 22. stiller und eingeborgner herr *ib.* 3. 140, 4. — bërn *stv.* einem ein gût in bern *einräumen, abtreten* Arn. 58 (*a.* 1464). — besliezen *einschliessen* Chr. 8. 408, 23; 9. 582, 11. — biegen (I. 176ᵇ, 35) Parz. — bilden *einprägen.* der in die gerehtikeit în gebildet ist Myst. 2. 189, 6. swâ sich got în bildet *ib.* 68, 23. die vier viengen an zu reden und uns in zu bilden Cp. 122. *vgl.* 89. Dwb. 3, 149; einpilden, einladen, ascire Voc. 1482. — binden *einbinden.* îngebunden hant Bit. 12469. einem kinde în b. *näml. das patengeschenk* S. Gall. *stb.* 4, 13. Np. 70. einem etw. ein binden, *einschärfen* Tuch. 46, 6. *vgl.* Dwb. 3, 153 *u.* în stricken. — blâsen (I. 200ᵇ, 42) *ein-, hineinblasen* Aneg. Denkm. XXXIV. 2, 8. W. *v. Rh.* 100, 35. inspirare Dfg. 301ᶜ. — blatzen, *einbrechen* Jer. 144ᵃ. einplatzen *od.* einfallen, prorumpere Voc. 1482. — blüejen. dâ der vater gebirt sînen eingebornen sun unde von dem ûzfluzze în blüeget der heilger geist Myst. 2. 308, 18. — born Ls. 3. 14, 334. — brëchen *intr.* (I. 240ᵃ, 25) Trist. Pass. K. 59, 4. — brîden *stv. hineinweben* Troj. 2948. 3738. — bringen (I. 250ᵇ, 32) *einbringen* Ls. Hätzl. Jer. 104ᵈ. — brinnen *zusammenbrennen* Chr. 5, 243 *anm.* 1. — brîsen *einschnüren* Netz 5110. 7013. 12073. 13012. — brocken (I. 245ᵃ, 20) Fdgr. einprocken, interere Voc. 1482. — büezen, *etw. neues an die stelle des alten setzen.*

steine, brunnrören ein püszen Tuch. 198, 1. 234, 30. 238, 7. 290, 32. — diezen. si kâmen în gedozzen Ga. 1. 469, 518. — dingen (I. 338ᵃ, 19) daz geriht în d. *judicium constituere* Halt. 291 *f.* güeter în d. *in die gerichtl. verhandlung bringen* Weist. — dringen *intr.* (I. 393ᵇ, 21) Parz. — drücken [I. 400ᵇ, 17 *s.* iterücken] *eindrücken* Tuch. 308, 2. — dunken, tunken *eintauchen* Evang. 249ᵃ. 304ᵇ. — erquicken (I. 893ᵇ, 43). einem daz leben in erkicken, *ihn wieder lebendig machen* Pass. — eschen *einäschern* Chr. 7. 237, 1. — gân *intr.* (I. 467ᵇ, 2) *ein-, hineingehen* Parz. Walth. Chr. 2. 165, 29. 167, 9. eines d. în g. *darauf eingehen ib.* 162, 12. 17; *tr. betreten* Chr. 3. 274, 23. 281, 14. *vgl.* Dwb. 3, 188. — gëben, *übergeben, überweisen* Chr. 1. 198, 21; 2. 43, 16. 266, 6; 5. 90, 24; 9. 683, 9. 843, 1; *einschenken* Münch. r. 132. — gebërn *in etw. gebären, erzeugen* Myst. 2. 147, 33. — geisten *inspirare* Jer. 155ᵇ. — gelîchen. der sich hât in gelîchet der götlichen güetekeit Hb. *M.* 110. — gemalen *stv. einmalen* Wack. *pr.* 48, 7. — genëmen (II. 374ᵇ, 49) *einnehmen* Pass. — gerëmen *s.* gerëmen. — gesieden (II². 361ᵇ, 30) *einsieden* Fdgr. 1. 323, 10. — gesinken (II². 306ᵃ, 32) *versinken, bergen, in die grube fahren* Feldb. 231. — gesnîden *hineinschneiden* Wack. *pr.* 48, 7. — getrenken (III. 94ᵇ, 7) einem etw. *s. v. a.* în trenken Mone *schausp.* — gevallen (III. 220ᵃ, 24) *einfallen, in die ufer zurücktreten, sich senken* Clos. Chr. 9. 866, 27; *zu grunde gehen ib.* 4. 129, 22. — gevüllen *einfüllen, voll machen* Berth. 433, 30. — gewinnen (III. 712ᵃ, 18) *zum besitze gewinnen* Elis. 324. gelt în g. *eintreiben* Münch. r. Ad. 980. — giezen (I. 541ᵃ, 15) Berth. 30, 32 *f.* Myst. 2. 27, 22. W. *v. Rh.* 15, 29. Uw. 794. — graben *ein-, zugraben* Wolk. 20. 2, 9. Tuch. 295, 18. 296, 20. — gürten. der helt die banier dô gevienc und gurtz geweide wider in Wwh. 25, 27. — hagen Gr. w. 1, 199. — heben einen *verunglimpfen* Zimr. *chr.* 3. 498, 15. — hûsen *s.* hûsen. — holn *swv. einholen, feierlich entgegengehen* Myst. 2. 79, 4. — kêren (I. 796ᵇ, 32) Parz. Trist. — kern *hineinkehren* Wh. *v. Öst.* 7ᵃ. — klimmen. wer nahtes an der ringmûr ûz ald în klimmet S. Gall. *stb.* 4, 186. — klingen (I. 843ᵇ, 21) *in die saiten klingen* Trist. — komen (I. 903ᵇ, 18) Parz.

Freid., *einlager halten* Chr. 6. 300, 7. 340, 38; 7. 158, 2. 165, 3. — künten *einheizen* Urb. *Son.* 67, 7. — laden *swv.* (I. 928ª, 39) ascire, invitare Dfg. 53ᵇ. 307ª. Hpt. 8, 120. — lâzen (I. 949ᵇ, 9) *ein-, hineinlassen* Warn. Wwh. 90, 2. 92, 23. — legen (I. 991ᵇ, 44) *tr. ein. hineinlegen*: wein ein legen Np. 241. feur einl., *brandstiften* Chr. 2. 270, 4; 3. 359,31. 5. 240,17. 21; *besatzung einlegen ib.* 1. 35, 8. einen în l. *ins grab legen* Elis. 6002. 53, *gefangen legen* Chr. 2. 268, 7 *var.* einen knecht mit eim pferde ein legen *ins einlager schicken* Mz. 4,392. guot în l. *geld einzalen, zurücklegen* Pass. *K.* 437, 55. kuntschaft ein l. *zeugenaussage vorbringen* Dh. 340; *refl. sich ins wochenbett legen* Trist. 1895. sich gegen einem în l. *gegen ihn eine klage vorbringen* Chr. 4. 328, 22. *vgl.* Schm. 2, 450. — leiten *s.* înleiten. — liben *einverleiben.* die im und seinem gotzhaus ingeleibt und incorporiert sein Mh. 2, 845, 46. ain îngelipter zuo Ow Öh. 143, 26. — liuhten *einleuchten.* als mir în liuhtent dîne wort an dînem briefe H. *v. N.* 356. *md.* in lûchten Fromm. 2, 439ᵇ. — loufen (I. 1045ᵇ, 10) Parz. — lûchen *stv. einschliessen.* dâ hât er die pfaffen niht în gelochen Ab. 1, 221. — machen *einhüllen.* den stein ein machen und besliezen Mgb. 453, 30; *einbalsamieren* Chr. 3. 412, 10. — malen *stv. an mel abgeben.* zwai schaf roggen tet dannocht nit als vil ein malen als ein alt schaff koren Chr. 4. 312, 11. *tr. getreide in vorrat malen ib.* 5. 180, 1. — manen *zu kommen mahnen, auffordern das einlager zu halten.* er gebe em tag und mane en wanne er wolle în Rsp. 2112. *vgl.* Chr. 6. 340, 37. — mern (II. 139ª, 12) *etw. einrühren, anstiften* Voc. — mischen, eingemust, *eingemischt* Zimr. *chr.* 1. 147, 22. — mûren *einmauern* Tuch. 295, 8, *als strafe* Zimr. *chr.* 2. 299, 16. 448, 34; 4. 202, 36. — næjen *s.* îngenæt *u. vgl.* Zimr. *chr.* 4. 163, 29. 180, 20. — nëmen (II. 367ᵇ, 10) *einnehmen* Zürch. *jb.* Pass. Just. 144. 90. Chr. 4. 130, 40. einen în n. *zu sich ins haus nehmen, aufnehmen* Elis. 7380. 7404. Chr. 1. 114, 24. 119, 32; *vernehmen, verhören ib.* 3. 370, 26. 28. die rechnung în n. *hören, prüfen ib.* 4. 130, 41. — prëssen (II. 530ᵇ, 43) *hineinpressen, drängen.* în pressende kraft, impressio Dfg. 290ª. — quellen *einwässern* Tuch. 231, 13. — remen *s.* remen. — rennen *intr. heranrennen, stürmen*

Chr. 2, 281, 4; 5. 262, 19. *tr.* mit morter etw. ein r. *mit mörtel vermischen, verbinden ib.* 5. 315, 5. — rîben, interere Dfg. 304ª. — rîten (II. 732ᵇ, 4) *ein-, hineinreiten* Hartm. Trist. Wwh. 21, 29. Chr. 3. 362, 26; 5. 58, 13. 17. 61, 2. 4. 383, 32. 386, 18; *das einlager halten ib.* 6. 413 *anm.* 4; 7. 158, 9. — rîzen *einreissen, überhandnehmen* Rcsp. 1, 433. 39 (*a.* 1438). — rucken (II. 781ª, 24) *hineinschieben* Myst. — samenen *einsammeln* Tuch. 230, 27; 232, 1. — schieben (II². 166ᵇ, 35) *hineinschieben, -stecken* Pass. Mgb. Priesterl. 744. Wolk. 41, 34. — schiezen (II². 171ᵇ, 27) *hinein schieben, stossen* Pantal. — schrîben *einschreiben* Fasn. 18, 30. 25, 17. 328, 22. — sëgenen, einen übel ein s. *übel empfangen* Zimr. *chr.* 4. 63, 10. — senden (II². 297ᵇ, 31) *hinein schicken* Parz. einem etw. în s. *eingeben, inspirare* Jer. — senken (II². 306ᵇ, 51) *hinein senken, einschliessen* Urst. — setzen (II. 351ª, 11) *ein-, hineinsetzen, legen* Jer. wein ein setzen Np. 256; *verpfänden* Chr. 5. 8, 35. — sieden *einsieden, einkochen* Pf. *arzb.* 2, 13ᶜ. — sinken (II². 305ᵇ, 40) *einsinken, einbrechen* Krone, Jer. — sitzen (II². 331ᵇ, 11) in sich în s. *sich versenken* Myst. — slahen (II². 372ª, 9) *ein-, hineinschlagen* Parz. Konr. etw. zuo dem rehten în sl. *sich rechtlich in den besitz desselben setzen* Gr.w. 4, 116. — sleichen *swv. tr.* (II². 398ᵇ, 37) *unvermerkt hinein führen* Loh. (3416). — slîchen *stv. intr.* (II². 397ᵇ, 37) *einschleichen, heimlich eindringen* Trist. — sliefen (II². 406ª, 13) *hinein schliefen, schlüpfen* Freid. Myst. — sliezen (II². 409ª, 3) *einschliessen, vereinigen* Ms., *einschliessen, fangen* Parz. Chr. 9. 583, 19 *var.* — sloufen (II². 407ᵇ, 14) *einhüllen, kleiden* in Griesh. — smiden *in fesseln schmieden* Wolk. 109. 4, 14. — smiegen (II². 431ᵇ, 18) *einziehen, den zagel în sm.* Reinh. *part.* în gesmogen *eingeschmiegt, eingefallen* Trist. — smücken (II². 432ᵇ, 14) *einziehen* Pass. sich einschmucken *einschmugeln* Zimr. *chr.* 3. 57, 1. — snîden (II². 439ª, 11) *einernten* Mart. (269, 18). Dür. *chr.* — spannen *stv.* (II². 481ᵇ, 41) *einspannen* Fasn. 327, 16. *spannend einschliessen* Myst. Karlm. — sperren (II². 487ª, 46) *einsperren* Stolle. — spîwen (II². 513ᵇ. 11) *hinein speien* Erlœs. — sprëchen (II². 526ᵇ, 48) *tr. einsprechen, eingeben* Myst.

N. v. B. 83. Chr. 3. 415, 13; *zu sich laden*
Myst.; *intr. einsprache erheben* Dür. *chr.* —
stân *einstehen, eintreten (in ein kloster)*
Chr. 5. 104, 2. — stapfen (II². 556ᵃ, 41)
hinein traben, reiten Herb. — stellen, daʒ
phert în st. *in den stall tun* Ad. 980. Gr.w.
4, 186; daʒ geriht în st. *einstellen ib.* 3, 615.
— stîgen (II². 631ᵃ, 8) *hinein steigen*
Kreuzf. — stôʒen (II². 664ᵇ, 29) *hinein
stossen, stecken* Albr. Mone 8, 515. Wolk.
13. 8, 4. Fasn. 457, 32. 462, 3. 637, 5. — strî-
chen (II². 685ᵃ, 30) *hinein streichen* Berth.
— stricken *s. v. a.* în binden. wer ain kind
hept, der sol im niht mêr in stricken denn
1 β dn. Mone *z.* 17, 190 (*a.* 1460). *vgl.* Zimr.
chr. 1. 56, 3 *ff. u.* înstrickete. — ströuwen
hinein streuen Tuch. 256, 17. — stürzen
infundere Fromm. 2, 439ᵇ. — tragen (III.
72ᵃ, 8) *hinein tragen* Parz. Mgb. (*von bienen
und ameisen*) 289, 30. 292, 4. 301, 33; *ein-
bringen, eintragen* Jer.; *einfassen, ein-
schliessen?* Trist. (10941 *und Bechsteins
anm.*). — trenken (III. 94ᵃ, 25) eʒ einem,
*es einem eintränken, vergeltung od. rache
nehmen* Neidh. Kell. Virg. 390, 6. Roseng.
H. 2146. Ulr. *Wh.* 182ᵈ. 183ᵃ. Renn. 17007.
Ring 42ᵃ, 16. Fasn. 349, 17. 754, 18. *vgl.*
Strobel *über s. Oswald s.* 4. — trëten
(III. 97ᵇ, 9) *ein-, hinein treten* Parz. — tro-
pfen *einträufeln.* ain fäuhten ein tropfen
sam milch Mgb. 224, 18. *bildl.* genâd ein tr.
ib. 64, 15. — troufen (III. 102ᵇ, 29) *ein-
träufeln* Troj. — tuon (III. 140ᵇ, 26) *hinein
thun: einfangen, einschliessen, einsperren*
Iw. Wwh. Trist. Ms. L.Alex. 348. Krone
2975. die hunde sol man nachts nach der fœur-
glocken ein tun Np. 331. în tuon mit *vereini-
gen* Diem.; *refl. sich verbergen, zurückhalten*
Trist. — twingen *einzwängen.* den lîp
oder die brüste mit engenisse in twingen
oder binden Mone *z.* 7, 59. — vâhen (III.
203ᵇ, 40) *einfangen, einschliessen* Parz. Chr.
4. 288, 15. — vallen (III. 218ᵃ, 35) *ein-,
zusammenfallen* Engelh.; *einbrechen, ir-
rumpere* Jer.; *sich ergeben, ereignen, inci-
dere* Gl. Mgb. 492, 14. — valten (III. 230ᵇ,
25) *einfalten* Barl. implicare Dfg. 289ᵇ. —
varn (III. 245ᵇ, 21) *einfahren* Walth. so
suln si uns laisten und ein varen (*ins einla-
ger ziehen*) in die stat ze Paʒʒowe in geisel
wîs Uoe. 4. 279 (*a.* 1298). eʒ ensol nieman
ouf den andern in varn noch leisten Mw.
140, 12. 193, 19 (*a.* 1281. 93); *eine grube*
machen Tuch. 287, 7, *einen steinbruch er-
öffnen ib.* 84, 29. — verlâʒen (I. 952ᵃ, 23)
hinein lassen Greg. Parz. Ms. — vessen *s.*
vessen. — viuren *einfeuern* S.Gall. *stb.*
4, 103. Zimr. *chr.* 587, 18. — vlicken *refl.
sich einmischen* Öh. 53, 8. *vgl.* Zimr. *chr.* 2.
304, 5; 3. 168, 7; 4. 411, 20.—vlieʒen (III.
348ᵃ, 25) *ein-, hineinfliessen* Barl. Myst. 2.
225, 33. Hb. *M.* 536. — vordern *einfor-
dern, eintreiben* Pass. K. 12, 65. — vüeren
(III. 261ᵃ, 39) *einführen* Parz. Chr. 9. 1050,
42. — wëgen *stv. einwägen.* mit einem ge-
wichte ein oder auss wegen Np. 173. —
welzen *tr. u. refl. zusammen rollen* Mgb.
232, 10. 467, 25. — wërden. dô im diu stat
în wart, *sich ihm ergeben hatte* Wolfd. 1996.
— wërfen (III. 735ᵇ, 25) *hineinwerfen, ein-
schliessen* Iw. — wëten *stv. refl. sich ein-
mischen, eindrängen* Pass. K. 184, 62. —
winden (III. 678ᵃ, 49) *einwinden, einhüllen*
Spec. Barl. *part.* ingewunden Pass. Mar.
148, 25. Er. 6670. — wischen *intr.* (III.
764, 31) *hineinschlüpfen* Pass. — wîsen
swv. einweisen in, investieren Chr. 7.
220, 20. — zeln *einzälen* Tuch. 67, 30. 68,
34. — zern *refl. abnehmen, schwinden* Chr.
5. 245, 31. 281, 9. — ziehen (III. 924ᵇ, 25)
tr. einziehen. die stangen ein ziehen Np. 252.
vgl. 253. eine strâle in z. *einen pfeil auf den
bogen legen* Nib. 879, 2. die bogen în z. *span-
nen* Chr. 8. 83, 4. 5. den roc mit snüeren in
z. *einschnüren* Mone *z.* 7, 59 (*a.* 1356); *refl.
in sich kehren* Mgb. 8, 23. 232, 21. 297, 17.
— zogen *intr.* (III. 936ᵃ, 24) *hineinziehen*
Parz. — zucken *tr. schnell hineinziehen*
Chr. 5. 196, 12. — *vgl.* Dwb. 3, 140 *u.* inne,
innen.

inâ *interj.* (I. 752ᵃ) *siehe, nun, he, heda!* Trist.
Helbl. Hätzl. Wack. *pr.* 70, 224. Ot. 497ᵇ.
Germ. 3. 418. 13. ienâ *ib.* 418, 5. — *ahd.*
inu, *vgl.* inane *u.* Gr. 3, 248.

in-æder e, -æder *stn. eingeweide* Diem. 41, 13.
42, 27. Germ. 8, 301. in eider *ib.* 300 *u.*
Schm. *Fr.* 1, 95.

inane *conj. itaque, igitur* Elis. 10047. ienan
ib. 708. — *ahd.* inunu, *vgl.* inâ.

[in-ban I. 83ᵃ] er würket vreislich inban Lanz.
3041 *lies*: er würket vreislîchen ban *s.*
Bächtold *Lanzel. s.* 40.

în-baʒ *adv. weiter hinein* Chr. 8. 268, 9.

in-be-lîben *stn. das innenbleiben* Theol. 32.
inneblîben Myst. 2. 261, 27. 412, 22.
ebenso

in-be-lîbunge *stf.* MYST. 2. 215, 26. 673, 9.
în-be-sliezunge *stf.* (II.² 412ᵃ) *einschliessung* MYST.
în-bilden *stn. ein-, hineinbildung.* ein înbilden und îngedenken an got MYST. 2. 6, 35. ein înbilden sînes geminten gegenwürtigen gotes *ib.* 548, 38. *s.* în bilden;
în-bildunge *stf. dasselbe* MYST. 2. 210, 35. 211, 26. 251, 28. NP. 151. fantasia DFG. 225ᵃ *vgl.* înformunge.
in-binnen *adv. s. v. a.* enbinnen ELIS. 2423. 5149. 6375.
în-bîz *stmn.* (I. 194ᵇ) *essen, imbiss, malzeit* LEYS. MAR. 164, 1. NP. 286. Mz. 1, 478. ûf früen inbîz, *zur frühstückszeit* CHR. 4. 51, 8. enbîz GRIESH. 2, 28. AD. 980, *gewönl. angeglichen* imbîz (GEN. LANZ. GUDR. FLORE, MS. ER. 667. 2142. 8645. LIEHT. 191, 29. KRONE 15406. imbis URB. 110, 26. imbs CHR. 9. 1050, 39. imps KELL. *erz.* 204, 16. 18), *assim.* immez ELIS. 3446. imbisze oder immesse, prandium VOC. 1482. immis ÖH. 5, 20. 56, 27. 57, 10. 156, 32. ummes MONE *z.* 18, 65 (*a.* 1488). daz ommyz FRANKF. *urk. v.* 1401. — *zu* enbîzen;
în-bîzen *swv. intr. prandere.* imbîzen BELIAND 4525. inbizzen EVANG. 269ᵃ; *tr. mit ges.* gimbîzen.
în-bîz-pfenninc *stm.* wir jâhen auch, wir hieten auf dem selben guot dorfgeriht und imbîzpfenninge und hüenerdienstes ze hôchzeiten UKN. 253 (*a.* 1334).
în-bîz-zît *stf.* (III. 914ᵇ) *zeit zur malzeit.* imbizzît KREUZF.
in-blanden *stv. s.* enblanden.
în-blâs *stm.* (I. 201ᵃ) *inspiratio* OBERL.;
în-blâsen *stn.* von dem inblausen dînes geistes und dînes zornes HB. *M.* 388;
în-blâsunge *stf.* (I. 201ᵃ) inspiramen DFG. 301ᶜ. WINDB. *ps.*
în-blic *stm. einblick* MYST. 2. 329, 12. 519, 16;
în-blicken *stn.* MYST. 2. 585, 25.
in-bluotende *part. adj. sehr blutend* NARR. 22, 33.
în-, in-born *part. adj. eingeborn.* înborn dienestman SWSP. 118, 18. inborne burgêre, innati burgenses MÜHLH. *rgs.* 87. *vgl.* îngeborn.
în-bot *stn.* (I. 185ᵃ) *gebot, auftrag* WINDB. *ps.*
în-brëchunge *stf. das einbrechen, überhandnehmen.* wie soliche einbrechung gemelter geringen müntz unterstanden wurde NP. 147 (15 *jh.*).

in-brinnende *part. adj.* (I. 255ᵃ) *inbrünstig* LOBGES.
în-bruch *stm. einbruch* SCHW. *schl.* 170; *eingriff* MONE *z.* 7, 299 (*a.* 1472).
in-brünste *adj.* (I. 253ᵇ) LOBGES., *fehlerhaft statt* inbrünstec *s.* GERM. 3, 74;
in-brünstec *adj.* (*ib.*) *md.* inbrunstic *hellbrennend, heiss verlangend, inbrünstig.* inbrunstic minne ERLŒS. 703. ELIS. 5140. 5337. dâ des heilegen geistes güete inbrünstic sie machte mit süezer glüete RENN. 13169; *zornig* OSW. so wirt er von zorn so inprünstig MYNS. 10. — *zu* enbrinnen.
in-brünstec-heit *stf. inbrunst* S.GALL. *chr.* 44.
in-brünstec-lîche *adv. hell brennend, heiss verlangend.* des hât ein fûric minne ir herze unde alle ir sinne inbrunsteclîche enzundet ELIS. 979. mir nâhet inprünsticlîch dein stolzer leib WOLK. 74. 3, 2. *ebenso*
in-brunst-lîche *adv.* daz liehtez golt nie schein inbrunstlîcher Ls. 1. 376, 43; inbrunstlîche an einen denken RENN. 22489.
in-bû, -wes *stm. das bauen u. gebaute.* mit inbûwe an hûsern, *befestigung an häusern* MONE *z.* 4, 167 (*a.* 1390);
in-bûwe *swm. einwohner* JER. 50ᵈ. *vgl.* GR. 2, 760.
inc (I. 752ᵇ, 35) = enk? *vgl.* PARZ. 522, 21 *anm.* WACK. *lit. s.* 127. FROMM. 4. 271, 81; 5. 138, 21.
incorporieren *swv. einverleiben* MH. 2, 845. 46. — *aus lat.* incorporare.
in-dæhtic *adj. eingedenk mit gen. d. s.* SCHM. *Fr.* 1, 485; *erinnerlich mit dat. d. p.* euch sîe wol indechtig und wissentlich UGB. 122. 437 (Oberlaus.). *vgl.* ingedæhtic;
in-danc = endanc GEN. 25, 2. *D.* 22, 9;
in-denke *adj.* (I. 350ᵃ) *eingedenk mit gen.* RENN. HÄTZL. 308ᵇ, 208. CHR. 3. 413, 7; mir ist etw. indenke *erinnerlich* SCHM. *Fr.* 1, 523. *vgl.* ingedenke;
in-denkic *adj. erinnerlich.* als ûch vil liechte noch wol indenkig, kund und wissende ist RCSP. 1, 18.
inder, inderlich *adj. s.* inner, innerlich.
inder, indert *adv. s.* iener.
indert-halp *s.* innerhalp.
în-dës *adv. s.* inne.
inde-wendic *adj. adv. s.* innewendic.
indîâsch *adj.* (I.752ᵃ) *indisch* WWH. 94, 12;
indich *m. indigo,* indicum DFG. 294ᵇ. VOC. *S.* 1, 17ᵃ. *vgl.* endit *u.* DWB. 3, 461.

indruc, -drucken s. iteroche, iterücken.
în-druc, -ckes stm. *eindruck* MYST. 1. 9, 27;
  2. 75, 34. 38. 83, 11. 553, 26;
în-drucken stn. ein intrucken des geistes
  MYST. 1. 238, 28;
în-drückunge stf. *eindruck, hineinbildung*
  MYST. 2. 215, 24. 507, 38.
indument stn. indumentum DFG. 295ᵇ. VOC.
  S. 1, 21ᵃ.
in-durstec/adj. (I. 323ᵃ) *sehr durstig* BERTH.
  (402, 30).
ine (I. 743ᵃ, 33) = ich ne WALTH. PASS. K.
  273, 59. 535, 44; — dat. pl. s. ër.
in-eider s. inædere.
inelende s. ellende.
ineme (I. 313ᵃ, 40) = in deme STRICK.
inen acc. m. sing. u. dat. pl. s. ër.
în-er-bilden stn. s. v. a. înbilden. da muoʒ
  ein angedenken und merklich inerbilden
  zuo gehœren, als dem schuoler zuo der
  kunst MYST. 2. 549, 37.
in-er-liuhten swv. *innerlich erleuchten,
  durchleuchten.* die engel, die alsô inerliuhtet
  sint MYST. 2. 161, 19;
in-er-liuhtunge stf. *er-, durchleuchtung*
  MYST. 2. 161, 17.
infel-bære adj. *eine* infel *tragend* j. TIT. (Z.
  2. 85, 460).
infele, infel stf. (I. 747ᵇ) *infel, mütze eines
  bischofs oder abtes* GSM. sîn infele, die er
  ûffe trûc PASS. K. 580, 50. infel ûf houbet
  MSH. 2, 243ᵇ, ob dem houpte GA. 2. 585,
  249. infel, zepter, krône j.TIT. 6199. diu
  infel muoʒ mîn helm wesen (*sagt der bi-
  schof*) ULR. Wh. 170ᵃ. für infel helm
  MSH. 2, 390ᵇ. ein infel und ein krône, die
  pflegent nû der kristenheit *ib.* 289ˡ. stol und
  infel gab er dar *ib.* 241ᵇ. under infeln bî
  dien krumben steben *ib.* 203ᵃ. manigen
  bischof man dô sach under infelen mit
  krumben staben SERV. 465. der bischof, der
  der infel pflac APOLL. 18294. diser abt, an-
  geton mit sîner infel ÖH. 127, 10. im fel
  SERV. HELBL. imfol CHR. 7. 250, 26; *binde,
  dar ûʒ ein infel was gesniten* DIETR. 1161.—
  aus lat. infula;
infeln swv. *mit der* infel *versehen, s.* geinfelt
  u. RCSP. 1, 316.
în-formunge stf. (III. 388ᵃ) s. v. a. înbildunge
  MYST.
in-gâbe stf. *eingebung.* von ingâbe des hei-
  ligen geistes RTA. 1. 233, 26; *schriftl. ein-
  gabe, vorstellung,* dem râde von des salzes

wegen die ingabe geben FRANKF. *brgmstb.*
  1441 *vig.* V. p. *jubil.*
în-, in-ganc stm. (l. 475ᵇ) *das eingehen, der
  eingang* LOBGES. CHR. 8. 433, 26. PASS. K.
  602, 91. KIRCHB. 707, 16. HB. M. 320. 400.
  46. înganc der messe, *introitus* BERTH. 495,
  12. 25. WACK. pr. 41, 64; *hineinführender
  weg, eingang,* îng. des bethûses HB. M.
  408; *einschlag eines gewebes* LANZ.;
in-gânde part. adj. *eingehend* ALEXIUS 130,
  882. *vgl.* ingêndic.
ingbrant? stm. die ingbrende im graben
  (*stadtgraben*) lassen uff hören FRANKF. *brg-
  mstb.* 1448 *vig.* III. p. *Barth.*
ingebër s. ingewër.
în-ge-bërunge stf. *eingeborenheit* MYST. 2.
  193, 20.
în-ge-borgen part. s. în bërgen.
în-ge-born part. adj. s. v. a. înborn DSP. 1,
  253.
in-ge-bot stn. *gebot* SPEC. 70.
in-ge-bû stn. (I. 289ᵇ) *innerer bau* HÄTZL.
în-ge-bunden part. adj. s. în binden.
in-ge-dæhtic adj. s. v. a. indæhtic, *einge-
  denk mit gen.* CP. 84 (ingedechtig *u.* einge-
  dechtig) SCHM. Fr. 1, 485;
in-ge-danke swm. (I. 356ᵇ) *der innerste ge-
  danke* MYST.;
in-ge-denke adj. s. v. a. indenke, *eingedenk
  mit gen.* JUST. 50. 93;
în-ge-denken stn. s. *unter* inbilden.
in-ge-derme stn. exta DIEF. n. gl. 163ᵃ.
in-ge-dône stn. s. ingetæne.
in-ge-drucket-heit stf. in wirt gegeben ein
  gelîcheʒ bilde einer îngedrucketheit MYST.
  2. 70, 40.
în-ge-geistec-heit stf. diu îngegeistikeit go-
  tes daʒ ist diu verborgonheit, nâch der han-
  gende ist der geist MYST. 2. 520, 32.
in-ge-hiuse stn. s. v. a. ingesinde. des wirts
  knecht oder sein ingehause, daʒ man sint
  HEUM. 100. *vgl.* FROMM. 6, 147.
în-ge-lîbet part. adj. s. în lîben.
in-gëlt stn. *abgabe, rente* KIRCHB. 720, 31.
  CHR. 7. 123, 29. 192, 14.
în-ge-næt part. adj. *eingenäht.* daʒ nieman
  enkainen ingenæten harnasch tragen sol
  inrent den gerihten S.GALL. *stb.* 4, 170ᵇ.
in-gên stn. *eingehen, eingang* Mz. 1, 495;
in-gêndic adj. *eingehend.* daʒ ingêndic jâr
  WACK. pr. 35, 74.
in-ge-nôʒ stm. *einheimischer* GR.W. 5, 94. 95.
ingepër s. ingewër.

in-ge-ræte *stn. md.* ingerêde, *geräte das in einen raum (küche, haus) gehört* ELIS. 7424. 8993.

in-ge-reite, -reide *stn. eingeweide* CHR. 2. 311, 1 *var.* — *vgl.* SCHM. 3, 157.

in-ge-riusche *stn. dasselbe* HB. *M.* 521. TUCH 125, 9. ingereusch, intestina VOC. 1482. — *vgl.* SCHM. 3, 140. KWB. 208.

in-ge-riute *stn.* (II. 749ª) *urbarmachung, urbar gemachtes land* WEIST.

în-ge-sëzze *swm.* inquilinus VOC. 1482;

în-ge-sëzzen *part. adj.* (II². 331ᵇ) *eingesessen, ansässig* ZÜRCH. *jb.*

in-ge-sîde *stn. s.* ingesinde.

in-ge-sigel *stn.* (II². 270ª) *s. v. a.* insigel, *siegel* TRIST. KONR. (TROJ. 6386. PART. *B.* 1308. 17384). FRL. ERLŒS. MSH. 2, 381ᵇ. KARL 2101. APOLL. 19556. MARLG. 199, 127. HEINR. 3719. CHR. 8. 139, 10. 367, 26; 9. 600, 21. eingezegil CDS. 1, 92. in g e s i d e l BIRL. *al.* 115 (a. 1296) *u. öfter in* DON. *urkk. des 14. jh., vgl.* insidel *unter* insigele; — *typus, bild, ebenbild* DIEM.;

in-ge-sigelt *part. adj.* (II². 271ª) inges. erde, siegelerde DIEM. *arzb.*

in-ge-sinde *swm.* (II². 295ª) *einer aus dem* ingesinde, *diener im hause des herrn* RUL. LAMPR. GUDR. BÜCHL. PARZ. TRIST. WALTH. BIT. 9701. 10526. — *s.* gesinde;

in-ge-sinde *stn.* (II². 296ª) ingesîde RUL. ingesinne LESEB. 986, 38: *dienerschaft im hause des herrn, hofdienerschaft, hausgenossenschaft eigentl. u. bildl.* NIB. KL. HARTM. (ER. 307. 1273) PARZ. TRIST. OTTE 361. tugentlîcher gast kam in dîn ingesinde nie MSF. 168, 29. wunneclîch gekleidet der meie sîn ingesinde hât MSH. 1, 26ᵇ; *kriegerisches gefolge* NIB. 207, 2. 1282, 1; *diener* WARN. Ms. (ungenâde hât mich empfangen z'ingesinde *H.* 2, 70ᵇ). mîn herze ist ir ingesinde MSF. 50, 15. David ward des küneges ingesind HB. *M.* 325; *einwohner,* diz lant muoz mich ze staetem ingesinde haben, wan ich wil werden hie begraben TROJ. 21361;

in-ge-sinden *swv.* (II². 296ᵇ) *s. v. a.* gesinden. jâmer hât mich g'ingesindet MSH. 1, 203ª.

in-ge-slehte *stn.* daz houpt und daz inner geslähte (interiora, que dicuntur ingsläht) GEIS. 434. — *s.* geslehte 1 *u.* SCHM. 3, 427.

în-ge-slozzen-heit *stf.* (II². 409ª) *eingeschlossenheit, inbegriff* MYST.

in-ge-süeze *stn.?* (II. 754ª) polipodium VOC. *o.* insüeze, engelsüeze DIEF. *n. gl* 296ᵇ.

in-ge-tæne *stn.* suppellectilia, utensilia ingedône VOC. 1482. DFG. 568ª. *vgl.* FRISCH 2, 373ᶜ *u. das flgd.*;

in-ge-tüeme *stn.* (III. 133ᵇ) *was in das innere des körpers getan, geschaffen ist, eingeweide.* ingetuome EXOD. *D.* 153, 3. PF. *arzb.* 2, 11ᶜ. ingetum, ingtum NP. 223, 25. intum CHR. 2. 311, 1; *was eingetan ist, hausrat, bes. was die frau ins haus gebracht hat, md.* ingetûme GLAUBE, ELMEND. ZEITZ. *s.* 1, 35 *u. anm.* ANZ. 18, 12 (a. 1349).

in-ge-velle *stn.* (III. 224ᵇ) *gefälle, einkünfte.* WEIST.

în-ge-vlozzen-heit *stf.* vernünftekeit ist daz oberste teil der sêle. daz hât ein mitesîn und ein îngeflozzenheit mit den engeln in engelischer nâtûre MYST. 2. 253, 33.

in-ge-want *stn.* (III. 684ª) *eingeweide* MSH. 2, 287ᵇ. 288ᵇ. 299ᵇ.

in-ge-wæte *stn.* (III. 778ᵇ) *was zur einkleidung dient* KARAJ.

in-ge-weide *stn.* (III. 554ᵇ) *eingeweide* PASS. (268, 41) KARLM. 201, 38. FROMM. 2, 439ᵇ. CHR. 8. 369, 3. ingewaid MGB. 135, 21. 237, 3. 4 *u. o.*;

in-ge-weidnisch *adj.* ingewaidnisch krieg CHR. 3. 35, 24 (= bellum civile 185, 35).

ingewër *stn.* (I. 752ª) *ingwer* GL. NEIDH. 91, 6. ingwer CHR. 1. 100, 27. 101, 10; 2. 316, 26. in g e b e r NEIDH. 74, 17. MART. 64, 35. VOC. 1482. ingber NETZ 9816. 97. ingeper TUCH. 124, 29. imb e r CHR. 5. 114, 22. 155, 12. — *s.* gingebëre, zinzibër.

in-ge-wunden *part. adj. s.* in winden.

in-ge-ziht *stf. s. v. a.* inziht. daz sülch ingeziht ûf mich gînge Mz. 3, 483 (a. 1361).

în-giezen *stn.* MYST. 2. 27, 21 *s. v. a.*

în-giezunge *stf. eingiessung, eingebung.* ing. der andâht MYST. 1. 393, 13. ing. des heiligen geistes RCSP. 1, 182. 226.

în-gome *swm.* (I. 554ᵇ) inquilinus WEIST. (die ingömen 5, 119).

în-gozzen-heit *stf. eingiessung, eingebung.* und het doch die begirde, daz im got gebe ein ander îngozzenheit HEUM. 433.

ingrossieren *swv. ingrossare.* was briefen vor gericht bekant werdent, do sol des gerichts schrîber die abegeschriften fürderlîchen machen und die vorgericht lesen, ê er si ingrossiere BASL. *rechtsqu.* 1, 95 (a. 1411).

in-grüen *stn. immergrün,* vinca, pervinca

semperviva Dfg. 619ᵃ. 431ᵃ. 526ᵃ. tryuncula Voc. 1482;

in-grüene *adj.* (I. 580ᵇ) *kräftig grün* Trist. Part. *B.* 12436.

in-grunt *stm.* wesen unde nâtûre ist ein lieht in liehtes eigenschaft. des liehtes ist daz wesen ein ingrunt und ein intiefi Myst. 2. 669, 33;

in-grunt-lîchen *adv. in od. aus dem innersten grunde* Suso (*leseb.* 881, 9).

in-guot *adj.* (I. 589ᵇ) *sehr gut* Türl. *Wh.*

în-guʒ *stm.* (I. 542ᵃ) *eingiessung*: *das eingiessen sowol als das eingegossene, eingefüllte* Mgb. 389, 18. 33 (*vom einnehmen der arznei*). federiten oder ingüʒʒe zuo betten oder phulwen Basl. *rechtsqu.* 1, 112 (*a.* 1427); *einfluss, einwirkung (der gestirne)* Frl. der sêle inneguʒ Misc. 2, 250.

ingwër *s.* ingewër.

in-haber *stm.* inhaber. des hûses, der güeter inh. Gr.w. 1, 71. 396. inh. des êwiggelts Münch. *r.* 3, 1;

in-hab-lich *adj.* die inhablichen land, stett und slos, *die man inne hat, besitzt* Dh. 422. 29.

in-haltunge *stf. s.* innehaltunge.

în-hangen *stn. das innesein, -wohnen* Myst. 2. 99, 18. 22. 416, 33.

in-hant *stf.* (I. 631ᵇ. 632ᵇ, 26) vola Dfg. 628ᵃ. inner hant *n. gl.* 385ᵃ;

in-hant *adv. zuweilen, hie und da* Jer. 2ᵈ. 25ᶜ. 98ᵇ. 134ᵇ. 158ᵇ. *vgl.* enhant.

in-heimisch *adj.* (I. 655ᵃ) *zu hause, einheimisch.* er machte einheimisch im den gast Kreuzf. 5574. in hêmisch sîn Mühl. *r. L.* 169. 72;

in-heimisch *adv. nach hause.* wir fügen ûch zu wissen, das unser fründe wider inheimisch komen sint Ugb. 423 *s.* 493 (*Oberlaus.*).

in-hitzec *adj.* (I. 658ᵃ) *sehr heiss, entflammt* Such. inh. minne Myst. 2. 107, 31. 353, 26. Fronl. 39. 40. 59. 61. Hätzl. LXVIIIᵃ.

în-holn *stn.* kêrent iuwer vernunft mit inholn in die vernünftigen verstantnüsse, zuo disem sinne, der dâ ungeschaffen ist Myst. 2. 582, 13.

in-huober *stm. gegens. zu* ûʒhuober Gr.w. 5, 626.

in-in? *präp.* (I. 749ᵇ) *mit dat. u. acc.* Leseb. (= jû leit in erde. jû in deme gespreidach Denkm. XXXIX. 1, 1. 2, 1 *u. anm.*), *ahd.* inin diu (*instrum.*), *indessen ib.* 140, 9. 147, 20. 37;

in-inne *adv.* (I. 750ᵇ) *inne* Elmend. en inne Roth. (1302). *ebenso*

in-innen *adv.* (*ib.*) Gr. Rud. Glaube.

in-kein *s.* nehein.

in-keine *adv.* = engegene Keinz *denkm.* 300, 905.

în-kêr *stm.* (I. 799ᵇ) *das insichgehn* Myst. Heum. 377. daz ir des rehten înkêres noch nie rehte versuochtent N. *v. B.* 323. *ebenso*

în-kêre *stf.* Mersw. 29; dî înkêr nemen *in einkehren, einziehen* Jer. 118ᶜ.

inkes *s.* inkus.

inke-vinster? *fensterscheibe?* 2 β fur zwey inckefinster in die finster zu machen in dem stobchin by dem backoffen Frankf. *baumstb.* 1437 *f.* 43ᵇ.

in-knëht *stm.* (I. 852ᵇ) *knecht des hauses* Diut. 3, 214.

în-komen *stn. das hereinkommen, die ankunft* Wolfd. 712;

în-komen *part. adj.* înkomen man, *eingewanderte* Ssp. 1, 30. 3, 32;

în-kumft *stf. eintreffen, ankunft* Jer. 22ᵇ.

inkus? 5 fl. 10 β fur 65 elen inkus hantzwelin und broitdûcher in dasz râthûs komen Frankf. *rechenb. v.* 1492 *f.* 80. fur ein inkus, helt 67 elen, dem rât broitdûcher dar ûsz zu machen *ib.* 1495, 87ᵇ. fur ein inkes zu broitdûchern und hantzweyeln, 69 elen *ib.* 1498, 73ᵇ.

in-lachenes *adv. innerhalb, eigentl. innerhalb des tuches oder gewandes* (lachen) Will. Hoffm. 29, 2. 30, 18. schœne wât ziert oft manec wîp, diu inlachens oft hât unwerden lîp Renn. 12657.

în-lâge *stf. eingriff.* wie ir in solchen spruch einlage und bezwang thut Ugb. 368. *vgl.* înlegunge;

în-lëger *stn. das einlager, obstagium* Höf. z. 1, 259 *ff.* 296. 303. 304. inleger halten Mühlh. *rgs.* 111. Mich. 4 *s.* 28 (*a.* 1344). Chr. 6. 300, 8; 7. 160, 2, tuon Cds. 2, 24. die (*gemanten bürgen*) sullen alle zehen dô ligen, als in inelegers reht ist Mz. 3, 483 (*a.* 1361). — *vgl.* Ra. 620 *und* E. Friedländer: *das einlager, ein beitrag zur deutschen rechtsgeschichte.* Münster 1868;

în-leger *stm. der wein einlegt, weinheber* Np. 241. Tuch. 76, 10.

în-legunge *stf. s. v. a.* înlâge. înl. in alt herkomende Gr.w. 3, 597.

în-leite *stf.* (I. 976ᵇ) *einführung* Serv., *erster feierlicher kirchgang einer wöchnerin* Trist. ez sei ze taufen oder inlaiten Ukn. 334 (*a.*

1349). mit taufen, mit einleiten nihts ze schikken haben Mz. 4, 150;

în-leiten *swv.* (I. 976ª) *hineinführen in* TAULER, EXOD. 89, 44. CHR. 7. 250, 11. der briester sol die frawen nâch der purd und die preut inlaiten dâ selbs (*in die kapelle*) USCH. 376 (*a.* 1398); *zu etw. bringen, bewegen* CHR. 3. 280, 30;

în-leiter *stm. einführer.* der heilige geist ein înleiter ist in die êwikeit MYST. 2. 78, 21.

in-lende *stn.* (I. 938ª) *heimat, vaterland* GEN. *D.* 63, 20; *herberge, quartier*: inlende nemen, *sich einquartieren* SCHADE 290ᵇ;

in-lende *swm.* (*ib.*) *inländer* LAMPR.;

in-lender *stm.* (I. 936ᵇ) intraneus DFG. 305ᵉ;

in-lendic *adj. im lande, zu hause.* ist er aber nit inlendig und man im nit kan z'wüssen tun GR.W. 1,653. wêrent si denn nit inlendig AD. 1360 (*a.* 1446). *vgl.* ZIMR. *chr.* 1. 77, 10. 308, 32;

in-lendisch *adj. inländisch* ZIMR. *chr.* 3. 151, 20. ein in lentzer man GR.W. 5, 194.

in-lîbunge *stf.* (I. 1005ª) incorporatio DFG. 293ª.

in-lich *adj. s. v. a.* innneclich. mit inlîchen frouden W. *v. Rh.* 282, 39. — *ahd.* inlîh, *internus.*

in-ligen *stn. s. v. a.* inlëger. swelch dan der probst foder, die schullen ze Neunburch in varn in ain êrber gasthaus und dô inne ligen, als inligens recht ist UKN. 228 (*a.* 1330). die sullen sich in ir stat legen und dâ laisten, alsô inligens und laistens recht ist Mw. 363 (*a.* 1375).

în-liuhtunge *stf. hineinleuchtung, erhellung* MYST. 2. 12, 16.

in-liute (I. 1038ᵇ. II. 42ᵇ, 15) inquilini, qui vulgariter dicuntur inleut MB. 12, 154 (*a.* 1304). so haben etlich purger namhafte und gute heuser zu Wien und sitzen in andern landen und verlassen solche ire heuser inleuten, die arm sein CP. 171. — *pl. von*

in-man *stm.* (II. 42ᵇ) *mietsmann.* es ist verlassen, das ain ieder wirt und inman 7 dn. geben sol CP. 8. 169;

în-man *stm.* (*ib.*) *der eingesessene, in einem gemeindeverbande begüterte* HALT. es wêre einmann oder ûszmann Mz. 4, 137.

in-manc *adv. md. zwischen, unter* JER. 98ª. 98ᵇ. 149ᵇ. — *s.* manc.

în-manen *stn. die einmanung* GERM. 6, 63.

inme (I. 313ª, 41) = in deme NIB. PARZ. BASL. *r.* 28.

in-merker *stm.* (II. 65ᵇ) *der zur mark gehörende märker* (*s.* merkære) GR.W. 1, 575. 3, 491. 5, 248 *f. u. o.*

in-muotec-heit *stf.* es ist auch etlich tôrheit von innuetichait (*im orig.* e si ê pazzia di manincomia) VINTL. 2769.

inn = in den SUCH. 11, 274.

innân *adv. s.* innen;

inne *räuml. adv.* (I. 750ª) ine LESEB. 986, 3. in *ib.* 5, *s. unten* indes: *inne, inwendig* (ûzerlîche und inne frô ELIS. 6364. von herzen inne, *von herzensgrund ib.* 8189) *hinter demonstr. adv.* (dâ inne dinne, dar inne drinne, hie inne hinne *etc.*), *nach ortsbestimmungen* (zû Marburc inne ELIS. 6664) *u. bei zeitww.*: inne b e h a l t e n MYST. 1. 333,29; b r i n g e n eines d. *gewahr werden lassen, kennen lehren* ERINN. WALTH. TRIST.; l i g e n *im bette liegen, bettlägrig sein* TRIST. GREG. 185. kindelbettes inne l. *im wochenbette liegen* ELIS. 2370; s i t z e n ERINN.; w e r d e n eines d. *gewahr werden, kennen lernen* NIB. WIG. Ms. inne werden, daʒ BÜCHL. 2, 290. — *als p r ä p o s. mit gen. innerhalb*: inne des, índes (I. 316ª, 8) *demonstr. u. relat. indessen, unterdessen* PARZ. MAR. 199, 3. LIEHT. 74, 4, ELIS. 666, 3. MGB. 80. 36.174, 22. 456, 22, *mit instrum.* inne diu *während dem* GEN. *D.* 38, 10. 68, 17. *vgl.* innen;

inne *stf. das innere.* in der inne siufzen W. *v. Rh.* 35, 2. das buoch in der inne (*gedächtnis*) behalten *ib.* 23, 41; *innigkeit,* das gebet mit inne sprechin JER. 159ª;

inne-blîben *stn. s.* inbelîben.

innec, innic *adj.* (I. 751ᵇ) *innerlich, im innersten beruhend, aus dem innersten kommend.* der munt der menschen sprichet von dem, daʒ im innic ist MYST. 2. 424, 28. etwaʒ innigers unde hœhers *ib.* 434, 6. in sîme innegesten *ib.* 135, 32; *innig, andächtig* LEYS. din gebet sô innic ist gewesen PASS. *K.* 433, 80. JER. 128ᵈ; *vertraut, die* negisten diener RCSP. 1, 328; *verwant, ähnlich mit dat.* ein ander werc ist noch inniger dem steine MYST. 2, 434, 25.

innec-, innic-heit, innekeit, innikeit *stf.* (*ib.*) *eingezogenheit.* ir kindebettes innekeit ELIS. 2215; *innerlichkeit* WACK. *pr.* 89, 16. PASS. *K.* 448, 8. 546, 11; *innigkeit, andächtigkeit* LEYS. OSW. 1199. PASS. 186, 29. 333, 62. *K.* 10, 14. 36, 81. 46, 11. 579, 83. 665, 16. MARLG. 2, 29. 108, 79. 122, 89. 225, 388. 230, 524. ZING. *findl.* 2, 129. MYST. 2. 134, 17.

481, 1. ADRIAN 418, 1. 435, 76 *ff.*; *gespannte aufmerksamkeit* PASS. *K.* 400, 42.

innec-lich *adj. (ib.)* innenclich LEYS.: *im innersten wohnend, inniglich* WALTH. TRIST. BARL. inneclîchiu stæte TROJ. 21385. innecl. ger, gir ELIS. 2829. 5324. mit inneclîcher andâcht PASS. *K.* 10, 91. 16, 29; *bis ins innerste andächtig* PRED. MYST. 2. 548, 26;

innec-lîche, -en *adv. (ib.)* innenclîchen VIRG. 451, 9. SCHRETFL 141. PASS. *K.* 44, 12: *in od. aus dem innersten, inniglich* DIEM. ROTH. NIB. LANZ. WALTH. GR. RUD. 15, 12. GLAUB. 594. 1886. GUDR. 61, 4. 1208, 2. PART. *B.* 7793. 21580. KARL 10822. ELIS. 1178: 3907. 5220.

innegen, innigen *adv. ins innerste aufnehmen.* entuont iuch und innegent iuch Kristum MYST. 2. 305, 7; *andächtig machen s.* geinnegen; *erinnern, belehren:* Conzen vom Stege (*dem münzmeister*) innigen, wie er slagen sol FRANKF. brgmstb. 1437 vig. III. *p. Barthol.*

inne-guz *stm. s.* înguz.

inne-halt *stm. alles, was ein schreiben in sich fasst, laut, inhalt.* Riedeselsche verkaufsurkunde *v. j.* 1440 (*mitteil. Weigands*). ebenso

inne-haltunge stf. HÖF. *z.* 1, 305 (*a.* 1417) innehaldunge CDS. 2, 61. inhaltunge CHR. 2. 132, 14. TUCH. 311, 11.

inne-lëger *stn. s.* înlëger.

în-nëmære *stm. einnehmer.* der selben hundert phunt enphâher und innemær UOE. 5, 320 (*a.* 1322). innemer CHR. 4. 147, 29. *vgl.* BIRL. 139ª;

în-nëmunge *stf.* die fümf (*schiedsrichter*) solnt unser redde und furlegung ein nemen nâch brifen und nâch kuntschaft, und solnt nâch der einnemung mit einander richten Mz. 3, 58 *s.* 53 (*a.* 1339).

innen *adv.* (I. 750ᵇ) *ahd.* innana, *gekürzt* innân *u. so noch öfter im mhd.*; innent SCHREIB. 1, 289, innende JER. 158ª (*von Pfeiffer s.* 179 *als swv.* „inne sein" *aufgefasst!*): innen WALTH. ouʒen unde innen GEN. *D.* 113, 24. MSH. 1, 32ª. innen unde vor RAB. 288. der turn innen driu gewelbe hât FLORE 4178. 4995. 98. in der vesten innen ERNST 2126. als sî in im was innen MARG. 435. swaʒ innende was JER. *a. a. o.* innân gên MGB. 16, 5. innen bringen, werden *mit gen. s. v. a.* inne bringen, werden *allgem.* (innân werden GRIESH. 1, 158. CHR. 4. 361ᵇ). — *als präpos. innerhalb, binnen: mit gen.* innen des LANZ. (innân d. 4674) PARZ. WIG. FLORE, ULR. *Wh.* 19ª. 59ᵇ. WACK. *pr.* 41, 64, *mit dat.* TRIST. FLORE 387. innent dem zil S. GALL. *stb.* 43ᵇ. innende Kristis geziten LEYS. 102, 9, *mit instr.* innen diu GEN. 49, 4. *vgl.* inne;

innen *swv.* (I. 751ᵇ) *part.* geʒinnet, ginnet: inne *haben, besitzen.* als ich und mîn vordern daʒ guot biʒ her geinnet, braucht und genossen haben Mz. 1, 376 (*a.* 1381); *mit acc. u. gen. erinnern, in kenntnis setzen* GLAUB. LANZ. HERB. 3610. 4159 7669. WH. *v. Öst.* 54ᵇ. 55ª. ELIS. 8871, *mit acc. u. daʒ* HERB. 2168; *refl. mit dat. sich anschliessen, innig verbinden* PASS. *K.* 573, 83 *u. s.* 471ª. — *mit* er-, ver-;

innende, innent *adv. u. präp. s.* innen.

innent-lich *adj. s. v. a.* innerlich, *andächti* FROMM. 2, 439ᵇ;

innent-lîche *adv. s. v. a.* innecliche ROTH. 2271. HANS 2601.

inner *adj.* (I. 751ª) *comparativbildung zu* in: *inner, inwendig, tief im innern liegend* KCHR. Ms. daʒ innere zimber ULR. 370. schulde diu inner was *ib.* 1386. mit innerem gebete GEN. 65, 40. diu ûʒer gebærde zeiget den inneren willen FLORE 3037. diu innere brust PASS. *K.* 180, 73. an innerme gesichte *ib.* 404, 55. der innern tugende kleit *ib.* 31, 41. daʒ wesen ist mir noch inner MYST. 2, 135, 37. alle innern sinne FRONL. 56. die inneren, inren *belagerten* PARZ. WIG. BON., *ebenso* daʒ inner her TRIST. der inner, *der einheimische* WEIST. innerster rât, *vertrautester rat* GEST. *R.* CHR. 3. 372, 13. ausz dem indern râte *ib.* 365, 15;

inner *adv. (ib.) nbff.* innere, inre, inrent: *innerlich, tief im innern* GEN. RUL. SERV. — *als präpos. innerhalb, binnen: mit dat.* NIB. GUDR. PARZ. TRIST. WIG. KRONE 28769. SWSP. 41, 4. 175, 9. inrent dem tor REINFR. 167ᵇ. inrent einem mânôt Mz. 1, 245. 363. in runt den ziten MB. 22, 336, inrunt den nehsten drîn tagen S. GALL. *stb.* 4, 201. 11, 19. 29 inrent *ib.* 222, 226 *u. o.*; *mit gen.* inner des, *indessen* LIEHT. TRIST. *H.*; *mit instr.* inner diu, *indessen* ULR. (1254). SERV.

innerc-heit, innerkeit *stf. (ib.) das innere* TAULER; *innerlichheit, innigkeit* HELBL. 2, 845. HPT. 8, 119. DENKM XLVI, 74. WACK. *pr.* 59, 19. FRONL. 56. SGR. 1236. ROTH *denkm.* 47, 74. MYST. 2. 23, 9. inrekeit *ib.* 669, 5. *vgl.* innerheit.

innerc-lîche, -en *adv.(ib.) tief im innern, inniglich, herzlich* NIB. DIEM. (84, 28. 132, 15). GEN. 76, 24. 88, 3. *D.* 107, 8. TUND. (60,

79. 65, 36). NEIDH. 89, 14. ERACL. 4658. SERV. 2607. MAI 5, 32. 31, 18. 34, 20. 108, 33. 128, 23 *u. o.* innrklîchen *ib.* 2858. inrehlîchen ERINN. 679.

innere *adv. s.* inner.

inner-halbe *adv. auf der innern seite, im innern.* innerhalbe habent sî sicherheite grôʒe HIMLR. 87;

inner-halben *adv.* (I. 615ᵇ) *im innern, innerhalb* TRIST. NIB. 1940, 2. KRONE 12538. innerthalben NIB. 455, 2. 1915, 4. WG. 9476; — *als präpos. innerhalb, binnen mit dat.* TRIST.;

inner-halp *adv.* (I. 616ᵃ) *im innern, innerhalb* PARZ. ER. 2312. FLORE 2024. WINSBEKIN 17, 8; — *als präpos. innerhalb, binnen mit dat.* IW. TRIST. innerhalp der tür MSF. 161, 38. innerhalb dem tor BIT. 12301. innerhalp ir herzen tür LIEHT. 448, 15. innerthalp des herzen tür NEIDH. 71, 25. innerthalp dem burcgraben LANZ. 227. innirthalb drin tagen ROTH. 2619. inderthalp der wîhe PRIESTERL. 253, *mit gen.* BERTH. innerhalp sînes landes EXOD. D. 139, 27. inrhalp zweier mîlen ERACL. 1482.

inner-heit *stf. s. v. a.* innercheit, *das innere* H. *v. N.* 389;

inner-lich *adj. innerlich* ELIS. 2480. 2857. MYST. 2, 549, 19. KREUZF. 7985. inderlich ÖH. 159, 31; *innig*, mit dînen innerlîchen briefen H. *v. N.* 396;

inner-lîche, -en *adv. innerlich* ELIS. 45. 833. 969. 1102. KREUZF. 7608. MYST. 2. 441, 27. N. *v. B.* 241.

innern, inren *adv.* (I. 751ᵇ) *erinnern, in kenntnis setzen, belehren, überzeugen mit acc. u. gen.* PASS. K. 381, 77. JER. 26ᵈ. SWSP. 296, 7. SSP. 1. 6, 2. 3. 5; 3, 25; *refl. mit gen. sich erinnern an*, swenne er ir wunnen inret sich MSH. 2, 284ᵇ. sich innern an PASS. 237, 67. — *mit* ge-;

innerunge *stf. erinnerung, manung.* als ir uns geschriben und damit ein innerunge getân, gleit anlangende UGB. 133.

inner-wërtes *adv.* (III. 598ᵇ) *inwärts* FDGR. 1. 68, 17.

inne-wende *adv.* (III. 687ᵃ) *inwendig; präp. mit dat. innerhalb.* inwende WIEN. *hf.;*

inne-wenden *adv. inwendig.* hinden, vor, innwenden (: senden) UW. 132;

inne-wendic *adj.* (III. 695ᵃ) *inwendig, innerlich* MYST. N. *v. B.* 310. 339. inwendic LS. 2. 551, 5. MGB. 8, 34. 26, 31. 135, 33. 35 *u. ö.*

indewendic N. *v. B.* 182. 83. 209. 219 *u. o.; im hause bleibend, häuslich* HELBL.;

inne-wendic *adv.* (III. 695ᵃ, 16) *inwendig* FREID. 21, 26 *var.* inne-, indewendic MYST. GERM. 3. 240ᵇ, 46. indewendic in unser graben HERB. 15628. inwendic BON. HADAM. 192. inwendig in mînem herzen EILH. 1987. inwendig fur der thur CHR. 3. 369, 5; — *als präpos. innerhalb, binnen mit dat.* HERB. MGB. 145, 15. MZ. 1, 226. 297. 534. SCHREIB. 1, 197. HÖF. z. 2, 178 (innewenk). CHR. 3. 333, 37; *mit gen.* innewendic landis MÜHLH. *r. L.* 170. innewenig des ordens CDS. 2, 178 *f.* (*a.* 1381). innewendic vierjâre EILH. 1895. inw. des leibes MGB. 123, 1. inw. des vazʒes *ib.* 289, 34. *vgl.* inwendigen;

inne-wendic-heit *stf.* (*ib.*) *das innere.* inne-, inwendikeit GRIESH. MYST. H. *v. N.* 351; *innerlichkeit* MYST.

inne-woner *stm. s.* inwoner.

innic-, innigen *s.* innec-, innegen.

innunge *stf.* (I. 752ᵃ) *aufnahme, verbindung* PASS. 248, 60; *verbindung zu einer körperschaft, innung, zunft* FREIBERG. 273 *ff.* MÜHLH. *rgs.* 97. 121. 125. 127.

in-ôre *stn. das innere des ohres.* in daʒ inôre trouphen PF. *arzb.* 2, 11ᵈ.

in-ouwe *stf. wohnung* SCHM. *Fr.* 1, 95. — *ahd.* inn-, inouwa.

ipfeten *swv. s.* impfeten.

inr-, inre- *s.* inner-.

în-rede *stf. einrede, einwand* NARR. 111, 27.

în-rîsen *stn. das einfallen, hinzutreten.* âne allez înrisen dekeiner geschaffener dinge MYST. 2. 83, 29.

în-rit *stm. ort, wo hineingeritten wird.* vor den trenken und einritten (*pferdetränken an der Pegnitz*) TUCH. 251, 12. 18;

în-rîten *stn. das einreiten.* ir înrîten was sô starc, daʒ nieman schaden war nam BIT. 9142.

inrunt *s.* inner.

ins = in des PASS. K. 663, 30.

ins *s.* is, îsen.

în-, in-sage *stf. einrede, einsprache* HALT. 1030. VILM. 185.

în-satzunge *stf. einsetzung, immission.* einsatzung oder auszrichtung der urteil EYB 2; *pfand*, ins. fur sîn schulde tuon MONE z. 4, 153;

în-, in-saʒ *stm. das hineinsetzen und hineingesetzte.* sechzig fuder salzes ze einem insatze (*beim salzsieden*) UOE. 5, 37. 40 (*a.*

1311); *einsetzung, immission* Gr.w. 3, 472;
în-, in-sæȝe *swm.* (II². 341ᵃ) *eingesessener einwohner, gegens. zu* gast Gr.w. 1, 219; *mietwohner* Meran. Tuch. 232, 8.
în-schîn *stm.* (II². 146ᵃ) *das hineinleuchten* Leys.
în-schouwe *stf.* (II². 201ᵃ) *einsicht* Pass.
în-schrîbunge *stf.* wir bitten, das euer fürstl. gnad di armen vertribnen frawen des klosters Klingentall wegnaden mit euer fürstl. genaden hilf, scherm und einschreibung Mh. 3, 79;
in-schrift *stf. inschrift* Evang. L. 20, 24. *vgl.* Wack. *lit.* 112, 77.
în-sëhen *stn.* (II². 275ᵇ, 1) *einsehen, einsicht* in Myst. *vgl.* Zimr. *chr.* 2. 247, 25. 527, 28; 3. 567, 8.
insele, insel *swf.* (I. 752ᵃ) *insel* Ulr. Rul. 85, 3. Lanz. 7995. Trist. 6727. Troj. 10037. 24023. Karl 3102. Pass. 229, 75. 231, 52. 331, 59 (*st.* vur ein insele). *K.* 36, 21. Adrian 445, 120. insule, insul Hb. *M.* 243. 567. 613. îs e l e Diem. Rul. 96, 17. Msh. 2. 88ᵃ, 15.
— *aus lat.* insula;
inselîn *stn. kleine insel* Pass. 379, 86.
in-sëȝȝen *part. adj.* (II². 332ᵃ) *eingesessen, eingeboren* Jer. ein einseȝȝen man Mw. 217, 15 (*a.* 1300).
in-sidel, -sigel *s.* insigele.
in-sigelære, -er *stm.* (II². 271ᵇ) sigillator, sigillifer Voc. *o.* Netz 3834.
in-sigel-druc *stm. druck mit dem siegel. bildl.* von im manic herze gewan trûren und jâmers insigeldruc Mai 137, 20.
in-sigele, -sigel *stn.* (II. 269ᵇ) *siegel: petschaft sowol als siegelbild, gepräge, eigentl. u. bildl.* Aneg. Wolfr. Trist. Walth. ins. mit guldînen buochstaben Rul. 54, 21. brief mit einem insigel guldîn besigelt Orl. 10515. 612. daȝ guldîn keiserlich ins. Rauch 1, 13. silberîn ins. Ssl. 768. heimlîcheȝ ins., *secret* Mz. 3, 34. 299. ein ins. graben Swsp. 419, 44. Mgb. 442, 9, stampfen Wh. *v. Öst.* 43ᵃ. gestempfet insigel Msh. 2, 310ᵇ; wähsîn ins. Swsp. 419, 15. des pâbest ins. heiȝet bulla *ib.* 140, 1. daȝ ins. ûf kloeȝen *ib.* 419, 9, ûf brechen Karl 2626. ins. an die brieve legen Osw. 548. der in gehertȝ wahs ein ins. trücket Mf. 29. ir bêder schîn sich kunde alsus vermæren als op si bêde wæren ûf ein insigel gedrucket Wwh. 274, 21. j. Tit. 1958. dirre kus sol ein insigel sîn, daȝ ich iuwer unde ir mîn belîben stæte unz an den tôt Trist. 18359. eines dinges ins. tragen Renn. 17059. daȝ er wære ein insigele nâch deme vrône bilide Wack. *pr.* 1, 50. daȝ ins. dîner magetheit Lit. 45. insi d e l (*var.* insigel) mîner tougen Alexius 63, 956 (II². 237ᵃ, 36) *vgl.* ingesidel *unter* ingesigel;
in-sigelen *swv. siegeln, versiegeln. bildl.* daȝ er uns insigile mit dem slüȝȝil der minne Lit. 233, 33.
insigel-graben *stn. sigillorum sculptura* Mgb. 377, 23.
in-sinnec-lîche? *adv.* (II². 317ᵇ) Hätzl. 2, 61, 58 (unsinneclîche, einsinneclîche?).
în-sitzen *stn.* (II². 332ᵃ) *das einwohnen, sich festsetzen* Myst.
în-slac, -ges *stm.* (II². 383ᵃ) *einschlag, eindruck, richtung auf etwas* Myst. *vgl.* Dwb. 3. 272, 9.
în-slâfen *stn. das einschlafen* Myst. 1. 35, 28.
în-slieȝen *stn.* (II². 409ᵃ) *das einschliessen* Myst.;
în-slieȝunge *stf.* (II². 412ᵃ) *einschliessung* Myst.;
în-slôȝ *stn.* (II². 412ᵇ) *einschluss, inbegriff* Myst.
in-span *stn. bruststück von einem rinde?* Urb. Son. 92, 7.
în-spilende *part. adj.* (II². 507ᵃ) *hineinspielend, leuchtend* Myst.
în-sprëchen *stn.* (II². 528ᵃ) *das einreden, eingeben* Myst. von gotes înspr. Hb. *M.* 399;
în-sprëchunge *stf. einspruch* Cds. 2, 220.
în-sprenc-lîchen *adv.* (II². 546ᵇ) *unter besprengungen* Hätzl.
în-stân *stn.* (II². 576ᵇ) *das einstehen, das in sich selbst sein* Myst.
institût *stn. Justinians institutionen* (instituta) Narr. (*leseb.* 1067, 4).
în-stôȝunge *stf. das hineinstossen* Np. 281.
în-strâm *stm.* (II².673ᵇ) *einströmung* Kirchb.
în-strickete *stf. geschenk* Zimr. *chr.* 1. 55, 38. 56, 5. *s.* în stricken.
instrument *stn. urkunde, beweisschrift* Gr. w. 1, 409, 446 *u. o.* instrament Chr. 2. 499, 12. 20. — *aus lat.* instrumentum.
instrument-brief *stm. beweisschrift* Chr. 4. 330, 23.
in-süeȝe *s.* ingesüeȝe.
insule *swf. s.* insele.
in-sunder *adv. besonder* Ecke *Sch.* 149;
in-sundern *adv.* (II². 741ᵃ) *abgesondert* Heinr.
in-sunders *adv.* (II². 740ᵃ) *insbesondere* Myst.

in-swarz *adj.* (II². 765ᵃ) *sehr schwarz* FDGR. 1, 377ᵇ.

în-swëben *stn.* (II². 778ᵇ) *das hineinschweben* MYST.;

în-swëbende *part. adj.* (II². 778ᵃ) *hineinschwebend* MYST.;

în-swëbunge *stf.* (II². 778ᵇ) *hineinschwebung* MYST.

int- *s.* ánt-, en-, ent-.

în-teilunge *stf. einteilung* NP. 268.

interesse *stn. durch versäumnis, arbeitsunfähigkeit erwachsener schaden.* alles versûmen das da heisset interesse EA. 54. dem beschedigten zerung und interesse *erstatten* NP. 45. 46. *vgl.* DFG. 304ᵃ: interesse, schaden.

interpretieren *swv. interpretare* PASS. 341, 94. 344, 90.

in-tiefe *stf. s. unter* ingrunt.

intimieren *swv. md.* intimêren, *intimare* CHR. 7. 365, 15.

în-trac,-ges *stm. eintrag, nachteil, schaden* GR.W. 4, 205. CHR. 2. 234, 20. MZ. 1, 564. 66; *einwand, einrede,* one widerred und intrag *ib.* 1, 562. CDS. 3, 164 *u. o.* NP. 134. CHR. 5. 409, 26. eintrag tuon, *widersprechen ib.* 47, 14; 2. 338, 1. *vgl.* HALT. 303.

in-trachtunge *stf.* ain intrachtung der natur (*im orig.* immaginazione) VINTL. 1131.

în-trit *stm.* (III. 100ᵇ) *eintritt, eingang* JER.

în-trucken *stn. s.* indrucken.

in-tuom *stn. s.* ingetüeme.

intzwârn *adv. s.* wâr.

în-, in-val,- lles *stm.* (III. 222ᵇ) *das einfallen, der einfall:* der einfal am prunen, *einfluss* in den brunnenkasten TUCH. 326, 5. die învelle des liehtes MYST. 2. 476, 26; *einbruch, feindlicher einfall ib.* 556, 27, 31. RSP. 2501. KIRCHB. 658, 28. 728, 66; *eingriff in jemandes recht* CHR. 7. 334, 6. von den zusprüchen und învellen sullen wir in ledig machen. USCH. 359 (*a.* 1392). ob in iht infelle beschæchen von geistlichen liuten oder gerichten MZ. 1, 488 (*a.* 1403). on irrung, infall und widersprechen *ib.* 581 (*a.* 1418). ân alle infelle CDS. 2, 56. 57; *zwischenfall, interregnum* CHR. 3, 103, 7; *einfall, zufälliger gedanke* MYST. (2. 663, 4 *ff.* bildeliche învelle N. *v. B.* 238), einval der natûr, *instinkt* MGB. 230, 20.—*vgl.* SCHM. *Fr.* 1, 705. VILM. 185;

în-vallen *stn.* ob in daran kainerlai pruch, irrung oder învallen geschehen MB. 20, 214.

în-val-schaft *stf.* (III. 223ᵃ) *zusammentreffen, übereinstimmung?* MYST. 1. 369, 4.

în-, in-vanc,-ges *stm.* (III. 210ᵇ) *begränzter oder eingeschlossener raum, einfriedigung, umfang* LANZ. WEIST. die mûre in dem infang zerbrochen S. GALL. *chr.* 38. ain prül und ain êwiger infang *ib.* 29. mit dem paumgarten, der im invang ligt DH. 137. daz guot mit sînem invang MH. 3, 186. mit den rehten, diu in den invangen der nâch geschriben güeter sint MZ. 1, 248. 249. (*a.* 1305). *vgl.* ZIMR. *chr.* 1. 59, 34. 150, 17;

in-vangen,-vengen *swv.* (*ib.*) *einfriedigen* MÜNCH. *r.*

în-var *stf.* (III. 250ᵇ) *einfahrt* MB.;

în-vart *stf.* (III. 254ᵇ) *das eingehen, der eintritt, einzug* MOR. KRONE. JER. MAR. 195, 24. 210, 13. LIEHT. 88, 12; des wortes învart (*Mariä empfängnis*) GERM. *H.* 4. 152, 140. *der hineinführende weg, einfahrt, eingang,* DIEM. BERTH. KRONE (14600. 27723).

în-vehsener *stm. einnehmer.* daz der zechmaister des selben gotzhaus des vor genanten pfunt geltz rechter invechsner schol sein USCH. 313 (*a.* 1377). *vgl.* SCHM. *Fr.* 1, 686.

în-vellec-lîche *adv. nach gelegenheit, wie es der einfall bringt* CHR. 4. 344, 6.

in-vengen *swv. s.* invangen.

în-ver-lâzen *stn. das hineinlassen.* ein înverlâzen wart im kunt MSH. 1, 211ᵃ.

in-vestieren *swv. investire, feierlich einsetzen.* den priester investieren; von der selben investitur sol er 10 sh. dn. bezaln MONE *z.* 7, 319 (*a.* 1363).

in-vestigieren *swv. investigare* ÖH. 154, 17.

in-vestitûr *stf. s. unter* investieren.

in-ville *stn.* (III. 294ᵇ) *pelzfutter* ROTH. LANZ. — *zu* vël.

in-viurec *adj.* (III. 333ᵃ) *sehr feurig, inbrünstig* MYST. (2. 103, 33).

în-vleischunge *stf.* (III. 340ᵇ) *fleischwerdung* MYST.

în-vliezende *part. adj. hineinfliessend* SGR. 1689;

în-vliezunge *stf. ein-, hineinfliessung* MYST. 2. 345, 37.

în-vluc,-ges *stm. das einfliegen* MGB. 185, 23;

in-vlücke? *adj. s. Bechstein zu* TRIST. 16965.

in-vluht *stf. zuflucht* PASS. 147, 49.

în-vluz, -zzes *stm.* (III. 350ᵇ) *das einfliessen, der einfluss* MYST. ELIS. 5342. TUCH. 237, 8. 253, 22; *einfluss, einwirkung* MYST. (2. 87, 18. 22. 201, 32. 614, 24. 634, 10). einfluz des

46*

götl. gaistes MGB. 54, 7; *ansteckung* WOLK. 18. 9, 7;

în-vlüȥȥic *adj.* dirre geistlîche himel sol der sêle werden götlîcher gnâden unde trôstes inflüȥȥic MYST. 2. 212, 11;

în-vlüȥȥic-heit *stf. einfliessung, einwirkung* MYST. 2. 212, 20.

in-vorst *stm.* das einig faul holz in dem inforst lige, das mag der inforster genieszen GR.W. 3, 832;

in-vorster *stm. s. das vorige.*

in-waner *stm. s.* inwoner.

in-wart *adj.* (III.597ª) *internus, intimus.* senden bî ir inwartesten dienstmanne SWSP. 176, 14. inwarteȥ, inwerteȥ eigen *eine art grundobereigentum* HALT. SCHM. 4, 161 *f.* proprietates, que inwarteȥ eigen dicuntur Mw. 56 (*a.* 1254). — *ahd.* inwarti, inwerti.

in-wëc, -ges *stm.* (III. 639ª) *eingang* JER.

inwend *s.* innewend.

in-wendec-lîche *adv.* (III. 696ª) *inwendig, innerlich* TEICHN. SUSO. *ebenso*

in-wendigen *adv.* (III. 695ª) GRIESH. 1, 20. 39. 118. 150.

în-wërt *adj.* (III. 598ª) *einwärts* MYST.;

in-wert *adj. s.* inwart;

in-wertec *adj.* (III. 600ᵇ) *inwendig, innerlich* LEYS.;

in-wërtes *adv.* (III. 598ᵇ) *inwärts* HIMLR. 318.

in-wërt-würkunge *stf.* (III. 594ᵇ) *wirkung nach innen* MYST.

in-wësende *part. adj.* (III. 768ª) *darin seiend* MYST. (2. 669, 31).

in-wëte *stn.* (III. 774ᵇ) *das innere eines hauses* MYLLER (*der wîbe list* 189).

in-wîser *stm.* (III. 762ᵇ) *einweiser, delegatus introductor in possessionem feudi vel muneris* HALT.;

in-wîsunge *stf.* (III. 762ª) *einweisung, immission* HALT. SWSP. 412, 3.

in-woner *stm.* (III. 805ᵇ) *einwohner* JER. NP. 77. inwaner MÜHL. *rgs.* 47, innewoner MYST. RTA. 1. 216, 1. *vgl.* inwonunger;

in-wonerîn *stf. einwohnerin* NP. 95. 96;

in-wonunge *stf.* (III. 805ᵇ) *wohnung* GR.W. 3, 600. S. GALL. *chr.* 27; *das darin verweilen* MYST.

in-wonunge-hûs *stn. wohnhaus* MONE z. 10, 120 (*a.* 1425).

in-wonunger *stm. s. v. a.* inwoner MONE z. 18, 283 (*a.* 1338). 7, 58. 9, 186 (*a.* 1356).

în-worf *stm. interjection als grammat. redeteil* MÜGL. *Schr.* 475.

inȥ (I. 313ª, 47) = in daȥ NIB. KONR. ELIS. 4342.

în-zellen *stn. das einzälen* TUCH. 69, 1.

in-zic,-ges *stm. beschuldigung, anschuldigung* MONE z. 13, 217 (*a.* 1338). *vgl.* be-, gezic, inziht. — *zu* zîhen.

în-ziehen *stn.* die solich vâhen, pfandung oder einziehen getân hetten USCHB. 148 *f.*

in-ziht *stf.* (III.881ª) *s.v. a.* inzic TRIST. KINDH. GEST. *R.* KRONE 19171. MÜNCH. r. 67. CHR. 4, 41 *anm.* 2. CP. 33. EYB 19. 20. 21. *vgl.* MAURER *gesch. des altgerm. gerichtsverfahrens s.* 210. 211;

in-zihtec *adj.* (*ib.*) *beschuldigend; beklagt* SCHM.

inȥt *präp. s.* unȥe.

în-zuc, -ges *stm. einzug, feindl. einfall.* solh inzug, mutwillig krieg und friedpruch MH. 2. 689; *das einziehen, sich zurückziehen* MGB. 8, 10. 18. 22. 33.

îper *stf.?* (I. 752ª) ein wîp von îper, *ein wolgewachsnes weib?* MSH. 2, 262ª. *vgl. nhd. die iper, die kleinblättrige ulme, nach franz.* ipréau, *span.* olmo de Ipre *d. h. ulme von* Ypern WEIG. 1, 540;

îpersch *adj. aus der stadt Yper in Westflandern* FREIBERG. 279. ZEITZ. *s.* 1, 20 *u. anm.*

ipnapp, ipnapis, daȥ ist ain slang MGB.272, 3.

ipocrite *swm. hypocrita, gleissner* MSH.3, 57ᵇ.

ips *swf. s.* isôpe.

iquëder *s.* iegewëder.

ir *gen. sing. f. u. gen. pl. s.* ër.

ir *pron. pers.* (I. 752ª) *pl. zu* dû: *ihr, allgem.*; *md. nbff.* er, her, ur, or; *gen.* iuwer, *dat.* iu (*md.* û, ûch), *acc.* iuch *md.* ûch. — *gt.* jus *zu skr.* yush-, *zend.* yûs, *lit.* jus, *gr.* ὑμεῖς (*aus* jυσμές) CURT.³ 369. GSP. 290. SCHERER *gesch.* 243.

ir *pron. poss.* (I. 437ª) *md. auch* ur, or: *ihr, ihrig. aus dem für possess. begriff verwandten gen. s. f. u. gen. pl. des persönl. geschlecht. pron.* (*ir* vuoȥ, *ir* vuoȥe, *ir* vüeȥe = *ejus, eorum, earum pes, pedi, pedes etc.*) *unorganisch entwickelt* (*indem* ir *nicht mehr als genetiv, sondern als* nominat. *gesetzt wurde*) *am ende des* 12. *u. anf. des* 13. *jh.*, *doch erst mit dem* 14. *jh. wird es allgemeiner.* — *substantivisch:* an daȥ ire, *in ihre heimat* EXOD. D. 159, 33. si emphienc den ir mit fröuden ER. 2855. mîn lip ersterbe als in der ir VILM. *weltchr.* 78ª, 209. daȥ ir MGB. 117, 13. an der iren *ib.* 357, 8. des iren

MYST. 1. 117, 13. die ire (*vulva*) RING 39ᵇ, 44. *vgl.* GERM. 8, 477. GR. 4, 343 *f.*
ir- *präf. s.* ur-, er-.
i'r (I. 743ᵃ, 31) = ich ir PARZ.
irch, irh *stm.* (I.753ᵃ) *bock* Ms.; — *stn. weissgegerbtes (bocks-) leder bes. von gemsen, hirschen, rehen* GL. (albicorium, aluta irich, erich, erch DFG. 20ᶜ. 27ᵇ). HELBL. daʒ irch, irich PF.*arzb.*2, 7ᵇ. SCHM.*Fr.* 1, 130 *f.* ërich PF. *üb.* 163, 90. — *vgl.* KUHN 5, 390. DFG. 20ᶜ. KWB. 150;
ircher *stm. s.* irher.
irch-vël *stn.* (III. 294ᵃ) *s. v. a.* irch *stn.* OT. 824ᵃ.
irdenisch, irdensch *adj.* (I. 442ᵇ, 10) *von, aus, auf, in der erde, irdisch* BERTH. BARL. wir sîn sündec, irdenisch MYST. 1. 360, 6. 33. irdenschiu art ALBR. 35, 199. der man ist irdenisch, daʒ wîp geparadiset KOLM. 114, 6. irdensch guot, irdenscher schaz MSH. 1, 340ᵃ. 2, 397ᵇ. irdensch gewalt CHR.8. 248, 17. irdenscher künic *ib.* 306,4. der ërdenische lip BERTH. *Kl.* 239. erdenische magd FASN. 928, 12. *ebenso*
irdensch-lich *adj.* ELIS. 10280. irdenslich *ib.* 6688. 98. 7479. irdeslich *ib.* 10131;
irdîn *adj.* (I. 442ᵇ) *aus erde, irden* BON. RENN. 9127. 37. erdin MSH. 2, 369ᵇ. ërden, terrenus VOC. 1482;
irdisch, irdesch *adj.* (*ib.*) *s.v.a.* irdenisch Ms. FREID. BARL. KONR. (TROJ. 17444. ENGELH. 485). irdisch guot RENN. 3791. PASS. *K.* 16, 78. ein irdischeʒ paradîs KRONE 27966. ein irdischer man HELBD. *H.* 1. 262, 817. irdisch gast (*Christus*) MSH. 3, 109ᵃ. irdische lant PASS. 368, 46. mit irdischen liuten wonen *ib.* 384, 72. ain irdisches (*irdenes*) geschier CGM. 4902, 8 (*a.* 1429). irdische natûr MGB. 79, 21. ërdisch *ib.* 78, 26, 86, 24. 32. 351, 32 *etc., contr.* iersch, irsch GRIESH. 2, 11. 65 *u. o.*
irdrucken *swv. s.* iterücken.
ire, iren *s.* ër.
iren *s.* ürn.
irent-halben *adv.* (I. 615ᵃ) *von ihretwegen* LIVL. irethalben LEYS.
irezen *swv. s.* irzen.
irgen, irgent *adv. s.* iergen.
irh *s.* irch.
ir-haft *adv. s.* irrehaft.
ir-halp *adv.* (I. 616ᵃ) *von ihrer seite* SERV.
irhen *swv. s.* geirhet;
irher *stm.* (I. 753ᵃ.) *der* irch *bereitet, weissgerber* TUCH. 150, 22. 151, 12. 202, 33 *etc.*

CP. 7. irichær OT. 567ᵃ. ircher gallarius, gallicarius VOC. 1482. ërher CHR. 1. 92, 28. irhener MASSM. *schachsp.* 115;
irhîn *adj.* (*ib.*) *von* irch, *weissgegerbtem leder* SCHM. *Fr.* 1, 131;
irich, irichær *s.* irch, irher.
irigin *adv. s.* iergen.
îrîs (I. 753ᵃ) *ein edelstein* PARZ.
irm *f. s.* ürn.
irmen-sûl *stf.* (II². 725ᵃ) *hohe säule* KCHR. GRIESH. *vgl.* MYTH. 104 *ff.*
irne *adv. s.* iergen.
irnis *s.* irrenisse.
irpois *ruheplatz* KARLM. 86, 22. *nach* J.GRIMM *für* ripois.
irrâ *stf. s.* irre;
irræære,-er *stm.* (I. 755ᵇ) *der stört, hindert.* der ist freuden ein irrer LS. 1. 202, 125. HADAM. 134. irrer des fridens HALT. 1037; *der irre führt, irrt, irrlehrer, ketzer* DIEM. KARAJ. ANEG. LEYS. SERV. KCHR. *D.*127, 29. 128, 13. 300, 30. 410, 22. 413, 9. DIUT. 3, 32. 34. SPEC. 45. GLAUB. 2966. GRIESH. *denkm.* 33. ERACL. 5087. — *zu* irren;
irrât *stm.* (I.754ᵇ) *irrtum, ketzerei* PASS. (: hât *K.* 194,72). irrot MART. (: spot 194,61). VET. *b.* 79, 28. des irrodes WACK. *pr.* 54, 48. 131;
irre *adj.* (I. 753ᵃ) irr MGB., *md. auch* ërre, ër; *vom rechten wege abgekommen, verirrt.* die zwên wâren irre worden gar KRONE 29003. ich vant ouch irre hinden HADAM. 426. irrer ganc Osw. 1226 (*vgl.* irreganc). irre gân FDGR. 2. 128, 14. MSH. 3, 87ᵃ. PASS. *K.* 673, 50. MGB. 68, 15 (*vgl.* irregân), loufen MSH. 2, 227ᵃ. RENN. 15000. PASS. *K.* 57, 87, riten PILAT. 88. LANZ. 3363. PARZ. 507, 27, varn NIB. WALTH. MAR. 160, 20. MSH. 2, 12ᵇ, vliegen MGB. 181, 6. ërre varn L. ALEX. 6845; *mit gen. wovon abgekommen, verlustig, frei* TRIST. WALTH. KONR. des weges irre werden KARLM. 137, 15. eines irre werden, sîn GLAUB. 3046. CRANE 3113. er wart sehens irre LOH. 3393. 4653. irre werden an dem gelouben GRIESH. 2, 36; *ketzerisch* DIEM.; *wankelmütig, unbeständig, untreu,* irriu wîp Iw. FREID. HÄTZL. AB. 2. 31, 559 (= BIRKENST. 322); *erzürnt, aufgebracht, ungestüm, herbe* LAMPR. HERB. got was vil irres muotes wol fünf tûsent jâr MSH. 2, 368ᵃ. vil irrer krage NEIDH. 90, 12. die irren Beiger ULR. *Wh.* 204ᶜ. zornik unde er Ms. 1924 *u.* GERM. 7, 490. ein irren tôt ich dâ von gewinne MSH. 3, 82ᵇ. vil manegen irren swanc

sie vienc RENN. 5800; *uneinig, im streite begriffen,* wie sie von etzlicher sachin wegen irre gewest UGB. 25. — *gt.* airzi *zu lat.* errare CURT.³ 508. GSP. 414. FICK² 342;
irre *stf.* (I. 754ª) *md. auch* errc: *irrtum, verirrung* FRL. W. *v. Rh.* 11,29. JER. 92ᵇ. 105ᵈ. 154ᵉ. KIRCHB. 597, 58; *irre, irrfart,* irrâ (:dâ) PASS. *K.*442, 5. 469, 89.
irre-bære *adj.* (I. 753ᵇ) *irreführend* TRIST.; *erzürnt, wild.* er ist irrebære und alsô rehte wilde TROJ. 24676.
irrec, irric *adj.* (I. 754ª) *irrig, zweifelhaft* PASS. *K.* 47, 94. 411, 49. 549, 9. CHR. 4. 101, 23; *hinderlich* HALT. 1037.
irrec-heit, irrekeit, irrikeit *stf.* (*ib.*) *irrtum, verirrung* GEN. GREG. LANZ. 924. j. TIT. 5965. 6151. PASS. *K.* 66, 65. 101, 1. JER. 11ᵇ. 15ᵇ. HEINR. 3628; *bes. irrtum in glaubenssachen, irrlehre, irrwahn* SERV. BARL. SILV. 1560. 2204. MART. 172, 73. SSL. 76. PASS. (161, 25. 181, 31. 205, 8. 247,31.264,35. 300, 47. 308, 34. 336, 23. 375, 62. *K.* 205, 59. 244, 21. 492, 31). CHR. 5.61,13. 62,7,63,2. 69, 28; *störung, hindernis ib.* 111, 12. *vgl.* irreheit.
irrec-lich *adj.* (*ib.*) *irrend, irrig* GEN. DIEM. BARL. er trat als irreclîche trite TROJ.28246;
irrec-lîche, -en *adv.* (*ib.*) TRIST. irreclîchen umbe varn TROJ. 22136.
irre-gân *stv. red. I, 1. tr. übertreten.* ob das (*gesetz*) ymandt irrgieng und überfüere NP. 109 (15. *jh.*);
irre-ganc, -ges *stm.* (I. 475ᵇ) *irrer, ruheloser, zielloser gang* WEIST. j.TIT. 20. RENN. 12449. TEICHN. 3; deliramentum DFG. 172ª; *irrlicht? s.* girregar GA. 3, 79*ff. vgl.* WACK. *litt.* 118, 19;
irre-genge, -gengic *adj.* devius DFG. 178ª. die werden lâʒent daʒ reht niht irregenge j.TIT. 4427;
irre-gengel *stm.* (I. 477ᵇ) *einer der irre geht* j.TIT. 576.
irre-haft *adj.* (I. 753ᵇ) *verwirrt, uneinig* TRIST. 249, 14 *var.* (*zu* irresam). sô sint hundert spotter, die in machent irhaft Ls. 3. 279, 161.
irre-heit *stf.* (*ib.*) *irrtum, unbeständiges wesen* DIEM. *vgl.* irrecheit.
irren *swv.* (I. 754ª) *ahd.* irran *aus* irrjan; ierren HB. *M.* 250. DON. 1359, *md. auch* erren; *prät.* irrete, irte *part.* geirret, girret: *tr.* irre *machen, in verwirrung bringen, stören, hindern absol.* Iw., *mit acc. d. pers. od. sache allgem., vgl. noch* VIRG. 198, 9 *u. anm.* BIT. 9351. DIETR. 988. LOH. 3345. 3583.

4419. ENGELH. 1705. HELBL. 7, 835. PASS. *K.* 41, 3. 83, 70. 98, 27. 141, 31. 204, 21. 368, 95. 523, 65. 603, 16. CHR. 2. 329, 19; 4. 312, 25; 5. 161, 1; 8. 38, 7. 286, 7. 334, 15. 436, 7. 18; 9. 610, 29.826, 5. eine stat mit geseʒʒe irren, *durch belagerung bedrängen* Mw. 158 (*a.* 1285), *auf abwege, zum unglauben bringen* PASS. 228, 82. *K.* 589, 86; *mit acc. u. gen.* NIB. TRIST. WIG. Ms. (wer uns nu irre eines küneges *H.* 3, 102ª). si wolten mit starker wer die Kriechen irren der geschiht TROJ. 25205. mich enirre sîn der tôt DIETR. 937. einen des weges irren RENN. 18395. des irt der keiser in LOH. 4921. der in der selben stiure mit der verte wênic irte j.TIT. 5680. ob si des êhaft nôt niht irret ULA. 241 (*a.*1354). waʒ der helfe in irret PASS. 283,90. einen der affenheit irren *ib.* 176, 90, *mit acc. u. präp.* an WALTH. PASS. CHR. 4. 116, 16. 138,16; 5. 169, 1, ze A. HEINR., *infin.* LANZ., *mit acc. u. dat.* einem den wec irren PARZ. VILM. *weltchr.* 76ª, 127; — *refl.* FRL. sich irren von einem, *sich von ihm entfernen* PASS.*K.* 646,94; sich erren, *verunreinigen* STOLLE 25, 81. — *mit* ge-, ver-;
irren *stn.* ân alles irren, engen und widersprechen CHR. 4. 137, 9;
irren *swv.* (I.755ᵇ) *ahd.* irrôn, *md. auch* erren: *intr.* irre *sein, ungewiss sein, irren* BELIAND 4306. MGB. 238, 9, *in der irre umherlaufen* CHR. 8. 328, 19. irren an (*in*) BIHTEB.; *mit gen. nicht haben,* welicher schindlen irret GR.W. 5, 167 (*gedr.*irnet, *später* manglet). — *mit ver-*;
irrenisse *stfn. hindernis, störung.* irrenisse, irrnus HALT. 1038. irnis OBERL. 742;
irrer *stm. s.* irrære;
irresal *stm. f. n.* (I. 753ᵇ) *irrung, hindernis, schaden* BERTH. (311, 30). OT. MYST. irresal des wil ich mich mâʒen NEIDH. LII, 13. waʒ ist unstæte? herren schande, irresal in allem lande WG. 1838. daʒ mir ist ein irresal PASS. *K.* 107, 5. ân allen irresal UOE. 5, 298 (*a.* 1321). und habent an gesehen den grôʒen irrsal und smæch, den unser herr in sînen landen genomen Mw. 347. 359 (*a.*1362. 69). brüch oder irsal machen CHR. 4. 159, 9. und ward auch ein irrsal zu Nuremberg unter den behammischen groschen *ib.* 1. 390, 13. ein grôʒis erresal RSP. 3728; *irrtum in glaubenssachen, ketzerei,* alle die ierresali (*f. od. pl.?*) überwinden GRIESH. 2, 92. diu zeichen der irreseli, ierresaili *ib.* 1, 149. 50.

der irsal zu Prag CHR. 1. 351, 1. die zwaiung und der irsal der cristlichen kirchen *ib.* 3. 299, 22. CP. 32. der irrsal und ungloben ÖH. 6, 1 *ff.* ein alter irrsal DAL. 199, 14;

irresalunge *stf. irrung, hindernis, schaden* MYST. 2. 602, 29. irrsalung W. 21 (*a.* 1335). MZ. 3, 107 (*a.* 1343). CHR. 1. 353, 1. 391, 2.

irre-sam *adj.* (I. 754ᵇ) *irrend, verirrt.* er quam gein dem walde irresam ALBR. 9, 228; *zur verirrung verleitend* KINDH. starc ist die heilige ê und irresam BERTH. 310, 30. der wald ist irrsam ZIMR. *chr.* 4. 371, 32; *verwirrt, uneinig* TRIST.

irre-sâme *swm. same der zwietracht.* in dirre wîten werlde kreizen hât irresâmen uns gesât ein frouwe, ist Wendelmuot geheizen KONR. *lied.* 2, 40. *vgl.* scheidelsâme.

irre-stërn *stm. komet* W. *v. Rh.* 11, 20. 25.

irre-tac *stm.* (III. 5ᵇ) *irrung, hindernis, schaden.* ân iertag MONE *z.* 10, 467. 472 (*a.* 1333. 38); *irrtum, ketzerei* WACK. *pr.* (*leseb.* 304, 2). dû soltest gote genâde sagen, daz er dich von irretagen sô volleclîchen ie genam SILV. 2476.

irre-tuom *stm.* (I. 754ᵃ) *irrung, hindernis.* an dem guot keinen irrtuom noch kumbernist tuon MZ. 1, 349 (*a.* 1369); *irrtum in glaubenssachen, aberglaube, ketzerei* PRED. KCHR. (*D.* 72, 2. 410, 6. 411, 31. 412, 12). ANEG. 106, 33. 110, 56. 113, 1. LIT. 221, 2. 236, 38. SERV. 144. 441. TÜRL. *Wh.* 53ᵇ. 133ᵇ. MSH. 2, 162ᵇ. ERACL. 5090. PASS. 158, 1. 205, 11. 326, 59. 375, 68. EVANG. 269ᵇ; *streit, zwistigkeit,* also haben wir ire irrtum verhôrt und entscheiden UGB. 25. irrtung NETZ 2932. 76. 83. 11987. 12157. ÖH. 112, 12 *ff.* 124, 25. 127, 26. 129, 24. 133, 27 *etc.* ërretûm und crieg MÜHLH. *rgs.* 73.

irre-vart *stf.* (III. 253ᵇ) *irrfahrt* IW. LIEHT. (417, 30).

irre-wëc *stm.* (III. 639ᵃ) irre-, irwec, *devium* DFG. 178ᵃ. *pl.* irrewege W. *v. Rh.* 77, 35.

irric *adj. s.* irrec.

irrizen *swv. s.* irzen.

irrot, irrsal *s.* irrât, irresal;

irrunge *stf.* (I. 755ᵇ) *irrung, hindernis* HÄTZL. CHR. 8. 296, 12; *verirrung* HÄTZL.; *irrtum in glaubenssachen, ketzerei* MYST. WACK. *pr.* 54, 50. 52. N. *v. L.* 306. 328. PASS. 281, 61. K. 242, 42. 302, 7. 356, 4. MGB. 217, 25. 218, 26. 377, 25. CHR. 9. 502, 5. 613, 24. FASN. 1223. 1467; *streit, zwistigkeit* DÜNKELSB. *st.*

23. CHR. 4. 34, 10. 109, 8. 15. 27. 110, 3. 137, 42;

irsal *s.* irresal.

ír-sale *stf. s. v. a.* sale, *rechtskräftige übergabe* SSP. 1, 44.

irsch *adj. s.* irdisch.

irte *s.* ürte.

ir-wëc *stm. s.* irrewëc.

irzen *swv.* (I. 752ᵇ) *mit ir anreden.* irezen KCHR. (irrizen *D.* 17, 6). irzen PARZ. irzen, hirzen, ieren vobisare DFG. 627ᶜ;

irzen *stn.* (I. 753ᵃ, 3) PARZ. mit irzen j. TIT. 1736. 37.

is = ist *s.* sîn.

îs *stn.* (I. 755ᵇ) îse CHR. 8. 134, 2. in s HB. *M.* 540; *stm. s. unter* esel *sp.* 709: *eis* PARZ. WALTH. FREID. WIG. REINH. EN. 236, 31. LANZ. 8063. GREG. 478. HARTM. *lied.* 15, 3. FLORE 7210. TROJ. 24114. MSH. 3, 66ᵃ. AMIS 1003. PASS. *K.* 682, 80. ALTSW. 161, 5. RING 46ᵈ, 37. FASN. 349, 13. 754, 14. 1012, 10. CHR. 8. 134, 5. 309, 1. 410, 6; *zugefrorene stelle (im Rheine), pl.* îser MONE *z.* 4, 79 (*a.* 1442). — *vgl.* DWB. 3, 359. GR. 2, 46.

isâ *adv. s.* iesâ.

îs-ar *swm. porphyrio* DFG. 448ᵃ. *n. gl.* 298ᵃ.

îs-bîhel *stn.* eispeihel, *beil zum aufhacken des eises* TUCH. 251, 8.

îs-bërle *stf. eisperle* ROTH. 4582.

îs-boum *stm. eisbock, eisbrecher* FRANKF. *baumstb.* 1433 *f.* 18.

îse *stn. s.* îs;

îsec *adj.* (I. 755ᵇ) *eisig, voll eis,* glacialis DFG. 264ᵃ. LIVL.

îs-eich *stf.* (I. 414ᵃ) *eiseiche,* ilex SUM.

îsel *f.* (I. 755ᵇ) *eiszapfe,* stiria, issel DFG. 553ᶜ *n. gl.* 349ᵃ. — *ahd.* îsilla, ihsilla.

îsele *swf. s.* insele.

îsen *stn.* (I. 755ᵇ) i n s, inses HB. *M.* 545: *eisen als metall* PARZ. MGB. 479, 147 *ff.* die wil daz îsen hitz ist vol, vil bald man ez denn smiden sol BON. 43, 63. nôt diu brichet îsen NEIDH. XVIII, 5. GA. 1. 271, 308. vor grimme îsen vrezzen LOH. 5726. HELMBR. SIGEN. *Sch.* 14. hei waz er îsens æze NEIDH. 215, 16 (*vgl.* îsenbîz). — *verarbeitetes eisen: waffe, rüstung* LAMPR. IW. PARZ. TRIST. HERB. 2628. 9860. j. TIT. 5724. DAN. 1622. den stein stôzen, ald mit den îsen stechen (*spiel*) LS. 2. 215, 237; *pflugschar:* daz glüende, heize îsen (*bei gottesurteilen*) *ist die geglühte pflugschar* (RA. 913 *f.*) KARAJ. TRIST. LOH. 7540. MSH. 1, 45ᵇ. PASS. 388, 58. HPT. 8. 90,

40 *ff.* Hadam. 714. Ga. 2. 374, 40. 375, 58. 91. 376, 106. Kell. *erz.* 94, 17. Swsp. 165, 10; *hufeisen* Ms. Rab. j.Tit. 4061. Hadam. 178. Gr.w. 4, 127. in die îsen (*hufeisenspuren*) treten Jüngl. 2255; *brecheisen*, mûrbrüchic îsen Msh. 2, 369ᵇ; *münzstempel* Mone *z.* 2, 424; *fessel, kette*: mit îsen gebunden Engelh. 6161. Reinh. 1216. Germ. *H.* 8, 289. in den îsenen ligen Pass. 161, 50. 165, 7. mit îsene besmiden *ib. K.* 163, 21. *pl.* die îsen (*später ist daraus ein fem. geworden*) *die frohnfeste in Augsburg* Chr. 4. 248, 3. 329, 28; 5. 71, 25. 101, 1. 240, 7. 271, 30. 273, 18. 275, 12. 13. *vgl.* Schm. *Fr.* 1, 163. Birl. 141ᵇ. — *ahd.* îsan *aus* îsarn *s.* îsern.

îsen *swv. zu* îs *werden, gefrieren.* wenz an îset in dem winder Geo. 5334.

îsen-arre *s.* îsenhart.

îsen-bant *stn. eisernes band.* Pilâtes greif mit der hant an der tur îsenbant Albr. 13, 202. *vgl.* îsernbant.

îsen-bar *stf.* (I. 88ᵃ) *eisenstange* Ehing.

îsen-bart *stm.* (I. 90ᵇ) *aurificeps,* ein vogel Voc. 1482; verbena Dfg. 612ᵃ. *vgl.* îsenhart; Isenbart, *vater des* Isengrîn Reinh. 339, 1309.

îsen-bërc *stm. eisenbergwerk* Cds. 2, 399 (*a.* 1338). *vgl.* Zimr. *chr.* 2. 321, 1.

îsen-bîz *stm. eisenfresser, gaukler.* ze Bern wær du ein îsenbîz Virg. 692, 4.

îsen-blæser *stm.* mulciber Dfg. 370ᵃ.

îsen-blëch *stn. eisenblech* Neidh. 169, 49;

îsen-blëchel *stn.* eisenplechel Mgb. 455, 8.

îsen-bort *m.* 12 sol. 4 alde hall. umb ysenborte dem Armbruster, sine kuchen midde zu deckin Frankf. *baumstb.* 1384, 20ᵇ (*diese* ysenborte *kommen auch in den rechenbüchern jener zeit oft als bauholz vor.* Kriegk). *vgl.* îsendrudel.

îsen-bruoch *stf. s. v. a.* îsenhose Ring 53ᵈ, 37.

îsen-bühel *stm.* I. 277ᵃ) *eisenhügel, spött. benennung des helmes* Msh. 3. 236ᵃ, 3.

îsen-dach *stm. eisendach.* der helfant truoc ein îsendach Ulr. *Wh.* 144ᵇ;

îsen-decke *f.* vertipedium Dfg. 615ᵃ. *vgl.* îserdock.

îsen-drudel *m.* das nieman kein eisendrudel oder aichen reifstangen hawen sol Gr.w. 1, 453. *s.* truoder.

îsen-ërz *stn. eisenerz* Cds. 2, 424 (*a.* 1356); *eisenbergwerk ib.* 384 (*a.* 1347).

îsen-gelte *swf.* (I. 498ᵃ) trica Sum. îsengalta Dief. *n. gl.* 371ᵃ. *vgl.* îsenhalte.

îsen-ge-want *stn.* (III. 684ᵃ) *eisenrüstung* Hartm. (Er. 3065. 9255. 85). Wig. Ms. (*H.* 2, 97ᵇ). Eracl. 4840. Krone 13207. 14205. Enenk. *p.* 271. Pf. *üb.* 46, 363. Mw. 153 (*a.* 1285). *vgl.* îsenkleit, -wât.

îsen-gollier *stn.* gollier *von eisen* Msh. 3, 260ᵇ.

îsen-grâ *adj.* (I. 560ᵇ) *eisengrau* Lanz.

îsen-graber *stm. münzstempelgräber* Anz. 17, 126 (*a.* 1369). Mw. 371. 378 (*a.* 1391. 95). Rta. 1. 488, 9;

îsen-gruobe *f.* (I. 562ᵇ) ferrifodina Voc. *o.* Dfg. 231ᵇ.

îsen-hâke *swm.* eisenhack uncinum, est ferrum in modum falcis curvatum Voc. 1482.

îsen-halte *swf.,* -halt *stn.* (I. 623ᵃ) *eiserne beinschelle* Greg. Wwh. Helmbr. Dsp. 1, 271. Chr. 8. 320, 7. compes, pedana, pedanum, pedica, trica Dfg. 137ᵃ. 419ᵉ. 420ᵃ. 595ᵇ. *vgl.* îsenhart.

îsen-hamer *stm. eisenhammer.* als dô die îsenhemere vallen ûf die anebôz Kreuzf. 4381.

îsen-hart *s. v. a.* îsenhalte, compes Schm. *Fr.* 1, 163; *eisenkraut,* verbena îsenhart, îsenarre (*vgl.* îserne) Dfg. 612ᵃ; Isenhart (I. 757ᵇ) *als männl. name* Parz. j.Tit. 2550 *ff.* Frl. *p.* 205, *als weibl.* Ga. 1. 53, 470.

îsen-hemde *stn. eisenrüstung* Neidh. 36, 14.

îsen-hert *adj. hart wie eisen.* in stahel îsenherte Da. 82.

îsen-hose *swf.* (I. 718ᵇ) *beinrüstung* Wig. En. 314, 39. Loh. 768. 2122. Lieht. 88, 16. Troj. 39190. Wg. 3847. Heldb. *K.* 314, 30. îsenh. *unter dem* halsberge Karl 6091. *vgl.* îserhose, îserkolze.

îsen-huot *stm.* (I. 733ᵃ) *eisenhut, kopfbedeckung von eisenblech* Er. (2348). Lanz. Helbl. (15, 262). Neidh. 234, 16. Freid. 170, 14. Geo. 80. Wigam. 535. Apoll. 4966. Renn. 1479. Sigen. *Sch.* 65. Roth *denkm.* 90, 117. 92, 48. 94, 10. Mor. 1, 1954. Weinsb. 9. Chr. 1. 177, 12. 33, 2. 204, 18. 209, 8. 489, 11; 5. 330, 23. Fasn. 196, 15. calypha, galerus Dfg. 90ᵉ. 256ᵃ; eisenhuet oder êrenwadel *kammerjungfer, beschliesserin* Zimr. *chr.* 2. 238, 3 *ff.* 243, 6 *ff.* 3. 391, 3;

îsen-huoter *stm. der* îsenhüete *verfertigt* Np. 170.

îsenîn *adj.* (I. 757ᵃ) *von eisen* L. Alex. (2275). Tund. Ms. Kchr. 6327 (*var.* essenîn). En. 202, 22. Lanz. 8088. Wwh. 148, 1. Ulr. *Wh.* 113ᵃ. 167ᵉ. 170ᵃ. Neidh. 84, 15. 239, 12. 61. Mar. 193, 34. Renn. 9126. 36. 21308. W. *v. Rh.* 174, 35. 175, 7. 38. îsnîn Hb. *M.* 443.

eisenein, eisnein MGB. 81, 11. 194, 28. 222, 5. 245, 1. 250, 31. 315, 29. 452, 12. CHR. 2. 258,30. eisinin *ib.* 5. 103,13. eisinen *ib.* 253, 21. eisnen *ib.* 2. 289, 1. 3. îsîn MONE *z.* 9, 179 (*a.* 1464). *vgl.* îserîn;

îsenîne *f.* (*ib.*) *eine pflanze*, sacralis, vertipedium SUM.

îsen-kaste *swm. eisenkram, eisenladen* NP. 289.

îsen-këc *adj.* (I. 893ª) *mutig in der eisernen rüstung* HELBL.

îsen-keten *stf. eisenkette* KRONE 14364.

îsen-kiuwe *swf.* kiuwe *von eisen* NEIDH. 172, 134.

îsen-kleit *stn. s. v. a.* îsengewant ULR. *Wh.* 110ᶜ. 113ª. 167ᶜ. PF. *üb.* 46, 345.

îsen-klette *swf.* (I. 841ª) verbena SUM.

îsen-knappe *swm.* de hiis, qui vulgo dicuntur ysenchnappen, sic est institutum, ut, ubicumque tales inveniantur, judex ipsis diem prefigat infra tempus statutum, ut vel militent vel ab hoc resiliant errore Mw. 36, 29 (*a.* 1244).

îsen-kolbe *swm. kolbe von eisen* RING 52ᶜ, 14.

îsen-köufel *stm.* daz niemantz keinerlei alts eisenwerks vail haben oder verkaufen sol dann die gemeinen eisenkeufel NP. 141 (15 *jh.*).

îsen-kraft *stf. kraft des magnetes, eisen anzuziehen* TIT. 5996.

îsen-krût *stn.* (I. 891ª) *eisenkraut*, verbena DFG. 612ª. MGB. 424, 4. MYNS. 33; columbaria VOC. 1482.

îsen-krût-saft *stn. saft von eisenkraut* MYNS. 56.

îsen-laz *stm.* (I. 942ᵇ) *eiserne fessel* WOLK.

îsen-leffel *stm. löffel von eisen* MONE *z.* 16, 261 (*a.* 1402).

îsen-mâl *stn. fleck, rostfleck am eisen* ORL. 11106.

îsen-menger *stm. eisenhändler* MONE *z.* 8, 211 (*a.* 1357).

îsen-râmec *adj. s. v. a.* harnaschrâmec. diu wangen îsenrâmec VIRG. 348, 8. *vgl.* îserrâm.

îsen-rinc *stm. eisen-, panzerring* NEIDH. 92, 2. VIRG. 371, 8. ferruca DFG. 231ᵇ.

îsen-rost *stm.* (II. 768ª) ferrugo DFG. 231ᵇ.

îsen-schûfel *f.* (II². 222ª) *eiserne schaufel* SUM.

îsen-sinder *stm.* (II². 299ª) *eisenschlacke.* îsensindel, scoria DFG. 520ª.

îsen-slegel *stm. schlägel von eisen* MH. 2, 639.

îsen-smit *stm.* (II². 427ª) ferrarius DFG. 231ª. BERTH.;

îsen-smitte *stf.* (II². 428ᵇ) ferrificina VOC. *o.* MONE *z.* 12, 410.

îsen-spër *stm.* (II². 494ª) *eiserne spitze des speeres* Iw. 5030 (*var.* spërîsen *u. so bei* Bech).

îsen-spiez *stm.* (II². 496ª) *eiserner spiess* PASS.

îsen-stange *f.* (II². 640ᵇ) *eiserne stange* NIB. TUCH. 98, 28. 305, 34.

îsen-stein *stm.* (II².614ᵇ) *eisenstein* Ms.; Isenstein, *burg der Brünhilde* NIB. 371, 3. 373, 3. 455, 3.

îsen-tahe *f. eisenton, graphit mit eisenocker vermengt* SCHM. *Fr.* 1, 597.

îsen-var, -wes *adj.* (III. 238ª) *eisenfarb, nach eisen aussehend* ATH. GUDR. TROJ. 3476. eisenvar MGB. 225, 14. 434, 17. 444, 32. 451, 22.

îsen-vël *stn.* (III. 294ᵇ) squama ferri VOC. *o.*

îsen-vënster *stf. fenster von eisen.* die bachöfen suln îsenvenster hân ZÜRCH. *rb.* 33.

îsen-vlandach *stn.* squama ferri DFG. 549ª. DWB. 3, 369.

îsen-vlasche *f. blechflasche* MONE *z.* 16, 260 (*a.* 1402).

îsen-vogel *stm.* (III. 358ª) porphyrio DFG. 448ª.

îsen-wât *stf.* (III. 777ᵇ) *s. v. a.* îsengewant LANZ. PARZ. ER. 4157. BIT. 2697. TIT. 4036. MSH. 3. 155ª. 195ª. *vgl.* îserwât.

îsen-wërc *stn.* (III. 589ª) *eisenwerk, eisernes geräte* NP. 141. TUCH. 96, 5 *ff.* 127, 10. 242, 19. 313, 34; *eisenrüstung* LESEB. 645, 14; *eisenbergwerk* CDG. 2, 310 (*a.* 1332).

îsen-wurz *stf.* (III. 829ᵇ) verbena DFG. 612ª.

îsen-zan *stm.* eisenzan od. seche an einem pflug od. spannagel, dentale VOC. 1482.

îsen-zein *stm.* (III. 868ª) lix DFG. 334ᶜ.

îsen-zieher *stm. drahtzieher* CP. 11.

îser, îsere *f. s.* îserne;

îsern, îseren *stn. adj. s.* îsern, îserîn.

îser-dock: eyserdock, vertipodum VOC. 1482. *vgl.* îsendecke.

îser-golze *swm. s.* îserkolze.

îser-hose *swf. s. v. a.* îsenhose ER. 2329. DIETR. 8697. ERACL. 2329. WWH. 79, 1. îsernhose *ib.* 356, 2.

îserîn *stn. s.* îsern;

îserîn *adj.* (I. 757ᵇ) *s. v. a.* îsenîn Wolfr.
(Parz. 211, 7. 261, 13. 18. Wh. 360, 18).
Eracl. Kchr. *D.* 193, 20. Exod. *D.* 160, 20.
21. Roth. 5020. Albr. 35, 302. Pass. *K.* 2,
21. 233, 4. 352, 70. Chr. 2. 256, 2; 8. 87, 20.
277, 26. 406, 14. Hb. *M.* 771. îseren Diem.
Fromm. 2, 440ᵇ. Chr. 7. 153, 7. îsern Rul.
Iw. Mor. 1, 3924. Pass. *K.* 190. 14. îsern
vihe *s. v. a.* iemerkuo, iemerrint Halt. — *gt.*
eisarneins, *ahd.* îsarnîn, îsernîn (*so noch*
Himlr. 118). *s.* îsern.
îser-kolze *swm.* (I. 858ᵃ) *s. v. a.* îsenhose
Wolfr. Er. *B.* 2329. îsergolze j.Tit. 1222.
1371. 3140. Krone 286 l.
îser-kovertiure *stf.* (I. 869ᵃ) *pferdedecke von
eisen* Wwh.
îsern, îser *stn.* (I. 757ᵃ) *eisen, bes. das verarbeitete eisen, eiserne waffe, rüstung.* îsern
Ath. Parz. Wwh. 395,10. îseren Fromm. 2,
440ᵇ. îserîn (:fîn) Karlm. 90, 52. îser Herb.
Wolfr. (Parz. 36, 23. 38, 22. 59, 13. 681,
21. Wh. 20, 14. 128, 11. 175, 12. 366, 10.
Tit. 41, 2. 79, 4). j.Tit. 3698. — *gt.* eisarn
mit êr, *erz zu lat.* æs Gsp. 479, *vgl. auch*
Dief. 1, 15. Diez 1, 27;
îsern *adj. swv. s.* îserîn, geîsert.
îsern-bant *stn. s. v. a.* îsenbant Wwh. 294, 14.
457, 29. 461, 17.
îserne, îsere *f.* (I. 757ᵇ) *eisenkraut,* verbena
Sum. yser Voc. *Schr.* 3134.
îsern-harnasch *stn. harnisch von eisen* Parz.
333, 4.
îsern-hose *s.* îserhose.
îsernîn *adj. s.* îserîn.
îser-râm *stm. s. v. a.* harnaschrâm Mel. 4374.
5250. *vgl.* îsenrâmec.
îs-grâ, -wes *adj.* (I. 560ᵇ) *eisgrau* Krol.
Krone 965. 14169. Livl. 8351.
îs-güsse *stf.* (I. 542ᵇ) *eisgang* Weist.
îsîn *adj. s.* îsenîn.
îs-kachel *m.* stiria Dfg. 553ᵇ.
îs-kalt *adj. eiskalt* Flore 3970. Mgb. 154, 19.
îs-leite *stf.* trans meatum sive eductum aquæ,
quem vulgares isleide appellant Baur *hess.
urkk.* 2, 631 (*a.* 1303).
islich *s.* ieteslich.
ismahêlisch *adj. von Ismahel abstammend*
Eracl. 5108.
isôpe *swm.* hysopus Evang. *J.* 19, 29. isôpe,
isôp Dfg. 310ᵇ. isopô (: vrô) Pass. 371, 22.
i spe *swf.* (I.757ᵇ) Sum.Hätzl. Germ. 8, 300.
Aw. 2, 88. Anz.11, 334. Dfg. 310ᵇ. ips Mgb.
405, 16. *vgl.* Schm. *Fr.* 1, 168.

ispanisch *adj.* (I. 757ᵇ) *spanisch* Mai.
ispe *s.* isôpe.
israhêlisch *adj.* (I. 757ᵇ) *israelitisch* Mar.
Barl. Exod. 85, 5. Antichr. 149, 2. Hb. *M.*
606. 702. 704 *u. ö.*
îs-schelle *swmf. pl.* die eisschellen, *eisschollen, treibeis* Tuch. 229, 26. 250, 15. glamera,
yschalle Voc. *Schr.* 1104. *s.* scholle.
îs-schemel *m. dasselbe* Zimr. *chr.* 1. 257, 26;
3. 197, 18 *ff.*
îs-schûfel *f. eis-, schneeschaufel* Tuch. 250,
29. 33. 35. 251, 2 *ff.*
isse *stn. esse, essentia.* dâ sitzet er in sîme
nêhsten in sîm isse Myst. 2. 121, 14. *vgl.* ist *stn.*
issel *f. s.* îsel.
ist *s.* sîn;
ist *stn. s. v. a.* isse. daʒ wort 'ich' meinet die
istikeit gotlîcher wârheit, wand eʒ ist ein
bewisunge eins istes Myst. 2. 163, 6;
istic *adj. essentialis.* ob daʒ werc istic sî Myst.
2. 336, 30. in dem istigen werke des götlichen wesens *ib.* 579, 35. die istic einecheit
H. *v. N.* 403;
istic - heit, istikeit *stf. essentia, s.* ist *u.* Myst.
2. 310, 40.
istôrje *f.* (III. 832ᵇ) *s. v. a.* histôrje Trist.
484. ystôrje Gsm.
îs-var, -wes *adj. s. v. a.* îsgrâ Krone 976.
îs-vogel *stm.* (III. 358ᵃ) *eisvogel* Frl. Erlœs.
XLV, 97. Mgb. 202, 12. aurificeps, fredula,
ispida Dfg. 62ᵃ. 310ᵇ. *n. gl.* 43ᵇ. 223ᵃ. *s. auch
unter* golander.
îs-zapfe *swm.* (III. 850ᵃ) *eiszapfe,* stiria Gl.
Wahtelm. *ebenso*
îs-zolle *swf.* (III. 945ᵇ) Gl. *s.* zol.
it *s.* iht, ite-,
îtal, îtali, îtalic *s.* îtel, îtele, îtelic.
îtâlsch *adj. italisch.* alliu îtâlschen rîche.
En. 349, 21.
îte-, it- (I. 758ᵃ) *präf. zur bezeichnung des unmittelbaren fort- oder rückganges: wieder
zurück.* — *gt.* id, *vgl.* Gsp. 392. Hpt. 12,
396. Schm. *Fr.* 1, 176.
îtel *adj.* (I. 758ᵃ) *manchmal noch wie ahd.*
ital: *leer, ledig* Pred. Ms. îteliu hant Exod.
D. 128, 15. Pass. *K.* 210, 93. er gesach im
îtel (*unbewaffnet*) die hant Er. 9270. er was
îtel unde vrî Pass. 197, 46. ein îtel vaʒ (*als
schimpfwort*) *ib. K.* 286, 89. 462, 83. ein îteler wagen Dsp. 1, 134. Ssp. 2. 59, 3. ein sac
îtel oder vol *ib.* 3, 89. si vant eʒ (*nest*) îtel
unde blôʒ Aw. 3. 212, 213. daʒ swert nie
îtel wider kam (*gieng nie leer aus*) Jer.17ᵃ.

mîn wort kumet nummer îtel heim MYST. 1. 106, 4. die erd was îtal und lär HB. *M.*111. die armen er gesattet hât, îtal er die rîchen lât W. *v. Rh.* 54, 45. he hât die rîchen îdel gelâzen MARLD. *han.* 76, 13. hol und eitel MGB. 249, 16. daz der bœs luft den leib iht eitel fünd *ib.* 111, 9. *mit gen.* KARAJ. BERTH. KONR. (ir lônes îtel unde wan TROJ. 22179. gewæfens îtel unde blôz *ib.* 26389. und wart ir îtel unde bar TROJ. 39863. OTTE 555. vil manic rîche malhe wart guotes îtel von der kost TURN. *B.* 787). er ist der êren ein îtel vaz HPT. 7. 175, 30; *eitel, unnütz, vergeblich* BERTH. PASS. (îtel worte *geschwätz K.* 253. 88. MARLG. 121, 53. *vgl.* îtelwort. îtel êre PASS. 233, 65. *K.* 8, 62. îteles herzen guft *ib.* 182, 38); *ausschliessend: ganz, nichts als, bloss, nur.* unde machent ein guot tuoch ze einem îteln hadern BERTH. 146, 24. îtel zukker ezzen HPT. 10. 271, 13. îtal öle W. *v. Rh.* 63, 10. *vgl.* WACK. *pr.* 91, 160, 167. niht ander spîse dan îdel brôt ELIS. 1753. bekleit in îtel grâ ALTSW. 244, 28. îtel golt CHR. 8. 272, 9, heiden 331, 6, bluot 412, 12. *vgl. ib.* 2. 21, 10. 153, 3. 274, 18. 486, 3. 8. 11; 4. 227, 28. 296, 16; 5. 6, 7. 42, 8. 99, 8. 112, 22 *etc.* MGB. 308, 26. 353, 9. 23. FASN. 308, 20. 344, 14. 350, 17. 734, 4. 769, 19; *vom gelde: rein, unverfälscht, den vollen wert habend.* fünf phunt eitler guter und gæber haller MB. 23, 236 (*a.* 1380). îtele haller *bezeichnet überhaupt die eigentliche hellermünze (nur, nichts als* haller) *im gegens. zu den* hallern *als silberpfennige s.* CHR. 5. 423, 27 *ff. u.* îtelic;

îtelære *stm.* (I. 758ᵇ) *der eitle dinge treibt* LEYS. *vgl.* LESEB. 902, 29;

îtele *stf. leerheit, eitelkeit.* die îtali mînes herzen WACK. *pr.* 92, 62.

îtel-êric *adj.* pis nit eitelêrig in deinem muet VINTL. 4598 (*im orig.* non essere vanaglorioso).

îtel-hende *adj.* (I. 632ᵃ) *mit leerer hand* TRIST.

îtelic *adj.* (I. 758ᵃ) *leer, bloss, nichts als.* ein ein italiger vels SCHILTB. 119. îtelige, italige haller *s. v. a.* îtele haller SCHM. *Fr.* 1, 176. MONE *z.* 11, 228. CHR. 4. 152 *anm.* 1. Mz. 1. 427, 30. 64 (*a.* 1393. 1401). italige guldîn *ib.* 480. 518;

îtelich *s.* îtellich.

îtelinc, -ges *stm.* concha haizt ain snek und ist ze däutsch als vil gesprochen als ain flächlinc oder eitlink MGB. 249, 14.

îtelkeit *stf.* (I. 758ᵃ) *aus* îtelic-heit: *leerheit, nichtigkeit.* inanitas, vacuitas DFG. 290ᶜ. 604ᵇ, îdelkeit, *eitle, nichtige dinge* ELIS. 871. 2028. 38; *leerer hochmut, eitelkeit,* vanitas DFG. 606ᵇ. BERTH. PRIESTERL. 672 (681). FRLG. 105, 197. 111, 361. 120, 605. AB. 1. 234, 681. PASS. 145, 40. 197, 75. 198, 6. 295. 48. *K.* 53, 22. 441, 86. MYST. 1. 319, 10. LUDW. 27, 18. EVANG. *L.* 1, 53. NP. 113. îdelkeit ELIS. 793. WERNH. *v. N.* 36, 9. MARLD. *han.* 74, 14. *vgl.* îtellicheit.

îtel-lich *adj.* (*ib.*) *leer, eitel* PASS. (îteliche wort *K.* 7, 45. nâch îtellîcher willekur, *nach eitler gesinnung* 222, 15);

îtel-lîche, -en *adv.* (*ib.*) eitel HÄTZL. LUDW. 20, 24. EVANG. *Mr.* 7, 7;

îtel-lîcheit *stf.* (*ib.*) *s. v. a.* îtelkeit, eitelkeit. îtelicheit LEYS.

îtel-macherinne, -mecherinne *stf. frau, die mit blick, rede, gewand männer an sich zieht* BERTH. 83, 33. 176, 10. 27. 337, 22. 25.

îteln *swv.* îtel, *leer machen,* digerere, vacuare DFG. 181ᶜ. 604ᵇ (îdeln). al unsir secke und kesten geîdelt sîn von übirlesten KIRCHB. 801, 3. — *mit* ge-, ver-;

îtels *gen. adv. bloss, nur.* doch ist die schulde nicht eitels dein AB. 1. 405, 16 (15 *jh.*).

îtel-schaft *stf. nichtigkeit.* der welte gnâde ist trügehaft, ir schœne zierde ein îtelschaft KOLM. 6, 678.

îtel-spot *stm. s. unter* kluterære.

îtelunge *stf.* vacuatio, îdelunge DFG. 604ᵇ.

îtel-wort *stn.* (III. 808ᵇ) *s. v. a.* îtelez wort: *unnützes wort, geschwätz* MARLG. 115, 15.

ite-, it-niuwe, -niwe *adj.* (II. 390ᵃ) *verstärktes* niuwe: *wieder, ganz neu* NIB. (324, 1. 1073, 4. 1081, 1. 1307, 4 *var.* 1877, 2). NEIDH. (23, 34. 93, 12). TRIST. MAI, LIEHT. ein iteniwez rüefen KL. 722. ein iteniuwez klagen GUDR. 1137, 1. iteniwiu kleider *ib.* 430, 2. iteniwiu mære RAB. 523. ze den nœten itniwen TUND. 53, 5. ein iteniwer friedel PRIESTERL. 701 (710). ein iteniuwer funt BERTH. 396, 34. ein iteniwiu ketzerîe *ib.* 402, 12. ein iteniuwez slegerint HELMBR. 1, 291. daz was mir itniuwe HELBL. 7, 37. stæte iteniuwe JÜNGL. 327; *neutr. subst.* ROTH.;

ite-niuwe *stf. etw. ganz neues.* des zwanc in des spiles schœne und iteniwe MASSM. *schachsp.* 22;

ite-, it-niuwen, -niwen *swv.* (II. 390ᵃ) *tr. u.*

refl. erneuen Diem. Mar. Rul. Leys. Antichr. 190, 43. Glaub. 1049. Karaj. 98, 2. 99, 8. Lanz. 2587. — *mit* er-.

ite-roche *stf.* (II. 782ª) *der schlund* Fdgr. 1, 377ᵇ. *umgedeut.* in druck od. gurgel, slunt giel frumen, rumen, ruma Voc. 1482;

ite-, it-rücken *swv.* (*ib.*) idrucken Mgb. idrocken Hpt. 8, 236; *umgedeut.* in drucken od. anderwayd kewen, masticare Voc. 1482. — *ags.* rocettan, *ahd.* ita-ruchjan, itruchen *zu gr.* ἐρεύγω, *lat.* ructare Curt³. 171. Kwb. 150. *vgl.* abtrücken.

ites-lich *s.* ieteslich.

ite-, it-wîʒ *stmn.* **ite-, it-wîʒe** *stf.* (III. 784ª) *md. auch* ëtewîʒe: *strafrede, verweis, schmähung, tadel, schmach*: Kchr. Nib. Gudr. Hartm. (der itew. Er. 2257. 3000. 8272. Greg. 3464). Trist. Mai, Konr. (sunder itewîʒ leben Silv. 591). Rud. (sô lüede ich grôʒe sünde ûf mich und itewîʒe vil Vilm. *weltchr.* 66ᵇ). etilîchi irstânt zeme êwigin itwîʒe ir sundôn Wack. *pr.* 12, 81. 57, 28. sich endorfte ir keiner schamen itewîʒe, der in dâ geschach Bit. 11345. er ist so garwe behuot valscher itewîʒe Flore 5219. ez wær ein langer itewîʒ, der mich iemer volle riuwe 6064. die zene gar ân itewîʒ 6900. daʒ si in itewîʒe überheben 7981. süntlîcher itwîʒ W. *v. Rh.* 5, 36. 7, 49. 53. ouch erkenne ich einen itwîʒ baʒ Jüngl. 585. âne der gotheit itewîʒ (: vergiʒ) Erlœs. 747, *vgl.* Germ. 7,20. — *zu* wîʒen ;

ite-wîʒære *stm.* (III. 784ᵇ) *schmäher, tadler* Karaj.;

ite-, it-wîʒen *swv.* (*ib.*) *vorwürfe machen, schmähen, tadeln mit dat. d. p. und acc. d. s.* Nib. Helmbr. Priesterl. 346 (355). Bit. 9475. ihtweisen Fronl. 18; *absol.* Bit. 12505;

ite-wîʒen *stn.* Renn. 14122. Pass. 373, 85.

itlich *s.* ieteslich.

itn-, itr- *s.* iten-, iter-.

it-wæge *stn.* (III. 646ª) *verstärktes* wæge: *flut, strudel* Kindh. Serv.

it-wëder *s.* ietwëder.

it-wîʒ *s.* itewîʒ.

itzent, itzu, itzunt, itzunder *s.* iezuo.

itzlich *s* ieteslich.

iu, iuch *s.* ir.

i'u = ich iu (I. 743ª, 30) Parz. Nib. 470, 4. 1390, 2; i'uch = ich iuch *ib.* 1417, 1.

iule *swf. s.* iuwele.

iur *pron. s.* iuwer.

iuric *adj.* hat der, so von todts wegen abgangen ist, vich, iurigs oder halbes hinder im gelaussen Gr.w. 1, 154. kein ûrich vich sunder halbvich *ib.* 306. — *zu* ûr.

iut *s.* iht.

iuter *stm. s.* ûter;

iuterlîn *stn. dem. zu* ûter S. Gall. *ordn.* 188. 91.

iutzit, iuweht *s.* iht.

iuwel, iule *swf.* (I. 758ᵇ) *eule* Er. Wig. Ms. (swer iulen vür den valken zamt *H.* 3, 38ᵇ). Wig. Mart. (*lies* 116, 63), Hpt. 7, 333 *ff.* unser herzen stênt gên gotes tougen als gên der sunnen iulen ougen Renn. 1863. wizʒet, daʒ der vrum man ist der bœsen iule zaller vrist Wg. 6348. äul Mgb. 208. 20. 21. 33. — *vgl.* hiuwel, hûwe *u.* Dwb. 3, 1193.

iuweln-slaht *adj.* (II². 388ª) *vom geschlecht der eule* Wolfr. *lied.* Freid.

iuwer *gen. pl. s.* ir;

iuwer, iwer *pron. poss.* (I. 782ᵇ) *euer, z. b.* Nib. 145, 3. 964, 3. 1851, 4 *etc.* Neidh. 13, 17. Engelh. 410. ugwer N. *v. B.* 121, 33. *verkürzt* iur *z. b.* Nib. 144, 3. 155, 2. 158, 4. 236, 4. Loh. 6027. Lieht. 121, 9. *md.* ûwer, über, ûr.

iuwit *s.* iht.

iuʒen, iuʒern *swv. s.* ûʒen, ûʒern.

îwe *stf.* (I. 759ᵇ) *eibe*, taxus Gl. Schm. *Fr.* 1, 16; *bogen aus eibenholz,* îbe Ehing. îbe, ibar Dfg. 283ᵇ. mit eiben schieʒen Np. 54. — *vgl.* Dwb. 3, 77.

iwëlich *s.* iewëlich.

îwen-boge *swm.* (I. 179ª) *bogen aus eibenholz.* îbenboge Weist. (3, 48).

îwen-boum *stm.* (I. 227ª) edera, taxus Dfg. 194ᵇ. 594ᶜ. eibenbaum, ibar 283ᵇ.

îwen-loup *stm.* edera Dfg. 194ᶜ. *vgl.* îwîn.

îwen-rîs *stn. eibenreis, als waldname* Gr.w. 3, 638.

iwer *pron. s.* iuwer.

îwîn *adj.* (I. 759ª) *von der eibe.* îwîn graʒ, loup Parz. eibîn Hätzl. 172ª.

iwit *s.* iht.

ixlich *s.* ieteslich.

iʒ = ir ëʒ (I. 752ª, 49) Herb.; i'ʒ = ich eʒ Nib. 486, 7.

izit, izunt, izuo *s.* iezuo.

J.

j *der halbvocal* (I. 762ᵃ); *öfter, bes. nürnbergisch auch für g: s.* jardiân, jarûz, jest, jar CHR. 2. 25, 1. 120, 7. jegen TUCH. 294, 19. 21. 299, 13. jehling *ib.* 78, 3. CHR. 1.413, 11. *vgl.* WEINH. *b. gr.* § 198.

jâ *interj.* (I. 763ᵃ) *zur bejahung*: *ja, allgem.* (jâ sagen, sprechen; jâ ich, jâ du, jâ er *etc. wiederholt*: jâ, mit goltes helfe jâ PASS.378, 31. sprich ‚ja‘ süeze, reine; wiltuz aber meine ‚jâ, ja, ja‘ sprich, sost ez guot MSH. 2, 22ᵇ); *im aus- oder zuruf* (jâ und wêrlîchen jâ! PASS. 376, 67. jâ wêrlîchen jâ, jâ! MARLG. 203, 239, *vgl.* jô, jârâ); *zur bekräftigung einer posit. oder negat. behauptung*: *fürwahr (mit negat.* jâne, jane, jan), *um die apposition od. umschreibung einzuleiten*: der sêlige jungelinc, jâ der sûze brûdegam ELIS. 1423. daz sie dâ abe sulden leben, jâ daz si dâ von zerte 1818, *vgl. noch* 4653. 9503 *u. zur* ERLŒS. 5691. — *substantivisch* WALTH. WIG. mîn langez jâ *ib.* MSH. 1,313ᵃ. ein gelogenez, verlogenez jâ *ib.* 3, 73ᵃ. 2, 153ᵇ. sîn jâ bediutet ofte ein nein *ib.* 3, 44ᵇ. mich hât eins küneges jâ betrogen *ib.* 73ᵃ. daz ungenæme jâ TRIST. 17551. ir beider herze ist ein jâ *ib. H.* 564,17. sô kan ich nein sô kan ich jâ LIEHT. 51, 29. die wâgen dô sîn jâ vür nein TROJ. 2888. ez ist mîn wille jâ DAN. 1549. mîn wort wil nicht vallen ûf ein jâ PASS. *K.* 113, 68. wil aber jâ sich neinen, sô wirt jâ und nein ir kraft zestœret. vind ich dâ jâ, aldâ nein ist behûset, und nein, da jâ sol wesen HADAM. 384. *auch flect.* nein und jâes hastû gewalt ALTSW. 113, 22. — *gt.* ja, jai *zum skr. relativstamme* ya *s.* BOPP *gr.* 2, 202. GSP. 290. 500. SCHER. *gesch.* 376 f. (*nach* WACK. *aus* jah *von* jëhen, *vgl. dagegen* GR. 3. 764).

jac, -ges *stm. rascher lauf.* sie quâmin snellis jages JER. 155ᵇ; *s. v. a.* bejac: ê daz mir ûf den anger von hinnen kêren ûf den jac (ûf bejac?) PART. *B.* 16413 *u. anm.* — *zu* jagen.

jâchandîn *adj.* (I. 764ᵃ) *von* jâchant FRL. *vgl.* jacinctîn;

jâchant, jachant *stm.* (I.764ᵃ) *hyazinth* LANZ. PARZ. TRIST. WIG. ER. 7678. ROTH. 223. 36. 83. 3556. 4944. L. ALEX. 7043. LAUR. 203. BIT. 7483. VIRG. 32, 3. 1027, 12. ULR. *Wh.* 120ᵃ. TURN. *B.* 1043. ELIS. 517. MGB. 147, 1. 248, 32. jôchant RUL. 174, 3. ROSENG. *H.* 863. ECKE *Z.*31, 5. 93, 11. KRONE 15667. jechant, jochant GERM. 8. — *aus mlat.* jacinctus.

jâchant-stein *stm.* jochantstein BPH. 5022.

jacheit *s.* jaget;

jächen *swv. s.* jöuchen.

jacinctîn *adj. von* jacinctus W. *v. Rh.* 25, 45;

jacinctus *stm.* (I. 764ᵃ) *s. v. a.* jâchant DIEM. PARZ. KROL.

jacke, jecke *swf. s. v. a.* joppe, dyplois VOC. 1482.

jäg- *s.* jeg-.

jagære *stm. s.* jegere;

jagât *stf.* (I. 767ᵇ, 18) *verfolgung des feindes* LIEHT.

jage *stf.* (I. 767ᵃ) *jagen, eile, lauf, verfolgung* Ms. (*H.* 1, 318ᵃ) niht von flühteclîcher jage WWH. 28, 1. sie îlten mit balder jage ORL. 465. er îlte dan in balder jage TÜRL. *Wh.* 92ᵇ. in sneller jage komen GERM. 12. 204, 74. rehte alsam der hase en jage schiuhet sîne weide ER. 9806. die (*hase u. wolf*) man ungerne genesen lât, swâ diu jage ze râme stât TROJ. 48304. und slûgen ir manchen tôt an der jage ERNST 3900, *vgl.* JER. 60ᵈ. 136ᶜ. 152ᵇ. 160ᵇ. 162ᵇ. 170ᵃ.

jage-bære *adj. jagbar* HADAM. 164.

jage-bühse *f. jagdgewehr* MONE *z.* 17, 298 (*a.* 1427).

jagede *stn. f.* (I. 768ᵃ) *jagd.* daz jagide GEN., jeide MAI. diu jeide LOH. 1567; *jagdbeute* GEN. *vgl.* jaget.

jage-ge-sinde *stn. jagdgefolge* PART. *B.* 4144.

jage-horn *stn. jagdhorn* PART. *B.* 2556. 2607. 27. MEL. 1925. MONE *z.* 6, 276 (*a.* 1423). *vgl.* jegerhorn.

jage-hunt *stm.* (I. 728ᵇ) *jagdhund* OSW. LS. (3. 521, 87. 583, 82). TROJ. 5042. PART. *B.* 458. 2665. 17834. MGB. 142, 15. GR.W. 2,32. *vgl.* jagethunt.

jage-hûs *stn. jagdhaus, jagdschloss* PILAT. 28. ER. 7156. Mw. 257, 5 (*a.* 1317). CHR. 1. 157, 36. *vgl.* jagethûs.

jage-liet *stn.* (I. 984ᵇ) *melodie auf dem jagdhorne* TRIST. *vgl.* jagewîse.

jage-list *stm.* (I.1102ᵇ) *kunst des weidmannes* TRIST.

jage-meister *stm.* (II. 120ᵇ) *jagdmeister, lei-*

ter und anordner der jagd WIRTEMB.; *meister im waidwerk* TRIST. 3419. *vgl.* jegermeister.

jagen *swv.* (I. 764ᵇ) *statt* jaget *etc. auch* jeit; *prät.* jagete, jagte (jeite); *part.* gejaget, -jagt, -jeit: *verfolgen, jagen, (hastig eilen), treiben, absol. od. mit acc. (od. präpos.), allgem, s. noch* vliehen unde jagen NEIDH. XLI, 12. MSF. 83, 17. TROJ. 25902. 27868. SUCH. 28, 267 *s.* HPT. 13, 175. daʒ mich mîn herze jaget MSF. 161, 19. einen künec diu minne jagte ULR. *Wh.* 165ᵈ. die minne und hôchgemüete jeit LOH. 4142. daʒ ich die âventiur wil vür sich jagen *ib.* 4969. sit mich die armût jaget PASS. 352, 89. die ordenunge, arbeit, wârheit jagen *betreiben ib.* 155, 11. 373, 9. 386, 77. swaʒ ir bete wolte jagen *ib.* 218, 16. die rede verrer jagen *ib.* 95, 32. etw. vollen jagen, *vollständig erreichen ib. K.* 265, 6. einen mit nôten jagen, *peinigen ib.* 273, 40. warumme dû nu jages *(suchest)* mit dîner bete her zû mir die dinc *ib.* 26, 50. mit bete j. an einen, *ihn heftiy bitten ib.* 474, 98. der kunic wart nâch der sache jagen, *forschen ib.* 24, 81. wie man umbe geltschulde jagen sol BASL. *rechtsqu.* 1, 167 (*a.* 1457). in den tôt gejaget ENGELH. 3803. etw. ûf ein ende, zûm ende jagen, *zu stande bringen, beendigen* PASS. *K.* 214, 68. 38, 62. einen ûf heilikeit j. *durchaus zum heiligen machen wollen ib.* 253, 20. dar ûʒ *(aus dem herzen)* gejeit ENGELH. 1244. daʒ ich in von mir jage SILV. 1134. einen zû etw. j. *antreiben* PASS. *K.* 7, 4; *refl.* sich j. *sich umhertreiben, umlaufen ib.* 28, 51; — *jagen, auf der jagd sein, ein wild jagen absol. u. mit acc. allgem.* (mit jagenden hunden HERB. 18002. jagent werden HADAM. 211. mit harren j. 231. wir sullen belîben oder jagen 271. jagen mit dem hunde 297. 551. 568. die hinden j. TROJ. 24333. wenn in die jagdhunt jagent MGB. 154, 3. wie man daʒ wilt jagen sol SWSP. *L.* 236). — *mit* abe *(nachtr.),* nâch, umbe, ûf; be-, er-, ge-, ver-, vor-, zer-. *zu gr.* διώκω, *lat.* jacio? *vgl.* CURT³. 608 *f.*;

jagen *stn.* (*ib.) das jagen, verfolgen* PARZ. die fluhen âne jagen, *ohne verfolgt zu werden* ER. *B.* 4226 (âne zagen *Haupt) u. anm.*: sonder jagen *aus md. quellen; verfolgen des wilds, jagd* NIB. WG. 7972. HADAM. 335. 336; *mühe, plage,* al sîn arbeit und sin jagen sich ie zû dem besten las PASS. *K.* 55, 4.

jage-phert *stn.* (II. 483ᵇ) *jagdross* TRIST. PART. *B.* 372.

jagerîe *stf. s.* jegerîe.

jage-rëht *stn.* (II. 624ᵇ) *jagdgebrauch, richtiger jägerbrauch* TRIST. *vgl.* jegerrëht.

jage-spieʒ *stm.* (II². 496ᵃ) *jagdspiess* PART. *B.* 350. jage-, jagetspieʒ, venabulum DFG. 610ᵃ.

jaget, jeit, -des *stn., md. stf.* (I. 767ᵇ) der jaid SCHM. *Fr.* 1, 1201; jacheit DFG. 610ᵃ: *jagd* NIB. ER. LIEHT. HELBL. 4, 402. *vgl.* TRIST. 2757 *ff.;* ûzere jaget, *treiben und drängen nach der aussenwelt* PASS. *K.* 199, 43.

jaget- *vgl.* jeit-.

jage-tac *stm. jagdtag* LS. 3. 19, 5.

jaget-haber *swm. jagdhafer als zinsleistung* FRÖLICH *cod. dipl. Styr.* 1, 54 (*a.* 1326).

jaget-hunt *stm. s. v. a.* jagehunt MGB. 133, 20. jeithunt ALBR. 9, 152;

jaget-hündelîn *stn.* H. *v. N.* 375.

jaget-hûs *stn.* (I. 738ᵇ) *s. v. a.* jagehûs. jeithûs MYST. diu jaidhäuser Grûnwald und Wolfstain Mw. 320 (*a.* 1348).

jaget-spieʒ *stm. s.* jagespieʒ.

jage-vart *stf.* (III. 253ᵇ) *jagd* MSH. 1, 202ᵇ.

jage-wîse *stf. s. v. a.* jageliet. er blies sô vremde jagewise PART. *B.* 356.

jag-irre *adj. irre, verlegen wie aufgejagtes wild* SCHM. *Fr.* 1, 1203.

jagunge *stf.* (I. 766ᵇ) venabulum DFG. 610ᵃ.

jæhelinge *adv. s. v. a.* gæhelingen. jehling CHR. 1. 413, 11. TUCH. 78, 3.

jâ-hërre *swm.* (I. 667ᵃ) *einer der zu allem* jâ herre! *sagt, maulschwätzer, schmeichler* FREID. Ms.;

jâ-hërren *swv. in* gejâherren.

jâmer *stmn.* (I. 768ᵃ) *herzeleid, allgem.* (jâmers vor, von jammer PARZ. 492, 18. GR. 4, 680; *stn. bei* KONR., RENN. 10459. W. *v. Rh.* 121, 44. WACK. *pr.* 44, 121. 91, 214. PASS. 93, 10. *K.* 123, 36. ERLŒS. 4793. 5959 *u.* JER. *s.* 177. *nbff.* jômer CHR. 2. 18, 12. gâmer PF. *üb.* 12, 732. gômer *u.* jômer N. *v. B.* 103. âmer GEN. GRIESH. HADL. MSH. 3, 306ᵇ. SPEC. 68); *schmerzliches verlangen nach* WOLFR. WIG. Ms. sîn herze sanc des jâmers liet nâch sîner lieben tohter ULR. *Wh.* 142ᵈ. — *vgl.* DIEF. 1, 97. 2, 733.

jâmer-ande *swm. schmerzliche kränkung* JER. 131ᵈ.

jâmer-bære *adj.* (I. 769ᵃ) *herzeleid tragend* PARZ. TROJ. 5495; *schmerz erweckend* JER. 87ᵈ;

jâmer-bërnde *part. adj.* (I. 139ᵇ) *herzeleid mit sich führend, bringend* HIMLF. MSH. 1, 166ᵇ. MAI 135, 4. 159, 31. 161, 35. 181, 13. JER. 162ᶜ.

jâmer-blic *stm. blick voll jâmer* DA. 409. HÄTZL. 1. 103, 38.

jâmer-braht *stm. klaggeshrei* DA. 442.

jâmer-brôt *stn.* ein jâmerbrôt daʒ sol nieman nieʒen, er sî danne ein jâmeriger mensche MYST. 2. 224, 18.

jâmer-burde *stf.* in grôʒer jâmerburde drucket mêr der vröude last VIRG. 373, 10 *u. anm.*: *die freuden sind da eine last, die die bürde des leidens noch drückender machen.*

jâmerc, jæmerc *adj. s.* jâmerec.

jâmerc-heit, jâmerkeit *stf.* (I. 769ᵇ) *bes. md. zustand in dem man* jâmerec *ist: betrübnis, wehklage, elend, not* ULR. WARN. OSW. 1398. PASS. (190, 56. 235, 29. *K*.22, 66. 43, 77). ELIS. 1908. 2997. 4260 *u. o.* ERLŒS. 348. 726. 842. 85. 885. 983. 1672. MD. *ged.* 1, 153. 1323. LUDW. 24, 2. KREUZF. 181. 207. FRONL. 28. SGR. 1884. SYON 81. S. AL. 221.

jæmerc-lich *adj. s. v. a.* jæmerlich, *leidvoll.* dirre jæmerclîche marterer RENN. 3909. mit jæmerlicher herzennôt GERH. 3979. von der jæmerclîchen dol muoʒ ich an vreuden sterben *ib.* 4066;

jæmerc-lîche, -en *adv. s. v. a.* jæmerlîche RENN. 3862. jâmerclîche,-en PART.*B*.14809. 18604. 21549. 773.

jâmerec, jâmeric, jæmeric, jâmerc, jæmerc *adj.* (I. 769ᵇ) *von* jâmer *ergriffen, leidvoll* TRIST. DIOCL. MAI (46, 40). Joseph wuofte mit jâmerigem muote GEN. *D*. 98, 19. mirʒ herze unt d'ougen jâmerc sint WWH. 457,25. si wart sô jâmerc zehant und sô trûric gemuot KL. 1379. ALEXIUS 108, 263. in dem herzen jâmric LIEHT. 104, 12. jâmeric herze JER. 147ᶜ. FRONL. 62. PASS. *K*. 24, 67. jâmeric spil, *marter ib.* 296, 64. 378, 79. mit jâmeriger volleiste, *mit grosser wehklage ib.* 582, 26. zû angesichte der jâmeregin witwen LUDW. 64, 5. die wâren nû jâmeric gar von ir blûte bifloʒʒen KREUZF. 2245, *mit gen.* WWH. WIG. den muoʒ mîn lip wol immer klagen und sîn ouch jâmerc sîn LIEHT. 526, 5. des er immer jâmerec was DIETR. 1599. 3312. 6697, *mit präp.* er solte immer jâmerec drumbe stân *ib.* 6670.

jâmer-gîtec *adj.* (I. 538ᵃ) *leidgierig* FRL.

jâmer-grunt *stm.* ûʒ herzen jâmergrunde ALBR. 16,346.

jâmer-haft *adj.* (I. 769ᵃ) *herzeleid habend* NIB. (982, 4. 1199, 3). KL. GUDR. 1014, 1. ERNST *B*. 4165. MAI 137, 8. *bes. häufig bei* KONR.: ENGELH. 4208. 5351. 6132. AL. 1225. TROJ. 5483. 13138. 16051. 16618. 23505. 24522. PART. *B*. 3136. 5876. 8031. 9384 *u. o.*

jâmer-heit *stf. s. v. a.* jâmercheit MALAG. 6ᵇ. 14ᵃᵇ. KARLM. *B. s.* 298. JAN. 38.

jâmerkeit *stf. s.* jâmercheit.

jâmer-klage *stf. wehklage.* leben mit j. KRONE 19117.

jâmer-krî *stm. jammergeschrei* KOLM. 181, 34. (*var.* jâmerschrei).

jâmer-lant *stn. land des jammers, erde.* duo ich dich gebar in dit jâmerlant MARLD. *han.* 49, 22. *vgl.* jâmertal, -weide.

jâmer-leich *stm.* (I. 960ᵃ) *jammergesang* BERTH.

jâmerleis *stm.* (I. 961ᵇ) *dasselbe* LIVL. *vgl.* jâmersanc.

jâmer-, jæmer-lich *adj.* (I. 769ᵃ) gâmerlich PF. *üb.*16,960 (*var.* gêmerl.). gêmerlich ALSF. *pass.* 30ᵃ. æmerlich GRIESH. SPEC. 44: *leid erregend, jammervoll, kläglich* A. HEINR. WALTH. PARZ. BARL. PASS. 100, 6.*K*. 8, 19. 22, 72. 35, 12; LUDW. 82, 5; *leid empfindend, leidvoll* HARTM. WALTH. GUDR. 1070, 4;

jâmer-, jæmer-lîche, -en *adv.* (*ib.*) NIB. HARTM. PARZ. TRIST. WALTH. GR. RUD. 24, 6. GEN. *D*. 51, 24. SILV. 415. GERH. 1531. FELDB. 426. âmerlîchen GRIESH. GEN. *D*. 66, 11.

jâmern *swv.* (I. 769ᵇ) gâmern ALSF. *pass.* 30ᵃ. âmern GEN. GRIESH.: *absol. seelenschmerz empfinden* GEN.; *unpers. mit acc. d. p.* DIEM. GEN., Jerusalem du gâmerst mich ALSF. *a. a. o., und. gen. d. s.* PARZ., *od. mit einem untergeord. s.* GEN. WOLFR.; *schmerzlich verlangen nach:* mich jâmert in LIEHT., nâch NIB. Iw. GRIESH. GUDR. 432, 3. VET. *b.* 73, 4. — *mit* ver-.

jâmer-nôt *stf. herzeleid erregende not* BPH. 7588. 7951.

jâmer-pîn *stf. herzeleid erregende pein, qual* KOLM. 7, 335. *ebenso*

jâmer-quâl *stf.* KOLM. 7, 244. jâmerquël *ib.* 323.

jâmer-rëgen *stm.* (II. 611ᵃ) *thränenstrom* BARL.

jâmer-sanc *stmn.* (II². 304ᵇ) *s. v. a.* jâmerleich, -leis LIVL. ERLŒS. SUSO.

jâmer-schal *stm.* (II². 125ᵇ) *jammergeschrei* LIVL.

jâmer-schiht *stf.* (II². 117ᵇ) *trauriges ereignis* FRL.

jâmer-schouwe *stf.* (II². 201ᵃ) *trauriger anblick* PASS.

jâmer-schrei *stm. s. unter* jâmerkrî.

jâmer-schric *stm.* (II². 211ᵇ) *das aufschrecken vor trauer* Ms. H. 1, 162ᵃ. jâmers schric *ib.* 160ᵃ);

jâmer-schricken *stn.* vil senelîchez jâmerschricken rûschet in dem herzen mîn MSH. 2, 156ᵃ.

jâmer-sê *stm.* (II². 232ᵇ) *see der trauer: hölle* HELBL.

jâmer-setze *stf. das setzen von* jâmer. wie daz mit jâmersetze in freude gar ûz herzen het gestôret j. TIT. 4383.

jâmer-smërze *swm.* (II². 431ᵃ) *trauerschmerz* KONR. (S. AL. 339).

jâmer-snit *stm. zuschnitt eines trauergewandes.* etliche in grôze jâmersnite kleiden j. TIT. 953.

jâmer-sorge *stf. herzeleid erregende sorge* VIRG. 238, 1.

jâmer-stimme *stf. jammergeschrei.* dâ hôrte man jâmerstimme schrîen die Öselære über al LIVL. 6233.

jâmer-strâle *stf. herzeleid erregender pfeil, liebespfeil.* ir herze wart beruoret mit der senden jâmerstrâle GA. 3. 374, 657.

jâmer-stric *stm.* (II². 681ᵇ) *band der trauer* PARZ. (177, 26).

jâmer-suht *stf.* (II². 359ᵃ) *krankheit vor herzeleid, schwermut* KONR. GA. 3. 380, 872.

jâmer-tac *stm.* (III. 5ᵇ) *trauertag* WALTH.

jâmer-tal *stn.* (III. 11ᵇ) *tal des jammers, erde* PRED. RENN. (896) MSH. 3, 349ᵃ. HPT. 8. 301, 96. ALTSW. 176, 3; *unglück* FRL. *vgl.* jâmerlant, -weide.

jâmerunge *stf.* (I. 769ᵇ) *schmerz der seele, schmerzliche klage* PASS. (K. 590, 3). TROJ. 525. PART. B. 18639. HERZM. 521. VIRG. 55, 8. REINFR. 89ᵇ. JER. 75ᶜ. Ls. 2. 374, 535. jâmerunc (: junc) GA. 1. 291, 406.

jâmer-var, -wes *adj.* (III. 238ᵃ) *nach herzeleid aussehend, traurig* ER. FRLG. 141, 505. KOLM. 181, 83.

jâmer-weide *stf. weide des jammers, erde* J. HPT. *beitr.* 294. *vgl.* jâmerlant, -tal.

jâmer-wërc *stn.* ich muoz dir klagen jâmerwerc, diu uns armen sint getân HPT. 1, 433.

jâmer-wunde *swf. herzenswunde.* ir jâmerwunde gar ze grunde wac KONR. *lied.* 15, 26.

jâmer-zeichen *stn. zeichen des jammers, der trauer* HPT. 2, 155.

jâmer-zelle *stf. trauerzelle* ANZ. 2, 223.

jâmer-zît *stf. jammer-, trauerzeit* MARLD. *han.* 73, 13.

jan, jane, jâne *s.* jâ.

jân *stm.* (I. 769ᵇ) *gewinn* HÄTZL.; *reihe*, dâ endet sich der rîme jân MARIENGR. 67, *reihe gemähten grases, geschnittenen getreides* WEIST. — *aus fz.* gain, gagner; *vgl.* SCHM. Fr. 1, 1207. VILM. 181. WEIG. 543;

jânen *swv.* (I. 770ᵃ) *gewinnen* Ms. (H. 9, 236ᵃ. *vgl.* 4, 531ᵃ). — *mit über-, ver-*.

janer, jänner *stm. s.* jener.

jappe-stift *stn.* (II². 628ᵇ) *fussangel?* Ms. (H. 1, 5ᵇ. 8ᵇ).

jar = gar *s. oben unter* j.

jâr *stn.* (I. 770ᵃ) jære (: wære) MSF. 45, 29: *jahr, allgem.* (mir wære ein jâr alsam ein tac MSH. 1, 294ᵃ. in hundert jâren nie sô vil dâ vor geschach NEIDH. 71, 1. solt ich hundert jâr leben APOLL. 5991. jâr und tac 718. j. TIT. 1835. SWSP. 171, 2. des jâres, *im jahre, in der jahrzal* ELIS. 9492. ze jâre hin ze jâre, *übers jahr* ein ieglîch herre sol etwaz zem jâre legen in sîn kamer WG. 14215. ob ein ritter wil zem jâr des jâres gelt zern gar *ib.* 14209. ein guot, daz ain burger gekauft hat ze jâren oder ze leipgedinge NP. 19. über jâr, *das jahr hindurch, vgl. noch* RENN. 5997. FASN. 622, 16. 43, 130. mîniu, dîniu, sîniu etc. jâr, *so lange ich etc. lebe.* wir haben selten unser jâr sô werden ritter hie gesehen TROJ. 19584. ze sînen jâren kowen, *mündig werden ib.* 13575. beniden sînen jâren, *unmündig* SSP. 2. 68, 3. der nutzen des nâchdienenden jâres, *das heisset annus gratie oder annus defuncti* AD. 1298 a. 1428. *glückwünsche zum neuen jahre s.* HÄTZL. 54ᵇ. 57ᵇ. 59ᵃ. 62ᵃ. 77ᵃ. 196—201). — *gt.* jêr *zu zend.* yâre, *jahr gr.* ὥρα (*aus* γϝώρα) *jahreszeit, altslav.* jaru, *frühling von w.* yâ *vergehen, verstreichen skr.* yâtu *zeit. s.* CURT³. 332. GSP. 290. FICK². 160.

jârâ, jarâ *interj.* (I. 764ᵃ) *verst.* jâ *im ausruf zur bezeichnung des schmerzes oder der freude.* jârâ der rât hât mich erslân KOLM. 118, 72, *mit verdopp.* jâra jâ, jarâ jâ BIT. 7873. VIRG. 896, 1. 898, 11. 899. 1038, 7. APOLL. 17878. WH. v. Öst. 8ᵇ. NEIDH. XXII, 4 *u. s.* 167. jôra jô KELL. *erz.* 486, 27. jâriach KINDH. 72. 75. jâriâ, jârîa, jariâ ROTH. NIB. BIT. 11108. GEN. D. 80, 24.

jâr-âbent ... **jâr-market**

PRIESTERL. 49. DIEM. *beitr.* 2.16, 70; *mit gen.* WARN. (483). — jârâ *aus* jâ-â, *und* jâriâ *aus* jâ-jâ *mit eingeschobenem* r, *vgl.* nurâ *u. zu* NIB. 446, 3. GR. 3, 296. DENKM. *s.* 284. HPT. 12, 398. WEINH. *b. gr. s.* 169. *al. gr. s.* 167.

jâr-bâent *stm. vorabend des neuen jahres.* jârsâbent CHR. 2. 192, 19.

jâr-âhte *stf. jährlicher fruchtzins für den zeitpacht* MONE *z.* 19, 192 (*a.* 1427). *vgl.* lantâhte *u.* OBERL. 722.

jâr-bëte *stf. die dem landesherrn bewilligte jährliche steuer* HALT. 1003.

jardiân *stm.* = gardiân ALTSW. 234, 7. jardiôn *ib.* 235, 22.

jâr-dienest *stm. jahresdienst eines knechtes, einer magd* BERTH. 90, 12.

jardin *m.* = *fz.* jardin, *garten* TÜRL. *Wh.* 32ᵇ. 57ᵇ. 61ᵇ.

jâr-dinc *stn. das zwei- oder dreimal abgehaltene gericht, bei welchem die grundbesitzer erscheinen mussten* GR.W. 2, 48. 5, 678. 79; *vgl.* jârgedinge, -gerihte;

jâr-dingen *swv. ein* jârdinc *halten* GR.W. 2, 32.

jârec, jæric *adj.* (I. 771ª) *md.* jêric: *ein jahr alt.* ein jærigez kint W. *v. Rh.* 84, 32. MYST. 1. 39, 37. FRAGM. 14ª, 19. 16ᵇ, 102. ein j. swîn *ib.* 29, 84. BUCH *d. r.* 882. ein j. lembelîn W. *v. Rh.* 18, 16; *jährlich*, jêriger zins CDS. 1, 72; *grossjährig* Ms. (WALTH. *s.* 140).

jærec-, jæric-lich *adv.* (I. 771ª, 22. 26). *s. v. a.* jærgelich SERV. SCHREIB. GERH. 1371. CHR. 1. 211. 23. jêriglîchen *ib.* 212, 16. 213, 6;

jâren, jæren *swv. intr. zu jahren kommen, alt werden.* sô si mit zuht, mit tugenden jârent MART. 23, 10. *part.* gejâret (I. 771ª) *bejahrt* TRIST., *ib.* U. 503, 2. ULR. *Wh.* 140ᵇ; *tr. alt machen, erhalten,* des wirt iuwer sælekeit vil lanc gejâret j.TIT. 5100; *refl.* sich jæren, *mündig werden* DSP. 1, 173. SWSP. 183, 2. sich jâren SSP. 2. 58, 3. — *mit* bege-, ver-, über-;

jâres *gen. adv.* (I. 770ᵇ) *das jahr hindurch, jährlich* KONR. RENN. MSH. 3, 45ᵇ. CHR. 9. 775, 20. 981, 15.

jâr-ganc *stm. jahreslauf, ereignisse im jahre* CHR. 5. 326, 7. *vgl.* HALT. 1003; *nicht comp.* jâres ganc MART. 231, 90.

jâr-ge-dinge *stn. s. v. a.* jârdinc GR.W. 5, 585. 86. HALT. 1003.

jær-ge-lich *adv.* (I. 771ª. 972ᵇ, 10) *alle jahre, jährlich* BARL. GRIESH. SPEC. 80. *gen.* jærgelîches FREIBERG. — *s.* gelîch *u. vgl.* jæreclich, jærlich.

jâr-gëlt *stn. jährliches einkommen.* ein iclich dinstman, der hundert mark jârgeldis hat MICH. 3 *s.* 24 (*a.* 1338). *vgl.* jârgülte.

jâr-ge-rihte *stn.* (II. 649ª) *s. v. a.* jârdinc URB. GERM. 4, 93. GR.W. 1, 11. 194. 4, 411 *u. o. vgl.* ROTW. 2, 340.

jâr-ge-schihte-buoch *stn. buch über die jahresereignisse* W. *v. Rh.* 3, 39ᵇ.

jâr-ge-want, -wande *stf. der nach ablauf eines jahres wiederkehrende tag, jahrestag.* wanne ir jârgewande lît ELIS. 9948; *jahrgang,* nû was ez in der jârgewant, daz man zalte *etc. ib.* 3461.

jâr-ge-zîl *stf. dasselbe* ELIS. 9928. 9921; *vgl.* jârtac, -zîl, -zît.

jâr-ge-zît *s.* jârzît.

jâr-gülte *stf. s. v. a.* jârgëlt HALT. 1004 (*a.* 1405).

jâr-hemede *stn.* (I. 624ª) camisiale DFG. 93ª.

jâr-huon *stn. jährliches zinshuhn.* alle jâr ein j. geben MONE *z.* 7, 238 (*a.* 1467).

jâriâ *s.* jârâ.

jæric *adj. s.* jærec.

jâr-kirch-mësse *stf.* (II. 160ᵇ) *jährl. kirchweihfest.* jârkirmesse MYST.

jâr-kost *stf. der auf ein jahr kommende aufwand, lebensunterhalt, insofern er nicht zum verkauf, sondern zum häuslichen bedarf bestimmt ist* ZEITZ. *s.* 2, 65 *u. anm.*

jâr-kouf *stm. kauf (von holz) zu festem preise auf ein jahr* MONE *z.* 11, 272.

jâr-lanc *adv.* (I. 931ᵇ) *von jetzt an das jahr hindurch, zu dieser zeit des jahres, in diesem jahre* EN. Ms. (MSF. 37, 21. KONR. *lied.* 5, 1. 6, 1. 10, 1. 13, 1. 17, 1. 21, 1. 23, 1. 27, 1). EXOD. *D.* 147, 14. RUL. 46, 18. ROSENG. *H.* 387. REINH. 308, 476. HADAM. 719. *entstellt* jôrling HB. *M.* 649, jârlast FASN. 699, 18.

jær-lich *adj. adv.* (I. 771ª, 25) *jährlich,* annualis, annuatim DFG. 36ᵇ. den tac jêrlich begân PASS. 166, 61. jêrlîche ELIS. 228, jârlîche, jârlîchen MAR. 193, 5. 9. jærlich wahsen WOLK. 22. 4, 9. alle jâr jærlich, jærlîchen CHR. 5. 134, 12. 135, 6. 346, 32. *gen.* jærlîches *ib.* 3. 370, 9. SCHREIB. *vgl.* jærgelich.

jâr-mânôt, -mânet *stm.* (II. 57ᵇ) *monat mit dem das jahr beginnt, januar* GL. *s.* WEINH. *mon.* 47.

jâr-market *stm.* (II. 81ᵇ) *jahrmarkt* GEST. *R.* BERTH. 448, 24. GERH. 1427. EILH. 6253. 58.

60. Ga. 3. 364, 257. Rauch 1, 13. Roth urk. 3. Cdg. 2, 180. jârmart Mühlh. rgs. 121. 45. in den zwein jârmerten Meran. 2. vgl. jârmësse u. Halt. 1004 ff.

jâr-market-tac stm. jahrmarktstag Roth urk. 3.

jâr-mësse stf. s. v. a. jârmarket Gr.w. 2, 6; neujahrstag Oberl. 722.

jâr-nuz stm. jährlicher ertrag eines gutes Mz. 4, 27. 282.

jâr-phliht stf. jährliche abgabe Halt. 1006.

jâr-rente stf. jährl. wiederkehrende einnahme Karlm. 341, 18.

jâr-rihter stm. (II. 637ᵇ) ein j. ze Rôme, consul romanus Voc. o.

jâr-ruof stm. jährl. ausrufen der neuen obrigkeit Gr.w. 2, 49. vgl. jârwîsunge.

jâr-schar stf. zal, reihe von jahren Halt. 1006; zeitraum eines jahres ib. 1007.

jâr-schillinc stm. jährl. abgabe eines schillings. geste, die irn jârschilling niht gebent W. Weichb. 110.

jâr-tac stm. (III. 5ᵇ) der nach umlauf eines jahres wiederkehrende tag, jahrestag. zem sibenden, zen jârtagen und ze der bevilde Helbl. 7, 76. dô der grôze jârtac ze sant Dênîse gelac Gfr. 2659. dîner jârtage (jahre) hât er gezalt, der dich liez gewerden Ulr. Wh. 4ᵃ. an meins vater jârtac Uoe. 4, 424. 5, 272. 284. daz si elleu jâr zwêne jârtage unsere vodern sêle und unsern sêlen ze helfe und ze trôste suln begên Stz. 229. 237. 291 f. Stb. 160; neujahrstag, jârstac Oberl. 723. Chr. 2. 193, 30. 194, 4.

jar-ûz stm. s. v. a. garûz Chr. 1. 378, 7. 10; 2. 24, 15.

jâr-vaste f. die jährlich wiederkehrenden fasttage Spec. 7. Mb. 7, 503 (a. 1164) bei Schm. Fr. 1, 773.

[**jâr-vride** stm. (III. 405ᵇ)] nicht compon. ein jâr vride, auf ein jahr lang friede Trist. 396.

jâr-vrist stf. (III. 409ᵇ) aufschub über jahr, jahresfrist Herb. S.Gall. stb. 4, 250. Rta. 1. 492, 30. 493, 3. Np. 326. Eyb 2.

jâr-wîse stf. name eines tones Germ. 5, 214 f. Kolm. s. 183;

jâr-wîsunge stf. der tag, an welchem jährlich die städtische obrigkeit (bürgermeister u. räte) gewechselt wurde Mone z. 18, 254. vgl. jârruof.

jâr-zal stf. (III. 842ᵇ) die zeit eines jahres, jahresfrist Iw. (vgl. Bech zu 2942). Urst fiunf und zwênzic jârzal Mart. 249, 88. 264, 21. Halt. 1007 f.; s. v. a. jâr unde tac Ssp. 1, 70; 3. 31, 3; festgesetzte zal von jahren, das alter der mündigkeit Dsp. 2, 61. 72. 73. 138. 142. Swsp. 2, 46. 183, 1. L. 2, 48. 88 f. Ssp. 2. 58, 3. Kirchb. 779, 36; jahrzal, an dem tac und der statt der vorgeschriben jârzal Gr.w. 1, 37. die minder jârzal, die zeitrechnung innerhalb eines jahrhunderts (vgl. zal) Chr. 4. 252, 30.

jâr-zil stn. (III. 884ᵇ) jahrsfrist Iw. 9942 (var. jârzal). S.Gall. stb. 4, 98. Gr.w. 4, 393. Halt. 1008. vgl. jârgezil.

jâr-zins stm. (III. 899ᵃ) jährlich zu entrichtender zins Freiberg.

jâr-zît, jâr-gezît stfn. (III. 914ᵇ) s. v. a. jârtac, anniversarium. jârzît Herb. Eracl. 5023. Gfr. 2575. 2620. 29. Heinr. 3361. Zing. findl. 2. 45, 21. Just. 416. Mz. 1, 256. 374. 75. 77. 94. jærzît ib. 4, 191. 317. Leitb. 18ᵇ. 22ᵇ. jârgezît Jer. Flore 4379. 4493. Heinr. 3352. 58. N. v. B. 214. Chr. 8. 354, 12. Mz. 1, 244. 323. 4, 48; zeit von einem od. mehreren jahren: in einem klôster si beleip, unz si dar inne vertreip dise kurze jârzît Ot. 70ᵃ.

jâr-zît-buoch stn. liber anniversariorum Mone z. 13, 373.

jâr-zol stm. jährlich zu entrichtender zoll Gr.w. 5, 600.

jaspis m. (I. 771ᵇ) jaspis, ein edelstein Nib. Parz. Lanz. Krol. j.Tit. 6172. Hpt. 15. 141, 7. jasp swm. Mgb. 448, 31.

jat stn. (I. 538ᵇ) das jäten Ms.

jat-houwen stn. j. im weinberge: secunda rastratura Ukn. einl. XVII.

jâzen swv. jâ sagen, in be-, verjâzen.

jê s. jëher.

jechant s. jâchant.

jechen swv. s. jöuchen.

jêcîs (I. 771ᵇ) eine schlange Parz.

jecke swf. s. jacke.

jëder s. iewëder.

jegelich s. iegelich.

jegen; jëge, jêgen s. gegen; jëhen.

jegen swv. s. jöuchen.

jegere, jeger stm. (I. 767ᵃ) od. jägere, jäger; geger Chr. 2. 81, 36. 84, 30: jäger Nib. Trist. Licht. Freid. Konr. Gen. D. 46, 17. Flore 3840. Gfr. 837. WG. 7971. vgl. Germ. 13, 104.

jeger-horn stn. s. v. a. jagehorn Swsp. 418, 24.

jeger-huobe *stf.* (I. 729ᵃ) *huobe eines jägers* RAUCH.

jegerîe *stf.* (I. 767ᵇ) *jägerei* TRIST. TROJ. 24045. 297. 353; jagerîe, *verfolgung* ELIS. 3981;

jegerinne *stf. jägerin* MGB. 152, 27.

jeger-knëht *stm. jagdgeselle, jäger* HADAM. 315.

jeger-lêhen *stn.* lêhen *eines jägers, jagdlehen* URB. B. 2, 522. MH. 2, 792. OBERL. 720.

jeger-lich *adj.* (I. 767ᵇ) *nach jägerart, frisch, stattlich* LESEB. 833, 23 (= sô wil ich dich für einen wætlîchen knappen haben DENKM. XLVIII. 5, 8. *vgl. zu* 3, 8. *u.* weidelich);

jeger-lîche, -en *adv. nach jägerart.* ein man kam vil jegerleichen mit eim horn RING 48ᵈ, 1. sich die zeit jegerlich stellen FASN. 390, 17; *frisch, stattlich*, ir lip der ist sô jegerlîch geschaffen MSH. 2, 31ᵇ.

jeger-liute *pl.* (I. 1038ᵇ) *jäger* KARAJ.

jeger-meister *stm.* (II. 120ᵇ) *s. v. a.* jagemeister, *jagdmeister* NIB. TRIST. OTN. *p.* 92. WH. *v.* Öst. 102ᵇ. 103ᵇ. HADAM. 30. GA. 1. 357, 761. SWSP. 418, 2. MONE 5, 138. MW. 198; *meister im weidwerk* NIB. PART. B. 413.

jeger-rëht *stn. s. v. a.* jagerëht ALBR. 19, 452. ich gab Schnürlîn für sîn jegereht *(für das, was der jäger von einem erlegten wilde bekommt)* ein gulden WEINSB. 89. *vgl.* FRISCH 1, 482ᶜ; *recht zu jagen* MH. 2, 936.

jeger-spîse *stf. speise für die jäger* HELDB. H. 1. 129, 442.

jëhe *stf.* (I. 517ᵇ) *sage, aussage, ausspruch* PARZ. TRIST.;

jëhen *stv.* ·I, 1 (I. 512ᵃ—515ᵃ) *contr.* jên KOLM. 14, 33. PASS. K. 77, 68. HEINR. 2683. 4049. jê Ms.; *präs. s. ind.* gihe, gihes, -est *(contr.* gîst PASS. K. 633, 42), giht, (gieht WWH.) *pl.* jehen *etc.* (sie gehent AD. 747 *a.* 1285); *conj.* jehe (jege GLAUB. 2250), *contr.* jê Ms., *ausnahmsweise auch* ich gehe AD. 780; *prät.* jach, jâchen *(md. auch* jêg en PF. üb. 3, 115. 129); *part.* gejehen, gejên *(vgl.* verjëhen); *imperat.* gich (MSF. 178, 9) —: *sagen, sprechen, bekennen (beichten* WWH.), *absol.* NIB. IW. TRIST. (wiltu jehen? 6935, willst du eingestehen, dich für besiegt erklären?) BARL. lougen oder jehen FLORE 6621, *mit directer* (WALTH. ELIS. 583), *indirecter rede* (NIB. IW. TRIST.), *mit daz* (IW. TRIST. BARL. MS. TROJ. 16196); — *mit gen. d. s., allgem., mit dat. u. gen.* einem eines d. jehen, *ihm etw. sagen* IW. BARL., *ihm etw. zugestehen, beilegen, zu eigen geben, anrechnen allgem., statt des gen.* ein *nachsatz mit* daz NIB. BIT. WALTH., *mit blossem dat. bei verschwiegener sache (vgl.* verjëhen) NIB. TRIST. Ms.; — *mit acc.* BON. *var.* daz wil ich offenliche jên HEINR. 2683, *mit acc. u. dat.* sî wolden ime danc hân gejehen VIRG. 356, 11. einem daz beste j. ECKE Z. 8, 5 (*u. anm.*). 9, 5. 12. 14, 2. 41, 11. waz lobes im sîn herze giht KARL 8; — *mit präpositionen*: a n einen *od.* etw. j. *sich zu ihm bekennen, daran glauben* RUL. BARL. TRIST. U. an sîn wort j. ERNST 1682; *mit gen. u.* an, *einem etw. sagen* GR. RUD., *es ihm anrechnen* BÜCHL. 1, 645; jehen n â c h *intr. darnach sprechend aussehen:* der jugent was alsô getaget, daz sie nâch zweinzec jâren jach ULR. Wh. 193ᶜ; ûf einen, es ûf einen j. *auf einen schieben, sich in einer sache auf ihn berufen* WOLFR. JÜDEL, SSL.; v o n einem, es von einem j. *über einen od. in beziehung auf einen sagen* PARZ. TRIST. BARL. PASS. K. 8, 66; jehen v ü r etw., *dafür halten, für etw. erklären* RUL. KL. PARZ. Ms., vür einen j. *erklären vor, den preis zusprechen* NIB. IW. Ms.; es w i d e r einen j., *wider einen sagen, erwidern* BÜCHL. 1, 302; z e einem j. *auf ihn vertrauen* RUL., es ze einem *od.* ze etw. jehen, *dafür erklären* NIB. HARTM. (BÜCHL. 2, 66. 106, 259. GREG. 3080). PARZ. WWH. 158, 25. BIT. 11581. — *mit* mite, nâch, zuo; be-, er-, ge-, ver-, wider-. *alts.* gëhan, *ahd.* jëhan. *vgl.* GR. 3, 964 *anm.* DIEF. 1, 17. CURT.³ 371.

jeide, jeit, jeite *s.* jagede, jagen, jaget.

jeit- *vgl.* jaget-.

jeit-ge-selle *swm.* (II². 30ᵃ) *jagdgefährte* NIB. ALBR.

jeit-ge-verte *stn.* (III. 256ᵇ) *jagdzeug, was man zur jagd braucht* JER. 28ᵃ.

jeit-hof *stm.* (I. 699ᵇ) *s. v. a.* gejeithof BIT. 13277.

jeit-hunt, -hûs *s.* jagethunt, -hûs.

jên *s.* jëner.

jên *stv. s.* jëhen.

jënen *adv.* (I. 771ᵇ) *von dort her.* jenen her PARZ. *(s. auch unter* ënnehër). ë n n e n GEN.;

47*

jënent *adv.* (I. 772ᵃ) *drüben, jenseits.* jenent her, *jenseits herüber* NEIDH. 39, 15; ënnent, ënet, ënnet, — *als präp. mit gen.* Ms. (*H.* 2, 290ᵃ). enent mers Ls. 1. 335, 16, *mit dat.* ennent dem Rîne JUST. 191. ennent dem bechlîn KUCHM. 43, der Aren *ib.* 22. 75. diu guot, diu ennend dem holz gelegen sind Mz. 1, 335 (*a.* 1360).

jënent-halp *adv. jenseits* ER. 6863. HB. *M.* 260; — *als präp. mit gen.* AB. 1. 252. 40 (*gedr.* jenerthalp). *s.* ënenthalp.

jëner *pron. dem.* (I. 771ᵇ) *jener, allgem.* (jene und die KCHR. W. 14160. jene unde dis LOH. 3909. jen und dis *ib.* 852. jene, dise und die LIEHT. 269, 8). *nbff.* ëner ANEG. Ms. HELBL. ER. 947. BÜCHL. 1, 1557. WG. 5648. 7109. 8014. 9066. 11399. APOLL. 6238. 444. 7406. 11909. HELMBR. 935. 1034. 1246. gëner *md. denkm.* (KARLM. *B. s.* 289), ges = jenez LESEB. 1030, 20. geiner ROTH., giener BEH. 15, 17. 33, 26 *etc.* giner N. *v. B.* 82. 87. AD. 714 (*vgl.* WEINH. *al. gr. s.* 292); — *md. verstärkt* der jener LAMPR. HERB. PASS. *K.* 106, 26. — *gt.* jains, *vgl.* BOPP *gr.* 2, 191. GSP. 291. SCHER. *gesch.* 232. 382. KUHN 5, 396. FICK² 158. CURT.³ 581.

jener, jenner *stm. januar.* jener TUCH. 20. jener, jenner, genner, janer DFG. 283ᵃ. *n. gl.* 207ᵇ. WEINH. *mon.* 46 *f.* SCHM. *Fr.* 1, 1207. jänner VOC. *S.* 1, 5ᵇ. jenner WOLK. 121, 1. genner CHR. 8. 276, 21. 319, 19. ANZ. 12, 320. — *aus lat.* januarius.

jenez-wîp *stn. s.* genezwip.

jën-halben *adv. u. präp. mit gen. jenseits.* ënhalben meres ENENK. *p.* 290;

jën-halp *adv.* (I. 772ᵃ) *s. v. a.* jënenthalp, *jenseits* ER. 5007. enhalp *ib.* 7085. HELBL. 8, 1043. ginhalp AD. 808; — *als präp. mit gen.* jenhalp WWH. 359, 11. CHR. 3. 113, 5 (*var.* genhalb, genshalb); 5. 5, 17. 7, 31. 13, 30. 2, 35. 282, 3. enhalp ENGELH. HELBL. 8. 1015. 15, 221. 485.

jën-hër *s.* ënnehër.

jenner *stm. s.* jener.

jën-sît *adv.* (II². 327ᵇ) *jenseits* ZITT. *jb.* ginesîte N. *v. B.* 166. geset CHR. 2. 17, 2. 24, 19; — *als präp. mit gen.* PARZ. JER. LOH. 6276. MGB. (enseit). jenset TUCH. 132, 27. 166, 14. jenset, jessend CHR. 3. 135, 5 *var.*, jenesîte *ib.* 8. 38, 23. 52, 5. gensît *ib.* 35, 26. ginesît *ib.* 245, 12. 246, 15. 350,

24. 357, 7. 375, 45. henste der bach ARN. 55 (*a.* 1450, *Nassau*); *mit dat.* KONR.

jêom- *s.* gêom-.

jerachîtes (I. 772ᵃ) *ein edelstein* PARZ.

jerarchîe *swf. s. v. a.* gerarchîe MYST. 1. 98, 26 *ff.*

jërn *stv. s.* gërn (*auch* NP. 256 *u. in* verjërn) *u. vgl.* jësen.

jeroffel (I. 772ᵃ) = *fz.* girofle, *gewürznelke* PARZ.

jësen *stv. I,* 1 (I. 535ᵇ) gise, jas, jâren, gejësen; geschen HPT. 5, 13: *intr.* (*ahd.* jësan) *gähren* HELBL. PASS. Ls. dô daz bluot enbor begunde wallen unde jesen OT. 426ᵃ. des graben viule jas *ib.* 426ᵇ. diu sunne nâhen jas (*brannte, verbreitete wärme*) KRONE 15940; — *tr.* (*ahd.* jeren *aus* jasjan) *durch gähren bereiten, hervortreiben* Ls. 2. 438, 192. — *mit* ge-, ver-, über-. *mit* gërn *zu skr.* yas *sprudeln, kochen* KUHN 17, 74. FICK² 160;

jësen *stn.* (*ib.*) *das gähren* HELBL.

jëssend *s.* jënsît.

jest *stf. s. v. a.* geste MALAG. 5ᵇ. 11ᵇ;

jesten *swv. erzälen* KARLM. 295, 1.

jëst *stm.* (I. 536ᵃ) *gischt, schaum* KINDH. jest, gest spuma DFG. 548ᶜ. — *zu* jësen;

jësten *swv.* (*ib.*) *schäumen* FRL. gisten HEINR. 2954.

jëten *stv. I,* 1 (I. 538ᵇ) gite, jat, jâten, gejëten; gëten *s.* ûz jëten; geden, getten sarire DFG. 513ᵃ: *jäten.* dô wir den hirsen in dem garten jeten MSH. 3, 219ᵇ. daz ir sult rôsen j. Ls. 1. 379, 147. in lebens garten der tôt an jat ULR. Wh. 23ᵇ. jeten ûz WWH. untugent begunde ûz den tugenden j. ULR. 32ᵃ. du solt jeten unminne ûz êren garten MSH. 3, 91ᵇ. — *mit* ûz, durch-, er-, ge- (*nachtr.*) *aus derselben w. wie* gat, gaten?

jëten *stn.* (*ib.*) *das jäten* WINSB. GR.W. 5, 210;

jëter *stm. jäter* MONE *z.* 10, 311. ROTW. 1, 52ᵃ; *s. v. a.* jetîsen, sarculus, runco VOC. 1482;

jëterrinne *stf. jäterin* ROTW. 2, 341.

jët-îsen *stn.* (I. 756ᵇ) jet-, getîsen falcastrum, sarculum DFG.223ᵃ. 512ᵇ. metastrum, rucina VOC. 1482.

jeuch *s.* jiuch.

jeuchen *swv. s.* jöuchen.

jeuchart, jeuchert *s.* jiuchart.

jihtic *adj. s.* gihtic.

jiuch *stn. f.* **joch** (*s.* jûchkuo); *joch landes, jauchart, eigentl. soviel ein joch rinder an einem tage umzuackern vermag.* daʒ jeuch (*von äckern und weingärten*) UOE. 4, 231. 476 (*a.* 1295. 1305). STZ. 470 *f.* UKN. 81 (*a.* 1302) *u. o.* UH. 397. 400. 401. MH. 2, 681. 3, 406. 420. daʒ juoch MONE *z.* 10, 307 *f.* (*a.* 1311); *fem.* von ieder jeuch zwelif phenn. DH. 69. ie von der jöch acker ain Wienner phenn. UHK. 258 (*a.* 1368). zwô jûch reben MONE *z.* 12, 244 (*a.* 1316; *noch heute im badischen:* die jeuch). *vgl.* SCHM. *Fr.* 1, 1200. — *ahd.* giuh (*neben* juh, joh) *s.* joch *stn.*

jiuchart, jûchart, -ert *stn. f. dasselbe.* daʒ giuchart DM. 109. daʒ jeuchart USCH. 198. 261 (*a.* 1340. 58), geuchart *ib.* 137 (*a.* 1317). UKN. 217 (*a.* 1325), jûchart LS. 3. 254, 37. 400, 53. MZ. 1, 442 (*a.* 1397); *fem.* jeuchart UHK. 216. 223 (*a.* 1356. 57). MH. 3, 420. STB. 247 *f.* MZ. 4, 44. jûchart, jûchert URB. 254, 16. 18. 20. MZ. 1, 478. CDG. 2, 121. geuchhart USCH. 163 (*a.* 1330). — *zu lat.* jugerum, *vgl.* WEIG. 1, 545.

jiuchart-phenninc *stm. abgabe, zins vom* jiuchart. jûchartph. MB. 36ᵃ, 646 *f.*

jô *interj. s.* joch.

jô *interj.* (I. 772ᵇ) *beim aus- und zuruf* ELIS. 4718. 19. N. *v. B.* 172. — *vgl.* jû.

joch *conj. adv. u. interj.* (I. 772ᵇ) 1. *conj. und* GEN. (jouch, *bei D.* joch; jouh jouch DENKM. XLV.1, 2. 2, 3. 3, 3. 5, 6. 7, 5). KCHR. LAMPR. ELIS. 56. 1401. 2102; *und auch, nebst, sowie* ER.; *noch, weder noch* (*mit oder ohne negat.*)*:* daʒ si endrunken joch enâʒin ELIS. 1774. daʒ ich haʒ joch leide enhân 5794. nît gescheiden, verwerren joch verleiden 1418 *u. oft, s. p.* 385ᵃ *u. zur* ERLŒS. 1318. — 2. *adv. auch, sogar, allgem.* (*noch in späteren denkm. z. b.* URB. 10, 15. AD. 1317. 1417. EA. 31. CP. 361. CHR. 3. 44, 22; 8. 83, 33. 247, 10. 252, 16. 334 24 *etc.*); *apok.* jô PASS. *K.* 132, 68. 349, 12. MGB. 444, 21; *einen concessivsatz od. hauptsatz* (*doch*) *einleitend* (joch sult sî ummer sterben, *u. sollte sie auch sterben* ELIS. 5028. joch klage ich niht mîn ungemach MSF. 167, 26), *eine frage einleitend* ELIS. 8479. — 3. *interj. der bekräftigung: fürwahr, jadoch* LAMPR. FLORE, WALTH. OTTE, *apok.* jô WALTH. MSF. 8, 9. 32, 11. 160, 37. 180, 19. TROJ. 2350. 12152. 18398. 22732; *mit negat.*

jône, jone, jo en, jon WALTH. MSF. 8, 15. 37, 17. 51, 19. 118, 19. 118, 39. 318, 2. 319, 26. ECKE *Z.* 64, 13. — *ahd.* jauh, jouh, joh *aus* ja auh, *vgl.* KUHN 12, 282. SCHER. *gesch.* 376.

joch *stn.* (I. 773ᵇ) *joch.* rint under joch geweten HELMBR. 825. daʒ swærste joch, daʒ ie getruoc ein ohse RENN. 3913. 22908. *bildl.* MAI, PASS. daʒ du schuttest abe dir des dienstes joch GEN. *D.* 52, 18. der ê joch WARN. 1099. er gewan der êren joch APOLL. 20635. des kumbers joch ûf binden RENN. 11405. der sorgen joch sînem gemüte was gebunden ûf KREUZF. 3813. wer mohte tragen des zornes joch KROL. 2556; *s. v. a.* jiuch, *joch landes* MGB. 123, 32; *brückenjoch, balken zu einem solchen* URB. *Pf.* 196. CHR. 6. 166, 14. goch TUCH. 74, 18. 27; *bergjoch, bergrücken zwischen zwei höheren bergspitzen:* ein berc ist geheiʒen alsus (*Olympus*), *des* joch in solher hœhe stât, daʒ er unz in die lüfte gât WELTCHR. 35ᵇ. den grât obnan hin unz an joch GR.W. 1, 4. — *gt.* juk, *mit* jiuch *zu skr.* yuga, *lat.* jugum, *gr.* ζυγόν *von w.* juk (*skr.* yuj), *jungere* CURT³. 172. FICK² 301. GSP. 290;

jöch *f. s.* jiuch.

jôchant *stm. s.* jâchant.

jochen *swv. in* entjochen.

jochen, jöchen *swv. s.* jöuchen.

joch-tier *stn.* jumentum EVANG. *L.* 10, 34.

joggen? *stn.* (I. 773ᵇ) mit joggen und mit weinen BUCH *d. r.* 741. *nach Diemer zu* Jos. *dürfte* ochen *zu lesen sein von* och (ach)*: seufzen, wehklagen.*

joie *stf. s.* schoie.

jokel-man *stm. s. v. a.* goukelman KELL. *erz.* 426, 9.

jôlen *swv.* (I. 772ᵇ) *laut singen, jolen* HIMLF. — *zur interj.* jô;

jœlich *adj.* (*ib.*) *laut singend od. schreiend* WOLK.;

jôler *stm.* lamorfa: schiempart, joler, putz, scheuche VOC. 1482.

joment *swf. s.* jumente.

jômer *stm. s.* jâmer.

jône, jone, jon *s.* joch.

jonff- *s.* juncv-.

jonker *stm. s.* junchêrre.

jope, joppe, juppe *swf.* (I. 774ᵃ) *jacke.* joppe MS. (*H.* 3, 263ᵃ. 274ᵇ. 280ᵇ). ain swarze atlaseine joppen MH. 1, 161. ein leinein joppen FASN. 440, 12. jop KELL. *erz.* 588,

jopel

25. juppe Lanz. Ls. Hätzl. Netz 12122. Mone z. 13, 296; *als stück der rüstung*, jope Wwh. Helbl. Konr. *lied*. 2, 124. Chr. 1. 36, 5. — *s.* gippe 1 *u. vgl.* Schm. *Fr.* 1, 1208;

jopel *stn. dem. zum vorig.* zwei kleine jopel phellîn Ernst 2536. die prûder schulen haben ain jopel Cgm. 4620, 90.

jôra *s.* jârâ.

jôrling *s.* jârlanc.

joste, jostieren *s.* tjoste, tjostieren.

jöuchen, jouchen *swv.* (I. 773ᵇ, 27) *absol. od. tr. jagen, treiben.* er kam gejouchet her Reinfr. 65ᵃ. sô jouchet sie der tievel von ainer stat ze der andern Hpt. *h. lied* 70, 9. ich tuon si in mîn netz jöuchen (: gouchen) Netz 3806. er j o c h e t si (*die füchse*) durch der heiden korn Griesh. 1, 125. 2, 42. Boppe jöchet (*var.* jauchet) enent her Neidh. XLI, 18. ze jochen wart den andern gâch Ring 14ᵈ, 17. jeuchen Narr. 13 *u. anm.* jouchen, jeuchen; jechen, jächen, fugare Dfg. 250ᵃ, *n. gl.* 184ᵃ. *prät.* jachte, jegte S. Gall. *stb.* 11, 65. 68. — *mit* ver-, zer-. *vgl.* Hpt. 8, 7 *ff.* Germ. 10, 403 *f.* Schm. *Fr.* 1, 1200. Kwb. 151. Stald. 2, 71. Weinh. *schles. wb.* 38;

jöuchen *stn.* das jagen und jöchen tribent si unz gên sant Gallen in die stat Const. *chr.* (*bei* Mone) *a.* 1394.

joye *stf. s.* schoie.

jû *interj.* (I. 774ᵇ) *zur bezeichnung der freude* Windb. *ps.* Wolk. (*lies* 63. 3, 1; jû jutz 70. 1, 22). Hadam. 315. Mf. 79. 96. 120. *vgl.* jô, jûch.

jûbel-jâr *stn. s. v. a.* genâdenjâr, jubileus annus Dfg. 311ᵃ. in dem jubelj., dô man zalte von gotes geburten 1390 jâre Ad. 1215. *vgl.* jubileus hiez daz wunnejâr Denkm. XLIV. 7, 9 *und* Kuhn 1, 17.

jûbilieren *swv.* (I. 774ᵇ) *jubilieren* Griesh. Bph. 758. 4952. 9808. 47. Kolm. 188, 64. Mgb. 122, 24. Erlœs. 1524. Fronl. 58. Hb. *M.* 398. jûbelieren N. *v. B.* 103. jûbilêren Elis. 8890. 9200. Chr. 7. 207, 12. Jan. 12. — *aus lat.* jubilare;

jûbilieren *stn.* Wack. *pr.* 73, 95. Myst. 2. 553, 23. Syon 54. Ring 43ᵈ, 14. 50, 22. jûbelieren N. *v. B.* 103. jûbilêren Elis. 9275.

jubilierer *stm. juvelier*, clenodarius Dfg. 126ᶜ. *vgl.* Weig. 1, 551.

jûbilus *stm. jubel* Myst. 2. 553, 35. — *mlat.* jubilus Dfg. 311ᵃ.

jûch *stnf. s.* jiuch.

jude, jüde

jûch *interj. s. v. a.* jû Hadam. 562. *vgl.* Weig. 1, 548.

jûche *f. jauche,* jus Dfg. 312ᶜ. Voc. *Schr.* 1383. *vgl.* Weig. 1, 544.

jûchelîn *stn. dem. zu* jiuch. unum jûchelîn Mone z. 11, 321 (*a.* 1259).

jûchezen *swv.* jû, jûch, *schreien, jauchzen* S. Gall. *chr.* 47. jûchitzen Beh. 317, 3. jubilare Dfg. 311ᵃ. *n. gl.* 223ᵃ; *vgl.* jûwezen *u.* Kwb. 151. 152;

jûchezen *stn.* daz jauchzen, jubilum Dief. *n. gl.* 223ᵃ;

jûchezer *stm.* jûchzer, jubilans Dfg. *n. gl.* 223ᵃ.

jûch-kuo *stf. kuh, die eingespannt wird* Mone z. 18, 430. *s.* jiuch.

jucht *stf. s.* jugent.

jucke *swm.* pruritus Dief. *n. gl.* 307ᵇ. den jucken vertreiben Cgm. 592, 26 *bei* Schm. *Fr.* 1, 1201;

juckede *swm.* (I. 774ᵇ) petigo Dfg. 432ᵃ;

jucken *swv.* (*ib.*) *jucken,* mich jucket Helbl.; *kitzeln, streicheln,* daz Eisengrein gejucket hiet Greduln hant in ganzer lieb Ring 43ᵈ, 14; *kratzen, reiben,* dû solt ouch nit jucken dich, sô dû die spîs wilt niezen Ls. 1. 568, 326. *vgl.* 3. 327, 33. ir sült die kel ouch jucken niht, sô ir ezt, mit blôzer hant Tanh. *hofz.* 109, 113. dô (*an den thürpfosten*) sullent sich die swîn jucken Gr. w. 4, 570. gejuckt, fricatus Voc. 1482; jucken, jücken, prurire Diff. *n. gl.* 307ᵇ;

jucken *stn. das jucken.* dû solt niht gelouben an die brâwen und die wangen jucken Wack. *pr.* 42, 7; *das reiben, kratzen,* ritewanzen, jucken, zende stürn Jüngl. 270; prurigo Dfg. 469ᵇ;

juckic *adj.* juckiger oder grindiger, scabidus Voc. 1482;

juckunge *stf.* cutella, prurigo pruritus Dfg. 165ᵃ. 469ᵇ. *n. gl.* 307ᵇ.

jude, jüde *swm.* (I. 775ᵃ) *jude* Lampr. Wolfr. Walth. Freid. Konr. *vgl.* Msh. 3, 351ⁿ *ff.* er sî jude oder Sarazîn Ulr. Wh. 157ᵈ. der juden ist gar ze vil hie in disem lande Helbl. 2, 1084. bœse juden des tievels rüden Renn. 23344. wer juden holt und heimlich ist, der minnet dich niht her Jesû Crist *ib.* 13524. der juden sac *ib.* 16259 *ff.* vrezzet disen alden juden Pass. 173, 67. ich tranc ab eines juden bart Ls. 2. 387, 84. du bist getriu als eines juden amme *ib.* 704, 329. swenne zucker wirt eins juden kwât Msh. 2, 384ᵇ. dur juden und durh vürsten golt *ib.* 203ᵃ. den kumberhaften daz gezimt, daz er zen juden drûf iht nimt *ib.* 1, 8ᵃ. der nâch juden listen mit wûcher gûtes vil gewan MARLG. 240, 8. si muosten dan ze den juden varn (*um auf pfand zu leihen*) LIEHT. 96, 3. von edelm gesteine was daz (schapel) geworht: ein jude der het wol unervorht tûsent marc dar umb gegeben TÜRL. *Wh.* 146ᵇ. juden gesuoch in kristen hant HELBL. 2, 433. er tet ouch got niht mêr, denne als die juden tuont: sîn danc im ûf den phenninc stuont Ls. 3. 253, 16. vil manec jude sich toufen lie LOH. 3332. daz ist reht als eins tôten jüden touf Ls. 1. 453, 76. wan si (*die wucherer*) heizent getoufte juden SWSP. 141, 41. *vgl. über die juden im mittelalter* CHR. 1, 72 *ff.* 5, 72 *ff.* 9, 975 *ff.*;

jüdelîn, jüdel *stn.* (I. 775ᵃ) *kleiner jude, judenkind* BERTH. 298, 12. MARLG. 241, 42. 242, 69.

juden-bart *stm. als fing. name* RENN. 9034.

juden-bischof *stm.* archisinagogus DFG. 46ᵃ. VOC. *Schr.* 153.

juden-blâs *stm. das judenblasen in Strassburg* CHR. 9. 852, 17 *u. anm.* OBERL. 745.

juden-buoch *stn.* daz (buoch) ist genant unser frouwen judenbuoch MARIENGR. 526. der diu judenbüecher kan, bibel, salter ûf endes zil TEICHN. 133.

juden-huot *stm. spitzer hut mit breiter krempe, den die juden tragen mussten* WAHTELM. 192. NETZ 9080. SWSP. 214, 64. AUGSB. *r. W.* 56. GR.W. 1, 504. MONE *z.* 9, 277 (*a.* 1378). OBERL. 745.

juden-hûs *stn. judenhaus.* die judenhiuser zuo Spîre MONE *z.* 9, 276 (*a.* 1344).

judenisch *adj. jüdisch.* judensch CHR. 8. 363, 20. 364, 16. 35.

jüden-kint *stn. judenkind* BERTH. 126, 24. 290, 9.

juden-kleit *stn. judenkleid* N *v. B.* 126.

juden-kunst *stf.* swer die prophecîe kan und ist ein behenter man in judenkünsten von natûr, der nimt wol einen juden vür kurzwîlich durch kluocheit; aber ez ist ein arbeit unverveneclich und verlorn TEICHN. 133.

juden-lant *stn.* judaismus DFG. 311ᵇ.

juden-lîm *m.* asphaltum VOC. 1482.

juden-meister *stm. jüdischer schulmeister* MZ. 4, 202.

juden-mesner *stm. jüd. messner* MH. 2, 930.

juden-phant *stn.* si (rîche kleider) wâren guot judenphant TÜRL. *Wh.* 101ᵃ.

juden-rëht *stn. judengericht* MH. 2, 749. CHR. 5. 376, 33. 377, 5.

juden-rîche *stn.* judaismus VOC. *S.* 1, 7ᵇ.

juden-rihter *stm.* der j. sol das judenrecht handeln und verwesen MH. 2, 749. Peter der judenr. *als zeuge* UKN. 255 (*a.* 1334).

judensch *adj. s.* judenisch.

juden-schade *swm. judenzins, -schuld. das stift zu Bamberg wird vom kaiser Ludwig von judenschaden gefreiet, erlediget und erlœset* W. 17 (*a.* 1332).

juden-schaft *stf. judenschaft* BPH. 1958. judeschaf LIT. 220, 10. jude-, judenschaft LEYS. 49, 38. 50, 3. judschaft CHR. 3. 374, 16.

juden-schuole *stf. judenschule* MH. 2, 930. CHR. 5. 377, 5.

juden-spiez *stm.* (II². 496ᵃ) *spiess wandernder juden, ausdr. zur bezeichn. eines wucherers.* NARR.

juden-stein *stm.* asphaltum VOC. 1482; *jüd. grabstein* TUCH. 295, 7.

juden-stiure *stf. judensteuer.* judenstüber WEINSB. 6.

juden-vist *stm.* vist eines juden HÄTZL. 1. 89, 41.

juden-wîn *stm.* swer judenwein fueret, der hat niht genantes rehten URB. *B.* 2, 481.

juden-zopf *stm. als fing. name* Ls. 3. 401, 94.

juden-zunge *swf.* (III. 951ᵃ) *jüd. sprache, jüd. volk* MARIENGR. 724.

judesch, judeschaft, jüdescheit *s.* jüdisch, judenschaft, jüdischeit.

jüdesch-lich *adj.* (I. 775ᵃ) *jüdisch* SILV.

jud-heit *stf. judenschaft* CHR. 5. 44, 19.

jüdinne, jüdîn *stf. jüdin* ERACL. 5063. WOLFD. *H.* 585. AMMENH. *s.* 335. RCSP. 1, 740;

jüdisch *adj.* (I. 775ᵃ) *jüdisch* PILAT. GEN. 31, 35. L.ALEX. 7153. judesch PASS. 126, 49. CHR. 8. 363, 22. 364, 29;

jüdische *swf. zu ergänzen* zunge : *jüd. sprache.* dar nâch dô rief er mit einer grôzen stimme in judischen: helî, helî! COD. *pal.* 341, 26ᵃ. *vgl.* DFG. 311ᵇ.

jüdischeit, jüdescheit *stf.* (I. 775ᵃ) *aus jüdischheit: judaismus, jüd. religion* HIMLF. MONE *schausp.*; *judenschaft, jüd. volk* KONR. LOH. 3327. MSH. 3, 76ᵃ. GRIESH. 2, 8. MGB. 469, 7. 494, 17. MONE *z.* 9, 277 (*a.* 1359). CHR. 3. 365, 16. 397, 27; 4. 93, 13. 167, 16; 5, 318 *ff.* 8. 344, 18. TUCH. 41, 8. 268, 22;

judiste *swm. wucherer, eigennutziger mensch* RENN. 8451. 8598 *ff.*

jud-schaft *stf. s.* judenschaft.

jûfer *stm.* Netz 13381 *s. v. a.*

jûf-kint *stn.* juf-, jauf-, gaufkint histrio Dfg. 279ᵃ. juffkind Narr. 66, 85 *u. anm.* jaufkint Chr. 3. 142, 20. Fasn. 553, 13. 1483. — *vgl.* Chr. 3, 432ᵃ. Schm. *Fr.* 1, 1203.

jûf-teidinc *stn. spottworte* Narr. 67, 8.

jugende *stf. s.* jugent;

jugende *part. adj. für* jungende? ach jugendiu tugent, ach jugender muot Lobges. 87, 9. *vgl.* Germ. 3, 74;

jugenden *swv. intr. jugendlich*, *kräftig sein* Pass. *K.* 454, 10; *tr. in* erjugenden;

jugent *stf.* (I. 777ᵃ) *ndrh.* jucht Karlm. 17, 42: *jugend* Nib. Hartm. Parz. Walth. von kindes jugent, *von kindheit an* Troj. 21002. Ls. 1. 383, 301; als anrede an einen jungen menschen Engelh., *junge leute, knaben*: diu verteilte jugende begie ein grôze untugende Dietr. 4325. — *zu* junc, *ahd.* jugund *neben* jungund *s.* jungent.

jugent-heit *stf.* (I. 777ᵇ) *jugend* Gsm. schône wuohs das kint in sîner j. Malag. 17ᵇ.

jugent-lich *adj. jugendlich* Elis. 2765.

jugent-var *adj. jugendfarb, jugendlich.* si sint jugentvar oder grâ Brag. 2, 328 (Wack.).

jumente *swf.* (I. 775ᵇ) *stute* Wwh. die jumenten rîten Wh. *v. Öst.* 95ᵃ. manec joment truoc pfelle, ez möht einer briute niht versmâhen Loh. 5476. — *aus lat.* jumentum, *vgl.* Dfg. 312ᵃ.

junc, -ges *adj.* (I. 775ᵃ) *comp.* junger, jünger; *sup.* jungist, jungest, jungst: *jung, allgem.* (mîn jungez leben Osw. 256. ir milte ist junc Msh. 3, 17ᵇ. an rîcheite junc Pass. 315, 3. daz unser vater ouch genese und er ein wênic junger wese an herzen und an krefte Troj. 10964. er dûht in ze junc dar z u o *ib.* 3561. bî dir wirt der alte junger Mariengr. 493). unser vrouwen tac der jungen (Ad. 881), der jungern (*ib.* 608. 747. Mone *z.* 5, 76. Chr. 8. 466, 1; 9. 686, 14), der jungisten (Ula. 123): *Mariä geburt; vergnügt s. unter* alt *sp.* 43 (*z.* 23 *lies* vergnügt *st.* verjüngt). — *superl.* jüngster Nib. Ms.; *letzter, allgem.* (daz was sîn jungeste vart Er. 2056. 7168. diu jungeste lêre Greg. 76. der jungeste vride Silv. 1078. unz an den jungesten helbelinc Berth. 519, 13. der jungeste dag Chr. 8. 234, 11. 317, 5. des jungesten, *am ende des lebens* Loh. 7598, *vgl.* jungeste). — *gt.* juggs, *compar.* juhiza *zu skr.* yuvan, *zend.* yavan, *lat.* juven-. *s.* Curt³. 538. Fick² 159. Gsp. 290.

junc-brunne *swm.* (I. 269ᵇ) *jungbrunnen* Wolfd. 557, 2. j.Tit. 4473. Apoll. 13082. *vgl.* Myth. 554.

junc-, jung-heit *stf.* (I. 776ᵇ) adolescentia, juventa, modernitas Dfg. 13ᵇ. 313ᶜ. 364ᶜ; adolescentulus *ib.* 13ᶜ.

junc-hêrre, -hërre *swm.* (I. 667ᵃ) *ndrh.* jonker Fromm. 2, 440ᵇ: *junger herr, junger (noch nicht ritter gewordener) adelicher, junker, edelknabe* Walth. Ms. Konr. (Part. *B.* 456. 2642 *u. o.* Engelh. 409. 14. Al. 742). Gr.Rud. 21, 1. 23, 6. Gen. *D.* 43, 3. Kchr. *D.* 59, 17. Greg. 150. Wildon. 24, 3. Chr. 5. 124, 1. 197, 9; *novize in einem kloster*, die priester und juncherrn in dem convent Ula. 338 (*a.* 1403). die juncherren und pruoder *in Klosterneuburg* Ukn. 293 (*a.* 1340), *vgl.* junger;

junc-hërrelîn *stn.* (*ib.*) *junges herrchen* Parz. Wildon. 23, 158. Loh. 3194. Mel. 1127.

junc-lich *adj.* (I. 776ᵇ) *jung, jugendlich* Tit. Berth. Diem. 161, 25. Wigam. 1620. Msh. 2, 209ᵇ. Apoll. 13374. Hpt. 7. 373, 27. 34.

junc-man *stm. junger mann, herr* Renn. 11574. Karl 5373. Karlm. 92, 44. 93, 17. 103, 32. 155, 43 *u. o.*

junctûre *stf.* junctura. ûz golde ein bendel wol gedrât was der junctûre decke Troj. 3821.

junc-vrouwe, -vrowe, -vrou *swf.* (III. 424ᵇ) jumphrouwe Dfg. 622ᶜ. Mone *z.* 14, 325 (*a.* 1366). Hb. *M.* 728. *ndrh.* junffer Jan. 1 *ff.* jonffer Fromm. 2, 440ᵇ: *junge herrin, allgem.* (juncfrouwe Elizabet Elis. 814. 1003. unser êliche vrowe, juncfrou Agnes Baur *hess. urk.* 2, 662. *a.* 1306); *unverheiratete vornehme dienerin, edelfräulein* Nib. Iw. Parz.; *lediges frauenzimmer von unbefleckter keuschheit, jungfrau* Mgb. 25, 5. 161, 24 *ff.* 222, 1, *auch von männern*: sît ich mich niht enrüere unde als ein juncfrouwe lige Part. *B.* 1487. her selber ein reine jungvrowe was Myst. 1. 9, 31. *vgl.* 24, 37. 38, 10. 173, 3; *überhaupt zur bezeichnung des feinen, unbefleckten*: juncvrowe ist alsô vil gesprochen als ein mensche, der lidic ist aller fremder bilde Myst. 2. 42, 5. *vgl.* 43, 3 *ff.*;

junc-vrouwe-lich *adj. jungfräulich*, virginalis Dfg. 622ᵃ. Elis. 829. 1100. Heum. 385. juncfraunlich Wolk. 107. 2, 10. *ndrh.* junfferlich Jan. 7. jonfferlich Fromm. 2, 440ᵇ;

junc-vrouwe-lîcheit *stf.* virginitas Dfg. 622ᵃ, *ndrh.* junfferlichkeit Jan. 10;

junc-vröuwelîn, -vröulîn *stn.* (III. 425ᵇ) *dem. zu* juncvrouwe PARZ. TRIST. LAUR. 972. VIRG. 1054, 5. GERH. 5066. MAI 5, 25. KREUZF. 320. W. v. *Rh.* 13, 59. CHR. 5. 200, 32. 201, 1. DIEF. *n. gl.* 383ᵇ.

junc-vrouwen-antlütze *stn. jungfrauenantlitz* MGB. 270, 26.

junc-vrouwen-ringelîn *stn.* das ain preutigam sein vermehelte praut auch mit ainem junkfrowenringlein verêren und begaben darf NP. 73 (15. *jh.*).

junc-vrouwen-slôz *stn.* hymen DIEF. *n. gl.* 204ᵃ.

junc-vrou-schaft *stf.* hymen DFG. 277ᵉ. *ndrh.* junfferschaft, virginitas JAN. 24. jonfferschaft FROMM. 2, 440ᵇ.

junc-vrou-stube *swf. stube für die edelfräulein* TUCH. 300, 32.

junff- *s.* juncv-.

jung-alte *swm.* (I. 26ᵃ) *der jung und zugleich alt ist, Christus* FRL.

junge *swm.* (I. 776ᵃ) *jüngling, junger mann* HARTM. WOLFR. Ms. den man den jungen von dem Berge nande LOH. 5493. der junge, *Jesus* WOLK. 100. 1, 6. die jungen, *die jünger Christi ib.* 107. 2, 20;

junge *swn.* (*ib.*) *das junge eines thieres* PARZ. PHYSIOL.;

jungede *stn.* (I. 776ᵇ) *dasselbe* DIEM. SPEC. 41. 53. jungîde, jungide MAR. GEN. *D.* 64, 12. jungît, jungîd ROTH *pr.* 53, 54. als manig jungeit er schenket URB. *B.* 2, 470. zehende von jungiten MONE *z.* 19, 444 (*a.* 1386). — *ahd.* jungîdi, *vgl.* SCHM. *Fr.* 1, 1208;

jungelinc, -ges *stm.* (*ib.*) *jüngling, knabe* GR. RUD. 27, 10. 24. GEN. *D.* 58, 2. 87, 10. EXOD. 122, 27. 126, 21. 160, 29. RUL. 279, 17. 281, 7. FLORE 4010. DAN. 3407. EILH. 286. 408. 86. 2587. KONR. (TROJ. 502. 688. 1816 *u. o.*). W. v. *Rh.* 107, 40. 118, 3. 7. GA. 3. 69, 625. 71, 1060. 72, 1094. 366, 366. 367, 391. WOLK. 112, 3, 1; *kinder beider geschlechter* FLORE. dise jungelinge, *braut u. bräutigam* PASS. 247, 71;

jungen *swv.* (I. 777ᵃ) *ahd.* jungên *intr.:* junc *werden* TRIST. WALTH. Ms. (MSF. 82, 38. WARTB. 50, 7). mîn lip von êrste nû junget ULR. *Wh.* 211ᵇ. Wolfhart des tages vaste junget RAB. 601. wer möhte dâ bî jungen NETZ 8949. dâ von sie immer junge KRONE 23687. — *mit* wider-;

jungen *swv.* (I. 776ᵇ) *ahd.* jungjan *tr. u. refl.:* junc *machen, verjüngen* KARAJ. GUDR. Ms.

(wie er gejunget werde *H.* 2, 396ᵇ. hôher muot kan jungen NEIDH. XXVII, 20). der slange was vil harte dicke gejunget und gemûzet TROJ. 10683. daz unser vater alt werd ouch von iu gejunget hie *ib.* 10955. wirt iuwer vater an sîner kraft gejunget *ib.* 11063. sich mac nu jungen wol sîn leben PARZ. 175, 11. sich niuwen unde jungen LS. 2. 436, 105. sich jüngen WOLK. 56. 1, 1. MGB. 119, 22; sich j., *gebären* ZIMR. *chr.* 2. 224, 13; 3. 70, 30. 549, 36. — *mit* ûz, er-, ver-;

jungent *stf.* (I. 777ᵃ, 39) *s. v. a.* jugent PHYSIOL. junget WINDB. *ps.* — *ahd.* jungund;

junger *m.* (I. 776 ᵃ) *eigentl. compar. von* junc *u. in den ältern denkm.* (DIEM. LEYS. KCHR. 3052, *bei D.* 93, 22 *st.*) *noch sw. sonst st.: jünger, schüler, lehrling* ERINN. GUDR. (368, 3. 370, 3). BARL. LIT. 75. SILV. 282. 3150. HELBL. 1, 29. BPH. 6671. 78. 7538. MSH. 3, 43ᵇ. PASS. *K.* 35, 45. WOLK. 106. 5, 6. CHR. 3. 29, 9. 295, 32 *u. ö.; novize in einem kloster* UHK. 2, 215 (*a.* 1356), *vgl.* junchêrre; *jüngling* CHR. 3. 111 , 25 (adolescens 217, 23);

jungerinne *stf. jüngerin, schülerin* BPH. 9141. MYST. 1. 338, 12;

jungern *swv.* jünger *machen, verjüngen, erneuen.* der slange jungert sînen balc MSH. 2, 230ᵇ. sich j. *ib.*;

jungeste, jungest, jungist *adv.* (I. 775ᵇ, 47) *u.* ze jungeste *etc.: jüngst*, zuletzt *allgem.* (wie ich nû jungist schiet von dir GERH. 4595. er wil mit zornlîchen sitten ze jungest anz gerihte komen SILV. 4515. zû jungest PASS. *K.* 5, 64. 22, 47. zû junges 312, 58);

jungeste *stf.* (I. 776ᵃ) *die letzte zeit, der tod* GRIESH.;

jungest-lich *adj.* (*ib.*) letzter. der jungestliche tac MS. VIRG. 395, 13. 740, 12. TROJ. 17678. 19388. 23308. 738. 25362. KOLM. 95, 35. REINFR. 173ᵇ. an der jungestlîchen frist SILV. 810. biz an den jungestlîchen sent GSM. PART. *B.* 6441;

junget *stf. s.* jungent.

jung-heit *stf. s.* juncheit.

jung-heller *stm.* (I. 613ᵇ) *s. v. a. junger heller, halber pfennig* WEIST., *s.* OBERL. 747.

jungist *sup. u. adv. s.* junc, jungeste;

jungîde, jungît *stn. s.* jungede.

juoch *s.* jiuch.

juppe *swf. s.* jope.

juppen-ritter *stm. vgl.* ZIMR. *chr.* 3. 200, 20.

juriste *swm.* jurista Dfg. 312ᵉ. Voc. *S.* 1, 15ᵃ. maister Chunrat der jurist Usch. 362 (*a.* 1394). *den judisten gegenüber gestellt* Renn. 8598 *ff.* der juristen buoch Zimr. *chr.* 2. 408, 5 *ff.*

jûs *stm. zwischenmalzeit.* also gieng es in dem saus, in dem smatzgen und dem jaus, bis die schüsslen wurden wan Ring 36, 23;

jûsen *swv. ein zwischenmal einnehmen* Ring 7, 20. *vgl.* Schm. *Fr.* 1, 1210. Kwb. 151.

jusselîn, jussel, jüssel *stn. m. suppe, brühe.* iʒ du daʒ jusselîn ûf mîme steine Hb. *M.* 815. ain jüssel an kalbfleisch machen S. Gall. *ord.* 188. ain müesli oder ain jüssel für das kalt essen *ib.* 190. für den jüssel *ib.* 191.

jusselîn, jussal, jussel, jüssel, gussel (*oben sp.* 1128) vel brüe: jus, jussellum Dfg. 312ᵃ. *n. gl.* 224ᵇ. *vgl. auch* Schm. *Fr.* 1, 1210. Stald. 1, 418.

just *stf.* nâch der just was ir minnenclîcher lîp Altsw. 25, 24. — *aus lat.* justus.

just- s. tjost-.

jutz *interj. s.* jû.

juven *adj.* (I. 777ᵇ) *jung* Parz. — *aus rom.* juven, jeun *lat.* juvenis;

juvente (*ib.*) *jugend* Trist.

jûwen *swv.* (I. 774ᵇ) jû *rufen, jubeln, jauchzen* Windb. *ps.;*

jûwezen *swv. intens. zum vorig.* (*vgl.* jûchezen); *zu folgern aus*

jûwezunge *stf.* (I. 774ᵇ) jubilatio Windb. *ps.*

K.

k *der harte kehllaut* (I. 777ᵃ), *dafür oft* c, ch (*in* Ukn. *z. b. kommt bis zum j.* 1335 *nur* ch *vor u. erst von da an wechselt es mit* k *ab*). *s.* Dwb. 5, 1 *ff.*

kabe *stn. s.* kaf.

kabel *stfn. ankertau, kabel.* der triuwen anker unde kabel Msh. 3, 67ᵃ. — *nd.* kabel, *engl.* cable, *fz.* câble *aus mlat.* capulum, caplum Dwb. 5, 7.

kabërzîn *stm. s.* kawërzîn.

kabeʒ *stm.* (I. 778ᵃ) *weisser kopfkohl.* kabaʒ, kappiʒ Weist. kabus Ad. 825 (*a.* 1302). kappuʒ Renn. *alt. dr.* 149ᵃ *f.* kappûs (: hûs) Fragm. 88, 89. gabûʒ Germ. *H.* 8, 300. gabaus Geis. 430. kappas Zimr. *chr.* 2. 85, 11. kaps Mone *z.* 16, 261. kabus, kappuʒ, kaps lapas Dfg. 318ᵃ. *n. gl.* 228ᵃ; *kopf, vgl. den fing. namen* Kabeshankt und Hochstaph Hätzl. 2. 67, 120ᵇ (*bei Haltaus einzuschalten, s.* Fromm. 5, 474). — *ahd.* chapus *zu lat.* caput Dwb. 5, 9.

kabeʒ-blat *stn. weisskohlblatt* Renn. 10485.

kabeʒ-kopf *stm. kohlkopf.* kabaskopf Zimr. *chr.* 2. 349, 23.

kabeʒ-krût *stn.* (I. 891ᵃ) *s. v. a.* kabeʒ Apoll. 10865. Chr. 8. 135, 8. kabas-, kappaskraut Zimr. *chr.* 2. 85, 6. 349, 22.

kabeʒ-sâme *swm. kohlsaame.* kappassome Zimr. *chr.* 2. 85, 4.

kabeʒ-stoc *stm.* (II². 654ᵇ) *kohlstrunk.* kapeʒstoc Myst.

kabeʒ-stûde *swf.* (II². 707ᵇ) *kohlstaude.* gabizstûde Neidh.

kabeʒ-zëhende *swm. abgabe des zehnten kohlhauptes* Gr. w. 5, 386.

kabûse *swf.* (I. 778ᵇ) *hüttchen, verschlag auf kleineren schiffen* Voc. vrat. — *ein nd. wort, s.* Dwb. 5, 10.

kabütze *stn.* (I. 778ᵇ) *kaputze* Trist. U. — *aus mlat.* caputium.

kac *m.* liburnus Dfg. 327ᵇ. *s.* Dwb. 5, 26.

kach *stm.* (I. 778ᵇ) *lautes lachen* Fragm. dô schrei der tûfil mit eime grôʒen kache Ludw. 13, 2. cachinnus, choch Dfg. 87ᵃ, kach *n. gl.* 64ᵃ. *vgl.* Dwb. 5, 14. Fick² 55.

kach? *eine speise.* in die sancto (*am weihnachtstage*) dantur strawin et chach cum uno ferculo piscium et vinum Uh. 226 (*a.* 1400).

kache *stm. s.* köche.

kachele, kachel *stswf.* (I. 778ᵇ) *irdenes gefäss, geschirr.* er machet daʒ licht in eine kachelen Vet. *b.* 48, 16. kachlen, häfen, wasserkrüeg Narr. 57, 35; *nachttopf* Fasn. 1059, 17. Zimr. *chr.* 1. 510, 27 *ff.* Dief. *n. gl.* 63ᵇ; *ofenkachel* Tuch. 103, 31. 104, 1 *ff.*; *kachelofen?* pyropus Dfg. 437ᵉ. *n. gl.* 292ᵇ; *hafendeckel,* cacabus Dfg. 87ᵇ, pantrum Voc. 1482. — *vgl.* Weig. 1, 552. Dwb. 5, 12;

kacheler *stm. töpfer* Mone *z.* 16, 331. kacheler, kecheler Frankf. *baumstb.* 1475 *f.* 45ᵇ. 62ᵇ.

kachel-macher *stm.* cacabarius Dfg. 86ᵃ.

kachel-oven *stm. ofen aus* kacheln *zusammengesetzt, kachelofen* S. Gall. *stb.* 4, 103. Feldk. *r.* Chr. 1. 412, 15. Fasn. 415, 26.

kachen *swv. laut lachen* j. Tit. 5391. Schm. *Fr.* 1, 1219;

kachen *stn.* (I. 778ᵇ) Myst. — *zu* kach 1.
kachen-slac *stm.*, **-slahen** *stn.* cachinnus Dfg. 87ᵃ. *vgl. das flgd. u.* kachlachen.
kachez *stm. s. v. a.* kach 1. einen snellen **kahtz** slahen Mgb. 106, 16;
kachezen *swv.* (I. 778ᵇ) *intens. zu* kachen Schm. *Fr.* 1, 1219. kahzen Renn; *stn.* chachtzen Myst. 1. 336, 12 *var.*
kach-lachen *stn.* cachinnus Dief. *n. gl.* 64ᵃ.
kadel *stm.* (I. 778ᵇ) *russ, schmutz. bildl.* swer ûf im hab ein kadel Muskatbl. 65, 25. sô belîbt er âne kadel 69, 40. daz klaffen bringt den fursten grôze swêr und ist ein harter kadel 79, 70. ich bit dich wol gezierter adel, nu huot dich fur des wuchers kadel, das dîner sêl bringt keinen zadel, wan du von hin solt scheiden 93, 65 (*an allen stellen* cadel *gedr., doch dass es nicht* = zadel *ergibt sich aus der letzten stelle*). *vgl.* Weinh. *schles. wb.* 39ᵃ. Dwb. 5, 17.
kadel *stn. ein gewisses mass.* ain silbrer pecher, darein ain kadl weins gett Schm. *Fr.* 1, 1224. *vgl.* kad *im* Dwb. 2, 602. 5, 16.
kaderîe? *stf.* es sol auch ain ieder purger, der sein haus zu ainer kaderei hinlet, sich derselben kaderei abtun Cp. 177. ain pöswicht ausz der kaderei (*var.* kodrei) Beh. 7, 17. 222, 6. *vgl.* kodrei *od.* hause der armen, codria Voc. 1482 *u.* Dwb. 5, 1568. 73;
kaderîer *stm.* stertzer, herter und kadreier (*var.* kodreier) Beh. 312, 7.
kaf *stn.* (I. 778ᵇ) *getreidehülse, spreu,* palea, quisquilia Dfg. 406ᵃ. 480ᶜ (*auch* kabe). ein kaf in sîns broiders oughen Fromm. 2, 440ᵇ; *hülse der mandeln* Buch v. g. sp. (*pl.* kafen von einem *swf.?*); *bildl. etw. wertloses, nichts* Herb. Frl. Leys. Pass. K. 578, 80. Karlm. (kaf *u.* gaf) 67, 3. 111, 17. 186, 58. 203, 5. 241, 12. der kaf Hagens *köln. reimchr.* 2558 (*Darmst. hs.* 13ᵃ). wir engeben ûch nit ein kabe Malag. 52ᵃ. 251ᵇ. — *ags.* ceaf, *engl.* chaff, *nd.* kaf. *vgl.* Dwb. 5, 20;
käfach *stn. s.* kefach.
kafer *s.* kevere.
kafetze *swf. s.* kafse.
kaff- *s.* kapf-.
kaffât *stf.* dô prâht man si (*die erlegte* boa) ze Rôm an die gemain kaffât (ad spectaculum, *var.* koufstat), dâ si all läut an sâhen Mgb. 265, 29; kaffâte, *kirchenkaffate, wofür md. belege in* Dwb. 5, 21. — *aus lat.* cavum ædium, cavædium *ib.*
kafse, kafs; kefse, kefs *swstf.* (I. 793ᵇ) *reliquienbehälter.* kafse Msh. 2, 249ᵃ. kafs *ib.* 359ᵇ. kafetze Germ. 3. 431, 16. kafze Chr. 9. 729, 3. kefse Roth. 4094. 4138. Parz. Ms. Ulr. Wh. 147ᵇ. 162ᵈ. Krone 29385. 426. Amis 999. kefs Frl. keffs *od.* unsers herrn fronleichnamspuchs, ciborium Voc. 1482. kofse Kreuzf. 8172. — *aus lat.* capsa;
kafselîn *stn. dem. zum vorig.* er machte ez (daz gebeine) in ein schônez chofselîn Kreuzf. 8123.
kaf-spil *stn. s.* kapfespil.
kafte *prät. s.* kapfen, kepfen.
kahtz, kahzen *s.* kachez, kachezen.
kajute *swf.* kajüte. in einr kajuten M. Beheim *in v. d.* Hagens *samml.* 70. — *ein nd. wort, s.* Weig. 1, 554. Dwb. 5, 47.
kak *stm.* (I. 778ᵇ) *pranger, md. u. nd., s.* Dwb. 5, 47. Halt. 1056. Dfg. 353ᵃ.
kal *stf. s.* kalle.
[**kal** *swf.?* I. 780ᵃ, 39] = die kelen rôt alse ein blût En. 59, 36. *s.* kël.
kal, -wes *adj.* (I. 780ᵃ) *kalköpfig,* kal Bon. Amis. eppe der was beidiu zornic unde kal Neidh. 39, 16. ganc ûf kalwer, stîc ûf her! Renn. 14802. Karl der kalwe Chr. 8. 413, 4. zwêne kalwe man Reinh. 296, 144. sîn sîde daz kalwe Helbl. 1, 677. kalwez houbet Helmbr. 1897. *vgl.* Mgb. 7, 32. 223, 28. *md.* kal, -es: kalez houbet, kale stirn, stat Mor. 1. 1655. 2, 1053 *ff. vgl.* Jer. 128ᵈ. Karlm. 242, 24. 245, 64; — *mit gen. priv.* hâres die kalwen j. Tit. 4079. mînes herzen wal stêt aller wîbe kal Msh. 1, 79ᵃ. gûtis und dankis werdit her kal Rsp. 1848. — *zu skr.* khalatî, khallita (RB. 2, 605. 608), *lat.* calvus Kuhn 12, 108. Curt³. 84. Dwb. 5, 27.
kâl *stf. s.* quâle.
kaladrîus *stm. s.* karadrîus.
kalamâr *stn.* (I. 708ᵃ) *schreibzeug.* kalamâr, daz man ein schrîpgeziuc vür wâr nennet Ammenh. *s.* 205. kallemar, calmar, calmer, calamal Dfg. 88ᵃ. *n. gl.* 65ᵃ. — *aus mlat.* calamare, calamale *vom lat.* calamus *s.* Dwb. 5, 70.
calamarbe, *ein kraut:* mit farme, wermuot und calamarbe j. Tit. 284.
kalamît *stf.* (I. 780ᵃ) *magnet.* daz îsen hât ouch den sit, daz ez ziuhet hin zer calamît Wg. 2622; hüet dich vor kalamîten Wolk. 28. 1, 14 (*vor magnetbergen? od. vor windstillen? vgl.* Dwb. 5, 70). — *it.* calamita, *fz.* calamite *vom lat.* calamus, *weil die magnetnadel in einen halm gesteckt u. so auf wasser gelegt ward* Diez 80. Dfg. 87ᵇ.
kalander *s.* koliander.

calant *stm. s. v. a.* galîe. barken, scife und calande Roth *denkm.* 82, 81. in einem calant *ib.* 93. — *aus mlat.* galandina Dfg. 256ª.

kalb *stn. s.* kalp;

kalbe *swf.* (I. 782ª) *weibl. kalb, das über ein jahr alt ist u. noch nicht gekalbt hat*, bucula Dfg. 83ª. ich slüege in ûf als ein veiste kalben Msh. 3, 190ᵇ. *vgl.* Mgb. 292, 32. 34. Chr. 2. 311, 16. Zeitz. *s.* 1, 29 *u. anm.* (*mit einem belege aus* Rud. *weltchr.*). Schm. *Fr.* 1, 1238. — *gt.* kalbô, *s.* kalp;

kalbele *swf.* (*ib.*) *dasselbe* Griesh. Dfg. 624ᵇ;

kalben *swv.* (*ib.*) *ein kalb werfen* Mone *schausp.*

kalben-vuoʒ *stm.* jarus, herba Voc. 1482. kalbesvuoʒ Sum. 57, 38.

kalbs-krœse *stn. kalbsgekröse* Np. 229.

kalbs-lebere *swf. kalbsleber* Buch *v. g. sp.* 27.

kalc, -kes *stm.* (I. 780ª) chalch Gen. *D.* 33, 2. Kchr. *D.* 196, 12. kalk (: enpfalch) Ls. 3. 318, 71. kalg *ib.* 2. 473, 6. *pl.* kelke Tuch. 19, 13. 22 : *kalk.* den k. ûʒ brennen Diem. 15, 16. als ob ein kalc dâ wære enbrant, alsô was ob im rouches vil Troj. 35932. sô wart vermûret daʒ tor mit kalke und mit steinen En. 227, 15. mit dem kalke man in (sal) bant Herb. 1825. vil kalkes unde steine samten si zû hûfen Pass. 359, 46. 53. lebentiger kalk, *ungelöschter* Mgb. 443, 21; *tünche, bildl.* ê dem lobe der kalc wær abe getragen Walth. 28, 30. — *aus lat.* calx.

kalc-brenner *stm. kalkbrenner.* kalckprenner Tuch. 92, 20. *md.* kalgborner Anz. 3, 273, kalkburner Dfg. 111ᵇ, kalkberner *n. gl.* 83ᵇ. Fromm. 2, 441ª.

calcedôn, calcidôn *stm.* (I. 780ᵇ) *ein edelstein, achates* chalcedonius Lanz. Parz. Fragm. 18, 246. calsedôn Crane 1112. 4244. kalzidôn Engelh. 3026. kalzidôm Chr. 5. 283 *anm.* 2; calcidônje *f.* En. 253, 39. *umged.* katzedênige *swm.* Altsw. 46, 7 *var.* katzdônge, *s.* katzedòny Dfg. 89ᵇ.

kalc-ge-stüppe, -stöbe *stn.* calcula Dfg. 89ᶜ. *vgl.* kalcstoup.

kalc-gruobe *f.* cementarium Dfg. 111ᵇ.

kälchen *swv. s.* kelken.

kalc-hûfe *swm.* si (*die schlemmer*) ruchen (*dampften*) als ein kalchhauf Hätzl. 2. 67, 210.

kalc-hûs *stn.* calxiatorium Dfg. 92ª.

kalc-hütte *f. hütte zur aufbewahrung des kalkes* Tuch. 93, 17.

kalc-kretze *swmf.* kretze, *tragkorb für kalk* Münch. *r.* 474.

kalc-mecher *stm.* cementarius Dfg. 111ᵇ.

kalc-menger *stm.* (II. 137ª) *kalklöscher*, cementarius Dfg. 111ᵇ. *s.* Dwb. 5, 67.

kalc-mëʒʒer *stm. kalkmesser* Tuch. 92, 30.

calcofôn *stm.* (I. 780ᵇ) *ein edelstein* Parz.

kalc-oven *stm.* (II. 455ᵇ) *ofen zum kalkbrennen, kalkbrennerei* Germ. 3. 237ª, 43. 438, 39. Mone 5, 380. Chr. 4. 89, 24. Tuch. 89, 4 *ff. ndrh.* kalkoiven Fromm. 2, 441ª;

kalc-ovener *stm.* (II. 456ª) *kalkbrenner.* kalkofer Leseb. 987, 17.

kalc-rœʒe *stf. ein stoss von kalksteinen u. holz schichtweise aufeinandergesetzt zum behuf des kalkbrennens.* ein kalkrœʒe calcina, castina Dief. *n. gl.* 66ª. kalkrose Voc. 1482. *vgl.* Dwb. 5, 67.

kalc-sieder *stm.* kalgsieder, cementarius Dfg. 111ᵇ.

kalc-stein *stm. kalkstein*, calcina Dief. *n. gl.* 66ª. Tuch. 91, 4. 18.

kalc-stoup *stm. s. v. a.* kalcgestüppe Dfg. 89ᶜ.

kalc-veʒʒelîn *stn.* (III. 283ª) *gefäss für kalk von einem bestimmtem masse.* chalchvaʒʒel Münch. *r.*

kalc-waʒʒer *stn. mit wasser verdünnter kalk* Mone *z.* 16, 5.

kalc-wërc *stn. alles was zum maurerhandwerk gehört* Anz. 3, 273.

kalc-zûber *stm. zuber für den mörtel* Tuch. 106, 27.

kalde *stfn.* kalden *stf. swv. s.* kelte, kalte, kelten, kalten.

kaldêisch *adj.* (I. 780ᵇ) *chaldäisch* Wartb. 119, 10. — *stn.* chald. *sprache*, caldeis Wwh 192, 8. 23.

kaldiment *stn.?* giuʒ eʒ ûf die kaldiment (= kaldûnen, *zerschnittene eingeweide des schweines*) Buch. *v. g. sp.* 21;

kaldûne *swf. eingeweide von thieren.* caldûne, coldûn, purlupa, stripa Dfg. 474ª. 556ᶜ. wele metzgermeister ald knab kaltân in dem bach wäschet S. Gall. *stb.* 4, 23. *mnd.* kolûne Mone *schausp.* 2, 89. 90. *s.* Dwb. 5, 61.

kale *swf.* kâle *stf. s.* kalwe, quâle.

kalemîn *stm. s. v. a.* galmei. kopfer gemischet mit kalemîne Msh. 3, 53ª.

kalendenære *stm.* (I. 780ᵇ) *kalender* MART. (?) MEIN. 15. 16. *md.* calendenâr SCHÖNHUTH *ordensbuch s.* 81;
kalender *stm.* calendarium DFG. 90ᵃ. kolender KOLM. 96, 30. TUCH. 18 *f.* collender FASN. 1103. ain ganzen calender sagen, *sehr viel sagen, gestehen* ZIMR. *chr.* 4. 411, 26;
kalent *f. calendæ.* die achtent kalent des abprilen (25. *märz*) CHR. 4. 206 *anm.* 2.
kalen-wurz *stf.* k. od. huflatich, ungula tabellina Voc. 1482.
käler *stm. s.* këller.
kalete? *swf.* eine mannes kalete, mit silber beslagen ANZ. 18, 47 (*a.* 1453 *Breslau*).
kalf *stn. s.* kalp.
kalg- *s.* kalc-.
kal-heit *stf.* (I. 780ᵃ) calvicies DFG. 91ᶜ.
kalîf *m. chalif, nachfolger u. stellvertreter Muhameds.* kalîf in Baldac WH. *v. Öst.* 3ᵃ. 7ᵃ. der heiden bâbst kalîf ALTSW. 167, 2. — *aus arab.* chalifa, *nachfolger als titel des unmittelbaren nachfolgers Muhameds, Abubekr* WEIG. 1, 555.
kalige *stf.* (I. 780ᵇ) *s. v. a.* kolze, *mlat.* caliga j.TIT. 5630.
kalk- *s.* kalc.
kal-hart *stm. schwätzer, herumträger.* si begund ein wîle stân under kalharten Ls. 2. 638, 35. DWB. 5, 70.
kalker *stm. kalkbrenner* NP. 307 (14. *jh.*).
kall *m.* bacillus DIEF. *n. gl.* 46ᵃ;
kallære *stm.* (I. 780ᵇ) *schwätzer* BARL. er kaller, er beller JÜNGL. 921;
kalle *stf.* (I. 781ᵃ) *schwätzerin, sängerin, von der nachtigall* MSH. 1, 342ᵃ;
kalle *stf.* (*ib.*) *gerede, geschwätz* WACK. *pr.* 54, 62. kalle, kal Ls. (1. 309, 32; 2. 301, 295. 304, 387. 306, 460. 629, 92);
kallec *adj. schwätzend, schwatzhaft.* mîn kallege zunge Ls. 3. 335, 106;
kallen *swv.* (I. 780ᵇ) *absol. u. tr. viel u. laut sprechen, rufen, schwatzen* TRIST. NEIDH. (25, 13). DIOCL. MOR. 2, 1371. der kund wol hovellich kallen GA. 3. 241, 1693. sô ich hôrte k. (*rufen, sagen*) KARLM. 58, 51. 120, 11. 134. 24. 164, 4. er kallet daʒ, des in doch nieman frâget HADAM. 563. wol von ûʒen kallents dar Ls. 1. 475, 8. kallen von *ib.* 2. 597, 65. der mit im selber kallet TROJ. 27400. in die ôren k. NETZ 5607, *vgl.* 1609. 8678. *mit gen.* nû kals (= kalle es: hals), daʒ ich gewesen bin dîn wîp GA. 2. 234, 562; *singen* TRIST. FRL. MSH. 2, 223ᵃ.

vgl. KOLM. 168, 34; *krächzen (von elstern, krähen etc.)* RENN. 19432. — *mit* be-, ver-, wider-. *s.* KUHN 11, 165 *u.* kërren;
kallen *stn.* (*ib.*) *lautes sprechen, schwatzen, plaudern* GEN. D. 73, 16. RENN. (16202). FRL. MSH. 3, 351ᵃ. MART. 181, 79. KRONE 18228. HEINR. 3434. KOLM. 86, 54. GA. 2. 233, 541. NETZ 11385. ALSF. *pass.* 94ᵇ.
calleyem *s.* kolei.
kallunge *stf.* multiloquium kallunge, kalunge DFG. 370ᶜ; *beredung, unterhandlung.* gûte rede und kallonge haben mit ARN. 58 (*a.* 1469, *Nassau*).
kalmar, kalmer *s.* kalamâr.
kalmus *m.* calamus aromaticus DFG. 88ᶜ. 638ᶜ. *vgl.* der wolsmeckend halm MGB. 365, 2 *ff.*
***kaln** *stv.* I, 4 (I. 779ᵃ) *nur im altn.* kala, *frigere, erhaltenes stammwort zu* kalt, kuole *etc. s.* kalt *u.* kellen *stv.*
kalopeiʒ *stm.* (I. 781ᵇ) *s. v. a.* galopeiʒ WWH. (32, 11. 317, 13);
kalopieren *swv. s.* galopieren.
kalp, -bes *stn.* (I. 781ᵇ) *pl.* kalp *u.* kelber (keilber GERM. 3. 413, 18); *ndrh.* kalf, *pl.* kalver KARLM. 92, 30. 248, 5. FROMM. 2, 441ᵃ: *kalb* DIEM. (kalb). GEN. PARZ. FREID. Ms. KONR. kalbes hiute, *kalbsfelle* RENN. 4309. 65. kalb und kuo RING 9ᵈ, 32. ûʒ kelbern werdent starke rinder 20ᵇ, 42. kalb von dem rôtwild NP. 313 (14. *jh.*) ich hân ouch manig kalb ûf walden funden HADAM. 212. *die* unholden *reiten auf kälbern* ALTSW. 244, 16. daʒ ein wîp ein kalp rite GERM. *H.* 8, 307. *vgl.* ZIMR. *chr.* 2. 80, 33 *u.* MYTH. 1000. 1007. 24; *bildl. für einen dummen menschen:* wie bistu ein kalp! MSH. 3, 297ᵇ, *mit gen.* er ist der sinne ein kalp JÜNGL. 165; trinkenvesslein, die man kelber nennet NP. 245. 256 (15. *jh.*). — *gt.* kalbô (= *mhd.* kalbe) *zu skr.* garbha *leibesfrucht, junges gr.* βρέφος CURT.³ 436. FICK² 61. GSP. 3. Z. 1, 148.
kalp-vël *stn. kalbfell* BERTH. 575, 19. ENENK. *p.* 281. GR.w. 6, 164.
kalp-vleisch *stn.* (III. 340ᵃ) *kalbfleisch* BRÜNN. *r.* GR.w. 4, 25.
calsedôn *s.* calcedôn.
kalt *stm. s.* gehalt.
kalt *adj.* (I. 779ᵃ *flect.* kalter, kalder; *comp.* kelter, kelder: *kalt, eigentl. u. bildl., allgem., s. noch* der chalde snê GEN. D. 9, 2. diu kalte naht j.TIT. 197. kalter brunne GLAUB. 2742. kalter wîn VIRG. 545, 12.

spîse warm unde kalt Hpt. 5, 436. kalter
sweiʒ Hätzl. 190ᵃ. die kalt mutter, colica
Voc. 1482. der kalt siechtag, febris (vgl.
kalte stn.) ib. der, die kalte seich, stran-
guria Dfg. 555ᵃ (vgl. kaltseiche). dô si sô
kaltiu gesaʒ Aneg. 14, 56. ir sît weder kalt
noch warm Msh. 3, 109ᵇ. einem ze kalt
tuon, *ihm zu grosse kälte verursachen*
Büchl. 1, 828. zwîvel tuot mîn herze kalt
ib. 1829. manec heidensch herze, diu noch
warm sint, diu werden drumbe kalt Wwh.
150, 17. nâch dem diu erde und ouch der
snê des nahtes kelter wirt dan ê, alsô wirt
sîn herze des nahtes kalt Renn. 7662. daʒ
gebeine sach man starren als einer kalten
lîche Serv. 3183. den grûʒ kalt machen
Pass. 145, 34. an im ist die liebe kalt
ib. K. 390, 37. eʒ wart nie kein man sô
kalter von vil jâren Renn. 7871. und was
der sin in ime kalt z û dirre nûwen lêre
Marlg. 106, 29. *von elementen, gestirnen:*
diu erde ist trucken unde kalt Wg. 2287.
dehein sterre ist kalt niht ib. 2381 ff. vgl.
Mein. 1. Mgb. s. 644. Dwb. 5, 78 ff.; *mit
priv. gen.* Berth., *mit präp.* daʒ herze an
gnâden, an witzen kalt Marlg. 121, 54.
153, 23. — gt. kalds zu skr. jala (aus gala),
lat. gelidus, gelu Fick² 62. Gsp. 2. Dwb.
5, 74;
kalt stn. *kälte, frost.* nu wirt aber kalt, nu
der winter lanc Neif. 32, 18. ob kalt in in
vert Renn. 15165. lasz in kalt machen,
schneien, regnen Narr. s. 155ᵇ, s. Dwb. 5,
85 *und* kalte stn.
kaltân s. kaldûne.
kalte stf. s. kelte;
kalte, kalde stn. *fieber, gekürzt aus* daʒ
kalte fieber Dfg. 228ᶜ. Chr. 8. 117, 20. Krol.
771. Ludw. 40, 13. Dür. chr. 222. 517. s.
Germ. 5, 241;
kalten, kalden swv. (I. 779ᵃ) *prät.* kalte:
kalt werden, erkalten Trist. Reinh. si
warment unde kaldent Wwh. 309, 24. soʒ
beginnet alten, sô geræt eʒ kalten Freid.
133, 24. daʒ herze kaltet unde switzet Krone
2408. Renn. 15224. heiʒe waʒʒer âne viur
beginnet k. ib. 17119. daʒ mîn minne
kalde Albr. 33, 34. sô die pluomen kaltent
Mgb. 292, 7; anheben zu kalten (*kalt sein?*),
frigescere Voc. 1482. — *mit* er-, ver-;
kalten stf. s. kelten.
kalten stv. s. gehalten u. Chr. 4. 326, 9.
s. 282ᵃ;

kalter, kälter f. s. kelter.
kalter stm. *aus* gehalter: *schrank, behälter*
Gr.w. 4, 578. die kalter pulpite und püecher
in der liberey J. 1433. pl. auch kelter Fasn.
382, 36. vgl. Dwb. 5, 89. Schm. Fr. 1, 1102.
Kwb. 132.
kalt-heit stf. (I. 779ᵃ) *kälte* Myst. frigiditas
Dfg. 247ᶜ.
kalt-phister stm. *brotverkäufer* S.Gall. stb.
4, 67. 75. 213. 64.
kalt-seiche stf. dysuria Dfg. 188ᵃ.
kalt-smit, -des stm. (II². 427ᵃ) *schmied der
ohne feuer arbeitet: kessel-, kupfer-, mes-
singschmied* Mone 8, 457 f. (a. 1411. 25),
ʒ. 12, 52 (a. 1280). 13, 160 (a. 1488);
umherziehendes gesindel Gen. vgl. Hpt. 9,
545 f., Wolfs zeitschft. für d. myth.
1, 433.
kaltur f. s. kelter.
kalunge stf. s. kallunge.
kalwe swf. (I. 780ᵃ) *kale stelle, kalheit* Sum.
Reinh. Golgatha, das ist ein stat der ka-
len Mone 4, 485. — *zu* kal, ahd. calawâ,
vgl. kelwe;
kalwen swv. kal *werden.* die frawen kalwent
niht, dâ von daʒ si kelterr nâtûr sint wan
die man Mgb. 7, 32; von vrost muoʒ die
heide kalwen Altsw. 70, 14.
kalze, kalzen s. kolze, kelzen.
kalzidôm, -dôn s. calcedôn.
kam stm. s. kamp.
kâm adv. s. kûme.
kâm swm. (I. 782ᵃ) *gebiss, in* kâmbritel. —
ahd. châmo aus gr. lat. chamus, vgl. komat.
kâm stm. (I. 785ᵇ) *schimmel auf gegohrenen
flüssigkeiten,* acor: cham, kom, kon, kâne,
kan Dfg. 10ᵃ. n. gl. 7ᵃ. kân Renn. Fdgr. 1,
378ᵃ; *höhenrauch:* kon od. miltaw, cauma.
vgl. Dwb. 5, 31.
kâmân stm. s. gâmân.
kambe swf. s. kamp.
kâm-britel stm. (I. 259ᵃ) chamus Dfg. 93ᶜ.
n. gl. 70ᵃ. s. kâm 1 u. Dwb. 5. 107, 6.
kame s. kamp.
kamel, kamelîn s. kembel, kembelin.
kamêne swf. (I. 782ᵃ) *muse, Camena* Trist.;
kamênisch adj. (ib.) *den musen eigentümlich*
Trist.
kamer f. s. kamere.
kamer-ambet stn. (I. 28ᵇ) *amt des kammer-
dieners* Liht. (kameramt 235, 29); *amt
an einer fürstl. finanzkammer* Weinsb.
94.

kamerære, -er, stm. (I. 783ª) *kämmerer: schatzmeister (über geld, kleinode, waffen)* NIB. PARZ. WALTH. (gotes k. *der pabst*) EN. GEN. *D.* 94, 1. LOH. 797. MSH. 3, 468ᵃ; *vorsteher u. verwalter der kammereinkünfte (einer stadt, eines klosters)* MÜHLH. *rgs.* 45. MÜNCH. *r.* 7. 100, 12. UKN. 126 *u. einl.* XL; *diener u. aufseher im frauen- u. schlafgemach* ROTH. NIB. GUDR. PARZ. LIEHT. (178, 10). MAI 94, 9. GFR. 2714, *bildl.* der tugent k. *ib.* 2138. der sêle k. KARAJ. 11, 20. daz er mîner kiusche wære hüeter unde kamerære BPH. 7473. ê daz ich lenger wære iures heiles k. GERM. *H.* 9. 115, 581; *einer der obersten hofbeamten,* oberster kamerer, primicerius VOC. 1482. obrister kamerer in Osterreich USCH. 256 (*a.* 1357), des bischofs von Strâzburg AD. 970 (*a.* 1336), *überh. die ersten diener eines fürsten* NIB. 283, 1. 606, 4. TRIST. 7763. sô gênt die kamerære umb in mit grôzer zuhte und mit sin und werent vaste daz gedranc WG. 3243; *sie taten das mit weissen stäben* j.TIT. 1805 (*s.* kamerstap), *vgl.* FASN. 445, 7;

kamerærinne, -în stf. (I. 783ᵇ) *kammerfrau, hofmeisterin* TRIST. MAR. 176, 15. (*var.* kamerinne, kamerrætinne) APOLL. 4710. RENN. 4621. MART. 25, 47. kammerêre ELIS. 2711. kemmerêre *ib.* 520. *vgl.* kamerîe.

kamer-bëlle, -bille swf. (I. 125ᵇ) *spött. benennung einer kammerfrau* LS. GA. 1, 219, 308.

kamer-birse swf. (I. 167ª) *dasselbe* GA. 1. 223, 450. ALTSW. 153, 11. *vgl.* kamerdolle, -rûze.

kamer-bühse swf. *kleineres geschütz mit zwei od. drei pulverkammern, das zugleich auf mehrere schüsse geladen werden konnte* CHR. 2. 295, 5. 6. ZIMR. *chr.* !. 476, 12. *s.* DWB. 5, 116.

kamer-dolle *f.* (I. 380ᵇ) *s.v. a.* kamerbëlle SSL.

kamere, kamer stswf. (I. 782ª) *kammer: schlafgemach* PARZ. TRIST. eine kamer wît, diu mit rîchen tepchen schöne was beleit LOH. 858. ich kan iuch wol gebringen in mîne kamern TROJ. 8501. ze kamern gân ERNST 2841. brûtgams kamer, thalamus DFG. 571ᵉ; *vorratskammer* BÜCHL. 1, 1298 *s.* kouf-, spîs-, wurzekamer; *schatzkammer* GLAUB. (2396) NIB. WIG. dô si den schaz ouch bræhten widere zir herren chamere GEN. *D.* 95, 27; *öffentl. kasse*, *kämmerei, fiscus* HALT. 1057. SWSP. 214, 15. MW. 302 (*a.* 1339). CP. 174. 370. kamer, kammer CHR. 2. 266, 13. 15. 305, 25; 3. 67, 6. 86, 10. 135, 14; *kammergut* RUL. WEIST. HALT. 1059; *fürstl. wohnung ib.* 1058. HPT. 5, 435; *gerichtsstube, gericht* HALT. 1058 (*vgl.* kemenâte); *hölenartige abteilung im herzen etc.* (*vgl.* kemerlîn), des herzen künste kamer LOH. 7645, *hölung im hintersten teile der geschütze, in die das pulver geladen wird, s.* DWB. 5, 114 *u.* kamerbühse; *ein kleidungsstück, kamisol?* ein arrazîn kamer, ein sîdîn kamer MONE 6, 248. — *aus lat.* camera, DWB. 5, 109;

kamerêrse swf. *kammerfrau* KARLM. 211, 50. kemerersche DFG. 420ᵇ). kemerische PASS. *K.* 340, 58. — *eine nd. form, s.* DWB. 5, 121.

kamer-ge-rihte stn. *oberstes gericht, urspr. in des fürsten* kamer GR.W. 3, 642. 4, 505. das k. besitzen, *abhalten* DH. 363.

kamer-ge-want stn. (III. 684ª) *tuch, kleiderzeug unter den vorräten der* kamer, *auch auf der reise mitgeführt auf den saumrossen* PARZ. WIG. TÜRL. *Wh.* 126ª. EILH. 5445.

kamer-guldîn stn. *eine art ducaten* CHR. 5. 364, 17. 27. 367, 26. *vgl.* FRISCH 1, 498ᶜ.

kamer-guot stn. *kammergut.* seiner kais. gnaden nutz, rent und kamergut MH. 2, 687. sein k. g. hat hoch und merklich ausgeben und darlegen getan, und hat das tun mussen von seinem kamergut CP. 328. *vgl.* DWB. 5, 120.

kamer-hërre swm. *s. v. a.* kamerære. kamerher, oberster kamerer, primicerius VOC. 1482; *innhaber einer* koufkamer CDS. 2, 185 (*a.* 1404).

kamer-hof stm. *hof der kammergut ist* GR.W. 4, 128.

kamer-holz stn. (I. 706ᵇ) *wald, einer fürstl. od. andern kammer gehörig* GR.W. 1, 285. 2, 41 (kommerholz). 42. 4, 418. MONE z. 1, 416 (*a.* 1284); *holz aus einem solchen walde,* ein fuder k. GR.W. 2, 38. *vgl.* kamervorst.

kamer-hort stm. (I. 717ᵇ) *schatzkammerhort, bildl.* MS. (*H.* 2, 183ª) MAI. *vgl.* kamerschaz.

kamerîe stf. *md.* kammerfrau HEINR. 1285. kemerîe 3164. LUDW. 28, 28 *u. anm. vgl.* DWB. 5, 121;

kamerinne st.. *s.* kamerærinne.

kamer-knëht stm. *ein niederer hofbedienter,* cubicularius DFG. 160ᵇ. dô wurden vil unmüezic ûf des küniges hove die kamerknehte GUDR. 180, 4; *jude, als leibeigener der kais.* kamer HALT. 1061 *ff.* MZ. 2, 565. 3, 39 (*a.* 1323. 36). RTA. 1. 474, 28. 475, 1. 495, 33 *etc.*

Mone z. 9, 259. 280. Chr. 1. 116, 8. 118, 44 etc. 3. 332, 25; 4, 168, 2. 169, 3.

kamer-lêhen *stn.* kamerlêhen ist daz, sô ein herre sprichet ze sînem man: ich lîhe dir ûz mîner kamer ein marke oder mêr Swsp. L. 2, 99. die 3 schilling gênt in den hof ze Mulchingen ze kamerlêhen Urb. 219, 29. fünf schilling ze kamerlêne *ib.* 208, 26. Uolreich hât einen acker, der ist ein chamerlêhen *ib. Son.* 87, 17.

kamerlîn, kamerlinc *s.* kemerlîn, kemerlinc.

kamer-louge *swf. kammerlauge, urin* Narr. 62, 10. Fasn. 92, 7. 8. 115, 31. 757, 27.

kamer-macher, -mecher *stm.* scenofactor Dfg. 518ᵃ.

kamer-maget *stf.* cubicularia Dief. *n. gl.* 122ᵃ.

kamer-meister *stm.* (II. 120ᵇ) *schatzmeister* Ludw. Loh. 799, *vorsteher und verwalter der kammereinkünfte* Mone z. 8, 284. Mw. 198. Usch. 363. Uhk. 233. Cds. 2, 51. Rcsp. 1, 106. Chr. 3. 396, 18. 399, 22; 5. 386, 30; cubicularius Dief. *n. gl.* 122ᵃ.

kamer-pfenninc *stm.* es ist auch besaget, dass der k. sîe der zentgrafen Gr.w. 3, 362.

kamer-rætinne *stf. s.* kamerærinne.

kamer-rûze *stf.* (II. 825ᵇ) *s. v. a.* kamerbëlle, -birse Ga. 1. 217, 243 (= kamerrach: gemach Ls. 1. 153, 219).

kamer-schaz *stm. s. v. a.* kamerhort Mar. 191, 38. Roth. 2886; *an die kamer zu entrichtende abgabe*: der kamerschatz ist halber tail verfallen auf sant Michels tag und halber tail auf den obristen; und welicher säumik wär mit der zalung, so zwispilt es sich allweg des andern tags darnach Gr.w. 6, 197.

kamer-schrîber *stm. der unter dem kamermeister stehende beamte, rentamtmann* Rcsp. 1, 720 *ff.* Chr. 3. 370, 23. 399, 20; *secretär,* Johann, mîns herren kamerschr. Rcsp. 1, 104. 106 *ff.* was dir gepurt zu tun als einem kamerschreiber zu tun, daz du das alles getreulich handelst, unsers gnedigen herren gehaim verswîgest Dh. 285.

kamer-slange *swf. langes kleineres geschütz für kartätschen* Schlagers *Wiener skizzen, neue folge* 3, 54.

kamer-stap *stm. stab des* kameræres. vil kamerstebe in durch gedrenge rûmet Loh. 3020.

kamer-tuom *stn. amt eines* kameræres Basl. *r.* 17.

kamer-vorst *stm. s. v. a.* kamerholz. silva que dicitur camervorst Gr.w. 4, 589. in vier kammerforsten *ib.* 6, 15. 515. Mone z. 3, 179. 80.

kamer-wagen *stm.* (III. 644ᵇ) *der wagen, der auf der reise die fürstl.* kamer *(gewand, kleinodien, silberzeug etc.) führte* Alph. Trist. *H.* Hugdietr. Loh. 1785. Dür. *chr.* 739. Usch. 303, 14. 304, 16. so hat ire gnâden gehabt ein camerwagen und sust zwêne spîsewagen Ugb. 317. gamba, kamerwagen, est quidam currus nobilium Voc. 1482; *bedeckte vorratswagen überhaupt,* ein kammerwagen mit leiterlein Tuch. 102, 24; *wagen mit einer besondern pulverkammer* Schlagers *Wiener skizzen, neue folge* 3, 55. *vgl.* Dwb. 5, 131. Vilm. 191.

kamer-want *stf.* wand einer kammer Tuch. 246, 20.

kamer-wîp *stn.* (III. 719ᵇ) *weib, das in der* kamer *dient, kammerfrau, zofe,* pedissequa Dfg. 420ᵇ. Diem. Serv. 2831. Apoll. 18021. j.Tit. 5941. Helbl. 3, 71. Wernh. *v. N.* 25, 11. Ga. 2. 117, 309. 118, 330. 119, 384. Kell. erz. 421, 30; *kindbettwärterin* Ring 20, 36; *concubine, buhlerin* Reinh. 1722. Netz 12225.

kamer-zelle *stf. schlafgemach.* und fuert in in ir k. Diocl. 2476.

kamer-zëlte *swf.* pedissequa Dief. *n. gl.* 284ᵇ.

kamer-zitze *swf.* (III. 917ᵃ) *wol s. v. a.* kamerbëlle, -birse Wolk.

kamette *s.* comête.

kamf *stm. s.* kamp.

kamfte *prät. s.* kempfen.

kâmic *adj.* (I. 785ᵇ) *mit* kâm *überzogen* Fdgr. 1, 378ᵃ. kânig Leseb. 947, 23. der chânege wîn Hpt. *h. lied* 19, 4. *vgl.* Dwb. 5, 32.

camille *f.* (I. 783ᵇ) *s.* gamille.

kamîn, kemîn *stm. schornstein,* caminus Voc. 1482. kemîn, kemmîn Chr. 9. 862, 23. 863, 12. 864, 21. chemî fumarium Dfg. 251ᵇ. kemmich Voc. 1482. komîn Gr.w. 4, 302; *feuerstätte, feuerherd,* daz viur was erbrant in eime schœnen kämîn Part. *B.* 1101. daz kein kamîn nie wart ûf erde enzündet alsô hart Hpt. 6. 375, 235. dort ist der kemîn oder der hert des fiures *ib.* 8, 444. des fiur dâ ist zuo Syôn unde sîn kemîn ze Jerusalem *ib.* — *aus lat.* caminus *s.* Dwb. 2, 603. 5, 100. *vgl.* kemet.

kamme *swf. s.* kamp.

kammel, kämmel *s.* kembel.

kämmen *swv. s.* kemben.
kammer, kammerêre *s.* kamere, kameræ-rinne.
kammeter *s.* kommentiur.
kamomille-öl *stn.* (II. 436ᵇ) *kamillenöl* DIEM. *arzb.*
kamp *stm. s.* kampf.
kamp *stm.* veldrichter innerthalb des champs UH. 399. 404. (a. 1373. 1411), *vgl.* DWB. 5, 134. *oder ist der fluss Kamp damit gemeint?* *vgl.* daʒ wazʒer, daʒ dâ haizʒet der mêrer champ STZ. 36. Hædreichstorf pei dem champ (*Hadersdorf am Kamp*) DM. 109. Hedersdorf auf dem kamp bei Krembs gelegen CP. 132.
kamp, -bes, kam, -mmes *stm.;* **kambe, kamme** *swfm.* (I. 783ᵇ) *haarkamm.* sô nimet er einen champ, er rihtet daʒ sîn hâr HPT. 1. 276, 221. KARLM. 211, 58. pecten: kamp, kampf, kamf, kamme DFG. 418ᶜ. *n. gl.* 283ᵇ. *pl.* kemb FASN. 477, 25; *wollkamm,* und sol der meister ime (*dem wollknappen*) kein kammen dar legen MONE *z.* 9, 150 (a. 1486); *weberkamm* TURN. ein kleit weben mit kammen MSH. 2, 310ᵃ. weler weber würket in kamben, die ze smal sint, der sol von iedem kamben ein jâr für die stat S. GALL. *stb.* 4, 151; *kamm am mülrade*, kambe Ms. (*H.* 1, 6ᵃ. 6ᵇ), kame TUCH. 77, 7. *vgl.* MSF. 239 *anm.; kamm auf dem kopfe od. halse eines thieres:* einen kamp (*var.* kampf) hât er als ein han WIG. 131, 31. MSH. 2, 243ᵇ. des vuhses list in vazʒet bî dem kamme MÜGL. 14, 10. der vogel hât niht kamps auf dem haupt MGB. 198, 5. *bildl.* den kamp gegen einem striuʒen MART. 2, 77. in lewen wîs vor zorne den kamp strûben KARL 4963. MART. 177, 58. sîn (*des drachen*) kamp rôt als ein vûr ALBR. 8, 15. MGB. 268, 20; *lupi pecten*, kemphe (*ein kraut*) MONE 8, 95ᵇ; *pubes:* auf dem kamp dâ daʒ püschel stêt MGB. 343, 24; *kamm, gestiele der traube,* die trappen od. kemme von den wintrûben DFG. 482ᵇ, kam od. weinberstengel, racemus *n. gl.* 312ᵃ. den wîn mit kemmen machen WP. 84 (*vgl.* triubel-, wînkamp, kampwîn); *in der bergmannssprache: festes gestein, das aus weicherem hervorschiesst u. den bau eines gangs behindert.* ungenge ist iuwer kamp REINH. (LS. 2. 605, 24. *nach* MSF. 239 *anm. vom kammrade an der müle); ein marterwerkzeug,* kamme MYST.; *ein saugwerkzeug,* netz und kamben setzen NETZ 12616 *anm.; holz, das man dem schweine*

um den hals thut, damit es nicht durch die zäune kriecht, kampe GR.W. 3, 683 (*vgl.* DWB. 5, 107. *zu* GL. *Virg.* 3, 262; *tirol.* kamp, *binde, woran die kuhschelle hängt* SCHÖPF 300); *eiserner ring, compes:* die kampen soll 3 schuh lang sein; in den champen, *in compedibus* SCHM. *Fr.* 1, 1251. — *vgl.* KUHN 1, 440. DWB. 5, 101 *f.*
kampære *adj. s.* kampfbære.
kampe *s.* kamp.
kampel-market *stm.* ze Berne ûf kampelmarhte j. TIT. 4518.
kampen *swv.* die gechampeten, compediti SCHM. *Fr.* 1, 1251. ain schwein, so durchgeet, sol gekempt werden GR.W. 3, 683. — *s.* kamp *u.* DWB. 5, 107.
kampf, kamph *stm.* (I. 784ᵃ) d a ʒ chanf DIEM. 262, 17; *md.* kamp: *einzelkampf, zweikampf* (certamen, duellum: kamph, kemph, *md.* kamp, kempt DFG. 115ᵃ. 192ᵇ. *n. gl.* 142ᵃ). RUL. LAMPR. IW. PARZ. TRIST. KONR. (in einen rinc ze kampfe treten TROJ. 5227. ir sint zer minne baʒ gestalt denn ir getân ze kampfe sît 22325). in der muoter wambe wâren si mit camphe GEN. *D.* 46, 7. kampfes arbeit ROTH *dicht.* 43, 33. ze kampfes zîten j. TIT. 4904. eʒ ist bezʒer k. danne halsabe ULR. *Wh.* 111ᶜ. des belibet er âne k. HELBL. 2, 541. einen kampfes an sprechen LOH. 7163. einen kampfes biten ORL. 11267. des kampfes spil an nemen *ib.* 11280. sich veile geben mit sinem kampfe in einen strît *ib.* 11304. ze kampfe stân ROTH *dicht.* 54, 21. einem kampfes genuoc geben HPT. 8, 494. den k. einem bieten KARL 11841. einen mit k. bestân *ib.* 11797. LOH. 1579. RENN. 11591. einen man bestên ze kampe KARLM. 251, 37. 47. in kampfe stân BARL. 110, 35. in den kamp komen MARLD. *han.* 22, 40. ze kampe gân PASS. 80, 4. ich wil beherten mîn reht mit kampfe LANZ. 5002. des kampfes gegen alle meister phlegen WARTB. 1, 9; *gerichtl. zweikampf* DSP. 1, 88. SWSP. 298. FREIBERG. 217; *kampfspiel, turnier,* palestra DFG. 406ᵇ; *minnekampf, bettspiel* FASN. 748, 20; *kampf zwischen zwei heeren* STOLLE 27; *bildl. leiden,* Philippus leit durch got disen camp PASS. 282, 12. — *aus mlat.* campus, *zweikampf? vgl.* KUHN 1, 385. DWB. 5, 138 *f.*
kampf-bære *adj.* (I. 784ᵇ) *zum zweikampf tauglich* LANZ. PARZ. (kampfes bære 209, 10 *var.* camphbâre) ULR. *Wh.* 161ᵇ; kampære

wunde (*im gerichtl. zweikampf*) *wunde, die eines nagels tief u. eines gliedes lang ist* FREIBERG. 216. 24. 25. HALT. 1066.

kampfer *stm.* (I. 785ª) *s.* gaffer *u.* MGB. 395, 26.

kampf-ge-nôz, -nôʒe *stswm.* (II. 399ª) *freundl. teilnehmer am kampfe, mitkämpfer* Iw. ER. 9120. j.TIT. 4902. ULR. *Wh.* 114ª; *feindl. teilnehmer am kampfe, gegner* PARZ. KRONE 2905. 20505. 28052. KARL 11907. 97. DAN. 3838. BARL. 110, 36. SWANR. 931. OT. 49ᵇ. 98ª.

kampf-ge-schirre *stn.* (II². 164ᵇ) *kampfzeug, waffen* FREIBERG. *vgl.* kampfgezouwe.

kampf-ge-selle *swm.* (II². 30ª) *s. v. a.* kampfgenôʒ *in erster* (VIRG. 168, 2. MART. 233, 50), *in zweiter bedeutung* HARTM. TRIST. KRONE (2924. 99. 11864. 12542. 16647). ERACL. 4809. SWANR. 1011. OT. 195ᵇ.

kampf-ge-verte *swm. s. v. a.* kampfgenôʒ *in zweiter bedeut.* TROJ. 3531. SCHRETEL 255.

kampf-ge-zouwe *stn.* (III. 943ª) *s. v. a.* kampfgeschirre FREIBERG.

kampf-hof *stm.* camphof, palestra DFG. 406ᵇ.

kampf-huot *stm. hut zum gerichtl. zweikampf* GR.w. 3, 601.

kampf-hûs *stn.* (I. 738ᵇ) pugilatorium DFG. 471ᵇ.

kampf-kolbe *swm.* welich der tiuvel heizet dich kempfen unde welich der tiuvel hât dir den kampkolben erloubet BERTH. 325, 22. kempfkolb, cestus Voc. 1482.

kampf-, kempf-lich *adj.* (I. 784ᵇ) *zum kampfe gehörig, geeignet, bereit* PARZ. (lâ mich für die arbeit ein kampflîchez gîsel wesen 323, 19). TRIST. LIEHT. DIOCL. kampflich wort, *die förmliche ausforderung zum zweikampfe* SSP. 1. 68, 3, *ebenso* ein kempflich fürbot CHR. 2. 10 *anm.* 1. kempfliche sache, streitsache, die durch zweikampf entschieden wird EYB 8;

kampf-, kempf-lîche, -en *adv.* (I. 785ª) kampfliche vehten ORL. 1649. daz er sô kampflîchen ist komen WWH. 128, 25. einen kampfschilt er truoc, dâ mit er kampflîchen stuont LANZ. 1921. sein êre kempflîchen verantworten RTA. 1. 222, 1. einen k. an sprechen, *zum zweikampf, bes. zum gerichtskampf fordern* PARZ. LOH. 830. MSH. 2, 210ª. DSP. 1, 87. 88. SSP. 1. 62, 4; 3, 29. DÜR. *chr.* 401. FREIBERG. 217 (kemplîchen). NP. 18. Mz. 4, 2 *s.* 5 (kemplîchen), *ebenso* einen k. grüeʒen FDGR. 1, 374ᵉ. SSP. 3, 35, einen k. vor laden *ib.* 2, 8, dar laden PARZ.

kampf-meister *stm. kampfrichter* HALT. 1064 (*a.* 1374).

kampf-müede *adj.* (II. 228ª) *vom kampfe ermüdet* PARZ. LANZ. 2206.

kampf-rahe *swf.* zwên vilâne süllen sich zebliuwen unde zeslahen vor geriht mit kampfrahen, mügen si ir reht anders niht bewæren unde ir geschiht KRONE 10759. *s.* rahe, stange.

kampf-rat *stn. s.* kamprat.

kampf-rëht *stn.* (II. 624ᵇ) *das recht, das den gerichtl. zweikampf bestimmte u. ordnete* (TRIST.), *auch der rechtliche anspruch des einzelnen daran* GR.w. 3, 601. *s.* HALT. 1064 *u.* DWB. 5, 155;

kampf-rëhten *swv.* (*ib.*) *das* kampfreht ausüben, *im gerichtlichen zweikampf fechten* TRIST.

kampf-reit *stm. kampfplatz.* der k. was niht wît APOLL. 5925.

kampf-scheider *stm.* palester DFG. 406ᵇ.

kampf-schilt *stm.* (II². 130ᵇ) *kampfschild* LANZ., *schild zum gerichtl. zweikampf, der nicht als waffe dienen konnte* DSP. 1, 283. SSP. 1. 63, 4.

kampf-slac *stm.* (II². 383ᵇ) *schlag im kampfe, md.* kampslac ELMEND. KARLM.

kampf-spil *stn.* monomachia DFG. 367ª.

kampf-stat *stf.* (II². 601ᵇ) *platz, wo ein zweikampf vor sich geht* Iw. TRIST. kampf-, kempfstat, pugilatorium Voc. 1482. kampstede DIEF. *n. gl.* 308ᵇ.

kampf-stëchen *stn.* (II². 623ᵇ) *ritterl. kampfspiel* EHING.

kampf-, kempf-swërt *stn.* (II². 775ᵇ) romphea, gladius bis acutus DFG. 500ª. HB. *M.* 509. 514.

[**kampf-vrî** *adj.* III. 402ᵇ] kempffreier man SWSP. Senkenb. *c.* 53, *fehler statt* sempervrîer *s.* DSP. 1, 71ᵉ (sentper vreier) SWSP. 348, 1. L. 79, III *u. anm.*

kampf-wât *stf.* (III. 778ª) *kriegsrüstung* DIEM.

kampf-wërc *stn.* (III. 589ª) *rüstzeug zum* kampfe TRIST.

kampf-wîc *stmn.* (III. 649ᵇ) *zweikampf als gottesurteil* RA. 929.

kampf-winner *stm.* duellus, kampwinner DIEF. *n. gl.* 142ª.

kampf-wîse *adj.* (III. 753ª) *erfahren im zweikampfe, kampfkundig* Iw.;

kampf-wîse *stf. was zum* kampfe *gehört.* hei, wie ist er ze vehte und ze kampfwîse gestellet sô ze prîse TRIST. 11211.

kampf-zît stf. (III. 914ᵇ) *kampfzeit* Iw.
kamp-rade od. redpeutel vel baculus mobilis supra molarem, schutzstab, tarantara, trimera Voc. 1482. *vgl.* rëden *u.* Dwb. 5, 134.
kamp-rat stn. (II. 560ᵃ) *kammrad in der müle* Ls. Tuch. 122, 15. 317, 1. pectaculum kamp-, kampf-, kamrat Dfg. 418ᶜ. *n.gl.* 283ᵇ.
kamp-stede s. kampfstat.
kamp-stoc stm. *kammstock in der müle* Chr. 6. 201, 3.
kamp-wîn stm. sapa, saur vel kampwîn Dfg. 511ᵇ. kempwein Dwb. 5, 157 (*a.* 1498). — *von* kamp, *traubenkamm.*
[**kam-wide** stf. III. 619ᵇ] s. zeinwide.
kan *präs. prät.* s. kunnen, komen.
kan swf. s. kone.
kan stswm. (I. 785ᵇ) *kahn*, scafa Dfg. 516ᶜ. *n. gl.* 329ᵇ. *pl.* kanen Jer. 25ᵈ. — *vgl.* Dwb. 5, 33 *u.* kenecte.
kân stm. s. kâm.
kanâl stm. s. kanel.
kande *prät.* s. kennen.
kandel s. kanel, kannel.
kandel-brët stn. *gestelle zur aufbewahrung der kannen* Fasn. 252, 19. 1215. *vgl.* Schm. Fr. 1, 1253.
kandeler stm. Dh. 282 *s. v. a.*
kandel-giezer stm. s. kannelgiezer.
kandel-macher stm. cantrifex Dfg. 96ᵇ.
kandel-slac stm. *schlag, streich mit einer kanne* Passau. *r.* 92.
kander *comp.* s. kant.
kâne, kânec s. kâm, kâmic.
kanel stf. s. kannel.
kanel, kenel stm. (I. 785ᵇ) *canal, röhre, rinne.* kanel Kindh. Urb. *Son.* 2ᵇ (*brunnenröhre*). kanel, k a n e r canalis Dfh. 94ᵃ. kanel Griesh. (1, 133). daz er ein kanel sî, durch den er die durstigen schenket H. *v. N.* 390. k a nnel Gr.w. 2, 13. er sal einen k a n d e l legen ûf sîn dach Mone *z.* 9, 303 (*a.* 1446). kener Myst. S.Gall. *stb.* 11, 39 (*wasserleitung auf eine müle*). Zimr. chr. 4. 401, 10. der wind schluog den fetzen in das tach in ainin kener Const. *chr. bei* Mone (*a.* 1448), k e nner *ib. a.* 1461. kenel, kener Dief. *n. gl.* 70ᵇ. k a n âl Pass. (: sal 147, 52). — *aus lat.* canalis. *vgl.* kengel.
kanél stm. *zimmet* Chr. 1. 100, 28. kaneel und balsam Hans 2186. — *nd.* kaneel (Dfg. 119ᶜ) *aus fz.* canelle, *ital.* canella, *röhrchen, röllchen* Dwb. 5, 160.
kaner stm. s. kanel.

chanf stn. s. kampf; **kanfte** *prät.* s. kempfen.
kange swm. ? bengel, stemme, kangen trûgen si ein wunder Reinfr. 70ᵇ. *vgl.* kengel.
kânig *adj.* s. kâmic.
kanker swm. (I. 785ᵇ) *eine art spinne* Myst. *vgl.* Dwb. 5, 163.
kan-liute s. koneliute.
kanne stf. *elle* Chr. 1. 101, 8. — *ital.* canna, *die grosse elle.*
kanne swf. (I. 785ᵇ) *kanne* Parz. Strick. 4. 92. 261. Chr. 8. 306, 1. 307, 9. 11. k a n t e Weinschw. S.Gall. *stb.* 4, 136. 266. Chr. 5. 10, 21 *u. oft in der* Zimr. chr., *s.* 4, 537ᵃ. kant Kolm. 77, 22. — *ahd.* channâ, chantâ, *vgl.* Dwb. 5, 166. 172;
kannel stswf. (I. 786ᵃ) *dasselbe.* daz man niendert kannel sach mit wîne tragen Loh. 645. kanneln giezen Np. 161. canln *ib.* 160. kanel Weinschw. k a n d e l Er. Hätzl. Fasn. 385, 18. Chr. 1. 265, 24. Tuch. 289. Dfg. 96ᵃ. k a n t e l s. wazzerkantel. — *vgl.* Dwb. 5, 158.
kannel stm. s. kanel.
kannel-giezer stm. *zinngiesser* Np. 160 *f.* k a n d e l giezer, cantrifex Dfg. 96ᵇ. Tuch. 47, 28;
kannen-giezer stm. *dasselbe* Dfg. 442ᶜ. Mone *z.* 3, 160 (*a.* 1360). k a n t e n giezer Rotw. 2, 341;
kannen-giezerîn stf. k a n t e n giezerîn Mone *z.* 8, 56.
cannen-swamp stm. agaricus Dfg. 17ᵃ, *wol für* tannenswamp.
kanonîe swf. canonia, canonicatus Dfg. 95ᶜ. Wh. v. Öst. 3ᵃ. 7ᵃ. Karlm. 319, 57. Kirchb. 766, 30. Chr. 7. 92, 1. 129, 2;
kanonike swm. canonicus Dfg. 95ᶜ. Kirchb. 698, 15. Rta. 1. 9, 28. kanonke Karlm. 355, 35. 377, 25. 381, 26;
kanonisîe swf. *s. v. a.* kanonîe Karlm. 341, 15;
caniziere f. *kanisierung* Elis. 9916;
canizieren swv. canizare Elis. 9824. 56. 9976.
kan-phenninc, -schillinc stm. (II. 492ᵇ. II². 128ᵃ) *abgabe zu* Cham *im canton Zug* Weist.
kant *adj. s. v. a.* kunt. doch wart ir gotes helfe kant (: slant) Pass. *K.* 330, 38. daz ir schant si deste kander (: einander) Ls. 2. 421, 92.
kant stfm. s. kanne, kanz.
kantar stm. *ein ital. centner* Chr. 1. 101, 6. 103, 13. — *aus mlat.* cantarus.
kant-bære *adj. bekannt* Chr. 8. 452, 23. kanpêr *ib.* 3. 275, 29. *vgl.* Dwb. 5, 531.

kante, kantel *s.* kanne, kannel.
kantlich *adj. s.* kentlich *u.* be-, erkantlich.
kantner *stm. unterlage von balken für fässer, kellerlager* USCH. 298 (*a.* 1373). — *bair.* gantner *aus lat.* canterius *s.* DWB. 5, 175. SCHM. *Fr.* 1, 926. KWB. 107.
kantnusse *stf. kenntnis, erkenntnis, einsicht* MART. 176, 52. FRONL. 32. 44. 53. kentnisse GERM. 3. 405ᵃ, 17. JER. 27ᵈ.
kant-wagen *stm. s.* kanzwagen.
kanz *stm.* (I. 786ᵃ) *in* kanzwagen. *vgl. nd.* kant *m. kante* (KARLM. 85, 29. 178, 35) *u.* DWB. 5, 175. 182. KUHN 17, 32.
kanzel *stf.* (*ib.*) *kanzel* j.TIT. 376. 389. CHR. 3. 39, 6. cancellum, cancellus DFG. 94ᵇ. *n. gl.* 70ᵇ; *stm.* GR.W. 4, 379. — *aus lat.* cancelli, *gitter, schranken* DWB. 5, 177;
kanzelære, -er *stm.* (*ib.*) *cancellarius* WALTH. ERACL. FRL. MARIENGR. 573. 78. SWSP. 106, 7. *md. auch* kenzeler HPT. 8, 323. kenzeller DFG. 94ᵇ. 459ᵇ;
kanzelîe *stf.* (*ib.*) *kanzlei* WOLK. HADAM. 527. RTA. 1. 87, 31. kanzlî ALTSW. 142, 5. NETZ 7428. cancellaria, kantzley, kontzley DIEF. *n. gl.* 70ᵇ. kenzelîe RTA. 1. 255, 8. 540, 15; *kanzel*, die hochzeitlichen tag, die man offenlich gebeut an der kantzlei Mz. 4, 150;
kanzellerîe *stf. kanzlei, cancellaria* RCSP. 1, 363. CDG. 2, 423. 429. kanzlerîe *ib.* 3, 148. 154. canzellarîe CHR. 9. 600, 19. 21;
kanzellieren *swv.* also sasze man ob dem brief und canzellierten die baid herren ob der antwort (*machten das concept*) ZIMR. *chr.* 3. 532, 31; *durch schranken sondern: abschneiden, tilgen.* die satzung cancellieren, abtun und durchstreichen ROTW. 1, 53ᵃ;
kanzeln *swv.* (I. 786ᵃ) *das kanzleramt üben, als kanzler schreiben* FRL.
kanzel-schrîber *stm. kanzelist* BEH. 64, 4.
kanz-wagen *stm.* (III. 644ᵇ) *lastwagen* NIB. (*var.* ganzwagen, ganzer wagen. *vgl.* ein knecht und ein ganzen wagen GR.W. 3, 560) TRIST. MONE *z.* 9, 415 (*a.* 1440, *Speier*). laden einen starken kantwagen ULR. *Wh.* 197ᵇ. *vgl.* kanz *u.* DWB. 5, 181.
kap, kape *s.* kappe, kobe 1.
kapellân, kapëlle *s.* kappel-;
kapellelîn *stn. kleine capelle* N. *v. B.* 325. UHL. *volksl.* 434 (15. *jh.*).
kapell-hërre *swm.* herr Johans, capellherre zuo sant Geôrien zuo Spîre MONE *z.* 8, 28 (*a.* 1352).

kapel-soum *stm.* (II². 474ᵃ) *gepäck, das gottesdienstl. geräte enthält* NIB.
kapel-trëten *stn.* (III. 98ᵇ) *das gehen, treten in eine kapelle* MONE *schausp.*
capelûn *stn. s.* gabilûn.
kapf *stm. runde bergkuppe.* hin unz an den kapf GR.W. 4, 382 (14. *jh., Schweiz*). — *ahd.* chapf, *ort von dem man ausschaut,* kapfet. *vgl.* DWB. 5, 185. SCHM. *Fr.* 1, 1273. BIRL. 267ᵇ;
kapfære, -er *stm.* (I. 787ᵃ) *der verwundert auf etw. schaut,* LANZ. *md.* kaffäre ROTH. 1868; die käpfer, *die grieswärtel im turnier* RING 8ᵉ, 45; kapfer oder kragstein, proceres, sunt capita trabum VOC. 1482. kepfer scopulus DFG. 520ᵃ. *vgl.* ZIMR. *chr.* 4. 138, 26 *u.* DWB. 5, 186;
kapfærinne *stf.* siht si über sich, si ist ain kapferinn, *gafferin* MGB. 286, 19.
kapfe-loube *swf.* (I. 1048ᵇ) theatrum, amphitheatrum VOC. *vrat.* — *vgl.* koufloube.
kapfen, kaphen *swv.* (I. 786ᵇ) *prät.* kapfete, kapfte; *nbf.* kaffen (*prät.* kaffete, kafte; *part.* gekaft ATH.** 22) SILV. 2619, DFG. 645ᵉ *u. md.,* gaffen W. *v. Rh.* 228, 16. PASS. *K.* 223, 22. VOC. 1482: *schauen, les. verwundert schauen, gaffen.* dô wart gekaphet uber al ALBR. 16, 68. vintlîchen sî kaphten RAB. 741. kaffende rîten EN. 338, 14. dar k. TRIST. k. an WALTH. SILV. 2619, k. ûf PARZ. ENGELH. TROJ. 20803. KARLM. 98, 13. PASS. *K.* 223, 22. ûfwert kaffen *ib.* 615, 46, kaphen ALBR. 34, 83. k. wider TRIST., si kaffeten ze berge PASS. 104, 46; *mit gen.* TROJ. — *mit an* (*oben sp.* 60 *nachzutragen*): NIB. TRIST., WIG. WALTH. TROJ. 3073. 19614, 23077. SILV. 2629. W. *v. Rh.* 228, 16. SGR. 1254), ûf, umbe; *über-, ver-. altn.* gapa, *gespalten, geöffnet sein, vgl.* gief, kepfen *u.* KUHN 1, 138;
kaphen *stn.* kaffen (: geschaffen) GERM. 15. 99, 43. gaffen *s. unter* giffen.
kapfe-spil *stn.* (II². 501ᵇ) *schauspiel* HELBL. MART. *md.* kaffe-, kafspil STAT. *d. o.* PASS.
kapfunge *stf.* (I. 786ᵇ) spectaculum, speculatio DFG. 545ᵉ.
kap-han, -huon *s.* kappûn.
kapitân *stm. anführer, hauptmann* j.TIT. 2176. 4129. cappitain LESEB⁴. 1212, 11. cappitên *ib.* 1210, 9. capitânje CHR. 8. 65, 27. — *aus fz.* capitaine, *mlat.* capitaneus (kapitanius APOLL. 19995).

kapitél stn. (I. 788ª) *säulenknopf, capitäl.* kapitel (:sinewel) TROJ. 17520. ERLŒS. 449. kaptil FRL. kaptele VOC. 1482. — *aus lat.* capitellum.

kapítel stn. (I. 787ª) *feierl. versammlung, convent* SILV. in samenunge valsch capitel RENN. 12362. vier ebte gên capitel riten *ib.* 22844. ze kapitel und ze kôre GA. 3. 618, 200. und wil bit mînen gesellen dâ capitel halden GIESS. *hs.* 332 *(der sünden widerstrît v.* 1246). capittel, domcapitel CHR. 7. 233, 20. zu capitel komen, *zu einer besprechung zusammen kommen* MONE z. 9, 30 (*a.* 1464). — *aus lat.* capitulum.

kapitel-bruoder stm. *mitglied eines (bischöfl.) capitels* LOH. 3215.

kapitel-hërre swm. die k. zu Einsidlen GR.W. 1, 158. 283.

kapitel-hûs stn. (I. 738ᵇ) capitularium, capitolium DFG. 97ᶜ. *n. gl.* 73ᵇ. WACK. *pr.* 43, 99. GERM. 3. 415, 6.

kapiteln swv. *intr. sitzung des capitels abhalten* CHR. 7. 233, 23; *tr.* einen k. *ihm das capitel lesen, ihn mit worten strafen* RENN. 4161. NETZ 5164. 74. *vgl.* DWB. 5, 187.

kapitel-rede stf. strafrede ZIMR. *chr.* 3. 204, 34.

kapitolium n. (I. 787ª) *capitolium* SILV.

kaplân stm. s. kappellân;

kaplânîe stf. *caplanei* GLAR. 62.

chapoun, cappân stm. s. kappûn.

kappe swm. (I. 787ᵇ) *kapaun* BARL. HADL. HÄTZL. HUGDIETR. 151, 2. PARZ. 657, 8 *var.* ULR. *Wh.* 180ᶜ. 246ᶜ. kapp, kap DFG. 97ᶜ, *als abgabe* WEIST. URB. 17, 22. 28. 18, 7 *etc.* — *aus mlat.* capus, *vgl.* kappûn *u.* koppe 2.

kappe swstf. (I. 787ª) *mantelartiges kleid, das mit einer kapuze zugleich den kopf bedeckte u. von männern u. frauen, bes. auf reisen getragen wurde (vgl.* WEINH. *d. fr.* 396. 449) NIB. PARZ. WIG. WINSB. LIEHT. (40, 14. 161, 6. 176, 21. 465, 14). geriget k. von samît TÜRL. *Wh.* 99ª. k. mit palmatsîden HELDB. *H.* 1. 260, 794. si slufen in steheline roke, dar uber legeten si linîne chappen KCHR. *D.* 525, 5. kappe, schaperûn und roc GA. 3. 623, 361. mir wæren vier kappen lieber danne ein krenzelîn MSH. 2, 173ª. von hosen oder kappen dem schneider ein ein ort eins guldîn zu machlôn geben NP. 106. auch ist gesetzet, daz kein jude kein kappen tragen sol *ib.* 321. *vgl.* CHR. 1. 279, 26. 27. 29; 2. 252. 3. 60, 17. 18. kappe *des hl. Martin* S.MART. 8, 30 *ff. (acc. s.* kappe); *chormantel* CHR. 3. 61, 10; *kutte der mönche u. nonnen* WALTH. PASS. (97, 57. in die kappen kumen, *mönch werden K.* 305, 38). RENN. 3118. 74. 80. 241. 3307. 4359. er zôch ein grâ kappen über sîn stehelîn gewant ROSENG. *Weigel* 1044. Rennewart in sîner swarzen kappen *(als mönch)* ULR. *Wh.* 161ᶜ. gênde in einer kappen *ib.* 203ᵈ. bî der kappen er in vienc *ib.* 154ª; *bauernkittel* FASN. 440, 10. *vgl.* NEIDH. 215, 11; *neben dem mantel genannt: wol eine art mantelkragen od. kapuze* SWSP. 125, 3. SSP. 3, 69. NARR. 4, 19. kapp od. gugelhuot, capucium VOC. 1482. *vgl.* CHR. 2. 13, 2 *u.* DWB. 5, 190; *mütze, kappe* FASN. 275, 29, *narrenkappe* NARR. 27, 2. 34, 11. 74 *u. o., im sinne von kopf:* einem ûf die kappen slahen ALSF. *pass.* 48ᵇ. *redensarten:* einem eine kappe *(ohrfeige)* geben HÄTZL. 282ᵇ. eine schimpfliche kappen ein nemen, *eine schlappe erleiden* ZIMR. *chr.* 2. 478, 2. — *aus mlat.* capa, cappa;

kappël s. kappëlle;

käppelîn stn. s. keppelîn;

kappellân stm. (I. 786ª) *caplan.* kappellân PARZ. KL. 1697. VIRG. 127, 12. 258, 1. 260, 1. LUDW. 1, 15. kappelân PARZ. ERNST 3304. VIRG. 246, 2. SILV. 869. 1361. GFR. 7. S.MART. 16, 12. kapplân WEIST. des vâlantes, des tievels kapplân *(abt von Admont)* OT. 367ª. 371ª. kapellân PANT. RENN. 6843. TEICHN. 248. PASS. 385, 39. kapelân NIB. TRIST. *U.* WWH. 89, 4. 28. 29. VIRG. 944, 1. REINH. 1511. 24. 33. 53. 63 *etc.* kaplân VIRG. 939, 2. LIEHT. 33, 10. — *aus mlat.* capellanus: sîne *(des hl. Martin)* kappe fuortent die künige von Farnkrîch dô nôch alle zît an, sô sü zuo strîte soltent farn, dô von wurdent die cappellâni genant, die der cappen hüetent S.MART. 8, 30 *ff.;*

kappelære stm. *der eine* kappe *trägt.* wirt er denn niht ein bischof sô werde er ein messenær oder sust ein cappelær Aw. 7, 59. keppeler, *der zum kepplerorden gehört, kappelmönch* ARN. 60 (*a.* 1450). *vgl.* BIRL. 269ª;

kappëlle, kappel, kapëlle swf. (I. 786ª) st. ELIS. 9718: capelle. káppelle VIRG. 127, 5. ERNST *B.* 1412. EILH. 3459. 7248. ALBR. 22, 817. ELIS. 9471. káppel PARZ. GSM. j.TIT. 6133. KRONE 29014. 23. MEL. 11249. NARR. 11, 17. kápélle, kapélle HARTM. PASS. (385, 30). ELIS. 9718. — *aus mlat.* capella.

kappen swv. (I. 787ᵇ) *zum* kappen *(kapaun) machen, verschneiden* BARL. MGB. 131, 16 *var.* — *vgl.* kappûnen.

kappen swv. *mit einer* kappe *versehen.* ir sît sô gelîche gekappet ULR. *Wh.* 165ᵃ.

kappen-gëlt stn. *kapaunenzins* AD. 1087 (*a.* 1359). MONE z. 8, 180. HALT. 1067. *vgl.* kappenzins; *abgabe der gemeinen frauen* ZIMR. *chr.* 3. 66, 28. 388, 11, 4. 108, 21. *s.* DWB. 5, 198;

kappen-gülte stf. *dasselbe* AD. 1277 (*a.* 1418).

kappen-hengest stm. die viert ist die lengst, ist dem teufel gut zu ainem k. KELL. *erz.* 194, 16. *vgl.* DWB. 5, 198.

kappen-kugel, -kogel f. cuculla DFG. 160ᶜ.

kappen-rücken stn. *das rücken, abnehmen der* kappe. *vgl.* ZIMR. *chr.* 4, 537ᵇ, DWB. 5, 199.

kappen-stein stm. (II². 614ᵇ) *s. v. a.* hanstein MUS. 2, 81. *vgl.* MYTH. 1189 *f.*

kappen-zagel stm. (III. 840ᵃ) cuculla DFG. 161ᶜ *f.* VOC. 1437.

kappen-zins stm. *s. v. a.* kappengëlt, *kapaunenzins* HALT. 1067. GR.W. 5, 241. 481.

kappen-zipfel stm. *der zipfel der kaputze u. die kaputze selbst.* capucipendium, leripendium, levipipium VOC. 1482. HÄTZL. 282ᵃ. FASN. 441, 1. die korschüler sullen in dheiner processen keinen kappenzipfel umb daz haubt niht winden LEITB. 30ᵃ; *scherzhaft für capitel:* am neunten cappenzipfel im narrenschiff NARR. CXXVIᵇ; *als strassenname* TUCH. 338. BIRL. 268ᵇ. — *vgl.* GERM. 15, 95. DWB. 5, 199.

cappitên, cappitain *s.* kapitân.

kappiz, kappûs, kappuz, kaps *s.* kabeʒ.

kappûn stm. (I. 788ᵃ) *kapaun* MSH. 3, 310ᵇ. BARL. 249, 10 *var.* (HUGDIETR. *ist* kappen *zu lesen, ebenso* WOLFD. 161, 2). kappûn, kapûn, kappân DFG. 97ᶜ. cappaun MGB. 52, 33. 125, 22. cappân *ib.* 196, 20. 24. chapoun, chapoune *stswm.* PF. *üb.* 40, 76. 85. 100. 107. 109. *umgedeutet* kaphan HELDB. *H.* 1. 186, 152, kaphan, -huon DFG. 97ᶜ. VOC. *Schr.* 1111. kophan *ib.* 366. RENN. 19583; *vir castratus* PARZ. 657, 8 (kapûn). ain cappaun daz ist ain man, der seinr gezeuglein niht hât MGB. 52, 28. — *aus mlat.* capo, caponis, *vgl.* kappe *swm.*;

kappûnen swv. *s. v. a.* kappen, *castrieren* MGB. 131, 16. 435, 2;

kappûner stm. *s. v. a.* kappûn. kappauner DFG. 97ᵇ. kapauner *n. gl.* 73. ahte kappûner CDS. 2, 162 (*a.* 1361).

Câps *n. pr.* (I. 788ᵃ) *Gapia in der Provence* (ZACHER) PARZ.

kaptele, kaptil *s.* kapitél.

kapûn stm. *s.* kappûn.

kar *prät. s.* këerren.

kar stm. (I. 788ᵃ) *pl.* kar *u.* kär (S.GALL. *chr.* 34): *geschirr, schüssel* ALEXIUS, GRIESH. *denkm.* ein kar vol brôtes BERTH. 85, 22. ein vollez kar MSH. 3, 311ᵃ (vollę kar *pl.* HÄTZL. 71ᵇ). man trûc kostlîche spîse in mangem guldînem kar ALBR. 16, 148. si brâchten wînes volle kar *ib.* 19, 167. löffel und kar NETZ 7297. 13259. hevene unde kar PF. *üb.* 137, 15. ein kar smârâgdîn APOLL. 11888. daz kar was eines speres lanc *ib.* 11890; *bienenkorb,* alsam diu bîe zuo dem kar mit fröiden vallent WARTB. 11, 11. *s.* bînenkar (bînekar TROJ. 33854); *als getreidemass* MONE z. 16, 328. URB. *B.* 1, 109 *f.* 2. 438 *ff.* zwainzich kar korns, sehtzehen kar hebreins maltz, sehtzehen kar habern und ain kar arbaiss MZ. 3, 198 *s.* 177; *nachen,* cimba DWB. 5, 204 (*hieher od. aus mlat.* carina?); *stockwerk,* das haus dreier gadmer oder kar hoch machen MONE 4, 371 (*a.* 1427, *Ulm.*). — *gt.* kas, *in den übrig. deutsch. sprachen* kar, ker. *vgl.* DWB. 5, 202. DIEF. 2, 547; GSP. 2 *u.* FICK² 357 *stellen es zu lat.* vâs (*aus* gvâs).

kar stf. (*ib.*) *trauer, wehklage.* si quelt sich mit grôzer kar WH. *v. Öst.* 3ᵃ. — *gt.* kara *die sorge, wahrscheinl. mit* kaurs *schwer zu skr.* guru (*aus* garu), *lat.* gravis (*aus* garuis), *vgl.* KUHN 11, 161. GSP. 5.

kar swf.? *ein musikinstrument.* herhorn, busûnen, karn WH. *v. Öst.* 92ᵃ.

karacter stswm. **karacte** swm. (I. 788ᵇ) *buchstabe* PARZ; *zauberschrift, zauberspruch,* si sprach bî der stunde, swaz sie karacter kunde ALBR. 70ᵇ. caractern sô er redt *ib.* 70ᶜ. karactar LESEB. 1008, 27. caracter, kracter NARR. 65, 47, 38, 35. karacte REINFR. *s.* 104. karactêres *eigentl. lat. pl.:* der schreip ein karactêres GFR. 2437. TROJ. 10558. ir habet caractêres gelesen und beswert den tûvel GEO. 1821; *gepräge, merkmal* MYST. wirt ein karacter gerücket in iuwer sêle BERTH. *Kl.* 40. *vgl.* DFG. 99ᵇ. — *aus gr. lat.* character.

karadrîus *m.* (I. 788ᵇ) *ein fabelhafter weisser vogel* KARAJ. FREID. (=RENN. 19521). LESEB. 166, 28. kaladrîus MSH. 3, 92ᵇ. galadrîus APOLL. 13288. calader MGB. 173, 22. galadrôt j.TIT. (276. 4755. 5159). galidrôt MSH. 3, 92^b. — *gr.* χαραδριός, *vgl.* KUHN 15, 438 *ff.* DFG. 88^a. 99^c.

karalle *swm. s.* kôralle.

kárât *s.* gárât.

karbalieren *swv. sieben, reinigen, ausscheiden* CHR. 1. 100, 27 (*vom gewürze*). karbelêren, karbolêren, korbelêren FRANKF. *brgmstb.* 1429 *vig. Alban., vig III. p. jubil.* (die diener korbelêren und etlichen orlaub geben), *vig. concept., vig. V. p. Aegid. — aus dem nun veralteten it.* garbellare;

karbalierunge *stf.* FRANKF. *brgmstb.* 1429 *vig. V. p. exaltat.*

karbel *s.* këvele.

karbunkel *stm. s.* karfunkel.

karc *adj.* (I. 788^b) *flect.* karger, karker (MART.), *comp.* kerger: *klug, listig, schlau, hinterlistig* GEN. EN. HARTM. (karger muot BÜCHL. 1, 504). LANZ. FREID. LIEHT. (karge3 sprechen 407, 38). wise unde k. Aw. 3, 14. der übel tivel was sô karc, der sich dâ in dem slangen barc ANEG. 16, 74. dô trôste sie der karge man, her heti3 durch ein list getân ROTH. 2881. wer ist sô sælec und sô karc, der volleclich bî sînen tagen al der werlt müge behagen KRONE 2766. der kerger (*var.* karge) an kunst *ib.* 2277. er hie3 in gewar unde karc wider in an dem strîte sîn *ib.* 13221. karger list MSF. 213, 2. KARL 1004. Berhtunc was listic unde k. WOLFD. *H.* 95, 1. ir seit karc, *ein tausendkünstler* FASN. 432, 31; *streng, heftig, stark,* der zorn der wurminne was karc WOLFD. 1852. ein zornic karke brunst MART. 20, 90; *enge, knapp,* karke gebende *ib.* 212, 34; *knauserig, unfreigebig, gegens. zu* milte (karger, unmilter parcus, sparsimonicus VOC. 1482). FREID. Ms. da3 ir versmâhent karge3 leben TROJ. 18557. Peter der vil karge man PASS. *K.* 140, 33. karc blîben *ib.* 211, 16. ie rîcher ie kerger RENN. 10658, MONE *schausp.* 1, 312. karger vilz FASN. 650, 24. 653, 2; *nicht ausgiebig, unfruchtbar,* ein karge3 jâr CHR. 5. 219, 29. — *vermutl. identisch mit ahd.* charag, *lugubris, (von* chara, *s.* kar *stf. u. vgl.* kargen 2), *ags.* cearig *traurig, besorgt, ängstlich* DWB. 5, 213.

karch, karche *m. s.* karrech.

karch-boum *stm.* 100 karchböume und 100 karchstecken *werden mit je 9 dn. verzollt* MONE *z.* 1, 175.

karc-heit, karkeit *stf.* (I. 789^a) *schlauheit, hinterlist* IW. LANZ. (da3 siu gerner zwei guot tuot dan eine karkheit 1279); *sparsamkeit, knauserei,* rehtiu milte nie verdarp, sô karkheit grô3e schande erwarp FREID^2. 87, 17. der geitikeit gesinde ist karkeit unde bôsheit RENN. 5243. sie tet e3 durch ir karcheit HEINR. 3517. ELIS. 3060.

kärchen *swv. s.* kerkern.

karchîn *stn. dem. zu* karch MONE *z.* 16, 328 (*a.* 1417).

karch-knëht *stm. s. v. a.* karrenknëht MONE *z.* 1, 190.

karch-last *stm.* karrenladung MONE *z.* 1, 176.

karch-lich *adj. s.* kerclich.

karch-stecke *swm. s. unter* karchboum.

kardamôm *stm.* **kardamuome** *swf.* (I. 789^b) kardamome, *ein gewürz* DFG. 100^a. von dem cardamôm MGB. 357, 4. mit cardamôm WWH. 151, 4. j.TIT. 5161. cardemôm PARZ. *pl.* kardamôme j.TIT. 4822. kardamuomen GSM. TROJ. 9610. muscât und edel kardomuomen j.TIT. 887. der smac gêt hôch über alle kardimuomen *ib.* 2320. kardemumen BERTH. 506, 34; — cardamonie, cardemonie, cardomoni, cardimoni *swf.* DFG. 100^b. — *aus mlat.* cardamomum;

kardamœmel, -müemel *stn. dem. vom vorig.* DFG. 100^a.

kardenâl *stm.* (I. 789^b) *cardinal* WALTH. HELBL. BUCH. *d. r.* 273. PASS. *K.* 195, 88. N. *v. B.* 343. MERSW. 20 *ff.* die cardinâle PASS. *K.* 50, 33. die samenunge der cardinâl, *cardinalscollegium zur pabstwahl* RCSP. 1, 133. die cardinâle *u.* cardinêle *ib.* 139 *ff.* kardinâl, kardenâl, kardenâle, cardinalis DFG. 100^b.

cardiân *s.* gardiân.

kardimuome *s.* kardamôm.

kardinâl *s.* kardenâl.

kardûser *stm. s.* karthiuser.

kâre, kâren *s.* kêre, kêren.

karene *s.* kerrîne.

karen-hûs *stn. s.* kërnhûs.

karf-stock *s.* kërbestoc.

karfunkel, karvunkel *stm.* (I. 789^b) *karfunkel, ein edelstein, lat.* carbunculus (DFG. 99^c) PARZ. BÜCHL. Ms. (*H.* 1, 27^a). KONR. (TROJ. 166. TURN. *B.* 1042). RUL. 196, 19. LANZ. 4143. 4788. LAUR. 213. WALB. 853. FLORE 5195. REINH. 920. APOLL. 8308. 12035. 12122. j.TIT. 147. 6046. WH. *v. Öst.* 70^a. 76^b. MGB. 437, 16. ALTSW. 38, 17. karbunkel L. ALEX. 5981. 7045. ROTH. 4593. BERTH. 234, 1. HPT. 10, 117. ERLŒS. 419. MGB. 437, 16; *umgedeutet* clârîfunkel:

karfunkelîn

sîn art diu gît klâr lûter lieht in tunkel, durch daz man im nû gebende ist etwâ den namen clârifunkel j.Tit. 2963. 4414;

karfunkelîn *adj. von, wie karfunkel* Part. *B.* 8291. Germ. 12. 41, 383;

karfunkeln *swv. s.* verkarfunkelt *u. vgl.* klârifunkeln.

karfunkel-, karvunkel-stein *stm.* (II². 614ᵇ) *s. v. a.* karfunkel Parz. Rul. 148, 24. Virg. 32, 4. Walb. 847. Wig. 26, 15. Troj. 3844. 23186. Engelh. 5304. Part. *B.* 8758. Turn. *B.* 577. Karl 5218. Heinz. 195. N. *v. B.* 211. karbunkelstein Mgb. Chr. 8. 33, 12.

karfüseln? *swv. stuprare, s.* Wolfd. *s.* 356ᵇ.

karg *stf. ein gewicht.* mandel und reis kauft man nâch der karg, und ain karg ist fir Pruker zentner Chr. 1. 102, 16. ain karg piper *ib.* 5. 155, 11. — *aus it.* cargo.

karge *stf. s.* kerge;

kargen *swv. intr.* karc, *unfreigebig sein.* die herren kargent âne zil, swar ich der lande var Msh. 2, 397ª. *mit* ver- ; *tr. s.* erkargen.

kargen *swv.* (I. 789ᵇ) *ängstlich, besorgt sein* Marlg. — *zu* kar *stf., vgl.* karc *am schlusse.*

karich *s.* karrech.

karîne *s.* kerrîne.

kâriôfel (I. 790ª) *gewürznelke,* caryophyllum Dfg. 101ᶜ (*wo verschiedene deutsche formen*: granaffel-, garafel-, geroffel-, groffel- *etc.* krût, wurz). karofel Anz. 11, 334.

kâriôfel-rîs *stn.* (II. 724ᵇ) *gewürznelkenzweig:* Maria Gsm.

kâriôfel-wurz *stf.* benedicta Voc. 1482. *s. auch unter* kâriôfel.

karitât *stf.* kartât.

karkære, kerkære, -er *stm.* (I. 790ª) *kerker.* karkære Gen. (*D.* 80, 1. 4. 94, 3). Ulr. Tund. Barl. Karaj. 28, 3. Glaub. 1709. Urst. 119, 68. Laur. 1212. 63. Lanz. 1690. Lieht. 49, 2. Hpt. 3, 445. 5. 287, 702. karker WG. 5363. kerkære Pant. Silv. 391. 435. Part. *B.* 18556. Gudr. 1596, 3. kerkêre Pass. 332, 38. kerker Konr. (Silv. 341) Pass. 119, 3. Myst. 2. 216, 37. 217, 35. karkel *in* karkelvar, **kerkel** Voc. *o.*; *md. auch* kerkenêre Roth. (2353. 2420. 32. 2533. 38), kerkener Alsf. *pass.* 8ᵇ. 9ª. 11ᵇ. Dfg. 100ª. 207ᶜ. — *gt.* karkara *f. aus lat.* carcer.

karkeit *stf. s.* karcheit.

karkel-var *adj.* (III. 238ª) *kerkerfarbig, fahl* Walth. 68, 2.

karkern *swv. s.* kerkern.

karl, karle *stswm.* (I. 790ª) *mann, ehemann, geliebter* Mar. diu kon ir karlen niht liez j.Tit. 1794. der sêle karl Hpt. *h. lied* 124, 16. 129, 26. 145, 26 (*vom späteren verbesserer überall in* liep *verändert*); *md.* kerl, rusticus Dfg. 504ᶜ, *mit verächtl. nebenbedeut. fast wie nhd.* kerl: der alte kerl Pass. mir grâwent alliu mîniu hâr, wen ich den kerl an sê Msh. 3, 44ᵇ. daz iu der kerl würde erkant *ib.,* kerle *pl.* kerlen *oft in der* Zimr. chr. *s.* 4, 539ᵇ. — Karl, Karle *als nom. pr.* Karl, *bes.* Karl *d. grosse* (der guote Karle, von dem saget manec geschiht Dietr. 8651. Karlen hôhiu wîsheit Gerh. 103. bî Karles zîten Msh. 3, 42ᵇ. als ez Karlen buoch gebôt *ib.* 2, 135ᵇ. Karles reht *ib.* 174ª. Ga. 2, 637*ff.* Swsp. 31, 2. 273, 2. 278, 21). — *vgl.* Dwb. 5, 218. 570*ff.*;

kárlîn *mf.?* carolin, *ein goldstück* Chr. 5. 365, 5. 367, 24. *vgl.* Frisch 1, 165ᶜ *f.* Dwb. 5, 221;

Karlinc *stm. s.* Kerlinc.

carm-bendec *s. unter* armbendec. *vgl.* Zög. 1869 *s.* 834 *u.* karmen.

carme *stn. lied.* maneger hande carme, hübsch und hôch sie vor dem hol sungen Krone 26845. — *aus lat.* carmen.

karmen *swv.* (I. 788ᵇ) *s. v. a.* karn, *md.* Frl. Karlm. 223, 52. 245, 52. 268, 23. 300, 4 *u. ö.;*

karmîne *stf. klage, wehruf.* er hôrt mit karmynen ein frowen rûfen sêre Malag. 11ᵇ;

karn *swv.* (I. 788ᵇ) *trauern, klagen* Serv. Karlm. 68, 15. 96, 8. — *zu* kar *stf.*

karn *m. s.* karre, karren-

karnære *stm. s.* gerner.

karne *f. feldkümmel,* carvi Sum. 55, 71. *vgl.* karwe.

karnier *stm. ledertasche.* sie sollen nemen 13 karnir und an yden karnir ein clein secklein henken Np. 176. der schreiber hat einen karnyr, dar innen ettliche pergamenen zetteln Tuch. 236, 26. *vgl.* Zimr. chr. 3. 237, 15. kernier und anderr seck Chr. 2. 252, 4. — *aus it.* carniere Schm. 2, 330. Dwb. 2, 607. 5, 219.

karnöffel *stm. ein kartenspiel* Fasn. 104, 7. 162, 12. karnuffel Gr.w. 5, 356; *ndrh.* karnöffel, ramex, *hodenbruch* Dfg. 483ᵇ. *s.* Dwb. 5, 219. Weig. 1, 564;

karnöffeln *swv.* karnöffel *spielen* Fasn. 757, 2.

karofel *s.* kâriôfel.

karônick s. krônike.

kárôt stm. wehklage. in dero hello dâ ist dôt âne tôt, karôt unde jâmer DENKM. XXX, 118 (11. jh.). — zu kar, karn.

karôte s. karret.

karpfe swm. (I. 790ᵇ) karpfe, carpo DFG. 103ᵃ (cherph n. gl. 77ᵃ). MSH. 3, 310ᵇ. 311ᵃ. j.TIT. 3572. FASN. 762, 2. HPT. 14, 165. TUCH. 124, 20 ff. md. karpe, so auch elsäss. HPT. 5. 416, 93. MONE z. 19, 416. — mlat. carpa, carpo, vielleicht ein altgemeinsames wort, bei dem die lautverschiebung gestört ist DWB. 5, 222.

karr? adj. karr od. langsamer od. treger, tardus Voc. 1482.

karrâsch, karratsch s. karrosche.

karrât stf. s. kerrât.

karre swm. (I. 770ᵇ) garre SERV. URB. Pf. 64. 198. der garren, biga DIEF. n. gl. 53ᵃ. der karren MYST. 2. 414, 21. karren, karn DFG. 103ᵇ, dat. pl. karnen BERTH. 268, 12. md. auch kerre DFG. 488ᵇ (vgl. unten den pl. kerren) und fem. diu karre (ahd. carrâ) MSH. 3, 36ᵃ: karren WWH. MAI. swaz fünfzec karren mugen getragen KARL 1055. 1325. die notel trüege niht ein karre HADAM. 557. âne karren âne wagen HELBL. 15, 658. si hiez vil balde ûf laden manegen karren unde wagen GFR. 2637. die liute von dem lande varn gegen der stat mit karren GERH. 1291. swenne kumt regen unde wint, daz karren gênt under MSH. 2, 287ᵃ. tôren herz und aller narren ist als ein rat an einem karren RENN. 17717. uns mag dester baz gelingen ûf einem alten karren ALTSW. 161, 32. ûf eim halben karren sitzen FASN. 176, 5. und lât sich füeren ûf eim karren ûf den kilchtac LS. 2. 474, 44. tôter man ûf einem k. PASS. K. 150, 76. 90. daz er über ritters site saz ûf einen karren KRONE 2100. swer in (der zum galgen geführt wurde) ûf dem karren sach ib. 2121 (= wagen 2117). pl. auch kerren CHR. 2. 292, 17. TUCH. 116, 18. 255, 28. kern ib. 255, 25. — ahd. carrâ, carro aus lat. carrus, mlat. carra, vom gleichbed. kelt. karr DWB. 5, 224;

karrech, karrich stswm. (ib.) dasselbe, bes. im mittl. u. obern Rheinland. karrich, karch, karg biga, carruca, reda DFG. 74ᵃ. 103ᵇ. 488ᵇ. karrich GERM. H. 9. 116, 661. AD. 920 (a. 1322). CHR. 8. 51, 21. 56, 27, pl. kerriche ib. 9. 778, 9. karich GR.w. 4, 137. karrig ib. 571. karche ib. 1, 501. MONE z.

1, 173. karrh NARR. 47, 9. 95, 22 u. ö. karch MONE 6. 196, 296. 300. ZIMR. chr. 1. 409, 4; 2. 512, 26; 3. 79, 4 ff. pl. kerche GR.w. 5, 687; wagen, streitwagen: si brâhten einen wagen dar und einen karrich alsô rîch, daz dâ deheiner sîn gelîch wart gefüeret ûf den wec TROJ. 30011. er spranc zu vûze an den man von dem karrich ALBR. 29, 80. — ahd. carruh aus lat. (kelt.) carruca DWB. 5, 207. vgl. karrosche;

karrechen swv. mit od. auf dem karren fahren, führen. karrhen NARR. 40, 6;

karrecher stm. karricher oder karrenman, carrucarius Voc. 1482. karicher HPT. 1, 430. karcher DFG. 103ᵇ. kercher KOLM. 77, 19;

karred stf. s. kerrât.

karren m. s. karre.

karren swv. schreien, brüllen. man hôrte in (den sterbenden ochsen) lûte karren PASS. K. 87, 57; knarren, karrendiu tür (von einem schwätzer) JÜNGL. 917. ein bret karrete an einer want COD. Regiom. 10ᵉ. — vgl. garren, kërren.

karren-bühse f. kleineres fahrbares geschütz, feldgeschütz DH. 251. CHR. 2. 47, 12. 66, 22. 217, 21. 24 etc. karnpüchse ib. 1. 177, 19. 178, 37; 5. 259, 1. 265, 228.

karren-heber stm. (I. 646ᵃ) der karren beladet WEIST.

karren-knëht stm. kärrner MONE z. 6, 400 f. (a. 1433). vgl. karchknëht.

karren-liute TUCH. 88, 2. pl. von

karren-man stm. kärrner NP. 123. karnman CHR. 2. 306, 4;

karren-mennel stn. dem. zum vorig. CHR. 2. 80, 28.

karren-pfert stn. veredus Voc. 1482. TUCH. 57, 20. 212, 11.

karren-schirm stm. fahrbarer schirm, schutzwand für grosses geschütz gegen steine, pfeile u. kleinere kugeln der feinde. karnschirm CHR. 1. 177, 7. 178, 2. vgl. SCHLAGERS Wiener skizzen, neue folge 3, 46.

karren-vuoder stn. karrenladung NP. 274. TUCH. 88, 32. 95, 25.

karren-wëc stm. schmälerer fahrweg für karren MONE 6, 253. GR.w. 1, 327. 4, 389.

karren-zieher stm. karrenzieher NP. 300 (13. jh.). vgl. BIRL. 270ᵃ.

karrer stm. (I. 790ᵇ) karrenführer HADL. (MSH. 2, 287ᵃ). WEIST. NETZ 11662 var. MONE z. 6, 178. 21, 377. vgl. BIRL. 269ᵇ u. kerner.

karret *mn?* *karren, karrenladung.* von einme karrethe wîns GR.W. I, 762 (*a.* 1310). **karôte** *swf?* och sol der meyer im frônhof jerlichen geben mînes herren des abtes pferden ein karôten strôwes ze strôwen und ein karôten schouben *ib.* 302. — *aus mlat.* carrata, *s.* DWB. 5. 230. BIRL. 270ᵃ. *vgl.* karrosche.

karrich *s.* karrech.

karrîne *s.* kerrîne.

karrosche, karrotsche, karrutsche, karrâsche *swmf.* **karrotsch, karrutsch, karratsch, karrâsch** *stmf.* (I. 790ᵇ) *wagen, bes. auf dem das feldzeichen aufgerichtet ist.* karosche ATH. der karrotsche KREUZF. 1374. 6920. 28. karrutsche LOH. 4987. karrâsche WOLFR. (PARZ. 237, 22. 809, 20. WH. 360, 25. 383, 16); der karrotsch j. TIT. der karrutsch LOH. 4982. 5001. 41. diu karrutsch *ib.* 5854. 5953. der karratsch ERNST, karrâsch WWH. 152, 1. — *aus fz.* carrosse, *it.* carroccio *vom lat.* carruca. *vgl.* karrech.

karrûne *swf.* (I. 791ᵃ) *karren* WWH. 209, 2 (*var.* garrûne, charre, charren, karrotsche, karrays).

karrutsch, karrutsche *s.* karrosche.

karsch *adj. munter, frisch* KIRCHB. 5, 230. *vgl.* DWB. 5, 230.

karsen *adj. s.* gehôrsam.

kar-spuole *swf. was aus den schüsseln* (kar) *gespült wird* MONE *schausp.* 1, 132. NETZ 1397. S.GALL. *ord.* 193. ZIMR. *chr.* 2. 400, 35. karspul od. spulecht popisma, squalor VOC. 1482; karspüelen ist ir getrenk APOLL. 20141. — *vgl.* DWB. 5, 231. KWB. 156. STALD. 2, 90.

karst *stm. karst.* karst, domit man hacket, bidus VOC. 1482. mit dem karst werken NARR. 97, 13. howen und karst nim ich in die hand GERM. 8. 108, 6. *pl.* kerst MICHELSEN *Mainzer hof in Erfurt* 18. — *vgl.* DWB. 5, 231.

karst-voget? *stm.* GR.W. 1, 790 *ff.* 5, 561. 62 (kaszvaut 695), *wol für* kastvoget.

kar-tac *stm. tag der trauer, karfreitag* OBERL. 761. an dem hêren kartage j. TIT. 5204.

kartanîe *stf. ein am vierten tage zurückkehrendes übel.* kartanîe leite er ane dich, dâ von dir tihten leidet; doch iemer an den vierten tagen verirret er dîn hôhez, singen unde sagen, unz daz in aber der engel von dir scheidet WARTB. 51, 7. *vgl.* quartâne.

kartât, kartâte *stswf. das lat.* caritas. ich bat sie in der kartâten (*var.* caritâten), *um gotteswillen* MSF. 57, 5 *u. anm.* (*urspr. eine geistl. bittformel:* dicite mihi in caritate, *vgl.* minne). er sprach die hêren kâritât, ob ir die bî ir rehte lât, got ir liebe dar an tuot ULR. *Wh.* 267ᵃ. wir nemen die kartât *ib.* 257ᵇ. 267ᶜ. sô die gens ze send Martins mess all herîn sint chomen, sô gît man den vrowen (*klosterfrauen*) von den jungen gensen ein kartât (*lat.* dande sunt kartate) GEIS. 426, *vgl.* minnebrôt.

kart-distel *mf.* DFG. 621ᶜ. *s. v. a.* karte.

karte *prät. s.* kêren.

karte *swf.* (I. 791ᵃ) *kardendistel, u. das aus ihnen verfertigte werkzeug der tuchmacher zum krämpeln der wolle, zum rauhen des tuches* GL. PASS. karte, domit man die tuch rauch macht, carduus, est genus herbe spinose VOC. 1482. ein furman phlagk doselbst kartin zu holin, do nam er ein wenigk kartin unde fur zur stat usz UGB. 354 *s.* 399. — *aus it.* carda, *mlat.* cardus, *lat.* carduus.

karte *swf. stück papier od. pergament, blanket.* ungeschriben briefe, die man nennet carten oder menbranen CHR. 8. 495, 24; 9. 684, 20. BEH. 148, 15. *vgl.* kartenbrief; *ausgestellte urkunde* CHR. 1. 78, 36. 79, 1. 2. mit briefen und carten die richtung besorgen EA. 88; *gemaltes blatt, bild.* kein bild in keiner karten gebârt nie sô meisterlîch ALTSW. 147, 1. *bildl.* ab mînes herzen karten wil ich si tilgen unde schaben LS. 1. 410, 67; *spielkarte, kartenblatt* NP. 88. FASN. 757, 4; *das spiel karten, die gesammten karten,* si wolt, daz ich künic wær in einer niuwen karten HÄTZL. 1. 82, 32. einem karten legen, *ihm aus karten wahrsagen* FASN. 689, 22. — *aus lat.* charta;

karten *swv. intr. mit karten spielen.* daz si mit ainander gespilt und kartet hând MONE *z.* 9, 278 (*a.* 1388). er vand ouch, daz die frowenwirt spiltent und kartôten S.GALL. *chr.* 11. die studenten in den heusern und herbergen nicht spilen noch karten lassen CP. 187; *tr.* daz spil karten, *spielen* NARR. 42ᵃ;

karten *stn. das kartenspielen* HELDB. *K.* 13, 16. GR.W. 1, 200. S.GALL. *stb.* 4, 236 (*als verbotenes spiel*).

karten *swv. mit der karde krämpeln.* die tuoch walken u. karten MONE *z.* 9, 148. 156. (*a.* 1486). gekartez tuoch von flemischer wollen NP. 165 (14. *jh.*).

karten-blat *stn.* ZIMR. *chr.* 2. 605, 24.

karten-brief *stm. s. v. a.* karte, *blanket* CHR. 9. 694, 18.

karten-spil *stn.* (II². 501ᵇ) *kartenspiel*, cartiludium Voc. 1482. HÄTZL. FASN. 622, 27. CHR. 4. 325, 25; 7. 392, 9. *vgl.* ZIMR. *chr.* 4, 537ᵇ.

karter *stm. wollkrämpler* CHR. 5. 184, 28. *vgl.* BIRL. 270ᵃ. — *zu* karte 1.

karthiuser *stm. karthäusermönch*, carthusiensis DFG. 103ᶜ FASN. 661, 15, *vgl.* ZIMR. *chr.* 4, 537ᵇ. TUCH. 137, 7 *ff.* carthûser NARR. 105, 20. kardûser N. *v. B.* 104. kartûsêre JER. 9ᵈ;

karthiuserîn *stf.* cartheuserin ZIMR. *chr.* 2. 503, 10;

karthûse *stf. karthäuserkloster* NARR. 105, 44. DFG. 103ᶜ. *vgl.* ZIMR. *chr.* 4, 537ᵇ.

kartsche *swf. kartätsche.* die wagenpurg sol gerüst sein mit kartschen, igeln, quarton, schlangen, hagkenpüchsen und anderm, als zu einer wagenpurg gehört USCHB. 82. — *aus it.* cartaccio, *s.* DWB. 5, 233. WEIG. 1, 564.

[**kartur?** *swf.* I. 788ᵇ] LEYS. 70, 20: in der karturn, *verderbt aus* kamirn (*kammer*) *wie es* 71, 1 *deutlich heisst* (*mitteil. v.* BECH).

kartûsêre *stm. s.* karthiuser.

karunge *stf. s.* kêrunge.

karve *s.* karwe.

kar-vrî-tac *stm.* (III. 8ᵃ) *s. v. a.* kartac PARZ. JER. ALEXIUS 73, 339. ELIS. 6663. Ls. 1. 625, 31. BERTH. *Kl.* 25. 89. WACK. *pr.* 57, 56. 148. 337, 20. N. *v. B.* 331. FRONL. 24. 28. JUST. 16. FASN. 92, 5. 379, 22 *u. o.*

karvunkel *stm. s.* karfunkel.

karwe, karve *f. kümmel*, cyminum DWB. 5, 207. *vgl.* karne.

kar-woche *swf.* (III. 797ᵇ) *karwoche* H. *v. N.* 357. DANKROTSH. 112. FASN. 110, 15. 223, 7. karwuche CHR. 5. 75, 15. 317, 11.

karzîn *stm. s.* kawerzîn.

karzom *m. junger bursche* FASN. 893, 26. *vgl.* garzûn.

kasagân *m.* (I. 791ᵃ) *reitrock* WWH. — *aus fz.* casaquin.

casaun *s.* kâsel.

kâse *stf.* (I. 791ᵃ) *hütte* ELIS. 5205. 6667. — *aus lat.* casa.

kæse *stm.* (*ib.*) *käse* PARZ. TRIST. U. (*H.* 5191). BON. HELBL. (14, 39). HIMLR. 273. EILH. 7160. 64. MSH. 2, 105ᵃ. 283ᵃ. STRICK. 5, 33. GA. 2. 245, 13. 460, 33. KOL. 166, 335. ich sol im noch bewîsen mit mînes vater mannen, daz ich kæse in der pfannen kan baz ezzen danne machen ULR. *Wh.* 116ᵈ. *über den k. als lehenzins vgl.* ZIMR. *chr.* 2, 72 *f.* — *ahd.* châsi *aus lat.* caseus.

kæse-bor *stf. käsekorb.* ein wagen mit kêsborn CGM. 574, 22 (*a.* 1282). kespor, calathus Voc. 1482. kasbar, qualus DFG. 477ᵃ. — *vgl.* DWB. 5, 250. SCHM. *Fr.* 1, 266.

kæse-brüeje *stf. käsebrühe, molken.* kâsprüge NETZ 2097. kæsbrüe GERM. 9, 200. S.GALL. *ord.* 189. kespru, caseatum Voc. 1482.

kæse-dienest *stm.* GR.W. 3, 676 *s. v. a.*

kæse-gëlt *stn. zins in käsen* UHK. 2, 198 (*a.* 1347). UKN. 329 (*a.* 1348). CDG. 3, 214. MONE *z.* 16, 41;

kæse-gülte *stf. dasselbe* AD. 1272. URB. *Seck.* 96 *ff.* FASN. 352, 9.

kæse-kar *stn.* (I. 788ᵃ) *gefäss, worin der quark getan wird, um die käsegestalt zu gewinnen* GL. KOL. KOLM. 77, 31.

kæse-korp *stm.* (I. 863ᵃ) *korb, behältnis für käse*, calathus Voc. 1482. fiscella Voc. *Schr.* 956. FASN. 1217.

kæse-krapfe *swm. quarkkrapfe* GERM. 9, 201. 205.

kæse-kuoche *swm. quarkkuchen* MONE 7, 4. *vgl.* DFG. 521ᵃ.

kâsel, kâsele *stswf. hülle, kleid.* ain pälglein, daz haizt des herzen huot oder sein kâsel MGB. 27, 29; *s. v. a.* kasugele: kasel, messgewant, casula Voc. 1482. kâslen, kappen, andre kleit JER. 180ᵇ. ein guldîn kâsil ANZ. 18, 14 (*a.* 1416). die kâseln und kôrröcke UGB. 463 *s.* 556. die câsel an legen CGM. 168, 60ᵃ. 63ᵇ. diu infel muoz mîn helm wesen und diu câsul (*var.* kaselɐ) mîn kursît ULR. *Wh.* 170ᵃ. câsuln, stôlen unde alben BPH. 704. kasul GA. 2. 585, 245. casule *ib.* 3. 584, 260. diu casula HPT. 1. 278, 316. casaun ANZ. 12, 68. — *aus mlat.* casula, *vom lat.* casa. *vgl.* kasugele.

kæselach *stn. käslein* H. *v. N.* 375.

kæse-lap *stn.* keslab *od.* renne, coagulum lactis Voc. 1482. *vgl.* kæseluppe, -renne.

kæselîn *stn. käslein* EILH. 7256.

kæse-lêhen *stn. lehen, wofür käse gezinst werden musste* URB. *B.* 2, 497. *ib. Str.* 251.

kæse-luppe *stf.* (I. 1054ᵃ) *s. v. a.* kæselap, coagulum Voc. *o.* WEIST. kæselüppe PF. *arzb.* 2, 3ᶜ. *vgl.* SCHM. 2, 486.

kæse-meier *stm. der die zinskäse einnimmt* GR.W. 2, 38.

kæse-muos *stn. ein muos von käsen gemacht.*
ain kesemusz und ain gebackens von eigern
Mz. 1, 377 (*a.* 1381). *vgl.* Frisch 1, 502ᶜ.

kæse-napf *stm.* (II. 314ᵇ) *s. v. a.* kæsekar
Dfg. 243ᵃ. 537ᵇ. kêsenap Voc. *Schr.* 940;

kæse-nepflîn *stn.* sinum Dfg. 537ᵇ.

kæse-renne *f. s. v. a.* kæselap Dfg. 128ᶜ;

kæse-rennen *swv.* coagulare Dfg. 128ᶜ.

kæse-riuse *swf. geflochtener käsekorb.* kesreuse Fasn. 352, 16.

kǽse-stîge *stf. behältnis für käse* Gr.w, 3, 668.

kæse-sun-tac *stm. der sonntag invocavit* Urb *v. Kaltern* 1ᵃ. 2ᵃ. 4ᵃ. 7ᵇ (*a.* 1485, mitget. *v.* Zingerle). *vgl.* Schöpf 305.

kæse-suppe *swf. käsesuppe* Germ. 9, 199. 202.

kæse-vaʒ *stn. fass mit käsen, für käse*, caseale Voc. 1482. mulchrum Voc. 1437.

kæse-waʒʒer *stn.* (III. 539ᵇ) *molken* Gl. Helbl. Trist. *H.* 5195. Mgb. 90, 4.

cass *adj. nichtig, ungültig.* alle brief sullen cass und ab sîn Dh. 144. Mh. 2, 167. 69. 495. — *aus mlat.* cassus, *it.* casso Dfg. 104ᶜ. Diez 92.

casse *f.* capsula Dfg. 98ᶜ (*ndrh.*). als die k. maj. schrîbt, ein cassen mit falken zu kauffen und furderlich zu zu schicken Frankf. *brgmstb.* 1495 *vig. concept.* — *aus it.* cassa, *frz.* casse. *vgl.* DwB. 5, 259.

kasse *swf. kassie.* cypresse, kasse, mandel j.Tit. 285. nardi unde kassen unde mandeln Berth. 442, 25. zeder, mirre, kasse, mandel Mariengr. 199 (*vom herausg. irrtüml. emendiert in* mirrekafse, *myrrhenbüchse; auch im* DwB. 5, 259 *zeile* 5 *v. u. ist* mirrekasse *in der dort angegebenen bedeutung zu tilgen*).
cassie Sum. *s.* Dfg. 104ᵃ. — *aus mlat.* casia, cassia.

cassen-rœre *swf.* cassia fistula, ain paum Mgb. 364, 17 *ff.*

cassian-boum *stm.* cassiana Mgb. 363, 31. *var.* cassenpawm.

kastâne, kastânie *stf. s.* kestene.

kaste *swm. s.* queste.

kaste *swm.* (I. 791ᵇ) *kasten, behälter* Walth. Mart. (129, 69). kasten und keller vol Helbl. 4, 60. sô kasten und kisten in ist vol Renn. 7897. Kolm. 198, 21. iren kasten si ûf slôʒ Marlg. 45, 112. kasten, die niht an genegelt sint Swsp. 26, 12. *bildl.* der tugende vol ein kaste Msh. 2, 89ᵃ. der triuwen ein ûf geladner kaste j.Tit. 3388. der hôhen triuwe ein dürkel kaste 4324. sô sprach der êren kaste Utpandragûn 4554; *brunnenkasten* Tuch. 163, 18. 19. 188 *ff.* Chr. 5. 144, 12. 14. 15. 145, 1. 2. 8. 154, 21. 155, 3. 6. dâ stûnt ein selpgewachsen kaste (*natürlicher brunnenkasten im felsen*), dar innen vil brunnen vaste sprungen und vluʒʒen âne zal Albr. 9, 191, *vgl.* Hpt. 8, 403; *kornboden, kornhaus, bes. zur aufbewahrung des zehendgetreides*: kast *od.* kornpoden, granarium Voc. 1482. Chr. 2. 301, 15; 3. 44, 20. wir sullen dem gotzhaus cheler, kasten und die urber mit wein und mit getreid wider antwurten W. 29 *s.* 44 (*a.* 1337). ûsser unserm spîcher und kasten Mz. 1, 419. 24 (*a.* 1390. 92). daʒ winterkorn in den kasten geben *ib.* 392; *kastenamt, verwaltung eines landesfürstl. speichers u. der darein gehörenden gefälle*: eʒ sulen elliu urbor auf die chasten dienen, dâ si vor gedienet habent Mw. 233 (*a.* 1310). die pfrüend ze kasten reichen u. geben Mz. 4, 123. *vgl.* kornkaste; *bewohntes haus, nebengebäude, hausraum*, cubiculum chaste Sum. 36, 57. von der ausleut kasten und heusern Anz. 6, 260, *s.* DwB. 5, 266 *u. vgl.* weisenkaste; *die einfassung eines edelsteins, in der er unmittelbar drin sitzt* Lanz. Er. j.Tit. (4131); k. *am menschl. od. thier. körper: von der weibl. brust* Parz., *vom magen, s.* hungerkaste. der wîʒe kaste (*stirn*) *eines falken* Msh. 2, 31ᵇ; *haufe von holz etc. s.* kasten *swv.*; *schroffer fels, gegen der fluoh, die man nempt an dem kasten* DwB. 5, 268 (*a.* 1460). — *eine weiterbildung von gt.* kas (*mhd.* kar), *gefäss? vgl.* DwB. 5, 263. Weig. 1, 567.

kaste-ge-rihte *stn. das vorst- und kastegericht zu Burghausen* Gr.w. 3, 679.

kástĕl *stn.* (I. 792ᵃ) kástêl Trist. 1642. 46 (casteel Dfg. 105ᵃ). *gen.* kásteles, kástélles, kástélles (*dat.* kastelle *in reime* Troj. 19643. 22434. 705. Bph. 1545, *nom.* castell Dfg. 105ᵃ): *befestigter ort, burg, schloss, castell* Diem. Griesh. (1, 99. 100). Parz. Gen. *D.* 67, 27. En. 208, 10. Er. 1156. Troj. 13110. 17389. 25105. Part. *B.* 940. 51. 2386. 18912. W. *v. Rh.* 206, 11. 221, 226. Ot. 21ᵇ; *turm auf einem elephanten* Wig. Apoll. 17923 *ff*; *schiffscajütte* Türl. Wh. 66ᵇ. 71ᵇ. 118ᵇ. — *aus lat.* castellum;

kastelân *stm. castellan* Türl. Wh. 84ᵃ. 86ᵃ. 87ᵃ *etc.* — *aus lat* castellanus, *mfz.* chastelain, *vgl.* schatelân.

kastelân *stn.* (I. 792ª) *castilisches pferd* EN.
PARZ. LANZ. (5172. 8722. 8876) GUDR. TRIST.
WIG. MAI, HERB. 4801. ERNST *B.* 4603. ER.
9864. ERACL. 1273. KRONE 13982. ULR. *Wh.*
175ª. APOLL. 7819. 8105. 8756. 18146. WOLFD.
2188. RAB. 89. 90. 145. 362. WENZL. 266.
89. 307. DIETR. 690. 1168 *u. o.* EILH. 615.
KARLM. 203, 4. — *aus span.* castellano.

kastellære *stm. als n. pr.* ir müget wænen,
eʒ sî der Kastellære MSH. 3, 15ᵇ;

kasteln *swv. in* verkasteln.

kasten *swv.* (I. 792ª) *umfassen, s.* verkasten;
aufschickten (holz, getreide), holz verbeut
man auch ze castenne oder ze legenne gegen
der strâʒe NP. 277 (13—14 *jh.*);

kastenære, -er, kastner *stm. eigentl. verwalter des* kornkasten (kastner, granatorVoc.
1482) *dann überhaupt einnehmer u. aufseher über die einkünfte, rentmeister.* castnær
(granator) GEIS. 428. kastener, kastner
MÜNCH. *r.* 7, 85. UHK. 2, 237 (*a.* 1360). CHR.
1. 271, 10; 5. 309, 33. *md.* kestenêre LUDW.
81, 14. 15. *vgl.* këllære.

kasten-boum *s.* kestenboum.

kasten-gülte *stf. zehend ans kastenamt.* eʒ
sullen elliu urbor auf die chasten dienen, da
si vor auf gedienet habent mit ir chastengült Mw. 233 (*a.* 1310).

kasten-macher *stm.* cistifex DIEF. *n. gl.* 94ª.

kasten-mütte, -mutte *stmn.* (II. 280ᵇ) *scheffelmassfür das zehendgetreide.* einenchastenmütt waitz UHK. 2, 325 (*a.* 1392) wer seinen
kastenmütt setzt auf unsern casten GR.w.
6, 183. ein kastenmut rocken MB. 36ª, 392.
vgl. SCHM. 2, 339. 654 *u.* kastmüttel, -metze.

kasten-voget *stm. s.* kastvoget.

kastigen, kastîunge *swv. s.* kestigen, kestigunge.

kast-metze *swm. s. v. a.* kastenmütte. zehn kastmetzen arweiʒ URB. *B.* 1, 105. *B.* 2, 513 *ff.*

kast-miete *stf. speicherzins* MONE *z.* 17, 220
(*a.* 1312).

kast-müttel *stn. dem. zu* kastenmütte. aindlef chastmüttel haber UoE. 5, 21 (*a.* 1309).

kastner *stm. s.* kastenære.

kastrûn *stm. stm. castrierter widder, hammel.*
eilf kastrûne MSH. 3, 310ᵇ. kastroun MERAN.
s. kastraun URB. *Son.* 5ᵇ. 7ª. MH. 2, 765.
DFG. 105ᵇ. — *aus mlat.* castronus, castrunus.

kastrûn-bûch *stm.* bûch, *eingeweide vom
castraun* UKN. *einl.* XLIV *anm.* 8.

kastrûnîn *adj. vom castraun.* kastraunein
fleisch CP. 217.

kast-voget *stm.* (III. 360ª) *der weltl. schutzherr eines klosters od. stiftes, weil er hauptsächlich od. ursprünglich dessen zehenden u.
einkünfte* (*s.* kasten) *verwaltete, schützte od.
diese verwaltung überwachte, eine art weltl.
vormund* (DWB. 5, 272) URB. WEIST. (1, 273.
kastenvogt 283). der kaiser als rechter castvogt und schirmer *des klosters* MH. 3, 67.
ego Berchtoldus de Zaringen dux, Turegici
loci legitimus advocatus, quod kastvoget dicitur AD. 338 (*a.* 1187). wir grâve Fridrich,
castvogt der lûtkirchen ze Balingen Mz. 1,
322 (*a.* 1352). unsere klœster, darüber wir
kastvoget siut MONE *z.* 4, 204 (*a.* 1443);

kast-vogetîe *stf. amt u. würde eines kastvogetes, recht der vogtei über ein kloster*
HALT. 1068. MH. 3, 71. Mz. 1, 480 (*a.*
1403).

kasugele *swf.* (I. 792ª) *messgewand* ADRIAN
443, 111. sô die nône ein end hât, sô sol der
priester in die casukel komen für den altâr CGM. 168, 59ª. kasuckel BIHTEB. — *aus
mlat.* casubula, casucula (DFG. 105ᶜ), *it.* casupula, *fz.* chasuble: *weiterbildung v. lat.*
casula *hüttchen, mlat. messgewand, s.* kâsel;

kâsul, kâsule *s.* kâsel.

kat *prät. s.* quëden.

kât *adj. stn. s.* quât.

kâteblatîn *stn.* (I. 792ᵇ) *ein gewandstoff, geringer* baldekîn EN. (340, 14). — *aus mlat.*
katablattion, *s.* WEINH. *d. fr.* 424.

katel *stm.?* pila, dicitur pes imaginis et scabellum ejusdem DFG. 434ᶜ. grabstein, taften
und cattel howin und machin ANZ. 9, 53 (*a.*
1490). — *s.* DWB. 5, 274.

katere, kater *swstm.* (I. 793ª) *kater* STRICK.
chatter, kattir, katir cattus, muriceps DFG.
107ᶜ. 372ᵇ. *n. gl.* 80ᵇ. 259ᵇ. katter, ein her unter den katzen, murilegus Voc. 1482. ein kater dûhte sich sô zart, daʒ er die sonnen frîjen wolde WARTB. 12, 5. daʒ in diu ougen
glotzen dicke als einem kater in einem stricke
RENN. 6644. wenne diu katz den katern
suocht in der prunst MGB. 152, 9. — *zu* katze,
wie ganzer *zu* gans.

kater-man *stm.* (II. 42ᵇ) RENN. 10843 *var. zu*
taterman.

katîve *adj. elend, unglücklich* KARLM. 68, 3.
238, 48. 282, 68. — *aus it.* cattivo, *fz.* chétif
von lat. captivus DIEZ 94.

katolicô *m.* (I. 792ᵇ) *oberhaupt der armenischen kirche* PARZ.

kât-sprëche *swm.* (II². 543ᵇ) *der übel spricht, verleumder* ER. — *s.* quât *adj.*

kätter *stm. s. v. a.* kaste. dienen in meiner frawen kätter; das sol zogen werden in meiner frawen kätter GR.w. 6, 195 (*Baiern*). *vgl.* kote *u.* DWB. 5, 1899.

kât-vleisch *stn. s. v. a.* kutel? swelche kâtfleisch und bortfleisch veil haben ROTENB. *r.* 35.

katze *swf.* (I. 792ᵇ) katz MGB. 149, 31. 151, 25: *katze* Iw. FREID. HELBL. BERTH. (jâ wolte ich niht einem hunde oder einer katzen [ketzen *Kl.* 63] fluochen). ein sô armez hûs, dâ diu katze und diu mûs sich niemer mohte inne ernern GEO. 1887. einer katzen spîselôsen erlôst er wol an die mûs KRONE 24432. sie sehent umbe sam diu k. nâch der mûs MSH. 2, 281ᵇ. 3, 237ᵃ. swer dâ hetzet mit miusen eine starken katzen *ib.* 3, 104ᵃ. als diu katzen mit der mûs spilten die Öselære LIVL. 1229. ich heize sîne katze mûs und nante sînen wint Rîn GA. 1. 54, 498. einer k. den halm vor ziehen *s.* halm. hât alsam ein k. gran MARIENGR. 62. katzen baden RENN. 23566, schinden 12555 (*vgl.* katzenschinder), mit der k. tanzen 10257. daz sie nieman lieber hab und in als ein katzen streichet Ls. 1. 396, 63. ûz einer katzen einen huot müezet ir hân REINH. 1902 (*vgl.* katzenhuot). er muoste loufen unde gân ûf manigen hôhen rûhen berc, dâ weder katze noch getwerc möht über sîn geklummen TROJ. 6190. ein wildiu katze *ib.* 32971. APOLL. 4362. 594. eine guldîn katze riten WALTH. 82, 17; *geldkatze* RTA. 1. 170, 9; *ein belagerungswerkzeug: bewegl. schutzdach für die belagerer, gerüst worauf die* blîde *steht, dann auch sturmbock, steinschleuder* WOLFR. (WH. 111, 11). Ms. TROJ. SUCH. ERNST *B.* 1563. KREUZF. 2832. 6457. KIRCHB. 799, 22. 808, 6. RING 57, 37. CHR. 4. 82, 3. 85, 1; 8. 98, 25. 290, 1; 9. 789, 12. 832, 13. eine schirme od. katzen bisz an die mauer hin zihen UGB. 463 *s.* 554. ebinhôe und katze CDS. 3, 138. MONE 8, 484. *vgl.* GERM. 4, 156. — *ein als* kat, kot *etc.* (*spätlat.* catus) *durch fast alle europ. sprachen gehendes wort, s.* DWB. 5, 280 *f.*

katzedênige, katzedôny *s.* calcedôn.

katzen *swv. zanken* FASN. 48, 5. *vgl.* DWB. 5, 291.

katzen-golt *stn.* gium DFG. 263ᶜ.

katzen-huot *stm. hut aus katzenfell* REINH. 2014, *var.* katzhuot.

katzen-hurt *stf.* (735ᵃ) crates Voc. *o.*

katzen-krût *stn.* (I. 891ᵃ) *katzenkraut,* nepeta DFG. 378ᵇ.

katzen-reine *adj.* (II. 660ᵃ) *rein wie eine katze.* und werstu noch so katzenrein (*unschuldig*) MÖRIN 1ᵇ.

katzen-ritter *stm. der zur schau mit katzen kämpft* BEH. 5, 14. 35, 31. 259, 14. 338, 23. *s.* DWB. 5, 299.

katzen-schinder *stm. spottname des kürschners* BEH. 36, 9. 338, 28. katzenschinter FASN. 618, 25. *vgl.* katzenviller.

katzen-smër *stn. katzenfett* PF. *arzb.* 2, 9ᶜ.

katzen-spil *stn.* ir (der werlte) lôn ist ein katzenspil: si reizet und zucket, gelîch als swer den halm rucket durch schimpf den jungen katzen vür TÜRL. Wh. 34ᵃ.

katzen-stadel *stm.* stadel *zur aufbewahrung der* katzen, *belagerungswerkzeuge* CHR. 5. 19, 27.

katzen-strëbel *stm.* (II². 680ᵃ) *strebekatze; ein spiel, wobei einige an einem seile ziehen, die andern dem fortziehen widerstreben* Ls. darnâch züch ich mit dir den katzenstrebel in der vinstri und in dem nebel NETZ 3948. *vgl.* krebe-, strebekatze.

katzen-vaz *stn. katzenschüssel* BERTH. 91, 6.

katzen-vënsterlîn *stn. katzenloch an einer thüre* RENN. 4226.

katzen-viller *stm. s. v. a.* katzenschinder BEH. 312, 1.

katzen-wërc *stn. s. v. a.* katze, *sturmbock* KIRCHB. 798, 5.

katzen-wurz *stf.* crassula minor Voc. 1482. *vgl.* gartenwurz.

katzen-zagel *stm.* (III. 840ᵃ) *katzenschwanz, eine pflanze*: italia, italica DFG. 310ᶜ. millefolium 361ᵇ.

kaur- *s.* kôr-.

katzer, kätzer *s.* ketzer.

kavalerîe *stf. ritterlichkeit.* ein helt von Normandie, von des kavalerîe gezieret was Frankrîche GERM. *H.* 2. 97, 130;

cavalier *s.* schevaliers.

kawen-, kowen-, koben-krût *stn.* hermadactylus DFG. 276ᵃ. *n. gl.* 202ᵇ.

kawërzîn, kauwërzîn *stm.* (I. 793ᵃ) *ausländischer, bes. ital. kaufmann, wechsler, wucherer.* kaberzein MB. 7, 403. kauwerzën MONE *z.* 7, 10 (*a.* 1430). kouwerzën ERLŒS. 6517. kauerschîn *schweiz. geschichtsfr.* 11, 221 (*a.* 1333). usuarii publici, quos vulgus vocat gawertschîn *archiv f. österr. geschichts-*

quellen 8, 113. kaurzan Hätzl. karzîn Ga. 2. 231, 474. *nd.* kawertin Weist. -- *aus mlat.* cavercinus, cawarsinus, caorsinus *prov.* chaorcin, *altfz.* chaorsin *d. i. eigentl. einwohner von Cahors in Südfrankreich, welche stadt Dante als sitz des wuchers erwähnt* Diez 2, 243. Dwb. 5, 373; kawërzîner *stm. dasselbe* Rsp. 2122.
kebe? *swm.* sîne keben (*apostolos, discipulos*) er daz sehen lie Urst. 116, 36. *in* Germ. 8, 329 *verbessert in* lieben (Bech *vermutet:* knaben).
këbelen *swv. s.* kibelen.
kebene? rettich, zibellen, sâmen, kebene und swaz von krûte ist Ad. 825 (*a.* 1302). *vgl.* kawenkrût.
kebes, kebese, kebse *stswf.* (I. 793ª) *beischläferin, kebsweib* Gen. Kchr. Nib. Gudr. daz ich iuwer kebes müeste wesen Krone 11357. sô wil ich dîn kebse sîn Roseng. *Weigel* 296. eine zû kebese hân Herb. 1948. 2703. ist siu kebse, siu mag ainen êman nemen Swsp. 401, 4. kebisch *s.* kebessun; kefs *ndrh.* keifs *s.* kebeskint; — *s. v. a.* unê, *concubinatus:* im wâren von kebs und von ê geborn Weltchr. 147ª (von kebese Oberl. 769, *fälschl. als* kebes-ê *aufgefasst, so auch im* Dwb. 5, 374). ez ist hie niht gescheiden diu koneminne noch kebse j.Tit. 1870. sie wartent beide ûf einen man, der kebes unde triegen kan Msh. 3, 29ª. die ainander nement zuo der ê oder zuo der gehebs Don. *a.* 1350. — *nach* Z. 1, 149 *zu skr.* jabh, *coire cum femina. vgl.* Dwb. 5, 374. Gds. 18. Ra. 438.
kebes-bruoder *stm.* (I. 271ª) *ausserehelicher bruder* Gen. Troj. 35859. Herb. 10041. Kirchb. 713, 23.
kebeselinc *stm.* (I. 793ᵇ) *uneheliches kind* Kchr. D. 426, 18. kebselinc *ib.* 234, 20;
kebesen, kebsen *swv.* (*ib.*) *intr. ehebruch treiben*, moechari, kebeschen Evang. *M.* 19, 9, *ndrh.* kevesen, fornicari Mone 3, 49ᵇ; — *tr. zur kebse machen, nehmen* Nib. die frowen wolter dô kebesen Kchr. D. 233, 21; *wie ein kebsweib behandeln, namentlich das weib verstossen, widerrechtlich verlassen (vgl.* kebesunge) Iw. 3171 *u. Bechs anm.* sô daz man si dâ kebsen wil und anders hân, denn ir gezeme Troj. 17930, *vgl.* 8745. wie Philippus Alexanders mûter wolde kebsen Dür. *chr.* 89, *vgl.* 659. 679. er kebischte sie, *schalt sie eine kebse* Cgm. 1012, 143. — *mit* be-, ver-.

kebes-halben *adv. von seiten des kebsweibes, unehelich.* der kebeshalben was sîn kint Troj. 33581;
kebes-halp *adv.* (I. 616ᵇ) *dasselbe* Ms. (*H.* 2, 199ᵇ). Troj. 29789.
kebesinne *stf. s. v. a.* kebes Ssp. 1. 51, 2 *var.*
kebes-kint *stn.* (I. 818ᵇ) *uneheliches kind* Hugdietr. Ms. (*H.* 2, 379ª). Netz 2637. Swsp. 401, 3. kebis-, kebskint, hyberda Dfg. 276ᶜ. kebes-, köpskint Hb. *M.* 284. 87. 322. 657. 81. kefskint Mw. 302 (*a.* 1339). keibskint Cgm. 205, 122ª. 125ª. *ndrh.* keifskint Karlm. 317, 6.
kebes-lîch *adj.* (I. 793ᵇ) *einem kebsweibe gemäss, sich für ein k. ziemend* Parz. kebeslîchiu minne Kchr. W. 13436. Msh. 3, 27ᵇ. sie minnent den kebeslîchen slich *ib.* 29ª;
kebes-lîche, -en *adv.* (*ib.*) *nach art eines kebsweibes, unehelich* Trist. kebeslîchen gert er ir j.Tit. 1558. man seit, daz dehain kint sîner muoter kint kebslîchen sî, des enist doch nit Swsp. 401, 2.
kebes-sun *stm.* (II². 733ª) *unehelicher sohn* Diem. Troj. Myst. Renn. 14205. Swsp. 256, 4. Chr. 8. 149, 15. 150, 10. köpssun Hb. *M.* 283. kebischsun Herb. 5507.
kebesunge *stf.* repudium Evang. *Mr.* 10, 4. *vgl.* kebesen.
kebes-wîp *stn.* (III. 719ᵇ) *s. v. a.* kebes, concubina Dfg. 139ᶜ. *n.gl.* 106ᵇ. Renn. 5730. Herb. 1894.
kebig, kebich *s.* keibic, kevje.
kebisch, kebischen *s.* kebes, kebesen.
kebje *s.* kevje.
kebs- *s.* kebes-.
këc *adj. s.* quëc.
këc-heit *stf.* (I. 893ª) *frisches mutiges wesen* Er. Chr. 2. 489, 16; 3. 165, 10. 19; 4. 279, 17. 284, 7. 8.
kecheler *stm. s.* kacheler;
kechelîn *stn. kleiner nachttopf* Zimr. chr. 1. 511, 4.
këcher *s.* kicher.
këcke *adv. zu* këc. dannen trabet er vil kecke Ga. 2. 151, 83. kecke strîten Kreuzf. 1983;
këcken *swv. s.* quicken;
këc-lîche, -en *adv.* (I. 893ª) *frisch, mutig* Griesh. Germ. *H.* 2. 96. 88. 111. Ring 40ᶜ, 40.
këc-silber *stn. s.* quëcsilber.
këdel *s.* kitel.
këden *stv. s.* quëden.
këder *stnm. s.* quërder.

kefach *stn.* (I. 778ᵇ) *coll. zu* kaf, *spreu.* käfach Weist. Mone z. 19, 445 (*a.* 1386). köfach St. *a.* 1515.
kefi, kefit, keffet *s.* kevje.
këfeln *swv. s.* kibeln.
kefs, kefse *s.* kebes, kafse.
kegel *stm.* (I. 793ᵇ) *kegel im kegelspiel*, pyramen, pyramis Dfg. 437ᵃ. *n. gl.* 292ᵇ. der kegel spiln Kol. 188, 1186. sîn kegel er nâch gewinne stelt Renn. 3727; *knüppel, stock*, kegel und wide Mone z. 8, 336 (*a.* 1362); *eiszapfen*, tiria Dfg. 585ᵇ, *vgl.* îskachel *u.* Dwb. 5. 387, 10; *unehelicher sohn*, spurius Voc. 1482. Fasn. *nachl.* 216, 13. *md.* kekel Md. *ged.* 90, 226. — *vgl.* Dwb. 5, 388. 389;
kegelen *swv.* (I. 794ᵃ) *kegelschieben*, pyramisare Mone 7, 301ᵇ. Fasn. 1132. keiglen Narr. 68, 8;
kegeler *stm. kegelspieler* Berth. 480, 1. Renn. 10440 (*so auch* 21814 *statt* regeler). Augsb. *r. W.* 207.
kegel-schieber *stm. dasselbe* Gr.w. 2, 208.
kegel-spil *stn.* (II². 502ᵃ) pyramen Dfg. 437ᵃ. *vgl.* Renn. 11364 *ff.*
kegel-stebelîn *stn.* und suochet driu kegelstebelin, mit den er disputieren wil Renn. 16755.
kegel-wahs? *stn.* geschmidet kegelwachs, zin und plî Anz. 17, 78.
kegel-wërf *stm. kegelspiel* Kell. *erz.* 21, 30;
kegel-wërfen *stn.* pyraminare Dfg. 437ᵃ.
kegen *swv. tr. ziehen, schleppen.* die tuot er durch die welt kegen Netz 44. 264. 1164. 5288. 615; *intr. ib.* 7811. 12837 *var.* — *mit* nâch; *vgl.* Dwb. 5, 394 *u.* kelgen.
kegen-zucht *stf. s.* gegenzuht.
keger *s.* kocher.
cegôlite *swm.* (I. 794ᵃ) von dem cegoliten. cegolitus ist ain stain, der geleicht ainem ölpaumkern Mgb. 443, 1 *ff.* cegôlitus Parz.
keibe *stf.* (*ib.*) *mastkorb* Gudr. Türl. *Wh.* — *vgl.* kîpe *u.* Dwb. 5, 686.
keibe *swm.* (*ib.*) *ein alemann. wort: leichnam, aas* Fasn. 865, 36 *u. bei* Keisersb. *s.* Dwb. 5, 431; *mensch der den galgen verdient*, er wêre ein morder, keib, dieb Gr.w. 4, 292, *als schimpfwort* Zimr. *chr.* 3. 380, 6; *viehseuche*, pestis Voc. 1482. Rotw. 1, 53ᵃ;
keibic *adj.* keibiger, pestilens Voc. 1482. schelmig oder kebig vihe Mone 8, 407ᵇ;
keibisch *adj.* nu was Jepte ein cheibschind und was einer von cheibischer art Cgm. 206, 125ᵃ.
keibs-kint *stn. s.* kebeskint.
keich *swm. s.* kîche.
keie *swf?* (I. 794ᵃ) helme, keien und swert Livl. 3884.
keif *adj. s.* kîf.
keifs-kint *stn. s.* kebeskint.
keige *stn. s.* gehei 1.
keigen *präp. s.* gegen.
keiglen *swv. s.* kegeln.
keil *stm. s.* kil, kîl.
keime? *swm.* wer stock und keimen furet Mz. 4, 65 (*a.* 1294) = swer stock und ron füret Np. 301.
keimpfen-brôt *stn. s.* kempfbrôt.
kein *präp. s.* gegen.
kein *adj. zahlpron.* (I. 422ᵇ) *gekürzt aus* dehein, dekein (*mittelstufe* ichein Freid. *var.* 151, 11. 179, 20. Ssp. *s.* 147), nehein, nekein: *irgend einer* (*oft noch in urkk. u. chroniken des* 15. *jh.*); *keiner. allgem., s.* Dwb. 5, 457—492.
kein-nütze *adj. nichtsnützig, untauglich.* zu stürmen und zu streiten keinnütze sein Heldb. *K.* 131, 28. — *vgl.* Dwb. 5, 497. Schm. 2, 721. Birl. 265ᵃ.
kein-visch *stm.* nullus haiʒt ain kainvisch Mgb. 255, 27.
keiser *stm.* (I. 794ᵃ) *kaiser* Nib. Walth. Wolfr. (der rœmesche k. Tit. 93. Wh. 434, 8. *vgl.* j.Tit. 462. 1005. Mf. 151). obe ich ze Rôme k. solte sîn Msh. 1, 195ᵇ. man solt niewan keiser nennen hinnen vür, swie doch er wær ze Rôme niht gewîhet Loh. 3152. 65. *vgl.* 3347. 3465. j.Tit. 5221. 6199. der gester fuor in küneges schîn, der ist nû keiser umbe Rîn Msh. 2, 137ᵇ. lât der künec daʒ ungerihtet sô han ich zem keiser muot *ib.* 68ᵃ. der k. hôchgeborn *ib.* 136ᵃ. keisers genôʒ ne wart noch nie nechein geborn Gr. Rud. 16, 25. wirt des keisers kraft reht erkant, die müeʒen vürhten elliu lant Freid. 159, 25. den weisen ie vil hôhe wac der keiser und daʒ rîche Troj. 21. moht ich ein k. gesîn, dir wolte ich wesen undertân Pyram. 158. wær ich tûsent jâr gewaltic k. Msh. 2, 13ᵇ. ich bin k. âne krône, sunder lant *ib.* 1, 120ᵃ. dem keiser und den wîben mit einander niemen gedienen mac *ib.* 2, 63ᵇ. nemen für des keisers golt *ib.* 1, 211ᵇ. hæte er des keisers golt, daʒ gæbe er iuwerm lîbe Ga. 2. 177, 84. dem sol ein keiser ûf die vüeʒe nîgen

HADAM. 398. ob durch tagalt ein k. jagen wolte *ib.* 16. ob du wærest des keisers kint LIEHT. 49, 18. vierzec tage daz was eines keisers vride GRIESH. 2, 84; *epith. Gottes u. Christi* DIEM. MAR. WALTH. MAI, KONR., *vgl.* himelkeiser. keisers adel, *Maria* MSH. 3, 430[b]; *bei* MGB. *wird die bienenkönigin kaiser genannt* 288, 29. 292, 2. 294, 3 *u. o. — gt.* kaisar *aus gr.* καῖσαρ, *lat.* Cæsar.

keiser-ambet *stn.* (I. 28[b]) *amt des kaisers.* daz keiserampt wær im entseit ENENK. *bei* HPT. 5. 285, 633.

keiserer *stm. anhänger des kaisers* BEH. *s. L.*

keiser-ge-rihte *stn.* (II. 649[a]) *das dem k. zukommende gericht* ZITT. *jb.*

keiserinne, -în *stf.* (I. 794[b]) *kaiserin, eigentl. u. bildl.* dem ist gemæze ein keiserîn ENGELH. 2079. næme ich si für eine keiserinne MSH. 2, 93[b]. aller tugende ein keiserîn *ib.* 1, 327[b]. mîn keiserîn sô trût *ib.* 3, 241[a]. mîner sælden keiserîn LIEHT. 322, 26. 515, 1. diu heilige schrift aller künste keiserîn RENN. 13363; *epith. der Maria* GSM. BPH. 5326, *vgl.* himelkeiserîn;

keiserisch *adj. kaiserlich* CHR. 3. 118, 1. *vgl.* DWB. 5, 42.

keiser-lich *adj.* (I. 794[b]) *dasselbe* GLAUB. ERACL. keiserlîchiu krône LOH. 7385. nû het den keiserlîchen segen der keiser enpfangen *ib.* 6480. der k. dienestman PASS. 339, 28. iuwer keiserlîchiu hant TÜRL. *Wh.* 143[b], *von Gott, Christus u. Maria*: keiserlîcher got ECKE *Sch.* 101. daz keiserl. antlitze Christi PASS. 87, 3. die keis. gotes vrucht *ib.* 39, 16. daz k. kint ERLŒS. 3142. keiserl. maget *ib.* 69. 2040; *herrlich, stattlich, vollkommen* TRIST. WALTH. KONR. (daz k. kleit TROJ. 19524. er hete keiserlîchen ganc 3066. k. man 3087. k. jugent PART. *B.* 262. 2959 *u. o.*). ein k. schal SIGEN. *Sch.* 85. diu k. meit, *Kriemhilt* ROSENG. 1946. daz k. wîp LS. 2, 367. k. sun ELIS. 123, gezelt 183, kint 646, wort 7873. keiserlîche sachen GERH. 2920. ein k. gesinde JUST. 173;

keiser-lîche, -en *adv.* (*ib.*) *wie ein kaiser, stattlich, herrlich* LAMPR. EN. TRIST. MAI. zimier und wâpen stuont im keiserlîche j. TIT. 1363. 6108. diu frouwe keiserlich gevar TROJ. 10127. wie keiserlîchen man si bat ornieren *ib.* 17328. keiserlîchen gewâfent ECKE *Sch.* 140.

keiser-rëht *stn.* (II. 624[b]) *das vom kaiser ausfliessende od. bestätigte recht* (*im gegens.* zum Sachsenspiegel u. den verwandten rechten) LUDW. ZITT. *jb.* CHR. 8. 350, 1. 385, 21.

keiser-rîche *stn.* (II. 694[b]) *das kaiserreich* MS.

keiser-schaft *stf.* MSH. 2, 381[a] *s. v. a.*

keiser-tuom *stn.* (I. 794[b]) *kaisertum, kaiserwürde* LOH. 4827. 49. MF. 175. GA. 2. 570, 115. EVANG. *L.* 3,1. DAL. 142, 4. RTA. 1. 10, 3. 21, 4 *u. o.*; *kaiserstaat* NARR. 99, 33.

keiser-zal *stf. zeitraum von 15 jahren, gebraucht für ansetzung der kopfsteuer und sonst für amtliche reichsrechnung* GR.W. 1, 596. *vgl.* zinszal *u.* DWB. 5, 47.

keiver *s.* këvere.

kekel *stm. s.* kegel.

kël *stf. s.* quël.

kël, kële *swf.* (I. 794[b]) *im sing. auch st., s. zu* NEIF. 19, 24 *u. unter den folgd. beisp.: kehle, hals* WALTH. WIG. PANT. ir blankiu kel LOH. 919. MSH. 1, 90[a]. ir kel wiz *ib.* 128[b]. diu kel und ir nac al ein als ein volwizer swan FLORE 6902. wie schône ir ûz der wæte schein ir kele und ir brustbein TRIST. 17606. durchliuhtic wiz er kele schein ENGELH. 2994. ir stuont diu kel enblecket TROJ. 20220. ich meine, daz nie wîp gewan sô rôten munt, sô wîze kelen *ib.* 20025. dâ sich diu brüstel und diu kel zein ander welbent *ib.* 20228. ein teil hienc an ir kel ALBR. 11, 39. sîn kel dic und ûf gezogen ER. 7349. möht an mir mîn kel sîn erworget MSH. 2, 262[b]. ein mezzer an die kelen setzen OTTE 281. dem slah ich einez an die kel HELBL. 13, 159. ich slag dich auf die këll: vël FASN. 992, 6 (*im* DWB. 5, 511 *anders erklärt*). ir sült die kel ouch jucken niht, sô ir ezzt, mit blôzer hant TANH. *hofz.* 109. hoffart kan die kel ûf recken RENN. 491; *luftröhre,* sie hânt kelen âne stimme KCHR. *D.* 250, 22. weder munt noch kel gespricht dir nimmer wort mê HERB. 2030. wol singent kel RENN. 14992. dô huoben die phaffen mit heitern keln schœne gesank von unser vrouwen BONUS 194; *speiseröhre, schlund* LAMPR. in die kelen quam ein starkez bein SILV. 398. ez wâren ander græte, die er in fremde kele het gestecket j. TIT. 2403. swaz dem wolf kumt in die kel, daz ist allez gar verlorn REINH. 348, 1548. *vgl.* 326, 966. des tievels kelen enpfliehen KARAJ. 93, 18. der kele ir smac RENN. 9595. *vgl.* MGB. 18, 19 *ff.*; *das kehlstück am pelze,* von zobele wârens' und ûz kelen gesniten TROJ. 3814. die kelen rôt als ein blût EN. 59, 36. sîn (*des fuchses*) kel was wiz alsam ein snê REINH. 367. sîn kel was umb fünf schillinc geben *ib.* 378. 466. *vgl.* lewen-, marderkele, *bes. in der heraldik das rotfarbige kehlstück eines pelzes* LIEHT. WIG. KONR. (TROJ. 32902. TURN. *B.* 406. 38. 85. 519. 616. 75. 987. 95); *kehle, rinne*, gesimse dar under, die alle glîch besunder ir swellen hatten unde keln ERLŒS. 445. — *zu skr.* gar *verschlingen, lat.* vorax (*aus* gvorax), gurges *etc.* Z. 1, 149.

kël-bant *stn.* (I. 132ᵇ) *halsband eines hundes* HÄTZL.

këlbe? *swf. dasselbe.* des tags muoz ich ein kelben tragen BON. 59, 42 (*var.* kelbern, *vgl.* këlbërc).

kelbelîn *stn. dem. zu* kalp CHR. 8. 273, 27. kälblein MGB. 130, 3. 131, 15. kälbel *ib.* 129, 33. 131, 10. HADAM. 188. kelbel LOH. 436; *dem. zu* kalbe, vitula DFG. 624ᵇ, *vgl.* kalbele;

kelber *f. s.* kilbere.

kelber-arzet *stm. quacksalber* BEH. 14, 14. 338, 25. *vgl.* 5, 8 *ff. u.* DWB. 5, 54.

kelber-bûch *stm. kalbskeule* GR.W. 3, 712. *s.* buch.

kël-bërc *stm.* collorium DFG. 132ᵃ. er (*der hund*) het ein guldin **kelber** (*fem.?*) um sein kelen SCHÖPF 310 (*a.* 1447). *vgl.* KWB. 157 *u.* oben kelbern *unter* kelbe.

kelber-hirte *swm. kälberhirte* MONE *z.* 1, 188.

kelber-hût *stf. kalbshaut* NARR. 94, 14.

kelberîn *adj.* (I. 782ᵇ) *vom kalbe* PARZ. SPEC. 132. ENENK. *p.* 282. NETZ 9547;

kelberisch *adj.* (*ib.*) *nach art eines kalbes, kälberhaft* WOLK.

kelber-schî *f.* dem wont ein langer mantel bî, reht als er sî ein kelberschî Ls. 1. 578, 49. *s.* schîe.

kelber-zëhende *swm. kälberzehent* MONE *z.* 8, 295.

kël-brât, -brâte *stn. swm.* (I. 233ᵇ) *bratenstück vom halse,* ruma DFG. 503ᵇ.

këlch *stm.* (I. 795ᵃ) *unterkinn,* struma GL. *s.* DWB. 5, 504. — *zu* kël.

kelch, kelich *stm.* (*ib.*) *kelch* DIEM. RUL. 8, 25. GLAUB. 1075. ULR. 484. ROTH. *pr.* 60. ULR. *Wh.* 157ᵇ. MSH. 2, 339ᵃ. BUCH. *d. r.* 1189. kelech HPT. 1. 281, 434. 40. *md.* kilich DFG. 90ᵉ. — *ahd.* chelih *aus lat.* calix.

kelch-buobe *swm. schimpfname für einen geistlichen s.* ZIMR. *chr.* 2. 340, 36. 346, 17.

kelch-dieb *stm. kelchdieb* ZIMR *chr.* 2. 364, 36.

kelchen *swv. s.* kelken.

këlchen-hof *stm. s.* këlnhof.

kelde, kelden *s.* kelte, kalten.

këlder *stm. s.* këllære.

kële, kêle *s.* kël, quâle.

kelech *stm. s.* kelch.

kelen *swv. s.* kellen.

këlen-hof *stm. s.* këlnhof.

këler *stm. s.* këller.

kele-wîn *stn.* vinum honorarium DFG. 620ᵉ. *n. gl.* 382ᵇ.

kelgen? *swv.* (I. 795ᵃ) *intr. hängen, nachschleppen.* gip dâ für dîns zagels mir ein kleine, der dir kelget (keget?) in den mist KONR. *lied.* 18, 24. *vgl.* DWB. 5, 394.

kël-ge-rihte *stn. gericht eines* këlnhoves, *abgehalten vom* këlmeier GR.W. 5, 219 *ff.*

kël-gîte *stf. gefrässigkeit, naschsucht* SPEC. 46. MONE 8, 424. 509. *vgl.* GFF. 4, 385;

kël-gîtec-heit *stf.* (I. 538ᵃ) *dasselbe* DIEM. ANEG.

kël-hërre *swm. der kilchen kelherre wol s. v. a.* kellære, *verwalter der einkünfte* URB. 223, 11.

kël-hof *stm. s.* këlnhof.

kelich *stm. s.* kelch.

kelin *stf. s.* kelwe.

kelken *swv.* (I. 780ᵇ) cementare, gipsare, linire DFG. 111ᵇ (kelchen). 263ᵃ. 331ᵉ. aine maur, die nit gekälcht ist MYNS. 22. — *zu* kalc, *mit* be-.

chëllar *stm. s.* këller;

këllære, -er *stm.* (I. 795ᵃ, 29) *kellermeister* Osw. ROSENG. *Meuseb.* 932. BEH. 69, 21. NARR. 81, 10. keller, cellarius VOC. 1482; kelder DFG. 111ᵃ; *verwalter der weinberge u. weingülten, dann überhaupt der einkünfte (ähnlich wie* kastenære) AD. 980. ROTH *urk.* 3. *vgl.* këllerer, këlnære. — *aus lat.* cellarius;

këllærinne, këllerîn *stf.* cellaria, cellatrix VOC. 1482; *hausmagd* CHR. 8. 213, 3. 7. KELL. 87, 15. erz. 111, 16; *kindsmagd* GA. 1. 285, 70. 287, 247; *kindbettwärterin* CHR. 5. 141, 12. *vgl.* BIRL. 274ᵇ; *haushälterin* NARR. 73, 54. ZIMR. *chr.* 4, 539ᵃ. *vgl.* këlnærinne *u.* DWB. 5, 518. BIRL. 274ᵇ.

kelle *s.* kelwe, quelle.

kelle *stswf.* (I. 795ᵃ) *kelle, schöpflöffel,* coculla DFG. 129ᵉ. seu machtend ire hend ze kellen und assend sam zerleich sam die gsellen RING 35ᵉ, 35; *maurerkelle,* trulla DFG. 599ᵉ. TUCH. 41, 32. 52, 30. S.GALL. *chr.* 76; *loch, hütte,* hundes kelle LS. 2, 299 (*vgl.* huntkelle), *verächtl. gefängnis für menschen* KRONE 11768. 12578. 19378. 427. 457. 20012;

tümpel in einem flusse zum fischfang MONE z. 4, 83 (a. 1449). — vgl. DWB. 5, 511;
kellen swv. mit der kelle arbeiten, cementilinire DFG. 111ᵇ. n. gl. 236ᵃ. **kelen**, linire VOC. 1482. — mit be-. vgl. DWB. 5, 511. 524.
kellen swv. s. queln.
këllen stv. 1. 3 frieren OBERL. 772. — mit er- (nachtr.) s. DWB. 5, 511. SCHM. Fr. 1, 1234 u. vgl. kaln, kalt.
këllen-ambet stn. s. këlnambet.
këllener stm. s. këlnære.
keller stm. s. gollier.
këller stm. s. këllære;
këller stm. (I. 795ᵃ) keller. chellar GEN. D. 50, 33. keller HELBL. 1, 622. 4, 60. KOL. 147, 65. keler MSH. 2, 338ᵃ. ROTH dicht. 13, 38. UOE. 5, 158. keler, celare VOC. 1482. keller, käler, kelre (aus kelere) celamen, cella, cellarium DFG. 110ᵃ. 111ᵃ. kelre LUDW. 20, 6. kelr MGB. 107, 30, alem. noch weiter gekürzt in kerr WEINH. al. gr. s. 163, ker MONE z. 5, 192 (a. 1393); keller als kaufladen SWSP. 301. FREIBERG. 47. — ahd. chellari aus lat. cellarium s. DWB. 5, 512.
këller-ambet stn. (I. 28ᵇ) amt eines kellers ULR. BASL. r. 11. HALT. 1080. vgl. këlnambet.
këllerer stm. s. v. a. këllære, verwalter der einkünfte UKN. einl. XXXV, aus mlat. cellerarius s. DWB. 5, 516; s. v. a. këller: der schaffer sol in des aptes chelrer und in des conventes chelrer gên und sol da kosten den pesten wein UOE. 5, 284 (a. 1321).
këller-hals stm. (I. 618ᵃ) vorspringender, gewölbter eingang eines kellers, penus DFG. 424ᵃ. NP. 287. CHR. 4. 79, 17. 248, 20. 314, 11. TUCH. 195, 19. 283, 25. CP. 12; ein strauch, conconideum, laureolum DFG. 129ᵇ. 321ᵇ, lactericia VOC. 1482. vgl. DWB. 5, 517.
këller-hof stm. s. v. a. këlnhof GR.w. 4, 342.
këllerîe stf. keller, gesammtheit der kellerräume mit zubehör. kellerei GR.w. 3, 542. 4, 196. vgl. këlnerîe;
këllerîn stf. s. këllærinne.
këller-knëht stm. knecht im keller AB. 1, 404. UKN. 91 (a. 1303). CHR. 2. 315, 6 ff.
këller-meister stm. der einer kellerei, dem këlnambete vorsteht CHR. 4. 22, 2. 309, 15. 18, verwalter der einkünfte überh. UHK. 2, 78 (a. 1322). vgl. UKN. einl. XLII u. këlnermeister.
këller-reif stm. weinfassreif STRASSB. r. 77.
këller-schrîber stm. schreiber eines kellermeisters od. der kellermeister selbst. her Hainreich zu den zeiten chellerschreiber des hôchgebornen fürsten etc. UHK. 2, 218 (a. 1356). UKN. 424 (a. 1364), vgl. einleit. XLII. BEH. 70, 2.
këller-tiefe stf. tiefe, grund eines kellers TUCH. 281, 14 ff.
këller-tür stf. kellertüre KARAJ. 15, 28. HELBL. 15, 128. kelretür KIRCHB. 810, 32.
këller-vënster stn. (III. 299ᵃ) kellerloch MÜNCH. r.
këller-warter stm. promus DFG. 464ᶜ.
këller-ziuc stm. gerätschaften, die zum keller gehören FASN. 1218.
kellic adj. geschwätzig. mîn kellig zung wart erlampt LS. 3. 335, 106. das pferd war krump unde genicsam, kellic (keuchend, hustend?) unde unërsam KRONE 19860. — zu kallen.
kël-mâc stm. s. konemâc.
kël-meier stm. s. unter këlgerihte.
kël-müle stf. s. këlnmüle.
këln, keln stswv. s. quëln, queln.
këln- in den folgenden composs.; das einfache wort scheint noch erhalten zu sein RENN. 13557: dem wurde keln (= keller) und kaste vol. vgl. DWB. 5, 523.
këln-ambet stn. s. v. a. këllerambet, verwaltung der einkünfte, rentamt. zehen schilling phenning, di man dienet in ir kellenampt UKN. 187 (a. 1319), kelnampt ib. 223. 386. UOE. 5, 83 (a. 1312).
këlnære, -er stm. (I. 795ᵃ) s. v. a. këllære, kellner, kellermeister HELBL. (4, 529). RENN. 5417. j.TIT. 5858. MAR. 1, 3389. GA. 3. 618, 197. Mw. 198; herrschaftl. steuerbeamter, verwalter URB. 239, 24. 240, 34. Mz. 4, 77. GR.w. 3, 889. kellener ib. 2, 286. — aus mlat. cellenarius.
këlnærinne, këlnerîn stf. (ib.) s. v. a. këllærinne, cellaria, cellatrix DFG. 111ᵃ. kelnerinne RENN. 4622. 5418; hausmagd, dienerin KELL. 87, 15 var.; kindbettwärterin RENN. 2713. FASN. 1220; haushälterin (in einem kloster) GEIS. 426. 28, bildl. SYON 458;
këlnerîe stf. kellerei, kellerannt. hof der kellnery in Tuggen GR.w. 1, 187. vgl. kellerîe u. OBERL. 772.
këlner-meister stm. (II. 121ᵃ) s. v. a. kellermeister ZITT. jb.
këln-hof stm. hofgut, das dem këlner gehört od. überlassen ist URB. 46, 17 ff. MONE 3, 362. GR.w. 1, 12. 77. 120 f. 4, 276 f. S.GALL. chr. 24. 30. kellehof ib. 1, 212. kellhof ib. 1,

249 *ff.* kelen-, kelchenhof URB. *Seck.* 102.
kernhof MONE *z.* 10, 91 (*a.* 1341). *vgl.* DWB.
5, 523.
këln-hof-guot *stn. was zum* kelnhof *gehört*
HALT. 1801 (*a.* 1453).
këln-liute *pl. leute die zu einem* kelnhof *gehören* SCHMID 309 (*a.* 1399).
këln-müle *stf. die müle eines* kelnhoves URB.
305, 25. kelmüli *ib.* 256, 1. 304, 28.
këlre, këlrer *s.* këller, këllerer.
këlsen *swv.* k. od. wurgen, jugultare VOC.
1482. *vgl.* DWB. 5, 524.
kël-snîder *stm. kehlabschneider, mörder*
WEIM. *jahrb.* 1, 329. kelnsnîder DFG. 272ª.
s. DWB. 5, 394.
kël-slündec *adj.* (II². 403ᵇ) *zum schlucken
geeignet* SCHM.;
kël-slunt *stm.* gutturina VOC. 1482.
kël-suht *stf.* (II². 359ª) *halskrankheit,* angina
GL. MGB. PASS. *s.* DWB. 5, 400.
kelte, kalte *stf.* (I. 779ª) *kälte, frost.* kelte
GRIESH. BARL. MSH. 2, 79ª. ULR. *Wh.* 153ᵇ.
LOH. 6617. WG. 2364. 76. kelde TRIST. *H.*
kelt HÄTZL. 1. 126, 81; 2. 30, 52. kalte ANEG.
NEIDH. (14, 27). GFR. 628. kalde PASS. *K.*
141, 38. *pl.* ob er (*der* seger) vor kelten
(*winterfrösten*) oder güssen nicht geschneiden mocht TUCH. 323, 15. an kelden nnd an
hitzen THEOPH. 134. — *ahd.* chaltî;
kelten, kalten *stf.* (*ib.*) *dasselbe.* kelten MGB.
5, 21. 26, 27. 69, 17. 81, 31. 475, 3. keltin
VOC. 1482. HÄTZL. 1. 113, 24. CHR. 4. 38, 9.
50, 5. 59, 3. 5. 67, 6. 69, 4. 72, 20. ZIMR. *chr.*
4. 23, 6. kalten (: alten) KOL. 147, 96. kalden
ib. 148, 105. 115. — *ahd.* chaltîn;
kelten *swv.* (I. 779ᵇ) kalt *machen* WOLK. wazzer kelten MGB. 105, 27. — *mit* er-;
kelten *stn.* nâch baden sol man kelten fliehen
DWB. 5, 89. dorren, hitzen, kelden MD. *ged.*
4, 183.
kelter *stswf. kelter* BERTH. 472, 35. HPT. 9,
276. EVANG. *M.* 21, 33. ERLŒS. 305, 9.
GR.W. 6, 312. WEINSB. 15. KELL. *erz.* 452,
30 (*für vulva*). kelter bachana, pressorium,
torcular VOC. 1482. kalter AB. 1, 402. MZ.
4, 139. kalter, kälter, kelder torcular DFG.
588ª. kaltur MZ. 4, 122. MB. 25, 148. 153
(*a.* 1361). — *aus lat.* calcatura, *von* calcare,
treten DWB. 5, 524. GR. *kl. schrft.* 5, 411 *ff.*;
kelterer *stm. kelterer, calcator* ANZ. 3, 303.
kelter-hof-stat *stf. s. unter* kelterrëht.
kelter-hœric *adj. zum keltern in einer bannkelter verpflichtet* MONE *z.* 3, 262.

kelter-hûs *stn. das haus in dem die kelter steht*
HÖFER 187. 216. GR.W. 2, 286. 646. MONE *z.* 9,
303. HÖF. *z.* 2, 328. kalterhûs Mz. 4, 139.
kelter-knëht *stm. s. v. a.* kelterer GR.W. 2,
228. 6, 312. DWB. 5, 526.
keltern *swv. keltern,* torquere DFG. 589ª.
kelter-rëht *stn. das recht in bezug auf kelterbann u. bannkeller.* so hat das gotshûs
ein frî eigen kelterhofstat und kelterrecht
GR.W. 6, 312; zehenden und kelterrecht,
kelterwein als abgabe ib. 2, 297.
kelter-wîn *stm. abgabe von wein zur benutzung der herrschaftl. kelter* MONE *z.* 3,
270 (*a.* 1432).
keltîn *stf. s.* kelten.
kelwe *stf.* (I. 780ª) *s. v. a.* kalwe. calvities,
kelwin DFG. 91ᶜ; kelwin, kelin, kelle
n. gl. 68ª. — *ahd.* chalawî.
kelz *stm.* (I. 781ª) *lautes sprechen, prahlen,
schelten* HERB. GEO. *vgl.* SCHÖPF 300;
kelzen *swv.* (*ib.*) *schreiend sprechen, prahlen,
schelten.* daʒ ir deheiner krœne alder kelze
NEIDH. XX, 13. kalzen WOLK. — *intens. zu*
kallen;
kelzen *stn.* (*ib.*) *s. v. a.* kelz BON. MS. NEIDH.
XXXIV, 3.
kel-ziegel *stm. holziegel in der kehle des
daches* TUCH. 95, 20. 292, 23.
kemâte *s.* kemenâte.
kembel, kemmel, kémel *stm.* (I. 795ª) *kamel.* kembel GERM. 8, 47. HB. *M.* 135. kembel, kemel APOLL. 431. 3634. 3854. 10279.
17941. kemmel ERNST 4203. PASS. 363, 39.
K. 502, 77. kämmel MGB. 222, 27. kemel
PASS. 285, 58. kämel MGB. 124, 8 *ff.* 134, 6.
md. auch kamel (kamél, kamêl?) EVANG.
271ª. HPT. 9, 260. KREUZF. 6074. kammel
MYST. — *aus gr. lat.* camelus.
kembel-hâr *stn. kamelhaar* W. *v. Rh.* 118,
24. kemelhâr PASS. *K.* 599, 32.
kembelîn *stn. s. v. a.* kembel GRIESH. 1, 132.
2, 29. kemblîn HB. *M.* 152 *ff.* 177 *u. o.*
kemmelîn RENN. 16488. kemelîn PASS.
K. 511, 86. CRANE 2447. 4749. kemlîn MSH.
2, 367ª. kämlein MGB. 9, 32. 116, 20. kámelîn *j.* TIT. 827. ERLŒS. 3190;
kembelîn *adj.* (I. 795ª) *vom kamele.* kemmelîn PASS.;
kembelîn *stn.* (I. 795ª, 48) *ein zeug aus kamelhaaren* WWH. ULR. *Wh.* 238ª. kemelîn
RENNEW. 32, 102. *vgl.* GUDR. 332, 2 (rocke
ûʒ kämpelîne rôt *will* ZINGERLE *in Germ.*
9, 399 *lesen statt* Kampalîe). — *aus mlat.*

camelinum, *fz.* camelin, cameline WEINH. *d. fr.* 420. *vgl.* schamelot.

kembel-part *stm.* kemelpard, camelopardus, *giraffe* Voc. 1482.

kembel-tier *stn.* (III. 35ᵃ) *kamel* Ms. HÄTZL. CHR. 9. 563, 4. 5. kemeltier KOLM. 96, 50. ALTSW. 237, 16. NETZ 2799. kámeltier LESEB. 997, 29.

kembel-wolle *swf.* (III. 803ᵃ) *kamelwolle.* kemmelwolle PASS.

kemben, kemmen *swv.* (I. 784ᵃ) *kämmen* PARZ. WOLK. WEIST., *md. auch* kammen DFG. 418ᶜ. — *zu* kamp.

kemel, kemelîn *s.* kembel, kembelîn.

këmen *stv. s.* komen.

kemenâte *swstf.* (I. 795ᵃ) kemenât BON. LIEHT. (512, 25). WG. 13690. kemenâde KARLM. 211, 32. 56. ELIS. 537. kemmenâde *ib.* 436. 3165. kemnâte ALBR. 22, 412. CHR. 2. 66, 31. kemnâte, kempnâte Mz. 4, 122. kemnâte, kempnât Voc. 1482. kempnâtin (: sîn) HUVOR 9, 18. kampnâte AD. 1253. kemâte TUCH. 299, 36. kemmet, kemit DFG. 93ᵃ (*vgl.* kemet). chomnât WWH. 147, 28 *var.* —: *ein mit einer feuerstätte* (kamîn) *versehenes gemach, bes. schlafgemach* (ER. 3019. 8591. GREG. 1569. TROJ. 8555. PASS. *K.* 8, 28. ALBR. 18, 6. 22, 412. TUCH. 299, 36); *frauengemach* (GREG. 347. j.TIT. 988. WG. 13690. ELIS. 436. 3165); *wohnzimmer* (daz hûs drî kemenâte ieslîch besonder hâte, gewelbet mit gesteine ALBR. 6, 63. schif mit kemenâtin EILH. 206); *zur aufbewahrung von kleidern u. waffen* TRIST. WIG. ELIS. 537; *gerichtsstube* MONE *z.* 7, 108 *f.* GR.W. 1, 312. 4, 487. wann sich geburet, das hôe gericht zu halten für eines apts kampnâten AD. 1253 (*a.* 1407); *für sich stehendes gebäude, wohnhaus* GUDR. PARZ. MARLG. 220, 250. SCHM. *Fr.* 1, 1244. *ritter Conrad von Coburg verkauft seine* kemnâten zuo Kitzige in der stat Mz. 4, 139. dy kempnâte und kaltur (*kelter*) *ib.* 122. — *aus mlat.* caminata *von* caminus. *vgl.* kemet.

kemerersche, kemerische *swf. s.* kamerêrse;

kemerîe *stf. s.* kamerîe;

kemerlîn *stn.* (I. 783ᵃ) *kleine* kamer WOLK. MYST. 1. 301, 22. GRIESH. *denkm.* 58. MGB. 4, 22. 218, 26. kemmerlîn N. *v. B.* 211. TUCH. 297, 32. 298, 5. kamerlîn TRIST. 7885;

kemerlinc *stm.* (I. 783ᵇ) *kammerdiener, cubicularius* OSW. ALTSW. 142, 2. ZIMR. *chr.* 4,

539ᵃ. DFG. 160ᶜ. kammerlinc, thalamista *ib.* 571ᶜ. camerlinc, anteambulo *n. gl.* 25ᵇ.

kemet *stn. kamin.* kemet, kemit, kemmit, kemmat DFG. 93ᵃ. 251ᵇ. 298ᵃ. *n. gl.* 69ᵇ. kemmet, *pl.* kemmeter ZIMR. *chr.* 4, 539ᵃ. — *eine vermischung von* kamîn *u.* kemenâte *s.* DWB. 5, 99. 529. ROTW. 2, 341.

kemet-veger *stm. kaminfeger* ZIMR. *chr.* 3. 388, 14.

kemî, kemîn *s.* kamîn.

kemit *s.* kemenâte, kemet.

kemlîn *stn. s.* kembelîn.

kemme *pl. s.* kamp.

kemme-kamp *stm. wollkamm* MONE *z.* 9, 150 *f.*

kemmel, kemmelîn *s.* kembel, kembelîn.

kemmen *swv. s.* kemben.

kemmenâde *s.* kemenâte.

kemmer *stm.* (I. 784ᵃ) *kämmer, wollkämmer* MONE *schausp., dessen zeitschft.* 9, 155.

kemmerêre *stf. s.* kamerærinne.

kemmerinne *stf.* (I. 784ᵃ) pectrix DFG. 418ᶜ. *n. gl.* 283ᵇ. MONE *z.* 9, 155.

kemmerlîn *stn. s.* kemerlîn.

kemmet *s.* kemenâte, kemet.

kemmich, kemmîn *s.* kamîn.

kemmit *s.* kemet.

kemmunge *stf.* pectinatio DFG. 418ᶜ.

kemnâte *s.* kemenâte.

kempe *swm. s.* kempfe;

kempel *stm. kampf, zank* BEH. 7, 15. 246, 12. *vgl.* DWB. 5, 137.

kempeln *swv. kämmen, zu folgern aus* kemplerîn;

kempen *swv. s.* kampen.

kemph *stm. s.* kampf.

kempf-brôt *stn.* coliphium Voc. 1482. keimpfenbrôt Voc. *o. s.* DFG. 131ᶜ.

kemphe *s.* kamp.

kempfe *swm.* (I. 785ᵃ) kenpfe DIEM. MART. 21, 31. WALTH. W. *v. Rh.* 214, 54. ECKE *Z.* 150, 8: *der für sich od. als stellvertreter eines andern einen zweikampf unternimmt, dann überh. kämpfer, streiter* RUL. IW. PARZ. TRIST. BON. KONR. (TROJ. 4034. 4246. 84. ENGELH. 4661. AL. 834). GUDR. 360, 4 (*hs.* kempfer). HERB. 2040. ROSENG. *H.* 1372. 1606. 37. 1722. 1846. 2149. 2246. SERV. 636. 44. LOH. 265. 350. 6809. 7158. j.TIT. 5665. KARL 11819. 51. 11933. KRONE 12686. 12875. 81. 13772. RENN. 11584. 600. WG. 7435. MSH. 2, 193ᵃ. 255ᵇ. NEIDH. XX, 10. 73, 21. WARTB. 1, 8. gotes kempfe ULR. *Wh.* 134ᵇ.

Msh. 2, 197ᵃ. Wartb. 95, 7. 3, 177ᵃ. Karl 10160. Mart. 21, 31. Pass. *K.* 86, 68. 122, 7. der kempe gotes Pass. 189, 11. 244, 46. des tievels k. Eracl. 4812; *der für miete gerichtl. zweikampf ausficht* Swsp. 62, 2 (*sie waren rechtlos ib.* 258, 7. Ssp. 1, 38 *u.* Ra. 677). — *zu* kampf *s.* Dwb. 5, 144;

kempfel *stm. s. v. a.* kempfe, *bildl.* mîner fröuden kempfel Hadam. 539; *schlägel*, antrillus, instr. lapicidarum Dief. *n. gl.* 26ᵇ;

kempfen *swv.* (I. 785ᵃ) *prät.* kampfte, kanfte (: sanfte) *von einem infin.* kenpfen Msh. 2, 288ᵃ; *md. auch* kimpfen Dfg. 471ᵃ: *kämpfen, bes. einen zweikampf bestehen absol.* dâ ist vil wol gekempfet Pass. 343, 91. in dem ringe k. Fasn. 1003, 20. kempfen mit Troj. Engelh. 4675. Wg. 3045. Msh. 2, 288ᵃ. Ga. 1. 178, 34, kempf. umbe einen Troj.; *tr.* einen k. *mit ihm zweikampf halten* Hartm. (Iw. 4327 *u. Bechs anm.*). Karl 11818. Dsp. 1, 88. dekein lantman mac dekeinen burger kempfen niwan mit des burgers willen Ad. 785 (*a.* 1293). — *mit an* (Frl.), er-, über-;

kempfen *stn.* pesser ist kempfen dann halsab Fasn. 509, 9;

kempfer *stm.* (I. 785ᵃ) duellator, athleta, agonista Dief. 1470, gladiator Voc. 1482. W. *v. Rh.* 23, 35. Laur. *Sch.* 908. 57; *vgl.* Gudr. 360, 4 *oben unter* kempfe;

kempferinne *stf.* kämpferin Heinz. 124. 42, 1. kenpferin Mart. 79, 79;

kempfinne, kempfîn *stf. dasselbe* Pass. *K.* 190, 75. 619, 55.

kempf-kolb *s.* kampfkolbe.

kempf-kreiz *stm. obscön für vulva* Fasn. 653, 19. 748, 29.

kempf-lich *adj. s.* kampflich.

kempf-stat, -swërt *s.* kampfstat, -swërt.

kempfunge *stf.* agon Dfg. 18ᶜ.

kemplerîn *stf.* pectrix Dief. *n. gl.* 283ᵇ.

kemp-lîchen *adv. s.* kampflîchen.

kempnâte, kempnâtîn *s.* kemenâte.

kempt *s.* kampf.

kemp-wîn *stm. s.* kampwîn.

ken *s.* kins.

kende *stf. in* urkende, *vgl.* kenne.

kendelîn *stn. dem. zu* kanel, kenel *dachrinne* Mone *z.* 9, 303 (*a.* 1446); *dem. zu* kandel *s.* kennelîn.

kenden *swv. s.* kennen.

kene-backe *swm. s.* kinnebacke.

kenecte *stf. menge von kähnen.* die kenecte und die schiffunge, die ûwer stat anhœret

Kopp *schweiz. urkk.* 1, 118 (*a.* 1309), *s.* Weinh. *al. gr. s.* 210.

kenel, kener *stm. s.* kanel.

kengel *stm. rinne, röhre, röhrenartiger stengel: federkiel.* wär es, das der habich ain pain zerbrochen hett... sol man das pflaster über den pruch einfassen in ain groszen wïenkengel (*kiel einer weihenfeder*), derselb kengel behelt das pflaster ûf dem bruch Myns. 42, *s.* vëderkengel; *blumenstengel s.* liljenkengel; *als kopfputz*, wir sollen unser zöpflach clenken und dass die chengel seien gel Cgm. 270, 207ᵃ *bei* Schm. *Fr.* 1, 1266. — *vgl.* Dwb. 5, 530;

kengelîn *stn. dem. zum vorig., kleiner blumenstengel.* der telre bluomen und daz gras buten ir kranken kengelîn und nigen gên dem kindelîn W. *v. Rh.* 74, 47;

kengeln *swv.* begund mir mîn herz mit kengelndem smerz vast flucken gên der lieben Altsw. 155, 29. — *vgl.* käneln, kennen, tropfen, tröpfeln Dwb. 5, 161. 532.

kën-mâc *s.* konemâc.

kenne *stf. kenntnis, erkennung* Pass. *K.* 653, 13;

kennec *adj. s.* bekennec, erkenneclich;

kenne-lich *adj. kennbar, offenkundig, bekannt* Gr.w. 4, 771. 84. *s.* be-, erkennelich. kenlich Höfer 59. Iac. 2, 739 (*a.* 1279). 3, 925. 934. *vgl.* kentlich *u.* Dwb. 5, 550.

kenne-lôs *adj. erkenntnislos* Myst. 2. 491, 8. 504, 56.

kennelîn *stn. dem. zu* kannel Chr. 8. 306, 9. 307, 6. kendelîn *in* mischkendelîn, kentelîn Crane 2447 *var.* kentlîn Zimr. *chr.* 3. 475, 3 *ff.*

kennel-riuse *f. eine art fischreuse* Gr.w. 6, 312.

kennen *swv.* (I. 807ᵃ) kenden Dfg. 122ᶜ. Zimr. *chr.* 3. 434, 14: *kennen, erkennen* (*oft in den varr. späterer schreiber statt* be-, erkennen). der kennet wol ir aller list Msh. 2, 162ᵇ. die kennent valsch bî golde wol Jüngl. 187. *vgl.* Frl. 57, 12. 344, 1. Teichn. 131. Wolk. 105, 3. 11. Myst. 2. 141, 10. 296, 13. 504, 36. *mit gen. d. s.* Chr. 5. 107, 28. *prät.* kante Frl. 231, 1. 4. Elis. 1236. 1998. 6375. kant Wolk. 116. 1, 6. kande Neidh. 23, 25 (*hss.* kennt, erchand, bekande) Jüngl. 5. kente Elis. 219. ûf daz in nieman kente (: zespente) Alexius 107, 227. *part.* gekant; kennet *statt* gekennet Wolk. 27. 1, 5. — *mit* abe, be-, en- (*nachtr.*), er- under-. *gt.* kannjan *bekannt machen, kund thun zu* kunnen *s.* DWB. 5, 534.

kenner *stm. s.* kanel.

kenner *stm. kenner, erkenner* MYST. 2. 670, 14. HPT. 8, 248;

kennunge *stf. erkennung, erkenntnis.* ze ainer chennunge des altin gotis WACK. *pr.* 5, 11.

kenpf- *s.* kempf-.

kensterlîn *stn. schrank, kasten in der wand,* armarium DFG. 49ᵃ. *n. gl.* 34ᵃ. die slüszel an das kensterlîn in die stub henken MONE z. 1, 187 (15. *jh.*); *reliquienschränkchen?* so mögent sie an die taflen, messgewand, kelch, kensterlîn und derglîchen dinge, so sie an und in soliche capellen geben und machen, ire zeichen tun und molen loszen MONE 3. 208, 8 (*a.* 1496 *Basel*). *vgl.* DWB. 5, 171.

kěnt *s.* kint.

kentelîn, kentlîn *stn. s.* kennelîn.

kent-lich *adj. s. v. a.* kennelich JER. 105ᵈ; k a n t l i c h *bekennend, geständig* ZIMR. *chr.* 4. 300, 1. *vgl.* bekant-, -kentlich, erkantlich.

kentnisse *s.* kantnusse.

kenzeler, kenzelîe *s.* kanzelære, kanzelîe.

kenzen *swv. s.* engenzen; *dazu noch* enkenzen iniciare VOC. *Schr.* 1285.

kepchîn *stn. md. dem. zu* kappe MÜHLH. *rgs.* 45;

kepfel *s.* keppelîn.

këpfel-îsen *s.* kipfelîsen.

kepfen *swv. s.* köpfen.

kepfen *swv. blicken, in* erkepfen; *ragend in die höhe stehen.* swie daz sîn swert sô hôhe kunde kepfen LOH. 220 *u. anm.* WARTB. 78, 10. hinden kepfet im enbor ein spænel kûme vingers breit HELBL. 9, 276. — *mit* ûf, über-. *vgl.* kapfen *u.* DWB. 5, 185.

kepfer *stm. s.* kapfære.

keppeler *stm. s.* kappelære;

keppelîn, keplîn, keppel *stn.* (I. 787ᵇ) *dem. zu* kappe. ûf satzte ich mir mîn keppelîn LAUR. 755, *vgl.* 520. ir hûbe, ir hâr, ir keppelîn erzeigent niuwer vünde vunt MSH. 2, 241ᵃ. waz ahte ich ûf ir käppelîn, dâ si ir friunt versnîdent mite (*vgl.* keppelsnit) WINSBEKIN 18, 1. zwuo hosen oder ein keppelîn muoz einer lœsen ze dem wîn RENN. 15135. unde kumt in daz keppelîn oder der huot niemer von dem houbte BERTH. 457, 17, *vgl. ib.* 10. der rihter noch die schephen suln weder hûben noch hüetelîn noch huot ûf haben, noch keplîn noch hantschuoche an hân SWSP. 124. grobe mentellîn und kurtze keplein CHR. 2. 78, 29. derselb (*einer der turnierenden*) lag under und wart zu dem keplîn (*halskappe*) vorn eingerant durch den hals ausz und durch das keplîn durchausz *ib.* 1. 410, 15. ein rôtez keppel SCHRETEL 190. kepfel WINSB. 26, 5 *var.*

keppel-snit *stm.* (II². 444ᵃ) *schnitt, den man im* helekäppel *heimlich thut* WINSBEKIN 17, 9.

kěr *stm. s.* këller.

kêr *stf.* kêre;

kêr *stm.* (I. 799ᵃ) *richtung, wendung, um-, abwendung* WOLFR. vürbaz gên Mênze was ir kêr LOH. 6731. kêr tuon ULR. WH. 110ᵇ. 229ᵈ. swenne ich tuon des tôdes kêr *ib.* 254ᵇ. kêr tuon gegen der erden GERM. *H.* 4, 152. *pl.* der kêre sî sô vil tâten ER. 9161. alle dise hûses kêre ersuochte er vil ange KRONE 26778. her Bîbunc nam die widervart mit snellechlichem kêre VIRG. 311, 3. maneger hande kêr nemen ENGELH. 6274. den k. nemen, *heran kommen* HÄTZL. 27ᵃ. dem kêre (*abwendung, verlockung*) volgen MYST. 2. 26, 12. ûf wandellîchen kêr MSH. 2, 254ᵃ. in reiner süezer minne kêr ist si nâch wunsche wol gestalt LS. 3. 531, 170. und tet sîn war al umb und umb an kêren und an lîten *ib.* 1. 375, 27. her kumen auf dem selben kêr (*mal*) BEH. 231, 17. genzlich und sunder kêr MONE z. 10, 474. *vgl.* kêre.

kerach *stn. kehricht* OBERL. 776. SCHÖPF 312 (*a.* 1486). k e r e c h t, k e r o t VOC. 1482. k i r a c h DFG. 519ᵇ. — *zu* kern.

kêræere *stm. in* verkêræere; *das lat.* versus *übersetzt* MGB. 430, 30 *mit* walzer *oder* kêrær.

kërb-axt *stf. s. unter* kînîsen.

kërbe *s.* kirchwîhe.

kërbe *swf.* kërp *stm. einschnitt, kerbe.* löcher, grub und kerf BEH. 380, 11. *vgl.* 118, 22; *s. v. a.* arskerbe: sus viel er in die kerben einen kreftigen val GA. 3. 66, 850. er zukte sîne kerben wider *ib.* 67, 888. er druckt mich umb die kerben FASN. 61, 32; *kerbholz,* dica kerbe, kerb, kerp, kerfe, kerp DFG. 180ᵃ. kerp VOC. *Schr.* 725. die zal die steet noch an meiner kerben FASN. 734, 13 *vgl.* TUCH. 112, 33. kerph *s. unter* kerben; *eine art dachziegel in der mitte mit je zwei rinnenförmigen kerben, um das wasser von den fugen weg zu leiten,* tausent kerb TUCH. 292, 92. — *zu* kërben, *vgl.* kërwe.

kërbel *s.* kërvele.

kërbelîn *stn. dem. zu* kërbe. in rehter mâze kleine lühte ir kinne dort her dan und

stuont ein kerbelîn dar an, daʒ gar liutsæleclîche schein TROJ. 19986;
kërben *swv.* (I. 796ᵃ) *kerben machen*. daʒ ros begund die keten kerben und beiʒ sie zû stuck MALAG. 112ᵇ; *aufs kerbholz einschneiden* WEIST. (kerfen 2, 59), kerben, kerfen dicare VOC. 1482. *ndrh. st.* die uns sunden hât g e k u r b e n upf einen kerph HANS 4373. — *mit* an, ûʒ. *vgl.* DWB. 5, 562. FICK² 358.
kërben *s.* kërvele.
ker-bëseme *swm.* (I. 108ᵇ) *kehrbesen* WAHTELM.
kërbe-, kërb-stoc *stm. kerbholz.* ephimerides kerbe-, k a r f s t o c k DFG. 206ᵃ. dica kerb-, kerfstock, -steck *ib.* 180ᵃ.
kërbe-tac *s.* kirchwîhetac.
kërb-holz *stn.* (I. 706ᵇ) *kerbholz* GR.W. 1, 511. 5, 502. kerbholz, apoca DFG. 40ᵇ, dica 180ᵃ. kerb-, kerbholz ephimerides 206ᵃ. *eine verordnung im Stuttgarter archive v. j.* 1619 *schreibt vor die einführung von steuerbüchern u. die abschaffung von* k e r f hölzern.
kërbol *s.* kërvele.
kërchen *stv. s. v. a.* kërren. die râdstobendore smeren und machen, das sie nit also kirche FRANKF. *brgmstb.* 1447 *vig.* V. *p. Leonh.*
kercher *stm. s.* karrecher.
kerchlen *swv. s.* kerkern.
kerc-lich *adj.* (I. 789ᵃ) *listig, schlau* AMIS. charchlich EXOD.; *karg, sparsam* FASN. 787, 19;
kerc-lîche, -en *adv.* (*ib.*) *listig, schlau* GREG. KARL, REINH.
kërder *stmn. s.* quërder;
kërdern *swv. ndrh. speisen.* dat himelische leven is dit brôt, dat uns kerdert in aller nôt MARLD. *han.* 4, 28 *u. anm.*
kêre, kêr *stf.* (I. 799ᵇ) kâre, kâr *s. unter* widerkêre; kôre HALT. 1084: *s. v. a.* kêr ULR. TRIST. BARL. PASS. (115, 67. 227, 2. 296, 58. 319, 47. 327, 66. 328, 67. *K.* 11, 8. 85, 74. 348, 34. 546, 90 *u. o. dar ûf trat sîn kêre, dahin gieng sein bemühen ib.* 211, 6. *mit* voller kêre *ganz, mit völliger hingebung* 340, 46 sunder kêre, *ohne veränderung* 691, 3). die kêre nemen, *umkehren* ER. 4716. dô nam er v o n in die kêre WH. *v. Öst.* 10ᵇ. des nimt schande von in kêre MSH. 3, 169ᵃ. kêre nemen in JER. 47ᵃ. kêre gewinnen MSH. 3, 167ᵇ. der sunnen kêre *ib.* 2, 333ᵇ. heimvartlîchiu k. j.TIT. 5780. hât gelücke z u o mir kêre Aw. 1, 63. mit kreftiger kêr durch die vînde dringen ERNST 3123. er treip den künic umbe in manege kêre LANZ. 5325. an der driten kêre. die sie her wider wolten tuon DIETR. 8350. daʒ Keiî an der kêre müeste werden sigelôs KRONE 27118. daʒ er in an der kêre wânt gar überwunden hân *ib.* 28195. mit valscher kêre ALEXIUS 110, 408. in argir, vîentlîcher, snellir kêre JER. 34ᵃ. 132ᵈ. 142ᵇ. den kopf bôt er mit nûwer kêre dem meister vol mit win MALAG. 33ᵃ. an sand Pauls kêr, *bekehrung* CHR. 4. 248, 22; *leitung bes. des wassers* SCHREIB. 2, 112 (*a.* 1397), *der sohle im salzbergwerke* MH. 2, 638; *wiedererstattung* HALT. 1084. und hoffen, des noch kêr und wandel von ew zu erlangen MH. 1, 119;
kêre *adj. swm. in* bekêre, rëhtverkêre.
kerecht, keren *s.* kerach, kern.
kerein *s.* kerrîne.
këren *m. s.* kërne.
kêren *swv.* (I. 796ᵃ) *im prät. neben* kêrte *auch* karte (kârte) ERACL. 3146. ALEXIUS 119, 96. CHR. 3. 333, 36. 334, 32. ZIMR. *chr.* 4, 538ᵇ, *bes. in md. denkm. s. noch* PASS. 267, 81. 311, 15. 329, 57 *etc. K.* 18, 70. 35, 24. 39, 34. ERLŒS. 4658. ELIS. 2022. 5316. KREUZF. 140. 512. 6449. STOLLE 31. korte *ib.* 30. kort (: ort) HPT. 8, 535. FASN. 1149; *part. neben* gekêret, gekêrt *auch* g e k a r t (gekârt): MSH. 3, 426ᵇ. FRAUENTR. 507. HPT. 8, 520. BEH. 36, 7. 344, 9. HERB. PASS. 179, 87. 380, 85. *K.* 7, 32. 23, 90. ELIS. 3790. g e k e r t (: gewert) NEIDH. 103, 19. *zu* kârte, gekârt *stimmt der infin.* k â r e n (HALT. 1083. BEH. 145, 2. SSP. *vorr.* 188. k ô r e n : tôren GERM. 3, 311, *vgl. auch* kâre), *zum rückumgelaut.* karte, gekart *der infin.* k e r r e n (*ags.* cyrran, *ahd.* chêrren [*od.* cherren?] *aus* chêrjan, *vgl.* PARZ. 35, 13 *wo* kêren *auf* hêrren *gereimt ist*) *s.* RUL. XIX. DWB. 5, 408 *ff. u. vgl. die composita u.* lêren —: *tr.* (*refl.*) *kehren, wenden, umwenden, eine richtung geben allgem.* (den willen k. PASS. *K.* 385, 87. 9, 49. 82, 32. den schaden abtuon und k. Mz. 1, 522. die vordrung k., *erfüllen* CHR. 1. 162, 5. ein guot niezen, wenden und k. Mz. 2, 406. 4, 33. 122. an got er den muot chêrte GEN. *D.* 46, 18. den gewalt abtreten und an einen andern wenden und k. CP. 162. daʒ haupt g ê n dem himel k. MGB. 5, 17. 19. etw. in den nuz wenden u. k. CHR. 4. 158, 5. 31. 160, 23. von unmilt in milt k. MGB. 352, 19. in tiutische zunge gekêret, *übersetzt* RUL. 308, 26. 310, 12. der der eselinne ir lüejen in rehte sprâche kêrte SERV. 47. dî frouwe wolde niergen anders

kêren dan allez in dî armen diet ELIS. 3096.
die gotlieben hêrren die wolde er wider chêren
uber allez sîn lant GEN. D. 10, 9. daʒ
bûch ûʒ der welsche k. *übersetzen* EN. 352,
21. daʒ ouge von einem boume k. GEN. D.
10, 27. diu augen von der sunnen k. MGB. 166,
15. der dich wil von mir k. GFR. 435. die fürsten
sult ir ze kampfe k. TROJ. 18529. etw.
ze guot k. MGB. 227, 29. allez ze einer hant
k., *auf sich beruhen lassen* TRIST. 10326 *u.
Bechsteins anm.* er chêrt sich wider zuo in
GEN. D 91, 5. daʒ er den muot dar chêrte
GEN. D. 10, 9. die rede hin und her k.
MGB. 43, 31), *mit dat. d. p. zuwenden* Iw.
LOH. dem kêrt man den nac RENN. 6870,
sich k. an *achten auf, sich kümmern um*
Iw. PARZ. niht kêrent iuch an sîne trüge
TROJ. 19140. dô kêrte sich der rôt dran
CHR. 9. 678, 20, *ebenso* sich k. zuo: daʒ si
sich niht chêrten ze sus getânen worten
EXOD. 135, 1. — *intr.* (*nur scheinbar, denn
es ist zu ergänzen das object* ros, wagen *etc.*)
sich wenden, um-, abkehren allgem. (*z. b.*
an einen k. *ihn angreifen* CHR. 8. 75, 18.
ûʒ dem lande k. TROJ. 23593. kêren von
KARL 12163. z û kirchen k. ELIS. 920. wenn
sie [*die bienen*] zuo werk kêrent MGB. 289,
22. besît k. *sich entfernen* PASS. K. 258, 77.
er kêrte dan KONR. *Al.* 519); *gränzen, eigentl.
sich umwenden, aufhören* HALT. 1082.
wo die güter k. und wenden GR.w. 2, 201.
204. 3, 303. — *mit abe* (ab k. declinare DFG.
168ª Voc. *Schr.* 758 *s. auch* abekêren *stn.*),
an, în, nâch, nider, ûf, umbe, under, ûʒ, vür,
wider, zuo; be-, ent-, ge-, ver-. *vgl.* DWB.
5, 408. FICK² 59;
kêren *stn.* (I. 797ᵇ) PARZ. FRL. daʒ riche werden
muoʒ gepfant an küniclîchen êren dur
dîn vertânez kêren, daʒ dû von Troie tæte
TROJ. 23364. âne kêren, *unverrückt* JER.
38ᶜ.
kerenter *stm. s.* gerner *u.* KONR. *lied.* 32,
265.
kërf- *s.* kërb-.
kerge *stf.* (I. 789ª) *list, schlauheit* HELMBR.
ERNST 5298. karge EXOD. D. 148, 3. SPEC.
140; *kargheit, sparsamkeit* Ms. (*H.* 1, 341ª.
2, 378ª). karge MART. (*lies* 125, 37). — *zu*
karc;
kergen *swv. in* über-, verkergen;
kerger *comp. s.* karc.
kerigen *swv. s.* kern.
kërhof *s.* kirchhof.

kerkære, kerkel, kerkenære *stm. s.* karkære.
kerker-haft *adj.* (I. 790ª) *in den kerker gelegt*
RENN. vüer uns hin von sünden wegen,
dar in wir sîn sô kerkerhaft MSH. 2, 177ª.
kerkern *swv.* (*ib.*) *einkerkern* CLOS. ich was
siech und kleider bar und gekerkert COD.
pal. 341, 31ª. dô ich siech und gekerkert
was *ib.* 32ᶜ. er wart gekerkert NARR. 19, 88.
karkern, incarcerare DFG. 291ª. kärchen
WALTH. 68, 4 *var.* karken *s.* bekarken.
kerkeln *s.* bekerkeln. kerchlen DIEF. *n. gl.*
212ᵇ.
kerker-stein *stm. kerker.* in eim vinstern kerkerstein
MALAG. 70ª.
kerkerunge *stf.* incarceratio DFG. 291ª.
kerker-vürste *swm. kerkermeister* HB. *M.*
180.
kerl, kerle *s.* karl; kërle *s.* kërvele.
kerlach *stn. coll. zu* karre CHR. 5. 319, 13.
kerlîn *stn. dem. zu* kar, *gefäss* MONE *z.* 2, 185.
kärly NARR. 110ª, 70.
kerlîn *stn. dem. zu* karl. mîn trûteʒ kerlîn
MSH. 3, 307ᵇ;

Kerlinc, Kerlinge *stswm.* (I. 790ᵇ) *patron. zu*
Karl. zimber ein hûs, Kerlinc MSF. 27, 1. *pl.*
Kerlingen *ib.* 35; *untertan der Karle, bewohner
des karoling. Frankreichs, Franzose.*
ein ûʒerwelter Kerlinc KARL 5567. die
nôt clagete manec Kerlinc *ib.* 6373. *pl.* Karlinge
RUL. Kärlinge WWH. er vorht die Kerlinge
j.TIT 192. ir sult die Kerlinge lân reden
KARL 1956. do begunden Kärlingen die
Saracîne twingen SERV. 2003;
Kerlingære *stm.* der werden Kerlingære voget
TURN. *B.* 268. 528. TROJ. 23949;
Kerlingen *stn.* (I. 790ᵇ) *eigentl. dat.pl. v.* Kerlinc
(*auch* Kerlinge *dat. sing. s. unten*) *als
landsname: Frankreich* KCHR. PARZ. konic
zû Karlungin ROTH. 4882. über allez Kärlingen
SERV. 994. ze Kärlinge *ib.* 929. von
Kärlingen BÜCHL. 1, 1280. FLORE 423. FASN.
672, 20. halsberc von Kerlinge (: ringe)
ENENK.341. ze Navarren und Kerlingen HPT.
2. 222, 15. in dem hove ze Kerlingen AMIS
867. BERTH. *Kl.* 40. hin ze Kärlingen, ze
Franken AUGSB. r. *bei* BIRL. 269ᵇ (*als „unser
Karolin" erklärt!*) ich verschwüere ê
Kerlingen KARL 3238. Kerlingen stât mit
guotem vride MSH. 2, 87ᵇ;
kerlingisch *adj. in* Kerlingen *gebräuchlich,
französisch.* mit einem rocke wol gesniten
nâch kärlingischen siten ER. 1546.

kern, keren *swv.* (I. 796ᵃ) *kehren, fegen* SERV. keren mit dem besem, scobare Voc. 1482. der niuwe beseme keret wol FREID. 50, 12. ganc in dîn hûs und kere daʒ MSH. 3, 88ᵃ. reht als der wint daʒ dürre loup keret (*gedr.* kêret) in dem walde ENGELH. 4879. mist vür die türe kern KARAJ. 19, 7. 19. c h e r i g e n *ib.* 32, 3. — *mit* în. *vgl.* DWB. 5, 406.

këRN *stm. s.* kërne;

këRN *stf. butterfass. ndrh.* kirn: gestossen und geslagen recht sam die anken in ein kirn HANS 4325. *vgl.* DWB. 5, 605.

kërn-bîʒe *swm. kernbeisser, vogel.* kernbeiss GERM. 6, 90.

kernder *stm s.* gerner.

kërne, kërn *swstm.* (I. 800ᵇ) *kern, nucleus* BÜCHL. WWH. *bildl.* er ist ir herzen ein bitter kerne j. TIT. 1342. sie wâren strîtes kerne, von der schal gesundert *ib.* 1536. minne tuot ein vil süeʒer kern, der in kan rehte kiuwen ULR. *Wh.* 239ᵉ; *vom getreide: der markige inhalt des korns* Ms. den beliben di hülsen ân den kern RENN. 5267, *das getreide selbst, bes. dinkel, spelt* (*urspr. das ausgedroschene, gereinigte, enthülste getreide*) KCHR. haber und kerne ALBR. 35, 34. dem rappen kernen vür gemalen TRIST. 10380. swer tûsent mutte kernen schutte ûf eine tenne HPT. 7. 337, 38. kern, keren CHR. 4. 31, 12. 43, 2. 50, 8. 224, 15. 312, 9; *von pflanzen: mark des holzes, das innere festere holz* PASS. sîn (*des ahorns*) wurze und sîn kern Aw. 3. 233, 7. sîn kern ist weich und lôse *ib.* 234, 47. dî (*bäume*) durchsniten sî gar mit sagen al durch den kern JER. 27481. daʒ sie (*die speere*) vil gar ûf den kern zebrâsten KRONE 11881; *das innere, innerste eigentl. u. bildl.* diu gift was im gedrungen biʒ ûf den kern des marges TROJ. 38491. eʒ (*liebesleid*) gât mir dur ganzen kern MSH. 2, 155ᵇ. ûʒ sînes herzen kernen PARZ. 613, 19. daʒ derret mîner fröuden kern, *trocknet sie bis auf den mittelpunct* KRONE 13918; *bildl. wesentlicher gehalt, hauptsache, das beste, ausgezeichnetste* (*mit gen.*) *im gegens. zur* hülse, schale PARZ. GEO. KROL. Bâbenbergære ir spräche brengent von den hülsen ûf den kern RENN. 22258. des wilden rede neme ich den kern MSH. 3, 29ᵃ. sô wolde ich wiʒʒen gerne die sache an deme kerne PASS. *K.* 84, 20. etw. durchsprechen unz üffen kerne *ib.* 425, 94. der minnen kern, *Christus ib.* 599, 3. der êren kerne GA. 3. 223, 991. der manheit gar ein kerne VIRG. 77, 6. LOH. 4966. SIGEN. *Sch.* 119. alles guoten ein kern HÄTZL. 224ᵃ. der künste kerne RENN. 17381. der kern v o n kunst WARTB. 102, 3. der rehte kern von aller liebe LS. 2. 419, 22. er het bei im alle macht und kern ausz disen landen CHR. 3. 94, 20. *vgl.* korn;

kërne *stn. s. v. a.* grobiʒ MBG. 374, 7 *var.*

kërne *m.* mîn pfert heizet kerne (: gerne) PF. *üb.* 138, 113. — *zu* kërren.

kërnel *s.* kërvele.

kërnel-krût *stn.* (I. 891ᵃ) GA. 2. 272, 261. *s.* kërvele.

kërnen *swv. s.* kirnen.

kerner *stm. s.* gerner *u.* KOLM. 165, 24. 39. 184, 29.

kerner *stm. s. v. a.* karrer TUCH. 204, 32. 255 22.

kërn-hiusel *stn. dem. zu* kërnhûs. kernhûsel DFG. 52ᵉ.

kërn-hiutelîn *stn. s. v. a.* kërnschale DFG. 376ᵇ.

kërn-hof *stm. s.* këlnhof.

kërn-hülse *f.* kernhuls, arulla Voc. 1482.

kërn-hûs *stn.* (I. 738ᵇ) *kernhaus* arulla, pulpa DFG. 52ᵇ. 472ᵇ (Voc. *v.* 1470 k a r e n h a u s), *n. gl.* 36ᵇ. 309ᵃ.

kernier *stm. s.* karnier.

kërnîn *adj. s.* kirnîn.

kërn-mel *stn.* adeps DFG. 12ᵇ. Voc. *S.* 1, 18ᵃ. keren-, korenmel DIEF. *n. gl.* 8ᵇ.

kërn-milch *stf. buttermilch.* kerenmilch DFG. 404ᵇ. *ndrh.* k i r n milch HANS 4238.

kërn-schale *f. den kern umgebende schale, haut* DFG. 376 ᵇ. *vgl.* kërnvël.

kernter *stm. s.* gerner.

kërn-tuoch *stn. das beste tuch im gegens. zu* gemeinem tuoch MONE *z.* 9, 148 *f.* 155. 157. 163 (*a.* 1486). *s.* DWB. 5, 612.

kërn-var *adj. wie ein kern aussehend.* ir vel was lûter unde clâr und dâ bî schœne kernvar W. *v. Rh.* 25, 27.

kërn-vël *stn. s. v. a.* kërnschale DFG. 376ᵇ. *n. gl.* 261ᵇ.

kërn-wolle *swf. eine geringere wolle.* grauwe kernwolle MONE *z.* 9, 159. *vgl.* DWB. 5, 612.

kerot *stn. s.* kerach.

kërp, kërpf *s.* kërbe.

kerph *s.* karpfe.

kërr *stm. s.* këller.

kerrât *stf.* (I. 801ᵃ) *s. v. a.* kerrine, quadragena Voc. 1429, 4ᵈ. k a r r â t DIEF. *n. gl.* 310ᵃ. karred DFG. 475ᵃ. kerrât, karrät SCHM. *Fr.* 1, 1280.

kerre *swm. s.* karre.
kerren *swv. s.* kêren.
këren *stv. I. 3* (I. 821ᵃ) kirren NETZ 11186; kirt *für* kirret WOLK. MART. 72, 16: *einen grellen ton von sich geben, schreien* LS. WOLK. er weinde unde kar ALBR. 22, 501. er lac under im unde kar GA. 1. 55, 548. er kirret wider unde vür (*von einem schwätzer*) JÜNGL. 918; *keifen:* daz er giftet unde kirret HEINR. 2954. er was der wider kerrende *ib.* 1637; *wiehern, grunzen* PARZ. GEO. ENGELH. MS. RAB. (689. 742). vaste kurren diu marc DIETR. 8765. diu ors kurren APOLL. 7401. sie kurren als diu zuhtswîn *ib.* 3783. 6238. 9563; *knarren, rauschen* WEINSW. die (*sättel*) tuond kirren und krachen NETZ 11186. diu seil vaste kurren ALBR. 26, 34; *bildl.* RENN. MART. (*lies* 72, 16). jâmers leit in ir kirret ALTSW. 94, 18. — *mit er-. vgl.* gërren, garren, karren, kërchen. *mit* kallen *zu skr.* jar, gar, *rauschen, rufen, lat.* garrire, *gr.* γηρύω FICK² 59. CURT³. 168. DWB. 5, 613. *vgl.* kirsen;

këren *stn.* (*ib.*) WIG. HÄTZL. mit kerren gâbe biten LOH. 3066. daz k. der orse j.TIT. 1680. 4052. 93. diu swîn ir kerren niht lânt GERM. *H.* 8, 300;

kerren *swv.* (I. 821ᵇ) *zum* kërren *bringen, quälen, anfeinden.* maid und knecht tut er kerren KELL. *erz.* 183, 6. querren RENN. — *mit* er-.

kerrîne *stf.* (I. 801ᵃ) *vierzigtägiges fasten* DIEM. REINH. genuoge enphâhent kerrîn (: sîn) und vastent für die missetât COD. *pal.* 341, 166²ᵃ. karrîne BERTH. 572, 7. karîne *ib.* 67, 19. SPEC. 7. JER. 9ᵇ. karin, karîne, karren, karene, kerein: carena, quadragena DFG. 101ᵃ. 475ᵃ. *n. gl.* 75ᵇ. karîn, karen SCHM. *Fr.* 1, 1280. karene CHR. 7. 414, 19. — *aus mlat.* carena;

kerrner *stm.* (I. 801ᵇ) *der fastet* OT., *mlat.* karrenarius SCHM. *Fr.* 1, 1280.

kërse *swstf.* (I. 801ᵇ) *kirsche* ERACL. MGB. 347, 23. RING 37ᵈ, 27. 35. BEH. 10, 31. FASN. 1104. kersch *pl.* CHR. 5. 326, 20. kirse FRAGM. 42, 448. niht gein einer kirse (: pirse) j.TIT. 4884. kerse, kirse, kirsche DFG. 113ᶜ. *alem.* kries, kriese VOC. *o.* BON. GR.W. 1, 423. 5, 158. — *aus lat.* cerasum, *gr.* κεράσιον.

kërse-bere *swf. kirsche.* kersper VOC. 1482.

kërse-, kërs-boum *stm.* (I. 228ᵃ) *kirschbaum* SUM. WG. 3800. MGB. 347, 21. kirsboum GERM. 8, 47. *alem.* kriesboum MONE *z.* 13, 259.

kërs-harz *stn.* kirsharz, kirscharz, gummi DFG. 271ᵃ.

ker-snuor *stf.* (II². 454ᵇ) registrum, kersnuor ald ein rechenbuoch VOC. *o.* 18, 29. — kêrod. kërbsnuor? *vgl.* buochsnuor.

kërspel *s.* kirchspil.

kerstal *s.* kerzestal.

kërs-wîn *stm. ein mit kirschsaft vermischter wein.* trink weder kirswein noch met ANZ. 12, 34 (*a.* 1431). GERM. 8. 108, 6. *vgl.* DWB. 5, 850.

kêr-tac *stm. tag der bekehrung.* an sant Pauls kôrtag CHR. 4. 220, 5.

Kerubîn, Cherubîn *stm.* (I. 801ᵇ) *Cherub* ANEG. WWH. der engel Cherubîn ULR. *Wh.* 235ᵃ. 236ᵃ. *pl.* cherubîn (GR. 4, 467) *Cherubim, ein chor der engel* DIEM. GLAUB. GERH. 350. 66.

kêrunge *stf.* (I. 799ᵃ) *kehrung, windung, richtung.* chêrunga, flexus GL. *Virg.* 3, 740 *u. anm.* lâz uns in keiner bœsen kêrung LS. 3. 554, 109; *bekehrung,* sant Afren kêrung CHR. 4. 354, 37; *wiedererstattung, schadenersatz* WEIST. CHR. 5. 379, 18. DH. 151. MZ. 1, 522 (*a.* 1410). SCHREIB. 2, 341 (*a.* 1424). kârunge, karunge HALT. 1084. ARN. 58 (*a.* 1385). MONE *z.* 9, 29 (*a.* 1464). kôrunge GR.W. 4, 639.

kërvele, kërvel *fm.* (I. 801ᵇ) *kerbel, ein küchen- u. heilkraut* PF. *arzb.* 1, 22. GERM. 8, 302. kervele, kirbele, kerbel, kerbol, karbel, korbel, kurbel DFG. 114ᵇ. kerwele, kirbele, kerben *n. gl.* 86ᵃ. kerle GA. 2. 268, 128. kernel *ib.* 271, 227. — *aus lat.* cærefolium, *gr.* χαιρέφυλλον *s.* DWB. 5, 559.

kërwe? *swf.* kerwen, kratzen und kilhouwen FELDB. 141. *vgl.* kërbe.

kërwele *s.* kërvele.

kêr-wërc *stn.* auf der mitlern kêr im Tullinger (*im Hallstädter salzbergwerke*) ist ain new kêrwerg angehebt, auf der selben kêr man auch aus schepht MH. 2, 638. *s.* kêre.

ker-wisch *stm. flederwisch zum abkehren* HEUM. 252, pistrum DFG. 438ᶜ.

kerzach *stn.* CHR. 4. 61, 29 *var. coll. zu*

kerze, kërze *swf.* (I. 801ᵇ) kerz MGB. 74, 25. CHR. 4. 61, 30; *im reime auf* merze SILV. 5165, *auf* hërze MSH. 1, 72ᵇ. SGR. 1673. MARLD. *han.* 63, 3; *md auch* kirze, kirz DFG. 94ᵇ. 589ᶜ —: *licht, kerze, bes. wachskerze* NIB. PARZ. TRIST. WALTH. KONR. (TROJ.

8844. 17352. Silv. 5165. Part. *B.* 1115). Loh. 1003. Renn. 18133. 18822. Eilh. 4469. Pass. 128, 11. 130, 13. Ga. 2. 629, 394. gewunden kerze Wig. 190, 16. Wh. *v. Öst.* 7ᵃ. be-, gewunden, gevlohten k. Dfg. 114ᵇ. 589ᶜ. als ein kerze gedrân was der stein Lanz. 7122. ôsterlîchiu k. Mein. 13. ellende k., *die in der kirche beim opferstock oder auch in der ellendenherberge für arme kranke pilger brannte* Mone *z.* 4, 327 (*a.* 1276). an unser frouwen kerzen *s. v. a.* kerzwîhe *ib.* 9, 152. 158 *f.* kerze *für penis* Zimr. *chr.* 3. 549, 26. — *ahd.* cherzâ, charza *und* charz (*mn?*) *eigentlich der aus werch* (charz, stuppa Diut. 2, 343) *verfertigte dacht* (charza fungus, linteolum Hpt. 5, 331ᵃ. 10, 367), *welche bedeut. wol auch mhd. noch bestanden hat, denn* a. Heinr. 103 *u.* Freid. 71, 7 *heisst es, dass* diu kerze ze aschen wirt. „*diese benennung der kerze nach dem dachte deutet an, dass man kerzen machte, die wesentlich eben aus werch bestanden, das man zusammendrehte u. mit talg oder wachs tränkte, wie ähnlich noch jetzt die fackeln mit pech* (*vgl.* oben gevlohten, gewunden k., ein k. gedrân *und unten* kerzeschîbe)" Dwb. 5, 614.

kerze-lieht *stn. das licht von einer kerze od. die brennende kerze selbst* Elis. 8584. kerzlieht Krone 14841. kerzenlieht Hpt. 1, 286. j.Tit. 6038. Winsb. 3, 1. Bph. 840. Mgb. 100, 1. Hb. *M.* 459. Chr. 4. 323, 9. candela, ein kerzenliecht Dief. *n. gl.* 70ᵇ.

kerzelîn *stn. kleine kerze* Renn. 17995. Ga. 2. 119, 368. kirzlein Chr. 2. 28, 11;

kerzen *swv. s.* be-, gekerzet.

kerzen-huoter *s.* kirchenhuoter.

kerzen-krût *stn. die weberkarde.* virga pastoris, kerzenkraut *od.* wild karten Dfg. 644ᵉ.

kerzen-lieht *s.* kerzelieht.

kerzen-macher *stm. kerzengiesser, md.* kerzenmecher Rta. 1. 86, 12. Frankf.*brgmstb.* 1447 *vig. V. p.* Doroth.

kerzen-meister *stm. der älteste einer zunft od. bruderschaft* Mone *z.* 14, 317 *f.* 18, 22. *vgl.* Arn. 60. Dwb. 5, 617 *u.* 246.

kerzen-stadel *stm. s. v. a.* kerzestal Kchr. 3170 *var.*

kerzen-stal *s.* kerzestal.

kerzen-stap *stm.* (II². 594ᵇ) teda, ein kerzin stab (kerzîn?) Dief. *n. gl.* 359ᵇ. kerzstab, candelabrum Voc. 1482.

kerzen-tâht *stn. dacht in der kerze* Voc. 1482; Kerzendâht *als fing. name* Wartb. 121, 8. 124, 1.

kerzen-trager, -treger *stm.* ceroferarius Dfg. 114ᵉ. Chr. 4. 60, 4. 9.

kerzer *stm. s.* ketzer.

kerze-schîbe *stf. s. v. a.* ein gewunden, gedrân kerze? si was schôn an dem lîbe und zuo den sîten smal reht als ein kerzeschîbe wol geschaffen über al Heldb. *K.* 92, 32. si was klein an dem lîbe, wol geschaffen überal, reht als ein kerzeschîbe gedræjet hin ze tal *ib.* 238, 8.

kerze-stal *stn.* (II². 558ᵃ) *gestell für eine kerze, leuchter* Diem. Kchr. Parz. Reinh. L. Alex. 5975. kerzstal Lanz. Parz. Lieht. Krone 14743. 29282. Renn. 5721. Roth. *dicht.* 78, 62. Helmsd. 22ᵃ. Hb. *M.* 230. 231. S. Gall. *chr.* 77. kerzstal, kerstal candelabrum Dfg. 94ᶜ. vier grô₃₃ zinein kertzstal Leitb. 48ᵃ. kerzenstal Kchr. Wg. 1802. Bph. 1588. Parz. 232, 19 *var.* Dief. *n. gl.* 71ᵃ.

kerze-stoc *stm. dasselbe* S. Gall. *chr.* 77 (*neben* kerzstal). *vgl.* liehtstoc.

kerze-wîhe *stf. tag der kerzenweihung, Mariä lichtmesse.* unser frowen tag der kerzewîhi Mz. 1, 256. 293 (*a.* 1310. 42), *vgl.* unser frowen âbent, sô man die kerzen wîhet *ib.* 296. sô man zuo kerzwîhi wachs sol koufen Netz 9841;

kerze-wîhunge *stf. dasselbe.* kerzwîhunge Mone 5, 252 (*a.* 1440). Gr.w. 1, 804.

kerzîn *adj.* (I. 802ᵃ) *aus kerzen bestehend, zu kerzen dienend.* kerzîner schoup (Parz. 641, 16) *s. v. a.* gewunden kerze. *vgl.* von kleinen kerzen manec schoup *ib.* 82, 26. ob sîne kerzen wæren schoup 191, 18;

kerzlach *stn. kleine kerze* H. *v. N.* 358.

kerz-lieht, -stal *s.* kerzelieht, -stal.

kerz-stap *s.* kerzenstap.

kerz-trouf *stmn.* calmum dic. partes nodose ad modum calami que herent in candelabro, ein kertztrauff Dief. *n. gl.* 67ᵇ.

kës *stn.* (I. 802ᵃ) *fester, glatter boden?* Lanz. 7108. *vgl.* Dwb. 5, 619 *u.* kis.

këssel *s.* kisel.

kessel *stm. s.* kezzel.

keste *s.* kestene.

kestegôn, kestegunge *s.* kestigen, kestigunge.

kestelîn *stn. dem. zu* kaste. ein helfenbeinîn kestelein mit heiligtum Anz. 18, 45 (*a.* 1438). ein silberein kestel Chr. 2, 12 *anm.* 9.

kesten *s.* kestene.

kesten *swv. s. v. a.* kestigen. sô die liut die vîent chestent PRIESTERL. 56.

kesten-blat *stn. kastanienblatt* HÄTZL. 171ᵇ.

kesten-boum *stm.* (I. 228ᵃ) *kastanienbaum* MGB. 317, 6 *ff.* MONE *z.* 18, 64. kesten-, kastenboum DFG. 105ᵃ. *n. gl.* 78ᵇ. questenboum *s. das folgd.* kastânenboum WWH. 88, 26. castânjenboum MONE 4, 93; **kesten-boumîn** *adj.* dar umbe ein questenboumîn hac LOH. 6138.

kesten-brôt *stn. kastanienbrot, als bettlerlerspeise* DWB. 5, 270 (15. *jh.*).

kestene, kesten *stf.* (I. 791ᵇ. 802ᵃ) *kastanie, die frucht.* kestenne Voc. *o.* (*ahd.* chestinna). kesten KONR. (TROJ. 9603. PART. *B.* 2322. 11090). WIGAM. 1166. ALBR. 32, 285. MSH. 3, 311ᵃ. HÄTZL. 171ᵇ (cösten 72ᵃ). MERAN. 1. CHR. 8. 256, 1; 9. 903, 6. kastâne PARZ. castâne, castânie DFG. 105ᵃ. castânie MGB. 93, 6 (*var.* kesten); *kastanie, der baum.* keste oder kestenpaum Voc. 1482. walt der kesten: *Maria* MARIENGR. 229, *vgl.* kestenwalt. — *aus lat.* castanea.

kestenêre *stm. s.* kastenære.

kesten-nuʒ *stf. kastanie* MGB. 317, 18.

kestenunge *swf. s. v. a.* kestigunge ERINN. 803. — *zu* kesten.

kesten-walt *stm.* (III. 472ᵇ) *kastanienwald* MAI, GR.W. 6, 523.

kestige *stf.* (I. 802ᵇ) *kasteiung, züchtigung* GEN. (chestigunge *D.* 34, 6);

késtigen *swv.* (*ib.*) *kasteien, züchtigen, quälen, büssen lassen, strafen* DIEM. (kestegôn) SERV. ER. MAI, WARN. GEN. *D.* 8, 29. ULR. 400. GRIESH. 1, 17. DIETR. 3478. BPH. 8786. ALEXIUS 143, 207. ELIS. 1514. 1673. WACK. *pr.* 56, 169. MYST. 2. 440, 14. VET. *b.* 55, 1. CHR. 8. 69, 20. 127, 14. 146, 22; 9. 510, 3. FASN. 216, 12. MH. 3, 66. GR.W. 4, 23. *md. u. ndrh. auch* kastîgen LUDW. 28, 2. EVANG. *M.* 19, 12. FROMM. 2, 441ᵃ. HPT. 3. 499, 163. — *aus kirchenlat.* castigare, *vgl.* kesten;

kestiger *stm. peiniger* MAG. *cr.* 90ᵇ. kestiger, vindex Voc. 1482;

kestigunge, kestegunge, kestunge *stf.* (I. 802ᵇ) *das kasteien, züchtigen, quälen.* kestigunge ULR. 406. GRIESH. 2, 101. 104. WACK. *pr.* 56, 168. MARIENGR. 723. PART. *B.* 14755. W. *v. Rh.* 164, 1. PASS. 66, 79. *K.* 31, 43. MAG. *cr.* 97ᵇ. FRONL. 32. 38 *f.* STZ. 620. 35. 701. kestegunge BARL. SILV. 1888. PART. *B.* 14891. PASS. 4, 23. 230, 87. 391, 23. *K.* 222, 8. 235, 39. kestgung MAG. *cr.* 119ᵃ. kestunge

KONR. *Al.* BON. (k. der frouwen, *zucht, in der man die frauen hält*). *md.* kastunge JER. 13187 *ff.* kastiunge *ib.* 25644. *vgl.* kestenunge.

këtel *stm. s.* kitel.

ketelîn *stn. s.* ketenlîn;

keten *swv. s.* ketenen;

ketene, keten *swstf.* (I. 802ᵇ) *seit dem 14. jh. auch* ketten (kettine, kettin ZIMR. *chr.* 4, 540ᵃ), *im 15. jh. auch schon als nom.* kette, kett *s.* DWB. 5, 630 *u.* ketelîn: *eiserne kette, fessel* RUL. LIT. GLAUB. ROTH. SILV. 803. PASS. 158, 19. 161, 78. 84. 288, 6. 10. *K.* 50, 51. CHR. 2. 12, 13, *bildl.* ERINN. LIT. WG. 6705 *ff., zum absperren einer strasse:* eʒ sullen auch die purger chein ketten in der stat ze Babenberch aufrichten W. 19 *s.* 29 (*a.* 1333). die ketten in den gassen anlegen und sperren CP. 54, *vgl.* TUCH. 151 *ff. u.* ketenstoc, *k. von gold od. silber, um etw. daran zu hängen od. als schmuck* LAMPR. IW. diu ketene was von golde, dâ diu lampade bî hienk EN. 255, 2. guldîne und vergulte ketten NP. 102, *k. als halsband eines hundes* TRIST. 16393, *zauberkette als gerät des gauklerler ib.* 4665. — *aus lat.* catena;

ketenen *swv. s. v. a.* beketenen KIRCHB. 644, 28. 34. keten, catenare DFG. 107ᵃ. kettnen *n. gl.* 80ᵃ. gekettend, cathenatus Voc. 1482.

keten-hant-schuoch *stm.* (II². 225ᵃ) *kettenhandschuh* HELBL.

keten-hengel *stf.* drei eissen kettenhengel, *woran die kessel gehängt werden* TUCH. 304, 8.

ketenîn *adj. aus ketten bestehend* NEIDH. 165, 10;

ketenlîn *stn.* (I. 803ᵇ) *dem. zu* ketene TUND. kettenlîn WOLK. 7. 1, 6. ZIMR. *chr.* 4. 302, 8 *ff.* ketelîn DIEF. *n. gl.* 80ᵃ. ketlein TUCH. 296, 27.

keten-lœse *stf. erlösung aus den ketten.* an sant Peters tage ketenlôse (1. *aug.*) Mz. 2, 467 (*a.* 1307). *vgl.* der tach sente Peters keten, der ketenen tach PASS. 161, 78. 84 *u.* ketenvîre.

keten-stoc *stm. pfahl zum einhängen der strassenketten.* kettenstock TUCH. 129, 25. 28. 170, 28. 172, 12 *etc.*

keten-troie, -treie *swf.* (III. 113ᵃ) *kettenwamms* Ms. *vgl.* ketenwambîs.

keten-vîre *stf. kettenfeier.* nâch sant Peters tags ketenfeyer RTA. 1. 259, 39. *vgl.* ketenlœse.

keten-wambîs *stn.* (III. 478ᵇ) *s. v. a.* keten-troie HELBL. HELMBR.

keter *stm.* in unserm freithof und hinten in unser kirchen pey dem weichprunnstain ausserhalb des keter ain tur ze machen *urk. v.* 1415 *im notizenbl. der Wien. akd.* 1854 *s.* 11. *vgl.* kotter *im* DWB. 5, 1899.

ketlîn *stn. s.* ketenlîn.

ketschen *swv. schleppen, schleifen* CHR. 8. 353, 8 *var.*; 9. 527, 1. 11. *s.* DWB. 5, 628.

kette *stn. in* mülekette.

kette, ketten *s.* ketene.

kettelinc? *stm. ein fisch* URB. 92, 4; *nach Pfeiff. s.* 353 *wol nur verschrieben für* rettelinc.

kettnen *swv. s.* ketenen.

ketzelîn *stn. dem. zu* katze BEH. 49, 27. ketzlein, cattulus Voc. 1482; von einem ketzlein, daʒ tregt ein wagen, dô sei guot tor mit ûf stôʒen CHR. 1. 181, 33; ketzlîn *als liebkos. name eines kleinen mädchens* WOLK. 11. 2, 14;

ketzeln *swv.* k. od. mausen, catillare Voc. 1482. ketzlen catillare, in alienas domus modo catillorum girare *ib.* 1429.

ketzer *stm.* (I. 803ᵃ) kätzer CHR. 5. 45, 34. kötzer *ib.* 45 *f.* kerzer GR.w. 1, 18, *vgl.* DWB. 5, 639; *md. auch* katzer DIEF. 1470, 145: *der nicht den rechten glauben hat, ketzer* BERTH. WG. MAI, Ms. WG. 12685. ELIS. 4004. CHR. 4, 96 *f.* 5, 45 *f.*; *frevelhafter, verworfener mensch ib.* 8. 69, 29, *bes. der unnatürl. wollust fröhnt, Sodomit ib.* 4. 68, 17; 5. 26, 32. 34; 8. 476, 11. GA. 1. 475, 777. 476, 791. — *aus mlat.* catarus, *gr. lat.* catharus.

ketzer-bir *swf. eine art birnen.* ketzer-, ketzapiren GERM. 9, 205. 198 (16. *jh.*).

ketzer-buoch *stn. ketzer-, zauberbuch* NARR. 38, 10. 110ᵃ, 167. *vgl.* ketzerîe.

ketzer-ge-loube *swm. ketzerglaube* BERTH. 205, 22. HPT. 9, 61. ketzergloube JUST. 194. 384.

ketzer-heit *stf.* (I. 803ᵃ) *ketzerei* Ms. (*H.* 2, 227ᵇ). TEICHN. 88.

ketzerîe *stf.* (*ib.*) *ketzerei* MYST. (*lies* 1. 33, 39). BERTH. 357, 8. HPT. 9, 60. TÜRL. *Wh.* 7ᵇ. MART. 287, 57. ELIS. 3975. LUDW. 46, 28. EVANG. 272ᵃ. CHR. 8. 242, 3. ketzerî BUCH *d. r.* 183. ketzere VET. *b.* 71, 8; *zauberei* MONE 4, 451 (*vgl.* ketzerbuoch); *unnatürliche wollust* CHR. 4. 111, 18. 318, 8; 5. 26, 31. 67, 7. 9. ketzerîge *ib.* 8. 476, 11 *var.* 9. 904, 5.

ketzer-kint *stn.* heidenkint und ketzerkint BERTH. 126, 24.

ketzer-lich *adj.* (I. 803ᵃ) *ketzermässig, ketzerisch* HELBL. EVANG. 272ᵃ. ENENK. (HPT. 5. 285, 631). Ls. 1. 470, 59. WOLK. 18. 9, 8;

ketzer-lîche, -en *adv.* (*ib.*) HELBL. WG. 11294.

ketzer-man *stm.* heresearcha DIEF. *n. gl.* 202ᵃ.

ketzer-meister *stm.* heresiarcha DFG. 275ᶜ. *n. gl.* 202ᵃ. MONE *schausp.* 2, 276; Adaminianus DFG. 12ᵃ.

ketzern *swv.* zum ketzer machen. Machmet ketzert die heiden FASN. *nachl.* 314.

ketzern *swv.* hetzen. eins ûf daʒ ander k. NETZ 2278. *aus* gehetzern? *vgl.* DWB. 5. 645, 3.

ketzer-schuole *stf. ketzerschule* NARR. 108ᵇ.

ketzer-vuore *stf.* (III. 264ᵃ) *ketzerisches treiben* Ms. (*H.* 2, 227ᵇ).

ketzer-wîse *stf.* (III. 756ᵇ) *dasselbe* ULR.

ketzer-wolf *stm. bildl.* der schäfe hüeten vor ketzerwolfen BON. 93, 48.

ketzîn *adj.* (I. 793ᵃ) *von der katze* SUM.

keuchel *stn. s.* kiuchel.

keuen *stv. s.* kiuwen.

keuf- *s.* kouf-, köuf-.

këvelen, këvelunge *s.* kibelen, kibelunge.

këver-biunte? *stf.* (I. 181ᵃ) HELBL. 1, 177. wol ein ortsname, *vgl.* DWB. 5. 19, 3.

këvere, këver *swstm.* (I. 803ᵃ) kafer, *ndrh.* keiver DFG. 154ᶜ: *käfer* FREID. (146, 9). SPEC. 42. RENN. 16286. Aw. 3, 219. kever (*pl.*) *als landplage* CHR. 8. 112, 14. — *vgl.* HPT. 7, 561. DWB. 5, 19;

këverlîn *stn. kleiner käfer* HB. *M.* 545. kefferlîn DFG. 96ᵃ;

këvern *swv.* die hunde keferten (*schnupperten*) nâch der vart Ls. 2. 296, 123.

kevesen *swv. s.* kebesen.

kevje *stf., auch mn.* (I. 803ᵇ) *vogelhaus, käfich.* vogel in kevjen sungen VIRG. 138, 10. die vögel in kefigen sungen WOLFD. 1374. die kebich SCHM. *Fr.* 1, 1229 (*a.* 1485). in ainem kebige MGB. 184, 5 *var.* kefi, kefit *n.* NETZ 6460. ROTW. 1, 53ᵇ. kebige, kebge, keffet, kefich, keben DFG. 108ᵃ. keffi, kefeit *n. gl.* 81ᵃ. kyfit Voc. 1482; *gefängnis,* kebje WEIST. (1, 215. 223), die kefige (*pl.*) MONE *z.* 8, 47. -- *aus lat.* cavea. *vgl.* DWB. 5, 17. 25.

këwe, këwen *s.* kiuwe, kiuwen.

kex *n.* nit ain kex (: complex) *nicht das geringste* FASN. 1250. *s.* DWB. 5, 656.

kezʒel *stm.* (I. 803ᵇ) *kessel* Iw. FRL. der k. ist

uns undertân PARZ. 206, 29. ein k. bônen vol MSH. 3, 255ᵇ. siudet mîn k. MF. 108. sam tûsent smide ûf kezzel slüegen hemer LOH. 1740. daz er zû den topfen hin und zû den kezzeln quam PASS. K. 32, 91. sich am alten k. rîben HILDEBR. Casp. 14. swer den alten k. rüeret, væhet râm zehant ROSENG. Bartsch 833. sprw. aller kezzel sin, von allen gemisbraucht werden VET. b. 15, 5. k. als gottesurteil: in einen wallenden kezel grîfen SWSP. 39, 27. 165, 11. 335, 4, als todesstrafe: mit dem k. rihten, im k. sieden BASL. r. 35. GR.W. 1, 547, vgl. die ketzer sieden WG. 12685. MAI 165, 26; behälter für flüssigkeiten überhaupt: ein silberen kessel fürs taufwasser MONE 5, 375. den lesten kessel weins behalten GR.W. 3, 803; kesselförmige vertiefung, s. kezzelbrunne, kezzelgarn. — gt. katils aus lat. catinus, skr. kaṭhina? GSP. 4. am nächsten steht wol altn. kati, schiff, denn schiffe u. gefässe haben oft einen namen (vgl. kar, schif u. schaf) s. DIEF. 2, 448. DWB. 5, 619 u. vgl. kezzî;

kezzelære, -er stm. kessel-, kupferschmid GEO. 5016. OT. 567ᵃ. KOLM. 96, 26. DH. 282. MONE 8, 457 f. ib. zeitschft. 2, 5. 7. 10. 17, 32; kezzeler, ein vogel ib. 4, 85.

kezzel-brunne swm. quelle in einem kezzel MONE 6, 228 (14. jh.).

kezzel-drî-vuoz stm. dreifuss der den kessel trägt CHR. 2. 314, 4.

kezzeler-gerihte stn. zunfttag der kezzeler. es sint für uns kumen ettliche kessler und habend uns anbracht, wie du als von des kesslergerichts wegen dir von unserm herrn hertzog bevolhen, si und ander kessler, kandler, pfannensmid und glockengiesser für dich zu komen erfordert habst DH. 282. vgl. kezzelertac.

kezzeler-hant-wërc stn. handwerk, zunft der kezzeler MONE 8, (a. 1411). vgl. kezzelhantwërc.

kezzeler-tac stm. s. v. a. kezzelergerihte DWB. 5, 628 (a. 1472).

kezzel-garn stn. ein verbotenes fischergeräte GR.W. 6, 397. vgl. kessel für tiefere stelle in flüssen, bächen DWB. 5, 622.

kezzel-habe stf. cacabus DFG. 86ᵇ.

kezzel-hâhel, -hâl stf. cremacula DFG. 156ᵇ. vgl. kezzelhengel.

kezzel-hâke swm. cacabus DFG. 86ᵇ.

kezzel-hant-wërc stn. s. v. a. kezzelerhantwërc MONE z. 2, 10 (a. 1444).

kezzel-hengel stnm. hängevorrichtung für den kessel FASN. 1216. vgl. kezzelhâhel.

kezzel-huot stm. eine pickelhaube in kesselform MONE z. 7, 56 (14. jh.; als eigenname ib. 8, 313. 403). GR.w. 4, 363 (mit falscher interp. kessel, hüett).

kezzel-krût stn. (I. 891ᵃ) im kessel gekochtes krût, gericht MSH. 3, 72ᵇ. KOL. 165, 305.

kezzellîn stn. dem. zu kezzel RENN. 11264. kesselîn, caldariolum DFG. 89ᶜ.

kezzel-rinc stm. ring, woran der kessel über dem herde hängt KOLM. 78, 6.

kezzel-smit stm. s. v. a. kezzelære CHR. 4. 133, 33;

kezzel-smitte swf. die kunden helme klengen alsam sie wæren in einer kezzelsmitten j. TIT. 5815.

kezzel-var adj. (III. 238ᵃ) kesselfarbig: kupferrot od. russig schwarz. sîn lip wart aller kezzelvar und als geswollen von dien slegen W. v. Rh. 163, 16. kesselvar ist auch ir hâr wol LESEB. 1018, 6.

kezzî stn. (I. 803ᵇ) s. v. a. kezzel, bes. aleman. LS. MYST. 2. 338, 21. NETZ 10868. GR.W. 1, 307. 4, 355. S.GALL. chr. 75. 77. MONE z. 7, 112. — ahd. chezî, chezzî.

kibel stm. s. kübel.

kibelen, kiveleu swv. (I. 804ᵃ) dem. od. frequent. zu kîben, kîven: scheltend zanken, keifen. kipeln, kippeln RENN. HÄTZL. 1. 119, 108. KELL. erz. 185, 2. kibbeln, kebelen ALSF. pass. kibeln in widerk., kebeln, keffeln, kevelen, kiefeln, kyfeln, kifeln, kyveln altricari, cavillare, garrulare, jurgari, rixari DFG. 26ᶜ. 108ᵇ. 258ᵃ. 312ᵇ. 499ᵇ. kîfeln: cheiffeln SCHM. Fr. 1, 1229. kiveren LESEB. 903, 20. wen kieferst du hie an WOLFD. 1999. kyffern DFG. 26ᶜ. vgl. kifelen, kifen u. DWB. 5, 667. 672. 783. — mit wider-;

kibelunge, kivelunge stf. (ib.) cavillatio, rixa, kivelunge, kiffelunge, kevelunge DFG. 108ᵇ. 499ᵇ; kîfelunge: cheiffelung SCHM. Fr.1, 1229.

kîben, kîven swv. (I. 803ᵇ) scheltend zanken, keifen, altercare, cavillari kîven DIEF. n. gl. 18ᵃ. 81ᵇ. si muosten gên im kîben (: trîben) HELMSD. 23ᵇ. vehten und kîben HANS 4674. sy kîfeten under sich KIRCHB. 713, 11. — zu kip, vgl. DWB. 5, 432. 442. — mit über-;

kîben, kîven stn. der mit kîben (od. dat. pl. von kîp?) mich vertrîben wil MSH. 3, 163ᵃ. mit kîfen gên einem halden JER. 157ᵃ. keyfen KELL. erz. 185, 2;

kîbic *adj. zänkisch* MONE *schausp.* 1, 327.

kîche *swm.* (I. 804ª) *asthma, keichhusten* Ms. NEIDH. (50, 21); keich, *ein vogel* MGB. 202, 30 *ff.;*

kîche *swf. dasselbe* NEIDH. 51, 20 *var.* daz asthma daz ist di chîche FDRG. 1, 378ᵇ. *vgl.* KWB. 157;

kîche *swf.* (I. 804ᵇ) *ort der einem den atem hemmt: gefängnis* LS. HÄTZL. WOLK. *vgl.* DWB. 5, 434. SCHM. *Fr.* 1, 1219. KWB. 157;

kîchen *swv.* (I. 804ª) *schwer atmen, keuchen* MART. (124, 82). keichender siechtag, asma Voc. 1482. — *vgl.* DWB. 5, 434 *ff.;*

kîchen *stn.*(*ib.*) Ms. MART.(*lies* 181, 78). WOLK.; waz geb ich ûf dein keichen (*keifen?*) GERM. 3, 311. *vgl.* kîschen.

kicher *stswfm.* (I. 804ª. III. 910ª) *erbse* WWH. FRL. der swarz k. MGB. 420, 17. etleich kicher ist haimisch, etleicher wild *ib.* 389, 10. *pl.* die kichern *ib.* 389, 16. 20. 25. PF. *üb.* 138, 79. niht ein kicher, *gar nichts* KRONE 25007. OT. 88ᵇ. 169ᵇ mir ist reht als ein kicher, ist er mir vîent oder holt *ib.* 107ᵇ. kicher, *md.* kecher, kechern DFG. 117ª. 124ᶜ. ziser FRL. Ms.(*H.* 2, 95ª). DFG. 117ª. zitzer *n. gl.* 88ᵇ. — *aus lat.* cicer, *mlat.* cisser, cisera, ciser DFG. 117ª. WACK. *und.* 16.

kicher-krût *stn. erbse, die pflanze* MGB. 389, 6.

kicher-mel *stn. erbsenmel* MGB. 389, 21.

kîch-suht *stf.* spasmus DFG. 544ᶜ.

kickerîn *stf. s.* quickerîn.

kîde, kît *stn. schössling, spross.* dâ nie kîde abe geschaffen wart noch dâ niemer kîde abe geschaffen wirt MYST. 2. 532, 34. kît MR. 4625. was man auch kydt (*junge krautpflänzchen*) verkauft MONE *z.* 3, 408 (*a.* 1409). — *ahd.* kîdi, *alts.* kîth, *ags.* cîdh. *vgl.* DWB. 5, 439. SCHM. *Fr.* 1, 1225.

kidel *stm. s.* kitel.

kîdel *stm. s. v. a.* kîl, fissarium MONE 7, 159. mit keideln ANZ. 13, 246 (*14. jh.*). *vgl.* DWB. 5, 440. 449.

kider-butze *s.* küderbutze.

kiebeln *swv. s.* kibelen.

kiefele *s.* kivel.

kiel *stm.* (I. 804ᵇ) *ein grösseres schiff* LAMPR. PARZ. TRIST. WALTH. ROTH. 2884. 90. ERNST 3133. GUDR. 276, 3. VIRG. 895, 11. 903, 9. 907, 4 *u. o.* WALB. 144. 49. 55 *etc.* DIETR. 1491. 2157. LOH. 3187. 4366. TURN. *B.* 779. HERZM. 230. TROJ. 3740. 6850. 947. 15247. 18735. 19350. 20640 *etc.* MSH. 2, 397ᵇ. ENENK. *p.* 342. ALTSW. 212, 30. *md.* kil PASS. 329, 30. 330, 73. 93. ERLŒS. 920. — *vgl.* DWB. 5, 677.

kiel-brüstic *adj.* (I. 257ª) *schiffbrüchig* Ms. (*H.* 2, 208ª).

kiel-ge-sinde *stn.* (II². 296ª) *schiffsmannschaft* TRIST.

kiel-kemenâte *swf.* (I. 796ª) *kajüte* TRIST.

kieme, kiemen *s.* kîme, kîmen;

kien *stm. s.* kîme.

kien *stm. n.* (I. 804ᵇ) *kien.* teda DFG. 575ª. *n. gl.* 359ᵇ. vorheinz holz ist voller kiens, und dâ macht man lieht auz MGB. 314, 16; *kienspan, fackel* GSM. 712 (*var.* daz kien). da im der himlische kien mit tûsint liehten zundet MART. 23, 80; *s. v. a.* kienapfel DFG. 436ª. — *vgl.* DWB. 5. 683, 4.

kîen *swv.* = gehîen *quälen, plagen* NETZ 7077. 8815. *vgl.* 9538.

kien-apfel *stm. der samenzapfen der kiefer,* pinea DFG. 435ᶜ.

kien-ast *stm.* (I. 66ª) *ast vom kienbaum, kienholz* WEIST. OBERL. 783.

kien-boum *stm.* (I. 228ª) *kiefer* PASS. *K.* 600, 52. FDGR. 1, 378ᵇ. kien-, kînboum DFG.436ª.

kien-harz *stn.* kin-, kîneharz, succinus DFG. 563ᶜ.

kienîn *adj. von kienholz,* pinanus FDGR. 1, 378ᵇ. DFG. 435ᵇ.

kien-lieht *stn. brennender kienspan, fackel* URB. *Son.* 42, 24.

kien-lîte *swf.* (I. 1013ª) *mit kiefern bewachsener bergabhang* HELMBR. 1427 *u. s.* 13.

kien-market *stm. markt für kien.* Leupolt an dem chinmarket *zu Wien* USCH. *s.* 93 (*a.* 1297).

kien-vackel *f. kienfackel.* kynefackel DFG. 228ᵇ.

kien-vorhîn *adj. von der kienföhre* DAL. 101, 29.

kierche *s.* kirche.

kieren *swv. quer blicken.* mit den ougen kieren MART. 107, 30. — *zu* quër (twër), *vgl.* STALD. 2, 98.

kierspel, kierspil *s.* kirchspil.

kieselinc *s.* kiselinc.

kiese-man *stm.* (II. 42ᵇ) arbiter DFG. 44ᶜ.

kiesen *stv. III.* (I. 823ᵇ) küsen CHR. 9. 932, 19. 997, |31 (er küset *ib.* 933, 15, er keuset Mz. 3. 255 *a.* 1350 *Jena; imperat.* kius, *md.* kûs PASS. *K.* 108, 13); *prät.* kôs, 2. *p.* küre (kuor: huor FASN. 429, 29), *pl.* kurn, *part.* gekorn; *schwäb.-alem. wurde auch gesucht, das* s *im prät. pl. u. part. beizubehalten:* sie kosen GERM. 3, 313. sie küsent, kusent

CHR. 8. 82, 26. 123, 1; *part.* gekosen, kosen MERSW. 136. GR.W. 1, 105. MONE z. 16, 329. 17, 30. CHR. 3. 354, 5; 9. 932, 21. 25. 933, 3. *vgl.* WEINH. *al. gr. s.* 157 *u. die composita*—: *prüfen, versuchen, wälen. allgem. u. zwar: prüfend kosten, schmeckend prüfen* (wein kiesen FASN. 1250, *vgl.* wînkieser), *prüfend sehen, wahrnehmen* (dâ lie got sîn wunder k. KARL 9808. ouch hân ich dran wol gekorn, daʒ HEINR. 3335), *erkennen, herausfinden, unterscheiden* (die viere sollent kiesen, ob der fride gebrochen sy AD. 627. die wiʒen und den môr vür baʒ an dem gebein kein sehen kiuset LOH. 6066); *nach genauer prüfung wälen, erwälen, auswälen mit acc. od. mit* zi, ze (einen kunic k. SWSP. 108 *f.* ze ainem rœm. kunge k. Mw. 289 *a.* 1333. einen ze vormunde nemen und k. Mz. 3, 380 *a.* 1357). — *mit* ûʒ, be- (*nachtr.*), er-, ge-, ver-. *gt.* kiusan *zu skr.* jush (*aus* gus), *gr.* γεύεσθαι, *lat.* gustare DWB. 5, 692. GSP. 2. CURT.³ 167. FICK² 65;

kieser *stm.* (I. 826ᵃ) *prüfer: schieds-, kampfrichter* WARTB. 4, 9. 24, 9. die kieser, *welche zu untersuchen haben,* ob der fride gebrochen sî AD. 628, *bes. amtlich bestellte prüfer von getränken* (*s.* winkieser), *auch von geld:* daʒ kein kieser keinen bœsen heller wechseln sol oder kaufen WP. 52. die selben kieser suln niemande kein geld besehen, er welle denne daʒ bœse lân zersnîden *ib.* 53 *ff.;*

kieserinne, -rîn *stf.* (I. 826ᵇ) *prüferin* FRL.

kiese-tavele *stf. tafel der* winkieser *mit den namen der wirte, deren wein gut befunden ist.* kiestafel NP. 251.

kiesunge *stf. in* ûʒkiesunge.

kietel *stm. s.* kitel.

kievel *s.* kivel.

kieʒ? *stm.* kieʒ und spât FELDB. 313 *nach Pfeiffer eine schwer schmelzende, kupfer, schwefel u. vitriol enthaltende steinart. die beiden hss. haben aber* bieʒ *s.* DWB. 5, 688.

kîf *stm. s.* kîp.

kîf *adj. fest, derb, dicht.* ain dicken sitz, keif, rund verwelbt WOLK. 89. 3, 2. *vgl.* DWB. 5, 441.

kifelen, kîfeln, kîfelunge *s.* kibelen, kibelunge.

kifelen *swv. dem. u. frequent. zu* kifen *nagen.* daʒ mich tag und naht kifelt und in mir selber nagende ist N. *v. B.* 252. kiflest du daʒ haubt (*des fisches*) RING 36ᶜ, 16. den hals abe k. OBERL. 784. *vgl.* kibelen *u.* DWB. 5, 666;

kifen, kiffen *swv.* (I. 804ᵇ) *nagen, kauen* GRIESH. HÄTZL. WOLK. 60. 2, 7. TUCH. 123, 34. *vgl.* kîben, kîven *u.* DWB. 5, 18. 102. 668; kifen *stn.* doch muoʒ er hân al tac ein kifen und ain freʒʒen LS. 3. 521, 75.

kifen, kiferen *s.* kîben, kibelen.

kiffel, kiffelunge *s.* kivel, kibelunge.

kiffen, kiffern *s.* kifen, kibelen.

kifit *s.* kevje.

kiflen *swv. s.* kifelen.

kil *stm. n.* (I. 805ᵃ) *md. auch* keil DFG. 277ᵇ: *federkiel* LIEHT. (*stn.*) iu wirt diu veder und der kil KOL. 188, 1194 dâ einer blæset durch den k. LESEB.⁴ 959, 25. diu weberin spuolt über den k. *ib.* 20. er (*d. fischer*) hât den kil zum angeln *ib.* 12. — *vgl.* DWB. 5, 676.

kil *stm.* (I. 805ᵃ, 9) *zwiebel des lauches.* ein louch, dem ab geschrôten ist der kil (: vil) TROJ. 20207. 31599. niht eines louches kil, *gar nichts ib.* 36414; *die ganze pflanze des lauches,* porrum DFG. 448ᵇ, *n. gl.* 298ᵇ. — DWB. 5, 676.

kîl *stm. s.* kiel.

kîl *stm.* (I. 805ᵃ) *keil.* durch die ahsen geslagen mit kîlen MSH. 3, 36ᵃ. sam der mit eime kîle zerklüebe grôʒiu löcher TROJ. 32960. dô er ûf den kîl (*k. zum holzspalten*) gesluoc KOLM. 98, 13. sô si sîn herz mit kîlen (*brotkeilen*) kliebent RENN. 5281. keil TUCH. 85, 24; *zeltpflock* WIG. (88, 4 *var.* kiule); keil od. hawe, marro VOC. 1482 (*vgl.* kîlhouwe). — *vgl.* kîdel *u.* DWB. 5, 388. 448.

kilbe? (I. 805ᵃ) repula, *eine pflanze* SUM. *vgl.* rivola, clipa DFG. 449ᵇ. *n. gl.* 48ᵇ.

kilbere *f.* (I. 782ᵇ) *weibl. lamm, mutterlamm,* agna SUM. *md.* kelber DFG. 18ᵇ. — *zu* kalp, *vgl.* DWB. 5. 703, 2 *c.*

kilche *stf.* kilch-, kilchen- *s.* kirche, kirch-, kirchen-.

kilcher, kilchërre *s.* kirchhërre.

kîle *swm. s.* kîme.

kîlen *swv.* (I. 805ᵃ) *keilen,* cuneo firmare VOC. 1482. *bildl. einkeilen, in die klemme bringen* SUCH. — *mit* ver-.

kîl-houwe *swf.* (I. 722ᵇ) *eine eiserne, keilförmig zugespizte hacke zum loshauen des mürben gesteins* SCHEMN. *r.* FELDB. 141. *vgl.* LESEB.⁴ 970, 12 *var.*

kilich *stm. s.* kelch.

kill *swm.* kilion oder killon, ein wunderlich merwunder MGB. 234, 3. 238, 5.

kil-tor, -wart, -wî, -wîhe *s.* kirchtor, -warte, -wihe.

kîm *m.* keym od. lap, cogillum (coagulum) Voc. 1482. *s.* Dwb. 5, 451.

kîme, kîm *swstm.* (I. 805ª) *keim, pflanzenkeim* Diem. daȥ iht kîmen dar ûȥ schieȥe Renn. 19910. kîme, kimme, kîm, kîne, kien, kîle germen, pullula Dfg. 261ª. 472ª. *n. gl.* 191ª. 308ᵇ. *md. auch* **kieme** Voc. *Schr.* 1596; *korn,* stroh das nur ein kym hab (*an dem auch nur ein korn hängen geblieben ist*) Gr.w. 1, 254. — *s.* kînen;

kîmelinc *stm. in* ërtkîmelinc (*so sp.* 683 *zu lesen statt* ërtkümelinc);

kîmeln *swv. keimen* Mgb. 302, 7. Mone 8, 495ᵇ. — *dem. zu* kîmen;

kîmen *s.* kînen.

kimpfen *swv. s.* kempfen.

kin *stn. s.* kinne.

kin-backe, -bein *s.* kinnebacke, -bein.

kîn-boum *s.* kienboum.

kind *s.* kinne.

kindahe *stn.* (I. 819ᵇ) *coll. zu* kint, *sämmtliche kinder* Gen. Jos. 733. *vgl.* kindelach *u.* kindrach *im* Kwb. 158.

kinde-bette *stn. s.* kintbette.

kinde-bet-gemach *stn. kintbettruhe* Ot. 597ª.

kinde-ge-lîch (I. 819ᵇ) *jedes kind* Lanz. Berth. *s.* gelîch.

kinde-heit *stf. s.* kintheit.

kindekîn *stn.* (I. 819ª) *kindchen, nd.* Helmbr. *md.* kindichin Ludw. 72, 5. 92, 6. 97, 29. 98, 5. kindichen Hpt. 2, 294;

kindel *stn. s.* kindelîn.

kindel *stn. ein mass.* de cuppa salis 2 dn., item de 12 kindel 2 dn. Mb. 36ª, 366 (*a.* 1280). de talento kindel salis 50 dn. *ib.* 594. — *vgl.* Schm. *Fr.* 1, 1262. Stald. 2, 103. Dwb. 5, 768.

kindelach *stn. kindlein* Chr. 5. 140, 7;

kindelærinne *stf. kindbetterin? als name* Schreib. 1, 101 (*a.* 1310).

kindel-bette *stn. s.* kintbette;

kindel-betten *stn. s. v. a.* kintbette Mariengr. 343.

kinde-lege *stf. ort wo das kind liegt, gebärmutter* Pf. arzb. 2, 2ᵈ. *vgl.* matrix, di stat do daȥ kint in der muter bauche leit Dfg. 351ᶜ.

kindel-ge-schrei *stn. geschrei eines kindes* Ring 20, 33. 20ᶜ, 5. 21ᵇ, 47.

kinde-lîch *stf. kindsleiche* Mone *z.* 16, 175.

kindelîn, kindel *stn.* (I. 819ª) *dem. zu* kint,

kindlein. kindelîn Parz. Trist. Ms. Gen. *D.* 88, 1. 102, 35. 131, 6. Nib. 723, 1. 1027, 1. 1459, 1. Loh. 3824. Engelh. 6259. 424. Part. *B.* 4983. Spec. 38. Pass. *K.* 67, 71. an der heiligen chindelîn tage (*s.* kindelîntac) Uoe. 4, 423 (*a.* 1302). kindlîn Chr. 5. 301, 12. 302, 17. kindlein Mgb. 193, 5. 228, 10. kindelî (: bî) W. *v. Rh.* 19, 56. 21, 20. kindel Wolfr. Trist. *H.* Diem. 353, 16. Nib. 723, 4. 1861, 3. Gudr. 72, 1. Bit. 2033. Neidh. 52, 13. Lieht. 3, 5. Mariengr. 352. Mgb. 3, 25. 88, 26. Pass. 185, 31. 347, 69. *K.* 242, 49. 322, 44; *jüngling* Nib. Parz. Crane 3145, *kind überh.* ich oder mîneu kindel Mz. 2, 349 (*a.* 1289); *junges,* des vogels, der swalben kindel Mgb. 169, 16. 201, 10. 12.

kindelîn-tac *stm. tag der unschuld. kindlein* Hpt. 6. 365. kindlîntac Gr.w. 5, 274. Chr. 4. 30, 6; kindeltac *s. v. a.* kinttac Pf. *üb.* 108, 449.

kindeln *swv. absol. u. tr. ein kind zeugen, gebären,* gignere, parere Dfg. 262ᵇ. 413ª. die kindelnt ireu aigenen kinde mit ainander Mgb. 489, 6. diu läutel kindelnt in dem dritten jâr *ib.* 491, 2. *vgl.* kinden.

kindel-rede *stf. kindische rede* Ring 20, 1.

kindel-spil *s.* kintspil.

kindel-tac *s.* kindelîntac.

kindel-touf *stm. kindtaufe* Beh. 50, 27.

kindel-wê *stn. krämpfe, epilepsie* Zimr. chr. 2. 406, 24; 4. 68, 38. *vgl.* Dwb. 5, 732.

kinde-meister *s.* kintmeister.

kinden *swv.* (I. 820ª) *s. v. a.* kindeln *absol.* Gen. Kchr. si kindetin âne sünde W. *v. Rh.* 43, 49. diu von manne solde kinden Mariengr. 112. Sem, Japet und Cham ze kinden begunden Basl. hss. 31. daȥ alter ir sô nâhe gêt, daȥ sie kinden niht enmac hie vor sie kinden niht enpflac in ir jungen jâren Erlœs. 2446 *ff. von thieren:* diu veltphert kindent âne vater Hpt. 9, 20; — *tr.* Diem. *s.* be-, enkinden.

kinden-spil *s.* kintspil.

kinder *pl. u. compar. s.* kint.

kinder-bette *s.* kintbette.

[**kinder-butze** *swm.* I. 287ª] *s.* küderbutze.

kinder-, kindes-grap *stn.* glandaria Dfg. 264ᵇ.

kinder-machen *stn. das kindererzeugen* Ring 21ᶜ, 38. Mone *schausp.* 2, 416.

kinder-meister *s.* kintmeister.

kinder-tragende *part. adj. schwanger.* die

kindertragindin frawen HPT. 8, 327. k. werden LIMB. chr. 63. s. DWB. 5, 752 u. vgl. kinttraht.

kinder-weinunge s. kintweinunge.

kindes gen. von kint, damit uneigentl. compon. kindeskint j.TIT. 473. 1772. 3798. RENN. 12311. LS. 3. 596, 72. ALTSW. 158, 23. GR.W. 5, 206. nepos DIEF. n. gl. 263ª, — sun (II². 733ª) nepos ib. 263ª. DFG. 378ᵇ, — tohter MONE 5, 234. nepos DIEF. n. gl. 263ª. — s. auch unter kindergrap, kintamme, kintspil.

kindesch, kindes adj. s. kindisch.

kinde-spil s. kintspil.

kindichen, kindichin s. kindekîn;

kindisch, kindesch adj. (I. 819ᵇ) jugendlich, jung (juvenilis, puerilis kindesch DFG. 313ᶜ. 417ª) GR. RUD. MAR. TRIST. FLORE (5017). kindischer, kindescher man MSF. 4, 10 u. anm. 13, 28. LANZ. 590. 1108. 6903. HERB. 334. 924. 1420. TRIST. 6627. ALPH. 297. BIT. 675. 2288. 2773. 3306. 3649. 4019. 4292. ERACL. 3331. GFR. 338. k. ritter HERB. 5420. k. degen LANZ. 565. 844. BIT. 2109. 2827. 4699. k. helt LANZ. 2705. do begunde er vaste prouten nâch chindischen louten (priuten: liuten) GEN. D. 39, 20. diu künegîn was ouch kindisch gnuoc HEINR. 1235. zû kindes der jâre ELIS. 1453; kindartig, kindlich: kindisch den kinden, grimme den swinden HERB. 141. er hât kindescher tücke vil MSH. 2, 365ª. daz er ze kindisch (zu sehr kindartig) nicht erschein RING 31, 8. kindesche lêre NARR. 64, 74; kindern angemessen, zusagend a. HEINR. 344; kindisch, ô daz du sô kindesch bist PASS. K. 262, 36;

kindisch adv. nach kindesart. dô greif er ab sô kindisch zuo BIT. 2128;

kindisch-heit stf. kindheit. kindischeit MARLD. han. 89, 12;

kindisch-lich adj. s. v. a. kindisch, jung. von kindeslîchen jâren ELIS. 6910.

kindl- s. kindel-.

kîne swm. s. kîme.

kinel s. unter künnelîn.

kînen, kîmen stv. II. (I. 805ª) sich spalten, öffnen (s. zerkînen); keimen, auswachsen, wachsen. kînen LIT. GRIESH. dâ von gewurme kînet ALBR. 1, 762. kînen, kîmen, kümen germinare, pullulare DFG. 261ª. 472ª, md. auch kiemen VOC. Schr. 1113; bildl. diu naht von dem tac wart kînent LS. 2. 259, 281. und slûc in, daz daz houbet kein

ALBR. 20, 85. — mit ûf, er-, zer-. gt. kijan (in uskijan) u. keinan wol aus derselben wurzel wie künne s. GSP. 2. CURT³. 166. DIEF. 2, 448.

kîn-harz s. kienharz.

kîn-îsen stn. ascia, kyneisen od. kerbaxt Voc. 1482. s. DWB. 5, 492.

kinne stn. (I. 816ᵇ) kin HELMBR. 185. ALBR. 13, 97. CRANE 3421. 3591. kün in künlîn (s. kinnelîn), kind, kunne DFG. 359ª. kint in kintbein (kinnebein): kinn NIB. PARZ. TRIST. brüstel, kinne, wengel, munt LIEHT. 521, 32. MSH. 1, 61ᵇ. ir nase gên dem kinne gienc WOLFD. 1425. sinwel was daz k. sîn W. v. Rh. 111, 13. wol gestellet k. MSH. 2, 210ª. ich gewinne grâwez k. als ein boc WALTH. XVII, 40. birc daz k. MSH. 3, 451ᵇ. irem kinne hât si hôch gebunden ib. 216ᵇ. ir kinne het ein grüebelîn APOLL. 13143, vgl. W. v. Rh. 111, 15. in rehter mâze kleine lûhte ir kinne dort her dan und stuont ein kerbelîn dar an TROJ. 19986. an wangen und an kinne kôs man im noch lützel gran ALBR. 32, 150. daz kinne wart ime unt der vlans vil hâres dâ beroubet OTTE 268. er stach mir mit der tjoste sîn den helm dâ an daz kinne mîn LIEHT. 226, 10, — daz k. an den helm ib. 452, 28. brich ûf sînes mundes k. BPH. 5960. dô was der magede hant an ir vater k. GUDR. 386, 3. si greif ir an daz kinne MSH. 3, 227ª. bî dem k. begrifen LOH. 7226. RENN. 6307. 14, nemen GA. 1. 458, 101, vâhen LIEHT. 365, 8. swenne si daz kinne mit armen underleinde j.TIT. 4960. — gt. kinnus wange, backe zu skr. hanu, gr. γένυς, lat. gena CURT³. 288. FICK² 356. GSP. 2.

kinne-backe swm. (I. 76ᵇ) kinnbacken, kinn (mentum DIEF. n. gl. 251ª) KRONE 9377. 12789. 13646. 26649. BPH. 6654. WH. v. Öst. 50ᵇ. PF. arzb. 1, 17. 2, 12. kinnebache GEN. D. 6, 18, auch st. kinnebach 36, 22, mit einem kinnpack BEH. 52, 23. kinbacke MGB. 13, 27. 51, 23 u. o. HB. M. 293. KARLM. 69, 11. ndrh. u. md. auch kenebac, kenebacke MONE 3, 49ª. DFG. 344ª. 346ᵇ. 352ᵇ; die fischkieme DFG. 80ᶜ.

kinne-backen-bein stn. kinnbein. kinbackenbein HB. M. 293. vgl. kinnebein.

kinne-backen-slac stm. s. v. a. backenslac EVANG. P. 228.

kinne-bein stn. (I. 101ª) kinnbein, kinn Iw. WIG. LS. GRIESH. 1, 125. ORL. 4826. PF. üb. 53, 59. arzb. 2, 12ª. GERM. H. 8. 244, 203.

kinbein W. *v. Rh.* 111, 2. MYNS. 88. ein esels kintbein WELTCHR. 155ᵇ.
kinnelîn *stn. dem. zu* kinne. ein k. wol gestellet MD. *ged.* 3, 235. künlîn HÄTZL. 188ᵃ. ir kinnel minneclîchen stuont ERNST 2660; kinlein im fisch, brantia Voc. 1482.
*****kinnen** *stv. I, 3* (I. 803ᵇ) *zu folgern aus dem prät.* kan, *s.* kunnen *u. vgl. die partic.* er-, verkunnen *sowie* kint.
kinne-reif *stm.* (II. 657ᵃ) *kinnkette am pferdegebiss unterm kinne,* submentile DFG. 560ᶜ.
kinne-zan *stm.* (III. 848ᵇ) *backenzahn.* kinzan, dens molaris DFG. 365ᵇ, kinszan *n. gl.*130ᵃ.
kins od. ken od. knuchel an den geleichen, condus Voc. 1482. *vgl.* DWB. 5, 779.
kint *stn. s.* kinne.
kint, -des (I. 817ᵃ) *md. auch* këmt; *pl.* kint *u.* kinder (kindere PASS. 51, 32. 52, 38); *vom sohne auch m. (vgl.* barn): *kind, sohn od. tochter allgem.* (kint machen MGB. 117, 8. ein kint ziln ERLŒS. 2644, enpfâhen *ib.* 2657. mit einem kinde gên *ib.* 2640. ein k. tragen TROJ. 17117. MARLD. *han.* 96, 11. 15. kint, diu noch muoter nie getruoc WWH. 136, 30. eines kindes ligen, *ins kindbett kommen* GR.W. 3, 469. 517, *s.* geligen. niubornez k. RUL. 255, 11. sît diu kleinen kint von ir gebürte tages alt niht gar von sünden reine sint WINSB. 70, 3. einjærigez k. HELBL. 2, 1053. kint von vier jâren BASL. *hss.* 28ᵃ, von siben jâren MSH. 2, 31ᵇ. ein jungez k. FLORE 4006. 5023. dû bist mîn geboren k., *mein leiblicher sohn* ULR. *Wh.* 197ᶜ. der kint, sohn GEN. *D.* 39, 18. 90, 36. 96, 10. 100, 16. MONE 8, 410. 418. SPEC. 8. ER. 2912. DIETR. 9912. tumber danne ein k. NEIDH. 99, 18. ze spotte er wart den alten und den kinden j.TIT. 1351. von kinde, *von kindheit an, ebenso von kindes* beine ULR. *Wh.* 121ᵈ. PASS. 227, 10, von kindes lit HELMBR. 245. *mit einem gen. der beziehung* der jâre, sinne, witze *etc.* ein kint. des wânes was ich gar ein k. HPT. 7. 320, 14. *bildl.* an dem hât haz bî nîde ein kint MSH. 1, 191ᵃ. mich het zuo einem kinde der untrôst genomen MART. 162, 32); *knabe, jüngling, mädchen, jungfrau* (kint, lerne, sô du bist under zweinzec jâren MSH. 3, 103ᵇ. magetlîchez k. HPT. 1, 189. daz kint Enîte ER. 1317); *edelknabe, adeliche jungfrau, s. v. a.* knappe, junchërre, *aber auch nach dem ritterschlage, ja in der ehe können junge männer u. frauen noch* kint heissen, *vgl. zum* WG. *s.* 588 *u.* erweltez

kint, *anrede an eine frau* TROJ. 21066; *die kindschaft auf andre verhältnisse übertragen od.* kint *bloss umschreibend* (kint des rîches RUL. 242, 3. KARL 8354. dy Wiener kint BEH. 49, 14. k. des tôdes KELL. 216, 22. gotes kint, *fromme leute, bes. mönche* RUL. 161, 11. KARL 149. 10774. NEIDH. 88, 3. MYST. 2. 295, 35. PASS. *K.* 49, 47. engeliskiu k., *engel* MAR. 155, 10. heilige k., *mönche* ELIS. 2349, *vgl.* BUCH *d. r.* 446. al der werlde k., *jederman* SILV. 2630. menschen k., *menschen* MART. 254, 31. ELIS. 3151. herren k., *herren ib.* 2510); *das junge von thieren* WWH. 189, 3. 17. TRIST. 15098. FREID. 136, 17. 24. 141, 13. STRICK. 9, 6. 11. RENN. 18386. MGB. 120, 15. 203, 1. 243, 2. — *aus derselben w. wie* künne, kunnen *s.* DWB. 5, 707. CURT³. 166;
kint, -des (*ib.*) *compar.* kinder *jung, kindisch, einfältig* LANZ. LIEHT. WIG. NEIDH. (19, 36. 67, 23). sî sîn alt oder kint HELBL. 4, 339. BUCH *d. r.* 842. sie sîn michel oder kint *ib.* 756. ich bin ze kint noch dar zû EN. 274, 8. sî werdent nimmermêr sô kint DIETR. 8536. man vindet liute sô kint FRAUENEHRE 935. mit kinden worten RING 57ᵇ, 39. *vgl.* GR. 4, 256.
kint-amme *swf.* (I. 30ᵇ) *amme* DIEM. 297, 6. EXOD. *D.* 122, 23. kindes-, kindsamme FASN. 327, 29. 1161.
kint-bære *adj. fähig zum kindergebären.* das sy nit kintber wer HB. *M.* 852, *schwanger* KINDH. *Feif.* 17. WACK. *pr.* 63. 5. 6;
kint-barn *stm. männl. säugling* GEN. *D.* 71, 20.
kint-bein *stn. s.* kinnebein.
kint-belgel *die zarte haut, womit die frucht im mutterleib umgeben ist* MONE 8, 495ᵇ. des kindes pälgel MGB. 417, 26, *vgl.* 360, 30. 388, 21 *u.* kintvël.
kint-bette *stn. f.* (I. 111ᵃ) *wochenbett.* daz kintbette EXOD. (*D.* 121, 27). KINDH. ein kintbette haben MYST. 2. 598, 12. GR.W. 3, 429. KIRCHB. 819, 29. kindebette ELIS. 2215. diu kintbet MONE 6, 464. *schausp.* 2, 391. NP. 70. daz kindelbette MAR. ELIS. 8279. ERLŒS. 2946. KIRCHB. 820, 24. RING 20, 33. in kindelbette ligen BERTH. 322, 19. BPH. 2651. kindelbettes ligen ELIS. 2371, *mit accus. wendung* kindelbette ligen ERLŒS. 2728. 38. 2897. kindelbedde MARLD. *han.* 37, 28. 38, 27. kinderbette DFG. 471ᵃ.
kint-bette-hof *stm. häusliches fest, schmaus zur feier des glücklichen wochenbettes* NP. 70

(15. *jh.*). KELL. erz. 177, 4. *vgl.* DWB. 5, 728.

kint-betten *swv.* sêlic ist der mensche, der den himelischen vater alsus in sîner sêle kintbetten sol MYST. 2. 598, 13;

kint-betterinne, -în *stf.* (I. 112ᵃ) puerpera DFG. 471ᵃ (*auch* kindelbetterîn). ROTENB. *r.* 20. NP. 70 *f.* CHR. 2. 315, 19. 21; kintbetter *swf.* GR W. 1, 84. 417. 2, 23. *vgl.* ZIMR. *chr.* 3. 516, 14.

kint-bette-schenke *stf.* geschenk an die wöchnerin MONE *z.* 16, 263. *vgl.* NP. 70.

kint-bîze *swm. laus.* kintpeiz MGB. 114, 14. 305, 16.

kint-brû, -wes *stn.* zem chintprau (pro praxatione, que dicitur chintprau) GEIS. 424.

kint-enphâherîn *stf.* gebärmutter MGB. 38, 28.

kint-gedinge *stn.* teilung der kinder höriger eheleute unter die verschiedenen herren des mannes *u.* der frau HALT. 1086. ARN. 60 (*14. u. 15. jh.*).

kint-gesweigunge *stf.* ploratus Voc. 1482. *vgl.* kint gesweigen, vagire vel plorare *ib.*

kint-heit *stf.* (I. 819ᵇ) *kindliches, jugendliches alter* DIEM. MAR. TRIST. WIG. ORL. 5703. BPH. 2150. PF. *üb.* 65, 28. DSP. 1, 64. MGB. 15, 1. von kintheit, *von kind auf* GEN. *D.* 106, 14. BIT. 6010. von kintheit ûf BERTH. 44, 21. von kintheit ze jugente, von der jugent in daz alter RUL. 1, 26. ein buoch, genant unsers herren k. (*evangelium infantiae*) CHR. 9. 500, 15; *kindisches wesen,* puerilitas DFG. 471ᵃ; *jugendl. unerfahrenheit, unverstand* IW. GREG. 157. swer sîne kintheit überstrebt, der hât guoten tac gelebt FREID.² 84, 15 (*in der 1. ausg.* tumpheit). ez wære ein kintheit, ob ich iu mînen kumber kleit GA. 2. 601, 233. er het es von kintheit geton CHR. 8. 261, 7. ob sy das teten vor kindeheit Mz. 4, 188. *vgl.* kintlîcheit.

kint-lich *adj.* (I. 819ᵇ) *einem kinde gemäss od. eigen* A. HEINR. BARL. kintlîcher mût, sîn PASS. 160, 60. *K.* 391, 51. sîn kintlîcher munt ELIS. 700. nâch kintlîcher zerte, *der liebe, die man zu einem kinde hat, entsprechend ib.* 495. k. anblick (*aussehen*) MGB. 47, 31. der schein kintleicher gegenwürtichait und kintleicher fräuden *ib.* 67, 1; *jungfräulich,* puellaris DFG. 471ᵃ; *jugendlich, jung* TIT. DIOCL. under kintlîchen jâren KINDH. 76, 53. in sîner kintlîchen zît, *im kindesalter* ELIS. 681;

kint-lîche, -en *adv.* (*ib.*) *nach weise eines kindes, einfältig* EN. NIB. RAB. 415. PART. *B.* 1423. KARLM. 89, 17;

kint-lîcheit *stf.* pueritia DIEF. *n. gl.* 308ᵃ; *jugendl. unerfahrenheit,* es ist in kintlîchait beschechen HB. *M.* 202. *vgl.* kintheit.

kint-meister *stm.* kind-, kindermeister, pedagogus DFG. 419ᶜ. kindemeister MONE *z.* 8, 28 (*a.* 1354). kindermeister ARN. 60 (*a.* 1343). DWB. 5, 743 (*a.* 1367. 95).

kint-oven *stm. s.* küntoven.

kint-porte *swf. os uteri* MGB. 423, 28.

kint-, kinde-spil *stn.* (II². 502ᵃ) *kinderspiel, leichtes, kindisches treiben und tun.* kintspil GUDR. alliu diu kint an viengen kurzwîl unde kintspil MISC. 2, 88. er sluoc ir ûzer mâzen vil, daz was im ein kintspil LAUR. 1364. kindespil SILV. idoch was daz chindispil (*unsere kämpfe bisher*) RUL. 230, 6 (kindes spil KARL 750. 7708). si jehent, ez sî niht ein kindespil, dem ein wîp sô nâhen an sîn herze gê MSF. 138, 5. jâ ist ez niht ein kindspil, der mit des lîbes arebeit ze rehte sünde büezen wil WINSB. 64, 8 *var.* kindenspil *u. ebenso* RING 18, 36. kindelspil *ib.* 20ᶜ, 5.

kint-tac *stm.* (III. 5ᵇ) *kinderzeit* KRONE (170. 2232). FROMM. 2, 441ᵃ. kindes tac BARL. 100, 4. *vgl.* kindelintac.

kint-toufe *stf. s. v. a.* kindeltouf NP. 59. 69. 328. MÜHLH. *rgs.* 119. kindteufete ZIMR. *chr.* 4, 541ᵇ.

kint-traht *stf.* (III. 78ᵇ) *tragen eines kindes, schwangerschaft* LIT. GEN. *D.* 58, 18. SPEC. 103. BERTH. 322, 28. *vgl.* kindertragende.

kint-vël *stn.* (III. 294ᵃ) *s. v. a.* kintbelgel, secundina DFG. 523ᶜ. kindelfel *ib.* 644ᵃ.

kint-ver-tilgerîn *stf. kindesmörderin* GR.W. 1, 794.

kint-weinunge *stf.* ploratus Voc. 1482. kinderweinunge, vagitus DFG. 605ᵃ.

kint-wësen *stn.* dû solt dînen gelouben von kintwesen veste machen in dînem herzen BERTH. 45, 3 (= von kintheit ûf 44, 21).

kin-zan *s.* kinnezan.

kîp, -bes *stm.* (I. 803ᵇ) *md. u. ndrh.* kîf EILH. 474, KARLM. *B. s.* 299: *scheltendes, zänkisches, leidenschaftliches wesen, eifer, trotz, widersetzlichkeit* BON. Ms. (der wil behüeten sich vil maneges kîbes 3, 66ᵇ). zornes k. ALTSW. 174, 16. schuldehafter k. REINFR. 131ᵃ. der wârheit k. HEINZ. 122. 32, 1. lânt iuwern k. LS. 1. 299, 106. er sprach von reh-

tem kibe, henkens du mich erlâʒ HELDB. *K.*
210, 18. âne kîp *ohne streit, unzweifelhaft,
in wahrheit* BON. GFR. MSH. 3, 82ª. LS. 1.
302, 208; 2. 437, 168 ; 3. 197, 392. ân allen
kîp KOLM. 51, 90. sunder kîp FRL. LS. 1.
547, 28; *wettstreit* Ms. (*H.* 1, 92ᵇ. der freuden k. 3 , 468ᵇ); *als n. pr.* Peter Kîp LS. 3,
401. — *vgl.* kîben *u.* DWB. 5, 429.
kip-ars *stm.* (I. 63ª) *der „wolf" am gesäss*
bubo DFG. 83ª. keipars, marisca VOC.
Schr. 1760. *nd.* bickars, bickers DFG. 83ª
und n. gl. 60ᵇ. *vgl.* DWB. 5, 781.
kîpe *stf. md. u. nd. korb, sack* canistrum, cophinus DFG. 95ᵇ. 150ª. *vgl.* keibe 1 *u.* DWB.
5, 685.
kîpel, kipel? *stn.* (I. 820ª) *hut, dessen sich
der taschenspieler bedient?* FRL. *vgl.* kîpe,
kippe (*mütze*).
kipeln *swv. s.* kibelen.
Kîper, Kîpern *s.* Kipper;
kîpersch *adj. s.* kipperisch.
kipf, kipfe *stswmfn.* (I. 820ª) *die runge,
stemmleiste am rüstwagen* GL. (kipfe, kippe
SUM.). von einer kipf TUCH. 102, 29; *der
luns-, achsennagel,* kipf od. lan od. runnagel est clavus in axo ante rotam VOC. 1482.
vgl. DWB. 5, 780;
kipfe *swm? weizenbrot in form eines kleinen
zweispitzigen weckcn.* dô brâhten im die
becken kipfen und wîʒe flecken ENENK. *p.* 302.
vgl. DWB. 5, 781;
kipfel *stn. s. v. a.* kipf DFG. 191ᵉ.
kipfel-îsen *stn.* (I. 756ᵇ) *spött. benennung eines bäurischen schwertes* NEIDH. 228, 39.
239, 53. kepelîsen *ib.* 55, 38.
kipf-nagel *stm. der luns-, achsennagel* CHR.
4. 257, 32. *vgl.* kipf.
kipf-stoc *stm. rungenstock,* ferularia VOC.
1482. TUCH. 102, 21.
kipf-stuol *stm.* (II². 714ᵇ) trabale DFG. 590ᵇ.
kippe *s.* kipf.
kippe *swf.* (I. 820ª) *s. v. a. kappe, mütze*
MONE 7, 301ᵇ; *s. v. a.* hepe REINH. 1717.
kippeln *swv. s.* kibelen.
kippen *swv. schlagen, stossen.* an kippen,
impugnare JER. 186ᵉ. *vgl.* DWB. 5, 785,
4ᵉ.
kippen-dorn *stm. hagebutte* GERM. 9, 481 (*a.*
1372, *Siebenbürgen*). *vgl.* DWB. 5, 783.
kipper *stm.* (I. 820ª) *nicht rittermässiger kämpfer* PARZ. BIT. (8269. 8581. 85). LIEHT.
GEO. SUCH. KRONE 776. *vgl.* DWB. 5, 786.
Kipper *n. pr.* (I. 820ᵇ) *die insel Cypern* WWH.

Kîper ERACL. 3391. Kîpern WERNH. *v. N.* 25,
24;
kipper *stm. wein von* Kipper KRONE 1982 (*s.*
alzurn). môraʒ unde kipper j.TIT. 6117. *vgl.*
kipperwîn;
Kipperære *stm.* (I. 820ᵇ) *einer aus Cypern* Ms.
(*H.* 2. 383ª, 26);
kipperisch *adj. aus Cypern* LOH. 637. kîprisch
TRIST. *H.* 908. kîpersch MARLD. *han.* 44, 38.
45, 36. 73, 30.
Kipper-lant *stn. s. v. a.* Kipper ERNST 3517.
Kîperlant MARLD. *han.* 45, 1. 15.
kipper-tranc *stm.* cipertranc HB. *M.* 434 *s.
v. a.*
kipper-wîn *stm.* (III. 676ᵇ) *cyprischer wein*
LS. WOLFD. 951, 3 *var.* WACK. *pr.* 64, 84.
kîperwîn BPH. 994. DRACH. *Casp.* 117. ciperwîn ERLŒS. 265, 684. *vgl.* HPT. 6, 268.
kîprisch *adj. s.* kipperisch.
kîr *stf. s.* gir.
kirach *stn. s.* kerach.
kirbe, kirb- *s.* kirchwîhe.
kirbele *s.* kërvele.
kirberîe *stf. s. v. a.* kirchwîhe. kirberey GR.W.
3, 532.
kirch-dach *stn.* pinna, kilchtach DFG. 435ᵉ,
kirchentach *n. gl.* 292ª.
kirch-diep *stm.* (I. 324ᵇ) *kirchendieb* CLOS.
(CHR. 8. 21, 12). DFG. 506ᵉ. VOC. *Schr.* 258.
kirchendieb, *alem.* kilchdiep DIEF. *n. gl.*
323ᵇ;
kirch-diube *stf. kirchendiebstahl* RENN. 4445.
vgl. kirchendiepstal;
kirch-diuberîe *stf. dasselbe.* kirchdieprey,
sacrilegium DIEF. *n. gl.* 323ᵇ.
kirch-dure *s.* kirchtür.
kirche *swf.* (I. 820ᵇ) *nbff.* kiriche ANNO 839.
HPT. 5. 280, 439. MGB. 173, 8. FASN. 944,
25. *aleman.* kilche (*neben* kirche) *z. b.* W.
v. Rh. 214, 56. 247, 6. 32 *u. oft in* Mz. 1,
kulche *s. unter* kirchenbrüchel, kierche
CHR. 8. 106, 1, *mit umstellung des* r kriche
ib. 20 , 4, krieche 19, 23 (*vgl.* WEINH. *al.
gr.* § 63 *u.* 197) —: *kirche, kirchengebäude*
NIB. GREG. PARZ. TRIST. Ms. (daʒ die vor
kirchen lægen [*als bettler*] *H.* 1, 75ª. du solt
die strâʒen lâʒen vrî und nemen kirchen niht
3, 77ª. diu k. ist œde MSF. 244, 36). zer kirchen gên BERTH. 268, 39. ze kirchen gân
TEICHN. 310. KOL. 140, 435. zer kirchen tragen PASS. 365, 43. ze kirchen und ze strâʒe
NEIDH. 83, 22. diu müet uns ze kirchen und
ze gaʒʒen *ib.* 38, 5. daʒ man einen stoc setzen

solde in die kirchen WG. 11172. den rinc an der kirchen vür vâhen Swsp. 277, 19. die kirchen wâren dâ tiure Wig. 63, 11; *der jüdische tempel* Mar.; *schiff der kirche gegenüber dem* kôr Berth. 446, 35. 447, 3; *christl. kirche, kirchentum, gemeinschaft der gläubigen (vgl. auch die composita*): der selben kirchen bin ich (*der pabst*) wirt und herre Loh. 6353. alsam diu kirche tuon sol, si sol ir kint dwingen wol WG. 12667. nu sehet, wie diu kirche stê Walth. 63, 26; *kirchen-, pfarrstelle s. unter* kirchensaz. — *ahd.* chirihhâ, chircha (*alem. nbf.* chilihha, chilcha) *aus gr.* κυριακόν (*eig. haus des herrn*) *s.* Dwb. 5, 790;

kirchelîn *stn.* (I. 821ª) *kleine kirche* Myst. daz kirchlen Cds. 2, 50. kirchel Trist. *H.*; *ndrh.* kirchelgen, *kirchelchen* Dwb. 5, 797.

kirche-menie *s.* kirchmenige.

kirchen-ambet *stn. amt, messe* Gr.w. 1, 489.

kirchenære, -er *stm.* (I. 821ª) *küster, messner,* ecclesiasticus Dfg. 194ª. kirchner od. meszner ecclesiasticus, campanator (*glöckner*) Voc. 1482. kirchener Gr.w. 6, 18. *md.* kirchenêre Heinr. 4032. 4117. 94. Dür. *chr.* 764. Mühlh. *rgs.* 145 168. *vgl.* kircher.

kirchen-brëchen *stn. kirchenraub* Chr. 2. 338, 13;

kirchen-brëcher *stm.* sacrilegus Dfg. 506ᶜ. *alem.* kilchenbrecher Netz 13346. *vgl.* kirchenbrüchel;

kirchen-bruch *stm.* sacrilegium Voc. 1482;

kirchen-brüchel *stm.* (I. 244ᵇ) *s. v. a.* kirchenbrecher Schemn. *r.* Kell. *erz.* 78, 2. kirchen-, kirchbruchel, sacrilegus Dfg. 506ᶜ, *n. gl.* 323ᵇ (*auch* kulchenbrichel), mego Voc. 1482.

kirchen-dienest *stm. amt eines kirchendieners. ndrh.* kirchendeinst Gr.w. 4, 772.

kirchen-diep *s.* kirchdiep.

kirchen-diep-stal *stm. s. v. a.* kirchendiube. *alem.* kilchendiepstal Dief. *n. gl.* 323ᵇ.

kirchen-ei *stn. pl. alem.* kilcheneiger *als abgabe* Cdg. 3, 82 (*a.* 1353).

kirchen-gân *stn. kirchgang* Teichn. 308. Wolk. 112. 3, 9. *vgl.* kirchganc.

kirchen-gëlt *stn. an die kirche zu entrichtender zins, alem.* kilchengelt S. Gall. *stb.* 4, 228. 29. Mone *z.* 8, 60.

kirchen-gemælze *stn. kirchenmalerei, - gemälde.* kirchengemilze, peripetasma Dfg. 427ª, *n. gl.* 288ᶜ. *s.* gemælze.

kirchen-gerihte *s.* kirchgerihte.

kirchen-gesworne *swm. kirchenpfleger,* kirchenälteste Gr.w. 4, 612. *vgl.* Mone *z.* 7, 257. Halt. 1088.

kirchen-gift *stf. abgabe an die kirche.* die k. und alle zehende Gr.w. 2, 533; *jus patronatus,* kirchen-, kirchgift Halt. 1088. Dwb. 5, 803. Lac. 3, 680. 931. kirchgicht, -giecht *ib.* 462. *vgl.* kirchgabe.

kirchen-guot *stn. besitztum, eigentum der kirche* Chr. 8. 37, 21.

kirchen-heilic *adj.* kirchenheilge gezirden Stolle (Hpt. 8. 330), *vgl.* Dwb. 5, 804.

kirchen-huoter *stm.* ostiarius Dfg. 402ᶜ, naophilax Voc. 1482. kirichhuetter Dief. *n. gl.* 275ª, *umged.* cherzenhueter *ib.*, kirzenhûter Voc. *S.* 1, 12ª.

kirchen-kôr *stm. kirchenchor, kirche.* ê dô stift man kirchenkœr, daz hât nû ouch ûfhœr Teichn. 309.

kirchen-meier, -meister *s.* kirchmeier,-meister.

kirchen-pfaffe *swm.* parochianus Dfg. 414ª.

kirchen-pflëger *stm. s. v. a.* kirchmeister, syndicus Voc. 1482. Np. 114. 117.

kirchen-porte *swf. kirchenpforte* j.Tit. *bei* Hpt. 5, 494 *ff.*

kirchen-rëht *stn. s.* kirchrëht.

kirchen-, kirch-saz *stm.* (II². 343ᵇ) *das recht eine kirchenstelle zu besetzen mit dazu gehörigem genuss (vgl.* kirchgâbe, -gift). wir suln auch alle chirchensätz lîhen also, daz wir die ersten chirchen, di nu ledich wirt, leihen suln, swem wir wellen Mw. 255, 12 (*a.* 1317). den kirchsatz unde waz wir ander rehtes zuo der kirchen heten Mone *z.* 9, 431 (*a.* 1327). doch haben wir kirchensetze auz genomen und dem bischof und sînem gotshaus von Bamberg behalten W. 29 *s.* 41 (*a.* 1337). chirichensaz Dm. 79. kirchen-, kirchsatz Mz. 1, 302. 2, 554. 3, 6. *alem. auch* kilchensaz Urb. Mz. 1, 247. 249 (*a.* 1303), *entstellt* kirchenschaz, kirchschanz Halt. 1089; *die zu besetzende stelle im verhältnis zum patron* Halt. 1089 *u.* Dwb. 5, 809; *schenkung an eine kirche zur begehung der jârzît* Cdg. 3, 94 *ff.* (*a.* 1355).

kirchen-spiz *s.* kirchspiz.

kirchen-tach *stn. s.* kirchdach.

kirchen-trager *stm. stellvertreter des* kirchherren. *alem.* kilchentrager Gr.w. 4, 354.

kirchen-tür, -turn *s.* kirchtür, -turn.

kirchen-vaz *stn.* (III. 281ᵇ) *kirchengefäss* Jer.

kirchen-vîsterinne *stf.* (III. 331ᵃ) *quae pedit in ecclesia* ALSF. *pass., vgl.* DWB. 5, 800.

kirchen-vrî-heit *stf. asylrecht der kirchen* CHR. 9. 530, 19.

kirchen-zerunge *stf.* cerimonia DFG. 114ᵉ (zerunge *wol umdeutschung aus* cerimonia).

kircher *stm. s. v. a.* kirchenære OBERL. 788. DFG. 194ᵃ. gülcher WOLK. 15. 2, 7.

kircher, kirchërre *s.* kirchhërre.

kirch-gâbe *stf. jus patronatus* OBERL. 787. *vgl.* kirchgift.

kirch-ganc, -ges *stm.* (I. 476ᵃ) *gang, weg in die kirche, kirchenbesuch* GRIESH. 2, 12. 40. BERTH. 13, 30. 61, 37. WACK. *pr.* 27, 7. PASS. 198, 24. ob ich mac die sêle ernern mit kirchgengen und mit gebet ULR. *Wh.* 196ᵈ. er sol als lang den chirchkanch meiden unt in dhain chirchen chommen, untze daz daz ampt unt die pezzerung werden gentzleichen getân UOE. 4, 168 (*a.* 1292). vom kilchgang müezen, *ausgeschlossen werden* GR.W. 4, 358. welcher den andern wil furtagen (*vor gericht fordern*), der soll ihn zuem ersten suechen mit dem waibel auf dem kilchgang *ib.* 503; *der* kirchganc *der kindbetterin als erster ausgang nach überstandenen sechs wochen* PASS. 154, 77. *K.* 690, 19; *gang zur trauung od. zur nachträglichen einsegnung am morgen nach dem beilager* DRACH. *Casp.* 124. KOL. 184, 1012. NP. 61. 71. 77. 84. *vgl.* CHR. 5. 233, 24.

kirch-genôʒe *swm., pl.* die kilchgenôʒen, *die in eine kirche eingepfarrt sind* GR.W. 4, 354. GLAR. 105.

kirch-geræte *stn.* (II. 574ᵇ) *kirchengerät* JER. *vgl.* kirchgerüste.

kirch-gerihte *stn. gericht in kirchl. sachen od. von der kirche besetzt.* wir nemen ouch ab chirichgeriht und elliu geriht, wann diu man von altem reht in den schranen und ouf den dinchsteten rihten sol Mw. 140, 3. 193. 16. 217, 18 (*a.* 1281. 93. 1300); *consistorium* HALT. 1087 (kirchengericht).

kirch-gerüste *stn.* (II. 824ᵃ) *s. v. a.* kirchgeræte MAR. SERV.

kirch-gewant *stn. messgewand* AUGSB. *r. W.* 301. *vgl* kirchwât.

kirch-gicht, -gift *s.* kirchengift.

kirch-giht *stf.* (I. 518ᵃ) *kirchgang* OBERL. *s.* giht 3.

kirch-halde *swf.* halde, *abhang an einer hoch gelegenen kirche* MONE *z.* 18, 64.

kirch-hërre, kirchërre *swm.* (I. 667ᵃ) *patron über eine kirche.* wir grâve Fridrich von Zolr, kirchherr der selben kilchen Mz. 1, 322 *u. o.* CHR. 1. 37, 6. 7. kilchherr MH. 2, 158; *s. v. a.* pfarrherre, rector ecclesiæ (DFG. 441ᵇ) *im gegensatz zum vicar od. seinen diakonen* HALT. 1088. man sol dem priester alle die recht geben, die man andern kirchenherren, vicarien und andern pfaffen geben und getân hat Mz. 4, 8. 79. kirchher CHR. 4. 52, 14. 15. kircherre *ib.* 9. 887, 10 *var.* SWSP. 277, 14. kilcherre URB. 52, 11. 118, 28. 300, 2. 303, 5, *gekürzt* kircher MB. 21, 17. 468, kilcher GR.W. 4, 148.

kirch-hof, kirchof, -ves *stm.* (I. 699ᵇ) *der ummauerte raum um eine kirche, kirchhof* RUL. NIB. WWH. 259, 6. BERTH. 446, 23. KOL. 184, 1019. ALTSW. 176, 31. SWSP. 277, 20. MGB. 110, 25 *var.* CHR. 8. 20, 25. 102, 19. 104, 3. GR.W. 3, 534. 40. 79. 895. *alem.* kilchhof, kilchof S. GALL. *stb.* 4, 121. WACK. *pr.* 51, 9. *md.* kerchof DFG. 119ᵉ.

kirch-hœre *stf.* (I. 714ᵃ) *bezirk der kirche, kirchspiel. alem.* kilchhœre URB. 181, 3. 10. 182, 21. *u. ö.* MONE *z.* 6, 382 (*a.* 1409). GR.W. 1, 312. 5, 78. 79; *die kirchhörigen in ihrer gesammtheit, pfarrgemeinde,* kilchhœre GLAR. 107 *E.* DWB. 5, 820;

kirch-hœric *adj. in ein kirchspiel gehörig, eingepfarrt* MONE *z.* 4, 216.

kirchisch *adj.* ecclesiasticus DIEF. *n. gl.* 143ᵇ.

kirch-lêhen *stn. lehen das von einer kirche zu lehen genommen wird, od. kirchenamt das von einem herrn zu lehen genommen werden muss u. das patronatsrecht dieses herrn* (DWB. 5, 805). die lêhenschaft der selben kirchen mit andern kirchlêhen ein ichlich pfarrer zum Hofe von uns hat genomen und empfangen Mz. 4, 269. wanne daz her ein kirchlêhen lege eime der sîn nicht wirdig wêre LUDW. 47, 13. kirchlên HÖFER 189.

kirch-lich *adj. kirchlich,* ecclesiasticus EVANG. 272ᵃ. *alem.* kilchlich DIEF. *n. gl.* 143ᵇ.

kirch-liute *pl. von* kirchman, *bewohner eines kirchspiels.* kirliute CHR. 9. 1049, 15. OBERL. 790.

kirch-lœse *stf. eine gewisse abgabe, die eine kirche jedes vierte jahr an den bischof zu zalen hatte* HALT. 1088; *abgabe an die kirche bei der auswanderung aus einer pfarrgemeinde* MONE *z.* 15, 318 (*a.* 1377);

kirch-lôsunge *stf. pfarrgut* MONE *z.* 10, 276 *s.* DWB. 5, 821.

kirch-man *stm.* (II. 42ᵇ) *eingesessener einer gemeinde, pfarrkind.* kirman GR.W. 1, 420.

kirch-meier *stm. verwalter des kirchenguts, der temporalien. alem.* kilchmeier GR.W. 4, 379. 6, 408. kilchmeiger MONE *z.* 8, 435. (*a.* 1416). kilchenmeiger NETZ 11795. GR.W. 5, 355.

kirch-meister *stm.* (II. 121ᵃ) *verwalter der ökonom. verhältnisse einer kirche, kirchenvorsteher, kirchenpfleger* OBERL. kirchenmeister CHR. 1. 96, 30; 2. 331, 4; 3. 362, 11. NP. 85. TUCH. 127, 26. 140, 8. 9; *baumeister beim kirchenbau,* kirchenmeister DWB. 5, 807. *vgl.* kirchenpflëger.

kirch-menige *stf.* (II. 60ᵃ) *kirchen-, pfarrgemeinde* WEIST. (6, 133). kirchenmenie BERTH. 267, 17; *versammlung der kirchgänger* SERV.

kirch-mësse *stf.* (II. 160ᵇ) *kirchweihfest.* kirmesse PASS. MYST. (HPT. 8, 229. 231). kirmesse, kirmes DFG. 169ᵇ. *ndrh.* kirmisse FROMM. 2, 441ᵃ; *jahrmarkt,* kirmesse GR.W. 2, 208. 3, 351 (*15. jh.*), kirchmesse *ib.* 3, 746 (*16. jh.*). *vgl.* kirchtac, -wîhe.

kirch-mûre *stf. kirchhofmauer* MONE 4, 500. GR.W. 1, 385. NP. 291. *alem.* kilchmûr MONE *z.* 8, 469 (*a.* 1354).

kirch-rëht *stn.* (II. 625ᵃ) *wozu man der kirche verpflichtet ist* WINDB. *ps.*; *recht das die kirche gewährt: sacramente,* kirchenreht HALT. 1089.

kirch-roup *stm.* sacrilegium DFG. 506ᶜ.

kirch-saz, -schanz *s.* kirchensaz.

kirch-schaz *stm.* (II². 90ᵃ) *kirchenschatz* DIEM. 286, 4. kierchschaz FDGR. 1. 99, 15. der kilwart sol behuten den kilchschaz AD. 980 (*a.* 1339). kilchenschaz ZÜRCH. *rb.* KUCHM. 30. *vgl. auch* kirchensaz.

kirch-spil, -spël *stn.* (II². 502ᵃ) *kirchspiel,* parochia kirchspel *od.* pfarre VOC. 1482. ze dem kirchspelle (: snelle) KCHR. W. 14306. *elsäss.* kirspel CHR. 8. 18, 11. GR.W. 4, 577. *md.* kirspil JER. *ndrh.* kirspel, kierspel, kierspil HÖFER 12. 15. 16. *alem.* kilchspil AD. 1218. GR.W. 4, 472, kilchspel *ib.* 1, 133. 4, 179. GLAR. 62. S.MART. 12, 24. kilchspel, kilspel URB. 71, 22. 24 (*s. die varr.*), *entstellt* kürspel GR.W. 6, 320, kilchsper MONE *z.* 6, 320; *die gesammtheit der pfarrkinder, gemeinde:* das ganze kirchspel GR.W. 1, 573. — *über den zweiten teil der zusammens. s.* DWB. 5, 825.

kirch-spil-gerihte *stn. kirchspielsgericht.* kürspelgerücht GR.W. 6, 320. *vgl.* HALT. 1090.

kirch-spil-liute GR.W. 1, 603; *pl. von*

kirch-spil-man *stm. eingepfarrter einwohner,* parochianus VOC. 1482. GR.W. 1, 573.

kirch-spil-pfaffe *swm. pfarrgeistlicher.* kirspelpfaffe HALT. 1090.

kirch-spiz *stm.* (II². 515ᵇ) pinnaculum kilchspitz DFG 435ᶜ. kirchenspitz *n. gl.* 292ᵃ.

kirch-stapfe *swf. kirchweg.* kilchstapfe GR.W, 1, 38.

kirch-stëc *stm. dasselbe.* kilchstec MONE *z.* 9, 478 (*a.* 1291).

kirch-tac *stm.* (III. 5ᵇ) *jahrestag einer kirche, kirchweihfest* WOLK. si wolten ûf einen k. MSH. 3, 299ᵇ. am kirchtac hânt si solch gevræz *ib.* 304ᵃ. dâ man in ûf den k. liez *ib.* 306ᵃ. ûf kirchtagen NEIDH. 84, 31. 88, 35. ze dem k. varn BPH. 4781. und sullen unser amptlûte die kirchtage der êgenanten kirchen (*Gründlach u. Kirchberg*) schutzen und schirmen MZ. 4, 82. dedimus ½ ℔ hl. den vier statknehten, daz sie den kirchtag zu sant Lynhart beschirmen J. *a.* 1421. wie auf dem kirchtag zu Khall (*in Krain*) ain knecht ainen erslagen hab MH. 2, 900. chirichtag GR.W. 6, 165. *alem.* kilchtac LS. 2. 474, 39. 43; *jahrmarkt,* wier thuen auch die sondere gnadt, daz die drey kirchtäg in St. Veidts pfar bey Sittich, so vormals daselbst gehalten worden sein, nun hinfür zu Weixlberg gehalten werden MH. 2, 915. *vgl.* kirchmësse, -wîhe.

kirch-tac-gëlt *stn. abgabe (der frauen an den wirt des frauenhauses) bei kirchtagen* NP. 118.

kirch-tac-rëht *stn. recht auf den jahrmarkt bezüglich u. abgabe dafür.* Jacob Müller dient zwelf phenn. kirchtagrecht MH. 3, 373 *ff.*

kirch-tor *stn. kirchenpforte, alem.* kilchtor GR.W. 1, 101. kiltor DON. *a.* 1290.

kirch-tûbe *swf.* (III. 125ᵃ) *taube die an der kirche nistet, alem.* kilchtûbe HEINZ. 602;

kirch-tûber *stm.* (III. 125ᵇ) *kirchtauber* RENN.

kirch-tür *stf.* (III. 50ᵃ) *kirchentür* MAR. MARLG. (243, 121. kirchentur 11, 93). SERV. 2745. LIEHT. 225, 3. WAHTELM. 76. KOL. 168, 437. kirchdure ELIS. 729. 1939. kirchentür SWSP. 281, 5. TUCH. 264, 31. 32.

kirch-turn *stm.* (III. 151ᵇ) *kirchturm,* coclea VOC. 1482. CHR. 8. 81, 3. MONE *z.* 8, 213 *f.* kirchenturn TUCH. 323, 22.

kirch-vart *stf.* (III. 253ᵇ) *wallfahrt nach einer kirche od. bittgang aus einer kirche nach der andern* Ls. Wolk. Berth. 356, 12. chirchvart, pessagium Dfg. 415ᵃ. kirchenfart Zimr. *chr.* 3. 277, 24;

kirch-verten *swv.* (III. 258ᵃ) *eine* kirchvart *machen* Berth. 269, 15. W. 16 *s.* 22 (*a.* 1332). Cp. 254.

kirch-vlühtec *adj.* (III. 347ᵇ) *die kirche fliehend* Ms.

kirch-vrîunge *stf. marktfreiung am kirchweihfest* Gr.w. 3, 541.

kirch-wart, -warte *stswm.* (III. 527ᵇ) *kirchwärter, küster,* naophilax Voc. 1482, *alem.* kilchwarte, -wart Voc. *o.* Gr.w. 6, 409. kilwart *ib.* 1, 678. 4, 188. Ad. 980 (*a.* 1339); *kirchenältester?* Berth. (284, 31) *s.* Dwb. 5, 828;

kirch-warter *stm. dasselbe* Gr.w. 4, 23.

kirch-wart-tuom *stn. amt eines kirchwarten, alem.* kilwartuom Gr.w. 4, 188.

kirch-wât *stf. s. v. a.* kirchgewant Mb. 19, 22.

kirch-wëc *stm.* (III. 639ᵃ, *die angeführte stelle beruht auf verlesung für* kirchwey *s.* Dwb. 5, 828) *weg zur kirche* Gr.w. 1, 419. 3, 681. Mone *z.* 19, 313 (*a.* 1302), *alem.* kilchwec *ib.* 2, 209. Gr.w. 1, 94. 136. *vgl.* Ra. 552.

kirch-wîhe *stf.* (III. 613ᵇ) *kirchweihe, kirchweihfest* Amis (352). Heinr. 3357. Altsw. 213, 27. Narr. 110ᵇ, 31. kirwîhe Mein. Renn. 20277. Wack. *pr.* 31, 3. 4. kirwîge Chr. 9. 500, 10. 552, 16. kürwîche Gr.w. 1, 384. kirwe Altsw. 180, 23. kirbeich Mone 5, 337. kirbe Gr.w. 3, 536. 887, kerbe *s.* kirchwihetac, kurbe Dfg. 202ᵃ, *in der* Zimr. *chr.* kirch-, kirweihe *s.* 4, 543ᵃ. *alem. nbff. mit* 1: kilchwîh Narr. 61, 20. kilwîhe Dfg. 202ᵃ. Netz 9777. Gr.w. 5, 152. kilwi *ib.* 120. 197. Wack. *pr.* 11, 55. Netz 9769; *jahrmarkt,* kirchweich Mb. 8, 545 (*a.* 1331), kirbe Gr.w. 2, 192 (*16. jh.*); *jahrmarktsgeschenk,* kirweich kaufen Fasn. 285, 3, kirbei *ib.* 267, 20. 520, 2. 735, 19; *fest überhaupt, da ist grosze* kirchwey Ab. 1, 412. Fasn. 1344; *als beiname:* Cunrat Pfinczing, genant Kirchweich, Kirweich Chr. 1. 74, 21. 85, 28. — *vgl.* Kirchmësse, -tac *u.* Dwb. 5, 828 *ff.*

kirch-wîhe-âbent *stm. abend vor der* kirchwihe. kirbeâbent Gr.w. 3, 541. kirbâbent *ib.* 536.

kirch-wihe-schuz *stm. kirchweihschutz.* kirbeschuz Gr.w. 3, 536. *vgl.* Dwb. 5, 834.

kirch-wîhe-tac *stm. der tag der kirchweihe.* kirchweichtac Ula. 91 (*a.* 1301). kirwîhetac Anz. 4, 202 (*a.* 1356). kirbetac Gr.w. 3, 887. kerbetac *ib.* 5, 251. *vgl.* kirbwenzeltac *ib.* 3, 535 *f.*

kirch-wîhunge *stf. s. v. a.* kirchwîhe, dedicatio Dfg. 169ᵇ. Leys. 115, 22. 24. Gr.w. 1, 688. *alem.* kilchwîhunge Glar. 62.

kirch-zûn *stm. kirchhofzaun.* einen an den k. binden, *als strafe* Berth. 364, 15. man sol in vüeren gebunden ze dem kirhzûnc Kchr. *D.* 453, 31.

kiriche *s.* kirche.

kirjelêison, kyrjelêison (I. 921ᵃ) *das gr.* κύριε ἐλέησον: *gebetsruf u. refrain geistl. gesangs* Konr. *Al.* 807. Ernst 3582. 4544. Kreuzf. 1898. *verkürzt:* ein kiriel er singet Spec. 153, 359; — kyrleise, kirleis *swstm. geistl. gesang* Berth. Reinh.

kirl-, kirm- *s.* kirchl-, kirchm-.

kirn *stf. s.* kërn;

kirnen, kërnen *swv.* (I. 801ᵃ) *den kern, die kerne ausmachen,* nucleare, apodiare Voc. 1482. Dfg. 203ᵃ. 384ᵃ, *s.* ûz kirnen, en-, erkernen, -kirnen; *kerne ansetzen, bilden* Parz. (kërnen). *vgl.* durchkërnen. — *zu* kërne;

kirnîn *adj.* (*ib.*) *aus* kërn *bestehend.* kirnein mel Schm. 2, 331. kërnîn brôt Gr.w. 1, 167. 4, 373.

kirn-korn *stn.* (I. 862ᵇ) *der mir sünge sîn* kirnkorn Msh. 3. 281ᵃ, 9. *s.* korn.

kirn-milch *s.* kërnmilch.

kirs-, kirsche *s.* kërs-, kërse.

kirsat, surcotus, est species panni Voc. 1482. *s.* Dwb. 5, 850.

kirsen *swv. knirschen, intens. zu* kërren, kirren. daz man ez (ros) hôrte kirsen (: birsen) Reinfr. 138ᵇ. *vgl.* Dwb. 5, 847.

kirsen-muos *stn. kirschmus* Buch *v. g. sp.* 4. 25.

kirsen-pfeit *s.* krësempfeit.

kirwe, kirwîhe, -wîge *s.* kirchwihe.

kirze, kirzlîn *s.* kerze, kerzelîn.

kirzen-huoter *s.* kirchenhuoter.

kis *stmn.* (I. 821ᵇ) *kies* Troj. (6913. 26125. 29141. 36871. 38092); *erz, eisenerz?* Berth. 147, 27 *s.* Dwb. 5, 688. — *von dunkl. abst., vgl.* këes.

kisch *stm.* (I. 821ᵇ) *zisch,* sibilus Voc. *vrat. v.* 1422 *s.* Dwb. 5, 851.

kîschen *stn. s. v. a.* kîchen Mart. 224, 57. *vgl.* Dwb. 5, 439.

kischunge *stf.* sibolus DIEF. *n. gl.* 337ᵇ. — *zu* kisch.

kisel *stm.* (I. 821ᵇ) *kieselstein* j.TIT. *alt. dr.* 4823. KELL. 87, 29. 88, 30. 91, 3 (kessel). silex kissel, kesel DFG. 533ᶜ. *bildl* min süezer morgentouwic risel durchbrach des vluoches herten kisel FRL. *kl.* 9, 16; *hagelstein, schlosse* SCHM. 2, 336 (*a.* 1381), kysel, kyssel grando DFG. 268ᶜ. — *zu* kis.

kisel-garn *stm.* garn *mit kieseln beschwert? unter verbotenen fischergeräten aufgeführt* GR.W. 1, 499. *vgl.* FRISCH 1, 514ᵃ.

kiselinc, kislinc, -ges *stm.* (I. 821ᵇ) *kiesel, kieselstein* MAR. LEYS. KONR. (TROJ. 23187. 39445. ENGELH. 239). MSH. (2, 328ᵇ). ROTH. 3104. 23. KINDH. 88, 70. W. *v. Rh.* 279, 16. LS. 2. 386, 57. ALBR. 1, 748. 12, 78. 23, 34. PASS. 36, 11. *K.* 662, 94. HANS 1035. MGB. 144, 16. 301, 32. 443, 30 *ff.* HB. *M.* 533. ZIMR. *chr.* 3. 457, 5 (*u.* Kisling, Kissling, Küsling *als n. pr.* 4, 543ᵃ). kiseling, kisseling, küsling, *ndrh.* keselinc DFG. 533ᶜ. kieselinc HPT. 5, 14. — *eine weiterbildung von* kisel.

kislinc-stein *stm. dasselbe* DFG. 533ᶜ. CHR. 5. 315, 5. ZIMR. *chr.* 1. 439, 26; 3. 457, 2. ainen wyssen kislingstain FEUERB. 56ᵇ.

kissel, kisselinc *s.* kisel, kiselinc.

kiste *swf. im sing. auch st.* (I. 821ᵇ) *seit dem 15. jh. auch* küste (DWB. 5. 855, *I. d*): *kiste, kasten, bes. zur aufbewahrung der kleider* NIB. NEIDH. (25, 2). si ziuhet ûz der kisten dâ mite si kan fristen die armen ebenkristen ENGELH. 85. ob si gewants hab kisten vol LIEHT. 605, 22. kisten und kasten vol RENN. 10698. ez füllet gar dem richen man die schiure und ouch die kiste (: miste) MSF. 23, 34. die kist ûf tuon ROSENG. *Meuseb.* 146. daz brôt, daz man dem chneht von der chisten (ex prebenda) gît GEIS. 434; *geldkasten, casse* (*vgl.* silberkiste, kistenhërre) bœse kristen, die bî den juden hân ir kisten, in die man sament irn gesuoch RENN. 23347. ze einer kisten wart ir gâch, si sant im zehen pfunt nâch GA. 1. 111, 215. ein gemein kisten *gegen die Hussiten* RCSP. 1, 809 *ff.* (*a.* 1427); *sarg*, tôdes kiste ULR. *Wh.* 186ᵈ. KOLM. 116, 14. — *gegen die übliche herleitung aus gr.* κίστη, *lat.* cista *sind bedenken erhoben im* DWB. 5, 855;

kisteler *stm. kistenmacher, schreiner* MONE *z.* 2, 23. CHR. 5. 385, 11. *vgl.* kistenære;

kistelîn *stn. dem. zu* kiste KOL. 172, 588. kistel *ib.* 177, 781. 178, 792;

kistenære, -er *stm.* (I. 821ᵇ) *s. v. a.* kisteler, cistifex DFG. 124ᵃ, *n. gl.* 94ᵃ. CLOS. (CHR. 8. 124, 19). MONE *z.* 8, 303 *und* DON. *a.* 1413 *aus Strassburg.*

kistener-geselle *swm. s. unter* gracias.

kisten-gewant *stn.* (III. 684ᵃ) *gewand, leinwand, zeug das in der kiste liegt s. v. a.* gerâde HALT. 1091.

kisten-hërre *swm. herr der rentkiste, erheber der städtischen gefälle* FRANKF. *brgmstb. a.* 1458 *vig. III. p. læt.*

kisten-macher, -mecher *stm.* cistifex DFG. 124ᵃ.

kisten-pfant *stn. pfand das in der kiste verwahrt wird* FREIBERG. 165. GR.W. 4, 597. *vgl.* HALT. 1091 *u.* DWB. 5, 859.

kisten-vegen *stn. das ausräumen, plündern. vgl.* ZIMR. *chr.* 3. 574, 28;

kisten-veger *stm. als n. pr.* O. RUL. 35.

kît *s.* kîde, quëden.

kitel, kittel *stm.* (I. 821ᵇ) *kittel, leichtes oberhemd für männer wie frauen* FRAGM. gelwe kitel RENN. 415. 12356. in witen tenzen schœne kitel *ib.* 12360. hüetet iuch vor valschen biteln, die vil mêre stênt nâch iuwern kiteln dan nâch iuwerm lîbe 12715. bilde an kiteln (*künstlich ausgenäht mit bildern* 12536. 39. 692. ein sîdin kittel was ir kleit ALTSW. 25, 16. 66, 9. wiʒe kittel *der bauerdirnen* RING 35ᶜ, 45. hänfein kittel, *bauernkittel* FASN. 440, 11. und legten in (*den gefangenen*) zwên bœse kitle an CHR. 5. 282, 13. kietel CLOS. (CHR. 8. 107, 6). kitel, kittel, kietel', küttel, kedel (*md.*) plasta, teristrum, toga DFG. 440ᶜ. 579ᶜ. 586ᵃ, *im* VOC. 1482 kittel *auch gloss. mit* plandellum, multiplicum. *md.* kidel ELIS. 906, ketel RSP. 944. — *von dunkl. abst., vgl.* DWB. 5, 862.

kittel-gewant *stn. s. v. a.* kitel. si huop ûf ir kittelgewant ALTSW. 24, 5.

kittelîn *stn.* (I. 822ᵃ) *dem. zu* kittel LS. ALTSW. 24, 24. 26, 6.

kittel-mache *swf. kittelmacherin* NETZ 12006;

kittel-macherîn *stf.* vestiplica VOC. 1482.

kitten, kitten-boum *s.* quiten, quitenboum.

kittern *swv.* (I. 822ᵃ) *kichern*, cachinnare DFG. 86ᵇ, VOC. *Schr.* 326. WOLK. wolnt ir nit lachen, kittern ALTSW. 249, 8. *vgl.* kitzern, kuttern, quiteln *u.* DWB. 5, 867.

kitz-buch *stm. schlegel, keule von einer jungen ziege* URB. 296, 15, 297, 27.

kitze *s.* kiz;

kitzele *f.* (I. 822ᵃ) capella, gitzella Voc. *o.*;
kitzelîn *stn.* (*ib.*) *dem. zu* kiz, *zicklein* MSH. (kitzlîn 3, 308ᵃ). kitzlein MGB. 127, 29. kitzlîn, kützlîn, kitzel capella, edus DFG. 96ᶜ. 195ᵇ, kitzel, kitzeln *n. gl.* 145ᵃ. kützelî HB. *M.* 159. 60. 77.
kitzeler *stm.* titillator DFG. 586ᵃ. kutzler Voc. 1482;
kitzel-lich *adj.* kitzelich, kitzlich titillicus DFG. 586ᵃ. kutzlich Voc. 1482;
kitzeln, kützeln *swv.* catillare, prurire, titillare, kitzeln, kitzlen, kutzeln, kutzlen, kützlen, krutzeln DFG. 107ᵃ. 469ᶜ. 585ᶜ. er begunde kitzeln daʒ klein esellîn MOR. 1, 3546. daʒ kützelt den muot MSH. 1, 201ᵇ. einen under den armen kützeln HÄTZL. 307ᵇ. *vgl.* FASN. 274, 8. 331 30. 750, 22. wer sich selbs kützelt, der lacht wol, wenn er wil CHR. 2. 389 *anm.* 1 (*vgl.* kitzen). — *ahd.* chizilôn, chuzilôn GFF. 4, 538. *vgl.* DWB. 5, 875 *ff.* WEIG. 1, 587. KUHN 4, 11;
kitzelunge *stf.* kitzelunge, kutzlunge titillatio DFG. 585ᵉ;
kitzen *swv. s. v. a.* kitzeln, er kitzt sich und lacht wenn er will NARR. 19, 50.
kitzen-market *stm.* zickleinmarkt CHR. 5. 154, 26.
kitzern *swv. s. v. a.* kittern DIEF. *n. gl.* 64ᵃ. *vgl.* DWB. 5, 883.
kitzin *s.* kiz;
kitzîn *adj.* (I. 822ᵃ) *vom* kiz, *hœdinum* SUM. MONE 8, 407ᵇ.
kitzinc *stm.* ein kyczing ruburnus, quidam piscis DIEF. 1470, 240. *vgl.* DWB. 5, 883.
kitzi-vël *stn.* (III. 294ᵃ) *fell von einem kiz* WELTCHR.
kitzlîn *s.* kitzelîn.
kitz-vleisch *stn.* zickleinfleisch NP. 230.
kiuchel *stn. küchlein.* keuchel, pullus galline Voc. 1482. *md.* kûchil DFG. 393ᵇ.
kiufelære *s.* köufelære.
kiugen *stv. s.* kiuwen.
kiule *swf.* (I. 822ᵃ) *keule* WOLFR. GUDR. 356, 2. ER. 2349. j.TIT. 2703. 3886. 5309. 6097. ALTSW. 186, 31. 230, 8. 241, 5. keul clava, cambuca Voc. 1482. *md.* kûle KREUZF. 7238. MYST. 1. 90, 26. KIRCHB. 799, 58. mit kûlen slân, clavare DFG. 126ᵃ, kuile (*eine nd. form*) JER. 161ᵈ; *stock, stange:* fustis dicitur baculus peregrinorum, keul DIEF. 1470, 136 (*vgl.* vischekûle). — *vgl.* kîl, kûle (*kugel*) *u.* DWB. 5. 649, 7.
kiuleht *adj.* (*ib.*) *kugelicht, kugelrund.* keulecht, kûlecht volubilis DFG. 628ᵇ. — *zu* kûle, *kugel.*
kiulen-slac *stm. keulenschlag* MÜGL. 1, 11. *md.* kûlenslac HPT. 5, 445, 431.
kiun *stv. s.* kiuwen.
kiunsch- *s.* kiusch-.
kiusche, kiusch *adj.* (I. 822ᵇ) *md.* kûsche, kûsch, kuisch (VET. *b.* 12, 4 *eine nd. form*); *alem. auch nasal.* kiunsch WACK. *pr.* 27, 8. 34, 16. W. *v. Rh.* 90, 25: *keusch, rein, unschuldig, sittsam, schamhaft* PARZ. Ms. (*H.* 2, 31ᵇ). daʒ er si kiusche lie bestân KONR. *Al.* 165. der kiusche jungelinc SILV. 514. mit kiuschem munde antwurten *ib.* 354. diu götinne wandels vrî, stæt und kiusche TROJ. 24337. kûsche von kindes beinen PASS. *K.* 5, 55. 79, 3. swie kiusche sie wæren GUDR. 114, 3. kiuscheworte, *reiner, unbescholtener ruf* MSF. 211, 24. WINSB. 38, 1. WG. 389. der anplick war guot und käusch (*unschuldig*) MGB. 271, 11. diu käusche taub, daʒ k. lamp *ib.* 180, 35. 311, 14; *nach relig. gelübde unvermählt* PARZ. MART. (*leseb.* 761, 20. 765, 28); *mässig im essen u. trinken* SILV. kiusche und mæʒic RENN. 4640. wênic tranc sîn kiuscher munt KONR. *Al.* 411. an eʒʒen und an tranke lâ kiusche dich beschouwen TROJ. 15031. der kiusche und der vrâʒ PARZ. ULR. *Wh.* 252ᵈ; *ruhig, sanftmütig* WOLFR., *überh. vernünftig handelnd* ELIS. 1566 *u. s.* 388ᵃ. — *ahd.* chiuske, chûski *zu* kiesen *s.* GR. 2, 986. DWB. 5, 654. DIEF. 2, 457;
kiusche *adv.* (I. 823ᵃ) PARZ. diu kiusche gemuote BÜCHL. 2, 778;
kiusche *stf.* (*ib.*) *md.* kûsche, *alem. auch nasal.* kiunsche WACK. *pr.* 31, 59. 44, 20: *jungfräul. reinheit, keuschheit, sittsamkeit, sanftmut* WOLFR. (man möht ûf eine wunden ir kiusche hân gebunden WH. 154, 22). TRIST. BARL. und nimet ier ier kiuschi wider ir willen GRIESH. 2, 61. ich wolte ir kiusche ir haben benomen MAI 236, 26. daʒ sî dín kûsche verkôs GLAUB. 2269. er beruorte iuwer reine kiusche nie TROJ. 21117. mîn kiusche niht berüeret wart *ib.* 21547. ob er hundert frouwen het gewalten in welden al besunder, so wær sîn kiusch wol behalten j.TIT. 239. der kiusche ein turteltûbe *ib.* 1776. der kiusche ein swebendeʒ obedach LOH. 3115. daʒ dîn reineclîcheʒ leben in rehter kûsche genas PASS. 145, 78. *vgl. K.* 28, 79. 79, 26. 112, 68. an tât ein lewe, an

kiusche ein meit TÜRL. *Wh.* 12ª. reiniu rehtiu käusch MGB. 363,2.4. käusch geloben *ib.* 60, 28. 460, 1. der treuft ir keusch wol halp in die archen FASN. 387, 19; *mässigkeit im essen u. trinken* PARZ.;

kiuschec *adj. zu folgern aus*

kiuschec-heit, kiuschekeit *stf.* (I. 823ᵇ) *s. v. a.* kiusche *keuschheit, reinheit* GOTFR. *lied.* BPH. 1276. 1416. 36. 73. 9816. W. v. *Rh.* 29, 21. 33, 17. 34, 4. 35, 20 *etc.* BERTH. 177, 6. 258, 3. WACK. *pr.* 57, 83 (*nasal.* kiunschkeit 44, 17. 47, 31). HB. *M.* 776. MYST. 2. 338, 19. *md.* kûschekeit ELIS 3191. 5431. 5544 *etc.*, kûsekeit ADRIAN 429; in sîner tumben kiuschekeit, *jugendl. einfalt* ORL. 1657. *vgl.* kiuscheheit;

kiuschec-lich *adj.* (*ib.*) *keusch, rein, züchtig, sittsam* PARZ. WARN. TROJ. 21831. HPT. 9, 34. *md.* kûscheclich ELIS. 8362 *u. o. vgl.* kiuschlich;

kiuschec-lîche *adv.*(*ib.*) PARZ. BERTH. 256, 4.

kiusche-heit *stf.* (*ib.*) *s. v. a.* kiuschecheit. der reinen megde kiuscheheit FREID.² 7, 16. magetuom und kiuscheheit, *witwenkeuschheit ib.* 75, 20. *contr.* kiuscheit BÜCHL., *md.* kûscheit ELIS. 1703. PASS. *K.* 25, 3. 45, 4. LUDW. 2, 5, *ndrh.* kûsheit, *modestia.* MONE 3, 49ᵇ, kûse-, kûsheit continentia DFG. 147ª. kuischeit (*nd. form*) VET. *b.* 3, 26.

kiusch-ent-halter *s.* kiuschhalter.

kiusch-geborn *part. adj.* keuschgeborner, celebatus VOC. 1482.

kiusch-halter *stm.* keuschhalter, keuschenthalter continens DFG. 146ᶜ.

kiusch-lich *adj.* (I. 823ª) *s. v. a.* kiuscheclich WOLFR. DIETR. 177. *md.* kûschlich GLAUB. 2276. PASS. 130, 75. 249, 2. *K.* 26, 74. 183, 37. 396, 46. 568, 79. 602, 74. MARLG. 55, 59, kûslich ELIS. 832;

kiusch-lîche *adv.* k. smielen LIEHT. 546, 17. *alem. nasal.* kiunschlîche. WACK. *pr.* 30, 40, 44. 46. *md.* kûschlîche KREUZF. 355.

kiusch-rîche *adj. reich an* kiusche. alliu diu welt ist dir worden holt durch dînen kiuschrîchen solt W. v. *Rh.* 48, 22.

kiut *s.* kiuwen, quëden.

kiutel *stn.*(I. 831ª, 11) *herabhängende wamme od. unterkinn.* keutel paleare, palearium DFG. 406ª. *vgl.* DWB. 5, 655.

kiutel *stn.* (I. 831ª, 13) *wörtchen, silbe?* sprechet gar ein kiutel niht MSH. (*var.* küttel) 3. 294ª, 11;

kiuten *stn.* (I. 831ª) *vom swv.* kiuten, *prät.*

kûte: *sprechen, schwatzen* TROJ. (15360). — *mit* ver-, *vgl.* quëden.

kiuten, *md.* **kûten** *swv.* (I. 920ª) *prät.* kûte: *tauschen, vertauschen.* cambire, kûten (*nd.*) DFG. 92ᵇ. LAC. 3, 292. käuten GR.w. 6, 51 (*Franken*), *rhein.* kauden *ib.* 636; *stn.* umb kaufen, verkaufen, kauten *ib.* 756 (*Wetterau*). — mit ver-; *zu* kût, *vgl.* DWB. 5, 365. VILM. 196. SCHM. *Fr.* 1, 1224.

kiuwe, kiwe, këwe, kouwe *swstf.* (I. 831ª) *kiefer, kinnbacken.* in schedel und in kiuwen enpfiengens tiefe scharten NEIDH. 171,111 *vgl.* MART. *unter* geliuwen. kew (keu) *st.* SCHM. *Fr.* 1, 1213; *rachen, vom teufel u. von thieren:* kiuwe LIT. WARN. kiwe DIEM. (sîn chiwe er im durchbrach ANTICHR. 179,3). daz im sô manec sêle entran ûz sîner chiwen MONE 8. 54, 41. kiwe an der vische kelen, brancia DIEF. *n. gl.* 58ᵇ. ein kiwe der fogel DFG. 80ᶜ. kewe Iw. LANZ. Ms. (*H.* 2, 236ᵇ). der lewe ginte wit mit sîner kewe MEL. 10062. GERM. 3, 31. lêbart und lewen mit ginender kewen KRONE 12760. und vuor im diu zunge enwâge in der kewen *ib.* 10557. kouwe SUM. 25, 42. wilde esel und löuwen mit ir wîten köuwen W. v. *Rh.* 72, 50. mit sînen wîten keun Iw. 6688 (*var.* klewen, *vgl.* j. TIT. 1355. GERM. 3. 31, 2). *was gekout wird, speise s.* vastenkiuwe; *bindseil, halfter an der* kouwe *eines rindes:* koufet ein man ein rint, ist nit ouch daz bintseil oder die kauwe sîn am rinde? GERM. 3. 412, 34. ein rint an einer kauwen fueren GR.w. 1, 440;

kiuwel *stm. kiefer, kinnbacken.* der hunt im (*dem mörder*) sînen kiuwel beiz, und want im kiuwel unde rans, glîch ob er wær ein gans GA. 1. 180, 402 (*im cod. Mind.* 145ᵇ: der h. i. s. kivel beiz unt wunt im kivel u. r.);

kiuwen *stv. III.* (I. 831ª) *kauen* NEIDH. (13, 36). MART. (*lies* 47, 86). minne ist ein vil süezer kern, der kan rehte kiuwen âne valsch mit ganzen triuwen ULR. *Wh.* 239ᶜ. sô kiuwet si daz vlenselîn RENN. 12447. sus kiuwet er sîn eigen nest MSH. 2, 330ᵇ. swaz bârâte über wirt daz kiuwent wilzen *ib.* 205ᵇ. *contr.* kiun, er kiut NEIDH. 259, 66. *nbff.* kiwen Aw. 3, 184. kewen MGB. 13, 30. 89, 13. 16. keuen FRONL. 36. FASN. 771, 9. kouwen MONE 8, 492. *md.* kiugen LEYS., kûgen JER. 11342, *ndrh.* kûwen KARLM. 287, 5 (*mit sw. prät.* kûwede); — *prät.* kou NEIDH. 42, 31. *part.* gekouwen *ib.* 41, 25, gekâwen SGR. 361. — *vgl.* DWB. 5,

311. Dief. 2, 453. Gr. *kl. schft.* 3, 130 *f.;*
kiuwen *stn.* daz brôt slucken âne kiuwen
Mart. 60, 71. kewen Fronl. 42;
kiuwes *adv. in* unkiuwes.
kiuzelîn *stn.* (I. 921ᵃ) *dem. zu* kûze, *käuzlein.
im 15. jh.* kützlîn Fichard, Narr. 92, 45.
kivel, kivele *stswm. s. v. a.* kiver. *s. oben
unter* kiuwel. kievel, brancia Dief. *n. gl.*
58ᵇ. si sluogen ein ander in die kiefeln
Roseng. *Meuseb.* 309 (= in die giel *Hag.*
721). kiffel *sw.* Np. 226. (*15. jh.*);
kiwelen. kibelunge *s.* kibelen, kibelunge.
kivel-wort *stn.* (III. 808ᵇ) *zankwort* Myst.
kîven *swv. s.* kîben.
kiver *stmn.? kiefer, kinnbacken.* kûme der
wimpel ûf dem kopf mîn kiver ruorte Hpt.
8. 300, 71. *vgl.* kivel *u.* Dwb. 7, 669.
kiveren *swv. s.* kibelen.
kiwe, kiwen *s.* kiuwe, kiuwen.
kiz, kitze *stn.* (I 822ᵃ) *junges von der ziege
(auch vom reh, der gemse), zicklein.* si
spranc umbe als ein kiz Apoll. 20331. Neidh.
3, 2. bluot von einem kitze j.Tit. 916. von
einem veizten kitze ein ezzen guot Weltchr.
142ᵇ. diu chitze der rêchgaize Hpt. *h. lied*
112, 14. kitze Karaj. Gen. (*D.* 76, 31. 49, 9.
17. Exod. 152, 22). ir kitze si (*die* geiz) dâ lie
Reinh. 346, 1500. 08. kalp, kitze, lamp Ga. 2.
149, 20. Meran. 5; *auch m.* ainen faiszten
kitze (*var.* guten kitzi) Hb. *M.* 277. kitzi
Antichr. 131, 16. Griesh. 1, 15. 2, 134. gitzi
Voc. *o.* kitzin Griesh. Mone 7, 595. Hb. *M.*
178. deme chitzîne Fdgr. 1. 24, 14. kytzin,
kutzin Dfg. 195ᵇ. kutz Gr. w. 1, 352. —
ahd. kiz, kizzi, chizzi *vgl.* geiz *u.* Dwb. 5,
869. Dief. 2, 358.
klâ, klâwe *stswf.* (I. 831ᵇ) klâ *im sing. ohne
casusendung, pl.* klâ *u. sw.* klâwen, klâen
(Mgb.), *contr.* klân (Iw. Parz. Walb. 899);
nbff. klouwe *s. unter* bërnklâ *u.* Jer.
13589 *var.,* klôy Mone 7, 169 (*vgl.* Weinh.
al. gr. s. 184), klô Msh. 3, 324ᵇ (I. 847ᵃ, 34)
Fasn. 1310, *vgl.* klœlîn-: *klaue, kralle eines
vogels* Diem. Wig. Troj. 22760. Loh. 3416.
die klâen Mgb. 21, 27. 202, 15. 164, 20. 165, 7.
allez daz veder und klâ hât, *alle vögel* j. Tag
170; clâ oder vuoznagel, ungula Mgb. 372,17;
*tod u. teufel haben klauen, den menschen
zu packen:* Charons scharfe clâwen En. 93,
38. die tîvel mit fiurîn clâwen Erinn. 906
(948), *auch dem tage werden klauen beige-
legt* Wolfr. *lied.* der tac het sîn klâ gesla-
gen durch die naht Ulr. *Wh.* (Pf. *üb.* 43, 92);
pfote, tatze des bären Fasn. 1310ᵉ, *s.* bërnklâ),
des löwen Iw. Walb. 899. 912. 14., *des
wolfes* Mgb. 147, 13, die klâen *des salaman-
ders ib.* 277, 8, *der maus* Fasn. 1138; *gespal-
tene klaue, huf des des hornviehes, das horn-
vieh selbst* (*vgl.* klâstiure): dehein chlâwe
(*kein rind*) hinder uns bestât Exod. *D.* 150,
31. si behielten ir vî sô gar, daz nie abe
quam ein clâwe Jer. 13589, klâ *des ebers*
Loh. 3560, *des hirsches ib.* 130, 2, *des
lammes* Parz. j.Tit. 398. Helbl. 7399. Krol.
1709. — *über den ursprung des wortes vgl.*
Dwb. 5. 1027, 3.
klaber *stf. klaue, kralle* Beh. 143, 23. 260, 29.
vgl. klouber *u.* Dwb. 5, 888.
klâ-bire *swf. gedörrte birne.* klôpiren Germ.
9, 207. *vgl.* Schm. *Fr.* 1, 279, Schöpf 322
u. klozbire.
klâ-birn-muos *stn. mus von gedörrten bir-
nen.* klôpieremues Germ. 9, 201. klônpiren-
mues *ib.* 207.
klac, -ckes *stm.* (I 831ᵇ) *riss, spalt,* rimula
Voc. 1482. Winsb. Neidh. 71, 21 *var.* Mag.
cr. 110ᵃ. Mart. (*lies* 79, 44 *u. vgl.* Dwb. 5.
980, 3); *knall, krach* Parz. Neidh. Troj.
(12241. 14704); *kleck, fleck zu folgern aus*
klecken. — *vgl.* Hpt. 5, 236. Weig. 1, 587.
Dwb. 5, 890;
klachel, klächel *stm. s.* kleckel;
klacte *prät. s.* klecken.
klâde *prät. s.* klagen.
klaf,-ffes, klapf *stm.* (I. 834ᵇ) *knall, krach.*
klaf Sigen. *Sch.* 72. kein klapf noch blickz
Just. 383. wilt du, daz ieglichs stuck (*ge-
schütz*) sînen sundern klapf tuot Feuerb.
88ᵇ; *geschwätz bes. verleumdendes,* durch din
klaf dû enbern muost mîner hulde Ga. 3. 25,
163. dîne œden, tœrschen klaf Ls. 2, 700. 205.
ir valschen claf und frävele wort Hätzl. 2.
1, 57; *gesang,* die trossel sluoc irs snabels
claf *ib.* 1. 28, 45; *spalte, riss: in Basel hiess die
gegend, wo die juden ihren begräbnisplatz
hatten, der* arsclaf: ager dictus arsclaf;
supra arsclaf ubi perfidorum judeorum cada-
vera sepeliuntur *Basel im 14. jh. s.* 116 (*a.*
1372). *vgl.* klaffe *u.* Dwb. 5, 892. 953;
klaffære, kleffære, -er *stm.* (I. 835ᵇ) *md.* klef-
fêre: *schwätzer, ausschwätzer, verräter* En.
Albr. 91ᵇ. Ludw. 72, 32. Msh. 3, 319ᵇ. Wg. 559.
Dan. 158. Hpt. 7. 363, 23. W. *v. Rh.* 287, 21.
Kolm. 18, 51. Hätzl. 1. 3, 39. Netz 11982.
13350. Mgb. 44, 20. Fasn. 758, 15. klaffer
fabulator, garcio, procax Voc. 1482. kleffer

dicax, ganeo DFG. 180ᵃ. 257ᵇ. garrulus haizt ain heher und ist als vil gesprochen als ain klaffer MGB. 199, 8. *vgl.* klafferer, kleffeler;

klaffærinne *stf. garrula* MGB. 286, 20. ir sît ein altiu klaffærinne REINH. 303, 331.

klafficimbel *s.* klavicimbel.

klaffe *stswf.* (I. 835ᵇ) *schwatzen, geschwätz bes. verleumdendes* MART. (53, 105. 176, 67). LS. daz ich mit einer hübschen vrouwen begunde hübscher klaffe vil MSH. 1, 155ᵇ. mir'st iuwer klaffe unmære *ib.* 156ᵃ. klaffe der valschen MF. 134. und verliegent in mit valscher klaff HUGO *v. M.* 34. kleffe OBERL. 794. geswîc der kleffe din PANT. 1834. hinderrede und unnutze kleffe VET. *b.* 28, 13; *klapper*, TRIST. *U.* (*sw.*) OBERL. 791. MONE 8, 396;

klaffel *stf.? klapper*, fusum DFG. 254ᵇ. *vgl.* klapfelîn, kleffel;

klaffen *swv.* (I. 835ᵃ) *prät.* klaffete, klafte; *part.* geklaffet, geklaft: *schallen, tönen, klappern* SERV. TRIST. *H.* Ms. (*H.* 2, 79ᵇ. klaffendiu gehelze NEIDH. XX, 10). BERTH. (158, 38. 159, 32). si hôrten hüeve klaffen NIB. 1541, 2. klaffendez huofisen JÜNGL. 916. zittern und klaffen NETZ 5312. daz ir zan in ir reinem munde klaffeten W. *v. Rh.* 178, 44 (*vgl.* zanklaffen); *vom schallenden gesange* REINH. diu dole kunde klaffen, der valke kunde klaffen niht MSH. 3, 451ᵇ; *schwatzen, viel und laut reden* WARN. FRL. MS. MART. (131, 87). RENN. 3674. 16203. DAN. 5173. NETZ 4673. 8308. 13556. MGB. 119, 11. 16. N. *v. B.* 241. CHR. 8. 235, 11. 17; 9. 505, 27. 886, 19. claphôn GRIESH. 2, 69; *sich öffnen, klaffen s.* ûf klaffen. — *mit* nâch, nider, ûf, er-, ge- (HIMLR. 86. RENN. 7750. MART. 120, 78), hinder-, wider-, *vgl.* DWB. 5. 898, 4 *f.*;

klaffen *stn.* (*ib.*) *das schwatzen, reden, geschwätz* Ms. (*H.* 1, 172ᵃ. 291ᵃ). ER. 72. GREG. 1303. VIRG. 766, 9. TROJ. 12707. KRONE 17758. HADAM. 454. GA. 3. 25, 153. MGB. 199, 17. 24. N. *v. B.* 140. 242. SGR. 1510. KELL. 89, 2. NETZ 163, 4013. 82;

klaffer *stm. s.* klaffære.

klaffer-bluome *f. klatschrose?* chlafferpluem, rubiola DFG. 502ᵃ. *vgl.* DWB. 5, 901.

klafferer *stm. s. v. a.* klaffære. ein clafferer und hinderreder OBERL. 792. der minnen klefferer KELL. *erz.* 123, 1. *vgl.* klapperer;

klafferîe *stf.* klafferei, klefferei, cavillatio DFG. 108ᵇ. 639ᵇ;

klaffern *swv. iterat. zu* klaffen, garrulare DFG. 258ᵃ. *vgl.* klappern.

klaffe-stat *stf.* (II². 601ᵇ) *ort wo geschwatzt wird* PASS.

klaffic, kläffic *adj. s.* kleffic.

klaf-heit *stf.* klaffheit dicacitas, garrulitas Voc. 1482. *vgl.* klefficheit.

klaft *stf.* (I. 835ᵇ) *gen.* klefte *geschwätz.* HELBL. — *zu* klaffen, *vgl.* klefte;

klaft? *stm.* (*ib.*) *geräusch* FRL. (=alsô grôze kraft MSH. 3, 143ᵃ).

klâfter *stswf. mn.?* (I. 832ᵃ) *mass der ausgelreiteten arme, klafter als längenmass.* einer klâfter lanc NEIDH. 7, 7 (*vgl.* klâfterlanc). für ein klâfter TUCH. 109, 29. 30. *sw.* einer klâftern DIEM. ANEG. WWH. 418, 8, *auch stm. od. n.* eines klâfters lanc NEIDH. 7, 7 *var.* WIG. 42, 33. SSP. 3, 45, 8. klâfters lenge j. TIT. 379. von klâfters klimme WOLK. 2. 4, 2; *pl.* klâftere LAMPR., klâfter DIEM. LEYS. ROTH. NIB. GRIESH. 1, 152. BIT. 7500. ULR. *Wh.* 222ᶜ. NEIDH. 234, 12. TROJ. 17459. AMIS 170. RENN. 18594. ALBR. 1, 259. TUCH. 110, 1. *sw.* klâfteren ALBR. 1, 582, klâftern MYST. ER. 4293. ALPH. 119. VIRG. 491 (*hs.* kloftern). FLORE 4174. 620. KRONE 14277. 89. kloftern CHR. 2. 253, 19; *kl. als geviertmass, quadratklafter: das holz mit der klâfter messen* CHR. 4. 17, 6. 30 (*a.* 1477). — *vgl. über die etymol.* DWB. 5, 904 *u. s.* lachter;

klæfteric *adj. was eine klafter lang ist, eine kl. im umfang hat.* dreuzehenklefterige, sehsklefterige seil TUCH. 109, 28 *ff.* fur ein linten, die klefterik ist *ib.* 76, 26.

klâfter-lanc *adj. eine klafter lang.* die tragent klâfterlangen bart VIRG. 621, 13. mit irn klâfterlangen swerten OT. 668ᵃ.

klâfter-mâze *stf. klaftermass.* diu hôste klâftermâze j. TIT. 1409.

klâftern *swv. mit ausgespannten armen messen* GR. W. 1, 725.

klagant *m.* nereides mügent klagant haizen MGB. 239, 25.

klagb- *s.* klageb-

klagde *stf. s.* klegede;

klage *swm.* in geklage;

klage *stf.* (I. 832ᵇ) *wehgeschrei als ausdruck eines schmerzes, klage* HARTM. (zrôziu kl. BÜCHL. 2, 446. MSF. 217, 25. kl. haben *ib.* 38. etw. âne kl. lâzen ER. 4531. BÜCHL. 1, 1410. es einem ze kl. komen, *bei ihm über etw. klagen ib.* 321). PARZ. WIG. WALTH. daz ist ein kl. vor aller kl. GEO. 1058. kl. gie dâ wider kl. APOLL. 6068. mit hôher (*lauter*) kl. ENGELH. 5798. der mit des grimmen tôdes kl. müeste ein bitter ende hân Troj. 25298. mîn klage vüllet manic vaz Strick. 12, 36. kl. haben, *klagen* Nib. 700, 2, *ebenso* die kl. trîben Krone 22645, zû klage vallen Pass. *K*. 300, 89; *spec. die totenklage*: in der chlage wâren sie alle vierzich tage volle Gen. *D*. 115, 17. Jacôbes hieten si michel chlage volle sibenzich tage *ib*. 19. mit kl. einem helfen Nib. 1007, 2. *vgl*. Kl. 1382 *ff*., *die fortsetz. des Nibelungenliedes heisst* diu klage (*um die gefallenen Burgunden*) *ib*. 2158; *klage vor gericht* (,,*eigentl. auch hier geschrei, mit dem man seinen schädiger beschuldigt, dass es möglichst alle hören, u. die hilfe des richters anruft*" Dwb. 5. 910, 4. *vgl. auch die stelle unter* klagebote). Greg. Parz. Walth. daz man frouwen kl. vernimt Hpt. 6. 501, 144. die kl. erheben Ssp. 3, 17. die kl. mit reht ersten Mh. 2, 182. die kl. beheben und ersten *ib*. 187. die kl. gewinnen, verliesen *s*. Dwb. 5. 911, 4 e *a*. die kl. vallen laszen Fasn. 788, 2. die kl. verantworten *ib*. 784, 6. *vgl*. Halt. 1093 *ff*.; *gegenstand, inhalt der klage*: hilf uns, daz wir niht werden unsern vriunden ze chlage Exod. *D*. 161, 4. waz diu kl. müge sîn Nib. 2176, 4. der slîchære kl. Parz. 172, 17 liegen, triegen deist mîn kl. Freid. 167, 8. ez ist mir ein ringiu kl. Msf. 213, 29. dér site ist guoter liute kl. *ib*. 104, 28; *klagen* hervorrufende *not, leid*: ein swære kl. Msf. 217, 16. gepîneget in der hôchsten kl. Marlg. 199, 135. — *vgl*. klegede.

klage-, klag-bære *adj*. (I. 834ª) *md*. klagebëre: *pass. worüber zu klagen ist, zu beklagen*, *beklagenswert* Iw. Lanz. Trist. Msh. 1, 151ª. 3, 31ᵇ. 35ª. Troj. 28694. 29238. Part. *B*. 6238. 72. 9608. 68. 17605. Strick. 12, 274. W. *v. Rh*. 117, 37. 171, 32. 255, 29. Renn. 17450. Krone 22602. Wack. *pr*. 68, 151. 171. Albr. 10, 89. Heinr. 17450, *von der totenklage* Flore 4578; — *act. klagend, klage erhebend*, querulus, querulosus Dfg. 478ᶜ. *hierher vielleicht*: diu klagebære Lanz. 3664. j. Tit. 5427. umbe etw. kl. sîn *ib*. 4598. in dunket er hab ze klagenne, ich bin der klagebære *ib*. 4437. *vgl*. Dwb. 5. 906, 2;

klage-bërnde *part. adj*. klage *veranlassend, hervorbringend*. zuo dir rüef ich in klagebernder nôt Kolm. 181, 54. Hb. *M*. 755; *klage führend, klagend*, dirre klagebernde man Part. *B*. 17537.

klage-bote *swm. klage führender* bote, *kläger*. dâ als manic klagebote über dich sîn schrîen tût Pass. *K*. 247, 46.

klage-boum *stm*. (I. 228ª) *baum der klage*: *kreuz mit den beiden frauen darunter. in Wien hiess ein im j*. 1266 *gegründetes versorgungshaus für aussätzige*: ze dem clagboum (*der Wiener bürger* Hierz *vermacht zu dem* chlagpaum funf phunt Stz. 324), *daher bei* Helbl. 1, 798 klagboum *überhaupt als sammelplatz aller auswürflinge s*. Hpt. 4, 255; — quercus haizt ain aich und ist als vil gesprochen als quernus, daz spricht ain klagpaum Mgb. 343, 4.

klage-brief *stm. schriftliche klage, klagschrift* Halt. 1096 (a. 1392). wêr sache, daz ez zen rechten kœm, so solt man ûf bêdeseiten alle clagebriefe und erclagte sache hindan setzen, die vorher wêren geschehen, und solten sich beide teil an eim slehten rehten ûf die fünf (*schiedsleute*) lâzzen benüegen Mz. 4, 287. *vgl*. Dwb. 5, 912 *u*. klagezedel.

klage-gëlt *stm. eine abgabe des klägers von der eingeklagten und bezalten schuld* Halt. 1095. Gr.w. 3, 457. 58. 530. *vgl*. Birl. 279ᵇ *u*. klageheller, -schaz.

klage-gesanc *stm. klaggesang, gesungene totenklage* Hb. *M*. 344. 45. *vgl*. klagesanc.

klage-gewant *stm. trauerkleid* Apoll. 16923. Hb. *M*. 343. 68. 560.

klage-haft *adj*. (I. 834ᵇ) *act. klagend* Bit. (1852). uber die dîn schephære wirt chlaghaft Priesterl. 339 (348); *gerichtlich act. u. pass. vom kläger u. von der eingeklagten sache* Halt. 1095;

klage-haftic *adj. gerichtlich wie* klagehaft Halt. 1095. Gr.w. 3, 347; plangibilis, questiosus Dfg. 440ª. 479ª.

klage-hant-slac *stm*. (II². 383ª) planctus Windb. *ps*.

klage-heller *stm. s. v. a.* klagegëlt Gr.w. 5, 258.

klage-huot *stm. trauerhut. vgl*. Zimr. chr. 3. 936, 11 *ff*.

klage-, klege-lich *adj*. (I. 834ᵇ) *act. klagend* Nib. Iw. Trist. klegelîche klage Freid. 50, 19. Loh. 7247 (*von der totenklage*). klägelîchez trûren Part. *B*. 9648. klägleich und weinleich stimme Mgb. 224, 3; — *pass. zu beklagen, beklagenswert* Parz. Ms. (*H*. 1, 109ᵇ). ich bin ouch niht klagelîch Er. sîn klegelîchez ungemach Greg. 2146 klagelîchiu swære Troj. 22666. Part. *B*. 9631. die sô clagelîche geschicht Kreuzf. 7564;

klage-, klege-lîche, -en *adv.* (*ib.*) *act.* NIB. IW. TUND. klegelîchen klagen KL. 546. MAI 173, 15. TROJ. 23431. klagelîchen sprechen MSH. 1, 212ª. klägleich singen MGB. 224, 3. cleglich clagen (*von gerichtl. klage*) FASN. 587, 5. 590, 8. 644, 23. 787, 9, *von der totenklage* HELBL. dô si klägelîche klagten daz vil reine wîp WIG. 261, 15. kleglich clagen, tuon FASN. 1113. 48; — *pass.* die kleglich und mortlich haben genomen ubir handen STOLLE (HPT. 8, 331).

klage-liedelîn *stn.* MÜGL. *Schr.* 490. klageliedel NEIDH. 78, 20. *dem. zu*

klage-liet *stn.* (I. 985ª) *klagelied* FREID. MS. (NEIDH. XL, 7. 95, 33. SEVEN 258, 4). j.TIT. 4657. 72. 4716. 5215. 5993. LIEHT. 411, 26. KOLM. 29 (*überschrift*).

klage-liute *pl. leute die die totenklage begehn, trauernde* W. *v. Rh.* 219, 5. HB. *M.* 343.

klage-mære *stn.* (II. 78ᵇ) *klagende rede* TRIST.

klage-mæze *adj. zu beklagen.* dû bist wol klagemæze LOH. 5723.

klagen *swv.* (I. 832ᵇ) *für* klaget, klagete, geklaget *auch* kleit, kleite (GEN. *D.* 68, 15), gekleit; *md. u. ndrh. auch contr.* klân FDGR. 2, 307. FREIBERG. 179. KARLM. 413, 63 (*prät.* clâde 417, 65), klain HPT. 3, 14, klein GR.w. 5, 258 (*Wetterau*); *aleman. nbf. mit umlaut* klegen *prät.* klegte W. *v. Rh.* 116, 18. 137, 5. 144, 31. 236, 23. 240, 54. SIGEN. *L.* 44. S.GALL. *stb.* 4, 79. 117. 119 *etc.* KUCHM. 1. GR.w. 4, 282. MONE *z.* 9, 182; *über eine andre alem. nbf.* klagenen *s.* DWB. 5, 915 *c u.* beklagenen *in den nachtr.; auch ein unorg. st. partic. ist nachzuweisen:* sîn (*des gefallenen königs*) lîp was wol geklagen (: gesagen) ZING. *Pl.* 9, 58, *vgl.* WEINH. *b. gr. s.* 322 —: *intr. einen schmerz, ein leid od. weh ausdrücken, sich klagend gebärden* IW. WALTH. Ysaac chlagete sêre GEN. *D.* 52, 5. Jacob sêre chleite *ib.* 68, 15, *von der totenklage*: dô er sô sêre klagte, daz dâ von erwagte beide türne unde palas KL. 315. allez ir gesinde klagete und schrê NIB. 954, 1. ab einem kl., *über ihn* BON. CHR. 5, 78, 27. 82, 21. 340, 27, *ebenso* nâch einem PARZ. (*anstatt* einem kl. PRIESTERL. 319 *u. anm.*), von einem kl. FASN. 1111 *f., od. mit dat.* einem (*über ihn*) klagen LEYS. 10, 1. einem kl., *bei ihm kl.* EXOD. *D.* 133, 19. einem von einem kl. CHR. 1. 131, 32; — *tr. beklagen, betrauern (von der totenklage)* NIB. GUDR. 60, 2. 4. HARTM. (ER. 5129. 8081. GREG. 292. 1886). PARZ. WALTH. W. *v. Rh.* 137, 5. 236, 23. EXOD. *D.* 121, 4. 155, 24. MGB. 240, 2. 292. 1. CHR. 4. 91, 11. 283, 18, *mit dat. u. acc. einem etw. klagen* IW. WIG. WALTH. GEN. *D.* 13, 35. GREG. 2388. WWH. 351, 3. NIB. 146, 4. 154, 3. 600, 3. 796, 2. 1793, 3. 2025, 4. 2137, 3. RENN. 11936. HELMBR. 1021. W. *v. Rh.* 116, 18. 144, 31. 244, 54. und klage ez den gedanken mîn MSF. 115, 17. das sei den wilden gemsen klagt HÄTZL. 282ᵇ; *mit dat. u. gen.* und claget dem almechtigen gote der sündôn und der missetête LESEB. 297, 29; *mit objectivsatz* PARZ., *refl.* sich kl., *klagen, sich beklagen* FLORE, BARL. REINH. ER. 6388. BÜCHL. 1, 603. PASS. *K.* 21, 53. HB. 379. sich umbe einen kl. FLORE, von einem (*über einen*) CHR. 5. 209, 10. 341, 12, von etw. kl. LANZ. FLORE. — *von der gerichtlichen klage: intr.* einem kl., *bei ihm eine klage vorbringen* NP. 18, vor einem kl. GR.w. 3, 457. *der gegner wird bezeichnet mit*: an einen kl. (GR. 4, 845. *vgl.* an klagen), über WALTH., ûf IW. MS. BON. PF. *üb.* 18, 1102, *vgl.* 22, 1363. SSP. 3. 16, 3. CP. 35, zuo LS. KULM *r.* 1, 19. MZ. 1, 522. CHR. 5. 47, 12. 100, 1. 205, 18. 299, 9; *der gegenstand, klaggrund wird bezeichnet mit*: ûf etw. kl. TUCH. 308, 29. SSP. 3. 79, 2. umbe CHR. 5 *a. a. o.* SSP. 1, 61 *u. o.*; *tr. mit acc. d s.* WALTH. *u. dat. d. p.* GR.w. 4, 894. — *mit* an, ûz, be-, er-, ge-, ver-. *ahd.* chlagôn, *vgl.* DWB. 5, 915;

klagen *stn.* (I. 833ᵇ) *das klagen, die trauer* LAMPR. HERB. NIB. KL. RAB. PARZ. WWH. 409, 1. GEN. *D.* 99, 3. EXOD. *D.* 134, 5. KRONE 22671. MSH. 2, 127ᵇ;

klagende *part. adj.* (*ib.*) *klagend, wobei geklagt wird* WOLFR. BARL. diu vrouwe chlagunde lief in an GEN. *D.* 79, 16. immer klagende sîn NIB. 956, 4. kl. nôt ENGELH. 1411, swære PASS. 382, 41, wê *ib. K.* 254, 6. mîn klagendez ungemach MSH. 1, 155ª;

klagenen *swv. s.* klagen.

klage-nôt *stf.* (II. 414ª) *klägliche not, trauer* ENGELH. TRIST. 2375.

klagen-sanc *s.* klagesanc.

klager, kleger *stm.* (I. 834ª) *der klagende*, lamentator, plorator, klager Voc. 1482. APOLL. 16571. 19337. klegere ATH. *A* 136, *kläger bei gericht, ankläger*, actor, querulus, questor DFG. 11ª. 478ᶜ. 479ⁿ. S.GALL. *stb.* 4, 221. CHR. 8. 125, 5. NP. 18. kleiger

Gr.w. 5, 258 (*Wetterau*), *anwalt* causarius, causidicus Dfg. 109ª.

klage-sam *adj.* (I. 834ᵇ) *beklagenswert* Trist.

klage-sanc *stmn. klaggesang, gegens. zu* vröudenrîcher sanc Msh. 2, 127ᵇ, *zu* lobesanc Myst. 1. 58, 16. nû hôret sagen klagensanc van Karle dem hêren Karlm. 183, 9. *vgl.* klagegesanc;

klage-singen *stn. dasselbe.* des wahters klagesingen mit jâmer in ir herze brach Msh. 2, 141ᵇ.

klage-schaz *stm. gerichtssporteln* Halt. 1096. Mone z. 15, 146. *vgl.* klagegëlt.

klage-smërze *swm.* (II². 431ª) *klagender schmerz* Gen.

klage-stat *stf.* nyman sal an der clagestad (in loco querimonie) sitzen Mühlh. *rgs.* 133.

klage-stimme *stf. klagende stimme.* dâ liez der walt ir klagestimme erklengen j.Tit.5079.

klage-tuom *stm. klage, anklage.* clagetuom gelten Passau. *r.* 94.

klage-vogel *stm.* ulula Mgb. 227, 20.

klage-vüerer *stm.* (III. 263ª) *der eines andern klage führt, stellvertreter einer partei vor gericht* Münch. *r.* Mz. 3, 517 (*a.* 1362). Eyb 5. Halt. 1094.

klage-wort *stn.* (III. 808ᵇ) *wort der klage, klage* Engelh. Trist. Jer.

klage-wunt *adj. durch klage verwundet, betrübt.* wirt iu afterriuwe kunt, sô sît ir immer clagewunt Lieht. 628, 30.

klage-zëdel *stf. s. v. a. klagebrief.* als ich vormals oft an ain rat gepracht nach laut der klagzedl Cp. 33.

klagt *stf. s.* klegede;

klagunge *stf.* (I. 834ª) lamentatio Dfg. 478ᶜ. calamitas Jan. 61;

klain *swv. s.* klagen.

klâlîn *stn. dem. zu* klâ. klœlin (*von der nbf.* klô) Renn. 23853 (*von vögeln*).

klam *prät. s.* klimmen;

klam *adj.* (I. 834ᵇ) *enge, dicht, gediegen* (*vgl.* Frisch. 1, 518ᶜ), *bildl. rein, heiter.* klamer morgen Frl. 200, 6. *vgl.* klamenîe *u.* DwB. 5. 936, 5 *c*; *gar zu gering, zu wenig* Voc. 1429 *s.* Weig. 1, 588 *u. vgl.* klem;

klam, -mmes *stm.* (I. 842ᵇ) *krampf* Ms. Kol.; *klemme, beklemmung, haft, fessel, klammer* Winsb. Mügl. (si slûzt mich in ir herzen klam *lied.* 2. 3, 5). siu ligent in dem clamme der helleschlîchen wamme Mart. 148, 53. *vgl.* 199, 94. 205, 35. ein clam, clamm (= klamme?) tenaculum Dfg. 577ª; bergspalte, schlucht. er truoc ez in eins felsens glam (: nam) Altsw. 16, 9. klam (= klamme?) od. grueb, geluna Voc. 1482. *vgl.* wuofklam. — *zu* klimmen, *vgl.* klambe, klame, klamme;

klamanîe *s.* klamenîe;

klambe *stf. klemme, fessel, klammer.* ûzer engestlîchen klamben van des walvisches wamben Karlm. 472, 47. *vgl.* klame, klamme. — *zu* klimben;

klamben *swv. fest zusammenfügen, verklammern.* er hiez si (*die* arche) lîmen und chlamben Gen. *D.* 28, 12. *vgl.* klampfern. — *mit* be-, ver-;

klamber *swf. s. v. a.* klamere *zu folgern aus* klemberen;

klame *stf. s. v. a.* klambe. und legten si zu samen in der gevanknus klamen Beh. 54, 4. 40, 15. *bildl.* in des nahtes klamen (: namen) Kolm. 106, 17;

klamen *swv. klemmen.* wol mac der fröuden sang Adam clamen in die geil Ls. 2. 712, 61. — *mit* ver-, *vgl.* klammen;

klamenîe *stf.* (I. 834ᵇ) *der heitere himmel* Wartb. 47, 2. clamanîe *ib.* 75, 3. 155, 9. *s.* klam *adj.*

klamere, klamer, klammer *swstf.* (I. 842ᵇ) *klammer*, tenaculum, subligaculum Dfg.577ª. 560ᵇ. klamere Gsm. daz den tugentrîchen twanc der vorhte klamere (: kamere, *hs.* klammer: kamer) Part. *B.* 1193. si leit mir an ein klamer (: hamer) Ls. 3. 592, 495. der starken angist klammern (: kammern) Md. *ged.* 3, 185. mit eisen klamern vergossen und gepunden Tuch. 205, 16. *pl.* klemern Mgb. 245, 1, klemmer(: hemmer) Beh. *ged.* 9, 487.

klamer-spiz *stm.* (II². 514ᵇ) *ein gespaltener bratspiess (zum einklemmen der aale)* Mgb.

klamirre *stf.?* (II. 187ª) datz Osterrîche clamirre, ist ez jener ist ez dirre, der tumbe und der wîse hânt ez, dâ für herren spîse Helmbr. 445 *u. anm. von* Keinz: „mit dem namen klammer, klammer, *selten* klemmschnitt *benennen alte leute hier noch ein gebäck, das aus zwei übereinander gelegten semmelschnitten besteht, zwischen welche kalbsgehirn oder zerkochte zwetschken gelegt werden, worauf das ganze in schmalz gebraten wird*". *vgl. auch* Pf. *forsch.* 1, 14 *f.*

klamme *stf.* (I. 842ᵇ) *s. v. a.* klambe, klame Serv. Ot. clamme, tenaculum Dfg. 577ª. *pl. sw.* klammen Kolm. 162, 12. 18. 22. 23.

leget iuwer minne klammen WH. v. Öst. 75ᵃ; bergspalte, schlucht vgl. klam stm., wuofklamme u. KWB. 158;
klammen swv. in beklammen (nachtr.);
klammer s. klamere.
klampe swmf.? klumpen, grosses stück CATO s. 148, s. DWB. 5, 942;
klampfer stm. klempner BEH. 312, 6;
klampfer stf. klammer. als er sy mit chlampfer hiet geheftet auf die pank VINTL. 7990 bei SCHÖPF 320;
klampfern swv. (I. 843ᵃ) s. v. a. klamben GEN. — zu klimpfen.
klân swv. s. klagen.
klanc, -kes stm. pl. klenke, schlinge, bildl. list, kniff, ränke BEH. 221, 11. KELL. erz. 109, 30. 189, 34. ZIMR. chr. 2. 19, 30. s. klanke, klinke u. DWB. 5, 950.
klanc, -ges (I. 844ᵃ) pl. klenge; dat. sing. klanke (: Franke) BEH. 12, 26: klang, clangor, tinnitio, tinnitus DFG. 125ᵇ. 584ᶜ, von gesang u. stimme REINH. der nahtegallen kl. MSH. 1, 74ᵇ. ain guckauch singet seinen klank BEH. 49, 29. der engel kl. WWH. 31, 19. si hôrten ouch und sâhen die sêl sô balde hin gâhen mit grôzem klange MARG. 731. so hab ich im rat gehört solch kleng (solche rede, habe verlauten hören) FASN. 302, 4, von glocken PARZ. NIB. 754, 2, musikinstrumenten WARN. der seiten kl. MSH. 3, 44ᵃ. tûsent harpfen klingen klanc GA. 3. 619, 338, kl. vom metall: von ir gesmîd was grôzer kl. LIEHT. 248, 9. swerte kl. NIB. KARL 7582. BIT. 1936. vgl. 8743. 86. 10789. helme kl. ib. 6569. LIEHT. 491, 30, vom rauschen, plätschern des wassers TROJ. (16514). wazzers kl. PASS. 47, 54. — zu klingen, vgl. klenke, klinc, klunc.
klänen swv. s. klênen 2.
klangeln swv. klingen, schallen. klingeln, klangeln RING 11ᶜ, 9.
klanke swf. manice, stûchen vel klanken, armspangen GERM. 9, 28.
klaperen, klapern s. klappern.
klapf stm. (I. 834ᵇ, 43) pl. klepfe, fels WOLK. (klupf 16. 2, 15). vgl. DWB. 5, 955. KWB. 159.
klapf, **klapfen** s. klaf, klaffen;
klapfelîn stn. (I. 834ᵇ) dem. zu klaf, klapf. einem ein kl. slahen, ihn verleumden WIG. 64, 32 (bei BEN. 2376 klempelîn, s. DWB. 5, 943 unter klämperlein); klapper, klapfel fusum VOC. 1482. vgl. klaffel, klopfelîn.

klapper-benkelîn stm. tisch an w. geschwatzt wird, kannengiessertisch NARR. 91, 15 u. anm.
klappere, **klapper** swstf. md. klapper, fusum DFG. 125ᵉ. 254ᵇ. er nam sîne kleppern an die hant EILH. 5976; schwätzerin, garrula DFG. 257ᶜ. s. DWB. 5, 965 u. vgl. klepfer; **klapperer**, **klepperer** stm. schwätzer, verleumder, futilis DFG. 254ᶜ. klepperer CHR. 3. 33, 9. 133, 9. vgl. klafferer.
klapper-lîche adv. verbose DFG. 612ᵃ.
klapper-liute pl. schwätzer ZIMR. chr. 1. 337, 24.
klapper-minne stf. (II. 183ᵃ) schwätzerin MONE schausp.
klappern swv. (I. 836ᵃ) klappern. dâ clapperde daz gesteine ROTH. 4551. daz leber und lunge klappernt von sînes rosses sprunge RENN. 14522. clapperen, clappern clatrare, crocolare, glacorare DFG. 125ᶜ. 159ᵃ. 264ᵃ. klapern MYST. CLOS., claperen WEIG. 1, 589. cloppern KELL. 157, 28. kleppern DFG. 125ᶜ. kläppern MGB. 175, 9. 31; schwatzen, klatschen MONE 5, 87. vgl. klaffern, klepfern u. DWB. 5, 970. 975;
klappern stn. das klappern. kläppern MGB. 175, 11. 227. 6. 270, 16; das schwatzen, geklatsch MONE schausp. 2, 223. 70. 84. NARR. 44, 8. kleppern CHR. 3. 110, 20.
klapper-tesche swf. (III. 17ᵃ) schwätzerin glapperdesche ALSF. pass.
klapperunge stf. kl. der zene, stridor VOC. 1482.
klâr, **clâr** adj. (I. 836ᵃ) hell, lauter, rein, glänzend, schön, herrlich allgem., s. noch: weiz und klâr MGB. 78, 15. klâr sint ir schilte HELBL. 7, 353. swert von stahel klâr GOLD. Z. 22, 9. clârer schîn TROJ. 21351. klârez lieht HB. M. 231, öl ib. 405, wîn FLORE 3005. BON. 41, 22. DFG. 620ᶜ, golt (gediegenes) LOH. 5353. HB. M. 412, silber AMIS 1855. klâriu ougen TROJ. 14434. WARTB. 159, 11. MGB. 174, 4. 340, 14. klârez antlütz ib. 43, 14. 293, 26. HB. M. 432. mit wizen und mit klârin henden TROJ. 18896. LIEHT. 50, 14. j. TIT. 1193. schœne, klâr, wiz unde grâ wâren gar die alten GERH. 2518. manlich gestalt bî klârem velle LOH. 6243. daz man in dürfe nennen clâr, schön WWH. 128, 22. ich wil mich selbe ouch machen clâr, schön kleiden ib. 248, 3. swie sich clâr machen wolt ein wîp LIEHT. 564, 10. klâriu (schöne, herrliche, edle) vrouwe ib. 177, 16. 251, 1. 348, 29. 394, 7. NIB. 1594, 4. ELIS. 658. 82. 2731. 5244 u. o. der edel und der

klâre TURN. *B.* 621. diu sêle sol clârer werden denne diu sunne MYST. 2. 252, 35. got ist klâr *ib.* 30. klâre engel HB. *M.* 107. 108. 124; *klar, deutlich* (*den beleg aus* AMIS *zu streichen, s. oben* klâreʒ silber), conspicuus DFG. 145ᵃ. clârer artikel MICHELSEN *Mainz. hof* 24. klârer aneblik HPT. 8, 229. klâreʒ verstantnüsse MYST. 2. 475, 35, klâre vernunft *ib.* 476, 18. 477, 4. eines dinges klâr sîn, *es einsehen, verstehen* MSH. 1. 106, 23. — *aus lat.* clarus *s.* DWB. 5, 981 *ff.;*
klâr *stn. das klare, reine, schöne.* und schait diu nâtûr daʒ klâr von den gerben MGB. 28, 14. 16. ir clâr, *ihre schönheit* HADAM. 649; *s. v. a.* eierklâr MONE 4, 368. PF. *arzb.* 37ᶜ, 8. MGB. *s.* 803. RING 37ᶜ, 8. glar VOC. *o. s.* DWB. 5. 997, 2; *baumharz*, gummi DFG. 271ᵃ. *n. gl.* 199ᵃ;
klâre *adv.* (I. 836ᵃ) *hell* TRIST.;
klære *stf. klarheit* j.TIT. 201;
klârec *adj. zu folgern aus* klâricheit;
klâren *swv.* (I. 836ᵇ) *intr.* klâr *sein, werden* TIT. FRL. MSF. 59, 25. clarere, clarificare, purescere, clarescere, serenare VOC. 1482. — *tr. für* klæren, perlustrare, serenare, purgare *ib.* clarum facere DFG. 529ᶜ. klâre dînen sun, daʒ dîn sun dich klâre MYST. 2. 154, 33. der Beham lob clârn BEH. *ged.* 8, 79;
klæren *swv.* (*ib.*) *md.* klêren *u.* klâren (*s. unter dem vorig.*): *tr. u. refl.* klâr *machen* MYST. EVANG. *J.* 17, 1. geclâret, merus DFG. 358ᶜ. die stimme, diu ougen kl. MGB. 409, 6. 459, 20. die vernunft kl. *ib.* 422, 19. sô klært sich sîn vernunft *ib.* 475, 17. diu varwe in alsô clârte ULR. *Wh.* 130ᵃ. diu ougen werdent dir geklært ALTSW. 103, 29. daʒ in allen dingen got geclêrt werde (glorificetur) BR. 23ᵃ; *erklären*, declarare DFG. 168ᵃ; *erklären, eröffnen, verkünden* GR.W. 1, 397, *vgl.* 4, 800. 801. — *mit be-. durch-, er-, über-*;
klârêt, klârët, klarêt *stm. nicht n.* (*ib.*) *mit gewürz od. kräutern u. honig angemachter wein, vom abklären benannt* (*altfz.* clarês, *im acc.* claret *s.* HPT. 6, 274) PARZ. TRIST. *H.* GEO. klârêt ERNST *B.* 2389. BPH. 8714 *ff.* (der selbe kl. 8716). APOLL. 784. KRONE 2482. clâret *ib.* 680. 809. 2504. klârete ULR. *Wh.* 129ᵃ. 251ᵈ. der claret ZIMR. *chr.* 2. 361, 7 *ff. vgl.* klâr-, lûtertranc.
klâr-heit *stf.* (I. 836ᵃ) *helligkeit, reinheit, heiterkeit, glanz, glänzende schönheit* (PARZ.), *herrlichkeit, verklärung.* der sunnen kl. CHR. 8. 306, 16. MGB. 166, 10. der ougen, der stimm kl. *ib.* 128, 12. 221, 12. kl. des melwes HEUM. 252. kl. der krône MARLG. 188, 400. clârh. ir antlitze ummevienc ELIS. 5224. an sînem glanzen velle von clârh. lac ein wunder TROJ. 10057. sô muoʒ sich iuwer cl. betrüeben ûf der erden 21344. daʒ alsô lebendiu cl. an si von schœne was geleit 14791. magetlîchiu kl. diu sol sich wol bî freuden lâʒen vinden j.TIT. 1194. des êwigin lichtis clârh. LUDW. 60, 34. des engels cl. PASS. 91, 23. cl. gotes *ib.* 98, 13. wie daʒ er mit lûchtender cl. kumt *ib.* 100, 18. dô unser herre in bewîset die klârh. sînes lîbes MYST. 2. 17, 24. mit clârh. (*herrlichkeit*) uffenbâren ELIS. 2590. geburte cl., adel *ib.* 2590; *klarheit, deutlichkeit*, evidentia VOC. 1482.
klâric-heit *stf. klarheit, verklärung.* clâricheit der êwigen goteheite GLAUB. 1438.
klârieren *swv.* klâr *machen, verklären.* wan in der touf gelîch der sunne clârieret j.TIT. 6141; *erläutern s.* durchklârieren;
klârificieren *swv.* (I. 836ᵇ) klâr *machen, verklären* j.TIT. MYST. EVANG. 272ᵃ. — *aus lat.* clarificare.
klârifunkel *s.* karfunkel; **klârifunkeln** *s.* beklârifunkeln.
klâr-, klær-lich *adj.* (I. 836ᵇ) *s. v. a.* klâr PARZ. MYST. clærlich wîp ALTSW. 8, 22;
klâr-, klær-lîche, -en *adv.* (*ib.*) *mit klarheit, glänzend* PARZ. DIOCL. TRIST. 11143. LOH. 7664. MYST. 2. 624, 23; *mit klarheit, deutlichkeit*, evidenter VOC. 1482.
klâr-tranc *stmn.* claretum DFG. 125ᶜ. VOC. 1437. *vgl.* klârêt, lûtertranc.
klærunge *stf. aufklärung, schlichtung einer sache* RCSP. 1, 398. 99.
klâ-stiure *stf. abgabe für rindvieh u. anderes klauenvieh, das nach den klauen gezält wird.* clôstewer Mw. 268 (*a.* 1323). clôsteur Mz. 3, 498 (*a.* 1361). *vgl.* DWB. 5, 1034.
klate *swf. kralle* BERTH. 349, 34. *s.* DWB. 5, 1007.
klaterîe *s.* kluterîe.
claugestian. der stein hieʒ claugestian (: man) ROTH. 4955. *vgl.* L. ALEX. 6931—7206.
claur *swm.* von dem clauren. claurius (der visch) haiʒt ain claur MGB. 250, 11 *ff.*
klavicimbel, klaffcimbel *stm.* clavicimbalum, *saiteninstrument mit tasten* DFG. 126ᶜ. *vgl.* klavor.
klâ-vogel *stm.* (III..358ᵃ) *vogel mit klauen, raubvogel* BERTH. 484, 14. AW. 3. 236, 18.

clavor *stn. s. v. a.* klavicimbel. ûf dem clavor (: vor) grîfen LAUR. *Casp.* 163. *vgl.* klavier *im* DWB. 5, 1040.

klâwe *swf. s.* klâ: **klæwen** *swv. in* beklæwen; **klæwîn** *adj. aus. von klauen* FRAGM. 29ᵇ.

klaz *stm. fleck, schmutz. zu folgern aus* bekletzen *s.* DWB. 5, 1016.

klê, -wes *stm.* (I. 837ᵃ) *klee, mit kleeblumen gezierter rasen* NIB. TRIST. WALTH. MS. (vîol unde klê *H.* 2, 91ᵃ. der grüene klê 2, 66ᵇ. 91ᵇ. 94ᵇ. mit grüenen klêwen 2, 132ᵃ. sô gruonet mîn lop als iuwer klê 1, 112ᵇ. der k. springet hô 3, 446ᵃ. vor dem walde dorret k. 1, 362ᵃ. ougebrehender k. 1, 10ᵃ. 11ᵃ. mînes herzen k. 3, 445ᵃ. des lustes k. 2, 256ᵇ. jâ klage ich niht den klê MSF. 140, 36. die næm ich für loup unde klê *ib.* 118, 9). der grüene k. (*vgl.* klêgrüene) LOH. 4285. GEO. 2715. ROSENG. *Bartsch* 343. sîn akker ofte truogen klê LIEHT. 475, 8. grüener klê und ander wase WWH. 326, 18. der turnei ist gesprochen ûf den clê LANZ. 2669; des ahte ich allez als ein klê, *daraus mache ich mir nichts* FELDB. 451. — *ahd.* clê, clêo (*auch n.* rôtiz cleo GL. *Virg.* 1, 80) *von dunkl. abst. vgl.* DWB. 5. 1060, 1 *d.*

klêbe-garn *stn. netz mit weiten maschen, worin die lerchen* kleben *bleiben* MONE *z.* 4, 90. *vgl.* NETZ 5892.

klêbe-krût *stn. krapp*, rubea tinctorum DFG. 501ᵇ.

klêben *swv.* (I. 841ᵇ) *prät.* klebete, klebte, klepte (TROJ. 38150. 438); *ndrh.* kleven KARLM. 185, 43: *intr.* kleben, haften, festsitzen. daz si sô vaste chlebeten GEN. *D.* 7, 17. ein lîm, der kan sô vaste kleben TROJ. 9258. dâ clebet noch mîn heilich blût PASS. 172, 3. kleben lâzen *ib.* 210, 37. HPT. 7. 371, 20. LS. 1. 605, 36. klebende sünden KONR. *lied.* 1, 126. ein ûzsetzikeit, diu vaste klebet BERTH. 118, 29. solten alle vlüeche kl., sô möhten lützel liute leben FREID. 130, 12. doch bleib ir auch vil kl., *auf dem schlachtfelde liegen* STOLLE (HPT. 8, 332). kleben an MAI, PASS. (184, 75. *K.* 34, 15). GSM. 1637. TROJ. 4429. 38150. 438. ENGELH. 5973. ERACL. 1567. j.TIT. 5781. MSH. 1, 8ᵃ. 3, 10ᵇ. BPH. 7293. 687. LS. 1. 144, 636. NETZ 8734. kleben in *ib.* 5872. TRIST. 12998. RENN. 23620. ALTSW. 57, 3. die klebten als ein bech in der vinde scharn WH. *v. Öst.* 8ᵇ, inne ENGELH., en po r kl. PASS. *K.* 174, 23; — *tr.* kleben machen, affigere DFG. 16ᵃ, figere *n. gl.*

173. die wachsliecht dran kleben FASN. 1182, *vgl.* kleiben. — mit an (HPT. 8. 187, 714), zuo; be-, ge- (j.TIT. 6044). *zu* klîben;

klêber *stm. s. v. a.* kleiber *in* lîmklëber; *stn. gummi, baumharz; md.* kliber Voc. *Schr.* 1120, *schleim* MONE 8, 493. — (*im* WB. I. 841ᵇ, 44 *ist* klëber *stn. zu streichen*);

klëber *adj.* (I. 841ᵇ) *kleberig, klebend* GEN. LIT. TROJ. (9728). LOH. (5415). diu erde heizit pictumen, diu ist clebir GRIESH. *denkm.* 21;

klëbereht *adj. kleberig.* klebrecht *bei* KEISERSB. *s.* DWB. 5, 1051;

klëberen *swv. klettern*, scandere, ascendere Voc. 1482. *s.* DWB. 5, 1051.

klëbe-rîm *stm. reim aus einer klebsilbe* (*so nannten die meistersinger aus gewaltsamer kürzung, zusammenziehung entstandene silben*) KOLM. 33, 40. *s.* DWB. 5, 1053.

klëber-krût *stn.* aprinia, limaces DFG. 43ᵇ. 329ᶜ.

klëber-mer *stn.* (II. 138ᵃ) *s. v. a.* lëbermer, *als verdeutlichung des verdunkelten wortes* OREND. (391). WOLFD. 950, 1 *var.* HELDB. *K.* 335, 20. MART. 4, 60. 79, 97. 158, 30. APOLL. 6827. 11076.

klëbe-sê *stm. dasselbe* APOLL. 6869. DFG. 538ᵇ.

klëbe-ruote *f. leimrute*, aucipula DFG. 59ᵇ.

klëbe-tuoch *stn.* (III. 132ᵃ) *flicklappen*, pittacium SUM. DFG. 433ᵇ. *vgl.* GFF. 5, 366.

klëbe-vlëcke *swm. fleck der kleben bleibt.* klebeflecken (*gedr.* klebestecken) am tuoch MONE *z.* 9, 151 (*a.* 1486). *s.* DWB. 5, 1042.

klëbe-wort *stn.* (III. 808ᵇ) *festsitzendes, aufmerksamkeit erregendes wort* TRIST. 12997.

klê-bluome *swmf.* (I. 216ᵇ) *kleeblüte* MSH. 1, 91ᵇ. 92ᵃ. MUSKATBL. 48, 19.

kleckel, klechel *stm.* (I. 832ᵃ. 847ᵃ) *glockenschwengel.* kleckel j.TIT. 412. klechel FRL. 164, 7 *var.* GA. 2. 639, 74. klächel OT. (*lies* 574ᵇ), tintinnabulum DFG. 584ᶜ. klachel in der glokken, bapsillus Voc. 1437. klöckel FRL.; *vom melbeutel s.* mülkechel. — *zu* klac;

klecken *swv.* (I. 831ᵇ) *tr. einen klac machen*, findere Voc. 1482, *intr. sich spalten, platzen* NETZ 11160; -- *einen kleck, fleck machen, klecke werfen*: conglutinare, zusamenklecken DFG. 142ᵇ. ûf einen kl., *auf ihn schlamm häufen, um ihn zu ersticken* JER. 100ᵈ; — *tr. tönend schlagen, treffen*: erwecken, aufrichten ein vröude in inz herze quam, diu

varwe in alsô klacte ULR. *Wh.* 67ᵇ. *mit gen. des
lebens haben sie mich kleckt* (: deckt) DRACH.
Casp. 59; — *intr. ausreichen, genügen, wirksam sein, helfen mit od. ohne dat. d. p.*
GRIESH. (2, 107). SERV. HÄTZL. WEIST. MSH.
3. 311ᵃ, 6. RING 23ᵇ, 37. FASN. 85, 16. 331, 13.
1013, 33. CHR. 3. 143, 8. 147, 10. UGB. 443.
— *mit* be-, er-(?), zer-. *vgl.* DWB. 5, 1054 *ff.*
kleffe, kleffêre *s.* klaffe, klaffære;
kleffel, klepfel *stm.* (I 835ᵇ) *glockenschwengel.* kleffel FREID.² 126, 15 *var.* kleffel,
klepfel bapsillus, cubalus, tintinnabulum
Voc. 1482. klepfel (: epfel) KOLM. 80, 42 ;
kl. *in der müle, s.* mülkleffel; *an einem
frauenrocke:* wie ainer ist ir rock gesniten,
daz er da hinden hat ain kleffel KELL. *erz.*
†88, 23. *vgl.* klaffel *u.* DWB. 5, 893 ;
kleffeler *stm.* klefler, disceptator DFG. 184ᵃ;
kleffe -lich *s. unter* kleffisch ;
kleffeln *swv.* (I. 835ᵇ) *klappern* PF. *üb.* 137, 22;
kleffen *swv. s. v. a.* klaffen, *schwatzen* ZIMR.
chr. 4. 314, 3;
klefferer, klefferîe *s.* klafferer, klafferîe;
kleffic, kläffic *adj.* (I. 835ᵇ) *schwatzhaft*
BIHTEB. MGB. 51, 34. VET. *b.* 71, 1. ANZ. 11,
335. klaffic Ls. 2. 165, 12. DFG. 478ᶜ. *vgl.*
kleffisch ;
kleffic-heit *stf.* cleffikeit, loquacitas DFG. 336ᵇ.
kleftikeit BR. 23ᵃ, *zu* klaft. *vgl.* klafheit;
kleffisch *adj.* (I. 835ᵇ) *s. v. a.* kleffic DFG.
180ᵃ. 336ᵇ. 482ᵃ. RENN. 6262 (*im alt. dr.* 99ᵇ
cleflich). MGB. 199, 9, *gekürzt* klefsch
PASS. (*K.* 28, 37. 178, 83). *vgl.* kleppisch ;
kleffisch-lîche *adv.* kl. verfechten, procaciter
defendere BR. 23ᵃ;
kleffunge *stf.* crepitaculum, loquacitas DFG.
157ᵃ. 336ᵇ ;
klefte *stn. s. v. a.* klaft. wer wil dâ ze kirchen
stân und lât sîn herze unmûze hân mit
werltlîchem geschefte, so ist daz gebet ein
klefte BIRKENST. 137;
kleftikeit *s.* klefficheit.
klege *adj. in* urklege;
klegede, klegde *stf.* (I. 834ᵇ) *s. v. a.* klage
VIRG. 535, 10. KONR. *lied.* 32, 342. MART. 55,
96. GR.W. 1, 435. 772. 4, 484. CHR. 8. 41, 11.
53, 24. 340, 13. 448, 21. *pl. auch sw.* und
sint darumb vil klegden und fragen ûf erstanden EA. 54; *ohne uml.* klagde, klagt
GR.W. 2, 535; *md.* kleigede *s.* DWB. 5,
906;
klegel *stm. s. v. a.* klager, *kläger vor gericht*
SCHMID. 210.

kle-ge-lich *adj. adv.,* klegen *swv.,* kleger
stm. s. klagelich, klagen, klager.
klê-grüene *adj.* (I. 580ᵇ) *grün wie klee* BIT.
(9802).
kleiben *s.* klîben, klieben, klîe.
kleiben *swv.* (I. 841ᵇ) klîben *machen: fest
heften, befestigen,* figere Voc. 1482. DFG. 234ᵇ
(*auch* kleuben). gekleibet und gevelzet wart
in sîn verch diu veige wât TROJ. 38436. und
kleibten sich hin an des velses want WARTB.
165, 13. *vgl.* ZIMR. *chr.* 3. 565, 5; 4. 152, 4;
beflecken, besudeln, maculare DFG. 342ᵃ, *vgl.*
kleip; *streichen, schmieren, verstreichen,*
argillare mit leimen kleiben DFG. 47ᶜ, lere
Voc. 1482. DFG. 324ᶜ (*auch* kleuben). wâ man
den aschen hin kleibt MGB. 264, 20. die hultzen want kl., *mit lehm verstreichen* TUCH.
284, 1. MICHELSEN *Mainzer hof* 14. gekleibte want *gegensatz zu* steinmauer WERTH.
a. 1432, *vgl.* MGB. 29, 9 *var.* klênen ;
kleiben *stn.* ein gut, dem bûwes oder besserns nôt wêr, ez wêr kleiben oder decken
oder anders GR.W. 6, 30. *s. auch unter* kleiptrëten ;
kleiber *stm. der eine lehmwand macht,* argillator DFG. 47ᶜ. kleiber od. leimdecker alutarius Voc. 1482. NP. 285 (*13.—14. jh.*). ANZ.
3, 273. kleiber und tüncher TUCH. 242, 11.
284, 1 *etc.* MONE *z:* 15, 33 *ff.* ;
kleiber *stm. schmiere, kot* KÖN. 917 *s.* DWB.
5, 1068.
kleiber-hübe *s. unter* mergelhübe.
kleibunge *stf. s. v. a.* klîbe, klîbeltac. vor
unser frouwen kleibunge ROSENG. *Weigel
am ende, anmerk. des schreibers. vgl.* beklîbunge.
kleib-zwëc *stm. hölzerner nagel beim kleibwerk gebraucht* TUCH. 115, 34 *ff.*
kleiden *swv.* (I. 840ᵃ) *prät.* kleidete, kleite
part. gekleidet, gekleit: *kleiden, ankleiden,
bekleiden absol.* WALTH. MSF. 24, 2, *mit dat.
d. p.* ATH.; *tr. u. refl. allgem.* (*eigentl. u.
bildl.*), *s. noch:* wiltu kleiden dîne jugent,
daz si ze hove in êren gê WINSB. 22, 1. kleite
got sîne engel sô DAN. 6257. seht wie der
winter die welt gekleidet hât MSH. 1, 350ᵃ.
den anger und die heide kl. NEIF. 38, 28.
sô der walt gekleidet stât LIEHT. 429, 12.
ein linde wol gekleit VIRG. 836, 2. schœne
und wol gekleit ER. 12. sô sî wir gekleidet,
mit kleidern versehen GUDR. 260, 4. ein
munster êrlich kl., *prächtig ausstatten* PASS.
K. 258, 39. sich kl. NIB. 774, 1. GUDR.

1307, 1. Loh. 1327. 7296. si kleidet an sich lieplich gevider Msh. 2, 223ᵇ. die maneger hande wellent an sich kl. *ib.* 3, 95ᵃ. in gewant kl. Gen. *D.* 84, 6. süln wir uns schône kl. alle gelich in ein gewant Virg. 303, 10. 310, 11. Loh. 2409. wer sich in des preutigams farbe claidet Np. 82. in grôze jâmersnite kl. j.Tit. 953. er chleidet in mit guotem gewande Gen. *D.* 84, 4. kl. mit dem kleide Pass. *K.* 84, 88. kleide dînen lîp mit êren kleit Msh. 2, 381ᵇ. dîn vreude kleidet sich mit wunne *ib.* 3, 419ᵃ. mit kriege sich kl. j.Tit. 874, mit hôhen sælden *ib.* 696. den luft mit speres drumen kl. *ib.* 951. tumben sin und wîsen rât zesamen kl. Msh. 3, 20ᵃ. *mit gen.* wee im, der des (*darein*) gecleidet gât Hätzl. 165ᵇ, 18. — *zu* kleit. *mit* en-, be-, über-;

kleider *stm.* vestiarius, der cleider bewaret od. verkauft Dfg. 616ᵃ, *n. gl.* 380ᵇ;

kleiderchîn *stn.* (I. 846ᵃ) *md. kleidchen* Myst. **kleiderlîn** Elis. 3755. Erlœs. 4351.

kleider-hûs *s.* kleithûs.

kleider-rupe, -ruppe? lacuna Dfg. 315ᶜ.

kleider-tuoch *stn.* (III. 132ᵃ) flavus pannus Behams *briefbuch* (*Stuttg. litt. verein b.* 16) *s.* 135.

kleider-valter *stm.* vestiplicator Dfg. 616ᵇ.

kleidunge *stf.* (I. 840ᵇ) investitura, vestitus Dief. 1470. Ab. 1, 152.

kleie *s.* klîe.

kleigede, kleiger, klein *s.* klegede, klager, klagen.

klein, *adj. adv. s.* kleine.

klein-ahtunge *stf.* geringschätzung, parvipensio Dfg. 414ᶜ, vilipendium Voc. 1482.

kleinât *s.* kleinôt.

kleine, klein *adj.* (I. 837ᵃ) klêne Mone *schausp.* 2, 418. *vgl.* Weinh. *al. gr.* §§ 36. 122, klîn Mone *schausp.* 2, 407. Renn. 11979 Erlang. *hs.* Dfg. 362ᶜ. 364ᶜ. 443ᵇ, *im* Netz klin *u.* klain; klin Leseb. 1009, 11; *also formen mit* i, î *u.* ei *wie beim st. verb., s.* Dwb. 5, 1087 *f.* —: *die urspr. bedeutung glänzend, glatt gieng zunächst über in rein,* kleiner wîn Ga. 3. 49, 240. ir gewizzen kleine Elis. 1767, *sodann in niedlich, zierlich, fein, allgem.* (kleine hende Trist. 3549. ein cleini, *hübsche,* gestalt Altsw. 177, 27. kl. sant Pass. 243, 57. ûzerwelte steine, die wâren aber kleine Engelh. 3060. von margarîten kleine Elis. 2554. ain langer klainer dunst Mgb. 77, 3. kl. hemde Engelh.

3038. kleiniu lînwât Herb. 16567. kleinez garn spinnen Troj. 15873. nie wart so klein gespunnen, ez kæm etswenn ze sunnen Bon. 40, 55. klein mel, ozisa Voc. 1482. klein brôt, *feines brot, semmel* Netz 12875. *von der stimme: fein, dünn, hoch* Roseng. 199. Neidh. 28, 2. Renn. 12249. Laur. *Sch.* 1803. Ga. 3. 78, 1296. Mgb. 154, 24. *von der menschl. gestalt: schmächtig, zart, mager* Greg. kleine kele Er. 7351. si was enmitten kleine umb den gürtel wol gedrât Troj. 20000. Netz 12074; *scharfsinnig, klug:* mit kleinen sinnen Trist. 11400. dîn râde is kleine Karlm. 15, 49) *endlich in klein, allgem., für die abstufung der bedeut. hier noch einige belege:* klein *gegens. zu* grôz *bes. bei demin.* ein kleinez hiuselîn Neidh. 101, 8, gertelîn Mar. 168, 38, dörfelîn Renn. 7877, trœstelîn Walth. 66, 2, denkelîn *ib.* 100, 20. kleiniu liute - - grôzer man Freid. 80, 27. dû bist ze grôz, dû bist ze kleine Walth. 10, 6. grôze und kleine, *alle zusammen* Trist. 3266; *klein, unansehnlich, gering, schwach:* ein kleiniu zîse Wwh. 275, 30. kleinez dinc Otte 81. Troj. 23743. einen cleinen âtem sie bevant Lanz. 2134. der muot klein als ein kint Msh. 3, 451ᵃ. mîn triuwe wirt noch kleine Büchl. 1, 1754. kleiniu kraft Trist. 3536. sîn valsch ist klein gegen in Licht. 123, 28. mîn wille ist niht kleine gegen dir Msh. 1, 134ᵃ. mîn sin ist kleiner dan der dîn Pyram. 124. wan ir alter und ir jâr wâren kleiner dan ir sinne Flore 707. er was im an den kreften gar ze cleine Rab. 449. ze kleinem liebe, *zu geringer freude* Trist. 15233. Nib. 1008, 1. die klain hitz, narung Mgb. 30, 5. 184, 31; 385, 24. 388, 29. klain gedæhtnüss *ib.* 215, 17; *wenig:* ze vil, ze klein schadet an allen dingen j.Tit. 1881. *mit gen.* daz der geladenen vil ist und der erwelten kleine Karl 9067, *mit präp.* si heten dar an ze kleine, *nicht genug* Otn. 6, 33, *oft geradezu für k ein:* des sint iuwer schulde kleine, *daran habt ihr keine schuld* Flore 6711, *substantivisch* ein kleine, klein *ein wenig* Herb. 5763. Troj. 10402. 21551. 29576. Turn. *B.* 288. Mgb. 5, 36. 98. 1. 236, 6. 242, 25 *etc.* Beh. 79, 29. ein vil kleine, *ganz kurze zeit* Pass. *K.* 627, 13, nâch eine kleine Hpt. 9, 282. niht ein klein *nicht wenig, sehr viel* Mgb. 168, 10; *mit gen.* mir ist sîn (*von dem schatze*) harte kleine (*gar nichts*) noch her ze lande brâht NIB. 1681, 2 *C.* gip dâ für dîns zagels mir ein kleine KONR. *lied.* 18, 23. ain klain waʒʒers MGB. 70, 20. 71, 2, eʒʒens 256, 30. — *über die etymol. vgl.* DWB. 5, 1088. DIEF. 2, 413;

kleine, klein *adv.* (I. 837ᵇ) *fein, zierlich* Iw. Ms. diu sarwât wâren umbe daʒ ort vil chleine gewierôt EXOD. *D.* 158, 14. klein und grôʒ singen ROSENG. *Meuseb.* 517. klein singen od. untersingen, subtinere Voc. 1482; *genau, scharf, sorgfältig* GUDR. TRIST.; *wenig, gar nicht* HARTM. WOLFR. (PARZ. 308, 16). WIG. BARL. Ms. NIB. 1523, 13. 1993, 4. 1094, 4. GUDR. 56, 3. 773, 2. LIEHT. 331, 20. KONR. *Al.* 669. WG. 3308. PASS. *K.* 7, 17. 28, 70. 54, 89. 63, 65. MGB. *s.* 649. CHR. 5. 205, 13. *vgl.* kleinen;

kleine *stf.* (I. 838ᵇ) *kleinheit* WACK. *pr.* 56, 99. harm blanc gevar, ein kleine (*kleiner, schwarzer fleck*) vor an der stirne j. TIT. 1151, *spitze* TRIST.;

kleinec *adj. zu folgern aus*

kleinec-heit *stf. kleinheit.* klainichait MGB. 48, 8. kleinkeit, *subtilitas* MYST. 2. 309, 11. 12. *vgl.* kleinheit, kleinlîcheit.

kleinec-lîche *adv. wenig.* kl. zern MSH. 2, 230ᵃ.

kleinêde *s.* kleinôt.

kleine-muotikeit *s.* kleinmuotecheit.

kleinen *adv.* (I. 838ᵃ) *s. v. a.* kleine BON. Ms. trœste mich ein kleinen (: weinen) W. v. *Rh.* 186, 9;

kleinen *swv.* (I. 838ᵇ) *intr.* klein *werden* GEO. HELBL. Ms. (*H.* 2, 140ᵃ. 286ᵃ). PASS. *K.* 32, 28. 551, 2. CHR. 1. 471, 21; — *tr. zieren,* halsberge von ringen wol gekleinet GERM. 14. 70ᵃ, 15; *klein machen* MGB. 399, 27, *refl. ib.* 29, 28. — *mit* ver-;

kleinern *swv. kleiner machen, vermindern tr. u. refl.* MGB. 479, 24. 481, 18.

kleinet *s.* kleinôt.

kleine-vüege *adj. s.* kleinvüege.

klein-ge-rihte *stn. gericht für geringere vergehen, gegens. zu* hôchgerihte GR. w. 5, 57.

klein-guot, -heit *s.* kleinôt.

klein-heit *stf.* (I. 838ᵃ) *kleinheit* MYST. (2. 537, 13). WACK. *pr.* 68, 314; *zartheit, tenuitas* MGB. 282, 21. teneritudo Voc. 1482, *feinheit, subtilitas* MGB. 36, 32. *vgl.* kleinecheit, kleinlîcheit.

kleinkeit *s.* kleinecheit.

klein-lich *adj.* (I. 838ᵃ) *verstärktes* kleine: *fein, zart, zierlich,* tener, tenellus DFG. 577ᶜ; *fein, scharf, scharfsehend vom auge u. von der vernunft* MYST. 2. 270, 8. 272, 10; *mager,* kleinlich oder mager gracilis Voc. 1482;

klein-lîche, -en *adv. auf feine, zarte art* MYST. 2. 139, 15. WACK. *pr.* 65, 121. FROMM. 2, 441ᵇ. teneriter DFG. 577ᶜ; *genau,* kleinlîcher verstân HPT. 10, 120;

klein-lîcheit *stf.* teneritudo DFG. 577ᶜ. in gote ist ein kleinlîcheit, daʒ dar in enkein verniuwen enmac. alsô ist ouch in der sêle ein kleinlîcheit, diu ist sô lûter und sô zart, daʒ aber dar în einkein verniuwen enmac (*gleich darauf* kleinkeit) MYST. 2. 309, 7 *ff.* daʒ diu sêle in allen dingen ist, daʒ ist an irre kleinlîcheit, daʒ si in allen dingen gesîn mac *ib.* 511, 39. *vgl.* kleinvüegunge.

klein-machen *swv. kleinschätzen,* floccipendere Voc. 1482;

klein-machtic *adj.* parvipendens Voc. 1482.

klein-muot *adj. kleinmütig* HPT. *h. lied* 41, 30;

klein-muotic *adj.* kleinmutiger mycropsichus, pusillanimis Voc. 1482. *ndrh.* kleinmôdich FROMM. 2, 441ᵇ;

klein-muotec-heit *stf. kleinmut, verzagtheit.* kleinmuotikeit MONE *schausp.* 1, 329. kleinemuotikeit MYST. 1. 159, 29. klainmüetichait MGB. 31, 3. 43, 2.

kleinôt, kleinœte, kleinœde *stn.* (I. 838ᵃ) *auch fem.* CHR. 2. 209 *anm.* 2 *u. in einer glosse zum* SSP. 3, 60. *formen:* kleinôt WIG. FLORE, LIEHT. (116, 19. 27). KRONE 17915. 18016. 214. 22944. 23308. 24804. 26198. 27692. 800. CHR. 3. 397, 32. *dat.* kleinôte KRONE 18600. 604. kleinœt PARZ. NIB. 631, 3 *C.* TROJ. 1507. 23177. kleinœte (*ib.* 4002. 9204. 11279). kleinœd LIEHT. 195, 16. 196, 3. kleinœde (*md.* kleinôde ELIS. 1143. 3627. klênôde SSP. klînôte EN. 322, 14 *var., vgl.* klinodien *pl.* ZIMR. *chr.* 1. 233, 26. *ndrh.* cleinêde KARLM. 208, 63). kleinât OT. LAUR. 999 (: rât) BIT. 12474. 12474. CHR. 1. 388, 15; 2. 323, 11; 3. 146, 6; 4. 61, 7. 123, 8. 124, 26. 137, 22. 239, 9. 310, 12; 5. 102, 23. 212, 7. 225, 3. 12. 308, 13. 20. 23. kleinet GUDR. LOH. 1699. 5419. LIEHT. 186, 31. CHR. 3. 73, 13. 87, 10. ZIMR. *chr.* 4, 543ᵇ. klennet CHR. 3. 376, 23. 377, 9 *ff.* umgedeutet kleinheit DA. 401. BEH. 364, 10. CHR. 3. 364, 25. 365, 4. kleinhett *ib.* 370, 15. kleinguot S. GALL. *chr.* 14; *im plur.* (*es hat übrigens auch der sing.* oft

klein-ôt-muotic klein-öuge? klein-spalt klein-tætec klein-vël klein-vogel klein-vüege

collective bedeutung) kleinôt, kleinôte (HERB. 8198. KRONE 18541), kleinœte *etc.*, *auch* kleinœter CHR. 8. 311, 21. kleinôter *ib.* 531, 7; 9. 113, 17. FLORE 832 *var.* klainoter, klainater ZIMR. *chr.* 4, 543ᵇ; *die form* kleinôter *auch für den singul.* CHR. 8. 54, 26. 366, 27. kleinœter *ib.* 438, 14. — *bedeutung (nach der entwickelung im* DWB. 5, 1123 *ff.*): *urspr. kleines ding, kleinigkeit* (*von kleinem hausgeräte* SSP. 1.24, 3. KULM. *r.* 4, 50), *sodann eine* kleine (*fein, zierlich, kunstreich*) *gearbeitete sache: von schriftstücken*, bücher und klainôt CHR. 3. 146, 6. ÖH. 44, 10, *von goldschmiedarbeit* CHR. 3. 397, 32. RCSP. 1, 695, *künstlich gefasste reliquien* KARLM. 208, 63, *reichskleinodien* CHR. 3, 376, kleinôt *als schmuck*, *als abzeichen* (*auf wappen, helmen, vgl.* kleinod, xenium od. pilgerinzeichen VOC. 1482) *u. besonders als geschenk (auch von geschenkten kleidungsstücken)*, *allgem.*, *vgl. das* WB. *u. die obigen citate; iron. von schwerthieben*, dem gap er kleinœte KARL *s.* XIX; *siegespreis, ehrengabe an den sieger* CHR. 1. 239; 9. 388, 15. FASN. 451, 36. 452, 29; *bildl. dinge von höchstem werte, die unersetzbar sind* CHR. 2. 209 *anm.* 2. — *über die bildung vgl.* GR. 2, 257 *u.* heimôt, heimôte.

klein-ôt-muotic *adj.* pussilanimis JAN. 33.
klein-öuge? *adj.* (II. 452ᵇ) *kleinäugig* SERV. 527 (*nach dem* DWB. 5, 1107 *vielleicht zu lesen*: mit kleinevüegen wiften).
klein-spalt *stmn? ein feines pelzwerk als futter* LIMB. *chr.* MONE 3. 11, 133 (*a.* 1383, *Mainz*) *s.* DWB. 5, 1130.
klein-tætec *adj.* (III. 149ᵇ) exilis, gracilis DFG. 216ᶜ. 267ᵇ, *n. gl.* 161ᵃ (chlaintagig). 196ᵃ. *vgl.* kleinvüege.
klein-vël *stn.* (III. 294ᵃ) *zarte haut in zusammenss. bei* LIEHT.: kleinvelrôter munt 519, 30. 534, 1. 546, 18. 563, 19. 577, 29. kleinvelhitzerôter munt 433, 32. 516, 12. kleinvelwizer hals 521, 25. kleinvelsüeze redender munt 575, 31.
klein-vogel *stm.* limula VOC. 1482.
klein-vüege *adj.* (III. 438ᵃ) *wie* kleintætec *ein verstärktes* kleine: *von körperlicher kleinheit* MYST. (2. 80, 12. 142, 23. 484, 33. 34). MART. (*lies* 254, 43). kleinevüege FDGR. 1, 379ᵃ (*vgl. auch oben unter* kleinöuge); *klein, gering,* klainfug geltschulden DH. 421. *vgl.* ZIMR. *chr.* 4. 543ᵇ;

klein-vüege *stf.* (III. 441ᵃ) *kleinheit, zartheit* MYST. MART. (266, 35);
klein-vüegunge *stf. kleinste unkörperliche gestaltung.* daz si mit der selben kleinfüegunge, diu got ist, flieze in allez daz, dar got êwekliche in got vliezende ist MYST. 2. 505, 7. 509, 20. *vgl.* kleinlicheit.
kleip, -bes *stm.* (I. 841ᵇ) *das kleibende, anklebender schmutz, unreinigkeit* MYST., *der verputz an gemäuer* MONE *z.* 15, 440; *womit* gekleibt *wird: leim,* ein körbel verbichen und wol verstrichen mit harze und kleibe VILM. *weltchr.* 27ᵇ, 45; *lehm,* eine gute want mit kleibe machen WERTH. *a.* 1432. *vgl.* klëp, beklîp.
kleip-trëten *stn. das lehmtreten beim bauen.* in den heusern, ûf den gassen oder ûf dem velde sal sich ein iglicher râtsman bewaren vor unzemelîcher erbeyt vor den leuthen zu thun, an kleyben, kleyptreten, steyne oder dreck tragen ORTLOFF *rechtsqu.* 2, 275.
kleit *präs. s.* klagen.
kleit, -des *stn.* (I. 838ᵇ) *pl.* kleit *u.* kleider, kleidere (PASS. *K.* 33, 29): *kleid, kleidung, kleidungsstück eigentl. u. bildl., allgem., s.* noch zwei linîn kleit MARLG. 179, 142. kleider geteilet gel unde rôt WIG. 187, 36. drî ritter wâren in éin kleit weidelich gemachet LOH. 4597. swie vil ein valschiu kleider treit, doch sint ir êre kleine MSF. 24, 7. kleider blôz, *nackt* MSH. 3, 31ᵇ. diu kleider swebeten hende breit über den füezen *ib.* 172ᵃ. diu kleider edel unde rîch trag vorne mit der hende enbor, daz si niht hangen in daz hor TROJ. 15134. guotiu kleider, *gesellschaftskleider* BERTH. 329, 35. si hete nûr ein kleinez kleit (*tuch*) ûf daz houbet geleit FRAUENTR. 181, kl. *bei tieren:* des widers kl. *fell* TROJ. 6747. *bildlich:* swenn sie diu kleider hât verzert, *die jungfrauschaft verloren* RENN. 12766. rôtez kl,, *der blutige leib Christi* PASS. 103, 23. wanne er daz menschliche kleit ûf erden an sich genæme *ib.* 103, 13. ires herzen kl. *ib. K.* 177, 45. der toufe kl., *christlîcher glaube ib.* 566, 3. dem er gap den tôt ze kleide j.TIT. 4123. der êren kl. tragen MSH. 1, 155ᵃ. der lege die tugent an sich für daz aller hôste kleit *ib.* 3, 39ᵇ. ir itslich hât wol drîer fürsten tugent ze kleide an *ib.* 165ᵇ. diu minne sneit mir sorgen kl. *ib.* 1, 346ᵇ. der vreuden kl. was hie blôz MARLG. 167, 417. güete ist ein kl., dâ got under verborgen ist MYST. 2. 270,

34, *vgl.* LIEHT. 557, 8. 20 ; *von der natur u.
naturdingen:* wie wol er (*d. wald*) sîniu
grüeniu kleider an sich. strîchet NEIDH. 19,
8. rôsen sint ir besten kleit NEIF. 33, 33.
sunne meien disiu kleider sneit MSH. 1, 164ᵃ.
2, 154ᵇ. dô sie barvuoʒ trat glüendes îsens
kleider LOH. 7540; *wie* gewant *auch gewand-
stoff, zeug:* linîn, wüllîn, sîdîn kleit *unter
den vorräten einer burg* MONE 8, 487.
lündsch und mechelsch kleit NARR. 82, 15;
zierde, kleide ornamentum VOC. 1482. —
aus mlat. cleda? *vgl.* DWB. 5, 1069. GERM.
4, 169 *f.*
kleite *prät. s.* klagen, kleiden.
kleit-hûs *stn.* (I. 738ᵇ) kleit-, kleiderhûs, ve-
stiarium DFG. 616ᵃ. kleithûs MYST. 2. 110,
18. 197, 34.
klem *adj. enge, knapp, mangelnd.* es sei im
her (*heer*) klemm umb prot und wein CHR.
2. 39, 25. *vgl.* klam *u.* BIRL. 281ᵇ;
klemben *s.* klemmen;
klemberen *swv.* (I. 843ᵃ) *s. v. a.* klamben,
klampfern Ms. (*H.* 1, 32ᵃ) ;
klemde *stf. klemmung, einengung* JER. 96ᵃ.
vgl. klemme.
klëmen *stv. s.* erklëmen.
klemen *swv;* klemern '*pl. s.* klemmen, kla-
mere;
klemme *stf. s. v. a.* klemde HANS 1304;
klemme-lich *adj. mit beklommenheit ver-
bunden.* clemmelîche nôt ELIS. 4450;
klemmen *swv.* (I. 842ᵇ) klemen *im reime* FASN.
382, 7. 639, 7. klemben *ib.* 644, 18. TUCH.
33, 89. NARR. 7, 25: *mit den klauen packen.*
sô clemmit he iʒ (*der adler das junge*) mit
sînem vuoʒe WERNH. *v. N.* 68, 29. klem-
mende vogel, *jagdvögel* SSP. 3, 47 ; *ein-, zu-
sammenzwängen, kneipen, klemmen* angere,
arcere DFG. 35ᵃ. 45ᵃ. KCHR. WINSB. PASS.
minne klemmet als ein zange MSH. 2, 287ᵃ.
der die vogil klemmet, ir hôhin sanc irlem-
mit MART. 44, 47. der reine gotis degen
vacht daʒ vleisch mit hungir clemminde
JER. 128ᵇ; *necken,* vexare DFG. 617ᵃ. — *mit*
be-, er-;
klemmen *stn. das packen mit den klauen.*
des habches klemmen FRL. 57, 6 *var.*; *das
einzwängen, klemmen,* dâ wirt ein kl. MSH.
2, 234ᵇ; *das necken* LESEB. 1042, 41 ;
klempelîn *stn. s. unter* klapfelîn.
klên *swv. s.* klêwen.
klenc? *adj.* (I. 840ᵇ) klenger bart ALEXIUS

72, 81. — *zu* klanc, *schlinge* (*verschlungen,
struppig*) *od.* = klëniger *zu* klënen?
klêne *adj. s.* kleine.
klënen *stv. I, 1* (I. 843ᵃ) *schmieren, kleben,
verstreichen, nur ahd.* — *vgl.* DWB. 5,
1144;
klënen *swv.* (*ib.*) *dasselbe.* als der leim wart
geklent APOLL. 9080. die went kl. FASN.
1060, 11. in ainer klänten want (*var.* klen-
want) MGB. 22, 9. von leime ein hiuselîn kl.
vom nestbaue der schwalbe NEIDH. (30, 38).
— *mit* be-, ver-.
klengel *stm.* (I. 844ᵇ) *glockenschwengel,* bacil-
lus DFG. 65ᵇ, *n. gl.* 46ᵃ. HÄTZL. 2. 76, 49;
etw. baumelndes, der reben kl. j.TIT. 382.
— *vgl.* BIRL. 281ᵇ. DWB. 5, 1145;
klëngen *stv. s.* klingen;
klengen, klenken *swv.* (I. 844ᵇ) *prät.* klancte
GA. 2. 638, 43: *tr.* klingen *machen.* seiten
klengen j.TIT. 3512, klenken RENN. 5897.
dœne klenken NIB. MS. MART. (*lies* 70, 74).
ûʒ der blüete klenket vil süeʒen dôn manic
nahtegal KONR. *lied.* 4, 20. ir kundet eʒ niht
wol klenken mit dem dône BERTH. 496, 11.
den gesanc klenken (*gedr.* krenken) RENN.
19532. glocken klenken *ib.* 6627. GA. 2. 637,
13. 20. 638, 43. das Gemperlin keuffen und
bestellen uff den parrethorn zu henken und
zu klenken FRANKF. *brgmstb.* 1440 *vig. V. p.
læt.* helme klengen j.TIT. 5815. *md. auch*
klinken: dy pusaun zu klinken (: trinken)
DAL. 45, 36; *ausbreiten, verbreiten,* alsô
hôrt man sîn lop ie klengen in allen rîchen
j.TIT. 3529; — *intr. klingen,* so weit der
glocken clang clenget oder schillet GR.W.
3, 336 (*Hessen*). mit swerten klengen PARZ.
60, 26 *var., singen, wol mit unterdrücktem
obj.* dœne: sô diu lerche klenket in daʒ ôre
sîn KONR. *lied.* 7, 49. — *mit* ûf-, er-;
klengen *stn.* vil süeʒer dœne klengen j.TIT.
6078;
klenke *stf.* (I. 844ᵇ) *gesänge* NEIDH. (80, 16)
od. pl. von klanc? — *swf. schelle, in* golt-
klenke ;
klenken *swv. s.* klengen.
klenken *swv. schlingen, flechten, verflechten.
vgl.* MF. 45 *u.* DWB. 5, 951. — *mit* über-, *zu*
klanc 1.
klennet, klênôde *s.* kleinôt.
klënster *stm.* (I. 843ᵃ) *kleister* ANEG. — *zu*
klënen, *vgl.* klîster.
klën-want *stf. s. unter* klënen 2.
klën-wërc *stn. mauer aus kleibwerk.* die stat

Partzow ist eingefangen mit klenwerg *font. rer. austr.* 1, 326.

klëp, -bes *stm.* (I. 841ᵇ) *leim, kleister* BARL. Ls. mit zæhem letten und mit klebe bestrichen VILM. *weltchr.* 72ᵃ, 41; *klette* lappa, chlepp DIEF. *n. gl.* 228ᵇ. — *vgl.* kleip *u.* DWB. 5, 1041.

klepfel *s.* kleffel;

klepfen *swv. intr. einen* klapf *tun, knallen.* tuo ain tröpflin käcksilbers innan zuo dem waidloch ain, so klepft der schusz lût über FEUERB. 86ᵇ. — *mit* be-, er-. *vgl.* klaffen, kleffen;

klepfer *stf.* (I. 836ᵃ) *s. v. a.* klapper, *klapper* DIOCL.;

klepfern *swv.* (*ib.*) *klappern* DIOCL., *vgl.* klaffern, klappern;

kleppere, klepperer, kleppern *s.* klappere, klapperer, klappern;

kleppisch *adj. s. v. a.* kleffisch MGB. 43, 22. 47, 26. klepsch PASS. 198, 2.

cleric *m. clericus* MSH. 1. 17ᵃ, 3. GR.W. 1, 593. klerke MALAG. 42ᵃ. KARLM. *B. s.* 299. HANS 323.

klessen *swv. s.* klœzen.

klette *swf.* (I. 840ᵇ) *klette* GL. (klette, klete *u.* klet DFG. 234ᶜ. 318ᵃ). FREID. 118, 7. 13. MSH. 3, 104ᵇ. KOLM. 196, 51. WH. *v. Öst.* 22ᵇ. MART. (*lies* 47, 31). DAL. 106, 11. NETZ 489. FASN. 262, 19. 269, 13. — *vgl.* DWB. 5, 1151;

kletteht *adj.* kletecht, klettich lappatus DFG. 318ᶜ;

kletten *swv. jurgari s.* DWB. 5. 1153, 3; *klettern* ZIMR. *chr.* 4. 298, 27;

klettern *swv. klettern,* scandere VOC. 1482 *s.* DWB. 5, 1155.

kletzen *swv. in* bekletzen.

kleu- *s.* kliu-.

kleuben *sw. stv. s.* kleiben, klieben.

kleubisch *s.* klûbisch.

kleusener, kleusnerin *s.* klûsenære, klûsenærinne.

kleve *s.* glavîn.

klëven *swv. s.* klëben.

klew *s.* klîe, kliuwe.

klewe *s. unter* kiuwe.

klewel, klewen *s.* kliuwelîn, kliuwe.

klewen *swv. stn.* klagen, *winseln.* man hôrt si klewen unde klagen *Wiener hs. der hl. Magdalena* 30ᵃ (BECH); daz klagen und daz klewen von der verlust des lewen REINFR. 189ᵃ. *vgl.* klû.

klêwen, klên *swv. synon. zu* grasen. sie graset dicke unde klêt KRONE 24253. — *zu* klê.

klîbasche? (I. 65ᵇ. 841ᵃ) GR. 1, 421.

klîbe *swf. empfängnis.* unser vrowen tac clîben MYST. 1, 109. nâch unsir frouwen tage klîben LUDW. 31, 22, der klîben ZEITZ. *s.* 1, 101 *u. anm.* — *zu* klîben. *vgl.* DWB. 5, 1066 *u.* kleibunge, beklibunge.

klîbel-mësse *stf.* (II. 160ᵇ) OBERL. 217 *s. v. a.*

klîbel-tac *stm.* (III. 5ᵇ) *tag der empfängnis Mariä,* 25. *märz* OBERL. WEINSB. 5ᵇ. Mz. 2, 414 (*a.* 1297). MONE *z.* 4, 83. klîbertac *ib.* 7, 73 (*a.* 1351). — *nach* WACK. 160ᵇ *aus* klîben tac *s.* kleibentag FRISCH 1, 520ᶜ.

klîben *stv. II.* (I. 841ᵃ) *intr. kleben, festsetzen, anfangen mit dat.* dy stad kleib im zû dînste bas KIRCHB. 806, 52, *s.* ane klîben (*auch* BERTH. 201, 4). hærere kleiben DFG. 275ᶜ; *wurzel fassen u. gedeihen, wachsen* adolere klyben, kleiben *ib.* 13ᵇ. fun allen schelken geklîben, *vom geschlechte der schälke selbst gewachsen* BEH. 6, 5; *md. auch tr. für* kleiben: zû herzin ich daz clîbe JER. 104ᶜ. — *mit* ane, be-, en-, er-, ver-. *vgl.* DWB. 5, 1066.

klîben *stv. s.* klieben.

kliber *stm. s.* klëber.

klîche? (I. 842ᵃ) HELBL. 3, 74. „*in dem* ein chleichen *der hs. könnte möglicher weise ein adv. stecken wie* anclîchen *od.* einlîchen, *der folgende vers wäre dann auch deutlicher.*" BECH.

klicken *swv. in* zerklicken.

klîe *swf.* (I. 842ᵃ) *kleie.* ein clî HANS 1442, *gewönl. im pl.* klîen MSH. 3, 468. RENN. 5883. WAHTELM. (*leseb.*⁴ 970, 11). KOL. 151, 237. NETZ 9297, kleien MGB. 403, 14 (*var.* chleiben). CHR. 2. 304, 25. 305, 10. *ältere form* klîwe PF. *arzb.* 2, 2ᶜ. klew, kleiben DFG. 253ᵃ, *statt* w *auch* g *od.* h: die klîgen KOLM. 140, 12. klîgen, klyhen, klîhen DFG. 253ᵃ. *ahd.* chlîwa, chlîha, chlîa, *vgl.* DWB. 5, 1084.

clîe *f. eine art pfeife* diu floite und diu clîe (: symphonîe), diu lîre und diu pusîn KRONE 22095. *vgl.* glîen.

klieben *stv. III.* (I. 845ᵃ) kliube, kloup, kluben, gekloben; *inf. auch* kliuben GEN. *D.* 110, 3. er klûbt (*var.* kleubet) WWH. 270, 22. klüben CHR. 8. 110, 25. kleuben DFG.

236ª. Tuch. 90, 32. kleiben *ib.* 92, 17. Erlœs. 248, 182. klîben Diem. 285, 16. Renn. 5281 —: *tr. spalten, klieben* Gen. Griesh. Gudr. Parz. Wig. Helmbr. den helm cloup er unz an daʒ ende Dietr. 3372. er kloup die helme ûf den rant Apoll. 12583. der wurf den schilt von der hant kloup *ib.* 5416. daʒ holz kl. Tuch. 90, 32. 92, 17. daʒ herze mit kîlen klîben (: schîben) Renn. 5281. enzwei gekloben Wwh. 391, 12. von einander klieben Loh. 2841; — *refl.* Er. Wig. Trist. U. Lieht. Wwh. 270, 22. Loh. 2708. Troj. 12886. Dietr. 6538. Bph. 7740. Mariengr. 797. Erlœs. 248, 182; — *intr. sich spalten* Livl. daʒ im der schedel tuot klieben Netz 8348. 11175. die steine klübent Chr. 8. 110, 25. die schilt von starken tjosten kluben Loh. 2441. die schilde von einander kluben Albr. 12, 35. sîn houbet was im gekloben Rul. 216. — *mit* ûf, be-, er-, ge-, zer-. *vgl.* Dwb. 5, 1019 (*s. v.* klauben) Z. 1, 149. Fick[2] 358;

kliebunge *stf. s.* kliubunge.

kliehe *s.* klîe.

kliestier *s.* klister.

*****kliezen** *stv. III.* (I. 847ª) *spalten; nicht nachweisbares dem subst.* klôʒ *zu grunde liegend. verb., das vielleicht im bair.* klọizen (*swv.*) *erhalten ist* Schm. *Fr.* 1, 1341. *vgl. auch* klessen *unter* klœʒen.

kliffe *swf. klippe.* man muoʒ varn mit schiffen zwischen den steines cliffen M. Beham *in v. d. Hagens samml.* 60 (Wack.). *ndrh.* klippe Hans 1029. *vgl.* Dwb. 5, 1202.

klîge, klîhe *swf. s.* klîe.

klimben *stv. s.* klimmen;

klimme *stf.* (I. 842ᵇ) *höhe* Wolk.;

klimmec *adj. in* hôchklimmec;

klimmen *stv. I, 3* (I. 842ª) *nbff.* klimben (= *ahd.* chlimban) Adrian 451, 144. klinnen (: rinnen) Lobges. 71, 5. *dazu das partic.* geklunnen Fasn. 1211. klingen (I. 843ᵇ, 22) Pass. Such. Ring 57, 43 (climen: pringen): *intr. steigen, klettern, klimmen* Msh. swaʒ stât oder klimmet *ib.* 2, 381ª. er steic unde clam Herb. 17916. wer sich vlîʒet, daʒ er klimmet, dâ sich nie man geheben mac Ga. 2. 219, 2. *mit präpos.* klim an die hœhe Msh. 2, 353ª. ir klimbent an den werden grât Adrian 451, 144. kl. gegen Frl. kl. in Diocl. Mgb. 109, 6. kl. über Troj. (5967.) 13506). Malag. 92ª. S. Gall. *stb.* 4, 30, ûf mit *dat.* Hpt. 7. 351, 5, *mit acc.* Griesh. Trist. Gest. *R.* Herb. 6248. Troj. 24183. Mgb. 9, 2. Karlm. 3, 4. kl. wider Trist., ze Gsm. *mit adv.* hin und wider Frl. *s.* 23, ûf und abe klimmen Myst. 2. 129, 34; — *tr. erklimmen, die hœhe kl.* Hadam. 173; *zwicken, kneipen,* waʒ ist daʒ, daʒ mich sô clam Jer. 164ª; *packen, vom adler:* der ûch beiʒ unde clam Karlm. 505, 25, *daher* klimmende vogel *jagdvögel* Ssp. 3. 47, 2 *var.* — *mit* în, nider, ûf, ûʒ; be-, er-, über-. ver-. *ahd.* chlimban, *ags.* climban, *vgl.* krimmen *u* Dwb. 5, 1467.

klimpfen *stv. I, 3* (I. 843ª) *tr. u. refl. fest zusammen ziehen, drücken, einengen* Parz. Renn. — *mit* ver-. *vgl.* krimpfen *u. zu* Nib. 13, 3.

klimpse *s.* klumse.

klin, klîn *adj. s.* kleine.

klinc, -ges *stm.* (I. 843ᵇ) *ton, schall* Frl. Ms. (*H.* 2, 198ª): speres krach und swertes klinc Krone 869. *pl.* mit süeʒer dœne klingen Virg. 970, 8. *vgl.* klanc, klunc;

klingâ klinc *s.* klingen;

klingære *stm. in* hôchklingære;

klinge *swstf.* (I. 844ª) *etwas klingendes: metallblättchen.* ûf dem hirn (*des hohenpriesters*) hangen guldîn klingen, die sind ainem halben môn gelich mit guldînen vingerlîn. die gulden klingen betiuten, daʒ got ob allen dingen ist Hb. *M.* 233; *klinge des schwertes, schwert (von dem singenden klange des auf den helm geschlagenen schwertes, s.* klingen) Parz. Bit. (12976). Ms. (*H.* 3, 188ª. Neidh. XXV, 4. 157, 1). swertes kl. j.Tit. 5731. Ls. 2. 424, 205. Mgb. 403, 33. der swerte klingen Albr. 13, 263. mit den scharpfen klingen Troj. 4079. 12755. alrêrst muost er versuochen die sîne klinge scharf Otn. 4, 29. mit der klingen einem daʒ houbet abe slahen Troj. 9957. diu schriet er unde sluoc dâ hin mit sîner klingen herte *ib.* 34663, *vgl.* 34769. 31064. diu klinge von ir velzen unde ir snîden sich dô schiet *ib.* 34928. daʒ er die klingen dô gewegen mohte von dem schirmbrete Part. *B.* 5812. ob man spilen wirt der klinge (: gedinge) Ls. 2. 475, 88 *vgl.* 93. *bildl.* der freuden kl. Parz. Wig. j.Tit. 15225. mir zerbrichet sælden kl. *ib.* 5691. kl. der zungen Msh. 3, 168ᵇ; *messerklinge* Ms. legt ûf die kling die vinger niht Tanh. *hofz.* 61. *vgl.* Np. 158 *f.* — *gebirgsbach, der "klingende"*

man hôret vlizende klingen AB. 1. 313, 207.
ein lûter klingen bechelîn vliuzet dâ LOH.
6134 (*ahd. auch* chlingo *swm.; als stm. mit
der bedeut. fall, abfluss des wassers bei*
MONE *z.* 18, 352 *a.* 1396: daz daz wazzer
den klinge haben sol vier schuohe under
dem wege); *talschlucht* HÄTZL. WOLK. ûf
bergen und in klingen MSH. 3, 453[b]. in ein
schœnez tal, zuo einer klingen tief ALTSW.
204, 33. in des waldes clingen FASN. 1306.
MONE *z.* 8, 444. 12, 352. GR.W. 4, 515. ZIMR.
chr. 4. 233, 9.

klingel-bolt *name eines riesen* VIRG. 870 *f.*

klingelen *swv.* (I. 844ª) *dem. u. frequent. zu*
klingen: *einen klang geben, klingen.* der
stein klingelt sam diu glokspeis MGB. 440,
31. ez klingelt daz kupfer lauter dann ander
gesmeid 478, 30. die basûnen klingeln vur
mînen ôren FROMM. 2, 441[b], *einen klang hervorbringen*, mit gesmeid kl. MGB. 292, 21;
rauschen, plätschern TROJ. (10010. 16518).
GSM. 1345 (*in der 1. ausg., in der 2.* klinget
1351). klingelnde wazzer GERM. *H.* 2. 305,
30. der runs gab clingelnden val REINFR.
212[d]; *lärm machen, schwätzen* RING 11ᶜ, 9.
38, 17. — *mit* ûz;

klingeloht *adj.* (*ib.*) *klingend* Ms.;

klingen *stv. I, 3* (I. 843ª) *ndrh.* klengen CRANE
3387, klinken PF. *üb.* 165, 13, *das letztere
auch* RENN. 9872. 10085: *intr. klingen, tönen.*
klingen oder lauten, clingere Voc. 1482, *von
musik, gesang u. rede* NIB. TRIST. 17209. 24.
die seite klingt FASN. 1143. und klanc in von
der minne ir stimme mit gesange ENGELH.
3166. die sumerwîse liezen sie dâ kl. TROJ.
1029. daz mir selben klinge mîn rede *ib.* 190.
ich wolte in schelten, daz ez klünge MSH. 3,
37[b], *auch von tieren:* dô hôrte ich den hunt
klingen, *bellen* LS. 2. 297, 138. *vgl.* AW. 3,
120. 127; *von metallgeräten: glocken, waffen,
hämmer, geschmeide, geld etc.* PARZ. RAB.
glöcklîn in den ôren klinkent (: hinkent)
RENN. 9872. AB. 1, 121. diu wâfen klungen
PASS. 267, 67. man hôrte swert dâ kl. LIVL.
10656. KARL 10000. RING 54[d], 45. *der imperat.*
klingâ, klinc, *substantivisch:* dô wart von
swerten klingâ klinc PARZ. LOH. 5144,
klengâ, klenc CRANE 3387. ez müezen
klingen mîne slege ûf helme und ûf schilde
ULR. *Wh.* 214[b]. ir schenkel si liezen dar
clingen RAB. 252. die sporn klingent einem
RENN. 1752. 11064. als ob tûsent hemere
dâ klüngen ENGELH. 2731. von des gesmî-
des ringen gienc das ros klingen GA. 1. 473,
672. die wîle seckel (*geldbeutel*) klingent
FREID. 96, 1, *auch von gefässen:* seine eiserne böchse solde byn 4 wochen vor dem
Sagan klingen UGB. 509 (*Oberlaus.*); die
würfel klingen lâzen JÜNGL. 383; *von fliessendem wasser, wein etc.: rauschen, plätschern* HERB. WWH. TRIST. KONR. (der brunne
klinget, klanc GSM. 1350. TROJ. 1060. 18841.
KONR. *lied.* 7, 21). brunnen klingen RENN.
11064. da ein wazzer over die steine clanc
CRANE 8756. wenn er (*wein*) mir klinget
durch die keln HPT. 7. 409, 110. wenne im
daz trinken in dem hirne beginnet klinken
RENN. 10085. *bildl.* des vluz mit wîsheit
voller sælden klinget MISC. 2, 122; *erklingen,
erschallen.* lop hôrte man kl. j.TIT. 1380,
erschallen von (*gen.*) PARZ. 492, 18; — *tr.
klang machen, klingen lassen*, swie clinge
ich nû die dœne NIB. 1901, 4 *B.* tûsent harpfen klingen klanc GA. 3. 619, 238. die seiten kl. EILH. 114. — *mit* în, durch-, er-. *vgl.*
DWB. 5, 1180 *I, d.* WEIG. 1, 596;

klingen *stn.* dâ swert ûf helme klingens pflegen MSH. 1, 7[b].

klingen *stv. s.* klimmen.

klingen-phat *stm. fusspfad der durch eine
klingen, schlucht führt.* si fuoren manic lîten
und manic tiefen klingenpfat DA. 490.

klingen-rieme *swm. schwertriemen.* daz sîn
ort den klingenriemen im versneit MSH. 3,
289[b].

klingen-smit *stm. degenschmied, schwertfeger* CHR. 2. 507, 35 (*a.* 1363).

klingen-smit-hûs *stn. werkstätte eines klingenschmieds* TUCH. 268, 36.

klingesære *stm.* (I. 844ª) *der klingen macht,
spielmann* WARTB. 85, 7 (LOH. 257), *vgl.*
meister Klingesære *ib.* 67, 6;

klingesen *swv.* (*ib.*) *zu folgern aus dem vorig.;
ahd.* chlingisôn.

kling-span *stn.? schwertgriff?* sein (*des
schwertes*) clingspan ist ain greifenhorn
ECKE *Casp.* 91.

klinke *swf.* (I. 845ª) *ein md. wort: thürklinke,
-riegel* FRL. JER. 82ª. GERM. 9, 337. pessulum DFG. 431[b]. Voc. *Schr.* 2082, obex *ib.*
1846; *schlagbaum*, die klinken nider vellen
KÖN. 935. — *vgl.* klanc 1 *u.* DWB. 5, 1195.

klinken *swv. stv. s.* klenken, klingen.

klinnen *stv. s.* klimmen.

klînôte *s.* kleinôt.

klinse *s.* klumse.

klîp *stm. in* beklîp.
klipfen *swv. in* beklipfen.
klippe *swf. s.* kliffe.
klismen *swv. aus* gelismen, *stricken.* hantschuoch klismen DIEM. *beitr.* 1. 52, 4.
klîsten *stv. s.* krîsten.
klister *stn. klystier,* clisterium Voc. 1482. FDGR. 1. 322, 34. kliestier Voc. *o.* 25, 21. klistier NARR. 81, 46. — *aus gr.* κλυστήρ, κλυστήριον. *vgl.* kristier.
klîster *stm. kleister* PASS. *K.* 490, 65. — *vgl.* klênster *u.* DWB. 5, 1134;
klîsteren *swv. kleistern, nd.* CHR. 7. 392, 16.
klîster-schûm *stm.* (II². 223ᵃ) *s. v. a.* wazzerklîster DÜR. *chr.* 21.
klistieren *swv. ein* klister *geben, klystieren* MGB. 370, 35. *vgl.* kristieren.
klistier-ziuc *stmn.* clistrum, klistierzeug Voc. 1482.
klitze *stf. s.* glitze 1.
kliubel-bein *stn. knöchel, s. unter dem flgd. u. vgl.* kliubelstein.
kliubelen *swv. dem. zu* klûben. kleubelpain od. dachtel, domit die kinde kleubelen, sorpes (*knöchel, womit gespielt wird, benannt davon, dass die knöchel mit spitzen fingern aufgenommen,* gekliubelt *werden*) Voc. 1482.
kliubel-stein *stm. s. v. a.* kliubelbein. ein wurfkegel od. kläubelstein sordissa, sorpes DIEF. *n. gl.* 343ᵃ.
kliuben *swv. s.* klûben.
kliuben *stv. s.* klieben;
kliubunge *stf.* kleubunge, klobunge, fissura, fixura DFG. 237ᵃ *f.* kliebunge *n. gl.* 175ᵇ.
kliuse *s.* klûse.
kliuselen *swv. streicheln, hätscheln, schmeicheln.* kläuseln, *var.* klûseln MGB. 308, 13. kleuselen *oft bei* KEISERSB. *s.* DWB. 5, 1038 *u. vgl.* kriuselen.
kliuselîn, kliusel *stn.* (I. 849ᵇ) *dem. zu* klûse TRIST. *H.* ALTSW. 144, 13.
kliusenc-lîche *adv. auf schmeichelnde art* Ls. 3. 541, 106. *s.* kliuselen.
kliuter *stmn.?* (I. 846ᵇ) *der sælden* kl. *last, fülle?* FRL. 49, 4. *vgl.* DWB. 5, 1167 *u.* klûder;
kliutern? *s. unter* verklütern.
kliuwe *stn. knäuel, kugel* KRONE 15343. 652 (: triuwe). klew, glomus Voc. 1482. kleu(*ahd.* cliu HPT. 5, 352ᵇ). MGB. 297, 10. 12. 299, 33. FASN. 219, 24. klewen DFG. 266ᵃ, *md.* klûwen (I. 850ᵃ) HERB., clûwen, clûen DIEF. *n. gl.* 195ᵃ. — *vgl.* DWB. 5, 1032;

kliuwelîn, kliuwel *stn.* (I. 850ᵃ) *dem. zum vorig.* chliwelîn, chlûelîn, chliwel SUM. klewlein, glomicellus Voc. 1482. kleuwel, klewel glomus DFG. 266ᵃ. *n. gl.* 195ᵃ (*auch* klüemelîn). cleublîn, kleulîn KELL. 8, 32. 9, 2. klewel TUCH. 110, 1, kleule RENN. kleul MGB. 297, 10. 12 *var. md.* klûel PASS. *K.* 182, 93. — *nbf.* kniuwelîn, kniuwel: knuilîn, knublîn DFG. 266ᵃ. knûlî *ib. u.* NETZ 10544. knülein, knûlî DIEF. *n. gl.* 195ᵃ. knaul VINTL. 7864. knawel FRANKF. *brgstmb.* 1446 *vig. V. p. Franc.* — *vgl.* DWB. 5, 1030. 1362. WEIG. 1, 604.
kliuwel-vaz *stn.* klewlfas, glomeraculum Voc. 1482.
klîwe *swf. s.* klîe.
klô *stf. s.* klâ.
klobe *swm.* (I. 846ᵃ) *gespaltenes holzstück zum klemmen, festhalten: als fessel, fussfessel* PASS. (in des kerkeres kloben *K.* 680, 98. des gevencnisse kl. MARLG. 45, 123). cippus, cippa DFG. 121ᵃ, klube DÜR. *chr.* 48. 514, *bes. gespaltenes holzstück zum vogelfang,* PARZ. LOH. (3170). diu valsche stimme verleitet den vogel rehte unz ûf den kloben MSH. 2, 152ᵇ. kleben als die vogel an dem kloben HIMLF. (HPT. 8) 671. sô koment sie rehte als die vogel zuo dem kloben RENN. 12076. wan si dem vogelære seit, daz er zem kloben sî bereit WG. 892, *überh. etwas klemmendes, festhaltendes:* er liez in ûz der zagels kloben APOLL. 9618. *bildl.* PARZ. MAI, WINSB. KRONE (1735. 14134). PASS. (*K.* 221, 4. 275. 96. 582, 9. der herte kl., *der strenge mönchsstand* 539, 40.) der sünden kl. GEN. *D.* 14, 2. des tiuvels MARIENGR. 836, des tôdes kl. DA. 529. der sorgen VIRG. 343, 8, des kumbers RENN. 952, der schande kl. MSH. 2, 326ᵃ. der minne kl. VIRG. 973, 4. 1001, 10. TROJ. 4427. 20328. MART. 221, 90; *spalt,* fissura Voc. 1482, *obscön vom feminal* MSH. (*vgl.* wenket si dicke die smierenden blicke daz reizet den kloben 1, 202ᵃ). FASN. 749, 31; *an der wage das gabelförmige stück, in dem der wagbalken hängt und die zunge sich bewegt:* die wâge rihten in den cloben ERLŒS. 1011. ein wog mit einer îsin zungen und îsin kloben MONE z. 9, 179 (*a.* 1464); *türriegel* PASS. *K.* 129, 20; *eisen, woran das anlegschloss hängt* TUCH. 297, 15. 24. 36, *vgl.* 101, 21; *bündel, büschel* (*eigentl. stock mit einem spalt, in dem die büschel stecken od. stock woran etw. hängt,* der klobe mit würsten viere

Fragm. 30, 197. *vgl.* Dwb. 5. 1281, 8 *d*) von würsten manic kl. Fragm. 29, 94, *vgl.* klobewurst. ein kloben lini, lini purgati 24 kloben Mb. 36ᵃ, 156. 209 (*a.* 1280). klob flachs, pensum Voc. 1482. kl. werches Urb. 123, 12. 203, 35. 205, 23. *vgl.* klûbisch. — *zu* klieben.

klobe-holz *stn. spaltholz* Np. 300 (*13.—14. jh.*). fissilia Dief. *n. gl.* 175ᵇ.

klöbelîn *stn. dem. zu* klobe, *in* reizeklöbelîn.

klobe-, knobe-louch *stm.* (I. 1044ᵇ) *knoblauch* Gl. (klobelauch, -lach, knobloch, knoloch Dfg. 24ᵃ. knoflach, knobleich *n. gl.* 16ᵇ). klobelauch Mone *z.* 7, 467. knobelouch Barl. Renn. 19245. Hpt. 5, 14. knoblauch Mgb. 8, 25. 145, 10. 159, 33. 384, 2 *ff.* Hb. *M.* 243. knoflach Meran. 1. Knobloch, Knoblach *als eigenname* Zimr. *chr.* 4, 545ᵃ. — klobe *zu klieben, eig. der gespaltene lauch.*

kloben *swv. spalten.* er klopte vil der schilte Wolfd. 1247. *vgl.* Dwb. 5, 1219.

klobe-slîche? *swm.* (II². 398ᵇ) *der mit dem* kloben *heimlich fängt* Ziem.

klobe-wurst *stf.* (III. 827ᵇ) *am* kloben *hängende (s.* klobe) *od. in dem klobdarm, fettdarm gefüllte wurst?* Ms. (*H.* 2. 289ᵃ. 299ᵇ). Dwb. 5, 1220.

klobunge *stf. s. unter* kliubunge.

kloc-hûs *s.* glockehûs.

klöckel *s.* kleckel;

klocken *swv.* (I. 847ᵃ) *intr. klopfen* Ms. (*H.* 2, 139ᵃ). ir herze in rûwen clockete Elis. 5767. dô kam mîn liep und klockete an mîn venster Myst. 2. 411, 30. zwei wolten mit eigern klucken (*die spitzen der eier auf einander klopfen)* Altsw. 90, 20; *tr.* ain iedew speis wirdet virvaltikleich geklocket, ee und si den glidern geaigent wirdet Cgm. 254, 9ᵇ. der rabe klöcket einen mit dem snabel *ib.* 4ᵇ. — *intr. mit* an (Br. *B* 82ᵃ. Ring 9ᵈ, 6), *tr. mit* ze-. *vgl.* klopfen, klucken 2 *u.* Dwb. 5, 1220.

klofe-louch *s.* klobelouch.

klöffel, kloffen *s.* klopfel, klopfen.

kloft *s.* kluft.

klôg, klœlîn *s.* klâ, klâlîn.

klongelîn *s.* klungelîn.

klônster *s.* klôster.

klofter *s.* klâfter.

klopen *s.* klopfen.

klopf-an *stn. neujahrswunsch in spruchform* Fasn. 1346. *s.* an klopfen.

klopfære, -er *stm.* (I. 847ᵇ) *ein klopfender* Ulr., *s.* hamer-, schuolklopfer;

klopfel *stm.* (*ib.*) *werkzeug zum klopfen, schlagen,* antrillus Dfg. 39ᵃ (klopfel *u. md.* kloppel), clutoria klöffel *ib.* 128ᵃ; *glockenschwengel ib.* 65ᵇ. 160ᵇ, *md.* kloppel *ib. u.* Freid. 126, 15 *var.*; *knüppel, fustum md.* kloppel Dfg. 254ᵇ. *vgl.* klüpfel;

klopfelîn *stn.* (*ib.*) *s. v. a.* klapfelîn, *klapper* Kell. kloffelîn, *s. das flgd.*

klopfelîns-naht *stf.* klofflisnechte, *die nächte von weihnachten bis dreikönige, in denen an* geklopft *wird* Fasn. 1346. *s.* Dwb. 5, 1231. Schm. *Fr.* 1, 1337 *f.*

klopfen *swv.* (I. 847ᵃ) kloffen Fromm. 2, 534. Uhl. *volksl.* 748 (*15. jh.*). *md. auch* kloppen, klopen: *intr. klopfen, pochen* Freid. Liebt. Gsm. man sîn herze kl. sach Msh. 3, 312ᵇ. Albr. 32, 482. die âdere klophten *ib.* 22, 106. ich lêre dich klopfen und ouch ricken Mf. 102 (*vgl.* an den busch klopfen Dwb. 2, 558). *mit präpos.* klopfen an etw. Serv. Winsb. Roth. 2325. Kchr. *D.* 414, 19. Wwh. 130, 1. Mariengr. 700. Pf. *üb.* 136, 36. an etw. mit etw. kl. Griesh. 1, 139. kl. ûf etw. Msh. 3, 245ᵇ. Karlm. 33, 14. *mit adv.* dô clopfete er dâ vor, vor dem tore Herb. 18321. unt klopf ich anders war Msh. 1, 298ᵇ. *mit gen.* klopfend um etw. bitten Lit. — *tr. klopfen, schlagen.* daz wazzer kl. Mgb. 336, 11. die die hend zesamen kl. *ib.* 292, 21. — *mit* an (mit sîme swerte klopfete er an Türl. Wh. 78ᵃ, *auch tr.* klopfet iwer herze an Helbl. 2, 1283) er-, ge-. *vgl.* klaffen *u.* Dwb. 5, 1223;

klopfen *stn.* (I. 847ᵇ) Diem. tuot mir iur kunft mit klopfen kunt Liebt. 323, 28. dâ ich mit klopfen tiwer bat, daz man mir gæbe aber eteswaz *ib.* 340, 32;

kloppel, kloppen *s.* klopfel, klopfen.

kloschig *s.* klœzic.

klôse, klôs *swf.* (I. 847ᵇ) *klause, einsiedelei* Parz. in clôstern und in clôsen Renn. 17761, *klosterzelle* Hätzl. 281ᵇ, *kloster* Ad. 2, 224. 27. Chr. 9. 745, 12. 18; *felsspalte, kluft,* ûz der velsen clôsen brunnen klingent dâ Konr. *lied.* 7, 21. *bildl.* Ms. des meien kl. Apoll. 16540. der tugende kl. Ettm. *brf.* 18, 56. — *aus mlat.* clausa, *vgl.* klûse;

klôsenære, -er *stm.* (I. 848ᵃ) *klausner, einsiedler* Walth. Berth. Flore 1734. j.Tit. 241. 255. Wg. 12255. Renn. 6840. Karl 2686. Msh. 3, 438ᵇ. N. *v. B.* 224. Chr. 4. 68, 16. Dfg. 292ᵇ. *vgl.* klûsenære;

klôsenærinne *stf.* (*ib.*) *klausnerin, einsiedle-*

rin Ulr. Parz. 435, 13 (*var*. klôserinne, *vgl*. klûsærinne). klôsenærîn N. *v. B*. 232 *ff*. Chr. 9. 745, 16. 23. *vgl*. Zimr. *chr*. 4, 544ᵇ;

klôsene *swf. s. v. a.* klôse, *klause* Mone *z*. 12, 454;

klôsenen *swv. tr. in eine klause sperren*. er wolde mich geklôsent hân Birkenst. *p*. 29; *refl. in eine kl. treten*. er het mir hiute mînen muot mit riwe alsô versêret, daz ich vil nâch was bekêret und wolte mich geklôsent hân Misc. 1, 52. *vgl*. klûsen.

klôsenen-vrouwe *swf.* die clôsnenfrauen, *klosterfrauen* Zimr. *chr*. 3. 476, 28.

klôster *stn.* (I. 848ᵃ) *pl.* klôster *u.* klœster (Swsp. 345, 140); *schwäb.* klônster Kell. *erz*. 218, 7: *kloster* Erinn. Nib. Serv. Freid. Berth. Engelh. 4164. 83. Bon. 84, 85. 85, 13. 55 *u. o.* Heinz. 117. 10, 1. Renn. *s*. 39 *ff.* ein grâwez kl. Amis 2492. swarziu klôster und diu wîzen Msh. 2, 137ᵇ. — *aus lat.* claustrum, *verschluss*.

klôster-âme *swm. im kloster gebräuchl. eimer*. einen clôsterâmen wînes Gr.w. 1, 700.

klôster-brôt *stm. eine gewisse art brot, in klöstern gebacken* Ad. 966 *u*. Gr.w. 1, 728 (*a*. 1336).

klôster-bruoder *stm. md.* clôstirbrûder, *mönch* Ludw. 51, 16.

klôster-eimer *stm. s. v. a.* klôsterâme Gr.w. 1, 700.

klôster-gesinde *stn. das* gesinde *eines klosters* Gr.w. 4, 493.

klôster-giege *swm.* (I. 539ᵇ) *klosternarr* Frl. *vgl*. klôsternarre.

klôster-halp *adv.* (I. 616ᵇ) *auf der seite des klosters* Kuchm. (*leseb*. 841, 2).

klôster-hërre *swm. mönch* Elis. 5964. 6050. Heinr. 4536. Mone 5, 303. S. Gall. *stb*. 4, 42. Uhk. 2, 206 (*a*. 1351). Mone *z*. 6, 404 (*a*. 1381). 7, 321 (*a*. 1363).

klôster-hof *stm.* (I. 699ᵇ) *klosterhof* Marlg. curtis, grangia Voc. 1482.

klôster-kint *stn. klosterjungfrau, nonne* Kirchb. 796, 20.

klôster-kleit *stn. klösterliches kleid* Renn. 17151. Narr. *c*. 73 *überschrift. vgl.* klôsterwât.

klôster-knappe *swm.* (I. 851ᵃ) *klosterknabe, spött. benennung des mönchs* Frl.

klôster-knëht *stm. mönch* Myst. 1. 311, 30. cenobita Dief. *n. gl*. 84ᵃ, *vgl*. Zimr. *chr*. 1. 180, 19; 3. 231, 4.

klôster-lêr *stf. vortrag, der (über tisch) in einem kloster gehalten wird* Wack. 161ᵃ.

klôster-lich *adj.* (I. 848ᵃ) *klösterlich, dem kloster angemessen* Ms. klôsterlîchez reht, gebot Ulr. *Wh*. 177ᵈ. 178ᵃ. clôsterlîcher, curtilis Voc. 1482.

klôsterlîn *stn.* (*ib*.) *dem. zu* klôster Lanz. Crane 992.

klôster-liute (I. 1038ᵇ) *pl. von* klôsterman, *mönche* Gudr. Alph. 435. Renn. *s*. 39 *ff*. Berth. 131, 24. Heinz. 117. 10, 6; 118. 13, 2.

klôster-lugner *stm. lügner im kloster, lügnerischer mönch* Bon. 84, 83.

klôster-man *stm.* (II. 42ᵇ) *mönch* Greg. (1363). Roseng. Warn. Renn. (1906. 3994. 4236). Ulr. *Wh*. 194ᵇ. 195ᵃ. Teichn. 126; *in den* Weist. *untertan, höriger eines klosters*.

klôster-meier *stm. verwalter über die einkünfte eines klosters u. richter über die zugehörigen desselben* Gr.w. 2, 35, *vgl*. 34.

klôster-meister *stm. vorsteher eines klosters* Berth. 35, 26. 36, 32.

klôster-mensche *swm.* (II. 49ᵇ) cenobite, klôstermönsche Voc. *o*.

klôster-minne *stf. minne wie sie im kloster geübt wird.* der tuot ir clôsterminne kunt Germ. 14. 406, 26.

klôster-münch *stm. mönch* Msh 2, 202ᵃ. cenobita Dief. *n. gl*. 84ᵃ. *md*. klôstermunch Jer. 60ᵈ. Voc. 1482.

klôster-mûre *stf.* (II. 275ᵃ) *mauer um ein kloster* Teichn.

klôster-narre *swm. s. v. a.* klôstergiege Ulr. *Wh*. 163ᵃ.

klôster-nunne *swf.* (II. 423ᵃ) *nonne* Heinz. 117. 10, 2. Renn. 3808. Elis. 5360. Rsp. 947. Myst. 1. 203, 1.

klôster-orden *stm. klosterleben, mönchtum* Renn. 13771.

klôster-phaffe *swm. mönch* Gr.w. 1, 736.

klôster-pîn *stm.* (II. 519ᵃ) *mühsal u. entbehrungen des klosterlebens* Teichn.

klôster-priester *stm. mönch* Renn. 3921.

klôster-ritter *stm.* (II. 740ᵇ) *ritter, der wie im kloster lebt* Ms. (*H*. 2, 201ᵃ. 3, 108ᵃ).

klôster-site *stm.* (II². 325ᵃ) *gebrauch des klosters* Ms. (*H*. 2, 201ᵃ).

klôster-vrouwe *swf.* (III. 424ᵇ) *nonne* Clos. Myst. Elis. 2207. 4060. Ludw. 84, 4. 5. Ab. 1, 53. Fasn. 472, 8. cenobita Dief. *n. gl*. 84ᵃ. *vgl*. klôsterwîp.

klôster-wât *stf.* (III. 778ᵃ) *s. v. a.* klôsterkleit Teichn.

klôster-weide *stf.* (III. 552ᵇ) *weide eines klosters* HPT. 8. 98, 87.

klôster-wërre *swm. der ein kloster in verwirrung bringt, ihm ärgernis gibt.* der dâ kan lecheln unde liegen und mit valscher süeze triegen, der selbe ist oft ein clôsterwerre RENN. 3647.

klôster-wîn *stm. wein aus dem klosterkeller* GR.W. 1, 707.

klôster-wîp *stm. s. v. a.* klôstervrouwe REINH. 2149.

klôster-wort *stn. einem kloster angemessenes wort.* clôsterzuht und clôsterwort hœret man von in selten RENN. 2945.

klôster-zuht *stf. klosterzucht, leben nach der klosterregel* RENN. 2945. 23804. HEINZ. 118. 13, 1.

klôster-zwirn *stm. ein feiner zwirn* DWB. 5, 1244 (*a.* 1410).

klô-stewer, -steur *s.* klâstiure.

klotzelîn *stn. dem. zu* kloz FDGR. 1, 379ᵃ. *vgl.* klœzel.

klotzen *swv. s.* glotzen.

klotzic *adj.* globalis DFG. 265ᵇ. *vgl.* klœzic.

kloubære *stm. in* würfelkloubære;

klouben *swv. s.* klûben.

klouber *stf.* (I. 846ᵃ) *klaue, kralle, fessel* MART. (54, 32). SILV. 4967. SWANR. (*lies* 803). PART. B. 6849. 10680. WOLFD. 533, 2. HELDB. K. 232, 39. klûber? (klauber: sauber) FASN. 1146. — *vgl.* klaber *u.* DWB. 5, 1024.

kloup *stm. in* winterkloup; *prät. s.* klieben.

klouwe *s.* klâ.

klôz *stm. n.* (I. 847ᵃ) *klumpe, knolle* PARZ. NEIDH. (10, 12). silbers manegen swæren kl. LOH. 3084. daz klôz MOR. 2, 226. der erden kl. *s.* erdenklôz *u.* ALBR. 23, 35. 179; *klumpige masse, knäuel* ATH. klôz, der von des tievels rach dôz HIMLF. (HPT. 8) 1125. von bechen ein klôz HERB. 1041. ir strît in einen klôz gedêch ERNST 4866. in einen clôz gesmogen KREUZF. 3949; *kugel* KCHR. (D. 401, 24. 403, 4). sinewel als ein kl. APOLL. 11931. ein viurîn kl. PASS. K. 609, 49. einen closz werfen GR.W. 5, 596 (globum volvere 594). kluesz, globus DIEF. 1470, 141. des swertes klôz, *schwertknauf* OTN. 188; *plumpes holzstück, kloz, robur* DFG. 499ᶜ, *keil, knebel*: die zen man ir ûf lôst mit einem klôze LOH. 7240 (*vgl.* underklôz). einem einen kl. in den munt twingen RENN. 7357. einen kl. zwischen armer liute tür twingen *ib.* 7093. — *vgl.* kliezen *u. das flgd.*

kloz, -tzes *stm. n.* (*ib.*) *eine nbf. zu* klôz *u. von diesem nicht immer zu unterscheiden: klumpe* MYST., *klumpige masse.* er nam einen klotz leimen oder erden CHR. 8. 235, 8; *kugel*, klotz *u. sw.* klotze DFG. 256. SCHM. Fr. 1, 1342 (klotze *auch oben unter* igel). drei clotzbohsen und mê dann 100 clotzer *dazu* MONE z. 6, 60 (*a.* 1412). zwei zentener blîges, es ist zergossen zuo klötzen *ib.* 61 (*a.* 1449). püchsenklotz BEH. 73, 10. 74, 24. 378, 15, bühsenklotze *s. unter* igel; testiculus DFG. 581ᵇ.

kloz-bire *f. gedörrte birne.* von dem vaz klotzpirn URB. Pf. 207. *vgl.* SCHM. Fr. 1, 1342. KWB. 161 *u.* klâbire.

kloz-bühse *swf. geschütz woraus metallene kugeln* (klötze) *geschossen wurden.* ûf unserm schloss Carpfen söllent wir haben vier stainbüssen und vier klotzbühsen Mz. 1, 527 *s.* 442 (*a.* 1410). drei clotzbohsen MONE z. 6, 60 (*a.* 1412). zwei kopferîn klotzbüssen, 3 îserîn klotzbüssen *ib.* 61 *u.* 17, 298. KÖN. 931.

klœzel *stn.* (I. 847ᵃ) *dem. zu* klôz, *knäuel* TRIST. H. 724. *vgl.* klotzelin;

klœzen *swv.* (*ib.*) *prät.* klôzte: *mit einem klôz, keil, spalten, trennen, auseinander reissen* KL. WWH. die hend von einander kl. HEUM. 415. von den vienden klôzte er sie KREUZF. 4221. klessen *od.* klein machen, conglobare Voc. 1482. — *mit ûf*, en-;

klœzic *adj.* globalis, klossig DIEF. *n. gl.* 195ᵃ. kloschig DFG. 265ᵇ. *vgl.* klotzic.

kloz-kugel *f. kugel zu einer* klozbühsen DWB. 5, 1256 (*a.* 1488).

klœz-lich *adj.* globalis DFG. 265ᵇ. *adv.* kloszlichen *n. gl.* 195ᵃ.

kloz-milch *stf. dickmilch* ZIMR. *chr.* 3. 299, 28.

klû? *stf.* (I. 848ᵃ) ich bin von seueclicher klû MSH. 2, 264ᵇ. *vgl.* klewen.

klube, klüben, klûben *s.* klobe, klieben.

klûben *swv.* (I. 845ᵇ) klouben KINDH. APOLL. 5412. 6585. MSH. 3, 297ᵇ. DAL. 137, 2. HB. M. 433. kliuben JÜNGL. 424: *pflücken, stückweise ab-, auflesen absol.* KINDH. LIEHT. auf der straszen klauben, *rauben, stehlen* FASN. 1129. klûben nâch, *pflückend wonach suchen* Ms.; *tr.* MAR. SERV. MART. (*lies* 184, 96). HELBL. HÄTZL. staine klouben APOLL. 5412. 6585. er sluoc slege, daz man klûbete bî dem wege beidiu hende unde vüeze *ib.* 12578. vedern klauben NARR. 100, 8. die daz beste alliz claubtin (: raubtin) *stahlen*

Dal. 137, 2. die red aus den buochen klauben Vintl. *bei* Hpt. 9, 110. di schrift ze ainem puchlîn kl. Fronl. 4, 26. daʒ man in zesamen kl. muoʒ Msh. 3, 297ᵇ. dîn hals ist zesamen gecloubt (: houpt) als ein turn von helfenbain Hb. *M.* 433; einen wolf kl., *stückweise zerreisen* Ab. 1. 164, 25; — *vermischungen mit* klieben: *spalten.* sie klûbeten die schilte Wolfd. 2016, 3 *var.* (*die im* Wb. *aus* Wwh. *angeführte stelle s. unter* klieben). — *mit* abe, ûf, durch- (*nachtr.*), ge-. *zu* klieben;

klûben *stn.* Lieht. 342, 8;

klûber *stm. in* halm-, vederklûber, *s. auch* kloubære.

klûber *s* klouber.

klûbisch? *stm. s. v. a.* klobe *bündel, büschel.* lini irsuti 4 chlubisch Mb. 36ᵃ, 234 (*a.* 1280), klubisch, kleubisch *ib.* 553, vier chlubiges *ib.* 235.

kluc, -ckes *stm.* (I. 848ᵇ) *bissen, losgespaltenes stück* Frl., *s. auch* morgenkluc. — *zu* klac.

klûc, clûchelich *adj. s.* kluoc, kluoclich.

klucke *swf. bruthenne, glucke.* wan die kluck von den jungen geet Mone *z.* 3, 408;

klucken, glucken *swv. glucken.* gracillare, klucken Dfg. 267ᵉ, *n. gl.* 196ᵇ. Renn. 12243. gluggen Ga. 2. 416, 257. *s. auch* goukelklukken. — *mit mangelnder lautversch. zu lat.* glocire, *gr.* γλώζω Dwb. 5, 1259. *vgl.* klutzen.

klucken *swv. brechen.* abe, ûʒ klucken Gauh. 141. 144. — *zu* kluc, *s. auch* klocken.

klucker *stm.* globus Voc. 1429. *s.* Dwb. 5, 1259;

kluckern *swv. mit schnellkügelchen spielen.* globisare, gluckern Voc. 1429.

klûde *stfnm. ein gewicht beim wollhandel.* von einer klûde wisser wollen zu kemmen 2½ β dn. und von einer klûde grauwer wollen 3 β 4 dn. Mone *z.* 9, 150 (*a.* 1486). von einem clûde *ib.* 168 (*a.* 1419). dimidium pondus cepi (= sepi) quod clûde vulgariter nominatur Lac. 2, 443 (*a.* 1281). *in* Meders *handelbuch* (*Nürnberg* 1558) *s.* 48: Speyerer klut, Haidelberger kl., Dornstetter kl., Frankforter klut. *vgl.* Dwb. 5, 1157;

klûder *stmn. dasselbe* Dwb. 5, 1187 (*a.* 1329).

klüege *stf.* (I. 849ᵃ) *feinheit, zierlichkeit* Frl.; *md.* klûge, *klugheit* Pass. *K.* 242, 65. Albr. 22, 282. — *zu* kluoc.

klüege-lich, klüeglich *adj. adv. s.* kluoclich.

klüegen *swv.* (I. 849ᵃ) kluoc *machen, zieren, schmücken, ausschmücken* Such. Mart. (swie wol der rîche klüeget was mit sînem rîchtuom 65, 78. mit freuden klüeget 246, 80). daʒ er im den brief tuot klüegen Netz 8612. — *mit* be-, er-, über-, ver-.

klûel, klüemelîn *s.* kliuwelîn; klûen *s.* kliuwe.

kluez, *s.* klöʒ.

kluft *stf.* (I. 846ᵇ) *gen.* klüfte, kluft, *pl.* klüfte, *md.* klufte: *spalte* (fissura Voc. 1482) Troj. ûʒer bollen schône sliufet manger lôsen blüete kl. Konr. *lied.* 20, 4. in ain kluft von ainem heseln stab stecken Myns. 75 (= in den spalt 84); *bergmänn. schmaler gang,* dô kam ein kluft mit einer letten Feldb. 442; *kluft, felsenkluft, höle, gruft eig. u. bildl.* Ath. Frl. Myst. eines steines kl. Bph. 7247. die burnende kl. *des ofens* Marlg. 252, 381 (*vgl.* ovenkluft). dô ginc der schûber bî den chôr in eine cluft Md. *ged.* 1, 332. 975. ein lîcht di cluft umme vinc *ib.* 609. des kerkêres kl. Pass. *K.* 179, 51. 591, 57. in des herzen kl. Zing. *findl.* 2. 72, 103. wassers klüft, *von der sündflut* Narr. 15, 14; — *zange,* forcipula, tenella Dfg. 242ᵇ, 577ᵉ (*md.* cloft), *n. gl.* 361ᵃ, *vgl.* kluftzange. *hierher wol auch:* daʒ ir ew dann mit wegen, hawn, schaufeln, multern, kloften (*spitzhacke, eisenkeil?*) und anderm zeug in die Newnstat füget und helfet dieselb unser stat zu der were zu ze richten Mh. 2, 529; *losgespaltenes stück,* klotz: den steinen hûb sich michel nôt und auch des holzes kluften Pass. *K.* 661, 51; — *klumpe, zusammengeballter haufe. hieher?* die frucht ze kluften bringen, *die frucht in fülle entwickeln?* Hätzl. 1. 130, 22. *s.* Dwb. 5. 1267, 8ᵇ; — *ein spiel: md.* daʒ bôse spel das man nennet dy cluft Dwb. 5. 1267, 11 (*a.* 1387). — *zu* klieben, *vgl.* kluppe;

kluftic *adj.* fissilis Dfg. 237ᵃ, *vgl.* vierkluftic.

kluft-zange *f. grosse zange,* tenella Voc. 1482. *ahd.* cluftzanga Hpt. 5, 358ᵃ.

klumpe *swm. md.* clumpe, massa Dfg. 350ᵉ.

klümpen *swv.* alle sine âdern klümpten sich Ab. 1, 122. *vgl.* klimpfen.

klumpern *swv.* (I. 848ᵇ) klimpern Wolk. *vgl.* Kwb. 160. Dwb. 5, 1293.

klumpfen? *s.* erklumpfen.

klumse, klunse *swf.* (I 848ᵇ) *spalte. pl.* klumsen, klümsen Mone 8, 249ᵇ. 495ᵇ. klims, klimps Dief. *n. gl.* 319ᵃ. klimpse Zimr. *chr.* 3. 161, 23 *u. bei* Keisersb. *im* Dwb. 5, 1170. glimse Ls. 3. 541, 98. klunse Myst. Mgb. 3, 19. klünse Dfg. 237ᵃ, *pl.* clunsen, clünsen

DIEF. *n. gl.* 319ᵃ. klunze DFG. 498ᵇ. klinse
DWB. 5, 1198 (*15. jh.*). — *vgl. ib.* 1300;
klümsel *stn. dem. zu* klumse MONE 8, 495ᵇ.
klünsel MGB. 291, 15. 23.
klunc, -ges *stm.* (I. 844ᵇ) *klang* OT. 21ᵃ. *vgl.*
klanc, klinc. — *zu* klingen;
klunge *adj. in* hôchklunge, *vgl.* klungic.
klungeler *stf.* (I. 848ᵇ) *troddel, quaste?* glungeler RENN. 12561. *vgl.* glunke, glunkern.
klungelîn *stn.* (*ib.*) *dem. zu* ahd. chlunga, *knäuel* Voc. *o., md.* klongelin DFG. 266ᵃ. *vgl.* DWB. 5, 1295;
klungeln *swv.* glomerare DFG. 295ᶜ.
klungic *adj. klingend.* wol klungic (: zungic) MSH. 2, 383ᵇ. — *zu* klunc.
klunkel *stn.* (I. 848ᵇ) *s. v. a.* klungelîn? HELBL. 1, 400.
klunse, klünsel *s.* klumse, klümsel;
klunsen *stn. das schmeicheln, schöntun* NEIDH. 68, 8 *var.*;
klünzen *swv. dumpf tönen, schallen.* mein hamer der mag klünzen (: münzen) BEHAM *in v. d. Hagens samml.* 46 (WACK.), *vgl.* DWB. 5, 1301;
klunzern *swv.* (I. 848ᵇ) *erbärmlich, weinerlich tun* RENN. 12258. *vgl.* DWB. 5, 1301;
klunzlot *adv.* kl. sprechen, *schmeicheln* WOLK. 44. 2, 1.
kluoc, -ges *adj.* (I. 848ᵇ) *md.* klûc: *fein, zierlich, zart, schmuck, hübsch, stattlich von menschen* PARZ. TRIST. *U.* ein ritter kluoc HELMBR. 1387. juncherlîn in dienten, die man nante kluoc LOH. 3195. der selbe hübsche knabe kluoc DIOCL. 1337. dô was er (*das Christuskind*) zart und alsô kluoc FRL. 278, 8. Engeltrût sîn frouwe kluoc ENGELH. 2468. da was si noch jung, klug und zart FASN. 321, 19. ich bin sô clug und sô wol gefar 105, 24. auch was ich waidenlich und cluog HÄTZL. 41ᵇ, *auch tapfer:* er kluoger helt MSH. 3, 57ᵃ. Mazeus was zuo strîte kluoc GERM. 3. 353, 15. *vgl.* LIVL. 4797. 6046; *von körperteilen:* ir nase kluoc BELIAND 3792; *von tieren* BON.; *von dingen* ROSENG. BON. DIOCL. TROJ. (der stein gar edel unde kluoc 9922. zwei tassel von gezierde kluoc 20200). kleinœde wert unde kluoc MAI 104, 14. vingerlîn spæhe unde kl. FRL. 30, 7. durchlûchtige und kluoge gimme WOLFD. 1396. kluogeʒ vingerlîn, bilde *ib.* 1448. 1551. ein kluoger gürtel NEIDH. 216, 9. rôsen alsô kl. *ib.* XXVIII, 11. mit kluogem gezeug MGB. 106, 14. ein kl. swert

KRONE 15163, sper 29360, marstal 20587, anger 21346. kluoge slüʒʒel, keten KOL. 172, 589. 177, 768. ein kluogeʒ brünnelîn KELL. 97, 27. ein crûce an formen klûg ELIS. 5994. kluoge tenze FRAGM. 34ᵃ, 29. cluoger gesanc FASN. 1114. kluge (*interessante*) dinge CHR. 9. 871, 17; *von abstracten:* kluogiu freude KRONE 21948. kluogiu sünde FRAGM. 35ᵃ, 7. kl. âventiure WOLFD. 1. ob er sîn leben cluoc verlüre TROJ. 4277; *auch von anstand u. sitte: fein, höfisch*, kluoger, urbanus VOC. 1482. der kluoge meisterknappe PARZ. 59, 30. der kluoge höfsch getriwe sprach LIEHT. 316, 2. 325, 26. kluoc an hövescheit NEIDH. 59, 19. kluoge gebærde BERTH. 286, 38. BON. 99, 29. mit den worten kluoc HELBL. 1, 460. die mit ir sange wæren cluoc und mit ir sprechen hövelich TROJ. 58. eʒ wære kluoc swaʒ er redt von manegen sachen TEICHN. 215. ir opferganc ist sô kluoc *ib.* 221; — *geistig gewant, klug, weise* PARZ. BON. RENN. der furste sêlic unde klûc ELIS. 1625. 2319. 3648. dî reine frouwe klûc *ib.* 3830. 8289. Salomôn was nie sô cluoc MOR. 1, 3128. nu sint die jungen alsô kluoc MSH. 3, 45ᵇ. diu minne ist kl. *ib.* 317ᵃ. aller kluogest dûht sich Beramîn NEIDH. 188, 24. der stain macht seinen tragær kluog oder kündisch MGB. 468, 1. er was wise unde kluoc LIVL. 11672. er ist alsô clûc, daʒ im nicht verborgen ist PASS. 284, 60. die klugen legen, *laien* CHR. 8. 230, 7. mit weisen und mit cluegen sachen FASN. 1123. *mit gen.* Artus der witze kluoge j. TIT. 1737. klûc der sinne PASS. 165, 63. *K.* 132, 95, des herzen *ib.* 258, 90. eines d. kl. werden *es erfahren, merken* RSP. 1228. *mit präpos.* an tugenden klûc *ib.* 539, 32. dî frouwe an sêlekeide clûg ELIS. 3013. vil sint von worten wîse und kluog NARR. 8, 5. klûc ûf allen dingen PASS. *K.* 267, 74; *schlau, listig* RENN. (des siht man junge fühselîn vil klüeger denne ir veter sîn 21788). daʒ man juden, wucherær setzt vür kluoge meister hie TEICHN. 300. kluoge widergenge HADAM. 436; *weichlich, üppig* BON. — *von dunkl. abst., vgl.* DWB. 5, 1269. DIEF. 2, 412. WACK. *stellt es zu gr.* γλυκύς.
kluoc-heit, kluokeit *stf.* (I. 849ᵃ) *md.* clûcheit, klûgheit: *feinheit, zierlichkeit* BON.; *feines benehmen, anstand.* mit vil grôʒer kl. dient man dirre ritterschaft KRONE 14735; *klugheit, verständigkeit, geschicklichkeit, vgl.* DFG. *s. vv.* prudentia, sagacitas, subti-

litas, astutia. diu vrouwe ist kluoc, vor ir kluokeit ist aller vrouwen list ein wint Msh. 3, 71ᵇ. ein kluokeit, behendikeit und gevuokeit Renn. 7126. als in sîn clûcheit lêrte Pass. 51, 64. vgl. 272, 22. 314, 20. durch ein kluogheit etw. sagen Mgb. 53, 5, *weltklugheit, weltkenntnis* Myst. 1. 181, 21, *kunstgeschick* Bon. Neidh. XXXIV, 16. solertia, industria Dfg. 540ᶜ. 295ᵇ, *vorsicht*, cautela Dfg. 109ᵃ; *schlauheit, list, kniff* Renn. (judisten kl. 8612). alsô mac man wol valschen friunt mit kluocheit überwitzen Kolm. 16, 38. mit sulcher clûcheit dô gewan Julianus der bôse man, daʒ er geweldich keiser wart Pass. 356, 58; *weichlichkeit* Bon.

kluoc-lich, **-lîche** *adj. adv. zart, klein, schön.* ein kluoglich kindelîn Mus. 1, 308. eʒ sol ouch dehein man, der niht ritter ist, keinen schuoch dragen zerhouwen mit löubern oder mit wæhen klüeglichen snitten Anz. 4, 202 (a. 1356). — *auf zierliche, schöne weise,* ein palas, der clüeglich wol beströuwet was mit bluomen Krone 14618. diu êwige wîsheit ist sô kluoclich zart Myst. 2. 153, 15; *auf feine, kluge, geschickte weise,* kluoclîche zeisen Renn. 19434. den (brief) nam der priester und entslôʒ in kluogliche Chr. 8. 430, 3. daʒ die bant und die ringe all klüegelich zerfigelt worent *ib.* 87, 21. daʒ wir derfarin seinen sin chluochleich Ring 23ᶜ, 34. klûclich varn, *weise zu werk gehen* Pass. K. 267, 79. dar ûf er chlûchelich trachte *ib.* 82, 93. vgl. Evang. L. 16, 8. Kirchb. 794; *auf höfliche weise,* klüegelîchen trit ich dar Helbl. 13, 108; *vorsichtig,* caute, cautim Dfg. 109ᵃ.

kluogen *swv.* kluoc *sein,* callere Dfg. 90ᶜ.

klupf *stm. s.* klapf;

klupf *stm.* (I. 849ᵃ) *schreck* Lanz. Ecke, Heinz. ein ride sî von klupfe bevie W. *v. Rh.* 172, 44. daʒ im ein kluph ze herzen kam Part. B. 10554. der fröuden klupf ir herze traf *ib.* 14920. — *zu* klaffen, *vgl.* Kwb. 162. Dwb. 5, 1063: „die eig. bedeutung war wol die wirkung, die aufs gemüt ein donnerschlag übt"*;*

klüpfel *stm.* (I. 847ᵇ) *md.* klüppel, kluppel: *werkzeug zum klopfen, schlagen,* antrillus, klupfel, kluppel Dfg. 39ᵃ, malleus, *schlegel ib.* 344ᶜ. den solle der burggreve mit hamer und klüppel in den stock slahen Gr. W. 3, 487; *glockenschwengel* Freid. ain glock on klüpfel gibt nit ton Narr. 41, 1. bacillus, klüpfel, klüppel, kluppel Dfg. 65ᵇ; *knüppel,* *knüttel* Livl. ein klüpfel von horne *am schwanze des drachen* Wolfd. 1673. 75. 76. einen klüpfel truog er in der hant Wartb. 160, 7. den klüpfel warf er ûf ze hant *ib.* 10. klupfel, *knüttel, holzabfälle* Tuch. 68, 29. 90, 33. 243, 35. 274, 8. *vgl.* klöpfel;

klupfen *swv.* erschrecken, *in* erklupfen.

kluppe *swf.* (I. 846ᵃ) *zange, zwangholz,* forcipula Dfg. 242ᵇ. den span in einer kluppen veil tragen Münch. *r.* 503; *abgespaltenes stück,* man kan die rede nû anders snüeren und in manger kluppen spalten Renn. 21703 (*vgl.* ein rede in siben stücke spalten 18187). — *zu* klieben, *vgl.* kluft;

klüppelîn *stn. stäbchen* Buch v. g. sp. 9. *vgl.* Dwb. 5, 1307.

klûse, klûs *stswf.* (I. 849ᵇ) kliuse Erinn. 23: *s. v. a.* klôse, *klause, einsiedelei* Erinn. Walth. Trist. Mai, Pass. (337, 24. *K.* 94, 7. 114, 71). Kchr. *D.* 359, 9. Glaub. 3175. Troj. 13515. 663. Albr. 12, 72, *kloster,* munster, kirchen unde klûs *ib.* 293, 25. die entratten kirchen oder klûs dannoch in dem lande Livl. 718; *wohnung, behausung überhaupt mit dem begriffe des heimischen, traulichen* Walth. lasters pfluoc ert nû durch mîne klûse Msh. 3, 23ᵃ. in unser hûs und in unser klûs Kol. 184, 1040. *bildl.* Walth. Ms. (Msf. 42, 19). Engelh. (der Eren klûse 928). Helêne ist aller wunne dach und aller fröuden klûse Troj. 19855. in des Nîdes klûsen Renn. 14034. Albr. 6, 117. in sînes herzen klûse *j.* Tit. 3965; *felsspalte, kluft, engpass* Parz. Rul. 97, 16. Karl 3132. Mar. 156, 18. eine wilde clûse Troj. 705. 5898. in der erde âdern und in iren clausen Mgb. 427, 16. daʒ herzog Lûpolt uns auch sîn clûsen und slosze offen Rcsp. 1, 582. unser purg und veste Chuofstein, Chitzpühel *etc.* mit den clausen, die zu dem lande gehœrent Mw. 262. 63 (a. 1319); kl. *von der gebärmutter:* daʒ sich der sâm des mannes tailt in der frawen clausen Mgb. 486, 34. diu käusche clause Marîen *ib.* 246, 3. *vgl.* 460, 4; *schleusse zur aufstauung eines gebirgsbaches für die holzflössung:* klausen auf den pächen schlahen Mh. 2, 641. — *aus mlat.* clûsa.

klûseln *s.* kliuseln.

klûsen *swv. in eine* klûse *bringen, einschliessen.* dô clûsete sich diu künegîn Roth. 5183. einen î n kl. *einsperren* Kulm. *r.* 5. 49, 2. — *mit* be-, en-, ge-, ver-. *vgl.* klôsenen;

klûsenære *stm.* (I. 850ᵃ) *md.* klûsenêre, *s. v. a.*

klôsenære MYST. ULR. *Wh.* 256ᵉ. WH. *v. Öst.*
59ᵃ. EILH. 3992. 4039. PASS. *K.* 93, 11.
HEINR. 2351. GERM. 16, 65ᵇ; *mit umlaut* kleusener, kleusner DFG. 292ᵇ;

klûsenærinne, -în *stf. s. v. a.* klôsenærinne KOL. 273, 1046. H. *v. N.* 358. clûsnerinne JER. 10825 (*var.* clûserinne). clûsenêren ELIS. 6479; *mit uml.* cleusnerin DFG. 292ᵃ.

klûsen-tor *stn. tor einer* klûse ZING. *Pl.* 6, 108.

klûter *stm. ? fleck, schmutz, md. im reime auf* lûter: âne clûter ELIS. 8672. lasters klûter HEINR. 1428. dô macht ich manich klûter dar under PF. *üb.* 17, 1036. — *vgl.* VILM. 208. DWB. 5. 1008, 2 *a.*

kluterære *stm. gaukler ? als fing. name:* sô kumet danne bruoder îtelspot unde bruoder cluterêre LESEB.⁴ 814, 11. *vgl.* DWB. 5, 1214;

kluterîe *stf. gaukelei, täuschung.* die fürsten rîch von hôher kür mit kluterîe (*hs.* klaterîe) er dâ verriet PART. *B.* 17921;

klutern *stn.* (I. 850ᵃ) *das spintisieren* KROL. 3763. *vgl.* DWB. 5, 1214 *u.* verklütern.

kluter-spil *stn.* (II². 502ᵃ) *s. v. a.* kluterîe PASS.

klüter-wort *stn.* (III. 808ᵇ) *eitles, unnützes wort* MYST.

klutterât *stf.* (I. 850ᵃ) *arglistiger anschlag* PASS.

klutzen *swv. s. v. a.* klucken, glocidare DFG. 265ᶜ. klützen als ein huon RENN. *alt. dr.* 183ᵇ.

klûwen *stn. s.* kliuwe.

knabatze *swm. knabe, junge* FASN. 1288. *vgl.* DWB. 5, 1310;

knabe *swm.* (1. 850ᵃ) *md. auch* knave JER. 19005, knafe CRANE 2061 *u.* 73 *var.: knabe* PARZ. si gebar einen chnaben GEN. 90, 13. si hôrte weinen einen wênigen chnaben *ib.* 88, 13. wær ich gebildet zeime knaben TROJ. 16114. ist ez (*das neugeborne kind*) ein knabe 42283. der jâre ein kn. 1791 2622. er ist ein kn. sô wilde 13538. der reine knabe OTTE 60. daz kint was ein vil schœner knabe SILV. 110. ein kn. oder ein megetîn ULR. *Wh.* 159ᵃ. fünf tohter und fünf knaben APOLL. 19917; *jüngling, junggeselle,* die drîe chnaben, *die drei jünglinge im feuerofen* HPT. 3. 519, 5. 520, 22. ieder dirnen wirt ein kn. *beim tanze* MSH. 1, 141ᵇ. ie zwischen zwei meiden gie ein knabe, der ir hende vie HELMBR. 102. ob der knabe und diu juncfrowe ir fleisch ze einander hânt gemischet SWSP. 48, 1. wenne der knab ein wîb nimet âne sîner vrûnde rât KULM. *r.* 5, 52. der hôchgeborne kn. *von Achilles* TROJ. 6529. 15681, ein ûzerwelter kn. *ib.* 6555. zwêne knaben, *dorfburschen* NEIDH. 98, 32. ain knab was so hold mir HÄTZL. 227ᵃ, *vgl.* 8ᵃ. 116ᵃ *u.* FASN. 519, 3. 737, 23. 738, 4; *für mann überhaupt* APOLL. 17839. 20335. knabe *nennt sich Rudolf im* ORL. 15593. 608; *kerl, bursche* Iw. der ungefüege kn. ER. 5552. DAN. 2813. 7193. der swarze kn. MOR. APOLL. 19583. ein freier kn. *flotter bursche* GERM. 3, 374. *obsc.* der glatzete kn. FASN. 346, 30. 732, 24; *junger mann in dienender stellung, diener, page, knappe* PARZ. NEIDH. PASS. ER. 2506. 3540. 57. ritter, knaben unde wîp ENGELH. 2251. MSH. 3, 63ᵃ. dô griffen sîne knaben zuo unde engurten diu marc BIT. 3128, *vgl.* 3228. 45. des keisers knaben TUCH. 300, 28, ein knecht oder knabe NP. 82, *im kriegsdienste:* werde ritter, freche knaben KREUZF. 6117. mit vil ritterlîchen listen bewarten sich die gotes knaben KARL 5539; *geselle,* ez sîe meister als knab S. GALL. *stb.* 4, 262; knab, hernia vel tumor VOC. 1482. — *vgl.* DIEF. 2, 462. DWB. 5, 1311 *u.* knappe;

knäbel, knabel *stn. s.* knebelîn.

knabe-lich *adj. puerilis* HPT. *h. lied* 24, 24.

knabende *part. adj.* der was noch (*gedr.* nach) kleine knabende (: habende) *war noch nicht, od. kaum erst* knappe *geworden* j. TIT. 4257.

knaben-krût *stn.* aphrodisia, satirion DFG. 514ᵃ. 644ᵃ. ZIMR. *chr.* 2. 380, 10 *ff.* 381, 1 *ff. vgl. oben* knab, hernia.

knaben-wât *stf. kleidung für die* knaben, *pagen* BIT. 3249.

knaberîn *stf.* (I. 850ᵇ) *unkeusches weib* LS. 2. 661, 24.

knäblach *s.* knebelach.

knacke *swm. md.* gnacke, fragor DFG. 245ᵇ;

knacken *swv. krachen, knacken md.* dat em alle ribben scholen knaken MONE *schausp.* 2, 40. ich lige (*lüge*), isz möchte knacken ANZ. 7, 416. das im gn a cken alle knochen FASN. 931, 30; *einen sprung, riss bekommen.* die (prüst) sein als hert, sie mechten knacken *ib.* 250, 26. — *vgl.* DWB. 5, 1330.

knafe *s.* knabe.

knaffen *swv. ndrh. knausern* KARLM. 381, 29.

knappe *swm.* (I. 850ᵇ) *manchmal* knape, knap (*: gap*) Msh. 3, 348ᵇ, *verhärtet aus* knabe: *knabe* Parz. der knappe (*mit zehn jahren*) kintlîchen sprach Barl. 294, 10. knappe = kint Silv. 122; *jüngling, junggeselle vgl.* Parz. 549, 23. 28. 550, 2. Glaub. 2990. Mar. 156, 8. Pass. 236, 10. 239, 94. 240, 82 (*an allen stellen daneben* jungelinc) *bes. derjenige der noch nicht ritter ist* Trist. drithalp hundert knapen nâmen swert Lieht. 11, 14. der gewin was ouch niht kleine, den sîne knappen nâmen (*durch den tod vieler ritter*) Lanz. 3059. Boppe der kindische knappe Bit. 7710 (der junge wîgant 6510), *vielleicht geradezu für* ritter, *vgl.* enknappen; *die dorfburschen* Neidh. 18, 24. 80, 40; *mann überhaupt: Neidhart wird* knappe *genannt* 3, 6. 9. 6, 26; *junger mann in dienender stellung wie* knabe Iw. Parz. Trist. Ms. Nib. 1376, 4. 1396, 4. knapp oder diener, famulus Voc. 1482. knapen das sint knehte Hpt. 3, 40. knappen *als diener der königin* Eilh. 5453. vier knappen der abbet nam und hiez sie bette bringen dar Ulr. Wh. 159ᵃ. die vier knappen *als wächter* Ga. 2. 639, 66. ein vrecher kn. Troj. 16691. ritter, knappen und burger *als zeugen* Ukn. 83 (*a.* 1302). Stb. 268 *u. o., im kriegsdienste,* chuone chnappen Exod. D. 163, 14. Karl 12139, *auch die läufer im schachspiel heissen* knappen Alexius *s.* 189. Hpt. 9, 308; *knecht, geselle,* der stat knappen Gerh. 4152. *bes. bei wollwebern u. tuchmachern* Germ. 3, 308. Mone *z.* 9, 150. 52 (*a.* 1486) *vgl.* hûsknappe, *bei den müllern* Msh. 3, 348ᵇ (*vgl.* knappengëlt), *bergleuten s.* bërcknappe.

knappe-lich *adj.* (I. 851ᵃ) *einem knappen zukommend* Parz.

knappelîn *stn. dem. zu* knappe. knapelîn Crane 2069, *var.* knafelîn. kneppelîn Mone schausp. 1, 115. Ammenh. *s.* 341. *vgl.* knebelîn;

knappen *swv. in* be-, enknappen.

knappen-gëlt *stn. malgeld* Oberl. 801. Mz. 3, 20. 4, 221. 309. *vgl* knappe, *müllknecht*.

knappen-schapelîn *stn.* schapelîn *eines* knappen. knappenscheppelîn Apoll. 18678.

knappe-schaft *stf.* (I. 851ᵃ) *weise eines knappen* Ms. (*H.* 2, 202ᵇ).

knarbel-, knarber-bein *s.* knorpelbein.

knarpeln *swv. mit den zähnen knirschen* Fdgr. 1, 379ᵃ. *vgl.* Dwb. 5, 1352.

knarren *swv. knarren.* under des knarrete ein bret Ga. 3. 85, 466. *vgl.* gnarren.

knat *prät. s.* knëten.
knave *s.* knabe.
knawel *s.* kliuwelîn.
knê *s.* knie.

knebel *stm.* (I. 851ᵇ) *knebel,* columbar Sum. columbar, ein knebel do man di ross in spant Dief. *n. gl.* 102ᵃ, *vgl.* knebelloch; *knöchel,* condylus Dfg. 140ᵇ, *vgl.* knübel; tegra, est instrumentum quasi furca ad nectandum, necandum Dfg. 575ᵇ; *holzstück um die haare darum zu winden (als strafe)* Ssp. *s.* Dwb. 5. 1375, 5 *a; an einem seile befestigte stange als sitz, auf der die verbrecher sitzend in die gefängnisse hinabgelassen wurden* Zimr. chr. 2. 391, 33. *hierher vielleicht:* des drappers (= trappier) verantwurtunge von des knebels ziehen wegen. - - nach dem stucker schicken und mit ime reden von des drapperers wegen und des knebels ziehen wegen Frankf. brgmstb. 1452 *vig. III. p. Leonh.*; *grober gesell,* bengel Fasn. 88, 13. 539, 6. Zimr. chr. 4. 111, 10; *penis ib.* 4. 108, 10; Knebel *als eigenname* Gr.w. 2, 214. Zimr. chr. 3. 210, 10. — *vgl.* Dwb. 5, 1374.

knebelach *stn.* knäblach *pl. coll.* knaben Chr. 4. 280, 21. 281, 4.

knebel-bart *stm.* knebelbart. *vgl.* Zimr. chr. 3. 171, 3.

knebelîn *stn.* (I. 850ᵇ) *dem. zu* knabe Trist. Wolk. Troj. 381. 568. Apoll. 7071. Dan. 4127. W. *v. Rh.* 71, 11. N. *v. B.* 130. Albr. 16, 469. Leseb. 1016, 18. Chr. 8 260, 22. knebelîn, kneblîn, knabel infantulus Dfg. 296ᵇ. knäbel Mgb. 39, 17 *ff.* 493, 5.

knebel-loch *stn.* columbar Dief. *n. gl.* 102ᵃ.

knehen *s.* kniewen.

knëht *stm.* (I. 851ᵇ) gneht Diem., *pl.* knehte, kneht: *knabe* Troj. Karl. wiltu wizzen, ob daz weib trage einen chnecht oder ein diern Cgm. 315, 12ᵃ. ich was ein vil kleiner kneht, dô Sifrit vlôs den lîp Nib. 1861, 3 *C.* sich knechte spil an nemen, *knabenspiele mitmachen* Renn. 12569. wenne ein knecht zwelf jâre alt ist Kulm. *r.* 4, 106. puer Dfg. 471ᵃ; *jüngling, junggeselle* Berth. (278, 28). *gegens. zu* jungfrawe Zeitz. *s.* 2, 124, *zu* meit Freiberg. 171. vil reiner k. Engelh. 501 (jüngelinc 499). frischer knecht Narr. 87, 13; *mann überh.* ein ieglich k., *jeder mann* Ls. 2. 311, 20, *gegens. zu* wîf, *weib* Karlm. 351, 22, *fast wie kerl, bursche:* ein bœser k. Freid. 49, 8 *u. s.* 218. armer k.

NEIDH. 103, 13. WG. 8674. jâ bin ich dem gewande gar ein ze grôzer k. HELDB. *H.* 1. 128, 432. *obsc. für penis* KELL. *erz.* 435, 23; — *junger mann in lernender u. dienender stellung: knappe, der bei einem ritter dienend die ritterschaft lernt,* oft edel kneht (*s. auch* edelkneht) *zur unterscheidung von andern knechten, allgem.* (edel k. NEIDH. LII, 4. HELBL. 8, 30. 152. rittermæzic k. *ib.* 658. MICH. 3 *s.* 25 *a.* 1338. halp edel k. RENN. 1698, *vgl.* halpritter. wolgeborner k. HÖFER 167. *a.* 1323. ritter unde knehte RAB. 274. LAUR. *Sch.* 536. HPT. 1, 435. besser ritter danne k. RING 51ᵈ, 42; *krieger, held:* guot kneht (*s. ausführlich im* DWB. 5, 1282 *f.*) RUL. LAMPR. HARTM. TRIST. KCHR. *D.* 9, 15. 10, 27. EN. 190, 8. 320, 29. 321, 33. NIB. 557, 1. KL. 2150 *var.* GUDR. 344, 3. WIG. 70, 36, *im* LANZ. *bes. gegen das ende sehr oft.* guot kn. *dient auch als allgem. lob für einen biedermann u. ehrenmann* RUL. 82, 18. KARL 2811. SERV. 1770. ER. 1614. 28. 3111. 3344. HEINR. 657, *daher einem gesellschaftl. titel gleich, mit dem man andere nennt od. anredet* ER. TRIST. WIG. HERB. 14781 LANZ. 1992. 3620. FLORE 6654. REINH. 1634. KRONE 19159, *auch* frumer WIG. 60, 36 *var.* tiwer LAMPR., werder WIG. 194, 32, sneller kneht LESEB. 254, 6; *kriegsknecht (vgl.* reis-, schilt-, vuozkneht) rîtende und loufende knechte SCHREIB. 2, 84 (*a.* 1390). redliche knechte *ib.* 410 (*a.* 1474). œde, üppige knechte *herumziehendes kriegsgesindel ib.* 267 (*a.* 1416). lands kneht *fusssoldat im dienste eines landesfürsten seit dem ende des 15. jh. s.* DWB. 5. 1389, 5 *b; knecht als dienender im gegens. zu dem herrn eig. u. bildl.* NIB. HARTM. PARZ. WALTH. FREID. her was mit den knechten knecht, mit den herren herre HPT. 11. 499, 240. der k. beite niht des herren ULR. *Wh.* 155ᵃ. dâ fuor der k. dem herren vor *ib.* ûz einem swachen knehte hât ir gemacht einen voget ENGELH. 3530. der kn. sol dienen MSH. 1, 77ᵇ. ich bin ir kn. die wîle ich lebe FRAGM. 28, 148. iz wêren megde oder knecht ELIS. 8225. knehtes roc derst grâ WILDON. 26, 341. kn. *als bauernknecht* HELMBR. 614. 1081. 86. er gestalt ze iegelîchem vihe einen chnecht, der ez tribe GEN. *D.* 64, 13. eigene gekoufte knehte GLAUB. 2071 (*s.* eigenkneht). arme knehte *leibeigene* SCHREIB. 2, 141 (*a.* 1350). gotes kn. *diener gottes* SILV. 174. 340. 593.

1262. 1430. 1811. KARL. 710. 1645. 5977. PASS. 247, 28. MARLG. 124, 144. gotes knehte, mönche ROSENG. Weigel 724. tiuvels kn. SERV. 2953. IW. 6338. BÜCHL. 1, 257. der Unsælden k. *ib.* 2, 626. des tôdes kn. KARL 6593. der lîp ist der sêle k. *ib.* 723. dô was diemuot des vrides k. AMIS 35. diu werc sint des muotes kneht HPT. 7. 374, 68. kneht der milte SILV. 1158; *lehrling* FRL. 108, 1, *vgl.* lêrkneht; *geselle* KINDH. *Feif.* 1373. 78. iglîcher meister, der einen knecht ûf nemen wil FREIBERG. 291 (*nachher* geselle). jeder knecht meister werden wil NARR. 48, 7. *bei* SCHREIB. 2, 139 –145 (*a.* 1350) *werden aufgeführt* brôtbecken-, küefer-, kürsener-, müller-, mûrer-, reb-, schedeler-, schilder-, schuochmacher-, smit-, wagener-, weber- *u.* wolleslegerknehte; *bergknappe* FELDB. 111. 317. 439. — *wol aus derselben w. wie* knabe *s.* DWB. 5, 1311. DIEF. 2, 462.

knëht-brôt *stn. brot fürs gesinde* GR.W. 1, 356. MONE *z.* 11, 225.

knëhtchîn *stn. md. dem. zu* knëht, *knäblein* LUDW. 53, 1. GERM. 9, 177. meidichen und knechtchen STOLLE *bei* HPT. 8, 309;

knëhtelech *stn. dem. u. coll. zu* knëht. den diernlech unde den knehtelech BERTH. 83, 24;

knëhtelîn *stn.* (I. 852ᵇ) *dem. zu* knëht, *knäblein* BERTH. Ls. WOLK. 70. 2, 15. JER. 26ᵈ. EVANG. *L.* 2, 23. knehtel GEST. *R.* PASS. HELMBR. 1927. APOLL. 9774. WELTCHR. 76ᵃ. MONE 6, 407. 408. JER. 134ᵉ; *kleiner, geringer diener, knecht:* sît unser knehtelîn diz amt wol hete brâcht zû dîme lobe PASS. *K.* 674, 61. er lônet dem knehtelîn, daz den acker bûwet BERTH. 358, 9;

knëhten *swv.* (I. 853ᵃ) *refl. den knecht spielen* FRL.; *sich mit einem knechte versehen:* mit dem heubtman redden, als er nit mee dan ein knecht habe, sich knechten FRANKF. *brgmstb.* 1444 *vig. III. p. Pet. et Paul. vgl.* beknëhten.

knëht-heit *stf.* (*ib.*) *tapferkeit* RUL. KCHR. 4624 *var.*

knëht-kint *stn.* (I. 818ᵇ) *knappe, page* HELBL.

knëht-lich *adj. knechtisch.* nâch knechtlicher art PASS. 234, 44. knechtlîche diet, knechtes *ib. K.* 392, 17. chnechtleich voricht (*furcht*) ADRIAN 456, 1;

knëht-lîche, -en *adv.* (I. 853ᵃ) *auf tapfere*

weise DIEM. LIT. k. er sich werte EN.
193, 7;
knëht-lîcheit *stf.* (*ib.*) *knechtschaft, knechtisches wesen* MYST. (2. 482, 2. 7).
knei *s.* knie *u. unter* knir.
kneiden *s.* knëten.
knëllen *stv. in* er-, zerknëllen;
knellen *swv. intr. mit einem knall zerplatzen* NARR. 6, 19 *u. anm.; tr.?* swalwen knellen (knetten?) leimen hiuselin MSH. 3, 231ᵃ = ein swalwe klent von leime ein h. NEIDH. 30, 38.
kneppelîn *stn. s.* knappelin;
kneppischen *adv.* (I. 851ᵇ) *nach weise eines knappen* HELBL.
knëten *stv. 1, 1* (I. 853ᵇ) *auch* knetten, *ndrh.* kneiden DFG. 438ᵃ, *part. neben* gekneten *später auch* geknoten (: gesoten) FASN. 789, 7; *sw.* sie knetet KELL. erz. 116, 36: *abs. u. tr. kneten* GL. WOLK. WACK. *pr.* 44, 32. 89. den letten knetten W. *v. Rh.* 100, 7. FASN. 390, 8. diu bilde, diu er von der erde letten zesamen hât geknetten W. *v. Rh.* 100, 49. den teic kn. LS. 2. 313, 82. wer ê wil pachen dann er knit FASN. 130, 27. in einem tiefen horwe kneten *waten, wülen* RENN. 18077. dô knâtens hin, dô trâtens her RING 39ᵇ, 22. mit ir knien si in knat HPT. 5, 439. FASN. 554, 15. der trat ûf den mantel und knat in under den vûẓen VET. *b.* 4, 23. di stucke er in sîme herzin knat hin und her JER. 130ᵇ; *als kraftwort für* tanzen FASN. 390, 8. — *altn.* knoda, *woraus ein gt.* knudan *zu vermuten vgl.* DIEF. 1, 315. 2, 461. DWB. 5, 1412;
knëter *stm.* knetter od. auszwurker ains taigs, cerastus VOC. 1482.
knëtschen *swv. s.* knitschen.
knët-troc *stm.* (III. 113ᵃ) artopta, ascia DFG. 52ᵃ. 53ᵇ. *vgl.* teictroc.
kneuf, kneufel *s.* knouf, knoufel.
kneuren *s.* kniuren.
knewen *s.* kniewen.
knie *stn.* (I. 853ᵃ) *gen.* kniewes, knies *pl.* kniewe, knie; *nbff.* kniu (: diu) GEN. 43, 9, *pl.* kniwe GRIESH. denkm. 16, knû VOC. *o.* 1, 208, knûe ZIMR. chr. 3. 332, 25 *ff.*, knü DFG. 260ᵇ, *gen.* knübs GR.w. 4, 51, *pl.* knûwe ANZ. 4, 201. NARR. 105, 26; knei DFG. 260ᵇ. ZIMR. chr. 3. 413, 8; *md. auch* knê ROTH., *ndrh. im pl. sw.* knîn MARLD. han. 38, 26 —: *knie von menschen od. auch von tieren* (TRIST.), *allgem. s. noch:* dô im diu knie an diu wangen ruorten (*im mutterleibe*) RENN. 9019. ûf sîniu knie er kniete dô LIEHT. 307, 21, *vgl.* 325, 29. 326, 2. 544, 3. an blôẓen kniewen ligen LOH. 302, ûffen knien ligen PASS. 352, 9. sich lâzen an diu knie *ib. K,* 663, 5, ûf diu knie ULR. *Wh.* 116ᵈ. GA. 1. 345, 290. an diu knie vallen LOH. 3061 (*vgl.* knievallen). dienen ûf einem knie LS. 1. 561, 82. dô er vor sînem bette stuont ûf sînen knien alsô bar KARL 312. einem diu knie biegen WLN. 204, gên den sich bogen elliu kniu HIMLF. 1089, er bouc vür got des herzen knie GERH. 1015. JER. 60. er gie von dem slage ûf diu knie ER. 848. er slûc in ûf die knie ROSENG. Bartsch 784. von des risen slac kam Wittich ûf diu knie *ib. Meuseb.* 821. daẓ er ir diu bechande ouber ir chnie mit minnen GEN. *D.* 57, 12 (ich hân eine diu, die lege ich uber miniu chniu FDGR. 43, 9), *vgl.* NEIDH. 46, 28. FASN. 701, 12. 747, 29. 760, 2. — *gt.* kniu (*stamm* kniva) *zu skr.* jânu, *gr.* γόνυ, *lat.* genu CURT.³ 170. FICK² 63. GSP. 2. DIEF. 2, 460. DWB. 5, 1421.
knie-âder *f.* varex DFG. 606ᶜ, *n. gl.* 376ᵇ.
knie-bant *stn.* loramentum VOC. *Schr.* 1536.
knie-beten *swv. auf den knieen beten* EILH. 3561.
knie-boge-rat *stn.* knûbograd, pobles VOC. *o.* 1, 2, 211. *vgl.* knierat.
knie-büege *stf.* kniepugin, suffrago VOC. 1482. DIEF. *n. gl.* 354ᵇ;
knie-buoc *stm.* kniepug od. hechse, poples VOC. 1482.
knie-hamme *f.* suffrago VOC. 1482.
kniehen *s.* kniewen.
knie-hosen *pl.* talare DFG. 571ᶜ. *vgl.* GFF. 4, 1050 *u.* kniewelinc.
knie-îsen *stn.* ascia chnieeysen VOC. 1432 *bei* FROMM. 4, 292ᵇ.
knie-kël *swf.* (I. 794ᵇ) *kniekele* NEIDH. XLIII.
knie-leip *stm. grosser brotlaib, stolle.* 6 knielaib und 10 chæs URB. *Str.* 226. 317. 319 (*in den* WEIST. *wird öfter bestimmt, dass der dem hirten u. s. w. zu liefernde* wegge *ans knie reichen müsse*).
kniel *s. unter* künnelîn.
knielen *swv.* knien, *ndrh.* sy knielten ûf de eerte HANS 2736. knîlen, procumbere DFG. 462ᵃ;
knien *s.* kniewen.
knie-rat, -des *stn.* -rade *swm.* (II. 560ᵃ) *kniebug, kniegelenk* GL. (knûwerat, veretrum,

Voc. 1482) GEN. (ze dem chnierade *D.* 6, 29. nidirhalp des chnieraden 6, 31) *s.* DWB. 5, 1431.
knie-rûnen, -runnen? *swv.* (II. 794ᵃ) MSH. 2. 194, 94.
knie-schîbe *swf.* (II². 96ᵇ) *kniescheibe* GL. LAMPR. KRONE, ÜW. 737. HÄTZL. 203ᵃ.
knie-stelze *f.* gipsa Voc. 1482.
knie-über-wërfen *stn. das übereinanderschlagen der knie.* der mensch sol sitzen âne knieuberwerfen MONE 4, 368.
knie-vallen *swv. auf die knie fallen.* diu muoʒ knievallen dare MAR. 156, 3. sie knievalleten vur in spotlîchen MONE 8, 522;
knie-vallen *stn.* daʒ knievallin, daʒ er ûfe den steinen det GRIESH. *denkm.* 16.
kniewelinc, -ges (I. 853ᵇ) *knieharnisch* TROJ. 34917. KELL. *erz.* 590, 8. *vgl.* kniehosen.
knie-welm *m.* knüwelm, suffrago DFG. 644ᵉ.
kniewen, knien *swv.* (I. 853ᵃ) kniuwen W. *v. Rh.* 70, 2. knüwen (= kniuwen), knûwen CHR. 8. 106, 1. 109, 1, 7; 9. 521, 19. 629, 21. kniwen, knewen, knôwen DFG. 260ᵃ. knewen ZIMR. *chr.* 1. 328, 32; 4. 3, 27. knûen *ib.* 2. 585, 31; 4. 281, 3. 366, 7. kniegen CHR. 4. 76, 23 *var.* kniehen (*md.*) RCSP. 1, 223 (*a.* 1411), kniehen, knehen DFG. 462ᵃ —: *auf die knie fallen, auf den knien liegen,* knien GEN. GRIESH. NIB. PARZ. WALTH. LIEHT. (kniet ir niht balde gegen mir nieder 241, 19). er kniewete ûf daʒ gras KRONE 19537. dô ich vor ir kniete MSH. 1, 128ᵃ. kn. vor einer banc RENN. 11275. vür einen od. etw. kn. TROJ. 18890. W. *v. Rh.* 70, 2. GA. 2. 201, 72. Ls. 1. 247, 19; 3. 394, 589. het er gekniet alsô vil ze kirchen alsô zuo dem spil RENN. 11308. — *mit* nider.
knie-wenke *stf.* (III. 707ᵃ) suffrago Voc. *o.*
knîf *s.* knîp.
knîlen *s.* knielen.
knille *s.* knülle.
knîp *stm. messer.* den truhsæʒ erstach er mit einem knîp grôʒ MALAG. 268ᵃ. *ndrh.* knîf KARLM. 388, 11. 42. 390, 37. *vgl.* DWB. 5, 1401 *u.* gnippe.
knipe *s.* gnippe.
knipfel, knipfen *s.* knüpfel, knüpfen.
knir knei *lautmalend:* sus lût der worfil knir knei (: zwei) AB. 1. 65, 80;
knirren *swv. knarren. vgl.* JÜNGL. 434 *var. u.* DWB. 5, 1440;
knirsen *swv. knirschen.* zu folgern aus knirsunge, knürsen *in* zerknürsen;

knirsunge *stf.* knirschung mit den zenen, stridor DFG. 556ᵃ.
knisten *swv. s.* knüsten;
knistunge *stf.* knistung der zene, stridor Voc. 1482. quassatio DFG. 478ᵃ;
knitschen *swv. quetschen, zerquetschen, seit dem 15. jh. s.* DWB. 5, 1446 *u.* zerknitschen, -knëtschen.
kniu *s.* knie.
kniuren *swv. prügeln, knuffen.* kneuren FASN. 1245. 46. 74. — *zu* knûr, *vgl.* erknûren.
kniuwel, kniuwelîn *s.* kliuwelîn;
kniuwelen *swv. ballen, glomerare.* knüeln BUCH *v. g. sp.* 8, 21.
knobe-louch *s.* klobelouch.
knobelouch-houbet *stn.* knobelochhopt, bulbus DFG. 84ᵃ.
knobelouch-lant *stn.* alleumdetum Voc. 1482.
knoc, -ches *stm. nacken.* schwartz als ein rapp is sîn knock (*var.* knopf, knag), gereit ist sînes haures lock HB. *M.* 426. *vgl.* knoche *im* DWB. 5, 1461.
knoche *swm.* (I. 853ᵇ) *knochen, ein md. wort* FRL. 236, 15. Ls. 2. 392, 373. HPT. 5, 444. FASN. 931, 30; *astknorren* vertex, knoch an holz Voc. 1482; *fruchtbolle,* knoch od. knauf auf dem flachs, adula *ib.* — *s.* DWB. 5. 1455, 3;
knochel, knöchel *s.* knuchel;
knochen *swv. knuffen. ndrh.* vaste hey en ouch knochte (: dochte) beneden syme kinne KARLM. 259, 25;
knocherlîn? *s. unter* kunterlîn.
knochs *m. grober mensch* BEH. 388, 15;
knocken *swv. kauern, hocken* Ls. 1. 378, 128. — *zu* knoc, *vgl.* DWB. 5, 1462. SCHM. *Fr.* 1, 1347 *u.* knouken.
knode, knote *swm.* (I. 853ᵇ) knode *ist die überwieg. obd. u.* knote *die md. form:* 1. *natürlicher knoten, am menschl. körper.* der gelider knoden MGB. 49, 27. diu kel ist voller kruspeln und knoden *ib.* 18, 25, dem êrsten gieng eʒ (*d. wasser*) an den knoden, *fussknöchel* MYST. 2. 331, 30, *an pflanzen:* knotte, ex quo proveniunt flores, *keim, trieb,* DFG. 329ᵇ, *an halmen, rohren:* daʒ kraut ist der grôʒen pinzen und wahst lang über sich auf ân all knoden MGB. 390, 30. an slehten binzen knoten suochen RENN. 5164. ob ein pawer ein knoden an ein binzen gemacht hab CHR. 3. 33, 1, *leinbolle* adula DFG. 14ᵇ. *n. gl.* 10ᵃ, *holzbirne* DÜR. *chr.* 525, *vgl.*

Frisch 1, 529ᵃ. Germ. 5, 241. Dwb. 5. 1502, 8. — 2. *künstlicher knoten an einem faden, einer schnur etc., schlinge.* einen knoten stricken Renn. 21997. Heinr. 4517. Pass. 227, 71. 309, 92. die knoten unde seil umbe sich solden knüpfen (*mönche*) Msh. 3, 108ᵃ. niht wan knoden Parz. (257, 14. 260, 6) *nichts als knoten der stricke* (257, 11) *womit das zerrissene hemd zusammengeknüpft war.* an einen rîmen odir eine snûr einen knotin machen Jer. 89ᵇ. knoten an den geisseln Dür. *chr.* 688. dar an (*an den peitschen*) hiengen conoten Roth *denkm.* 23, 127. si machent knoten an die gugeln Mgb. 235, 11. gürtel knoten vol Aw. 2, 57. von der bande knotin intbinden Jer. 115ᵃ. als si gelôsten ûf den knoten, dâ iener ê an gestricket wart Pass. 225, 65. springen nâch des reien knoten, *schlingungen* Neidh. XXII, 17. *häufig in bildl. verwendung:* den knoten (*rätsel*) lœsen Loh. 41. Wartb. 32, 1 (= den haft lœsen 33, 1). den knoten slihten, enstricken Kolm. 18, 62. 82. jâmers knoten entstricken Wh. *v. Öst.* 46ᵇ. der werrunge knote Jer. 141ᶜ. hie belibet unzerlœset der knote Zing. *findl.* 2, 129. knoten an den predigen machen Renn. 22317. *bes. oft im* Pass., *vgl.* 160, 78. 162, 21. 208, 32. 214, 18. 221, 37. 222, 42. 254, 52. 310, 77. 333, 19. K. 67, 81. 80, 56. 114, 24. 120, 64. 158, 9. 163, 65 *u. o.* — *vgl.* Dwb. 5, 1499. Z. 1, 153.

knode-bôʒe *swm.* (I. 230ᵇ) *ein dicker verwachsener kerl, knorz, zwerg* Fragm. 28ᵇ, 90. *vgl.* Dwb. 2, 267.

knödel *stn. dem. zu* knode Mone 8, 495ᵇ. die früchtigen knödel (*fruchtknoten*) an den paumen Mgb. 93, 15; — *stm. kloss als speise* Germ. 9, 200. 203 (16. *jh.*). knödelsuppe *ib.* 200;

knoden *swv.* nectere Mone 7, 301ᵇ. **knoten** *in* entknoten.

knoden-bîʒer *stm. knotenbeisser.* knodenpeiszer, *spottname eines schneiders* Fasn. 618, 16.

knödener? *stm.* (I. 854ᵃ) Gr.w. 2, 183.

knoderoht *adj. knotig, nodosus.* knodrot Mone 8, 495ᵇ;

knodoht *adj. dasselbe* Mone 8, 495ᵇ. knodoht, knotot Mgb. 235, 2. 10. 237, 28. 277, 7. 282, 10. 409, 6. knodecht, knoticht Dfg. 382ᵃ.

knôfel, knœfen *s.* knoufel, knoufen;

knoffeln *s.* knopfeln.

knoflach *s.* klobelouch.

knoger *stm. knoten zu folgern aus*

knögerlîn *stn. knötchen, knöspchen* Mgb. 339, 34. *vgl.* Dwb. 5, 1464.

knolle *swm.* (I. 854ᵃ) *erdscholle.* knoll od. scholl, gleba Voc. 1437. ein chnoll laims Dief. *n. gl.* 194ᵇ. die knollen waichen Fasn. 529, 13, *vgl.* ërtknolle; *klumpen überhaupt* Griesh. Parz. ein k. blies Renn. 9098, goldes *ib.* 15185. Ulr. *Wh.* 161ᵈ. Albr. 23, 180. j. Tit. 1635. 3348. 6117. rîcher kn. *ib.* 4819. ein bercmæʒer kn. *ib.* 251. der wollen ein kn. Renn. 8984. ein knollen kreiden Np. 176. knollen *im mele* Chr. 2, 307, 16. *bildl.* knollen gewinnen, *zornig u. grob werden?* Walth. 32, 12 (*so im* Dwb *u. bei* Pfeiff.; Wilm. 83, 126: „*der dichter scheint an das kröpfen der gänse zu denken*"). der lege vür sich der sünden knollen Renn. 19310. der den knollen (= tœtlîche sünde) ûf im weiʒ Berth. 67, 27. grobe knollen *grobe, plumpe menschen, bauern* Fasn. 539, 7. alsô sint die nâchlieger knollen diser bœser mær Ls. 2, 468, 52. ob ich ein meister müge sîn oder ein knol, *pfuscher* Teichn. 192. *vgl. den namen* Cuonrât Knolle Ls. 3. 401, 106. — *zu* knëllen, *s.* Dwb. 5, 1465;

knolleht *adj. knollig, klümperig.* und pad nit heis (*im november*), wann daʒ plut leit denn knollet in dem menschen Anz. 11, 335 (*a.* 1428). so vellt es (*das mel*) knollet heraus Chr. 2. 307, 15.

knoloch *s.* klobelouch.

knopf, knoph *stm.* (I. 854ᵃ) *pl.* knöpfe: *knopf, knorre an gewächsen*, vertex astknorren Voc. 1482; *knospe,* maneger rôsen kn. Msh. 3, 360ᵇ, aichenlaubes knopf Fasn. 478, 10; *kugel,* kupferîn knöpf Beh. 97, 2; *von blähungen im leibe,* als ir ein knopf entran Altsw. 56, 26; *knopf, knauf am schwerte* Nib. 1721, 2. Gudr. 367, 4. Laur. 451. 78. Wig. 168, 13. Troj. 9960. 34929. 34. Msh. 2, 78ᵇ. 3, 281ᵇ. Helbl. 1, 264. 388. Karlm. 62, 49. 204, 33. 208, 69. wil dich daʒ swert niht snîden sô kêre ich den knopf dar und zerstôʒe dir den kopf gar Dan. 7047, *vgl.* swertknopf; *auf einem dache* Ls. 1. 134, 127, *auf einem gezelte* Er. 8914. Lanz. 4778. Ulr. *Wh.* 129ᵇ. ein spiegel der knopf (*des zeltes*) was Germ. *H.* 9. 118, 780, *auf einem turme* Flore 4202. 13. Troj. 17405. Chr. 2. 136, 8. Tuch. 105, 7. knopf als auf einem turn od. geheuse, tolus Voc. 1482; *knoten, schlinge:* an iegliches knopfes stat, *da wo die fäden einen knoten bilden* Er. 7723. als diu jüdinne einen knopf gestricket an ein linlachen BERTH. 323, 14. knopf od. pant domit man pucher pindet, nodus Voc. 1482. den verstrickten knopf auflösen CHR. 3. 136, 8. ein kriechich hüetelin, dar ümbe mit einem spæhen knopfe ein twehel was geworfen und gestricket TROJ. 4542. *bildl.* ir flehtet unde stricket alle witze in einen knopf *ib.* 10387. dîn majestât in einen knopf drivalt sich wirret KONR. *lied.* 1, 9; *knoten an geiseln* NIB. 464, 1. BPH. 6838. CHR. 8. 88, 4. 107, 27; *hägel*, der knoph *als gränzmarke* MONE 5, 300 (*a.* 1310). — *vgl.* DWB. 5, 1470 *u.* knouf;

knöpfel *s.* knopfelin;

knopfeler *stm. als name* Ls. 3. 124, 108;

knopfelîn *stn.* (I. 854ᵃ) *knöpflein von gold, silber od. edelsteinen* PARZ. WWH. 406, 16. NEIDH. 88, 30. PART. B. 12487. HELDB. H. 1. 260, 794. HELMBR. 199. NP. 60. 66. knöpfel HELMBR. 180. 87. 94. knopfel (*m.?*) internodium DFG. 304ᶜ, *n. gl.* 219ᵇ;

knopfeloht *adj. mit knöpflein versehen (von kleidern)* MONE *z.* 13, 296. knöpflet ANZ. 7, 54 (*a.* 1472);

knopfeln, knöpfeln *swv.* knopfeln, knoffeln, nodare DFG. 382ᵃ. — *mit* ûf, zuo;

knopfen, knöpfen *swv. tr. s.* knüpfen; *intr. knospen:* die pêm knopften fast CHR. 5. 311, 29, *s.* beknopfen (*nachtr.*). *bildl. von der weibl. brust:* die dirn hat im pusen wol geknöpft FASN. 748, 29.

knopf-lôs *adj* enodus Voc. 1482.

knopf-smit *stm der metallknöpfe macht* CHR. 2. 507, 24 (*a.* 1363).

knopf-wurz *stf.* torpeta Voc. 1482.

knoppen *s.* knüpfen.

knor *s.* knorre.

knorf *stm. in* bûrenknorf.

knörlîn *s.* knorrelin.

knorpel-bein *stn.* cartilago DIEF. *n. gl.* 77ᵇ. knorpel-, knorbel-, knarbel-, knarber-, gnarpel-, gnorbelbein DFG. 103ᶜ.

knorre *swm.* (I. 854ᵃ) *knorre, an bäumen* vertex DFG. 629ᵇ. daz holz hât niht vil knorren MGB. 314, 4, *an steinen* knürre MYST. 1. 319, 32 (*var.* knörre, chnoure, chnûre, chnower, knawr, knospe); *hervorstehender knochen, hüftknochen* RENN. *knorpel* WIG. (132, 9 *die hss. haben* chnûre *u.* knorre), *auswuchs am leibe,* tuber DFG. 600ᵇ. daz ime knorrin wârin gewahsin an den kniwen GRIESH. *denkm.* 16. knor, biul und schrimpfen HADAM. 161; *buckel an trinkgeschirren* MONE 7, 180; *kurzer dicker mensch* Ls. 3. 423, 90. — *vgl.* knûr *u.* DWB. 5, 1487;

knorrat *s.* knorroht;

knorrelîn *stn. dem. zu* knorre. die claidung der weibsbilder soll vornen am goller nit weiter ausgeschnitten sein dann ainen zwerhen fingers prait unter irem knörlein am hals reichende NP. 97 (*15. jh.*);

knorroht *adj. knorrig* MONE 8, 495ᵇ. das holz, der paum, diu wurzel ist knorrot MGB. 316, 21. 317, 2. 337, 27. 355, 29. knorrechtig als ein steg RENN. *alt. dr.* 6ᵇ. sein (*des falken*) füsz sind knorret MYNS. 8, 11. ein knorrechts (*mit buckeln versehenes*) becherlin MONE 7, 179. ein knorrat kopflein CHR. 3. 399, 11.

knorsen *swv. in* zeknorsen, *vgl.* knorzen.

knorz *stm.* knortz, puchel, swamm an holz oder maser, tuber Voc. 1482, *eine weiterbildung von* knorre;

knorzen *swv.* balgen, *kneten* FASN. 1219. *vgl.* KWB. 163, DWB. 5, 1493 *u.* knorsen;

knorzic *adj.* tortilis DFG. 589ᶜ. *vgl.* GFF. 4, 583.

knospe *swm.* knorre MYST. 1. 319, 32 *var.* — *vgl.* DWB. 5, 1494;

knospel *stm.?* cartilago DFG. 103ᵃ;

knospoht *adj.* knospot leut *klotzige, plumpe* WOLK. 3. 2, 17. knospeter swanz, zagel (cauda tortuosa) MGB. 235, 2. 237, 28 *var.*

knote, knoten *s.* knode, knoden;

knoter *stm. ein capuciner mit einem knotenstrick um den leib* JER. 177ᶜ. *vgl.* DWB. 5, 1510;

knotte, knottel *s.* knode, knütel;

knotze *swf.* (I. 854ᵇ) *knorre* MOR. 2, 95. *vgl.* knutzel;

knotzeht *adj.* tortilis, knotzicht DFG. 589ᶜ.

knouf *stm.* (I. 854ᵇ) nodus, internodium DFG. 382ᵃ. 304ᶜ; kneuf, conus *ib.* 149ᵇ; adula, *flachsbolle* Voc. 1482; *knauf am schwerte* HERB. 1110. 5411. 11918, *auf türmen* pinnaculum DFG. 435ᵇ. PASS. APOLL. 11219. 13123. die tolen muoste er vüeren wider ûf den k. WARTB. 126, 9. die (*sieben türme*) sliezent sich in einen k. KOLM. 190, 16. *bildl.* Ms. — *vgl.* knopf *u.* DWB. 5, 1366;

knoufel, knöufel *stm.* nodulus, kneufel DFG. 382ᵃ, *n. gl.* 265ᵃ. silberin knoufel und vingerlin ANZ. 18, 13 (*a.* 1383). *sw. pl.* knoufeln *am hemde* ELIS. 1991. *md. auch* knôfel KULM. *r.* 4, 51. die die knöfel von den

kôrröcken gesnitten haben UGB. 463 s. 556;
kneupfel (n?) am hopfen DFG. 614ᵉ;
knoufelîn, knöufelîn stn. nodulus kneufelîn
DFG. 382ᵃ. knauflein HB. M. 410; kneuflein
palenodina Voc. 1482.
knöufel-loch stn. lacinia DFG. 315ᵃ.
knöufeln swv. knöpfen. die ermel gekneufelt
tragen DWB. 5, 1368 (15. jh.) s. ûf, ûz, zuo
knöufeln, ungeknöufelt;
knoufen, knöufen swv. nodare DFG. 382ᵃ,
ndrh. knœfen, nexare ib. 379ᶜ. — mit ûf, ûz,
ent-.
knouken swv. nicken SCHM. Fr. 1, 1347. gnau-
gen FASN. 1212. vgl. knocken.
knû, knü s. knie.
knübel stm. (I. 854ᵇ) md. knubel, knöchel am
finger Ls. Üw. daz horn sint die nagele, für die
gânt die chnubile GEN. D. 5, 27 (chunebele
FDGR. 2. 14, 5). knuwel DFG. 382ᵃ, im pl.
auch für die finger, faust KROL. den selben
müezen erlamen die knübel TANH. hofz. 144.
er vazte in sîne knubele PASS. K. 536, 78. —
aus demselben stamme wie knopf s. DWB. 5,
1471.
knublîn s. kliuwelîn.
knuchel stm. knuchel der gelieder condilus,
knuchel an den gelaichen condus Voc. 1482.
knöchel, knochel occuus DFG. 393ᵇ. knü-
gel (knygel), internodium ib. 304ᵉ. gliche
dem pferde ist sîn knül, sîn clâwen glîch
dem lêpart MALAG. 85ᵃ. — zu knoche;
knuchelîn stn. an sînen knuchelîn an den
handen GRIESH. denkm. 16.
knüeln s. kniuwelen.
knûen s. kniewen.
knuffen s. knüpfen.
knügel, knül s. knuchel.
knülî s. kliuwelîn.
knülle swm. (I. 854ᵇ) ein unkraut im getreide
GRIESH. zizania knülle MONE 8, 398. knille,
knul (md.) DFG. 655ᶜ. — zu knolle?
knüllen swv. (I. 854ᵇ) schlagen, knuffen, stos-
sen Ms. (H. 2, 287ᵇ). ich wil sie all in die
hell knüllen NETZ 12239. — mit ge-, ze-. zu
knolle od. unmittelbar von knëllen? s. DWB.
5. 1517, 6;
knülz m. grober mensch BEH. 388, 15.
knüpfel stm. knüttel. knüpfel, knüppel fustum
DFG. 254ᵇ; antrillus (lapicidarum) knipfel
ib. 39ᵃ; knupfel var. zu klupf LANZ. 784.
5388, vgl. DWB. 5, 1518;
knüpfen swv. (I. 854ᵃ) knüpfen TROJ. (2331.
12189. 36220). den riemen k. ECKE L. 32. einen
knoten an den riemen k. FDGR. 1. 325, 13.
die knoten und seil umbe sich k. MSH. 3,
108ᵇ. etw. mit etw. zesamene chnuphen HPT.
1. 277, 266; niht gebunden noch geknüpfet
mit den banden RAUCH 1, 14. knupfen, knuf-
fen, knipfen, md. knuppen, knüppen DFG.
13ᵇ. 377ᵇ. 379ᶜ, sodann auch neugebildet von
knopf: knopfen, knöpfen md. knoppen
(RCSP. 1, 484) ib.; keten geknüpfet (mit ei-
nem knopfe versehen) anme ort WG. 6687.
— mit be-, en-, ver-;
knüpfunge stf. contractus, vertrag DFG.
147ᵇ;
knüppel s. knüpfel.
knuppel-holz stn. fustum Voc. 1482.
knûr, knûre stswm. (I. 854ᵇ) knoten. der ke-
ten knûr (var. knurre, knote) WG. 6749,
knorre knûre s. unter knorre; fels, klippe,
die groszen kneure HPT. 8, 484, gipfel: hôch
ûf des berges knûre (: mûre) WOLFD. Casp.
254. bildl. SUCH., grober mensch knaur:
paur BEH. 242, 13. 306, 32. FASN. 396, 13.
1263, pl. knauren ib. 525, 13; knuff, stoss,
er entpfing von im manck herten knaur
(: saur) SIGEN. Hag. 37. — vgl. DWB. 5,
1365;
knûren in erknûren, vgl. kniuren;
knürre, knurot s. knorre, knorroht.
knürsen s. knirsen.
knus, -sses stm. stoss in backenknus;
knüsen, knüssen swv. (I. 855ᵃ) prät. knuste,
kneten SUM., stossen, schlagen in ver-, ze-
knüsen. — ahd. chnussan (aus chnusjan)
cnusan, altn. knusa, knosa vgl. DWB. 5, 1527
u. knüsten.
knuspern swv. in zerknuspern.
knüssen s. knüsen;
knüsten swv. (I. 855ᵃ) prät. knuste stossen,
schlagen, quetschen ENGELH. RING 20ᵇ, 6.
56, 26. nbf. knisten, terere DFG. 579ᵃ. —
ahd. chnistjan, chnistan. — mit zer-; vgl.
knüssen, knützen.
knütel, knüttel stm. (ib.) md. knutel, knuttel
auch knottel (DFG. 254ᵇ. HPT. 1, 435. FASN.
516, 28), ndrh. knutzel HANS 1287. 91: knüt-
tel als waffe, kolben. mit knuteln stechen
TEICHN. 291. guot knütel ze kempfen und ze
vehten MGB. 333, 24, als bauernwaffe
HELBL., als hirtenstab ruterum Voc. 1482,
als prügel zum züchtigen, strafen Ms. EN-
GELH. PASS. mit knuteln slahen ib. K. 264,
18. PRIESTERL. 180. ÜW. 286. MÜHLH. rgs. 71.
mit knütteln durchrecken KOL. 257, 455. mit

einem knüttel strâfen ALTSW. 159, 22. mit einem knütel smizzen sie mich umb daz mûl KOLM. 226, 23. eichîner kn. GA. 3. 81, 1434. knütel armes grôz und ellen lanc *ib.* 1. 179, 371; *steinmetzschlägel,* antrillus VOC. 1482. — *zu* knode, knote.

knütel-holz *stn. prügel* NEIDH. 65, 25.

knütel-hübesch *adj. sehr hübsch, iron.* wie knüttelhübsch dunkt sich der knab HÄTZL. 1. 89, 42.

knütelieren *swv.* knüttelieren ERLŒS. 4713 (*Prag. hs., s.* GERM. 3, 469. BECH *beitr.* 9) *s. v. a.*

knüteln, knütteln *swv. mit knütteln schlagen,* baculare VOC. *Schr.* 257. swelch borger den andern knuttilt FÖRSTEMANN *ges. der stadt Nordhausen s.* 54. *s.* DWB. 5, 1534. BECH *beitr.* 9;

knüteln *stn.* ez ensî bluotrunst oder heimsuoche oder tôtslac oder knuttiln HÖFER *s.* 40 (*a.* 1289).

knütel-slac *stm.* (II². 383ᵇ) *schlag mit dem knüttel* SCHEMN. *r.* OT. 69ᵃ. 393ᵃ.

knütel-streich *stm.* (II². 688ᵃ) *dasselbe* TEICHN.

knütelunge *stf. dasselbe.* wêren deme borger geste zû der knuttelunge beholfen FÖRSTEMANN *ges. der stadt Nordhausen* 2, 10 (35) *s.* BECH *beitr.* 9.

knütel-wërc *stn.* er beginnet iuwerm rükke würken ein sulch knütelwërc GA. 1. 52, 429.

knütt- *s.* knüt-.

knütze *stf.* 2 knütschi werks MONE *z.* 5, 113 (*a.* 1359). „*was eine hand auf der breche bearbeitete, hiess* eine knütsche");

knutzel *s.* knütel;

knutzen, knützen *swv. drückend quetschen, zerquetschen, zermalmen.* und knutzt ez umbe sich zû hant PASS. *K.* 593, 79. knützschen NARR. 67, 59. 108, 33. — *mit* zer-. *vgl.* knüssen, knüsten *u.* DWB. 5, 1530.

knûwe *pl. s.* knie.

knuwel *s.* knübel.

knûwen, knüwen *s.* kniewen.

knûwe-rat *s.* knierat.

knûz *adj.* (I. 855ᵃ) *keck, vermessen, waghalsig* LS. OT. (die Stirer wâren knûz 65ᵃ. die mit den bogen wâren k. 71ᵃ. ich weiz in nindert sô k. 108ᵇ. an manheit k. 265ᵃ). daz etlich knaben sind sô k. VINTL. (HPT. 9, 82). knappen knauss NEIDH. XX, 22 *var.* sich k. dünken KELL. *erz.* 18, 29. JÜNGL. 81; *hochfahrend,* gegen den armen ist er k. *ib.* 243.

Knusz *als vorname* GR.W. 3, 433. 34. — *vgl.* DWB. 5, 1372 *u.* 1499 *s. v.* knoten.

kobalt *stm.* (I. 855ᵇ) *s.* kobolt.

kobe *swm.* (I. 786ᵃ) *ein fisch.* kobe, koppe, kape, quappe allota, capito DFG. 24ᵉ. 97ᶜ. *s.* DWB. 5, 1539. KWB. 164.

kobe *swm.* (I. 855ᵇ) *stall, schweinestall* FDGR. 1, 373ᵇ. koben od. sweinstal, ara VOC. 1482. masteswîn, dî uff dem koben ligen ORTLOFF *rechtsqu.* 1, 716; *käfig,* daz recht von vogiln, dî man in kobin setzet *ib.* 1, 749. 51, *vgl.* KWB. 163; *hölung,* in den koven des glûenden oven JER. 1ᶜ. dû machtest in den glûenden coven kûle ROTH *denkm.* 64, 113; *schacht,* kowe oder schechte *im bergwerk* FREIBERG. 266. — *vgl.* DWB. 5, 1542.

cobêbe *s.* kubêbe.

kobel *stm.* (I. 855ᵇ) *enges, schlechtes haus* SCHM. *Fr.* 1, 1216 (*a.* 1462). *vgl.* siechkobel; *stall,* gallistallum DFG. 256ᶜ; *kasten zu einem kobelwagen* HELBL. 1, 626. MALAG. 137ᵃ. — *zu* kobe *s.* DWB. 5, 1539;

kobel *stn. felsenschlucht.* der durch das kobel het sein flies DA. 460. *vgl.* kofel.

kobel *swf.* (I. 855ᵇ) *stute,* equa DFG. 206ᵃ. die kobäuln oder die pfärtmüeter MGB. 137, 7. — *vgl.* DWB. 5, 1540.

kobelîn *stn.* kobelein od. mursel, minutal, *eine gehackte speise* VOC. 1482.

kobel-milch *stf.* (II. 169ᵇ) *pferdemilch* JER. 28ᵈ.

kobel-wagen *stm. kutsche, kammerwagen* DWB. 5, 1541.

kobenîe-korn *stn.* (I. 862ᵇ) *eine pille* MONE *schausp.*

kober *stm.* (I. 984ᵃ, 13) *korb, tasche,* pera VOC. vrat. 1422. *vgl.* koffer *u.* DWB. 5, 1543.

kober *adj.* ein hungrig kobrer habich, *ein eifriger, kampflustiger?* HADAM. 175. *s.* DWB. 5. 1546, 3 *b*;

kober *stmn.?* dunkt dich denn der wîn vür niht, sô tuo ein kober als ein bûr WEIM. *hs. p.* 30. *s.* koberen *stn;*

koberen, koveren *swv.* (I. 855ᵇ) *tr. erlangen, gewinnen.* herbergen koberen LOH. 3979; — *refl. sich erholen* HERB. WWH. (sich koberten die getouften gar 425, 5). LIVL. LOH. (koveren 2716). der manheit sich dâ koberte j. TIT. 4188, sich k. an TRIST. *H.,* swâ freuden flust mit manheit sich wil koberen j. TIT. 5005, *sich sammeln, concentrieren* JER. 87ᵇ. 94ᵉ. 123ᵈ; — *intr. s. v. a.* sich k. *sich erholen, sammeln, kräfte gewinnen.* daz si wol kobern kunden Wwh. 435, 21. entwîchen aber danne koberen j.Tit. 849. daʒ die burger koberten und an den fremden oberten Ernst 807. doch dicke wart (*nach der flucht*) gekobert wider Loh. 2801; *von jagdhunden: suchen, spüren* Hadam. (kobern) 110. 118. 131. 140. 164 *u. o.; hazard spielen*, kobert ain man od trinkt Cgm. 335, 13ᵇ *bei* Schm. *Fr.* 1, 1217. — *mit* be-, en-, er-, über-. *warscheinl. aus lat.* recuperare (*mlat. auch bloss* cuperare), *altfz.* recouvrer, recovrer *s.* Dwb. 5, 1544;

koberen *stn.* (*ib.*) *erholung, sammlung* Wwh.; *das spüren, suchen von jagdhunden* Hadam. 51. 114; *hazardspiel* Teichn. 283 *u.* Ls. 1. 447, 79;

koberunge, koverunge *stf.* (*ib.*) *erlangung, erwerbung.* frides koberunge Elis. 10414; *erholung, kräftigung, sammlung*, kob. Wwh. 435, 16. kov. *ib.* 397, 11. 402, 27. Loh. 2715. 20. 4548. 5844. 52. 57. Troj. 43013. 97. Zing. *Pl.* 8, 169. 9, 1.

kobiʒ-wurz *stf.* centigrana Voc. 1482.

kóbolt, kobólt, -des *stm.* (I. 856ᵃ) *lächerliche, aus holz* (Msh. 2, 332ᵇ. 3, 108ᵃ) *od. wachs* (Aw. 2, 55) *gebildete figur eines neckischen hausgeistes*, *kobold* Renn. (*pl.* k o b ü l d e 10843 *Frankf. hs.*). in koboldes sprâche Ga. 3. 78, 1298. kobolt, procubus Dfg. 462ᵃ, k o b u l t *n. gl.* 304ᵇ. chowolt Enenk. *p.* 114. opold, idolum Fdgr. 1, 386ᵃ. oppolde, elben Dfg. 284ᵇ; kobalt, kobolt, kobult, *ein getränke* (I. 855ᵇ) Voc. vrat. 1422. kobolt, mellicratum, mulsum Dfg. 354ᶜ, 370ᵇ. — *vgl. ags.* cofgodas *lares*, cofgodu *penates, d. h. götter, die des innersten hausraumes, des hauses* (*ags.* cofa = *oben* kobe 2) *walten; im deutsch.* olt *scheint* walten *zu stecken wie in* erhalt, heralt, herolt *s.* Dwb. 5. 1551, 2.

koc, koch *adj. s.* quëc.

kocadrille, -trille *s.* kokodrille.

koch *stm.* (I. 856ᵃ) *pl.* koche *u.* köche: koch Parz. Walth. Freid. Er. 3088. Wig. 226, 35. Loh. 1680. Lieht. 165, 1. Flore 3951. Herzm. 409. 13. Berth. 220, 8. Ludw. 70, 30. 32. eʒ sint verschamter köche kint und schamelôser muoter barn Msh. 3, 16ᵇ. er muoste dienen den kochen (: gesprochen) Ulr. *Wh.* 126ᵃ. swarzer k. Apoll. 197. ein wol gelêrter k. Ls. 3. 35, 410. koch in der hell, teufel Fasn. 881, 18. — *aus lat.* coquus, *das früh auch* cocus *gesprochen wurde* Dwb. 5, 1552;

koch *stn.* (*ib.*) *gekochtes, bes. brei*, *mus* Helmbr. sie leckent daʒ koch ab der want Cod. *pal.* 336, 287ᵇ. daʒ koch bî dem viure machen, daʒ k. eʒʒen *ib.* 288ᵃ. ein groszes k. Fasn. 436, 29. *pl.* guot ding (*lehre*) von allerlai kochen Hpt. 9, 365; — koch *mn.?* *die aufkochende blase*, bulla Dfg. 48ᵇ, *auch* c h ö t, c h o t *ib. und n. gl.* 62ᵃ.

kochære *stm. s.* kocher.

köche *stm. ein erdaufwurf.* ein köche und etliche tîche und züne bi der goltgrueben Mone z. 9, 411 (*a.* 1405), *ebenda* k a c h e, käche (den kache, des käches), *pl.* käche, keche *ib. u.* 1, 306 (*a.* 1419). *vgl.* Dwb. 5, 1553.

kochen *swv.* (I. 856ᵃ) *kochen absol.* si chochete unde buoch Kchr. *D.* 327, 20. iuwer köche, die dâ hie ûf ertrîche kochen Berth. 220, 9. die kunde ouch vil wol kochen Ga. 2. 185, 381, *mit dat. d. p.* daʒ ich den lûten kochete Kchr. *D.* 118, 7; — *tr.* die selben ich gekochet hân Troj. 9243. von zame und ouch von wilde wart dâ gekochet wunder *ib.* 16215, *zubereiten, verdauen:* daʒ pluot ze mark k. Mgb. 22, 23. die gall helf kochen daʒ eʒʒen 28, 26. daʒ eʒʒen k. in dem magen 90, 2. 13. 104, 7 *u. o.* — *mit* durch-. *aus lat.* coquere;

kochen *stn. das kochen* Berth. 220, 16; *das verdauen* Mgb. 159, 32. 401, 7. 403, 24.

kocher *stm.* (I. 856ᵃ) *gefäss, behälter: pfeilköcher* Nib. (916, 4. 918, 2). Herb. 8707. 11691. Lanz. 8726. Ernst *B.* 2864. 3020. Msh. 3, 447ᵇ. Hadam. 530. Albr. 9, 211. 14, 40. Mühlh. *rgs.* 161. Chr. 5. 269, 8. kocher, kucher, koger, keger Dfg. 225ᵇ. kucher Freyb. *samml.* 2, 111 (*a.* 1392). *auch* k o c h æ r e, *wie von einem verb abgeleitet* Parz. Nib. 893, 4; kocher *zum fischtransport* Michelsen *thür. rechtsdenkm. s.* 56 (Dwb. 5, 1560); kocher, textus, textura telorum *od.* kopert *od.* puchdeck Voc. 1482; kocher, *kugelmodell:* kocher, pharetra vel doctrina, lere (*s.* lêre) *ib.*; ramex, riet *od.* kocher Dfg. 483ᵇ. — *vgl.* kocke *u.* Dwb. 5, 1559.

kocherîe *stf. das kochen*, coctio, coctura Dfg. 129ᶜ. hie gêt ûz die lêre von der kocherîe Buch *v. g. sp.* 29; *das gekochte, gericht:* der ein gut köcherîe machen wil. *ib.* 18;

kocherîn *stf.* (I. 856ᵃ) *köchin* Ga. 1. 200, 291.

kocherlîn *stn. pfeilköcherlein* Rauch 1, 338. k o c h e r l i e (: gie) *ib.* 348.

koche-spîse *stf. s. v. a.* kuchenspîse BUCH *v. g. sp.* 1. HPT. 5, 11.
koch-geschirre *stn.* coccula Voc. 1482.
koch-hütte *f. garküche.* taberna, kochhut DFG. 571ª. man sol auch in dhainem laden oder kochhütten kain gastum (gastung) halden CP. 53.
köchinne *stf. köchin* MONE z. 12, 447 (a. 1370). köchin, popina Voc. 1482, focaria DFG. 241ª, *mit richtigem laute* küchin, popina DIEF. *n. gl.* 298ª.
koch-krût *stn.* wenn ein man grün kraut in seinem garten zeucht - - heist man ein kochkraut GR.W. 3, 583.
koch-leffel *stm.* (I. 928ᵇ) *kochlöffel*, cocula Voc. 1482. coclea, kochlöffel MONE 4, 232 *(14. jh.).* TUCH. 289, 3.
koch-maget *stf.* kochmait, popina DFG. 447ᵇ.
koch-meʒʒ**er** *stn. küchenmesser* Voc. 1482.
kochunge *stf.* (I. 856ª) coctio DFG. 129ᶜ.
koch-waʒʒ**er** *stn. wasser, worin etw. gekocht ist, decoctum* MGB. 389, 28.
kocke *swm.* (I. 857ª) *breitgebautes schiff mit rundlichem vorder- u. hinterteil im gegens. zu den länglichen galeeren* GUDR. PARZ. DIETR. 1017. 73. LOH. 5862. ORL. 10730. ULR. *Wh.* 110ᵈ. j.TIT. 4356. LIVL. 8885. SCHILTB. 92. 106. 141. 158 *(auch fem.* ûf der kocken 159). KIRCHB. 790, 64. ALTSW. 139, 11. 212, 30. FASN. 1146. CHR. 5. 396, 3. koche KREUZF. 3730. kocke, koche DFG. 327ᵇ. kogge JER. 3ᵇ. kog GR.W. 6, 313. gocke CGM. 254, 6ª. 257, 15ª. kock, gock, liburnus, triremis Voc. 1482. kucke DIETR 2157. — *vgl.* DWB. 5, 1565.
kocke *stm.? eine belagerungsmaschine.* chocke, chatzen, mangen KREUZF. 2832. — *vgl.* kocke, *haufe im* DWB. 5, 1665 *und*
kocker *stm. höcker* WIG. 163, 1 *var.*
koc-silber *s.* quëcsilber.
koden, koder *s.* quëden, quërder.
kodern *swv. schleim auswerfen.* husten, spuwen, kodern AB. 1. 30, 9. *s.* koder *im* DWB. 5, 1569.
kodrei, kodreier *s.* kaderîe, kaderîer.
codrille *s.* kokodrille.
kodrolf *s.* kuterolf.
cof *s.* kopf.
köfach *s.* kevach.
kofel *stm.* (I. 857ª) *bergspitze, berg* WOLK. *vgl.* KWB. 163. DWB. 5, 1574.
kôfen *s.* goufen.
kofënt *s.* convënt.

koffe *swf. s. v. a.* kafse, *reliquienkasten* AMIS 938. *vgl.* koffer.
koffe *stf. s. v. a.* amîe Ls. 1. 549, 85. *vgl.* DWB. 5, 1576;
koffelîn *stn. meretrix* FREID. 103, 17 *var.*
koffer *stmn.? kiste, truhe. ndrh.* costellich geschire bráchten se in ir coffer (: offer, *opfer*) HANS 2723. cuffer, *geldkasten* LAC. 1, 393 *(14. jh.).* — *aus mlat.* coffrus, cofrum, *fz.* coffre, *denen vielleicht eine altgerm. form von* kober *mit nd. lautstufe zu grunde liegt* DWB. 5, 1576.
koffer *stm. s.* gaffer.
köffunge *stf. betrug* CHMEL *Max.* 255. *vgl.* koffe, koffelîn *u.* DWB. 5, 1576.
kofse, kofselîn *s.* kafse, kafselîn.
kog *s.* kocke.
koge *f. hölzerner schlägel, womit der küfer die reife antreibt s.* DWB. 5, 1577.
koge *m. ansteckende seuche*, contagio DFG. 145ᶜ; *in der* ZIMR. *chr.* 2. 525, 32. 526, 6 *ff. als schimpfbenennung für personen u. sachen, vgl.* BIRL. 286ª. SCHÖPF 332. DWB. 5, 1577.
kogel *f. s.* gugele;
kogelchîn *stn. md.* die mansgeschlechte trûgen kleine kogilchîn HPT. 8, 469.
kogel-zipf, -zipfel *s.* gugelzipf, -zipfel.
koger *s.* kocher.
kogesch *adj.* contagiosus, morbidus DFG. 146ª. 376ª. — *zu* koge 2.
kogge *s.* kocke.
kog-riuse *swf. eine art fischreuse* GR.W. 6, 312 (a. 1424).
koie *swf. hütte* ELIS. 7458. *vgl.* DWB. 5, 1600.
koiphe, koife *swf.* (I. 857ª) *s. v. a.* goufe 1. KRONE 2900. 6650. 9750. 15325. 814. 22657.
kokânisch *adj. (ib.)* k. gewant, *fantastische kleidung wie aus schlaraffenland (mlat.* Cucania) HELBL. 8, 738. — *vgl.* DIEZ 1, 147. DWB. 5, 1600.
kôkeler *s.* gougelære.
kokodrille *swm.* (I. 857ª) *krokodil* WIG. MS. (*H.* 2, 18ª. 18ᵇ. 259ᵇ. 333ª. 385ᵇ). PART. *B.* 534. 17580. j.TIT. 3832 *ff.* 3871. 3978. 4009. 6010. VET. *b.* 73, 22. MGB. 210, 20. 273, 4. kokadrille TROJ. 3713. 6220. 34150. cocodrulle DIEF. *n. gl.* 98ᵇ, *ebenda u.* DFG. 129ᶜ: codrill, kutdrille, kutzdrilel, kutschdrille (kutsch-, kütschdrille MGB. 233, 2. 241, 21. 248, 21), kuschdrille, kutschgrill. — *aus gr.* κροκόδειλος, *lat.* crocodilus, *mlat.* coco-, corcodrillus.

kök-silber *s.* quëcsilber.

kol *swm. stn.* (I. 857ᵃ) *kole* NIB. BÜCHL. WOLFR. TRIST. WIG. WINSB. *u. md. denkm.* (*auch swf.*) kole DAL. 34, 27. glûende kole DFG. 469ᵃ). sendet im der starken glüete iuwer minne einen koln ULR. 75ᵇ. heiz, swarz (*vgl.* kolswarz) als ein kol TROJ. 15840. 22442. enbrennet als ein k. *ib.* 22889. ein erloschen kol LANZ. 9084. Ls. 1. 113, 26. tôt erlîden an der wide od. ûf kol Ls. *ib.* 429, 98. in kolen ligen L. ALEX. 1430. brâten in den koln GA. 1. 53, 459. ûf koln tanzen AB. 1, 55. der kol MGB. 71, 11. 15. 67, 29. 328, 18 *etc. pl.* koln 451, 34. 436, 17. kolen TUCH. 419, 4, kölen 118, 32. 119, 1. daz kol *durchaus im* FEUERB., *als n. im pl. auch* kölr GRIESH. 2, 119, köler BEH. 123, 21; *kolenhaufe* GRIESH. Ls. FELDB. 200. — *vgl.* DIEF. 2, 438. DWB. 5, 1582.

kôl *s.* quâle.

kôl, kœle, kœl *stm.* (I. 858ᵃ) *auch* kol, köl; *bei der umgelaut. form nicht immer zu unterscheiden ob sing. od. pl.: kol, kolkopf* GL. (*pl.* koche, caules HPT. 9, 398. rœmsche kœle brassica 395. wilde kœle struthium DIEF. *n. gl.* 351ᵇ; kòl, kôle, beta, caulis, olus DFG. 72ᵇ. 108ᵇ. 395ᶜ). RENN. kein kœle ezzen HPT. 6, 366. kol (: sol) Ls. 2. 703, 317. *vgl.* ROTH *dicht.* 40, 30. 35, 39. 41, 55. 59. 65, 80. PASS. 195, 21. koll FASN. 931, 29. kole (*pl.*) CHR. 8. 60, 10. köl MGB. 394, 9 *ff.* 408, 27. 426, 29. *auch sw. pl.* koln GR.w. 4, 532 (*16. jh.*). — *ahd.* chôl chôli *stm.*, cholô *swm.*, chôla *f. aus lat.* caulis *od.* colis DWB. 5, 1578.

kolander *s.* koliander.

kolbe *swm.* (I. 857ᵇ) kulb DIEF. *n. gl.* 151ᵇ: *kolbe, keule als waffe* (*vgl.* kampfkolbe) EN. HARTM. WOLFR. HELBL. MS. (*H.* 2, 80ᵃ. 3, 277ᵇ. 293ᵃ). sie truogen kolben unde bogen MAR. 198, 24. k. von stâl WIG. 172, 5. mit kolben und mit swerten MAI 121, 25. DIETR. 6491. RENN. 11559. APOLL. 17175. 18825. 29. 19549. mit kolben und mit kiulen ALTSW. 186, 31. 241, 52. dâ leite ich sînen kolben und alle sîne strâle hin TROJ. 38716. sîn (*des bauern*) k. was vreislich REINH. 467. man sol narren mit kolben lûsen, *mit knüppeln tractieren, vernünftig machen* GA. 2. 282, 196. NARR. 90, 12. FASN. 119, 35; *hirtenkeule,* agolus DFG. 18ᵇ; k. *des narren, urspr. seine waffe, dann sein wesentlichstes abzeichen nebst der kappe* BÜCHL. 2, 230. TRIST.

EILH. 7136. 88. 7321. dem tôren, der sîn kolben treit, der ist im lieber denn ein rîch BON. 1, 25. den (tôren) dunket nihtes guot wan daz er mit sînem kolben tuot MASSM. *denkm.* 81. *vgl.* NARR. 42, 8. 54, 10. 105, 16; *von kolbenähnl. pflanzen, s.* louchkolbe. — *vgl.* DWB. 5, 1602.

kolbe-gêr *stm.* gêr *mit einem kolben am ende. ndrh.* kolvegêr KARLM. 403, 51.

kolbelîn *stn. dem. zu* kolbe RENN. 16729. kölbelîn, *vom pistille der blume* HPT. 9, 33.

kolbeln *swv. vom abziehen, umziehen des gesindes beim dienstwechsel* DWB. 5, 1609 (*a.* 1460).

kolben-rîs *stn.* (II. 724ᵇ) *baumknüttel als narrenkolbe* TRIST.

kolben-slac *stm. schlag mit dem kolben* APOLL. 7605. 82. HELBL. 2, 1449. ENENK. *p.* 335. 51.

kolben-streich *stm.* (II². 688ᵃ) *dasselbe* MYST.

kol-bërc *stm. berg mit steinkolen* DWB. 5, 1586 (*a.* 1493).

kolc, -kes *stm. ndrh.* aqua illa que vulgo dicitur colc LAC. 1, 358 (*a.* 1188); *strudel,* vorago, abyssus. kolke VOC. 1482, *bildl.* der sundin kolc JER. 43ᵃ. aller erge ein tüfir colk 48ᵃ, des tôdes k. 146ᶜ. — *vgl.* DWB. 5, 1613.

kolder *stm. s.* kulder.

koldic? *adj.* GERM. 7, 377.

coldûn *s.* kaldûne.

kole *s.* kol.

köle, kœle *s.* kôl.

kôle *s.* quâle.

kôle-gruobe *f. qual-, leidensgrube* LIT. 191.

kolei, koleium *stn. collegium* SCHM. *Fr.* 1, 1236. von dem calleyem zu Wienne WEINSB. 94. *vgl.* WACK. *umd.* 27.

kole-kiste *f. kiste für kolen auf einem schiffe* MONE *z.* 9, 33 (*a.* 1464).

kôle-, kœle-krût *stn.* (I. 891ᵃ) *s. v. a.* kôl, caulis kôlkrût DFG. 395ᶜ. ANZ. 11, 334; *gericht von kol,* drîer kôlekrûte (*dreimal täglich kol*) wirt im noch vil selten buoz NEIDH. 68, 32.

kole-meise *stf.* (II. 111ᵇ) *kolmeise* WEIST. GERM. 6, 94.

kolen *swv. s.* koln; **kolen, kölen** *pl. s.* kol.

kolender *s.* kalender.

koler *stm.* (I. 857ᵇ) *köler, kolenbrenner* MSH. 2, 287ᵃ. GA. 1. 174, 210. NP. 300. Mz. 3, 507 *f.* (*a.* 1362). MONE *z.* 1, 436. carbonarius DFG. 99ᶜ. köler BEH. 30, 9. *vgl.* kolner.

koler *stn. s. v. a.* gollier CHR. 9. 970, 23.

colera *f. zorn* ZIMR. *chr.* 2. 313, 20; 3. 498, 30;

*die ru**h**r* PF. *arzb.* 45, 7. — HPT. 5, 462. MGB.
6, 25. 8, 17. 342, 11, *diu fäucht* 446, 21, *diu
rôt* 53, 11, *diu scharf colera* 358, 12. *die
scarfe* kolre, *dissenteria* MONE 8, 493. —
aus gr. lat. cholera, *vgl.* kolre *stm.*
koler-lêhen *stn.* Lavatte *hât ein lêhen, daȥ
ist ein kolerlêhen* URB. *Son.* 86, 3.
kôle-stoc *s.* kôlstoc.
kœl-garte *swm. kolgarten.* köllgarten GR.W.
1, 257.
kôl-gras *stn.* (I. 566ᵃ) *coliandrum* SUM. VOC.
1482. — *umdeutsch. von coliandrum, s.* DWB.
5, 1593.
kol-gruobe *stf. grube zum kolenbrennen. sam
ûf dem wale wære tûsent kolgruobe erzündet
an* DIETR. 8869.
kôl-henger *stm. kolpflanzer* MONE *z.* 17, 42
(*a.* 1327 *Speier*).
kol-hiuselîn *stn. vgl.* kölheusle ZIMR. *chr.* 3.
485, 30.
kol-hütte *stf. kolenhütte* TUCH. 188, 27. 28.
koliander *m.* (I. 158ᵃ) *koriander* SUM. koliander, kolander, kullander, calander, kolinder, koller DFG. 151ᵇ, *n. gl.* 114ᵇ. — *aus
mlat.* coliandrus.
kolke *s.* kolc.
kol-korp *stm. bathulus, gluthafen* VOC. 1482.
kôl-krût *s.* kôlekrût.
koll *s.* kôl.
kollen *swv. s.* quelen.
collâcie *stf. vortrag über tisch in einem kloster. dis ist ein collâcie meister Ekarts*
WACK. *pr.* 59, 91 *u. s.* 303; *abendmal, trunk
nach demselben: auch gaben sie im gar ein
kostlich* collation ROZM. 148. *wie ich gewust bin der collation beim probst zu Breszlaw* UGB. 473. *nâch dem nachtmâle collacie
trinken* N. *v. B.* 337. — „*in den klöstern
wurde vor zeiten abends bei den zusammenkünften das buch des heil. abts Cassianus,
welches man* collationes *der väter zu teutsch
benamste, vorgelesen: hierauf wurde den
mönchen in dem speisesaale eine kleine erfrischung von obst u. andern früchten gereicht und dieses hiessen sie* collation".
GRUNDMAYRS *kathol. kirchengebräuche p.* 13
bei SCHM. *Fr.* 1, 1237. *vgl.* collatio *abentgespreche, abentdranck* DFG. 132ᵃ.
collecte *swf.* collecta (*gebet, gesammelt gebet* DFG. 132ᵃ). *nach der collecten lesen wir
die episteln* BERTH. 497, 32.
kollen *s.* gollen, quelen.
kollender *s.* kalender.

koller *s.* koliander, gollier.
köll-garte *s.* kœlgarte.
kollereht *adj. md.* kollerechte brostchene,
kollerartige leibchen HPT. 8, 319;
kollier *s.* gollier (j. TIT. 3535. TROJ. 36222.
gollier ib. 34544).
kollisch *adj. s.* kölnisch.
kol-macher *stm. carbonarius* DFG. 99ᶜ.
kœl-man *stm. kolgärtner, olitor* DFG. 395ᵃ.
Kolmâr-huot *stm. daȥ die Kolmârhüete* (*var.
kolmer, -kelnerhüete, kolmûrer hüete*) *ûf
kopfe erhellen* NEIDH. XXV, 24.
koln *pl. s.* kol *u.* kôl.
koln *stswv. s.* quëln *u.* quelen.
koln, kolen *swv.* (I. 857ᵇ) *kolen brennen*
WEIST. NP. 307 (*14. jh.*);
kolner *stm. s. v. a.* koler. *ndrh.* kalener DFG.
99ᶜ; *letzner und och kolner* (*var.* brenner)
als verdeutschung von accolliti NETZ 4590.
koln-gemülle *stn. kolenstaub* FRANKF.
baumstb. a. 1406, *f.* 25, *brgmstb. a.* 1439 *vig.
V. p. corp., a.* 1441 *vig. V. p. quasi mod.*
kölnisch *adj. kölnisch* FREID.² 171, 9 (*var.
köllisch, kolsch*). *kolnischer polster* GERM.
16, 76. kollischer *barchant* WEINSB. 53
(*s.* kölsch). kolscher *schillinc* ELIS. 8294
(kulscher *s.* 50).
koln-stoup *stm. s.* kolstoup.
collobium *n.* (I. 858ᵃ) *ein messgewand* SILV.
s. DFG. *s. v.* colobium 133ᵃ, *n. gl.* 101ᵇ.
kol-phanne *f. arcula* DFG. 52ᵇ.
kolre *f. s.* colera;
kolre *stm. koller, ausbrechende od. stille wut.
mich dunket wol, ir habt den kolre* GA. 3.
113, 78. *koler od. inhitzig* (*blut*?), *cholera*
DFG. 131ᵃ. — *aus gr. lat.* cholera.
kol-rôse *swf. swarze kolrôsen* OT. 165ᵇ. —
vgl. DWB. 5, 1596.
kol-rouch *stm.* (II. 746ᵇ) *rauch von kolenfeuer* MÜNCH. *r.*
kol-sac *stm. kolensack* FASN. 309, 7.
kôl-saf, -saft *stn.* (II². 13ᵇ) *bamadomaricon,
succus caulis* SUM. DFG. 67ᵇ. *vgl.* FRISCH 1,
521ᵇ *u.* kôlsouc.
kôl-, kœl-sâme *swm.* (II². 26ᵃ) *kolsame, strucium* DFG. 557ᵇ, *n. gl.* 351ᵇ. PF. *arzb.* 1, 25;
kôl-sât *stf. dasselbe* MONE 4, 249. VOC. 1482.
kolsch *adj. s.* kölnisch;
kölsch, kölsche *stswm.* (*kölnisches*) *zeug,
barchent, gewönl. mit blauen streifen* (*vgl.
oben unter* kölnisch: kollischer *barchant*)
SCHM. *Fr.* 1, 893 (golisch, golsch). golsch
CHR. 5. 114, 22. golcz TUCH. 299, 24. *pl.*

goltschen NP. 129 (*15. jh.*). *im Frankfurter handelbuch v. j.* 1559 I. 7ᵃ *werden unterschieden* Meininger, Ravensburger *u.* Ulmer golschen. — *vgl.* DWB. 5, 1622.

kolse *s.* kolze.

kôl-souc *stm.* (II². 724ᵃ, 26) *s. v. a.* kôlsaf DIEM. *arzb.*

kôl-sprinc, -sprinke *stswm. heuschrecke,* locusta VOC. 1482. MONE 1, 211 (*gedr.* kotsprynke).

kol-stadel *stm. kolenschuppen* TUCH. 185, 19.

kôl-stoc *stm. kolstrunk,* maguderis, thyrsus. kôl-, kôle-, kœlstock DFG. 343ᶜ. 585ᶜ. *vgl.* kôlstrûch, -strunc, -torse.

kol-, koln-stoup *stm.* calcina DFG. 89ᵇ.

kôl-strûch *stm.* maguderis DFG. 343ᶜ.

kôl-strunc *stm.* (II². 704ᵃ) *s. v. a.* kôlstoc GL.

kol-swarz *adj. schwarz wie kole* OT. 45ᵃ. 299ᵃ.

kolte, kolter *s.* kulter.

kœl-torse *swm.* (III. 52ᵃ) *s. v. a.* kôlstoc, -strunc WEIST.

kol-trager *stm. kolenträger* WP. 60. BEH. 311, 30.

columne *f. columna* HB. M. 439.

kolûne *s.* kaldûne.

kol-viur *stn. kolenfeuer* AB. 1, 125.

kol-varwe *stf. kolenfarbe* MYST. 2. 429, 10.

kol-vüerer *stm. md.* kolvûrer, *der die kolen zum hüttenbetrieb herbeiführt* FREIBERG. 269.

kol-wagen *stm. kolenwagen* KIRCHB. 805, 5.

kôl-, kœl-wurm *stm.* (III. 826ᵇ) *kolraupe* MONE 4, 93ᵇ. 8, 394. 99ᵇ.

kolze, golze *swm.* (I. 858ᵃ) *nur im pl., wie hosen eine fuss- u. beinbekleidung.* kolzen PARZ. HERB. (4742. 8705. 25. 14677). ULR. *Wh.* 169ᵇ. 170ᵃ. KARLM. 55, 5. 62, 30. 247, 66. CRANE 3894. kolsen MALAG. 57ᵃ. golzen NEIDH. (20, 30. 21, 16 *var.* kalzen. 29, 6). j.TIT. 1649. KRONE 2848. — *aus it.* calzo, calzone, *fz.* caleçon *vom lat.* calceus DIEZ 82.

kom *m. prät. s.* kâm, komen; kôm *adv. s.* kûme.

koman *s.* koneman.

komat *stn?* (I. 858ᵇ) *in der* ZIMR. *chr.* 4, 546ᵇ der kommat, kummet: *kummet,* epiredium, jugum VOC. *o.,* lantinum SUM., collipendium VOC. 1482. komat (: stat) KRONE 9402. camus, komet DIEF. *n. gl.* 70ᵃ. kommot, kummit *ib.* 152ᵃ. kommet MICH. *Mainz. hof* 28. 29. kumet KOLM. 77, 9. kummot HÄTZL. commolt VOC. *Schr.* 653. kunt SUCH. DIEF. *n. gl.* 101ᵃ. — *aus gr. lat.* chamus, *slav.* chomat, chomato WEIG. 1, 648. *vgl.* kâm;

komater *stm. kummetmacher* NETZ 11209. kumptnære OT. 567ᵃ.

comaun *s.* comûne.

kome *swm. in* after-, nâchkome; *stf. in* erkome.

komedûr *s.* kommentiur; komel *s.* kümel.

köme-lich *adj. s.* komlich.

komelinc, -ges *stm.* (I. 907ᵇ) *ankömmling* DIEM. kumelinc GEN. D. 138, 12. 157, 4; kumelinc, cognatus DFG. 130ᵇ. *vgl.* after-, nâchkumelinc;

komen *stv.* I, 2 (I. 900ᵃ—904ᵃ) 1. *formen. der alte anlaut* qu (kw) *vom gt.* quiman, *ahd.* quëmen (chuëman, chwëman) *hat sich fast nur md. im prät. erhalten, sonst ist* wë, wa *in* o (komen, kom), wi *in* u (kum) *verschmolzen od. der* w-*laut ist ganz geschwunden* (*prät. nbf.* kam). *also präs.* ich kume, kum (ich küm MONE *schausp.* 2, 188. er kunt SUSO, S.GALL. *stb.* 4, 111. NARR. 37, 5. 38, 62 *u. o.* er kemet HPT. 5, 462. ez küm *conj.* MGB. 107, 18. *nrdh. noch* er quimit *neben* kummit WERNH. 37, 33; ich kome, kom, wir komen *bes. bei schriftstellern, die zum nd. neigen*), *prät.* k o m (*aus* chwam, *so noch* GEN. D. 45, 3. 53, 12. 103, 16 *neben* chom 56, 16 *u. vereinzelt auch später, z. b.* kwam GA. 2. 245, 19), *daneben* kam, *md.* quam (ELIS. *s.* 386ᵇ *f.* PASS. K. 758ᵇ) *u. mit schwächung des* m *in* n kon, kan; *pl.* kômen (kâmen) *md.* quâmen, *conj.* kœme (*aus* chwæme GEN. D. 76, 4. ELIS. 340, *zur* ERLŒS. 356), kæme (: næme LOH. 7689), *md.* quême (ELIS. 1758. 2122); *part.* komen (kumen ATH.** 39. NARR. 33, 70. 40, 34. 77, 51. FASN. 1211. këmen ENENK. *p.* 282); *infin.* komen (kumen NIB. 288, 1, *bes. in md. quellen, z. b.* PASS. 93, 51. 96, 90. 98, 80. 99, 8 *u.* DWB. 5. 1627, 3 *a.* kuomen N. *v. B.* 109. quomen STOLLE *bei* HPT. 8, 315. këmen FASN. 381, 26. kon NETZ 9138. 266. 524. 10213. 12127). — 2. *bedeutung:* „*es bezeichnet eine bewegung mit hinsicht auf ihr ziel oder ende, insofern sie es erreicht oder doch darnach strebt, aber angesehen eben von diesem endpunkte aus; darin liegt der unterschied von* gân, *das die bewegung überhaupt, ohne rücksicht aufs ziel, oder bestimmter ihren ausgang u. beginn bezeichnet, angesehen vom ausgangspunkte*" DWB. 5. 1630 II, 1. *zalreiche belege im* WB. *u.* DWB., *so dass hier einige ergänzende beispiele genügen:* kumen und sich vertrîben, *entstehen u. vergehen* PASS. K. 426, 14. schiere kumet daz dir gefrumet MSF. 211, 32. wie quæme daʒ, *wie sollte das geschehen?* WIG. 83, 2. sam ein weter chome mit regine GEN. *D.* 2, 10. der keiser ist ze verre komen, *hat sich zu weit entfernt* KARL 7049. dô daʒ mære kam, *als das bekannt wurde* ER. 2825 *u. Bechs anm.* mîn trôst ist an dich einen komen WINSB. 36, 6. an, in die welt komen MGB. 38, 15. 41, 15. ich chum in dîn lant EXOD. *D.* 151, 22. tiefe k. in etw., *tief eindringen* PASS. *K.* 241, 8. der sunnen blic niemer dar durch kumet Iw. 577. von sinnen k. MGB. 452, 32. daʒ sî von ir selben quam ELIS. 1933. 4201, daʒ sî zû ir selben quam *ib.* 1950. LS. 1. 140, 400. ûʒ sich k., *in verzückung geraten* PASS. *K.* 368, 2. ûf woltât k., *woltätig wirken ib.* 242, 15. die chômen über den selben brunnen EXOD. *D.* 123, 37. die creuzer komen über die prûder BEH. 374, 17. k. von etw., *davon befreit werden* SILV. 1793. er chumet zuo dir GEN. *D.* 64, 19. 76, 3. diu sêle ze genâden chwam, *in den himmel ib.* 45, 3. zuo einander k., *heiraten* GR.W. 1, 362. eines d. ûf einen k., *etw. dem schiedsspruche jemandes unterwerfen* MZ. 1, 401. 479. CHR. 9. 602, 17. 693, 22, *vgl.* hinder einen gân, varn (*sp.* 1293); *mit dat. d. p.* ich chume dir vil schiere GEN. *D.* 67, 16. mir ist chomen in dem troume *ib.* 74, 7. eʒ was in ubel chomen *ib.* 14, 17. als im daʒ wol chom und fuoge USCH. 196 (*a.* 1340). UHK. 2, 270 (*a.* 1374): daʒ sie im quême rechte, *zur gattin taugte* HERB. 678. eʒ (*d. kleid*) komt dir recht ALTSW. 80, 1. der frouwe quam ein pert, *kam zu statten* ELIS. 3621. alse ime zû gemache quam *ib.* 8299. alse einer frouwen rechte quam, *zukam ib.* 109. 650; *mit prädic. adj. od. partic.* (er quam abe geritten, *er ritt fort* PASS. *K.* 161, 10. dô kwam sich ein vil arm man zuo ir in daʒ hûs gegân GA. 2. 245, 19), *mit infin. statt des part. präs.* er kam schrîten, loufen DIOCL. 8553. 1346, springen MONE 3, 27, stîgen HÄTZL. 27ᵃ, *mit infin. des zweckes u. erfolges* Iw. TRIST. dô daʒ kint allez slâfen quam AMIS 973. daʒ er ze helle suochte chomen lôsen die in den nôten wâren HPT. 8, 115, *mit nachs.* eʒ chumet (*geschieht*) noch, daʒ GEN. *D.* 52, 18. AB. 1, 53. eʒ quam, daʒ ELIS. 2492. 4451. — *mit abe, an, bî, în, nâch, über, ûf, umbe, uʒ, vür, wider, zuo; be-, durch-, ent-, er-, hinder-, über-, under-, ver-, vür-, wider-. gt.* quiman *zu skr.* gam (*warscheinl. für* gvam), *gr.* βαίνω *f.* βαμϳο,

lat. venio *f.* gvemio DIEF. 2, 481. CURT.³ 431. GSP. 3. FICK² 58. Z. 1, 151;
komen *stn.* (I. 904ᵃ) PARZ. sus kom daʒ kristenlîche kumen (: vrumen) WWH. 439, 25. iwer komen ze den Hiunen ist mir wærlîchen leit NIB. 1688, 4. *vgl.* 1106, 2;
komende *part. adj.* (I. 900ᵇ, 2) *kommend, künftig* WOLFR. (WH. 159, 19. 172, 9). BARL. kumender gast LOH. 1217, man 1322. dô si den boten komende sach NIB. 224, 1. komende vart CRANE 3455. 61.
komen-lich *adj. s.* komlich.
comentewer, comenthür *s.* kommentiur.
komer *stm. in* nâch-, vürkomer.
komer-lich *adv. s.* kumberlîche.
komet *s.* komat.
comête *swm.* komet MGB. 75, 3. 26. 76, 10. *vgl.* MSH. 2. 379, 9. kamette CHR. 1. 389, 10.
kometer, cometeur *s.* kommentiur.
komil *s.* kumin; **komîn** *s.* kamîn.
comiteur, comitower *s.* kommentiur.
kom-lich *adj.* (I. 907ᵃ) *bequem, passend.* bezʒer, komlicher und nützer MZ. 1, 331 (*a.* 1356). kömelich GRIESH. komenlich ÖH. 45, 31. 66, 24. 151, 20. kumlîche wege fürnemen EA. 110;
kom-lîche *adv.* (*ib.*) doch daʒ solicher tag an gelegen stett gesetzet werd, da wir in komlich gesuchen mugind EA. 134. quêmlichen MONE 5, 88;
kom-, komen-lîcheit *stf. bequemlichkeit, zuträglichkeit* ÖH. 14, 28. 72, 22. 151, 21. S.GALL. *chr.* 24. 30.
commenderer *stm. s.* kommentiur.
comment *n.* comment, coment vel nûe gedicht, commentum DFG. 135ᵉ.
kommentiur *stm.* (I. 858ᵇ) comthur GRIESH. *chr.* LIVL. comentewer *oft in* MZ. 3. comenteuwer *ib.* 4, 82. comenthür GR.W. 4, 64 *f.* commendür BUCH *d. r.* 517. commendûr N. *v. B.* 299. 300. komedûr *ib.* 134. kummentiur LIVL. kummendûr ELIS. *s.* 50. kumtûr WOLFD. 2124. comendûr, kumptuor, kammeter, comiter, kummendurer, commenderer, commelduer DFG. 135ᵇ. kometer, kompter *n. gl.* 103ᵃ. cometeur UH. 2 *s.* 702. MH. 2, 702. comiteur UHK. 2, 242. comitower W. 19 *s.* 30. komtiwer MZ. 3, 98. koumotewer STZ. 290. — *aus altfz.* commendeor *vom lat.* commendator.
kommer-holz *s.* kamerholz.
kommern *s.* kumbern.
commolt, kommot, kommet *s.* komat.

commôn, commûne *s.* comûne.
chomnât *s.* kemenâte.
comnestabel *s.* constabel.
komp *s.* kumpf.
kompân, kumpân *stm.* (I. 911ª) *geselle, genosse.* kompân Helmbr. Jer. 153ª. kumpân *ib.* 99ª. 112ª. 115ᵈ. Helbl. 1, 290. Orl. 10135. Ernst 3828. Ulr. *Wh.* 169ᵇ. 185ᵇ. Trist. *U.* 1541. Ga. 2. 472, 183. 473, 241. Pass. 32, 82. 40, 84. 340, 52. Kreuzf. 977. 7545. Ludw. 56, 23. Mühlh. *rgs.* 137. Chr. 7. 122, 11. kumpânt, *pl.* kumpânde Jer. 115ᵉ. gumpân Ms. (Neidh. XXIII, 19 *var.*); *beisitzer einer städtischen behörde,* der râtis meister mit râte sîner kompâne Salf. *str.* 78. Erf. *st.* 21. 35. — *aus mfz.* compaing, *fz.* compains, *it.* compagno *vom lat.* com *u.* panis. *vgl.* kompânjûn;
kompânîe, kumpânîe *stf. (ib.) gesellschaft, genossenschaft* Trist. 2684. Karlm. 218, 14. 245, 22. 291, 30. kompanje (: Hispanje) 234, 66. kumpânîe Parz. Livl. Trist. 4814. 9418. Eilh. 4481. Orl. 6620. 22. 7232. 39. Apoll. 20074. Helbl. 8, 812. Ga. 3. 71, 1043. Pass. 50, 57. Jer. 64ᵇ. 91ᵇ. 115ᵈ. kuompânîe Lanz. 9294 *var.* gumpenîe Berth. 420, 34. — *aus fz.* compagnie;
kompânjûn, kumpânjûn *stm.* (I. 911ª, 15) *s. v. a.* kompân Trist. (5463. 9763). — *aus fz.* compagnon, *it.* compagnone.
compas *stm.* compas Wolk. 28. 2, 16. helfenbainin compasse Zimr. *chr.* 4. 253, 29 *ff.* compast *öfter im burger- und maisterbuch v.* 1462—96 (*cod. chart. fol. nr.* 235 *im Nürnberger archive*). — *aus fz.* compas, *it.* compasso *s.* DwB. 2, 632.
kompest *s.* kumpost.
cómplêt, complête *stswf.* (I. 858ᵇ) *die letzte kanonische hore des tages (der horagesang sowol als die betr. tageszeit)* Diem. Ulr. Helbl. Renn. 10555. Ls. 3. 395, 145. Pass. 385, 10. gum-, gunplête Chr. 8. 136, 12. Mone *z.* 13, 213.
complêt-zît *stf. tageszeit in welcher die* compl. *gesungen wird* Jüdel 133, 19. Chr. 4. 224, 3.
compléxie *swstf.* (I. 858ᵇ) *complexion, element* Frl. 130, 12. Dfg. 137ᶜ. complexe *ib. u.* Frl. von der natûre complexe j. Tit. 3983. conplexe Hätzl. — *aus lat.* complexio, *vgl.* DwB. 5, 1685.
complieren *swv. complere* W. *v. Rh.* 239, 23.
kompost *s.* kumpost.

compromiss *n.* er ward durch ain compromiss zuo abbt erwelt Öh. 154, 13.
komst *stf. s.* kunft.
komtiwer, kompter *s.* kommentiur.
comûne, comûn *stfn.* (I. 859ª) *gemeinde.* commûne, communio Dfg. 136ᵇ, communi *n. gl.* 104ª. diu comûne Wwh., commaun Chr. 2. 515, 29. 34. daz comûne Ulr. *Wh.* 154ᵈ, comûn Wwh. 115, 5, commûn Uschb. 2, 3. Chr. 2. 324, 7; 4. 164, 4, comaun Otn. 302, 2, commaun Chr. 2. 515, 8, commôn *ib.* 5. 256, 28. *pl.* die brieve gezeiget wurden den commûnen Kolm. 2, 117. — *aus fz.* commune, *lat.* communio;
comunîe *stf. (ib.) dasselbe* Wwh. communie Dfg. 136ᵇ. *vgl.* gamanje.
kon *stv., prät. s.* komen; *fem. s.* kone.
kôn *m. s.* kâm; concienzje *s.* conscienzje.
concîlje *stn.* (I. 859ᵇ) *concilium* Trist. (*lies* 15307, 12. 29). concili, consili Öh. 16, 25. 100, 6. 115, 20 *u. ö.* cützil Weinsb. 94.
concipieren *swv. concipere* Ls. 1. 381, 249. rechnung conc. Mich. *Mainz. hof* 25.
concordanz *stf. concordantia* Wolk. 19. 2, 10;
concordieren *swv.* (I. 859ᵇ) *einträchtig sein, concordare* Leseb. 897, 12. Evang. 273ª.
concubîne *swf. concubina* Chr. 8. 434, 17. Hb. *M.* 151. concupîne Netz 1737. *vgl.* Zimr. *chr.* 4, 547ª.
konde *prät. s.* kunnen.
condewier, condwier, cundewier *stn.* (I. 859ᵇ) *geleite* Wolfr.;
condewieren, condwieren, cundewieren *swv. (ib.) führen, geleiten* Lanz. Parz. Trist. Gerh. Mai, Er. 9868. 9993. Gfr. 2677. Loh. 6170 (gundewieren 5346). Hpt. 11. 494, 78. condvieren Himlf. (Hpt. 5) 1572. condieren Ath. *C** 122. — *mit* zuo, be-, über-. *aus fz.* conduire *vom lat.* conducere.
kondig *s.* kündec.
condiment *stn. (ib.) condimentum* Helbl. Buch *v. g. sp.* 22; *dem.* condimentelîn *ib.* 15.
kone, kon *swf.* (I. 859ª) *st.* Gen. *D.* 41, 19. j. Tit. 446. Licht. 625, 25 *u. oft in* Ukn.; kan Wolk. Ot. 18ᵇ. Ring 33ᵈ, 8. 42ᵈ, 32 (kân: ân). kun Jer. 180ª. Pf. *üb.* 7, 357. 82. Ukn. 120. 123. 154 (*a.* 1305. 8. 13) *u. ö. neben* chon (82. 94. 98. 100 *etc.*) —: *eheweib* Diem. Mar. Aneg. (21, 6. 31. 31, 29). Nib. Parz. Licht. (11, 8. 625, 25. 629, 12). Gen. *D.* 41, 20. 42, 2. 87, 2. 88, 2. Exod. *D.* 122, 1. 161, 28. Dietr. 7521. Ulr. *Wh.* 251ᵈ. WG. 10039. Krone 8671.

j. Tit. 446. 1794. Alexius 46, 75. Warn. 1086. Bph. 39. 961. 1282. Üw. *H.* 11. 719. Ls. 423, 1. 89. 97. 502, 48. swer einem manne sîn chonen hin füert, der ist in der æht Mw. 140, 64 (*a.* 1281). chint, diu er nû furbaȝ bei seiner chonen êleicher dinge gewinnet Mz. 2, 456 (*a.* 1303); die alde q u e n e, *kupplerin* Pass. *K.* 178, 6. — kone *ist entstanden aus ahd.* chuënâ, quënâ (*vgl.* komen *aus* quëman), *gt.* quinô *u. daneben* quêns (*vgl. oben* kân) *zu skr.* gnâ, janî *u.* jâni *weib, zend.* ghena, *gr.* γυνή *von wurzel* gan, *skr.* jan (*s.* künne) Dwb. 5, 1690. Dief. 2, 476. Gsp. 3. Fick² 57. Curt³. 166.

konel *s.* quënel.

kone-, kon-lich *adj.* (I. 859ᵃ) *ehelich* Gen. (*D.* 48, 12. 56, 20). konlichiu dinc (*lies* Aneg. 31, 8). ich enwil konlîcher ê mit stæte gepflegen niemer mê Wig. 289, 40;

kone-lîche, -en *adv.* (*ib.*) Gen. Hpt. *h. lied* 136, 18. Spec. 109.

konelîche *adv. s.* küenlîche.

kone-, kon-liute *pl. eheleute* Teichn. 162. kan leute Beh. *ged.* 2, 91. Mh. 2, 871.

kone-mâc *stm.* (II. 12ᵃ) *verwanter von weibes seite, schwager* Nib. (706, 3.) Bit. 10697. 12187. kön mâc Kl. 413. këñmâc, *affinis* Voc. *o.* Rudolf von Valendanz, minem kelmâge Cdg. 2, 306 (*a.* 1332), *vgl.* Dfg. 16ᵃ, *n. gl.* 71ᵃ. Oberl. 772. 75.

kone, kon-man *stm.* (II. 43ᵃ) *ehemann* Bph. 904. Apoll. 2059. Ls. 1. 451, 27. die weil si junchvrowen sint oder swan si chonman nement Stz. 185. konenman Lieht. 629, 13. *abgek.* k o m an Gest. *R. vgl.* konewirt.

kone-minne *s. unter* kebes.

konen-man *s.* koneman.

kone-, kon-schaft *stf.* (I. 859ᵇ) *ehestand, ehe* Wig. Helbl. (8, 220). Bph. 897. 1105. Teichn. 160. 61. 68. Ot. 31ᵃ. Mw. 190 (*a.* 1293). Mz. 3, 474 (*a.* 1361). 4, 129 *s.* 141. Cp. 42.

kone-wîp *stn.* (III. 719ᵇ) *eheweib* Bit. 1866. swer dem andern sîn chonwip hin vüert, den sol man lebenden begraben Mw. 59, 71 (*a.* 1255).

kone-wirt *stm. s. v. a.* koneman. ob mein hausvrow einen andern chonwiert neme Ukn. 385 (*a.* 1357).

confect *stn.* confectum *confect*, confec Dfg. 141ᵃ. daȝ confect haiȝt tiriaca Mgb. 284, 15. wein und c. Rta. 1. 357, 1. 390, 31. Roszm. 149. Öh. 78, 20. — *mlat.* confectum, confectæ, *fructus saccharo* conditi Ducange 2, 527.

confession *stf. confessio, bekenntnis.* confession tuon Apoll. 11972.

confirmaz *stf. confirmatio* Öh. 42, 15. 99, 1;

confirmieren *swv. confirmare, die investitur vornehmen* Chr. 8. 435, 16; 9. 562, 8.

konig, koning, kong *s.* künic.

konkel *s.* kunkel.

konl- *s.* konel-.

konlinc *s.* künnelinc.

kön-mâc, kon-man *s.* konemâc, -man.

konne, konnen *s.* künne, kunnen

conote *s.* knode.

conplexe *s.* complexie.

konreit *s.* kunreiȝ.

cons *stm. s.* cuns.

consacratie *swf. consecratio* Myst. 2. 21, 23;

consacrieren *swv. consecrare* Myst. 2. 680, 11. 14. — *mit ge-.*

kon-schaft *s.* koneschaft.

conscienzje *swf.* (I. 859ᵇ) *conscientia, gewissen* Marlg. 120, 37. Pass. *K.* 458, 77. Myst. 1. 96, 9. 113, 12. 268, 2. Vet. *b.* 61, 18. 77, 8. N. *v. B.* 311. concienzje *ib.* 278. 87. conscientz Wolk. 15. 3, 8. concigencige Mersw. 38.

consens-brief *stm. verwilligungsbrief* Rcsp. 1, 217 (*a.* 1411).

consîli *s.* concilje.

conspiraz *stf. conspiratio* Öh. 112, 8.

konst *s.* kunst.

constabel *stm.* (I. 860ᵃ. 914ᵃ) *anführer, befehlshaber.* der constabel von der stat Otn. 255, 1. 303, 4. co m n e s t a b el Hans 5112. der kunstofeler, *connetable,* von Frangrîch Chr. 9. 916, 9; *domicellus (junker),* constavel Dfg. 190ᵃ; constabel, *ambasiator fürstenbote von adel ib.* 28ᵇ; - kunstabel, kunstavel *mitglied der patricischen gelagbrüderschaft* Chr. 6. 158, 1; 7. 168, 11; constabel, *unzünftiger gewerbtreibender in Strassburg (urspr. überh. alle unzünftigen einwohner s. Gött. gel. anz.* 1871 *s.* 826). Mone *z.* 5, 53. kunstofel *sw.* Chr. 8. 124, 18; 9. 961, 2, *ebenso* constofeler, kunstofeler *ib.* 8. 141, 18. Mone *z.* 16, 181 (*a.* 1426 *Hagenau*), cunstafeler *ib.* 6, 52. 54 (*a.* 1360). — *aus mlat.* constabulus, *mfz.* connestable *vom lat.* comes stabuli, *urspr. oberstallmeister;*

constofel, cunstofel *stswf. in einem stadtbezirk vereinigte genossenschaft der nicht zünftigen gewerbtreibenden von Strassburg* Chr. 9. 955, 26. 961, 31. 32. 962, 17. 20.

constofel-meister *stm.* (II. 121ᵃ) meister *der* constofeler *in Strassburg* OBERL. 219.
constudente *swm.* (II². 707ᵇ) *mitschüler* KIRCHB. 767, 45.
consul *m. consul* ALTW. 237, 17. k un sel *ib.* 231, 23. 235, 38. *vgl. auch* cuns.
conte *s.* cuns.
contemplâcie *swf. contemplatio* ELIS. 5254. contemplatiône *stf.* MYST. 1. 396, 10. 17. contemplacion FRONL. 45;
contemplieræere *stm. contemplator* MYST. 1. 51, 18 *u.* anm;
contemplieren *swv.* (I. 860ᵃ) *geistlich beschauen, contemplari* GRIESH. WACK. *pr.* 43, 59. BPH. 759. 4952. FRONL. 45 *f.* MGB. 122, 23. ELIS. 8431. 8641. 83. contemplêren *ib.* 5248. 9276;
contemplieren *stn.* MYST. 2. 543, 26. WACK. *pr.* 43, 58. FRONL. 45.
könten *s.* künten.
contenanze *stf. haltung* TRIST. 6493. — *aus fz.* conteɳance.
conterfeit *adj. stn. s.* kunterfeit.
contrâte *stf.* du gîst aller contrâte mit tschoie ein hôch gemüete MSH. 2, 84ᵇ. — *aus mlat.* contracta, contrata *s.* DFG. 147ᵇ.
convendel *s.* quënel.
convënt *stm.* (I. 860ᵃ) *geistl. gesellschaft in einem kloster, convent* BERTH. j.TIT. 413. ELIS. 9918. HEINR. 3605. ZING. *findl.* 2. 35, 34. NETZ 4892. 5163. 5407. 16. 13412. covent *ib.* 5130. 73; kovent, kofent *das dünne bier, nachbier, eig. klosterbier* ZEITZ. *s.* 3, 24 *u.* anm. MICH. *Mainz. hof* 36 *f.* DWB. 5, 1574 *f.*
convënt-bruoder *stm.* (I. 271ᵃ) *klosterbruder* ULA. 103 (*a.* 1306) *u. o* GR.W. 1, 283. kofentbruder DFG. 148ᶜ.
convënt-hërre *swm. s. v. a.* conventual ÖH. 159, 27. 168, 10 *ff.*
convënt-müech *stm. dasselbe* GR.W. 4, 364.
convënt-sigel *stn. siegel eines convents* ÖH. 145, 4.
convënt-stube *f. sitzungszimmer* GR.W. 3, 801. TUCH. 297, 13. 21. kofentstube *ib.* 297, 21. 301, 5.
conventual *stm. conventual, mitglied eines convents* CHR. 4. 111, 17.
convers-bruoder *stm.* CHR. 8. 459, 18 *s. v. a.*
converse *swm.* (I. 860ᵇ) *laienbruder* PASS. BUCH *d. r.* 557. ALTSW. 234, 10. ÖH. 140, 2. — *aus mlat.* conversus *s.* DFG. 148ᶜ.
kon-wîp *s.* konewîp; **kop** *s.* kopf.
kopel, kopelen *s.* kuppel, kuppeln.

köpeln *s.* köppeln.
copert *stn.* cop. od. puchdeck, textura Voc. 1482. in ein coopert binden MICH. *Mainz. hof* 20. — *vgl.* DFG. *s. v.* cooperculum.
kopf, koph *stm.* (I. 860ᵇ) cof GLAUB. 1002. MERSW. 98. kob, kop AB. 1, 132. 35; *pl.* köpfe: *trinkgefäss, becher* KCHR. *D.* 138, 12. 399, 1. 436, 12. GEN. *D.* 43, 14. 95, 21. 96, 26. 28. LANZ. PARZ. TRIST. PASS. (223, 86. 224, 3. *K.* 23, 12. 24, 19. 389, 62. 72). TUND. 60, 13. ERNST 2193. 2416. FLORE 2673. 3171. 4824. 51. GERH. 6016. TROJ. 20738. 21670. KRONE 23697. MGB. 101, 15. 190, 8. 338, 17. 478, 15. Mz. 3, 470 (*a.* 1361). NP. 73. CHR. 1. 399, 24; 3. 395, 13. 16. 396, 9 *ff.*; 4. 320, 8. 322, 3; 5. 102, 24. 225, 13. 373, 3. 384, 17. 21. zwifacher kopf *doppelbecher, dessen fuss wieder einen becher darstellte ib.* 5. 386, 25; 3. 399, 14, *auch* zwên köpf ob einander *ib.* 3, 347 *ff.* gestürzter kopf *sturzbecher, ohne fussgestell ib.* 5. 384 *anm. 1. bildl.* des tôdes kopf den wil ich trinken BPH. 6472. nu schenke uns in des herzen kopf der wâren minne süezekeit KONR. *lied.* 1, 13; kopf *als mass:* ein kopf pirs = *zwei seidel* LEITB. 14ᵃ, *s.* CHR. 2, 549ᵇ. einen kopf weins UHK. 2, 125 (*a.* 1330). STZ. 434, *vgl.* SCHM. *Fr.* 1, 1274. — *schröpfkopf* GR.W. 3, 630 *s.* DWB. 5. 1746, 4 *b u. vgl.* lâzkopf; —*hirnschale, kopf* HELBL. (2, 1258. 7, 164). LOH. (2052. 2166). daʒ hirn ûʒ en köphen spranc DIETR. 9362. dô wart zerschrôten kopf und ouch daʒ hirn MSH. 3, 293ᵃ. in swindelt umb den kopf *ib.* 312ᵇ. sô daʒ hundert swert ûf sînem kopfe lûte erklungen NEIDH. 54, 30. sîn ougen im von grimme sprungen ûʒ dem kopfe dô SILV. 4831. helm ab den köpfen würgen TURN. *B.* 1080, *vgl. noch* OTTE 150. TROJ. 4025. 9959. 10673. 33710. 826. 35676. 36575. HELMBR. 34. HPT. 7. 364, 2. MOR. 1, 3107. LIVL. 4273. HADAM. 158. Uw. *H.* 280. 317. 691. 727. PASS. *K.* 33, 8. KARLM. 197, 41. — *kelkopf?* *s.* DWB. 5. 1769, 3 *f.* — *vgl.* DIEF. 2, 257. 532. DWB. 5, 1746 *f.*
kopf-dræjer *stm. der becher, näpfe drechselt* NETZ 11173.
köpfelîn *stn.* (I. 861ᵃ) *dem. zu* kopf, *becher* VOC. *o.* MONE 8, 248 (*a.* 1399). kuphelîn *ib.* 218. köpflein CHR. 3. 399, 11. 14. köpfel MGB. 300, 5. kopfel RCSP. 1, 668. *md.* coppelin DFG. 39ᵇ.
kopfeln *swv. schröpfen* GR.W. 3, 630;

köpfen, kopfen *swv.* (I. 861ᵃ) *dasselbe.* kopfen, ventosare DFG. 239ᵃ. 611ᵃ; *köpfen, enthaupten* LOR. 196, 5. DÜR. *chr.* 234. NARR. 16, 24. 64, 16. kepfen BEH. *ged.* 5, 885. 907. CHR. 4, 114, 8. — *mit* en-;
kopfer *stm. md.* kopper, flebotomator DFG. 239ᵃ.
kopfer *stn. s.* kupfer.
kopf-hûs *stn. schrank für die köpfe.* spintrum, kopfhause Voc. 1482.
kophan *s.* kappûn.
copieren *swv.* das lant zu Erlebach (*einem den Frankfurtern gehörenden dorfe*) zu copieren und lassen uberslagen; gebrist dan, wider fur zu bringen FRANKF. *brgmstb. a.* 1439 *vig. III. p. reminisc.* — *aus mlat.* copiare.
kopler *stm. s.* kuppelære.
koppe *swm. s.* kobe.
koppe *swm. kapaun, hahn?* nû schouwet an den wunderlichen koppen NEIDH. XXXIII, 21 *u. anm.* — *vgl.* kappe 1 *u.* DWB. 5, 1783.
koppe *swm. rabe.* nu hœret wie der koppe (*vorher* rabe) al der diet daz vleisch versprach WARTB. 174, 9. koppe HADAM. 529. *vgl.* DWB. 5, 1784.
koppe *swm. das aufstossen, rülpsen s.* DWB. 5, 1783 *u.* koppelin, köppeln, koppen 2.
koppel *s.* kuppel.
coppelin *s.* köpfelin.
köppelîn *stn. dem. zu* koppe 4. si liez ein köpplin daz ez kracht HÄTZL. LXXVII, 102;
köppeln *swv. rülpsen,* ructare MONE 8. 495ᵇ, 100. MGB. 39, 7. köpeln FASN. 1210.
koppeln *swv. s.* kuppeln.
koppel-weide *s.* kuppelweide.
koppen *swv.* (I. 861ᵃ) *plötzlich steigen od. fallen.* in die art k. *in die alte od. angeborne art verfallen* BON. REINH. MF. 131. HPT. 9, 83. J. HPT. *beitr.* 288. NARR. 5, 20. — *vgl.* DWB. 5. 1790, 3.
koppen *swv. vom krächzen des raben* (koppe 3). wann der rapp choppt VINTL. 7708.
koppen-orden *stm. art u. weise eines raben* WARTB. 175, 1.
kopper *s.* kopfer.
koppezen *swv.* eructare, koptzen DIEF. *n. gl.* 156ᵃ. — *zu* koppe 4, *vgl.* kropfizen.
köps- *s.* kebes-.
cor *stn.* = *lat.* cor, *herz.* diu mîn cor hât besezzen MSH. 2, 84ᵇ.

kor *s.* kür;
kor *stf.* (I. 830ᵃ) *prüfung, versuchung* PILAT. — *ahd.* chora *zu* kiesen.
kôr *stm.* (I. 861ᵃ) *pl.* kœre : *kirchenchor* GUDR. WALTH. RENN. des tuomes k. LOH. 3253. mit der hant er leite den bâbest in den frônen kôr HEINR. 1953, *vgl.* 3664. ze kôre gân ROSENG. *C.* 1480 (*vgl.* kôrganc). ze kôre stên, *ein hochamt halten* MYST. 1. 224, 31. und wolde bî den pfaffen stân in dem kôre, dâ man sanc PASS. *K.* 248, 51. ze kôre singen unde stân Ls. 1. 224, 43. ûf eime kôre singen hôhe wîse TROJ. 19146. ze kapitel unde kôre habe ich lange gelesen GA. 3. 618, 200. *vgl.* CHR. 8. 90, 19. 131, 19. 427, 23. N. *v. B.* 300 *ff.*; *gesammtheit der chôrherren, domcapitel:* der bischof und der chôr von Brihsen DM. 25; *gesammtheit der sänger in einem chore, überh. sängerschar:* man mohte in (gesanc) verre hôren von den vier kôren HEINR. 1950 (vier scharen 1930); kôr *übertr. auf die wölbung des himmels:* der himele k. GSM. 696. in der lüfte kôre TROJ. 25672. des tages k. HÄTZL. 18ᵃ; *himmlischer raum als wohnung für gott u. seine heerscharen:* er (got) hilfet von den nœten iuch, ob er wont in den kœren LOH. 687; *abteilung der engel im himmelreiche* ANEG. GEN. (*D.* 1, 7. 15). GEO. FREID. KCHR. *D.* 341, 28. j.TIT. 6180. MSH. 2, 163ᵃ. LEYS. 112, 30. PASS. 150, 63. *K.* 135, 29. 331, 17, *übertr. auf die menschl. gesellschaft* BERTH. 140 *ff.* — *aus gr. lat.* chorus, *vgl.* DWB. 2, 617. 5, 1792.
coralîs *stm.* (I. 861ᵇ) *ein edelstein* PARZ. *vgl. das flgd..*
koralle, koral *swstm.* (*ib.*) *koralle* LANZ. MART. (*pl.* coralle 50, 93). von dem corallen. corallus ist ain gar rôter stain, iedoch ist er niht sô gar lauhtent sam der corneol MGB. 439, 9 *ff.* ein stein der heizet koralle RENN. 19993. ez wirt ein koralle ALBR. CCVI. karalle WACK. *pr.* 70, 240. krisolten mit korallen ERACL. 861. j.TIT. 6122. koral, koralle, korel, korelle DFG. 150ᵇ. — *aus mlat.* corallus, *gr.* κοράλλιον.
korallen-krût *stn.* ein stein der heizet koralle, des lât iuch wundern alle, daz der ein krût ist in dem mer und ûz dem wazzer âne wer von dem lufte wirt ze steine. swer in riuwen wazzern reine wirt von sünden unde gotes krût, den bediutet daz korallenkrût RENN. 20000. *vgl.* MGB. 439, 14 *ff.*

korallîn *adj. von korallen* MGB. 270, 16. corellen DWB. 5, 1795 (*a.* 1450).

kôr-bâre *stf. katafalk od. aufbahrung der leiche im chor* MONE *z.* 14, 28 (*a.* 1360).

korbe *swm. s.* korp.

korbel *s.* kërvele, körbelîn.

korbelêren *s.* karbalieren.

körbelîn *stn.* (I. 863ᵃ) *dem. zu* korp, *körbchen* GRIESH. GSM. GERM. 3. 240ᵃ, 3. VET. *b.* 67, 28. HB. *M.* 200. korbel ZING. *findl.* 2, 130. kurbelîn SGR. 38. 54 VET. *b.* 48, 6; *fischreuse,* âne körbelîn vischen GR.W. 4, 209;

korber *stm. korbmacher* ANZ. 3, 274. sportularius DFG. 548ᶜ.

kôr-bischof *stm.* (I. 168ᵃ) *archidiacon* CHR. 8. 91, 2 *ff. u. anm.* Herman von Geroldsegge, duomherre und kôrbischof zuo Strâzburg DON. *a.* 1328;

kôr-bistuom *stn.* (*ib.*) *archidiaconat* HALT. 207.

korbiȥ *s.* kürbiȥ.

korde *swf. seil, schnur* KRONE 1737. MR. 3855. KARLM. 392, 59. DFG. 150ᶜ. GERM. 7, 494. — *aus lat.* chorda.

korder, körder *s.* quërder.

cordieren *swv.* (I. 862ᵃ) *mit saiten beziehen* TRIST. (*lies* 13126). — *aus fz.* corder, *von lat.* chorda.

corduwân *s.* kurdewân;

kordwerder *s.* kurdewæner.

kore, köre *s.* kür.

kôre *s.* këre.

coredel *stm. coredulus* MGB. 179, 10.

korel, korelle *s.* koralle.

koren *stn. swv. s.* korn.

kôren *swv. s.* këren.

kôrer *stm.* (I. 861ᵇ) *aufseher des chors* GEST. *R.*

korfel *stn.* (I. 862ᵃ) *eine krankheit.* got gebe dir das korfel in den magen LESEB. 1022, 16. *vgl.* curfes *im* DWB. 2, 640.

kôr-ganc *stm. s. v. a.* ze kôre gân ULR. *Wh.* 196ᵈ.

kôr - gerihte *stn. im chor der kirche unter vorsitz des bischofs gehaltenes gericht* HALT. 207; *gericht in ehesachen* CHR. 5. 140, 3. 6. ASCHBACH *grafen von Wertheim* 2, 296. FASN. 320; *s. v. a.* körlêhen? Heinricus Gallus habet 1 chaurgeriht, cujus sunt tria prata an der vischær wise *notizenblatt der Wien. akad.* 5, 168 (*a.* 1257, *Passau*).

kôr - gesinde *stn.* (II². 296ᵃ) *die chorsängerschaft, einer aus ihrer mitte, chorknabe* GREG. 1384.

kôr - gewant *stn.* ULR. *Wh.* 178ᵉ *s. v. a.*

kôr-hemede *stn. chorhemd,* superpellicium DFG. 567ᵇ.

kôr-hërre *swm.* (I. 667ᵃ) *chorherr, canonicus* GERH. WACK. *pr.* 41, 195. HIMLF. (HPT. 8) 103. LOH. 3238. RENN. 13345. 23595. LS. 2. 638, 47 *ff.* UOE. 4, 470 (*a.* 1304). ADRIAN 447, 129. ÖH. 168, 11 *ff.*

kôr-hërren-kappe *swf.* cappa choralis VOC. 1482. *vgl.* kôrkappe.

kôr-hûbe *swf. chorhaube,* cappa choralis VOC. 1482, almucium DFG. 25ᵃ. VOC. *S.* 1, 10ᵃ. mir brâhten die besten kursner ze Basel ein guot kôrhüben H. *v. N.* 396.

kôr-huot *stm.* cappa choralis VOC. 1482. kor-, kurhuot almucium DFG. 25ᵇ.

koriȥ *s.* küriȥ.

kôr-kappe *swf.* almucium, birretum DFG. 25ᵇ. 75ᵃ. und sneit diu sîdînen tuoch gên der scharlât und wolt dar von machen ein kôrkappen, die ein abt tragen sol KUCHM. 10.

kôr-künic *stm.* (I. 913ᵃ) *chorkönig, stellvertreter des königs auf dem chor zu Strassburg u. als solcher inhaber einer pfründe* CHR. 8. 35, 31. 427, 20 *u. anm.*

kôr-lêhen *stn.* Sighardus habet 1 chaurlêhen, ad quod pertinet 1 juger agri ultra pontem. Chunradus habet unum chaurlêhen, ad quod pertinet curtis 1 in awe et tria jugera aput chæspeunt etc. *notizenbl. der Wien. akad.* 5, 168 (*a.* 1257, *Passau*).

kœrlîn *stn. dem. zu* kôr. in der nûwen kirchen ein kleinez beslozzenez kœrlîn N. *v. B.* 312. er macht auch das körlîn an sant Johanns kirch CHR. 4. 301, 5.

kôr-miete *s.* kurmiete.

kôr-mütze *swf.* almucium DFG. 25ᵇ.

korn *stn.* (I. 862ᵃ) *pl.* korn u. körner (korner L. ALEX. 1963 *W.*): *fruchtkorn überh. s.* mirren-, pfefferkorn, *kern der beere s.* wîn-, trûbenkorn; *bes. vom getreide: die gewonnene frucht, getreidekörner* IW. WALTH. WINSB. vleisch unde chorn GEN. *D.* 85, 22. 34. korn und hirses genuoc REINH. 17. gersten habern weize korn HELBL. 1, 619. korn maln MSH. 3, 334ᵇ. ein vierteil kornes *ib.* 220ᵃ. kornes einen vollen sac HPT. 7. 347, 2. TROJ. 1049. er hât weder sak noch korn BERTH. 427, 35. salz und korn diu muoz ich koufen NEIDH. 39, 33. swer sîn korn sæt in daz griez GA. 2. 219, 17. zehen viertel korn halp rocken und halp gersten AD. 980 (*a.* 1339). 260 müt kornes, des sint zwei teil kerne unde daʒ dritteil roggen URB. 129, 13. man sol kain ander korn preuwen denne gersten alaine NP. 210, *spec. vom roggen:* weiʒe, korn oder ander getraid *ib.* 215. 321. swaʒ der man koufit kornis unde gerstin unde habern HÖFER 41; *die getreidepflanze* GEO. KROL. die koren (*kornhalme*) wâren lang HÄTZL. 306ᵇ. daʒ chorn wuohse dâ in dem jâre drîe stunt KCHR. *D.* 343, 34. iun wehset korn noch der win MSF. 25, 14. ein schœner sumer und kornes gnuoc *ib.* 23, 30. unkrût wehset âne sât, sô schœnem korne missegât FREID. 120, 8. daʒ korn snîden REINH. 351, 1634. GA. 2. 354, 27. daʒ k. mit drischeln ûʒ bôʒen HELMBR. 316. swer nahtes korn (*var.* koren) stilt, der ist des galgen schuldic SWSP. 173, 1; *kornfeld* LIEHT. eines kornes fluor TURN. *B.* 772. in korne wart ein kündic wahtel nie sô sanfte erbeinet KONR. *lied.* 32, 238. er huop sich von dan bî dem wege in ein korn REINH. 294, 93. mich mürde lihte ein man in sînem korne MSH. 2, 147ᵇ. wir vertrüegen daʒ sîn swert in einem korne læge NEIDH. 90, 33. *pl.* dû solt in diu korn gân MSH. 2, 148ᵇ; — *korn als gewicht im münzwesen s.* DWB. 5. 1819, 9 *bes. der gold- od. silbergehalt einer münze* CHR. 1. 241, 7. 30. 403 *anm.* 3. geprege und korn Mz. 3, 462 (*a.* 1361). am korn geringer sein CP. 185. wir sein ze rât worden, Municher pfenning und ein munz ze slahen, alsô daʒ daʒ chorn stên sol auf neun lôt silbers Mw. 360 (*a.* 1373). daʒ korn sol alsô bestên, daʒ albeg 25 Otinger pfenning ein halbs lôt ledigs silbers sol werden Regenspurger gewichts *ib.* 371 (*a.* 1391); — *bei den meistersingern verstand man unter körnern die verbindung zweier strophen, dadurch dass ein vers der einen zu einem der andern reimt (z. b.* WALTH. 110, 17: 24. 119, 23: 32. LIEHT. 449, 20: 450, 2. 12), wol heiʒt der niunde (rîm) ein korn KOLM. 23, 50. *vgl.* kirnkorn *u. zu* WALTH. *s.* 212, DWB. 5. 1820, 12. — *gt.* kaúrn, kaúrnó *mit* kërn *zu lat.* grânum (*für* garnum), *wahrscheinl. von w.* gar (*skr.* jar) *zerrieben werden* GSP. 2. FICK² 356. CURT.³ 167. *vgl.* kürne 2.

korn, koren *swv.* (I. 830ᵃ) *den geschmack wovon versuchen, kosten, absol.* WINDB. *ps.* koren, saporare DFG. 511ᵉ, *mit gen.* KARAJ. die muosen des tôdes korn KCHR. 16718 (be- korn *D.* 512, 12). gotes er ave chorte EXOD. 101, 16 (got er abir bechorte *D.* 138, 36), *mit infin. versuchen, wollen, umschreib. des imperat.* KCHR., *mit untergeord. s.* der sô ungefuoge kört (: gehœrt), wie ein trinken smecke KRONE 1576. *mit* be-, ge-; *wählen s.* erkorn. — *zu* kiesen.

kornat *stm.* (I. 862ᵇ) *die kornfelder* WEIST. *hieher?* kornt, bladum DFG. 76ᵃ, granum *n. gl.* 197ᵃ. *vgl.* KWB. 165.

korn-ban *stm. schutzbaum für die reifenden kornfelder* GR.W. 1, 324.

korn-ban-wart *stm. feldhüter* GR.W. 1, 325.

korn-binz *mf.* calamintha DFG. 88ᵇ.

korn-bluome *swmf. kornblume* MGB. 411, 9. 10. MONE *z.* 2, 12. HPT. 14, 178. caltha, castanicus, flaviola, rubiola DFG. 91ᶜ. 105ᵃ. 239ᵃ. 502ᵃ.

korn-boden *stn. boden wo das korn, getreide lagert* CHR. 2. 303, 21. MICH. *Mainz. hof* 14.

korn-bolle *swf. ein unkraut im getreide* NETZ 12377.

kornel, körnel *s.* körnlîn;

körneloht *adj.* körnlot, granosus MGB. 329, 13;

körnen *swv.* (I. 863ᵃ) *md.* kornen, *mit körnern locken od. füttern* FRL. im wart mit im gekurnt PASS. *K.* 304, 48; *körner ansetzen, bilden* granare, kurnen DFG. 268ᵇ. gekurnen HANS 3770; silber brennen und kornen (*s. oben* korn) MICH. *Mainz. hof* 21. — *vgl.* erkürnen.

corneol *s.* cornîol.

körner, korner *stm. kornaufkäufer, annonarius* OBERL. 818. DFG. 36ᵇ.

korner *s.* gerner.

korn-ern *stm. kornernte* MICH. *Mainz. hof* 22. 40. 41; kornerne *f. ib.* 22. 29. 32. 40. *s.* BECH *beitr.* 6.

korn-gabel *stf.* (I. 509ᵇ) merga DFG. 357ᶜ.

korn-gëlt *stn.* (I 523ᵇ) *einkünfte, ertrag an korn, kornzins* PART. *B.* 2342. Mz. 1, 309. 381. 480. AD. 780 (*a.* 1292). MÜHLH. *rgs.* 83. 105. ELIS. *s.* 50. CHR. 9. 972, 33. HALT. 1124.

korn-götinne *stf.* Ceres VOC. 1482. CHR. 8. 256, 3.

korn-griez *stmn.* die burger mugen traidt auf dem korngriez (*in Krems*) kaufen DH. 3.

korn-gruobe *f.* (I. 563ᵃ) *erdgrube zur bewahrung des korns* HELBL. 15, 114.

korn-gülte *stf.* (I. 525ᵇ) *s. v. a.* korngëlt, *kornzins* Mz. 1, 402. 481. MONE *z.* 18, 307 (*a.* 1344). RTA. 1. 528, 2. CHR. 4. 137, 34; 5. 221, 4 *etc.; bezalung für korn* WELTCHR.

korn-hûfe *swm.* acervus (frumenti) DFG. 9ᵃ. Voc. S. 1, 18ᵃ.
korn-hûs *stn.* (I. 738ᵇ) *kornspeicher*, granarium DFG. 268ᵇ. ELIS. 3489. CHR. 5. 208, 2. TUCH. 137, 30. 139, 1. 332, 14. 20. S.GALL. *chr.* 28. 47. MICH. *Mainz. hof* 14. 15. 37. FASN. 38, 1. *vgl.* kornkaste.
cornîol *m.* (I. 863ᵃ) *ein edelstein* PARZ. corneol, corneolus, ist ain rôter stain MGB. 431, 7. 442, 3. kurnîol ALTSW. 38, 22.
korn-kaste *swm.* (I. 791ᵇ) *s. v. a.* kornhûs, granarium Voc. 1482. HELBL. NEIDH. (54, 40).
korn-kouf *stm.* (I. 867ᵃ) *kornhandel* MONE z. 6, 297 (a. 1433); *kornpreis ib.* 13, 277; *geld zum einkauf des korns* GEN. D. 94, 7;
korn-köufer *stm. kornhändler* CHR. 8. 124, 19. 135, 12. MONE z. 13, 278. *vgl.* kornkeufler ZIMR. *chr.* 4. 281, 25.
korn-krût *stn.* calamintha DFG. 88ᵇ.
körnler *stm. kornhändler.* in der zeit sollen die burger und pekhen ir notdurft (an traidt) kaufen, darnach körnler und ander DH. 3;
körnlîn *stn.* (I. 862ᵇ) *dem. zu* korn, *körnlein* GRIESH. MYST. 2. 581, 28. 29. kornlîn, kornel FDGR. 1, 323. körnel MGB. 219, 10. 348, 21.
korn-liute *pl. zunft der kornhändler in Strassburg* MONE z. 8, 303. DON. a. 1413.
körnlot *s.* körneloht.
korn-loube *swf. städtisches kornhaus zu Freiburg* SCHREIB. 1, 271. 514. 44.
korn-manger, -mangeler *stm. kornhändler* S.GALL. *stb.* 4, 177. 273.
korn-market *stm. getreidemarkt* MERAN. 2. ROTENB. *r.* 36. TUCH. 138, 6 *ff*. NARR. 74, 18.
korn-mâẓ *stn.* (II. 203ᵃ) *das amtlich vorgeschriebene mass für korn* MÜNCH. *r.* MÜHLH. *rgs.* 39. GR.W. 3, 889.
korn-mel *stn. s. unter* kërnmel.
korn-mëẓẓe *swm.* (II. 213ᵇ) MERAN. 2 *s. v. a.*
korn-mëẓẓer *stm.* (II. 202ᵇ) *vereid. kornmesser* MERAN. MÜNCH. *r.* MONE 1, 173. S.GALL. *stb.* 4, 92. abatis Voc. 1482. *vgl.* kornrihter.
korn-metze *swf.* (II. 213ᵇ) calamenta DFG. 88ᵇ, *n. gl.* 65ᵃ. *verderbt aus*
korn-minze *swf.* calamintha DFG. 88ᵇ. *n. gl.* 65ᵃ (*auch* kornmünze). nepeta *ib.* 263ᵃ.
korn-müle *stf. getreidemüle*, molacrum DFG. 365ᵃ. CDS. 1, 123 (a. 1448).
korn-nutzunge *stf. kornzins* USCHB. 21.
korn-pfragen *stm. kornwucher.* so sol der kornpfragen ganz abgetaun und verbotten werden MONE z. 6, 397. 403 (a. 1433).
korn-rîche *adj.* substantiosus DFG. 561ᶜ.

korn-rihter *stm. s. v. a.* kornmeẓẓer TUCH. 161, 29.
korn-sât *stf. kornfeld* HELBL. 1, 282.
korn-schaf *stn.* (II². 65ᵇ) *mass für getreide* AUGSB. *r. W.* 224. OBERL. 819.
korn-schranne *f. kornmarkt, platz für den kornhandel* SCHM. 3, 511. korenschrann CHR. 4. 321, 10. kornschrand *ib.* 211 *anm.* 4; 5. 72, 9. 98, 27.
korn-schuoppoẓe *f.* von einer ieglichen kornschupposs fünf schill. pfenn. GR.W. 1, 321.
korn-schütte *f. kornboden* CHR. 5, 159 *anm.* 3. ZIMR. *chr.* 2. 373, 29 *ff.*
korn-schütte-hûs *stn. dasselbe* CHR. *a. a. o.*
korn-schütze *swm. feldhüter* GR.W. 1, 616. 5, 601.
korn-stadel *stm.* (II². 555ᵇ) *kornspeicher* GEN. D. 50, 32.
korn-sûl *stf.?* (II². 725ᵇ) kornsaul, acervus MONE 8, 251ᵇ.
kornt *s.* kornat.
korn-ûf-schütter *stm. kornwucherer* NETZ 13303.
korn-un-gëlt *stn.* ungelt *beim kornkauf, das der käufer od. verkäufer noch über den eigentl. preis* (gelt) *zu zahlen hat* MONE z. 3, 237 (a. 1316). SCHREIB. 1, 202. 208. 343. CHR. 5. 141, 20. 142, 1. 209, 5.
korn-var *adj. kornfarb* W. *v. Rh.* 108, 25.
korn-vaẓ *stn.* (III. 281ᵇ) cupa DFG. 163ᵃ.
korn-visch *stm.* ledia Voc. 1482. *vgl.* hornvisch.
korn-vruht *stf. getreide* CHR. 4. 19, 33.
korn-wurm *stm.* (III. 826ᵇ) cycuris SUM.
korn-zins *stm. abgabe in korn* GR.W. 4, 162.
corône, korônic *s.* krône, krônike.
coronieren *swv. krönen.* coroneiren RCSP. 1, 315 (a. 1417, *Konstanz*). — *aus lat.* coronare.
korp, -bes *stm.* (I. 863ᵃ) *pl.* korbe, körbe, kürbe URB. B. 2, 528: *korb* GL. (*auch* karb, karp DFG. 548ᶜ. *pl.* kerbe MONE 1, 93) DIEM. FLORE, PASS. vol erden er zwelf körbe gruob SILV. 1990. körbe, kisten SCHRETEL 114. korbe und alte liute die niemen gert RENN. 24450. in einen k. sitzen (*zu einem liebesabenteuer*) HÄTZL. 91ᵇ. durch den korb fallen, *bei einer werbung durchfallen*, *einen korb bekommen* (*urspr. vom korb durch den ein liebender des nachts zum fenster aufgezogen werden sollte* DWB. 5. 1800, 4 *a*) ZIMR. *chr.* 2. 439, 10; 3. 208, 26; *schanzkorb* BEH. 380, 21. 381, 3; *als trockenmass*,

korbe *swm.*: feigen und rosein kauft man bei zwain korben und di 2 korben schullen zu Pruk haben bei 180 ℔. CHR. 1. 102, 18; *kleines haus, urspr. wol aus flechtwerk s.* SCHM. *Fr.* 1, 1287. DWB. 5. 1799, 3 *a.* die huber hânt reht zu howende zu einer schüren funf böme, zu eime schopfe drîge böme, zu eime korbe eine süle GR.w. 1, 825. — *vgl.* DWB. 5, 1797. KUHN. 4, 23. HPT. 7, 184.

korper, körper, körpel *stm. nicht n.* (I. 863ᵃ) *körper, leichnam.* korper HIMLF. BPH. 8270. ELIS. 4746. 8525. 31. 9309. 75 *u. o.* ERLŒS. 4942. 5187. 6274. cörper RENN. 5956. 18793. 19717. 23361. körpel MART. (110, 49. 212, 17). MGB. 478, 18 (*var.* chorper). HADAM. 345. LS. 3. 269, 30. ÖH. 158, 13 *ff.* ZIMR. *chr.* 4, 548ᵃ. — *aus lat.* corpus; **corperâl** *s.* corporâl.

körper-haft *adj.* corperhafte grœze *körperl. ausdehnung, körperlichkeit* GERM. 3, 406ᵃ.

corperlin *stn. dem. zu* korper ELIS. 10094.

kôr-pfaffe *swm. chorgeistlicher, canonicus* RENN. 13344. *vgl.* kôrpriester.

corporâl *stm.* (I. 863ᵃ) *tuch, womit kelch u. hostie auf dem altar zugedeckt werden, eigentl. tuch das Christi leichnam umhüllte* FRL. LUDW. 86, 21. corporal, corperal DFG. 152ᶜ. corporâle KCHR. *D.* 529, 14. — *aus mlat.* corporale.

corporâl-ge-wæte *stn. dasselbe. md.* corporâlgewête (: gerête) JER. 1654 (*bei Pfeiffer s.* 183 *u. darnach im* WB. II. 574ᵇ *falsch* corporalgerête).

corporieren *swv. s.* incorporieren *u. vgl.* SCHM. *Fr.* 1, 1295.

kôr-priester *stm.* (II. 531ᵇ) archipresbiter Voc. *o. vgl.* kôrpfaffe.

corrieren *swv. s.* kunrieren.

corrigieren *swv. corrigere* MF. 184. EVANG. 273ᵃ. HEUM. 374.

kôr-rihter *stm. beisitzer des* kôrgerihtes ANZ. 6, 93. *vgl.* GR.w. 4, 317.

kôr-roc *stm.* (II. 758ᵃ) *chorrock*, superpellicium DFG. 567ᵇ. UGB. 463 *s.* 556;

kôr-röckelîn *stn.* (II. 758ᵇ) *dem. zum vorig.* H. *v. N.* 396. MONE *z.* 9, 173. kôrrockelin PASS. MYST. kôrröckel HELBL.

korrûn *s.* kurdiwân.

kôrsam *adj. s.* gehôrsam; **kôrsame** *stf.* = gehôrsame ÖH. 62, 1. 74, 17. 154, 19.

korschen *stf. s.* kürsen.

kôr-schuolære *stm.* (II². 227ᵃ) *chorschüler* KIRCHB.

korse, corsît *s.* kürsen, kursît.

kort, korte *prät. s.* kêren.

kör-tac *s.* kêrtac.

korter *stn.,* **kortesan** *s.* quarter, kurtesan.

korunge *stf.* (I. 830ᵇ) tentamentum SUM. LEYS.

kôrunge *s.* kêrunge.

kôr-vrouwe *swf.* canonica DFG. 95ᶜ. die äptissin und die chôrfrowen der gestift ze Katz CDG. 3, 284.

kor-vürste *s.* kürvürste.

kôr-wîse *stf. name eines tones* KOLM. *s.* 184.

korwize *s.* kürbiz.

korz *adj. s.* kurz.

kos *stn. s.* kus.

kôs *prät. stn. s.* kiesen, kôse.

kôsære *stm. in* hinderkôsære.

kôscher *adj. rein.* von rîchem coscherem (*var.* costberen) golde HB. *M.* 739. — *ein hebr. wort, s.* DWB. 5, 362.

kôse, kœse *stfn.* (I. 864ᵃ) *ahd.* chosâ *u.* chôsi: *rede, gespräch, geschwätz.* diu kôse FRL. WACK. *pr.* 270, 27. PASS. *K.* 542, 24. diu kœse MART. 81, 97. 164, 73. daz kôse RUL. DIEM. MAR. 186, 12. GEN. *D.* 43, 19, kôs LS. HÄTZL., kœse FREID. NEIDH. (17, 40). W. *v. Rh.* 118, 55. 119, 2. 255, 17. — *aus lat. causa, prov.* cosa, *fz.* chose, *vgl.* kôz.

kosel *s.* kusel 2.

kœseln *swv. zu* folgern *aus* liebekœseler;

kôsen *swv.* (I. 863ᵇ) kœsen MART. 194, 110. GERM. 9, 51: *gespräch führen, sprechen, plaudern intr.* DIEM. GEN. *D.* 119, 16. SERV. TRIST. TROJ. 8859. 16548 (*von plätschernden bächen*). k. mit einem DIEM. MAI, GEN. *D.* 1, 20. WACK. *pr.* 43, 42. 47. OTTE 543. TROJ. 13757. RENN. 10918. 13140. 20597. ELIS. 6420. 7439. 8737, k. zuo einem MYST., wider einen GUDR., von einem *od.* von etw. k. MS. TROJ. 10523. ERNST 3471. KARLM. 35, 10. MONE 8. 56, 43. *mit dat. d. p.* WWH. si begunde im lieplich k. GA. 3. 120, 333; — *tr.* MS. EXOD. (*D.* 135, 13). daz ich kôse alsô vil HEINR. 4491. waz kœsent ir GERM. 9, 51. er gab in, daz si allir slahte zungin chôseten SPEC. 85. koufschatz kœsen (: lœsen) *verhandeln* MART. 194, 110; *mit untergeordn. s.* kôsen, daz KARLM. 44, 12. — *mit* nâch, â-, after-, durch-, er-, ge- (KARLM. 32, 56), hinder-, wider-. *aus lat.* causari, *altfz.* choser DWB. 5, 1842;

kôsen *stn.* (I. 864ᵃ) *das sprechen, plaudern* MS. KONR. (TROJ. 10152. 17248. 97). ELIS. 1186. 8723 *etc.* KARLM. 200, 46. SGR. 907. 37,

kosen prät. s. kiesen.
kôs-loube s. theatrum DFG. 574ᶜ.
kosper s. kostebære.
kossen stn. s. küssen.
kostb- s. kosteb-.
koste swmf. s. queste; prät. s. kosten.
kost-brôt s. kustbrôt.
koste mf.? (I. 866ᵃ) origanum SUM. MONE 8, 401ᵇ. DIEF. n. gl. 273ᵇ. PF. arzb. 1, 26. 42. vgl. queste u. DWB. 5, 1862.
koste, kost stf. stswm. (I. 864ᵇ) wert, preis einer sache NIB. 1640, 4. PARZ. 236, 2. 629, 30. huot von hôher koste LIEHT. 177, 8. gewant von hôher kost TROJ. 20120. reines gold ist des hôsten kostes under allem gesmîde hie MART. 213, 60; geldmittel zu einem bestimmten zwecke: die koste (geld für den unterhalt) verzern RENN. 16735. gar uber sîne koste wil si haben cleider ib. 131, 64. dicke ist ir mêre koste bî (wendet sie mehr auf), dan des mannes koste sî MART. 131, 72. di kost, der man bedarf ze werken oder ze bowen MW. 305 (a. 1340) s. DWB. 5, 1855; aufwand, ausgaben, kosten: diu koste, kost NIB. WOLFR. BIT. (er fuor in koste harte rîche 837). swaz er zuo dem mâle sîner koste mohte kêren TRIST. 5738. sus schuofen sî ir koste ze gevüere und ze gemache IW. 6538. von hôher koste rîchiu cleit LANZ. 8838. sie wâren swacher koste, von geringem kostenaufwande GUDR. 1216, 4. mit lîhter kost er dienet lop, swer fremden man wol êret MSF. 25, 11. mit rîcher koste lône gezieret was diu selbe stat TROJ. 17406. 89. mit ir koste si dâ lie ein münster bûwen SILV. 272. ich hân an dich geleit mîne kost und mîn arbeit KARL 11130. swenne ir dise kost getuot FELDB. 407, vgl. 412. 419. von sîn selbes kost, auf eigene kosten PASS. K. 144, 52 vgl. noch ERACL. 4411. ELIS. 139. 232. CHR. 1. 138, 11. 15; 2. 34, 12. 50, 4 (köste, s. DWB. 5, 1852). 129, 15. 166, 9; 3. 175, 4. 347, 11; 4. 343, 24; 5. 102, 14. 159, 25. 207, 7. 13; der koste, kost ib. 8. 66, 20. 251, 3. 271, 14. 406, 5; 9. 679, 27. 858, 4. 859, 4. 941, 43. ûf unsern eigen kost Mz. 3, 243 (a. 1356). den costen und schaden allen süllen wir ab tuon ib. 1, 492. 530 (a. 1405. 11). do übersluog man allen kosten JUST. 289. aller kost in ein summ gerechnet ib. 316. 39. 53 u. o. vgl. ZIMR. chr. 4, 548ᵇ, pl. die kosten, wofür belege aus md. quellen im DWB. 5, 1854; — zehrung, speise, lebensmittel (fem., im 16. jh. auch masc., s. DWB. 5, 1849) ROSENG. ERNST, MART. was sie kost dâ in den hütten vunden LOH. 5880. wir weln in allen geben die kost ib. 1194. einem die kost machen PASS. 233, 5. vgl. noch ELIS. 76. 1736 (kuste). MGB. 287, 18. 352, 29. 342, 26. 28. 412, 21. GA. 2. 626, 257. 71. 91. KARLM. 139, 19. CHR. 5. 26, 29. 257, 1. 392, 16. in éiner kost sîn, einen haushalt zusammen haben GR.W. 4, 348. kleine kost, victualien MERAN. 1. die koste (speise, gericht) gît man kalt oder warm BUCH v. g. sp. 21. dem pferde kost (futter) geben GR.W. 1, 305. — mlat. costus, costa, ital. costo, altfz. couste, coste zu lat. constare, s. kosten.

koste-, kost-bære adj. (I. 865ᵇ) gekürzt kosper BON. RENN. 13115. MERSW. 52. MONE schausp. 1, 333. FASN. 761, 15: kostbar WOLFR. (WH. 409, 22. 419, 16). TRIST. H. APOLL. 1105. 10614. 719. 27. cleit von golde kostbære LANZ. 8841. der selbe pfîlære ist alsô kostbære FLORE 4238. ein ritter kostebære von zimier verwâpent j. TIT. 5415. ein stat vil kostbær unde wît TROJ. 23764. gesteine kostbære und ûzer mâzen fîn TURN. B. 363. mit kostbærer rîcheit KRONE 13924;
koste-bærec adj. zu folgern aus cosperkeit stf. kostbarkeit, pracht FASN. 1315;
koste-bær-lich, kostbærlich adj. s. v. a. kostebære. kostbærlîchiu wât TROJ. 2924. ein kostbærlîcher schilt ib. 3763. vgl. TURN. B. 53. 121. 565. AB. 1, 120. 135. KELL. erz. 185, 35; — adv. kostbærlîche, -en TROJ. 1123. 30595;
koste-bærlîcheit stf. pracht AB. 1, 151.
kostec-lich adj. köstlich, kostbar. so kosteliche hôchgezît gesach noch nie man TIT. 15, 4. mit kostèclîchen dingen ib. 141, 2. ZING. Pl. 5, 42; — adv. kosteclîche. daz si sich kostèclîch LIEHT. 619, 26. swer kosteclîche ein schoene hûs entworfen hât MSH. 2, 228ᵇ.
köstel stn. s. köstelîn.
koste-, kost-lich adj. (I. 865ᵇ) köstlich, kostbar, herrlich PARZ. TRIST. mit kostelîcher gezirde KRONE 26393. mit kostelîchen sachen MSH. 3, 66ᵃ. dâ manic kostelich gezelt stuont ENGELH. 2478. nâch kostlîchem site, auf eine sehr verschwenderische weise ER. 8231. köstlich redner theuere, viel kostende NARR. 71, 21. köstlîche mâl NP. 75. küstelich, kustelich (md.) preciosus, sumptuosus DFG. 542ᵃ. 566ᵇ. kostenlich

PARZ. von kostenlîcher ahte WWH. 448, 6. eiu kostenlîcher hof CHR. 2. 191, 8. 12; *viel ausgebend* ALEXIUS 140, 7;

koste-, kost-lîche, -en *adv. (ib.) auf kostbare weise, mit grossem aufwande* PARZ. er vert kostlîch LOH. 3781. si sint gekleit vil kostlîchen LIEHT. 467, 27. daz (klôster) wirt dir kostlîche gebowen j.TIT. 5357. mit silber kostlîchen geslagen *ib*. 4182. chostelîchen gezieret KREUZF. 4389. kostenlîche NIB. PARZ. kostenlîchen und wol durchbaut CHR. 2. 191, 13;

koste-lîcheit *stf. aufwand, pracht, luxus.* kost-, köstlîchait NP. 75. 76. 99.

köstelîn *stn.* (I. 865ᵇ) *dem. zu* koste: *bescheidene mittel zum leben* RENN. (1329); *feine speise, leckerbissen* HPT. 5, 14. ein köstlîn von ainem hirn MONE *z.* 2, 187. und essend die vînosten köstlîn NETZ 5847. köstel SUCH.;

kosten *swv.* (*ib*.) *prät.* koste: *tr. aufwand machen, ausgeben* WWH. MAR. (175, 14) AMIS; *für einen den unterhalt bestreiten, ihn beköstigen:* wolte sie der bischof lenger haben, so ist er si schuldig ze kosten BASL. *r.* 25; *zu stehen kommen, kosten mit acc. des preises (od. mit adv.)* Iw. WIG., *u. acc. d. person* WWH. Ms. (*H.* 2, 28ᵇ). ez muoz in kosten vil WG. 11318. ez wirt iuch kosten iuwer leben TROJ. 18214. von Smirnâ ich karte, dez koste mich harte HERB. 17565. diu tjoste, diu Kei sô tiure koste KRONE 3995. er lêt sich k. ATH. *F* 2. umb uns liez sichz der künec hêre kosten michels mêre BIT. 773. ich wolde michz ê kosten lân, daz mâge unt mîn stifte müesten mit mir gelter sîn LOH. 1377, *auch mit dat. d. p.* dicke kostet ez im mêre JÜNGL. 459. — *mit* be-, er-, ver-. *aus lat.* constare, *mlat.* costare, *altfz.* coster, couster *s.* DWB. 5, 1865.

kosten *swv.* (I. 828ᵇ) *prüfend beschauen* SERV. WIG. der chaiser choste ir here und scowet ir wichwerc KCHR. *D.* 258, 21; *erkennen, wahrnehmen* SERV. 104. 2017; *schmeckend prüfen,* gustare Voc. 1482. den wein k. FASN. 47, 10. 449, 18. kusten, gustus DIEF. *n. gl.* 199ᵇ; *schmecken,* chosten und smecken VINTL. 7035 *bei* SCHÖPF 336. — *zu ahd.* chost, *arbitrium* (*s.* kust) *von* kiesen.

kösten *stf. s.* kestene.

kosten-lich *adj. adv. s.* kostelich.

koster *stm. prüfer, in* wînkoster.

koster *stm. s.* kuster.

koste-rîche *adj. köstlich, kostbar.* kleider kosterîch LIEHT. 273, 14. der huot was von berlen kosterîch *ib*. 24ˢ, 24. daz kosterîch gestüele PF. *forsch.* 1. 339, 50.

kost-gëlt *stn. geld für kost* NP. 118. MAGDEB. *fragen s.* 176, *s.* DWB. 5, 1875.

kostunge *stf. aufwand, kosten* KUCHM. 56. MH. 2, 47. NP. 138. TUCH. 325, 12. CHR. 2. 131, 33; *beköstigung ib*. 34, 14. 525, 10. — *zu* kosten 1.

kôsunge *stf. vertrauliches reden* ELIS. 7169.

kot *stm. n. prät. s.* got, kote, quëden.

kot, kôt *stn.?* bulla DFG. 84ᵇ, *n. gl.* 62ᵃ. *vgl.* DWB. 5. 630, 4 *b.*

kôt *stmn. s.* quât.

kote, kot *swm. stn.* (I. 866ᵃ) *hütte. der kote* PILAT. *md.* daz kot DWB. 5. 1883, 2 *b* (*a.* 1424), *vgl. wegen der etymol. ib*. 1884.

kotember *s.* quatemper.

koten, kotenboum *s.* quiten, -boum.

koter *stm.* (I. 866ᵃ) *inhaber einer* kote, *häusler* WEIST., *s.* DWB. 5, 1888.

kôt-lache *swf.* volutabrum, dorinn sich die swein weltzen Voc. 1482.

kôt-man *stm.* (II. 42ᵇ) *der im kote steckt* LESEB. 835, 9.

kôt-mânôt *stm.* kôtmonat, *februar* GERM. 9, 197. WEINH. *mon.* 47.

kotte *swm.* als ob ez ein kotze wære, rehte dick von zotten, an eim ieglîchen kotten ein vingerlîn gestecket WIGAM. 2029 *f. vgl.* kotze.

kottel *s.* kutel.

kottenieren *swv.* ich turnyrt in einem kottenyrten zwilg ANZ. 1, 68. *s.* cottun.

kotter, kotterolf *s.* kuter, kuterolf.

kottig *s.* quâtic.

cottun *stm.* cattun W. *v. Rh.* 31, 30. — *aus nld.* kattoen, *fz.* coton *s.* DWB. 5, 278. 1900.

kôt-vleisch *stn.* tripa Voc. 1482. *s.* kât-, kutelvleisch *u.* DWB. 5, 1900.

kotze *swstf.* (I. 866ᵇ) *hure* GL. wer dâ hûset edder heimet eine uffenbâre kotzen MICHELSEN *thür. rechtsdenkm. s.* 197. die kotze, mit der er daz kint gemacht hat, ûsz hauwen FRANKF. *brgmstb.* 1452 *vig. III. p.* Ulrici. huorische, inprünstige kotz! HÄTZL. LXVII, 4. packt euch, ir kotzen! ZIMR. *chr.* 2. 340, 6; *vulva:* so kan ich denoch in die kotzen stechen KELL. *erz.* 437, 26. man sol mich in der kotzen spüren *ib*. 438, 20. — *vgl. das folgende,* zusse *u.* DWB. 5, 1901.

kotze *swm.* (I. 866ª) *st. acc.* koz KARLM. 259, 31, kotze MOR. 2, 1769: *grobes, zottiges wollenzeug, decke od. kleid davon* GL. PARZ. ALEXIUS, MOR. (1, 969. 2685. 3584. 3655. 97. 2, 1769). GA. 3, 733 *ff.* nehein wert hât der chozce dâ HIMLR. 280. leinein tuech oder chotzen koufen UHK. 2, 167 (*a.* 1337). daz er mir den kotzen gebe, der ûf sîme rosse leit PF. *üb.* 157, 77. ein ellender man der trûc einen chotzen an TUND. 48, 66. ein rûher kotze was sîn kleit GERH. 3716. ein pilgerîn in einem kotzen *ib.* 4198. gewant von kenbelhâre--einem rûhen kotzen gelîch W. *v. Rh.* 118, 29. ich erwer wol den kotzen mîn BIT. 7788 (*vgl.* er wolde wern sîne wât 2417). daz Ernst den kotzen von im tet ERNST 5516. einen rûhen kotzen leit er an sînen lip WOLFD. 627. 708. sîn swert barg er in ein kotzen HELDB. *H.* 1. 262, 814. er was becleit mit einem kotzen warmen KOLM. 35, 23. ein chotzen (*bettdecke*) und strôsack RING 34, 27. so hab ich zu zeiten newe **kötzen** und peltz hiuein kauft und machen lassen den gefangen TUCH. 118, 31. — *vgl.* kutte, kütze, zusse *u.* DWB. 5, 1903.

kotze *mf.? jätmesser,* runco FDGR. 1, 379ᵇ. DIEF. *n. gl.* 322ᵇ.

kötze *stswf.* (I. 921ª, 4) *korb, rückenkorb,* citella DFG. 127ᶜ. kötz FASN. 1211. kütz (*acc.*) GR.W. 2, 528. — *vgl.* DWB. 5, 1904.

kotzeht *adj. zottig* APOLL. 5535. 10032. kotzechtes kleide, melota DIEF. *n. gl.* 250ª. kotzet klaid, melos VOC. 1482 (*vgl.* kotzenkleit). kotzecht dûch, *nicht geschornes tuch* MONE *z.* 9, 140. — *zu* kotze 2;

kötzelîn *stm.* (I. 866ᵇ) *dem. zu* kotze 2, *als pilgerkleid* NEIF. 45, 9.

kotzen *swv.* (I. 866ª) alare GL., *verderbt aus kurzen u. dieses aus* krûzen (kriuzen) *s.* DFG. 20ᵇ, *n. gl.* 14ª.

kotzen *swv.* vomere VOC. 1482. DIEF. *n. gl.* 385ᵇ. — *mit* be-, *vgl.* DWB. 5, 1905;

kotzen *stn. vomitus.* und solt dich kotzen sêr verdriessen ANZ. 12, 348 (*a.* 1431).

kotzen-danc *stm. schlechter dank, eig. hurendank* GERM. 5, 241.

kotzen-hërre *swm. schlechter herr* DÜR. *chr.* 273. *s.* GERM. 5, 241.

kotzen-kleit *stn.* melota VOC. 1482. *vgl.* kotzeht.

kotzen-mantel *stm. dasselbe.* daz teten si unter ainen kotzenmantel, der was nit von edelm gewant BIRL. 289ᵇ. (*15. jh.*).

kotzen-schalc *stm. hurenknecht, als schelte* GERM. 5, 241. ich mein fürder, das der selbige kotzenschalk (*G. Podiebrad*) ein logener bleiben wirt UGB. 517 (*Oberlaus.*).

kotzen-sun *stm.* (II². 733ª) *hurensohn,* spurius VOC. 1482, *als schimpfwort* GERM. 5, 241. MALAG. 37ᵇ. CHR. 6. 59, 27.

kötzer *s.* ketzer.

kotz-oldei, -olt *stm. als schelte.* dû unreiner kotzolt GA. 1. 52, 420. begreifet in der kotzoldei NEIDH. *s.* 185. *s.* aldei.

cou *s.* kuo.

kouch? *stm.* (I. 866ᵇ) *eule.* dâ bî sô saz ein œder kouch (*gedr.* oderchuch) der jach er wære ein meister sanges ouch Ms. 2, 144ª. *s.* DWB. 5, 367 *u.* kûze.

kouf *stm.* (I. 866ᵇ). *pl.* koufe Ls. 1. 549, 85. köufe HADAM. 534: *geschäft zwischen käufer u. verkäufer, handel, tausch* ROTH. ERINN. GUDR. PARZ. TRIST. GERH. PASS. (kouf trîben, *handel treiben K.* 19, 48. daz im nutze was der kouf, *verkauf* 140, 93). den kouf dingen MSH. 3, 43ᵇ. guot gewinnen mit koufe FLORE 4025. er wænet in daz goltvaz mit koufe an gewinnen *ib.* 4845. liebe meister wol den kouf (*wenn jem. zu einer waare rechte lust hat, so kauft er über den wert*) MSF. 21, 35. solhen wehsel nement die dâ minnent an ir koufe NEIDH. 55, 8. lihter k. BERTH. 140, 6. guoter k., *gutes geschäft, billiger kauf* MSH. 1, 326ª. AMIS 2120. HPT. 7. 377. 14. bœser k. KCHR. *D.* 213, 11. êwiger k., *ein kauf für alle zeit* HÖF. *z.* 1, 296 (*a.* 1327), *urkk.* 210. 211; *unterhandlung, verabredung* PASS. *K.* 600, 95; *geschäft, tun u. treiben überh.* diu werlt wær schaden und schande vrî an irem kouf RENN. (DWB. 5, 322). HÄTZL. 38ª. der schuolen k. NARR. 27, 16. nâ ritterlichem koufe, *art u. weise* REINFR. *Göd.* 41. mit dienstlîchem koufe WWH. 92, 11. hilf, parmherzige muoter, auz disem kauf an unserm letzten end MGB. 202, 27; *waare die gekauft od. verkauft wird* GERH. (1305. 1579). von sînem hûse fuor er mit koufe HPT. 7. 377, 10. veiler k. CP. 156. BERTH. 226, 21. trügenhaften kouf veil haben *ib.* 216, 13. valscher k. SSP. 2. 13, 3. daz er den kouf mir solte geben sô, swaz wær drier marke wert, daz er dar umbe niht engert wan einen pfenninc LIEHT. 213, 32. nû begonder gân mit sînem koufe in die stete VET. *b.* 48, 9. si hât gemeinen kouf niderhalp ûf geslagen (*obscön*) KRONE 24217. dô sîne koufe (*die gekauften kleider*) komen LS. 1. 549, 85; *erwerb, gewinn überh.* PARZ. BARL. hôher sælden k. SILV. 1531. 1779. 1860. wir koufen dâ mite der sælden kouf ULR. *Wh.* 200ᵈ. der genâden k. PASS. 327, 72. 371, 45. des himelrîches k. *ib.* 344, 74. gewinne ich herzeleides kouf TROJ. 22175. daʒ des reinen bluotes kouf an uns iht verlorn sî MAI 23, 38. *kaufpreis, bezalung* GEN. (*D.* 92, 5). TUCH. 95, 27. 105, 7. CHR. 5. 161, 16. 326, 27; 9. 865, 21. CP. 184 *ff. die waare* ân allen k. geben TROJ. 28317. 21. daʒ ist der kouf ERLŒS. 4580. — *s.* koufen.

kouf-acker *stm. durch kauf erworbener acker* GR.w. 1, 678.

kouf-bære *adj. kaufbar, preiswürdig* GA. 3. 377, 751.

kouf-brief *stm. urkunde über einen kauf,* syngraphus DFG. 536ᶜ (*md.* kôfbrief). kauf- oder verkaufbrieve, singraphia VOC. 1482. nach inhaltung seins kaufbriefs TUCH. 311, 11.

kouf-brôt *stn. verkäufliches, zum verkaufe bestimmtes brot.* koufbrôt ist niht als daʒ dâ heime RENN. 13495. *gegens. zu* heimbacken brôt WP. 78, *vgl.* GR.w. 3, 643.

kouf-dôn *stm. name eines tones* KOLM. *s.* 158.

koufe *swm. in* vürkoufe. — *ahd.* choufo.

kouf-eigen *stn. durch kauf erworbenes eigen.* ein halbes lehen, daʒ mein choufeigen gewesen ist ULA. 90 (*a.* 1301). UOE. 4, 526. 435 (*a.* 1307. 25). USCH. 154 (*a.* 1325).

köufel *stm. händler, mäkler* MONE 1, 174. keuffel NP. 133. 188. 222. CHR. 4. 255, 32;

köufelære *stm.* (I. 869ᵃ) *dasselbe.* kiufelære (*lies* köufelære) BUCH *d. r.* 1343. 67. köufler NARR. 82, 57. keufler RENN. 4450;

koufelinc *stm. gekaufter sclave* DÜR. *chr.* 57;

koufen *swv.* (I. 867ᵇ) keufen BERTH. GERM. 10. 321, 176. 322, 202. WEINSB. 20. GR.w. 1, 442. RSCP. 1, 158 (*a.* 1410) ROTH *urk.* 3 (*a.* 1488) bes. *md. s.* DWB. 5, 324, *part.* kouft *statt* gekouft MERAN. 1. 10 —: *absol. handel treiben, handeln, kaufen* FREID. TEICHN. 170. MARLD. *han.* 63, 23. k. mit einem GERH. AMIS; *tr. durch kouf erwerben, erhandeln allgem.* (eigene gekoufte knehte GLAUB. 2071, *vgl.* koufkneht. daʒ biere mit dem korne k., *eintauschen* HÖFER 42, *a.* 1289. Joseph chouffet grôʒen schaz mit des chuneges spîse GEN. *D.* 103, 19. umbe einen etw. k., *von ihm kaufen* CHR. 1. 75, 26. 31. 266, 12; 2. 294, 14; 4. 47, 13. 295, 4. *mit dat. der p.* Abraham chouffet ir ein grap GEN.*D.* 41, 13. gerihte k., *ein gericht begehren, welches ausser den gebräuchlichen gerichtstagen gehalten u. deshalb besonders zu bezalen ist* CHR. 8. 255, 20. GR.w. 1, 43. 4, 278, *s.* koufgerihte), *erwerben, gewinnen, verdienen überh.* NIB. HARTM. (GREG. 1278. 2647. BÜCHL. 1, 1231). PARZ. WIG. die helle k. ANEG. 12, 17. grôʒ trûren k. KRONE 20836. daʒ paradîs k. SILV. 5174. diu minne wirt tiure gekouft TROJ. 23304. möht man minne koufen, daʒ diu minn wær eigen gar WG. 1245. minne umb guot k. *ib.* 1247. als ob si wolte in koufen umb ir lîp und umb ir leben TROJ. 7714. wir koufen dâ mite der sælden kouf ULR. *Wh.* 200ᵈ, *mit dat. d. p.* die menlîche tât mit swerten wolden koufen in selben und erwerben lop LOH. 5147; *loskaufen, der uns an dem hêren crûce choufti mit sînem bluote* WACK. *pr.* 1, 41. 11, 47 (= lôste 10, 39). nu hân ich dich gekouft wider an deme holze des crûcis PF. *üb.* 19, 1140. ein wîp k., *heiraten, eigentl. durch den brautkauf von der mundschaft des väterlichen geschlechtes loskaufen* GFR. 2415. ERLŒS. 3812. MOR. 1, 1241, *vgl.* WEINH. *d. fr.* 209 *ff.*, *refl.* sich von sînem herren k. GR.w. 4, 393, sich k. in, *einkaufen* AMIS 1164; einen k. von, *durch kauf vertreiben:* unde koufet einer den andern von sînem hofe BERTH. 479, 35; — *verkaufen, absol.* er choufe wole oder ubele, *der verkauf mochte gut od. schlecht sein* GEN. *D.* 36, 17, *tr.* Judas choufte Jêsum umbe drîʒig phenning BASL. *hss.* 24ᵃ. — *mit* abe (*wie man* buoʒen ab koufen sol = sich mit gelt dâ von gelœsen S.GALL. *stb.* 4, 242. daʒ ir mit iuwer habe uns den schaden kouften abe TROJ. 47433), ûʒ, be-?, er-, ge-, ver-, wider-. *gt.* kaupôn, *ahd.* coufôn *u.* coufen (*aus* coufjan, *s. oben* keufen), *aus lat.* caupo, cauponari? *vgl.* CURT.³ 135. DIEF. 2, 440. DWB. 5, 324. RA. 606;

koufen *stn.* dô gie eʒ an ein clagelîcheʒ koufen HERB. 1039;

koufer *stm.* (I. 868ᵇ) *der kauft od. verkauft* MERAN. 17. URB. *Pf.* 207. W.WEICHB. 102. TUCH. 92, 32. 93, 35. NP. 220 *u. o.* SCHILTB. 132. MÜHLH. *rgs.* 53. 121. GR.w. 1, 480. 6, 168. keufer *ib.* 1, 442;

kouferîe *stf.* vendibilia MÜHLH. *rgs.* 51. 53. 105. 151. keufery, mercatus DFG. 357ᵃ. *vgl.* köuflie;

kouferinne *swf. käuferin.* coufet sêlige couferinnen MARLD. *han.* 63, 23.

kouf-gadem stn. (I. 456ᵇ) *kaufladen* AMIS 1616. *vgl.* koufkamer.

kouf-galvei stnf. *eine bes. art des* galvei URB. *Son.* 17ᵃ. 18ᵃ.

kouf-genôʒ stm. (II. 399ᵇ) *handelsgefährte* TRIST. 7588.

kouf-gëric adj. *zu kaufen, erwerben begierig* MSH. 3. 162, 36.

kouf-gerihte stn. *gekauftes gericht (s. oben* gerihte koufen) GR.W. 1, 574. 4, 526. 29. HALT. 1069.

kouf-guot stn. *durch kauf erworbenes gut.* mîn choufguet, daʒ ich gechoufet hân UHK. 2, 49 (*a.* 1315). UKN. 261 (*a.* 1335). won daʒ selbe guet mein rechtes aigen ist und mein chaufguet ULA. 142 (*a.* 1322). si sei ir erb gewesen oder ir kaufgut Mz. 4, 120.

kouf-hërre swm. *grosshändler.* MGB. 64, 11 *nennt den Mercur* kaufherre.

kouf-hûs stn. (I. 738ᵇ) *kaufhalle* ERLŒS. 2880. MONE *schausp.* 2, 201. MÜHLH. *rgs.* 121. 150. CHR. 8. 123, 19; 9. 744, 18. GR.W. 2, 629. 3, 420. MONE *z.* 16, 163.

köufic adj. *kauf-, verkaufbar.* die abstich, so nit keuffig seien, sollen sie meins herren armen leuten vergebens hin furen lassen MONE 6, 254. köuffiger, emax DIEF. *n. gl.* 148ᵃ;

koufîn stf. *in* brôtkoufîn (*nachtr.*).

kouf-kamer stf. *s. v. a.* koufgadem. koufk. der gewantsnîder CDS. 2, 185 (*a.* 1405).

kouf-kërne swm. *gekaufter* kërne MONE *z.* 13, 275.

kouf-knëht stm. (I. 852ᵇ) *gekaufter sclave* DIEM. EXOD. *D.* 159, 28. *vgl.* koufschalc.

kouf-küene adj. k. werden, *an preis gewinnen, verkäuflicher sein* AMMENH. *s.* 213. die metzger sollen die lungen nicht mit wasser aufplasen u. sie dadurch kaufküner, scheinlicher und groszer machen NP. 228 (*15. jh.*).

kouf-lêhen stn. *gekauftes lehen u. lehen auf wiederkauf* URB. *Pf.* 175. *s.* DWB. 5, 335.

köufler stm. *s.* koufelære;

kouflerinne stf. (I. 869ᵃ) *krämerin, kleinhändlerin* LS. AUGSB. *r.* W. 393. DWB. 5, 335 (*a.* 1394, *Ulm*). *vgl.* köuflîn.

kouf-lich adj. keuflich, negociosus DFG. 378ᵃ. kouflicher gewin, *im kauf gemachter* GERH. 1521. 2446. der kouflich wehsel, *der im kauf hingegebene ib.* 2052. der k. hort, *kaufschatz ib.* 1646. *s.* DWB. 5. 536;

kouf-lîche adv. (I. 869ᵃ) *durch kauf* FRAGM. 24, 477;

kouf-lîcheit stf. emacitas, emendi aviditas VOC. 1482.

köuflîe stf. *s. v. a.* kouferîe. sie loufet nâch kouflîe ûʒ und in RENN. 4732;

köuflîn stf. *zu* köufel *s. v. a.* köuflerinne NP. 133. 188. 222. CHR. 3. 134, 9. MONE 1, 174.

kouf-liute (I. 1038ᵇ) *pl. zu* koufman GEN. (choufloute *D.* 39, 22. 76, 10. 17). NIB. (1270, 3). GUDR. PARZ. ULR. *Wh.* 152ᶜ. 152ᵈ. KARL 11371. PART. *B.* 17883. PF. *üb.* 66, 519. keuflûde RCSP. 1, 406. kôflûde KARLM. 94, 6. 19. *vgl.* ZIMR. *chr.* 4, 538ᵇ.

kouf-loube swf. amphitheatrum DFG. 32ᵃ. *vgl.* kapfeloube.

kouf-man stm. (II. 43ᵃ) *pl.* koufman *u.* koufliute: *kaufmann, verkäufer sowol als käufer* GUDR. PARZ. TRIST. AMIS. ein guoter k. GERH. 555. 71. 92. der ist ein k. guot der durch gewin gît WG. 14331. der beste coufman, der ie vele gôt gewan ROTH. 1395. nu was ouch dirre koufman hovebære j. TIT. 5563. si (gîtekeit) wil ouch manegen koufman tiefe vellen MSH. 2, 137ᵇ. dô sâʒens ûf unde riten gelîch rîchen koufmannen FLORE 3488. dhain burger sol kaines gastes guot koufman (*käufer*) noch hingeber sein NP. 123. swer ein wîp nemen sol, der tuot weder minr noch mêr als ein koufman, der nâch lêr sîner friunde koufen tuot TEICHN. 170; *fast synonym mit* burgære, *wol deshalb weil die koufliute in den städten als der erste stand galten* (DWB. 5, 338): dem gebûre als dem koufmanne BERTH. 146, 14. *pl.* koufman und gebûren EN. 320, 24. den koufmannen unde gebûren L. ALEX. 3906; *gekaufter mann,* empticius SUM. 41, 50, *vgl.* koufkneht.

kouf-man-schaft stf. (II. 43ᵇ) *handel, kaufmannschaft* HALT. k. trîben, mercari VOC. 1482. k. treiben mit schloern RING 17ᵃ, 18. sei wil uns lêren k. zuo weiben *ib.* 18ᶜ, 3. mit k. gên Wien arbaiten MH. 2, 614; *handelsgut, waare* MYST. er was kundig unde wîs ûf aller hande k. GA. 3. 364, 259. k. koufen MERAN. 17. *vgl.* CHR. 1. 40, 4. 100, 7. 21. 206, 24; 2. 64, 3. 72, 9. 75, 7; 5. 99, 14. 356, 26, — *vgl.* koufschaft.

kouf-man-schaz stm. f. (II.² 90ᵇ) *handelsgut, waare* KELL. NARR. CHR. 2, 136, 6; 4. 165, 8; 5. 321, 3. *md.* koufmanschat JER. 18789 *var.; auch als fem.* (*herüber genommen von* koufmanschaft) HALT. 1071. ewer kaufleut mit irer kaufmanschatz CHR. 2. 528, 22; *handel, kaufmannschaft,* k. trîben N. *v.* B.

79. Chr. 5. 132, 18. Narr. 93, 27. Halt. 1070; *fem.* ein hûs der koufmanschatz Mone *schausp.* 2, 229. Narr. 39, 17. — *vgl.* koufschaz.

koufmanschaz-ware *stf. handelswaare* Dwb. 5, 340 (*a.* 1475).

kouf-mans-guot *stn. dasselbe* Np. 141. Dwb. 5, 342 (*a.* 1364).

kouf-mennine *swf. kaufmannsfrau, händlerin.* er hett an dem merg (*markt*) sînen koufman und koufmenninen Wack. *pr. s.* 260, 3. *vgl.* koufvrouwe, -wîp.

kouf-metze *swm. auf dem markt gebräuchl. kornmass.* er giltet 6 chaufmetzen rokken Urb. *Pf.* 27.

kouf-mutte *stm. dasselbe* Urb. *Pf.* 66 *ff.*

kouf-rât *stm.* (II. 576ᵇ) *vorrat zum verkaufen, waare* Trist. 2161; *handelschaft ib.* 7577.

kouf-rëht *stn. recht zum wiederkauf.* ain hof, darauf er (*der ihn verpfändet*) kaufrecht hat Mh. 2, 828; *durch kauf erworbenes recht* Halt. 1071 (*a.* 1361). der selbe hof ist von choufrecht an uns komen Stb. 266. 282. eine hube zu rechtem kaufrecht verleihen, eine hube in kaufrechtweis inn haben Mh. 2, 995. 905; *s. v. a.* koufslac: vert hieten wir ain weinjar gehabt, so ist kain kaufrecht gewesen der münss und aufslags halben Cp. 223.

kouf-rëht-brief *stf. urkunde über erworbenes* koufreht Mh. 3, 907.

kouf-schaft *stf. s. v. a.* koufmanschaft, *handel* Renn. 13285. Apoll. 2024.

kouf-schalc *stm.* (II². 90ᵃ) *s. v. a.* koufknëht Sum. Exod.

kouf-schanze *stf. gewagter handel.* dô gie sie nâch dem pfaffen ir koufschanz vürbaz schaffen Ls. 2. 646, 320.

kouf-schaz *stm.* (II². 90ᵃ) *s. v. a.* koufmanschaz, *waare* Wwh. (116, 1). Gerh. (1300. 73). Troj. *u. md. denkm., vgl. noch* Griesh. 1, 145 *f.* Flore 3909. Apoll. 1084. Renn. 3145. 13608. 16693. Ga. 1. 183, 531. 35; 2. 220, 59. 384, 52. Ot. 658ᵃ. 833ᵃ. Fronl. 12. Vet. *b.* 33, 6. Zeitz. *s.* 1, 83. Cp. 165. 202; *handel* Rsp. Freiberg. k. trîben Ga. 1. 183, 527. Mz. 1, 285 (*a.* 1333). Zeitz. *s.* 1, 44.

kouf-schif *stn.* (II². 111ᵃ) *handelsschiff* Trist. 2150.

kouf-slac *stm. abschluss eines kaufs, kaufhandel.* es ist auch jetzt (*wegen der schlechten münze*) kain gemainer kaufslag im land nicht Cp. 193. die kaufleut irs kaufslags auf hôrn *ib.* 287. kaufslag treiben Chmel *Max.* 252. *vgl.* Halt. 1072 *u.* koufrëht;

kouf-slagen *swv.* (II². 386ᵃ) *einen koufslac machen, vom handschlag, mit dem der kauf abgeschlossen wird* Livl. 193. *vgl.* Dwb. 3, 1379. 5, 345. Halt. 1072.

kouf-stat *stf.* (II². 601ᵇ) *verkaufstätte, handelsplatz, handelsstadt* Pass., emporium Voc. 1482. eine koufstat er dô vant Megence die vesten Kchr. 7784.

kouf-strâʒe *stf. handelsstrasse* Halt. 1756 (*a.* 1365).

kouf-summe *stf. die summe des kaufgeldes* Np. 117. 34. 35. 36.

kouf-swîn *stn. durch kauf erworbenes od. zum verkauf bestimmtes schwein* Gr.w. 2, 60.

kouf-tranc *stm.* commercium, mercipotus Dfg. 135ᶜ. 357ᵇ.

koufunge *stf.* (I. 868ᵇ) *handel* Livl. 4647.

kouf-vrouwe *swf.* (III. 424ᵇ) *s. v. a.* koufmennine Münch. *r.* die frauwen nit in das slosz zu legen, es wer dan umb ubeltat oder wer ein kauffrauwe Frankf. *brgmstb.* 1438 *vig. III. p. Walpurg.*

kouf-wîp *stn.* (III. 719ᵇ) *dasselbe* Gerh. Parz. (409, 8; *vgl.* Germ. 6, 467 *ff.*).

koume *adv. s.* kûme.

koumotewer *s.* kommentiur.

kouwe *swstf. bergm. hütte über dem schacht, schachthäuschen.* wir bedörften einer kouwen, der müge wir enbern niht Feldb. 142. kowen setzen Freiberg. 37; *aufschüttkasten in der müle:* was in der cau ist, sol der müller herab malen Gr.w. 3, 627. die kaw und tröglîn *in der müle* Heum. 250. *vgl.* Dwb. 5, 310.

kouwe, kouwen *s.* kiuwe, kiuwen.

kouwërzîn *s.* kawërzîn.

kove *swm. s.* kobe 2.

côvenant, gôvenanz *stm.* (I. 869ᵃ) *zusammenkunft zu spiel u. tanz, art tanz* Neidh. (LIV. 14. 37, 1. 38. 24). *vgl.* Weinh. *d. fr.* 379. — *aus fz.* convenance, *mlat.* conventia.

covënt *s.* convënt.

koveren, koverunge *s.* koberen, koberunge.

covertiure, covertiur *stf.* (I. 869ᵃ) *md.* covertûre, *schützende u. schmückende verdeckung des rosses* Wolfr. (Wh. 360, 15). Trist. Wig. Nib. 1819, 2. Kl. 1453. Gudr. 1148, 2. Herb. 8708. 20. 11731. Er. 737. 2338. 10024. Lanz. 4414. 8078. Virg. 1017, 6. Ulr. *Wh.* 212ᶜ. Eilh. 617. Engelh. 2470. 517. 28. Troj.

12548. Part. *B.* 5201. Swanr. 874 (*s. zum Üw. H.* 280). Heinr. 3510. Kreuzf. 6899; **covertiuren** *swv.* (*ib.*) *mit einer covertiure versehen* Lanz. 1991.

kowe *s.* kobe 2, kouwe.

kowolt *s.* kobolt.

koz *stm. s.* kotze 2.

kôz *stm.* (I. 864ᵃ, 41) *s. v. a.* kôse. der vogellîne dôz und ir vil süezer kôz Msh. 1. 136, 7. ein kôz (: grôz) ûzrihten Sigen. *Casp.* 97.

krâ *stm. gekröse.* man sol auch krâ und mittiger in den smer niht winden Np. 198 (*13.—14. jh.*). *vgl.* krage *u.* Dwb. 5, 1962.

krâ *swstf.* (I. 869ᵃ) *pl.* krân; *ältere u. nebenformen:* krâe, *pl.* krâen Renn. 19431. kræe, *pl.* kræen Mgb. 177, 29. 182, 25. 199, 29. krâwe, *pl.* krâwen (: pfâwen) Renn. 1825. Dfg. 152ᵃ. krowe Freid. 142, 15 *var.*, *pl.* kroewen Mgb. 199, 27 *var.* krô Helbl. 12, 34. Dfg. 152ᵃ, *pl.* kroen Hpt. 7. 357, 12 *var.* krewe Bon. 11, 25 *var.* krew, kreu Dfg. 152ᵃ. kræje Livl. Bon. 11, 25. krâhe Mone 7, 360. Dfg. 152ᵃ. kreige Freid. 142, 15 *var.* krêg, krêge Hpt. 5, 416. Mone 6, 345. kreie Ms., krei, krê Dfg. 152ᵃ —: *krähe* Walth. Freid. Helmbr. Ms. (ez habe ein swarziu krâ gelogen Neidh. XLIV, 22. diu sate krâ und ouch diu wan ir leben ist ungelîche XV, 24. sô der wolf inz alter kumt, sô rîtet in diu krâ 96, 2. her Nîthart hât uns hie verlâzen als diu krâ den stecken 198, 1 *u. anm.* ein krâ zuo einem edelen valken sprach Wartb. 7, 7). swarz als ein krâ Apoll. 14420. dâ wonet niendert rabe noch krâ Loh. 6142. sô stâstu gaffen als ein krâ Ls. 2. 330, 52 (*vgl.* Fragm. *unter* erlëchen). der stille sitzender krâ dorret snabel und klâ *ib.* 642, 179. sach der habich ein krâ vliegen *ib.* 515, 418. den andern obe sweben als der adelar tuot der krâ Ot. 22ᵇ. diu krâ volgt dem adlarn etswenne, und sô er daz lang vertregt, sô begreift er si ze letzt mit den klâen Mgb. 167, 8. weder die krân noch die wîen Frauentr. 94. alten wolf den rîtent krân Ls. 3. 296, 51. swer die krân tweht (*wäscht*), des mêret sich ir swarzer glanz Krone 2056; *kranich* Bon. 11, 25 *s.* Dwb. 1966 *d*; *staar*, esternulus krey Voc. 1482, *s.* Dwb. 5, 2137. — *ahd.* chrâwe, chrâja (*urspr. wol* chrawa, chraja), chrâa *ein lautmalendes wort s.* Dwb. 5, 1968.

krabat-stûde *s.* kranewitstûde.

krabelen *s.* krappeln.

krac *stm.* (I. 869ᵇ) *riss, sprung* Lanz. Mai, Ms. Neidh. (71, 21). wan sie sêre bewac dirre ungelückes krac (*var.* chrach) Krone 1233;

krach *stm.* (I. 870ᵃ) *knall, schall, krachen* Wolfr. (die hellen pusînen mit krache vor im gâben dôz Parz. 63, 3. von sperbrechens krache Tit. 85, 1. dô si den walt mit krache hôrten erhellen 133, 1). der krach der schefte hal Nib. 1550, 1. Gudr. 182, 4. von trumben und pusûnen hôrt man manegen krach *ib.* 1752, 2. nû hôrt man aber erklingen maneger hande lûten krach Bit. 11883. mit krache sunder rûne j.Tit. 1932. donres k. Loh. 2163. die wegen dô von swære tâten manegen krach *ib.* 1872. speres k. Geo. 168. 1634. Lieht. 174, 1. 212, 3. 216, 5. 460, 4. 27. Kreuzf. 6703, *vgl.* sperkrach. ir herze vor leide brach in lût berndem krache Ernst 2701. *pl.* der fiwerschober chrache Erinn. 942 (900); *riss, sprung,* âne krach Himlf. (Hpt. 8) 198.

krach *stm. s.* krage.

krachen *swv.* (I. 870ᵃ) *krachen, krachend brechen, eig. u. bildl.* Kl. Serv. Iw. Wolfr. (daz dürre holz bristet und krachet Parz. 172, 19. der [wagen] hôrt man vil dâ k. Wh. 209, 3). Helbl. (3, 43. 15, 764). dô hôrt man schefte k. Bit. 9163. diu ruoder an den henden krachen manegem man Gudr. 856, 2. daz (wazzer) bran und krachete En. 89, 33. berc und tal nâch krachte Rab. 588. die berge krachten alle Karl 3609. die boume begunden k. Ga. 1. 464, 345. sô hôret man uns beide krachen (*man hört unsere schritte*) *ib.* 3. 120, 340. sîne slege mohten k. Apoll. 10328. daz ir (*der burg*) wende krachen Msh. 3, 27ᵃ. von dœnen k. *ib.* 2, 316ᵃ. weinende und chrachende (*seufzend*) Hpt. *h. lied* 44, 21. daz elliu sîniu lider krachten Bph. 8627. vor jâmer krachten mir diu lit Lieht. 303, 18. muoz im selp der rücke k. Teichn. 201. Hätzl. 306ᵇ. sô vaste want sie die hende, daz sie sêre muosten k. Ulr. *Wh.* 115ᶜ. 140ᵇ. ein krachend bette Gr.w. 4, 25. ein bett mit krachenden leilachen *ib.* 6, 753; sîn herze kracht Rul. 215, 4. Dietr. 4424. Renn. 6648. 11283. 12468. 18865. Apoll. 2362. Helmbr. 1776. daz herze vil in freunden krachen j.Tit. 4408. mîn herze an frôiden krachet Neif. 47, 32. nâch dem her mîn herze krachet Msh. 1, 22ᵃ. ir herze hôrt er krachen, daz in ir lîbe brach Otn. *p.* 96. mîn fröude krachet von dem überlaste

HADAM. 589. der (drachen) kraft beginnet k. RENN. 6102. — mit er-. *vgl.* DIEF. 2, 591. DWB. 5, 1917;
krachen *stn.* (*ib.*) PARZ. der schefte krachen, krechen NIB. 36, 2 *var.* man hôrt dâ michel k. RAB. 559. mit pusûn k. LOH. 2480. ez vuor ûz sînem rachen daz starke viwer mit k. MARG. 428.
kracht *s.* kraft.
kracter *s.* karacter; krade *s.* krote
kradem *stm.* (I. 870ª) kraden URST., kredem WACK. *pr.* 56, 500: lärm, getöse ANEG. NIB. GUDR. PARZ. NEIDH. (24, 36). WACK. *pr.* 11, 75. SPEC. 80. sunder kradem MAI 22, 10. nichein vogel nemohte gevliegen durch den mæren kradem KCHR. 5299. vil michel was der kradem ERNST *B.* 3134. im volgte nâch grôzer kradem von gesange *ib.* 3390. dâ hôrte er einen starken kradem von rîchem gesinde KRONE 13615. von den mæren huop sich ein vil süezer kradem under den vrouwen *ib.* 21992. 22210. maneger hande kradem von orsen und von liuten LOH. 4357. — *vgl.* GR. 2, 150. DIEF. 2, 431.
krademe *swf.* hacke, haue. were binnen dem wiltbanne roit (riutet) mit der krademen und korn gewonne, der mag das wole doin GR.W. 6, 563 (*Eifel*). *vgl.* krage 2.
krademen *swv.* lärmen, schreien SCHM. *Fr.* 1, 1363;
krademendic *adj.* (I. 870ᵇ) lärmend. dô wart ein chradmediker scal MAR. 171, 8.
krâel *stn. dem. zu* krâ, kleine krähe HPT. 7. 357, 12.
kraft *stf.* (I. 870ᵇ) *gen.* krefte, kraft, *pl.* krefte (kreft MGB.); kraf JER. 18885. DFG. 13ᶜ. 619ª, krapft NIB. 2068, 1 *var. nd. u. auch md.* kracht, *pl.* krechte Ms. PASS. ROTH. 304. KARLM. 82, 11. 84, 57. 92, 6. 56. 112, 23: *kraft, gewalt allgem.* (nuo got mit sîner chrefte wol worhte sîne geschefte GEN. *D.* 3, 23. diu craft vaht gegen der sterke RAB. 689. craft wider craft dâ ranc DIETR. 9500. wan wir sîn in iuwer kraft komen *ib.* 1220. widerstreben mit hôher mannes krefte TROJ. 23473. dugentlîche, undugentlîche craft ELIS. 6533. 5369. in kumberlîcher kraft GERH. 1708. dô er sîn kraft wider gewan, zur besinnung kam ENENK. *p.* 352. kraft ob allen kreften, *gott* NEIDH. 88, 8. trank der kraft hete MYST. 1. 133, 23. des wilden meres kr. MOR. 1, 1367. der augen, der gall, des gesihtes, des pluotes kr. MGB. 10, 11. 13. 28, 24. 129, 23. der sêle, der vernunft k. *ib.* 4, 24. 33, 15. 205, 25. TEICHN. 100. der stern kr., *einfluss* MGB. 54, 7. die wegenden kräft *ib.* 37, 34. *rechtl.* kraft eines gesetzes, urteils *etc.* GR.W. 5, 486. 89. RCSP. 1, 802. in kreften ditz briefs CHR. 1. 240, 25. *s.* DWB. 5. 1940, 10); — *menge, fülle, bes. von kriegern (heeresmacht) als auch von gut u. vorräten aller art, allgem.* (der chunich mit sîner chrefte erweren sich nine mohte EXOD. *D.* 139, 19. daz si komen mit ir kraft BIT. 5014. des goldes vuorten sie mit in die craft GR. RUD. 27, 3. allez daz sîn herze gert daz vant er dâ mit krafte: schafte VIRG. 985, 10. daz du mit liutes chrefte chomest EXOD. *D.* 53, 8. heres kraft ROTH. 2855. 68. 3286. ERNST 1476. 4960. VIRG. 461, 12. 696, 8. 707, 8. 797, 6, *s.* her-, hereskraft *sp.* 1257. 55) *oft nur einen gen. umschreibend od. verstärkend* (mit hôher wunne krefte TROJ. 22553. witzen kraft FREID. 82, 22. ungemüetes kr. GERH. 6576. mit der rosse kr. KARL 7921). — *vgl.* WEIG. 1, 630. DWB. 5, 1931 *f.*
kraft-âder *f.* (I. 10ª) *pulsader* BARL. 188, 27.
kraft-bühse *f. büchse mit kraftarzenei* DÜR. *chr.* 446.
kraften *swv. kraft haben, vermögen* DENKM. XLIII. 13, 8. *vgl.* kreften.
kraft-lôs *adj. s.* kreftelôs.
kraft-muos *stn. eine art* muos GERM. 9, 201.
kraft-stein *s.* kropfstein.
kraft-sûgerinne *stf.* (II². 724ª) kraftsaugerinn, hämorrhois MGB. 272, 21.
kraft-wazzer *stn. künstl. wasser als kräftigendes mittel* ZIMR. *chr.* 3. 575, 9. *vgl.* DWB. 5, 1954.
kraft-zelte *swm. kraftgebender* zelte ZIMR. *chr.* 3. 438, 18.
krage *swm.* (I. 872ᵇ) *ndrh.* krach *stm.* KARLM. 52, 14. 48, 35. 64, 13. 142, 66. 151, 65 *u. o.*: *hals (nach aussen u. innen) von menschen u. tieren* GEN. TRIST. LOH. WALTH. NEIDH. (wir entrihten im den sînen elenlangen kragen 217, 12). KONR. (einen umb den kragen würgen OTTE 283. als er wider umbe want nâch dem helde sînen kragen TROJ. 9917. daz mezzer wart gesetzet an sînen kragen 10755. etw. umbe den k. binden 14035. ob wir uns rechen an ir kragen 17957). hals und krage APOLL. 12679. durch des halses kragen KRONE 13511. ez tæt mir in dem kragen wê JÜNGL. 697. kurzez houbet, langer krage HELBL. 1, 298, *vgl.* 90. 366. 7, 664.

ich warf in (stein) vür den kragen VIRG. 807,
10. Heime im eine wunde schriet hin durch
den kragen unde hals *ib.* 871, 12. den kragen hôch winden TEICHN. 237. ein ûr den
wolde ein raben al ein in sînen kragen
WARTB. 174, 7. mit aufgerecktem kragen
(*vom kranich*) MGB. 191, 6. diu suht an iuwern lôsen kragen REINH. 302, 312. wir suln
ir veigen kragen noch hiute bliuwen unde
bern APOLL. 7451. 10916. 14702. an ir guote
und an ir kragen werden si veig unde mat
TROJ. 17830, *auch für nacken:* den kragen
rîten HELMBR. NEIDH. 68, 39 *u. zu* 61, 16.
der tôt mir sitzet ûf dem kragen KOL. 174,
650; *bekleidung des halses, halskragen*
(NEIDH. 51, 35 *gehört nicht hieher, s.* DWB.
5. 1960, 2 *b*), rocke mit kragen HPT. 8, 319.
collarium DFG. 132ᵃ; *s. v. a.* kragstein: von
vier kr. (*auf einem turme*) rôt zu malen, von
dem kragen an dem grossen knauf FRANKF.
baumstb. v. 1427, 30ᵇ; *gekröse*, lien krag
oder miltz Voc. 1482. term unt magen und
ouch kragen MSH. 2, 288ᵇ, *vgl.* krâ, kregelîn
u. DWB. 5, 1962; kr. *umschreibend persönl.:
tor u. dgl.* NEIDH. (41, 8. 60, 16. 33. 90, 11.
24). RENN. œder krage WARTB. 12, 16. —
vgl. DWB. 5, 1956.

krage *swf.* (I. 873ᵃ) *haue, hacke* SCHEMN. *br.
vgl.* DWB. 5, 1926, krademe *u.* kragen.

krage-bein *stn. s. v. a.* halsbein KRONE
19701.

kragel *s.* kregelîn.

kragelen *swv.* (I. 873ᵃ) *scharfe töne hervorbringen.* kragelundeʒ huon, *als scheltwort
für einen schwätzer* JÜNGL. 906. kregeln
gracillare, est sonus gallinarum Voc. 1482.
— *vgl.* DWB. 5, 1955.

kragen *stv.* I, 4 *ndrh.* kragen, krôch:
kratzen, ritzen. mit eren nâlden sy yn
krôch (: genôch) KARLM. 163, 27. *vgl.*
kraken.

krægen *s.* kræjen.

krag-stein *stm. aus der mauer hervorragender stein als träger eines balkens u. dgl.*
kragstein, proceres Voc. 1482. lapides, kragstein dictos. WERTH. *a.* 1325. *md.* krainstein *s.* DWB. 5, 1964 *u. vgl.* kropfstein.

krâhe *s.* krâ 2.

kraich *prät. s.* kriechen.

kraigen *s.* kræjen.

krain-stein *s.* kragstein.

kræje *s.* krâ 2;

kræjen, kræn *swv.* (I. 869ᵇ) *prät.* krâte,
kræte: *krähen, intr.* PARZ. HELBL. kræjen
solde der han AMIS 979. dan kræt diu henne
noch der han MSF. 244, 73. ê der han hinaht
chræe ANTICHR. 170, 13. der han sari chræte
ib. 173, 13; — *tr.* ich kræ dîn lop alsam ein
han MARIENGR. 37. der fürsten lop in manigiu lant si krâten j. TIT. 1120. ich næme immer swaʒ die hanen cræjen für daʒ diu
nahtegal möht gesingen MSH. 3, 292ᵃ. *nbff.*
krægen MART. 188, 42. 191, 98. NETZ
12033. kraigen DIEM., kreigen DFG.
256ᶜ. NARR. 95, 24. krêwen MYST. DFG.
267ᶜ. — *mit* be-. *vgl.* DWB. 5, 1970;

kræjen *stn.* bî dem krægen wolt er die tagzît merken HB. *M.* 547.

kræjen-nest *stn.* (II. 386ᵃ) *krähennest* LIVL.
3753.

kraken *swv.?* *kratzen.* daʒ si die âder ouʒ
chraken (: hâken) GEN. *D.* 65, 26. *vgl.* kragen *u.* DWB. 5, 2075.

kral, -lles *stm. pl.* krelle *kratz, gekrallte
wunde.* da vüert der wolgemuote mit zweier
hande strâl vil scharfe krelle j. TIT. 3981.

kralle *f. kralle, klaue zu folgern aus* krellen.
vgl. grelle.

kram *prät. s.* krimmen;

kram *stm.* (I. 881ᵇ) *krampf* WOLK. spasmus
DFG. 544ᶜ. SCHM. *Fr.* 1, 1368. *vgl.* kramme.

krâm *stf. s.* krâme;

krâm *stm.* (I. 873ᵃ) *pl.* kræme; krân MART.
29, 70. 43, 3. kræme *swm.* j. TIT. 4850. 6007.
MSH. 1, 361ᵃ. MARIENGR. 789. MERAN. 19:
ausgespanntes tuch, zeltdecke, papilio NYER.
297, *bes. die bedachung eines kramstandes*
PARZ. 563, 1 (*vgl.* WARTB. 25, 4), *die krambude selbst* PARZ. TROJ. sînen krâm nieman
suochte RENN. 16692. die hât sehs töhter
in dem krâme 16640. ein diep sich durch
ein venster want in einen krâm 21902. durch
die kræme gên BERTH. 482, 12. krâm, krôm
pl. kræme CHR. 1. 86, 21. 356, 2; 3. 294, 31;
4. 138, 39; 8. 95, 7. 96, 9; 724, 12. 1028,
11. TUCH. 155, 23. 259, 12. 26. 32 etc. die
crême, die an dem kirchofe hin umbe gênt
NP. 289; *handelsgeschäft,* mercatura DFG.
357ᵃ; *waare* WOLFR. LANZ. BARL. dâ er
sînen crâm ûʒ breite PASS. 228, 40. het ich
seltsænes krâmes iht TROJ. 7401. dâ man
veile vant, swaʒ man von krâme wolte *ib.*
19559. der kram der hete manige marc vergolten PART. *B.* 4138. vür al Venediger
kræme ALTSW. 216, 8. *bildl.* in sich hât er
gedrümet êrlicher werke vollen krâm MSH.

3, 190ᵃ. dâ hât uns der meie sînen krâm erloubet ze suochen *ib.* 2, 238ᵃ; er het der êren tiuren krâm in sînes herzen arken TURN. *B.* 324. suntlîcher krâm PASS. *K.* 251, 9; *das im* krâme *gekaufte, bes. gekauftes geschenk* TROJ. (11306. 23182). des ich wünsche mir ze krâmen (: âmen) MSH. 1, 361ᵃ. und gâben ir durch minne krâmes gewinne W. *v. Rh.* 30, 30, *auch geld für ein solches:* sie gâben der grêvinne 4 pfunt ze krâme URB. 229, 23. — *vgl.* krâme *u.* DWB. 5, 1985.

kramad, kramat *s.* kranewite.

cramanzen *swv. schnörkeln* NARR. *s.* 113ᵃ; *possen treiben* ZIMR. *chr.* 4. 128, 29. *s.* DWB. 2, 638. 5, 1991.

krâmære, -er, kræmer *stm.* (I. 873ᵇ) *handelsmann, der seine waare in einer* krâme *feilbietet, krämer.* krâmære PARZ., krâmer *ib. u.* HELMBR. 1074. WARTB. 25. 3. RENN. 21918. FASN. 481, 4. CHR. 4. 23, 14. 321, 2. 12. 328, 10; 5. 2, 21. 126, 26. 27. 127, 3. 153, 20. krômer NP. 185. DFG. 302ᵃ. FASN. 668, 7. kræmer KOLM. 6, 396, *md.* krêmer MOR. 1, 3812. MÜGL. 12, 4. FREIBERG. 278. CHR. 3. 147, 26. FASN. 480, 4. 481, 35.

krambit *s.* kranewite *u. die composs.*

krâm-buode *f. krambude md.* krâmbôde RIEDEL *cod. dipl.* 14, 75.

krâm-decke *f.* krômdeck, velarium DFG. 609ᵇ.

krâme *swm. s.* krâm;

krâme, krâm *stf.* (I. 873ᵇ) *s. v. a.* krâm *krambude eig. u. bildl.* krâme GUDR. (251, 2). NEIDH. FRL. ELIS. (339). der spileman havede behangen sîne crâme mit gewête selzêne ROTH. 3111. ir krâme was wîlent vil genæme RENN. 16698. Albers chrâm, deu dâ leit an dem Hôhenmarchte USCH. 195 (*a.* 1340). kræme MART. 17, 84; *waare, diu* krâm *diu ist nû ûz geleit* TEICHN. 170;

krâmec *adj.* k. sîn, *einen* krâm, *geschenk kaufen* VIRG. 348, 10.

krâme-korp *s.* krâmkorp.

kræmel *stn.* (I. 873ᵇ) *dem. zu* krâm, *gekauftes geschenk* MART. 47, 93. *vgl.* kræmlach;

krâmen *swv.* (*ib.*) *intr. kramhandel treiben,* nundinare DFG. 385ᵇ; *kaufen, einkaufen, bes. ein geschenck, absol.* TROJ. (19634), *tr.* BARL. Ms. (*H.* 1, 361ᵃ). wan er ir den spiegel gekrâmet het HÄTZL. 2. 67, 303. — *mit* ver-;

krâmer, kræmer *s.* krâmære.

krâmer-gewihte *stn. s.* krâmgewihte.

krâmerîe, kræmerîe *stf.* (I. 873ᵇ) *kramhandel* OBERL. kremerei FASN. 478, 21. 481, 3. 482, 2; *kramwaare,* market aller krâmerî OT. (KCHR. 2. 661, 640). alle crâmerîe schol man vorschozze als sî ghoufet ist ZEITZ. *s.* 1, 31 *u. anm.* kramer mit ir kramerei und kaufmanschatz CHR. 5, 321, 3. ein pferd daz kremerie furet MONE z. 1, 173 (*a.* 1379), *vgl.* FASN. 481, 8. 791, 26;

krâmerinne *stf. krämersfrau, krämerin* GA. 1. 183, 524. kramerin, institrix VOC. 1482. CHR. 5. 140, 18. kremerin NP. 30.

kræmer-korp *s.* krâmkorp.

krâmer-meister *stm. vorsteher der kramerinnung* DWB. 5, 2001 (*a.* 1359). krêmirmeister MÜHL. *rgs.* 161.

krâmer-zunft *stf. kramerinnung* CHR. 5. 118, 23. DWB. 5, 1997 (*a.* 1327).

krâme-sîde *f.* (II². 262ᵇ) *seide wie man sie in der* krâme *kauft* NEIDH. 86, 18. LS. 3. 243, 90.

kramet-boum *s.* kranewitboum.

krâm-gaden *stn. kramladen,* instita DFG. 302ᵃ.

krâm-gelœte *stn. s. v. a.* krâmgewihte MÜNCH. *r.* 7, 58.

krâm-gewant *stn.* (III. 684ᵃ) *zeug wie es krämer führen, schnittwaare* ROTH. PARZ. MOR. 2, 1723. MÜNCH. *r.* 7, 98. URB. *B.* 2, 457. *ib. Str.* 296. *vgl.* krâmwât.

krâm-gewihte *stn. handelsgewicht* NP. 173. 261. kromergewicht *ib.* 185. *vgl.* krâmgelœte.

krâm-korp *stm. waarenkorb eines wandernden krämers* FASN. 481, 16. 19. krâmekorp MOR. 1, 3821. kræmerkorp *ib.* 3827.

kræmlach *stn.* (I. 873ᵇ) merx VOC. *o.*, *vgl.* kræmel.

kramme *swm.* (I. 882ᵇ) *s. v. a.* kram FDGR. 1. 322, 1. j.TIT. 4491;

krammen *swv.* (I. 881ᵇ) *mit den klauen packen od. verwunden* DIOCL. 2395;

kramp *s.* krampf.

krampe *swm. spitzhaue.* hawen und krampen MH. 2, 641. zwên wolgeladen wagen mit eisnen krampen *ib.* 78. *vgl.* DWB. 5, 2006.

krampen-macher *stm. s. unter* krôpenmacher.

krampf *stm.* (I. 882ᵃ) *krampf* ENGELH. k. und giht RENN. 9888. ich vluoch der hant die dan der krampf ziuht, swenn sie lœsen sol der tugent ir pfant FRL. 324, 16. krampfe *sw.* DFG. 544ᵉ, *md. auch* kramp *ib.* 121ᵇ. 443ᵇ. 544ᶜ. — *zu* krimpfen.

krampf *m. krûste*, runcus DFG. 504ª. *vgl.* krapfe 2 *u.* DWB. 5, 2064.

krâm-schaft *stf. kramwaare* FASN. 523, 14; *handel damit, vgl.* HALT. 1129. ZIMR. *chr.* 3. 343, 2.

krâm-schaz *stm. kramwaare* BERTH. 482, 6; *handel damit, vgl.* FASN. 373, 19. 791, 33; *gekauftes geschenk* HPT. 8, 520. *s.* DWB. 5, 2016.

krâm-schilt *stm.* (II². 130ᵇ) *in eincm krâm gekaufter schild* LANZ. 2872.

krâm-wât *stf.* (III. 778ª) *s. v. a.* krâmgewant RENN. 16689.

krân *stf. s.* krône.

kræn *swv. s.* kræjen.

krân-apfel *stm.* malogranatum DFG. 345ᵇ.

kran-ber *stf. s. v. a.* kranewitber SCHM. *Fr.* 1, 1370. *vgl.* kranechber.

kran-bit *s.* kranewite.

kranc *s.* kranech.

kranc, -ges *stm. kreis, umkreis.* alumme in deme crange ELIS. 7596. daʒ ime in dem krange ein pharre wart bescheiden HEINR. 1028. *vgl.* JER. 109°. DÜR. *chr.* 775. GERM. 5, 241. FRISCH 1, 547ᵇ. DWB. 5, 2019 *u.* krange, krangel, krenge.

kranc *adj.* (I. 873ᵇ) krang CLOS., *comp.* krenker (kranker j.TIT. 3834): *kraftlos, leibesschwach, schwach im allgemeinsten sinne* (daʒ kranke leben RENN. 24633. der kranken stap PASS. 122, 38. ze fuoʒe kranc was sîn minneclîcher lîp ORL. 12553. kranc als ein wîp LIEHT. 169, 20. daʒ kränker gesleht, *das weibl. geschlecht* MGB. 183, 10. 126, 12. chranke sachen GEN. *D.* 16, 13. in kranker wæte TROJ. 1672. ein altes haus, das cranc wêre, daʒ niht mohte ziegeldach getragen NP. 300. ein krankeʒ schif MSF. 23, 22. sanc ist âne fröide k. *ib.* 123, 37. ein krankiu wunne *ib.* 35, 8. kranker wân PASS. *K.* 401, 14, bejac 97, 69, sin 5, 87. 44, 98. TROJ. 18670. dîn gedanc ûf mich wart nie k. BPH. 5635, *vgl. noch* MGB. *s.* 652. *spec. von schwachen streitkräften* CHR. 2 132, 18; 4. 121, 3; 5. 3, 3. 89, 30. kleine kranke [*schwach befestigte*] stette *ib.* 92, 17. 8. 74, 26; *mit gen.* sinnes k. LIEHT. 383, 9. diu freuden kranken j.TIT. 1083. fröiden rîch und trûrens k. MSF. 139, 22. grüenen loubes k. NEIF. 19, 37; *mit präp.* a n: an dem lîbe k. RUL. 303, 5. LOH. 4429. an freuden k. j.TIT. 1133. k. an liuten sîn, *wenig mannschaft haben* JUST. 338) —; *schmal, schlank* PARZ. Ms. ze rehte smal ze rehte kranc GERH. 3744. an ir sîten smal unde lanc und doch dâ bî niht ze kranc LS. 1. 142, 534. wol stânde waden niht ze kranc noch überladen FLORE 6856. sîn (*des rosses*) houbet was rehte kranc *ib.* 2758; *geschwächt, vernichtet* GSM. dâ von mîn trûren wirdet kr. PARZ. 801, 2. NEIF. 8, 19. des ist mir mîn fröide kr. *ib.* 52, 10. mîn vorhte was ze wâre kr. LIEHT. 26, 5; *wertlos, gering, schlecht, nichtig* (krankeʒ gericht PASS. *K.* 673, 44. krankeʒ leit TROJ. 17752. da ist mîn lôn vil k. MSF. 89, 12. k. spîse ULR. *Wh.* 156ª. dô was daʒ kint alsô k., *schlecht, boshaft* PASS. *K.* 227, 18. er opferte das krenkeste von sînen frühten CHR. 8. 239, 23. kranker solt *ib.* 475, 13. daʒ rîch alse krang, *gering geschätzt ib.* 151, 1. in diser kranken werlt MGB. 162, 2 —; *krank*, kranc und siech DIOCL. 29. GA. 1. 292, 428. BEH. 1,5 24. er was alt und krankes libes CHR. 8. 73, 24. do David alt und krang wart 250, 18. das er von schrecken siech und krang wart 358, 2. k. in dem houbete sîn N. *v. B.* 149. unmuot die selben kranken (*wassersüchtigen*) kan bekrenken HADAM. 474. er was krang und ubel gestalt LESEB. 984, 12. krankeʒ (*liebeskrankes*) herze GA. 2. 293, 469. — *vgl.* DWB. 5, 2023;

kranc *stm.* (I. 874ᵇ) *schwäche, mangel, unvollkommenheit* WOLFR. (WH. 168, 24. 176, 29). LOH. LIEHT. KRONE (23524). Ms. (MSF. 88, 37). diu nie menschen kranc erleit TÜRL. *Wh.* 55ª. 93ª. durch unsers krankes unheil PASS. 124, 12 ; *schwächung, abbruch, schaden* KINDH. LANZ. BÜCHL. der wârheit kr. tuon MONE 2. 96, 35. ob im cheinerlei krank oder bruch geschee Mz. 3, 17. 176. 4, 235. 251. 312. 13. kein krank noch schaden bringen *ib.* 3, 146. ob man chranch daran (*an d. münze*) funde Mw. 302 (*a.* 1339). krank, hindernüs, verderben und irsal CHR. 2. 165, 10.

kranc-gemuot *adj. s. v. a.* krancmüetic WINSB. 10.

kranch *s.* kranech.

kranc-heit, krankeit *stf.* (I. 875ª) *schwäche, schwachheit* IW. PARZ. BARL. HERB. 11172. j.TIT. 222. ELIS. 6508. PASS. 149, 63. 242, 12. 154, 28. *K.* 396, 83. N. *v. B.* 97. KARLM. 154, 28; *geringheit* GERH. sînes lebens k. *dürftigkeit, not* PASS. *K.* 404, 65 ; *krankheit* MYST. si gedreib k. an ir bette ELIS. 7109, *vgl.* 2303. HEINR. 4124. 375. LOH. 5803. LS. 1. 73, 7. 30. LESEB. 995, 32.

kranc-, krenc-lich *adj.* (*ib.*) *schwach, ge-*

ring, schlecht ELMEND. ein krenkelîcher rât PASS. 233, 63. in krenkelîcher armût *ib.* 234, 96. ir krenclîche¸ gelt *ib. K.* 7, 34; kranc-, krenc-lîche, -en *adv.* (*ib.*) GRIESH. BERTH. das si ir zierd so krenklich hat genidert HÄTZL. 215ᵃ. daȝ daȝ rœmische rîch nû stêt sô krenklich HPT. 6, 380. einen crenclîche beschowen MARLD. *han.* 128, 33. crencleich sprechen nâch der siechen sit ROTH *denkm.* 78, 95. das es gar krenglîche umb alle gerihte stôt N. *v. B.* 193. *md.* krenkelîche PASS. (sî mûȝen krenkelîche verlân der werlde vreude 235, 19).

kranc-müetec *adj.* (II. 262ᵃ) *schwach-, kleinmütig* MYST. RSP. 1422. MGB. 192, 20. 226, 19. *vgl.* krancgemuot;

kranc-müetec-heit *stf. kleinmut* MGB. 44, 22.

krancte *prät. s.* krenken.

kranc-var *adj.* (III. 238ᵃ) *schwach aussehend, blass* WALTH. 68, 2 var.

kranc-wurz *stf. s.* kranechwurz.

krane *swm. s. das folgd.;*

kranech, kranch *stm.,* kraneche, kranche *swm.* (I. 876ᵇ) *kranich.* kranech WALTH. FREID. ER. 2045. FRLG. 101, 80. ULR. *Wh.* 180ᶜ. REINH. 347, 1525. LOH. 362. HPT. 7. 342, 54. kranich *ib.* 353, 2. MSH. 2, 195ᵃ. kranch PARZ. KL. 1085. ERNST 2533. 2706. NEIDH. XLII, 2. JÜNGL. 257. MSH. 2, 202ᵇ. GA. 3. 52, 336. MGB. 190, 20 *ff.* kranc NEIDH. XLII, 2 *var.* SWSP. 279, 1. DIEF. *n. gl.* 198ᵃ (*s. auch unter* kranechhals); kraneche BIT. 6983. HPT. 7. 354, 50. kranche *ib.* 353, 14; *umgelautete formen:* krenich DFG. 270ᵇ. krench, *pl.* krenche RENN. 19458. NEIDH. XLII, 2 *var.* SCHILTB. 111. MGB. 185, 9. kreneche *sw.* WALTH. 19, 31 *var.; md. auch eine einfachere u. altertümlichere form:* kran *s.* DWB. 5, 2018 *u.* kransnabbel, -wurz. krane CRANE 1128. grûn ERLŒS. 60 *u. anm.; — hebezeug für lasten, kran:* kranch, kranche altifra DFG. 26ᵇ. *pl.* die kreniche domitte man die wîne ûf ziehet CHR. 9. 745, 2 *var.* krane MONE *z.* 9, 32. 41. 426 (*15. jh.*). DFG. 26ᵇ. krone FRANKF. *baumstb.* 1454, 46. — *zu gr.* γέρανος*, kelt.* garan *s.* DWB. 5, 2021. CURT.³ 166. FICK² 356. Z. 1, 149.

kranech-ber *stf. moos-, sumpfbeere.* chranichper RING 34ᵇ, 18. *vgl.* kranber *u.* DWB. 5, 2022.

kranech-hals *stm. kranichhals.* kranchals MSH. 2, 210ᵇ.

kranechinne *stf. weibl. kranich.* kränchinn MGB. 192, 8.

kranech-snabel *stm.* (II². 435ᵇ; II. 283ᵃ *unter* nabel!) *kranichschnabel, eine pflanze* SUM. DIEF. *n. gl.* 318ᵇ. *md.* kransnabbel DFG. 497ᵇ.

kranech-wurz *stf.* (III. 829ᵇ, 6) geron, kronchwurz VOC. 1482. krancwurz DFG. 261ᵇ. chranwurze MONE 8, 95ᵇ.

krane-wit-ber *stf. wachholderbeere* SCHM. *Fr.* 1, 1371. kranwidper VOC. 1482. krambit-, kranbitper DIEF. *n. gl.* 224ᵃ.

krane-wit-boum *stm. wachholderstrauch.* kranwitpaum MGB. 325, 17. 23. krametboum SCHM. *Fr.* 1, 1371.

krane-wite *stm.* (III. 773ᵇ) *wacholder*, juniperus SUM. kranwit MGB. 326, 21. 23. chranbit, chrambid DFG. 312ᵇ. cramat NP. 313. chramad VOC. 1455 *bei* WEIG. 1, 632; *s. noch andere formen unter* kranewitstûde. — krane *zu* kranech? *vgl.* DWB. 5, 2042. WEIG. *a. a. o.* (krânewit *zu lat.* granum).

krane-wit-holz *stn.* kranwitholz MGB. 326, 1.

krane-wit-stûde *swf.* (II². 707ᵇ) kranwitstûde, juniperus VOC. 1429. kranwitstaud *ib.* 1482. krumwidstûde. *var.* kromet-, kronewich-, krabatstaude HB. *M.* 451.

krane-wit-vogel *stm.* junifagus, kranwidfogel VOC. 1482. kranwitvogel NP. 193 (*13.—14. jh.*) krambitvogel ERLŒS. XLV, 81. kramat-, kramatsvogel ZIMR. *chr.* 3. 528, 28; 4. 297, 12. 375, 15.

krang *adj. s.* kranc.

krange *swm. not, bedrängnis* BEH. 33, 13. 189, 31. 331, 30. *s.* DWB. 5, 2019;

krangel *stm.* (I. 876ᵇ) *kreis, kranz.* der bluomen k. ALTSW. 204, 27; *schlinge?* in den wald krangel legen GR.W. 1, 401 (*a.* 1487, *Schwarzwald); not, bedrängnis, mangel:* ob inen dehain ingriff, krangel oder irrung daran geschæch MZ. 1, 492 (*a.* 1405), ân crangel REINFR. 82ᵇ. 87ᵇ. sunder crangel *ib.* 78ᵇ. 116ᵇ. 192ᵃ. — *zu* kranc *stm., s.* DWB. 5, 2019;

krangeln *swv. irren, hindern, bedrängen?* die boshait chrangelt vor der tür RING 44, 31. *vgl.* SCHM. *Fr.* 1, 1373.

krangen *stn. s. v. a.* krange, ledig ân alles krangen BEH. 196, 21.

kranich *s.* kranech.

kranke *swm.* (I. 874ᵇ) *der schwache* PARZ. BON.;

krankeit *s.* krancheit;

kranken *swv.* (I. 876ᵃ) *intr.* kranc *sein od. werden* LIVL. CLOS. (CHR. 8. 140, 32). mîn leben kranket MSH. 3, 343ᵇ. dô mir begunde

kranken der lip in alters ungemach HELBL.
9, 33. sô in daz alter uobit, balde er danne
krankit MART. 124, 70. also begund er kranken
und an dem lîb ab nemen KUCHM. 59. er
krankete von tage zu tage ie mê SCHMIDT
gottesfr. 52. ir sin, ir herze kranken vor
vröuden wolde sunder haz REINFR. 71ᵃ. dô
wart ir hôchwart cranken JER. 185ᵇ. welch
hantwerk krankit mit ungehôrsam GERM. 7,
357. wan ich kranke n â c h ir danke MSH. 2,
29ᵇ. dasz er fürpas nimer mer kan kranken,
krank werden FASN. 753, 4. kranken od.
kranksein, decumbere Voc. 1482; *mit gen.
des lîbes kr.* PF. *üb.* 10, 587; — *tr.* = krenken:
solt es mich joch an guot kranken
(: danken) ALTSW. 122, 2;
kranken *stn. krankheit.* got frist euch allzeit
vor kranken FASN. 552, 16.
kran-snabel *s.* kranechsnabel.
krant, -des *stm.* BEH. 338, 6 *s. v. a.*
krant-wër, -wërre *s.* grantwërre *u.* DWB. 5,
2042. SCHM. *Fr.* 1, 1375.
kran-wit, -wurz *s.* kranewite, kranechwurz.
kranz *stm.* (I. 876ᵇ) *pl.* kranze, krenze (*s.* krenzeleite):
*kranz, bes. als ausgesetzter ehrenpreis,
eig. u. bildl. (inbegriff des schönsten
u. besten)* WOLFR. LANZ. WIG. WALTH. ein
kranz prîslîchen glest ûf des helmes krône
GERM. *H.* 2, 95. k. von drîzên vedern LIEHT.
485, 20. von sternen treit er (*Christus*)
einen k. BPH. 983. si krône, er kranz j.TIT.
1325. setzt ûf den k. der manheit und der
milte FRL. 130, 2. daz Berne an êren truoc
den k. WG. 2447. daz houbet als êren k. gerœset
er von dannen truoc VIRG. 176, 12.
sînem lobe ze kranze j.Tit. 4858. lobes k.
erwerben REINFR. *Göd.* 43. des prîses k. tragen
ULR. *Wh.* 142ᶜ. 199ᵃ. ich hân gar der
freuden k. gesetzet ûf hôhen muot *ib.* 132ᵃ.
diu ritterschaft truoc vreuden k. GERH. 6406.
diu truoc ir aller wunne k. TROJ. 15341. der
tugent k. GERH. 6605. APOLL. 19600. ein k.
der minne *ib.* 1601. j.TIT. 1306. kr. *als ehrenpreis
beim tanze* NEIDH. 63, 32. FASN. 566,
10. 764, 20. 765, 8. 1105. meitlîcher kr.,
jungfraukranz PURGOLD *Eisenach. rechtsqu.*
1, 7. *vgl.* ANZ. 18, 125. FASN. 586, 14; cranz
am pferde, die krone über dem hufe? MONE
3. 176, 46 *s.* DWB. 5. 2056, 11 *a*; *eine art
backwerk* GERM. 9, 201. — *vgl.* DWB. 5, 2043;
kranzel *stn. s.* krenzelîn.
krap-armbrust *stm. eine art armbrust* SCHM.
Fr. 1, 145. 1377.

krapfe, krape *swm.* (I. 877ᵃ) *haken, klammer.*
k r a p f e SUM. LAMPR. RENN. WACK. *pr.*
27, 52, 38, 37. ROTH *denkm.* 93, 58. krapf,
fuscina DFG. 250ᵃ, *n. gl.* 184ᵃ. krape SUM.
PASS. *K.* 342, 91. 391, 22. KREUZF. 5670.
Aw. 3, 157. krappe RENN. 12767. ANZ. 16, 77;
türangel, vertinellum, krapf Voc. 1482; *in
der wappenkunde sparren:* an dem (*schild*)
zwên guldein krapen LESEB. 1036, 3. *vgl.*
DWB. 5, 2062 *f. u. das flgd.*
krapfe *swm.* (*ib.*) *eine art backwerk, krapfe*
SUM. PARZ. HELBL. HELMBR. 1143. 83. BIT.
10615. 12679. BERTH. 103, 39. HPT. 7, 260.
NETZ 5074. GEIS. 416. 18. STZ. 229. 663.
FASN. 91, 7. 608, 14. 628, 8 *u. o.; obsc. für
testiculi:* wan im sein krapfen seind ermant
KELL. *erz.* 181, 5. — *vgl.* DWB. 5, 2064.
krapfen *swv. in* umbekrapfen, *zu* krapfe 1.
krapfen-bacher *stm. krapfenbäcker* BEH. 312,
6, artocopus DFG. 52ᵃ. krapfen b eck e r, pastillarius
ib. 415ᶜ, krapfen b eck Voc. 1482.
krapft *s.* kraft.
krappe *s.* krapfe 1.
krappeln *swv. krabbeln* MGB. 193, 35. krabelen
FASN. 1305. — *vgl.* kribeln *u.* DWB. 5,
1911. 2067.
krasche *swm. s.* kresse.
kraspeln *swv. rascheln, knistern* MGB. 148,
11. *vgl.* krasteln, krastplen *u.* DWB. 5, 2068.
kras *prät. s.* krësen; krasse *s.* kresse, krësse.
krast *stm.* einen k. tuon, *krachend zerspringen*
HÄTZL. 304ᵃ;
krasteln *swv. s. v. a.* kraspeln DWB. 5, 2069;
krastplen *stn.* ein krastplen und ein strît zwischent
fiure unt holze MYST. 2. 431, 29.
krat *s.* kratte, krot.
krât *stfm. das krähen.* vor der hanen krât
PYR. 133. des hanen krât FASN. 1303. — *zu*
kræjen, *s.* hankrât (*nachzutr.* hanenkrait:
schait VINTL. 7956).
krate *s.* krote.
kratte, gratte *swm.* (I. 877ᵃ. 567ᵇ) *korb.* kratte
SCHADE *Cresc.* 53, 4. MONE *schausp.* 2, 399.
S. GALL. *chr.* 47, *stb.* 4, 24. NETZ 9743. FASN.
839, 9. krat, sporta MONE 4, 236 (*14. jh.*).
gratte Ls. SPEC. 114, 19. — *vgl.* kretze 2 *u.*
DWB. 5, 2070. DIEF. 2, 536. KWB. 122.
krättig *s.* kretzec.
kratz *s.* kretze 3.
kratz-ber *stf. brombeere, von den kratzenden
spitzen am strauche* MGB. 330, 28. MONE 8,
496; *neben* bromber, *also davon verschieden*
WSP. 488, *vgl.* VILM. 224, BECH *beitr.* 10;

kratz-boum stm. *brombeerstrauch* MGB. 330, 25.\
kratze swf. *werkzeug zum kratzen, scharren* FELDB. 141. TUCH. 256, 28;
kratzeln stn. *das kratzen, krauen* RING 39ᶜ, 41;
kratzen, kretzen swv. (I. 877ᵇ) *abs., tr. u. refl. kratzen.* kratzen NIB. FREID. REINH. roufen unde k. LOH. 5886. LS. 2. 512, 316. k. oder peizen MGB. 330, 28. sol si hin wider k. MSH. 3, 104ᵃ. muost ouch etswâ baz k. RENN. 10049. do er k. begunde HPT. 7. 381, 4. sy kratzede sô, dat hey des kusses wart unvrô KARLM. 171, 44. nu kratzâ, kratz SCHRETEL 258, *vgl.* 231. 41. 60. ûf der lûten k., *spielen* FASN. 895, 33. die erde er krazte KRONE 20906. der sînen herrn wil k. JÜNGL. 938. daz in die tiuvel iht k. RENN. 2753. unde krazit ime den stâlin hôt ROTH. 1694. sich k. vor zorn OT. 16ᵇ. **kretzen** GRIESH. (1, 31). MART. (4, 30). strail dirs houbt und chretz (*reinige durch kratzen, frottiere*) die pain RING 27ᶜ, 28. — *mit* abe (hût unt flaisc abe k. KCHR. D. 334, 29), ûz, be-, er-, ge-, ver-, zer-. *vgl.* DWB. 5, 2075. DIEF. 1, 241;
kratzen stn. (*ib.*) *das kratzen, krauen* REINH. KRONE 3823. HÄTZL. 43ᵃ; *das jucken, die krätze* MGB. 455, 27. 477, 13. 476, 31 *u. ö.;*
kratzer stm. *in* arskratzer.
kratz-han m. *fing. name* RENN. 9037, *vgl.*
kratz-hart stm. *wucherer, geizhals* RENN. 9034 *u. dazu* GERM. 5, 292.
kratz-mûs stf. *kratzende, beissende maus.* dâ heiz ich kratzmûs und kan wol mit der üble mîn sîn meister als mîn selbes sîn LS. 2. 525, 776.
krâwe, krâwen s. krâ 2, krouwen.
kräxe s. krechse.
kraz, -tzes stm. (I. 877ᵃ) *einmaliges kratzen u. dadurch entstehende schramme, wunde, eig. u. bildl.* PARZ. Ms. REINH. vor des tiuvels kratze j. TIT. 939. sie muoz doln den kraz GA. 2. 599, 164; gîtlicher k. PF. *üb.* 3, 113 *var.* (*vgl.* AB. 1. 172, 27 *u.* kratzhart);
krazen s. kratzen.
krê s. krâ 2.
crêatiure, -tiur; -tûre, -tûr swstf. (I. 877ᵇ) *geschöpf* A. HEINR. TRIST. schœniu crêatiure MSH. 1, 162ᵇ. 357ᵇ. 2, 83ᵃ. dû lopwerdiu crêatiure *ib.* 2, 263ᵃ. alliu crêatiur LOH. 7574, crêatiure *ib.* 10505. wiplich, menschlich crêatiure *ib.* 13911. 23063. der jeger ist ein hôhiu crêatiure WARTB. 95, 3. die crêatûre gotes HEINR. 3743. mich arme, mir armen creatûre ELIS. 955. 1919. die sol man vür alle crêatûren êren MSH. 1, 340ᵇ. — *aus lat* creatura, *fz.* créature.
crêatiur(tûr)-lich adj. *geschaffen, natürlich.* mit crêatiurlîcher kunst MYST. 2. 417, 19. crêatûrlich bilde *ib.* 1. 187, 12. WACK. *pr.* 62, 29. 57. H. *v. N.* 363;
crêatiur-lîcheit stf. ich bin ledic mîn selbes in aller crêatiurlicheit MYST. 2. 590, 35. wan dâ man in got nemende ist, dâ ennimt man in niht nâch der crêatûrlicheit; wan als man in got nimt, sô enlougent man der crêatûrlicheit, niht daz diu lougenunge ze nemen sî nâch dem, daz diu crêatûrlicheit ze nihte werde, sunder si ist ze nemen nâch der verjehunge gotes in dem, daz man sî got nemende ist *ib.* 198, 36 *ff.*
krëbe swm. (I. 877ᵇ) *auch* swf. *s.* vuoterkrëbe: *korb* HÄTZL. ein wol gezûnet korbelîn, daz sach man wol gevlohten sîn, gedrungen nâhe als ein krebe (: klebe) VILM. *weltchr.* 72ᵃ, 40. daz kint lac in den kreben vermachen *ib.* 48. ich wil euch ein kreben von eier schenken FASN. 78, 34. ir frau mit dem kreben *ib.* 370, 9, *obsc.* damit erwischet sie ein wurst in iren rauhen kreben (: eben) *ib.* 1107. plecta, krebe DFG. 441ᶜ; *als flurname:* in dem kreben GR. W. 1, 381. — *vgl.* krippe *u.* DWB. 5, 2126.
krëbe swm. *eingeweide.* dem pfaffen gab man den kreben ZIMR. *chr.* 3. 489, 25. *s,* DWB. 5, 2127.
krëbe-katze stf. die kräbkatz zühen *s. v. a.* die strebekatze, den katzenstrebel ziehen NARR. 64, 31. *vgl.* DWB. 5, 289.
krëbelîn stn. *dem. zu* krëbe 1, *körbchen.* k. von binzen MONE 8, 501.
krëbez, krëbeze; krëbz, krëbze stswm. (I. 877ᵇ) *nbf.* criuz GERM. 9, 20 (*md.*), krouz DFG. 94ᵇ (*md.*), kreuz DIEF. *n. gl.* 70ᵇ, kreuze j. TIT. 4277, *pl.* kreuzen MGB. *var. zu* 162, 33. 249, 1. 466, 27, *s.* kroiss *im* KWB. 167 *u. vgl.* DWB. 5, 2128, SCHM. *Fr.* 1, 1359 —: *krebs* WALTH. FREID. REINH. BIT. (11116. 45). MSH. 2, 206ᵇ. 241ᵃ. RENN. 19699. WAHTELM. 36. HPT. 7, 332. MGB. 162, 33. 248, 19. 466, 27. NP. 168; *das sternbild des krebses:* unde gât diu sunne in den crebs HPT. 6, 358; *die krebskrankheit* VOC. o. MGB. 320, 33. MYNS. 73; *ein brustharnisch in plattenform* WEINSB. 18. CHR. 2. 78, 31. ZIMR. *chr.* 2. 536, 7. yeder zu fusz soll mit nemen von harnasch

ein krepsz und ain goller USCHB. 115. krebs od. kurysz, thorax VOC. 1482; *ein belagerungswerkzeug, mauerbrecher s.* GERM. 4, 156. — *vgl.* DWB. 5, 2128;

krëbeʒen, krëbʒen *swv.* (I. 878ᵃ) *krebse fangen* NP. 190; *fig. nach etw. tasten, wühlen* WAHTELM. 181;

krëbeʒer *stm.* (*ib.*) *krebsfänger* WEIST.;

krëbeʒîn *stf. weibl. krebs.* krebszein, kriebszein KELL. *erz.* 574 *f.*

krëbeʒ-ouge *swn.* krebyszaugen, reyben (?) DFG. 490ᶜ, *s.* DWB. 5, 2131.

krëbeʒ-schere *f. krebsscheere* HB. *M.* 618.

krëbeʒ-suppe *swf. krebssuppe* GERM. 9, 200. 202. k r e u ʒ en suppe *ib.* 200.

krëbeʒ-wurz *stf.* boletus MONE 8, 403. VOC. 1482.

krêc *s.* kriec.

krechen *stn. s.* krachen.

krechse *swf. tragreff.* in chrechsen auf ir rucken ENENK. *p.* 295. kräxe DIEF. *n. gl.* 97ᵃ. — *vgl.* kretze *u.* DWB. 5, 1923. KWB. 165.

krecken *swv. intr. mit schall zerplatzen, knacken* WOLK. 32. 1, 15. NETZ 11174 *var.*; ructare, krecken, auswerfen DIEF. 1470, 240. — *mit* zer-.

crêde *swm.* (I. 878ᵃ) *der glaube* HELBL. — *aus lat.* credo, *vgl.* crêdô;

crêde mich (*ib.*) = *lat.* crede mihi, *glaube mir: formelhafte beteuerung bes. der geistlichen* GREG. Ms. crêde mich, eʒ was ein wîp HPT. 8. 104, 265. crêde mich, sprach der münich GA. 2. 43, 89;

crêdeler *stm.* (*ib.*) *abergläubischer, frömmler* LESEB. 904, 23.

kredem *stm. s.* kradem.

kreden *swv. s.* kröten.

crêdenz *stfn. beglaubigungsschreiben, vollmacht.* ûf ein crêdenz geschickt werden, *als bevollmächtigter* UGB. 478. CP. 232. 349. sein cr. antworten WILW. 162; *schale zum credenzen,* in einer grossen kredentz confekt RosʒM. 149. do bracht man confekt in einem gulden credentz MH. 1, 58; *credenztisch, buffet,* abacus DFG. 1ᵃ. eine costliche credenz von silber STOLLE 203. dorpei sein kredentz auf gemacht von pretteren 3 staffel hoch TUCH. 299, 7. 15. gegen den kaiser was ein credenz zugericht, die hett 9 staffeln, darauf stunden 800 stuck clein und gross silbergeschirre MH. 1, 57. — *aus it.* credenza.

crêdenz-brief *stm. beglaubigungsschreiben,*

vollmacht CP. 342 *u. o.* RCSP. 1, 322. *vgl.* geloubsbrief.

crêdenzelîn *stn.* abaculus DFG. 636ᵃ;

crêdenzen *swv. vorkosten, eigentl. um vertrauen* (*it.* credenza) *gegen etwaige vergiftung zu geben.* das wasser, das man trinken sol, sol man vor credenzen wol RING 50ᵇ, 22; *versuchen überh.*, cred. lân FASN. 572, 5. 14. 24. 33; *speise anbieten* OT. 589ᵇ. 673ᵃ. 674ᵃ;

crêdenzen *stn.* all die eer, die man dem kunig begund zu tuon, mit fürschneiden, kredentzen RosʒM. 149. LOR. 149, 6;

crêdenzer *stm.* archipota DFG. 46ᵃ;

crêdischeit *stf.* (I. 878ᵃ) *aus* crêdischheit, *abergläub. wesen, frömmelei* SERV.;

crêdô *stn. s. v. a.* crêde. ein guot gebet daʒ dâ heiʒet crêdô REINH. 338, 280. unse geloube crêdô ist von zwelf schônen gliden PASS. 115, 86.

kreffel *s.* krepfelîn.

kreftec *adj. s.* kreftic;

kreftel *stn.* (I. 872ᵃ) *dem. zu* kraft TRIST. *H.* 2532.

krefte-lich *adj. s. v. a.* krefticlich. mit kreftlicher werde PASS. *K.* 228, 7;

krefte-lîchen *adv. s. v. a.* krefticlîchen j.TIT. 2924 *alt. dr.*

krefte-lôs *adj.* (I. 872ᵃ) kraftlôs LOR. 50, 9. DFG.166ᶜ.310ᵉ: *kraftlos, ohnmächtig*WOLFR. (PARZ. 193, 3. 692, 26. WH. 45, 1. 47, 30). TROJ. 12210. 14732. MART. 7, 98. HPT. 9, 13. HELDB. *K.* 314, 25. enervatus vel eviratus, creftilôser GL. *Virg.* 1, 658;

krefte-lœsen *swv.* (*ib.*) kreftelôs *machen, entkräften* WWH. 40, 27.

kreften *swv.* (I. 872ᵇ) *kräftigen, stärken. absol.* diu spîse diu sô kreftit MART. 59, 109; *tr.* gesunde liute kreftet brôt RENN. 22368. dîn edelez herze hât daʒ saf, daʒ kreftet dîner tugende bluot VIRG. 346, 12; *intr. kräftig werden* NIB. 2054, 3 C. *vgl.* kraften. — *mit* be-, er- (*nachtr.*), über-.

krefte-rîche *adj.* (II. 688ᵇ) *reich an kräften, kraftvoll* BARL. AB. 1, 403. HB. *M.* 266. kreftenrîche KELL. *erz.* 662, 1.

kreftic, kreftec *adj.* (I. 872ᵃ) *ahd.* chreftîg: *kraft habend, kräftig, gewaltig, stark* NIB. (121, 1. 214, 3. 437, 1. 901, 4). IW. PARZ. TRIST. der is kreftic unde vrumic GR. RUD. 16, 16. mit einem chreftigen slage GEN. *D.* 8, 2. die steine kreftic unde ganz TROJ. 17396. kreftigeʒ pain, gift MGB. 19, 29.

282, 2. augen kreftig mit erkennen *ib.* 188, 7; *von rechtlicher geltung u. wirksamkeit* Mone 7, 361; *gewaltig, gross, überh. zur verstärkung des begriffes:* kreftiger (*grosser, dichter*) walt Er. 3113. Ernst B. 4936. Mel. 331. diu kreftige minne Er. 3691. sîn herzesêre wart kreftec unde grôʒ A. Heinr. 243. mit alsô kreftiger nôt was Karl Karl 12200. kreftic ungemach Pass. *K.* 209, 81; *zalreich, reichlich* Parz. daʒ k. guot Nib. (1322, 2). Gudr. 321, 1. Alph. 385, 3. Er. 6407. Renn. 6485. kr. scaz Roth. 3374, golt 3720. der kreftige rât, *ungeheuere vorrat* Gudr. 1560, 1. ein kreftic lant, *reiches, ergiebiges* Tund. 43, 12. Elis. 78; *kraft gebend, kräftigend,* und ist in (*den fischen*) diu regenzeit kreftig, reht als den pflanzen Mgb. 243, 32; **kreftic** *adv.* da in die wurme âʒen unde creftich in besâʒen Pass. 358, 15. wand im sîn wille gebogen nâch ir sô kreftec wære *ib.* 310, 63.

kreftic-heit *stf. stärke, gesundheit* Voc. 1482, *s.* Dwb. 5, 1950.

kreftic-, kreftec-lich *adj.* (I. 872ᵇ) *kräftig, stark* Parz. mit krefteclîchen slegen Loh. 4148; *gewaltig, gross,* die krefticlîchen leit Nib. 1649, 3; *zalreich, reichlich* Parz. Gudr. k. guot Nib. 1322, 2 *C.* Lieht. 108, 25. nû wart sîn schar sô krefteclich Loh. 5445;

kreftic-lîche, -en *adv.* (*ib.*) *kräftig, stark, sehr* Nib. (751, 1. 926, 1. 1955, 1. 1999, 3. 2231, 3). Gudr. 1283, 4. Barl. Lieht. 140, 5. Konr. lied. 2, 30. Heinz. 945. W. *v. Rh.* 163, 4. Pass. *K.* 236, 87. 422, 36. Kreuzf. 536. 4205. Mgb. 295, 15. 269, 32. 340, 11. 358, 14. 398, 6. Fasn. 577, 27.

kreftigen *swv.* (*ib.*) kreftic *machen, kräftigen, stärken, mehren.* in sîner sterche gechreftiget werden, roborari Hpt. 8, 124. dar zuo chrefting euch Christ Antichr. 168, 24. daʒ labet unde chreftiget gesunde unde sieche Hpt. *h. lied.* 121, 3. der gedanc kreftigete im den lip Er. 9230. daʒ kreftiget die sorgen mîn Büchl. 1, 290 *B.* (*bei Haupt intr.:* des kreftegônt die sorgen mîn). gecreftigit in gote sît Jer. 3145. zeprochen pain, krankeu augen, den magen kr. Mgb. 160, 5. 201, 3. 341, 7. 362, 2; die protocoll kr., *ihnen rechtskraft verleihen* Chr. 3. 108, 11. — *mit* ûʒ, ge-;

kreftigunge *stf. kräftigung, verleihung von rechtskraft.* kaiserl. edict und kreftigung Chr. 3. 108, 22.

kreft-lich *s.* kreftelich.

krêge *s.* krâ 2.

kregelîn *stn. dem. zu* krage, *hälschen* Trist. 15849; *als speise,* gekröse, anisa Dief. 1470, 29; *als kleidungsstück,* sex panzer und zwei kragel Germ. 16, 76.

kregeln *s.* kragelen; **kregîren** *s.* kreiieren.

krëhten *swv. in* bekrëhten.

krei *stf. s.* krâ 2, krîe

krei *stm.* (I. 879ᵇ) *geschrei* Frl. — *zu* krîen, *vgl.* krî, krîe.

kreic, kreich *prät. s.* krîgen, kriechen.

kreichen *s.* kröuchen.

kreie *s.* krâ 2.

kreie *stf. s. v. a.* krîe Wwh. 42, 3 *var.* Kreuzf. 4403. 11;

kreier *stm. dasselbe* Dür. *chr.* 661;

kreierlîn *stn. kleiner herold.* des meijen kreierlîn Fragm. 30ᵇ.

kreigen *s.* kræjen.

kreiieren *swv. s. v. a.* krîieren Iw. 7106 (*bei* Bech krogieren) Wwh. 41, 27. 372, 3. kreigieren *ib.* 401, 2. Virg. 1050, 7. 1052, 7. *md.* kregîren Heinr. 648. Jer. 19845, kreîren *ib.* 10389. Karlm. 87, 11. ûʒ kreîren, *ausrufen* Ludw. 11, 13.

kreisch *stm. schrei, angstruf* Jer. 2775, schreien im kampfgetümmel *ib.* 15350. — *zu* krîschen, *s.* krîsch;

kreischen *swv.* krîschen *machen, in* erkrîschen *aufschreien machen, gewaltig schmerzen* (*darnach ob. s.* 645 *zu berichtigen*) *s.* Dwb 5, 2155;

kreischunge *stf.* kreischunge des vleisches, frixura Dfg. 248ᵃ, kressung d. v. *n. gl.* 183ᵃ, krisung Fromm. 4, 299ᵃ. Dfg. 248ᵇ.

kreisten *swv. stöhnen,* crisare Voc. 1482. Renn. 11381. — *zu* krîsten.

kreiʒ *stm.* (I. 878ᵃ) *kreislinie, umkreis* Er. Freid. Pass. kr. oder cirkel, circulus Voc. 1482. er gestalt ze einem chreiʒʒe zwei hundirt geizze Gen. D. 64, 7. vride sî iu geheiʒʒen in allem disem chreiʒʒe *ib.* 94, 9. der himele k. Msh. 3, 55ᵇ. in kreiʒes wise Mgb. 16, 17. gesazter (*abgesteckter*) k. Elis. 7789. *bildl.* ûʒ der tugent k. treten WG. 1791; *der eingehegte kampfplatz, kampfkreis* Iw. Parz. Wig. in den k. treten, komen Rul. 300, 9. 304, 20. Herb. 8750. 11694. 12283. 677. Karlm. 259, 16. 392, 62. *vgl.* Freiberg. 232 *ff.* der meister gât in kreiʒes zil Wartb. 1, 5. lât mich in kreiʒes zil, ich wil mit lobe vehten Msh. 3, 165ᵇ. daʒ man

die stücke ûf dem kreize ûf las *ib.* 282ᵃ. dô
wart ein witer k. gemacht KARL 11895, *ge-
richtlicher kreis überhaupt* Ls. 1. 200, 49;
zauberkreis, er machte in eine crumbe mit
sînem vingere einen k. ROTH *dicht.* 44, 56.
60. er umbraiz sich in einem kreiz und
ruofte den tiuvel dar GA. 2. 554, 32. *bildl.*
swer niht wil wizzen und doch wol weiz, der
macht dem tiuvel einen kreiz, über den er
muoz mit listen komen RENN. 4028; *kreis
im spiele:* mit pfenningen in den k. schiezen,
ein. verbotenes spiel NP. 65; *landeskreis,
gebiet, bezirk* FREID. KONR. (TROJ. 13908.
17941. 19462). durch den k. gên HPT. 8.
300, 52. in einem engen k. MSH. 3, 264ᵃ. in
des rîches kreizen, *im ganzen reiche* MART.
163, 66. PASS. *K.* 13, 14. in der gewande
kreize ELIS. 5424. — *zu* krîzen 1.
kreiz *stm. schrei, lärm.* dô der zwîfeldige
kreiz ergie von geschreie und von herhorne
WELTCHR. *Schütze* 1, 41. — *zu* krîzen 2, *s.*
DWB. 5, 2163.
kreiz-bringer *stm. der den kämpfer in den
kreiz führt* FREIBERG. 232.
kreizelîn *stn. dem. zu* kreiz NEIDH. 93, 19.
W. *v. Rh.* 111, 4. MGB. 156, 27. GERM. 9, 51;
kreizeln *swv. kreisförmig machen* MGB. 10, 28;
kreizen *swv. intr. sich kreisförmig bewegen.*
nu muoz ich aber vür baz k. RENN. 19895.
daz ander alter puericia heizet, daz von siben
jâren kreizet unz an diu vierzehen jâr MART.
264, 4. sie birsent unde beizent dur mangen
walt sî kreizent 127, 16. lange er u m b e
kreizte HERB. 5881; *tr. mit* be- (*nachtr.*),
umbe-.
kreizen *swv.* krîzen *machen, ärgern, zum zorn
reizen.* al widermûde creizede mich MARLD.
han. 103, 39. *vgl.* DWB. 5, 2166.
kreizlingen *adv. circulatim* MGB. 263, 10;
kreizlot *adj. circularis* MGB. 301, 24. 348, 11.
382, 4. 391, 8. 433, 31.
kreiz-warte *swm. s. v. a.* griezwarte GR.W. 3,
603. *vgl.* FRISCH 1, 547ᵃ.
kreke *swm.* swelche wîngartman on des herrn
wissen dehein bere heim tregt - - gît ie von
dem kreken oder hengeln (*gedr.* heugeln) 60
pfenn. GR.W. 3, 606.
krêlen *s.* krôuweln.
Krelle *swm. als bauernname* MSH. 3, 293ᵇ;
krellen *swv.* (I. 873ᵃ) *kratzen* ROSZM. FASN.
280, 30. 281, 11. — *mit* be-, er-. *vgl.* grellen.
krêmer *s.* krâmære.
crêmfen *s.* krimpfen;

kremmen *swv. in* überkremmen. — *zu* kram;
krempel *stmn.* (I. 882ᵃ) *dem. zu* krampe; crea-
gra, fuscinula DFG. 155ᶜ. 254ᵃ, *n. gl.* 184ᵃ.
Voc. 1437. krempfel SCHM. *Fr.* 1, 1370;
kralle, die natur dem menschen haut nicht
geben zu sîner beschirmung horner noch
krempel CGM. 201, 92ᵇ; *häkchen*, sust hât
iz noch ein crempel MR. 2713;
krempfen *swv.* (*ib.*) *causat. zu* krimpfen:
krampfig zusammenziehen KOLM. 114, 28.
krên, krêne *m.* (I 878ᵇ) *meerrettich.* krên GL.
j.TIT. 4509. 5901. TEICHN. *s.* 17. MGB. 418,
26. sîn saf was im sûre sam ein chrên (: stên)
Aw. 3. 233, 11. dô wart der wîn ze krên
(:zwên) BIRKENST. *p.* 206. ingemachte ruoben
mit chrên UKN. *einl.* XLIV *anm.* 8. chrêne
SUM. 40, 31. spinât, gaffer und alêne ist gên
dîner süeze ein krêne MARIENGR. 196. ir
senfte wart ein krêne (: zwêne) j.TIT. 4195.
krien, raphinus Voc. 1482. NEIDH. 68, 32
var. — *zunächst aus dem slav., wo aber das
wort auch ohne einen stamm in der sprache
dastekt, also entlehnt sein muss, s.* DWB. 5,
2167.
krench, kreneche *s.* kranech.
krenc-lich, kreng-lîche *s.* kranclich, -lîche.
krenich *s.* kranech.
krenge *adj.* der strît was krenge (: gedrenge)
GERM. 16. 55, 12. *s.* kranc *stm.*, krange.
krêngel, krêngen *s.* kringel, kringen.
krenke *stf.* (I. 875ᵃ) *schwäche, schwachheit,
geringheit, mangelhaftigkeit* PARZ. daz brin-
get mir die krenke HADAM. 234. 142. ver-
nemt an ir krenke wie ir dît HELBL. 2, 1247.
der werlte freude k. NEIDH. 66, 29. aller koste
k. j.TIT. 5498. *vgl.* 1859. 4875. 5283. 6026;
teil des leibes zwischen rippen u. hüfte
WOLFR.;
krenke-lich *adj. adv. s.* kranclich, -lîche;
krenken *swv.* (I. 875ᵃ) *prät.* krancte (crenkte
JER. 8806), *part.* gekrenket (gekranket
KREUZF. 7067): *tr. u. refl.* kranc *machen
(gegens. zu* sterken SL. 1. 390, 48. MGB. 16,
28. CHR. 1. 184, 15), *schwächen, mindern,
erniedrigen, schädigen, zu nichte machen
allgem.* (*mit acc. d. s.* ich habe daz ertrîch
gekrenket, daz ez unfruhtber worden ist
CHR. 8. 112, 21. daz bobestum wart vaste
verherget und gekrenket *ib.* 9. 593, 12. du
krenkest dînen süezen namen LIEHT. 142, 22,
dîn êre *ib.* 26. unstæter muot der krenket
wibes schœne MSH. 3, 452ᵃ. dâ mit si die
sêle chrenchen, *schädigen* ERINN. 294. der

dîne sêle krenket dort WARTB. 117, 8. swenn'
ich ir êre krankte BÜCHL. 2, 268. trûren k.
GA. 1. 345, 318. mit sange wânde ich mîne
sorge k. MSF. 81, 30. gerehte liebe krenket
smerzen HÄTZL. 283ᵇ. daz krenket mîner
wunne spil TROJ. 29084. er krenket zallen
orten die wârheit sîn SILV. 3928. er wolde
gerne k. an im sîn heiligez leben PASS. K.
219, 24. der kunic sol unreht k. SWSP. 102,
2. die gnâde abnemen oder k. CHR. 1. 127,
15. *ein privilegium, ein recht* krenken Mz.
1, 176. 4, 3. MH. 1, 162. *vgl. noch* MGB. *s.*
652; — *mit acc. d. p.* doch krancte ez in gnuoc
KRONE 28951. daz si vil lihte ein wort be-
jaget, daz si krenket in ir jâren MSF. 314, 7.
den bœsen mit rede k. ERNST 5230, *mit gen.
d. s.* LAMPR. PARZ. er wurdes gekrenket GR.
RUD. 5, 5, *od. mit präp.* an Iw. PARZ.
WALTH. KREUZF. 7067, einen mit gewalt k.
in CHR. 4. 150, 21; — *refl.* PARZ. ir gewalt
sich krenket TROJ. 19319. dâ von sich krenke
diu êre mîn LIEHT. 124, 24. diu welt hât sich
gekrenket sêre MSH. 3, 72ᵃ. kan sich daz
himelrîch dar an niht k. j.TIT. 5892. sich
mit einem wîbe k. KARLM. 168, 44); *plagen,
kümmern, bekümmern:* den phister und den
schenchen begunde ein troum chrenchen
GEN. D. 80, 28. ir vremeden krenket mir daz
herze mîn MSF. 126, 26. meiden krenket herz
und muot HÄTZL. 191ᵇ. want sî crenkte dirre
val vil sêre JER. 8806, *refl.* enkrenket ûch
neit sêre an mir KARLM. 167, 10; — *intr.* =
kranken *ib.* 456, 36. 53. FROMM. 2, 442ᵃ. do
gewan si pîn und smerzen, daz sie krenket
in irme herzen GA. 1. 286, 188 *var.* — *mit*
be-, ge-, ver-;

krenkenus *stf. schwächung, minderung.* ân
schaden und krenkenust sînes rehtes Mz. 1,
226 (*a.* 1286);

krenkern *swv.* krenker, *schwächer machen*
CHR. 8. 411, 6. *vgl.* OBERL. 828.

krenk-lîche *adv. s.* krancliche.

krên-suppe *swf. suppe mit* krên GERM. 9, 201.

krenze *swf. s.* kretze 2.

krenze-leite *stf.* (I. 976ᵇ) leider, habent si (*die
blumen*) die krefte niht, si mac brechen, swer
der wil: dâ von ist der krenzeleite vil, dâ
man bî dem kranze unvuoge siht MSH. 3,
328ᵇ.

krenzelîn, krenzel *stn.* (I. 877ᵇ) *dem. zu* kranz,
als schmuck NEIDH. (18, 19. 20, 36). ich wil
umb ein niuwez krenzel mit im ringen MSF.
s. 259. setz eben mir daz krenzel VIRG. 135, 8.

und hatte ein grûne krenzelîn von eime ol-
boum ûf gesat PASS. K. 137, 28. krentzlein
od. schapel od. hârpant, sertum VOC. 1482.
es sol auch zu ainicher hochzeit weder die
praut oder iemands von iren wegen ainich
krenzlein nit auszgeben, auszgenomen dem
preutigam, tanzladern, preutfürern und spill-
leuten NP. 83, *als sinnbild der jungfrau-
schaft:* daz krenzelîn ir kiuschen magettuo-
mes BERTH. 379, 34. si treit der megede
kranzel (: swanzel)MART.5, 69. das krenzel
verliesen RING 31, 32. *vgl.* KELL. *erz.* 475 *ff.*
FASN. 451, 19; unser vrouwen k. (*rosenkranz*)
MONE 1, 46. der vrowen k. noch ungespro-
chen was MARLG. 161, 253.

krenzel-krispen *stn.* ist aber er ein nascher,
sô hilfet ez niht allez dîn krenzelkrispen und
allez dîn krespelkrispen und allez dîn gilwen
niht BERTH. 414, 35. *s.* krispen.

krenzen *swv.* (I. 877ᵃ) den valken k. *in einem
kreise herumtreiben?* FRL. 87, 5. *vgl.* DWB.
5, 2059.

krepfec *adj. s.* gripfec.

krepfelîn *stn.* (I. 877ᵃ) *dem. zu* krapfe 2. GL.
(krepfil, kreffel, kreffeln, kropfel: arto-
copus, laganum, pastina, pistrillum DFG. 51ᶜ.
415ᶜ. 438ᶜ). H. v. N. 402. krapfli MONE *schausp.*
2, 312.

krepfen *swv.* er tuot mit eim krepfen und
roufen NETZ 9696. — *zu* krapfe 1.

krëppe *s.* krippe.

chrës *s.* krësse.

krësem, krëseme *s.* krisem.

krësen *stv. I, 1* (I. 882ᵇ) *kriechen* GEN. (*D.* 11,
4. 16, 23. 25). ANEG. DIEM. KCHR. (der slange
muoz ouf der erde an den brusten chresen
D. 74, 31). GFR. MSH. (du hâst der sælden
sât geworfen, ez beginnet kresen 2, 257ᵇ).
MART. (21, 58. 67, 84). sliefen und ouch kre-
sen (*var.* kriechen) MÖNCHL. 175. in einander
k. WH. v. Öst. 26ᵃ. dune müezest doch hie
inne k. HPT. 7. 354, 27. wan minne kras von
lit ze lide KRONE 11710. wan er müede was
und an allen vieren kras *ib.* 12389. sî kôs ir,
in armût hin zû cresene ELIS. 6634. kreset
für kriset MAR. 154, 19. 161, 27. — *vgl.*
krîsen.

krësm- *s.* krisem-.

krespel-krispen *stn. s. unter* krenzelkrispen.

kresse *swm.?* (I. 879ᵃ) *ein fisch, gründling*
HPT. 14, 176. kresse, krasse DFG. 155ᵃ. 267ᶜ,
krasche *n. gl.* 196ᵇ. — *vgl.* DWB. 5, 2172.
WEIG. 1, 638 (*von* krësen).

krësse *swmf.* (*ib.*) *kresse,* nasturtium GL.(*nbff.*) **kerse** FROMM. 4, 301ᵃ. DFG. 374ᵉ. **kirse** *ib.* 375ᵉ. SUM. 58, 10, kirsche DFG. 375ᵉ. 430ᵃ. **krasse** *ib.* 526ᵉ, *n. gl.* 261ᵃ). noch scherfer danne krêne mit dem kressen (: wessen) j. TIT. 4509. von dem kressen. nasturtium haizt kress MGB. 410, 6. chres wuochse dâ ouch GEN. *D.* 9, 15. — *zu* krësen? *vgl.* WEIG. 1, 638. DWB. 5, 2171.

kresselinc *stm. s. v. a.* kresse DFG. 267ᵉ. 270ᵉ.

krësselinc *stm. ein essbarer schwamm* VOC. 1482, *s.* DWB. 5, 2173.

kressel-krût *stn.* crassula, *dickblatt* MGB. 412, 2.

krëssem *s.* krisem.

kressung *s.* kreischunge.

krester *s.* kreter.

krëte *s.* krote.

kreter *stm.* procurator, protocullus DFG. 462ᵃ. 468ᵃ. krester, jurista *ib.* 312ᵉ. — *s.* DWB. 5, 2173.

kretlîn *s.* krettelîn.

kretscheme, kretschem *stm. schenke, dorfschenke.* in seinem kretscheme SCHOTT *land- u. stadtrechte* 5, 296. kretschen, kreczem CDS. 1, 30. 123. 144. kreczym FDGR. 1, 380ᵃ. — *aus dem slav., s.* DWB. 5, 2173;

kretschmar *stm. schenkwirt, md. seit dem 14. jh. s.* DWB. 5, 2174 *f.; s. v. a.* kretscheme DÜR. *chr.* 773. ZEITZ. *s.* 3, 5 *u. anm.*

krettelîn, kretlîn *stn.* (I. 567ᵇ) *dem. zu* kratte, *körbchen* MAG. *cr.* 99ᵇ. MONE (*lies* 4, 236: kretlîn, sportula). krötlîn, *korb, der vier salzscheiben fasste* MONE *z.* 12, 428 (*a.* 1376). salz in stöpchen ald in krötli S. GALL. *stb.* 4, 268.

kretze *swm.* (I. 879ᵃ) *eine adlerart,* alietus DFG. 22ᵇ, *n. gl.* 15ᵇ.

kretze *swf. m.* (*ib.*) *tragkorb* EXOD. MSH. AUGSB. *r. W.* 75 *ff.* CHR. 4. 257, 40. kreze MONE 8, 395ᵇ. er truoc ein krezzen ûf dem rücke GA. 2, 569, 79. frau mit dem kretzen FASN. 368, 11; *nbf.* krenze EXOD. *D.* 122, 16. krentz, krentze, lecticia VOC. 1482. krinze od. krînze? (*vgl.* kreinze SCHM. *Fr.* 1, 1377) LAC. 2, 194 (*13. jh.*). — *vgl.* kratte, krechse *u.* GR. 3, 460. DWB. 5, 2073. 2168.

kretze *stf. krätze.* prurigo kretz, kratz DFG. 469ᵇ. wem kalt flüsz und kretz we dunt FASN. 1259; *der abgang von bearbeitetem metall:* kretz (*stn. ?*) schmelzen NP. 150. die dry gesellen die kretze lassen usz weschen und ine auch gonnen etliche hakenbussen zu giessen FRANKF. *brgmstb. v.* 1450 *vig. III. p. Udalr. vgl.* DWB. 5, 2073;

kretzec *adj.* scabidus DFG. 515ᵃ, *n. gl.* 328ᵇ. krättig oder rüdig vech GR.w. 5, 189. *vgl.* kretzoht;

kretzen *swv. s.* kratzen.

kretzen-trager *stm. der einen korb, waarenkorb trägt.* kramer und kretzentr. BEH. 12, 16.

kretzer *stm. in* arskretzer. — *in* FRANKF. *rechenbüchern des 14. u. 15. jh. ist der* kretzer *od.* kretzermeister *der einnehmer der gerichtsbussen, der* kretzerîe *z. b.* als he (*ein ratsherr*) ein jâr kreczer was *a.* 1376, 98ᵇ. kreczermeister 1399, 23. ûsz der kreczerîe und ungefuge han wir enpfangen - - 1425, 26. 1426, 25; kretzerîe *auch für das rügegericht:* die k. besitzen 1448, 64, halten 1490, 189, vornemen 1457, 69. wer in die k. nit komen wil oder nit zu bussen hat, den sal man in das slosz legen 1458, 27. *nach* ORTH (*anmerkk. zur Frankf. reformation, zusatzband s.* 233) *von* kratzen *abzuleiten, weil die vom gerichtsschreiber aufgezeichneten busseposten nach ihrer entrichtung ausgekratzt od. durchstrichen worden seien. oder entstellung aus* ketzer (*wofür auch* kerzer), ketzerîe?

kretzoht *adj. s. v. a.* kretzec PF. *üb.* 154, 128.

kreu *s.* krâ 2.

kreul, kreuwen (I. 884ᵇ, 46) *s.* kröuwel, krouwen.

kreuslot *s.* kriuseleht.

kreuz *s.* krëbez.

krew, krewe *s.* krâ 2.

krewel *s.* kröuwel.

kreze, krezze *s.* kretze 2.

krî *s.* krîe.

krî *stm. ruf, schrei* HANS 1171; *ruf,* fama, dîn wirdiger crî ALTSW. 115, 19. *vgl.* krei.

kribeln *swv.* swie daz kribelt in der brust, vom kitzel der sinnenlust PASS. *K.* 667, 24. *vgl.* krappeln *u.* DWB. 5, 2202.

kribbe *s.* krippe.

kriche *s.* kirche.

krichel *s.* gregel *u.* DWB. 5, 2204.

krichelîn? *stn.* (I. 879ᵃ) *würfel?* RENN. 16734.

krîchen *stv. II. s.* kriechen.

krîde *swf.* (I. 879ᵃ) *kreide.* reht als ein krîde blanc TROJ. 9556. er solte halber als ein kol und halber als ein krîde wesen *ib.* 22443. innen ruoz und ûzen k. RENN. 14118. doch kennen wir koln bî wizer krîden *ib.* 793. ir macht ûz golde krîden und werc ûz guoter sîden GERM. 9, 51. diu snuor gelîcher der krîden, geworht von wizer sîden Ls. 3. 583, 155. mit krîden an strîchen ALTSW. 2, 18. mit zwîfalt krîden schrîben *ib.* 248, 4. krîden strîchen, *schaben* NARR. 100, 8. kreide NP. 176. TUCH. 236, 27. — *aus lat.* creta, *eig. erde aus* Kreta (*mhd.* Krîde MSH. 2, 95ª).

krîde *swf.* (I. 779ᵇ) *s. v. a.* krîe, *schlachtruf, losung* EHING. die kreiden ZIMR. *chr.* 2. 438, 21, 561, 18. — *aus it.* grida *s.* DWB. 5, 2137 *u. vgl.* krît;

krîden *stv. II. schreien, wiehern* KARLM. 272, 34. *vgl.* krîen.

krîden *swv. mit kreide schreiben.* der krîdet im alweg die ürti an MONE *schausp.* 2, 388.

krîden-mel *stn.* (II. 26ᵇ) *geschabte kreide* TROJ. 14000. 19989.

krîe, krî *stf.* (I. 879ᵇ) *auch masc., s. die beisp. aus* TROJ. *u. vgl.* krî: *schlachtruf, feldgeschrei, parole, losung* WOLFR. (krîe WH. 336, 12. 359, 6. 396, 20. 401, 14. 28. 405, 19. 408, 14. 420, 1. 437, 13. 17. krî 385, 25. 398, 8). der kroijære krîe ORL. 6472. 7565. mit vîentlîcher krîe *ib.* 9235. Tristan rief sîn angeborne krîe: Parmenîe! Parmenîe! TRIST. *H.* 1811. 32. wir suln ruofen dise krîe, den namen Pentesilîe ULR. *Wh.* 247ᶜ. vor im manig knappe reit, der krîe was 'hie Osterrîch' WH. *v. Öst.* 72ᵇ. 'Rôme' diu krî was LOH. 5119, *vgl.* 4502. 4616. 'Anschouwe' was sîn krîe j. TIT. 115. die krîe erklengen *ib.* 4701. er krei ouch sîne krîe *ib.* 4708. des heiden crîe was 'Saphys' KREUZF. 6761. 'zay tschâvalier! âvoy diu wîp! got halt dich reiner wîbes lîp' daz was ir krî mit stolzer kraft GERH. 3649. jô dringet mich diu heidenschaft mit maneger krîe dôn WARTB. 19, 2. diu ros man hôrte grâzen und manegen vremeden krî dâ ruofen TROJ. 30813. man rief dâ vremede krîe (*var.* vrömden krîe) *ib.* 33722. diu schallende krî Ls. 2. 713, 98. 'ie und iemer' ist sîn krî *ib.* 51, 9; *das helmzeichen, als erkennungszeichen im kampfe:* crista zeichen, crey DFG. 158ª; *die partei selbst, zusammenhaltende schar, stand überh.* ir heizent in der krîe der beste vürste der nu lebet VIRG. 854, 6. er ist in der krîge (: drîge) gewesen in der besten ein *ib.* 979, 10. aller priester wirde und krî LASZB. *Zolre* 14, 58. aller kunste krei HPT. 9, 112. mit frowen und ander crî NETZ 5688; *schrei, ruf überh.* krei HÄTZL. VINTL. 9703; *ruf, fama* PF.

forsch. 1, 78. *vgl.* ALTSW. 112, 24. — *aus altfz.* crie, *it.* grida (*s.* krîde 2) *von* crier, gridare, *lat.* quiritare *s.* DIEZ 182. *vgl.* kroije.

kriebẑîn *s.* krëbeẑîn.

kriec *adj. s.* kriege;

kriec, -ges *stm.* (I. 879ᵇ) *auch* krieg, krêc MONE *z.* 15, 121 *f., md.* krîc, krîg: *anstrengung, streben nach etwas.* ein kriec wart sich nu hebende von disen herren swinde, daz priester Jôhan gebende was die hêrschaft Gâmuretes kinde j. TIT. 6189. dâ unser krîc niht lëzet von PASS. *K.* 611, 83. bezîle mir den krîc, lass ab von deinem streben *ib.* 341, 38. *vgl.* HEINR. 813; *streben gegen etw. od. einen, widerstreben, widerstand* TRIST. 11840. gein ir langen kriege setz ich mîn gedulde LIEHT. 405, 8. âne krieges widerstrît, *ohne widerspruch* SWANR. 1185. durch harten krîc, *mit festem widerstand* PASS. *K.* 382, 55. der juden k. gegen der kristenheit MARLG. 21, 16; *widersetzlichkeit,* swelch herze ist tratz und krieges vol RENN. 14788; *anfechtung* PARZ. âne krîc, *unangefochten* JER. 17866. sunder kriege j. TIT. 14. 1705. und het des ieman kriec, *wollte das jem. anfechten ib.* 5708; *streit, kampf mit worten,* ein krieg von worten BON. 41, 1. vil rede, krieg und üppekeit W. *v. Rh.* 28, 8. wer die wârheit von in zwein mit rede an dem kriege spar ENGELH. 4113. der wîsen kriec j. TIT. 163. diu Minne dicke solches krieges lachet LOH. 1340, *vgl.* 6205. 7378. 7452. ir kriec (*streit zwischen hund u. schwein*) was sô vergeben MSH. 3, 28ᵇ. der k. sî ir verlân, *ich will ihr das feld räumen* MSF. 207, 20. ich bin in dem kriege, *ich streite dafür, behaupte* PF. *üb.* 60, 22, *disputation* SILV. 2849. 3290. 3967. 4298. APOLL. 16765. BERTH. 537, 18. 538, 22, *wettstreit,* von der senger krîge DÜR. *chr.* 416. in krîges wîs singen ELIS. 199, *rechtsstreit* KONR. (TROJ. 11243. SWANR. 555. 89). BON. URB. 17, 6. CHR. 8. 91, 4. 140, 27. 31. 403, 27. 434, 10. HALT. 1131. ob si ze kriec wurden W. 16 (*a.* 1332). an den weingarten krieg od. anspråch gewinnen UH. 114 (*a.* 1356). STB. 304. ob iemant dem gotzhaus daz selbe guet wold ze chrieg tun UHK. 2, 84 (*a.* 1323); *zwist, zwietracht überh.* RENN. 1021 *ff.* zwitracht und krîc JER. 120ᶜ. RSP. 3038. k. und zorn zwischen den êleuten MGB. 451, 32; *handgreiflicher streit, kampf zwischen zweien* NIB. 625, 4 (*vom nächtl. ringen zwischen Siegfr. u. Brünh.*). es sei mit zorn oder mit krieg Fasn. 399, 5, *streit mit waffen*, *kampf*, *krieg* Trist. 368. ich wil den künec selber bestân, sô muoʒ der kriec ein ende hân Laur. *Nyr.* 2756. von manegen kriegen wart er grîs Lanz. 46. und komt der herren krieg in allen landen breit Msh. 3, 468ᵇ. er ist bereit ze krieg und ouch ze strîte *ib.* 267ᵃ. chrieges zît Ring 1ᶜ, 28. 51ᶜ, 5. sô hât der kriec (*var.* strît) ein ende Gfr. 667. *vgl. noch* Renn. 6716. 7507. 8728. 13649. 18451. Jer. 20399. Rsp. 2711. Kreuzf. 3277. 3633. Chr. 8. 76, 26. 80, 34. 140, 1. — *vgl.* Weig. 1, 640. Dwb. 5, 2214;

kriec, -ges *stm. grosses hebegerät*, *haspel*, *winde*, tendicula ein krieg ut habetur in balistis Dief. 1470, 270. drei kriege *zu den schweren geschützen* Mone *z.* 6, 61 (*a.* 1449). ein wagen zum krieg Chr. 1. 177, 8. ein krieg mit sailen *ib.* 2. 294, 16 (kriege *swm. ib. anm.* 3). ein winten oder krieg Tuch. 279, 32. dedimus 6 ℔ von 40 schyben, die sîn holzern und mit îsen innewendig durchslein zum kriege Frankf. *baumstb. a.* 1411, 69ᵇ. ded. 2 ℔ 15 β vor 33 pfund gesponnen seiles in dem kleinen kriege, als man myde uff und abe hebit *ib.* 75ᵇ. ded. 14 ℔ vur 2 docken, da der grosz wellebaum uff geet, und 2 kriege darin beslagen . . und 4 krum hacken, da man die kriege und docken zu hauff slusset, und dan 4 bande auch umb die kriege und docken nnd sie mit ein beslissen. item 6 ℔ 4 β vur zwei kriege oben in dem hûse und zu iglichem kriege 16 bande und dan 28 neile (*nägel*) in die selben kriege, da die schyben inne umbe geen *ib.* 80. auch sol man in (*den eine windmüle erbauenden männern*) zun offslagen kriege und seile lihen *ib. brgmstb. a* 1444 *vig. V. p. Apoll.* — *vgl.* Dwb. 5, 2211.

Kriech *s.* Krieche.

kriec-haft *adj.* (I. 880ᵃ) *streitend*, *in streit verwickelt*. k. werden Swanr. 2. Troj. 1562. Vênus belîp niht k. umb den apfel wol getân *ib.* 2146; krieghaft, *streitbar* Just. 8, pugnax Dief. *n. gl.* 308ᵇ;

kriec-, **krieg-haftic** *adj.* bellicus, contentiosus, litigiosus Dfg. 71ᵇ. 146ᵇ. 333ᶜ.

kriech-, **kriechen-boum** *stm.* (I. 228ᵃ) cinus, prunus Gl. Mgb. 341, 24.

krieche *s.* kirche.

krieche *swf.* (I. 880ᵇ) *krieche*, *pflaumenschlehe* Gl. Ms. Mgb. 341, 30. 342, 1. Wsp. 460. Ring 37ᵈ, 27. Chr. 5. 326, 20. criechen und epfel Np. 191 (*14. jh.*). rôte kriechen, *vogelkirschen* Mone *z.* 2, 187. — *vgl.* Weig. 1, 639. Dwb. 5, 2206.

Krieche *swm.* (*ib.*) *Grieche* Parz. j.Tit. 802. 1670. 3786. 4249. Loh. 4072. 79. 100. 5490. 6203 *u. o.* Neidh. 72, 8. Troj. 13593. Karl 2065. Ga. 2. 361, 5. Hadam. 341. 416. Zimr. *chr.* 1. 336, 16. Kriech (: siech) L. Alex. 7021. Mgb. 185, 18; — Kriechen *dat. pl. als landsname* Parz. 563, 8. gên Kr. Hugdietr. 195. 196. in K. Mgb. 311, 25. von K. Lanz. 8480. Hugdietr. 194. 200. 206. Troj. 4368. Msh. 3, 426ᵃ. 451ᵇ. Hpt. 5, 12. ze K. Neidh. 70, 16. Msh. 1, 9ᵇ. Turn. 56, 5. — *aus lat.* Græcus, *vgl.* Grâiûre.

kriechel *stm. eine weinart.* man sol ouch den kriechel und rômâner schenken ˌumb zwêne zweinziger Meran. 4. *vgl.* Dwb. 5, 2206.

kriechen *stv. III.* (I. 884ᵇ) *präs.* kriuche, kriuchet (kreucht Mgb. 147, 18. 275, 22 *ff.*), *pl.* kriechen; *prät.* krouch (krôch Aneg., kreich: entweich Heldb. *H.* 1. 248, 694, *von einem stv.* krîchen?) *conj.* krüche (kruch Fasn. 561, 13), *pl.* kruchen, *part.* gekrochen; *md.* krîchen *u.* krûfen (= *altn.* kriupa, *ags.* creopan) Hpt. 2, 305. Dief. *n. gl.* 317ᵃ, kruifen Fromm. 2, 442ᵃ, Dfg. 493ᵃ —: *sich einziehen, schmiegen.* er begunde k. zuo ir an daʒ warm Ga. 3. 95, 448. dô kom zuo ir gekrochen (*ins bett*) ein vil gefüeger hoveman Helmbr. 1376; *kriechen*, *schleichen* Diem. Walth. Winsb. Pass. (268, 95. 279, 90. 287, 48. *K.* 4, 127). wie würm kr. Renn. 11063, *vgl.* 247. Tit. 65, 4. Msh. 3, 86ᵃ. Jer. 14. an allen vieren k. Helbl. 4, 127. swie ich kriuche oder swanze Hpt. 1. 399, 41. unz er kriechend quam an eine snôde erde Pilat. 280. des wolfes woll kreucht voller würm Mgb. 147, 18. sô kriechent die jungen selber her für (*aus den eiern*) *ib.* 247, 18. der grêve crouch zû der ture Gr. Rud. 22, 22. 26. 23, 21. 27. 24, 27. wie die diebe krüchen für gerihte Helmbr. 1652. sie kumet dâ her gekrochen Msf. 318, 18. der Prâbant wær ouch gern ze Gêrfridolt gekrochen Loh. 5386. — *mit* în (Reinh. 297, 166), durch-, ge-. *vgl.* Dwb. 5, 2206.

Krieche *s.* Krieche.

kriechen-blat *stn.* *blatt von einem kriechenboume* Mgb. 342, 15.

kriechen-boum *s.* kriechboum.

Kriechen-lant *stn.* *Griechenland* Msh. 3, 91ᵃ. Troj. 4357. Loh. 4214. Fragm. 16ᵃ. Mgb.

84, 31. 270, 21. NARR. 56, 87. DFG. 269ᵃ. Kriechlant L.ALEX. 7020.
kriechen-saft *stn.* litium DFG. 642ᵇ.
kriechisch *adj.* (I. 880ᵇ) *griechisch* GREG. TRIST. SILV. 2711. RENN. 20031. MSH. 3, 468ˢ. AMIS 1692. *contr.* kriesch CHR. 8. 313, 25. 341, 19. 349, 26. *s.* Krieche.
Kriech-lant *s.* Kriechenlant.
kriec-lich *adj.* (I. 880ᵃ) *kriegerisch* BARL. FRL. AMMENH. *s.* 163. *md.* krîgelich JER. 68ᵃ; **kriec-lîche** *adv.* alsô gar krîgelich der lantgrâve in jagete nâch KREUZF. 7424. krîgelich vechten *ib.* 7553.
krieg *stm. s.* kriec.
krieg-bære *adj.* (I. 880ᵃ) *streitbar, kriegerisch* CHR. 8. 388, 12; 9. 616, 20. 664, 9; *streitsüchtig ib.* 679, 2. litigiosus, kriegber Voc. 1482. DFG. 333ᶜ.
kriege *swm. s.* kriec 2;
kriege *adj.* (I. 880ᵇ) kriec MAI, *md.* krîg: *widerstrebend, störrig, streitbar* WWH. URST. Ms. (*H.* 2, 202ᵃ). ein krieger man RENN. 22904, vilzgebûr 6024. krieger muot KRONE 12261. HADAM. 634. mit gen. sô crîg was des sîn herze KREUZF. 7616;
kriegel *adj. dasselbe* ERLŒS. 816. HANS 3861;
kriegelîn *stn.* (I. 880ᵃ) *dem. zu* kriec, *kleiner streit* TRIST. *H.* RENN. 4353. 56.
kriegen *s.* krien.
kriegen *swv.* (I. 880ᵃ) *md.* krîgen, *nicht immer zu unterscheiden vom stv.* krîgen: *sich anstrengen, streben, ringen, trachten, körperlich wie geistig.* streben und kr. MYST. 2. 255, 36. du salt nicht crîgen und alzu hôhe ûf stîgen PASS. *K.* 415, 67. er crîgte zû dem here dar KREUZF. 2279. nâch etw. kr. MSH. 3, 34ᵃ. TIT. 168, 3. PASS. 342, 86. *K.* 376, 50. HEINR. 1016. 4080, umbe etw. VET. *b.* 29, 1. gegen einem od. etw. k., *andringen, widerstreben* PARZ. WWH. 216, 11. 293, 15. LOH. 133. ERNST 844. PASS. *K.* 39, 61. wider etw. k. TRIST. 11753 (*s.* DWB. 5, 2226). HPT. 8, 234, wider einen k. HELBL. 3, 116. die kristen mit all irre maht zesamme begunden k., *sich zu einer schar vereinigen* LOH. 5127. *mit gen.* tihtens krîgen, *der dichtkunst nachtrachten* HEINR. 4499; *kämpfen, streiten: mit worten streiten, disputieren* BERTH. (537, 15). si kriegten, welhez under in von êrste solte kêren hin ze deme junkherren PANTAL. 1471. si sâzen kriegend alle drî TROJ. 2578. swenn er liuget und wil ouch k. RENN. 15315. und wolt ir niht geswîgen, muget ir nu mit in crîgen PASS. 308, 47, *vgl.* 217, 15 *u.* CHR. 8. 51, 3. 4, *auch refl.* sich k. (*vom streite zweier juristen*) FASN. 996, 31, *eine meinung verfechten, behaupten:* kein vrouwe kriege wider mich, daz si wunneclîcher sî TROJ. 1936. ez kriegeten zwêne meister mit einander. dâ kriegete einer, sant Johannes baptiste wære hœher dâ ze himel BERTH. 538, 14, *vom wettstreit:* die kriegten vil süeze enein (*vom wettstreit der blumen u. des grases*) TRIST. 16751. dâ die bluomen kriegent umb ir schîn LOH. 6135, *vom rechtsstreite* BARL. BON. das wir darnâch chriegten (*processierten*) reht als vor UKN. 169 (*a.* 1317). sie kriegten mit einander von ir zweier heuser wegen USCH. 396 (*a.* 1403). lass nur ainen andern kriegen umb das gut CP. 43, *zanken überh.* daz man unde wîp vil ofte kriegent umbe niht TROJ. 1497. kriegent zwêne mit einander unde wellent einander an (*zu tätlichkeiten übergehen*) SWSP. 173, 22. wir wollen kriegen (*schelten*) nit VINTL. 8814; *vom handgreifl. streite:* sus kriegtens gein einander als zwên hanen LOH. 5556. er sach einen juden kriegen (*ringen*) mit eime heiden CHR. 8. 261, 11. kriegent zwêne mit einander und wundet der eine den andern SWSP. 173, 1; *kämpfen überh., fehde, krieg führen:* unrehte kr. AB. 1. 102, 341. süenen unde k. RENN. 2392. swer k. wil und k. sol der bedarf guoter friunde wol *ib.* 1588. kleiniu vogellîn selten kriegent *ib.* 21175. der ist ein krieger und kriegt gern MGB. 45, 23, *vgl.* 116, 30. 135, 5. 10 *ff.* an einen CHR. 8. 53, 29, mit einem AB. 1, 61. CHR. 1. 33, 13. 37, 23; 8. 344, 6, ûf einen kr. *ib.* 139, 19; *auch tr.* daz volc krîgen, *bekämpfen* PASS. *K.* 331, 63. er kriegt das heilig reich wider recht GERM. 4, 366. — *mit* nâch, ûf, zuo, be- (*nachtr.*), er-, ge-, ver-, wider-, zer-. *vgl.* krîgen *u.* DWB. 5, 2227;
kriegen *stn.* sîn kriegen (*des jägers eifer*) machet tieres val HPT. 8, 161; *streit, kampf,* sunder k. j. TIT. 1905. ân allez k. LOH. 3246. ez het ein end sîn k. *ib.* 2750. lâ dîn valschez k. abe SILV. 3281. ir mügent iuwer k. lân TROJ. 2099. alsus hilfet mich gegen ir mîn langez k. MSH. 2, 239ᵃ. 3, 216ᵇ. dô hûb sich im ein krîgen MARLG. 163, 318. ze hand huob sich ein k. (*vom minnekriege*) HÄTZL. 12ᵃ;
krieger *stm. streiter, kämpfer.* scheller und krieger RENN. 2ᵇ. ez wârin allis krieger, lu-

gener und trieger MART. 218, 61. der ist ein
k. und kriegt gern MGB. 45, 23. bellator,
belliferus VOC. 1482, pugnax DFG. 471ᵇ.

krieges *gen. v.* kriec, *damit uneigentl. compon.:*
kriegsherre *swm.* die kriegsherren, *der
kriegsrat* CHR. 2. 244, 3. 10. 16. 17. 21. 245,
1. 7. 283, 16. 24. 325, 4; **kriegslouft** *stm.* die
kriegsleuft, *ereignisse, wechselfälle des krieges ib.* 192, 1 (*vgl.* krieglouf); **kriegsstube**
swf. stube *der* kriegsherren, *kriegskanzlei
ib.* 326, 19. NP. 177. TUCH. 106, 12.

krieg-gemuot *adj.* (II. 262ᵃ) *md.* krĭggemût,
kriegerisch gesinnt KREUZF. 4898.

krieg-guot *stn. streitiges gut.* kriegguotes behalter auf recht, sequester DIEF. *n. gl.* 336ᵃ.

krieg-haft *adj. s.* kriechaft.

kriegic *adj.* (I. 880ᵃ) *streitsüchtig.* welhes
stirn sleht ist und niht gerunzelt, der ist
kriegik und macht gern krieg MGB. 45, 30;
streitig, swaz ietwederthalben chriegik und
unverrihtet wær Mw. 228 (*a.* 1308). di chriegig taiding, di siu gegen einander gehabt
habent UHK. 2, 182 (*a.* 1343);

kriegisch *adj.* (*ib.*) *widersetzlich, trotzig.* des
grüwet mir, daz junge kint sô tratz und sô
kriegisch sint RENN. 14791; *streitsüchtig,
ein man* kriegisch, unfridlich CHR. 3. 305, 13
(*im* DWB. 2258 *aus* DFG. 333ᶜ: kriegs, litigiosus, *es heisst aber dort* vol kriegs);
kriegisch, seditiosus VOC. 1482; *streitig,*
kriegische güeter CDS. 2, 220.

krieg-lant *stn.* kriegsfeld ANZ. 18, 115 (*15. jh.*).

krieg-louf *stm.* krieg S. GALL. *chr.* 24. *vgl.*
kriegslouft *unter* krieges.

krieg-nôt *stf.* kriegsnot GR.W. 5, 220.

kriegs- *s.* krieges.

krieg-sam *adj.* contentiosus DFG. 146ᵇ; litigiosus *ib.* 333ᵉ, *n. gl.* 237ᵇ.

krieg-scheider *stm.* disbrigator, sequester,
schiedsmann VOC. 1482.

krieg-seil *stn. seil zum kriege* (*winde*) TUCH.
109, 21. 239, 32. GERM. 16, 77 (*15. jh.*). *vgl.*
FRISCH 1, 549ᵃ.

kriegunge *stf.* agonia EVANG. *L.* 22, 43. altercatio, contentio, litigatio DFG. 26ᵉ. 146ᵇ.
333ᶜ·

krielinc? *stm. beinberge oder* krieling (*knieling?*) AMMENH. *s.* 181.

kriemeln *swv. schleichen.* der andern naht
so gie er aus und chriemelt in irs vaters haus
RING 10ᵇ, 25. *vgl.* krimmeln *in* DWB. 5, 2304.

krien *s.* krên.

krîen *stv. II.* (I. 879ᵃ) *schreien, bes. den
schlachtruf* (krîe) *erheben* FRL. HELBL. er
krei ouch sîne krîe j. TIT. 4708. die knappen
begunden krîen (*hs.* kriegen) VIRG. 1040, 3.
der wâfen knappen kriren (*hs.* creieretent)
dô *ib.* 1047, 1. — *sw. part.* gekrîet WWH.
391, 5 (*var.* gekriget, gechriegt, gekrigen).
— *mit* be-. *aus fz.* crier, *mit ablaut nach
analog. von* schrîen. *vgl.* krîden 1;

krîen *stn.* mit greien, *mit jubel* WOLK. 95.
4, 15.

kriese *s.* kërse.

kriesch *s.* kriechisch.

kries-hâke *swm. haken womit man die äste
fängt zum herablangen der kirschen* RING
2ᵇ, 32.

kriesten *mf. s.* kristen.

kriezloht *s.* griezeloht.

krift *stf. s.* grift.

krîg *stm. adj. s.* kriec, kriege.

krîge *s.* krîe.

krîge-lich *adj. adv. s.* krieclich, -lîche.

krîgen *swv. s.* kriegen;

krîgen *stv. II.* (I. 880ᵇ) *md. sich anstrengen,
streben, ringen, trachten.* krîgen zû, *hinstreben* MYST. 1. 125, 12. JER. 79ᵃ. HPT. 7.
114, 185. ûf wart k. JER. 125ᵇ. si hât wider
mich gekrîgen, *mir widerstrebt* PASS. 377,
28. der wirt dô mit vlîze kreic, daz er die
süeze minne verstæle GA. 3. 73, 1126; *streiten, kämpfen: mit worten* PASS. *K.* 38, 44.
DÜR. *chr.* 175, *mit waffen ib.* 219. 367. 85.
95. 510, *auch refl.* sich k., *befehden ib.* 269.
STOLLE 30; — *tr. bekommen, erhalten* HANS
448. 81. 620. 2584. vede krîgen DWB. 5, 2237
(*a.* 1404). — *mit* zuo, er-, über-. *vgl.* kriegen
u. DWB. 5, 2223. 27. 35 *ff.*

krîglein *s.* krüegelîn.

krûieren *swv.* (I. 879ᵇ) *s. v. a.* kreiieren PARZ.
68, 19. *vgl.* kroijieren;

krîirer, krîgierer *stm.* (*ib.*) *ausrufer, herold,
bes. der knappe, der während des turniers
od. der schlacht teils andere rosse od. waffen für seinen herrn in bereitschaft hält,
teils den schlachtruf* (krîe) *erschallen lässt*
PARZ. 32, 17. 81, 12. *vgl.* kroijierære.

***krillen** *stv. I, 3 zu folgern aus* kral, krol,
krul *s.* DWB. 5, 1985. 2352

krimme *swm. darmgicht* VOC. *o.* 41ᵃ, *s.* grimme
(SWANR. 292. CHR. 5. 293, 9);

krimmen, grimmen *stv. I, 3* (I. 881ᵇ) *a tsol.
die klauen zum fange krümmen.* vederspil,
daz krimmt und doch niht vâhen wil JÜNGL.
922; *kratzen,* nu krimmâ krim! SCHRETEL

258, *kneipen, zwicken* grimmen MGB. 121, 22. 179, 27; *refl. sich winden, krümmen* MAI 227, 4. wie tier sich grimmen RENN. 11061. sô crimmet sich zewâre der arme suntâre DIEM. 285, 4, *daher absol. auch für kriechen:* kriechen unde krimmen KROL. 1009. 47; — *tr. mit gekrümmten klauen od. fingern packen, verwunden, kratzen* HERB. A. HEINR. PARZ. WIGAM. RAB. die armen liute kr. als ein ar BERTH. 484, 16. eʒ kratzte in unde kram SCHRETEL 241. sie kratzten unde krummen einander *ib.* 260. er beiʒ unde gram sich selben PASS. K. 482, 18. die der tôt grimt WH. v. *Öst.* 93ᵇ. non carpetis, ni grimmint GL. *Virg.* 1, 49; *kneipen, zwicken, reissen* RENN. KOL. 137, 302. grimmen, stimulare VOC. 1482. krimender siechtage, colica DIEF. *n. gl.* 100ᵃ. — *mit* be-, er-, ver-, zer-. *vgl.* klimmen *u.* DWB. 5, 2308;

krimmen *stn.* (*ib.*) *das kratzen, kneipen* DIOCL. colica DFG. 131ᵇ;

krimmic *adj. s.* grimmec (chrimmige übele, *bosheit,* des tieveles HPT. *h. lied* 62, 21);

krimpf *adj.* (I. 882ᵃ) *md.* krimp, *krumm, von den nägeln der Cundrie* PARZ. 314, 7 *var., vgl. zu* NIB. 13, 3;

krimpf *stm.* (*ib.*) *krampf* HERB. 1537;

krimpfen *stv. I, 3* (*ib.*) grimpfen j.TIT. 4871. krinpfen MART. 263, 92. *md.* krimpen PASS. 273, 23, cremfen L. ALEX. 2121, *prät.* krampf ROTH *dicht.* XXIII: *tr. u. refl. krumm oder krampfhaft zusammenziehen* GEN. (*D.* 65, 23 rimphen). HELBL. FRAGM. (41, 274. 337). vor grimme ich die hende krampf Üw. *H.* 341. doch half in harte kleine daʒ, wie vil er sich dar umbe kramph PART. B. 6107. dirre sich under jenen krampf KRONE 12126. *part.* gekrumphen EN., gekrunpfen MART. 263, 92. — *vgl.* klimpfen *u.* DWB. 5, 2313.

krim-vogel *stm.* (III. 358ᵃ) *raubvogel, bes. ein zur jagd gebrauchter* KONR. *lied.* 32, 317. *vgl.* gramvogel.

crinâle *stn. helmschmuck.* die helme becleit mit rîchen crinâlen KRONE 667. crinâle von timît und zendâle wâhe geparrieret *ib.* 732. — *mlat.* crinale: kranz, schapel, kamp DFG. 157ᵉ, *n. gl.* 119ᵇ.

krinc, -ges *stm.* **kringe** *swm. kreis, ring, bezirk.* kringe, arculum DIEF. *n. gl.* 31ᵇ. binnen sînem krenge (*var.* kringe, krange), *kampfkreis* SSP. *vorr.* 94. so haben wir geweiset alle ende, ziele und kringen GR.W. 5, 272. 273; *stf.?* die vor ein tuch von garne drug, die wil nun han ein seidîn kringe (*schapelartiger kopfputz?*) RENN. *alt. dr. v.* 1549, 65. — *vgl.* kranc, krange *u.* DWB. 5, 2314.

krindeln *s.* krinneln.

kringe *s.* krinc;

kringel *stmn. kreis, md.* krengel, *s.* umbekringel; cringel, bretzel, artocopus MONE 7, 299;

kringen *swv. md.* krengen, *vgl.* HANS 4570.

krinne *swf.* (I. 882ᵃ) *einschnitt, kerbe* MS.; *s. v. a.* arskrinne DFG. 585ᵉ, *n. gl.* 365ᵇ; *vulva* FASN. 98, 12. 100, 6; *rinne,* canale VOC. *vrat.* 1422. — *vgl.* ROTW. 2, 344. DWB. 5, 2319;

krinne *adj. gelockt* WOLK. 50. 1, 10;

krinneln *swv.* (I. 882ᵃ) krindeln SUCH., *iterat. zu* krinnen *swv.* krinnen *machen, einschneiden* JÜNGL. 538;

krinner *stm. s.* ankrinner (*nachtr.*).

krinpfen *stv. s.* krimpfen; **krinze** *s.* kretze 2.

kripfe *s.* krippe.

kripfen *swv. s.* gripfen *u.* PART. B. 5952. 6028. TROJ. 28554. 39834.

kripf-zan *stm. vorstehender zahn, raffzahn,* dens caninus DFG. 639ᵃ, *n. gl.* 102ᵇ, dens precisor kripf-, krüpfzan *ib.* 130ᵇ. *vgl.* grîfzan.

krippe *stswf.* (I. 882ᵇ) *krippe* DIEM. (313, 17). WALTH. TRIST. *H.* GSM. KCHR. *D.* 296, 4. j.TIT. 5471. 72. LOH. 629. BPH. 2208. MSH. 3, 468ᵇᵇ. HELBL. 14, 57. Üw. *H.* 618. HPT. 7. 359, 1. SWSP. 1, 35. grippe SPEC. 14. cribbe MARLD. *han.* 38, 32. 39, 9. 14. 40, 19. 26. kripfe (*bes. aleman.*) WALTH. BERTH. 477, 11. KRONE 6745. W.*v. Rh.* 58, 58. AB. 2, 125. HPT. 8, 209. ALTSW. 231, 1. NARR. 63, 17. GR.W. 4, 264; *ein in das wasser eingebautes holzwerk, dessen binnenraum mit erde u. steinen ausgefüllt wird* (*vgl.* kruppe): dedim. 2 ℔ 14 β dem fischer, der die krippen zu Nidde mit steynen gefullet hatte FRANKF. *baumstb. a.* 1492, 48ᵇ. ded. 10 β von ein hauffen stein in die kreppe zu follen zu furen *ib. a.* 1440, 31; *auch ein in das wasser eingeschlagenes pfahlwerk:* 3 ℔ von den kreppen an den pélen an der brucken zu beslahen *ib. a.* 1403, 28. — *vgl.* krëbe *u.* DWB. 5, 2320;

krippelîn *stn. kleine krippe* KOLM. 160, 110;

krippen *swv.* (I. 882ᵇ) *refl. sich in die krippe legen.* got hie sich kripte MSH. 2, 381ᵇ; — *s. v. a.* kripfen, gripfen *s.* unverkript.

krippen-knabe (I. 850ᵇ) *in der krippe liegender knabe, Christkindlein* GSM. altissimus der k. Geo. 1099. der durch uns wart ein k. Msh. 2, 117ª.

krisalît *stm. s.* krisolîte.

krisam, krisame *s.* krisem.

krîsch *stm. s. v. a.* kreisch Karlm. 42, 46;

krîschen *stv. II. scharf schreien, kreischen, md.* Jer. 1603. Karlm. 80, 58. 163, 4. Hans 1157. Germ. 6, 155. *vgl.* krîzen, krîsten;

krîschen *swv.* frixus, gecrîschet Dfg. 248ᵇ, gekrîschget Fromm. 4, 299ª.

kriselen *swv.* (I. 882ᵇ) *krauen* Renn. 13216. *vgl.* Dwb. 5, 2332.

krisem, krësem *stm.* **kriseme, krëseme, krisme, krësme** *swm.* (I. 878ᵇ) *geweihtes mit balsam gemischtes salböl, chrisam.* krisem Flore, Gsm. Öh. 99, 29. krisen Hätzl. krisam, krissam Dfg. 158ª. krisam Öh. 135, 31. krisame Marg. 48. kriseme Msh. 3, 173ᵇ. 174ª. Chr. 8. 17, 27. 434, 23. 514, 21. krisme Silv. Msh. 2, 215ᵇ. Dsp. 1, 187. kresem Ulr. (762). Erinn. Helbl. (7, 88). Chr. 3. 174, 24. kresen Karlm. 209, 38. krësme Swsp. 206, 3; *md. auch für diöcese, sprengel:* gelegen in dem krysem des ertzbischdoms van Collen Lac. 3, 504. trierisch kresem Oberl. 828. in sîme (*des erzbischofs v. Mainz*) kressem Rcsp. 1, 172. colsch (*kölnisch*) kresam Gr.w. 2, 605. des colschen kresoms, in Wirtzburger kresome Arn. 61 (*a.* 1481). — *ahd.* crisamo, crismo, chrësamo *aus gr. lat.* chrisma.

krisem-buhse *f.* crismenbuchs, ciborium Dfg. 116ª. *vgl.* kristbühse.

krisemen, krësemen *swv.* chrismare Dfg. 158ª, *n. gl.* 120ª. krismen Wack. *pr.* 31, 73. daz sie in wazzers toufe niht gekrisemet was Loh. 6656. *bildl.* sît ich daz ertrîch gekresmet hân mit mînes herzen bluot Heum. 417. *vgl.* krismieren.

krisem-huot *stm.* (I. 733ª) *kopfbedeckung des mit dem chrisma gesalbten täuflings.* er satzte ir ouf den cresmehuot Kchr. *D.* 318, 7.

krisem-hûs *stn.* chrismatorium Dfg. 158ª, chresmenhûs Voc. *S.* 1, 10ᵇ.

krisem-kamere *f.* (I. 782ᵇ) kresemkammer, sacrista Dfg. 506ᶜ.

krisem-pfeit *stf. taufhemd* Schiltb. 140 (*gedr.* kirsenpfad). *kärnt.* krösenpfât Kwb. 24.

krisem-vaz *stn.* chrismatorium Dfg. 158ª.

krîsen *stv. II.* (I. 882ᵇ) *kriechen* Serv. swaz gêt und krîset (: wîset) Kindh. 96, 55. die tier, die dâ krîsind (*var.* kriechen) Hb. *M.* 112. 13. 26. 27. krîsen, reptare Dief. *n. gl.* 217ª. kreisen, repere Voc. 1482. — *vgl.* krësen *u.* Gds. 852.

krismieren *swv. s. v. a.* krisemen Öh. 15, 20.

crisolecter *stm.* (I. 882ᵇ) *ein edelstein* Parz.

krisolîte, -lît *swstm.* (*ib.*) *ein edelstein, chrysolith* Diem. Trist. Troj. Mgb. 442, 12. crisolite, -litt, -lyt, -lit Dfg. 158ᵇ. krisalît Virg. 1027, 12. krisolt Parz. Wh. *v. Öst.* 82ᵇ. Voc. 1482, *pl.* krisolde Dan. 6032. Apoll. 1617. *sw.* krisolte, *pl.* krisolten Eracl. 861. kristolt Ab. 1. 312, 158.

krisopras, -prasse *stswm.* (I. 883ª) *ein edelstein,* crisoprassus, -passus Dfg. 158ᵇ. Mgb. 439, 28 (crisopasion 443, 7). zwelf krisoprassen Ga. 1. 463, 292. crisoprassîs Parz.

krisp *adj.* (*ib.*) *kraus.* krispez hâr Wwh. Troj. Ms. Pass. W. *v. Rh.* 108, 37, *erweicht* grisp Diem. *vgl.* krûsp *u.* Dwb. 5, 2333;

krispel *adj.* (*ib.*) *dasselbe* Troj. 19530. 908. Part. *B.* 8685. Wolk.;

krispel *stm. krauskopf* Neidh. XXIII, 14.

krispel-krût *stn.* crispel- vel bluotkrût, bursa pastoris Dief. *n. gl.* 62ᵇ.

krispeln *swv.* krispel *machen, kräuseln* Hugo *v. M.* 5, 25. Such. 25, 16. *vgl.* krispen.

krispel-wæhe *adj. mit schön gekraustem haar* Msh. 2, 80ᵇ.

krispen *swv.* (I. 883ª) krisp *machen, kräuseln* Ms. (*H.* 2, 80ᵇ. 290ᵇ. Neidh. XXII, 9. XXXVI, 32). Frl. löcke dar umbe gekrispet Fragm. 26ª, 15; *stn. s.* krenzel-, krëspelkrispen. — *vgl.* krispeln.

Krist *n. pr.* (*ib.*) *Christus, allgem.* wizze Krist (Krone 13063) *beteuerung: weiss gott!*

krist-âbent *stm.* (I. 4ᵇ) *abend vor weihnachten* Myst. Ab. 1, 54. Tuch. 124, 7. 125, 7.

kristac *s.* krîsttac.

kristalle, kristal *swstfm.* (I. 884ᵇ) *krystall* Diem. Trist. Pant. der berc was ein cristalle Lanz. 209. durch den ein cristalle man ez siht Loh. 3338. von cristallen Flore 4189. der kristalle ist von wazzer ze einem steine worden Berth. 437, 9. sîn ougen lûchten als ein kristallen Albr. 7, 46. man sach in liuhten als ein kristallen (: allen) Ga. 3. 622, 335. diu cristalle, cristall *sw.* Mgb. 86, 3. 395, 33. 433, 2. 434. 44. 441, 2. 6. cristal, cristall, cristalle Dfg. 158ᶜ. in ainem cristal Öh. 29 *anm.* — *aus gr. lat.* crystallus;

kristallen *swv. refl. zu krystall werden.* swie wazzer sich kristallet j. Tit. 37.

kristallen-stein *stm.* (II². 615ª) *krystall* GSM. 842. ÖH. 30, 1.
kristallen-var *adj. krystallfarb* DA. 449.
kristallîn *adj.* (I. 884ᵇ) *von krystall* TRIST. GSM. FRL. H. *v. N.* 382. ÖH. 92, 22;
kristallisch *adj. von, wie krystall* MGB. 10, 10. 55, 16. 56, 30. 93, 11.
kristân, kristæne *m. s.* kristen.
krist-, kristel-bühse *f.* ciborium DFG. 115ᶜ, *n. gl.* 88ª. *vgl.* krisembuhse.
kriste-lich *adj. s.* kristenlich.
kristen *adj.* (I. 883ᵇ) *christlich* RUL. WOLFR. GREG. WALTH. FREID. NIB. 1188, 2. 1293, 4. BERTH. 270, 26. GERH. 1999. PASS. 323, 92. ELMEND. 40. KARLM. 71, 60. ROTH *denkm.* 41, 59. CHR. 8. 30, 15. 31, 8. 20 *etc.* cristân *ib.* 9. 981, 3. 6. *sup.* aller cristenst *ib.* 8. 30, 29; 9. 913, 26. — *aus lat.* cristianus;
kristen, kristæne, kristân *stswmf.*(*ib.*) *christ, christin.* kristen DIEM. NIB. KL. WWH. WALTH. PANTAL. 1728. KOLM. 130, 1 *ff.* CHR. 4. 290, 18. 292, 5. 9. 25. 298, 2. 316, 10; 8. 17, 6. 25, 16. 28, 3. 7. 30, 13. 354, 18. kriesten *ib.* 28, 11. 151, 7. kristæne FLORE, kristân GRIESH. CHR. 8. 30, 20. kristin (*m.*) LIT. cristiâne *ib.* 237, 14. kristeninne SWSP. 208, 2;
kristen *stf.* (I. 884ª) *christenheit* RUL. (kristin) GEO.; *christentum* FREID.;
kristen *swv. mit Christus versehen s.* bekristen (*die Weim. hs. hat aber* becritzen „*mit einem zeichen als eigentum bezeichnen*" DWB. 5, 2346);
kristen *swv. zum christen machen s.* kristenen.
krîsten *stv. II.* (I. 886ª) *stöhnen, ächzen* RENN. 11381 (*im Leipz. cod.* krîzen). *nbf.* klisten: da sach man vientlich tanzen in, vor grôzen sprüngen kleister (= kleist er BECH) MSH. 3, 300ª, *vgl.* herzkleistern, *engbrüstigkeit* SCHM. *Fr.* 1, 1340. — *mit* ver-. *vgl.* krîʒen, krischen *u.* DWB. 5, 2161;
krîsten *stn.* kreisten WOLK. 14. 5, 16. FASN. 545, 32. *vgl. auch* kreisten.
kristen-bluot *stn. christenblut* ALTSW. 239, 18.
kristen-bruoder *m. christl. bruder* WACK. 166ª.
kristen-diep *stm.* (I. 324ᵇ) *der einen christen vom wahren glauben ableitet* MS. (*nicht bei H.* 2, 213ᵇ *f.*).
kristenen, kristen *swv.* (I. 884ª) *zum christen machen.* wil er sich lâzen kristen KARL 1803. ir sit so wol gecristet ULR. *Wh.* 186ᵇ.
kristen-geloube *swm.* (I. 1019ᵇ) *christlicher glaube* MAI, FREID. 11, 2. BERTH. 162, 32. 34. LUDW. 54, 2. AB. 1, 157. DFG. 158ᶜ.

kristen-got *stm. gott der christen* BIRKENST. *p.* 100.
kristen-heit *stf.*(I. 884ª)*christlichkeit, christl. glaube* WWH. ERINN. 51. TRIST. 1968. kristheit SPEC. 46; *christenheit: christen, die von christen bewohnten länder* DIEM. RUL. WALTH. GR. RUD. 20, 26. WWH. 423, 29. KARL 9371. VIRG. 1028, 13. BERTH. 140 *ff.* PASS. 357, 44. 359, 43. MARLG. 255, 468. KARLM. 180, 27. CHR. 8, 404; 9. 611, 18.
kristen-kint *stn.* (I. 818ᵇ) *christ* OSW.
kristen-lant *stn.* alsus sie rûmten kristenlant LOH. 6074, *vgl.* 252.
kristen-lëben *stn.* wie mir in einen namen geben, der im wol zeme ze kristenleben LAUR. 1852. *vgl.* PARZ. 822, 3.
kristen-lich *adj.*(I. 884ª) *christlich* RUL. PARZ. WALTH. NIB. 1275, 2. 1328, 3. 1788, 4. TRIST. 1631. 2042, *H.* 6497. LOH. 2536. WARN. 678. PASS. 182, 29. WOLK. 100. 3, 12. cristelich *ordenung,* cristianismus DFG. 158ᶜ;
kristen-lîche *adv.* (*ib.*) PARZ. WALTH. SILV. 105. PF. *üb.* 27, 2.
kristen-liute *od. nicht comp.* kristen liute: *christl. leute, christen* WWH. 397, 7. 400, 2. ULR. *Wh.* 152ᶜ. BERTH. 141, 1. 25. 27. 144, 13. 17. LUDW. 52, 11. *md.* kristenlûte MARLG. 250, 305. *pl. von*
kristen-man *stm.* (II. 44ª) *aus* kristen man, *christ* WALTH. OSW. PASS. RUL. 87, 5. VIRG. 63, 7. ERNST 4412. DFG. 158ᶜ.
kristen-mensche *n. dasselbe* BERTH. 9, 15. 132, 25. *vgl.* GUDR. 397, 2. DFG. 158ᶜ.
kristen-name *swm.* nieman, der kristennamen hât, *der ein christ ist* BERTH. 455, 18.
kristen-rîche *stn.* kristenreich, cristianismus VOC. *S.* 1, 7ᵇ.
kristen-sêle *stf.* die kristensêlen in dem vegefiure BERTH. 144, 18.
kristen-tuom *stn.* (I. 884ª) *christentum, christlichkeit* WALTH. FRL. LIVL. (1561. 2354. 2466. 11196. 11813 *u. o.*). j.TIT. 3602. TÜRL. *Wh.* 81ª. 82ᵇ. 104ᵇ. BERTH. 149, 25.
kristen-var *adj. kristenfarb: getauft.* drî ungetoufte, ein cristenvar KOLM. 130, 11.
kristen-volc *stn. christl. volk, christenheit* MSH. 3, 54ª.
krist-heit *s.* kristenheit.
kristier, kristiere *stn.*(I. 884ᵇ) *s. v. a.* klister, *klystier* CHR. 8. 39, 32; 9. 591, 15. DFG. 127ᶜ;
kristieren *swv. s. v. a.* klistieren MGB. 202, 4. DFG. 127ᶜ;

kristierunge *stf.* clyster, cristerium DIEF. *n. gl.* 97ᵃ.
kristier-ziuc *stm.* clistrum Voc. 1482.
kristin *m. f., s.* kristen.
krist-mësse *stf. messe am christtage.* man sol alle jâr die andern krismesse haben ûf dem alter - - Mz. 4, 380.
krist-naht *stf.*(II. 301ᵇ) *christnacht* BERTH. 324, 22. N. *v. B.* 187. 303. kristisnaht MYST. JER.
kristolt *s.* krisolîte.
krist-sëmele *swf. weihnachtssemmel* MICH. *Mainz. hof* 20.
krist-tac *stm. christtag* MARLD. *han.* 124, 20. die zal vom kristag (*d. h. der jahresanfang war am 25. decemb.*) CHR. 1. 89, 17.
krist-wurz *stf.* lactericia Voc. 1482.
krîsunge *s.* kreischunge.
krît *stn.* (I. 884ᵇ) *krach, knack* MYST. 1. 245, 28; *s. v. a.* krîde, *losung:* ieglîcher haptman gab sîn krît (: strît) BEH. *ged.* 7, 30. *vgl.* krîden, krîzen.
kritz *stm. gekrizter strich* EVANG. *M.* 5, 18. *L.* 16, 17;
kritzel-more, -mor *f.* (II. 217ᵇ) *eine rübenartige pflanze, wurzel* GL. (cicer, pastinata Voc. 1482). *s.* morhe *u.* DWB. 5, 2342.
[**kritzeln** *swv.* I. 886ᵃ] *s.* krizeln.
kritzeloht *adj.* kritzlicht, tortilis DIEF. *n. gl.* 368ᵇ. kritzlot MGB. 213, 32; kritzelecht, *kitzlich* MONE 8, 496.
kritzel-vleisch *stn.* titillicus DIEF. *n. gl.* 366ᵃ. *vgl.* kritzeloht, krutzeln.
kritzen *swv. kritzen* MGB. 476, 29. *vgl.* DWB. 5, 2346 *u.* bekritzen *oben unten* kristen *swv.;*
kritzlicht, kritzlot *s.* kritzeloht.
kriuchelîn *stn.* (I. 890ᵃ, 41) *dem. zu* krûche MYST. 1. 305, 3. 5. 7.
kriuce *s.* kriuze; **kriul** *s.* kröuwel.
kriusel *stf. feminale* HUVOR 5, 4. 7, 8. 8, 5. 9, 24. *vgl.* DWB. 5, 2096; — *stm. md.* krûsel, *kreisel* ELIS. 3610.
kriuselen *swv. jucken* MGB. 39, 9. 206, 34. — *vgl.* kliuselen *u.* DWB. 5, 2100.
kriuseleht *adj.* kraus. prûn was doch sîns houbtes hâr, ein lützel reid und kriuseleht BPH. 5014, *md.* crûselecht ROTH *denkm.* 92, 36. kreuslot CHR. 2. 79, 19. 80, 8;
kriuseler *stm. eine art schleier.* die vrouwen sollen deheinen sleiger, genant kriuseler, dragen, der mê habe umbe gewunden danne viere vach MONE *z.* 7, 59 (*a.* 1356).
kriuselîn *stn.* (I. 890ᵇ) *dem. zu* krûse, *krug* PF. *üb.* 137, 44. kreuslîn ZIMR. *chr.* 3. 233,

20. *md.* krûschen DÜR. *chr.* 91. kräuschen GR.w. 2, 210 (*16. jh.*).
kriusel-îsen *stn.* calamistrum DFG. 88ᵇ, *n. gl.* 65ᵃ.
kriuteler *stm.* (I. 891ᵇ) herbarius DFG. 275ᵃ, *n. gl.* 202ᵃ. *vgl.* kriutener;
kriutelich *stn.* (*ib.*) *masse von kräutern* LEYS., *vgl.* krûteht;
kriutelîn, kriutel *stn.* (*ib.*) *dem. zu* krût ENGELH. WG. 13123. 14107. APOLL. 5109. EILH. 3984. MSH. 1, 207ᵇ. GA. 1. 15, 379. MGB. 420, 32. kreudly WOLK. 63. 2, 2;
kriutener *stm.* kreutener, krûtener, krûdener herbarius, herbularius DFG. 275ᵃ. VOC. *Schr.* 1164. *vgl.* kriuteler, krûter;
kriuteric *adj.* krautrich, herbosus DIEF. *n. gl.* 202ᵃ. *vgl.* krûtec.
kriuter-meister *stm.* herbularius DIEF. *n. gl.* 202ᵃ.
kriutern *swv. unkraut ausjäten.* kreytren CHR. 4. 222, 13. *s.* durchkriutern *in den nachtr.*
kriuter-wîn *stm.* vinum conditum DFG. 620ᶜ. DWB. 5, 2118 (*a.* 1498).
criuz, kriuz *s.* krëbez, kriuze.
kriuzære, -er *stm.* (I. 886ᵃ) *kreuzfahrer* WG. 11628 *ff.* kreuzer BEH. 362, 16. 363, 2. 364, 8. 14, *ged.* 9, 277. ANZ. 10, 289. UGB. 102. CHR. 3. 409, 1 *ff. vgl.* kriuzigære; *mit dem kreuz bezeichneter ordensritter, johanniter* BUCH *d. r.* 479. CHR. 4. 62, 1; 5. 23, 36; *eine kleine, ursprüngl. mit einem kreuze (s.* kriuze*) bezeichnete münze, kreuzer:* diu eln ist fünfzehen kriuzer wert HELMBR. 2334. zwêne kriuzer MERAN. 18. si tuond ain haller umb ain krützer geben NETZ 6288. ein crützer für nün haller EA. 9. mit der aufzal sollen 17 kreuzer auf das lot geen MH. 2, 618 (*a.* 1478). die münsz der kreuzer ist dem gemainen man gar zu swer CP. 184, ain kreuzer für ain phennig *ib.* 198 (*a.* 1460).
kriuz-blaphart *stm.* bl. *mit dem kreuzzeichen.* krützblaphart und crützer MONE *z.* 6, 279. 281 (*a.* 1423).
kriuze, kriuce, kriuz *stn.* (I. 885ᵃ) *pl.* kriuze, *später auch* kriuzer S. GALL. *chr.* 23; *md.* krûze, krûce, krûz (ROTH. 4395. ELIS. 3070. 85. 7067. PASS. *K.* 5, 14. 39, 80): *kreuz Christi* WOLFR. WALTH. Helenâ diu daz crûce vant ROTH. 4395. ROTH *pr.* 77. do er lac tôt amme kriuze WG. 11610. der uns mit dem kriuze erlôste *ib.* 11614. bevil im alsô schöne beide krütz und krône, daʒ heilig grap behüet er mit êren OREND. 2888. sô

wirt mir kriuze unde krône (*die zeichen der herrschaft*) WOLFD. 1526. 1704. sît ir von kriuze unde krône müezet verstôʒen sîn *ib.* 1555, *vgl.* HPT. 5, 381 *ff.* des heil. criuces ein spân ENENK. *p.* 292. des kräuzs örter MGB. 434, 11. *bildl. mühsal, not* BARL. daʒ criuce durchlîden, *tragen* MERSW. 115. 134; — *das kreuz als christl. warzeichen, crucifix:* ein hülzîn kriuce treit man im vor den ougen, daʒ man got blôʒen an dem kriuce sæhe j.TIT. 6019. mit krûtzen gôn, umbgôn *eine procession veranstalten, der das kreuz vorgetragen wird* (*vgl.* kriuzeganc) CHR. 8. 18, 15. 366, 6. 391, 14. kr. *auf einem grabe* PARZ. 107, 12, *auf wegen als wegweiser ib.* 180, 4. sus reit er gên Espeige nâch maneges kriuzes zeige ULR. *Wh.* 177ᵇ, *als städtische gränzmark* SCHREIB. 1, 393. 508. 509. 13 ; — *das bild, zeichen des kreuzes: auf einem gewande als merkzeichen* NIB., *als abzeichen der kreuzfahrer* WWH. (406, 20. 30. 407, 5). MAI, LIEHT. dô ich daʒ kriuze in gotes êre nam MSF. 47, 18. 181, 13. ich hân durch got daʒ k. an mich genomen 86, 25. dô diu wolgetâne gesach an mîm kleide daʒ k. 87, 13. 14. dem k. zimt wol reiner muot und kiusche site 209, 25. daʒ k. an die wât stricken WG. 11646. 55. man gît daʒ criuce ûf iuwern lip und sleht iuch sam die heiden MSH. 3, 68ᵇ; *als ordenskreuz s.* MONE 3, 6. ZIMR. *chr.* 3. 269, 7; *auf gränzsteinen* HALT. 214; *auf einem schilde:* ein rôteʒ k. dâ durch gienc GEO. 1678; *auf münzen* (*vgl.* kriuzære) RENN. 18477 *ff.* ein newe hallermünze mit creutzen CHR. 1. 240, 28. 32. ein newe münss münssen mit dem kreutz CP. 219; *als segens- u. schutzzeichen,* ein k. machen RENN. 9671. REINH. 1831. j.TIT. 177. ELIS. 7067. vür die brust und an den rücke machte er dô des kriuzes segen ERACL. 4721. si machte im manec k. nâch VIRG. 1075, 4. 1076, 4. der bischof daʒ criuce ime an die stirnen tet (*bei der taufe*) ULR. *Wh.* 118ᵈ. er tet mit sîner zeswen hant über den wirt daʒ k. STRICK. 5, 36. hæte sie ein k. vor mir getân RENN. 9688. tuoʒ k. vür die ôren swâ man die bœsen nennet HADAM. 624. tuot ein k. für die türe GA. 3. 81, 1424 (dû solt daʒ übele getwâs mit dem k. vertrîben 60, 649). den benedîz mit kriuzen tuon LOH. 2057. an daʒ houbet schrîb ich in ein kriuz WOLFD. 1146, *vgl.* 1167. Wolfram ein k. vür sich reiʒ WARTB. 114, 1.

ein k. mit andâht über die spise schrenken RENN. 9695; en kriuzes wise, *nach weise, in form des kreuzes* PARZ. 159, 18. MGB. 468, 26 (*vgl.* kriuzewise), in kriuzes stal (*stellung*) ROTH. 376. WOLFD. 1253. 54. HELDB. *K.* 394, 40 (*vgl.* kriuzestal). an ein k. vallen, *sich in kreuzesform zu boden werfen* CHR. 8. 106, 4; *das lat. zalzeichen für 10* (*X*) MONE 3, 232. — *ahd.* chrûci, chriuzi, *aus lat.* crux.

kriuze-bilde *stn.* crucifixum DFG. 159ᵇ.

kriuze-boum *stm. baum des kreuzes, kreuz.* ach dû herter kriuzeboum FDGR. 2. 265, 12.

kriuze-bruoder *stm. kreuzfahrer; flagellant s.* OBERL. 829. DWB. 5, 2187.

kriuze-, kriuz-ganc *stm.* (I. 476ᵃ) *gang od. umgang mit dem kreuze, procession,* ambitus, processio DFG. 29ᵃ. 461ᵇ. CHR. 4. 63 *anm.* 2. 292, 24; 8. 20, 31; 9. 602, 16. 648, 10. JUST. 187. 319. GLAR. 102. crützgeng und ander gotsdienste MONE z. 2, 156; *dafür bestimmter offener gang, kreuzgang an kirchen, klöstern:* ein criuzgang wol geformter j.TIT. 367. klœster und kriuzegenge BERTH. 446, 25. 30. ÖH. 90, 2. MONE z. 1, 139. GR.W. 3, 548 (*gedr.* kreutzpanck). *md.* krûzeganc MYST. 1. 239, 39. 240, 1. JER. 27531.

kriuze-kachel *swf. eine art ofenkachel.* 11 β 1 hall. fur funfzig crûzekacheln in des zuchtigers hûs, die kachel fur 2 hl. FRANKF. *baumstb. a.* 1440, 28ᵇ.

kriuzelîn, kriuzlîn *stn. dem. zu* kriuze. ain crützlîn von gold und edelm stain geschmidet ÖH. 78, 9. dô vant si zwischen schultern ein rôteʒ kriuzelîn HELDB. *H.* 1. 184, 140. 190. kr. *auf einem schilde* TURN. *B.* 631, *auf münzen* RENN. 18521.

kriuzen *swv.* (I. 886ᵃ) krouzen KARAJ., *md.* krûzen: *ans kreuz schlagen, kreuzigen* KARAJ. MAI, ROTH *pr.* chreutz in heute! ANTICHR. 174, 32. man chreutzet got nimmer mêr FRONL. 62. daʒ er mit den armen gekrûzet stât als die juden unsern herren tâten HPT. 1. 280, 379; krutzen, kreutzen alare, alas vel brachia ad modum alarum extendere DFG. 20ᵇ, *vgl.* kotzen *u.* DWB. 5. 2188, 3; *mit einem kr. bezeichnen,* gekriuzter ritter PARZ. 72, 13. swen kristes zeichen gezeichent hât, den sol ouch kriuzen sîn kriuze. er wil. daʒ man sich alsô kriuze, daʒ man sîm lîbe volge niht WG. 11625. swer sîm geluste volget iht, der hât sîn herze gekriuzet niht *ib.* 11644; *ein kreuz schlagen, absol.* TRIST. 15100, *refl.*

PRIESTERL. 266, *tr. bekreuzigen*: an swem ein vrouwe unrehtez leben erkenne, diu kriuze ir ôren, swâ man ir den nenne MSH. 2, 184ª. — *mit* ge-;
kriuzer *s.* kriuzære.
kriuzer-kæse *stm.* ein halben eimer wîn und für ein gulden krützerkesse WEINSB. 13. *vgl.* kriuzkæse.
kriuzer-orden *stm.* (II. 440ª, 7) *orden der kreuzherren* MSH. 2. 218, 230.
kriuzer-pfenninc *stm.* ez sol allermänicklich nemmen einen kreuzerpfenning für drei pfenn. MW. 380, 3 (*a.* 1397).
kriuze-stal *stmn.* (II². 558ª) in kriuzestal, enkriuzestal vallen (*zum gebete*) *niederfallen in kreuzförmiger stellung* (stal) *mit ausgestreckten armen* KCHR. RUL. KARL, GUDR. MAI (29, 15), ERNST *B.* 4159. PART. *B.* 6807. BONUS 95. HIMLF. 459. MARIENGR. 815. OSW. 1202. 1706 (*s.* GERM. 5, 136). BIRKENST. 257. 58.
kriuze-tac *stm.* (III. 5ᵇ) in den kriuzetagen BERTH. 401, 4: *die drei tage vor himmelfahrt, wo kreuzgänge gehalten werden, vgl.* kriuzwoche; *festtag der kreuzerfindung, -erhöhung* AD. 1180 (*a.* 1375).
kriuze-traht *stf.* (III. 78ᵇ) *das kreuztragen, bittgang mit dem kreuze* KCHR. (*D.* 322, 30). SERV. ROTH *pr.* 75. 76. — *vgl.* SCHM. *Fr.* 1, 1389. SCHÖPF 344.
kriuze-vart *stf.* (III. 253ᵇ) *kreuzzug* JER. MSH. 3, 290ᵇ. ENENK. *p.* 285; *wallfahrt mit kreuz u. fahnen* MICH. *Mainz. hof* 43. CHR. 8. 113, 19.
kriuze-vënje *stf. das in* kriuzestal *verrichtete gebet* SCHMIDT *gottesfr.* 67.
kriuze-wîse, -wîs *adv. in form eines kreuzes, kreuzweise* LOH. 6564. TURN. *B.* 420. CHR. 8. 106, 5. kriuzwîs ER. 1574. MONE 3, 287. HB. *M.* 124. *md.* crûcewîs PASS. 290, 40. 297, 34. 309, 22. 39. 388, 49. ZING. *findl.* 2. 26, 82. 27, 106.
kriuze-, kriuze-woche *swf.* (III. 797ᵇ) *kreuzwoche, die woche der* kriuzetage, *tempus rogationis* VOC. 1482. ULA. 86 (*a.* 1300). MW. 228 (*a.* 1308). AD. 980 (*a.* 1339). CHR. 1. 69, 9; 4. 67, 16. 68, 10; 8. 22, 25. 55, 16; 9. 770, 11. *md.* crûcewoche LUDW. 70, 14.
kriuz-ganc *s.* kriuzeganc.
kriuz-grosse *swm. groschen mit dem kreuze als gepräge* OBERL. 830.
kriuzigære, -er *stm.* (I. 886ª) *md.* crûzigêre, *kreuziger* MYST. W. *v. Rh.* 180, 11. 19; *kreuzfahrer* JER. 21717, *gegen die Türken*

CHR. 3. 408 *anm.* 4, *gegen die Böhmen* UGB. 419. 460. *vgl.* kriuzære;
kriuzigen *swv.* (*ib.*) *md.* crûzigen, *alem.* crûcigôn MONE *schausp.* 1, 67, crûzgen *ib.* 2, 308: *kreuzigen, ans kreuz schlagen* GEST. *R.* SILV. 3223. MAR. 162, 15. WACK. *Pr.* 27, 46. MGB. 59, 5. PASS. 179, 66. *K.* 328, 48. KREUZF. 258; *peinigen, plagen* NARR. 27, 19;
kriuzigunge *stf.* (*ib.*) *kreuzigung, md.* krûzegunge PASS. *K.* 5, 5. *vgl.* kriuzunge.
kriuz-kæse *stm.* kreutzkess *pl.* TUCH. 56, 24. 115, 17. 125, 25. MB. 16, 53 *ff.* (*a.* 1444). — *nach* SCHM. *Fr.* 1, 1389 *waren es eigentl. käse aus den schweigen des klosters zum h. kreuz in Donauwerd* (*vgl.* ZIMR. *chr.* 2. 72, 33. 73, 24) *mit einem kreuze bezeichnet u. in besondern rufe stehend. möglich wäre auch eine benennung nach der* kriuzwoche, *da in derselben zinskäse abgeliefert wurden* (*z. b.* jegliche zelle git in der crûcewochen zwêne kêse AD. 980 *a.* 1339).
kriuz-kôr *stm. querschiff einer kirche* MONE 8, 440 (*15. jh.*).
kriuz-lîche *adv.* (I. 886ª) *kreuzartig* WOLK. 106. 11, 3.
kriuz-liet *stn.* (I. 985ª) *lied auf der kreuzfahrt zu singen* SEVEN 258, 5.
kriuzlîn *s.* kriuzelîn;
kriuzlinge *adv. kreuzweise.* kreuzlinge SCHM. *Fr.* 1, 1390. BEH. 206, 28. ANZ. 11, 175 (*a.* 1418). kreuzlingen DWB. 5, 2196 (*a.* 1472);
kriuzloht *adj. kreuzartig.* daz er dick und kräuzlot ist MGB. 439, 22.
kriuz-minze *swf.* menta DIEF. *n. gl.* 250ᵇ.
kriuz-mit-woche *swf. mittmoch in der kreuzwoche* S. GALL. *stb.* 4, 307.
kriuz-reste-tac *stm.* so sint zwên chirchtag da, ainer an dem chräutzresttag, der ander an Jacobstag URB. *B.* 2, 483.
kriuz-stap *stm. stab mit einem kreuze.* dô sach man manegen kriuzstap dâ den pfaffen an der hant KL. 1176.
kriuz-strâze *f. kreuzweg.* kreuzstrasze ZIMR. *chr.* 2. 197, 11. 198, 9 *ff.* kreuzstrosz TUCH. 194, 17. *vgl.* kriuzwëc.
kriuz-unge *stf. s. v. a.* kriuzigunge, cruciatus DFG. 159ᵇ. VOC. *S.* 2, 4ᵇ.
kriuz-wëc *stm. s. v. a.* kriuzstrâze. creutzweg TUCH. 185, 1. 7 *ff.*
kriuz-wîs, -woche *s.* kriuzew-.
kriuz-wurz *stf.* (III. 829ᵇ) *kreuzkraut* GL. (benedictus, catapucia, erigeron DFG. 101ª. 106ᵇ. 208ª).

krîz, kriz? *stm. geräusch, krach* Ls. 3. 310, 181;
krizeln *swv.* (I. 886ᵃ) *mit feiner stimme schreien* HELBL. 1, 1338. *zu*
krîzen *stv. II. (ib.) scharf schreien, kreischen, stöhnen* RENN. (HPT. 6, 148). sie kreisz sêre GERM. 3, 401ᵃ (*ndrh.*), KELL. *erz.* 393, 22. ich kreis, hust und würf usz HÄTZL. 41ᵇ. — mit en-. *vgl.* krîschen, krîsten *u.* DWB. 5, 2164;
krîzen *stn. (ib.)* daz kr. und geschreige VIRG. 393, 3. das wachters kreysen HÄTZL. 30ᵇ.
krîzen *stv. II. md. eine kreislinie machen. tr.* einen kreiz krîzen SALF. *r.* 4, *intr. gähren, schäumen:* der most in dem naphe grîzet SION (*Giess. hs.*) 2487; — *kratzen*, wo her si hine crizze, daz di hût dô zurizze COD. *Regiom.* 4ᵈ. nû crîzet di wânt *ib.* 1ᵇ. — *mit* be- (*nachtr.*), *vgl.* DWB. 5, 2144.
krô *s.* krâ 2.
krobelîn, krobel-bein *stn.* cartilago Voc. 1482.
krocanier *stn.* (I. 886ᵇ) *ein teil der rüstung* HERB. 4736 *u. anm.*
krôch *prät. s.* kragen, kriechen.
krochzen *swv.* (I. 889ᵃ) *krähen, krächzen* MONE 5, 89. MGB. 250, 4. krotzen FRL. *vgl.* DWB. 5, 2348.
krod, kroden *s.* krot, kröten.
kroije *stn. s. v. a.* krîe. des croije was niht danne ach! und o wê MSH. 2, 365ᵇ. der garzûne croie KRONE 805;
kroijier *stn.* die schilt und panier und ander wunderleich groyr, die dâ in der chirchen steckent VINTL. 9654;
kroijieraere, -er *stm.* (I. 886ᵇ) *s. v. a.* krîierer. crôjieraere BIT. 11884. croiraere WG. 3647. kroyrêre ERNST 4830. krôgierer PART. *B.* 14533. grôgiraere LIEHT., grôgierer Ls.;
kroijieren *swv. (ib.) s. v. a.* krîieren. kroijieren WOLFR. j.TIT. ER. (2563. 3081). KRONE 823. TURN. *B.* 953. 1111. 1129. kroyieren HELMBR. 1025. 27. crôieren TRIST. 5578. kroigieren LANZ. WIG. krôgieren SUCH. grôgieren MEL. 8140. grôieren BIT. 8672.
kröl *s.* kröuwel.
krol *adj.* (I. 889ᵇ) *lockig*, crispus DFG. 158ᵇ, *md.* krul *ib.* 123ᵇ. FDGR. 1, 380ᵃ. — *zu* krillen;
krol, -lles *stm. haarlocke*, cirrus FDGR. 1, 380ᵃ. DFG. 123ᵇ; *s. v. a.* krüllisen, calamistrum *ib.* 88ᵇ;
krolle *swf.* (I. 889ᵃ) *haarlocke* LIMB. *chr.* 73. krülle MSH. 2, 390ᵇ;

krôm, krômer *s.* krâm, krâmære.
krôn *stm. od.* krœne *stf.? gezwitscher der vögel.* si hæten sanges vil vermiten, gelegen sint ir krœne (: schœne) HEINZ. 102, 27. *s.* krœnen 1 *u.* DWB. 5, 2379.
krone *s.* krane.
krône, krôn *stswf.* (I. 886ᵇ) corône DIEM., krân: tân, hân ALTSW. 138, 3. 193, 29: *die ursprüngl. dem lat.* corona *entsprechende bedeutung ist* kranz (DWB. 5, 2355, *wo aber die im* WB. 887, 27 *ausgehobenen drei belege angezweifelt werden*). wan er im eine crône (= ein schapel wol geloubet 626) sazt ûf sîn houbet TROJ. 649. grüene krenz u. krônen NARR. 85, 26. des waldes crôn Ls. 2. 209, 16. siges krône, siegeskranz FRL. *ml.* 18, 12. ALBR. 19, 364. FASN. 1003, 26. der êren krône, ehrenkranz Iw. WINSB. LIEHT. 536, 26. *bildl. wie* kranz *das höchste, vollendetste seiner art* HARTM. PARZ. WALTH. diu oberiste krône aller dinge WIG. 177, 17. diu mines herzen ein wünne und ein krôn ist MSF. 133, 29. si was von kinde und muoz mê sîn mîn krône *ib.* 215, 29. aller wîbe u. kr. *ib.* 122, 9. vrouwe rein, wîbes kr. LIEHT. 131, 18. megde kr. (*Maria*) FREID. 13, 7. aller vrouwen kr. TROJ. 21045. witz uud reiniu wîsheit die crône ûf allen êren treit *ib.* 2094. der vreuden, tugende, des lobes kr. ALBR. 13, 28. 17, 74. 19, 149. zühte, gezierde kr. WG. 888. 5364. 5506. er ein kr. der vreuden was DAN. 6425. daz buoch genant der aventiure crône KRONE *s.* 1, *vgl.* 29967; *jungfräul. kopfschmuck, brautkrone* ORTLOFF *rechtsqu.* 2, 25 *s.* DWB. 5, 2356; *kranz von dornen, dornenkrone Christi* WWH. 166, 3 (*vgl.* 357, 28) *s.* kriuze unde krône *oben unter* kriuze. des nachsten tags nach sant Laurentzen tag, als man begêt der heiligen durnen chrôn tag unsers heren USCH. 390 (*a.* 1401). an der heiligen dürnen gots chrôn tag STZ. 701; *fürstenkrone (vom aufkommen dieser bedeutung s.* DWB. 5, 2367), *allgem., s. noch* des rîches kr. ERNST 214. 251. MSH. 1, 77ᵇ. PASS. 157, 10. crône mit zwelf steinen undersat *ib.* 230, 20. sehs künege under krônen (*mit den krônen auf den häuptern*) j.TIT. 963. den keiser under krôn man vant LOH. 6581. der mit keiserlîcher kr. was gewîht *ib.* 5621. der âne krôn was rîcher gülte herre *ib.* 5873. der adelar der ganze mit keiserlîcher krône j.TIT. 4644. goldîne crônen ROTH. 4578. drîekkot krône

MGB. 468, 26; *die kr. als sichtbares zeichen der königl. würde u. macht:* daʒ rede ich bî der krônen mîn CRANE 1756, *daher geradezu für königtum (kaisertum), königreich ib.* 1789. 1856. 2246. NIB. 1015, 2. 1175, 2. WALTH. 83, 26. ich zême wol der krône ALBR. 14, 28. 29, 246. ERACL. 1892. zû der crônen geborn KARLM. 8, 62. di crônen gewinnen ELIS. 324. mit des rîches chrône (*mit der heeresmacht des reiches s.* DWB. 5, 2375) über mer varn *ib.* 4126. gewaltic drîer krône und ouch der lande j.TIT. 973. die inwoner der crône (*v. Böhmen*) UGB. 317. binne des die crôn durch einen gubernator reigirt werden solle *ib.* 137, *dann persönl. für könig (kaiser), königin selbst:* vür die krône, *vor den könig* TRIST. 3328. er fuor gelîch der krône, *wie der könig selber* j.TIT. 1284. si nigen ieweder chrône, *dem könige u. der königin* ELIS. 398. diu rîchiu krône, diu himel und erde gewalt hâte (*Maria*) KRONE 12670. zuo der crône varen, *eine sache vor den könig bringen, an ihn appellieren* Mz. 1, 226 (*a.* 1286), *vgl.* rîche; — *geistliche kronen:* krône *des priesters Johannes* j.TIT. 6157. drî krône (*eine dreifache krone*) satzte man im (dem pâbest) zem houbet *ib.* 971; kr. *der seligen:* du (*Maria*) treist der engel krône AB. 1, 78 (*vgl.* engelkrône). die krône brach er sunder danc im (*dem Lucifer*) von dem houbet WARTB. 143, 8. ze himele krône tragen GERH. 5128. BERTH. 369, 29; — krône *in weiterer verwendung: leuchter in form einer krone, kronleuchter* PARZ. vil krônen rîch von golde, dar ûf kerzen lûhten j.TIT. 390. ein kr. was gehenket drîn, dâ kerzen ûfe brunnen TROJ. 17532; *kamm, schoph,* die pfâwen habent krônen ouf dem haupt MGB. 213, 30; *geschorne glatze,* die blatte heiʒet chrône HPT. 1. 275, 195. — *aus lat.* corona.

krône-, krôn-bære *adj.* (I. 887ᵇ) *fähig die krone zu tragen* PARZ. j.TIT. 1567. 97. 1733. 2541. 679. 3257. 529. 4477. 610. 783. 5688. 6017. MSH. 2, 193ᵃ. STRICK. 13, 23. ROTH *denkm.* 108, 29;

krône-bërnde *part. adj.* (I. 139ᵇ) krône *tragend* Ms. (= krônebære *H.* 2. 193, 88; krônebernder muot *ib.* 210, 186ᵇ).

krônechîn *stn. md. dem. zu* krône ANZ. 18, 44 (*a.* 1437).

krôneke *s.* krônike.

krœnen *swv.* (I. 888ᵃ) *schwatzen, lallen* Ms. (*H.* 2, 31ᵇ), *brummen, schelten.* daʒ ir (*der tänzer*) dekeiner krœne oder kelze NEIDH. XX, 13. — *ahd.* chrônian, chrônên *garrire von* chrôn *garrulus. s.* krôn *u.* DWB. 5, 2379.

krœnen, krônen *swv.* (I. 887ᵇ) *mit einer krône versehen: kränzen, bekränzen.* vrouwe mit rôsen wol gekrœnet MSH. 3, 419ᵇ. stecke mit loube gekrœnet Aw. 3, 237; *vom siegeskranze* TROJ. 627. FRL. 165, 11; *von Christi dornenkrone,* er lie sich mit dornen krœnen ANEG. 38, 27. ELIS. 948; *von der krone der seligen,* die der gotes segen ze himele habe gekrœnet KARL 7791. daʒ got ir (*der martyrer*) sêle gekrœnet hât *ib.* 10781; *von der fürstenkrone, allgem.* (sich kr. lân LOH. 6491. gekrœnte künege WWH. 464, 28. KL. 58. KARLM. 19, 16. 32. gekrœnet unde erwelt ze künege über Spânjelant KARL 3899. man krônete in mit golde ROTH. 4712. gekrœnter helm *des königs* WWH. 24, 27. ROSENG. *H.* 245. 1102); *von der adelskrone,* gekrœnter helm LIEHT. 165, 23. NARR. 76, 45. gekrœnte helme, *adeliche krieger* JUST. 103. 104; *von geistlichen kronen,* der bâbest ist gecrônet worden RCSP. 1, 314 (*a.* 1417). ze bischove gekrœnet GA. 3. 585, 327; *vom kamme, schopfe,* gekrœnt sam ain pfâwe MGB. 186, 19. 187, 26. der trache ist gekrœnt auf dem haupt *ib.* 268, 19. gekrœnter helm *des* widhopfen *ib.* 228, 4; — *bildl. kennzeichnen, auszeichnen* mit *ib.* 288, 28; *preisen, ehren, verherrlichen* (*wol entlehnt vom siegeskranze* DWB. 5, 2383) HARTM. WALTH. BARL. tiuren unde kr. MSH. 1, 73ᵇ. 2, 329ᵃ. swes muot ze valschen dingen stêt, den krœnet si *ib.* 1, 191ᵃ. und krônde mich diu werlt al ER. 6034. gekrœnet und geêret BÜCHL. 2, 89. ir lop man möhte kr. GUDR. 480, 4. die genâde kr. ORL. 2473. unfreude ist gekrœnet GERM. *H.* 8, 286. dîn schœne ich hôher krœne ULR. *Wh.* 125ᵇ. die ich crœne vür alle vrowen DIETR. 1740. daʒ si immer krœne beide vür vrouwen und vür man RAB. 107. kr. mit Ms. mit lobe kr. TROJ. 2804. 20131. den lip mit tugenden kr. DAN. 7758. wîp krœnent mit ir güete manlich hochgemüete ORL. 3243. 3964. 8084, *mit gen.* BÜCHL. Ms. (*H.* 1. 353, 4); — *intr. durch schönheit sich auszeichnen:* mac ieman sîn, der dir gelîche krœne? WARTB. 150, 3. — be-, en-, ge-, über-, ver-;

krœnen *stn.* dâ von daʒ kr. sich zogte LOH. 6487.

krône-trage swm. (III. 77ª) der eine krone trägt, könig MSH. 2, 204ᵇ.
kronewich-stûde s. kranewitstûde.
krôn-hërre swm. der kr. in Kriechenlant LOH. 4214 = der Kriechen keiser 4100.
krônike, krônik swstf. (I. 888ª) chronik ULR. Wh. 165ᵈ. PF. forsch. 1, 79. krônic LOH. 2622. MGB. 265, 24. WG. 10659, pl. krônike ib. 10653. krônicâ MSH. 2, 8ᵇ. krôneke MAI 3, 15. HEINR. 329. 2040. 2500. korônic LOH. 7342. 7412. 69. ULR. Wh. 142ᶜ. karônick ALTSW. 182, 35. korônike ENENK. p. 297. — aus dem gr. lat. plur. (mlat. f.) chronica.
krœnlîn stn. dem. zu krône BERTH. 336, 27. 32. 36. HB. M. 410;
krœnunge, krônunge stf. krönung des kaisers RTA. 1. 34, 3. RCSP. 1, 87. 96. 247. 249, der königin ib. 496, des pabstes GR.W. 1, 544. 570.
kropel stm. s. krüpel.
kropel-kint stn. verkrüppeltes kind SSP. 1, 4.
krôpen-macher stm. der krôpen (haken, klammern DWB. 5, 2393) macht BEH. 18, 1 var. krampenmacher.
kropf, kroph stm. (I. 888ª) pl. kröpfe, auswuchs: am halse des menschen BON. HELBL. er huop sich an den kr. MSH. 3, 312ᵇ. ich slahe in durch den kr. ib. 240ᵇ. lungen lebern kröpfe ib. 293ª. gên dem krophe stôzen ÜW. H. 279. mit einem obersticke traf ich si vor an den kr. ib. 728. frawen die grôz kröpf habent MGB. 494, 1. daz kint hatte einen grôzen kr. LUDW. 85, 11; mensch der einen kr. hat, als schimpfwort: die œden kröpfe NEIDH. 60, 39; verächtl. für hals, dô reit er daz houbet ûf dem krophe ib. 52, 10; kr. der vögel, der vormagen NEIDH. (54, 40). des raigels kr. MGB. 188, 21, übertrag. auf den menschen PARZ. BERTH. (103, 14). vast ich die sünde in mînen kr. HPT. 8. 300, 69. er hât einen vollen kr. LS. 3. 394, 138. ainen kr. ezzen NETZ 12859; auch von dem, was einer in sich gegessen od. getrunken hat: verdeust du disen kroph ÜW. H. 728. verdöuwet hân ich den êrsten kr. AW. 2. 58, 253. — vgl. DWB. 5, 2396;
kropfecht adj. s. kropfoht.
kropfel s. krepfelîn.
kröpfelîn stn. (I. 888ª) dem. zu kropf, von vögeln RENN. 16484, übertr. auf den menschen PARZ. 487, 9;
kropfizen swv. rülpsen CGM. 632, 27. 37 bei SCHM. Fr. 1, 1380. vgl. KWB. 124;

kropfoht adj. kropjicht. kropfoht, kropfot MGB. 103, 24. 25. 28. vil kropfoter leut (in der Steiermark) COD. pal. 336, 288ª. kropfecht LUDW. 85, 9. 94, 16. 17. kropfecht, kropfot gibbosus, strumosus DFG. 262ª. 557ᵇ.
kropf-stein stm. s. v. a. kragstein, md. kropstein u. umgedeutet kraftstein s. DWB. 5, 1964.
kropf-stôz stm. stoss an den kropf, halsschlag. md. kropstôz AB. 1. 262, 371.
kroppe s. kruppe.
kros stmn.? (I. 888ᵇ) knorpel, in krosbein, nase-, ôrkros. s. DWB. 5, 2408.
kros-bein stn. cartilago DFG. 103ᶜ.
krœse, krœs stn. (I. 888ᵇ) s. v. a. gekrœse WOLFD. 1347. LS. 3. 415, 597. NETZ 9482. NARR. 87, 10. S.GALL. ord. 190. FASN. 340, 7. 589, 6. chälbrein chrœs UKN. einleit. XLIV, anm. 8. pl. krœsiu MSH. 2, 288ᵇ. mit sampt den krôsen NP. 228. — zu krûs? vgl. DWB. 5, 2407.
krosel mf. krosel, krossel, cartilago DFG. 103ᶜ. pl. kroseln MGB. 137, 2. 4 var., kroscheln 252, 22 var. — zu kros. vgl. kospel, krostel
krœslîn stn. dem. zu krœse S.GALL. ord. 191.
krospel mf. s. v. a. krosel DFG. 103ᵇ, kröspel n. gl. 77ᵇ. vgl. kruspel.
krossel s. krosel;
krostel mf. (I. 888ᵇ) s. v. a. krosel DFG. 103ᶜ. 639ª, kröstel n. gl. 77ᵇ. MONE 8, 395. vgl. krustel.
krot stn. m. (ib.) belästigung, bedrängnis, kummer, beschwerde. ein md. wort ELIS. 45. 575. 986. 5448. 803. 6249. 330. 7403. 792. 990. ERLŒS. 834 u. anm. ân krot GR.W. 3, 888. schade und krot RTA. 1. 306, 11. hindernis krod und irrungen RCSP. 1, 427 (a. 1438). in kein sunderlich krot komen ib. 184 (a. 1410). krat HALT. 1127. krut m. LAC. 3, 413. 419 (krot 689. 873). — vgl. krude u. DWB. 5, 2412 (zu ags. creódan mnl. crüden, nnd. kruien, kruyden, drängen, schieben).
krote, krotte, krot swstf. (I. 889ª) kröte BERTH. 572, 37. TROJ. 27274 (: göte). krate MONE 8, 501 (alem.) GERM. 11, 151 (md.), krade WERNH. 41, 2. DFG. 83ᶜ. krut ib. 83ᵉ, n. gl. 58ª. krëte HERB. ROTH dicht. 5, 123 —: kröte. krot, pl. krota GRIESH. 1, 46. 2, 68, chroten EXOD. D. 137, 31. 35. 147, 9. diu klain, diu grôz krot MGB. 295, 24. 296, 10. da enist diu ouche noch diu chrot TUND. 42, 21. diu krote blât sich HPT. 7. 353, 2. zerblêget als ein krotte bistû gar von hofart

MART. 112, 68. ein smêhiu crotte *ib.* 76, 14. dô sâhen sie ein kroten breit GA. 2. 641, 141 *ff.* reht als ein bœsiu krot (: gebot) *ib.* 581, 81. man het si vür ein kroten *ib.* 3. 27, 210. nâtern und kroten RENN. 21885. Üw. *H.* 730. ROTH *dicht.* 102, 119. PASS. *K.* 237, 87. MYST. 2. 471, 23. diu schœne bluome diu ûf einer grôʒen kroten stât Aw. 3, 223. er was gar kroten, würme vol MSH. 3, 41ᵇ. die kroten, würme des niht lânt, sie eʒʒen von dem beine gar hût unde vleisch *ib.* 42ᵃ. an dîner stirne solte sîn ein krote, sô spîte man dich an *ib.* 3, 91ᵃ. daʒ (âs) unreine maden und kroten nert RENN. 15480. diu krote getar der erden niht sat werden *ib.* 4861. alle kroten seind geitig VINTL. *bei* HPT. 9, 73; — *frosch,* der kroten schare (*vorher* frosche) BARTSCH *liederd.* 282; — *als schelte* NEIDH. 19, 6. 103, 4. ein abrahæmsche krot OTN. *p.* 91. HELDB. *K.* 123, 28. *vgl.* krotolf. — *ahd.* chrota *u.* chrëta *von dunkl. abst. s.* DWB. 5, 2415.

krote-lich *adj. beschwerlich* GERM. 7, 95;

kröten, kroten *swv.* (I. 888ᵇ) *tr. belästigen, bedrängen, hindern.* krotten, croden, occupare DFG. 392ᵃ, *n. gl.* 269ᵇ. mit worden und werken c r ö d e n LAC. 3, 479. 674. dat man sy dar umbe nyt k r u d e n insal *ib.* 210. und tut man im nit ein genüg in vierzehen tagen dor umb, so mag er in anderswo dor umb hin kruden und für nemen GR.w. 6, 64 (*a.* 1468 *Franken*). einen a n etw. k r u d d e n ARN. 62 (*a.* 1363 *Nassau*); *die reben* kruden *s. v. a.* gürten, *mit weiden anbinden, in bogen ziehen* MONE *z.* 10, 183 (*a.* 1429 *Koblenz*); — *refl. mit gen. sich einer sache annehmen, sich um etw. bekümmern*: dar umb k r o d e n ich mich des nicht RCSP. 1, 330 (*a.* 1418). des k r e d e ich mich vil wol MONE 4. 317, 41. k r u d e n, krudden WEIST. FASN. 30, 6. den wiszgerbern sagen, sich der alen nit zu kruden FRANKF. *brgmstb. a.* 1441 *vig. V. p. Mich.* — *mit* be-. *zu* krot. *vgl.* DWB. 5, 2419.

kroten-bluome *mf.* chrotenplum und neʒʒelchräut SGR. 393.

kroten-sac *stm.* (II². 3ᵇ) *krötensack, als schelte* HÄTZL. LXVIII, 6.

kroten-sâme *swm. krötensame: giftiger same der ketzer* BERTH. 405, 17.

kroten-stein *stm. krötenstein, borax* MGB. 296, 3. 436, 32 *ff.* DFG. 79ᵃ, *n. gl.* 57ᵇ. *vgl.* STRICK. 11, 117 *ff.*

kroten-stutz *m. als fing. name* RENN. 1728.

kroten-tille *f.* (III. 37ᵇ, 13) anthemis, camomilla SUM.

kroten-vuoʒ *stm. krötenfuss* PART. *B.* 17586. *vgl.* DWB. 5, 2421.

kroten-wîse *stf.* in krotenw. *nach art der kröten* BERTH. 422, 19.

krôtic *adj. ein anlaster des pferdes* MONE 3. 176, 35.

krôtlîn *stn. s.* krettelîn.

krotolf *stm. kröte, als schelte* NEIDH. 19, 6 *var.* HPT. 13, 176.

krotte, krotten *s.* krote, kröten;

krötunge *stf.* occupatio, k r u d u n g e DFG. 392ᵃ, crödunge, crodunge DWB. 5, 2419.—*zu* kröten.

krotzen *s.* krochzen.

kröuchen *swv. kriechen.* so k r e i c h t e die posheit herwider vur SGR. 1040. *vgl.* DWB. 5, 2207.

krout *s.* krût.

krouwe *swm.?* fuscinula MONE 7, 299;

kröuwel, krewel; kröul, kriul, kreul *stm.* (I. 885ᵃ) *kräuel, gabel mit hakenförmigen spitzen* GL. (DFG. 155ᶜ. 250ᵃ. 254ᵃ. 273ᵃ. 596ᵉ). KCHR. (crouel *D.* 234, 28). WIG. FRLG. 115, 457. 75. 140, 478. *ein* kröuwel *als schildzeichen Rumolts* BIT. 10617. kröwel HELMSD. 26ᵇ. crauwel ROTH *denkm.* 92, 40. 52. 55. 93, 62. 94, 101. 106. krowel PASS. *K.* 122, 64. 164, 88. 173, 97. krewel ZING. *findl.* 2. 83, 2. k r ö l RING 48, 40; — *klaue, kralle* GEST. *R.* krawel FASN. 940, 1. k r û l HPT. 1. 172, 358 (*md.*). kräwel, kräul MGB. 173, 19. 190, 7. 204, 15. 229, 17. 277, 7 *ff. u. o.* k r i u l KRONE 9394;

kröuweln *swv.* k r ê l e n, fricare DFG. 247ᵇ;

krouwen, krowen *swv.* (I. 884ᵇ) *kratzen* DIEM. RENN. 3790. HERB. 3793. WERNH. 36, 16. Aw. 3. 207, 64. crauwen, krowen confricare, fricare DFG. 142ᵃ. 247ᵇ. 515ᵃ. krâwen MART. Voc. 1482. krauen FASN. 712, 2; *juckend kratzen,* eine auf dem haupt krâwen MGB. 207, 1, *mit acc. u. dat.* der alte man heiʒt im den rücke krouwen KOLM. 36, 32, *mit blossem dat.* DIOCL., k r e u w e n MISC. 1, 123, *refl.* er krouwet sich als ein hunt KOLM. 18, 50, *vgl.* AB. 1, 112; *kitzeln eig. u. bildl.* krauen FASN. 235, 34. 322, 2. 726, 17. — *vgl.* DWB. 5, 2085.

krouʒ *s.* krëbeʒ.

krouzen *s.* kriuzen.

krowe, krowen *s.* krâ 2, krouwen.

croz, tabes DFG. 571ᵃ, *vgl.* DWB. 5, 2424.

crûc- *s.* kriuz-, krûz-.

krûche *swf.* (I. 890ᵃ, 34) *krauche, kruke, krug-*

artiges gefäss MYST. 1. 305, 3. HPT. 2. 327, 766. GR.W. 3, 16. *vgl.* kruke, kruoc *u.* DWB. 5, 2082.

krücke, krucke *swstf.* (I. 889ª) *krücke* SERV. ER. PARZ. MS. (*H.* 3, 41ᵇ). er linte über sîne kruchen RUL. 44, 12. über sîne krucken lise leint er sich TROJ. 4552. MAR. 171, 13. mîn swert ist mir verkêrt ze einer krücken j.TIT. 615. er truoc keiner slahte wer wan eine krucken ULR. *Wh.* 268ᵇ. bî Getânis krücken GA. 3. 78, 1320. ein krücke er under sîn ahsel nam MOR. 1, 971. die krucken nam er zuo der hende *ib.* 2691. 96. *vgl.* WOLK. 49. 1, 6. 9. eine îserîne krucke hete er PASS. *K.* 233, 4. dô er sich solde bucken ûf die krucke *ib.* 11. ûp der krucken KARLM. 164, 56. keiner krucken bedürfen *bildl.* LS. 1. 600, 60. *pl.* krücken BIT. 224, krucken RENN. 10523. RING 3, 11; *bischofsstab* TRIST. 15353; *kreuz,* daz ist diu krucke (: gelucke), dar got die marter ane leit PF. *üb.* 11, 658 (*vgl.* in die erden stiezest dû daz ris, dô wûhs ez ûf in krucke wîs 656); *ofenkrücke,* tractula DFG. 591ª, *n. gl.* 369ª. ich begunde zücken den schürstap, sî die krücken ÜW. *H.* 358. dô vazzte sî die krücken in beide hende 370. dô was ouch ir diu krücke enzwei 403. — WACK. *stellt es zu* kriechen. *nach* WEIG. 1, 643 *u.* DIEZ 1, 146 *aus roman.* croccia, gruccia, *welche aus einem von lat.* crux *abgeleit. adj.* crucea *hervorgegangen sind, wogegen nach dem* DWB. 5, 2425 *im deutschen worte die quelle der roman. zu suchen sein dürfte;*
krücken *swv. part.* gekrücket, *mit einer krücke versehen* WAHTELM. 151.

krudden *s.* kröten;

krude *stf. bedrängnis, gewalttat, grausamkeit* JER. 171ᶜ. BEH. 13, 30. 226, 12. 240, 25. 269, 9. 325, 7. — *zu* krot. *vgl.* DWB. 5, 2430.

krûde *stn. md. s. v. a.* gekrûde ELIS. 9427;

krûdechin *stn. kräutchen* FRANKF. *brgmstb. a.* 1446 *rig. V. p. remin.*

kruden *s.* kröten; **krûdener** *s.* kriutener.

krüegelîn *stn.* (I. 890ª) *dem. zu* kruoc BPH. 4439. 4456. GERM. 3. 425, 18. HB. *M.* 153. krüeglî MONE *z.* 8, 284. krîglein TUCH. 119, 22. *md.* crûgelin PASS. 49, 66 (*die im* WB. *aus* TROJ. *angeführte stelle s. unter* kugellîn);

krüeger *stm.* krüegerinne *stf.* (*ib.*) caupo, caupona VOC. *vrat.*

krûfen, kruifen *s.* kriechen.

kruft *s.* gruft.

krûg, krûgelîn *s.* kruoc, krüegelin.

kruisp *s.* krûsp.

kruke *swf. grosser krug, eimer.* man sol haben wasser under den dechern in potigen und kruken CP. 5. es sol sich ain jeder hauswirt mit wasser und kruken zurichten, ob indert fewr auskem *ib.* 319. — *nd.* kruke, *s.* krûche, kruoc *u.* DWB. 5, 2431.

krûl *s.* krôuwel.

krul, krülle *s.* krol, krolle;

krüllel *stn. löckchen* JER. 128ᵈ.

krüllen *swv.* (I. 889ª) *kräuseln,* crispare DFG. 158ᵇ; *an den haaren reissen* FRAGM. 36ᵇ, 78.

krüll-îsen *stn.* (I. 645ᵇ) calamistrum VOC. *o.* kruleysen DFG 88ᵇ.

krüm *stf. s.* krümbe;

krumbe *swm. s.* krump *adj.;*

krümbe, krumbe *stf.* (I. 889ᵇ) *assim.* krümme, krumme: *krümme, krümmung, eigentl. u. bildl.* PARZ. TRIST. BARL. FREID. (an guoten wegen ümbe enschadet kein krümbe 131, 10). der sunne gât die krumbe DIEM. 343, 19. weg ân alle krümme BERTH. 66, 19. guoter wec enmacht niht krümbe BPH. 3140. der markt hett zwischen den zweien thören ein grosse krüm TUCH. 249, 30. die rechte und die crumbe HERB. 12732. ERNST 2464. in einer crumbe machte er einen kreiz ROTH *dicht.* 44, 55. sînes zagels krümbe TROJ. 9906. wilde krümbe (*od. pl. von* krump *stm.?*) suochen *ib.* 20262. ein schîbe, diu mit krümbe die liehten stangen dâ beslôz TURN. *B.* 460. daz hâr hâte mit krümbe sich geleit ûf daz houbet sîn GERH. 4488. hörner mit vil krümmen MGB. 123, 19. sleht und reht hât selten eine krümbe MSH. 3, 423ᵇ. durch die rihte sunder alle krümbe *ib.* 2, 368ᵇ. die krümbe slihten j.TIT. 20. LOH. 7276. die **k r u m p** beslihten *ib.* 3294. sîn muot ân alle kr. gein im was sleht *ib.* 6465. er machte krumbe sleht WARTB. 14, 8. si sach sich umbe die wîte und ouch die krumbe Aw. 3, 159. nu want er sich die krumbe ALBR. 9, 29. twerches und die krumbe 17, 41. die kr. gân 19, 111. den vluz die kr. leiten 21, 3. ime kreize die krumbe 33, 442. er schûhete keine krumme, *keinen umweg* ELIS. 4216. dû wilt in einer crumme (*abweg*) mich wîsen an den valschen man PASS. 160, 184. in einer valschen krumme *ib. K.* 101, 13. swêre krumme, *schwierige umwege* 243, 40. in maniger wîten krumme, *rings um* 303, 56. in eine krumme vallen, *rings umher einstürzen* 588, 38. den stil in eine krumme rûren 223, 94. *vgl.* KARLM. *B.*

s. 300 *f.*; *krümmung eines flusses,* unz in die krümi GR.w. 5, 207. *vgl.* krump.

krum-bein *stn.* zwai vlaische, der sol aines ain chrumpain sein, daz ander ain schulter URB. *Son.* 1ª.

krumbelinc *stm. krummholz.* ein viehten krumling zu einem windenrat TUCH. 76, 7. zwei wagen mit krumelingen FRANKF. *baumstb. a.* 1419, 36ᵇ (= krumme holzer 38).

krumben *swv.* (I. 890ª) *assim.* krummen: krump sein *od.* werden MSH. 2, 251ᵇ. die krummeten (*wurden lam*) ûf der selben stat PASS. *K.* 97, 64. — *mit* er-, ver-;

krümben *swv.* (*ib.*) *assim.* krümmen: *tr.* krump machen, *krümmen* WALTH. MSH. 3, 25ᵇ. sît man diu schuolbuoch in die hant krümpt RENN. 16449. daz gekrümbete slihten PF. *üb.* 56, 27. die hitz krümpt den rauch MGB. 8, 6. in ainander gekrümt *ib.* 123, 29. gekrümpt zend *ib.* 121, 18. den valken krummen *s. v. a.* krimmen MF. 111; *refl.* TROJ. (6401. 19925). diu krümbet sich nâch angels siten MSH. 1, 8ª. sich krümben und swanzen RENN. 10256. ain langer rauch krümt sich ze mittelst MGB. 77, 24. — *mit* ûf, ver-;

krumbes *adv. gen. schief.* der pard siht krums MGB. 156, 20.

krum-brôt *stn. tortus panis* FÖRSTEMANN *neue mitt.* 2, 387 (*14. jh.*) *s.* BECH *beitr.* 10.

krûme *stf. in* tischkrûme. *vgl.* WEIG. 1, 644;

krûmelen *swv. in* krûmen *zerreiben.* sipare krûmelen, krûmen DFG. 537ᶜ, *n. gl.* 340ᵇ.

krumelinc *s.* krumbelinc.

krûmen *swv. s. unter* krûmelen. — *mit* ver-.

krumlinc *s.* krumbelinc.

krumm- *s.* krumb-.

krump, -bes *adj.* (I. 889ᵇ) *auch* krum, krumm, -mmes; krumpf NETZ 6396. 7045 —: *krumm, gekrümmt, verdreht, schief, eigentl. u. bildlich. gegens. zu* eben MSH. 2, 398ª, *zu* reht HERB. 18312, *zu* sleht PARZ. TRIST. MSH. 2, 269ª. DIETR. 5650. HELMBR. 667. WG. 7474. 9248. 12744. 13429. ULR. *Wh.* 111ᶜ. STRICK. 1, 222. die siechen und die krumben ANNO 786. ein krumber man ROTH. 3149. krumbe wichte ALBR. 34, 40. kranc des libes und krump si lac ULR. 1188. nu muoz ich chrump unde lam mîn leben alsô trîben hin KINDH. 78, 22. er wart krump an beiden armen BPH. 9412. an beiden vüezen krump GA. 2. 580, 55. kr. ûf einem beine JÜNGL. 56. krumber vinger GFR. 1193. krumber arm, leip, vinger, nagel *etc.* MGB. 48, 18. 50, 2. 195, 1. 202, 15. krumbez ouge MSF. 53, 25. ALBR. 6, 157. niht hoverehte noch ze krump geschepffet was ir forme glast TROJ. 19938. krumbe wege WALTH. MGB. 164, 4. 204, 32. ein krumbe wunden daz ist ain dreiekot wunden *ib.* 283, 2. den krumben reien treten NEIDH. 60, 29. ein krumbiu sûl ERACL. 2064. was sol in der krumbe stap, den got dem guoten sant Peter gap MSH. 2, 241ᵇ. under infeln bî dien krumben steben *ib.* 203ª. SERV. 465. HELBL. 8, 1100. einlef hundert krumber stebe (*geistliche*) KCHR. *W.* 8107 (*vgl.* krumptap); — krumbîu êre MSH. 3, 8ᵇ. missetât, diu mir noch wurde krumber nâch tode *ib.* 1, 343ª. sint guot ir wort, ir werc ze krump WINSB. 6, 8. diu botschaft dûhte in krump LOH. 7579. krumben sin slihten LS. 3, 527. krumme (*falsche*) lêre PASS. *K.* 658, 59. krumme antwurte *ib.* 77, 36. ob sîn sterke wêre krum, *schwach ib.* 351, 58. krumme (*ungerechte*) vorderunge LAC. 3, 180. — *zu* krimmen, krimpfen (krimpen). *vgl.* WEIG. 1, 644;

krump *stm.* (*ib.*) *s. v. a.* krümbe FRL.;

krump *stf. s.* krümbe;

krümpel *adj.* (I. 889ᵇ) *krumm* WOLK.;

krümpeleht *adj.* (*ib.*) *dasselbe* RENN.;

krumpf *adj. s.* krump.

krump-lîche *adv. krumm, schief.* crumplich er daz bilde an sach S.NIC. 463.

krump-nase *f.* (II. 317ᵇ) simius SUM.

krump-snabel *stm.* (II². 435ᵇ) *krummschnabel, ein vogel* GERM. 6, 90.

krump-stap *stm. s. v. a.* krumber stap GA. 2. 585, 246.

krums *adv. s.* krumbes.

krumwid-stûde *s.* kranewitstûde.

kruoc, -ges *stm.* (I. 890ª) *md.* krûg; *pl.* krüege, *md.* krûge: *krug* KINDH. PARZ. NEIDH. (XLIX, 30. L, 1. 42, 18. 67, 36. 239, 77). EN. 224, 32. NEIF. 37, 14. HELBL. 1, 682. RENN. 9094. APOLL. 9183. 10970. BPH. 4424 *ff.* 5416. 20. RING 53ª, 11. 54ᵇ, 31. als ein wîp treit einen kruoc, der ist gar wazzers lære ULR. *Wh.* 250ᵈ. *bildl.* sô brach in ie der kr., mislang ihm alles MART. 186, 87. — *vgl.* krûche *u.* DIEZ 604, WEIG. 1, 643, DWB. 5, 2431.

kruon *s.* kranech.

krüpel, krüppel *stm.* (I. 890ª) *krüppel* GL. MOR. 1, 3636. 49. LS. 2. 385, 7. ALTSW. 139, 1. KELL. *erz.* 250, 16. *md.* kruppel MYST. HANS

4187, kropel LUDW. 94, 26. 95, 14. 24. DFG. 607ᵃ. — *vgl.* WEIG. 1, 644. DWB. 5, 2394.

krupfe *s.* kruppe.

krüpfe *adj. in* volkrüpfe;

krupfei *stm.* (I. 888ᵃ) *ein satter hahn* GA. 2. 416, 254. *zu* NEIDH. *s.* 185;

krüpfen *swv. den* kropf *füllen.* ein vol gekruftiu (*var.* vol gekrupfet, volkropfe) henne GA. 2. 416, 256. — *mit* er-, über-.

krüpf-zan *s.* kripfzan.

kruppe *stswf. s. v. a.* krippe MICH. *Mainz. hof* 14. krupfen *ib.* 41; *im wasserbau:* die kruppe an der brucken machen FRANKF. *baumstb. a.* 1408, 10ᵇ. die kruppe mit stein zu fullen *ib.* 16ᵇ. stein in die kroppe füren *ib.* 1403, 31.

kruppeht *adj.* (I. 890ᵃ) *s. v. a.* kropfoht. einen kortzen hals und kruppecht MOR. 2, 57.

krüppel *s.* krüpel.

krûs *adj.* (I. 890ᵇ) *kraus, gelockt.* krûseʒ hâr GEO. HERB. 3170. TROJ. 19908. MSH. 1, 327ᵇ. 3, 304ᵃ. TÜRL. *Wh.* 34ᵇ. 45ᵇ. RENN. 17354. MOR. 1, 1673. OT. 652ᵃ. HPT. 1. 86, 314. 8, 552. MGB. 8, 3. 42, 32. ALTSW. 201, 19. FASN. 703, 6. CHR. 2. 80, 33. krûser loc NEIDH. XXIII, 13. krûse valwe lock *ib.* XXIV, 7. ALTSW. 25, 7. 51, 11. ein rinc von krûsen löcken TROJ. 18879 (*vgl.* krûsloc). kraus wolken MGB. 198, 18. *comp.* kräuser pleter *ib.* 370, 9; kraus od. krump, tortilis VOC. 1482. — *vgl.* DWB. 5, 2088.

krûschen *stn. s. unter* kriuselîn;

krûse *swf.* (I. 890ᵇ) *krug, irdenes trinkgefäss,* crusibulus, culullus DFG. 160ᵃ. 162ᵃ. HPT. 9, 292. 93. AB. 1, 413. WP. 44. BEH. 5 18. KELL. *erz.* 482, 14. 494, 8. NARR. 81, 20. FASN. 341, 1. 385, 18. MONE *z.* 1, 428. WEIST. (5, 626). ZIMR. *chr.* 3. 194, 26. — *vgl.* WEIG. 1, 635. DWB. 5, 2093.

krûse *stf. krausheit, krauses haar* W. v. *Rh.* 108, 40;

krûsel *s.* kriusel.

krûselen *swv. aus einer krûsen trinken.* ich kan wol krauslen und becher lêren WEIM. *hs. p.* 124.

krûsen *swv.* crispare DFG. 158ᵇ.

krûsen-wîn *stm.* nach dem krausenwein, id est, nach aim ehrenwein ZIMR. *chr.* 3. 298, 6.

krûs-hâr-macher *stm.* ciniflo VOC. 1482.

krûs-heit *stf.* crispitudo, tortilitas *ib.*

krûs-houbet *stn.* cæsaries *ib.*

krûs-îsen *stn.* calamistrum DFG. 88ᵇ.

krûs-loc *stm.* cincinnus DFG. 120ᵃ.

krûs-minze, -münze *f.* (II. 186ᵇ) *krausmünze,* balamita, menta, DFG. 66ᵃ. 356ᶜ. *vgl.* NEMN. 2, 551.

krûsp *adj.* (I. 890ᵇ) *s. v. a.* krisp, crispus DFG. 158ᵇ. crûsp hâr HERB. 18294. EN. 148, 3 *var.* EVANG. 273ᵇ, kruisp MYST. 1. 184, 31. ir crûspen locke MD. *ged.* 2, 904. daʒ eʒ (*gebäck*) krûsp sî, *kraus wie die form, in die es gedrückt ward* BUCH v. *g. sp.* 23. *vgl.* DWB. 5, 2103;

krûspe *stf.?* ouch ensullin frauwen nicht tragen crûspe (crispas aureas *im lat. texte*) - - gel und crûspwiʒ (albas aureas) mogin sie wole trage MÜHLH. *rgs.* 45;

krûspen *swv.* krûsp *machen.* gechrûspet hâr TRIST. 3334 *var.*

kruspel *stf. s. v. a.* krospel MGB. 17, 24. 18, 25. 21, 6 *u. ö.* gruschel WOLK. 14. 2, 16.

krûspel-bein *stn.* cartilago DIEF. *n. gl.* 77ᵇ.

krûspelëht *adj. s. v. a.* krûsp. mîn schopfil wêre grôʒ mit crûspelechtin endin JER. 18930.

kruspelisch *adj.* knorpelig MGB. 18, 31;

kruspel-lich *adj.* dasselbe MGB. 137, 2;

kruspelot *adj.* dasselbe MGB. 144, 26.

krûsp-wiʒ *s. unter* krûspe.

kruste *swv.* (I. 890ᵇ) *kruste, rinde* BEH. 126, 21. — *aus lat.* crusta.

krustel *stf.* (*ib.*) *s. v. a.* krostel HELBL. DFG. 103ᶜ.

krustelîn *stn. dem. zu* kruste BEH. 126, 26. DFG. 160ᵇ. krüstel *n. gl.* 121ᵇ.

krut *s.* krot, krote.

krût *stn.* (I. 890ᵇ) *pl.* krût *u.* kriuter: *kleinere blätterpflanze, kraut, gemüse, bes. kol* PARZ. FREID. HELBL. WINSB. KONR. (grüeneʒ kr. TROJ. 3786. gras unde kr. 552. des wildes krûtes gruose 6072. kriuter und steine 863. kriuter graben 10590. ir wiʒe hût alsam ein blüendeʒ kr. ENGELH. 3040. den bluomen und dem krûte geschach dâ von ir loufe wê TURN. B. 756). krout und boume GEN. *D.* 3, 2. mit maneger chroute arte 23, 14. 19. chroutes muost dû dich betragen 19, 9. chrout unde gras EXOD. *D.* 144, 31. 148, 33. sich barc in einem krûte der wênige gast GUDR. 72, 2. ich sach sich regen in jenem krût REINH. 78. swer in (zouberlist) rehte sol begân, der muoʒ haben driu krût BÜCHL. 1, 1285. dane schadet mir krût noch hor HPT. 7. 354, 24. mit einem krûde vergeven, *vergiften* KARLM. 14, 21. 30. 36. ein dierne diu nâch krûte gât MSH. 2, 156ᵇ. gesotten kr. APOLL. 10330. von krûde generte er sich

Pass. *K.* 596, 62, *vgl.* 287, 31. an crûde ir wol begnuget hât Elis. 6953. daʒ si dâ heime ir vater krût het gaʒ vür vische Helmbr. 1604. guote würz und guoteʒ krût Ga. 3. 21, 13. wir suln ölen daʒ kr. *ib.* 2. 118, 347. kraut, kräuter eʒʒen Mgb. 147, 34. 155, 18. 159, 19. kr. mit wurst, würst ûf grüen krût Ukn. *einl.* XLIV *anm.* 8. in der kuchen kraut (*sauerkraut*) anrichten Chr. 2. 316, 8. 25. *vgl.* Germ. 9, 201; *auch das bereitete gericht:* vier krûten gît eʒ kraft Helbl. 1, 957. halpgesoten krût Myst. 1. 244, 5, *nahrung überh.* brôt unde kr. *ib.* 2. 333, 32; — *schiesspulver, seit dem 14. jh. s.* Laurent 56. 59 *u.* Dwb. 5, 2110. — *von dunkl. abst., vgl.* Dief. 2, 428. Fromm. 5, 419.

krût-bær-lich *adj.* krautperlich, herbilis Voc. 1482.

krût-bette *stn. gemüsebeet* S.Gall. *stb.* 4, 305.

krûtec *adj.* krautig, herbosus Voc. 1482. der krûtige wase Mart. 92, 24;

krûtëht *adj. dasselbe* Dfg. 275ᵇ;

krûteht *stn.* fructetum Dfg. 249ᶜ. Dwb. 5, 2120 (*14. jh.*);

krûten *swv.* krût *holen* Hpt. 8, 317; *unkraut jäten* Fasn. 610, 2; *würzen,* condire Dief. *n. gl.* 107ᵃ. *s.* Dwb. 5, 2114;

krûtener *s.* kriutener;

krûter *stm.* herbularius Dfg. 275ᵃ. herbarius Voc. 1482. *vgl.* kriuteler, kriutener.

krût-garte *swm.*(I. 484ᵃ) *gemüsegarten* Griesh. (1, 134). Ls. 2. 425, 230. Urb. 124, 29. Uhk. 235. 293 (*a.* 1360. 80). Stz. 646. Mone *z.* 1, 156. herbarium Dfg. 275ᵃ. *vgl.* krûthof, -setze;

krût-gertelîn *stn.* ein zartʒ veins krautgertlein Erlœs. XLII.

krût-geslaht *stn.* (II². 390ᵃ) *pflanzenart* Mai 207, 6.

krût-gewihte *stn. krämergewicht?* Gr.w. 2, 629 *f. s.* Dwb. 5, 2119.

krût-hesch-neʒʒel *f.* die clainen aiternesseln, die ettlich haissent die krautheschnessel Myns. 76.

krût-hof *stm. s. v. a.* krûtgarte Dfg. 275ᵃ.

krût-hûs *stn.* apotheca Dfg. 42ᵃ.

krût-kamer *stf. pulverkammer* Laurent 379, 24.

krût-lêhen *stn.* lehen*, wofür gemüse abzuliefern ist* Urb. *B.* 2, 474.

krût-meʒʒer *stn. messer zum krautschneiden* Hätzl. 1. 35, 31.

krût-muos *stn.* omephagio Voc. 1482.

krût-rappe *stf? krautwurm* Hpt. 14, 177. *s.* rappe, rûpe.

krût-setze *stf. s. v. a.* krûtgarte. von der chrautsetz 20 phenn. Uhk. 293 (*a.* 1380) *s.* setze.

krût-sul *stf. krautbrühe.* krautsul, krautsupp puretum Voc. 1482.

krût-suppe *swf. suppe von kräutern od. kraut* Germ. 9, 199. 202; *krautbrühe s. unter dem vorig.*

krût-tisch *stm. gemüsestand.* daʒ nieman dekeinen crûtdisch setzen sol an den market ân des garteners willen Gr.w. 3, 608.

krût-torse *swm. kolstrunk.* krautdors, maguderis Voc. 1482.

krût-vaʒ *stn.* büchse für eingemachtes? ein silberîn krûtfaʒ Mone 6, 248 (*a.* 1390). Rcsp. 1, 668 (*a.* 1402); *fass zum einmachen von sauerkraut* Hätzl. 1. 35, 39.

krût-wërre? *swm.* (III. 747ᶜ) Helbl. 1, 248. *die hs. lat.* grautwere *u. das istwol*=grantwerre.

krût-wîhe *stf.* (III. 613ᵇ) *s. v. a.* wurzwîhe, *Mariä himmelfahrt* Weist. *vgl.* Chr. 7, 454ᴸ.

krût-wurm *stm.* (III. 826ᵇ) *raupe, kolraupe,* eruca Voc. 1482. Mgb. 301, 2 *ff.* Chr. 5. 181, 20. 25. 182, 1. 292, 96.

krût-wurz *stf.* condimentum Dfg. 140ᵇ. Wolf *zeitschr. für myth.* 2, 170. *s.* Dwb. 5, 2125.

krût-zëhente *swm. krautzehend* Ula. 322 (*a.* 1397). Mh. 2, 241.

krutzeln *s.* kitzeln.

krût-zouber *stm.* (III. 948ᵃ) *zauberei mit kräutern* Büchl. 1, 1304.

krûze, krûzen *s.* krîuze, kriuzen.

crûzifigen *swv.* crucifigere Pass. 64, 57. 67. sie ruften alle krutzivi (= crucifige) als die juden warn plerren uber Kristum den herren Beh. 20, 5;

crûzifix *stn. crucifix* N. *v. B.* 81. 82. 93. *vgl.* Zimr. *chr.* 4, 552ᵃ;

crûzifixe *adj. ans kreuz geheftet.* crûcifixe Konr. *lied.* 1, 129. crûcifixus j.Tit. 327ᵡ. Msh. 3, 59ᵃ.

kschol *s.* geschol.

kû *s.* kuo.

kubêbe *swf.* (I. 892ᵃ) *zibebe, die grosse kochrosine,* cubeba Dfg. 160ᵇ (cobebe, kraut als pfeffer Voc. 1482). Berth. 406, 34. j.Tit. 4821. Ga. 2. 473, 29. Mgb. 326, 31. 366, 10. 11. Chr. 1. 100, 29. — *aus mlat.* cubeba, *ital.* zibibbo *vom arab.* zibîb Diez 448.

kübel *stm.*(I. 892ᵃ) *kübel* Msh. (3, 283ᵇ). Hätzl.

PART. B. 16177. PF. *üb.* 137, 17. KOLM. 77, 4. ALTSW. 194, 33. TUCH. 328, 8. kübbel MICH. *Mainz. hof* 35. 37. kibel REINH. *s.* 367. ZIMR. *chr.* 1. 360, 13; *als mass*, ein chubel korns UOE. 4, 391 (*a.* 1301). fünf kübel habern URB. *Pf.* 48 *ff.* sehs k. = 1 hofmutte *ib.* 50. es sein zwittrecht entstanden von des 40. kübel wegen von den ertzten und perkwerchen zu sant Leonhart im Lavental MH. 2, 884. *auch sw.* hophen mezzen mit eime kubeln MÜHLH. *rgs.* 39. — *aus mlat.* cupellus *vom lat.* cupa, *vgl.* kuofe;

kübelære *stm.* ein brediger hiez der kübeler GERM. 3. 229ª, 35.

kübelîn *dem. zu* kübel. MONE 1, 68. 5, 238.

kûch *stm.* (I. 892ᵇ) *hauch* MSH. 2. 388, 5. *s.* kûchen 1.

küche *s.* küchen;

kuchel *stf.* (I. 856ᵇ) *s. v. a.* küchen SUM. daz man zer kuchel dîn kein holz geb an daz fiuwer HPT. 5. 282, 529.

kuchel, kûchel *s.* kuchelîn, kiuchel;

kuchelen *swv.* pullulare EVANG. 274ª;

kuchelîn *stn. dem. zu* kuchen, *küchlein.* kuchelîn, jungtier, accuus VOC. *S.* 2, 5ᵇ. kuchel WARTB. 157, 13. *vgl.* kiuchel.

küchelîn *stn. dem. zu* kuchel, *kleine küche* TUCH. 300, 4.

kuchen *stn.* (I. 892ᵇ) *küchlein, md.* MYST. EV. *M.* 33, 37. *nd.* kûken *zu* quëc, quicken *nbf.* kuchen, kücken (erkucken od. auszpruten, incubare VOC. 1482) *s.* WEIG. 1, 646;

kuchen *swv. s.* quicken.

küchen, kuchen; küche, kuche *stf.* (I. 856ª) *küche.* küchen PARZ. BERTH. MSH. 2, 213ª. KRONE 9851. Aw. 2, 55. kuchen NIB. 885, 4. 906, 2. GUDR. 99, 4. ER. 3087. PASS. *K.* 32, 1. TUCH. 297 *ff.* (*hier u. in den* CHR. *vielleicht* kuche *swf.*). CHR. 2. 64, 15. 88, 27. 31. 260, 23 *u. o.* 3. 410, 21; 5. 323, 15. kuchin *ib.* 3. 170, 8; 5. 133, 18. 384, 34. kuchîn, kuchen MGB. 196, 28. 197, 3. 19. NP. 289. kuchî WACK. *pr.* 51, 7. Ls. 1. 133, 89. küche PARZ. HELBL. 15, 384. kuche NIB. LUDW. 20, 6. kuch TUCH. 297, 32. — *ahd.* chuhhina, chuhhîna *aus lat.* coquina.

kûchen *swv.* (I. 892ᵇ) *hauchen* FRL. 335, 4. MONE 3, 286. *vgl.* KRONE 6350 *var.* — *zu* kûch, *vgl.* hûchen 1 *u.* DWB. 5, 305. STALD. 2, 140. KWB. 168.

kûchen *swv.* kauern. kauchen FASN. 1349. *vgl.* hûchen 2 *u.* DWB. 5, 306.

kuchen-blez *stm. platz für den küchenvor-* rat. sîn kuchibletz ist selten lêr, der lit voll flaisch und brôt NETZ 8764.

kuchen-büebelîn *stn. küchenjunge.* ein armez kuchenb. H. *v. N.* 360;

kuchen-buobe *swm.* plagipatica VOC. 1482. *vgl.* küchenknabe, -knëht.

kuchen-buoch *stn.* MICH. *Mainz. hof* 25. 26 = kuchenregister *ib.* 28.

kuchen-gëlt *stn. trinkgeld in die küche* NP. 77. CHR. 2, 5 *anm.* 3. *vgl.* FRISCH 1, 552ᶜ.

kuchen-geschirre *stn. küchengeschirr* TUCH. 287, 30 *ff.* MICH. *Mainzer hof* 28.

kuchen-hack-mezzer *stn. küchenhackmesser* TUCH. 289, 4.

küchen-knabe *swm. küchenjunge, küchendiener* KRONE 77ᶜ (W.GR.). WEINSB. 3. MICH. *Mainzer hof* 35. *vgl.* kuchenbuobe.

küchen-, kuchen-knëht *stm.* (I. 852ᵇ) *dasselbe* NIB. IW. HERB. ULR. *Wh.* 123ᶜ. APOLL. 8693. 11568. RENN. 663. OSW. 865. WILDON. 26, 349. PASS. *K.* 143, 96. WERTH. *a.* 1348. TUCH. 302, 4. *vgl.* sô swert mir sam ein kneht in die küchen KRONE 9843 *u.* HPT. 9, 537 *anm.* 38.

kuchen-lade *swm. pl.* kuchenleden, *fensterladen einer küche* TUCH. 297, 31.

küchen-, kuchen-meister *stm.* (II. 121ª) *küchenmeister, oberkoch* CHR. 2. 256, 14. 264, 10. 310 *ff.* 3. 365, 4. RTA. 1. 170, 12. TUCH. 297, 28. 303, 20. 24. GR.W. 6, 186; kuchenm. *als hofbeamter* NIB. BIT. 10562. 68. 10609. 33. APOLL. 18155. Niclo, des herzogen chuchenmaister UKN. 91 (*a.* 1303). kuchenm. der kunigin USCH. 209 (*a.* 1342). swer chuchenm. ist der sold vor mîner vrowen tisch stên unz daz man die êrsten rihte gesetzet GEIS. 434; *als geschlechtsname* KUCHM. 1. 56.

kuchen-meister-ambet *stn. amt eines* kuchenm. MICH. *Mainzer hof* 24.

kuchen-meisterîn *stf. küchenmeisterin* SYON 238.

kuchen-register *stn. s. unter* kuchenbuoch.

kuchen-schrîber *stm. küchenschreiber, ein hofbeamter* BEH. 70, 11. *vgl.* MICH. *Mainzer hof* 18. 24. 25. 27. 28 40. 41. (*unterschieden von* kuchenmeisters schrîber 18).

küchen-, kuchen-spîse *stf.* (II². 511ᵇ) *in der küche bereitete speise* MART. (dise herten kuchispîse machet uns der natûre koch 130, 56). man sol des selben tages den herren wein geben uud von chuchenspeis dester vleizzer phlegen mit visch oder mit vleisch

Usch. 234. 46 (*a*. 1350. 52); *vorrat für die küche* Helmbr. Ludw., *bes. hülsenfrüchte u. das bloss enthülste zu grütze oder graupen verarbeitete getreide s.* Chr. 2, 558ᵇ. Fasn. 368. 1217. sehs sumer weitz, gersten, arbeiz, habern zu kuchenspeis Leitb. 13ᵃ. dreizehen gedreitseck zu kuchenspeis Tuch. 289, 12. kuchenspeis, obs, smaltz *etc.* so man teglich her zu markt pringt Np. 135. kuchinspîse Mone z. 6, 392. kuchelspeis Gr.w. 3, 677. salganium Dfg. 508ᵃ.

kuchen-stiure *stf. abgabe für die küche* Urb. Son. 1ᵃ. 2ᵃ. 25ᵇ.

kuchen-swîn *stn.* wan ein erkern ist in dem walde, sal ein iglicher herre 100 swîne haben uss sîme hûse, daz heissen kuchenswîne Gr.w. 3, 426.

küchen-var *adj.* (III. 238ᵃ) *nach der küche aussehend* Wwh.;

küchen-varwe *stf.* (III. 242ᵃ) *farbe, aussehen nach der küche* Wwh.

kuchen-viuræere *stm. der das küchenfeuer unterhält.* chuchenviurær Geis. 420. 22.

kuchen-vleisch *stn. fleisch für die küche* Chr. 5, 221 *anm*. 2.

kuchen-vrischinc *stm. in die herrschaftl. küche abzuliefernder* vrischinc Urb. Son. 7ᵇ.

kucher *s.* kocher.

kuchî, kuchîn; küchin *s.* küchen; köchinne.

kucke *swm. s.* kocke.

kücken, kucker *s.* quicken, quicker.

kûd *stm. s.* kût; **kûder** *s.* kulter.

kuder *stm. stuppa, vgl.* Dwb. 5, 306 *u. das folgd.*

küder-butze *swm.* (I. 287ᵃ) *vogelscheuche* Ls. 1. 617, 84 (*gedr.* kiderbutze) *s.* Dwb. 2, 589. 5, 307 *u.* küderschalc.

kûder-netsch *f.* liebe kaudernetsch, *plappermaul* Hätzl. 1. 89, 53. *s.* Dwb. 5, 309 *u.* Hpt. 15, 249.

küder-schalc *stm.* du kyderschalk und böszwicht Mone 1, 214 (*a.* 1485).

kuderwân *s.* kurdewân.

kudrelf *s.* kuterolf.

küe-albe *swf. kühalbe* Gr.w. 5, 211.

küe-barn *stm. futterkrippe für kühe* Chr. 2. 80, 24. *vgl.* Aneg. 31, 48.

küechel-becke *swm.* kuchelpeck *od.* krapfenpeck, pastillarius Voc. 1482.

küechelîn, küechel *stn.* (I. 856ᵇ) *dem. zu* kuoche Gl. den (*besucherinnen*) möcht die kindpetterin êre erbieten mit küchlein *etc.* Np. 171. prante chuchel aus semelmel Ukn.

einl. XLIV *anm.* 8; *pl. kindbettschmaus*, ze den kuochlîn gân S.Gall. *stb.* 4, 252.

küe-diep *s.* kuodiep.

küefelîn, küefel *s.* kuofelîn;

küefer *stm.* (I. 915ᵃ) *küfer* Mone z. 15, 51 *f.* 54. *vgl.* kuofener.

küefer-knëht *stm. küfergeselle, s. unter* knëht *u.* Mone z. 15, 55.

küefer-wërc *stn. küferarbeit* Wack. 170ᵇ.

küegîn *adj. zu* kuo. küegîne milch, *kuhmilch* Pf. *arzb*. 1, 13.

küel- *s. auch* kuol-.

küel-brunne *swm.* (I. 269ᵇ) puteus Dfg. 474ᶜ.

küelde *stf.* (I. 779ᵇ) *kühle, kühlung md.* kûlde Herb. Albr. 1, 118. 14, 57. Dür. *chr.* 96; **küele** *stf.* (*ib.*) *dasselbe* Trist. Lanz. 3127. Msh. 2, 357ᵇ. Troj. 20125. Wh. v. Öst. 37ᵃ. Mgb. 26, 14. 166, '24. kuole Sum. *md.* kûle Pass. K. 401, 81. Roseng. Bartsch 700;

küele, küel *adj.* (*ib.*) *kühl, kalt* Nib. Trist. Walth. Neidh. (24, 13). etesliîchen von gedrange was niht küel Loh. 2085. *md.* kûle Pass. 146, 42. 258, 35. — *zu* kaln;

küelen *swv.* (*ib.*) *prät.* küelete, kuolte: küele machen Nib. Strick. Wate hiez sie küelen an den stunden Gudr. 1149, 4. der küelete in ir vüeze Trist. 17336. dise herren kuolten sich durch ir gemach Er. 4511. *bildl.* welt ir sanfte küelen iuwer herzeleit Alph. 156. den muot k. Nib. Urst. 115, 16. Lieht. 544, 22, *md.* kûlen Albr. 35, 228. Pass. 33, 34. Leys. 76, 14. — *mit* be-, er-, ge-.

küelîn *stn. dem. zu* kuo Dsp. *s.* 84. Chr. 5, 128, 14.

küelunge *stf. kühlung* Mgb. 29, 30.

küe-lunge *f. pl.* küelungen, *lungen von kühen* Np. 236.

küende *stf. s.* künde.

küene, küen *adj.* (I. 894ᵇ) *kühn, kampflustig* Nib. Iw. Parz. Troj. (6825. 12390). ein küene rouber Msh. 3, 57ᵃ. sîn lip ist küen und unverzagt Wartb. 133, 4. der aller küenest (*kräftigste*) und best salpeter Feuerb. 78ᵃ (*vgl.* kuonheit). *md.* kûne En. 300, 7. Albr. 24, 146. Pass. K. 37, 82. 42, 16. — *vgl.* Dief. 2, 239. Weig. 1, 647. Hpt. 6, 543;

küene *stf.* (*ib.*) *kühnheit* Karaj. Ms., *md.* kûne ;

küenen *swv.* (*ib.*) *tr.* küene *machen* Parz. Such. Wh.v.Öst.56ᵇ. j.Tit. 380; *intr.* küene *werden:* daz bî irme guote maneger küenet (: süenet) Msh. 3. 57ᵃ, 8. — *mit* er- (*intr.* Geo. 5592).

küen-lich *adj. (ib.) s. v. a.* küene. küenlich jugent j.TIT. 1360. *md.* kûnlich PASS.;
küen-lîche, -en *adv. (ib.)* küenlîchen er sie ane schrê APOLL. 7945. 19267. *md.* kûnlîche, -en MYST. 2. 225, 3. MARLD. *han.* 49, 3. koneliche KARLM. 203, 46.
küe-ritter *stm.* (II. 740ᵇ) *ritter, der statt kriegsdienste zu thun seines viehes wartet. md.* kûweritter RSP. 961.
kuerna *stf. s.* kürne.
küe-vrâʒ *stm. fing. name* HELMBR. 1191. 1547.
küe-wurst *stf.* küewürst mit küelungen und lebern gefült NP. 236.
kûfe, kuffe, kûfel *s.* kuofe, kuofelîn.
kuffer *s.* koffer, kupfer.
kugel *s.* gugele.
kugele, kugel *swf.* (I. 895ᵃ) *kugel.* als ein kugele gedrân LANZ. 8125. als die kugelen sinewel GA. 2. 470, 114. ûf den kugelen gân TÜRL. *Wh.* 47ᵇ. wâ wil diu kugel nû geligen MSH. 2, 138ᵇ, *spielkugel* RENN. kuglen treiben NETZ 13321 *var. (vgl.* trîbkugel), *auch st.* daʒ spil mit der kugel S.GALL. *stb.* 4, 236; *md. contr.* kûle (I. 822ᵃ) ATH. DÜR. *chr.* 91, *auch alem.* kûle *verächtl. für kopf* NETZ 7882. — *vgl.* DWB. 5, 349;
kugelëht *adj.* (I. 895ᵇ) *kugelförmig* MEIN. 1. *vgl.* kiuleht;
kugelen *swv. mit kugeln spielen.* umb ein pfenning kuglen NP. 88.
kugel-huot *s.* gugelhuot.
kügellîn *stn.* (I. 895ᵇ) *dem. zu* kugele Ms. (*H.* 2, 386ᵃ). ir brüste sinewel, alsam zwei kügellîn gedrât TROJ. 20216 (*vgl. zu* ENGELH. 3046). küglîn von pley RING. 56, 28. kügellein MGB. 90, 3. kügäll *ib.* 299, 33.
kugel-spil *stn.* (II². 502ᵃ) *kugelspiel* LANZ. KONR. *lied.* 25, 111. KOLM. 107, 31;
kugel-spiler *stm. md.* kûlenspiler ANZ. 3, 304.
kûgen *s.* kiuwen.
kuile *s.* kiule.
cuire *stf.* (I. 898ᵇ) *haut* TRIST. 3021. 26. — *aus fz.* cuir, *lat.* corium.
kuisch *s.* kiusche.
chuît *s.* quëden.
cujon *stm. fz.* cojon ZIMR. *chr.* 4, 552ᵇ.
kukerbit *s.* kürbeʒ.
kukuk *stm.* (I. 892ᵇ) *kukuk* HELBL. cukuk MGB. 178, 4. gugguc MSH. 2, 4ᵇ. guguk LS. 2. 522, 131. guckgug ALTSW. 158, 2. kuguck kuggguck, guckguck DFG. 261ᵃ. — *vgl.* gucgouch (*auch* LS. 2. 402, 122. guggouch ERLŒS. XLV, 79) *u.* DFG. 161ᵃ, WACK. *voces* 2, 36 *anm.;*
kukuzære *stm. dasselbe* HÄTZL. 2. 58, 42.
kûl- *s.* küel-, kuol-.
kulb *s.* kolbe.
kulche *s.* kirche.
kûle *s.* kiule, küele, kugele.
kûle *swstf.* (I. 899ᵃ) *md. grube* GLAUB. in eine kûle reichen KARLM. 467, 45. is gevallen in die kûle JAN. 51. — *vgl.* DWB. 5, 348.
külen *s.* küniclîn 2.
kulken *swv.* ûʒ kulken, excolare EVANG. *M.* 23. 24. — *vgl.* kolc, kolke.
kullander *s.* koliander.
kuller *s.* gollier.
küllinc *s.* künnelinc.
kulpeht *adj.* (I. 899ᵃ) *md.* kulpechte hâr, haarschopf MONE *schausp.* 2, 492. — *zu* kolbe *s.* DWB. 5, 1621.
kulsch *adj. s.* kölnisch.
kulter *stmn. f.* (I. 899ᵃ) *gefütterte steppdecke über das bett, um darauf od. darunter zu liegen, allgem.* (ER. 377. GERH. 5205. KRONE 28832. daʒ k. PART. *B.* 7842); *nbff.* kolter EN. NIB. 1761, 1 *var.* kolder WEIST. golter NIB. 1761, 1 *var.* KOLM. 79, 68. 75. 93. Mz. 3, 25. TUCH. 299, 25. goltrat, goltrot *f.* PASS. *K.* 440, 44. 519, 19. kulte *f.* DFG. 161ᵇ. kolte *f.* ANZ. 18, 132. MONE 1, 211. *mit ausgefallenem l (vgl.* WEINH. *al. gr.* § 194) kûter CHR. 8. 275, 3. MONE *z.* 13, 166. kûter, kûder FRAGM., *pl. auch sw.* kûdern PF. *üb.* 137, 51. gûter BON. 48, 27. — *aus altfz.* coultre (coutre), *it.* coltre, coltra *vom lat.* culcitra *(die md. form* kulte, colte *aus altfz.* colte, *lat.* culcita) *s.* DIEZ 107. DWB. 5, 1623 *u.* küssen *stn.;*
kulterlîn *stn.* (I. 900ᵃ) *kleiner* kulter BPH. 8814. gûderlîn MART. (*lies* 27, 107).
kûl-wîhen *stn.* (III. 614ᵃ) *das weihen mit der keule, iron. für schlagen mit d. k.* KREUZF.
cum (I. 900ᵃ) = *fz.* comme, *wie* TRIST. 3362.
kûm *adj. adv. s.* kûme.
kumber *stm.* (I. 909ᵃ) *md.* kummer, kumer, kommer: *schutt, unrat.* daʒ wuor rûmen und den kumber dannan vertgen GR.W. 1, 301 (*Schweiz).* kein kommer in den statgraben schutten MILTENB. *stb.* 33ᵃ; *bildl. belastung, bedrängnis, mühsal, not, kummer allgem.* (*pl.* die kumber WINSB. 10, 3. WG. 3116. mannes k., *wunde* PARZ. 673, 17. rîter k. WWH. 3, 17. 18, *vgl.* GR. *kl. schft.* 2, 110); *beschlagnahme, verhaftung* MÜHLH. *rgs.* 103 MONE *z.* 2, 7.

Gr.w. 1, 536. 2, 340. 5, 258. Mich. *Mainzer hof* 43 (kommer). — *aus fz.* comble, encombre *haufe, vom lat.* cumulus Diez 108. Weig. 1, 648.

kumber-bære *adj. md.* kummerbêre, *kummer verursachend* Jer. 64ᵉ.

kumber-büeʒec *adj.* (I. 283ᵇ) *von* kumber *befreiend* Frl. 333, 8.

kumber-haft *adj.* (I. 910ᵃ) *mit* kumber *behaftet:* belästigt, bedrängt, armselig Wolfr. (Wh. 455, 29). Barl. Mai (13, 33). Ernst 2276. Dietr. 7601. j.Tit. 5021. Troj. 8714. 16053. Turn. *B.* 60. Part. *B.* 3915. 12944. 21641. Pantal. 2056. Msh. 1, 8ᵃ. 2, 230ᵃ. 3, 413ᵇ. Kreuzf. 1022; *auch im allgemeinern sinne: beschäftigt* Trist. (*lies* 13186 *u. vgl.* Bechsteins anm.*)*;

kumber-heftic *adj.* (*ib.*) *dasselbe* Msh. 3, 422ᵃ. *vgl.* Zimr. *chr.* 1. 352, 34.

kumber-last *stm.* (I. 927ᵃ) *last des kummers* Mone *schausp.* 1, 143.

kumber-lich *adj.* (I. 910ᵃ) *belästigend, bekümmernd, kummervoll* Hartm. Parz. Trist. Barl. Lanz. 7661. Tsoj. 22551. Part. *B.* 691. Konr. *lied.* 2, 108. Wartb. 126, 3. W. *v. Rh.* 252, 47; *verhaftet,* kumberlich lüt zu dem gericht bringen Gr.w. 4, 390;

kumber-lîche, -en *adv.* (*ib.*) *mit bedrängnis, mühe, beschwerde; zur last* Nib. Parz. Lanz. Barl. Virg. 1061, 6. Mai 28, 22. komerlich Öh. 123, 8.

kumbern *swv.* (I. 910ᵇ) *belästigen, bedrängen, quälen* Iw. si kumbernt uns tag und naht Wg. 3292. ein eber kumbert vast die hunde *ib.* 3253. den lîp k., *kasteien* Greg. 2496; *absol. u. tr. mit arrest belegen:* als man ûf der burger gûde kummert und claget Rcsp. 1, 306 (*a.* 1417), kommern Mich. *Mainzer hof* 43. Gr.w. 1, 536. 2, 340. 3, 623. 5, 259. kumbern mit gericht, arrestare Voc. 1482. — *mit* be-, en-, ver-;

kumbernisse *stfn.* (I. 910ᵃ) *bedrängnis.* kumbernis der armen F. *v. Schw.* 185. auzer chümernusse entladen Fronl. 57. kumbernist Mz. (*s. unter* irretuom). kümbernis Msh. 3, 239ᵇ. kümmerniss Mone 7, 584.

kumber-pîn *stm. verstärktes* pîn. wolte mich diu vrouwe mîn scheiden von sô manegem kumberpîne, den ich von ir gewalte dol Neidh. 101, 28.

kumber-rîche *adj. reich an* k. Fdgr. 2. 166, 2.

kumbersal *stn.* (I. 910ᵃ) *bedrängnis, kümmernis, md.* kummersal Elis. 6416. 6930. 8393; *belastung, pfandschuld* Mone z. 7, 378.

kumber-schillinc *stm. abgabe des klägers für gerichtl. beschlagnahme* Gr.w. 5, 258 *f.*

kumber-smërze *swm.* (II². 431ᵃ) *verstärktes* smërze Troj. 29846.

kumber-strâʒe *f.* (II². 678ᵃ) *strasse des kummers* Frl.

kumber-stunge *swf.* (II². 641ᵃ) *kummer erregender stachel* j.Tit. 781.

kumber-wende *swf. die den* kumber *vertreibt.* vil süeziu kumberwende Ab. 1. 82, 145.

kumbust *s.* kumpost.

küme *stf. talschlucht, klinge.* unz ûf dy küme schweiz. geschichtsfr. 11, 179 (*a.* 1345). *vgl.* Stald. 2, 143.

kume, küme *m. s.* kumin.

kûme, kûm *adj.* (I. 908ᵃ) *dünn, schwach, gebrechlich.* dâ mite gerüeret er daʒ zwî an deheiner stat, swie kûm ez si ("*wie schwach u. dünn die rute auch sei*" *Bechstein*) Trist. 850 (*im* Dwb. 5, 352 *als adv. aufgefasst* "*wie knapp es auch sei, nämlich dass er die rute berühre, gleich* swie kûme erʒ gerüere"). die andere hêrschaft wirt die, daʒ dîn lîchame, der nû sô kûme ist daʒ he gemûvet wirt von eineme kleinen wurmelîne, dan also starch wirt *etc.* Ab. 1, 361 *s.* Bech *beitr.* 10. — *nd.* küm *schwach, krank, ahd.* chûmig *infirmus,* chûmian *u.* chûmôn (*s.* kûmen) *lugere, gemere, flere; nach dem* Dwb. 5, 352 *zu lat.* gemo, *nach* Fick² 64 *zu skr.* gu *tönen, schreien, gr.* γοάω, *klagen;*

kûme, kûm *adv.* (*ib.*) *mit mühe, schwerlich, beinahe nicht, kaum, oft nur für stärkeres* nicht, *allgem.* (*comp.* kûmer Berth. 279, 2. Germ. 3. 415, 19. *sup.* kûmest Msh. 2, 332ᵃ), *bair. östr. auch* k o u m e, koum; kâm Beh. 184, 20 *u. o.* Kell. 12, 27. Huvor 9, 3. Chr. 4. 199, 13. 299, 16. k ô m Zimr. *chr.* 3. 56, 9;

kûmec-lîche, -en *adv.* (I. 909ᵃ) *dasselbe* Trist. (*lies* 6581). ich hân sô kûmeclîche her gebiten Msf. 162, 4. mit nœten kûmeclîchen brâcht ich in ûf des landes griez Part. *B.* 18372. — *vgl.* kûmelîche.

kümel *s.* kumin.

kûme-lîche *adv. s. v. a* kûmeclîche. k. erbîten Troj. 8536.

kumelîn *stn.* zwelf cumelîn flahsis, ahte cumelîn flahses Urb. *B.* 1, 88. *vgl.* klobe, klûbisch.

kumelinc *s.* komelinc.

kümel-pulver *stn. pulvis cuminatus* Mgb. 418, 2.

kumen, kümen *s.* komen, kînen.
kûmen *swv.* (I. 909ᵃ) *intr. trauern, wehklagen* HPT. 1, 286 *f.* 5, 345ᵃ. SPEC. 41 (*die stelle aus* AMGB. *ist zu streichen, s.* oben küenen, *intr.*); *refl.* sich eines d. kûmen, *sich nach etwas ängstlich bemühen.* — *mit* er-? ver-. *zu* kûme *adj.*
kumendûrer *s.* kommentiur.
kumer *s.* kumber.
kumet *s.* komat. **kumft** *s.* kunft.
kümich *stm. s. v. a.* kamîn, kemet MÜNCH. *r.* 211, 29. 218, 57.
kümich, kumich *s.* **kumin** *stm.* (I. 910ᵇ) *kümmel* PF. *arzb.* 1, 5. 24. *nbff.* kume, küme, kumme (PF. *arzb.* 1, 29), kumel, kümel (MGB. 385, 1. 396, 11. NP. 126. *md.* komel EVANG. *M.* 23, 23), kumich (PF. *arzb.* 1, 12), kümich (MYNS. 94) *s.* DFG. 119ᵇ. kumich, kumel carve VOC. 1482. — *aus lat.* cuminum.
kümi-zelte *swm.* an dem abend lattwerren und kimizelten (*var.* letzelten) essen NETZ 1026.
kum-lich *adj. s.* komlich.
kummat *s.* komat.
kumme *s.* kumin.
kummendûr, kummentiur *s.* kommentiur.
kummer *s.* kumber.
kummit, kummot *s.* komat.
kummost *s.* kumpost.
kump *s.* kumpf.
kumpân, kumpânîe, kumpânjûn *s.* komp-.
kumpf *stm.* (I. 911ᵇ) *ein gefäss,* cimpus AB. 1, 351, komph TRIST. 8761. 8885 (*hs.* W, kopf *die andern*). *md.* kump, komp LAURENT 182, 4*ff.* funf komp korns bestrichen und funf komp habern gehûft GR. W. 1, 567. cunf = 1/16 *malter* GUDENUS *cod. dipl.* 1, 329 (*a.* 1194 *Mainz*); *hölzernes gefäss für den wetzstein* HELMBR. ain kumpf, den die mader tragen, do der schlifftein innen ligt KELL. *erz.* 482, 2; nullum tensorium, quod vulgariter rame dicitur, nec instrumentum ad id, quod in vulgo kumph vocatur BAUR *hess. urkk.* 2, 631 (*a.* 1303 *Worms*). — *aus mlat.* cimpus, *gr.* κύμβος WEIG. 1, 649. *vgl.* KWB. 167.
kumpf *adj.* stumpf vel kumpf werden, obtundi; stumpf und kumpf machen, obturare DFG. 391ᵃ.
kumpf-mül *stf.* (II. 28ᵃ) der begunde plôdern als daz wazzer ûf den flôdern ûf alten kumpfmülen tuot WEINSW. 331, „mülwerk, um mit kumpfen *wasser zu schöpfen?*" WACK.

169ᵃ. — *in Kärnten versteht man unter* kumpf *auch die einzelnen zwischen den felgen eines mülrades eingefügten bretter sowie die dadurch gebildeten zwischenräume, in denen das herabfallende wasser sich fängt, weshalb ein solches rad ein* kumpfrad *u. die müle eine* kumpfmüle *heisst im gegens. zum schaufelrade, welches vom wasser nach unten getrieben wird, jenes ist ein „oberschlächtiges", dies ein „unterschlächtiges" rad* KWB. 169. *das wort selbst kann ich nur noch aus einer spätern quelle nachweisen: abt Andreas von st. Paul in Kärnten verleiht am 12. decemb. 1582 als lehen die* kumpfmüll *mit irer zugehorung bei Velkenmarkt undtern weinperg gelegen. archiv des histor. vereins f. Kärnten* 11, 152. 156.
kúmpost, kumpóst, kompóst *stm.* (I. 858ᵇ) *eingemachtes überh., bes. sauerkraut.* kumpost MSH. RENN. (9798. 9899). APOLL. 11094. 11542. KOLM. 142, 14. DFG. 138ᵃ. 247ᶜ. 375ᵃ. clein cumpost oder rüeben BUCH *v. g. sp.* 48. funf eimer kumpostes URB. *B.* 1, 85. kumpust DIEF. *n. gl.* 182ᵇ. ein vil sûrer kumbust ULR. *Wh.* 253ᵃ. kumpest DFG. 247ᶜ. 318ᵃ. 375ᵃ. gumpost FASN. 476, 24. gumpast DFG. 42ᶜ, gumpest *n. gl.* 361ᵃ. rôter gumbest, *eingemachte rote rüben* MONE *z.* 2, 186. gunbost SCHREIB. 2, 307. gumpst MONE 7, 158. *assim.* kummost NP. 16 (*13.—14. jh.*), kumost DIEF. *n. gl.* 105ᵇ, *umgel.* chümost *ib.* 182ᵇ, kimpost (*für* kümpost) GR. W. 1, 441; — einen kompost von sûren wisseln BUCH *v. g. sp.* 84. sauer kompost, biblimen DFG. 73ᵃ, kompest, acalentum *ib.* 6ᵇ. — *aus lat.* compositum, *vgl.* DWB. 5, 1686.
kumpost-boteche *swf. bottich für sauerkraut* SCHM. *Fr.* 1, 915.
kumpost-krût *stn.* (I. 891ᵃ) kumpost-, kompeskrût, frigidarium DFG. 247ᶜ.
kumpost-lêhen *stn.* unum kumpustlêhen judicis MB. 36ᵃ, 200. *vgl.* SCHM. *Fr.* 1, 915.
kumpost-stande *swf. kompostfass* KOLM. 77, 35.
kumptnære *s.* komater.
kumptuor, kumtûr *s.* kommentiur.
kumpust *s.* kumpost.
kumstic *s.* künftic.
kun *f. s.* kone; **kün** *stn. s.* kinne.
kûn- *s.* küen-, kuon-.
künc *s.* künic.
kunde *prät. s.* künden, künnen.

künde, kunde *adj.* (I. 812ᵇ) *s. v. a.* kunt: *kund, bekannt* Nib. Gudr. Ms.;
kunde *swm.* (I. 812ᵃ) *der bekannt ist, den man kennt, der einheimische allgem.;* — *swf.* ir megde und ir kunden, *ihre vertrauten* Elis. 6895. *s.* kunt;
künde, kunde *stf.* (I. 813ᵃ) küende Parz. 398, 22. 468, 11. Wwh. 291, 20: *kunde, kenntnis, bekanntschaft allgem.* (in offenlicher kunde, offenbar Pass. K. 426, 81. eines kunde hân, *ihn kennen lernen ib.* 9, 17. daʒ ich dîn ie ze kinde künde gevie Barl. 358, 38. ze kunde rechenen, *seine verwantschaft gegenseitig dartun* Herb. Er. Parz., *vgl.* Germ. 8, 471 *u.* kuntschaft); *zeichen, beweis* Trist. 14261; *ort wo man bekannt ist, heimat ib.* 11599. Geo. der wolde ûʒ dem lande, wan er mit schande in sîner künde lebte Hpt. 7. 361, 5. ein lop daʒ ûʒ der künde vert, daʒ hât der wîsen volge in allen landen Msh. 2, 230ᵃ;
künde, kunde *stn. kunde, kenntnis.* in daʒ künde ziehen, *zu allgem. kenntnis bringen* Heinz. 311, 350; *s. v. a.* urkünde: wir geben in disen prief zu ainem sihtigen chunde Usch. 78 (*a.* 1297).
künde-brief *stm. litteræ judicialiter missæ, quibus actor reo postulationem suam notificat* Halt. 1142. er nam (*beim landgerichte*) mit urtail kündbrief und sand die auf Oppenrod die vesten und klagt doruff umb 100 mark golds Mz. 4, 387. künd-, kuntbrief Eyb 11. 16. 18. 19. 22.
kündec, kündic, kündig *adj.* (I. 813ᵇ) *pass. bekannt, kund* (Diem. 69, 8 *ist* chunftiger dinge *zu lesen*), *mit dat. d. p.* Nib. Parz. Walth. Ls. 2. 433, 5. Karlm. 526, 18. Marld. *han.* 15, 37. Mich. *Mainz. hof* 25; — *act. bekannt machend, verkündend:* swâ man sie gerne hœret, dâ sint si kündig unde hel Msh. 2, 206ᵃ; *klug, geschickt, listig* Trist. Ms. (*H.* 1, 107ᵇ). kündiger man Helbl. Ls. 1. 248, 55. Karlm. 22, 29. 135, 63 (kondig). ein stolze kündige fraw Helde. *K.* 9, 24. daʒ sô kündec ieman wære, der rüeren torste an ir gewant Eracl. 2706. ein kündec sprenzinc Renn. 1584. er kündic vuhs Helbl. 5, 44. *vgl.* Mgb. 43, 20. 149, 29. 162, 32. 468, 1.
kündec-heit, kündekeit, kündikeit *stf.* (I. 814ᵃ) *klugheit, list, verschlagenheit* Lampr. Iw. Trist. Wig. Barl. Helbl. Troj. 12389. 15060. Engelh. 1225. Part. *B.* 19002. Msf. 162, 18. 243, 37. Msh. 2, 199ᵇ. 3, 71ᵇ. Winsb. 26, 7. Reinh. (7. 825. 1421. 1823). Wg. 8720.

Mgb. 184, 9. 245, 17. 262, 21. 352, 22. Chr. 8. 43, 20. 54, 27. Pass. *K.* 72, 66. 127, 94. 429, 63. Ludw. 16, 29. Karlm. 218, 33. 219, 27. 247, 15. Netz 7636. Hb. *M.* 263. 600.
kündec-lich *adj. md.* kundeclich, *bekannt* Pass. *K.* 512, 4; *klug, geschickt, listig ib.* 641, 42. L. Alex. 237. Reinh. 228;
kündec-lîche, -en *adv.* (I. 814ᵃ) *auf kluge, geschickte, listige weise* Trist. Ms. (*H.* 2, 236ᵃ) Walth. 84, 33. Nib. 442, 4 *var.* Gudr. 1096, 4. Helbl. (6, 114. 15, 305). Part. *B.* 5307 (: stiche). 18017. 18958. Kolm. 116, 2. Hb. *M.* 370.
kündel *stm. in* underkündel.
künde-lich *adj.* (I. 813ᵃ) *schlau, listig* Kell. 79, 19. 99, 13. *md.* kuntelich Pass. 214, 68;
künde-lîche *adv. s. v. a.* kündeclîche Bit. 2124.
kunden, künden *s.* kunnen.
kunden *swv.* (I. 815ᵃ) *intr.* kunt *werden* Msh. 1, 71ᵇ;
künden, kunden *swv.* (I. 815ᵇ) *prät.* kunte, kunde, *part.* gekündet, -kundet, -kunt: *tr.* kunt *machen, verkündigen, zeigen allgem.* (die vroude chunden Exod. *D.* 164, 1. daʒ ich eʒ rehte kunde Gudr. 358, 3. die kündent eine sumerzît Msf. 210, 39. swer in die æhte kumt, den sol der scherge chunden vor der kirchen und an dem marchte Mw. 59, 24 *a.* 1255. so sol wir in in den pan chunden *ib.* 193, 9 *a.* 1293. daʒ wir sie in die âhte getân und gekündet haben Usch. 442 *a.* 1415. daʒ diu edeln pfärt irr herren tôt vor künden Mgb. 137, 11; *mit nachs.* dâ von sprechen wir und kunden, daʒ Ad. 1052 *a.* 1352. so kunden, machen und setzen wir, daʒ Mz. 4, 137 *u. o.*; *mit dat. d. p.* nu chundent uns diu buoch sus Kchr. *D.* 347, 33. deme wirdet sîn valscheʒ herze dâ gekunt Roth denkm. 44, 340. ûf daʒ er den vründen mochte wêrlîch kunden nâch leidem tôde ein sêlic leben Pass. *K.* 85, 28. sô solt du die helde mînem herren künden, *bekannt machen wer sie sind* Gudr. 419, 3. daʒ er nie wolte sich ieman kunden Albr. *pr.* 19. diu triuwe ist rîch, wâ liep sich liep sus kündet Loh. 3050). — *mit* abe (*aufkündigen:* einem meister abe kunden Mone *z.* 5, 485 *a.* 1451), ûʒ, er-, ge-, ver-;
kunden *stn. kunde, weisheit* Pass. *K.* 1, 18.
künden *s.* künnen, künten.
kunder, kunter *stn.* (I. 911ᵃ) *lebendes wesen, tier* Er. Wwh. Lanz. Gudr. Walth. Berth.

(403, 7). WG. 13293. GA. 2. 341, 142. 145. HADAM. 71. 468, bes. *untier, monstrum* RUL. WWH. j.TIT. (2737. 4625). DIETR. 1593. 1617. LOH. 5166. APOLL. 5035. 44. 10769. MSH. 3, 22ᵇ. 109ᵃ. 171ᵃ. ALBR. 21, 331. SCHRETEL 71. der helle k., *teufel* GERM. 5, 371; *als scheltwort* WILDON. diu œden kunder MSH. 2, 195ᵇ. 3, 213ᵃ. dû verteiltez kunder GA. 3. 26, 157. kunder, *auch* monstrum *wird* Cacus *genannt* EN. 168, 34. 39. -- *gt.* -kunda *geborn*, *altn.* kundr *m. sohn,* kund *f. tochter aus derselben w. wie* kint, künne *s.* GSP. 2. FICK² 57. DIEF. 2, 464;

kunder-lich *stn.* (I. 911ᵇ) *jedes geschöpf* SERV. 1954;

kunderlîn, kunterlîn *stn.* (*ib.*) *dem. zu* kunder, *kleines tier* RENN. (19969. 78, *im alt. dr.* 294 knocherlîn). ein kleinez kunterlîn, *maus* WILDON. 36, 132; *feminale* KELL. *erz.* 27, 24. 28, 3. *vgl.* künne 2, künnelîn, kunt *stf.*

cundewier, cundewieren *s.* condew-.

kündic, kündig *s.* kündec;

kündigære *stm.* (I. 814ᵇ) *verkündiger* AB. 2. 18, 1 (= BIRKENST. *p.* 299);

kündigen *swv. verkündigen*, nuntiare DFG. 385ᵇ. MÜHLH. *r. L.* 175. — *mit* ûz, ge- (*nachtr.*), über-;

kündnisse *stf. verkündigung.* unser vrawen tag ze der chundnuss, *Mariä verkündigung* (*25. märz*) UKN. 279 (*a.* 1339);

kündunge *stf. dasselbe.* unser frawen kündung TUCH. 22, 27. CHR. 2. 29, 3; 4. 206 *anm.* 2. unser vraun tag ze der chundung UKN. 279. STB. 247. 80. daz die stet ein kundung unter in gehabt haben von den stetten, die nicht angriffen haben *ib.* 1. 149, 15. ze der vierden chundung des mertzen (IV. kal. marcii), zu der zweleften chundung in dem mayen (XII. kal. maji) STZ. 4!. 214.

kunebel *s.* knübel.

künec, künegelîn, küneginne *s.* künic, küniclîn, küneginne.

kunelinc *s.* künnelinc.

cunf *s.* kumpf.

kunft, kumft *stf.* (I. 907ᵇ) *gen.* künfte, kunft: *das kommen, die ankunft allgem.* (kunft GEN. *D.* 108, 23. LOH. 2329. 3810. 6447. ENGELH. 656. 1705. SILV. 1383. TROJ. 10358. 22943. 23639. PANTAL. 1705. LS. 3. 311, 249. ALBR. 14, 82. PASS. 120, 13. 130, 45. kunft *ib. K.* 5, 8. 7, 24. 51, 5 *u. o.* LIT. 235, 11. WG. 2372. *md. auch* kunst FDGR. 1, 333, kumst *s.* künftic, komst CRANE 1514. 60. 2987). — *zu* komen;

künftic, kümftic *adj.* (I. 908ᵃ) *was kommen wird od. soll, sich ereignend, nachfolgend, künftig.* künftic HARTM. WALTH. NIB. 1939, 10 *var.* MSH. 2, 228ᵃ. 370ᵇ. 3, 29ᵃ. TROJ. 23669. LIEHT. 532, 10. KARL 8902. 9018. LS. 1. 390, 66. MGB. 96, 27. 100, 21. 213, 18 *u. o.* kunftic DIEM. 69, 8. BPH. 7063. 7320. ERLŒS. 809. 1773. kunftec ELIS. 1069. ALBR. 35, 190. PASS. 116, 38. 190, 65. 307, 3. kümftic WIG. 140, 12. GRIESH. 1, 162. 2, 2. kumftec PASS. *K.* 1, 10. 39, 76. 545, 45; *md. auch* kumstic KROL. 2034. 68.

künftic-heit *stf. zukunft* MGB. 60, 34, *zukünftiges ding* CHR. 8. 300, 26 *var.*

künftic-lich *adj.* (I. 908ᵃ) *s. v. a.* künftic TROJ. 4549. kunfticlich ERLŒS. 1770. kunftec-, kumfteclich WOLFR.;

künftic-lîche *adv.* (*ib.*) BARL. 87, 39.

künftigære *stm.* (*ib.*) *der kommen wird* ANEG. 5, 53.

küngel, kungelîn, küngîn *s.* küniclîn, küniginne;

künic, künec, -ges *stm.* (I. 912ᵇ) *könig, allgem.* (*nicht nur den herscher bezeichnend, sondern auch des königs brüder, söhne, ja alle vom königl. stamme: königl. prinz s.* DWB. 5, 1695). *syncop.* künc PARZ. WALTH., *md.* kunic, kunig *mit voller endung* kuninc, kuning ROTH. PASS. 17, 85. HPT. 10, 5. chuneng WACK. *pr.* 11, 95. 107 *ff.* konig (*neben* kunig) *in* RCSP., kong SSP. 1. 58, 2. 59, 1 *u. ö.*, könig AB. 1, 117 *ff.*, koning KARLM. HPT. 8, 327. 28.•11, 362. köning AB. 1, 139 *ff. vor eigennamen unflect.* (künec Artûses *etc.*) *s.* GR. 4, 464; — kunig der wâpen, *wappenherold* CHR. 3. 399, 36; *könig der spielleute* MONE *z.* 9, 127 (*a.* 1393), GERM. 6, 325; *zunftkönig,* konig der seiler GR.w. 1, 533, der acker *u.* rebliute MONE *z.* 20, 79 (*a.* 1421 *Kolmar); k. am Strassburger dome s.* kôrkünic. *der könig im schachspiele* PARZ. TÜRL. *Wh.* 56ᵃ. BON. 16, 46. MYST. 1. 164, 1, *im kartenspiele* HÄTZL. 1. 82, 31; k. *in der tierwelt:* diu tier wolten einen künic weln MSH. 2, 245ᵃ, *vgl.* WALTH. 9, 6. die vrösche wolten hân einen künig BON. 25. k. aller slangen MGB. 263, 27, aller vogel *ib.* 166, 7. GERM. 6, 91 *ff.* — *ahd.* chuning, *gekürzt* chunig, *gegen dessen ableitung von* künne, *geschlecht* (*haupt des geschlechtes, stammes) im* DWB. 5, 1691 *gerechte bedenken erhoben werden bes. wegen* *des ags.* cyne, *das ein einfaches hochd.* kuni *fordert (es zeigt sich in eigennamen u. im ahd.* chunirîche *neben* chunincrîche) *u. von dem* kuninc *eine weiterbildung ist wie* gemʒinc *von* gamʒ, tôrinc *von* tôr. *die zu grunde liegende wurzel bleibt aber dieselbe, mag nun das wort zu* künne *oder, wie das* Dwb. *anzunehmen geneigt ist, zu* kone *gehören.*

künic-ane *swm.* ane *eines königs* Eilh. 53ᵃ.

künic-apfel *stm.* chunigapfel, pomum regale Dfg. 446ᶜ. Voc. *S.* 1, 13ᵃ.

kunic-bluome *swmf.* konigblum, hasta regia Dfg. 273ᵇ.

künic-buoch *stn.* küngbuoch, *buch der könige* Hb. *M.* 343.

künic-gerte *stf.* (I. 483ᵃ) *scepter* Serv. 2743. *vgl.* dînes gewaltes gerte Lit. 227, 11.

künic-heit *stf. königl. art, abstammung.* küngkeit W. *v. Rh.* 5, 30.

künic-, künec-lich *adj.* (I. 913ᵇ) *königlich* Nib. Parz. Troj. 299. Engelh. 5823. Albr. 33, 286. Eilh. 610. künig-, künkleich Mgb. 161, 29. 349, 3. chunenglich Wack. *pr.* 11, 97. königlich Ab. 1, 141;

künic-lîche, -en *adv.* (*ib.*) *nach weise eines königs* Karaj. Parz. Rennew. 32, 92.

küniclîn *stn.* (I. 913ᵃ) *dem. zu* künic, *kleiner könig.* künegelîn Trist., kungelîn Rul. Jer. 18708. 47; *königl. hofbeamter* Wack. *pr.* 69, 5. 10 (*Joh.* 4, 49 βασιλικὸς, *bei Luther* königischer); *zaunkönig:* kuniclîn, künglîn, kunglî Dfg. 413ᶜ. 490ᵇ. küngelîn Renn. künigel Mgb. 184, 16 *ff.* küniglein, kunigl, konigl Germ. 6, 89 *ff.;* ein blôʒeʒ künglîn *obsc. membrum virile* Wolk. 62. 2, 5.

küniclîn *stn. kaninchen.* küneclîn Reinh. 1342. küngel Mone 8, 486. kuniglîn, kunglîn, künglîn Dfg. 162ᶜ, künlîn *n. gl.* 124ᵃ. külen Schm. *Fr.* 1, 1259 (*a.* 1412). — *umdeutschung des lat.* cuniculus *s.* Dwb. 5, 1705 *u. vgl.* künolt.

künic-rîche *stn.* (II. 694ᵇ) *königreich, königtum* Diem. Parz. Walth. Barl. Msh. 1, 127ᵇ. künigreich Mgb. 310, 21. 329, 10. *bildl.* ir herzen künicrîche Trist. 814; *persönl. für könig ib.* 11162; ein lêhen, genant daʒ chunicreich, zu Stocharn Ula. 175 (*a.* 1332).

künic-rügrîn *adj.* ain küngrügrîn kürsen, *ein pelz von kaninchenrücken* O. Rul. 14. *vgl.* Schöpf 353.

künic-sal *stm.* kuningsal, konigsal aula Mone 7, 156. Dfg. 61ᵇ.

künic-schuoch *stm.* kunigschuch oder ritterschuch, milleus Voc. 1482.

künic-silber *stn.* kunigsilber Rcsp. 1, 334 (*vorher* des kuniges golt und silber).

künic-slaht *adj.* (II². 388ᵃ) kunincslaht, *vom königl. geschlecht* L. Alex. 88.

künic-stap *stm.* sceptrum Dfg. 518ᵃ.

künic-stuol *stm.* (II². 714ᵇ) *thron* Berth. Dfg. 541ᵇ. 599ᵃ. chunegstuol Wack. *pr.* 11, 106 (= chunenglîcher stuol 11, 97). kunigstûl Chr. 8. 55, 27. Hb. *M.* 488; bî Rense bî dem kunigstûl Rcsp. 1, 262 (*a.* 1414).

künic-turnos *stn.* einen grossen turnos, den man nennet ein kunigturnos Rta. 1. 48, 2. — *s.* tornois.

künigel *s.* küniclîn.

künigelîn *adj.* künigelineʒ werc, *kaninchenpelz* Gr.w. 4, 125.

künigen *swv.* (I. 913ᵇ) *part.* geküniget, *mit einem könig versehen* Msh. 2. 204, 150. *s.* bekünegen;

küniger, künigler *stm. nachtkönig, abtrittreiniger* Schm. *Fr.* 1, 1259. Münch. *r.* 239;

küniges, künigs *gen. von* künic. *damit uneigentl. componiert:* künigesbette *stn.* kunigespett, toreuma Voc. 1482. — kunigesgelechte *stn.* genodia *ib.* — künigesguot *stn.* königsguot, *königl. besitztum* Gr.w. 1, 572. — kunigesgulte *f.* fiscale Voc. 1482. — kunigesgurtel *mf.* baltheus *ib.* — kunigeshof *stm.* regia *ib.* — kunigeshûs *stn.* kyrrica *ib.,* regia Dfg. 490ᵃ. — kunigeskerze *f.* tapsus *ib.* 573ᵇ. — kunigeskrone *f. königskrone* Voc. 1482; tapsus barbatus Dfg. 573ᵇ; corona regia, ain kraut Mgb. 391, 28 *ff.* — kunigessun *stm.* clito Voc. 1482. — künigesvogel *stm.* diomedica oder herodias mag ze däutsch haizen kunigsvogel Mgb. 185, 3. — künigeswurz *stf. md.* konigesworz, tapsus barbassus Dfg. 573ᵇ;

küniginne, küneginne, -in, -în *stf.* (I. 913ᵇ) *königin, allgem.* (*auch für königstochter, königl. prinzessin z. b.* Gudr. 1, 3 *s.* Z. 2, 468. Dwb. 5, 1695 *f.* 1702), *syncop.* kungîn, küngîn Walth. Parz., *md.* kuniginne Pass. *K.* 5, 10, *mit sw. declin.* Wack. *pr.* 45, 11. 40, *mit voller endung* chuningîn Fronl. 9; *bes. heisst Maria* künigîn (*s.* himelküniginne), *sodann auch die geliebte bes. bei* Gotfr. *u. dessen nachahmern s. zu* Flore 777; *königin bei festen, spielen u. dgl. s.* Dwb. 5, 1703. die künigin, so die kind jerlichs uff pfingsten und zuo andern ziten uff den gassen habend sitzen, die liut umb gelt an loufende und dar nach die frowen mit zerung zuosamen kummen, soll hinfur bi der pêne 5 β dn. nit mê gebrûcht werden MONE z. 20, 78 (a. 1386), vgl. MONE schausp. 2, 367 f.; der boume küniginne, die Dryâdes TROJ. 1030. der bluomen küniginne, Amadryâdes ib. 1064; königin im schachspiel TÜRL. Wh. 56ᵇ. MYST. 1. 164, 2; bildl. das beste, herrlichste, aller sprâche künigîn RENN. 22284;

künigisch adj. königlich, ahd. chuningisc GFF. 4, 446. kongisch ZIMR. chr. 1 36, 22. 37, 9. königsch ib. 3. 584, 1. vgl. DWB. 5, 1704.

kunilinc s. künnelinc.

künigler s. küniger;

kuning, kuningîn s. künic, küniginne.

kunkel stf. (I. 912ᵃ) kunkel Ms. (H. 2, 106ᵃ. NEIDH. 128). AMMENH. 173. ein kunkel diu wart im gemacht, ab der span er dâ cleinez garn TROJ. 15872. 79. mir zimpt ein swert in mîner hant rîlicher denne ein kunkel ib. 14347. vgl. 27358. 608. 29096. dô seic ir ûz der hande spille unde kunkel ALBR. 39ᵃ. kunkel, gunkel colus DFG. 134ᵇ, n. gl. 102ᵇ. konkel sw. GR.W. 2, 22. — ahd. chunchla aus mlat. conucula für colucula vom lat. colus WEIG. 1, 650.

kunkel-hûs stn. s. v. a. kunkelstube ZIMR. chr. 4. 316, 40.

kunkelieren swv. ERLŒS. 4713, s. oben knütelieren.

kunkel-stube spinnstube ZIMR. chr. 2. 374, 25; 4. 108, 8 ff.

künlîn s. kinnelîn, küniclîn, quënel.

kunlinc s. künnelinc.

kunne s. kinne.

künne stn. (I. 912ᵃ) md. kunne, auch konne HPT. 2, 134: geschlecht, familie, verwantschaft allgem. (NIB. 102, 10. 355, 3. 1176, 4. 1852, 1. GUDR. 7, 3. RUL. 186, 17. ER. 9467. GREG. 2975. MSF. 24, 14. 244, 60. MSH. 1, 351ᵇ. 3, 86ᵇ. LOH. 3814. 4436. TROJ. 1593. W. v. Rh. 5, 29. GA. 1. 45, 148. PASS. K. 25, 7. 42, 56. 81, 13 u. o. kunne od. geschlechte, sexus VOC. 1482); persönl. kind, verwanter NIB. LANZ. er was sîn künne ER. 1795. GUDR. 205, 3. des Hagenen k., enkelin ib. 614, 2. 1030, 4. dû sêligez kunne PASS. K. 338, 62; art LAMPR. LANZ. aller vrouden kunne GEN. D. gloss. 105ᵇ. waʒ künnes diu rinde sî MYST. 2. 578, 4. kultern maneger künne PARZ. 760,

13. von mancher kunne varwen clâr KARLM. 161, 58; umschreibend mit gen. (GR. 3, 76). küneges künne, könig NIB. 355, 3. wîbes k. weib NIB. WALTH. WOLFD. 1336. — gt. kuni zu gr. lat. genus, mit kint, kone, kunder, kunnen aus wurzel gan s. oben unter kone.

künne stf. n. (I. 914ᵃ) cunnus FDGR. 1, 380ᵇ. er greif ir an das künne NEIDH. 90, 13. — aus lat. cunnus, vgl. kunt stf.

künne-haft adj. (I. 912ᵇ) von edler abstammung WWH. 141, 28.

künnelîn stn. (ib.) dem. zu künne 2 NEIDH. 184, 14. hierher wol auch kniel (var. kinel = künnel) MGB. 380, 22 mit der bedeut. pudenda, occulta (plantarum), vgl. 424, 11 (BECH). — vgl. kunderlîn.

künnelinc, -ges stm. (I. 912ᵇ) verwanter. kunnelinc FDGR. 1. 246, 27. chunelinc, chunilinc GEN. u. EXOD. D. 116, 9. 123, 14. 134, 36. kunlinc MAR. SERV. RUL. 298, 27. die sine kunliche sint LIT. 839. assim. küllinc REINH. — zu künne 1;

kunnen, künnen v. an. mit verschob. prät. (I. 805ᵇ) präs. kan, pl. kunnen (künnen FREID. 15, 24 var. können ib. u. MYST. I. 293, 21. SCHREIB. 1, 365. 73. künden FASN. 434, 28), conj. künne (kunne FLORE 211. 4226. MART. 109, 43. MSH. 1, 136ᵇ. HEINZ. 1095. konne LS. 2. 271, 72. 361, 102); prät. kunde (konde NIB. 1253, 4 var. KL. 1663 var. LIEHT. 13, 2. PASS. K. 3, 35. 87, 93. 209, 49), conj. kunde (konde NIB. 1391, 2 var. HEINZ. 1763 var. könde WACK. pr. 68, 272); imperat. künne ULR. Wh. 111ᵃ; inf. kunnen, künnen (konnen HEINZ. 1704. ANZ. 7, 341. kunden, künden Osw. Ettm. 173. 80. 85. ALTSW. 177, 36); part. kunnen, aus er-, verkunnen zu schliessen, u. gekunnet SCHMIDT gottesfr. 75 (vgl. kunt adj. u. ZIMR. chr. 2. 353, 3) s. WEINH. al. gr. § 381, bair. gr. § 329 = geistig vermögen, wissen, kennen, verstehen allgem. mit acc. od. mit infin. eine strâʒe k. LANZ. 7577. MSF. 242, 4. MERSW. 139. die wege k. MAI 45, 15. HPT. 5. 20, 119. erzenîe k. NIB. 254, 1. manic man vil buoche kan RENN. 11058. guotiu dinc k. WG. 4796. der sô vil kan unde weiʒ ib. 5202. wan si kan sô vil, näml. zauberkünste MSF. 138, 34. des lip wol konde ritterschaft LIEHT. 13, 2. der muoʒ vil wunders künnen ENGELH. 4072. wand er diu mære selp wol kan HELBL. 8, 1220), mit präpos. an (EN.), mit, ze u. ausgelassenem *infin.: sich worauf verstehen, womit umzugehen wissen* (ze dirre rede kan ich niht Krone 11854. wir kunnen niht ze turney noch ze tjoste Loh. 1163), wer mêre kunnen müejet sich von gote, dan er sol kunnen Heinz. 132. 79, 3, *scheinbar absol. mit unterdrücktem acc. od. infin.* Rul. Iw. Trist. Weig. diu ander las sam klôsterliute kunnen Heinz. 117. 10, 6; — *können, imstande sein, vermögen, möglich zu machen wissen (von personen), möglich sein (von sachen) mit infin., häufig nur zur umschreibung des einfachen vb.— mit er-, ver-.* kan (*gt.* kann) *setzt ein älteres* kinnan *voraus, für welches in* Gds. 901 *die bedeut.* gignere *angenommen wird.* kan *gehört zur indogerm. w.* gan, gâ, *die bis in die älteste zeit zurück erzeugen u. kennen bedeutet* (Dwb. 5, 1719): *skr.* janâmi, *ich erzeuge*, jânâmi, *ich kenne*; *zend.* zan, *erzeugen u. kennen, gr. lat. gen u.* gno *in* γένος genus, γίγνομαι gigno, γιγνώσκω gnosco. *vgl. die weitere ausführung im* Dwb. *u. auch* Fick[2] 18. Curt.[3] 169. Gsp. 2;

kunnen *swv.* (I. 810[b]) *kennen lernen, erforschen, prüfen* Griesh. Lanz. Gr.w. 3, 355. — *ahd.* chunnên, *mit* er-, ver;

künnende *part. adj. wissend, verstehend, geschickt, erfahren mit gen.* die sich solcher kunst als künend berümen Np. 151, *mit präpos.* er was wol kunnend in vil sprôchen Chr. 1. 345, 16. si ist künnent zû aller tât Hätzl. 188[b], 59. *s.* Dwb. 5, 1741;

kunner *stm.* (I. 811[b]) *prüfer* Gr.w. 3, 355.

künne-, kunne-schaft *stf.* (I. 912[b]) *s. v. a.* künne *geschlecht, verwantschaft* Iw. Lanz. Pass. (K. 453, 5. 642, 7). Gen. *D.* 99, 27. 108, 5. Erinn. 285. Windb. *ps.* 44, 26. Hpt. 8, 118. Wack. *pr.* 2, 34. Wg. 9873. 11999. Germ. 4. 440, 15. Roth *denkm.* 46, 33, *dicht.* 71, 7. Hb. *M.* 654. 57.

künolt *stm.* (I. 914ª) cuniculus Voc. *o., vgl.* küniclîn 2.

künpfel-îsen *stn.* ob 200 künpfelisen *zu einem steinbruche* S.Gall. *chr.* 76. *vgl.* kipfelisen.

kunreiz *stm.* (I. 914ª) *md.* konreit, *bewirtung der lehnsherren, herrenschmaus* Gr.w. 2, 583. 778. 4, 799; kunreiz, *fütterung, pflege eines pferdes* Wwh. 59, 18. — *aus mlat.* conredium *s.* Dwb. 5, 1742;

kunriere *stf. bewirtung, pflege* j.Tit. 853 (: viere). kunreie *ib.* 1831 (: mangerleie). — *aus altfz.* conrôi;

kunrieren *swv.* (I. 914ª) *bewirten, pflegen,*

füttern Iw. Parz. Ms. wan sie sô corrieret iwer ros Krone 24564; *refl.* dô sich die sînen mit ruowe kunrierten Troj. 44888. — *aus altfz.* conréer, *ital.* corredare, *die vielleicht auf ein german. wort zurückgehen s.* Diez 283. Gr. *kl. schft.* 1, 358;

kunrieren *stn.* j.Tit. 852.

cuns, cons, cunt *stm.* (I. 914ª) *das fz.* comte, *graf* Wolfr. conte Ulr. Wh. 163ᶜ.

kunsel *s.* consul.

kunst *s.* kunft.

kunst *stf.* (I. 816ª) *gen.* künste, kunst. *pl.* künste; konst Zimr. *chr.* 1. 390, 6 *ff.* (Weinh. *al. gr.* § 24): *das wissen, die kenntnis, weisheit, geschicklichkeit, kunst, allgem.* (die chunst hân gelernet ich Gen. *D.* 96, 28. diu kunst die ich kan Lieht. 570, 18. mit ritters kunst rîten *ib.* 456, 7, *vgl.* 262. 9. 11. busûnære bliesen mit kunst ein reisenot vil hô *ib.* 295, 28. ein bœsiu herren k., *rauben ib.* 531, 2. mit kunst einen ervarn, *erreichen* Greg. 1003. mit meisters kunst Loh. 5340. swenn er in der künste ess sie worht *ib.* 7637. daz ich habe dur iuwer minneclîche gunst versprochen rîcheit unde kunst Troj. 22794. waz sol mir rîchiu k.. Msh. 3, 71ª. diu rehte kunst ist gotes bote und ist dar zuo sîn kneht *ib.* 70ª. got an dir zeigte sîne künste *ib.* 1, 69ᵇ. swaz er mit worten künste kan Amis 13. meister, waz künste kunnet ir *ib.* 504. die siben frîen künste Renn. 10036. Ab. 1, 143. der kunst was er ein zimberman W. *v. Rh.* 40, 31. wol half im die godes k. Pass. 229, 61. dar în si blîs mit ir kunst ir klûges herzen vernunst *ib.* 246, 24. des vûres k., *feuersmacht ib. K.* 30, 28. ich sal verhowen ir kunst, *ihre ränke* 155, 95. ein kunst, *heilmittel*, wider etw. haben Mgb. 194, 27. swarziu k., *zauberei* Ludw. 10, 16. 24. Zimr. *chr.* 4, 553ª). — *zu* kunnen.

kunstabel, kunstafel *s.* constabel.

kunst-buoch *stn. zauberbuch* Zimr. *chr.* 1. 456, 30.

künstec *s.* künstic.

kunstec-lich *adj. geschickt* Nib. 437, 3 *var.;*

künstec-lîche *adv.* (I. 816ᵇ) *mit kunst, verständnis* Wolfr. kunsteclîch Nib. 1828, 3 *var.*

kunste-halbe *adv.* (I. 615ᵇ) *von seite der kunst.* wan kunstehalbe wære ich toube Mart. 232, 39.

kunste-lich *adj. s.* künstlich.

kunstelieren *swv. künste, künstelei treiben* Zimr. *chr.* 4. 142, 28;

künstelîn *stn. dem. zu* kunst. ob einer kan ein künstelîn, der wil ze hant ein hoveman sîn MSH. 3, 28ᵇ.

künste-lôs *adj.* (I. 816ᵇ) *ohne* kunst TRIST. *H.* GUDR. 364, 1. WWH. 2, 20. NEIDH. 83, 32. MSH. 3, 46ᵃ. 336ᵇ. MART. 1, 14. 291, 44. kunstelôs PF. *üb.* 127, 92. kunstlôs VINTL. *Z.* 67.

künsten-dingel *stn. mechanicum aliquid* MGB. 434, 20.

künsten-rîch *s.* künsterîch.

kunster *stm.* (I. 816ᵇ) *der* kunst, *einsicht, verständnis, geschicklichkeit besitzt, künstler* MSH. (2, 382ᵃ. 3, 62ᵃ. 62ᵇ. 91ᵇ). MYST. KIRCHB. 610, 6. 711, 17 *u. o.* HANS 951. künster KOLM. 90, 16.

künste-rîch *adj.* (I. 816ᵇ. II. 688ᵇ) *reich an* kunst TRIST. *H.* BARL. TIT. 70, 2 *var.* LAUR. 1028. TROJ. 17485. 565. 19990. PART. *B.* 7749. 60. MYST. 2. 427, 24. ALBR. 15, 199. künstenrîch BERTH. 507, 11, kunstenrîch KELL. 32, 27. 140, 18. 198, 19 *u. o.* kunstrîche NIB. 341, 12 *var.* PASS. 177, 35. S.GALL. *chr.* 45.

künste-wîs *adj.* wîs *durch* kunst. ein prophête künstewîs TROJ. 4537. ir kunstwisen WH. *v. Öst.* 15ᵇ.

künstic, künstec, kunstic *adj.* (I. 816ᵇ) *mit* kunst *begabt, verständig, klug, gelehrt, geschickt* LAMPR. WOLFR. (TIT. 70, 2. 91, 2). TROJ. (147. 22948). PASS. (313, 56. *K.* 674, 21). diu liute sô chunstich URST. 103, 25. in kunstigen siten, *auf schlaue weise* NIB. 670, 4 *var.* ein künstic man SILV. 2751. MSH. 3, 346ᵇ. sich rüemet maniger sîner kunst - - der dunket mich niht kunstic *ib.* 66ᵇ. nie mâler sô künstic wart MAI 84, 36. von meisterschefte künstic hant hete dâ wunder in geweben BIT. 7466. franzeis ich niht vernemen kan, daz tiutschet mir sîn künstic munt PART. *B.* 213. alsô wil got wîse und tôrn, künstic und unkünstic lîden TEICHN. 131. kunstic unde stark in strît JER. 160ᶜ.

künst-lich *adj.* (*ib.*) *verständnis, weisheit bekundend, klug, geschickt* BARL. TRIST. *U.* ich bin wol sô künstlich, daz diu welt mich machet rîch Ls. 3. 289, 23. und ich dir müeze sweben obe an künstlîcher meisterschaft SILV. 4791, *md.* kunste-, kunstlich: mit kunstelîchen sachen PASS. 176, 35. mit dîner kunstelîchen craft *ib.* 214, 43. mit kunstelîchem gewalde *ib.* 359, 91. an kunstlîchem prîse, *an lobe der weisheit* MARLG. 58, 1; *künstlich gegens. zu natürlich* MGB. 478, 7;

künst-lîche *adv.* kunstlich rîten, *mit geschicklichkeit* NIB. 1828, 3.

kunst-liep-haber *stm. liebhaber der kunst* ÖH. 162, 21.

kunst-lôs *adj. s.* künstelôs;

kunst-lôse *stf. kunstlosigkeit* ÖH. 157, 28.

kunstofel, kunstofeler *s.* constabel.

kunst-rîche *s.* künsterîch.

kunst-rihtec-heit *stf.* kunstrichtigkeit der boszheit, astutia DFG. 57ᵃ.

kunst-wîs *s.* künstewîs.

cunt *stm. s.* kuns.

kunt *stn. s.* komat; 3. *sing. præs. s.* komen.

kunt, -des *adj.* (I. 811ᵇ) kuont PARZ.: *kennen gelernt, bekannt geworden, kund allgem.* (der kunde, *der einheimische.* gar ein kunder man, *ein allgemein bekannter* CP. 4. kunt wesen NIB. 46, 1. PASS. *K.* 200, 65. mir ist k., *ich kenne, weiss;* mir ist kunt umbe Iw., ûf HADL., ze GREG.: *ich verstehe mich auf.* kunt werden, *bekannt, gesagt, erklärt werden* PASS. *K.* 44, 18. MGB. 190, 16. 200, 34. mir wirdet k., *ich lerne kennen, erfahre* NIB. 51, 2. 882, 4, *mir wird zu teil, widerfährt ib.* 999, 4. 1333, 4. ER. 778. Iw. 3868. KINDH. 77, 11. HPT. 7. 378, 26; kunt tuon *ohne od. mit dat. bekannt machen, sagen, zeigen, zu teil werden lassen* [NIB.]; kunt machen *mit dat.* PARZ.). — *partic. bildung zu* kunnen.

kunt *stf.* (I. 914ᵃ, 12) *cunnus* MOR. 2, 292, kunte, veretrum DFG. 612ᵇ. *vgl.* künne 2 *u.* kunderlîn.

kunt-brief *s.* kündebrief.

kunte *prät. stf. s.* künden, kunt.

kunte-lich *s.* kündelich.

künten *swv.* (I. 914ᵇ) *zünden, heizen, incendere* DFG. 291ᵇ. SPEC. 113. daz viur chünten GEIS. 436. könten *s.* underkünten, ûfküntunge. künden: ob in einem marchte oder in einem dorfe ein haus oder mêr schedelich gehundet wirt Mw. 59, 16 (*a.* 1255). — *mit* în, ûf, ûz, under-. *altn.* kynda, *vgl.* DWB. 3, 1583. 5, 555. SCHM. *Fr.* 1, 1260.

kunter? *stm.* tuchscherer, kunter, wagner, tischer CP. 11.

kunter *stn. s.* kunder.

kunter *stn.* (I. 914ᵇ) *das unreine, falsche.* gunder MSH. 2, 396ᵃ. — *aus fz.* contre;

kunterfeit *adj.* (*ib.*) *nachgemacht, falsch* PARZ. gunderveit Ms. die florîn wâren gunderveit OT. 308ᵇ. — *aus fz.* contrefait, *lat.* contrafactus;

kunter-, gunter-, conterfeit *stn.* (*ib.*) *unreines, vermischtes, verfälschtes gold, metall* Frl. Krone. swer des lachen strîchet an der triuwen stein der vindet kunterveit Walth. 29, 8. si werdent erkant als kunterfeit, dâ triuget man diu kint mite Jüngl. 184. schœne varwe, niht von conterfeit, hât ir lieplich angesiht Msh. 1, 360ᵇ. trügelîcheʒ gunterfeit Troj. 2489. daʒ ist wol halbeʒ kunterfeit *ib.* 2443. reht als daʒ klâre silber obe kunterfeit, alsô gât mannes name vür Kolm. 61, 246. als daʒ golt vor dem gunterpheit ist sînes glanzes stête Kreuzf. 7573. electrum, g u n d e r f a i Mgb. 478, 5 *ff.*, cuntervey, gunderfei, gunterfe, guntrafey *umgedeut.* kunter-, gunderfein, -fail, -var Dfg. 197ᵉ, *n. gl.* 146ᵇ. golt mit glisendem k u n t e r f e l l e ubirzîhen Evang. 274ᵇ; *das entgegengesetzte, der gegensatz* Trist.; *das trügerische, falsche* Frl. Ms. (da ist gelihsenheite niht noch cunterfeit *H.* 2, 192ᵃ. ja sint im âne cunterfeit alliu sîniu lit 356ᵇ). swaʒ iemen seit, waʒ minne sî, da ist under wîlen cunterfeit bî 3, 418ᵇ). des muoʒ ich âne kunterfeit ze allen zîten minnen dich Heinz. 1714. Ulr. *Wh.* 200ᵈ. 220ᵇ. die (löcke) glizzen âne kunterfeit Troj. 19914. sîn herze ist ân kunterf. Part. *B.* 10392. swaʒ ich von triuwen ie gelas daʒ ist vil gar ein k. *ib.* 17451, gunterfeit 16597. ein friunt ân alleʒ k. Kolm. 156, 5. ân aller hande gunderfeit gêt wort vür alle meisterschaft *ib.* 193, 3. gunderveit Ot. 17ᵃ. 22ᵇ. 196ᵇ. 372ᵃ. dâ von sol dekein kunterfeit dar bî (*bei der ehe*) sîn Berth. 279, 22. k u n t e r f e i (: schrei) Renn. 16570. 4042. konterfeit Ls. 2. 435, 98.

kunterlîn *s.* kunderlîn.

kuntervël *s.* kunterfeit.

kuntesal *stn.* (I. 914ᵇ) incendium Sum. *s.* künten.

kunt-lich *adj.* (I. 812ᵇ) kuntlîche blicke, *blicke wie von einem bekannten* Parz. 219, 6; *kund, verständlich, deutlich, offenbar* Barl. diu kuntlîchiu mære Kl. 2339. beidiu gnuoc kuntlich Er. 2339. kuntlîcher nuz Mz. 1, 294 (*a.* 1342). k ü n t l i c h e r schade Chr. 240, 17. kuntlîchiu nôt *s. v. a.* êhaftiu n. *W.* 56 (*a.* 1344). Miltenb. *stb.* 2ᵃ. 4ᵇ;

kunt-lîche, -en *adv.* (*ib.*) *auf verständliche, deutliche weise, genau* Nib. Wolfr. (man list dâ kuntlîche ir namen und ir rîche Wh. 464, 28). Rud. kuntl. sagen Flore 6920, sehen Loh. 6362. 945. Gerh. 2626, tuon Elmend.

815, k ü n t l î c h e n erkennen Berth. 274, 39. dô bôt ich mîn lougen sêre und kuntlîchen dâ Engelh. 4443. die êhafte nôt kuntlich bewisen Mich. 3 *s.* 24. daʒ er (*den schaden*) uns küntlich (*durch* kuntschaft, *zeugen*) bewisen mac Mz. 4, 280 *u. o.* etw. hinz einem kuntlichen bringen, *es über ihn in erfahrung bringen* Chr. 4. 144, 10.

kunt-liute *pl. schiedsrichter.* nâch der kundliut sage Mone *z.* 8, 171. *vgl.* Zimr. *chr.* 4. 216, 7 *u.* kuntschaftliute.

kunt-meister *stm.* (II. 121ᵃ) *eine art curator u. richter über die leibeigenen des klosters Niederaltaich* Mb. 11, 48 (*13. jh.*) *s.* Schm. *Fr.* 1, 1263.

künt-oven *stm. brennofen.* künt-, künd-, kint-, kindoven Schm. *Fr.* 1, 1260 (*14. u. 15. jh.*).

kuntsame *stf.* (I. 812ᵇ) *beeidigte sachverständige, schiedsrichter* Weist. Mone *z.* 3, 191 (*a.* 1299). als diu kuntsami gesprochen hât ûf ir eit Urb. 20, 6. 68, 23; *ausspruch derselben:* wir haben ouch geheiʒen, daʒ unser herre der abt sol zehen man nemen und her Uolrich von Sch. ouch zehen man, und son (*sollen*) die vor uns sweren ze den heilgôn, daʒ si uns an kuntsami sagen, weder hern Uolrichs wîngarten ze Ouwe und ze Stegboron dienstbær und stiurbær sîen oder nüt, und swedriu kuntsami uns beʒʒer dunket, dar nâch son wir *etc.* Mone *z.* 5, 127 (*a.* 1333).

kunt-schaft *stf.* (*ib.*) *kenntnis, nachricht* Myst. des blîbe ich âne k. Elis. 7418. als im gap der heilec geist k. Erlœs. 2277. vremde k. Pass. 359, 83. ich hân dir kuntschaft gnuoc geseit Ls. 2. 221, 416. mit ganzer k. etw. begrîfen Fronl. 43. *vgl.* Chr. 1. 55, 10. 165, 6; 3. 302, 7; 5. 193, 2. 262, 18. 265, 5; *erforschung, auskundschaftung ib.* 1. 184, 20; 2. 48, 2. 76, 2. 82, 19. 24 *u. o.* 5. 50, 32. 52, 10; *aussage, auskunft ib.* 1. 118, 10; 4. 330, 1; *auskunft gebende personen* Tuch. 286, 18. 287, 3; *beaugenscheinung eines streitigen gegenstandes durch beeidete von beiden parteien gewälte männer sowie der ausspruch, die entscheidung derselben* (Schm. *Fr.* 1, 1263. *vgl.* kuntsame) Chr. 1. 83, 15. 17. Tuch. 309, 34. 310, 34. swâ man von der stat wegen ein k. hin leitet Np. 15 (*13.—14. jh.*). sich ûf k. ziehen Mz. 1, 545. mit k. etw. inne haben *ib.* 522. 570. daʒ si zwischen den (*beiden parteien*) ein k. ervaren solten *ib.* 3, 75. 168. 224. *W.* 56. den schaden sol er in ab legen nâch der k. Mw. 236, 3 (*a.* 1311);

durch solchen ausspruch erworbenes recht: die chuntschaft, die die juden habent auf den weingarten UKN. 346 (*a.* 1352); *zeugnis, zeugschaft* (*vgl. zum* NARR. *s.* 298ᵇ). etw. mit chuntschefte behaben DSP. 1, 68. SWSP. 60, 5. etw. erwisen mit briefen und kuntsch. MZ. 1, 522. 3, 58. MH. 2, 622. sein k. für recht pringen USCH. 362. nach dem der anklager nit beibringe ainicherlay k. DH. 340. CP. 272. 73 *u. o.* ûf einen in k. ziehen, *ihn zum zeugen anrufen* MH. 2, 763; *bekanntschaft, nähere umgebung, verwantschaft* (*vgl.* künde). dô er in den dritten himel was gezucket in die k. gotes MYST. 2. 8, 33. in der k. uber al ERLŒS. 2724. ELIS. 1249. er solte nemen ein juncfrouwen in der k. *ib.* 1149. tugentliche k., *tugendwandel* PASS. *K.* 44, 92; heimliche k., *geschlechtsteile* SCHM. *Fr.* 1, 1264 (*vgl.* urkünde).

kuntschaft-brief *stm. schiedsrichterliche urkunde* GR.W. 5, 136. MONE *z.* 7, 425. TUCH. 91, 31.

kunt-schafter *stm. spion* CHR. 2. 83, 7. 315, 4. 331, 15. 333, 5.

kuntschaft-hërre *swm. baubesichtiger* MÜNCH. *r.* 2, 65.

kuntschaft-liute *pl. s. v. a.* kuntliute SCHM. *Fr.* 1, 1263; *spione* CHR. 5. 251, 26. 30.

kuntschaft-rëht *stm. recht u. gewohnheit der schiedsrichter* TUCH. 311, 3; *das recht, kundschaft einzuziehen, zu beaufsichtigen:* kuntschaftrehte der gepeu MÜNCH. *r.* 2, 45.

kuntschaft-sache *f.* es soll hinfüro vor der endurtl in kuntschaftsachen kain appellation nit stat haben MÜNCH. *r.* 2, 46.

kuntschaft-verhörer *stm. verhörer der zeugenaussagen* MZ. 4, 166.

kunt-scheften *swv. spionieren* CHR. 2. 88, 17. — *mit* ver-.

kunt-schëch *adj.* (III. 285ᵇ) *statt* kundervêch *seltsam, wie ein kunder gefleckt.* eine kuntvêhe katze REINH. *s.* 367. *vgl.* WEIG. 1, 650.

kunze *swm.* vliuch die alten kunzen mit ir üppiclichem kœse NEIDH. 17, 40. dâ mit daz ouch die sinne uns groben kunzen wurden wîse MALAG. *am schlusse.* — *appellat. verwendete koseform von* Kuonrât (MSH. 3, 91ᵃ. LS. 1. 247, 31. Kunzel HELBL. 13, 144) *s.* GERM. 5, 330. 35;

künzelîn, künzel *stn. m.* mein trauter künzel WOLK. 39. 1, 10. künzlîn *ib.* 26. 33;

künzen *swv.* (I. 914ᵇ) einem k., *ihm schmeicheln* RENN. 17177 (*im Frankf. cod.* 253ᵃ

glunzen, *vgl. oben* klunsen), *eig. einem den künzen, künzel, das unterkinn, streicheln s.* GERM. 5, 336.

kuo *stf.* (*ib.*) kuow, kuowe DFG. 604ᵃ, cou *n. gl.* 375ᵃ. *md.* kû PASS. 267, 28. ALBR. 21, 411: *kuh.* kuo sunder hagen gên sumer niht wol getuon künde MSH. 2, 259ᵇ. wes kuo bizzen diu rinder GA. 1. 54, 486. er lief dem vil gar gelîche, der sin kuo verloren hât *ib.* 2. 227, 307. ein kuo diu mit ir swanz fliegen und bremen von ir jagt LS. 3. 295, 30. ein kue an ein seul GR.W. 6, 3, *vgl.* RA. 509. træge als ein kuo ALTSW. 52, 16. dû volle kuo, *schimpfw.* DIUT. 2, 81, *mit gen.* der zühte ein k. HELBL. 2, 386. *dat. s.* kuoge GR.W. 1, 313. — *pl.* chuo GEN. *D.* 63, 21. 85, 2. chuoe EXOD. *D.* 141, 18. küe *s. oben die compoß. mit* küe. kuoge DIEM. REINH. *sendschr.* 923. küege PF. *üb.* 138, 72. GR.W. 1, 438. 5, 189. ÖH. 55, 25 *ff.* küeje KONR. *lied.* 2, 45. küewe *s.* kuostal. *md.* kûwe MICH. *Mainz. hof* 40 *s. auch* küeritter, kuodrec. — *zu skr.* gô, *gr. lat.* βοῦς, bos FICK² 65. CURT.³ 436.

kuo-anke *swm. butter.* wer die miselsuht habe, der siede brunnenbluomen mit kuoanken *Donauesch. hs. nr.* 792 *f.* 176ᵃ.

kuoche *swm.* (I. 856ᵇ) *kuchen* GSM. BON. HELBL. — *aus roman.* coca, coco, couque. *vom lat.* coquere DIEZ 117;

kuochelech *stn.* WP. 78 *s. v. a.*

kuochelîn *s.* küechelin.

kuo-, küe-diep *stm.* (I. 324ᵃ) abactor, abigeus DFG. 1ᵃ. 3ᵃ.

kuo-drëc *stm.* bosa VOC. 1482. HÄTZL. LXXIV, 66. *md.* kûwedrec RSP. 943.

kuofe *swf.* (I. 915ᵃ) *kufe,* cupa DFG. 163ᵃ. *wasserkufe* REINH. 509, kuffe CHR. 1. 175, 35. TUCH. 130, 16 *ff., badewanne* PARZ. 166, 29. MYST. 2. 576, 6; ein chuffen wein UHK. 177 (*a.* 1342); von der chuofen salz URB. *B.* 2, 429, chueffe, chuffe UHK. 2, 127. 248. 274. 75 (14. *jh.*). — *aus lat.* cupa, *vgl.* kübel;

kuofelîn *stn. dem. zu* kuofe URB. *B.* 2, 480, *Pf.* 200. chuflein UHK. 2, 127 (*a.* 1330). küfflein TUCH. 106, 25. 26. küefel MH. 2, 276. 3, 424. kueffel DFG. 163ᵇ. ir mûl was als ein kûfel (: schüfel) WOLFD. *Casp.* 180. ein küpflîn vol salzes GR.W. 4, 4 (*vgl.* köpfelîn);

kuofener *stm. s. v. a.* küefer. kuffner TUCH. 252, 7. 14.

kuof-kar *stn. kufenartiges gefäss, kufe* MERAN. 9. GERM. 16, 78.

kuo-hirte *swm. kuhhirte.* MICH. *Mainzer hof* 31. 35. 41. 42.
kuo-hirten-kappe *f.* collobrium Voc. 1482.
kuo-horn *stn. kuhhorn, md.* kûhorn ALBR. 21, 406. Kühorn *als geschlechtsname* ZIMR. *chr.* 3. 265, 19. 270, 29.
kuo-hüeter *stm.* vaccarius DFG. 604ª.
kuo-hût *stf. kuhhaut* GR.W. 6, 164. Mz. 1, 527.
kuol- *s. auch* küel-.
kuole *adv.* (I. 779ᵇ) *kühl, kalt.* kuole stân FLORE 741. kuole baden MARG. 389; **kuolen** *swv.* (*ib.*) küele *werden od. sein* DIEM. NIB. (554, 6. 556, 2). GUDR. TRIST. — *mit* er-.
kuol-hûs *stn. kühlhaus.* daz ist ein ubel chuelhous ERINN. 908. kuolhûs vor den baden AUGSB. *r. W.* 231. USCH. 224 (*a.* 1346).
kuol-, küel-kezzel *stm. kühlkessel* MONE *z.* 3, 255 (*a.* 1391). 16, 327 (*a.* 1417). FASN. 1215.
kuol-mantel *stm.* (II. 62ª) spenula MONE 7, 590.
kuol-schaf *stn. kühlgefäss* CHR. 3. 393, 42.
kuolte *prät. s.* küelen, kuolen.
kuo-melker *stm. kuhmelker* CHR. 3. 291, 14.
kuomen *s.* komen.
kuo-mist *stm. kuhmist* HÄTZL. LXXII, 28.
kuo-mûl *stn.* (II. 231ᵇ) *kuhmaul* STOLLE, NP. 228.
kuone-zorn *adj.* (III. 907ª) *kühn u. zornig* KARAJ. 78, 8.
kuon-heit *stf.* (I. 894ª) *md.* kûnheit, *kühnheit* TRIST. EILH. 5811. EN. 298, 25. 300, 5. ALBR. 30, 144. PASS. 6, 91. WARN. 879. KOL. 206, 590. SYON 91. MGB. 277, 22; des salpeters kraft und kuonheit FEUERB. 79ᵇ.
kuon-rîch *adj. sehr kühn; als name:* dâ hiez der dritte Kuonrîch, der was der manheit gar ein helt KOL. 206, 602.
kuont *adj. s.* kunt.
kuo-ricke *swm.* (II. 682ª) *kuhgehege.* chuoriche DENKM. XCIX, 9.
kuose *swf. weibl. kalb u. schaf.* daz du im helfest hüeten sîner kuosen (: buosen) KOLM. 86, 33. *vgl.* DWB. 5, 1842. SCHÖPF 354. SCHM. *Fr.* 1, 1303.
kuo-smër *stn. s. v. a.* anksmër PF. *arzb.* 1, 11.
kuo-stal *stm.* (II². 558ᵇ) *kuhstall* GERM. *H.* 8, 300. MICH. *Mainzer hof* 14. 41. bostar kuo-, küegestal DFG. 79ᵇ, küewestal *n. gl.* 58ª.
kuo-vleisch *stn. kuhfleisch* NP. 225. MYNS. 37.
kuo-vuoz *stn. kuhfuss* NP. 228
kuow, kuowe *s.* kuo.
kuo-wëc *stm. kühweg* GR.W. 5, 273.

kuo-zagel *stm.* (III. 840ª) *kuhschwanz* BON. 99, 33.
kuo-zal *stf.* (III. 842ᵇ) *bestand an kühen* DENKM. XCIX, 9.
kupel- *s.* kuppel-.
kupfe, gupfe *swf.* (I. 915ª. 592ᵇ) *s. v. a.* goufe 1, koife LANZ. LOH. Ms. WOLFD. 2205, kuffe RAB., kuppe TRIST. *vgl. auch* gupf.
kupfelîn, kupfen *s.* köpfelîn, gupfen.
kupfer, kopfer *stn.* (I. 915ª) *kupfer* ENGELH. sô machet kupfer unde blî, daz golt den liuten ist sô wert TROJ. 2398. kupfer hât in sîner nâtûre, daz ez golt werden mac MYST. 2. 334, 1. wie man ûz kupfer klârez golt gewinnet MSH. 2, 11ᵇ. dîn silber daz wirt kopfer APOLL. 874. dem ist kupfer lieber danne golt NEIDH. 33, 13. kupfer bî genæmen golde HADAM. 162. ûzen golt und kupfer inne RENN. 6740. golt mit kupfer lœten *ib.* 10052. er sach wol, daz mit golde kupfers vil gerœtet was ERACL. 1965. sô het ich für daz golt gelesen daz kupfer und den messinc KRONE 11359. man gît mir mînes goldes nû kupfer hundert pfunt HELDB. *K.* 1. 143, 340. dâ gein ist sam der golt ze kupfer füeret j. TIT. 1802. (verguldet) kupfer wart gestrichen an den stein MSH. 3, 25ᵇ. abgunst blecket sam daz kupfer durch daz golt *ib.* 76ᵇ. missink unde kopfer (: klopfer) *ib.* 53ª. von kupfer ist der dorn NEIDH. XLV, 36. man vermûrde die tûre mit kopfer und mit steinen EN. 255, 37. kupfer MGB. 104, 2. 478, 25 *ff.* chofer DIEM. 370, 5. cuffer, kupper, kopfer DFG. 163ᵇ; *bildl. das unechte, falsche* FREID. KARL, MART. (kopfer 14, 78. 163, 32). — *aus lat.* cuprum.
kupfer-dôn *stm. name eines tones* KOLM. *s.* 175.
kupfer-gruobe *f.* cuprifodina DFG. 163ᵇ.
kupferîn *adj.* (I. 915ª) *von kupfer, eigentl. u. bildl.* (*unecht, unnütz*) KARAJ. ERINN. 852 *u. anm.* PART. *B.* 8292. KONR. *lied.* 32, 230. MSH. 3, 190ª. RENN. 9141. 451. 13758. 14149. kupferein MGB. 104, 2. 478, 25 *ff.* köpferîn MSH. 3, 80ª.
kupfer-meil *stn. kupferfleck.* ich hân daz k. an im (*an der falschen münze*) gesên MSH. 3, 64ᵇ.
kupfer-münze *stf. kupfermünze* RENN. 13766.
kupfer-rôt *adj. kupferrot.* kopher rôt NEIDH. 91, 26.
kupfer-rouch *stm.* dragantum VOC. 1482. vitriolum DFG. 624ª.

kupfer-schîn *stm. kupferfarbe.* kopferschîn Msh. 3, 64ᵇ.
kupfer-sinter *stm. kupferschlacke* Renn. 7964.
kupfer-smit *stm.* (II². 427ᵇ) *kupferschmid* Troj. 37250. Mone *z.* 8, 54. 13, 160. cupher-, kuppersmit Dfg. 163ᵇ, *n. gl.* 124ᵃ.
kupfer-var *adj. kupferfarb* Virg. 144, 9. kopfervar Msh. 3, 80ᵃ. Strick. 6, 69.
kupfer-vlinke *swm.* (III. 342ᵃ) *kupfererz, welches in glänzenden stücken auf dem gestein zu tag liegt.* quarz mit kuppervlinken Feldê. 158. *vgl.* Frisch 1, 278ᵃ.
kupfer-wazzer *stn.* (III. 539ᵇ) vitriolum. kupfer-, kopfer-, kupperwazzer Dfg. 624ᵃ.
küpflîn *s.* kuofelîn.
kuppe *s.* gupf, kupfe.
kuppel, kupel; koppel, kopel *stf. auch m. n.* (I. 915ᵃ) *band, verbindung* Ms. (H. 2, 139ᵇ). dô vant er vier gelîchnüsse unde drû kuppel Myst. 2. 250, 33, *bes. hundekoppel* Ls. gebunden wâren alle (hunde) an eine koppel rîch Part. B. 2633. coppel, kopel copula Dfg. 149ᵃ, *n. gl.* 113ᵇ; collipendium (*kummet*), jugum *ib.* 101ᵃ. 223ᵃ; *durch eine* koppel *verbundenes: hunde* Heinz. 129. 66, 6, *haufe, schar überh.* zû samene gericket und bitwungen in einen kopil Kreuzf. 1956. sie heten sich zû houf in ein kopil gedruckt *ib.* 5753. von der koppel sint si geflogen ûf zuo ir schephære Warn. 1768; *revier, an dem mehrere gleiches recht haben bes. für weide* (*s.* kuppelweide), jus dictum coppele Lac. 3, 20. die hirtschaft und diu reht diu zu der kuppel gehœrent Mz. 3, 265 (*a.* 1351). — *aus fz.* couple, *lat.* copula;
kuppelære *stm. kuppler.* kuppeler N. v. B. 87. kuppler Mgb. 226, 12 *var.* Netz 10280. kopler Altsw. 201, 12;
kuppelærinne *stf. kupplerin.* kupplerin Mgb. 226, 12 *var.* Netz 10294. 430. 81.
kuppel-gras *stn. gras einer* kuppelweide. *ndrh.* copplegras Lac. 1, 322 (*a.* 1176).
kuppel-höuwe *stn. heu von einer* kuppelweide. coppelhawe Gr.w. 3, 759.
kuppelic *adj. der geliebten* derzaig dich fröleich chupplig hin und dar Ring 11ᵈ, 40;
kuppeln, kupelen; koppeln, kopelen *swv.* (I. 915ᵇ) *an die* koppel *legen* Trist. ein schar von edeln hunden gekoppelt zein ander Part. B. 2562. die jagehunde suln gekopelt sîn Swsp. 197, 4. Ssp. 2. 61, 3, *bildl.* ie zwei und aber zwei sint gekupelt an der minnen seil Kell. *erz.* 647, 21; *überh. binden, fesseln* Ms. (H. 2, 139ᵇ). von uns werden gekuppelt unser wilden gedenke Mart. 267, 29 (*vgl.* Tit. 116, 4 *var.*), *geistig verbinden, vereinigen,* in liebe gecoppelt Mr. 3418 (Germ. 7, 491). ich wil mich alsô kopeln zur vrîheit Pass. K. 407, 40. — *mit ver-.*
kuppel-seil *stn.* copula Dief. *n. gl.* 113ᵇ.
kuppel-spil *stn. kuppelei* Wolk. *s.* 369.
kuppel-weide *stf.* (III. 552ᵇ) *gemeinschaftl. weide u. das recht dazu* Urb. (koppelweide Pf. 123). umb kuppelweide und holze haben wir dise chuntschaft gegeben Mw. 159, 4 (*a.* 1286). *ndrh.* copeleweide Lac. 1, 102. 116.
kupper *s.* kupfer.
kür, küre *stf.* (I. 828ᵇ) *md.* kur, kure; kor, kore, köre, kör, *mf.: prüfung* Trist. U. ûz wiser kür sprechen Helbl. (2, 925. 1251); *überlegung, erwägung, prüfende wal* (*bes. die königswal*) Wwh. Walth. Trist. Wig. in dirre zwîvellîchen chur Urst. 125, 71. in wîser kür Troj. 45921. nû muost dû disen strît nâch dîner kür scheiden Greg. 1274. daz si nâch edels herzen kür niht bezzer mohte werden Silv. 484. sie haben den kür Msh. 3, 95ᵃ. wære ez gestanden in ir küre Ga. 3. 58, 660. diu küre stê an dem willen dîn Ulr. Wh. 185ᵉ. daz stât an ir kur, kür Swsp. 351, 7. 404, 11. nâch der gebûre kore Ssp. 1. 20, 2. 2, 47. nâch gûter lûte kure *ib.* 2, 29. der kure sol an im stân Hpt. 11. 496, 128. 497, 196. ich sol den kore hân Crane 1682. ir solt si irn vrîen kur lâzen hân *ib.* 1749. nâch vrîer kur Albr. 33, 324. nâch ir wal und kur *ib.* 35, 148. nû hânt si die kür gelân an vier und zweinzic herren Gerh. 5330. die vürsten an der kür Gfr. 2902. fürsten der kur Netz 7492 (*vgl.* kurherre, -vürste). si jâhen mit gelîcher kür, man solt in niewan keiser nennen Loh. 3151. erkorn mit gemeiner kür 3240. die siben kür, *kuren, walstimmen ib.* 1962. des (*kön. Ottos*) kure was doch umme sus Elis. 315. er hât gelobt, daz er nû dem negsten sîn chur, sî eine ader mêr, wende und kêre an einen man, an wen wir wöllen, alsô daz er den kiese zuo einem rœm. kunig Mw. 195 (*a.* 1294). da wolde der kunig von Beheim der kure folgin und nach geen Rcsp. 1, 181 (*a.* 1410), kor *ib.* 183, kore 185. der alt haubtman sol die erste köre (*stimme, stimmrecht*) haben Adrian 285; *auswal u. das ausgewälte* (*z. b. das* besthoubet) Gr.w. 3, 253. 4, 673. 83 *s.* Dwb. 5, 1794. Halt. 1118. ûz

der kür, *aus der zal der ausgewälten* Silv. 3050; *entschluss, beschluss, bestimmung u. das recht dazu:* nâch eines wîsen mannes chur Gen. *D.* 101, 26. die zuo der vluht heten die kür Laur. *Sch.* 2463. ist eʒ mîner vrouwen kür, ich tuon gern swaʒ ir mir gebietet Loh. 934. mit vrîer kür geloben Karl 11875. eʒ ist der lantlûte vrî kore, daʒ Ssp. 1, 56, kure 3. 64, 10. eines dinges kure haben Mühlh. *r. L.* 177; *strafbestimmung, strafe, zu erlegende busse:* pœnæ quæ korin appellantur Lac. 2, 738 (*13. jh.*). *die stadt Korneuburg nimmt* ungelt, maut und kor *auf drei jahre in bestand* Mh. 2, 632. *s.* Halt. 1120; *beschaffenheit, art u. weise* Wwh. der lenze ist weich in sîner kur Albr. 35, 209, *mit gen. od. adj., meist nur umschreibend* Wolfr. Wig. Ms. Konr. (von hôher kür Troj. 354. 1882. 15868. 23446. 24420, kure: figûre 9641. nâch edels herzen kür 20564) Rud. (in vientlîcher kür Orl. 9127). mit waʒʒirs chure Gen. *D.* 29, 10 (= mit waʒʒere Fdgr. 32, 1). er greif in astromîen kür Wartb. 159, 1. nâch der juden kür ein buoch tihten *ib.* 158, 13. in eins drachen kür *ib.* 15, 6. sie was wol in sô zarter kür Loh. 6648. in vrouderîcher kür Neidh. 35, 28. si giengen nâch vil werder kür Gerh. 3597. in hovelîcher kür 6013. in liehter künneclîcher kür 5930. in küneclîcher kür sitzen Türl. *Wh.* 81ª. mîn allermeistiu hôhiu kür diu lac an mînem recken Dietr. 3802. dranc hin durch in swacher kür Wildon. 28, 445. in des ungelouben, in ungeloublîcher kur, *im unglauben* Pass. *K.* 442, 43. 270, 7. in betelîcher kur, *bittweise ib.* 302, 13. — *ahd.* churi *zu* kiesen, *vgl.* kor, kürst.

kür-bære *adj.* (I. 829ᵇ) *wälbar: erwälenswert, vorzüglich* Trist. 6185.

kurbe *s.* kirchwîhe.

kurbe *swf.* (I. 915ᵇ) *die winde am brunnen* Reinh. er zôh die kurbin sêre *ib. sendschr.* 961. — *ahd.* churbâ, *aus fz.* courbe, *mlat.* curva *vom lat.* curvus Weig. 1, 652.

kürbe *pl. s.* korp.

kurbel, kurbelîn *s.* kërvele, körbelîn.

kürbiʒ *stm. n.* (I. 915ᵇ) *kürbiss.* kürbiʒ, kurbiʒ, cürbs, korbiʒ, korwize, kirbiz colocynthis, cucumer, cucurbita Dfg. 133ª. 161ª, churibiz, kürpz, kurbs *n. gl.* 101ᵇ. 122ᵇ. kürbiʒ, kürbʒ, kürwiʒ Mgb. 313, 9. 393, 8 *ff.* daʒ kürbiʒ *ib.* 313, 21. ain alexandrischer k., coloquintida *ib.* 365, 17. — *aus lat.* curbita (ain kukerbit Schm. *Fr.* 1, 1224 *a.* 1429).

kürbiʒ-bir *f.* volemis, curbeʒberon Gl. *Virg.* 3, 200 *u. anm. vgl.* volemum, grosse od. handvöllige birn Dfg. 628ª.

kürbiʒ-garte *swm.* (I. 484ª) cucumerarius Dfg. 161ª, *n. gl.* 122ᵇ.

kürbiʒ-kërne *swm.* (I. 800ᵇ) cucumer Sum.

kürbiʒ-rëbe *swf.* (II. 586ᵇ) tanaceta Sum.

kürbiʒ-souc *stm.* (II². 724ª, 27) *kürbisssaft* Diem. *arzb.*

kurc, -ges *adj.* (I. 830ª) *sichtbar, deutlich; ausgezeichnet, auserwält* Wolfr. Frl. zuo der kunigin church (: Salzpurg) Ot. 30ᵇ. er daucht sich frœleich unde churg 66ª. manig ritter church 70ᵇ. 77ª. der furste ch. 104ᵇ. 172ᵇ *u. ö.* dem markis was manheite kurc Türl. *Wh.* 35ª. ouch sît ir beide an kreften kurc *ib.* 12ª. so ist mîn swester Kyburc an wîbes schœne sô kurc Ulr. *Wh.* 261ª. zû strîte kurc Kreuzf. 979, *vgl.* Kirchb. 598, 20. 599, 31. 606, 12. 607, 24 *u. o.* (Lanz. 5524 *ist* durch *beizubehalten, s.* Weinh. *al. gr.* § 224, Bächtold *Lanz. s.* 39 *f.*). — *zu* kiesen, kür, *vgl.* kürlich.

kurc *adv. genau.* gar kurch sich die fraw bedacht Zimr. *chr.* 2. 21, 32;

kurc-lîchen *adv.* (I. 830ª) *deutlich* Hpt. 5, 422.

kurdewân *stm.* (I. 862ª. 915ᵇ) *corduan, corduanschuh.* aluta kurdewân, cordewên, corduâl Dfg. 27ᵇ, kurduwân *n. gl.* 18ᵇ. cordwân En. 161, 24. schuoche von kurdwâne Wolfd. 1390. kuderwân Np. 158. korrûn Helmbr. 321. kürdewângaʒʒe (vicus sutorum) *in Strassburg* Chr. 8. 94, 14. 95, 16, *umgedeut.* kurdeboumgaʒʒe *ib.* 26. *vgl.* Karallander (: Alexander) Ecke *Casp.* 91. curduanelli, *corduanschuhe schon im* Ruodl. 13, 96. — *aus fz.* cordouan, *ital.* cordovano, *leder (aus ziegenfellen) von Cordova in Spanien* Dwb. 5, 1808;

kurdewæner *stm.* (*ib.*) *schuhmacher* Troj. 114. *Strassburger urk. v.* 1263 *bei* Gaupp 91;

kurdewænîn *adj. von corduan.* cordîn vel schœns leder Dief. *n. gl.* 18ᵇ. khurween schuohe Gr.w. 4, 184;

kurdewænisch *adj. dasselbe.* cordewonische schue Gr.w. 1, 675.

kure, küre *s.* kür, kiesen;

kure, küre *swm. amtlich bestellter prüfer.* eʒ suln auch die kuren zustechen und zuschnyden swaʒ bôʒʒet haller für sie kumet. swelhe gast sich niht wil lâzzen benûgen an den kürn, dem sol man sîn koufmanschaft lâzzen stên ROTENB. r. 45. vgl. kieser.

kûret s. currit.

kur-geselleschaft stf. das deutsche walcollegium OT. 117ᵇ.

kur-hërre swm. kurfürst OT. 174ª. 341ª. JER. 173ª.

kur-huobe f. wie di hûbe sint, kurhûbe oder andere GR.W. 5, 316, eine ganze kurhûbe ib. 315 (Wetterau).

kur-huot s. kôrhuot.

curîe stf. (I. 915ᵇ) das füttern der jagdhunde mit teilen des eingeweides vom wilde TRIST. 2959 ff. — aus fz. curée.

kurier s. kurrier.

küriz stm. (I. 915ᵇ) kürass. kurisz EHING. RCSP. 1, 474, thorax VOC. 1482, vgl. ZIMR. chr. 4, 553ᵇ, kürisch MŒRIN, korisz CHR. 5, 174 anm. 1. kurrutz RA. 569 anm. 1. — aus fz. cuirasse eig. lederharnisch von cuir, lat. corium. vgl. currît;

kürizzer stm. harnischreiter, cürassier LCR. 142, 19. kuresser CHR. 5, 195 anm. 1.

kür-kint stn. (I. 818ᵇ) adoptivkind FRISCH 1, 169ª; vgl. adoptivus, ein auszerkoren kint DFG. 13ᵇ, gekoren sun n. gl. 9ª.

kür-lich adj. (I. 829ᵇ) s. v. a. kurc, sichtbar, deutlich. kurlîcher schade MONE z. 17, 220 (a. 1312); ausgezeichnet, auserwält, tüchtig WWH. (11, 28. 461, 12). TRIST. 6677 (bei Bechst. kurzlich). k. helt RAB. 472, lîp MEL. 7499, swert GA. 1. 472, 655, winde ib. 459, 145. mit kurlîchen worten MONE 8. 50, 129. bes. häufig bei KONR., vgl. noch TROJ. 3596. 7633. 10170. 17623. 18636. 19611. 49. 23065. PART. B. 5802. 12507. TURN. B. 266. 522;

kür-lîche, -en adv. die sach man kürlîchen (vor andern ausgewält, ausgezeichnet) stân NIB. 1233, 3 var. ir augen stunden kurlich wol KELL. erz. 270, 15. sich k. zuo einer smucken WOLK. 76. 1, 25. (kurliche ELIS. Diut. 488 ist mit Rieger 10476 kurzlîche zu lesen).

kür-lop stn. (I. 1020ᵇ) vorzügliches lob LANZ. 6904.

kur-miete stf. (II. 168ª) kur-, körmiete, die abgabe des besthaupts nach auswal (kur) des herrn WEIST.;

kur-mietec adj. (ib.) zur abgabe der kurmiete verpflichtet WEIST.

kurn prät. pl. s. kiesen.

kürne, kürn stn. coll. zu korn. ez sei haber oder corn oder swelher hande kürn daz ist NP. 191. 192 (13.—14. jh.);

kürne, kürn, kurn stf. (I. 915ᵇ) mülstein, müle. mola, churne DFG. 365ª, kuerna n. gl. 255ª. kürne Ms. (NEIDH. XVIII, 9). kurne KCHR. D. 55, 3, kurn 118, 9. quirn s. unter kurnestein. — gt. quairnus, ahd. chuirna, quirn zu skr. jar, zerreiben GSP. 3. Z. 1, 151. DWB. 5, 1813. vgl. kërn, korn;

kürnen swv. (I. 916ª) malen, zermalmen FRL.;

kürnen, kurnen swv. s. körnen u. erkürnen.

kurne-stein stm. (II². 615ᵇ) mülstein, molaris DFG. 365ᵇ. quirnstein PASS. K. 440, 56.

kurnîol s. corniol.

kurnts s. gekürnze.

kurpen? swv. (I. 916ª) gekurpit in der helle sloz MART. (lies 158, 23).

kürre adj. (ib.) md. kurre, kirre, zahm, milde RENN. PASS. (K. 97, 67. 257, 50. sittsam 475, 42). zam, kurre domesticus VOC. 1482. kurre machen, domare DIEF. 1470, 110. — gt. quairrus wol mit kürne zu skr. jar s. Z. 1, 137 u. vgl. auch DWB. 5, 837. KUHN 7, 181.

kurren swv. grunzen. dir kurret sêr dein kragen GERM. 3, 318. vgl. gurren, kërren;

kurrent m. als abgabe, vermutl. ein kleines schwein URB. Son. s. 109. wol zu kurren.

kurrier, kurier stm. (I. 916ª) läufer TRIST. U., läufer im schachspiel WIG. 269, 38. AMMENH. s. 169 u. WACK. über Ammenh. s. 33. vgl. nd. currerspêl CHR. 7, 455ª. — aus fz. courier.

currît stn. lederharnisch? die sach man ze Wienne koufen currît unde platen NEIDH. 84, 23 u. anm. (dazu HPT. 13, 181). mich hiez ein vrouwe currît tragen an blôzer hût MSH. 2, 147ᵇ. gurrît AUGSB. r. 92. kûret KARLM. 54, 14. 15. 62, 36. 40. 90, 45. 268, 65 u. ö. — vgl. fz. cuiret, enthaartes aber noch ungegerbtes fell u. oben küriz.

curs stm. reihe vorgeschriebener gebete DENKM. LXXIV, 11 u. anm. FDGR. 2. 213, 7, vgl. MAR. 164, 4. — aus lat. cursus.

curs stm. (I. 916ª) körper PARZ. — aus fz. corps.

kursât s. kursît;

kürsen, kursen stf. (I. 916ª) pelzrock LIEHT. (539, 13. 541, 3). HELBL. HELMBR. MART. (231, 34). umbe chursenne unde belice habent si neheine ruoche HIMLR. 262. gæb ich ir in ir huote eine vëhe kürsen MSH. 2, 170ª. ein kürsen wîze GA. 2. 132, 212. 185, 390. vëhe kursen hermelîn ENENK. p. 302. ez sol kein gemeine vrouwele keinen frouwenmantel noch kursen niht tragen MERAN. 13. ez sol auch dhaine frawe dhein hermeleinen pelz noch kursen tragen NP. 67 *(13.—14. jh.*), zoblin oder merderein kürschen *ib.* 96 *(15. jh.)*. kürsen u. peltz CHR. 5. 139, 4. kursen VET. *b.* 69, 14. *md.* kurse HERB. VOC. 1482, korse RSP. 1798, kurschen CDS. 3, 122, korschen DÜR. *chr.* 99. — *ahd.* chursinna, crusina, *ags.* crusne, *mlat.* cursina, crusina *vielleicht slav. herkunft s.* WEINH. *d. fr.* 448 *anm.;*

kürsenære, -er *stm.* (I. 916ᵇ) *kürschner* MSH. 2, 204ᵃ. ENENK. *p.* 281. kursener CHR. 8. 123, 22. kürsner TANH. *hofz.* 102. JUST. 336. CHR. 1. 354, 8; 4. 252, 16. 256, 13. 19; 5. 125, 6. 10. 17. 149, 2. TUCH. 151, 13. kursner *ib.* 155, 9. CDS. 3, 98. 104. CHR. 4. 133, 30. kurszner patiparius, pellifex, pelliparius, pellicarius VOC. 1482. korsner SCHM. *Fr.* 1, 1296.

kürsener-knëht *stm. s. unter* knëht.
kürsener-lêhen *stn. s. unter* kürsenlêhen.
kürsener-wërc *stn. kürschnerhandwerk.* das kürsnerwerk lernen CHR. 5. 125, 4. *vgl. nd.* korsenwerchte *swm. kürschner ib.* 6. 354, 43; 7. 305, 19.

kürsen-gewant *stn.* (III. 684ᵇ) *pelzkleidung* SCHM. 4, 100.
kursen-gaden *stn.* pellicina VOC. 1482.
kursen-hûs *stn. dasselbe* NP. 50. 51.
kürsenîn *adj. von* kürsen. kürsnen mentel und röcke NETZ 7297 *anm.*
kürsen-lêhen *stn.* Mätzel und Sophei habent einen hof ze kürsenlêhen URB. *Son.* 87, 7, *kurz vorher* kürsnerlêhen.
kürsenlîn *stn.* (I. 916ᵇ) *dem. zu* kürsen PARZ. ENENK. *p.* 281.
kürsen-mantel *stm.* (II. 62ᵃ) kyrsen-, kursmantel melotes DFG. 355ᵇ.
kursît *stnm.* (I. 916ᵇ) *stn pelzoberrock, eine* kürsen *die mit seide oder wollenzeug überzogen einen ziemlich weiten überwurf bildete*(WEINH. *d. fr.* 347) *u. der den Deutschen durch Frankreich bekannt geworden war* (sîn kursît ist ein Schampeneis NEIDH. XXIII, 19). *von den rittern wurde das k. über dem harnisch getragen* WOLFR. (PARZ. 145, 23. 211, 9. 622, 2. WH. 59, 12. 125, 19. 129, 1. 140, 14). ERACL. 4745. TROJ. 30787. ENGELH. 2689. 4689. PART. *B.* 5162. 21762. TURN. *B.* 430. ULR. *Wh.* 154ᵃ. 170ᵃ. 231ᵇ. WH. *v. Öst.* 38ᵃ. APOLL. 541. 2222. 6737. 12648. HELBL.

H. 1. 147, 573. ELIS. 526. CRANE 1888. 2581. 2709. 3106. 3899. AUGSB. *r. W.* 251. kürsît WIGAM. 5332, kursât *ib.* 4459, corsît *ib.* 864, kurset MYST. 2. 433, 28. gursît SCHM. *Fr.* 1, 1295; k. *als frauentracht* PARZ. LANZ. 885. ELIS. 2556. dô fuort sî einen kursât an von dem ich wol gesagen kan, der was bortsîdîn HEINZ. 689.

kürspel *s.* kirchspil.
kürst *stf. die wal* BEH. 1, 12. 114, 16.
kurst, kurt *s.* kurz.
kurteis *s.* kurtois.
kurten *s.* kürzen.
kurtesan *stm. höfling.* ez ist auch ein kortesan, genant meister Sander Marzenhûsen, ûf gestern von Rôme gein Basel komen RCSP. 1, 384. curtisan *m. und* curtisane, cortisane *f.* ZIMR. *chr.* 4, 548ᵇ. 553ᵇ. — *aus fz.* courtisan, *it.* cortigiano;
kurtesîn *stf. s. v. a.* kurtoisîe GA. 2. 219, 21 (: sîn);
kurtieren *swv.* (I. 916ᵇ) *zieren, schmücken.* daz got selbir zieret, sô rehte wol kurtieret MART. 24, 76. mit sælden gekurtieret 213, 20, mit golde 156, 31;
kurtisieren *swv.* das si daselbst curtisirt, id est grosz huren gewesen ZIMR. *chr.* 3. 544, 14. *vgl.* DWB. 2, 640;
kurtois, kurteis *adj.* (I. 916ᵇ) *höfisch, fein, gegens. zu* ungehovet (WWH. 449, 11). kurtois PARZ. TRIST. WIG. MSH. 2, 383ᵃ. ENGELH. 2860. kurtoise j.TIT. 3544. kurteis PARZ. TRIST. *H.* LOH. 3387. 3485. MSH. 2, 241ᵃ. kurteise PARZ. WWH. 449, 10. j.TIT. 1358. kurtis MAI 196, 25. *vgl.* ZIMR. *chr.* 4, 548ᵃ. 549ᵇ. — *aus fz.* courtois *von* cour, *hof, lat.* chors chortis, *viehhof* DIEZ 112;
kurtoisîe, kurtôsîe *stf.* (*ib.*) *höfisches benehmen, feine bildung* PARZ. TRIST. WIG. j.TIT. 1943. KRONE 24986. — *aus fz.* courtoisie, *vgl.* kurtesîn.
kurvei *stn.* bûchstœzec unde bogenrucke was ez (ros), und het daz curvei (*gedr.* curuei) KRONE 19846. daz pferd gewinnet auch dick das kurve, das ist, das es das knie krümmet und nit wol gepiegen mag an dem gaun MYNS. 88. — *aus lat.* curvum.
kur-vihe-nôz *stn.* (II. 395ᵃ) *md.* kurvinôz, *zuchtstier, eber, bock* MÜHLH. *r. L.* 181.
kür-, kur-vürste *swm.* (III. 378ᵇ) *kurfürst* CHR. 1. 34, 9. 22. TUCH. 333, 17. korfürst JUST. 139, *md.* korfurste RCSP. 1, 43. 44 (*a.* 1397) *u. o.* korvorste LUDW. 6.

kur-vürsten-tuom *stmn. kurfürstentum* RCSP. 1, 37 (a. 1394). 489.

kur-vürst-lich *adj. kurfürstlich* RTA. 1. 50, 11. MICH. *Mainzer hof* 30. 43.

kür-wehter *stm. wächter, welcher die aufsicht über die andern führt* CHR. 6. 244, 30.

kur-welsch *adj.* 36 mark kurwelsch gewicht CDG. 2, 239 *u. o.*

kürwîche *s.* kirchwîhe.

kürwiz *s.* kürbiz.

kurz *adj.*(I. 917ᵃ) kurst NETZ 10992; *md. auch* korz *u. nach nd. art* kurt; *comp.* kürzer, kurzer (ER. 2100), kurzel CHR. 9. 578, 6: *kurz, gering an ausdehnung in die länge, von raum u. zeit allgem.* (kurzez gras ERACL. 1844. 2720. ULR. *Wh.* 143ᵇ. ain kurze staud MGB. 137, 27. ein sper kurz LOH. 2492. kurze mentelîn RENN. 20482 [*vgl.* kutzmentelîn]. kurziu bein WIG. 170, 6. k. lip *ib.* 170, 20. k., *kleiner* man [*vgl.* kurzman] *ib.* 170, 9. 172, 21. HERB. 3210. LS. 3. 323, 69. CHR. 2. 79, 33. 80, 11. der kurze und der lange ULR. *Wh.* 135ᵇ. 159ᶜ. 202ᵃ. die kurzen wæren gerne lanc gewesen AB. 1, 373. die kurzer, *die kleinere, jüngere* CHR. 1. 72, 23. dô kam Künhilt diu kunegîn mit maneger kurzen twergîn LAUR. 1056. einem den hals kurt machen KARLM. 48, 27. des houbtes er dô kürzer wart WWH. 113, 29. einem ze kurz tuon, *ihn benachteiligen, verkürzen* CHR. 5. 85 *anm.* 1. der uns tuot ze kurz an leib oder guot RING 41ᵈ, 13; — *kurze zeit dauernd, in kurzer zeit geschehend:* kurzez leben MGB. 165, 18. unser leben ist sô kurt: geburt ZING. *findl.* 2, 130. in vil churzer wîle EXOD. *D.* 148, 37. korzer vrist, *nach kurzer zeit* KREUZF. 5547. in kurzen [*vor wenigen*] jâren TUCH. 77, 24. sie ist noch kurz an jâren, *zält wenige jahre* LOH. 930. kurzer tac GEN. *D.* 21, 13. EILH. 4384. in kurzen, *wenigen,* tagen GR. RUD 5, 18. GUDR. 1086, 2. LIEHT. 119, 15. bî kurzen tagen MSH. 3, 89ᵃ. MGB. 137, 27. in churzer stunt GEN. *D.* 94, 21. GOLD. *Z.* 10, 2. in kurzen stunden EILH. 5444. ein kurziu île PARZ. 403, 8. mit kurzen worten GRIESH. 2, 27. RAB. 901. diu messe gar ze kurz mir was LIEHT. 38, 17. des tôdes kurzez ende HPT. 5. 542, 1023. leidiger gast ist kurzer vriunt MSH. 3, 289ᵃ. churz, *schwach,* wart dô ir chraft GEN. *D.* 21, 10. mir geschiht etw. ze kurz, *kommt für mich zu spät* CHR. 5. 68, 27. mit dem kurzen, *kurz, kurzweg* TUCH. 242, 4; *unflect.*

acc. n. [*vgl.* kurze] *kurze zeit hindurch* NIB. IW. weder churz noch lange GEN. *D.* 50, 35. über kurz ER. BIT. 10790. TÜRL. *Wh.* 85ᵇ. ENENK. *p.* 358. 70. ELIS. 5435. JER. 141ᵇ, über kurt PASS. *K.* 478, 36. 494, 70. bî korz, *vor kurzem* UGB. 509. mit kurz, *um es k. zu machen, kurzum* CHR. 5. 133, 6). — *aus lat.* curtus;

kurze, kurz *adv.* (*ib.*) *kurz, auf kurze weise.* ein kurz beschorns knehtlein CHR. 2. 81, 9, *kurze zeit hindurch* PARZ. FLORE 6205. des wert mîn êre kurt (: geburt) PF. *üb.* 17,1040; *in kurzer zeit, bald, rasch* ER. TRIST.; um es kurz zu sagen CHR. 5. 120, 23;

kürze *stf.* (*ib.*) *kürze* PARZ. des rockes k. HELBL. 1, 235. diu k. in wart gelenget LOH. 2883. durch k. der rede lâz ich sin *ib.* 4274. der muoz in k. abe sîgen WG. 10510.

kurze-bolt *stm.* (I. 221ᵇ) *der klein von körper ist, als name* MB. 36ᵃ, 638, *vgl.* WACK. *litt.* 76 *u.* kurzman; *ein kleidungsstück* (*vgl. Z.* 1, 378) KCHR. *D.* 366, 21. ERACL. ROTH. ELIS. 524. *vgl.* kurzgewant.

kurzec *adj. zu folgern aus*

kurzec-lîche *adv. kurz.* niht kurzeclîche, ez was vil lanc TROJ. 45012. k. sagen, sprechen W. *v. Rh.* 134, 35. 138, 55. HB. *M.* 713. *vgl.* kurzlîche.

kürzegen *swv.* abbreviare, curtare DFG. 1ᶜ. 164ᵇ.

kurze-lich *adj. adv. s.* kurzlich.

kurzen *swv. intr.* kurz werden. mîne tage swindent unde kurzent mîniu jâr NEIDH. 87, 8;

kürzen *swv.* (I. 917ᵃ) *prät.* kurzte; *md.* kurzen *u.* kurten (HERB. 3567. 4080. 7328 *u. o.*): kurz machen, kürzen, abkürzen, verkürzen. *absol.* kurzen und lengen HERB. 6; *tr.* PARZ. TRIST. HARTM. (den winter k. MSF. 216, 6. nû kurzte in die stunde der wirt ER. 8189. dâ von ich iu k. wil ze sagenne, *deshalb will ich euch nicht aufhalten mit erzälen* 2134). die wât ELIS. 7676, den wec KINDH. 90, 1, die wîle LIEHT. 112, 7, daz mære FLORE 5160, die rede ALTSW. 235, 24, den rât LOH. 3644, daz leben SERV. 3403. PASS. 218, 93. MGB.139, 25, die stunde kürzen TROJ. 195. die stunde mit werche churzzen GEN. *D.* 102, 36. diu mâze kürzet die untugent mit meisterschaft WG. 10147; *mit gen.* einen des haupts k., *enthaupten* CHR. 3. 276, 24. — *mit* be-, er-, ver-;

kürzern *swv.* (I. 917ᵇ) *kürzer machen.* kürzerôn GRIESH. 1, 82;

kürzerunge *stf. kürzermachung, verkürzung.*
k. des lebens NP. 258. durch k., *der kürze halber* CHR. 9. 861, 7 *var. vgl.* kurzunge.
kurze-wîle *s.* kurzwîle.
kurz-gewant *stn.* ir gâbe und ouch ir kurzgewandes wil ich immer mê enbern MSH. 3, 17ᵇ. *vgl.* kurzebolt.
kurz-heit *stf.* (I. 917ᵃ) *kürze* MYST.
kurz-lich *adj.* (*ib.*) *s. v. a.* kurz DIEM. TIT. TRIST. (kurzlîchiu bite 9979. k. kust, *kurze, gedrungene beschaffenheit* 6677). mit kurzlîchen worten HERB. 4757, EILH. 2766. k. rede MONE 8. 53, 48. bî kurzlîcher île ELIS. 5238. in kurzelîcheme dône PASS. K. 3, 55;
kurz-lîche, -en *adv.* (*ib.*) *kurz, in kurzer zeit, bald.* kurzlîche Iw. BARL. HERB. 3487. 15805. ERACL. 1737. FLORE 4114. APOLL. 6765. STRICK. 12, 369. KARL 4714. WARN. 2865. ALBR. 16, 24. ELIS. 449. 4324. 10476. kurzelîche PASS. 165, 4. 189, 49. 157, 73. 387, 62. KREUZF. 3586. 668. kurzlîch, kurzlich LOH. 2930. 7342. LIEHT. 33, 25. LIVL. 1885. MGB. 75, 33. 217, 22. 260, 17. ELIS. 3412. 4447. JER. 179ᵇ. kürzlîch LIEHT. 27, 1. 62, 28. korzlîch (*vor kurzem*) CHR. 5. 324, 10. kurzelîch, kurzelich PASS. 28, 33. 91, 34. JER. 100ᵇ. kurzlîchen LIEHT. (98, 31). GRIESH. 1, 35. ANEG. 10, 29. SWSP. 34, 1. MGB. 69, 4. kurzelîchen LIVL. 12015. CHR. 8. 52, 5. PASS. K. 13, 91. 31, 34. kürzelîchen LIEHT. 13, 29. CHR. 8. 56, 2. *sup.* kurzlîchest ER. 7491. MGB. 74, 35. — *md. auch* kurtlîch PASS. K. 71, 50, kurtlîche ELIS. 377, kurtlîchen WH. *v. Öst.* 82ᵇ;
kurz-lîches *gen. adv. in kurzer zeit.* kurzelîches PASS. K. 19, 40.
kurz-man *stm.* (II. 44ᵃ) *kleiner mann* LEYS. 120, 28. *vgl. oben* kurzer man *u.* kurzebolt.
kurzunge *stf. verkürzung.* k. der zît JER. 99ᵇ. durch kurzung willen, *der kürze halber* CONST. *chr.* 204. 227. *vgl.* kürzerunge.
kurz-, kurze-wîle *stf.* (III. 670ᵃ) *kurze zeit. s.* kurzwîlen; *zeitkürzung, unterhaltung, vergnügen allgem.* (kürzwîle WWH. 466, 20. LIEHT. 338, 5), *vgl. noch* NIB. 33, 4. 129, 1. 134, 2. 307, 2 *u. o.* ER. 1386. 2152. BÜCHL. 1, 673. WG. 12274. 84. 86. ALBR. 5, 64. 13, 191. 32, 317. PASS. 351, 26, *K.* 289, 41. MGB. 236, 20. PF. *üb.* 154, 63. CHR. 5. 42, 14;
kurz-wîlec *adj.* (III. 671ᵃ) *kurzweilig* TEICHN. KELL. *erz.* 181, 1;
kurz-wîlec-lich *adj. dasselbe* REINFR. *s.* 32.

kurz-wîlen *adv. dat. pl.* (III. 670ᵃ) *in kurzer zeit, nächstens* WALTH. 16, 25.
kurz-wîlen *swv.* (III. 671ᵃ) *intr. sich die lange zeit verkürzen, eine kurzweil machen* NIB. BIT. (8183). LAUR. *Sch.* 1117. DAN. 6002. ALEXIUS 46, 66. NP. 54. ÖH. 157, 18. kurzewîlen TROJ. 25024. PART. *B.* 2168. kurzw. gân, *lustwandeln* GREG. 807; *tr. unterhalten,* ich wölt euch kürzweilen KELL. *erz.* 123, 3. 126, 16.
kurz-wîl-lîch *adj. s. v. a.* kurzwîlec. in kurzwîllîcher rede siten TÜRL. WH. 88ᵃ.
cus *stm. hahnrei.* alter gouh, du bist cus REINH. *sendschr.* 606 *u. anm.* — *aus altfz.* cous.
kus, -sses *stm.* (I. 917ᵇ) kos *stn.* FDGR. 1. 31, 2. HPT. *h. lied* 6, 19. 7, 6. 8, 4. 9 *s.* GERM. 9, 368 —: *kuss, allgem.* (den rôten k. erwerben MSH. 1, 43ᵇ. 44ᵇ. 58ᵇ. si giltet k. mit kusse 2, 331ᵇ. wie gar ze kusse stêt ir wol gerœter munt 1, 351ᵇ. der êrste k. mir freuden mêre j. TIT. 1371. si gap im einen süeȥen k. ENGELH. 2399. manic k. den ich von dînem munde enpfie TROJ. 17098. frouwen ze tische giengen, den gast mit kusse enpfiengen LIEHT. 603, 20. gip her an mînen munt einen süeȥen friundes kus HERZM. 190. dô Pêtrus und Paulus gâben vrûntlîchen kus PASS. 189, 18). — *vgl.* DIEF. 2, 463 *u.* küssen.
kûs *imperat. s.* kiesen (PASS. K. 382, 33).
kus-brôt *stn.* (I. 264ᵇ) *s.* kustbrôt.
kûsch- *s.* kiusch-.
kuschdrille *s.* kokodrille.
kuschen *stn. s.* küssen.
kûse-heit, -keit *s.* kiusche-heit, -keit.
kusel *stm. eine pferdekrankheit.* welhes ros den kusel hat CGM. 824, 8 *bei* SCHM. *Fr.* 1, 1303. *vgl.* küsel, *kreisel, wirbel* FROMM. 5, 154.
kusel, kosel *stm. pinsel der tüncher.* 2 β fur einen kusel, das gewelbe zu wyszen FRANKF. *baumstb. a.* 1436 *f.* 22. vur ein kusel, damit man wîszet die mûren *ib.* 1438, 57ᵇ. vur ein kosel *ib.* 1453, 19. *vgl.* koseln, *sudeln* DWB. 5, 1842.
küsen *stv. s.* kiesen.
kûs-lich *s.* kiuschlich.
kus-, küs-lich *adj.* (I. 919ᵇ) *zum küssen geeignet* MAI, Ms. HEINZ. 651. LIEHT. 552, 13;
kus-lîchen *adv.* der munt kuslîchen stât LIEHT. 558, 12. *vgl.* küssenlîche.
küslinc *s.* kiselinc.
kus-mânôt *stm.* kussmonat, *wonnemonat, flitterwochen* ZIMR. *chr.* 4. 92, 33.

küsse *stn. s.* küssen.

kusse-bære *adj. s. v. a.* kuslich. daz sie wære sô rehte kussebære under vrouwen unde meiden KRONE 16734.

küssen *swv.* (I. 919ᵇ) *md.* kussen; *prät.* kuste, küste (PYRAM. 405), *part.* geküsset, gekust: *küssen, absol.* TRIST. *U.*; *mit präp.* an MAR. dô kuste vrûnt an vrûndes munt CRANE 2040. des kuste der arme an sîne hende KOL. 170, 50, in RAB.; *mit acc. d. p. allgem.* (küsse küsse küsse mich MSH. 1, 79ᵇ. er helsete sie unde kuste ALBR. 24, 222. PASS. *K.* 32, 94. si kusten sich vor liebe j.TIT. 1103. ich ergibe mich und küsse iuch als herren iuwer man KRONE 7601) *und präpos.* an (einen oder eine an den munt k. WIG. 221, 35. KARL 2130. ALBR. 16, 121. KOL. 252, 277), vor liebe si mich in daz ouge kuste NEIDH. 153, und kusten pâbest ûf die hant PASS. *K.* 316, 19; *mit dat. d. p. u. acc. d. s.* (er kust im ougen unde lide OTTE 725, ougen und munt KARLM. 210, 35). — *mit* ge-, under-, ver-. *aus gt.* kukjan, *küssen? vgl.* DIEF. 2, 463. WEIG. 655. GSP. 5;

küssen *stn.* (I. 919ᵇ) PARZ. Ms. daz cussen, daz under zwischen zô der misse tûnt di lûte GLAUB. 857. küssens reht KRONE 26462. küssen ist der Minnen rôse, dâ si reitzet wunne mit LIEHT. 581, 17. swerz beste tuot der hât von ahtzic meiden ieglîcher ein sunder küssen j.TIT. 1410. im wart von ir ein zartez k. APOLL. 18852. ein küssen steln von, ab ir munde MSF. 142, 8. 159, 38. *wortspielend mit dem folgenden* küssen: si hât ein küssen (*schwellende lippen*), daz ist rôt WALTH. 54, 7 (*bei Lachm.* küssîn. *vgl. dagegen* WACK. *altfz. l.* 211).

küssen, küssîn, küsse *stn.* (I. 920ᵃ) *küssen, kopfküssen.* küssîn LANZ. TRIST. *U.* (WALTH. 54, 7 *ist* küssen *zu lesen, s. unter dem vorigen*). SWANR. 123. küssein MGB. 175, 35. 196, 5. Mz. 3, 25, *auch m?* ein rîchen kussîn liez si legen TÜRL. *Wh.* 28ᵇ. kussen VET. *b.* 69, 15. kussen, kuschen, kossen pulvinar DFG. 473ᵃ. küsse LIEHT. LOH. 6335. HELBL. 3, 46. DSP. 1, 27, küss WOLK. 8. 3, 10. TUCH. 298 *ff.* — *aus fz.* coussin, *dem. von lat.* culcita. *vgl.* kulter *u.* zusse.

küssen-lîche *adv.* (I. 919ᵇ) *s. v. a.* kuslîchen PARZ.

kussen-pfenninc (= küs den pfenninc) *od.* pfenninggeitiger, numerarius VOC. 1482.

küssunge *stf. das küssen,* osculatio DFG. 402ᵉ. ADRIAN 462.

kust *stf.* (I. 826ᵇ) *gen.* küste, kust: *prüfung, schätzung s.* kustbrôt; *art u. weise wie etw. erscheint, befund, beschaffenheit, meist mit einem gen. od. adj. umschreibend* SERV. TRIST. LANZ. Ms. j.TIT. (daz prüevent wol die wisen an der küste 130, 4). die bruste vant si ze rîcher chuste mit milche berâten wol KINDH. 77, 28. in vil swacher küste HELMBR. 1633. — *zu* kiesen.

kust-brôt *stn. schätz-, probebrot.* kust-, kostbrôt AUGSB. *r. W.* 366. *vgl.* SCHM. *Fr.* 1, 1309.

kuste *stf. prät. s.* koste, küssen.

küste *swf. s.* kiste.

küste-lich *s.* kostelich.

kusten *s.* kosten 2.

kuster, guster *stm.* (I. 920ᵃ. 594ᵃ) küster CHR. 8. 139, 2. kustor Ls. NETZ 4892. koster NEIDH. *s.* 211. kustor, koster (*neben* kuster, küster) DFG. 164ᶜ: — *aufseher, küster, bes. jener geistliche eines klosters od. stiftes der die pfarrgeschäfte u. zugleich alles zu besorgen hatte was die kirche u. die notwendigen kirchl. gerätschaften betraf* (*vgl.* UKN. *einl.* XI). sîn sun, der kuster (*ein chorherr*) MSH. 2, 280ᵇ. daz si schante der kuster mit einem bœsen pater nuster Ls. 2. 678, 43. der prior und sîn gesell der kustor *ib.* 243, 1170. 226, 600. prior oder gardîan, custer dekân BUCH *d. r.* 402. der Nenninger, custer zuo dem tuomb, *domcustos* CHR. 4. 317, 21. 24, *vgl.* 307, 1; 8. 138, 15. 139, 2. her Herman von Aufsesz, custer des stiftes zuo Babemberg Mz. 4, 395. der custer daz dem heiligen chreutz UHK. 2, 188 (*a.* 1344). guster SERV. REINH. UOE. 5, 310 (*a.* 1322). her Cholman, ze den zeiten chorherr und guster unser vrowen gotshaus ze Neunburch UKN. 356 (*a.* 1353). der guster sol uns einen êwigen jârtag begên *ib.* 337 (*a.* 1349). der oblaymeister sol dem guster geben alle jâr 60 dn. an unserm jârtag, dar umb uns der guster leichen sol an unserm jârtag cherzenliecht *ib.* 322 (*a.* 1346). swer guster ze Altenburch ist, schol auf zunten sechs liecht zu der sêlmess ULA. 256 (*a.* 1361). — *aus lat.* custos;

kusterîe, gusterîe *stf. amt u. verwaltung eines* kusters HÖFER 125 (*a.* 1328). die küsterige in unserm clôster AD. 1377 (*a.* 1467). die k. ze sant Märien GR.W. 1, 344. sô hân

ich in die custrey geschaft ein halb pfunt pfenning gelts UKN. 301 (*a.* 1242). auz der gustrey einen êwigen jârtag begên *ib.* 337. die pharr, die dâ heizzet gustrey *ib.* 310 (*a.* 1344); vast lützel vand er in der custry (*custorei, schatzkammer*) ornament ÖH. 162;
kusterinne, gusterinne, -în, -in *stf.* (I. 594ᵃ) custrix DFG. 164ᶜ. wie daz unser frouwe kusterîn wart in eime klôster GERM. 3. 236ᵃ, 18. kusterin (: hin) Ls. 2. 235, 884. die eptissin, die custerin und ander frawen GR.W. 5, 384. die gustrinn *des frauenklosters s. Bernhard* STB. 160. *bildl.* dêmuot ist aller tugenden küsterîn RENN. 11950.
küstic *adj.* (I. 828ᵃ) *ahd.* kustîg, *tugendhaft, tüchtig, gut* AB. 2, 135.
kut, küt *s.* kutte, küte.
chût *s.* quëden.
kût *stm.* (I. 920ᵃ) *pl.* kiute, *tausch* TRIST. H. 3820. HALT. 1075. einen kût und wechsel tuon BODMANN 2, 915 (*a.* 1424). in eines rechten kûd und wessels wîse *ib.* 1, 74 (*a.* 1331). einen kutte tuon ROTH *urk. s.* 37. kauf oder kaut GR.W. 6, 598. — *vgl.* DWB. 5, 362. 65.
kutdrille *s.* kokodrille.
kute, kûte *swm.* (I. 920ᵇ) *tauber, ein alem. wort.* kuto VOC. *o.*, kutt MONE 4, 232. *vgl.* DWB. 5, 365.
küte, küt *stm. kitt.* leinöl, das man zu wagenschmir und küt bedarf TUCH. 116, 16. MONE 3. 206, 9 (*a.* 1496). — *ahd.* cuti, *vgl.* DWB. 5, 861.
kûte *f.* (I. 920ᵇ) *flachs in einer gewissen form u. menge,* pensum DFG. 423ᵇ. *ein md. wort, s.* VILM. 196. DWB. 5, 363.
kûte *f. grube, loch,* vorago DFG. 629ᵇ; k u t t e, cunnus DFG. 163ᵃ; in den zwein wîngarten veir hundert kûtin in legen (*ableger od. einleger von weinstöcken?*) ARN. 62 *a.* 1382. *ein md. wort, s.* VILM. 195. DWB. 5, 364.
kutel *swf.* (I. 920ᵇ) *s. v. a.* kaldûne, *pl.* kutlen S.GALL. *ordn.* 188, kutlan NETZ 12616 *anm. md.* kottel *s. die composita.* — *zu nd.* kut, küt, *eingeweide, vgl. gt.* quithus, *bauch, magen u.* WEIG. 1, 655;
kuteler *stm. (ib.)* fartor GL., *vgl.* kuter;
kutelerinne *stf.* kutlerin, *die* kuteln *reinigt u. verkauft* TUCH. 47, 31.
kutel-gëlt *stn.* zins von der curia macellorum, vom kutelhof. kottelgelt CDS. 2, 4.
kutel-zins *stm. dasselbe.* kutilzins CDS. 2, 32. 40. kuttilz. *ib.* 37. kottilz. *ib.* 38.
kutel-hof *stm.* (I. 699ᵇ) *schlachthof.* kutel-, küttel-, kottelhof fartorium DFG. 226ᵇ, *n. gl.* 167ᵇ.
kutel-vlëc *stm.* (III. 337ᵇ) kuttelfleck, obligumina, sunt proceres exterum VOC. 1482. tripa DFG. 597ᵃ.
kutel-vlëc-suppe *swf. suppe aus* kutelvlecken GERM. 9, 201.
kutel-vleisch *stn.* kottelfleisch, tripa VOC. 1482. *vgl.* kât-, kotvleisch.
kutemper *s.* quatemper.
küten- *s.* quiten-.
kûten *swv. s.* kiuten.
kuter *stm. s. v. a.* kuteler. kuter, kotter fartor DFG. 226ᵃ. kotter OBERL. 821.
kuter *stm. s. v. a.* kute, *in* tûbenkuter.
kûter *s.* kulter.
kuteren, kuttern *swv.* (I. 920ᵇ) *wie ein* kuter, *tauber girren.* sus hôrte man ir (*der vögel*) dœne in süezer wîse kutern REINFR. 212ᵇ; *lachen* WOLK. kuttern FASN. 331, 29. DFG. 87ᵃ; *verlachen:* cachinare verspoten, kuteren DIEF. *n. gl.* 64ᵃ. *vgl.* kittern, kutzen.
kuterolf *stn. (ib.) s. v. a.* guttrël, *langes, enges glas.* kuterolf, kutterolf, kudrelf, kotterolf, kottrolf, kodrolf, guttrolf, gotterolf, godrolf fiala DFG. 232ᵉ, *n. gl.* 172ᵇ. kutterolf FASN. 1216. kutrolf *ib.* 581, 8. KELL. *erz.* 492, 6.
kutl- *s.* kutel-.
kütlî *stn.* (I. 920ᵇ) *dem. zu* kutte, *kleine kutte* MYST.
kutschdrille, -grille *s.* kokodrille.
kutte *s.* kût, kûte, quiten.
kutte *swf.* (I. 920ᵇ) *mönchskutte* MSH. (3, 7ᵃ. 302ᵇ. 330ᵇ). ROSENG. H. (382. 704. 31. 1633. 2305). Ls. (1. 451, 4. 470, 37. 471, 75; 2. 217, 297). ALPH. 319. 402. GREG. 1385. 90. ULR. Wh. 147ᵈ. 154ᵃ. 156ᵃ. 158ᵃ. 267ᵇ. MOR. 1, 1763. 65. HUGO v. M. 35. WOLK. 121, 280. ALTSW. 235, 23. GR.W. 3, 548. kut Ls. 1. 471, 75. — *vgl.* kotze *u.* DWB. 5, 1903. DIEZ 115.
kütte *stn. (ib.) ahd.* chutti, *grex*, *ein* kudde schaeffen DFG. 270ᵃ (*ndrh. v. j.* 1507). ain kutt huner ZIMR. *chr.* 1. 436, 34. *als nf. in mundarten noch erhalten s.* SCHM. *Fr.* 1, 1312. STALD. 2, 147. KWB. 169.
kuttec-lich *adj. in* unkutteclich.
küttel *s.* kitel, kiutel.
kütten- *s.* quiten-.
kuttener *stm.* (I. 920ᵇ) *mönch* RENN. 15671.
kutten-tuoch *stn. tuch zu einer kutte* Ls. 1. 471, 76.

kutten-wît *adj.* (III. 772ᵇ) *weit wie bei einer kutte* HELBL. 8, 453.

kutten-zipfel *stm.* (III. 901ᵇ) *kuttenzipfel* LS. 3. 393, 96. 395, 142.

kutter, kuttern *s.* kulter, kuteren.

kûtunge *stf. vertauschung.* kautung GR.W. 1, 478. — *zu* kût.

kutz *s.* kiz.

kutzdrille *s.* kokodrille.

kütze *s.* kötze.

kütze *stf.* (I. 866ᵇ) *kleid, oberkleid* KOL. das sie dich tragen an der kütz KELL. erz. 436, 4 (*vorher* an irn cleidern vorn). — *zu* kotze.

kützel *stm.* wann er mir all nächt trib den kützel, so wolt ich nimmer wort sprechen KELL. erz. 186, 10. *s.* kitzeln, kützeln.

kützel-guomen (I. 587ᵇ) *imper. kitzel den gaumen: anrede an den wein* AB. (*lies* 1. 408, 4), *vgl.* netzenguomen.

kützelîn *stn. dem. zu* kütze KELL. erz. 436, 5.

kützelî *s.* kitzelîn.

kützeln, kutzeln *s.* kitzeln.

kutzel-, kützel-vleisch *stn.* (III. 340ᵃ) titillicus DFG. 586ᵃ, n. gl. 366ᵃ.

kutzen *swv. stn. lachen* RING. 35ᵈ, 29. 9, 33. *vgl.* kuteren.

kützen *swv.* (I. 866ᵇ) *mit einer* kütze *bekleiden, überh. bekleiden* WINDB. ps. MARLG.

kützer *stm.* (*ib.*) *knauser* FRAGM. (*lies* 28ᵇ, 58).

kutz-huot *stm.* (I. 733ᵇ) caliendrum DFG. 90ᵇ, n. gl. 66ᵇ. vgl. DWB. 5, 372.

cützil *s.* concîlje.

kutzîn *s.* kiz.

kutz-, kützl- *s.* kitzel-. (*vgl.* noch kützlich, *unter den anlastern des pferdes* MONE 3, 176).

kützlîn *s.* kitzelîn, kiuzelîn.

kutz-mentelîn *stn.* (II. 62ᵇ) *s. v. a.* kütze? RENN. 21784 (W.GR. *vermutet kurze mentelîn wie* 20482, *das aber auch für* kutzmentelîn *verschrieben sein könnte, vgl.* DWB. 5, 1902).

kûwe- *s.* küe-, kuo-.

kûwen *stv. s.* kiuwen.

kûze, kûz *swstm.* (I. 921ᵃ) *kauz s.* DWB. 5, 366, steinkûze *u.* kiuzelîn.

kwëk-silber *s.* quëcsilber.

kwôt-sac *s.* quâtsac.

L.

l (I. 921ᵃ), *wechselt mit* r, n *s.* WEINH. *al. gr.* § 194, *b. gr.* § 158. BIRL. *al.* 88.

la (*ib.*) *der frz. fem. artikel* TRIST.

lâ *imper. s.* lâzen, *stn. s.* lô.

lâ *stf. lache, sumpf, sumpfwiese.* beche unde lâ ER. 2036 *u. Bechs anm.* dâ er in einer lâ antvogel weste ligen HPT. 7. 342, 35. ein lagken oder lô KALTENBÄCK *österr. pantaidinge* 1, 236ᵃ, *vgl.* SCHM. *Fr.* 1, 1466. KWB. 173.

lâ *stn. ein ton der musical. scala.* hôch in das lâ WOLK. 90. 1, 13.

lâ, -wes *adj.* (I. 921ᵃ) *lau.* kalt oder lâ ERNST 2443. 57. weder heiz noch lâ LS. 1. 452, 58. PF. *arzb.* 2, 5ᵇ. 6ᵈ. 16ᵃ. nu was der wintir alsô lâ, *milde* JER. 10291. lâwe tugende GERM. *H.* 7, 288. læwe GERM. 3. 234ᵇ, 38, lâw MGB. 89, 28, lâb *ib.* 395, 10. 12. DFG. 578ᵇ *f.*, lêw, lâb, lôw *n. gl.* 361ᵇ. — *ahd.* lâo *aus* hlâo, *altn.* hlâ (*schlaff*) *von* WACK. *zu gt.* thlaquus (*zart, mürbe, weich*) *gestellt, nhd.* flau *s.* DWB. 3, 1734.

lab *s.* lap 2 *u.* lop; *lâb s.* lâ, loup.

labe *stf.* (I. 938ᵇ, 43) *labung* Ms. Ls. (1. 633, 101). RENN. 9727. ELIS. 6970. 7284. JER. 84ᵇ. 141ᶜ. 146ᵇ. labe der sêle MONE 8. 42, 46. ein wazzer brâht er im ze labe APOLL. 10207. man kúlte si mit wazzers labe REINFR. 64ᵃ. *vgl.* lap 1 *u.* laben.

labe *stf.* (I. 938ᵇ, 21) *s. v. a.* lap 2, coagulum DFG. 128ᶜ. ein sûre labe, *bildl.* MSH. 2, 356ᵃ.

labe-hûs *stn.* propina Voc. *Schr.* 2300.

laben *swv.* (I. 938ᵇ. 939ᵃ) *waschen, mit wasser od. einer andern feuchtigkeit benetzen.* daz man sie (die âmehtige vrouwen) schiere mûste laben ALBR. 17, 121. er viel ûf die erden, dô muoster gelabet werden ALEXIUS 74, 418. daz vihe l., *tränken* EXOD. *D.* 124, 14. mit wazzer l. DIEM. LANZ. MAI, BON. Üw. *H.* 782. sît diu erde mit mîner kinder bluote ist wol gelabet DAN. 6555; *erquicken, erfrischen* ER. WWH. TRIST. KONR. rôsenwazzer labet wider die hitz MGB. 345, 28. die hitz sänftigen und laben *ib.* 366, 27. den siechen l. WG. 10917, die wunden WIG. 285, 22. laben des man si began VIRG. 458, 11. alsus was von dem werden rœmisch rîche wol gelabet HEINR. 723. daz er sînen willen wolde dar an (*am bilde*) laben PASS. 303, 92. die sêle si dô labten mit dem gotes lichamen KARL 4156. einen mit trôste l. ALBR. 21, 348. *refl.*

Gen. *D.* 51, 18. Pass. 147, 29, *K.* 67, 4. Eilh. 4732; *iron.* mit stecken den lîp l. Geo. 1859, mit mûlstreichen Pf. *üb.* 154, 89. *vgl.* Wig. 273, 39 — *mit* ent-, er-, ge-. *ahd.* lapôn, labôn, labên *urspr. wol lecken, beleeken* (des aren chint labent sich ir muter pluot, *lambent sanguinem ejus* Schm. *Fr.* 1, 1403), *so dass es mit* laffen *auf die w.* lap zurückgehen dürfte. Wack. *nimmt entlehnung an aus lat.* lavare, *u.* Weig. 2, 2. *trennt* laben, *waschen (aus* lavare) *von* laben, *erquicken, das ihm dunkeln ursprunges ist.*
lâben *swv. s.* lâwen.
laber-mer *s.* lëbermer.
labesal *stn.* labsal Elis. 8276.
labôre *das lat.* labor. zuo l. gên Ga. 3. 601, 85;
labôrieren *swv. refl.* Lcr. 50, 456.
lab-stube *s.* lapstube.
labunge *stf.* (I. 939ᵃ) *benetzung, besprengung mit wasser.* unmehtec sie belac, doch wart mit labunge sie brâht wol ze sinne Loh. 3870. 7092. 7292; *erfrischung, erquickung* Leys. 41, 19. Evang. *Mr.* 14, 14. Adrian 467, 78. Kol. 166, 345. *ndrh.* lavunge W. *v. N.* 59, 11.
lach *stm. das auflachen, gelächter.* dô gap der meister einen lach Malag. 33ᵃ. dô gap Viviens einen lach, daz manz hôrt über alle den sal *ib.* 205ᵇ. der tet einen lûten lach Kolm. 86, 6. die mir zuo sprach ûz süeȥem lach Hätzl. 1. 127, 4; *lächler, heuchler,* du valscher lach Kolm. 16, 35.
lach *stn. s.* lachen.
-lach, -lech, -læhe, -lêhe (I. 5ᵇ, 9) *bildungssilbe mit collectiv. u. deminut. bedeut. s.* Weinh. *al. gr.* § 263, *bair. gr.* § 245. Schm. *Fr.* 1, 1426. Birl. 302ᵃ. Chr. 4, 383ᵇ.
lâch *imperat. s.* lâȥen.
lâch-boum *stm. gränzbaum, der mit einschnitten* (lâchen) *versehen war* Oberl. 859. l o c h -, l o i c h b o u m Mone *z.* 2, 174. 8, 167. lâchenboum *aus einem rodel von 1433 weist mir Birlinger nach. vgl.* Schmid 337 *u.* lâchbuoche, -stein.
lâch-boumen *swv.* lâchböume *setzen.* lochboumen und steinen Arn. 66 (*a.* 1469).
lâch-buoche *swf.* buche als gränzbaum Oberl. 859.
lâche, lâchene *swf. einschnitt, kerbe in den gränzbaum od. -stein, überh. gränzzeichen.* lâchen, lauchen setzen Mone *z.* 8, 250. 13, 334. Zellweger 4, 382. 383. die lâchi hebt an - - dis sint die zil und die lâchinen Gr. w. 4, 498. 507, lauchinen Mone *z.* 6, 363 (*a.*

1371). — *vgl.* Ra. 544 *f.* Gr. *kl. schft.* 2, 43. Weig. 2, 3. Schm. *Fr.* 1, 1432.
lache *stf. s. v. a.* lachen. vil manic lache von grân, diu in viures varwe bran Krone 507. diu lache den sal umbe gie *ib.* 536.
lache *swstf.* (I. 921ᵇ) *lache, pfütze* Trist. Wig. Bon. Ms. (*H.* 3, 28ᵇ. Neidh. 83, 16). j.Tit. 1257. Renn. 62. 92. 135. 3358. 11443. 12771. Albr. CCXX, 6. Mgb. 258, 32. 395, 1. daȥ lant niht lachen hât noch mos Türl. *Wh.* 31ᵃ. so er (esel) in den lachen blîbet Ulr. *Wh.* 208ᵃ. ûȥ der lache (: bache) Erlœs. 1539. in der helle lach Apoll. 19303. l a k e Hpt. 14, 271, lagke *oben unter* lâ, *vgl.* Schm. *Fr.* 1, 1432, Kwb. 171. — *nach* Gr. 2, 27 *u.* Wack. *zu* lëchen, *nach* Weig. 2, 3 *aus lat.* lacus (lacus, lach Dfg. 316ᵃ), *dem es auch urverwant sein könnte, vgl.* Curt.³ 152.
lache-bære *adj.* (I. 923ᵃ) *zum lachen geeignet* Wwh. 259, 28. j.Tit. 326.
lache-lich *adj.* (I. 923ᵃ) *lachend, freundlich* Frl. l e c h e l i c h Md. *ged.* 4, 215, lechlich Altsw. 23, 22. l a c h e n l i c h Bit. 12467, lächenlich Part. *B.* 13728, l a c h e n t l i c h W. *v. Rh.* 28, 56;
lache-lîche, -en *adv.* (*ib.*) *auf lachende, freundliche weise* Ms. (*H.* 1, 9ᵇ. 53ᵃ. 153ᵃ. 296ᵇ), lachlich j.Tit. 660. Ls. 1. 391, 88, lecheliche Ga. 3. 118, 290. Md. *ged.* 4, 276, lechlichen Ls. l a c h e n lîche Stauf. 324, lachenlichen Heinz. 103, 85. l e c h e n liche Himlf.
lachen *swv.* (I. 921ᵇ) *lachen, lächeln, freundlich blicken, allgem.* (güetlîche l. Troj. 19976. diu lachet swenne ich trûric bin Msf. 213, 25. er lachet swenne er tugentlîchen tuot Wartb. 3, 16. und redeten, daz ir engel muoste. *ib.* 123, 6. in die hende l. Karlm. 212, 51. dat ich bit dir mûȥe êwelîche lachen, *glücklich, selig sein* Marld. *han.* 36, 12. *bildl.* die bluomen sach man l. Geo. 272. man sach dâ lachen wîȥ bluot ûf dem grüenem rîse Msh. 3, 334ᵇ), *mit gen. lachen über, wegen* Diem. Parz. Walth. Reinh. 1772. Krone 15729. Loh. 1340. Karlm. 48, 29, *mit präp.* lachen v o n (*aus*) vroweden Roth. 2475; *mit dat. d. p.* siene sul niht allen liuten lachen alsô von herzen same si lachet mir Msf. 131, 33. ich kan den liuten niht gelachen, si lache mir, sô lache ich in Msh. 1, 309ᵃ. lât in (den wîben) herze und ougen l. Neidh. 72, 7. daȥ dir vrou Sælde lache Silv. 2565; *mit acc.* diu vil guot zweier hande lachen lachet Licht. 54, 1. rôsen

lachen, *durch den freundlich lächelnden blick rosen aufblühen machen* APOLL. 182. 192. 2370, *vgl.* MYTH. 1054 *f.* AW. 1, 74 *f.* — *mit an,* zuo, be-, er-, ge-, under-. *gt.* hlahjan *stv. prät.* hlôh *u. davon* hlôhjan *swv. lachen machen, vgl. über die etym.* DIEF. 2, 557. GSP. 40. FICK[2] 48;

lachen *stn.* (I. 922[b]) *das lachen, lächeln* IW. MS. ERACL. 2022. TROJ. 22020. LOH. 4866. in des himels l., *freude* PASS. *K.* 613, 42.

lachen *stn.* (I. 923[b]) *in zusammens. auch* lach, *vgl.* lache 1 : *tuch, decke, lacken (von leinen, wolle, seide, leder s.* lëderlachen) PARZ. GEN. *D.* 109, 16. 24. ER. 7657. TÜRL. *Wh.* 101[a]. RENN. 21224. ELIS. 2345. SWSP. 26, 19; *obergewand,* bî dem lachen si in vie GEN. 56, 45. 57, 2. 12. 77, 42 (*bei D. immer* mandel). — *ahd.* lahhan, *ags.* lacan, *nd.* laken *vgl.* KUHN 5, 33.

lâchen *stn.* (I. 925[a]) *heilmittel* DIEM. SERV. — *gt.* lêkeis, leikeis, *der arzt, vgl.* KUHN 5, 32 *f.*;

lâchenære *stm.* (*ib.*) *besprecher, zauberer* GRIESH. TROJ. 24211. 27248. 84. *nhd. als geschlechtsname Lachner, altn.* læknari, *medicus.*

lâchen-boum *s.* lâchboum.

lachende *part. adj.* (I. 922[b], 14) *lachend* NIB. GUDR. GREG. 3220. 3617. ER. 9366. BÜCHL. 2, 286. WALTH. XVIII, 13. KARL 6597. MGB. 51, 7;

lachendic *adj.* (I. 922[b]) *dasselbe* GLAUBE 2520.

lâchene *s.* lâche;

lâchenen *swv. mit* lâchen, *gränzzeichen versehen* MONE *z.* 13, 334. *vgl.* SCHM. *Fr.* 1, 1432.

lâchenen *swv.* (I. 925[a]) *mit heilmitteln* (lâchen) *bestreichen, ärztlich (zauberisch) behandeln* BIHTEB. ;

lâchenîe *stf.* (I. 925[b]) *das besprechen, zaubern* TROJ. (10519. 51. 19169). WACK. *pr.* 42, 4.

lachen-lich *s.* lachelich.

lâchen-tuom *stn.* (I. 925[a]) *heilmittel, heilung* DIEM. lâchentuom, medicina DIUT. 4, 471. diu bîhte ist daz hêreste l. der sundôn WACK. *pr.* 5, 63. lechentuom MONE 8, 430.

lachen-zît *stf.* (III. 914[b]) *zeit des lachens* PASS. *K.* 627, 18.

lach-lich *adv. s.* lachelîche.

lâch-stat *stf. gränzstätte.* lochstat BECH *beitr.* 12.

lâch-stein *stm. gränzstein.* lochstein FRANKF. *brgmstb. a.* 1439 *vig. V. p. Laur.* VILM.

251. lâkenstein MONE *z.* 13, 268. *vgl.* lâchboum.

lachte *prät. s.* legen.

lâchter *s.* lâfter.

lacken *in* verlacken.

lackeritze *s.* lakeritze.

lactuke *s.* latech.

lactuken-krût *stn. lattich* MGB. 399, 3.

lactuken-saf *stn. lattichsaft* MGB. 376, 6. lattukensaf *ib.* 268, 30.

lactwârje, -wêrje *s.* latwârje.

lade *stf. ladung, in* überlade. *vgl.* lede; — *stn.* (I. 926[b]) ULR. 1156;

lade *stswf.* (I. 926[b]) *lade, behälter, kasten* NIB. ENGELH. LIEHT. (155, 26). HERB. 594. ALBR. 19, 87. ELIS. 514. KRONE 27851. HERZM. 305. RENN. 946. WOLFD. *H.* 434. GA. 3. 741, 183. KOL. 138, 350. ALTSW. 215, 38. MGB. 338, 16. CHR. 1. 261, 29. 270, 16; 8. 261, 1; *sarg* PASS. 220, 63. 330, 52. *K.* 44, 7. MARLG. 81, 98. — *zu* laden 1, *vgl.* lât.

lade, laden *swstm.* (I. 925[b]) *brett, Lohle* WIG. GEO. BON. APOLL. 2515. 2775. MSH. 3, 222[a]. JÜNGL. 58. GR.W. 5 , 27 *f.* 31. CHR. 4. 319, 32; *fensterladen, pl.* laden *u.* leden *ib.* 2. 310, 15 *ff.* 312, 5 ; 4. 313, 3. 317, 29; 5. 196, 12 ; TUCH. 245, 26. 296, 26. fenster und leden BELIAND 4297 ; *kaufladen* SCHM. *Fr.* 1, 1436, *bäckerladen* CHR. 5. 180, 5.

lade-brief *stm. vorladungsschreiben* S.GALL. *stb.* 4, 71. 287. GLAR. 105. KUCHM. 9. CHR. 5. 86, 17. HALT. 1152. *vgl.* ladungebrief.

lade-hof *stm.* (I. 699[b]) *gerichtshof, an den die hörigen vorgeladen werden* GR.W. (1 , 691). AD. 1393.

laden *stm. s.* lade.

laden *stv. I, 4* (I. 925[b]) *mit sw. prät.* GEN. *D.* 100, 8. NIB. 489, 1 (*vgl.* laden *swv.*): *laden, aufladen.* brôt laden CHR. 2. 305, 21. 24. dô man die jungen dochter lût *auf den wagen* ELIS. 588, *mit präpos.* tugenden an sich l. PASS. *K.* 431, 37. in eine plahen etw. laden CHR. 2. 253, 27. laden ûf PARZ. TRIST. *H.* BON. etw. auf die wegen l. CHR. 5. 265 , 8. etw. ûf sich l. TROJ. 12729. KRONE 28489. was man lud aus dem marstal CHR. 2. 306, 2. ein fensterwerk her aus l., *über die senkrechte baulinie hinaus führen* TUCH. 260, 21. 23. der wîse niht ze herzen lade sîn ungemach TROJ. 17754. daz ir ahtet mir ze schaden daz wil ich ze gelücke laden GA. 1. 465, 372. — *beladen, belasten* NIB. TRIST. *H.* MS. (*H.* 1, 216[a]). zwô olbenden er luode GEN. *D.*

42, 7. seht, ob der tôt dâ iht sîn soumer lüede Loh. 2796. sô dich die sûẓe burdene lûde Marld. *han.* 42, 18. daẓ schif vol laden Ulr. 1156 (*vgl.* ladestat). und lued man manigen wagen Chr. 5. 34, 31. wol gepürdet und schôn geladen Mgb. 289, 19. ein wol geladener rôsenpaum *ib.* 346, 19; *mit gen.* Parz. der beider wurden si geladen Lieht. 81, 32. der walt wart ungewiters vol geladen Troj. 24155; *mit präpos.* laden mit Parz. Bon. wegen mit brôt l. Chr. 2. 306, 16. geladen mit schatze Gudr. 12, 4, mit nôt Troj. 2056, mit kumber *ib.* 18730, mit leide Hpt. 7. 367, 7, mit schônheit Lanz. 4117. Dan. 5977. geladen von Wigam. 3540. — *mit* abe (Chr. 2. 317, 10), ûf, be-, ent-, er-, ge- (Troj. 19027), über-, ver-. — *gt.* hlathan, *vgl.* Dief. 2, 557 *ff.*;

laden *stn. das aufladen* Chr. 2. 255, 20.

laden *swv.* (I. 927ᵇ) *prät.* ladete, latte, lâte, *part.* geladet, gelat, gelât; *daneben trat schon früh verwechslung mit dem vorig.* laden *u. st. flexion ein* —: *auffordern, berufen, laden allgem.* (swenne dû si beginnis laden Glaub. 2013. daẓ wir in ane ruefen unde laden Germ. 10, 465. Laban sîne vriunde ladete Gen. D. 56, 14. daẓ si ladete ir herre 99, 35. die geladeten Griesh. 1, 48 *f.* geladet werden Chr. 5. 382, 14. ir süllent sîn gelat, enbîẓt Virg. 641, 4. alsô lätt er sein gest Mgb. 157, 3. got lût in selbe Myst. 1. 226, 1. *mit adv.* er hieẓ die vürsten d a r l. Karl 6543. dî gotes geist ouch dare lût Marld. *han.* 43, 10. *mit präp.* a n Parz. Barl., g e g e n Chr. 5. 85, 1. 3. 86, 4. 10, i n Nib. Pantal. 452. ü b e r Parz., û f Pass. K. 127, 12. Chr. 5. 47, 32, û ẓ Diem. si wurden ûẓ dem charchære geladen Gen. D. 90, 29, v ü r Otte, z u o, z e *allgem.*, daẓ volc zû houf l., *versammeln* Pass. K. 658, 13. die er zu hûs ladete Albr. 34, 114. si lût si zu mâl Elis. 7726. ze spil l. Flore 5063. er ladete die vürsten zen hôchzîten Krone 22493. er wart zuo vrônetische gelat Heinz. 127. 57, 5. er lied si zu dem rehten Usch. 308 *a.* 1376.). — *mit* în, ûf, vür, wider, zuo, ge-. — *gt.* lathôn (*statt* hlathôn) *zu gr.* καλεῖν, κλητεύειν, *lat.* calare Curt.³ 133. Kuhn 8, 267. Gsp. 276;

laden *stn.* ir süeẓ reden und laden Netz 6548;

lader *stm. der einladet* (*zum tanze*) Np. 76.

lade-stat *stf. contr.* lâstat, *ort, wo die schiffe beladen u. entladen werden.* daẓ hallisch salz sol gên Stain und an keiner andern lâstat abgelegt und verkauft werden Mh. 2, 603. von der lâstet und urfar wegen *ib.* 554. l o s t a t Schm. *Fr.* 1, 1509 (*erklärt aus* l â ẓ - stat *von* ûẓ lâẓen, *ausladen*). — *ahd.* ladastat, *locus ad onerandas naves aptus* Schm. *a. a. o. vgl. auch oben daẓ* schif laden *u.* Kwb. 173.

lade-ziuc *stm. zeug zum laden der geschütze* ladzeug Chr. 2. 254, 17. 18.

ladiche *s.* latech.

lad-îser *stn. ladeisen, eiserner ladstock* Chr. 6. 256 *anm.* 1, 258 *anm.* 1.

ladunge *stf. zu* laden 1: *aufladung* Chr. 2. 255, 14, oneratio Dfg. 396ᵇ; *das aufgeladene, die last: in* Cds. 3, 57. 75. 76 *u. o. scheint* ladunge *eine abgabe, steuer zu bedeuten; auffüllung, uferbefestigung* Tuch. 76, 14. 34. 201, 13. — *zu* laden 2: *einladung* Wack. *pr.* 7, 3. Jer. 182ᵃ. zû samne lad., convocatio Mühlh. *rgs.* 89; *vorladung, citation* Dsp. 2, 215. Mühlh. *r. L.* 178. Cp. 180. Eyb 16.

ladunge-brief *stm. s. v. a.* ladebrief Dh. 363 *u. o.*

laffe *swf. die laffe, laffen an einem ruoder* palma, palmula Dfg. 407ᵇ *f.* (*16. u. 17. jh.*). *s.* ruoderlaffe. — *ahd.* laffa, *gt.* lôfa, *flache hand, vgl* Dief. 2, 154 *u.* lappe;

laffe *s.* lëfs;

laffel *stm. s.* leffel;

laffen *stv. I, 4 u. sw.* (I. 928ᵃ *f.*) *schlürfen, lecken* Frl. Such. bluot l. Berth. Schm. *Fr.* 1, 1447. Hb. *M.* 454. waẓẓer laffen Schm. *Fr.* 1, 1450. Germ. 3, 372, lappen Hätzl. Kell. erz. 188, 29. — *mit* er-, über-. *mit* lëfs *zu gr.* λάπτω, *lat.* lambo, labium Curt.³ 339. Kuhn 7, 185. Fick² 392.

lâfter *fn. s. v. a.* klâfter Anno 168, *md.* lâchter Neidh. 234, 12 *var., klafter der bergleute* Feldb. 47. 157. *vgl.* Dwb. 5, 903. Schm. *Fr.* 1, 1451.

lagap *swm.* lagapis, ain stain Mgb. 451, 17.

lagære *stm.* (I. 995ᵃ) *nachsteller* Antichr. 165, 14;

lâgærîn *stf.* (*ib.*) *nachstellerin* Trist. 11715;

lâge *stf.* (I. 994ᵇ) *legung, lage.* dar ûffe mit schœner lâge ein rôt tuoch was geleit Pass. 337, 6. mit wol gehûfter lâge wart die sunde geworfen in die schale Marlg. 134, 168; *lauerndes liegen, hinterhalt, nachstellung* En. Gudr. Parz. Trist. Walth. Barl. so hât er sîn lâge gestrechet Gen. *D.* 17, 37. ze lâge und ze huote gelîch ir aller muot stuont Krone 28034. heimeliche l. Pass.

354, 47. der vînde l. FLORE 2904. der minne l. ATH. *D* 56. MD. *ged.* 3, 88. der schützen lâg MGB. 167, 23. der winde l. ALBR. 1, 60. an der l. ligen SIGEN. *Casp.* 58. dâ wildez wunder inne lît den kielen zeiner lâge TROJ. 8763. zuo der lâge rîten *ib.* 11869. lâge und reite kund er wol gestellen GFR. 764. des stalten sie lâge gein dem berge HERB. 17225. einem l. stellen *ib.* 17546. TROJ. 21870, setzen GREG. 1048. LOH. 5776. KRONE 24192. ALBR. 32, 445. 34, 30. MGB. 136, 24. 175, 24. 180, 17 *etc.*, legen ER. 5659. HEINZ. 51. NETZ 10562. 12945. ich setze ir ze lâge friunde unde mâge MSH. 1, 84[b]. ein tougenlîchiu harmschar in was ze lâge geleit OTTE 557. Isengrîn begunde draben ze lâge Reinharte REINH. 1063. die riten mir ze lâge BIT. 4524. in zwein reit diu minn ûf die lâge TIT. 75, 4; *lebensverhältnis, zustand* DIETR. (1090). in hôher l., *in vornehmen verhältnissen* PASS. *K.* 143, 5; *beschaffenheit, art u. weise*, der schrifte l. PASS. 129, 62. der worte l. *ib.* 105, 48. *K.* 81, 78. in tugentlîcher l., *auf geziemende weise ib.* 456, 55. nâch hôhes sturmes l. *ib.* 396, 57; *ort des liegens, niederlage, waarenlager* LESEB. 999, 40. nâch spîse lâgen hiez er balde senden LOH. 656. — *zu* ligen;

læge *adj.* (I. 995[a]) *flach* Ls. 1. 134, 123. *vgl.* SCHM. *Fr.* 1, 1452; ich bin ouch niht sô læge (*nicht von gemeiner abstammung*), ich zime iu zuo gesellen wol KRONE 17595.

lâgel, lægel *stn.* (I. 929[a]) *die länge des* a *ergibt sich aus dem elsäss.* lôgel GERM. 3. 413, 28 *u. anm.* —: *fässchen* DIEM. MS. HELBL. lägel *aus myrthenholz* MGB. 332, 31. wein in vasslein, lageln, flaschen NP. 245. ein lagel wein GR.W. 3, 639. grosz legil vol met DAL. 45, 7. zwei legel, do die arbeidenlûde ûsz drinken FRANKF. *baumstb. a.* 1443, 18[b]. 1446, 7. 1456, 89. 1486, 60[b]; *ein bestimmtes mass od. gewicht*, fünf lagel seife MH. 2, 843. ein logel schîbenglas FRANKF. *baumstb. a.* 1494, 58. — *aus mlat.* lagellum;

lâgele, lægele; lâgel, lægel *swstf. fässchen.* eine lageln wines URB. *B.* 1, 65. 67. umb ein lageln Reinfals J. a. 1431. zuo iedem wagen ein grosze lagelen CHR. 2. 253, 29. er nam eine lagulen (*var.* lageln, legellîn) HB. *M.* 149. er fült die lägelen *ib.* 150, die legelen ZIMR. *chr.* 4, 653[b], die legellen ÖH. 15, 14. sîn legelne wol berâden wârn mit spîse CRANE 792. die êrst lagel (lagula olei)

diu man lært, diu ist der chelnærin GEIS. 436. — *ahd.* lâgellâ, lâgelâ *aus mlat.* lagena (lagel od. putten, lagena Voc. 1482) lagula;

lâgellîn, lægellîn *stn.* (I. 929[a]) *dem. zu den zwei vorig.* lâgelîn W. *v. Rh.* 148, 37. lægellîn GRIESH. 2, 94. lêgellîn GERM. 3. 416, 31. legellîn VIRG. 252, 2. legelîn HERB. *s.* 230 *unten.* H. *v. N.* 368. CHR. 2. 35 *anm.* 6; 5. 323, 13. 15.

lægel-stürze *f.* (II[2]. 646[b]) *fassdeckel* WEIST.

lâgen *swv.* (I. 995[a]) *auflauern, nachstellen. absol.* lâgen und lûzen TROJ. 24702. übele l. GA. 1. 44, 136. guot l. AMIS 1347. sus kan diu Minne lâgen ALBR. 32, 164; *mit dat. d. p.* URST. ULR. TRIST. MART. (111, 79. 133, 42). GEN. *D.* 12, 22. L.ALEX. 241. HERB. 18185. GUDR. 1092, 4. REINH. 1697. HELBL. 4, 348. MARLG. 257, 514. PASS. 328, 77, *K.* 96, 78. 435, 79. 550, 98. 658, 81. MYST. 2. 13, 14. KARLM. 323, 2. MARLD. *han.* 36, 31. MGB. 163, 27; *mit gen. d. p.* daz sîn die Britûne lâgeten GFR. 809. swes Ungelücke lâget dem muoz ungehelfen sîn KRONE 26603. *vgl.* MGB. 163, 8. 182, 3 *ff.* 204, 14. 205, 19. 266, 10. 284, 10; — *sein augenmerk worauf richten, wornach trachten mit dat.* ULR. 1208, *mit gen.* ENGELH. Ms. der wârheit l. KOL. 176, 715. do er alsô des lâget KRONE 12992. des hiez sie minne l. *ib.* 26397. daz er lâget eines loches MART. 45, 110, *mit abhäng. s.* der tiuvel lâget, wie den menschen gewinne ULR. *Wh.* 127[b]. der trach lâget, ob kain taub auz dem paum vlieg MGB. 180, 21. — *mit ge-. zu* lâge;

lâgene *swf. s. v. a.* lâge, *hinterhalt.* swer spehe oder lâgenen ûf den andern hett S.GALL. *stb.* 4, 118. 294;

lâgenen *swv. s. v. a.* lâgen. ûf den gespehet oder gelâgenôt wær S.GALL. *stb.* 4, 118;

läger *s.* lêger.

lager-stat *s.* lêgerstat.

lâg-stæte *adj. beständig auf der lauer liegend.* der lâgstæte tôt WACK. *pr.* 11, 81.

-læhe *s.* lach.

lâ-heit *stf. lauheit,* tepor, tepiditas: lâ-, lâwe-, lâb-, lôwheit DFG. 578[c]. *vgl.* lâwecheit.

lâhent *imper. s.* lâzen.

lahs *stm.* (I. 929[a]) *lachs* GL. RUODL. *s.* 238. APOLL. 8940. TANH. *hofz.* 14. BUCH *v. g. sp.* 19. 23 (*pl.* lehse). ALTSW. 189, 33; *swm. s. unter* hovevisch. — *altn.* lax, *ags.* leax, *nd.* lass, *vgl.* WEIG. 2, 3.

lahsen *stv. I, 4 zu folgern aus* ungelahsen.

lahster *s.* laster.
lahs-visch *stm. lachs* HPT. 14, 166.
lahte *prät. s.* legen.
lahter *stn.* (I. 923ª) *lachen, gelächter* DIEM. BÜCHL. TRIST. BERTH. 298, 11. MART. 71, 106. WARN. 1912. *pl.* uppigiu wort und diu lahter brûven (brûwen) niht reden: verba vana aut risui apta non loqui BR. 23ᵇ. lechter ZIMR. *chr.* 3, 80, 14;
lahter-lîche *adv.* (I. 923ᵇ) *mit lachen* Ls. HÄTZL. 2. 4, 121.
lake *swf.* lache.
lâken-stein *s.* lâchstein.
lakerize *swf. süssholz, lakritze* CDS. 3, 96. lekritze MGB. 91, 1. lakeritz, lakricie, lackaricie, lackerisse, leckerici, -itz, leckwaric DFG. 333ª, lackeritzge, licritz, lichkritz *n. gl.* 237ª, *umged.* leckerzweig *ib.* — *aus mlat.* liquiritia, *gr.* γλυκύρριζα WEIG. 2, 7.
lakritzen-zaher-saf *stn.* (II². 13ᵇ) *süssholzsaft* MGB. 414, 16.
lallen, lellen *swv.* (I. 929ª) *mit schwerer zunge sprechen, lallen.* lallen RENN. 9628. 10519. 14353. lellen *ib.* 16203. HERB. (*lies* 7552). laln, leln, lallare DFG. 316ᵇ. — *altn.* lalla *zum lautmalenden skr.* lalalla, *gr.* λαλέω, λάλος, *lat.* lallare, lallus FICK² 175;
lallen *stn.* hœr mînes mundes lallen F. *v.* Schw. 152.
lam *prät. s.* limmen; *stn. s.* lamp.
lam *adj.* (I. 629ª) lame PASS., lan Ms. KOLM. 22, 54: *gliederschwach, lahm* WWH. lamer man SWSP. 102, 14. er hât den lamen ir lider gesunt gemachet unde sleht SILV. 4886. den machte er tôt oder lam HERB. 8864. LANZ. 1974. daʒ swert, dâ mite er gevellet het tôt unde lam LOH. 5642. eine lame juncfrouwe, di was erkrumbet an den bein LUDW. 70, 25 *ff.* 79, 28. diu zunge muoʒ dir werden l. MOR. 2, 1150 (*vgl.* in dem munde l.); *mit gen.* sîns gesihtes wart er lam F. *v.* Schw. 6, *mit präpos.* an libe lam und ungesunt ORL. 13503. lam an beiden fûʒen LUDW. 79, 21. an ieglichem beine wünsch ich in (hunt) lam HADAM. 306. in dem munde l., *stumm, mit lahmer zunge* PARZ. HELBL. 15, 96; — *bildl.* ir lîp ûzwendic rîche und innerthalbe arm unde lam MSH. 3, 64ᵇ. swes werc sint l. *ib.* 3, 93ª. sîn leben daʒ nû ist vil lame (: name) PASS. *K.* 87, 84. tugent lam machen *ib. H.* 254, 51. ir vröude was worden l. GA. 3. 374, 51. mîn tôtiu vreude niht diu lame WWH. 455, 18. ir hôchgemüete daʒ wart l.

LIEHT. 418, 18. dâ von ir viende lop vil lamer wart MART. 50, 14; *mit gen.* gewaltes l. LOH. 7482. muotes l. HELBL. 2, 432. den tuot got sælden lam KRONE 26411, *mit präpos.* lam an PARZ. FREID. Ms. (lam an dem gelouben *H.* 3, 353ª). gehôrsam swîgen unde scham sint leider an beiden beinen lam RENN. 14981, in beiden beinen 16973. mîner vrouwen êre diust an allen liden lam NEIDH. 83, 13. hant an milde lam *ib.* 8279. an tugenden l. *ib.* 1400. an vreuden l. ULR. *Wh.* 167ᵈ. 206ª. sîn freude was an kreften l. WWH. 112, 20. ze aller bôsheit l. GA. 3. 358, 60. — *vgl.* HPT. 6, 14 *u.* lüeme.
lambe, lamben *s.* lamp, gelamben;
lämbelî, lambelîn *s.* lembelîn;
lambes *gen. v.* lamp, *damit uneigentl. compon.* lambesbûch *stm. lammskeule:* lambsbûch MÜHLH. *rgs.* 93. GR.W. 6, 93. lampspauch ULA. 159 (*a.* 1324). *s.* lemberbûch.
lame *adj. stf. s.* lam, leme;
[lamec *adj.* I. 929ᵇ] *s.* lemic.
lameir (I. 29ª) = *altfz.* l'ameir *u.* l'amer, *lat.* amare *u.* amarum TRIST. 11990 *ff.*
lâmel *stnf.* (I. 929ᵇ) *klinge* RENN. 3980. MGB. 403, 33 *var.* KARLM. 204, 37. lamel lemel lomel lamille: lamella, lamellum, lamina DFG. 316ᵇ *f.*; *bildl.* Ms. (*H.* 2, 380ᵇ).
lamen *swv.* (*ib.*) lam *sein od. werden* FRL. man sach ir êre niht an einer zehen lamen MSH. 3, 24ª. — *mit* er-, ver-. *vgl.* lemen.
lamille *s.* lâmel.
lamp, -bes; lam, -mmes *stn.* (I. 930ª) lambe CHR. 3. 125, 13; *pl.* lamp *u.* lember: *lamm* PARZ. WIG. WALTH. lamp, -bes GEN. *D.* 24, 14. EXOD. *D.* 152, 13. 31. 153, 24. 157, 10. der wolf (*in der schule*) sprichet 'lamp' GEO. 4145. REINH. 307, 442. eines lewen muot verdaht an ime (Gâwein) eines lambes vel KRONE 7123, *vgl.* RENN. 21529. vor sînem lewen wil ich sîn ein lam (: stam) WARTB. 72, 9. swer sich erzeige in lammes schîn Ls. 2. 424, 172. liden als ein lamp KARLM. 162, 7, ôsterlîcheʒ lamp MSH. 2, 330ª (*vgl.* ôsterlamp). er ist geborn, dem in lambes munde wahsent wolves zende *ib.* 2, 363ᵇ. dû hâst daʒ lamp getragen, daʒ der erde sünde hât vertriben BPH. 9887 *ff.* von der geborn wart daʒ lam (: stam) PASS. 148, 59. *pl.* lamp ALBR. 32, 300, lember PARZ. GEN. *D.* 23, 28. MSH. 3, 219ᵇ. WG. 8435. HELBL. 8, 525. REINH. 336, 1220; daʒ käusch lamp, agnus castus, *ein baum* MGB. 311, 13. — *gt.* lamb

nach GSP. 276 *zu skr.* arbha, *klein, junges,*
nach FICK² 165 *vielleicht zu skr.* rambh,
lambh, *tönen* (= *blöckend*).
lampâde *swf. lampe* EN. 225, 34. 38. GERM.
10. 320, 158. sie sint meide an den (der?)
lampâden BERTH. 327, 35 *beim scheine der
lampe, dem falschen scheine nach?* (BECH).
— *aus griech.-lat.* lampad-, *vgl.* lampe.
Lampardîe *stf. Lombardei, Italien.* von L.
WH. *v. Öst.* 89ᵃ. durch Lampart ELIS.
4550. ze Lancpart KCHR. W. 13371. 530.
Lombardy, Lumbardie, Lampert DFG. 336ᵃ.
Lamparte *swm.* (I. 930ᵃ) *Lombard, Italiäner*
RENN. 22230. Lumbart DFG. 336ᵃ. ein
Lancparte SERV. 3129, *auch st.* die Lanc-
part KCHR. W. 13407; *dat. pl.* Lamparten
mit präpos. in, ûz, von, ze *als landsname*
MS. WG. 10471. LOH. 6328. TROJ. 23992.
PASS. 366, 42. Lancparten RUL. 237, 32.
EN. 226, 25. ULR. 696. SERV. 3178.
Lamparten-lant *stn. Lombardei* LOH. 6339.
70. Lamperten-, Lumbartenlant DFG. 336ᵃ.
Lamparter *stm.* (I. 930ᵃ) *s. v. a.* Lamparte
WEIST. RENN. 24501. Lancparter KCHR.
W. 13507. Lombarder CHR. 1. 79, 12;
lampartisch *adj. lombardisch* CRAON 738.
WOLK. 1. 2, 6. lampartesch LOH. 6390. 634.
CHR. 8. 33, 29. 47, 6. lamparsch *ib.* 449,
21. lombardisch *ib.* 1. 78, 29.
lamparûr *s.* lampriure.
lampe *swf.*(I. 930ᵃ) *s. v. a.* lampâde PANT. EN.
225, 34 *var.* LEYS. 97, 17. 18. MGB. 323, 31.
— *st.* AB. 1, 160.
lampel *swf. dasselbe* EN. 225, 38 *var.* GERM.
11, 151.
lampel, lämpel *stn. s.* lembelin.
lampen *swv. welk niederhängen.* er sach die
tutten lampen CGM. 379, 176 *bei* SCHM. *Fr.*
1, 1474. *vgl.* lempe, limpfen.
lampen-glas *stn. lampenglas, lampe* PASS.
282, 57. 342, 31. *K.* 192, 7. 353, 3. 396, 54.
lampen-vaȥ *stn.* (III. 281ᵇ) *dasselbe* PASS. *K.*
513, 11.
lamphël *s.* lampvël.
lamprîde *f.* (I. 930ᵃ) *lamprete* WOLFR. j.TIT.
661 *alt. dr.* APOLL. 8941. 18147. BUCH *v. g.
sp.* 27. lamprede, lampreta DFG. 316ᶜ. lamp-
rîde, lamprede, lemfride (lemfrid HPT. 14,
176), *umged.* lantfride, ein lamp breid: mu-
rena DFG. 372ᵃ. — *aus mlat.* lampreta,
umgest. aus lampetra (*steinlecker, steinsau-
ger*) WEIG. 2, 8. WACK. *umd.* 57. *vgl.* lampre-
tenmaul, *als spottname* ZIMR. *chr.* 3. 296, 30.

lampriure *stm.* (I. 930ᵇ) *das fz.* l'empereur,
kaiser PARZ. lamparûr (: schûr) ULR. *Wh.*
258ᵈ. lemperûr (: sûr) TÜRL. *Wh.* 22ᵇ. 70ᵇ.
lemperûor (: muor, ruor) *ib.* 16ᵃ. 27ᵃ.
lamp-vël *stn.* (III. 294ᵃ) *lammsfell* URB. *Pf.*
206. lamphel LESEB. 195, 30.
lamp-vleisch *stn.* (III. 340ᵃ) *lammfleisch*
BRÜNN. *r.* MÜHLH. *rgs.* 157. NP. 229 *f.*
lam-tac, -tage *stswm.* (III. 5ᵇ) *lähmung*
ZÜRCH. *rb.* WEIST. W. *v. Rh.* 133, 60.
lan *s.* lam, lanne, lun.
lân *s.* lôn, lâȥen.
lân-banc *s.* leinbanc.
lanc *prät. s.* lingen.
lanc, -ges *adj.*(I. 930ᵇ) *für* langiu *auch* lengiu
NEIDH. XXV, 7, lenge (: enge) j.TIT. 3964;
*comp. u. sup. mit od. ohne umlaut —: lang,
gegens. zu* kurz *räumlich u. zeitlich, allgem.*
(marcgrâve Otte der lange MSH. 3, 107ᵃ.
langer pfeffer DFG. 342ᵃ. MGB. 373, 21, *vgl.*
lancpfëffer. ein langez, *breites,* waȥȥer über-
loufen *ib.* 307, 13. lank und prait haben,
ringsherum grosse besitzungen haben CHR.
1. 148, 15. dâ wirt uns lanc gar kurziu zît
LIEHT. 598, 16. sô gie er den tach langen
GEN. *D.* 23, 31, die naht lange 56, 20. langen
jâr MGB. 315, 11. langer âtem *ib.* 47, 1.
langiu rede LIVL. 11675. langer rât und snel
getât WG. 13162. mîn kumber ist gar ze
lanc MSH. 1, 204ᵃ. langen haȥ tragen WINSB.
39, 5), *mit gen. des masses* IW. WOLFR. MS.;
über lanc, *nach geraumer zeit, langsam, von
zeit zu zeit.* — *gt.* laggs (langs) *zu lat.* longus
CURT.³ 173. 181. GSP. 276. FICK² 391. Z. 1,
5. *vgl.* lenge;
lanc *adv. acc. n.* (I. 931ᵃ) *lang, allgem.,* ie
lanc *s. unter* ie; *entlang, längs,* bî dem mêre
lanc ALBR. 118ᵇ. bî der Memil lanc JER.
20384.
lanc-alt *adj. longevus* DIEF. *n. gl.* 239ᵃ;
lanc-altic *adj. dasselbe* DFG. 336ᵃ.
lanc-beinic *adj. langbeinig* BERTH. 368, 35.
lanc-beiten *stn.* (I. 174ᵇ) *beharren* MYST.;
lanc-beitikeit *stf.* (*ib.*) *beharrlichkeit* TAULER.
lanc-ermel *stm. langer ärmel* HPT. 8, 469.
lanc-gemüete *stn.* (II. 262ᵃ) *langmut* BARL.
102, 24.
lanc-getân *part. adj. lang beschaffen, lang.*
iwer bart ist sô lancgetân VIRG. 738, 5.
lanche *s.* lanke.
lanc-heit *stf. länge* MYST. 1. 96, 23. JAN. 12.
54; lengekeit, longiturnitas DFG. 336ᵃ (*s.*
langic, lengic).

lanc-hûs *stn. langhaus, schiff einer kirche od. kapelle.* daz der *(verstorbene siehe)* bei der messe in dem lanchous inne stê und daz man in dar nâch zuo dem vreithoſ trage und in dâ begrabe UKN. 310 (*a.* 1344). *vgl.* SCHM. *Fr.* 1, 1490.
lancie *s.* lanze.
lanc-lëben *stn.* (I. 955ᵇ) *langes leben* A. HEINR. HELBL. BERTH. 35, 26. 275, 20. DAL. 156, 11. LCR. 5, 1715;
lanc-lëbic *adj. lang lebend* RENN. 20871. DFG. 336ᵃ;
lanc-lëbunge *stf.* longevus DIEF. *n. gl.* 239ᵃ.
lanc-lîp *stm.* (I. 1004ᵇ) *langes leben* HARTM. KL. FREID. RENN. 23770. ALBR. 16, 192.
lanc-man *stm. langer mann.* ein lancman heizet ein geschirre FRAGM. 28, 82.
lanc-müetec-heit *stf. langmütigkeit* HPT. *h. lied* 147, 16.
lanc-nasec *adj.* aquilinus DFG. 44ᵃ.
Lancpart- *s.* Lampart-.
lanc-pfëffer *stm.* (II. 486ᵇ) *macropiper* DIEM. *arzb.* DFG. 342ᵃ.
lanc-ræche *adj.* (II. 685ᵃ) *lange rache hegend, unversöhnlich* NIB. (1401, 4). HERB. Ms. (*H.* 2, 202ᵇ). PF. *arzb.* 2, 1ᵃ;
lanc-ræche *stf.* (*ib.*) *das lange festhalten der rache, unversöhnlichkeit* SPEC. KARAJ.
lanc-sager *stm. schwätzer* W. *v. Rh.* 107, 24.
lanc-sam *adj. u. adv.* (II². 243ᵃ, 41) *langsam* GL. MGB. KIRCHB. RENN. 12234, *s.* WEIG. 2, 10.
lanc-seim *adj.* (II². 242ᵃ, 37) *zögernd, langsam* BERTH. 433, 25. *s.* seine;
lanc-seine, -seime *adv.* (II². 242ᵃ) *md.* auch lancsême: *langsam* LANZ. TRIST. *H.* TROJ. (5917. 15053. 20936. 21503. 22853). MGB. PASS. (lancsein 360, 6).
lanc-sîte *adj.* (II². 328ᵃ) *lange seiten habend* ALBR. 9, 323;
lanc-sîtic *adj. dasselbe* SCHRETEL 331.
lanc-stæte *adj.* (II². 608ᵇ) *lange fest beharrend* SPEC.
lancte *prät. s.* lenken.
lanc-vezzel *stm.* (III. 284ᵇ) *band woran das vederspil gehalten wird* BIT. 13186. HPT. 7. 341, 9. 342, 38.
lanc-virst *stm.* ein holz (*wald*), daz genant ist der langfirst Mz. 4, 298.
lanc-wagen *stm.* banayda, longum lignum in curro Voc. 1482. ongale DFG. 336ᵃ, *vgl.* lancwit.
lanc-wât *stf. eine art fischernetz* GR.W. 4, 303.

lanc-wiric *adj.* longevus DIEF. *n. gl.* 239ᵃ;
lanc-wirunge *stf. dauer.* nach langwirung dis lebens ÖH. 104, 6.
lanc-wit *stn. f.* (III. 619ᵇ) *langwiede, hinterdeichsel.* langwit, -wide, lenquid, linquet, ein lange wit: longale DFG. 336ᵃ, lanckwid *n. gl.* 239ᵃ. ein leng-, lenkwit TUCH. 73, 34. 76, 36. 103, 1. lengwet *f.* FRANKF. *baumstb. a.* 1437, 26. — *s.* wite, *holz u.* VILM. 452.
lanc-zorn *stm.* (III. 906ᵇ) rancor FDGR. 1, 381ᵃ.
lande-gelîch *stn.* (I. 936ᵃ. 972ᵇ, 11) *jedes land* LAMPR. lendegelîch LANZ. HEINR. 413.
lande-lôs *adj.* (I. 936ᵃ) *ohne land* TRIST. 5872.
landen *swv. mit lant versehen, s.* gelandet.
lander *stn. swf.* (I. 934ᵃ) *stangenzaun* NEIDH. (37, 8). umbe rebgarten ziune und landern machen BASL. *rechtsqu.* 1, 109 (*a.* 1420); *land,* in Egypto lander (: ander) W. *v. Rh.* 80, 23 *s. v. a.* in Egyptenlande *ib.* 33. — *vgl.* SCHM. *Fr.* 1, 1486. KWB. 172.
lanen-loch *s.* lunenloch.
laner *stm. eine falkenart.* der weize mauszer, den etlich laner haiszent MYNS. 13.
lange *stf. in* belange, *swm. in* gelange;
lange *adv.* (I. 932ᵃ) *lange: seit langem, lange zeit, comp. u. sup. mit od. ohne umlaut, allgem.* (NIB. 57, 4. 111, 2. 153, 3. 667, 4. 938, 3 *u. o.* RAB. 61. WINSB. 41, 1. langer ER. 6612. LIEHT. 511, 26. NIB. 492, 3, lenger *ib.* 556, 2. langest FLORE 5940. ULR. *Wh.* 201ᵇ. langst LOH. 4510, CHR. 1. 146, 2. 149, 20):
langen *adv. dat. pl.* (I. 931ᵇ) *dasselbe* MSH. 1, 142ᵃ. ECKE *L.* 183. bî langen, *endlich* ELIS. 4505. 5670. 791 *s.* belangen;
langen *swv.* (I. 933ᵃ) lengen ELIS. 3460. 9007. MARLG. 256, 493: *intr.* lanc *werden.* der tac langet HERB. 13875. NEIDH. 24, 14. diu naht langet NEIF. 14, 27. MSH. 2, 164ᵇ; *reichen* der paum wirt gar hôch und langet über ander paum MGB. 314, 1. sîn kraft mac langen noch verrer danne dar AB. 2, 123; *sich ausstrecken um etw. zu erreichen,* langen an TRIST., gegen DIOCL. 1308, ze MART. ; — *tr.* lanc *machen, verlängern.* in wol gelangeten jâren ULR. *Wh.* 222ᶜ; *sich ausstreckend etw. ergreifen* GUDR. Ms. die sêle von dem lîp langen WH. *v. Öst.* 92ᵇ, *sich ausstreckend etw. geben, darreichen* ULR. ELIS. 4030. 7955. ARN. 64 (*a.* 1320), einem etw. l. ATH. HERB. ELIS. 9007. DÜR. *chr.* 682. KARLM. 56, 36. 69, 24; *unpers.* lang *dünken, verlangen, gelüsten s.* die composs. — *mit* an (mich

langet an, *geht an, betrifft* ELIS. 3460), be-, er-, ge-, ver-. *vgl.* lengen;

langes *adv. gen.* (I. 931ᵇ) *längst* BERTH. BALD. 42. daz solte langes sîn geschehen TÜRL. *Wh.* 86ᵇ. ich hân ez langens vor gesehen HERB. 2236. lenges EILH. 3497; *der länge nach* PASS. (*K.* 181, 93. 217, 6. 243, 34. 318, 6. 352, 72).

langez *s.* lenze.

langez-stiure *stf. abgabe im frühlinge* URB. *Son.* 1ᵃ.

langic, **lengic** *adj.* longiturnus DFG. 336ᵃ.

lang-seilchin *stn.* (II². 289ᵃ) *messschnur* DÜR. *chr.* 719.

langust *m.* locusta: ein kraut davon dy immen das honig saugen; od. klein vogelein davon sich sant Johanns baptist nerte VOC. 1482. *s.* locuste.

lanke, **lanche** *stswf.* (I. 934ᵃ) *hüfte, lende, weiche* GEN. (EXOD. *D.* 153, 8). TRIST. NEIDH. (16, 5. 25, 38). PF. *arzb.* 2, 2ᶜ. 6ᵇ. prenne herre mein lanchen DIEM. *beitr.* 1. 127, 101. der borte, der der megde was gestrickit umbe ir lanke MART. 22, 92. ir brüstel und ir lanke wurden gar zerfuoret *ib.* 186, 5. an lanken erlamt MSH. 3, 12ᵃ. 281ᵃ. durch die satelschellen sîn traf er in zur lanken în ALBR. CLXXX. in des rosses lanken WH. *v. Öst.* 22ᵃ. 23ᵇ. daz ich daz ros mit sporn sluoc ze den lanken GREG. 1430. er (zelter) was ze den lanken ze mâzen smal FLORE 2767. der (mûl)zen ôren und zen lanken in rabes varwe was gevar KRONE 498. lanchen lumbi, renes SCHM. *Fr.* 1, 1493. — *ahd.* hlanca, lanca, *ags.* hlanc, *schlank*, hlinc, *hügel. vgl.* DWB. 3, 1723 (flanke) *u.* DIEZ 143.

länkelot *s.* lengelêht.

lankenier *stn. decke über die* lanken *des rosses* GA. 1. 471, 607. 472, 667. 473, 669. lankenir (: gir) GERM. *H.* 2. 95, 51. *vgl.* lendenier;

lankenieren, **lankieren** *swv. s.* verlankenieren.

lanke-swêr *swm.* (II². 810ᵃ) *lendenweh* DIUT. 2, 272.

lanne *stswf.* (I. 935ᵃ) lan SUCH. lene DÜR. *chr.* 88; *kette* LAMPR. ROTH. (1038. 1724. 4679). FREID. MS. SERV. 2929. APOLL. 877. RENN. 3661. ÜW. *H.* 767. SCHRETEL 34. KARLM. 531, 26 (*gedr.* sanne). 1½ ℔, 2 β um 16 îsen an die lannen in den Mein in den furte, den damyde zu vermachen FRANKF. *baumstb. a.* 1413, 49ᵇ. 10 β umb 200 neile (*nägel*) an die lanne in den Mein nydewendig den molen *ib.* 50; *kette als schmuck,* bouge unde vingerlîn, halsgolt unde lanne KRONE 558. — *zu* linnen?

lannen *swv. in* belannen.

lant, -des *stn.* (I. 935ᵃ) *pl.* lant *u.* lender WH. *v. Öst.* 4ᵃ: *land, erde, gebiet, heimat allgem.* (über lant rîten TROJ. 23024, jagen MF. 89. 169, raisen MGB. 103, 29, tragen RENN. 5786. herre uber allez l. GEN. *D.* 100, 29. mit frede stûnt sîn l. ALBR. 24, 239. daz lant des götleichen gelübdes, *das gelobte l.* MGB. 469, 10. landes herre GAUH. 37. 152. MSH. 3, 45ᵃ *s.* lanthêrre. landes grâve KCHR. 16431 *s.* lantgrâve, landes voget *s.* voget. landes vrouwe, *landgräfin* MYST. 1. 242, 11. ein furste Duringer, Hessen *etc.* lande ELIS. 4532. 5567. 7500. 10173. der wær ein helt in alle lant ECKE *Sch.* 2. daz man sie bî namen und bî lande erkant LOH. 5982. gein lande, gein landen, *heimwärts* ELIS. 550. 7801, *ebenso* ze lande GEN. *D.* 52, 26. 61, 13. 97, 26. 98, 10 *etc.* der keiser gedâht ze lande TÜRL. WH. 8ᵇ. zu lant, *daheim* CHR. 3. 138, 5. von lande, *von daheim* NIB. 368, 4. 1219, 2); *einwohnerschaft eines landes* TRIST. GR.W. 4, 686. 87. SSP. 2. 4, 1; 3. 56, 2. — *gt.* land, *vgl.* DIEF. 2, 126. KUHN 1, 559.

lantag *s.* lanttac.

lant-âhte *stf. s. v. a.* âhte, *ausgesondertes u. unter besondern rechtsschutz genommenes ackerland s. die zwei folgd. composs.; fruchtzins davon,* redditus nostri, dicti landaht MONE *z.* 5, 335 (*a.* 1303). ein malter landaht *ib.* 9, 104 (*a.* 1381). *vgl.* jârâhte *u.* HALT. 1156, SCHMID 341.

lant-âht-acker *stm.* alle unser ecker, die man nennet die landahtacker MONE *z.* 12, 445 *ff.* (*a.* 1349).

lant-âhte-vruht *stf. auf einer* lantâhte *wachsende frucht* MONE *z.* 10, 192 (*14. jh.*).

lant-ambet-man *stm.* landamtmann GR.W. 6, 178. lantamman CDG. 2, 258 (*a.* 1319). DH. 237.

lant-bach *stm.* die landbech sollen mit fegen und raumen aufrichtig gehalten werden GR.W. 1, 479.

lant-banier *stf.* (I. 85ᵇ) *vaterländisches banner* TRIST. 5589.

lant-barûn *stm.* (I. 92ᵃ) *der im lande eingesessene hohe adeliche* TRIST. J.HPT. *beitr.* 287. *vgl.* lanthêrre, -vürste.

lant-bescheidunge *stf.* (II². 105ᵃ) *bestimmung der gränzen eines landes* LIVL. 9693. *vgl.* lantscheide.

lant-bëte *stf.* (I. 171ᵇ) *allgemeine landessteuer* HALT. MONE *z.* 6, 18. precaria VOC. 1482; *gegens. zu* statbete Mz. 3, 255 (*a.* 1350).

lant-bote *swm. gerichtsbote über land* EYB 3. *vgl.* lantbütel.

lant-brëche *swm. lantschade* GR.w. 3, 663.

lant-prediger *stm. landprediger* HPT. 4, 575. lantbredier GRIESH. *chr.* 12.

lant-brëste *swm.* (I. 256ᵇ) *s. v. a.* lantbrëche WEIST. *vgl.* lantgebrëste.

lant-brief *stm. landgerichtsurkunde* GR.w. 1, 550.

lant-buoch *stn. s. v. a.* lantrehtbuoch GR.w. 3, 655. *vgl.* HALT. 1159.

lant-bütel *stm. r. v. a.* lantbote GR.w. 3, 527. 6, 193.

lant-commentiur *stm.* (I. 858ᵇ) *landcomthur* LIVL. GRIESH. *chr.* lantcomentûr JER. 16591. 26419.

lant-crâve *s.* lantgrâve.

lant-diep *stm.* ain pöswicht und landsdiep CHR. 5. 238, 1.

lant-diet *stfn.* (I. 325ᵇ) *einwohnerschaft eines landes* EXOD. *D.* 151, 10. ER. LANZ. ENGELH. TROJ. 13795. PART. *B.* 3453. 6575. 9691. *md.* lantdit *f.* JER. 12097.

lant-dinc *stn.* (I. 334ᵃ) *landgericht* HALT. AUGSB. *r. W.* 5. acceptilatio DFG. 7ᵇ. plebiscitum VOC. 1482 *u. Schr.* 2350;

lant-dinger *stm.* (I. 341ᵇ) *landrichter* FRISCH 1, 568ᵇ.

lante *prät. s.* lenden.

lantërne *s.* latërne.

lant-ëter *stmn. zaun um ein bebautes feld.* landötter GR.w. 3, 667.

lantfrit *s.* lamprîde.

lant-garbe *f. zinsgarbe* URB. 47, 29. 52, 33. GR.w. 1, 307. MONE *z.* 11, 234. 14, 453 (*a.* 1298). Mz. 1, 560 (*a.* 1415); *grundstück, von dem die* l. *entrichtet wird* URB. 266, 17.

lant-gebirge *stn. gebirge eines landes* ZING. *geo.* 912. HB. *M.* 622.

lant-gebrëste *swm. s. v. a.* lantbrëste CDG. 3, 62 (*a.* 1350).

lant-gebûr *stm. landbewohner, bauer* MSH. 3, 57ᵃ. 63ᵃ.

lant-genge *adj. landläufig* HALT. 1164.

lant-genôz *stm.* (II. 399ᵇ) *landbewohner* TRIST. 6039.

lant-gerihte *stn.* (II. 649ᵃ) *landgericht* SWSP. 44, 1. EYB 1 *ff.* MSH. 1, 155ᵇ. KOLM. 109, 17. Mz. 3, 391. das l. der fünfzehn dorfer GR.w. 1, 551.

lant-geschrei *stn. aufgebot eines land-, gerichtsbezirkes.* in welhem geriht ainer beraubt wurd, der sol ez dem næhsten rihter chunt tuon und der selb rihter sol dann mit dem lantgeschrai nâch eilen Mw. 357 (*a.* 1369). *vgl.* lantschrei, -schrîe.

lant-geschoz *stn. landesschoss, steuer* HALT. 1181.

lant-geselle *swm.* (II². 30ᵃ) *landbewohner* TRIST. 5595; *landsmann ib.* 9075. 11434. 18905. ERNST 3917.

lant-gesinde *stn.* (II². 296ᵃ) *das* gesinde, *die bewohnerschaft des landes* TRIST. TROJ. (13122. 13859. 27982).

lant-gespræche *stn.* (II². 537ᵇ) *beratende landesversammlung* KIRCHB. *vgl.* lantsprâche.

lant-gewant *stn. ländliches, landübliches gewand.* die kinder mit lantgewande bekleiden ANZ. 18, 13 (*a.* 1352).

lant-gewer, -gewere *stswf. s. v. a.* lantwer, *befestigung der landesgränze* GR.w. 1, 577. 5, 273. ARN. 63 (*a.* 1424).

lant-gewizzen *stf. was landkundig ist* KURZ *Ottokar* 2, 216. 217 (*a.* 1296).

lant-grabe *swm. auf dem lande, felde gezogener graben, gränzgraben* MÜHLH. *rgs.* 155. GR.w. 1, 478. AD. 1346 (*a.* 1446). MONE *z.* 14, 280.

lant-grâve *swm.* (I. 568ᵃ) *königl. richter u. verwalter eines landes, landgraf* WOLFR. WALTH. GERH. NIB. 2008, 3 (lantcrâve, *var.* lantgrâve). LOH. 4170. j.TIT. 2014. PART. *B.* 13423. TURN. *B.* 501. KREUZF. 663. 768. LUDW. 1 *ff.* ELIS. 3109. 4167. 4589. 7500 *u. o.* GR.w. 3, 346. lantgrôve CHR. 8. 58, 2. lantgrêve SSP. *s.* 1. *vgl.* DFG. 317ᵇ;

lant-grævinne *stf. landgräfin* LUDW. 15, 27. 31. KREUZF. 2779 *u. o.* LOR. 2, 2;

lant-grævisch *adj.* ein lantgrefischer eigenman GR.w. 3, 346.

lant-her *stn.* (I. 662ᵃ) *heer des landes* TRIST. 6376.

lant-hërre *swm.* (I. 667ᵇ) *herr des landes* WG. 11443. PASS. *K.* 190, 56; *vornehmster vasall in einem lande* BARL. EXOD. *D.* 159, 30. GREG. 2016. TRIST. 153. LANZ. 8615. ERNST 73. 4168. LOH. 1707. OT. 362ᵇ. 363ᵃ. 366ᵃ etc. UOE. 3, 580 *ff.* (*a.* 1277). Mw. 348, 3 (*a.* 1363). UKN. 311. 345 (*a.* 1344. 52). lanthêre (: êre) EN. 150, 21. lantzherr CHR. 4. 61, 25. 62, 2. 15. 22 *s. oben* landes herre. — *vgl.* lantbarûn, -vürste.

lant-îsen *stn.* lantîsen, tüchelisen und stahel S.GALL. *chr.* 76.

lant-knëht *stm. gerichtsdiener* GR.W. 1, 495. 554; mit den von Erlebach zu reden von des lantknechts oder vorstknechts wegen FRANKF. *brgmstb. a.* 1435 *vig. V. p. Galli.*

lant-koste *swm. onera publica* AD. 1283 (*a.* 1419).

lant-kündic, -kundic *adj. im lande bekannt, landkundig* AB. 1, 119. HALT. 1168. RCSP. 1, 302; 381. GR.W. 6, 353. CHR. 2. 72, 7;

lant-kündunge *stf. bekanntmachung im lande* GR.W. 5, 149.

lant-lêhen *stn.* (I. 996ᵇ) *lehen vom lande, landzins* TRIST. 16038.

lant-leite *stf.* (I. 976ᵇ) *das umgehen der gränzen* HALT. 1168.

lant-lich *adj. ländlich* HB. *M.* 623.

lant-liut *stn.* (I. 1039ᵃ) *die einwohnerschaft, das volk des landes* A.HEINR. TRIST. LANZ. BARL. daz lantliut gemeine EXOD. *D.* 137, 1; — *stm. pl. zu* lantman: lantliute, *md.* lantlûte, -lûde, *die leute im lande, landgenossen, einwohner* NIB. A. HEINR. TRIST. EXOD. *D.* (lantloute) 123, 26. 138, 29. LANZ. 8401. WOLFD.*A.*508. GA.2.191,618.630. CHR. 8. 75, 9; 9. 623, 19. PASS. 126, 50. *K.* 279, 95. SSP. 1, 56; 3. 53, 3 *u. oft in urkk.; die zum besuche des landtages berechtigten u. verpflichteten, landstände:* seiner k. g. widerwertigen lantleut MH. 2, 32. 39. anbringen an den kaiser von den landleuten, so ietz zu Melk pei ein ander gewesen CP. 241. 248. 53 *etc.* die lantleut der markgrafschaft zu Marhern UGB. 152; *landesedele, niedere dienstmannen:* ir muozzet dienôn disen lantlouten EXOD. *D.* 148, 9. alle unse lantherren, unse lantlûde LESEB. 724, 33. wir wellen alle unseren gericht nur mit unsern landläuten besetzen MW. 341, 8. *vgl. ib.* 3 *und* 317, 3; *untertanen, des küneges* lantliut WG. 9600. 9602; *gegens. zu* burger, *landbewohner, bauern* AD. 1232 (*a.* 1396). JUST. 204.

lant-louf *stm. landesgebrauch.* nâch gemeinem landlouff SCHREIB. 2, 560 (*a.* 1497). GR.W. 4, 34; *pl.* lantleuf, *ereignisse im lande* CHR. 5. 228, 7. 21. landslöffe *ib.* 391, 21;

lant-löufer, -löufel *stm.* (I. 1047ᵇ) *discolus, mimus, vagus* DFG. 184ᵉ. 361ᶜ. 605ᵇ. *vgl.* lantstrîcher, -varer;

lant-löuferin *stf.* mima DFG. 361ᵉ;

lant-löufic *adj. landläufig, im lande ge-* bräuchlich GR.W. 4, 34. MONE *z.* 6, 388 (*a.* 1437). landsleffig DH. 393.

lant-maget *stf. pl.* lantmegede, *jungfrauen eines landes* FLORE 3452.

lant-man *stm.* (II. 44ᵃ) inquilinus DFG. 300ᵃ; *der in dem gleichen lande daheim ist, landsmann* BÜCHL. WOLFR. TRIST. LIEHT. ROTH. 3413. LANZ. 5152. 577. GFR. 1225. LS. 2. 233, 827. compatriota DFG. 137ᵃ. in lantmansweise *etw. erfahren, durch den mund von landsleuten, vertraulich, gerüchtweise* CHR. 1. 435, 13. 437, 14; 2. 39, 17; 5. 357, 33. UGB. 121. DH. 383 (*vgl.* lantmære); *landbewohner, landmann, gegens. zu* burger ERNST 1418. GAUPP 1, 116 *f.* (*a.* 1293), *zu* statman SSP. 3. 87, 2; *s. v. a.* lantsidel, *hintersasse* MONE *z.* 8, 135; *zu einem landgericht bestellter adelicher schöffe od. beisitzer* ARN. 63 (*a.* 1424). *vgl.* lantliute;

lant-mannen *swv.* (II. 44ᵇ) *zum bezirksgenossen erheben* WEIST. — *mit* ge-.

lant-mære *stn.* (II. 78ᵇ) *allgemeines gerücht* TRIST. ORL. 8909. AW. 2, 118. ÖH. 35, 7. 151, 9. lantmærsweis *etw. vernemen, gerüchtweise* DH. 387, *vgl.* in lantmansweise *u.* lantrede, -schal.

lant-marke, -marc *stf. landmarke, land* ZING. geo. 247. 577. 602 *u. o.* GLAR. 39. CDG. 2, 258 (*a.* 1319). HB. *M.* 619. 23;

lant-marke *stf. landmark.* ouch hat unser jungher zu rechteme geschosze alle jar zehin marke, lantmarke GR.W. 3, 328.

lant-marschalc *stm. landmarschall.* unser lantmarschalich *von Oesterreich* UHK. 2, 267 (*a.* 1371). landmarschalh CP. 374.

lant-massenîe *stf.* (II. 86ᵇ) *mannschaft aus dem heimatlande* TRIST. 18935.

lant-meister *stm* (II. 121ᵃ) *der hochmeister in Preussen* JER.

lant-menege *stf.* (II. 60ᵃ) *menge volkes od. vasallen aus dem lande* LANZ. 8383. APOLL. 14129.

lant-münze *stf. landesmünze* KIRCHB. 719, 16.

lantnære *stn.* man sol zwên lantnær haben (*im lat. text* lantnærii), die den vrowen (*klosterfrauen*) daz bad machen und die in dienen in dem badhûs und daz bad reichen GEIS. 438. den zwein lantnærn (duobus lantnæris) driu vleisch und drei wek *ib.* 420. 22.

lant-pfaffe *swm. landpriester* KIRCHB. 730, 37.

lant-phenninc *stm. landpfennig, landesmünze* DSP. 1, 22. SWSP. 117, 8. 197, 9. 257, 8. *L.* 2, 112.

lant-recke *swm.* (frembte, unbekante lantrecken, starke bettler, lantfahrer und zigeuner St. *a.* 1611).
lant-rede *stf. s. v. a.* lantmære Halt. 1177. *vgl.* lantschal.
lant-rëht *stn.* (II. 625ª) *recht eines landes im gegens. zum recht anderer länder, zu geistl., lehen- u. stadtrecht* Diem. Trist. *u. rechtsdenkmäler, vgl.* Roth. 3344. 79. L.Alex. 249. Karaj. 50, 24. Reinh. 1650. Troj. 17974. Hadam. 207. Chr. 8. 28, 5; *was nach landrecht recht des einzelnen ist* Mühlh. *r.* Arn. 64 (*a.* 1391); *gericht, process u. urteil nach landrecht* Teichn. *der rihter sol im daz reht landreht widervaren lâzzen* Mw. 389, 4 (*a.* 1369); *landgericht, das lantrecht besetzen* Cp. 214, *besitzen ib.* 160, Mh. 2, 687; *recht, anspruch auf ein land: lâz din lantreht, gib deinen anspruch auf dieses land auf* Parz. 154, 21, *vgl.* 146, 21 *ff.; recht auf grund u. boden, abgabe dafür: dass man eim abt davon* (*vom ausgereuteten lande*) *geben sol das landrecht* Gr.w. 2, 16. *vgl.* Halt. 1171 *ff.;*
lant-rëhtære *stm.* (II. 638ª, 3) rachimburgius Sum., *die freien, die vom grafen oder landesherren zum urteilsspruch entboten werden* Walth. 16, 15; *s. Wilmanns zu* XV, 15 *u. vgl.* lantrihtære.
lantrëht-buoch *stn.* (I. 279ᵇ) *landrechtsbuch* Swsp. 1. *L.* 2, 43. 70.
lant-rëhten *swv. streiten, processieren.* mit gote l. Himlr. 72. nâch gewonheit l. Wg. 8987. l. nâch gewinne *ib.* 8707.
lant-reise *stf. kriegszug, s. unter* gezoc *u.* Gr.w. 6, 48. 49.
lant-reister *stn.* (II. 666ᵇ) *landesoberhaupt* Jer. 16587. *s.* reister.
lant-rihtære, -er *stm.* (II. 637ᵇ) *s. v. a.* lantrëhtære, rachiburgius Dfg. 482ᶜ; *vorstand eines landgerichts* Ms. Helbl. 2, 759. Evang. *Mr.* 6, 21. Kell. *erz.* 384, 30. Kaltb. 1, 8 *ff.* Eyb 7 *ff.* Dsp. 2, 62 *u. oft im lehnrechte des* Swsp.
lant-riumec *adj.* (II. 792ᵇ) *das land verlassen habend, flüchtig* Weist. Halt. 1171. Zimr. *chr.* 4, 650ᵇ, *md.* lantrûmic Dür. *chr.* 418 (lantrunnic 787). *vgl.* Germ. 6, 277.
lant-rivier, -riviere *stmf. land, bezirk* Part. *B.* 9112. 19857; 2453. 2503. 11103. Troj. 11913. Swanr. 417. 531. 791.
lant-roup *stm. raub auf öffentl. landstrasse* Augsb. *r. W.* 114. Halt. 1171.

lant-rüchtic *adj. landkundig* Halt. 1177. *das sulch belegin* (*belagerung*) *seines slos geschên ist von geheisse des konigs von Behmen, das landrüchtig ist* Ugb. 307.
lant-rünnic *adj. s. unter* lantriumec *u. vgl.* Halt. 1177. Gr.w. 5, 503.
lant-sal? *s. unter* lantzal.
lant-sæze *swm.* (II². 341ª) *md.* lantsêze, *ein im lande angesessener, landsasse* Trist. Dsp. 1, 3. Swsp. 2, 4. 347, 4. Ssp. 1. 2, 16; 3. 45, 6. 73, 1. 80, 2. Mh. 1, 64. Netz 7463. *vgl.* lantsëzze.
lant-sæze-vrî *adj.* si mag gewinnen ainen mitteln vrîgen, alsô ob ir wirt ain mittel vrîge ist; si mag gewinnen ainen lantsæzevrîen, ob si ainen vrîen lantsæzen zuo ir lait Swsp. 347, 3.
lant-schade *swm.* (II². 63ª) *landschaden* Zimr. *chr.* 3. 443, 20; *als zuname:* Plikker Lantschad de Steinach (*a.* 1286) *s.* Msh. 4, 254. 256. Zimr. *chr.* 4, 651ª.
lant-schaft *stf.* (I. 936ᵇ) *landschaft, land* Diem. Kchr. 7258. Tuch. 315, 35; *einwohnerschaft des landes* Mar. Kl. 1124. 1860. Krone 3216. 27328. Teichn. 230. Tuch. 207, 27; *die sämmtlichen lantherren, die versammelten stände eines landes* Trist. Cp. 373 *ff.* Halt. 1179.
lant-schal *stm.* (II². 125ᵇ) *s. v. a.* lantmære, -rede Trist. 9309. 9773. 11270.
lant-schande *stf.* wan daz ein mensche hie (ze Franken) ze schanden würde vor allen den die in disem lande sint, daz wære niht ein werltlîchiu schande, daz heizet niwan ein lantschande Berth. 571, 18.
lant-scheide *stf.* (II². 107ᵇ) *landesgränze* Livl. Hb. *M.* 621;
lant-scheidunge *stf. dasselbe* Mone *z.* 1, 14 (*a.* 1395). Gr.w. 6, 29.
lant-schiech *adj. lantflüchtig.* ob ieman ab gât oder lantschüch wirdet S.Gall. *stb.* 4, 307.
lant-schirm *stm.* (II². 161ᵇ) *gewähr, welche der verkäufer eines gutes gegen die einsprache anderer übernimmt* Brünn. *r.* Halt. 1180.
lant-schranne *f.* (II². 204ª) *bank des richters u. der urteiler in einem landgerichte, das landgericht selbst* Weist. die lantschranne in der gräfschaft Hirsperch Mw. 222 (*a.* 1305). vor unsir lantgerichte oder lantschranen laden Mz. 3, 391 (*a.* 1358). in unser lantschrann zu Gretz Mh. 2, 697. 822. ûf der lantschrann zuo gericht sitzen Mz. 1, 423 (*a.* 1392). geben

auf der lantschrann ze Guglingen *ib.* 4, 141; *bezirk des landesgerichts* HALT. 1181.

lant-schrei *stm. berufung zum ungebotenen dinge* GUDEN *cod. dipl.* 1, 544 (*a.* 1237). *vgl.* lantschrîe, -geschrei.

lant-schrîbære, -er *stm.* (II². 208ᵇ) *land-, landgerichtsschreiber* HELBL. CHR. 1. 66, 9. 86, 20. RCSP. 1, 665. 774. ROTH *urk.* 3. MH. 2, 767. GR.W. 6, 402. GENGL. 58. EYB 3. 9. **lantschrîber-ambet** *stn.* MONE *z.* 6, 392 (*a.* 1437).

lant-schrîe *stf.* (II². 215ᵇ) *landesaufruf zum kriege* WALLRAFF 48. *vgl.* lantschrei, -geshrei.

lant-schulde *stf.* (II². 186ª) *eine art reichnis von seite des übernehmers eines lehngutes an den lehnherren* MB. *s.* SCHM. *Fr.* 1, 1485.

lant-sëzze *swm.* (II². 338ᵇ) *s. v. a.* lantsæze KIRCHB. RTA. 1. 485, 23.

lant-sidel *m.* (II². 237ª) *dasselbe* SCHM. 3, 201; *eine art meier od. hintersassen („zeitpächter nicht gebundener güter"* MONE *z.* 8, 135). RCSP. 1, 305. MONE *z.* 9, 49. 18, 313. GR.W. 5, 310. 6, 9. 19. 25 *u. o.* lantsëdel *ib.* 3, 402 *f.* 4, 532; **lant-sidelen** *swv. in* verlantsidelen. **lantsidel-gerihte** *stn.* HALT. 1183. lantsëdelgericht GR.W. 3, 402. **lantsidel-guot** *stm.* GR.W. 3, 417. lantsëdelgut *ib.* 402. **lantsidel-hûs** *stn.* GR.W. 6, 9. **lant-sidelîn** *adj. ein gut verleihen* zu lantsëdelîn rechten GR.W. 4, 532; **lant-sidelinc** *stm.* (II². 237ᵇ) *s. v. a.* lantsidel OBERL. 871. *verderbt* lantsiglinc GR.W. 4, 280, lantzüglinc *ib.* 1, 87. **lantsidel-rëht** *stn.* daz wir Ulrîchen dem Preun gelihen haben unser eigen nâch lantz gewonheit ze lantsidelreht UOE. 4, 528 (*a.* 1307). *vgl.* HALT. 1182.

lant-sihtic *adj. landkundig,* als daz nû wol lantsihtig und schînlich worden ist MONE *z.* 7, 58 (*a.* 1356).

lant-site, -sit *stm.* (II². 325ª) *landessitte, -brauch* EN. TRIST. LANZ. (265. 1389). MEL. L.ALEX. 6768. HELBL. 1, 286. 307. 439. 2, 1484. 3, 337. 8, 732. OT. 29ᵇ. DSP. 1, 33. 39.

lant-snëcke *swm.* (II². 436ᵇ) *landschnecke* MGB.

lant-spër *s. unter* lanze.

lant-sprâche *stf.* (II². 536ᵇ) *besondere sprache eines landes, mundart,* ideoma DFG. 284ª. TRIST. TEICHN. TROJ. 22615. RENN. 22240.

WACK. *pr. s.* 256, 8; *beratende landesversammlung, landtag:* do wart ein l. gebodin hin zo Ache ROTH. 5005. 28. 74. daz sich erfunden hat an der landsprach GR.W. 3, 738. *vgl.* HALT. 1184 *u.* lantgespræche, lantvrâge.

lant-stiure *stf. landessteuer* GR.W. 6, 179. ein schatzunge und lantstûre nemen MILTENB. *stb.* 39ᵇ. *gegens. zu* statstiure Mw. 356 (*a.* 1368).

lant-strâze *f.* (II². 678ª) *öffentl. weg durchs land* Iw. GRIESH. JER. BIT. 5539. WOLFD. *A.* 555. RENN. 9210. LS. 1. 225, 50; 2. 613, 13. SWSP. 39, 17. diu l. sol sîn als wît, daz ein wagen dâ wol gân mac und daz man dannoch dar neben wol gerîten und gân mac AUGSB. *r. W.* 334.

lant-strîcher *stm. landstreicher* NETZ 6356, *vgl.* ZIMR. *chr.* 3. 430, 10.

lant-strît *stm.* (II². 696ª) *land-, volksstreit, kampf zweier heere im gegens. zu* einwîc TRIST. 6385. 97. 6412.

lant-suht *stf.* (II². 359ª) synochus SUM., pestilentia EVANG. *M.* 24, 7. *L.* 21, 11.

lant-suone *stf.* (II². 750ª) *das ganze land umfassende versöhnung* TRIST. 10793.

lant-tac *stm. versammlung zum landgericht, landtag* ROZM. 196. GENGL. 367 (*a.* 1354). GR.W. 4, 94. 6, 310. lantag HALT. 1186. Mz. 1, 496 (*a.* 1405).

lant-tavel *f. landgericht.* unser koniglich gericht, die lanttafel genant UGB. 505 *s.* 612. obirster cammerer der landtafel zu Olomutz *ib.* 82. ein hof, der meim gnedigen herren zu trewer hant in der landtavel ligt UH. 259 (*a.* 1425). *vgl.* HALT. 1185.

lant-teidinc *stn.* (I. 335ᵇ) *landgericht* HELBL. 2, 660. 63. 757. DSP. 1, 95. 99. SWSP. 86, 2. 90, 7. 113, 1 *ff.* 243, 3. 260, 5 *ff.* 407, 3. USCH. 57 (*a.* 1287). ULA. 78 (*a.* 1297). UHK. 2, 6 (*a.* 1301). *vgl.* HALT. 1187.

lant-tier *stn. animal agreste* MGB. 231, 15. 257, 17. landes tier 14, 16.

lant-twingære *stm. landbezwinger, -bedränger* RENN. 6969. landzwinger NETZ 13351.

lant-urliuge *stn. landeskrieg.* landurlöge GR.W. 1, 308.

lant-urvêde *stf. verzicht auf fehde in einem bestimmten bezirke* HALT. 1187.

lant-ûzmerkunge *stf.* lantauszmerkung CHR. 3. 162, 10 (territoria 250, 12).

lant-val *stm. lehngeld, laudemium.* das sy (*die* landleut *von Steiermark*) seinen kais. gn. seine lantfell nit geben MH. 2, 836. 3, 331.

lant-var *stf.* (III. 250ᵇ) *fahrt über land* Narr.;
lant-varære, -er *stm.* (III. 250ᵃ) *der durch die lande zieht, reisender, pilger, landstreicher* Engelh. Stauf. 610. Ot. 647ᵇ. Just. 275. Chr. 4. 163, 18. Öh. 35, 33. lantferer Rta. 1. 445, 3. degulus, mimus Voc. 1482. *vgl.* Halt. 1160, Zimr. *chr.* 4, 650ᵇ *u.* lantlöufer, -strîcher.
lant-vëhte *stf.* (III. 312ᵇ) *s. v. a.* lantstrît Trist. (*lies* 5973).
lant-venelîn *stn.* da ward den von Glarus ir landfendlî genomen Glar. 107 *B.* — *dem. zu* lantvane, *fahne um die sich die aufgebotene mannschaft eines landbezirkes versammelte* Schm. *Fr.* 1, 720.
lant-verræter *stm.* (II. 583ᵃ) lantverrêder, lantzverrâter, parricida Dfg. 413ᵇ.
lant-veste *stf.* (III. 276ᵃ) *festes land* Parz. Türl. *Wh.* 89ᵇ; *landesverteidigung* Vilm. 235 (*a.* 1415); *verschanzung* Chr. 9. 721, 8 *var.* 1048, 30. *vgl.* lantwer.
lant-vihe *stn.* vieh vom lande Mone 1, 94 (*a.* 1425).
lant-vogel *stm.* l. der wont auf dem lant und lebt der slangen Mgb. 210, 11. 211, 29.
lant-voget *stm.* (III. 360ᵃ) *landvogt, statthalter eines landes* Chr. 8. 58, 3. lantvoit *ib.* 2. 147, 19. lantfod Ad. 1027 (*a.* 1348, *Mainz*). *vgl.* landes voget *unter* voget;
lant-vogtîe *stf. landvogtei* Ammenh. 194. Glar. 115. Ad. 1027; *landvogtswürde* Just. 340.
lant-volc *stn.* (III. 365ᵇ) *einwohnerschaft des od. eines landes* Diem. Hartm. Krone, Ernst (4496. 5026). Serv. 1847. Loh. 903. 1282. 1393. 4171. Bit. 6484. Renn. 22211. Wildon. 22, 134. 29, 459. 82. 31, 592. Bald. 349. Pf. *üb.* 68, 33. Hb. *M.* 711. Gr.w. 2, 78. 6, 20 *f., landvolk* Elis. 5957.
lant-volge *stf. die verbindlichkeit der untertanen, zur verteidigung des landes gegen feinde od. räuber dem aufgebote,* lantgeschrei *zu folgen* Gr.w. 3, 485. Halt. 1161;
lant-volgunge *stf. dasselbe* Arn. 63 (*a.* 1424).
lant-vrâge *stf.* (III. 390ᵇ) *beratende versammlung über die angelegenheiten eines landes* Helbl. 2, 143. *vgl.* lantsprâche.
lant-vremde *adj. im lande fremd.* ein lantvremder man Albr. 69ᵃ.
lant-vride *swm.* (III. 405ᵇ) *öffentl. sicherheit, landfriede* Helbl. (13, 169). Reinh. 1239. Loh. 3322. Orl. 14954. Uoe. 3, 580 *ff.; heer zur erhaltung des landfriedens u. zur bestrafung des landfriedensbruches* Chr. 1. 32, 21; 4. 101, 16 *u. anm.* 3;

lant-vriden *swv. in* verlantvriden.
lant-vrouwe *swf.* (III. 425ᵃ) *einheimische vrouwe, edelfrau des landes* Er. Orl. 7249. 11266. 14646. Dan. 6301. Albr. 31, 159; *frau vom lande,* die lantfrowen von dem lande Hb. *M.* 677. dehein lantman oder lanfrowe Glar. 105. *vgl.* lantwîp.
lant-vürste *swm.* (III. 379ᵃ) *landesfürst* Gr.w. 2, 49. 3, 687; *vornehmster vasall in einem lande, der das land zu lehen hat* Trist. Krone, Orl. 14319. 15262. Helbl. 8, 121. 129. *vgl.* lantbarûn, -hërre.
lant-warte *stf.* (III. 529ᵃ) *hochgelegenes schloss mit wartturm* Oberl. 873.
lant-wer *stf.* (III. 511ᵇ) *landesverteidigung* lw. Trist. Jer. Bit. 12692. Ernst 3866. Livl. 9226. Pf. *üb.* 151, 938. Chr. 8. 68, 18. 466, 2; 9. 827, 11. Cdg. 3, 133 (*a.* 1360). *bildl.* vier engel, die dirre megde pflâgen, ze lantwer bî ir lâgen Mart. 57, 96; *persönl. die verteidiger des landes* Parz. Jer. eine gemaine lantwer Mh. 3, 381. *vgl.* lantwerje (: Tyberje) j. Tit. 125; *befestigung an der landesgränze:* etlich lantwer in Kernden pawen und zu der weer zurichten Mh. 2, 876. beschuttung und bewarung der lantwer in Kernden *ib.* 866. die gsloss und landwer besetzen Cp. 336. der lantwere umbe daz lant Adrian 432, 62, *bes. die rings um eine stadt gezogenen gräben u. schranken* Gr.w. 3, 531. Np. 280. Tuch. 210, 19 *ff.* Chr. 2. 200, 15. 217, 2. 222, 3. 309, 22. 327, 6. *vgl.* lantveste.
lant-wërc *stn.* phala Dfg. 223ᵃ.
lantwerc, -were *s.* latwârje.
lant-wëre, -wër *stf. landesübliche münze, landwährung.* 500 margk der lantwere Dür. *chr.* 463. einen êwigen schilling geldes lantwere Mencke script. 1, 660. 90 ℔ haller guter lantwer Mz. 3, 415 (*a.* 1359). *s.* lantwërunge;
lant-wëric *adj.* lantwerige munz, *landesübliche, einheimische münze* Zeitz. *s.* 3, 113.
lant-werje *s.* lantwer.
lant-wërunge *stf. s. v. a.* lantwëre. stat und landwerung J. *a.* 1427. 32 gulden lantwerung Anz. 18, 124 (*a.* 1432). funfzig pfunt heller rechter lantwerunge *henneb. urkundenb.* 3, 12, 5.
lant-wîn *stm.* (III. 676ᵇ) *wein der im lande wächst,* vinum patrium Df3. 620ᵉ, vinum rurale Mühl. *rgs.* 49. *vgl.* S.Gall. *stb.* 4, 207. Gengl. 408. Gr.w. 4, 427. Chr. 4. 164, 26; 5. 130, 7. 147, 25. Zeitz. *s.* 1, 68 *u. anm.*

lant-wîp *stn.* (III. 719ᵇ) *einheimisches* wîp GEN. ER. (*lies* 6493) MYST.; *weib vom lande* HB. *M.* 706. *vgl.* lantvrouwe.

lant-wîse *stf.* (III. 756ᵇ) *landessitte* EN. 237, 18. PARZ. (*lies* 776, 14).

lant-wort *stn. landeswort, -sprache* WWH. 192, 11.

lant-wurz *stf.* (III. 829ᵇ) enula, *aus* alantwurz *s.* DFG. 203ᵇ.

lant-zal, lanzal *stf.* (III. 842ᵇ) *grundzins?* wer die lantzale nimt GR.w. 4, 106 (*Elsass*). man gît ouch von lantzal ein vierteil roggen URB. 27, 3; *grundzins zalende einwohner od. grundstücke, von denen zins zu entrichten ist?* diu lanzal des dorfes, diu lantzal ze Urbes giltet 3 vierteil roggen *etc. ib.* 16, 17. 20. *vgl.* 353 *f.* — lantzal steht wol für lantsal *s.* sal *stf.*

lant-zins *stm.* (III. 899ª) tributum DFG. 595ᵇ.

lant-zuc *stm. auszug, kriegszug des ganzen landes.* lantzug CHR. 3. 94, 26 (generale passagium 211, 1).

lant-züglinc *s.* lantsidelinc.

lanze *swf.* (I. 938ª) *lanze* PARZ. WWH. 356, 26. 409, 4. WIG. LIEHT. TRIST. 18880. j.TIT. 1284. 3630. 5697. TÜRL. *Wh.* 25ª. 34ª. 42ᵇ. ULR. *Wh.* 160ᶜ. 170ª. 201ª. WH. *v. Öst.* 16ᵇ. 25ᵇ. TROJ. 3933. 11818. 12257. PART. *B.* 5013. 5224. LOH. 5513. ORL. 10717. W. *v. Rh.* 211, 9. KREUZF. 4097. 5610. 5827. 81 *etc.* lancie KARLM. 348, 44, *umged.* glanz DIEF. *n. gl.* 227ᵇ, lantsper DFG. 317ᵇ. — *bildl.* minnen lanze PARZ. NEIDH. (72, 16). TÜRL. *Wh.* 35ᵇ. 37ᵇ. jâmers l. WWH. 105, 2. MSH. 3, 405ª. — *aus it.* lancia, *fz.* lance, *lat.* (*kelt.*) lancea DIEZ 199.

lanzen-krach *stm.* j.TIT. 2723.

lanzen-schieʒen *stn. das lanzenschleudern* ROZM. 167.

lap, -bes *stnm.* (I. 938ᵇ, 16. 36) *spülwasser* KONR. *Al., salzwasser in der siedenden pfanne s.* SCHM. *Fr.* 1, 1402 *u.* lapstube; *anfeuchtung, erfrischung* GSM. Ms. *vgl.* labe 1.

lap, -bes *stn.?* (I. 938ᵇ, 19) coagulum DFG. 128ᶜ. MGB. 116, 3 *var.* lab, lob VOC. 1482. *vgl.* labe 2 *u.* DIEF. 2, 152.

lappe, lape *swm.* (I. 939ª) *einfältiger mensch, laffe* SUCH. WOLK. Ls. immer bin ich ir lapp und tôr HÄTZL. LXXIII, 44. *vgl.* FASN. 91, 19. 344, 17. 525, 14 *ff.* RING 2, 2. ZIMR. *chr.* 1. 205, 2 *u.* GERM. 1, 334; *bösewicht,* die tievelichen lapen (: wâpen) MART. 111², 110. 153, 16. 155, 95. — *vgl.* laffen.

lappe *swf. m.* (I. 939ᵇ) *niederhangendes stück zeug, lappen.* lappe od. lymbel od. fleck quadrillus VOC. 1482. diu lappe (*bäffchen*) des priesters HPT. 1. 275, 201. 203. 12. hosen âne oder mit lappen hindan und vornan MONE *z.* 13, 296 (*a.* 1426). eʒ sol ir deheine (*frau od. jungfrau*) deheinen lappen an ermeln lenger dragen denne einr elen lang von dem ellenbogen *ib.* 7, 59 (*a.* 1356), *vgl.* WEINH. *d. fr.* 442 *f.* manige frau wil haben ain chappen, die sechs ellen hab ze lappen VINTL. *Z.* 9417. welche die allergrössten lappen in dem chot lât nâch slappen *ib.* 9428. grosz schuche mit lappen, pero DFG. 428ᶜ, *vgl.* lappen *u.* stichlappe. die umbhenge zweier fusze breit und lappen zweier fusze lang und breit, die wâren mit des rîchs und Ungern und der kurfursten wapen RCSP. 1, 258 (*a.* 1414). ein banir wîsz mit rôten lappen LCR. 40, 944. — *nd.* lappe, *vgl.* WEIG. 2, 11;

lappen *swv.* (*ib.*) *mit* lappen *versehen, gelabte* schû, pero DFG. 428ᶜ; ein arm gelappt man (*der lappen, zerrissene kleider an sich trägt?*) FRANKF. *beedbuch a.* 1394, 74ᵇ, *vgl.* lappenman ZIMR. *chr.* 1. 492, 10; lappen oder flicken, quadrillare, pictaciare VOC. 1482; *intr. schlottern* AB. 1. 30, 8.

lappen *stv. s.* laffen (*vgl.* FASN. 88, 20. 586, 1);

lappern *swv. in* belappern.

lapsit (I. 939ᵇ) lapsit exillis (*var.* jaspis, lapis exilix, erillis), *der stein, aus dem der* gral *geschnitten ist* PARZ. 469, 7. *vgl.* GERM. 2, 88.

lap-stube *f. ein behältnis unter der erde, worin das* lap (*salzwasser*) *verwahrt wird.* die zwô labstuben und die übrig stuben sint in gutem wert MH. 2, 639. *s.* SCHM. *Fr.* 1, 1402.

laquârje *s.* latwârje.

lâr, lâre *stf. s.* lêre.

larche, lerche *f. lärche.* mirre, cêder, larche (: arche) j.TIT. 285. lerche *zu folgern aus* lerchboum. — *aus lat.* larix, *s.* WEIG. 2, 39 *u. vgl.* loriet.

lære, lær *adj.* (I. 939ᵇ) *md.* lêre, lêr: *leer, ledig* NIB. KARL (422. 615). lærer seckel TROJ. 2265', magen FRAGM. 16ᶜ, bûch ULR. *Wh.* 156ª. lêre hant PASS. 363, 52, scheide MSH. 3, 266ª. lêrer hof GEN. *D.* 81, 1. daʒ schrîn l. machen HPT. 6. 498, 38. vierzic (hûs) wurden in dô lære GUDR. 320, 3. die (kräme) möhten eines tages werden lære *ib.* 324, 4. voller, lærer same MGB. 112, 16. lær airschalen *ib.* 83, 33. daʒ der luft den leib iht lærn begreif *ib.* 96, 12. ein ledig, lær und reht lêhen *oft in* Mz. 1; *mit gen.* Hartm. (liute Greg. 786. Er. 8670. sorgen l. Büchl. 1, 1726). Parz. Walth. ân schilt und sper, der wâpen lære j.Tit. 4921. diu ros liefen irre und herren lære Lanz. 3363. sîn lîp was êren l. *ib*. 429. Ga. 1, 94, 194. der wârheit læriu vaȥ Helbl. 2, 1144. valscher minne l. Flore 7816. sorgen Msh. 1, 339ᵃ, schanden lære *ib*. 3, 41ᵃ. Enenk. *p*. 278. zageheit l. Loh. 4410. vernunft nnd sinne lêre Albr. 22, 158. alles lasteres l. Gen. *D*. 113, 20; *mit präpos*. l. an Pass. *K*. 54, 74, lære von Nib. 1313, 2. Wig. 13, 25. — *zum alten pl. prät. von* lësen (lâren): *wo schon ist gelesen worden,vgl*. Dief. 2, 129;

læren *swv*. (*ib*.) *md*. lêren, *prät*. lârte: *lære machen, absol*. dû vollis unde lêris Lit. 84; *tr*. Parz. Bit. (6532). Walth. (*s. Wilmanns s*. 88). ein gadem Kchr. *W*. 5327, einen kopf l. Krone 1568. sie lârten manige schüzȥel Helmbr. 1554; — *intr*. lære *werden od. sein:* sîn herz an schanden læret und ûfet an den êren Reinfr. 53ᵃ. — *mit* ûȥ, er-.

lâren, larn *swv. s*. lêren.

lærenbiutel = lære den biutel, *fing. name* Renn. 9035.

lærennapf = lære den napf. swer trinket der ist ein lærennapf Renn. 16153.

larikant *ein kostbarer, wol nach einer stadt benannter stoff*. geworht ûz einem larikant Wh. *v. Öst*. 43ᵃ. ouch was nâch listes siten ir mantilrog gesniten ûz wîȥem larikande Bald. 95.

las *adj. glänzend, durchsichtig?* topasium den lasen (: rasen) het man dâ wert j.Tit. 341.

las, lasch, læsch *s*. lösche.

lasch, laschte *s*. lëschen, leschen.

lasche *swm. lappen, fetzen*. daȥ man mochte schouwin im hengin von dem lîbe blôȥ manchin vleischis laschin grôȥ Jer. 14580. — *vgl*. Weig. 2, 12. Schm. *Fr*. 1, 1520. Kwb. 172.

lase-mânôt *stm*. (II. 57ᵇ) *januar, vgl*. Weinh. *mon*. 48 *u*. lesemânôt.

lâsiuren, lâsûren *swv. mit* lâsûr *überziehen*. diu künegîn mit ir blanken hant gelâsûrten dictam al blâ mit vînæger nam Wwh. 99, 23. laseuren (: steuren) Ring 33, 16. *vgl*. Schm. *Fr*. 1, 1503. Schöpf 371.

lassât, lasset *stm.? ein feines pelzwerk, s*. Schm. *Fr*. 1, 1503;

lassâtîn *adj*. lassatein wât Np. 104 (*15. jh.*). ein lessenzîn kürsen Weinsb. 13.

lasse *swm. s*. lazȥe; **lasstein** *s*. laststein.

last *stm*. (I. 926ᵇ) *md. auch fem*. (Herb.) *wie ahd.: last, menge, masse, fülle, eigentl. u. bildl*. Hartm. (Er. 9266). Wolfr. Trist. Gudr. Wig. Barl. Ms. Freid. 131, 5. Flore 5552. Reinh. 318, 762. steine hieȥ er mir ze laste (*ballast*) geben, daȥ mîn kiel wol möhte sweben âne swanken ûf dem mer Gerh. 2455. ouch kom dar über lant manic hêrlîcher last Serv. 113. gewaldes Pass. *K*. 2, 17, jâmers last Albr. *s*. 468ᵇ; *ein bestimmtes raum- od. gewichtsmass:* er gap im silbers wol einen last Ga. 1. 127, 844. loubes mê dan tûsent last Msh. 2. 21ᵇ. den wold ich ze lobe singen lobes mê dan tûsent last *ib*. 3, 162ᵇ. von iedem lest wein 2 ℔ dn. zu ungelt Mh. 2, 709. 11. — *zu laden* Gr. 2, 208.

lâstat *s*. ladestat; **laste** *prät. s*. leschen,lesten,

laster *stn*. (I. 940ᵃ) d er laster Karlm. 203, 62: *schmähung, schmach, schimpf, schande, fehler, makel allgem*. (einem laster tuon Karlm. 43, 61. daȥ sie im weder laster noch leit tuon wollen Don. *a*. 1362. ûf einen laster sagen Ksr. 62. swer einen edeln man feintlich heim suochet, sô sol er im zehen pfunt für sîn laster geben Mw. 140, 9 *a*. 1281. sie wânte, ir schande wær niht laster Renn. 5798. ein laster nemen, *schande davon tragen* Pass. *K*. 394, 17. âne laster etw. tuon, *ohne schande* Büchl. 1, 1340. daȥ ich mîn selbes laster hân *ib*. 2, 377. alles lasteres lære, *aller vergehen ledig* Gen. *D*. 113, 20. tohter ân alliu laster, *ohne fehler, vollkommen gesund ib*. 43, 11. 56, 5. 87, 5. diu laster des esels Mgb. 119, 32. des milzes laster *ib*. 366, 3). — *die bei* Schm. *Fr*. 1, 1523 *aus dem 12. jh. angeführte form* **lahster** *entspricht dem ags*. leahtor *u. weist zurück auf alts. ahd*. lahan, *ags*. leahan, *vituperare, womit auch gt*. laian *verwandt ist von w*. lâ = *skr*. râ *bellen s*. Kuhn 8, 252. Dief. 3, 121. Curt.³ 603. Fick² 167;

lasterære *stm. in* geschriftlasterære; lesterer Fasn. 778, 19.

laster-balc *stm*. (I. 124ᵇ) *schandbalg, ein schimpfwort* Pass. j.Tit. 600. Roseng. *H*. 1886. Renn. 1721. Msh. 3, 110ᵇ. 353ᵇ. Jer. 41ᵇ. 46ᵇ. 162ᵇ. Ludw. 18, 24. Beh. 8, 4. Altsw. 230, 22. Fasn. 255. 941. 946; *teufelsname* Berth. 156, 1.

laster-bære *adj*. (I. 940ᵇ) *schimpf bringend, schmach verdienend* Berth. (156, 3). Trist. Flore 5705. Mai 133, 22. Troj. 21829.

23518. 34675. PART. B. 18925. KONR. *lied.* 31, 43. KRONE 20611. 23358. APOLL. 4503. 8652 CRAON 1637. BUCH *d. r.* 1640. TEICHN. 123. NETZ 7786; *fehlerhaft, tadelnswert* MGB. 127, 26.

laster-bær-lich *adj. dasselbe.* die l. getât VINTL. Z. 271.

laster-bart *stm.* (I. 90ᵇ) *schandbart, ein schimpfwort* ROSENG. H. 714, *Meuseb.* 801.

laster-bërc *stm. schandberg, fing. ortsname* RENN., *s. zu* FREID. 82, 9.

laster-bier *stn.* (I. 117ᵃ) *schandbier* MSH. 2, 387ᵇ.

laster-blëch *stn.* (I. 204ᵃ) *schandblech* RENN.

laster-gesanc *stmn.* tragedia VOC. 1482.

laster-kêr *stm.* (I. 799ᵇ) *wendung zu schandebringendem* MSH. 2, 387ᵇ.

laster-kleit *stn. schandkleid* ALTSW. 95, 4.

laster-kôsen *swv.* blasphemare EVANG. 275ᵃ; **laster-kôsunge** *stf.* blasphemia *ib.*

laster-kropf *stm.* er muoʒ verdulden mangen zorn und muoʒ vil mangen lastercropf vil heimelich verdrucken KOLM. 144, 12.

laster-lappe *swv. schandlappen* RENN. 642.

laster-lëben *stn.* (I. 955ᵇ) *schmachvolles leben* MARLG. 166, 395.

laster-, lester-lich *adj.* (I. 940ᵇ) *beschimpfend, schimpflich* HARTM. PARZ. BARL. BIT. 2555. PART. B. 9268. SILV. 4329. PASS. K. 39, 83. 190, 47. 243, 11;

laster-, lester-lîche, -en *adv.* (*ib.*) NIB. IW. ER. 119. 904. TRIST. BARL. GR. RUD. 18, 27. BIT. 2461. WOLFD. A. 450. WG. 11756. PASS. 86, 29. K. 8, 13. 33, 31. RAUCH 2, 312.

laster-mâl *stn.* (II. 23ᵇ) *zeichen der schande* Ms. (H. 2, 367ᵇ. 370ᵇ. 378ᵇ). ALTSW. 59, 13.

laster-mære *stn.* (II. 78ᵇ) *schandgerede* TRIST. 15332.

laster-mâse *swf. schandfleck* TROJ. 34280. MSH. 2, 356ᵇ. KOLM. 148, 3.

laster-meil *stn. dasselbe* PART. B. 231. KOLM. 201, 38;

laster-meilic *adj.* FASN. 254, 21.

laster-meʒ *stn. schandmass* WH. v. *Öst.* 100ᵇ.

laster-milwe *stf. schandmilbe* MSH. 2, 67ᵃ.

lastern, lestern *swv.* (I. 941ᵃ) *ahd.* lastarôn *u.* lastirôn: *die ehre nehmen, beschimpfen.* lastern *absol.* PARZ., *tr.* DIEM. (356, 22). OTN. *p.* 71. REINH. 1399. MEL. 5475. gelastert hûs, *hurenhaus* PASS. K. 8, 6. lestern OSW. ERNST B. 1003. FREID.² 92, 12 *var.* APOLL. 5168. MGB. 286, 20. — *mit* durch- (*nachtr.*), ge-, ver-.

laster-pîn *stm.* (II. 519ᵃ) *schande bringender* pîn TRIST. U. 1808.

laster-rüege *m.* (II. 787ᵇ) *der das laster rüeget, ein fing. name* HELBL. 2, 1372.

laster-sac *stm. schandsack, ein fing. name* RING 22ᵈ, 46.

laster-schubel *stm.* FASN. 255, 16. *s.* schübel.

laster-stein *stm.* den lasterstain tragen, *strafe für gaile weiber* ZIMR. *chr.* 2. 589, 35 *ff. vgl.* ANZ. 14, 63 *ff. u.* bâgstein (*oft bei* KALTB.).

laster-vaʒ *stn.* (III. 282ᵃ) *gefäss der schande, mensch der voll schande ist* Ms. HELDB. K. 271, 11.

laster-veige *adj.* (III. 290ᵃ) *unselig durch schande* HÄTZL.

laster-wërc *stn. schande, schmach bringendes werk* ALTSW. 60, 27.

laster-wort *stn.* (III. 809ᵃ) *schmähwort* PASS.

laster-wunde *stf.* ein latwërje gesunt ze lasterwunden MSH. 2, 258ᵃ. von lasterwunden stinken *ib.* 3, 61ᵇ. der sîn selbes lasterwunden wolt bedecken TEICHN. 217.

last-stein *stm.* (II². 615ᵃ) lasstein GUDR. BIT. 1595 *u. anm.* lâʒstein EN. 190, 26. *die letztere form wird im* WB. *angesetzt u.* (*nach* GR. 2, 526) *erklärt als stein, der gegen den feind geschleudert wird. Da aber noch bei Luther* laststein *vorkommt* (*Sacharja* 12, 3) *als stein von grossem gewicht, dürfte auch, wie* GR. 1, 409. 416. 3, 517 *anm. angenommen wird,* lasstein *aus* laststein *zu erklären sein. vgl. auch* SCHM. *Fr.* 1, 1522.

last-wagen *stm.* lastwagen URB. *Pf.* 50. 64.

lâsûr, lâzûr *stn.* lâsûre, lâzûre *stf.* (I. 941ᵃ) *lasur.* lâsûr, lâsûre LANZ. ENGELH. mit golde und mit lâsûre geverwet TROJ. 17438. ein lewe von lâsûre ROSENG. H. 1500. diu mûre sint von golde und von lâsûre FLORE 4188. ein schilt von lâsûre HERB. 1328. blâ lâsûr ERNST 2038. plâwer denne ein lâsûr PARZ. 313, 5. TROJ. 17401. 20248. ein schilt von lâsûr blâ TURN. B. 479. 626. 70. mit rôter lâsûre WOLFD. 837. lâzûr, lâzûre WIG. TRIST. MARLG. 178, 131. lâzûr, lâsûr, lâsûre DFG. 321ᵇ. — *aus mlat.* lazurium, lasurium, lasurum (*s.* DFG. *a. a. o.*), *lat.* lapis lazuli *vom pers.* lazûr DIEZ 34.

lâsûr-blâ *adj.* (I. 195ᵇ) *blau wie lasur* BIT. 2804. KONR. (TROJ. 25522. PART. B. 5214. TURN. B. 251). APOLL. 17956. ALTSW. 44, 14. lazûrblâ VIRG. 961, 8.

lâsûren *swv. s.* lâsiuren;

lâsûrîn *adj. farbig wie lasur, mit l. gefärbt.*

lâsûrin himelblâ was sîn gewant Altsw. 145, 19.
lâsûr-stein *stm.* (II². 615ᵃ) lapis lazuli, l a z û r - stain Mgb. 465, 31.
lâsûr-var *adj.* (III. 238ᵃ) *s. v. a.* lâsûrin Bit. 7084. Engelh. 2507. Part. *B.* 13557. Apoll. 17977. l â z û r var Wig. Kreuzf.
lâsûr-vaz *stn.* (III. 282ᵃ) *gefäss aus lasur.* l â z û r vaz Frl.
lâsûr-vîn *adj.* drî (striche *an dem schilde*) wâren durchliuhtic golt und drî sô rehte lâsûrfîn, daz si niht blâwer konden sîn Turn. *B.* 687.
lâsûr-wurz *stf.* lapis lauri Voc. 1482.
lat *stf. einladung, aufladung s.* badelat (*nicht* badelât), esellat. — *zu* laden 2 *u.* 1.
lât *stn. s.* lôt.
lât *stf.? s. v. a.* lade, *geldkiste?* zwiu sol der rîchen witewen lât (: hât) Helbl. 6, 187. *vgl.* W. Grimm *über Freidank s.* 21. *Nach Bechs mitteil. vielleicht zu lesen:* zwiu sol der rîche witewen lât = *was nützt es, dass man* (= *der*) *eine reiche wittwe hinterlässt?*
læt, læte *s.* legen.
latche *s.* latech.
late *swf. s.* sumerlate.
late, latte *swf.* (I. 941ᵃ) *latte* Gl. Msh. 2, 228ᵇ. 3, 292ᵃ. Mone 8, 490. Np. 308. Tuch. 71, 13. 73, 23. 74, 29 *ff.* — *von dunkl. abst., vgl.* Diez 201.
lâte *prät. s.* laden 2.
latech, lateche, leteche *stswf.* (I. 941ᵃ) *lattich* Gl. (*auch* latich, lattich, latoch, latuch, lattouch, lettiche). latech Denkm. XLIV. 6, 9. latiche Chr. 8. 60, 10. ladiche Renn. 9681. latche Ab. 2, 180. 182. Pass. *K.* 287, 29. lattuoch Mone 8. 46, 69. latouche Gen. *D.* 152, 37 (*vgl.* Germ. 8, 477). lactuke Mgb. 382, 27. 28. — *aus lat.* lactuca, *vgl.* latûn.
laten, latten *swv. mit latten versehen.* den kirchturn latten und decken Mone *z.* 8, 213 (*a.* 1358).
laten-nagel *stm. lattennagel.* ein vass voll lattennagel S. Gall. *chr.* 76.
lâtere *swf. s.* leiter.
latërne, latërn *stf.* (I. 941ᵇ) *laterne* Urst. Msh. 2, 247ᵃ. Mart. 200, 75. Mgb. 434, 20. Meran. 12. Dief. *n. gl.* 229ᵇ. Tuch. 145 *ff.* lateirn *ib.* 145, 30. lantërne Germ. 7. 339, 12. — *aus lat.* laterna, *vgl.* lucërne;
latërnlîn *stn. kleine laterne* Apoll. 14323.
latewârjâ *s.* latwârje.
latich *s.* latech.

latich-blat *stn. lattichblatt. pl.* latichpleter Anz. 11, 336.
latich-souc *stm.* (II². 724ᵃ, 27) *lattichsaft* Diem. *arzb.*
latîne, latîn *stf.* latîn *stn.* (I. 941ᵇ, 23. 19) *latein* Mar. Berth. Trist.; Glaube, Parz. in die latîne bedwungen Rul. 310, 11. ein wort für geleit in der latîne Griesh. 1, 25. 38. er antwurt mir in der latîn Helmbr. 741. daz kint lêrte man latîne dô: sunder slege und âne drô gelernet ez des jâres zil latînen wol Orl. 2736 *ff.* diu latein Mgb. 160, 17. 210, 3. 223. 32 *u. o.* in latîne geschriben Konr. *Al.* 19. von latîne, *aus dem latein ib.* 1362. Silv. 87. Otte 753, ûz latîn Pf. *üb.* 127, 73. in latîne bringen Troj. 301. eit in latîn gesworn Msh. 2, 305ᵇ. swer latîn in diutsch kan leiten Ls. 2. 551, 1. latîn sprechen Silv. 2711, reden Renn. 16608, zû latîn reden Marlg. 240, 27. daz eine rat melet dir (*dem müller*) latîn Msh. 3, 56ᵇ. in lateines wort Mgb. 2. 5, 2. *vgl.* Zimr. *chr.* 4, 652ᵃ; *die unverständl. sprache der vögel s.* Reinh. *p. III. anm.* 2. Wack. *litt.* 107, *anm.* 48. — *aus lat.* latina (lingua), latinum;
latînisch *adj.* (I. 941ᵇ) *lateinisch* Parz. latîniskiu zunge Exod. 85, 11. von lateinischer sprâch Mgb. 2. 4, 3. latînsch sprôch, latinicum Dfg. 320ᵇ;
latînischen *adv. dat. pl.* Pf. *arzb.* 1, 31;
latîniste *swm. latinista* Wh. *v. Öst.* 8ᵃ. Rozm. 193.
latîn-kunner *stm.* grammaticus Dfg. 268ᵇ (latîn red konner *n. gl.* 196ᵇ). Voc. *S.* 1, 15ᵇ
latoch, latouche *s.* latech.
lätsch *s. unter* lotze.
latte *swf. s.* late, *prät. s.* laden 2.
lattich, lattuoch, latuch *s.* latech.
lattuken-saf *s.* lactukensaf.
lâtûn *stfm.?* (I. 941ᵇ) *s. v. a.* latech Parz. 551, 20.
latwârje, -wêrje *stswf.* (*ib.*) *durch einkochen dicker saft, latwerge.* latewârjâ Reinh. sendschr. 1889. latwârje Gsm. Part. *B.* 1322. latwêrje Troj. 951. Msh. 2, 258ᵃ. lattewerje Elis. 3419. l a t w e r g e , -werg Renn. 20356. Mgb. 293, 21. Buch *v. g. sp.* 85. Fasn. 1216. 18, *vgl.* Zimr. *chr.* 4, 652ᵃ. latwerg zu der prust gehôrend, diapendion Voc. 1482.
latware, -weri, -warc, -werge Dfg. 197ᶜ.
latweric, -weri, lattwerie *n. gl.* 146ᵇ. latwerre Netz 1026, *var.* latwary. l e t w â r i

ADRIAN 465, 75. — *dem latein. näher stehende formen*: electuârje ORL. 5030. lectuârje HERB. 9240. DFG. 197ᵃ, lectquerge, lactwäry *n. gl.* 146ᵇ. lactwêrje REINH. 1889, lactwârje GA. 2. 473, 25. *umged.* lantwerc *n. gl.* 146ᵇ, lantwere DFG. 197ᶜ. — *aus ital.* lattováro, lattuário, *altfz.* lectuaire, *lat.* electarium, electuarium *von gr.* ἐκλεικτόν WEIG. 2, 15. DIEZ 201.

lau- *s.* lou-, lû-, liu-.

laubangel *s.* lavêndele.

laubstückel *s.* lübestecke.

laus-mettî *stf. teil der* mettine, *wobei* laus (Deo) *gesungen wird.* unz an die lausmettî WACK. *pr.* 54, 152.

lauwer *s.* lôwer.

lavendele, lavendel *f. m.* (I. 942ᵃ) lavendula: lavendele, lavendel, lobendel, lavander, *umged.* lofengele (laubangel Voc. 1482). DFG. 321ᵃ, lavender *n. gl.* 230ᵃ. diu suoze lavendele GEN. 16, 31 (lavendula *D.* 9, 13).

lavendel-krût *stn.* (I. 891ᵃ) *dasselbe* DFG. 321ᵇ, lavendenkrût *n. gl.* 230ᵃ, lavenderkrût, amativus DFG. 28ᵇ.

lavunge *s.* labunge.

lâw, læwe *adj. s.* lâ; lawe *swm. s.* lëwe.

lâ-warm *adj.* (III. 524ᵇ) lôwarm, tepefactus DFG. 578ᵇ.

lâwec, læwic *adj. lau, zu folgern aus* lâwec-heit *stf. lauigkeit* GRIESH. *denkm.* 43. lêwikeit MYST. 1. 278, 22. 25. *vgl.* lâheit.

læwe-lîche *adv.* tepide BR. 23ᵇ.

lâwen *swv. intr.* lâ *sein od. werden*, tepescere DIUT. 3, 181, *mit* er-, ent-; *tr.* lâ *machen* PF. *arzb.* 1, 4. gelâbet, tepefactus DIEF. *n. gl.* 362ᵇ.

lâwen, lawer *s.* lüejen, lûre.

laʒ, -ʒʒes *adj.* (I. 942ᵃ) *comp. u. sup. s. unten: matt, träge, saumselig* IW. WOLFR. (WH. 264, 23). BARL. MS. einem laʒʒen enpfliehen j. TIT. 194. man sach nieman sô laʒʒen, ern gienge tanzen RENN. 7558. unwillic unde l. URST. 103, 36. müede unde l. FLORE 5559. KRONE 19789. træge unde l. ERACL. 2842. mîn unheil ist zu swinde und mîn gelucke zu laʒ HERB. 13333. swaʒ snel ist daʒ wirt dicke l. HPT. 7. 343, 76. der snell und niht der laʒ WH. *v. Öst.* 6ᵇ. MSH. 3, 52ᵇ. nu was er resch nu was er laʒ RENN. 22864. wîbes rât ist dicke l. ULR. *Wh.* 126ᵃ. mîn laʒʒer munt GERM. *H.* 2. 94, 18. 98, 156. si (dûtische zunge) ist mir noh al ze laʒ PILAT. 60. mîn rede ist l. PASS. *K.* 417, 6. l. werden, ermü-
den *ib.* 619, 58. sîn vröude wart ein teil ze laʒ GERH. 1082. wær des geburt ein wênic l. (*niedrig*) HELMBR. 491; *euphemist. nicht vorhanden:* Reinhartes triuwe wâren l. REINH. 1536. schœne und lieb machet al mîn trûren l. LESEB. 794, 14; *mit gen.* laʒ des libes PASS. *K.* 607, 20, *frei von, ledig* PARZ. (334, 10). TRIST. *H.* BARL. valsches l. MEL. 1287. triwen l. Aw. 3, 214. der witze l. LOH. 932. APOLL. 10147. mach uns diser sorgen laʒ HÄTZL. 1. 49, 10. riwe unde biht diu machet laʒ (*näml.* der sünden) FRL. 360, 16; *mit präp.* an PARZ. MS. (*H.* 2, 221ᵃ. 397ᵇ). an dem libe l. ULR. 1435. an prîse l. j. TIT. 1393. l. gegen einem od. etw. PARZ. LOBGES. LOH. 3448, wider einen TROJ. 18873. in etw. l. sîn CHR. 3. 297, 7. l. zuo BÜCHL. l. zuo den werken DAN. 6. l. ze genâden und ze güete FLORE 7208. si wurden alle zû im l. PASS. *K.* 50, 57; — *comp.* laʒʒer: sie dûchten mich nicht laʒʒer ALBR. 32, 470. ir vreude ist deste laʒʒer ULR. *Wh.* 165ᵃ. swenn in der munt tet laʒʒer sô tranc er îtal waʒʒer W. *v. Rh.* 114, 56. unser vrouwen tag der laʒʒern (*der spätern, gegens. zu* der êrren, der êrsten *sp.* 626: *Mariä geburt*) HÖFER *s.* 28. 29, der letzern LUDW. 76, 26. 90, 25. ZEITZ. *s.* 1, 39 *u. anm.* unser vrouwen tag den man nennet der letzern MZ. 4, 375. 76. — *superl.* lezʒist, *gewönl.* lest, *letzt:* von êrsten biʒ zen lesten ULR. *Wh.* 147ᵃ. die lesten nieman bevinc PASS. *K.* 572, 89. Benjamin der leste, *jüngste* GEN. *D.* 114, 16. der leste tac HERB. 5213. NEIDH. 71, 23. FLORE 6600. HPT. 2, 157. diu leste liebe MSF. 86, 2. lestiu nôt HELBL. 9, 106. dô er ze der lesten (*var.* letsten) porten kam KRONE 5780. an dem letzten, *zuletzt* DÜR. *chr.* 689, *ebenso mit* leste LOH. 3886 *und* ze lezist GLAUB. 1714. 1922. ze leste, lest GEN. *D.* 14, 11. 106, 33. L. ALEX. 3567. RAB. 775. ENGELH. 564, 1823. ALEXIUS 67, 1125. letzst, letst, letscht MGB. *s.* 663. zû leist ELIS. 9434. unser frawen tag der letzern *s. v. a.* der letzern DÜR. *chr.* 746, unser frauwen tag der leste GR. W. 1, 516, *vgl.* der jungen, jungern, jungisten *unter* junc. — *gt.* lats *zu lat.* lassus (*für* ladtus, lattus) *von w.* lad *s.* DIEF. 2, 129. KUHN 7, 185. GSP. 276. *vgl.* letze;

laʒ *adv. langsam.* l. sprechen ÜW. *H.* 68. 69;

laʒ *stm. s. v. a.* laʒheit. sunder laʒ (: daʒ) etw. tuon ANTICHR. 156, 34.

laʒ, -tzes *stm.* (I. 942ᵇ) *pl.* letze: *band, fessel*

Wolk. Hätzl. lätz und strick **Netz** 898 *var.*; *hosenlatz: die männerröcke sollen zwên zwerchfinger über den latz und scham reichen* **Np.** 105 *(15. jh.).* die letz an den hosen *ib.* 106. — *aus ital.* laccio, *prov.* latz *vom lat.* laqueus **Diez** 197.

lâʒ *stm.* (I. 952ᵇ) *das fahrenlassen, der abfall* **Frl.** 293, 9; *das loslassen eines geschosses, abschuss* **Trist.** 16022 *(vgl.* lâʒe.); *s. v. a.* gelæʒe, *was aus der verlassenschaft eines unfreien dem herrn zufällt:* fall und lâʒ geben **Schreib.** 1, 61. **Don.** *a.* 1435. **Gr.w.** 1, 245. 73. **Netz** 3429.

lâʒ-becher *stm. schröpfkopf,* agristum **Dief.** *n. gl.* 24ᵃ.

lâʒ-bendel *stm.* (I. 134ᵇ) *aderlassbinde,* fasciola **Dfg.** 226ᶜ;

lâʒ-binde *swf. dasselbe* **Mone** *z.* 12, 154. *vgl.* læʒerbinde.

lâʒ-brief *stm.* (I. 247ᵇ) *dimissoriales* **Halt.** 1196; *aderlassbrief, verzeichnis der tage, an welchen zur ader gelassen werden soll* **Mone** *z.* 12, 154. *vgl.* lâʒʒedel.

lâʒe *stf. loslassung.* des pulvers lâsse, *losbrennen* **Wolk.** 13. 8, 8 *(vgl.* lâʒ); *aderlass* **Ulr.** 1250, læʒe **Myns.** 23. 24. 65. **Netz** 10183. 222. **Zimr.** *chr.* 3. 327. 29. 328, 3 *ff.* 4. 271, 28. 328, 13;

lâʒen *stv. red. I, 2* (I. 944ᵃ—49ᵇ) lieʒ, gelâʒen; *daneben contr. u. apoc. formen: infin.* lân *(beide formen neben einander:* daʒ ich muoʒ lâʒen unde lân vater, muoter **Troj.** 45226), *präs.* ich lân *(aus* ich lâʒen **Otte** 355 *var.*), dû lâst, læst (lâs: palas **Elis.** 4758), er lât, læt etc. *imper.* lâ, *auch aspir.* lâch, lâhent *s.* **Weinh.** *al. gr. s.* 330; *prät.* lie, *pl.* lien *bei* **Albr.** *v. Kemenaten* (**Virg.** 396, 6. **Sigen.** Z. 38, 10. **Ecke** Z. 105, 2); *part.* gelân, lân —: *lassen, allgem. u. zwar: absol. unterlassen* (**Er.** 47), *frei lassen, lösen:* pinden und lâʒen sam die pfaffen tuont **Mgb.** 211, 28. die püchsen laszen nit, *gehen nicht los* **Chr.** 2. 180, 19; *tr. mit acc. d. p. entlassen* **Parz.** 374, 1. daʒ si ir zorn mâʒe und mich sus niht lâʒe **Craon** 1456, *los lassen* **Gen.** *D.* 65, 8. den bracken lâʒen **Nib.** 888, 2 *(mit ellipse des obj.* **Hadam.** 43. 44. 54); *zurücklassen, aufgeben, verlassen; mit acc. u. dat. zurücklassen, überlassen; lassen mit beigefügter prädicat. bestimmung (subst., adj. od. partic.), od. mit präposit.; sich gegen einen benehmen, ihn behandeln (mit ellipse des verb. subst.):* och hât mich der künic lân als im mîn dienest danken sol **Parz.** 11, 28, *vgl.* **Iw.** 2025 *u.* 4570; *mit acc. der s. lassen, aufgeben* (sînen lîp l. **Albr.** 22, 654); *unterlassen* (eʒ wær der gotsdienst ze lange lâʒen in der chirchen **Ula.** 123 *a.* 1314); *erlassen, nachlassen* (darzu ist mir lâʒʒen aller hande dienst **Ukn.** 134 *a.* 1311); *loslassen* (einen sûft l. **Albr.** 5, 34. sô man læt daʒ vräudengesanc alleluia **Dm.** 21); *zulassen, sein od. geschehen lassen; mit dat. des p. überlassen, zurücklassen; mit infin., mit acc. u. infin. (der infin. oft zu ergänzen); etw.* û f, z u o einem l., *es ihm überlassen, übertragen* **Pass.** *K.* 10, 54. 33, 86. 9, 65, etw. a n einen l., *auf ihn compromittieren* **Ukn.** 89 (*a.* 1296). **Mz.** 2, 672. **Stb.** 231 *(vgl.* anelâʒ); *mit ellipse des obj.* bluot: *zur ader lassen* **Wwh.** **Trist. Eracl.** ûf dem arm lâʒen **Ga.** 1. 295, 547. *vgl.* **Mgb.** 30, 30 *ff.* 336, 24. **Mein.** 6. 7. **Germ.** 8, 107. **Lcr.** 40, 2047. **Ludw.** 23, 10; — *refl.* die rede lie sich, *hörte auf* **Pass.** *K.* 356, 23. die rephûn sich nicht hôhe turren lâʒen **Albr.** 19, 127. des gêres vorder stucke sich d u r c h des eberes bûch lie *ib.* 19, 413. er lie sich in ein habe *ib.* 16, 221. zû sîn vûʒen ich mich lieʒe *ib.* 21, 266. sich zû mere l. *ib.* 33, 119. a n, ûf einen l., *verlassen* (**Albr.** 32, 132; **Pass.** *K.* 122, 9. 595, 89. **Jer.** 85ᵗ. **Chr.** 2. 331, 1). sich nider l., *wohnung nehmen* **Elis.** 6641. 7458. sich h e r û ʒ l., *einen ausfall tun* **Chr.** 2. 160, 12. 14. 183, 20. 21; — *md. intr. sich benehmen, gebärden* **Herb.** 9798. — *mit* abe, an, hin, în, nider, ûf, ûʒ, ûʒen, vor, vür, zuo; be-, ent-, er-, ge-, ver-, wider-, zer-. *gt.* lêtan, *vgl.* **Gsp.** 276. **Fick**² 391. **Dief.** 2, 138;

lâʒen *stn.* (I. 950ᵃ) *das lassen* **Wwh.** 18, 21;

lâʒer, læʒer *stm.* (I. 952ᵇ) *aderlasser* **Gest.** *R.* **Anz.** 3, 303. **Netz** 10176. 84. 218. 93.

læʒer-binde *swf. s. v. a.* lâʒbinde **Dfg.** 226ᶜ.

laʒ-heit *stf.* (I. 942ᵇ) *müdigkeit, trägheit* **Büchl. Parz.** j.**Tit.** 4754. 5392. **Krone** 11944. **Loh.** 3620. **Renn.** 281. 15923. 72 *ff.* **Tanh.** *hofz.* 221. **Berth.** *Kl.* 14. **Jer.** 21ᵈ. **Gr.w.** 3, 697. **Tuch.** 90, 4. **Dfg.** 229ᶜ, *n. gl.* 319ᶜ. laʒʒeheit **Eracl.** 190.

læʒic *adj.* læʒiger wîn, *wein der ausgeschenkt wird, vom zapfen läuft* **Mone** *z.* 15, 429. der weinschenke (bierschenke) sol nur einen lesʒigen zapfen haben **Np.** 253. 267.

lâʒ-îsen *stn.* **Dief.** 1470, 126. **Lcr.** 40, 2070 *s. v. a.*

lâʒ-kopf *stm.* (I. 861ᵃ) *schröpfkopf* **Gl.**

læʒ-lich *adj. was gelassen, unterlassen, gebrochen wird.* læʒlîche eide Ls. 3. 317, 15.
lâʒ-schërbe *swm.* (II². 159ᵇ) *schröpfkopf,* angistrum Dfg. 35ᵃ.
lâʒ-stat? *stf. s.* ladestat; **lâʒ-stein** *s.* laststein.
lazte *prät. s.* letzen.
lâʒunge *stf.* daʒ sich der mensche turre gote zu mâle lâʒen und nicht intsetzen in sîner lâʒunge weder diz noch daʒ Myst. 1. 238, 20.
lâʒûr, lâʒûre *s.* lâsûr.
laʒ-vertikeit *stf. lässigkeit* Wack. *pr.* 56, 341.
lâʒ-wurz *s. unter* blâswurz.
laʒʒe *swm. höriger.* lasse Dür. *chr.* 134. *vgl.* Ra. 306. Gds. 411. 484. Halt. 1195.
laʒʒe *stf.* (I. 942ᵇ) *müdigkeit* j.Tit. Mart. (*lies* 146, 36).
lâʒ-zedel *stf. s. v. a.* lâʒbrief *in der 2. bedeut.* Fasn. 1215.
laʒʒe-heit *s.* laʒheit.
laʒʒen *swv.* (I. 942ᵇ) *intr.* laʒ *sein od. werden, säumen* Herb. Ms.(*H.* 2, 378ᵇ). wes listu unde laʒʒis sô Jer. 153ᵃ; — *tr.* laʒ *machen, aufhalten, verzögern* Elis. (2676). von gedrange gelaʒʒet j.Tit. 4070; *refl. mit gen. d. s. säumen* Parz. 824, 16;
laʒʒen *stn.* mîn laʒʒen mag ir snelle niht ergâhen Hadam. 141.
lâʒ-zît? zwô hofstat und ein lâʒzeit; ein acker . . ist ein lâʒzeit Urb. *Son.* 105, 34. 38. *auf bestimmte zeit überlassenes grundstück? andere vermutungen bei* Zingerle *s.* 110.
lê *prät. s.* lîhen.
lê, -wes *stm.* (I. 954ᵃ) *hügel* Wwh. Walth. Helbl. Frl. Dietr. (6151). Apoll. 4267. die hie selwent gruonen lê Mart. 251, 8. — *ahd.* hlêo, *gt.* hlaiv *zu lat.* clivus (*vgl.* lênen) *s.* Curt.³ 143. Fick² 354. Gsp. 40. Z. 1, 18;
lê *acc. adv.* (I. 954ᵃ, 30) *s. v. a.* lêwes Frl.
lêal *adj. treu, innig* Trist. 1360. 3752. — *aus fz.* loyal, *lat.* legalis.
leât, leâte *s.* legât.
lëb *s.* lëwe.
lêbart, lêbarte *stswm.* (II. 465ᵃ) *leopard* Freid. Konr. Anno 204. Fdgr. 2. 117, 15. Reinh. 1337. 2006. j.Tit. 250. 1277. 1644. Ulr. *Wh.* 120ᵃ. Wolfd. *B.* 63. Krone 18093. 363. 431. *etc.* Apoll. 17754 *ff.* Renn. 9993. 99. Ot. 32ᵃ. Msh. 2, 206ᵇ. 379ᵃ. lêparte Pass. 314, 95. 315, 2. liebart, liebarte Sum. Lampr. Bit. 9339. Zing. *Pl.* 5, 72. 73. Karl 3702. Mönchl. 155. libarte (*var.* lêbarte, liebarte) Kchr. 557. lebehart Dür. *chr.* 114. lewenbart Lcr. 63, 62. löwpart Pf. *üb.* 102, 901. leopard Mgb. 145, 6 *ff.* 162. 30. noch andere formen (löwpard, lupart, lebe-, lewe-, leibhart) *in* Dfg. 324ᵇ, *n. gl.* 232ᵃ. — *aus lat.* leopardus;
lêbartinne *stf.* leupartinne Mgb. 116, 8.
lëbe-haft *adj.* (I. 956ᵃ) *leben habend, lebendig* Wwh. Part. *B.* 6394. lebhaft Kl. 1874. *vgl.* lëbenthaft;
lëbe-haftic *adj.* vivax Dfg. 624ᶜ.
lebehart *s.* lêbart.
lëbe-küechelîn *stn. dem. zu* lëbekuoche N. *v. B.* 231;
lëbe-küecher *stm. lebküchner* Mone *z.* 15, 34;
lëbe-kuoche *swm.* (I. 856ᵇ) *lebkuchen* Mart. 248, 98. N. *v. B.* 231. Heum. 325 *ff.* lepkuoche Mone *z.* 2, 185. leckuche Np. 70. Fasn. 192, leckoge Anz. 4, 82. — lëbe *aus mlat.* libum Weig. 2, 23. Wack. *umd.* 53. *vgl.* lëbezelte
lëbe-lich *adj.* (I. 956ᵃ) *des lebens.* lebelîchiu kraft Barl. j.Tit. 954. 1646. 5040. Berth. 375, 23. Pass. *K.* 353, 15; *lebend, lebendig* Trist. U. Pass. ob er lebelich oder tœtlich sî Berth. 510, 22. als dû selbe êwic und leblich bist Myst. 1. 376, 40. daʒ ûzwertige werc lebelich sîn Hpt. 9, 46. lebelîcheʒ leben Gerh. 383. lebelîchiu dinc Silv. 5031. nâch lebelîcher art *ib.* 3255. nâch lebelîcher wîse Elis. 9399. in lebelîchir volleist Jer. 51ᵇ. lebleich Mgb. 33, 6. 10. 139, 24. 334, 19. lebenlich Hpt. 5. 562, 1779. Pass. *K.* 207, 51. lebentlich Krol. 1123 *var.;*
lëbe-lîche, -en *adv.* (*ib.*) *nach weise eines lebenden, lebendig* Wolfr. (wie leblîch er gert Wh. 273, 10). Trist. Wig. Pass. (*K.* 88, 23). j.Tit. 382. 2989. 5153. Gerh. 384. Lcr. 110, 98. lebelîche tuon Lanz. 9212 *u. anm.* lebenlîche Zing. *findl.* 2. 18, 43;
lëbe-lîche *stf. lebendigkeit, leben.* dâ siu in ir leblîchi, in ir wunnenclîchen schônheit wâren Griesh. *denkm.* 40;
lëbe-lîcheit *stf.* (I. 956ᵃ) *dasselbe* Gl. diu l. des geistes Myst. 2. 519, 11. 520, 9. 656, 31.
lëbe-lôs *adj.* (*ib.*) *leblos, matt* Trist. 7829.
lëbe-meister *stm.* (II. 121ᵃ) *lebemeister, wortspiel mit* lesemeister Berth. wêger wêre ein lebemeister denne tûsent lesemeister; aber lesen unde leben ê got, dem mac nieman zuo komen Myst. 2. 599, 19. *vgl.* Mersw. 59.
leben *swv. gerinnen.* gelebte milich Buch v. *g. sp.* 25. — *zu* labe, lap 2. *vgl.* liberen.
lëben *swv.* (I. 954ᵃ) *md. auch* leven Roth. 4680: *intr. leben, allgem.; mit gen. caus.* leben von (dînes bouwes solt du l. Gen. *D.* 52,

17. des brôtes l. GRIESH. 2, 108. W. v. Rh. 129, 27. leben ungewisser spîse SERV. 709. Gamâliôn des luftes lebet, der herinc wazzers FREID. 109, 18, vgl. LIEHT. 577, 16. 17. MGB. 157, 32. 171, 5. 181, 27. 295, 20 u. o. dâ wir lebten der engel spîse GA. 3. 703, 36. si lebten niht des windes HELMBR. 1482. des alemuosens l. CHR. 4. 288, 29. rates l., *sich beraten* PASS. K. 90, 62), *ebenso* von etw. l. PARZ. 469, 3. MGB. 210, 19; *mit dat.* (den lebte beiden der lip sô reine ULR. Wh. 253ᵈ. ich wolt ir iemer l. MSF. 207, 11. ich enwil deheiner freude l. BÜCHL. 1, 1114. sô lebe ich mir mit leide ECKE L. 125. der lebt im selbe und got niht RENN. 3865. Johannes lebt im selber niht sô güetleich MGB. 303, 20); leben an einem, *nach etw. leben, ihm folgen:* swaz lebete an Cristes geboten PASS. K. 563, 8; — *tr. leben, erleben.* den tac l. BÜCHL. 1, 1382. ALBR. 5, 26. hete mich der tôt genomen ê dann ich dînen tôt gelebet hân KARL 7121, *mit dat. d. p.* ich lebe ir gerne mîniu jâr BÜCHL. 1, 1075. ich hân ir vil manic jâr gelebt und si mir selden einen tac MSF. 172, 12. — *mit* er-, ge-, ver-, wider-. *gt.* liban, *vgl.* lîben, lip *u.* DIEF. 2, 138. KUHN 1, 562. 6, 446. 7, 20;
lëben *stn.* (I. 955ᵃ) *md. auch stm.;* leven KARLM. 6, 64. daz lebent L.ALEX. 2410 (*vgl.* HPT. 3, 83) —: *leben, allgem.* (lebens lenge j.TIT. 482. bî libes lebene PASS. 227, 28. 263, 35. ze tôde man sîn l. sluoc *ib.* 232, 5. mit dem lebene, *persönlich ib.* K. 193, 12. die jungen leben, *die jugend* CHR. 3. 34, 7. diu mit ir libe ein niuwez leben im gebar TROJ. 15650); *lebensweise (allgem.), stand, orden* FREID. daz grâwe l. HELBL. 2, 945. sente Benedictes leben ELIS. 6052, *vgl.* SSP. 1. 25, 3. 4; 2. 22, 3.
lëben-buoch *stn. legende* CHR. 3. 64, 14.
lëbende *part. adj.* (I. 954ᵇ, 50) *act. lebend* HARTM. (BÜCHL.2,51. GREG.3208). HELMBR. NIB. 640, 7. 2029, 2. 2245, 1. 2304, 4. WIG. 124. 20. 141, 25. 191, 27. OTN. A. 507. WOLFD. A. 342. HEINZ. 125. 46, 2. ALBR. 15, 113. lebende kuntschaft, urkunde GERM. 6, 63. uff dem selbigen tage ir iglicher syne kuntschaft, sie wêre lebende oder legende sal vorbrengen USCH. 25; *pass. was gelebt, erlebt wird* (GR. 4, 65) TRIST. U. BARL. in mînen lebenden jâren ULR. Wh. 158ᵃ. lebendez leben MSH. 2, 379ᵃ;
lëbendec, lëbendic *adj.* (I. 956ᵃ) *lebendig,*

lebend MAR. PARZ. TRIST. NIB. 1985, 3. GUDR. 29, 1. VIRG. 262, 3. 288, 13. OTN. A. 374. WOLFD. A. 178. 205. 368. KARL 7459. KRONE 204 (*var.* lemtic). KROL. 1123. lebentic, lebentig DIEM. GEN. D. 100, 34. 101, 2. RUL. 217, 34. UOE. 5, 298. pei mir, pei im lebentigen, *bei meinen, bei seinen lebzeiten ib.* 4, 397. 462 (*a.* 1301). bî mînen lebentigen tagen *ib.* 4, 242 (*a.* 1296). pei meinen lebentigen zeiten *ib.* 5, 205 (*a.* 1318). STZ. 647. lebntig *ib.* 5, 230 (*a.* 1318), lebmdig UOE. 5, 105 (*a.* 1313). lembtig KALTB. 3, 12. lemptic DIEM. PF. *üb.* 46, 349. ENENK. *p.* 275. UOE. 4, 170. 282 (*a.* 1292. 98). ZIPS. 46ᵃ. 53ᵃ. lemtic DIEM. KRONE 204 *var.* 11589. UOE 4, 161 (*a.* 1291). lentic *ib.* 4, 168 (*a.* 1292). WIG. 124, 20 *var.* lendic *ib.* 141, 25 *u.* 191, 27 *var.*
lëben-lich, -lîche *adj. adv. s.* lebelich, -lîche.
lëbent *stn. s.* lëben.; lëben-tac *s.* lëbetac.
lëbent-haft *adj. lebendig* GA. 1. 301, 737 *var.* leibinthaft HPT. *h. lied* 24, 13. *vgl.* lëbehaft;
lëbent-haftic *adj. leben, heil bringend* CHR. 3. 156, 7 (vivificus 245, 17); vivax VOC. S. 2, 18ᵇ.
lëbentic, lëbent-lich *s.* lëbendec, lëbelich.
lëber-âder *f.* kilis, epatica, eupatorium DFG. 118ᶜ. 203ᵇ. lâz die leberâder zu der stunt ANZ. 11, 335 (*a.* 1428).
lebere, leber scirpea, scirpus DFG. 518ᶜ, *vgl.* SCHM. *Fr.* 1, 1409.
lëbere, lëber *stswf.* (I. 956ᵃ) *leber,* jecur GL. (leber, leiber DFG. 284ᶜ). TRIST. GEN. D. 6, 10. 12. RAB. 455. MSH. 3, 249ᵇ. PASS. K. 123, 59. WH. *v. Öst.* 12ᵇ. VET. *b.* 78, 36. — *vgl.* CURT.³ 250.
lëber-hüle *stf.* (I. 680ᵃ) sima DFG. 534ᵇ, *n. gl.* 339ᵃ.
lëber-krût *stn.* (I. 891ᵃ) epatica DFG. 203ᵇ, *n. gl.* 151ᵃ.
lëberlîn *stn.* (I. 956ᵇ) *kleine leber, daraus bereitetes gericht,* anisa DFG. 36ᵃ. WOLK.
lëber-mer *stn.* (II. 138ᵃ) *sagenhaftes geronnenes meer, in welchem die schiffe nicht von der stelle können (dann auch in übertrag. bedeut.* GSM. KROL. ein l. von bluot EILH. 5127). WIG. Ms. (KONR. *lied.* 32, 290). WWH. 141, 20. j.TIT. 5448. 6005. APOLL. 8402. ERNST B. 3935, labermer ERNST 3210, *übertr. auf das rote meer* BARL. *vgl.* REINFR. *Göd. p.* 107 *u.* klëbermer. — *die ältesten zeugnisse verlegen das* mare mortuum, pigrum, concretum *in den hohen nordwesten Europas u. von oriental. urspr. der sage*

kann keine rede sein. vgl. darüber ausführl. DENKM. s. 348 f.
lëber-schuole stf. s. SCHM. Fr. 1, 1410.
lëber-snuor stf. (II². 454ᵇ) leberschnur, leber MSH. 3, 282ᵇ.
lëber-sol stf. (II². 466ᵇ) lebersülze? WAHTELM. 102 (die Wiener hs. als man ze tische sitzen sol LESEB.⁴ 972, 10).
lëber-stein stm. (II². 615ª) leberkies GL. FELDB. 316.
leber-, lebestoc s. lübestecke.
lëber-swër swm. (II². 810ª) leberleiden SCHM.
lëber-wurst stf. (III. 827ᵇ) leberwurst SUM. NP. 236. S.GALL. ord. 190. FASN. 371, 9.
lëber-wurz stf. (III. 829ᵇ) jecornia DFG. 284ᶜ.
lebesal stn. coagulum DFG. 128ᶜ. s. labe, lap 2.
lëbe-site stm. (II². 325ª) lebensweise TRIST.
lëbe-tac, -tage stswm. (III. 5ᵇ) lebenszeit, leben, häufig im pl. LEYS. FLORE, HELBL. (8, 696) u. bes. oft bei KONR. (TROJ. 11299. 12666. 795. 14443. 19321. 23735. PART. B. 6399. 9793. lied. 32, 278). OT. 323ᵇ. ALBR. 22, 319. 23, 65. MEIN. 9. KSR. 48. 55. leptac GERM. 8, 292. lebentac RTA. 1. 60, 31; lebensunterhalt TROJ. 541.
lëbe-zelte swm. (III. 870ª) lebkuchen BIRKENST. 204. lebzelte MÜNCH. r. 7, 98. FASN. 395. 96. 402. lezelte N. v. B. 358. letzelt DFG. 326ᵇ. NETZ 1026 var. libenzelte VOC. o. 10, 127. vgl. lëbekuoche.
lëbe-zuht stf. (III. 940ª) lebensunterhalt ELIS. 5893. 6975. GR.W. 5, 676.
lëb-haft, -lich s. lëbehaft, -lich.
lëbic adj. in lanclëbic; lëbinne s. lëwinne.
lëb-kuoche s. lëbekuoche.
lëbs s. lëfs; lecce stf. s. lecze.
-lech s. -lach.
lëch? stn.? swarz als ein lech (: vrech) REINFR. 4ª.
lêch prät. s. lîhen; leche stf. s. lecke 2.
lechelære stm. (I. 923ª) lächler WALTH. RENN. 1168. 3641. KOLM. 156, 14. Walther der lechler MONE z. 8, 234 (a. 1390).
leche-lich, -lîche adj. adv. s. lachel-.
lechelen swv. (I. 923ª) lächeln, auf hinterlistige weise freundlich sein RENN.
lëchen swv. (I. 956ᵇ) mit st. part., s. die composs.: austrocknen, vor trockenheit ritze bekommen u. flüssigkeit durchlassen. dar umbe tuot der becher lechen (: brechen) NETZ 11115; lechzen nâch MART. 53, 88, zuo SCHM. Fr. 1, 1421; verschmachten PASS. 165, 39. — mit be-, er-, über-, zer-. vgl. WEIG. 2, 24.

lêchen-tuom s. lâchentuom.
lecher-lich adj. lächelnd. lecherlîcher munt MSH. 3, 303ª; zum lachen reizend, lächerlich. ein lechirlîcher sin JER. 7887. 1. und abenteuerlich GR.W. 3, 666;
lecher-lîche adv. lächelnd. der mund lächerlich gestalt WOLK. 44. 2, 12;
lecherlen swv. lächeln. er hat das haubt gewegt und gelecherlet MH. 1, 92.
lechert s. locherëht.
lëchezen, lëchzen swv. intens. zu lëchen: austrocknen s. zerlëchzen; lechzen, der hirs lehazte nâch in der waʒʒer FRONL. 16.
lech-lîchen adv. s. lachelîche.
lëcht adv., lechter stn. s. lîhte, lahter.
lecke? adj. des râtes was er lecke (: hecke) j. TIT. 265. uns leken (törichten?) lûden HANS 3156.
lecke, legge stf. (I. 956ᵇ) leiste, saum DIEM. SERV. vgl. die belege od. leisten, lacinia DFG. 315ª (a. 1590); lage, reihe, schichte. mit pillen was geleit ein rîche lecke (: ecke) KRONE 15675. ein lecki ruoben, ein leggi krût MONE z. 2, 186. ein leck mit pfeil und tausent pfeileisen GERM. 16, 77 (15. jh.). vgl. lege.
lecke stf. (ib.) benetzung, bes. mit warmem badewasser WOLK.; das peitschen mit dem badwadel. ân lecke mochten sie nit baden LCR. 40, 2071 (vgl. 2076). einer legk solt uns gewern GERM. 5, 216, leche HELBL. 3, 63; heilung? sy besorgt, sy künd nit bass der kretz halb komen zu ainer leck HPT. 8. 540, 105. s. lecken.
lëcke-brët stn. der monche leckebreth WSP. 779. kurh. leckebret, schmähender ausdr. für zunge VILM. 246.
lecken swv. (I. 956ᵇ) benetzen MART. 46, 82; mit dem badwadel streichen. sie leckten, dasz in ward ze heisz LCR. 40, 2076. zehant wart ich âne wadel die widervart gelecket, ohne den badwadel den weg wieder zurückgepeitscht (BECH) Üw. H. 565. — zu lëchen, vgl. WEIG. 2, 25.
lecken stn. mit lecken, paden und krauen FASN. 794, 20.
lecken swv. (I. 957ª) mit den füssen ausschlagen, hüpfen PASS. daʒ pfert lecket, scherzet und bîzet RENN. 4259, vgl. 9651. lecken od. springen saltare VOC. 1482. — vgl. leichen u. WEIG. 2, 25.
lecken swv. (I. 957ᵇ) s. legen.
lëcken swv. (I. 956ᵇ) tr. lecken, belecken REINH. KONR. (TROJ. 6068). PRED. salz l.

Wartb. 45, 9. honic l. Renn. 23533. 38. daz (vleisch) lecket er mit sîner zungen *ib.* 19304. Mgb. 162, 22. die wunden l. Glaube 2713. er lecket wol ab eime teller brî Fragm. 28, 80. nu lekt der hunt den herren sein Ring 43ᵈ, 16; — *md. intr. duften* Ms. Elis. 10015. 151. 357. — *mit* be- (*nachtr.*), er-, ge-. *gt.* laigôn, *ags.* liccian *zu skr.* lih, *gr.* λείχω, *lat.* lingo Gsp. 276. Curt.³ 184. Fick² 169;

lëcker *stm.* (I. 957ª) *tellerlecker, fresser, schmarotzer, possenreisser, schelm* Ms. (*H.* 2, 241ª. 354ᵇ. 3, 22ᵇ. 39ª. 96ª). Eracl. Gsm. j.Tit. 250. Part. *B.* 4454. Berth. 321, 16. Jüngl. 149. Ls. 1. 260, 37. Roth *denkm.* 88, 44. Fasn. 81. 481. 865. du bist ein lecker oder huorensun Mone *z.* 17, 31 (*a.* 1470);

lëcker *adj.* (*ib.*) *lecker, gaumenkitzelnd.* ein guot lecker gerihtelîn Buch *v. g. sp.* 54. Hpt. 5, 14.

lëcker-biz *stm. bissen wie ein lecker ihn liebt, leckerbissen* Wack. 175ᵇ.

lëcker-haftic *adj.* delicatus Dfg. 171ᶜ, *n.gl.* 129ᵇ.

lëcker-heit *stf.* (I. 957ª) *art u. wesen eines* lëckers, *lüsternheit, schelmerei* Reinh. Wg. 4187. 7403. 9906. Msh. 2, 205ᵇ. Sigen. *Sch.* 149. Chr. 5. 15, 30. 279, 7.

lëckerîe *stf.* (*ib.*) *dasselbe* Wwh. Kell. j.Tit. 229. 2442. Berth. 155, 37. Hadam. 11. 427. 34. 37. 39. Fragm. 16ᵇ. Fasn. 536. 957. Netz 6370. 8418.

lëckerisch *adj. leckerhaft* Zimr. *chr.* 3. 68, 4. leckersch 1. 439, 22, leckers 2. 553, 16.

leckeritz *s.* lakeritze.

lëcker-lîche, -en *adv. auf weise eines* lëckers. l. ezzen ind drinken Karlm. 355, 60. swenn ich sô leckerlîchen ein füchsel sich gebâren Hadam. 433. die fueren böslich nnd leckerlich von der stat Chr. 5. 52, 34.

lëckerlîn *stn. dem. zu* lëcker Beh. 17, 12.

lëcker-munt *stm.* (II. 235ᵇ) *mund eines* lëckers Msh. 2, 206ª.

lëckern *swv. als* lëcker *sich benehmen* Msh. 2. 212, 194.

leckerzweig *s.* lakeritze.

lëcke-spiz *stm.* (II². 514ᵇ) *s. v. a.* lëcker, *eigentl. imperat.: lecke den bratspiess* Berth.

lëck-mël *stn. mel zum lecken, lockmittel* Netz 1651 *var.* 1719.

lëckoge, lëckuche *s.* lëbekuoche.

lecter *stm.* (I. 957ᵇ) *lehrpult auf dem chore der kirche* Pass. so suolen die brüder ouf dem lecter (*var.* letter) lesen drey leccen Br. 23ᵇ. lector Tund. der bischof trat ûf den lector (: vor) Ernst *B.* 5919. der pfarrer sol ez alle suntage ûf dem lector (*var.* kanzel) künden Swsp. 282, 7, letter Usch. 432 (*a.* 1413). Ula. 437 (*a.* 1469), ledter Arn. 65 (*a.* 1383). lectner, comonitorium Voc. 1429, lettener, pulpitum Dief. *n. gl.* 309ª, letner Voc. 1482; *chor in der kirche, emporkirche,* lecter, lector Herb. lettener Chr. 9. 1018, 8. 1033, 17. Rcsp. 1, 80. 429. Rta. 1. 82, 2. — lecter, lector *aus mlat.* lectorium (Dfg. 322ᵇ) *u.* lectner, lettener *aus* lectionarium Weig. 2, 41.

lectuârje, lectquerge *s.* lactwârje.

lëcze *swstf.* (I. 957ᵇ) *vorlesung eines schriftabschnittes* (*im gottesdienste*), *bibl. lesetext* Ulr. ein leczen singen j.Tit. 5562, lesen Ga. 3. 618, 192. 619, 224. die vigili singen mit den psalmen und mit den niun leczen die darzuo hœrent Mz. 1, 1377 (*a.* 1381). lectio, lecze Dfg. 322ᵇ, leczg *n. gl.* 231ª. lecce Pass. Usch. 432 (*a.* 1413). letze-Aneg. Serv. Berth. 19, 14. 160, 36 *ff.* Marlg. 28, 196. Usch. 384 (*a.* 1399). Chr. 8. 94, 13. letzge Netz 10476. lectie Pass. 23, 49. *K.* 291, 1. lectiôn Heinr. 1966. 3503; *lehre, schulunterricht, lection* Eracl. Renn. Wack.*pr.* 55, 34. 67, 95. ir letzen und ir lêr er hôrte Bph. 4812. 51. was letzi hand in die apostel geben Netz 3182. die lectie entpfangen Pass. *K.* 364, 48. die lectien Augustini *ib.* 448, 67. in der lectien reise, *im ganzen umfange des unterrichts ib.* 645, 73. — *aus lat.* lectio;

lëczener *stm.* (*ib.*) subdiaconus, sublevita Voc. *o.*, lector Dief. *n. gl.* 231ª. ain ewangelier und ain letzener Mz. 2, 503. letzer Denkm. *s.* 532, 5. — *aus mlat.* lectionarius.

lëddern *s.* liderîn.

lede *stf. ladung.* schön geschaffen von rechter lede Malag. 37ᵇ; *lastschiff,* ein ledi mit korn, nit über vier ledi gên Ursurren lassen ubergân Ea. 78. *vgl.* lade 1 *u.* Schm. *Fr.* 1, 1426.

lëdec, lëdic *adj.* (I. 957ᵇ) leidic Msf. 84, 37 *var.* Don. *a.* 1296. lidic Bon. Myst. (2. 637, 26. Mersw. 67). Ad. 743 —: *ledig, frei, unbehindert allgem.* (daz ist lidic, daz an nihte haftet noch an dem niht haftet Myst. 2. 637, 26. ein stuol ledic Anno 726. ledic und unschuldic Ath. *C.* 1. ledige füeze, *ungefesselte* Greg. 2827. eine ledege [*leere*] barke *ib.* 610. ledige fasze Mone *z.* 9, 416 *a.* 1440. cine ledige chamer Ukn. 158 *a.* 1315. daz ich minnen vrî werde und ein ledic man Msh. 2, 128ᵇ. diu ros liefen ledec Wig. 17, 24. die freien ledigen herzen MGB. 234, 12. ein ledig zung [lingua soluta] diu niht haft *ib.* 14, 33. 258, 21. ledigez eigen, guot UKN. 249. 266. AD. 743. DON. *a.* 1296. nû bin ich dîn ledic eigen worden gar MSH. 2, 265ᵇ), *mit gen.* Iw. PARZ. TRIST. GEN. *D.* 42, 5. LIEHT. 570, 27. PASS. *K.* 32, 17. 147, 17, ledic von PARZ. GEN. *D.* 23, 29. MSF. 158, 21. FREID. 163, 24. PASS. *K.* 84, 55. 354, 10, l. vor MSF. 84, 37; *unverheiratet,* sîn ledige oder êliute BERTH. 106, 5. 128, 19. 20. MAR. 168, 31. ledige kinde AUGSB. *r. W.* 265. ledegiu wîp LIEHT. 618, 13. 628, 14, *euphem. hure* GA. 2. 220, 51. 221, 63. 233, 523. dô quam ein ledic vrouwil gân JER. 64ᵇ; *mit dat., den besitzer verlierend u. dem lehnsherrn anheimfallend* SWSP. 110, 35. SSP. 1, 33; 3. 60, 2. OT. 30ᵃ. — *zu* lîden, *gehen (freien ganges* WACK.)? *vgl.* WEIG. 2, 26. DIEF. 2, 130. 557.

lëdec-heit, lëdekeit, lëdikeit *stf. der zustand des ledigseins, s. v. a.* lôsheit DENKM. XXXVIII, 132. MYST. 1. 125, 19. vacuitas DFG. 604ᵇ, *leerer raum,* spatium EVANG. *Mr.* 6, 31. lidicheit HPT. 2, 196. vrîliche leidikeit W. *v. N.* 62, 12; *mit gen.* ledikeit aller sünde MYST. 2. 366, 27. diu sêle sol ouch haben rehte eine blôze ledikeit ir selbes *ib.* 632, 6, lidekeit 600, 34; daz ir man ze ledikeit zwei wîp het gesazt ze hûs, *dass er zwei buhlerinnen unterhielt* GA. 2. 220, 42. *vgl.* NETZ 11879.

lëdec-lich *adj. s. v. a.* lëdec. vacuabilis DFG. 604ᵇ. ein guot in lediclîcher gewer hân SWSP. 416, 40. ez hât ein man eine vrowen ze ledic-lîchen dingen unde hât kint bî ir *ib.* 332, 1;

lëdec-lîche, -en *adv.* (I. 958ᵃ) *frei, ohne hindernis, ohne andres, völlig* Iw. PARZ. BARL. l. gên, varn NIB. 314, 1. 2275, 4. GUDR. 1273, 4. mîn herze ist mir gebunden, daz ê was ledeclîche vrî EN. 281, 27. ich hân vil ledec-lîche brâht in ir genâde mînen lîp MSF. 152, 5. daz si in minnete lediclîchen MARG. 114. daz lêch mir ledeclîchen der edel künic GERH. 1411. lidecliche CHR. 8. 421, 2; 9. 632, 13. lüdlîche durch got unser sêlen heil AD. 709 (*a.* 1318); lidecliche verfallen, *als herrenlos anheimfallen* CHR. 9. 944, 11. 18.

lëdec-vrî *adj.* (III. 402ᵇ) *frei* Ms. HELBL. ein lidicvriez velt TROJ. 48279.

lëdegen, lëdigen *swv.* (I. 958ᵃ) lidigen PILAT. REINH. L. ALEX. 7237. 42. AD. 785. leidigen PASS. *K.* 557, 49 —: lëdec *machen,* lëdigen, *erlösen, befreien* DIEM. IW. PARZ. BARL. PASS. ich wil si ledegôn EXOD. *D.* 134, 32. 138, 7. er wolte die burch ledigen KCHR. *D.* 528, 27. waz dû ledigest auf ertreich, daz ist ge-lediget in dem himel MGB. 214, 36. binden und l. BALD. 384, eine eselîn l. ROTH *pr.* 53. swaz siecheite ieman hete der was gelediget an der stete ALEXIUS 138, 1482. sîne trûwe l., *sein treuwort einlösen* SSP. 3. 41, 1. den lîp l., *loskaufen ib.* 1. 38, 1. he hât sînen burgen gelediget, *frei von verpflichtung gemacht ib.* 3. 9, 3. und habent si uns mit dem silber gelediget hinz juden USCH. 157 (*a.* 1328). daz guot lidigen und lœsen AD. 785 (*a.* 1293). der sich ieman ledegen lât ûf al sîn guot *„der sich von einem so frei machen lässt, dass er dafür sein ganzes vermögen hingiebt"* MSF. 304, 11 *u. anm.; mit gen.* dô der bischof manic herze sunden ledigete ERNST 5458. daz sie geledi-gete wurde ir schantlîcher burde ALBR. 22, 453, *mit präp.* led. von KCHR. *D.* 314, 14. EXOD. *D.* 124, 13. L. ALEX. 7237. 42, ûz GRIESH. 2, 146. — *mit* abe, ent-, er-, ge-, zer;

lëdegunge *stf. erlösung, befreiung* SERV. 2757. PASS. *K.* 331, 77. ledigunge MAR. 162, 26. lidegunge TROJ. 46634. PASS. *K.* 591, 75. N. *v. B.* 319; *lösegeld,* ledigunge BIT. 8354. 8516. 9525.

ledekîn *stn. md.* GERM. 9, 177 *s. v. a.*

ledelîn *stn.* (I. 926ᵇ) *kleine lade* SUCH. HÄTZL. 2. 23, 359. H. *v. N.* 368. 387. CHR. 8. 261, 3. ledlîn BELIAND 1980. ALTSW. 208, 17. 35. 209, 25. ein lidder ledlîn mit silber beslagen, vol heiltums RCSP. 1, 805. ledl CP. 29;

leden *swv. in* entleden.

lëder *stn.* (I. 958ᵇ) *leder* TUND. PARZ. FREID. KONR. (TROJ. 5945. 12614. 14110. 23568. 30030. TURN. *B.* 914). von leder ein huot WIG. 276, 24, ein schiffelîn MOR. 1, 906, eine leiter SIGEN. *L.* 37. zwei vil dickiu leder vür die schinebein NEIDH. 84, 25. schuoh von rôtem ledere (*var.* leider: kleider) *ib.* 216, 1. ein streich eime in daz l. vert MSH. 3, 306ᵃ. die vögel die leder (*schwimmhaut*) ha-bent zwischen den vingern MGB. 165, 24. an dem grif sint alliu wîp des einen leders RING 19ᶜ, 26. von leder ziehen *wie nhd.* BEH. 142, 30, von leder gewinnen ZIMR. *chr.* 2. 291, 23. swer triuwen und dienstes wil vergezzen der spriechet sîn hunt hab leder gegezzen RENN. 18365. — *ahd.* lëdar, *altn.* lëdhr WEIG. 2, 26;

lëderære, -er *stm.* (*ib.*) *gerber,* coriarius DFG. 151ᵇ. HÄTZL. NP. 158. 277. TUCH. 234, 5.

lëder-banc *stf.* (I. 83ᵇ) *verkaufstisch, -laden für lederarbeiten* Ad. 1450.

lëder-bant *stn. lederband* Apoll. 4989.

lëder-boum *stm. und* **lëder-birn-boum** *lederbirnbaum* Mone *z.* 13, 258 (*14. jh.*). *vgl.* Nemn. 3, 352.

lëderen *swv. gerben.* eine gelederte hût Augsb. *r. W.* 25. zwô guot kuohiut, **gelidert** und und bereit ze schuohen Mz. 1, 527 *s.* 443 (*a.* 1410). *vgl.* Schm. *Fr.* 1, 1440.

lëder-gerwe *swm. gerber* S.Gall. *stb.* 4, 272. Mone *z.* 8, 50 (*a.* 1378). Netz 10588;

lëder-gerwer *stm. dasselbe* Ammenh. 206, 212. Mone *z.* 8, 63. Gr.w. 4, 187. *als spottname* Zimr. *chr.* 2. 115, 5.

lëder-hose *swf.* (I. 718ᵇ) hose *von leder* Gl. Anz. 3, 201. Gr.w. 4, 126. eʒ sol ir deheiner keinen spitzen snabel vornan an schuohen oder an lederhosen dragen Mone *z.* 7, 60 (*a.* 1356).

lëder-hûs *stn. gerberei* Mone *z.* 8, 50 (*a.* 1378).

lëderîn *adj. s.* liderîn.

lëder-kalc *stm.* (I. 780ᵇ) leder-, letekalc, ambustum Dfg. 29ᵇ.

lëder-kiuwer *stm.* lederkeuer, *spottname für schuster* Beh. 14, 4.

lëder-lachen *stn.* lachen *von leder* Anz. 18, 13 (*a.* 1383). Schm. *Fr.* 1, 1440 (*a.* 1429).

lëder-lêhen *stn. lehen, wofür leder als abgabe zu liefern ist* Urb. *Son.* 88, 1.

lëder-macher, -mecher *stm.* coriarius Dfg. 151ᵇ.

lëder-sac *stm.* (II². 3ᵇ) *sack von leder* Troj. 13991. Feldb. 402.

lëder-smërer *stm. lederschmierer.* Fritz Kreysz, ledersmerer Frankf. *beedbuch der oberstadt a.* 1463, 23. 1464, 30.

lëder-snîder *stm.* coriarius Dief. *n. gl.* 114ᵇ.

lëder-swal *swf.* (II². 760ᵃ) *fledermaus:* swal, *schwalbe mit hautflügeln* Lampr.

lëder-vrâʒ *stm.* (I. 762ᵇ) *lederfresser* Ga. 1. 49, 309. *vgl.* Renn. 18365, Freid. 138, 17 *u.* CIV.

lëdigen *swv. s.* lëdegen;

[**lëdigære** *stm.* I. 958ᵇ] *s.-das folgd*

lëdigærinne *stf. befreierin* Mart. 80, 50. *md.* lidigêren Pilat. 99;

lëdigunge *stf. s.* lëdegunge.

ledl, ledlîn *s.* ledelîn.

ledter *s.* lecter.

lëf *s.* lëfs; **lêf** *prät. s.* loufen.

lef *stm.* ein gîtic lef, *ein geizhals* Kolm. 22, 6;

leffel *stm.* (I. 928ᵃ) *sw.* Pf. *üb.* 137, 21: *löffel.* niht leffels wert Helmbr. 671. mit einem leffel sûfen Tanh. *hofz.* 34, mit leffeln eʒʒen *ib.* 121. nim ein leffel, versuoch Ls. 2. 700, 184. in einen leffel (*var.* loffel, löffel) treten Neidh. XXXIV, 15. vernt kouft ich leffel umb ein ei Kolm. 134, 20. **laffel** Schm. *Fr.* 1, 1450 (*a.* 1454). **loffel** Kol. 167, 279. **löffel** Helmbr. 673. Ab. 1, 111. Mgb. 345, 3 *s.* gense-, kochleffel (Chr. 2. 316, 15. 16); *als schelte* Kell. *erz.* 188, 24. — *zu* laffen Weig. 2, 59.

leffel-brët *stn.* coclearium Dfg. 129ᵇ.

leffel-drenge *swm.* (I. 395ᵇ) löffeldrenge, *spottname für einen, der einen kleinen mund hat* Ls. 3. 424, 106.

leffeler *stm. löffelmacher.* löffler Tuch. 159, 7. *vgl.* 51, 15. 142, 11.

leffel-kar *stn.* (I. 788ᵃ) coclearium Voc. *o.*

leffel-krëbe *swm. dasselbe* Voc. 1482.

leffel-ladæ *stf.* (I. 926ᵇ) *dasselbe* Dfg. 129ᵇ.

leffel-macher *stm.* coclearius Dfg. 129ᵇ.

leffel-vuoter *stn.* (III. 444ᶜ) coclearium, coclimen Dfg. 129ᶜ, *n. gl.* 98ᵇ.

lëfs, lëfse *stswmf.* (I. 928ᵇ) *lippe* Lieht. die münche ruorten die lefse Ulr. *Wh.* 162ᵈ. über die lefse brach enstrît ein nezze ûʒ dem munde Krone 19673. biʒ zunge lefs und ougen sinken Renn. 9870. sîn lephse wâren süeʒe rein W. *v. Rh.* 110, 1 (*überschrift von* sîner lefse). die lefse sîn wâren rôt und rôsenvar Bph. 5033. zwô lefse stânt ir wengelînen baʒ Msh. 2, 32ᵃ. hæte er einen wîten munt mit drî lefsen oder mêr Ga. 2. 235, 617. die lefsen Renn. 2880. Germ. *H.* 8. 243, 251. Mgb. 46, 5. 6, **lebsen** *ib.* 329, 3. 487, 24. **leves** Ulr. 429. lefs, lefse, lefʒ, lefze, lebs, lef, leph, laffe Dfg. 314ᵃ *f., n. gl.* 225ᵃ. (Mag. *cr. ist statt* mit meinem leffen *wol zu lesen:* mit meinen lefsen.) leps Sum., *umgestellt* lesp Msh. 2, 241ᵃ. *md.* lippe *stf.* Jer. 3ᵃ, *swf.* Msh. 3, 279ᵃ. — *s.* laffen;

lëfzelîn *stn.* daʒ ober leftzlîn, labium Dfg. 314ᵃ. daʒ under l., labrum *ib.* 314ᵇ.

legât, legâte *stswm. päbstlicher bote,* legatus Dfg. 322ᶜ. Loh. 3793. Ls. 3. 334, 48. Chr. 8. 39, 25. 50, 3. Jer. 26336. leât, leâte Beh. *ged.* 5, 342. 645.

lëgder *stm. lager, weinlager.* eʒ sol nieman kainen wein verkaufen, den er hie gekauft hat, er lege in vor auf seinen legder Np. 206 (*13.—14. jh.*). *vgl.* lëger;

lëge *adj. in* heimlëge;

lëge *stf. das liegen, lager.* nû was ime entwichen daz tier ûz dem wege gein einem hol, dâ sîn lege was ze allen zîten KRONE 9222. 12758. 18939;

lege *stf. das legen in composs.; gegenseitige hilfeleistung* (zuolegen), *bündnis:* si machten ain leg und ain ainung mit ainander, die was also, daz si ainander gên iederman des rechten solten zuo legen CHR. 4. 98, 17; *das gelegte, reihe,* von jaspen ein lege KRONE 15689, *vgl.* lecke.

lêge *swm. s.* leie.

lege-gëlt *stn. kelleraccis, lagergeld* MONE z. 4, 308. 390. 7, 294. *vgl.* ZIEM. 212ª.

lege-îsen *stn.* 2 β fur die legeîsen abe zu brechen und wider uff zu slagen an den vorgenanten wagen FRANKF. *baumeisterb. a.* 1437, 50ᵇ.

legel, legellîn *s.* lâgel, lâgellîn.

legen *swv.* (990ª—992ᵇ) *für* leget, legete, gelegt *sehr häufig* leit, leite, geleit (læt, læte DSP. *s.* 5 *ff.* gelêt UOE. 4, 323 *a.* 1299). *nbf.* lecken, leggen (I. 957ᵇ) *aus ahd.* lekjan, legjan HAHN *gr.* 1, 38. 64: lecken j.TIT. 2215. 3455. 4436. 80. WOLFD. 296. 2022. leken GEN. *D.* 68, 5. leggen N. *v. B.* 108. RTA. 1. 49, 19. *prät.* lahte *md.* lachte HIMLF. MOR. 1, 1610. ELIS. 92. 1380. 1468. 3538. 6875 (lechte 1608). RTA. 1. 269, 28. RCSP. 1, 437. 539. *part.* gelaht, gelacht ERACL. GLAUBE 2314. L.ALEX. 2978. PASS. *K.* 296, 34. ERLŒS. 789. 2014. 2219. 3539 *u. o.* ELIS. 3424. 6663. KARLM. 215, 18. 82. RTA. 1. 13, 18. RCSP. 1, 118. 274 —: ligen *machen, legen, absol.* legende kuntschaft *s. unter* lebende *u. vgl.* HALT. 1268. heben und legen mit einem, *die gleichen vorteile u. lasten mit ihm teilen* CHR. 1. 138, 15. 16. *vgl.* SCHM. *Fr.* 1, 1036; *tr. u. refl. (allgem.) s. noch:* air l. MGB. 196, 15. ainen strick l. *ib.* 147, 33. die leich l., *begraben* NP. 67 (*13.—14. jh.*). wirt unser einer tôt geleit ûf den clê TROJ. 3550. einen tac l., *anberaumen* CHR. 5. 11, 28; 8. 50, 15. UGB. 383. einen l., *gefangen setzen* CHR. 5. 2, 10. 46, 29. 48, 32 *etc.* einen kneht l. (*stellen*) ze leisten Mz. 1, 306. 357 (*a.* 1346. 70). zum krieg schicken und legen zwaintzig gewapnet DH. 220. eine losung l., *auferlegen* CHR. 2. 147, 13. den paumgarten machen und legen (*anlegen*) zuo einem weingarten ULA. 282 (*a.* 1371). etw. mit rechenpfenningen l., *anmerken* TUCH. 241, 12. 18. einem den schaden l., *vergüten* MICH. 3 *s.* 24 (*a.* 1338). slege begunde er dar sô snelle l. ULR.

Wh. 110ᵇ. an einen etw. l., *es ihm erweisen* CHR. 3. 97, 19. daz gelt an nützlich güeter l., *anlegen, verwenden* Mz. 4, 85 *s.* 96. ob wir die pfenninge an unsern nutz legen wolten, *auf zinsen anlegen ib.* 2, 458 (*a.* 1304). ûf einen etw. legen, *etw. für ihn an geld auslegen* CHR. 2. 293 *anm.* 3; 4. 312, 3, *ihm etw. beilegen ib.* 2. 129, 21. ûf einen kuntschaft l., *ihn beobachten lassen ib.* 5. 50, 32. ûf einen beschatzung l. Mz. 1, 411. si schullen den weg ûf ir guot l. UHK. 1, 167 (*a.* 1263); — sich l. *zu bette* GR. RUD. 26, 2. LOH. 3106. sich die winde legent PASS. 379, 74. sich l., *lagern* CHR. 4. 115, 18. 123, 16 *etc.* sich l. *über, sich worauf werfen, angreifen ib.* 8. 296, 25. sich ûf etw. l., *es besetzen ib.* 2. 129, 27. sich auf einen tail l., *dafür partei ergreifen* CP. 103. — *mit* abe (*des dôden fründe abe* l., *den verwanten des ermordeten busse zalen* MONE z. 7, 10 *f.*), an (ein kint an l., *es klösterlich einkleiden* MONE z. 1, 147 *a.* 1470), bî, în, ûf, under, ûz, vür, zuo; be-, durch-, ent-, er-, ge-, hinder-, über-, under-, ver-, wider-, zer-.

legende *f.* (I. 958ᵇ) *heiligenerzälung*, legenda DFG. 322ᶜ. ALEXIUS 118, 16. MART. (*lies* 184, 105 *u.* 290, 99).

leger *stm. in* an-, ûz-, vür-, zuoleger;

lëger *stn.* (I. 989ᵇ) läger NIB. 876, 3. NP. 263: *lager* WOLFR. (WH. 458, 2). TRIST. GSM. TROJ. 16500. do begunden ouch die heiden von dem l. scheiden ULR. Wh. 111ª. er balde muoste kêren von dem l. dâ er lac *ib.* 135ᵈ. leger *od.* slâfkammer, cubile VOC. 1482, *vgl.* ZIMR. *chr.* 4, 654ª; *lager der tiere* NIB. BON. TROJ. 18821; *krankenlager* PASS. *K.* 52, 28. 61, 69. 307, 29; *grabstätte,* an der stat, dâ du dir leger gruobe GEN. *D.* 101, 22; *weinlager* NP. 263, *vgl.* legder; *belagerung* CHR. 8. 55, 15. 100, 3. 329, 3 *etc.* als lang daz leger und gesez werôt Mz. 1, 527 *s.* 444 (*a.* 1410). 501. — *zu* ligen;

lëgerære, -er *stm. der lagert.* der fûle legerære APOLL. 12184. die gest und legerer sol man in das rathaus besenden CP. 52;

lëgeren, lëgern *swv.* (I. 990ª) *intr. liegen, lagern.* da legert er fünf wochen CHR. 3. 114, 9. do er bei den turn hiet so lang gelegert *ib.* 44, 15. daz ir gewinnet dise stat, sô man her gelegert hât KREUZF. 601. die heiden hâten gelegert in ein holz LIVL. 4483; *refl.* sich lagern *ib.* 9964. 78. KREUZF. 1212. 6073. 86. PASS. (*K.* 397, 61). CHR. 1. 401, 12; 2.

155, 5. 161, 2; 3. 42, 9. 59, 17. 278, 28. sich l. vür ein sloz, vür eine stat *zum zwecke der belagerung ib.* 2. 38, 3. 49, 8. 66, 19; — *tr. lagern,* do legert er sein her *ib.* 3. 44, 7. die pühsen legern, *in gehörige lage u. stellung bringen ib.* 2. 291, 2. einen her ausz l., *aus dem lager locken ib.* 5. 264, 2;
lëgeren *stn. belagerung.* mit zugen, legern, zusetzen oder täglichem krieg die sach erobern Uschb. 5.
lëger-haft *adj. bettlägerig* Elis. 8081.
lëger-hërre *swm. der ein grosses waarenlager hat.* legerherren die mit kaufmanschaft hantieren Np. 57. alle kaufleut und legerherren Cp. 376. ich bin in irm lant ein l. gewesen Altsw. 238, 37. *vgl.* Oberl. 894.
lëger-hort *stm. gelagerter, aufgehäufter schatz.* al der werlde legerhort Renn. 2505, *vgl.* 10021. 425. 663. 65. 17687. 20300.
lëger-huobe *stf.* (I. 729ª) absa Dfg. 4ᶜ, *n. gl.* 4ª. *vgl.* Schm. *Fr.* 1, 1458.
lëgerinc *s.* ligerinc.
lëger-kæse *stm.* (I. 791ᵇ) bonos et duros caseos, vulgariter legerkæs Mb. 2, 83 (*a.* 1443) *bei* Schm. *Fr.* 1, 1458. *zu der kässuppe* 2 ganz legerkäs Germ. 9, 202.
lëger-lôn *stn. lagerhausgebühr* Mone *z.* 12, 427 (*a.* 1376).
lëger-miete *stf. lagergeld.* das eilfte scheit holz von der lagermitt (*sic*) Gr.w. 6, 56.
lëgern *s.* lëgeren.
lëger-schaft *stf. lager, herberge* Öh. 50, 7.
lëger-stat *stf.* (II². 601ᵇ) *lagerstätte, lager.* diu zunge ist slipferic, wan si hât gar ein feuhte legerstat Renn. 8582. *bett* W. *v. Rh.* 239, 15. Kol. 225, 1321. *lager eines tieres,* lagerstat Altsw. 253, 21. *grabstätte* Serv. ze Altenburch, dô er sein legerstat erwelt hât Ula. 65. 86 (*a.* 1293. 1300). *heerlager* Pass. Jer. Kreuzf. Livl. (4255. 5163. 10490. 516 etc.). Ugb. 463. 500. Chr. 3. 40, 6. 44, 15. *niederlage der kaufleute* Rcsp. 1, 329.
lëge-schaz *stm. lagergeld* Halt. 1222.
lëge-schif *stn.* (II². 111ª) *s. v. a.* leitschif Weist. (6, 312 *f.*). Frankf. *brgmstb. a.* 1433 *vig.* V. *p. Mich.* 1455 *vig. III. p. invoc. u. ö.*
legge, leggen *s.* lecke 2, legen.
lëgiste *swm.* (I. 958ᵇ) *gesetzeskundiger, rechtsgelehrter* Greg. Msh. 2. 88, 14. Jer. 13690. — *aus mlat.* legista Dfg. 323ª.
legunge *stf.* (I. 993ᵇ) positio Dfg. 449ª.
-lëhe *s.* -lach; lëhe *prät. s.* lihen.
lëhen *stn.* (I. 996ª) *md. contr.* lên Ssp. 1. 34,

2. Pass. 84, 29. lein Mühlh. *r. L.* 171: *geliehenes gut, lehn* Parz. Walth. Freid. Neidh. an einen ein l. begern, *von ihm geld borgen* Np. 29. ein richez l. Pass. *K.* 628, 25. j.Tit. 145. ein l. sîner milten hende *ib.* 143. der von dem rîche lêhen nam mit zepter *ib.* 4616. ze lêhen haben Wolfd. *A* 228. der diu lêhen lihet Loh. 6503. gebt mir ein l. Ga. 2. 633, 531. ein œdez l., *gegens. zu* bestiftem l. Ula. 159. 61. 70 (*a.* 1324). Gr.w. 3, 727. — *bildl.* daz was der minne l. Msh. 1, 10ᵇ. mit willen gibe ich niemer ûf diu lêhen, diu ich ze vröuden von ir hân Rubin 4, 15. man lêch dâ strenge lêhen ân aller slahte bürgen Turn. *B.* 1078. vil drâte ledige ich daz lêhen, *töte dich* Rul. 143, 17. — *zu* lihen;
lêhenære *stm.* (I. 997ª) *darleiher, gläubiger.* lêhnære Warn. Myst.; *der lêner, bergmeister, der die gruben lehnweise vergibt* Felde. 67; *besitzer eines lehn-, bauerngutes.* islîcher lêchnær und huober Uoe. 5, 303 (*a.* 1321). Mone c. 13, 337 (*a.* 1343). Oberl. 896. Schm. *Fr.* 1, 1464.
lêhen-bære *adj.* (I. 996ᵇ) *geeignet ein lehn zu besitzen, belehnt zu werden* Swsp. *L.* 2, 48. 49. 56. Ksr. 165. 75;
lêhen-bær-lîche *adv. als lehen, ein gût l. besitzen* Ksr. 165.
lêhen-brief *stm. lehnbrief* Mone *z.* 1, 432 (*a.* 1473). Oberl. 896.
lêhen-buoch *stn. lehnregister* Öh. 156, 4; *lehnrecht* Swsp. 183, 6. *L.* 2, 148. Gr.w. 3, 727.
lêhen-dinc *stn. lehngericht* Oberl. 896.
lêhen-dinc-stat *stf. lehngerichtsstätte* Swsp. *L.* 2, 112.
lêhenen *swv.* (I. 997ª) *als lehen geben, leihen* Wack. *pr.* 59, 2. 7. Kolm. 133, 2. 10. Karlm. B. *s.* 302 (lênen). die höfe lêhnen Gengl. 165 (*a.* 1412). ich habe ûf dich gelêhent grôzen solt, *dich reich gemacht* Fragm. 44ᶜ; *belehnen* Diem. Gest. *R.*; *entlehnen* Chr. 8. 263, 29. 264, 2; 9. 984, 26. — *mit* be-, ent-, ver-.
lêhen-erbe *stn.* (I. 439ᵇ) *ererbtes lehn* Halt. 1225;
lêhen-erbe *swm.* (I. 440ª) *lehnserbe.* stirbet der man ân lêhenerben Dsp. 2, 147. 160. Swsp. 416, 41.
lêhen-gëlt *stn.* (I. 523ᵇ) *lehnzins, lehn* Otte 383. *vgl.* 732; *laudemium* Oberl. 896.
lêhen-genôz *stm. lehngenosse.* daz wir die lêhen geschaffen und gemachen mügent wem

wir wellent, die der lêhengenœzz sint Mz. 4, 264. vgl. HALT. 1225.

lêhengift *stf. belehnung, ndrh.* lêngicht LAC. 3, 964.

lêhen-guot *stn.* (I. 590ᵇ) *lehngut, lehn* HELBL. 7, 1212. LUDW. 43, 28. WEIST. (1, 212. 5, 177. 178). KSR. 166. lêhen-, lihen-', lênguot feodum DFG. 230ᵇ, *n. gl.* 170ᵇ.

lêhen-haft *adj. lehnbar* KSR. 165.

lêhen-hant *stf.* (I. 631ᵇ) *das lêhen erteilende hand, lehnsherr* WEIST. (1, 157. 5, 149).

lêhen-hërre *swm. lehnsherr* RENN. 841. N. v. B. 210. LUDW. 30, 20. NARR. 73, 53. GR.W. 1, 196. DH. 219. KSR. 155. OBERL. 897.

lêhen-holz *stn. lehnwald* GR.W. 1, 640.

lêhen-houwer *stm.* (I. 722ᵇ) *einer der ein bergwerk betreibt, das er zum lehn hat* SCHEMN. *r.* lênhouwer FREIBERG. 181.

lêhen-hûs *stn. lehnhaus* KALTB. 70, 9.

lêhenisch *adj. s. v. a.* lêhenlich. *ndrh.* lênisch LAC. 3, 51.

lêhen-keppelîn *stn. entlehntes* keppelîn WINSB. *s.* 71.

lêhen-korn *stn.* (I. 862ᵇ) *für ein lehn entrichtetes korn* WEIST.

lêhen-lich *adj.* (I. 996ᵇ) *das lehn betreffend* GUDR. 190, 1.

lêhen-liute GR.W. 2, 32 *f. plur. zu* lêhenman.

lêhen-lôs *adj. ohne lehnsbesitzer* HALT. 1227.

lêhen-man *stm.* (II. 44ᵇ) *lehnsmann* GL. JER. LIVL. 11453. lênman GAUPP 1, 140 (*a.* 1297).

lêhen-rëht *stn.* (II. 625ᵇ) *contr.* lênreht, *lehnrecht* ATH. SWSP. 183. L. 2, 1. 2. 24 *etc.* KSR. 170; *recht, lehn zu besitzen* TRIST. manic ritter unde kneht verdienten wol ir lêhenreht LIVL. 2143.

lêhen-rëht-buoch *stn.* SWSP. L. 2, 159.

lêhen-sache *stf. das lehn betreff. sache* EYB 1.

lêhen-satzunge *stf. lehens.* ist weder lêhen noch satzunge SWSP. L. 2, 96.

lêhen-sâze *swm.* (II². 341ᵃ) *vasall* WEIST. (3, 654).

lêhen-schaft *stf.* (I. 996ᵇ) *lehnschaft, belehnung* GERH. (*lies* 211. 6204). KSR. 165; *lehn* MONE z. 9, 475 (*a.* 1280). 10, 472. GR.W. 1, 40. 218. 3, 639. LCR. 51, 98.

lêhen-schaht *stm.* (II². 62ᵃ) *lehnschacht* SCHEMN. *r.*

lêhen-schif *stn.* (II². 111ᵃ) *wol s. v. a.* lege-, leitschif. das neman sol kein lehenschif legen in des goitzhûse wasser GR.W. 2, 61.

lêhen-stam *stm.* (II². 566ᵇ) *ein für die erben bestimmtes capital* OBERL. 898.

lêhen-trager *stm. lehnträger, belehnter* HEUM. 323 (*a.* 1356). HALT. 1231.

lêhenunge *stf. geliehenes, darlehn* CHR. 9. 981, 25. BEH. 42, 22. lênunge SSP. 3. 5, 2; *belehnung* DSP. 1, 307. 2, 19. 22. 28. 46 *etc.* SWSP. 148. 185. L. 2, 13. 95. 103. 105. 107. MONE z. 7, 466 (*a.* 1340). lênunge SSP. 1. 9, 3. 4; 3. 59, 2.

lêhen-vellic *adj. als lehn rückfallend* HALT. 1225.

lêhen-vorderunge *stf. lehnforderung* SWSP. L. 2, 54.

lêhen-vrouwe *stf. vermieterin eines hauses* MONE z. 8, 43; *besitzerin eines lehns* HALT. 1225.

lêhen-wirdic *adj. s. v. a.* lêhenbære HALT. 1235.

lêhen-zins *stm. lehnzins* ÖH. 153, 21.

lêhnære, lêhnen *s.* lêhenære, lêhenen.

lehter-lich *adj. lechterlicher, unnutzer schreier, aniculator* Voc. 1482.

lei *stf. s.* leie.

leibât *s.* lînwât.

leibe *stf.* (I. 969ᵇ) *überbleibsel.* ze leibe werden, *übrig bleiben* DIEM. EXOD. D. 146, 24. 153, 6. 163, 18. — *zu* liben.

leibelach *stn.* CHR. 5. 180 *anm.* 1 *s. v. a.*

leibelîn *stn. dem. zu* leip *in* mutschelleibelîn;

leibelîn *adj.* leibelîns brôt, *brotleib* MILTENB. *stb.* 25ᵃ. 25ᵇ. *vgl.* leibîn.

leibel-tac *stm s. v. a.* klîbeltac OBERL. 862.

leiben *swv.* (I. 970ᵃ) *übrig lassen, schonen* GEN. ROSENG. STRICK. ULR. Wh. 157ᵇ. JER. 16528. CHR. 8. 374, 15; *mit dat. d. p.* KARAJ. PASS. EXOD. D. 156, 17. NETZ 6239. 13287; *mit gen. part.* LANZ. 2755. — *mit* ver-; *zu* liben.

leibent-haft *s.* lêbenthaft.

leibhart *s.* lêbart.

leibîn *adj. s. v. a.* leibelîn. leibîn brôt WP. 80.

leich *stm.* (I. 959ᵃ) *tonstück, gespielte melodie* NIB. TRIST. 3508 *u. Bechsteins anm.* ROTH. 172. 76. 2504. 15. KRONE 22086. PF. *üb.* 57, 103. 122; *gesang aus ungleichen strophen* Ms. (SEVEN 258, 4). LIEHT. TROJ. (er lêrte singen einen leich die clâren küniginne 15845). aller künste kraft diu muoz gein leichen kranken KOLM. 24, 25. *nl (das gedicht) ist bezzir dan ein leich* W. v. N. 30, 5. *bildl.* si lêrent in des jâmers leich GERM. H. 8, 302; *s. v. a.* leis CHR. 8. 107, 4. 29; *s. v. a. mfz.* lai, *epischer gesang zur harfe* TRIST.; *das leichen der fische:* daz vischen in dem

leiche verbieten GR.W. 1, 773. URB. *Pf.*100.
— *gt.* laiks *tanz*, *zu* laikan, *s.* leichen;

leichære *stm. spielmann.* dâ was manic seitspil, der leichære kâmen vil HPT. 8, 414 (= dar quam spillûte vil ALBR. 12, 14); leicher, *betrüger* GERM. 6. 263, 80;

leichærinne *stf. betrügerin* KCHR. 3. 722, 58;

leichen *swv.* (I. 958^b. 960^a) *auch mit st. part.* geleichen WELTCHR. HUGO v. *M.* 35: *intr. hüpfen, aufsteigen* GA. 3. 81, 35, *vom leichen der fische* MGB. 242, 29. 30. 243, 27. mit einem l., *im einverständnis mit ihm sein* ZIMR. *chr.* 4. 199, 22; *refl. hüpfen, aufsteigen* GSM. TROJ. 16232. PF. *üb.* 144, 242, *gelenkig biegen* GEN. (*D.* 6, 30. 8, 3). SERV. er tuot sich l. und schrîen NETZ 5507; *tr. sein spiel mit einem treiben, ihn foppen und betrügen* MS. HÄTZL. WOLK. AB. 1, 124*f.* FREID.^{2} 83, 5 *var.* JER. 128^d. ALSF. *pass.* 19^a. VINTL. Z. 6638. NARR. *s.* 322^b. FASN. 371, 4. 433, 12. 437, 2. 586, 23. 602, 25 *u. o.* CHR. 4. 293, 12. 323, 8. 326, 12; 5. 113, 5. 215, 18. 239, 21. 310, 5. *vgl.* ZIMR. *chr.* 4, 649^b. wie hât si geleichen mich HUGO v. *M.* 35. — *mit* abe (*abl., durch betrug abgewinnen* GR.W. 2, 245), ge-. *gt.* laikan *stv. hüpfen, vgl.* GSP. 276. CURT.^{3} 478. FICK^2 169. 848;

leichen *stn. das leichen der fische* MGB. 243, 22; *das betrügen* HUGO v. *M.* 35;

leicherîe *stf.* sophistria DFG. 542^c. Voc. *S.* 1, 15^b. gumpelman der niwan leicherîe kan JÜNGL. 1000. er hüet sich vor der leicherei KELL. *erz.* 109, 33. LCR. 40, 599.

leich-notelîn *stm.* (II. 418^a) *gesangmelodie* TRIST. 3624.

leich-wazzer *stm. wasser, in dem die fische leichen* GR.W. 4, 515.

leide *stf.* (I. 982^b) *gegens. zu* liebe: *leid, schmerz, betrübnis* IW. ER. 5436. PARZ. (329, 21). TRIST. NIB. (137, 4. 1174, 4. 2309, 4). GUDR. 633, 3. MS. HERB. 8416. 13709. TROJ. 20317. RAB. 504. GFR. 1342. PASS. 93, 58. 95, 50. 133, 86. 235, 51. 322, 51. *K.* 22, 62. 23, 80. 101, 85. 200, 27. MARLG. 176, 87. 203, 250. MYST. 1. 140, 11. ELIS. 1050. 2528. 990. 98. 3325. JER. 140^b. 176^b. KARLM. 156, 55; *feindseligkeit, misgunst* REINH. 1426;

leide *stn. trauer, totenklage.* das haus, da das laide der abgangen person gehalten wirdet NP. 110, *vgl.* 109;

leide *adv. zu* leit (I. 980^b) *gegens. zu* liebe, *allgem.:* leide tuon *mit dat., an jem. betrübend handeln, ihm wehe tun* (GEN. *D.* 22,

5. 71, 8. EXOD. *D.* 130, 23. ER. 5771. LIEHT. 306, 6. MGB. 159, 3). leide gedenken, sehen, *sich zur betrübnis gedenken, sehen* (leide gedâhte im Castor HERB. 1439. sô sihet im êrste leide der Guntheres man NIB. 1879, 3). mir ist, wirt, geschiht l., *ist betrübend zu mute, ergeht es betrübend* (EXOD. *D.* 146, 30. GR. RUD. 1, 6. PASS. *K.* 256, 45. *compar.* sô wære in dicke geschehen leider GUDR. 1233, 4. ezn geschach nie manne leider KARL 10740). mir troumte leide, *ich hatte einen betrübenden traum* NIB. 864, 2. 867, 2. sô ie lieber er gewunnen hât, sô ie leider ez zergât WARN. 3268. — *der compar.* l e i d e r *wird auch als interj. gebraucht* (I. 980^a): *mehr als betrübend, im übermasse betrübend,* leider lw. TRIST. BARL. NIB. 868, 4. 930, 4. 1060, 1. 1135, 3. 2104, 4. GEN. *D.* 10, 8. 14, 17. 18, 13. 71, 8. HERZM. 82. SWANR. BALD. 131. MGB. 13, 3. 197, 20. 198, 19. 208, 18; *mit dat.* Iw. leider mir HPT. 8. 104, 263. JER. 89^a.

leide-bërnde *part. adj.* (I. 139^b) *leid hervorbringend, betrübend* BARL. 30, 27.

leidec, leidic *adj.* (I. 982^a) *in* leit *versetzt, betrübt* GRIESH. TRIST. BARL. KONR. (TROJ. 390. 13615). dô kômen boten geriten mit vil leidigen siten DIETR. 7686. er belîpt ungetrœstet und wirt von nôt leidic MYST. 2. 432, 29. leidec unde kranc PASS. *K.* 102, 19. leidiger muot ULR. *Wh.* 114^a. 269^b. PASS. 316, 83. *K.* 125, 62. 194, 76. leidigez gemuot WG. 10672. leidiger sin PASS. *K.* 374, 29. 387, 18. mîn leidech herze PASS. 93, 26. wand si ein leidec (*mitleidiges*) herze trûc um der cristen ungemach *ib. K.* 263, 70. die leidigen mære sagen CHR. 5. 170, 26. laidige leut *ib.* 291, 29. 292, 1. *mit gen.* TRIST. des wart er vil l. HERB. 16857. des ist der ander l. TROJ. 24739, als ob si l. wære der sache *ib.* 17057. si wart l. der sinne REINH. 365, 2014; leit *verursachend, schmerzend,* leidige knoten PASS. 174, 13. mit leidegem (*tötlichem*) snite ALBR. 31, 136; *böse* NIB. der leidige tiuvel DIEM. ROSENG. *H.* 710. DAN. 3367. 4099. MOR. 1, 1104. S.MART. 12, 12; *widerwärtig, unlieb, daz* leidec alter KRONE 24462.

leidec-lich *adj. betrübt.* l. klage FDGR. 1. 177, 44;

leidec-lîche, -en *adv. auf betrübte weise.* leideclîchen sprechen KRONE 11346. leidiclîch gebârn MAI 162, 13 *var.* einem leideclîch tuon *s. v. a.* leide tuon NEIDH. 59, 28.

leidegære *stm. der* leit *zufügt*, calumniator DIUT. 3, 477. daʒ sie ir êhtern unde leidigern alse willic sint als irn friunden und guottêtern MYST. 2. 365, 6. ain solher laidiger (der ainen studenten verwundet oder laidiget), dem sullen unser lant verpoten sein CP. 21;

leidegen, leidigen *swv.* (I. 982ᵇ) *betrüben, kränken, beleidigen* GEN. TRIST. einen mit worten und werchen l. HIML. 212. ULA. 206 (*a.* 1341); *verletzen, schädigen* MGB. 143, 17. 209, 1. 223, 11. 260, 18 *u. o.* swer in dem frid gelaidiget wirt Mw. 59, 11 (*a.* 1255). W. 19 *s.* 30 (*a.* 1333). einen verwunden oder laidigen CP. 19. 21. daʒ si ieman an dem ungelt laidig noch beswære W. 15 (*a.* 1331). einen an sime libe odir an sime gûde leidigen oder beswêren MAINZ. *fyb.* 44, leidigen oder bekrenken CHR. 9. 1038, 12. — *mit* be-, ge- (BPH. 1294);

leidegunge *stf. beleidigung, verletzung* RAUCH 1, 14. CP. 21;

leiden *swv.* (I. 983ᵇ) *ahd.* leidên: *intr. mit dat. leid, zuwider, verhasst sein od. werden* TUND. NIB. KL. MS. daʒ mir der orden leiden mûʒ MARLG. 159, 179. im begonde l. sîn leben PASS. *K.* 380, 98. der herre von den Stürmen leidet in sô sêre GUDR. 1411, 3. lânt iu niht l. den jungelinc TROJ. 3132. dem vater vaste leidet, daʒ er in het verteilet GEN. *D.* 52, 13. den heiden begonde l., daʒ si ein dirne uberwant PASS. *K.* 30, 44; *unpers.* GUDR. 24, 3. 403, 4. — *mit* ge- (GA. 1. 169, 10);

leiden *swv.* (I. 983ᵃ, 26) *ahd.* leidjan: *tr. mit od. ohne dat. d. p. leid, verhasst machen, verleiden* DIEM. NIB. GUDR. (662, 4). HARTM. (ER. 2209. BÜCHL. 1, 432. MSF. 215, 32). und leide im die dorperî GR. RUD. 6, 15. den zwein wolt er niht leiden TROJ. 1608. ir leident im sîn eigen hûs Ls. 2. 525, 775. daʒ im ouch leitte sîn leben PASS. *K.* 251, 25. — *mit* er-, ge-, ver-;

leiden *swv.* (I. 983ᵃ, 9) *ahd.* leidôn: *leid antun, betrüben, beleidigen, absol.* der künec mit râch kunt leiden LOH. 5240; *tr.* ULR. KL. TRIST. FRL. als wir nû sin geleidet ULR. *Wh.* 136ᶜ. du salt mir in niht l. PASS. *K.* 342, 51. und wie er mochte leiden (*entzweien*) die zwei gelieb *ib.* 388, 28. einen l. mit worten od. mit werken Mw. 197, 23 (*a.* 1294); *anklagen, denuncieren:* die lussner sollen ieder man (*der gegen die kleiderordnung handelt*) leiden MONE *z.* 7, 66 (*a.* 1436, *in* Basel noch jetzt:* der verleider, *denunciant*); *leid worüber empfinden, es beklagen* WOLFR.

leiden *swv. intr. s. v. a.* lîden, *gehen* ELIS. 4444.

leiden-lich *adj. s. v. a.* leidec OTN. *A.* 443, 4 *var.* *vgl.* ZIMR. *chr.* 4, 654ᵃ.

leiden-staf *s.* leitestap.

leider *stn. interj. s.* lëder, leide *adv.*

leide-rîche *adj.* (II. 689ᵃ) *leidensvoll* TRIST. *U.* 579.

leiderinne *s.* leitærinne.

leide-stab, -stërre *s.* leitestap, -stërre.

leide-wende *stf. s.* leitwende.

leidic *adj. s.* lëdec.

leidic, leidig- *s.* leidec, leideg-.

leidigen, leidikeit *s.* lëdegen, lëdecheit.

leidiger *s.* lœdingære.

leidunge *stf. s. v. a.* leidegunge HB. *M.* 418.

leid-wente *s.* leitwende.

leie *swf. s.* lei.

leie, lei *stf.* (I. 961ᵃ) *fels, stein.* uff der obirsten leie uff dem Meyne gelegen FRANKF. *insatzb.* 2, 70 (*a.* 1361), *schieferstein:* ein dach mit ziegeln und leien machen MONE *z.* 18, 254 (*a.* 1495); *stainweg, weg,* leige ANNO; leie, lei, leige, leije, *art u. weise: allgem.* (ainer lai erd MGB. 378, 7. der êrsten lai 351, 32. ainer andern lai 280, 19. 435, 21 *etc. s.* 658. drier leie marterære RENN. 20890. 22797. vier leie liute *ib.* 20876. fümf leie 23900. Ls. 1. 487, 3. tûsent lei APOLL. 6602. gewant der selben leie *ib.* 5956. 12424. waʒ leige werkes sî began ELIS. 776. mit der leie arzetie *ib.* 7414. mit swelher leie guote HPT. 1, 187. aller lei ERLŒS. 424. maneger leige NEIF. 31, 29, leije NIB. 415, 3, *gehäuft* maneger hande leie ENGELH. NEIDH. 32, 17. ELIS. 986. aller hand lei DSP. 2, 170). — *alts.* leia, *fels, stein, mnld.* leie, *schieferstein, weg. vgl.* WACK. 177ᵃ. SCHADE 361ᵃ. *nach* DWB. 1, 224 *u.* WEIG. 2, 30 *wäre* leie, *art aus dem romanischen, nämlich aus altfz. u.prov.* ley *art u. weise aufgenommen.*

leie, leige *swm.* (I. 960ᵇ) *nichtgeistlicher, laie.* leie DIEM. ERINN. PARZ. WALTH. pfaffen unde leien MSH. 3, 15ᵇ. 40ᵃ. ER. 6630. werde leien TRIST. *U.* 1926. ir hübeschen leien NEIF. 17, 28. wolgemuote l. *ib.* 11, 20. NEIDH. 6, 22 *u. anm.* stolze l. *ib.* 13, 18. OT. 21ᵃ. er ist ein tœrischer leie NEIDH. 50, 30. der geêrte l. (*markgraf*) MSH. 3, 107ᵃ. leien munt nie baʒ gesprach (*als Wolfram v. E.*) WIG. 164, 2. WARTB. 27, 9. laie MGB. 17, 2. 78,

16. 217, 11. 18. leije Msh. 2. 13, 60. ein getriuwer leige (: zeige) Trist. U. 3071. du bist ein leige snippen snap Wartb. 112, 7. dêst mir leigen alze vil Msh. 1, 5ᵇ. râtest du daz von leigen herzen *ib.* 5ᵃ. bî pfaffen und bî leigen *ib.* 137ᵇ, 141ᵃ. dâ giengen leigen (: reigen) Elis. 3168. Pass. K. 200, 11. Chr. 8. 433, 18. lége (*ib.* 230, 7. 433, 20. Dfg. 316ᵇ; *ungelehrter* Msh. 3. 56ᵇ, 6. Chr. 8. 133, 17. — *ahd.* leigo *aus lat.* laicus.

leie-bære *adj. laienhaft.* die gar gelêrten leiebæren pfaffen Msh. 3. 55, 3.

leien-, leigen-bredige *stf.* omelia Dfg. 395ᶜ.

leien-bruoder *m. laienbruder* Ab. 1, 53. Jer. 157ᵃ. leigebruoder Germ. 3. 228ᵇ, 6.

leien-gëlt *stn.* umb kilchengelt, laiengelt ald umb lêhen S.Gall. *stb.* 4, 228. 229.

leien-hërre *swm. s. v. a.* leienvürste Swsp. 96, 32 *u. var.*

leien-lêre, -rede *stf.* omelia Dfg. 395ᶜ, *n. gl.* 271ᵇ. Schm. *Fr.* 1, 1468 (laylêr, -red).

leien-phaffe *swm.* (II. 474ᵃ) *weltgeistlicher* Ms. Teichn. leipfaffe, -priester Öh.139, 27. 161, 33.

leien-swëster *f.* (II². 776ᵃ) *laienschwester* Ab. 1, 53. leiswester Oberl. 923.

leien-vürste *swm.* (III. 379ᵃ) *weltlicher fürst* Loh. 1970. Msh. 3, 55ᵃ. Swsp. 5, 12. 122, 4. leivürste Helbl. 8, 1102.

leien-zëhende *swm.* (III. 862ᵇ) *zehnte der von laien bezogen wird* Ad. 970. leigenzehende *ib.* 970. 1259. 1359. leigezehende Gr.w. 4, 148. leizehende Mz. 1, 515 (*a.* 1409).

leift *stf. s.* liebde.

leige *stf. swm. s.* leie.

leige-bruoder *s.* leienbruoder.

leige-liute *pl.* (I. 1039ᵃ) *laien* Diem. 348, 27.

leigen-, leige-zëhende *s.* leienzëhende.

leiisch *adj. laiisch.* auch ward ain lay bapst, und sind gewesen von sant Peter pis auf den layschen bapst 90 bäpst Chr. 4. 293, 12. laysch person Schm. *Fr.* 1, 1468 (*a.* 1488).

leije *stf. swm. s.* leie.

leikëbe, leikouf *s.* litgëbe, litkouf.

leilach *s.* lînlachen.

leim *stm.* (I. 998ᵇ) lein Barl. Mart. 119, 12 (: ein), *md.* lêm *s.* leimin, gelême *u.* Dfg. 47ᶜ; leime *swm.* Diem. 95, 3. Msh. 3, 436ᵃ. Chr. 8. 235, 8. leim, leime, leimen Dfg. 47ᵇ. 330ᶜ —: *lehm* Diem. Aneg. Griesh. der werchman einen leim nam Gen. *D.* 5, 1. *vgl.* 5, 7. 8, 2. 121, 1. weicher l. Bph. 4119. valwer l. Parz. 184, 3. ain glater laim Mgb. 273, 6 zæh sam laim *ib.* 302, 34. ein swalwe klent von leime ein hiuselîn Neidh. 30, 38. swer pauwen wil der sol mit ziegeln oder mit laime pauwen Np. 287 (*13.—14. jh.*). den Rîn mit leime verswellen Msh. 2, 238ᵇ. got, der den êrsten man ûz leime gebildet hât Mar. 173, 18. ich wart gemacht von leim Ls. 2. 180, 142, *vgl.* Hadam. 671. der lip wirt hie ze leime j.Tit. 6177. *bildl.* armer mensch, brœder laim Erinn. 483 *u. anm.* ê mich begriffe sünden leim Hpt. 8. 299, 28. die veinte streichent uns irn leim an Sgr. 1797. — *zu lat.* limus, *vgl.* Weig. 2, 34. Curt.³ 342. Fick² 859 *u.* lim.

leimbât *s.* lînwât.

leimberîn *adj. s.* lemberîn.

leim-, leimen-decker *stm.* alutarius Dfg. 27ᵇ.

leimen *swv.* argillare Dfg. 47ᵇ, *n. gl.* 33ᵃ.

leimen *swv. s.* limen.

leimen-kûte *f. lehmgrube, s.* Weig. 1, 572.

leim-gruobe *f. dasselbe* Ukn. 349 (*a.* 1352). Mone *z.* 8, 469 (*a.* 1354). Gr.w. 3, 693. Anz. 18, 237. Fasn. 335, 11. *md.* leimgrûbe Ssp. 1. 54, 5. Miltenb. *stb.* 19ᵇ.

leimîn *adj.* (I. 999ᵃ) *von lehm* Geo. 3409. Neidh. 30, 38 *var.* Hb. *M.* 412. l. esterich Mich. *M.hof* 15. leimeneusteinwant maceries Dief. *n. gl.* 242ᵇ (*vgl.* leimsteinwant). *md.* lêmen Dfg. 47ᶜ, *h. gl.* 33ᵃ.

leim-kleiber, -klëber *stm.* alutarius Dfg. 27ᵇ.

leim-kloz *stm.* argilla Dfg. 47ᶜ.

leim-plecker *stm.* argillator Dfg. 47ᶜ, *n. gl.* 33ᵃ. *s.* placke.

leim-slaher *stm. dasselbe* Dfg. 47ᶜ.

leim-stein-want *stf.* (III .686ᵃ) maceries Dfg. 341ᵃ. Voc. *S.* 1, 9ᵇ.

leim-strich *stm.* (II². 689ᵃ) *lage von lehm* Gen. *D.* 7, 15.

leim-var *adj. lehmfarbig* Albr. 32, 405.

leim-visch *stm. eine fischart* Hpt. 14, 166. *vgl.* leimer Schm. *Fr.* 1, 1472. Nemn. 3, 345.

leim-ziegel *stm. lehmziegel* Hb. *M.* 199.

lein *stn. m. s.* lêhen, leim.

lein-banc *stf. mit einer lehne versehene bank* Laurent 322, 20. Beh. 90 *ff.* lânbank *ib.* 380, 21. Mh. 2, 79. *vgl.* Schm. *Fr.* 1, 1477.

leinde *f. s.* lende.

leinen *swv.* (I. 964ᵇ) *prät.* leinete, leinte, leinde: *lehnen. tr.* sein dinst nützlîchen l. *anwenden* Wolk. 22. 1, 18. leinen an Nib. Wwh. j.Tit. 5989. Mgb. 84, 1. den schilt von der hant l. Nib. 1771, 2; *ablehnen, einem etw.* Chr. 2. 347, 9; *refl.* der helfant l. sich began, *sich zur ruhe begeben* Wolfd.

820. sich dar l. HELBL. ir müget iuch wol mit êren ab im l. NEIDH. 92, 4. sich l. an BÜCHL. TRIST. GEN. D. 54, 4. HIMLR. 232. HEINZ. 1649. KRONE 13005. PASS. K. 626, 87. KREUZF. 7595. in den nuosch er sich leinte GEN. D. 59, 36. sich l. über NIB. GEN. D. 113, 18. TROJ. 4553. KRONE 26399. ich leinde mich û f dîne brust W. v. Rh. 201, 24. der markis hâte sich geleinet ûf den matraʒ TÜRL. Wh. 64ᵇ. daʒ waʒʒer leinet sich vil hôhe wider hûf DIEM. 283, 17. die sich wider daʒ rîche leinten, *auflehnten* PASS. K. 308, 7. sich zuo einer l., *anschmiegen* WOLK. 52. 3, 17; — *intr.* DIEM. NIB. FRL. saʒ er bî in, sie leinten HELBL. 4, 261. etlîche sicht man l. ALBR. CCII. 1. an NIB., in HELBL., ouf mînem houbet sach ich leinen drî zeinen GEN. D. 81, 21. *part.* geleinet, geleint an *mit acc.* NIB., *mit dat.* er gestûnt geleinet an sîner krucke PASS. K. 612, 85. gel. über NIB. si stûnt bî im uber ein venster geleinet PASS. K. 425, 29. ûf die si ist geleinet *ib.* 440, 36. gel. zuo: geleinet er si ligen sach zein ander schône ENGELH. 3254. — *mit* ûf, ûʒ, vor, be-, ge-, under-. *s.* lënen.

leinmuot *s.* liumunt.

leins, leinse *s.* lîse, linse.

lein-stap *stm.* podium Voc. 1482.

leip- *s.* lîp-.

leip, -bes *stm.* (I. 961ᵃ) *das geformte u. ganze brot, leib* HELBL. PASS. WOLK. ein brôt ist ein l. DIUT. 1, 315. vil wol ich genese des tages mit zwelf leiben ULR. Wh. 157ᵇ. layb oder ruckin prot pachen NP. 222. — *gt.* hlaifs (*stamm* hlaiba) *brot, vgl.* Z. 1, 146. GSP. 42.

lei-phaffe, -priester *s.* leienphaffe.

lei-rede *s. unter* leienlêre.

leis, leise *stswm.* (I. 961ᵇ) *geistlicher gesang* ERNST, CLOS. (CHR. 8. 105, 11. 12. 107, 29. 118, 12. *pl.* leise 118, 11). der leis schiere gesungen wart RAUCH 2, 302. den leisen singen KREUZF. 1901. 3106. 4212. iren leys sungen sie do vil laut Kyrieleyso KELL. *erz.* 321, 27. der leien leisen durch tiutsche lant sint einveltic RENN. 11080; *gesang überh.* der minne l. ALTSW. 54, 13. *s.* wicleise. — *aus* kirleis, kirleise (*oben sp.* 1588), *wie auch* WACK. (177ᵃ) *zuletzt angenommen hat.*

leis, leise *stswf.* (*ib.*) *spur, geleis.* er hielt sich in der leise HADAM. 188. in jener leis sich ich die fart gemeʒʒen *ib.* 536. von snêwe ein niwe leis, *frisch gefallener schnee* PARZ. (*vgl.* LACHM. *ausw.* 234). ORL. 6721, *ebenso* niwe leise MOR. ein tier verhouwen in einer niwen leise j.TIT. 901, *bildl. vom niederfallen der lanzensplitter* PARZ. daʒ von im snît ein n. l. j.TIT. 4282. daʒ von sîner hende niwe leise (*gedr.* nebeleise) sniten *ib.* 1369. daʒ von trunzen ein leise gienc *ib.* 1973. — *vgl.* leist *u.* GDS. 905 *f.* WEIG. 1, 443;

leisen *swv. in* verleisen.

leisieren, leischieren *swv.* (I. 962ᵃ) *das ross mit verhängtem zügel laufen lassen* PARZ., *mit verschwiegenem obj.* ros IW. PARZ. TRIST. LANZ. WIG. LIEHT. ORL. 763. KRONE 29163. GERM. H. 2. 96, 105. *übertr.* sô heiʒ ich mich leisieren den wirt mit guoter spise FRAGM. 16ᵃ. — *aus mfz.* laissier *vom lat.* laxare.

leissup (*ib.*) eupo-, euxopectina (*herba*) SUM.

leist *sup. s.* laʒ.

leist *stm.* (I. 962ᵃ) *weg, spur.* tiufels l. LCR. 50, 1220; *form, leisten des schuhmachers* FRL. WOLK. GL. hamer und leist PASS. K. 584, 81. über ain laist gemacht NETZ 11787. — *gt.* laists *spur, ziel mit* leise, list, lêren, lërnen *zu* leisan *prät.* lais *ich weiss, s.* GDS. 906, FICK² 849; *zu* lësen *wird es gestellt bei* KUHN 7, 222;

leist *stmf. leistung in* volleist. mit vollecllicher leiste REINFR. *s.* 52.

leist-bære *adj. was zu leisten ist, fällig.* die leistbære schult bezaln RCSP. 1, 777 (*a.* 1405).

leistec *adj.* (I. 963ᵇ) *leistend* Ls. 2. 438, 179;

leisten *swv.* (I. 962ᵃ) lêsten DIEM., *prät.* leiste, *part.* geleistet, geleist: *ein gebot befolgen u. ausführen, ein versprechen erfüllen, eine pflicht tun absol.* ER. PARZ. GERH. er hieʒ in leisten schiere GEN. D. 28, 14. do man sie (*die bestellten boten*) mant ze leisten CHR. 1. 270, 35. leisten oder mit pferden leisten, *das einlager halten ib.* 4. 37, 5; 5. 9, 21. Mz. 1, 306 (*a.* 1346). ain ieclich burger, der laisten sol, der ist nit mêr schuldig ze laistenne denne des tages ain mal NP. 16. leistende pfert haben WP. 63 (*vgl.* leistpfërt), *mit dat.* die burgern oder juden leistent NP. 127. ich soll mich stellen und in leisten, wohin sy mich ervordern CP. 82. swer leistet ze dem selbscholn NP. 16; — *tr. allgem., vgl. noch* GEN. D. 4, 7. 38, 21. 45, 2. ER. 5677. 970. BÜCHL. 1, 1123. NIB. 286, 2. 499, 5 (nu leistet mînen muot, *führt meinen willen aus*). 523, 4. 1358, 1. 1605, 1 *etc.* GUDR. 217, 3. 829, 2. ANEG. 31, 34. ERACL. 4888 (*gedr.* lîsten). FLORE 3678. WOLFD. A. 33. er hâte geleist sîn gelübede EILH. 4678. ich hân mîn widerkunft geleistet

Loh. 1647. die kunden vliehen l. Livl. 5636. einen tac leisten (*vgl.* tacleisten), *der einladung zu einem tage (versammlung, beratung) folgen, ihn besuchen* Swsp. L. 2, 155. Mz. 1, 458. 3, 168. Ad. 1296. Chr. 1. 469, 18; 2. 134, 2, *einen hoftag halten ib.* 3. 95, 11. eine giselschaft l., *als geisel einreiten, das einlager halten* (Ra. 620) Mz. 1, 247 *u. o.* Schreib. 1, 191 (*a.* 1311); *mit dat.* einem etw. leisten (Gen. D. 48, 5. 54, 13. L.Alex. 4921. Er. 4553. Nib. 94, 3. 1345, 1. 1844, 4. 1971, 2. einem dî sacramenta l., *reichen* Jer. 145ᵈ). — *mit abe* (er schol die pfert laʒʒen leisten als lange, unz sich die ab geleist und gezʒen haben Mz. 4, 279), er-, ge-, ver-. *gt.* laistjan, *folgen zu* laists, *s. oben* leist;

leister *stm.* (I. 963ᵇ) *der* leistet. die leister sint verlorn gemeine Wg. 8002. dem ich diss dînstis bin ein leistir Jer. 214. ein l. der an herren stat leistet Münch. r. 7, 35. daʒ dehein l. in sein selbes haus niht leisten sol Np. 17. 321. die l. süllen fride und gelaite haben *ib.* 127. und sullen die l. oder ir verweser nimmer ledig werden Mz. 1, 357 (*a.* 1370). der herzoge von Ousterrîche blibet ouch dâ liggen alsô ein laister Rcsp. 294 (*a.* 1415). laister obses, obstagius Voc. 1482. *vgl.* Oberl. 911.

leisterer *s.* lusterer.

leist-haftic *adj. s. v. a.* leistbære. die l. schult bezalen Rcsp. 1, 777 (*a.* 1405).

leist-phërt *stn. pferd womit geleistet, das einlager gehalten wird* Np. 17. 321 (*13.—14. jh.*).

leistunge *stf. einlager, obstagium.* ain purger der in ainer laistunge ist Np. 16 (*13.—14. jh.*). die burgen sullen leisten in rehter l. Mz. 4, 306. die leistunge tragen Uoe. 5, 518 (*a.* 1328). einen kneht in die l. legen, schicken *ib. u.* Höf. *z.* 1, 307. ein pfert in l. setzen Mz. 3, 464 (*a.* 1361). *vgl. noch* Rta. 1. 563, 14. Mühlh. *rgs.* 69. Mone *z.* 8, 446. 9, 107 (*a.* 1373. 85).

leist-wagen *stm.* ein wagen, der da haizʒet laistwagen Urb. *Pf.* 210.

lei-swëster *s.* leienswëster.

leit *stnm. s.* lit.

leit, -des *adj.* (I. 979ᵇ) *gegens. zu* liep: *betrübend, leid allgem.* (ez wart leit unde leit Apoll. 5505. sît liep sô leideʒ ende gît Msf. 217, 35. dâ von si trûric wâren durch sîne leiden hinevart Silv. 1370. si sprach mit leidem mûte Pass. 48, 17. daʒ ist der leidiste blic, der mir ie an iu geschach Wenzl.

434); *böse,* der leide tiuvel Ms. Pass. Karl 9994. Silv. 3547. der leide vâlant *ib.* 4902; *widerwärtig, unlieb, verhasst* (owê daʒ triuwe ist worden leit Engelh. 116. die leiden zouberære Exod. D. 142, 36. die leide jüden Silv. 4842. ein leider nâchgebûr Marlg. 96, 29. den man die sunde machte leit Pass. 169, 81. daʒ mac mir wol ze schaden komen und ze leider ungeschiht Troj. 14225. dirre leide kopf Krone 1244); — *subst. stn.*(I. 981ᵃ) *leiden, böses, betrübnis, schmerz, gegens. zu* daʒ liep, *allgem.* (leit ist liebes nâchgebûr Msh. 2, 364ᵇ. leit mit liebe tragen *ib.* 1, 318ᵃ. liep âne leit Nib. 1172, 1. alsus vert diu mennischeit, hiute freude, morne leit Parz. 103, 24. si tuont mir gebrantiu leit Msh. 3, 311ᵇ. des dwanch si des leides geschihte, *dazu nötigte sie der unangenehme vorgang* Gen. D. 15, 14; daʒ vallent lait, *apoplexia* Mgb. 326, 8. 400, 9. 407, 25 *etc.*). — *zu* liden.

leitære, -er *stm.* (I. 976ᵇ) *leiter, führer, anführer* Exod. (D. 126, 22. 159, 14). Trist. Mai, Kchr. 5158. Bit. 3424. 5277. 661. Part. B. 19584. Karl 5799. Hpt. 1. 275, 217. Germ. 14, 449. Kol. 217, 999. Mgb. 243, 7. Pass. 118, 85. 122, 42. 228, 15. Evang. 276ᵃ. Chr. 8. 42, 14. 449, 9;

leitærinne *stf.* (*ib.*) *anführerin* Trist. Jer. 3ᵃ. leiderinne Marld. *han.* 64, 26. 121, 39.

leit-bant *stn.* si vuorte von sîden ein l. und hinder ir ein vogelhunt Krone 14461. *vgl.* leitrieme, -seil, -snuor.

leit-bracke *swm.* (I. 232ᵃ) *s. v. a.* leithunt Krone 9378. Reinh. 339, 1320. Fasn. 188, 1.

leit-brief *stm. geleitsbrief.* unser keiserlich laitbrief Mz. 4, 352.

leit-buoch *stn.* daʒ laitpuch des newen spitals *zu Nürnberg* (*14. jh.*). *zur erklärung des namens dient* 3ᵃ: so hat der stifter des newen spitals gemacht ditz puch zu einer ordenung und zu einer richtigung des spitals pristern und schulern und waʒ dar zu gehôrt, wie daʒ alles gevordert und gericht sol werden, daʒ eʒ êwiclich bestên mag.

leit-dôn *stm. name eines tones* Kolm. *s.* 173. 178.

leite *prät. s.* legen, leiten.

leite *stswf.* (I. 976ᵃ) *leitung, führung.* in wundirlîchir leite Jer. 24866. die silbergreber heizent eine leite, dâ sich diu silberâder hin richtet in dem berge, nâch der sie varent Myst. 1. 353, 16; *weg auf dem gefahren,* das erz aus dem bau fortgeschafft wird MONE z. 12, 371 (a. 1322); fuhre, wagenladung, drei leiten holzes UHK. 2, 202 (a. 1349). GR.W. 3, 698; tonne, fass zum verführen einer flüssigkeit (vgl. leitvaʒ): mit den leiten wasser füren CP. 8. das kainer kain laid fürn sol, sy sei dann geprant mit der stat zaichen ib. 276. zwei β vur 6 leide wassers zu furen, von der l. 3 h. FRANKF. baumstb. a. 1440, 52. wie die furleut in den weinlesen laidt furen, die nicht völlige mass haben DH. 42. weins l. MICH. M. hof 35 ff. KALTB. 56, 101. — vgl. SCHM. Fr. 1, 1528 f;

leite swm. (I. 977ª) führer W. v. N. daʒ er âne leiten sî MONE 8. 58, 35;

leitec adj. lenkbar in geleitec; die schnyder duont gar witte stich, do würt die natt gar leittig von NARR. 48, 58.

leite-garn stn. garn zu den leitschiffen. Grieszhennen dem fischer umb 33 claftern leitegarn 6 pf. FRANKF. rechenb. a. 1473 sabb. p. Vincent.

leite-lich s. leitlich.

leiten swv. (I. 975ᵇ) prät. leitete, leitte (PASS. K. 6, 43. 35, 7. 102, 27), leite, part. geleitet, geleit: leiten, führen absol. j.TIT. 5289; tr. allgem. (die vierden schar hieʒ man den künic von Francrîch l. LOH. 4157. er volgete der strâʒe dan, alsô sie in leite HPT. 11. 494, 59. als ich dar an geleitet bin HERB. 17135. die hulfen Ermenrîches schar l. gegen Rîne BIT. 5679. die in zuo allen guoten dingen leitent MGB. 214, 27. daʒ wazzer in kupfer l. ib. 104, 2. sîn leben was geleitet ûf einen êrsamen ganc PASS. K. 47, 28. daʒ ich eʒ welle mit getihte leiten von welsche und latîne TROJ. 304. daʒ schif l., lenken CHR. 3. 178, 7. daʒ swert l., das schwert tragen, ritter werden KCHR. HERB. ER. eine linden leiten, die zweige derselben nach einer bestimmten richtung biegen, damit sie dort schatten geben PARZ. 185, 28. vgl. HERB. 3752. VIRG. 190, 4. AB. 1. 110, 5. eine kuntschaft l., einen strittigen gegenstand durch beeidete männer besichtigen lassen u. sich der entscheidung derselben unterwerfen NP. 18. CHR. 1. 83, 15. geziuc l., zeugnis ablegen, beibringen AUGSB. r. ob ein man einen zeukch laitten und stellen sol mit dem rechten Mw. 303, 13 (a. 1340); refl. sich richten: sich sol nâch dir mîn lebin hinnen l. JER. 145ᵈ. — mit abe (KRONE 25871. GA. 2. 462,

204), an, umbe, ûʒ; be-, ent-, ge-, in-, ver-. zu lîden;

leiter stm. s. leitære.

leiter, leitere stswf. (I. 963ᵇ) leiter DIEM. ULR. SERV. GEN. D. 53, 10. 54, 2. MSH. 3, 266ª. RENN. 20220. 60. SIGEN. Z. 37, 3. 13. 38, 1. 10. 13. KARLM. 127, 41. SWSP. 188, 5. GAUPP 1, 53. ADRIAN 450, 140. lâtere GERM. 7. 318, 108; wagenleiter SCHM. Fr. 1, 1530 (a. 1332). — vgl. GDS. 735. DIEF. 2, 565.

leiter-boum stm. leiterstange RENN. 20222. 36. ADRIAN 450, 140. TUCH. 76, 35. l. an einem wagen (leiterwagen) MONE z. 13, 269.

leiterëht adj. scalaris VOC. Schr. 2552.

leiter-krappe swm. ain winden und drei swäbisch krappen und drei leiterkrappen GERM. 16, 77 (15. jh.). — s. krapfe 1.

leiterlîn stn. kleine leiter TUCH. 300, 13; l. zu einem kamerwagen ib. 102, 24.

leitern swv. ein geleiterter wagen, leiterwagen GR.W. 1, 256. KIRCHB. 831, 33. glaitterter, treppenförmig geschnittener bart? WACK. 177ᵇ. — mit er-.

leiter-sprüʒʒel stm. leitersprosse TUCH. 116, 12.

leite-, leit-seil stn. (II². 288ᵇ) seil woran der leithund geführt wird TRIST. KRONE, ALBR. BIT. 13184. vgl. leitbant, -rieme, -snuor.

leites-man stm. (II. 44ᵇ) führer, wegweiser MYST. JER. HANS 1255. vgl. leitman.

leite-, leit-stap stm. (II². 594ᵇ) leitender stab, führer KRONE, MSH. (3, 107ª. 356ᵇ) TROJ. PART. B. 20348. MART. W. v. Rh. 130, 55. 136, 32. 183, 53. VIRG. 165, 2. 1090, 5. md. leidestab HIMLF. ELIS. 4332, ndrh. leidenstaf PF. üb. 107, 388.

leite-, leit-stërne swm. (II². 621ª) md. leidestërre: der die schiffer leitende polarstern eig. u. bildl. (bes. von der jungfr. Maria) TRIST. WALTH. KONR. (PART. B. 172.) KROL. PASS. (344, 49. MARLG. 92, 79). MSH. 2, 248ª. 3, 452ᵇ. W. v. Rh. 282, 49. KRONE 17011. KOLM. 163, 21. ELIS. 4662. 724. MARLD. han. 60, 5. 63, 40. 68, 32. 89, 22.

leite-vaʒ stn. s. leitvaʒ.

leite-vrouwe swf. (III. 425ª) anführerin TRIST. 4778.

leit-gesanc stn. deverbium VOC. 1482.

leit-geselle swm. leitender geselle, begleiter PASS. 183, 38.

leit-horn stn. (I. 715ᵇ) hirtenhorn OBERL. 913.

leit-hunt stm. (I. 728ᵇ) jagdhund, der, am seile geführt, die spur des wildes aufsucht

LANZ. PARZ. 528, 27. WWH. 35, 16. WH. v. Öst. 103ᵇ. j.TIT. 1284. KRONE 14256. MSH. 2, 4ᵃ. MÜGL. 6, 1. 5. ECKE Z. 162, 8. ALBR. 9, 287. LS. 2. 293, 18 *ff.* SWSP. 278, 1. KSR. *s.* 250. NARR. 74, 5. *vgl.* leitbracke.
leit-kerze *f.* *trauerkerze* MONE *z.* 14, 28 (*a.* 1360).
leit-lich *adj.* (I. 982ᵃ) *leidvoll, schmerzlich* NIB. BARL. MS. (MSF. 133, 13. NEIDH. 61, 19). LANZ. 6915. ERNST 1940. THEOPH. 105. ULR. *Wh.* 110ᵇ. 229ᵃ. 259ᵇ. ALEXIUS 111, 501. 115, 840. HADAM. 532. 545. KREUZF. 5034. ZING. *findl.* 2. 18, 10. PASS. 94, 47. 188, 56. *K.* 24, 68. 41, 96. 238, 15. 686, 82. leitl. spot, *hohn den man leidet ib.* 321, 51; lcitelich PASS. 93, 10. 179, 92. 266, 43;
leit-lîche, -en *adv.* (*ib.*) *auf leidvolle, schmerzliche, klägliche weise* BARL. MAI, PASS. (*K.* 8, 41. 25, 15. 49, 61. 273, 84. MARLG. 132, 116. 232, 585). ATH. *E* 8. MAR. 210, 21. KL. 253. LIEHT. 619, 15. ERNST *B.* 960. LANZ. 7488. LS. 2. 621, 76. NARR. 13, 56.
leit-man *stm.* campiductor VOC. *Schr.* 351. *vgl.* leitesman.
leit-rëbe *swm.* (II. 586ᵇ) *weinrebe* LEYS. 17, 26.
leit-rieme *swm.* (II. 699ᵇ) *leitriemen, woran der leithund gebunden wird* WIRTEMB. 21. *vgl.* leitbant, -seil, -snuor.
leit-sage *swm.* (II². 15ᵃ) *wegweiser* LIVL. JER. *vgl.* KUHN 17, 396.
leit-sam *adj.* (I. 982ᵃ) *leid verursachend* ELIS. 664. 1007. 33. 7324; *geduldig,* tolerans DFG. 586ᵉ;
leit-samkeit *stf.* tolerantia DFG. 586ᵉ. *vgl.* lîdesamkeit.
leit-schaft *stf. leitung, führung* MART. 238, 16.
leit-schal *stm.* (II². 125ᵇ) *lauter ausdruck des leides, klage* LANZ. 2120.
leit-schif *stn.* oft in FRANKF. *urkk. des 15. jh.* neben legeschif (*im 16. jh. gehäuft* legeleitschif). „*nach den aussagen alter fischer waren es an einer seite offene kästen, welche, am boden mit steinen beschwert, das offene ende stromabwärts gerichtet, im frühjahre an bestimmten orten in den Main versenkt wurden. zweimal im jahre wurden sie gehoben, im juli u. im herbste, bei der ersten hebung wurden nicht selten aale, bei der zweiten zumeist barben gefunden, die sich zu ihrer winterruhe in die kasten zurückgezogen hatten*" ANZ. 15, 166. *vgl.* GR.W. 1, 557 *f.*
leitschif-houwer *stm. der* leitschiffe *verfertigt?* FRANKF. *beedbuch der oberstadt a.* 1404, 57.
leitschif-visch *stm. im* leitschiffe *gefangener fisch.* leitschiffisch die mag man verkeuffen MILTENB. *stb.* 28ᵇ.
leit-schrîn *stm.* (II². 217ᵇ) *gefahrener schrein, reisekasten* NIB. (*C* 722, 1. 749, 2).
leit-seil *s.* leiteseil.
leit-sîn *stn. das leidsein.* dô kam ein rûwe und ein leitsîn umbe mîne verlorne zît und umb alle mîne sünde N. *v. B.* 194.
leit-snuor *stf.* (II². 454ᵇ) *s. v. a.* leitbant, -rieme, -seil KRONE 14507.
leit-spil *stn.* (II². 502ᶜ) *leiden, das wie ein spiel, ein zeitvertreib aussieht* LANZ. 6210.
leit-stap, -stërne *s.* leitest-.
leitte *prät. s.* leiden, leiten.
leit-trager *stm. leidtrager (wegen eines verstorbenen)* NP. 110.
leitunge *stf. in* verleitunge.
leit-vane *swm.* (III. 235ᵇ) *leitende fahne, banner: von der jungfr. Maria* GSM. MS.
leit-vaʒ *stn.* (III. 282ᵃ) *s. v. a.* leite *tonne, fass* GL. von eim leitefasz zu binden FRANKF. *baumstb. a.* 1470, 35ᵇ. *vgl.* WEIG. 2, 38.
leit-ver-trîp *stm. n.* (III. 89ᵃ) *vertreibung des leides* RENN. 12316. REINH. 378, 2046. MS. (*H.* 1, 92ᵇ. 2, 74ᵃ. 84ᵃ. 256ᵃ. 321ᵃ. 323ᵇ. 327ᵇ. 3, 225ᵃ. 304ᵃ. 441ᵇ. 443ᵃ. 454ᵇ). KOLM. 6, 161. 603. 868. 171, 1. 175, 20. 176, 40 *u. o.* GA. 2. 238, 727. LS. 2. 343, 6. 345, 102. 704, 352. HÄTZL. LXXII, 31 (du säliges laidvertreib 1. 11, 53). PF. *üb.* 105, 189. GERM. 5, 213. ALTSW. 5, 25. 11, 20. der süeʒer lip hieʒ vreuden zil und leitvertrîp TÜRL. *Wh.* 112ᵃ.
leit-wende *stf.* (III. 688ᵃ) *wendung zur betrübnis, leiden.* leidewende ROTH. *pr.* 23. leidwente HIML. 215; zufügen von leid STRASSB. *r.*
lei-vürste, -zëhende *s.* leienvürste, -zëhende.
leken *swv. s.* legen.
lekeritz, lekritze *s.* lakeritz.
lellen, leln *s.* lallen.
lem *stf.* **lêm** *stm. s.* leme, leim.
lembelîn *stn.* (I. 930ᵃ) *md.* lemmechîn MYST. 1. 69, 31. 78, 31: *dem. zu* lamp, *lämmchen* DIEM. BARL. TROJ. 11045. 34367. ALEXIUS 121, 13. W. *v. Rh.* 65, 59. 154, 46. BPH. 399. MYST. 2. 96, 10. lämbeli GRIESH. (2, 146). lembel MARIENGR. 450. MAR. 157, 26. ROTH *denkm.* 64, 137. lämpel MGB. 145, 26. 155, 32. 311, 18. 459, 33. lemmelîn ULR. 10, 65. lemelîn PASS. *K.* 510, 24. lemmel *ib.* 39, 87.

lemel *ib. H.* 182, 15. *ohne uml.* lambelin Diem. lampel Pass. *K.* 663, 16.
lember-bûch *stm. s. v. a.* lambesbûch Augsb. *stb. bei* Schm. *Fr.* 1, 196. lemberspauch Ukn. *einl.* XLIV *anm.* 8.
lemberîn *adj.* (I. 930ᵃ) *vom lamme* Reinh. 306, 424. Jüngl. 9. Hpt. 15, 256. Mgb. 155, 36. Urb. *B.* 1, 48. Mone *z.* 9, 143. Netz 9547. leimberîn Gr.w. 1, 665. lemrein Mgb. 155, 36. lemmerein Fasn. 618, 22. lemeren Chr. 2. 14, 10. mit sîner swartzen lemern hûben Miltenb. *stb.* 53ᵇ;
lembern *swv.* lemmern, *ein lamm werfen* Zimr. *chr.* 3. 89, 36.
lember-slint *m. der lämmer verschlingt, fing. name* Helmbr. 1185. 1280. 94. 1368. 96.
lember-zëhende *swm. abgabe des zehnten lammes* Urb. 91, 5. Gr.w. 1, 758. Mone *z.* 16, 32 (*a.* 1374).
lem-brâte *s.* lendebrâte.
leme, lem *stf.* (I. 929ᵇ) *lähmung, gelähmtes glied* Parz. Kindh. Loh. 6936. Wh. *v. Öst.* 89ᵇ. Renn. 13130. 21974. Swsp. 62, 4. 5. 80, 6. 150, 13. 238, 2 (lame Dsp. 1, 70). Gengl. 296 (*a.* 1294). Np. 36. Fasn. 6, 31. perpetua lesio, que dicitur lem Mw. 130, 13 (*a.* 1279). ein lem sol wider die andern sîn *ib.* 190 (*a.* 1293). swer den andern wundet ân lem, der sol im fur islich wunden ein pfunt geben *ib.* 59, 62 (*a.* 1255). tuot ain man ain lem oder ain wunden Dm. 17. — *zu* lam;
lemede, lemde *stf. (ib.) dasselbe* Herb. 6645. Karlm 320, 36. Ssp. 1. 63, 2. lembd Mz. 3, 387 (*a.* 1358);
lemeden *swv. in* erlemeden.
lemel *s.* lämel; lemel, lemelîn *s.* lembelin.
lemen *swv.* (I. 929ᵇ) *tr.* lam *machen, lähmen* Lit. 968. Renn. 20590. Dan. 6918. Apoll. 7827. Jüngl. 1195. Krone 14059. 23350. Msh. 3, 179ᵃ. Kol. 231, 1562. Swsp. 150, 8. 179, 17. 315, 6. lemen an: den heiden er am rehten arme lemet Loh. 5449. gelemt an beinen und an armen Amis 1906. swer den andern lemt an vinger oder an cehen - - an der hant oder an dem fuoze, an dem arme oder an den augen Np. 36. muot l. Pf. *üb.* 175, 26; *intr. s. v. a.* lamen Renn. 19841. — *mit* be-, ent-, er-, ver-.
lemen *stn. das lähmen, lähmung* Chr. 4, 247 *anm.* 4. lemmen Fasn. 864, 31.
lêmen *adj. s.* leimîn.
lemer *stm. lähmer.* der lemer oder glits berauber Cp. 20.

lemeren *adj. s.* lemberîn.
lemfride *s.* lampride.
lem-holz *stm. eine art balken* Tuch. 75, 37.
lemic *adj.* lahm. einen lemig schlagen Mb. 23, 667 *s.* Schm. *Fr.* 1, 1471.
lem-îsen *stn.* pediculus Voc. 1482.
lemmechîn, lemmelîn *s.* lembelin.
lemnisse *stfn. lähmung* Ssp. 2, 16 *übersch.*
lempe *swm. ein stück fleisch* Zimr. *chr.* 2. 525, 32. *vgl.* lampen.
lemperûr *s.* lampriure; **lempfride** *s.* lampride.
lëmptic, lëmtic *s.* lëbendec.
lem-schît *stn. hemmscheit an den wagenrädern?* swer die wârheit alle zît wil reden, der wirt ein lemschît allen den, die valschhaft sint Renn. 13485. *vgl.* lemholz.
lem-wunde *swf. ein glied lähmende wunde* Kaltb. 29, 53. lamw. 4, 10.
lên *stn. s.* lëhen; **lënc** *adj. s.* linc.
lend-boum *stm.* lentiscus Mgb. 328, 20. lengboum Dief. *n. gl.* 232ᵃ.
lende *swm. in* inlende;
lende *stn.* (I. 936ᵇ) *s. v. a.* gelende 1 Erlœs. 1377. Chr. 9. 631, 12.
lende *stswf.* (I. 963ᵇ) *lende* Diem. L.Alex. 1790. Berth. *Kl.* 307. Msh. 3, 211ᵇ. Karl 7492. Krone 14170. Jüngl. 562. Apoll. 15392. Wh. *v. Öst.* 98ᵇ. Üw. *H.* 372. Laur. *Casp.* 296. Kol. 147, 99. Albr. 9, 7. 13, 239. 33, 89. Karlm. 140, 28. Mgb. 49, 3. 162, 18. 294, 33. lente (: presente) j.Tit. 5607. lent Fasn. 1060, 10. lende leinde, linde lumbi Dfg. 339ᵃ. — *vgl.* Gr. 3, 405. Weig. 2, 38; Wack. *stellt es zu lat.* lumbus, *s.* lumbe.
lende-brâte *swm.* (I. 234ᵃ) *lendenfleisch, lendenbraten* Gl. Np. 233. lemprâte *ib.* 198.
lende-bruch *stm.* lumbifractio Dfg. 339ᵃ.
lendec, lendic *adj. in* in-, ûzlendec.
lendec-lîchen *adv. jedes land. durchs ganze land.* daz sie lendeclîchen muosten zollen Loh. 2903. *vgl.* landegelich.
lende-gelîch *s.* landegelich.
lendelîn *stn.* (I. 936ᵇ) *dem. zu* lant Helbl. Pass. (339, 93. 379, 86). lendel Jer. 139ᵉ.
lendli, *kleines gartenbeet* Öh. 56, 5 *ff.*
lende-munt *stm.* (II. 237ᵃ) *bedeckung der hüften, hüftentuch?* lenimunt W. *v. N.* 39, 4 *u. anm.*
lenden *swv.* (I. 938ᵃ) lenten Gen. *D.* 110, 22; *prät.* lendete, lante, *part.* gelendet, gelant: *tr. ans* lant *kommen machen, landen, eig. u. bildl.* ir schif wart gelendet schiere Troj. 27527. die het uns got ze tiuschen landen

gelendit Mart. 285, 102. der die wilden sinne lendit *ib.* 292, 48. der die marner lendit *ib.* 23, 83. der hât uns dâ her gelendet j.Tit. 2725. die lendete daʒ ledelîn Chr. 8. 261, 3. *mit verschwiegenem obj.* (schif) varn und lenden Albr. 32, 185. hie hât Heil gelendet Krone 19313. ick weiʒ nit wellent ich lend Ls. 1. 386, 408. daʒ si dâ iht lende *ib.* 3. 40, 597. wâ stæte liebe lendet *ib.* 2. 714, 105. unz der gedanc l. muoʒ *ib.* 1. 409, 11. dâ si der keiser lenden bat Elis. 4614. wanne si wolden l. (*heimkehren*) *ib.* 3758. ich lendete an daʒ port Apoll. 4407. 6196. lenden gegen Helbl. 7, 1254. in die habe l. Gerh. 2644. Ulr. *Wh.* 215ᵃ, in der habe l. Krone 12819. daʒ er muost vür uns l. Altsw. 136, 16. daʒ dû mohtest l. zuo mînes vaters hûse Mart. 66, 20, *vgl.* 78, 41. 245, 74. unser vrouwe hât gelendet ze dem himelischen stade Hpt. 8. 200, 1110. zuo dir lendet sich meins herzen gir Wolk. 76. 3, 10; *ans ziel, zu stande bringen, beenden* Wolfr. wie der tac wære gelendet Krone 5331. der kunde ouch ritterschaft mit êren l. j.Tit. 2006. unser ungemach ist gelendet Rul. 256, 11. Karlm. 465, 20. ze sorgen ist eʒ mir gelant, *ich bin in sorgen geraten* Büchl. 1, 1681. etw. ûf eine meinung l. Uschb. 68; *refl.* sich ûf etw. l., *wenden s.* Zimr. *chr.* 4, 655ᵃ; *intr.* wo ir marke wenden und lenden solt, *aufhören u. angränzen* Mone *z.* 1, 432 (*a.* 1473). — *mit* wider, zuo, ent-, er-, ge- (Karlm. 259, 29. 293, 34).

lendenier *stm.* (I. 963ᵇ) *lendengürtel* Gl. (lumbale Dfg. 339ᵃ). Wwh. Krone, Wh. v. Öst. 94ᵇ. ein harte guoten lendenier den bant er umbe die huf Craon 838. lendner, ventrale Voc. 1482. *vgl.* lankenier.

lendenier-stric *stm.* (II². 681ᵇ) *den* lendenier *haltende schnur* Wwh. 231, 24.

lender *stm. in* in-, ûzlender.

lender lenderlîn. tohter, dâ tender lender lenderlîn Neidh. XLVI, 27. 35;

lendern *swv.* (I. 963ᵇ) *langsam gehen, schlendern* Renn. 6017. *vgl.* Schm. *Fr.* 1, 1487.

lende-swër *swm.* (II². 810ᵃ) *lendenweh* Schm. 3, 546.

lende-wurz *stf.* (III. 829ᵇ) ercantilla Sum. *s.* aconcilla *in* Dfg. 10ᵃ.

lëndic *s.* lëbendec.

lendic, lendisch *adj. ländisch in composs.;*

lendlî *s.* lendelîn; **lendner** *s.* lendenier.

lene *s.* lanne.

lêne *f. lawine* Schöpf 364 (*a.* 1404). heize l., *feuerstrom* Wolk. 24, 5, 12. *vgl.* Schm. *Fr.* 1, 1400. Kwb. 173 *u.* liune.

lëne *stf.* (I. 964ᵃ) *lehne* Gl. Wh. v. Öst. 80ᵇ. lähn Kaltb. 7, 37. *vgl.* line;

lënen *swv.* (I. 963ᵇ) linen Diem. Tund. Mart.: *intr. lehnen, sich stützen* Parz. Krone 9055 *var.* jener lante (lente? *hs.* lont, lonte), dirre dent *ib.* 12129. daʒ weder linet noch hanget Mart. 292, 53. er lenet an der wende Laur. *Casp.* 225. l. ûf Parz. Tund. Karlm. 256, 59, zuo Herb. Frl. ein gebalsemt ritter tôt lent ir zwischnen armen Parz. 249, 17; *refl.* ich lene mich ûf dînen trôst Msh. 3, 105ᵃ. — *mit* ge-. *ahd.* hlinên *mit* leinen *zu gr.* κλίνω, *lat.* clinare Curt.³ 143. *vgl.* lê.

lênen, lêner *s.* lëhenen, lëhenære.

leng-boum *s.* lendboum.

lenge *adj.* (I. 932ᵃ) *lang, zeitl.* Diem. Gen. Wwh. Flore. *vgl.* lanc;

lenge *stf.* (*ib.*) *swf.* Mgb. 102, 3. 4: *länge, räuml.* Diem. Walth. er streich für sich die l. und auch die breite Wartb. 114, 6. eʒ loufet allen den bevoren die verre und ouch die lenge En. 233, 32. an lengi mitteler mâze Hpt. 4, 574. landes l. Türl. *Wh.* 83ᵃ. einer achseln, des stabes l. Albr. 9, 243. 32, 215. spannen l. Roseng. *H.* 1991. ain joch ackers l. Mgb. 123, 32. nâch der lengen des mers *ib.* 102, 3. 4. die lenge (*der erzälung*) vermîden Elis. 8788; *zeitl.* die (erge) sich zôch in die lenge Pass. 65, 65. dise lenge ist anders niht dann gotes êwicheit Fronl. 55. die lenge *adv. acc. der zeit nach:* sie ist die lenge ân anegenge gewesen Msh. 3, 160ᵇ, *lange zeit hindurch, auf die länge* A. Heinr. Parz. Winsb. Eracl. Mar. 160, 31. Msf. 21, 20. 243, 48. Neidh. 124, 8. Wartb. 144, 2. Serv. 1518. j.Tit. 952. Licht. 413, 28. Troj. 2347. 8215. Renn. 1887. Üw. *H.* 174. Pass. 343, 60. Albr. 7, 60. Narr. 14, 17;

lengede *stf. länge* Karlm. 315, 52. Hans 3358. Gr.w. 1, 522. 2, 82. *s.* Bech *beitr.* 12.

lengekeit *s. unter* lancheit.

lengelëht *adj. länglicht* Buch v. g. sp. 91. lengloht Mgb. 313, 3. 319, 30. 35. 337, 35. länkelot, länklot *ib.* 357, 14. 389, 10 *u. ö.*

lengen *swv. s.* langen, lenken.

lengen *swv.* (I. 932ᵇ) *tr. u. refl.* lanc *machen, in die länge ziehen, verlängern. räuml.* vor sînem tor ein wîter hof gelenget lît j.Tit. 6118. sîn wec wart sich l. Pass. *K.* 305, 74; *zeitl.* Parz. Trist. Barl. Ms. daʒ ich eʒ niht

enlenge, *um es kurz zu sagen* HERB. 8999.
daz si mit nihte enlengent (*verzögern*) ELIS.
10289. dune darfst ez niht l. EN. 281, 14. daz
erz lenge mê wan uber eine naht *ib.* 235, 6.
daz enwolt er niht l. (*aufschieben*) LANZ. 1891.
nû lengete die hôchzît der wirt ER. 2213 (*in der 2. ausg.* 2214 lengert). sô wære doch gelenget
diu vil wunderlîchiu geschiht ENGELH. 6224.
daz leben l. ALBR. CCXXVI. SWSP. 16, 19.
MGB. 356, 31. daz gerihte l. URST. 106, 74.
daz mære ULR. *Wh.* 164ᶜ. ALBR. 12, 50, die
rede PASS. *K.* 28, 73, die martere, nôt lengen
ib. 29, 20. 34, 18. die vart l. (*aufschieben*)
ib. 446, 20. die helfe l. Aw. 2, 5. den wân l.
WALTH. *s.* 167. sich l. TROJ. 16602. 37077.
j. TIT. 5079. RENN. 15251. MSH. 1, 303ᵇ.
FRAUENTR. 133. PASS. 290, 42. *K.* 172, 4.
254, 38. 557, 65. daz dîn milte sich lenge
TÜRL. *Wh.* 150ᵇ; *mit dat. d. p.* do er uns
lengete den tac KARLM. 10806. idoch lengete
sich im daz PASS. *K.* 571, 3. — *mit* er-, ge-,
ver-. *vgl.* langen;

lengen *stn.* âne, sunder lengen, *ohne verzögerung* PASS. 125, 84; 335, 96. *K.* 319, 21;

lengern *swv.* (I. 933ª) lenger *machen, verlängern.* daz leben l. GRIESH. Ls. 1. 562, 105.
die hôchzît l. ER.² 2214. diz mære ich niht
l. wil ULR. *Wh.* 143ᵇ, *aufschieben:* den tôt
MSH. 1, 13ᵇ, die vart lengern DAN. 1017. —
mit er-;

lenges *adv. s.* langes;
lengic *adj. s.* langic.
lengist *s.* lenze.
lengnisse *stf.* lengnus, *verzögerung, aufschub*
CP. 89. 91;
lengunge *stf. verlängerung.* l. sînes lebens
VET. *b.* 31, 19.
lên-guot *s.* lêhenguot.
leng-wet, -wit *s.* lancwit.
lên-houwer *s.* lêhenhouwer.
lenimunt *s.* lendemunt.
lênisch *s.* lêhenisch.
lenke *adj.* (I. 934ᵇ) *biegsam* FRL.;
lenke *stf. lenkung, geschicklichkeit.* wan er
(tiuvel) sô vil der sünden spil vüeget mit
sîner lenke (: beschrenke) MSH. 3, 79ᵇ;
lenken *swv.* (I. 934ᵇ) *md. auch* lengen PASS.;
prät. lancte, *part.* gelenket: *tr. biegen, wenden, richten* TRIST. H. PASS. (386, 56). daz
schiflein l. SGR. 150. die vogel lancten ire
kel CGM. 270, 69ª. die rede l. WH. *v. Öst.* 28ᵇ.
si began ir herze l. nâch ROTH *denkm.* 63,
45. sînen ganc zû hûse l. MARLG. 176, 71. wâ

ich den sin hin lenke Ls. 1. 389, 29. *part.*
gelenket (*s. auch oben sp.* 811), *gebogen, gefaltet* FRL. ENGELH. menic merwunder fîn
daz ist von golde gelenket drîn ECKE *Z.* 94,
2. sümelich tragent gelenket ir gewant nâch
niuwem snite Ls. 1. 578, 44; *refl.* SERV. swer
sich lenket als ein stoc, *wer so steif u. ungelenk wie ein stock da steht* JÜNGL. 120. sich
l. an PASS. 147, 31. *K.* 199, 67, nâch TROJ.
16430. von PASS. *K.* 418, 22, zuo HELBL.
13, 100. CHR. 1. 142, 8; *intr. sich biegen,
wenden* FRL. PASS. (lengen). — *mit* ûf, ûz,
zuo, er-, ge-, ver-. *zu* lanke;

lenken *stn.* volsprechen noch volsingen mit aller zungen lenken HADAM. 558.
lenk-wit *s.* lancwit.
lên-man *s.* lêhenman.
lenne *f.* (I. 964ᵇ) *hure, scortum* DIUT. 1, 275ª.
vgl. altn. hlenni *m. fauler knecht;*
lennelîn *stn.* (*ib.*) *dem. zum vorig., entstellt*
lönelîn FREID. WEIST.
lenquid *s.* lancwit.
lên-rëht *s.* lêhenrëht.
lënse *s.* linse.
lente, lenten *s.* lende, lenden.
lëntic *s.* lëbendec.
lënunge *s.* lëhenunge.
lenze *swm. f.* (I. 965ª) *lenz, frühling* GL. (*auch*
linz, lengest DFG. 611ᵇ). MSH. 3, 213ª. RENN.
23616. MGB. 84, 11. 85, 31. 95, 20 *u. o.* MEIN.
6. MYST. 1. 102, 30. LUDW. 31, 31. RCSP.
1790. DÜR. *chr.* 328. *niederhess. stf.* in der
lenze VILM. 247 (*a.* 1445). *vollere form* langez, langeze *stswm.* GEN. *D.* 71, 1. WINDB.
ps. 73, 18. — *ags.* lencten, lengten, *nd.* lente
zu lanc, *von der tagesverlängerung* (VILM.
247), *vgl. auch* GDS. 73. WEIG. 2, 38. SCHM.
Fr. 1, 1491. 95. KWB. 172. 73 *u.* glenz (MART.
s. 628 *ff. von* glanz, glenzen *abgeleitet*).
lenze-lich? *stn.* (*ib.*) *gemeint ist wol* glenzezît
MART. 249, 43. 251, 104.
lenzen *swv.* (*ib.*) *frühling werden* FRL.; *lustig,
übermütig sein?* (I. 965ª, 14 *od.* lërzen?) *s.*
KUHN 17, 13; *ackern um das land zur sommerfrucht zu bestellen:* brâchen und lenzen
GR.W. 1, 791 (*a.* 1507) *s.* VILM. 247, BECH
beitr. 12 *u. das flgd.*
lenzen-vëlt *stn.* (III. 296ª) *zur sommerfrucht
bestelltes feld* GR.W. 1, 577.
lenz-vrihte *s.* vrihte (*sp.* 338 *ist* brâchvrihte
zu lesen).
lenz-wurm *s. unter* lintwurm.
leo, leowe *s.* lëwe.

Lêôplâne *n. pr. f.* (I. 965ᵃ) *die ebene von* Kanvoleiʒ Parz. — *hat mit* lê, *hügel (wie zu* Reinh. *sendschr. s.* 61 *vermutet wird) nichts zu schaffen, sondern ist* = *fz.* lee plaine, *weite ebene* (*vgl.* ouch was der plân sô breit 61, 16). *s.* Bartsch *zu Parz.* 2, 168.

lêparte, leopard *s.* lêbart.

lëph, lëphs *s.* lëfs.

lëp-kuoche *s.* lëbekuoche.

leppelîn *stn. dem. zu* lappe, *läppchen.* er sol ouch geben einen huot mit lauter vêhem, mit lepplîn oder swie in der herzog tragen wil Urb. *B.* 2, 527. *vgl.* Ammenh. 68 *u.* gollierleppel.

leppen-hunt? *stm.* Ksr. *s.* 250 (= leitehunt Swsp. 278, 5).

lepperîe *stf. lapperei, torheit.* eitel lepperei Fasn. 84, 12;

leppisch *adj. wie ein* lappe, *läppisch* Ring 1ᵈ, 6. Kell. *erz.* 112, 11. Fasn. 42, 19. 520, 15;

leppischen *adv.* l. tuon Fasn. 657, 4.

lëps *s.* lëfs; lëp-tac *s.* lëbetac.

lêræere, -er *stm.* (I. 966ᵃ) *lehrer* Aneg. Warn. Priesterl. 112. Kchr. *D.* 189, 15. Karl 8077. Apoll. 2141. W. *v. Rh.* 4, 35. 44. Buch *d. r.* 1639. Mgb. 55, 10. 347, 32. Pass. 150, 3. Elis. 4021. Evang. 276ᵇ. Fronl. 45 *u. o.*

lërc, lirc, lurc, -kes *adj.* (I. 1005ᵃ) *link.* lerc Frl. Ot. lirc Lanz. Frl. lirke hant Mart. 73, 26. N. *v. B.* 208. Germ. 3. 430, 27. zuo der lirken sîten Chr. 8. 391, 24. lurc Konr. (*lied.* 2, 138); lahm (*u. diess vielleicht die urspr. bedeut.*): der nie an êren was lurc Wh. *v. Öst.* 10ᵇ. — *vgl.* Gds. 991 *u.* lërz.

lerch-boum *stm.* (I. 228ᵇ) *lerchenbaum* Gl. *s.* larche.

lêrche, lërche *swf.* (I. 965ᵃ) *lerche* Parz. Reinh. Ms. (Neidh. 35, 5. Msh. 1, 139ᵃ. 202ᵃ. 344ᵇ. 2, 78ᵃ. 263ᵇ. 316ᵃ. lerhe *ib.* 369ᵇ. 3, 303ᵇ. 318ᵃ. lêreche *ib.* 37ᵃ). Troj. 10032. Helbl. 8, 15. Renn. 19542. Germ. *H.* 8, 301. Mgb. 171, 12 *ff.* lêrke Reinfr. 21ᵇ. lêwercke Karlm. 116, 20. lêweric, lewerich, lewerc, leuwerick, leriche, lerike, leirche, lerche, lirche: alauda Dfg. 20ᵇ, *n. gl.* 14ᵃ. lêwerch, caradrium Diut. 3, 154. lovirke Buch *v. g. sp.* 53 (*gedr.* lovinke *s.* Schm. *Fr.* 1, 1501). — *nd.* lêwerke, *ags.* lâverce, *engl.* lark *s.* Kuhn 6, 192. Gr. *kl. schft.* 2, 124.

lerchîn *adj. zu* larche. ein lärchîn trâme Cdg. 3, 213.

lêre *adj. s.* læere.

lêre *stf.* (I. 966ᵇ) *md. auch* lâre, lâr Elis. 1610. 2047. 3996. Rsp. 1169. 1956. 2841. Hpt. 9, 292. 93 (*vgl.* Dwb. 5, 410) —: *lehre, anleitung, unterweisung, unterricht* Parz. Walth. Gen. *D.* 98, 8. Nib. 2053, 2. 429, 2 *var.* Er. 5702. 886. Greg. 1077. 3625. Büchl. 1, 245. 577. 815. 1904. Lieht. 450, 9. Gerh. 2086. Loh. 5660. 7087. j.Tit. 559. Alexius 119, 24. Msh. 3, 58ᵃ. Pass. *K.* 5, 89. Elis. 2026. 59. 411. 737. 925. 4077; *anordnung, fügung, gotes* l. Büchl. 2, 825. Leseb. 557, 19. 705, 38, *befehl* Elis. 1610; *weisheit, wissenschaft,* der buoche l. Trist. 2063; *mass, modell* Kindh. *Feif.* 1365 (*vgl.* kocher);

lêrec, lêric *adj. in* liht-, ungelêrec.

lêreche *s.* lêrche.

lêre-, lêr-kint *stn.* (I. 818ᵇ) *lehrling, schüler* Berth. *Kl.* 106. Evang. *J.* 6, 45. Kirchb. 651. Swsp. 158, 1. 5. *vgl.* lërnkint.

lêre-knabe *swm.* (I. 850ᵇ) *dasselbe* Reinh. Renn. 13908. *vgl.* lërnknabe.

lêre-knëht *stm. lehrling* Mone *z.* 9, 150. lêrknëht *ib.* 3, 158. Münch. *r.* 7, 15 *f.* Np. 166. *vgl.* lërnknëht.

lêre-meister *stm.* (II. 121ᵇ) *lehrmeister* Msh. 2, 183ᵃ. *vgl.* lêrermeister;

lêre-meisterinne *stf.* Misc. 2, 164.

lêre-meister-schaft *stf.* Misc. 2, 183.

lêren *swv. s.* læren.

lêren *swv.* (I. 965ᵃ) *im prät. neben* lêrte *auch* larte (lârte) Alexius 111, 539. 119, 95. *bes. md.* Herb. Jer. (*durchaus*) Elis. 2021. 31. Erlœs. 4058. 5514. 53. Pass. 351, 69. *K.* 18, 69. 31, 21. 39, 33. 212, 11. 262, 74; *part. neben* gelêret, gelêrt *auch* gelart (gelârt) Msh. 3, 164ᵇ. 296ᵃ. 431ᵇ. Herb. Jer. (*durchaus*) Elis. 3669. Erlœs. 4628. Pass. 116, 12. 206, 32. 293, 81. 373, 24. *K.* 25, 37. 200, 65. 321, 7. 333, 22. 470, 6; *infin.* larn (: ervarn) Leseb. 1007, 10. *vgl.* kêren *u.* Dwb. 5, 408 *ff.* —: *zurechtweisen, unterweisen, lehren, kennen lehren mit acc. d. s.* Parz. man lêre swaʒ man lêre Troj. 2002, *mit acc. d. p.* Iw. Parz. Walth., *mit dopp. acc., acc. mit infin. od. untergeord. s. allgem.* (ich bin trûren sô gelêret Msh. 1, 302ᵃ. einen vallen, sterben l. Loh. 2492. 5770), *mit dat. d. p. u. acc. d. s.* Ab. 1, 94; *part.* gelêret, *gelehrt, unterrichtet, bes. des lesens u. schreibens kundig* (gelêrter man Greg. 868. gelêrte vürsten Msh. 3, 327ᵃ, pfaffen Rsp. 1. 508. diu gelêrte, *belehrte, gewitzigte* küniginne Trist. 13882. ein gelêrter, *unterrichteter, geschickter* knëht Usch. 376 *a.* 1398.

gelêrter eit *s. oben sp.* 534. mit gelêrten worten einen eit swern, *nach einer vorgesagten formel* Mz. 1, 338 *u. o.*); — *s. v. a.* lërnen DIOCL. 306. 476. GA. 1. 445, 4. LS. 3. 60, 141. AB. 1. 38, 37. CHR. S. 283, 5. 362, 8. 493, 5. JER. 3070. KIRCHB. 751. KARLM. *B. s.* 302. *vgl.* GERM. 5, 241. 7, 97. NARR. *vorr.* 35 *anm.* — *mit* an (TRIST. HEINZ. 1781), ent-, er-, ge-, wider-. *gt.* laisjan, *vgl.* leis, leist;
lêren *stn.* (I. 966ᵃ) *das lehren* WALTH.;
lêrer *s.* lërære.
lêrer-meister *stm. s. v. a.* lêremeister LCR. 50, 545.
lêrer-stuol *stm.* cathedra DIEF. *n. gl.* 80ᵃ. *vgl.* lêrstuol *u.* meisterstuol.
lêre-tohter *stf. weibl. lehrling* MONE *z.* 9, 173 (*a.* 1360). lêrtohter, discipula DFG. 184ᶜ. *vgl.* lërntohter.
lërfen *swv. schlürfen* SCHM. *Fr.* 1, 1501. *vgl.* lërken.
lêr-gëlt *stn. lehrgeld* MONE *z.* 13, 304.
lêrhe, lêriche, lêrike *s.* lêrche.
lêr-hûs *stn. schule* CHR. 9. 529, 10. *vgl.* lërnhûs.
lêr-jâr *stn. lehrjahr* MONE *z.* 3, 158 (*a.* 1363).
lêr-junge *swm. schüler, lehrling* TUCH. 36, 11 *ff.*;
lêr-junger *stm.* (I. 776ᵇ) *dasselbe* MYST.
lêrke *s.* lêrche.
lërken *swv.* (I. 1005ᵃ) *stottern* DIEM. *vgl.* GL. *Virg.* 1, 125 *u. anm.* lirken FRL. (mîn sin niht lirket KOLM. 6, 733). lurken: daz ime sine zunge verbrante und darnoch allewegen lurkete CHR. 8. 261, 10. do huob er an ze lurggen dô RING 5, 28. mit den zungen lurken HB. *M.* 713. *vgl.* ZIMR. *chr.* 1. 427, 22; 2. 364, 31; 4. 351, 21. — *mit* ver-. *zu* lërc, *vgl.* lërzen.
lêr-kint, -knëht *s.* lêrek-.
lêr-lich *adj.* docibilis DFG. 188ᶜ. *vgl.* lërnlich.
lërnære *stm. schüler* MYST. 1. 331, 6;
lërne *stf.* (I. 967ᵃ) *das lernen* BUCH *d. r.* lirne ANEG.;
lërnen *swv.* (I. 966ᵇ) lirnen DIEM., liernen GRIESH.: *lernen, abs.* PASS. *K.* 412, 33, bî od. von einem l. GRIESH. KARAJ., *mit acc.* TRIST. GEN. *D.* 96, 21. TROJ. 13747. 15839. RENN. 16538. die strâze l., *kennen lernen* GUDR. 592, 4, *mit infin. ohne ze* WOLFR. TRIST. WALTH., *mit ze* WWH.; — *s. v. a.* lêren HÄTZL. DÜR. *chr.* 236. NETZ 6367. TUCH. 18, 1. 26, 12. FASN. 49, 33. *vgl.* GERM. 5, 241. — *mit* er-, ge-. *aus derselben w. wie* leise, leist, lêren.

lërn-hûs *stn.* gymnasium VOC. *Schr.* 1073. *vgl.* lêrhûs.
lërn-kint *stn.* (I. 818ᵇ) *s. v. a.* lêrkint MYST. AUGSB. *r. W.* 346. KULM. *r.* 146.
lërn-knabe *swm. s. v. a.* lêrknabe HPT. *beitr.* 302. MONE *z.* 13, 297.
lërn-knëht *stm. s. v. a.* lêreknëht MONE *z.* 9, 183 *f.* 13, 297.
lërn-lich *adj.* docibilis DFG. 188ᶜ. *vgl.* lêrlich.
lërn-tohter *stf. s. v. a.* lêrtohter MONE *z.* 13, 158 *f.* (*abwechselnd mit* lêrtohter).
lërnunge *stf.* (I. 966ᵇ) lirnunge CGM. 17, 10ᵇ: *das lernen* TRIST. BERTH. 112, 3. WACK. *pr.* 57, 47. BPH. 4687. WG. 6395. RENN. 16493. APOLL. 1980. PASS. 2, 53. SWSP. 313, 6. VINTL. *Z.* 9481; *ort, wo gelernt wird, schule.* die kind in lernunge schicken MONE *z.* 2, 155. gymnasium, lernunge DFG. 262ᶜ; *was gelernt wird, wissenschaft* WG. 9196. PASS. *K.* 412, 36; *das lehren, der unterricht* ULR. WACK. *pr.* 53, 192. der lernunge (*dem unterrichte*) bî wesen WG. 6608. einen mit gevêrlicher l. betrügen NP. 151. *vgl.* lërunge.
lerren? *swv.* (I. 967ᵃ) *s.* ungelerret. — sîn gewalt an breite sich lerret MISC. 2, 118 == verret j. TIT. 5.
lerse *f. weiter hoher stiefel zum überziehen* WEIG. 2, 40 (*aus nd.* leers *von* leer, *leder*). *vgl.* Welterus dictus Lerse HENNE *cod. dipl.* 2, 399.
lêr-spruch *stm.* (II². 540ᵃ) *sententia* MGB.
lêr-stuol *stm.* (II². 714ᵇ) cathedra DFG. 106ᶜ. ERLŒS. *vgl.* lêrer-, meisterstuol.
lêr-tohter *s.* lêretohter.
lêrunge *stf. lehre, unterricht,* didaxis, dogma DFG. 180ᵇ. 189ᵃ. sancte Markes lêrunge solt ir volgen MYST. 1. 122, 4. Jêsu l. vernemen MARLD. *han.* 7, 38. einem lêrunge geven *ib.* 118, 5. do ich zur schûle solde gân und an die lêrunge stân PASS. *K.* 431, 50. gên schuel umb lêrung gân VINTL. (*Germ.* 5, 46); gymnasium DFG. 262ᶜ. *vgl.* lërnunge.
lêr-vrouwe *stf. lehrerin* DANKROTSH. 113. MONE *z.* 2, 154. 64.
lërz *adj.* (I. 967ᵃ) *link* WWH. TRIST. *H.* FRL. HERB. (1086). j. TIT. 2343. 3646. 5950. MSH. 3, 62ᵇ. OT. 27ᵃ. ALTSW. 133, 15. 217, 10. *ndrh.* lorz, lurz KARLM. *B. s.* 304. — *nach* FICK² 392 *zu gr.* χορδός *einwärts gebogen. vgl.* lërc;
lërzen *swv.* (*ib.*) *intr.* stottern HÄTZL. *lustig übermütig sein?* mit dem vröulîn scherzen, lerzen MSH. 3, 311ᵇ (*vgl.* lenzen). — *vgl.* lürzen.

lës *stn. in* vorlës.
les *adj.* (I. 967ª) *schwach, zu folgern aus* erleswen. *gt.* lasivs DIEF. 2, 128.
lês *adv. s.* lêwes.
lësære, -er *stm.* (I. 1009ª) *lehrer* TRIST. *H.* ALEXIUS, MARIENGR. 791. 822, *vorleser* ULR. (1206). VET. *b.* 33, 2; *weinleser* GR.W. 5, 601. CP. 275. MONE 4, 24. MICH. *M. hof* 29. 40; *eichelsammler* NP. 302.
leschære, -er *stm. löscher* TUCH. 330, 23;
leschærinne *stf. löscherin* MSH. 3, 104ª;
lëschen *stv. I,* 2 (I. 1005ᵇ) *intr. aufhören zu brennen, zu leuchten, zu sein* PARZ. (sô lischet im sîn jâmers nôt 175, 17). der sunnen schîn niht lasch ULR. *v. Eschenb.* (*Weckherlin beitr.* 31). im lasch diu kraft und der muot KARL 12003 *var.* löschen (: dröschen) FRAGM. 44ᵉ *s.* GR. 1³, 155; — *tr. für* leschen: du enzundis unde lisches (: wisches) LIT. 157. — *mit* er-, ver-, zer-. *vgl.* DIEF. 1, 306. 2, 752;
leschen *swv.* (*ib.*) *prät.* leschete, leschte (PASS.), laschte *u.* laste (WEINH. *al. gr. s.* 156): *tr.* lëschen *machen, löschen, auslöschen, stillen* DIEM. TRIST. NIB. (200, 2. 603, 1). FREID. den brant, daz lieht l. PASS. *K.* 149, 35. 214, 74. ein burne leschete daz glûende îsen *ib. H.* 258, 3. Lamparten glüet in ketzerheit, war umbe leschestu daz niht? MSH. 2, 227ᵇ. diu gotes kraft laschte daz fiur MARG. 592. geleschet (*getränkt*) nâch der hitze wart dâ maneger WWH. 448, 11. den durst l. MGB. 180, 9. 391, 14. der lesche sînes herzen durst TROJ. 16576. die trähen sie dô laste (: vaste) *trocknete* LS. 1. 312, 146; *verdunkeln* HARTM. PARZ.; *beendigen, tilgen, vertilgen* TRIST. FREID. leske ane mir des fleiskes girde ROTH *pr.* 36. lesche mir des hungers pîn ULR. *Wh.* 193ᵇ. ir sunde sie dô laste KCHR. *D.* 474, 11. si leschten gar sîn guft PASS. 215, 38. daz dâ wurde geleschet gar diu liebe GA. 1. 285, 143; *refl.* die leschent sich begarwe, *verlöschen, verschwinden ganz* BÜCHL. 1, 295. *mit* abe, er-, ver-.
lesch-gruobe *f.* (I. 563ª) scitolabra, situlabrum DFG. 519ª, *n. gl.* 331ª.
lesch-meister *stm. feuerlöschmeister* NP. 328. 30.
lesch-troc *stm.* (III. 113ª) alveolus DFG. 27ª, *n. gl.* 18ᵇ. loschetroch, scitolabra *ib.* 331ª. leschtrog FASN. 255. 733.
lesch-wadel *stm.* aspersorium VOC. 1482.
lese *f.* (I. 967ª) *eine art kleidungsstoff, klei-*
dungsstück daraus, supparum SUM. (less O. RUL. 1. *s. unter* lösche).
lëse-banc *stf.* pulpitum VOC. 1482.
lëse-korn *stn.* vierzehen mutten snitchorn und v. m. leschorn URB. *Son.* 74, 9. das man die leskorn (*bei der weinlese*) ganz wern sol CP. 276.
lëse-kübel *stm. kübel zur weinlese* MONE *z.* 12, 285 (*a.* 1406).
lese-mânôt *stm.* (II. 57ᵇ) *december* MYST. *vgl.* lasemânôt *u.* WEINH. *mon.* 48.
lëse-meister *stm.* (II. 121ᵇ) *lehrer der theologie u. philosophie bes. in den klöstern* MYST. (in der sêle clôster sol wârheit der lesemeister sîn WACK. *pr.* 51, 3). N. *v. B.* 278 *ff.* GERM. 14. 406, 47; 15. 98, 12. GA. 1. 340, 95. LS. 2. 226, 600. 244, 1191. 245, 1240. SGR. 1540. MONE *z.* 8, 350. 9, 463. NP. 288. DFG. 322ᵇ, *n. gl.* 231ª; *aufseher bei der weinlese* MH. 2, 788.
lësemeister-ambet *stn. amt des* lesem. (*bei der weinlese*) MH. 2, 788.
lësen *stv. I,* 1 (I. 1006ª—1009ª) *im prät. pl.* noch zuweilen lâren statt lâsen (*darnach conj.* lære) *u. part.* gelëren, gelarn (ANEG.) statt gelësen *s.* WEINH. *b. gr.* § 161 —: *auswälend sammeln, aufheben, an sich nehmen* (bluomen l. LIEHT. 244, 20. FRAGM. 19, 289. den apfel l., *aufheben* TROJ. 1535. wîn l. VILM. *weltchr.* 68, 9. NP. 209. den wîngarten l. UHK. 1, *anh.* 21 *a.* 1292. ULA. 123 *a.* 1314. UH. 402 *u. o.* û z dem bluote man die las DIETR. 9894. swertes clingen l. v o n der erde j. TIT. 5731. etw. von einem l., *trennen* PASS. *K.* 309, 39. sô las er im ze berge sâ diu wâpencleider, *schob sie hinauf* TROJ. 4257. sîn herze l. a n einen, *sein herz auf ihn richten* PASS. *K.* 218, 24. 358, 19. etw. an sich l., *an sich nehmen, sich auswälen ib.* 43, 45. 376, 8. er hæte an sich daz heil gelesen SILV. 474. daz manger an sich las sîn herze und sîn gemüete wider TROJ. 19216. stætekeit an sich l. *ib.* 21745. der fürste an sich die vierden rotte las *ib.* 25073. an sîn herze l. daz beste EILH. 138. *ebenso* etw. z u o sich l. PASS. *K.* 32, 18. diz allez si zû herzen las, *erinnerte sich* ELIS. 1172. swæren sin ze herzen l. KONR. *Al.* 400. die hât der tôt zuo ime gelesen ULR. *Wh.* 324ª. die rede er in sîn ören las, *merkte sich dieselbe* SIGEN. *Casp.* 94; — *refl.* sich zû houf l., *zalreich versammeln* PASS. *K.* 9, 47. sich zû dem besten l., *dem besten anschliessen ib.* 55, 5. sich von einem l., *trennen ib.*

233, 66. sich enzwei l., *sich trennen ib.* 242, 37), *mit dat. d. p.* so ist gelesen mir der wîn HELMBR. 1399. einem l. (*nämlich* bluomen) NEIDH. 24, 22; — *in ordnung bringen als.* die lâsen (*ordneten, sortierten die fäden*), dise wunden Iw. 6202, *in falten legen* HERB. Ms. (*s.* gelësen); — *warnehmen, erblicken:* des crûcifixes bilde dan an sie schouwete unde las Marîen eingebornen gekrônet stên mit dornen ELIS. 1906; — *lesen, urspr. die mit runen bezeichneten stäbe aufheben u. zusammenlegen abs. u. tr.* (*allgem.* an dem buoche l., im buche, aus dem b. DIETR. 6644. GERM. *H.* 9. 105, 5. die ez l. oder hœren j.TIT. 5986), *vorlesen* (singen lesen oder sagen LIEHT. 112, 10. die diz getihte hœren l. KONR. *Al.* 1373), *als lehrer vortragen:* ein meister las WALTH. 122, 24, lesen von BERTH., *als schüler studieren*, er hæt astronomie gelesen BON. 99, 46; *messe lesen* LESEB. 556, 21; — oft ist lësen *gleichbedeutend mit sagen, erzälen, berichten* (als wir dâ vor lâsen GEN. *D.* 82, 11. *vgl. zu* Jos. 1152. *mit dat.* nû hœret, wie uns daz buoch las RAB. 447. ietweder dem andern las lieb unde leit URST. 118, 53). — *mit* abe, ûf, ûz, vor, be-, durch-, er-, ge-, über-. *gt.* lisan *zu gr. lat.* lego? *s.* GSP. 278. CURT.³ 340. FICK² 859;

lësen *stn.* (I. 1009ᵃ) Iw. TRIST. er hœrt vil hôher meister l. BON. 99, 77. nâch deme reinen lesene der gotlîchen lêre ELIS. 2410. *vgl. zu* HEINR. 3503; *weinlese* UOE. 4, 456 (*a.* 1304). CP. 271. 78;

lësende *part. adj. lesend, sammelnd.* er unt sîn liut muost touf an sich sîn lesende LOH. 7550; *pass. lesbar, deutlich.* etw. mit lesinden urkunden odir mit biderbin lûten bewîsen Mz. 3, 356 (*a.* 1356).

lësen-lich *adj. was man lesen kann* WH. v. Öst. 70ᵇ.

lëser *stm. s.* lësære.

lëse-stoc *stm.* (II². 655ᵃ) infinna SUM.

lëse-vël? *stn.* (III. 294ᵃ) *beschriebenes pergament?* TROJ. 27251 (W. GR. *vermutet* löschevel, *s.* lösche *u.* loskisfel, -hût *bei* SCHM. *Fr.* 1, 1521).

lësp *s.* lëfs;

lëspelîn *stn. kleine lefze* W. v. *Rh.* 85, 12.

less *s.* lösche.

lessenzîn *s.* lassatîn.

lest *sup. s.* laz.

lest *stm. s.* last;

leste *adj. in* überleste;

lestec, lestic *adj.* (I. 927ᵃ) *lastbar,* subjugalis DFG. 560ᵃ. ein lestigez vaz NP. 207 (*13.—14. jh.*). BEH. 311, 5. *vgl.* vüederic;

lesten *swv.* (*ib.*) *prät.* laste: *als last wohin legen, legen.* sie heten al ir wâpen engestet und die zû sich gelestet KREUZF. 7547; *belasten, belästigen* PARZ. Ms. (*H.* 2, 141ᵃ. 142ᵇ); *mit gen. in bezug worauf beschwerde gegen jem. führen, ihn beschuldigen* ENGELH. 3872. — *mit* be-, ent-, über-.

lêsten *swv. s.* leisten.

lester *adj. langsam, träge.* die frawen vil lester (: swester) hinz dem opfer slîchen OT. 54ᵃ. — *zu* laz?

lesterer *s.* lasterære;

lesterîe *stf. lästerei, schandwesen.* der Turken lesterei LCR. 100, 1;

lester-lich, lestern *s.* lasterlich, lastern.

lestic *s.* lestec;

lest-lich *adj.*(I. 927ᵃ) *was eine last ist, schwer, lästig* FRL. 167, 11 (MSH. 2, 344ᵇ).

lësunge *stf.* lectio DFG. 322ᵃ. EVANG. 276ᵇ.

letanîe *f.* (I. 1013ᵃ) *litanei, gebet* LIT. 1461. HEINR. 3866. CHR. 8. 21, 14. letanîe, littanie DFG. 325ᵃ. — *aus gr. lat.* le-, litania *von* λιτανεύειν, *bitten, flehen.*

leteche, letiche *s.* latech.

lete-kalc *s.* lederkalc.

lette *swm.* (I. 967ᵃ) lieteme HPT. 9, 42 (*vgl.* lieterde): *lehm* GEN. 15, 19. 24. EXOD. (*D.* 121, 2). KINDH. PASS. W. v. *Rh.* 101, 6. 48. VILM. *weltchr.* 72ᵃ, 41. FELDB. 442. MYNS. 67. let, lette argilla DFG. 47ᶜ, *n. gl.* 33ᵃ; *bildl.* der sünden lette MART. 47, 32. 138, 48; in der Letten, *dorfname* KWB. 178 (*a.* 1429). — *altn.* ledja *f. lutum, vgl.* WEIG. 2, 41;

lettec *adj. lehmig* SPEC. 11.

lettener, letter *s.* lecter.

letter *stm. s.* lotter.

lettich *s.* latech.

let-vüezer *stm.* letfuszer oder schuochabtreter, scarus Voc. 1482;

let-vüezic *adj.* letfüszige od. truten, ploti, qui sunt planis pedibus Voc. 1482. — *vgl.* lettfeigen SCHM. *Fr.* 1, 1533. KWB. 92.

letwâri *s.* latwârje.

lëtze *f. s.* lëcze.

letze, lez *adj.* (I. 967ᵇ) *verkehrt, unrichtig, unrecht, schlecht.* ein letzer hantschuoch, verkehrter, dessen inneres nach aussen gewant ist JUST. 65. dô gieng sîn ding allez lez dar *ib.* 179. und achtetent wênig, ob ez lez oder recht wære *ib.* 253. daz kein bœswiht

wær sô letzer Ls. 1. 476, 52. wurchet ein mensch einen letzen vîertac, *arbeitet er an einem halben feiertage* Priesterl. 587 (596). letzes bier Schm. 2, 530 (*a.* 1493). letze hant, *linke* Zimb. *chr.* 4. 40, 29. alle lipliche vruht ist daʒ letzeste und daʒ sûʒiste in dem menschin Myst. 1. 182, 27. — *zu* laʒ;
letze *stf.* (I. 943ᵇ) *hinderung, hemmung, beraubung* Parz.; *was den feind auf- u. abhält, schutzwehr, gränzbefestigung* Ernst, Parz. Lanz. wir sullen der kristenheite sîn mit huote ein starkiu l. Ulr. *Wh.* 211ᵃ. er was den friunden ein l. *ib.* 258ᵈ. daʒ wir vor in letze und tor behaben wol Loh. 6099. biʒ an die l. nâch gerant was im der Kriechen ritterschaft Troj. 26172. 87. der vor der l. enthielt und dâ mit sîner huote wielt *ib.* 23159. *vgl.* 44082. 47639. Turn. *B.* 1059. Beh. 379, 26. 394, 2. Kuchm. 8. Schreib. 1, 106. 2, 492. 513. Chr. 9. 692, 14. 817, 11. 831, 5. Glar. 111 *A. B.*; an der l. ligen, *wache hatten* Netz 3408. wann man storm lûtet, sol ieder ûf sîn letze (*wachtposten*) zû loufen Moneʒ. 18, 252; — *ende* Wwh. âne anegenge und âne letze j.Tit. 1. sîn ursprinc und sîn l. Geo. 63. sô warf uʒ biʒ zur letze den mist diu vrouwe Pass. *K.* 624, 26. das was die l. Chr. 5. 286, 10. an der, auf die letz, *zuletzt ib.* 2. 301, 1. 311, 15. 17. 20; *abschied* Gr. Rud. Wwh. Ls. daʒ willekomen unt diu l. Msh. 3, 88ᵇ; *abschiedsgeschenk* Loh. (6865). Wolk. ich wil in die l. geben Virg. 1093, 4. Ga. 2. 570, 28. einem etw. ze l. geben Loh. 3867. einem die l. lâʒen N. *v. B.* 90. einem etw. zuo l. lâʒen Mh. 1, 472. lâʒent uns etwaʒ zuo letze Myst. 2. 685, 2. — *vgl.* Schm. *Fr.* 1, 1545. Kwb. 178. Stald. 2, 169.
letze-grabe *swm.* (I. 562ᵃ) *graben an der letze* Zürch. *jb.* 82 *f.*
letzelen *stn. ein verbotenes spiel* S.Gall. *stb.* 4, 236.
letzelt *s.* lëbezelte.
letzen *swv.* (I. 942ᵇ) *prät.* lazte, *doch auch* lezte: *tr.* laʒ *machen, hemmen, aufhalten, hindern* En. Iw. daʒ uns niht moge l. keine alzû lange wîle Elis. 10478. daʒ in ëhaftiu nôt letze Swsp. 83, 49. 265, 61; *verhindern mit gen.* Gr. Rud. mich enletzet sîn kein nôt Antichr. 170, 7. einen l. an der vart Kreuzf. 2796; *wovon ausschliessen, berauben mit gen.* Wwh. Lanz. Wig. daʒ dû mich solcher freuden kans l. j.Tit. 436. des lîbes geletzet, *des lebens beraubt* Ulr. *Wh.* 133ᵃ, *reft.* des muosten si sich letzen (*enthalten*) beidiu weiʒe unde korn Hpt. 5. 286, 670; *schädigen, verletzen allgem.* (einem die hant l. Pass. *K.* 376, 66. er dâchte l. die vrouwen *ib.* 173, 53. swen sie pflac zû l., *wen sie erniedrigte ib.* 574, 22. mînes hers ist vil geletzet Ulr. *Wh.* 145ᵃ. si sâhen in dâ l. manegen, dem er gap den tôt zuo kleide j.Tit. 4123. si wurden sô geletzet und sigelôs gesetzet Rab. 256. dô sie nu lange hazten und vil wildes lazten Albr. 9, 168. sie lazten mengen man Just. 107. 362. und sind zwên erschossen worden und sust ir vil geletzt Chr. 1. 158, 15. ouch wurden sêre geletzet sie Kreuzf. 1973. mit leides sêre geletzet Elis. 7042. geletzet mit der martere Pass. *K.* 478, 6; einen letzen an etw. Neidh. 102, 20. Wartb. 26, 6. j.Tit. 1001. 1789. Ulr. *Wh.* 166ᶜ. 186ᵃ. Pass. *K.* 43, 66. 70, 10. *vgl.* Karlm. *B. s.* 302 *f.*); *beenden, zu ende bringen, absol.* Lit. Ms., *tr.* Wolfr. Kl. Walth.; *befreien,* sô letze mich ûʒ aller nôt Freid.² 181, 4; *mit einer letze* (*befestigung*) *versehen:* ein stîge, mit maneger leie klûse gevestent und geletzet Virg. 186, 8; *freundlichkeit* (*s.* letze, *geschenk*) *wofür erweisen* Parz. 267, 23. 276, 25 (den dienst l., *kann aber auch einfach bedeuten: ihn zu ende bringen); erfreuend aufrichten, erfrischen.* einen mit süeʒer spîse l. Bph. 8695; — *refl.* laʒ *werden, nachlassen, aufhören:* dô began sich l. gegen im swêrlîcher sturm Pass. *K.* 279, 16; *sich verabschieden:* ich wil mich von ir letzen und scheiden von der süeʒen Msh. 3, 436ᵇ (= Hadam. 682); *sich* (*zum abschiede*) *gütlich tun, sich letzen, erholen.* er sprach 'ich wil mich letzen' und hieʒ dar tragen guoten wîn Ga. 2. 224, 56. *vgl.* Zimr. *chr.* 4, 655ᵇ. sich mit etw. (En.) od. einem l. j.Tit. 977. Cristoph. 1529; *sich* (*zum abschiede*) *freundlich erweisen:* gên armen und gên rîchen letzte er sich miltleclîchen Beliand 1146. — *mit* be-, ge- (Elis. 6874), ver-. *zu* laʒ (*nicht zum stm.* laʒ *wie im* Wb.), *vgl.* Kuhn 7, 185.
lëtzener, lëtzer *s.* lëczener.
letzer *comp. s.* laʒ;
letzer *stm. schädiger* Beh. 3, 27.
lëtzge *s.* lëcze.
letz-heit *stf.* extremitas Dfg. 220ᵇ.
letzt *sup. s.* laʒ;
letzunge *stf. verletzung* Roth *denkm.* 41, 183. Mühlh. *rgs.* 71.
leu *swm. s.* lëwe.

leuchse *s.* liuhse.
leuch-tuoch *s.* lîchtuoch.
leugen, leuken *s.* lougen, lougenen.
leuinne *s.* lëwinne.
leu-kraft *s.* lëwenkraft.
leumet, leumunt *s.* liumunt.
leun, leunte, leuntic *s.* liune, liumunt, liumtic.
leun-spil *s.* lëwenspil.
leupartinne *s.* lêbartinne.
leupriester *s.* liutpriester.
leur *swf. s.* lûre.
leut- *s.* liut-; leute *s.* lîte; leuthûs *s.* lîthûs.
leuwe *s.* lëwe.
leuwerik *s.* lêrche.
leuz *swm.* lucinia MGB. 203, 29.
levant *m.* (I. 967ᵇ) *ostwind* WOLK. HÄTZL. — *aus it.* levante *m. osten, morgenland, vom aufgehen* (levare) *der sonne* WEIG. 2, 44.
lëven *swv. s.* lëben.
lëven? *swv.* siu begunden sich zuo im leven (: neven) MART. 33, 65. *vielleicht* heven?
lëves *s.* lëfs.
levite *swf.* einem die leviten lesen, *eine strafpredigt halten* MONE *schausp.* 2, 280. NETZ 10476 *var. s.* WEIG. 2, 44.
lêw *adj. s.* lâ.
lëwe *swm.* (I. 967ᵇ) *nbff.* lebe, leb CHR. MGB. *(neben* lew) 22, 34. 117, 11. 118, 12. leowe MONE 8. 45, 10 *(12. jh.).* löuwe TROJ. 12764. 13697. PART. *B.* 14816. 17422. TURN. *B.* 275. 468 *etc.* ECKE Z. 29, 8. 55, 13. 57, 11. ALBR. 13, 281. 20, 18. 21, 335 *etc.* louwe MÜGL. 1, 1. 6. HELDB. *K.* 507, 12. 20. leuwe LUDW. 13, 29. 19, 1 *ff.* löwe W. *v. Rh.* 72, 49. 102, 11 *ff.* low ALTSW. 97, 19. leu *(gen.* leun) DIEM. Iw. GEN. 77, 24. TIT. 99, 4. HELBL. 15, 538. WOLFD. *A.* 422. leo CHR. 4, 61. *in gloss.:* lauwe, lowe, low, lebe, leb, löu, leu DFG. 324ᵇ, *n. gl.* 232ᵃ. lawe AB. 1, 124 —: *löwe, eig. u. bildl., allgem., s. noch* der lewe vreislich EXOD. *D.* 158, 21. ein lewe wilder WOLFD. *A.* 600. ein grimmer l. TROJ. 12764. si ligent rehte als daz vihe, daz erbizzen hânt die lewen KL. 1036. als ein l. an einer keten NEIDH. 77, 20. ein l. der sîne kinder in dem hol mit hunger weiz LOH. 5735. dâ sach er uz mit zorne als ein l. nâch der spîse GERM. *H.* 9. 130, 1533. ein siecher lewe ein effinne izzet RENN. 19178. des lewen gebein ist âne marc *ib.* 19174. des lewen muot WOLFD. *B.* 485. WARTB. 14, 12. MSH. 3, 294ᵇ. ein lewe des muotes *ib.* 176ᵇ. HELBL. 15, 538. der lewe ist âne vorhte niht swenn er einen wîzen hanen siht RENN. 19138. 21598. het er drî lewen sterke j.TIT. 1977. dîn herze wol dem lewen gelîchen sol der herte *ib.* 1862. swer mit dem esele lewen jagt MSH. 3, 468ᵗ. der lewe der bezeichnet uns den edelen man *ib.* 96ᵃ. ist daz erz âne helfe tuot, sô hât er den lewen an gerant, *so wird es ihm übel ergehen* TÜRL. *Wh.* 83ᵃ. man vant *(im kampfe)* ie lewen und rinder LOH. 5529. der brûtegam der als eine lewe quam zû ir der ist nû semfte als ein lam PASS. *K.* 631, 70; *künstl.* lewe: ûz eines lewen munde vliezet der brunne LANZ. 3894, 1. *im wappen* SIGEN. Z. 3, 4. MSH. 2, 127ᵃ. TURN. *B.* 375. 468 *etc.* CHR. 4, 61; — *gehilfe des scharfrichters (Nürnberg)* NP. 310. leeb *ib.* 178 *ff.* lebe, leb CHR. 1. 273, 12. TUCH. 112, 1. 202, 13. 255, 13 *etc.* ANZ. 12, 68. *vgl.* SCHM. *Fr.* 1, 1544. — *aus gr. lat.* leo.

lêwe *swf.* lêwen befâhen, machen, *fischhecken im wasser anlegen* GR.W. 4, 514 (*a.* 1442). *vgl.* KWB. 173.

[lëwec *adj.* I. 967ᵇ] lewig und betriug ieder man HÄTZL. 2. 85, 140 = leug, *belüge.*
lêwec-lîche *adv. auf böse, schlimme weise* GERM. 3. 421, 24. — *zu* lê, *lêwes.*
lewehart *s.* lêbart.
lëwelîn *stn.* (I. 967ᵇ) *dem. zu* lëwe. löuwelîn TROJ. 6043. 13689. leolîn Voc. *o.* lewel MGB. 143, 11. *md.* lewechîn DFG. 326ᵃ;
lëwen *s.* lëwinne.
lëwen-bërc? *stm.* (I. 105ᵇ) FRL. *fl.* 3. 12. *(var.* lieber-, lyban-, lebin-, lauwenberc).
lëwen-brust *stf.* sie machen alle lewenbrust, *füllen sich die brust aus?* ALTSW. 52, 13.
lëwen-gëlt *stn. geld mit einem löwen als gepräge.* lewengelt, -groschen, -pfenning MICH. *M. hof* 21. 26.
lëwen-geslehte *stn.* (II². 391ᵃ) *löwengeschlecht* DIEM.
lëwen-grosche *swm. s. unter* lëwengëlt.
lëwen-gruobe *f. löwengrube* BEH. 20, 23. lebengrûbe, specus DFG. 545ᵉ.
lëwen-hërze *stn. löwenherz* j.TIT. 4545.
lëwen-houbet *stn. löwenhaupt* AB. 1, 127.
lëwen-klâ *f. löwenklaue* MSH. 2, 78ᵇ.
lëwen-kraft *stf.* (I. 871ᵇ) *löwenkraft* ANTICHR. 178, 35. GEN. *D.* 109, 28 (leuchraft FDGR. 78, 35).
lëwen-loc *stm.* (I. 1041ᵃ) *löwenmähne* DIEM.
lëwen-pfenninc *s. unter* lëwengëlt.

lëwen-ruof *stm.* rugitus, leben-, lauwenruf DFG. 503ᵇ. VOC. *S.* 2, 5ᵇ.

lëwen-spil *stn.* (II². 502ᵃ) *löwenspiel, löwe.* leunspil PASS. *K.* 66, 24.

lëwen-vleisch *stn. löwenfleisch* MGB. 144, 13.

lëwen-zan *stm. löwenzahn* BERTH. 417, 26. löuwenzan PART. *B.* 17587.

lêwer *stm.* (I. 954ᵃ) *hügel* SUM. DIEM. KARAJ. dar ûf ein lêwer ligende, was hôher dan ein clâfter j.TIT. 320. — *zu* lê.

lêwerch, lêwercke, lêwerich *s.* lêrche.

lêwes *adv.* (I. 954ᵃ, 35) *leider, eheu* DIEM. 238, 20. *contr.* lês (*s.* ahlês) DIUT. 3, 38. — *gen. v.* lê, *gt.* hlaiv (*grab*).

lëwinkel *stn.* leunculus, *junger löwe* MONE 8, 529.

lëwinne *stf.* (I. 967ᵇ) *löwin* MSH. 2, 379ᵃ. leuinne GEN. 77, 24. lewin KARAJ. 75, 7. lewen (*var.* löwin) FREID.² *zu* 136, 16. löuwin ALBR. 22, 842. lewinne, lebinne, lauwinne, lowinne, leuwinne, löwin DFG. 321ᶜ, *n. gl.* 232ᵃ.

leyo *f. legio* MYST. 1. 203, 17.

lez *adj. s.* letze.

lezelte *s.* lëbezelte.

lez-lich *adj. s. v. a.* laz. mit lezlîchen siten, *mit schwindender kraft* KRONE 28090;

lezzec, lezzic *adj.* (I. 942ᵇ) *müde, lässig* SUCH. lassigk, lassus DFG. 329ᶜ;

lezzist *sup. s.* laz.

li *der afrz. artikel m.* PARZ. 583, 25. 600, 12. TRIST. 332. 467. 3752.

lîb *stn. s.* lîp.

libarte *s.* lêbart.

lîbe *adj. stf. in* abelîbe. — *zu* lîp *stm.;*

lîbec *adj.* corpulentus DFG. 152ᶜ. daz leibig ding, *das leib, festigkeit hat* MGB. 16, 7;

lîbec-heit *stf.* corpulentia DFG. 152ᶜ, *n. gl.* 115ᵇ.

libel *stn.* libellus DFG. 326ᵇ. FASN. 991, 11. 20.

lîbe-lich *s.* lîplich.

libelîn, libel *stn. dem. zu* lîp, *kleiner, zarter leib* BERTH. 560, 29. RENN. 18966. SCHRETEL 314. WH. *v. Öst.* 98ᵃ. MYST. 1. 341, 12. leibel MGB. 88, 27. 184, 31.

lîbe-lôs *s.* lîplôs.

lîben *stv. II.* (I. 968ᵃ) *schonen, verschonen mit dat.* EXOD. (*bei D.* entlîben). — *ahd.* lîban *st. u.* lîbên *swv., gt.* hleibjan, *aufhelfen, beistehen, vgl.* DIEF. 2, 564. GSP. 40.

lîben *stv. II. übrig bleiben in* be-, ge-, verlîben. — *gt.* leiban *zu gr.* λείπειν, *lat.* linquere GSP. 276. CURT.³ 422. FICK² 858. *vgl.* lîhen.

lîben *swv. zu* lîp, *s.* entlîben, gelîben, gelîbet (j.TIT. 5547), în lîben.

liben-zëlte *s.* lëbezëlte.

liberen *swv.* (I. 970ᵃ) *gerinnen.* daz geliberte bluot APOLL. 2449. 2702. ROTH *denkm.* 81, 69. 90, 133. PF. *arzb.* 2, 3ᶜ, gelibbert JER. 17561. — *vgl.* DIEF. 2, 152. DENKM. *s.* 348 *u.* labe, lap, lëbere.

liberen *swv. liefern* GR.w. 5, 240. liebern *ib.* 1, 567. 2, 30. 77. 3, 74. 6, 424. MONE *z.* 18, 63 (*a.* 1488). MICH. *M. hof* 18. die kolen messen und liebern FRANKF. *brgmstb. a.* 1447 *vig. V. p. decoll.* lubern GR.w. 5, 698. lievern MONE 6. 196, 79. liefern GR.w. 2, 429; einen lifern, *ihm lebensunterhalt, kost geben* DH. 279. manch müeder hunt gelüfert wart DA. 417. — *mit* über-. *aus fz.* livrer, *mlat.* liberare *s.* DIEZ 207. WEIG. 2, 50;

liberîe *stf. abzeichen an der kleidung, livree.* lieberei NP. 108. librei CHR. 5. 271, 27. — *aus it.* livrea, *fz.* livrée, *span.* librea *vom mlat.* liberata (*geliefertes*) *s.* DIEZ 207. SCHM. *Fr.* 1, 1413.

liberîe *stf.* (*ib.*) *bibliothek* HÄTZL. J. *a.* 1433. ÖH. 27, 1. 162, 24 *ff.* RCSP. 1, 429. 30. DFG. 73ᵃ, *n. gl.* 52ᵇ. ZIMR. *chr.* 4, 656ᵃ. — *aus lat.* liber.

liberieren *swv.* weislich lib., *deliberare* LCR. 50, 1744.

liber-sê *stm. s. v. a.* lëbermer *s.* DENKM. *s.* 348.

liberunge *stf. lieferung* GR.w. 5, 240. lieberunge MICH. *M. hof* 19. lyfrung MH. 2, 480.

lîbes-halp *adv.* (I. 616ᵇ) *den* lîp *betreffend.* ir iegelîcher wære wol ein fürste lîbeshalp gesîn TROJ. 19595.

lîbunge *stf. ruhe, schonung.* daz er suochte ein leben, daz ime lîbunge kunde geben TRIST. 18420. *vgl.* underlîbunge. — *zu* lîben 2.

lîbunge *stf. in* abe-, ent-, înlîbunge. — *zu* lîp.

lich *in* drîlich, einlich, zwîlich. *zu lat.* lix.

lîch *stf.* (I. 970ᵇ) lîche HPT. 8, 117. leuch *s. unter* lîchtuoch, leicht *unter* lîchwëc: *leib, körper* Iw. 3595. TRIST. 10914. HPT. 8, 119; *oberfläche desselben, haut u. hautfarbe* (*bes. gesichtsfarbe*) MAR. TRIST. Iw. (1669). ER. 5145. GREG. 2755. sine legent ge nâhiste dere lîh hemede noch bruoche HIMLR. 261. sô schein diu lîch dâ ER. 328. man dorfte nie beschouwen schœne lîch PART. *B.* 8661; *leibesgestalt, aussehen* Iw. 1333. ER. 288. TROJ. 3026. KRONE 16527. ze lîbe unt ouch ze lîch, *für den leib u. seine gestalt* ROTH *denkm.* 46, 26 (HPT. 8, 118); *zu begrabender toter, leiche* SERV. LOH. 3203. TROJ. 10856. ALEXIUS 116, 903. j.TIT. 4828. 5085. KRONE 11538. RENN. 17142. W. *v. Rh.* 100, 44. MGB. 110, 9. 292, 1. 462, 19. GA. 1. 115, 378. 88. GERM. 4. 458, 655. ELIS. 3809. 5625. 46 *etc.* PASS. (*K.* 276, 27); *leichenbegängnis*, exequie DFG. 216ª, *s.* SCHM. *Fr.* 1, 1424. — *gt.* leik *n. von* BOPP *zu skr.* dêha *gestellt, vgl.* GDS. 354 *u.* 1010. KUHN 1, 562. 3, 189; *dagegen ib.* 5, 34 *u.* 11, 162 (*zum adj.* lich, *vgl.* FICK² 540. 856). 15, 92 (*zu lat.* lignum).

lîch *prät. s.* lîhen.

lîch *adj.* (I. 971ª) *s. v. a.* gelîch CRANE 2256, *als zweiter teil in composs. übereinstimmung, angehörigkeit, angemessenheit, art u. weise ausdrückend.* — *gt.* leiks, *lit.* lygus, *vgl.* SCHER. *gesch.* 370. GSP. 276. 78. KUHN 11, 162. 12, 354. 15, 92. FICK² 856.

lîcham, lîchame *stswm.* (*ib.*) *leib, körper,* leichnam. licham *st.* EN. 225, 10. BPH. 6842. ALEXIUS 115, 822. 116, 917. PASS. 73, 89. 125, 6. 352, 14. *K.* 31, 4. 228, 37. ELIS. 2771. 9403. lichame *st.* MARLD. *han.* 6, 6. 22, 22. 31, 15. 33, 1 *etc., sw. ib.* 22, 37. 26, 36. 33, 13 *etc.* GLAUB. 797. 993. 2179. MSH. 2, 99ª. 99ᵇ. PASS. 298, 43. ALBR. 4, 2. 10, 291. 22, 105. ELIS. 2803. 4660. 5176. 9300. 11. 83. HEINR. 3900. lichâme, lichôme CHR. 8. 67, 17. 9. 103, 14. 440, 2 *var. entstellt* lichnam *st.* LIEHT. 544, 7. PASS. *K.* 28, 82. 30, 77. 86, 57. 122, 28. 329, 55, leichnam *sw.* MGB. 211, 36. 261, 33. 478, 21. lichname *sw.* SERV. 307. ERNST 3309. GEN. *D.* 76, 19. 109, 23, lichnâme *ib.* 54, 9. KCHR. 777. 2016. 15777 *etc.* ALBR. 32, 493 *s.* GERM. 9, 215 *f.* — *ahd.* lih-hamo (lichham GRIESH. 2, 20), lichamo, *leibliches kleid (der seele), leib s.* ham 1 *u.* HPT. 6, 298.

lîch-bant *stn.* instita VOC. *Schr.* 1326. *vgl.* DFG. 302ª, *n. gl.* 218ª.

lîch-bevëlhen *stn. begräbnis.* swenn er daz lichbevelhen mit iu dinget WARTB. 119, 3;

lîch-bevilhede *stf.* (I. 316ᵇ) *dasselbe* WALLR. 49. *vgl.* lipbevilde.

lîche *stf. s.* lich.

lîcheit *stf. aus* lich-heit, *gleichheit* ÖH. 16, 9.

lîchemede *stn.* (I. 624ᵇ) *aus* lich-hemede, *kleid am leibe* DENKM. XLVII. 3, 15.

lichen *swv. s.* licken 1; lîchen *stv. s.* lîhen.

lîchen *swv. u. st. II.* (I. 970ª. 974ª) *ahd.* lîchên, *gleich, ähnlich sein mit dat.* DIEM. 93, 18; *gefallen* TRIST. 6932, *mit dat.* DIEM. GEN.

(*D.* 78, 8. 103, 8). KCHR. *D.* 471, 22. 473, 26. HIMLR. 56. MAR. (*st. part.* gelichen 169, 12). TRIST. BARL. GFR. 2649. ALBR. 16, 459. 22, 208. — *mit ge-;*

lîchen *swv.* (I. 974ª) *md. gleich od. ähnlich machen, stellen mit dat.* PASS. 18, 63;

lîchen *swv.* (I. 974ᵇ) *ahd.* lîchôn, *eben, glatt machen, polieren* PF. *arzb.* 2, 12ª. *hieher zieht* SCHADE 369ª *u.* 484ᵇ *die stelle* PARZ. 1, 21 (zin anderhalp ame glase geleichet *s.* geleichen; *die hss. haben* gelîchet *u. eine* gelîchent): zin, anderhalp ame glase gelîchet, *zinn, auf der rückseite des glases geglättet.* BARTSCH 1, 21 *hält sich an die lesart* gelîchet: *der spiegel u. der traum des blinden rufen ein abbild, ein scheinbild hervor.* Lachm. *emend.* geleichet (*täuscht*) *gibt aber noch immer den besten sinn.* — *vgl.* lîhten 2;

lîchenen *swv. in* gelîchenen.

lîchen-haftigen *swv.* gelichenhaftiget werden, incarnari WINDB. *ps. s.* SCHM. *Fr.* 1, 1425;

lîchen-heftic *adj. als* lîche. ob wir leichenhäftig da ligen würden MB. 25, 54 *s.* SCHM. *a. a. o.*

lîchen-heftic-lîche *adv.* sam ob wir leichenhefticleich do engegenwürt stuenden UOE. 5, 199 (*a.* 1316).

lîchern *swv. in* gelichern;

lîchesen *swv. ahd.* lîhhisôn, *vergleichen, sich verstellen s.* gelichesen.

lîch-ganc *stm.* funebrium DIEF. *n. gl.* 186ª.

lîch-geziuwe, -gezouwe *stn. dasselbe* DFG. 252ᵇ, *n. gl.* 186ª.

lîch-ham *s.* licham.

lîch-hof, lîchof *stm.* (I. 699ᵇ) *gottesacker* CHR. 8. 121, 27. 73, 13. SCHMIDT *gottesfr.* (*memorial c.* 8). MGB. 110, 25.

lîch-hûs *stn.* (I. 738ᵇ) porticus DFG. 448ᶜ, *n. gl.* 298ᵇ.

lîch-kar *stn.* (I. 788ª) *sarg,* feretrum DFG. 230ᶜ.

lichkritz *s.* lakeritze.

lîch-lachen *stn. s v. a.* linlachen HIMLR. 281.

lîch-lege *stf.* (I. 993ᵇ) *beerdigung* TIT. 21, 4.

lîch-leite *stf. dasselbe* KRONE 9704.

lîch-liute *pl. trauerleute bei einem leichenbegängnis* MONE *z.* 5, 63 (*a.* 1344).

lîchname, -nâme *s.* licham;

lîchnamunge *stf.* incarnatio HPT. 8, 143.

lîchof, lîchôme *s.* lichhof, licham.

lîch-pfenninc *stm. begräbnisgeld* MONE *z.* 17, 44 (*a.* 1339).

lîch-reste *stf.* (II. 557ª) *beerdigung* SERV. 1578. exequie VOC. 1482.

lîch-schîbe *swf. totenschild* NP. 113.
lîch-schilt *stm. dasselbe ib.*
lîch-stein *stm.* (II². 615ª) *sarcophagus* MGB. DFG. 512ᵇ, *n. gl.* 327ª.
lîch-stein *stm.* (*ib.*) *polierstein* Ls. 3. 393, 82 (*gedr.* lickstain). *s.* lîchen 3.
lîcht- *s.* lieht-, lîhte-.
lichten *s.* lîhten 2.
lîch-tuoch *stn. bahrtuch* MÜNCH. *r.* 7, 15. NP. 111 *f.* leuchtuoch CHR. 2. 14 *anm.* 4. leichtuch, sandalium VOC. 1482.
lîch-tuom *stn. funebris* VOC. *Schr.* 1007.
lîch-wëc *stm. leichenweg.* leichtweg GR.w. 6, 79. *vgl.* RA. 552.
lîch-zeichen *stn.* (III. 863ᵇ) *zeichen das als beweis für die tötung eines verwanten gilt* KULM. *r.*
licken, lîchen *swv.* (I. 970ª) *factit. zu* lëchen: *durchseigen* ERINN. 121 *u. anm.* PRIESTERL. 583 (592). *vgl.* VIRG. 699, 8.
licken *swv.* (I. 975ª) *locken* Ls. 3. 231, 34 (: stricken). *vgl.* STALD. 2, 171 *u.* lücken 3. — *mit* be-.
licken *stv. s.* lîgen.
lickwericie, licritz *s.* lakerize.
lîdære *stm. leider, dulder* MSH. 2, 213ᵇ. MGB. 220, 11 (*übers. des lat.* passer).
lid-boum *stm. ornus* DFG. 401ᵇ, *vgl.* lîmboum.
lîdden *s.* lîden.
lide-bære *adj. in* unlîdebære.
lide-brëchen *stn. das brechen der glieder* PASS. 105, 64.
lidec *s.* lëdec.
lîdec, lîdic *adj.* (I. 979ᵇ) *leidend.* nôtic, lîdic MSH. 2, 283ª *s.* nôtlîdec; *geduldig* GRIESH. lîdig, geduldig W. *v. Rh.* 233, 35; *erträglich s.* unlîdec.
lîdec-lich *adj.* (*ib.*) *geduldig* BARL. 159, 29;
lîdec-lîche, -en *adv.* (*ib.*) *geduldig* BÜCHL. BARL.; *erträglich, comp.* leidiglîcher, *lieber* MF. 141.
lide-grôʒ *adj. gross von gliedern* HERB. 2957.
lidegunge *s.* lëdegunge.
lide-lam *adj. gliederlahm* BERTH. 427, 29.
lîde-lich *adj.* (I. 979ᵇ) *leidend* TAUL., *für körperl. leiden empfänglich:* dô er lîdlich und tœtlich was MYST. 2. 355, 34; *geduldig, nachsichtig.* leidleich und beschaiden sein mit der chost Mw. 303, 4 (*a.* 1340); *erträglich* NARR. 93, 22, *s.* unlîdelich.
lîde-lîche *adv. s. v. a.* lëdeclîche N. *v. B.* 338.
lîde-lîcheit *stf. empfänglichkeit für leiden* MYST. 2. 417, 20. 641, 10.

lidelîn *stn.* (I. 978ª) *dem. zu* lit, articulus VOC. *o.*
lide-lôn *s.* litlôn.
lide-lôs *adj.*(I. 978ª) einen l. machen, *ihn eines gliedes berauben* SCHM. Fr. 1, 1441 (*a.* 1332).
lide-mâc *stm.* (II. 12ª) *blutsverwanter* WEIST.
lide-mâʒ *stn.* (II. 203ª) *gliedmass, glied* LEYS. KREUZF. MSH. 3. 468ᶻ, 10. MYNS. 3. er irrite si an ire lidemeiʒen GRIESH. *denkm.* 36. *nd.* ledemat DFG. 52ᵇ (litmat 400ᵇ), *n.gl.* 36ª;
lide-mæʒe *stn.* (II. 208ª) *organum* FDGR. 1, 381ᵇ. DFG. 400ᵇ;
lide-mæʒec (II. 209ᵇ) *mit geraden gliedmassen versehen* EHING. 4. *vgl.* ZIMR. *chr.* 1. 137, 14. 323, 11.
lîden *swv. gliedern.* sich lîden TÜRL. *Wh.* 6ᵇ. zesamene l., *zusammenfügen* GEN. *D.* 7, 10. PASS. *K.* 551, 98. *s.* gelidet 1, ent-, zerlîden.
lîden *swv. mit einem deckel* (lit) *versehen. s.* gelidet 2.
lîden *stv. II.* (I. 975ª. 978ª) lîdden N. *v. B.* 129 *u. o., contr.* lîn VIRG. 1010, 5; *prät.* leit, *pl.* liten (lieten CHR. 8. 49, 17), *part.* geliten (geliden RENN.4006. PASS.*K.* 163, 20. THEOL. 110. lîden HERB. LAMPR.) —: *intr. gehen, vorübergehen* HERB. 8125 (*vgl.* WOLFD. 2236, 3). dô di nône lîden was L.ALEX. 5108 *s.* KARLM. *B. s.* 303 *u.* verlîden; *etw. über sich ergehen lassen, erfahren, ertragen, erdulden, leiden absol.* PARZ. LOBGES. 1. als ein lamp KARLM. 162, 7. mit der stat l., *die öffentl. lasten der stadt gemeinsam tragen* DH. 4. MH. 3, 413. CP. 272; *mit acc. d. s. allgem.* (bete l., *mit bitten überhäuft werden* PANTAL. 1063. daz mohten sie wol l., *konnten sie sich wol gefallen lassen* GUDR. 481, 4. etw. l., *leiden, gerne haben* ELIS. 7282. schande l., *erleiden* GEN. *D.* 98, 3. hunger l. PASS. *K.* 12, 29. nôt l. 81, 83. der vumf wunden an dem krûze leit *ib.* 232, 17. den krampf, siechtuom *etc.* lîden MGB. 183, 19. 20. 442, 7. den winter l. *ib.* 116, 16); *mit acc. d. p. nicht entfernen, leiden* TRIST. Ms.; *refl. sich in geduld schicken, gedulden* TAUL. sich l. lân, *sich wol gelitten machen* MSH. 2, 332ᵇ. — *mit* mite, durch-, er-, ge-, über-, ver-. *gt.* leithan, *gehen, vgl.* DIEF. 2, 131. 769. GSP. 276 (*zu* ἐλϑεῖν) FICK² 857 *u.* lit 1.
lîden *stn. leiden, trübsal, plage. des ungemaches* l. ELIS. 9625. von dem lîdende unsers herren N. *v. B.* 94. daz êwig l., *pein, marter* MGB. 197, 23. *vgl.* CHR. 9, 1112ª.

lide-nâch *adj.* (II. 284ᵇ) *gliednahe: blutsverwant* OBERL. 929.

lîden-lich *adj. erträglich, leidlich* NP. 99. s. ZIMR. chr. 4, 654ᵃ;

lîden-lîchen *adv.* (I. 979ᵇ) *geduldig* PARZ. 13, 7.

lidere *f. weibchen des lachses* MONE z. 12, 300. 306 (a. 1347). s. STALD. 2, 171.

lideren *swv. s.* lëderen;

liderîn *adj.* (I. 958ᵇ) *von leder, von fell* PARZ. HELBL. TROJ. 5951. 14064. ALBR. 33, 230. WAHTELM. 65. SWSP. 285, 2. NP. 295. TUCH. 132, 30. 133, 9 *etc.* lidreiner puckler, stetra VOC. 1482. lidern FASN. 35, 20. lëderin KARLM. 135, 26, leddern MICH. *M. hof* 21.

lider-lich *s.* liederlich.

lîde-samkeit *stf.* tollerantia DFG. 586ᶜ. VOC. *S.* 2, 20ᵃ. *vgl.* leitsamkeit.

lide-schart *adj.* (II². 157ᵃ) *an den gliedern zerhauen, verstümmelt* LANZ. ALTSW. 126, 11;

lide-scharte *stf. verletzung eines gliedes* DIUT. 1, 335. *vgl.* SCHM. 3, 404;

lide-schertic *adj. s. v. a.* lideschart ROTENB. *r.* 58.

lide-siech *adj.* (II². 356ᵇ) *an den gliedern krank, gichtbrüchig* PANTAL. KOLM. 36, 28. litsiech W. *v. Rh.* 242, 9.

lide-siech-tuom *stm.* (II². 357ᵇ) *gliederkrankheit, gicht* DIEM. arzb.

lide-suht *stf.* (II². 359ᵃ) *dasselbe* VOC. *o.*; stranguina od. harnseiche VOC. 1482.

lide-weich *adj.* (III. 617ᵃ) *weich, biegsam in den gliedern.* lidweiche glidelin CGM. 828, 4ᵇ *bei* SCHM. 4, 10. lidew. hant OT. 116ᵇ. ein lidwaich tremel, stecken ZIMR. chr. 4, 657ᵃ.

lidic, lîdic *s.* lëdec, lîdec.

lidigen, lidigêren *s.* lëdegen, lëdigærinne.

lid-lôu, -nagel *s.* litlôn, -nagel.

lidundei *interj.* MSH. 1, 110ᵃ ff. *vgl.* WACK. *voces* 2, 26 *anm.*

lîdunge *stf.* (I. 979ᵃ) *leiden, geduldiges ertragen* GRIESH. WACK. *pr.* 99, 98. passio DFG. 415ᵃ.

lid-wurz *stf.* (III. 829ᵇ) rubea major VOC. *o.* MYNS. 81. lytwurz od. satwurz, solago VOC. 1482.

lie *prät. s.* lâzen.

lie, liewe *stf.* (I. 983ᵇ) *laube* WIG. FRL. — *gt.* hlija, *zelt, hütte, alts.* hlëa *stf., altn.* hlê, hlŷ *stn. schatten s.* GR. 1³, 97. 244. DIEF. 2, 565. GSP. 40. CURT.³ 143. MYTH. 60.

lieb- *s.* liep-, liebe-.

liebart, liebarte *s.* lêbart.

liebde *stf.* liebden, *in der anrede.* bedeuchte es ewrer liebde geratten sein CHR. 3. 381 *anm.* 3 (a. 1443); *md.* leift (*nd.* liefde, lêfte) *liebe*: als dô ir leift geluste PASS 80, 84. *vgl.* WEIG. 2, 48;

liebe *stf.* (I. 1015ᵇ) *das wolgefallen das man über oder durch etw. empfindet, das liebsein, das wolgefallen, die freude; das liebhaben, die freundlichkeit, gunst, liebe allgem.* (z. b. liebe der sünde, wolgefallen, liebe zur sünde GERM. 7, 349. die liebe heten ze wizzen diu mær OT. 15ᵃ. stætiu liebe heizet minne LIEHT. 430, 1. grôz angest bî der liebe lît MSH. 1, 27ᵇ. wâriu liebe ist minne ein übergulde *ib.* 24ᵃ. dâ brennet diu minne vor liebe *ib.* 112ᵃ. diu l. machet mir heiz und wider kalt EILH. 2078. die nâch liebe sint versent TROJ. 14937. diu l. in irme herzen saz GA. 1. 341, 136. 55. 343, 211. ungezême l. ALBR. 21, 17. *personif.* MSF. 161, 31. HADAM. 13. ALTSW. 28, 31. 84, 7), durch — liebe *mit gen. zu liebe, zu gefallen, um — willen, ebenso* ze — liebe *mit dat.,* umbe — liebe *mit gen.* (GEN. *D.* 103, 1); *in der anrede s. v. a.* liebde. dîn liebe RCSP. 1, 298 (a. 1416). eur liebe *oft in* MH. wir haben seiner liebe schreiben lassen CP. 246. *vgl.* ZIMR. chr. 4, 657ᵃ; *s. v. a.* minne gedächtnistrunk: Johannes lieb CHR. 3. 149, 26. — *zu* liep;

liebe *adv.* (I. 1014ᵇ) *mit* liebe, *wolgefallen, freundlichkeit, lust, freude allgem.* (sô liebe dienten si ir trohtin GEN. *D.* 26, 21. daz was im liebe bekant, *war ihm eine erfreuliche nachricht* NIB. 1570, 4 *a.* liebe leben, *angenehm* TRIST. 15045. einen od. etw. l. haben JER. 139ᶜ. mir ist, wirt l., *ich habe lust an:* den haiz und lieb ze lernen ist MGB. 119, 45. mir geschiht l., *mir ergeht es erfreulich, wird wol zu mute* BIT. 87. PASS. K. 39, 96. einem l. tuon, *an jem. mit freundlichkeit u. ihm zur freude handeln, ihm wol tun.* l. gedenken, sehen *mit refl. dat. sich zur lust woran denken, sehen:* des im der kunic liebe sach PASS. *K.* 669, 1. got sach im lîb in hôhir lust JER. 148ᵈ; — *comp.* lieber *zu grösserer freude, mit grösserer lust, eher:* mir ist noch lieber tôt gelegen, denn ich ze lande kêre TROJ. 8260. sô wær ich vil lieber tôt NEIF. 52, 9);

liebe *swmf.* (I. 1013ᵇ, 17) *geliebter, geliebte* WALTH. der lieben wengel MSH. 1, 108ᵇ, *bes. in der anrede* KCHR. liebe, hôre her zuo mir EXOD. *D.* 139, 4. nu vernemet mîne lieben

Gen. *D.* 1, 1. Kol. 136, 260. 140, 440. 141,
452. waz meinstû, liebe? Ga. 2. 366, 184;
liebechîn *stn. md. liebchen.* Herman und syn
liebchîn Frankf. *brgstb. a.* 1445 *vig. visit.* ;
liebegen *swv. in* erliebegen.
liebe-gërnde *part. adj.* (I. 534ᵃ) *lust, freude
suchend* Trist. 94, *nach liebe strebend* Msh.
1. 208ᵃ, 5.
liebe-, lieb-halp *adv.* (I. 616ᵇ) *die liebe betreffend* Wwh.
liebe-kœseler, -kôsen *s.* liepk-.
liebel *stn. geliebter, liebling* Hans 911.
liebe-lîchen *adv. s.* liepliche.
liebe-lôs *adj.* (I. 1015ᵃ) *ohne* liebe Eilh. 3197.
W. *v. Rh.* 176, 35. N. *v. B.* 256. Ls. 1. 412,
126.
***lieben** *stv. III.* (I. 1013ᵇ) loup, luben, geloben Gr. 2, 51 *als wurzelverb aufgestellt für*
liep, louben, loben. *vgl.* Weig. 1, 442;
lieben *swv.* (I. 1016ᵇ) *ahd.* liupên *intr.* liep
sein od. werden, behagen, gefallen Trist.
27, *mit dat. allgem.* (Winsb. 42, 1. Loh.
7597. Laur. *Sch.* 1150. 1710. Mgb. 128, 3.
131, 18. 180, 33. Pass. *K.* 129, 35. 291, 13.
Albr. 1, 1067. 71. 14, 33. 18, 49. 22, 527. 32,
149. 34, 124), *unpers.* Gudr. mir liebet mit
etw., *ich habe freude daran* Greg. 233. —
mit an, ge-, ver-;
lieben *swv.* (I. 1016ᵃ) liuben Gen. *D.* 16, 36.
17, 34 (*ahd.* liupan, liupen, liuben *aus* liupjan): *tr. mit acc. d. p.* liebe *tun, freundlichkeit erweisen, erfreuen* Mar. Hartm. Orl.
einen mit schenkunge l., *ihn durch ein geschenk erfreuen* W. 19 *s.* 28 (*a.* 1333, *s.* liebunge); — *lieben* (*ahd.* liupôn, liubên) *mit
acc. d. p.* Hpt. 2. 220, 5. Leseb. 964, 11, *mit
acc. d. s.* Trist.; — liep, *angenehm, beliebt
machen* Trist., *mit dat.* Gen. Erinn. Iw.
Walth. dô was geliebet im der lîb En. 348,
9. Msh. 2, 319ᵃ. diu eine liebet mir daz lant
Msf. 182, 23. der liebet im ein swachez leben Silv. 2467. swie harte er iu geliebet hât
sîn lêre Karl 1412; *refl.* wîbes liebe sich l.
kan Türl. *Wh.* 68ᵇ. vrouwen wunne liebt
sich baz, danne allez, daz ie man siht Msh.
2, 298ᵇ. sich einem l. Wig. Barl. Diocl.
Dietr. 100. Reinh. 354. 3714. Neidh. XLIX,
16. Helmbr. 926. Troj. 40385. Hb. *M.* 370.
sich einem z u o l., *sich einschmeicheln* Berth.
Such. sich mit einem l., *sich in güte mit
ihm vertragen, vergleichen* Frankf. *brgmstb.
a.* 1450 *vig. Matth., vgl.* minne, minnen. —
mit zuo, er-, ge-.

lieberei *s.* liberîe.
lieberen *s.* liberen.
liebersel *stf. geschenk um zu bestechen.* wer
solche liebersell und schenke gibt, sal zu pêne
verfallen sîn Frankf. *brgmstb. a.* 1443 *vig.
III. p. assumt.* sell = sele *stf. übergabe?*
liebe-sam *adj.* die zwêne wurden sô liebesam
(*hs.* lieb seine), *liebten sich* Gfr. 78 *u. anm.*
liebe-schaft *stf. liebschaft, liebe.* wan diu
rehte liebeschaft zwischent zweien hât ir
craft Ring 11ᵈ, 25. liebschaft Wh. *v. Öst.* 37ᵇ.
Vintl. *Z.* 215.
liebe-trager *stm.* Vênus (*d. planet*) ist ein
liebtrager Myst. 2. 212, 38. 213, 17.
lieb-halp *s.* liebehalp.
lieb-lich, -schaft *s.* lieplich, liebeschaft.
liebstickel, -stockel *s.* lübestecke.
liebunge *stf. liebe s. unter* holdenunge; *gabe,
geschenk, verehrung* Rta. 1. 203, 5. 225, 6.
329, 19. 355, 34. 41. Np. 81. Tuch. 123, 13.
244, 30. 277, 19 *u. oft in den* Chr., *vgl.* liepnisse.
liechen *stv. s.* lûchen.
liecht *adj. s.* lîhte 2.
lied *prät. s.* laden 2.
liedelîn *stn.* (I. 984ᵇ) *dem. zu* liet Trist. Neidh.
82, 26. Msh. 1, 154ᵇ. liedlîn Lcr. 113, 14 *u. o.*
lietlîn Kolm. 57, 4. 90, 5. liedel *ib.* 18, 12.
Neidh. XL, 21. 67, 6. Msh. 1, 301ᵇ. Apoll.
9911. zwei tûsent liedlîn, *strophen* Wolfd.
Casp. 2133.
lieder-buoch *stn.* (I. 279ᵇ) liederbuch Msh. 2,
280ᵇ.
lieder-lich *adj.* (I. 1053ᵃ) *leicht u. zierlich in
wuchs u. bewegung* Wolk. 47. 3, 2; *leicht,
geringfügig.* er verschlôsz die selben geschrift in ainen liederlîchen stecken *Giess.
hs.* 2ᵃ (Weig. 2, 49); liderlich meister, *die
ihr handwerk nicht verstehen* Tuch. 278, 33;
leichtfertig, liederlich, lichtvertig lüt und
liederlich frowen S. Gall. *chr.* 46. — *mit* luoder (*wie* Gr. 1, 1080 *u.* 1³, 227 *angenommen
wird*) *hat das wort kaum etwas zu tun, denn
eine form* l ü e d e r l i e h *ist nicht nachweisbar
(vgl. das zweifelhafte* luoderlich) *s.* Weig.
2, 49. Schm. *Fr.* 1, 1444;
lieder-lîche, -en *adv.* (I. 1053ᵇ) *auf leichte,
anmutige weise* Wolk. 76. 1, 22; *leicht,* er
dring dâ durch ân allen wanc als liederlich
als ein gedanc Helmsd. 24ᵇ. es wêr alles gar
liederlich gewendet worden und understanden Chr. 2. 371, 6; *leichthin, unachtsam,
überlegungslos, leichtfertig.* liederlich han-

deln NP. 50 (*15. jh.*) *s.* CHR. 5. 148, 1. 163, 21. 188, 13. 220, 16;

lieder-lîcheit *stf.* 1. *od.* miltikait liberalitas DFG. 326ᶜ; *unachtsamkeit, leichtsinn.* und ward abgesetzt von liederlichhait wegen S.GALL. *chr.* 10. ir solt warlich gelauben, das wir solher unordnung nicht aus verachtung oder liderlichkait als lang zugeschaut haben CP. 255. saumnus und liederligkait ZIMR. *chr.* 1. 405, 33;

liederlîchen *swv. in* verliederlîchen.

liegât. her liegât, *lügner* MSH. 2, 213ᵇ;

liegen *stv. III.* (I. 1024ᵇ) liuge, louc, lugen (logen DÜR. *chr.* 361), gelogen; *im infin. zu weilen* liugen (lügen STAUF. 1031. GR.w. 5, 170), *md.* ligen (PASS. *K.* 657, 3) —: *intr. eine unwahrheit sagen, lügen allgem.* (des herze liegen, triegen kan LIEHT. 634, 12. âne schame l. MSH. 2, 360ᵇ. der arme liegen muoz, der milte ouch liegen kan; swer minne pfligt der liuget ouch, eʒ sî daʒ wîp, eʒ sî der man *ib.* 360ᵃ. daʒ ich niht enlûgen ALBR. 30, 104. du hâst iezuo gelogen OTN. *A.* 165. daʒ Petrus disen hieʒe lîgen dort PASS. *K.* 657, 3, *anders* einen l. heiʒen: *ihn der lüge zeihen* GR.w. 5, 170. SCHM. *Fr.* 1, 1461. ich sihe rehte daʒ ich louc FLORE 5032), liegen a n, *in bezug auf* lw. dâ enlugen sî niht an, *darin hatten sie vollkommen recht* GREG. 3570. sô liugest du schemelîch i n dînen munt MSH. 3, 351ᵃ. ir lieget deme dûvele a n daʒ bein ROTH. 3131. a n einen l., *unwahres auf jem. sagen* NIB., *ebenso* ûf einen l.SUCH. CHR. 5. 307, 11. 308, 5. l. v o n *etw., über* PARZ. l. m i t, *mit etw. täuschen, betrügen* TRIST. BARL.; *mit dat.* belügen, betrügen *allgem.* (got wir harte liugen GEN. *D.* 22, 12. daʒ er im hête gelogen EXOD. *D.* 141, 9. daʒ ich dir niene liuge OTN. *A.* 130. daʒ ouge mir niht liuget RAB. 477. die elemente liegent uns PASS. *K.* 545, 21. 631, 17. wie er ouch in beiden louc FLORE 7411. si louc im niht umbe ein hâr HPT. 5. 281, 475. die mâʒe im a n der lenge louc PASS. 49, 10), einem eines d. niht l., *es ihm zugestehen od. gewähren* PARZ. 37, 25. 41, 12; — *tr.* lüge liegen, *unwahrheit sagen* WALTH. 33, 17. a n einen lüge l. BPH. 4369; *erlügen,* und liege ich daʒ LESEB. 617, 29. diu rîterschaft niht râche louc, *nahm rache* WWH. 392, 18. *part.* gelogen, *erlogen* Iw. FREID. gelogeniu worte OTN. *p.* 30. diu schrift ist gelogen LESEB. 223, 2. daʒ ist i n ir hals gelogen HELBL. 2, 1412. ûf einen etw. l., *unwahres auf ihn sagen* CHR. 5. 307, 21. *mit dat. d. p. einem etw. versagen, ihn darum betrügen.* si logen om die hulde, *versagten ihm die dienstpflicht* DÜR. *chr.* 361. mînen lôn hâst du mir gelogen GEN. *D.* 56, 22. — *mit* abe (*tr.* wie er im den kæse abe louc REINH. 362, 1940), ane (*s. noch* ER. 6927. LOH. 2220. MSF. 161, 28. APOLL. 20033. 364. 76. HPT. 4. 424, 202), ûf, zuo, be-, er-, ge-, über-, ver-. *gt.* liugan, *vgl.* FICK² 541. 854. KUHN 1, 204. 11, 179;

liegen *stn.* (I. 1025ᵇ) *das lügen* NIB. PARZ. FREID. wir mugen in niht betriegen mit unserem liegen GEN. *D.* 20, 4. sîn l. snîdet sam ein grât BÜCHL. 1, 1767. swie l. al der werlte sî verboten in der ê MSH. 2, 360ᵃ.

liegen-strâfe *stf. strafe für lüge* GR.w. 6, 395.

lieger *stm. lügner* GRIESH. 1, 121. MSH. 2, 250ᵃ. MGB. 45, 6. NETZ 13357. CHR. 5. 118, 5;

liegerîn *stf. lügnerin* SYON 267.

liehe *s.* liene.

*****liehen** *stv. III.* louch, luhen, gelochen GR. 2, 50 *als wurzelverb aufgestellt für* lieht, liuhten, louc, lohe. *vgl.* WEIG. 2, 46;

lieht *adj.* (I. 1029ᵃ) *md.* liecht *u.* licht: *hell, stralend, blank allgem.* (und began zehant brinnen der schaft von sô liehtem louge, daʒ nie dehein ouge keinen liehtern gesach KRONE 19216. der liechte tagesterne ALBR. 24, 240. liehte blicke, *blitze* WG. 940. 2159, *vgl.* liehtblic. liehter glast ER.² 1781, tac *ib.* 1717. BÜCHL. 2, 445. diu heide lieht *ib.* 441. ENGELH. 2633. liehtiu ougen TUND. 44, 4. TROJ. 22647. GUDR. 23, 4. dem plinten gab er lihtiu ougen KCHR. *D.* 57, 31. lieht und tiure zwelf bouge swære GUDR. 392, 3. l. palast SILV. 1834. kleit TROJ. 24844. liechte tugent PASS. *K.* 11, 6. des liehten lautern luftes MGB. 207, 22. dâ sint sein varb aller liehtest *ib.* 213, 14. liechtes lant, *kahles?* SCHM. *Fr.* 1, 1431 *a.* 1438); — *subst. stn.* (I. 1028ᵃ) *das licht, das leuchten, die helle, der glanz, eig. u. bildl. allgem.* (er sprach: nû werde lieht GEN. *D.* 2, 24. dû bist lieht unde naht LIT. 87. der sunnen l. MGB. 296, 30. klârez l. *des morgensterns ib.* 62, 10. des mânen kraft unde der sterrin licht ADRIAN 420, 12. etw. ze liehte und ze tage tragen TRIST. 15443. etw. an daʒ l. tragen LS. 3. 284, 52. diz ist an mir ze liehte brâht *ib.* 1. 239, 171. des name wart ze liehte brâht TROJ. 37741. mîn name ist an daʒ l. gevarn *ib.* 37394. nû lâ den brief zuo liehte gân, *bringe ihn ans licht,* *lass ihn hören* WARTB. 120, 1. tuoch ze liehte setzen und verkoufen NP. 162. ze l. komen, *sich sehen lassen* OTTE 524. mîner ougen spilndez l. ERNST 5101. si sint wunne ein berndez l. WINSB. 12, 1. daz grâwe l., *dämmerung* MSH. 2, 67ᵃ. zwischen liecht, zw. liechtes, *in der dämmerung* CHR. 4. 75, 17. 226, 27. sô mir dat heilge licht KARLM. 105, 30. daz êwige l., *himmlischer glanz im gegens. zur finsternis der hölle* GEN. D. 26, 28. MONE 8, 492. dô sprach daz êwige l. *Christus* DIEM. 252, 4. 296, 23. ein l. der werlt, der vernunft MGB. 63, 8. 205, 25. dirre heilige hât vil lichtes, *erleuchtung*, gehabt von gote MYST. 1. 219, 28); *tageshelle, tag:* zwô vinster und dreu lieht, *zwei nächte u. drei tage* GR.W. 6, 134 (*s.* liehte); *licht der augen, gesicht* PANT. einer verlieset hœren oder daz lieht ERINN. 548 (*vgl.* liehtlôs); *durch ein fenster fallendes licht, fensteröffnung:* und sol dehein lieht in den kirchhof niht gên NP. 289 (*13.—14. jh.*). si vermaurten den nunen ire lieht CHR. 1. 375, 6. ob iemant liecht oder trupfen het geen auf den anderen TUCH. 280, 24. das einfallende l., *fensteröffnung die schief durch die mauer herabgeht, dem freyen l. entgegengesetzt* SCHM. *Fr.* 1, 1430 (*a.* 1489); *ein einzelnes licht, kerze, pl.* lieht, liehter (ÖH. 62, 6. 63, 23. 84, 30 *etc.*). NIB. WALTH. PARZ. TRIST. BIT. 9411. LIEHT. 271. 27. 29. 31. 348, 26. MSH. 2, 373ᵃ. GA. 2. 470, 119. LS. 3. 11, 225. PASS. 127, 70. GERM. *H.* 9. 118, 801. 130, 1506. AMIS 983. TUCH. 121, 5. 6. 296, 35. CHR. 2. 23, 20. 29, 10; 4. 61, 29. man würket in (den site *in der hochzeitsnacht*) wol âne l. ULR. *Wh.* 131ᵃ. vür daz l. stên, *als lichtschirm* JÜNGL. 122. unser frawen l., *lichtmesstag* TUCH. 21, 4. êwigez (*immer brennendes*) lieht: er sol ein ê. l. erziugen uber sîn grab Mw. 214 (*a.* 1300); *bildl. vom leben des menschen* WWH. LOH. 5273. — *gt.* liuhath *stn. mit* lohe, louc *zu skr.* ruc, *lat.* luceo, lux, *gr.* λευκός, λύχνος GSP. 276. CURT.³ 152. FICK² 171. 860.

lieht-blâ *adj.* (I. 195ᵇ) *hellblau* MGB. 457, 21. HPT. 14, 163. 71. LCR. 50, 397.

lieht-blic *stm. blitz* WG. 13239. 42.

lieht-bringer *stm.* Lucifer DFG. 337ᶜ. *vgl.* liehttragære.

lieht-brinnende *part. adj.* sein augen sint l., *ignei oculi* MGB. 185, 7.

lieht-brûn *adj. hellbraun* MAI 9, 34.

liehte *adv. s.* lîhte.

liehte *adv.* (I. 1029ᵇ) *hell* PARZ. MS.;

liehte *stf.* (I. 1029ᵇ, 50) *helligkeit, glanz* SPEC. 154, 416; *sw. tageshelle, tag* WEIST. *vgl.* liuhte.

liehte-bære *adj.* (I. 1029ᵃ) *licht mit sich führend, leuchtend, glänzend* TROJ. 17648. 19909. TURN. B. 559. 990. 1039. *md.* lichtbêre JER. 32ᵈ. *vgl.* liehtgebære;

liehte-bërnde *part. adj.* (I. 139ᵇ) *dasselbe* LOBGES. TROJ. 5881. 6415. 19615. 953 *u. ö.* PART. B. 5597. 8561. 9310. KONR. *lied.* 25, 65.

liehte-brëhende *part. adj.* (I. 235ᵇ) *hellstralend* MSH. 2, 378ᵃ. MGB. 412, 30.

liehtec *adj. s. v. a.* liuhtec, *zu folgern aus*

liehtec-heit *stf. licht, helle* MYST. 2. 616, 4. 6.

liehtec-lîchen *adv. hell* SIGEN. *Casp.* 162. *vgl.* liuhteclîche.

liehtel-brâte *swm. eine art braten* UKN. *einl.* XLIV *anm.* 8. *vgl.* liechtbrâte ZIMR. *chr.* 2. 456, 32.

liehte-lôs *adj. s.* liehtlôs.

liehten *swv.* (I. 1030, 27) *ahd.* liehtên: lieht werden *od. sein, leuchten, tagen* DENKM. XXX, 4 *u. anm.* HPT. 3, 443. MSF. 57, 11. Iw. 672. TRIST. 8837. TÜRL. *Wh.* 134ᵃ. MOR. 1, 2552. HÄTZL. 1. 14, 9. 21, 8. KIRCHB. 729, 57. *vgl.* liuhten;

liehter *stm. der leuchtet, glänzt, in* vremdliehter, *vgl.* liuhtære;

liehtern *swv. in* verliehtern.

lieht-gebære *adj. s. v. a.* liehtebære VIRG. 700, 3. 706, 8. 734, 6. 1051, 8;

lieht-gebære *stn.* (I. 148ᵇ) *das lichtbringende* HELBL. 1, 31.

lieht-gemâl *adj.* (II. 25ᵃ, 27) *glänzend bunz verziert, in farben stralend, glänzend schön* TÜRL. *Wh.* 20ᵃ. WENZL. 256; *s. andere belege unter* gemâl;

lieht-gemâlt *part. adj. dasselbe.* l. ougen sam die sterne MGB. 280, 18.

lieht-gevar *adj.* (III. 241ᵃ) *hellfarbig, stralend, glänzend* NIB. WOLFR. ERNST, WIG. PASS. KONR. (TROJ. 1666. 7214. 22584. SILV. 4211. ENGELH. 2799. 3086. 5142. PART. B. 2216). WALB. 994. GERH. 3765. LOH. 6792. HELBL. 7, 448. LIEHT. 80, 16. MSH. 1, 50ᵃ. 150ᵇ. 167ᵃ. ALBR. 35, 194. *vgl.* liehtvar.

lieht-grâ *adj. hellgrau.* ain l. aichorn MGB. 158, 9.

lieht-klâr *adj. hellglänzend.* liehtklâriu ougen MAI 30, 11.

lieht-loch *stn.* (I. 1024ᵃ) *lichtloch* SCHEMN. *r.*

lieht-lôs *adj.* (I. 1029ᵃ) *ohne lieht, finster.*

liehtlôser nebel ZING. *findl.* 2. 16, 21. ein hûs liechtelôs PASS. *K.* 238, 16; *blind* SERV. 1692. GSM., liehtelôs PANTAL. (657).

lieht-lüftic *adj. von hellstralender luft, ätherisch.* von den liehtlüftigen himeln W. *v. Rh.* 4, 43ᵇ.

lieht-meister *stm. der für die zum gottesdienste nötigen kerzen sorgt, das dafür vorhandene geld verwaltet* Mz. 1, 331. 32 (a. 1356). *vgl.* liehtpflëger.

lieht-mësse *stf.* (II. 160ᵇ) *lichtmess, fest der reinigung Mariä, an welchem in der kathol. kirche die zum jährl. gottesdienste nötigen kerzen geweiht werden* GRIESH. SWSP. 130, 4. 378. 2. 415, 3. 16. 18. ÖH. 142, 16 *u. oft in urkk.*, liechtmisse PASS. CHR. 4. 130, 12. 13 (*sonst* liechtmesse). liuchmisse *Giess. hs.* nr. 878, 3ᵇ. *vgl* liechtwîhe.

liehtmësse-tac *stm. dasselbe* HÖF. *z.* 2, 515.

lieht-pflëger *stm. s. v. a.* liehtmeister Mz. 1, 381.

lieht-rîche *adj. lichtreich, stralend* MERSW. 103. 106. N. *v. B.* 128. 226. 69. 78. 79;

liehtrîche-lîche *adv.* dâ daʒ obriste guot liehtrîcheliche sich ergiuʒet in den geist MYST. 2. 684, 17.

lieht-schîn *stm.* (II². 146ª) *lichtglanz* OSW. 785. KREUZF. 7436.

lieht-schirbe *swm.* crucibulum, lucibulum DFG. 159ᵇ. 337ᶜ.

lieht-schirm *stm.* athipera DIEF. *n. gl.* 26ª.

lieht-schît *stn. scheit aus dem lichtspäne geschnitten werden.* dô zucktes von der wende ein l., daʒ was swære ÜW. *H.* 511.

lieht-schütze *swm.* liechtschützen *kommen oft vor in der beschreib. des bair. krieges v. j.* 1504 (*hs. im Nürnberger arch.*). *nach* FRISCH 2, 36ᵉ *sollen es ganz geharnischte männer sein*; SCHMELLERS *vermutung* (3, 422), *l. seien vielleicht schützen mit feuergewehren, steht entgegen, dass sie immer mit spiessen bewaffnet angeführt werden. waren sie die verteidiger des* liehtzûnes?

lieht-seil *s. unter* liehttrage.

lieht-stein *stm.* lucibulum VOC. 1482. crucibulum, grassetum, lampas, planetarium SCHM. *Fr.* 1, 1431. it. 6β d. umb unslit und liechtstain CHR. 4. 50 *anm.* 1;

lieht-steinîn *adj.* man sol under den chrâmen chain fuir haben ân liechsteineine eine MÜNCH. *r. s.* 289.

lieht-stërre *swm. glänzender stern* DENKM. XLIV. 5, 9.

lieht-stoc *stm. leuchter* MONE *z.* 16, 161. ALTSW. 51, 3. *vgl.* kerzestoc; *eine münze, auch* liehtstocplaphart = 1 schilling haller EA. 9.

lieht-streim *stm.* (II². 690ª) radius DFG. 483ª, *vgl.* 312ᵇ (*auch* liechstrîme, -streimel), liechtstrein VOC. *S.* 1, 5ᵇ.

lieht-tëgel *stm.* lucibulum VOC. 1482, -tigel FASN. 1216. 18.

lieht-tragære, -er *stm. lichtträger, Lucifer* ERLŒS. 225. PF. *üb.* 73, 18. MGB. 62, 22. DFG. 337ᶜ, *n. gl.* 240ª. liehttreger LEYS. 111, 40;

lieht-tragærinne *stf.* du liehttragerin der cristenheit (*Maria*) KOLM. 194, 9;

lieht-trage *swm.* (III. 77ª) liehtseil vel -trag, lucunar DFG. 338ᵇ.

lieht-var *adj.* (III. 238ª) *s. v. a.* liehtgevar WALB. 1207. ROSENG. *Bartsch* 615. LAUR. *N.* 2903. APOLL. 13006. MSH. 1, 14ª. MGB. 212, 33. 447, 12. LS. 3. 122, 60. EVANG. 277ª. N. *v. B.* 237. 316.

lieht-vaʒ *stn.* (III. 282ª) *gefäss des lichtes, lampe, leuchte* GL. LEYS. BARL. HPT. 3, 444. DENKM. XLIV. 5, 7. L. ALEX. 6409. LIT. 220, 13. PRIESTERL. 128. 620 (611). WACK. *pr.* 30, 19. 22. PART. *B.* 7773; *bildl. von Maria* MS. MAR., *von Christus* DIEM. 234, 9. 235, 9. 237, 19, *von heiligen* HEINR. 96, *vom priester* KARAJ. 14, 24, *vom teufel od. Lucifer* KCHR. GEN. *D.* 1, 16. KELL. *erz.* 11, 36. der minnen l. WILL. *Hag.* 5, 175. — *vgl.* liuhtevaʒ.

lieht-wîhe *stn.* (III. 613ᵇ) *md. s. v. a.* liehtmësse. lichtwîhe MYST. RTA. 1. 284, 8. 285, 3, lichtwie JER. 19498 *vgl.* 17372, lichtwî ZEITZ. *s.* 1, 15, lichtewîe MICH. 3, *s.* 23 (a. 1338), lichtewey CDS. 1, 73 (a. 1398), lichtewei DÜR. *chr.* 175. 617. 86.

lieht-zobel-var *adj. wie ein zobel glänzend.* liehtzobelvarwer schîn TÜRL. *Wh.* 138ª.

lieht-zûn *stm. dünner, durchflochtener zaun, oft in der bei* liehtschütze *angeführten hs.* — *s.* SCHM. *Fr.* 1, 1431.

liele, liel *f.* (I. 983ᵇ) vitis alba, vimen GL. *vgl.* SCHM. *Fr.* 1, 1481.

lielge *s.* lilje.

lien, lîen *s.* ligen, lîhen.

liene *swf.* (I. 984ª) *wilde sau.* liene *u.* liehe (*st.*) WEIST. (1, 384. 87. 88, liere 5, 383, *wol aus* liene *verderbt*). — *frz.* laie *vgl.* FRISCH 1, 599ᵇ. VILM. 242.

liep, -bes *adj.* (I. 1013ᵇ) liup GEN. *D.* 113, 11. EXOD. *D.* 144, 31. 162, 29. liupper (*var.*

lûper, leuper, lieber) Neidh. 47, 9 *u. anm.*
—: *lieb, angenehm, erfreulich ohne od. mit dat. allgem.* (frûnde vil lieben Gr. Rud. 3, 9 vor gote ein lieber man Hpt. 6, 495. habet ûch liep Pass. 242, 20. 25. ein liebez dinc Troj. 21909. lieber liebe mir nie geschach Ulr. Wh. 121ᵃ. liep was er im für sîn muoter Gen. *D.* 97, 9. er was nieman l. Exod. *D.* 144, 31. als liep dir sint dîn êre *ib.* 151, 2. ich bin im gewesen ze liep Troj. 21821. mir ist l. zuo dem swerte Eilh. 424. mir ist etw. liep getân, gewonnen, vernomen, *mir ist angenehm, dass etw. getan etc. wird* Er. Troj. Trist.; *comp.* daz er der liebor ist Gen. *D.* 71, 24. du bist mir lieber danne liep Ga. 2. 374, 21. *sup.* liebist aller wibe Neidh. 60, 3. Herzm. 208. allir manne liebist Eilh. 2235. die süssen liebsten, *lat.* dulcissimi et carissimi *am 18. april* Tuch. 23, 22); — *subst. stn.* (I. 1014ᵃ) *das liebe, angenehme, erfreuliche, die freude, gegens. zu* leit *allgem.* (er tet im liebes vil mit wîne unde mit ezzens spil Gen. *D.* 63, 25. liep und leit vernemen Karlm. 1, 56. 2, 6. 26. durch liebe noch durch leide Troj. 9078. bî leide erkenne ich liep Msh. 2, 391ᵃ. liep ist bitter an dem ende Flore 3772. nâch kurzem liebe langez leit Wg. 7410. lieb pringt laid als hitz den regen Hätzl. 54ᵃ. sich getrœsten liebes unde leides Otn.*p.*52); *geliebter, geliebte* Iw. Walth. Ms. (an liebes arme ligen *H.* 1, 99ᵃ. swaz liep an liebe minnet 352ᵃ). swen liebes arme schrenken Hadam. 148. der ein ungetriuwez liep hât Freid.² 102, 1. *vgl.* Neif. 14, 17 *ff.* Mgb. 179, 17. 249, 25. 262, 29. 278, 26. — *gt.* liubs, *ahd.* liup, liub *mit* loup (louben, gelouben), lop, loben *zu skr.* lubh *begehren, verlangen* (*urspr. wol „heftig an sich reissen"* Z. 1, 14) *gr.* λίπτειν, *lat.* lubet, libet, libido Curt.³ 276. Gsp. 276. Fick² 175. 539. 855.

liep-gedinge *stn. hoffnung auf erwiderung der liebe* Msh. 1, 296ᵃ. 352ᵃ. 360ᵃ.

liep-genæme *adj.* (II. 371ᵃ) *lieblich, angenehm* Neidh. 13, 38.

liep-haber *stm.* (I. 601ᵃ) *liebender,* amator Dfg. 28ᵇ. daz der l. sein liep verliez Mgb. 73, 17. daz ich sol immer haben rât ander liebhabêre Heinr. 3415. lîphaber Myst. 1. 67, 19. *vgl.* Fasn. 632. 1381; *freund, anhänger,* liebhaber der tugent Ls. 2. 456, 55, des lusts, des reiches Chr. 3. 170, 7. 381 *anm.* 3. lîbhaber der gerechtikeit Ludw. 20, 19.

lîpheber des heiligen glouben *ib.* 46, 27;

liep-haberinne *stf.* amatrix liebhaberinne Voc. 1482. Ab. 1, 151; lîbheberinne der dêmûtikeit Ludw. 36, 9;

liep-habunge *stf.* adamatio Dfg. 12ᵃ.

liep-kœseler *stm. der liebesreden führt, liebkoser.* liebekœseler Mersw. 59;

liep-kôsen *swv. liebkosen, eig. zu liebe sprechen. abs.* rûnen und l. sach man sie dicke Ot. 591ᵇ. liebekôsende rede Pf. *üb.* 175, 29, mit einem l. Germ. 3. 364, 1; *tr. u. refl.* alsus liepkôset uns got Myst. 2, 160, 10. ich liebekôsen mich selber gar schier Alsf. *pass.* 41ᵇ. sich l. lâzen Ls. 1. 376, 7;

liep-kôsen *stn.* (I. 864ᵃ) Pass. Ot. 353ᵇ. liebekôsen Ab. 1, 153.

liep-kœser *stm. s. v. a.* liepkœseler Kell. *erz.* 594, 19.

liep-lich *adj.* (I. 1015ᵃ) *freundlich, lieblich, angenehm* Wolfr. (P. 57, 3. T. 103, 4). Trist. ein lieplîch grüezen Wolfd. *B.* 243. mit lieplîcher minne Exod. *D.* 128, 2. daz ir lieplîch lôn wirt sûr Konr. *lied.* 20, 18. in vil lieplîcher gir Elis. 555. in lieblîchem dône Pass. 225, 6. her hatte eine lîblîche sprâche (fuit eloquio dulcis) Ludw. 18, 26;

liep-lîche, -en *adv.* (I. 1015ᵇ) *mit liebe, auf freundl., liebenswürdige weise.* liepliche Troj. 14166. Silv. 168. lieblîche Pass. 170, 58. Elis. 5399. 6285. lieplîch Walth. 27, 25. Trist. 19245. Msh. 1, 108ᵇ. 3, 35ᵃ. lieblich Ernst 3962. Elis. 2692. Pass. *K.* 14, 84. lîblich Jer. 14ᶜ. lieplîchen Walth. Trist. Troj. 23109. Ga. 2. 630, 427. Roth *denkm.* 247. lieblîchen Pass. 170, 72. *K.* 24, 16. liebelîchen Pass. 94, 43. *comp.* lieplîcher Flore 7649, *sup.* lieblîchest Pass. 47, 40; *auf gütliche weise, durch vergleich* Schreib. 1, 108. 235 (a. 1309. 19);

liep-lîcheit *stf. gütlicher vergleich.* rihtung und lieplîchait Mone z. 11, 225 (a. 1394).

liepnisse *stfn. geschenk um gunst zu erwerben.* ân alle liepnisse und gâbe Miltenb. *stb.* 29ᵃ. mit gâbe unde lipnisse Dür. *chr.* 268. Germ. 5, 242, lîbnisse, liebnis *ib.* 6, 59. *vgl.* liebunge.

liep-sælic *adj. s. v. a.* minnesælic Altsw. 45, 19.

liep-schaft *stf. liebe.* swaz gein l. sich gezôch Ulr. Wh. 149ᵃ. Wh. v. Öst. 37ᵇ. sît pflac der helt vermezzen nâch Isenhart sô grôzer liebschefte j.Tit. 2551. ewer l. gefiel mir wol

RING 22ᵈ, 24. von rechter liebschaft sich die leut nemen schollen, nit umb gelt *ib.* 22, 45.
liep-swinderinne *stf.* (II². 799ᵇ) *die vor liebe dahin schwindet, nachtigall* MGB. 221, 9.
liep-tât *stf.* (III. 148ᵃ) *liebesgabe* STRASSB. *r.* NARR. 104, 31. GR.W. 1, 715.
liere *s.* liene.
lieren? *swv.* ûʒ lieren WH. *v. Öst.* 40ᵃ.
liernen *s.* lërnen.
lies *adj. s.* lîse.
liesche *f.?* (I. 984ᵃ) *das liesch, eine grasart* WEIST., *vgl.* WEIG. 2, 50.
liesen *stv. III. in* verliesen. — *gt.* liusan *in* fraliusan, *eigentlich wol „abgelöst werden" mit* laus, lausjan (*s.* lôs, lœsen) *zu skr.* lû *abtrennen, abschneiden, gr.* λύω, *lat.* luo *in* reluo, solvo (*für* seluo) GSP. 276. CURT³. 343. FICK² 856. *vgl.* lôn.
liesnen, liest *s.* lusenen, list.
liet, -des *stn.* (I. 984ᵃ) *pl.* liet *u.* lieder: *gesangstrophe* (Ms.). Wolfdietrich in altem tihte hât siben hundert liet WOLFD. *Casp.* 334, *strophisches gedicht, lied, meistens im pl.* (*strophenreihe*) PARZ. LIEHT. Ms. (disiu liet, *strophen* MSF. 5, 20. sît ich des boten niht enhân, sô wil ich ir diu lieder senden 51, 28. ein hôheʒ niuweʒ liet in süeʒer wîse singen 117, 25. ich geslüege nimmer niuweʒ liet deheinem wîbe NEIDH. 59, 5. ritterlîchiu liet tihten LIEHT. 456, 24. disiu liet diu heiʒent frouwen tanz 536, 9. diu liet sint ze tanzen guot 442, 12. bî den lieden wart geriten manic tjost 458, 10). er videlte süeʒe dœne und sanc ir sîniu liet NIB. 1643, 3. sie sungen liet, sie sprâchen wort CRANE 4063. weltlîchiu, schalclîchiu lieder singen BIHTEB. *p.* 42. si sanc vor freuden manic liet GA. 2. 199, 90. ein heilic l. singen ALTSW. 202, 15. eʒn wart nie dehein liet sô lanc, eʒn würde vür brâht mit gesanc WG. 1641. sie nâmen vil kleine war von sagen und von lieden GA. 3. 81, 1409. nâch gîgen und nâch lieden nieman dâ tanzen sach ULR. *Wh.* 258ᵇ. schambære lieder tihten und singen AB. 1, 53. swes brôt man eʒʒen wil, des liet (*loblied*) sol man ouch singen gerne MSH. 2, 153ᵃ. lied (*spottlied*) von dem snîder und einre geisz CHR. 9. 1024, 9 *ff. bildl.* ein ander liet begund er singen (*mit dem klingenden schwerte*) j. TIT. 3977. der fröuden l. singet mîn herze Aw. 1, 63. GA. 3. 379, 845. sîn herze sanc des jâmers l. ULR. *Wh.* 142ᵇ. 225ᶜ. diu cristenheit singet dînes willen l.
ib. 176ᵇ; *lied der vögel:* eʒ ist site der nahtegal, swan si ir liet volendet, sô geswîget sie MSF. 127, 35. (*nach Z.* 2, 218 *ist aber hier* liet *aus* l i e p *entstanden, wie umgekehrt* liep *aus* liet *in* liebsprecher, gannio DFG. 257ᵃ). disiu liet diu hât gesungen ein vogellîn MSH. 1, 348ᵇ; *unstrophisches epos oder lehrgedicht* (DIEM. ERINN.) KCHR. RUL. LAMPR. EN. HERB. LANZ. der Nibelunge l. NIB. 2316, 4 *var.* als uns saget diz diutsche buoch und ist ein alteʒ l. ALPH. 45. sus kündet uns daʒ l. WOLFD. *B.* 472. getihtet wart ein niuweʒ l. APOLL. 9987. hôret vurwart dit liet KARLM. 17, 53. hie mit endet sich daʒ l. DIETR. 10152. swaʒ man von frouwen ie gesprach an buochen und an lieden TROJ. 19723; *abschnitt eines solchen gedichtes* MAR. — *gt.* liutha *zu folgern aus* liuthôn *singen u.* liuthareis *sänger, im 6. jh. latinis.* leudus (VENANT. FORT. 2, 8), *ahd.* liod, lëod, lioth, lëoth, lied, *ags.* leódh, liódh, *altn.* ljódh *von dunkler, vielleicht gar nicht deutscher abstammung.* WACK. *hält es für eine nebenform von* lit (*glied*), *weil im ags.* lidh *u.* leodh *membrum bedeutet: dieses ags.* leodh *kann aber gar nicht in betracht kommen, weil dessen* eo *nur eine brechung von* i (lidh) *ist. vgl.* FICK² 855. DIEF. 2, 148 *u. dazu* KUHN 1, 563 *f.*
lieteme *s.* lette.
liet-ërde *swf. s. v. a.* lette? *die lieterden an die mûren, zu den demmen fûren* FRANKF. *baumstb. a.* 1402, 17ᵇ. 1410, 6ᵇ.
lietlîn *s.* liedelîn.
liet-sprëcher *stm.* (II² 534ᵃ) histrio, gannio (DFG. 257ᵃ. *n. gl.* 189ᵃ), bolinus *herold* Voc. 1482.
lievern *s.* liberen.
liewe *stf.* **liewen** *swv. s.* lie, beliewen.
liewen *swv. s.* lüejen.
lieʒ, lieʒe *f.?* lyesz surio, surigo, tirillus Voc. 1482. *pl.* lysen, suriones Voc. *Schr.* 2891. *vgl.* DFG. 538ᵇ, *n. gl.* 341ᵃ *u.* reitliese *od.* reitmilbe NEMN. 3, 462.
lieʒærinne *stf.* (I. 1040ᵃ) sortiaria GL.;
lieʒen *stv. III.* (I. 1039ᵇ) lôʒ, luʒʒen, geloʒʒen: *losen, als los zuteilen mit dat.* FRL. 99, 9. — *mit* er—. *ahd.* hleoʒan, lioʒan *nach* WACK. *u.* GSP. 40 *mit* lôʒ (*gt.* hlauts) *zu gr.* κλῆρος; **lieʒen** *stn.* (*ib.*) *das losen, teilung durchs los* ER.² 3347; *das wahrsagen* GEN. (an lieʒʒen ist nieman mir gelîch *D.* 96, 2; *vgl. zu*

Jos. 620), *das zaubern* Ms., *heimliches gemurmel* Er.² 8124 *u. anm.* 8688.

-lif *in* einlif, zwelif. *gt.* -lif (*stamm* libi). *nach* Bopp 2, 79 *ff.*, Gsp. 66 *mit lit.* lika *zu skr.* daça, *gr.* δέκα, *lat.* decem. *vgl. dagegen* Germ. 1, 19 *f. u.* Scher. *gesch.* 451 *f.*

lîf *s.* lîp.

liften *s.* lîhten 2.

lige *stf.* sundir lige, *ohne aufenthalt, verzug?* Jer. 26334;

ligen *stv. I, 1 mit sw. präs.* (I. 986ᵃ) lihen Elis. 861. lien Dür. *chr. s.* 717ᵇ. Mühlh. *r. L.* 166 *f.* lin Virg. 461, 9. 499, 2. Elis. 935. 4197. 7126. (list, lit *für* ligest, liget *allgem.*). licken Gen. (likken *D.* 6, 25. liken 94, 4), liggen Rcsp. 1, 462. 294; *imper.* lic Silv. 1557, *part.* gelëgen (*s. auch sp.* 807), gelein Mühlh. *rgs.* 79, legen Chr. 2. 87, 12 —: *liegen*, *allgem.* (lâ ez ligen als ez lige, *berühre die sache nicht weiter* Ulr. *Wh.* 206ᵈ. einen ligen biten, *sich zu lagern* Wwh. 97, 14. Adam slief unde lach Gen. *D.* 11, 8. 51, 3. wan er allen den tac daz bilde kussende lac Albr. 10, 207. alse ir geburt lit, *an ihrem geburtstage* Elis. 4568. dehein tac lach, *vergieng* Gen. *D.* 21, 13, *vgl.* geligen ir ist hie vil gelegen, *gefallen* Gudr. 1450, 2. gelegen sîn, *abgetan, geschlichtet sein* Chr. 4. 54, 6; *mit präd. adj.* tôt l. Gen. *D.* 88, 11. 98, 29. hert l. *mit dat.* schwer liegen *auf, zur last fallen* Leseb. 960, 12. Chr. 1. 156, 16; 2. 37, 22, *mit präd. partic.* lw. Parz. gebunden l. Mgb. 92, 10. *mit adv.* gelîche l. *auf der wagschale in gleichem gewichte liegen: als gleicher wert, kampfpreis gegen einander gesetzt sein* Nib.113,1. nâhen l. *mit dat.* angenehm sein Pass. *K.* 401, 80. alzû nâhen l., *lästig sein ib.* 228, 46; *mit gen.* eines kindes l. *im kindbette liegen* Troj. 564, *vgl.* inne ligen. eines dinges dar nider l. *unterliegen* Chr. 1. 52, 10; *mit präpos.* an dem bette l. Gen. *D.* 53, 2. so er an sînem gebet lach *ib.* 106, 18. golt daz an sînem sande lît Albr. 23, 243. an dem sone ein teil lac des vater schîn *ib.* 20, 243. daz gehünde, daz an seilen lac Nib. 901, 3. dar an daz leben ligt Mgb. 26, 10. der tac dâ iwer geburt ane lac Dietr. 5052. am solde l. *für sold dienen* Dür. *chr.* 708. der bî frouwen ist gelegen Msh. 1, 175ᵃ. wol iu sô ir bî ein ander liget *als eheleute* Ulr. *Wh.* 289ᵇ. der helt mit frâge bî im lac, wie stüende Rüedegêres leben Bit. 748. in den betten l. Nib. 268, 1. in dem slâfe l. Gen. *D.* 81, 20. in charchære l. Exod. *D.* 155, 12, dô er in dem land lag Mgb. 322, 12. di vrowe in herter sûche lach Pass. *K.* 474, 90. daz her daz ûf dem velde lac Nib. 180, 1. ir ieweders ellen ûf schilden vaste lac, *ihre tapferkeit zeigte sich in schlägen auf die schilde ib.* 186, 2. der tôt ûf in lît Krone 26957. ûf einem l., *ihm zur last fallen, zusetzen, ihn bedrängen* Chr. 1. 150, 30. 159, 6. 435, 2; 2. 37, 22. ûf einen l., *wider ihn zu feld liegen* Dür. *chr.* 782. wie ez læge [*sich verhielte*] umbe daz kint Hpt. 5. 31, 521. ligen zuo *einer stadt, sich aufhalten* Chr. 2. 78, 12. 81, 23. ein haz der in zû herzen lach Pass. 279, 61. wande der in zû herzen nâhe lac die liebe dirre vrowen *ib.* 389, 82. zît die zwischen jugent und alter lît Albr. 35, 252). — *mit* an, bî, inne, nider, obe, under, ûz; be-, durch-, ent, er-, ge-, hinder-, über-, umbe-, under-, ver-. *gt.* ligan, *ahd.* likkan, liccan, liggan, liggen *aus* ligjan *zu gr.* λέχος, *lat.* lectus Curt³ 183. Gsp. 276. Fick² 391. 857, *vgl. auch* Z. 1, 6;

ligen *stn.* (I. 987ᵇ) *das liegen* Parz.

lîgen *stv. s.* liegen.

ligende *part. adj. liegend.* ligend belîben, *verbleiben* Chr. 1. 32, 4. ligendez guot *oft in* Mz. 1. mit ligendem urkunde Ksr. 190, *s.* legende *unter* lebende. daz ligende, *bergm. das gestein unter dem gange, worauf der gang gleichsam liegt* Feldb. 55.

ligen-heit *stf. in* nâheligenheit.

liger *stm. in* anliger.

liger *stm. s. v. a.* lëger Schm. *Fr.* 1, 1461;

ligerinc *stm.* ligring *od.* underschübel, subtel Dief. *n. gl.* 353ᵇ, legering (*var.* legerung) Voc. 1482. *vgl.* Gff. 2, 96;

ligeringe *stf.* lager. so der wîn uff die ligring kumpt Gr.w. 4, 282. 1, 84. *vgl.* Weinh. *al. gr.* §. 264;

ligerlinc *stm.* (I. 990ᵃ) *bettlägeriger* Griesh.; *lagerbalken*, holz ze ligerlingen Feldk. *r.* 78, 3;

ligern *swv. s. v. a.* lëgern, *s.* beligern Schm. *Fr.* 1, 1461.

lig-gruobe *f.* spelunca Voc. 1429, 3ᵇ.

lign (I. 995ᵇ) lign âlôe = lignum aloæ Wolfr. Mart. ligurius haizet luhsstain Mgb. 450, 34 *ff.* 146, 32. *umged.* linchorn (*mlat.* lyncurius) Schm. *Fr.* 1, 1494. *vgl.* Dfg. 329ᵇ *u.* lincisse, luhsstein.

ligûrjus *stm.* (*ib.*) *ein edelstein* Serv. Parz.

lihen *stv. s.* ligen.

lîhen *stv. II.* (I. 995ᵇ) lichen ÖH. 157, 4. liuhen GRIESH. 2, 21 *s. auch* verlîhen. liuwen, *md.* lûwen *s.* verlîhen *u.* W. *v.* N. 24, 33. WEINH. *al. gr. s.* 326. lien ALBR. 24, 263. PASS. *K.* 262, 29. 595, 83. EILH. 5707. MARLD. *han.* 76, 34. lîn PASS. *K.* 19, 22 (: sîn); *prät.* lêch (lêhe CHR. 2. 258, 5. 338, 2; 3. 155, 12. 122, 21. lich *ib.* 5. 76, 15. 133, 11. lê *alt.* EILH. 235, 1), *part.* gelihen (geligen WALTH. FREID.² 82, 14. gelien HÖFER 55. gelühen CHR. 8. 468, 29, geluhen *ib.* 459, 30; 9. 587, 18. 982, 16. KSR. 200. BÖHM. 467. 96 (*a.* 1323. 29). geluwen Mz. 4, 46, *s. auch unter* verlîhen) —: *leihen, auf borg geben mit acc. u. dat.* HARTM. (ditze ros er mir lêch ER.² 4786). PARZ. WALTH. FREID. MAI. sô sult ir mir l. einen suochman NIB. 856, 3. 857, 2. lîh uns den stap RENN. 20397. ich wil dir l. unde geben allez, daz dir liep ist ERACL. 4856. er galt ir gedrâte daz sî im gelihen hâte Ls. 2. 614, 42. daz sî den weize im lîhen PASS. *K.* 12, 70. ê ich ûch wagen oder rat lien wolde *ib.* 595, 83. daz er im golt wolde lîn *ib.* 19, 22. einem gelt l. Mz. 4, 255. CHR. 4. 176, 17. 322, 4; 5. 79, 30. einem volk wâfen l. *ib.* 1. 35, 12; 2. 258, 5. den werklüten eine hüttin l. *ib.* 4. 258, 4. ausz iglichem haus ein mentsch darzu leihen *ib.* 2. 274 *anm.* 3. etw. hin l., *borgen* NP. 325. ein hûs enweg l., *vermieten* N. *v. B.* 82; — *als lehen geben* PARZ. NIB. bistûm l. GEN. *D.* 5, 37. CHR. 4. 294, 9. diu lêhen l. LOH. 6503. 5. CHR. 2. 337, 22. 338, 1. 2, hin lîhen OTTE 490, *mit dat. d. p.* RUL. WOLFR. WALTH. Ms. GUDR. 610, 2. LOH. 7386. ALBR. 24, 263. CHR. 1. 377, 4. 2. 21, 19; 3. 115, 12. 122, 21; 4. 58, 6; — *verleihen* PARZ. Jôseben lêch er den gewalt GEN. *D.* 86, 7. 82, 3. 58, 21. die vrîheit die sîn vorvar im lêch PASS. *K.* 55, 37. im wart gelihen ein treffenlich predigampt CHR. 3. 172, 22; — *leihen, auf borg nehmen:* man galt ez herte, daz man dâ lêch (*bildl. vom kampfe*) ERNST 4865. — *mit* ûf, ûz, ent-, ge-, ver-. *gt.* leihvan *von w.* lik (= lip *s.* lîhen 2), *lat.* licet, liceri, linquo CURT.³ 422. FICK² 393. 856;

lîhen *stn. das leihen, auf borg geben* BERTH. 26, 32;

lîhen *swv.* er hete an sich geliet dô durch gût Maximianum, *durch erteilung eines lehns gebunden* PASS. *K.* 456, 68.

lîhen-guot *s.* lêhenguot.

lîher *stm. darleiher, borger* H. *v.* N. 365.

MASSM. *schachsp.* 116. NETZ 13326. 407. GR.W. 5, 170.

lîht-bære *adj.* (I. 997ᵇ) *leicht* GSM. 1706.

lîhte *adj.* (I. 998ᵃ) *glatt* GRIESH. 1, 2. — *zu* lich, *gleich.*

lîhte, lîht *adj.* (I. 997ᵃ) *md.* licht, *diphth.* liecht: *leicht* PARZ. (3, 15. 213, 13). liecht unde suâr GLAUB. 299. ich bin sneller unde lîhter HPT. 1. 398, 21. lîchte luft ALBR. 35, 284. die sünden geringe unde lîhte machen BERTH. 568, 2. welhez wazzer schier kalt wirt und schier warm daz ist daz aller leihtist MGB. 105, 19. *vgl.* 103, 76. 104, 7. daz in den wolken daz leihtist ze obrist kümt *ib.* 99, 29. ez wær ein lîhte schulde BUCH *d. r.* 789. mit lîchtem mûte etw. tragen PASS. *K.* 35, 21. ir angest was niht lîhter ULR. *Wh.* 147ᵈ. wan ie daz lîhter bœser ist FLORE 36. mir ist hiute dirre tac lîhter hin gegangen *ib.* 4741. von fleische die lîhten, *die magern* PARZ. 200, 22. lîhte von sünden SILV. 1947. RENN. 10638; *leichtfertig,* iuwer sin ist gar ze lîhte MSH. 2, 19ᵇ. ein lîhtez wîp LIEHT. 649, 22. der einen buoben oder einen lîhten ald einen verlâzen man roufet oder sleht - - - und stât an des râtes eide, wer ein buobe ald ein lîht man ald ein verlâzen man sîe S.GALL. *stb.* 43ᵃ. der ist ain tôr und leiht MGB. 45, 27. ain leihter spruch *ib.* 93, 35. 94, 1; *unbeständig,* ir frûntschaft was niht lîhte KCHR. *W.* 15911; *gering, geringfügig* EN. GUDR. (1016, 4). A. HEINR. lîhte sache WIG. 61, 36. lîhtez dinc MASSM. *denkm.* 80, 15. MSF. 159, 33. ein lîhter man, der lützel oder niht enkan WG. 3135, *vgl.* 3759. 76. 7893. der lîhtiste (*geringste*) man BIT. 11631. leichter man, *gegens. zu* adelich CHR. 3. 110, 10; *unfl. neutr. subst. mit gen.* (997ᵃ, 48) *eine geringfügigkeit, wenig* NIB. FREID. — *gt.* leihts *zu skr.* laghus, *gr.* ἐλαχύς, *lat.* levis, *lit.* lengvas CURT.³ 181. GSP. 276. FICK² 856. DIEF. 2, 130;

lîhte, lîht *adv.* (*ib.*) liehte MEIN. *leseb.* 770, 17. lêcht CHR. *vgl.* SCHM. *Fr.* 1, 1429. KWB. 174 — : *leicht, leichtlich* HARTM. (im was lîhte baz, *leichter zu mute* ER. *B.* 7257, mit nihte baz *Haupt*). daz lant lîhte gerûmen NIB. 444, 3. daz mac man l. gesagen *ib.* 728, 4. *vgl.* 641, 2. 935, 1. 989, 4. wir sîn gemanet lîhte RAB. 512. die friunt getuont sîn lîhte rât MSF. 22, 11. etw. lîht erfüllen TROJ. 21573. daz si lîchte wart erbeten der arbeit PASS. *K.* 272, 80. wand si uns lîchte mochte schaden *ib.* 403, 22. sô mac man den bôsen aller lîhtest chiesen Gen. 29, 16 (aller beste *D.*). daʒ siech schâf macht die andern leiht siech Mgb. 154, 23. einen leiht an rüeren *ib.* 303, 4; *vielleicht, möglicher weise, etwa* Parz. Hartm. (Er.² 4832. 6355. Büchl. 2, 692). ob siʒ lihte tuot Nib. 1086, 1. *vgl.* 782, 2. 1110, 3. 1837, 11. 2097, 1. jâ wære ir lîhte leit Gudr. 341, 1. 989, 2. eʒ sint l. bilgerîne *ib.* 1364, 3. ir werdet lîhte wol zerroufet Buch *d. r.* 782. lîht daʒ ein man sprechen mac Wg. 9663. ob er dâ lichte sturbe Pass. *K.* 47, 51. *vgl.* 2, 36. 8, 77. nâch Christi zeiten oder leiht vor Mgb. 109, 32. auch ist der wein leiht zæh gewesen *ib.* 94, 14. die leicht ouch alle sturben Mz. 3, 474 *s.* 415 (*a.* 1361). eʒ wære denn, daʒ lîhte daʒ rîche uns schedigen wolte *ib.* 266 (*a.* 1351). alle die leut, di leiht zinsheftich oder aigen sint gewesen oder noch leiht sint Stz. 214. die leicht ie kein man gesehen het Chr. 1. 48, 16. als ir leiht wol vernomen habt *ib.* 199, 13. lëcht, *vielleicht, etwa ib.* 2. 127, 1. 3 *var.* 4. 241, 15. 16. 21. Leseb. 1033, 38; vil lîhte, *sehr leicht, möglicher weise, wahrscheinlich, vielleicht* Hartm. (ir ist mîn dienst vil l. leit Büchl. 1, 1220). Walth. uns wehset v. l. ungemach von den Exod. *D.* 120, 8. sô heten si den gesten dâ getân v. l. leit Nib. 1242, 4. man müge mich v. l. der vürsten site noch gelêren Gudr. 33, 4. daʒ ist mir v. l. aldâ beschert Licht. 48, 23. die tuont v. l. als ob sie solten sprechen Renn. 20396;

lîhte *stf.* (I. 997ᵇ) *leichtigkeit* Parz. Frl.; sich an die l. lâʒen, *leichtsinnig handeln* Krone 26299;

lîhtec *adj. leicht.* der beste und lichtigeste ingang gên Italien Rcsp. 1, 242 (*a.* 1412). *vgl.* Zimr. *chr.* 4. 338, 28.

lîhtec-heit, lîhtekeit, lîhtikeit *stf.*(I. 997ᵇ) *leichtigkeit.* des pluotes leihtikait Mgb. 53, 24; *leichtsinn, leichtfertigkeit* Erinn. diu werelt ist der lihtekeite alze balt Msf. 61, 1. lihtikeit *der* Evâ Erlœs. 269. ir lât iuch vinden an manger lihtekeit Buch *d. r.* 504. des menschen l. Mgb. 21, 25. lihtikeit (scurrilitates) und mûʒigiu wort Br. 23ᵇ. hôhfart und leihtichait Fronl. 48.

lîhtec-lîche *adv.* (I. 997ᵇ, 21) *leichtlich* Myst. Chr. 8. 69, 24. 246, 17. 346, 26. leihticleich, -leichen Mgb. 13, 22. 70, 18. 123, 14. 232, 5. 346, 21 *etc. comp.* lihteclîcher Chr. 8. 83, 34; 9. 532, 4. *vgl.* lihtelîche.

lîhtegen *swv.* (I. 997ᵇ) *leicht machen* Mone *schausp.; —* die hantwerker, das hûs, die rechnunge lichtigen Frankf. *brgmstb. a.* 1438 *vig. V. a. ocul.*, 1440 *vig. III. p. Elis. vgl.* lüften, lüftigen.

lîhte-gërne *stf.* '*begierde nach* lihte, *leichtfertigkeit.* chan er des heiligen glouben niht unde wil in durch sîne lihtegerne niht lernen Denkm. XCVI, 20.

lîhte-lich *adj.* (I. 997ᵇ) *leichtlich* Pass.;

lîhte-lîche *adv.* (*ib.*) Pass. Albr. 21, 108. lichtlich Ab. 1, 55, *vgl.* lihteclîche.

lîhten *swv.* (*ib.*) *leicht machen* Ms. (*H.* 2, 142ᵇ). got lichte alle ûwer swêre Elis. 2539. den swêren tôt l. Dür. *chr.* 79. die sêle von sünden l. Renn. 23755. Mariengr. 596. Kell. *erz.* 70, 27. also tuot ers (*die sünden*) im selbe l., *er erteilt sich selbst die absolution* Netz 5826. — *mit* ent-.

lîhten *swv.* (I. 998ᵃ) *glätten,* levigare Sum. *nd.* liften, daʒ bilde der schrift ab liften Reinfr. 139ᵃ; *castrieren,* die swîne lichten Frankf. *brgmstb. a.* 1445 *vig. Agnet. vgl.* Schm. *Fr.* 1, 1429. — *s.* lîchen 3.

lîhtern *swv.* (I. 997ᵇ) *tr.* lihter *machen, erleichtern* Suso, Wack. *pr.* 69, 151. Msh. 1, 104ᵃ. Altsw. 180, 6. 210, 37. Chr. 9. 941, 33. einen l. von Engelh. 2054, *vgl.* ent-, er-, ge-lihtern; *refl.* gâ leichtert sich mîn ungemach Syon 286; — *intr.* lihter *werden:* von dem smakke der kriuter guot lihtert mir mîn swærer muot Ga. 2. 78, 136;

lîhterunge *stf.* l. des geltis, *erleichterung der zinslast* Mone *z.* 7, 445 (*a.* 1288).

lîht-gemuot *adj.*(II. 262ᵃ) *leichtsinnig* Walth. 96, 13.

lîht-lêric *adj.* docibilis Dief. *n. gl.* 139ᵇ.

lîht-sam *adj.* (I. 997ᵇ) *leicht,* lihtesam Trist.; *gering* Lanz.;

lîht-sam *adv. auf leichte weise.* daʒ in der pabst als leichtsam müeg ensetzen nâch sînem willen Wl. 129;

lîht-same *stf. leichtigkeit, vgl.* Sabb. 2, 325.

lîht-semfte, -senfte *adj.* (II². 51ᵇ) *nachsichtig, nachgiebig, milde* Gerh. 5470 *var.* er was ein lihtsenfter man Kuchm. 5; l. an, *nachsichtig* Cgm. 100, 144ᵇ *bei* Hpt. 3, 276;

lîht-senfte *stf.* (II². 53ᵃ) *nachsicht, milde* Flore 55 *var.;*

lîht-senftekeit *stf.* (*ib.*) *dasselbe* Berth. 217, 22.

lîht-süeʒe *adj.* (II². 752ᵇ) *durch leichtigkeit angenehm, leidlos* Ernst 1990.

lîhtunge *stf. leichtmachung, erleichterung.* daz êrste sloz heizet lîhtunge der sünden, daz dû dir selber dîne sünden gar geringe machen kanst unde lîhte BERTH. 568, 1; — ein lichtung(?) mûrstein 18 dn. *zu zoll* MONE z. 1, 176 (a. 1480).

lîht-verec *adj.* NARR. 9, 7 *s. v. a.*

lîht-vertec, -vertic *adj.* (III. 258ᵇ) *leichtfertig* MYST. lîchtvertig lüt, lîchtvertige frowen S.GALL. *chr.* 46. 47; *fein, schwächlich,* ein leichtfertig glas SCHM. *Fr.* 1, 1429 (a. 1485);

lîht-vertec-heit *stf.(ib.)* lîhtvertekeit, lîhtvertikeit, *leichtfertigkeit* TAUL. WACK. *pr.* 71, 29. AB. 1, 56. NP. 42 *f.* 115. UOE. 3, 327;

lîht-vertec-lîche *adv. leichtfertig* NP. 214. FASN. 15, 26.

lîht-weigec *adj.* (III. 556ᵃ) *leicht schwankend* WELTCHR.

lîht-zungic *adj. leichtzüngig, geschwätzig,* lîhtzungic munt KOLM. 22, 19.

lîhunge *stf. belehnung,* infeudatio DFG. 297ᵃ. AD. 772 (a. 1291). MONE z. 13, 333 (a. 1342). ÖH. 11, 25.

liken, likken *s.* ligen.

lîkouf *s.* lîtkouf.

lîlachen *s.* lînlachen.

lilje *swf. m.* (I. 998ᵃ) *lilie.* der l. MART. 27, 3. WACK. *pr.* 56, 183 *ff.* diu l. PILAT. WALTH. GEN. *D.* 9, 3. TROJ. 19980. TURN. *B.* 372. PANTAL. 2097. KARL 3148. PASS. 149, 36. MARLG. 108, 58. MARLD. *han.* 102, 9. 10. goldene lilje *im franz. wappen* WH. *v. Öst.* 88ᵇ. lie l ge VOC. 1482, lilig MGB. 406, 3 *ff.; bildl.* gotes zarte lilje *heisst Elisabeth* ELIS. 2729, des rîches l., *der kaiser ib.* 4552. — *aus dem pl.* lilia *des lat.* lilium, *vgl.* gilge;

liljen *swv. mit* liljen *versehen.* der van blâ geliljet WH. *v. Öst.* 71ᵃ. — *mit durch.*

liljen-bluome *swm. lilie* HPT. *h. lied* 25, 21. liljebl. *ib.* 41, 16.

liljen-blat *stn. lilienblatt,* liligenbl. MGB. 421, 22.

liljen-garte *swm.* (I. 484ᵃ) *liliengarten: Maria* MARIENGR. 101.

liljen-kengel *stm. lilienstengel* FRAGM. 44ᵃ.

liljen-krût *stn.* du liljenkrût, *Maria* LOBGES. 23, 3.

liljen-öl *stn. lilienöl.* liligenöl MGB. 406, 16.

liljen-ouwe *stf.* (II. 455ᵃ) *lilienaue: Maria* Ms.

liljen-rôse *swf. lilie* j.TIT. 5295.

liljen-rôse-varwe *stf. aus lilien u. rosen gemischte farbe* WALTH. 68, 2.

liljen-schaft *stm.* j.TIT. 6112 *s. v. a.*

liljen-stengel *stm.* (II². 641ᵃ) *lilienstengel* GSM. MART. ALTSW. 24, 2.

liljen-var *adj.* (III. 238ᵃ) *lilienfarb* WALTH. BPH. 856;

liljen-varwe *stf.* liligenvarb MGB. 59, 15.

liljen-wîz *adj.* (III. 781ᵃ) *lilienweiss* FRL. PASS. WACK. *pr.* 91, 191. MSH. 3, 452ᵃ. 453ᵃ. GERH. 2296. MART. 184, 89.

lîm? (I. 998ᵃ) HELMBR. *s.* lün.

lîm *stm.* (*ib.*) *leim, vogelleim, eig. u. bildl.* TRIST. TROJ. MSF. 121, 4. APOLL. 6801. 9080. LS. 3. 54, 55. AB. 1, 139. FASN. 788, 20. — lîn (: sîn) MSH. 3. 10, 40. — *zu* lîmen, *vgl.* leim *u.* FICK² 859.

limbel *stn.* (*ib.*) *schuhfleck,* pictacium VOC. 1482. linbel GR.w. 4, 142, limmel *ib.* 1, 675 *f.* — *aus lat.* limbulus, *von* limbus.

lîm-, lîn-boum *stm.* (I. 228ᵃ) ornus DFG. 401ᵇ, *n. gl.* 274ᵃ. GL. *Virg.* 1, 197. *vgl.* lidboum *u* SCHM. *Fr.* 1, 1472.

limen *stv. s.* limmen.

lîmen *stv. II. sich fest anschliessen, in* entlîmen;

lîmen *swv.* (I. 998ᵇ) *mit leim bestreichen* TRIST. (*lies* 844); *zusammenleimen, fest zusammenfügen, vereinigen* HARTM. TRIST. WIG. MAI. daz permît mit einer hûsenplâtern ûf die schrift l. SWSP. 419, 29. er hiez die arche l. unde chlamben GEN. *D.* 28, 11. dâ mite er l. wolde, dâ daz lît zesamene solde *ib.* 7, 13. sam si gelîmet wæren an daz dach SERV. 2316. die (buochstaben) man dâ stân gelîmet sach TROJ. 1477. munt an munt gelîmet *ib.* 9161. zeinander l. ALBR. *pr.* 50. zesamene l. W. *v. Rh.* 3, 11. MGB. (leimen) 195, 21. 369, 2; *mit leim fangen, bildl.* gelîmte minne, sinne TRIST. 865. 11814. — *mit* ge-, ver-.

lîme-ruote *s.* lîmruote.

lîmëz *s.* lînmëz.

lîm-lëder *stn. leimabfall.* 1 β 3 h. fur lymledder in die wîszerden, als man an der ûszersten wand gein sant Kathr. gewîsset hat FRANKF. *baumstb. a.* 1450, 77. 1453, 19.

limme *stmn.? geheul.* in clegelichim limme (: stimme) JER. 19252. *vgl.* Limme, *Witeges helm* BIT. 161. ALPH. 449. — *zu* limmen;

limmel *s.* limbel.

limmen *stv. I, 3* (I. 999ᵃ) limen ERLŒS. XLI (SCHM. *Fr.* 1, 1473). SWSP. L. 244: *knurren, knirschen, heulen* URST. PARZ. TRIST. GUDR. HELBL. Ms. (NEIDH. 36, 15. 229, 68). nu limmâ lim! Schretel 257. sie bizzen unde lummen *ib.* 259. als ein louwe l. Albr. 13, 281. als ein schâf den wolf grimmen vreislich hôret l. *ib.* 14, 112. er fuor limmende als ein ber Kol. 206, 611. l. als ein eberswîn Ot. 416ᵇ. limmender hunt Swsp. 202, 1 (limenđer *L.* 244). als ein tobender hunt er lam Zing. *findl.* 2, 130. der vâlant kam limmende ûz dem werde Part. *B.* 18264. wô si (tûvele) limmen Pass. *K.* 134, 35. mîn herre in zorne limmet Virg. 105, 3. ûz zorn begunde l. der heiden Wolfd. 1002, sîn zorn begunde l. *ib.* 1128. in zorn wüeten und l. Beh. *ged.* 9, 300. sie beginnint l. mit rede Fdgr. 2. 119, 36. er begonde gâhin limmende Jer. 14569. der juden volc mit grimme lam Erlœs. 4666. nû sihestu wie er limmet, rehte alsam ein hûs, daz dâ brinnet Rab. 946. si begunden ûf ein ander l. *ib.* 761. l. nâch etw. Marlg. Schm. *Fr.* 1, 1473. — *ahd.* limman, *ags.* hlimman;

limmen *stn.* Jer. 15352;

limmende *part. adj. s. unter* limmen;

limmic *adj. brummend.* l. als ein ber Wh. *v. Öst.* 92ᵇ.

limpfen *stv. I, 3* (I. 999ᵃ) *angemessen sein: ahd.* limpfan, *ags.* limpan; — *stn.* von limpfende des essens Öh. 56, 2. *vgl.* gelimpf, gelimpfen.

limpfen *stv. I, 3 od. sw.?* (I. 1000ᵃ) *hinken.* die âdir begunden sich rimphen, dâ von sô muos er limphen Gen. *D.* 65, 23. *vgl.* lam, lampen *u.* glimpf an der gurtel, pendix Dfg. 422ᵇ.

lîm-ruote *f.* (II. 817ᵇ) *leimrute,* aucipula Dfg. 59ᵇ. Fragm. 19ᵃ, 307. lîmeruote Mone *z.* 4, 84 (*a.* 1449).

lîm-stat *stf.* vogelhert oder leimstat Np. 313 (15. *jh.*).

lîmunge *stf.* glutinatio Dfg. 266ᶜ.

lîmuot *s.* liumunt.

lin *stf. s.* line.

lin, -wes, lîn *adj.* (I. 1000ᵃ) *lau, matt, schlecht* Frl. *vgl.* linde, lînîn 1, lînisch.

lîn *stm. s.* lîm.

lîn *stm.* (I. 1000ᵃ) *lein, flachs,* linum Dfg. 332ᵇ. lîns heuffel, adula, *flachsbolle ib.* 14ᶜ. der lîn oder pflanz Msh. 3, 213ᵃ; *leinenes kleidungsstück* Ms. (*H.* 2, 158ᵃ. 292ᵃ. 300ᵃ). — *gt.* lein, *leinwand zu gr.* λίνον, *lat.* linum Curt.³ 342. Gsp. 276. Fick² 858.

-lîn (I. 1000ᵇ) *verkleinerungssilbe s.* Gr. 3, 670. Weinh. *b. gr.* § 244, *al. gr.* § 269.

lîn *stv. s.* lîden, lîgen, lîhen.

lînach *stn. s. v. a.* lîngewant. es sol dhain gast wullein tuoch schneyden noch leynach Cgm. 544, 53ᵇ *bei* Schm. *Fr.* 1, 1479.

linbel *s.* limbel.

lîn-bolle *swf. leinbolle.* ein sâme heizet coriandron, gelîch ist er lînpollen Diem. 78, 30.

lîn-boum *s.* lîmboum.

lîn-bruoch *stf.* (I. 270ᵇ) lumbare, femorale Schm. *Fr.* 1, 343.

linc, lënc, -kes *adj.* (I. 1000ᵇ) *link.* linc Griesh. Trist. Walth. Dfg. 537ᵃ. daz man nent linc und lerz Altsw. 217, 10. l. hant *ib.* 217, 32. Krone 14130. Renn. 8194. 12531. 24398. Pass. 327, 29. Germ. 4. 241, 17. Karlm. 58, 39. l. vuoz Msh. 3, 293ᵃ. l. brust Engelh. 2624. Ulr. *Wh.* 167ᵃ, sîte Msh. 2, 78ᵇ. Wh. *v. Öst.* 24ᵇ. ûf ir linken rücke Ga. 3. 120, 353. l. strâze Ls. 2. 219, 364. lënc Wwh. Otn. *A.* 83. Karl (3809 *var.*). Part. *B.* 5484. Kolm. 25, 50. Mgb. 6, 15. 56, 10. 170, 8. 471, 13 *u. o.* Zing. *findl.* 2, 130. Fronl. 29. Gr.w. 1, 218. Dief. *n. gl.* 340ᵇ. *ndrh.* (*nd.*) slinc (Gff. 6, 796. Dfg. 537ᵃ): zer slinken sîden Hans 730, ûf slinke hant 2097; — *linkisch, unwissend:* nu was er nicht sô linc Pass. *K.* 209, 69. — *vgl.* Gds. 988 *ff.* (*dagegen* Curt.³ 341). Schm. *Fr.* 1, 1494.

-linc, -lingen *suff.* (I. 1002ᵃ) *s.* Gr. 3, 235. Weinh. *b. gr.* § 219.

linchorn *s.* ligûrjus.

lincisse *swm. s. v. a.* ligûrjus, luhsstein Fragm. 45, 401. — *von lat.* linx.

linc-sîtec *adj. adv.* sinistrorsum Dfg. 537. lenkseiteht, sinister *n. gl.* 340ᵇ.

linde *erz? s.* blîlinde; linde *f. s.* lende.

linde *swstf.* (I. 1001ᵃ) lînte Tuch. 177, 26. 290, 15 *ff.*: *linde* Nib. Parz. Walth. Trist. Lanz. 4449. Virg. 223, 3. 249, 6. 836, 2 *etc.* Roseng. *H.* 987. Otn. *A.* 83. 84. 90. 92 *etc.* Wolfd. 393. 400. 725. 26. 35. 87 *etc. B.* 350 *ff.* 807 *ff.* Heinz. 1642. Msf. 62, 27. 66, 8. Neidh. 21, 5. 42, 34. Msh. 1, 62ᵇ. 361ᵇ. 362ᵇ. 2, 71ᵃ. 3, 329ᵃ. 468ᵃ. Ls. 2. 477, 168. Altsw. 96, 4 (*st.*). Kell. *erz.* 485, 15 (*st.*). Мзв. 350, 4 *ff.* Karlm. 29, 16. 31, 49. *gerichtslinde* Gengl. 166 (*a.* 1412). — *ahd.* lintâ, *altn.* lind, *vgl.* Fick² 858.

linde *adj.* (I. 1000ᵇ) lint: wint Msh. 2, 300ᵃ: *lind, weich, sanft, zart, milde* Aneg. Wolfr. Lanz. Konr. (an linden, blanken armen Troj. 12940. ir lindez vel 12945. in sîne linde schôz 8767. lindez bette 13766. lindez brôt Otte 64). friunden linde, finden scharf Geo. 431. ich bin sleht und linde *glatt, nicht be-*

haart GEN. *D.* 49, 14. linde sam ein boumwol ER.² 7703. der eine wec ist linde als ein pfeller BERTH. 66, 14. 18. 1. hâr, hende W. *v. Rh.* 110, 51. 111, 40. 1. blat, hâr, hant, holz, luft, vleisch *etc.* MGB. *s.* 665. lindez̧ weter MARLG. 87, 112. linde *(feine, köstliche)* spîse ELIS. 422. du solst lind *(wenig gesalzene)* kost geniessen FEUERB. 75ᵃ *(vgl.* lind gesalzen FASN. 370). die büchs sol man in lindes *(weiches)* holz legen umb das sie ainen linden stosz habe *ib.* 86ᵇ. kindes ellen daz̧ ist linde ULR. *Wh.* 164ᵃ. lindiu herzen sint leider tôt RENN. 7734. lindiu rede SERV. 678. MSH. 2, 221ᵃ. KRONE 19623. ein lindez̧ sterben j. TIT. 1784. da dem fürsten linde volwachsen was der leib HELDB. *K.* 17, 12. die zarte frawe linde *ib.* 50, 37. — *vgl.* FICK² 392. 858. WEIG. 2, 51 *u.* glinden;

linde *adv. (ib.) auf sanfte, milde weise* GEN. *D.* 51, 11; *schlaff* AB. 2, 37;

linde *stf. (ib.) weichheit, milde.* ir senfte ist zorn, ir linde ist dorn WG. 1383. daz̧ dû umbe ze vil lindi gewiz̧z̧enôt werdest WACK. *pr.* 56, 130. mit linde, *milde* ÖH. 137, 16. *von der witterung* GREG. 3361. lenitas, lindîn DIEF. *n. gl.* 231ᵇ.

lindec-heit *stf.* (I. 1001ᵃ) *weichheit, schlaffheit* BIHTEB. BERTH. *Kl.* 456, *milde* BR. 23ᵇ.

lindelinc *stm.* lindeling reclinatorium, reclinatio Voc. 1482. *vgl.* line, linebërge.

linden *swv.* (I. 1001ᵃ) *intr.* linde *sein od. werden* GERH. als man die kelte linden siht in grôz̧er hitze KOL. 287, 410. *nachgiebig werden* WOLK. 87. 2, 20;

linden *swv. (ib.) tr.* linde *machen* DIEM. swaz̧ herte ist daz̧ wirt gelindet SGR. 985. die nâtûre *(des wassers)* 1. j. TIT. 70. nû hât si in alsô gelindet Ls. 2. 3, 25. alsus wart er gelindet an dem muot FRAGM. 37, 270. alle sorgen mit der barmunge ole l. MAR. 177, 4. mit süez̧er tugende fiuhtekeit sanfte gelindet TROJ. 6467. — *mit ent-, er-, ge-:*

linden-blat *stn. lindenblatt* NIB. 845, 3. Üw. *H.* 659. ENENK. *p.* 355.

linden-kole *f. kole von lindenholz* CHR. 6. 246, 10.

linden-loup *stn. lindenlaub* TROJ. 12012. *zur verstärk. der negat.* ein l. niht ahten j. TIT. 4711.

linden-rîs *stn. lindenreis* BIT. 10005.

linden-tolde *swf. lindendolde, als kosewort* RING 12ᵈ, 33.

lindîn *s.* linde *stf.*

lindîn *adj. von der linde, aus lindenholz.* lindîner bast APOLL. 6727. lindein kolen ANZ. 13, 246. daz̧ wir nit lindîn swert tragen DAL. 101, 30. lintîn GR. w. 6, 109. daz̧ iz̧ (swert) durch den stâl wuot sam er wâre lintîn RUL. 146, 11 (reht als wær er lindîn KARL 5153).

lindisch *s.* lündisch.

lind-lîche *adv.* (I. 1000ᵇ) *gemächlich* GEST. *R.* 39.

lind-müetic *adj. weichmütig, sanft.* er machet daz̧ herze lindmuetige und smelzende als daz̧ wahse WACK. *pr.* 64, 29.

lind-slîz̧er *stm. der aus lindenbast seile macht.* die lindschlieszer, die seil oder strenge machen GR. w. 5, 250.

lind-wurm *s.* lintwurm.

line, lin *stswf.* (I. 964ᵃ) *s. v. a.* lëne GL. die lin *(der bâre)* boumîn wâren und von helfenbeine EN. 216, 30 *(var.* lintboume); *fenster mit herausgehendem geländer, balken, gallerie* LIEHT. DIETR. (4655. 85). JÜNGL. 919.

lîne *swstf.* (I. 1001ᵃ) *seil, leine* Ms. LIVL. (2914). PASS. *(K.* 660, 81). die lînen und die ankerseil EN. 29, 39. sie besach die lade dô und ouch die langen lîne VIRG. 256, 8. lîne domit man das schiff zeichet, ligamen Voc. 1482. lein KALTB. 62, 29. — *ahd.* lîna, *nach* WACK. *aus lat.* linea. *vgl.* WEIG. 2, 35 *u.* GR. 3, 439.

lineâl *s.* liniâl.

line-bërge *swf. zinne.* dâ sich die muoden an die linebergen suln leinen HIMLR. 232. lineberga, reclinatorium HPT. 3, 378. 476.

linen *swv. s.* lënen.

lînen *swv. in* entlînen.

lînen *adj. s.* linîn.

lînen-wëber *s.* lînwëber.

lînen-wërc *stn. handwerk der leinweber* ANZ. 3, 270.

lîne-pfat *stm. pfad für schiffszugpferde* MONE *z.* 9, 29. lînpfat *ib.* 24.

lîner *stm. leinbereiter.* es soll kain leiner sein lein legen KALTB. 62, 29.

lingære? *s.* hôchlingære.

linge *swm. s. v. a.* gelinge PART. *B.* 1690;

linge *stf.* (I. 1001ᵇ) *das gelingen, guter erfolg, glück* PARZ. TRIST. (5077. 80. 10597. 747. 18459). der hât die besten l. KCHR. *D.* 3248. mich dûht mîn l. wære guot LIEHT. 43, 4;

linge *adj. eilig.* er gâhte gein dem strite her mit lingem witem sprunge ULR. *Wh.* 172ᵈ;

lingen *stv. I, 3* (I. 1001ᵃ) *vorwärts gehen, gedeihen.* mîn heil, nû linge! ALTSW. 14, 31. 96, 4. rât, der zu gûte linget ERLŒS. 795.

lingen lâzen *unpers. mit refl. dat. sich beeilen* Bon. Diocl. Msh. 1, 167ᵃ. Netz 11558; *unpers. mit dat. vorwärts kommen, erfolg haben, glücken:* nû was sîn ros alsô laz, in dûhte im lunge ze fuozen baz Dan. 65ᵇ. und tæt in eins tags bas lingen Netz 11412. dâ lang im aller dickest an Trist. 5076. *mit dat. u. gen.* dem linget des weges nit gar wol Germ. 8, 109. — *mit umbe, er-, ge-. vgl.* Fick² 164. 391.

-lingen *s.* -linc.

linger *s.* liniere.

lîn-gewant *stn.* (III. 684ᵇ) *leinenzeug* Kulm. *r.* Np. 60.

lîn-hose *swf.* (I. 718ᵇ) *beinkleid von leinwand* Trist. 2640.

liniâl *stn.* lineale Voc. 1482, linearium, lineâl Dief. *n. gl.* 236ᵃ;

linie *swstf. linie* Msh. 2, 368ᵃ. 369ᵃ. Pass. 295, 89. Myst. 2. 474, 9. 10. linie, linig, linige Dfg. 331ᵃ. — *aus lat.* linea.

linien-lich *adj.* linealis Dief. *n. gl.* 236ᵃ.

linien-strich *stm.* (II². 689ᵃ) *linie, gränzlinie* Pass.

liniere *stn. lineal* Msh. 2, 359ᵇ. linier, linger Dfg. 331ᵃ. — *aus mlat.* linearium.

linier-lich *adj.* linealis Dief. *n. gl.* 236ᵃ.

lînîn *adj.* (I. 1000ᵇ, 1) *weich, schwächlich, träge* Helbl. 3, 410. *vgl.* Schm. *Fr.* 1, 1479, Kwb. 176 *u.* lin, lîn *adj.*, linisch.

lînîn *adj.* (I. 1000ᵃ) *von* lîn, *leinen* Parz. Lieht. (539, 12). Winsb. Ms. (*H.* 2, 233ᵇ. 3, 15ᵃ). Kchr. *D.* 525, 5. Mar. 197, 16. En. 159, 15. Reinh. 1819. j.Tit. 1505. Renn. 18132. Gfr. 2729. Dan. 3570. Apoll. 8624. Eilh. 4183. W. *v. Rh.* 149, 18. Ga. 2. 179, 164. Pass. *K.* 173, 55. Marlg. 179, 142. 221, 289. Mgb. 83, 30. 92, 36. 105, 13. Hb. *M.* 788. lînî Netz 12040. lînen Elis. 3207. Karlm. 215, 53. Dfg. 332ᵇ, *n. gl.* 236ᵃ; — *n. subst. leinenes tuch,* linteum Dfg. 332ᵃ;

lînînerîn (lînerîn?) *adj. dasselbe.* daz leinîneriîn tûch Rotenb. *r.* 34.

lînisch *adj. s. v. a.* lînîn 1. von seiner leinischen art wegen fingen in die landsherrn Chr. 3. 170, 9.

linize *swf. löwin.* vrâge Linizen mîn wîp Ls. 2. 595, 26. *vgl.* lunze.

lîn-kappe *swf.* (I. 787ᵃ) *kappe von leinen* Trist. 2629. *vgl.* linîne chappe Kchr. *D.* 525, 5.

linkesch *adj.* (I. 1000ᵇ) linkesch, linkes, linkisz: sinister Dfg. 537ᵃ.

lîn-lachen, lîlachen, -lach *stn.* (I. 924ᵃ) *bettuch, leilach.* lînlachen Parz. Msh. 2, 295ᵇ. lînlach Meran. 15. Netz 7297 *var.* (*pl.* leinlacher Zimr. *chr.* 3. 131, 11). lilachen Greg. Trist. Lanz. 4161. Lieht. 364, 22. Ernst 2393. Apoll. 5672. Bph.8815. Helmbr. 1043. Warn. 2955. Pass. 92, 17. Heinr.3513. lilach Lieht.(345, 30. 348, 7. 365, 20), leilach Tuch. 298, 17 *ff.* Fasn. 375. 792. Zimr. *chr.* 1, 522, 31 (*in gloss. alle angeführten formen s.* Dfg. 332ᵃ, *n. gl.* 236ᵇ); *bildl.* von sînre einfaltikeit wegen nantent in etliche 'bischof lylachen' Chr. 9. 676, 7. — *die form* lilachen *könnte auch kürzung von* lîchlachen (*s. oben* 1898) *sein, vgl.* Schm. *Fr.* 1, 1417. 25.

lîn-mëz *stm. ein getreidemass von vier metzen* (*urspr. wol ein leinmass*). lînmetz Vilm. 250 (*14. jh.*). lymesz Gr.w. 3, 333. lymas *ib.* 378.

lîn-öl *stn. leinöl.* leinöl Tuch. 116, 14 *ff.* 249, 2.

lîn-pfat *s.* lînepfat.

linquet *s.* lancwit.

lins, lîns *s.* linse 2, lîse.

lîn-sâme *swm.* leinsame Pf. *arzb.* 1, 2;

lîn-sât *stf.* (II². 27ᵃ) *leinsaat* Diem. *arzb.* Mgb.

lîn-sât-öl *stn.* (II. 436ᵇ) *leinöl* Diem. *arzb.*

lîn-sât-sâme *swm.* (II². 26ᵃ) *leinsame* Diem. *arzb.*

linse *swm.* linse, linsius, ain tier von ainer wülpen und ainem hunt Mgb. 148, 23. linze Schm. *Fr.* 1, 1495. *vgl. s. v.* lycisca Dfg. 328ᵃ, *n. gl.* 234ᵃ.

linse, lins *swstf.*(I. 1002ᵃ) linsîn Reinh. 1407. Pf. *arzb.* 1, 12: *linse* Diem. Gen. Helbl. Renn. (9959. 11659. 15734). Mart. 131, 31. j.Tit. 3287. Beh. 59, 15 (niht ein lins, *gar nichts*). Hb. *M.* 481. Mone *z.* 7, 467. *vgl.* Zing. *neg.* 421. linsîn Reinh. 1407. Pf. *arzb.* 1, 12. linsî, Gengl. 368 (*a.* 1354) lins, linsî, linsîn, lense, leinse Dfg. 323ᵇ, *n. gl.* 231ᵇ. — *aus lat.* lens.

linse *s.* lîse.

lîn-seil *stn.* leinseil, *leine* Tuch. 109, 15.

linsen-koch *stn. speise von linsen* Gen. *D.* 47, 6

linsîn *stf. s.* linse;

linsîn *adj. von linsen* Chr. 8. 254, 3.

lîn-soc *stm.* (II². 466ᵃ) *socke aus leinen,* caligula Sum. Himlr. 264.

lint *adj. s.* linde.

lint? *flechtwerk?* 7 β umb lint zu binden, als man rôsten (*einen rost schlagen*) sulde Frankf. *baumstb. a.* 1400, 56. heftlint *ib.* 1469, 14ᵇ — *vgl. holl.* lint, *band.*

lint *stm.?* (I. 1002ᵃ) *schlange, in* lint-trache, -wurm. — *ahd.* lint, *altn.* linni. (*in frauennamen* Sigelint, Gêrlint *etc. scheint aber weder dieses* lint *enthalten zu sein, wie* GR. 2, 505 *u.* MYTH. 652 *angenommen wird, noch* lind, *fons, saturigo* [GR. *kl. schrft.* 2, 398], *sondern einfach das ahd.* lintâ, *linde, das oft geradezu schild bedeutet). — vgl. lit.* lind, *kriechen* FICK² 858.
[lint-boum I. 228ᵃ] *s.* line.
lintîn *adj. s.* lindin (I. 1002ᵃ, 38) *ist zu streichen.*
lint-trache, -drache, lintrache *swm.* (III. 67ᵇ) *lindwurm* NIB. lintracke KRONE 12788. — *sowie* lintwurm *eine tautolog. ausdeutende zusammensetzung, s.* lint *schlange.*
lîn-tuoch *stn. leinwand* MONE *z.* 9, 183 (*a.* 1486). *vgl.* lynen, leynen tuch linteum DFG. 332ᵃ, linîtuoch *n. gl.* 236ᵇ.
lint-wurm *stm.* (III. 826ᵇ) *s. v. a.* linttrache GL. (lindwurm crocodillus Voc. 1482). EN. TROJ. (25350. 39324). ERLŒS. WOLFD. *B.* 62. APOLL. 5500. 8230. 452. GRIESH. *denkm.* 22. GEO. 466. KARLM. 116, 44. GERM. 16, 68ᵇ. *in utrisque lateribus* (*des wappens*) *singuli dracones, nomine teutonico* lindworme, *clare videbantur, jahrb. des meklenb. geschichtver.* 1836 *s.* 208 (*a.* 1381); *höllendrache, teufel* MAR. 148, 28.
lint-zeichen *stn. mal, muttermal* KARLM. 58, 50. 166, 34. leintzeichen *ib.* 323, 24.
lîn-wât *stf.* (III. 778ᵇ) *leinenzeug, leinwand* IW. WIG. TROJ. L. ALEX. 6529. HERB. 1667. ERACL. 1813. HELMBR. 133. JÜNGL. 682. GA. 2. 132, 269. linwât, -wôt, leymbot: tela DFG. 575ᵇ. leinbot CHR. 1. 101, 8. leibat TUCH. 304, 9. leimbat FASN. 440. leimût (*md.*) ANZ. 18, 46 (*a.* 1446);
lîn-wâter *stm.* (III. 779ᵃ) *leinweber* BRÜNN. *r.* leinbater CP. 11. KALTB. 21, 71. 108, 53.
lîn-wât-hûs *stn. das l. in Frankfurt diente als gefängnis* RCSP. 1, 220. 224 (*a.* 1411). in das linwâthûs legen FRANKF. *brgmstb. a.* 1448 *vig. III. p. trinit.*
lîn-wât-mâler *stm. der das obrigkeitl. zeichen auf die leinwandstücke malt* S.GALL. *stb.* 4, 265. *s.* mâl *u.* linwâtzeichener.
lîn-wât-menger *stm. leinwandhändler* MONE *z.* 9, 141.
lîn-wât-mezzer *stm. leinwandmesser* MONE *z.* 20, 297 (*a.* 1460).
lîn-wât-reifer *stm. der die leinwand mit dem reif misst* S.GALL. *stb.* 4, 152.

lîn-wât-schouwer *stm. obrigkeitlich bestellter leinwandbesichtiger* MONE *z.* 20, 297 (*a.* 1460).
lîn-wât-snîder *stm. der leinwand ausschneidet.* linewantsnîder CHR. 7. 173, 27.
lîn-wât-tuoch *stn. leinwand, leinwandstück* S.GALL. *stb.* 4, 261. MONE *z.* 9, 188. NETZ 9041. 84. ganze linwâttüecher S.GALL. *chr.* 79.
lîn-wât-verwer *stm. leinwandfärber* MONE *z.* 20, 297 (*a.* 1460).
lîn-wât-zeichener *stm. s. v. a.* linwâtmâler *ib.*
lîn-wëber *stm.* (III. 612ᵃ) *leinweber*, linifex DFG. 331ᶜ. MONE *z.* 9, 177 (*a.* 1407). MILTENB. *stb.* 30ᵃ. GR.W. 3, 374. RCSP. 1, 367. MÜHLH. *rgs.* 121. linenweber *ib.* 158.
lîn-wëber-meister *stm.* MÜHLH. *rgs.* 161.
lîn-wurz *stf.* lynwurz, eupatica VOC. 1482.
linz *s.* lenze.
linze *s.* linse swm.
lîp, -bes *stm.* (I. 1002ᵃ) *daneben* lib *bes. md.* (*auch* lip h ROTH. 2379, lî f CRANE 2936. d a z lîp EILH. 3663, *vgl. zu* CRANE *a. o.); pl.* libe ELIS. 4386. SWSP. 34, 23. 25. 30, *dat.* liben ENGELH. 6169. 430 —: *leben, leib, körper allgem.* (*leben:* ze tôde und ze libe L. ALEX. 6816. BPH. 7853. an libe oder an tôde, *bei lebzeiten oder beim tode* Mz. 4, 103. 116. al mînen lîb, *mein ganzes leben* EN. 294, 29. mit dem libe, *während des lebens* Aw. 3, 173. zu unser beider liben und lebtagen Mz. 3, 302 *a.* 1353. ze lîb belîben Mw. 353 *a.* 1367. ze libe komen TROJ. 23344. nicht libes sparn PASS. *K.* 645, 62. ze libe dingen NEIDH. 43, 13. swaz er ûf sînen lîp stilt FREID.² 47, 27. ûf den lîp gevangen SWSP. 327, 1. MGB. 380, 19. etw. ûf den l. nemen, *sein leben dafür zu pfande setzen* ROTH. 2379. iuwern lîp hân ich iu gegeben, *das leben erhalten* KRONE 11333. iz erbarmet mich in den lîp, *in die seele* KCHR. *D.* 372, 31. einen an dem leib suochen CHR. 4. 102, 24. einem zû dem libe dreuwen, *ihn am leben bedrohen* HERB. 18161. einen von dem libe tuon, *töten, mit dem tode bestrafen ib.* 10929. KOL. 113, 627. S.GALL. *stb.* 4, 259. — *leib, körper:* müder lîb ELIS. 2602. der lîp sî dir beinîn FDGR. 1. 261, 31. sie warf den lîp ûf die banc HELBL. 1, 1206. er was mit lebenden libe tôt WARN. 3070. bî sînem lebendigen libe SWSP. 258, 22. die wil mîn lîp die sêle treit LIEHT. 413, 16. den lîp muoz ich dem tôde geben GEN. *D.* 97, 24. sêle und lîp verliesen KCHR. *D.* 354, 10. ir

herze hôrte er krachen, daz̧ z̧ in ir lîbe brach Otn. *A.* 541. zuo des lîbe sol man daz̧ rihten, *der soll körperlich dafür gezüchtigt werden* Chr. 9. 1024, 31. des lîbes er sie bat, *sich ihm preiszugeben* Diem. *beitr.* 1. 19, 34. sol ich mit iu mînen lîp teilen Ga. 3. 343, 82. 92. ir gie sîn kôsen an den lîp Troj. 17248. von lîbe komen, *abmagern* Wg. 10353. er was ein helt von dem lîp, *ein persönl. tapferer held* Dsp. *s.* 19. des lîbes ein degen Ulr. Wh. 143ª. eigen vom lîp, *leibeigen* Don. *a.* 1362. 63 [*vgl.* lîpeigen *u.* eigen]. der mich an hôrt von lîbe, *mein leibeigener ist ib. a.* 1303, *ebenso* einem von dem lîbe dienen Ad. 741 *a.* 1284. *personif.* herre lîp Griesh. 2, 62 *f.*, friunt unde lieber lîp! Herzm. 142. — *häufig bezeichnet* lîp *geradezu person, bes. umschreibend mit gen. od. pron. poss.* [*s.* Gr. *kl. schft.* 3, 265 *f.*]: Pârîs der hübsche lîp Troj. 5216. ir sît ein wunderlîcher lîp Frauentr. 242. der valschhafte lîb Pass. *K.* 14, 26. gar minnesame lîbe Elis. 4386. er wîhte in ze einem sæligen lîbe Gen. *D.* 65, 17. von hundert tûsent lîben niwan zwei belîben Albr. 1, 601. einen mit dem leib laden, *zum persönl. erscheinen vorladen* Eyb 23. ein gülden leibgedings auf einen leib Chr. 2. 323, 12. auf seinen leib etw. kaufen, *ein leibgeding kaufen; umschreibend:* in dünkt mîn einer lîp ein ganzez̧ her Msf. 172, 10. daz̧ tuot mîn lîp Ga. 3. 343, 86. sô lebt mîn lîp Msf. 198, 8. âne mînen l. Albr. 25, 120. ob ich ie dur dînen l. wurde frô Msf. 176, 8. hintz sînem lîbe Chr. 4. 138, 20. mit sein selbs leip, *selbst, persönlich ib.* 2. 49, 6; 3. 359, 11; 4. 64, 7. 65, 16 *u. o.* 5. 41, 26. 61, 21. zuo iren leiben mugen sie ir recht suochen *ib.* 4. 263, 7); — *andere bedeutungen: magen,* daz̧ ez̧z̧en in den leib schieben Mgb. 209, 29. des krebzs därmlein strecket sich von dem leib unz̧ an daz̧ end seins swanzes *ib.* 249, 7. *s. v. a.* lîpgedinge: *das geld anlegen* ze järnutzen oder ze lîben Mz. 4, 343; *von der person zu entrichtende abgabe*: weder der lîp sül vor vallen oder der rouch Gr.w. 5, 233. — *vgl.* lëben *u.* lîben 2;

lîp *adj. in* abe-, gelîp.

lîp-bëte *stf. abgabe der leibeigenen* Oberl. 900. Gr.w. 2, 164.

lîp-bevilde *stf.* (III. 316ᵇ) *s. v. a.* lîchbevilhede j.Tit. S. Mart. 8, 26. lîpbevilhe Chr. 9. 605, 19. 608, 17. lîpbevil *ib.* 8. 322, 8. lîpvell Mone *z.* 16, 152 (*a.* 1477).

lîp-blâst *stm.*, -blâsunge *stf.* ventositas *n. gl.* 378ᵇ. *vgl.* Dfg. 611ª *u.* lîplæze, -luft, -vist.

lîp-brûchunge *stf.* victus Dfg. 618ᵇ.

lîp-dinc *stn. s. v. a.* lîpgedinge. Augsb. *r. W.* 279 *ff.* Mone *z.* 10, 460. 11, 100 (*a.* 1325. 97). Mz. 1, 419. 24 (*a.* 1392). Chr. 2. 16, 11; 4. 228, 19. 20. 306, 9. 311, 15. 316, 4. leipting *ib.* 33, 4; 5. 346, 22. 347, 13. 19. lîptinc Gaupp 1, 145 (*a.* 1297).

lîp-dinc-gëlt *stn. leibrente.* leibtinggelt Chr. 5. 371, 6.

lîp-eigen *adj. leibeigen* Mone *z.* 7, 140. 151. 171 (*a.* 1388 *u. 15 jh.*). *vgl. auch* eigen *u.* lîp.

lîp-eigen-schaft *stf. leibeigenschaft* Gr.w. 4, 525 (*a.* 1484).

lîp-erbe *swm.* (I. 440ª) *leibeserbe* Weist. Cdg. 3, 89. 176 (*a.* 1354. 63).

lîp-gedinge *stn.* (I. 341ª) *ein auf lebenszeit zur nutzniessung ausbedungenes u. übertragenes gut, leibrente sowie der vertrag darüber* Gl. (ususfructus Voc. 1482). Myst. Orl. 14016. 26—30. Ls. 2. 203, 89. pro triginta libris denariorum jure precario, quod vulgariter leibgeding dicitur Ukn. 41. Ula. 44. (*a.* 1286. 88). Dsp. 1, 24. 36. Swsp. 20, 1. 21, 1. 160, 4. 339, 2. Chr. 2. 9, 11. 323, 13. 15; 5. 8, 2. 119, 15. 24; sîns komens warte si für wâr, daz̧ was ir lîpgedinge Parz. 103, 17 (*wortspiel mit* gedinge: *hoffnung, wunsch, verlangen*). *vgl.* lîpdinc.

lîp-geræte *stn.* (II. 574ᵇ) *coll. zu* lîprât, *lebensunterhalt* Trist. 16830.

lîp-geselle *swm.* (II². 30ª) *genosse.* die zwelf lîpgesellen, die den mort dâ stiften Ulr. Wh. 119ª.

lîp-gesinde *stn. leibwache* Rcsp. 1, 99 (*a.* 1401).

lîp-geziuc *stn. md.* lîbgezûc *s. v. a.* lîpzuht Ssp. 3. 38, 4.

lîp-guldîn *stm. ein gulden des* lîpgedinges Chr. 4. 311, 16.

lîp-guot *stn.* precaria Halt. 1246.

lîph *s.* lîp.

lîp-haft *adj.* (I. 1004ᵇ) *leben habend, lebend* j.Tit. 74. Troj. 20582. Apoll. 7049. Albr. 22, 10. 25, 24; *einen (vollkommenen) körper habend, wolgestalt*: sie was ein maget lîphaft, ê sie wurde sus verschaft *ib.* 10, 36; *leibhaftig, persönlich* Karaj. Himlr. Msh. 2. 175, 15;

lîp-hafte *stf.* (I. 1005ª) *leben* Karaj. 79, 14 (Diut. 3, 25);

lîp-haften *swv. in* gelîphaften;

lîp-haftic *adj.* (I. 1005ª) *leben habend, lebensfähig.* daʒ eʒ (kint) libhaftig mochte wesen Ssp. 1, 33; *leibhaftig* Diem. Msh. 2, 380ᵇ. Mgb. 15, 26. 29. 271, 10. lipheftig Chr. 8. 421, 16. *vgl.* Halt. 1245.

lîp-haftic-heit *stf. leibhaftigkeit* Myst. 2. 447, 38.

lîp-haftec-lîche *adv. leibhaftig.* lipheftekliche Chr. 8. 384, 10.

lîp-haftigen *swv. beleben.* libhaftigen, vivificare Hpt. 8, 123. — *mit ge-*.

lîp-hërre *swm. herr über leibeigene* Gr.w. 6, 46. 51. Mone z. 7, 149 (a. 1466). *vgl.* Halt. 1245.

lîp-huon *stn. gallina capitalis* Halt. 1245. Gr.w. 6, 54.

lîp-korn *stn. praebenda frumenti* Halt. 1245.

lîp-læʒe *stf.* ventuositas, leiblöss Schm. *Fr.* 1, 1413 (a. 1449). *vgl.* Dfg. 611ª. *u.* lîp-blâst, -luft, -vist.

lîp-lege *stf. begräbnisplatz* Mone z. 4, 329 (a. 1479).

liplep *geplapper.* wann in sunst wol ist mit geschwätz und lyplep Narr. 64, 21.

lîp-lich *adj.* (I. 1004ᵇ) *leiblich, fleischlich,* corporalis Dfg. 151ᶜ (lîp-, libelîch). Himlr. 201. Myst. 2. 229, 3 *ff.* Mgb. 183, 7. 204, 2 *etc.* Jer. 15ᶜ. liplîche nôt (*vgl.* lipnôt) Albr. 22, 457; *persönlich, leibhaftig* Chr. 1. 198, 20. Swsp. 83, 11;

lîp-lîche, -en *adv.* (*ib.*) einen leipleichen speisen Mgb. 200, 8. liplîche geborn werden Chr. 9. 499, 4. l. zuo schaffende haben, *coire ib.* 8, 342, 7. l. swern, *einen körperl. eid ablegen ib.* 1. 135, 1; 5. 12, 15; 9. 605, 26. 1025, 27. einen eit l. swern Rta. 1. 383, 1.

lîp-lîcheit *stf. leiblichkeit, körperlichkeit* Myst. 2. 229, 8. 636, 10;

lîp-loch *stn.* apertura, diaferis Voc. 1482;

lîp-löchel *stn. pore* Mgb. 282, 34. 314, 22.

lîp-, lîbe-lôs *adj.* (I. 1004ᵇ) *leblos.* mit urteil liplôs Kchr. *W.* 14576. libelôs sîn Roseng. *H.* 2320, werden Berth. 449, 14. daʒ dhain student leiblos worden sei, *am leben gestraft* Cp. 32. einen lîblôs machen Renn. 15295. Karlm. 252, 22. einen libelôs tuon Wwh. 217, 25. Loh. 5215. Berth. 147, 38. Ad. 785. 1180 (a. 1293. 1375). Schreib. 1, 241 (a. 1322). sich libelôs tuon, *entleiben* Frauentr. 258. Dür. *chr.* 593; *lebenssatt* Greg. 2601. Er.² 5324.

lîp-luft *stf.* ventosus Dief. *n. gl.* 378ᵇ. *vgl.* lipblâst, -læʒe, -vist.

lîp-nar *stf.* (II. 385ª) *leibesnahrung, lebensunterhalt* Gen. (*D.* 23, 20. 54. 23. 97, 14). Kindh. (85, 16). En. Trist. Lieht. Barl. Kchr. *D.* 355, 1. Glaub. 933. Lit. 1185. Herb. 18087. Serv. 862. Bit. 5627. Walb. 135. Ernst *B.* 2077. Wolfd. *A.* 378. Eracl. 475. Gerh. 1404. Orl. 12426. Vilm. *weltchr.* 63, 239. Ulr. *Wh.* 157ᵇ. 249ª. 260ᶜ. 266ᵇ. Troj. 23777. W. *v. Rh.* 116, 3. Helbl. 8, 880. Renn. 161. 7436. 15156. Schretel 306. Wack. *pr.* 2, 49. Swsp. 149, 12. Albr. 1, 190. Pass. (277, 48. 360, 67). Vet. *b.* 24, 1. 74, 23. Netz. 3430. Cp. 23. lifnar Crane 1513;

lîp-narunge *stf.* (II. 385ᵇ) *dasselbe* Troj. (41698). Adrian 451, 144. Hb. *M.* 269. Cp. 17.

lîpnisse *s.* liepnisse.

lîp-nôt *stf.* (II. 414ª) *leibesnot, nur als uneigentl. compos.* libes-, libsnôt *oft in den* Weist. z. *b.* 4, 7. 89. 5, 479. *s.* Halt. 1247.

lipparêa (I. 1005ª) *ein edelstein* Parz.

lippe, lippen *s.* lëfs, lispen.

lippen-lappe *swm.s.v.a.* lappe 1. Fasn. 316, 22.

lippe-swër *swm.* (II². 810ª) *geschwür an den lippen* Pf. *arzb.*

lîp-pfeit *stf. leibhemd* Schm. *Fr.* 1, 444.

lippriester *s.* liutpriester.

lîp-rât *stm.* (II. 576ᵇ) *s. v. a.* lipnar Trist. Troj. 2852.

lîp-rëht *stn.* (II. 625ᵇ) = lipgedinges reht Halt. (*16. jh.*);

lîp-rëhter *stm.* (*ib.*) *lebenslänglich berechtigter benutzer eines gutes* Oberl. 904 (*aber ohne beleg*).

lîp-schade *swm. körperl. gebrechen* Mh. 2, 519.

lîp-stiure *stf. kopfsteuer* Mone z. 10, 167.

lîp-strâfe *f. leibstraff* Kaltb. 70, 15.

lîp-val *stm.* (III. 222ª) *todfall* Weist.; *s. v. a.* besthoubet *ib. u.* Mone z. 6, 483. 7, 238. (Halt. 1239 führt aus Kön. leibfall *an als casus corporis, sepultura mortui; es ist* lîpbevilhe Chr. 9. 605, 19).

lîp-var *adj. leibfarbig* Hpt. 14, 167;

lîp-varwe *stf.* ir nase nnd ir wengelin von lipvarwe gepinset Fragm. 43ᶜ.

lîpvëll *s.* lipbevilde.

lîp-vist *stm.* ventosus, leibfust Voc. *S.* 2, 9ª. *vgl.* leibsflucht, liblust Dfg. 611ª *u.* lipblâst, -læʒe, -luft.

lîp-vrône *stf. leibfrohne* Gr.w. 2, 35.

lîp-vuore *stf.* (III. 264ª) *s.v.a.* lipnar Schilt.

lîp-wer *stf. notwehr.* dasz er habe libwehr mussen thun, sîn leben zu entretten Frankf. *urk. v.* 1471;

lîp-werunge *stf. dasselbe* HALT. 1248.
lîp-zeichen *stn. signum et argumentum corporis occisi* HALT. 1248 *ff.*
lîp-zuht *stf.* (III. 940ª) *das worauf die wittwe für ihren lebensunterhalt sich zieht, berufen kann, angewiesen ist* LUDW. MONE *z.* 14, 417. Mz. 1, 513. SSP. 1, 21. 41. 2, 21. 3, 74. 75. VILM. 243. *vgl.* lipgeziuc;
lîp-zühter *stm.* (*ib.*) *usufructuarius* OBERL.
lirc, lirche *s.* lërc, lërche.
lîre *swf.* (I. 1005ª) *leier* DIEM. GRIESH. TRIST. L.ALEX. 211. PART. *B.* 1627. MSH. 1, 86ª. MARIENGR. 213. KRONE 22096. leir MGB. 314, 20. 349, 4. NETZ 12028. lür NARR. 58; leyr od. armprostwinde, scroba VOC. 1482. — *aus gr. lat.* lyra;
lîren *swv.* (*ib.*) *die* lîren *spielen* TRIST. ERNST 5070. NEIDH. 49, 36. MSH. 3, 283ᵇ. KONR. *lied.* 32, 299. TROJ. 15816. 16333. 19469. BPH. 9956. RENN. 9414. HANS 1104. in der müle leiern GERM. 2, 148 (*vgl.* harpfen in der müle FREID. 126, 27. 127, 1); *bildl. zögern, mit der wal* lîren OT. 342ª.
lîren-nagel *stm. clavus* VOC. 1482.
lîren-reide *stf.*, **-wedel** *stm. armbrustwinde vertibulum* VOC. 1482.
lîren-staffel *m.* (II². 556ᵇ) pecten VOC. *o. vgl.* staffele an seitenspil DIEF. *n. gl.* 283ᵇ.
lîrer *stm.* (I. 1005ᵇ) lyricen DFG. 333ª, *n. gl.* 237ª;
lîrerinne *stf.* liricina DFG. 333ª. NETZ 12062.
lîrer-zieher *stm.* leirerzieher TUCH. 157, 14. 16. *vielleicht drahtzieher, denn das eisen, wodurch der draht gezogen wird, heisst in Nürnberg die* leier.
lîrî *naturlaut der lerche* WOLK. 41, 37. WACK. *voces* 2, 29.
lirken *s.* lërken.
lirn- *s.* lërn-.
lîse *adj.* (1009ᵇ) *leise, geräuschlos, sanft* TROJ. GERH. lies ZIMR. *chr.* 2. 593, 27. *alem. nasal.* linse: ain linse stimme HB. *M.* 531. in senfter und in linser kür *ib.* 427. — *vgl.* GR. 2, 46. WEIG. 2, 36;
lîse, lîs *adv.* (1010ª) *auf leise, sanfte, langsame, anständige weise allgem.* (sie merkent lise j.TIT. 1693. si leite an sich lîs ir gewant TROJ. 13976. gezweiet schône und lîse ORL. 6102. er enpfienc den fürsten lîse WOLFD. *Casp.* 252. sie nâmen die fürsten lîse, *sprachen geheim mit ihnen* KCHR. W. 13269. die huober sullent geben 3 viertel habern lîse gemessen GR.w. 4, 35). *alem. nasal.* lins NETZ 627. 33. 2369 (: zins). 8383. HB. *M.*

475, lins (leins ZIMR. *chr.* 2, 33, 28; 3. 265, 12. 460, 4 *u. o.*).
lisîs (I. 1010ª) *eine schlange* PARZ. (*nach* Bartsch zu 9, 1449 *wahrscheinlich auf* ἑλίσσω, *winden, zurückzuführen: ringelnatter*).
lismen *swv. stricken* NETZ 12050 var., *s.* gelismen, klismen *u.* SCHM. *Fr.* 1, 1513, STALD. 2, 175.
lispeler *stm. balbus, blesus* DFG. 66ᵇ. 77ª;
lispeln *swv.* balbutire, blesare *ib.;*
lispen *swv.* (I. 1010ª) *durch die* lëspe (*s.* lëfs) *sprechen, lispeln,* balbutire, blesare DFG. 66ᵇ. 77ª, lispen, wlispen (*vgl.* wispeln) balbire *n. gl.* 47ª, lispender, lippender blesus *ib.* 55ᵇ. TRIST. Ms. man hôrt ir genuoc lispen und zarten RENN. 12072. der lispende kôsen kan BIRKENST. 313. die in ir kinthait zärtlent, die lispent gern wenn sie gewahsent MGB. 15, 1. diu zung, diu gar ze dick ist, macht lispend leut *ib.* 12. dô brant es die zungen, daʒ es lispen was HB. *M.* 202. weder lippen noch sagen FASN. 587, 22. — *mit* zuo, umbe-;
lispener, lisper, lispizer *stm.* balbus, blesus DFG. 66ᵇ. 77ª. lisper, wlisper *n. gl.* 55ᵇ;
lispizen *swv. intens. zu* lispen, *zu folgern aus* lispizer.
list *stm.* (I. 1010ª) *md.* der *u.* die list, liest RCSP. 1, 15 (*a.* 1384), MAINZ. *fgb.* 39; *gern pl.* —: *weisheit, klugheit, schlauheit; weise, kluge, schlaue absicht od. handlung allgem.* (mit reinen listen PASS. *K.* 553, 61. in mildeclîchen listen ELIS. 3937. mit listen [*auf schlaue weise*] tädingen CHR. 4, 45, 2. mit ungetrûwer list ERLŒS. 1155. 3432. âne list *aufrichtig, wahrhaftig* KARL 5367. arger list *arglist, unaufrichtigkeit:* âne arge list ELIS. 941. KSR. 18. MAINZ. *fgb.* 39, *vgl.* arclist. hintere l. *hinterlist* ANEG. 33, 78. valscher l. MGB. 15, 12. ân ubel liste Mw. 175, 9 *a.* 1290. er was vol bœser list CHR. 4, 37, 9); *wissenschaft, kunst* (der liste lêre WG. 8914. der siben liste brunnen TROJ. 1958. dâ wart unmüezic manic list *ib.* 23630. âne menschlîchen l. SERV. 1262. durch alle sinne ein sehender l. MSH. 2, 359ª. mit sînre hôhen l. ELIS. 6945. zû Kriechen in Athêne vant er liste zwêne ALBR. 19, 104. Pallas die gotin aller liste *ib.* 117), *zauberkunst* PARZ. WIG. die bûch von disen listen PASS. *K.* 157, 65. — *s.* leise *f.*, leist *u.* FICK² 859.
lîst *s.* ligen.

listære, -er *stm. in* tûsent-, hinder-lister.
lîste *swf.* (I. 1012ª) *bandförmiger streifen, leiste, saum, borte* RUL. EN. SERV. ER. (7653). LANZ. NIB. KONR. (TROJ. 1218. 1451. 12089. 20266). EXOD. *D.* 160, 22. ROTH. 1104. GUDR. 1326. ERNST 2399. 623. ALPH. 300. 301. LAUR. *Schr.* 1777. 85. WOLFD. 1405. EILH. 1716. TÜRL. *Wh.* 129ᵇ. DAN. 6041. HELBL. 7, 451. ELIS. 3031. GERM. 9. 121, 946. MONE 6, 248. FRONL. 19. rock mit perlin listen RCSP. 1, 668. listen an den kleidern BÖHM. 623 (*a.* 1352). *tuchleiste* MONE *z.* 9, 178. MILTENB. *stb.* 38ª. *bildl.* goldes liste, *Maria* MARIENGR. 229; welher (*gerber*) listen in den bach schütt, der bessert 6 pfenn. (*abfälle von häuten?*) MONE *z.* 16, 153 (*a.* 1477). — *vgl.* leise, leist *u.* FICK² 859.
liste-bære *adj. weise* TROJ. 19269.
listec, listic *adj.* (I. 1011ᵇ) *weise, klug, schlau* ROTH. TRIST. GEN. *D.* 33, 25. ALBR. 19, 161. MGB. 151, 26; *kunstreich* MSH. 2, 215ª;
listec-heit *stf.* (I. 1012ᵇ) listekeit, listikeit *weisheit, schlauheit* WOLK. LUDW. 12, 25. AB. 1, 154. 55. HB. *M.* 188. 262.
listec-lich *adj.* (I. 1011ᵇ) *s. v. a.* listec PARZ. TRIST. *H.* SIGEN. *Z.* 22, 6;
listec-lîche, -en *adv. W. v. Rh.* 115, 22. ERNST 839. 4252. ELIS. 8023.
listegen *swv. in* verlistegen;
listeger *stm. überlister.* listiger MGB., 45, 6;
listelîn *stn. dem. zu* list. listelîns spil, *ein hazardspiel* OBERL. 939 (*a.* 1488). listlîs spil uff dem bret MONE *z.* 7, 64 (*a.* 1475). lüstleins spil SCHM. *Fr.* 1, 1525 (*a.* 1440), *bei* H.SACHS des listles spilen. *vgl.* listlichs spiln *unter* bocken;
listen *swv.* (I. 1012ª) list *üben, schmeicheln* GRIESH. TRIST. (*der beleg aus* TROJ. *gehört zum folgenden* listen). — *mit* be-, er-, über-, ver-.
lîsten *swv. mit einer* listen, *einem saum versehen s.* gelistet (*auch* TROJ. 20125).
lîsten-garn *stn. garn zu tuchleisten* MONE *z.* 9, 154.
lister *f.* (I. 1012ᵇ) *sepicecula, ein vogel* DFG. 527ᶜ, *n. gl.* 335ᵇ.
liste-rîche *adj.* (II. 689ª) *klug* BARL.; *kunstreich* TROJ. 7805.
list-künde *adj.* (I. 813ª) *mit der kunst vertraut, kunstreich* PASS.
listlî *s.* listelîn.
list-machære *stm.* (II. 17ª) *künstler* GEO. TRIST. 4932 (*bei* Bechst. listwürkære).

list-meister *stm.* (II. 121ᵇ) *dasselbe* WALLR. 50.
lis-trëter *stm.* leistreter, *schleicher* FASN. 254, 15.
list-sache *stf.* (II². 5ᵇ) *kunst, zauberkunst* PASS. 169, 19.
list-sinnic *adj. klug, kunstreich.* der listsinnige man EILH. 4063.
list-viur *stn.* (III. 332ᵇ) *durch geheime künste bereitetes feuer.* listviwer WIG. 180, 8.
list-vröude *stf.* (III. 419ª) *scheinfreude* IW. 4419.
list-wërkære *stm.* (III. 591ª) *künstler* SUM. SPEC., -wirkære KCHR. 5706;
list-wërke *swm.* (III. 590ᵇ) *dasselbe* SPEC.;
list-würhte *swm.* (III. 595ᵇ) *dasselbe* SERV.;
list-würkære *stm.* (III. 594ᵇ) *dasselbe* KCHR. (5552) TRIST. *B.* 4932;
list-würke *swm.* (III. 595ª) *dasselbe* BARL. TROJ. 47991. BR. 23ᵇ.
lit, -des *stn. m.* (I. 977ᵇ) *pl.* diu lit, lide, lider; die lide: *glied, gelenk allgem.* (dâ daʒ lit zesamene solde GEN. *D.* 7, 13. wê geschëh ir lide, *weh über sie ib.* 36, 15. arme unde lit ALBR. 32, 66. blût unde lit *ib.* 35, 28. sîn leben und diu lide SILV. 1909. ir bluot und ouch ir lider *ib.* 3542. er kuste im ougen unde lide OTTE 725. daʒ man enbünde sîniu lider PANTAL. 1265. sô diu salbe sîniu lider mit ir kraft gefiuhtet TROJ. 11086. dînes lîbes lider *W. v. Rh.* 254, 21. dei lider dwuoch der heilant an sînen jungern SPEC. 60. daʒ sîniu lit nû krachent j.TIT. 445. jenem mülle ich die lide HELMBR. 1249. er swuor bî allen sînen liden ERNST 4151. dâ von muost eʒ werden sûr arm unde liden LOH. 4929. in tâten wê des strîtes lide LIVL. 1175. er lac an mûden liden in sînem bete PASS. *K.* 154, 82. ob er an sînem lîbe und liden unverderbt und ungelemt ist W. 50 *s.* 65 *a.* 1342. si habent negel an den liden, *an hânden u. füssen* MGB. 490, 7. daʒ daʒ korn lide hât SSP. 2. 61, 5. *bildl.* des gelouben lit PASS. *K.* 473, 63. 632, 76. mîner vrouwen êre diust an allen liden lam NEIDH. 83, 13); *zeugungsglied,* diu schämlîchen lit (*gedr.* liet) TUND. 51, 56; *verwantschaftsglied, sippe* SWSP. 6, 5 *ff.* er was von vrîen liden komen KL. 697; *teil, stück.* der mich zu einzeln liden al zusniten hête HERB. 13344; *mitglied, genosse, gehülfe.* der tiufel und sîniu lit DENKM. XLIII. 8, 5 *u. anm.* des tievels lide HPT. 8. 169, 246. (*vgl.* SCHM. *Fr.* 1, 1443). — *gt.* lithus *m.*, *ahd.* lid *mn. von*

w. ar (*lat.* artus, *gr.* ἄρθρον) CURT.³ 317.
GSP. 276. FICK² 858. Z. 1, 140. *vgl.* lîden.
lit *stn.* (I. 1012ᵇ) *deckel.* der napf und daʒ lit
FLORE 1579. von der kefsen nam sie daʒ lit
KRONE 29426. — *ahd.* hlit, *ags.* hlidh *vom
stv.* hlîdan *bedecken* DIEF. 2, 565.
lît *s.* ligen.
lît (I. 1012ᵇ, 38) *fz.* lit *bett* WOLFR. — (*zeile*
34—37 *im* WB. *zu tilgen, denn* PARZ. 4, 28
swâ lît und welsch gerihte lac *steht welsch
g.* ἀπὸ κοινοῦ *u.* lît *ist* = liget: *wo wälsches
gericht besteht u. bestand*).
lît, -des *stnm.* (I. 1012ᵇ) *auch* leit, leut *s. die
composs.: obstwein, gewürzwein* DIEM.
GLAUB. KRONE (süeʒeʒ lît von pigmenten
rîchen 7332. daʒ l. ûʒ dem kopfe trinken
1941.50); *geistiges getränk überh. s.* lîtgëbe,
-hûs, -kouf. — *gt.* leithus, *ags.* lidh *nach*
GSP. 276 *u.* FICK² 393 *zur w.* lî *flüssig werden* (*lat.* liquere, liquor). *vgl.* HPT. 6, 269*ff.*
lît-acker *stm. acker an einer* lîten DH. 49.
lîte *swf.* (I. 1013ᵃ) *bergabhang, halde* DIEM.
PARZ. LOH. (2805. 5856. 7350). ROSENG. MS.
(NEIDH. 35, 21). KCHR. *D.* 363, 1. 499, 31.
ERNST *B.* 886. DIETR. 8477. RAB. 474. OTN.
A. 435. WOLFD. *A.* 382. 83. 465. VIRG. 21, 3.
140, 10. 890, 6. ECKE *Z.* 15, 8. APOLL. 6941.
7500. 8200. 10242. ULR. *Wh.* 208ᵈ. TÜRL.
Wh. 96ᵇ. KRONE 19897. HELBL. 4, 436.
PASS. (*K.* 282, 22. 503, 62. 589, 6). MH. 2,
771.3,376. leute USCH. 390 (*a.* 1401). *bildl.*
von des geluckes lîten, *von der höhe des
glückes* PASS.*K.*393,79. dâ die sîten sinkent
ûf ir lîten, *absenkung des wuchses, hüfte*
TRIST.10908; *tal,* in einer lîten, dâ ein michel
wazʒer vlôʒ PASS. *K.* 184, 49; *weg durch
eine* lîten, *weg überh.* wand er die rechten
lîten nicht entorste wandern *ib.* 347, 28. —
ahd. lîtâ, *ags.* hlîdh *zu* κλιτύς, *s.* lënen.
lît-gëbe *swm.* (I. 507ᵃ) *schenkwirt* HELBL.
HELMBR. JÜNGL.509. W.WEICHB.104. MERAN.
20. leutgebe KALTB. 1, 40 *ff.* leikebe GENGL.
222 (*a.* 1338).
lîtgëbe-hûs *stn. s. v. a.* lîthûs. leitgebhûs
MERAN. 20. leitgebenhaus MH. 2, 681. leutgebhaus KALTB. 66, 19. 67, 43. 72, 34. 35.
lît-gëben *swv. ausschenken.* leitgeben KALTB.
69, 10 (*a.* 1494). — *mit* ûʒ, ver-.
lît-gëber *stm. s. v. a.* lîtgëbe MERAN. 20;
lît-gëbinne, -în *stf.* (I. 507ᵃ) *schenkwirtin*
HELBL. HELMBR.
lît-hiusære *stm.* (I. 741ᵃ) *schenkwirt* TEICHN.

24. 283. leit-, leuthauser, -häuser tabernarius DFG. 571ᵃ. VOC. *S.* 1, 19ᵇ;
lît-hûs *stn.* (I. 739ᵃ) *schenke, wirtshaus* GEST.
R. HELBL. TEICHN. 209. 214. BUCH *d. r.* 636.
779. JÜNGL. 453. leithûs, taberna DFG. 571ᵃ.
MERAN. 20, leithaus UOE. 4, 284 (*a.* 1298).
GR.W.3,695. NP. 51 *ff.* (*wechselt mit* schenk-,
wirtshaus) STZ. 673. CP. 284. leuthaus *ib.*
187. GENGL. 352 (*a.* 1300). KALTB. 29, 18.
lît-hûs-gên *stn. wirtshausbesuch* JÜNGL. 475.
lît-kouf *stm.* (I. 867ᵃ) *gelöbnistrunk beim abschlusse eines handels, leikauf* GL. den lîkouf trinken FREIBERG. 192. CHR. 4. 316
anm. 7. leitkouf NP. 163. SCHM. 2, 256 (*a.*
1368). GR.w. 6, 293. STZ. 279, leichauf *ib.*
448. UHK. 2, 195 (*a.* 1346). UOE. 4, 443. 5,
582 (*a.* 1303. 30), leikauf TUCH. 40, 25. 43,
14. 45, 25. 49, 4 *etc.* FASN. 67. 569. — *vgl.*
wînkouf *u.* RA. 191;
lît-koufen *swv. in* verlîtkoufen;
lît-koufer *stm. s. v. a.* lîtgëbe HEIMB. *hf.* 280.
BRÜNN. *hf.* (*bei Senckenberg*) 307.
lît-kouf-liute *pl.* likouflûte, die den likouf
getrunken haben FREIBERG. 192.
lit-, lid-lôn *stmn.* (I. 1012ᵃ) *dienstbotenlohn,
liedlohn* WEIST. (6, 47) FELDK. *r.* 129, 1 *ff.*
BASL. *rechtsqu.* 1, 66. 168. ÖH. 160, 31.
MONE *z.* 13, 306. 17, 51. lidelôn *ib.* 4, 155.
FREIBERG. 281. — *vgl.* RA. 358. SCHM. *Fr.*
1, 1443.
lit-nagel *stm.* onichia in kriechisch haiʒet lidnagel (*var.* glidnagel) MGB. 454, 7.
litsche *f. s.* litze.
lit-schrôt-wunde *f.s.v.a.* gelitschrôt BRÜNN.
hf. (*bei Senckenberg*) 300.
lit-siech *s.* lidesiech.
littanîe *s.* letanîe.
litter, littera DFG. 334ᵃ. von worte noch von litter (: ritter) MARLG. 139, 11. *vgl.* APOLL.13537.
lît-vaʒ *stn.* (III. 282ᵃ) *fass für* lît, dolium
DFG. 189ᵇ.
lît-vüege *stf.* (III. 441ᵃ) compages DFG. 136ᵃ,
n. gl. 104ᵃ.
lit-wurz *s.* lidwurz.
litze *swm. s.* liz; litze *stn. in* antlitze, *vgl.* liz.
litze *stswf.* (I. 1013ᵃ) *litze, schnur,* amentum
DFG. 30ᵃ; *schnur als schranke, überh. schranke, zaun, gehege* KONR. LS. HÄTZL., *tuchleiste* BÖHM. 635 *f.* (*a.* 1355), litsche MONE
z. 9, 167 (*a.*1401). — *aus lat.* licium, *fz.* lice;
litzen *swv. mit schnüren versehen, s.* gelitzet,
verlitzen; *mit schranken versehen, einschränken, schädigen* MONE*z.*15,284 (*a.*1378).

litzen swv. leuchten, in himel-, wëterlitzen. hieher od. zum folgd.? ir freude mûse litzen sich an allen orten REINFR. 63ª.
litzen swv. begehren, streben. s. LOH. 5096 u. anm. — mit wider-, zu liz.
liuben swv. s. lieben 2.
liuchmisse s. liehtmësse.
liugen, liuhen s. liegen, lîhen.
liuhse f. stemmleiste, lahnstange. liuchse, leuchse trabala DFG. 590ᵇ. SCHM. Fr. 1, 1428.
liuhtære stm. (I. 1031ª) md. lûchtære, -er erleuchter PASS.; leuchter FRL. KARLM. 58, 53;
liuhtærinne stf. erleuchterin MSH. 1, 71ª. SYON 44.
liuhte stf. (I. 1029ᵇ) md. lûchte helligkeit, glanz RUL.; leuchte, apparat zum leuchten WOLK. SWSP. 26, 14. MYST. 1. 228, 1. ELIS. 280. HPT. 2, 134. MARLD. han. 88, 10. leuchte NP. 298. TUCH. 145, 25. vgl. liehte;
liuhtec, liuhtic adj. (I. 1030ª) hell, stralend WALB. 954. KOLM. 178, 33. ALTSW. 112, 18.
liuhtec-heit stf. erleuchtung. daz grôze heil, daz dû ze einer liuhtekeit allen liuten hâst bereit W. v. Rh. 70, 34.
liuhten swv. (I. 1030ª) prät. lûhte; louhten KARAJ. (prät. louhte j.TIT. 6093. HPT. 15. 141,5), md. lûchten —: leuchten allgem. (läuhten MGB. 297, 34. 465, 17. lûchten HERB. 3126. PASS. K. 117, 81. 240, 41. 370, 98. 434, 55 u. ö.); refl. lichten PARZ. 282, 9. — mit an-, be-, durch-, ent-, er-, ge-, über-, ver-. vgl. liehten.
liuhte-vaz stn. (III. 282ª) s. v. a. liehtvaz, md. lûchtevaz PASS.
liuhtnisse stf. helle, glanz PF. üb. 9, 509;
liuhtunge stf. dasselbe WACK. pr. 10, 43.
liumde s. liumunt;
liumen, liumden swv. s. liumunden;
liumet, liumolt s. liumunt;
liumtic adj. (I. 1031ᵇ) aus liumundic, von gutem rufe SCHM. Fr. 1, 1472;
liumunden s. verliumunden, verkürzt liumden s. beliumden; lünden ÖH. 158,33; liumen s. geliumet, verunliumen;
liumunt stm. (I. 1031ᵇ) md. lûmunt ruf, ruhm, gerücht, leumund DIEM. MYST. RENN. 14683. SWSP. 172, 76. PASS. K. 243, 1. ELIS. 3455. leumunt MGB. 227, 16. AB. 1, 137. starke nbff. leimunt RENN. 7628. liumut, -mat MILTENB. stb. 15ª. leumut RENN. 15278. MZ. 3, 387 (a. 1358). CHR. 3. 140, 9 (var. leymund, leimet, leymat, lammat). lein-

muet ib. 1. 345, 1. liumet TROJ. 20972. 86. 21526. 24663. 73. 24714. 48. KRONE 1047. W. v. Rh. 139, 7. lîmuot CHR. 8. 434, 2; 9. 736, 26. liumolt MAG. cr. leimant EYB 19. leumat GR.W. 3, 531. lûmot ib. 501. liumde MZ. 1, 248. liumt W. v. Rh. 136, 43. lûmd GR.W. 4, 388. leunt FDGR. 1, 73. CP. 31, leund MW. 59, 44 (a. 1255). lünt LS. 1.340,199.— schwache formen: liumde BON. GRIESH. 1, 21. leumde SWSP. 172, 76 var. liunde GRIESH. leunte ROTH pr. 65. SCHM. Fr. 1, 1472. lünde NETZ 2852; — unterabteilung einer in bücher u. capitel zerfallenden schrift (so viel man soll auf einmal lesen hören), distinction, paragraph: ein ieglîch capitel hât sînen **liunt**, etlichz vil, etlichz lutzel WG. p. 403. daz spriche ich in drîn, in sehs liumten ib. 408, in vier liument ib. 410. vgl. WACK. litt. 154 anm.
3. — **lium** (mit der ableit. unt) = gt. hliuma gehör zu xλύω, cluo (vgl. lût, losen) CURT³. 144. GSP. 40. FICK² 49. 854.
lium-haftic adj. berühmt mit gen. dar nâh werdent si liumhaftic guoter werche WILL. Hag. 5, 147. liumthaftig ib. 5, 149.
liumtic, liuntic adj. aus liumuntic: famosus liumdig, leuntig DFG. 224ᶜ, n. gl. 166ª. vgl. SCHM. Fr. 1, 472.
liune stf. tauwetter. wenn leun oder gerigen komen NP. 279. TUCH. 253, 29. — vgl. SCHM. Fr. 1, 1399;
liunen swv. auftauen. leunen TUCH. 253, 24. wenn der snee also leit und abgeen wil ib. 36. — mit ent-.
liunic adj. launisch MONE 7, 393;
liunisch adj. (I. 1051ᵇ) lunaticus DFG. 339ᵇ, n. gl. 241ª. wann der hund leynisch (= leunisch, liunisch) oder wütend ist MYNS. 95. — zu lûne.
liuntic s. liumtic.
liup, liupper s. liep.
liupriester s. liutpriester.
liure s. lûre.
liuse-krût stn. läusekraut. leuskraut, saxifragia MYNS. 23.
liut stm. n. (I. 1037ª) md. lût, volk. der liut GEN. D. 36, 11. 86, 4. 98, 16. 103, 28. 113, 31. der lût ROTH. daz liut NIB. TRIST. WIG. GEN. D. 77, 28. 85, 31. 89, 2 etc. GUDR. 53, 2. W. v. Rh. 224, 15. PF. üb. 66, 564. 71, 25. daz lût ELIS. 6739. 7766. daz liute KL. 438. — pl. die, diu liute (loute GEN. D. 23, 22. 41, 23. 53, 13. 96, 20. md. lûte PASS. K. 30, 37. 48, 63.

161, 20, lûde Elis. 1430; *auch* liuter *s.* êliute, *im* Urb. *Seck. durchaus sw.* die liuten, leuten): *menschen, leute allgem.* (gernde, varnde liute *s. unter* gernde, varnde; *wilde* liute Germ. 3. 412, 20. arme liute *dienstbare bauern* Cds. 2, 53. Roth *urk.* 3. *a.* 1488. *s.* Schm. *Fr.* 1, 107 *u.* armman. guote liute, Mone *z.* 12, 13 *a.* 1318. bêmische l. *zigeuner* Anz. 2, 84, *14. jh.*) — *gt.* lauths *mann in* juggalauths, lauths *gross, beschaffen in* hvê-, svalauths (*s.* lôte) *von* liudan, *wachsen*: *zu skr.* ruh (*aus* rudh), *zend.* rud *emporsteigen, wachsen* (*vgl.* sumerlate, ruote) Z. 1, 10. Gsp. 276. Fick[2] 172. 855. Curt.[3] 328.

liutærinne *stf. die läutet* Urb. *Son.* 38[b].

liutbar *s.* lûtbære.

liute, lûte, lût *stf.* (I. 1057[b]) *lautheit, ton, stimme.* liute Walth. lûte Kl. Krone 7990. lût, lûde Geo.; *laut, inhalt* Mh. 2, 694. Chr. 4. 172, 21. 175, 11; *sage, gerücht ib.* 3, 389 *anm.* 1.

liute-bar *adj. d. i.* liute (*gen.*) bar: *ohne leute.* er vorcht deu lant wurden leutpar *de amiss. terrae s.* 1514 (W.Gr.). tougen unde liutebar, *heimlich* Troj. 15471.

liutech *stn.* (I. 1039[b]) *coll. zu* liut, *menge von leuten.* daz arme l. Berth. 101, 9.

liute-hof *stm. pfarrhof* Chr. 9. 754, 14. Oberl. 964, *vgl.* liutkirche, -priester.

liutel? *stm.* dar umb hât er ze bürgen gesatzet Conrat und Heinrich di eisenhûter, den coler, den smit und den leutel Np. 170 (*13.— 14. jh.*).

liutelîn *stn. dem. zu* liut Ernst *B.* 4899. 908. 5989. läutel Mgb. 490, 35. 491, 1.

liuten *swv.* (I. 1058[a]) *prät.* lûte, *part.* geliutet, gelût (Gr.w. 5, 300); *md.* lûten (*prät.* lûtte Pass. *K.* 363, 45. lûte 592, 35) —: *intr. einen ton von sich geben, läuten* (*vgl.* lûten). des hungers helle gloggen in sîne ôren liutent Mart. 131, 21; *tr. ertönen lassen, läuten.* die glocken l. Walth. Engelh. Stauf. 516. Loh. (5003. 37. 41). Eilh. 7625. Jüngl. 709. Pass. *K.* 532, 35. Ls. 2. 225, 543. 226, 583. man liutet den singôz Ga. 2. 627, 319. man liutet nône Neidh. 16, 37. die metten lûten Ernst 5305. Marlg. 70, 23. vesper l. Orl. 3823. Np. 327. *refl.* Greg. in Prafant lauten sich die glocken alle Lor. 33, 10. *absol.* (*mit verschwieg. obj. glocke*) Diem. Serv. Nib. Trist. der messner liut Netz 11844. er hôrte lûten Marlg. 224, 373. dô lûtte man zur metten Pass. *K.* 363, 45. Netz 4668. ze sturme l. Ulr. *Wh.* 154[d]. *bildl.* auf dem kopfe leuten, *schlagen* Wolk. 6, 73; *hören, vernehmen lassen, vorbringen*: die chuntschaft bringen und liuten W. 56 (*a.* 1344). die dick gelûten (*oft genannten*) herren Gr.w. 5, 300. — *mit* ûz, be-, er-, über-, ver-. *zu* lût.

liuten *swv. mit* liut *versehen, bevölkern.* diu lant niht wol geliutet Msh. 2. 215, 214.

liutener *stm. der läutet.* leutner Gr.w. 4, 190.

liuter *stf. adj.*, **liuterlich** *adj. s.* lûter, lûterlich.

liutern, lûtern *swv.* (I. 1059[b]) *tr. reinigen, läutern* Diem. Parz. Trist. Konr. (sô liuter im ouch dînen sin *lied.* 31, 144). alsô muost dû gelûtert werden in dem heizen vegefiure Berth. 383, 29. daz golt liutern Er.[2] 6786. 7532. den stein l. *klar, hell machen ib.* 8218. lûtern Mich. *M. hof* 23. 44. läutern Mgb. 335, 33. 360, 24. 474, 27. 476, 21; *refl.* Msh. 2, 369[b]. Myns. 9; *intr. rein, hell werden, sich läutern* Ms. (*H.* 2, 258[a]). das es ablosz und läuter und nit dick sei Tuch. 116, 25. — *mit* ûf, ûz, be-, durch-, er-, ge-;

liuterunge *stf.* (*ib.*) *erläuterung, erklärung* Gr.w. 1, 70. leuterung Ugb. 368. Tuch. 242, 1. der juden lûterunge Antichr. 147, 4.

liute-stërbe *swm.* (II[2]. 644[a]) *pestilenz* Berth. 9, 5.

liute-wëc *stm. weg für leute, fahrbarer weg, im gegens. zu* vihewëc Kaltb. 6, 14.

liut-gëlt *stn. geld für das glockengeläute bei begräbnissen.* so wirt auch leutgelt und grablon Fasn. 615, 14. *vgl.* liutlôn.

liut-kirche *swf.* (I. 821[a]) *pfarrkirche, ecclesia ad usum laicorum structa, oppon. ecclesiae quae canonicos alit* (Oberl. 965) Barl. Chr. 9. 730, 13. *alem.* liutkilche Ad. 1261. 1344. Griesh. *chron.* 5. Ammenh. 349. Just. 12. 157. 318 *etc.* Mone *z.* 7, 318. Gr.w. 5, 127. *vgl.* liutehof, liutpriester.

liut-kraft *stf.* (I. 871[b]) *menge von menschen* Anno.

liut-lôn *stn.* der meser sol daz leutlône (*geld für das glockengeläute*) dem pfleger antwurten Np. 327 (*14. jh.*). *vgl.* liutgëlt.

liut-lôs *adj.* (I. 1039[b]) *ohne leute, menschenleer* Er.[2] 6663.

liut-priester *stm.* (II. 531[b]) *pfarrer, weltgeistlicher, im gegens. zum ordensgeistlichen* Gl. (plebanus, viceplebanus, leutpriester Voc. 1482). Urb. Kulm. *r.* Mw. 184 (*a.* 1292). Chr. 8. 477, 28; 9. 566, 20. lûtpr. Ad. 1261. Mh. 2, 165. *das t kann auch abfallen*: liupriester Mz. 1, 227. 272 (*a.* 1287. 1325). 323. 31 *etc.* Chr. 5. 82, 2. 214, 4. 10, leupriester

ib. 59 *anm.* 1. 214 *anm.* 1, *oder sich dem* p *assimilieren*: lippriester GERM. 3. 413, 11. *vgl.* liutehof, liutkirche;
liut-priesterîe *stf. pfarrei, wohnung des* liutpriesters. diu pfarr und liutpriesterîe zuo Bern JUST. 12. die maur bei der leupriesterei nider werfen CHR. 5. 214 *anm.* 1.
liut-sælde *stf.* (II². 37ᵇ) *den menschen wolgefälliges wesen, anmut* TROJ. 14687. PART. *B.* 8664. PF. *üb.* 58, 86;
liut-sælec, -sælic *adj.* (II². 39ᵇ) *den menschen wolgefällig, anmutig* TRIST. KONR. (AL. 92. TROJ. 693. 833. 1225. 2702. 9544. 13814. 15335. PART. *B.* 287. SWANR. 282. 1109). HELBL. MART. (26, 52. 56). BERTH. MYST. N. *v. B.* 213. W. *v. Rh.* 27, 5. LS. 2. 648, 377. CHR. 8. 257, 2 *var.* 298, 22. KIRCHB. 730, 33; *niedlich, zierlich* MGB. kleine, liutsêlige bœmelîn N. *v. B.* 211.
liut-sælec-haft *adj.* (*ib.*) *anmutig, wolgefällig* ENGELH. 752.
liut-sælec-heit *stf.* (II². 40ᵇ) *s. v. a.* liutsælde KONR. OT. 775ᵃ. PF. *üb.* 149, 715.
liut-sælec-lich *adj.* (II². 41ᵃ) *s. v. a.* liutsælec TROJ. (liutsælic *K.* 15335);
liut-sælec-lîche *adv. auf anmutige, liebliche weise* TROJ. 19987.
liut-sam *adj. in* unliutsam.
liut-stein *stm.* (II². 615ᵃ) leutstain, piropholos MGB. 456, 8 (wan er wirt auz ains menschen herz, daz mit vergift ist getœtt, wan daz herz mag in feur niht verprinnen *ib.* 11 *ff.*).
liut-ver-derber *stm. der leute zu grunde richtet* AMMENH. 330.
liut-ver-koufer *stm.* (I. 868ᵇ) mango DFG. 346ᶜ, *n. gl.* 245ᵃ.
liut-wurm *stm.*, -würmel *stn.pediculus.* leutswurm MGB. 322, 25 (*hss.* leuts-, leuz-, lûdeswurme). leutswürmel 305, 16. 420, 21. 27 (*var.* läutwürmel). — SCHM. *Fr.* 1, 1495 *liest* lenzwurm *u. vergleicht lat.* lens, lendis *nisse*.
liuwen *stv. s.* lîhen.
liuwen? *in* geliuwen (*es ist wol* geniuwen *zu lesen, s.* niuwen).
liuzec *adj. schüchtern, furchtsam.* si sprach dô liuzec als ein hase ULR. *Wh.* 234ᵃ. — *zu* lûz.
liz, *stm. antlitz.* sô tuon ich niht wan gaffen an dînen minniclîchen liz, der mir gevalt vür alliu wiz LS. 1. 35, 77. *vgl.* litze *in* antlitze.
liz, -tzes *stm.*, litze *swm.* (I. 1040ᵇ) *auch fem. s.* FASN. 253, 32: *begehren, streben, laune, gelüste* MS. SUCH. HÄTZL. der tôt der nimts mit sînem liz, wir mugent niht bestân HUGO *v. M.* 43ᵇ. ez kan mit widergengen spæhe litze HADAM. 87. der minne litze ERLŒS. XLI. sein grober litz WOLK. 16. 1, 8. ach weip, du hast ein pose litz FASN. 253, 32. mit falschen litzen *ib.* 956, 8. — *gt.* lita *f. verstellung, heuchelei; vgl.* GSP. 278. DIEF. 2, 151.

lô *s.* lâ, lohe, lôch.

lô, -wes *stn.* (I. 1040ᵇ) *gerberlohe* SUM. lâ VOC. 1445 *bei* SCHM. lôe (*fem.?*) TUCH. 90, 6. CHR. 2. 335, 1. lôe, lô he frumium VOC. 1482. *vgl.* SCHM. *Fr.* 1, 1467;

lô *stm. zur lohegewinnung angelegtes gehölz.* man sol in ieder hût (*waldhut*) einen lô h in hay legen. in den lôhen sol man niht hawen NP. 305 (*14. jh.*). *oder* = lôch?

lob, lob- *s.* lap 2, lop, lop-.

lobære *stm.* confessor sprichet tûtiscen lobâre SPEC. 142.

lobderanz? al truegh ein sau ein lobderanz und ein esel einen rôsencrantz HANS 41 55.

lôbe *s.* loube 1.

lobe-bære *adj.* (I. 1020ᵇ) *zu loben, lobenswert, löblich* EN. NIB. TRIST. BARL. MS. (*H.* 2, 72ᵇ. NEIDH. 33, 32). GEN. *D.* 38, 22. GUDR. 105, 3. ER.² 1967. BIT. 34. RAB. 1. 592. VIRG. 706, 10. ZING. *Pl.* 2, 199. 6, 72. lobesbære WWH. 25, 30. *md.* lobebêre PASS. *K.* 396, 21. ELIS. 6438. 7522. ERLŒS. 1844. 2245. *ndrh.* lovebêre KARLM. *B. s.* 304 *f.*

lobe-brunne *swm. lobquelle, fons laudis* TRIST. 11202 *u.* Bechsteins *anm.* (*oben sp.* 367 *ist bei* brunnen „*hervorquellen* TRIST." *zu streichen*).

lobe-haft *adj.* (I. 1020ᵇ) *s. v. a.* lobebære RUL. LANZ. *vgl.* KARLM. 396, 54. 479, 38.

lobel *s.* lobelîn.

löbelach, löbelehe *stn.* (I. 1020ᵇ) durch löbelach BERTH. 320, 8. frouwen die niwen mit löbelachen (mit löbelehe 397, 9) und mit ir tüechelehen umbe gênt *ib.* 173, 4. hâst dû anders niht danne löbelachen und hofvart *ib.* 54, 7. — *nach* WACK. 183ᵇ *dem. von* lobe, *nd.* lobbe *f. hals-, handkrause* (*vgl.* FROMM. 6, 353).

lobe-, lob-lich *adj.* (I. 1021ᵃ) *löblich, preiswert* NIB. HARTM. (ER.² 1267). TRIST. WALTH. BARL. GEN. *D.* 1, 4. GUDR. 1106, 3. WOLFD. *A.* 595. TROJ. 18301. 22307. 24782. SILV. 36. 1316. 5001. PASS. 196, 93. *K.* 71, 59. 119, 10. ADRIAN 421, 13. CHR. 8. 25, 36. 26, 2. 27, 22. *ndrh.* lovelich KARLM. *B. s.* 305. *comp.*

lobelîcher REINH. 321, 818; *feierlich*, löbliche procession CHR. 5. 26, 24, *mit dat. zum lobe, preise dienend:* daʒ got lobelich wære *ib.* 8. 116, 13;

lobe-lîche, -en *adv. (ib.) auf löbliche, preiswerte weise* BARL. NIB. 663, 2. 1246, 2. 2297, 4. GUDR. 18, 4. 42, 4. 458, 4. LOH. 4883. STRICK. 12, 189. BERTH. 22, 8; *auf verherrlichende, feierliche weise* CHR. 5. 31, 27. 157, 12; 8. 427, 24 var. 9. 602, 10.

lobe-lîcheit *stf. lob, preis. gottes* ewig loblichkeit wurken LCR. 50, 1600.

lobe-liedel *stn.* APOLL. 3978. *dem. zu*

lobe-liet *stn.* (I. 985ª) *loblied* Ms. NEIDH. 101, 18. APOLL. 3097. TEICHN. 191.

lobe-lîn *stn.* (I. 1020ᵇ) *dem. zu* lop WALTH. 35, 3. RENN. 13466. 15381. 21474. AB. 1, 86. BPH. *H.* 54, 5. lobel *ib.* 60, 401.

lobe-mære *adj.* (II. 69ª) *durch lob berühmt* EN. 23, 7 *u.* 175, 7 *var.*

lobe-munt *stm. lobender mund.* sô würde swarz sîn lobemunt APOLL. 9237.

loben *swv.* (I. 1021ª) *prät.* lobete, lobte, lopte, *part.* gelobet, gelobt, gelopt: *loben, preisen, lobpreisen allgem. (mit gen. d. s.* ich lobe got der sîner güete MSF. 50, 19. sich von einem l., *sich lobend über einen aussprechen* CHR. 2. 340, 12. 18. gelobet, *gepriesen* WALTH. 119, 10. hôchgelobet, -lopt *s. oben* 1314); *feierlich versprechen, geloben allgem.* (ich lob an disem prief STZ. 355. wir loben und versprechen bî unsern triuwen und êren Mz. 1, 578. gehôrsame tuon und loben *ib.* 249. den von aim got vater ain erb ist gelobt MGB. 492, 11. einen l., *ihm geloben* KCHR. *D.* 515, 19, *versprechen ihn zum manne zu nehmen* NIB. 567, 4. GUDR. 1665, 1, einen ze einem manne l. *ib.* 770, 1. eine ze wîbe l., *sich verloben mit ib.* 569, 4). — *mit* be-, durch-, ent-, er- (hôch erlopt BÖHM. 544*a*.1337), ge-, über-, ver- *zu* lop,*vgl.*luben.

loben *stn.* (I. 1022ª) *das loben* WALTH.; *das versprechen* PASS. *K.* 496, 53.

lobendel *s.* lavendele.

loben-tanz *s.* lobetanz.

lober-boum *stm. baum, an welchem die lehnwaare* (lob, *pl.* löber STALD. 2, 176) *entrichtet wird?* GR.W. 5, 207.

lobe-rîche *adj.* (II. 689ª) *reich an lob, löblich* BARL. MSH. 1, 70ᵇ. *nicht comp.* lobes rîch PARZ. PASS. (129, 52. MARLG. 31, 259).

lobe-rîs *stn.* (II. 724ᵇ) *preiseszweig, ehrenkranz* TRIST. PART. *B.* 4206. ALTSW. 4, 3.

lobes *gen. v.* lop. *damit uneig. compon.* lobesbære, -rîche *s. unter* lobebære, -rîche. — lobesbëseme *swm.* (I. 108ᵇ) FRL. — lobesmære *stn.* (II. 79ª) *lobrede* PASS.

lobe-sælic *adj.* (II². 39ᵇ) *durch lob beglückt* EN. LIEHT. 570, 23. RUBIN 16, 13. *vgl.* FLORE *s.* 299.

lobe-sam *adj.* (I. 1021ª) *löblich, preiswert* NIB. TRIST. MAI, KONR. (SILV. 770. 1376. 1451 *etc.* OTTE 427 *u. sehr oft im* TROJ., *s. zum* ENGELH. 1185). DIEM. 101, 21. ULR. 11. ERNST 1777. DIETR. 2298. KRONE 12663. 16104. NEIDH. 96, 4. MSF. 165, 30. WOLFD. *B.* 28. 35. 211. 216 *etc.* LAUR. *Sch.* 1110. 1690. SIGEN. *Sch.* 3. GA. 1. 181, 442. 294, 512. EILH. 5393. 7204. PASS. (32, 4. 34, 15. 385, 17. *K.* 8, 12. 91, 48). ELIS. 2213. 47. 93. 428 *etc.* ERLŒS. 165. 1582. 1620 *u. o.* JER. 59ª. LUDW. 26, 26. lobesan MSH. 2, 304ª. WOLFD. *B.* 93. VIRG. 803, 2. 848, 4. ECKE *Z.* 29, 5. 33, 5. KELL. *erz.* 168, 6. lovesam MARLD. *han.* 1, 10. 15, 3. KARLM. *B. s.* 305, lovesan ROTH. 4500;

lobe-sam *adv.* ENGELH. 2866. lobesame (: name) SILV. 168.

lobe-sanc *stmn.* (II². 304ᵇ) *lobgesang* ERLŒS. ELIS. 4920. ORL. 3059. APOLL. 2831. MYST. 1. 58, 15. 80, 23. N. *v. B.* 302. JER. 24ᵇ. lobsang MGB. JUST. 285. *nicht compon.* mit lobes sange ALEXIUS 116, 904. *vgl.* lopgesanc;

lobe-singen *stv. lobsingen mit dat.* EVANG. 277ᵇ. lobsingen JER. 181ᵈ;

lobe-singære *stm. lobsinger* HELBL. 7, 804.

lobestickel *s.* lübestecke.

lobe-tanz *stm. preis-, ehrentanz.* sâ hûp sich ein lobedanz ERLŒS. 4167. si wil sich zieren an den lobetanz KOLM. 190, 61. ein grôzer, wîter l. GERM. 5. 288, 4; lob-, lobentanz choraula, *tanzmeister* DFG. 150ᵇ.

lobl- *s.* lobel-.

löbnisch *adj.* löbnisch eisen, *von Leoben?* TUCH. 98, 26. *vgl.* lübisch.

lobs- *s.* lobes-.

loc, -ckes *stm. in* abloc.

loc, -ckes *stm.* (I. 1040ᵇ) *pl.* locke *u.* löcke: *haarlocke, haar* HELMBR. KONR. (*pl.* löcke TROJ. 1677. 18879. 19913). ein loc hâres KRONE 19665. grâwer loc APOLL. 2928. GEO. 3188. NEIDH. 68, 9. 102, 1. durch den helm unz an den loc HERB. 9023. wol gewunden was sîn loc *ib.* 18293. *pl.* locke NEIDH. 86, 15. ÜW. *H.* 488. ALBR. 25, 80. 34, 75. ELIS. 7647. PASS. 294, 70. ENENK. *p.* 311, löcke

VIRG. 128, 11. 133, 6. 216, 13. WOLFD. 520.
B. 316. 18. 600. W. v. Rh. 26, 54. GA. 1. 184.
557. AB. 1, 60. ALTSW. 50, 24. NETZ 12214;
mähne, eines wilden lewen locke (*vgl.* lewenloc) L.ALEX. 154. — *ahd.* loc, loch, *ags.*
locc, *altn.* lokkr *nach* FICK² 860 *mit dem
folgd. zu* lûkan (*s.* lûchen) *in der grundbedeut. biegen.*

loch *stn.* (I. 1023ᵇ) luch: hof KCHR. D. 38,
14; *pl.* loch *u.* löcher (lücher RING 33ᶜ, 2)
verschluss: gefängnis ALSF. *pass.* 8ᵇ. NP.
55. 93. TUCH. 113, 13. CHR. 1. 268, 18. 378,
1; 2. 12, 5. 43, 7. 68, 3; 3. 291, 38; *hölle*
NARR. 66, 35; *verborgener wohnungs- od.
aufenthaltsort, versteck, höle* DIEM. KARAJ.
(96, 23). A.HEINR. und fluhen ze loche sam
diu mûs ER.² 6655. swaz sir friunden abe gestilt, daz si ze loche tücket KONR. *lied.* 32,
116. daz er dicke schôz biz an daz loch SILV.
697 (daz hol 699). einen stric riht er vur ein
l. REINH. *sendschr.* 1695. ein warmez l. OTN.
A. 493. dô kam er zuo dem loche (*des* wurmes) WOLFD. A. 597. 664. *bildl.* diu naht
nâch irm loch begund sich senken CRISTOPH
1002; *loch, öffnung* NIB. HARTM. HELMBR.
daz wazzer daz ouz rinnet swâ ez loch vindet GEN. D. 107, 21 (*vgl.* FLORE 4263). siben
locher *ib.* 5, 12. vinde ich iender dâ loch an
verlegener wæte MSF. 243, 46. durch beidiu
collir wart gebort vil witiu loch mit speres
ort LIEHT. 277, 16, loch durch schilt gebort
ib. 215, 22. ULR. Wh. 170ᵇ. 231ᵇ. 247ᵈ. swaz
man im löcher vor gebort MSH. 2, 202ᵇ. sie
bieten vür ir tenisch l. *ib.* 3, 68ᵇ. cleiniu
löcher TROJ. 7501. *bildl.* mir hât der markîs
ein loch durch freude gebrochen ULR. Wh.
198ᶜ. kein man noch nie kein loch durch
mînen hôhen prîs gebrach *ib.* 230ᶜ. daz man
ein loch het, *einen ausweg* CHR. 2. 330, 13;
stollen im bergwerk CDG. 2, 395 (*a.* 1338). —
zu lûchen, *s.* FICK² 860.

lôch *stm. s.* louch.

lôch, -hes *stmn.* (I. 1041ᵃ) *gebüsch* BARL.
HELMBR. Ms. (NEIDH. 29, 37). gên lôhen von
dem walde HADAM. 34. ze verre von dem
lohe (: vohe) *ib.* 432. si fluhte ûz dem walde
in ein lôch (: zôch) HPT. 7. 357, 11. des meien
lôch WOLK. 28. 1, 9. die lœch mit grüenem
loup *ib.* 71. 1, 4; 109, 2, 11. *apok.* lô WALTH.
in dem meien grüeniu lô MSH. 2, 264ᵇ (ER.
2036 *s. unter* lâ *stf.*); *wald, gehölz* URB. *Son.*
37ᵃ, *vgl. auch oben unter* lô *stm. u.* SCHM. *Fr.*
1, 1465. — *zu lat.* lucus FICK² 176. 395.

löchærinne *stf. die königskrone* haizt auch
ze latein perforata, daz spricht diu löchærinn MGB. 392, 1.

loch-boum *s.* lâchboum.

lochel *s.* löckelîn.

löchelîn *stn.* (I. 1024ᵇ) *dem. zu* loch, *löchlein*
BARL. GSM. N. v. B. 149. MGB. 392, 1. TUCH.
320, 25. löchelî GRIESH. 1, 71. löchel MGB.
283, 1;

lochen *swv.* (*ib.*) *durchlöchern. part.* gelochet Iw. 585 *var.; refl. sich öffnen, auftun* PARZ. 155, 8; *intrans.? vgl.* HELBL. 1,
138. — *mit* durch;

locherëht *adj. mit löchern versehen, löchricht* TROJ. 32561. 665. MYST. 1. 245, 16.
MONE 4, 57 (*Karlsruher Freidank*). VET. b.
30, 24. löcherot GRIESH. 1, 31. -32. locheret
GERM. 3, 374. ZIMR. *chr.* 3. 78, 14. lechert
ib. 501, 6 *ff.*;

löchern *swv.* (I. 1024ᵇ) *part.* gelöchert, *mit
löchern versehen* Iw. j.TIT. 1663. 4492. TUCH.
289, 2. *bildl.* gelöchert und durchtriben BEH.
6, 6; *refl. sich öffnen* PARZ. 155, 8 *var.*

loch-hüeter *stm. gefängniswärter* NP. 90.

loch-stat, -stein *s.* lâchstat, -stein.

locke *swmf.? lockvogel* WOLK. 6, 19.

lockëht *adj.* (I. 1041ᵃ) *lockicht* LAMPR. EN. 85,
12. 93, 26;

löckelîn *stn.* (*ib.*) *dem. zu* loc, *löcklein* RENN.
411. löckel Ms. VIRG. 57, 7. GA. 3. 112, 61.
MGB. 83, 25. lockel APOLL. 15163. MART.
218, 104. lochel: röchel PRIESTERL. 693 (702).

locken *swv. in* vrôlocken.

locken *swv.* (I. 1041ᵃ) *locken, anlocken, verlocken mit acc. d. p.* MAI, KONR. (iuwer
schœne hât manegen ritter ûf den plân gelocket her PART. B. 16617). wie er die (*sünder*) lokchen scholt ROTH *pr.* 68. der widerwarte locket den armen mit hônchuste SPEC.
162. her abe l. JER. 139ᵇ. l. in *ib.* 103ᵃ. l.
ûz MGB. 254, 21. l. zuo 142, 29. 240, 28.
MARLG. 74, 134; *refl.* er lockt sich als ein
kindelîn JÜNGL. 533 (*vgl.* ein kind l., *es auf
dem arme tragen u. schaukeln* SCHM. *Fr.* 1,
1434. KWB. 180). in der hell wil sich der
teufel locken KELL. *erz.* 193, 33. mîn lip der
klâre mit wem sol der sich locken (*spielen,
sich unterhalten*), sît mich unheil gescheiden
hât von mîner sumertocken j.TIT. 5166; *mit
acc. d. s.* daz zweiu ewolt er vliehen, daz ander
locken *ib.* 1981; *mit dat. durch lockspeise,
lockruf anlocken* TRIST. H. FRL. LS. ich
kan minn wol locken (*var.* ich kan ir wol l.,

ich kan ir lieplîch wol ze handen l.) Tit. 64, 4. ir sult dem hôhen adelar ofte locken mit dem pater noster Berth. 468, 9. dar umb lockent ir (*der* murên) die vischer mit wispeln auʒ dem waʒʒer Mgb. 254, 23. der han locket ie der henne dar Aw. 3, 230. — *mit* ûʒ, zuo, ge-, ver-. *vgl.* lücken *u.* Curt.³ 131, Kuhn 7, 185 (*zu lat.* lacio).

locker *adj. locker. md.* l o g e r werden, rarefieri Voc. 1482. *vgl.* lücke *adj. u.* Weig. 2, 58.

löckern *swv. iterat. zu* locken. *vgl.* Zimr. *chr.* 1. 451. 15; 2. 572, 9 *u.* lückern.

lock-luoder *stn. lockspeise* Myns. 8.

lockunge *stf.* (I. 1041ᵇ) blandimentum Sum.

lock-vleisch *stn. fleisch als lockspeise* Myns. 36.

locuste *stf. locusta, heuschrecke.* grüen vleisch der locuste (: bruste) W. *v. Rh.* 118, 17. *vgl.* Mgb. 305, 14 *ff.;* — locuste *swv.* von dem locusten, daʒ ist ain vierfüeʒig tier Mgb. 150, 13. *vgl.* langust.

lodære, -er *stm. wollenweber, der loden macht* Ot. 567ᵃ. Rotenb. *r.* 34. Chr. 2. 508, 11; 4. 133, 32. 249, 21. 253, 25. *vgl.* lodenære.

lodder *stm. s.* loter.

lode *swm.* (I. 1041ᵇ) lutte *in* haderlutte: *grobes wollenzeug, loden* Gl. Helmbr. (1752). ich koufet' einen loden alsô balde, als in die münch' ze kutten süllen tragen Msh. 3, 302ᵃ. lode, zuhawen tuch, sarcimen Voc. 1482. *vgl.* Ring 2ᵈ, 4. Urb. Son. 28ᵇ. Np. 162 *ff.* Chr. 4. 31, 18 *u.* Schm. *Fr.* 1, 1444; *zotte* Pass. 287, 79. — *ahd.* ludo, lodo, *ags.* lodha. *nach* Fick² 861 *von w.* lu, *lösen.*

lôdec *s.* lœtec.

lodenære, -er *stm. s. v. a.* lodære Renn. 4452. Chr. 3. 331, 10.

loder *stm. s.* lodære, lotter.

loder-knappe *swm. geselle des wollenwebers* Rotenb. *r.* 66.

loder-meister *stm. s. v. a.* lodære Rotenb. *r.* 76.

lode-wërc *stn.* (III. 589ᵃ) *geschäft mit loden* Passau. *r.*

lœdingære *stm. ein belagerungswerkzeug.* blîden, katzen, lœdingære Troj. 23579 (*bei M.* 23438. lœnigære). lœdinger, laidiger, loniger, lœniger: aries Dfg. 48ᵃ, *n. gl.* 33ᵇ („*vermutl. entstanden aus spätröm.* onager").

lodircundîe *interj.* Msh. 3. 445, 65. Wack. *voces* 26 *anm.*

lod-wëber *stm. lodenweber* Chr. 4. 97, 14. 252, 13. *vgl.* Birl. 317ᵇ.

lôe, lôer *s.* lô 1. lôwer.

lof, lôfen, löfel *s.* lop, loufen, löufel.

lofengel *s.* lavendele.

löffel *s.* leffel.

lôgel *s.* lâgel, lâgele.

logen, lögene, logenen, logenunge *s.* lügene, lougenen, lougenunge.

logen-slunt, -zal *s.* lügen-slunt, -zal.

logîren, logizieren *s.* loschieren.

loger *adj. s.* locker.

lôh, lôhe *s.* lô 1 *u.* 2.

lohe *swm., md. auch f.* (I. 1031ᵃ) *lohe, flamme, flammendes leuchten* Renn. do enkonde sie dar ane erkiesen noch ganstern noch lohen (: flohen) Herb. 15762. von altem mache ich niwe alle sünde in mînem lohen Diut. 3, 17. die lohe slûc alsô hô Heinr. 3530. *contr.* lô: des fûirs lô Jer. 101. daʒ in den himel gienc ir lô Zing. *findl.* 2. 91, 14. sô sich der lô hœher ûf ziuhet von dem tâhte Myst. 2. 154, 9. ir (*der sonne*) lô wart gar von glaste toup Geo. 1788. - *vgl.* louc *u. wegen, der etym.* lieht.

lohen *swv.* (*ib.*) *flammen, flammend leuchten* Diem. Nib. Serv. dâ lohete holz unde schoup Herb. 16131. *vgl.* lougen. — *mit* ge- (Msh. 3, 439ᵃ);

lohen *stn.* (I. 1031ᵇ) *das flammen* Parz. 490, 28;

lohezen *swv. intens. zu* lohen. daʒ rôt lohezônte golt Hpt. 3, 444. der minnen liehtvaʒ brinnent unte lohezent Will. Hag. 5, 175. gezieret mit lohezônden steinin Wack. *pr.* 1, 58. 11, 76. — *gt.* lauhatjan.

[**loi?** I. 1041ᵇ] = joie *s.* schoie (*darnach auch* Gr. 1, 354 *zu tilgen*).

lôicâ, lôic, lôike *f.* (1042ᵃ) *logik, klugheit, schlauheit.* lôicâ Hätzl. Zimr. *chr.* 4. 316, 8. der lôicâ angel Cgm. 713, 27. 176 *bei* Schm. *Fr.* 1, 1461. dô warf si mir für lôicâ (: blâ) Muscatbl. 41, 37. lôike Hadam. *bei* Schm. *a. a. o.* lôic, lôyk Teichn. 277. Hugo *v. M.* 8ᵇ. 24ᵃ. 38ᵇ. 39ᵃ. loica, logica Fasn. 740. 910. *vgl.* Dfg. 335ᵇ, *n. gl.* 238ᵇ.

loich-boum *s.* lâchboum.

lois (I. 1042ᵃ) = *fz.* loi, *lat.* lex Trist. 5999.

lô-kæse, -klôʒ *m.* lokese *od.* loeklosz cerdoleum, cespes Voc. 1482. *vgl.* Fromm. 3, 14.

lol-bruoder *stm.* (I. 271ᵃ) *laienbruder, begarde* Oberl. 945.

lol-hart *m. dasselbe* Netz 6048.

Lombard- *s.* Lampart-.

lomel *s.* lâmel.

lô-mël *stn. gerberlohe*, frunium DIEF. *n. gl.* 183ᵇ.

lomen *swv. sausen, klingen.* swem die orn lometen CGM. 592, 36. *vgl.* limmen.

lômen *s.* lüemen.

lô-müle *stf. stampfmüle für lohrinde* TUCH. 271, 16.

lon *stf. s.* lun.

lôn *stmn.* (I. 1042ª) lône, lonne TUCH. 63, 1. 2. 67, 7. 11. 32 *u. o. (neben* lôn). l â n: stân, an NETZ 7849. 5149. l u o n: tuon KELL. *erz.* 227, 3. CHR. 5. 367, 33; *pl.* lœne —: *lohn, belohnung, vergeltung allgem. (z. b.* unrehter l. GEN. *D.* 56, 16. gotes l. *ib.* 58, 22. etw. ze lône nemen *ib.* 56, 4. himelischez̧ l. LIT. 39. dîn lôn daz̧ ist bôse GLAUB. 2560. der êren l. KARL 6417. daz̧ lôn zu hûse tragen PASS. 254, 59. dem smide daz̧ l. geben CHR. 1. 171, 39. einem den lôn entsagen ALBR. 24, 93. mit rîcher koste lône TROJ. 17406. scharfer lôn, *bestrafung* PASS. *K.* 375, 66. kranc sint sîne lœne KONR. *lied.* 8, 7); *fracht, frachtgut (vgl.* lœnen): ein lôn hin weg schicken; ein lôn im schiffe hân MONE z. 9, 392 *f. (a.* 1390). — *gt.* laun *n. zur w.* lû, *gewinnen (die sich vielleicht an* lû, *lösen anschliesst s.* liesen): *skr.* lôta, *beute, gr.* λαύειν, *geniessen, lat.* lucrum CURT.³ 339. GSP. 276. FICK² 394. 850.

lôn-bære *adj.* (I. 1042ᵇ) lôn *bringend, lohn-, preiswürdig* TRIST. sanc der ist lônebære MSH. 3, 99ᵇ. diu liebe al eine ist lônbêre von ir selber PF. *üb.* 173, 30. 174, 1. diu sêle mag aller lônbêrer crêatûren lôn unde gnâde erwerben HPT. 8, 230. von der lônbêren gnâde Cristi *ib.*

lôn-buhse *swf. blechbüchse für den taglohn der arbeiter* TUCH. 67, 30;

lœn-bühselîn *stn.* lönpüchslein TUCH. 67, 6. 69, 9.

lône, lœne *s.* lôn, lun.

lône-bære *s.* lônbære.

lœnec *adj. in* halplœnec.

lönelîn *s.* lennelin.

lônen *swv.* (I. 1042ᵇ) *ahd.* lônôn: lôn *geben, lohnen absol.* IW. NETZ 11337, 1. mit NIB., *mit gen.* PARZ. NETZ 7664, *mit dat. d. p.* IW. PARZ. NIB. WOLFD. *A.* 513, einem l. mit IW. WIG. GEN. *D.* 35, 3. NETZ 11563. 12639, *mit dat. u. gen.* HARTM. (ER.² 4607. BÜCHL. 2, 165. MSF. 215, 28). PARZ. NIB. WIG. BARL., *mit dat. u. untergeord. s.* GEN. PARZ. — *mit* be-, er-, ge-, ver- *vgl.* lœnen;

lônen *stn. das lohnen* GEN. *D.* 89, 26. GUDR. 17, 4. ERNST 3054;

lœnen *swv.* (I. 1043ª) *ahd. vorauszusetzen* lônjan: lôn *geben, löhnen mit dat. d. p.* daz̧ iu got iemer lœne (: krœne) VIRG. 352, 3. den knehten l. NP. 304, *mit dat. u. gen.* NIB. (2045, 4), *mit acc. d. p.* einen l., *ihm den taglohn geben* TUCH. 63, 12. *mit acc. d. s.* lœnet man daz̧ eisen auf ander wägen URB. *Pf.* 206 (*vgl. oben* lôn, *frachtgut*). gelœnte wegen CHR. 4. 257, 5. — *mit* ge-, ver-;

lôner *stm.* (I. 1043ª) *belohner* WOLK. MYST. 1. 343, 2. GERM. 4. 243, 154; *der um lohn arbeitet, taglöhner:* lôner oder mietlinc THEOL. 142. 144.

lôn-gëlt *stn. lohn, löhnung* TUCH. 320, 7. *vgl.* GR. *kl. schft.* 2, 175.

lôn-hërre *swm. lohnherr, handwerksmeister* MONE *z.* 19, 133 (*a.* 1322).

lœnigære *s.* lœdingære.

lôn-knëht *stm. für lohn arbeitender* kneht, *geselle* CHR. 1. 280, 8. TUCH. 329, 3. MONE *z.* 16, 158.

lonne *s.* lôn.

lonsche, lonse *s.* lunse.

lôn-tac *stm. tag an welchem der wochenlohn ausgezalt wird* TUCH. 63, 16.

lôn-tohter *stf. gesellin (schneiderin)* MONE *z.* 13, 159 (*a.* 1457).

lôn-wëber *stm. ein linîn lônweber, der um lohn leinen webt* MONE z. 9, 178 *ff.* (*a.* 1464).

lop, -bes *stnm.* (I. 1020ª) *auch* lob, *md.* lob, lab (ELIS. 33. 1182. 2841. 3349), lof, -ves RUL. DENKM. XXXVIII, 87. MARLD. han. 1, 1. 37, 33. CRANE 660. 726. mit love *oft nur zur ausfüllung des reimes s.* KARLM. *B. s.* 304; *pl.* lop *u.* lobe —: *lob, preis, lobpreisung allgem. (z. b.* ein lop ob allem lobe WINSB. 60, 9. er gewan des lîbes l. GEN. *D.* 47, 3. ir lop man wîten sprach LIEHT. 469, 20. ir lob was unferhouwen ELIS. 102. gotes lop GEN. *D.* 100, 11. got sî lop FLORE 7480, *ellipt.* got lop *s. oben* 1054. einem l. sprechen GEN. *D.* 101, 33, sagen NARR. 59, 31, singen BELIAND 1874. nâch, ze lobe, *auf lobenswerte weise, lobenswert:* diu brûtlouft was wol ze lobe EXOD. *D.* 134, 9. *pl.* diu lob, die der esel hât MGB. 119, 31). — *vgl.* liep.

lop-ambet *stn. feierlicher lob- u. dankgottesdienst.* die lobämpter der mess ÖH. 93, 28.

lop-boum *stm.* laurus hiez̧ wol ain lobpaum MGB. 327, 7.

lop-gesanc *stnm. s. v. a.* lobesanc H. *v. N.* 382. Lor. 116, 4. Hb. *M.* 257. 412. 74.

lop-spîse *stf.* (II². 511ᵇ) *was dem lobe zur narung dient* Frl. *ml.* 33, 6.

lop-spruch *stm. lobspruch* Hb. *M.* 404.

lop-tihter *stm.* (III. 36ᵇ) lop-, lobtihter lyricus Dfg. 333ᵇ, *n. gl.* 237ᵃ.

lop-vogel *stm.* alauda ist als vil gesprochen als ain lobvogel Mgb. 171, 14.

lop-wërt *adj. lob-, preiswürdig.* dû lopwerdiu crêâtiure Msh. 2, 263ᵃ.

lop-wort *stn. lobwort, lob* Altsw. 34, 6.

lôr *swf. s.* lûre.

lôr = *lat.* laurus *in* lôrber, -boum, -loup *etc.*

lorant *stm.* von dem lorant. lorander haizt ain lorant; der haizt auch ze latein rotunda, daz ist der sinbel paum Mgb. 328, 4 *ff.*

lôr-ber *stnf.* (I. 104ᵇ) *lorbeere* Gl. Part. *B.* 2323. 11091. Pf. *arzb.*1, 3. Mgb. 327, 26. 31. niht ein einic lôrber, *gar nichts* Ls. 2. 435, 75. Zing. *neg.* 416. lorper Fasn. 478, 4.

lôr-ber-boum (I. 228ᵃ) *lorbeerbaum,* laurus 321ᵇ, *n. gl.* 230ᵇ. *vgl.* lôrboum.

lôr-ber-loup *stn.* (I. 1048ᵃ) folia lauri Dfg. 241ᵇ. *vgl.* lôrloup.

lôr-ber-zwî *stmn. lorbeerzweig* Albr. 1, 933, *vgl.* lôrzwî.

lôr-blat *stn. lorbeerblatt* Mgb. 327, 20.

lôr-boum *stm.* (I. 228ᵃ) *s. v. a.* lôrberboum Mar. Pass. Albr. 24, 21. Mgb. 94, 6. 270, 10 *u. ö.* Dfg. 321ᵇ, *n. gl.* 230ᵇ. lôrboumes zwî *als friedenszeichen* Bit. (3153.9933). *vgl.* lôrzwî;

lôr-boumîn *adj.* (I. 230ᵃ) *von lorbeerholz* Weist.

lore-gezouwe? *stn. eine art netz* Mone *z.* 4, 88.

loriet *stfn.?* terebintina Voc. 1482. — *bair.* das lärket, *kärnt.* die lergat, *cimbr.* die loriot, lörgiot Schm. *Fr.* 1, 1501 (*cimb. wb.* 144ᵃ) Kwb. 178. *vgl.* larche.

loriet-boum *stm.* lorietpaum, terebintum, terebintus Voc. 1482.

lô-rinde *f.* (II. 710ᵃ) *lohrinde,* frunium: lôe-, lourinde Dfg. 249ᵇ, lôrinte *n. gl.* 183ᵇ.

lôrlîn *stn.* du bist ein lôrlins man Kolm. 183, 13. lôrlîs man Netz 11237. die laurles knaben Germ. 3, 273. — *schweiz.* lœrlen *locken* (Stald. 2, 180), *fz.* leurrer *anlocken, verführen, betrügen:* vom deutschen luoder *s.* Diez 207. Schm. *Fr.* 1, 1500 *u. vgl.* lûre.

lôr-loup *stn. s. v. a.* lôrberloup Mgb. 327, 34.

lôr-öl *stn. lorbeeröl* Mgb. 327, 33. 363, 22. Myns. 56.

lôr-schappëllekîn *stn.* (II². 87ᵃ) *lorbeerkränzlein* Trist. 4640.

lorz *s.* lërz.

lôr-zwî *stn.* (III. 957ᵃ) *s. v. a.* lôrberzwî Trist. Albr. 34, 204. *als friedenszeichen* Bit. 3198.

lôs *adj.* (I. 1034ᵃ) *frei, ledig.* lôs und ledic Ls. 1. 385, 375. Ab. 1, 162. dô Alexander wart lôs, dô spranc er ûf sîn ros L.Alex. 1811. si lîzin lôs di cristnen sân Jer. 141ᵇ, *befreit, beraubt von, mit gen. (s. die composs. z. b.* erbe-, liebe-, sinne-, zühtelôs); *lose, locker:* lôse semeln Np. 197(*13.—14. jh.*), lôse wecke Wp. 77. der lôse kern *der binse* Mgb. 390, 25; *übertr. mutwillig, fröhlich, freundlich, anmutig* Lanz. Geo. Ms. (diu vil lôse, guote Msf. 313, 3); *locker, veränderlich.* vil veste und nicht lôs was sîn sêligir wille Jer. 64ᵈ; *leichtfertig, durchtrieben, verschlagen, frech* Parz. Ms. (lôsiu rede *H.* 1, 309ᵇ). Freid. Lieht. (lôser site, lôsiu worte 390, 24. 645, 5). ein lôser fuhs Reinh. 354, 1726. ich vernam nie rede sô lôse Dan. 40ᵃ. lôse gewonheit Np. 68. — *vgl.* liesen.

losament, losument *stn. wohnung, herberge* Zimr. *chr.* 4, 660ᵃ. — *aus fz.* logement *s.* loschieren.

losære, -er *stm.* (I. 1043ᵇ) *horcher, lauscher, aufpasser* Freid. 118, 25 *var.*; steurer, loser und warner *bei gericht* Mh. 1, 396. — *zu* losen, *vgl.* losenære.

lôsære, -er *stm.* (I. 1035ᵇ) *heuchler, schmeichler* Freid. Lieht. Reinh. Wg. 3605. 37. 43. Strick. 12, 213;

lœsære, -er *stm.* (I. 1037ᵃ) *md.* lôsêre, *befreier, erlöser, heiland* Walth. Msh. (3, 53ᵇ). Livl. Pass. (*K.* 32, 34. 511, 96). Glaub. 1989. 3676. 3792. Buch *d. r.* 662. Germ. 3. 237ᵃ, 9. Adrian 422, 18.

losærinne *stf.* (I. 1043ᵇ) *horcherin* Pass. 78, 32.

lœsærinne, -în *stf. erlöserin* Mariengr. 331. Bph. 9646. 841. 903. W. *v. Rh.* 258, 4. Germ. 10. 336, 625.

lösche, lösch *stn.* (I. 1043ᵃ) *eine art kostbaren leders, bes. rotes leder, saffian,* aluta Dfg. 27ᵇ (læsch; weizze lösch Voc. 1419), *n. gl.* 18ᵇ, rubicoreum Dfg. 501ᶜ (lösch, las, lasch), *n. gl.* 321ᵃ. Troj. (5949. 12316. 25414. 27241). noch rœter danne ein niuwez lösche Part. *B.* 8705. rôtez lösch Berth. 497, 27; *art leder oder wachstuch, worin die* vardel *gepackt wurden:* achtduczend less O.Rul.1.

zehen lösch MB. 36ᵇ, 56. lösch *neben barchent genannt* ZEITZ. *s*. 2, 74 *u. anm.. in* MEDERS *handelbuche v. j.* 1558: für binden, zwilch, losch und strick 42ᵃ. dasz sie die seck einbinden in leesch oder gewichszten tuch 6ᵃ. — *fremdwort? vgl.* WEIG. 2, 65. SCHM. *Fr.* 1, 1521;

löschen *swv. mit* lösche *versehen, aus* l. *machen s*. gelöschet.

löschen *stv. s.* lëschen.

loschen, od. lôschen? *swv.* (I. 1043ᵃ) *versteckt, verborgen sein* TRIST. RENN. daz lâget und lûzet, ez loschet und tûzet TROJ. 24702. daz ich geloschet hân dâ her in eines wîbes cleide *ib*. 16626. diu salamander loschet in dem winter und ist verporgen MGB. 277, 30. wie ein iclîche in in selber lôschet MYST. 1. 165, 36. loschen, latere DFG. 320ᵃ, luschen *n. gl.* 229ᵇ. — *mit* ge-. *vgl.* lûschen, lûzen.

loschen *swv.* l. od. strotzen, hitzen, gruntwallen: estuare Voc. 1482.

losche-troch *s.* leschtroc.

lösche-vël? *s.* lësevël.

loschieren *swv.* (I. 1043ᵃ) *intr. sich lagern, herbergen* WOLFR. LCR. 5, 24. logîren DÜR. *chr.* 718ᵃ. logizieren DIUT. 3. 315, 19. *ndrh.* losgêren KARLM. 47, 45, laizgêren *ib.* 343, 36. *mit dat. d. p. einem herberge bereiten, ihn unterbringen* PARZ. man lotschierte dem Britûnej. TIT. 1100. — *mit* ge-. *aus fz.* loger *von* loge, *it.* loggia, *die auf das deutsche* loube *zurückgehen* DIEZ 207.

lôse *swf.* (I. 1043ᵇ) porca DFG. 447ᶜ. SCHM. *Fr.* 1, 1516. *vgl.* lôs, hure ZIMR. *chr.* 2. 123, 14. 148, 28. *s.* lôsvleisch. — *hieher gehört auch* bekkloz = becklôz, -lôs, bäckerschwein HELBL. 15, 303 (*darnach oben sp.* 165 *zu berichtigen*).

lôse *adv.* (I. 1034ᵇ) *zu* lôs: *auf anmutige, liebliche weise* Ms. (*H.* 2, 23ᵃ). diu süezen wort lôse kund si sprechen RAB. 121; *leichtfertig* MONE *schausp.;*

lôse *stf.* (I. 1035ᵃ) *leichtfertigkeit, leichtsinn. pl.* sî wurdin ubirwundin von wîblîchin lôsin JER. 19084;

lœse, lôse *stf.* (I. 1035ᵇ) *lösung in composs.; wiederauslösung eines verpfändeten gutes* LAC. 105.

lœse-lich *adj. anmutig, lieblich.* ir lœselîchez mündelîn MSF. 313, 4.

losen *swv.* (I 1043ᵃ) *hörend acht geben, zuhören, horchen absol.* GUDR. LANZ. HELBL. Ms. ALBR. 32, 224. 33, 208. hôrt und lost! CP.

302 (*gewöhnlich* hôrt und sweigt). nu losent all mein dienstman GERM. 1. 172ᵇ, 15, *mit dat.* TRIST. BON., dasz im der och losen began CHR. 5. 229. 20, *mit dat. u. präpos.* wer aim an sein haus lost, den sol man straffen MH. 2, 808. KALTB. 66, 11. 67, 39. *mit gen. d. s.* PARZ. LANZ. TROJ., *mit acc.* (*hören*) PARZ. 58, 14. waz daz betiutet daz soltû losen PF. *üb.* 142, 116, *mit untergeord. s.* sie losete, ob ALBR. 27, 161. nû lost, durch welhe spæhe ich mir daz selbe leben erkôs ER.² 9449. ieder man loste, waz urteil die fürsten geben woltent JUST. 309. ouch haben wir im (*dem gesandten*) enpfolhen ze losen, was unser eidgnossen in den sachen tun EA. 3. *vgl.* lusemen, lusenen. — *— mit* ûz, zuo, ge-. *ahd.* hlosên *zu skr.* çru *hören, gr.* κλύω, *lat.* cluo CURT.³ 144. *vgl.* liumunt, lût.

lôsen *swv.* (I. 1035ᵃ) *los sein od. werden, s.* gelôsen; *fröhlich, freundlich sein* TRIST. Ms. *part.* gelôset, *geziert, geschmückt* MART. (127, 105); *schmeicheln, heucheln* TRIST. TROJ. HELMBR. swie vil er künne l. KRONE 24439. — *mit* ge-, hinder-, ver-;

lôsen *stn.* (*ib.*) *freundliches benehmen* LIEHT. Ms.; *falsches schmeicheln, heucheln* Iw. FREID. ERNST (5373). MSF. 212, 30. MSH. 2, 152ᵇ. 153ᵃ. KRONE 24429. REINH. 364, 1990;

lœsen, lôsen *swv.* (1035ᵇ) *ahd.* lôsjan, lôsan, lôsôn; *prät.* lôste, *part.* gelœset, gelôst —: lôs *machen, lösen.* diu bant NIB. 471, 1. 899, 1, daz gebende 589, 2, daz swert 918, 2, daz schif lœsen 1508, 2. den helm l. BIT. 8915. *übertr.* den eit l., *von eidlicher verpflichtung los machen* NIB. 566, 2; gelt lœsen, *geld einnehmen* CHR. 5. 114, 28. 308, 16 (*vgl.* lôsunge); *erlösen, befreien* Iw. PARZ. WALTH. dâ lôste got mit sîner kraft daz her SILV. 4394, *mit adv.* daz er mich hinnen lôse GEN. *D.* 81, 17, *mit präpos.* von Iw. PARZ. WALTH. daz ich sî von Egiptenlande lôse mit gewalte EXOD. *D.* 426, 9. wie er in lôste von grôzeme untrôste PASS. 253, 18. er wolde in lôsen von dem spote *ib. K.* 40, 9. die diete lôste er ûz aller nôte EXOD. *D.* 119, 5, *mit gen.* sô ist er der gewere gelôset (*entledigt*) mit rechte SSP. 2. 24, 2; *mit geld lösen, bezalen für* (*lôsen od. gelten, dehibere* Voc. 1482): den kouf l. GERH. 2390. messe l. DÜR. *chr.* 389. ein zeichen l. MICH. *M. hof* 31, *auslösen, loskaufen:* zu lôsene tûn, *loskaufen lassen* SSP. 3. 56, 3. *vgl.* 1. 20, 2; 2.

53. 3, 5. *gevangene* l. CHR. 8. 21, 17; 9. 540, 7. *ob dehein unser purger gevangen wirt, daʒ sich der niht hôher lœsen sol denne umbe dreicehen haller* NP. 23 (*13.—14. jh.*). *er lôste sich* von *der wittewen* CHR. 8. 423, 21. *einen û ʒ der herberge* l. *ib.* 2. 90, 2; 4. 119, 17. 323, 7, *mit geld einlösen*: phant l. Ms. NIB. 1409, *2 var. er lôst ouch Offenburg* CHR. 8. 93, 13. *swaʒ ûʒe stûnt, daʒ lôse er* SSP. 1. 24, 4. *übertr.* den eit l., *das eidliche versprechen erfüllen* Iw. 8047. *sîne triuwe, wort, wârheit* l. WG. 2112 *ff.; mit dat. u. acc. einem etw. aus-, einlösen* GUDR. WIG. BON. Ms. WARN. — *mit* ûf, be-, ent-, er-, ge-, zer-.

losenære, -er *stm. s. v. a.* losære *von einem vb.* losenen (*vgl.* lusemen, lusenen) FREID. 118, 25 *var.* BASL. *rechtsqu.* 1, 130. GR.W. 3, 523. losner DH. 338. KALTB. 65, 54. *vgl.* lusemer, lusener, luserer.

lôsen-vleisch *s.* lôsvleisch.

lôse-reden *swv.* lôse rede *führen. er rûnt und lôseredet für si alle und læt nieman sîn rede tuon* JÜNGL. 904. *ir lôseredet alsô vil* Aw. 3. 208, 105.

lœse-schaz *stm.* (II². 90ᵇ) *lösegeld* MYST., *einlösungssumme* Mz. 1, 470 (*a.* 1402.)

losgêren *s.* loschieren.

lôs-heit *stf.* (I. 1034ᵇ) *ausgelassenes wesen, leichtfertigkeit, schalkheit* WOLFR. LIEHT. Ms. ER.² 1623. j.TIT. 5261. WG. 14668. BERTH. 114, 21. KREUZF. 5453. 6831. *personif.* WG. 7400.

losieren *s.* loschieren.

lôs-, lœs-lich *adj.* (I. 1034ᵇ) *s. v. a.* lôs *freundlich, anmutig* Ms. (lôslîchez gân *der frauen* H. 2, 301ᵃ. 304ᵃ. lôslîche blicke 93ᵃ). ERNST, LIEHT. (630, 22); *ausgelassen, leichtfertig, falsch* HELBL. dîn lôslich zûlachen KREUZF. 7631. sunder lôslîchen wanc ERNST 4353;

lôs-, lœs-lîche, -en *adv.* (*ib.*) *auf freundliche, anmutige weise* MAI, Ms. (l. tanzen *H.* 2, 306ᵃ. sô sie l. von mir swenket 1, 170ᵃ); *auf leichtfertige, falsche weise* Ms. HANS 506.

lôs-mutte *stm.* einen lôsmutte weizzen URB. B. 1, 9 *ff.* lôsmutt sint mêrer dan hofmutt URB. Pf. 3.

lœs-salz *stn.* (II². 43ᵇ) *abgabe für salz, um dafür die sudarbeit auch an festtagen vornehmen zu können* SCHM. *Fr.* 1, 1517 (*a.* 1252).

lô-stadel *stm.* stadel *für lohe* CHR. 1. 413, 5.

lostat *s.* ladestat.

loster? *es soll auch kainer neu rain noch march machen, noch loster setzen noch slahen.* - - *wer der loster oder kreutz ains auszeucht, abhakht oder umbwirft* KALTB. 71, 60. 73, 61. 115, 47. — *verderbt aus* lochstein?

losument *s.* losament.

losunge *stf. od.* lôʒunge? *losungswort* CHR. 2. 88, 10. 325, 11. 12. 13, 16. 458, 38 *u. ö.* 3. 133, 11. ANZ. 17, 113. — *nach* WEIG. 2, 67 *zu* losen, *doch hat auch* lôʒ *die bedeut.* losungswort.

lôsunge, lœsunge *stf.* (I. 1037ᵃ) *ahd.* lôsunga: *losmachung, öffnung.* ouch tet sich ûf mit lôsunge ein ieglich tur PASS. *K.* 398, 39; *erlösung, befreiung,* lôsunge WACK. *pr.* 9, 5. HPT. 3. 520, 51; 5. 24, 248. ELIS. 2902. PASS. 79, 81. 148, 19. *K.* 183, 2. lœsunge W. *v. Rh.* 58, 45; *auslösung mit geld*: lôsung ausz der herberge CHR. 2. 416 *anm.* 1, *auslösung eines pfandes* BÖHM. 528. 539 (*a.* 1333, 36); *lösegeld* KRONE 18652; *kaufgeld, kaufsumme* GERH. WEIST. (5, 316. losumb 3, 737); *gelöstes geld, geldeinnahme* W. *v. Rh.* 234, 4. CHR. 4. 179, 14. BASL. *rechtsqu.* 1, 127 (*a.* 1441); *geldeinnahme durch steuererhebung, bürgerliche abgabe vom vermögen (4 vom tausend in Nürnberg)*: losung od. gewerf, geschosz Voc. 1482. weder lösung noch stewer geben UHK. 2, 186 (*a.* 1343). daʒ er gebe mit den burgern die nêhste lôsunge NP. 13 (*13.—14. jh.*). *vgl.* CHR. 1. 282 *f.* 2. 16, 8. 323, 5 *ff.* 3. 132, 30. 134, 15. 142, 2; *näherkauf, einlösungsrecht einer verkauften od. versetzten sache* OBERL. 951. ARN. 66 (*a.* 1334). JUST. 146. 235. SCHÖPF 397 (*a.* 1455); *pacht* KIRCHHOFF *Erfurter weist.* 113;

lôsungen *swv.* loszungen od. gewerfen, steurn: gnarandare (*lies* guarandare) Voc. 1482;

lôsunger *stm. der die* lôsunge (*steuer*) *einnimmt u. verwaltet, was in Nürnberg durch die beiden ersten ratsmitglieder geschah* NP. 13 (*13.—14. jh.*). TUCH. 240, 37 *etc.* (lœsunger 119, 15). CHR. 1. 264, 19; 2. 16, 19. 111, 10; 3. 313, 6.

lôsunger-schrîber *stm. s. v. a.* lôsungschrîber TUCH. 241, 7.

lôsung-hërre *swm. s. v. a.* lôsunger CHR. 3. 153, 5.

lôsung-korn *stn. das in den getreidespeicher der stadt (Nürnberg) von den bürgern abzuliefernde korn* CHR. 1. 355, 11 *u. anm.*

lôsung-schrîber *stm. schreiber des* lôsungers CHR. 3. 395, 1. TUCH. 241, 1.

lôsung-stube *f. städtische finanzkammer in Nürnberg* NP. 176. CHR. 1. 28, 8; 2. 35, 1. GENGL. 327 (*a*. 1399). 267, 7; 3. 35, 15. 144, 5.

lôs-vleisch *stn. fleisch von der* lôsen, *vom mutterschwein.* die metzler sollen kein lôsfleisch feile haben MILTENB. *stb.* 26ᵃ. loszenfleisch *im Stühlinger stadtr. v. j.* 1527 *bl.* 29ᵃ (*Birlinger*).

lôt *stn.* (I. 1043ᵇ) lât: hât KUNZ HASZ *lobged. auf Nürnberg* (*a.* 1490, *herausg. v. Barack*) *v.* 230. 385 —: *blei, überh. giessbares metall.* krûd (*pulver*) und lôd LCR. 186, 12 (*a.* 1493), *vgl.* DWB. 5, 2110. dem steindecker fur blyhe und fur lôt - - daz pfunt 6 hall. FRANKF. *baumstb. a.* 1442, 14. 8 ℔ lôts und 80 ℔ pley zu gieszen *ib.* 1495, 71; *schlaglot, metallgemisch zum löten*: si (*goldschmiede*) brûchent des lôtes alsô vil NETZ 10918; *senkblei, bildl.* des getriuwen herzen lôt sich senket gein der stæte, ob aller wint wæte ULR. *Wh.* 109ᵇ; *aus metall* (*blei*) *gegossenes gewicht, eig. u. bildl.* WOLFR. LANZ. ERACL. WALTH. WINSB. MART. (man gît al dâ daz rehte l. 11, 5. daz wart mit jâmers lôt sô volleclichen widerwegen 226, 22). Karles l. TÜRL. *Wh.* 115ᵇ. ûf die wâge legen manec l. KARL 5919. rehter wâge l. MSH. 2, 253ᵇ. er widerwac mit swærem lôte HERZM. 525. hie wiget diu marc wider lôt und wider leben gewisser tôt KRONE 26817. ein lôt der fröuden dar legen HADAM. 477. dô sprach daz ungevüege lôt, *der schwere riese* SIGEN. *Casp.* 38; *lot im heutigen sinne*: mîn triwe ein lôt an dem orte fürbaz wæge PARZ. 406, 6. der mâze wac mir kûme ein lôt GERH. 6691. ein halbez l. HELBL. 8, 920. vleisch für ein l. KOL. 92, 62. pfenninge umbe ein lôt, *ein lot gemünztes silber* FELDB. 115. ich hân friunde in der nôt, ez gânt wol vierzehen an ein lôt WEIM. *hs. p.* 33, ir gên wol hundert auf ein lôt FASN. 527, 10. an lauterm silber zehen lôt *ib.* 765, 20. zway und dreyssig lôt zu Wienn macht ain pfunt, ain mark macht sechzehn lôt CHMEL *geschichtf.* 1, 425 (*15. jh.*). pfund und lât K. HASZ *a. a. o.* — *ags.* leád *blei, altn.* lôdh *gewicht, senkblei nach* FICK² 855 *aus derselben w. wie* liut, lôte, **lôt** *stf. gen.* lœte, lôt: *reinigung, brand des edeln metalles, vollwichtigkeit desselben.* liehtez golt in viures lôt Ls. 1. 376, 42. *bildl.* gel, swarz in rehter lœte j. TIT. 5467. *vgl.* lœtec.

lôte *adj.* (*ib.*) *beschaffen* LEYS. 65. 152. — *gt.* lauths *s. oben unter* liut.

lœtec, lœtic *adj.* (I. 1043ᵇ) *vollwichtig, das rechte gewicht edeln metalls enthaltend.* lœtigez golt CHR. 198, 16, silber MSH. 2, 224ᵃ. TURN. *B.* 161. VIRG. 309, 10. ELIS. (lôdec) 499. 523. 5596. UOE. 4, 167. 190 (*a.* 1292). UKN. 201 (*a.* 1323). MÜHL. *rgs.* 109. KIRCHB. 625, 34. 823, 17. *bildl.* FRL. sîn muot gebrant ist lœtic in der triwe gluot MSH. 3, 169ᵇ. mîn triu muoz ân allen schranz belîben lœtic unde ganz LS. 2. 201, 24. MD. *ged.* 3, 57 *u. anm.*;

lœten *swv.* (*ib.*) *prät.* lôte, *part.* gelœtet, gelôt: *mit* lôt, *mit übergossenem metalle fest machen* PARZ. daz sper, swert lœten j. TIT. 1232. 5814. sam ein rubîn gelœtet MSH. 3, 82ᵇ. dar ûf wâren edele gesteine gelôt ze einer schrift LOH. 5339. golt mit kupfer l. RENN. 10052. daz silber hât auch die art, daz ez ander gesmeid zesamen lœtet MGB. 476, 15; *wie mit lôt befestigen*: mîn manheit ist gelœtet mit eines zagen muot ULR. *Wh.* 143ᵈ. ir triuwe alsô gelœtet was zesamen RENN. 6424. und was er (*apfel*) von zwein stücken doch z'einander gelœtet TROJ. 1395. ir herze sich hât gelœtet ze dir mit stæten binden TÜRL. *Wh.* 109ᵃ. er mûz sich nêher zu uns lœten FICHARD 3, 275. dar in so ist ir zartez bilt gelœtet HADAM. 602. ist last ûf mich gelœtet j. TIT. 5064. — *mit* ver-.

loter, lotter *adj.* (I. 1044ᵃ) *locker.* wann der selbig stein anfähe lotter werden und wacken ZIMR. *chr.* 3. 131, 24; *leichtsinnig, leichtfertig* j. TIT. — *ahd.* lotar *von dunkl. abst.;*

loter, lotter *stn.* (*ib.*) *lockeres wesen, schelmerei, bösartigkeit* LANZ. nâch lotere und nâch huore ringen MSH. 3, 5ᵃ. *vgl.* luter;

loter, lotter *stm.* (*ib.*) letter, loder DFG. 522ᵃ, *ndrh.* lodder; *pl.* loter und lôter (lötter NETZ 11584) —: *taugenichts, schelm.* ein loter, ein schalc JÜNGL. 693. dû loter, bœsewiht MSH. 2, 354ᵇ. wolt er mit lotern vehten ECKE Z. 46, 12. und tribt loters wîs mit liegen HUGO *v. M.* 8ᵇ. die rîter suln gên ze vüezen, von reht nit die loter rîten müezzen WG. 6454. *vgl. noch* MGB. 153, 3. NETZ 8479. 11584. 12656. 76. 13349. FASN. 89. 254. 864 *etc. zum* STRICK. 12, 265; *bes. gaukler, possenreiser* RENN. (5690). BERTH. (285, 25). ein loter hunde und affen lêret j. TIT. 5508. lodder ind varende lûde KARLM. 215, 56. *bei einer* *hochzeit* sol niemant mêr lotern geben danne sehsen Rotenb. *r.* 17. man sol ainicherlai spilleut oder lotter zu ainicher hôchzeit nit herein laden, ausgenomen die, die der stat schilt trügen Np. 79. *vgl.* Gr. *kl. schft.* 4, 337 *u.* loterûn.

loter-bette *stn. faulbett, ruhebett, sopha* Chr. 3. 173, 2. *vgl.* Zimr. *chr.* 4, 660ª. Schm. 2, 526.

loter-buobe *swm.* (I. 278ª) *s. v. a.* loter Apoll. 218. Zimr. *chr.* 3. 7, 9. Dfg. 522ª.

loter-gëlt *stn. trinkgeld für den* loter Chr. 2, 5 *anm.* 3.

loter-heit *stf.* (I. 1044ª) *scurrilitas* Gl. Dief. *n. gl.* 333ª. j.Tit. 588. Renn. 302 (*gedr.* loter cleit). Mgb. 119, 8. sô man empfint der lotterheit, dâ mit beschiht menger frowen leit Hugo v. *M.* 8ᵇ.

loter-holz *stn.* (I. 706ᵇ) *zur gaukelei dienendes holz s.* Denkm. *s.* 432 *f.* Oberl. 954 *u. vgl.* Fromm. 4. 9, 11.

loterîe, lotterîe *stf.* (I. 1044ᵇ) *s. v. a.* loterheit Ls. Mf. 86. 133. Netz 4687. 6371. 8778 *u. ö. vgl.* Dfg. 522ª *u.* luoderîe.

loterinne, -în *stf. scurra* Dfg. 522ª.

loter-lich *adj.* (I. 1044ª) *scurrilis* Dfg. 522ª, *n. gl.* 333ª. Mart. (*lies* 78, 56). *vgl.* luoderlich.

loter-lop *stmn.* (I. 1020ᵇ) *possenreisserlob.* dar nâch wellen mir haben weltlichen ruon und valschen lotterlob Basl. *hss.* 33ᵇ. *s. auch* bierloterlop.

loter-phaffe *swm.* (II. 474ᵇ) *geistlicher, der als* loter, *gaukler umherzieht,* Buch *d. r.* Wahtelm. 33. Ga. 2. 554, 37. Chr. 2. 77, 8 *var.* loterpfaffen mit dem langen hâre sint ûʒ dem fride Mw. 59, 50. 140, 56 (*a.* 1255. 81), *vgl.* clerici tonsuram laycalem deferentes, videlicet vagi *ib.* 36, 61 (*a.* 1244). lotricos omnino vagos scolares cum longa coma inhibemus *ib.* 36, 62 (*a.* 1256).

loter-ritter *stm.* (II. 740ᵇ) *taugenichts von ritter* Msh. (3, 23ª. 5ᵇ).

loter-singære *stm.* (II². 302ᵇ) *leichtfertiger sänger od. dichter* Helbl.

loterûn *stm. s. v. a.* loter. torste ich in haiʒen loterûn (: Brûn) Heinr. 2538.

loter-valle *swf.* (III. 223ª) *hure* Myll. (*der wîbe list* 205). Kell. *erz.* 663, 10. 27.

loter-vuore *stf.* (III. 264ª) *leben und treiben eines* loters Renn. (936. 1181. 10303. 16481) Strick. Myst. Ab. 1. 92, 91.

loter-wîse *stf. dasselbe* Renn. 302.

lötsch *s.* lotze.

lotschieren *s.* loschieren.

lotter, lotter- *s.* loter, loter-.

lotze *swm.* (I. 1044ᵇ) *ungeschickter, unbeholfener mensch, simpel* Mor. ein rechter lötsch Weim. *hs. p.* 180. *vgl.* latsch, lätsch (halb mentsch, halb lätsch Zimr. *chr.* 3. 536, 21) Schmid 338. Kwb. 273. Schm. 2, 526. Fromm. 2, 466. 5, 38 *u. unten* luz.

loubangel *s.* lavendel.

loubære *stm.* loubâre, *frondator* Gl. *Virg.* 1, 29;

loube *swstf.* (I. 1048ᵇ) *pl.* louben *u.* löuben; lôbe Chr. 9. 1042, 42. lâbe Schm. *Fr.* 1, 1416. Beh. 310, 19. *ndrh.* lôve Karlm. 208, 39: *laube, bedeckte halle, vorhalle* Gl. (*tabernaculum* Voc. 1482, *vgl.* louphütte) Helbl. nu gânt mit mir under die louben vür die tür Ga. 3. 741, 201. *vgl.* 2. 77, 78. louben rîche zierten wol die porten j.Tit. 367. louben *vor einem* palas Troj. 17436, *vor einem kloster* Glar. 33. Phôcus vûrtes einen gane in eine louben schône und lanc, dâ gesâʒen sie nider Albr. 469ᵇ. eine l. zuo einem hûse oder zuo einer schiuren Gr.w. 4, 508 *f. die* louben (*schwibbogengänge*) *als handelsplätze* Np. 288. Schreib. 1, 81 (*a.* 1275). Mh. 2, 529. Chr. 9. 1042, 42. die leyben Mich. *M. hof* 27. (*vgl.* Hüllmann, *städtewesen* 1, 303); *raum unter der stiege einer* kemenâte Elis. 6651; *speicher, kornboden* (*vgl.* kornloube) Arn. 66 *a.* 1419 (*pl.* löuben). Germ. 6, 60. Dür. *chr.* 542 (*pl.* löuben). 743; *gerichtshalle* (*vgl.* rihtloube) Mone *z.* 8, 35. 45. ûf der louben zuo Hagenowe ein gemein lantgeriht haben Ad. 1347 (*a.* 1448). da mag der schultheiʒe die burchschaft frœnen under der louben Schreib. 1, 174 (*a.* 1303). under der louben *in Wolfach zu gericht sitzen* Don. *a.* 1370; *offener gang am obern stockwerk eines hauses, gallerie* Parz. und begunde eilen von der lauben ein stygen nider Chr. 3. 273, 8. dâ über die burcmûren ein loube was gehangen Germ. *H.* 9. 133, 1699. ir sunt iuch erlouben ringens ûf der louben Neif. 35, 4. sô gên mir ûf die louben Krone 13313. ûf einer louben dô geschach diz vrœlîche hûsgemach Ga. 2. 469, 98. dô huob sich singen unde sagen, daʒ diu loube mohte wagen von dem groʒen schalle *ib.* 473, 239. und wurfen in hin abe in daʒ hor von einer louben, diu was hôch Renn. 10232; plôsze laube, *waldlichtung* Chr. 2. 153, 23. *vgl.* Schm. *Fr.* 1, 1406. — *zu* loup.

loube *stf.* (I. 1017ᵃ) *erlaubnis* MONE *schausp.* Mz. 3, 483 (*a.* 1361). 4, 99. GR.W. 1, 427. CHR. 2. 265, 5. 283, 16. TUCH. 39, 29. 42, 28 *und md.:* SSP. 3. 20, 2. KSR. 53. 200. ELIS. 1745. 2271. 3561. 6516 (laube). 8009. 28. PASS. *K*. 572, 81. JER. 58ᶜ. 79ᵇ. 154ᵇ. DÜR. *chr.* 282. CDS. 2, 178. MICH. 3, *Mainz. hof* 30;
loube *fm. in* geloube.
löubechîn *stn. md. dem. zu* loup AB. 1, 127.
loube-grüen *s.* loupgrüen.
loubel *stn.* (I. 1048ᵃ) *dem. zu* loup SUCH.;
loubelîn *stn.* (I. 1048ᵇ) *dem. zu* loube: *abtritt* STRASSB. *r.* (GAUPP 1, 78). AUGSB. *r. W.* 74. 231. der ganc ûf daz löubel USCH. 224 (*a.* 1346). *vgl.* BIRL. 306.
louben *swv.* (I. 1017ᵃ) *glauben* ZIMR. *chr.* 3. 484, 21; *erlauben* DIEM. wem loubt der oberst rihter daz? RENN. 8680. — *mit* er-, ge-, ver-.
louben *swv.* (I. 1048ᵃ) *intr.* loup *bekommen, sich belauben* DIEM. MAR. Ms. (ich wil l. sô der walt *H*. 2, 159ᵃ. sô louben die linden MSF. 62, 27. die boume siht man aber in dem walde l. NEIDH. 27, 1). HPT. 15, 380, 124. die scephte begunden l. KCHR. *D*. 459, 28. *mit dat.* uns loubet der walt MSH. 1, 358ᵇ. *part.* geloubet, *belaubt* URST. MAI, NEIDH. PASS. der boumgarte stât geloubet FLORE 4404. 60. ein helm wol geloubet OREND. 2074; *laub suchen* MICH. *M. hof* 30. 31; *tr. ent-, auslauben,* den wîngart l. MONE *z.* 3, 296 (*a.* 1270). — *mit* be-, ver-;
louben *stn.* möhten sî dem walde sîn louben verbieten MSH. 1, 15ᵃ.
louben-macher *stm.* (II. 17ᵃ) scenofactor DFG. 518ᵃ (loben-, leubenmacher).
loubenunge *stf. erlaubnis.* âne urlop und loupnunge MONE *z.* 20, 35 (*a.* 1332).
loube-rât *stm. md. laubhüttenfest* EVANG. *J.* 7, 2 (GERM. 10, 115). *vgl. nd.* lof-, laufrotinge, layfratunge DFG. 518ᵃ *u.* loupbrost, -rîse.
löuberlîn *stn. dem. von* loup (*d. h. vom pl.* löuber). und hangen dar inne clein leuberlîn MONE 7, 312 (*a.* 7428);
löubern *swv. laubähnlich machen.* von golde gelöubert ENENK. *p.* 341.
louber-tac *stm.* (III. 5ᵇ) *laubhüttenfest,* scenophegia DFG. 518ᵃ.
loube-schate *swm.* (II². 88ᵇ) *schatten von laub* MSH. 1, 20ᵃ.
loubîn *adj.* (I. 1048ᵃ) *von laub* WWH. 377, 24.
loubunge *stf. erlaubnis.* âne l. MONE *z.* 3, 410 (*a.* 1434).

louc, -ges *stm.* (I. 1031ᵃ) *in ältern denkm.* louch: *flamme* DIEM. TUND. (55, 12) NIB. GUDR. BIT. (10828). ein prinnender louc RUL. 228, 22. des louges varwe die wir an dem bogen sehen HIMLR. 179. dâ mich der louc verslihte SERV. 3547. und began brinnen der schaft von liehtem louge KRONE 19214. diu burc bran in einem louge *ib.* 27408. der louc sô hôhe bran OT. 90ᵃ. daz der l. ouf gie 272ᵇ. daz sie hôhen louges bran 278ᵃ. fewer mit lauterm laug (*var.* flammen) FRONL. 40. — *vgl.* lohe *u. wegen der etym.* lieht.
louc-bære *adj.* ist aber die schult laucber, wird sie geleugnet MILTENB. *stb.* 30ᵇ. *vgl.* lougenbære.
louch *stm. prät. s.* louc, lûchen.
louch, -ches, *stm.* (I. 1044ᵇ) *lauch* GL. GRIESH. WINSB. FRL. NEIDH. XXXIII, 6. TROJ. (*s. oben unter kil* 2). RENN. 9793. 9801. BUCH *v. g. sp.* 21. MGB. 415, 31 *ff.* 464, 13. GEIS. 430. lôch ÖH. 55, 23. 56, 3. — *altn.* laukr, *ags.* leác *zu* lûchen? *s.* GR. 2, 22. WEIG. 2, 16.
louchen *swv.* (I. 1023ᵇ) *nicht immer zu unterscheiden vom stv.* lûchen: *schliessen.* dîn ougen er dir louchet GEN. *D*. 101, 20, *vgl. zu* JOS. 1094. daz mich die brüedere bestatten und mich louchen (*einschliesen*) in ier trewe UHK. 2, 26 (*a.* 1308). — *mit* ûf, be-, ent-, ge-, under-.
louch-kolbe *swm.* (I. 858ᵃ) asparagus VOC. *o.,* bulbus DIEF. *n. gl.* 61ᵇ, tallus VOC. 1482.
louch-krût *stn. lauch* WSP. 456.
louch-zêhe *swf.* (III. 861ᵃ) bulbus VOC. *o.*
loucken-garn *stn. eine art fischernetz* MONE *z.* 4, 83.
louc-var *adj.* (III. 238ᵃ) *feuerfarb* BIT. 10384.
louf *stm.* (I. 1046ᵃ) *pl.* löufe: *lauf, umlauf* WALTH. KONR. BERTH. der sich ze loufe schürzet FRAGM. 27ᵃ. dâ was mîn werben und mîn l. PASS. 99, 57. lebens l. *ib.* 371, 46. sîn (*des hundes*) louf begunde in umme jagen *ib. H.* 175, 64. des wazzers l. MARLG. 115, 13. wîten l. hân *sich weit ausbreiten* RENN. 4928. der welte l. CHR. 9. 783, 1. er sol ouch künnen singen von der welte breit des loufs ein teil MSH. 3, 407ᵃ. sternen l. *ib.* 3, 361ᵃ. dînes sinnes l. *ib* 3, 85ᵃ. des jâres l. MARLG. 143, 140. sich ûz dem loufe (*lauf des schicksals*) entnemen PASS. *K.* 653, 5. daz sagete er zû loufe, *schnell ib.* 107, 59. gemeiner louf CHR. 3. 32, 9 (communis lex 184, 12); *gang, lauf in der musik* HÄTZL.;

vorgang, ereignis CHR. 4. 134, 24. 313, 10, *pl.* löufe *angelegenheiten, ereignisse, zeitläufte* SUCH. WOLK. ZIPS. 1ᵃ. CHR. 5, 66 *anm.* 1, 120 *anm.* 2; 9. 744, 16. leufe, leuf *ib.* 1. 126, 26. 127, 18 *etc.* 2. 37, 16. 39, 20. 50, 17; 3. 66, 26. 346, 22; 5. 354, 31. 357, 33. *vgl.* louft;

loufære, löufære, -er *stm.* (I. 1047ᵇ) *läufer, laufender bote,* cursor DFG. 164ᵇ, *n. gl.* 124ᵇ. loufære JÜNGL. 410. loufer LANZ. RCSP. 1, 74. MONE *z.* 13, 168. 16, 400. löufer, leufer RING 52ᶜ, 31. RTA. 1. 279. 9; *rennpferd* ERACL. LIEHT.; dromedarius haiʒt ze däutsch ain laufer MGB. 134, 9. *vgl.* löufel, löufter;

loufe *swm. die stromschnelle bei Laufenburg* MONE *z.* 9, 395 *ff.* (*a.* 1438). ze Schâfhûsen in dem loufen LS. 3. 561, 27. *vgl.* SCHM. *Fr.* 1, 1450;

löufec, löufic *adj. läufig, gangbar.* löufige münze CDG. 2, 248 (*a.* 1314). Mz. 4, 276; *weltläufig, bewandert, gerieben,* ein louffig man NETZ 8959, läuffiger man CHR. 4. 99, 1. sie wôrent gar wîse und löuffig nôch der welte louf *ib.* 9. 783, 1;

löufel *stm.* (I. 1047ᵇ) *läufer,* cursor DIEF. *n. gl.* 124ᵇ. GRIESH., *laufender bote,* leufel CHR. 4. 28 *anm.* 7, löfel *ib.* 194, 8, läfel 188, 8; *läufer im schachspiel* MASSM. *schachsp.* 114.

loufe-lich *adj.* (*ib.*) *laufend* BARL. PASS. (louflich *K.* 5, 38). lauflich, currilis VOC. *Schr.* 625;

loufe-lîche *adv.* (*ib.*) cursorie DFG. 164ᵇ.

loufen *stv. red. III.* (I. 1044ᵇ) lief, liefen (*md.* lîf, lîfen), geloufen. *nbff.* lôfen WACK. *pr.* 48, 8 (*part.* loffend CHR. 5. 339, 22). *prät.* liuf GEN. ER. NIB. LANZ. W. *v. Rh.* 243, 11, lêf (leff KELL. *erz.* 106, 12. 108, 30), lof, loff LS. 2. 263, 1838. WOLK. 1. 6, 9. CHR. 1. 76, 26; 4, 28 *anm.* 7. RCSP. 1, 74. luf, luff MONE *schausp.* 1, 68. SCHREIB. 2, 171. CHR. 4. 113, 11. HB. *M.* 154, 65, lu of LS. 3. 152, 208. 414, 577. *pl.* liufen HELBL. 4, 406. WACK. *pr.* 20, 7. GRIESH. 1, 136, loffen CHR. 5. 291, 31, luffen *ib.* 2. 329, 18; 5. 125, 32. DSP. 5. GEST. *R.* 36, luefen CHR. 5. 101, 4. *part.* geloffen NETZ 12757. TUCH. 317, 24. CHR. 1. 46, 11; 5. 124, 18. 262, 5. (ver-) laffen *ib.* 4. 99, 14. *vgl.* WEINH. *al. gr.* § 337, *b. gr.* § 277 —: *intr. laufen eig. u. bildl. allgem.* (man sach sie loufen springen GUDR. 813, 4. enwette l. *um den preis* ROTH *pr.* 36. er lieʒ loufen, *nämlich* daʒ ros KARL 6086. 9962. lêr l. *ohne schaden ausgehen* CHR. 5. 18, 9. geloufen und niht gegangen kam sie gegen in DAN. 6706. sîn êre loufet mit schalle HERB. 1216. loffender kneht CHR. 5. 339, 22. loufende jâre PASS. 345, 72. in dirre loufenden nôt ALBR. 14, 95. d a r l. MARLG. 240, 22. her a b l. MGB. 77, 14. daʒ waʒʒer lief a n den sant EXOD. *D.* 163, 9. in der prunst l. MGB. 128, 35. der zweifel laufet in allen dingen diser welt *ib.* 212, 23. mit swerten sie ü b e r sie liefen HERB. 16197. CHR. 1. 58, 20. der clage vil û f in dâ lîf JER. 153ᶜ. ûf nûwe mêre l. *auf neuigkeiten ausgehen* PASS. *K.* 546, 59. der sin lîf ûf daʒ vorbilde, *das vorbild fiel ihm ein ib.* 40, 69. loufen u m und um *ganz durchlaufen ib.* 464, 64; — *tr. durchlaufen.* walt und steine lief er al gemeine KCHR. *D.* 53, 18. lange wege loufen HELMBR. 239. — *mit* abe, an (*intr.* sô bald die mülen an loufen, *in gang gesetzt werden* HEUM. 252; *tr.* einen an l. *s. noch* ALBR. 13, 278. 20, 84. 29, 80. TUCH. 317, 24), în, mite, nâch, über, ûf, umbe, vor, vür, ûʒ, zuo; be-, durch-, ent-, er-, ge-, über-, umbe-, under-, ver-, wider-. *gt.* hlaupan *mit unverschobenem* p *zu gr.* καρπ-, καλπ- (καρπάλιμος *schnell,* κάλπη *trab*), *lat.* carpentum *wagen von w.* kar (*skr.* car, *lat.* curro) CURT.³ 61. 137. FICK² 348. GSP. 280;

loufen *stn.* (I. 1045ᵇ) *das laufen, der lauf* PARZ., *lauf der sonne* MARLG. 175, 61.

loufen-kneht *stm.* schiffer und loufenknehte zuo Laufenburg, *welche die schiffe durch den* loufen (*stromschnelle*) *an starken seilen durchliessen* MONE *s.* 9, 394 *ff.* (*a.* 1438).

löufer-hunt *stm. jagdhund* HANS 4662.

louf-lêhen *stn. s. v. a.* botenlêhen URB. *Son.* 85, 15.

louf-lich *s.* loufelich.

louf-mantel *stm.* ein laufmantil und 1 rock ANZ. 18, 46 (*a.* 1439).

louft *stm.* (I. 1046ᵇ) *pl.* löufte *s. v. a.* louf WOLFR. GEO. des himels l. ALEXIUS 124, 482. nâch ires sittin l. JER. 127ᶜ. nôch der sonnen natûrlîchen laufte UGB. 426. *pl.* leufte, leuft *zeitläufte* CHR. 2. 137, 1. 250, 15; 3. 145, 25. 154, 10. 163, 4. etlich lüfte wie sich die begeben UGB. 414; *hülse, bastrohr* PARZ. 506, 13 *s.* GERM. 7, 299 *u. vgl.* SCHM. *Fr.* 1, 1450;

löufter *stm. läufer in weidmänn. sinne.* die vier leufter *des schweines* GR. W. 2, 61 (*a.* 1485);

löuftic, louftic *adj. kundig, bewandert, ge-*

schickt, weltläufig CHR. 2. 332, 10; 3. 149, 6. 163, 5. LUDW. 17, 6. DÜR. *chr.* 159. z û strîtin louftic RSP. 2783. *vgl.* loufec;
louft-lich *in* brûtlouftlich.
loug *stswf. s.* louge.
louge *stf. das läugnen.* sunder louge (: touge) JER. 20739. — *zu* liegen, *vgl.* lougen.
louge *swm. ein fisch* HPT. 14, 176. *nach* NEMN. 3, 350 *cyprinus leuciscus*; *lat.* lucio *s.* KUHN 3, 49.
louge *stswf.* (I. 1048ª) *lauge* FREID. HELBL. ne phlegent ze bade seiffen noh louge HIMLR. 285. mit loug NETZ 6821. 12309. âne loug RING 3ᵇ, 23. diu laug KALTB. 3, 44. 9, 37. MGB. 322, 32. 323, 2. 443, 19, *acc.* laugen 381, 16. mit einer scharpen laugen ELIS. 2321. swenn er ie daz houbet twuoc, so wuosch erz ûz der lougen NEIDH. 238, 27. *bildl.* ir ougen bitter louge KRONE 11542. hagenbüechîn l. *prügel* Ls. 3. 553, 83. — *altn.* laug *f. bad,* lauga *baden zu* lavare? *vgl.* FICK² 850;
löugen *swv. wäsche laugen.* leugen TUCH. 201, 8.
lougen *swv. s..*lougenen.
lougen *swv.* (I. 1031ª) *flammen* NIB. DIEM. 371, 10. der fiuwerrôte schîn lougete ûz den ringen BIT. 3661. her bran nnd louvede DENKM. XXXVIII, 50 *u. anm.* — *mit er-. zu* louc, *vgl.* lohen.
lougen *stn.* (I. 1026ª) *manchmal vielleicht als infin. von* lougenen, lougen *zu fassen; ein dem ahd.* lougna *entsprechendes fem. ist im mhd. nicht sicher nachzuweisen —: leugnung, verneinung* NIB. KL. HARTM. PARZ. TRIST. (daz guldîne l. *die goldene täuschung* 17546 *u. Bechsteins anm.*). KONR. (âne l. *unleugbar, fürwahr* SILV. 1025. ân allez l. TROJ. 24227. sunder l. SILV. 1839. lougen bieten ENGELH. 3437. 675). dâ gein beut sich im l. j.TIT. 5953. einem eines d. âne l. wesen, *es ihm nicht ableugnen* W. 59 (*a.* 1346) UKN. 353 (*a.* 1353). CP. 35. in lougen stên, *leugnen* MH. 2, 101. 622. CHR. 5, 322 *anm.* 3. loukens urkünde FREID. 35, 3 (luges *in der* 2. *ausg.*).
lougen-bære *adj. s. v. a.* loucbære ZIMR. *chr.* 4, 652ᵇ. *s,* unlougenbære.
lougenen, lougen *swv.* (I. 1027ª) logenen KUCHM. 2, logen FICHARD 3, 295, *contr.* lounen W. *v. N.* 18, 6. MARL. *han.* 108, 13. KARLM. 76, 7. 270, 64. loukenen, louken (*bes. md.*) FREID. ROTH *denkm.* 60, 216. 64, 121. PASS. K. 382, 415. 392, 93 *u. o.* DÜR. *chr.*

690. EVANG. 278ª. MÜHLH. *rgs.* 69 *u. o.* leuken KSR. 124. CHR. 8. 47, 2. 54, 16. 452, 24. 453, 13 —: *läugnen, verneinen, widerrufen absol.* NEIDH. (30, 27) niht enlougen! GEN. D. 38, 21. lougenôt schiere *ib.* 38, 20. si lougenôten alle genôte KCHR. D. 449, 4. ob er lougenen welle SWSP. 9, 18. ob sie lougen oder jehen FLORE 6621. sie begunde strackes lougen KRONE 11152. loukende widerwort, *leugnende gegenrede* PASS. K. 273, 9. der burger leukete CHR. 8. 54, 16, er leukente *ib.* 453, 13. *mit dat. d. p.* NIB., *mit gen. d. p.* wand ich niht loukenen wil dîn ROTH *denkm.* 64, 121, *mit gen. d. s. allgem.* (MAR. 188, 35. KCHR. D. 269, 32. MSF. 172, 4. KRONE 13785. W. *v. Rh.* 203, 60. PASS. K. 279, 3. 392, 93. 415, 87. DÜR. *chr.* 690. CHR. 8. 452, 24. 1. 126, 35), *mit gen. u. dat.* NIB. BARL. lougent ir mirs immer mêr BIT. 4160. ern mohte mirs niht gelouget (*var.* geleycket) hân ERNST B. 775. des elounkete en in niht ROTH *denkm.* 60, 216, *mit untergeord. s.* KL. MS. KCHR. D. 80, 1. CHR. 8. 47, 2. — *mit* be-, ge-, ver-;
lougenen *stn. das leugnen.* dô was sîn loukenen vollen grôz PASS. K. 616, 69. *vgl.* lougen *stn.;*
lougener *stm. leugner, verleugner* W. *v. Rh.* 158, 3.
lougen-haft *adj.* (I. 1027ª) l. werden *leugnen, in abrede stellen* REINH. 346, 1497. *vgl.* lügehaft.
lougen-lîche *adv.* (*ib.*) *lügnerisch, unwahr* NIB. 1508, 1.
lougenunge *stf.* (I. 1027ᵇ) *das leugnen* NIB. MSH. 3, 178ᵇ. logenunge MISC. 1, 120. loukenunge MÜHLH. *rgs.* 69.
loug-haven *stm.* haven *für* lauge MYNS. 82.
louhten *s.* liuhten.
louken, loukenen *s.* lougen, lougenen.
[**loum** *stm.* I. 1048ª] = toum MEIN. 8.
lounen *s.* lougenen.
loup, -bes *stmn. in* urloup.
loup, -bes *stn.* (I. 1048ª) lâb CHR. 5. 292, 27 (*s. auch unter* loupval); *pl.* loup *u.* löuber: *laub, blatt, natürliches* HARTM. PARZ. WALTH. LIEHT. MS. (dünney loup *H.* 1, 112ª. diu löuber an der linden MSF. 64, 27). loubes dicke OTN. A. 569. mê dan loubes in dem walde ALBR. 27, 44. ez was in einen zîten, sô diu loup entspringet GUDR. 11, 3. ein boum mit löubern niht ze breit LANZ. 4439. ê die paum läuber gewinnet MGB. 348, 23.

als der rôse siniu löuber ûf tuot GFR. 2974.
löuber unde bluot (*blüte*) TROJ. 16544,
künstl. laub: von golde löuber TURN. *B.* 493.
ouch waren löuber unde reben dar ûf genât
mit golde TROJ. 20102. von löubern und von
tieren wâren si (*fenster*) gehouwen *ib.* 17514.
mit löubern meisterlich durchgraben ERLŒS.
451; *bildl.* daz grimme viuwer als ein loup
ûz den huofîsen stoup DIETR. 9351, *zur verstärk. der negat.* sone trüege ich niht vür
umbe ein loup TRIST. 16087, *s.* ZING. *neg.*
428. — *gt.* laufs (*stamm* lauba) *zu lit.* lapas
DIEF. 2, 128. WEIG. 2, 16. FICK[2] 850.
loup-apfel *stm.* galla Voc. 1482. MGB. 343,
13. 14.
loup-brost *stm. laubbruch, -fall, zeit desselben: october.* laubprost CGM. 223, 8. COD.
pal. 676 (*15. jh.*) 64ᵃ; *laubhüttenfest,* scenophegia DFG. 518ᵃ (laubproist, laub-, lauprost),
n. gl. 330ᵃ (läuprost), laubrosz Voc. 1482. —
vgl. louberât, louprîse *u.* WEINH. *mon.* 48,
BIRL. *al.* 37.
loupe *swf. s.* lûbe.
loup-gedinge *stn. die befugnis, im walde
laub, streu zu rechen* MONE *z.* 2, 23 (*a.* 1410).
loup-grüene *adj.* (J. 580ᵇ) *grün von laub*
TRIST. bestecket mit loubegrüeme rîse
PART. *B.* 13989.
loup-hütte *f.* tabernaculum DFG. 571ᵃ.
loup-këver *m.* crabro DFG. 154ᶜ.
loup-lôs *adj. ohne laub* ECKE *Sch.* 158.
loupnunge *s.* loubenunge.
loup-queste *swf. laubbüschel.* sie sprancte ûf
alle ort mit der loupquesten ALBR. *s.* 474ᵇ.
loup-rîse *stf.* (II. 726ᵃ) *laubfall, zeit desselben: october* WEINH. *mon.* 48 (*a.* 1434), november *ib. a.* 1445, *alem. der herbst* (*man
rechnete alem. nach* loubrîsinen, *wie einst
bairisch nach herbsten*): loubrîs, loubrîsine
(*sw.*). GR.W. 1, 26. 172. 204. 210. 295. 4,350.
SCHREIB. 2, 114. MONE *z.* 9, 363; *laubhüttenfest.* scenophegia: laubreis, -reuse DFG.
518ᵇ, laubrus PASS. 267. 96. — *s.* WEINH.
a. a. o. BIRL. *al.* 35 *f. u. vgl.* louberât, loupbrost, loupval.
loup-schâf *stn.* (II². 66ᵇ) *schaf, welches für
das* loupgedinge *entrichtet ward?* URB. 130,
18.
loub-silber *stn.* (II². 287ᵇ) *silber, woraus
dünne blättchen für den kopfputz der frauen
verfertigt werden* OBERL. 882.
loup-ûz-dringen *stn. das hervorspriessen des
laubes* WOLFR. *lied.* 7, 11.

loup-vahs *stm.* (III. 212ᵇ) *laubhaar, laubgewinde* ER.[2] 7089.
loup-val *stm.* scenophegia lâbfall DFG. 518ᵃ.
vgl. loupvelle.
loup-var *adj. laubfarb* ALTSW. 39, 22.
loup-velle *stf.* in der hôchzît als die juden
under den huten sint, daz wir loubvelle
nennen GUNDACH. *v. Judenb.* 157ᵃ *bei* FROMM.
2, 534. lâpfel, scenophegia DIEF. *n. gl.* 330ᵃ.
loup-vlëckel *stn.* (III. 338ᵃ) *muttermal,* nevus
DFG. 379ᵇ.
loup-vrosch *stm.* (III. 427ᵇ) *laubfrosch* GL.
MSH. 2, 248ᵇ. BERTH. 483, 15. LS. 2. 385, 21.
MGB. 306, 13. PF. *üb.* 153, 20.
loup-wurm *stm.* laub-, laubeswurm bombes
(bombyx) Voc. 1482.
lou-rinde *s.* lôrinde.
loust *stm.* der den loust macht ze Kolmer
über den rât SCHREIB. 1, 386 (*a.* 1349). —
laus, lauss *insidiae* OBERL. 884, *s.* loschen,
lûschen, lûzen.
lout- *s.* lût-.
louven *swv. s.* lougen.
louw-, löuw- *s.* lëw-.
louwen, louwer *s.* lôwen, lôwer.
lov- *s.* lob-; lôve *s.* loube 1.
lovirke *s.* lêrche.
low-, löw- *s.* lëw.
lôw, lô-warm *s.* lâ, lâwarm.
löwe *s.* lëwe.
lôwen *swv. gerben.* von einer hûte, die rôt
gelauwet wirt MONE *z.* 7, 298 (*a.* 1472). —
zu lô, -wes;
lôwer *stm. gerber* KOLM. 96, 22. DÜR. *chr.*
745. RCSP. 1, 159 (*a.* 1410) ANZ. 3, 274. louwer SCHM. *Fr.* 1, 1467. GR.W. 5, 600. MONE
z. 15, 35. 17, 43 (*a.* 1304. 27). 15, 145 (*a.*
1404). lô er MILTENB. *stb.* 30ᵇ.
lôw-hûs *stn. gerbhaus* DÜR. *chr.* 743.
lôwpart *s.* lêbart.
lôyk *s.* lôicâ.
lôz *stn.* (I. 1040ᵃ) *stm.* BARL.: *das los, das
werfen des loses, die auslosung, verlosung,
weissagung durch das los eig. u. bildl.*
GRIESH. KINDH. (lôz setzen 85, 31). TRIST.
MAI. MS. (*H.* 1, 297ᵃ. tôdes lôz du bist gevallen 3, 343ᵇ). LIEHT. (saget mir mîn selbes
lôz 150, 13). KONR. (mit den lôze diu cleit
teilen SILV. 3067. si teilten al diu cleider
mîn und hânt geworfen drûf ir lôz 3167. gelücke ist gar ein wildez l. TROJ. 18400. waz
ich noch lôzes ie gewarf 19042. swer sich an
eines pfaffen lôz wil hân der ist ein tôre

19144). Pass. (319, 9. *K.* 77, 13. 254, 44). lôʒ werfen Mar. 176, 4. *W. v. Rh.* 31, 40. 49. mit lôʒe man vant ein edelen hêrren Kchr. *D.* 8, 11. sîn (*gottes*) lôʒ daʒ ist gewære Mar. 171, 39. do geviel daʒ l. an daʒ kint *ib.* 176, 9. die sie anme lôʒe gewan *ib.* 177, 35. einen mit lôʒe nemen Diem. 274, 16. mir hât daʒ lôʒ gewenket Wh. *v. Öst.* 106ª. dem vellet wol der sælden l. Ga. 1. 463, 310. du bist mîn heiles l. Ulr. *Wh.* 129ᶜ. des tôdes l. 139ª. keinerlei spil noch lôʒ, eʒ sîe mit den würfeln oder ân würfeln S.Gall. *stb.* 4, 236; *altes herkommen, recht* Such.; *gerichtl. teilung, erbteilung.* ein halbeʒ lêhen, daʒ uns mit lôʒ ze rehtem erbteil an gevallen ist Ula. 111 (*a.* 1311). Uhk. 3, 53. 116 (*a.* 1317. 28). unserm vettern ist mit lôʒ und mit tailung gevallen an dem haus ze Wienn der stock mit dem ziegeldach Usch. 224 (*a.* 1346); *losungswort* (*vgl.* losunge): gebt uns auch ein lôsz (: grôsz) Lcr. 127, 7. Schm. *Fr.* 1, 1518. — *zu* lieʒen;

lôʒære, -er *stm.* (I. 1040ᵇ) sortilegus Dfg. 543ᶜ, *n. gl.* 343ᵇ.

lôʒ-boum *stm.* phalanga Dfg. 223ª.

lôʒ-buoch *stn.* (I. 279ᵇ) *buch zum* lôʒen, *warsagen,* Hätzl. Ab. 2. 23, 237 (= Birk. 309). alle die in daʒ lôʒbuoch werfen*t,* daʒ man in sag, wie lang sie leben süllen Mone 7, 316 (*14. jh.*). etleich gebent lospuchern chrafft Vintl. 7642.

lôʒen *swv.* (I. 1040ª) *ein lôʒ werfen, durchs l. bestimmen,* sortiri Dfg. 543ᶜ, *n. gl.* 343ᵇ. des si lôʒen wolden, wenn si geben solden ze würkenne daʒ beste W. *v. Rh.* 31, 34; *tr. durchs los verteilen, überh. verteilen.* si (minne) kan ir meisterschaft ungelîche lôʒen Hadam. 675. — *mit* ge-, ver-;

lôʒen *stn.* ir lôʒen unde ir wîssagen erfüllet wurden ûf ein ort Troj. 23390.

lôʒ-haber? *m.* avena serviciális, id est venatorum, que theutonico eloquio lôʒ haber (*gedr.* louczhaber) appellatur Cds. 2, 136 (*a.* 1337).

lôʒunge *stf.* sortitus Gl. *Virg.* 3, 418. sors, sortilegium Dfg. 543ᶜ. loszung od. loszwerfung od. zauberey Voc. 1482. die lôszunge, *teilung* Böhm. 520 *f.* (*a.* 1333). *losungswort? s.* losunge.

lôʒ-wërfunge *stf. s. unter dem vorig.*

lûbe *f. gefäss zum abmessen des salzes, md.* Bech *beitr.* 11 (*aus den jahrb. des Joh. von Guben* 45, 29). loupe Vilm. 239 (*a.* 1451); auch sal man den von Eichen wibande geben zu der specken und vier luben (?) darzu, wan sie er bedorfen Gr.w. 5, 252 (*a.* 1393, *Wetterau*).

lübede *stfn.* in gelübede;

luben, lüben *swv. s. v. a.* loben *geloben, versprechen in österr. urkk.* ich lub und verpind mich gegen im Usch. 439 (*a.* 1414). wir luben und verpinden uns gên in *ib.* 343 (*a.* 1386). wir luben an disem brief Ukn. 97 (*a.* 1305). daʒ lüben wir ze laisten Ukn. 399 (*a.* 1359). daʒ luben wir in ze laisten Uhk. 2, 202 (*a.* 1349). sie lubt uns daʒ *ib.* 2, 86 (*a.* 1323). — *mit* ver-.

lubern *s.* liberen.

lübestecke *swm.* (I. 1049ª) *liebstöckel* Gl. (lubstecke, -stöck, lübstuck, liebstück, lebe-, leberstock Dfg. 327ª, lustok *n. gl.* 233ᵇ). Pf. *arzb.* 1, 20. 22. lusteche *ib.* 2, 4ᵇ. — lubestechil *stn. ib.* 1, 26. laubstickel Myns. 50. liebstickel *ib.* 56. liebstuckel Voc. 1469. lubstuckel, -stickel, lobestickel, liebstockel Dfg. 327ª, lubestuckel *n. gl.* 233ᵇ. — *umdeutsch. aus lat.* ligusticum, libusticum, lubisticum, levisticum Wack. *umd.* 57. Weig. 2, 48.

lubestecken-wurz *stf.* Pf. *arzb.* 2, 6ª.

lübisch *adj. von Löwen?* der hett gar vil ducat und lübisch gulden auch Altsw. 228, 28. *vgl.* löbnisch.

lüblerin *s.* lüppelærinne.

luc, -ges *stm.* (I. 1028ª) *lug, lüge* Osw. Mart. (*lies* 34, 29). sunder luch Karlm. 2, 52. eʒn wart nie græʒer sünde dan luges urkünde Freid.² 35, 3. — *zu* liegen.

luc, -ckes *stn. deckel* (*vgl.* Schm. *Fr.* 1, 1434. Kwb. 181), *zu folgern aus* belucken. — *zu* lûchen

lucërne *swf.* (I. 1049ª) *laterne, leuchte, eig. u. bildl.* Diem. Priesterl. 128. Grjesh. 1, 50. 2, 116. Troj. 15400. Part. *B.* 7764. 94. 7814. 39. Wh. *v. Öst.* 2ᵇ. Kolm. 3, 46. W. *v. Rh.* 18, 11. Mgb. 25, 31. 434, 21. 438, 19. 493, 25. Mone z. 1, 187. Dür. *chr.* 70. Chr. 8. 249, 9. 10. 431, 4. luzerne *ib.* 249, 8. — *aus lat.* lucerna, *vgl.* latêrne.

luch *stn. pl.* lücher *s.* loch;

lûchen *stv. III.* (I. 1023ª) liechen Msh. 2, 148ᵇ: *tr. schliessen, zuschliessen* Gen. Aneg.; *an sich ziehen, zu sich, ins haus nehmen* Serv. Ms, ich wæne in (*den regenbogen*) diu erde an ietwederm orte zuo sich lûche Himlr. 144; zupfen, rupfen. ob sy in ouch geschnitten, gehöwet und hanf gelochen haben *urk. v.* 1494 *im sigmaring. arch.* (*Bir-

linger); *refl. sich zurückziehen, ducken.* frumer kneht, lûch dich wider! HELBL. 1, 245; *intr. schlüpfen.* der tûbel in einen slangen louch GLAUB. 617. *vgl.* louchen, lûhten. — *mit* in, ûf, zuo, be-, durch-, ent-, er-, ge-, ver-. *gt.* lûkan *schliessen nach* GSP. 276 *mit verlust des anlaut.* v *zu skr.* varj *abhalten, ausschliessen. gr.* εἴργειν *oder* ἔργειν *aus* Fεργειν. *vgl. auch* KUHN 1, 565. FICK² 860 *u.* recke;
lûchen *swv.? s.* lûhten.
lucho *m. juli* CHR. 4. 13, 19. *vgl.* luio.
lucht *stf. s.* luft.
lûcht- *s.* liuht-.
lücke *adj. s.* lüge.
lücke *adj.* (I. 1024ᵇ) *locker.* sô der snê vellet, sô ist er lücke GERM. 3. 415, 23. daz ist lück an im selber MGB. 373, 27. lugge MART. (*lies* 45, 12); *bildl.* der selbig lotter leicht und luck BEH. 17, 8. — *zu* loch;
lücke, lucke *stswf.* (*ib.*) *loch, lücke* RUL. WOLFR. TRIST. j.TIT. 4122. 5342. BIT. 10764. DIETR. 3233. WOLFD. *A.* 339. OTN. *A.* 308. 400. ZING. *Pl.* 9, 27. LOH. 4593. 664. 5065. BPH. 6855. 7393. 421. APOLL. 7415. 18511. ULR. *Wh.* ALBR. 14, 89. 34, 54. 138ᵃ. EILH. 1566. HÄTZL. 1. 37, 24. NETZ 258. MGB. 96, 33. FASN. 755, 28. GR.W. 1, 308.
lücke *stn. s.v.a.* gelücke HPT. 11.494,76. DA.279.
lückelîn *stn. dem. zu* lücke. lücklein FASN. 995,31. lückel APOLL. 5532. luckel TEICHN. 99;
lucken *swv. in* belucken;
lücken *swv.* (I. 1024ᵇ) *eine lücke machen, durchbrechen. tr.* nû was der strît zesamne gedruct alsô vaste, swer in wolt gerne hân geluct, der müest mitsamt dem orse krefte walten LOH. 5292; *refl. lückenhaft werden, sich mindern:* dâ von diu heidenschaft sich vaste lücket *ib.* 5816.
lücken, lucken *swv.* prosperare DFG. 467ᵇ, fortunari *n. gl.* 307ᵃ. *s.* gelücken;
lücken, lucken *swv.* (I. 1041ᵇ) *locken, absol.* ENGELH. MF. 115, *vgl.* 149. *mit dat. d. p.* LS. 1. 549, 87; *tr.* Ms. (*H.* 1, 201ᵇ. 202ᵇ. MSF. 10, 19). REINFR. 107ᵃ, 178ᵃ. lücken zuo MSH. 206ᵇ, *mit acc. u. gen. verlocken, teuschen* KRONE 19844 *u. anm. vgl.* licken *u.* locken. — *mit* ver-;
lücken *stn.* sînes vriundes ougen lücken MSH. 1, 208ᵃ.
lückern, luckern *swv. iterat. zu* lücken 1. die stiure luckern, *vermindern* DINKELSB. *st.* 18; — *iterat. zu* lücken, *locken* ZIMR. *chr.* 3. 126, 4. *vgl.* löckern.

luck-milch *stf. dickmilch.* luggmilch MONE *z.* 2, 187. *vgl.* SCHM. *Fr.* 1, 1463 (lugmilch) *u.* SCHÖPF 404 (lupp-, luttmilch).
luc-urkunde *stn. falsches* urkunde, *zeugnis* W. *v. N.* 32, 27. 36, 30. 38, 8. 40, 19.
luc-wort *stn.* (III. 809ᵃ) *lügenwort* W. *v. N.* 11, 7.
lûde *pl. s.* liut.
lud-eigen *adj. ganz eigen* SCHM. *Fr.* 1, 1445. *aus* allod-, alludeigen? *vgl.* kärnt. lauz-, luz-, lutallâne, *ganz allein* (KWB. 174) *und unten* lütze, luz.
ludel *f. sauggefäss für kleine kinder* FASN. 1220. *vgl.* SCHM. *Fr.* 1, 1445. WEIG. 2, 70.
ludem *stmn·?* (I. 1050ᵃ) *name eines unbekannten tieres* NIB. 875, 1.
ludem, luden *stm.* (*ib.*) *rufen, geschrei, lärm* ROTH. NIB. GUDR. LANZ. LOH. (4359). LS. OTN. *A.* 382. WOLFD. 142. 1502. 1867. MART. 34, 96. 55, 58. APOLL. 5292. 8559. 61. 11153. 13845. OT. 403ᵃ. den wolf mit ludem erschrecken CGM. 254, 13ᵃ. des pauchs ludem, *crepitus ventri ib.* 357, 17ᵃ. *vgl.* lût;
ludemen, ludmen *swv.* (*ib.*) *rufen, schreien, lärmen,* tumultuare VOC. 1432 (SCHM.). PASS. (K. 400, 64). EVANG. *M.* 9, 23.
lûden *swv. s.* lûten.
lûden *swv.* (I. 1050ᵃ) *md., prät.* lûdete, lûte, *part.* gelût: *rauben, plündern, absol.* ERNST, PASS. ZING. *findl.* 2, 130; *tr.* DÜR. *chr.* 700. JER. 23ᵇ, *mit gen. d. s. ib.* 162ᵇ. — *s.* luot 2.
lûder, lûdern *s.* luoder, luodern.
ludlacher *stm.* von dem ludlacher. ludolachra mag ain ludlacher haizen, daz ist ain merwunder MGB. 238, 18 *ff.* ludrache, lutrache DIEF. *n. gl.* 240ᵇ.
lüdlîche *s.* lëdeclîche.
ludmen *s.* ludemen.
ludrache *s.* ludlacher.
lüeder-lich *adj.* (I. 1053ᵃ) *s.* liederlich.
lüegel, lüegen *s.* luogelîn, lüejen.
lüeger *pl. s.* luoc.
lüejen, lüegen, lüewen, lüen *swv.* (I. 1050ᵃ) *brüllen.* lüejen SILV. HELBL. MSH. 2, 232ᵃ. REINH. 310, 529. RING 10°, 1, *md.* lüjen ALBR. 1, 1248. DFG. 369ᵇ. lüegen GRIESH. MART. 175, 26. GERM. 3. 433, 17. MGB. 153, 24. 159, 27. 108, 31. AMIS 288. NETZ 9395. DFG. 77ᵇ. 369ᵇ. lüewen WIG. 132, 37. KRONE 9466. NETZ 9395 *var., md.* lûwen EVANG. 278ᵇ. lüen FREID. HELBL. KRONE 9500. MGB. 108, 24. 153, 26. lün, boare DIEF. *n. gl.* 55ᵇ, luon KARAJ. FRL. *fl.* 12, 14. lûen DFG. 369ᵇ. lâ-

wen, liewen *ib. prät.* luote BARL. KRONE 20903, *md.* lûte MARLG. L.ALEX. 6024. LEYS. 72, 25. ALBR. 7, 38. luowete KRONE 9462. — *mit* er-, über-. *ahd.* hlôjan, lôhan, lôwan, luagen, luan, luon, *ags.* hlôvan (*prät. red.* hleóv), *vgl.* KUHN 8, 266 *f.* FICK[2] 355;

lüejen *stn.* (I. 1050ᵇ) *das brüllen* MSH. 2, 384ᵃ. LCR. 79, 2. lüen SERV. FRL.;

lüejunge *stf.* boatus mugitus DFG. 77ᵇ. 369ᵉ, lügung *n. gl.* 258ᵃ;

lüelen *swv. singen?* als ich die wârheit lüel (: brüel) LCR. 120, 4. *vgl.* lûlen, *singen* FROMM. 4. 194 *u.* lüller.

lüeme *adj.* (I. 1050ᵇ) *md.* lûme, *matt, sanft, milde* ERLŒS. 1356. — *ahd.* luomi *zu* lam. *vgl.* SCHM. *Fr.* 1, 1473;

lüeme *stf. md.* lûme, *mattigkeit* ALBR. 27, 82;

lüemen *swv.* (I. 1050ᵇ) *erschlaffen, ermatten* MART. (49, 32). lômen SUSO, lômen, lomen NETZ 3744. 89, 6831. 8307, lumen (: komen) ALTSW. 53, 12.

lüewen *s.* lüejen.

luf *s.* luft.

luf? *adj.?* (I. 1050ᵇ) und iuwer huf dâ saget er luf FRL. *fl.* 5, 17 = und iuwer huf do saget er uf, daʒ die niur güldîn vürspan sîn MSH. 2, 338ᵇ. *vgl. zu* CRAON 840.

luf *in* hârluf (I. 1050ᵇ) licium SUM. VOC. *s. oben* hârlouf.

lûf *stm.* (*ib.*) *loch, abgrund* PASS. JER. 149ᵉ. *vgl.* BPH. 7247 kluft: ûf (*hs.* chloft, luoch). — *engl.* loop, loch. *vgl.* luof.

lûfern *s.* liberen.

lûf-gedinc *stn.* dotalium ANZ. 1, 29. *vgl.* brûtlouf.

luft *stm.* (I. 1050ᵇ) *md.* luft, *abgek.* luf (JER. 177ᵇ) *stf., ndrh.* lucht PF. *üb.* 14, 833. 21, 1331. KARLM. 199, 52; *pl.* lufte (TUND. 55, 14) *u.* lüfte —: *luft* Iw. WOLFR. (WH. 64, 14). NIB. WALTH. HERB. 14132. GUDR. 59, 3. LOH. 609. 643. NEIDH. 93, 31. MSH. 2, 245ᵇ. W. *v. Rh.* 4, 43ᵇ. ALBR. 1, 7. 17, 98. HADAM. 365. MGB. 9, 25. 15, 28. 216, 30. 32 *etc.* CHR. 2. 314, 7; 3. 145, 13. ZIMR. *chr.* 4, 661ᵃ (*pl. sw.* die luften 1. 444, 6); *luftzug, wind.* guoten luft gewinnen GUDR. 846, 2. sam der vogel der sweimen vert und sich des bœsen luftes erwert HPT. 7. 354, 44; *bildl.* nit lenger luft noch zeit zu etw. haben MH. 3, 9. 11. — *gt.* luftus *von dunkl. abstammung, vgl.* MYTH. 597 *anm.* 1 (*zur w.* liuban) DIEF. 2, 154. FICK[2] 861.

lüfte *pl. s.* louft.

lufte-bruch *stm. durch schall veranlasste schwingung der luft* PASS. K. 426, 58.

luftec, luftic, lüftic *adj. lufterfüllt, luftig.* daʒ velt ist niender anderswâ sô luftic und sô stille PART. B. 10005. luftig MSH. 2, 245ᵇ. *vgl.* liehtlüftic; *luftartig,* ain nâtürleich luftig dunst MGB. 33, 4; *locker,* luftig holz *ib.* 93, 6. 104, 5. 314. 2. 350, 5. mit luftigem aschen *ib.* 70, 17.

luftec-lich *adj. luftig* SPEC. 43.

lüften *swv.* (I. 1051ᵃ) *prät.* lufte: *in die luft heben, aufheben* Ms. (*H.* 1, 23ᵃ). die arme luften ALBR. 24, 216. 27, 154; einem etw. lüften, *ihm in bezug auf etw. eine erleichterung, eine ausnahme vom gesetze gewähren, ihm gestatten:* den glasern ist gelüftet und zugegeben, daʒ NP. 140. den bierpreuwen ist gelüftet, daʒ *ib.* 267, *vgl.* 278. dar innen wirt einem paumeister geluft TUCH. 239, 30, ohne dat. ein êrber rât hât gelüftet, daʒ NP. 73. *vgl.* lüftunge *u.* lupfen. — *mit* er-.

lüfte-regen *stn.* (II. 609ᵇ) *bewegung der lüfte* BARL. 240, 18.

lufte-süeʒe *adj.* (II². 752ᵇ) *angenehm durch die luft* LIEHT.

luftic *s.* luftec; lüftigen *swv. in* erlüftigen;

lüftîn *adj. von, aus luft.* durch den himel lüftîn W. *v. Rh.* 267, 9.

luft-löchelîn *stn. pore* MGB. 85, 13.

luft-rœre *swf.* (II. 763ᵃ) *luftröhre* MGB. DIEF. *n. gl.* 369ᵃ.

luft-sager *stm.* (II². 23ᵇ) *wetterprophet* MGB.

luft-schœne *stf.* (II². 193ᵇ) serenitas DFG. 529ᵇ, *n. gl.* 336ᵇ.

lüftunge, luftunge *stf. gestattung, erlaubnis* (*s.* lüften) NP. 99. 172. TUCH. 239, 22. 272, 7.

luft-valke *swm. s. v. a.* sackervalke MYNS. 7.

luft-var *adj. luftfarb* W. *v. Rh.* 64, 49.

luft-vengic *adj. luft fangend, respirans.* diu lung ist waich und luftvängik MGB. 26, 4.

lüge *stf.* (I. 1028ᵃ) *md. u. manchmal auch hd.* luge: *lüge, allgem., vgl.* KAŘAJ. 9, 8 (luge). WALTH. 33, 17. MSF. 162, 11. 173, 15. 212, 37. WARTB. 33, 17. LS. 3. 515, 90. ALBR. 28, 33. EILH. 2679. 3206. 521. PASS. *K.* 19, 72. 658, 38. KARLM. 10, 19. lugî NETZ 9402. lug FASN. 24, 26. — *ahd.* lugî, lugîn *zu* luc, *liegen;*

lüge, lücke *adj.* (*ib.*) *lügnerisch, lügenhaft* DIEM. mit manegem lückem blicke TRIST. *M.* 351, 36 *u. B.* 13994, *vgl.* lügeblic. die lugen, *lügner* KCHR. 3463. 65 (luken *D.* 106,

3. 5). die lugen trugenære *ib.* 3469 (luken trugenâre *D.* 106, 9). mit luken urchunde *ib. D.* 389, 22 (*die stelle aus* FREID. *s. unter* luc 1).

lüge-blic *stm.* (I. 207ᵃ) *lügenhafter, falscher blick* TRIST. *Hag.* 13994.

lüge-haft *adj.* (I. 1028ᵇ) *lügenhaft* BIT. 11698. lüghaft Ls. 1. 439, 4. lughaft *ib.* 403, 76. AB. 1, 98. lügenhaft *ib.* Ls. 1. 439, 20, lugenhaft, mendax DFG. 355ᶜ. *vgl.* lougenhaft.

lüge-lich *adj.* (I. 1028ᵇ) *lügnerisch, lügenhaft* KL. PARZ. TRIST. BARL. MSH. 1, 290ᵇ. 2, 232ᵃ. 3, 89ᵇ. NEIDH. 89, 16. SINGENB. 222, 13. LIEHT. 645, 18. KRONE 17744. PART. *B.* 8133. lugelich DIEM. KARAJ. 97, 5. GEN. *D.* 13, 13. 90, 9. PART. *B.* 11177. ALBR. 13, 19. REINFR. 48ᵃ. luglich MAR. 201, 3. URST. 108, 4€. lügenlich ERNST *B.* 799;

lüge-lîche, -en *adv.* (*ib.*) BARL. lugelîchen ERNST 608. luglich PRIESTERL. 448. luglichen HADAM. 458. lügenlîche TRIST. *H.* BERTH. 284, 10;

lüge-lîcheit *stf.* (*ib.*) *lügenhaftigkeit, lüge* BÜCHL. 1, 282.

lüge-liet *s.* zügeliet.

lüge-list *stm.* list *des lügners.* daz wolde ich gerne understân mit mînen lügelisten FREID.² 199, 19ⁿ.

luge-losen *stn. das losen, horchen auf lüge* MSH. 2, 194ᵃ.

lüge-man *stm. lügenmann, lügner* TEICHN. 309.

lüge-, lügen-mære *stn.* (II. 79ᵃ) *lügenhafte rede, erzälung, erlogene geschichte* IW. BARL. BON. L. ALEX. 89. KCHR. 11751. WOLFD. *A.* 150. PART. *B.* 5579. WG. 7277. MART. 150, 28. KOL. 253, 295. Aw. 2. 89, 1. ALBR. 16, 333. KIRCHB. 744, 65. lugenmêre, mendacium DFG. 355ᶜ.

lügen *stv.,* **lugen** *stf. s.* liegen, lügene.

lûgen *swv.* luogen.

lügenære, -er *stm.* (I. 1028ᵇ) *md.* lugenêre: *lügner* NIB. TRIST. FREID. BARL. GEN. *D.* 83, 19. EXOD. *D.* 149, 24. L. ALEX. 1879. MSH. 3, 21ᵇ. WG. 11125. 213. ECKE *Z.* 9, 9. W. *v. Rh.* 266, 14. PASS. *K.* 657, 43. N. *v. B.* 322. EVANG. *J.* 7, 29. GERM. 14, 466. NETZ 13358. DFG. 355ᶜ.

lügen-büechlîn *stn. lügenbüchlein* ZIMR. *chr.* 2. 426, 34.

lügene, lügen ; lugene, lugen *stf.* (I. 1028ᵇ) *md. auch* logene, logen: *lüge.* lügene AB. 1, 163. lügen, lugen Iw. 258 *var.* lugene GLAUB. 1152. KCHR. 3463. 5 (luken *D.* 106, 3. 5).

EILH. 2650. 3206. 5925. HEINR. 3630. 733. lugen BERTH. 283, 32. 37. MGB. 215, 24. 236, 23. 24. KARLM. 11, 19. logene EN. 348, 1, lögene AB. 1, 122; lugine, *pl. sw.* luginen ZIMR. *chr.* 4, 661ᵃ.

lugen-geist *stm. lügengeist* FRONL. 13.

lügen-haft *s.* lügehaft;

lügen-haftic *adj.* (I. 1028ᵇ) *lügenhaftig* GEST. *R.* lugenhaftic EVANG. *J.* 8, 44. lögenhaftic AB. 1, 158.

lugen-hart *stm.* (I. 637ᵇ) *der gern lügt* RENN. 9031.

lügen-heit *stf.* (I. 1028ᵇ) *lügenhaftigkeit* DIOCL. BPH. 1197. 6631. Ls. 1. 440, 52; 2. 467, 7. 468, 67.

lugen-hûs *stn. lügenhaus, falsches geschlecht* KIRCHB. 765, 61.

lügen-lich, -mære *s.* lügelich, -mære.

lügen-sache *stf.* (II². 5ᵇ) *lüge* ALBR. 24, 261.

lügen-siech *adj.* (¶ I². 356ᵇ) *verstellter weise krank* FDGR. 1. 236, 21.

lügen-slunt *stm. lügenschlund, lügner.* du pöser logenschlunt FASN. 507, 11.

lugen-spël *stn.* (II². 492ᵃ) *lügenhafte erdichtung* HPT. 8. 299, 20.

lügen-spil *stn.* (II². 502ᵃ) *lügnerische possen, lüge* BERTH. WOLK.

lugen-strâfen *swv.* (II². 671ᵇ) *lügen strafen* JER., lügestrafen BÖHM. 624 (*a.* 1352). lugstrafen NP. 50;

lugen-strâfen *stn.* busz umb lugenstrâfen und scheltwort MILTENB. *stb.* 10ᵇ.

lugen-tihter *stm. der lügen erdichtet* BEH. 11, 7.

lügen-varwe *stf. lügenfarbe, lüge* MSH. 3, 63ᵇ.

lügen-vunt *stm. lügnerische erfindung, lüge* APOLL. 15576.

lügen-zal *stf. lügenhafte erzälung, lüge.* logenzal KARLM. 100, 3. 102, 26. 135, 21. 143, 32 *u. o.*

lüge-phützе *stf.* (II. 517ᵇ) *pfuhl der lüge.* lügpütze MYST. 1. 333, 7.

lüge-trüge-lich *adj.* (III. 105ᵇ) *durch lüge betrügend, trügerisch* BARL. 223, 21.

lüge-vaz *stn.* (III. 282ᵃ) *lügenfass, lügner* Ms. (*H.* 2, 253ᵇ. 355ᵇ). wê dir argez lügevaz COD. *pal.* 350, 59.

lüge-vrâz *stm. lügenfresser, der jede lüge anhört u. glaubt* MSH. 2. 207, 170.

lüge-weize *stm.* (III. 562ᵇ) *lügenweizen: wie in einem weizenkasten aufgehäufte lügen* HELBL. 2, 329.

lüge-wîse *adj.* (III. 753ᵇ) *sich auf lügen ver-*

stehend. der lügewîse, *der teufel* HELBL. 2, 235.
lugge *adj. s.* lücke.
lug-gespringe *stmn.* ir luggespring stuont siuberlîch ze tanzen MSH. 3, 307ᵇ.
lüg-haft *s.* lügehaft.
lugî *stf. s.* lüge.
lug-lich *s.* lügelich.
lug-milch *s.* luckmilch.
lüg-pütze *s.* lügephütze.
lug-stråfen *s.* lugenstråfen.
luhs *stm.* (I. 1051ᵃ) *pl.* lühse, *luchs* GL. GSM. REINH. 1073. 1341. MSH. 2, 9ᵇ. 210ᵇ. 3, 310ᵇ. LOH. 28. 69. j.TIT. 1858. RENN. 3683. 12224. 14904. APOLL. 6753. 10284. W. *v. Rh.* 73, 9. ALBR. 14, 202. MGB. 146, 26 *ff.* an minnen werben gar ein l. WEIM. *hs. p.* 55. — *zu* λύγξ CURT.³ 344;
luhsîn *adj.* (*ib.*) *vom luchse, von luchsfell* SUM. ENENK. *p.* 281. 82.
luhs-stein *stm.* (II². 615ᵃ) *luchsstein*, ligurius MGB. DIEF. *n. gl.* 235ᵃ. *vgl. lat. ged. des 10. u. 11. jh. s.* XV *und oben* ligûrjus.
lûhten *swv.* (*so setze ich an mit* WEIG. 2, 47, *obwol möglicher weise der infin. auch* lûchen *lauten kann*) *zupfen.* mentel und rock, der beider soum sie ûf mit zühten lûht (*prät.*) SUCH. 28, 315 (Ls. 3. 65, 311). den rock si im ûf lûhten (Ls. 2. 406, 470. *md.* lichten, *die schweine* lichten, *castrieren* FRANKF. *brgmstb. a.* 1445 *vig. Agnet.* — *mit zer. zu* lûchen, *vgl.* WEIG. *a. a. o. und* SCHM. *Fr.* 1, 1429.
luio *m. juli* TUCH. 26, 1. — *it.* luglio, *vgl.* lucho.
luiter *adj. s.* lûter.
lûjen *s.* lüejen.
luke *adj. s.* lüge.
lulche, lulch *m.* lolium DFG. 335ᵉ, lullich *n. gl.* 238ᵃ.
lulecke *swm. ein fisch.* sô gêt manec heimzogen knabe als er lulecken gezzen habe, hiure bœser danne vert JÜNGL. 238. — *aus mlat.* loligo, lolligo, lolico, luligo *s.* ECBASIS *s.* 329. DFG. 335ᵉ. 339ᵃ.
lüller *stm. ein tanz.* den lüller hiez man trüllen auf RING 8ᵈ, 11. *vgl.* lüelen *u. die fing. namen* Lülhart, Lüllaff, Lüllars, Lüllzapf FASN. 306. 336. 585.
lullich *s.* lulche.
Lumbart *u. composs. s.* Lamparte.
lumbe *swm.* (I. 1051ᵃ) *lende, weiche,* lumbus DIEF. *n. gl.* 241ᵃ. lumpe GIESS. *hs.* 878, 111ᵃ (14. *jh.*), *s.* WEIG. 2, 74. VILM. 254. — *aus lat.* lumbus;

lumbel, lumbele *stswm. ?* (*ib.*) nierbrôte od. lunbel, lumbus DIEF. *n. gl.* 241ᵃ. **lungel**, *s.* lungelbråte; *gewisse teile der eingeweide, viell. nieren* TRIST. BUCH *v. g. sp.*
lûmd *s.* liumunt.
lûme, lumen *s.* lüeme, lüemen.
lumer *stm. s.* luner.
luminiere *stn. ndrh.* luminêre, lumenêre *helmfenster* KARLM. 56, 61. 66, 35. 197, 40, 202, 18;
luminierer *stm.* Claus der luminierer, *illuminator* SCHREIB. 2, 151 (*a.* 1350). *vgl.* illuminieren.
lumpe *s.* lumbe.
lumpe *swm.* lumpen, *fetzen*. dû muost dise lumpen lân und mîniu kleider legen an KOL. 178, 843. was ime (*dem* papiermacher) lumpen zuo gebrûche sîns handwerks zuo gefüert werden MONE *z.* 1, 313 (*a.* 1482). *vgl.* WEIG. 2, 74;
lumpelîn *stn. dem. zum vorig.* lumpli FASN. 826, 25. 33.
lûmunt *s.* liumunt.
lun, lon, lan *stf.*, **lune, lône** *swf.* (I. 1051ᵃ) *achsnagel, lünse,* obex, opex, paxillus, limo DFG. 387ᵃ. 397ᵃ. 418ᵇ. 330ᵇ, *n. gl.* 272ᵃ. *vgl.* luner, lunse *u.* WEIG. 2, 75.
lün *s.* lüejen.
lün *stn.* daz lün mit vogelen was bezogen, reht als si wæren dar geflogen HELMBR. *K.* 35. vor an dem lüne alumbe von dem zeswen ôren hin unz an daz tenke *ib.* 86. vor an dem lüne stuont ein tanz genât mit sîden *ib.* 95. *die hs.* b *hat allen 3 stellen das leym, a an der zweiten u. dritten stelle* leym, *an der ersten der* lün. *gemeint ist offenbar eine kopfbedeckung. nach der anm. heisst in der baier. gegend, die als M. Helmbrechts heimat zu betrachten ist, das lün der schräg in die höhe stehende oder überhaupt der obere teil der haube, entsprechend dem aleman.* gupfe (GERM. 16, 82). *mit diesem worte compon. ist auch* lynhuot (= lünhuot), *der kaminmantel:* lynhut vel fewerloch CGM. 685, 55ᵃ. fuligo, rusz um lynhut *ib.* 68ᵇ. *vgl.* SCHM. *Fr.* 1, 1480. BIRL. 317ᵃ. KUHN 17, 14.
lunch-wurz *s.* lungenwurz.
lünde, lunde *stswf.* (I. 1051ᵃ) *s. v. a.* ünde, welle ORENd. DFG. 240ᶜ. 626ᶜ. in meris unden, in jâmers bach, in grôzen lunden HUGO *v. M.* 50ᵃ. wirf mir ab mîn grôze lünde (: sünde) *ib.* lunde od. erhebung des wassers vom winde, bulla, procella Voc. 1482.

lünde, lünden *s.* liumunt, liumunden.
lünden *swv. brennen, glimmen.* so beginnet der after lünden (: zünden) GA. 2. 523, 400. *vgl. nhd. lunte u. unten* lune, lünec.
lune *s.* lun.
lune *swf.? pl.* lunen, *eine art laternen* RTA. 1. 173, 2. 4. 175, 8. *in lat. rechnungen* lumina lignea.
lûne *stf.* (I. 1051ᵇ) *mond* GEO.; *mondphase, constellation* TIT. KARL (7138). GEO. der mâne sô gar unstæte ist in sô maneger lûne BERTH. 402, 4. der sterne lûne j.TIT. 646. 4382. LOH. 7570. lûne und zît an der geburt MSH.3, 64ᵇ; *zeit des mondwechsels, neumondes, zeitpunct überh.* des brâchmândis lûne JER. 143ᶜ. ûf eine benante lûne *ib.* 136ᶜ, *vgl.* 67ᵈ. 95ᵃ. 172ᵉ. nieman sô rehte wîse wart, der wizzen müge die lûne, wan im ir heil Fortûne zuo sîgen lâzen welle TROJ. 2357; *veränderlichkeit, laune des glückes, glück* MART. (218, 34). j.TIT. si dûhte ein sælic lûne, daz Hector was gestrûchet hin TROJ. 4130. dâ sich ouch ein lûne in vûgete und ein sulchiz spil JER. 31ᵈ. *personif.* KRONE 300; *wechselnde gemütsstimmung des menschen, laune, neigung, gesinnung* WALTH. TIT. j.TIT. (1731. 32. 1902. 2027. 4041. 465. 972. 5039). TROJ. 14473. PASS. *K.* 55, 69. 206, 25. 598, 73; *von andern dingen:* eines wortes l. WARTB. 53, 20. lûne der wazzer und der wilden mer TROJ. 1002. eines wortes l., *bedeutung* WARTB. 54, 10; *bloss umschreibend:* meien blickes lûne j.TIT. 658. tugenden l. *ib.* 5363. — *aus lat.* lûna. *vgl.* HPT. 6, 133 *f.*;

lûnec *adj. in* vorhtlûnec.
lünec *adj.* (I. 1051ᵇ) *glimmend, glühend* FRL. *vgl.* lünden, lune.
lûnen *swv.* (*ib.*) *part.* gelûnet, *gelaunt* j.TIT. (5001); *sich wechselnd gestalten ib.*
lunen-loch *stn.* achsloch. columbar DIEF. *n. gl.* 102ᵃ. lanenloch Voc. 1482.
luner *stm.* (I. 1051ᵃ) *s. v. a.* lun DFG. 418ᵇ, laner *n. gl.* 206ᵇ, lumer TUCH. 100, 2. *vgl.* SCHM. *Fr.* 1. 1482. KWB. 182.
lunern? *swv.* WH. *v. Öst.* 49ᵃ.
lunge *swf.* (I. 1052ᵃ) *lunge* GL. TRIST. L.ALEX. 1898. HERB. 8898. 12869. RENN. 20818. MSH. 3, 188ᵃ. 260ᵇ. 276ᵇ. MGB. 29, 22 *ff.* AB. 1. 32, 30. RING 3ᵈ, 21. — *vgl.* FICK² 861;
lungede *f. dasselbe* DIEF. *n. gl.* 308ᵇ;
lungel, lungele *stswf.* (I. 1052ᵃ) *dasselbe* GEST. *R.* RAB. 749. MGB. 117, 2. 4. 410, 16. FASN. 446, 31. DIEF. *n. gl.* 308ᵇ.
lungel-âder *f.* pulmatica DFG. 472ᵃ.
lungel-brâte *swm. lendenbraten* KALTB. 60, 8, *s.* lumbel.
lungel-muos *stn. gericht von kalbslunge* UKN. *einl.* XLIV *anm.* 8. lungmuos GR.w. 4, 136.
lungen-âder *f. s. v. a.* lungelâder. lung-, lunge-, lungenâder DFG. 472ᵃ, *n. gl.* 308ᵇ (langoder). Voc. *S.* 2, 9ᵃ.
lungen-krût *stn.* pulmonaria aurea DFG. 472ᵃ. *vgl.* lungenwurz.
lungen-rôr *stn.* trachea DFG. 591ᵃ. *vgl.* lungrœre.
lungen-siech-tac *stn.* pleunomia, pleuresis Voc. 1482. *s.* lungesiech.
lungen-wurst *stf.* (III. 827ᵇ) lucania SUM.
lungen-wurz *stf.* (III. 829ᵇ) *s. v. a.* lungenkrût DFG. 472ᵃ. lunchwurz HPT. 6, 332.
lunger *adj. adv.* (I. 1052ᵃ) *hurtig, schnell* ULR.*Wh.*(222ᵃ. 252ᵈ. PF.*üb.* 46, 392). WOLK. — *zu* lingen, *vgl.* WEIG. 2 , 75. SCHM. *Fr.* 1, 1492.
lunge-siech *adj.* (II². 356ᵇ) *lungenkrank* DIEM. *arzb.*
lunge-siech-tuom *stm.* (II². 357ᵇ) *lungenkrankheit ib.*
lung-muos *s. unter* lungelmuos.
lung-rœre *swf.* (II. 763ᵃ) *luftröhre* MGB. *vgl.* lungenrôr.
lün-huot *s. unter* lün *stn.*
lüninc *stm.* (I. 1051ᵃ) *s. v. a.* lun, *achsnagel* SCHM. *Fr.* 1, 1482. DIEF. *n. gl.* 206ᵇ.
luniz? *stm.* den luniz und papûne j.TIT. 6010. *vgl.* lunze, linze.
lun-nagel *stm.* (II. 297ᵇ) *achsnagel,* humerulus GL. *vgl.* lunsnagel.
lunse, luns *f. dasselbe.* furcale DFG. 253ᵃ, *n. gl.* 186ᵃ (*auch* lonse). obex, opex DFG. 387ᵃ. 397ᵃ (lonsche). lunsche GR.w. 5, 253.
lünserer *s.* luserer.
luns-nagel *stm. s. v. a.* lunnagel, furcale DFG. 253ᵃ.
lünt *s.* liumunt.
lunz *stm. schläfrigkeit.* âne lunz, *ohne säumen* OT. 31ᵃ.
lunze *swf.* (I. 1052ᵃ) *löwin* TROJ. (6030. 42). MSH. 3, 63ᵃ. die wolve, lunzen und beren STAT. *d. ord.* (*Schönhuth*) *s.* 22; *concubine* SCHM. *Fr.* 1, 1496 (*16. jh.*). *vgl.* linize.
lunzelot *adj. sanft geöffnet* WOLK. 46. 2, 1. — *tirol.* lunze, *spalt, öffnung* SCHÖPF 493, *kärnt.* lunte KWB. 182.

lunzen swv. (ib.) *leicht schlummern, schlummernd verweilen* NEIDH. (68, 8). HADAM. 253. CGM. 439, 59ª. 632, 24 *bei* SCHM. *Fr.* 1, 1495.

luoc, -ges *stn. m.* (I. 1052ª) luoch MAR. luog MGB. 96, 24; *pl. des n.* luoc, luoger, lüeger, *des m.* luoge — : *lagerhöle, lauerhöle des wildes.* der inz luoc (*der wölfe*) wolde gân WOLFD. *B.* 162. sie viel in daz luoc KRONE 9461. 64, in den luoc tragen *ib.* 15160. er weich vor dem tier gein dem luoge *ib.* 15177. er slouf in die luoge, dar inne ir kint die beren zugen TROJ. 6130; *höle* MAR. si vunden ûf dem wege ein luoc, daz was wît und grôz genuoc BPH. 2880, *vgl.* 1191. 93, *schlupfwinkel, versteck* HELBL. (luoc *zum schlafen* 1, 709. 19, *vgl.* slâfluoc). er luoget ûz dem luoge (*aus dem* bachoven, *in welchem er sich versteckt*) SCHRET. 267, *vgl.* luoke; *loch, öffnung.* si wirt verspart in ein luoc APOLL. 20144. daz îs het sô manic luoc OT. 95ᵇ. durch den dunst ein luog machen MGB. 96, 24. und swingt sich durch alle lüeger *ib.* 108, 26. dâ sint luoger (*var.* lueger, lúger, löcher) in gemachet NEIDH. 59, 12. — *vgl.* luogen *u.* HPT. 6, 4;

luochen swv. *s.* luogen.

luoden swv. *s. md.* lûden.

luoder *stn.* (I. 1052ᵇ) *md.* lûder; *pl.* luoder, lüeder (Ls. 3. 395, 162; *es ist wol auch* 393, 102 *zu lesen* zwên lüedern *oder* drîn *statt* lüedner) — : *lockspeise eig. u. bildl.* (*lockung im bösen u. guten sinne, verlockung, nachstellung*), *allgem., s. noch:* reizelvalken luoder j. TIT. 3279. dîn l. hât dem valken schöne gelocket KOLM. 172, 22. ich zeigte (*dem falken*) mîn l. MF. 37, *vgl.* 59. 61. 64. 79. 111. 161 *etc.* leckerlîchez l. MSH. 2, 189ᵇ. mit blôzer hant mac nieman vân, er müeze ein luoder drinne hân HEINZ. 476. si worhten den vogelen luoder ULR. *Wh.* 210ᵈ. er wirfet uns manich lûder ZING. *findl.* 2. 46, 35; dem tiuvel zuo eime luoder ULR. *Wh.* 154ᶜ, der tiuvels luoder MSH. 3, 227ᶜ. HEINR. 2542. JER. 32ᵇ. der helle l. MSH. 3, 92ᵇ. dâ diu helle nimt ir l. *ib.* 431ª. der werlde lûdir JER. 71ª. nâch sînis willin lûdere *ib.* 126ᵈ. ires schimpfis l. *ib.* 75ᵇ *u. oft s. Pfeiff. s.* 190. des leides l. ULR. *Wh.* 175ᵇ. des strîtes l. WH. *v. Öst.* 5ª. der hôfart l. MART. 76, 15. des jâmers l. 159, 55. der dêmuot l. 149, 53. gotis minne l. 148, 53. mit solher tugende l. 229, 78. hôher freuden l. j. TIT. 4481. 5423. mit dem treib er sein luoder, *sein spiel, ge-* spötte HELDB. *K.* 57, 37. sein lûder od. gespot treiben, illudere VOC. 1482; si sprengeten ûz dem lûdere, *aus dem hinterhalte* JER. 176ᵈ. in einer lâge lûdere *ib.* 158ᵇ; — *schlemmerei, lockeres leben* BERTH. (271, 33). WINSB. MS. (*H.* 2, 154ª. 3, 309ᵇ). der luoders unde wînes pflac TROJ. 16403. die trîbent michel luoder VIRG. 936, 6. die besten minnent nû gar daz l. ULR. *Wh.* 129ª. l. und unkiusche RENN. 1211. von dem trunchlîn zû dem lûder SYON 26. und lît er tag und nacht im luoder NETZ 5381, *vgl.* 5627. 68. FASN. 605, 13. 784, 24. der luoder oder spil hât nahtes NP. 63 (*13.—14. jh.*). daz luoder und doppelspil HELDB. *K.* 13, 15; *persönl. s.* waltluoder, *geile weibsperson* ZIMR. *chr.* 1. 492, 21; 2. 598, 24. — *vgl.* DIEZ 207;

luoderære, -er *stm* (I. 1053ᵇ) *schlemmer, weichling* WWH. LIEHT. BERTH. 240, 7. 244, 7. RENN. 7348. 9793. KOLM. 126, 37. Ls. 2. 329, 9. MONE *z.* 17, 54. CHR. 3. 142, 20; 9. 1029, 40;

luoderëht *adj.* lûdrechter, scurrilis VOC. 1482. lûdericht, -echt DFG. 522ª. *oder* luderëcht = loterëht?

luoder-hunt *stm.* du trunkener luoderhunt RENN. 11263.

luoderic *adj.* daz luoderige leben *s. v. a.* luoderîe FRAGM. 16ᵇ;

luoderîe *stf.* (I. 1053ᵇ) *schlemmerei, lockeres, weichliches leben* MONE *schausp.* Ls. FRAGM. 15ª. 29, 51. KOLM. 68, 36. NETZ 4691. 933. 5622. 87. 11932. luoderîge CHR. 9. 1029, 34. luderey scurrilitas VOC. 1482 (= loterîe?).

luoder-knëht *stm. ein lockeres leben führender* knëht. ir luoderknëhte, mit gebrehte sült ir vüeren die diernen hin in ein taverne MSH. 3. 309ᵇ.

luoder-lich? *adj.* luderlich, scurrilis DIEF. *n. gl.* 533ª (= loterlich?).

luodern swv. (I. 1053ᵇ) *md.* lûdern: *tr. mit dem* luoder *abrichten.* ein valke nit wol geluodert MF. 17, *reizen, locken, verlocken* Ms. (*H.* 1, 201ᵇ). von dem tiuvel geluodert MART. 224, 11. dâ mite si in lûderin woldin ûf des tôdis âs JER. 84ᵈ; — *intr. schlemmen, ein lockeres leben führen* TROJ. (16182). HÄTZL. *üb.* 142, 58. im wînhûs l. NETZ 13213. l. unde spiln LCR. 89, 5. RENN. 2397. l. unde steln *ib.* 7348. 11296; *possen treiben* an PASS., mit dem munde l. *vom lippengebete* BERTH. 467, 27 *f.;*

luodern *stn. verlockung.* diz tûvelische lûdren JER. 143ᵃ; *s. v. a.* luoderîe. swâ luoderns pfligt ein jüngelinc JÜNGL. 1001. mit swätzen, luodran und tanten NETZ 4695. von des spiles und lûderns wegen zu râtschlagen FRANKF. *brgmstb. a.* 1456. *vig. V. post jubil.*

luoder-spil *stn.* AB. 1. 92, 1 *var. zu* lotervuore.

luof *stm. s. md.* lûf.

luof *stm.* (I. 1053ᵇ) *ungeheuer, tölpel?* der ungetoufte luof. *der Littower (von Schondoch, 14. jh.) herausg. v. Lassberg* 1826, vers 76. *vgl.* HPT. 8, 547. BASL. *hss.* 51.

luog *stn. s.* luoc;

luogære *stm. der* luogt. sô der himel lûter wære und diu sunne den luogære niht irte mit ir glaste FLORE 3334. *md.* lûgêre, *marktaufseher* MÜHLH. *rgs.* 135;

luogelîn, luogel, lüegel *stn. dem. zu* luoc. die lugner füert er in ein luogel, dô sie mit jâmer müezen sîn KELL. *erz.* 25, 25, dâ ein lüegel (*löchlein, spältchen*) ein gêt MGB. 343, 19. die lüegel, *poren ib.* 291, 24. alle kleine lüegel des lîchnams CGM. 201, 111ᵇ;

luogen *swv.* (I. 1052ᵇ) *md.* lûgen, luochen (=*nd.* lôken) MSF. 56, 7 *u. anm.* — : *aufmerksam (aus dem versteck,* luoge) *sehen, schauen, lugen* GRIESH. N. v. B. 256. 57. die luogenden FLORE 2016. man sach steine allenthalben luogen, *hervorblicken, emporragen* SERV. 571. d a r l. DIEM., her n i d e r l. REINH. 361, 1891. an einen TROJ. 15921, an etw. luogen OTTE 364. Ls. 1. 142, 561 (*vgl.* ane luogen). l. d u r c h TROJ. (8934). OTN. *A.* 200. PASS. *K.* 124, 48. l. in *ib.* 302, 39. URST. 114, 13. l. û f PASS. *K.* 346, 18. CHR. 5. 224, 20. l. û z JÜNGL. 86. SCHRET. 267. l. z u o DIOCL. CHR. 5. 204, 26. TUCH. 209, 8 (*vgl.* zuo luogen); *mit gen.* TROJ. (7314. 10114). MSH. 3, 335ᵃ. l. v o n des wassers w e g e n TUCH. 209, 6; *mit untergeord. s.* luogen, daz DIOCL. N. v. B. 298. luogen, ob CHR. 8. 47, 24; 5. 251, 15. er solte l., wie es stüende *ib.* 8. 256, 21. 417, 13. sie luogetent (*gedr.* lougetent), was man ûs und in füerte *ib.* 124, 1. er luegt, was er zu schaffen hett *ib.* 5. 142, 15. 228, 20. luge, wo er es neme GR.w. 1, 743. — *mit* an, în (ze dem venster în l. BPH. 8910), umbe, ûz, vür, wider, be-, er- (HIMLR. 130), ge-;

luogen *stn.* (*ib.*) TROJ. PART. *B.* 13493. 641;

luoke *stf. schlupfwinkel, versteck.* in der luoken sitzen LCR. 143, 21. *vgl.* luoc.

luon *swv. s.* lüejen;

luot *stf.* (I. 1050ᵇ) *das brüllen.* brüelende mit clagelîcher luot MART. 13, 39.

luot *stf.? gewaltsamer nächtlicher raub u. brand* SCHM. *Fr.* 1, 1542 (*a.* 1274, *Rotenburg). s.* lûden.

luot *stf.* (I. 926ᵇ. 1053) *md.* lût: *last, masse, rotte mit unedl. nebenbedeut.* PARZ. (*s.* GERM. 7, 301). TUND. GEO. ein luot von hunden j.TIT. 2692; *schar, menge überh.* JER. 96ᵇ. 128ᵈ. 130ᵈ. 135ᵇ *u. ö.* — *ags.* hlôdh, *menge, volksmenge zu laden stv.*

luote *prät. s.* lüejen.

lupart *s.* lêbart.

lupf *stm. einmalige bewegung auf- u. abwärts.* und er (ars) sich denn wirt üeben mit lupfen ungefüegen Ls. 3. 392, 4. *vgl.* KWB. 182;

lupfen, lüpfen *swv.* (I. 1053ᵇ) *tr. in die höhe heben.* sie begunden lupfen die ungetouften und ûz den seteln schupfen WOLFD. 286. 2026. HELDB. *K.* 183, 34. sô daz ir brüste sinewel enbor die keiserlîche wât gelüpfet heten ü b e r sich TROJ. 20217. des wart er er z u o dem plâne wît gevellet und gelüpfet *ib.* 36219. dô luphet er daz houbet ALBR. CCXIII. *bildl.* sîn herze wart gelüpfet ûf grimmeclîchen ernest TROJ. 5044; *refl.* WOLK. des hæte er (helm) sich gelüphet a b dem houbet al ze hant PART. *B.* 5732. *bildl.* sich lupfte manic herze enbor TROJ. 20316. Lupfdich *als name* ZIMR. *chr.* 2. 300, 21 *ff.*; *intr. sich erheben* WOLK., *sich schleunig bewegen:* neben sîm land lasz er sie hin lupfen (*var.* hupfen) LCR. 114, 25. — *mit* er- (REINFR. *B.* 2004. BEISP. 83, 4), ge- (swaz man gelüpfet den huot MSH. 3, 330ᵃ). *vgl.* lüften *u.* luppen 1;

lupfen *stn.* hupfen, lupfen und ein zoppen hiet sich an dem ring derhaben RING 38ᵈ, 16.

lüppe, luppe *stnf.* (I. 1054ᵃ) *salbe, zusammenziehender saft s.* kæseluppe; *vergiftung, zauber, zauberei* BERTH. (226, 35. 264, 20. 464, 15). HÄTZL. WACK. *pr.* 42, 4. SILV. 679. APOLL. 2745. EILH. 827. WOLFD. 1226. HPT. 15. 245, 10. 26. ALEM. 1, 76. luphe CGM. 270, 191ᵃ. — *gt.* lubi (*stamm* lubja) *in* lubjaleisei, *giftkunde, zauberei, ags.* lyb, lib, *gift, altn.* lyf, *arznei. vgl.* DIEF. 2, 152. FICK² 861;

lüppec *adj.* (*ib.*) *giftig, vergiftet* PARZ. GEO. FRL.;

lüppec-heit *stf.* (*ib.*) *giftigkeit.* lüppikeit MSH. 3, 86ᵇ;

lüppel *stn.?* (*ib.*) *zauberei?* MONE 4. 450, 77. *vgl.* SCHM. *Fr.* 1, 1496;

lüppelærinne *stf. zauberin* BERTH. 464, 14. 480, 3. lüblerin MONE 7, 424. *vgl.* lüpperinne.

luppëlle? in deheinem irdischen hol sam in den tieffen luppellen (: zëllen) PRIESTERL. 53. *sündenloch?* (DIEM.). *möglicherweise verderbt aus* luppekelle, *giftloch, -höle* (BECH).

luppen *swv.* (I. 1054ª) *s. v. a.* lupfen NARR. 81, 4; — luppen, spadonare, die geyle uszscheyden, mynchen DFG. 544ᵇ (*zum folgd.?*).

lüppen, luppen *swv.* (*ib.*) *prät.* lupte, *part.* gelüppet, gelüpt, gelupt: *mit gift bestreichen, vergiften.* lüppe mîniu pfîle MSH. 2, 205ª. daz man stahel wol lupte mite *ib.* 1, 8ᵇ. swaz snîdendez wirt gelüppet dâ mite TROJ. 45394. gelüppet geschôz, schôz WWH. TROJ. 45388. HADAM. 424, sper PARZ. WH. *v. Öst.* 37ᵇ. 104ª, spiez EILH. 709. 7496, swert TRIST. NEIDH. 92, 7. PART. *B.* 8222, pfîl WG. (12524 *var.*). LOH. 7417. EN. 313, 23. CHR. 8. 295, 25, strâle HADAM. 46. 530. ALBR. 5, 30. *bildl.* TRIST. MSH. (mit geluptem lastermâl 2, 367ᵇ). mit zorne gelüppet TROJ. 1523. gelubte worte PASS. *K.* 177, 63; *heilen, vertreiben.* zouberliste l. MSH. 3, 272ᵇ. — *mit* ver-;

lüpperîe *stf.* (I. 1054ᵇ) *giftmischerei, zauberei* HÄTZL. lüpperige CHR. 9. 1021, 11;

lüpperinne *stf.* (*ib.*) *s. v. a.* lüppelærinne BERTH. 264, 16.

lüpper-tesche *swf.* (III. 17ª) *dasselbe* MUS. 2, 262.

lüppe-wurz *stf.* (III. 829ᵇ) aconitum SUM.

luppic-lîchen *adv. wenig, gering* WOLK. 70. 3, 13. — *tirol.* luppig, *schlecht, elend* SCHÖPF 404, *kärnt.* lup, luppa, *verkleinernde vorsilbe,* luppet, *klein* KWB. 182. *vgl.* lupf, lupfen.

luquatze *swf. s. v. a.* lakeritze FASN. 216, 6.

lür *s.* lire.

lûr *stf. s.* lûre.

lûr *stm. ein gefäss (für den tresterwein? s.* lûre). ain kufkar und zwen grosze laur GERM. 16, 78 (*15. jh.*).

lurc *s.* lërc.

lûre *swstf.* (I. 1054ᵇ) *nachwein, tresterwein* GL. (lûre, lauer, lawer, leur, lôr, liure: aciatum DFG. 9ᵇ, *n. gl.* 6ᵇ). RENN. — *ahd.* lûra *aus gleichbedeut. lat.* lora, lorea.

lûre, lûr *stf.* (*ib.*) *lauer, hinterhalt* MS. WOLK. er quam in tougir lûr JER. 24633. daz sie der lûre oder geweglâg übersagt würden MZ. 3, 387 (*a.* 1358);

lûre *swm.* (*ib.*) *schlauer, hinterlistiger mensch* MS. *vgl.* SCHM. *Fr.* 1, 1499 *u.* lôrlîn;

lûren *swv.* (*ib.*) *lauern.* lûrn und wachen KELL. erz. 237, 37, *mit gen.* MS., *mit präp.* daz er ûf den andern gelûret und gewegelâget het MZ. 3, 387 (*a.* 1358). — *mit* er-, ver-. *vgl.* DIEF. 2, 567.

lûren-tranc *stm.* vinum acinaceum DFG. 9ᵇ.

lurggen, lurken *swv. s.* lërken.

lürme? *s.* gelürme.

[**lursen** *swv.* I. 1055ª] *s.* lürzen *stn.*

lurz *adj.,* **lürzen** *swv. s.* lërz, lërzen;

lürzen *swv.* (I. 1055ª) *prät.* lurzte, *täuschen, betrügen.* er wart betœret und gelürzet GA. 3. 89. 1397. l. mit *ib.* 2. 385, 86. KOL. 185, 1048. *vgl.* lërzen;

lürzen *stn. täuschung, verstellung* FRAGM. 31ᶜ, lurzen BÜCHL. 1, 494 (*hs.* lursen).

lurz-heit *stf. dasselbe.* mit so getäner lurzheit bringt mans in die goukelheit WG. 14243.

lûs? *stm.* weters lûs (: sûs) ûf wazzer und ûf lande KOLM. 6, 793 *u. anm.* „*vielleicht ist* weters grûs *zu schreiben*".

lûs *stf.* (I. 1055ª) *laus* GL. sam in dem grind ein lûs RING 40ᵇ, 4. BEISP. 41, 38 *ff.* der liuse leich LS. 3. 327, 32. mich weckent die miuse mit kratzen und ouch die liuse MOR. 2, 472. in âzen die liuse (lûse, lüse, lyse) CHR. 8. 34, 17. 415, 6. 468, 22. sî wurfin manche lûse den Bartin durch dî schedele JER. 14876. — *zu* liusan, *verderben* (*s.* liesen) *wie das gleichbedeut. gr.* φθείρ *zu* φθείρειν *s.* GDS. 855 *anm.* FICK² 861.

lusch *stm. versteck.* si quam an iren gûten lusch (: pusch) PASS. *K.* 455, 46;

lûsche *swm. lauscher.* si hând der lûschen alsô vil, die in stând tag und naht zem zil NETZ 8466;

luschen *s.* loschen;

lûschen *swv.* (I. 1055ª) *lauschen* TRIST. *H.* 793 *vgl.* loschen, lûzen.

lûsec *adj. lausig* MYNS. 26. FASN. 633, 10.

lusemen, lusmen *swv. s. v. a.* losen, *horchen, lauschen.* sy wolten lusmen gên waz man auf der mauwer worcht *de amiss. terræ s.* 1530 (W.GR.), *mit dat.* ob ainer ainem frumen man lusmen an sein haus gieng KALTB. 1, 15. GR.W. 3, 696. *um mitternacht* lusmen (*als zauberei*) MONE 7, 423. — *mit* zuo. *vgl.* lusenen;

lusemer, lusmer *stm. horcher, lauscher, aufpasser* MONE z. 7, 66. 10, 314 (lüsmer). NETZ

13350. Kaltb. 1, 15. 2, 11. 28, 41 *u. o.* — *vgl.* lusener;

lusen, lüsen *s.* lusenen.

lûsen *swv. läuse fangen, lausen* Zimr. *chr.* 271, 22. *mit dat. ib.* 2. 561, 14. man sol narren mit kolben lûsen Ga. 2. 282, 196. Netz 11697. Narr. 90, 12. Fasn. 119, 35.

lusenen, lüsenen *swv. sync.* lusnen, lüsnen, *verkürzt* lusen, lüsen: *s. v. a.* losen, lusemen. lusent her! Teichn. 215. einem an dem venster lusnen, lüsnen Kaltb. 77, 37. 87, 7*u. o.* liesnen *ib.* 103, 32. — *mit* zuo. *vgl.* Kwb. 182. Schm. *cimbr. wb.* 144ᵇ;

lusenen, lüsenen *stn.* lüsens und niht klaffens wegen Ring 19ᵈ, 21. das lusen *als zauberei* Mone 7, 424;

lusener, lüsener *stm. s. v. a.* lusemer Bon. 84, 75. Freid. 118, 25 *var.* Gr.w. 3, 528. 43. Kaltb. 56, 38. 77, 37 *u. o.* lünsener Gr.w. 3, 603.

lûser *stm. läuseknicker: erbärmlicher mensch.* er ist ein rechter lauser Fasn. 996, 29.

lusmen, lusnen *s.* lusemen, lusenen.

lussam *s.* lustsam.

lust *stmf.* (I. 1055ᵃ) *als fem. im gen.* lüste, lust; *pl.* lüste (*md.* luste) —: *wolgefallen, freude, vergnügen* Trist. sie schieden sich mit luste Gen. *D.* 63, 11. nâch luste ich in den walt gie Albr. 14, 39. die schône und junc mit lusten wâren, die wurden in den jâren verstalt und ungenême Pass. *K.* 3, 25; *verlangen, begierde, gelüsten* Trist. Ms. von süezer minne luste (: kuste) leit ir herze jâmers pîn Troj. 10130. sîns herzen l. *ib.* 14780. nâch sîner lüste (: prüste) Loh. 7637. lîbes lust Elis. 2786. wille unde l. *ib.* 873, geistlîche, frûntlîche l. *ib.* 1487. 1586. in hôhir lust Jer. 148ᵈ. swâ in trage hin di l. *ib.* 154ᵇ. zwei wîb wolde her habin durch sîne l. *ib.* 112ᶜ. lust ze ezzen Mgb. 388, 34. der pfâwe zerpricht der pfæwinne air von dem lust, den er zuo ir hât *ib.* 213, 25. pœse lüst *ib.* 40, 25. — *gt.* lustus *m., ahd.* lust *f. zu skr.* lash, *wünschen, verlangen, gr.* λάω, λῆσις, *lat.* lascivus Curt.³ 337. Fick² 175 (856 *aber zu* liesen *gestellt, vgl. auch* 861). Gsp. 276.

lust-ab-brëcher *stm.* abstinens Dfg. 5ᶜ. Voc. *S.* 2, 20ᵇ;

lust-ab-brëchunge *stf.* abstinentia *ib.*

lust-bære *adj.* (I. 1056ᵃ) *wolgefallen erregend, reizend* Hätzl.;

lust-bærec-heit *stf.* (*ib.*) *lust, wolgefallen, freude* Myst. (2. 635, 25). Jer. 24ᵇ. S.Gall. *chr.* 25;

lust-bær-lich *adj. s. v. a.* lustbære Myst. 2. 635, 26.

luste *prät. s.* lusten, lüsten;

luste *adj.* (I. 1056ᵇ) *wolgefallen erregend, anmutig, lieblich, angenehm* Gen.;

lustec, lustic *adj.* (I. 1056ᵃ) *dasselbe* Trist. Pass. lustic und nütze Renn. 16694. ein lustigez lant j.Tag 149. in lustiger vrûte Jer. 184ᵇ. daz hâr was lustic unde clâr Elis. 7800. lustige stimm Mgb. 15, 35. ain lustig wurzel *ib.* 412, 20. ob ainem aller lustigisten prunnen *ib.* 186, 27. ain schöner, lustiger markt Chr. 3. 160, 19. die allerlustigisten heuser *ib.* 159, 12. *mit dat.* den gensen ist vliegen und ezzen lustig Mgb. 169, 9; *lustig, heiter, vergnügt.* dâ bî er lustec was Pass. *K.* 558, 41. in dem leiden lustig Mgb. 203, 24, *vgl.* 220, 31. 222, 22. 239, 12; *verlangend, begierig.* daz sie nit lüstig wârn Chr. 2. 155, 3. *mit gen.* Mgb. 240, 33. lustig gegen *ib.* 270, 29.

lusteche *s.* lübestecke.

lustec-heit *stf.* (I. 1056ᵇ) amenitas, delectabilitas Dfg. 29ᶜ. 171ᵇ, *n. gl.* 20ᵃ. wie schœne ein spîse ist bereit, si hât doch niht lustekeit die wîle mans niht gesalzen hât Teichn. 115. lusticheit an boumen und an wînreben Pass. 47, 50.

lustec-lich *adj.* (I. 1056ᵃ) *wolgefallen erregend, angenehm, lieblich* Reinfr. *B.* 2357. Elis. 2335. *vgl.* lustlich;

lustec-lîche, -en *adv.* (*ib.*) *mit wolgefallen, auf gefällige, erfreuliche weise* Frl. Msh. 3, 61ᵇ. Reinfr. *B.* 2661. Elis. 3930. Jer. 593. Mgb. 174, 13. 187, 12. 188, 10.

lustel *stn. dem. zu* lust Hans 2103;

lusten *swv.* (I. 1056ᵇ) *prät.* luste: *intr. sich freuen* Gen. 70, 23. *vgl.* ungelusten. — *ahd.* lustôn;

lüsten, lusten *swv.* (*ib.*) *prät.* luste: *tr. erfreuen, s.* erlusten; *unpers. mit acc. u. gen. sich freuen über* Wwh. Pass. *K.* 618, 37, *begehren, verlangen tragen nach* Greg. Wolfr. Gudr. Otn. *A.* 72. Bit. 1858. Albr. 5, 46. Pass. 316, 17, *mit präp.* nâch honige in lusten began Roth *dicht.* 43, 28, *mit infin.* Gen. *D.* 17, 24, *mit untergeord. s.* Parz. — *ahd.* lustjan. *mit* be- (*nachtr.*), er-, ge-, ver-;

lustenen *swv. in* erlustenen.

lûster *stm. s. v. a.* lûzer, *in* hasenlûster;

lûsteræere, -er *stm. horcher,* die zwêne lûsterære vernâmen wol diu mære GA. 1. 53, 439, *aufpasser bei gericht, schiedsrichter.* daʒ er an dem gerichte solte sîn ein lusterer GR.W. 6, 391. 395 (*gedr.* leisterer).

luste-rîche *adj. reich an* lust, *anmutig, lieblich.* lusterîcheʒ wîp MSH. 3, 427ᵇ. si ist wol gelîche dem kerzstal lusterîche HELMSD. 22ᵃ.

lûstern, lustern *swv.* (I. 1061ᵇ) *horchen, lauern* DIOCL. WEIST. ze lûstern er begunde an der tür KRONE 28819. er stûnt und lustert MALAG. 78ᵃ. ich huob mich ûf und lustert (*var.* losznet) baʒ KOLM. 126, 15. lustern, auscultare DFG. 62ᶜ. lüstern ALTSW. 131, 37, *mit gen. ib.* 191, 34. — *zu* lûʒen, *vgl. auch* losen *u.* lusenen.

lustern *swv. in* gelustern. — *zu* lust.

lust-gevar *adj.*(III. 241ᵃ) *nach* lust *aussehend, lieblich* FRL. 371, 12.

lust-gezierde *stf.*(III. 876ᵃ) *freude erregende pracht* FRL. lied. 7, 5.

lust-grunt *stm.* (I. 581ᵇ) grunt *der* lust FRL. lied. 1. 1, 9.

lust-haftic *adj.* delicatus DFG. 171ᶜ.

lust-heit *stf.* amenitas DIEF. *n. gl.* 20ᵃ.

lust-hiuselîn *stn.* der lustheuslein mag iemant eins und nit mêr in seinem garten haben NP. 293 (*15. jh.*). *dem. zu*

lust-hûs *stn. lusthaus, villa* ROSZM. 161. CHR. 2. 183, 9; 3. 92, 7.

lustic *adj. s.* lustec;

lustigen *swv.* (I. 1056ᵇ) *lustwandeln* DIEF. 1470, 254. — *mit* ge-;

lustigunge *stf.* delectatio DFG. 171ᵇ. di spise ist ein lustigung des menschen FRONL. 20.

lust-lich *adj.* (I. 1056ᵃ)*s. v. a.* lusteclich PASS. (lustlîche engel MARLG. 3, 45. ein lustlîcher plân 160, 229). ein lustlîcher bîwandel BEISP. 61, 33. 183, 8. lüstlîche dinge PF. *üb.* 173, 13. CHR. 8. 230, 5. ein lüstlîcher knabe *ib.* 257, 2. die gegene gar schœne und lüstlîche was von welden *ib.* 9. 699, 3. 717, 12. *mit dat.* dem menschen daʒ brôt lustlich ist BERTH. 163, 30;

lust-lîche *adv.* LOH. 6439. HADAM. 556. PASS. 10, 57, 62;

lust-lîcheit *stf. s. v. a.* lustecheit BEISP. 58, 1. 181, 2.

lüstlîn *s.* listelîn.

lustok *s.* lübestecke.

lust-paradîs *stn. lustparadies, als anrede an die geliebte* MÜGL. lied. 3. 2, 6; 4. 1, 2.

lust-sam *adj.*(I. 1056ᵃ)*wolgefallen erweckend, erfreulich, lieblich, anmutig, schön* PASS. 24, 33. 156, 30. *K.* 222, 3. 305, 25. 547, 21.

MARLG. 11, 79. ELIS. 3174. JER. 75ᶜ. MYST. 2. 401, 7. KOL. 257, 435. angegl. lussam DIEM. EN. LANZ. TRIST. WIG. GEN. *D.* 26, 32. 68, 7. 109, 15. EXOD. *D.* 125, 2. 159, 11. 161, 4. KCHR. *D.* 207, 9. 368, 14. TUND. 55, 72. FLORE 3095. 7747. W. v. *Rh.* 26, 13. 27, 47. *comp.* lustsamer FASN. 413, 27, *sup.* lussamist HPT. 3, 444;

lust-sam *stmn.? anmut, schönheit.* angegl. lussam: dô was ein tal, aines lussames alsô vol KARAJ. 23, 19;

lust-same, -sam *stf.* (I. 1056ᵃ) *dasselbe.* angegl. lussam GEN. *D.* 77, 9. JOS. 117, 126.

lust-samec-heit *stf. wolgefallen, freude.* ein lustsamekeit des, der mich sô rilîche ze tische nemen wil MYST. 2. 350, 20.

lustunge *stf.* lustung od. ergetzung od. trôst, solacium VOC. 1482, DIEF. *n. gl.* 342ᵇ.

lust-wîp *stn.* concubine HB. 134.

lus-wurz *s. unter* blâswurz.

lût *s.* liut, liute, luot.

lût *adj.* (I. 1057ᵃ) *hell tönend, laut* Iw. des wirt ir munt niemer lût GERM. *H.* 8, 298. dô wart si griulîch lût SERV. 2509. die vogele wâren lout KINDH. 88, 48. lût werden *mit gen. sich hören lassen, verlauten lassen* LAMPR. A. HEINR. PARZ.; *hell für das auge, klar, deutlich.* ein waʒʒer lout und kalt KINDH. 84, 37. über lût *u.* überlût (*unfl. n.*) *adv. vernehmlich, sichtlich, öffentlich allgem.* (BERTH. 436, 27. ELIS. 275. 1441. 821. 2635. 5293. 7997 *u. o.*). — *ahd.* hlût, altn. hljódh *zu gr.* κλύω, *lat.* cluo (*s.* liumunt, losen) CURT.³ 144. FICK² 735; *eine andere deutung ist versucht bei* KUHN 4, 399;

lût *stm.* (I. 1057ᵇ) *laut, ton, stimme, schrei* WIG. (*die stelle aus* j.TIT. *s. unter* luot 3). sie sprach nicht hôs lûtis ATH. *F* 133. lût des sängers WILDON. 35, 96. wie getân wære des vil ubelen tivels lout TUND. 55, 59. Ezel den sûft mit lûte erschufte KL. 786 (*vgl.* liute). nâch lût, *nach inhalt, laut :* nâch lût, lûte der briefe DÜR. *chr.* 531. CHR. 2. 43, 17; 4. 177, 3. 197, 10, *ohne präp.* lût des artikels *ib.* 5. 393, 20. 27.

lût-bære *adj.* (I. 1058ᵃ) *laut, öffentlich,* publicus SUM. ir lûtbæreʒ gelfen TÜRL. *Wh.* 81ᵃ. 88ᵇ. WH. v. *Öst.* 79ᵃ. liutbar SCHM. *Fr.* 1, 253;

lût-bæren *swv.* (*ib.*) *bekannt machen* TRIST. 13615. PF. *üb.* 3, 117 *var.*;

lût-bërnde *part. adj.* laut. in lûtberndem krache ERNST 2701 lût-brehe *adj.* (I. 243ᵇ, 42) *ruhmredig* Bihteb. 40. 62;

lût-breht *adj. offenbar, laut.* lautbrecht werden Tuch. 286, 8. Zimr. *chr.* 4. 39, 5.

lût-brüchic? *adj.* wann erpidem auf erden wurden vil und grosz, also das dorfer und starke slosz und vil steet gar lautprüchig (wurden) und zu haufen vielen (*var.* lautprechtig, lantbruchig) Chr. 1. 350, 6. *vgl.* lautbrüchig, *ruchbar* Schm. *Fr.* 1, 1531.

lûte *prät. s.* liuten, lüejen, lûden, lûten.

lûte *stf. s.* liute.

lûte *swf.* (I. 1059ᵇ) *laute, guitarre* Hätzl. Ab. 1, 53. *vgl.* Zimr. *chr.* 4, 653ᵃ *u. die composs.* — *aus fz.* luth, *altfz.* leut, *prov.* laut, *ital.* liuto, leuto *vom gleichbedeut. arab.* alʿûd Diez 206. Weig. 2, 20.

lûte *adv. zu* lût (I. 1057ᵇ) *auf helltönende, laute weise, allgem.* (lûte schrîen Silv. 2270. gar lûte die sper erkrachten Mai 120, 37. mîn hunde jagent lûte und stille Ls. 2. 293, 10. *comp.* daʒ er in der naht läuter und vester singt Mgb. 192, 14. *sup.* so er immer lûtest kunde Amis 289); *auf schöne, gute weise* Neidh. 85, 4 *u. anm.;*

lûtec, lûtic *adj.* (I. 1058ᵃ) consonus, sonorosus Dfg. 144ᶜ. 542ᵇ;

lûten*swv. s.* liuten;

lûten *swv.* (I. 1058ᵃ) *prät.* lûte; *md. auch* lûden: *intr. einen laut von sich geben, ertönen, lauten* Iw. Nib. Ernst, Engelh. (*der beleg aus* Leys. *gehört zu* lüejen). mit wol lûtender stimme Ulr. XII. daʒ den wîganden alsô lûten diu wort Bit. 12417; *bellen,* die hunde lûten Hadam. 306. ich hœr den hunt l. *ib.* 561; *mit subst. präd. heissen, bedeuten* Er. coma hâr lûtit Jer. 106ᵇ, *ebenso refl.* eʒ lûdet in latîne sich Erlœs. 4892; *unpers.* daʒ lautt ain raut ain ding und ouch die burger, *das galt dem rate u. dem bürgern gleich* Chr. 5, 100 *anm.* 1; — *laut werden lassen, ausrufen* (*vgl.* liuten). sô began er aber lûten sîne klage baʒ denne ê, und von leides grunde wê dicke jæmerlîchen rüefen Krone 16883. — *mit* be-, er-;

lûten *stn.* (*ib.*) des esels l. Frl. 54, 6.

lûtenist *m. lautenist.* lautenist Zimr. *chr.* 1. 473, 21. 534, 5.

lûten-macher *stm.* lautenmacher Chr. 5. 242, 23.

lûten-slahen *stn.* lûtenslahen, quinternen und gîgen Netz 1733. Fasn. 285, 2;

lûten-slaher *stm. lautenschläger* Ab. 1, 53.

Chr. 3. 397, 20. 399, 34. 400, 1. 32. Zimr. *chr.* 2. 183, 17 *ff.*

luter *stn.* (I. 1060ᵃ) *unrat, kot* Freid.² 88, 17 (*var.* lutter, louter). *vgl.* Stald. 2, 188.

luter *stf.* lutra, *fischotter* Mgb. 149, 29.

lûter *adj.* (I. 1058ᵇ) liuter Diem. Priesterl. 183, luiter Vet. *b.* 77, 9, luoter N. *v. B.* 125 —: *hell, rein, klar, lauter eig. u. bildl.* Parz. Walth. Wig. Silv. lûter wazʒer Gudr. 1201, 4. Helbl. 5, 96. Gfr. 1142, brunne Priesterl. 183. Herb. 14342. Nib. 920, 1. Msf. 29, 31, Troj. 18840 (*vgl.* lûterbrunne), wein Mgb. 251, 33, pluot *ib.* 32, 26, öl *ib.* 30, 20, honig *ib.* 320, 5, luft *ib.* 207, 22, weter *ib.* 295, 5. lûter als ein îs Amis 1003, als ein glas Flore 6849, als ein spiegelglas Gfr. 247. Pass. *K.* 1, 60. ein lûter helm Nib. 1779, 2, 1. wâfen *ib.* 2122, 3. lûter vêch gap man dâ Dietr. 734, an lûterem vêhen werc Ot. 229ᵃ. ein l. ouge Troj. 3758. Ath. *B** 14, antlitze Pass. *K.* 39, 17. Mgb. 293, 26. 372, 28, herze Pass. *K.* 198, 54. Zips. 22ᵇ. ein maget, diu lûter unde reine sî Troj. 24335. Chr. 9. 514, 7. 592, 20. lûter und gereht sîn *ib.* 8. 406, 16. lûter unde klâr vor gotes ougen sîn Pass. *K.* 332, 72. daʒ si wart lûter unde clâr *ib. H.* 391, 51. lûtereʒ genâdenvaʒ *ib.* 126, 80. di lûtere menscheit, die er von der megede nam *ib. K.* 3, 80. ein suone lûter, *aufrichtig* Otte 726. waʒ sol uns grôʒ guot âne lûtere sinne Renn. 15189. *sup.* daʒ lauterist Mgb. 354, 25. 366, 25; *mit gen. frei, rein von:* daʒ er valsches was lûter Er.² 4643; *mit präp.* lûter von valsche Msh. 1, 120ᵃ; *rein, unvermischt, ausschliesslich, lediglich, bloss:* l. silber Renn. 20903. Swsp. 251, 1. Chr. 3. 398, 23. zwainzig metzen lauters waizes Stb. 216. Usch. 432 (*a.* 1413). lûtereʒ eigen Mz. 2, 399 (*a.* 1295). auʒ lauterr erden Mgb. 310, 6. mit lauterr wârheit *ib.* 361, 8. durch lûtern nuz Chr. 4. 130, 20. ein lûterre leie, *ein völlig ungelehrter ib.* 8. 133, 17. — *gt.* hlutrs, *ahd.* hlûtar *von w.* klu, *spülen, reinigen: lat.* cluo, *gr.* κλύζω Curt.³ 144. Gsp. 40. Fick² 354;

lûter *adv. deutlich, ganz.* etw. lûter verstên Ugb. 351, sagen Chr. 2. 388 *anm.* 2. lauter offen, *ganz offen ib.* 399, 8;

lûter *stn.* (I. 1059ᵃ) *lauterkeit* Parz.; *das eiweiss* Mein. 1. Ulr. *Wh.* 201ᵈ. 203ᵃ;

lûter *stf.* (I. 1059ᵇ) *lauterkeit, helligkeit* Trist. 6616 *u. Bechsteins anm.* die man in der lûter niht bekande j.Tit. 496. von nœten wart gegilwet dem luft sîn klâriu lûter *ib.* 4098. liuter Leys. 22, 34.

lûter-bære *adj.* (I. 1059ª) *mit lauterkeit verbunden, rein, lauter* Konr. (Troj. 14862. 15327. 517. 16449. an triuwen l. 16040. vor allem valsche l. Part. *B.* 20333).

lûter-blanc *adj. glänzend weiss.* l. hermelîn Ot. 647ᵇ.

lûter-brûn *adj. hellglänzend.* lûterbrûn alsam ein glas En. 236, 36.

lûter-brunne *swm. klarer quell* Freid. 71, 23. j.Tit. 136. Apoll. 11889.

lûter-grâ *adj. hellgrau.* ein pelz lûtergrâ Wig. 153, 34.

lûter-heit, -keit *stf.* (I. 1059ª) *lauterkeit, reinheit.* lûterheit Parz. Gsm. 736. lûterkeit Part. *B.* 8602. Ab. 1, 63. Hpt. 8, 287. Wack. *pr.* 62, 9. 22. Elis. 5458. Pass. 80, 24. 106, 90. 145, 70. 344, 75. *K.* 25, 4. 84, 89. 215, 88. 231. 43. Fronl. 42. 58 *ff.*

lûter-lich *adj.* (*ib.*) lûtterlich Lieht., louterlich Karaj., liuterlich Konr. *Al.* —: *hell, klar, rein, lauter* Tit. Walth. Ms. Konr. (Part. *B.* 6906. Herzm. 2). Ernst 318. Lieht. 40, 32. 396, 20;

lûter-lîche, -en *adv.* (*ib.*) *nbff. wie beim adj.: auf helle, reine, deutliche, aufrichtige weise* Diem. Parz. Wig. der wil hiut och werden dîn friunt liuterlîchen Griesh. 2, 76. hâst du denn gebîhtet liuterlich oder sô du liuterlîcheste maht Germ. 3, 240ª, 28. lûterl. gehôrsam Pass. *K* 76, 25. etw. l. sehen *ib.* 604, 53. etw. lûtterlîche erscheinen Lieht. 52, 31. lauterlich am tag ligen Chr. 5. 148, 6; *ausschliesslich, lediglich, gänzlich* a. Heinr. Ms. (*H.* 2, 135ª). l. vergeben Berth. *Kl.* 78. 79. und habent sich loutterleich verzigen Uoe. 4, 229 (*a.* 1295). er hât uns sîn huld und sîn genâde louterlich gegeben *ib.* 202 (*a.* 1294). die zwai aigen hân ich loutterleich ouf gegeben dem chlôster Stb. 250. 65. lûterlîchen und genzlîchen Böhm. 359 (*a.* 1303). lûterlich durch got Jer. 8ª. Ula. 115 (*a.* 1312), leuterlich *ib.* 190 (*a.* 1337). leuterlich àn allez geverde Mz. 4, 361, lauterlîchen *ib.* 165 *u. o.*

lûtern *swv. s.* liutern.

lûter-salz *stn.* (II². 43ᵇ) *ammonium, nitrum* Sum., salpetra Voc. *o.*, salgemma Voc. 1482.

lûter-schaft *stf. lauterkeit* Altsw. 115, 12.

lûter-snël *adj.* (II². 445ᵗ) *klar u. schnell fliessend* Tit. 159, 3.

lûter-süeze *adj.* (II². 752ᵇ) *angenehm durch reinheit* Engelh. 5160.

lûter-tranc *stnm.* (III. 93ᵇ) *über kräuter und gewürze abgeklärter rotwein* (Wack., *vgl.* klârêt *u.* Hpt. 6, 278) *zieml. allgem., doch nicht bei* Hartm. *u.* Gotfr. *vgl. noch* Virg. 942, 4. 1011, 11. Eracl. 4169. Flore 3173. Ulr. *Wh.* 129ª. Mor. 1, 2298. 3392. Pass. 77, 52. 261, 62. 316, 45. 345, 46. Marld. *han.* 11, 29. Chr. 9. 1016, 28. *vgl.* lûterwîn.

lûterunge *s.* liuterunge.

lûter-var *adj.* (III. 238ᵇ) *hellfarb, glänzend* Trist. 85, 16 *var.* Konr. (Troj. 6903. 9957. 16037). En. 337, 31. Krone 14245.

lûter-wîn *stm.* vinum limpidum, merum Dfg. 358ᶜ. 620ᶜ. Chr. 5. 256, 29. *vgl.* lûtertranc.

lûtes *adv. gen.* (I. 1057ᵇ) *laut.* lûtes schrien ze got Wh. *v. Öst.* 105ª. die hunde loufent nimmer lautes, *bellend* Mgb. 142, 17. *vgl.* lûtloufen.

lût-lich *adj.* sonorosus Dfg. 542ᵇ.

lût-loufen *stn. das laufen u. gebelle der jagdhunde.* der hund lautlaufen Mgb. 130, 6;

lût-loufende *part. adj.* lautlaufende hunde Mgb. 131, 19.

lût-mære *adj.* (II. 69ª) *nicht* liutmære: *öffentlich, bekannt.* lautmar Dal. 31, 25. lautmer Zimr. *chr.* 4, 653ª;

lût-mære *stn. gerücht, gerede.* uns kumpt in lautmers wîse für Mh. 1, 68. Schm. *Fr.* 1, 1531 (*14. jh.*);

lût-mæren *swv. kundbar machen, verkünden.* lautmêren Chr. 1. 379, 2. 381, 19. do lautmêrten die burger gên den kurfürsten, daz Mz. 3, 507 *s.* 455 (*a.* 1362);

lût-mærunge *stf. bekanntmachung, bes. die öffentl. bekanntmachung einer verlobung* Np. 72. 75.

lutrache *s.* ludlacher.

lût-reiste *adj.* (II. 666ᵇ) clamosus Sum.

lutsche *swf.? herberge, heerlager.* ir lutschen haven si verbrant Karlm. 111, 66;

lutschêren *s.* loschieren.

lût-schrîe *adj. öffentlich bekannt, ruchbar.* alles in still handeln, damit das niht lautschrayig werde Mh. 2, 262.

lût-sêlic *s.* liutsælec.

lutte *swm. s.* lode.

lütter-lich *adj. adv. s.* lûterlich.

lûtunge *stf.* resonatio Dfg. 494ᶜ.

lütze *stn. in* antlütze.

lütze *adj. in* einlütze; *zu* luz.

lütze, lüz *adj.* (I. 1060ᵇ) *klein, gering, wenig* Misc. 2, 184. *comp.* lützer Ls. 3. 7, 96;
lützel *adj.* (*ib.*) *dasselbe* Rul. (232, 14 *u. anm.*). Glaub. Iw. Trist. mit einer luziler schare Gr. Rud. 20, 10. mit lutzelem trôste Gen. *D.* 39, 10. mit lutzeler wunne *ib.* 110, 34. mit luzzelen worten Exod. *D.* 132, 20. der lützel Alberîch Otn. *A.* 408. sîn l. herhorn *ib.* 420. lützele freidikeit Renn. 6335. *comp.* ie lützeler der ist Chr. 8. 424, 30. — *neutr. subst.* lützel, ein lützel (*mit gen.*) *wenig, wenige u. euphem. kein, adv. nicht, nie allgem.* (*vgl.* Gr. 3, 98 *anm.*). ir lebete lutzel uber naht Exod. *D.* 138, 27. lützel künege Loh. 4822. l. guotes Karl 1563. ûf dem wal wart zir gebote lützel dâ gestanden Wwh. 449, 27. herberge ein lützel dannen baz *ib.* 452, 13. ich bin ein l. wunt Lieht. 224, 16. daz im lutzel was ein klage Pass. *K.* 231, 83. des mohte die varnde diet lützel dâ verdriezen Gudr. 48, 3. *vgl.* 161, 4. 626, 4. l. iemant, *niemand* Chr. 1. 59, 2 (*überhaupt kommt* lützel *in den* Chr. *sehr oft vor, s. die glossare*). — *gt.* leitils, *altn.* litill, *ahd.* luzil. *vgl.* Gsp. 278. Fick² 855. 57. Kuhn 9, 259;
lützelic *adj. klein* Mersw. 70. 71 (*nicht „leutselig" wie der herausg. erklärt*). Hans 842. 911. 81.
lützel-keit *stf. pusillanimitas* Hb. 134.
lützeln *swv. in* verlützeln, *vgl.* Oberl. 967;
lützen *swv.* (I. 1060ᵇ) *klein, gering machen, herabsetzen* Ms. (*H.* 3, 79ᵇ). si kunnent sich ûf mützen und ein andran hoflich lützen Netz 5017. da mite das selbe werk der arbait halben nit möchte gelützet werden Chr. 4, 338 *anm.* (*a.* 1439).
lützenc-lîche *adv. auf geringe, bescheidene weise.* sich l. tragen W. *v. Rh.* 87, 4.
lutzer *stm.?* l. od. tygel, crucibulum Voc. 1482. — *tirol.* lutze *f. lampe, bestehend aus einem irdenen tiegel;* lutschêr *f. lampe mit hängeisen, aus* lucërne.
luvetsche *stm. tor, narr.* do sprach men, er wêre mittenander zuo eime rehten tôren und zuo eime luvetsche worden N. *v. B.* 82.
lûwen *s.* lîhen, lüejen;
lûwern *swv. iter. u. dem. zu* lûwen (lüejen)? mærsagen und lûwern Berth. 85, 4.
luz, -zzes *stm.* (I. 1040ᵇ) *durch das los zugefallener* (*land-*) *teil.* siben luzze, der einer haizzet des Chohs luz Uhk. 1, 308 (*a.* 1294). diu manschaft, diu in mînes herren des bi-schoffes luzze leit Dm. 1. ûf iren wisen und ûf iren luzzen Uhk. 1, 167 (*a.* 1263). gelegen in den luzzen Usch. 432 (*a.* 1413). zehend auf zwei lussen Dh. 48. — *ahd.* hluz *zu* liezen. *vgl.* Schm. *Fr.* 1, 1519. Birl. 320 *f.*
luz *stm. s. v. a.* lotze. waz sal der alde luz? Mügl. 5. 2, 7.
lüz *adj. s.* lütze.
lûz, lûze *stf.* (I. 1061ª) *versteck, lauer* Ot. Hätzl. Wolk. in der lûze Wh. *v. Öst.* 14ᵇ. Hpt. 7. 343, 84. Albr. 14, 117. in der lûsz ligen Lcr. 40, 2080, in der lausz Beh. 82, 6. 98, 13. 260, 17, in der laus Fasn. 36, 2. Zimr. *chr.* 3. 90, 6;
lûze *swf. eine art fischernetz, lauschnetz* Germ. 9, 177;
lûzen *swv.* (I. 1061ª) *verborgen liegen, sich versteckt halten, lauern* Ulr. Herb. Trist. Renn. (als einveltige lember l. 13212). Konr. (Troj. 24701. hie loset unde lûzet der basiliske tougen Part. *B.* 536). êre unde tugent wâ lûzet ir? Msh. 3, 106ª. dâ die sinne lûzen Roth dicht. 7, 197. nû haldet und lûzet Dietr. 8743. dû lûzest als ein hase Ulr. Wh. 194ª. Dal. 152, 29. er begonde l. und horchte Pass. *K.* 154, 90. dâ du pfligest l. *ib.* 422, 89. Jer. 82ᵇ. lûzen bî Ms. Gsm., in Freid. Konr. *lied.* 32, 107. Renn. 4513. 11967. 21747. j.Tit. 2761. Jer. 170ᶜ. Mgb. 226, 30. 302, 21, u m b e den pferch die wölfe lauszen Lcr. 93, 42, l. under Rul. l. nâch einem od. etw. Msh. 2, 217ᵇ. Kolm. 203, 50, û f einen od. etw. Jer. 80ᵈ. Fasn. 331, 6. des tôdes lôz mit sterben ûf mich lûzet Ulr. Wh. 139ª, l. zuo Ms. her vür l., *heimlich hervorschauen* Msh. 2, 261ᵇ. Mgb. 414, 28; nû lâze mir lûzin (*an sich halten*) die crônke Jer. 145ᵈ. — *mit* er-, über-, ver-. *gt.* liuts, *betrügerisch,* lûtôn, *betrügen, täuschen, vgl.* Dief. 2, 150. Gsp. 278. Fick² 855. Kuhn 9, 259 *u.* loschen, lûschen;
lûzen *stn. das heimliche lauern auf wild* Gr.w. 6, 397, *vgl.* Zimr. *chr.* 1. 348, 19; *das stellen von netzen* (*s.* lûze) Gr.w. 1, 499 *s.* Germ. 9, 177;
lûzenære *stm.* (I. 1061ᵇ) *der auflauert, lauscht,* Freid. 118, 25 (*var.* losener, lusener, loser);
lûzer *stm.* (*ib.*) *der heimlich dem wilde auflauert* Weist. (6, 396).
luz-guot *stn. s. v. a.* luz Mone *z.* 7, 243.
luzzel, lüzzel *s.* lützel.

M.

m (II. 1ª) *oft aus* n *entstanden, bes. in zusammens. mit labialen:* umbehuot MART. 130, 93. umbekant KARL 1521. umbillich 2808. ummâzen 5579. 7253. 8552. *etc.* ummaht W. *v. Rh.* 177, 42. botembrôt NIB. 1156, 3 *var.* umbrîs PARZ. 483, 4 *var.* vumfe KCHR. *D.* 477, 22. *s.* WEINH. *b. gr.* § 139, *al. gr.* § 168.

ma = *fz.* ma, *meine.* ma blunde Isôt, ma bêle TRIST. 9170.

mâ = *fz.* mal. den mâ vesîn (*var.* mal visîn, mals vesîn, malvasîn) WWH. 163, 16.

mac *m. s.* mage.

mac *präs. s.* mügen;

mac, -ges *stm.* (II. 1ª) *knabe, erhalten in* magezoge. — *gt.* magus *zu* magan, *s.* mügen;

mâc, -ges *stm.* **mâge** *swm.* (II. 11ª) *blutsverwanter, -verwante in der seitenlinie, allgem.* (ich bin sîn nâhister geborner mâc RUL. 301, 5. daz Jupiter sî sîn mâc ALBR. 30, 224, m â c h : blâch 35, 173. der mâge SIGEN. *Sch.* 6, 8. NIB. 841, 1 *var.*, mâgen *acc. ib.* 1953, 2 *var.*); *pl.* dîne eigen mâge GEN. *D.* 113, 36. vrûnt und mâge GR. RUD. 19, 27. sô scheidet schade die mâge MSF. 21, 36. wan daz wir zwêne mâge sîn ALBR. 30, 61. ob die mâge mit anander gerechenen mugent, daz si ze der fünften sippe ainander mâge sint SWSP. 350, 22. er fuor ze mâgen und ze kunden TROJ. 11411. 663. die mâgen NIB. (1076, 1). GUDR. (799, 4. 1063, 3). BIT. 3822. SERV. 1783. 2449. 3153. NEIDH. 241, 4. STAUF. 803. 33. 77; die mâge, *dienstleute* ELIS. 141. 1110. — *gt.* mêgs, *eidam, mit* mac *zu* mügen.

mach *stmn.* (II. 12ᵇ) *s. v. a.* gemach KROL. diu küneginne rîch mit ir frouwen was ze mache komen MEL. 1349. ze mache gân ERNST 2838;

mache *swf. in* kittelmache;

machen *swv.* (II. 15ª) *prät.* machete, machte, mahte, *conj.* mechte (ELIS. 6350), *part.* gemachet, gemacht, gemaht (*vgl. zur* ERLœS. 1051), *auch st.* g e m a c h e n (: lachen, sachen, wachen) HUGO *v. M.* 40ª. 39ᵇ. 47ᵇ. PF. *arzb.* 16ᵇ —: *hervorbringen. erschaffen, erzeugen (gebären)* WALTH. JER. dô die werlt gemachet wart ALBR. *pr.* 9. ein wol gemachet man ULR. *Wh.* 111ᶜ, wîp KOL. 106, 345. 192, 52. kint m. MGB. 64, 12. 117, 8. 183, 13 *etc.* dirre mahte sînen sun CHR. 8. 384, 31. ein frowe mahte 7 kint mittenander *ib.* 385, 8.

dise Eudoxia mahte in dem jôre einen sun *ib.* 391, 10. *vgl.* FASN. 250, 32. 317, 3; *machen, bewirken, bereiten, anstellen, zu wege bringen allgem.* (mære, wunder m. TRIST. 3140. 1638. die stetten sîn gemachet GEN. *D.* 2, 31. ein hûs m. ELIS. 6664. wie sie macheten ir ezzen *ib.* 23, 18. man gap spîse wol gemacht GA. 1. 365, 1047. hôchgezît m. TROJ. 23217. vride m. ALBR. *pr.* 71. eine lugensache m. *ib.* 24, 260. papir m. CHR. 1. 80, 32. ain puoch m. MGB. 17, 13, koln m. *ib.* 328, 18. stimme m. *ib.* 16, 18. 17, 25. 177, 6. ein gemachter pfleger SWSP. 344. ainen küng m. *ib.* 288, 6. einen baubst m. CHR. 4. 231, 22. ein grosz volk m., *ein grosses heer versammeln ib.* 5. 26, 5. ein klôster m., *gründen, stiften* ULR. *Wh.* 264ª. CHR. 4. 218, 8. eine kirche m. *ib.* 296, 14. einen tac m., *anordnen, bestimmen* TROJ. 26781. 95. REINFR. 49ᵇ. einen rât m., *zusammenberufen* CHR. 2. 246, 5. eine fluht m., *fliehen* HEINR. 4. 249, 1; 5. 40, 9. vreude m., *sich freuen* HEINR. 1774. ELIS. 1364. 6350. grûs, jâmer m., *grausen empfinden, jammern* SWANR. 234. 2315); *mit dat. d. p.* im hêten luginære gemachet dise swære GEN. *D.* 83, 19. ein Sachse û ditze buch gemachet hât ALBR. *pr.* 54. daz er in fride mahte ELIS. 91. ir bette si in mahte *ib.* 3537. einem einen ruef m., *ihn in übeln ruf bringen* CHR. 5. 100, 2; einem etw. m., *vermachen* WEIST. einem sîn guot m. BASL. *rechtsqu.* 1, 113 (*a.* 1431). dir hab ich gemacht daz lant WOLFD. 746, 4, *in jemandes gewalt bringen* RUL. 99, 14; *mit prädicat. partic.* RUD. JER., *adj.* IW. NIB. Jêsum hâstu hôch gemachet ULR. *Wh.* 109ª. daz mahte in sigelôsen TROJ. 22382, *u. dat.* daz houbet machet er in sinwel GEN. *D.* 5, 9, *mit subst. präd. machen zu* PARZ. TRIST. er machte in ritter GREG. 1474. einen keiser m. GERM. *H.* 8, 285. einen christen m. KARLM. 172, 2. 176, 63. ich mache dich wîp MISC. 2, 206. HPT. 1, 208, machen z e Iw. NIB., *mit infin.:* die steine machten in genesen STAUF. 242 *u. anm.* (mit slegen machte er switzen vil der ritterschaft WOLFD. 2018. *vgl.* LESEB. 624, 11. GA. 1, 490 *unten,* RING 14ᵇ, 36). ez macht mich legen in daz grap HÄTZL. 232ª. mit freuden si sich machten slâfen RAB. 117, *mit untergeord. s. bewirken, dass* WALTH. LESEB.

1011, 22; *verordnen dass*, man machte ouch, daz CHR. 8. 124, 11; 5. 60, 20; — *an-, einmachen, vermischen mit:* trinkwein machen mit des tiers flaisch MGB. 241, 23. die plüet m. mit salz und ezzeich *ib.* 366, 6. tauben- und swalbenflaisch zuo ainander gemischt und gemacht *ib.* 181, 29. korn mit helm machen CHR. 2. 334, 10; — *mit präp.* drî ritter wâren in éin kleit gemachet LOH. 4595; — *refl.* sich m., *entstehen, geschehen* CHR. 2, 348, 9; 4. 318, 17. JUST. 52. 81. 121; *sich bereit machen, rüsten* SILV. 1263. wie sich dort machet übermuot wider iuch mit ir schar WG. 7387; *sich aufmachen, eine richtung einschlagen* TRIST. LANZ. JER. du solt dich dannen m. ALBR. 20, 137. er het sich stolzlîchen her gemachet LOH. 4577. wol balde sie sich machte her abe ELIS. 1632. nû het er sich gein dem sturmvanen gemachet LOH. 5629. er wolt sich gein Mênze m. *ib.* 1897, gein dem tuome *ib.* 7007. in ein kemenâten er sich machet WH. *v. Öst.* 6ª. sich ûf den pfat m. ELIS. 5703. zû wertlîchen sachen wolde er sich selden machen *ib.* 484. sich ze der vehte m. DIEM. 174, 13. sich zuo einem m., *sich zu ihm begeben* CHR. 3. 141, 2. 124, 9. 162, 4, *zu ihm halten ib.* 2. 124, 18. — *mit* an, în (ELIS. 5459), ûf, ûz, vür, zuo; be-, ent-, ge-, ver-, wider-. *vgl.* CURT.³ 312. FICK² 828. DIEF. 2, 4. 762. KUHN 12, 107.

machen, mâchen? *swv.* daz vihe m., *schlachten* MÜHLH. *rgs.* 101. — *zu lat.* mactare, *etym. zu unterscheiden von* mactare, *gross machen, vgl.* CURT.³ 305 *u.* mæcheninc.

mâchen *s.* mâge.

mæcheninc, -ges *stm.* (II. 21ª) *ein schwert* NEIDH. 91, 36 *u. anm.* — *gt.* mêki *zu gr.* μάχομαι, μάχαιρα, *lat.* mactare GDS. 432. GSP. 244. KUHN 11, 174. 202.

macher *stm.* (II. 17ª) *bewirker, schöpfer* WACK. *pr.* 10!, 21. MART. (*lies* 80, 106). HANS 2392. plastes, ein machir Voc. *Schr.* 2118;

macherinne *stf. kupplerin,* procuratrix SCHM. *Fr.* 1, 1557.

macher-lôn *s.* machlôn.

machic? *adj.* scharff machig, acutus DFG. 11ᵇ, wol = scharf smachig (scharpf smeckig *n. gl.* 7ᵇ).

machide *stn.* (II. 17ᵇ) *s. v. a.* gemechede FDGR. 1. 28, 29.

mach-lôn *stmn. macherlon* NP. 97. 106, *vgl.* CHR. 7. 410, 9. macherlôn MONE 3, 211 *f.* (*a.* 1458).

machmetiste *swm. muhamedaner* ALTSW. 230, 13.

machunge *stf.* (II. 17ᵇ) *das machen, erschaffen* NARR. MGB. 40, 11. 472, 27. lebens machunge, *vivificatio* EVANG. 275ᵇ; *vermachung,* dise gâbe und machunge; ze urkünd diser machung Mw. 292 (*a.* 1334).

macis (II. 18ª) *muscatblüte* MART. 64, 37. DFG. 342ª. *vgl.* matzenboum.

mack *s.* marc 2.

macrêl *s.* makrêle.

mâc-schaft *stf.* (II. 12ᵇ) *verhältnis von verwanten zu einander, verwantschaft, verwante* Ms. (*H.* 2, 398ª). MAI 16, 7. mâgeschaft PASS. KREUZF. 266. mâgschaft REINH. *p.* 368. GR. w. 2, 690. CHR. 3. 110, 12. 112, 17. 113, 15. 163, 8. 165, 15.

madal-gêr *stn. die kreuzwurz.* madal-, madelgêr basilia DFG. 69ª, *n. gl.* 49ª. modelgêr, cruciata DFG. 159ᵇ. *vgl.* medelwurz *u.* WEIG. 2, 180 *f.* SCHM. *Fr.* 1, 1568. MYTH. 1160.

mâdære, mâder, mæder *stm.* (II. 20ᵇ) *mäher,* mäder. mâder OT., mæder HELMBR. LESEB. 922, 16 (SCHW. *schl.* 168. 173. 175), mêdire MONE 5, 304. mader (: bader) JÜNGL. 609. Aw. 2. 57, 227. mader, tonsor, fœniseca, frugiseca Voc. 1482, meder, mêder (KONR.) VIRG. 1044, 9. KOLM. 155, 24. 26. GR. w. 5, 600. 6, 40. — *zu* mæjen, mât;

mâde *swf.* (II. 21ª) *der schwaden beim mähen* WEIST. *vgl.* KWB. 183.

made *swm.* (II. 18ª) *md.* maden *mf.* PASS. FRL.: *wurm, verwesungswurm, made* GLAUB. WINSB. HELBL. MSH. (2, 194ª. 331ª). HERB. 6889. BERTH. 484, 7. WARN. 2994. RENN. 5130. 15480. MGB. 110, 21. ich wil, daz den lip die maden ezzen in der erden ULR. *Wh.* 195ᵈ. — *gt.* matha, *alts.* madho, *ags.* madha DIEF. 2, 5. 763. FICK² 829;

madel *s.* medel.

madel-gêr *s.* madalgêr.

maden *s.* made, matte 2.

maden *swv.* (II. 18ª) *voll* maden *sein, verwesen.* des zunge wær baz madende, diu mit lüge die sêle kan versêren j. TIT. 3342.

maden-streich *stm. streich mit der sense, einmaliges mähen* GR. w. 4, 383.

maden-vaz *stn. gefäss für maden.* du wirdest ein fûlez madenfaz KELL. *erz.* 381, 5.

mader, mâder *s.* marder, mâdære.

made-villic *adj.* (III. 294ᵇ. 674ᵇ) *eine von*

würmern zerfressene haut habend MYST. made willic, -wëllic LIT. 496 (225, 35).
madic *adj. voll von maden.* ein stinkent madic as (: was) RENN. 22743.
mâd-lêhen *stn. wiesen-, heulehen* URB. Son. 50, 24.
mâd-phenninc *stm.* mâdpfenning, cum quibus tonditur fenum MB. 36ª, 549. GR.W. 3, 510.
mâd-schâf *stn.* mâdschâf gevallent von dem wismât, daʒ di arm leut in den welden mænt URB. Pf. 113.
madyan (II. 18ª) ûf madyan und ûf helfanden MYST. 1. 48, 16: *misverständnis der eigennamen* Madian et Epha *Esaias* 60, 6.
mag? *adj. stark, kräftig.* ein grôʒir magir starkir (magenstarker?) man DÜR. *chr.* 678. GERM. 5, 242. *s.* magen.
mâg *s.* mâc, mâge.
magde-huor *stn.* (I. 729ᵇ) stuprum FDGR. 1, 382ª.
mage *swm.* (II. 18ᵇ) mac: slac, tac MSH. 3, 240ª —: *magen* BON. MEIN. MSH. 3, 188ª. 240ᵇ. WG. 1885. WARN. 601. RENN. 9422. 31. 92. 6757. 14566. ALBR. 20, 128. 189. 203. MGB. 32, 1 *ff*. 316, 17. 447, 24. — *ahd.* mago, *ags.* maga, *altn.* magi *zu* mügen? *vgl.* FICK² 828.
mâge *swm. s.* mâc.
mâge *swm.* **mâgen, mâhen** *stm.* (II. 18ᵇ) *mohn* SUM., mâg MGB. 426, 28. mâgen *ib.* 414, 4, *vgl.* 376, 8. 411, 7. MERAN. 1. er dient einen halben metzen mâgen UHK. 2, 75 (*a.* 1321). STZ. 422. URB. *Son.* 15ᵇ. 17ª. mâgen, mâchen DIEF. *n. gl.* 279ª, mâgen, mâhen VOC. 1482, mâhen Mz. 4, 320. eine wâge mâhenes L.ALEX. 2047, den mâhen *ib.* 2066, *contr.* mân, môn DFG. 410ᶜ. (mâgen *etc. könnte manchmal auch pl. sein, vgl. kärnt.* die magn KWB. 183). — *ahd.* mâgo (*und* mâhan?) *zu gr.* μήκων, *böhm.* mak CURT.³ 153. FICK² 385. (WACK. 188ᵇ *setzt* mage *n. dafür spricht das elsäss.* mage [*s.* mâgesâme] *statt* môge *od.* mauge).
magedîn, magetîn; megedîn, megetîn *stn.* (II. 3ᵇ) *dem. zu* maget. magedîn ER. NIB. GUDR. 52, 1. EN. 50, 33. 267, 14. 280, 11 *etc.* ALEXIUS 125, 528. NEIDH. 23, 26. 81, 2. CRAON 1289. ELIS. 2243. magetîn L.ALEX. 5210. 97. ERNST 2967. ALBR. 6, 33. 173. 9, 232. 240. 10, 167. 19, 262. 20, 237 *u. o.* magetein (: stein) WIGAM. 5973. megedîn W. *v. Rh.* 48, 14. ELIS. 1036.

megetîn MSF. 10, 10. TROJ. 24339. FLORE 5889. LAUR. 756. VIRG. 242, 5. 256, 10. 260, 5 *u. o. neben* megedîn. W. *v. Rh.* 9, 48. 23, 12. 38, 30. 48, 47. 51, 28. STAUF. 1102. WIGAM. 2565. 616. 4961. 68 *etc.* ERLŒS. 2098. 589. 635. HEST. 337. 76. KARLM. 500, 52. 501, 36. 507, 19 *u. ö., contr.* meidin NIB. 344, 2. 545, 1. — *s. zu* ER.² 27.
mägel *s.* megelin.
mæge-lich *adj. verwantschaftlich* GERM. 7, 366 (*a.* 1395).
magen *stm.* (II. 8ª) *contr.* mân, mein *s. die composs.: kraft, macht* DIEM. RUL. LANZ. (1241). KINDH. 78, 59. URST. 110, 67. BONUS 4. ERNST *B.* 1453. 1682. 3225. 3625. 4710; *menge* ROTH. KCHR. *in zusammenss. verstärkt es den begriff wie das nhd. haupt-.* — *zu* mügen.
mâgen- *s. auch* mâhen-.
mâgen *s.* mâc, mâge.
mâgen *swv. s.* gemâget.
mægen *swv. s.* mæjen.
mâgen-gült *stn. mohnzins.* anderhalb metzen mâgengults ULA. 151 (*a.* 1322). mâhengult Mz. 4, 320.
mâgen-kopf *stm.* (I. 861ª) *mohnkopf*, opium VOC. 1482. mânkopf, codion SUM.
magen-kraft *stf.* (I. 871ᵇ) *contr.* mânkraft ROTH. SPEC. 158. DIEM. 93, 4. GLAUB. 1562. TÜRL. Wh. 2ª. MSH. 2, 216ᵇ. MONE 3, 35. PASS. *K.* 87, 44. 103, 71. 375, 95. JAN. 57 —: *grosse kraft, macht, majestät* DIEM. ANEG. (2, 54. 26, 36. 27, 65). KINDH. 78, 59. GRIESH. 1, 131. 2, 119. 26. 40. 49. SPEC. 177. HIMLR. 14. WACK. *pr.* 54, 235. 47. KONR. (OTTE 208. TROJ. 332. 5484. 9206. 11987. 12600. 17784. PART. *B.* 9749). MSH. 2, 163ª. 352ª. j.TIT. 28. KRONE 19659. W. *v. Rh.* 67, 46. 81, 26. 120, 15. 45. BPH. *H.* 59, 321. KOLM. 102, 3. ALBR. 17, 102. ROTH *denkm.* 46, 1. MYST. (2. 469, 38). RING 15ᵇ, 8. HB. *M.* 107. wand aber wier iu ze verre sein und ier di gegenwurt unserr magenchrefte (majestatis nostre) als ofte niht besuochen megt STZ. 209; — *grosse menge* EN. TROJ. (11569. 24667. 959). *der heiden michel m.* RUL. 145, 9;
magen-kreftic *adj.* an dîner magenkreftigen werdekeit MYST. 1. 384, 27.
mâgen-krût *stn. mohnkraut* PF. *arzb.* 2, 14ᵈ. MGB. 414, 2.
magen-lich *adj.* (II. 8ª) *gewaltig, mächtig.* ân alle magenlîche craft ERLŒS. 2398. *contr.* meinlich Iw. (1600. 7236);

magen-lîche *adv.* (*ib.*) *contr.* meinlîche KIRCHB. 610.

mâgen-öl, -sâme *s.* mâgöl, mâgesâme.

mâgen-, mâhen-saft *stn.* *mohnsaft*, opium, papaver Voc. 1482.

mâgen-souc *stm.* (II². 724ª, 27) *dasselbe* DIEM. *arzb.*

magen-starc? *s.* mag *adj.*

magen-swër *swm.* (II². 810ª) *schmerz im magen, magenleiden* PF. *arzb.* maginswer DIUT. 2, 272.

magentuon *s.* magettuom.

magen-vröude *stf.* (III. 419ª) *freude an genüssen des magens* TEICHN. RENN. 9440. KOLM. 93, 50.

magen-vülle *stf.* *was den magen füllt* WSP. 459.

mager *adj.* (II. 18ᵇ) *mager eig. u. bildl.* Iw. PARZ. LANZ. PASS. L.ALEX. 285. GEN. *D.* 85, 6. BERTH. *Kl.* 22. RENN. 5939. 7404. 42. WARN. 909. HELMBR. 868. ALBR. 6, 151. meger (: jeger) MART. 174, 96. *sup.* megerist DSP. *s.* 5; der alle freude machet mager MART. 125, 104. mager in guoten werken MGB. 118, 22. — *ahd.* magar, *ags.* mäger, *altn.* magr *f.* mögr: *alte entlehnung aus lat.* macer FICK² 829.

mâge-rate *swm.* (II. 583ᵇ) *mohnrate*, girada, sigillum Salomonis SUM.

mager-bache *swm.* des nachtes *soll man des probstes boten geben* einn magerpachen und ein slaufprâten (unam bernam, que magerpach dicitur et unam slaufbrâten) GEIS. 414.

mageren *swv.* (II. 19ª) *mager werden*, flacere Voc. 1482. sô magernt sî, sô veiʒt wir same diu swîn WALTH. *zu* 34, 12. daʒ er magert und erblindet TEICHN. 223. — *mit* er- (MISC. 1, 26).

mager-heit, -keit *stf.* macies DFG. 341ᶜ, *n. gl.* 242ᵇ.

magerunge *stf. dasselbe* DFG. 341ᶜ.

mâge-sâme *swm.* (II². 26ª) *mohnsame*, mohn GL. WEIST. magesôme CHR. 8. 307, 25. mâgensâme MGB.;

mâge-sât *stf.* (II². 27ª) *dasselbe* ALBR. MGB. magesôt CHR. 8. 307, 18 *ff.* magensôt DIEF. *n. gl.* 23ᵇ.

mâge-schaft *s.* mâcschaft.

magestât *s.* majestât.

maget, magt *stf.* (II. 1ᵇ) maigd MGB. 335, 20. 326, 26. meigt BÖHM. 637 (*a.* 1355), *contr.* meit, mait, *auch* mât MONE *z.* 13, 155 (*a.* 1394 *Mainz*); *gen. dat.* megede, megde (magede GEN. *D.* 20, 26. maget FLORE 4026.) ALBR. 24, 199. PASS. *K.* 25, 23), *contr.* meide; *pl.* megede, megde (magede EXOD. *D.* 121, 24), *contr.* meide —: *jungfrau, bes. die jungfrau Maria, allgem.* (umb die krône ein schapel gêt, daʒ bediutet und verstêt, daʒ sie ein maget ist sunder meil GEO. 970. von einer magede geborn GEN. *D.* 20, 26, von der megede PASS. *K.* 3, 81. ich wil maget gân, *jungfrau bleiben* ROTH. 2223. altiu meit MSH. 2, 173ᵇ. dâ phlac er mit der meide alles des er wolde ALBR. 16, 232. knaben und meide *ib.* 21, 13. meide und wîp *iron.* = man und wîp HERB. 13976 *u. anm.*), *übertr. auch von männlichen personen* TIT. LIEHT. DIOCL. Jôhan ein reine maget was HPT. 5. 526, 437. si (*die neuvermählten*) wâren beidiu maget MAI 93, 3. und bleip er und sü maget CHR. 8. 426, 22. die mait *gegens. zu* gemähelt leut RING 21ᵈ, 8, *dann wie adj.: unberührt, unverletzt, rein* RUL. (KARL 4039) GEN. PARZ., *mit gen.* mîn herze ist freude noch maget CRAON 485, *mit präp.* von LIEHT., vor *ib. u.* WARTB. 93, 9; *die jungfrau als zeichen des thierkreises:* sô der môn ist in der maget ANZ. 12, 348 (*a.* 1431). GERM. 8, 110; *die weibl. scham der jungfrau,* die maget ane grîfen BPH. 2131; — *unfreies mädchen* SSP. 1, 20, *dienende jungfrau einer* vrouwe, *dienerin,* magd Iw. *u. md. denkm.*, *vgl. noch* NIB. 341, 7. 352, 2. 1207, 3. 1220, 3 *etc.* GUDR. 9, 2. LIEHT. 510, 13. 17. MGB. 113, 4. CHR. (meit, mait) 1. 184, 39. 185, 9. 374, 6; 2. 17, 7. 26, 14. 300, 22 *etc.* — *gt.* magaths, *moviertes fem. von* magus (*s.* mac).

maget-bære *adj.* (II. 2ᵇ) *jungfräulich* PARZ.

maget-dëgen *stm. jungfräulicher degen* HPT. 9, 34.

magetein, magetîn *s.* magedîn.

maget-heit *stf.* (II. 2ᵇ) *jungfräulichkeit* GSM. LIT. 222, 46. WACK. *pr.* 8, 20. 75, 1.

maget-lich *adj.* (*ib.*) *contr.* meitlich, meidelich: *jungfräulich.* magetlich TIT. NIB. MYST. GUDR. 10, 1. TRIST. 1058. ALBR. 14, 72. 22, 208. megetlich MYST. GERH. 3333. meitlich NIB. JER. MSH. 2, 246ᵇ. 247ᵇ. 248ª. BALD. 358. meidelich DIEM. DENKM. XLI, 7. HANS 3879;

maget-lîche, -en *adv. in jungfräulicher weise, als jungfrau.* magetlîche sî des chindes genas KCHR. *D.* 273, 14. diu erde in magetlîche gewan *ib.* 292, 28. dô ich magetlîchen in Frideschotten saʒ GUDR. 30, 1.

magetlîn, megetlîn *stn.* (II. 3ᵇ) *dem. zu* maget. magetlîn ER. (*hs.*) 27. 82. dô starp dem mägetlîne ir vater GFR. 92. BEISP. 116, 24. megtlî Voc. *o.* meidel FRL. HANS 805. maidel MGB. 183, 14.

maget-reine *adj.* (II. 660ᵃ) *rein wie eine jungfrau* KCHR. ANEG.

maget-schaft *stf. jungfräulichkeit, jungferschaft* SGR. 673.

maget-tuom, magetuom *stm. n. f.* (II. 2ᵇ) *dasselbe.* magettuom PARZ. 100, 15. WACK. *pr.* 8, 23 (diu magettuom cierit die dêmuot 5, 39. die maitum RING 15, 25). magetuom DIEM. PARZ. WIG. FREID. ORL. 13976. den m. er ir nam GEN. *D.* 68, 11. MART. 237, 37. dem dâ wart der êrste rôsenbluome von mînem magetuome TRIST. 14770. ir m. tet ir leide KRONE 23771. mîn m. mich reizet ûf kiusches herzen sinne TROJ. 8712. diu küniginne schiet von ir magetuome *ib.* 9147. 17007. den reinen kiuschen m. verliesen *ib.* 12966. 17014. den m. in kumber tragen ULR. *Wh.* 126ᶜ. iuwer muoter magtuom ist verlorn MSH. 2, 153ᵇ. in dînes reinen magetuomes garten LOH. 7655. magetuon (: tuon) MARG. *W.* 406. 533. 75. magentuon W. *v. Rh.* 35, 22. *md.* magetûm LEYS. MYST. ALBR. 16, 254. 20, 242. 22, 712, megetûm DFG. 622ᵃ. *contr.* maigtuom FASN. 586. 641. 680. maitumb *ib.* 898. meittuom, einer juncvrowen ir m. benemen GENGL. 250 (*a.* 1270), meituom NIB. RENN. 12612; die maitum, *hymen* RING 15, 25, hûte des maitummes DFG. 277ᶜ; — *übertr. vom manne:* der sînen magetuom zebrichet GEN. *D.* 17, 11. 5.

maget-tuom-lich *adj.* (II. 3ᵃ) *jungfräulich-* magtuomlich WOLFR. (PARZ. 369, 26. 439, 26. 526, 29. 805, 1. 806, 17). KONR. *lied.* 1, 182. HEINZ. 121. 31, 1. 125. 47, 1. *md.* magtûmlich KREUZF. 375. *contr.* maituomelich LIT. 230, 34.

maget-zoge *s.* magezoge.

maget-zol *stm. zoll, preis der jungfrauschaft.* wolt sie umb iren magetzol mit iedem manne strîten ECKE *Casp.* 292.

maget-zopf *stm.* comanexus Voc. 1482.

mage-zoge *swm.* (III. 935ᵃ) *erzieher* WOLFR. NIB. GUDR. FREID. ULR. *Wh.* 164ᶜ. MSH. 3, 93ᵃ. 404ᵃ. PASS. 83, 28. magzoge HELBL. (7, 1146. 65. 1238). *contr.* meizoge NIB. LOH. 4645. JÜNGL. 41. 746. 1188. KIRCHB. 606, 47. 627, 24. FRONL. 16. *entstellt* maget-, magt-, meitzoge *s. die varr. zu* NIB. 662, 6. PARZ. 805, 13. WWH. 330, 8. FREID. 49, 17.

meitzoge MSH. 3, 107ᵃ. maitzoge KARLM. 6, 62. maidzoge Voc. 1482. LS. 1. 381, 224. 39. — *ahd.* magazogo *s.* mac *u.* zoge *u. vgl.* manzoge;

mage-zoginne *stf.* (I. 935ᵇ) *erzieherin.* magzoginne HELBL. *contr.* meizoginne FRL. MAI 176, 13. ALBR. 16, 84. 34, 179. maitzoginne j. TIT. 1883.

magge *s.* mange.

mæginne *stf. zu* mâc. *der dînen mâc oder dîne mæginne hât gehabet zer ê* BERTH. 312, 32. *md.* mâgin KREUZF. 322, mêgin ELIS. 5368. 402. 877.

magnes *m. indecl.* (II. 19ᵃ) *stein aus Magnesia in Thessalien: ein edelstein* PARZ. ULR. *Wh.* 124ᶜ, *magnet* ERNST. *vgl.* DFG. 343ᵇ;

magnete, magnet *swm. magnet* MGB. 429,14. 433, 21. 451, 22 *ff.* DFG. 343ᵇ.

mâg-öl *stn.* (II. 436ᵇ) *mohnöl* URB. (*B.* 1, 5 *ff. Pf.* 206). mâgenöl MÜNCH. *r.* 7, 3. MGB. 354, 6.

magran- *s.* margram-.

mâg-schaft *s.* mâcschaft; **magt** *s.* maget.

mag-zoge, -zoginne *s.* magezoge, -zoginne.

mahel, mâl *stn.* (II. 19ᵃ) *gerichtsstätte, gerichtl. verhandlung, gericht, vertrag; mhd. nur in ableit. u. zusammenss.* — *gt.* mathl (*s.* madalgêr) *versammlungsplatz, markt zu skr.* mantra *beratung, rat* GSP. 244. FICK² 147. 829;

mahel *stm.* (II. 20ᵃ) *md. s. v. a.* gemahel ELIS. 1231. 31. 1437. 1550 *etc.*

mahel-brief *stm. heiratsbrief.* nâch inhalt des mehelbriefs MH. 2, 498.

maheldiu (II. 20ᵇ) *s. v. a.* gâmahiu GSM. 1897.

mahelen, mehelen *swv.* (I. 19ᵇ) *contr.* mælen (REINFR. *B.* 2414), *md.* mâlen, mêlen: 1. *ahd.* mahalôn (*vor gericht laden, gerichtlich befragen, anklagen*), gemâlter, gemêlter tag *gerichtstag* GR.W. 2, 67. 260. — 2. *ahd.* mahaljan, mâlen: *versprechen, verloben, vermählen, mit acc. u. dat.* DIEM. MYST. JER. (mâlen, mêlen) daz diu êwige maget Jôsêbe wart gemehelôt MAR. 184, 17. W. *v. Rh.* 46, 14. 94. man mac sô morgen mehelen einem andern man NIB. 1865, 1. siu wart im gemahelet GUDR. 9, 1. wan siu im gemehelt wære, ê siu wurde hîbære LANZ. 4995. si wart im als ein êlîch wîp gemahelt KONR. *Al.* 171. dîn sêle wart gemehelt dem ûz erwelten Kriste GSM. 1904. PASS. 229, 90. die (brût) im ist gemehelt an ganzem eide *ib.* 300, 41. wan mir Erithêus

Procris die minneclîche mahelte Albr. 470ᵃ. er gedâht, im sîn tohter meheln Ls. 3. 265, 458; *refl.* diu sich gote gemahelt und geordnet hât Berth. 316, 13; *mit acc. zur braut, zum weibe nehmen:* der dich gemehelt hæte mit triuwen Gsm. 1203. daz er sie solt meheln Ot. 652ᵃ. vingerlîn, dâ mite der man spulget sîn wîb mahilen Gen. 14, 14. 15 (*vgl.* mahelrinc, -vingerlîn), *mit präp.* die er het ze stæter brût gemehilt Mart. 48, 63. sî mælent sich ze ungenôzen Reinfr. *B*. 2414. — *mit* ge- (Mar. 165, 2. Gen. *D.* 5, 36), ver-. *gt.* mathljan *sprechen, reden s.* mahel 1.

mahel-kint *stn. kind der eheleute* Virg. 537,4.

mahel-kôsen *swv. liebkosen* Hpt. *h. lied* 43, 4.

mahel-rinc *stm.* (II. 708ᵃ) *verlobungs-, vermählungsring.* so man praut und preitigam zu kirchen fürt, so mag ir ains dem andern ein mahelring geben, doch das ir ietweders mahelring mitsampt dem stain darinnen uber zehen guldin nit koste Np. 73 (*15. jh.*). m e h e l r i n g Hpt. 3, 38. Zimr. *chr.* 1. 287, 25. 290, 13. 309. 36. 337, 17. *vgl.* mahelvingerlin.

mahel-schaft *stf.* (II. 19ᵇ) *verlobung, vermählung* Mart. (48, 66. 69). des tohter gên Norwegen in mahelschaft wart gesant Reinfr. 119ᵇ; *das verhältnis des oder der verlobten, gemahlschaft* Elis. 1493. 1700 *etc.*

mahel-schaz *stm.* (II². 90ᵇ) *brautgabe, bes. der verlobungsring* Diem. Ga. 1. 365, 1034. mahelschatz od. prautschatz arra, dotalicium, dos Voc. 1482, *contr.* mâlschaz Pass. Heinr., môlschaz Voc. *Schr.* 175. m e h e l schaz Parz.;

mahel-schatzen *swv.* môlschatzen subarrare Dfg. 559ᵃ. — *mit* be- (*nachtr.*).

mahel-sloz *s.* malchsloz.

mahel-stat *stf.* (II². 601ᵇ) *gerichtsstätte, richtstätte* Halt. 1301 *f.* die mâlstat des gerichts Mh. 1, 397. die galgen- oder die mahlstat Gr.w. 1, 794; *platz für eine beratende versammlung* Uschb. 35. an Eger stat sol Nürmberg die mâlstat sein (*für den reichstag*) Ugb. 311; *wohnplatz,* hern Wernhers wunnsamy mâlstat Öh. 14, 13.

mahel-tac *stm.* (III. 5ᵇ) *verlobungstag* Will. 3, 11; mâltac *gerichtstag* Gr.w. 5, 678. Oberl. 982.

mahelunge *stf.* (II. 19ᵇ) *verlobung, vermählung* Elis. 1257. 1402. 26 *etc.*

mahel-vingerlîn *stn.* (III. 323ᵇ) *s. v. a.* mahelrinc Gsm. Chr. 2, 5 *anm.* 3. mahel-, mehelvingerlîn Otn. 410, 4 *u.* 415, 4 *var.* mehelv. Helbl. *vgl.* gemahelvingerlîn (Syon 546).

mâhen *s.* mâge.

mâhen-blat *stn. mohnblatt* Ga. 3. 122, 414.

mâhen-gult *s.* mâgengült.

mâhen-korn *stn. mohn.* mânkorn *als abgabe* Gr.w. 4, 51;

mâhen-körnelîn *stn. mohnkörnlein* Renn. 23863.

mâhen-saft *s.* mâgensaft.

mahinande, mahinante *stf.* (II. 20ᵇ) *s. v. a.* massenîe Wolfr.

mahmumelîn *m.* (*ib.*) Marroch der mahmumelîn Parz. 561, 24 (*„titel der Almovariden: aus* emir-al-muslemin, *beherrscher der gläubigen" Bartsch*).

mahse, mahs? *stf.* (*ib.*) diu mahse (mâze?) lie si wandels frî Fragm. 22, 130; reht als diu vîle fürbet des îsens mahs (: wahs = was) Ot. 298ᵃ, *wol s. v. a.* îsenmâl, *vgl.* mâse. Pez *erklärt es als eisenmark* (pars mollior ferri, quae lima purgari potest) *u. verweist auf* mack = marc 2; Wack. 197ᵃ *meint wol unsere stelle, wenn er* machs *unter* m e s s e, *metallklumpen aufführt, eine erklärung, der ich nicht beistimmen kann.*

maht, mahte *s.* machen, mügen.

maht *stf.* (II. 8ᵇ) *gen. dat.* mehte, maht (*dat.* mahte: bedahte j.Tit. 4115. Kol. 213, 850), *pl.* mehte (mahte Diem.); *md.* macht —: *vermögen, kraft, körperkraft, anstrengung, gewalt, allgem.* (*doch scheint* Wolfr. *das wort nicht zu gebrauchen*). maht gegen der sterke vaht Rab. 658. er nimt von unser mehte schaden Loh. 4198. dîn sêle wirt mit strenger maht gezücket von dem lîbe dir Silv. 364. dient im gar in voller macht Pass. 339, 9. âne m. *kraftlos ib.* 386, 38. ze mahte komen, *zur besinnung* Kol. 213, 850. dô der getriuwe reine man (*der ohnmächtige*) wider sîne maht gewan Orl. 10165. sagt mir mînes vater mähte, *sein körperl. wolsein* Gen. *D*. 98, 23. ich vant ouch in (*eum*) gûter macht Urst. 126, 66. er trinket, daz im sîn maht gestrîchet Lieht. 608, 4. über maht *aus allen kräften, die krafte übersteigend* Wg. 2339. 47. Renn. 10428. 542. Urst. 118, 59. j.Tit. 4115. Ls. 3. 403, 167. Ga. 2. 189, 543. Mgb. 172, 20. ez hat die maht, daz *ib.* 362, 22. mit vlîzeclîcher macht, *anstrengung* Elis. 8728. ein grôz ros von starker macht Karlm. 193, 29. sî riten sô sêre, daz der rosse maht vil gar zegangen wære Karl 11496; *s. v. a.* gemaht Oberl. Schm. *Fr.* 1, 1564; *vollmacht,* wir gebin ime unse volle moge und macht Böhm. 536 (a. 1336), s. mahtbote, -brief, -halter, -liute; — menge, fülle (vgl. kraft) mit gen. chroten wære dâ michel maht Exod. D. 137, 35. goldes hatten sie die macht Gr. Rud. 27, 3 (leseb. 268, 25). sie heten wünne die maht Lanz. 1105, bes. menge von menschen, von kriegern (heeresmacht): diu ritterlîche m. Gerh. 5978. nû quâmen die kristen mit ir mehten Loh. 2867, vgl. 3147. 4337. 6592. daz herhorn lûte erhal von Ermrîches mehten Dietr. 8761. er lac mit hôher maht dervor (vor dem kastel) Troj. 13113. dar quam er mit grôzer macht Silv. 2181. 233. 463. dô kunig Adolf vernam die maht, die der herzoge hette Chr. 8. 59, 8, mit gen. eine michele m. der herren L. Alex. 3097. ritter diu m. Lanz. 1900. mit ir ingesindes macht Elis. 4950, mit präp. von diutschen eine cleine m. Livl. 2173. — zu mügen.

maht-bote swv. (II. 9ᵇ) bevollmächtigter, gesanter Halt. Rcsp. 1, 181 ff. Cp. 396. Mh. 1, 143. 2, 97 u. o.

maht-bote-schaft stf. (ib.) gesantschaft Halt.

maht-brief stm. vollmachtsbrief Halt. 1286. Rcsp. 1, 173. 175. 211 (a. 1410. 11). Mone z. 9, 426 (a. 1454). procuratorium Voc. 1482. vgl. gewaltbrief.

mahten swv. in übermahten.

maht-halter stm. bevollmächtigter Rcsp. 1, 179 (a. 1410).

mahtic, mahtic-lîchen s. mehtic-.

mahtlich adj. möglich, in unmahtlich.

maht-liute pl. bevollmächtigte Halt. 1287 (a. 1475).

maht-lôs adj. ohne kraft, ohnmächtig, amens Dfg. 29ᶜ. Md. ged. 4, 380, ohne geltung Chr. 7. 240, 13. Halt. 1286.

maht-vol-komen-heit stf. von kunglîcher m. Rcsp. 1, 329.

mai- s. mei-.

maidel, maigd, maigtuom s. magetlîn, maget, magettuom.

mailisch adj. s. meilandisch.

mait, maituom s. maget, magettuom.

mæjen swv. (II. 20ᵇ) mähen Troj. 1276. mæwen Berth. 369, 2, meuwen Weinsb. 23, md. mêwen Jer. Böhm. 357, 9 (a. 1303). mægen Urb. Son. 17ᵃ. Netz 10933. meigen Gr.w. 1, 9. 4, 198. meihen Mone z. 3, 175. meien Gen. D. 89, 4. contr. mæn Gen. D. 98, 32. Neidh. 228, 36, mæn, mân Gr.w. 6, 169. —

prät. mâte Kolm. 155, 24, mûte Chr. 4. 101, 6. mæte Türl. Wh. 128ᵃ, Ulr. Wh. 212ᵃ. part. gemæt Apoll. 7584. 835. Swsp. 170, 1. gemât Virg. 728, 13. 1044, 9. Troj. 33602. Msh. 2, 257ᵃ. — mit abe (nachtr.), ge-, über-. ahd. mâjan, mâen, mân, ags. mâvan zu gr. ἀμάω, lat. meto Curt.³ 301. Fick² 385. Kuhn 8, 261 f.;

mæjer stm. mäher. meiger Gr.w. 4, 198.

majeron, majoran s. meigramme.

majestât stswf. m. majestät Msh. 1, 68ᵇ. 2, 241ᵇ. 247ᵃ. 310ᵃ. 329ᵇ. 3, 413ᵇ (Heinz. 130. 70, 6). Himlf. (Hpt. 5) 725. 1017. 1633. Osw. (Hpt. 2) 1141. Livl. 5837. Ot. 738ᵇ. Syon 354. Ammenh. 340. Altsw. 250, 20. Myst. 1. 348, 18. Chr. (sw.) 4. 60, 15. 21. 62, 8 (pl.). 24; 5. 24, 1. 14. er hât unser keiserlîchen majestâten geclaget Böhm. 693 (a. 1364). maigestât ib. 1. 191, 14. maienstât, -stæt Beh. 147, 23. 190, 1. Mh. 3, 104. 105. majestas (: was) Pass. K. 1, 6. Erlœs. 358. Hest. 959. dîn lebender magestât Ab. 2, 132. — aus lat. majestas, -atis.

majestæt-apfel stm. reichsapfel Rozm. 188.

makel stm. (II. 21ᵇ) makel Frl. 44. 26, 18. — aus lat. macula.

makrêle swf. makrele, art eines häringe fressenden raubfisches Gr.w. 2, 62. macrêl Voc. o. (Dfg. 342ᵃ), matrêl, matrellus Voc. 1482. — aus nd. makreel, fz. maquereau, mlat. macrellus, maquerellus Weig. 2, 90.

mâl stn. s. mahel.

mâl stn. (II. 21ᵇ) ausgezeichneter punkt, zielpunkt Trist. Winsb. mâl, meta Voc. 1482. daz oberiste m. hân, den obersten rang, platz einnehmen Mr. 3926. mâl halten, locum tenere ib. 345. 515; zeichen, merkmal, fleck Diem. Er. Parz. Walth. si hânt niht alle heldes mâl Heinz. 328. mannes m. j. Tit. 149. gotes mâl, kreuz Ernst 4725. er sluoc im vil der tôten mâl Sigen. Casp. 37. schaden mâl Otn. A. 112. mâl (obrigkeitl. merkzeichen, stempel) der linwât S. Gall. stb. 4, 151. 265. 67. âne mâl, ohne makel Bph. 5017. mâl, signum, nota Voc. 1482; schmuck, zierrat bes. an der rüstung Nib. Parz. Lanz. swert mit schônen mâlen En. 131, 2. 160, 32. an den hüten stûnden scône liebarten mâl L. Alex. 5483; gränzzeichen, gränzstein Halt., vgl. mâlboum, -rein, -stat, -stein; — zeitpunkt, mal. daz ich nimmer wochen mâl in iuwerm hûse belîbe mê Krone 22776. von mâle ze mâle, von stunde zu stunde Herb.

11474. des dritten mâles ALEXIUS 112, 599. des mâles *diessmal, damals* KONR. (TROJ. 11357. 12280. 16174. 23026. 747). eines mâles *einmal, mit einem male* BON. ENGELH. TROJ. 20912. MGB. 55, 19. 25. 157, 5. 201, 20. ê mâles, êmâles *früher, ehmals* TRIST. W. *v. Rh.* 3, 14. SWSP. 277, 8, êrmâlen DIUT. 3, 478. ê dem mâl und, *weil* MONE z. 16, 107 (*a.* 1430). after mâles, mâle *s. sp.* 25. sît mâles, sît-mâles *seit der zeit, seitdem* BERTH. 314, 14. ULR. 62ᵇ, sintmâls ROTH *pr.* KROL., sît des mâles Ms. PASS., sint des mâles *sintemal, dieweil* LEYS., *ebenso* sint dem mâle *ib. u.* LUDW. 51, 23. KOL. 232, 1581. BÖHM. 633 (*a.* 1354). RCSP. 1. 185. 198 (*a.* 1411), seinddem-mâl *ib.* 218, sintmâl CDG. 2, 272 (*a.* 1323). bî disem mâle ELIS. 2653. in dem mâle *ib.* 3711. un der mâlen, *bisweilen* TRIST. 3671. von dem mâle *seitdem* JER. 4739. ze einem mâle *einsmals, einmal* GEN. *D.* 83,12, z'einem mâle ALBR. 31, 174. 33, 557, *contr.* zeimâle, zeimâl LIEHT. KONR. PASS. zû disem mâle, *zu dieser zeit od. gelegenheit* ELIS. 2513. 3511. 4591. 6774. zû dem selben mâle *ib.* 4136. zu mangem mâle ALBR. 14, 99. z'allem mâle *ib.* 18, 127. 19, 258. 21, 447. 24, 41. ze mâle, zemâl *auf einmal zugleich, zusammen* NIB. Ms. WG. 7323. ELIS. 8016. 43, *alsbald ib.* 5716. 66, iesâ zû mâle *ib.* 539. 967. 3579 *etc. plötzlich ib.* 8391, *gänzlich, gar, sehr, überhaupt* Ms. PASS. MYST. ALBR. 5, 11. ELIS. 2862. 4022. 8027. STAUF.; — *gastmal, malzeit* MART. dô sich geendet het daz mâl LOH. 6880. Terêô ditze mâl was bereit ALBR. 16, 515. gesatztiu mâl, *essen zu bestimmter zeit* HPT. 8. 96, 6. — *gt.* mêl, *zeit, pl. schrift, vgl.* DIEF. 2, 60. FICK² 832.

malâde, maladeie *s.* malât, malîe.

malafiz, -fizisch *s.* malefiz, -fizisch.

malagranât *m. malum granatum, malogranatum* KOLM. 6, 253. malgran MGB. 329, 17. malgram BPH. *H.* 205. *vgl.* margram, margrât.

malagranât-apfel *stm. dasselbe* VOC. 1482. malgranapfel DFG. 345ᵇ. alsô nâmen si der malgranephel und der fîgen GRIESH. 2, 58. malagram-, malgranöpfel MGB. 329, 16. 371, 14. *vgl.* margramapfel.

malagranât-boum *stm.* malgranât-, malgranpaum MGB. 329, 7. 8. 375, 8. *vgl.* margramboum.

malang-boum *stm.* (II. 29ᵃ) *citrus* VOC. *o.*

malange, malang (II. 29ᵃ) *citrus, citrum* VOC. *o.* DIEF. *n. gl.* 94ᵇ.

mâlære, -er *stm.* (II. 24ᵇ) *maler* MAI, Ms. (MSF. 242, 16). WWH. 241, 28. BLIK. 80. PART. *B.* 13754. AMIS 346. BEISP. 69, 9 *ff. elsäss.* môler ALEM. 1, 63; *umgel.* mæler, *md.* mêler PASS. KROL.;

mâlærinne *stf.* (II. 25ᵃ) *malerin.* mâlerinne FRL.; *malerin, frau des malers* BEISP. 67, 21; *die sich schminkt* BERTH. 367, 26.

malât, malâde, malâtes *adj.* (II. 28ᵇ) *aussätzig.* malât j. TIT. 237. W. *v. Rh.* 133, 51. 141, 46. 145, 57. ELIS. 2974. 7383. 8052. ma-lâde *ib.* 2956. 67. 9697. 10509. dû mûzest werden malâde KSR. *s.* 249. malâtes TRIST. *U.* MSH. 3, 99ᵇ. GFR. 3631. malâz, malz OBERL. malâz *als* buozwirdigez scheltwort FELDK. *r.* 22, 1. malêtz ERLŒS. 2072, *vgl.* GERM. 7, 22. MGB. *var. zu* 160, 30. 373, 19. 403, 23, malôtz ALEM. 1, 82. malôtz, malz CHR. 9. 583, 19 *var.* malêtsch LESEB. 984, 10. 22. — *aus fz.* malade, *it.* malada *vom lat.* male aptus DIEZ 1, 261;

malâterîe *stswf.* (II. 29ᵃ) *aussatz* GRIESH. *chr.* KARLM. 336, 1. maletrîe CHR. 9. 903, 29 *var.* malêtschîe VOC. 1482 (maletschey). malenzîe SCHREIB. 2, 525 (*a.* 1470). malzî FASN. 865, 12. *vgl.* OBERL. 982 *f.*;

malâtzic *adj. s. v. a.* malât. malâtschig BEH. 19, 7. malôtzic ALEM. 1, 82. malêtzic ERLŒS. 5546, *vgl.* GERM. 7, 22. maletziger, maletschiger leprosus VOC. 1482. maltzig FASN. 1045, 7;

malâz *s.* malât.

malâz-gazze *swf. gasse für die aussätzigen.* die m. ze Dornhain GR. w. 1, 374.

mâl-bote *swm.* (II. 19ᵇ) *gerichtsbote, s.* HPT. 1, 206.

mâl-boum *stm.* (I. 228ᵃ) *gränzbaum* SSP. 2. 28, 50.

malc? sein manhait dy was sunder malk (: schalk) BEH. 59, 12.

malc, malch *prät. s.* mëlchen.

malch-, mal-sloʒ *stn.* (II². 412ᵇ) *schloss an einem mantelsack* (malhe), *überh. vorhänge-schloss* NARR. mahelslosz TUCH. 127, 3. 211, 2 *u. ö.* ein marhenslosz in der newen râtstuben J. *a.* 1434. *nd.* malenslot CHR. 6, 256 *anm.* 1. *schwäb.* mal-, marschloss SCHMID 371.

malder *s.* malter.

mâl-dingen *swv. vor gericht verhandeln, richten.* sô got wirt älliu dinch mâldingen, daz ist an der jungesten urtaile Wack. *pr.* 32, 78.

maledîen *swv. maledicere* Fasn. 15, 17. Dfg. 344ᶜ, maledîgen *n. gl.* 244ᵃ. Kirchb. 772, 20. — *mit* ver-;

maledîunge *stf.* maledictio Dfg. 344ᶜ. bî dem banne und êwiger maledîunge Ugb. 387. Fasn. 26, 13.

malefiz *stnf. criminalverbrechen.* das malafiz Gr.w. 1, 218. 36. 5, 157. von der malefiz und andrer grober unzucht wegen Mh. 2, 809. — *aus mlat.* maleficium Dfg. 344ᵇ;

malefizisch *adj.* malefizische persôn Kaltb. 70, 23 *u. ö.* die malefizischen perschônen Gr.w. 3, 680.

male-gëlt *s.* malgëlt.

malen *stv. s.* maln.

mâlen, mælen *swv. s.* mahelen.

mâlen *swv.* (II. 24ᵃ) *durch verwechslung mit* maln *auch st. partic.* gemâlen schrîn Msh. 1, 292ᵇ —: *ein mâl, zeichen machen, mit einem zeichen versehen.* man sol die lînwât mâlen mit unser stat zeichen S.Gall. *stb.* 4, 261. 65. 67; *mit einem gränzzeichen versehen, abgränzen* Oberl.; *bunt verzieren* Iw. Trist. wol gemâltiu sper Wwh. 330, 17. Parz. 460, 5. die gemâlten schefte Troj. 30977. 32146. gemâlet vaz Mart. 215, 4. gemâlt mit klainen kraizlein Mgb. 156, 27. mit golde môlen Alem. 1, 63; *färben*, ein gemâlet ei Berth. *Kl.* 125. gemâlet wart die erde mit dem blûte alrôt Herb. 5195. gemâlet wart der grüene plân in sînem rôten bluote naz Troj. 12865. 31745. si beide zuo den sîten diu ros mit bluote mâlten *ib.* 32139. nû rôt nû aber danne bleich wart er gemâlet dicke *ib.* 14815. *bildl.* mit schône gemâlter gelîchsenheit Renn. 834; *schminken* Berth. (367, 27); *malen* Parz. ein bilde m. Msh. 3, 59ᵃ, einen sal Türl. *Wh.* 61ᵇ, ein gadem Glaub. 2539. der mâlede an einer tabelen mînen lîb L.Alex. 5594. swer mich mâlen wil an eine want Renn. 5573. man mohte keinen mâlen, der sich gelîchen kunde sus Albr. 27, 90. des mâlet man dich zur hôchsten stat obe die anderen Pass. 227, 47. *bildl. im geiste entwerfen* Myst. Jer.; *sticken* Orl. (*leseb.* 603, 34); *schreiben, aufzeichnen, verzeichnen* Weltchr. (*cod. pal.* 327, 140ᵇ). Konr. *Al.* si mâlte ûf dem gevilde vil wunneclîcher buochstaben Troj. 10555. der windischen herrengâbe ich selten mâle Msh. 2, 383ᵃ. — *mit* ûz, er-, under-, ver-.

malen-tou *s.* miltou.

malenzîe *s.* malâterîe.

mâler, mæler, mâlerinne *s.* malære, malærinne.

maler *stm. der getreide malt, s. v. a.* malgast Gr.w. 5, 612.

maletrîe *s.* malâterîe.

malêtsch, -lêtz, -lêtschic, -lêtzic *s.* malât, malâtzic.

malfasîer *s.* malmasîer.

mal-gast *stm. mülgast, des müllers kunde* Gr.w. 5, 612. Mich. *M. hof* 38. *vgl.* malman.

malge *s.* meile 1.

mal-gëlt *stn. malsteuer.* gulte und gevelle, das man nennet malgelt Böhm. 525. 38. 69 (*a.* 1333—40). von ieclîchem achteil fruchte zwolf alde heller zu malgelde ûfheben *ib.* 703 (*a.* 1366). malegelt *ib.* 770. Laurent 356, 23. *vgl.* Chr. 9. 1032, 3.

mâl-gerihte *stn. gerichtsversammlung, gericht* Schm. 2, 562 (*a.* 1494).

malgran *s.* malagranât.

malhe *swf.* (II. 29ᵃ) *ledertasche, mantelsack* Helbl. Ms. (*H.* 2, 95ᵇ. 96ᵇ). sîne malhen her resûchte, schiere her dar ûz nam triakel unde dictam En. 314, 8. er brâhte vil goldes dar in malhen Turn. *B.* 270. vil manic rîchiu malhe wart guotes îtel von der kost *ib.* 786. ir müezet iuwer malhen mit iu hân gefüeret Helmbr. 788. füerent ir niht in der malhen Ga. 3. 739, 83. David in der molen drôch goldes ind silvers genôch Karlm. 135, 22. *bildl.* trûwe ist der tugende malhe Mart. 25, 51. (Walth. 25, 36 *liest* Wilmanns 51, 56: ouch hiez der fürste durch der gernden hulde die malhen und die stelle læren, *er liess für die gernden taschen und ställe leeren*). — *ahd.* malaha, *wovon prov.* mala, *fz.* malle. *vgl.* Dief. 1, 271. Diez 1, 261. Fick² 149.

mal-hûs *stn. haus, in welchem das* malgelt *gezalt wurde* Laurent 107, 32.

mælic *adj.* (II. 24ᵃ) *ein mâl, zeichen tragend, mit gen.* Engelh. 884.

malîe *stswf.* (II. 28ᵇ) *hitziges gefecht, turnier* Licht. Orl. 6623. die ein man het gevellet ritterlîch in der malîe Loh. 4756. dar ûf gap malîe vil manigem heiden dâ der widergelde j.Tit. 115. sô starc wart diu m., daz manig fluhtic wâren *ib.* 4938. sunder kompanîe wart dâ diu m., wer nider quam der was tôt Geo. 1343. daz kam von der malîe Virg. 98, 3 (maladeie Da. 219). dâ huop sich ein grôʒ m. Turn. *B*. 933. 1062. diu m. wart sô grôʒ Troj. 32592. er streit in der malîe enmitten *ib*. 32939. 34310. mit hurtender malîe Reinfr. *B*. 1921. 11275, malîen (: vrîen) *ib*. 15753.

mâligen *swv. mit einem* mâl, *flecken versehen, beflecken.* das ein suhtich schâf alle hert niht mâlige (*var.* mailige) Br. 23ᵇ.

malje *s.* meile 1.

malkerin *s.* mëlcherinne.

mallen *stv. s.* maln; **mallich** *s.* manelîch.

mal-liute *pl. zu* malman. wir hân in zuo koufe gegeben die malliute, die von alter zuo der selben mulen gehœrent, alsô daʒ sie dâ malen sullent und niergen anderswâ Mone *z*. 341 (*a*. 1303). dar nâh sol man vrâgen, wie die mullnær irn malleuten mit varen Gr.w. 6, 187.

mal-man *stm. s. v. a.* malgast Gr.w. 6, 189.

mâl-man· *stm.* (II. 44ª) *s. v. a.* dincman (*doch nicht zu belegen*), *vgl.* Ra. 768.

malmasîer *m. malvasier, wein von Napoli di Malvasia* (wîn von Malvasîn Ot. 310ª). Chr. 3. 393, 32. Fasn. 726, 4 *u*. 758, 34 (: pier). malmasy Rta. 1. 357, 3. Chr. 2, 10 *anm*. 7. malfasîer Meran. 4. malfasîr Wolk. 2. 2, 22. malmasy, malmasier, malmesie, malfeseyer, malfasyer: malmasia Dfg. 345ª.

mal-müle *stf. getreidemüle* Heum. 250.

maln, malen *stv. I, 4* (II. 26ª) mallen Gr.w. 1, 35. Chr. 4. 237, 116 —: *malen, absol.* Ms. Strick. diu dâ melet Exod. *D*. 151, 26. zwêne herte steine malent selten kleine Freid. 130, 25. reht als ein mül diu dâ melt Krone 12965. als ain raut mit den becken buoch und muol Chr. 5, 180 *anm*. 1. die müle hat das recht, daʒ wer in dem hoffe gesessen ist, da sol malen und welcher usswendig müele -- Gr.w. 4, 6; *trans.* Diem. Ms. *u. md. denkm.* (*die stelle aus* Er. *s. unter* zemaln). man muol hirs ze muesmel Chr. 2. 302, 17. korn m. Np. 167. — *mit* abe (*nachtr.*), in, ûʒ, be-, ge-, über-, ze-. *gt.* malan *mit* mël, mëlm *zu gr.* μύλη, μύλλω *lat.* mola, molo *von w.* mar, *zermalmen* Curt.³ 315. Gsp. 244. Fick² 148. 384. 832. *vgl.* mar *adj*.;

maln, malen *stn.* Chr. 9. 694, 9. 30. 867, 1.

malôtz, malôtzic *s.* malât, malâtzic.

mâl-phenninc *stm.* (II. 492ᵇ) *eine abgabe* Mb. taydingephenninge und mâlphenninge Uhk. 2, 198. 174 (*a*. 1347, 74). ze Sêbach auʒ dem hof 72 pfenn. haiʒʒent mâlpfenninge Urb. *B*. 2, 474. Str. 218. *s. v. a.* inbîʒpfenninc Ukn. *einl.* XXXI.

malpunige malpunicum, sunt parva poma et rotunda Voc. 1482. *vgl.* Dfg. 345ᵇ, *n. gl.* 244ᵇ.

mal-rat *stn. s. v. a.* mülrat Tuch. 77, 5.

mâl-rein *stm.* (II. 658ᵇ) *gränzrain* Halt.

malsch *adj. kühn, verwegen* Karlm. 133, 56 *u.* 271, 11 *im reime auf* valsch. malz *ib.* 113, 61. *vgl. auch* malz.

mâl-schaʒ, -stat *s.* mahelschaz, -stat.

mâl-setzen *swv.* metare, limitare Voc. 1482.

mâl-stat *stf. mit einem* mâl *bezeichneter platz: gränzstätte*, meta, locus determinatus Voc. 1482; *bauplatz*, mâlstat zu einer pfarrkirch Mone 7, 309 (*a*. 1483). *vgl.* mahelstat.

mal-stein *stm. s. v. a.* mülstein Mich. *M. hof* 38.

mâl-stein *stm.* (II². 615ª) *gränzstein* Dür. *chr.* Weist. (6, 101). Mühlh. *rgs.* 83.

malt, malta, malte, malten *s.* mëlde 1.

mâl-tac *s.* maheltac.

malte *prät. s.* mëlden.

malte? derſelb banwart ſol ouch des gotshús malten (matten?) wäszren, und wenn er das tuot, so mag er schnîden ûf den malten einen arm vol grasʒ Gr.w. 5, 58.

malter, malder *stn.* (II. 29ª) *ein getreidemass* L. Alex. (4042). hundert tûsent malder weizʒes Herb. 15709. hundert tûsent malter kornes Troj. 47373. malter, mütte Msh. 2, 194ª. zwölf malder weiszes Böhm. 626 (*a*. 1352). tausent malter melbs Chr. 2, 210 *anm*. 2. wann ain hausgenosz sein malter gên mül bringt Kaltb. 3, 48. wann ain h. ettwevil malter ze mül hat *ib.* 49. malter od. vierteil, maltrum Voc. 1482. malder, malter, mult er Dfg. 344ᵉ. ein malter = 3 fyrtail Chr. 4. 20, 14; — *eine gewisse zal:* sô wettet er des chuniges malter, daʒ sint zwêne und dreizʒich (slege) mit einem grüenen aicheinen garte Dsp. 1, 115 (Ssp. 2. 16, 3), drîʒic slege Swsp. 150, 4. — *zu* maln (*die tracht, die der mülgast auf einmal malen lässt*) Weig. 2, 571.

malter-sac *stm.* (II². 3ᵇ) *maltersack* Msh. 2, 133ᵇ.

malter-viertel *stn.* ein malterviertel korns. daʒ man drîssig brôt müge gemachen von eime m. Ad. 980 (*a*. 1339). Gr.w. 4, 184.

maltzig *s.* malâtzic.

mâl-vlëcke *swm. schmutzflecken* Berth. 415, 26.

mal-waʒʒer *stn.* mülwasser Heum. 250.

mal-wërc *stn.* (III. 589ᵇ) *müle* Kreuzf. 1280.

malz *adj. s.* malât, malsch.
malz *adj.* (II. 29ᵇ) *weich, sanft, schlaff* MART. 50, 16 (: halz). — *ahd.* malz, *altn.* maltr *von* miltan (*ags.* mëltan) *schmelzen, zu gr.* αμαλδύνω, *skr.* mard *reiben, zerreiben* FICK² 150. 832. *vgl.* milz, smëlzen;
malz *stn.* (*ib.*) *malz* LIVL. MSF. 242, 21. MSH. 2, 241ᵃ. MÜHLH. *rgs.* 411. CHR. 2. 319, 4. 14. 26. 320, 7. 334, 16.
malz-apfel *stm.* mandragora DFG. 346ᵇ.
malz-darre *swf.* malzdarre DIEF. 1470, 274.
malzen, melzen *swv.* (II. 29ᵇ) *malzen.* malzen HELBL. 1, 809. melzen MSH. 3, 62ᵇ. FREIBERG. 171. GENGL. 167 (*a.* 1412). ZEITZ. *s.* 1, 37 *u. anm.* MICH. *M.hof* 30. 37. *vgl.* mulzen.
malzen-hûs *stn. haus für aussätzige* KÖN. *bei* OBERL. 983.
malzer, melzer *stm.* (II. 29ᵇ) brasiator, braxator DFG. 80ᶜ. 81ᵇ. *vgl.* mulzer.
malz-, melz-hûs *stn.* (*ib.*) brasiatorium DFG. 80ᶜ. MICH. *M. hof* 37.
malzî *s.* malâterîe.
mâl-zît *stn. malzeit* KIRCHB. 702, 20. NP. 79.
malz-mël *stn.* nym malzmel zu menschenpluet und mach kügel HPT. 14, 179.
malz-tenne *swm. malztenne* SCHM. *Fr.* 1, 608.
mamme, memme *f.* mamma DFG. 341ᵉ.
mammende, mamende *adj.* (II. 30ᵃ) *zahm, sanftmütig* PHYS. — *ahd.* mammunti *nach* WACK. 189ᵇ *aus* man *u.* munt, *hand.*
man *an.m.* (II. 30ᵃ) *im sing.* man, -nnes (*mans s. die composs. mit* mannes) *oder indeclin.*; *pl.* man (manne JER., mannen URB. Seck. 101) *gen.* manne *u.* mannen, *dat.* mannen *od. im ganzen pl. auch indeclin.* man; *seit dem 15. jh. erscheint d. pl.* menner MICH. *M.hof* 30. 31. GR.W. 3, 357. 67. 79. 405. 535 *etc.* NP. 121. TUCH. 331, 7, m e n d e r GR.W. 3, 349 *ff. u. oft neben* menner *in* FRANKF. *urkk. des 15. jh.* — *für die bedeut. sind im* WB. *zalreiche beispiele gegeben, wozu hier einige nachträge kommen: mensch,* ie man, nie man *irgend ein mensch, kein mensch: jemand, niemand* (*s.* ieman, nieman). daz ichʒ geklage nimmer man, keinem menschen LIEHT. 304, 12. 321, 4; *mensch männlichen geschlechtes in gereiftem alter, mann* (ein kint, daʒ hât under beine mannes mâl j. TIT. 149. mit den wîben mannes werc trîben GFR. 2444. 58. ain weibisch man MGB. 40, 3. des mannes ôren ALBR. 24, 31. so ist im der lip wol mannes grôʒ MSH. 3, 451ᵃ. mans namen haben, *ein man sein* CHR. 4. 76, 8. waʒ mannes *was für ein mann, wer* FLORE 3533. von dem manne unz an daʒ vehe sone lâʒʒe ich niuht leben EXOD. *D.* 153, 20. dô Moyses wart ze man *ib.* 122, 35. ein man kein man RCSP. 1, 419 *a.* 1437. gûter man HEST. *s.* 301, *bussfertiger, zur busse ermahnender:* der gûde man, der heilige man = *Capistranus* FRANKF. *brgmstb. a.* 1454 *vig. V. post Galli, sonst in den brgmstbb. des .15. jh.* der gûde man *armer, siecher mann, s.* guot), *tüchtiger mann, bes. tapferer kriegsmann* IW. ENGELH. swelch man über sînen muot ist man MSH. 3, 101ᵇ. unverzagter man DIETR. 5801. 8954. mannes herze tragen, *tapfer sein* AW. 3, 189. der ist ein fürste zeinem man TURN. *B.* 1115. dô kom, dô vaht man wider man RAB. 607. 87. 749. dringen in den strît als ein man KARLM. 206, 17. dâ viel man über man L. ALEX. 4730; *ehemann* (Rebecca bat ir man GEN. *D.* 53, 1. mîn man *ib.* 57, 4. HERZM. 143. ir man PARZ. 800, 29. er wart ir zeinem man TROJ. 17031. dô sie ir lieben man nâch ir willen gewan EN. 348, 31. sie brâht in wol innen gûter trouwen unde minnen als gût wîb ir lieben man *ib.* 350, 1. grôʒe vreude dem wîbe geschiht, diu ir lieben man nâch strîte gesunden siht LOH. 2935. 6935. 37. der beste wîbes man GA. 2. 188, 504. zwiu sol ein gebûwer mir ze man NEIDH. 27, 23); *geliebter, verlobter* MSF. 3, 20 *u. anm.* 4, 36. GREG. 685. GUDR. 682, 3. 704, 3. 1332, 1. 1401, 1; süeʒer man, *lieber sohn* PARZ. 11, 20; *dienstmann, dieners.* armman (*uneig. armer man gebackene brotschnitte* S. GALL. *ord.* 191, *vgl.* arme ritter); *lehnsmann, vasall* (von manne ze manne sach der keiser RUL. 300, 14. LOH. 1860. er muoʒ sich iu ze manne geben KARL 4597. DAN. 444. 5806. die mannen, daʒ sind der wappensgnôʒʒen lêhenleute URB. *Seck.* 101. oft im lehnrechte des SWSP.); — man *als unpers. pron. mit artikel:* d e r man TRIST. swâ sô der man gesaʒ FLORE 7647. dâ mite ein man in gerne lêrte *ib.* 7918. hî mac ein man wol merken ELIS. 620; *ohne artikel allgem.* (*die substant. bedeut. wird aber manchmal noch so stark gefühlt, dass das folgd. pron. sich darnach richtet:* jâ wæn man niender funde, wie sêre ers wolde ersuochen ER.² 5237 *u. anm.*), m a n t CHR. 4. 189, 7, *proclit. u. enclit. lautlos* m e n, m e (men KOLM. 31, 9. me HIMLR. 92. 124. 248. 49. wieme = wie man DIUT. 2, 292, *12. jh.*), mîn DIEM. MÜHLH. *r. L.* 166, *apok.* m'

(dâm', solm' *etc.*), *nebenform* wan (III. 492ᵃ) *besond. alem.* WIG. WALTH. MS. MAR. 165, 22. 174, 18. MART. 24, 11. 36, 49. 116, 107. 238, 17 *u. o.* W. *v. Rh.* 209, 17. TRIST. *U.* 2303. BUCH *d. r.* 239. WACK. *pr.* 62, 38. MYST. 2. 635, 10. SCHREIB. 1, 83. wen BON. SWSP. *L.* 2, 48; *zuweilen steht das vb. im pl.* das man frede halden mûsten DÜR. *chr.* 291. MICH. *M. hof* 37. — *gt.* manna *zu skr.* man *mensch von w.* man, *denken s.* CURT.³ 99. GSP. 244. FICK² 147. 830ᵃ *und vgl.* manen, meinen, minne.

man, mane *stf. m.* (II. 51ᵃ) *mähne.* diu man HARTM. (ER.² 1428) PARZ. TRIST. ERACL. WIG. EILH. 5373. 556. diu mane ALBR. 5, 71. 32, 342, *pl.* die mene MYNS. 59; der mane *swm.* EN. 148, 18 (*wetterauisch* der môn WEIG. 2, 87); der man, -nnes (*vom menschenhaare*): er was swarzer bî dem manne (: genanne), bleicher an der hûte KCHR. *D.* 349, 18. *vgl.* menin. — *ahd.* mana, *altn.* mön. *vgl. skr.* manyâ *nacken*, FICK² 830.

mân *m. s.* mâge, magen, mâne.

mân, mæn *swv. s.* mæjen.

manære, -er *stm. mahner.* sand Jôsep was der maner mîn BPH. 10127;

manærinne *stf. mahnerin.* dîn manærinne was Vorhte MAI 177, 3.

man-bære *adj.* (II. 32ᵃ) *mannesfähig*, *mannbar.* manbære megde, juncvrouwen W. *v. Rh.* 22, 45. 33, 29. 132, 29. APOLL. 12606. 19403. MISC. 2, 73. WOLFD. *Casp.* 101. der tochter zwô wâren manbêre an ir jâren ALBR. 470ᵃ; manbar, *männlich* OBERL. 988.

manber *s.* muntbor.

man-bëte *stf. kopfsteuer* MONE *z.* 7, 217(*a.* 1288).

man-brief *stm. mahnschreiben* S.GALL. *stb.* 4, 287. GR.W. 4, 608. manebrief RTA. 1. 88, 27. manbrivef CHR. 4, 29 *anm.* 1 (*s.* brief).

mân-bruch *stm.* eclipsis lune DIEF. *n. gl.* 143ᵇ.

mân-buoch *stn. lehnbuch* ARN. 67 (*a.* 1426).

manc, manch *s.* manec.

manc, mang *stmf. mangel, gebrechen.* ân allen mang HALT. 1305 (*a.* 1402); diu mang *ein fehler des pferdes* KRONE 19854. *vgl.* mangel;

manc *adj. mangel, gebrechen habend.* der kan sich machen alt und kranc und zů beiden sîten manc MALAG. 208ᵇ. — *aus it.* manco, *lat.* mancus, *vgl.* DIEZ 214. KWB. 185.

manc *stm. in* gemanc;

manc, mang *präp. mit dat.* JER. 45ᶜ. 48ᶜ. 49ᵃ. 57ᵈ *u. o. vgl.* inmanc *u.* FRISCH 1, 658ᶜ. VILM. 260. — *zu* mengen.

mancher-sît *adv.* (II².328ᵃ) *an manchen stellen* JER.

manclîch *s.* mannegelîch.

mancus (II. 51ᵇ) *eine goldmünze*, ahd. (manchus, stater *bei* SCHM. 2, 594 *ist aber wol aufzulösen in* manc-hûs *s.* menkelhûs).

mancte *prät. s.* mengen.

mând *s.* mânde.

manda-liet *stn.* (I. 985ᵃ. II. 52ᵇ) *freuden-, tanzlied* WACK. *litt.* 226. *s.* menden.

mandâte, mandât *stfn.* (II. 51ᵇ) *die fusswaschung am grünnen donnerstage* GEN. (dô er begie die mandâte *D.* 38, 9) GRIESH. nâch der grôzen mandâte APOLL. 15565. dô er daz mandât begieng mit sînen jungern MYST. 1. 292, 18. sî machte ie armen lûden ein mandât ELIS. 2943. 57. er hielt mit in mandâte PASS. *K.* 534, 29. er was dô mit den monchen nôch essens in dem mandât DÜR. *chr.* 533. an dem antlâztag sô sol man den vrouwen semeln geben zer mandât GEIS. 424. — *aus den lat. worten Christi:* mandatum do hoc vobis, ut vos ametis in vicem OBERL. 985. *vgl.* mendeltac.

mandât-ëzzen *stn.* hilf uns durch daz mandâtezzen daz Krist nam MARIENGR. 683.

mande *prät. s.* manen, menden.

mânde, mânt, -des *swstm.* (II. 55ᵃ) *mond.* mânde, luna Voc. 1482. BÖHM. 744 (*a.* 1376). mânde, mônt BON. 99, 42. 48 *var.* mânt, mônde, mônt DFG. 339ᵇ. mônde NP. 307 (14. *jh.*). DÜR. *chr.* 128. mânt ELIS. 4696. 6042; *monat*, mânde JER. EVANG. 279ᵃ. DÜR. *chr. s.* 718ᵇ. mânt PASS. HEST. 644. 54. ELIS. 8282. MONE *z.* 2, 21. RCSP. 1, 100 (*gen.* mândes *u. pl.* mânde, *a.* 1401), mând SSP. 3. 42, 4. — *vermischung von* mâne *u.* mânôt (WACK.).

mandel *stm. s.* mantel.

mandel *stfm.* (II. 52ᵇ) *mandel.* der mandel bluome MART. 219, 96. ein busch truoc bluomen unde mandel MSH. 3, 55ᵇ. mandel ezzen MGB. 163, 31. FASN. 478, 8. 784, 34. ein wîzer mandel WH. *v. Öst.* 59ᵃ. REINFR. *B.* 2153. 3845. zwai pfunt mandels TUCH. 124, 31. ir wird gât für den mandel ALTSW. 62, 27. ein eiger, ein kêse von mandeln BUCH *v. g. sp.* 71. 72, *s.* mandelkæse. — *aus it.* mandola, *gr. lat.* amygdala DIEZ 214. WEIG. 2, 96.

mändel *s.* mennelîn.

mandel-blat *stn. mandelblatt* MGB. 342, 22.

mandel-blüete *stf. mandelblüte* MGB. 303, 31. 342, 24.

mandel-bône *f. mandelkern,* amigdalus Voc. *Schr.* 99.

mandel-boum *stm.*(I. 228ᵃ)*mandelbaum* FREID. PART. *B.* 3350. MGB. 315, 16 *ff.* 342, 20. 23.

mandel-kæse *stm. eine speise aus gestossenen mandeln, milch u. eiern* BUCH *v. g. sp.* 72. GERM. 9, 201.

mandel-kërn, -kërne *stswm.* (I. 800ᵇ) *mandelkern* MAI, GSM. PART. *B.* 2322. TROJ. 1884. 9604. BPH. *H.* 57, 205. RENN. 9774. BUCH *v. g. sp.* 24. 71 *ff.* MGB. 315, 30. 342, 33. HB. *M.* 246.

mandel-kôsen *stn. das liebkosen.* ir ôren ne mugen nicht vernemen des brûtsanges unde mandelchôsennes HPT. *h. lied* 67, 9. — *s.* menden, mandunge.

mandel-kuoche *swm. mandelkuchen* BUCH *v. g. sp.* 74.

mandel-leg-milch *stf. säuerliche mandelmilch* MONE *z.* 2, 187. *s.* luckmilch.

mandel-milch *stf. mandelmilch* BON. 48, 109. HEINZ. 655. MGB. 419, 18. BUCH *v. g. sp.* 24. 71, -milich *ib.* 58. 74. 75. 77 *ff.*

mandel-muos *stn.* (II. 240ᵇ) muos *aus mandelmilch, semmeln u. äpfeln* BUCH *v. g. sp.* 70. GERM. 9, 203.

mandeln *swv. s.* mantelln.

mandel-nuʒ *stf.* (II. 424ᵇ) *mandelkern* GSM. TROJ. 2216. KOLM. 163, 16. amigdalum DIEF. *n. gl.* 21ᵃ.

mandel-öl *stn.* (II. 436ᵇ) *mandelöl* MGB. 389, 30, -ole DIEM. *arzb.*

mandel-rîs *stn.* (II. 724ᵇ) *zweig vom mandelbaume* KONR. (PART. *B.* 11090). LOH. 6139. MSH. 2, 248ᵃ. KOLM. 163, 13. STAUF. 146. RING 14ᵈ, 22. MONE 1, 45.

mandel-ruote *f.*(II. 817ᵇ)*dasselbe* KELL. 247,16.

mandel-suppe *swf.* (II². 721ᵇ) *mandelsuppe* GERM. 9, 199. 202.

mandel-wecke *m.* (III. 543ᵇ) *semmel mit mandeln gebacken* BUCH *v. g. sp.* 73.

mandenunge *s.* mandunge.

mandlîche *adv. s.* manlîche.

mandragôre *stf.* (II. 53ᵃ) *mandragora, alraun* GSM. mandragêre DIEF. *n. gl.* 245ᵃ.

mandunge, mendunge *stf.* (II. 52ᵃ) *freude, seligkeit.* mandunge RUL. DIEM. MAR. LEYS. SERV. GEN. *D.* 72, 18. 104, 29. EXOD. *D.* 155, 1. ANEG. 3, 48. ANTICHR. 142, 15. 193, 17. ROTH *pr.* 19. gaudium et leticia, froude und mandunge WACK. *pr.* 2, 80. mendunge GL. *trev.* mandenunge LS. 3. 394, 114. — *zu* menden.

mane *fm. s.* man.

mane *stf. ermahnung* KCHR. *D.* 143, 6. HEINR. 226. ELIS. 3841. 8214. 9761; *meinung, gesinnung,* in drüwelîcher mane *ib.* 3285. 459.

mâne, mân *swstm. f.* (II. 54ᵇ) *nbf.* mône, môn: *mond.* der mâne *sw.* NIB. TRIST. WALTH. der garte stêt sô hôhe, daʒ in vergât der mâne GEN. *D.* 9, 22. sunne und mâne ALBR. 35, 195. des mânen liechter schîn *ib.* 6, 34. 33, 405. der sunnen gan ich dir, sô schîne mir der mâne MSF. 58, 21. ein voller mâne *ib.* 136, 7. mîn lachen stât sô bî sunnen der mâne *ib.* 84, 8. als der mâne sînen schîn von der sunnen schîn enpfât *ib.* 124, 37. ein niuwer mâne MSH. 2, 145ᵃ. als diu sunne dem mânen tuot LIEHT. 54, 5. sô den mânen sîn zît in der naht her für gît ER.² 1773. 77. 79. da er sunnen noch den mânen sach LANZ. 1681. des mânen kelte MSH. 2, 390ᵇ. des liehten mânen schîn GA. 1, 488. in gebrast des mânen schînen GUDR. 890, 3. und schein der mâne wunneclich dur die wolken TROJ. 10510. dort gât der mâne ûf LS. 2. 509, 216. vollewahsener mânen drî BPH. 2421. der mâne *st.*: got die sunnen und den mâne geschuof GRIESH. 1, 54. sunn vürglenzet verr den mône (: schône) ERLŒS. *s.* 278, 49. diu mâne *sw.* MSH. 3, 107, 11; 2. 236, 2. der mân *st.* an sunnen, mân oder stern PASS. *K.* 283, 5. der mân verlôs sînen schîn CHR. 4. 42, 4. ain wiʒen maun (*im schilde*) *ib.* 61, 13. er beschuof sunne und môn *ib.* 8. 235, 5. der sunnen und des mônes *ib.* 311, 9. nôch dem vollen mône *ib.* 9. 512, 14. *pl.* zwên volle mæne ECKE *Z.* 70, 12 *u. anm.* drîge sunnen und drîge mône CHR. 9. 567, 21. diu môn GERM. 8. 110, 8; — *monat:* der mâne *sw.* Ms. (*H.* 2, 370ᵃ). unz an den vierzehenten tage disses selben mânen EXOD. *D.* 152, 27. niun mânen KINDH. 71, 53. an dem zehenden tage des mônen CHR. 8. 113, 22. mâne, mân *st.*: und reit in dem lande einen ganzen mâne (: âne) KRONE 28943. JER. 25503. des herbsts môn CHR. 4. 294, 3. *pl.* wan uns der meie vröude gît mêr danne alle mâne (: âne) KRONE 277. — *gt.* mêna, *ahd.* mâno *zu gr.* μήνη, *lat.* mensis, *skr.* mâs, mâsa *von w.* mâ, *messen* CURT.³ 311. GSP. 244. FICK² 153. 830.

manec, manic, -ges *adj.*(II. 58ᵇ) *nbff.* maneg, manig, manich, maning (MYST.), *umgel.* menic, menich (CHR. 2, 226 *anm.* 1), menig, *syncop.* manc, manch, mang, menc, meng —:

viel, manch, vielfach (im nom. sing. meist unflect. manech man Gen. *D.* 6, 19. manich wunder *ib.* 3, 17. manec wîp Er.² 211. manc man Msf. 208, 27. manig mensch Mgb. 106, 31. meng herz *ib.* 179, 22), *allgem. z. b.* maneger frâget Walth. 13, 33. ûf mange dine güete Msf. 38, 15. dêst manegem herzen liep *ib.* 3, 23, menegen herzen 4, 16. in manegem ende Rul. 12, 34, manegen ende *allenthalben* Gen. *D.* 114, 34 (*s.* ende). sô maneger jâre alt bin ich *ib.* 103, 11. uber manegen tach, *nach längerer zeit* Exod. *D.* 125, 13. ze vil manegen jâren *ib.* 125, 5. manege wîs, *auf manche weise* Albr. 24, 212. manger hande *ib. pr.* 37 (*s.* hant). mangen tag Chr. 8. 63, 8. in manigen weg *ib.* 46, 11. umbe manchen ungelouben *ib.* 120, 5. alsô menige sêle *ib.* 234, 9. mangeu tier Mgb. 118, 14. *mit gen.* Nib. Walth.; *compar.* maneger, maniger, meneger, meniger; *neutr. subst.* wan mangez spricht Mgb. 118, 24. — *gt.* manags, *über dessen etym. verschiedene meinungen herrschen, vgl.* Weig. 2, 95. Dief. 2, 34. Gsp. 245 (*vielleicht zu lat.* multus), Fick² 830 (*zu* magan?), Kuhn 9, 259 (*zu* μένος).

manec-slaht *adj.* (II². 388ª) *von mancher art, vielfältig* Diem. Serv. Part. *B.* 7614. 9810. 31. 12093. 348. Mone 8. 45, 4. 28.

manec-vach *adj.* (III. 200ᵇ) *manigfach* Jer.

manec-valt *adj.* (III. 232ª) *manigfaltig, vielfältig, zalreich, gross* Diem. Erinn. Hartm. (dîn tugent manecvalt Büchl. 1, 1481). Parz. Walth. Reinh. mit manichvalter nôt Exod. *D.* 137, 13. si tet im manicvalte mane Kchr. *D.* 143, 6. manecvaltiu swære Gfr. 1368. Licht. 420, 18. mîn brief sol ouch verswîgen niht dîn manicfalden arbeit *ib.* 29, 9. mîne swære sint manicvalte Neidh. 58, 13. ir stimme ist manicvalde *ib.* LI, 9. von sinnen manicvalten Flore 3610. in kisten manicvalten Engelh. 48. in sîner manicvalten nôt Silv. 4331. diu manicvalde schar Konr. *Al.* 907. ir kôsen wirt vil manicvalt Troj. 15361, *vgl.* 21273. 25360. ir manichvalde missetât Pass. 367, 64. mit arbeiten manicvalt *ib. K.* 3, 21. 43, 91. manicvalden Christes geloubigen Kulm. *hf.* 208. 209; *vielgestaltig.* der manecvalde Prothêus, der nâch allen dingen wart gestalt Albr. 24, 127, *verschiedenartig, ungleich, unbeständig* Trist. 12913. — *adv. auf manigfaltige weise* Walth. daz sol si mêren manicvalde Msf. 110, 33. Dietr. 7025. menicvalt Mart. 215, 76;

manec-valt *stn.* der ê gedeilit was in manigvalt Leseb. 184, 8;

manec-valt *stm. der blättermagen des viehes, pl.* menigfelt Rotw. 1, 57ª;

manec-valtec *adj.* (III. 233ᵇ) *manigfaltig, vielfältig.* diu zuht was manicvaltic, diu Pârîse wart geboten Troj. 20561. ir vreude und ir wunder manichvaldech was daran Pass. 104, 50. manicveltic Krone (16299); *ungleich, unbeständig* Ms. (*H.* 2, 355ª).

manec-valtec-heit *stf.* (*ib.*) *vielheit, menge, gesammtheit* Myst. (dâ alliu manicvaltekeit einz ist 2. 547, 36). uns kan sô wol gehelfen niht der liute manicvalticheit sam sîn einic gotheit Silv. 2817. der ritter m. Troj. 32475. der kargen manicvaltekeit diu stœret rîcher sælden hort Konr. *lied.* 31, 51. *vgl. noch* Herb. 6696. 7430. 603. 9536. Kulm. *hf.* 208.

manec-valtec-lîche *adv. auf manigfaltige weise* Myst. 1. 331, 25. 351, 28. *vgl.* manecvaltlîche.

manec-valten *swv.* (III. 232ᵇ) *tr.* manecvalt *machen, vervielfältigen.* ich manecvalte dînin sêr mit leide Spec. 103. nihne wellet manichvalten (multiplicare) Hpt. 8, 123. Weltchr. 56ª. die huet manigfalten Mf. 154. menicvalten Mart. 214, 77; *bunt zusammensetzen* Trist. 12297; *intr. sich unbeständig zeigen* Helbl. 8, 771;

manec-valtigen *swv.* manecvaltic *machen, vervielfältigen.* daz ein ist diu êwikeit, diu sich alle zît aleine heldet und einvar ist; daz zwei ist diu zît, diu sich wandelt unde manicvaldeget Myst. 2. 170, 11. ich wil manchfeldigen dîne dorftikeit Dür. *chr.* 8. menigvaltigen Hb. *M.* 118. — *mit* ge-, ver-.

manec-valt-lîche *adv. s. v. a.* manecvalteclîche. manichveltlîche Marld. *han.* 50, 35.

manec-var *adj.* (III. 238ᵇ) *verschiedenfarbig, bunt* Wg. Herb. 4191. En. 340, 11 *var.;*

manec-virwec, vërwec *adj. dasselbe.* manigvirbig, -verbig Mgb. 44, 1. 3. 7 *ff.* 98, 7. 25. 156, 12. 281, 18. 453, 24 *u. ö.* — *s.* virwec.

mâned-glîch (II. 58ᵇ) *aus* mânede *gelîch, jeder einzelne monat, monatlich* Parz. 97, 8; mânedeclîches Lanz. 7543.

mâneid *s.* mânôt.

maneger-leien *swv. refl. sich auf mancherlei art gestalten* j.Tit. 332. 537.

mane-golt *s.* mangolt.

mânelîn *stn.* (II. 55ª) *dem. zu* mâne. lunula eyn môneleyn Voc. *Schr.* 1550. mœnlin Dfg. 339ᵇ.

manen *swv.* (II. 53ª. 136ª, 28) *prät.* manete,

mante, mande: *erinnern, ermahnen, auffordern, antreiben tr. u. refl. allgem.* (als in got manete EXOD. *D.* 162, 8. do si sich gewizzenlîchen maneten GEN. *D.* 98, 18. die grieswarten si maneten RUL. 304, 14. daz her vil vaste manen unde biten ULR. *Wh.* 82ᵃ. nieman dorfte den andern manen [*zum kampfe*], sie wâren alle gemanet wol LIVL. 6040. dô mûst er sie mit nôten m. ALBR. 24, 170. daz ros mit dem sporn m. LANZ. 5300. HERB. 14801. TROJ. 25986. CRANE 4339, *od. bloss* daz ros manen DAN. 3708, WOLFD. 2188, *od. einfach* manen *mit verschwieg.* ros *ib.* 2182. *mit gen.* mînes leides wil ich dich m. RUL. 289, 19. di manten got sîner tougen *ib.* 203, 16. der vröude ich dich m. wil ULR. *Wh.* 26ᵃ. des du uns hâst gemant ALBR. 11, 5. 29, 218. Wâlwan sich des mande LANZ. 2698, *vgl.* 4929. *mit präp.* manen an PASS. 267, 57, umbe RUL. 292, 8. NIB. 1748, 4 *var., mit nachs.* dô manet er got von himele, daz KCHR. *D.* 440, 21, *vgl.* LOH. 4832. TROJ. 15855. ALBR. 16, 182. 85). — *mit* in-, er-, ge-, ver-. *ahd.* manên, manôn *zu lat.* moneo *von w.* man, *denken* CURT.³ 291. FICK² 383. *vgl.* man;

manen *stn.* do er vil manendes unde bete an ir minne vertete ALBR. 24, 168.

manessîe *s.* massenîe.

mânet *s.* mânôt.

mane-wurm *stm. ungefähr gleichbedeut. mit* hârwurm DENKM. XLVII, 2 *u. anm.*

man-ëzze *swm.* (II. 34ᵃ) *menschenfresser; Zürcher geschlechtsname* MSH. 2, 280ᵇ. 4, 627ᵃ. ZIMR. *chr.* 1. 155, 31.

mang *stmf. präp. s.* manc, mange.

mangære, mengære, -er *stm.* (II. 60ᵇ) *händler* DFG. 346ᶜ (*über* manigêri DIEM. 111, 21 *s. unten* manigære). — *aus mlat.* mango, mangor, mangorus. *vgl.* mangeler, menkeler.

mang-brët *stn. brett für die* mange, *glättrolle* TUCH. 78, 1. 17.

mange *swf.* (II. 60ᵇ) **mang** *stf.* TUCH.: *kriegsmaschine zum steine schleudern* LAMPR. HERB. EN. SERV. HARTM. (ER.² 7844). PARZ. BIT. WIG. KCHR. *D.* 196, 9. ERNST *B.* 1585. ECKE Z. 203, 4. KARLM. 468, 29. magge RUL. 262, 13; *maschine zum glätten der weberwaaren, glättrolle, -walze* TUCH. 78, 23. 325, 20. 22, *s. v. a.* manghûs *ib.* 325, 17. 25. *vgl.* BIRL. 328. — *aus mlat.* manga, mangana, manganum *vom gr.* μάγγανον, *rolle, walze* WEIG. 2, 97.

mangeiz *stn. s. v. a.* manger WWH. 103, 24 (*var.* manzeiz, manscheiz).

mangel *stm.* (II. 61ᵃ) *s. v. a.* manc, *mangel, gebrechen* GEN. 10, 6. RUL. 171, 16. PRIESTERL. 553 (562). BERTH. 431, 15. SERV. 627. 847. BLIK. 309. GREG. 3270. PARZ. 116, 30. 733, 1. WWH. 174, 21. TIT. 154, 2. j.TIT. 1501. 2558. 4228. 674. ENGELH. 1658. TROJ. 18848. 24060. PART. *B.* 8217. KRONE 154. NEIDH. 43, 9. FRL. 357, 8. MARIENGR. 452. GEO. 719. REINFR. *B.* 2400. 863. 3704. 5392 *etc.* MART. 88, 105. 129, 59. PASS. 164, 71. MF. 108. LS. 1. 288, 132. LCR. 109, 18. MONE z. 11, 109 (*a.* 1438). *s.* GERM. 8, 61 *f.*;

mangelen, mangeln *swv.* (*ib.*) *mangel leiden.* sie ohssent (*assen*) und liessent die kint manglen CHR. 9. 354, 6 *var., ermangeln, entbehren, vermissen mit gen.* GEN. (*D.* 50, 35. 73, 1. 109, 9. EXOD. 133, 36. 142, 2). ULR. IW. DIOCL. ERNST *B.* 1126. PART. *B.* 11328. REINFR. *B.* 5593. 20397. RENN. 22439. HPT. 7, 144. MSH. 3, 19ᵃ. GA. 2. 429, 624. WOLK. 3. 2, 29. CHR. 4. 53, 22 (*das cit. aus* LS. *s. unter* gemengen).

mangelen *swv. ringen, handgemein werden.* sie hâten mit on gemangilt alsô STOLLE (HPT. 8, 322. LCR. 141, 24 *u. anm.*). *vgl.* mangelunge 2 *u.* mengen.

mangeler *stm. s.* kornmangeler.

mangel-haft *adj. mangelhaft, gebrechlich* GR.W. 2, 569 (*s.* bruchvellec).

mangel-korn *stn.* (I. 862ᵇ) *misch-, mengkorn* GR.W. 1, 677.

mangeln *s.* mangelen 1; **mangelt** *s.* mangolt.

man-gëlt *stn.* (II. 34ᵃ) *stipendium militare* HALT.; *investiturtaxe* WESTENR. *gloss.* 342. mangelt und erbzins MICH. *M. hof* 25.

mangelunge *stf. mangel, abgang* KELL. *erz.* 249, 12. — *zu* mangelen 1.

mangelunge *stf. handgemenge* OBERL. 987. ARN. 67 (*a.* 1449). — *zu* mangelen 2.

mangen *swv.* (II. 61ᵇ) *s. v. a.* mangelen 1, *mit gen.* FRL. 80, 13. — *ahd.* mangên, *vgl.* mengen.

mangen *swv. auf der* mangen *pressen, glätten. bildl.* die schuld enge m., *die sünde durch busse mindern* WOLK. 113. 2, 6.

mangen-stein *stm. schleuderstein* PARZ. 212, 10.

mangen-swenkel *stm. strick, schlinge an der wurfmaschine* PARZ. 212, 15.

mangen-wurf *stm. das schleudern mit der* mangen PARZ. 212, 12.

manger *stn. das essen, die speise.* manger

ein petit âzen sie Orl. 978. 6680. 11109. mangier Krone 6467, mansier j.Tit. 2616, mansiere Reinfr. *B.* 732. — *aus fz.* manger, *it.* mangiare (*s.* menschieren) *vom lat.* manducare Diez 215. *vgl.* mangeiz, menschiuwer;
mangerîe *stf. das essen, die speisung* Trist. 16826 (*var.* menserîe, *vom lat.* mensa).
man-gerihte *stn. judicium feudale* Halt. 289. zu mangerihte sitzen Ad. 1336 (*a.* 1444). Mone z. 16, 401. *vgl.* mannetac.
mang-hûs *stn. haus in welchem die* mange, *glättmaschine sich befindet* Chr. 5. 144, 12. 155, 1. 208, 1. 4. Tuch. 180, 6. 199, 12.
mangier, manglen *s.* manger, mangelen 1.
man-glogge *swf. glocke, die beim leichenbegängnisse eines mannes geläutet wird* S.Gall. *stb.* 4, 206.
mang-meister *stm. vorstand des* manghûses Tuch. 325, 27. *vgl.* Birl. 328ᵃ.
man-golt *stm. mangold,* beta Voc. 1482. Mgb. 387, 31. 398, 31. Mone z. 2, 186. mangolt, -gelt Dfg. 72ᵇ, *n. gl.* 51ᵇ. manegolt und kappûs hât gevlohen gar mîn hûs Fragm. 38, 89. — *ahd.* Mana-, Manigolt *als eigenname* (ritter Mangolt Fasn. 600, 20), *der auf den namen* Menja *der goldmalenden magd Frodhis bezug zu haben scheint* Myth. 1160. *vgl.* Diez 2, 43. Fick² 830.
mangolt-saft *stn. saft des mangoldes* Myns. 95.
mang-seil *stn. seil zu der glättmaschine* Tuch. 109, 19.
mangte *prät. s.* mengen.
man-guot *stn.* (II. 34ᵃ) *s. v. a.* manlêhen Halt.
man-haft *adj.* (II. 32ᵃ) *mannhaft, standhaft, tapfer* Iw. Er.² 4290. Trist. Roseng. Bartsch 185. Ernst 4517. Eracl. 4647. Ulr. Wh. 150ᵉ Troj. 11493. Krone 26922. 29046. Gfr. 387. Wg. 11563. Karl 797. 1248. 11538. 953. Apoll. 6078. 993. 10348; manhafte liute, *hörige* Gr.w. 1. 106, 1;
man-haftic *adj. dasselbe* Hb. *M.* 234;
man-haftic-heit *stf.* (II. 32ᵃ) *standhaftigkeit* Myst.
man-heit *stf.* (*ib.*) *männlichkeit, mannhaftes, tapferes wesen, tapferkeit* Hartm. (Er.² 4309. Büchl. 1, 627. 1317). Parz. Walth. Wig. Ernst 4192. Lanz. 1321. 2251. 74. 2613. Dietr. 8808. Goldem. Z. 4, 13. j.Tit. 1069. 91. 1115. 16. Lieht. 469, 26. Troj. 25055. Loh. 3519. 4141. 411. 31. 36. 4567. 723. 39. 5755 *etc.* Krone 15077. 16079. 136. 22619. 23757. 27356. 493. 650. Reinfr. *B.* 2088. Helbl. 1, 848. 7, 470. Pass. 182, 47. Albr.

29, 323. Karlm. 27, 40. 40, 15. 34. Craon 3204. Mgb. 136, 6. 143, 1. Chr. 8. 28, 30. 353, 25. *personif.* Msh. 3, 437ᵃ; *mannhafte tat* Wig. (90, 39). Pass.; *mannesalter* Mein. 9; *verhältnis eines dienst- od. lehnsmannes* Wigam. (5793). Dsp. 1, 3; *collect. die mannen* Ssp.
man-hî-leich *stm.* (II. 34ᵃ) *s. v. a.* hîleich Leys.
mân-hof *stm.* (I. 699ᵇ) mondhof, halo Dfg. 292ᵉ. *vgl.* Mgb. 74, 33. 96, 21.
man-houbet *stn.* (II. 34ᵃ) *ahd.* manahoubit, mancipium Schm. *Fr.* 1, 1143.
man-houwet *s.* mannehouwet.
manic, manich *s.* manec.
mânic *adj.* (II. 55ᵃ) *einen monat dauernd,* mensurnus Dfg. 356ᵉ, *n. gl.* 250ᵇ; mænic, *mondsüchtig,* lunaticus Dfg. 339ᵇ. W. *v. Rh.* 134, 18 *ff. vgl.* mænisch.
maniere *stswf. art u. weise, manier, betragen* Trist. 4572. Karlm. 538, 7. Hans 3452. *vgl.* Zimr. *chr.* 4, 665ᵇ. — *aus fz.* manière, *it.* maniéra *vom lat.* manus. *s.* Diez 216.
manigære *stm. machinarius?* Diem. 111, 21. *s.* Denkm. *s.* 377.
manige *s.* menige.
manikel *stf.?* (II. 61ᵇ) *armschiene, -leder.* helm und manikel Ot. 509ᵃ. Ab. 2. 150, 39. — *aus mlat.* manicula Dfg. 347ᵃ.
mæninne, mâninne, mænîn *stswf.* (II. 55ᵃ) *mov.* mâne, *mond* Diem. Gen. *D.* 3, 10. Kchr. *D.* 360, 9. Karaj. 47, 8. Spec. 104. Lit. 220, 35. Windb. *ps.* 71, 5. Msf. 122, 4. Birk. *p.* 58. Pf. *üb.* 27, 17 *var.* — *vgl.* Weinh. *b. gr.* § 213.
maning *s.* manec.
mænisch *adj.* (II. 55ᵃ) lunaticus Evang. *M.* 4, 24. 17, 14; mænisch unrainikait, menstrua Schm. 2, 583.
manisse *stfn.* (II. 54ᵃ) *s. v. a.* manunge. nâch ŗechtlicher manisse (*md.*) Gr.w. 2, 790. 91.
man-knëht *s.* menknëht.
mân-kopf, -korn *s.* mâgenkopf, mâhenkorn.
man-kraft *stf. manneskraft.* mit grôzer mankrefte zestâchen sie die scheffte En. 315, 7; *menge von männern, kriegsheer:* manlich here wei gewan unde grôze mankraft *ib.* 130, 5 (*var.* magenkraft). dâ was grôz mankraft an dem breiten gevilde *ib.* 201, 38. *vgl. auch* magenkraft.
mân-kraft *s.* magenkraft.
man-künne, -kunne *stn.* (I. 912ᵇ) *menschengeschlecht* Diem. Kchr. Tund. Büchl Glaub. 1046. Aneg. 30, 6. 38, 71. Spec. 68; manskunne, *männliche nachkommenschaft* Oberl. 990.

man-lêhen *stn.* (I. 996ᵇ) *mannslehn, unter der männl. nachkommenschaft erbliches lehn* RSP. 437. SWSP. *L.* 2, 95. AUGSB. *r. W.* 277 *f.* URB. 178, 16, *Seck.* 102. GR.W. 6, 91. MZ. 1, 477. 85. 509 (*a.* 1403—8). CDG. 2, 373 (*a.* 1344). BÖHM. 700 (*a.* 1366). MONE *z.* 8, 169. 474. 9, 438.

man-lêhen-buoch *stn.* SWSP. *L.* 171ᵃ.

man-, män-lich *s.* mannelîch;

man-, men-lich *adj.* (II. 33ᵃ) *männlich*, virilis DFG. 622ᵇ, *dem manne geziemend, männlich, mutig, tapfer.* manlich HARTM. (manlicher rât BÜCHL. 2, 461). PARZ. TRIST. WALTH. BARL. manlîch herze vindet man bî schilde LIEHT. 457, 21. manlîcher muot ENGELH. 3683. diu rede manlich unde quec TROJ. 19191. mit vil manlîchen siten hât er daʒ her durchriten DIETR. 3265. manlîcher schrit ALBR. 21, 560. in manlîcher vehte *ib.* 30, 23. manlîche êre *ib.* 82. manlich und keck CHR. 5. 6, 2, *vgl.* 166, 5. 251, 16. manleich muot, herz, lût MGB. 12, 26. 228, 36. 399, 32. daʒ manlîcheste loufen KREUZF. 5620. manlich und kün werden, *vom falken* MYNS. 18. menlich: menlîchiu dât GR. RUD. 9, 3. menlich und unverzagt MSH. 3, 47ᵃ. swie vaste dir entwildet sî menlîcher orden TROJ. 16153. menlîcher muot ELIS. 3195. LOH. 5650, zorn *ib.* 4684, druc *ib.* 4615. menlich ellen *ib.* 4260. 570. 679, geschicke *ib.* 6237. menlich êre j.TIT. 3801. die burc behüeten mit menlîchen sachen LIVL. 8660. mit den wîben menlîchs werk treiben FASN. 744, 8. der mennlichster einer KARLM. 50, 45. mentlich RCSP. 1, 240 (*a.* 1411). *mit gen. des lîbes alse* manlich TRIST. 1314. des muotes menlich LOH. 5080, *mit präp.* er was menlich mit witzen *ib.* 4136; recht wie ein mann geartet: ein menlîch wîp, man MSH. 3, 37ᵃ. 90ᵃ;

man-lîch *stn.* (I. 971ᵃ) *das dem menschen gleiche, sein bild* FDGR. 2. 123, 24. sô ist dîn guldîn manlich mînem antlütze gelîch SERV. 2581.

mân-lich *adj. s. v. a.* mânic DFG. 356ᵉ.

man-, men-lîche, -en *adv.* (II. 33ᵇ) *in mannes art, auf mutige, tapfere weise.* manlîche IW. HIMLR. 213. KRONE 11917. ALBR. 9, 39.12, 33.13, 121. 19, 383. MARG. *W.* 99. CHR. 8. 308, 6. mandleich FASN. 1003, 20. manlîchen BÜCHL. ER.² 904. ALBR. 24, 171. menlîche, -lîch MAI, j.TIT. 2820. LOH. 4222. 372. 452. 6243 *etc.* LIVL. 11744. 956. CHR. 5. 17, 21. menlîchen MAI 1, 25. LOH. 4729. 5769. 893. PASS. 288, 53;

man-lîcheit *stf. mannhaftigkeit, tapferkeit.* manlich-, manlig-, manlikeit CHR. 3. 34, 10. 54, 18. 102, 13. 120, 27. 165, 11.

manlieren? *swv.* da ich die süeʒen, clâren sach hin und her manlieren LS. 3. 102, 143.

man-lôs *adj.* (II. 34ᵃ) *unmannhaft* HÄTZL.

man-mâc *stm. cognatus* HALT. 1308 (*a.* 1463).

man-mât *s.* mannemât.

man-mæʒic *adj. männlich* KALTB. 7, 84. HALT. 1308.

manna-brôt *stn.* (I. 264ᵇ) *manna* FRL.

manne-bilde *stn. mann* N. *v. B.* 302, *s.* mannes bilde *sp.* 273 (*auch* KRONE 17366).

manne-gelîch *adj.* (I. 972ᵇ, 12. II. 33ᵇ) *jeder, jedermann, männiglich* (*s.* gelîch). mannegelîch L. ALEX. 478. LOH. 3. 20, 14. manneglîch PARZ. manneclîch GEN. *D.* 104, 35. mannechlîch KARAJ. URST. 115, 48. mannichlîch DIEM. aller manclîch GRIESH. 1, 67. mennegelîch LANZ. GEN. *D.* 92, 5. aller mennegelîch FLORE 7380, alle menegelîch CHR. 8. 50, 22. 125, 31. wider allen menigelîch *ib.* 77, 8. männigelîch EXOD. *D.* 148, 27. männechlîch *ib.* 132, 36. männiclîch LIEHT. 96, 16. menneclîch IW. ER.² 2446. SWSP. 132, 13. aller menneclîch HELBL. 4, 113. männe-, menneglîch PARZ. LANZ. mengelîch LANZ., menglîch CHR. 8. 280, 4; 9. 618, 12. — *ahd.* allerô mannô io galih (*vgl.* aller manen gelîch ERNST 3315), manno galih, *vgl.* mannelîch.

manne-houwet *stm. flächenmass für weinberge, eig. die fläche, die ein rebmann an einem tage mit der* houwen *bearbeitet.* sehs mannehouwet reben MONE *z.* 17, 328, manhouwat *ib.* 3, 278 *ff.* (*a.* 1320). am Kaiserstule wird noch nach „mannshauet" gerechnet, je einen morgen ausmachen.

manne-jâr-zal *stf.* swenne daʒ kint von sînem herren belêhent wirt, sô gânt sîne mannejârzal an SWSP. *L.* 2, 50.

manne-klôster *stn. mönchskloster* MONE *z.* 4, 169 (*a.* 1400).

manne-lîch *adj.* (II. 33ᵇ, 7) *s. v. a.* mannegelîch: manlich SSP. 2. 51, 2. 3. 42, 4, *assim.* mallich KARLM. 50, 38. 60, 37. 115, 20. 25 *u. o.* mânlich IW. ER.² 2141. 2548. 8070. 10082. menlich BON. KARL (10306). HERB. 3703. LANZ. 2672. 7818. ULR. *Wh.* 167ᵈ. GLAR. 49. 115, *assim.* aller melch DÜR. *chr.* 686.

manne-mât *stnf.* (II. 88ᵇ) *ein flächenmass für wiesen, eig. die fläche, die ein mann an einem tage abmähen kann.* zwai mannmâd ist ietzund angeleit mit reben Schöpf 410 (*a.* 1333). zwô mannemât wisen Cdg. 2, 373 (*a.* 1344), siben man mât an wisen *ib.* 422 (*a.* 1355), ain manmât Mz. 1, 381 (*a.* 1381), drî mansmât *ib.* 1, 366. 426 (*a.* 1373. 93). Gr.w. 1, 214. Arn. 68. Baur *hess. urk.* 3, 1392. *s.* mât.

mannen *swv.* (II. 50ᵇ) *intr. zum manne werden.* wol mich, sô dû vol mannes Ulr. *Wh.* 254ᵉ. der was die zît gemannet vil wol gein ritterschefte j.Tit. 4854. 5549. *vgl.* gemannen (swenne dû gemannes, daz dû wirdes drîzic jâr alt Ulr. *Wh.* 255ᵇ); *sich als man betragen, zeigen:* diu wîbet niht, si mannet Mart. 132, 17. ir mannet, lât vroun Even wîben Msh. 2, 195ᵇ; *sich ermannen, aufmachen:* dô begunde die vrowe mannen und gie zû dem grâven gût Kol. 235, 1706; *zum manne nehmen, heiraten* Weist. nu hât si selbe gemannet, daz schœne magedîn Wolfd. B. 210; *als lehnsmann huldigen, den lehnseid leisten mit dat.* die vursten hatten eme gehult, gemannit und gesworen Hpt. 3. 22, 527. dem künige alle müeʒen mannen Msh. 2, 243ᵃ; — *tr. mit einem manne versehen,* ein ors gemannet Trist. H. 1649, bemannen Jer. Kirchb. 794, 3. *die* mangen gemannet und geseilet L.Alex. 1355; *als ehemann beigesellen mit dat.* Msh. 3, 283ᵃ, *mit präp.* ir sît mit mir gemannet wol Wildon. 36, 163; — *refl. einen mann nehmen* Wolfd. B. 210, 3 *var.*; *sich zum lehnsträger eines andern machen* Mb. *bei* Schm. 2, 579. — *mit* be-, ent-, er-, ver-.

mannen-mantel *stm. mantel für männer* Anz. 6, 54 (*a.* 1472). *vgl.* manroc.

mannen-sieche *swm.* (II². 356ᵇ) *der männliche kranke* Schm. 3, 190 (*a.* 1380).

mannes, mans *gen. von* man, *damit uneigentl. compon.:* mansbire *swf. testiculum* Fasn. 640, 19. — mansdegen *stm. penis ib.* 748, 15. — mannesgelëhte *stn.* (II². 391ᵃ) *männl. geschlecht, mann* Berth. — mannesgeziugelîn *stn. testiculum* Mgb. 127, 4. 242, 17. — mansgraft *stf. s.v.a.* mannehouwet Baur *hess. urkk.* 3, 1302. — manskunne *s.* mankünne. — mansmât *s.* mannemât, mansmâtewise *f.* (II. 88ᵇ) Oberl. — mannesname *s.* man *u.* name. — mansrëht *s.* manrëht. — mansruote *f.* (*vgl.* manstap), -zeichen *stn. penis* Mgb. 242, 17. 248, 3; 487, 27.

manne-schaft *s.* manschaft.

manne-tac *stm. s. v. a.* mangerihte Ad. 1336 (*a.* 1444). Oberl. 994.

manniclich *s.* mannegelich.

manochorde *s.* monocord.

mânoht *adj. mondförmig.* böllein brôt sol man mânoht machen Np. 195.

manolt *stm.* (II. 61ᵇ) *fing. name, für* meinolt, *meineidiger?* Ms. (*H.* 2, 214ᵃ).

mânôt, -des *stm. n.* (II. 55ᵇ) *monat* Diem. En. Geo. Wigam. Gen. *D.* 8, 36. 21, 12. 85, 20. 122, 3. 152, 7. Flore 151. Silv. 217. Krone 27195. mânôt, mâned, mâneid Dfg. 356ᵃ, daʒ mânet Dief. 1470, 107, daʒ mônet Anz. 12, 349 (*a.* 1431). mônet Sigen. *Casp.* 55. mônât, mônôt, mônet Chr. 8, 16. 26. *pl.* mônôde *ib.* 16, 17. 26. 17, 2. mônete *ib.* 393, 21. mônet Mgb. 346, 5. 484, 21. môneit, môneid *ib.* 359, 14. Hpt. 14, 162. Cp. 157 *u. o.* mâneid *u.* môneid Uoe. 4, 278 (*a.* 1298). mênôd j.Tit. 6115, mênet Chr. 2, 561ᵃ. Fasn. 388, 34. — *vgl.* mâne, mânde *u.* Fick² 830.

mânôt-ganc *stm.* mônâtganc, *menstruatio* Mgb. 9, 28.

mânôt-gëlt *stn. monatl. steuer.* die steuer des mônâtgeldes Mh. 2, 793.

mânôt-lich *adj. monatlich,* mensurnus. mânet-, mônetlich Dfg. 356ᶜ.

mânôt-rihter *stm. polizei- u. strafrichter, die monatweise im amte abwechseln.* mântrihter Mone *z.* 7, 57. 8, 144.

man-rëht *stn.* (II. 625ᵇ) *dienstmannen-, vasallengericht* Halt.; *freier stand:* welher das handwerk anfâhen will, der soll zu meisterrecht geben ein guldîn und darzu so soll er bevor abe sîn mannrecht haben Mone *z.* 9, 152 (*a.* 1486), *vgl.* 11. 268 *u.* Rotw. 1, 57ᵃ. 2, 347;

man-rihter *stm. richter über die* burcman Gr.w. 2, 565.

man-roc *stm. männerrock* Anz. 6, 54 (*a.* 1472). *vgl.* mannemantel.

man- *s.* mannes.

man-schaft *stf.* (II. 32ᵇ) manneschaft Wwh. 9, 30: *verhältnis eines lehnsmannes, lehnspflicht* Halt. Otte, Loh. er seite alle man des rîches lidig ire manschaft Chr. 8. 446, 11. sô bin ich lôs unde ledich van der manschaf Leseb. 725, 12; *lehnshuldigung, lehnseid* Halt. Wwh. Flore, Loh. Krone (einem m. swern 9971). einem m. tuon Part. B. 5391. Marld. *han.* 17, 33. 39. Chr. 9. 1036, 39, swern *ib.* 8. 477, 16. durch m. schöne nîgen Gerh. 6203. ban lihet man âne manschaft Ssp. 3. 64, 5; *coll.* mannen, *hörige* Halt. daz dorf mit der manschaft verkoufen Uoe. 4, 350. 544 *ff.* (*a.* 1300). manschaft, dorfer oder gerihte verkoufen Mz. 4, 256, *pl.* manschefte *ib.* 384.

manscheiz *s.* mangeiz;

manschieren *s.* menschieren.

mân-schîme *swm. mondschein, mond.* diu ne bedarf des sunnen noh des manskîmen dâ ze liehtenne Hpt. 3, 443 (*11. jh.*).

mân-schîn *stm.* (II². 146ª) *dasselbe* Iw. 2135 (des mânen schîn *B.*). Hb. *M.* 129. mônschîn Anz. 2, 191. Beisp. 13, 29. mônschein Mgb. Tuch. 73, 8. 9. 89, 33. môn-, mônenschein Cgm. 444, 8ᵇ *ff.* mân-, mên schîn Dfg. 339ᵇ, *n. gl.* 241ª. *vgl.* Kwb. 187;

mân-schînic *adj.* lunaris, lunaticus Dfg. 339ᵇ;

mân-schîn-lich *adj.* lunaris *ib., n. gl.* 241ª;

mân-schînunge *stf.* lunatio Dfg. 339ᵇ.

mân-siech *adj.* lunaticus Dfg. 339ᵇ.

mân-siech-heit *stf.* mônsîchkeit Dief. *n. gl.* 241ª.

mân-siech-tac *stm.* (III. 7ᵇ) mônsiechtag, lunatica Dfg. 339ᵇ.

mansier *s.* manger.

man-slaht *stf.* (II². 389ª) *erschlagung eines menschen, totschlag, mord* Trist. Barl. Priesterl. Pred. *u. md. denkm.* (Albr. 12, 59. Marld. *han.* 26, 4). Glaub. 1782. Kchr. *D.* 67, 29. Aneg. 33, 45. Strick. 12, 536. Mart. 191, 19. Jüngl. 342. Kol. 138, 331. Swsp. 342, 1. Ad. 785 (*a.* 1293). Mw. 197, 26 (*a.* 1294). Vet. *b.* 50, 4. Netz 372. 942. 1986 *etc.* Chr. 2. 165, 7; 4. 307 *anm.* 3; 5. 296, 13. Dfg. 279ᵉ; *schlacht* Zürch. *jb.* 62, 29, *vgl.* Fasn. 29, 35;

man-slahter *stm.* (II². 391ᵇ) *totschläger, mörder* Berth. Netz 13377. manslehter Renn. 15303. Np. 42. Kaltb. 2, 24;

man-slahtunge *stf.* homicidium Dfg. 279ᵉ;

man-slahunge *stf.* parricidium Dfg. 413ᵇ;

man-slecke *stf.* (II². 386ᵇ) *mord* Heimb. *hf.*;

man-slege, -slegge, -slecke *swm.* (*ib.*) *s. v. a.* manslahter Diem. Erinn. Tund. Griesh. Ulr. *Wh.* 156ª *u. rechtsdenkm. vgl.* mansleht;

man-sleger *stm. dasselbe* Hpt. 7, 155. Dfg. 279ᵉ;

man-slegic *adj. s. v. a.* manslehtic Chr. 8. 269, 14; 9. 556, 13;

man-sleht, -slehte *stswm.* (II². 389ª) *s. v. a.* manslege Leys. du salt manslechte heizen Vet. *b.* 4, 15;

man-slehter *s.* manslahter;

man-slehtic *adj.* (II². 391ᵇ) *eines mordes schuldig* Berth. Hpt. 1. 37, 107. Vet. *b.* 18, 15. 76, 24. Netz 1447. 5138. Chr. 3. 143, 27. manslehtiger homicida, paricida Dfg. 279ᵉ. 413ᵇ, *n. gl.* 205ᵇ.

man-stap *stm.* (II². 594ᵇ) *penis* Mgb.

mân-stengel *stm.* (II². 641ª) *mohnstengel* Fdgr. 1, 383ª.

mân-sühtic *adj.* lunaticus Dfg. 339ᵇ.

mant, mânt *s.* man, mânde.

mân-tac *stm.* (III. 5ᵇ) *montag* Er. Parz. Lieht. Lanz. 2666. Osw. 2659. Kol. 86, 344. Chr. 1. 389, 1. 392, 16; 2. 172, 12. 174, 19. 176, 21 *etc.* gesworn mântac (*s.* Ra. 820). Elis. *s.* 49. Gr.w. 3, 562. 63. 64. 6, 22. 23. 33 *etc.* der guete môntag, *blauer montag* Schm. 2, 583. Anz. 11, 14. der stolze môntag, *der nächste montag nach pfingsten* Schm. *a. a. o.* mæn tac Parz. Lieht. Amis, Just. 93. 110. 161. 213. mêntag Mein. Chr. 4. 21, 2. 34, 17. 40, 4. 78, 3 *etc.* 8. 56, 10. mêntdag *ib.* 9. 939, 5. mêndag *ib.* 8. 55, 16; 9. 761, 12. 855, 11.

mante *prät. s.* manen, menden, mennen.

mantel, mandel *stm.* (II. 61ᵇ) *pl.* mentel: *mantel als kleidungsstück der männer wie frauen, allgem.* (mantel L. Alex. 6382. Wwh. 155, 27. Griesh. 2, 62. 69. Flore 3463. Eracl. 1826. Troj. 1655. 20133 *f.* j.Tit. 5499. Krone 12375. Bph. 8778 *ff.* Jüngl. 720. 36. 929: Msh. 3, 67ª. 83ᵇ. 87ᵇ. 225ª. Pass. 380, 27. Albr. 5, 72. 6, 51. mandel Wwh. 248, 27. j.Tit. 1764. Helmbr. 679. Renn. 15035. Krone 23505. 656. *pl.* mantele Glaub. 2420, mentel Gr. Rud. 22, 17. Flore 6964. Swsp. 125, 4), *bildl.* êren m. Renn. 7141. triegen hât etswenne einen m. *ib.* 15035. under den m. nemen, *in schutz nehmen* Gr. Rud. Rul. Karl. den m. gên dem wind kêren Ring 28ᶜ, 16; mantel od. altertuch od. corperâl Voc. 1482; *überzug eines pelzes:* der pelliz und der mantel drobe Parz. 231, 5; *schutzmantel, schirm bei belagerungswerkzeugen* Kreuzf. 2834; *äussere bekleidung eines gebäudes* Ab. 1, 301; — *15 stück (zusammen aufgestellter garben), mandel* (II. 53ª): archonium eyne garbe vel mandel, mantel, eyn mandel koren Dfg. 46ᵇ. — *ahd.* mandal *aus mlat.* mantellus, *lat.* mantellum.

mantel *stf.* (II. 62ᵇ) *föhre*, mantelach *stn. föhrenwald s.* Schm. 2, 603 *u. vgl.* Nemn.

3, 371: *mantel, die äussersten oberbäume eines waldes.*

manteler, menteler *stm. kleiderhändler, trödler.* wê dir manteler! dû machest einen alten hadern, der fûl ist und ungenæme - - daʒ vernâdelt er und machet eʒ dicke mit sterke und gît eʒ einem armen knehte ze koufe BERTH. 16, 23. 86, 11. daʒ kain mentler mache wandelber gewant - - die mentler sullen rüegen verdiept gewant NP. 161 *(14. jh.).* mentler, vestiarius, qui præest vestimentis et vestibus Voc. 1482. *vgl.* CHR. 2. 507, 22. SCHM. 2, 603; — sam ein valk heiʒt mänteler, wenn ein gewant wirt abher, sô kêrt er daʒ inwendig ûʒen Ls. 2. 551, 3. *vgl.* mantel, *das rückengefieder* NEMN. 3, 371.

mantel-bletzer *stm. mantelflicker, spottname für kürschner* BEH. 50, 12. 312, 3.

mantel-hûs *stn. s.* OBERL. 996. *im* FRANKF. *beedbuch der niederstadt a.* 1477 *II. f.* 20 mantelgotshûs = *hurenhaus. vgl. mlat.* manser, mansor, manzer: huorenkint, -hûs DFG. 347ᵇ, *n. gl.* 246ᵃ.

mantel-korn *stn.* (I. 862ᵇ, 12) ein vierteil mantelkornes GR.W. 1, 823. montelkorn OBERL. 1063. *vgl. oben* eyn mandel korn *u. auch* manzalkorn.

mantellîn, mentellîn *stn.* (II. 62ᵇ) *dem. zu* mantel, *mäntelchen.* mantellîn ENGELH. mantellî GRIESH. 2, 71. mantelin W. *v.* Rh. 239, 6. mentellein CHR. 2. 78, 29. mentelîn BERTH. 347, 9. RENN. 20482. GA. 2. 427, 567;

manteln, menteln *swv.* (*ib.*) *mit einem mantel bekleiden,* palliare DFG. 407ᵃ. Voc. *Schr.* 2305, *wie mit einem m. bedecken,* mandeln umbe Ms. (*H.* 2, 369ᵃ); mandeln, *je 15 garben aufschichten* MICH. *M.hof* 31. — *mit* ent-.

mantel-ort *stm. mantelsaum.* den m. swenke ümbe mich MSH. 2, 140. *vgl.* PARZ. 88, 9.

mantel-roc *stm. mantel* BALD. 94.

mantel-snuor *stf.* (II². 454ᵇ) *schnur am mantel* PARZ. MSH. 3, 49ᵃ.

mantel-soum *stm. mantelsaum. pl.* mentelsöm HB. *M.* 239.

mân-töbic *adj. mondsüchtig* MGB. 200, 34.

mânt-rihter *s.* mânôtrihter.

man-tuom *stmn. s. v. a.* manheit KRONE 19779.

manual *stm. manuale, handbuch* EYB 3. MICH. *M.hof* 15. 21.

manucorde *s.* monocord.

manunge *stf.* (II. 53ᵇ) *mahnung, ermahnung, aufforderung (z. b. an den bürgen* MONE z. 7, 462) Iw. BARL. JER. PASS. (MARLG. 124,

161). LOH. 3508. KRONE 25637. MGB. 124, 161. monitio, monitorium, monimentum, monumentum DFG. 366ᶜ. 367ᵇ; *forderung vor gericht* HALT. 1304 (*a.* 1428), ûʒ der manunge komen, *eine rechtliche forderung vorbringen, das recht weisen* GR.W. 1, 570. 71.

manva *s.* menva.

man-vast-naht *stf. die grosse fastnacht,* sonntag invocavit MONE z. 11, 93 (*a.* 1392).

man-vende? nim ein hasenbein unde manfende unde hirʒeshorn PF. *arzb.* 2, 8ᵃ.

mân-wandelunge *stf. mondfinsternis, vgl.* CHR. 7. 154, 3.

man-wart-matte? *wol entstellt aus* manwercmatte GR.W. 4, 45. *s.* manwërc.

mân-wendic *adj.* (II. 695ᵇ) *mondsüchtig.* mônwendig MGB. 434, 11. 440, 14, lunaticus DFG. 339ᵇ, astrosus Voc. 1482.

man-wërc *stn.* (III. 589ᵇ) si queris, cur vocetur manwerk? ideo dicitur, quia uni viro committitur ad colendum, et est tantum terre, quantum par boum in die arare sufficit ANZ. 2, 316 (*12. jh.*). driu *etc.* manwerc matten URB. GR.W. 4, 5, *compon.* ein manwerchmatte *ib.* 92; die manwerke sint geheyssen manwerke umbe des willen, were die hait, die sint da von unser heren man und auch ene verbuntlich als eyn mann synen heren phlichtig ist *ib.* 590 (*15. jh., Bingen);*

man-wërke *swm.,* -wërker *stm. inhaber eines manwerkes* GR.W. 4, 590 *ff.*

man-zal *stf.* (III. 843ᵃ) *bestimmte zal von (bewaffneten) männern* HALT. 1314. welch stat mit irre manzal nicht enfolgen, als ir gesatzt ist MICH. 3 *s.* 25 (*a.* 1338). nâch manzal der lûde, die unser ieglîcher ûf dem felde hât BÖHM. 632, 28 (*a.* 1354). nâch der manzal (*unnötig in* marczal *gebessert) der* gewaupenten leuten RTA. 1. 8, 37; *bestand an mannschaft od. mitgliedern irgend einer körperschaft* HALT. *a. a. o.* die manzal zu dem dinge haben, *das dinc (gericht) mit der nötigen anzal von* huobern *besetzen* GR.W. 1, 714; *s. v. a.* marczal HALT. 1315;

man-zaler *stm.* (*ib.*) *gemeindegenosse?* SCHM. 4, 248.

manzal-korn *stn.* tria quartalia manzalkornes (mansurnalis annona) AD. 577, *13. jh.* zwei malter manzalkornes GR.W. 5, 434 *f. vgl.* manzerkorn

manzeler *stm.* (II. 62ᵇ) *der die abgabe in* manzalkorn *erhebt* GR.W. 1, 711.

manzer-korn *stn.* vier viertel manzerkorn Gr.w. 1, 711 *ff*. *vgl.* manzalkorn.

man-zît *stf.* (III. 914ᵇ) *mahnzeit, termin* Kulm. *r.*

man-zîtic *adj.* (III. 916ᵃ) *puber* Dfg. 470ᵇ. swelch man diu jâr hât âne muot, diu doch manzîtic sint Seven 261, 5;

man-zîtic-heit *stf.* pubertas Dfg. 470ᵇ.

man-zoge *swm.* (III. 935ᵇ) *s. v. a.* magezoge Pass.

mappele *swf. mappula.* unde nam in grôzir tôrheit ein corporâl von dem altere unde eine mappeln Ludw. 86, 22. *vgl.* Dfg. 348ᵉ.

mar, mare *mf.* (II. 62ᵇ) *quälendes nachtgespenst, nachtalp.* dich hât geriten der mar (: war) Ga. 3. 60, 646. mare ist ein trugnusse des menschen und kumpt von seinem plut, lebern und lungen, wen in daz auf seinem herzen ligt: effaltes, incubus Voc. 1482. *vgl.* Myth. 433. — *ahd. altn.* mara *f.*, *ags.* mara *m.*, *vgl.* merren *u.* Weig. 2, 87.

mar *stn. s.* marc 1.

mar, -wes *adj.* (II. 63ᵇ) *reif, mürbe, zart* Diem. Helmbr. mar werden Mgb. 258, 1. mürb od. mar *ib.* 324, 22. daz zæhe niht daz marwe j.Tit. 1339. 2740. 3668. 984. 4096. ein marwiz chalp Gen. *D.* 38, 7. marwez fleisch Krone 8110. ein marwez lindenblat Üw. *H.* 659. dîn ermlîn mar Wolk. 29. 3, 27. daz reblîn jung und marb *ib.* 109. 2, 14. marbe bürtzlîn *ib.* 87. 1, 11. wann das chraut ist mar Vintl. 2540. — *mit* mürwe *zur w.* mar (*s.* maln), *wozu wol auch lat.* mollis *gehört, vgl.* Curt.³ 305. Fick² 149.

marach *s.* morhe.

maras, maraz *s.* môraz.

marb *adj. s.* mar.

mar-balc *s.* marderbalc.

marbât? dâr ist marbât und manic spil Md. *ged.* 4, 31.

marc, -kes *stn.* (II. 63ᵇ) *streitross.* marc Nib. Kl. Gudr. 65, 1. 291, 4. Roth. 4959. Wig. 132, 28. 156, 40. Laur. 132. Bit. 8115. Dietr. 3327. 76 *u. o.* Parz. 312, 10. 530, 22. Lanz. 353. 1990. 4469. Loh. 4565. Krone 493. Wigam. 1789. Eilh. 4337. Osw. 2357. Msf. 20, 8. march, -hes Ath. Rul. 211, 3, *md. auch* mar, *pl.* mare (: gare) Karlm. 429, 51, ûf ir marn (: wârn) Jer. 18369. *vgl.* mœre. — *ahd.* marah, *kelt.* marka *s.* Gds. 31. Hpt. 9, 561. Fick² 831. *vgl.* merhe.

marc, -ges *stn.* (II. 67ᵇ) *mark, medulla* Gl. (march, marck, marg, merg, mack: abdomitum, medulla Dfg. 2ᵃ. 53ᵃ, *n.gl.* 249ᵃ). Lampr. Eracl. sîn gebeine was âne marc Wig. 170, 22. des lewen gebeine ist âne m. Renn. 19174. er derret sîn marc und sîn gebeine *ib.* 7954. 85. 13821. hunger gêt uns durch daz m. *ib.* 19891. in den beinen ir m. kraft gewan Apoll. 6891. der siechtuom mir bein und m. zeret *ib.* 15274. slege, die durch bein und durch m. vuoren Dan. 4844. alsô gap er ime daz m., daz in dem beine steckete Troj. 6067. bein und verch man dâ versneit ze tôde gar biz ûf daz marc *ib.* 12543. des muoste in sîme herzen sîn marc von nœten dorren *ib.* 20729. diu gift was im gedrungen biz ûf den kern des marges (: arges) *ib.* 38491. der jâmer durch daz m. dranc Herzm. 256. daz jm sîn m. in sîme gebeine erfrieset Berth. *Kl.* 252. des hirnen m. Wh. *v. Öst.* 51ᵇ. daz tet der eiter arge an âder und an marge Albr. CCXIV. der minne fûer ist sô starg, daz mir sûdet mîn marg und brinnet mîn gebeine Herb. 764. daz mangem marc und verch versêret wart Altsw. 226, 35. ouz swizzet im daz march Gen. *D.* 65, 5. der müggen marc Msh. 2, 248ᵇ. Ls. 3. 122, 43. *bildl.* daz marc des veterlîchen herzen H. *v. N.* 367. — *ahd.* marag, *altn.* mergr *zu zend.* mazga, *skr.* majjan, majjas, *altsl.* mozgu *von w.* masg (*skr.* majj *aus* masj), *lat.* mergo Fick² 151. 536. 832. Kuhn 3, 69.

marc, -kes *stn.* (II. 63ᵇ) *zeichen* Kchr. Greg. Türl. *Wh.* Frl. ein marc des himels stîges Lit. 144. er kunde wênic nâch der snuor houwen nâch ir marke Wwh. 394, 19. dar an (*am sarge*) sînes namen march man vant geschriben Kreuzf. 314. werfet ûwer sinne marc an Jêsu Christi marterât *ib.* 7929. — *mit* marke (*gt.* marka) *zu lat.* margo, *gr.* μάργος *von w.* marg, *skr.* marj, *streichen, streifen* (*vgl.* mëlchen) Fick² 149. 831.

marc *stf. s.* marke.

marc-bach *stm. durch die* marke *fliessender bach, gemeindebach* Gr.w. 4, 509.

marc-boum *stm.* (I. 228ᵃ) *gränzbaum* Swsp. 398, 6. marchpaum Gr.w. 3, 684. 6, 203. Mh. 2, 808. Kaltb. 73, 72. *vgl.* Ra. 544.

marc-dienest *stm.* (II. 65ᵇ) *servitia a silvae accolis praestanda* Halt. 1316 (*a.* 1247). Oberl. 1000.

marc-dinc *stn.* (*ib.*) *markgericht* Halt. 1316. *vgl.* merkerdinc, -geriht;

marc-gedinge *stn.* dasselbe Gr.w. 1, 167. *vgl.* merkergedinge.

marc-gewihte *stn.* zwei marcgewihte wahses, pondus duarum marcarum ceræ Kulm. *hf.* 213.
marc-grabe *swm. gränzgraben* Gr.w. 3, 686.
marc-grâf-schaft *stf.* (I. 568ᵇ) *markgrafschaft* Helbl. Dfg. 349ᵃ.
marc-grâve *swm.* (I. 568ᵃ) *königl. richter u. verwalter eines gränzlandes, markgraf* Diem. Nib. Wwh. Kchr. *D.* 502, 29. Gudr. 1087, 3. Otn. *A.* 593. 94. marcgrâv Turn. *B.* 448, 50. marggrâve Kreuzf. 479. margrâve *ib.* 573. 75. 662 *etc.* Troj. 17425. margrâf Lieht. 62, 15. 65, 6. 11. 75, 17. 77, 24. 87, 26. margrêve Böhm. 718 (*a.* 1367), *vgl.* Dfg. 349ᵃ;
marc-grâvinne, -grævinne, -în *stf.* (*ib.*) *frau eines* marcgrâven, *markgräfin* Nib. Parz. Virg. 156, 2. Otn. *A.* 595. Wolfd. *B.* 173. 76. 257. 250 (margrævin : hin). Karl 11125. Ludw. 31, 32. 32, 3. Dfg. 349ᵃ.
march, march- *s.* marc, marke, marc-.
marcht *s.* market.
marc-knëht *stm. knecht, aufseher im gemeindewalde* Gr.w. 4, 509 *f.*
marc-lant *stn.* welcher merker sich des marklandes will gebrûchen, der soll von iglichem morgen geben drei heller Gr.w. 1, 576.
marc-liute *pl. von* marcman, *märker* Uoe. 4, 278 (*a.* 1298). Mw. 168. 88. 92 *u. o.* (*a.* 1287 — 93).
marc-mâl *stn.* (II. 23ᵇ) *flecken im felle des streitrosses* Ath. *E* 101.
marc-man *stm.* (II. 45ᵃ) *gränzmann, gränzhüter.* der marcgrâve Rüedegêr *wird* marcman *genannt* Kl. 1359. Bit. 3491. 6274. 8387. 560. Dietr. 4702. Rab. 914. Roseng. 679. 91. 855. 920. 1013, *vgl.* Gds. 503; *bewohner einer mark, märker* Uoe. 4, 278 (*a.* 1298) Gr.w. 4, 508 *ff.*
marc-meister *stm. s. v. a.* merkermeister Gr.w. 3, 415. markenmeister *ib.* 500.
marc-mutte *stnm.* (II. 280ᵇ) march-, marchimutte *warscheinlich ein* mutte *voll* marcvuoters Mb. *bei* Schm. 2, 654 (*a.* 1164. 80).
marc-rëht *stn. märkerrecht* Halt. 1318. Ksr. 206. Mone *z.* 8, 232; *abgabe des märkers od. der gemarkung.* ein icglich mensche, daz in der marg sitzet und sîn margreht gît Gr.w. 4, 510. das marcreht ze Winterthur, das an wîngarten und ackern lît Urb. 228, 3.
marc-rîche *adj. viele mark ausmachend, teuer.* daz swert ist marcrîcher koste wert Ecke *Casp.* 91.
marc-rihter *stm. markrichter* Halt. 1318 (*a.* 1461).

marc-schalc *s.* marschalc.
marc-scheide *stf.* (II². 107ᵃ) *bestimmung der gränzen* Halt. Schemn. *r.*;
marc-scheidunge *stf.* districtus Dfg. 187ᶜ.
marc-stal *s.* marstal.
marc-stein *stm.* (II². 615ᵃ) *gränzstein* Albr. Swsp. 169, 3. 398, 6. Cdg. 3, 210. markstein Gr.w. 4, 506 *f.* Fasn. 958, 6. Np. 313. Tuch. 164, 5. 10, 165, 9 *etc.* margstein Miltenb. *stb.* 15ᵇ. 44ᵃ. marchstein Mh. 2, 807 *f.* Kaltb. 1, 62. 2, 31. marstein Gr.w. 2, 51. 4, 159. 5, 656.
marcte *prät. s.* merken.
marc-vade *swm. gränzzaun* Gr.w. 1, 272.
marc-vuoter *stn.* (III. 443ᵇ) *für die pferde des herrn zu lieferndes futter.* marchfuoter, -fueter Halt. 1317. Uoe. 4, 33 (*a.* 1285). Urb. *B.* 2, 431. Dh. 77. Mh. 2, 837. 3, 385.
marc-wëc *stm. gränzweg, gränze* Gr.w. 4, 162.
marc-wërt *stn. was eine mark wert, dafür zu haben ist* Chr. 7. 192, 10. 322, 7.
marc-zal *stf.* (III. 843ᵃ) *zal nach der proportion.* nâch marczal, *nach verhältnis* Ksr. 113. Mühlh. *rgs.* 109. Chr. 1. 128, 14. 129, 21. Ad. 1228 (*a.* 1394). Rcsp. 1, 103 (*a.* 1401), margzal Böhm. 632, 17 (*a.* 1354). Ad. 1151 (*a.* 1370). Chr. 8. 121, 19. 130, 12; 9. 811, 28, marzal Böhm. 506. 508. 729 (*a.* 1330. 71). Mz. 1, 527 *s.* 443 *f.* (*a.* 1410).
marc-zan *stm.* (III. 848ᵇ) *backenzahn* Swsp., *s.* Diut. 1, 335.
mardel *s.* marder.
marden *swv. s.* morden.
marden *stm. marderpelz?* kam ain frömder kneht mit ainem marden und mit ainem pantzer und wolt den marden geben hân umb driu pfunt pfenn. daz pantzer umb XI *β dn.* - - und hett sînen vettern Ruodîn von Lantzenhofen angegriffen und hett im den selben marden genomen und daz pantzer an sînem loon, den er umb in verdienet hett. - - der marden und daz pantzer vil bessers werd wârend denn als ers hin geben wolt *etc.* S. Gall. *stb.* 11, 32. (*oder ist* marden *ein feler für* maiden?).
marder *stm.* (II. 68ᵃ) *marder, fell desselben* Lieht. dâ marder, harm, dâ vêhe lief Virg. 138, 11. swer wilden marder in schôze zamt Msh. 2, 251ᵃ. Kolm. 94, 26. er ist an zorn ein marder Wg. 9806. *nbf.* mader Mgb. 158, 1 (*var.* marder, mardel). Kaltb. 7, 83. wer dem mader lât sîn nest Ls. 3. 521, 104. zobel, mader und vêchwergk Chr. 5, 283

anm. 2. er treit ein mantel von merder (: werder) Virg. 840, 10. dar quam der zobel und der mart (: wart) Reinh. 1336. marder, mader, mardel, mordel, merder, mart, marte Dfg. 349ᵃ, *n. gl.* 246ᵇ. — *aus mlat.* mardarius, mardarus, mardalus, martus, *lat.* martes Dfg. 349ᵃ.

marder-balc *stm. marderfell* Mb. 36ᵃ, 243. maderbalc Gr.w. 3, 661. marbalc Urb. *B.* 1, 64.

marderîn, märderîn *s.* merderîn.

marder-kele *swf.* bezogen mit niuwen rôten marderkelen Germ. *H.* 2. 95, 67.

mar-distel *mf.* endinia (endivia) Voc. 1482. *vgl.* megedistel.

mare *swm. in* gemare; mare *f. s.* mar.

mære *adj.* (II. 68ᵃ) *md.* mêre, *wovon gern u. viel gesprochen wird: bekannt, berühmt, berüchtigt, der rede wert, herrlich, gewaltig, lieb, von wert, allgem.* (mære helde Gudr. 1465, 1. Bit. 5334. Wh. *v. Öst.* 72ᵃ, der degen mære Bit. 622. 2608. ein mærer wigant *ib.* 8021. Krone 16559. 18247. Hercules, Augustus der mêre Albr. 3, 20. 36, 28. der kunec mêre *ib.* 16, 152. 18, 50. der mære keiser Otte 680. er wart wîten mære Serv. 742. Albr. 10, 439. 15, 15. Flore 3611. nu ist Blancheflûr in der stat ze mære *ib.* 1733. die mêre maget Albr. 24, 180, burc *ib.* 78. diu hôchzît muoz werden mære Exod. *D.* 147, 35. zeichen grôz unde mâriu *ib.* 152, 6. *mit dat.* diu vluht in wart dô mære Loh. 5860. daz ist mir alsô mære, *das eine so lieb als das andere, einerlei* Troj. 203. ob iu wære der lîp ze ihte mære, *wenn euch euer leben noch zu etwas wert däuchte, etwas gälte* Er.² 709 *u. anm.* 6679. frowe, dû versinne dich ob ich dir zihte mære sî Walth. 51, 5. elliu disiu rede wæhe was dem boten ze nihte mære Kchr. *D.* 212, 15). — *gt.* mêrs *in* vailamêrs *wolbekannt, gepriesen nach* Curt.³ 308 *zu skr.* smar, *zend.* mar, *sich erinnern, kennen, erwähnen, lat.* memor;

mære *stn. aus dem vorig.* (II. 71ᵃ—78ᵇ) *md.* mêre *kunde, nachricht, bericht, erzälung, gerücht allgem., häufig im pl.* (mære sagen *berichten, bekannt machen, erzälen.* starkiu mære Nib. 146, 4. 1272, 4. Kl. 133, 4 *var.* Gudr. 57, 4. 189, 3. 199, 2. En. 66, 13. 235, 16. 312, 29. Kindh. 90, 44. Msf. 97, 7. Loh. 2965. Bit. 4815 *u. anm.* diu starken niuwen mære Dietr. 3. 3004. 5980. Rab. 262. gemeinez mêre Albr. 21, 429. nu hôret leide mêre *ib.* 17, 138. ein vremdez m. *ib.* 10, 270. daz mêre wart breit Marlg. 253, 406. von himele kan er mære sagen Troj. 24684. ich bræhte in diu rehten mære wider Virg. 1059, 11. der mir dâ von iht sagte, daz wær ein verlornez mære Ulr. Wh. 146ᵇ. einen ze mære bringen Reinh. 1397. daz sie von den liuten allen niht würd ze mære noch ze schalle Bph. 1889. mêre vernemen umbe einen Albr. 16, 331. die begunde ich vrâgen umbe ein bilde mêre *ib.* 33, 335); *dichterische erzälung, erzälende dichtung* (daz mêre lengen, kurzen Albr. 12, 50. 22, 803. daz mære wil ich lâzen hie an wîle ligen stille Ulr. Wh. 183ᵈ); *erdichtung, märchen* (dô mahte er in m. *erdichtete er etwas* Strick. 4, 153. ez ist mir noch ein mære und weiz doch die wârheit Krone 13896. ein verlogenez m. Msf. 189, 7. Ga. 2. 152, 129. 364, 119); *gegenstand der erzählung, geschichte, sache, ding* (*z. b.* seltsæniu mære, *seltsame dinge* Nib. 91, 4. kleiniu mære, *kleinigkeiten ib.* 102, 12);

mære *stf.* (II. 70ᵇ. 71ᵇ, 8) *md.* mêre, *ahd.* mâri *berühmtheit s.* unmære; *mündliche äusserung, rede* Parz. nâch dirre selben mêre Elis. 9260; *kunde, nachricht.* obe ein bode geriden quême mit der mêre *ib.* 8465. die mêre fur die juden schal Erlœs. 3901. do er vernam die mêre Albr. 9, 69. maungen nimt der mêre wunder *ib.* 20, 276 (*kann in beiden beisp. aber auch pl. von* daz mêre *sein*). *erzälung, dichtung.* in dûtscher mêre Elis. 36. der geschichte ganze mêr Jer. 7813; *erwägung, absicht.* ich hân mich dirre mêre ûz gedân Elis. 2530, *vgl.* 2782. 6883; *ereignis, umstand ib.* 2561. 631. 6338. 8848; *art u. weise,* mit dienstlîcher mêre *ib.* 8465 *u. s.* 393ᵃ;

mærec *adj. in* wîtmærec.

mære-grôz *adj.* (I. 579ᵇ) *gross od. bedeutend, dass man davon erzälen kann* Diem. 2261, 5.

mârel? der wirt hiez sînem gaste bringen dar ein rîchen mantel grîsvar, bedaht mit einem mârel (mardel?) Krone 6911.

mærelîn *stn. dem. zu* mære *stn. geschichtchen, märchen, erdichtetes* Ls. 1. 128, 426. mærel Apoll. 2224. mærlîn *ib.* 1890. Renn. 8117. 12837. Kolm. 72, 4. Ga. 2. 408, 22. 450, 81, Ammenh. *s.* 347. 56. Alem. 1, 63. 66. Mgb. 250, 19. mærl *ib.* 299, 21;

mæren *swv.* (II. 70ᵇ) *prät.* mârte: mære *machen, verkünden, bekannt, berühmt machen*

Gen. ir sît gemæret Dan. 5866. daz was den einvaltigen vor gemæret Helbl. 11, 88. *vgl.* Rotw. 1, 57ᵃ. sich m. *sich erzälen lassen* Helmbr. 90. 1788. Hadam. 161. — *mit* ûf, be-, ver-.

marend *stf. nachmittagsbrot* Schöpf 423 (*15. jh.*). — *aus lat. it.* merenda, *vgl.* mërâte.

mærer *stm.* (II. 70ᵇ) *schwätzer* Cato.

mæres-halp *adv.* (I. 616ᵇ) *von seite der geschichte, erzälung* Parz. 4, 24. Karaj. bruchst. 19, 171.

mære-tihter *stm.* fabulonius Voc. 1482.

marg *s.* marc, marke.

margariet *stm.* (II. 79ᵇ) Frl. 287, 8 *s. v. a.*

margarîte *swf.* (*ib.*) *perle*. reine margarîten Msh. 3, 338ᵃ. erwelte margarîten Troj. 1221. daz lûhte sô glanz von margarîten *ib.* 7514. 9622. 17535. vil margarîten kleine Elis. 2554. Part. *B.* 12444. 13544. und schein dar ûz ein wunder der liehten margarîten *ib.* 20733. die allerdurchlûchtigisten margarîten Öh. 85, 17. man sol die edelen margarîten (margarêten Adrian 467, 79) nüt under die swîn werfen N. *v. L.* 86. margarête Evang. *M.* 7, 6. margarith Dfg. 349ᵇ. *bildl. epith. der jungfr. Maria* Walth. Gsm., *der hl. Elisabeth* Elis. 9444. — *gt.* marikreitus *stm. aus gr. μαργαρίτης, vgl.* mergriez.

margaron *s.* meigramme.

marg-grâve *s.* marc-grâve.

margram *stm. s. v. a.* malagranât j. Tit. 4821. Germ. *H.* 8, 273. Münch. *r.* 7, 98.

margram-apfel *stm. s. v. a.* malagranâtapfel margranöpfel, malogranatum Dief. *n. gl.* 244ᵇ. margramöpfel Münch. *r.* 1, 437.

margram-boum *stm.* (I. 228ᵇ) Loh. 6332.

margram-loup *stn. laub des granatbaumes* Fdgr. 1. 323, 14.

margram-rinde *f.* (II. 710ᵇ) *rinde des granatbaumes* Diem. *arzb.*

margram-souc *stm.* (II². 724ᵃ, 28) *saft des granatapfels* Diem. *arzb.*

margrât *stm.* (II. 80ᵃ) *s. v. a.* malagranât, margram Loh. 6137.

margrâve, -zal *s.* marcgrâve, marczal.

margt *s.* market.

mær-haft *adj. erzälenswert.* und wil sagen an diser vrist, swaz mærhaft und verstendig ist Weltchr. *bei* Roth *dicht.* 80, 112.

marhen-sloz *s.* malchsloz.

marhte *prät. s.* merken.

mariner *s.* marnære.

mark, mark- *s.* marc, marc-, market, market-.

marke *stf.* (II. 64ᵃ) *auch* march, mark, marc *s. die composs.;* merke Ulr. *Wh.* 243ᶜ. Gr.w. 5, 155 — : *gränze* Nib. Gudr. Frl.; *gränzland* Nib. Jer.; *abgegränzter landteil, gau, bezirk, gebiet* Diem. Nib. Wwh. Pass. (er hete manicvalt ûf sîner wîten marke *H.* 353, 32. der in unse marche sô geweldeclîchen zoget 100, 13. des tûvels m. 106, 19. 123, 94). er lêch ime die m. Roth. 4825. gæbe man im aber eine m. od. ein herzogetuom Berth. 233, 20. der marke pflegen Loh. 4139. sîn volc und sîne m. Troj. 18044. die m. überrîten, *durchreiten* Bit. 3143. ich wil varn hein ûf mîne m. Dietr. 2793, *vgl.* 2785. 927. der brante mir mîne m. Karl 3030. 4379. 8632; *gesamteigentum einer gemeinde an grund u. boden, bes. an wald* Gr.w. 4, 509 *ff.* dâ ein walt oder ein mark ist Ksr. 206. die marchleute sullen die march und die strâze vriden und schermen Mw. 168, 14 (*a.* 1287). — *s.* marc 3;

marke, marc, march *stf.* (II. 67ᵇ) *mark, halbes pfund (silbers od. goldes)* Nib. Gudr. (297, 1. 308, 4. 352, 3) Trist. Wig. Walth. Gerh. von marke ze marke sie ez (golt) wâgen Ulr. *Wh.* 163ᵃ. ein gelœte alsô starc, daz ez wol die zwelften marc in die einleften wac Amis 1841. von lûterm golde manec marc Loh. 3574. er hete geldes manig mark Ga. 2. 595, 6. swaz wære drîer marken wert Liecht. 214, 1. von golde drîzic marke Er.² 2177. mit hundert marken ich sie begâbe Kol. 87, 386. tûsent marke Msh. 2, 65ᵇ. Flore 4746, marc Goldem. *Z.* 6, 11. Apoll. 6621. 87. 8351. 637. Reinfr. *B.* 324, marg Böhm. 516 (*a.* 1332). Chr. 8, 110, 20. 134, 15. ein march = 72 grôzer pehemischer phenn. Uhk. 2, 80 (*a.* 1322). Ukn. 212 (*a.* 1324). zehen tûsent mark silbers, ie dreu phunt haller für ain mark ze raiten Mw. 311 (*a.* 1344). der selben Ötinger pfenn. sullen 25 ein lôt tuon, und 13 schilling und zehen Ötinger pfenn. ein mark *ib.* 371 (*a.* 1391). zehen schilling und vierzehen pfenn. auf ein Regenspurger mark *ib.* 378 (*a.* 1395). und furbaz schullen si slahen ain newe münz auf ain Regenspurger marck vierzehen schilling und zwainzik phenn., daz macht auf ein Regensp. lôt 27 phenn. *ib.* zwei pfunt und 56 pfenn. ûf ein Nürmberger mark Mz. 4, 381. die vermischt mark sol steen zu sechs lötten feins silbers und sollen gên 25 pfenn. an ain lôt Mh. 3, 341 (*a.* 1479). *vgl.* Chr. 1, 228 *ff.* — *altn.* mörk, *mlat.*

marca (*aus dem deutschen*), *ident. mit dem vorig.* marke, *eigentl. begränzte, bestimmte summe* FICK² 831;
marken *swv. zeichnen, bezeichnen s.* be-, vermarken.
marken *swv. s.* marketen.
marken-meister *s.* marcmeister.
market, markt *stm.* (II. 80ª) margt, marcht *pl.* märgte, märcht BÖHM. 506. 542 (*a.* 1330. 37). mark CHR. 4. 281, 1; 5. 44, 28 *pl.* merke *ib.* 3. 293, 21; merket BÖHM. 641. 750 (*a.* 1355. 77), merk *s. die comp.*, merg WACK. *pr. s.* 260, 3. mart DÜR. *chr.* 718ᵇ, *s. die comp.* —: *marktplatz, markt* ERACL. ENENK. der m. ze Bern GA. 1, 500, *vgl.* Kampelmarket. der markt *in Nürnberg* TUCH. 126 *ff.* ain markt mit ainer mûr umbfangen CHR. 4. 94, 3; *handelschaft, markt, jahrmarkt* WOLFR. (TIT. 145, 4) TRIST. FREID. TROJ. NEIDH. 51, 28. ze markte gân WG. 881. ûf dem markte veilen LOH. 5890. frier markt MERAN. 7. CHR. 2. 36, 25. 39, 26. gekoufet ûf dem gemeinen markte SWSP. 265, 22. koufet, ê der m. zergê LS. 2. 502, 157. Nördlinger markt CHR. 4. 106, 2. ain mark machen *ib.* 281, 1. messen und märgte, märcht BÖHM. *a. a. o.*; *handelswaare* TRIST. sît got sô süeʒen market gît, *da gott solch herrliche waare zu erkaufen möglich macht* MSF. 97, 22; *marktpreis,* der gewonliche mark MONE *z.* 7, 295; *ort mit marktgerechtigkeit, marktflecken* HARTM. (ER.² 223. 450). LANZ. LIEHT. den markten und dorfern BÖHM. 517 (*a.* 1332). die merke Cadelspurg, Haslach *etc.* CHR. 3. 293, 21. — *aus lat.* mercatus.
market-ambetman *stm. marktamtmann, marktbehörde* GR.W. 6, 178.
market-bære *adj. tauglich für den markt.* würde ein tuoch nit marktbar funden, dem sol man die ende ab ziehen MONE *z.* 9, 155.
market-bühse *stf. büchse für das auf dem markte erhobene stand-, strafgeld etc.* GR.W. 3, 685.
marketen, marken *swv.* (II. 81ª) *auf dem markte sich bewegen.* er markete ûf unde nider beidiu her und dar wider ERACL. 845 (*var.* er gie vür und wider den market ûf und nider); *handel treiben* OBERL. 1003. — *mit* ge-, ver-.
market-glogge *stf.* die m. liuten *zum zeichen des marktanfanges* FELDK. *r.* 88.
market-krâmer *stm.* ieder m. geit 5 pfenn. *als marktzoll* URB. B. 2, 432.

market-mære *stn. marktmähre, -geschwätz.* ze kôre ungerne gên und gern bî marketmæren (*gedr.* markte meren) stên RENN. 15961.
market-meister *stm. marktaufseher, marktpolizei* MONE *z.* 6, 398 (*a.* 1433). NP. 223. markmeister *ib.* 109. 172.
market-menige *stf. marktgemeinde* KALTB. 108, 61.
market-rëht *stn.* (II. 625ᵇ) *recht etw. auf den markt zu bringen, marktgerechtigkeit* WEIST. (güeter die zu marktrecht ligen 1, 286). daʒ m. verliesen ROTENB. *r.* 14. gerechtickeit des marktrechts ZEITZ. *s.* 3, 62 *u. anm.; abgabe dafür, marktzoll:* die ûlenkarren sollen kein martrecht geben FRANKF. *brgmstb. a.* 1455 *vig.* III. *p. oc.*; *recht in einem* market *zu wohnen,* marchtenrecht enpfâhen FRONL. 27; *abgabe dafür,* in den steten pfliget ein ieglicher 6 pf. des jâres dem herrn zu geben ader seinem richter vor den zoll, das do heisset marcktrecht, dy muss ein iglicher burger ader mitwoner, der eigin hert oder kost hat PURGOLDT *rechtsb.* 9, 129.
market-safrân *stm. für den markt, zum verkauf bestimmter saffran.* mark safrân NP. 137.
market-scheffel *stm.* (II². 65ᵇ) *marktscheffel* HALT.
market-schif *stn.* (II². 111ª) auctoria DIEF. *n. gl.* 41ᵇ, merktschif VOC. *o.*, marckschif DFG. 59ᵇ. VOC. 1482 (ductoria).
market-stat *stf.* (II². 601ᵇ) *markt,* mercatus, mercatum, marckt-, marck-, martstat DFG. 357ª. VOC. *Schr.* 1643.
market-tac *stm.* markttag BIRK. 181. marktag HELBL. 2, 345. DSP. 80ᵇ *s.* 79. GR.W. 6, 19. KALTB. 108, 106. margtac MÜHLH. *rgs.* 155. MICH. *M. h.* 34.
market-veile *adj.* (III. 291ᵇ) *auf dem markte feil, für jeden käuflich.* der in sînen dienst marketveile machen kan MSH. 2. 205, 155.
market-vüerer *stm. der waaren zu markte führt* NP. 243. 45.
market-zol *stm. marktzoll* SWSP. 166, 5.
market-zülle *swf. marktschiff.* marchtzülle UKN. 143 (*a.* 1311).
markîs *stm.* (II. 81ᵇ) *markgraf* WWH. TROJ. 24880. TURN. B. 424. PF. *üb.* 49, 622. 688. 51, 840. markîse RCSP. 1, 657; Markis *n. pr.* j.TIT. 108. — *aus fz.* marquis *u. diess aus mlat.* marchensis, *markgraf, vom deutsch.* marke DIEZ 217.
markt, markt- *s.* market, market-.

markten-rëht *s.* marketrëht.
markunge *stf. gränze* Tuch. 309, 13. 310, 15. 17.
mark-vëlt *stn.* (III. 296ᵇ) Helbl. 6, 93: *die hs. hat* Marichvelt = Marhvelt (*var.* marich-, markevelt) Neidh. 86, 29.
mærl *s.* mærelîn;
mærlach *stn. s. v. a.* mærelîn Kell. *erz.* 190, 8;
mærlære *stm. geschichtenerfinder, dichter.* mærlær Mgb. 273, 20. 325, 13;
mær-lich *adj.* famosus Dfg. 224ᶜ, *n. gl.* 166ᵃ;
mærlîn *s.* mærelîn.
marmel *stm.* (II. 81ᵇ) mermel Wolfd. *B.* 425. Albr. 33, 337. marmer, mormel, murmel, marwel, marhel, merbel *s.* marmelstein —: *marmor* Parz. Trist. Serv. Konr. (Troj. 21227). Flore 4246. Renn. 16167. — *ahd.* marmul, murmul, *aus lat.* marmor;
marmelîn, mermelîn *adj.* (*ib.*) *von marmor.* marmelîn Iw. Trist. Osw. Msf. 28, 29. Troj. 17432. Ulr. *Wh.* 170ᵃ. mermelîn Part. *B.* 811. 34. Evang. *M.* 26, 7. märmelein Mgb. 396, 7.
marmels *adv. gen.*(II. 81ᵇ) *betäubt* Troj. 10749. 27292. *vgl.* Gr. 2, 334 *anm.* 3, 508 *u.* marvel.
marmel-stein *stm.* (II². 615ᵃ) *marmor* Diem. Nib. Mel. Wolfd. *B.* 555. 807. Ernst *B.* 2217. Part. *B.* 13526. Troj. 22545. 23457. Dan. 2395. Karl 974. Öh. 29, 29. 59, 8. marmerstein Ath. Herb. 9201. mermelstein Trist. *H.* Albr. Pass. (*H.* 336, 72. 94. 389, 14). Ernst 2028. Herb. 6098. 108. 22. märmelstein Part. *B.* 12028. marwelstein Hb. *M.* 553. marmel-, mermel-, mormel-, murmel-, marbel-, merbelstein Dfg. 349ᶜ. merbel-, mormelenstein *n. gl.* 247ᵃ;
marmel-steinîn *adj.* (II². 618ᵃ) *von marmor* Chr. 8. 111, 26. Hb. *M.* 553. märmelsteinîn Gest. *R.* 146. *vgl.* Dfg. 349ᶜ.
marmel-sûl *stf.* (II². 725ᵇ) *marmorsäule* Wwh. Konr. (Part. *B.* 20270. mermelsûl 3815). *vgl.* marmerclumne (columna) Hans 2055.
marn *swv. s.* merren.
marnære, -er *stm.* (II. 82ᵃ) *seemann, schiffsherr* Greg. Wwh. 438, 18. Türl. *Wh.* 81ᵇ. 99ᵃ. Orl. 8829. Otn. *A.* 65. 217. 19. Ernst 1944. 3134. Troj. 22526. 25278. Msh. 2, 332ᵃ. 3, 53ᵃ. Craon 701. Mgb. 101, 14. St. *a.* 1411. Wolk. 28. 3, 11. morner *ib.* 1, 5. mörner Cgm. 287, 14ᵇ. 254, 7ᵃ. mariner Dief. *n. gl.* 247ᵃ. *md.* mernêre Jer. Pass. (331, 32. 47). — *aus it.* marinaro, *mlat.* marinarius;
marnærinne *stf.* diu marnerin muoz bî mir sîn sol ich ze lande schiben Hugo *v. M.* 4, 15.

marobel *stn.* marrubium, prassium, sigminz Mgb. 408, 33 *ff.*
marren *swv. s.* merren.
marrobortîn *stm.* (II. 82ᵃ) *eine altspan., maurische goldmünze.* goldis tûsint marrobortîn (*var.* marrolîn) Jer. 5760. — *aus mlat.* marrobotinus, marabotinus *vom arab. volksn.* morâbiʿtin Diez 2, 149.
marrocheise *swm.* einer von Marroch, *Marocco* j. Tit. 867. 888. 3511.
marrunge *stf. s.* merrunge.
mær-sagen *swv.* schwatzen Berth. 85, 4;
mær-sager *stm.* Berth. 448, 25. mitologus Voc. 1482. mærseger, verbosus Dfg. 612ᵃ.
marschalc *stm.* (II². 77ᵃ) *aus* marc-schalc (Hb. *M.* 363): *pferdeknecht* Diem. Parz.; *marschall, als hof- (oder städtischer) beamter, aufseher über das gesinde auf reisen u. heereszügen, befehlshaber der reisigen, waffenfähigenmannschaft des hofes, allgem.* (Gudr. 553, 1. Loh. 1671. Trist. *U.* 3500. Pass. 358, 31. wenn man ausz zeucht zu veld, so gepürt sich zu haben marschalk [*proviantmeister?*] küchenmeister, kelner etc. Chr. 2. 256, 13. der fursten marschalk oder hoffmeister Tuch. 256, 4. der abbas hat einen marschalk, der soll mit ime varn; er sol och dem abbas nâch tragen sînen stuol ze den hôchgezîten, wenn er mit dem crûce gât Ad. 980 *a.* 1339. *beim deutschen orden der nächste beamte nach dem grosscomthur* Stat. *d. d. o., vgl.* Livl. 1023. 5576. 9208. 22. *bildl.* marschalc aller tugent Helbl. 7, 340).
marschalc-ambet *stn. amt eines* marschalkes Lieht. 247, 27. 250, 3. Helbl. 6, 42.
marschalc-tuom *stn.* (II². 78ᵃ) *dasselbe* Basl. *r.* Gr. w. 5, 487.
marschalkîn *stf.* (II². 77ᵇ) *frau des* marschalkes Trist. 1821.
marschandîse *stf. kaufmannschaft, handel* Trist. 4353;
marschant *stm. kaufmann* Trist. 3128. — *aus fz.* marchand.
marsche *stf. marsch, reise* Reinfr. *B.* 4347. 23522. — *aus fz.* marche, *vom deutsch.* marke, *gränze* Diez 688.
marsel, marser *s.* morsel, morsære.
marstal *stm.* (II². 558ᵇ) *aus* marc-stal (markstal Kuchm. 3. marchstal S. Gall. *chr.* 78): *pferdestall, marstall* Lampr. Parz. Kl. Krone (20587). Virg. 127, 4. j. Tit. 3406. Livl. 10241. Lor. 175, 2. 5. Tuch. 188, 14, 16. 244, 21;

marstallære, -er *stm.* (*ib.*) *aus* marc-staller (margstaller S.Gall. *chr.* 46) *pferdeknecht, aufseher über den marstall* Er.² 358 *u. anm.* Ls. 2, 449 *ff*. Wolk. 1. 1, 21. Netz 8284. Myns. 61. Tuch. 302, 16. marsteller Lor. 175, 3. morstaler Usch. 315 (*a.* 1377).

marstal-meister *stm.* Mühlh. *rgs.* 107. 152. marstallermeister Schm. 2, 618 (*a.* 1316).

mar-stein *s.* marestein.

mart, marte *s.* market, marder.

marte *prät. s.* merren.

martel, marter *s.* marter, marterære;

marter, martere, martel *stf.* (II. 82ᵇ. 83ᵃ) *das blutzeugnis bes. die passion.* marter Wwh. Pass. gotes marter Gen. *D.* 30, 17. die marter doln Kchr. *D.* 289, 15, liden *ib.* 290, 28. Silv. 345. Roth denkm. 47, 67 (martere). ze hegugede sîner marter Roth *pr.* 58. martel Freid. Berth. Msh. 3, 346ᵃ. Geo. 1128. Chr. 8. 106, 24. 339, 18. *md. auch sw.* an sîner martelin Adrian 429, 52. 446, 123; *crucifix*, marter Wwh. ein marter setzen Tuch. 202, 17. 218, 8. martel Myst. under unsers herren martel sitzen Rcsp. 1, 173 (*a.* 1410); *qual, pein, verfolgung, folter.* marter Iw. Trist. Walth. Wildon. 9, 112. 124. Mgb. 135, 2. 211, 16. 484, 10. einen an die marter (*folter*) füeren Chr. 3. 150, 1. den lîp in die martyr geben Alem. 1, 80. martel Heinz. 133. 82, 6. Chr. 8. 103, 8. 333, 21. 399, 19. martil Alem. 1, 65. 68. 71. 79. — *aus gr. lat.* martyrium;

marterære, martelære, -er *stm.* (II. 83ᵃ) *pass. märtyrer, blutzeuge.* marterære Kchr. *D.* 60, 35. 285, 22. Glaub. 2893. Silv. 258. 68. Turn. *B.* 930. Wg. 11681. 98. Marg. *W.* 104. 168. marterær Loh. 5054. Mgb. 461, 27. martrær *ib.* 175, 2. 187, 33. martrer *ib.* 220, 13, *verkürzt* marter *ib.* 59, 14. Ms. (*H.* 218ᵇ). Chr. 4. 75, 14, *md. umgel.* merterêre Myst. Pass. (128, 19. 259, 93). martelære Trist. Renn. Berth. 29, 4. Myst. 2. 374, 40. Marld. *han.* 121, 33. 122, 7. 12. 19. 29. 123, 3. 36. marteler Chr. 8. 115, 29. 441, 11. martiler *ib.* 9. 516, 5. S.Mart. 6, 3, *umgel.* mertelære, -er Freid. Himlf. Amis 1730. Ad. 1295 (*a.* 1427). die zehen dûsent merteler Miltenb. *stb.* 48ᵃ; *der marter, qual leidet:* ein armer marterære Trist. 7652. der minne m. Reinfr. *B.* 5348. 6372. die gotes martelêre, mertelêre, *die leidenden* Elis. 8095. 180; — *act. der marter, qual zufügt:* die (*unbussfertigen*) sint und heiszent gottes marteler Chr. 8. 115, 16;

marterærinne *stf.* (II. 83ᵇ) *die blutzeugin, märtyrerin* Ulr. Glaub. 2257. Diem. *beitr.* 1. 128, 109. Pf. *üb.* 144, 767. Uoe. 4, 82 (*a.* 1288). Hätzl. 2. 14, 415. martelêrinne Marld. *han.* 121, 40;

marterât *stf.* (II. 84ᵃ. 560ᵃ) *md. s. v. a.* marter, *blutzeugnis, marter, qual* Pass. Jer. Kreuzf. 7930.

marter-bære *adj.* (II. 84ᵃ) *qualvoll* Troj. 5595.

marter-bilde *stn.* (I. 121ᵇ) crucifixus, crucifixum Dfg. 159ᵇ, *n. gl.* 121ᵇ. martelbilde N. *v. B.* 82. Chr. 8. 119, 4.

marter-burde *stf.* (II. 84ᵇ) *die schwere der marter* Pass.

martere, -eren *s.* martere, matere, martern.

marter-gerüste *stn.* (II. 824ᵃ) lautumnum Voc. *o. vgl.* marterkorp.

marter-haft *adj. mit marter, qual behaftet.* martelhaft Berth. 115, 36.

marterîe *stf.* martery, merteley: martyrium Dfg. 350ᵇ.

marter-korp *stm.* martelkorb, latumpnum Voc. 1482. *vgl.* martergerüste.

marter-krône *stf. krone des märtyrers* Msh. 2, 193ᵃ.

marter-kröuwel *stm.* (I. 885ᵃ) ungula Voc. *o.*

marter-lich *adj.* (II. 84ᵃ) *zum martyrium, zur passion gehörig, qualvoll* Diem. *u. sehr oft bei* Konr., *s. zum* Engelh. 2140 *u.* Part. *B*. 6282. 438. martellîch N. *v. B.* 143, *umgel.* merterlich Gsm. Serv. Pass. Jer. märterlichiu nôt Marg. *W.* 54.

marter-lîche, -en *adv.* (II. 84ᵇ) *oft bei* Konr., *vgl.* Troj. 21271. 22581. Part. *B.* 2845. marterlîchen nôten Pf. *üb.* 3, 139. das verstuondens marterlich, *auf schlimme, arge weise* Chr. 4. 290, 7. *umgel.* märterlîchen Serv.

marter-mâse *swf.* (II. 85ᵇ) *wundmal von der marter* Msh. 1, 268ᵃ.

martern, marteren, marteln *swv.* (II. 83ᵇ) *ans kreuz schlagen, foltern, plagen, martern.* marteren Gen. *D.* 69, 22. Rul. 174, 20. marterôn Bon. 77, 54. martern Roth *pr.* 58. Wg. 10361 (*refl.*). Mgb. 37, 32. 353, 13. marteln Berth. 29, 5. N. *v. B.* 104. Chr. 8. 15, 11. 17, 20. 337, 22. Alem. 1, 67. 71 (martilen). Dfg. 350ᵇ, *umgel.* merteren *n. gl.* 247ᵇ, merteln Chr. 9. 713, 20. — *mit durch-*;

martern, marteren *stn.* Krist sich ze marterenne gap Msf. 30, 13.

marter-nôt *stf.* (II. 414ᵃ) *märtyrernot* Kreuzf.

marter-ram *stf.* cathasca Voc. 1482.

marter-sac *stm.* (II². 3ᵇ) culeus marter-, martelsac Dfg. 161ᶜ, *n. gl.* 123ᵃ.

marter-schrift *stf.* (II². 209ᵇ) *die leidensgeschichte Christi* Warn. 3546.

marter-stat *stf.*(II². 601ᵇ) *marterstätte* Kreuzf. 58.

marter-stunt, -stunde *stf.* vil tôter lebendic und gesunt wurden in der marterstunt Bph. 7727. an gotes marterstunde wurden zerstœret von grunde manic castel unde stat W. *v. Rh.* 206, 9.

marter-sûle *swf. martersäule.* den dieb füeren zu der marterseulen Kaltb. 65, 31.

marter-tac *stm.* (III. 6ᵃ) der hôh m., *karfreitag* Mone *schausp.* 1, 69.

marterunge *stf.* (II. 84ᵃ) *das martern, die marter* Pass. Glaub. 2181. Silv. 53. 1353. 3171. 83. 264. Eilh. 2848. martelunge Dfg. 350ᵇ, *sw.* Marld. *han.* 123, 27. 124, 11.

marter-var *adj.* (III. 238ᵇ) *nach der marter aussehend.* martelvar Frl. 4, 1.

marter-wëc *stm. marter-, leidensweg.* martelwec Berth. 171, 19.

marter-woche *swf.* (III. 797ᵇ) *karwoche* Jer. Beh. 250, 28. Usch. 195 (*a.* 1340). Chr. 1. 91, 29. 366, 16; 4. 185, 14.

marter-zît *stfn.* Kristes marterzît W. *v. Rh.* 208, 18.

martil, martilen, martiler *s.* marter, martern, marteræere;

martilje *swf. ndrh. s. v. a.* marterîe. zo sîner (*Christi*) martiljen Karlm. 270, 45. *vgl.* Marld. *han.* 121, 37. 122, 1. 6. 21. 28. 36. 123, 2. 10. 25 *u. o.* W. *v. N.* 61, 6. 16.

martran *s.* matere.

martsche *f.* (II. 84ᵇ) *name eines bankettes der strassburgischen geschlechter, ursprünglich im märz* (martius) *gehalten* Chr. 8. ·122, 6; 9. 776, 3 *u.* 1113ᵇ, *vgl.* Germ. 16, 300 *ff.;*

martzo *s.* merze.

marvel *stm.* **marvelen** *swv.* (II. 84ᵇ) sich ze marvel legen, sich marvelen, *sich in den winterschlaf legen* Oberl. 1004. *scheint zusammen zu hängen mit* murmeltier, *wofür auch* murfel-, mürfeltier *vorkommt s.* Fasn. 255, 16. Schm. 2, 655. Kwb. 194 *u. vgl.* marmels.

marwe *s.* mar *adj.*

marwel-stein *s.* marmelstein.

marwete *prät. s.* merren, merwen.

marzal *s.* marczal.

marzel, marzelle *stswm. eine münze.* die gutten martzell, der gantz und unbeschniten ist, einen für zechen schilling *schweiz. geschichtsfr.* 8, 267 (*a.* 1504). ein schâf umb ein marzellen koufen, ist 5 schilling, und ein cappûnen umb 2 marzellen *ib.* 239 (*a.* 1498).

masalter *s.* mazalter.

masanze *swm. f.* (II. 84ᵇ. 225ᵃ) *ungesäuerter judenkuchen* Cod. *pal.* 341, 361ᵈ. mosanze Leseb. 1021, 30. die baurn mit mosantzen, eigern, kesen und eyerkuchen irer gnaden entkegen gelauffen sein Ugb. 317. die mosanz Schm. 2, 635. — *mit* matze 2 *aus hebr.* mazzâh, *ungesäuertes brot* Weig. 2, 119.

mas-, masch-boum *s.* mastboum.

masche *swf.* (II. 84ᵇ) *masche, schlinge* Er. Lanz. die maschen (*des netzes*) alse wît geslagen, als ein hant an der breite hât Trist. 11120. an matschen und an stricken Netz 6020. *bildl.* ungelückes m. Wolk. 70. 1, 21, *vgl.* 95. 4, 11. — *altn.* möskvi, *lit.* mazga (*von* mezgù, stricken, knüpfen), *lett.* masgas *s.* Fick² 536. 832.

mascher od. greck in den augen, od. zipf der hennen, pituita Voc. 1482. *vgl.* Dfg. 439ᵃ.

mas-darm *s.* mastdarm.

mâse *swf.* (II. 85ᵃ) *wundmal, narbe,* cicatrix Dfg. 117ᵃ, *n. gl.* 88ᵇ. Er. Wolfr. (Parz. 678, 2. Wh. 74, 20. 92, 15). Geo. Troj. (12902. 26170. 31244). Griesh. houwent sie die lange wernden mâsen j.Tit. 3095. daz sie unz an die mâsen gar nâhe geheilet wâren Krone 12535. daz Dieterich generet wart von sîner sühte mâsen Engelh. 6467. mâsen die er ze phande trait, der durch uns die martere lait Roth *denkm.* 46, 66. bî der mâsen er in sît bekant Wolfd. 505. 1974. wir enphiengen mâsen dô wir ertbern lâsen Msh. 3, 31ᵃ. er gewan von dem zeine ein blûtes mâsen cleine Albr. 29, 74. ir secht die mâsen die mir stiez Theloboases spiez *ib.* 470ᵃ. ist die wunde hail, er sol bewîsen die mâsen Swsp. 350, 10. 403, 14. Ssp. 1. 68, 3; *entstellender flecken,* macula Dfg. 342ᵃ, *n. gl.* 243ᵃ. Ulr. Barl. Ms. (*H.* 2, 135ᵇ. 3, 431ᵃ). ain rainez lämbelî ân mâl und ân mâson Griesh. 1, 156. er was vrî von aller schande mâsen Lieht. 92, 18. sî gwan nie lasters mâsen Virg. 196, 8. Ulr. Wh. 139ᶜ. ân mâsen meil Wh. *v. Öst.* 47ᵃ. mit wârheit âne mâsen Mart. 292, 12. *vgl.* mahse;

mâsec *adj.* (II. 85ᵇ) *fleckig.* masig, maculosus Dfg. 342ᵃ. *vgl.* mâsëht;

mâsegen *swv.* mâsec *machen, beflecken.* wie got berüere alle crêatûre, daz er niht gemâ-

seget werde von den crêatûren MYST. 2. 612, 24. 613, 1. mâsgen NETZ 899. 4093. —*mit* ver-;
mâsëht *adj.* (II. 85ᵇ) *s. v. a.* mâsec. ob diser brief ungefærlich gebresthaft wær, an bermît nass, mausoht oder löchrot Mz. 1, 398. 406 (a. 1385. 87).

masel *stf.* (II. 86ᵃ) *weberschlichte*, flemen SUM. *vgl.* SCHM. 2, 623.

masel, masele *stswf. blutgeschwulst an den knöcheln, auswuchs,* serpedo, tuber DFG. 530ᵃ. 600ᵇ, *n. gl.* 336ᵇ. 373ᵇ (meseler). *vgl.* maser.

masel-suht *s.* miselsuht.

mâsen *swv.* (II. 85ᵇ) *mit* mâsen *versehen, verwunden.* daʒ dich kein vigent mâse MART. 77, 73; *beflecken,* maculare DFG. 342ᵃ. MGB. 396, 3 *var.* die sêle m. MART. 82, 40. — *mit* ent- (*nachtr.*).

maser *stm.* (II. 86ᵃ) *maser, knorriger auswuchs am ahorn u. andern bäumen,* murra, tuber DFG. 372ᶜ. 600ᵇ, *n. gl.* 259ᵇ. auʒ des holzes (*ahorn*) maser macht man guot köpf MGB. 338, 17; *becher aus maserholz* HELMBR. köpfe, meser, glasvaʒ KINDH. 95, 21. ûʒ maser und ûʒ ficht drinkt man dick guoten wîn ALTSW. 195, 21. — *altn.* mösurr, *ags.* maser ahorn, *vgl.* FICK² 833. DIEZ 2, 354 *f. u.* masel 2.

maseran *s.* meigramme.

maser-boum *stm.* murra DFG. 372ᶜ.

masern *swv.* (II. 86ᵃ) extuberare SUM.;

maseroht *adj.* (*ib.*) tuberosus SUM.

masge *f. maske s.* talmasge.

masholter *s.* maʒalter.

mäss, mässe *s.* messe.

massalgier *stm. verwalter, hausmeister* RTA. 1. 170, 5 (*Achen*). *mlat.* massarius DFG. 350ᶜ.

masse *stf.* (II. 86ᵃ) *ungestalteter stoff, masse, bes. metallklumpen* NICOD. KONR. MART. (*lies* 116, 29). ein guldiniu masse SERV. 1425. swer eine goldes masse trüege über velt MSH. 2, 218ᵃ (*vgl.* goltmasse). *bildl.* der sêle wol hundert ze einer masse man dô sluoc TUND. 54, 22. *vgl.* mass, ein grosser klotz eysen, der also ausz einem pleofen, wenn man das ertzt zerlest, zamleuft, und herauszgezogen und darnach erst von einander geschrot und under den hämern zu allerley eisnen stangen, stucken und plechen geschmidet wirt. man braucht disz wort zu allen dingen, sô der massen gossen werden, als gold, silber *etc.*, das man sonst zelten nent. es brauchens auch die medici und apotecker, wenn sie villerley gattung oder species zusam thuon, machen ein corpus darausz, das nennen sie in mass, darausz machen sie dann pillulen oder kügelein. *ein teutscher dictionarius durch Simon Roten Augsb.* 1571 *bog. k* 4ᵇ. *schweiz.* massle, *roheisen in langer, prismatischer form* STALD. 2, 200. — *aus lat.* massa, *vgl.* messe.

masseltürnin *s.* maʒalterîn.

massenîe, messenîe *stf.* (II. 86ᵇ) *sw.* LANZ. 690. massenîde *sw.* KARLM. 86, 28. 98, 61. *umgestellt* mansenîe W. *v. Rh.* 24, 16. 82, 17 — : *hausgesinde u. dienerschaft, auch einzelner diener* (PARZ. LANZ.) *eines fürstlichen herrn, gefolge, hofstaat, ritterliche gesellschaft* (*von frauen* DIETR. 1733. 4292. REINFR. *B.* 699. 1181). HARTM. (ER.² 1517. 9889. 917). WOLFR. (*Wh.* 127, 14). j. TIT. 1037. 1304. 515. TÜRL. *Wh.* 92ᵃ. LANZ. 1356. 2883. HPT. 1. 219, 18. DIETR. 701. RAB. 616. WOLFD. 1040. 1455. FLORE 7691. LOH. 235. 307. GEO. 992. KRONE 29164. TROJ. 1711. 24901. TURN. *B.* 125. KONR. *Al.* 577. ORL. MSH. 2, 14ᵃ. 363ᵃ. 382ᵇ. 18166. NEIDH. 42, 6. 7400. APOLL. 17865. 473,3, 61ᵇ. 182ᵃ. GA. 1. 695. ZIMR. *chr.* 4, 670ᵇ. godes massenîe, *die armen, leidenden* ELIS. 10420. — *aus mfz.* masnie, maisnie *von* maison, *lat.* mansio DIEZ 1, 260. *vgl.* mahinande, mehnîe.

mast *m. s.* mastic.

mast *stmfn.* (II. 90ᵇ) *befruchtung, benetzung.* ê iuch begrîft des rîsels mast, daʒ er iuch iht benetze KOLM. 7, 166; *befruchtetes, fruchtbares land:* du mager lant, du frühtic mast *ib.* 228; *futter,* nützeʒ m. FRL. 162, 18; *frucht,* der erde mast von korn, boumen unde reben KRONE 28956; *eichelmast, mastrecht:* justicia, quae vulgo dicitur mast AD. 176, *mästung* MICH. *M. hof* 37. — *zu* maʒ.

mast *stm.* (II. 87ᵇ) *stange: fahnenstange.* dô rihte man ûf einen wagen, einen mast mit stahel wol beslagen, dâ was sîn vane gebunden an KARL 9632, *speerstange:* driu hundert sper, geverwet alsô der mast, an den man iegelîcheʒ bant CRAON 712; *mast, mastbaum.* er hieʒ den grans und den zagel beslahen vil vaste und sante nâch maste *ib.* 672. den segel an den mast binden *ib.* 740. der sibende ergreif den mast, der ahte daʒ ruoder *ib.* 1052. dô si gesâhen manegen hôhen mast als einen dürren walt WARTB. 165, 3. ûf dem maste dar enboben ein vackelnlicht sô schöne quam MARLG. 87, 96. 101. des segels last zeuch an dem mast hôch ûf

den gipfel WOLK. 28. 2, 7. — *altn.* mastr,
ags. mäst, *vgl.* KUHN 5, 234. FICK² 833.
mast-boum *stm.* (I. 228ᵇ. II. 87ᵃ) *mastbaum*
GUDR. (1119, 1). GRIESH. 1, 67. 68. KCHR.
1431. HERB. 313. TÜRL. *Wh.* 77ᵃ. TROJ. 25168.
APOLL. 4931. 14846. 57 *ff.* Osw. *bei Haupt*
650. KREUZF. 2472. HELDB. *K.* 59, 39. 62, 15.
67, 23. masboum KCHR. 1431 *var.* ERNST
(*B.* 3900. 10. 21). OTN. *A.* 217 29. 57. ALBR.
26, 107. CRAON 736. ENENK. (*Haupt* 5, 289)
757. 59. 66. 70. 94. PF. *üb.* 78, 99. maschboum ALTSW. 226, 34. mast-, masboum gubernaculum, malus, modius DFG. 270ᵇ. 345ᵃ.
365ᵃ, mas-, mosboum *n. gl.* 198ᵇ. mostboum, dagatus *ib.* 125ᵇ. *vgl.* mastschaft.
mast-darm *stm.* (I. 308ᵇ) mast-, masdarm,
longio DFG. 336ᵃ. masdarm, dagata *ib.* 165ᵇ,
n. gl. 125ᵇ. masdarm HB. *M.* 305, massdarm ZIMR. *chr.* 3. 499, 23 (*vgl.* mazganc).
maste *prät. s.* masten, mesten;
masten *swv. beleibt, fett werden.* er liez ez
(vleisch) lützel masten KARL 1837. vor zorne
ich masten nicht enkan ERLŒS. 3599. ir lip
vil lützel maste HEINR. 3312. soln die jungen
wachsen und masten FASN. 747, 26. *vgl.*
mesten. — *mit* ge-;
mastic *adj.* (II. 90ᵇ) obesus, crassus, mastig
SCHM. 2, 643 (*a.* 1618).
mastic *m.* (II. 87ᵃ) mastix: mastic, mastich
DFG. 350ᵉ, mastig *n. gl.* 248ᵃ, mastick vel
mastVoc. 1482. masting*Giess. hs.* 992, 120ᵃ.
mastix MGB. 89, 32. 371, 13. — *aus mlat.*
mastix, *gr.* μαστίχη.
mast-schaft *stm.* mastschaft od. mastpaum,
modius VOC. 1482. *vgl.* DIEF. *n. gl.* 255ᵃ.
mast-swîn *s.* mesteswîn;
mastunge *s.* mestunge.
mat, -tes, -ttes *stm.* (II. 87ᵇ) *matt im schachspiele, eig. u. bildl. seit dem 12. jh., s.* MASSM.
schachsp. 49 *ff.* WALTH. BON. KARL, Ms. (ich
wil mit rehter künste iu sagen mattes buoz
H. 2, 19ᵇ). der tôt sô manegem seit mit matte
schâch LOH. 5829. dâ vant ich schâch und
mat an mangem stolzen wîb ALTSW. 173, 22.
174. 32. mir ist, wirt, geschiht mat: ir spil
dem was sô nâhen mat BIT. 1514. dô mohte
ir etelîchem mat werden aller sîner spil *ib.*
12008. nû irt mîme leide mat ULR. *Wh.*
177ᵇ. daz was daz ros mit dem der stat geschehen solde an sælden mat TROJ. 47474. unzalich klag nnd senlich mat WOLK. 107. 2, 1.
einem m. tuon WOLFR. wir tuon der missetæte
m. ULR. *Wh.* 166ᵃ. iur prîs dem heidentuom hât

m. getân LOH. 4718. man tete in (*dat. pl.*) aller
fröuden mat TROJ. 46874; — *adj.* (II. 87ᵇ) *bei*
JER. mate, matte (II. 88ᵃ): *matt gesetzt, eig.
u. bildl. (mit gen. od. präp.* an) BON. Ls.
PASS. JER. der kunic wêre mat gewesen
HERB. 14568. 75. mat sitzen ULR. *Wh.* 136ᵈ.
mîn vreude ist worden m. *ib.* 216ᵇ. die müezen des tôdes mat ligen von sîner hant *ib.*
164ᵇ. mat an vröuden und an êren TROJ.
12364. 17830. an êre und an wirde mat wart
ich von im gesprochen *ib.* 18042. einen m.
tuon an: er tuot iuch an sælden m. MSH. 3,
16ᵇ. er tuot uns alle an êren m. PANT. 810.
mit dat. daz ist in m. MSF. 189, 9. einem
etw. m. tuon, machen: der (spiez) tet sîn
ros Parîse mat TROJ. 34614. ich mache im
sînen adel mat DRACH. *Casp.* 48; — *als interj., zuruf beim schachspiele* (II. 87ᵃ) einem
mat sagen, sprechen, *eig. u. bildl.* BON. ENGELH. Ms. (sô sprichet mir diu sorge m. *H.*
1, 74ᵇ. iust gesagt an vreuden m. NEIDH.
102, 7). ich seit im schâch unde m. DAN. 6692.
ir vreude sagt aller vreude m. APOLL. 18191.
daz er der kristenheit sagt m. LOH. 4464. —
aus fz. mat *u. dieses mit it.* matto, *mlat.*
mattus *aus dem pers.-arab. schachspielausdruck* schâh mât (*s.* schâch): *der könig ist
tot. s.* DIEZ 221. WEIG. 2, 118.
mât *s.* maget.
mât, -des *stn.* (II. 20ᵇ) *auch f., s.* mannemât;
pl. mât *u.* mæder —: *das mähen, die heuernte* OBERL. 971; *das gemähte od. zu mähende: heu, wiese* FRL. (*bildl.*) WEIST. (5,
207). zehen tagwerks mâds MH. 2, 433, *pl.*
mæder *ib.* 437. zweier manne mât Mz. 1, 276
(*a.* 1328), drîer manne m. *ib.* 1, 293 (*a.* 1342)
s. mannemât. — *zu* mæjen.
mate, matte *adj. s.* mat.
mate, matte *swstf.* (II. 88ᵇ) *wiese* FREID.
LANZ. FLORE. ein gemeiet matte MF. 167.
eine mate mæjen FRAGM. 14ᵇ, 31. dâ er sîn
ors an der maten het gebunden KRONE 21400.
von würzen sint die maten grüen DENKM.
XLVIII. 8, 5, *vgl.* 7, 5. er schluog sîn gezelt
ûf ûf die matten CHR. 8. 74, 29. zwei matten
URB. 91, 9. die matten wessern SCHREIB. 1,
277 (*a.* 1327). daz höw ûf der maten BEISP.
111, 2. matze WOLK. 90. 2, 4. *vgl.* GDS. 582 *f.*
mate-meier *stm.* (II. 93ᵇ) *præfectus pratis*
OBERL. 1013.
maten, matten *swv. prät.* matte: *mat machen,* mattare DFG. 351ᵉ. den mattet ir oder
tuot im schâch RENN. 10139. swelch pfaffe

sich schemt siner platen, des spil begint der tiuvel maten *ib.* 3232. 818. sie sach, daz uns der tiuvel sus matet und schâchte KOLM. 115, 32. *mit dat. u. acc.* wan man im nû daz leben mit tretten matte LOH. 5886;

maten *stn.* maten, liegen, nase rimpfen RENN. 14120, *vgl.* mit metten, mit unkiusche und mit bœser heimlîche *ib.* 775. 21797; *das mattsein, ermatten* ZIMR. *chr.* 3. 102, 8.

materaʒ *s.* matraʒ.

matere, metere *f.* (II. 89ª. 162ª) *mutterkraut, fieberkraut.* febrifuga: matere, meter, meterey, metern, metram, matreia, matrenn, mertent DFG. 228ᵇ. matran, martran, metra *n. gl.* 169ᵇ. — matricaria (*von* matrix, *gebärmutter*): matram, matran DFG. 351ᵇ. — melissa: matere, methern, martere DFG. 354ᵉ, mettern *n. gl.* 250ª. — *vgl.* NEMN. 2, 519 matricaria vulgaris: muter, meter, mütrich, metram, fieber-, mutterkraut.

materëlle *stf.?* (II. 89ª) *eine art wurfgeschoss.* vile dikke dâ flogen schefte unde phîle eine lange wîle unde materelle (*var.* matrelle) grôʒ unde snelle unde scharphe gêre EN. 189, 25; *eine art pfeile*, kocher gefult mit materellen (*hss.* matrellen, matertellen, *das letztere steht im texte*) LANZ. 8727. — *kelt.-lat.* materis, mataris, matara, *altfz.* matras, *port.* matrat, *wurfspeer* DIEZ 2, 361.

matërje, matërge *stswf.* (*ib.*) *stoff, körper, gegenstand, materie.* materje TRIST. *H.* FRL. WG. (1687. 8490). ERACL. 1671. ORL. 4626. MSH. 1, 159ᵇ. 2, 365ª. AMIS 616. MART. 118, 51. ALBR. 35, 393. matterjâ RUL. 308, 13. materige MAR. 148, 8. materge WG. 3543. 11539. 679. 832. 13664. 14119. BEH. 13, 19 (er was auch in der materge, *war auch dabei, wirkte mit, s.* matërjer) 35, 24. 29. matirg DFG. 351ᵇ. materi MGB. 71, 17. 76, 8. 82, 21. 23. FASN. 33, 23; *flüssigkeit im körper, bes. eiter* MGB. 53, 11. 17. 181, 17. 329, 20. 388, 18. 399, 27. — *aus lat.* materia;

matërje-lich *adj.* (*ib.*) *materialis* MYST. 2. 162, 7. 196, 10. materje, materge-, matirlich DFG. 351ᵇ;

matërje-lîcheit *stf. materialitas* MYST. 2. 659, 38. materlîchait DFG. 351ᵇ.

matërjer *stm.* materger, *mitwirker* BEH. 61, 12. 133, 17. 287, 21.

matertëlle (II. 89ª) *s.* materëlle.

math *s.* mëte.

mathan *stm. s. v. a.* kunterfeit. wer mit valschem silbere begriffen wirt, iʒ si cupfer oder mathan FREIBERG. 182. mathan oder cupfrîne pfenninge *ib.* 185. mattan, electrum DFG. 197ᵉ, matthan *n. gl.* 146ᵇ. mithan, plumbum cinereum DFG. 442ᵉ, FRISCH 1, 665ᵉ.

matirg, matirlich *s.* matërje, matërjelich.

mat-kümich *stm. wiesenkümmel* MONE *z.* 2, 186.

mætlîn *stn. dem. zu* mât, *wiese.* mætlî URB. 77, 17; medelach, medelech GR.w. 4, 198. 99. *vgl.* mettelîn.

mât-mutze *swf.* einem ieden frœner zwô mâtmutzen GR.w. 2, 115. *s.* mutsche.

matram, matran *s.* matere.

matraʒ, materaʒ, matreiʒ *stm. n.* (II. 89ª) *auch fem.? vgl.* PARZ. 683, 13 *u. var.: mit wolle gefülltes ruhebett, polsterbett.* matraʒ NIB. PARZ. ENGELH. TÜRL. WH. 25ᵇ. 126ª. von palmât ein matraʒ LOH. 6334. wie manic rîcher fürst dâ (*im kampfe*) würde der ors matraʒ *ib.* 4882. sô wâren die matraʒ und die gulter sîdîn OT. 156ª. unsern golter und den matraʒʒe der dorzuo gehört Mz. 3, 25. materaʒ Ms. ein edel materaʒ wart vil selten under in TROJ. 13768. von samît ein guot materaʒ LIEHT. 348, 16. ûʒ dem schiffe man truoc von samît guotiu materaʒ MAI 55, 39. er legt im wider sein füsʒ seiden und materasʒ LOR. 65, 5. matreiʒ (: heiʒ) TÜRL. WH. 62ᵇ. — *aus fz.* materas, *it.* materasse, *mlat.* matratium: *wahrscheinlich arab. ursprungs* DIEZ 1, 270. WEIG. 2, 117.

matrêl, matrëlle *s.* makrêle, materëlle.

matrenn *s.* matere.

mat-schaft *stf. ndrh.* matschaf, *gemeinsames mal, gasterei:* dat si nogh nemen nogh lênen sulen van der stede gûde zû ênigerhande matschaf, id insy dan dat der rait bî in blîven wolden und samen essen ENNEN *quell. zur gesch. der stadt Köln* 1, 10. — *gt.* mats (*stamm* mati) *speise s.* maʒ. *nd.* maatschapy, maskopey, *genossenschaft, handelscompagnie. vgl. das bei* HEINR. 3665 *statt des hs.* meisterschaft *vermutete* meʒeschaft. *gastmal.*

matsche *s.* masche.

mat-schrëcke *swm.* (II². 211ᵇ) *wiesenhüpfer, heuschrecke*, locusta DFG. 335ᵇ, *n. gl.* 238ᵇ. GRIESH. MGB. CHR. 8. 112, 14. 263, 15. 412, 21.

mattan *s.* mathan.

matte *swf. prät. s.* mate, maten.

matte *f.* (II. 89ᵇ) *motte*, tinea: matte, matt,

mot, mott, mothe, mut, mutte Dfg. 584ᵇ,
n. gl. 365ᵃ. — *ein mit* made *unverwantes,
aus nd. eingedrungenes wort s.* Weig. 2, 200.

matte *f. (ib.) geronnene milch, aus der käse
gemacht wird, käsmatte,* episerum: matte,
maden Dfg. 205ᵃ, *n. gl.* 153ᵃ. *vgl.* Weig. 2,
118. Dwb. 5, 254.

matte, matze *swf. (ib.) decke aus binsen- od.
strohgeflecht.* matta, plecta: matte, matt,
mat, matze, matz Dfg. 351ᶜ. 441ᵃ, *n. gl.* 248ᵇ.
matte Krone 19922. Mor. 1, 2489. Vet. *b.*
33, 24. 57, 17. ich wil mich ûf die matten
legen Ulr. *Wh.* 158ᵃ. 158ᵈ. 258ᵈ. matze Chr.
8. 317, 17. — *aus lat.* matta.

matten *swv. s.* maten.

mattërjâ *s.* matërje.

mat-wîn *stm.* die matten (*wiesen*), die den
mattwîn gebent Gr.w. 4, 6, *vgl.* matzins.

Matz, Matze; mätz, mätze *s.* Metze.

matze *s.* mate *u.* matte 3.

matze *f.* (II. 89ᵇ) *ungesäuertes brot,* polenta
Voc. 1482. Schm. 2, 659. *s.* masanze.

matzen-boum *stm. macis, mastix* Mgb. 371,
11.

matzen-kuoche *swm.* azimus Voc. 1482.

mat-zins *stm. wiesenzins* Gr.w. 5, 506.

matziuwe? (III. 942ᵃ) *eine waffe.* von kippe-
ren ein michel rote mit starken matziuwen
(: bliuwen) Krone 777.

matzo *s.* meie.

mäuch-, mauchlinger *s.* miuchelinger.

mauroche *swf. s.* morhe.

mâwen *swv.* (II. 89ᵇ) *mauen wie eine katze*
Leseb.¹ 1113, 5 (: brâwen). *vgl.* Wack. *voces*
2, 64. 79 *u.* môwen, mûwen, mûhen.

mæwe *s.* mæjen.

mæwe-tac *stm. mäh-, heuerntetag* Gr.w. 5,
316.

maz, -zes, -zzes *stn.* (II. 90ᵃ) *speise* Kchr. (*D.*
29, 22. 30, 22. 53, 20. 59, 22. 381, 7). Nib.
Hartm. (Er.² 1863. 6386. 513. mit slâfe und
mit mazze: hazze 7098). Diocl. Frl. Ulr.
921. maz und tranch Gen. *D.* 6, 21. 80, 17. mit
trinchen noch mit mazze (: hazze) *ib.* 73, 25.
noch trinken noch maz Marg. *W.* 220. sie
funden bereit cleinez maz Kreuzf. 2378.
swer gerne redet über daz maz, und siht, so
er trinket über den becher Jüngl. 586. ez
was ein strengez maz (*der apfel im para-
diese*) Altsw. 203, 18. Ring 20ᵈ, 4. maz *des
viehes* Kindh. 80, 22. dem viure ze mazze
geben Antichr. 131, 35; *mal, malzeit* Narr.
ez was ir jüngstez maz, daz si immer mêre

gâzen Helmbr. 1572; *atzung u. damit ver-
bundene abrichtung des falken?* des freut
ich mich von herzen glîch einem falkenter-
zen, daz ûz dem maz entrint Altsw. 190,
36. — *gt.* mats (*stamm* mati) *stm. speise,
altn.* matr *nach* Fick² 145. 829 *zu skr.* mad,
mand, *wallen, froh sein, schwelgen* (*s.* men-
den), *gr.* μαδάω, *lat.* madeo, mattus; *nach*
Bopp, Gsp. 244 *u. a. zu lat.* mando, *das mög-
licher weise auf die gleiche w. zurückführt
aber auch aus* marndo (*von w.* mard) *ent-
standen sein kann s.* Kuhn 4, 445 *f.*

maz *prät. s.* mëzzen;

mâz *stf. s.* mâze; *doch ist wol auch ein stf.*
mâz, *gen.* mæze *anzusetzen*: von der mæze
des kastens Urb. *B.* 1, 62;

mâz *stn.* (II. 203ᵃ) *eine bestimmte quantität u.
gefäss zum messen derselben* Meran. *u.*
Münch. *r.* Kchr. 3384 *var.; grad, art u.
weise* Teichn. *vgl.* mëz.

mazal-ter *m.* (II. 90ᵇ. III. 31ᵃ) *massholder,
eine ahornart.* mazalter, masalter, mazolter,
mas-, masshoter: acer Dfg. 8ᶜ, *n. gl.* 6ᵃ. —
s. tër *u.* Weig. 2, 115.

mazalter-boum *stm. dasselbe.* massolter-,
massholterboum Dief. *n. gl.* 6ᵃ. massolder-
baum Gr.w. 5, 616.

mazalter-holz *stn. dasselbe.* masolterholz
Dfg. 8ᶜ.

mazalterîn *adj.* (III. 31ᵇ, 5) *von massholder.*
ein masseltürnîn stang Gr.w. 1, 239.

mâze *stf.* (II. 203ᵇ—206ᵇ) *seit dem 14. jh. auch*
mâz; mâze *sw.* Albr. 1, 324. Elis. 170.
Kreuzf. 5033. Hest. 177 (*st.* 497). Mgb. 187,
11. 190, 4 *u. o.* Wack. Basl. *r.* 31. Karlm.
B. s. 306 *f.* —: *mass, zugemessene menge*
(*waare* Leseb. 1020, 36), *richtig gemessene,
gehörige grösse, abgegränzte ausdehnung in
raum, zeit, gswicht, kraft allgem.* (mit rehter
mâz und wâg Mgb. 295, 27. so mizzet man
im widere al die selben mâze Kchr. 3384.
jeder leitgeb sol die recht mâsz geben Kaltb.
72, 52. als oft ein leitgeb mit ungerechter
mâsz begriffen wirdt *ib.* 33. vier mausz *wein*
Chr. 4. 31, 11, *vgl.* Tuch. 288, 2 *ff.* ir libes
mâze Pass. 261, 2. einer tageweide m. Flore
3496. er nam der verte m. ze sîner swæger
lande Troj. 20887. ir leides m., *die grösse
ihres leides* Elis. 1035. in ebener mâze
Himlr. 84. mit langer m., *lange zeit aushal-
tend* Wolk. 13. 8, 6. ûzer mâze, *überaus*
Albr. 1, 777. 20, 264, auz der mâzen Mgb.
187, 11. 190, 4. 240, 19 *etc.* ûzer der mâzen

ELIS. 170. ze mâze, mâzen, *ziemlich, genug, sehr, oft mit ironie*: *wenig, gar nicht z. b.* den frowen was ze mâze zorn ERACL. 1702); *angemessenheit*, ze mâze, mâzen *mit dat.* (lant diu uns ze mâze sint gelegen ULR. *Wh.* 118ᵃ. diu luft was im ze mâzen GA. 1. 47, 447); *art u. weise*: der mâze, in der mâze (ALBR. 17, 11. 22, 378. in einer m. TROJ. 15176); *das masshalten, die mässigung, anstandsvolle bescheidenheit* (mâze halten MSH. 3, 166ᵃ. über mâz, *übermässig* MGB. 158, 26. eines d. mâze nemen, *es mässigen* ELIS. 4793. eines d. mâze haben, *davon ablassen* EN. 150, 38. L.ALEX. 1506. *personif.* MSH. 2, 87ᵃ. 3, 74ᵃ. 437ᵃ. ULR. *Wh.* 160ᵈ. PANT. 120. HELBL. 2, 38. 401. GERM. 8, 97 *ff.*); **mâze** *adv., dat. sing. von* mâze (II. 206ᵇ) *mit massen, mässig* PARZ. TRIST. Ms. (mâze lanc *H.* 3, 468ᵒ). mâze tief ALBR. 24, 53. *vgl.* mâzen;

mæze *adj. in composs.*

mæze *stf.* (II. 208ᵇ) *das mass* EXOD. *D.* 152, 16;

mæzec, mæzic *adj.* (II. 209ᵃ) *md.* mêzig: *mässig, enthaltsam* LUDW. kiusch unde m. RENN. 4640. ein m. man *ib.* 6383. mæzigez wip HELBL. 1, 1072. sô mêzig ELIS. 1851; *mässig, von mässiger grösse, klein, gering, wenig* LIT. ein mæzigez tischelin LANZ. 5808. ein mæzigiu tür OTN. *A.* 571. von mæzigem plâsen MGB. 72, 24. mæzig an der swære *ib.* 191, 16; *gemässigt,* moderatus DFG. 364ᵉ; *gemäss, angemessen, genehm.* ein mæzec ros VIRG. 674, 4, *mit dat.* TRIST. *H.* ir mugt iuch leider niht begân als iu wol mæzic wære GA. 1. 175, 229. wir sullen daz purchrecht bestiften mit einem êrbern mann, der unserm herrn mæzich sei UKN. 73 (*a.* 1300). ein man, der dem selben gotshous ze dienst mæzic ist *ib.* 154 (*a.* 1313). wir geben der selben chapellen ain ander phunt geltes, daz ir alsô m. ist als daz pfunt geltes auf unserm hause USCH. 102 *f.* (*a.* 1307); *massvoll, anstandsvoll.* dô wart gar gelâzen unzühteclîcher braht dehein mæzege rede maneger slaht FLORE 6548;

mæzec *adv. mässig, wenig.* mæzig warm MGB. 318, 10.

mæzec-, mæzic-heit *stf.* (II. 209ᵃ) continentia, modestia, temperantia, temperies DFG. 147ᵃ. 364ᵉ. 576ᵇ. ELIS. 8711. modernitas VOC. 1482. mâzikeit WACK. *pr.* 56, 323. *vgl.* mâzheit.

mæzec-lîche, -en *adv.* (II. 210ᵃ) *s. v. a.*

mæzec *adv.* mæzeclîchen MSH. 1, 19ᵇ. mæziclich (: sich) W. *v. Rh.* 114, 58. mæziclîche WOLFD. *A.* 534, -lîchen *ib.* 531.

mæzel *s.* mæzlîn.

mâze-lôs *adj. masslos. zu folgern aus*

mâze-lôse *stf.* (II. 206ᵇ) *masslosigkeit* FRL. 433, 8.

mâzen *adv., dat. pl. v.* mâze (*ib.*) *s. v. a.* mâze NIB. Ms. LIVL. (1736. 4125);

mâzen *swv.* (II. 210ᵇ) *tr. mit acc. abmessen* TRIST. GSM. PASS. MYST. dô hiez ich ir (der beiden strâzen) underscheide mâzen GERH. 6386, *mit untergeord. s.* die kempfen ebene mâzeten, daz si durch daz gewæfen einander beide træfen TROJ. 3906; *mässigen, verringern, beschränken,* modificare DIEF. *n. gl.* 255ᵃ. WOLFR. (er solde zürnen m. WH. 146, 21. daz ir herzensorge mâzet *ib.* 252, 24). BARL. trûren m. ULR. *Wh.* 141ᵈ. mâze dînes leides pîn *ib.* 323ᵇ. daz er riuwe begunde m. FLORE 3471. er mâzte sîn ungemach KARL 10483. doch muosten si ez m. GERH. 6386. sîn kunde ir leit nicht m. ALBR. 16, 376. ez gurten ir sinne anderre minne danne sî gemâzet sint, *anderer als sie jetzt beschränkt sind* ER.² 1878 (*s.* gemâzet); — *intr. u. refl. mass halten mit etw., sich mässigen, enthalten: intr. mit gen.* PARZ. WIG. Ms., *refl.* du solt dich m. und allez trûren lâzen HIMLF. (HPT. 8) 215. vil wênic si sich mâzten KRONE 26240 *u. var., mit gen.* WWH. TRIST. MAI, BON. Ms. ER.² 6444. TROJ. 10212. 13365. KRONE 1763, W. *v. Rh.* 119, 21. GA. 3. 113, 81. FASN. 587, 23. *mit präp.* enmâzest du dich niht an swære REINFR. *B.* 4540; *tr.* mâzen ze, *gleichstellen mit, s.* gemâzen. — *mit* ane, ge-, gegen-, un-, ver-;

mæzen *swv.* (II. 212ᵃ) *md.* mêzen *s. v. a.* mâzen, *refl. mit gen.* PASS. *K.* 182, 42; *tr.* m. von *entfernen, reinigen ib.* 666, 38.

mâzen-houwer *stm.* (II. 206ᵇ) *modellschneider.* môszenhouwer OBERL. 1069 (*a.* 1396).

maz-ganc *stm.* (I. 476ᵃ) *podex* OBERL. 1010. — das ist das massgangk (*müssiggang*) vormêden DÜR. *chr.* 204.

maz-genôze *swm.* (II. 399ᵇ) *tischgenosse* GA. 1. 213, 74. HELDB. *K.* 321, 14. 368, 25. *vgl.* mazgeselle.

mâz-geræte *stn.* mensurale DIEF. *n. gl.* 250ᵇ.

maz-geselle *swm. tischgenosse* WOLFD. *B.* 549. 770. 77. Ls. 3. 149, 76. *vgl.* mâzgenôze.

mâz-geziuc, -gezouwe *stn.* mensurale DFG. 356ᵇ, *n. gl.* 250ᵇ.

mâʒ-haftec *adj.* (II. 206ᵇ) *abgemessen* FRL. *fl.* 16, 3.

mâʒ-heit *stf. s. v. a.* mæʒecheit. mit kiusche und mit m. ALEM. 1, 84.

mæʒic *adj. s.* mæʒec;

mæʒigen *swv.* (II. 210ᵃ) *md.* mêʒigen: *abmessen, ermessen, veranschlagen.* die kosten, den schaden mässigen und taxirn MH. 2,157. 195. ûssgeben und einnemen gegen ainander mäszigen CHR. 5, 120 *anm.* 1; *mässigen* LUDW. ELIS. 1562. 8139, *temperare* DFG. 576ᵇ; *refl. mit gen. sich enthalten von* ZIMR. *chr.* 3. 21, 36;

mæʒigunge *stf.* (*ib.*) *das ermessen, der anschlag.* die mässigung der erliten kosten MH. 2,157. nâch erkantnuss und messigung der fünf herren am hader sitzend NP. 45 *f.* (*15. jh.*).

mâʒikeit *s.* mæʒecheit.

mâʒ-kandel *stf.* masskanne GERM. 16, 76 (*15. jh.*). TUCH. 289, 19.

maʒ-leide *stf.* (II. 90ᵃ) *widerwille gegen speise* (maʒ) Ls. MYNS. 31. 50. 55. maszleyde, *fastidium* VOC. 1482, maszlaidî, -leidîn DIEF. *n. gl.* 168ᵃ. *vgl.* WEIG. 2, 116;

maʒ-leidec *adj.* (*ib.*) *fastidiosus* DFG. 227ᵃ (*16. jh.*). maszledig ZIMR. *chr.* 1. 440, 8.

mæʒ-lich *adj.* (II. 210ᵃ) *md.* mêʒlich: *von mässiger grösse, gering, klein* LIT. SERV. TRIST. LANZ. MS. TROJ. (sô mæʒlich und sô kleine 1423). mêʒlich ist ir gût L.ALEX. 4769. mêʒlîcheʒ gewant ELIS. 1993. 3982. ein mæʒlîchiu klage ERACL. 2905, *iron. kein:* des gewunn ich mæʒlîchen vrumen *ib.* 2012; *mässig, gemässigt,* moderatus, temperabilis DFG. 364ᶜ. 576ᵇ;

mæʒ-lîche, -en *adv.* (*ib.*) *mit mass, nicht sehr* (*iron. nicht*) NIB. TRIST. SUCH. mæʒlich wunt LOH. 2861. 6195. nû clage mæʒlîche, Etzel, herre mîn RAB. 1112. vil mæʒlîchen sich betragen URL. 31ᵇ. mâʒlîchen clagen RUL. 259, 3. mæʒleich wol smecken MGB. 366,14; *massvoll, anständig,* mæʒlîchen sich betragen ULR. 146. 448;

mæʒ-lîcheit *stf.* abstinentia DFG. 5ᶜ.

mæʒlîn *stn.* (II. 203ᵇ) *dem. zu* mâʒ, *kleines gefäss, trinkgefäss* FRL. 104, 14. mæʒel *der 16. od. auch 32. teil eines metzens:* der müllner sol ain massl nemen von einem metzen KALTB. 87, 49. *vgl.* SCHM. 2, 625. KWB. 197. SCHÖPF 427 *u.* mêʒlîn.

mazolter *s.* maʒalter.

mâʒ-stap *stm. massstab* TUCH. 67, 2. 3.

mâʒ-wîse *adv. massweis.* das bier massweise hingeben oder verschenken NP. 271.

mazze *swm.* (II. 90ᵇ, 11) *s. v. a.* gemazze. min tohter iwer ze maʒʒen gert MAI 216, 16. daʒ mänlich bî sîm maʒʒen lac Ls. 1. 540, 28. *s. zu* ER.² *p.* 359.

me *pron. impers. s.* man.

mê *s.* mêr.

mechele *swf. kupplerin.* sus schiet er von der mechelen Ls. 2. 639, 91;

mecheler *stm. unterkäufer, mäkler.* mecheler und winkaufs lûde ARN. 68 (*a.* 1470). *vgl.* WEIG. 2, 90.

mëchen *swv. in* vermëchen.

mecher *stm. md.* = macher FROMM. 2, 445ᵃ *u. in compos.*

mech-lîche, -en *adv. s. v. a.* gemëchlîche. gemëchlich, sensim DFG. 527ᵃ, mêlich VOC. *Schr.* 2601. mechlîchen ziehen RCSP. 1, 438.

mechzen *swv. meckern.* mechtzen als die kitze, nebrinare VOC. 1482. — *zu gr.* μηχᾶσ-θαι, *mlat.* miccire (DFG. 360ᵇ, *n. gl.* 253ᵃ) WEIG. 2, 126;

mecke *swm.* (II. 91ᵃ) *ziegenbock, als spottname* BON. 14, 8;

mecklëht *adj. wie ein bock meckernd, stinkend.* der mecklet pock CHR. 3. 140, 3 (*sonst* stinkend pock) *vgl.* SCHMID 382.

mëdde, mëde *s.* mëte.

mede *swm.* von dem meden. medus ist ain stain, der kumt von den landen, dâ die läut wonent, die Medi haiʒent MGB. 452, 23. medus (II. 91ᵃ) PARZ. 791, 29.

medel *stn.* (II. 18ᵃ) *dem. zu* made, *würmchen* GA. 3. 113, 14. madel REINFR. 50ᵃ; niht ein medel, *gar nichts* SUCH. 1, 65.

medelach, medelech *s.* mætlîn.

medele *f.* (II. 18ᵃ, 39. 91ᵃ) *eine kleine münze, heller* OBERL. 1016. *assim.* zwû mellen daʒ ist ain virdelinc EVANG. *Mr.* 12, 42. — *aus mlat.* medali (en half pennynck DFG. 352ᶜ), *fz.* médaille, *schaumünze u.* maille, *eine kleine münze* DIEZ 1, 271;

medeler *stm.* der des was ein medler (: edler) *unterhändler, anstifter?* BEH. 7, 3.

medel-wurz *stf.* (II. 91ᵃ. III. 829ᵇ) basilia, bistorta: medel-, meder-, metri-, meitwurz DFG. 69ᵇ. 75ᶜ. *vgl.* madalgêr, metwurz.

mêdeme *m.* (II. 91ᵃ) *eine auf grundstücken haftende abgabe, urspr. wol die abgabe der siebenten garbe* WEIST. (medemgarbe, -guet 2, 620, *16. jh.*) ARN. 69 (*a.* 1357). — *in Oberhessen noch* mêdum, mêdom *sowie davon*

mêdumsacker, -wise, -land VILM. 265. GR. kl. schft. 5, 308 f. (erklärt als die hälfte, mitte des ertrags, gt. miduma); nach WEIG. 2, 126 von gt. maithms, alts. mêthom, mêdhom geschenk, gabe, altn. meidhmar f. pl. (von leblosen kostbarkeiten), womit es schon von GFF. 2, 708 verglichen wurde.

mëder, mêder s. madære.

mederen, mederîn s. merderîn.

meder-wurz s. medelwurz.

mêdiân stf. die medianader, die fast in der mitte des armes liegt. auf der median ader lassen ANZ. 11, 333 (a. 1428). lassen zu der median ib. 12, 320 (a. 1431). — aus mlat. mediana DFG. 353ᵃ.

medicînære stm. arzt. Raphahêl ein medicinâre DIEM. 4, 1. ndrh. medicijnre DFG. 353ᵇ. — aus einem mlat. medicinarius von medicinare.

meditieren swv. meditari FRONL. 56. md. meditêren ELIS. 5149. 8889. 9199;

meditieren stn. SYON 47. FRONL. 57.

medlach s. megetlach.

medren, medrîn s. merderîn.

medus s. mede.

mefzen stn. gemurmel, lärm BEH. 143, 17. 184, 8. vgl. muffen.

megar stswm. megarus, ein meerfisch MGB. 255, 4. 14.

megde-name swm. ist es aber, das sy ist ein wîp und gît ir selber megdenamen (var. megtlîchen namen) HB. M. 617. s. name.

megdîn, megedîn s. magedîn.

megede-bluome mf. (I. 217ᵃ)megede-, megde-, meide, -maidbluome chamæmelum DFG. 92ᶜ, ligustrum 329ᵇ.

megede-kint stn. dû gotes sun, dû meidekint AB. 1. 104, 386.

mege-distel stm. (I. 367ᵇ) endivia SUM.

megelech stn. (II. 18ᵇ) BUCH v. g. sp. 91 s. v. a.

megelîn stn. dem. zu mage, kleiner magen BERTH. 433, 34. mägel MGB. 175, 28.

megen s. mügen;

megenen swv. (II. 8ᵃ) tr. stark, mächtig, zalreich machen FDGR. 1. 79, 2. die wâren gemegent an guot j.TIT. 266; refl. stark werden, sich vermehren GEN. (D. 32, 13. 114, 1). ERINN. nû heten sich gemegenet (gedr. gemeniget: gesegenet) die heiden j.TIT. 188. wan gên ir kunst het er sich vaste gemegenet LOH. 7410. md. contr. sich meinen (II. 96ᵇ) FRL. 293, 7; intr. s. gemegenen. — mit ge-, über-. zu magen.

meger adj. s. mager;

megere stf. megry, macies DIEF. n. gl. 242ᵇ;

megeren swv. (II. 18ᵇ) mager machen, macerare DIEF. n. gl. 242ᵃ. GEST. R. LS. MGB. 196, 23;

megerunge stf. die megrung oder die hungrunge des falken MYNS. 20. vgl. magerunge.

megetîn s. magedîn;

megetlach stn. dem. u. coll. zu maget CHR. 4. 280, 21. medlach ib. 281, 4.

meget-lich s. magetlich;

megetlîn s. magetlîn; **megetûm** s. magettuom.

mêgin s. mæginne.

mehel- s. mahel; **mehen** s. mene.

mehnîe stf. (II. 91ᵃ) s. v. a. mahinande, massenîe TRIST. 3257. — aus altfz. maihnie, nbf. von maisnie.

mehte prät. conj. s. mügen;

mehtec, mehtic adj. (II. 9ᵇ) mahtech KCHR. D. 418, 20, mahtich GEN. 75, 36. 77, 16. EN. 332, 7. machtic RUL. 298, 19. mihtic RCSP. 1, 394, michtig DFG. 450ᵃ — : macht habend, mächtig, stark, potens DFG. 450ᵃ (machtig, mechtig, michtig), n. gl. 299ᵇ (mechtig). chreftic unt machtic RUL. 298, 19. gewaltec unde mehtec ENGELH. 3735. mehtic unde rîch HELBL. 8, 1086. WG. 5761. 13500. daz er (got) genædic unde mehtic ist ib. 8299. der ist ze m. und hât ze vil ib. 13497. mechtich unde grôz PASS. 14, 52. ain slang gar grôz und mächtig MGB. 270, 21. ein mehtic man WH. v. Öst. 7ᵃ. der mehtege WG. 3296. ein mehtic grævîn ER.² 6479. wie m. mîn vrouwe sî ALBR. 33, 346. si gewunnen ein mähtec magen LANZ. 112. ein mehtege samenunge ib. 104. Ermrich mehtic her hie hât DIETR. 6106. si brâsten mit ir mehtic wer an einem orte in daz her ib. 6455. mit alsô mehtiger craft KRONE 25685. mit gen. der eltir wurde vil mähtich sîner geburte. eines d. mechtig sein CHR. 2. 72, 35. 75, 36, sich eines d. m. machen ib. 127, 16. mit präp. m. sîn an etw. TROJ. 47535. WG. 4468. MGB. 234, 8; bevollmächtigt, mehtige boten s. v. a. mahtboten RCSP. 1, 175. 95 (a. 1411). DH. 202. DÜR. chr. 56.

mehtic-heit stf. (II. 10ᵃ) mehtikeit, macht CHR. 8. 438, 4. mehtigkeit MYST. DFG. 450ᵃ (und michtikeit), n. gl. 299ᵇ; majestät HALT. 1295. ewer kunigliche mächtikait CHR. 5, 375, 2. 12. vgl. SCHM. Fr. 1. 1564.

mehtic-lich adj. s. v. a. mehtec. daz si Ermrîchen dâ vunden mehticlîchen DIETR. 8448.

ir sît nû wol sô mehticlich an libe und an guote *ib.* 7510;

mehtic-lîche, -en *adv.* er bleip zuo Meyelon mehteklîche, *mit heeresmacht* CHR. 8. 462, 16. hie mite sô wart des küneges kraft gemêret vil harte mähticlîchen PART. *B.* 3383. Belche mahticlîchen gie BIT. 2687. mechtiglîchen ûf einen gân, komen: *sich in allem seiner entscheidung unterwerfen* MB. *bei* SCHM. *Fr.* 1, 1564. *vgl.* mehtlîche.

mehtigen *swv. tr. bevollmächtigen* HALT. 1292 (*15. jh.*); *refl. sich verbürgen,* wir wolten uns m., daz DH. 296. sich vür einen m. SCHREIB. 2, 384 (*a.* 1428), *mit gen. d. s. eigenmächtig verfahren* HALT. 1293. sich rechtens mechtigen von einem, *unter verantwortlichkeit des vollmachtgebers handeln?* wir geben euch gewalt, soliche gebot für uns zu tun und euch von uns rechtens zu mechtigen UGB. 397, *mit gen. d. p. eigenmächtig für einen abwesenden handeln in hoffnung auf dessen genehmigung* HALT. *a. a. o.* (*15. jh.*). so wolten sie in ain grosz gnad und nachlaszen tuen und wolten sich des kaisers möchtigen, *seine nachträgl. genehmigung erlangen* CHR. 5. 9, 18.

meht-lîche *adv. mit heeresmacht* DAL. 137, 30.

mei-âbent *stm. vorabend des 1. mai* CHR. 8. 96, 17.

meid *s.* meiden.

meide-bluome, -kint *s.* megede-.

meidel, meidelîch *s.* magetîn, magetlich.

meidem, meiden *stm.* (II. 91ᵇ) *männl. pferd, hengst od. wallach* (maiden *od.* ausgesnytten pferde Voc. 1482). DIETR. HELMBR. (387. 1780). MSH. 2, 119ᵃ. 173ᵃ. PART. *B.* 461. 70. 570. 95 *u. o.* RENN. 24590. WH. *v. Öst.* 104ᵃ. SUCH. 8, 111. 197. RING 51ᵈ, 16. 55ᵇ, 36. S.GALL. *stb.* 4, 82. BÖHM. 526 (*a.* 1333). MB. 9, 128. SCHREIB. 1, 489 (*a.* 1363). CHR. 1. 441, 7; 4. 137, 23; 9. 941, 23 *ff.* 959, 19. J. *a.* 1378. 81. KIRCHB. 808, 55. WEIST. (meid 4, 279); *bei* MGB. *überh. für castratus:* ain maiden oder ain coppaun 52, 27. die mannen, die maiden sint und ir gezeug nit habent 7, 30. — *nach* GR. 3, 325 *u. kleine schrft.* 2, 183 *ist es das gt.* maithms, *geschenk* (*vgl.* mêdeme), *weil ehemals besonders pferde geschenkt wurden;* GDS. 30 *wird aber vermutet, dass im gt. worte der begriff des pferdes doch der ursprüngliche sein könnte (vgl. auch* KUHN 6, 184 *wo auf irisch* meadbach, meidheach, *hengst verwiesen ist*).

gt. maithms *ist der gleichen w. entsprossen wie* mîden *u.* gemeit, *vgl.* GSP. 244. FICK² 154;

meidenen *swv. castrare* MGB. 52, 32. *vgl.* SCHM. 2, 552.

meider *stm. ndrh.* = madære FROMM. 2, 445ᵃ.

meidichîn *stn., md. dem. zu* maget LUDW. 53, 2. meydichen AB. 1, 132 *f.;*

meidîn *s.* magedîn.

mei-dinc *stn.* (I. 334ᵃ) *ungebotenes, im mai gehaltenes gericht* RCSP. 1, 308. RA. 822. *vgl.* meiengedinge, -gerihte, -rëht, -teidinc.

meie, meige *swm.* (II. 92ᵃ) *die nbff. s. unter folgdd. beisp.: der monat mai.* meie WALTH. LIEHT. Ms. (des meien kleider *H.* 2, 155ᵃ. 156ᵇ. sît er ob allen künegen sô gekrœnet stât als ob allen mânden tuot der meie *ib.* 362ᵇ). der süeze meie NIB. 1579, 3. maie LIEHT. 24, 6. 7. MGB. 88, 15. 171, 15. den dritten (mânden) nante er maien nâch dem worte majores, wan die mêrren mahtent danne ir spil ze Rôme MEIN. 16. der andere meie, *juni* TUCH. 89, 33. maye *schweiz. geschichtsfr.* 2, 245 (*a.* 1322), meije *ib.* 1, 314. 339. 7, 286. 17, 274. NIB. 294, 1. ALBR. 16, 579, meige Ms. TROJ. 16336. ALBR. 15, 100. 32, 239. GERM. 8, 108. LAC. 3, 478. GR.W. 1, 356. 3, 621. 4, 138. 182. 391 *etc.* maige *ib.* 4, 420, meihe *ib.* 487. matzo (*aus it.* maggio) TUCH. 24, 1; *bildl.* mîn liehter meie wünneclich bistu gewesen al dâ her PART. *B.* 8240, *personif.* her Meie MSH. 1, 133ᵇ. swaz Meie ûf die plâniure bluomen hete dô gezetet TROJ. 3986; maibaum, ez sol kein karrenzieher kein grüenez holz ziehen, noch mayen noch stangen NP. 306 (*14. jh.*); *mailied,* ein meyg LESEB. 975, 1. — *aus lat.* maius, *vgl.* WEINH. *mon.* 50;

meien, meigen *swv.* (II. 92ᵇ) *intr. mai werden.* ez meiet LIEHT. NEIDH. XXXV, 25. 7, 11; *im mai od. wie im mai fröhlich sein* Ms. (bî der grüenen linden, dar ich meien was gegân NEIDH. LIV. 36). DIETR. 1527. siu wunnent unde meigent MART. 126, 84. 277, 8; *tr.* maiartig *schmücken,* wîz und rôt gemeiet j. TIT. 2303. — *mit* er-, über-. *vgl.* KWB. 184.

meien *swv. s.* mæjen (FROMM. 2, 445ᵃ).

meien-anger *stm. der anger im maischmucke. bildl.* sie was ouch sîner ougen meienanger LOH. 1270.

meien-anke *swm. maibutter.* nim maygenanken und salb im die ougenlider *hs. in*

meien-bære *adj.* (II. 92ᵇ) *mailich, dem mai entsprechend* PARZ. 281, 16 (*var.* mei-, meigebære).

meien-bat *stn. bad im mai* LCR. 40, 2094. *vgl.* ZIMR. *chr.* 2. 228, 5; 3. 3, 34; 4. 399, 19.

meien-bërnde *part. adj. den mai bringend, wie der mai.* gar meienpernde er in ir ougen blüete LOH. 896.

meien-bëte *stf. im mai zu entrichtende abgabe, steuer* GR.W. 3, 545. 6, 89. MONE z. 8, 294. *vgl.* meienstiure.

meien-blic *stm. maiblick, -glanz. bildl.* dû meienblic der jugende j.TIT. 1065. ein m. der wibe *ib.* 1937. *vgl.* meienschîn.

meien-bluome *mf.* mayenplum od. vichdistel umbilcum sueveris (umbilicus Veneris) Voc. 1482.

meien-dach *stn. des maien decke, gewand* MSH. 2, 371ᵃ.

meien-garte *swm.* (I. 484ᵃ) *maigarten.* viuhter meiengarte: *Maria* MSH. 3, 341ᵃ.

meien-gedinge *stn. s. v. a.* meidinc GR.W. 1, 102. 4, 392.

meien-gerihte *stn. dasselbe* GR.W. 1, 51 *f.* 5, 141.

meien-huon *stn. im mai zu lieferndes zinshuhn* URB. 68, 11. meigenhuon *ib.* 65, 17.

meien-muos *stn. maimus.* meigenmuos MONE z. 2, 186.

meien-ouwe *stf.* (II. 455ᵃ) *die aue im maischmucke: geliebter* FRL. *lied.* 4, 2.

meien-pfërt *stn.* hette der hübener ein meyenpfert under sein pferden GR.W. 3, 577 (*16. jh.*).

meien-rëgelîn *stn.* ein sanft meienreglî JUST. 383. *dem. zu*

meien-rëgen *stm.* (II. 611ᵃ) *mairegen* MSH. (1, 114ᵇ). maigenregen NETZ 5724.

meien-rîs *stn.* (II. 724ᵇ) *im maischmucke prangendes, blühendes reis, eig. u. bildl.* Ms. zwei brâchen daʒ m. ALTSW. 162, 11. du blüejest als ein m. in manicvalter tugende WLN. 134. ir herze in êren bluote als ein gezieret m. ENGELH. 879. der fröuden anger und der wunne paradîs bluoten als ein m. PART. B. 8514. wîp sint âne lougen bernder wunne ein m. KONR. *lied.* 3, 28. der ougen wunne ein m. ULR. *Wh.* 3701. du bist wol gotes m. und sînes herzen spil KOLM. 105, 24. *vgl. zu* STAUF. 146 *u.* meienzwîc;

meien-rîsel *stn. dem. zum vorig.* ein touwic m. ALTSW. 162, 11.

meien-schîn *stm.* (II.² 146ᵃ) *s. v. a.* meienblic LIEHT. 432, 13 (des meyen schîn 437, 2). wunneclîchen sol man schouwen meienschîn über elliu lant MSH. 1, 112ᵇ. *bildl.* FRL. si sunneblic, si m. MSH. 1, 336ᵃ. iuwers herzen m. LIEHT. 242, 2.

meien-smalz *stn.* (II². 429ᵇ) *s. v. a.* meienanke MYNS. 94. SCHM. *Fr.* 1, 1552.

meien-spil *stn. spiel, freude im mai. bildl.* du bist mîn lustig m. HÄTZL. 2. 11, 59.

meien-stiure *stf. s. v. a.* meienbëte GR.W. 1, 4. meistiure *ib.* 6, 183. meigenstiure URB. 104, 31.

meien-tac *stm.* (III. 6ᵃ) *maitag.* ein liehter meientac PART. B. 7868. MSH. 1, 112ᵇ. *bildl.* dîner liute und dîner mâge wære dû ein meientac RAB. 911; *der erste mai* S.GALL. *stb.* 11, 58. meietac MEIN. CHR. 8. 98, 3. GR.W. 4, 24. meitac JUST. 149. *vgl.* ROTW. 1, 56ᵃ.

meien-teidinc *stn.* (I. 335ᵇ) *s. v. a.* meidinc HALT. WEIST.

meien-tou *stn.* (III. 53ᵃ) *tau im mai.* meigentou HPT. 8, 225;

meien-touwec *adj. nass vom maientau,* meientouwec gras MSH. 2, 153ᵇ;

meien-touwen *swv.* alsam iʒ meigentouwete PF. *üb.* 16, 957.

meien-var *adj.* (III. 238ᵇ) *wie der mai gefärbt, grün* LIEHT. der walt ist meienvar MSH. 3, 227ᵃ.

meien-visch *stm.* von einer thon meyenvisch gibt der gast 4 dn. MILTENB. *stb.* 20ᵇ. *vgl.* NEMN. 3, 367 *u.* meilinc.

meien-vlîʒ *stm.* ir liehter ougenschîn begôʒ den gotes reinen meienvlîʒ, der rôserôt, der liljenwîʒ blüegende ûf ir wengel lac GERH. 2295.

meien-wîse *stf. name eines tones* KOLM. *s.* 187.

meien-zît *stf.* (II. 914ᵇ) meigenzît REINFR. *B.* 301: *mai-, frühlingszeit* TEICHN. *bildl.* des herzen m. LIEHT. 119, 20. 124, 30. 156, 20. 535, 43. mayzeit DFG. 613ᵇ; *dat. pl. adv.* maienzeiten MGB. 77, 10.

meien-zwîc *stm. s. v. a.* meienrîs. *bildl. von Ludwig v. Thüringen:* er wûs ûf als ein meinzwîg ELIS. 126. blûende alse ein meienzwic *ib.* 1464. 4164. des clâren meienzwîges *ib.* 5690. der wunneclîche m. *ib.* 7498.

meier, meiger *stm.* (II. 93ᵃ) *meier, oberbauer, der im auftrage des grundherrn die aufsicht über die bewirtung der güter führt, in dessen namen die niedere gerichtsbarkeit ausübt u. auch nach umständen die jahres-*

gerichte abhält (URB. *s.* 354). meyer, meyger villicus DFG. 619ᵇ, *n. gl.* 382ᵃ. meier A. HEINR. 295. HELMBR. 918. APOLL. 15407. 10. URB. 133, 4. mair SCHM. *Fr.* 1, 1552. so man diu swîn oder andern dienst bringt, sô suln ze reht die mair (villici) dermit chomen GEIS. 432. maiger RING 42ᵇ, 40. 45ᵇ, 36. 46ᵃ, 11. 51ᵈ, 25. 54ᵈ, 18. 55ᵉ, 16. meiger URB. 133, 21. GR.W. 1, 327 *ff.* 4, 160 *u. o.* — *aus lat.* major.

meier-ambet *stn. das amt eines meiers.* mairampt SCHM. *Fr.* 1, 1552. m e i g e r ampt GR.W. 1, 337 *ff.* URB. 133, 5. 21. meieramt GR.W. 1, 66. *vgl.* meierîe, meierschaft, -tuom;

meier-ämtic *adj.* ein meierämtiges guot, *das dem* meierambete *abgaben zu entrichten hat* GR.W. 1, 66.

meier-dinc *stn.* vom meier *abgehaltenes gericht* GR.W. 1, 718.

meieren *swv.* (II. 94ᵃ) *intr. als* meier *schalten.* meygern OBERL. 1041; *tr. in* bemeieren. *vgl.* FROMM. 6, 355.

meier-hof *stm.* (I. 699ᵇ) *meierhof, hof den der* meier *von dem grundherrn zur benutzung hat* SUM. URB. 47, 2 *ff.* Mz. 2, 546 (*a.* 1326). CDG. 2, 288 (*a.* 1327). meirhof ERINN. 755. mairhof CHR. 5. 209, 11. m e i g e r hof GR.W. 1, 6.

meierîe *stf.* (II. 94ᵃ) *s. v. a.* meierambet GR.W. 1, 719. m e i g e r î e *ib.* 4, 149. URB. *Seck.* 103. *vgl.* meierschaft, -tuom;

meierinne, -în *stf.* (II. 94ᵃ) *die frau des* meiers A. HEINR. WEIST. (meigerin 1, 307). GA. 2. 288, 49. KELL. *erz.* 271, 19. 27. 37; 272, 12. mairinn MGB. 386, 32.

meieron *s.* meigramme.

meier-phenninc *stn. abgabe an einen* meier GR.W. 4, 332.

meier-schaft *stf.* villicatio DFG. 619ᵇ. EVANG. *L.* 16, 2 *ff.*;

meier-scheften *swv. in* gemeierscheften.

meier-tuom *stn.* (II. 94ᵃ) *s. v. a.* meierambet, -schaft MONE *z.* 21, 241 *f.* m e i g e r tuom TROJ. 5723. AD. 1102 (*a.* 1361), m e i j e r tuom URB. 25, 23.

meier-vuoder *stn.* der meier sol sîn meierfuoder höuw nemen GR.W. 1, 143.

meiesch, meisch *adj.* (II. 92ᵇ) *zum mai gehörig, wie im mai* TRIST. 2547. ein meischez smalz PF. *arzb.* 2, 13ᵇ. maische butter, soltz SCHM. *Fr.* 1, 1552. mayscher chäs CGM. 317, 17ᵇ. mit mayschen butter *ib.* 18ᵇ. maisch schmalz *ib.* 24ᵇ. m e i g e s c h TIT. 143, 1 (*var.* maisch) WEIST.

meie-schâf *stm. im mai zu lieferndes zinsschaf* GR.W. 6, 514 *f.*

meie-tac *s.* meientac.

meie-vogel *stm.* m e i g e vogel MONE *z.* 4, 85 (*a.* 1449). *vgl.* NEMN. 3, 368.

meige *s.* meie.

meigelinc *stn.* (II. 93ᵃ) *höriger, der im mai zins zu geben hat?* WEIST. MONE *z.* 8, 148.

meigen *s.* mæjen, meien.

meiger *s.* mæjer, meier.

meigesch *s.* meiesch.

meigramme *swm.* (II. 94ᵇ) *majoran, maigram* HELBL. majeron MYNS. 41. meyeron, meyron, meyrone, merone, mayoran, maseran DFG. 344ᵃ, meygeran, majoran, margaron *n. gl.* 243ᵇ. — *aus mlat.* majorana *u. dieses umbild. von* amaracus WACK. *umd.* 57.

meigt *s.* maget.

meihe, meihen *s.* meie, mæjen.

meil *s.* mîle.

meil *stn.* (II. 94ᵇ) *fleck, mal* LIEHT. FREID. NEIDH. (42, 34. 92, 11). GEO. ein bleiche varwe übervie daz ors mit swarzen meilen KRONE 992. wunden meil BPH. 6569. GA. 2. 121, 455. durch schilt und ringe er in sluoc, daz diu brünne meil gewan BIT. 1075. sweizes meil ALBR. 9, 176. von slage meil enphâhen *ib. zu* 30, 176. ain spiegel der ân mail ist MGB. 226, 21. m. *des tuches ib.* 194, 36. 304, 29. diu mail in den augen *ib.* 322, 22. 452, 29. 455, 3. mail, macula DIEF. *n. gl.* 243ᵃ; *bildl. sittl. befleckung, sünde, schande* LEYS. WIG. WINSB. Ms. (meiles vrî *H.* 3, 170ᵇ. wandels *ib.* 161ᵇ, lasters *ib* 72ᵃ, schanden meil *ib.* 20ᵃ). FRL. KROL. HELBL. (Mariâ, muoter âne meil 10, 1). do er dô gefrumte die michelen sunte unt daz vil michel mail ANEG. 20, 29. 22, 79. daz ich mail habe begangen KCHR. *D.* 474, 29. besnîdet iu von houbethaften mailen *ib.* 288, 27. an in newas mail nehain *ib.* 416, 19. *vgl.* 84, 29. 86, 15. schanden m. KRONE 458. 631. diu in der sælekeit beriet und in von dem meile (*var.* der meile) schiet *ib.* 302. ân lasters m. LOH. 4095. 6534. daz wir wellen âne meil der sünde sîn WG. 7961. ân mail MGB. 115, 9. 310, 12. meil gewinnen GERM. *H.* 8, 301. man liez in sicherlîche nimmer gewinnen wîbes teil noch versuochen solh meil, daz minne wære genant DIETR. 168. daz si des bœsen tiuvels list hât brâht in alsô swachez

meil LIEHT. 623, 24. der nam den vrouwen êre und gap in meil j.TIT. 250. sin herze sunder meiles rost in hôhen fröuden swepte REINFR. B. 1070. — gt. mail, vgl. GDS. 409 (aus mahil zu lat. macula?), GSP. 244 u. CURT.³ 345 (zu skr. mala schmutz, gr. μέλας schwarz, lat. malus);
meil adj. s. meile.
meilan m.? (II. 96ᵇ) filipendula VOC. o., meilandt VOC. 1482. ein blûm haist mailant MAG. cr. 81ᵃ.
meil-banc? s. unter bletzerbanc.
meile swstf. (II. 96ᵇ) panzerring ATH. Iw. KRONE (die wîzen meile: bateile 18390). rôte meile GERM. 3, 38. malje KARLM. 268, 63, malge ib. 55, 13. — aus fz. maille, it. maglia, mlat. malia, orbiculus (DFG. 344ᵇ) vom lat. macula DIEZ 1, 258.
meile stswf. (II. 94ᵇ, 52. 95ᵃ, 30) s. v. a. meil GEN. DIEM. RUL. LEYS. KRONE 302 var. ledic aller maile (od. gen. pl. von meil?) ANEG. 30, 36. sunder meile MSH. 3, 338ᵃ. KIRCHB. 746, 27. — ahd. meilâ;
meile, meil adj. befleckt, schlecht. daz guot und ouch daz meil dar inn (im buche) geschriben stât ALTSW. 172, 12. s. mortmeile;
meilec, meilic adj. (II. 95ᵇ) befleckt eig. u. bildl. KROL. MSH. 2, 361ʰ. RENN. 4360. 9080. BIRK.p.109. LS. 1. 382, 257. KELL. erz. 155, 24;
meilegen, meiligen swv. (II. 96ᵃ) beflecken, beschmutzen, tr. LEYS. MYST. ob er gemeiliget wære vor sînem schepfære MAR. 167, 6. niht meilege unsern kristentuom MAI 23, 31. daz gemailigt flaisch MGB. 304, 23. auzwendich wirt daz zin leiht gemailigt ib. 408, 8. gemailigt mit unkäusch ib. 396, 3. mailigen, maculare VOC. 1437. DIEF. n. gl. 243ᵃ; refl. GEN. 20, 38. MAI 146, 7. — mit be-, ver-. vgl. mâligen;
meilen swv. (II. 95ᵃ) dasselbe Ms. NEIDH. (52, 23). KRONE (265). j.TIT. (die vrouwen meilen, beschimpfen 250. gemeilet a n der wirde 6194). daz reht daz ist gemeilt ALTSW. 182, 30. ain gemailt tuoch MGB. 194, 35. sie wolten sich a n in meilen nicht KREUZF. 6282. swer sîn lip hât gemeilet mit sünden ERINN. 888 (930). MAR. 187, 6. ROTH pr. 49. diu ir lip gemeilet hât mit untât MAI 132, 3. 156, 22. dâ mit kan er sîne tugent m. JÜNGL. 616. gemeilet mit unreiner scham KOL. 185, 1058. er was mit nihte gemeilet APOLL. 15190; verletzen, verwunden: den hete untriuwen angel vil selten gemeilet KRONE 156. daz der niht vil gemeilet wurde (beim turnier) j.TIT. 1926. vil maneger wart gemeilet, dem werde wip her nâch mit klage dancten ib. 4372. er wolt in dâ mit tôde hân gemeilet ib. 1567. — mit be-, en-, ge- (KRONE 9652), ver-.
meiler stm. (II. 96ᵇ) meiler, holzstoss des kölers, woraus die kolen gewonnen werden MSH. 2, 292ᵇ; eine gewisse anzal (aufgeschichteter) roheisenstangen: 18 meiler eisen MH. 2, 712 (Leoben). belege aus dem 17. jh. im KWB. 189: ain halber meiller oder 22 stangen eysen; die steur von 11 meiller eisen bezalt. — vgl. WEIG. 2, 134.
meilic, meiligen s. meilec, meilegen.
meilîchen adv. so fröhlich wie im mai, voller freude WSP. 169.
meilinc stm. die meyling sollen im merzen und appprillen gefangen werden HPT. 14, 176. nach NEMN. 2, 1211 heisst der zweijährige salmo thymallus (äsche) in Österreich mailing. vgl. meienvisch.
meil-muot stm. (II. 262ᵉ) boshafter sinn? FRL. 269, 13 (var. heilmuot).
meil-prüeven swv. das meil eines andern prüeven, betrachten. ir schült mich mein mailprüefen darumb, daz ich praun pin (= nolite me considerare, quod fusca sim cant. 1, 6) MGB. 461, 14.
meil-tætec adj. boshaft, frevelhaft. böse und meiltêtec ZING. findl. 2, 130.
meilunge stf. mailung, macula DFG. 342ᵃ, n. gl. 243ᵃ; — gränze, meylung, gemerk und rain KALTB. 1, 2. s. mâl.
mein stm. s. magen.
mein, meine adj. (II. 106ᵃ) falsch, betrügerisch. meiner rât (vgl. meinrât?) TUND. 48, 26. meiner eit (vgl. meineit) meineid KCHR. D. 153, 1. ANEG. 34, 41. DIETR. 7186. ECKE Z. 187. Ms. (WARTB. 156, 1) MART. 270, 20. SWSP. 319, 6. NP. 37. si mîn rede meine (: eine) ALBR. 1, 1536. — mein stmn. (II. 105ᵃ) falschheit, unrecht, frevel, missetat (blutschande GREG.) NIB. PARZ. BARL. MART. Ms. (mein sprechen, tuon WARTB. 40, 9. 41, 4), besonders häufig bei KONR. (SILV. 1881· 1954. 2340. ENGELH. 5517. OTTE 566. TROJ. 5221. 12929. 58. 95. 18252). PASS. JER. der fuhs meines vol REINH. 391, 5. swer wider den obristen hêrren alsô grôz main bigât PRL. 334 (342). daz sî uber mich frumten daz main KCHR. D. 445, 8. mit lasters

meine (*od. fem.?*) j.Tit. 5763. mein und mort Chr. 5. 92, 16. 93, 17. 270, 3. 305, 24. *pl.* dô er mit manigen meinen dem tiuvel diente manigen tac Serv. 3400; *meineid* Swsp. *L.* 99, *vgl.* meines; *schädigung, niederlage, unglück* Kreuzf.; *makel,* daz sie ir kiusche reine vor aller slahte meine unz an ir tôt bewarte Marg. *W.* 182. — *nach* Wack. *zu* meinen (meiner eit *etc. eig. ersonnener eid*) *wie lat.* mentiri *zu* mens (Curt.³ 291). *vgl.* Dief. 2, 17 *ff.* Fick² 826;

mein *stf. s.* meine 1 *u.* 2.

mein *stmn.?* mons Veneris? oberthalben ires mein er Friderûn den spiegel brach Neidh. XXXIV, 1. *vgl.* meinel.

meinde *prät. s.* meinen.

meinde *stf.* (II. 101ᵇ) *s. v. a.* gemeinde, gemeinde Zit. *jb.* 25, 24;

meine *adj. s. v. a.* gemeine, communis Dief. *n. gl.* 104ª. die heiden alle maine Kchr. *D.* 2, 24 (algemeine *M.* 46).

meine *adj. s.* mein;

meine *adv.* (II. 106ª) *falsch.* meine swern Msf. 213, 1 (Hartm.) Msh. 3, 23ª. Freid. 164, 22 *var.*;

meine, **mein** *stf.* (*ib.*) *s. v. a.* mein, *falschheit, unrecht.* daz ist ain grœzlîchiu maine Prl. 363 (372). von der meine Denkm. XXXIII Eª 2 *u. anm.* mein Ot. Jer. 15208.

meine *stf. s.* menige.

meine *stf.* (II. 110ª) mein Ga. Ot.: *sinn, bedeutung* Trist. Himlf. (921). bring uns ze ende der âventiure meine Loh. 2300. bediutung und mein (: ein) Ot. 265ᵇ; *gedanke, gesinnung, meinung, absicht, wille* Trist. Frl. Troj. (21314). sunde und valsche meine Himlf. 1755. si erhôrte an sîner meine Gfr. 1572. ob sî noch baz vernæme sînes herzen meine Reinfr. *B.* 2935. in unwirdiger meine *ib.* 3539. ir meine und ir gedûde Elis. 886. in, nâch meine *ib.* 4036. 6478. 809. 5598. 6827. 7194 *u. ö.* alle sîn mein (: ein) Ot. 265ᵇ. 476ª. er neiget ir tief in dankes mein (: hein) Ga. 1. 339, 57. daz tuot er in der meine, daz Heinz. 123. 39, 2; *freundl. gesinnung, liebe* Trist. Ms. Engelh. mit minneclîcher meine Reinfr. *B.* 3331. *pl.* einem in meinen geneigt sein Mh. 2, 470. — *zu* meinen, *vgl.* meinunge.

meinec-lich *adj.* (II. 110ᵇ) *liebend* Lieht. 52, 30.

meinec-lîche *adv.* (II. 96ᵇ) *s. v. a.* gemeinecliche Kchr. 1184. Wig. 116, 29 *var.*

meinec-lîchen *adv. s. v. a.* minneclîchen Lieht. 381, 10 *var.*

meinec-lîchen *adv.* (II. 106ᵇ) *falsch, eidbrüchig* Nib. 1153, 2 (*var.* meinlîche).

mein-eide *adv.* (I. 427ª) *meineidig* Aneg. Tund. Kchr. *D.* 155, 19. 223, 20. 405, 27. Berth. 279, 12. Wg. 336. Ulr. *Wh.* 155ᶜ. Albr. 16, 265. 24, 111. Mgb. 483, 5. Swsp. 14, 7. Just. 173. 224. 310. Gr.w. 1, 221. *mit gen.* Nib. 563, 2, meineide an Iw. 3185;

mein-eidec, -eidic *adj.* (*ib.*) *dasselbe* Engelh. Alph. 219. Dietr. 7186 *var.* Ls. 1. 430, 111. Berth. 279, 14. Ksr. 119. Mühlh. *rgs.* 89;

mein-eiden *swv.* (I. 427ᵇ) *intr. einen meineid schwören* Berth. 515, 24 (*stn.*); *tr. gegen einen falsch schwören* Oberl. 1021;

mein-eider *stm.* (I. 427ª) *der meineidige* Frl. Griesh. Berth. 67, 32. 144, 39. Renn.11123. 24385. Kirchb. 816, 54. S.Gall. *stb.* 4, 313. manayder Dief. *n. gl.* 288ᵇ;

mein-eit *stm.* (*ib.*) *meineid* Rul. Diem. Karaj. Albr. 11, 61. Swsp. *L.* 171. manayt Dief. *n. gl.* 288ʰ;

mein-eit-swerer *stm. s. v. a.* meinswerer. Lcr. 93, 409.

meinel *stn.* (II. 111ª) *dem. zu* mein (*mons Veneris*) Msh. 2, 87ª. 93ª.

meinen *swv. s.* megenen.

meinen *swv.* (II. 107ª—110ᵇ) *prät.* meinete, meinte, meinde *part.* gemeinet, gemeint —: *sinnen, denken, nachdenken absol.* Pass. m. hin Ms. (*H.* 1, 180ᵇ); *seine gedanken auf etw. richten, etw. bedenken, berücksichtigen (mit acc. od. präp.* an) Büchl. Walth. Ms. (*H.* 1, 346ᵇ); *eine gesinnung gegen jem. haben in feindl. od. wolwollender weise (feindlich:* wie uns die hunde meinen Reinh. 324, 923. die begunde grôz leit sô meinen, daz sie an freuden gar verdarp Ulr. *Wh.* 223ᵇ. die vînde er m it zorne meinet Türl. *Wh.* 5ᵇ; *wolwollend:* oft geradezu *für* lieben, den ich von herzen meine Silv. 2905. nieman si reinen meinen wil Engelh. 20. er wolde sie meinen z'einer muoter Troj. 15677. er meinte sie vür allez guot *ib.* 15446. den guoten got m. Ulr. *Wh.* 238ᵈ. meine mich als ich dich meine *ib.* 250ᶜ. der dich [got] einvaltic meinet Gen. *D.* 109, 5. Mar. 151, 27. daz si ir kint meinent *ib.* 154, 21. liep, ich wil dich meinen mit herzen und mit muote Heinz. 2412. einen mit rechten trewen m. Mh. 3, 199.207, *verbunden mit* minnen: minnen und meinen Troj. 27394. Albr. 32, 48. von in wart nieman denne got gemeinet und geminnet HEINZ. 117. 12, 2. ich meine die minne MSH. 3, 418ᵇ. 1, 363ᵇ); *mit dat. einem etw. angenehm machen* Ms., *einem etw. vermeinen, vermachen:* einem ein guot m. SWSP. 127, 8. swem er daz macht oder meint BÖHM. 531 (*a.* 1334); *etwas im sinne haben, beabsichtigen, bezwecken, wollen* (ich meine den doume GEN. *D.* 5, 30. ich meine diu wâren gotes chint *ib.* 17, 10. dô gehôrte der herzoge als ob er fliehen wolde, daz er doch nüt meinde CHR. 8. 61, 2. was die potschaft meint, *will ib.* 5. 9, 9. waz Philippus meinet und gedenket wider mich *ib.* 8. 302, 1); *worauf zielen, bedeuten, einen sinn haben* (waz meinen disiu dinc? EXOD. *D.* 154, 24. waz meinet daz? GERH. 3277); *eine bedeutung unterlegen, etw. auslegen*: die rede meine ich anderswar HPT. 7. 355, 30; *glauben, wähnen mit acc., infin. od. untergeord. s.* (ich meine niht wan daz ich weiz ER.² 7929. dô meinde er, daz CHR. 8. 476, 22); *behaupten* ZÜRCH. *jb.*; *verursachen, der grund sein* HARTM. LANZ. URST. Ms. — *mit be-, ge-, ver-. mit* man, manen, minnen, munder *aus der w.* man CURT.³ 291. FICK² 146;

meinen *stn.* (II. 110ᵃ) *das meinen, denken.* sprechen âne meinen daz ist gar der sêle ein slac WARTB. 177, 10; *wolwollende gesinnung, liebe*: swem von liebe friuntlich meinen sî beschehen MSH. 2, 125ᵃ. sîn meinclîchez meinen LIEHT. 52, 30. ein einlîch meinen REINFR. *B.* 4230 (= einéclîchez minnen 4226); *die bedeutung* PASS. 335, 24.

meines *gen. adv. zu* mein (II. 105ᵇ, 11) *falsch.* meines swern GRIESH. Ms. ANEG. 37, 11. BERTH. 446, 13. Ls. 2. 145, 20. SWSP. 319 *L.* 711. 367, 1. NP. 69 (*14. jh.*). meines reden HELMBR. 774. *vgl.* WEINH. *al. gr. s.* 240.

mein-gewelde *stn. gemeindewald* MONE z. 1, 397 (*a.* 1174).

mein-heit *stf. communitas*, meinheit der lûde DIEF. *n. gl.* 104ᵃ. *vgl.* CHR. 7, 457ᵇ.

mein-heit *stf. perjurium* DIEF. *n. gl.* 288ᵇ.

meinig, meinigen *s.* minig, menen.

mein-kouf *stm.* (I. 867ᵃ) *betrügerischer handel* HALT. 1336 (*a.* 1258).

mein-lich, -lîche *s.* magenlich,- lîche.

mein-lîche *adv.* (II. 107ᵃ) *s. v. a.* meineclîchen NIB. 1153, 2 *var.*

meinolt *s.* manolt.

mein-rât *stm.* (II. 576ᵇ) *falscher rat, verrat* LEYS. NIB. 849, 3. DIETR. 2900;

mein-ræte *adj.* (II. 577ᵇ) *verräterisch, hinterlistig* NIB. DIETR. 2561. 4211.

mein-rîche *adj. s. v. a.* minnerîche H. *v. N.* 384. 92.

meinst, meinster, meinstern *s.* meist, meister, meistern.

mein-strenge *adj.* (II². 675ᵃ) *sehr strenge, gewaltig, tapfer* (mein *aus* magen) ANNO.

mein-swer *stm.* (II². 773ᵇ) *meineid* HÄTZL.;

mein-swere *swm.* (*ib.*) *meineidiger* HEIMB. *hf.*;

mein-swerer *stm.* (*ib.*) *dasselbe* Ms. WARN. KOLM. 202, 19. 31. NETZ 13348. CHR. 8. 108, 30;

mein-swern *stv. I, 4 falsch schwören.* niht sweren, daz er niht mainswere (non jurare, ne forte perjuret) BR. 23ᵇ (*var.* mains swere), *mit dat.* welt ir dem rîche meinswern HELBL. 4, 312;

mein-swern *stn. das falsche schwören, der meineid* MSH. 2, 194ᵃ. RENN. 1815. HELBL. 2, 433. NETZ 2470;

mein-swüere *swm.* (II². 773ᵇ) *meineidiger* HELBL. 1, 785;

mein-swüerec *adj.* (*ib.*) *meineidig* REINH. 346. 1495;

mein-swuor *stm.* (*ib.*) *meineid* WARN. 2775. AB. 1, 103.

mein-swuor-list *stm. f.* (I. 1011ᵇ) *schlauheit im meineide. md.* meinswôrlist *stf.* LIT. 822.

mein-tât *stf.* (III. 148ᵃ) *falsche treulose tat, missetat* DIEM. ANEG. WIG. BON. Ms. PASS. (240, 55. MARLG. 248, 269). KCHR. *D.* 284, 17. GLAUB. 620. FLORE 6989. TROJ. 13170. SILV. 1019. PART. *B.* 6044. j. TIT. 521. HELBL. 7, 691. VET. *b.* 38, 19. KARLM. 7, 5. 217, 31. KSR. 44. mêntât WACK. *pr.* 74, 19;

mein-tæte *adj.* (III. 149ᵇ) *übeltätig, verbrecherisch* KRONE 16973. ir vil meintâte juden ROTH. *pr.* 19; — *swm. übeltäter, verbrecher* URST. ANEG. 9, 57. EXOD. *D.* 143, 33. HELBL. RAB. MARG. *W.* 592;

mein-tætec, -tætic *adj.* (*ib.*) *dasselbe* SERV. BERTH. 377, 38. SPEC. 172 (meint. sunti, schwere sünde 59) TROJ. 12950. SILV. 303. 382. *md.* meintêtich LEYS. GERM. 3, 362. meindêdig MARLD. *han.* 18, 30. mêntætic RUL. 70, 15;

mein-tætec-lîchen *adv. auf verbrecherische, diebische weise* GERM. 3. 426, 35;

mein-tæter *stm. übeltäter, verbrecher* MART. 108, 31. NETZ 13348.

meinunge *stf.* (II. 110ᵇ) *sw.* HEUM. 362. *s. v. a.*

meine: *sinn, bedeutung* Krol. dar nâch im
got bescheinde die m. Marlg. 228, 467; *gedanke, gesinnung, meinung, absicht, wille*
Teichn. Ludw. Myst. mich dûht, daz sin
meinunge wære dort Loh. 1405. ich hœr iur
m. wol Helbl. 4, 731. got siht im die m. an
Ls. 1. 492, 186. waz wil die m. dîn? *was
verlangst du von mir?* Marlg. 178, 164.
wir abbet Walther van gotz mênunge des
klôsters van Gengenbach Don. a. 1326 (*Ortenau).* sü woltent einen welen alsô des volkes meinunge wêre Chr. 9. 594, 5. und was
ir m. veste dar an, daz sü strîten mit ime
woltent *ib.* 8. 83, 6. dô hette er alle sîne m.
gerihtet ûf die guldîn und silberîn münze
ib. 50, 19. meynunge, opinatio Dfg. 397ᶜ;
freundl. gesinnung, freundschaft: verbüntnisse haben ûf m., *sich in freundschaft verbinden* Chr. 9. 965, 13; *liebe* Leseb. 863,
27.

mein-vol *adj.* (III. 362ᵃ) *voll frevel* Oberl. 1021.

mei-rëht *stn. s. v. a.* meidinc Gr.w. 3, 655.

meirone *s.* meigramme.

meis *s.* meise 1.

meisch *adj. s.* meiesch.

meisch *stm.* (II. 111ᵇ) *traubenmeische.* wann
wir lesen, sô sullen wir den maisch in ir
press füeren Uh. 402 (*a.* 1398). wir wellen
auch den maisch in iren hof zu der press
fürn *ib.* 407 (*a.* 1437). der maisch, dâ von
man den zehent schuldig wær Ukn. 400 (*a.*
1359), *vgl. einl.* XVIII. wer den zehent von
traid oder maisch entfüert Kaltb. 70, 49;
mit honig vermischtes getränk, mulsum Voc.
vrat. — *mit* mischen (*s.* meischen, maischen
bei Frisch) *zu lat.* miscere.

meische-boden *stm. sumpfboden* Gr.w. 6, 397.

meise *swf.* (II. 111ᵇ) meis, mais Ls. Such.: *die
meise* Gl. Renn. 19364. Wahtelm. 192. sam
von einer meisen vedern wæten j.Tit. 2128.
ob diu meise des reigers gert Krone 3827.
— *ahd.* meisâ, *ags.* mâse, *nd.* mees, *dem.*
meeseke, *daraus mlat.* masigna Dfg. 350ᵉ,
n. gl. 247ᵇ, *fz.* mésange Diez 686.

meise *swstf.* (II. 111ᵇ. 213ᵃ, 35) *tragkorb,
tragreff, sowie die darauf getragene last:*
clitella, sarcina Sum. Dfg. 112ᵇ. 127ᵉ, *n. gl.*
97ᵃ. haring bî der meise, bî ganzer meise
verchaufen Augsb. *stb. bei* Schm. 2, 628. von
der meisen heringe 2 pfenn. *als zoll* Urb. B.
2, 430. 483, *Pf.* 65, 194. und schullen tailen

(unter die siechen) ain mutt waitzs, ain dreilinch weins, ain maisen hering Ula. 173 *f.*
(*a.* 1331). drei maisen bieren Zimr. *chr.* 2,
73, 15. — *ahd.* meisa, *altn.* meiss *m. korb,
futterkorb, schweiz.* die meese *tragreff*
(Stald. 2, 205) *nach* Fick² 157. 827 *zu skr.*
mêsha, *widder, schaffell u. daraus gemachtes* (RB. 5, 907), maêsha *widder, aus dem
widderfell gemachtes, lit.* maiszas *sack,
schlauch von w.* mish RB. 5, 787.

meisel *s.* meizel.

meiselîn *stn. dem. zu* meise 1 Reinh. 177.

meisen-kar *stn.* aucipula Voc. 1482.

meisen-kröuwelîn *stn. meisenkralle.* meisenkrêlîn Msh. 3, 307ᵃ.

meiske? (II. 111ᵇ) dâ wâren meiske (menske?
vgl. 256, 34. 278, 16) môre Rul. 253, 24.

meislinc *s.* meizlinc.

meist *adj.* (II. 111ᵇ) *sup. zu* mêr; *nasal.*
meinst Chr. 3. 35, 11, *vgl.* Weinh. *al. gr. s.*
170 —: *grösst, meist allgem.* (daz mich daz
meiste dunket, *was mir das stärkste, das
mächtigste scheint* Er. 5193. mîn aller meistiu swære Msf. 116, 20, klage Hpt. 7. 406,
16. die minnesten und die meisten Pass.
340, 20. maistez werc Mgb. 378, 19. 379, 1.
zûm meisten, *höchstens* Elis. 1154; das
meist *grösstenteils, der grössern anzal nach*
Chr. 4. 113, 20. 119, 15, *ebenso* am meisten
ib. 2. 151, 14. 184, 24. 197, 22 *etc.* ein maistes *die majorität ib.* 1. 155, 16. 161, 2). —
gt. maists *zu skr.* mahishta, *gr.* μέγιστος
Curt.³ 294. Gsp. 244. *s.* mêr, michel;

meiste, meist *adv.* (II. 112ᵇ) *am meisten,
meistens, höchstens, ganz besonders, soviel
als, möglichst* Gen. Nib. Hartm. (Er.² 814.
5165). Msh. 3, 341ᵇ. Elis. 849. 1713. 2019.
3066. 6949. Mgb. 18, 23. 30, 29. 134, 32;

meistec, meistic *adj. u. adv.* (II. 113ᵃ) mêstic W. *v. Rh.* 101, 22: *meist, meistens, am
höchsten, vorzüglich* Nib. Gudr. 1360, 1.
Parz. Walth. Trist. Barl. Bon. Pass. (23,
76. 324, 22. Marlg. 212, 28). Gen. 62, 5.
Lanz. 165. 1543. Berth. 81, 30. 250, 4.
Freid.² 164, 8. 21. 165, 11. Gfr. 1181. Pant.
1486. Ulr. *Wh.* 115ᵇ. Reinfr. *B.* 19813. Swsp.
419, 15. Kirchb. 677, 29. *s. auch* almeistec.

meisteil *adv.* (III. 21ᵃ, 1) *aus* meist teil: *meistenteils* Iw. Pass. Gen. *D.* 88, 11;

meisteilec *adj. u. adv.* (III. 24ᵇ) *s. v. a.* meistic Msh. 3, 334ᵃ. Germ. 3. 414, 31. Kirchb.
684, 58. meisteilc Freid. (*in der 2. ausg.*)
meistic, *s. oben*).

meiste-lîche *adv. meist* CHR. 9. 1033, 25.
meister *stm.* (II. 113ᵇ—118ᵇ) *alem. nasal.*
meinster HUVOR 7, 24. GERM. 5, 211. KELL.
erz. 19, 31 *u. o.* FASN. 791. 95. 1452. DFG.
343ᵃ, *md.* mêster (II. 118ᵇ) —: *lehrer, magister, schullehrer* (MÜNCH. *r.* 7, 80), *gelehrter* (haidenische maister MGB. 106, 10. m. der geschrift *ib.* 221, 19, der rede, *grammaticus ib.* 201, 27. m. von, in der nâtûr, *physicus ib.* 6, 16. 98, 12. 112, 26 *etc.*), *bes. als titel vor eigennamen* (meister Seneca CHR. 8. 27, 16. er ist wîser denne meister Ode REINH. 309, 506, *vgl.* HPT. 15, 255); *gelehrter u. gelernter dichter (bürgerl. standes); meistersänger; verfasser eines gedichtes od. sonst eines buches;* m. *als quelle eines andern dichters, erster erzäler der sage* (ich hôrte mînen meister reden ANEG. 16, 47, *vgl.* 16, 17. der welsche m. *des Flore* FLORE 7975. meister der aventiure, *Christian von Troyes* KRONE 23646 *s. zur* KL. *p.* 288); *künstler, handwerksmeister* (swaʒ mit vlîʒ zimier het meisters hant geworht LOH. 5179. maister, *handwerksmeister oft in* NP. *u.* TUCH.); *aufseher* (meister des gotshauses *s. v. a.* kirchmeister UKN. 144 *a.* 1312); *anführendes oberhaupt, vorgesetzter, anführer* (ein wîselôseʒ her âne meister MSH. 2, 373. der wart ze meister dâ genomen und z'einem pfleger überʒ her TROJ. 25056, *vgl.* hermeister. aller visch her hât ainen maister und ainen laiter MGB. 243, 7; meister *im städtischen gemeinwesen: gemeindevorstand, bürgermeister, stadtmeister* AD. 623. 737. 80. 835. 908. 18. 65. 95. 1062. 1185. 1253. RTA. 1. 80, 25. 413, 32. MAINZ. *fgb.* 7. 11 *etc.* BÖHM. 541. CHR. 8. 123, 11. 125, 24; 9. 745, 9); *ausgezeichneter, als vorbild dienender dichter; der jem. übertrifft, sich worin auszeichnet, mit gen. od. präp.* (aller tugende m. GR. RUD. 5, 9. m. der irrung, der valscheit MGB. 217, 18. die wellen tanzes m. sîn MSH. 3, 282ᵇ. des spils ich nie mînen meister vant MOR. 1, 1263. deich an stæte meister nie gewan MSF. 212, 11. ein m. ze grôʒen slegen EN. 326, 34); *herr, beherrscher* (der aller meister meister ist, *gott* RENN. 17560. vrou Minne meister aller sinne GFR. 1348. er sazte ein tumbeʒ wîp ze meister über sînen lîp GA. 2. 368, 256); *besitzer, eigentümer, des guotes* m. GA. 2. 368, 256. lâʒent mich wesen m. von mînen sinnen L. ALEX. 4884.
— *aus lat.* magister.

meister-ambet *stn. amt eines* m. N. *v. B.* 340.
meister-arzât *stm. gelehrter, meisterhafter arzt* MSH. 3, 101ᵃ.
meister-bredigære *stm.* (II. 119ᵃ), *gelehrter prediger* MSH. 2, 385ᵃ.
meisterchîn *stn. s.* meisterlîn.
meister-gemecht *stn.* magistratus DFG. 343ᵃ. *vgl.* meistermachunge.
meister-gesanc *stnm. s. v. a.* meistersanc HB. *M.* 467.
meister-geselle *swm. schüler* RENN. 16560.
meister-hant *stf.* des smides m. BIT. 2152.
meister-heit *stf. meisterschaft* CRANE 550.
meisteric *adv. meistens* MERSW. 104.
meisterinne, -in, -în *stf.* (II. 129ᵃ) *fem. zu* meister; meisterinne *sw.* HEINZ. 129. 65, 4. MARLD. *han.* 63, 24 —: *lehrerin, erzieherin* EN. (340, 30. 341, 29). TRIST. si gap si ir tohtern zwein ze einer meisterinne GFR. 1953. nu volget der wîsester meisterinnen MARLD. *han.* 63, 24. diu nâtûr ist ain maistrinn des nutzes und der nôtdurft MGB. 170, 4. mâʒ ist ain maisterinn aller werk *ib.* 306, 6; *gelehrtes weib*, ich bin ein wîse meisterîn, weltwîsen vor mir tôren sîn SYON 181, *ärztin* PARZ.; *künstlerin*: minn ist ein meisterinne, diu sich ie hât gefliʒʒen des, daʒ sî niht nâ dem winkelmeʒ sunder ougen rihten wil REINFR. *B.* 538; *aufseherin, vorsteherin*. phenning oder phant, sprichit des tanzes meisterinn HPT. 1, 27, m. *des gesindes* GUDR. 1220, 3. 1223, 3. NEIDH. 47, 2. *s. v. a.* kamerwîp TROJ. 8946. 80. 933. KARLM. 74, 45. 76, 41. 132, 6. 133, 11 *u. o., vorsteherin eines klosters, priorin*: zer mettîn glocken sî sich vruo huop für ir meisterinnen (: beginnen, *var.* priorinnen) HEINZ. 129, 65, 4. maistrinne des ordens UKN. 111 (*a.* 1306). die frawen und die meisterinne *des klosters* W. 16 (*a.* 1332). USCH. 253 (*a.* 1355) DM. 96. 118; *übertreffende, vorzüglichste* WALTH. TRIST. TROJ. *das kloster Reichenau war* ain maistrî und herscherin aller clœster ÖH. 25, 12; *herrin, herrscherin* IW. MS. (sage der meisterinne den willeclîchen dienest mîn NEIDH. 11, 36). dâ sî meisterinne was und gewalteclîchen saʒ REINFR. B. 1405. 6344. der apostolen meisterinne MARLD. *han.* 82, 9.
meister-knappe *swm.* (I. 851ᵃ) *obermeister* knappe PARZ.
meister-knëht *stm. geselle* MONE *z.* 13, 152 (*a.* 1362).

meister-koch *stm. oberster koch* Hans 1404, *in einer saline* Mone *z.* 2, 285.

meister-kunst *stf.* (II. 119ᵃ) *kunst eines meisters (dichters)* Wartb. 7, 13. 9, 13. 48, 6. Reinfr. *B.* 969. Kolm. 27, 20; waz ist iuwer meisterkunst? er sprach, ich bin ein arzât Kchr. 3. 614, 98; magica Dfg. 343ᵃ.

meister-lich *adj.* (II.124ᵇ) *meisterhaft, kunstgemäss, künstlich* Walth. Trist. Lanz. Lieht. meisterlîcher list Reinfr. *B.* 19710. m. sachen *ib.* 19782. der salben meisterlîche craft Elis. 7417. ain honig ist nâtürleich, daz ander maisterleich Mgb. 89, 1. **meister-, meinsterlich** magistralis Dfg. 343ᵇ;

meister-lîche, -en *adv.* (*ib.*) *wie ein meister, mit gelehrsamkeit u. kunst, meisterhaft* Trist. Lieht. Barl. Orl. Myst. Ath. *A** 161. Msh. 3, 21ᵃ. Reinfr. *B.* 18026. 21633. Marlg. 42, 35.

meister-liet *stn. lied nach den regeln der schule* Wack. 194ᵇ.

meisterlîn *stn.* (II.124ᵇ) *dem. zu* meister Frl. Kolm. 11, 31. Md. ged. 1, 524, *md.* meisterchîn *ib.* 1, 11.

meister-lôn *stn. lohn eines handwerksmeisters* Np. 286.

meister-lôs *adj.* (II. 125ᵃ) *ohne meister* Serv. Walth. Trist. meisterlôs werden Konr. *lied.* 18, 32. meisterlôser wille Part. *B.* 7133. meisterlôsiu kraft Jüdel 132, 63, pflege Krone 17778.

meister-machunge *stf.* magistratus Dief. *n. gl.* 243ᵇ. *vgl.* meistergemecht.

meister-man *stm. s. v. a.* meister. er ist aller meister meisterman Msh. 3, 21ᵃ, *zunftmeister:* wir - - meistermanne der beckere etc. Böhm. 625. 40. 41 (*a.* 1352. 55).

meistern *swv.* (II. 128ᵃ) meinstern Mor. 1, 910. Huvor 9, 26. mêsteren, magisterare Dief. *n. gl. lehren, erziehen,* magistrare Dfg. 343ᵃ, *n. gl.* 243ᵇ —: 243ᵇ; *erziehend strafen,* den schüeler m. S.Gall. *stb.* 4, 28; *anordnen, lenken, leiten, regieren, beherrschen* Rul. Trist. Frl. daz maisterent allez septem plânête Kchr. *D.* 109, 1. daz maistert allez der cunich mære *ib.* 465, 17. die ze sinne komen sint, die suln anders dann ein kint gemeistert werden Wg. 1083. waz half Israhêle daz, daz si wurden gemeistert baz danne deheine slahte liute? *ib.* 5238. die prêlâten in klœstern sint und ir samenunge niht meistert Berth. 208, 38. und was dero von Bern volk nit wol gemeistert (*befehligt, in ordnung gehalten*) Just. 137. den lîp, den munt m. Ls. 1. 261, 72.

237, 98. liebe meistert wol den kouf, *wenn jem. zu einer waare rechte lust hat, so kauft er über den wert* Msf. 21, 35. der letscht an der schar maistert die andern und twingt si, daz si di rehten ordenung halten Mgb. 185, 11. ain iegleicher weisel ain schar der peinen für sich nimt und die maistert *ib.* 292, 19. die füez werden gemaistert von dem herzen *ib.* 37, 19. die zungen m. Beisp. 108, 33. einen mit dem regiment maistren Öh. 73, 23. *mit gen., der mann soll das weib* meistern lîbes unde guotes Msh. 3, 90ᵃ. *refl.* sie maisternt sich mit den klâen Mgb. 130, 2. wenne er swimt mit dem ainen fuoz, sô meistert er sich mit dem andern an den weg, den er wil *ib.* 174, 24; *bewerkstelligen, fügen, verhängen:* doch meisterte vrou Minne, daz Iw. 3254; *kunstreich schaffen, einrichten* Hartm. (Er.² 2741. 7599. Greg. 1093. 97). Wig. Barl. Glaub. (1716. 46. 1920. 24. 98). dî venster wâren gemeistert mit sinne L.Alex. 5400 (*vgl.* Mor. 1, 910). den umbehanc m. *ib.* 5969. di kemenâten m., *einrichten ib.* 6105. dô meisterde Volcân ein netze En. 158, 9, einen schilt 161, 9. einen graben, ein geworke m. *ib.* 177, 17. 251, 40. den himel unde erden hât sîn hant gemeistert Msh. 3, 21ᵃ. dû meisterst alliu guotiu dinc *ib.* 35ᵃ. daz (*den turmbau zu Babel*) maisterte ein rise Griesh. *denkm.* 21. eine wol gemeisterte spîse Berth. 227, 2. — *mit* be-, ge-, ver-.

meister-phaffe *swm.* (II. 474ᵇ) *gelehrter* phaffe Ms. (*H.* 2, 385ᵃ. Wartb. 78, 2. 82, 9). Himlf. Myst. Kolm. 153, 41. 201, 23.

meister-rëht *stn.* (II. 625ᵇ) *das recht meister zu sein u. die abgabe dafür* Freib. *r.* welher das handwerk anfâhen will, der soll zu meisterreht geben ein guldîn Mone *z.* 9, 152 (*a.* 1486), *vgl.* 11, 268.

meister-sanc *stmn.* (II². 304ᵇ) *gesang meisterwürdig ausgezeichneter oder gelehrter u. gelernter dichter* j.Tit. Ms. Kolm. 76, 6.

meister-schaft *stf.* (II. 125ᵃ—128ᵃ) meinsterschaft Huvor 10, 5. Dfg. 343ᵃ. meisterschaf Karlm. 222, 2: *unterricht, zucht* (127ᵃ, 30) Iw. Wig. Warn. Konr. (Silv. 938) Wg. (5247); *höchste gelehrsamkeit od. kunst, kunstfertigkeit* (nâch kunsterîcher m. gesnitzet Albr. 22, 9. der pein maisterschaft Mgb. 88, 3); *grosse kraft, überlegenheit, oberste leitung, herrschaft, gewalt* (gegners m. Reinh. 1579. m. der sêle im lîbe Wg. 8486. der natûre m. Gerh. 6339. der minne m. Reinfr. *B.*

15397. die tûvelische m. ALBR. *pr.* 35. als e3 gebôt ir m., als ist e3 umbe uns nû gevarn TROJ. 22736. dîne bruoder sîn all under dîner m. *ib.* 18615); *vorstandschaft einer stadt, eines klosters etc. u. persönl. der vorstand, vorgesetzte, herr* (die obriste m. des klôsters MAINZ. *fgb.* 161. 62. mit willen und gunst meiner meisterschaft, *der priorin* UKN. 404 *a.* 1360. ambahtlüte und m., *magistrat* CHR. 9. 601, 20. ieder meister in sîner meisterschefte, *während seiner amtsdauer ib.* 976, 12. die m. und gemein der juden zu Nüremberg MZ. 2, 179. 3, 180. *zunft* ZÜRCH. *rb.*, *zunftmeister* MONE *z.* 16, 330. *dienstherrschaft* MÜNCH. *r.* LEYS.). *vgl.* meistertuom.

meister-scheffe *swm. oberster* scheffe GR.W. 2, 38.

meister-scheften *swv.* (II. 128ª) *etw. durch macht od. kunst bewirken* FRL. 411, 17;

meister-scheftic *adj.* (*ib.*) *die meisterschaft, herrschaft führend* FRL. 118, 11.

meister-schrîber *stm.* epigramista DFG. 204ᵇ.

meister-schütze *swm.* (II². 177ª) *ausgezeichneter schütze* PASS. KARL 62ª (schützemeister *B.* 5677).

meisterse *swf. md.* magistra DFG. 343ª. der frauwen meistersen und irs cloisters GR.W. 2, 496.

meister-senger, -singer *stm.* (II². 305ª. 302ᵇ) *der* meistersanc *dichtet.* meistersenger AB. 1, 53. KOLM. 27, 1. 13. 26. 84, 20. meistersinger *ib.* 183, 38. Ms.

meister-sin *stm.* hübsch unde snel sol man die hovedœne durch meistersinne schœne mit ougen reden durch spæhen list und ouch durch liebe lœne KOLM. 24, 29.

meister-site *stm. kunstfertige weise.* die (wâpencleit) wâren gar nâch meistersiten von mînem schilde wol gesniten LIEHT. 72, 13.

meister-spruch *stm.* (II². 540ᵇ) *ausspruch eines meisters* MYST.

meister-stërn *m.* (II². 621ª) *hauptstern.* der hôhe m. Antarcticus WARTB. 110, 5. *vgl. zum* WALB. 842.

meister-stuol *stm.* (II². 714ᵇ) *stul des* meisters, *lehrers*, cathedra DFG. 106ᵉ, *n. gl.* 80ª. ERLŒS. HPT. 2, 148. KOLM. 53, 64. 66, 13. HB. *M.* 537.

meister-sun *stm. sohn eines handwerksmeisters* BÖHM. 752 (*a.* 1377).

meister-tuom *stmn.* (II. 128ª) *die stellung, das amt eines* meisters: ein ieglich meistertuom dirre stette, magistratus hujus civitatis GAUPP 1, 49 (*Strassb.*) doch hette er (*der* ammanmeister) da3 meisterduom ûf geben drü jâr vor sinem tôde CHR. 8. 126, 20.

meisterunge *stf. meisterschaft, herrschaft* ÖH. 10, 1.

meister-vorsprëche *swm.* (II².535ª) *der erste fürsprech, anwalt* ZIT. *jb.* 13, 15.

meister-wërc *stn. handwerk eines meisters.* man sol keinem meisterwerk erlauben, er hab denn dreissig guldein wert NP. 26 (*15. jh.*).

meister-wërfer *stm. meister im steinwerfen* MSH. 2, 382ª.

meister-wurz *stf.* meu, ostrucium DFG. 360ᵇ. 403ᵇ, *n. gl.* 275ª.

meister-zuc *stm. meisterzug im schachspiele.* drîen herzen was zu mat geseit mit eines valles steine: der meisterzuc was worden eine, schâch roch, ûf künegîn und ûf rîter: ist uns der zuc nu worden wîter, sô fröuwe dich, ellende vrouwe TÜRL. *Wh.* 107ᵇ.

meistic *s.* meistec.

mei-stiure *s.* meienstiure.

meit *stfm. prät. s.* maget, mëte, mîden.

mei-tac *s.* meientac.

meiten *od.* **gemeiten** *swv.* gemeit *machen.* sô wirt uns unser fröude gemeitet W. *v. Rh.* 282, 37. mit ver-.

meit-kint *stn. mädchen* SCHM. *Fr.* 1, 492 (*a.* 1453). *s.* megedekint.

meit-lich, -tuom *s.* magetlich, magettuom.

meit-wësende *part. adj. jungfräulich.* meitwesender lîp MAR. 179, 18. 195, 16.

meit-wurz, -zoge *s.* meidelwurz, magezoge.

mei3 *stm.* (II. 132ᵇ) *einschnitt, verzierung?* die mei3e (: gerei3e) *am stegreif* DA. 102; *holzschlag, holzabtrieb* WEIST. er mach (*mag*) da3 selbe weidach halbe3 mai33en und danne der selb mai33 sol dor nâch zwai jâr gepauwet sein UKN. 140 (*a.* 1331). da3 vihe in die mai3 treiben UHK. 2,124 (*a.* 1330); holz maissen und aus dem maisz bringen KALTB. 115, 55. auf jeden jungen maisz soll man in dreien jarn nit treiben *ib.* 9, 76;

mei3e *swm. in* stahel-, steinmei3e. — *zu* mei3en;

mei3el *stm.* (II. 132ᵇ) *der* meisselt, *s.* steinmei3el; *meissel*, celtes, celtulus, celum, telus DFG. 111ᵇ. 576ª, *n. gl.* 83ᵇ, *instrument des wundarztes zum sondieren der wunde* NARR., *obsc. penis* KELL. *erz.* 430, 4. 6. 15; *abgerupftes, charpie* ENGELH. LS. MGB. 396, 34 *var.* meisel FASN. 377, 23. 794, 29. *vgl.* weizel;

meizelîn *stn.* (II. 133ᵃ) *kleiner* meizel *des wundarztes* Narr. 38, 16;

meizeln *swv.* (*ib.*) *mit dem* meizel *bearbeiten: die wunde, den verwundeten* meizeln Narr. Rotenb. *r.* 58. Basl. *rechtsqu.* 1, 133 (*a.* 1449). Mone *z.* 19, 462. Gr.w. 5, 54;

meizeln *stn.* welich wunden meisselns oder heftens notdurftig wêren Np. 44 (*15. jh.*).

meizel-wunde *swf.* (III. 824ᵃ) *wunde, die mit dem* meizel *bearbeitet, in die charpie gelegt werden muss* Weist. (2, 17. 5, 342). sleht oder sticht einre dem andern eine meisselwunde Ad. 1241 (*a.* 1399). *md.* meiszelwonde Arn. 70 (*a.* 1407).

meizen *stv. red. II.* (II. 132ᵃ) *hauen, schneiden, ab-, einschneiden* Mar. Dietr. Rab. Diem. 371, 24. er begunde harte meizen mit sînem swerte daz tor Krone 5794. — *mit* abe (holz ab m. Kaltb. 105, 19), nider, ûz, über-, ver-. *gt.* maitan, *vgl.* Dief. 2, 22 *ff.* Gsp. 244 (*zu skr.* mid, midh, mith *schlagen*), Fick² 826 (*zu skr.* mi, *minuere*). *vgl.* mizen.

[**meizen** *stf.* II. 213ᵃ] *s.* meise 2.

mei-zît *s.* meienzît;

mei-zîtec *adj.* vernus Dfg. 613ᵇ. Voc. *S.* 2, 16ᵇ.

meiz-lîche *adv.* einen m. verwunden, *ihm eine* meizelwunde *beibringen* Alsatia 1862, 200.

meizlinc? *stm.* (II. 133ᵃ) *gehacktes fleisch, wurstfülle?* Helbl. 15, 306 (*die hs. hat* maysling). meislinc oder würste Apoll. 9758.

meizoge, meizoginne *s.* magezog-.

mël *stn.* (II. 26ᵇ) mele Sum. Herb. 12134; *gen.* melwes (*bei* Mgb. *auch* melbes), mels —: mel Bon. Myst. daz mel was begozzen Exod. *D.* 156, 9. brôt auz melwe bachen Gen. *D.* 81, 23. ich sach leinen von melwe volle drî zeinen *ib.* 81, 21. driu sip mit melwe Griesh. 1, 98. hât richer mel, der arme dâ bî eschen hât Msh. 2, 259ᵇ. niht guot dem mel, dâ vil getrefses ist under korne *ib.* 258ᵃ. mit wîzem mele Eilh. 3233. 45. 90. daz er hinder im vergaz bî dem mülsteine melwes alsô kleine, ez fulte kûme eine hant Hpt. 7. 347, 8. daz kümt von dem melw des kornes Mgb. 403, 2. auz girsteinem melb *ib.* 349, 16. daz weiz (*kraut* marrubium) ist gevar sam sein pleter gesprengt sein mit melb *ib.* 409, 3. mel, *gen.* melbs, *dat. u. acc.* melb Chr. 2. 29, 15. 301, 14. 17. 302, 3. 8. 10 *etc.*; — *staub, erde, kehricht* (Bon. 32, 29), daz stein ûf steine als ein mel wirt zuriben Herb. 8679. die êre zufert als daz mele und zustûbet als ein melm *ib.* 12134. breit ich zuo einander mel Msh. 3, 306ᵇ. sô du in armem melwe begraben list *ib.* 2, 236ᵃ. daz mel in under den füezen stoup Renn. 18984. stoup und gesteines mel Turn. *B.* 854. mînes tôten lîbes mel Troj. 38615. der windes briute m. *ib.* 24716. windes m. *ib.* 32045, *vgl.* Germ. 6, 218; *kalkmel, gelöschter kalk* Tuch. 93, 34, *vgl.* mëlkalc. — *ahd.* mëlo, *s.* maln *u. vgl.* mëlm.

melancolîe *stf.* (II. 133ᵃ) melancoley, melancolia Dfg. 354ᵃ. Wolk. 76. 1, 9. melancolik Fasn. 139, 14.

mëlbære, -er *s.* mëlwære.

mël-ber *swf. die melbeere, frucht des* melboumes. *pl.* die melbern Wsp. 489. Vilm. 266. *vgl.* Nemn. 3, 383.

mëlbic *s.* mëlwic.

mël-birn-boum *stm. s. v. a.* mëlboum Mone *z.* 13, 258.

mël-biutel *stm.* (I. 190ᵃ) taratantara Dfg. 573ᵇ, *n. gl.* 358ᵇ. sestitium, triconum, triterium: melpûtel Voc. 1482;

mël-biuteler *stm.* tarantarisator Dfg. 573ᶜ, abrotator *n. gl.* 3ᵇ;

mël-biutelunge *stf.* melpeutlung *od.* melredung taratantarisatio Voc. 1482.

mël-boum *stm.* (I. 228ᵇ) tentiscus Dfg. 324ᵃ. Voc. *Schr.* 1484. Germ. 8, 48. Mone *z.* 3, 383. *vgl.* Nemn. 3, 383.

melch *s.* mannelich.

mëlch *adj.* (II. 170ᵃ) *milch gebend, vom viehe:* chuo vil melche Gen. *D.* 63, 21. vierzich melche kuo *ib.* 64, 11. melche küe Urb. *Son.* 1ᵃ. 14ᵃ. 15ᵇ *etc.*, melke Weist. vacca mulsaria, ein melke kuo Dfg. 604ᵃ, *compon.* melkkuo *n. gl.* 375ᵇ. Mich. *M. hof* 41. Fasn. 353, 20. fünfzig melkiu rinder Cdg. 2, 155 (*a.* 1299), *compon.* melkrint Mone *z.* 11, 225; *vom weibe* Fdgr. 1, 383ᵃ;

mëlchen, mëlken *stv. I, 3* (*ib.*) *tr. melken,* mulgare, mulgere Dfg. 370ᵇ, *n. gl.* 258ᵇ (*auch* melichen). die kuo melchen Netz 12589. ze melchenne W. *v. Rh.* 74, 32. *prät.* malc Msh. 2, 286ᵃ. *part.* gemulchen, gemulken Lcr. 33, 14. 34, 66; — *intr. milch geben:* saugente kint und melkent ammen Fasn. 708, 16. — *ahd.* mëlchan *zu skr.* marj (*aus* marg, malg), *abstreifen, abwischen, gr.* ἀμέλγω, *lat.* mulgeo Curt.³ 174. Fick² 150. 832. 835. Gsp. 244;

mëlchen, mëlken *stn.* die wîl die maid im melken sitzen Fasn. 386, 19;

mëlcher, mëlker *stm.* lacticinator DFG. 315ᵃ;
mëlcherinne *stf.* (II. 170ᵃ) melkerin, malkê-
rin lacticinatrix DFG. 315ᵃ.
mëlch-, mëlk-gelte *swf.* mulcrum, mulcrale
DFG. 370ᵃ. 258ᵇ.
mëlch-lêhen *stn.* dâ ist ouch ein melchlêhen,
das giltet 12 schill. Costenzer URB. 270, 16.
mëlch-warm *s.* milchwarm.
mëldære, -er *stm.* (II. 134ᵃ) *verräter, ange-
ber* SUM. MS. HELBL. 2, 1355. HÄTZL. 1. 119,
73. MGB. 457, 10.
mëlde *stf.* (II. 29ᵇ. 135ᵇ. 232ᵃ) *die melde.*
melde, melden, melte, milde, milten, mält,
malt, malte, malten, molten, multe: atri-
plex, crisola, peta DFG. 58ᵃ. 158ᵃ. 431ᵇ, *n. gl.*
40ᵇ. 120ᵃ. 290ᵃ. molt MGB. 385, 20. — nach
WACK. zu mël, *vgl.* WEIG. 2, 139.
mëlde *stf.* (II. 135ᵃ) *verrat, angeberei, ver-
leumdung* TRIST. ERNST, MAI, MS. PASS.
ê daz diu melde si verriet ENGELH. 3205. si
wâgen lîhte alsam ein ei melde und starke
huote *ib.* 3229. si kâmen dâ ze melde und
wurden zuo den stunden bî ein ander funden
ib. 3192. die m. lâzen ALBR. 24, 50. einen
mit m. zû etw. trîben *ib.* 30, 75. hân ich iht
getân, daz dû z'unguote mir verkêren maht,
des lâ nu melde j.TIT. 4722. ein merker âne
melde, den sol nieman hazzen HADAM. 133.
âne, sunder melde, *unverraten, unbemerkt,
ohne lüge, fürwahr, gewisslich:* sô wizzet
âne melde RENN. 1555. so mohten sie in âne
m. entvliegen MF. 63. sunder m. KONR. (diu
trüebe naht diu liez in dô belîben sunder m.
PART. *B.* 6221). JER. dem was diu reise un-
kunde sunder m. j.TIT. 1273, *entstellt* sun-
der melme, melm (II. 27ᵃ, 26) RAB. DIETR.
3420. 8698; *gerücht, allgemeines gerede*
HELBL. KONR. als melde nie gelac GA. 2.
297, 24; *anzeige, meldung, nachricht* TIT.
ze lanc sô wær diu melde j.TIT. 1380. ob er
ze velde kêrt, des vindet ir wol die melde *ib.*
1573. dô mit klagender melde diu klage
wuohs und der ruof WELTCHR. 162ᵃ. nu quam
melde KARLM. 125, 58. 159, 43; *das anmel-
den (bes. das anmelden durch die* krîe), *her-
vortreten, kundgebung, aufzug, pomp:* der
werdikeit zu melde, *um die w. zu zeigen*
j.TIT. 171. mit hôher wirde melde sol man
kroijieren sînen lîp TURN. *B.* 1128. alsus
kam er ze velde in ritterlîcher melde *ib.* 188.
in offenlîcher melde strîchet er ûf mînen
schaden PART. *B.* 3414. in offenlîcher melde
kam er gesprenget ûz der stat TROJ. 25564.

in offenlîcher melde var ûf des plânen acker
und sîst ze strîte wacker *ib.* 30175. diu si-
bende rotte wart gesant mit êren sus ze
velde in offenlîcher melde nam si Pârîs ze
handen *ib.* 30176. dô si mit liehter melde
vor in begunden schouwen ir glanzen landes
vrouwen *ib.* 34138. alsus kam er ze velde
mit offenlîcher melde geriten SWANR. 894.
man sach die herren alle mit offenlîcher
melde zogen von dem velde REINFR. *B.*
7411. 17267. die keiserlîchen lâgen mit of-
fenlîcher melde ûf Flôrischanz dem velde
ib. 16595. mit sneller m. *ib.* 11203; *laut
des jagdhundes:* den bracke durch melde
verlân nâch rôtwildes ruore j.TIT. 1433;
was man durch melde *erfahren hat, kennt-
nis, gedächtnis:* dem keiser sîn wider
kumen maneger swuor, die het er al mit
vlîze in sîner melde LOH. 2606. — *personif.*
vrou Melde, *die alles anmeldende, verra-
tende, die fama* ER. LANZ. LIEHT. frou M.
kom nâch ir gewonheit und seite dem keiser
die wârheit KCHR. 17521. Rennewarte be-
kom frou M.; diu kunde ime dâ hin zeigen,
dâ pflâgen ruowe die veigen ULR. *Wh.* 115ᵇ.
ez was diu M., diu in dar wîste *ib.* 115ᶜ. sô
hât sie diu M. vil schiere beide genamt
KRONE 3897. diu listigiu M. OT. 27ᵇ. Melde
kom, diu nie gelac und selden ouch geligen
mac KOL. 183, 987;
mëlde *swm.* er wirt geheizen Melde (qui nunc
quoque dicitur index) und stât noch ûfme
velde ALBR. 6, 5. *vgl.* HPT. 8, 403. KRONE
18081. 292 *u.* vermëlde.
mëlde-brief *stm.* daz ain ieder jud alle jâr
sein geltschuld melden und darumb sein
meldebrief nemen sol MH. 2, 834.
mëldec *adj.* (II. 135ᵇ) *angeberisch* HELBL. 3,
383.
mëlden *stf. s.* mëlde 1.
mëlden *swv.* (II. 133ᵇ) *prät.* melte *und* malte
(MSH. 2, 363ᵇ. 3, 109ᵇ): *tr. u. refl.* angeben,
verraten ROTH. (2106). L. ALEX. 6220. NIB.
GUDR. (402, 1). WALTH. WIG. TROJ. BON. *u.
md. denkm.* ich meld ez durch des landes
reht HELBL. 3, 108. dû meldest rîter rîch
ib. 119. den schalc durch sîne schalkeit m.
MSH. 3, 104ᵇ. daz ir lieplîch munt mich ûz
zorn melde *ib.* 2, 129ᵃ. swes antlütze sînen
muot meldet WG. 12460. ist ein man untu-
genthaft, gewalt meldet sîne maht *ib.* 4484.
man sol die bôsen melden, daz ir werk zu-
flîze KSR. 106. melden unde rüegen REINFR.

B. 3996. Gr.w. 3, 694 *ff.* niemd ich meld, daʒ ist verpoten Mgb. 300, 33. ûf einen etw. m. Chr. 2. 262, 24. *mit gen. d. s.* des meldet mich niemen Helmbr. 324. dû solt mich sîn niht m. Ga. 3. 119, 300; *zeigen, ankündigen, verkündigen, nennen:* ein urteil m. Antichr. 159, 27. ein meister, der diu urteil malte (: alte) Msh. 2, 363ᵇ. daʒ wâpenkleit ich melde Turn. *B.* 330. melden und prüeven, ob Reinfr. *B.* 17748. als wir her nâch melden Mgb. 5, 25. diu lerch meldet den tag *ib.* 171, 18. der senif meldet daʒ faul pluot *ib.* 422, 16. 447, 30. gunderfai melt vergift *ib.* 478, 14. die geltschuld m. Mh. 2, 834. got in drîvalte ze briute dich malte Msh. 3, 109ᵇ, *refl.* sich m. mit der stimm Mgb. 250, 5. dâʒ sich ir schade muose m., *zeigen, zu tage treten* Gudr. 848, 4. — *mit ge-, ver-. vgl.* Dief. 2, 7;

mëlden *stn.* (II. 134ᵃ) *verrat, angeberei* Ms. (arger huote m. *H.* 2, 130ᵃ). sich vor melden bewarn Lieht. 334, 2. 32. durch spehen noch durch m. *ib.* 393, 15. meldes (*st.* meldens) last Wolfr. *lied.* 6, 34; sunder melden, *gewisslich* Altsw. 98, 13, *vgl. oben* sunder melde;

mëlder *stm. s.* mëldære.

mëlde-rîche *adj.* (II. 689ᵃ) *verräterisch* Frl. 316, 16.

mëldunge *stf.* (II. 134ᵃ) *verrat, anzeige,* proditio Dfg. 462ᵇ, meldinge delatura *n. gl.* 129ᵃ; *s. v. a.* offenunge, *weistum* Gr.w. 3, 673. 79.

mël-dunst, -tunst *stm.* ador Dfg.13ᶜ, *n.gl.* 9ᵇ.

mële *swf. md. s. v. a.* milwe Heinr. 3070. 105.

mêle, mêlen, mêler *s.* menel, mahelen 2, mâlære.

mêl-hûs *stn. contr. aus* mehelhûs. *bei den anordnungen für eine in Frankfurt zu haltende hochzeit des hess. landgrafen mit einer pfalzgräfin wird beschlossen:* das hûs bî den barfûszen zu einem mêlhûs den lantgrêfischen vergonnen Frankf. *brgmstb. a.* 1498 *vig. VI. p. pentec.*

mêlich *s.* mechlîche.

mëlichen *stv. s.* mëlchen.

mël-îsen *stn.* der sol haben einen stab, der zwei mêlîsen habe, eins unden und eins oben Gr.w. 5, 482. *vgl.* mêle *unter* menel *u.* menîsen.

mël-kalc *stm. kalkmel, gelöschter kalk.* 31 hell. von 80 sommern melkalkis zu fûren Frankf. *baumstb. a.* 1418, 40ᵇ (kalckmele *a.* 1481, 6). *vgl.* Tuch. 93, 34. 94, 24.

mël-kaste *swm. melbehälter.* daʒ der melkast allzît voll mel sîg S.Gall. *ord.* 193. melbkaste *in der müle* Heum. 251.

mëlk, mëlken *s.* mëlch, mëlchen;

mëlket, mëlkete *stnf.?* (II. 170ᵃ) *das melken.* zû melkete sich stellen Elis. 3700.

mëlk-gelte *s.* mëlchgelte.

mëlk-hûs *stn.* mulcrum Dief. *n. gl.* 258ᵃ.

mël-kouf *stm. melpreis* Cp. 188.

mëlk-kübel *stm.* (I. 892ᵇ) *kübel zum melken* Ls. mulcrum, sinum Dfg. 370ᵃ. 537ᵇ, *n. gl.* 258ᵃ. 340ᵇ. *vgl.* Gl. *Virg.* 1, 102 *u.* milchkübel.

mëlk-kuo, -rint *s. unter* mëlch *u. vgl.* milchkuo.

mëlk-spîse *s.* milchspîse.

melle *s.* medele.

mellicher? (II. 135ᵇ) euripus Sum.

mëlm *stm.* (II. 27ᵃ) melme *sw.* Trist. *H.* 938. 1796, *vgl.* Evang. 280ᵃ —: *staub, sand* Konr. (stoubes m. Part. *B.* 15181. Turn. *B.* 867. des plânes m. *ib.* 441. Part. 21169. Troj. 3775. dô was er nider ûf den melm gesprungen Part. 5735). Livl. Pass. der melm der stoub ubir lant L.Alex. 2958. Reinfr. *B.* 481. zustûben als ein m. Herb. 12135. der helm vil zû der erden in den m. *ib.* 6742. der m. gên der sunnen truobte harte sêre Gudr. 1468, 3. in den melm vallen Wolfd. 1287. 2021. Karl 6121. Dan. 3080. 840. Karlm. 50, 62. 81, 45. 83, 17. Loh. 5455. under vüeʒen in den m. *ib.* 6697. der m. mit bluot begunde sich verben *ib.* 2777. in stoube und ouch in melme Virg. 649, 10. sô er in dem melme leit ritterlîchen ungemach Reinfr. *B.* 1932. des ackers m. Albr. 9, 91. man sach den dicken melm ûf mit kreften stieben Krone 18572. flach sam ein swert in scheide wart manigem lîp sîn houbet getret in melme j.Tit. 4002. vehten in dem melme Erlœs. 1006. eʒ sieht hie nieman vor dem melm Ot. 21ᵇ; *bildl.* viures m., *funken* Engelh. 4933. Troj. 4122. 12854. Part. *B.* 5312. — *gt.* malma *sand, zu* maln. *vgl.* mël.

mël-mâʒ *stn.* (II. 203ᵃ) *gefäss zum messen des mels* Münch. *r.* 280.

mëlme (II. 27ᵃ, 26) *s.* mëlde 2.

mël-muos *stn.* farratum Voc. 1482.

melochîtes *m.* (II. 135ᵇ) *ein edelstein* Parz.

mêlodîe *stf.* (*ib.*) *melodie* Trist. Bph. 9966.

ELIS. 9187. 949. KOLM. 33, 24. 47, 32. melodey DIEF. *n. gl.* 250ᵃ. — *aus gr. lat.* melodia.
melône, melûne *f.* melône, melôn, melûne, melûn, mylôn, melwen: melo DFG. 355ᵃ, *n. gl.* 250ᵃ. mylaun NP. 214.
mël-rëder *stm.* (II. 696ᵇ) abrotator, tarantarisator DFG. 4ᵇ. 873ᶜ, *n. gl.* 3ᵇ. *s.* rëden;
mël-rëdunge *stf. s. unter* mëlbiutelunge.
mël-rîche *adj. melreich.* dazu wirt er (*der kalk*) melreicher TUCH. 94, 24.
mël-sac *stm.* (II². 3ᵇ) *melsack* MD. *ged.* 3, 16. KELL. *erz.* 260, 20.
mël-scheider, -rihter *stm.* abrotator DFG. 4ᶜ. [**mëlt** *stm.?* II. 134ᵇ] *s. unter* mëlde 2 *u.* mëlden *stn.*
mëlte *stf. prät. s.* mëlde 1, mëlden.
mël-tou, -tunst *s.* miltou, mëldunst.
mël-trager *stm. meltträger* CP. 11.
mël-troc *stm. meltrog, -behälter.* melbtroc HEUM. 251.
melûne *s.* melône.
mël-ungëlt *stn.* ungelt *für mel, melaccis* MONE *z.* 4, 309.
mël-wâge *stf. melwage* MONE *z.* 4, 388 *f.*
mëlwære, -er *stm. melhändler.* melbære MÜNCH. *r.* 2, 8. melber USCH. 435 (*a.* 1414). *vgl.* mëlweler, mëlwiger;
mëlwærinne *stf. melhändlerin* WP. 64;
mëlweler *stm. s. v. a.* mëlwære. melbler CP. 11.
melwen *s.* melône.
mëlwic *adj.* (II. 27ᵃ) *staubig.* melbic NARR. m. munts. *v. a.* moltiger m. HALT. *vgl.* molwic;
mëlwiger *stm. s. v. a.* mëlwære GR.W. 5, 600.
melz- *s.* malz-.
mëlzer *s.* mërzeler.
membrâne *stswf. stück pergament.* daz er briefe mit sîner majestâten ingesigel virsigilt habe, die ungeschriben wâren, und die man nennet membrâne RCSP. 1, 63 (*a.* 1400). ungeschriben briefe, die man nennet carten oder menbrânen CHR. 8. 495, 24. dô ûf die menbraun die dinth kam *ib.* 4. 148, 9. — *aus mlat.* membrana DFG. 355ᵇ.
memme *s.* mamme.
memmentic-heit *stf.* (II. 30ᵃ) *mansuetudo* WINDB. *ps.* 611. — *s.* mamende.
memôrjâl *stn.* m. oder handbüchlein CHR. 2. 9, 1; 3. 81, 16. memorial der tugend FASN. 1152. — *aus mlat.* memoriale DFG. 355ᶜ;
memôrje *stf.* (II. 135ᵇ) *memoria* MYST.
memphite *swm.* m. ain stain, der kümt von der stat Memphis in Egyptenlant MGB. 452, 15 *ff.*

men *pron. s.* man.
mên *swv. s.* mæjen.
menât *stmfn.* (II. 136ᵃ) *s. v. a.* mene, *fuhre, gespann* SCHM. 2, 591. *vgl.* menede.
menber *s.* muntbor.
menbrâne *s.* membrâne.
men-buobe *swm. das zugvieh leitender* buobe MONE *z.* 1, 191. *vgl.* menknëht.
menc *s.* manec.
mên-dag *s.* mântac.
mênde *stf.* (II. 1011ᵇ, 43) *s. v. a.* almeinde HALT. 19. = *nd.* mênte.
mende *stf.* (II. 52ᵇ) *freude* SERV. LANZ. MS. (*H.* 1, 104ᵃ). EXOD. *D.* 152, 28. 154, 29. — *ahd.* mendî (zeichin der êwigin mendîn DENKM. XXXIV. 30, 6). *s.* menden;
mendec *adj. freudig* HPT. *h. lied* 85, 28.
mendel-bërc *stm.* (II. 52ᵇ) *mons gaudii*, *eine höhe bei Rom* KCHR. *D.* (324, 15). *vgl.* MYTH. 154.
mendel-tac *stm.* (II. 6ᵃ) *der grüne donnerstag* WEIST. ELIS. *s.* 48. MONE *z.* 9, 416 (*a.* 1440 *Speier*). LAURENT 338, 19. *vgl.* mandâte.
mendel-trahen *stn.* (III. 81ᵃ) *freudenträhne* LANZ. 7753.
menden *swv.* (III. 52ᵃ) *assim.* mennen ANEG. 26, 72; *prät.* mande (ULR. *Wh.* 194ᵈ), mante —: *intr. u. refl. ohne od. mit gen. sich freuen* DIEM. GEN. GLAUB. MAR. LANZ. KARAJ. 77, 23. 78, 3. 93, 26. daz wir uns hiute frouwein unde mendein WACK. *pr.* 12, 8. — *mit* ge-, über-. *ahd.* menden, *alts.* mendjan *nach* FICK² 145 *zu skr.* mad, mand *wallen, schwelgen, froh sein* (*s.* maz); WACK. *stellt es zu* manen, *vgl. auch* munder *u.* DIEF. 2, 87.
mender *pl.,* **mendlîn** *stn. s.* man, mennelîn.
mendunge *s.* mandunge.
mene, menî *stf.,* **menine** *stswf.* (II. 136ᵃ) *fuhre, fuhrwerk, gespann, frohndienst mit fuhrwerk* WEIST. (ie zwei lêhen sond ain mäny tun 1, 356. und sönt zwô huoben tuon eine mene und sol die mene sîn niun viertel roggen swêre oder zwelf viertel habren swêre 4, 93. welher ein ganz mähne fürt der sol järlich ein malder korn geben, fürt er ein halb mehne soll er ein virnzel korn geben 5, 711. von einer mehen pfêl, von einer mehen tauben 6, 60 *16. jh.*). menina SCHREIB. 1, 114. 2, 2. 116 (*13. u. 14. jh.*). mit meninen, diensten, frôntagwan *ib.* 2, 474 (*a.* 1462). er ernert sich mit ainer halben meny URB. *Bing.* 6ᵃ. ain meny oder ainzechtig zugvich; die me-

ninen oder zugvich haben *ib.* 7ᵃ. Mone *z.* 17, 195. das veld bûwen mit ainer starken menî S.Gall. *chr.* 30. so gewinnt ir wagen ein swache men Lcr. 93, 52. — *s.* menen.

menec *s.* manec.

menede *stf. s. v. a.* mene, *fuhrwerk.* si roumeten ir selede mit tragen joch mit menede Exod. *D.* 138, 30. *vgl.* menât.

menege, menegî *s.* menige.

mene-gelîch *s.* mannegelîch.

menel *stm.* (II. 136ᵇ) stimulus Schm. 2, 591. Dfg. 553ᵃ. des tôdes menel (*stachel*) ist alhie, in mînen libe ichn gester truoc Heinr. 1806. *contr.* mêle *stswm.* dorumbe sol der kneht, der ir (*der pferde*) da huetet, tragen einen melen, der sol hân an iedwederme ende ein îsin Gr.w. 4, 263, der sol haben einen mele *ib.* 160, môle *ib.* 4, 263 *anm.* 2;

menen, mennen *swv.* (II. 135ᵇ. 136ᵃ) *prät.* menete, mente, mante; *nbff.* meinen Leys. 82, 35. menigen Dür. *chr.* 150, meinigen *ib.* 340 (*Dresd. hs.* mengen) —: *vorwärts treiben u. führen* (*bes. das zug- oder reittier mit dem* gart). menen, *absol.* men fast und hau darein Fasn. 247, 23, *mit dat. d. p.* nû men dû mir, od habe den pfluoc, sô men ich dir Helmbr. 247, *tr.* Walth. Ms. Wolfr. (merrinder man dô mente Wh. 360, 24). dô in vome lande ment der wint Loh. 7232. daz ros er umbe karte und menete ez sô harte Herb. 6792. der ez (ros) tegelîchen ment und trîben muoz in wagen und in pfluoge Berth. 147, 31. er ment sîn ohsen Schretel 309. ein gesell, der reit und menet 3 pfert Tuch. 307, 11. ein vihe mit garten m. Ot. 433ᵃ. Unmâze ist der Untugende schar gart, wan si menet dar und wecket die untugende beidiu an alter und an jugende Wg. 9918. swen man menen und manen sol ze dienest Renn. 18100. mennen *prät.* mante (Livl.) Ulr. *Wh.* 194ᵃ. 283ᵃ. mennen, minare Dfg. 361ᶜ. diu helle rinder mit der sunden garte mennen (: brennen) Mart. 66, 107. der schanden pfluog hâstu har gemennet (: kennet) 112, 73. dînes zornes garte mich ungefuoge mennet (: brennet) 155, 25. och ist mir dîn süezer zart alse dem ohsen der gart, der in dicke mennet (: kennet) 176, 75. dar zuo mennet sie genuoc der süezen sunde gart 215, 32; — *auf dem wagen führen, frohnfuhre leisten:* menen, aurigare Dfg. 62ᵇ. dem gotshûs mennen Schreib. 2, 115 (*a.* 1398). gemenet sîn, *ein fuhrwerk, gespann*

(mene) *besitzen s. oben sp.* 845 *und* Urb. Bing. 9ᵃ. — *mit* an (mîn herze al dâ begunde hin ziehen und an menen Hadam. 57), ge-, über-. *ahd.* menan, mennan *aus* menjan *vom lat.* minare, *das vieh antreiben* Diez 1, 272;

mener *stm.* (II. 136ᵃ) *viehtreiber* Ms. (*H.* 2, 203ᵃ). die mener, minatores porcorum Geis. 415.

menesche *s.* mensche.

mênet *s.* mânôt.

meng *s.* manec, menige.

mengære, -er *s.* mangære.

men-gart *stm. s. v. a.* gart. hoffart ist der tiuvel mengart Renn. 21171. *vgl.* menîsen.

menge *s.* menige.

menge, mengede *mischung, in* gemenge, -mengede.

men-gelîch *s.* mannegelîch.

mengeln *swv. iterat. zu* mengen: *vermischen, verknüpfen* Chr. 3. 136, 9. — *mit* ver-. *vgl.* mengern.

mengel-wurz *stf.* acetosa Dfg. 9ᵇ.

mengen *swv. s.* menen.

mengen *swv. mangeln, in* gemengen. *vgl.* mangen.

mengen *swv.* (II. 136ᵇ) *md. auch* mingen L.Alex. 7196. Dfg. 363ᵇ, *n. gl.* 254ᵃ; *prät.* mengete, mangte, mancte —: *tr. u. refl. mischen, mengen, einmischen, vereinigen.* sîde und golt gemenget Serv. 467. wîz und rôt gemenget Ls. 2. 338, 59. slege mengen Wh. *v. Öst.* 95ᵃ. ein saf sie mengete Albr. 33, 319, *vgl.* 68. mir (*wir*) mengen unse trêne Marld. *han.* 29, 27. *mit dat.* sô wart er aber der dicke vürbaz gemenget Loh. 5546, *mit präp.* sich m. in Jer. Np. 116, 3. die hurtlichen stôz sich in einander mengten Wh. *v. Öst.* 22ᵃ, mit Lieht. Ludw. nu ist diu wise mit bluomen wol gemenget Neidh. 25, 24. dâ von ist daz herze mit trûren wol gemenget *ib.* 66, 22. mîn wille mit ir willen gemenget Msh. 3, 84ᵇ. gemenget mit golde j.Tit. 6113, mit ruom *ib.* 4558, mit angest *ib.* 1744. ob ich daz mære iu lengete und mit worten mengete Ulr. *Wh.* 164ᶜ. diu cristenheit sich mancte (: sprancte) mit den heiden *ib.* 209ᵇ. mit rôten mâlen gemenget Mf. 46. soln wir uns mengen under sie Ulr. *Wh.* 247ᵇ. m. zuo Pass. sus hete sich gemenget zuo blâwer sîden rôtez golt Troj. 7472. mit valle sich zuo den tôten m. j.Tit. 3823. 4093. 4106. dîn tugent dar zuo bringet got, daz er die gotheit menget zuo dem

menschlîchem vleische BPH. 1607. daz waz-
zir mengit man dar zû GLAUB. 1031. sô
mûzt ir werden geminget zo der erden
L.ALEX. 7196. wer die selbin vier malder zû
aldem malze mengete MÜHLH. *rgs.* 111. zû
samini gemenget W. *v. N.* 42, 10. — *mit*
în (vlecken rôt, grüen unde gel stuonden în
gemenget TROJ. 9819), ge-, under-, ver-. *zu
md.* manc *unter, zwischen vgl.* WEIG. 2, 143;
mengen *stn.* (II. 137ᵃ, 4) LIEHT. dâ wart ein
michel mengen, dô der strît erhaben wart
ULR. *Wh.* 213ᶜ. er tranc vaste âne mengen
ib. 222ᵃ;
menger *stm.* (II. 137ᵃ) *friedensstörer, zwi-
schenträger* HALT. 1340;
mengerîe *stf.* (*ib.*) *friedensstörung, zwischen-
trägerei ib.;*
mengern *swv.* (*ib.*) *iterat. zu* mengen Ls. 1.
376, 48. *vgl.* mengeln.
mengîn *s.* menige.
men-glîch *s.* mannegelich.
mengunge *stf. mischung, vermengung, mixtio*
DFG. 364ᵇ. MYST. 2. 351, 11.
menî *s.* mene.
menic, menich, menig *s.* manec.
mënig, mënige *s.* minig.
menige *stf.* (II. 59ᵇ. 60ᵃ) *vielheit, grosse zal,
menge, schar* ROTH. 2652. NIB. 1804, 1. RAB.
513. GEN. *D.* 66, 17. ELIS. 715. CHR. 8. 306,
12, *ohne uml.* manige LEYS.; *nbff.* menig
MGB. 271, 19. CHR. 2. 350, 7, *vgl.* ZIMR. *chr.*
4, 669ᵇ. menege NIB. 1082, 4. GUDR. 981,
3. GEN. *D.* 1, 15. 60, 13. EXOD. *D.* 131, 17.
160, 4. LOH. 2932. menge MYST. ER.² 8763.
meng MGB. 182, 19. 21. menje, menie
JER. MYST. BERTH. 128, 13. 207, 19. 35. 262,
1. DIEM. *beitr.* 4, 62. ELIS. 600. 735. 1515 *etc.*
ERLŒS. 1130. 3351. KARLM. *B. s.* 308. SSP.
1. 18, 3. 19, 2; 2. 12, 8. 55; 3, 21. CHR. 8.
28, 26. 83, 11. 113, 6. meine HEINR. 1999.
KOL. 250, 189. JER. 20328 *var., s.* GERM. 5,
495. minnige RCSP. 1, 316. 438. menigin
ER. LANZ. (1326. 5489. 6106). EXOD. *D.* 152,
30. MSF. 8, 6. FLORE 6538. 793. 997. 7236.
793. W. *v. Rh.* 135, 21. 259, 45. mengîn
FLORE 189. SWSP. 416, 31. menegî GRIESH.
1, 131. HPT. 1. 279, 356. — *zu* manec;
menigen *swv. s.* be-, über-, vermenigen.
menigen *s.* menen.
menig-valtigen *s.* manecvaltigen.
menigîn *s.* menige.
menin *stf. s. v. a.* man, *mähne* ZIMR. *chr.* 1.
546, 3.

menine *s.* mene.
menischeit *s.* menscheit.
men-îsen *stn. s. v. a.* mengart EVANG. 280ᵃ.
menje *s.* menige.
menkeler *stm.* (II. 60ᵇ) *s. v. a.* mangære
STRASSB. *r. bei* OBERL. 1028;
menkeln *swv.* (*ib.*) *handeln ib.*
menkel-hûs *stn.* stater, wôge oder menkelhûs
DIEF. *n. gl.* 347ᵃ.
men-knëht *stm.* (I. 852ᵇ) *das zugvieh leitender
knecht* WEIST. (6, 20. 200. mankneht 1, 655).
FASN. 248, 2. 716, 30. auriga DFG. 62ᵃ. *vgl.*
menbuobe.
men-lich *s.* manlich, mannegelich.
mennec-, mennege-lîch *s.* mannegelich.
mennelîn *stn.* (II. 49ᵃ) *dem. zu* man, *männ-
chen, zwerg* ERNST *B.* 5133. EILH. 2831.
3217. CHR. 8. 99, 10. 243, 3. mennel TRIST.
H. MGB. 116, 30. 139, 7. 153, 28. 215, 32.
294, 32. mändel *ib.* 116, 10. 243, 16. mend-
lin, mändle, mendle ZIMR. *chr.* 4, 669ᵇ. wir
gebieten auch, das (*zur fastnachtszeit*) we-
der die wilden mendlein noch ymand anders,
cristen oder juden, mit geschrai wider und
für nicht jagen oder nachlaufen sol NP. 93
(*15. jh.*); mennlîn machen, *kunststücke ma-
chen* (*wie ein hund, der sich aufrecht stellt*),
betrug üben NARR. *im leseb.* 1069, 35.
mennen *s.* menden, menen.
mennesch- *s.* mensch-.
mennîn *adj.* (II. 49ᵃ) *männlich, nach mannes
art* MSH. 2, 231ᵃ. 3, 17ᵇ. 18ᵃ;
menninne, -în *stf.* (*ib.*) *mov.* man: *weib,
mannweib,* virago DFG. 621ᵇ, VOC. *Schr.* 3176.
PASS. FRL. PF. *üb.* 74, 60. MGB. 40, 2. 493,
9. HB. *M.* 116. man und mennine aller
sterne, *sonne u. mond* j. TIT. 2920;
mennisch *adj. menschlich.* ichn fürhte niht,
swaz mennisch ist PARZ. 457, 29; *männlich,
mannhaft:* mennin od. mennische frau, vi-
rago VOC. 1482.
mennisch- *s.* mensch-.
mennunge *stf. s. v. a.* mene, *frohnfuhre* GR.W.
5, 31.
mênôd *s.* mânôt.
mensch *s.* messe *stn.*
mensche, mensch *swstmn.* (II. 49ᵃᵇ) der, daz
mentsch HB. *M.* 107. 114 *etc.* ZIMR. *chr.*
4, 670ᵃ, daz mentsche NP. 9 (*13.—14. jh.*).
ARN. 40. *ndrh. nd.* minsche DFG. 279ᶜ,
n. gl. 205ᵇ, minsch KARLM. 35, 48; *ältere
formen:* der menniske KCHR. *D.* 269, 3.
17. 298, 24. GEN. 21, 33, mennische *ib. D.*

2, 25. Diem. 4, 20. 7, 10. Kchr. *D.* 315, 1.
334, 5. Ath. *A*, 10. menesche Sum. mennisk
Lit. 235, 28. der mennisch Gen. *D.* 85, 22,
acc. den mennisch *ib.* 3, 22. Diem. 13, 26,
daʒ mennisch Wolfr. (Wh. 308, 19) —:
mensch Wolfr. (des menschen Wh. 308, 13,
dem mensche *ib.* 25. mensch und engel *ib.*
14). Barl. Konr. (*immer* der mensche Silv.
2862. 932. 45. 3584. *Al.* 916). Ms. (ich tier
und mensche in menschen hût *H.* 3, 109ᵇ.
sô ist er mensch und niht ein man *ib.* 438ᵃ.
menschlich mensche 2, 175ᵇ) *u. md. denkm.*
(lieber mensch Marlg. 232, 577. der mensche
Elis. 993. 3503. 5628. 7711. 9462. 65. arm
mensche *acc.* 2607). daʒ mensch Mgb. 7, 7.
11, 4. 185, 20. 227, 11 *etc.* nie mensche, *niemand* Vet. *b.* 71, 17; *mädchen, buhlerin*
Zimr. *chr.* 4, 670ᵃ; *dienender mensch, magd
od. knecht:* daʒ mentsch Chr. 2. 274 *anm.* 3,
dieselben zwai menschen *des domstiftes Constanz* Don. *a.* 1379. mîn angehôrig mensche
Arn. 70 (*a.* 1482); *collect. das menschliche
geschlecht:* der mensche Erlœs. 938. 65,
daʒ m. *ib.* 569. 74. 725. 800 *etc.* Elis. 2812.
— *ahd.* mannisc, mennisc *urspr. adj.* (*s. oben
mennisch*) *dem* man *gehörig = skr.* manushya (*dem* Manu *entsprungen*), *adj. u. m.
menschlich, mensch, mann* RB. 5, 528.
menscheit *s.* menschheit.
mensche-lich *adj. adv. s.* menschlich, -lîche.
menschelîn *stn.* (II. 50ᵃ) *dem. zu* mensche,
homuncio, homunculus: menschlîn, menschlî
Dfg. 279ᵃ, *n. gl.* 205ᵇ. ein swachez menschelîn Myst. 1. 378, 2. ich armes menschlein Chr.
3. 32, 9. ein àrm menschel Berth. 526, 30.
ain klainez menschel Mgb. 487, 15. 489, 27;
menschen *swv.* (II. 50ᵇ) *zum menschen machen.* ein gemenschet got Myst. 1. 27, 28.
menschen-antlitze *stn. menschliches antlitz*
Berth. 417, 25.
menschen-bære *adj.* (II. 50ᵇ) *menschliche
gestalt an sich tragend* Msh. 3, 351ᵇ.
menschen-bilde *stn. menschliche gestalt* Msh.
2, 200ᵇ. Mgb. 427, 26.
menschen-bluot *stn. menschenblut* Berth. 70,
28. 277, 14. Chr. 8. 285, 3. Fromm. 2, 445ᵇ.
menschen-forme *stf.* (III. 387ᵇ) *menschliche
gestalt* Pass. *K.* 588, 64.
menschen-gestalt *stf. dasselbe* Hb. *M.* 570.
menschen-harn *stm. menschenharn* Myns. 76.
menschen-heil *stn.* (II. 49ᵇ) *menschenheil*
Parz. 781, 14.
menschen-hût *stf.* cutis Dfg. 165ᵇ, *n. gl.* 125ᵇ.

menschen-kint *stn. menschenkind, mensch*
Msh. 2, 357ᵃ. 358ᵇ. 3, 89ᵃ. Chr. 8. 112, 1.
menschen-künne *stn. menschengeschlecht*
Berth. 252, 35.
menschen-lëben *stn. lebensdauer eines* m.
Beisp. 68, 1.
menschen-lîp *stm. menschenleib, mensch.*
owê, daʒ ich ie gewart ein menschenlîb Pass.
317, 9.
menschen-mist *stm. menschenkot* Myns. 45.
menschen-rede *stf. menschliche rede, sprache*
Hb. *M.* 616.
menschen-sêle *stf.* (II.² 244ᵇ) *die menschliche
seele* Mgb.
menschen-sin *stm. menschlicher verstand*
Pf. *üb.* 69, 110. mentschensinn Hb. *M.* 478.
menschen-sippe *stf.* nâch m. Pf. *üb.* 63, 279.
menschen-spîse *stf. speise die einem menschen gebührt* Myst. 1. 343, 17.
menschen-tier *stn. menschentier, mensch* Msh.
3, 40ᵃ.
menschen-vleisch *stn. menschenfleisch*
Berth. 70, 28. 84, 9. 277, 16. Mgb. 148, 2.
menschen-vrâʒ *stm. menschenfresser* Berth.
283, 39. 284, 5.
menschen-wîse *stf. menschliche weise* Pass.
K. 71, 65.
mensch-heit, menscheit *stf.* (II. 50ᵃ) *ältere
form* mennischeit Wack. *pr.* 8, 21. mennischeit Parz. Gen. *D.* 15, 16. 109, 14.
Exod. *D.* 126, 4, menscheit Leseb. 276, 9,
mennescheit Freid. Mar. Neidh. 44, 14.
Konr. *Al.* 827. Kol. 169, 477 —: *natur u.
leben eines menschen.* menschheit Griesh.
1, 94. 158. menscheit *ib.* 159. Walth. Ms.
Renn. 789. Wg. 8320. 12539. Bph. 1697. 714.
2088. 377. Krone 19779. Mart. 120, 53.
Pass. 338, 86. Elis. 327. 1459. Chr. 9. 501,
15. menscheit, humanitas Dfg. 281ᵇ. menscheit Adrian 440, 97. 452, 149; *coll. die
menschen:* den (tôt) er leit durh die menischeit Leseb. 276, 9. diu lebende menscheit
Troj. 23553. al diu mennescheit Konr. *Al.*
827. alliu m. Reinfr. *B.* 19752. er warnet die
menscheit Wartb. 95, 6; *mannbarkeit* Pf.
arzb. 18, 22; *persönl. der mensch:* daʒ einer
ieglîchen menscheit zwêne engele sint bescheiden Pass. 337, 46, *umschreibend:* da
labte er sîne menscheit, *ihn* Ga. 2. 424, 475.
menschieren *swv. essen.* sô menschiert (manschiert) dirre mit der nasen (*isst, als ob die
nase dabei mit zu tun hätte, nimmt die nase
beim essen zu hilfe*), als er besünen welle

blâsen JÜNGL. 603 nach HPT. 15, 256. — aus fz. manger, vgl. mangeiz, mansier, menschiuwer.

mên-schîn s. mânschîn.

menschiuwer stn. (II. 137ᵃ) s. v. a. mangeiz, mangerîe vom altfz. mengier TRIST. H. 858.

mensch-lich adj. (II. 50ᵃ) ältere form mennisch-, menneschlich KARAJ. PARZ. (457, 30). WALTH., mennislich LESEB. 195, 13, menischlich ib. 276, 10 —: menschlich, nach, von menschenart Iw. BARL. ANEG. 8, 74. GERH. 6364. 66. 74. 76. REINFR. B. 19738. 846. 49. MART. 119, 45. 97. 120, 86. 87 etc. MSH. 1, 339ᵇ. 2, 175ᵇ u. o. ELIS. 2781. 8099. GA. 1. 476, 795. menschleich MGB. 205, 10. 132, 19 etc. menschelich REINFR. B. 18053. 19674. MART. 119, 14. 36. PARZ. 457, 29 var. menslich MYST. ELIS. 2783. 5627, mensleich MGB. 271, 2. mensche-, mensch-, mentsch-, menslich humanus DFG. 281ᵇ;

mensch-lîche, -en adv. (ib.) in menschenweise, als mensch BERTH. 65, 7. RUD. (GERH. 6280. 375). AB. 1. 83, 172. WOLK. 123. 1, 1. SGR. 131. mentschlîchen HB. M. 281. mensliche LESEB. 173, 20. menschelich BARL. mensche-, mensch-, mensc-, menselîche humaniter DFG. 281ᵇ. ältere form menneschlîchen WALTH.;

mensch-lîcheit stf. menschheit. darumb daz er menschlîcheit erlœsen wolt von der vangnis des tüfels ALEM. 1, 66; an der m. (als mensch) sterben WOLK. 106. 11, 17.

menschlîn s. menschelîn;

menschunge stf. (II. 50ᵇ) incarnatio DFG. 291ᵃ.

mensch-wërdunge stf. dasselbe DFG. 291ᵃ. ZIPS. 25ᵃ. FROMM. 2, 445ᵇ.

mense-kalb stm. 4 zîtküe unde zwei mensekalber URB. 208, 27. s. messe swm.

mense-lîche s. menschliche.

menserîe s. unter mangerîe.

mens-heit, -lich s. menschheit, menschlich.

mensner s. messenære.

mensûr stf. mensura, mass. desselben tags gît man ie dem man einn wek und ein mensaur piers (cuneus et mensura cerevisie) GEIS. 432. vier prôt und vier mensaur piers ib. 440; mensur, intervall in der musik: die vogel singent uberal quint unt quart mensûr HUGO v. M. 5, 10. der spielmann macht guet underschidlich tact und mensûr MONE 7, 429. vgl. FLORES musice s. 59. 68.

mên-tac s. mântac.

men-tac,- tage stswm. (III. 6ᵃ) viertel einer huobe, eigentl. so viel in einem tage mit dem gementen zugvieh kann geackert werden (WACK.). mentag WEIST. (4, 35. 198. 5, 364). AD. 980. 1234. UKN. 59 (a. 1296). UHK. 2, 163 (a. 1335) u. oft in österr. urkk. vgl. auch MONE z. 7, 106. 10, 16. 13, 383 f.

mentag-acker stm. zu einem mentage gehöriger acker. de tribus lunadiis, vulgariter 3 mendagackern (also mit mêntag = mântac in zusammenhang gebracht) MONE z. 10, 17 (15. jh.). vgl. mentagguot.

men-tager stm. besitzer eines mentages. huober und mentager AD. 1234. GR.W. 4, 105. 121. 5, 346.

mentag-guot stn. s. v. a. mentac AD. 980. GR.W. 4, 136. lat. lunaticus, lunagius, lunagium MONE z. 13, 383 f. vgl. mentagacker.

mentag-meister stm. der den zins von den mentagern eintreibt GR.W. 5, 346.

mên-tât, -tætic s. meintât, -tætec.

mentelchîn stn. md. dem. zu mantel ANZ. 18, 15 (a. 1431);

menteler, mentellin, menteln s. mant-.

ment-lich s. manlich.

mênunge s. meinunge.

menva f. (II. 137ᵇ) eine pflanze: armoracia menva, manva SUM. DFG. 49ᵇ.

men-wëc stm. (III. 639ᵃ) weg auf dem das zugvieh getrieben (gement) wird WEIST. MONE z. 3, 277 (a. 1320).

menzer-holz? stn. und sollen meinem g. herrn geben von einem hundert mentzerholz drei schilling heller GR.W. 1, 388.

mer s. wir.

mer stn. (II. 137ᵇ) mere HPT. 7, 144 anm. 1. TRIST. U. 2922. ALBR. 24, 202. môr neben mer in den CHR. —: das meer NIB. WALTH. TRIST. KARL (8161. 82. 744 u. o.). daz wazzer hiez er mer GEN. D. 2, 36. weder enerde noch in mere RUL. 74, 19. westerhalp dort an dem mer PARZ. 41, 8. daz scharfe m. ANNO 229. daz wilde m. TROJ. 22506. 24468. MART. 121, 45. HELBL. 7, 1052. MSH. 3, 341ᵃ. daz grôz m., oceanus MGB. 101, 3. diu stilstênden m. ib. 102, 24. daz tôt m. ib. 102, 23. 28. rôt m. mare rubrum DFG. 349ᵇ. daz hôhe m. MYST. 1. 226, 6. des meres unde ALBR. 24, 188. ûf des breiten meres wâge ULR. Wh. 120ᶜ. daz m. ist âne wazzer niht WG. 1747. daz m. ist breiter den der sê, dar zuo bitter Ls. 3. 362, 50. daz m. sich vaste ergôz TROJ. 24109. daz m. muost nâch dem bluote verwen LOH.

7413. er wære gewaten durch daʒ m. GA. 2. 288, 48. man sol mich werfen in daʒ m. APOLL. 8674. âne schaden daʒ m. er eines in sich trunke MSH. 2, 242ᵇ. dem mer al unrein ist verboten LOH. 6061. daʒ mer niht tôter liute treit RENN. 10223. APOLL. 2502. j.TIT. 4316. daʒ mer kein tôteʒ tier mac verdulden in sînem magen LS. 3. 292, 111. meres got (*vgl.* mergot) ALBR. 24, 102, *ebenso der kunec ûʒ*, von dem mer *ib.* 87. 95. des meres kuneginne *ib.* 125 (*vgl.* merküniginne). **über mer**, *über das meer, über dem meere, bes. das gelobte land:* uber mer wil ich daʒ crûce nemen ERNST 1654. 1715. *über mer varn, eine pilgerfahrt ins gelobte land machen, einen kreuzzug unternehmen* LUDW. MYST. CHR. 1. 345, 12 (*vgl.* mervart). dû bræhtest liute wol ein her mit dîner predige über mer HELMBR. 566. er hât vîntschaft über m. JÜNGL. 523. daʒ lant über mer MSH. 3, 19ᵇ, *auch als compos.*: wir sîn geborn von ubermer HERB. 8201. manic furste von ubermer *ib.* 11028. die von übermer ROTH *denkm.* 95, 49. von ubermer komen KARLM. 258, 19; *bildl.* nû heben wir uns ubir daʒ vehtende mere dirre werlde HPT. 7, 144 *anm.* 1. — *gt.* marei *f.*, *ahd.* mari, meri *nm.*, *altn.* marr, *ags.* mere *zu lat.* mare, *vgl.* CURT.³ 310. FICK² 384. 831.

mêr (II. 139ᵇ) *apok.* mê. — 1. *adj. compar. zu* vil, *mit neuer steigerung* mêrer, mêrre, mêrre *aus ahd.* mêrôro (II. 156ᵃ), *sup.* mêreste, mêrste (II. 156ᵇ); *der urspr. sup. lautet meist s. oben* —: *grösser, bedeutender (nach raum, zal u. wert) allgem., z. b.* Jôcôp der mêre, *der grössere, ältere* CHR. 8. 338, 8. der mêrre der hieʒ Karle GFR. 3031. diu mêrer menege LOH. 2932. ein mêrer rât BEISP. 103, 9. vom mêrrem rehte LIT. 224, 41. mit mêrôren werchen EXOD. *D.* 134, 15. die minren und die merren ULR. *Wh.* 108ᵈ. 155ᵃ. daʒ mêre zuo dem minder MART. 128, 12. daʒ minre und daʒ merre (: herre) FLORE 5099. alsô daʒ liep mit liebe nie merre wünne gewan *ib.* 6127. wie möhte des sîn ein merre wunder? *ib.* 4720. daʒ ich einen turn, merre danne dirre sî, heiʒen welle machen *ib.* 4985. und wirt mîn laster merre (: verre) REINFR. *B.* 5613. merre (*grösser*) denne der berc DAN. 747. die wurz wart dester merre (: verre) ALBR. 23, 129. mêrer mort KARLM. 258, 41. die mêrern zeit MGB. 101, 10. die mêrre stift, *das hochstift* CHR. 9. 677, 15. swer die mê-

rern volge hât SWSP. 97, 16. der, daʒ mêrer, merre teil, *der grössere teil, die meisten, die majorität* (*vgl.* mêrteil) PILAT. 10. RENN. 9581. WH. *v. Öst.* 104ᵃ. MGB. 56, 12. 110, 19. 117, 14 *etc.* CHR. 8. 45, 13. 27. 69, 14. 398, 23. 405, 18, *auch* daʒ mêr, mêrre NARR. mit dem merren, *mit der majorität* CHR. 5, 185 *anm.* 1. — 2. mêre, mêr, mê *indecl. neutr.* (II. 140ᵃ) *mehr mit od. ohne gen. allgem.* (sîner vorhten wirt halt mêre WG. 6025. mîns lebens mac niht mêre sîn MSH. 1, 107ᵃ. waʒ sulde langer rede mê ELIS. 99. 706. furste, kunic unde mêr, *und so weiter ib.* 7761. mêr denne genuoc ULR. *Wh.* 153ᶜ, mêr danne vil geben 143ᵇ. 157ᵃ). — 3. mêre, mêr, mê *adv.* (II. 142ᵃ) *mehr, in höherem grade; ausserdem, noch dazu; länger, ferner, fernerhin, fortan; sonst, sonst schon, früher schon, allgem., wofür im* WB. *zahlreiche belege; sup.* mêrste GREG. 555, ze mêrist MONE 8. 46, 86. — 4. mêr, mê *conjunct.* (II. 144ᵇ) *sondern, aber, ausser* (*vgl.* KARLM. *B. s.* 308. er treit daʒ bilde nit in daʒ holze, mêr er snîdet abe die spene WACK. *pr. s.* 278. du meintest nit allein dînen lîplichen turst, mê die êwige minne *ib.* 99, 59. 85. mêr zuo Bonne was ein hof LCR. 62, 12). — *gt.* mais *zu lat.* magis, *s.* meist.

mer-amsel *stf.* (II. 138ᵇ) merula, *ein fisch* DFG. 358ᶜ. *vgl.* NEMN. 3, 379.

mêrâte *stf.* (II. 139ᵃ) *flüssige speise aus brot u. wein, abendmal* LEYS. merât als' prôt in wasser, ypa VOC. 1482. — *ahd.* merâta, mereda, merda *zu* mêrn. *vgl.* mêrôt.

merbel-stein *s.* marmelstein.

mer-binʒ *stm.* (I. 137ᵃ) meerbinse, granum solis DFG. 268ᶜ. yarus, merpintz VOC. 1482. si macheten im ein krône von merbinʒe W. *v. Rh.* 174, 21. *vgl.* merdorn, -hirse.

mer-blâ *adj. meerblau.* gense merblâ ALTSW. 225, 22.

mer-bône *f. meerbohne (umbilicus Veneris* NEMN. 3, 379). MYNS. 94.

merbot *stm.* (II. 139ᵇ) merbote und ander wirte FREID.² 150, 26. „Sarazene, eigentl. Morabite, Marabut?" WACK. *vgl. den eigennamen* Merbot MSH. 3, 267ᵇ, Merbode HÖFER *s.* 256, 1 *u.* GDS. 504.

merce *s.* merze.

mer-cêder *stm.* cedrus maritimus MGB. 318, 5.

mërce-man, mërcerîe, mërcer-knëht *s.* mërz-.

merch, merchen *s.* merhe, merken.

merder *s.* marder;

merderîn, mederîn *adj.* (II. 68ᵃ) *von einem marder, aus marderfell.* märderîn Parz.; marderîn En. 49, 5. merdrîn Netz 8981. mederîn Ot. 80ᵇ. mederein Chr. 2, 18 *anm.* 2; 3. 69, 3. mederen *ib.* 2. 18, 1, medren *ib.* 14, 10.

mer-dorn *stm.* (I. 384ᵇ) myrtus, mer-, mirdorn Dfg. 363ᵃ, *n. gl.* 254ᵃ; *s. v. a.* merbinz, er wart mit wessen merdornen gekrœnet W. *v. Rh.* 3, 44ᵇ. — *umdeutschung des lat.* myrtus *s.* Wack. *umd.* 58.

mer-drack *s.* mertrache.

mere *s.* mer *stn.* merhe.

mêre *s.* mære, mêr.

mere-garte, -griez, -katze, -meit, -minne *s.* mer-.

mëren, meren *swv. s.* mërn, merren.

mêren *swv.* (II. 156ᵇ) mêrren Chr. 8. 80, 21 —: *tr. vergrössern, vermehren, erhöhen* Nib. Walth. Trist. Wig. Tund. (*lies* 59, 13). daz geslehte m. Aneg. 21, 7. des libes leit ist gemêret Gen. *D.* 6, 7. sin heil Greg. 1310, hôchvart Parz. 350, 26, den schaden Loh. 4290, den verlust Troj. 12337, die gesuntheit Griesh. 2, 31. 33, die hôchgezîte mêren Albr. 23, 7. er mêrte daz rîch vaste Chr. 8. 346, 12. 395, 11. daz der grôze geminret und der minre gemêrt wart *ib.* 303, 20. daz (puoch) hân ich mêr dan daz drittail gemêrt Mgb. 485, 35. diu pleter m. *ib.* 351, 14, *mit dat. d. p.* Wig. er hiez in mêren daz werch Exod. *D.* 134, 18. 133, 21. ich sol dir fröude m. Troj. 17190. ein ander beidenthalben sie wirde mêrten j.Tit. 6197; *im 15. jh. etw.* mêren, *über etw. abstimmen, durch majorität entscheiden* Narr. Oberl. 1018; — *rfl. u. intr. grösser werden od. sein, sich vermehren: rfl.* Iw. Walth. Ms. Teichn. Gen. *D.* 27, 3. Pass. 326, 37. Mgb. 31, 8. 153, 12. 184, 32. Chr. 8. 80, 21; 9. 728, 8; *intr.* Ms. (mêren muoz mîn seneclîcher pin *H.* 1, 111ᵃ. wie mir mêret sende nôt *ib.* 171ᵇ). die rotten gunden m. Virg. 653, 6 *u. anm., vgl.* 727, 6. 821, 3. 839, 10. 848, 10, *mit dat.* den Crîchen mêrte ir schare Herb. 4371. — *mit* er-, ge-, ver-;

mêren *stn.* (II. 157ᵇ) *das zunehmen* Hätzl.

meren-poste *swm.* (II. 526ᵃ) *pfosten am ufer zur befestigung der schiffe* Gr.W. 1, 522. *s.* merren.

mêrer *comp.* (II. 156ᵃ) *s.* mêr;

mêrer *stm.* (II. 158ᵃ) *vermehrer, vergrösserer:* seit dem 14. jh. übersetzung des lat. Augustus im titel des deutsch. königs, z. b. wir Ludowich von gots gnâden rômischer chunig, ze allen zeiten mêrer des rîches Böhm. 460. 61. 62. 73. 97. 98. 99 *etc.* Augustus, Cesar: mêrer des rîches Dfg. 60ᶜ. 115ᶜ, *n. gl.* 42ᵇ;

mêreste, mêrste *sup.* (II. 156ᵇ) *s.* mêr.

mere-stërn *s.* merstërne.

mere-wal *stm.* (III. 464ᵇ) *pl.* merewale, cete Hpt. 8, 137.

mer-feine *f.* (III. 289ᵇ) *meerfee, wassernixe* Lanz. (3935. 4683. 7827). merveine Albr. 12, 5. 32, 124. *s.* feie.

merg *stm. s.* market.

mer-gans *stf.* *meergans,* meauca Mgb. 265, 10 *ff.*

mer-garte *swm.* (I. 484ᵃ) *die meerumschlossene erdscheibe, das von menschen bewohnte land, erdkreis* Rul. Karl (3469). Kchr. 501. meregarte *ib.* 6633. Karaj. 22, 15, merigarte Anno. *vgl.* Denkm. *s.* 352.

mergel *stm.* (II. 158ᵃ) *mergel, eine fette düngererde.* gipsus, glarea, letamen, merla: mergel, mirgel Dfg. 263ᵇ. 264ᶜ. 325ᵃ. 358ᵇ, argilla *n. gl.* 35ᵃ. *der* mergel *wurde wie die* dahe (*s. oben* 407) *als gemechte dem jungen weine beigemischt um ihn berauschender zu machen:* süezer win vol mergels Renn. 16359. bech, mergel, schimel und kân habent mir leides vil getân *ib.* 9456, 17275. der starken künste mergel beginnet in dem hirne ûf gên *ib.* 8690 (*s.* 104ᵃ). 9476. — *aus mlat.* margila *von dem gleichbedeut. lat. oder vielmehr nach Plinius* (*h. n.* 17, 4) *urspr. keltischen* marga Weig. 2, 145.

mergel-hûbe *swf.* (I. 724ᵃ) swâ mergelhûben (*im alt dr.* 59 kleuberhauben) und beckelhûben beginnent gên ein ander strûben Renn. 11456. *nach Bech's mitteilung wol bildl. zu fassen für „betrunkene* (*s. oben* mergel) *und bewaffnete".*

mergeln *swv. düngen* Gr.W. 4, 6 (*14. jh.*) Frankf. brgmstb. *a.* 1439 *vig.* V. *p. div.,* 1467 *vig.* V. *p. Luc.;*

mergeln *stn.* wir sollen die guot in guotem bûw halten mit mergeln und mit mist füeren Mone *z.* 15, 184 (*a.* 1385).

mergel-rëht *stn. s. v. a.* mistrëht Vilm. 269.

mer-got *stm. meergott* Albr. 32, 515.

mer-göttinne *stf. meergöttin* Troj. 846. 14013.

mer-gras *stn.* alga Dfg. 22ᵃ. merigrase Gl. Virg. 1, 227. 3, 26.

mer-griez, -grieze *stswm. n.* (I. 578ᵃ) *korn des*

meersandes. die mergriezen zeln MAR. 151, 31 (*nicht comp.* des meres griez, *s. oben sp.* 1080 u. W. v. N. 4, 28); — *perle, pl.* die mergrieze ALBR. 462ª, die mergriezen TRIST. TROJ. REINFR. B. 977. 17205. 427. Aw. 2, 3. MARLD. *han.* 74, 17. 19. 107, 29, diu mergriezer SPEC. 145, 25. m e r e griez HPT. 3, 444. — *in der bedeut. perle* (*gt.* marikreitus) *eine umdeutsch. des lat.* margarita WACK. *umd.* 57. HPT. 9, 564. 67. *vgl. auch* GDS. 233. DIEF. 2, 54 *u.* margarîte.

mer-grunt *stm. meeresgrund* ANNO 852.

mer-habe *stf.* (I. 602ª) *meereshafen,* portus DFG. 449ª, *n. gl.* 299ª.

merhe *swf.* (II. 63ᵇ) *stute, mähre* MSH. 3, 303ᵇ. HADAM. 403. MGB. 150, 32. merch Ls. 3. 328, 39. 400, 48. FASN. 436, 23. merhe, merhin, merch equa DFG. 206ª, *md.* mere *n. gl.* 153ᵇ; *hure,* merihun sun, filius meretricis SCHM. 2, 618 *s.* merhensun. — *zu* marc, *ross.*

merhen-sun *stm.* (II². 733ª) *sohn einer* merhen, *hurensohn* AUGSB. *r.*

mer-hirse *m.* (I. 691ᵇ) granum solis VOC. *o.,* milium solis DFG. 361ª, *vgl.* merbinz, sumer-, sunnehirse, sunnenkorn.

merhte *prät. s.* merken.

mer-hunt *stm.* (I. 278ᵇ) canis maris MGB. 234, 234, 16 *ff.* VOC. *o.,* siren DIEF. *n. gl.* 341ª.

mêridiân *stf.* (II. 158ᵇ) *mittagszeit* MYST. 1. 369, 34.

mëringe *s.* mërunge.

merisch *adj. maritimus* EVANG. M. 4, 13.

mer-juncvrouwe *swf.* Scylla mag ain merjuncfrawe haizen MGB. 240, 30 *ff.*

merk *s.* marc 2, market.

mer-kalp *stn.* (I. 781ᵇ) vitulus, siren, foca GL. *vgl.* merkuo, -ohse, -rint.

merkære, -er *stm.* (II. 66ᵇ) *aufpasser* WALTH. PARZ. 297, 6. LIEHT. 12, 3. 407, 28. MSF. 7, 24. 43, 34. 50, 32. MSH. 1, 186ª. 219ᵇ. RENN. 6285, *vgl.* ERACL. *s.* 602 *ff.* WOLK. 51. 2, 10. *ndrh.* mirkêre KARLM. 101, 35; *beurteiler von gedichten* ORL. Ms. MYST. KOLM. 18, 25. 61, 33. 41. 52. — *zu* merken;

merkære, -er *stm.* (II. 65ᵇ) *märker, bewohner der* marke, *berechtigter· an einer* marke (*wald*) WEIST. KSR. 206 *f.* disz sint die gemein welde, dâ ander lûte auch merker in sint MILTENB. *stf.* 44ª.

mer-katze *swf.* (I. 793ª) *meerkatze,* spinga, spinx DFG. 547ª *f., n. gl.* 345ᵇ. wilde merekatzin L. ALEX. 5830. APOLL. 10283. an einer merekatzen stûnt sîn nase MOR. 2, 55. die merkatze dunket ir wîsheit grôz *ib.* 459.

merke *stf. s.* marke;

merke *stf.* (II. 65ᵇ) *abmessendes zielen, beachtung, wahrnehmung, augenblick, absicht* TRIST. HIMLF. JER. mîn merke (*zielen*) enwurde wol bewant ze den vier nageln gegen der want GREG. 1447. den lanzen die m. geben j. TIT. 5616. nâch sînes vanen merke *ib.* 1985. des bracken stimme verlorn wart mit m. *ib.* 1261. gehœren und gesihte dâ wart verjaget ûz m. *ib.* 841. alle die er meinte mit der m. *ib.* 3659. der merke haben *ib.* 4931. merke tragen *ib.* 3581. ze merke bringen *ib.* 1697. 928. des vie der vürste m. *ib.* 4654. swer in strît mit merk moht nemen pflihte LOH. 4740. eines d. m. nemen *ib.* 2716. 4853. û f einen m. haben *ib.* 4775. in dugentlîcher m. (*absicht*) ELIS. 8707. sît ich ze mînen jâren quam, daz mir diu merke wart gegeben, sô merk ich an den liuten bî girikeit haz unde nît MSH. 3, 66ª. ze merke (*deutlich*) hœren PARZ. 358, 16;

merke *adj.* (*ib.*) *verständig, achtsam* HERB. 15965.

merke-lich *s.* merklich.

merkelsch *adj.* in sînen gepoten sey er merkelsch: in imperiis suis sit consideratus BR. 23ᵇ;

merken *swv.* (II. 65ᵇ) merchen GEN., *md. auch* mirken (: wirken) HERB. 1810. PASS. 362, 50. ELIS. 7464. ELMEND. 308. DFG. 144ª; *prät.* merkete (ELIS. 1387. CHR. 8. 254, 32. 312, 10), markte, marcte (PASS. PARZ. 350, 24. ALEXIUS 71, 225. HELMBR. 920. ZIMR. *chr.* 4, 670ª), marhte (HARTM. ERACL. 3033. ALBR. 32, 230. CHR. 8. 139, 2), merhte KREUZF. 2711 —: *intr. acht geben, wol beachten, beobachten* WALTH. 31, 17, merken a n *mit acc.* GERH. Ms., û f ENGELH.; *tr. mit acc. od. untergeord. s. beachten, beobachten, wahrnehmen, bemerken* NIB. WALTH. KONR. (daz iuch kein ouge merket TROJ. 9217. sô si niht merke ir trügeheit 2495. swer noch beginnet reiniu wîp bedenken unde m. 4169. daz markte dô der glockener ALEXIUS 71, 225). PASS. dô markte mîn her Gâwein mangen rinc wol gehêrt PARZ. 350, 24. der sterne geverte merchen GEN. D. 4, 18. do nam ich der ritter war und markte (*beobachtete*) ir geverte gar HELMBR. 920. sô merket er einen kalten prunnen MGB. 166, 17. sî marhte vlîzeclîche sân mit dem vinger sîn âderslân ERACL. 3033. man mochte an dem werke zewâre nicht m. ALBR. 15, 208. do begunde er mirken, wie er im getête sîn recht HERB. 1810; *unterscheidend, beurteilend, auslegend verstehn, erkennen* WALTH. der mîniu wort sô merken wil MSH. 1, 107[b]. ein wunder ir dâ mirken sult PASS. 362, 50. dâ marhter sînen namen an ER.[2] 4907. nu merke et, wiech daz meine MSF. 5, 13 *u. anm.* do marcte er an dem sinne, daz PASS. 22, 55. bî dem stabe merke ich, daz CHR. 8. 307, 7. er merkete, daz er sterben müeste *ib.* 312, 10. hie schult ir merchen, wie GEN. *D.* 3, 22. hî mac ein man wol m., waz vröuden si bewegete ELIS. 620. mîn sin mich merken lêret, ir hânt geêret iuch an mir REINFR. *B.* 2744, *spec. gedichte beurteilen* LESEB. 606, 15; *mit dat. incomm. etwas für ungehörig beurteilen, einem einen tadel woraus machen* LIEHT.; *etw. wolverstanden festhalten, sich einprägen, merken* A. HEINR. (468). die stat die marhte ich harte wol GREG. 2281. 88. den troum marhte er rehte SERV. 2165. daz saltu rechte mirken ELMEND. 308; *mit einem zeichen versehen, erkenntlich machen* AUGSB. *r.* daz ir hundert sô gemerket wæren, daz man si erkande durch ir spot MSH. 3, 225[b]. nachdem si (*die juden*) in menigen landen gemerket und ûsz bezaichnet sind CHR. 5. 375, 11. die joppen und leilach merkt er mit gelben streimen WOLK. 6, 95. — *mit ane* (swaz liute uns ane merket, daz TROJ. 13336), ûf, ûz, be-, durch-, er- (*nachtr.*), ge-. *zu* marc, marke;

merken *swv.* (II. 65ª) *gränzen.* ane merchen, colimitare SUM.;

merker *stm. s.* merkære 1 *u.* 2.

merker-dinc *stn.* (I. 334ª) *mark-, märkergericht* WEIST. (! 575. 3, 501. 4, 534 *u. o.*). *vgl.* marcdinc;

merker-gedinge *stn. dass., oft in den* WEIST. *z. b.* 1, 579 *ff.* 582. 4, 534. *vgl.* marcgedinge.

merker-meister *stm. vorsteher der märker.* die märker kiesen sich iren märkermeister GR.W. 3, 463. 489. 501. 5, 248. 274 *etc. vgl.* marc-, markenmeister.

merker-stuol *stm. stuhl des markgerichtes.* an der straszen, da ytzunt die merkerstulle stênt GR.W. 4, 534.

merket *s.* market.

mer-kint *stn. meerkind, meerweib.* sie vorhten wildiu merkint GUDR. 109, 4; foca DIEF. *n. gl.* 178ª.

merk-lich *adj.* medullitus DFG. 353ᶜ.

merk-lich *adj.* (II. 67ª) *pass. wol zu beachten.* ein vil merklich wörtelîn RENN. 18647; bemerkbar CLOS. (merkelich CHR. 8. 136, 22). m. an MGB. 261, 11; *erkenntlich, deutlich mit dat.* ist dirz niht merkelich WARTB. 96, 2; *bedeutend, wichtig, gross* JER. (*das beispiel aus* NEIDH. *zu streichen; es ist mit* Haupt 89, 14 *zu lesen* innerclîchen). MGB. 80, 32. BEISP. 27, 23. 50, 27. 54, 19 *u. o.* TUCH. 108, 1. CHR. 2. 13, 5. 112, 8. 308, 6. 309, 16 *etc.* 3. 296, 1. 17. 364, 20; 5. 2, 19. 9, 30. 33. 21, 27 *etc. sup.* die merklîchest (*grösste*) wîsheit ist, des zu vergessen, das nit widerbracht werden mag BEISP. 153, 6; — *act. tadelsüchtig* HELBL. (1, 1277. 6, 118);

merk-lîche, -en *adv. bemerkbar.* ain merkleich süezer dunst MGB. 361, 33. merkleichen wahsen *ib.* 102, 19; *bedeutend,* doran gar mercklîchen abging CHR. 2. 329, 4; *comp.* merklîcher, *mehr, ausführlicher ib.* 1. 464, 29.

mer-krût *stn.* alga DFG. 21ᶜ.

merk-stat *s.* marketstat.

merk-tavel *f.* dica DFG. 180ª.

merkunge *stf.* (II. 67ª) *das achthaben, beobachten, die aufmerksamkeit* JER. mit m. des sinns BEISP. 1, 23. m. haben *ib.* 77, 32. er hatte flîzige m. ûf daz gestirne des himels LUDW. 11, 1; *betrachtung, erwägung, prüfung,* consideratio DFG. 144ª. diu fümf bücher der merkunge *des hl. Bernhard* RENN. 3988. 9250. 24488.

mer-küniginne *stf. meerkönigin, -göttin* APOLL. 5294.

mer-kuo *stf.* foca DFG. 241ª, *n. gl.* 178ª.

merk-zeichen *stn.* merk-, wahrzeichen. zue einem m. KALTB. 78, 50.

merl, merle *f.* amsel DFG. 358ᵉ, *n. gl.* 252ª. bair. die merl SCHM. 2, 619. — *aus lat.* merula.

merle, ein kraut in dem wasser, merla VOC. 1482. DFG. 358ᵇ.

merlen *swv.* dar zuo slüzzel kleine, gemerlt (*var.* gewürket) harte kleine GA. 2. 425, 14. *vgl.* gemerlen, multis punctis aut notis maculosa (facies) VOC. 1618 *bei* SCHM. 2, 620.

mêr-lich *adj. s. v. a.* mêr. *comp.* mêrlîcher RENN. 21117.

merlikîn *stn. md.* (*nd.*) MSF. 59, 27. 77, 36. GERM. 9, 336. *s. v. a.*

merlîn *stn.* (II. 158ª) *dem. zu* merl, *amsel* TRIST. NEIDH. (31, 25). j. TIT. 702.

mer-linse *f.* algamer Voc. 1482.
mer-liute *pl. meerleute, schiffer* Dür. chr. 70.
mer-meit *stf.* (II. 129ᵇ) *sirene.* meremeit Engelh. 2222. *vgl.* merwîp.
mermel- *s.* marmel-.
mer-minne *stswf.* (II. 186ᵇ) *meerweib,* sirena Dfg. 538ᵃ (mereminne Sum.). Lanz. j. Tit. 5268. Apoll. 5160. Wigam. 360. Rab. 964. Mor. 1, 3912. 20. 38. 46. Albr. 25, 74. 32, 135. *ahd.* diu meriminna, -minni *entstellt aus dem stn.* meremanni, -menni *zu* man, *altn.* man *n. virgo. vgl.* waltminne.
mer-münech *stm.* monachus marinus, ain merwunder Mgb. 239, 2 *ff.*
mer-muschel *swf.* (II. 279ᵃ) *meermuschel* Trist. 2632. corepus (carabus) Voc. 1482.
mern *s.* merren.
mërn, mëren *swv.* (II. 138ᵇ) *brot in wein od. wasser tauchen u. einweichen, so essen* Leys. Wwh. der brôt ân urloup in daz trinken mert Jüngl. 620. ypare, meren aus wasser Voc. 1482. vipare: meren, wîn meren, prôt aus wein essen Dfg. 621ᵃ. ir habt ir eẓẓen liht gemert, *eingebrockt* Helbl. 1, 1046; *spec. vom abendmale Christi* Glaub. Spec. des dunrestages merte unse herre got mit sînen jungeren in dem kelche Ssp. 2. 66, 2; *umrühren, mischen*: einem den becher m. Frl. 158, 17. — *mit* în (intendere, interere, intriticare ein, în meren Dfg. 303ᵃ, *n. gl.* 219ᵃ), ge-. *entlehnt aus lat.* merenda? *vgl.* Fick² 384.
mernêre *s.* marnære.
mer-ohse *swm.* (II. 435ᵇ) *s. v. a.* merrint Kreuzf. Karl 9635. Mgb. 237, 19, foca Dief. *n. gl.* 178ᵃ. merosse Hpt. 12, 322.
merone *s.* meigramme.
mërôt, mërt, -des *stm.* (II. 139ᵃ) *s. v. a.* mërâte. merôt Spec. Leseb. 300, 3. Mone 8, 519. mert Gen. *D.* 112, 24. 33. Exod. *D.* 153, 1. Himlr. 305.
mer-phert *stm.* hippopotamus Dfg. 278ᵃ. *vgl.* merros, waẓẓerphert.
mer-phosse *swf.* (II. 138ᵇ, 18) Krone 983 *var. statt* mervlozze.
mer-porte *swm.* portus Dfg. 449ᵃ.
merre *s.* mürwe.
mêrre, mërre *s.* mêr.
merren *swv.* (II. 63ᵃ) *prät.* merrete, marte; *nbf.* meren, mern, marren, marn (*s.* gemarn), merwen (*auf das adj.* mar *bezogen*), *prät.* marwete —: *tr.* (*ahd.* marrjan, marran) *auf-*

halten, behindern. retardare, meren Dfg. 495ᶜ, *s. auch* gemerren; *befestigen* an, *anbinden, anschirren* Weist. (mern, merwen). sîn schif merte er zuo stade Kell. *erz.* 355, 16. si merten mit schiffen an daz lant, sie landeten Malag. 8ᵇ. in daz joch merwen Mart. (26, 59. 73, 10), merwen zuo *ib.* 180, 46, sich m. zuo *verbinden, vereinigen ib.* 6, 80. an merren, *anbinden* Lcr. 93, 62 (*prät.* marte); merwen, *verschwägern* Mone *z.* 17, 41 (*a.* 1420 *Konstanz*); *foltern?* item Kragen aber meren, und sagt er nichts, so sol man in wider in die prisaun geen lassen *Nürnberg. ratsprotocoll a.* 1449, 22. *juli;* — *intr.* (*ahd.* vorauszusetzen marrên) *sich aufhalten, zögern*: merren L. Alex. (6901). unlange merreten si da mê Elis. 448. ir ensullet nit merren Marld. *han.* 28, 36. 71, 1. Môrand nit enmerrede Karlm. 224, 8. marren Leys. Lcr. 93, 49. 53. merren, marren, morari Dfg. 367ᶜ. — *mit* an (*s. oben*), er-, ge-. *gt.* marzjan, *ärgern. vgl.* Fick² 151;

merren *stn. das zögern, der aufenthalt* Karlm. 65, 16. âne m. *ib.* 235, 57. sunder m. *ib.* 226, 3. 228, 31. Lac. 3, 873.

mêrren *s.* mêren.

merresal *stn.* impedimentum Diut. 3, 482.

mer-retich *stm.* (II. 584ᵃ. 677ᵇ) *meerrettig, übers meer gekommener, überseeischer rettig* Voc. Mgb. 418, 25. *s.* Weig. 2, 127.

merrich *stm. taucher, tauchente* Mone *z.* 4, 85 (*a.* 1449). Dief. *n. gl.* 251ᵇ. — *aus mlat.* mergus.

mer-rint *stn.* (II. 722ᵇ) *pl.* merrint, -rinder: *meerrind, überseeisches, morgenländisches rind, zugtier* (*auch elephant* Orend.) Wwh. (ahtzehen merrint 161, 2). Wh. *v. Öst.* 43ᵇ. j. Tit. (3348). Ernst (*B.* 4204). kembel und merrinder Ot. 423ᵇ; *meerkalb, seehund,* foca Gl. Mgb. 237, 7 *ff.* Reitze und daz merrint Reinh. 1355. *vgl.* merohse.

mer-ros *stn.* (II. 764ᵃ) hippopotamus, uranoscopus Dfg. 279ᵃ. 629ᶜ, *n. gl.* 204ᵃ. *vgl.* mer-phert.

mer-rouber *stm.* (II. 779ᵃ) pirata Dfg. 437ᵃ. Fromm. 2, 445ᵇ. *vgl.* sê-, waẓẓer-, schifrouber;

mer-roubunge *stf.* sabatrina Voc. 1482. *vgl.* sêroubunge;

mer-roup *stm.* piratica Dfg. 437ᵃ.

merrunge *stf.* (II. 63ᵃ) *zögerung, aufenthalt,* mora: merr-, mer-, marrunge Dfg. 367ᵇ. marrunge Leys. — *zu* merren.

mer-ruoder *stn. meer-, schiffsruder.* daʒ merruoder er ane bant CRAON 674.

mer-salz *stn. meersalz* RING 14, 25.

mer-schal *stf.* concha DFG. 140ᵃ. ALBR. 32, 498.

mer-schars? *dasselbe* DIEF. *n. gl.* 106ᵇ. *vgl.* merscherpelîn.

mêr-schaz *stm.* (II². 90) *wucher, höhere als die erlaubten procente.* die guldîn nit wider verkoufen ûf mêrschaz MONE *z.* 21, 175.

mer-schër *swm.* (II². 150ᵇ) salpa, talpa, *ein fisch* MGB. 258, 10 (*verdeutsch. von* talpa).

mer-scherpelîn *stn.* (II². 87ᵇ) merscherplî, concha VOC. *o., vgl.* DIEF. *n. gl.* 106ᵇ.

merschî *s.* merzî.

mer-schorpe *swm.* (II². 197ᵃ) tartuca VOC. *o.,* DFG. 574ᵃ.

mer-sê *stm. see, als eigenname:* bî dem Mersê WOLFD. *A.* 561. — *gt.* marisaivs, *see.*

mer-semde *fn.* alga DFG. 21ᶜ.

mers-halp *adv. auf seite des meeres, am meere* ORL. *Prag. hs.* 22ᵇ.

mer-slange *swmf.* von der merslangen. vipera marina haiʒt ain merslang MGB. 259, 13 *ff.* hüet dich (*im october*) vor krebssen, wann sie sein versêrt von den merslangen ANZ. 11, 335 (*a.* 1428).

mer-slunc *stm.* merslunk, charybdis VOC. *Schr.* 372.

mer-slunt *stm. dasselbe* DFG. 101ᵇ.

mer-snëcke *swm.* (II². 436ᵇ) ostrea, testudo (MGB. 258, 22 *ff.*), torpedo (m. ân hiuslîn) DFG. 403ᵇ. 581ᶜ. 589ᵃ, concha *ib.* 140ᵃ, *n. gl.* 106ᵇ.

mer-spinne *swf.* (II². 510ᵃ) *meerspinne, seekrebs,* aranea VOC. *o.* MGB. DÜR. *chr.,* spinx DIEF. *n. gl.* 345ᵇ.

mer-stade *swm. meerufer,* littus DIEF. *n. gl.* 237ᵇ. *vgl.* waʒʒerstade, merstede;

mer-stat *stf.* (II². 601ᵇ) *seestadt* MGB., maritima VOC. *Schr.* 1623.

mêrste *sup. s.* mêr.

mer-stede *stf.* (II². 598ᵇ) littus VOC. *o. vgl.* waʒʒerstede, merstade.

mer-stërne, -stërn *m.* (II². 621ᵃ) *der auf dem meere leitende stern, polar-, nordstern,* stella maris DFG. 551ᵃ. MGB. LAUR. *N.* 2542, *vgl. zu* WALB. 842; *der name Maria wird als* mersterne *gedeutet* DFG. 349ᵇ. HELBL. MYST. (HPT. 9, 35. WACK. *pr.* 33, 1 *ff.*). BPH. *H.* 57, 205 *f.* SYON 165. merstërre DIEM. 298, 6.

mer-stille *stf.* (II². 637ᵇ) *meeresstille,* tranquillitas DFG. 592ᶜ, *n. gl.* 370ᵃ.

mer-strâʒe *f.* (II². 678ᵃ) *meerstrasse, seeweg* GUDR. 745, 3. *vgl.* waʒʒerstrâʒe.

mer-sû *stf.* delphinus DFG. 172ᵇ. *s.* merswîn.

mer-swalwe *swf.* (II². 760ᵇ) hirundo maris *ein meerfisch,* merswalbe MGB. 253, 9 *ff.*

mer-swâʒ *stm.* (II². 766ᵇ) *meerschaum, sepia* PF. *arzb.*

mer-swërt *stn.* (II². 755ᵇ) gladius, piscis DFG. 264ᵇ, *n. gl.* 194ᵃ.

mer-swîn *stn.* (II. 795ᵇ) *delphin* MGB. ALBR. WIGAM. 175. AB. 1, 60. DAL. 48, 13. belua, delphinus, foca DFG. 71ᵇ. 172ᵇ. 241ᵃ.

mërt, merte *s.* mêrôt, merze.

mêr-teil *stn. s. v. a.* daʒ mêre, mêrre teil WH. *v. Öst.* 94ᵃ. 96ᵇ. 100ᵇ. 104ᵃ.

mertel, mertel- *s.* morter, marter-.

mertent *s.* matere; **merter-** *s.* marter-.

mer-tier *stn. meer-, seetier* HPT. 1. 119, 61. MGB. 66, 5. 153, 12. 236, 2 *u. o.* belua DFG. 71ᵇ;

mer-tierisch *adj. adv.* mertierisch leben, beluare VOC. 1482.

mer-trache *swm.* mertrack, draco maris, ein grausam mertier MGB. 234, 30 *ff.* merdrack DIEF. *n. gl.* 141ᵃ.

mertran *s.* matere.

mer-tropfe *swm.* (III. 103ᵃ) *meerestropfe* TEICHN. 104.

mer-trûbe *f.* mertraub od. rusin od. gedorret weinper, passile VOC. 1482.

mer-tûbe *swf.* (III. 125ᵃ) turtur, piscis DFG. 603ᵃ, *n. gl.* 375ᵃ.

mërtzler *s.* mërzeler.

mer-ünde *f.* (III. 186ᵃ) *meereswoge* WG. 10453.

merunge *s.* merrunge.

mërunge *stf.* (II. 139ᵃ) *s. v. a.* mêrâte, mêrôt: *abendessen, -mal* GLAUB. LEYS. ypa, vipa, offa DFG. 308ᵃ. 393ᵇ. 621ᵇ. VOC. *Schr.* 1889. *ndrh.* meringe KARLM. 447, 31.

mêrunge *stf.* (II. 158ᵃ) *vergrösserung, vermehrung, werterhöhung* MS. SILV. 2954. JER. MYST. FASN. 1451. augmentum, majoratio DFG. 60ᶜ. 344ᵃ.

mer-var *adj.* (III. 238ᵇ) *meerfarb* LANZ. MGB. 442, 13.

mer-vart *stf.* (III. 253ᵇ) *eine* vart über mer (*s.* mer) *pilgerfahrt ins gelobte land, kreuzzug* LUDW. JER. ERNST 1667. REINFR. *B.* 15514. ELIS. 4118. LS. 1. 547, 11. ALTSW. 219, 17. CHR. 1. 60, 14; 8. 36, 6. 16. 101, 4; 9. 571, 16. 574, 12 etc. der Wiener mervart, *titel eines gedichtes* GA. 2, 467 *ff.* 485, 703.

mer-veine *s.* merfeine.
mer-visch *stm.* (III. 328ᵇ) *meerfisch* ANNO 149. FLORE 2791. HERB. 18234. 301. Ls. 2. 386, 47 (PF. *üb.* 155, 45). MGB. 29, 32. 30, 19. PASS. 375, 47. belua DFG. 70ᵇ, ceta *n. gl.* 87ᵇ. swarzer, süeʒer m. VOC. *o.* 40, 40. 43;
mer-vischel *stn. dem. zum vorig.* MGB. 454, 2.
mer-vloʒʒe *swf.* (III. 351ª) *ein meerfisch* KRONE 983 (*var.* merphosse).
mer-vluo *stf.* (III. 355ª) *fels im meere*, cautes VOC. *o.*
mer-vluo-stein *stm. dasselbe.* merfluotstein DIEF. *n. gl.* 82ª.
mer-vogel *stm.* (III. 358ª) *meer-, seevogel* VOC.;
mer-vogellîn *stn.* (*ib.*) VOC.
mer-vrâʒ *stm.* achime mag ze däutsch haiʒen merfrâʒ MGB. 231, 31.
mer-vrosch *stm.* (III. 427ᵇ) rana, piscis VOC. *o.*
mer-vrouwe *swf. meerweib* ALBR. 32, 138.
mer-watære *stm.* (III. 535ª) *der das meer durchwatet* WARTB. 103, 10.
mer-waʒʒer *stn. meerwasser* FDGR. 2. 127, 8. MGB. 80, 26. 101, 8. 102, 23. 204, 22.
merwen *s.* merren.
merwen *swv.* (II. 63ᵇ) *prät.* marwete: mar, *weich, zart machen* FRL.
mer-wîp *stn.* (III. 720ª) *meerweib*, sirena DFG. 538ª. NIB. OSW. WIGAM. 367. DAN. 3806. MGB. 240, 5 *ff.*
mer-wolf *stm.* (III. 801ᵇ) lupus marinus DFG. 340ª, *n. gl.* 241ᵇ.
mer-wunder *stn.* (III. 815ª) *wunderbares meertier, meermann od. meerweib von halb tierischer gestalt* GL. WALTH. WWH. GUDR. LANZ. WG. *u. md. denkm.* (ALBR. 1, 563. 15, 22. 24, 200. 32, 419). HPT. 1, 19. ANTICHR. 197, 20. (DIEM. 284, 4). LAUR. 1304. WOLFD. *A.* 496. ECKE Z. 52, 12. 54, 7 *etc.* ROSENG. *H.* 554. 60. TÜRL. *Wh.* 73ᵇ. j.TIT. 400. 6149. WIGAM. 337. APOLL. 10158. DAN. 4049. SCHRET. 72. MSH. 3, 96ᵇ. WACK. *pr.* 68, 148 *ff.* ALEM. 1, 70. MGB. 230, 28. FASN. 255, 15.
merz *s.* merze.
mërz *stm.* (II. 158ᵇ) mërʒe *sw.* MAR.: *waare* ROTH *pr.* NEIDH. (51, 32). ich bin aber niht ein koufman, der daʒ lant durch gewinnes wân mit veilem merze suoche KRONE 6277; *kostbarkeit, schatz, kleinod* MAR. GEO. MS. solt dirre tiure merz hie ligen und fûlen in der erde HIMLF. 850.
merz-bier *stm. märzbier. niemand soll mehr als 30 fuder* merzbiers *brauen* GENGL. 427 (*a.* 1328). *vgl.* merze.
merz-brunne *swm.* ûf wallend man dringen dô siht ein merzbrunnen MONE 8, 488.
merze, merz *swm.* (II. 158ᵇ) merz *st.* KARLM. 14. 59. 62; merce SILV. MART. 87, 88. mertze, mircze DFG. 350ᵇ. *ndrh.* (*nd.*) merte *ib.* LAC. 3, 543. 89; *ohne uml.* martze TUCH. 22, 1—: *märz* WALTH. MGB. 153, 25. 341, 16. WOLK. 48. 1, 11. 121, 60. FASN. 317, 20. sî der merze grüene RENN. 12456. in dem merzen KARAJ. 82, 21. 106, 14. BÜCHL. 1, 823. MSH. 3, 63ᵇ. REINH. 365, 2009. in des merzen zît ULR. *Wh.* 127ᵈ. ze merzen MART. 87, 88. NETZ 9701. *personif.* NEIDH. 7, 17. 25; *s. v. a.* merzbier ZITT. *jb. — aus lat.* martius, *vgl.* WEINH. *mon.* 49 *f. und* martsche.
mërze *s.* mërz;
mërzeler *stm.* (II. 158ᵇ) *kleinhändler, krämer.* mertzler Ls. NETZ 9687. 704. 707. 17. 26. S.GALL. *stb.* 4, 19. BEISP. 11, 21. MONE *z.* 13, 289. metzeler MOR. 1, 3807. antionarius, mertzler VOC. 1482. merzeler, metzeler, metzler mango, penesticus DFG. 346ᶜ (*auch* melzer). 422ᵇ, *n. gl.* 245ª (*auch* metzger). — *aus mlat.* mercellarius;
mërzeln *swv. handeln, schachern* RENN. 11187.
mërze-man *stm. s. v. a.* mërzeler. mercemau, mercator DIEF. *n. gl.* 251ª. GAUPP *das alte magdeb. u. hallische recht s.* 282, *Görlitzer r. bei* SCHOTT 1, 61, *s.* BECH *beitr.* 12.
merze-mân *m. märz* WEINH. *mon.* 50.
merzen-bluost *stm. blüte im märz* JUST. 382.
merzen-gewërf *stn. im märz zu leistende abgabe* GR.W. 5, 361.
mërzer *stm. s. v. a.* mërzeler, *zu folgern aus* mërzerknëht. — *aus mlat.* mercarius;
mërzerîe *stf. waare.* mercerîe HANS 3552.
mërzer-knëht *stm.* mercerknecht, mercinarius DIEF. *n. gl.* 251ª.
merzî (II. 159ª) *fz.* merci, *dank, gnade* TRIST. merschî WOLK. 57. 1, 12;
merzîen *swv.* (*ib.*) *danken* TRIST.
merzisch *adj.* (*ib.*) merzischer wint, *märzwind* GUDR. 1216, 4. das mertzische pad, *märzwetter, kotwege* WOLK. 121, 69.
mer-zwival *swm. meerzwiebel*, cepa maris MGB. 225, 29. 421, 25 *ff.* merzwybel squilla herba DFG. 549ᶜ; merzwiffel squilla, est genus piscis delicati, quod vulgo dicitur lata VOC. 1482.
mës *s.* mësse, mëʒ.
meschen *swv.*(II. 85ª) *prät.* maschte: maschen

machen. diu minne hât gemeschet rehte in mînes herzen netze ULR. *Wh.* 123ᵈ.
meschinc *s.* messinc.
meseler *s. unter* masel.
mësel-suht *s.* miselsuht.
mesener *s.* messenære.
meserîn *adj.* (II. 86ª) *aus maserholz* STAT. *d. o.*
mesic *s. unter* miesic.
mëslîn *s.* mëʒlîn.
mesnære, -er *s.* messenære.
mess, mëss, mësse *s.* messe, mësse, mëʒ.
mëssachel, missachel *stm.* (II. 160ª) *messgewand.* der messachel ist michel und umb und umb ganz und ist geschaffen als ein glogg und als der himel WACK. *pr.* 41, 54. driu guoti tüecher ze messacheln - - item ein sîdin wâffenkleit ze messacheln SCHREIB. 1, 366 (*a.* 1347). missachel Ms. (*H.* 2, 390ᵇ). MONE *z.* 13, 159. — *nach* OBERL. 1034, *der aus späterer quelle* messlach *anführt, entstellt aus* mess-lachen, *womit aber das masc. geschlecht nicht übereinstimmt.*
mësse *s.* mëʒ.
messe *swn. s. v. a.* mensekalp, *weibl. kalb von 1—2 jahren, das noch nicht gerindert hat.* ein mäss, sehs mässen URB. *Seck.* 98. *schweiz.* mais, meis, mese, mänse *n., schwäb.* meisz *adj. nicht trächtig* SCHMID 375. *vgl.* mänz *bei* SCHM. 2, 604.
messe, mässe *stf.* (II. 159ª) *metallklumpen* SERV. TUND.; *eine eisenmasse von bestimmtem gewichte* NIB. sî schôʒ ein stähelînen spieʒ breiten unde wessen, gesmidet von sîben messen Üw. *H.* 702 *u. anm.* von der mäʒʒ eisens 2 Regensp. URB. *Pf.* 199. — *aus lat.* massa (*s.* masse): solvuntur CL masse ferri MB. 28, 2. Heinricus de Prisingen solvit duas massas ferri *ib.* 36ª, 240 (*a.* 1280);
messe *stn.* (II. 159ª, 46. 225ª, 18) *messing* GUDR. 1109, 3. mess, mesch, mösch: auricalcum, auricalcus DFG. 61ᶜ, *n. gl.* 43ª (*auch nasal.* mensch). *vgl.* messinc *u.* SCHMID 383.
mësse *stf.* (II. 159ᵇ) *sw.* PASS. 262, 1; mess LOH. 6854. MGB. 110, 1. 3 *u. oft in chron. u. urkk.*, mes AD. 1, 623. misse GEN. *D.* 30, 16. TUND. 60, 11. KARAJ. 55, 21. GLAUB. 16. DIETR. 355. EILH. 6259. PASS. 261, 87. 300, 91, *K.* 244, 91. UHK. 2, 21 (*a.* 1305) —: *messe, allgem.* (ze mettin und ze misse KARAJ. 55, 21. daʒ amt der misse PASS. 261, 87. 300, 91, *K.* 244, 91. stille messe, canon missae WACK. *pr.* 41, 147, *vgl.* stilmësse. sô lanc ein m. von eime snellen priester sî geschehende j. TIT. 5683. swenn der priester sîn êrste mess hebt an LOH. 6854, *vgl.* CHR. 8. 72, 15; 9. 506, 25. NP. 84 *f.* ein m. hete wir vernomen LIEHT. 455, 25. m. singen *ib.* 178, 17. GEN. *D.* 30, 16. TUND. 60, 11. REINFR. *B.* 1447. PASS. 337, 9. CHR. 1. 370, 5; 8. 15, 18. 21, 20, sprechen *ib.* 8. 20, 20. LOH. 1542); *kirchl. festtag:* ze sant Jörgen misse (: gewisse) DIETR. 355. zer heilegen kriuzes messe PART. *B.* 324. ze sant Michels misse UHK. 2, 21. AD. 623. 27. 722 *u. o.; jahrmarkt ib.* 1196 (*a.* 1379). CHR. 1. 370, 5; 3. 98, 7. 384, 18; 4. 94, 6. 105, 21; 5. 50, 22. 24. 99, 16. 151, 1. 6 *etc.* 8. 480, 7. ZIMR. *chr.* 4, 670ᵇ. — *aus mlat.* missa.
mësse-buoch *stn. messbuch*, missale DFG. 363ᶜ. RENN. 23401. N. *v. B.* 194. ÖH. 44, 15. 19. 54, 5. RCSP. 1, 174. MONE *z.* 11, 57 (*a.* 1327). GR.W. 1, 511.
mësse-gëlt *stn. marktgeld* MONE *z.* 9, 183. MICH. *M. hof* 33.
mësse-gewant *stn.* (III. 684ᵇ) *kleidung des messe lesenden priesters, messgewand* BUCH *d. r.* AMIS, RENN. 8925. GA. 2. 584. 27. 585, 313. MGB. 472, 33. BEH. 105, 26. LUDW. 12, 13. MERAN. 20. NP. 322. CDS. 2, 179.
mësse-gewæte *stn.* (III. 778ᵇ) *dasselbe* JER. LUDW. 75, 8.
mësse-kappe *swf.* (I. 787ᵇ) *dasselbe* GSM. 1417.
mëssel, mësselîn *s.* missehël, mëʒlîn.
messen *adj.*, **mëssen** *swv. s.* messîn, mischen.
messenære, mesnære, -er *stm.* (II. 161ª) *messner, küster, sacristan.* messenære (*das beisp. aus* Ms. *zu streichen* = Mîsenære NEIDH. 217). BERTH. 301, 11. SERV. 3146. KONR. *Al.* 505. messenær BUCH *d. r.* 1192. DSP. 1, 119. messener BERTH. 447, 10. DIEF. *n. gl.* 246ª. messner SERV. 3093. TUCH. 180, 20. FASN. 615, 7. 21. mesener AW. 2. 59, 287. mesnære GEIS. 422. mesner SWSP. 207, 13. S.GALL. *stb.* 4, 206. UKN. 318 (*a.* 1346). CHR. 1. 449, 10; 3. 283, 28; 5. 149 *anm.* 4. FASN. 542, 3. — *aus mlat.* mansionarius, *dem die form* mensner *des* VOC. *o.* 29, 52 *am nächsten steht. vgl.* WACK. *umd.* 48;
messenærinne *stf.* eʒ sol ouch kein frouwe messenærinne sîn, daʒ sie niht sol haben ze tuonne bî dem altere, die wîle man gote dienet BERTH. 447, 15.
messener-hûs *stn. haus des* m., *pl.* messnerheuser TUCH. 266, 24.
messener-tuom *stn. amt des* m., *messnerei* GR.W. 1, 375.

messenîe *s.* massenîe.

messen-rëht *stn. kirmesrecht.* missen recht GR.W. 2, 76. 6, 432.

mësse-phenninc *stm. denarius missalis* ASCHBACH *grf. v. Wertheim* 2, 20 *ff.*

mësse-sprëchen *stn.* mit singen, lesen und messsprechen AD. 1232 (*a.* 1396).

mësse-tac *stm.* (III. 6ᵃ) *kirchl. festtag, kirchweihe* KONR. *lied.* 32, 298. ALTSW. 120, 2; *jahrmarkt,* nundine DFG. 385, *n. gl.* 266ᵇ.

mësse-vrumen *stn. das* vrumen, *stiften einer messe* BERTH. 333, 1.

mësse-zît *stf.* (III. 914ᵇ) *zeit, wo messe gelesen wird* NIB. ALEXIUS 112, 568. AB. 1, 62.

messîn *adj.* (II. 159ᵇ) *von messe, messing, vgl. zu* ALBR. 1, 234. ein messîn sporn, auricalcus (*vermischung mit* calcar) DIEF. *n. gl.* 43ᵃ. messein MONE 1, 68. TUCH. 132, 31. messin WOLK. 1. 3, 6. messen TUCH. 133, 9. 134, 29. 136, 13. 137, 10 *etc.* CHR. 2. 325, 24. FLORE 2857 *var.* möschîn BASL. *r.* möschîne schîben, kerzstal S.GALL. *chr.* 77. mössîn HB. *M.* 412;

messinc, -ges *stm.* (*ib.*) *messing* TRIST. m. wirt auz kupfer MGB. 479, 3. den m. begreift man under dem kupfer *ib.* 474, 7 (*an beiden stellen im texte die lesart* mezzinc). kranker PARZ. 3. 16, bleicher m. KRONE 60. 11359. messinc gelûtert j.TIT. 3879. von golde vür den m. sleht *ib.* 4017. kopfer noch îsen noch messinc FLORE 2857. missinc, möschinc (REINFR. *B.* 16804) Ms. messinc, missinc, meschinc auricalcum DFG. 61ᵇ. *n. gl.* 43ᵃ.

messinc-meister *stm.* missincm. MSH. 3, 53ᵃ.

messinc-slaher *stm. metallgoldschläger* CHR. 1. 280, 8, *vgl.* DFG. 61ᶜ.

messincslaher-stein *stm. stein des* messincslahers TUCH. 95, 23.

messinc-smit *stm. messingschmied, gelbgiesser* CHR. 2. 507, 27 (*a.* 1363).

messingen, messing *adj. s. v. a.* messîn CHR. 4. 306, 8. 325, 1;

messingisch *adj.* auricalceum VOC. 1482.

messlî *s.* mëzlîn.

messner *s.* messenære; **mest** *s.* metze *stn.*

mëste *swf. md. ein fruchtmass* WÜRDTWEIN *Mog.* 2, 51 (*a.* 1351). GR.W. 3, 458 (*anf. des 15. jh.*); *salzgefäss* (*s.* salzmëste), den salzman mit der mesten MONE *schausp.* 119, 338. — *zu* mëzzen, *s.* WEIG. 2, 149 *u. vgl.* metze *swm.*

mëstel *s.* mispel.

mësten *swv. s.* misten.

mesten *swv.*(II. 90ᵇ)*prät.* maste,*part.* gemestet, gemest, gemast (GREG.) —: *tr. u. refl. wol füttern, mästen* GREG. wer hât iuch gemestet? GEO. 1839. daz schæflîn halten unde m. LS. 1. 428, 69. ein varch m. WH. *v. Öst.* 62ᵇ. diu swîn m. KOL. 147, 74. gemeste swein, di in der stat gemest werden NP. 201(*vgl.* mesteswîn). wenn die ohsen gemest sint MGB. 159, 22. FROMM. 2, 445ᵇ. man mestet swîn mit klîen unde eicheln RENN. 5885. gemest mit kleib WOLK. 4. 3, 3. si masten manegen grôzen worm mit fleische und mit blûte EN. 178, 32. er sol mit rîlîcher spîse vil schône m. sînen lîp TROJ. 19149.'WARTB. 128, 7. sich m. BERTH. 459, 37. PRL. 55. j.TIT. 4011. MSH. 2, 287ᵇ. der sich mestet als ein swîn APOLL. 12185. sich m. an MSH. 2, 194ᵃ. 250ᵇ. OT. 18ᵇ; — *bildl.* solte man die wârheit mesten unde mêren LS. 3. 595, 33. tôren mestet lop und smeichen RENN. 5887. si kunde jâmer m. j.TIT. 5373. die ir willen hie ûf der erde hânt gemestet MART. 204, 9. wan hitze unkiusche maste *ib.* 198, 15. wie sich ir fröude danne mestet *ib.* 251, 82. — *mit* ver-, *zu* mast.

mêster *stm. s.* meister.

mêsterig (II. 113ᵇ) GRIESH. *chr.* 36 = meisteric (*bei* MERSW.) *meist, meistenteils. vgl.* CHR. 3. 275, 16 *ff.*

meste-, mest-swîn *stn.* (II². 795ᵇ) *mastschwein.* mesteswîn MSH. 3, 46ᵇ. RING 21ᵉ, 26. SSP. 1. 24, 2. mestswîn HELBL. NETZ 607. 1024. 1567. URB. *Pf.* 212. FASN. 484, 5 (mestschwein *als schimpfname* ZIMR. *chr.* 1. 374, 20). mastswîn RENN. 15496. MICH. *M. hof* 37. 41. GR.W. 5, 361. MONE *z.* 7, 298.

mêstic *s.* meistec.

mestunge *stf.* (II. 90ᵇ) *mästung,* pastura SUM. bî welchem becker man mê swîn funde in mastunge MILTENB. *stb.* 25ᵃ. das vihe sol nit gên in die mastung des waldes GR.W. 5, 596.

mët *s.* mëte, mit.

metalle *stn.* metallum DFG. 359ᵇ. gemachet ûz metalle WH. *v. Öst.* 50ᵃ, von metele gegozzen ALBR. 28, 14.

mët-alle *s.* mitalle.

mët-ban *stm.* swer vor sunwenten niht hât gesotten met, haizzet metban, der geit dem rihter 30 phenn. URB. *Pf.* 124.

mët-briuwe *swm.* metsieder. metpreu CHR. 3. 146, 14;

mët-briuwer *stm. dasselbe* ANZ. 3, 303. *vgl.* mëtsieder.

mëte, mët *stm.* (II. 161ª) medde DIEM., mede ELIS. 431, met, medde, mede, meit, math DFG. 553ᵉ, mette *n. gl.* 249ª —: *met, neben dem bier das älteste durch kunst zubereitete getränk der Germanen, allgem.* (mete den vil guoten brâhte man den frouwen GUDR. 1305, 3. m. unde win GLAUB. 2467. LOH. 5885. LIEHT. 290, 28. STRICK. 4, 17. 92. ENENK. *p.* 289. mete môrat unde win TROJ. 16319. m· unde lûtertranc VIRG. 942, 4. 1011, 11. met ûz honec machen LS. 2. 312, 49. den m. sieden BERTH. *Kl.* 47, ungesoten m. *ib.* 48, *vgl.* mëtsieder. süez als ein m. PANT. 264. süezer denne mete TROJ. 16046). — *ahd.* mëto, mëdo, *ags.* meodho, *altn.* mjödhr *zu skr.* madhu *honig, süsser trank, gr.* μέϑυ *wein, lit.* midus *honig* CURT.³ 244. FICK² 146. 834. *vgl.* HPT. 6, 261 *ff.*

metele *s.* metalle.

mêten *swv. s.* mieten.

meter, metere, metern *s.* matere.

meter-saft *stn.* sucus materie DFG. 351ᵇ.

mëte-sam *adj. s.* mitesam.

mëte-wirz *stf.?* (III. 751ᵇ) metwürze FDGR. 1, 383ᵇ; metwirtz od. wein und met, mulsum VOC. 1482.

mëte-wurst *stf.* (III. 827ᵇ) met-, metteworst lucana DFG. 337ᵇ, *n. gl.* 239ᵇ.

mët-gebe *swm. metwirt,* venditor medonis MB. 36ª, 593. *vgl.* mëtschenke.

mët-gerihte *stn. s.* HPT. 15, 515.

mët-glas *stn. metglas* HPT. 14, 173.

metîne, metînzît *s.* mettene, mettenzit.

met-krût *stn.* (I. 891ª) basalisus SUM. DFG. 69ᵇ. *vgl.* medelwurz.

mët-macher *stm. metsieder* BEH. 36, 3.

metra, metram *s.* matere.

metri-wurz *s.* medelwurz.

mët-schenke *swm. s. v. a.* mëtgebe NP. 187.

mët-sieder *stm. metsieder* BEH. 7, 3. *vgl.* mëtbriuwe, -briuwer.

mëtte, mette *s.* mëte, mettene.

mëttel-bühse *s.* mittelbühse.

mettelîn *stn. dem. zu* matte, *wiese* MONE *z.* 21, 340 (*a.* 1405). *vgl.* mætlîn.

metten *stn. s. unter* maten.

metten- *s. auch* mettî-, mettîn-.

metten-buoch *stn.* mettenbuoch UKN. 318 (*a.* 1346). LCR. 40, 1299. mettîbuoch LS. 2. 387, 87. matutinale: metten-, mitten-, mittîbuoch DFG. 352ª, mettîbuoch *n. gl.* 248ᵇ.

mettene, metten; mettîne, mettîn, mettî *stswf.* (II. 162ª) *frühmesse, mette.* mettene

PASS. DIEF. *n. gl.* 248ᵇ. metten (*auch nom.* mette?) SUCH. HÄTZL. metten (: hetten) singen MARLG. 28, 194. MOR. 1, 1775. AMIS 1007. CHR. 9. 723, 15 *var.*, lûten MARLG. 70, 23. ELIS. 4913. metten, mitten DFG. 352ª. mettîne DIEM. NIB. unz an die mettîne (: sîne) BONUS 168. zuo der mettinen gân KCHR. *D.* 375, 13 (*vgl.* mettîgân, mettînganc). metine PRL. 655 (664). metin N. *v. E.* 16, 2. 22, 2 *u. o.* mettîn Ms. (*H.* 2, 278ª: schîn). ze mettîn und ze misse KARAJ. 55, 21. ze mettîn gân CHR. 4. 233, 19. die mettîn singen *ib.* 8. 94, 12. KCHR. *D.* 200, 31. mettî LESEB. 903, 21 (*s.* mettî-gân, -gestirne, -zît). — *aus lat.* matutina (hora).

metten-lich *adj.* (II. 162ª) metten-, mettilich matutinus DFG. 352ª.

metten-stërne *m.* (II². 621ª) *morgenstern* MGB. 62, 9. *vgl.* mettîgestirne *u.* OBERL. 1037.

metten-zît *stf. zeit der mette, hora matutina* MGB. 62, 10. 192, 15 *u. ö.* PASS. 387, 63. HB. *M.* 219. mettî-, metîzît D G. 352ª;

metten-zîtic *adj.* matutinus DFG. 352ª.

metter *s.* metzjære.

mettern *s.* matere.

mëtte-worst *s.* mëtewurst.

mettî *s.* mettene.

mettî-buoch *s.* mettenbuoch.

mettî-gân *stn. s. v. a.* mettînganc NEIF. 45, 15.

mettî-gestirne *stn.* (II². 622ª) *s. v. a.* mettenstërne LESEB. 883, 20.

mettî-lich *s.* mettenlich.

mettîne *s.* mettene.

mettîn-ganc *stm. gang zur mette.* nû einen aplâz, nû einen mettînganc, nû einen kirchganc BERTH. 562, 37.

mettîn-glocke *swf.* (I. 550ᵇ) *glocke die zur mette geläutet wird* MSH. 3, 413ᵇ.

mettîn-zît *s.* mettenzit.

mët-wirtz, -worst *s.* mëtewirz, -wurst.

Metz, metz *s.* Metze, metze *stn. swm.*

metz-banc *s.* metzjebanc.

metz-blanke *swm. eine silbermünze von Metz,* 1²⁄₃ *blaphart im werte* MONE *z.* 2, 429 (*a.* 1460).

Metze *npr. f.* (II. 162ᵇ) *koseform für Mechtild.* Metze MSH. 1, 25ᵇ. 2, 78ª. 88ᵇ. FRAGM. 38, 117. RENN. 12751. Metz KELL. 87, 17. DIUT. 2, 78. Matz MSH. 2, 82ᵇ. 87ª. HABL. REBL. 1, 992 *ff.*; — *als appelat. s. v. a. mädchen niedern standes, oft mit dem nebenbegriffe der leichtfertigkeit* NARR. WOLK. 31. 4, 29. UHL. 656. mätz, mätze RING 23ᵈ, 10. 40ᵈ, 40

hure Fichard 3, 283 *f.* Zimr. *chr.* 2. 557, 36.
— *s.* Germ. 5, 347 *f.*
metze, metz *stn. messer* Karlm. 22, 63. 79, 17.
128, 66. 258, 39 *u. ö.* Fromm. 2, 445ᵇ. ein m ez
(*var.* messer) begunde er zucke Albr. 16, 312.
metz, mest cultellus Dfg. 162ᵃ, *n. gl.* 123ᵃ;
metze *swm. in* steinmetze.
metze, mezze *swm.* (II. 213ᵃ) *kleineres trockenmass, metze* Diem. Ms. (einer zehen mezzen bôt kornes unde weizen 3, 223ᵃ). Helbl. (2, 321). der metze ist ze himel grôz Birk. 75. 78. sô der metz wird gefüllet Ls. 1. 628, 118. ein metz salz *etc.* Chr. 4. 32, 2. 95, 21; 5. 7, 10. 45, 24. 130, 3. 147, 22. 161, 23. metze *u.* metzen (*stm.*) *ib.* 2. 304, 7 *ff.* alle, die mit metzen kaufen oder verkaufen Np. 174. 80. 84. 85. vier metzen = ein schaf Urb. *Str.* 235; *ein flüssigkeitsmass:* ein metzen öls Urb. *Pf.* 180 *ff.* fünf metzen mâgöls Urb. *B.* 1, 5 *ff.*
— *zu* mëzzen, *vgl.* mëste;
metzel *stn. dem. zum vorig.* zwelf metzel habern Geis. 414. *vgl.* Kwb. 190.
metzel *stn. s.* metzelîn.
metzel-banc *stf.* macellum Dfg. 341ᵃ.
mëtzeler *s.* mërzeler.
metzeler, metzler *stm.* (II. 163ᵃ) *metzger, fleischer.* carnifex, lanista, macellarius Dfg. 102ᵇ. 317ᵇ. 341ᵃ, tutenarius Voc. 1482. Weist. (5, 243). Kolm. 128, 37. Weinsb. 51. Böhm. 458. 492. 638 (*a.* 1321. 27. 55). Miltenb. *stb.* 33ᵃ *u. o.* Chr. 3. 147, 19. 151, 20. 152, 2. 153, 13. — *aus mlat.* macellarius Dfg. 341ᵃ, Weig. 2, 155. *vgl.* metzjære.
metzeler-meister *stm. metzgermeister* Gr.w. 3, 775.
metzelîn *stn. dem. zu* Metze. Metzlîn Wolk. 11. 2, 13. Metzlî *ib.* 30. 3, 27; die mäczel, *dorfmädchen* Ring 33ᵇ, 44.
metzeln *swv.* (II. 163ᵃ) *schlachten* Gr.w. 5, 600. — *aus mlat.* macellare.
metzen *stm. s.* metze.
metzen *swv. schneiden, s.* bemetzen.
metzen-knëht *stm.* ain bueler oder metzenknecht Zimr. *chr.* 3. 371, 28. *s.* Metze.
metzge, metzgen, metzger, mëtzger *s.* metzje, metzjen, metzjære, mërzeler.
metzger-meister *stm. metzgermeister* S.Gall. *stb.* 4, 211.
metzige, metzigen, metziger *s.* metzje, metzjen, metzjære;
metzjære, -er, metziger *stm.* (II. 162ᵇ) *metzger, fleischer.* metzjer Cdg. 3, 212. metzjer Zürch. *rb.* metziger Chr. 8. 85, 2. 5. Ammenh.

s. 206. S.Gall. *stb.* 4, 73. 86. 97. 258 (*neben* metziner, mezziner, metzmer). Gr.w. 1, 416. metziger, metzger: carnifex, lanista, macellarius Dfg. 102ᵇ. 317ᵇ. 341ᵃ. macellio, metzker *n. gl.* 242ᵃ. Mich. *M. hof* 22; *henkerknecht.* metzjære Mart. 169, 32. metzjer *ib.* 170, 74. 184, 112. metter Gr.w. 2, 226. — *aus einem mlat.* mazicarius, maxucarius *s.* metzjen *u.* Weig. 2, 154;
metzje, metzige *stf.* (*ib.*) *fleischbank.* mezzje Zürch. *rb.* metzi S.Gall. *stb.* 4, 262. metzige Gr.w. 1, 416. Chr. 8. 95, 31; 9. 752. 11. metzig Chr. 4, 94 *anm.* 1; 108 *anm.* 1. metzge Np. 178. Schreib. 2, 85 (*a.* 1390). metzg Chr. 4. 94, 2. 314, 16. 315, 19; 5. 44, 26 *ff.* 169, 4. metzje, metzig, metzg macellum Dfg. 341ᵃ, *n. gl.* 242ᵃ. — *aus einem mlat.* maxica *od.* mazuca *s.* Weig. 2, 154 *u.* metzjen.
metzje-banc *stf. fleischbank.* metzigbanc Mone *z.* 13, 410. metzig-, metzbanc macellum Dfg. 341ᵃ.
metzjen, metzigen *swv.* (II. 162ᵇ) *schlachten.* metzgen, macellare Dfg. 341ᵃ. Chr. 4. 323, 19. 350, 29; 5. 168, 5. 9. 169, 4. mezzgen Zürch. *rb.* — *mit* ver-. *wahrscheinl. aus it.* mazzare, ammazzare (*mlat.* admazare) *vom lat.* matea *keule, schlegel* Diez 1, 270 *f.* Weig. 2, 154.
metzker, metzler, metzmer *s.* metzeler, metzjære.
meute, meutze *s.* mutsche.
meuwen, mêwen *s.* mæjen.
mëz, -zzes *stn.* (II. 212ᵃ) *auch* mes, -sses *und* messe: *das mass, womit etw. anderes gemessen wird, bes. flüssigkeitsmass od. getreidemass* Walth. Parz. Konr. (von bluote manic vollez mez Troj. 36292). âne mâze und âne mez (: sez) Mart. 257, 53. Heinz. 130. 71, 4. wie hât sô gar der sælden funt an dich geleit sîn vollez mez Reinfr. *B.* 1593. nâ zirkels mez *ib.* 17335. sunder in einem messe in einer zal W. *v. Rh.* 11, 5. drizec mez wines Hpt. 6, 279. ein ûfgehûftez mez Griesh. 1, 56. mit swaz messes ir messent *ib.* elliu mez und gewæge Swsp. 4, 2. ein mez kornes Msh. 3, 220ᵃ. zehen mutte des herzogen mezzes Urb. *B.* 1, 92 *u. o.* zwai malter habern Balinger mess Mz. 1, 362, Ehinger mess *ib.* 392, Haigerlocher mess *ib.* 426, Züricher mes Urb. 104, 34. den weitzen verwechslen umb ungehülseten weitzen zuo gelichem mesz Beisp. 92, 3. mesz oder sümer kalcks Tuch. 94, 25. 26. mesz, modius Dfg. 364ᵉ, messe,

metreta *ib.* 360ᵃ, messe daz dâ helt vünf sechsterîn Voc. 1482. *bildl.* der witze mes (: Aristoteles) Mart. 133, 14. hôhir koste mes (*gedr.* mere: âlôes) *ib.* 39,107; *richtung, wendung, ziel* Trist. 5569. er kêrte sîner verte mez von dannen gegen Trôye Troj. 13140. — *zu* mëzzen;

mëz, -zzes *stm.* (II. 212ᵇ) *gefäss zum trinken, pokal* Sum. Helbl.

mez *stn. s.* metze.

mêzen *s.* mæzen.

meze-schaft *stf. s. unter* matschaft.

mëz-gerte *swf. messrute* Dür. *chr.* 748. Mühlh. *rgs.* 123. *vgl.* mëzruote.

mêzig, mêzigen *s.* mæzec, mæzigen.

mêz-lich *s.* mæzlich.

mëz-lich *adj.* mensurabilis Fromm. 2, 445ᵇ.

mëzlîn *stn. dem. zu* mëz. meslîn Chr. 5. 184, 4. 6. messlî Netz 9733. 53. messelîn, modulus Voc. *Schr.* 1680. *vgl.* mæzlîn.

mëz-meister *stm. s. v. a.* angiezer Np. 203. *auch* 10 *ist wol* mezmaister *statt* mezmaizer *zu lesen.*

mëz-ruote *f.* (II. 818ᵃ) pertica Dfg. 430ᵇ, *n.gl.* 289ᵇ. *vgl.* mëzgerte.

mëz-seil *stn.* funiculus Hpt. 8, 131.

mez-ses *s.* mezzer.

mëz-stat *stf.* (II². 602ᵃ) *platz, wo das verkäufliche getreide gemessen werden musste* Münch. *stb. bei* Schm. 3, 667.

mëzzære, -er *stm.* (II. 202ᵇ) *der messer, mensurator.* Gêôrjus der mëzzære Geo. 106. kein tugent er ungemëzzen liez, dar umbe man in der mëzzer hiez *ib.* 113. geschworne in. Kaltb. 108, 10 *f.*;

mëzzærîn *stf.* geometria daz ist ein mëzzærîn Msh. 2, 309ᵃ.

mezze *swm. s.* metze.

mëzzen *stv. I, 1* (II. 199ᵇ—202ᵇ) *messen, ab-, ausmessen, zielen allgem.* (den becher m. Jüngl. 574. vallende den acker m., *vom pferde gestochen werden* Parz. j.Tit. 1576. ir tritte und ir ganc wâren gemëzzen kurz noch ze lanc Fragm. 18, 271. mit vol gemëzzener hant Pass. 348,63. slege m. Apoll. 9532. 33. Loh. 5787. worte m. Msh. 3, 343ᵇ. daz wît gemëzzen leit Wwh. 253, 1. mit eime seile m. Amis 143. *mit dat. anmessen,* daz si in diu kleider mæzen Gfr. 2645); *mit den schritten messen, gehen:* die erde m. Hpt. 8, 127. Gen. *D.* 16, 25; *messen bei zauberischem heilverfahren* Ls. Kol., *vgl.* Myth. 1116 *f.*; *zumessen, zuteilen, geben mit dat.* (der segen wart im gemëzzen Gen. *D.* 49, 23. einem vil lobes m. Marlg. 43, 3. einem den tôt m. Pass. 207,37. einem scheltwort Serv. 777, slege m. Loh. 2197, *auch blôs* einem m. Reinh. 806. ob ich dirz alsô m. sol, *mitteilen, erzälen* Heinz. 110, 322. Rab. 733); *abmessend gestalten, bilden, dichten* (sie was minneneclîche über al gemëzzen Ga. 3. 113, 65. gemëzzen rede, die wir vers haizen Mgb. 430, 29); *bestimmen, verkündigen:* lêre m. Pass. 186, 3. ein gemëzzener tag, *termin* Ukn. 266 (*a.* 1336). wâ ein man eins biderben mannes wîp ein huoren mizzet (*var.* haist) Augsb. *r. W.* 197; *vergleichen mit, gleichstellen mit dat.* ich wil si gelîch der sunnen m. Msh. 1, 307ᵇ, *mit präp.* gegen Ms. Parz., zuo Wolfr. Pass. Bit. 10441. Mgb. 33, 2; *vergleichend betrachten, erwägen, überdenken, prüfen* (Gâwein maz besunder, wâ mite er mohte wol gesigen Parz. 335, 10. diu vrowe ez her und dar maz Pass. 275, 30. sô miz ez an dînem leide Helbl. 1, 179. dise klage wil ich vür alle klage m. Rab. 1033. doch wil ich einez m., des ich niht mac vergëzzen Dietr. 189, 2016. der künic hiez m. die hôhen und die besten, die alliu lant wol westen *ib.* 814. daz sie sich liez m. undewendic des gürtels Krone 23799. ob man si zuo dem gürtel maz *ib.* 23803); *messend, prüfend richten:* die ougenweide m. her abe ûf die heide Krone 28412. — *mit* nider, ûz, zuo, *gt.* mitan *zu gr.* μέδω, μέδομαι, *lat.* modus, modius *von der w.* mâ *messen* Curt.³ 228. Gsp. 244. Fick² 385;

mëzzen *stn.* (II. 202ᵇ) *das messen* Swsp. 4, 2. ir mëzzen (*das messen, zielen mit den augen*) wart dô wol bewant Er.² 9091;

mëzzen *swv.* (II.213ᵃ) *ahd.* mëzzôn, *mässigen. vgl.* Schm. 2, 631;

mëzzen? *stf.* (*ib.*) *schöpferin, gestalterin?* Frl. *fl.* 17, 20;

mëzzer *stm. s.* mëzzære.

mezzer *stn.* (II. 163ᵃ) *das messer* Iw. Trist. Berth. Teichn. sîne hât mezzer dehein Exod. *D.* 131, 4. scharf als ein m. Albr.19, 182. ein m. scharph und breit *ib.* 34, 15. ein m. wol gewetzet Otte 279. m. lanc Lieht. 329, 23. langiu m. Swsp. 210, 3. schalclichiu m. *ib.* 354, 22. ungerschez m. *ib.* 80, 2. ain turkisch geslagen m. Germ. 16, 76 (*15. jh.*) narren m. Ring 54ᵃ, 36. ein starkez m. Ga. 2. 561, 295. mîn m. snîdet ze beiden sîten

Msh. 3, 36ᵇ. ein m. mit zwein schaln Helbl.
1, 233. m. tragen Bon. *epil.* 29. Hpt. 9, 63.
er greif an sîn m. Ga. 1. 55, 534. swer den
vinger ûf daz m. leget so er snîdet, als ein
kursner pfliget Tanh. *hofz.* 101. diu wort
dur sînes ôren duz reht als ein mezzer hiu-
wen Reinfr. *B.* 1317. einen mit dem m. ste-
chen Troj. 4258. mit dem m. er im gên den
zenden stach Loh. 2215. m. zucken Lieht.
540, 30. 547, 4. Troj. 4248. Ga. 2. 257, 63.
339, 90 (*s.* mezzerzucken *stn.*). m. werfen
Trist. 4712 *u. Bechsteins anm.* ich lêrt dich
m. werfen Wolfd. *B.* 6 (*s.* mezzerwerfen *stn.*).
bildl. daz m. bî dem hefte hân, *die ober-
hand haben, herrschen* Msh. 1, 151ᵃ. 3, 198ᵃ.
haben daz m. heftes halp Ga. 3. 736, 357.
daz lenger m. an henken, tragen, *der herr
in der ehe sein* Msh. 2, 195ᵇ. 3, 216ᵃ. Weinh.
d. fr. 277. einem daz m. bieten, *vorlügen*
Ls. 3. 515, 78. — *ahd.* mezzarahs, mezzirahs,
mezzarehs, mezziras, mezzires, mezzers *ent-
standen aus* mezzi-sahs (*im* Roth. 2510 *noch*
mezses): *das messer* (sahs) *zum zerschnei-
den der speise* (maz);

mezzerære, -er *stm.* (II. 164ᵃ) *messerschmied*
Ot. 567ᵃ. Chr. 1. 265, 30; 2. 507, 33. Np.
158.

mezzer-blëch *stn. messerklinge, messer* j. Tit.
1230.

mezzer-hefte *stn. messerheft* Msh. 3, 304ᵇ.
Mgb. 321, 15.

mezzer-klinge *swf. messerklinge* Mone z. 2,
23.

mezzerlach *stn. s. v. a.* mezzerlîn H. v. N.
358.

mezzer-lade *f. messerbehälter* Mart. 85, 15.

mezzerlîn *stn.* (II. 164ᵃ) *dem. zu* mezzer
Engelh. Orl. 2721. H. *v. N.* 387. Chr. 5.
283, 18.

mëzzer-lôn *stm. lohn des fruchtmessers* Gr.w.
2, 78.

mezzern *swv. in* vermezzern.

mezzer-ruofen *stn. das rufen nach messern.*
ân wunden und wâtschar und messerruefen
Gr.w. 5, 314.

mezzer-smit *stm.* cultellifex Dfg. 162ᵃ, cultel-
larius n. gl. 123ᵇ. S. Gall. *stb.* 11, 44.

mezzer-stich *stn.* (II². 625ᵃ) *messerstich* Neidh.
Ab. 1, 152.

mezzer-wërfen *stn.* der sol mînem vater mit
mezzerwerfen gesigen an Wolfd. *B.* 552. 66.

mezzer-ziehen *stn. das zücken des messers*
Mone z. 7, 11 (*a.* 1430);

mezzer-zucken *stn. dasselbe* Chr. 1. 265, 22.
Gr.w. 2, 216 *f.* 3, 397.

mezzgen, mezziner *s.* metzjen, metzjære.

mezzinc *s.* messinc.

mezzje, mezzjer *s.* metzje, metzjære.

mezzol *stm.* (II. 164ᵃ) *von Norden kumt der*
Mezzol, *nordwind* Msh. 2, 95ᵇ.

mëzzunge *stf.* (II. 202ᵇ) dimensio, mensuratio
Dfg. 182ᵇ. 356ᶜ.

mi *s.* mir; **miche** *s.* mittewoche.

michel *adj.* (II. 164ᵃ) *gross, eigentl. u. bildl.
allgem.* (*z. b.* ir menige diu ist michel Gen. *D.*
70, 2. obezes ein m. vazze *ib.* 87, 16. michele
vische *ib.* 3, 15. micheliu chint si gewunnen
ib. 27, 2. ein michel rise Troj. 9679. este
michel unde breit *ib.* 24163. ein m. her *ib.*
18671. Greg. 1853. ein m. sê Lanz. 7048.
ein lant m. unde breit Msh. 1, 161ᵃ. ein m.
stoup Turn. *B.* 1013. sîn locke rûch unde
michel Albr. 32, 177. ein m. teil Ssl. 451.
Hest. 698, guot Strick. 11, 98. Karl 10946.
Chr. 1. 147, 36. ein michel volc *ib.* 8. 38, 8,
schatz 50, 9, roup 294, 6. michel leit Büchl.
2, 635, sælde Silv. 3248, sêr Kl. 1911, un-
gelimph Troj. 1785, ungemach Lieht. 639,
8, zorn Flore 4709. mit michelen arbeiten
Chr. 8. 145, 11; *gegens. zu* junc Jüngl. 669,
zu kint Buch *d. r.* 756; *viel mit gen.* michel
erd oder wazzers Mgb. 379, 7). — *gt.* mikils
zu gr. μέγας, *lat.* magnus Curt.³ 306. Gsp.
244. Fick² 144. 833. *vgl.* mêr, meist;

michel *adv.* (II. 165ᵃ) *unfl. n. des vorigen:
sehr, beim compar. viel* Lampr. Nib. Iw.
Wig. Strick. michel grôz Chr. 9. 855, 17;
michel baz Greg. 2189. Msh. 3, 58ᵃ. Karl
9483. 10875. michel schœner Gudr. 578, 2.
vgl. michels;

michel *stf.* (*ib.*) *die grösse* Myst. an der mi-
chel j. Tit. 321;

michelen *swv.* michel *machen* Germ. 14, 448.

michel-geræte *stn. s. v. a.* michel geræte.
nâch dem michelgeræte und nâch dem wîne
Prl. 61.

michel-lich *adj.* (II. 165ᵃ) *s. v. a.* michel
Pass. Jer. Eilh. 1023. 1230. 3152. Karlm.
47, 37. 198, 52. 67. 200, 36. iz ist ein michel-
lîch genâde Fdgr. 1. 123, 4. michellîches
lant Gr.w. 1, 774;

michel-lîcheit *stf.* magnificentia Hpt. 8,
130;

michel-lîchen *adv.* magnifice *ib.* 120;

michel-lîchen *swv.* (II. 165ᵃ) magnificare *ib.*
125, 139. Windb. *ps.* 103, 1. 24.

michels *adv. gen.* (II. 164ᵇ, 37) *vor compar.*: *um vieles* Kchr. (*D*. 59, 1). Hartm. (Er.² 7593. 9531. Büchl. 2, 475). Walth. Trist. Wig. Barl. Ms. (Msf. 97, 38. 119, 8). Mar. 152, 41. 190, 23. Flore 7350. Silv. 1669. Otte 479. Himlf. 210. Mone 8, 510.

michte, micke *s.* mittewoche.

micke *swf. ein kleines brot* Laurent 78, 11. *vgl.* mutsche.

mîd *stm. vermeidung, unterlassung, verachtung, verschmähung.* Mr. 1217. 1869. 81. 3194. *s.* Germ. 7, 489. — *zu* mîden;

mîdære *stm. der (die sünde) meidet* Renn. 22804.

midd-, mide- *s.* mitt-, mite-.

mîdec *adj. meidend.* die (minne) suln die wisen gerne wesen mîdec j.Tit. 3969.

mideche *s.* mittewoche.

mîden *stv. II.* (II. 165ᵃ) mîde, meit, *conj.* mite, *pl.* miten, *part.* gemiten: *absol. entbehren, mangel leiden.* du muost mîden unde liden Altsw. 2, 17; *tr. einem fern bleiben, etw. vermeiden, verlassen, unterlassen, entbehren* Ulr. Nib. Hartm. (die burc meit er Er.² 225. daz er benamen volrite und daz durch niemen mite *ib.* 8051. Büchl. 2, 292. sô meit si mich Msf. 205, 25. 212, 18. die ich dâ mîde manegen tac *ib.* 14). Trist. Walth. Konr. (unlange si daz mîdet, *unterlässt* Troj. 42291). durch welch drouwe solt dû ditze obiz m. Gen. *D*. 13, 15. 26, 1. disen riter meit daz gabylôtParz. 139, 29. ob mich ir beider sper dâ miten? Lieht. 261, 18, *mit gen. d. obj. (nicht nachweislich, denn im belege des* Wb. unde ich des niht mîden wolde Msh. 1, 121ᵇ *ist des abhängig von* nihts), *mit abhäng. s.* Iw. 1100. Such. 24, 144; *verschonen mit (gen.)* Parz. 697, 24; *refl. sich enthalten, schämen*: sich geduldiclîchen m. Rsp. 2524. niman sich enmîde Marld. *han*. 29, 28, *mit gen. d. s.* Nib. Marlg. — *mit* ge-, ver-. *vgl.* Fick² 154 *u.* meidem.

mie, mier *s.* mir.

mielisch *s. unter* smielisch.

mies *stnm.* (II. 167ᵃ) daz miesch Roseng. *H*. 428: *moos* Hartm. En. Wig. er sach ir lip den schœnen in jungen mies gewunden Gudr. 113, 3. diu brünne zunt sich als ein m. Dietr. 1626. er ruorte nâch dem eber durch daz m. Part. *B.* 353. des mieses er dâ in (*in die wunde*) stiez Da. 480. mit miese bedecket Aw. 3. 183, 11. âne mies Mone 8. 489, 890. vier fuder mies, der lanc sei Tuch. 77,

18. *bildl.* den junger herren das mies ab den ôren plâsen Zimr. *chr.* 3. 514, 3. — *mit* mos *zu lat.* muscus Fick² 386.

mies-bart *stm.* (I. 90ᵇ) *der einen grauen, moosähnlichen bart hat* Roseng. 1508.

miesen *swv.* (II. 167ᵃ) *intr. vermoosen* Warn. 1772. — *mit* ver-;

miesic *adj.* (*ib.*) *moosig.* ein lant mosig und miesic (*gedr.* mesik) Msh. 2, 380ᵃ.

mies-var *adj. moosfarbig.* wir quâmen zeinem alter, der was miesvar von alter Albr. CCXXXIX.

mietære *stm.* (II. 169ᵃ) *mietling* Ulr. 917;

miete, miet *stf.* (II. 167ᵃ) *sw.* Rubin 3, 14; müete Chr. 8. 267, 16; 9. 505, 27. 886, 19 —: *lohn, belohnung, vergeltung, begabung* Nib. Kl. Hartm. (er geheizet daz ze miete a.Heinr. 644. daz ich deheine miete [*lösegeld*] für mînen lip biete Er.² 976) Walth. Trist. er verkôs der armen miete Kchr. *D*. 166, 11. dô Rachel die miete enphie Gen. *D*. 58, 10. dar umbe gap er in miete guote Gudr. 224, 4. er bôt ir freuden miete Parz. 644, 26. güetlîchen er si kuste ze miete und z'einem lône Troj. 15835. iu wart geheizen grôz m. *ib.* 21839. durch guoter miete liebe wirt stæter man ze diebe Craon 587. dem gæb ich guot m. Flore 3920. sie iesch golt zû miete Albr. 6, 97. daz er der juden diete in wol vrüntlîcher miete dâchte gerne behagen Pass. 218, 14. ditz hundelîn sol sîn miete von mir sîn Lieht. 114, 24. swie vînt mir der untriwe was, diu miet half doch daz ich genas *ib.* 544, 20. wenn die (hirten) ir miet und gâb enpfangen Mgb. 197, 16. und hân ich daz von ir ze mieten (: bieten) Rubin 3, 14; *beschenkung*, diu kindische m. a.Heinr. 346; *bestechung* Antichr. Freid. Ms. Barl. Teichn. Genelûn hât sî durch miete hin gegeben Rul. 301, 8. Jûdas nam des tôdes m. Mariengr. 686. daz er ir meizoginne verkarte mit miete Albr. 16, 85. durch guotes m. Swsp. 110, 24. weder durch miet noch durch gâb Netz 7326. 400. 8683. 967. Öh. 59, 19. 112, 18. das der burgermaister von des gescheftes wegen kainerlai miet noch gab nicht genomen hat Cp. 33. *vgl.* Karlm. *B. s.* 209, Chr. *a. a. o. u. die beispiele unter* mietwân. — *gt.* mizdô *swf., ahd.* miatâ, mieta *stswf. zu zend.* mîzdha, *gr.* μισθός, *altsl.* mizda *lohn s.* Curt.³ 244. Fick² 155. 386. 835 *u. besonders* Z. 1, 10. Scher. *gesch.* 430 *anm.*

miete-gërn *adj.* (I. 534ᵇ) *nach lohn begierig* Herb. 15870;

miete-gërnde *part. adj. lohn begehrend* Fronl. 18.

mietelinc, mietlinc, -ges *stm. mietling* Evang. 281ᵃ. Myst. 2. 189, 17. Gr.w. 1, 572. mercenarius Voc. *Schr.* 1644.

miete-lôn *stm. trinkgeld* Mone z. 16, 186.

mietel-singære *s. unter* mutelsingære.

mieten *swv.* (II. 168ᵇ) mêten Ssp. 1. 22, 2. müeten Chr. 9. 836, 24 —: miete geben, *lohnen, belohnen, begaben. absol.* alsus kan er (sumer) wunneclîche mieten Rubin 6, 21, *tr.* op mich ir minne mietet Parz. 818, 4. wiltu mich niht m. Msh. 2, 353ᵃ. m. mit Iw. Mai, Trist. U. Troj. 21252. m. an Pass. (wir suln sî dar an m., daz si uns bî gestân *H.* 321, 67). dâ vür sol dich Ruodolf vil wol m. Msh. 2, 286ᵇ. *mit acc. u. dat.* die sullen uns die aventiure m. j.Tit. 5233; *beschenken,* ich wil dich (*die braut*) hôhe m. Gudr. 1296, 3. wir wellen iuch mit rîchem lande m. *ib.* 956, 4; *in lohn nehmen, dingen:* gesinde m. Freiberg. 280. von dem tievel gemiet was der ungenæme Mart. 109, 4. der in in den wîngarten miete Rul. 191, 19; *für einen zins in besitz nehmen, mieten.* ein hûs m. Freiberg. 160. 270; *erkaufen, bestechen* Urst. Ms. (*H.* 1, 10ᵇ). Pass. Such. Antichr. 164, 41. 195, 32. Chr. 8. 98, 5; 9. 564, 1 *var.* — *mit* abe (*nachtr.*), ûf, er-, ge-, ver-;

mieten *stn. bestechung.* mit grôszem schenken und mieten Mh. 3, 92;

mietener *stm.* mercenarius Dief. *n. gl.* 251ᵃ.

miete-stat *stf.* (II². 602ᵃ) *platz, wo die taglöhner gedungen werden* Münch. *r.* swelher (werchman) ain werch hât, der sol des selben tages an die mietestat niht stên Np. 286 (*13.—14. jh.*). mietstat Kaltb. 53, 35. 78, 36.

miete-var *adj. wie* miete *aussehend, bestechlich.* ir (*der welt*) mietevarwez lop dich tügelîche schœnet Msh. 2, 221ᵇ.

miete-wân *s.* mietwân.

miet-gerihte *stn.* es sei zu den jahrgerichten oder anderen gerichten oder zu den mietgerichten Gr.w. 4, 411. *vgl.* muotgerihte.

miet-hirte *swm.* (I. 670ᵇ) *hirte für lohn* Griesh. 1, 6.

miet-knëht *stm.* conductitius Dfg. 140ᵃ.

miet-kuo *stf. für lohn gefütterte, überwinterte kuh* Gr.w. 6, 135.

mietlinc *s.* mietelinc.

miet-liute (I. 1039ᵃ) Karaj. *pl. zu*

miet-man *stm.* (II. 45ᵃ) *der für lohn arbeitet taglöhner,* conductitius Sum. der vromede und der mietman die gên beide hin dan Exod. D. 157, 9.

miet-nëmer *stm. der lohn oder geschenke nimmt* Mgb. 197, 16.

miet-schihter *stm.* (II². 118ᵃ) *der in einem bergwerke um lohn arbeitet* Schm. 3, 317 (*a.* 1346).

miet-stat *s.* mietestat.

mietunge *stf.* (II. 169ᵃ) *mietung, verpachtung* Zitt. *jb.*

miet-wân *stm. erwartung einer* miete, *versprechung einer solchen mit der absicht zu bestechen.* weder durch miet noch durch mietwân Glar. 105. umb keinerlei miete, mietwân, schenk Mone z. 3, 181. 6, 56. 7, 19. 292 (1430—64). weder miete noch mietewân nemen *ib.* 4, 170 *f.* (*a.* 1362). miete-, müetewôn Chr. 9. 937, 16. 939, 30. 947, 42.

[**miezunt** II. 169ᵇ) = man iezunt Msh. 2. 138, IV.

mihtic *s.* mehtic.

mîl *stf. s.* mîle; **milbe** *s.* milwe.

milch, milich *stf.* (II. 169ᵇ) *milch.* die milch si ouch nuzzen Gen. D. 23, 21. m. und brôt *ib.* 23, 30. blankiu m. Msh. 2, 330ᵃ. die hert sûze milch gît Albr. 32, 293. die m. zû dem eige - - sol û erloubet sîn *ib.* 35, 36. milch sougen *ib.* 21, 280. Pass. 150, 54. milich auz dem rehten prüstel Mgb. 41, 6. der frawen m. *ib.* 41, 8. 11. gaizeiniu m. *ib.* 478, 1. milch von unser lieben frowen *als reliquie* Öh. 30, 1. milch, milche Dfg. 314ᵇ, milich *n. gl.* 225ᵇ. *bildl. vergleichend:* wiz als ein m. diu kel ir schein Türl. Wh. 139ᵃ. sîner zande glîz ist wîzer den diu milich wiz Gen. 78, 1. 79, 15. diu wangen rôt unde wîz alsô m. unde bluot Flore 6837. ire varewe lieht unde gût rehte als milich und blût En. 146, 24. reht als ein m. und als ein bluot wol under ein geflozzen Troj. 3024. schœne und minneclichgevar, gemischet als m. und bluot Engelh. 2967. 3684. Apoll. 13342. 15182. *s.* Germ. 9, 398. wer hât sie begozzen mit der m. und mit der bluote? Msf. 313; wolfes milch tithymallus Dfg. 586ᵃ, *n. gl.* 366ᵃ, *vgl.* wolfmilch, milchkrût. — *zu* mëlchen.

milch-born *stm. md.* milcheborn, *milchschüssel* Vilm. 26 (*15. jh.*).

milchëht *adj.* lacteus Dfg. 315ᵇ.

milch-eimber *stm.* milcheimer Gr.w. 1, 4.

milchener, milcher *stm.* lactes DFG. 315ᵇ.
milcher, piscis mas MGB. 243, 16;
milcherin *stf. die milch in die stadt bringt, milchweib* CHR. 1. 178, 20.
milch-haven *stm. milchtopf. pl.* milchheffen ANZ. 1, 36.
milch-kalp *stn. saugendes kalb* MONE *z.* 7, 295.
milch-kezzel *stm. milchkessel* MICH. *M. hof* 14.
milch-krût *stn.* (I. 891ᵃ) tithymallus DFG. 586ᵃ. *vgl.* wolfmilch.
milch-kübel *stm.* (I. 892ᵇ, 6) *milchkübel*, mulcrum GL. RING 48ᵇ, 6. *vgl.* mëlkkübel.
milch-kuo *stf. milchgebende kuh* CHR. 2. 309, 29. *vgl.* mëlkkuo.
milchlinc *stm.* bulcus DFG. 84ᵇ.
milch-market *stm. platz wo milch verkauft wird* NP. 276. TUCH. 133, 30 *ff.*
milch-roum *stm.* (II. 789ᵃ) *milchrahm* ERLŒS. 2562. HELBL. 1, 1055 (*hs.* milchraumb). DANKROTSH. *s.* 108. milchraum CP. 219, -rom DFG. 156ᵇ, -râm ANZ. 7, 244 (*15. jh.*). milchrâm, sapo VOC. 1482.
milch-sac *stm.* (II². 3ᵇ) milchsack vel milchsteg, pera pastoralis DFG. 424ᵇ.
milch-schœne *adj. schön wie milch, weiss.* sîn milchschœniu varwe W. *v. Rh.* 108, 28.
milch-sëhter *stm.* mulcrum DIEF. *n. gl.* 258ᵇ.
milch-smalz *stn.* (II². 430ᵃ) *butter, rindsschmalz*, butirum DFG. 85ᶜ (*auch* butterschmalz) PF. *arzb.* 2, 5ᵈ. 5ᵉ. 15ᵈ. NP. 212 (*13.—14. jh.*). ROTENB. *r.* 41. MONE *z.* 1, 173 (*a.* 1379).
milch-spîse *stf.* (II². 511ᵇ) lacticinium DFG. 315ᵇ, *n. gl.* 226ᵃ (melkspîse). mulcrum VOC. 1482.
milch-stëg *s. unter* milchsac.
milch-suppe *swf. milchsuppe* GERM. 9, 200.
milch-topf *stm.* (III. 48ᵇ) *milchtopf* MOR.
milch-tou *s.* miltou.
milch-tropfe *swm. milchtropfen* FASN. 274, 13.
milch-var *adj. milchfarbig, weiss* PF. *arzb.* 2, 2ᵇ. MGB. 322, 20. daz wîze inn ougen milchvar was BPH. 846. 5024. W. *v. Rh.* 25, 51 (milvar). 111, 17. sîn antlutze milchvar ALBR. 10, 163. m. daz bilde erschein *ib.* 22, 31.
milch-vlasche *swf. milchflasche, obsc. für weibliche brust* FASN. 702, 18. 729, 10.
milch-vriedel *stm.* (III. 407ᵇ) *unbärtiger geliebter* HÄTZL., *vgl.* FASN. 399, 18. 445, 31.

milch-wäppel *s.* milchwempel.
milch-warm *adj.* tepidus DFG. 578ᶜ. melchwarm sîn, tepere *ib.* milichwarm, tepefactus *n. gl.* 362ᶜ.
milch-wempel *stn.* (III. 478ᵇ) *euter*, mamilla GL. MGB. 143, 7. milchwäppel *ib.* 25, 18.
milch-wîz *adj.* (III. 781ᵃ) *weiss wie milch* PASS. ALBR. (HPT. 8, 414; *bei Bartsch* 1, 17 wîz). W. *v. Rh.* 108, 28 *var.*
milch-zouberinne *stf.* bossatris DFG. 69ᶜ.
mild- *s.* milt-.
milde *s.* mëlde 1.
mîle, mîl *stf.* (II. 170ᵃ) *im pl. auch sw.* mîlen MSH. 1, 217ᵃ. EILH. 5772. MOR. 1, 3599 —: *meile* NIB. IW. WALTH. TRIST. *H.* vil manege mîle EXOD. *D.* 148, 37. GR. RUD. 27, 16. über manic mîle REINFR. *B.* 21726. ein halbe m. *ib.* 23032. ein vierteil einer mîle MYST. 1. 177, 4. niunzec mîle KARAJ. 111, 1. hundert m. CRANE 896. EILH. 5772. tûsent m. MSH. 3, 332ᵃ. MOR. 1, 3599. mirst niht bekant, daz weder wazzer oder lant inre drîzec mîln erbûwen sî PARZ. 225, 21. sehs unde drîzic mîle LIEHT. 329, 11. zwô mîl *ib.* 329, 26. 330, 1. in einer halben mîle dâ weiz ich veistiu rinder REINH. 340, 1334. das (leger) was wol einer halben mîle breit LESEB. 1054, 13. diutschiu (BRÜNN. *str.*) od. grôziu mîle (TRIST. MYST. EILH. 5822), *die deutsche meile, gegens.* welschiu m. TRIST. LANZ. MYST. KRONE 11465. APOLL. 20643. LESEB. 827, 6; — *s. v. a.* banmîle: hie in der stat oder in einer meil wegs gerings umb die stat NP. 317. es sol niemand einichem getraid für die thor und in der meil nit entgegen geen *ib.* 215, *vgl.* 307. TUCH. 70. 21. 72, 35. CHR. 2. 326, 22; — mîle *als zeitmass* ERACL. LS. den boten stât wol ir île, sie machten raste ze mîle ULR. *Wh.* 137ᶜ. do er eine wil von dan gereit wol nâch gein der mîle zil PARZ. 132, 27. eine m. rîten BÜCHL. 2, 559. GUDR. 384, 4 *u. Martins anm.* ENGELH. 3202, rennen NEIF. 39, 19, loufen RENN. 6242, gân HELBL. 7, 496. MÖRIN 3054. die schlacht wert ûf zwô ganze mîl LESEB. 1053, 29. sie lâgen eine wîle wol eine halbe mîle COD. *Pal.* 341, 165ᵈ. — *aus dem lat. pl.* millia (passuum).
mîle? man sach ûf dem palas manegerhant kurzwîle; topel unde mîle sach man in rîcher koste dâ KRONE 642.
milewe *s.* milwe.
milgen *swv. das getreide einweichen, abbrühen, als viehfutter* (âz) *zubereiten.* 1 malter

korn zu âsse dâ von zu milgende den melken kûwen Vilm. 269 (*a.* 1462). — *vgl. nd.* mölie, offa Dfg. 393°;

milgesal *stn. so viel getreide auf einmal gemilgt wird* Vilm. 270 (*15. jh.*).

milich *s.* milch.

milich-lîche *adv. gelinde u. süsse wie milch* Hpt. *h. lied* 64, 33.

millinc *stm.* (II. 171ᵃ) *milling*, melanurus, swartzer merevisch Dfg. 354ᵃ.

milôn *s.* melône.

milte, milde *adj.* (II. 171ᵃ) *freundlich, liebreich, gütig, geduldig, barmherzig* Ludw. milter muot Silv. 1060. ô milter got Renn. 3929. *vgl.* Chr. 8. 33, 6. 330, 24. 346, 8. 350, 13; *sanft, milde.* sô milte ist dîner minne wîn Lobges. 63, 11; *wolgesittet,* di milde menje Elis. 600. under den man lûde vant milde, an dugenden sâ gewant *ib.* 3956; *woltätig, freigebig, gegens. zu* arc (Mgb. 350, 33) *und* karc *allgem.* (miltiu hand Tund. 60, 21. Pass. 232, 50. er was milte âne riuwe Er.² 2735. der milte Alexander *ib.* 2821. der heit milte Parz. 18, 5. er was bevollen milte Gudr. 20, 4. sîn lîp was milte und küene *ib.* 623, 2. der milte küene degen Gr. Rud. 17, 18. der küene und ouch der milte Bit. 6212. Rab. 330. dô wart er noch milter gegen armen liuten Chr. 8. 389, 22; *mit gen.* si was des goldes milde Roth. 3045. er was milde des er mohte hân Greg. 1078. des libes milte wesen, *das leben nicht schonen* Ernst 4858. der slege si wurden milte und zegelîcher flühte karc Troj. 31140, *vgl.* Eracl. 4830. Krone 21462; *mit präp.* wis mit rede niht ze milt Ga. 1. 175, 244); *reichlich, ausgiebig:* mit snellen stichen milden Krone 11875. du scholt nâch miltem weinlesen wênig trinken Mgb. 350, 28. — *gt.* milds (*in* unmilds, *lieblos*), *altn.* mildr, *ags.* milde, *über dessen etymol. man vgl.* Curt.³ 307. Gsp. 244. Fick² 150. 835. *zeitschrift für völkerpsych.* 5, 332 *ff.;*

milte, milde *stf.* (II. 171ᵇ) *freundlichkeit, güte, gnade, barmherzigkeit* Konr. (Silv. 1029. 38. 50. 56. 1153. 58. 64); *liebe, zärtlichkeit.* in zarter milde Elis. 4286; *sittsamkeit,* mit dugentlîcher milde *ib.* 3959; *woltätigkeit, freigebigkeit* Nib. Walth. Wg. Gudr. 326, 3. Er.² 2819. Büchl. 1, 627. 1303. a. Heinr. 66. Trist. 5038. Msh. 1, 341ᵃ. 2, 378ᵃ. Troj. 18549;

milte *prät. s.* milten.

miltec-heit, miltekeit, mildekeit *stf.* (II. 172ᵇ) *s. v. a.* milte: *freundlichkeit, güte, gnade, barmherzigkeit* Bon. Ludw. Pass. (mildicheit *H.* 3, 61. 228, 13). mildihheit Glaub. 787. miltechait Kchr. *D.* 347, 11. miltekeit W. *v. Rh.* 15, 5. Reinfr. *B.* 21229. miltikeit Chr. 8. 233, 1, mildekeit Hest. 1732. 2004. mildicheit Marld. *han.* 59, 35; *liebe, zärtlichkeit* Elis. 3948; *sanftmut ib.* 1049. 127. Karlm. 215, 2; *woltätigkeit, freigebigkeit* Ulr. Troj. Pass. Reinfr. *B.* 4832. 12270. Heinr. 1222. 1253. Fasn. 566, 21. *personif.* frou Miltekeit Wack. *pr.* 43, 52; *fülle, reichtum* Mgb. 87, 12. 203, 22.

miltec-lich *adj.* (II. 173ᵃ) *s. v. a.* milte: *freundlich, liebreich etc.* mildeclich Elis. 1030. 2331. 990. der milden clîche gotes geist Pass. 38, 67; *freigebig* Pass. milteclîchiu gebe Reinfr. *B.* 11700, tât *ib.* 11761. phliht *ib.* 12909, güete *ib.* 13009. nu gebent rîlîch und zert nâch milticlîcher herzen gir Part. *B.* 3083; *reichlich* Marlg. 226, 415;

miltec-lîche, -en *adv.* (*ib.*) *auf freundliche, liebevolle, sanftmütige, gnädige weise* Konr. Ludw. Elis. 1595. 2909. mildeclîche (*in liebe*) alden *ib.* 629. N. *v. B.* 197. Beisp. 168, 27; *freigebig* Lampr. Walth. Ludw. Myst., *auf reichliche weise* Parz. 768, 16. Reinfr. *B.* 10062. Mgb. 281, 29. 318, 28. 346, 20. 350, 29. *vgl.* miltlîche.

milte-kôsen *swv. liebkosen mit dat.* si miltechôsote ime Wack. *pr.* 8, 52.

[**milte-lanc?**] *adj.* II. 173ᵃ] Ulr. 387: allen liuten milte langen *näml.* was er bereit (*aus dem vorhergehenden zu ergänzen*) = manum misericordiae porrigendo *der vorlage* (Bech).

milten *s.* mëlde 1.

milten, milden *swv.* (II. 172ᵃ) *prät.* milte, *part.* gemiltet, gemildet, gemilt —: *intr. u. refl.* milte *sein od. werden, sich mildern, besänftigen.* do begund er milten sâ zehant und liez ein teil sîn wueten Ga. 2. 303, 236 friundes muot dâ miltet Wh. *v. Öst.* 10ᵃ. daz sich miltet mîn muot Büchl. *B.* 1, 351; *sich erniedrigen, demütigen:* swer sich miltet, dem wirt hœhe nâch geselle Msh. 3, 326ᵃ; *tr.* milte *machen, besänftigen:* wan daz sînen grôzen zorn diu küniginne milte Flore 1497. der zorn wart gemildet Kolm. 7, 382. sie miltet mit zuht alle ding Altsw. 98, 26. — *mit* er-, über-, ver-. *vgl.* miltern.

milte-rîche *adj. mildreich, freigebig* WACK. 198ᵇ.

miltern *swv. mildern, besänftigen.* den unmuot m. BEISP. 147, 29;

milterunge *stf. milderung, erleichterung.* wer ze hart trag, das dem miltrung bescheche CHR. 5, 120 *anm.* 1.

milte-var *adj. nach* milte, *freigebigkeit aussehend.* ich weiჳ wol, daჳ des kargen muot ouch êren gert besunder und ist sô zæhe doch dar under, daჳ er niht getar durh si werden miltevar, swâ man ir lop mit gâbe ûჳ grebt KONR. *lied.* 25, 45.

milt-haft *adj. freigebig.* ein helt von milthafter hant Aw. 2, 123.

milt-lich *adj. s. v. a.* milteclich, *freigebig.* mildelich CRANE 130;

milt-lîche *adv.* (II. 172ᵇ) *s. v. a.* milteclîche NIB. mildlîche he sîne schônheit gûჳet ûp alle sîne crêatûren MARLD. *han.* 98, 4. die mir mîn herre got sô mildlîche gegeven hât *ib.* 108, 25.

milt-name *swm.* (II. 307ᵇ) *liebkosender beiname* GEN. 26, 31.

mil-tou, -wes *stn.* (III. 53ᵃ) *meltau* Ms. (*H.* 2, 224ᵇ). WACK. *pr.* 56, 514. miltouwes schedelicher schûr verderbet obeჳ, honic unde sat RENN. 14407. daჳ miltaw verderbt den hopfen MGB. 86, 21 *ff.* eჳ ist gehaiჳen von milwen miltaw, dar umb hieჳe eჳ wol milwen taw *ib.* 87, 12. es kâmen gar vil miltau in dem maien CHR. 5. 311, 30. malentou OBERL. 982. mil-, mel-, milchtou erugo, rubigo DFG. 209ᶜ. 502ᵃ, *n. gl.* 156ᵃ. — *ahd.* militou, *ags.* meledéav, *vgl.* WEIG. 2, 128.

miltou-wurm *stm.* aurugo Voc. 1482.

milûn *s.* melône.

mil-var *s.* milchvar.

milwe *swf.* (II. 27ᵃ. 173ᵇ) *milbe,* tinea GL. GSM. als ob si (ougen) æჳen milwen, sô vielen ûჳ die brâwen drobe ENGELH. 5154. daჳ gewant daჳ diu milwe (: lilje) beneget unt frizჳet ERINN. 684. MGB. 87, 14. du speltest als ein m. ein hâr MSH. 2, 241ᵃ. mêr denn alliu diu welt sî gegen einer milwen HPT. 9, 48. milewe DIEM. MSH. 3, 67ᵃ. milve GLAUB. 2607. milbe KOLM. 82, 47. FRONL. 36. — *zu* mël, *vgl.* mële;

milwen *swv.* (II. 173ᵇ) *zu mel od. staub machen* GEO. diu erde kleine gemilwet j.TIT. 4098. disiu alliu suln wol gemilwet sîn HPT. 6, 279. — *mit* zer-.

milwen-tou *s.* miltou.

milz-âder *swf.* Plinius spricht, daჳ daჳ milz ain hindernüss sei des laufens und dar umb sleht man den laufern die milzâdern MGB. 31, 7, *vgl.* zuo dem milz lân NETZ 10220; milzâder *od.* milzelsiechtag, splenetica Voc. 1482.

milze, milz *stn.* (II. 173ᵇ) *milz* GL. TRIST. ein milze ze mâჳen breit GEN. *D.* 6, 11. von dem milze lachen wir *ib.* 18. daჳ milze WH. *v. Öst.* 24ᵇ. durch herze und durch milze HERB. 5450. unჳ daჳ man milze, magen, lungen, lebere vallen siht MSH. 3, 276ᵇ. man verschrôt uns lungen, milz und leber *ib.* 291ᵇ. sîhtuom des milzes GERM. 8, 301. zuo dem milz lân, *die milzader öffnen* NETZ 10220. *bei* MGB. *st. u. sw.* daჳ milz 30, 27. 31, 5. des milzes 363, 25. 366, 3. des milzen 31, 9. dem milz 30, 25. 34. 392, 34. — *aus derselben w. wie* malz *s.* GR. 2, 32. 350. WEIG. 2, 162. FICK² 835.

milzel-siechtac *s. unter* milzâder.

milz-siech-tuom *stm.* (II². 357ᵇ) *milzkrankheit* DIEM. *arzb.;*

milz-sühtic *adj.* (II². 360ᵃ) *an der milz krank, hypochondrisch* DIEM. *arzb.* MGB.

milz-wurz *stf.* splenus, herba Voc. 1482.

mîm, mîme *s.* mîn 2.

min *pron. impers. s.* man.

min *adv. defect. compar.* (II. 175ᵃ) *weniger, minder,* minus DFG. 362ᵇ, *n. gl.* 254ᵃ. WG. (swes wîp tuot min danne wol 4000). Ms. (MSF. 65, 3). TEICHN. SUCH. JER. ich gesach halt nie hervart, dâ ritter kurzwîlten min BIT. 8183. daჳ min geschadet hête ALBR. 21, 253. der min dan drî hûbe eigenes habe SSP. 3. 45, 5. mêr oder min PF. *üb.* 9, 498. diu min, *desto weniger* GUDR. 1535, 4, *ebenso* deste min BIT. HIMLF. 90. *vgl.* KARLM. *B. s.* 309; *mit gen.* (*was* GR. 4, 760 *bezweifelt wird*) ir was nu verre deste min KL. 317. sehs recken min dan tûsent degen DIETR. 3126. deste min ersterben mac der guoten knehte BIT. 7598 *u. anm.* dô wurde schaden deste min *ib.* 10451. der rede wære alleჳ min *ib.* 12901. dâ der hitze wirt min ALBR. 35, 227. — *gt.* mins *zu skr.* mi (*1. pers.* mînâmi), *mindern, gr.* μινύω, *lat.* minuo, minus CURT.³ 312. GSP. 244. FICK² 153. 386. 834.

mîn (II. 173ᵇ) *gen. sing. des pron. der 1. person allgem.* (z. *b.* lâ dich erbarmen mîn NIB. 2099, 3. mîn viere, *vier von meiner art* RAB. 769); *in denkm. von nd. färbung zuweilen* mînes; *eine andere bes. md. erweiterung* *ist* mîner, *woraus nhd.* meiner (Such. 44, 20) *geworden ist. die erweiterung* mînen *steckt in* mînenthalp, -halben. — *davon*

mîn *pron. poss.* (II. 174ᵃ) *mein, entweder unflect. dem subst. vor- oder nachgesetzt, oder flect. stark u. schwach. die starken gen. u. dat.* mînes, mîneme, mîner *können auch contrah. werden in* mîs, mîme mîm, mîr (mit mîr hande Heldb. K. 281, 28); — *substantivisch*: swâ man kriegt umb mîn und dîn Ls. 1. 445, 4. mîn und dîn diu machent angst und nôt Renn. 13943, *vgl.* Msh. 2, 277ᵇ. Msf. 179, 35. iur ougen gesehen nimmer daʒ mîn Gen. D. 92, 28. Karl vergiltet mir drî stunt swaʒ er des mînes dâ hin vuoret Rul. 135, 26. ne læst du mir den mînen (*näml.* sun) Exod. D. 130, 37. ich hân sîn die mînen (*meam*) gar dicke gebeten Berth. 415, 38. *s.* Germ. 8, 477. — *gt.* meins (*vom gen.* meina) *mit* mir, mich *zu skr.* ma, *lat.* me, *gr. in* ἐμε, ἐμός, mei, mihi, meus Curt.³ 305. Gsp. 244. Fick² 143. 834.

minall? Hans Teng zinst ain minall oll fur ain kue Urb. *von Kaltern a.* 1485 *s.* 3ᵇ. 8ᵃ. 15ᵃ.

minch, mind- *s.* münech, minn-.

mînen *swv. etw. sich als eigentum zueignen, innehaben.* wer hofgüter hat, besitzt oder mînet, der sol ein huober sîn Gr.w. 5, 52 (*Basel*). wenn ein lêhenman stirbt - - mînet der erb denn das erbteil ône êrschetz *ib.* 53. der ein ligende guot 15 jâr in gehept, gemînet, besessen, genützet und genossen hat *ib. anm.* 4. — *schweiz.* mînen, mînigen Stald. 2, 205.

mînent-halben *adv.* (I. 615ᵃ) *aus* mînenhalben *mit unorg.* t: *von meiner seite, von meinentwegen* Trist. Gerh. 5151. 6759. Krone 24308;

mînent-halp *adv. dasselbe* Neidh. 78, 2. *vgl.* mînhalp.

miner, minern *s.* minner, minnern.

mîner, mînes *s.* mîn 1.

mingen *s.* mengen.

mîn-halben *adv. s. v. a.* mînenthalben. mînthalben Geo. 326;

mîn-halp *adv.* (I. 616ᵃ) *dasselbe* Iw. Parz. Tit. 77, 4. j.Tit. 1919. Geo. 988. Wildon. 38, 259. mînthalb Beisp. 108, 11. 136, 25.

mîn-heit *stf.* icheit, mînheit und selbheit Theol. 178.

miniere *stm. mineral.* miniere, erz und metal Mone *z.* 2, 285 *f.* (*a.* 1490). — *mlat.* minera, minerale Dfg. 362ᵃ, *n. gl.* 253ᵇ.

minig *stm. mennig* Denkm. XXXII, 34. minge, mini, minig, meinig, menig, menige Dfg. 362ᵇ, *vgl.* Gl. *Virg.* 1, 314. minwe Reinfr. B. 2199. — *aus lat.* minium.

minister *stm.* der minister von Wienen Ot. 30ᵇ. — *das lat.* minister;

ministriere *stm. minstrel, spielmann* Karlm. B. *s.* 309;

ministrieren *swv. ministrare.* eim priester zu altar m. Fasn. 1011, 25.

min-lich *s.* minnelich.

minnære, -er *stm.* (II. 184ᵇ) *md.* minnêre, *liebender, liebhaber in weltl. u. geistlichem sinne* Trist. Barl. Ms. (H. 2, 292ᵃ. Heinz. 1366). Frl. Pass. Jer. Herb. 17669. Lit. 142. Parz. 466, 1. Lanz. 5637. Renn. 17127. W. *v. Rh.* 46, 5. Albr. 7, 28. 10, 271. 22, 733. Elis. 3604. 974. Marld. *han.* 13, 28. 15, 32. 29, 36. Wack. *pr.* 52, 5. 56, 424 (*der evangelist Johannes heisst* der lieplich minner Joh. 68, 391 *oder der* gemint Joh. 69, 2). Vet. *b.* 38, 8. Mgb. 179, 16. 17. 220, 13. verzagter minner uud erbarmherziger rouber die tâtent nie guot Schreib. 2, 67 (*a.* 1388); *unkeuscher mensch, buhler, hurer:* dirre was ein minner und hette frowen offenlîche liep Chr. 9. 586, 1. die minnêre vur gericht lassen kommen Frankf. *brgmstb. a.* 1451 *vig. V. p. nat. Mar.;*

minnærinne, minnerinne, -în, -in *stf.* (*ib.*) *liebende, liebhaberin* Ulr. Myst. Wack. *pr.* 56, 396. 428. 64, 44 *ff.* H. *v. N.* 353. Himlf. (Hpt. 5) 1733. 71. 88. 1813. 18. W. *v. Rh.* 6, 12. 28, 12. Kolm. 69, 26. Elis. 2054. 8554. Marld. *han.* 2, 34. 80, 22. N.*v.E.* 1, 23. 12, 21;

minne *stf.* (II. 177ᵃ—182ᵃ) *sw.* Apoll. 1601. Albr. 10, 23. 240. Elis. 968. 1424. 1912. 8834. Marld. *han.* 94, 36. Chr. 8. 373, 2. Fasn. 488, 19, *vgl. auch die composs. mit* minnen-; *in den ausdrücken* mit, ze minnen *ist es wol pluralisch zu fassen —*: andenken, erinnerung, sant Johans (Osw. Ls. Fasn. 432, 21. 488, 19), sant Gêrtrûde minne (Er.² 4021) *oder bloss* die minne trinken (Nib.), schenken Ernst, Dan. 2096: *den abschiedstrunk trinken, einschenken, vgl.* Myth. 53 *f. u.* Zingerle *in den sitzungsber. der Wiener akad. band* 40; *synonym von* andâht: des hêren crûces andâcht was ir alsô zû minne brâcht Elis. 6402. daʒ gebet dûn in drôstlîcher minne *ib.* 6559. in eines heiligen minne *ib.* 9552. 615; *das zur erinnerung geschenkte, geschenk überhaupt*: mit schatze und mit minnen ERACL. 1240. einem etw. ze minne, minnen geben GEN. EN. NIB. KARL (2163. 3035), senden RUL. 57, 24. dîn houbet fûre ich hiute hinnen Machmet ze minnen *ib.* 154, 30. daʒ habe du dir zu minnen ALBR. 21, 223. — *liebe, allgem. u. zwar*: *religiöse liebe* (gotlîchiu minne, *reine, gottgefällige zuneigung* ELIS. 2139. CHR. 8. 373, 2. muoter der vil schœnen minne, *Maria* MSH. 1, 71ª. in der minne, *geistliche bittformel*: *um gotteswillen, od. bloss einfache bekräftigung einer bitte* SERV. REINH. GREG. TUND. 66, 42. NEIF. 45, 12 *u. anm.* AMIS 1183. ULR. *Wh.* 118ᵇ. 154ᵇ. 156ª. 180ᵇ. 193ᵇ. 266ᵇ *u. ö.* HPT. 8. 100, 142. KOL. 145, 10. ELIS. 3016. *übers. des lat.* in caritate, *s.* kartât); *elternliebe*: minne, die mûter zu ir kinde treit ALBR. 19, 596. minne und veterlîche triuwe Mz. 4, 188; *freundschaft, liebe, zuneigung, wolwollen* Iw. BON. KL. LANZ. hete der alte Wate lützel minne, *iron. grosse feindschaft* GUDR. 488, 3; *das angenehme, wolgefällige*: hætet irʒ ze minne *wäre euch diess lieb, angenehm ib.* 535, 4. KL. 5; *gefälliges, liebliches aussehen* ELIS. 3157; *gütliches übereinkommen, gütliche beilegung* TRIST. mit minnen SSP. 3, 15. 85, 2. etw. mit minnen verrihten Mw. 185 (*a.* 1292). daʒ der sculdige minne und rehtes wider sîn wil Mz. 2, 328 (*a.* 1289). daʒ die mishellung in guoter minne und friuntschaft belîben und stên sol *ib.* 3, 131 (*a.* 1344). zu minne und zu dem rehten gên CHR. 1. 162, 9; 5. 334, 24. es sulnt der oberman und die râtleut ain minne oder ain reht sprechen *ib.* 3, 58 (*a.* 1339). die fünf (*schiedsrichter*) süllend minne und rehts gewaltig sîn *ib.* 1, 466 (*a.* 1402). nâch minne oder reht rihten Mw. 103 (*a.* 1272), verslihten Mz. 1, 226 (*a.* 1286). wir sprechen (*als schiedsleute*) nâch der minne AD. 1150 (*a.* 1370). etw. mit der minne berihten SCHREIB. 2, 74. 122 (*a.* 1389. 98). einem minne alder reht tuon *ib.* 1, 61 (*a.* 1265). *vgl.* HOMEYERS *abhandl. über die formel „der minne u. des rechtes* ɑines *andern mächtig sein"* Berlin 1867; — *die geschlechtliche, sinnliche liebe allgem.* (z. b. swem nie von minne wê geschach, dem wart nie von ir rehte wol TROJ. 2392. al dâ hât diu liebe die minne überwegen MSH. 1, 112ª. mîn herze sich verstrichte von der minne ALBR. 14, 77. und wolde mich diu m. jagen ich kund an prîse niht verzagen ULR. *Wh.* 124ᵇ. do schôʒ in der minne spieʒ GA. 3. 45, 32. der m. zunder APOLL. 1647, kranz 1601. nû wart der minne sâme gesæt rehte in mîn herze ULR. *Wh.* 187ᵈ, *vgl.* minnesât. lâʒ der süeʒen minne regen in unser herze vlieʒen MSH. 2, 177ª. valschiu m. ALBR. 16, 107. 22, 143. ungezémiu m. *ib.* 21, 31, schantlichiu m. *ib.* 22, 221; *oft geradezu für beischlaf z. b.* Jacob unde Lia hêten ir minne GEN. *D.* 56, 19. daʒ er ir diu bechande mit minnen *ib.* 57, 12. daʒ er des nahtes bî sîner wirtinne gelegen was durch vleischlich minne RENN. 11793. der minne stat, *genitalia* TÜRL. *Wh.* 137ᵇ); *gegenstand der liebe*: *geliebte* (*in der anrede*) TIT. NEIF. ULR.*Wh.* GA. 2. 374, 19. ELIS. 8904. 10. KARLM. *B. s.* 309; *in der kindersprache*: *mutter* DANKROTSH. 112. — *ahd.* minnja, minna *aus derselben w. wie* man, *vgl.* WEINH. *d. fr.* 144 *f.;*

Minne *swstf.* (II. 182ª) *personif.* minne: vrou M., Venus (CRAON 314 *ff.* REINFR. *B.* 8687. 703. 52. 63 *u. o.* ALBR. 21, 1 6. 32, 139), der Minnen buoch *das hohe lied* LEYS. MYST. PASS. 129, 64. der Minne b. GRIESH. 1, 139. buoch von der Minne MSH. 1, 70ᵇ. *vgl.* minnenbuoch;

minne *adj. in* ge-, unminne.

minne *stf. s.* mer-, waltminne. — *zu* man.

minne-bant *stn.* (I. 132ᵇ) *liebesfessel* LOBGES. NEIDH. 236, 14. NEIF. 5, 5 (der süeʒen Minne bant 26, 8). WACK. *pr.* 64, 32. MYST. 2. 648, 37. SGR. 1724. *nicht comp.* der minne bant Ls. 2. 393, 26. 34. *vgl.* minnestric.

minne-bære *adj.* (II. 185ª) *lieblich, liebreich, liebenswert* MS. JER. j.TIT. 1300. 5692. TÜRL. *Wh.* 35ª. 54ª. 64ª. 80ᵇ. 131ᵇ. 145ᵇ *etc.* TROJ. 2481. PART. *B.* 16520. REINFR. *B.* 4254. 5436. APOLL. 5995; *zur* minne *fähig, heiratsfähig, mannbar* OT. 347ª. WOLFD. 1158. 70.

minne-bendel *stn. dem. zu* minnebant HANS 1195.

minne-bërnde *part. adj.* (I. 139ᵇ) *liebe als frucht tragend* LOBGES. 72, 5. 74, 1. MSH. 2, 175ᵇ. TÜRL. *Wh.* 140ª. 152ᵇ. PASS. 155, 56. 384, 46.

minne-blic *stm. liebesblick.* ir minneblicke sint die stricke, die mich vânt âne strît NEIDH. XXXVII, 22. dô der êrste minnenblic von in beiden was geschehen GERH. 3044.

minne-bluot *stf.* (I. 218ᵇ) *liebesblüte* LOBGES. 67, 1. 74, 1.

minne-bluot *stn. liebesblut.* gedenket, daʒ ir daʒ erbe niezet, daʒ mir mit dem heizen minnebluote des wâren und des êwigen gotes kindes gekoufet ist Myst. 1. 373, 30.

minne-brant *stm.* (I. 253ᵇ) *liebesbrand* Frl.

minne-brief *stm.* (II. 182ᵇ) *liebesbrief* Erlœs. 5630. Wack. *pr. s.* 280, 31. 32. Teichn. 259. minnebrieb Herb. 3151. *vgl.* Wack. *litt.* 261, 24.

minne-brôt *stn.* ze send Michels mess sol man dem pfarrær geben sehs weisôdprôt und zwei minnebrôt (*im lat. texte* duo panes, qui dicuntur kartâte, minnbrôt) Geis. 426.

minnec, minnic *adj.* (II. 185ᵇ) *liebe hegend* Frl. Kirchb. 787, 23.

minnec-, minnic-lich *adj.* (*ib.*) *zur minne gehörend, lieblich, liebenswert, schön, zierlich* Nib. Walth. Barl. Teichn. *u. md. denkm.* (er was schône und minneclich Albr. 32, 153. 33, 349. ein crûcifix in minneclichem prîse gemachet Elis. 1452. *vgl. auch unter minneclîcheit*). der minneclîche got Griesh. 1, 139. ir lîp der was vil minneclich a. Heinr. 1243. diu minneclîche Yrkân Reinfr. *B.* 10115. 28. 224 *u. o.* minneclîcheʒ fröwelîn *ib.* 10751. minneclîcher kus *ib.* 10771. diu minnenclîche *ib.* 13316. 505. 660. 74 *etc.* vil minnenclîcheʒ kint Virg. 397, 1. liep und minnencleich machen Mgb. 448, 24; *gütlich*, ein minneclich reht nemen Np. 21 (*13.—14. jh.*). einen güetlîchen und minneclîchen tag leisten Wl. 120 (*a.* 1335). wir satzten iren krieg umb die guot mit willekür in unser hant ze minneclîcher schiedung Mz. 3, 97 (*a.* 1342). der sol des einen minnenclichen tag vordern Mw. 236, 10 (*a.* 1311). *vgl.* minnelich;

minnec-lîche, -en *adv.* (II. 186ᵃ) *auf liebliche, liebevolle, freundliche weise* Nib. Alph. Walth. Kindh. Barl. Teichn. minneclîche grüeʒen Er.² 4899, blicken Reinfr. *B.* 10236, enphâhen *ib.* 10228, an sich drücken *ib.* 10825, küssen *ib.* 10829, gân Albr. 316, 45. nu wart der knabe sechzehen jâr und schein sô minneclîche *ib.* 10, 18. kusset mich an mînen munt minneclich *ib.* 177. minnen clich Reinfr. *B.* 13605 *f.* 13616. 27 *u. o.*; *auf gütliche weise* Kulm. *r.* umb den selben hove habe wier uns minchleich verslihtet Ula. 78 (*a.* 1297). wollen wir, daʒ er sich mit ime riechte minneclîche ader rechtelîche Böhm. 565 (*a.* 1340);

minnec-lîcheit *stf.* dû solt got minnen sunder minneclîcheit, daʒ ist niht dar umbe, daʒ er minneclîch sî, wand got ist unminneclich: er ist über alle minne unde minneclîcheit Myst. 2. 320, 17. alle crêatiure suochent sîne m. ze minnende *ib.* 32, 2.

minneclîch-gevar *adj.* (III. 241ᵃ) *minniglich aussehend* Parz. Wig. Engelh. 2966.

minne-diep *stm.* (I. 324ᵇ) *liebesdieb, verstolner liebhaber* Ms. (gewinne er immer herzeliep, daʒ stel im der m. Neidh. 24, 10. wie Flôre und Blanscheflûr diu frîe, Willehalm und sîn Amelîe mit zuht einander heten liep und manic ander minnediep Heinz. 702. Minne kan sich liep dur liebe lieben, daʒ tuot si niht wan eht minnedieben Neif. 14, 24. liep unde leit muoʒ beidiu lîden ieclich minnendiep Msh. 2, 223ᵇ. 3, 90ᵃ). er lieʒ als einen minnediep sich in frouwen bilde steln Troj. 14926. gelîch den minnedieben woltes ir dâ vor versteln ir ungemach Part. *B.* 11430. sô kom er dar geslichen als ein m. von rehte sol Strick. 4, 23. sô fund ein wîp wol stætez liep und guotes wîbes minnediep Lieht. 632, 8. minnendiep *ib.* 649, 30. Ulr. *Wh.* 127ᵃ. Orl. 9025.

minne-dorn *stm.* (I. 384ᵇ) *penis.* si sach den selben m. Fragm. 41ᵃ.

minne-druc *stm. liebesdruck.* er tet dâ manchen m. an mancher juncvrouwen Da. 374.

minne-gadem *stn.* (I. 456ᵇ) *liebesgemach* Lobges. 34, 6.

minne-gelæʒe *stn. liebesgebahren.* an den man sehen moht minnegelæʒe wol Ulr. *Wh.* (Roth *dicht.* 136, 67).

minne-gëlt *stn.* (II. 182ᵇ) *liebesbelohnung* Trist. *U.* der minnengeltes lôn, *der erwiderte liebe zu lohnen versteht* Parz. 23, 7.

minne-gêr *stm.* si hât mich verwundet alsô sêre dur mîn herze mit ir minnegêre Msh. 2, 181ᵇ.

minne-gër *stf.* (I. 531ᵃ) *verlangen nach liebe* Barl. 306, 38. *vgl.* minnegir;

minne-gërnde *part. adj.* (I. 534ᵃ) *liebe begehrend* Barl. Ms. (*H.* 2, 364ᵇ *f.*) der minnegernde Tristan Trist. *H.* 2785. ein minnegerndeʒ wîp Troj. 21728. dâ geilent wîp minnegernder manne lîp Konr. *lied.* 22, 27. der minnegernde ellende ûʒ von dem lande sich ruste Reinfr. *B.* 5352. daʒ minnengernde herze Lieht. 194, 29. 215, 3.

minne-geselle *swm. liebesgenosse, geliebter.* wan ein got gewinnet mit dir phliht und wirt dîn minnegeselle Alex. *S.* 4ᵇ.

minne-gesprinc *stn.* (II². 543ᵇ) *liebesquelle* Myst. 2. 385, 28. 39. minnengesprinc *ib.* 18.

minne-gir *stf.* (I. 531ᵃ) *s. v. a.* minnegër Ms. der het gein vrowen minnegir Lieht. 223, 10. si hât gein mir lîht m. *ib.* 600, 12.

minne-glast *stm. liebesglanz* Myst. 1. 398, 20.

minne-glüende *part. adj. vor liebe glühend.* diu minneglüende künegin Trist. *H.* 2783;

minne-gluot *stf.* (I. 552ᵃ) *liebesglut* Lobges. 58, 12.

minne-gotinne *stf. liebesgöttin, Venus* Dal. 39, 18, -gotin Mein. 5, -göttinne Kolm. 8, 64.

minne-grüeze *adj. mit liebe grüssend* j.Tit. 4384.

minne-gunst *stm. liebesgunst.* si sprach ez von eime minnegunste, von dem wart si betwungen. wir sullen nû sprechen einen minnegunst oder einen minneschimpf Myst. 2. 48, 5. 6.

minne-haft *adj.* (II. 185ᵃ) *liebend* Lanz. 1826.

minne-hæle *adj. liebe verhehlend* Beliand 8847.

minne-halp *adv.* (I. 616ᵇ) *was die minne betrifft* Mai 80, 38.

minne-heiz *adj. liebesheiss, liebeentzündet* Hadam. 191. 560. Myst. 1. 346, 28. 378, 31. 39;

minne-hitze *stf. liebesglut* Myst. 1. 342, 13.

minne-holt *adj. liebeshold* Türl. *Wh.* 38ᵇ. 43ᵃ. 108ᵇ. 137ᵇ.

minne-huon *stn.* (I. 626ᵇ) *s. v. a.* briutelhuon Türl. *Wh.* 150ᵃᵇ.

minne-klagen *stn. liebesklagen.* dîn langez m. Msh. 2, 163ᵇ.

minne-kôsen *swv. u. stn. s. v. a.* liepkôsen Mersw. 8. 9;

minne-kôsende *part. adj. m. mit rede ib.* 8.

minne-kraft *stf. liebeskraft, heftigkeit.* mit den scheften si sich kusten durch die schilte zuo den brusten, mit solher minnekrefte, daz die eschîn schefte kleine unz an die hant zerkluben Er.² 9114.

minne-kus *stm. liebeskuss* Fronl. 24.

minne-last *stm. liebeslast.* ich meine eines reinen süezen wîbes niuwen minnelast Msh. 2, 128ᵇ.

minne-leitærinne *stf. führerin der liebe. ndrh.* minneleiderinne Marld. *han.* 121, 39.

minne-lich *adj.* (II. 185ᵃ) *liebreich* Marld. *han.* 74, 4. minlich Lampr. Herb. *vgl.* minneclich;

minne-lîche *adv.* Roth. 963 (*R.* 970 minniclîche). Eracl. 2601. Marld. *han.* 28, 26;

minne-lîcheit *stf. lieblichkeit.* minlichkeit Hpt. 15. 380, 157.

minne-liedelîn *stn.* Apoll. 13302 *dem. zu*

minne-liet *stn.* (I. 985ᵃ) *liebeslied.* in eime süezen dône sanc si ein süezez minneliet Fragm. 20, 488. *pl.* wer singet uns den sumer niuwiu minneliet Neidh. 85, 33.

minne-lîm *stm.*(II. 182ᵇ)*was liebende zusammenleimt, zusammenfügt, vereinigt* Myst.

minne-lôn *stmn.* (I. 1042ᵃ) *liebeslohn* Ms. ob sich ein man ûf minne lât und ûf minnelônes wân Flore 7909.

minne-lôs *adj. ohne liebe* Heum. 390.

minnen *swv.* (II. 183ᵇ) *prät.* minnete minte, *part.* geminnet gemint: *beschenken,* die boten m. Roth.(*R.* 2036); *erkenntlich sein für,* daz ich ez an dich m. sol Trist. 13353; *gütlich vergleichen:* der bischof von Strâzburg sol ein obeman sîn und sols minnen Ad. 895 (*a.* 1315); — *abs. u. tr. lieben: von der religiösen, freundschaftl. u. geschlechtl. liebe (von der rein geistigen bis zur rein sinnlichen, oft geradezu für beschlafen) allgem. z. b.* got minne dich, iuch etc. *eine begrüssungsformel* Eracl. Wig. diu edele reine guote minte in ir muote got alsô stæteclîche Gerh. 120. 34. dô mintest dû durch sîne kraft got fur dich *ib.* 6710. des minneten in die vrowen Gr. Rud. 16, 4. solde ich m. mêr dan eine Msf. 86, 5. ich was dir holt und minnet' dich W. *v. Rh.* 45, 45. 48. wêre Venus komen, ich hêtes nicht geminnet Albr. 17, 71. die triben die mann all ausz und minten ire weiber und ir töchter Chr. 5. 178, 7. 16. wenn einer nit m. mag, *impotent ist* Fasn. 1460; *part.* geminnet, -mint *s. v. a.* geminne Trist. *H.* Mönchl. mîn geminter, *geliebter* Germ. 7, 350. sîn geminneter hieze dû Pass. 130, 70. *mit dat.* du bist al eine mir gemint W. *v. Rh.* 45, 52. — *mit* be-, ge-, über-, un-, under-, ver-, wider-;

minnen *stn.* Reinfr. *B.* 10052. 924; niht anders dan mit minnen ir lip sol swanger werden *ib.* 19915.

minnen-bleich *adj. vor liebe blass.* minnenbleich und minnerôt, der beider varbe man mich siht Lieht. 580, 8.

minnen-blic *s.* minneblic.

minnen-bote *swm. liebesbote* Kolm. 115, 69.

minnen-brût *stf.* (I. 274ᵃ) *geliebte* Ulr. 623.

minnen-buoch *stn. s. v. a.* der Minnen buoch,

das hohe lied. diz mære ich an dem minnenbuoch las Msh. 3, 109ᵃ. in dem ahten stück des minnenpuoches Mgb. 438, 33.
minnen-bürde *stf. liebeslast* Msh. 2, 176ᵃ.
minnen-burnende *part. adj. vor liebe brennend* Pass. 338, 87.
minnenc-lich *s.* minneclich.
minnende *part. adj.* (II. 183ᵇ, 32. 184ᵃ, 32. 35) *liebend*, ein minnende wîp Greg. 704, *dann bes. in folgenden ausdrücken:* minnendiu sêle Myst. (Adrian 476, 1. 3. Fronl. 28). Mgb. 279, 1. minnendiu nôt, *liebesnot* Iw. 7790. Wig. 35, 1, minnender sin Pass. 92, 37. 67. sô mich der minnende unsin (*torheit der liebenden*) ane gêt Msh. 2, 64ᵇ.
minnen-diep *s.* minnediep.
minnen-dôn *stm. liebeston, -laut* Ulr. Wh. 127ᵃ.
minnen-druc *stm. zwang der minne* Parz. 533, 1.
minnen-ganc *stm.* ir minnenganc entrat doch hie die bluomen niht Türl. Wh. 152ᵃ. *vgl.* minnetrit.
minnen-gëlt, -gërnde, -gespринc *s.* minne-.
minnen-grunt *stm.* aus lieb und minnengrunde Da. 407.
minnen-jeger *stm. liebesjäger, liebender* Engelh. 3258. *vgl.* minneschütze.
minnen-knëht *stm. pamphilus* Dfg. 408ᶜ. Hans 3117.
minnen-muot *stm.* (II. 262ᵇ) *liebesmut, -sinn* Trist. Ms.
minnen-rëht *stn. liebesrecht.* minnenreht sprechen Orl. 7197. 978. *vgl.* Parz. 95, 28 *ff.*
minnen-rîche *s.* minnerîche.
minnen-rüeren *stn.* mir ist niht kunt umbe mannes minnenrüeren Msh. 3, 207ᵇ.
minnen-sanc *s.* minnesanc.
minnen-schar *stf.* (II². 153ᵃ) *liebesschar* Türl. Wh. 45ᵇ.
minnen-schilt *stm.* swer eht ie gespilte under minnenschilte Msh. 2, 364ᵇ.
minnen-slac *stm.* (II². 383ᵇ) *liebeswunde* Iw. 6505.
minnen-solt *stm. liebeslohn* Licht. 433, 19.
minnen-spiegel *stm.* schîne dîne süeze an mir, minnenspiegel Msh. 3, 84ᵃ.
minnen-stërne *m.* (II². 621ᵃ) *der planet Venus* Mgb. 62, 16.
minnen-trunken *adj. liebestrunken* N. v. B. 250.
minnen-var, -viur *s.* minnevar, -viur.
minnen-, minne-zæme *adj.* m. machen,
amabilem reddere Mgb. 62, 17. 179, 33. 440, 17. 465, 19. 467, 8. 15;
minnen-zæmer *stm. allectorius* hieze ze däutsch wol minnenzieher oder minnenzæmer, dar umb, daz er die frawen irn mannen minnezæm macht Mgb. 179, 32.
minnen-zieher *stm. s. unter dem vorig.*
minne-qual *stf. liebesqual.* alsus dulde ich minnekwal Msh. 1, 362ᵃ;
minne-qualer *stm.* minnequaler die sint gotes zunder Renn. 22491.
minne-quëlnde *part. adj. liebe ausströmend, vor liebe geschwellt.* minnequelndez herze N. v. B. 309.
minner *stm. s.* minnære.
minner *comp. zu* min (II. 175ᵃ) *nbff.* miner Chr. 1. 101, 23. minre, minder —: 1. *adj. kleiner an grösse, geringer an zal* Walth. Ms. Myst. daz dirre grôze man den minnern vor im dan sluoc Er.² 9158. 318. er fuorte den helt unverzagt in ein minre gezelt Parz. 725, 21. Theodosius, Karle der minre Chr. 8. 31, 1. 4. 34, 8. 13. das der minre gemêrt wurt *ib.* 303, 20. die minre Asia *ib.* 288, 2. 303, 20. man macht ouch etlîche dor minre danne sü vormâls wôrent *ib.* 124, 23. keszel die etwas minner sein *ib.* 2. 316, 11. die minder stat, *die kleinseite von Prag ib.* 4. 59, 18 *var.* die minder jârzal *s.* jârzal. sô unser schar ie minre wirt Silv. 2821. daz minner urteil, *urteil der minorität* Münch. *r.* 451; *geringer an wert, stand, macht* Parz. Bon. Trist. H. Ms. (ob ich ir hôhen werdekeit mit mînem willen wolte lâzen minre sîn Msf. 166, 1). die minnern und die mêren Loh. 6737. Flore 7291. daz minre und daz merre *ib.* 5099. der minner, minre bruoder, *minorit* Pass. Teichn. Pf. üb. 64, 366. 68, 50. Elis. 4918. 8546. Aw. 2, 56. Chr. 9, 972 *anm.* 2. Dfg. 362ᵇ. — 2. *subst. neutr. weniger* Hartm. Tit. Trist. Walth. Nib. dar umbe er doch niht minner bôt Krone 27164. hî von die frouwe minre nam zû lône Elis. 6988, *mit gen.* Nib. Walth. minner volkes Parz. 242, 8. minner pluotes Mgb. 6, 23. m. schad 105, 28, unsauberkeit 428, 22, vernunft 154, 22, wegung 207, 20. der ûzern minre danne der innern Chr. 8. 83, 35. minre getrüstes *ib.* 63, 24. minr liutes *ib.* 121, 19. eines rippes minre *ib.* 235, 16. eines jôres m. *ib.* 238, 18. 336, 19. — 3. *adv. weniger, allgem.* (minre noch mêre Er.² 842.

mêr oder minner MGB. 103, 3. 217, 18. minner geleich ib. 159, 8. 260, 31. vil minner ib. 194, 6. minre brûn danne val FLORE 6817. diu minre, *desto weniger ib.* 6120. VILM. *weltchr.* 67ᵇ, die minre ELIS. 7120, *ebenso* deste minner GUDR. 34, 4, minre CHR. 8. 415, 25, dester minner MGB. 341, 6. CHR. 1. 114, 23; 2. 128, 25. 131, 13 *etc.*, minder *ib.* 309, 10).

minne-rât *stm. liebesrat, -lehre.* ir süeze minneræte und ir vil guote gebærde hânt mich in beswærde gereizet und gelocket ENGELH. 2206.

minnerer *stm. verminderer.* minrer CHR. 8. 495, 15;

minneric *adj. klein, gering.* mit minnerigem herige ANNO 442.

minne-rîche *adj.* (II. 689ᵃ) *reich an liebe, liebreich* BARL. SUSO. minnericher munt MSH. 1, 79ᵇ. eine m. zunge GRIESH. *denkm.* 40. minnenrîche worte N. *v. B.* 137.

minnerinne, -în *s.* minnærinne.

minne-rîs *stn. liebeszweig.* du bist der kern, dâ minne ûz sprûzet, blûte ûf minnerîse MÜGL. *lied.* 4. 2, 9. *vgl.* minnezwî.

minnerlîn *stn.* (II. 184ᵇ) *dem. zu* minnære Ms. (*H.* 3, 154ᵃ. HEINZ. 800). LS. 2. 329, 7; 3. 94, 399. ALTSW. 52, 6. 93, 21.

minnern, minren *swv.* (II. 176ᵇ) *tr. kleiner, geringer machen, vermindern, verringern, schmälern* DIEM. WIG. LUDW. minnern, minern, minren, minderen, mindern: minuere, de-, diminuere DFG. 362ᶜ. 172ᶜ. 182ᶜ. die nôt minnerôn EXOD. 97, 35. den hort LIEHT. 53, 14, daʒ rîch CHR. 8. 342, 19, den gewalt *ib.* 128, 15, daʒ guot MÜHLH. *r. L.* 174, den kumber WG. 3366, die êre *ib.* 6488, die tugent m. ENGELH. 1496. daʒ eʒ (feur) von ain klain waʒʒers geminnert wirt MGB. 70, 20. daʒ merre kan sî minren REINFR. *B.* 24365. das der grösse geminret (*erniedrigt*) wurt CHR. 8. 303, 20. *mit dat.* ANEG. TRIST. LANZ. BON. im wart geminnert die sucht PASS. 274, 19. daʒ in sîn vie geminnert was *ib.* 334, 83. dem hirten den lôn m. SWSP. 416, 4; — *refl. u. intr. kleiner werden, sich vermindern, verringern, abnehmen: refl.* PASS. (*H.* 237, 67. 382, 42). MSH. 3, 419ᵇ. CHR. 8. 120, 18. MGB. 31, 9 (mindern). 115, 36; *intr.* GUDR. FREID. und minret fröude in allen landen MSF. 314, 15. er (*balsam*) bran unde gab lieht unde enminrete iedoch nieht EN. 254, 36. — *mit* er-, ge-, ver-;

minnernisse *stfn.* (II. 177ᵃ) *verminderung, schmälerung,* contractio DFG. 147ᵇ. âne alle minnernisse GENGL. 150 (*a.* 1401), ân alles minnernüst Mz. 1, 399 (*a.* 1386). swecherung und minnernisse des hûses von Beyern RCSP. 1, 571. minnernis MÜHLH. *r. L.* 174. *vgl.* minnerunge.

minne-rœre *stf.* alle die strâʒe der himelischen Jêrusalêm übergoʒʒen werdent von den minnerœren, die den lebentigen brunne dâ umbeteilent dînes gotlîchen honicfluʒʒes MYST. 1. 361, 85.

minne-rôt *adj. s. unter* minnenbleich.

minnerunge *stf.* (II. 177ᵃ) *s. v. a.* minnernisse. minnerunge, minrunge, minderunge minutio, diminutio DFG. 362ᵇ. 182ᶜ. minrunge BIHTEB. JER., mindrung BEISP. 152, 36.

minne-sælec *adj.* (II². 39ᵇ) *durch liebe beglückt* EN. 267, 11.

minne-sam *adj.* (II. 185ᵃ) minesam MARLD. *han.* 1, 10. minsam *ib.* 3, 14. H. *v. N.* 361. minnesan (: dan) REINFR. *B.* 22775 —: *pass. liebenswert, lieblich; act. liebend, freundlich, liebevoll* ERACL. PASS. (minnesamer grûʒ *H.* 170, 88. minnesameʒ herze 184, 32. einem m. werden 88, 30. sich einem m. erbieten 34, 62). MYST. (ein minnesameʒ umbevâhen 2. 401, 28). ir rede wart vile m. L. ALEX. 396. DIEM. 70, 19. minnesamiu vrouwe TROJ. 19760. 22421. 930. mit reinen worten minnesam SILV. 1738. unsers herren minnesamer geist DENKM. XL. 3, 10. got, der minnesame herre ELIS. 47. minnes. frouwe *ib.* 1949, wort 2170. MARLD. *han.* 85, 19, herze *ib.* 89, 5. 93, 16, leben *ib.* 94, 2, got *ib.* 88, 22. minnesame, minne mich *ib.* 1, 10. 96, 29. m. andâht FRONL. 13. ach lieber, minnesamer getrûwer vater N. *v. B.* 286. m. mensch N. *v. E.* 20, 11. 40, 27. *sup.* minnesamist MARLD. *han.* 77, 8, minsamist *ib.* 3, 14; *mit dat.* PASS. K. 283, 7, *mit präp.* gegen MYST. 1. 339, 10, zuo: er ist auch gewesen zu armen leuten minsam und gütig SCHM. 2, 593;

minne-samec *adj. zu folgern aus*

minne-samec-heit *stf.* (II. 185ᵇ) *liebe, liebreiches wesen.* minnesamekeit ELIS. 7855. 8634;

minne-samec-lich *adj.* (*ib.*) *liebreich* HÄTZL.

minne-sanc *stmn.* (II. 304ᵇ) *liebesgesang, von der sinnl. u. geistl.* minne WALTH. Ms. (*H.* 1, 19ᵇ. 2, 176ᵃ. 251ᵇ). TEICHN. minnesanc ERLŒS. 5649.

minne-sât *stf.* (II². 27ᵃ) *saat der liebe* LOBGES. 25, 6.

minne-schenke *swm.* der m. ist aller meist der übersüeze gotes geist Msh. 2, 175ᵇ.

minne-schimpf *stm.* (II². 138ᵇ) *liebesscherz, -spiel* Türl. Wh. 45ª. Myst. (*s. unter* minnegunst).

minne-schütze *swm. Cupido* Troj. 965. Msh. 1, 185ᵇ. *vgl.* minnenjeger;

minne-schuz *stm.* (II. 176ᵇ) *plötzlich treffende liebe*, *prädic. der jungfr. Maria* Ms. (*H.* 2, 360ª). Ab. 1. 84, 212.

minne-sê *stm.* (II². 232ᵇ) *see der liebe* Ms. (*H.* 2, 264ª).

minne-senfte *adj. liebessanft* Adrian 456, 2.

minne-senger *stm.* (II². 305ª) *liebessänger* Msh. 2, 173ª, *vgl.* -singer.

minne-sêrende *part. adj. durch liebe verwundend.* m. nôt Da. 812.

minne-siech *adj.* (II². 356ᵇ) *liebeskrank* Konr. (Troj. 16738. 806. 20992. *lied.* 12, 27). Albr. Msh. 2, 365ᵇ. Lieht. 13, 7. 131, 6. Ring 12ᵈ, 30. *vgl.* von minnen siech Herb. 8611.

minne-singer *stm.* (II². 302ᵇ) *s. v. a.* minnesenger Msf. 218, 21.

minne-smërze *swm. liebesschmerz* Msh. 1, 362ᵇ.

minne-spil *stn.* (II². 502ª) *liebesspiel* Trist. Mai, Ms. (*H.* 1, 93ª. 210ª. 2, 328ª). Konr. (Troj. 16648, *nicht comp.* der m. spil 9151. 12957). Ettm. *briefe* 15, 17. Lieht. 448, 4 (*nicht comp.* der m. spil spiln 522, 4. 573, 10).

minne-spruch *stm. urteil der schiedsrichter, gütl. vergleich, gegens. zu* rehtsspruch S.Gall. *chr.* 9. 11. 20.

minnest, minst *sup. zu* min (II. 176ᵇ) minist Roth. 2923. Kchr. *D.* 334, 23: 1. *adj. kleinst,* der minnist vinger Glaub. 2741. Gen. *D.* 6, 2. iur bruoder der minnist *ib.* 90, 12. 27. 94, 24. der minnist sun *ib.* 91, 25. 95, 4; geringst Nib. 1598, 8 *var.* Kl. (759). Büchl. Bit. Geo. Ms. dîn drô ist uns alzoges der minist Kchr. *D.* 334, 23. der minst unz an den meisten Beliand 3586. der minneste Pass. 131, 7. 343, 8. die minnesten *ib.* 105, 4. 340, 11. 58. 348, 69. die minneste Chr. 9. 637, 21. daz minneste wîp Lanz. 6056. 65. der minste schade Chr. 4. 158, 21. 23. daz minste zuo dem meisten Reinfr. *B.* 13186. den minsten zuo den merren solt du êre bieten *ib.* 14334. 17666. zuom minsten, *mindestens* Chr. 8. 107, 2; 9. 868, 12. zem minsten Reinfr. *B.* 22249. Heinz. 167. Mgb. 184, 32. 416, 5, zem aller minnesten j.Tit. 5283. — 2. *adv. mindest, wenigst* Pass. Wig. Gen. *D.* 111, 17. aller minnest Chr. 8. 230, 11. 344, 16, minst Mgb. 270, 9.

minne-strâle *stf. liebespfeil.* wan daz mich ir m. in daz sende herze schôz Neif. 13, 20.

minne-stric *stm.* (II². 681ᵇ) *s. v. a.* minnebant Neidh. Msh. 1, 93ª. Mai 56, 34.

minne-süeze *adj. liebessüss.* ein minnesüezer lip Msh. 2, 61ª. mit minnesüezen vreuden durchgiezen Myst. 1. 383, 1.

minne-swære *stf. liebesleid* Reinfr. *B.* 12361.

minne-tac *stm.* (III. 6ª) *versöhnungstag, zusammenkunft zu gütlichem vergleiche* Ot. des macht wir pêdenthalben einen mintak hintze Pusleistorf Stz. 254.

minne-teil *stn. liebesteil* Beliand 4179.

minne-tockel *stn. liebespüppchen* Apoll. 15162.

minne-tôt *adj.* (III. 63ª) *vor liebe tot* Trist. *H.* 6535.

minne-tranc *stnm.* (III. 93ᵇ) *liebestrank* Lobges. 14, 9. Part. *B.* 6957. 92.

minne-trit *stm.* (III. 100ᵇ) *liebestritt* Trist. 18053. *vgl.* minnenganc.

minne-trût *stn. liebchen, geliebte.* wie er im ein minnetrout erkiese j.Tit. 1865.

minne-tuc *stm.* (III. 126ᵇ) *pl.* minnetücke, *liebesstreich* Engelh. 943.

minne-twingen *stn. liebeszwang, -not.* wirt ir kunt dîn minnetwingen Msh. 1, 72ᵇ.

minne-var *adj.* (III. 238ᵇ) *nach liebe od. lieblich aussehend* Konr. (Troj. 382. 5785. 20922). Türl. *Wh.* 33ᵇ. 105ª. 112ª. 140ª. Lieht. 448, 7. 570, 2. 580, 28. 581, 10. Ab. 1. 84, 205 *var.* minnenvar Msh. 2, 360ª.

minne-veige *adj.* (III. 290ª) *durch liebe dem tode verfallen* Trist. *H.* 6535.

minne-vingerlîn *stn.* (III. 323ᵇ) *ring als liebeszeichen gegeben u. getragen* Winsb. 9, 2.

minne-viur *stn.* (III. 332ᵇ) *liebesfeuer* Walth. der ouch von minneviures rôst ist mager und gerumpfen Heinz. 786. in dem minnefiure verbrinnet schulde Myst. 2. 655, 30. got der aller sament ein minnenviur ist *ib.* 1. 357, 18. *nicht compon.* von der minne viure lîde ich sende nôt Msh. 1, 210ª.

minne-vlamme *stf. liebesflamme.* ein wîp klâr unde fîn, diu minneflamme dempfet Msh. 2, 331ª.

minne-vluz *stm.* der heilige geist der si mit iu, der ein minnevluz dem vater hinze dem sune unde dem sune hinze dem vater ist MYST. 1. 397, 16.

minne-vride *swm. liebesfriede* WACK. *pr.* 66, 42.

minne-vruht *stf. liebesfrucht* HIMLF. (HPT. 5) 1779.

minne-vünkelîn *stn. kleiner liebesfunke* MYST. 2. 32, 4.

minne-warm *adj. liebeswarm* BELIAND 2138.

minne-wëc *stm. liebesweg.* den rehten minnewec gân N. *v. B.* 219.

minne-wërc *stn.* (III. 589ᵇ) *liebeswerk* MYST. MERSW. 102; *s. v. a.* minnespil: si lâgen in der wunne mit senfter unmuoʒe und triben dâ vil suoʒe ir vil reiniu minnewerc ENGELH. 3159.

minne-wîse *adj.* (III. 753ᵇ) *in der liebe erfahren.* ich bin alsô minnewîse MSH. 2, 61ᵃ;

minne-wîse *stf.* (III. 756ᵇ) *liebeslied* MSH. 2, 173ᵃ.

minne-wunde *swf. liebeswunde.* sîn altiu minnewunde erniuwet unde erfrischet wart PART. *B.* 12538. siech von minnewunden NEIF. 38, 21. wer kan mannes minnewunden heilen? MSH. 1, 357ᵇ.

minne-wunder *stn. liebeswunder.* ein minnewunder mir geschach: daʒ houbet mîn mir nider seic, mîn herze siuft, mîn munt der sweic LIEHT. 119, 22.

minne-wunt *adj.* (III. 823ᵃ) *von liebe wund* ENGELH. TROJ. 22852. LIEHT. 131, 7. 521, 24. 548, 16.

minne-wurz *stf.* (III. 829ᵇ) HPT. 6. 324, 219. *vgl.* minwenwurz, peonia DFG. 424ᵃ, mimwenwortze *n. gl.* 286ᵇ, minwenkraut NEMN. 2, 833.

minne-zæme *s.* minnenzæme.

minne-zeichen *stn.* (III. 863ᵇ) *liebeszeichen: die wundmale Christi* MYST. FRONL. 24. 38. KELL. 40, 18. CHR. 9. 736, 3 *var. nicht comp.* dîner minnen zeichen MARLD. *han.* 94, 36.

minne-zic *stm. liebesdruck, -zeichen.* wan er dicke minnezicke mac im dâ erzeigen MSH. 2, 299ᵃ.

minne-zierde *stf. liebesschmuck* AB. 1. 84, 211 *var.*

minne-zunder *stm.* (III. 897ᵃ) *liebeszunder, was die liebe entflammt* MYST. ALTSW. 118, 2. *nicht comp.* der m. zunder REINFR. *B.* 3048, zundel LS. 2. 339, 84.

minne-zwî *stn. s. v. a.* minnerîs. swen ir berndez minnezwî niht ergeilen künne KONR. *lied.* 11, 47.

minnic- *s.* minnec-; **minnige** *s.* menige.

minr- *s.* minner-.

min-sam *s.* minnesam.

minsch, minsche *s.* mensche.

minst *s.* minnest.

min-tac *s.* minnetac.

mînt-halp, -halben *s.* mînhalp. -halben.

minûte *f. minute,* minutum Voc. 1482. WOLK. 56. 1, 11. RCSP. 1, 318 (*a.* 1418).

minwe *s.* minig.

minwen-wurz *s. unter* minnewurz.

minze, minz *swstf.* (II. 186ᵇ) *münze* Voc. *o.* MSH. 2, 295ᵇ: *minze, eine pflanze* GL. (rœmische m. menta crispa DIEF. *n. gl.* 250ᵇ. sant Marie m. sisimbrium Voc. 1482). GEN. *D.* 9, 15. MART. 27, 21. 213, 30. MGB. 387, 7. 408, 8 *ff. — aus mlat.* menta WACK. *umd.* 57.

minzen-blat *stn.* minzenblatt MERV. 698. MGB. 408, 20.

minzen-saf *stn.* (II². 13ᵇ) *minzensaft* MGB.

minzen-sâme *swm. minzensame* PF. *arzb.* 1, 29.

minzen-souc *stm.* (II². 724ᵃ, 34) *minzensaft* DIEM. *arzb.*

mîol *stm.* (II. 187ᵃ. 231ᵃ) *pokal, hohes trinkglas ohne fuss* FRL. eʒ kan glenzen sam durch einen klâren mîol lûter wîn MSH. 2, 334ᵃ. m u j o l SUM. — *schweiz.* meiel STALD. 2, 205 *aus ital.* miolo, *lat.* mediolus WACK. *umd.* 25.

mir *s.* wir.

mir *dat. s. des pron. der 1. person* (II. 175ᵃ) *allgem., zuweilen* mier WWH. BON. ULA. *nr.* 112 (*a.* 1311). miere: schiere WOLK. 61. 1, 8. mire DIEM. 316, 5. mer (*md.*) PF. *üb.* 10, 558. mie MD. *ged. zu* 2, 282. mi Ms. WOLK. 80. 1, 3. *s.* WEINH. *b. gr.* § 357.

mîr *s.* mîn 2.

mirâkel *stn. wunder* N. *v. B.* 155 *f.* 324. HANS 3052. ZIMR. *chr.* 1. 58, 17. — *aus lat.* miraculum.

mir-bôm, -dorn *s.* mirrenboum, merdorn.

mire *s.* mir.

mirgel *s.* mergel.

mirken, mirkêre *s.* merken, merkære 1.

mirre, mirr *swm. myrrhe.* der mirr DFG. 363ᵃ. MGB. 374, 28: von dem arabischen mirren *ib.* 369, 24 *ff.;*

mirre *swf.* (II. 187ᵃ) *st.* PF. *üb.* 153, 36: *dasselbe* DFG. 363ᵃ. KINDH. BARL. RUL. 261, 1. GEN. *D.* 9, 10. ERINN. 573. ULR. *Wh.* 108ᵃ. HIMLF. 518. W. *v. Rh.* 210, 5 *u. ö.* HELMBR. 1306. LS. 2. 386, 38. ELIS. 3560. ALBR. 22, 133. PASS. 26, 13, 31. 260, 60. MARLD. *han.* 44, 39. 45, 4. FRONL. 28. CHR. 8. 499, 17; *bildl. von der jungfrau Maria* GSM. DENKM. XXXIX. 11, 3. — *aus gr.* μύῤῥα *vom*

arab. murr, *bitter,* marra, *bitter sein* WEIG. 2, 224.
[mirre-kafse MARIENGR. 199] *s.* kasse.
mirrel *stn. dem. zu* mirre, *die frucht des myrrhenbaumes* MGB. 370, 8;
mirren *swv.* gemirret, *myrrhatus* EVANG. *Mr.* 15, 23.
mirren-bërc *stm. berg, auf dem* m. *wachsen* FRONL. 28.
mirren-boum *stm. myrrhenbaum,* mirrus MGB. 374, 26. DFG. 336ᵃ (mirbôm), *n. gl.* 254ᵇ.
mirren-bühse *f. myrrhenbüchse* MART. 96, 85.
mirren-büschel *stm. myrrhenbüschel* FRONL. 27;
mirren-büschelîn *stn.* GERM. 7, 350.
mirren-korn *stn.* MARLD. *han.* 44, 31.
mirren-salbe *f.* mirtum DFG. 363ᵃ.
mirren-stücke *stn.* FRONL. 27.
mirren-trouf *stn. myrrhentraufe: Maria* MSH. 2, 361ᵃ. AB. 1. 85, 231 *var.*
mirren-vaȥ *stn.* (III. 282ᵃ) *myrrhengefäss: Maria* GSM. 198.
mirren-zaher *stm. harz des myrrhenbaumes* MGB. 374, 24.
mirre-stat *stf.* mirretum Voc. 1482.
mirrisch *adj. zu* mirre. mit mirrischen (*var.* mirtischen) öl salben HB. *M.* 555.
mirtel *stm.?* myrta GL. *Virg.* 3, 155. eine frucht, haiszet mirtel, und het man sy auch in der appodeck MYNS. 43.
mirtel-ber *stm.* MGB. 333, 6. *beere vom*
mirtel-boum *stm.* (I. 228ᵇ) mirtus DFG. 363ᵃ, *n. gl.* 254ᵃ. MGB. 331, 32 *ff.*; *bildl. von der jungfrau Maria* GSM. 1316. *vgl.* mistelboum.
mirtelboum-gewehst *stn.* mirtetum Voc. 1482.
mirtel-öl *stn.* (II. 436ᵇ) *myrtenöl* DIEM. *arzb.*
mirtel-sâme *swm.* (II². 26ᵃ) *myrtensame ib.*
mirtel-stûde *swf.* (II². 707ᵇ) mirtus DFG. 363ᵃ.
mirtisch *adj. s. unter* mirrisch.
mis, -sses *adj. mangel habend, entbehrend mit gen.* er was niht mis meister Uolrîchen OT. (KCHR. 2. 596, 113). heiles und fromen mis KIRCHB. 646. *s.* GERM. 8, 473 *u.* misse;
mis, mis- *s.* misse, misse-.
mîs *s.* mîn 2.
mische *stf.* (II. 187ᵇ) *mischung* FRL., *vgl.* j.TIT. 5903.
mische-kanne *f. mischkanne.* ein ubergulte mischekanne MONE 6, 248 (*a.* 1399). RCSP. 1, 668 (*a.* 1402). mischkandel FASN. 1215. CHR. 3. 347, 36; *dem.* mischkendelîn TUCH. 289, 21, *vgl.* mischelkennelîn.

mischelinc, -ges *stm. mischkorn.* 40 metzen mischlings (compositum) URB. *Pf.* 173 *ff.*
mischel-kennelîn *stn. mischkännchen* MONE z. 8, 284 (*a.* 1431).
mischeln *swv.* (II. 187ᵃ) *s. v. a.* mischen. wîz, rôt, brûn gemischelt wol MSH. 1, 342ᵃ. diu milte bî der kiusche sol gemischelt sîn *ib.* 2, 309ᵇ. mischlôn LESEB. 303, 5. mislôn *ib.* 11;
mischen *swv.* (*ib.*) müschen, muschen OT. 147ᵃ. ALTSW. 214, 36. HB. *M.* 252. ZIMR. *chr.* 4, 676ᵃ. missen ELIS. 4318. mëssen *ib.* 4375; *prät.* mischete, mischte, miste (ALBR. 14, 143), *part.* gemischet, gemischt, gemisset (ELIS. 4318), gemist (DFG. 364ᵉ), gemüschet KRONE 20128. ALTSW. 237, 29. gemust ZIMR. *chr.* 1. 147, 22 —: *tr. u. refl. mischen, mengen* NIB. TRIST. WIG. KREUZF. der himil regnôte mit dem viure den schour, beidiu gemischtiu EXOD. *D.* 144, 28. sô wirt ir schîn gemischet swarz REINFR. *B.*12241. gemischter wein MGB. 353, 18, rouch HELBL. 7, 504. gemischet wart der strît, *die kämpfenden gerieten unter einander* GUDR. 1419, 1. dâ si sich solten m. (*im kampfe*) KARL 5571. zesamene m. GEN. *D.* 7, 14. ENGELH. 3269. dar under m. ER.² 7542. rôtvar durch weiz gemischet MGB. 21, 26. durch einander m. ALTSW. 237, 29. mischen in RENN. JER. ich wil dich kleiden als ein wîp und in ir schar dich m. TROJ. 14207. mischen mit JER. ALBR. 14, 143. wol gemischet mit golde EN. 224, 17. MGB. 216, 25. 248, 26. daz er sîn liep mit leide mischete ENGELH. 2623. diu gnâde ist gemischet mit rehte WG. 8330. mit gûten werken den gotes zorn m. (*besänftigen?*) VET. *b. L.* 19, 39. mischen ûz: der mensch ist gemischet (*zusammengesetzt*) auȥ den vier elementen MGB. 3, 21. gemüschet von golde KRONE 20128. mischen zuo MAI. waȥȥer zuo dem wîne m. GEN. *D.* 30, 16. zelest mûȥ er doch werden gemischet zo der erden L. ALEX. 7234. dâ ze brôte mischen dîn heilic lip beginnet sich KONR. *lied.* 32, 29. PF. *üb.* 71, 100. si mischete sich zû der gemeinen diet ELIS. 3020. sich zuo einer m., *sie beschlafen* HB. *M.* 252. *mit dat.* er wart gemisset der gesellschaft ELIS. 4318. swer dem andern mischet einen huorensun, *ihn einen h. schilt* AUGSB. *stb.* 75. — *mit* m., durch-, ge- (EN. 201, 20. 315. 34. ERACL. 4532. LANZ. 3355. MGB. 477, 12), un-, under-, ver-. *zu skr.* mix, *mischen,* miçra *vermischt, gr.* μίσγω, *lat.* misceo CURT.³ 312. FICK² 153. Z. 1, 136;

mischen *stn.* REINFR. *B.* 12235. 94. ELIS. 4375 (mëssen).
mische-vart *stf.* (III. 254ᵃ) *vermischung* FRL. *ml.* 5, 6.
mischic *adj.* (II. 188ᵃ) *promiscuus, mischig* DFG. 464ᵇ.
misch-kandel, -kendelîn *s. unter* mischekanne.
misch-lëder *stn.* mollicoreum Voc. *S.* 1, 22ᵇ. *vgl.* DFG. 365ᵉ.
mischlôn *s.* mischeln;
mischunge *stf.* mixtio DFG. 364ᶜ. MGB. 475, 28. 32.
misekar *s.* misenkar.
misel *stf. s.* müsel.
misel *adj.* (II. 188ᵃ) *aussätzig, in* miselsiech, -suht. — *aus mlat.* misellus (DFG. 363ᵇ), *bezogen auf ahd.* mislôn, *mhd.* mischeln WACK. *umd.* 57;
misel *stmn.?* (*ib.*) *aussatz*, lepra DFG. 324ᵉ, *n. gl.* 232ᵃ. der helle m. FRL. *fl.* 9, 18.
misel-glîch *s. u.* miselsuht.
misel-siech *adj.* (II². 356ᵇ) *aussätzig* URST. (107, 25). TRIST. *U.* SSP. 1, 4; 3. 54, 3;
misel-suht *stf.* (II². 359ᵃ) *aussatz* DIEM. EXOD. A. HEINR. KONR. (SILV. 1249. 1793). LIEHT. BARL. PASS. ERINN. 316. W. v. *Rh.* 146, 51. AMIS 825. KOL. 257, 426 *ff.* meselJER., masel- MONE 4, 305, lepra Voc. 1482, muselsuht KCHR. 4293. miselsuht, miselglîch, morphea DFG. 368ᵇ, *n. gl.* 257ᵇ.
misel-suhte *swm. der aussätzige* MART. 29, 27;
misel-sühtic *adj.* (II². 360ᵃ) *aussätzig* SPEC. BARL. ENGELH. ALEXIUS 66, 1113. BPH. 5494. SWSP. 102, 14. *L.* 2, 59. musel- KCHR. 5672, müselsühtic PF. *üb.* 132, 565. HB *M.* 244. *md.* miselsuhtic LEYS. SERV. KKEUZF. ROTH *pr.* 77. ELIS. 7382. W. v. *N.* 39, 1. maselsuhtic *ib.* 39, 31. 34. 40, 3. PF. *üb.* 13, 777.
misencar *stn.* (II. 188ᵃ) *das lange messer, das neben dem schwerte getragen ward, mlat.* misericors *genannt* (BRÜNN *r.* 541) *u. daraus umgedeutscht mit beziehung auf* kar, *gefäss* WACK. *umd.* 57 *f.*: misen-, misicar HELBL. sîn swert ist wol gesliffen, ein misekar er truoc (*var.* miusekar, mistkorp) NEIDH. XLVIII, 1; misencorde *swn. ib.* 91, 24 (*var.* misekor, misericar).
mislôn *s.* mischeln.
mispel *f.* (II. 188ᵃ) *mispel*, escula, esculum DFG. 210ᵇ (*auch* mespel, nespel, mistel), *n. gl.* 156ᵇ (*auch* eschpel, mistel), mespilum DFG. 359ᵃ. lentiscum: mispel, mestel *ib.* 324ᵃ. — *aus gr.* μέσπιλον, μεσπίλη WEIG. 2, 167. *vgl.* nëspel.
mispel-ber *stnf.* (I. 104ᵇ) lentiscus DIEF. *n. gl.* 232ᵃ. Voc. *S.* 2, 11ᵇ. mispelnber SUM.
mispel-boum *stm.* (I. 228ᵇ) *mispelbaum*, esculus, lentiscus, mespila DFG. 60ᵃ. 324ᵃ. 359ᵃ (*auch* mistelbom).
misper *s.* mistber.
missachel *s.* mëssachel.
misse *s.* mësse.
misse, mis *stf.* (II. 188ᵃ) *das fehlen, mangeln.* sunder misse PARZ. LOH. 5380. KIRCHB. 810, sunder mis *ib.* 644. 691, *mit gen.* ir deheiner hête misse nihtes EXOD. *D.* 142, 3. ich het iur misse, ob ir vuoret hinnen *ib.* 145, 34. *vgl.* GERM. 8, 473;
misse-, mis- (*ib.*) *in zusammensetzungen wechsel, irrtum, verkehrung ins böse, verneinung bezeichnend* (WACK. 200ᵃ). — *gt.* missa *adj.* (*vgl. oben* mis) *in* missadêds *missetat*, missaleiks *verschieden*, missaqiss *wortstreit und* missô *adv. einander, wechselseitig zu skr.* mithas *wechselweise, gr.* μετά *mit, vgl.* CURT.³ 197. GSP. 244. FICK² 154, 836.
misse-ahten *swv.* (II. 188ᵇ) *misachten* JER.
misse-bære, -bâr *stf. übles befinden u. gebärden, leidwesen, klage.* von weinen dreib ez (kint) grôz missebâre MALAG. 22ᵇ. sie sluogen al ir hende zuo samen und triben alsô grôz missebâr MONE 6. 199, 440. *vgl.* missehabe;
misse-bâren *swv.* (II. 188ᵇ) *sich ungebärdig benehmen, betragen* SWSP. 203, 3. SSP. 2, 63.
misse-bieten *stv. III.* (I. 188ᵇ) *mit dat. d. p. einen auf unglimpfliche weise behandeln, ihm ungebührliches zufügen, ihn angreifen* NIB. PARZ. LEYS. L. ALEX. 6326. ROTH. *R.* 1017. ROSENG. 2016. BIT. 2401. 8293. HPT. 7. 355, 32. JÜNGL. 219. RUBIN 3, 12. PF. *üb.* 185, 6. MERV. 579. GA. 3. 27, 209. DÜR. *chr.* 147;
misse-bieten *stn.* (*ib.*) *unglimpfliche behandlung* NEIDH. 96, 1. MSH. 1, 190ᵇ. 3, 436ᵇ. MSF. 109, 27. RUBIN 8, 23;
misse-bietunge *stf.* m. gote, *unehrerbietigkeit gegen gott, gottlosigkeit* DÜR. *chr.* 99. 483.
misse-brîsen *swv. s.* misseprîsen.
misse-brûchen *swv.* abuti DFG. 6ᵇ, *n. gl.* 5ᵃ. FROMM. 2, 445ᵇ.
misse-bû *stm. misbau, schlechte bestellung des feldes, weinberges.* waz sich missebûwes

vindet Mone z. 7, 187. misbû Gr.w. 4, 127. 5, 59;

misse-bûwære *stm. der das feld od. den weinberg schlecht bestellt* Gr.w. 5, 59;

misse-bûwen *an. v. schlecht bauen, bebauen* Ulr. *Wh.* 137ᶜ.

missec *adj. verschieden, zu folgern aus*

missec-heit *stf.* (II. 189ᵇ) *verschiedenheit* Pass. 58, 20;

missec-lich *adj.* (*ib.*) *verschiedenartig* Windb. *ps.*

misse-dâht *stf.* (I. 350ᵃ) *verdacht* Trist. 15280; *part. s.* missedenken;

misse-danc *stm. falscher, schlechter gedanke.* ir zuht grüenet über al, missedanc ist an ir val Altsw. 124, 2.

misse-dât *s.* missetât.

misse-denken *swv. an.* (I. 348ᵇ) *falsch denken, sich irren* Iw. 7028. alsiẓ herze missedenket, daẓ iẓ zwîvelet alsô tougen Glaub. 1138. daẓ ist wâr und niht missedâht Ga. 1. 462, 288.

misse-dienen *swv.* (I. 370ᵃ) *einen schlechten dienst leisten, beleidigen mit dat.* Nib. 865, 2.

misse-dîhen *stv. II. misraten, schlecht werden.* daẓ diu werlt sô missedêch Roth *dicht.* 16, 123, *denkm.* 109, 123.

misse-dœnunge *stf.* misstenung, *absonus, dissonus* Dief. *n. gl.* 4ᵇ. 138ᵇ.

misse-dunken *swv. an.* (I. 360ᵃ) *mich missedunket, ich habe eine falsche ansicht* Gen. 69, 37.

misse-enden *swv. schlecht enden* Flore 907 *var.*

misse-gân, -gên *v. an. red.* (I. 472ᵇ) *fehl gehn, fehl schlagen.* daẓ manic sache missegât Reinfr. *B.* 5117. nu missegînc der selbe rât Pass. 213, 515; (*die im* Wb. *aufgestellte bedeut. „misfallen" zu streichen* = missehagen Msh. 2, 46ᵃ); *unpers. mit dat. übel gehn, fehl schlagen* Nib. Hartm. (Er.² 723. Büchl. 1, 648. 2, 617. 761. Msf. 216, 28). Trist. Wig. Walth. Freid. Bon. sô kan dir niemer missegân Reinfr. *B.* 15039. 109. eẓ was in missegangen *ib.* 25630. sweme nû ist missegangen Pass. 79, 69. so mohteẓ ir wol missegân *ib. K.* 177, 37. sîm land niht missegie Albr. 18, 28. und misgieng unsern dienern, daẓ Leseb. 940, 9. dô Jôseph an niht missegie Gen. *D.* 78, 7. nu ist uns dar an missegân Bit. 4468.

misse-gëben *stv. I, 1* (I. 505ᵃ) *eine sache schlecht machen, das ziel verfehlen* Wig. 164, 26.

misse-gegerwe *stn.* (I. 481ᵃ) *messgerät* Gr.w. 2, 444.

misse-gëlten *stv. I, 3. übel entgelten. ndrh.* dat leist got ein ganze stat misgelden Fromm. 2, 445ᵇ.

misse-geschëhen *stv. I, 1* (II². 115ᵃ) *unpers. mit dat. übel ergehen* Krone 5274. 23945;

misse-geschiht *stf.* (II². 117ᵃ) *unglücklich auslaufende begebenheit, misgeschick* Krone 23182. 659. 26058. *vgl.* misseschiht.

misse-gewahs *stn. miswachs* Gr.w. 1, 293;

misse-gewehse *stn. dasselbe* Beisp. 161, 10.

misse-gihtic *adj.* (I. 516ᵇ) *verleugnend mit gen.* Oberl. des wârent die von Bern misgihtic Just. 162.

misse-gloube *swm. mistrauen, argwohn, diffidentia* Dfg. 181ᵇ. Rcsp. 1, 326 (*a.* 1418);

misse-glouben *swv. mit dat. glauben weigern* Elis. 8686; *tr. etw. misgelouben, nicht glauben* Reinfr. *B.* 13041. *vgl.* misselouben;

misse-gloubic *adj. misglaubich werden, in verdacht (des wortbruches) kommen* Arn. 71 (*a.* 1432).

misse-glück *stn. misgeschick* Beisp. 55, 6.

misse-grif *stm. fehlgriff, nachlässigkeit.* allen missegrif rüegen Kaltb. 4, 28. disen schôen ist missegrif getân Roth. 2066. 96 (*vgl.* Gr. 4, 609 *anm.* 2; *R. liest:* diser schôe ist missegrîfen getân 2074. 2104);

misse-grîfen *stv. II.* (I. 571ᵇ) *fehlgreifen* j.Tit. 1928. Apoll. 14192. Gr.w. 5, 28.

misse-habe *stf.* (L 602ᵇ) *s. v. a.* missebære Reinh. 816;

misse-haben *swv.* (I. 601ᵃ) *refl. sich übel befinden* Lanz. Pinte begunde sich m. Reinh. 135; *trauern, sich grämen* Er. und muoẓ mich immer m., irne helfet mir uber disen graben Aw. 3. 216, 31. diu maget und der jungelinc missehabten sich sêre Flore 6483. *mit gen.* Er., *mit präp.* Flôre missehabete sich umb sîner friundîn ungemach Flore 6670;

misse-haben *stn.* (*ib.*) Er.² 7565.

misse-hage *stf. misfälliges benehmen* Elis. 2143. *vgl.* missehegede;

misse-hagen *swv.* (I. 608ᵇ) *nicht wol gefallen, unerfreulich sein, misbehagen mit dat.* Licht. Silv. Troj. 15884. Part. *B.* 4340. Pass. (*K.* 63, 90. 70, 84. 155, 74. 233, 78). Nib. 1028, 4. 1336, 2 *var.* Ath. *B.* 16. Msh. 2, 358ᵇ. 3, 71ᵃ. 293ᵇ. Ulr. *Wh.* 138ᵇ. 141ᵈ.

Hpt. 2, 133. Fromm. 2, 445ᵇ. Karlm. 121, 1. Fasn. 720, 19. displicere Dfg. 186ᵇ;
misse-hagen *stn.* Myst. 2. 560, 17;
misse-hagunge *stf.* Hpt. 15. 402, 32.
misse-halten *stv.* red. *I, 1* (I. 622ᵇ) *auf fehlerhafte weise halten* Tund. 58, 39.
misse-handel *stm. vergehen, missetat* j.Tit. 2476. Beisp. 172, 18. 19. Mone *z.* 6, 7;
misse-handelære *stm.* niht missehandelâr, non injuriosus Br. 23ᵇ, *vgl.* Rotw. 2, 347;
misse-handeln *swv.* (I. 633ᵃ) *tr. übel behandeln* Büchl. Engelh. Troj. 14793. 15531. Konr. *lied.* 31, 34. Reinfr. *B.* 4079. 16506. Rennew. 14, 122. Fromm. 2, 445ᵇ. m. nâch Pf. *üb.* 5, 212; *refl. sich im handeln verfehlen* Krol. 2292;
misse-handelunge *stf.* wer umb missehandelunge und letzunge (propter offensas et lesiones) in gesatzt wirt Mühlh. *rgs.* 71.
misse-hære *adj.* (I. 635ᵃ) *verschiedenhaarig, schillernd* Trist. 15826. Eilh. 2045.
misse-heben *swv.* wær och an disem brief kain nôtdürftig wort, sillab oder buochstap mishept, misschriben oder vergessen Mz. 1, 402 (*a.* 1386).
misse-hegede *stf.* (I. 608ᵇ) *s. v. a.* missehage Elis. 4098.
misse-heil *stn.* (II. 188ᵇ) *unheil* Jer.
misse-hël *adj. mishellig, uneins, nicht übereinstimmend.* sîn volc ist gar ze freidic und alze missehelle Troj. 24741. an êren missehel Pf. *üb.* 162, 72;
misse-hël, -lles *stm. mishelligkeit, streit* Ad. 1, 632. Usch. 306 (*a.* 1375). Chr. 9. 1034, 33; *md.* missël, mëssël *stn.* (II. 190ᵇ) Weist.;
misse-hëlle *stf.* (I. 685ᵃ) *dasselbe* Himlr. 293. Roth. (*R.* 2013). Troj. 1499. 530. 3510. Chr. 8. 73, 8. 408, 5. 441, 25; 9. 825, 26. Gaupp 1, 90. discordia Dfg. 185ᵃ;
misse-hëllec *adj. s. v. a.* missehël Spec. 182. Chr. 8. 488, 13. misshellig, dissonus Dfg. 187ᵃ, *n. gl.* 158ᵇ (*auch* misselig). discors Dfg. 185ᵃ;
misse-hëllec-heit *stf. mishelligkeit* Beisp. 73, 26;
misse-hëllen *stv. I, 3* (I. 684ᵇ) *verschieden tönen, mislauten* Frl., absonare, dissonare Dfg. 5ᵇ. 187ᵃ; *nicht übereinstimmen, mishellig sein,* discrepare Dfg. 185ᵃ. Trist. die missehellenten, dissidentes Schm. *Fr.* 1, 1081. wære aber, daz die viere missehüllent, sô sulnt sie ein gemeinen obeman erkiesen

Ad. 747 (*a.* 1285). dî mêr si missehellen under sich Glaub. 336, *mit gen.* Ms. (Konr. *lied.* 2, 57). *mit präp.* swâ si under einander missehellent umbe ein urteil Swsp. 148, 4; *verschieden sein, sich unterscheiden von:* uppige gülliche missehillet niht harte von hôhvart, si hânt eine arte Mone 8, 59;
misse-hëllen *stn. uneinigkeit.* sunder missehellens kunst Heinr. 2199;
misse-hëllunge *stf.* (I. 684ᵇ) *mishelligkeit,* dissonantia, dissonus Dfg. 187ᵃ. Erinn. Serv. Griesh. (1, 75. 76. 135). Roth *pr.* 62. Lit. 219, 24. Kchr. 18253. Troj. (1263). Msh. 2, 153ᵇ. Ls. 1. 35, 88. Beisp. 73, 22. Mw. 254, 1 (*a.* 1315). Mz. 3, 131 (*a.* 1344). Ea. 54.
misse-heltic *adj.* unainig und misshältig (mishellig?) Zimr. *chr.* 1. 3, 23,
misse-henken *swv.* ob diu insigel bruchig oder unbekantlich oder missehenket wurden oder wæren Mz. 1, 361. 402 (*a.* 1372. 86).
misse-hoffen *swv. verzweifeln,* desperare Dfg. 176ᵇ. duo die jungere missehoffeden al gemeine, inde dû stêde blives al eine Marld. *han.* 57, 13;
misse-hoffenunge, -hoffunge *stf.* (I. 702ᵇ) desperatio Dfg. 176ᵇ;
misse-hoffer *stm.* desperator *ib.*
misse-hüeten *swv.* (I. 732ᵃ) *schlecht acht haben, absol.* hânt mîn munt, mîn sin biz har sehender missehüetet Reinfr. *B.* 12829, *tr. u. refl.* Reinh. Troj. Mart. leit bî liebe dicke lît, dâ man sich missehuotet Reinfr. *B.* 2803. ob er sich missehüetet *ib.* 4911. 22526. dar an hât der jüngelinc sich missehüetet *ib.* 8717. nû hâst dû dich an im missehuot Er.² 6103. dû hâst dû dich vil dicke missehüetet gein im Heinz. 124. 44, 4. daz er sich mit schimphe gên dir hât missehüetet Reinfr. *B.* 5635, *mit gen.* sô daz ich diner êren nimmer missehüete Msh. 2, 125ᵇ; *absol. die heerden hüten, wo es nicht erlaubt ist* Weist. (4, 263. 71).
misse-hügen *swv. sich vergebl. hoffnung machen, sich in seinen voraussetzungen irren* Pf. *forsch.* 1, 82.
misse-huote *stf. unachtsamkeit, unvorsichtigkeit* Just. 380, *md.* missehüte Erlœs. 810.
misse-jëhen *stv. I, 1* (I. 515ᵃ) *fälschlich od. mit unrecht sagen, leugnen, mit gen. od. abhäng. s.* Oberl. 1052. Mone *z.* 13, 445 (*a.* 1357). *wegen* Er. *s.* missesëhen;
misse-jëhen *stn.* ein sælic man ân allez missejehen Vilm. *weltchr.* 37.

misse-kêren *swv.* (I. 798ᵃ) *tr. falsch wenden, umwenden, verkehren.* diu swert m. Ms. (NEIDH. 227, 7). daz insigel missehenken oder misskeren Mz. 1, 402 (a. 1386). und sollent es (holz) nit misskêren das hinderteile vor GR.w. 5, 615. daz wart allez missekêrt Ls. 2. 159, 80. *mit dat.* dem hete der tûfel sîn antlitze missekêret VET. b. 7, 2; — *intr. eine falsche richtung einschlagen.* wir sîn missekêret, uns hât diu wîsheit unrehte gelêret RAB. 373.

misse-komen *stv. I, 2* (I. 906ᵃ) *mit dat. schlecht, übel bekommen* GR. RUD. KROL. L.ALEX. 6588. GA. 3. 68, 939. KARLM. 234, 45. FROMM. 2, 445ᵇ; *nicht zukommen, nicht ziemen* REINFR. B. 5097.

missël *s.* missehël.

misse-lâzen *stv. red. I, 2* (I. 951ᵃ) *durch einen fehler vorbeilassen, übersehen* OBERL. 1052. HADAM. 7. 42.

misse-, mis-lich *adj.* (II. 189ᵃ) *verschieden, verschiedenartig, mannigfach* GEN. (D. 24, 9. 48, 2. 76, 11. 80, 34. EXOD. 148, 30). EN. SERV. TUND. HARTM. (ER.² 2559. 7309. A. HEINR. 167. 1002. 1483). BARL. PASS. (H. 41, 25). mislîche diet KCHR. D. 415, 5. mislîche gâben LIT. 163. sie gâben im misselîchen rât FLORE 3744. in misselîcher wîse REINFR. B. 23083. des natûr ist mislich WIGAM. 1102, *mit gen.* varwe was er mislich EXOD. D. 128, 34; *ungewiss, zweifelhaft* Iw. PASS. misselîcher muot KCHR. D. 395, 31. ez ist mislich BERTH. 383, 13. 18. KARLM. 174, 43. swaz sie solher mære funden von misselîchen oder von wâren HIMLF. 53. mislich gluck, fortuitu DFG. 244ᵇ. an gelubeden mislich, *wankelmütig in den versprechungen* HERB. 3646; *unbestimmte furcht erregend* (WACK.), daz weter wart mislich RUL. 241, 6. — *gt.* missaleiks, *verschieden, mannigfach;*

misse-, mis-lîche, -en *adv.* (II. 189ᵇ) *mannigfach wechselnd, verschiedenartig* EN. WIG. MYST.; *ungewiss, vielleicht, fortassis, fortuitu* DFG. 244ᵃ *f.; übel angemessen, übel* KL. 77;

misse-lîchen *swv.* (I. 970ᵇ) *misfallen mit dat.* GEN. KCHR. D. 508, 3. GLAUB. 3704. ERINN. 340. FDGR. 2. 140, 11. PHYS. 30, 41. DIUT. 3. 278, 3.

misse-linge *stf.* (I. 1001ᵇ) *schlechter erfolg, unglück* TRIST. (15065). ENGELH. TROJ. 4659. 21508. REINFR. B. 2656. 10700. Ls. 2. 161, 141. 580, 184. misselunge (: ebenunge) ERLŒS. XIII, 167;

misse-lingen *stv. I, 3* (*ib.*) *misglücken, fehlschlagen.* wan daz wær' misselungen, denn das hiesse übel gelungen BÜCHL. 1, 1351, *unpers. mit dat.* DIEM. KL. Iw. BÜCHL. 1, 1153. MSF. 218, 21. WACK. pr. 53, 143. REINFR. B. 20395, mir misselinget an GUDR. WALTH. ER.² 4310. REINFR. B. 14956. 16359. 20332. missilingen ZIMR. chr. 4. 308, 18;

misse-lingen *stn.* mîn hôhe fröude sûren muoz von dem misselingen REINFR. B. 16471.

misse-louben *swv.* (I. 1020ᵃ) *nicht glauben mit gen.* LANZ. 1969. REINFR. B. 19696. *vgl.* misseglouben.

misse-loufen *stv. red. III. fehllaufen.* misslaufen dan die hund GR.w. 4, 511.

misse-lunge *s.* misselinge.

misse-lût *stm. absonus, dissonus* DIEF. n. gl. 4ᵇ. 138ᵇ;

misse-lûten *swv. absonare, dissonare* DFG. 5ᵇ. 187ᵃ;

misse-lûtic, -liutic *adj. dissonus ib.* 187ᵃ;

misse-lûtunge *stf. absonus ib.* 5ᵇ.

misse-machen *swv.* (II. 188ᵇ) *übel, schlecht machen.* missemachtez werc MONE z. 16, 157, *schlecht machen, herabsetzen, entehren,* zaller liute gesihte von einem bœsen wihte missemachet wirt ein edel man WARN. 1395; *erzürnen, erbittern:* swer den strît erhebt, der missemachet mich NEIDH. 227, 22.

misse-mâlen *swv.* (II. 188ᵇ) *bunt bemalen* TRIST. 16970;

misse-mælic *adj. ein übles zeichen* (mâl) *an sich tragend:* wenn der keller die swîn missemêlig (*abgemagert*) vindet GR.w. 5, 487.

misse-mannen, -wîben *swv. einen ungenôz, eine ungenôzinne heiraten.* ob gotshûsliute miswîbeten oder mismanneten GR.w. 5, 28.

misse-meil *stn.* (II. 95ᵃ) *zum schaden gereichender fleck, schade* HALT.;

misse-meilic *adj.* (II. 95ᵇ) *durch flecken verdorben, nicht mehr geltend* GEO. 4583.

misse-müete *adj.* (II. 262ᵇ) *verschieden gesinnt, uneinig.* ein m. gesellschaft GREG. KINDH. 83, 47. ein m. wîp *ib. zu* 93, 4; *übel gesinnt, md.* tûfels die missemûten ROTH *dicht.* 2, 41.

missen *swv.* (II. 189ᵇ) *prät.* miste: *verfehlen mit gen.* EN. PARZ. EILH. 6919; *entbehren, vermissen mit gen.* ER. PARZ. MS. KREUZF. RENN. 12853. — *mit* ge-, ver-. *zu* misse.

misse-niezen *stv. III.* (II. 393ᵇ) *nachteil, we-*

nig vorteil haben von etw. (gen.) GREG. LANZ. ERACL. ERNST B. 5213. MISC. 2, 62; *misbrauchen,* abuti DFG. 6ᵇ.

misse-nôten *swv.* (II. 417ª) *übel behandeln* KULM. r.

missen-rëht *stn. s.* mëssenrëht.

misse-pris *stm.* (II. 533ᵇ) *unehre, schande, tadel* ATH. MSF. 62, 15. — *umgedeutscht aus altfz.* mesprix, *fz.* mépris WACK. *umd.* 57;

misse-prîsen, -brîsen *swv.* (II. 534ᵇ) *schmähen, tadeln* LIEHT. STRICK. PASS. CRANE 4830. KARLM. 413, 29; *gering schätzen,* parvipendere DFG. 414ᶜ.

misse-rât *stm.* (II. 576ᵇ) *falscher, böser rat* IW. 5272;

misse-râten *stv. red. I,* 2 (II. 582ᵇ) *einen falschen, bösen rat erteilen, absol.* ein wîp, diu misserâten hât MSH. 3, 17ª, *mit dat. d. p.* KL., *mit acc. d. s.* MYST.; — *intr. an eine falsche stelle geraten, fehlgehen:* dô misseriet diu lanze an sîner hurteclîchen just und wart gedrungen in die brust dem orse bî dem buoge vor TROJ. 31226; *schlecht, übel ausfallen, misraten* PARZ. HELBL. PASS. TÜRL. *Wh.* 16ᵇ. SIGEN. *Sch.* 49. der misserâten junge JÜNGL. 985. daz ein dinc misserâtet KRONE 19173. dô misseriet das essen CHR. 8. 468, 21, *mit dat.* JER. nû sint si mir beide misserâten, wîp und ougenweide MSH. 1, 302ᵇ. ez was ir misserâten gnûc, daz er sî schalt unde slûc FRAUENTR. 33.

misse-rede *stf. falsche, üble rede.* ob ich niht misserede kan ULR. *Wh.* 225ᵇ;

misse-reden *swv.* (II. 605ᵇ) *übel reden* an TRIST., von MS. abrogare DFG. 4ᵇ. *vgl.* missesprëchen.

misse-rîten *stv. II.* (II. 736ᵇ) *fehlreiten* PARZ. ULR. *Wh.* 116ᶜ. ORL. 9197.

misse-sagære *stm. falscher, verstellter bote* KARLM. 348, 41;

misse-sagen *swv.* (II². 21ª) *etw. unwahres sagen, falsch berichten* HARTM. (ER. 8784. GREG. 3112. MSF. 211, 35). ROTH. *R.* 4173. RAB. 374. 609. DIETR. 5038. ULR. *Wh.* 161ᵈ. BELIAND 1604. GFR. 3000. ERACL. XXXIX. REINFR. *B.* 12832. HEINZ. 105, 129. missagen MGB. 15, 5. 27, 15. 306, 11;

misse-sagen *stn.* (*ib.*) *unwahre aussage* MGB. 106, 12.

misse-schëhen *stv. I, 1* (II². 115ᵇ) *unpers. mit dat. übel ergehen* RUL. 298, 24. KCHR. *D.* 403, 2. 405, 21. 408, 26. REINFR. *B.* 4898. STRICK. 5, 94, *m. an* RUL. 256, 26. WARN. 650.

misse-scheide *stf. unterschied.* si wâren an dem antlitze beide vil nâch gelîch âne missescheide PASS. 58, 20.

misse-schiht *stf.* (II². 117ᵇ) *s. v. a.* missegeschiht KRONE 23559. 24486.

misse-schrîben *stv. II.* (II². 207ᵇ) *fehlerhaft schreiben, absol.* GERM. 1. 194, 1351; *tr.* wort, sillab oder buochstap misschrîben Mz. 1, 402 (*a.* 1386).

misse-schuldic *adj.* (II². 187ᵇ) *unschuldig* KULM. r.;

misse-schult *stf.* (II². 186ª) *sünde* MÜGL.; *unschuld* KULM. r.

misse-sëhen *stv. I, 1* (II². 278ᵇ) *nicht recht, falsch sehen* MYST. GREG. ER.² 643. m. an MSF. 138, 14; *mit dat.* siu (ougen) hânt dir sêre missesehen und triegent dir die sinne dîn GA. 2. 265, 22.

misse-singen *stv. I, 3 vgl.* DFG. 187ª *s. v.* dissonare.

misse-smecken *swv.* (II². 419ª) *zuwiderschmecken mit dat.* MYST.

misse-sprëchen *stv. I,* 2 (II². 530ª) *unrecht oder übel sprechen,* abrogare DFG. 4ᵇ. *absol.* PASS. KCHR. *W.* 8204. FLORE 4050. WG. 11243. hân ich nû missesprochen, daz riuwet mich vil sêre ULR. *Wh.* 227ᵇ. m. an MSH. 1, 133ª, von EN. 270, 30, *mit dat. von einem übel sprechen* MYST.; *sich versprechen,* der stammernde man, ab her misspricht SSP. 1. 61, 3; *tr.* swaz der man in lêhenrehte missesprichet oder tuot oder lobet SWSP. *L.* 2, 82. wider einen iht m. LEYS. 91, 10. *vgl.* missereden.

misse-stalt *part. s.* missestellen.

misse-stân *stv. I, 4* (II². 585ª) *übel anstehen, nicht ziemen* KRONE, MS. (*H.* 1, 84ᵇ. 205ª), *mit dat. nicht gut stehen:* kleit, die iu missestânt LIEHT. 601, 13, *nicht ziemen* HERB. GREG. WALTH. TRIST. swaz allen herren missestê 1, 7ª. waz dir missestê ULR. *Wh.* 144ᵇ. mîner triuwe daz missestüende *ib.* 268ª. swie daz ez minnenclîchen frowen missestande REINFR. B. 19623. Vz. 590.

misse-stellen *swv.* (II². 565ª) *entstellen, verunstalten, refl.* REINFR. *B.* 17788. *part.* missestalt BARL. MYST. FROMM. 2, 445ᵇ; sich m., *sich übel gebärden* ATH.

misse-tân *part. s.* missetuon;

misse-tât *stf.* (III. 148ª) *üble tat, vergehen, fehltritt,* missetat IW. PARZ. WALTH. FREID. WIG. RUD. MS. GEN. *D.* 15, 5. 89, 26. 115, 37. ERACL. 3632. REINFR. *B.* 17894. MERV. 34. ALBR.

16, 457. 19, 559. Elmend. 534. missedât
Elis. 1156. 1254. 2150. misdât Karlm. 223,
8. 227, 10. 229, 41. missentât Zimr. *chr.* 2.
279, 6;
misse-tæter *stm. misse-, übeltäter* Rta. 1. 323,
13. 17. 47 *u. o.;*
misse-tætic *adj.* (III. 149^b) *übel handelnd.*
werde wir sô missetætic, daz wir in rûmen
daz lant Karl 1612; *eines vergehens od.
verbrechens schuldig* Leys. Chr. 4, 236 *anm.*
1. ein misdêdich wif Karlm. 240, 15. Fromm.
2, 445^b;
misse-tætiger *stm. s. v. a.* missetæter Rta. 1.
340, 21.
missetîren *swv. md.* (II. 190^b) dî dit sich
hatte missetîrt und zu dem letstin vernoigîrt
Jer. 18450. *nach* Wack. *aus mlat.* miscitare
(glauben mit unglauben mischen, ketzer werden), nach Germ. 7, 98 *aus nd.* tîre, *indoles,
also degenerare, misraten. im* Wb. III. 877^a,
6 *wird es als* missezieren *gefasst, doch
findet sich nach Bechs bemerkung* (Germ.
a. a. o.) bei Jer. *im anlaute der silben kein
beisp. von einem nd.* t *für* z.
misse-tragen *stv. I, 4* (III. 73^b) *an einen unrechten ort tragen.* hæte dich der esel niht
missetragen, sô het ich erslagen ûf dem
velde dich Vilm. *weltchr.* 76^a, 161, *fehlerhaft tragen, leiten, führen:* daz leben m.,
auf unsittliche weise hinbringen Pass. *K.*
590, 19. einen von dem pfade m., *auf abwege führen ib.* 673, 14. *vgl.* Rotw. 1, 57^b;
misse-tragunge *stf.* (III. 75^b) *miswachs*
Weist.
misse-trëten *stv. I, 1* (III. 98^b) *fehl treten
eig.* Walth. Pass., *bildl.* Wg. Pass. Myst.
missetreten sam ein hâr Msh. 3, 80^b. m. an
Krone 11699. mit manne hæte si m. Apoll.
14782. daz dû vor gotes ougen schuldic stâst
und sêre missetreten hâst û z keiserlîchem
prîse Silv. 2472. daz ich hân wider iu sus
missetreten Part. *B.* 7247. Dâvît begunde
ouch m. wider got *ib.* 8896; *mit dat. d. p.
fehlschlagen, mislingen* Pass. *K.* 271, 97;
misse-trit *stm.* (III. 100^b) *fehltritt, vergehen*
Pass. (*H.* 573, 29. *K.* 133, 34. 431, 85.
Marlg. 24, 83).
misse-triuwe *stf.* (III. 108^b) *mistrauen, argwohn,* diffidentia Dfg. 181^b, *n. gl.* 134^b.
Aneg. Mar. Bon. Ms. (*H.* 2, 130^b). *md.* missedrûwe Hpt. 15. 429, 50. *personif.* Helbl. 7,
322. 700; *irriges vermuten, grundlose zuversicht* Wig. 164, 23;

misse-triuwe *adj. mistrauisch.* misstrewe
leute Zimr. *chr.* 3. 523, 13.
misse-triuwen *s.* -trûwen.
misse-trôst *stm.* (III. 115^b) *schlechter* trôst,
untröstlichkeit, verzweiflung En. Leys. 34,
32. si fuorte zwîvel in den missetrôst Part.
B. 1525. des missetrôstis vîle sol iz durchscrôten sân zuhant Md. *ged.* 3, 190. si wâren
in grôzen zuîvel gevallen, der suâre missetrôst was in on allen Marld. *han.* 80, 18.
misstroist Fromm. 2, 446^a;
misse-trœstec *adj. untröstlich, verzweifelnd.
ndrh.* misstroistich Fromm. 2, 446^a;
misse-trœsten *swv.* (III. 117^a) *tr. einen
schlechten* trôst *geben, miströsten, enmutigen* Msf. 66, 31. ob ich den missetrœste an
frouden Reinfr. *B.* 4874; *refl. untröstlich
sein, versweifeln* Diem. Iw.
misse-trûwen, -triuwen, -trouwen *swv.* (III.
110^b) *mistrauen,* diffidere Dfg. 181^b. *mit dat.
d. p.* Diem. Anno 792. Diut. 1, 285. Rul.
282, 21. Msh. 2, 292^a. Myst. (Wack. *pr.* 6, 65);
misse-trûwen *stn.* mistrauen. er sol kein m.
an sinem fürsehen haben Myst. 2. 407, 27.
vgl. missfertrauen Zimr. *chr.* 2. 327, 28;
misse-trûwic *adj. mistrauisch,* diffidens Dfg.
181^b. die missetrûwigen Hpt. *h. lied* 32, 29.
mit gen. m. der gotes gnâdôn Diut. 1, 288;
misse-trûwic-heit *stf.* diffidentia Dfg. 181^b;
misse-trûwunge *stf. dasselbe* Dfg. 181^b. N.
v. B. 300, -trouwunge Germ. 7, 337.
misse-tuon *v. an.* (III. 144^b) *part.* missetân:
unrecht, übel handeln absol. Nib. Gudr.
1030, 1. Hartm. (Er². 78. 4440. Büchl. 1,
1129). Parz. Trist. Barl. Gen. *D.* 15, 19.
Mor. 1, 3199. Vz. 418. Karlm. 163, 47. 247,
36. 254, 36. Ssp. 2. 64, 4; 3, 37. 90. an einem
m. Parz. Walth. Er.² 517. Büchl. 1, 1440.
2, 269. Jüngl. 301. mistuon an nihte Pf.
üb. 25. 2^b, 18. gegen einem Reinfr. *B.*
25385; — *tr.* Freid., gegen einem etw. m.
Parz.; *verunstalten:* die missetânen, *die
verunstalteten, bösen* Phys. 35, 14.
misse-val *stm. misfallen.* daz ir herz beswêrt
gegen ir misseval Malag. 6^a. 8^b. m. alles
mînes lebendes N. *v. B.* 175. sie sint behuot
vor misval Altsw. 59, 4. deist uns wiben
ein m. Craon 1317;
misse-vallen *stv. red. I, 1* (III. 220^a. 227^b)
misfallen, displicere Dfg. 186^b, *mit dat.* Er.
Walth. Trist. Loh. 3220. Silv. 753. Fasn.
719, 7. Pass. 54, 60; missevellen Lanz.
s. Denkm. *s.* 318 *f.;*

misse-vallen *stn.* (III. 220ᵃ) *das misfallen* Walth. Myst. 2. 558, 8. 560, 17.

misse-vanc *stm. nachteil, irrung.* und geschê uns zu missevange einich schaden ûz des grêben von Nassowe slôzen Arn. 71 *a.* 1370.

misse-var *adj.* (III. 238ᵇ) *von verschiedenen farben, bunt* Gen. Hartm. Lanz.; *von übler farbe, entfärbt, entstellt, fahl, bleich* Nib. Trist. Wig. Flore, Barl. Lieht. Pass. (*bildl.*). walt u. heide sint beidiu missevar Neidh. 52, 25. ein trüebez antlitze missevar Troj. 15584. ouch was sîn herre junger âmehtiger und missevar Part. *B.* 581. ûf spranc der vil genæme erschrocken unde m. Wln. 108. dô wart der ritter m., wan er erschrocken was Stauf. 897. dô wart der bischof m., von grôzem zorne daz geschach Mariengr. 554. dâ wurden sie beide m. als fröudenrîch sie wâren ê Geo. 712. auch ward noch nie kein munt sô rôt, ich mache in wol missefar Fasn. 932, 10.

misse-varn *stv. I,* 4 (III. 248ᵃ) *einen falschen weg einschlagen, das ziel verfehlen, sich irren, verirren* Lanz. Winsb. Ms. der niht hât geleites der mac missevarn Bit. 7887. schaffet iuwer huote und vart mit einem muote: son muget ir niemer missevarn Karl 4343. ob er dô missefüere Frauenehre 1440. des sêle müest gar missevarn Lieht. 379, 19. daz er nicht mochte m. Albr. 19, 52. an mir er niemer missevert Msf. 111, 9. *mit gen.* dankes m. Büchl. 1, 1133. daz dû niht libes missevarest Ulr. *Wh.* 133ᵈ; *unrecht verfahren, sich vergehn* Karaj. Parz. Pass. swer dich mit ubele erwegt, der hât harte missevarin Rul. 266, 25. ich muoz m., mir enwelle got bewarn mîn sinne und mîn witze Eracl. 2799. ob ein ander missevarn hât, dazn dect niht mîne missetât *ib.* 3631. ez solte guot kneht durch guot niemer m. Krone 25351. hânt si mit der rede missevarn Kchr. *D.* 411, 11. m. an Parz. Walth. Krone (17985). Eracl. CXXVII. sô hânt ir an mir missevarn Reinfr. *B.* 16405; *unpers. mit dat. übel ergehen* Krone 3608;

misse-vart *stf.* (III. 254ᵃ) *irrfahrt* Such.; *fehltritt, vergehen.* wîbes m. Krone 24101. der jâmer krî und ouch die martel hêre diu stên für mîne missevart Kolm. 181, 36.

misse-varte *prät. s.* misseverwen;

misse-varwe *stf.* (III. 242ᵃ) *gemischte farbe, buntheit* Leseb. 303, 2. Msh. 2, 391ᵇ.

misse-vellen *s.* missevallen;

misse-vellic *adj. misfällig.* bekêr allez, daz an uns missvällig ist Hpt. 11, 37.

misse-verwen *swv.* (III. 242ᵇ) *prät.* missevarte: *bunt färben* Trist. 15199; *übel färben, durch farben entstellen ib.* 15567.

misse-vüegen *swv.* (III. 442ᵇ) *übel anstehen, nicht ziemen mit dat.* Pass. *K.* 79, 74.

misse-vüeren *swv. tr. in übeln zustand (bes. was nahrung, vuore, betrifft) versetzen* Roth. *R.* 1213; *refl. einen schlechten lebenswandel führen* Roth *dicht.* 5, 131.

misse-vündic *adj. schlecht od. nicht findbar.* milte und ander wirde wart an dir von kinde nie missevündic j.Tit. 4281.

misse-wahs *stm. miswachs* Chr. 8. 133, 23. 258, 12 etc. *pl.* missewehse Renn. 14434.

misse-want *part. s.* missewenden.

misse-warn *swv.* (III. 509ᵇ) *schlecht in acht nehmen, tr.* Pass.; *refl.* Karl (1785), sich m. an, *versündigen* Elis. 9643.

misse-wende *stf.* (III. 688ᵃ) *unrechte wendung, das abweichen vom bessern zum schlechtern, allgem. u. zwar: tadel, makel, schande* (âne m. Troj. 15033. Silv. 589. Flore 4191. Tanh. *hofz.* 108. Hb. *M.* 667. Fasn. 920, 13. Uhk. 2, 140 *a.* 1331. sunder m. Heinz. 115, 4. Reinfr. *B.* 2034. 9912. 11415. 17806. W. *v. Rh.* 3, 1. Karlm. 216, 3. missewende bar Silv. 4292, vrî Troj. 10514. 15449. 16462. 19126. prîs oder m. *ib.* 18307. er was an allem ende unstæte mit m. Krone 1978. daz verwizzen im genuoge zeiner missewende Neidh. 20, 27); *untat, schändliche handlung* (daz er hern Hartmuote gelônte dirre starken missewende Gudr. 835, 4. daz er durch sîne m. erstarp Silv. 421. der vellet in sulche m. j.Tit. 5507); *unheil, unglück, schaden* (daz got uber in gestattôt deheiner m. Gen. *D.* 78, 1. mit grôzer m. Troj. 23717. dîns tôdes hânt die mâge iemer m. Flore 3771. dar umbe sie vil dicke bôt ze gote beide hende umb solhe m. Krone 12151. ez wær' doch mîner sêl in j.Tit. 5047. er hiez von ime die hende zu sîner missewende Albr. 24, 185. dit is uns grôze m. Karlm. 67, 57. chriech und m. Dm. 86);

misse-wende *adj.* (III. 686ᵇ) *dem abweichen vom bessern ins schlechtere unterworfen, tadelhaft.* nû ist daz guot werder gar, denne vrou Ere, den bœsen missewenden Ga. 2. 467, 21. missewender lip Msh. 1, 198ᵇ. einem etw. missewende haben, *ihn darum tadeln* GR. RUD. 23, 18;

misse-wendec *adj.* (III. 695ᵇ) *dasselbe* WINSB. 17, 4;

misse-wenden *swv.* (III. 693ᵇ) *intr. vom rechten wege ablenken, umkehren. ndrh.* hilp, dat wir neit enmiswende FROMM. 2, 446ᵃ; — *tr. übel anwenden* PASS.; *mit dat. d. p. abwendig machen, entfremden.* wan ez müest uns missewenden beide friunde unde mâge FLORE 908, *zum tadel auslegen, tadeln* FLORE, TRIST. *U.* die bœsen mir daz m. MSH. 2, 168ᵃ. id wirt uns missewant KARLM. 399, 16; — *part.* missewant, *verschieden* PASS.

misse-wenken *swv. einen falschen* wanc *tun, schlecht fahren, schaden leiden.* des muoz mîn herze und ouch mîn lîp an freuden missewenken NEIDH. 114.

misse-werben *swv. falsch, unrecht* werben. nieman missewerben kan, swer volget den wîsen ULR. *Wh.* 121ᶜ.

misse-wern *swv. tr. einem nicht gewähren, ihm etw. abschlagen.* swer sînen willen ziuhet an allez des er begert, wirt der wîlent missewert, des enist kein wunder REINFR. *B.* 4072.

misse-wîben *swv. s. unter* missemannen.

misse-wort *stn.* ûz ir (*der bescheidenheit*) gât nit ein miswort ALTSW. 98, 25.

misse-würken *swv an.* (III. 593ᵃ) *auf eine fehlerhafte weise, schlecht arbeiten* KINDH. MONE *z.* 3, 158 (*a.* 1363).

misse-zæme *adj.* (III. 891ᵃ) *unziemlich, misfällig* ER.² 3761. swederz sî der zweier næme, sie wâren beidiu missezæme und wâren beidiu schedelich FLORE 1884;

misse-zëmen *stv. I, 2* (III. 889ᵃ) *misziemen, ungemäss sein, übel anstehen.* dan daz ez niht rehte kæme unde ein teil missezæme, von einem phärde alsô vil ze sprechen ER.² 7451. ouch missezimt ein dröwen niht swâ ez ze kurzer zît geschiht BÜCHL. 2, 427. sît dû diu dinc an mir begâst, diu under friunden missezement *ib.* 1, 59. dâ von ez niht missezam, sach man dâ ieman wunden BIT. 9144. swaz dar an missezæme ER.² 7385. er (zelter) missezam an nihte FLORE 2741. *mit dat.* HARTM. (ER.² 6396. BÜCHL. 1, 162). TRIST. (96). Ms. (RUBIN 9, 6). PASS. ULR. 8, 8. FLORE 6772. KARL 10678. REINFR. *B.* 5097.

misse-ziehen *stv. III. schlecht ziehen, eine schlechte wal treffen.* man sol mir den schaden zeln, ob ich misseziehe MSH. 3, 259ᵇ.

misse-zieren *swv.* (III. 877ᵃ) *verunzieren.* schanden gran unde ir zan missezierent rîchen man KONR. *lied.* 23, 43. *wegen* JER. *s.* missetîren.

missinc *s.* messinc.

missive *stswf. sendbrief, beglaubigungsschreiben* N. v. B. 278. 84. 97. 308. 15. RCSP. 1, 78 (= geloubsbrief). 273 *u. o.* MICH. *Mainz. h.* 30. — *aus mlat.*missiva DFG. 363ᶜ.

mist *stmn.* (II. 190ᵃ) *kot, dünger, misthaufen, -grube* (SSP. 2, 53), *unrat, schmutz* HARTM. (unkrût unde m. GREG. 3559). ERNST, ENGELH. REINH. LIEHT. RENN. (ein schœn sal mistes vol 971. hundes m. bîzen 16542). ELIS. (ein crankez, swachez m. 1975. 6685. 716. von dem miste [*aus dem staube, der erde*] erhaben werden 9973). wan dû wære ein stoup und m. GEN. *D.* 19, 13. strô wirt ze miste MSF. 23, 36. ich bin verdorben als ein m. MSH. 3, 335ᵇ. ze vûlem mist werden *ib.* 161ᵇ. man siht ûz schœnen vrouwen und ûz künigen werden swachen mist *ib.* 2, 228ᵃ. sô der lip wirt würme unde mistes MARIENGR. 756. der (zagel) dir kelget in den m. KONR. *lied.* 18, 24. daz grüeb man baz in einen mist HELBL. 2, 219. dîn hûs wart nie sô wæhe, ichn tretez zuo dir in den m. KARL 5195. ein gar lûtern brunnen trüebet ein vil kleiner m. KRONE 2053. ûf den wagen m. gevazzen HELMBR. 267. fünf fuoder mistes URB. *B.* 2, 520. schimliger m. SGR. 1736. menschen m. MGB. 145, 26. der mäus m. *ib.* 153, 2. der swalben m. *ib.* 201, 8. auz faulem m. *ib.* 304, 31. — *bildl.* sô denne Fortûne sîget, vellet si gâhes in den m. REINH. 311, 573. er warf an si gar smæhen m. WARTB. 39, 4. wir heizen sünde smæher m. *ib.* 42, 4. ein m., *gar nichts* ATH. KCHR. TÜRL. *Wh.* WINSB. alliu freude gên in ist m. RENN. 19630. Heinz Mist *fing. name* FASN. 109, 6. 16, Hans Mist *ib.* 342, 15. — *gt.* maihstus *zu skr.* mih *ausgiessen, pissen, altn. ags.* mîgan, *gr.* ὀμιχεῖν, *lat.* mingere CURT.³ 184. GSP. 244.

mist-acker *stm. gedüngter acker* GR.w. 4, 506.

mist-bëlle *swmf.* (I. 126ᵃ) *hofhund,* lycisca DFG. 328ᶜ, *n. gl.* 234ᵃ. ZIMR. *chr.* 4. 276, 12.

mist-ber *stswf.* (I. 145ᵃ) *vorrichtung zum misttragen, mistbahre* AW. 2. 191, 81. das man dich auf einer mispern heim musz tragen FASN. 589, 1. mistber, fimirula (*aus* fimigerula?) VOC. *Schr.* 1047. DIEF. *n. gl.* 174ᵇ.

miste *prät. s.* mischen, missen, misten.

miste, misten *swstf.* (II. 191ᵃ) *misthaufen, -grube, -platz*, sterquilinium DFG. 552ᵃ. SCHM. 2, 645. in der misten di swîn HANS 2241. 334. daʒ huon ûf der misty BEISP. 24, 29. schlafen auf einer misten FASN. 752, 25. stercorarium, misten DFG. 551ᵇ;

mistec *adj. kotig* MGB. 297, 13.

mistel *s.* mispel.

mistel *stm.* (II. 191ᵇ) *mistel, eine schmarotzerpflanze auf bäumen* GL. ANZ. 12, 352. *bildl.* jâmers m. (*vgl. vorher* leides unkrût) MART. 161, 112. — *im* WB. *als fem. angesetzt, aber ahd.* mistil *ist masc. u. auch* FRISCH *u.* NEMN. *schreiben noch der* mistel. *aus lat., mlat.* viscus, mistus DFG. 623ᵃ, *n. gl.* 254ᵇ.

mistel-boum *stm.* mirtus DFG. 363ᵃ. der an eim mistelboume hienc ALBR. 19, 403. *vgl.* mirtelboum.

mistelîn *adj.* (II. 191ᵇ) *aus mistelholz* O.RUL. 2.

mistel-korn *stn. mischgetreide* S.GALL. *ord.* 193.

misten *swv.* (II. 191ᵃ) *prät.* miste, *part.* gemist: *ausmisten.* einen stal m. LS. 2. 314, 125. ENENK. *p.* 289. RING 7ᵈ, 13. GR.W. 4, 118; *düngen* MÜNCH. *r.* den wîngart mësten MONE *z.* 3, 296 (*a.* 1370). *bildl.* ich hân ime sîn stirn gemist MOR. 2, 1077. — *mit ûʒ.*

mist-gabel *stf.* (I. 509ᵇ) *mistgabel* GL. (cupula *n. gl.* 124ᵃ, copula Voc. 1482). SWSP. 255, 11.

mist-grape *f. dasselbe* SSP. 3. 45, 8.

mist-gruobe *swf. mistgrube*, sterquilinium DFG. 552ᵃ. EVANG. L. 14, 35. FASN. 152, 35. 370, 24.

mist-haven *stm.* (I. 641ᵃ) *aus* mist *geformtes*, mist *enthaltendes gefäss* MYST. 1. 320, 12.

mist-hûfe, -houfe *swm.* (I. 725ᵃ) *misthaufe* MYST. GEST. R. NARR. 51, 16. FASN. 824, 12. TUCH. 256, 31. sterquilinium DFG. 552ᵃ.

mist-hulwe *f. mist-, kotlache.* den sol man ausz einer misthul paden FASN. 157, 25.

mist-hurde *swf. mistkorb* MONE *z.* 1, 182 (*15. jh.*). *s.* hurt 1.

mist-hûs *stn.* sterquilinium Voc. *Schr.* 2741.

mist-korp *stm.* (I. 863ᵃ) *mistkorp* NEIDH. 229, 74. *vgl. auch unter* misencar.

mist-kröuwel *stm.* (I. 885ᵃ) *mistgabel* NEIDH. 171, 131.

mist-lache *swf. mist-, kotlache* MERSW. 51.

mist-lege *stf. mistgrube, -platz* MÜNCH. *r.* 2, 59. GR.W. 4, 373.

mist-porte *swf. mistpforte: after* MGB. 24, 9. 32, 17. 464, 21. mistpfort FASN. 214, 10.

mist-rëht *stn.* „*das recht des von dem landsiedelgute abziehenden landsiedels, den wert des zuletzt in den acker gewendeten mistes, falls er von dem acker keine ernte gewonnen, ersetzt zu erhalten*" VILM. 271. bestât ein man einen acker ze mistrehte und vüeret sînen mist dar ûf AUGSB. *r.* W. 282. *vgl.* mërgel-, tungrëht.

mist-schûfel *f.* cupula DFG. 163ᵇ.

mist-stal *stm.* sterquilinium DFG. 552ᵃ.

mist-stat *stf. dasselbe* CHR. 5. 251, 28.

mistunge *stf.* (II. 191ᵃ) *düngung*, stercoratio DFG. 551ᵇ, *n. gl.* 348ᵃ. GR.W. 3, 682.

mist-würmelîn *stn.* (III. 827ᵃ) *mistkäfer* MYST.

mit- *s.* mite-.

mit *adv. s.* mite;

mit *präp.* (II. 193ᵇ—196ᵇ *u. vorrede s.* IV *anm.*) *md. auch* mët (*s.* mitalle), *mit dat.: mit, allgem. u. zwar ausdrückend 1. das zusammensein, die engste nähe von personen u. sachen: mit, sammt, bei, neben* (mit ein, zusammen, mit einander MALAG. 30ᵃ. 78ᵃ). *2. das gegenseitige verhältnis: mit, gegen* (strîten mit friunden NIB. 2137, 3). *3. begleitende umstände, art u. weise: mit, unter, in. 4. vermittelung, hilfsmittel, werkzeug: durch, mit, mittels, trotz* (NIB. 433, 3). *5. anfangspunct eines passiven zustandes: von.* — *verschmelzung mit dem artikel:* mittem, mitme, mitten = mit deme, den; *mit einem pron.* mitter = mit dir HELDB. K. 133, 26 (: ritter). 170, 32 = mite ir BPH. 1527. — *mit instrum.* mit diu, *mittlerweile, während* WIG. (*ebenso* mit dem, deme BON. PASS. JER. PF. *forsch.* 1. 59, 108), mit wiu, *womit* TRIST. U. LOH. 3670, mit swiu DIETR. 7056. *s. auch* mitalle. — *gt.* mith *zu gr.* μετά, *vgl.* CURT.³ 197, GSP. 244 *u.* misse-.

mit *conj. u. präp. s. v. a.* biʒ *im pfälzischen dialekt* GR.W. 5, 578. 81. 619. 75. = *nd.* bet, bid *mit übergang des* b *in* m, *vgl.* bit = mit.

mitach *s.* mittewoche.

mit-alle *s.* alle *instrum. sp.* 37 (LIEHT. 77, 13. LOH. 2027. 2333. HEST. 1186. mëtalle GA. 2. 472, 183. MARLG. 139, 33).

mitche *s.* mittewoche.

mite *conj. prät. s.* mîden.

mite, mit *adv.* (II. 191ᵇ) *md.* mide, mëte (*s. die composs.) mit, damit; hinter räuml. adv.* (dâr, der, dâ, hin, swâ; *statt dâ* mite *auch bloss* mite *s. zu* ER.² 1060); *bei verben* (*mit dat.*): mite doln (II. 191ᵇ, 39) mit dulden PASS. — gâhen (II. 191ᵇ, 43) *mit-*, *nacheilen* Iw. 1073. — gân (I. 467ᵇ, 12) *einem zur seite gehn, ihm folgen* Gen. Trist. — gegân (I. 472ᵇ, 18) Trist. — gereden. sî gerette im niht vil mite, *sprach nicht viel mit ihm* Er.² 1322. — gestrîten (II². 692ᵇ, 40) *mit einem kämpfen, ihn bekämpfen* Krone 5504, *vgl.* 5503. — gevarn, einem ubele mite g., *ihm schaden verursachen* Exod. D. 140, 3. — haften (I. 604ᵃ, 45) Trist. — hëllen (I. 683ᵇ, 23) *übereinstimmen* Frl. Myst. Chr. 3. 33, 9. consonare Dfg. 144ᶜ. — hengen (I. 611ᵃ, 30) *nachgeben* Pass. — jëhen (I. 515ᵃ, 1) *beistimmen* Er. Greg. 3028. Herb. 14066. Frl. Pass. K. 99, 44. 450, 7. *s. zu* Er.² 8381. — lîden Myst. 2. 443, 26. Mgb. 32, 20. 63, 36. 124, 19. nachdem er mit der stat in steurn und anslegen mit leidet Cp. 27. — loufen (I. 1045ᵇ, 11) Parz. Pass. K. 41, 55. — lûten, consonare Dfg. 144ᶜ. — rîchen, rûnen, sîn (II. 192ᵃ). er ist den vrouwen mite Loh. 1764. — spiln (II². 505ᵇ, 37) *mitspielen, umgehen mit* Ga. Otn. A. 429. — spîsen Berth. Kl. 172. — teilen (III. 26ᵇ, 27) Iw. — varn (III. 245ᵇ, 23) *mit fahren* Parz., *s. v. a.* mite spiln Exod. Hartm. En. Lanz. Freid. Flore, Pass. K. 638, 43. Feldb. 3. Rcsp. 1, 237. 328. — vëhten (III. 310ᵇ, 44) Iw. Kchr. D. 448, 18. — volgen (III. 367ᵇ, 30) Nib. Parz. Walth. Trist. Gen. D. 69, 10. — vüeren (III. 261ᵃ, 40) Nib. — wandeln, conversari Dfg. 148ᶜ, *n. gl.* 112ᵇ. — wësen (II. 192ᵃ, 25) Trist. Herb. Jer. Kchr. D. 13, 11. — wonen (III. 805ᵃ, 10) Wolfr. Elis. — ziehen (III. 922ᵇ, 3) Trist. — zogen (III. 936ᵃ, 30) Parz.

mite-barmen *stn.* (II. 193ᵃ) *mitleid* Pass.

mite-brûchunge *stf. mitbenutzung.* von der mitbrûchung wegen walt, wasser und weide Mone z. 1, 431.

mite-burgære, -er *stm. mitbürger,* concivis Dfg. 139ᵃ. Lcr. 40, 2143. Rta. 1. 452, 38 *ff.* Rcsp. 1, 305. Gr.w. 3, 598 *f.* 5, 261. *md.* miteborgêre Mühlh. *rgs.* 131, mëteburgêre *ib.* 59, mideburger Mainz. *fgb.* 72;

mite-burge *swm. mitbürge* Böhm. 522 (*a.* 1333).

mitech *s.* mittewoche.

mite-danc *stm.* (II. 193ᵃ) *mitgedanke, gemeinsamer gedanke* Pass. K. *s.* 752ᵃ.

mite-doln *stn.* (I. 379ᵃ) *mitleiden* Pass.

mite-dôn *stm.* (I. 382ᵇ) *einklang, harmonie* Fdgr. 1, 384ᵃ.

mite-, mit-erbe *swm.* coheres Dfg. 130ᵇ. Ksr. 151. Mühlh. *rgs.* 105. Kaltb. 2, 36;

mite-erbelinc *stm. dasselbe* (I. 440ᵃ) miterbelinc Dfg. 130ᵇ.

mite-êwic *adj.* mitêwic, *gleich ewig* Myst. 2. 347, 18. Mgb. 492, 3;

mite-êwicheit *stf.* mitêwichait Mgb. 491, 34.

mite-gâbe *stf. md.* mëtegâbe, *mitgift* Ludw. 48, 33.

mite-gân *stn. das mitgehen.* mitgên Np. 62;

mite-ganc *stm.* (II. 193ᵃ) *dasselbe* Pass.

mite-ganerbe *swm. s. v. a.* ganerbe Rcsp. 1, 301 (*a.* 1416).

mite-gedult *stf.* compatientia Dief. *n. gl.* 104ᵃ.

mite-gemeine *stf.* mitgemaine, *mitgemeinschaft* Erinn. 586 *u. anm.*

mite-gemerker *stm. s. v. a.* mitemerker Mone z. 1, 431 (*a.* 1473).

mite-gengel *stm. mitgänger* Vintl. 6810.

mite-genieze *stn.* (II. 394ᵇ) mitgenieze, *mitgenuss* Pass. K. 529, 21;

mite-genôze *swm. mitgenosse* Rcsp. 1, 183 (*a.* 1410).

mite-gesanc *stmn.* concinnus Dfg. 139ᵃ.

mite-gesworn *part. adj.* Niclas Ernst, unser mitgesworner des râts Cp. 342.

mite-geselle *swm.* (II². 30ᵇ) *mitgeselle, gefährte.* mitgeselle Zürch. *jb.* Rcsp. 1, 164. Chr. 2. 529, 33, *md.* mëtegeselle Dür. *chr. vgl.* Dief. *n. gl.* 111ᵇ.

mite-gesinde *stn.* (II². 296ᵃ) *genossenschaft* Fromm. 2, 446ᵃ.

mite-gewant *part. adj. mit verbunden, beteiligt.* herzog Sigmunds undertân und mitgewante Dh. 343. der Gravenegker und seine mitgewanten Mh. 2, 33.

mite-gewere *swm. s. v. a.* mitegülte Mone z. 5, 470.

mite-gewërke *swm. mitbesitzer eines bergwerkes* Mh. 2, 811.

mite-giht *stf.* (I. 193ᵇ) *übereinstimmung* Pass.

mite-gülte, -gulte *swm.* (II. 193ᵇ) *mitschuldner, mitbürge* Gr.w. 1, 49. Mone z. 8, 282. Mh. 2, 189. 190. 210. Mz. 1, 578. *vgl.* miteschuldener.

mite-gültschaft *stf. das mitbekennen einer schuld, mitbürgschaft* Mh. 2, 193.

mite-haber *stm. mithalter, teilhaber.* der spiler oder mithaber Kaltb. 53, 46;

mite-hafte *swm. dasselbe.* die von Bern und ir mithaften S.Gall. *chr.* 14. 100. unsre burger und mithaften Dh. 179. 422. Mh. 1, 236.

mite-hallic *s.* mitehëllic.

mite-halter *stm. s.v.a.* mitehaber. die von der Wyden und ire mithalter RCSP. 1, 236. 244.

mite-hëlfer *stm.* (I. 682ᵃ) coadjutor GL. KIRCHB. 840, 7.

mite-hëller *stm. jasager, zustimmer, schmeichler.* die dâ mitheller sint und jâherren BERTH. 214, 6. miteheller der sünde *ib.* 32;

mite-hëllic *adj. zustimmend.* einem eines d. mithällig sîn CHR. 5. 340, 26. mithellig, -hallig, consonus DFG. 144ᶜ;

mite-hëllunge *stf.* (I. 684ᵇ) *überein-, zustimmung* GEST. R. mit des conventes urlop unde mithellunge MZ. 1, 255 (*a.* 1310). *md.* mit unser mëtehellunge HÖF. z. 1, 294 (*a.* 1327); *schmeichelei* BERTH. (214, 6).

mite-hullec? *adj.* (I. 685ᵃ) *gemeint ist wol* mithallig DIEF. 1470, 76 *s. unter* mitehëllic.

mite-kempfer *stm. mitkämpfer* APOLL. 7459.

mite-kennerin *stf. mitwisserin* SCHM. Fr. 1, 1255.

mite-knëht *stm.* iʒ ensal ouch kein miteknecht, her sî burger odir nicht burger, kein meszir nach swerd trage MÜHLH. *rgs.* 65. *od.* mîtekn. = mieteknëht?

mite-kurvürste *swm. mitkurfürst* RTA. 1, 45. 40. 46, 2. 7. 74, 7. 497 *u. o.* RCSP. 1, 36. 37. 42 etc. (14. *jh.*).

mitel- *s.* mittel-.

mite-lëben *stn.* (I. 955ᵇ) *gemeinsames leben* LS. 2. 158, 50.

mite-lîdære *stm. mitleider* HEUM. *s.* 392;

mite-lîde *stf. mitleid.* midelîde ELIS. 2376. 91;

mite-lîdec *adj.* (II. 193ᵇ) *mitleidig* JER.; compatiens DFG. 136ᶜ;

mite-lîdeclîche *adv.* blicke in den gemeinen gebresten der heiligen kristenheit mittelîdenclîche GERM. 3. 226ᵇ, 27;

mite-lîden *stn. mitleid, mitleiden, gemeinschaftl. leiden* MYST. 2. 442, 16. BEISP. 63, 35. HB. *M.* 538. 637; *teilnahme an öffentl. lasten* (*s. oben* mite lîden) CP. 165. CHR. 2. 257, 27; 5. 391, 17 *ff.* 392, 4. HALT. 1356;

mite-lîdunge *stf.* (I. 979ᵃ) *dasselbe* MYST. JER. 3ᵇ. 14ᶜ. 18ᶜ. 27ᵇ. KIRCHB. 666, 41. LUDW. 17, 22. 24, 1. 90, 5. FRONL. 59; umb solher grosser auszgab und mitleidung willen MH. 2, 228. wie ir sy in solhen mitleidungen (steur, robat, wacht, zirk *etc.*) bisher gehalten habt *ib.* 695. KALTB. 2, 28. HALT. 1356.

mite-lôs *adj. freundlich.* sô sols doch mitlôs gegen im sîn LIEHT. 629, 15. *s.* lôs.

mite-lût *stm.* accentus, consonus DFG. 7ᵃ. 144ᶜ, *n. gl.* 4ᵇ. 5ᵇ;

mit-lûtic *adj.* consonus DFG. 145ᶜ.

mite-maht *stf. mitmacht, hilfstruppen.* wir wollen ûf sontag unsere mitmacht gein Forst fertigen UGB. 423 *s.* 492.

mite-mâl, -mêl *stn.* mitmâl, -mêl *sehr oft im Churer urbar (14. jh.) bei* BERGMANN *beitr. z. krit. gesch. s.* 152 *ff., abwechselnd mit* blätzlî (*s.* bletzelîn *sp.* 304) = ¹/₄ *morgen.* mitus elsäss. *nachweisbar a.* 797 *vom ackerfeld:* mitus de terra arcetoria ZEUSS *tradit. Wîzenburg. p.* 170 *ff.; schweiz.* mâl *ein flächenmass für ackerfeld u. reben* STALD. 2, 192.

mite-merker *stm. mitmärker* GR.W. 6, 13. MONE z. 1, 432.

mite-muoter *stf.* mitmuoter, commater DFG. 135ᵃ.

mite-nâchgebûr *m.* convicinus, mitnachgepaur VOC. 1482.

mite-nieʒ *stm.* (II. 394ᵇ) *mitgenuss.* mitnieʒ LOH. 3910.

mite-phliht *stf.* (II. 509ᵃ) *teilnahme, anteil* PASS. JER.

mite-redunge *stf.* mitredunge, confabulatio DFG. 141ᵃ.

mite-reise *swm.* (II. 666ᵃ) *kriegskamerad* KCHR.

mite-reste *stf. mitruhe.* die kalten mitereste kôs dâ vil manic küene man, den man tôten truoc von dan ERNST *B.* 1490.

mite-ringunge *stf.* (II. 714ᵇ) mitringung, colluctatio DFG. 133ᵃ, *n. gl.* 101ᵇ.

mite-rîter *stm.* (II. 740ᵇ) *der mit reitet* HÄTZL. ANZ. 17, 114. GR.W. 3, 614. NP. 80. mitrîder RCSP. 1, 87. 90. 94 (*a.* 1401); mitritter, *der mit einem andern ritter ist, rittergenosse* ZÜRCH. *jb.*

mite-sam *adj.* (II. 193ᵇ) *md.* mëtesam: *umgänglich, gesellig, freundlich* TRIST. H. FRL. PASS. LUDW. getriuwe, milte, mitesam KRONE 309. frûntholder oder mitsamer, affabilis DFG. 15ᵇ.

mite-same *stf.* (*ib.*) *umgänglichkeit, freundlichkeit.* mit brüederlicher mitesam BUCH *d. r.* 564. *vgl. zu* JOS. 93;

mite-samecheit *stf.* (*ib.*) *dasselbe.*

mite-sæʒe, -sëʒʒe *swm. mitwohner, nachbar* GR.W. 1, 125. 5, 214.

mite-scheffe *swm. mitschöppe* BÖHM. 627 (*a.* 1352). midescheffe RCSP. 1, 198 (*a.* 1411).

mite-schuldener *stm. s.v.a.* mitegülte *u.* mit *diesem abwechselnd* MONE *z.* 9, 107 (*a.* 1385).

8, 282 (*a.* 1431). Roth *urk.* 5 (*a.* 1490). Mh. 2, 190. 210.

mite-sëzze *s.* mitesæze.

mite-sîn *stn.* (II². 294ᵃ) *das mitsein, gesellschaft* mit Myst. 2. 253, 33.

mite-singic, -sengic *adj.* concinnus Dfg. 139ᵃ, *n. gl.* 106ᵃ. Voc. *S.* 2, 18ᵃ;

mite-singunge *stf.* concinnus Dief. *n. gl.* 106ᵃ.

mite-slæfel *stm.* (II². 365ᵇ) *beischläfer, buhler* Gest. *R.* 112.

mite-slüzzel *stm.* (II². 413ᵇ) *gemeinsamer schlüssel oder nachschlüssel.* swer einen ungetriuwen miteslüzzel hât Msf. 21, 22.

mite-spilære *stm. mitspieler* Apoll. 1499.

mite-sûgelinc, -söugelinc *stm.* collactaneus Dfg. 131ᶜ;

mite-sûgunge *stf.* mitsaugung Dief. *n. gl.* 100ᵇ.

mite-tât? *stf. das mittun, mitwirken.* zû mittetât (missetât?) bringen Pass. 54, 65.

mite-teidinger *stm.* mittaidiger, *der mit vermittelt* Schm. *Fr.* 1, 586.

mite-teil *stm. teilhaber, verbündeter.* zwüschent iro nâchvolgern und ouch ir mitteilen Ea. 54;

mite-teilære *stm.* (III. 28ᵇ) *dasselbe.* der herzog und sîne nâchvolger, mitteiler und nâchhanger Ea. 54; *der etw. mitteilt:* des hordes samenære sint selten miteteilære Freid.² 147, 14 (*die hss.* haben milte teilêre, gûte teilêre). Lit. 118 *ist nach* Fdgr. 2. 217, 40 mitelære *zu lesen;*

mite-teilic *adj.* mitteilic, *mitteilend* Reinfr. *B.* 15796. Kirch. 599, 39. 649, 41.

miteteil-haftic *ad.. mitteilhaftig* Beisp. 72, 25.

mite-tier *stn.* der fuchs kam wider und sagt daz sînen mittieren Beisp. 37, 17.

mite-trager *stm. mitträger, gehilfe, genosse* Chr. 3. 33, 16 (collega 184, 29).

mite-vart *stf.* (III. 255ᵃ) man sach dô loufen vür daz zelt in mitevart verworren vrouwen unde megetîn Virg. 573, 10.

mite-vater *stm.* mitvater, compater Dfg. 136ᶜ.

mite-volgære, -er *stm.* (III. 369ᵃ) *mitfolger, anhänger* Teichn. Berth. 89, 19. Böhm. 697 (*a.* 1365). midefolger Mainz. *fgb.* 31;

mite-volge *stf.* m. jehen, *beistimmen* Pass. *K.* 51, 51. 85, 72.

mite-vröuwunge *stf.* (III. 416ᵇ) mitvrowunge, *mitfreude* Pass. 159, 79.

mitewandeln *stn. das mitwandeln, umgang,* verkehr. unser mitwandeln ist in den himeln Mgb. 458, 27;

mite-wandelunge *stf.* conversatio Dfg. 148ᶜ. midewandelunge Elis. 8078.

mite-wære, -wâre *adj.* (III. 522ᵇ) *freundlich, sanftmütig* Karaj. Diem. Will. *Hag.* 5, 159. — wære *zu* wësen;

mite-wære, -wâre *stf.*(III. 523ᵃ) *freundlichkeit, sanftmut* Fdgr. 1. 60, 10. 64, 18.

mite-were *swm. s. v. a.* mitegewere Mone *z.* 5, 470 (*a.* 1416).

mite-wësen *stn.* (III. 769ᵇ) *das zusammensein mit jem., umgang, verkehr* Pass. midewesen Elis. 10252; *zusatz zu dem wesen* Myst.

mite-wirken *stn.* (III. 592ᵇ) *das mitwirken* Myst. 2. 4, 6. Hpt. 15. 379, 79.

mite-wisheit *stf.* Hpt. *beitr.* 291 *s. v. a.*

mite-wist *stf.* (III. 770ᵇ. 795ᵃ) *das zusammensein, dabeisein, beiwohnung, teilnahme, gegenwart* Kchr. Glaub. Erinn. (Prl. 118). Walth. Trist. Krone (22770) *u. md. denkm.* (Serv. 352. Pass. 150, 42. 180, 40. 200, 36. 278, 22. 286. 91. 302, 65. 333, 11. 391, 77. Heinr. 3795. midewist Elis. 3928. 8202). Ernst 5426. Msh. 3, 169ᵇ. Himlf. 943. Hpt. 3, 444; *zustand, lage* Jer. = wist *zu* wësen.

mite-wizzen *stn.* (III. 789ᵃ) m. sîn selbes, *bewusstsein* Myst. 2. 550, 14.

mite-woche *s.* mittewoche.

mite-wonen *stn.* (III. 805ᵇ) *das mitwohnen, verweilen bei* Myst. 2. 322, 2;

mite-woner *stm. mitwohner.* mitwoner Beisp. 45, 37. *md.* mëtewoner Mühlh. *rgs.* 49. 51. 59.

mite-würkære *stm.* (III. 594ᵇ) *mitwirker* Myst. 2. 201, 2;

mite-würkærinne *stf. ib.* 2. 161, 29.

mitez, *mittels. s.* übermittez.

mite-zerer *stm.* mitzerer, conviva Dfg. 149ᵃ.

mite-ziuc *stm. mitzeuge.* mit sînen mitziugen glîchhellig erfunden Urb. *Bing.* 7ᵇ. 9ᵃ.

mithan *s.* mathan.

mitiche, mitke *s.* mittewoche.

mitlîn *s.* mittel *stf.*

mitme *s.* mit.

mit-sam *präp.* (II². 45ᵇ) *verstärktes* mit: *zusammen mit* Jer.;

mit-sament, -samet, -samt, -sant *präp.* (II². 47ᵃ, 44) *dasselbe (auch getrennt mit* s.*), allgem.*

mit-tac, -tach, mittache *s.* mitte *adj.* mittewoche.

mittac-mâl *stn.* mittagmâl, *mittagessen* Tuch. 12 *ff. vgl.* Dfg. 450ᶜ *s. v.* prandium.

mittac-wîp *stn.* m. vel huore, nonaria DFG. 382ᶜ.
mit-tagic, -tegic, -tagelich, -tegelich *s. unter* mittentagic.
mitte *s.* mittewoche.
mitte *adj.* (II. 196ᵇ) *in der mitte, mittler* Iw. sîn mittenôster sun KUCHM. 31. *bes. bei zeitbestimmungen, allgem.:* die mitte zît ALBR. 35, 251. mitter morgen (nâch einem mitten morgen j. TIT. 1047. ze mittem m. EILH. 7885. diu liehte sunne strahte sich ûf gên mittem morgen REINFR. *B.* 20011). — mitter tac (unz daz ez mitter tac wart KARL 8416. der mitter tac ALBR. 24, 204. do ez chom uber mitten tach GEN. *D.* 15, 10. ze mittem tage *ib.* 93, 30. vor mittes tages zîten GUDR. 1145, 4. gegen mitten tage MSF. 135, 2. gein mittem tage ALBR. 9, 169. 17, 95. ame mittem tage *ib.* 14, 37. umbe mitten tac *ib.* 10, 323. 14, 137. 27, 7. 33, 76. 35, 345. zuo deme mitten tage FLORE 3650. zuo mitteme dage CHR. 8. 113, 18. über mitten tac REINFR. *B.* 11380. gegen den mitten dach CRANE 2208. nâch mittem tage, *nachmittags* DAN. 2355. MGB. 154, 31. gegen, von mittem tag, *gegen, von süden ib.* 204, 21. 243, 4. 434, 2), *auch compon.* mitte-, mittentac (III. 6ᵃ, *wo aber die belege aus* DIEM. *u.* GUDR. *zu streichen sind, der erste gehört zu* mittewoche, *den zweiten s. oben*): mittetac MEIN. 9. mittac *s. oben die composs.,* mittach KROL. 1495, mitdach FROMM. 2, 446ᵃ, middach KARLM. 194, 2. ein mitentac MYST. 2. 129, 15, mittentac *ib.* 123, 2. 3. ELIS. 2927. mittag, -dag, mittentag, -dag meridies DFG. 358ᵇ, *n. gl.* 251ᵇ. — mittiu naht (umbe mitte naht ALBR. 34, 200. CHR. 8. 63, 23. biz an die mitten n. SILV. 413. in mittir naht EILH. 2800. ze mittir naht WACK. *pr.* 56, 67. 72), *auch compon.* mittenaht, mittnaht CHR. 4. 95, 12. ZIMR. *chr.* 1. 381, 13. mitnaht, septentrio DFG. 528ᵇ, *und* mitternaht *ein erstarrter, zum nom. gewordener dativ* (II. 301ᵇ) LIVL. GL. (mitternaht, septentrio DFG. 528ᵇ). iz geschah in ainer mitternaht KCHR. *D.* 52, 25. gein dirre mitternacht ELIS. 9578. vur der middernacht KARLM. 61, 11. an der middernacht *ib.* 100, 39. — mitter sumer, *comp.* mittesumer (II². 731ᵇ) *sommersonnenwende* MÜHLH. *r. L.* 175. — mitter winter, *wintersonnenwende, compon. zu* midewintere MARLD. *han.* 124, 18. — mittiu vaste, *mittfasten, sonntag lätare* (III. 278ᵃ): zuo, ze mitter vasten, *auch comp.* mitter vasten UKN. 136. 277 (*a.* 1311. 39). Mz. 1, 394 (*a.* 1385). CP. 105. CHR. 4. 17, 6. 30. 120, 13. vor mitterfasten *ib.* 2. 483, 13. Mz. 3, 18 (*a.* 1364). vor mitter vasten *ib.* 1, 390 (*a.* 1384). biz mittervasten MW. 186 (*a.* 1292). *compon.* mitte-, mit-, mittenvaste: ze mittevaste LIVL. 8509. ûf den sundag zu mittefasten BÖHM. 523 (*a.* 1333). am mântag vor mittefasten Mz. 3, 50 (*a.* 1338). biz zu mittefastin LUDW. 34, 18. ze der mitvasten ULA. 73. 74 (*a.* 1295). zu mitfasten TUCH. 116, 34. vor mitvasten *ib.* 257, 11. ûf mitvasten Mz. 1, 527 (*a.* 1410). CP. 365. und lachte ie mittenvaste BIRK. 254. *vgl.* mittelvaste *unter* mittel *adj.* — *gt.* midjis *zu skr.* madhya, *lat.* medius, *gr.* μέσσος *für* μέϑjος CURT.³ 310. GSP. 244. FICK² 146. 834;

mitte *stf.* (II. 197ᵃ) *mitte, gegens. zu* ort LIEHT. WINSB. TEICHN. dâ in mitte und an den orten LOH. 4893. sie brâchen mit ir hurt des strîtes mitte *ib.* 4380. ein wazzer von der selben mitte (*des paradieses*) vlôz VILM. *weltchr.* 64, 284; — *sw.* nâch einer mitten MGB. 277, 3;

mittel *adj.* (II. 198ᵇ) *in der mitte, mittler* WALTH. BERTH. medius DFG. 353ᶜ. geitikeit ist eine mittel schôz RENN. 8012. gein der mitteln fiwerstat PARZ. 230, 16. an der mitteln stat VILM. *weltchr.* 64, 275. daz mittel reich des lufts MGB. 74, 15. 81, 7. 83, 19. in der mittel môszen CHR. 8. 300, 29. der winter was mittel, weder zu kalt noch zu warem *ib.* 5. 326, 9. des mitteln, *die rechte mitte haltend* RENN. 8663 (*vgl.* mitteln *adv.*) *sup.* die mittelsten PASS. 338, 71. deu mitlisten kämmerlein MGB. 6, 18. ze mittelst und ze leste SILV. 4533. ze mittelst, mitlist MGB. 4, 27. 13, 8. 100, 15 *u. ö.* — *bei zeitbestimmungen:* in einer mitlin (*halben*) stunde FDGR. 2. 126, 12. 19. mitteltac, meridies DFG. 358ᵇ. ze mitler vasten KUCHM. 54, *comp.* mittelvaste *s. v. a.* mittiu v. (*s. unter* mitte *adj.*) CHR. 8. 65, 4. 134, 9; 9. 592, 21. 849, 7. AD. 801 (*a.* 1297). Mz. 1, 246 (*a.* 1302). — *vgl. auch die composita mit* mittel, *bei denen wol nicht immer zusammensetzung anzunehmen ist;*

mittel *stn. des vorig.* (*ib.*) *nicht immer zu unterscheiden vom folgenden: mitte* MYST. FRL. JER. LUDW. guot urhap und guot mittel MSH. 2, 397ᵃ (*viermal*). ir mittel unde ir anevanc PART. *B.* 1068. anfang mittel und end DH. 402. CHR. 5. 66, 21. in mittel *ib.* 8.

235, 25. sich in mittel halten Tuch. 330, 32. daʒ m. halten Renn. 23176. ain m. h. under, zwischen Mgb. 44, 29. 50, 12. 22 *ff*. 51, 5. 324, 25. 351, 33. centrum, *mittelpunkt* Dief. *n. gl.* 85ᵃ, ein mittel inne Dfg. 113ᵃ. ein cirkel, des mittel der tûfel ist Ab. 1, 52; *mittelding*, der negel nâtûr ist ain mittel zwischen dem pain und der kruspeln Mgb. 21, 15; *mittel, vermittelung* Myst. 2. 49, 27 *ff.*; *was trennend u. hinternd in der mitte steht* Myst. âne, ân mittel, *unmittelbar ib.* 2. 50, 7. 69, 4. 5. Mz. 1, 350. 500. 553 (*a.* 1369. 1406. 14). Chr. 5, 248 *anm.* 1. 430, 34, *ebenso sunder* m. Myst. Wack. *pr. s.* 274, 10;

mittel *stf.* (*ib.*) *mitte* Ms. Frl. pei der mitel menschleichs leibs Mgb. 33, 19. in der mitlîn (*var.* mitte) der kinder Hb. *M.* 406.

mittel-âder *f. s. v. a.* médiân Dfg. 353ᵃ.

mittelanc *stm.?* zuêwir libi middilanc, *zweier leben vermittelung* Denkm. XXXIV. 20, 5 *u. anm.*

mittel-bote *swm. vermittelnder bote. ndrh.* middelbode Marld. *han.* 88, 32.

mittel-bühse *f. mittelgrosses geschoss?* Ugb. 414 *s.* 484. Chr. 5. 253, 17. mettelpüchse *ib.* 2. 47, 16. *vgl.* neun eiserein büchsen, der eine mettel ist und die andern cleine hantbüchsen Mone 1, 68 (*a.* 1430).

mittel-drom *stn. mittelstück* Wack. 201ᵇ.

mitteler *stm.* (II. 199ᵃ) *der in der mitte ist,* medianus Dfg. 353ᵃ. der sterne heizet Mercurius dâ von, daʒ er ein mitteler ist; eʒ sint drîe vor im unde drîe nâch im Berth. 55, 36. mitteler, *mittelfinger* Dfg. 353ᵉ, *n. gl.* 249ᵃ; *gewebe mittlerer art:* von hundert ellen mittelers Np. 126 (*13.—14. jh.*), *vgl.* mitlerzieche *ib.* 129 *u.* Schm. 2, 651; *mittler, vermittler,* mediator Dfg. 353ᵃ. Rul. 278, 22. Lit. 118 (*s. oben unter* miteteilære) Berth. 56, 3. W. *v. Rh.* 119, 2. Just. 253. Zips. 12ᵇ. *ndrh.* middeléreMarld.*han.*88, 33;

mittelerinne *stf.* mitlerin, mediana, *mittelader* Dfg. 353ᵃ; *mittlerin, vermittlerin,* mediatrix, mittelerin *ib.* diu mitlerin bî got Msh. 3, 467ᵇ. mitlerinne, mittlerinn Mgb. 37, 9. 67, 26. *ndrh.* middelerinne *u.* middelersche Fromm. 2, 445ᵇ.

mittel-grütz *s. unter* grobiʒ.

mittelîe *stf. vermittelung* Syon 52;

mittelinc *stm.* mitling, viceplebanus Voc. 1482.

mittelkeit *stf. aus* mittel-heit *od.* mitteleccheit, medietas Dfg. 353ᵇ; temperamentum *ib.* 576ᵇ.

mittel-kërn, -korn *m. n.* meditullium Dfg. 353ᵉ. Voc. *S.* 2, 13ᵇ.

mittel-lich *adj. die mitte haltend.* in mittellicher bescheidenheit N. *v. B.* 92; *vermittelnd,* sô wirfe ich mich in ein mittellich vermügen Myst. 2. 584, 17.

mittel-man *stm. vermittler,* mediator Dfg. 353ᵃ.

mittel-mâʒ *stn.* (II. 203ᵃ) *mittleres* mâʒ Frl. Krol.;

mittel-mâʒe, -mâʒ *stf.* (II. 207ᵃ) *lage in der mitte zwischen zweien dingen,* mittel- *u.* mittermâʒe Fdgr. 1, 384ᵃ. der die m. wil vinden unde daʒ ummezil Krol. 508; *die mittlere mâʒe, das rechte masshalten* Msh. 2, 194ᵇ. 3, 100ᵃ. 108ᵇ; *mittleres verhältnis der temperatur* Mgb. 388, 3. 474, 18;

mittel-mæʒic *adj.* (II. 209ᵇ) *von mittlerer grösse, von mittlerem werte,* mediocris Dfg. 353ᵇ. Pass. ein mittelmæzich (*mittelgrosser*) esel Mgb. 223, 27. ein m. zung, diu niht ze prait noch ze smal ist *ib.* 14, 31. 115, 6. m. wein, *der nicht zu schwach noch zu stark ist ib.* 351, 16. mittelmêʒige slêwer (*schleier*) Anz. 18, 13 *a.* 1350; m. machen, temperare Dfg. 576ᵇ;

mittel-mæʒicheit *stf.* temperies Dfg. 576ᵇ.

mittel-meige *stm. mitte des mai.* zuo mittelmeige Gr.w. 5, 425.

mittel-muot *stm.* (II. 262ᵇ) *mittelstimmung* Pass. *K.* 421, 81.

mitteln *adv. gen.* (II. 199ᵃ) *mitten* Fragm. Chr. 8. 344, 5. 349, 24. 441, 8; 9. 500, 11. 866, 18. durch mittlen, *mitten durch* Hpt. 2, 194. *vgl.* des mitteln *unter* mittel *adj.*;

mitteln *swv. in die mitte stellen, vermitteln,* mediare Dfg. 353ᵃ. der junge saʒ und mittelt daʒ Kolm. 1, 65. *vgl.* Myst. 2. 640, 39. 655, 23; *intr. ein mittel sein,* vermitteln. alle creatûre mitelent Myst. 2. 49, 25. — *mit* ver-;

mitte-lôde *stnf.* (II. 199ᵃ) *mitte.* daʒ m. Will. *Hag.* 4, 168; diu m. Pass. Pf. *arzb.* 2, 2ᵇ. — *ahd.* mittilôdi *n.,* mittilôdî *f.*

mittel-rinte *f.* liber Dfg. 326ᵇ. Voc. *S.* 2, 13ᵇ.

mittel-schulter *f.* (II². 222ᵇ) interscapula Voc. *o., vgl.* Dfg. 305ᵃ, *n. gl.* 219ᵇ.

mittelsî? *stn.* (II. 199ᵇ) Frl. 160, 13.

mittel-stücke *stn. mittelstück (eines fisches)* Ring 36ᵉ, 26.

mittel-swanc *stm.* (II². 806ᵇ) *nach der mitte zielender fechterhieb, -stoss, übertragen auf*

die dichtkunst WALTH. 84, 23, vgl. Wilmanns zu 92, 26.
mittel-tac s. unter mittel adj.
mittel-teil stn. der mittlere teil, die mitte MART. 204, 80. ALTSW. 72, 23. 122, 27.
mittelunge stf. vermittelung, mediatio DFG. 353ª. von mittelunge der persôn oder âne mittelunge, mit od. ohne vermittelnde person MONE z. 7, 79 (a. 1355); die mitte (MART. 204, 83), mittlerer, rechter weg: ach got wer mac der rehten mittelunge gevâren, daz er alsô gediene daz sîn dienst iht werde verlorn KOLM. 157, 4. vgl. mitterunge.
mittel-valke swm. falke unedler art MYNS. 18.
mittel-varwe stf. mittelfarbe. mittelvarb MGB. 43, 10. 50, 15. 51, 12. 441, 23.
mittel-vaste s. unter mittel adj.
mittel-vinger stm. m. od. arsdarm od. wûste: podex, verpus Voc. 1482.
mittel-vrist stf. (III. 409ª) mittlere frist, mitte JER. 5849.
mittel-warm adj. tepidus DFG. 578ª. Voc. S. 2, 17.
mittel-wëc stm. (III. 639ª) mittelweg LUDW. 17, 1.
mittel-wehsic adj. (III. 463ª) von mittlerem wuchse oder alter RENN. 23314.
mittel-wëter stn. temperies DFG. 576ᶜ, n. gl. 360ᵇ. Voc. S. 1, 6ª.
mittem, mitten s. mit 1.
mittemen adv. mitten s. unter enmitten.
mitten, mittene adv. (II. 197ª) in die mitte, mitten TRIST. WALTH. LUDW. PASS. 338, 68. 339, 60. SWANR. 981. REINH. 945. durch mitten, mitten durch EXOD. D. 162, 15. der punct mitten im kreisz, in dem zirkel, centrum DFG. 113ª, n. gl. 85ª. vgl. enmitten (ALBR. 6, 70); — ie mitten, mittunt, mitten (II. 198ª) mittlerweile, inzwischen: ie mitten HARTM. (GREG. 805) TRIST. SWSP. 57, 1. 266, 3. ie mittunt BERTH. (127, 13. 267, 3), ie mittont WACK. pr. 1, 107, ie mittent ULR. Wh. 116ᶜ. vgl. mittes;
mitten s. mettene, mittenen.
mittenander adv. = mit einander, allesammt CHR. 8. 320, 23; ganz, vollständig ib. 253, 25. 284, 7. 367, 11; 9. 502, 31. 528, 12.
mitten-, mittî-buoch s. mettenbuoch.
mitte-naht s. unter mitte adj.
mittenen, mitten swv. refl. sich in die mitte setzen. ê wolt ich als der ziegel mich mitten ûf dem dach und lîden ungemach ALTSW. 152, 22.

mitten-inheit stf. (II. 198ª) centrum FDGR. 1, 384ª. vgl. DFG. 113ª.
mitten-künne stn. (I. 912ᵇ) mittelgeschlecht? FRL. 160, 11.
mittens adv. s. unter ie sp. 1413;
mittent adv. s. mitten.
mitten-tac s. unter mitte adj.
mitten-, mit-tagic, -tegic; mit-tagelich, -tegelich adj. meridianus DFG. 358ᵇ. mittagelich MYST. 1. 388, 15.
mitten-vaste s. unter mitte adj.
mitter s. mit 1.
mitter in salzmitter, s. mutter.
mitter adj. (II. 197ª) in der mitte befindlich, unparteiisch? got der ist ein mitter (milter?) man, er verliest noch gewint nit dar an LS. 2. 53, 99; mittler Ms. (H. 2, 246ª) MYST. TEICHN. ez hâte einen mittern glanz KRONE 6855. die mittern strâze varn, gên WG. 10019. 31. der mitter kreiz ALBR. 1, 75. daz mitter tail MGB. 318, 10. ain mittre leng WOLK. 17. 3, 26. ˉzehen jeuchart mitters ackers Mz. 4, 44. die mittern vrîen, mittervrîen, die mittelfreien, die frei von geburt, aber lehnspflichtig sind SWSP. (2, 3). DSP. 1, 62. 95. die mittern liute s. unter mitterliute. — sup. mitterest: ze mitterest adv. in der mitte. ze mitterest in dem garten GEN. D. 10, 1. ze mittrist in dem leib MGB. 3, 16. — ahd. mittar, keine comparativbildung von mitte, wie WACK. annimmt, sondern von diesem mit r abgeleitet wie mittel mit l. vgl. GR. 3, 622;
mitter stm. vermittler. das ir eu als guter mitter darinn beweisen wellet UGB. 50;
mitter stf. die mitte. daz er an den enden leihter ist dann an seiner mitter MGB. 78, 7;
mitterîn stf. vermittlerin. frouwe, himels künigîn, gots und der menschen mitterîn W. v. Rh. 268, 14.
mitter-liute. alle lantherren, mitterläut, purger, und arm und reich Mw. 254, 1 (a. 1315, oft in dieser urkunde, auch nicht comp. die mittern läute). pl. von
mitter-man stm. (II. 45ª) ministeriale mittlern ranges WEST. gl. 354.
mitter-mâze stf. (II. 207ᵇ) s. unter mittelmâze.
mitter-naht s. unter mitte adj.
mitterunge stf. (II. 197ª) s. v. a. mittelunge, vermittelung MYST. 1. 360, 1.
mitter-vaste, -vrî s. unter mitte adv.

mittes *adv. gen.* ie mittes *s. v. a.* ie mitten KRONE 17885.

mitte-sumer, -tac, -vaste, -winter *s. unter* mitte *adj.*

mitte-woche *f. m.* (III. 797ᵇ) *mittwoch.* mittewoche *swf.* BERTH. (55, 35. 37). KRONE, MYST. LUDW. (33, 13). JER. KCHR. 125. W. 14. SCHREIB. 1, 286, mitwoche MEIN. PASS. CHR. 4. 25, 13. 110, 21. 159, 33, mitwuche *ib.* 5. 2, 24. 3, 12. 23, 40 *etc.*, mitwache *ib.* 4. 175, 14, mitweche CDS. 1, 88 (*a.* 1276). — mittewoche *stf.*: ûf die mittwoch SCHREIB. 2, 539 (*a.* 1474). — mitwoche *swm.* CHR. 1. 46, 17. 59, 12. Mz. 4, 342, mitwuche *ib.* 5. 320, 16. — mitwuch *stm. ib.* 139, 17. 140, 17. 278, 30.
Contrahierte formen: mitache *swf.* DIEM. 357, 6, mittiche GA. 2. 543, 399. 545, 467. W. 4 (*a.* 1316), mitiche Mw. 177, 3 (*a.* 1290), miteche Mz. 1, 300 (*a.* 1343), mideche GRIESH. 2, 48. Mz. 1, 290 (*a.* 1340), mitche SCHREIB. 1, 88 (*a.* 1276). Mw. 237 (*a.* 1311), mitke, an der mitken S.GALL. *stb.* 4, 246. 265. 11, 10, michte SCHM. 4, 11, mickte, an der mickten GR.W. 6, 295, micke SCHM. 4, 11. — miteche *swm.* UOE. 203, 224 (*a.* 1318), mittiche UKN. 343 (*a.* 1351). CP. 51. Mz. 3, 9 *u. fast durchgehends in* STB.*u.* STZ., mitiche UKN. 224. 237 (*a.* 1326. 30), miteche TUND. 44, 27. miche SCHM. 4, 11. — mittich *stm.* BERTH. 55, 35, mittach, des mittachs UKN. 315 (*a.* 1345). — krumbe mittwuche, *mittw. der karwoche* CHR. 9. 557, 2 *var.* SCHREIB. 2, 539 (*nach Weinholds mitteilung noch in Schlesien so genannt*). — *vgl.* SCHM. 4, 11. BIRL. *al.* 1, 41. KWB. 50.

mittewochen-tac *stm. dasselbe.* ûf den mitwochentac Mz. 1, 394 (*a.* 1385).

mittez, mitz, mitzen *adv. mitten* FROMM. 2, 446ª, *s.* übermittez.

mittich *s.* mittewoche.

mittiger? *s. unter* krâ *stm.*

mit-vaste *s. unter* mitte *adj.*

mit-woch, -wuch *s.* mittewoche.

mitz, mitzen *s.* mittez.

miucheler, mûcheler *stm.* (II. 226ª) *meuchler*, sicarius OBERL. DFG. 532ᵇ. mûchilâri GL. *trev.* 13, 3.

miuchel-gadem *stm.* (I. 456ᵇ) *gemach zum verstecken, scherzw. für einen weiten ärmel* HELBL. 1, 194.

miuchelingen *adv.* (II. 226ª) *heimlich* OBERL. 1070. md. mûchelingen VET. *b.* 43, 18;

miuchelingen *stn.* nît, haz, miuchelingen, strît RENN. 13954;

miuchelinger *stm.* mäuch-, meucklinger, saducei DFG. 506ᵉ, maucklinger Voc. *S.* 2, 4ª.

miuchel-ræche *adj.* (II. 685ᵇ) *heimlich rächend, schadend* Ms. (*H.* 2, 199ᵇ).

miuchel-ræhe *adj.* (II. 548ª) *steif, hinkend (vom pferde)* SCHM. 3, 74. *s.* mûche *u.* ræhe.

miullîn *stn.* (II. 232ª) *dem. zu* mûl, *kleines maultier* LANZ. 4678.

miullîn *stn. dem. zu* mûl, *maul.* meullein *eine art dachziegel, an den enden gekrümmt u. in einander greifend* TUCH. 292, 22.

miure, miuren *s.* mûre, mûren;

miurlîn *stn. dem. zu* mûre, *kleine mauer.* meurlîn DFG. 372ª. CHR. 4. 315, 20. 27. meurlein *ib.* 2. 272, 1.

miuse- *s. auch* mûs-.

miuse-balc *stm. mäusebalg.* in vêhen miusebelgen RENN. 18795.

miuse-bërc *stm.* sô der Miuseberc zergê sam der snê MSH. 2, 92ª.

miuse-drec *stm. mäusekot*, muscerda DFG. 373ª. MYNS. 30. BEH. 28, 28. NETZ 10076. ZIMR. *chr.* 3. 324, 1. *vgl.* miusemist.

miuse-kar *s. unter* misencar.

miuse-korp *stm. mausfalle.* meuskorb ZIMR. *chr.* 3. 368, 37. 369, 2.

miuselîn *stm. dem. zu* mûs, *kleine maus* BON. 21, 14. REINH. 365, 2017. HPT. 7. 360, 40. RENN. 2741. BEISP. 116, 18 *ff.* mäuslein, mäusel *muskel* MGB. 12, 4. 12. 20, 2 *ff.* 34, 14. 50, 3 *ff.* 131, 4. 5; *membrum virile*, meusly WOLK. 61. 1, 6; *s. v. a.* mûsenier: ain englisch hauben, zwai klaine spanaröl und zwai mäusel GERM. 16, 76 (*15. jh.*).

miuse-loch *stn. mausloch* DANKROTSH. *s.* 111.

miuse-mist *stm. mäusekot* MSH. 2, 190ᵇ.

miuse-nëst *stn.* (II. 386ª) *mäusenest*, musculum, musium, mussium DFG. 373ª *ff.*

miusenier *s.* mûsenier.

miuser *stm.* (II. 278ᵇ) *zu* mûs: *ein ersonnener sectenname* BERTH. 402, 20.

miuse-slac *stm. mausfalle.* decipium, meusenschlag DIEF. *n. gl.* 127ᵇ.

miuse-vâhen *stn. mäusefang* MGB. 151, 30;

miuse-vâher, -venger *stm.* muriceps, murilegus: mûsvanger, mûsevenger, mausvâher DFG. 372ᵇ, *n. gl.* 259ᵇ. Voc. *S.* 2, 5ª.

miuse-valle *s.* mûsvalle.

miuse-viller *stm.* mûseviller, muriceps DFG. 372ᵇ.

miuse-zagel *stm. mäuseschwanz* RING 2, 25.

miuse-zwival *stm.* squilla haiʒt mäuszwival, dar umb daʒ daʒ kraut die mäus tœtet MGB. 421, 20.

miusîn *adj.* (II. 278ᵇ) murinum SUM.

mius-œrel *stn. dem. zu* mûsôre. mäusœrl MGB. 386, 13.

mixtûre *stf.* (II. 199ᵇ) *mischung, zusammensetzung, mixtura* TRIST. TROJ. (1402. 29). URST. 112, 67.

mîʒe *swf.?* ein kinderspiel. die kintlicher spil sich wollent flîʒen, zölle, tripkugeln und mîʒen RENN. 14864;

mîʒen *stv. II. s. v. a.* meiʒen. mit sîner barten er im (in?) meiʒ, er spielt in immer mêre KOLM. 197, 7.

môadât *ein edelstein* WH. *v. Öst.* 37ᵃ.

möbel *s.* mubel.

mocke *swm.* (II. 215ᵇ) *klumpen, brocken* LS. HÄTZL. noch schluckend sy die grossen mocken FASN. 894, 28; *bildl. plumper ungebildeter mensch* LS. *vgl.* SCHM. *Fr.* 1, 1566.

mocke *swf.* (II. 216ᵃ) *sau, zuchtsau,* porca DFG. 447ᶜ, *n. gl.* 298ᵇ. WEIST. — *vgl.* WEIG. 2, 201. VILM. 274. BECH *beitr.* 12 *u.* mückin.

mockel *stm.* m. od. knuchel, occuus, etiam in poetria dicitur pullus galline Voc. 1482.

mocken *swv.* (II. 216ᵃ) *versteckt liegen* LS. (*lies* 1. 371, 30). *vgl.* mûchen.

môd- *s.* müed-, muot-.

model *stn. m.* (II. 216ᵃ) *mass, form, vorbild, modell* KONR. MSH. 2, 254ᵃ. 3, 108ᵃ. W. *v. Rh.* 95, 2. 26 (*acc.* den model) WH. *v. Öst.* 24ᵇ. NP. 287. CHR. 1. 106, 2; 2. 292, 3. modêl, *vgl.* j. TIT. 3215. — *ahd.* modul *n. aus lat.* modulus;

modelen *swv.* (*ib.*) *tr. eine form, ein* model *geben.* nâch dem winkelmâʒ m. LS. 1. 384, 327. die ziegel m. OT. 567ᵃ; *refl.* FRL.

model-gêr *s.* madalgêr.

model-schîbe *swf.* (II². 96ᵇ) *modellscheibe* MSH. 3, 468z.

modem? (II. 216ᵃ) FRL. 364, 10.

moder *stm.* (II. 239ᵃ) *in verwesung übergegangener körper, moder.* ich bin zergänclich als der moder GIESS. *hs.* 878, 86ᵃ. moter, motter limus DFG. 330ᶜ. Voc. *S.* 1, 7ᵃ; *sumpfland, moor, pl.* möder MONE *z.* 20, 212 (*a.* 1478). — *zu* mot, *vgl.* WEIG. 2, 181;

moderen *swv. in* vermoderen.

moder-loch *stn.* (I. 1024ᵃ) spelunca GL.

modiste *swm.* Heince Schrîber, der modiste FRANKF. *beedbuch der oberstadt a.* 1421, *fol.* 46. ebenso im beedbuch von 1422; *in* denen *v.* 1423 *u.* 24 *steht dafür:* H. kindelêrer.

mog-, mög- *s.* mug-, müg-.

môgen *s.* müejen.

mohelîn *s.* möuchelîn.

möhen *s.* mûhen.

mohte *prät. s.* mügen.

moi *stf. s.* müeje.

moie *swf.* (II. 216ᵃ, 43) *name eines tieres.* dô er ersach die schilde brûn und dar ûf von golde boien und einhalp die moien KRONE 10035 (*hss.* moyn, moren). der beider wâfen (*schildzeichen*) was ein moie *ib.* 18144. Mitarz mit der moien gewert er ze tjostiure *ib.* 18460. ein m oyn MSH. 3, 12ᵃ.

mol, molle *stswm.* (II. 27ᵃ) *eidechse, molch,* stellio: mol, mole, molle, mul, molch, mulg DFG. 551ᵇ, *n. gl.* 347ᵇ. mol ENGELH., molle BERTH. (563, 29 *ff.*). RENN. 9632. Moll *als fing. name* FASN. 337, 19. — *zu* maln, mël, mëlm.

molchen, molken; mulchen, mulken *stn.* (II. 170ᵃ) *milch u. was aus der milch bereitet wird (käse, zieger, butter).* molchen FDGR. 1. 77, 13. mulchen URB. molchen, mulchen, mulchen S. GALL. *stb.* 4, 33. URB. Seck. 102. mulken KUCHM. 38. mülchen MONE *z.* 18, 431; *käswasser,* sûreʒ molken MSH. 2, 344ᵇ. kæsewaʒʒer oder molken MGB. 90, 4. MONE 3, 278. molken, mulken serum DFG. 530ᶜ, *n. gl.* 337ᵃ. — *partic. von* mëlchen.

molde *s.* molte, mulde.

mole, môle *s.* mol, mül, malhe, menel.

[**molen** *swv.* II. 216ᵃ] = den esel meldet sîniu stimme MSH. 2, 384ᵃ.

molgrei *stf. eine zur gemeinde gehörige parzelle, bauernhof* URB. *Son.* 44ᵇ. — *tirol.* malgrei, *wahrscheinl. aus einem mlat.* mallicuria (*mlat.* mallum *aus dem deutsch.* mahel, mâl) SCHÖPF 417.

molic *adj.* zornych, molich ind bœse KARLM. 156, 7.

molken *s.* molchen.

molken-bûch, -knoch, -slûch, -vrâʒ *fing. namen* FASN. 98. 100. 102. 306. 36. 42. 859.

molken-diep *stm.* (I. 324ᵇ) papilio DFG. 411ᵃ.

molken-topf *stm.* (III. 48ᵇ) seria DFG. 529ᵇ.

molle *s.* mol, molte.

möller, molner *s.* mülnære.

môl-schaz, -schatzen *s.* mahelsch-.

molt *s.* mëlde 1, molte.

molt-brët *stn.* (I. 238ᵇ) *streichbrett am pfluge* HELBL. 8, 308. *vgl.* KWB. 191.

molte *stswf.;* molte, molt *stm.* (II.27ᵇ.216ᵇ)
mult *s.* moltwërf, -wurm, multe KCHR.
10497 *var.*, molde DIEM. KARLM., *assim.*
molle GR.W. 2, 52 —: *staub, erde, erdboden.*
diu molte NIB. LANZ. SERV. (ûz der molten
1383, ûz der molte: dolte 2254). ûz der erde
molte GEN. *D.* 19, 8. geworfen in des char-
chæres molten *ib.* 83, 20. mit rômesker mol-
ten KCHR. 10497. dô sach er die molten ûf
stieben RUL. 119, 4. 242, 11. diu molte be-
gunde ûf gân RAB. 595. vor der molte sie
nieman sach DIETR. 8774. daz stoup von in
als molte von windes dône LOH. 5416. einen
ûf die molten vellen j.TIT. 3547. KREUZF.
3089, in die molten vellen, stechen LOH.
5540. ENENK. *p.* 329. in de molde, zo der
molden slahen KARLM. 85, 43. 107, 57.
van der molden *ib.* 199, 53. schiere wart
ze molten (*wurde zertreten*) bluomen unde
gras GUDR. 183, 2. in der molten ligen,
schwer verwundet zu boden liegen ib. 531, 3.
KRONE 3038. er lac tôt ûf der molte (: wolte)
ULR. *Wh.* 155ᵃ. du muost zuo der molten,
sterben KRONE 12021. — der molt: dî wil er
schirrit in dem molt JER. 16551. den slôch
er in dem molde KARLM. 84, 30. — *pl.* vor
werltlichen molten HIMLR. 308. einen mit den
molten blend en JÜNGL. 1235, *ohne art.* in mol-
ten ligen LOH. 2443. — *zu* mël, *vgl.* KWB. 191.
molten *s.* mëlde 1.
molt-hunt *stm. fing. name* FASN. 114, 18.
moltic *adj.* (II. 27ᵇ) *staubig, zu staub* (molte)
geworden. ûf der moltigen erde MAR. 157,
39. moltiger munt *jurist. ausdr. von dem
zeugnisse in betreff eines verstorbenen:* zie-
chen sie ez aber ûf moltigen munt CDG. 3,
37 (*a.* 1332). RA. 880. *vgl.* mëlwic.
molt-wërf, -wërfe *stswm.* (III. 740ᵃ. II. 232ᵃ)
das die erde (molte) *aufwerfende tier:
maulwurf,* talpa: moltwerf, -werfe, -worf
DFG. 572ᵇ, multworf *ib. und n. gl.* 358ᵃ; *ent-
stellt* mûlwerf *ib. u.* RENN. 19967, mûl-
wurf MGB. 160, 21, mûrwerf BEH. 118, 21,
mûwerf DFG. *u.* RENN. 4855 *ff.*, mûlwelf
DFG. MSH. 2, 385ᵇ, mûlwelpfe BERTH. 563,
30; stellio DFG. 551ᵇ, *n.gl.* 347ᵇ.
molt-wurm *stm.* (III. 826ᵇ) talpa, molt-,
multwurm DFG. 572ᵇ, *n. gl.* 358ᵃ; stellio *ib.*
551ᵇ *u.* 347ᵇ.
molwic *adj. weich, staubartig* MGB. 113, 13.
— *vermischung von* mëlwic *u.* moltic.
mômente *stf.* (II. 216ᵇ) *augenblick* RUD. —
aus fz. moment, *lat.* momentum.

momme *s.* mumme 2.
mommer, momper *s.* muntbor.
môn *s.* mâge, mâne; mônât, -ôt *s.* mânôt.
monch, monchen *s.* münech, münechen.
mônde *s.* mânde.
mondelinc *s.* mundelinc.
mône, môneit, mônelîn *s.* mâne, mânôt,
mânelîn.
monester *f.* welsch m. *wälsche suppe, gift-
trank* ZIMR. *chr.* 4, 676ᵇ. — *kärnt.* manestra,
eine art suppe, aus it. minestra *suppe*, mi-
nestrare *die suppe anrichten, vom lat.* mi-
nistrare *aufwarten* KWB. 185. DIEZ 418.
[monieren *swv.* II. 216ᵇ] *s.* môvieren.
monîzirus *stm.* (*ib.*) *das einhorn* PARZ. 613,
22. monocerus WARTB. 142, 7, monos-
ceros L.ALEX. 5583. — *aus gr.* μονόκερως.
mœnlîn *s.* mânelîn.
monocord mono-, monachordium DFG. 367ᵃ.
manochorde und psalterium KRONE 22103.
manucorde WH. *v. Öst.* 63ᵇ.
monosceros *s.* monîzirus.
mônôt, mônschîn *s.* mânôt, mânschîn.
monster *s.* münster.
monster, munster *stn. musterung, heerschau*
CHR. 4. 350, 210 *u. var.; s. v. a.* muster,
münzstempel ib. 108 *anm.* 2. — *aus lat.*
monstrare;
monstranze, -stranz *swstf.* (II. 216ᵇ) mon-
stranze. monstrantia: monstranze, -stranz,
-strancie DFG. 367ᵇ. apophorita, monstranz
VOC. 1482. monstranze LCR. 139, 15. ZIPS.
48ᵇ. monstranz RCSP. 1, 804. ZIMR. *chr.* 4,
676ᵇ. munstranst MONE 1, 94.
monstranzen-glas *stn.* HÄTZL. 1. 126, 21.
monstrîe *stf. das zeigen, die belehrung* S.GALL.
chr. 40. — *aus lat.* monstrare.
mônt, môntac *s.* mânde, mântac.
montâne *stf.* (II.216ᵇ) *berggegend* LANZ. 6565.
— *aus mlat.* montana DFG. 367ᵇ;
montâner *stm.* etlich valken, die man in wäl-
sche hayszent montaner, und zu teutsch
haiszent sy pergvalken MYNS. 6. 9.
montât *s.* mundâte.
mont-bar *s.* muntbor.
montel-korn *s.* mantelkorn.
monzel *s.* muntunzel.
môr *s.* môre *swf.*
môr, môre *stswm.* (II. 216ᵇ. 217ᵃ) *mohr*,
Ethiops, Mauritanus, Maurus DFG. 211ᶜ. 352ᵇ.
EXOD. GRIESH. IW. WOLFR. MYST. RUL. 253,
24. L.ALEX. 4325. 450. 572. 5545. HERB. 7694.
ERNST 4457. LOH. 6065. j.TIT. 1398. 5074

(*acc.* môre: tôre). 5244. GFR. 2532. KRONE 27517. 97. REINFR. *B.* 20442. 54. GA. 1. 463, 289. ALBR. 13, 163. MGB. 8, 8. 361 *u. o.* CRANE 2846. swarzer môr APOLL. 17943. geswerzet als ein môr FRAGM. 40, 179. ich wart gelîche eime môre von maneger hande râme ULR. *Wh.* 187ᵈ. diu künigin truoc môren meil TÜRL. *Wh.* 36ᵇ. der mœre GERM. 3. 412, 4. 15; *der schwarze, teufel* PASS. FDGR. 1, 25; *schwarzes pferd? s.* mœre — *aus lat.* Maurus.

mör *s.* mer.

morachîn *adj. aus Mähren, mährisch.* behaimische und morachine heller RTA. 1. 516, 20.

morach *s.* morhe.

morach-sâme *swm.* (II². 26ª) *möhrensame* SUM.

môrâliteit *stf.* (II. 217ª) *moralität, sittenlehre* TRIST. 8008. 24. — *aus lat.* moralitas.

môraʒ *stnm.* (*ib.*) *maulbeerwein* NIB. WOLFR. MAI, TRIST. *H.* DIETR. (4952) ERNST *B.* 2389. PART. *B.* 904. 1102. j.TIT. 6117. APOLL. 14319. 19172. ALEXIUS 58, 630. Üw. *H.* 37. môrʒ GLAUBE 2468. maraʒ, maras WOLFD. 1926. HUGO *v. M.* 6, 134. môrat HIMLR. 272. VIRG. 1011, 11. TROJ. 16319. — *aus mlat.* moratum, moretum DFG. 367ᶜ. 368ª. MGB. 331, 4.

môr-ber *s.* mûlber.

morch, morche, morchel *s.* morhe, morhel.

mörche *swm.?* (II. 217ᵇ. 276ª) *eine kleine münze, worauf die 3 könige geprägt waren, lat.* mauriculus OBERL. mürge WALLR., mörger WEIST.

mord- *s.* mort-.

mord, mordajô *s.* mort 1;

mordære, -er *stm.* (II.223ᵇ) *mörder,* homicida (morder, mörder, murder) DFG. 279ᶜ. NIB. TRIST. MAI, OT. L.ALEX. 3818. ER.² 5443. RAB. 418. W. *v. Rh.* 75, 32. 156, 12. MGB. 44, 24. 262, 31; *überh. verbrecher, missetäter* JUST. 262. — *zu* mort 1. *vgl.* mordener;

mordærinne, morderinne, -în, -in *stf. mörderin.* mordærinne MAI 172, 11. morderinne APOLL. 174. HÄTZL. 2. 14, 357. morderîn MSH. 1, 337ª. morderin RING 56ᵈ, 7. DFG. 320ᶜ;

mordec, mordic *adj.* (II. 221ᵇ) *mordgierig, blutdürstig* ER. TROJ. mordig als Herôdes GEO. 4168. zwên mordige man KRONE 5233 var. mortic WIG. PASS. daʒ der degen mære sô mürdic niht wærc MEL. 4484. murdige fünde MART. 138, 25. diz ist der alte slange, des giftic murdic zange uns lange hât beclemmet *ib.* 258, 56. in mürdigem sinne REINFR. *B.* 25113. mürdige jegerhunde HADAM. 212; *mörderisch,* der mordige schade LESEB. 863, 24, mürdiger gebreste MERSW. 27.

mordec-heit *stf. mordgier* WH. *v. Öst.* 4ᵇ.

mördec-lîchen *adv.*(II.223ᵇ) *auf mörderische, schreckliche weise.* mördeclîchen striten VIRG. 3. 9. mörtklîchen fliehen HB. *M.* 794. mürdeclîchen Ms. HADAM. 548.

mordel *s.* marder.

morden, mörden, morder *s.* mürden, mordære;

mordener *stm. s. v. a.* mordære, *ndrh.* FROMM. 2, 446ᵇ.

morder-gruobe *f.* apogeum Voc. 1482. mördersgrub TUCH. 233, 35. *vgl.* mortgruobe, -kûle.

morderîe *stf. mord, mordtat.* roup, brant und morderîe RENN. *s.* 2ᵇ. ALBR. 11, 6. GENGL. 5. BEH. 327, 4. 348, 8. ANZ. 11, 333. KALTB. 1, 1. mordrî NETZ 7602. *umgel.* mörderîe JUST. 39. 70. 220. GLAR. 107ᶜ, mördrî NETZ 12657, mürderîe GR.w. 6, 164;

morderîn, -in *s.* mordærinne;

mörderisch *adj. mörderisch s. unter* mordisch *u.* CHR. 5. 317, 4.

morder-schrecke *swm. furcht, schrecken vor mördern* W. *v. Rh.* 72, 22.

morde-wurz *stf.* basilia Voc. 1482. *vgl.* medelwurz.

mordic; mordigau, mordiô *s.* mordec; mort 1.

mordisch, mördisch *adj.* (II. 221ᵇ) *mörderisch, wild.* mordische sunden, *todsünden* GEN. *D.* 76, 18. ein mordischer man LAUR. *C.* 258. ROSENG. *C.* 277. KIRCHB. 662, 8. ein mördisch diep RENN. 7015. der ist mördisch unde freidic *ib.* 5991. wâ geistlich liute mordisch sint *ib.* 10778. einen m. machen *ib.* 4829. das mordische (*var.* mörderische) geschlecht CHR. 3. 158, 21 *u. s.* 434ᵇ. keine mordische mezʒer tragen (*vgl.* mortmezʒer) GENGL. 156 *a.* 1433;

mordrî, mördrî *s.* morderîe.

more *s.* morhe, mür.

môre, mœre *swm. s.* môr.

môre *swf.* (II. 218ª) *sau, zuchtsau* WEIST. (4, 136. 518). môr, scroffa Voc.1482. — *eigentl. schwarze sau (wie noch in Schlesien), von* môr.

mœre, môre *stm.* (II. 218ª) *pferd, namentl. last-, reisepferd für männer wie für frauen. pl.* die mœre NIB. GUDR. 15, 2. 65, 1. BIT. 629. 2669. DIETR. 7467. ULR. *Wh.* 143ª, môre KCHR. — *schwerlich ist mit* GR. 1,671. 3, 325, GDS. 31 *u.* WACK. *der sing.* môr *u. die urspr. bedeut. „schwarzes pferd" anzunehmen, sondern es hängt gleich dem ags.* mear *wol mit* marc, merhe *zusammen.*

morel-mezzer? *stn.* und sol auch niemand kein morelmesser machen NP. 159 (el *verlesen für* d = mordmesser?).

morge-lich *s.* morgenlich.

morgen *stm.* (II. 218ª) *morgen, vormittag, allgem.* (mitter m. *s. unter* mitte *adj.* des anderen morgens EXOD. *D.* 136, 12. an dem dritten morgen GEN. *D.* 109, 26. biʒ an den liehten m. GA. 3. 116, 179. des vil liehten morgens brehen REINFR. *B.* 14997. *bildl.* sîn fröudenrîcher morgen gie zuo mit grôʒen sorgen, sîn lop gie an den âbent MART. 224, 93. guoter morgen *als gruss:* wirt mir ein guot m. GA. 3. 116, 183. ob in der wirt nû grüeʒe mit senften guoten m. j.TIT. 1567. schœnen morgen, guoten tac und süeʒe zît mügt ir hân ERACL. 3300. got gebe dir guoten m. LIEHT. 518, 1. einen g. m. bieten GUDR. 1220, 1. 4. MSF. 76, 17. MSH. 1, 114ª. 117ª, geben ER.² 3508. ULR. *Wh.* 132ª. LS. 3. 383, 10. 628, 43. *vgl. zu* JOS. 1088). *adverbiale ausdrücke (vgl.* WEINH. *al.gr.* § 277. 79. *b. gr.* § 249) morgenes, morgens *mit art.* des morgens, *contr.* smorgens: *morgens, morgen* (des morgens OREND. 3426. LS. 3. 540, 67. smorgens WINDH. *ps.* 32, 11. gester morgens FLORE 6580. ze morgens CHR. 4. 227, 6, ze morgenst N. *v. E.* 18, 19. CHR. 1. 58, 22 des morges *ib.* 4. 125, 14. morndes REINFR. *B.* 18861. JUST. 118. 230. 56. 70 *etc.* GR.w. 1, 102. BEISP. 33, 9. 58, 18, mornendes SCHREIB. 2, 243, mornents GR.w. 1, 365. *umgel.* mörgens ZIMR. *chr.* 4, 126, 11). — *dat.* morgene, morgen; morne, morn *ebenfalls für* mane *u.* cras (morne: verlorne ULR. *Wh.* 83ª. AB. 1. 29, 2. KARLM. 246, 6. CHR. 8. 291, 14, morn *ib.* 43, 21. 128, 11; 3. 345, 22. REINFR. *B.* 15721. NETZ 10632. mornen *dat. pl.? vgl.* enmornen: mornen BARL. 173, 19 *var., mit unorg. auslaut* mornend MAG. *cr.* 82ᵇ. 110ª. 118ᵇ. 154ª. NETZ 644. 62. 788. mornent REINFR. *B.* 14712. NETZ 900. CHR. 8. 56, 7. mornunt ECKE *Z.* 52, 1. 86, 11. mornat LS. 2. 695,17. mornet HPT.7.103, 61. morund MAG. *cr.* 114ᵇ). — *ein ackermass, jauchart, eig. so viel landes als an einem vormittage mit einem gespanne umgepflügt werden kann,* juger DFG. 311ᶜ, *n. gl.* 223ᵇ. JER. MONE *z.* 2, 89. 3, 79. 5, 37. 412 *ff.* sehtzig morgen akers MZ. 3, 196. 200 (*a.* 1347 *f.*). CHR. 1. 76, 2; 3. 287, 30. *vgl.* DWB. 1, 219. — *gt.* maurgins, *vgl.* MYTH. 709. DIEF. 2, 764. FICK² 837;

morgen *adj.* (II. 220ª) crastinus morgen, margen DFG. 155ᵇ. an dem morgenem tage EXOD. *D.* 146, 9;

morgen *s.* morgenen, murc.

morgen-blic *stm.*(I. 207ª) *morgenlicht* WOLFR. *lied.* gelîch dem morgenblicke lûht im alleʒ sîn gewant OTN. *A.* 196 (*nicht comp.* des morgens blicke 542). *vgl.* morgenlieht.

morgen-bort *stmn.* 37 β 3 hell. umb 12 morgenborte FRANKF. *baumstb. a.* 1384, 3ᵇ. *in den gleichzeitigen rechenbüchern kommen die* morgenborte *oft unter dem bauholze vor.*

morgen-brôt *stn.* (I. 264ᵇ) *frühstück* REINH. 340, 1339. HALBSUT. GR.w. 1, 240. 356. 4, 1. FROMM. 2, 446ᵇ.

morgene, morgenes *adv. s.* morgen;

morgenen, morgen *swv.* (II. 220ª) *tr. auf morgen verschieben,* crastinare: morgenen, margenen DFG. 155ᵇ, morgen, margen *n. gl.* 117ᵇ; *unpers.* (DIUT. 2, 293. *vgl.* VILM. *weltchr. p.* 25) *und refl. morgen werden* MSH. 2, 355ª.

morgen-eʒʒen *stn. frühstück* LCR. 96, 16. prandium DFG. 450ᶜ, *n. gl.* 300ª.

morgen-gâbe *stf.* (I. 509ª) *geschenk des mannes an die frau am morgen nach dem beilager* (RA. 441. WEINH. *d. fr.* 270 *ff.*). NIB. TRIST. LANZ. rîchiu m. WOLFD. *A.* 276. GERH. 5054. Wilhelm gap sîner trûtamîen die rîchste m., die Walhe oder Swâbe ie dâ vor gæben ê ORL. 14008. diu morgengâb nû rîlich wart benennet LOH. 6833. ze m. geben HELMBR. 1327. APOLL. 1988. 2023. 46. PASS. *K.* 623, 33. MARLD. *han.* 9, 18. FASN. 516. 632. MW. 248 (*a.* 1313). *vgl.* DSP. 1, 22. SWSP. 19. SSP. 1. 20, 1. AUGSB. *r. W.* 285. GR.w.1, 14; *auch geschenk der frau an den mann: die gülte ich* (Chunigunt) *gemacht und geben hân ze* morgengâb *meinem wirt dem Jansen, dem Sessnagel* UKN. 410 (*a.* 1360). *in vocab.* arra, dos, dotalitium DFG. 50ᵇ. 190ᶜ, *n. gl.* 141ª;

morgen-gâben swv. die morgengâbe reichen. waz der man der juncfrouwen oder frouwen morgengâbet GENGL. 423 (a. 1341). Mz. 3, 87 s. 79 (a. 1341). — mit ver-.

morgengâbe-rëht stn. als morgengâbereht, site und gewonheite in dem lande zu Franken ist Mz. 3, 129 s. 144.

morgen-huote stf. (I. 731ᵃ) morgenwache OBERL. 1067.

morgenic, mornic adj. (II. 220ᵃ) crastinus: morgnick, -nig, mornig, morgig DFG. 155ᵇ, n. gl. 117ᵇ. morgnig GEST. R. mornig NARR. der mornige tac GRIESH. 2, 81. morig WEIST. mornderig ÖH. 84, 6. 86, 20. ZIMR. chr. 1. 196, 26.

morgen-kluc stm. (I. 848ᵇ) morgenbissen, frühstück FRAGM. 30, 178.

morgen-lich adj. (II. 220ᵇ) dem morgen gleich, auf den morgen bezüglich, matutinus RUL. TRIST.; crastinus: morgen-, margen-, mörnlich DFG. 155ᵇ, n. gl. 117ᵇ (auch morlich). morgelich EVANG. 281ᵇ. mornelich ib. J. 1, 43;

morgen-lîche adv. am morgen WACK. pr. 4, 45.

morgen-lieht adj. (I. 1029ᵇ) hell als zur morgenzeit LESEB. 645, 12;

morgen-lieht stn. s. v. a. morgenblic ELIS. 29. MYST. 1. 301, 10; 2. 111, 3 ff. 513, 23.

morgen-mâl stn. prandium DFG. 450ᶜ.

morgen-rôse swfm. (II. 765ᵃ) flos campi, amoris: morgenrôse, mergen-, marien-, mariarôse DFG. 240ᵇ, n. gl. 177ᵇ (auch mayenrôse). vgl. NEMN. 2, 468.

morgen-rôt stm. (II. 770ᵃ) morgenrot, eig. morgen mit dem adj. rôt (vgl. âbentrôt) LIT. MAR. NIB. (280, 1). TRIST. WALTH. SERV. PASS. MYST. (2. 638, 30 ff. morgerôt 1. 195, 7). JER. MGB. PART. B. 2185. REINFR. B. 2229. HPT. 2, 152. ALBR. 2, 16. 9, 248. 15, 87. ERLŒS. 5735. do was der liehte m. ûz einer meit entsprungen MONE 5, 172;

morgen-rôt stn. dasselbe TROJ. 11845. MYST. 2. 491, 1;

morgen-rœte stf. (II. 770ᵇ) dasselbe Ms. MARIENGR. 149. MYST. 2. 399, 23. HB. 170. DAL. 21, 26. DFG. 62ᶜ.

morgenrœte-stunde stf. aurora DIEF. n. gl. 43ᵇ.

morgens, mörgens adv. s. morgen.

morgen-sanc stmn. (II². 304ᵇ) gesang am morgen MSH. 1, 27ᵇ. 3, 426ᵃ.

morgen-schîn stm. (II². 146ᵃ) morgenschein, -schimmer Ms. (H. 2, 150ᵃ). ERLŒS. TROJ. 20310.

morgen-sëgen stm. (II². 239ᵇ) morgensegen, -gebet LIEHT. 446, 28. 594, 2. MSH. 1, 157ᵇ. 335ᵃ. 2, 240ᵇ. 385ᵇ. KONR. lied. 14, 37. MART. 131, 82. ALTSW. 73, 26.

morgen-sprâche stf. (II². 536ᵇ) besprechung, beratung am morgen FREIBERG. BRÜNN. r. DAL. 47, 22.

morgenst adv. s. morgen.

morgen-stërlîn stn. MSH. 3, 307ᵇ dem. zu

morgen-stërn stm. -stërne, -stërre swm. (II². 621ᵃ) morgenstern, eig. u. lildl. morgensterne, -stërn DIEM. IW. WALTH. KONR. TRIST. U. PASS. MGB. Ms. (H. 1, 68ᵇ. 76ᵇ. 112ᵃ. 2, 8ᵃ. 12ᵇ. 300ᵃ. 319ᵇ. 334ᵃ. 3, 172ᵃ). KCHR. 13607. DIETR. 69. OTN. A. 195. WOLFD. A. 331. VIRG. 107, 3. ORL. 14003. j. TIT. 197. 1246. REINFR. B. 13777. 14899. W. v. Rh. 274, 16. BPH. 9628. GA. 3. 378, 786. morgenstërre MD. ged. ERLŒS.

morgen-stunde stf. (II². 712ᵇ) morgenstunde, -zeit, aurora', manuca DFG. 62ᶜ. 384ᵇ, n. gl. 43ᵇ. MYST. MERSW. 2.

morgen-tou stn. (III. 53ᵇ) morgentau LOBGES. NEIDH. XXIV, 25. ÖH. 110, 9.

morgen-viuhte stf. (III. 331ᵃ) feuchtigkeit am morgen HADAM. 87.

morgen-vrist stf. (III. 409ᵃ) frist bis morgen. mornevrist MSH. 3, 100ᵃ.

morgen-vrüewe stf. morgenzeit, morgen. md. morgenfrûwe ELIS. 2992.

morgen-wîse stf. name eines tones KOLM. s. 165.

morgen-wolken stm. morgenwolke. der m. DIUT. 2, 291.

mörger s. mörche.

morge-rôt s. morgenrôt.

morges adv. s. morgen.

môr-gevar adj. (III. 241ᵃ) mohrenfarb, schwarz PASS. K. 283, 50. vgl. môrvar.

morgig, morgnig s. morgenic.

morhe, morche, more swf. **morch** stf. (II. 217ᵇ. 63ᵇ, 20) möhre, mohrrübe und morchel GL. BUCH v. g. sp. (morche, und marach st.). pl. die morchen j. TIT. 4117. morhen brechen AW. 2, 58. die maurochen oder morhen MGB. 401, 27, maurachen UKN. einl. XLIV anm. die morachen, morochen ZIMR. chr. 2.561, 6; 4. 150, 6 ff. die mörhe WAHTELM. (leseb.⁴ 974, 14). vgl. SCHM. 2, 609. STALD. 2, 214;

morhel, morchel stf. (ib.) morchel GL. MGB. 401, 27 var. vgl. WEIG. 2, 194.

morhen-muos *stn.* (II. 240ᵇ) *möhrenmus.* morchenmûs Buch *v. g. sp.* 79.

morig *s.* morgenic.

mœrinne, -în *stf.* (II. 217ª) *mohrin* Wolfr. Apoll. 13887 *ff.* 14208. Fragm. 26ᵇ, 39. Hb. *M.* 244. diu mœrîn, *titel eines ged. von Herm. v. Sachsenheim, vgl.* Zimr. *chr.* 1. 435, 29; 3. 11, 21. 87, 31;

mœrisch *adj. maurisch* Wolk. 1. 2, 5; 6, 165.

môr-krût *stn.* (I. 891ª) melanthium Dfg. 354ª.

Môr-lant *stn.* (II. 217ª) Mauritania, Aethiopia Dfg. 352ᵇ. 211ᵇ. Denkm. 32. 2ª, 49. Griesh. *denkm.* 13, 35. Hpt. 8, 127. Herb. Wwh. Apoll. 19194. 615. Renn. 20005. Amis 660. Pass. 296, 7. 299, 12. Môrenlant Reinfr. *B.* 21924. mòrnlant Mgb. 8, 3 *u. o.;*

môr-lendisch *adj.* in môrlendischer zunge Pass. 296, 67. môrlandesch sprechen *ib.* 72.

morlich *s.* morgenlich.

môr-liute (I. 1039ª) *md.* môrlûte Myst. 1. 202, 37 *pl. zu*

môr-man *stm. mohr*, Ethiops Dfg. 211ᵉ. Fromm. 2, 446ª.

mormel- *s.* marmel-; **morn-** *s.* morgen-.

morner, mörner *s.* marnære.

mornet, mornunt *adv.;* **mornic** *adj. s.* morgen, morgenic.

moroch *s.* morhe; **morren** *s.* murren.

morsære, -er *stm.* (II. 220ᵇ) *gefäss zum zerstossen u. zerreiben, mörser,* mortarium, triterium: morser, morscher, morter Dfg. 368ᶜ. 598ª, morser, mörser, moser, möser *n. gl.* 257ᵇ. 372ª. morsâr Pf. *arzb.* 1, 3. 4. 2, 4ᵇ. Sgr. 396. Fronl. 13. 27. mörser Buch *v. g. sp.* 11. 16. Chr. 2. 316, 15; m. *als geschütz:* mit dem morser werfen Beh. 68, 11. marser *ib.* 102, 29. — *ahd.* mortâri, morsâri *aus lat.* mortarium, *mlat. auch* mortarius Wack. *umd.* 45. *vgl.* morter;

morschen, morscher *s.* zermorschen, morsære.

morschnitz *s.* mursnitze; **morsel** *s.* mursël.

morsel *stm.* (II. 220ᵇ) *s. v. a.* morsære Dfg. 368ᵉ, mörsel *n. gl.* 257ᵇ. morsel Kell. *erz.* 552, 18. marsel Beh. 53, 20. mörsel *ib. ged.* 9, 250.

morsel-kolbe *swm.* tursana *(aus* tipsana) Dief. *n. gl.* 375ª. murselkolb Voc. 1482.

morsel-stein *stm.* (II². 615ᵇ) *mörser*, mortarium Dfg. 368ᵉ. Mor. 1, 4171. Netz 9892. murselstein Fragm. (Pf. *üb.* 137, 31). Dief. *n. gl.* 257ᵇ. murselstein Chr. 9. 1044, 7. morsenstein, tritorium *n. gl.* 372ª.

morsel-, morser-stempfel, -strempfel, -stœzel *stm.* triterium Dfg. 598ª. morserstrempfel, pilum Voc. 1482.

morstaller *s.* marstallære.

môr-swarz *adj. schwarz wie ein mohr.* môrswarz gevar Pass. 287, 77.

mort, -des *stnm.* (II. 220ᵇ. 221ᵇ) *pl.* mort, mörde: *geflissentliche, treulose tötung, mord, auch niedermetzelung in grossem umfange* (Nib. Gudr. der mort, den dâ worhten diu bluotigen swertes ort Loh. 5524. von im wart solich mort getân - - die houfen lâgen ûf dem wal, die tôten vaste âne zal vielen von des Bernæres hant Dietr. 3466. grôzez mort tâten dâ die kecken Rab. 489. alrêrst dâ wart geschicket von strîte jâmer unde mort, der eine hie der ander dort wart gevellet ûf die wisen Troj. 12521. der unzallîche m. Reinfr. *B.* 25928), *allgem. z. b.* dô daz êrste mort geschach, daz Kain sluoc den bruoder sîn Silv. 3460. daz m. begunde in rouwen Albr. 16, 326. daz m. daz er volbrâchte *ib.* 19, 530. er waint allzeit umb den m. Mgb. 168, 8. einer leit hie der ander dort, als ob sie habe geslagen der m. Renn. 10573. daz grœst m. Chr. 4. 118, 17. daz m. stiften *ib.* 25, 15. 78, 16. 109, 29. dâ von grôz ûfleuf und mort *(pl.)* beschehen *ib.* 267 *anm.* 1. *vgl.* 5, 471ᵇ *u.* Zimr. *chr.* 4, 678ª. einem m. tuon, *ihn töten* Msh. 2, 6ᵇ *(vgl.* Wartb. 16, 4). alles leides gar ein m. *ib.* 1, 7ᵇ. er tuot allen freuden m. Mart. 275, 34; — *missetat* Rul. Walth. Teichn.; — mort, *eine pferdekrankheit* Denkm. *s.* 428 (12. *jh.*). *vgl. ez* was ein vil alter mort, *ein schandgaul* Krone 19823. *s. auch* houbetmürdec; — mort *als ausruf: wehe!* Wig. Frl. Mor. 1, 1695, *mit angehängter interj.* mordajô Hugo *v. M.* 9ᵇ, mordiô Zimr. *chr.* 1. 15, 14. mordigô Fasn. 50, 21. mordigau Leseb. 965, 9. — *gt.* maurthr *n. zu skr.* mar *sterben (im causat. töten), part.* mrta *tot, lat.* mors mortuus, *gr.* βροτός *(aus* μροτός) Curt.³ 309. Gsp. 244. Fick² 148. 837.

mort *adj.* (II. 224ª) *tot, aus fz.* mort *entlehnt* Trist. Lanz. Wig. Flore. einen m. tuon, *tot machen, töten* Wartb. 16, 4. dâ von vil heiden wurden mort Loh. 4438. daz her ist mêr dan halbez mort Neidh. 12, 23. sîn swert daz ist gelüppet, er ist mort den ez erreichet *ib.* 92, 7. und sluoc mir der krücken ort durch daz houbet, daz ich mort vil nâhen von dem slage was Üw. *H.* 382. sô bin

ich an den êren mort GA. 2. 339, 88. so ist mîn lip an freuden mort LS. 2. 197, 282;
mort *stm. (ib.) der tod, fz.* mort GSM. 756.
mort-ackes, -ax *stf.* (II. 222ª) *streitaxt.* mortax BERTH. 130, 20. 25. mortaxt *ib.* 129, 13. HPT. 9, 59. mordachs CHR. 3. 410, 11. mordax SUCH. JUST. 192.
mort-âhte *stf. ächtung für eine mordtat* EYB 20;
mort-æhter *stm. der wegen eines mordes geächtete* EYB 7.
mort-bëten *swv.* (I. 172ᵇ) *mordgebete halten (durch die man mit zauber einen tot,* mort *beten will)* BERTH. 84, 14;
mort-bëten *stn.* BERTH. 83, 33. 515, 24;
mort-bëter *stm.* BERTH. 67, 33;
mort-bëtrinne *stf.* BERTH. 189, 22.
mort-bickel *stm. streitpicke* CHR. 1. 182, 34.
mort-brander *stm.* (II. 222ᵇ) *mordbrenner,* nocticremus DFG. 381ᶜ. mordprander CHR. 5, 305 *anm.* 2;
mort-brant *stm. (ib.) brandstiftung mit räuberischem od. überhaupt feindlichem angriffe,* stragicendium VOC. 1482, stragitundia VOC. *Schr.* 2882. SSP. 2. 15, 5. MÜHLH. *r. L.* 178. 79. AUGSB. *r. W.* 109;
mort-brennen *swv. (ib.)* mortbrant *ausüben, durch brand verheeren* ZIT. *jb.* 59, 23. *md.* mortburnen MÜHLH. *r. L.* 168. 179;
mort-brenner *stm. (ib.) mordbrenner* SWSP. 149, 14. *md.* mortburnêre SSP. 2. 13, 4.
mort-buode *swf. md.* mortbûde, *mordhütte.* ûz unser mortbûden gienge wir zeimâl lûden ZING. *findl.* 2, 124.
morte *prät. s.* mürden.
morte-lich *s.* mortlich.
morter *s.* morsære;
morter *stm.* (II. 224ª) *mörtel* EN. TUND. HELBL. morter von kalche gemachet j.TIT. 4818. 6147. TUCH. 54, 14. CHR. 5. 315, 5. 319, 7 (*var.* mortel). morter *u.* murter FRANKF. *baumstb. a.* 1387, 19ᵇ. 1400, 8ᵇ. 1402, 30ᵇ. cementum: morter, mortel, mertel, mörter, mörterer DFG. 111ᵇ, morträr *n. gl.* 83ᵇ. — *lat.* mortarium *mörser, mörtelpfanne u. der inhalt derselben, der mörtel* WACK. *umd.* 39. 45. WEIG. 2, 198.
morter-knëht *stm.* MONE z. 3, 25 (*a.* 1472) *s. v. a.*
morter-macher *stm. mörtelbereiter,* cementarius DFG. 111ᵇ. NP. 285 (*13.—14. jh.*). CP. 220.
morter-schaf *stn. mörtelschaff* TUCH. 106, 33. 108, 20. 298, 9;

morter-scheffelîn *stn. dem. zum vorig. ib.* 301, 18.
morter-zuber *stm. mörtelzuber* TUCH. 108, 21. *md.* morterzober FRANKF. *baumstb. a.* 1437, 27ᵇ.
mort-galle *swf.* daz (êre unde guot) ist ein mortgalle zem êwigen valle GFR. 1533.
mort-gelîche *swm.* ze râte er mit grimme gie mit sînen mortgelîchen MAR. 208, 5.
mort-geschrei *stn. geschrei über einen mörder* GR.w. 3, 551. *vgl.* geschreie.
mort-gir *adj.* (I. 530ª) *mordgierig* RUL. zwên mortgir man KRONE 5233. wand er niht mortgire was und in ungerne sluoc LANZ. 5342. *vgl. unter* mortsam;
mort-giric *adj.* (I. 531ᵇ) *dasselbe* TROJ. M. 12146. 24037 (*bei* K. mortgîtic);
mort-giriclich *adj. dasselbe* MONE 4. 327, 53.
mort-gîte *adj.* (I. 537ᵇ) *s. v. a.* mortgir SERV. URST.;
mort-gîtec, -gîtic *adj.* (I. 538ª) *dasselbe* TROJ. 8188. 12156. 24182. OT. 430ª. 834ᵇ. KREUZF. 588;
mort-gîteclîchen *adv. (ib.)* als ûf den man ein wilder unc mortgîteclîcheu wüetet TROJ. 39455.
mort-glocke *f.* (I. 550ᵇ) *glocke die bei einem aufruhr geläutet wird, sturmglocke in Strassburg* CHR. 8. 125, 30. 817, 10. 14. 937, 22. OBERL. 1064. *vgl.* sturmglocke.
mort-grimme *adj.* (I. 574ª) *durch mord schrecklich* NIB. MONE *schausp.* MOR. 1, 1393. 2243. OT. 438ᵇ;
mort-grimmec, -grimmic *adj.* (I. 574ᵇ) *dasselbe* NIB. TROJ. 25214. ROSENG. *C.* 319. KIRCHB. 736, 26. 739, 2;
mort-grimmelich *adj. dasselbe* KREUZF. 4356.
mort-gruobe *f.* (I. 563ª) *mördergrube, -höle,* specus DFG. 545ᶜ. MERSW. 44. *vgl.* mordergruobe, mortkûle.
mort-haft *adj.* (II. 221ᵇ) *mit mord behaftet, zum morde in bezug stehend* MAI 169, 1. 171, 1.
mort-heit *stf. grimmiges, auf mord gerichtetes wesen.* daz sint die durchæhter, die die hailige cristenhait dâ umbetrîbent mit ier morthait GRIESH. 2, 31; *ermordung,* Horestes an in rach ir mortheit, diu von in geschach TROJ. 49654.
mort-hunt *stm.* (I. 728ᵇ) *mordhund, als schelte* MAR. 151, 17.

mortic *s.* mordec.

mort-kolbe *swm. mordkeule.* mortmezzer und mortkolben Msh. 2, 196ᵃ.

mort-krieclich *adj.* Wig. 196, 11 *var. zu* mortic.

mort-kûle *f. md. s. v. a.* mortgruobe Lcr. 62, 289. Dfg. 545ᶜ.

mort-lich *adj.* (II. 221ᵇ) mortelich Pass. 265, 34. *umgel.* mörtlich Berth. 260, 17 —: *mörderisch, auf mord bezüglich, mit mord umgehend* Nib. Mai, Wig. Konr. (Troj. 12283. 14473. Silv. 704). Jer. mortlîchiu dinc Kindh. 87, 35. mortlîche sunden Jos. 88. eine mortlîche axt (*vgl.* mortackes) Berth. 129, 17. 135, 33. mörtl. wâpen *ib.* 260, 17. ich reche die mortlîchen tât Reinfr. *B.* 6249. mortlîcher mort Msh. 3, 68ᵃ. in mortlîcher nôt *ib.* 2, 196ᵃ. mortlîcher rât Karl 7157, sin *ib.* 168, unvûc Pass. 69, 72. 265, 34. m. ungedult lîden Ernst 1501;

mort-lîche, -en *adv.* (II. 222ᵃ) *durch mord, auf mörderische, treulose weise* Aneg. Nib. Trist. Renn. (6318). Jer. Amis 1946. 2449. einen m. ertœten Chr. 4. 345, 69. slaht ir mich mortlîche L.Alex. 3738 den (Sîvriden) Hagene von Troneje stach ob einem brunnen mortlîch Dietr. 2053. dem sin selbes volc mortlîchen tôt gelac Msh. 3, 63ᵃ. er dêt ir gar mörd lîchen Hpt. 1. 176, 434. daz er sô mortlîche verriet zwei grôziu rîche Karl 2929. der vil mortlîche die friuntschaft under in geschiet Ernst *B.* 648. daz dûhte in ze mortlich Flore 6405. tac und naht er mortlîch stilt Helbl. 8, 870.

mort-macher *stm. mordanstifter* Chr. 4, 167 *anm.* 1.

mort-meile *adj.* (II. 95ᵃ) *mordbefleckt* Nib. 985, 2;

mort-meilic *adj.* (II. 95ᵇ) *dasselbe* Ms. (*H.* 2, 214ᵇ).

mort-mezzer *stn.* (II. 163ᵇ) *mordmesser* Helbl. Kchr. 17543. Msh. 2, 196ᵃ.

mort-naht *stf. mordnacht* Glar. 107 *E.*

mort-ræche *adj.* (II. 685ᵇ) *sich mit mord rächend* Nib. 2145, 1. 2036, 3 *var.*

mort-rât *stm.* (II. 576ᵇ) *mordanschlag* Trist. 14704;

mort-ræte *adj.* (II. 577ᵇ) *mordstiftend* Trist. 12727. 876.

mort-ræze *adj.* (II. 585ᵃ) *mordgierig* Nib. 2036, 3. 788, 3 *und* 2145, 1 *var.*

mort-rihter *stm.* (II. 638ᵃ) pretor Dfg. 458ᵇ, *n. gl.* 302ᵇ. *vgl.* tôtrihter.

mort-rîve *adj. auf mord bedacht, mordgierig* Karlm. 82, 54. 164, 54. *s.* rîve.

mort-sam *adj.* (II. 222ᵃ) *mörderisch* Trist. 9042, *var.* mortgir.

mort-schâch *stm.* (II². 60ᵇ) homicidium Schm. 3, 315;

mort-schâchære *stm.* (II². 61ᵃ) homicida *ib.*

mort-schade *swm.* nû muoz des mortschaden mê werden hie: wan ûf den rê wirt gevürdert der noch lebet Mai 171, 9.

mort-schal *stm.* (II². 125ᵇ) *todesschrei* Trist. 9057.

mort-siuche *swf. mordseuche, pest.* mortseuche Fasn. 696, 13.

mort-slange *swm.* (II². 404ᵇ) *der hinterlistig wie eine schlange mordet* Trist. 12907.

mort-swërt *stn.* (II². 775ᵇ) *mordschwert* Frl.

mort-tât *stf.* (III. 148ᵇ) *mordtat* Oberl.;

mort-tæte *swm.* (III. 149ᵃ) *mörder* Mar. 209, 16. Berth. *Kl.* 402. Part. *B.* 15886. 18099.

[**mort-veige** *adj.* III. 290ᵃ] = der selbe mortgîtige schalc Troj. 24182.

mort-wâfen *stn. mordwaffe* Mone 1, 210.

mort-wal *stn.* (III. 467ᵃ) *mordfeld* Trist. *H.* 3297.

mort-winkel *stm.* künecrîch âne reht sint mortwinkel Massm. *schachsp.* 120. *obsc.* daz er sie hât getreten her in disen mortwinkel zuo tal bî dem schinkel Huvor 9, 33.

morund *adv. s.* morgen.

môr-var *adj.* (III. 239ᵃ) *s. v. a.* môrgevar Karl (7455). Pass. Zing. *findl.* 2, 130.

môr-volc *stn.* (III. 365ᵇ) *die mohren* Herb.

morwe *s.* mürwe.

môrz *s.* môraz.

mos *stn.* (II. 224ᵃ) der mos Ga. 3. 236, 1483. *pl.* mos, moser, möser —; *moos,* isotus, muscus, mustus Dfg. 310ᵇ. 373ᵇ *f.* dâ was ein unverhouwen walt, dâ mos und rôr wûchsen Albr. 19, 275; *sumpf, moor,* palus Dfg. 408ᵇ, *n. gl.* 278ᵃ. Exod. Mar. (158, 36). Kindh. Parz. Trist. Wig. Lanz. Ulr. Wh. 181ᵇ. Türl. Wh. 31ᵃ. Wg. 6428. 68. Eilh. 1499. 5870. die liefen ûf brûch und ûf mos Ernst 3829. 3902. si schûhten graben noch daz mos Virg. 50, 5. si schûhten herte noch diu mos Dietr. 3246. 8772. er gienc über vels und über mos Troj. 5959. mit starken brücken übersteget wurden die graben und diu mos *ib.* 29691. da nist niht wan walt und m. Karl 3167. weder mos noch wec Loh. 7486. an ein m. er im dô entran Reinh. 348, 1568. sô vlüht her gên mir in ein m.

Ls. 2. 306, 446. fûlez mos, daz einen frischen brunnen birt Msh. 2, 359ᵃ. wazzer, daz durch m. fleuzt Mgb. 103, 11. es wâren alle weg und mos und waszer gefroren Chr. 5. 179, 15. er stach man unde ros, daz sie vielen in den mos Ga. 3. 236, 1483. diu möser Anz. 17, 114. Chr. 3. 352, 279; 5. 330, 23. Zimr. *chr.* 1. 363, 33; 2. 441, 4. *bildl.* wir sîn noch in jâmers mos Ab. 1. 82, 127. — *mit* mies *zu lat.* muscus. *vgl.* Fick² 386. 837.

mosanze *s.* masanze.

mos-boum *s.* mastboum.

mösch, möschîn, möschinc *s.* messe *stn.* messîn, messinc.

mosec, mosic *adj.* (II. 224ᵇ) *mit moos bewachsen.* dâ vant er ein hol mosig und busche vol Herb. 17919; *sumpfig, versumpft, morastig* Wwh. daz lant was mosec Aw. 2, 116, mosig Ot. 88ᵇ. Msh. 2, 380ᵃ. mosige wasser Anz. 11, 334 (*a.* 1428). mosich Mgb. 76, 5. 103, 10. 315, 2. 363, 33. mösich Ring 27, 1;

mosëht *adj.* (*ib.*) *mit moos bewachsen* Pilat. 94; palustris Dfg. 408ᵇ;

mosen *swv. mit moos überziehen.* dî gemoseten steine L. Alex. 1225. *s.* vermosen; mösen, *nach moor, sumpf riechen od. schmecken.* diu pluom ist gelvar und mösent an dem smac Mgb. 404, 6. *vgl.* Schm. 2, 634.

moser, möser *s.* morsære.

mos-gras *stn. sumpfgras* Wg. 6429. 67.

mos-hüeter *stm.* hirten, eschhayen und moshüeter Mw. 244, 35 (*a.* 1312).

mosic, mosig *s.* mosec.

môsieren *s.* muosieren.

mos-luz *stm.* die ander sehs luzze, die mosluzze, die sie mier ouz bescheiden habent Uhk. 1, 308 (*a.* 1294). *s.* luz.

mos-man *stm.* paluster Dief. *n. gl.* 278ᵃ.

mössîn *s.* messîn.

most *stm.* (II. 225ᵃ) muost *s.* mostmesse; *pl.* möste, möst: *gährender junger wein, weinmost*, mustum Dfg. 373ᶜ. des wînes got, her Bâche, der von êrst erdâhte most (: kost) Troj. 987. swenne er hât im kopf den most Msh. 3, 306ᵃ. 310ᵃ. bî einer heizen glüete trinken wir möste guot *ib.* 292ᵇ. niuwe möste Renn. 17272. Np. 256. newer wein oder most Mgb. 351, 20, *pl.* möst *ib.* 8, 30. Kaltb. 55, 11 *f.* von mosten herein ze lassen ist beredt, das ain jeder der mit der stat leidet und burgerrecht hat, most mag herein füeren, es sei paumost oder kaufmost Cp. 272. Mich. *M hof* 35. 40; *obstwein*, most ûzzen rôten epfelen gedûhtan Will. 69, 19. *s.* biren-, epfelmost; *bildl.* er wil uns dâ schenken den wîn, der dâ heizet diu riuwe, und ainen most der genâde des hailigen gaistes Griesh. 1, 135. *vgl.* Myst. 1. 393, 10. — *aus lat.* mustum.

most-boum *s.* mastboum.

möstelîn *stn.* (II. 225ᵃ) *dem. zu* most Fragm.

möstel Wolk. 58. 5, 1.

mostert *s.* musthart.

most-mësse *swf. most-, herbstmesse.* biz unser vrauwen daz (dâ ze) muost messen Mone *z.* 1, 418 (*a.* 1316).

most-vaz *stn.* (III. 282ᵃ) *fass für* most Teichn. 236.

mos-vogel *stm.* mocroculus Voc. *S.* 2, 6ᵃ.

mot *s.* matte 1.

mot *stn.* (II. 225ᵇ) *schwarze, torfartige erde, moor, morast* Pass. Jer. *vgl.* moder *u.* Weig. 2, 181.

môte *s.* muote.

môter *s.* muoter; moter, motter *s.* moder.

mothe, mott *s.* matte 1.

motze, mötze *s.* mütze, mutsche.

mou- *s.* mû-.

mouch *stmn.?* mauch, obsomogerus, est panis intinctus vel vaporatus in liquore vel prodio pisarum vel piscium Voc. 1482;

möuchelîn *stn.* mäuchlein aus semel Ukn. *einl.* XLIV *anm.* 8. muchelîn, mohelîn, obsomogerus Voc. 1482. ein mugel, *pl.* wecke oder mugeln Wp. 77. *vgl.* Kuhn 19, 149.

mouchel-zëlle *swf.* ich maine die mouchelcellen, dâ si sich inne mestent Prl. 54; *in der anm. wird* miuchelgadem *verglichen.*

mouwe *stswf.* (II. 225ᵇ) *ärmel, bes. weit herabhängender frauenärmel* En. Er. Lanz. ir sigen an die mouwen die zäher ûf die hande Craon 1468. ende gaf elken enen sîde mouwe Ab. 1. 70, 184; *ärmel an der männerkleidung s.* Germ. 9, 336. — *ein nd. wort, vgl.* Weinh. *d. fr.* 443. Weig. 2, 203. Diez 1, 284.

môvieren *swv.* (II. 225ᵇ) *refl. sich bewegen* Parz. 678, 12. Wwh. 305, 15. j.Tit. 4510. Büchl. 1, 351 (*Bech vermutet in der 1. ausg.* milten *od.* miltern, *in der 2.* muntern). — *mit* er-. *aus lat.* movere.

môwe-lîche *s.* müelîche.

môwen *s.* müejen, mûgen.

moyn *s.* moie.

môʒen *an. v. s.* müeʒen.
mü, mû *stf. s.* müeje.
mubel, mübel *stm.* (II. 225ᵇ) *das fahrende gut* Weist. (möbel 2, 246). — *aus mlat.* mobile, mobilia.
much *interj.* und sol och daʒ selbe rint an dem wege gên und sol frîge sîn und sol schrîen much much Gr.w. 1, 440. Wack. *voces* 2, 28.
mûche *swf.* (II. 226ᵃ) *eine den fuss lähmende krankheit der pferde* Frl. 335, 2. *vgl.* Weig. 2, 120. Schm. *Fr.* 1, 1560. Kwb. 187.
mûcheime *swm.* (I. 655ᵇ) grillus Dfg. 270ᵃ. *ahd.* mûhheimo *u.* mûcho, *s.* mûchen.
muchelîn *s.* möuchelin.
mûchen *swv.* (II. 226ᵃ) *verstecken, verbergen, s.* vermûchen. — *ahd.* mûhhan, mûhhon, *wegelagernd anfallen. vgl.* Fick² 156. Dief. 2, 80. Weig. 2, 155.
muchte *prät. s.* mügen.
muchzen *swv.* mugire Dief. *n. gl.* 258ᵃ. *zu* much, *vgl.* mûgen; — muchzende (= muohzende?), muscidus Voc. *Schr.* 1752, *vgl.* Dfg. 369ᵇ. Schm. *Fr.* 1, 156.
mücke, mucke; mügge, mugge *swf.* (II. 226ᵇ) *mücke, fliege.* mücke Freid. der mücken schar Birk. 120. mücken sûsent Msh. 2, 239ᵃ. eʒ wahsent âne der liute danc mücken unde bremen *ib.* 248ᵃ. die mücken habent künec under in *ib.* 3, 104ᵃ. einer mücken buoʒe *ib.* 90ᵇ. des herren herze ist kranker denne ein mücke *ib.* 66ᵃ. sô mac doch niht den arn vertrîben ein mücke *ib.* 2, 218ᵇ. daʒ sie nit giengen bitten nâch der mücken sitten Ls. 2. 582, 60. bremen unslit, mucken marc *ib.* 3.122, 43. der mukken leben Msh. 2, 388ᵇ. mucken oder vliegen Mgb. 200, 13. 294, 27. musca haiʒt ain muck oder flieg *ib.* 304,17 *ff.* die muck hât kein kragen Fasn. 558,27. egiptsche mucken Heinr. 4723. swaʒ ir ie prîses hânt bejaget, der ist alsô gevüege, daʒ in ein mügge trüege wol in ir snabel über sê Troj. 12694. mugge Walth. Frl. Mart. 250, 76; *zur verstärkung der negat.* niht ein mücken vürhten Msh. 3, 199ᵇ. — *ahd.* muccâ, muggâ *zu skr.* maxa, *lat.* musca, *gr.* μυῖα Curt.³ 314. Fick² 836;
mückelîn *stn.* (*ib.*) *dem. zum vorig.* Berth. 554, 10. Msh. 2, 217ᵇ. Renn. 13806.
mucken-got, -man *m.* beelzebub Dfg. 70ᶜ.
mucken-mist *stm.* auʒ mukenmist werdent würmel Mgb. 292, 28. *saumist? s.* mocke, mückin *u.* Bech *beitr.* 13.

mücken-netze *stn.* (II. 331ᵇ) *fliegennetz.* ein mückennetze sîdîn Wig. 264, 16.
mucken-sturm *stm.* muggensturm *als flurname* Mone *z.* 11, 281. 13, 53. *dorf Muggensturm bei Rastatt in Baden.*
mucken-swam *stm.* (II². 760ᵇ) *fliegenschwamm* Mgb. 402, 10.
mucken-wedel *stm. fliegenwedel* Zimr. *chr.* 1. 485, 8.
mückin *stf. s. v. a.* mocke, zuchtsau Gr.w. 6, 398.
mûd- *s.* müed-, muod-.
mûden, mûder *s.* muoten 1, muoter.
müder-phert *s.* muoterphert.
müede *adj.* (II. 226ᵇ) muode Rul. Gen. Kchr. *md.* mûde, môde (Dfg. 227ᵇ, *n. gl.* 168ᵇ) —: *verdrossen, müde, abgemattet* Iw. Teichn. Myst. Ludw. der müede degen Nib. 1886, 1, man 2053, 1. dâ kom her vil müede maneges guoten ritters lîp 252, 4. *mit gen.* hiute sul wir tanzen werden müeder, *ermüdeter* Neidh. 40, 16. *mit präp.* an den triuwen muoder, treuloser Gen. *D.* 25, 10. müede von den langen wegen Nib. 682, 4; *elend, unglückselig.* nû wis ein schalch muodir Gen. *D.* 31, 14. — *zu* müejen;
müede *stf.* (II. 227ᵃ) muode Nib. 38, 2 *var., md.* mûde: *müdigkeit* Hartm. Nib. (38, 2. 699, 2. 1511, 4. 1561, 2. 2297, 4). Barl. Mai *u. md. denkm.* (sî rûweten der mûde Elis. 612. daʒ von tragennes mûde ir kein sich kein sich uberbûde Albr. 34, 17). sô diu starke müede den wilden tieren an gesiget Msh. 2, 210ᵇ. von hunger und von m. daʒ ros im dâ erlac Wolfd. *A.* 460. doch betwanc in die m. Otn. *A.* 459. Reinfr. *B.* 16301. daʒ die vrechen ritterschaft iedoch twanc der müede kraft Parz. 93, 22. unz daʒ sie ir m. heten überkomen Lanz. 6614. durch reht in wonte m. bî Livl. 1512. âne müede, *unverdrossen* Mart. 201, 111. müed Mgb. 385, 16. müedîn Beliand 3399, müeden Mgb. 8, 24. 326, 22, mudî Ring 27, 12;
müedec *adj.* müede *machend, beschwerlich.* müedige nôt Kell. *erz.* 136, 31.
müedec-heit *stf.* (II. 227ᵃ) *md.* mûdicheit, mûdikeit *s. v. a.* müede, fatiga, lassitudo Dfg. 227ᵇ. 319ᶜ. Pass. Jer. Heinr. 1733. 3525. Elis. 10363. Karlm. 178, 28. an ime begunde sigen der slâf und ouch diu müedekeit Virg. 283, 11.
müede-lîchen *adv. müde.* m. rîten Wolk. 19. 1, 10.

müeden *stf. s.* müede;
müeden *swv.* (II. 227ᵇ) *md.* mûden, *ndrh.*
môden KARLM. *B. s.* 310: *tr.* müede *machen,*
ermüden TRIST. ALPH. LUDW. KARLM.
WEINSCHW. 106; *intr. s. v. a.* muoden NIB.
MART. er *etc.* begunde müeden PARZ. 386,
22. HPT. 7. 346, 16. Aw. 3. 237, 42. WOLFD.
A. 455. SIGEN. *Sch.* 149, müeden an PARZ.
743, 11. WWH. 424, 8. — *mit* er-, ver-, zer-;
müeden *stn.* sîn müeden und sîn slâfen VIRG.
297, 3.
müeder *s.* muoder.
müedîn *stf. s.* müede.
müedinc, -ges *stm.* (II. 227ᵃ) muoting OBERL.,
md. mûdinc: *unglücklicher, elender mensch*
KINDH. EN. KL. armer m. GFR. 1879. W. *v.*
Rh. 150, 50. REINH. 558. 658; *böser mensch,*
bes. als schmähwort: schurke, schuft, tropf
URST. LEYS. BARL. MS. HELMBR. HPT. 7.
344, 21. REINH. 307, 457. AMIS *L.* 2450.
müe-dorn *stm.* (I. 384ᵇ) *beschwerde verur-*
sachender dorn MYST. 1. 314, 12.
müedunge *stf.* fatiga DFG. 227ᵇ.
müege, müegen *s.* müeje, müejen;
müeje *stf.* (II. 228ᵇ) *beschwerde, mühe, last,*
not, bekümmernis, verdruss. âne müeje unt
âne klage SERV. 1761. m ü e g e (: früege)
MART. 170, 71. m ü e SUCH. MERAN. muo
KCHR. DIEM., m u e SUCH. mü CHR. 4. 101,
2. 104, 12 (*bei* BEH. *auch sw.* er was in diser
mün 60, 22). m o i WACK. *pr.* 13, 37. *md.*
mûwe LUDW. ELIS. 5217. CHR. 1. 445, 17.
m û h e, m û JER.;
müejec *adj. beschwerlich:* muehig, muhig,
müig ZIMR. *chr.* 4, 679ᵃ;
müejen, müewen, müen *swv.* (II. 229ᵇ) muo-
gen, muon GEN. EXOD., muegen ALEM. 1, 87.
müegen BON. BARL. MGB. 152, 31. muowen PF.
*üb.*71, 25, *md.* mûwen, môwen, môgen, mûhen,
mûn; *prät.* müete *u.* muote, *md.* mûte, mû-
wete, *part.* gemüet, gemuot (*s. oben* 848)—:
beschweren, quälen, bekümmern, verdries-
sen, tr. u. refl. allgem. z. b. daz îs und der vil
kalte snê begunde si dâ müejen TROJ. 24115.
ez muoz immer müejen mich GERH. 6534. ir
glüenden funkel in dâ müen TRIST. *H.* 2769.
diu muck müet alleu tier MGB. 304, 21. 168,
18. 265, 7. in müete wibes riuwe PARZ. 110,
7. sie müent ân nôt ir lîp *ib.* 409, 11. daz
müeten disiu mære WWH. 12, 18. daz in
lützel muote FLORE 5454. ob sich al diu
werlt muote *ib.* 6488. die twêle sie dâ mûten
PASS. 89, 55. daz ez sie het gemuot von her-

zen sêre LOH. 6946. einen m. mit: der
pharre begunde al die liute müejen mit sî-
ner frechen stimme SILV. 4828. der keiser hât
virboten, daz man nieman mûwen sal mit ge-
richte *etc.* KSR. 33. mit arbeit sie sich mûwet
HEINR. 4695. gemüet mit urliuge GUDR. 497,
2. *mit gen.* wes mûwest dû dich L.ALEX.
4803, *mit abhäng. s.* mich müet, daz PARZ.
26, 7; *refl.* sich bemühen JER. — *mit* be-
(*nachtr.*), ge-, ver-. *vgl.* KUHN 7, 430 *ff.;*
müejesal, müesal *stn.* (II. 229ᵇ) *md.* mûhe-
sal, mûsal JER. PASS.: *mühsal, beschwerde,*
last, verdruss. âne urdrutz, âne m u o g e s a l
MART. 253, 101. müesal WARN.;
müejesalic, müesalic *adj.* (II. 229ᵇ) *von*
mühsal geplagt. muosalic GEN. *D.* 21, 14.
müesalic DIETR. 4269 *var.* FASN. 398, 5;
müejunge *stf.* fatiga, mûunge DFG. 227ᵇ ein-
ander schônen, müejung und arbeit überhe-
ben CDG. 204 (*a.* 1367);
müel *stf.? dasselbe.* und sullen in dâ wider
kain müel, irrung noch beswêrung tuon
UHK. 2, *anhang* 22 (*a.* 1396). *vgl.* SCHM. *Fr.*
1, 1555.
müe-lich *adj.* (II. 229ᵃ) *md.* mûlich: müeje
verursachend, beschwerlich, mühsam, lästig,
schwer umgänglich NIB. IW. TRIST. LIEHT.
MS. (*H.* 2, 74ᵃ. mîn leben wirt müelich unde
sûr MSF. 74, 21). BERTH. MYST. der mûliche
Alexander L.ALEX. 1660. 6709. müeliche zît
BÜCHL. 1, 899. ouch wart er in der bürge sô
frevel und müelich WOLFD. *A.* 253. er ist
ungewizzn und m. JÜNGL. 242. tumbez wîp
und müelich kint *ib.* 1211. ist daz sîn lip so
m. ist und so geil zaller vrist, daz er der
sêle vrumt den tôt WG 10363. daz man sich
behüet, deist müelich, vor dem diebe heime-
lich *ib.* 8039. hie hebet sich ein mære, daz
vil müelich wære ze verswîgen den liuten
HELMBR. 698. müelich (*schmerzlich*) ist ze
lîden der bitterlîche tôt GUDR. 83, 2. des
hât mîn gelücke wider si müelîche tücke
CRAON 512. müeleich und grimm MGB. 132,
4. daz ist gar m. ze erkennen SWSP. 419, 51.
dâ was eine mûliche diet PASS. 83, 84;
müe-lîche, -en *adv.* (*ib.*) *auf mühvolle, be-*
schwerliche, lästige weise, mit mühe (*schwer-*
lich, nicht so leicht NIB. KL. vil müe-
lîchen, *mit vieler mühe* ER.² 9287. müelîchen
(*kummervoll*) leben BÜCHL. 1, 651. daz got
sô müelîch leben lât den derz niht verworht
hât WG. 4871. müelîche in sîner ungebite
liez ez der küene Wolfhart BIT. 7940. der

sît schiet müelîchen dan *ib.* 8790. ein tier müelich twingen oder zamen MSH. 2, 379ᵃ. etw. m. enbern ERNST 5161. müelich inne werden HELBL. 15, 14. man mac ir müelîch zuo komen *ib.* 2, 864. umbe dé stât iẓ môwelîche (*gefährlich*) ROTH. *R.* 81.

mueme *s.* muome;

müemelîn, müemel *stn.* (II. 240ᵃ) *dem. zu* muome. auch ermürdt der Geir bierschenk sein mümlîn, was zwelf jâr alt CHR. 4. 321, 7. wir süllen ouch unsern lieben müemel, frau Angnêsen chüniging von Ungern irs heirâtguetes und morgengâb verrihten Mw. 270, 20 (*a.* 1324), *bes. als kosende anrede* MSH. 1, 204ᵇ. MART. 213, 22. TÜRL. *Wh.* 182ᵃ. j.TIT. 1820. alteẓ müemelîn BELIAND 2208. 54;

müemelinc, -ges *stm.* (*ib.*) *der od. die verwante von mütterlicher seite* SCHM. 2, 576.

müen, mûen *s.* müejen, mûgen.

müesal *s.* müejesal.

müeselîn *stn. dem. zu* muos. müslî S.GALL. *ord.* 190. muoselîn BERTH. 433, 33.

müete *stf. adj. s.* miete, muote.

müetelîn *stn.* (II. 253ᵇ) *dem. zu* muot TRIST. müetlîn KELL. *erz.* 178, 16. müetel MSH. 2, 80ᵇ.

müeten *s.* mieten, muoten.

müeterîn *adj.* (II. 269ᵃ) *von einer mutter, einem alten mutterschweine herrührend.* müeterîn fleisch BERTH. 285, 18. muoterîn *ib.* 86, 20. *vgl.* verhermüeterîn.

müeter-lich *adj.* (*ib.*) *einer mutter geziemend, der mutter, mütterlich,* maternalis, maternus DFG. 351ᵇ. A.HEINR. TRIST. LUDW. bî müeterlîcher triuwe PART. *B.* 6661. nâch müeterlîchen siten MSH. 3. 343ᵃ. in meiner müeterleichen däutsch MGB. 325, 23. muoterlîcher gruoẓ SILV. 2451. mit muoterlîcher triuwe WOLFD. *A.* 34. muot. name, werc MYST. 2. 336, 24 *ff.*, herze, munt S.AL. 95. 364;

müeter-lîche *adv.* muoterlîche DIETR. 4803. 37. 931. REINFR. *B.* 14134. muoterlîchen ALEXIUS 114, 791. *md.* mûterlîche PASS. 313, 47. ELIS. 5043. mûterlîchen KROL. 703. FRAUENTR. 463;

müeter-lîcheit *stf.* fecunditas, maternalitas DFG. 228ᶜ. 351ᵇ. dâ hât diu muoterlîcheit veterlîchen namen MYST. 2. 336, 28.

müeterlîn *stn.* (II. 268ᵇ) *dem. zu* muoter, *mütterchen* ENGELH. NEIDH. XLVI, 24. 32. MSH. 1, 151ᵇ. BPH. 4882. muoterlîn FRAGM. 16ᵇ.

müet-lich *s.* muotlich.

müeẓec, müeẓic *adj.* (II. 273ᵃ) *md.* mûẓec, mûẓic, mûẓig: muoẓe *habend od. sich nehmend, unbeschäftigt, untätig, müssig* NIB. (2164, 2). WALTH. TRIST. ir gêt muoẓec alle tage EXOD. *D.* 133, 27. wes stât ditze mûẓic hie? ALBR. 29, 317. do enwart der keiser nâch der zît nimmer mêr sô mûẓic sît, daẓ er daẓ opfer solde enphân HEINR. 2462. dô si dô mŭeẓic wurden nâch ir maneger nôt GUDR. 912, 1. müeẓig nâch der arwait MGB. 163, 3. 230, 5. ein mûẓec stunde ELIS. 8632. ieglicher (sol leisten) mit sein selbs lîbe oder aber mit einem müeẓigen kneht und pfärt an sîn stat Mz. 1, 435 (*a.* 1394). m. gân LUDW., *s. auch unter* müeẓecgenger. *mit gen.* ich wil sîn müeẓec sîn, ẓe hœren die rede dîn HELBL. 1, 936, zuo etw. m. sîn, *zeit haben* A.HEINR. (1271), *mit infin.* swerẓ müeẓic was ẓe schouwen WWH. 423, 7; *ledig, los, frei mit gen.* der venknus m. gelassen werden CP. 112. einen einer sache ledig und m. sagen *ib.* 163. MH. 2, 127. der zuespruche m. und ledig erkant werden *ib.* 3, 213. *einer pers. od. sache* m. gân, *davon abstehn, sie aufgeben, sich entschlagen, enthalten* MOR. 1, 601. CHR. 5. 246, 4. 377, 27 (*vgl.* ZIMR. *chr.* 4, 679ᵃ), *ebenso* m. stân *ib.* 3. 121, 4. 125, 22 *und* an etw. m. werden *ib.* 4. 197, 14; *unnütz, überflüssig* IW. FREID. PASS. müeẓigiu wort GERM. *H.* 9. 176, 292. lâ mûẓige rede belîben KINDH. 75, 78.

müeẓec-ganc *stm. müssigang* AB. 1, 92. mussig-, mussigang, ocium DFG. 392ᶜ. *vgl.* muoẓganc;

müeẓec-gengel *stm. müssiggänger.* müeẓiggängel MGB. 302, 29;

müeẓec-genger *stm. dasselbe.* müeẓigganger, -genger, ociarius DFG. 392ᵇ. CHR. 3. 130, 3 *u. var.; leute, die durch ein standesmässiges vermögen berechtigt waren, kein handwerk oder gewerbe zu treiben, die von ihren renten lebten* MONE *z.* 8, 109. 16, 172 (müssiggênder der nit handwerk oder gewerb trîbt 13, 302). die alten rät, die müssiggenger und die burger gemainlich S.GALL. *stb.* 4, 159, *vgl.* 276. 282 *und* ROTW. 1, 57ᵇ. 2, 348.

müeẓec-heit *stf.* (II. 273ᵇ) *untätigkeit, müssigkeit,* ocium DFG. 392ᶜ. IW. TRIST. KINDH. LUDW. LANZ. 930. BERTH. 13, 38. RENN. 22485. MYST. 2. 585, 3. MARG. *W.* 13. 45. SGR. 2. 9. 11. 14. 17. 20. 29 *etc.* FRONL. 27. AB. 1, 92. HB. *M.* 599.

müezec-lich, -lîche s- muozeclich, -liche.

müezegære stm. (II. 273ᵇ) *müssiggänger* Bon. 60, 7;

müezegen, müezigen swv. (ib.) *intr.* müezec *werden* Trist. 91; — *tr.* müezec *machen, erledigen, befreien* · er hât mich solher venknus gemüssigt Cp. 82. dar nâch müssig mich sein gnâd von den borgschaften 316, vgl. 192; einen zuo etw. m., *nötigen* Tuch. 208, 5; *refl. mit gen.* (Zimr. chr. 4, 679ª) od. sich zuo etw. m., *sich die zeit nehmen zu, muse auf etw. verwenden* Tuch. 240, 18. 30. — *mit* ver-;

müezen swv. tr. *nötigen, zwingen.* ê ich mich lâze müezen Heldb. K. 370, 40. genôttrengt und gemûst Zimr. chr. 1. 467, 15; *refl.* sich m. zuo, *sich die zeit nehmen zu, muse auf etw. wenden* Mar. 183, 38. vgl. muozen;

müezen v. an. *mit verschob. prät.* (II. 269ᵇ—271ᵇ) *md.* múzen, môzen. *präs.* ich muoz, *pl.* müezen, *conj.* müeze; *prät.* muose, muoste, *conj.* müese, müeste. statt z wird zuweilen s und umgekehrt geschrieben, vgl. Weinh. al. gr. § 384, b. gr. § 332 —: *göttlich bestimmt sein, sollen; mögen, können, dürfen bes. in optativsätzen; notwendiger weise tun, müssen. mit infin., der aber bei räumlicher bestimmung oft ausgelassen wird z. b.* si muosen über wazzer Nib. 1569, 3. *manchmal dient m. nur zur umschreibung des futurs.* — vgl. muote, muoze.

müez-gêer stm. ociarius Dfg. 392ᵇ;

müez-genge swm. *dasselbe* Renn. 22482, -genger stm. Dfg. 392ᵇ.

müezic, müezigen s. müezec, müezegen.

müez-lich, -lîche s. muozlich, -liche.

muff, muffen s. mupf, mupfen.

müffeln swv. *übel, faulig riechen.* du stinkst und müffelst wie ein otter Fasn. 865, 15. vgl. Schm. 2, 554. Weig. 2, 204.

müge, möge stf. (II. 10ª) md. muge, moge: *macht, kraft, vermögen, fähigkeit* Oberl. in sô menger müge (: tüge) Mart. 116, 6. mit allem flîze und muge (: zuge) W. v. Rh. 6, 23. der diu natûre und der geist geben muge und volleist ib. 28, 47. nâch ir muge Elis. 849. macht und muge Lac. 3, 180. 279. 596. in moge in macht Germ. 7. 356, 282. nâch aller mîner moge Ludw. 68, 20. wir gebin unsir volle moge und macht Böhm. 536 (a. 1336).

mugel s. möuchelin.

müge-, müg-lich adj. (II. 10ª) md. mugelich, muglich: *was geschehen kann,* possibilis Dfg. 449ᵇ (muge-, müg-, megelich). Berth. Diem. 310, 23. ein sach müglich Troj. 16687. etw. müglich machen Heinz. 1153. daz ist gar mügleich Mgb. 374, 33. *mit abhäng. s.* daz ist mugelich, daz Erlœs. XIII, 204. Elis. 7770. ob ez mügelich wær, daz Mariengr. 689, *comp.* ez ist noch mügelicher vil, daz die liute ûf erden ir werkes göte werden, danne ir göte sin diu werc Silv. 2119. *mit dat. d. p.* Glaub. (583): *was geschehen sollte, was recht u. billig ist, geziemend, gehörig, passlich.* alse iz ist, was mugelich Elis. 5337. 10171. 296. daz er nâch mugelicher wist ir lobes deilhaft blibe *ib.* 3114. gerihte an mügelichen (*gehörigen*) stetten Mone z. 2, 47. *mit abhäng. s.* Konr. (mich dunket harte mügelich, daz Troj. 10987. 18176. Engelh. 1216). unde dûchte si wol mugelich, wes der furste gerte Elis. 450. *mit dat. d. p.* Myst. Roth. ı̂² 1253; *kraft besitzend, vermögend,* mügeliche vernunft *ib.* 2. 17, 6. 14 (= vermügende v. 17, 4);

müge-lîche, -en adv. possibiliter Dfg. 449ᵇ (mogelich). mugeliche j.Tit. 5185, -lichen Griesh. 2, 11. 58;

müge-lîche stf. muglîche Netz 2246 *u. var. s. v. a.*

müge-lîcheit stf. possibilitas Dfg. 449ᵇ. nâch m. Myst. 2. 17, 8; *vermögen, fähigkeit.* alsô hât die sêle eine mugelichkeit, alle dinc zû begrîfene Hpt. 15. 385, 69; muglichkait der sêle, virtus Dfg. 622ᵇ.

müge-lôs adj. kraftlos, *zu folgern aus*

müge-lôse stf. (II. 10ª) fatigatio, muglose Dfg. 227ᵇ.

mûgen swv. mûgen, mûwen, mûen, môwen, mûhen, möhen: mugire Dfg. 359ᶜ. Weig. 2, 206. Wack. voces 2, 65. muojen, muowen *zu folgern aus* holzmuoje, -muowe.

mügen, mugen an. v. *mit verschob. prät.* (II. 3ª – 8ª) *präs. sing.* mac, maht, mac (*1. u. 3. pers. auch* mach Griesh. 1, 59. Exod. D. 129, 23, *mit antretendem unechten* e mage Diem. 193, 4. Karaj. 4, 17. 11, 16. 13, 8 *etc. 2. pers.* moht Ls. 3, 47, 825. 258, 207. mahst Osw. 3398. Griesh. *denkm.* 56, magst Mh. 2, 519. Heinz. 1592 *var.* Altsw. 114, 13 *var.,* mast Germ. 3. 437, 25. Gr.w. 1, 376), *pl.* mügen *u.* mugen (*formen mit* a: magen Gen. Fdgr. 1. 61, 4. 63, 26. 64, 35. Hpt. 8. 107. 149, maget Diem. 348, 28. Gen. 57, 13. *formen mit* e: megen Nib. 2202, 3. Parz. 674, 12. Wwh. 246, 26. Lanz. 6034. Meler

7245, meget Lanz. 347, *contr.* mait Diem.,
diphthongis. meigen Nib. 119. 3 *var. formen mit* o: mogen Freid. 18, 10 *var.* Kell.
erz. 642, 15, moget Heinz. 5 *var.*, mogent
Virg. 14, 6 Gr.w. 1, 116. 321. 735, *umgel.*
mögen, mögent Wack. *pr.* 66, 44. Mersw.
104. Altsw. 4, 19. Schreib. 1, 282. *alem.*
contr. formen mun : sun Mart. 4, 19. 44, 17.
213, 89, munt: kunt *ib.* 187, 66. Heldb. *H.*
2. 53, 98. 62, 125). *auch im conj. präs.*
(müge) *zeigt sich mehrfach der laut* a *und* e
s. Weinh. *al. gr. s.* 392, *b. gr. s.* 324. — *prät.*
mohte, *conj.* möhte (*alem. häufig ohne umlaut* mohte *s.* Weinh. *s.* 393), *daneben formen mit* a, e, u: mahte *z. b.* Kchr. *D.* 362, 3.
Greg. 555. Kl. 1022. Lanz. 1861. 3817.
Msh. 2, 278ª. Flore 527. Mai 35, 13. W. *v.*
Rh. 57, 54 *u. o.* , mahte (*conj.*) Lanz. 6584.
Trist. *U.* 1192. Wack. *pr.* 1, 94. 3, 66.
Griesh. 1, 57, mehte Er. 4520. Greg. 1107.
1326. Flore 6617. Nib. 576, 2. 2049, 2.
muhte Iw. 4025 *var.*, muchte Herb. 5066.
7692. — *part.* gemügt Chr. 1. 458, 36 ; 2. 283,
30. — *infin.* mügen, mugen, *auch* mogen
Mersw. 2. Gr.w. 1, 60. 313, mögen *ib.* 227.
vgl. Weinh. *al. gr.* § 378, *b. gr.* § 325.

mügen *bezeichnet im allgemeinen die objective möglichkeit : kräftig , wirksam sein ,
vermögen intr. u. tr.* (wie mag mein bruder ?
was tut er ? Fasn. 162, 10. lâz mich wizzen
wie dû maht, *wie du dich befindest* Hugo *v.
M.* 20ᵇ. der niht mêr vor alter müge Troj.
10999. wol, übel m. *sich wol befinden, krank
sein*: und lassent üch wissen, das die unsern
alle wol mögent Schreib. 2, 348 *a.* 1424.
mîn kneht der liget in mînem hûse siecher
und mac gar übel Griesh. *pr.* 2, 23. Chr. 1.
156, 16); *mit gen., mit gen. u. dat. incomm.
schuld woran sein , wofür können* (wer mag
in des Reinfr. *B.* 2981 *u. anm.*); *gelten, preis
haben ; mächtig sein , im stande sein , vermögen mit infin.* (*bei räuml. bestimmung zu
ergänzen*); *möglichkeit haben , können ;
recht u. ursache haben, sollen , dürfen ; der
möglichkeit gemäss wollen : imperat. frage*
(II. 6ᵇ). — *mit über-, ver-. wegen der etymol.
vgl.* Curt.³ 311. Fick² 144. 828. Gsp. 244.
Z. 1, 6. Kuhn 6, 238 ;

mugende *part. adj.* (II. 10ᵇ) *vermögend, könnend.* daz sie ez wol sîn mugende Albr. 16,
280; *stark, kräftig, gesund*, validus Dfg.
605ᶜ. Pass. (die sint wol mugende *H.* 339,
66. an sîner kraft wol mugende *K.* 339, 89.
und wâren beide mugende an gotelîchem prîse
454, 86). der staich von tugenden ze tugenden unz er wart sô wol mugende Kchr. *D.*
399, 21. wol und lange mugende machet in
mîn starker list Troj. 10454. dâ was mugende wol diu cristenheit j.Tit. 193. sie
sind mugend und frech Netz 6374;

mugent *stf. (ib.).gen.* mügende, mugende, mugent; *pl.* mugende *s. v. a.* müge Kchr. Gsm.
Frl. Ms. (mit maniger tugent mugent *H.* 2,
399ª. daz iht dîn mugent werde in dem alter
ze nihte *ib.* 379ª. daz ich in mîner mugende
iht verderbe Heinz. 1436. des liehten meien
blüendez rîs sach ich in ganzer mugent *ib.*
103, 77. ob si sint glîch an tugende an libe
und an der mugende *ib.* 107, 220). an hôher
manheit der mugende j.Tit. 5301. nâch der
mugende Loh. 6860. mit grôzer mugende
(*so zu lesen statt* tugende) Pass. 117, 38. an
liblîcher, kintlîcher, in juncfrouwelîcher mugen Elis. 781. 1061. 100. an innerlîche mugent sîn gemüde wenden *ib.* 2480, *vgl.* 3750.
6689. 762. 7777, 9518. was mugend nit verleihet Mf. 69, 3. ein her mit ganzer mugend
Ring 51ᶜ, 43. möcht ich komen in die mugend, daz Altsw. 105, 17. sîn mugende beginnint slêwen Wack. *pr.* 56, 318. wie dîne
mugende sint irloschen *ib.* 326.

mugent-heit *stf.* (II. 11ª) *dasselbe* Myst. (2.
92, 38. 383, 29). Evang. 282ª; *gesundheit*
Pez.

mugentic *adj.* (*ib.*) *s. v. a.* mugende Gest.
R. 2.

mugent-lich *adj. dem vermögen entsprechend.* nâch mugentlicher craft Elis. 575.

mugge, mügge *s.* mücke.

mügic *adj. vermögend, kraft habend* Dankrotsh. *s.* 121. mugig, mogig, validus Dfg.
605ᶜ.

müg-lich *s.* mügelich.

mûhe, mûhen *s.* müeje, müejen, mügen.

mûhesal *s.* müejesal.

muht *stf. in* unmuht.

mujol *s.* mîol.

mul *s.* mol.

mûl, mûle *stn.* mûle *swf. md.* (II. 231ª. 231ᵇ)
pl. des neutr. miule Gr. 1³, 189, miuler Mgb.
mûler Wh. *v.* Öst. 69ᵇ : *maul, mund.* mûl
Er. Trist. Ms. (nase unde mûl *des* törpers
H. 3, 312ᵇ). sô tet er iemer einen swanc mit
sime swerte stehelîn dem orse zuo dem mûle
sîn Troj. 34764. ez sluoc den müeden bern
über daz mûl Schret. 227. si sluoc der

juncfrouwen in daz mûl Roseng. H. 7480. dem sleht si einez an daz m. Helbl. 1, 1199. dû solt im daz mûl swellen Ga. 1, 491. swîg und tuo dîn mûl zuo Cod. Mind. 128ᵇ. ir mûl die zende blachte Albr. 5, 70. daz blût im ran uber mûl und uber bart ib. 31, 148. dâ sie ein mûl hâte, daz wart ein mundel drâte ib. 1, 1471. ein wüestez mûl Netz 12661. etw. mit dem mûl erblâsen ib. 9549. maul Fasn. 565, 18. maul, pl. mäuler *nur von tieren* Mgb. 121, 30. 151, 31. 163, 26. 234, 23. — mûle *stn.* Gen. der helt von Mabriûle den rüezel und daz mûle vil manegem orse dâ verschriet Part. B. 21404. — mûle *swf.* Lampr. — *ahd.* mûla *stf., gt.* mula (mûla?) *oder* mul *zu folgern aus* faurmuljan, *das maul verbinden, altn.* mûli *m. vgl.* Dief. 2, 80. Fick² 837.

mûl *stm. n.,* mûle *swm.* (II. 231ᵇ. 232ᵇ) *pl.* mûle, miule, mûl: *maultier.* der mûl Gen. En. Nib. Parz. Lanz. Bon. Freid. Neidh. (49, 8). Kreuzf. dâ in Beiern gât ein stætic mûl unrehten stîc Msh. 3, 27ᵃ. ir zelter was ein mûl blanc Krone 12657. mîn m. der ist ze reise snel *ib.* 12707. mîn pert und mîn mûl Karlm. 183, 31. sie ritin snêwize mûle Roth. R. 865. geladen mûle Mar. 192, 7. zwelf mûle last Karl 3174. daz er ûf einem arme truoc, daz zwelf mûlen was genuoc *ib.* 4620. mûle und olbenden wil er iu geladen senden *ib.* 1323. 3213. nu muoz man mûle und esel schinden Renn. 16486. sit daz mûle und ros die straze niht hânt geüebet Urb. 99, 19. nû heizet laden vierzec miule Virg. 1067, 2. 1069, 4. die (schrîne) truogen miule Renn. 8990. zwelf mûl (moul) unreisebære j. Tit. 1526. — daz mûl (maul) Mœrin, Mgb. 116, 20. 141, 19. 150, 29 *ff.* — der mûle Sum. Renn. 1525. — *aus lat.* mulus.

mül, müle *stswf.* (II. 27ᵇ) *müle* Parz. Walth. Helbl. Ms. (dîn mül niht mêr malt H. 2, 395ᵃ. in den künste mül 3, 468¹). als ein stille stêndiu mül lützel gewinnet Ettm. *brf.* 6, 33. ein müle diu dâ melt Krone 12965. Wicram lac bî der müle Virg. 1022, 6. diu maget ein müle ersach - - vür die müle sie dô reit Ga. 1. 354, 639. 642. Gfr. 1497. diu müle hât ouch bezzer reht danne ander hiuser Swsp. 205, 16. der ouch ê zuo der mülen kumt der melt ouch ê *ib.* 312, 10. an mülen ziehen, *als strafe* Pf. *üb.* 175, 33. in der mulen Pilat. 134. mul, mule, müle, mole, mol: mola, molendina, molendinum Dfg. 365, *n. gl.* 255. muol *neben* mul Urb. B. 1, 27. 57 *u. o.* müllîn Chr. 5. 7, 4. 26, 31. 179, 24. müline *pl.* mülinen Gr.w. 1, 385. S.Gall. *chr.* 28 *f.* in einer mülnan Ls. 1. 243, 318. — *ahd.* muli *u.* mulin *zu gr.* μύλη, *lat.* mola, *s.* maln.

mûl-affe *swm. maulaffe, dummer gaffer, glotzer.* ir kelber, tortschen und maulaffen Fasn. 539, 18. Maulaff *fing. name ib.* 445, 38. *vgl.* muntaffe.

mulafich *s.* mulvane.

mül-ahe *swf.* mülwasser, -bach Gr.w. 6, 313.

mül-bach *stn. dasselbe.* trink ûsz dem mülibach Lcr. 79, 2.

mûl-bant *stm.* gib im einen grôzen mûlbant, *maulschelle* Ga. 1, 490. *vgl.* nasebant.

mül-ber *stnf.* erber, brômber, heidelbar, craczber und mülber Wsp. 488 *u. anm.* Vilm. 274.

mûl-ber *stnf.* (I. 104ᵇ) *maulbeere,* mora, morum: mûl-, môrber Dfg. 367ᵇ. 369ᵃ, *n. gl.* 257ᵃ. Albr. 37ᵃ. maulper Mgb. 330, 16. 26. 35. — mûl *aus lat.* morum.

mûlber-blat *stn.* maulperplat Mgb. 330, 34.

mûlber-boum *stm.* (I. 228ᵇ) morus, mûl-, môrberboum Dfg. 369ᵃ. *n. gl.* 357ᵃ. Albr. 37ᵇ. 38ᵃ. Mgb. 330, 7. der hôch m., sicomorus *ib.* 347, 28, wilder m. Dfg. 532ᵉ, *n. gl.* 338ᵃ. *vgl.* mûlboum.

mûlber-tranc, -wîn *stm.* moretum Dfg. 368ᵃ, *n. gl.* 257ᵃ. *s.* môraz.

mül-bette *stn. wasserleitung auf eine müle* Gr.w. 3, 645.

mül-boden *stm.* die stainen mülboden, *die untern mülsteine* Heum. 251.

mûl-, mûr-boum *stm.* (I. 228ᵇ) morus Dfg. 369ᵃ. Germ. 8, 48.

mûlboum-rinde *f.* (II. 710ᵇ) *rinde des maulbeerbaumes* Diem. *arzb.*

mül-bôzeler *stm. mülknecht, der die bôzelarbeit in der müle verrichtet* Chr. 2. 304, 17.

mulchen *s.* molchen.

mulch-swîn *stn. milchferkel* Gr.w. 3, 524.

mulchter *s.* multer 2.

mulde *s.* mëlde 1.

mulde *stswf.* (II. 232ᵃ) *mulde, halbrundes ausgehöltes gefäss namentlich zum reinigen des getreides, mel-, backtrog u. dgl.* Gr.w. 5, 618. 625. 628. 637. molde Mone 7. 302, 86. mulde, molde capisterium, capistrium Dfg. 97ᵃ, *n. gl.* 73ᵃ. *auch für flüssigkeiten*: milch in die mulden gieszen Mich. M. *hof* 40. —

nd. molde, molle *nach* Weig. 2, 207 *gekürzt aus mhd.* multer. *vgl.* muolte.
mulden-vaz *stn.* (III. 282ᵃ) *dasselbe* Pass.
müle, mûle *s.* mül, mûl.
mulefe *s.* mulvane.
mûlëht *adj.* (II. 28ᵃ, 52) *mit grossem munde versehen* Roseng.; mûlet, *mürrisch* Mai XII.
mülen-gar *adj.* (I. 480ᵃ) *für die müle fertig* Gr.w. 3, 745.
mülen-gestelle *stn.* (II² 559ᵃ) *mülenbau.* mulingestelle Pilat. 92.
mülen-rat, -stein *s.* mülrat, -stein.
mulen-wazzer *stn. mülwasser* Böhm. 469. 83 (*a.* 1323. 25).
mül-geschirre *stn. i der müle nötiges gerät* Mone *z.* 21, 197.
müler *s.* mülnære.
mûl-esel *stm. maulesel* Altsw. 237, 16.
mulg *s.* mol.
mül-galvei *stn.* Urb. Son. 24ᵇ. *s.* galvei.
mül-gëlt *stn. mülzins* Urb. B. 1, 27.
mül-guot *stn.* (I. 591ᵃ) Gr.w. 2, 94.
mûl-hërter *stm.*, -hirte *swm.* mulio Dfg. 370ᵇ. *vgl.* mûltrîber.
mül-hunt *stm.* (II. 28ᵃ) mulhunt, molossus Dfg. 366ᵃ.
mül-hûs *stn. müle* Urb. Pf. 125. Uoe. 5, 73 (*a.* 1312). Tuch. 200, 34.
mû-lich *s.* müelich.
müline *s.* mül.
mûlinne, -în *stf.* (II. 232ᵃ) *mauleselin*, mula Dfg. 369ᶜ. Parz. 546, 2. Ulr. Wh. 120ᵃ.
mül-îsen *stn. eisengerät in einer müle* Heum. 251. Mühlh. *rgs.* 39. *vgl.* Birl. 339ᵃ.
mulken *s.* molchen.
mül-kette *stn. mülikett, hölzerne wasserleitung, wasserrinne bei einer müle* Zellweg. *urk.* 2. 1, 63 (*a.* 1459). *s.* Dwb. 5, 630.
mûl-klaffer, -klapperer, -klepperer *stm.* maulkl. *schwätzer* Chr. 3. 111, 3 *u. var., vgl.* mülkleffel.
mül-klachel, -klechel *stm.* taratantrum Dfg. 573ᵇ. Fromm. 4, 304ᵇ.
mül-kleffel *stm. kleffel in der müle, bildl. von einem schwätzer* Jüngl. 907 (mülkl. *nach dem* Dwb. 5, 893; *Haupt liest* mûlkl., *das in obigem* mûlklaffer *eine stütze findet*).
mül-knëht *stm. mülknecht, -geselle* Np. 167. *vgl.* müllerknëht.
mül-korn *stn.* korn *als mülzins.* mülkorn Geis. 414. mulchorns 10 maldera Mb. 36ᵃ, 322. mülikorn Mone *z.* 8, 117.

mûl-korp *stm. maulkorb: eine art backwerk* Germ. 9, 203.
mül-kunst *stf. müle, daz wazzer, daz durch die stat* (Rappoltstein) *gât, daz sol nieman ûf sîne (gedr. usser sime) mulekunst wisen âne des andern willen* Ad. 808 (*a.* 1298).
müllen, müln *swv.* (II. 28ᵃ) *zerstossen, zermalmen.* müllen Germ. 9, 52. Helmbr. L. 1249. muln Pf. *arzb.* 2, 4ᶜ. 8ᶜ. — *mit ver-, zer-. ahd.* muljan *zu* mül;
müllener, müller, müllerin *s.* mülnære, -nærinne.
müller-knëht *stm. s. v. a.* mülknëht Mone *z.* 18, 12. Böhm. 626 (*a.* 1352), *s. auch unter* knëht.
müller-meister *stm. s. v. a.* mülmeister Gaupp 1, 72.
müllîn *s.* mül.
müllîn? *stn.* dar uber leit er ein leder, heizet ein müllîn Ammenh. *s.* 214.
müllner *s.* mülnære.
mül-lôn *stmn. mallohn* Mone *z.* 14, 86. Heum. 253.
mül-mæzel *stn.* Kaltb. 7, 75. *s.* mæzlîn *u. vgl.* mülmetze.
mül-meister *stm. müller* Gr.w. 4, 128. S.Gall. *ord.* 193. *vgl.* müllermeister.
mül-meitel *stn. mülmädchen, das in die müle getreide trägt* Feldk. *r.* 104, 2. *vgl.* mültohter.
mül-metze *swm. ez sol kain mülner niht mêr nemen danne seinen mülmetzen* Np. 167 (*13. — 14. jh.*). Augsb. *r.* W. 36.
mül-mûte *stf. mülmaut* Gr.w. 6, 190.
muln *s.* müllen.
mülnære, -er *stm.* (II. 28ᵃ) *müller* Msh. 3, 56ᵃ. 348ᵃ. Gfr. 1494. Ecke Casp. 295. Ga. 1. 356, 713. Teichn. 87. Fasn. 202, 22. 203, 1. 6. 12 *etc.* Gaupp 1, 59. Augsb. *r.* W. 36. Np. 167 *f., md.* mulnêre Pass. K. 448, 5, m olner Böhm. 750 (*a.* 1377), *ndrh.* mœlener Fromm. 2, 446ᵃ. m üll ener Np. 168. Gr.w. 2, 569, müllner 122, 3 *ff.* 141, 23 *ff.*, mullnär Gr.w. 6, 187. müller Ls. 2, 473 *ff.* Netz *s.* 296 *ff. u. oft in den* Weist., *md.* muller Mügl. 13, 5. Mühlh. *rgs.* 99, möller Gr.w. 3, 439 (*Wetterau*). mülner, mulner, molner, müller, muller, müler: molendinarius Dfg. 365ᵇ, *n. gl.* 255ᵇ. — *ahd.* mulinâri *aus mlat.* molinarius Weig. 2, 208;
mülnærinne, -in, -în *stf.* (*ib.*) *müllerin.* mülnerin Tuch. 201, 7. 11. 12, mülnerein Fasn. 731, 18, müllerin *ib.* 1381, *md.* mollerin Dfg.

bildl. von der jungfr. Maria, die das korn der gottheit gedroschen, gemalen u. zu himmelbrot gebacken hat MONE 3, 41, *vgl.* MSH. 2, 340ᵇ. (müllerin, *kupplerin aus* BERTH. *Kl.* 384 *zu streichen: es ist verdruckt für* trüllerin *s.* GR. *kl. schr.* 4, 336).

müln-stein *s.* mülstein;

müln-steinlin *stn.* (II². 617ᵇ) *kleiner mülstein* BERTH. 349, 2.

mül-ordenunge *stf. mülordnung, vorschrift für die müller* KALTB. 8, 28.

mûl-pfëffer *s.* mûrpfëffer.

mül-rat *stn.* (II. 560ᵃ) *mülrad* WIG. 275, 22. APOLL. 1104. SIGEN. *Sch.* 165, *Casp.* 171. PASS. 30, 73. RING 10ᵈ, 29, mulenrat HERB. 5474, molnrat GEO. MICH. *M. hof* 38. *vgl.* malrat.

mül-rëht *stn. recht auf eine müle, auf ein mülwasser* MONE *z.* 4, 323.

mûl-ros *stn. maultier, zu folgern aus*

mûl-rössel *stn.* (II.764ᵇ) *junges maultier* PEZ *zu Ot.; so ist wol auch* BUCH *d. r.* 1488 *zu lesen statt* mülrössel (*hs.* mulröszel).

mül-runs *stm. mülbach* MONE *z.* 13, 207 (*a.* 1336).

mül-schütel *stm.* (II².231ᵃ) taratantara SUM. *vgl.* schütstap.

mül-slac *stm. s. v. a.* mülstat. *wir sullen ouch furbaz auf den alten mülslac oberhalben des dorfes nimmer mêr chain mul geslahen noch gemachen* UHK. 2, 243 (*a.* 1361).

mûl-slac *stm.* (II². 383ᵇ) *maulschelle* PARZ. NEIDH. XLVII, 24. OTN. *A.* 285. APOLL. 16852. Üw. *H.* 433. *auf wem man klaget umb raufen, umb maulsleg, der sol dem richter ain pfund geben* GENGL. 350, 14. *von aim maulschlag* 5 ℔ 60 dn. MH. 2, 809. *umb* mawelslach *sol man die hant abslahen* Mw. 190 (*a.* 1293). *vgl.* muntslac.

mül-stadel *stm. s. v. a.* mülstat MONE *z.* 8, 292 (*a.* 1432).

mül-stal *stm. dasselbe.* tria loca molendinaria, quae dicimus mulestal AD. 248 (*a.* 1120).

mül-stat *stf.* (II². 602ᵃ) *platz, wo eine müle steht od. stehen darf* MZ. 2, 389. 1, 525 (*a.* 1294. 1410). *vgl.* mülslac, -stadel, -stal.

mül-stein *stm.* (II². 615ᵇ) *mülstein* BERTH. TROJ. (6310) MGB. RENN. 14845. WAHTELM. 212. LS. 2. 313, 101. HPT. 7. 347, 7. KOLM. 86, 8. 134, 28. 142, 11. AB. 1. 164, 20. S.GALL. *stb.* 4, 21. URB. *Pf.* 205. mülistein MART. 51, 45. 56. 61. mülnstein Ms. *md.* mulestein ALBR. MYST., mulenstein PASS. 89, 32.

EVANG. *L.* 17, 2. GERM. 9. 25, 72. BÖHM. 505 (*a.* 1329), molenstein FROMM. 2, 446ᵃ. GR.W. 2, 63. mulinstein GL. *Virg.* 3, 751. mül-, mul-, mulen-, mol-, molnstein: molaris DFG. 365ᵇ, *n. gl.* 255ᵇ. *vgl.* malstein.

mül-stoup *stm.* (II². 648ᵇ) *mülenstaub* LS. 2. 477, 158.

mûl-strâfe *stf. maulschelle* GR.W. 6, 395.

mül-strâʒe *f. zu einer müle führende strasse* GR.W. 3, 667.

mûl-streich *stm.* (II². 688ᵃ) *maulschelle* GA. 3. 59, 609. PF. *üb.* 154, 89. GR.W. 2, 564. 3, 644.

mül-swîn *stn. zinsschwein von einer müle* GR.W. 3, 524.

multe *s.* mëlde 1, molte.

mül-tenne *stf. mülboden* HEUM. 252.

mültenne-rêret *stf. an der mültenrêret hat der waltfaut deil, dùt uff ein malter habern oder ein wenig mê* MONE *z.* 2, 24. *s.* tennerêret, tennetrôr.

multer *s.* malter.

multer *stn.* (II. 232ᵇ) *mallohn, malmetze* GR.W. 4, 615. 5, 625. *vgl.* SCHM. 2, 573. VILM. 271. OBERL. 1073 *u.* mulzer.

multer, muolter *swstf.* (II. 232ᵃ) *s. v. a.* mulde GL. (multer, mulchter capisterium capistrium Voc. 1482). *und truoc in sines rockes gêr wazzer sam eʒ ein multer wêr* BPH. 4465. sehs multer CHR. 2. 316, 18. *mit häven, mit muoltern* GEIS. 436. *der pachen einer gehœrt ûf mîner vrowen der abtess* muolter (in campisterio) *ib.* 424. *mit schaufeln, multern etc. sich* in robat fuegen MH. 2, 529. 707. muelter KALTB. 54, 20; *spottweise gebraucht für die gebogenen platten des brustharnisches* (II. 232ᵇ, 5) NEIDH. 209, 19 *u. anm. — ahd.* multera, muoltera, mulhtra *aus lat.* mulctra, *melkkübel* (mulcrale, mulchter Voc. 1482) WEIG. 2, 208.

mül-tîch *stm. mülteich. von oben an dâ ain multich darein lauft bis hinab, dâ ain multich darausz geet und lauft (aus dem wâge)* DH. 154.

mûl-tier *stn. maultier, vgl.* ZIMR. *chr.* 3, 96, 19.

mül-tohter *stm. s. v. a.* mülmeitel FELDK. *r.* 104, 2.

mül-tolpe *swm.* concha, *est genus piscis* SCHM. *Fr.* 1, 505.

mûl-trîber *stm.* (II. 232ᵃ) mulio DFG. 370ᵇ. *vgl.* mûlhërter.

mult-wërf, -wurm *s.* moltw-

mulvane (II. 232ᵇ) *herrenloses gut*, *spec. ab intestato relicta* HALT. *daneben die formen* mulve, mulvihe, mulefe, mulafich GR.W. 1, 525. 4, 401. 5, 154. — *von dunkl. abst.*
[**mül-vihe** *stn.* III. 309ᵇ] *s. das vorige.*
mül-wagen *stm. mülwagen* KELL. *erz.* 263, 29. NP. 167. UKN. 253 (*a.* 1334).
mül-wëc *stm. mülweg* GR.W. 1, 256. 72.
mül-wecke *stm.* iegleich mülhaus geit ze weinahten 2 mülweck URB. *Pf.* 125. *s.* SCHM. 4, 20.
mûl-wëlf, -wëlpfe *s.* moltwërf.
mül-wer *stn. wasserwehr einer müle* LCR. 71, 3. *vgl.* mülwuor.
mül-wërc *stn.* (III. 589ª) *vorrichtung zum malen, müle* ZÜRCH. *rb.* TUCH. 269, 18. 33. 310, 8. 311, 1. mulwerk zu papir, *papiermüle* CHR. 1. 81, 9; *was zu einer müle gehört, mülgerät* HEUM. 249 *f.* nâch m. arbeiten, *mülsteine brechen* TUCH. 84, 26; *erzeugnis einer müle*, in der mule papir oder sust ander mulwergk machen CHR. 1, 80 *anm.* 2. *vgl.* malwërc.
mûl-wërf, -worf, -wurf *s.* moltw-.
mül-wuor *stn. s. v. a.* mülwer MONE *z.* 21, 197.
mül-zëlte *swm. wol s. v. a.* mutsche. simlen und mülzelten NETZ *zu* 8385.
mulzen *swv. s. v. a.* malzen, brasiare VOC. 1482. haberen noch gersten ze biere mulzen HIMLR. 270. ez schol nieman niht maltzes herein füeren in die stat, daz inwendig zehen meilen bei der stat sei gemultzet NP. 210 (*13.—14. jh.*). es sol auch gersten niemand für kaufen dann der, der sie multzet *ib.* 269. multzen und preuwen Mz. 3, 399 (*a.* 1358). dem chlôster multzen GEIS. 428;
mulzen *stn.* mit mulzen, brewen Mz. 2, 582 (*a.* 1324);
mulzer *stm. s. v. a.* malzer. der mulzer oder der prew GEIS. 428.
mulzer *stn.* (II. 232ᵇ) *s. v. a.* multer *stn., hinter welchem es im* WB. *auch stehen soll.* OBERL. 1073.
mulzer-korn *stn. s. v. a.* mangelkorn OBERL. 1074. XI fiertel maltzerkorns, das ist zweitel weissen und das drittel rocken - - 4 viertel multzerkorns für zehenden GR.W. 1, 720.
mumbar, mumber *s.* muntbor.
mûme, mumel *s.* muome, murmel.
mumgarten, umgarten *pl. gurken* CGM. 4570, 48 *bei* SCHM. *Fr.* 1, 97. *aus gr.* ἀγγούριον, *mlat.* anguria *wassermelone ib.* 109.

mumme? *f.* amasia DFG. 28ᵉ, *n. gl.* 19ᵇ. *vermutl. statt* minne.
mumme *f.* larva mumme, momme DFG. 319ᵇ. ain alte kue, die was gehaissen mumme (: stumme) WOLK. 6, 71. *vgl.* WEIG. 2, 209 *u.* momschanz, momerei, mumerei *in der* ZIMR. *chr.* 4, 676ᵇ. 679ª;
mummen *stn. ein verbotenes spiel* MÜHLH. *rgs.* 127.
mummer, mumper *s.* muntbor.
mumulzel *s.* muntunzel.
mun *s.* mügen.
mun *stm. gedanke, absicht.* im der mun was gebrosten WH. *v. Öst.* 57ª. sie pflâgen vintlicher mun *ib.* 96ᵇ. ze gote wârin guot sîne mune (:sune) FDGR. 2. 107, 20. — *mit* munigen, munst *zu gt.* munan *meinen, glauben*, muns, *gedanke*.
mün *s.* müeje.
munbar *s.* muntbor.
münch *s.* münech;
münchec *adj.* (II. 233ᵇ) *zum mönchsstande gehörig, md.* monchec HPT. 5, 422;
münchisch *adj.* (*ib.*) *dasselbe.* munchisch kleit, *mönchsgewand* MARLG. 70, 18, münichsches kleit CHR. 8. 389, 26.
mundâte *stf.* (II. 238ª) *abgesteckter u. gefreiter raum, freiung, emunität* OBERL. 1076 *f.* emunitas, que vulgo dicitur montât AD. 698 (*a.* 1275). *die gränzen der Nürnberger* muntât (*in der gegend des rathauses u. marktplatzes) sind angegeben* NP. 49 *ff. vgl.* HAG. *köln. chr.* 4521. LAC. 3, 280. 432. 621. — *aus lat.* immunitas;
mundâter *stm.* (*ib.*) *bewohner einer* mundâte OBERL. 1077.
mündec *adj. mündlich.* mundige botschaft RCSP. 1, 143 (*a.* 1409). — *zu* munt, *mund*.
mündec *adj.* (II. 237ᵇ) *md.* mundic, *mündig* LUDW. HANS 2235. MÜHLH. *rgs.* 154. wîse und mundig werden RSP. 2748. zu mundigen jâren komen GENGL. 158 (*a.* 1434). — *zu* munt, *hand*.
mündec *adj.* (II. 238ª) eines dinges m. werden, *es zu tun wagen* MSH. 3, 79ª. — *zu* munt *in* vrastmunt.
mündelîn, mündel *stn.* (II. 235ᵇ) *dem. zu* munt, *mündchen*. mündelîn Ms. TEICHN. REINFR. *B.* 257. 3850. HELDB. *K.* 30, 28, mündlein DA. 142. 177. 251. 369 *etc.* mundelîn VIRG. 813, 9. CRANE 2168. VOC. *Schr.* 1947. mündel Ms. (*H.* 3, 338ª). TIT. *B.* 220, 3. WOLFD. *A.* 491. ENGELH. 2992. GERH. 4788.

REINFR. *B*. 1590. 603. 43. 2187. 2200 *etc.*, mundel VIRG. 28, 13. 57, 10. BALD. 337.
mundelinc, -ges *stm.* (II. 237ᵇ) *vormund. md.* mondeling WEIST. (6, 398. 400); *mündel* ROTENB. *r.* 10;
munden *swv.* (II. 238ᵃ) *schützen.* sịch m. *sich in den schirm eines andern begeben* SCHM. 2, 596. — *mit* be-.
munden *swv.* sagen und munden, *mündlich mitteilen* BEH. 224, 25. der hat an der canzeln gemundet, gepredigt und verkündet *ib.* 268, 32.
munder *adj.* (II. 232ᵇ) munter GEN. *D.* 23, 9. KIRCHB. 794,5. CHR. 2. 325, 2: *wach, wachsam* GEN. SERV. WALTH. MS. TROJ. Nôê do erwachte und munder sich gemachte VILM. *weltchr.* 68ᵃ, 39. ob die scharwachter und hüeter munter wêren CHR. 2. 325, 2; *frisch, eifrig, lebhaft, aufgeweckt* LANZ. TROJ. Ms. werd sô m. und dû gewaltic werde mîn FRLG. 126, 82. des wart sîn vreude m. ECKE *Z.* 230, 10. an ẹren m. WH. *v. Öst.* 99ᵃ. ûf etw. m. sîn KONR. *lied.* 25, 49. sie wurden von dem wunder g ê n gote sô m. MART.231, 2, *mit gen.* gein den der keiser was ouch triuwen munder LOH. 3476. ze strîte was er munder TROJ. 31514. — *ahd.* muntar *nach* WACK. *u.* SCHADE *zu* munt (*hand, schutz*), *nach* CURT.³ 291 *mit gt.* mundôn *betrachten,* mundrei *ziel zur w.* man (*vgl.* GSP. 244 *u.* WEIG. 2. 212), *nach* FICK² 156 *zu skr.* mud *frisch, munter sein,* mudra *lustig, fröhlich. vgl.* menden *u.* munt *in* vrastmunt;
munder-lich *adj. dasselbe.* dîn herze was wunderlich MSH. 3, 468ᶻ;
mundern *swv.* (II.233ᵃ) munder *machen, aufwecken* MYST. daẓ ir mîne winen niene wecchet noh ne munteret WILL. *H.* 5, 173. die wahter m. MONE *z.* 17,427. munder mir den muot MSH. 3, 418ᵇ. herze gemundert ûf den fliẓ j.TIT. 3959. KONR. *lied.* 25, 89. ze kamphe wart gemundert sîn wille TROJ. 28990; *refl.* LEYS. RENN. 19789. WH. *v. Öst.* 26ᵇ. sich mund eren und nüt fürligen ALEM. 1, 63. *vgl. unter* môvieren. — *mit* er-, ver-.
mundic *s.* mündec.
münech, münich, munich; münch, munch *stm.* (II. 233ᵃ) *mönch,* monachus DFG. 366ᵇ. (munch, monch, mynch, minch). münich NIB. 998, 2 (*var.* munich, münch, munch), MGB. 197, 22. CHR. 2.256, 28. munich GLAUB. 2928. PASS. 391, 19. eẓ sî munich oder bruoder ULR. *Wh*.158ᵃ. münch WALTH. TIT.50,1.

MSH.2,251ᵃ. 390ᵇ. 399ᵃ. 3, 108ᵃ. 452ᵃ. LIEHT. 199, 14. TÜRL. *Wh.* 162ᵈ. RENN. 3826. MGB. 239, 6. 9. 335, 18. NETZ *s.* 148 *ff.* munches kleit PASS. 356, 11. die munche *ib.* 363, 41. 54. die munch CHR. 2. 18, 14. 24, 18. grâwer m. *Cistercienser* MARLG. LIVL. BERTH. 137, 25. DFG.124ᵃ, swarzer m. *Benedictiner* BERTH. 137, 25. MYST. 1. 105, 9, wîẓer m. *Prämonstratenser* DFG. 455ᵃ; *übertr. verschnittener hengst, wallach* VOC. WEIST., *vgl.* münechphert; *eine art backwerk, pl. sw.* münchen GERM. 9, 201. 204. — *aus lat.* monachus;
münechen, münchen *swv.* (II. 233ᵇ) *tr. zum mönche machen* REINH. FREID. FRL. münchet man ein chint, daẓ under siben jâren ist DSP. 1, 29ᵇ. SWSP. 27, 1. SSP. 1. 25, 2. der sprach ob im den segen hie und munchte in ROTH *denkm.* 52, 150; *entmannen* MYNS. 60, monchen DÜR. *chr.* 565 *u.* GERM. 5, 239; — *refl.* mönch *werden* BARL. MARLG. JER. KCHR. *D.* 392, 1. 469, 13. ROTH. *R.* 5173. ECKE *Z.* 23. GRIESH. *denkm.* 11. DSP. 1, 29ᵇ.
münech-gugel *f.* cuculla DFG. 161ᵃ.
münech-heit *stf.* müni-, muni-, mun-, moncheit, monchheit: monachatus DFG. 366ᵃ.
münech-hof *stm.* (I. 699ᵇ) *zu einem kloster gehöriger, von klosterleuten bebauter hof* REINH. 506. URB. 11, 21.
münechîe *stf.* (II 233ᵇ) *stand des mönchs* ULR. 1217;
münechin *stf. nonne.* münichin, münchin monacha DFG. 366ᵃ.
münech-kappe *swf.* (I. 787ᵇ) *mönchskleid, kutte* ROSENG. Ls. cuculla DFG. 161ᵃ.
münech-lëben *stn.* (I.956ᵃ) *leben, stand eines mönches* WARN. 1574. *vgl.* münechlip.
münech-lich *adj.* (II. 233ᵇ) monachalis DFG. 366ᵃ (monchlich). PASS.;
münech-lîcheit *stf.* mönlicheit, monachalitas DFG. 366ᵃ.
münechlîn *stn. dem. zu* münech, *mönchlein.* münichelîn GERM. 3. 427, 33 *ff.* münchlin, münchlî MÖNCHL. 134. 180. 228 *u. o.*
münech-lip *stm.* (I. 1004ᵇ) *mönchsleben.* munichlip KCHR. *D.* 392, 17. *vgl.* münechlëben.
münech-phert *stn.* (II. 483ᵇ) *verschnittener hengst, wallach* WEIST. (4, 608).
münic *adj.* an allen sachen münic WH.*v. Öst.* 21ᵇ. 31ᵇ. 68ᵇ. *vgl.* mun.
münich, münichsch *s.* münech, münchisch.
münigen *swv.* (II. 54ᵇ) *erinnern.* des wart vil manic wilder geist von ir gemüniget und

gemant Troj. 10527. — *ahd.* bimunigôn *s.*
mun, münic.

munizære, münisser *s.* münzære.

munke *f.* (II. 233ᵇ) polenta Dfg. 444ᵃ, *vgl.*
Schm. 2, 600. *kärnt.* munken *pl. eine beliebte
speise aus hafer- u. gerstenmel* Kwb. 193.

munkel *stmn.? heimlicher streich, vertrauliche unterhaltung, kurzweil?* waz hât dich
sô lange gesûmet, der vrâg ich? 'herre, ich
tet ein munkel' Helbl. 1, 399. *vgl.* nach
eszen mit munken die zeit vertreiben, die
zeit mit munken verbringen Fromm. 2, 29
(*16. jh.*) *und* Weig. 2, 220.

munkel *stf. mücke* Hpt. 14, 165. *vgl.* Schm.
2, 600.

munkel-jâr *stn. das jahr 1258 hiess* munkeljâr *wegen der* corruptio vini et frumenti
Böhm. *font.* 2, 157.

Munsalvæsche, Munsalvâtsche *n. pr.* (II.
234ᵃ *u. vorrede* V *anm.*) *der berg auf welchem der gral sich befindet* Wolfr. Muntsalvætsch Loh. 7148 *ff.* — *aus* mons silvaticus. *vgl.* Diez 1, 364.

munsære, münsser, munse *s.* münzære,
münze.

munsjol? *stn. balsamgefäss:* er hâte in der
rehten hant von einem rôten jochant ein vil
schœn munsjol, daz was einer materjen vol,
die mir diu Aventiure niht enseit: wan daz
sîner arbeit mit alle Gâwein vergaz, als er
sach ditze vaz und dar zuo den geruch smaht
Krone 28719.

munst *stf.* (II. 234ᵃ) *liebe, wolwollen, freude*
Elis. 1962. 3127. 933. 5827. 6160. *s.* mun.

munster *s.* monster.

münster, munster *stn.* (II. 234ᵃ) *kloster-,
stiftskirche, dom, münster* Nib. (33, 1. 299,
1. 301, 1. 594, 3 *u. o.*). Parz. 461, 4. Silv.
(273. 2006. 15. 80. 2241. *pl.* diu münster
2394). Eilh. 7620. Pass. (293. 25. 388, 83.
85. 92. Marlg. 35, 21). N. *v. B.* 301 *ff.* N. *v.
E.* 15, 34. unser munster, *klosterkirche* Usch.
147 (*a.* 1322). Ula. 261 (*a.* 1362). monster
Mone *z.* 7, 16. munster, monster Dfg. 366ᵇ.
— *aus lat.* monasterium.

munster-gunplête *swf. die* complête *im münster* Chr. 8. 137, 2.

münster-man *stm. kirchendiener* Vilm. 276
(*a.* 1361).

münster-mettene *stf. die* mettene *im münster*
Mone *z.* 7, 58 (*a.* 1347).

münster-mûre *stf. münstermauer* N. *v. B.*
301.

münster-türe *stf. münstertür* N. *v. B.* 302. 304.
munt *s.* mügen.

munt, -des *stm.* (II. 234ᵇ) *pl.* münde, *seltener*
munde (munt Karlm. 210, 47): *1. mund,
allgem.* rôter munt Troj. 23413. 29252.
Part. *B.* 2931. 11322. 17030. Stauf. 374 *u.
anm.* Msh. 1, 112ᵇ. 2, 9ᵃ, *bes. als umschreibung für rosige mädchen* Heinz. 2125. Such.
7, 7. 10, 265 *u. oft in* Da. *s.* Germ. 9, 402.
sant Johannes mit dem guldin munde Wack.
pr. 45, 97. er heizt Johannes guldin munt
Bph. 2482 (*vgl.* Pilgram *calend. 27. januar*).
manec kalter blâwer m. Apoll. 18025. redender m., *ein mund der zu freundlicher
anrede u. unterhaltung bereit ist* Walth.
43, 37. Msf. 159, 37. Lieht. 506, 19. lachender m. Msh. 2, 31ᵇ. süezer m. Loh. 3838,
zuckersüezer m. Msh. 2, 9ᵃ. mit halp gespitztem munde Altsw. 249, 1. voller m.
Msh. 2, 221ᵇ. bartlôser m. *ib.* 3, 451ᵇ. schamlôser *ib.* 3, 438ᵃ, ungetriuwer 2, 260ᵃ, unzühtiger 3, 437ᵇ, wârhafter munt Ga. 2. 468,
29. scham treit slüzzel reines mundes Msh. 3,
440ᵃ. nû sprach ein gemeiner m., *sprach man
allgem.* a. Heinr. 1466, nu jach ir algemeiner
m. Lanz. 7798. wir verjechen ûzer gemeinem
munde (*alle zusammen, einstimmig*) Mz. 1,
464. 492 (*a.* 1401). bî éinem munde (*wie aus
einem munde*) sprechen Kchr. *D.* 446, 2.
Rul. 307, 20, mit éinem m. sp. *ib.* 217, 7,
râten Orl. 14233. Apoll. 3045. 9686. ûz
éinem munde sprechen Ga. 2. 571, 148. sprechen als éin m. Urst. 111, 2. Herb. 16587.
daz kint ûz altem munde sprach, *wie ein erwachsener* Crane 3306. sus hân ich mit den
ougen gelernet reden âne m. Troj. 21701.
reden von munde ze munde Griesh. 1, 101.
daz gienc von munde ze munde Geo. 520.
j. Tit. 1490. 3497. Swsp. *L.* 2, 82. mit toutischem munde (*rede*) chunden Exod. *D.* 164,
1. mit dem munde sol ich iu sagen ouch ein
teil Loh. 4093. ê sie ez mit dem munde verheizet so ist ez getân Krone 23929. die botschaft mit dem munde (*mündlich*) werben
Loh. 4068. danc sagen mit herzen und mit
munde Troj. 11481. 12195. 15426. mit mund
(*mündlich*) erzellen Mh. 3, 94. munt wider
munt manen, *mündlich mahnen* Mone *z.* 13,
32, *ebenso* in den munt manen *ib.* 13, 214.
Screib. 1, 423 (*a.* 1353), munt gegen munt
manen Mz. 1, 421. 66 (*a.* 1391. 1402), einem
in den munt gebieten Mone *z.* 14, 82. mit
munt und hant, *durch wort u. handschlag*

Mz. 1, 305. 307 (*a*. 1345. 47), mit gesameter hant und ganzem munde AD. 725 (*a*. 1281). als üch das unser boten von munde (*mündlich*) sagende werdent SCHREIB. 2, 51, (*a*. 1386). von mund (*nach der mündl. erzählung*) etw. behalten DH. 264. under ougen und munde zu munde komen BASL. *rechtsqu.* 1, 36 (*a*. 1369). er ruorte den m. reht als er spræche den segen STRICK. 5, 40. ez gestêt nimmer sîn m. Aw. 2, 190. tuo ûf dînen m. GLAUB. 29. tuo dînen m. zuo, *schweige* CRAON 1503. sus wart maneges mundes türe guote wîle zuo getân DAN. 6612. got schephe mînem munde ein turlîn RUL. 32, 25. den munt ûf rîzen RENN. 12069, zesamen bîzen *ib.* 4550. ir traget mundes mê, *wisst besser zu reden* TROJ. 21780. wilent was ein munt berihtet wol mit éiner zungen: nû sprechent zwô ûz eime NEIDH. 82, 37. weder munt noch zunge ie gelas j.TIT. 1444. 88. wis mîn zunge und mîn munt RUL. 55, 5. KARL 2107. er satzte seinen munt in den himel, *schwatzte über himmlische dinge* DÜR. *chr.* 382. den munt valten an einen munt, *küssen* KARLM. 146, 52. munt an mundelîn gedrucket CRANE 2168. dô munt engegen munde strebete ENGELH. 3142. der tiuvel var im in den munt REINH. 1642. in den munt ezzen TROJ. 24187, schieben TANH. *hofz.* 189. in den m. loufen WINSB. 42, 10. einem in den m. sehen LS. 3. 547, 308. — *pl.* irre münde zungen REINFR. *B.* 2445. daz ouch die münde ir leit niht hânt geküdet *ib.* 2370. sô wirt den münden gâch nâ des küssens niezen *ib.* 2450. dar zuo die münde zesamne muosten stôzen, *sich küssen* LOH. 3040. mit hundert tûsent münden kan nieman volle gründen frouwen werdekeit MSH. 1, 113ᵇ. mit hundert tûsent münden sô mohte nieman ergründen die tiefe sîner wisheit MART. 265, 77. ir zweier munt schieden sich selten KARLM. 210, 47. — *umschreibend für die person:* dû sendi mir zi mundi, daz DENKM. XXXV. 1, 5 *u. anm.* dû sende mir ze munde dîn heilege urkunde RUL. 1, 5. alsô dür der hailige keist sende ze munde KCHR. *D.* 98, 15. mîn munt, *ich:* mîn m. singet MSH. 2, 64ᵃ. mîn m. wil jehen HERB. 16579. dîn munt: dîn bruoder sî dîn m., *soll dich vertreten, für dich reden* EXOD. *D.* 130, 11. — 2. *maul* IW. NIB. einer geize m. REINH. 346, 1507. die münde der vische MGB. 232, 18. 251, 32. 254, 6. — *3. mündung, öffnung* MYST. der helle m. KARAJ 44, 2.

der erden m. PASS. 359, 59. des grabis m. FDGR. 2. 129, 11. des magen m. orificium DFG. 400ᵇ. MGB. 17, 30. 340, 23, der plâsen m. *ib.* 34, 14. — *gt.* munths, *ahd.* mund, *pl.* mundâ, *ags.* mûdh, *alts.* mûth, mûdh, *mund, altn.* munnr, mûdhr. *vgl.* GSP. 244. FICK² 836. Z. 1, 140. CURT.³ 314.

munt *stmf.* (II. 236ᵃ, 14. 49) *hand, s.* muntbor, gemünde; *schutz, bevormundung* DENKM. XCIX, 3. 4. GEN. 60, 25. DIEM. 254, 4; *einwilligung, erlaubnis* WEIST. — *vgl.* WEIG. 2, 210. DIEF. 2, 86.

munt *stf. in* vrastmunt.

muntadele *stf.* (II. 237ᵇ) *schutzbewaltete, bevormundete* DENKM. XCIX, 26 *u. anm.* — m. *für* muntalde (*wie* Adelrîch *für* Alderîh) *u. dieses für* muntwalde (*wie* Otacher *aus* Otwacher). *langob. mlat.* mundualdus, *vormund, ital.* mondualdo *u. mit einmischung des roman.* mano, *hand:* manovaldo DIEZ 418. HALT. 1375.

munt-affe *swm. s. v. a.* mûlaffe VIRG. 320, 8.

muntâne *stf. berg.* guldîne montâne WWH. 377, 22. — *aus mlat.* montane DFG. 367ᵇ, *fz.* montaigne.

muntât *s.* mundâte.

munt-bar *adj.* (II. 237ᵇ) *ohne* munt, *keiner bevormundung unterworfen, im stande sich selbst zu vertreten* SCHM. 2, 597. OBERL. 1077.

munt-berer *stm. schwätzer* CHR. 3. 99, 2. *vgl. das* maul beren *über eine pers. od. sache: sich über sie rauslassen* SCHM. *Fr.* 1, 259.

munt-bor *swm.* (I. 152ᵇ) *der die hand schützend über einen hält, beschützer, vormund* HALT. OBERL., *meist in entstellter form:* munbar AD. 1417, montbar *ib.* 2, 432. momper GR.W.2, 542. mummer KARLM. 5, 36, mommer *ib.* 5, 54. mundbær, mumber, mommer, manber, menber: mamburnus DFG. 345ᶜ.

muntbor-rêht *stn.* (II. 625ᵇ) *recht des vormundes.* numberrecht GR.W. 1, 574.

muntbor-schaft *stf.* (II. 237ᵇ) *vormundschaft.* montborschaft AD. 1417, montperschaft, mumburnia DFG. 345ᶜ. momperschaft GR.W. 2, 6. 542. HALT. 1374.

munt-bürtic *adj. volljährig.* muntbürtige kinder MONE *z.* 12, 160 (*a.* 1474).

munter, munteren *s.* munder, mundern.

munt-hërre *swm.* (I. 667ᵇ) *schutzherr, vormund* OBERL.

munt-hûs *stn.* (I. 739ᵃ) *schützlingswohnung* WEIST. VILM. 275.

muntieren *swv. rüsten, ausrüsten.* sô wolt ich mich muntieren, strîten und turnieren GERM. 14. 71ᵃ, 73. — *aus fz.* monter, *it.* montare *eig. steigen (von lat.* mons, *der berg), dann erhöhen, befördern, beritten machen, ausrüsten* WEIG. 2, 191.

munt-knëht *stm. unter dem schutze eines andern stehender knecht, schützling* MH. 2, 686. CP. 396. *vgl.* muntman.

munt-lîche, -en *adv.* (II. 236ᵃ) *mündlich* LUDW. KIRCHB. 723, 50. BEISP. 168, 1. 17. müntlich MONE *z.* 1, 149. NP. 43. HÄTZL. 63ᵇ.

munt-liute (I. 1039ᵃ) *pl. zu* muntman WEIST. MONE *z.* 7, 27. qui habere solent vasallos, vulgo muntliut Mw. 36, 43 (*a.* 1244). eȝ sol dehein man muntliut haben oder er ist fridebræch *ib.* 59, 38 (*a.* 1255).

munt-loch *stm.* orificium DFG. 400ᵇ. Voc. *S.* 2, 8ᵇ.

munt-man *stm.* (II. 45ᵃ) *der sich in den schutz eines andern begibt, schützling, client* OBERL. WEIST. RAUCH 1, 11. AUGSB. *r. W.* 80. 82. daȝ ich würde sîn muntman KRONE 15447. einen zeinem muntman gewinnen GAUH. 125. der muntman sol dem rihter funf phunt geben Mw. 58, 38 (*a.* 1255). swer sich in der stat deheinen herren anziuhet in muntmans weise, der geit der stat fümf pfunt *ib.* 244, 12 (*a.* 1312). der niht sein m. ist NP. 19.

muntman-schaft *stf.* (II. 45ᵃ) *das verhältnis in dem ein* muntman *steht* RTA. 1. 218, 31. 39.

muntsal *s.* muntvol.

munt-schaft *stf.* (II. 238ᵃ) *vormundschaft. vgl.* WEINH. *d. fr.* 120. 295. 303.

munt-schal *stm.* (II². 125ᵇ) *rede, gerücht* TRIST. *H., zu* FLORE *s.* 296.

munt-schaz *stm.* (II². 90ᵇ) *abgabe für den schutz eines höhern, dessen* muntman *man ist* HALT. 1375; *loskaufung von der* muntschaft, *s.* WEINH. *d. fr.* 209 *ff.*

muntschel *s.* mütschelîn.

munt-slac *stm. s. v. a.* mûlslac GERM. 9, 336.

munt-suht *stf.* bulimus DFG. 84ᵃ.

munt-tac *stm. mündigkeit. ndrh.* as balde sy zo iren montdagen coment LAC. 3, 740.

muntunzel *stm.* (II. 238ᵇ) *name eines* wurmes WWH. 426, 11 (*var.* monzel, münzel, oumutzel, mumulzel, munerzel).

munt-vol *stm.* (III. 362ᵃ) *was auf einmal in den mund genommen wird, den mund voll macht* Ls. 3. 405, 232. DIUT. 2, 84 (*darnach*

auch HÄTZL. 2. 67, 201 muntsal *in* muntvol *zu bessern*). WACK. *pr.* 68, 132. 70, 203. MSH. 2, 194ᵇ.

munt-vriunt *stm.* muntvriunde mit vriunde noch eȝȝent RENN. 17187.

münzære, -er *stm.* (II. 239ᵃ) *münzer, der geld prägt od. das recht hat geld zu prägen u. zu wechseln,* monetarius, trapezeta DFG. 366ᶜ. 593ᶜ. WEIST. (3, 609). ROTH *pr.* 53 (munssær). BIRK. 231. CHR. 5. 72, 11. münzer, krâmer, wehseler RENN. 4447. swelh münzer valsche phenninge sleht SWSP. 343, 1. 17. 165, 4. 13. ich bin ein münzære, diu münze ist hie mîn rehteȝ lêhen GA. 1. 112, 282. der münzer tavel er umbe warf BPH. 6172. munsære GAUPP 1, 68. münsser, münisser CHR. 9. 601, 5. 927, 17. 992, 3. *bildl.* der minne munizære GREITH spicil. *s.* 63. — *aus lat.* monetarius.

münz-brief *stm. vorschrift für die geldprägung* MONE *z.* 6, 274. das sy dem münzbrief nâch giengind EA. 87. ob man ein guldîn anschlahen welle für 30 schilling nâch sag des münzbriefs *ib.*

münze *s.* minze.

münze *stf.* (II. 238ᵇ) *das nach einer bestimmten vorschrift geprägte geld, münze,* moneta DFG. 366ᶜ. FREID. *u. rechtsdenkm.* gulden und silbern munze CHR. 1. 246, 17 *ff.* diu kleine m. MSH. 3, 64ᵇ. alsô wart in ein gebræche ir m. niht gestemphet LOH. 4877. ein ieclîch m. bœser wirt RENN. 17115. diu m. hêt an ir die rehte hânt und ein kriuze *ib.* 18476 *ff., vgl. unter* haller. ûf einer münze îsen j.TIT. 2582, *vgl.* münzîsen. münz MGB. 206, 32. CHR. 5. 51, 26. 28. 38 *etc.* münsze, münse MONE *z.* 6, 275 (*a.* 1423), müns GR.W. 1, 188, münse *schweiz. geschichtsfr.* 8, 44. *s.* WEINH. *al. gr.* §. 185; *bildl.* der Minne m. LOH. 1521; *silbermünze im gegens. zum* guldîn: das ist alleweg muntz und kein golte TUCH. 65, 16. das alles sol in münz darnâch in gold gerechnet werden USCHB. 22. so wellent sy nut verkoufen umb des golt und nicht umb münsz, das macht den guldein steigen CP. 185. *vgl.* SCHM. 2, 604; *münzrecht,* diu m. ist mîn rehteȝ lêhen GA. 1. 112, 283; *münzstätte, -haus* MERAN. (1. 16). CLOS. FREIBERG. CHR. 4. 314, 5. 321, 21; 5. 72, 4. 6. 182, 14. pfenninge die êrst vuoren von der münze hamer LOH. 2919, *vgl.* münzhamer. — *aus lat.* moneta;

münzen *swv.* (II. 239ᵃ) *geld prägen, münzen,*

monetare DFG. 366°. LEYS. 64, 14, vgl. 17.
CHR. 1. 240, 18. 28. 246, 23. 29; 5. 51, 37.
RTA. 1. 478, 34. 516, 16. CDG. 3, 130. NP.
145. münssen BÖHM. 564 (a. 1340). bildl.
die stimm m. (tonos formare) MGB. 18, 28.
ich mein die natûre vier von den gemein-
lîchen wier gemünzet sîn unde geslagen WG.
2283. der sol gemünzet und geslagen mit
swerten hiute werden TROJ. 34448. — *mit*
ver-.
münzer-knëht *stm.* kneht *des* münzers RTA.
1. 488, 5.
münz-gëlt *stn. s. v. a.* slegeschaz HALT. 1375
(a. 1428).
münz-hamer *stm.* (I. 625ᵇ) *münzhammer*
HELBL. 8, 985.
münz-heb *mf.?* monedula ist ze latein als vil
gesprochen als ein münzheb, dar umb daz
diu tâch gar gern pfenning auf hebt MGB.
206, 29.
münz-hof *stm. münzhof, -haus* TUCH. 181, 9 *ff.*
188, 13 *ff.*
münz-îsen *stn.* (I. 756ᵇ) *münz-, prägstempel*
WALTH. PARZ. j.TIT. 2582 *alt. dr.* MONE *z.* 6,
278 *ff.* 288 (a. 1400. 23). monopistrum DFG.
367ᵃ. er hiez graben münzîsen dô GA. 2.
580, 46.
münz-kamer *f.* MICH. *M. hof* 14.
munzlot *adv. schmeichelnd?* m. sprechen
WOLK. 44. 2, 1.
münz-meister *stm.* (II. 121ᵇ) *münzmeister,
-pächter* BASL. *r.* FREIBERG. MÜNCH. *r.* AUGSB
r. W. 17. 18. ANZ. 17, 126 (a. 1359). TUCH.
192, 6. monzemeister MÜHLH. *rgs.* 129. müns-
meister BÖHM. 560 *ff.* (a. 1339). munsmaister
UOE. 4, 173 (a. 1292). munsemeister GAUPP
1, 67.
münzmeister-ambet *stn.* ANZ. 17, 126 (a.
1369).
münzmeister-tuom *stn.* monete magistra-
tus GAUPP 1, 49.
münz-phenninc *stm.* (II. 492ᵇ) FREIBERG. 181.
münz-smite *f. münzstätte* CHR. 4. 84, 11. 227,
14; 5. 28, 10. 74, 8.
münz-wërc *stn. handwerk der münzer* ANZ.
3, 274.
muo *s.* müeje.
muoche? (II. 228ᵇ, 44) wê waz hât er muo-
chen (: suochen) NEIDH. 81, 31 *var.* nun secht
an jenen mucken. HAUPT *weiss das wort
nicht zu erklären: „der gedanke vertrüge
'was hat er für eine menge einbildungen'
oder, wie man jetzt sagen könnte 'was hat

er für mucken im kopfe'. aber von* mugge
führt kein weg zu muoche. *darf man an das
slavische denken? von dem sloven.* muha *u.
dem böhm.* maucha *werden die plurale* muhe
u. mauchy *gerade so gebraucht".* W. GRIMM
bemerkt auf einem in ZIEM. *wb. eingelegten
zettel:* 'was hat er für mucken im kopfe'
*scheint mir nicht recht her zu passen. der
ausdruck wäre zu gelind u. sagte zu wenig.
der getelinc benimmt sich vielmehr roh u.
lärmt* (sîn pîneclîch gebrech). *man muss ein
mundartl. subst.* muoche *annehmen für
'sauertopf, verdriesslicher kerl,* μῶχος' *bei
Hagens lesart* (seht an jenen mucken), *oder
'verdrieslicher gedanke' bei Benecke:* 'was
macht er für schiefes maul!'. W. GRIMM *ver-
weisst sodann auf österreich.* mocken, *ein
verdriesliches gesicht machen, trotzen (s.*
SCHM. *Fr.* 1, 1566. KWB. 191) *u. auf schweiz.*
mühel, *sauertopf u.* mühelen, *sauersichtig
sein* STALD. 2, 202. — *mir scheint, dass*
W. GR. *mit seiner vergleichung des gr.* μῶ-
χος *das richtige getroffen hat, vgl. skr.* mu-
khara, *spöttisch u.* CURT.³ 314.
muode *adj. stf. s.* müede;
muoden *swv.* (II. 227ᵇ) *md.* mûden *: müede
werden, ermatten* HERB. ER. (daz die zwêne
man muoden begunden 885). KARL (10250).
di helde begunden harte muoden (: truogen)
KCHR. *D.* 521, 15. dâ muoste ir kraft m.
j.TIT. 6005. muod iuwer ein, der ander
springe in den strît ALPH. 298. daz er muo-
dete WILL. *Hag.* 5, 157. er muodet niht von
arbeit MART. 203, 109. *vgl.* müeden;
muoder *stm. der müede macht, belästigt. übel
fraiser und* muoder (: pruoder) BEH. 139, 30.
muoder *stn.* (II. 239ᵃ) müeder VOC. 1429, *md.*
mûder; *pl.* müeder: *die urspr. bedeut.
scheint* leib, leibesgesalt *zu sein (s.*
WEIG. 2, 157 *wo auf das nhd.* leib *u.* leib-
chen *hingewiesen wird), wie denn auch das
im ahd. nur einmal auftretende* muodar
(GFF. 2, 710) *von dem leibe, dem bauche ei-
ner schlange gebraucht wird. diese mutmass-
liche ursprüngl. bedeut. scheint noch in der*
MART. *vorzukommen:* Crist ûf erde was ge-
varn in menschelichim muoder 205, 3; *die
nächste bedeut. war wol die oberfläche des
körpers, die haut:* ir zarten libes muoder
(: bruoder *pl.*) wâren verschrôten *ib.* 233, 56,
vgl. 212, 104. 279, 2, *sodann bedeutet* m.
*überhaupt ein kleidungsstück, das den
obern teil des leibes umschliesst, leibch n'*

mieder (auch von der männertracht) WWH.
ENGELH. HELBL. HELMBR. MS. (*H*. 2, 140ᵇ.
3, 291ᵇ. *pl*. ermel und müeder sint gesteppet 3,191ᵃ). mueder, mûder moderacula DFG.
364ᵇ, *n. gl.* 255ᵃ. kleides m. j.TIT. 2059. nâch
im gesniten manc m. LOH. 4350. ir roc weidenlîche was an ir zarten lîp gesniten nâch
weidenlîchen siten an muoder und gelenken
LS. 1. 142, 571. si brach mich durch mîn m.
ib. 3. 579, 15. dem niunden wart ein m.
CRAON 1054. er nam des ritters m. HPT. 6.
500, 117. ich slahe in (*den mönch*) ûf der
kutten m. ULR. *Wh*. 155ᵈ. 268ᵉ, *auch von
den ringen des panzers:* vil maniger platen
m. TROJ. 36051, *vgl*. 32966. 34188. *bildl*.
hilf mir, daz ich nimmer werde gêr noch
ermel in daz muoder MARIENGR. 155. in ir
herzen m. WH. *v. Öst.* 83ᵇ. veterlîcher helfe
m. verwîst des jâmers ruoder TÜRL. *Wh*.14ᵇ.
keiser Karl vreuden muoder von Paligân
wart abgetrant *ib*. 141ᵃ. gesniten alsô des
tôdes m. j.TIT. 4245. ich verschrôte sînes
lebens muoder, daz ez nimmer heil wirt und
ein sterben niht verbirt ULR. *Wh*. 123ᵈ. *von
der oberfläche, dem schaume des meeres*
GUDR. 1174, 3 — *von dunkler abst.;*

muodern *swv. mit einem* muoder *versehen,
bekleiden. bildl.* mit hoffart gemuodert
MART. 224, 12.

muogen, muogesal *s.* müejen, müejesal.

muojen *s.* mûgen.

muol *prät. stf. s.* maln, mül.

muolte *swf. s. v. a.* mulde, multer. taig in
der muolten hân GR.W. 5, 282. 83. S.GALL.
ord. 195.

muolter *s.* multer 2.

muome *swf.* (II. 240ᵃ) *md.* mûme: *mutterschwester* NIB. (1479, 3). PARZ. *u. md. denkm.,
vgl. noch* LIT. 546. MSH. 3, 236ᵃ. HEINZ. 124.
45, 1. LANZ. 6231. j.TIT. 4386. 5917. LOH.
5483. 6199. 7192. APOLL. 13036. 19345. 50.
RENN. 1612. BPH. 4203. ALBR. 6, 90. MOR.
1, 3947. KOLM. 170, 17. muomei H. *v. N.*
362. *bildl.* der erbermede m. MART. 25, 54;
weibl. verwante überh. CHR. 5. 201, 1 (mueme,
var. môme), *schwägerin* MZ. 3 ,309 (*a*. 1354),
weibl. geschwisterkind FRISCH 2, 673ᵃ (*aus
KEISERSB.). — *zu gr. lat.* μάμμη, mamma
FICK² 152. 386. 838.

muomen-kint *stn.* (I. 818ᵏ) amitanus, matruelis DFG. 31ᵃ. 351ᶜ. RENN. 7509. *nicht comp.*
von sîner muomen kinde BIT. 12841.

muomen-kuoche *swm.* ich kan niht bachen
muomenkuochen AB. 1. 32, 27.

muor *stn.* (II. 240ᵃ) *sumpf, morast, moor* MAR.
(149, 38). LANZ. DIOCL. SUCH. ORL. 9223.
TÜRL. *Wh.* 33ᵇ. hôch gebirge und manec
muor PARZ. 398, 26. ûz einem heidenschen
muor *ib.* 335, 23. ietwederhalp der brükke
ein m. WWH. 327, 20, *vgl.* 326, 26. er abe
twuoc daz m. ULR. *Wh.* 181ᵇ. 182ᵈ. mich hât
verterbet daz m., dâ ich inne bestecket was
ib. 201ᵃ. dâ vant er niht wan m. KRONE
14442. daz ors wart gezogen ûz dem grunde
und muor *ib.* 14506. *bildl.* der schanden m.
LOH. 6945. sîn herze was gar lûter âne valsches muor *ib.* 1669. — *mit mer zu lat.* mare
CURT.³ 310; *im Muspilli* (DENKM. III, 5)
muor varsuuilhit sih *scheint* muor *noch geradezu meer zu bedeuten* WEIG. 2, 192;

muorec, muoric *adj.* (*ib.*) *morastig, sumpfig*
PARZ. ein muorec wazzer ORL. 9221.

muor-vogel *stm. sumpfvogel, die reiherente*
MONE *z.* 4, 85 (*a.* 1449).

muorzen *swv. nach* muor, *sumpfig schmecken*
MGB. 103, 10 *var*.

muos *stn.* (II. 240ᵃ) *md.* mûs; *auch stm.* GRIESH.
2, 51: *essen, malzeit* DIEM. ze muose gân
L.ALEX. 5941. 6000. ANTICHR. 184,41, sitzen
ib. 167, 43. GEN. *D.* 43, 19. nâch muose,
nach der malzeit PF. *arzb.* 1, 26; *speise,
bes. breiartige speise, gemüse* TROJ. (6071).
MS. (*H.* 2, 283ᵃ). HELBL. PASS. MYST. BUCH
v. g. sp. 9. 13. 23 etc. GERM. 9, 201. 206 *f.*
ein m. von linsen GEN. *D.* 84, 8. Esau bat
im des muoses geben *ib.* 47, 9, 10. *vgl.* CHR.
8, 254. swaz mûses in dem naphe beleip
ALBR. 53ᵇ. muos und brôt mir leben gît LS.
3. 27, 156. ein dünnez m. KOL. 167, 379.
kêse, mues *etc.* AD. 1117 (*a.* 1364). mit eignem mûs und brôt, *mit eigener verköstigung*
GR.W. 5, 697. muos (*gemüse*) machen auz
MGB. 324, 2. 348, 15. er hiez einen muos
machen in einem haven GRIESH. 2, 51. *pl.*
mislîcher muose er gedâhte GEN. *D.* 47, 1.
müeser LS. 3. 561, 30. GR.W. 1, 698. 4, 118.
— *dunkler abst., vgl.* GR. 3, 460 *f.*

muosalic *s.* müejesalic.

muos-bart? *stm.* (I. 90ᵇ. II. 241ᵃ, 20) ROSENG.
H. 1723, *wol entstellt aus* miesbart; *nach*
WACK. „*der vor alter das* muos *in den bart
schüttet*".

muose *prät. s.* müezen.

muoselîn *s.* müeselîn;

muosen *swv.* (II. 241ᵃ) *intr. essen, eine malzeit*

halten EXOD. zuo dem gen ich und muose mit ime SPEC. 160; *tr. speisen* GEN. den hungerigen m. SPEC. 169.

muosen *swv.* (*ib.*) *md.* mûsen: *als mosaik einlegen, musivisch verzieren* ATH. LAMPR. EN. SERV. TUND. j.TIT. CRAON 1105. *vgl.* muosieren. — *durch vermittelung des roman. aus gr.* μουσειόω.

muos-hûs *stn.* (I. 739ª) *speisehaus, -saal,* cenaculum DFG. 111ᵇ. ERNST, LIEHT. GRIESH. BERTH. 213, 9. SPEC. 81. ANTICHR. 159, 1. LOH. 6474. BEH. 213, 9. LUDW. 11, 30. 13, 3. 62, 9. DÜR. *chr.* 102. 432. EVANG. *Mr.* 14, 15. *L.* 22, 12. HB. *M.* 406. ûf dem mûshûse zu Konigistein FRANKF. *urk. v.* 1382. die zway mûshaus *der Wiener burg* CP. 148.

muosieren *swv.* (II. 241ᵇ) *md.* mûsieren *s. v. a.* muosen 2 LANZ. RUD. ALEX. LIMB. *chr.* 26. ein mûsierter samatrock mit perlîn listen MONE 6, 248. RCSP. 1, 668. ein pett mit edlem samet schôn verdeckt und gemôsirt LOR. 162, 9. *vgl.* BIRL. 339ª. GR. *kl. schrft.* 1, 358. — *mit* durch-.

muos-krût *stn.* (I. 891ª) *gemüsekraut* WEIST.

muos-korn *s.* muozkorn.

muos-mël *stn.* farratum Voc. 1482. SCHREIB. 2, 418 (*a.* 1446). CHR. 2. 302, 18. 304, 10. ROTW. 1, 57ª. FASN. 1220.

muos-sac *stm.* (II². 3ᵇ) *speisesack, magen* MGB.

muos-salz *stn.* (II². 43ᵇ) *küchensalz* MB. URB. *Pf.* 201.

muos-schüzzel *stf.* (II². 232ª) *gemüseschüssel. rechenb. a.* 1428.

muost *stm.* **muoste** *prät. s.* most, müezen.

muos-teile *stf. speiseteilung: die hälfte der bei der erbteilung vorfindlichen, der frau zufallenden speisevorräte. md.* mûsteile SSP. 1, 24. 3, 74; **muos-teilen** *swv.* dar nâch mûz die vrowe gein den erben mûsteilen alle gehobete spîse, die nâh deme drîzigesten uberblîbt in îclichem hove ires mannes SSP. 1. 22, 3.

muos-wërc *stn. gemüse, hülsenfrüchte.* ein wagen, der do mohn, hanf oder musswergk prengt FÖRSTEM. *Nordhaus. schultheissenbuch* 2, 12. muesewerk und kuchenspeise ORTLOFF *rechtsqu.* 2, 354.

muot *stm.* (II. 242ª–253ᵇ) *stn.* DIEM. (276, 18. 328, 21), *pl.* muote *u.* müete (KRONE 15481): *kraft des denkens, empfindens, wollens, sinn, seele, geist; gemüt, gemütszustand, stimmung, gesinnung* (hôher m., *freudig erhöhte stimmung, hochherzigkeit, über-, hochmut.* mit lachendem muote, *in fröhlicher stimmung, lachend* NIB. GUDR. 474, 1 *u. anm.* ER.² 4745 *u. anm.* GREG. 2643. 774. 3617. mit lachelîchem muote BIT. 12467 *u. anm.*); *froher mut, über-, hochmut; begehren, verlangen, lust; gedanke einer tat, entschluss, absicht* (muot haben *mit gen.,* mir ist m. *mit gen.,* ze muote sîn *od.* werden *unpersönl. mit dat. u. gen. od. nachs. mit* daz. mit verdâhtem muote, *mit vorbedacht, oft in urkk.*); *entschlossenheit, mut; trotziger eigenwille, selbstsucht s. zu* GREG. 3638; *erwartung, hoffnung* LESEB. 987, 28. — *gt.* môds, *ahd.* muot, môt, moat, muat *stmn., ags.* môd, *alts.* môd, muod, *altn.* môdr, *vgl.* GSP. 244. FICK² 838. KUHN 14, 103;

muot *adj. s.* ge-, klein-, wankelmuot.

muot-ban *stm.* ob man in den gerichten muotpenn ûf satzte, es wer daz man weg durch korn, zu obs *etc.* machte, das sol ain stathalter verbieten GR.W. 5, 158. *vgl.* miedbann *bei* FRISCH 1, 59ᵇ *u.* muoteinunge.

muot-bescheit *stmn.* (II². 105ᵇ) *spontanea definitio, determinatio* OBERL. 1088 (*a.* 1425. 37).

muote *stm. prät. s.* mütte, müejen, muoten.

muote, müete *adj.* (II. 253ᵇ) *nur in zusammens.* die-, ein-, hôchm. *etc.*

muote *stf.* (II. 241ᵇ) *die begegnung, bes. das begegnen im kampfe, der angriff* ER. (*lies* 776). WOLFR. *vgl.* Bechst. *zu* TRIST. 16804. *ndrh.* môte CRANE 1591. 3172. — *ein md. wort statt hd.* muoze; *es stimmt zum gt.* gamôtjan *begegnen* (gamôtan *raum finden, eindringen; raum haben, fassen*), *wozu wol auch* muoze 2 *u.* müezen *gehört. vgl.* DIEF. 2, 91. GDS. 905.

muotec, muotic *adj.* (II. 253ᵇ) *md.* mûtig, mutig MAI, WINSB. HELBL. LUDW. animosus DFG. 36ª.

muotec-heit *stf.* (*ib.*) *md.* mûtekeit, *mut, kühnheit* LUDW. 53, 29.

muotec-lîche, -en *adv.* (*ib.*) *mit gutem mute* FRL. WOLK.; *auf mutige weise* LOH. 2045. 2195. 4283. 448. 559. 864. 5077.

muot-einunge *stf.* (I. 424ᵇ) die m. ûs setzen (*eine bestimmte busse*) GR.W. 1, 94. *vgl.* muotban.

muoten *swv.* (II. 254ª) müeten CHR. 4. 162, 16. *md.* mûten, mûden, *ndrh.* môden (KARLM.

B. s. 310); *prät.* muote: *etw. haben wollen, begehren, verlangen absol.* DIETR. 4394, *mit gen. des obj. allgem.* (GUDR. 133, 2. 245, 4. 423, 1. 460, 4. 580, 4. BIT. 6063. DIETR. 7546. j.TIT. 214. MSF. 180, 13. MSH. 3, 443ª. WG. 9971. lônes m. ULR. *Wh.* 111ᵈ. der stange m. DSP. 1, 88ᵇ. des hêzin îsinis mûten MÜHLH. *r. L.* 168. gerichtis m. über einen *ib.*), *mit acc. des obj.* daʒ mîn gernder muot dich niht muote MSH. 1, 356ᵇ. wir muoten niht wan zweinzic tûsent man BIT. 4578. dô muoten ouch niht mêre Etzele und daʒ edel wîp *ib.* 13050. einen tac m. S.GALL. *stb.* 4, 179; *mit infin.* ich muote sie niht stillen j.TIT. 3014. sô muotet uns ze gebene der künec mit schatze und mit gewande GUDR. 422, 4; *mit präp.* muoten nâch *ib.* 1424, 4. ze lande m. BIT. 13236; *mit abhäng. s.* muoten, daʒ EN. Ms. WIG. MYST. ER.² 4472 *u. anm.* GERH. 3320. DIETR. 9170. TROJ. 7618. 15188. 18770. LIEHT. 55, 7. CHR. 4. 162, 16; 5. 233, 7. die Hiunen sach man muoten, wie sie überʒ Lech solden komen BIT. 5742, *mit gen. u. abhäng. s.* des Rennewart gemuotet hât, daʒ man im volgen sol ULR. *Wh.* 183ᵈ. — *die person, an die ein begehren gerichtet, von der etw. verlangt wird, steht: im dat.* (*u. gen. der s.*) HERB. TRIST. BARL. TROJ. Ms. daʒ ich iu des muote GFR. 723. er wolt der zarten guoten auch ir gruozes muoten und werben nâch ir minne REINFR. *B.* 4118, *dat. u. infin.* er muotet mînen vrouwen sîn gesinde wesen GUDR. 134, 1. dâ mûdeten sie uns, des beidersît brîfe zu gebene BÖHM. 667 (*a.* 1359), *dat. u. abh. s.* ich muote iu, daʒ TRIST. 16229. daʒ er sînem gaste muote unde bæte, daʒ GFR. 711, *die person ist abhängig von präpos.:* muoten an einen ULR. ENGELH. Ms. LIEHT. 349, 32. CHR. 9. 674, 9 (*vgl.* an muoten), von einem ER. WIG. Ms. got der muotet sîn von in GRIESH. 1, 72, ze einem Ms. BERTH. TRIST. 16229 *var.* (*vgl.* zuo muoten). — *mit* an, zuo, ge-, ver-.

muoten *swv.* (II. 242ª) *md.* mûten; *prät.* muote, *intr. begegnen mit dat.* doe dir de wechter mueten in der gassen HANS 2068. si mûten sich (*obviaverunt sibi*) *ib.* 1845; *in der rittersprache feindlich entgegen, zum angriff sprengen mit dat.* dô muote im mittem swerte der truhsæʒe Iw. 5331 *u. Bechs anm. mit präpos.* an einander si dâ muoten mit slegen RAB. 674. gegen einem m. BIT. (8691. 11902). — zu muote. *mit* ge-

(KARLM. 378, 42, *s. oben sp.* 849 *u. die berichtigung dazu*).

muoter *stf. an.* (II. 268ᵇ) *md.* mûter, mûder, môter, môder; *im singul. ohne flex., im plur.* muoter, müeter, *md.* mûter: *mutter, von menschen* GRIESH. WALTH. Ms. (schamelîcher muoter barn, *schimpfwort H.* 3, 16ᵇ. ich lêre sie ir muoter schelten *ib.* 23ª). frou Uote ir muoter hieʒ NIB. 7, 1. 14, 1. 20, 2. maneger muoter kint *ib.* 19, 4. 822, 4. TROJ. 13033. 24998, maneger m. barn *ib.* 23591. 607. LOH. 5662 (*vgl.* muoterbarn, -kint). diu m., diu sînen werden lîp getruoc TROJ. 15646, *vgl.* WINSB. 69, 9. RAB. 887. dîn môdir mûʒe sælich sîn, daʒ sî dich ie getruoc ROTH. *R.* 4701. mîne mûter unde mîne kint L.ALEX. 3623. eines jungelinges soltu mûter werden ALBR. 24, 132. gotes m. LOH. 427. des tiuvels m. ULR. *Wh.* 245ᵇ. mîner m. kint, ich GUDR. 997, 4, *vgl.* GR. *kl. schrft.* 3, 268. muoter *als anrede an ein altes weib, eine kupplerin* Ls. 2. 646, 342; m. *von tieren* EN. WWH. RENN. 14869. schwînîn flaisch, das ain muter gewesen ist ROTW. 2, 348, *vgl.* swîn-, verher-, zuhtmuoter; *von pflanzen,* rôsen muoter ist der dorn RENN. 20155. sô pringent si (*die äste des feigenbaumes*) ain neu geslähet umb ir muoter MGB. 322, 6; *bildl.* diu geistlîche m., *die christl. kirche* BERTH. 276, 25, *ebenso* diu heilige m. MGB. 170, 32; *die urheberin, anstifterin* TROJ. (vrouwe Vênus ein m. aller minne 21031). wurzel unde m. aller sünden RENN. 7867. BERTH. 481, 34; *gebärmutter,* matrix DFG. 351ᵉ. grimme m. in dem lîbe, colica *ib.* 131ᵇ, *n. gl.* 100ª. MGB. 322, 6. *vgl.* bermuoter. — *das mit ausnahme des gt.* (*wo* môdar *zu* mutmassen) *in allen german. sprachen erhaltene wort gehört zu skr.* mâtâ (*stamm* mâtar), *gr.* μήτερ, *lat.* mater *von w.* mâ CURT.³ 311. GSP. 244. FICK² 152. 838. KUHN 14, 103.

muoter-amme *swf. mutter, nährmutter.* diu (zwelf verhlîn) hôrte ich jæmerlîche schrîen nâch ir muoterammen RENN. 3533.

muoter-bar *adj. ganz bloss, mutternackt* (*nackt wie aus dem mutterleibe gekommen*) MAG. *cr.* 88ª. *vgl.* muoterblôʒ, -nacket.

muoter-bære *adj.* (II. 269ª) *mit dem muttersein verbunden.* muoterbærer magetuom MSH. 2, 175ᵇ.

muoter-barn *stn. mutter-, menschenkind* j.TIT. 5545. ULR. *Wh.* 136ª. TROJ. 23993. *md.* môterbarn ROTH. *R.* 762. *vgl.* muoterkint.

muoter-blôʒ adj. (I. 213ᵇ) s. v. a. muoterbar MYST. MAG. cr. 41ᵇ. 97ᵃ.

muoter-brust stf. mutterbrust. vil herzen, diu noch muoterbrust besliuʒet TÜRL. Wh. 27ᵃ.

muoter-halben adv. auf od. von der mütterlichen seite, was die mutter betrifft HPT. 5. 518, 141. GERM. H. 4, 152;

muoter-halp adv. (I. 616ᵇ) dasselbe PARZ. HELBL. GEO. 147. GENGL. 326 (a. 1399). HB. M. 271.

muoterîn s. müeterîn.

muoter-kint stn. s. v. a. muoterbarn BIT. 7103. DIETR. 9063. VIRG. 185, 11. j.TIT. 1958. ULR. Wh. 121ᵈ. WAHTELM. 153. ZING. geo. 1068.

muoter-kirche f. Hamburg was mûterkirche dâ, nû ist si worden filiâ KIRCHB. 601, 60.

muoter-lich, -lîche s. müeter-.

muoter-liebe stf. (I. 1016ᵃ) mutterliebe MSH. 3, 468ᵇ.

muoterlîn s. müeterlîn.

muoter-lîp stm. (II. 268ᵇ) mutterleib. von muoterlîbe geborn ALPH. MAI 145, 14. EILH. 5489. ALTSW. 249, 30.

muoter-lôs adj. mutterlos N. v. B. 88.

muoter-mâc stm. (II. 12ᵃ) verwanter von mütterl. seite, cognatus DFG. 130ᵇ, n.gl. 99ᵃ, oft in den rechtsdenkm. (AUGSB. r. W. 219. S.GALL. stb. 45ᵃ. GLAR. 105. GR.W. 5, 72).

muoter-meit stf. (II. 2ᵇ) prädic. der jungfrau Maria MSH. 3, 88ᵇ. RENN. 13058.

muoter-nacket adj. (II. 295ᵇ) s. v. a. muoterbar, -blôʒ MYST. MAL AG. 112ᵇ. muoternackent MAG. cr. 118ᵇ. 151ᵃ.

muoter-name swm. wâ von diu gotheit habe mûternamen und niht mûterwerc MYST. 2. 672, 7.

muoter-pfert stn. (II. 483ᵇ, 6) stute, equa DIEF. n. gl. 153ᵇ. VOC. S. 2, 5ᵃ. mutterpfert GR.W. 4, 608. müderpfert ib. 2, 156. vgl. pfertmuoter.

muoter-sac stm. matrix DFG. 351ᵉ, n. gl. 248ᵃ.

muoters-ein adj. von der mutter, selbst von der mutter verlassen s. almuotersein (= GA. 1. 353, 584). vgl. muoters lein LAUR. Sch. 608. môder leyne KARLM. 49, 21.

muoter-spünne stfn. muttermilch ALTSW. 137, 35.

muoter-sun stm. muttersohn. mûtersun von schalkes art HERB. 2025.

muoter-swëster f. mutterschwester GR.W. 1, 774.

muoter-swîn stn. (II². 795ᵇ) mutterschwein, sau LS. 3. 407, 297. GR.W. 1, 263. vgl. swînmuoter.

muoter-wërc stn. (III. 589ᵇ) mutterwerk MYST. (s. oben unter muotername).

muoter-wurz stf. melissa VOC. 1482.

muotes-halp adv. (I. 616ᵃ) um des muotes, der neigung willen TRIST. 19181.

muot-gedœne stn. (I. 383ᵃ) lustgetön TRIST 8128.

muot-gelust stmf. (I. 1055ᵇ) verlangen, gelüste MS. MART. (143, 105). nâch ir herzen muotgelust VIRG. 269, 9. 484, 9. 485, 12. nâch ir lîbes m. ib. 554, 12. nâch des herren m. ib. 953, 9. 954, 12. dur muotgelust was er beliben REINFR. B. 116. aller herzen m. ib. 10949, vgl. 13987. 14599. 617. 38. nâch dîner muotgelüste W. v. Rh. 11, 2. der wolte dîn gevangen sîn mit frîer muotgelüste KOLM. 117, 66. bes. oft bei KONR.: unser valscher m. SILV. 4542. des in twanc sîn m. PART. B. 5894. swenn in bestuont der m. TROJ. 9825. er wolte an ir volenden mit liebe sînen m. ib. 16959. des wart ir herzen m. geleit ûf in vil harter ib. 20852. diu (mûre) was sô gar unmâʒen hôch getriben ûf dur muotgelust ib. 17353. nâch der liute muotgelüste KONR. lied. 32, 312. mit vrîer muotgelüste ib. 32, 51. vgl. muotlust;

muot-gelüste stn. dasselbe. mînes herzen muotgelüste hât mir got an ir gegeben MSH. 3, 441ᵃ.

muot-gerihte stn. an einem muotgericht sol man sîn umb und in der 11. stund - - es sîend muotgericht oder jârgericht GR.W. 5, 148. vgl. mietgerihte.

muot-grimme adj. (I. 574ᵃ) wütenden sinnes BIT. 9823 u. anm., wo auf der muotes wilde 11168 verwiesen wird.

muot-hermen swv. verst. hermen. md. mûthermen GERM. 6, 63 u. oben unter hermen.

muotic, muoting s. muotec, müedinc.

muot-, müet-lich adj. (II. 254ᵃ) anmutig MS. FRL. GSM. 590 var. WH. v. Öst. 90ᵃ. LS. 2. 506, 104. VZ. 93;

muot-lîche adv. muotl. gebâren j.TIT. 1690.

muot-lust stm. (I. 1055ᵇ) s. v. a. muotgelust FRL. 382, 16.

muot-macherinne stf. die mut macht, antreibt HADAM. 298.

muot-mâʒe stf. (II. 207ᵇ) teilung nach angemessenheit oder ungefährem überschlage, abschätzung OBERL. 1088;

muot-mâʒen swv. (II. 212ᵃ) abschätzen OBERL.

1088. so ist gegen enander gemutsmaszet Ad. 639 *p.* 486. *s.* Weig. 2, 221;

muot-mâʒunge *stf.* (*ib.*) *s. v. a.* muotmâʒe Halt. 1381 (*a.* 1471).

muot-rîche *adj.* (II. 689ª) *freudenreich, wolgemut* Trist. 4998. ein muotrîcher man Cod. *pal.* 341, 72ª.

muot-sam *adj.* (II. 254ª) *anmutig* Trist. 17593; *aufgeweckt, munter,* hilaris Dfg. 277ᶜ. sich frölich und muetsam halten Zimr. *chr.* 3. 91, 31. *vgl.* Schm. 2, 650. Oberl. 1089.

muot-schar *stf.* (II². 153ᵇ) *md.* mûtschar, *teilung von gesammteigentum durch übereinkunft, urspr. wol s. v. a. teilung od. auseindersetzung* (schar) *nach verlangen* (muot) Weig. 2, 222. per modum qui dicitur mûtschar Böhm. 459 (*a.* 1321). ein mûtschar machen, die mûtschar veste halten Baur *hess. urkk.* 3, 1013 (*a.* 1333). *vgl.* Halt. 1382;

muot-scharn *swv.* (II². 154ᵇ) *als gesammteigentum durch übereinkunft teilen* Halt. Mühlh. *rgs.* 55. 75. 115. 143. 153. teiln oder mûtscharn Ksr. 168. 69. gemûtscharte lêhen *ib.* 181. daz wir unsere burg mit einander gemûtschart haben - - ungeteilt und ungemûtschart Baur *hess. urkk.* 1, 724 (*a.* 1395);

muot-scharunge *stf. s. v. a.* muotschar. dise furschriben mûtscharunge Baur *hess. urkk.* 1, 724. Halt. 1382. Oberl. 1090.

muot-senen *stn.* (II². 251ª) *das* senen *des muotes* Lanz. 9278.

muot-siech *adj.* (II². 356ᵇ) *an dem* muote *krank.* ein süeʒir stanc der muotsiekin Hpt. *h. lied* 6, 12. der muotsieche man Herzm. 124. *s.* Germ. 9, 369.

muot-trüebe *adj. betrübt* Ath. *C** 155.

muotunge *stf.* (II. 256ª) *begehren.* ob dehainerlai mûtunge oder verdrang (*lies* vordrung) unbillicher sachen beschäch Rcsp. 1, 445. von der gûtlichen mûtunge wegen, als mîn herre an sie getân hat *ib.* 746. an einen eine m. tuon umbe gelt Roszm. 194.

muot-vagen *swv.* (III. 201ᵇ) *willfahren mit dat.* Erinn. 746. Ot. (591ᵇ).

muot-veste *adj.* (III. 273ᵇ) *festes sinnes, unerschütterlich* Hartm. Trist. Lanz. (5568. 6830). Gfr. 1044. 1202. Flore 1403. 7155. muotveste an riuwende *ib.* 446.

muot-vinger *stm.* (III. 321ᵇ) *zeigefinger* Oberl. 1088.

muot-willære, -er *stm.* (III. 663ª) *der aus freiem antriebe, nach seiner neigung handelt* Lanz. Ms. (*H.* 2, 187ᵇ). die muotwiller, *die freiwillig kriegsdienste nehmen* Just. 303; *der mutwillig handelt, sich auflehnt:* so hiet man den Pêmkircher auch andern mutwillern zu ebenpild pald gestillen mugen Mh. 2, 44. so ein muetwiller under in wär Kaltb. 1, 18. 67, 43;

muot-wille *swm.* (III. 662ᵇ) muotwillen *stm. gen.* muotwillens Mgb. 300, 31: *der eigene freie wille, antrieb sowol zum guten als zum bösen (in der rechtssprache gegens. zu dem was sich gehört, bes. zum recht* Swsp. 404, 26. Ssp. 1. 62, 7; 2, 32). Exod. Diem. Karaj. Griesh. (nâch dînes herzen muotwillen 2, 65). Iw. Lanz. Barl. Renn. *u. md. denkm.* (Krol. 2193). den brief haben wir geben mit muotwillen, *aus freiem antriebe, freiwillig* Ukn. 384 (*a.* 1357), von frîem muotwillen Mz. 3, 283 (*a.* 1352). qui impetit eum, debet juramento probare, quod non in vanum, hoc est mutwillen, impetit eum Mw. 36, 85 (*a.* 1244). nû wis gewert durch die maget, an die dîn muotwille valsches gert Loh. 2179. sîn m. sêre in zorne schein und begunde in leiden Weltchr. 154ª. wær Adam gevallen durch sînen muotwillen Aneg. 15, 30;

muot-willec *adj.* (III. 663ᵇ) muotwillen *habend, mit m. verbunden* Ms. (muotwilliger strît *H.* 3, 440ᵇ). Geo. Renn. (muotwillige frouwen und clôsterliute 5815. muotwilligez leben 16961). Myst. j.Tit. 887. 1731. 32. muotwillige gesellen, *die freiwillig kriegsdienste nehmen* Just. 281.

muotwillec - heit *stf. in* gemuotwillecheit.

muotwillec - lich *adj.* (III. 664ª) *s. v. a.* muotwillec. seht, wie des rîchen küniges kint zwô schœne juncvrouwen worden sint, muotwilleclich, unstæte Msh. 3, 29ª;

muotwillec - lîche *adv.* (*ib.*) Gl. wer mûtwillecliche (*der eignen neigung folgend*) zû der spende wolte komen Elis. 7608. m. brogen Renn. 15317. daz lêhen m. (*freiwillig*) ûf geben Ad. 1116 (*a.* 1364). frilich und m. Mz. 1, 481. 95 (*a.* 1403).

muot-willen *swv.* (III. 663ª) *intr.* muotwillen *treiben* Ms. (*H.* 2, 126ᵇ). Wolfd. die dô muotwillen woltent, die rittent ûs der stat ûf daz velt Chr. 9. 817, 15. mit einem m. Renn. wolten die herren aber mit den hübenern zu vil mutwillen Werth. *weist. a.* 1406. er muotwillete mit mir alsô er wolte Chr. 8. 333, 20. mit einer vrouwen m., *unzucht* *treiben ib.* 323, 22; 9. 618, 27; *tr.* einen an muetwillen KALTB. 104, 12 (*a.* 1371). 105, 10;

muot-willens *gen. adv. bereitwillig* FROMM. 2, 446ᵃ;

muot-willer *s.* muotwillære;

muot-willigen *swv.* (III. 664ᵇ) protervare DFG. 468ᵃ. — *mit* ver-;

muot-williger *stm. s. v. a.* muotwillære. der selbige täter und mutwilliger solt buszen GR.W. 5, 696.

muowen *s.* müejen, mûgen.

muoʒe *stfn.?* (II. 273ᵇ) *mallohn, malmetze* SCHM. 2, 639. *vgl.* mûte (mûʒe) *u.* muoʒkorn.

muoʒe *stf.* (II. 271ᵇ) *md.* mûʒe; muoʒ *stmn.?* WG. 5290, *vgl. ahd.* muaʒ *u. mhd.* unmuoʒ *für* unmuoʒe —: *gegebene freie zeit, musse, bequemlichkeit, untätigkeit* HARTM. (wær eʒ an mîner muoʒe, *hätte ich die zeit dazu* ER.² 4672). TRIST. MS. ENGELH. *u. md. denkm.* muoʒe gewinnen BIT. 417. swel ritter ritterscheft wil pflegen, der muoʒ sich muoʒe gar bewegen LIEHT. 70, 6. muoʒe und trâcheit wirt dicke in alter leit KCHR. D. 51, 22. wider muoʒe HIMLR. 336. die vrouwen muosten ûf stân mit gezogenlîcher muoʒe LANZ. 608. sie kuste in vil suoʒe mit alsolher muoʒe, daʒ eʒ muoste vröuden bern KRONE 26586. *pl.* mit muoʒen EXOD. MSH. 3, 101ᵇ. nâch mûʒen speculieren ELIS. 8432. zuo unser muoʒen, *wie es uns bequem ist, passt* MZ. 1, 577 (*a.* 1417). — *vgl.* muote.

muoʒec-, müeʒec-lich *adj. mit musse verbunden.* in muoʒiclîcher muoʒe ATH. *C** 26. lât deste müeʒeclîcher sîn daʒ eʒʒen und daʒ sitzen hie GERH. 4182. *vgl.* muoʒlich;

muoʒec-, müeʒec-lîche *adv.* (II. 273ᵇ) *mit musse, sich zeit nehmend, langsam, untätig,* ociose DFG. 392ᵇ. einen muoʒeclîchen an sehen HPT. 5. 561, 1731. muoʒeclîchen sunder îlen GA. 3. 50, 252. müeʒecl., *md.* mûʒeclîche HARTM. (ER.² 2645. 941. 3603). KINDH. 77, 34. RAB. 336. GERH. 4539. LIEHT. 203, 22. WG. 6780. 14693. AMIS L. 1612. KOL. 203, 22. HEINR. 827. 2459. N. v. B. 312. SGR. 49. FRONL. 37.

muoʒen *swv.* (II. 272ᵇ) *freie zeit haben, zur ruhe kommen* GUDR. 985, 1; *mit gen. ablassen von ib.* 1529, 1. *vgl.* müeʒen *swv.* — *mit* ge-.

muoʒ-ganc *stm. s. v. a.* müeʒecganc, ocium DFG. 392ᶜ;

muoʒ-gêer *stm.* ociarius DFG. 392ᵇ.

muoʒ-kërn *m.* MB. 36ᵃ, 184 (*a.* 1280) *s. v. a.*

muoʒ-korn *stn.* (I. 862ᵇ) sehs mutt gemaines traides, daʒ dâ haizʒet muoskorn URB. *Pf.* 132. muʒkorn (mûʒ- *oder* muoʒkorn?) MB. 36ᵃ, 236. 237 *u. o.* URB. *B.* 1, 44. 45. 73. 74. 93. 98, *auch* mutkorn (mûtkorn?): ahte mutt mutkornis *ib.* 37. 41. *vgl.* muoʒe *u.* mûte.

muoʒ-, müeʒ-lich *adj.* (II. 272ᵃ) *s. v. a.* muoʒeclich. in muoʒilîchei muoʒe ATH. *D* 97. mir ist muoʒlich, *kommt zu, ziemt* W. *v. Rh.* 36, 44. eʒ ist müeʒlich, *erlaubt* STRASSB. *r., es ist fraglich* ZIMR. *chr.* 1. 304, 22;

muoʒ-lîche, -en *adv.* (*ib.*) *s. v. a.* muoʒeclîche DIEM. *arzb.* müeʒlîche, *var.* muoszklich NETZ 11550.

muoʒ-ligen *stn. das müssig-, stilliegen* GA. 2. 58, 177.

muoʒ-sîn *stn. das musssein, notwendigkeit* THEOL. 74. 106.

mupf, muff *stm.* (II. 274ᵃ) *verziehung des mundes,* hängemaul NARR. MURN. einige schlugen den mupf darüber ZIMR. *chr.* 3. 62, 1. *vgl.* WEIG. 2, 204. KWB. 192 *u.* gemüffe;

mupfen, muffen *swv.* (*ib.*) *den mund spottend verziehen* MURN.

mür *adj. s.* mürwe;

mür *stf.* (II. 274ᵃ) *die mürbe, zartheit, gebrechlichkeit* FRL. 73, 16. PF. *üb.* 18, 1086, *var.* more.

mûr *s.* mûre;

mûrære, -er *stm.* (II. 275ᵇ) *maurer* TRIST. U. KELL. MSH. 2, 398ᵇ. LOH. 7649. GA. 2. 583, 170. AMIS L. 1633. 96. 1703. 1960. maurer PF. *üb.* 133, 686. maurrer TUCH. 34 *ff.*;

mûrærinne *stf. maurerin, frau des maurers* MONE *z.* 8, 253.

mürb *s.* mürwe.

mûr-banc *stf.* wenne die mülner ir Leche ablaunt, sô sollen si ir mûrbenc und ire benc weder hôher noch nider legen AUGSB. *r.* W. 36. *vgl.* CHR. 2. 253. 17 *u.* 560ᵇ.

murbel, murbeln *s.* murmel, murmeln.

mûr-boum *s.* mûlboum.

mur-brüchic *adj.* (I. 244ᵇ) *wegen mürbe zerbrechlich* MSH. 2, 369ᵇ.

murc *adj.* (II. 274ᵇ) *morsch, faul, morastig* WWH. 23, 5. *öfter bei* OT. *eig. u. bildl., immer auf* burc *reimend:* vûl unde murc 63ᵃ. eʒ was dâ mosig unde m. 88ᵇ. der tôt lichnam murc 213ᵃ. an triuwen m. 174ᵇ. W.GR. *citiert noch* WH. v. Öst. 30ᵇ. 87ᵃ. 93ᵇ. — *vgl.* mursch, murz *u.* DIEF. 2, 38;

murc *stn.* (*ib.*) *morsches, brüchiges land,*

erde. von velsen noch von murc Ot. 274ᵇ.
in, durch der erden murc *ib.* 254ᵇ. 434ᵇ.

mürde *stf.? s. v. a.* mort. in sluoc des vluoches mürde dâ nider zuo der der hellen hürde Kolm. 107, 48.

mürdec-lîchen *s.* mördeclîchen.

mürdelingen *adv.* (II. 223ᵇ) *wie ein mörder, auf hinterlistige weise* Oberl. 1081.

mürden, mörden, morden *swv.* (II. 222ᵇ. 223ᵇ) marden Beh. 21, 17; *prät.* murte, morte, *part.* gemürdet, -mördet, -mordet, -murt, -mört, -mort —: *morden, ermorden.* mürden Msh. 2, 147ᵇ. Ulr. *Wh.* 163ᵈ. Troj. (25264. 41673). Sigen. *Z.* 32, 9. Heldb. *K.* 317, 38. Chr. 8. 240, 8. Mart. 239, 1 (*prät.* murte). mörden Chr. 2. 50, 25 (*part.* gemört). morden Lampr. Nib. Trist. Otte *u. md. denkm.* Loh. 5310. Mgb. 166, 1. Mariengr. 453 (*prät.* morte). — *ahd.* murdjan, murthjan, *gt.* maurthrjan. *mit* er- (ermörden Chr. 2. 50, 35. ermörten 182, 3), ver-;

mürden *stn.* morden Loh. 77, 3;

murder, mürderîe *s.* mordære, morderie;

mürdern, murdern *swv. s.* er-, vermürdern;

mürdic *adj. s.* mordec.

mûre, mûr *stswf.* (II. 274ᵇ) miure Teichn. mür (= miur) Chr. 4. 49, 1. 63, 13. meur Tuch. 178, 25. 179, 11 *u. o., pl.* meur, meuren Chr. 2. 331, 22; 5. 5, 25. 16, 25 —: *mauer* Ath. Nib. (1258, 1). Hartm. (Büchl. 2, 660). Trist. Barl. Walth. Ms. (*H.* 3, 211ᵇ. 428ᵃ) *u. md. denkm.* (Pass. 169, 77. 274, 82. 276, 36). Troj. 12611. 13341. 23254. Part. *B.* 1304. Karl 9908. Ls. 1. 634, 147. Frauenehre 328. Chr. 4. 59, 15. 94, 3. *bildl.* tôdes m. Türl. *Wh.* 16ᵃ. dû bist uns ein vestiu m. Marieng. 387. mîner fröuden vestiu m. Hadam. 275. stân als ein m. En. 247, 29. — *ahd.* mûra *u.* mûri *aus lat.* murus;

mûre *swm. maurer* Netz 11772;

mûren *swv.* (II. 275ᵃ) miuren Zitt. *jb.* Chr. 4. 79, 13 — : *mauern, aufbauen, absol.* Lit. 59. a n burgen und an steten m. Loh. 2473. Chr. 4. 115, 16. *mit dat.* der burger, dem er gemûret hâte Amis *L.* 1935, *bildl.* swer hôhe mit tugenden m. wil Wg. 12027; *tr.* Parz. ein münster m. Gudr. 950, 1. eine burc m. Kirchb. 665, 7; *mit mauern umgeben, versehen* Zitt. *jb.* bürge und stete die hiez er vaste m. Loh. 3323. swie man die stat al umbe grept und si gemûret werden mac Troj. 13429. *bildl.* Konr. (jâmer, trûren, riuwe in daz herze mûren Troj. 5364. Konr.

lied. 14, 17. Herzm. 244. swer allez daz z e herzen wil m. Troj. 17759). leit in daz herze m. Ls. 2. 620, 44. 655, 32. ich muoz ûf mich m. vil jâmer Ecke *C.* 275. ich wolte mit iu mûren ein fröudenhûs dem herzen mîn Heinz. 1204. minne diu kan mûren manegen schirm für sorgen slâ *ib.* 1824. — *mit* în, ûz, be-, umbe-, ver-.

murên *stf.* muræna Mgb. 242, 32. 254, 17 *ff.*

mûrer *s.* mûrære.

mûrer-geselle *swm. maurergeselle.* maurrergeselle Tuch. 39, 21. 277, 30.

mûrer-knëht *stm. dasselbe* Mone *z.* 3, 26 (*a.* 1473). *s. auch unter* knëht.

mûrer-meister *stm. maurermeister* Loh. 6475.

mûrer-stein *stm. mauerstein* Tuch. 95, 10. *vgl.* mûrstein.

mûrer-ziuc *stm. handwerkszeug des maurers.* maurerzeug Germ. 16, 76 (*15. jh.*).

murêt *stmn.? eine art kleiderstoff.* von murêt (*var.* mürrît) ein gugeln guot Ga. 2. 438, 848. *vgl.* muritum *in* Dfg. 372ᵇ.

murewe *s.* mürwe.

mürfel-tier *s.* mürmendîn.

murfen *swv.* (II. 276ᵃ) *nagen, abnagen s.* zermurfen *u. vgl.* Diez 2, 46. Kwb. 194.

mürge *s.* mörche.

mûr-hâke *swm. mauerhaken* Chr. 2. 291, 19.

mûr-houbet *stn.* als sich das mûrhaubt gegen dem see getrennt hat, da sollent sie dasselb gemûrt haubt und die gehauwen quâdern widerumb ûsz heben Mone 6, 252 (*a.* 1485).

mûr-hüeter *stm. wächter auf der stadtmauer* Hb. *M.* 510.

mûr-hûs *stn. haus an der (stadt-) mauer hurenhaus* Berth. *Kl.* 232.

mûrîn *adj.* (II. 276ᵃ) *gemauert* Fdgr. 2. 127, 11

mûr-latte *swf. sparren zu einem fachwerk* Tuch. 74, 20.

mûr-lêhen *stn.* swer der zweier mûrlêhen eins hât (*lat.* muratoribus, qui duo esse debent) Geis. 440.

mûr-leiter *f. mauer-, sturmleiter* Chr. 2. 219, 19 *var.*

murlen *s.* murmeln.

mürlîn? zwei spilten zürlîn mürlin (*var.* zierlin mirlin) Altsw. 90, 8. *vgl.* zirlen-mirlen machen Keisersb. *bei* Frisch 2, 466ᵇ. 480ᵃ *u.* Stald. 1, 284. 2, 222. 477.

mûr-loch *stn.* (I. 1024ᵃ) *mauerloch* Greg. 2287.

murm *stm.* dâ wart ein ungefueger murm Apoll. 3180 *s. v. a.*

murmel, murmer stm. (II. 276ᵃ) *gemurre, gemurmel.* murmel Er. Diem. 47, 28. 50, 2. Berth. *Kl.* 98. Troj. 40166. Mart. 74, 68. Albr. 13, 5. murmel, murbel, mumel Zimr. *chr.* 4, 679ᵇ. 680ᵇ. murmer Barl. Kindh. 75, 29. Reinfr. 8013. murmor, murmur Nic. *v. Wyle; kampfgetöse,* murmur Rul. 189, 3; *murrender mensch, murrkopf* Wack. *pr.* 70, 114. — *zu lat.* murmur, s. murmeln;

murmelât stf. (II. 276ᵇ) *gemurmel, geflüster* Alexius, Pass. Jer.

murmel-haz stm. von herzen wart kein murmelhaz erhœret j. Tit. 146.

murmelî stf. (II. 276ᵇ) *das murmeln* Oberl. 1082;

murmeln, murmern swv. (II. 276ᵃ) mürmeln Kell. Hpt. 9, 41. Alem. 1, 84. Mgb. 250, 8. murbeln Zimr. *chr.* 2. 495, 37. murlen Weim. *hs. p.* 197: *murren, murmeln.* murmeln, murmelen Diem. (159, 15). Pass. Kreuzf. Mar. 155, 37. Er.² 8159. Silv. 4849. Troj. 21967 (von einem murmeln unde reden). Orl. 133, 95. Wack. *pr.* 70, 103 *ff.* Albr. 6, 180. Hb. *M.* 221 *f.* Chr. 8. 127, 11; 9. 761, 12. Dfg. 372ᶜ. murmeln *u.* murmen Vet. *b.* 3, 7. 45, 13. murmern Griesh. Glaub. 2164. Apoll. 6601; *heimlich unter einander erzälen* Narr. Just. 71. — *mit* be-. *ahd.* murmulôn, murmurôn *zu skr.* marmara, *das rauschen, gr.* μορμύρω, *lat.* murmur, murmurare Curt.³ 313. *vgl.* murren;

murmeln, murmern stn. *gemurre, gemurmel.* murmeln Mgb. 225, 3. Chr. 5. 52, 17. 99, 20. 274, 1. 9 (*gerücht*); 8. 50, 30. murmern *ib.* 5. 118, 16;

murmelnde stf.? und wart ein gröz murmelnde in der kirchen Chr. 9. 523, 14.

murmel-stein *s.* marmelstein.

murmelunge, murmerunge stf. (II. 276ᵇ) *gemurre, gemurmel,* murmur, murmuratio Dfg. 372ᶜ. murmelunge Leys. Myst. 2. 501, 8. Evang. *J.* 7, 12. Sgr. 271. 1802. Chr. 2. 329, 20. mürmelunge Myst. murmerunge Ugb. 382;

murmen *s.* murmeln.

mürmendîn stn. (II. 277ᵃ) *murmeltier* Reinh. 1348 (*var.* murmedîn), *umgedeutscht* murmeltier (III. 35ᵃ): murmel-, murmultier furo Dfg. 253ᶜ, murmel-, murmurtier *n. gl.* 186ᵇ. mürfeltier *als schelte* Fasn. 255, 16 (*vgl.* murfen *u.* Kwb. 194). — *aus lat.* mus montis, *it.* murmontana (*tirol.* murmentl, muramentl Schöpf 452) Wack. *umd.* 58.

murmer *s.* murmel;

murmerieren stn. (II. 277ᵃ) *murren, gemurmel* Msh. 2, 138ᵇ;

murmern, murmerunge *s.* murmel-;

murmulære stm. *der murrt, murmelt* Hpt. *h. lied* 59, 30.

mürmum stm. (II. 277ᵃ) *name eines tanzes* Msh. 3, 260ᵇ.

murmur, murmurtier *s.* murmel, mürmendîn.

mûr-pfëffer stm. mûr-, mülpfeffer crassula Dfg. 155ᵇ, *n. gl.* 117ᵇ. *vgl.* mûrsteinpfeffer.

murre, murr *adj. stumpf.* murr nasen Wolk. 17. 4, 9. drei nagel murr (: snurr) *ib.* 106. 11, 1.

murren swv. *murren.* murren, morren, murmurare Dfg. 372ᶜ, *n. gl.* 259ᵇ. — *nach* Weig. 2, 214 *aus einem mlat. aus* murmurare *gekürzten* murrare.

mürrît *s.* murêt.

mursch *adj. morsch, mürbe,* marsilis Voc. 1482. *vgl.* murc, murz.

mursël stn. (II. 277ᵃ) *stückchen, bissen, leckerbissen* Ms. Konr. (daz ieder man ein wênic tranc und az ein edel mursel: snel Part. *B.* 14147). Pass. Buch *v. g. sp.* mit guoten zühten si sneit Gâwân guotiu mursel (: wastel) Parz. 551, 5. den degen sô vermezzen stuont manic mursel bî gesotten und gebrâten Wolfd. 471, 2 (murschel Heldb. *B.* 220, 32). von diseme süzen vetten murselen (: sêle) Marld. *han.* 4, 29. mursiel Trist. *H.* 5279. morsel Karlm. 12, 53, *vgl.* 6, 36. mursel, murstel minutal Dfg. 362ᵇ, *n. gl.* 254ᵃ. — *aus mfz.* morcel, *ital.* morsello, *mlat.* morsellus Diez 2, 369. Dfg. 368ᶜ;

mursëllîn stn. sô sint diu mursellî versluht Reinfr. *B.* 26309.

mursel-stein, -kolbe *s.* morselstein, -kolbe.

mürsen swv. *in einem mörser zerstossen* Beh. 123, 20.

mursiel *s.* mursël.

mursnitze mfn.? gelbe kitel und mursnitzen lâzent manic meide niht gesitzen, die mit vlîze erbeiten solten Renn. 415. swenne ain frowe oder man ain tohter hin ze manne gibt, der schol man mê niht gehen leingewandes denne ain rockelin und ain mursnitz, und hemde swie vil man wil Np. 60 (*14. jh.*). morschnitz vel sluck multiplicum Voc. 1482.

mûr-stat stf. (II². 602ᵃ) *mauerstelle* Münch. *r.*

mûr-stein stm. (II². 615ᵇ) *mauerstein* Kl. 977.

Mone z. 1, 176. Chr. 4, 84 anm. 3. vgl. mûrerstein.

mûrstein-pfëffer stm. crassula Voc. 1482, vgl. mûrpfëffer.

murstël s. mursël.

murte prät. s. mürden.

murteln? swv. (II. 277ᵃ) murren Leys. 63, 10. vgl. mutelen.

mûr-wâge stf. (III. 647ᵃ) perpendicillum Sum.

mûr-want stf. (III. 686ᵃ) mauerwand Himlr. 216. Apoll. 5532. Hb. M. 251.

mürwe, müre, mür, -wes adj. (II. 274ᵃ) zart, dünn, zerbrechlich, mürbe, tener murwe, murewe, morwe Dfg. 577ᶜ, n. gl. 361ᵃ. frouwen hâr weder sô mürwe noch sô klâr Parz. 299, 4. sîn vleisch wart mürwe geslagen Msh. 2, 368ᵃ. daz daz bluot flôz und allenthalben nider gôz, ab ir mürwen lichamen Marg. W. 601. daz ertrîch als mürwe wart Just. 233. mürw, mürb Mgb. 159, 22. 324, 21. murwe Jer. Mart. (blœde unde murwe 119, 2. junge murwe rippe 27, 64. ein maget junge sô zart und alsô murwe 167, 105. murwer lîp 148, 21. 184, 111. mit libes murwen wîben 148, 94). müre Jer. Krol., mür Frl. Jer., mur: sîn krût ist mur unde kranc Albr. 35, 211. die wâren blûtec unde mur 14, 224. — vgl. mar.

murwe-lîche adv. tenere, teneriter Dfg. 577ᶜ.

mûr-wërc stn. mauerwerk, mauer Virg. 300, 13. mawerwerck Tuch. 325, 6. mawerberg ib. 314, 19.

mûr-wërf s. moltwërf.

murz stm. (II. 277ᵃ) kurzes, abgeschnittenes stück, stummel. bildl. den m. sagen es kurzweg sagen Ga. 2. 301, 135. vgl. murc, mursch u. Weig. 2, 197. Schm. 2, 622. Schmid 395. Höf. 2, 274. Kwb. 194;

murzelinc stm. (ib.) nu ist im daz kistel komen dar, da inne weiz er den murzelinc (var. würzling) Ga. 2. 436, 791;

murzes gen. adv. (II. 277ᵃ, 42) gänzlich, bis aufs letzte stück. er sluoc im die hant mit sînem swerte murzes abe Troj. 26143 (cod. Berol. murtzig).

mûr-ziegel stm. (III. 874ᵇ) mauerziegel Münch. r.

mûr-zins stm. mauerzins für die an die stadtmauer stossenden grundstücke Cds. 3, 98.

mûs stn. s. muos.

mûs stf. (II. 277ᵇ) pl. miuse, maus Hartm. (ze loche fliehen sam diu m. Er.² 6655). Trist. H. Walth. Winsb. Bon. stille sam ein m. Livl. 5962. dô sweic ich alsam ein m. Üw. H. 816. Ls. 3. 122, 40. ich verstal mich ûz (aus dem hause) als ein m. Dan. 1933. untriuwe slîchet sam ein m. Msh. 3, 67ᵇ. also diu mûs ze neste niene müge, sô bint ir einen slegel an ib. 34ᵃ. der sich einer mûs niht wert Helbl. 2, 917. naz als ein m. Ga. 2. 545, 449. ich heize sîne katze mûs ib. 1. 54, 98. sô lange, biz ein m. lief eine mîle Renn. 6242. hûs in dem ofte manic m. getanzet und gereiet hât ib. 1649. ein sô armez hûs, dâ diu katze und diu m. sich nomme mochte inne ernern Geo. 1887. rüert sich inder dehein m., er wænt daz diebe in sîn hûs komen sîn Wg. 2851. klein augen sprichet man ein mûs Fragm. 28, 76. haya mûs! interj. Kell. erz. 272, 26. 273, 34. pl. dem suln diu miuse danken Renn. 22200. swâ miuse loufent eine katzen an Msh. 2, 6ᵃ. swer dâ hetzet mit miusen eine starken katzen, der tuot unreht ib. 3, 104ᵃ. der blinden miuse spiln Lcr. 40, 460, vgl. Altsw. 90. 12; — muskel bes. des oberarms Gl. Helbl. wan im verschrôten wart diu mûs Troj. 32534, vgl. miuselin. — zu gr. μῦς, lat. mus, skr. mûsha, mûschâ von mûsh stehlen Curt.³ 316. Fick² 157. 837.

mûsal s. müejesal.

mûs-ar swm. (I. 49ᵃ. II. 278ᵇ) geringerer, von mäusefang lebender falke, murius Dfg. 372ᵇ. Er. Frl. Ms. (H. 3, 86ᵇ). maneger edelt sich als der mûsar, der væt den vogel daz êrste jâr und darnâch miuse immermê Jüngl. 227. swenne ich nâch gewinne var so ist durft daz mir der mûsar über die strâze fliege Üw. H. 296. sô geloubent etliche an den miusearn Berth. 265, 4. mûsære Wig. 160, 3, mûser Ms., mauser, meuser Myns. 12. 16. fem. mauserin ib. 13.

mûs-bâht stn. mäusekot. hie ist der edele pfeffer und bôs mûsbâht unordenlich zesamen brâht Wien. hs. der h. Magdalena 60ᵃ.

mûs-brât stn. (I. 233ᵇ) thorus, musculus Gff. 3, 284. mûspraut Myns. 59. mauspraut ib. 69.

muscât stf. (II. 279ᵇ) auch m. Freid. 23, 1 var.: muscatnuss Parz. Freid. Ms. Troj. (9611. 28297). j.Tit. 887. Flore 2083. Virg. 683, 11. Np. 128. muschât Freid. 23, 1. (var. die, den muschât) Mart. 64, 33. Albr. 22, 136. Vet. b. 58, 28. muschâte (: drâte)

Merv. 226. mussât Chr. 1. 100, 28. muscàt, muschât *stswf.* Mgb. 6, 1. 362, 7. 371, 24. 34. 372, 2. 9. 11. muscât, muscâte, muscâde, mustât, muscart Dfg. 373ᵃ. — *aus mlat.* (nux) muscata.

muscât-blüete *stf. muscatblüte* Mgb. 371, 21. Apoll. 18027;

muscât-bluome *swmf.* (I. 217ᵃ) *dasselbe* Gsm. 639.

muscât-bluot *stf. dasselbe* Apoll. 8576. Greith *spic. s.* 51. Np. 128.

muscât-boum *stm. muscatbaum* Mgb. 371, 31.

muscâtel *stm. muscateller, ein süsser ital. wein* Apoll. 2761. muscatell Fasn. 726, 4. — *aus mlat.* muscatellum (*vinum*) *it.* moscatello Weig. 2, 215.

muscât-negel *stn. muscatnelke* Neidh. 208, 4.

muscât-nuʒ *stf.* (II. 425ᵃ) *muscatnuss* Dfg. 373ᵃ. Mgb. 371, 23. ir âten als ein muscâtnuʒ kund adellîchen dræhen Troj. 20030.

muscât-obeʒ *stn.* (II. 429ᵇ) *muscatobst* Myst. 1. 320, 19.

muscât-rîs *stn. muscatzweig* Msh. 2, 358ᵃ.

muscât-stengel *stm. muscatstengel.* muscâtstingel Z. 2. 84, 453.

muscât-tatel *swf. muscatnuss* Germ. *H.* 8, 273. *vgl.* j.Tit. 4822.

muschâ *interj.* muschà mirʒ! Neidh. 45, 14.

musche *s.* mütze.

musche *swm.* (II. 279ᵃ) *ein kleiner sperling. ndrh.* ich bin worden als ein musche (factus sum sicut passer) Jan. 41. Fromm. 2, 446ᵇ. — *aus fz.* mouche, *lat.* musca.

muschel *swf.* (*ib.*) *muschel*, musculus Dfg. 373ᵇ. Apoll. 9528. Renn. 13607. 19975. Karlm. 10, 39. — *aus lat.* musculus Weig. 2, 215;

muschellîn *stn.* (*ib.*) *dem. zum vorig.* Renn.

muschen, müschen *s.* mischen.

müschen *swv.* (II. 279ᵃ) *stossen, zerschlagen quetschen.* den driten müscht er mit einem stein Jüngl. 435. der die vogel mit der prust stosst und von enander must Ring 52ᵈ, 16. *vgl.* ver-, zermüschen *und den fing. namen* Müschenkelch Helmbr. 1191 *mit Lambels anm. s.* 167 *u.* 358. — *aus* mürschen, mürsen (*s.* zermürsen) *von* mursch. *nd.* murs? *vgl. übrigens auch* müschen *für* mischen.

mûseke *swf.* (II. 279ᵇ) *musik* Msh. 3, 56ᵇ. Dfg. 373ᵇ; mûsic *stf.* Reinfr. 12386. Wolk. 90. 1, 11. — *aus lat.* musica.

müsel, musel *swstf.* (*ib.*) *scheit, abgesägter prügel, klotz.* laten noch müsel Augsb. *r.*

35. ein karre muselen Schreib. 2, 551 (*a.* 1369). misel, mysel Gr.w. 1, 388. 4, 511. Mone *z.* 11, 278. *vgl.* Schm. 2, 635. Stald. 2, 222 *f.* Kwb. 194.

müseln *swv. in* bemüseln.

musel-suht *s.* miselsuht.

mûsen *s.* muosen 2.

mûsen *swv.* (II. 278ᵃ) *intr. mausen, mäuse fangen* Frl. katzen kint gelernet m. Renn. 13282; (*stehlend, suchend*) *schleichen* Neidh. 84, 30 *u. anm.* Ms. Freid. Helbl. Renn. Jer. sô ein birsær mûset bî wilde in einer dicke Hadam. 546. mûslîchen mûsen *ib.* 451. ze verre m. *ib.* 432. umb und umb m. mit spæhe Mf. 133; *listig sein, betrügen.* vor bœsen wîben man sich hüete, die alsô künnen mûsen Ga. 2. 282, 195; mûsen, catellare, *kitzeln* Dfg. 107ᵃ. — *mit* er-;

mûsen *stn.* swelch vuohs sich sînes mûsens schamt Msh. 2, 251ᵃ. die katz die lest nit von irm mausen Fasn. 702, 32.

mûsenier *stn.* (II. 278ᵇ) *eiserne bekleidung der armmuskeln* (mûs). sîne arme heten spoʒʒenier bedecket unde mûsenier (*gedr.* muʒʒenier) Ga. 1. 472, 652. er sluoc in dur daʒ miusenier Troj. 32526.

mûser, mûserîn *s. unter* mûsar.

mûs-gift *stf. mäusegift* Mone *z.* 12, 152.

mûs-hunt *stm.* muriceps Dief. *n. gl.* 259ᵇ. Beisp. 106, 33. 107, 13. 20. 25. 132, 5 *u. o.*

mûsic *s.* mûseke.

mûsieren *s.* muosieren.

mûs-kât *stn. mäusekot,* muscerda muszkaut Dief. *n. gl.* 259ᵇ. *vgl.* mûsekotel, -kutel Dfg. 373ᵃ.

mûs-lîchen *adv. nach mäuseart, heimlich.* mûslîchen mûsen Hadam. 451.

mûs-ôre *swn.* (II. 442ᵇ) *name einer pflanze,* pilosa Dfg. 435ᵃ, *n. gl.* 291ᵇ. *vgl.* miusœrel.

mussât, musse *s.* muscât, mütze.

muster *stn.* (II. 279ᵇ) *das äussere aussehen, gestalt* Narr. — *aus mlat.* monstra, *it.* mostra *vom lat.* monstrare. *s.* monster *u.* Wack. *umd.* 44;

mustern *swv.* mustern, *untersuchen* Chr. 2. 251, 18 *ff.*

mustet *stm.?* *kleiner sperber* Myns. 2. 3 = mûs-tœt? *vgl.* mûs-ar, -tœter.

must-hart *stm.* (II. 279ᵇ) *mit most angemachter senf, mostrich* Ls., mostert Weist. — *nachbildung des it.* mostarda *vom lat.* mustum (*s.* most) Wack. *umd.* 58. Weig. 2, 199.

mûs-tœter *stm.* muricida Dfg. 372ᵇ.

mûs-turn *stm.* maus-, meusturn *der bekannte „mäuseturm" im Rhein* Zimr. *chr.* 1. 335, 10. 2. 352, 26. *entstanden aus* mûzturn, maut-, zollturm? *s.* mûte.
mûs-vâher, -vanger *s.* miusevâher.
mûs-valle *swf.* (III. 223ᵇ) *mausfalle*, decipula, muscipula (mustripula Voc. 1482) Dfg. 168ᵃ. 373ᵃ, *n. gl.* 259ᵇ. Myst. Hpt. 5. 416, 109. Apoll. 16172. Dal. 36, 23. Netz 2206. 12. 305. 15. 24. 28. 75. 2692. miusevalle Kolm. 77, 23.
mut *s.* matte 1.
mut, müt *s.* mütte.
mût- *s.* müet-, muot-.
mutanze *swf. mutation der silben (beim gesange).* die mutanzen dividieren Hätzl. 2. 57, 68.
mûtære, -er *stm.* (II. 280ᵇ) *zöllner, mauteinnehmer,* telonarius (mauter *u.* mautner) Dfg. 575ᶜ. die mûter hânt von dir gevordert mût Bph. 5948. 71. mauter Beh. 64, 14. Dh. 151. mautter Mh. 2, 575. Cp. 7. 23;
mûte *stf.* (II. 279ᵇ) *maut, zoll* Bit. Wildon. 31, 587. mûte zollen Loh. 6157. nemen Bph. 5942 *ff.* ze mûte bringen Ls. 3. 217, 17. 218, 64. und hettest aller mûte veste Kolm. 125, 39. telonium maute, maut Dfg. 575ᶜ, *n. gl.* 360ᵃ. mautte, mautt Mb. 36ᵃ, 285. 286. Cp. 23, *pl.* meut Beh. 42, 14. Mh. 2, 613. Ugb. 175. Cp. 154. *bildl.* ich hân dem tôde ze mûte gegeben manegen ritter wert Ulr. *Wh.* 215ᵃ; *mautstätte,* das sol an unsern mautten frei und ledig hin und her gefürt werden ân maut Cp. 23. — *aus mlat.* muta. *eine verschobene form* mûʒe *ist zu folgern aus* maussen Dfg. 575ᶜ, (*vgl. auch* muoʒe 1 *u.* mûʒmetze); *das von* Ziem. *aus* Ot. *angeführte* mûʒe *gehört aber nicht hieher.*
mutelen *swv.* (II. 280ᵃ) *ahd.* mutilôn *murmeln vgl.* Curt.³ 301 *u.* murteln.
mutel-singære? *stm.* (II. 280ᵃ) Helbl. 2, 1354 (*vom herausg.* mietelsingære *vermutet*).
mûten *swv.* mutare Dfg. 374ᵇ, *n. gl.* 260ᵇ, *s.* mûʒen.
mûten *swv.* (II. 280ᵃ) *einen zoll erlegen* Bit. 932. — *mit* ver-;
mûtener *s. unter* mûtære.
mûtieren *swv.* (II. 280ᵃ) *ictum mutare, ein fechter ausdruck* Oberl. 1091.
mût-korn *s.* muozkorn.
mutsche *s.* mütze.
mutsche *fm.* (II. 280ᵃ) *ein brot von geringerer grösse u. beschaffenheit* Oberl. Weist. (dem almentschützen 18 brôt die man nent mutschen 1, 453. mutze 2, 115. meutze, meute *ib.* 570). drîe mutsche, zwêne mutsche Mone *z.* 9, 102 („*mürbes gebäck in dreieckiger oder halbmondform*") mötze artocopus, collyrida Dfg. 51ᶜ. 132ᶜ. *in Freiburg heisst eine geringere mehlsorte* mutschelmel. *vgl.* micke *u.* mutzen.
mutsche-brôt *stn. dasselbe* Mone *z.* 14, 29 (*a.* 1360).
mût-scheftic *adj.* mautbar. ist aber mautscheftigs auf dem diln, so geit der dil niht Urb. *B.* 2, 494.
mutsche-leibelîn *stn.* (I. 961ᵃ) *s.v.a.* mutsche Weist.
mütsche-lîn *stn.* (II. 280ᵃ) *dem. zu* mutsche Weist. zwên mütschlîn brôts Mone *z.* 19, 461. do hat man kain mutschellen fail Const. *chr. bei* Mone *a.* 1462. neubachne mutschel Zimr. *chr.* 4. 30, 2. 31, 15. mützel Anz. 2, 199. mutschel, muntschel, mytzel artocopus, collyrida Dfg. 51ᶜ. *vgl.* Schm. 2, 658. Schöpf 453. Bech *beitr.* 12. Hpt. 7, 562.
mût-stat *stf.* (II². 602ᵃ) *maut-, zollstätte* Uoe. 4, 157 (*a.* 1291). Mh. 2, 732.
mutte *s.* matte 1.
mütte, mutte, müt, mut *stn. stswm.* (II. 280ᵃ) muote *neben* mutte Urb. *B.* 1, 4 *ff.*: *scheffel.* mütte Eracl. Helbl. Helmbr. Apoll. 787. 1009. 11333. Msh. 2, 194ᵇ. mutte Meran. Kchr. *D.* 97, 8. Ulr. *Wh.* 156ᵃ. mutte *stswm. oft im* Urb. *Son.* müt Kchr. *D.* 511, 28. mut (*pl.*) Urb. Weist. Schreib. 1, 111 *ff.* 235 (*13. u. 14. jh.*) — *aus lat.* modius;
müttec *adj. in* zweimüttec.
muttel-becke *swm.* Of. *str.* 288ᵇ. *s.* mutsche.
muttelîn *stn. dem. zu* mutte. ein halbeʒ muttelîn habern Urb. *Pf.* 48;
mütteln *swv. das messgeschirr mit dem eingeschütteten getreide aufstossen?* Schm. 2, 654;
mutter *stm. fruchtmesser* Mone *z.* 15, 35. 17, 43 (*a.* 1304. 27). *vgl.* salzmüttære.
mût-vrî *adj.* maut, zollfrei Brünn. *r.* 383.
mutz, mutze *s.* mütze, mutsche.
mutze *swm? s. v. a.* mate Wolk. 90. 2, 7. *vgl.* matze *unter* mate.
mutze *swf.* vulva. do sach er ir vil praunen mutzen Ring 11ᵇ, 1. 15, 9.
mutze *swm. kurzes oberkleid bes. des weibl. geschlechts (altn.* motr) *s.* Schm. 2, 664. Weig. 2, 224. Birl. 341ᵇ. Schöpf 454.
mütze, mutze *stf.* (II. 280ᵇ) *mütze,* almucium, mitra: mütze, mutze, mutz, mutsche, mu-

sche, musse, motze DFG. 25ᵇ. 364ᵇ, *n. gl.* 254ᵇ. — *mit* almuz, armuz *aus mlat.* almucium WEIG. 2, 224.

mützel *s.* mütschelin.

mutzen *swv.* (II. 281ᵃ) *abschneiden, stutzen, zu folgern aus* mützer, mützern. *vgl.* WEIG. 2, 223. DIEZ 233.

mutzen *swv.* (*ib.*) *schmücken, putzen* SUCH. NARR. wie vil man sie (katze) sich mutzen siht Ls. 3. 522, 126. mutzen, vultum mundare Voc. 1482. die kleider m. AB. 1, 112 (*16. jh.*). *vgl.* WEIG. 1, 70. DWB. 1, 694.

mutzen-gras *stm.* si hiez zetten semide, costen, mutzengras *Wien. hs. der h. Magdalena* 80ᵇ.

mützer, mutzer *stm.* (II. 281ᵇ, 23) *spitzmaus,* sorex DFG. 543ᵇ, *n. gl.* 343ᵇ. — *zu* mutzen 1;

mützern *swv. iterat. zu* mutzen 1. gemützerte (*geschlitzte*) kleider LIMB. *chr.* 36.

mutzic *adj. schimmelig.* mucidus Voc. 1482. *plattd.* mustrig FROMM. 6, 358.

mûunge *s.* müejunge.

mûwe, mûwen *s.* müeje, müejen, mûgen.

mû-wërf *s.* moltwërf.

mûʒ- *s.* müeʒ-, muoʒ-.

mûʒære, -er *stm.* (II. 281ᵇ) *jagdvogel, der die mûʒe überstanden hat, mindestens ein jahr alt ist* RUL. BÜCHL. WWH. TRIST. KARL 1045. 2462. ERLŒS. XLIII, 19.

mûʒe *s.* mûte.

mûʒe *stf.* (II. 281ᵃ) *das maussern, federwechsel der vögel* WOLFR. (WH. 309, 29). LANZ. FRL. NARR. der (*falke*) het dicke veder in mûʒe gerêrt LOH. 3404. des tuot der pilgrimvalke niht, des mûʒe hât schœne pfliht JÜNGL. 232. vederspil daʒ eine mûʒe hât SWSP. 198, 8, in der andern oder dritten mauʒe MGB. 188, 32, vier mûʒe ER.² 1966 *u. anm.,* zehen mûʒe BIT. 7040. vederspil, daʒ vil maneger mûʒe was KRONE 638. *bildl.* j.TIT. (1191). verschamter lip - - der wont in der mûʒe rêr, dâ im werdekeit entrîset PARZ. 170, 18. sô er der kraft gevider rêrt gên des tôdes mûʒe OT. 343ᵇ. sie wâren in der mûʒe gelegen, *sahen erbärmlich aus wie vögel in der mausser* LCR. 40, 1851. in der mausz sitzen ZIMR. *chr.* 424, 34; *hautwechsel der amphibien* TÜRL.*Wh.* 95ᵇ (*vom samanirit*); *haarwechsel der tiere,* ein alt hengst von zwênzic mûʒen MOR. 2, 46;

mûʒen *swv.* (*ib.*) *wechseln, tauschen.* wir haben unter einander gemûssᵉt (*den kornzins*) BAUR *hess. urk.* 1, 1135, *vgl.* mûten; *refl. die federn wechseln, maussern* LANZ. GSM. MS. (*H.* 2, 222ᵇ. 223ᵇ). FLORE 1552. RENN. 371. 22996. MGB. 166, 23. 202, 19. 204, 23 *u. ö.* ein gemûʒter sperwêre KARLM. 186, 12; *die haut wechseln.* der (slange) was vil dicke gemûʒet TROJ. 10683. KROL. 4276. der würme natiurlîcher flôʒ sich mûʒet an dem zwelften jâr TÜRL. *Wh.* 95ᵇ, *mit gen.* sich der varwe m. j.TIT. 5579. *bildl.* valscheit von jâre ze jâre sich mûʒet RENN. 21747. eʒ (gelücke) lât sich als ungerne m. MSH. 2, 193ᵇ. von sorge in fröuden sich m. *ib.* 1, 202ᵇ. ûz einem alten manne mûʒet er sich z'einem knaben TROJ. 11093; *tr. in der mûʒe pflegen, warten:* der gewiʒʒen sîn vederspil mûʒe HPT. 7. 343, 83. *bildl. etwas wie die federn od. die haut in der mûʒe wechseln, zum vorscheine bringen*: untriuwe valsche ræte mûʒet RENN. 4514. der (gelichesære) kan so manic untugent mûʒen *ib.* 4944. *vgl.* 3119. 5996. 6717. 13213. — *mit* ge-. *aus lat.* mutare *mit eingetretener lautverschiebung.*

mûʒer-habech *stm.* (I. 605ᵃ) *ein habicht, der sich bereits gemaussert hat* IW. 284.

mûʒer-sperwære *stm.* (II². 483ᵇ) *sperber, der sich gemaussert hat* PARZ. ULR. *Wh.* 257ᵃ.

mûʒer-sprinze *swf.* (II². 549ᵃ) *sperberweibchen, das sich gemaussert hat* HELBL. 1, 1076;

mûʒer-sprinzelîn, -sprinzel *stn.* (*ib.*) *dem zum vorig.* PARZ. GEO. HADAM. j.TIT. 1353.

mûʒer-valke *swm.* (III. 216ᵇ) *falke, der sich gemaussert hat* WOLFR. *lied.* 9, 17.

mûʒic *adj.* sich mausig machen (*wie nhd.*) ZIMR. *chr.* 1. 463, 13; 3. 95, 4; 4. 291, 28, *mit gen. wider etw. sein ib.* 3. 481, 18. — *eigentl. „die federn wechselnd, sich n eu herausputzend" s.* WEIG. 2, 224.

mûʒ-korn? *s.* muoʒkorn.

mûʒ-korp *stm.* (II. 281ᵇ) *käfig für die v ögel während der mausserzeit* SWSP. MYNS.40 . 46.

mûʒ-metze *swm.* mauszmetze SCHM. 2, 631. *vgl.* mûte (mûʒe).

müzzel *stm.* (II. 281ᵇ) *eine wolriechend e substanz* WOLFR.

muzzen-sun *stm.* (II. 281ᵇ, 32) *hurᵉ msohn* AUGSB. *r.* (*W.* 196). *vgl.* SCHM. 2, 635 ,. BIRL. 340ᵇ.